归纳 INDUCTION	必然性与偶然性 NECESSITY AND CONTINGENCY	感觉 SENSE
无限 INFINITY	寡头制 OLIGARCHY	记号与符号 SIGN AND SYMBOL
判断 JUDGMENT	一与多 ONE AND MANY	罪 SIN
正义 JUSTICE	意见 OPINION	奴隶制 SLAVERY
知识 KNOWLEDGE	对立 OPPOSITION	灵魂 SOUL
劳动 LABOR	哲学 PHILOSOPHY	空间 SPACE
语言 LANGUAGE	物理学 PHYSICS	国家 STATE
法律 LAW	快乐和痛苦 PLEASURE AND PAIN	节制 TEMPERANCE
自由 LIBERTY	诗 POETRY	神学 THEOLOGY
生命与死亡 LIFE AND DEATH	原则 PRINCIPLE	时间 TIME
逻辑学 LOGIC	进步 PROGRESS	真理 TRUTH
爱 LOVE	预言 PROPHECY	暴政与专制 TYRANNY AND DESPOTISM
人 MAN	审慎 PRUDENCE	普遍与特殊 UNIVERSAL AND PARTICULAR
数学 MATHEMATICS	惩罚 PUNISHMENT	美德与邪恶 VIRTUE AND VICE
物质 MATTER	性质 QUALITY	战争与和平 WAR AND PEACE
力学 MECHANICS	量 QUANTITY	财富 WEALTH
医学 MEDICINE	推理 REASONING	意志 WILL
记忆与想象 MEMORY AND IMAGINATION	关系 RELATION	智慧 WISDOM
形而上学 METAPHYSICS	宗教 RELIGION	世界 WORLD
心灵 MIND	革命 REVOLUTION	
君主制 MONARCHY	修辞学 RHETORIC	
自然 NATURE	同与异 SAME AND OTHER	

The Syntopicon
An Index to the Great Ideas of Western Civilization

西方大观念

陈嘉映 ◎ 主编

第一卷

华夏出版社
HUAXIA PUBLISHING HOUSE

Great Books of the Western World
Committee of Consultants

Isaac Asimov
Science Writer; Professor of Biochemistry, Boston University; Author

Daniel Bell
Henry Ford II Emeritus Professor of Social Sciences; Scholar-in-Residence, American Academy of Arts and Sciences

Thornton F. Bradshaw
Chairman of the Board, RCA Corporation (deceased)

William F. Buckley, Jr.
Editor in Chief, *National Review*; Host of *Firing Line*; Author

David K. Carlson
Partner/Director, Quality Assurance, Arthur Andersen & Company/A-PlusTax Division

Maurice Cranston
Emeritus Professor of Political Science, London School of Economics and Political Science, University of London

Hugh Downs
Host of *20/20*, ABC News

Stephen Jay Gould
Professor of Biology, Geology, and the History of Science, Harvard University

The Rev. Theodore Hesburgh, C.S.C.
President Emeritus, University of Notre Dame

Dame Leonie Judith Kramer
Emeritus Professor of Australian Literature, University of Sydney

Alexander A. Kwapong
Chair, Lester B. Pearson Institute for International Development, Dalhousie University, Halifax, Nova Scotia, Canada

Martin E. Marty
Fairfax M. Cone Distinguished Service Professor, Divinity School, University of Chicago

Bill Moyers
Chairman and Executive Editor of Public Affairs Television, Inc.

Hajime Nakamura
Founder-Director, Eastern Institute, Inc., Tokyo; Emeritus Professor of Indian and Buddhist Philosophy, University of Tokyo

Octavio Paz
Mexican Poet, Writer, and Diplomat

Michel Serres
Professor of History, University of Paris

主　编

陈嘉映

译者名单

(按书中出现的先后顺序排列)

张晓林	陈蓉霞	沈　默	翁海贞	陈　焰	张卜天
俞　哲	赵千帆	曾　静	孙周兴	陆　丁	孙善春
陈虎平	童世骏	邓正来	王晓丰	户晓辉	贾可春
陈德中	王宇光	潘卫红	何怀宏	韩水法	刘　畅
李静韬	陈嘉映	陈少明	刘玉宇	朱国华	刘　静
周　濂	杨玉成	丁三东	陈立胜	葛海滨	江　怡
王　师	何宝军	禤庆文	郁振华	郐建立	刘　擎
徐　敏	张秋成	王　昆	孙永平	张大庆	范连义
韩东晖	程　炼	高士明	葛来福	李国山	文学锋
鲍永玲	潘德荣	陈岸瑛	倪梁康	杨海燕	李　旭
张国栋	高健群	王庆节	吴天岳	卢　汶	左高山
吴国盛	王苏娜	徐志跃	何子建	杜世洪	赵　楚

中译本序言

《西方世界的伟大著作》是美国不列颠百科全书出版公司编辑的一套丛书，共60卷，选取了西方哲学、文学、心理学等人文社会科学及一些自然科学的皇皇巨著，涵盖的时代自荷马起至萨缪尔·贝克特止。这套丛书的前两卷，Syntopicon（论题集），我们名之为"西方大观念"。它包括了代表西方文化最主要特征的102个观念，如存在、民主、艺术等等，其意在为后面各卷的伟大著作提供一个总论性的概述和主题索引。每一章对应一个大观念。其文字并不是对该观念的详尽分析，而是勾勒出该观念的基本轮廓，引导读者去阅读支撑着该观念的一批西方伟大著作。《西方大观念》也可以看作一部问题集，我们所关心的"哲学问题"，差不多都包括在这里了。在本书的总论后面，都隐藏着有待进一步探讨的问题，而本书恰可以供我们作为探讨的起点，因为本书对这些基本观念的基本阐论执中稳靠。爱好思索的朋友，在深入思考之前和之际，了解前人的基本思想，助莫大焉。任何人的思想都是在传统中生长起来的，今天，我们的论理词汇多数是从西方移植过来的，不深入西方的思想传统，我们就无法认真论理。

2005年春，华夏出版社的朋友和我商量，由我充作中译本的主编，请相关专家学者把这部大书翻译出来，贡献给中文读者。我自知能力低，又怕麻烦，主编之类一向不敢接。但这部书的确让人动心。我在外国读书工作时，时不时会用到《西方世界的伟大著作》丛书的前两卷，即摆在眼前的《西方大观念》，用作必要的索引；单独阅读也很有益，能够对这些大观念获得粗线条的整体理解。把它译介给中文读者，对学术发展定能起到促进作用。三说两说，竟不自量力把这事接下来了。

接下这个活计，从自己动手翻译其中数章和找译者开始，平添了不少辛劳，这自不必说。所有译稿我都审读过，有一半以上认真改了，还有不少因时间不够只能略作修正。起初，版权方答应提供一套电子版，我希望把它发在一个网站上，译者们也把自己的译文发上去，供同好批评指正，这样可以把本书的翻译过程变成一个同好切磋的过程。可惜，版权方后来说电子版因损毁无法提供。这让我原初的设想落了空。类似的不顺利还有一些。不过，两年多的辛劳，最终换来了眼前这一百多万字的成果，自然也让人快慰。此书的完成首先要感谢数十名译者。所邀请的译者，看看译者名单就知道，颇多著名的翻译家，如邓正来、孙周兴、倪梁康、童世骏等。我尤其要感谢陆丁、周濂、张卜天等年轻译者，要么他们的中英文胜过我们，要么他们的工作态度更认真；出自这些年轻译者的译稿，我觉得总体水准并不低于前辈，有些还译得更好些。华夏出版社的陈希米、褚朔维、李静韬、李玉璞、王霄翎等人，为这部书注入了大量心血，从译者到文稿到版面式样到与版权方的无数交涉。我与这些出版人朋友的合作始终互信互谅。做这件事情，让我明白，学术的进益，一半在学术人的工作，一半在出版人的默默努力。

愿我们的工作对推进中国学术深入发展有所贡献。

陈嘉映
2007. 7. 9. 于上海外环庐

导　论

　　眼前这两大卷书是《西方世界的伟大著作》的前两卷,Syntopicon(论题集),其义为论题的集合,中译本书名为《西方大观念》。《西方大观念》(即《西方世界的伟大著作(论题集)》)以一种特殊的方式提供了一种索引,一种以论题为线索的索引。我们从这套《西方世界的伟大著作》中梳理出 102 个大观念,又从 102 个大观念中梳理出将近 3000 个分类主题。这项工作基于如下信念:这套丛书中的著作在讨论共同课题和问题的时候具有某种总体上的统一性。这种统一性的原因在于所有这些著作都属于西方传统。

　　以论题方式来解读这些伟大著作所依的线索是贯穿三十个世纪而持续不断的一场探讨的主线。这场跨世代的伟大对话是仍然生机勃勃的机体,《西方大观念》所要呈现的便是这个机体的结构。它所欲展现的是这场对话的各个分支,西方文明的最伟大的心智参与到这场对话之中,论及的题目为每一个时代的人类所关注,它们覆盖了人类思辨探究和实践兴趣的全部范围。如果《西方大观念》展现了它所欲展现的,那么,它可说是揭示了西方的统一与绵延。

　　102 个大观念。必须向读者说明,102 个大观念以及其下的分类主题并非强加在这些伟大著作之上的。相当数量的一批学者反复认真地研读这些著作,梳理出了这些大观念。换言之,编辑方面并不曾打算预先把这套丛书的内容加以简化。我们的目的只是为那些对其中某些大观念感兴趣的读者提供一条方便的进路。一旦决定了提供这样一种以观念为线索的索引,那就只能按现在这样的方式来处理了:在每个大观念之下列出分类主题,分类主题之下再列出子论题,相关的著作和页码就附着于这些分类主题和子论题。

为什么是102个大观念而不是90、100或110?102在这里不是个魔法数字,也不意味着西方思想史上只有这些大观念。书末所附的术语索引包含了大约2000个论题和概念,也清楚地表明了这一点。编辑者考虑的是《论题集》的结构,为此仔细审慎地阅读了这些大书,就西方社会的主导旨趣达成了广泛的共识,选定了这102个大观念。如果单从这套丛书的内容来考虑,也完全可以少如90个或多如110个。

《西方大观念》的布局　本书包含四大块:102个观念章,扩展阅读总目,术语索引和《西方世界的伟大著作》60卷书目。前两大块合在一起,是读者的工具,可借以在每一个大观念的上下文中参与跨世代的伟大对话。

102个观念章构成了《西方大观念》的核心(和主干)。每一章分成五个部分:起总论作用的正文,分类主题,伟大著作中相关著作的索引,与其他章的交叉索引,扩展书目。

正文界定相关观念的性质和范围,可视作引向相关分类主题的指导。正文可说是让读者稍事品尝,从而对索引著作中的相关段落所进行的伟大对话有个初步感觉。

紧接正文的是分类主题,它勾勒出该大观念的内部结构。这些主题是《西方大观念》中具根本性的部分。一章平均有30个分类主题,但每一章多少不等,**命运**章少至6个,**上帝**章则多至73个。

分类主题后面是伟大著作中相关著作的索引。这份索引把分类主题重复了一遍,不过在这里,每个分类主题后面附有相关作者与著作的索引。在这套丛书中〔第3卷到第60卷〕,作者是按他们的年代先后排列的,这里的排列顺序相同。读者按这种年代顺序来查阅材料,所跟随的就是关于这一主题的思想的实际发展。如果有《圣经》的索引,它们总是排在最前。这套丛书里没有收入圣经,因为没有哪个版本是所有人都接受的。

读者会发现,有些章后面的有些分类主题下并没有索引。这样的主题就像个衣架,以便一些互相联系的子论题组成一组挂在其下。**存在**章的主题8"存在与知识"、**量**章的主题5"物理量"、**国家**章的主题2"关于国家的一般理论"都是这类"空主题"的例子。

第四部分是与其他章的交叉索引。读者可以借助它们找到别的章在何处讨论相似主题或相关主题。把不同章的这些主题联系起来,可以展示诸大观念的互相牵连。

每一章的最后一部分是扩展书目。伟大著作中已经收入了各类大量著作,尽管如此,对西方文明的大观念做出重大贡献的作者或著作仍未囊括于此。扩展书目在每一个大观念下提供了其他相关著作的书目。书目分成两组。前一组书目的作者是伟大著作中收入其著作的作者,第二组则是另外一些作者的著作。在两个组里,作者都是按年代顺序排列的。读者会注意到,我们尽力收入了最新的著作,其中有的是1990年出版的。对照之下,收入这套丛书的伟大著作,其中最新的版权年代也只是1950年前后(在《伟大对话》一书中解释了此中的缘由)。

为了方便读者,所有102章下所列的扩展书目又被集中为扩展阅读总目,按字母顺序排列,附于第二卷后面。扩展阅读总目列出了作者的全名、完整书名、出版日期。

第二卷还附有术语索引,也按字母顺序排列。其重要性怎么强调也不为过。各个大观念是按字母顺序从Angel〔天使〕排到World〔世界〕,若读者所要研究的是某一个特定的大观念,一下就能找到这一章。然而,列出的大观念只有102个,而术语索引却提供了大约2000个可供检索的概念。设想读者要研究某一个主题而这个主题并不是列出的大观念名称,如帝国主义、生态、量子力学、代沟,没几个读者会有耐心在一章一章的分类主题中搜索。最直接的办法是去查术语索引。研究帝国主义的学者找到这个概念条,那里的索引会带他找到七八个大观念章下的主题。

102个大观念也被包括在术语索引里,所以,要从任何一个大观念开始扩展研究范围,这个术语索引也很有用。没有哪个大观念是与其他大观念隔离开来的。它们之间有多种联系,例如公民、宪法、民主、政府、国家诸章之间,或上帝、预言、宗教、罪、神学诸章之间。查阅术语索引,读者就能立刻看到某一个大观念涵盖的范围有多广。因此,术语索引有助于保障一个大观念在上下文中得到研究。

使用《西方大观念》的方法　　熟读本书,读者就能明白看到使用本书都有哪些方法。在最简单的层面上,读者可以在某一章的分类主题里找出相关论题(例如,**科学**章主题2a,"科学与宗教的关系"),查阅其索引。如果兴趣稍广泛些,读者会就一个包含数个子论题的主要论题进行研究,**自由**章主题1"自然的自由与政治自由"是一个好例,因为它包含8个子论题。也许有人兴趣更广,会去查阅某个大观念下的所有主题的索引,整体地研究这个观念。

有些读者准备直接利用索引部分,这些读者不妨先浏览一下索引之前的分类主题部分。这些不附带索引的主题紧跟在起导论作用的正文后面。熟悉了分类主题部分,研究者就有把握他是在适当的那一章里适当的主题下面利用索引文献。

若不知道主题的位置怎么办?这时候术语索引就可以帮上忙。某位读者也许想看看伟大著作的作者们对颇为时新的环境这个话题都说了什么。既然102个大观念里没有"环境"这条,读者就必须首先求助于术语索引。

在术语索引里找到了"环境"这个词条,读者就见到,在六七个大观念章里涉及这个话题,有的章下所列的主题还不止一个。哪个是你要找的?这时读者必须查阅相关的主题才能确定。查看过相关的主题以后,研究者会发现他需要的最可能是**生命与死亡**章的主题4"生态系统中的生物经济学"。在与环境相关的诸主题中,这个主题的范围最广。但参考其他与环境相关的主题也并非浪费时间。这些主题将提示如何就环境问题开展研究。实际上,查看环境问题在不同的大观念下都有哪些讨论,读者可以对这个问题获得一种更深的识见。

术语索引也有助于找到同义语词和同源语词。例如,"生态"一词与环境联系紧密。实际上,术语索引里生态一词所指引的主题几乎与环境后面所列的主题一样。在两个词后面都列有**生命与死亡**章的主题4"生态系统中的生物经济学",我们因此可以推断应该从这个主题开始研究。

刚才我们以环境这一主题为例,表明一个课题可能有很多方面,因此可以在不同上下文中得到讨论。再试试在术语索引里查教育一词。它后面跟着二十几个大观念,以及更多条目的主题。我们马上认识到,我们既可以把教育视作一个大观念来研究,也可以在其他种类繁多的标题下来研究,例如公民教育、教育在民主政体中的作用、法律的教育作用,等等。

我们既可以缩小上下文的范围,也可以拓宽之。心怀宏大计划的研究者也许愿意把他要研究的诸种大观念组织成一个等级结构。例如,把国家作为总题,其下可以列出贵族制、公民、宪法、民主制、政府、法律、自由、君主制、寡头制、惩罚、奴隶、暴政、独裁制、战争与和平、财富。在对国家这样一个极为广泛的总题进行搜索之后,或者对一个相对较窄的总题进行搜索之后,读者可以进一步查阅交叉索引。我们记得,交叉索引位于每一章的相关著作索引之后。这些索引把读者引向其他章的相关主题。

使用《西方大观念》的例子 假设我们要研究的是环境问题。我们在第48章**生命与死亡**章的相关著作索引部分找到主题4"生态系统中的生物经济",这里可以查到相关著作、作者、页码。就这一例来说,参考书中早的早到公元前5世纪的希罗多德,晚的晚到契诃夫、怀特海、瓦丁吞等。如果我们要参阅所有相关著者,那么这个名单将包括希罗多德、柏拉图、亚里士多德、希波克拉底、盖仑、卢克莱修、普罗提诺、阿奎那、伽利略、孟德斯鸠、卢梭、亚当·斯密、康德、梅尔维伊、达尔文、易卜生、怀特海、瓦丁吞、契诃夫。

读过这些著者的相关章节以后,我们转向交叉索引,检索更多的材料。就这一例来说,只有一条交叉索引与环境有关:**动物**章主题11b"生命机体与其环境的关系"。这一论题下包括丰富的材料,这些材料大大扩张了从**生命与死亡**章主题4那里查到的材料。

假设我们要做的是像上面所说的那样雄心勃勃地对国家及其相关大观念进行研究。即使已经参阅了所有索引,仍可以找到很多其他材料。第90章**国家**章的交叉索引从先前并没有与**国家**章连在一起的其他大观念那里引了很多主题。与国家相连的子论题有很多,其中包括**动物**章主题1d、**教育**章主题8a、**家庭**章主题2a–2c、**历史**章主题4a(3)、**劳动**章主题5–5d、**语言**章主题1、**进步**章主题4b、**宗教**章主题4–4b、**科学**章主题1b(2)。

我们从前面所说的应能知道,伟大著作丛书可说是为各式各样的用途提供了帮助,从轻松的闲读直到非常集中详尽的研究。

目 录

1 天使 *Angel* （张晓林 译）
  总论 ································· 1
  分类主题 ····························· 9
  相关参考 ···························· 11

2 动物 *Animal* （陈蓉霞 译）
  总论 ································ 16
  分类主题 ···························· 25
  相关参考 ···························· 27

3 贵族制 *Aristocracy* （沈默 译）
  总论 ································ 37
  分类主题 ···························· 45
  相关参考 ···························· 47

4 艺术 *Art* （翁海贞、陈焰 译）
  总论 ································ 51
  分类主题 ···························· 59
  相关参考 ···························· 61

5 天文学和宇宙论 *Astronomy and Cosmology*
                              （张卜天 译）
  总论 ································ 69
  分类主题 ···························· 79
  相关参考 ···························· 81

6 美 *Beauty* （俞哲 译）
  总论 ································ 88
  分类主题 ···························· 94
  相关参考 ···························· 95

7 存在 *Being* （赵千帆、曾静 译，孙周兴 校）
  总论 ································ 99
  分类主题 ··························· 109
  相关参考 ··························· 111

8 原因 *Cause* （陆丁 译）
  总论 ······························· 120
  分类主题 ··························· 131
  相关参考 ··························· 133

9 机会 *Chance* （孙善春 译）
  总论 ······························· 140
  分类主题 ··························· 148
  相关参考 ··························· 149

10 变化 *Change* （陈虎平 译）
  总论 ······························· 153
  分类主题 ··························· 161
  相关参考 ··························· 163

11 公民 *Citizen* （童世骏 译）
  总论 ······························· 170
  分类主题 ··························· 178
  相关参考 ··························· 179

12 宪法 *Constitution* （邓正来 译）
  总论 ······························· 183
  分类主题 ··························· 192
  相关参考 ··························· 194

13 勇敢 *Courage* （王晓丰 译）
  总论 ······························· 199
  分类主题 ··························· 207
  相关参考 ··························· 208

14 习俗与约定 *Custom and Convention*
                              （户晓辉 译）
  总论 ······························· 212
  分类主题 ··························· 220
  相关参考 ··························· 222

15 定义 *Definition* （贾可春 译）
  总论 ······························· 228
  分类主题 ··························· 237
  相关参考 ··························· 239

16 民主制 *Democracy* （陈德中 译）
  总论 ······························· 243
  分类主题 ··························· 251
  相关参考 ··························· 253

17 欲望 Desire （王宇光 译）
- 总论 ········· 259
- 分类主题 ········· 266
- 相关参考 ········· 268

18 辩证法 Dialectic （潘卫红 译）
- 总论 ········· 275
- 分类主题 ········· 282
- 相关参考 ········· 283

19 责任 Duty （何怀宏 译）
- 总论 ········· 286
- 分类主题 ········· 293
- 相关参考 ········· 295

20 教育 Education （韩水法 译）
- 总论 ········· 300
- 分类主题 ········· 308
- 相关参考 ········· 309

21 元素 Element （王宇光 译）
- 总论 ········· 318
- 分类主题 ········· 324
- 相关参考 ········· 326

22 情感 Emotion （刘畅 译）
- 总论 ········· 330
- 分类主题 ········· 339
- 相关参考 ········· 341

23 永恒 Eternity （李静韬 译）
- 总论 ········· 348
- 分类主题 ········· 356
- 相关参考 ········· 357

24 进化 Evolution （陈嘉映 译）
- 总论 ········· 360
- 分类主题 ········· 369
- 相关参考 ········· 371

25 经验 Experience （刘畅 译）
- 总论 ········· 376
- 分类主题 ········· 384
- 相关参考 ········· 385

26 家庭 Family （陈少明、刘玉宇 译）
- 总论 ········· 390
- 分类主题 ········· 400
- 相关参考 ········· 402

27 命运 Fate （陈嘉映 译）
- 总论 ········· 412
- 分类主题 ········· 418
- 相关参考 ········· 419

28 形式 Form （朱国华 译）
- 总论 ········· 422
- 分类主题 ········· 432
- 相关参考 ········· 433

29 上帝 God （张晓林 译）
- 总论 ········· 437
- 分类主题 ········· 454
- 相关参考 ········· 457

30 善与恶 Good and Evil （刘静 译）
- 总论 ········· 476
- 分类主题 ········· 486
- 相关参考 ········· 488

31 政府 Government （周濂 译）
- 总论 ········· 498
- 分类主题 ········· 506
- 相关参考 ········· 508

32 习惯 Habit （杨玉成 译）
- 总论 ········· 518
- 分类主题 ········· 526
- 相关参考 ········· 528

33 幸福 Happiness （丁三东 译）
- 总论 ········· 533
- 分类主题 ········· 544
- 相关参考 ········· 546

34 历史 History （陈立胜 译）
- 总论 ········· 553
- 分类主题 ········· 560
- 相关参考 ········· 562

目录

35 荣誉 *Honor* (葛海滨 译)
    总论 ·················· 567
    分类主题 ·············· 575
    相关参考 ·············· 577

36 假说 *Hypothesis* (江怡 译)
    总论 ·················· 584
    分类主题 ·············· 592
    相关参考 ·············· 593

37 观念 *Idea* (杨玉成 译)
    总论 ·················· 596
    分类主题 ·············· 604
    相关参考 ·············· 606

38 不朽 *Immortality* (张晓林 译)
    总论 ·················· 613
    分类主题 ·············· 623
    相关参考 ·············· 625

39 归纳 *Induction* (贾可春 译)
    总论 ·················· 630
    分类主题 ·············· 637
    相关参考 ·············· 638

40 无限 *Infinity* (王师、何宝军、禤庆文 译)
    总论 ·················· 640
    分类主题 ·············· 648
    相关参考 ·············· 650

41 判断 *Judgment* (江怡 译)
    总论 ·················· 655
    分类主题 ·············· 662
    相关参考 ·············· 664

42 正义 *Justice* (邓正来 译)
    总论 ·················· 668
    分类主题 ·············· 677
    相关参考 ·············· 679

43 知识 *Knowledge* (郁振华 译)
    总论 ·················· 689
    分类主题 ·············· 697
    相关参考 ·············· 700

44 劳动 *Labor* (郧建立 译)
    总论 ·················· 714
    分类主题 ·············· 723
    相关参考 ·············· 725

45 语言 *Language* (陈嘉映 译)
    总论 ·················· 732
    分类主题 ·············· 740
    相关参考 ·············· 742

46 法律 *Law* (邓正来 译)
    总论 ·················· 749
    分类主题 ·············· 758
    相关参考 ·············· 761

47 自由 *Liberty* (刘擎 译)
    总论 ·················· 771
    分类主题 ·············· 780
    相关参考 ·············· 782

48 生命与死亡 *Life and Death* (李静韬 译)
    总论 ·················· 789
    分类主题 ·············· 798
    相关参考 ·············· 799

49 逻辑学 *Logic* (徐敏、张秋成 译)
    总论 ·················· 806
    分类主题 ·············· 813
    相关参考 ·············· 815

50 爱 *Love* (刘静 译)
    总论 ·················· 819
    分类主题 ·············· 828
    相关参考 ·············· 830

51 人 *Man* (王昆 译)
    总论 ·················· 842
    分类主题 ·············· 852
    相关参考 ·············· 855

52 数学 *Mathematics* (陆丁 译)
    总论 ·················· 869
    分类主题 ·············· 882
    相关参考 ·············· 883

53 物质 Matter （孙永平 译）
总论 ········· 889
分类主题 ········· 897
相关参考 ········· 898

54 力学 Mechanics （张卜天 译）
总论 ········· 903
分类主题 ········· 921
相关参考 ········· 924

55 医学 Medicine （张大庆 译）
总论 ········· 933
分类主题 ········· 940
相关参考 ········· 942

56 记忆与想象 Memory and Imagination
（范连义 译）
总论 ········· 948
分类主题 ········· 957
相关参考 ········· 959

57 形而上学 Metaphysics （韩东晖 译）
总论 ········· 967
分类主题 ········· 975
相关参考 ········· 976

58 心灵 Mind （程炼 译）
总论 ········· 979
分类主题 ········· 987
相关参考 ········· 990

59 君主制 Monarchy （王昆 译）
总论 ········· 1001
分类主题 ········· 1008
相关参考 ········· 1010

60 自然 Nature （高士明 译）
总论 ········· 1016
分类主题 ········· 1024
相关参考 ········· 1025

61 必然性与偶然性 Necessity and Contingency
（葛来福 译）
总论 ········· 1033

分类主题 ········· 1041
相关参考 ········· 1043

62 寡头制 Oligarchy （周濂 译）
总论 ········· 1048
分类主题 ········· 1054
相关参考 ········· 1056

63 一与多 One and Many （李国山 译）
总论 ········· 1059
分类主题 ········· 1066
相关参考 ········· 1068

64 意见 Opinion （文学锋、徐敏 译）
总论 ········· 1074
分类主题 ········· 1082
相关参考 ········· 1084

65 对立 Opposition （鲍永玲、潘德荣 译）
总论 ········· 1090
分类主题 ········· 1097
相关参考 ········· 1099

66 哲学 Philosophy （陈嘉映 译）
总论 ········· 1105
分类主题 ········· 1114
相关参考 ········· 1115

67 物理学 Physics （程炼 译）
总论 ········· 1122
分类主题 ········· 1130
相关参考 ········· 1131

68 快乐和痛苦 Pleasure and Pain
（何怀宏 译）
总论 ········· 1136
分类主题 ········· 1143
相关参考 ········· 1145

69 诗 Poetry （陈岸瑛 译）
总论 ········· 1152
分类主题 ········· 1162
相关参考 ········· 1164

目录

70 **原则** *Principle* （倪梁康 译）
　　总论 ·· 1170
　　分类主题 ···································· 1179
　　相关参考 ···································· 1180

71 **进步** *Progress* （杨海燕 译）
　　总论 ·· 1184
　　分类主题 ···································· 1192
　　相关参考 ···································· 1193

72 **预言** *Prophecy* （葛海滨 译）
　　总论 ·· 1199
　　分类主题 ···································· 1205
　　相关参考 ···································· 1207

73 **审慎** *Prudence* （李旭 译）
　　总论 ·· 1212
　　分类主题 ···································· 1219
　　相关参考 ···································· 1221

74 **惩罚** *Punishment* （张国栋 译）
　　总论 ·· 1225
　　分类主题 ···································· 1234
　　相关参考 ···································· 1236

75 **性质** *Quality* （王晓丰 译）
　　总论 ·· 1244
　　分类主题 ···································· 1251
　　相关参考 ···································· 1252

76 **量** *Quantity* （张卜天 译）
　　总论 ·· 1255
　　分类主题 ···································· 1261
　　相关参考 ···································· 1263

77 **推理** *Reasoning* （陆丁 译）
　　总论 ·· 1268
　　分类主题 ···································· 1278
　　相关参考 ···································· 1280

78 **关系** *Relation* （刘畅 译）
　　总论 ·· 1287
　　分类主题 ···································· 1295
　　相关参考 ···································· 1296

79 **宗教** *Religion* （高健群 译）
　　总论 ·· 1302
　　分类主题 ···································· 1313
　　相关参考 ···································· 1315

80 **革命** *Revolution* （张国栋 译）
　　总论 ·· 1330
　　分类主题 ···································· 1339
　　相关参考 ···································· 1340

81 **修辞学** *Rhetoric* （李旭 译）
　　总论 ·· 1346
　　分类主题 ···································· 1356
　　相关参考 ···································· 1357

82 **同与异** *Same and Other* （王庆节 译）
　　总论 ·· 1362
　　分类主题 ···································· 1371
　　相关参考 ···································· 1373

83 **科学** *Science* （陈嘉映、孙永平 译）
　　总论 ·· 1378
　　分类主题 ···································· 1386
　　相关参考 ···································· 1388

84 **感觉** *Sense* （贾可春 译）
　　总论 ·· 1397
　　分类主题 ···································· 1405
　　相关参考 ···································· 1407

85 **记号与符号** *Sign and Symbol* （李国山 译）
　　总论 ·· 1414
　　分类主题 ···································· 1423
　　相关参考 ···································· 1425

86 **罪** *Sin* （吴天岳、卢汶 译）
　　总论 ·· 1432
　　分类主题 ···································· 1440
　　相关参考 ···································· 1441

87 **奴隶制** *Slavery* （左高山 译）
　　总论 ·· 1448
　　分类主题 ···································· 1457
　　相关参考 ···································· 1459

88 **灵魂** *Soul* （张晓林 译）
　　总论 ································ 1464
　　分类主题 ···························· 1472
　　相关参考 ···························· 1473

89 **空间** *Space* （吴国盛 译）
　　总论 ································ 1479
　　分类主题 ···························· 1487
　　相关参考 ···························· 1488

90 **国家** *State* （周濂 译）
　　总论 ································ 1493
　　分类主题 ···························· 1503
　　相关参考 ···························· 1506

91 **节制** *Temperance* （葛海滨、王苏娜 译）
　　总论 ································ 1520
　　分类主题 ···························· 1528
　　相关参考 ···························· 1529

92 **神学** *Theology* （徐志跃 译）
　　总论 ································ 1533
　　分类主题 ···························· 1542
　　相关参考 ···························· 1543

93 **时间** *Time* （吴国盛 译）
　　总论 ································ 1547
　　分类主题 ···························· 1556
　　相关参考 ···························· 1558

94 **真理** *Truth* （徐志跃 译）
　　总论 ································ 1564
　　分类主题 ···························· 1572
　　相关参考 ···························· 1574

95 **暴政与专制** *Tyranny and Despotism*
　　　　　　　　　　　　（何子建 译）
　　总论 ································ 1583
　　分类主题 ···························· 1591
　　相关参考 ···························· 1592

96 **普遍与特殊** *Universal and Particular*
　　　　　　　　　　　　（杜世洪 译）
　　总论 ································ 1598

　　分类主题 ···························· 1606
　　相关参考 ···························· 1608

97 **美德与邪恶** *Virtue and Vice* （何怀宏 译）
　　总论 ································ 1613
　　分类主题 ···························· 1622
　　相关参考 ···························· 1624

98 **战争与和平** *War and Peace* （赵楚 译）
　　总论 ································ 1636
　　分类主题 ···························· 1648
　　相关参考 ···························· 1649

99 **财富** *Wealth* （王昆 译）
　　总论 ································ 1658
　　分类主题 ···························· 1670
　　相关参考 ···························· 1673

100 **意志** *Will* （李旭 译）
　　总论 ································ 1686
　　分类主题 ···························· 1699
　　相关参考 ···························· 1701

101 **智慧** *Wisdom* （丁三东 译）
　　总论 ································ 1710
　　分类主题 ···························· 1718
　　相关参考 ···························· 1719

102 **世界** *World* （杜世洪 译）
　　总论 ································ 1723
　　分类主题 ···························· 1736
　　相关参考 ···························· 1737

附录
扩展阅读总目
Bibliography of Additional Readings ······ 1743
术语索引
Inventory of Terms ························ 1833
西方世界的伟大著作书目(60卷)
Contents of Great Books of the Western World
································ 1879

西方大观念
1 天使 – 54 力学

The Great Ideas
Chapters 1 - 54: Angel to Mechanics

1

天 使 Angel

总 论

由于受绘画和诗歌中宗教象征主义的长期影响，提到"天使"这个词，我们脑子里出现的是沐浴在炫目白光中的长有翅膀的人类身体的形象。

无论对信仰者还是非信仰者来说，这个形象都包含着一些特征，它们象征着抽象的天使概念中的一些意义要素，这个概念可以在犹太教和基督教神学家们的著作中及哲学家们的相关讨论中找到。人类的外貌暗示天使像人类一样是一个个的人，理智构成他们最本质的特点。翅膀暗示天使的作用——他们是向人传达神意的信使。根据象征主义的既定惯例，环绕他们的白色光圈意味着天使的灵性。它向我们暗示，想象天使具有身体，是使用了绘画的隐喻手法。

如果我们考虑到天使观念在思想史上一直扮演的角色，那么，这个光圈还可作另外的解释。无论哪里，只要这个观念进入我们关于神与人，关于物质、心灵和灵魂，或者知识和爱，甚至时间、空间和运动的讨论，它就会使这些与它性质不同的主题更容易得到阐明。这种来自或可能来自作为一种特殊的本体或本性的天使观念的光照作用，丝毫不受对他们存在的怀疑和否定所影响。

无论这种实体是否存在，他们能够被设想这个事实对理论和分析意义重大。那些不相信乌托邦存在、甚至不相信乌托邦可能存在的人，却把乌托邦看作是在评价公认的现实时有助于分析的虚构。可以离开一个社会的存在问题考虑这个社会像什么，这样的考虑其作用就如政治和经济思想中的假设。同样，天使属于哪类本体（如果他存在的话）这个问题，也可以在各种广泛的理论考察中用作假设。

事实上，天使观念确实严格地以这种方式作为一种分析工具。它使我们对下述问题的理解更鲜明清晰：诸如人是什么，他的心灵怎样起作用，灵魂是什么，离开物质，事物将以什么方式存在和活动。因此，它暗示物质及其在时空中的运动怎样决定着有形存在的特性。"人既是天使，又是野兽。不幸的是他既扮演天使，也扮演野兽。"帕斯卡的这段话使人注意到关于人的不同概念，它们得自人既是天使也是野兽而非既不是天使也不是野兽的假定。**动物**和**人**两章所考察的关于人类本性的这种观点，不可能离开关于与物质和身体有关的人类心灵或灵魂的理论而得到充分的研究。正如**心灵**和**灵魂**两章所指出的，以柏拉图和笛卡尔命名的理论，把人类心灵或灵魂视为纯粹精神实体或实在的本体和能力，似乎把人与天使归于一类。洛克继承这个传统，把"精神"一词同等地用于人类心灵和超人类的理智。

认为天使观念主要是哲学家们的构造——是他们为了他们的分析目的杜撰出来的虚构，或者认为它只是他们的超世实在（关于其存在和本性，他们一直争论不休）概念，那将会误入歧途。在西方文明的文献中，首先提到天使和出现天使之名的是旧约和新约圣经。圣经的读者一定还记得上帝的天使履行向人传达神意的使命的场景。最令人难忘的这样一些场景是天使造访亚伯拉罕和罗得,以及天使加百列向玛利亚传报上帝的旨意,告知她将由圣灵感孕而生耶稣。

在圣经的托比厄斯(Tobias,詹姆士国王版圣经中称作 Tobit)卷中,一个著名的人物是天使拉斐尔。在该卷的大部分故事中,他都以人的身份出现,但是在最后,在他完成了他的使命后,他公开了他的身份。"我是天使拉斐尔",他说:

我是站在宝座前侍奉主的七天使之一。

他们听到这话,异常惊恐,俯伏在地,吓得发抖。

天使对他们说:别害怕,一切都很好。永远记住,要赞美上帝。他要我来帮助你们。

当你们认为亲眼看见我吃东西的时候,实际上我什么也没有吃,这不过是看起来像那么回事。

现在我必须回到他那里去了,是他派我来的……

说罢,他就消失在天空里了,他们再也看不到他了。

作为圣经解经学和圣经注释的结果,天使成了从斐洛到迈蒙尼德的犹太教神学家以及像奥古斯丁、斯各脱·爱留根纳、大哥利高里、阿奎那、路德、加尔文、帕斯卡以及施莱尔马赫等基督教神学家的基本论题。他们也出现在犹太-基督教传统的伟大诗歌中,例如但丁的《神曲》、弥尔顿的《失乐园》、乔叟的《坎特伯雷故事集》、歌德的《浮士德》等。

哲学家们,特别是17和18世纪的哲学家们,受《圣经》和神学的激励,开始考虑天使的存在、本性及活动等问题。例如,霍布斯抨击借口非物质的实体观念自相矛盾而认为天使是非物质的假定,并着手重新解释经典中所有把天使描述为精灵的段落。在进行了大量的考察之后,他说,"一一列举旧约中所有出现天使之名的地方是不可能的,因此,总体来说,我认为英国国教教会认为是正典的那一部分旧约圣经中,没有任何经文可以让我作出结论说:在灵或天使这一名义下所创造的永恒物不具有量……总之,如果物体被认为是某种东西或存在于某处的话,这种永恒物便没有一种不是具有实质的。"

霍布斯认为,只在"天使"意指"信使"而且"多半是神的信使"的意义上,所有段落才能得到解释。神的信使意味着让人知道神的特别的在场。反之,如果假定天使具有永久的本体,而不是仅当他们向人传达神的话时才存在,那么,他们就必须是有形的。霍布斯写道,正如"在复活后,人将是永存的而并非是无形的,所以,天使也是如此。……对理解实体和无形的这些词的意义的人来说"——"无形的"意指全然没有身体,而不是只有一个精细的身体——这些词用在一起"隐含着一个矛盾"。因此,霍布斯论证道:"说一个天使或精灵(在那种意义上)是一个无形的实体,实际上是说根本没有天使或精灵。因此,考虑到旧约中天使这个词的含意,考虑到通过自然的寻常方式发生在人身上的梦与幻影的本性,"霍布斯得出结论说:天使"不过是超自然的幻象,产生于上帝的特殊的、不寻常的操纵,以使人类,尤其是他的子民知道他的在场和诫命。"

洛克似乎采取了一个完全相反的立场。由于断言我们"没有清楚分明的一般实体观念",他并不认为精灵比身体更不可理解。他写道:"物质实体观念与精神实体或精灵观念一样,远在我们的概念和理解之外,因此,我们不能因为我们不具有任何物质实体的观念,就否认身体的存在;同理,我们不能因为我们不具有任何精神实体的观念,就推论说它不存在。"正如我们通过假定物体的性质,如形象和运动,或颜色和重量同时存在于某个实体中,来形成复杂的物体观念;

同样，通过假定在我们自身中发现的活动，如"思想、理解、意愿、了解以及开始运动的能力等等"——同时存在于某种实体中，我们能够设想复杂的非物质的精神观念。

洛克不仅认为"我们有清楚明白的非物质实体的知觉和观念，正如我们有清楚明白的物质实体的知觉和观念"，而且他也发现理性完全可以接受关于天使等级的传统教义："设想精灵可能有许多种类，通过我们不了解的各种不同性质相互区别开，正如感性事物的种类通过我们在其中认识和观察到的性质相互区别开一样，不是不可能的，与理性也并不矛盾。"

洛克甚至走得更远——不仅认为天使可能存在，而且认为天使可能真实存在。他的推论类似于神学家们对于这个困难问题的传统论证。他写道："当我们考虑创造者的无限能力和智慧时，我们有理由认为天使的存在与宇宙的庄严和谐一致，与建筑师的伟大设计和无限的善相匹配；有理由认为造物的种类也应当从我们逐渐地上升到他的无限完善，正如我们所见，它们也从我们逐渐地向下排列。"

关于天使存在及其等级的这种沉思，通常被认为是神学家而非哲学家的职分。但是，弗兰西斯·培根像洛克一样，并不认为哲学家不适于探究这种问题。在自然神学——在他看来这是哲学的一部分——中，培根认为，"从对自然和人类理性原理的沉思去激烈地辩论或主张信仰的秘密，甚为不妥。"但是，他宣称，"关于精灵和天使的本性则是另一回事，这既不是不能探究的，也没有被禁止，在很大程度上，他与人类心灵因亲缘关系而处于同一层次。"

在《学术的进展》中，他没有向我们提供关于天使的进一步教导，但在《新工具》中，他通过叙述人类心灵和天使心灵之间的一个不同特性，阐明了天使和我们的本性。在那里，在讨论归纳理论时，他认为，"唯有神（形式的赠予者和创造者），也许还有天使或理智一起，在沉思的第一瞥里就认取形式。"

与我们处理的大部分大观念不同，天使观念似乎受制于它的历史范围。不仅自18世纪以来关于它的讨论日渐减少，而且，在古代异教的伟大著作中也没有发现它的踪迹——当然不是在这个词的严格意义上。在严格意义上，"天使"意指神的造物，是具有精神本性的实体，在神对宇宙的统治中发挥着某种作用。

尽管如此，在古代宗教和哲学中，有一些类似的概念，至少在哲学中，类似概念之间的类似点明显到足以建立讨论的连续性。此外，柏拉图、亚里士多德和普罗提诺思想中的一些要素，对犹太-基督教天使神学产生了决定性影响。

吉本叙述了古代基督徒是如何把多神教的神和他们关于天使的教义联系到一起的。他写道："对教会和异教徒的一般看法是：诸神是作者、庇护者、偶像崇拜的对象。那些不服管束的精灵被逐出天使行列，被投入地狱深渊，但允许他们在地上游荡，烦扰人的肉体，诱惑罪人的心灵。不久，诸神发现并滥用人心趋于信仰的自然倾向，设计使人不再崇拜他们的创造者，他们侵占了至上神的位置和荣耀。"

在古代多神教中，半神或低位神是本性和能力高于人的存在。吉本写道："多神教的信徒和哲学家、希腊人和野蛮人，都习惯于设想长长的系列，数不清的一长串天使或诸神、神祇、纪年、流射物等，从光的王座发出。"例如，在柏拉图的《会饮篇》中，第俄提玛对苏格拉底说，爱若斯"是神人之间的中介……在神人之间沟通,向神传译和传送人的祈求和献祭,向人传译和传达神的命令和要求;他是弥合使神人分开的神人之间差别的媒介。"第俄提玛解释说,有无数不同的"精灵中介力量",爱若斯只是其中之一。

这种半神因其本性而成为媒介。尽管在知识和活动方面有超出常人的能力,但他们仍不完全是神。根据柏拉图的看法,由于在人神之间占有一席之地,他们"本性既不是会死的,也不是不朽的"。他们的存在必然充实自然的等级。他们是所谓"伟大的存在链条"上的环节。

把这些半神类与天使比较主要产生于这里所说的等级。异教和基督教都相信根据完善程度和能力大小排列的超自然或至少是超人存在的秩序。在异教和基督教中,这些存在都扮演着由神到人的信使的角色。他们有时充当人的监护者或保护者,有时背叛人、欺骗人,充当人的敌人。但是,不能超出这里所说的等级来理解这一类比。根据基督教教义,天使不是较低的神,甚至也不是半神。与异教的"灵媒"相比,他们更少人的特点,也更少神的特点。然而,古代伟大诗歌的读者会发现,在《被缚的普罗米修斯》中普罗米修斯反抗天的斗争和《失乐园》中的天使的战争之间,有着惊人的相似。

在柏拉图、亚里士多德和普罗提诺的著作中,对感性世界的物质事物的考察,转向了对纯粹理智本体的存在秩序及其本性的研究。由于感官可感的本体和物质本体之间具有某种内在联系,因此,纯粹理智之物必定是完全非物质的。如果观念独立存在——凭其自身的能力,离开认识和思维的心灵——那么,它们就构成了这样一种纯粹理智实在的秩序。

至此,许多困难问题随之出现。理智本体也是理智吗?即它们既是认识者的秩序,也是可知之物的领域吗?能把它们视为实体吗?如果是,那么,它们有与它们的存在方式相应的活动(不是认知活动,而是在某些方面影响物理世界的事件进程或运动过程的活动)方式吗?

普罗提诺肯定说,纯粹理智本体也是纯粹理智,但他不认为它们除了认知能力或活动外,还有其他能力或活动。古代和中世纪对这些问题的另一种回答是,理智是天的原动力、诸天体的推动者。亚里士多德写道:"既然我们看到宇宙间除了我们认为是第一和不动的实体所造成的简单的空间运动外,还存在着其他的空间运动——行星的空间运动——那是永恒的(因为以圆周运动的物体的运动是永恒的),那么这些运动的每一个,其运动必定由一个本身不动且永恒的实体所引起。"亚里士多德认为,这些第二推动者,其数目与恒星运动相同,作为原初推动者,它们不仅必须是永恒的和不动的,而且"没有重量",或者说是非物质的。

柏拉图提供了另一个可供选择的假说:天体有生命和灵魂。和亚里士多德的假说一样,柏拉图的假说在中世纪被人根据天使的理论作了重述。阿奎那说奥古斯丁认为"如果天体确是有生命的本体,那么,它们的灵魂必定与天使的本性类似。"他本人则认为"它们与精神实体相联系,正如被推动之物与推动者相联系"。他说:"关于这一点的证明在于如下事实:既然自然运动必定有一个终结,在其中自然达到目的,停止运动,而天体的运动不存在这种情况,因此,结论就是,天体被某些理智实体所推动。"

理智是否支配着行星的运动这个问题也引起了天文学家开普勒的注意。尽管他否认需要这种理智——除了别的理由外，还有一个理由是，行星运动不是圆周而是椭圆。他论证说，天体运动既是"物体的自然力"的作用，"也是其活动与那些物体的力量一致的灵魂的作用"。但无论是否应把它们视为推动者、认识者和可认识之物，对古代和中世纪的思想来说，理智都代表着一种与物理世界的沧桑变化无关（正如它与物质无关）的存在方式。

当现代哲学家考察精灵或精神存在时，他们很少涉及古人关于纯粹理智体的概念，或很少涉及未受中世纪思想中发展出来的关于天使的神学教义影响的独立理智概念。

可以从阿奎那的《神学大全》了解到这个教义的大致内容。它包括一篇完整的关于天使的论文，和对另外一些问题的论述，诸如天使的语言、他们的等级和秩序、善恶天使的区分、他们对人的影响——善良天使对人的保护，恶魔对人的胁迫。这些另外的问题包含在论神的统治的论文中，它们阐明了天使的神学意义。

天使本性的基本事实是非物质性。天使在两方面是非物质的：他的本体存在是非物质的，以及他的独特活动是非物质的。关于后者，阿奎那说：他是"一种完全非物质的运作形式"。由于是非物质的，他们因此也是不朽的。阿奎那写道："一个由物质和形式构成的对象，实际上仅当形式与物质分离时才停止存在。但是，如果形式存在于其自身本体中，如天使那样的存在，那么，它就不可能失去其本体。"为了表示他们是理智，其存在独立于物质，天使有时被称作"维持存在的形式"，有时则被称作"独立实体"。

尽管天使本体不灭，并有不朽的生命，但他们不像神，不是真正的永恒。奥古斯丁写道："你'起初'即白昼出现之前创造的诸天之天，是某种理智的造物，"但他"绝不可能与你共永恒"。天使既是被造，他就有一个开始。然而，尽管不是永恒的，他们也不是不断变化的暂存之物，根据奥古斯丁的意见，他们"在（他们）沉思神的欣喜和欢乐中……忠实地（永不疲倦地）依恋于你，"超越"时间之轮的每一次沧桑变化，分有你的永恒。"正因为如此，天使被说成是"永恒存在的"。然而，正如加尔文指出的，人们把"想象的神性归于天使"，因为"许多心灵被天使本性的优越所迷惑"。

人们熟知的关于一个针尖上能站多少天使的问题——如果中世纪神学家曾问过这个问题的话——只是提出了一个非物质的实体如何占据空间的问题。在《圣女贞德》的序中，萧伯纳纠正了关于中世纪人探究一根针尖上站多少天使的神话虚构。他写道："中世纪的神学博士并不曾假装他们能确定多少天使能在一根针尖上跳舞，但他们与那些在十亿分之一毫米的空间中确定电子的所有运动与位置的现代物理学家一道，让浪漫派的可信度大打折扣。"萧伯纳不熟悉量子力学，但这无碍于他这一比较的内涵。

阿奎那讨论"天使与场所关系"的方式，揭示了这个问题怎样用于引出空间和数量的本性，以及它们与因果性的关系等具有普遍意义的问题。他指出，物体以外切方式占据场所，即是说它的体积的量包含在空间之内，而"在天使的能力以无论任何方式适于各处的意义上，我们说天使处于物质的场所。……一个非物质的实体实际上包含它与之接触的事物，而并不被它所包含。"反对者会认为，既然天使不像物体，并不充满一个场所，那么，一个场所就可能同时有数个天使。对此，阿奎那回答说，两个天使不可能在同一个场所，因为"同一个事物不可能有两个完全的直接原因。"既然一个天使处在他活动的场所,而且既然凭他的活动能力他包含着他在其中活动的场所,那么,"一个场所就只能有一个天使。"

据说天使也无须穿越空间和时间间隔从一个场所去到另一个场所。考虑到天使的非物质性,天使这样的活动与电子的活动相比,倒显得稀松平常。根据现代量子力学的测定,电子从原子的外轨道跳到内轨道,也无须花费时间或跨越中间轨道空间。

天使是非物质性的,这一点的另一个意义是,可以通过与天使的比较来阐明物质存在的诸条件。在物理事物的世界,我们通常认为种包含许多个体。所有人都有相同的种,但却有个体和数量的差异。因为天使是非物质的实体,所以认为每个天使都是一个独特的种。阿奎那解释说:"种上一致而数量不同的事物,形式相同而质料有别。因此,如果天使非由物质和形式构成……那么,其结果就是两个天使不可能属于同一个种。"

此外,正如阿奎那在另一处所述,"非物质的实体不可能数量不同而种上相同和本性平等"。每一个种都必须比另一个种或高或低,这样天使的社会才是一个完善的等级社会,其中每个成员都处于一个特定的等级。假定人分有相同的人性,那么所有的人就都是相同的,但没有两个天使是这样的。然而,"六翼天使"和"基路伯"这些称呼,以及天使长和天使的区分,表明精神实体组成不同的组群——根据传统,组成九个等级或从属的品级。

但丁在《天国篇》把天使的九个等级或品级描述为爱与光的不同火环。他用这些隐喻这样报告了他所见的天国的等级制:"我看到一点放射着那样强烈的光芒,致使其所照射的眼睛因其极大的强度而不得不闭上……大约距离这一点如同雾最浓时产生的晕圈和它围绕的那颗给它着色的行星那样近,一个火环围绕它飞快地旋转,我想速度之高超过那重围绕宇宙运转最快的天。这个火环被另一个围绕,这另一个被第三个,第三个被第四个,第四个被第五个,第五个被第六个围绕。第六个外边是第七个,它已经扩展得那样广大,假若朱诺的使者彩虹呈圆形,都会显得狭小,不能容纳它。第八个和第九个都是这样。"

贝雅特丽齐向他解释了这些火环相互之间以及它们与那个发光点即上帝的关系怎样依赖于它们所获得的爱与真理的多少,凭着那个,就有了"每重天和主管它的天使之间的那种神奇的对应,即较大的天与较大的天使,较小的天与较小的天使对应。"然后,她详述了她的意思:"那头两个火环向你显示的是撒拉弗和基路伯,他们依据对上帝之爱的纽带旋转得如此迅速,因为他们在最大可能的限度内和那个发光点相似;他们能和它相似,因为他们对于它的观照达到最高深的限度。围绕他们转的那些其他的天使称为上帝的宝座,他们是第一品级的三级体的终结……第二品级的三级体在这不受夜间生起的白羊座剥夺的永恒的春天那样萌芽开花,它用三种旋律永久不断地歌唱和撒那……第一是权德,第二是德能,第三是威力。其后,在倒数第二的两个欢乐的火环中,统权天使和大天使在旋转;最后的一个火环中都是欢乐的天使。所有这些品级的天使都怀着仰慕之情向上观照,向下施加影响,吸引那些较低的品级,因此,他们都被吸引向上帝,而又都在吸引。"

天使理论提出了许多有关天使与脱离肉体的灵魂之间的异同关系问题。但

1. 天　使

是，为了与人比较，作为无身体的理智的天使理论的最显著的意义，也许与他们的认知方式和统治方式有关。可以根据关于人及灵魂本性的极不相同的观点进行比较。事实上，形形色色的关于人或灵魂的概念本身可以通过提及天使的性质加以比较。一种概念把天使的性质归于人的本性，另一种概念则否认这样的归属。

由于没有身体，天使没有感官知觉和想象。由于不受时间和运动所限，天使也不作理性的推论和思考，就像人类从前提到结论的推理。然而，根据阿奎那的意见，"人类理智通过某种运动和推论的智力活动，在对真理的认识中获得完善……正如他们从一个已知的事物到另一个已知的事物而进步"；而天使则"从关于已知原理的知识……立刻领会它所有必然结论，就如已知一样……全然无须推论的过程。"他们的知识是直觉的和当下的，不靠经验中抽象出来的或以其他方式形成的概念，而是通过神创造他们时注入他们的原初观念。"因此，"阿奎那继续说：天使在与"靠推论获知真理的人类灵魂"这样的理性本性的对照中，"被称作理智本体"。如果人"像天使那样拥有完全的理智之光，那么，在对原理的第一瞥里，他们也立刻就会通过了解所有从原理中推论出来的东西，而领会全部原理。"

由此看来，低估对于感官和想象之依赖及强调直觉而非人类思维推论特点的人类理智概念，似乎把天使的能力归属于人类。同样的方式也被用来说明根据内在观念或被植入的原理解释知识起源的人类知识论。关于人类可以通过心灵感应相互沟通的假定，也是一个把天使的性质归属于人类的例子。天使具有心灵感应，据说一个天使无须任何外在的沟通方式，仅仅通过意志的活动，就能让另一个天使知道他在想什么。

由于没有身体，天使也没有身体的感情，没有人类那种理性和激情的冲突，他们的爱——或他们意志的运动——完全被他们的所知所引导。在《神曲》中，贝雅特丽齐说天使的社会是这样一种社会，在其中"永恒的爱开放出新的爱"。说到好天使和坏天使的区别，她告诉但丁："你在这里看到的那些天使是谦卑的，承认他们的存在来源于使他们生来即有如此伟大智慧的至善。因此，他们的灵见被上帝的启迪恩泽和他们自己的功德提高，使得他们具有坚定、完全的意志。"然而，在天国里，他们的灵见和上帝的爱并不相等，"本原之光普照一切天使，以各种不同的方式被他们接受，方式多得如同光所照耀的天使们一样。因此，既然上帝的爱随着对他的观照产生，这种爱的幸福在他们当中也相应地在程度上有热和温的不同。"

这样一个社会，由知识和爱统治，无需使用强力，因为天使是以这样的方式被相互安排的，他们中不可能出现误会和分歧。因此，那些鼓吹无拘束、无压制的人类理想社会的哲学上的无政府主义者，似乎要把人天使化，或至少希望在地上出现天国。《联邦党人文集》的作者们以另外的方式设想地上的政府，他们评论说："如果人是天使，就不需要政府。"如果他们考虑到天使社会只由爱统治，没有强力，那么，他们可能会说："如果人是天使，他们的政府就没有必要使用高压统治。"

从一开始，伟大的神学教条之一就是宣称天使被分为两类——善恶精灵。魔鬼或撒旦以及它的追随者们的罪，就是不服从或反抗上帝。它们受傲慢所驱使，不满足于低于上帝的地位。正如《失乐园》中撒旦本人所说：

因骄傲和更坏的野心，
掀起天上的战争，反对天上
无敌的天帝
……
可是他对我的德，在我都变成怨；
我被升到那么高的低位，
便不愿服从，妄想再进一步，
要升到最高位，并且想在一时间
就把无穷无尽的恩债都还清，
……
可是我正蔑视
屈服这个词儿，而且我有何面目
去见地下精灵们，我曾向他们作
豪言壮语，要征服全能的神！

神学家们试图精确地界定撒旦想要成为上帝的傲慢的本性，阿奎那解释说"成为和上帝一样，可以从两方面来解释：首先是平等；其次是相像。天使不可能以第一种方式企求和上帝一样，因为根据自然知识，他知道这是不可能的……甚至作这样的设想，都将违背自然欲求，因为，一切事物中都存在着维持其自性的自然欲求，如果改变其本性，它就会失去它的自性。因此，本性较低的造物不能觊觎本性较高的等级，正如一头驴子不能渴望成为一匹马。"

那么，阿奎那认为，撒旦因希望像上帝那样而犯罪，必定是以其他方式。但是，这需要进一步的解释。"根据相像而希望和上帝一样可能表现为两种方式。一种方式是所有事物都可以与上帝相比的那种相像，如果有人希望以这种方式像上帝，即假定他以正确的方式希望这种相像，亦即假定他或许从上帝获得这种相像的话，他就没有罪。但是，如果他以自己的能力而非神力渴望像上帝，即使是以正确的方式，他也是在犯罪。另一种方式是，他可能渴望在某些不属于他的本性的方面像上帝，例如，他想要创造天地，这是专属于上帝的事，那么，对他来说，这种渴望就是犯罪。"

阿奎那声称，在最后这种意义上，"撒旦渴望和上帝一样。并非他渴望完全不受制于他者而像上帝，因为这样一来，他就是在渴望他自己的非存在，因为，除非分有受造的存在，没有受造物能够存在。"但是，他"把靠他的自性可能实现的某物当作他的至福的终极目的加以渴求，使他的渴求离开了靠神的恩典实现的超自然的至福。"

在撒旦和其他堕落天使的原罪中，以及在撒旦和他的恶魔们随后对人类事务的全部干预中，包含着在上帝的爱和善所创造的世界上恶的起源的神学秘密，包含着那些只能靠上帝的旨意获得自由的造物之自由的神学秘密。正如罪那章所指出的，亚当堕落后失去恩典和纯洁，包含着同样的秘密。在传统基督教教义中，人的命运与撒旦的生涯相连，不仅在罪这一方面，而且在人的救赎这一方面——用天国九级天使中的候选天使的灵魂替换堕落天使的拯救。

在我们的文学作品中，最不寻常的时刻是撒旦与上帝谈论人类的时刻，如在《失乐园》中；以及撒旦与上帝谈论一个特别的人的时刻，如在《约伯记》或在《浮士德》的"天上序幕"中。异教中也有类似的时刻，那就是普罗米修斯对不在场的宙斯说话的时刻。但普罗米修斯与撒旦不同，他是人类的恩人，他能反抗宙斯，因为诸神都受命运的支配，而他知道命运之谜。相反，撒旦似乎总是受上帝差遣。在《卡拉马佐夫兄弟》中，当他向伊万显现时，他辩称："我真的爱人类……我本不想专门制造事端，做不合理的事，我是受命去做那些事。"如若不然，那么，光明和黑暗两种力量之间的斗争，就必须被理解为对立物之间的斗争，而根据基督教正统观点，这是摩尼教的异端邪说。摩尼教把世界视为善恶两种对立力量较量的战场。

"天使的"一词通常具有道德上完善的含义,但我们务必记住魔鬼本性上也是天使,尽管他具有邪恶的意志。我们也务必不要因撒旦服务于上帝就忘了基督教神学并未试图低估往来于地上的魔鬼的邪恶力量。撒旦甚至企图诱惑基督,在整个新约中,魔鬼对人类的破坏性影响占有显著的位置。魔鬼对人的生活的干预,即使不是歌德《浮士德》的主题,也是它的背景。

正如魔鬼的影响和邪恶权力理论是传统天使学说的必不可少的组成部分一样,在现代,魔鬼学是非难关于精灵的神学教义的主要焦点。道德家们认为无须诉诸魔鬼的诱惑也能解释人类的堕落,精神病医生认为即使不受邪恶精灵的影响,人也可能精神错乱或表现得像着了魔。在弗洛伊德看来,魔鬼的观念是一个宗教虚构,是那些试图"在上帝的全能和至善与恶的……无可否认的存在之间进行调和"的人,"为上帝开脱的最佳方式"。

我们时代的典型的怀疑论一般都倾向于反对天使信仰。借着讽刺和论证,它怀疑或否认善恶精灵的存在。然而,尽管考虑了各种论证,天使的存在——或用哲学的术语说纯粹理智体的存在——是否仍是一个真正的问题,人们并不清楚。或者,这里是否有两个问题,一个是哲学问题,一个是神学问题,一个要在论证的层面解决或置之不理,另一个要通过宣称它是宗教信仰之事而给以教义的回答?

分 类 主 题

1. 多神教的低位神或半神
2. 纯粹理智体、精神实体、超人人格
   2a. 天体推动者或第二原动者:属于天体的理智体
   2b. 我们关于非物质本体的知识
3. 犹太—基督教教义中的天使概念
   3a. 上帝的第一个造物:他们在创造秩序中的位置
   3b. 天使的本性
   3c. 天使的永恒存在和不朽性
   3d. 天使的智力和天使的知识
   3e. 天使的意志和天使的爱
   3f. 天使的活动:他的一般特点
   3g. 天使的等级:天使的不平等、秩序和数目及他们的相互关系
4. 天使与人类及脱离身体的灵魂的比较:他们与天国九级天使中的有福者的关系
5. 善恶天使的区分和比较
   5a. 天使和恶魔的区分的起源:魔鬼或撒旦的罪
   5b. 恶魔的社会:撒旦对黑暗力量的控制
6. 天使在宇宙管理中的作用
   6a. 好天使在人类事务中的作用:保护
   6b. 恶魔对人事的干预:诱惑、占有
7. 上帝和撒旦

7a. 光明和黑暗力量之间的斗争：他们争夺统治人类的斗争
7b. 受上帝差遣的魔鬼
8. 对天使和魔鬼信仰的批评和讽刺

［张晓林　译］

1. Angel

索引

本索引相继列出本系列的卷号〔黑体〕、作者、该卷的页码。所引圣经依据詹姆士御制版，先后列出卷、章、行。缩略语 esp 提醒读者所涉参考材料中有一处或多处与本论题关系特别紧密；passim 表示所涉文著与本论题是断续而非全部相关。若所涉文著整体与本论题相关，页码就包括整体文著。关于如何使用《论题集》的一般指南请参见导论。

1. **Inferior deities or demigods in polytheistic religion**

    3 Homer, 167–171, 174–179, 228–230, 244, 258–261, 350–353, 388–389
    4 Aeschylus, 40–53, 90–103
    4 Sophocles, 216–233
    4 Euripides, 275–276, 296–315, 316–333, 363–365, 383–406, 407–433, 472–493, 515–532
    4 Aristophanes, 748–769, 770–797, 798–823, 887–905
    5 Herodotus, 58–60, 79–80, 82–83
    6 Plato, 44–45, 92–97, 122–125 passim, 130–131, 152, 153, 159–161, 163–164, 193, 204–205, 320–328, 481–482, 588–589, 653, 662, 680–684 passim, 730
    7 Aristotle, 604–605
    11 Lucretius, 1
    11 Epictetus, 112–113
    11 Aurelius, 243–244
    11 Plotinus, 374–375 passim, 405–411, 457, 552, 556
    12 Virgil, 81–321 esp 86, 88, 97, 141–142, 254–257
    13 Plutarch, 50–51, 57–58, 239–240
    14 Tacitus, 59–60, 214–215, 293–294
    16 Augustine, 169–374 passim, 550–551, 727
    17 Aquinas, 331–332
    19 Dante, 39–40
    19 Chaucer, 296–303
    21 Hobbes, 79–82
    22 Rabelais, 132
    23 Montaigne, 287–289
    25 Shakespeare, 541–544
    29 Milton, 17–27, 33–56
    37 Gibbon, 12, 184–185, 345–347
    38 Gibbon, 135, 226–227
    43 Hegel, 235–236, 240–241, 266–267, 279–281, 284–289
    45 Goethe, 71–72, 94–112
    58 Weber, 183–184

2. **The philosophical consideration of pure intelligences, spiritual substances, suprahuman persons**

    11 Plotinus, 380–381, 387–388, 405–411, 455–456, 519–520, 552, 660–661
    16 Augustine, 126–140
    17 Aquinas, 130–131, 256–257, 272–273, 342–343, 423–424, 444–446, 465–466, 469–471
    18 Aquinas, 1025–1032
    19 Dante, 92, 127
    21 Hobbes, 258–260
    28 Bacon, 149
    29 Milton, 150–151, 185–186
    33 Locke, 165, 178, 205, 208–214 passim, 271–272, 321–322, 370–371
    33 Berkeley, 440–442
    38 Gibbon, 136
    39 Kant, 263–264, 271–277, 278, 280–281, 282, 286–287, 303–304, 308–309, 321, 340, 347–348

2a. **The celestial motors or secondary prime movers: the intelligences attached to the celestial bodies**

    6 Plato, 452, 765
    7 Aristotle, 376, 383–384, 603–605, 636–637
    11 Plotinus, 342–344, 408, 470–471, 477–480, 511–512
    15 Kepler, 890–895, 896–897, 914, 930, 932–933, 959–960, 1080–1085
    17 Aquinas, 277–278, 279–280, 365–367, 564–565, 566–567, 589–590
    18 Aquinas, 1017–1020
    19 Dante, 9, 91, 92, 99, 100, 106, 126–127
    26 Gilbert, 104–105

2b. **Our knowledge of immaterial beings**

    11 Plotinus, 439–443
    17 Aquinas, 270–272, 449–450, 469–472, 503–504
    28 Bacon, 41–42
    28 Descartes, 348
    33 Locke, 205, 207–214, 271–272, 317, 321–322, 357, 370–371
    33 Berkeley, 418, 428, 430, 440–442
    59 Shaw, 40–42

3. **The conception of angels in Judeo-Christian doctrine**

    16 Augustine, 311–415
    17 Aquinas, 269–338
    19 Dante, 126–128
    21 Hobbes, 174–176
    29 Milton, 93–110, 192–195

3a. The first creatures of God: their place in the order of creation

Old Testament: *Psalms*, 148:4 / *Isaiah*, 6:1–3 / *Ezekiel*, 1
New Testament: *Matthew*, 18:10 / *Hebrews*, 1–2 / *Revelation*, 5:11–14
16 Augustine, 374–396, 661–662
17 Aquinas, 245–247, 256–258, 269–273, 314–317, 319–320, 341–343, 347–349, 352–354, 482–483
19 Dante, 99, 127
20 Calvin, 63–64, 66–67
28 Bacon, 17
33 Locke, 271–272

3b. The angelic nature

Old Testament: *Psalms*, 103:20–22; 104:4
New Testament: *Hebrews*, 1–2
16 Augustine, 129, 130–132
17 Aquinas, 269–284
19 Dante, 127, 128
20 Calvin, 63–65, 66
21 Hobbes, 174–176
28 Descartes, 444, 451–452
29 Milton, 95–97, 102, 192–194
33 Locke, 143, 271–272

3c. The aeviternity and incorruptibility of angels

16 Augustine, 128–132, 133–134, 405–407
17 Aquinas, 44–46, 274–275, 315–316, 513–514, 534–536
19 Dante, 98, 99
21 Hobbes, 175–176
29 Milton, 96–97, 113, 193–194, 202–204, 205

3d. The angelic intellect and angelic knowledge

Old Testament: *Judges*, 6:11–16; 13:2–14 / *Daniel*, 10–12
New Testament: *Revelation*, 17; 18:21–24; 21:9–22:7
16 Augustine, 129–131, 346–347, 381–383, 392–393, 487, 661–662
17 Aquinas, 31–32, 53–54, 284–306, 334–335, 421–422, 457–458, 475–476, 597–598, 628–629
18 Aquinas, 11–12, 410–412
19 Dante, 114, 117, 126–127, 127–128
29 Milton, 149–151, 183–186, 233–234
33 Locke, 143, 207–208, 213, 268, 305, 320, 378

3e. The angelic will and angelic love

16 Augustine, 129, 131–132, 133–134, 346–347, 353, 397–398, 399–402, 661–662
17 Aquinas, 306–314, 318–319, 335–337
18 Aquinas, 11–12
19 Dante, 99, 120, 126–127
29 Milton, 187, 245–246
45 Goethe, 157–162

3f. Angelic action: its characteristics in general

17 Aquinas, 275–284, 485–486, 545–552, 564–571
20 Calvin, 48, 64–67
21 Hobbes, 174, 175
33 Locke, 207–208

3g. The angelic hierarchy: the inequality, order, and number of the angels and their relation to one another

Old Testament: *Isaiah*, 6:1–7 / *Ezekiel*, 10
Apocrypha: *Tobit*, 12:15–21
New Testament: *Colossians*, 1:16 / *I Thessalonians*, 4:16 / *Hebrews*, 12:22–23 / *Jude*, 9 / *Revelation*, 5:11
16 Augustine, 134–135, 694
17 Aquinas, 272–274, 331–332, 333, 545–564, 632–634
18 Aquinas, 759
19 Dante, 126–127
20 Calvin, 64, 65–66
28 Bacon, 17
29 Milton, 188–195
33 Locke, 321–322, 370–371
45 Goethe, xxi, 159–162
57 Veblen, 133–134

4. Comparison of angels with men and with disembodied souls: their relation to the blessed in the heavenly choir

New Testament: *Hebrews*, 2:7; 12:22–23
16 Augustine, 132, 308, 321–325, 332, 337–342, 346–347, 392–393, 487, 643, 691, 714
17 Aquinas, 275–276, 284–314 passim, 317–325 passim, 347–348, 384–385, 449–450, 451–453, 467–468, 552–553, 561–562, 597–598, 617–618
18 Aquinas, 11–12, 759, 897–900, 1007–1008, 1011–1012, 1046–1047, 1062–1063, 1081–1083
19 Dante, 94, 99, 114, 117, 127, 130–131, 132
20 Calvin, 219
28 Bacon, 80–81
29 Milton, 13, 118–119, 149–151, 160, 183–186, 203–204, 233–236, 293–294
33 Locke, 143

5. The distinction and comparison of the good and the bad angels

New Testament: *II Peter*, 2:4 / *Jude*, 6
16 Augustine, 111, 334–348 passim, 374–396 passim, 396–402
17 Aquinas, 325–338
19 Dante, 127–128
21 Hobbes, 174–175, 258–259
29 Milton, 93–110, 116–117, 121, 148–151, 169–174, 187–216 passim
45 Goethe, xxi
59 Shaw, 113–114

5a. The origin of the division between angels and demons: the sin of Lucifer or Satan

Old Testament: *Isaiah*, 14:4–27

1. Angel

Apocrypha: *Wisdom of Solomon,* 2:24
New Testament: *Jude,* 6 / *Revelation,* 12:7–10
16 Augustine, 111, 379–385, 397–398, 399–401, 661–662
17 Aquinas, 325–333
19 Dante, 3–4, 127–128
19 Chaucer, 351
20 Calvin, 68–69
29 Milton, 93–110, 153–154, 188–195
45 Goethe, 135
59 Joyce, 581

5b. The society of the demons: the rule of Satan over the powers of darkness

Apocrypha: *Ecclesiasticus,* 39:28
New Testament: *Matthew,* 12:22–30 / *Mark,* 3:22 / *Luke,* 11:14–23 / *John,* 8:31–59 / *Ephesians,* 6:12 / *I John,* 3:8–12 / *Revelation,* 2:9,13; 9:1–11
16 Augustine, 611–612
17 Aquinas, 332–333, 562–564
19 Dante, 1–44
19 Chaucer, 394–397
21 Hobbes, 195, 247–248
29 Milton, 98–99, 111–122, 188–195
30 Pascal, 116
45 Goethe, 26–30, 46–51, 156–157
59 Joyce, 584–585, 592–593

6. The role of the angels in the government of the universe

Old Testament: *Genesis,* 3:24 / *Psalms,* 103:20–22 / *Zechariah,* 1:7–21; 4:1–6:8
New Testament: *Matthew,* 24:31 / *Mark,* 13:27 / *Revelation,* 8–20 passim
16 Augustine, 308, 331–332, 359, 362–363, 414–415, 486–487, 661
17 Aquinas, 245–247, 331–332, 337–338, 347–348, 545–585
19 Dante, 9, 66, 76–77, 100, 127
29 Milton, 120, 229–230

6a. The ministry of the good angels in the affairs of men: guardianship

Old Testament: *Genesis,* 16:7–12; 18:1–19:22; 22:1–19; 32:24–30 / *Exodus,* 23:20–23 / *Numbers,* 22:22–35 / *Joshua,* 5:13–15 / *Judges,* 2:1–4; 6:11–24 / *I Chronicles,* 21:11–30 / *II Chronicles,* 32:21 / *Psalms,* 34:7; 35:5–6; 91:10–13 / *Daniel,* 3:28 / *Zechariah,* 1:7–21; 3
Apocrypha: *Tobit,* 5–12
New Testament: *Matthew,* 1:18–25; 2:13,-19–20; 18:10; 24:31 / *Luke,* 1:1–38; 2:8–15 / *Acts,* 7:52–53; 10:1–7,22,30–32; 12:5–11; 27:21–24 / *Hebrews,* 1:13–14 / *Revelation,* 7–11; 14:6–20; 15–18; 19:17–18; 22:16
16 Augustine, 353–354, 357–358, 584–585
17 Aquinas, 337–338, 347–348, 568–581, 628, 641–642
18 Aquinas, 241–242, 942, 1007–1008
19 Dante, 10–12, 50–51, 54–55, 56, 60, 66
19 Chaucer, 450–452
20 Calvin, 64–67 esp 65–66
29 Milton, 33–56, 133, 164–165, 169–170, 180, 246
45 Goethe, 157–162
52 Dostoevsky, 193–194
58 Huizinga, 345–346

6b. The intervention of the demons in the affairs of men: temptation, possession

Old Testament: *Genesis,* 3 / *I Samuel,* 16:14–23 / *I Kings,* 22:20–23 / *Job,* 1–2
Apocrypha: *Wisdom of Solomon,* 2:24
New Testament: *Matthew,* 4:11; 8:28–34; 12:22–30,43–45; 13:19,24–30,36–43 / *Mark,* 5:1–20 / *Luke,* 4:1–13; 11:14–26; 22:3–6 / *John,* 8:31–59 / *Acts,* 5:1–11 / *Ephesians,* 2:2 / *I Peter,* 5:8–9 / *Revelation,* 12–13
16 Augustine, 111, 203–206, 322–332, 345, 354–357, 362–363, 546–547, 584–585, 729–731, 757–758
17 Aquinas, 337–338, 581–585
18 Aquinas, 159–162, 761–763
19 Dante, 42–43
19 Chaucer, 328–329, 369–370, 377–378, 393–397
20 Calvin, 69–70, 103–104, 134–135
21 Hobbes, 69–71, 258–261
22 Rabelais, 169–173, 261–265
29 Milton, 94, 100–107, 118–119, 122, 133, 153–155, 160–161, 163–164, 169–174, 256–264
37 Gibbon, 184
43 Kierkegaard, 441–444, 446–447
45 Goethe, xxi–xxii, 2–3, 46, 51, 67
52 Dostoevsky, 136–138, 183–184
52 Ibsen, 584–585
58 Huizinga, 345–346
59 Shaw, 91–92, 115
59 Joyce, 581–582, 592, 601

7. God and Satan

16 Augustine, 600–632 passim
17 Aquinas, 325–333
18 Aquinas, 159–160
19 Dante, 43–44
19 Chaucer, 393–397
29 Milton, 93–333
30 Pascal, 331
52 Dostoevsky, 352–362

7a. Warfare between the powers of light and darkness: their struggle for dominion over man

Old Testament: *Job,* 1–2 / *Zechariah,* 3:1–7
New Testament: *Matthew,* 4:1–11; 12:22–30; 13:19,24–30,36–43 / *Mark,* 5:1–20 / *Luke,* 4:1–13; 8:26–36; 10:17–20; 11:14–23 / *Acts,* 19:11–20 / *II Corinthians,* 2:10–11 / *Ephesians,* 6:10–18 / *I Timothy,* 4:1–5 / *I Peter,* 5:8–9 / *I John,* 3:8–12 / *Revelation,* 2:9–13; 3:9–13; 12–14; 16:13–14; 20:1–10

16 Augustine, 31–32, 41, 111, 399–400, 611–613
17 Aquinas, 266–268, 326–327
18 Aquinas, 925–926
19 Dante, 10–12, 54–55
20 Calvin, 63, 67–71
21 Hobbes, 247–248
29 Milton, 130–133, 135–144
30 Pascal, 116
37 Gibbon, 81
38 Gibbon, 330
45 Goethe, xxi–xxii, 13, 156–159
48 Melville, 73–76, 80–85, 88, 229–230, 258–259
52 Dostoevsky, 136–142, 158–159, 177–178, 358–359
58 Weber, 231

7b. Lucifer in the service of God

Old Testament: *Job*, 1–2 / *Psalms*, 78:49
Apocrypha: *Ecclesiasticus*, 39:28
16 Augustine, 331–332, 362–363, 661–662
17 Aquinas, 337–338, 581–582

18 Aquinas, 1008–1009
19 Dante, 26–30
19 Chaucer, 395
20 Calvin, 69–70, 96–98, 135–136
29 Milton, 98, 288
45 Goethe, xxi–xxii, 96
52 Dostoevsky, 158–159, 357–360

8. Criticism and satire with respect to the belief in angels and demons

21 Hobbes, 51–52, 69–71, 174–176, 195, 258–261, 276
22 Rabelais, 171–173
23 Montaigne, 542–543
28 Bacon, 41–42
37 Gibbon, 184, 189, 347
38 Gibbon, 229, 231, 244, 334
39 Kant, 599–600
43 Hegel, 376–377
48 Twain, 271
52 Dostoevsky, 352–362
54 Freud, 876–877

交叉索引

以下是与其他章的交叉索引:

The theory of angels, see ETERNITY 4a; IDEA 1e; KNOWLEDGE 7b; MIND 10c; SOUL 4d(2).
The metaphysical consideration of immaterial substances, see BEING 7b(2).
The theological doctrine of the fallen angels, see SIN 3, 3b; related doctrines of Heaven and Hell, see ETERNITY 4d; GOOD AND EVIL 1d, 2b; IMMORTALITY 5e–5f; PUNISHMENT 5e(1).
The theory of the celestial motors, see ASTRONOMY AND COSMOLOGY 6b; CHANGE 14.

扩展书目

下面列出的文著没有包括在本套伟大著作丛书中,但它们与本章的大观念及主题相关。

书目分成两组:

Ⅰ. 伟大著作丛书中收入了其部分著作的作者。作者大致按年代顺序排列。

Ⅱ. 未收入伟大著作丛书的作者。我们先把作者划归为古代、近代等,在一个时代范围内再按西文字母顺序排序。

在《论题集》第二卷后面,附有扩展阅读总目,在那里可以查到这里所列著作的作者全名、完整书名、出版日期等全部信息。

I.

Augustine. *The Literal Meaning of Genesis*
Thomas Aquinas. *De Substantiis Separatis*
——. *On Being and Essence*, CH 4
——. *On Spiritual Creatures*, AA 1–3, 5–8
——. *Quaestiones Disputatae, De Malo*, Q 16; *De Anima*, A 7
——. *Summa Contra Gentiles*, BK II, CH 46–55, 91–101; BK III, CH 104–110
——. *Truth*, QQ 8–9
Dante. *The Convivio (The Banquet)*, SECOND TREATISE, CH 5–7
Machiavelli. *Belfagor*
Voltaire. "Angels," in *A Philosophical Dictionary*

II.

THE ANCIENT WORLD (TO 500 A.D.)
Philo Judaeus. *On the Cherubim*
Proclus. *The Elements of Theology*, (M)

THE MIDDLE AGES TO THE RENAISSANCE (TO 1500)
Albo. *Book of Principles (Sefer ha-Ikkarim)*, BK II, CH 12
Bacon, R. *Opus Majus*, PART VII
Bonaventura. *Breviloquium*, PART II (6–8)
Erigena. *De Divisione Naturae*, BK I (4, 7–9), II (6, 22), IV (7–9), V (13)
Maimonides. *The Guide of the Perplexed*, PART I, CH 49; PART II, CH 2–7
Pseudo-Dionysius. *The Celestial Hierarchy*

1. Angel

THE MODERN WORLD (1500 AND LATER)

Adler, M. J. *The Angels and Us*
Boros. *Angels and Men*
Camfield. *A Theological Discourse of Angels and Their Ministries*
Donne. *Aire and Angells*
Farnell. *Greek Hero Cults and Ideas of Immortality*
France. *The Revolt of the Angels*
Glover. "The Daemon Environment," in *Greek Byways*
Heine. *Gods in Exile*
Henri. *Of Man and Angels*
Heywood. *The Hierarchie of the Blessed Angells*
Lea. *Materials Toward a History of Witchcraft*
Leibniz. *Discourse on Metaphysics*, XXIII, XXXIV–XXXVI
Lewis, C. S. *Out of the Silent Planet*
———. *The Screwtape Letters*
Lotze. *Microcosmos*, BK IX, CH 2
Luther. *Table Talk*
Marlowe. *The Tragical History of Doctor Faustus*
Michelet. *Satanism and Witchcraft*
Newman. "The Powers of Nature," in *Parochial and Plain Sermons*
Rilke. *Duino Elegies*
Schleiermacher. *The Christian Faith*, par 42–45
Scott. *Letters on Demonology and Witchcraft*
Swedenborg. *Angelic Wisdom About Divine Providence*
Williams. *The Place of the Lion*
Zilboorg. *The Medical Man and the Witch During the Renaissance*

2

动 物 Animal

总 论

根据字母的排列顺序,**动物**章(Animal)位于**天使**章(Angel)之后。还有第三个条目和前两个条目是属于同一组的,若不是按照字母顺序来排列,它实该位于前两个条目中间,那就是**人**(Man)。

此外还有第四个条目,**上帝**,它使得这组参照最后变得完整。莎士比亚有几行诗,它们把上面四个条目结合在一起,也许表达了人对自身的最普遍的看法。"一件无与伦比的作品,人!"哈姆雷特这样说道,"如此高贵的理性,如此无尽的技能!形态与举止,如此简洁优美!行动如同天使!致知如同神明!世界的精华,动物的典范!"动物、天使、神明——人从它们之中的每一个都看到了他自己的形象。而在思想史的不同阶段,人则倾向于把自己看作是其中的某一个,同时排斥其他的形象。

不过,人更多地还是把自己视作动物,即便有时他把自己视作上帝按自身形象所造之物,并且因拥有理智而与天使一道分享独立人格的尊严。人对自己的理解与时变动,相应地,他对动物是什么的看法也时有改变。

人格(personality)这一概念涉及理性和自由意志这样的属性。从人格角度来看,人在法律上、道德上以及在形而上学层面上在具有人格之物和一般事物之间划出了一条清晰的界线,从而将其他动物都归在"物"这一类中。根据这一区分原则,尽管动物有生命,甚至有感觉,但这并不就使得动物比植物和石头多了尊严或独立人格的地位。

从生物学或者从进化起源来看,人的动物性似乎已是对人的本质的一种充分界定了,这时,人也将自身的许多特点赋予动物,比如智力、自由,甚至还有道德属性和政治习性。不过,人很少会不再把自己认作动物的典范,比起其他动物,人在更高程度上拥有上述所有特点。

然而也有例外。一个例外是原始文化中的动物崇拜。那里的人们认为"灵魂会暂时离开躯体而并不造成死亡",这种关于"体外灵魂"的看法有时还伸展为灵魂可以栖息在某种动物身上的信念。在《金枝》中,弗雷泽举出了这种信念的无数例子。结果就是动物与人有着兄弟般的血缘关系:"人们认为存在着这样一种感应关系——动物一旦死去,人也死去;同样,人一旦死亡,动物也死亡。"于是,比起多数现代社会,原始部落人——通常认为他们是些猎人——往往给予动物以较高的地位,而如今的人们则以科学的名义用动物进行各种实验。

也有人出于怀疑论的或讽刺的目的而美化动物。例如,蒙田怀疑人有什么资格声称自己具有特殊的品质或出色之处,他甚至提示,至少在某些特定方面,人反而不及动物能干和高贵。他借助普林尼和普鲁塔克所记载的那些描述动物优异形迹的传说,声称"我们在其他动物面前抬高自己,让自己不再混迹于动物王国之中,这靠的不是真实的判断,而是靠愚蠢的自负和顽固。"

蒙田问道:"动物的做法,有些超过了我们凭本性和技艺所能做到的……可我们为什么认为它们只是某种自然的或奴性的本能?"我们没有理由相信"动物

2. 动 物

依据自然的和强制性的本能行事,而同样的事情,我们却是依据我们的选择和智能来做"。他继续说,取而代之的是,"从相同的结果、相同的技能来推断,我们就必须承认,我们行事,其实有着与动物相同的理由、相同的方式"。

我们不能不从人类的角度来看待动物,但这一事实绝不能为我们的优越感开脱。蒙田写道:"当我与猫逗玩时,谁知道,也许不是我在逗弄她,而是她在逗弄我?"假设动物能说出它们对我们的看法的话。这一不足妨碍了它们与我们之间的交流,为什么我们的所有就要比它们多些?"那正是双方的不足以至我们不能相互理解,因而我们对它们的理解绝不多于它们对我们的理解。根据同样的推理,在它们看来,也许我们才是兽类,正如在我们眼中它们是兽类一样。"

如果我们接受蒙田的观点,那么,相对于"理性的动物"而区分出兽类就不再有什么意义。根据同样的道理,把人视作不过是个动物也没什么意义。仅当人不是兽类,仅当人要比动物多出些什么,并且不只是在程度上而是在种类上有所不同时,动物才是兽类。

像斯威夫特这样的讽刺家则美化动物的天性以便谴责人的愚蠢和堕落。在他最后的旅行中,格立佛发现在智马国里,有一个类似于人的种族,叫雅虎,它们与其高贵的主人——智马——相反,处于悲惨和极为可怜的境地。在这里,雅虎才是兽类,因为它们缺少智力和德行,而正是智力和德行使得智马优雅而高贵。

在寓言和诗歌这类象征性的作品中,动物和人类的比较还有另一种形式。从伊索到中世纪的动物寓言集,流传着这样的叙事方式,其中动物被人格化,以便阐释一个道德寓意。在《神曲》中,但丁用特定的动物来象征某种情感、恶习或品德。然而,他的这种象征意图绝不是要贬损人之为人。但是,马基雅维里则是出于政治权力的需要而做出这类象征性的比喻,他建议君主"了解并接受兽性",据此来"选择狐狸和狮子"。这就把人类社会还原为丛林,其中人们为争夺霸权而竞相使用强力和诡计。关于文学作品中动物和人类之间的区别,放在人一章中讨论。

人与动物的比较没有涉及动物和植物之间的区分,或者说,这里并不区分动物和植物。要做这种区分,基本的一点是需要定义或概括动物的天性。就人与动物的情况而言,这一问题可通过两种途径解决:或者是从植物生命的角度,考虑那些似乎所有生命体都拥有的功能;或者从动物生命的角度出发,考虑那些似乎仅属于动物、而植物却是缺乏的功能。无论通过哪一种途径,争议依然体现为,植物与动物是否在种类上,还仅仅只是在程度上,有所不同。

一方面,可以认为,感觉、欲望、运动(甚至还有睡眠和觉醒),在某种形式或程度上,可在所有生命体中被发现;另一方面,可以认为,这样的功能,如营养、生长和生殖,尽管明显地为植物和动物共同拥有,却以一种特有的方式被动物所完成。如果植物可表现出所有在动物中才存在的生命能力或活动;或者是两者都能完成的功能,而动物仅仅在程度上有所不同,那么,生命的阶梯似乎就是一个连续的谱系而不是等级次序。

与此相反的观点,即断定动植物是不同的种类,它们形成一个等级次序,这正是亚里士多德的立场。在他的生物学著作中,还有他的论文《论灵魂》中,他在植物与动物之间划出了一条清晰的界限,标准则是基于某种仅见之于一方之中的技能或功能。亚里士多德首先指出,"生命也许意味着思考、感觉、位移运动和静止,或者就是营养、腐烂和生长意义上的运动。"他继续说:"我们认为植物也是生命,因为它们被观察到拥有一种原发性的能力,通过这种能力,它们会全方位地增长或萎缩,成长或老化。正在生长的植物会变大,无论是在高度还是宽度或是在所有方面,只要它能吸收营养,就是活着。"

于是,亚里士多德赋予植物以营养或植物性灵魂,它们具有所有生命体都必需的三个基本特征——营养、生长和生殖。但是,亚氏发现植物不具有动物体所具有的功能,如感觉、欲望、位移运动。这些正是动物灵魂才有的别具特色的能力,他称之为"感觉灵魂",因为感觉是动物的欲望和运动能力的来源。

在这一区分上,盖伦遵循亚里士多德的原则。在《论自然官能》一书中,他把自己的研究限定在所有生命体都具有的功能上。他用"自然的"一词来描述这些功能,如"生长和营养……对于植物和动物来说都是共有的"。在他看来,与这些功能相反的是,"感觉和自主的活动……只属于动物",他称之为"灵魂的效应",或是"心理的"。乍一看,这似乎有些不可思议,因为盖伦对于营养、生长和生殖的研究——不仅针对这些功能,而且还针对这些功能所涉及的躯体、器官和过程——应当仅限于动物体,而不应该包括植物。盖伦这样做的理由也许就是,对于古代的博物学家来说,在植物体中出现的生物学功能难以轻易被观察到。一篇有关植物学的论文,作者不是亚里士多德而是他的弟子,开首就这样评注道:"生命在植物和动物中均被呈现,不过在动物中显而易见,在植物中却隐而不露,少有证据。"

将生命界划分成植物与动物两大界的观点在以后数个世纪的思辨和研究中极为流行。但就在亚里士多德开始从事分类学时,就已经认识到有不少事例,弗兰西斯·培根称之为"边缘事例……它们表明有些物种,似乎由两个物种组合而成,或者是两个物种之间的过渡"。

在近来的数百年内,物种分类学所遇到的难题,尤其是那些似乎居于植物与动物之间的物种的存在,对传统的区分标准提出了挑战。达尔文写道:"如果我们审视这两大主要的领域,亦即动物界和植物界,某些低等的形式在性状上是如此地居于中间地位,以致博物学家已在争论它们应当属于哪一界。"不过达尔文并未发现有利的证据以便充分确定所有的生命是否来自于"一个基本的形式",或者生命的进化就是根据两条不同的发展路线延续而来。

自从达尔文时代以来,雅克·洛布、赫伯特·斯宾塞、詹宁士等科学家关于微生物行为的研究,关于向性现象(比如向日葵向着太阳的行为)的研究,以及其他关于看来是植物位移运动的研究,为动植物的分类问题提供了新证据。但其中某些研究仍被认为是不确定的、有争议的。例如病毒就不能被归为植物或动物,尽管也有人认为它们根本就不是生命体,因为在没有宿主的情况下,它们就不能生存和繁殖。正如瓦丁顿指出的,病毒的发现导致DNA重组研究方面的巨大进展。

已存生命体不能被轻易地归入某一分类体系这一事实,也许表明了植物与动物之间呈现连续性而不是间断性。但是,它也许还意味着,需要更为细致的观察来把这些所谓的"中间形式"归入某一界。植物的向性行为也许需要、也许不见得需要我们去否认感觉只属于动物的观点。植物明显的位移运动也许只是生长的一种模式,或者就是一种随机运动,而非从一处移动到另一处的定向改变。

2. 动 物

固定于一处显然也见之于静栖动物,如藤壶和贝壳类,不过这种静止也许与有根的植物的静止是不同的。

鉴于上述的研究背景涉及对这一论题的关注,即植物、动物、人类是连续的还是根本不同的生命形式,于是,对动物体的研究——它们的解剖学和生理学——就有了更多关键性的意义。

解剖学是一门古老的学科。从希波克拉底的数篇重要论文中可以看出,他对人类的骨骼构造和某些器官的位置已有相当的认识。动物解剖以及肉眼观察,为亚里士多德分类不同物种的动物提供了解剖学基础。对于盖伦以及亚里士多德来说,他们的解剖学研究大多是因为他们想要了解整个躯体的位移运动所涉及的器官的结构及其相互关系,或想要了解躯体内的位移运动,如消化系统或生殖系统的运动。

血液通过心脏运动而不断循环这一惊人的发现还有待后世的研究者来完成,不过,这些后世的研究者所接受的仍是古代生物学传统的教育。哈维不仅发现了血液循环,而且他还表明,呼吸和循环在功能上的相互依赖,正是建立在他的这一观察基础之上,即心脏、动脉、静脉和肺之间存在着密切的结构联系。他的贡献在于,对于他身处的科学传统,他既有所背离,同时又有所继承,这表现为他的结论是前所未有的,但他所用的方法和推理却来自亚里士多德和盖伦的普遍原则。此外,他坚持认为有必要弄清结构的功能意义,这恰与培根所倡导的观点背道而驰,在培根看来,在对自然的研究中,形式因和最终因与物质因和动力因应当是分离的。培根将前两类原因归之于形而上学,从而将物理学限制在对后两类原因的研究上。

哈维对于动物生殖的研究是古代和近代生物学之间连续性的另一个例子。在某些方面,亚里士多德对于生殖器官及其功能的研究要比哈维的更为宽泛。对哈维来说,这些研究只是比较解剖学这一大领域中的一部分,它们的意义主要在于有助于研究不同种类动物的交配习性。不过,当涉及生殖功能本身、生殖功能的原因和结构,尤其是胚胎发育现象时,哈维的论文则可部分解读为是与亚里士多德的一场对话,部分解读为用实验方法得到的一种原始观察记录。

哈维写道:"对于我们的先驱者,尤其是古代先驱者的尊敬,使得我们倾向于在真理允许的范围内,对他们的结论进行辩护。我绝不认为我们会渐渐忽略并丢弃他们的劳动和结论。他们提供的火炬已经照亮了哲学的圣殿。"在他看来,古代人"通过他们不倦的工作以及各种实验,探寻事物的性质,留给我们无须怀疑的光亮,指导我们的研究"。然而,哈维又说:"所有的真理已被古代人独占这样的信念是无法成立的,除非这个人对于解剖学最近取得的许多引人注目的成果完全无知。"在谈到他自己的研究方法时,他认为"在研究自然时","获取知识的更安全的方法"是我们"对事物本身提问而不是通过查阅书本"。

尤其在动物生殖领域,大量的文献表明,生物学中基本问题的表述具有连续性,并且解决思路的逻辑条件也有连续性。对自然发生说的争议,这是一种与生殖观相对立的观点,通过亚里士多德、卢克莱修、阿奎那、哈维、达尔文而延续下来。性和无性生殖的问题,以及相关的性分化、性特征现象,被亚里士多德、达尔文和弗洛伊德所讨论。遗传问题,尽管对于达尔文和威廉·詹姆士来说,呈现出一种新的重要性,但其渊源可追溯至柏拉图。

当然,近来在关于动物的天性和行

为问题的研究上，科学知识大有进展。如对遗传这样的题目，孟德尔、贝特森、摩尔根、瓦丁顿、薛定谔和杜布赞斯基等人的工作至关重要；或者换个例子，我们关于呼吸系统和神经系统功能的知识极大地被霍尔丹、谢灵顿和巴甫洛夫的工作所拓展。然而，即便在上述领域，最近取得的成就依然有其背景知识，它们存在于哈维、达尔文和威廉·詹姆士等人的巨著中。

贯穿整个动物学研究传统的另一个兴趣是动物分类问题，分类问题既涉及层级结构的原理本身，也涉及构造某些图式的系统努力，借助这些图式，极其多样的动物种类可以被归入某种次序。在这一领域，亚里士多德和达尔文是两位伟大的巨匠。如果布丰和林耐的名字也值得被提及的话，那么，后两位必定具有双重的资格：他们一方面是亚里士多德的追随者；另一方面又是达尔文的先驱。在杜布赞斯基看来，"在进化理论出现之前，有机体的分类问题就已存在了，自那时以来，这门学科未曾有显著的改变，且这种改变仅仅在不怎么重要的程度上，由于通过古生物学的证据而澄清了实际的系统发育关系——被林耐所确立的动物界和植物界以下的分类体系极少有改变，它们在现代的分类体系中得到延续，尽管自那时以来已有许多新的种类被发现。"

亚里士多德的分类体系主要见之于他的《动物志》中。这本书通过许多"特性"来区分不同种类的动物：地域或栖息地；形状、颜色和体型；运动、营养、吸收及感觉的方式；躯体的各组成器官；体温、本能或行动的特有习性。就某些性状而言，亚里士多德是依据该性状在动物中的不同表现程度将各种动物区分开来。就另一些性状而言，亚里士多德则发现它们有时仅在一个物种中存在，而另些物种则完全缺乏。他说到狮子要比狼更凶猛；乌鸦要比渡鸦更狡猾。但是，他还观察到，母牛有一种消化器官，那是蜘蛛所没有的；蜥蜴有一种运动器官，牡蛎则缺乏。海绵的生活方式是固定的，蜂蛇则不同；爬行类的运动方式不同于鸟类。亚里士多德收集的资料是如此丰富，他的分类又是如此的内行，以至于他的分类大多在林耐的体系中依然得到了完整的保留。

达尔文对于林耐分类学的背离是源于原则上的不同，而不是对于观察误差或不足的纠正。在达尔文之前，亚里士多德及所有的分类学家都是基于相似性和相异性来分类动物，而达尔文则是从推断系谱或血缘关系着手，根据这一标准，他将动物划分为变种、种、属以及更大的门。

在达尔文看来，博物学家"试图在每一纲中排列种、属和科，这被叫做自然系统。但是，这个系统意味着什么？某些作者仅将此看作一个框架，将最相像的生物体放在一块，将最不相像的区分开来——这一系统的精致和有用性是毋庸置疑的"，但是，达尔文认为，这一系统所采取的规则无法得到解释，或者它面临无法克服的困难，除非"依据下述观点，即自然系统奠定在有变异的血缘关系基础之上——在博物学家看来，任何两个或更多物种之间的相似性状，恰恰是那些从一个共同祖先遗传而来的性状，于是，真正的分类体系只能是系谱学的，共同的血缘就是博物学家不自觉地寻找的隐而不露的纽带，而不是某种未知的创世计划，不是某种一般意图的表达，不是仅仅将或多或少相似的对象放在一起或区别开来"。

在达尔文看来，分类"必须严格体现系谱学上的关系才会是自然的"。血缘关系原则是"有机体相似性的唯一确切的已知原因",只有通过血缘关系原则,我们才能排列"自古以来类下有类的所有生命体",并看清"这种关系的性质,正是通过这种关系,所有现存的和已灭绝的有机体,被一种由相似性所构成的、复杂的、辐射状的、迂回的线索联结成若干个大的分类单元"。这样,我们才能理解"类比的或适应的性状与真正的相似性状之间在重要性上不可同日而语"。此外,"在分类学中,痕迹器官以及胚胎期性状的重要性"正是"根据这一观点才变得可以理解,即一个自然的排列体系必定是系谱学的"。考虑到"血缘这一因素",我们不仅能够"理解自然系统意味着什么",而且,达尔文补充道,"我们的分类学将尽其所能地变成系谱学,由此才得以真正地给出创世计划的含义"。

亚里士多德的分类学是静态的,其间不涉及时间上的联系或代际的连续;达尔文的分类学则是动态的,它几乎就是一幅运动的图景,根据来自共同祖先的相似性,或来自遗传变异的多样性,对动物进行动态的排列。在分类原则上静态与动态之间的张力,源于一种更深层次的冲突,那就是对科学分类本身的性质的两种不同理解方式。

争议之点在于分类学家所建构的类别是否反映了不同的自然形式。它们是作为科学命名的对象独立地存在,还是带有那么一点任意的和人为的性质?它们是否用偶然的间隙以及不稳定性来区分更像是一个连续分布的自然界?这一争议带出了一个有关物种的实在性和不变性的形而上学问题;这一问题与真实定义和名义定义的区别问题有关,与自然分类系统和人为分类系统的区别问题有关。

关于上述问题,阿奎那和洛克涉及较多,还有就是亚里士多德和达尔文。对它们的更充分的讨论见于**定义**和**进化**那两章。分类问题以及物种的性质均与进化有关,这些关系在**进化**一章中讨论。在那里还会讨论与之相关的另一些问题,如生命界的连续性与等级次序;又如植物和动物、动物与人类之间是程度还是类别上的差异。最后两个问题还出现在**生命与死亡**那章和**人**那章之中。

关于动物分类学中连续性和间断性的最有趣的评注见之于杜布赞斯基。他如此写道:"让我们首先考察一个想象的情况:有这样一个生命界,其中所有可能的基因组合都以同样的数量在个体中得到呈现。在这种情况下,就不可能有形式之间的间断以及分类群体之间的等级结构,这是因为产生显著表现型效果的单基因差异,如果蝇中的某些突变,也许就是保持间断性的唯一来源。不考虑这种情况,变异也许就会变成一种完美的连续。最'自然的'、尽管不是唯一可能的分类也许就是一种多维的周期性系统,具有若干个与变异基因数目等同的维度。"杜布赞斯基继续说道,"显然,现存的生命界不像上述想象的类型……在无穷的可能的基因组合中,只有一部分在生命体中得到实现。根据赖特所作出的保守的估计……基因的可能组合数是 10^{1000} 数量级,而可见宇宙中的电子数估计为 10^{100} 数量级。"

关于动物和人类之间的比较这一论题,还有两点应当被提及。

第一点涉及动物的灵魂。当灵魂被想象成是活着的生命的本性或根源时,植物和动物都能说是具有灵魂。奥古斯丁像亚里士多德一样认为"自然界中存在三种等级的灵魂",一个"仅有生命能力……第二个有感觉能力……第三个则位居灵魂的宝座"。

阿奎那尽管也认同亚里士多德的三

种类型灵魂的划分原则，不过他从中又区分出了第四种灵魂，以便在完美和不完美的动物之间进行区分。他写道："某些生命体仅存在植物性能力，比如植物；有的生命体，除植物性能力之外，还有感觉能力，但是却没有运动能力，这些是不能移动的动物，比如有壳的水生动物；有的生命体，除了这些之外，还有运动能力，如完美动物，它们在生活中需要许多东西，结果就有了运动，以便从远处去寻找必需品；最后还有一类生命体，除了上述这些能力之外，还拥有智力——亦即人类。"

根据这一理论，被认为具有动物天性的人类，就是一种完美的动物。由于拥有理性或智力，人就雄踞于所有动物之上。不过，拥有灵魂并不是人的特有，所有活着的，有感觉能力的，有运动能力的，无不拥有灵魂。然而，正是从笛卡尔开始，灵魂被等同于智力，即"一个能思维的事物，换句话说，一个心灵……或者说，一种理解力，一种理性"。此外，灵魂还被想象为是一种精神性的和永生的物质，那么，随之而来的结论就是，动物不具有灵魂。

于是，对于笛卡尔来说，动物作为机器或自动机的理论就是上述观点的必然推论。笛卡尔声称："如果有这样的机器，具有猴子的器官和外表，或是其他不具有理性的动物的器官和外表，我们就无法分辨它们与那些动物的本质是否确不相同。"霍布斯也根据机器理论来理解动物的行为："要问心脏是什么，不就是一个发条？"他如此提问，"神经，不就是弦；关节，不就是许多轮子，使整个躯体动起来？"于是，动物就被描绘成一个由运动部件构成的精致系统，通过外部作用引发刺激的方式，从而机械地决定了躯体的行为。

拉美特利是笛卡尔的追随者，他从动物自动机的理论中引申出人是机器的结论。他从否定动物有灵魂达到了这个结论。同样的结论似乎还可从下述理论中推论得到：灵魂，即便在人类中，也是物质性的存在，或是与物质有关的功能。卢克莱修等人就具有这样的观点：通过自主粒子的运动及其相互作用，能够用来解释生命现象、感觉、思维等。

第二点涉及动物中本能和智力之间的关系问题。动物本能（或内在习性）放在**情感**和**习性**两章中讨论，动物智力的性质则放在**人**和**理性**两章中讨论。但是，现在我们面对的是这一问题：动物中的本能，正如人类中的理性，是否满足了生命的生存所需；或者，两者尽管在程度上有所不同，但它们的相互配合，是否解决了与环境的协调问题。

像阿奎那这样的学者，认为本能和理性是上帝赋予动物和人类、用以维持生存的手段，它们是二择一的、相互排斥的，对于动物来说，其行为必然在每一个细节上均受其精致的本能性的禀赋所预先决定。据此，动物行为，即便是自主的，而不只是纯粹的生理反射，也被认为不是自由的，或者只是动物中局部器官与自由选择有关的表达。因为，正如在**意志**那章中所指出的，阿奎那称行为是"自主的"，其含义必然是它所涉及的对象具有某种认识能力或意识能力，行为通过这种能力而表达。

本能性行为，比如，动物逃离危险、追逐食物、交配等等，涉及对这些行为对象的感知，还有对它们的感觉或情感，于是，这类行为符合阿奎那对"自主的"一词的用法。但是，尽管如此，在阿奎那看来，本能行为依然是建立在自由意志基础之上的行为的对立面。它完全被先天的模式所决定。它也许会随着所处情况的不同而变化，不过，它不会让动物有行动或不行动的选择余地，或者以某种方式行动的自由。这种选择自由,在阿奎那看来,取决于理性的能力;理性反复掂量各种选择机会,缺少这种能力,人类将被自然的必然性所束缚。

阿奎那并未将人类的理性和意志限制于类似动物中的本能和情感之类的角色。理性和意志的力量使得人类能够从事思辨和寻求长远的规划。不过,就生物学需要的层次而言,人类必须求助于理性和意志的介入,其他动物则被本能所引导。阿奎那写道:"人类天然具有理性和手,那是器官之王,利用它们,人类就能够为自己制造无数种适合于任何目的的工具。"正如理性的产物替代了毛发、蹄、爪、牙齿和角一样,"专用的防御手段或服饰,就相当于其他动物的类似装备"。所以,在阿奎那看来,理性服务于人的需要,正如本能服务于其他动物。

其他人,如达尔文、詹姆士、弗洛伊德,则有不同的角度。他们将本能同时赋予人以及动物。在他们看来,由本能所决定的行为不仅受智力影响,还受人和动物共有的记忆和想象的摆布。不过,他们也意识到,本能支配了某些较为低等动物的行为,并且承认,智力的贡献仅在更为高等的生命体中才强烈体现。

詹姆士写道:"相比于更低级的动物,人类在冲动方面有着更广的多样性,任何一个由自身所激发的冲动,正如最低等的本能那样,可能是'盲目的',但是,由于人的记忆、反射能力及推理能力,它们一出现就会被人感觉到,他一旦屈服于它们,就会体验到后果,后果的表现就是使他具有预知结果的能力。"基于同样的理由,詹姆士认为:"每一个本能性的行为,在一个有记忆力的动物中,当被重复若干次后,必定不再是'盲目'的了,必定会相伴对其'后果'的预见,以至这种后果也许就会嵌入动物的认知能力之中。"

如果动物或人类的本能足够解决生存问题,那么,也许就不再需要詹姆士所谓的"洞察力",或是由经验而来的学习能力。像蒙田一样,詹姆士也收集各种轶事表明动物具有运用其才智从经验中学习的能力。詹姆士宣称:"无论动物一开始被赋予多么出色的某种本能,由此而产生的行为依然将有极大的调整,如果本能能与经验结合起来的话,如果除了冲动之外,还有记忆、联想、推理以及期待的话。"

考虑到"兽类与人类之间智力的对比",詹姆士说,"人类心灵与兽类之间最基本的区别"就在于"兽类缺乏通过相似性使概念联想起来的能力",结果,"这一性状,即取决于某种联想而来的抽象能力,在兽类中必定处于埋没状态"。达尔文在人类智力与动物智力之间也在程度上作了类似的区别,智力或多或少就是一种概念联想的能力。于是,相比于其他动物的本能,人类的本能更多地受学习和经验的修整,同样,高等动物要比低等动物在本能行为上有更多的变异性。

不少人认为动物在本能之外还具有智力,其智力与其感觉能力——尤其与其记忆和想象能力的发展成比例。要肯定这一点,无须否认只有人类才具有理性。亚里士多德和阿奎那的立场似乎都是同时肯定这两个方面。但是,如果我们将动物出色的行事能力仅归功于其智力,而不主要是其本能,那么,我们就被迫与蒙田一样得出结论,它们不仅仅拥有一种感觉能力,而且还有理性能力。

蒙田问道:"为何蜘蛛用某种打结方式,在一处加固它的网,而在另一处放松它的网,除非它有反应、思维和推断能力?"在另一处他又问道:"我们还有什么技能未在动物中被发现?相比于蜜蜂社会,是否还有一个社会,它能做到调控更为有序、角色和功能的分化更为专门、维系的方式更为紧密？我们是否能想象，一个如此有序的行为和分工的安排，居然是在没有理性和预见能力的情况下达到的？"

动物的群居以及动物群落的性质，放在**国家**一章中结合人类社会的形成来谈。不过就人类社会本身而言，对动物的驯化标志着从原始社会到文明社会的进展，以及部落或城镇中财富和力量的增强。

埃斯库罗斯认为，对动物的驯化是普罗米修斯带来的礼物，他使动物适于负重，"它们也许能代替人做最艰苦的活儿"，他"给马——富人奢侈品中的至上骄傲套上挽具，结果它们难以摆脱这种缰绳"。《伊利亚特》对于人类生活质量的这种改变也给予了雄辩的证明，即这种改变伴随着动物的驯化，以便满足人类的需求。荷马把卡斯托尔称做"马的驯化者"，用以表明征服或控制的含义，这正是人们制服野生兽类时体验到的感觉。反复出现的荷马式的称呼"驯马"，被认为是一种给予阿尔吉维人和特洛伊人的赞美术语，暗示人类在野蛮或原始条件下的崛起就在于摆脱了动物才有的不舒适和束缚。

亚里士多德指出，富人的一个标志是"他们拥有马匹的数目，因为若是贫穷，就不可能供养得起"。同样道理，他解释说："在过去，城市的力量取决于骑手，它们是寡头制的"。

传说中和历史上充满了动物对其主人忠诚和献身的故事；还有人类对它们的关心和钟爱。但是，迫使动物折服于人的意志毕竟源于经济上的效用或军事上的目的，这一过程常常充斥野蛮或任意的虐待。

人对动物的利用，甚至剥削，似乎可以得到辩护，即兽类在理性上处于劣势。正如植物为了动物而存在一样，根据亚里士多德，动物"为了人类而存在，为了使用和食用而被驯化，野生动物，如果不是全部，至少是它们中的大部分，可用于食用、保暖等不同的用途"。亚里士多德对于自然奴役的看法，放在**奴隶制**一章中讨论，其中他用驯化动物作为例子，来论述作为工具或器具的人类。

斯宾诺莎尽管不同意亚里士多德的这一观点，即某些人天生具有奴性，不过他还是相当重视人的支配地位以及对动物的利用。"法律反对杀害动物"，他写道，"那是基于空洞的迷信和女性的软心肠，而不是确凿的理性。确实，一种恰当的、有益的观点告诉我们，要与人结成友谊，而不是与兽类、与那些天性不同于人类的事物……我决不否认，"他继续说道，"动物能感觉，但是我不认为，据此，对我们来说，为了我们的愉悦而使用它们，以便顾及我们自己的利益，尽我们方便地来对待它们，那就是不正当的。这是因为它们在天性上与我们不同。"

不过其他的道德家宣称，人对动物友善，对待动物若谈不上公正，至少应当仁慈。圣弗朗西斯劝告人们，不仅要爱邻如爱己，而且还要爱上帝所造之物。但这种看法绝不只限于基督教，或者圣弗朗西斯的格言中。例如，普鲁塔克认为，尽管"就事物的本性而言，除了对人，我们不能对其他动物使用法律和正义"，不过，"我们也许可以把仁慈和爱施于非理性的生物"。正是在仁慈地对待不会出声的动物这一点上，他发现了"绅士品质"的标志——人的人道性的标志。马可·奥勒留说："面对有理性的人，应当以一种社会精神来相处。"但是，他还写道："对于没有理性的动物，推而广之，对于所有的客体，既然你有理性而它们没有，就该以一种慷慨公允的精神利用它们。"

分 类 主 题

1. 关于动物天性的一般理论
    1a. 动物生命的特征:动物灵魂
        (1) 动物感觉:其程度和分化
        (2) 动物记忆,想象力和智力
        (3) 动物趣味:动物中的欲望和情感
        (4) 运动:动物运动的程度
        (5) 动物的睡眠和觉醒
    1b. 植物和动物在技能和功能上的区分:难以分类的案例
    1c. 动物和人类天性之间的区分
        (1) 作为动物的人类和兽类的比较
        (2) 动物智力与人类智力的比较
    1d. 动物的习性或本能:动物行为的特殊性
    1e. 动物作为机器或自动机的概念
2. 动物的分类
    2a. 分类的一般框架:它们的原则和主要单元
    2b. 各分类法的结构与功能对比
    2c. 动物生命阶梯中的连续和间断:从低级向高级形式的过渡
3. 动物解剖学
    3a. 动物躯体的物质组成:细胞结构和组织分化
    3b. 骨骼结构
    3c. 内脏器官
    3d. 躯体结构的有用性或适应性
4. 动物运动
    4a. 动物运动与位移运动的比较
    4b. 动物运动的原因:自主的和不自主的运动
    4c. 运动的器官、机制和特征
5. 动物躯体内的位移运动
    5a. 体内运动所涉及的各类导管
    5b. 循环系统:心脏、血液和淋巴的运动
    5c. 腺体系统:体内和体外的分泌腺
    5d. 呼吸系统:呼吸运动、肺、腮
    5e. 消化系统:在营养过程中消化器官的运动
    5f. 排泄系统:清除运动
    5g. 大脑和神经系统:神经冲动的激发和传导
6. 动物营养
    6a. 营养的性质
    6b. 营养的过程:吸收、消化、同化
7. 动物生长或增长:性质、原因和限制

8. 动物的发生

　　8a. 动物的起源：创造或进化

　　8b. 动物发生的不同理论：预先创造和自然发生

　　8c. 动物生殖的模式：有性和无性

　　　　（1）性的分化：它的起源和决定；原始性状和次生性状

　　　　（2）生殖器官：在动物不同分类单元中的分化

　　　　（3）生殖细胞和生殖器官：精液和月经，精子和卵

　　　　（4）动物的交配：配对和交媾；新变种的产生

　　　　（5）影响生育和不育的因素

　　8d. 人类生殖与动物生殖的比较

9. 胚胎发育：出生和婴儿

　　9a. 卵生的和胎生的发育

　　9b. 胚胎或胎儿的营养

　　9c. 胚胎发生过程：减数分裂、受精和有丝分裂；胎儿生长阶段

　　9d. 多胎怀孕：多个胎儿

　　9e. 怀孕周期：分娩、产出、出生

　　9f. 婴儿的照料和喂养：哺乳

　　9g. 出生时幼体的性状

10. 遗传和环境：个体差异和相似的遗传决定；RNA、DNA、基因、染色体、顺反子

11. 动物的栖息地

　　11a. 动物的地理分布：它们的天然栖息地

　　11b. 动物与其环境间的关系

12. 人对待动物的方式

　　12a. 动物的驯化：家养培育

　　12b. 动物的有用和无用

　　12c. 动物与人类之间的友情或爱

13. 赋予动物以人的特性或品质：寓言和讽刺作品中的人格化处理；人变形为动物

[陈蓉霞　译]

索引

本索引相继列出本系列的卷号〔黑体〕、作者、该卷的页码。所引圣经依据詹姆士御制版，先后列出卷、章、行。缩略语 esp 提醒读者所涉参考材料中有一处或多处与本论题关系特别紧密；passim 表示所涉文著与本论题是断续而非全部相关。若所涉文著整体与本论题相关，页码就包括整体文著。关于如何使用《论题集》的一般指南请参见导论。

1. General theories about the animal nature

1a. Characteristics of animal life: the animal soul

- **6** Plato, 93, 476–477
- **7** Aristotle, 631–668
- **8** Aristotle, 7–9, 114–115, 169, 196, 235–239, 282
- **9** Galen, 347, 358–360
- **11** Lucretius, 31–35
- **11** Aurelius, 276–277
- **11** Plotinus, 461–462
- **15** Kepler, 855
- **17** Aquinas, 104–105
- **18** Aquinas, 951–953
- **19** Dante, 77
- **26** Harvey, 369–370, 372, 384–390 passim, 403–404, 418–419, 431–434, 456–458, 488–496
- **28** Descartes, 241–242, 280, 283–284, 382, 434, 452
- **33** Locke, 219–220 passim

1a(1) Animal sensitivity: its degrees and differentiations

- **6** Plato, 453–454
- **7** Aristotle, 643, 647–661, 673–689
- **8** Aristotle, 13–15, 27–28, 59–62, 115, 179, 181–188, 194, 195, 222–223, 276–277, 282, 285, 321–324, 364–365, 429
- **11** Lucretius, 20–21, 33, 34–35, 45–46, 49, 50–51
- **16** Augustine, 93
- **17** Aquinas, 106–107, 380–381, 410–413, 486–487
- **21** Hobbes, 49
- **23** Montaigne, 326–327, 330–331
- **26** Harvey, 369–370, 456–458
- **28** Bacon, 157, 173
- **33** Locke, 140–141
- **35** Rousseau, 337
- **48** Melville, 151–152
- **49** Darwin, 261–262, 301–302, 432–434 passim, 474, 480–482 passim, 553–554, 568–569, 595–596
- **53** James, William, 27–42 passim
- **54** Freud, 647–648
- **56** Planck, 88–89

1a(2) Animal memory, imagination, and intelligence

- **3** Homer, 472
- **7** Aristotle, 499, 660–661, 690–695
- **8** Aristotle, 9, 114, 115, 133
- **11** Lucretius, 54–55
- **16** Augustine, 98
- **17** Aquinas, 411–413, 673–674
- **21** Hobbes, 50–51, 52, 53, 64
- **33** Locke, 143
- **33** Hume, 487
- **35** Rousseau, 341–342
- **49** Darwin, 291–294, 296–297, 400, 412, 447, 480–481
- **53** James, William, 3–6, 49–50
- **55** Wittgenstein, 323

1a(3) Animal appetite: desire and emotion in animals

- **3** Homer, 214–215
- **6** Plato, 165–166, 712
- **7** Aristotle, 664–667
- **8** Aristotle, 97–99, 175–176, 195, 235–239, 363, 400
- **9** Galen, 430
- **11** Lucretius, 33–34
- **17** Aquinas, 427–431, 646, 667, 672, 673–674, 682, 687–688, 794–795
- **19** Chaucer, 467
- **21** Hobbes, 61, 64
- **23** Montaigne, 265–266
- **26** Harvey, 402
- **35** Rousseau, 343–345
- **41** Boswell, 215–216
- **49** Darwin, 289–291, 303, 305–309, 447, 480–481
- **53** James, William, 14, 49–51, 700–711 passim, 717, 723–725, 729
- **54** Freud, 607–609, 737

1a(4) Locomotion: degrees of animal motility

- **7** Aristotle, 664–667
- **8** Aristotle, 8, 20, 55, 147, 156, 225–228, 233–234, 237–239, 243–252
- **17** Aquinas, 104–105, 407–409
- **22** Rabelais, 192
- **28** Descartes, 241–242
- **49** Darwin, 279–280

53 James, William, 10-12
   56 Dobzhansky, 586-587

1a(5) Sleeping and waking in animals

   7 Aristotle, 696-701
   8 Aristotle, 63-64, 125-126, 178, 321
   11 Lucretius, 53-54
   18 Aquinas, 966-967

1b. The distinction between plants and animals in faculty and function: cases difficult to classify

   6 Plato, 469-470
   7 Aristotle, 643, 644-645
   8 Aristotle, 65, 114-115, 181-182, 211-212, 213, 218, 255-256, 271, 281-282, 302-304
   9 Galen, 347
   11 Aurelius, 266-267, 270
   17 Aquinas, 104-107, 368-369
   26 Harvey, 278, 327-328, 368, 369-370, 457
   33 Locke, 140-141
   40 Federalist, 119
   49 Darwin, 241, 372
   53 James, William, 8
   54 Freud, 429

1c. The distinction between animal and human nature

   Old Testament: *Genesis,* 1:20-30 / *Psalms,* 8 esp 8:4-8
   4 Aeschylus, 45-46
   6 Plato, 35, 44-45, 723
   7 Aristotle, 499, 659-660, 665
   8 Aristotle, 63, 114, 217-219, 399, 400, 446
   11 Epictetus, 102, 104-105, 115-116, 126, 137-138, 173, 227
   11 Aurelius, 257, 276-277
   16 Augustine, 390-392
   17 Aquinas, 106-107, 368-369, 379-381, 394-396, 407-409, 411-413, 430-431, 486-487, 488-489, 510-511, 646, 664-665, 667, 672, 673-674, 682, 684-685, 687-688
   18 Aquinas, 8-9, 350-351
   21 Hobbes, 59, 63, 79, 100
   23 Montaigne, 247-248, 255-273
   25 Shakespeare, 59
   28 Descartes, 280
   29 Milton, 227-229, 240-242
   30 Pascal, 233, 243
   33 Locke, 144-146 passim, 221-222, 273-276, 278
   33 Hume, 487-488
   35 Montesquieu, 1-2
   35 Rousseau, 337-338
   36 Smith, 7-9
   39 Kant, 479, 602
   43 Hegel, 69, 73, 120, 121-122, 125
   49 Darwin, 255, 278, 287, 294-305, 311-312, 319, 349, 591-593
   51 Tolstoy, 689-690
   52 Dostoevsky, 175
   53 James, William, 678-686, 691

   54 Freud, 616
   58 Lévi-Strauss, 515-517
   59 Pirandello, 251
   60 Kafka, 111-139 passim

1c(1) Comparison of brutes and men as animals

   3 Homer, 52
   7 Aristotle, 652, 653, 678, 681-683
   8 Aristotle, 7-158 passim, 178, 182, 184-185, 186-187, 217-222, 243-252, 255-331, 364-365, 446
   9 Hippocrates, 195-197
   11 Lucretius, 33-34, 54-55, 57, 69-70, 71-72
   17 Aquinas, 394-396, 411-413, 486-487
   18 Aquinas, 711-712
   19 Chaucer, 407
   23 Montaigne, 255-273
   25 Shakespeare, 274
   26 Harvey, 268-304, 338-496
   28 Descartes, 280, 283-284, 452
   28 Spinoza, 649
   34 Swift, 147-148
   35 Rousseau, 334-337, 338
   45 Goethe, xxi
   48 Melville, 176
   49 Darwin, 255-286, 287-290, 310-312, 331-336
   52 Dostoevsky, 128-129
   53 James, William, 702, 704-706
   54 Freud, 782, 785

1c(2) Comparison of animal with human intelligence

   6 Plato, 319-320
   7 Aristotle, 276, 499
   8 Aristotle, 9, 114, 138, 218, 448
   17 Aquinas, 421-422, 436-438, 672, 687-688
   20 Calvin, 122-123
   21 Hobbes, 53-54, 59, 100
   23 Erasmus, 13
   23 Montaigne, 255-264, 272-273
   28 Bacon, 163-164
   28 Descartes, 382, 452
   29 Milton, 240-242
   30 Pascal, 233
   33 Locke, 140-141, 143, 144-146 passim
   33 Berkeley, 407-408
   33 Hume, 487-488
   34 Swift, 135-184
   35 Rousseau, 337-338, 341-342
   39 Kant, 199-200, 479, 602
   40 Mill, 469
   43 Hegel, 124-125, 140
   44 Tocqueville, 294
   48 Melville, 82-83
   49 Darwin, 287-303, 319
   53 James, William, 5-6, 13-15 passim, 49-50, 665-666, 678-686
   55 James, William, 37
   55 Wittgenstein, 410
   56 Waddington, 745-746
   58 Frazer, 36-37

60 Orwell, 520–524

1d. The habits or instincts of animals: specifically animal behavior

5 Herodotus, 62–64 passim, 67, 236
8 Aristotle, 7–9, 62–63, 65–106, 114–158, 175, 209
11 Lucretius, 19–20
17 Aquinas, 411–413, 430–431, 589–590, 673–674, 682, 687–688, 794–795, 815
18 Aquinas, 8–9
19 Chaucer, 467
21 Hobbes, 100
22 Rabelais, 247–248
23 Montaigne, 224, 256–259
24 Shakespeare, 535–536
25 Shakespeare, 414
26 Harvey, 361–362, 402, 405–406, 428
28 Bacon, 72, 117–118
28 Descartes, 284, 382
28 Spinoza, 649
33 Hume, 469, 488, 504
35 Rousseau, 337–338
39 Kant, 316–317
48 Melville, 88–89, 90, 179–181
49 Darwin, 66–69 passim, 119–135, 287–289, 304–310, 312, 369–371, 463–464, 470–475 passim, 504–507 passim
51 Tolstoy, 499–500
53 James, William, 68–73, 700–711, 724, 730
54 Freud, 401, 412–415, 615–616, 650–662, 684–686, 711–712, 846–851
56 Waddington, 731–732

1e. The conception of the animal as a machine or automaton

8 Aristotle, 236–237, 275
9 Galen, 385
21 Hobbes, 47
28 Descartes, 280, 283–284
33 Locke, 145–146, 220
35 Rousseau, 337–338
39 Kant, 558–559, 575–582
50 Marx, 190
53 James, William, 3–6 passim, 11–12, 47–52, 84–94, 700–706
55 Wittgenstein, 384–385, 412
56 Heisenberg, 410, 418–419
56 Schrödinger, 500–502, 502–503
56 Waddington, 699–703

2. The classification of animals

2a. General schemes of classification: their principles and major divisions

Old Testament: *Genesis,* 1:20–31 / *Leviticus,* 11
7 Aristotle, 132, 133–134, 561–562
8 Aristotle, 7–12, 28, 48, 114–116, 165–168, 255, 272–274, 302
17 Aquinas, 273–274
26 Harvey, 468–469
28 Bacon, 158, 159
33 Locke, 268–283 passim
39 Kant, 193–200, 579
48 Melville, 59–65
49 Darwin, 25–29, 30–31, 63–64, 207–212, 215–217, 224–225, 238–239, 331–341
55 Whitehead, 149
56 Dobzhansky, 517–519, 666–672

2b. Analogies of structure and function among different classes of animals

7 Aristotle, 714–726 passim
8 Aristotle, 7–158, 161–229 passim, 243–252, 255–331
9 Galen, 416–417
26 Harvey, 274, 277–278, 280–283, 299–302, 336, 338–496
28 Bacon, 157–158
33 Locke, 271–272
48 Melville, 169, 173
49 Darwin, 75–78, 82–94, 112–113, 212–215, 217–219, 225–228, 255–265, 271–275, 279–284, 331–335, 338–340 passim

2c. Continuity and discontinuity in the scale of animal life: gradation from lower to higher forms

7 Aristotle, 666, 667, 673–674, 681–682
8 Aristotle, 114–115, 272–274
17 Aquinas, 105–107, 368–369, 394–396
26 Harvey, 336, 412–413
28 Bacon, 159
33 Locke, 271–272
39 Kant, 578–580
49 Darwin, 3, 55–62, 64, 80–82, 117–118, 167–180, 228–229, 238–243, 340–341
53 James, William, 41, 51–52, 95–98
54 Freud, 768–769
56 Dobzhansky, 517–519, 666–669

3. The anatomy of animals

5 Herodotus, 63–64 passim
6 Plato, 466–469
8 Aristotle, 7–65, 170–229
17 Aquinas, 486–487
22 Rabelais, 271–272
26 Harvey, 343–345, 377–380 passim
28 Bacon, 52, 139–140
28 Descartes, 280–281
46 Eliot, George, 419–420
48 Melville, 150–156
49 Darwin, 85–87, 89–90, 255–265 passim, 278–284
54 Freud, 647–648

3a. Physical elements of the animal body: cellular structure and the formation of tissue

6 Plato, 468–469
7 Aristotle, 493–494
8 Aristotle, 7, 35, 39–46, 170–172, 174–181, 284
9 Galen, 352–354, 392–397, 433–434

　　　　26 Harvey, 414–415
　　　　42 Lavoisier, 39–41
　　　　46 Eliot, George, 272–273
　　　　48 Melville, 140–141, 171–172
　　　　54 Freud, 647
　　　　55 Whitehead, 182–183
　　　　56 Schrödinger, 470, 477–478
　　　　56 Dobzhansky, 551–575, 611–628 passim
　　　　56 Waddington, 721–723

3b. **The skeletal structure**
　　　　5 Herodotus, 91
　　　　6 Plato, 468–469
　　　　8 Aristotle, 13, 15, 21–22, 23–24, 40–41, 46, 48, 50, 51, 54–55, 59, 113–114, 176–177, 179–181, 188–191, 286
　　　　9 Hippocrates, 133–135, 144, 156–190, 192–272 passim
　　　　26 Galileo, 187–188
　　　　26 Harvey, 443–444
　　　　48 Melville, 206–209
　　　　49 Darwin, 15, 107–113 passim, 263–264

3c. **The visceral organs**
　　　　7 Aristotle, 701, 715–716
　　　　8 Aristotle, 16–19, 28–35, 53, 54–59 passim, 193–195, 197–213
　　　　9 Hippocrates, 15–16
　　　　9 Galen, 360–367, 427–434
　　　　18 Aquinas, 957–958
　　　　26 Harvey, 271–273, 274–275, 299–302, 339–343, 344–345, 350–352, 450–451, 473–476, 485
　　　　54 Freud, 647

3d. **The utility or adaptation of bodily structures**
　　　　8 Aristotle, 146, 170–229 passim, 243–252, 256, 257–260, 330–331
　　　　9 Galen, 353–354, 355–357, 360–362, 417–419
　　　　11 Lucretius, 52–53, 69
　　　　16 Augustine, 687
　　　　26 Harvey, 269, 299–304, 401, 453–454
　　　　32 Newton, 529
　　　　48 Melville, 140–141, 172–173
　　　　49 Darwin, 10–11, 38, 41–44, 66–68, 82–98, 103–113, 115–116, 225–228, 258–259, 320, 532–543
　　　　53 James, William, 701
　　　　56 Dobzhansky, 529, 583–585, 596–601

4. **Animal movement**

4a. **Comparison of animal movement with other kinds of local motion**
　　　　7 Aristotle, 339
　　　　8 Aristotle, 233, 235–238
　　　　17 Aquinas, 104–105
　　　　28 Descartes, 283
　　　　53 James, William, 4–6

4b. **The cause of animal movement: voluntary and involuntary movements**
　　　　7 Aristotle, 336, 337, 339, 664–667
　　　　8 Aristotle, 235–239
　　　　11 Lucretius, 18–19, 53
　　　　17 Aquinas, 106–107, 589–590, 646, 672, 673–674, 687–688
　　　　21 Hobbes, 61
　　　　26 Harvey, 316, 325–326, 369–370, 415–429, 456–458, 488–496
　　　　28 Descartes, 241–242, 282–283
　　　　33 Locke, 179, 354
　　　　33 Hume, 472–473
　　　　53 James, William, 3, 5, 8–15 esp 12, 694–702, 767–768, 827–835
　　　　54 Freud, 351–352, 412–414 passim

4c. **The organs, mechanisms, and characteristics of locomotion**
　　　　6 Plato, 454
　　　　8 Aristotle, 8, 11–12, 20, 48–50, 51–53, 55, 59, 213–217 passim, 221–222, 225–228, 237–239, 243–252
　　　　9 Hippocrates, 236–237
　　　　11 Lucretius, 53
　　　　17 Aquinas, 519–520
　　　　26 Harvey, 301–302, 450
　　　　28 Descartes, 241–242, 282–283
　　　　48 Melville, 171–172
　　　　49 Darwin, 83–84, 93, 94–95, 105–106, 278–280
　　　　53 James, William, 9–12, 714–715

5. **Local motion within the animal body**

5a. **The ducts, channels, and conduits involved in interior bodily motions**
　　　　6 Plato, 470–471
　　　　7 Aristotle, 724 passim
　　　　8 Aristotle, 9–10, 15, 17–19, 28–39, 67, 92, 112–113, 180, 191–197, 198, 199–200, 203–205, 206–208, 256–261 passim, 278–279, 281, 284
　　　　9 Hippocrates, 24–25
　　　　9 Galen, 356–357, 360–367, 373–385, 391–397, 406–449 passim
　　　　26 Harvey, 268–304, 305–328, 342–345, 350–353, 373–374, 379, 438–441, 473–476
　　　　28 Descartes, 280–283

5b. **The circulatory system: the motions of the heart, blood, and lymph**
　　　　6 Plato, 466, 471
　　　　8 Aristotle, 45–46, 193–197, 307
　　　　9 Hippocrates, 338
　　　　9 Galen, 373–385, 391–393, 444–449
　　　　11 Plotinus, 461–462
　　　　17 Aquinas, 692–693
　　　　22 Rabelais, 138
　　　　26 Harvey, 268–304, 305–328, 368–371, 374, 429–441, 488–496
　　　　28 Descartes, 280–283
　　　　53 James, William, 64–65, 695–696

5c. The glandular system: the glands of internal and external secretion

6 Plato, 472–474
8 Aristotle, 27, 46–48, 196, 219–220, 268, 318–319
9 Hippocrates, 41–42
9 Galen, 365–367, 383–385, 398–414, 422
26 Harvey, 288, 396, 435, 451
28 Spinoza, 685–686
49 Darwin, 110–111, 339–340, 547–548
53 James, William, 696–697

5d. The respiratory system: breathing, lungs, gills

6 Plato, 470–471
7 Aristotle, 717–726
8 Aristotle, 8, 10, 14, 17, 18, 27, 28, 53, 92, 115–116, 185–186, 191–193, 197–198, 228
9 Hippocrates, 41
9 Galen, 440–441
26 Harvey, 268–273 passim, 282–285, 303–304, 309, 317, 325
30 Pascal, 415
48 Melville, 169–171
49 Darwin, 87–88, 90–91
53 James, William, 696, 740

5e. The alimentary system: the motions of the digestive organs in the nutritive process

6 Plato, 467–468
8 Aristotle, 174–175, 188, 191–193, 203–205, 222–223
9 Galen, 356–357, 374–376, 389–392, 441–443
26 Harvey, 279, 350, 456, 460–461
28 Descartes, 282

5f. The excretory system: the motions of elimination

8 Aristotle, 120, 155–156, 199–201, 204–205, 206–207, 220–221, 259–260
9 Hippocrates, 44–45
9 Galen, 360–365, 373–381, 391–392, 436–444
18 Aquinas, 957–958
22 Rabelais, 16–18, 138, 310–311
26 Harvey, 273, 344–345, 351, 356, 380

5g. The brain and nervous system: the excitation and conduction of nervous impulses

8 Aristotle, 177–179, 182–183
9 Hippocrates, 330–339
11 Plotinus, 461
15 Kepler, 855
17 Aquinas, 519–520
21 Hobbes, 49
26 Harvey, 456–458
28 Descartes, 241–242, 328
28 Spinoza, 685–686
32 Newton, 518–519, 522
42 Faraday, 448–449
53 James, William, 8–67, 70–77, 152–153, 497–501, 694–695, 758–759, 827–835

54 Freud, 87, 351–352, 363–364, 413, 431, 646–649, 700
55 Wittgenstein, 350–351
56 Schrödinger, 471–472
56 Waddington, 744–745

6. Animal nutrition

6a. The nature of the nutriment

4 Aristophanes, 748–750
7 Aristotle, 419–420, 646–647
8 Aristotle, 46–48, 116–122, 140, 319, 450
9 Hippocrates, 2–5, 67–71
9 Galen, 355–358, 398–403
11 Lucretius, 50
17 Aquinas, 515–516, 604–607
26 Harvey, 398–399, 409, 435–438, 439–440, 461, 463–466, 486, 487–488, 494–496
58 Lévi-Strauss, 441–442

6b. The process of nutrition: ingestion, digestion, assimilation

6 Plato, 471–472
7 Aristotle, 646–647
8 Aristotle, 121, 188, 191–193, 203–205, 222–223
9 Hippocrates, 7, 84
9 Galen, 354–360, 374–376, 389–390, 415–416, 419–422, 436–444
11 Lucretius, 26, 53
17 Aquinas, 515–516, 604–607
18 Aquinas, 959–963
22 Rabelais, 134–135, 138–139
25 Shakespeare, 352–353
26 Harvey, 296–297, 307–308, 320, 413–415, 435–438, 455, 460–461
28 Bacon, 184
28 Descartes, 282
56 Schrödinger, 496–497

7. Animal growth or augmentation: its nature, causes, and limits

5 Herodotus, 63
7 Aristotle, 417–420
8 Aristotle, 263, 275–276, 280–281, 286, 313
9 Galen, 351–352, 354–355, 388–389
11 Lucretius, 3, 29
17 Aquinas, 604–607
18 Aquinas, 959–963
26 Galileo, 187–188
26 Harvey, 353–354, 388, 408–409, 412–415, 441–443, 450, 494–496
48 Melville, 209–210
49 Darwin, 402, 405, 540–541
54 Freud, 770
56 Waddington, 715–723

8. The generation of animals

8a. The origin of animals: creation or evolution

Old Testament: *Genesis*, 1:11–12,20–28; 2:4–9,19–23

6 Plato, 452–454, 476–477
8 Aristotle, 303–304
11 Lucretius, 68–69
16 Augustine, 412, 487–488
17 Aquinas, 367–369
29 Milton, 225–229
32 Newton, 542
39 Kant, 578–580, 581–582
49 Darwin, 1–251, 265
56 Dobzhansky, 519
56 Waddington, 723–727, 739–740

8b. **Diverse theories of animal generation: procreation and spontaneous generation**

6 Plato, 476–477
7 Aristotle, 493, 557
8 Aristotle, 65–66, 74–75, 80, 83–84, 95–96, 255–256, 299–300, 302–304
11 Lucretius, 26–27, 68–69
16 Augustine, 487–488
17 Aquinas, 249–250, 367–368, 488–489, 600–603
18 Aquinas, 49–50
22 Rabelais, 114
26 Gilbert, 105
26 Harvey, 338, 390, 400–401, 406, 412–413, 428, 454–455, 468–472
28 Bacon, 192

8c. **Modes of animal reproduction: sexual and asexual**

6 Plato, 157–158
8 Aristotle, 64, 65–114, 255–331
17 Aquinas, 607–608
26 Harvey, 331, 338–496
49 Darwin, 47–49, 220, 390–391, 395–399 passim
54 Freud, 415, 659–660
56 Dobzhansky, 616, 672–674

8c(1) **Sexual differentiation: its origins and determinations; primary and secondary characteristics**

6 Plato, 476
8 Aristotle, 42–43, 46, 50–51, 64–65, 67, 68, 71–72, 86, 91, 99, 109, 111, 133–134, 256, 263, 266–269, 272, 304–308, 309, 328–330
17 Aquinas, 488–489, 517–519, 520
18 Aquinas, 966–967
26 Harvey, 400–401, 402, 454, 462, 481
49 Darwin, 339–340, 364–561, 586–587, 594–595
54 Freud, 659–661, 785, 853–855
56 Dobzhansky, 624–625, 651–653

8c(2) **The reproductive organs: their differences in different classes of animals**

8 Aristotle, 15, 22–23, 32–35, 49, 66–67, 92, 105, 210–211, 255–261, 296–298, 307–308
9 Galen, 416–419
22 Rabelais, 15, 95–97, 178–185, 192–193

26 Harvey, 338–352, 401–405, 452, 473–476, 477–479
28 Bacon, 158
49 Darwin, 136, 264–265, 272, 339, 364
54 Freud, 592
56 Dobzhansky, 635–637, 644–666 passim

8c(3) **The reproductive cells and secretions: semen and catamenia, sperm and egg**

8 Aristotle, 48, 50, 53–54, 91, 93, 261–271, 274–280, 282, 288–293, 295–297, 298–300, 309–311
11 Lucretius, 55, 58
17 Aquinas, 491, 600–603, 604–607
19 Dante, 77
22 Rabelais, 189
23 Montaigne, 309
26 Harvey, 338, 340–342, 347–348, 353–363, 383–407, 417–429, 461–472, 473
49 Darwin, 372
54 Freud, 653, 853–854
56 Dobzhansky, 549–551, 637–638, 644–666 passim
56 Waddington, 704–706

8c(4) **The mating of animals: pairing and copulation; the breeding of new varieties**

5 Herodotus, 67, 113
6 Plato, 361
8 Aristotle, 66–73, 77, 82, 87, 97–106, 139–140, 153, 156, 257–258, 260–261, 267–271 passim, 287–290, 296–298
11 Lucretius, 55–56, 57
17 Aquinas, 517–519
23 Montaigne, 265–266
26 Harvey, 343–350 passim, 394–398, 401–407, 417–429 passim
34 Swift, 162, 166
48 Melville, 179–181
49 Darwin, 43–44, 47, 49, 366–368, 369–372, 387, 395–480 passim, 482–486, 532, 543–545, 580–581
54 Freud, 711–712
56 Dobzhansky, 577–578, 630–631, 632–637
57 Veblen, 59–60

8c(5) **Factors affecting fertility and sterility**

8 Aristotle, 43, 71–73, 107–108 passim, 111, 157, 265–266, 287–290, 291
9 Hippocrates, 33–37, 291–293
35 Montesquieu, 190
35 Rousseau, 404
49 Darwin, 10, 47–48, 132–133, 136–151, 230–231, 354–355
56 Dobzhansky, 616–617, 630–631, 637–642, 644–666

8d. **Comparison of human with animal reproduction**

8 Aristotle, 65–114, 258–259, 272–274, 278–288
16 Augustine, 685–686

17 Aquinas, 383–384, 517–519
19 Dante, 77, 91
23 Montaigne, 44, 466
26 Harvey, 338–496
35 Rousseau, 346, 348
45 Goethe, 91
54 Freud, 121

9. The development of the embryo: birth and infancy

9a. Oviparous and viviparous development

8 Aristotle, 10–11, 93–94, 258–260, 272–274, 290
26 Harvey, 277, 338–496
56 Waddington, 715–723

9b. The nourishment of the embryo or foetus

8 Aristotle, 87–88, 91, 112–113, 270, 281, 287, 293–294
18 Aquinas, 959–963
26 Harvey, 366–367, 373, 378, 379–381, 408–415, 438–443, 458–461, 471–472, 481–482, 485–488

9c. The process of embryogeny: meiosis, fertilization, and mitosis; the stages of foetal growth

7 Aristotle, 535
8 Aristotle, 87–88, 91, 109, 112–113, 274–276, 280–282, 293–296, 304–308, 313–314
9 Galen, 351–354
17 Aquinas, 600–603
26 Harvey, 302, 363–398, 402–405, 407–431, 438–456, 478–488
49 Darwin, 143–144, 219–225, 257–258
54 Freud, 509–510
56 Schrödinger, 476–480
56 Dobzhansky, 637–642, 645–666
56 Waddington, 715–723

9d. Multiple pregnancy: superfoetation

Old Testament: *Genesis*, 38:27–30
5 Herodotus, 112–113
8 Aristotle, 88, 92, 99, 104, 105–106, 110–111, 263, 311–316
26 Harvey, 363, 382–384, 481, 482–483, 484, 488
58 Frazer, 27

9e. The period of gestation: parturition, delivery, birth

Old Testament: *Job*, 39:1–4
Apocrypha: *Wisdom of Solomon*, 7:2
5 Herodotus, 112–113, 197, 198
8 Aristotle, 76, 79, 86, 89, 93, 96–97, 98–99, 101, 103–106, 109–110, 113, 293, 317, 319–320
9 Hippocrates, 290–292
9 Galen, 417–419, 434–435
22 Rabelais, 5–6, 8–9
26 Harvey, 353, 381–382, 406, 458–459

49 Darwin, 384
51 Tolstoy, 180–183
58 Frazer, 9–10, 26–27
58 Lévi-Strauss, 464–472

9f. The care and feeding of infant offspring: lactation

6 Plato, 362
8 Aristotle, 80–81, 82, 89–90, 92–93, 111, 114, 136, 138, 140, 143, 146–147, 293–294, 318–319, 541
26 Harvey, 350, 361–362, 464
30 Pascal, 415
33 Locke, 42–43
35 Rousseau, 336, 340
48 Melville, 177–178
49 Darwin, 110–111, 289–290, 339–340, 443–444
53 James, William, 709–710

9g. Characteristics of the offspring at birth

8 Aristotle, 104–105, 316–317, 320–331 passim
49 Darwin, 222–223
53 James, William, 49–50, 691, 710
56 Schrödinger, 480

10. Heredity and environment: the genetic determination of individual differences and similarities; RNA, DNA, genes, chromosomes, cistrons

6 Plato, 340–341
8 Aristotle, 99, 111–112, 162, 164–165, 261–264, 308–315, 457
9 Hippocrates, 30
11 Lucretius, 39, 57–58
17 Aquinas, 607–608
26 Harvey, 386–387, 391–393, 395–396, 425, 446, 455–456
33 Locke, 274
34 Diderot, 294
35 Rousseau, 335, 337, 347
36 Smith, 8
46 Eliot, George, 398
49 Darwin, 9–12, 53–55, 62–63, 65–71, 98, 132–134, 144, 149–150, 182–183, 220–228, 268–269, 375–382, 429–430, 500–525 passim esp 500–502, 511, 524–525, 529–531
53 James, William, 853–858, 890–897
54 Freud, 594–595
55 Whitehead, 188–189
56 Schrödinger, 469–470, 476–480, 481–486, 490–491
56 Dobzhansky, 520, 522–525, 533–534, 551–575, 599–601
56 Waddington, 704–715, 731–735

11. The habitat of animals

11a. The geographical distribution of animals: their natural habitats

5 Herodotus, 113, 161, 236

8 Aristotle, 73, 74-75, 76, 81, 115-129, 131-132, 140-143 passim, 144, 302
  17 Aquinas, 367-369
  29 Milton, 225-228
  48 Melville, 90-91
  49 Darwin, 181-206, 231, 237-238
  56 Dobzhansky, 585-590, 596-601

11b. The relation between animals and their environments

   7 Aristotle, 275-276, 710-713 passim
   8 Aristotle, 8, 43-44, 80, 115-132, 185-186, 210, 250-252, 324-325
   9 Hippocrates, 28-29, 33-34
  11 Lucretius, 69
  22 Rabelais, 242
  26 Galileo, 160
  30 Pascal, 401-403
  35 Montesquieu, 102-104
  39 Kant, 553-554
  42 Faraday, 442-443
  49 Darwin, 9-10, 32-39 passim, 40-42, 53-55, 65-69, 106-107, 182-183, 268-269, 320, 354-355, 430-432, 442-443, 525-527
  53 James, William, 857
  54 Freud, 791-792
  55 Whitehead, 232-233
  56 Dobzhansky, 596-601
  56 Waddington, 731-732

12. The treatment of animals by men

12a. The taming of animals: domestic breeds

   4 Sophocles, 163
   6 Plato, 128
   8 Aristotle, 133, 156
  13 Plutarch, 542-543
  17 Aquinas, 510-511
  23 Montaigne, 261-263
  34 Swift, 146-148
  38 Gibbon, 86, 107
  49 Darwin, 121-122 passim, 233
  52 Ibsen, 490-491
  57 Veblen, 56-57, 58-61

12b. The use and abuse of animals

  Old Testament: 22:1-13 / *Leviticus* passim, esp 11, 18:23, 20:15-16 / *Deuteronomy*, 22:6-7,10; 25:4; 27:21
  Apocrypha: *Bel and the Dragon*, 23-28
  New Testament: *Luke*, 19:29-38
   3 Homer, 1-306 passim, 332-333
   4 Aristophanes, 748-751
   5 Herodotus, 57-58, 59, 111-112
   8 Aristotle, 47-48, 80-81, 135, 452-453
  11 Epictetus, 114
  12 Virgil, 181-321 esp 124-125, 155-156
  13 Plutarch, 278-279
  17 Aquinas, 368-369, 510-511
  18 Aquinas, 309-316
  22 Rabelais, 245-248
  23 Erasmus, 17
  23 Montaigne, 180-184, 246-248, 259-260
  28 Spinoza, 669
  31 Molière, 160
  34 Swift, 135-184
  37 Gibbon, 38-39, 139-140, 411-412
  38 Gibbon, 107, 221-222
  41 Boswell, 312
  46 Eliot, George, 216
  48 Melville, 190-192
  48 Twain, 291-292, 329-330
  51 Tolstoy, 278-287, 296-297
  52 Ibsen, 490-491
  53 James, William, 720
  57 Veblen, 58-61, 107-108
  58 Frazer, 12-13, 21-22, 29-30
  59 Cather, 417-418
  60 Hemingway, 453-461 esp 460-461, 465-468, 469-470
  60 Orwell, 478-479

12c. Friendship or love between animals and men

   3 Homer, 126, 472
   4 Aristophanes, 775-777
   5 Herodotus, 5
  13 Plutarch, 278-279, 570
  18 Aquinas, 502-503
  23 Montaigne, 265-266, 267-269
  24 Shakespeare, 248
  27 Cervantes, 2, 130
  49 Darwin, 289, 303, 307, 317
  51 Tolstoy, 278-287 passim, 575
  53 James, William, 722
  57 Veblen, 59

13. The attribution of human qualities or virtues to animals: personification in allegory and satire; the transformation of humans into animals

  Old Testament: *Genesis*, 3:1-5 / *Numbers*, 22:21-31
   3 Homer, 214-215, 278
   4 Aristophanes, 683, 722-747, 770-797, 802-803
   6 Plato, 128, 319-320
   8 Aristotle, 9, 114, 133-134, 148, 156, 641
  19 Dante, 7, 14-15, 20-21, 62, 87
  19 Chaucer, 361-368
  21 Machiavelli, 25
  23 Erasmus, 14-15
  23 Montaigne, 255-273 passim
  25 Shakespeare, 414
  27 Cervantes, 44
  29 Milton, 258-260, 279-287
  31 Racine, 364-365
  34 Swift, 135-184
  43 Hegel, 267-269
  45 Goethe, 11
  48 Melville, 1-260 esp 80-92, 154, 179-181

58 Frazer, 50–56, 61–62
58 Lévi-Strauss, 469
59 James, Henry, 8–9
59 Joyce, 642–643
60 Kafka, 111–139 passim, esp 128–131, 137
60 Hemingway, 460–461
60 Orwell, 477–524 passim

交叉索引

以下是与其他章的交叉索引：

The grades of life and the kinds of soul, see LIFE AND DEATH 3, 3b; SOUL 2c–2c(3).

Continuity or discontinuity in the relation of plants, animals, and men, as well as between living and nonliving things, see EVOLUTION 2c(2), 6a–6b; LIFE AND DEATH 2, 3a; MAN 1a–1c; NATURE 3b; SENSE 2a.

The comparison of men and animals, or of different species of animals, with respect to sensitivity, memory, imagination, and intelligence, see MEMORY AND IMAGINATION 1; MIND 3a–3b; REASONING 1a; SENSE 2b–2c.

Instinct, see HABIT 3–3e; the emotional aspect of instincts, see EMOTION 1c.

Theories of classification, see DEFINITION 2a–2e; EVOLUTION 1a–1b.

Alternative theories of the origin and development of living organisms, see EVOLUTION 3a, 3c.

Heredity, see EVOLUTION 2a–2b(4), 2d(3); FAMILY 6b.

Sexual attraction, mating, and reproduction, see CHANGE 10b; FAMILY 7a; LOVE 2a(1), 2d.

Breeding, see EVOLUTION 2b(3), 2d(2), 4c; FAMILY 6b.

The causes of animal movement, see CAUSE 2; DESIRE 2c; WILL 3a(1), 6c.

The comparison of human and animal societies, see STATE 1a.

扩展书目

下面列出的文著没有包括在本套伟大著作丛书中，但它们与本章的大观念及主题相关。

书目分成两组：

Ⅰ．伟大著作丛书中收入了其部分著作的作者。作者大致按年代顺序排列。

Ⅱ．未收入伟大著作丛书的作者。我们先把作者划归为古代、近代等，在一个时代范围内再按西文字母顺序排序。

在《论题集》第二卷后面，附有扩展阅读总目，在那里可以查到这里所列著作的作者全名、完整书名、出版日期等全部信息。

I.

Galen. *On the Utility of Parts*
Hobbes. *Concerning Body*, PART IV, CH 25
Balzac. *A Passion in the Desert*
Goethe. *The Metamorphosis of Plants*
Whitehead. *Modes of Thought*, LECT VII–VIII
Hemingway. *The Old Man and the Sea*
Dobzhansky. *The Biology of Ultimate Concern*
Waddington. *Biology for the Modern World*
———. *The Epigenetics of Birds*
———. *How Animals Develop*
———. *Organisers and Genes*
———. *Principles of Embryology*
———. *The Strategy of the Genes*

II.

THE ANCIENT WORLD (TO 500 A.D.)

Aesop's *Fables*
Apuleius. *The Golden Ass*
Ovid. *Metamorphoses*
Pliny. *Natural History*
Theophrastus. *Enquiry into Plants*

THE MODERN WORLD (1500 AND LATER)

Adams, R. *Watership Down*
Begon and Mortimer. *Population Ecology*
Begon, Harper, and Townsend. *Ecology: Individuals, Populations and Communities*
Bernard. *Introduction to Experimental Medicine*
Bright, M. *Animal Language*
Buffon. *Natural History*
Carson. *Silent Spring*
Comte. *The Positive Philosophy*, BK V
Condillac. *Traité des animaux*
Cuvier. *The Animal Kingdom*
Darwin, E. *The Loves of the Plants*
Elton, C. *Animal Ecology*
Fisher. *The Genetical Theory of Natural Selection*
Franklin, J. *Molecules of the Mind*
Haldane, J. S. and Priestley, J. G. *Respiration*
Harth. *Windows on the Mind*
Hartmann, E. *Philosophy of the Unconscious*, (c) II, IV
Henderson. *The Fitness of the Environment*
Huxley, T. H. *Method and Results*, V
Ionesco. *The Rhinoceros*
Jennings. *Behavior of the Lower Organisms*

Koehler. *The Mentality of Apes*
La Fontaine. *Fables*
La Mettrie. *Man a Machine*
Linnaeus. *Systema Naturae*
Loeb. *Forced Movements, Tropisms, and Animal Conduct*
———. *The Organism as a Whole*
Lotze. *Microcosmos*, BK I, CH 5
Mayr. *The Growth of Biological Thought*
———. *Toward a New Philosophy of Biology*
Needham, J. *Order and Life*
Pavlov. *Conditioned Reflexes*

Penfield. *The Mystery of the Mind*
Sherrington. *The Integrative Action of the Nervous System*
Thomas. *The Lives of a Cell*
Thompson, D. W. *On Growth and Form*
Tinbergen. *The Study of Instinct*
Vesalius. *The Epitome*
Watson, J. D. *The Double Helix*
Wheeler. *Foibles of Insects and Men*
Wiener. *Cybernetics*
Wundt. *Outlines of Psychology*, (19)

3

贵族制 Aristocracy

总 论

在那些关于政治理论的伟大著作中,政府的形式一直以来就有各种不同的列举方式,其划分也各不相同,所得到的评价则相互矛盾。在政治制度的实际历史过程中,以及在政治理论的传统中,政府形式——包括开放性选择的形式、所要寻求的理想形式,或者是应当予以纠正的恶的形式——在各个不同的时代都成为首要的问题。

从前,不仅是古代,而且直到十八世纪,所谓"贵族制"的政府形式一直表现为一种本质意义上的君主制的形式,并且成为衡量民主制的缺陷与软弱的标准。如果说贵族制并不一定能够成为理想的政治形式的话,那么,贵族制的原则也还是可以成为政治理想的一种界定。

在当今,无论在理论上还是在实践中,贵族制都处在标尺的另一端点上。对于大多数人来说,对于政治哲学的研究者来说,在主流公众意识中,贵族制(与君主制一样)已经成为一个历史学领域里的课题。它是一种已成陈迹的政府形式,没有什么前景可言。它不再被用来衡量民主制,而是要被民主制来衡量。如果说贵族制仍然标志着政府或国家的某种出类拔萃之处的话,那么,它现在要在某种与民主制相符的意义上才能体现出这一点。

这一变化也说明,"贵族制"一词对于当代读者来说尚有一点含混不清之处。早前,这个词最初的(如果不是仅有的)含义是指某种政府组织形式。而在时下,它被用来表示某一特定的社会等级,在出身、才能、财产、权利或闲暇生活等方面区别于一般大众。我们谈到"贵族"就像是在谈论"名流"以及"上流社会"。或者,我们也可以像马克思和恩格斯那样,将"封建贵族"看作是"被资产阶级消灭的一个阶级"。《共产党宣言》很少在贵族身上耗费同情心;在寻求与无产阶级结成盟友的时候,那些贵族忘记了,他们也曾"在不同的环境与背景下从事着剥削"。在马克思和恩格斯看来,贵族阶级和资产阶级一样都代表着有财产的阶级,而他们的不同只是占有财产与权力的方式不同。拥有土地的士绅以及封建贵族大半是通过继承得到财产和权力,而资产阶级则是通过工业产业与贸易来得到。

在当今,对于大多数人来说,如果一个人拥有某种社会地位或者某种特权,无论是公正的还是不公正的,我们都将这个人称作是"贵族"。按照韦伯的观点,在这个意义上,德国的大学将"科学的训练"看作是"贵族知识分子的事情"。在当今,我们却很少用"贵族"这个词来表示理当享有特殊政治地位或本来就十分出色的人,虽然我们有时会用这个词来指那些人——他们赞成建立在政治不公平基础上的政府形式。

在伟大著作中,关于贵族的讨论大多是政治性的,因此,我们在这里首先关心的也就是作为一种政府组织形式的贵族制。关于政府组织形式的一般性的思考,可见**政府**一章。在这里以及在其他涉及特定政府组织形式的篇章中,我们则要分别考虑各种组织形式,既考虑某一组织形式本身,也会考虑这种组织形式与其他形式之间的关系。

在贵族制的概念中,有一个要素是不会随着贵族制政府组织形式的变化而变化的。伟大著作中那些政治学著作的作者全都同意柏拉图的观点,认为贵族政治是一种"少数人的统治",是根据少数几个而不是一个或众多实际的政治力量来对国家进行统治。按照这样的数量标准,贵族制总是可以区别于君主制以及民主制。

虽然洛克用寡头制来表示别人称作是贵族制的政府组织形式,不过,他还是根据数量关系界定了三种政府组成形式。洛克说,如果是大多数人拥有社会的全部权力,"政府的组织形式就是一种完善的民主制"。当他们"将立法的权利交付到少数几个选定的人手中时……那就是一种寡头政治了;而一旦交付到某一个人手中,那便是君主制"。康德也同样是这样推论,尽管所使用的语言略有不同。他这样说道:"统治人民的至上权力可以被概括为这样三种形式:在一个国家里,由一个人来统治所有的人,或者由相互关系同等的一些人来统治另外一些人,或者由所有人来统治每一个人,也包括他们自己。因此,政府的组织形式可以是独裁的,也可以是贵族制的,或者是民主的。"

而黑格尔则声称,"诸如此类纯粹量的差异仅仅是表面性的,并不能提供关于事物的概念"。而考虑到其他的政府组织形式,数量的标准也就不能满足需要了。这一标准无法将君主制同僭主制相区分,这二者在通常的情形下都是由一个人来实施统治的。而数量也同样无法单独区分贵族制与寡头制。按照希罗多德的记载或者杜撰,米底亚的那些阴谋者反复斟酌考虑的就是,"由一定数量的精英来进行统治",以应对民主制和君主制,这也被认定为"寡头制"。那么,贵族制又如何与寡头制相区别呢?

对于这个问题,似乎有两个答案。在《政治家篇》中,柏拉图在数量一项之外又加入了"法律的标准和法律的缺失"。政治权力的掌握者,无论其数量如何,都有可能或者按照既定的法律来统治,或者以他们的恣意妄为来进行统治。在《政治家篇》中,那位从伊利亚来的客人这样宣称:"法律是根据长期的经验形成的,那些提出良好提案并说服大众通过这些法案的元老们充满智慧,因此,比较起遵行无论什么样的成文法,违法行事总是更大的、更具毁坏性的错误。"

"法律的原则与法律的缺失"将把按照数量来划分的三种政府组织形式一一划分为二。君主制可以区分为"君主制的与僭主式的",其依据在于是采用"依据法律实行的个人统治……还是既不依照法律也不依照习惯……而只是看其是否能够驾驭法律来实施统治,唯视其喜好以及罔顾法律"。按照同样的标准,一些人的统治则可分为"具有吉祥意义的贵族制和寡头制"。民主制也可同样加以划分,柏拉图都称之为民主制,但区分其好的形式与不好的形式。

第二种方法将贵族制区别于寡头制,这种方法也出自《政治家篇》。因为,"统治的科学"按照柏拉图的观点乃是"所有科学当中最伟大的,也是最难于获得的……任何真正的政府组织形式都只能由掌握了这门科学的一个人、两个人,总之是少数几个人组成的政府"。出于对"科学"的这一要求,亦即要在统治中具有美德和相当的财力,因此,君主制与贵族制也就自然被界定为要由社会中某一最出色的人或某些最出色的人来组成政府。

然而,财力或美德却又并不是少数一些人可以区别于众人的唯一的标记。在任何一种可以计量的量上拥有财富或

3. 贵族制

财产都似乎可以将某一不大的阶层同社会其他阶层区分开来，因此，柏拉图时常将贵族制比作富人的统治。不过，假如以财富作为少数一些人被选择从事统治的标准的话，那么，寡头制也就至少会与相对于以心灵与人格的出色作为标准的贵族制相悖了。贵族制之所以被称作是贵族制，亚里士多德这样写道，"或者是因为那些统治者都属于最为出类拔萃的人，或者是因为他们心中所想到的是国家的利益以及平民的利益"。

古人设想贵族制是要有这些附加标准的，而绝不仅只是以数量为唯一的标准。一旦做出这样的界定，它便成为一种完美的政府组织形式，但它绝不是唯一的良好形式，更不一定是最良好的形式。同样按照这一标准，君主制也成为一种完美的形式；至少在柏拉图的《政治家篇》中，当民主制作为一种由多数人来实施的合法的政府形式时，同时这些人又都十分称职或者在某种程度上出类拔萃的话，这种民主制便是第三种完美的形式。在这种三种形式中，贵族制只是第二级完美的，因为可以设想由一个人来实施统治能够做到更为有效，或者说，在出类拔萃的统治阶层内部，可以有一些人显得十分突出，但却只有一个人才是最为出色的。尽管如此，亚里士多德还是把贵族制列于君主制之上。"如果我们把其中每个人都十分优秀的少数人的统治称作贵族制而把由一个人来统治称作君主制的话，那么，"他这样写道，"对于城邦来说，贵族制就要比君主制更好一些。"

按照赫伊津哈的观察，在中古，"贵族制下的生活……是某种尽情的享乐嬉戏。为了忘却现实中的一切都很不完美而充满痛苦，贵族们就会不断地去幻想高贵与英雄般的生活。他们戴上圆桌骑士或勇士们的那种面具。这确是一种让人感到吃惊的自我欺骗。"

将民主制纳入到这种对比当中会使讨论变得复杂。多数人不仅通常都是穷人，而且也很少让人以为他们在美德与称职方面能够显得突出。按照财富与人的出色乃是必不可少的原则，寡头制与贵族制都是根据社会地位、权力以及特权的不平等来组织起政治社会结构的。譬如，卢梭就根据这一点从而将人与人之间各种各样的不平等作为基础来区分"三种贵族制——即自然的、选举的与世袭的"。

按照卢梭的观点，自然贵族制是以人们在年龄上最基本的不平等为基础的，可见于单纯的族类——在这些人当中，"年轻者对有经验的权贵总是毕恭毕敬"。选举产生的贵族制则"按照由不同机制产生的、凌驾于自然不平等之上的某种人为的不平等的比例呈现的，而财富和权力则超出了年龄的条件。"在卢梭看来，这种形式其实是"最好的形式，也是名副其实的贵族制"。第三种则是"所有政府组织形式中最糟糕的一种"；这种形式的形成需要有"父亲的权力连同其财产一道传递给他的孩子，从而创造出父系的家庭，形成世袭性质的政府组织形式"。

对不平等的这样一种强调从根本上将贵族制同民主制区分开来。从亚里士多德到蒙田，再到卢梭，直到我们这个时代，平等始终被认为是民主制独特的要素。且不考虑奴隶——奴隶在古代人看来是政治上的贱民，亚里士多德视自由为民主制的另一标志——所有的自由民，无论财富多少或者是否拥有美德，都拥有同等的政治地位。"贵族制的原则是美德"，亚里士多德这样写道，财富是"寡头制的原则，而自由则是民主制的原则"。

对于民主制的捍卫者而言,无论是古代的还是现代的,贵族制与寡头制都是对平等原则的否定,至少是持消极的态度。对于贵族制的捍卫者而言,寡头制与民主制同样远离这一原则,因为二者都忽视或者低估了美德在国家组织中的重要意义。不过,与民主制不同的是,寡头制又属于贵族制特有的一种扭曲形式。这种形式是将政府交由几个人来处理,但却以财富作为美德的补充标准。对贵族制的民主制批评家通常关注到寡头制总是力图戴上贵族制的面具。然而,不管怎样通过定义把贵族制与寡头制加以区分,这些批评家强调,在实际的实践当中,由于财富、高贵的出身或社会等级被认为是得到社会认可的某种内在品质的标志,因此,这两种政制也就成为同一的。

在对贵族制以及民主制的对比过程中,托克维尔写道:"贵族制与民主制相比较,在立法的科学性上要有技巧得多。它可以自己做主,而又不会凭借一时的冲动去做……它知道如何将各种法律的能量在同一时间汇聚到某一个点上来。而民主制则不能这样;民主制的法律几乎总是有着某种缺陷或者不合时宜。因此,民主制的标准与贵族制的标准相比并不完美……但它的目标却是更为有益的。"

贵族制的辩护者曾经以为,贵族制的统治形式可能会蜕变成为寡头制。而其批评者则对此不以为然。他们不承认有在原则上纯而又纯的贵族制存在——他们否认从事统治的几个人可以单纯地根据其美德选拔出来。马基雅维里认为有一个情况是为人们普遍接受的,即"那些高贵者都希望统治和压迫民众……并且都希望实现他们的抱负。"孟德斯鸠尽管对真正具有美德的贵族制的可能性抱有乐观的态度,但他又承认贵族制也可能会以损害民众利益的方式来获得好处。为了避免这种情况的出现,他就提出,法律应当具有"一个基本的要素……即贵族不应当征收税赋,而且还应当避免贵族涉足于各种商业活动……并且在贵族中取消长子继承的权利,从而达到这样的目的,亦即借由遗产的不断划分,使其财富总是处在某一水平上。"

但是,J. S. 穆勒的《代议制政府》或许是所有重要的政治学著述中对贵族制形成冲击最大的一部。他承认,"历史上,在处理事务的时候始终具有心灵力量和勇气的政治制度显然总是贵族制"。然而,他又断言,不管这些政制具有怎样的能力,它们"从根本上说又都是官僚制度",而且,其统治成员的"神圣和尊严"也"和一般民众社会的繁荣与福祉完全不相干,时常还无法相容"。而当它时不时受到"恶的利益"驱使时,贵族阶级就会"为自己主张各种各样数不清的不公正的特权,有时是以损害民众利益来充实自己的钱袋,有时则只是要使他们凌驾于他人之上,或者换个说法,就是要贬低其他人。"乔治·奥威尔在《动物农场》一书的结尾处用下面那句令人难忘的话对此进行了概括:"所有的动物都是平等的,不过,有些动物却比其他动物更为平等。"

有些政治学思想家否认有好政府与坏政府之分,同时也否认美德同作为权力唯一体现的宪政有任何关系;除了这些思想家之外,贵族制的原则是很少被完全排斥的。即便当纯粹的贵族制概念作为一种无法完全实现的理想而被忽略时,贵族制的原则在对其他政府形式的改进过程中也还是具有使它们趋于完善的参考作用。

尽管如此,除了其原则上的某种合理性之外,还有一些困难也妨碍着贵族制在实际过程中得到实现。那就是最优秀者可能不愿意接受公共事务的负担。《士师记》中讲到的那一段情节，不仅适用于君主制，同样也适用于贵族制。

  有一时树木要膏一树为王，管理他们，就去对橄榄树说，请你作我们的王。
  橄榄树回答说，"我岂肯止住供奉神和尊重人的油，飘摇在众树之上呢？"
  树木对无花果树说，请你来做我们的王。
  无花果树回答说，我岂肯止住所结甜美的果子，飘摇在众树之上呢？
  树木对葡萄树说，请你来做我们的王。
  葡萄树回答说，我岂肯止住使神和人喜乐的新酒，飘摇在众树之上呢？
  众树对荆棘说，请你来做我们的王。
  荆棘回答说，你们若诚诚实实地膏我为王，就要投在我的荫下。不然，愿火从荆棘里出来，烧灭黎巴嫩的香柏树。

  苏格拉底认为，他得到了解决这个问题的方法。在《理想国》中，他提出一种新的方法，可以动员优秀者参与统治。因为他们"不愿意为金钱或者荣誉去统治"，苏格拉底说，所以，"就要使他们有某种需要，就必须对他们有所惩罚……对他最大的惩罚就是让他被一个比较糟糕的人去统治。在我看来，正是因为担心受到这样的惩罚，正派的人才会去统治……在他们从事这种事情的时候，他们似乎也并不是想得到某种好处，或者从中发迹；他们之所以去做这种事情，是出于一种需要，是因为他们找不到什么人比他们自己来做更好，或者像他们自己做得一样。"

  在政治学的课题中，君主制、贵族制、寡头制以及民主制代表了主要的政制形态；如果不是从根据法律建立政府和根据人来建立政府的区别中加以考察的话，这些课题就不可能阐述清楚。

  我们曾经注意到，在《政治家篇》中，柏拉图将尊重法律和违背法律当作是好的统治机构与坏的统治机构各自的标志。但是，他也提出，"最好的并不在于通过法律来统治，而在于应当有一个人来统治，而这个人又要具有智慧与君王的权力。"至于法律，则应避免其不完善，因为一个或几个具有超乎凡人智慧的人是可以统治下层者的，这就像神无需借助既定的法律就会对有关人的事情提供指导。不过，如果说任何人在与他人的关系中都不会成为神的话，那么，按照柏拉图的观点，法律或习惯最好是具有超越性的，而人的统治也最好依据这法律。

  关于法治与人治的更重要的探讨也见于**宪法**和**君主制**两章。不过，在这里，我们还是应当看到，这样两种类型统治之间的差别对于理解其他各种形式的统治有着怎样的影响。关于这一点，我们在亚里士多德区分君主统治与平民政治统治时也可以看到；这种区分一方面与现代关于独裁统治与专制统治之间差异的概念十分相近，另一方面也区别于受限制的、宪政的或共和制的统治。

  在一些段落中，亚里士多德也将一个或几个高高在上者的统治视作神圣的或与神相近似的某种统治的形式。当一个或几个人"在美德方面超过了其他所有人的时候，而统治者与其子民又能够各得其所，一方适合于统治，另一方则适合于被统治"，按照亚里士多德的观点，那么，无论是一个人还是几个人来统治，统治的政府机构都应当是君主制的或者是独裁的，而非市民社会的或者宪政的。"君主统治都具有贵族制性质，"他这样说道，"这种统治基于业绩，无论是个人的业绩还是家族的业绩。"

  但在另外一些段落中，亚里士多德似乎又将独裁统治看作是一种专制统治，仅仅适用于家族或原始的部族，而并不适用于城邦国家——在这种城邦国家里，平等的人都可以统治别人或被统治。

无论这种统治被看作是绝对的还是被看作是宪政的，不管是在哪一种情况下，它都与贵族制一词的含义有所区别。

当贵族制被看作是独裁统治的时候，它在人数这一点上区别于君主制，亦即几个人与一个人相对而言。除此之外，贵族制与君主是以同样的方式得到辩护的。这种辩护又通常采取下列两种方式当中的一种。其中一个论证线索出自柏拉图和亚里士多德，这种方法声称，统治者与被统治者之间在智慧与美德方面的不平等证明了高高在上者进行统治的公正性。也有些人，如霍布斯，则提出另外一条线索，主张由于君权是绝对的、不受限制的和不可分割的，所以，不同类型政府组织之间的差异也就"并不维系于权力的不同，而在于权宜之计之间的不同，或对缔造和平的态度的不同，以及民众的安全感的不同"。这样，当贵族制与君主制两者都被视作独裁统治的某种形式时，它们也就会因为同样的理由而受到攻击；有些人认为独裁与专制违背了人类的基本平等权利，从而将统治机构中的独裁或专制看作是不公正的，在这些人看来，独裁的君主制与专制的贵族制都是不公正的。

不过，贵族制也可以被看作是宪政制的某种形式或某个方面。譬如，孟德斯鸠曾将政治统治区分为"共和制、君主制与专制"，而在"共和制"之下民众的整体或部分可以拥有至高无上的权力，因此，这种共和制既包括民主制，也包括贵族制。在这两种情形下，至上的是法律，而不是人，只是其法的精神有所不同。在民主制当中，"使其发挥作用的源泉"，或原则，是建立在平等基础上的美德；在贵族制当中，"节制是真正的灵魂……一种节制……是建立在美德基础上的，而不是出自懒惰与怯懦。"黑格尔对于这种理论的评述倒是应当在此提及。他这样写道："把'节制'视作贵族制的标志，这一点显示公共权威与私人利益两者开始分离。"

与孟德斯鸠相反，对于亚里士多德来说，宪政的两种主要类型，即民主制类型与寡头制类型，分别以自由民出身或财富为标准来确定能否获取公民身份以及公职。如果要将贵族制纳入到宪政制的讨论中来，那么，这主要是与行政体建构或混合宪政联系在一起来讨论的。他指出，"在统治机构中，有三种东西是人们平等分享权力的基础，即自由、财富与美德，"尽管大多数城邦国家"都止步于把贫民的自由同富人的财富融合到一起"。

亚里士多德说，当尝试去融合的只是贫民的自由同富人的财富，"这两种要素的混合应当被视作一种行政体。"但有时候，民主制与寡头制的混合中却有可能包含着贵族制的某种要素，譬如"根据各自不同的业绩对公共资源加以分配"。这样三种成分的结合"就可以被称之为贵族制或最出色者的统治"，"除了真正的、理想的统治之外，它比其他任何形式的统治都更好"。按亚里士多德的判断，这也算是"名副其实的贵族制"。行政体与贵族制，作为混合在一起的宪政，是由同一族要素当中的某些要素构成的；因此，他说，"它们显然并无很大的不同"。

从十八世纪开始，伴随着代议政制的兴起，关于贵族制作为一种独特政制形式的讨论逐渐减少，人们更多考虑的是贵族制在共和宪政的发展中能起到何种作用。

例如，联邦党人就曾受到指责，说他们所捍卫的宪政带有某种走向贵族制或寡头制的倾向，《联邦党人文集》的作者们在多处都是在对这种指责做出回应。不过，在他们思考与捍卫这种从根本上

3. 贵族制

说属于共和制的新的政府机制过程中，这些人通常所揭示的都是一些本来就属于贵族制才具有的原则。

这些联邦党人赋予了"共和制"与"纯粹的民主制"以新的含义——即一方面是由选举产生的民众代表形成的政府统治，另一方面又是全体民众直接的参与；在这个过程中，他们也使贵族制带有了某种代议制本来的性质。他们似乎接受了孟德斯鸠的观点，认为"由于大多数平民尽管不具备被选举的资格但却拥有了足够的参与选举的能力，所以，民众虽然可以选择某些人对他们进行管理，却没有能力自己去从事管理。"

因此，麦迪逊称赞"政府中的代表制度……作为由其与市民选举出的一少部分人"是要"让这些人也进入到选举产生的机构当中，使公众的观点得到完善和强化，而这些人的智慧则足以分辨出其国家真正利益的所在。"他又进一步指出，"也有可能出现这样的情况，公众的声音通过其代表表达出来要比由民众自己说出来更符合公众的利益，从而可以达到目的。"

按照这样的观点，立法机构或其他政府分支中的民众代表也就不再被看作是其臣属，而被认为是它们的上级。对于美国的宪政主义者（如埃德蒙·柏克）来说，这种代表为其选民所做的是要为了他们共同的利益做出独立的决断，而不是按照选民的旨意行事。这种代议制理论认为，代表要比他的选民更了解这些选民的利益所在。穆勒以及其他一些民主制思想家在某种程度上都对这种理论表示赞同。

通过上层人物来保证领导的地位，这样做本身就包含了贵族制的原则，不过，对于汉密尔顿、麦迪逊以及杰伊来说，这又是公民政府的一种必要的安全保障。譬如，参议院不仅是为了安排政界元老用的，而且还要成为"对政府的一种有益的牵制……从而使民众得到双倍的保障，这样，当一方出现野心或腐败时，就需要这样两个不同的机构一道对其加以制约。"设立选举机构的目的就是要让一些人直接选举出总统，"这些人在需要深思熟虑的情形下最有能力分析判断谁具有胜任总统的品质。"此外，它还可以成为"对阴谋诡计以及腐败的……一种防范"，而那些阴谋诡计以及腐败则是"共和制统治机构最致命的敌人"。

在以上各个方面，以及在允许国家对投票选举权加以限制等方面，美国既定宪法在政府设置上似乎一直采用的是贵族制的原则。其支持者的动机实际上是否就是贵族制的动机，或者部分或大半是寡头制的——亦即只有那些家庭"完美"、财富殷实的人有权担任领导者，这始终是个问题，需要参照文献和历史考察才能解决。

与18世纪美国宪政主义者相比，穆勒表现得更接近民主制，至少在涉及投票选举权范围的时候是这样，尽管如此，穆勒似乎与他们同样留意要把贵族制的要素引入到代议制统治结构之中来。

按照穆勒的观点，民主制面临着两个重大的危险，"一种危险是代表机构智力水平低下，控制该代表机构的流行意见的智力水平低下；另一种危险是数量上的多数人为特定阶级"。穆勒主张有两种危险应当归咎于多数人的统治，他力求探寻的是克服这样一种状况，即"只有数量上的多数……才在国家中拥有实际发言的权利。"

他所提出的补救办法就是建立起一个合乎比例的代表体系。按照推论，这一体系可以保障"全民众每一少数群体……依照平等公正的原则"都具有其代表，从而使民主制得到改进。但是，由于这一体系"尽可能地保证了代表者的理智方面的资格",因此,它也就有可能加大贵族制的成分。要达到这一点,就要选举出"成百具有独立思想的能人,而他们无论如何是不可能有机会被多数人选上的",其结果将是国会收纳了"这个国家真正的精英"。

为了进一步保证超出一般人政治智慧的人能够在政府中发挥作用,穆勒还提出一种由受过教育的人进行的多数投票制以及建立某种以特殊品质群体为基础的立法上院。这些建议似乎表明穆勒的学说带有贵族制倾向,这不仅是因为他的学说以建立一种"最优秀者的统治"为目的,而且还在于这样一些设计是为了防止出现基于"手工劳动者"占据大多数而造成的统治机构"政治智慧水平太低"的危险。

由贵族制理论或统治机构中的贵族制原则产生的问题似乎在各个时代都是基本相同的,所不同的地方只在于加以表达的术语或文字有所不同。有些时候,譬如今天,那些已经信奉民主制的人们看来,政府组织机构的纯粹贵族制组织形式已不再是一种真正的政治选择了,但即便在这些时候,人们仍觉得,纯粹的、不加限制的民主制都同样是不可欲的极端形式。而为此所加的限制通常都含有某种贵族制的色彩。

这其中,有一点涉及人的平等与不平等。断言所有的人都生而平等,这并不排除承认其个体之间的不平等,即人的才能方面的广泛的多样性与智力及其他能力方面的参差不齐。这也不是说,所有的人都会运用他们天生的才赋来达到好的目的,或他们会在同等程度上运用这些才赋来获取技能、知识或美德。

一方面,没有谁本质上比其他人更多地是人,另一方面,他在人的某一种能力上可能比其他人要强。了解了这样一个两方面的道理也就能够明白,在构建政治制度的时候,有必要将民主制的原则与贵族制的原则加以融合。但是,问题却在于,个体的公正是否需要最优秀的人拥有统治或掌握公共事务的权利。

如柏拉图和亚里士多德这样的政治哲学家倾向于采纳贵族制的观点,即能力超凡的人应当拥有统治的权利——对于他们来说,被能力较差者统治是不公正的。这种理论更注重人与人之间的不平等,而不是他们的平等。赞成民主制的反方则坚持认为,人之为人的平等是个基础事实,而涉及公正地拥有者投票权,这也是唯一有关的事实。某些个人在实施政治权威时具有超出他人的禀赋,这一点并不能自然导致这种人就应该具有权威。人们在优劣或才能方面的不同并不能确立某种政治权利,因为他们在自然本性方面是平等的。在这种理论看来,选举最优秀的人从事公共事务并不是公正的问题,而只是效率或慎重的问题。

而另外一点所涉及的是,当大多数人的意见与聪明的人或专业性的人意见有所不同或相互冲突时(这种情况时常会出现),对大多数人的意见应给予多少重视。正如在**意见**一章中所指明的那样,关于流行意见是否可靠,专业人士之间也看法不一。

修昔底德认为,"管理城邦事务,普通人通常会比他们更有禀赋的同类做得更好",因为"后者总是想要显示自己比法律更为聪明";而希罗多德则观察到:"欺骗多数人似乎要比欺骗一个人容易一些"。黑格尔认为,"唯有人民具有理性和慧见,知道何为公正,这种看法是一种危险的、错误的偏见";而杰伊则宣称,"任何一个国家的人民,如果具有理智又

3. 贵族制

能够得到完整的讯息,就像在美国一样,对于涉及他们利益的错误观点都很少能够接受,而且也不会长年累月地予以维护",汉密尔顿则又加上了一句话:"人民通常关心的是公共的利益。"

有些时候,同一位作者似乎采纳的是这个命题的两个方面;譬如亚里士多德,虽然他也说"多数人在许多事情上可以比任何单一的个体做出更好的判断",但是,他却又更欣赏一个或几个在指挥或才能方面优秀的人来统治。或许,每个方面也只是对真理的某个单一侧面有意义。可以肯定,如果我们承认政治智慧可以在众人当中具有压倒性作用,同时也承认少数人的训练有素的判断包含另外一种智慧,那么我们不会希望将这种智慧排除在政府统治过程之外,使其失去应有的作用。

还有一点,就是教育的方面。教育的机会是否应当像选举权一样也成为普遍的权利?那些天赋适合做政治领袖的人是否应当接受不同的或者比普通市民更广泛的教育呢?众人所接受的是否应当只是职业的教育,而自由艺术教育是否只应当留给那些少数人呢?

通过这些问题可以衡量一个人的思想在何种程度上属于贵族制或民主制,或者说,在何种程度上囊括了这两种思潮混合的产物。在对这些问题以及课题的重要的探讨中,有一点是始终含混不清的。在考虑贵族制与寡头制之间的现实界限的时候,我们就已经提到过这一点。在穆勒和亚里士多德之间、柏克和柏拉图之间、汉密尔顿和潘恩之间、托尔斯坦·凡勃伦与威尔弗雷多·帕累托之间,或者在约翰·杜威与马修·阿诺德之间,如果不对多数人与少数人的差别是否出自自然本性或者习俗礼仪加以评判,关于这些人是观点一致还是意见不一也就无法做出判断。

杰斐逊就曾想到过这一细微差别;他在1813年写给亚当斯的信中说道:"在人们当中,有一种很自然的贵族制。其基础就是美德与才能……还有一种人工造就的贵族制,既不考虑美德也不考虑才能,而以财富与出身为基础;因为,这种贵族制以此而属于上流社会等级。自然的贵族制,我认为,对于这个社会的教育、信用以及政府统治而言乃是自然最为宝贵的馈赠……而人工造就的贵族制则是政府统治中的一种恶劣的组成部分,而立法的条款应当起到防止这种倾向占据上风。"

尼采所赞扬的贵族制与这种贵族制的观点大为不同。"完美与健康的贵族制中,基本的东西"在于,它"坦然接受了无数人的牺牲,这些人正是为了这种贵族制而不得不受到压抑,沦为不完美的人,沦为奴隶和工具。这种贵族制的信仰必定是:社会并不是为了社会本身的缘故而存在的,而是作为某种基础和台阶,从而使人类当中某一特定类型能够得到提升以完成更高的任务,一般说来也就是达到一种更高的存在",亦即超人的存在!

分 类 主 题

1. 贵族制的一般理论及其演化
   1a. 贵族制作为一种好的政府组织形式
   1b. 对贵族制的批评:不可实现或不公正
2. 贵族制与其他政府组织形式的关系

2a. 贵族制与君主制
2b. 贵族制与宪政政府组织形式：行政或混合型宪政
2c. 贵族制与民主制
2d. 贵族制与寡头制
2e. 贵族制与僭主制
3. 贵族制退化或具有不稳定性的原因：贵族制与革命
4. 贵族制与相对于法治的人治
5. 训练人与法律相适应：贵族制的教育理论
6. 选拔最优秀的人从事公共事务：现代宪政政府族制当中贵族制的代表理论
7. 贵族制历史与诗歌示例

[沈默 译]

索引

本索引相继列出本系列的卷号〔黑体〕、作者、该卷的页码。所引圣经依据詹姆士御制版，先后列出卷、章、行。缩略语 esp 提醒读者所涉参考材料中有一处或多处与本论题关系特别紧密；passim 表示所涉文著与本论题是断续而非全部相关。若所涉文著整体与本论题相关，页码就包括整体文著。关于如何使用《论题集》的一般指南请参见导论。

1. The general theory and evaluation of aristocracy

6 Plato, 316–401, 598–604, 669–672
8 Aristotle, 413, 478, 484, 493–494
18 Aquinas, 229–230, 307–309
30 Pascal, 229–230, 232–233
35 Montesquieu, 6–7, 10–11, 23–25, 45
35 Rousseau, 359, 411–412
43 Nietzsche, 533–534
44 Tocqueville, 14, 271, 308–309, 315–316, 330, 397
57 Veblen, 32–33, 36

1a. Aristocracy as a good form of government

Old Testament: *Exodus,* 18:13–26 / *Deuteronomy,* 1:9–17
Apocrypha: *Ecclesiasticus,* 10:1–2
5 Herodotus, 107–108
6 Plato, 339–350, 442–443, 598–604 esp 603–604
8 Aristotle, 476, 484, 493–494
14 Tacitus, 106–107
16 Augustine, 262
25 Shakespeare, 351–392
35 Rousseau, 411–412
40 Mill, 340, 353–354, 363–364
41 Boswell, 125, 141, 211, 220
43 Nietzsche, 531–532
44 Tocqueville, 119–121 passim

1b. Criticisms of aristocracy as unrealizable or unjust

5 Herodotus, 108
5 Thucydides, 520
6 Plato, 368–369, 380–383
8 Aristotle, 478–483
21 Hobbes, 105, 273
33 Locke, 57
35 Rousseau, 411
39 Kant, 442, 445
40 Mill, 366–367
43 Hegel, 103, 379

2. The relation of aristocracy to other forms of government

5 Herodotus, 107–108
5 Thucydides, 579–590 passim
6 Plato, 301, 401–421 esp 401–402, 598–604
8 Aristotle, 412–413, 476–477, 486–487, 488, 489, 498–499, 500, 608
13 Plutarch, 34–35
18 Aquinas, 229–230, 307–309
21 Hobbes, 104–108 passim
33 Locke, 55, 57
35 Montesquieu, 4–13, 34–35, 56–57, 90, 109, 125
35 Rousseau, 359, 410, 415
39 Kant, 450–452
40 Federalist, 125
40 Mill, 363–369 passim
43 Hegel, 94–95, 97–98

2a. Aristocracy and monarchy

5 Herodotus, 107–108
8 Aristotle, 484, 486–487, 512–513
21 Machiavelli, 7–8, 14–16, 27
21 Hobbes, 104–109 passim
35 Montesquieu, 6–8, 10–11, 23–25, 53–54, 75, 77
36 Smith, 346
40 Federalist, 70
40 Mill, 351–352, 366
51 Tolstoy, 241–242, 384–388
58 Weber, 88
59 Shaw, 94–95

2b. Aristocracy and constitutional government: the polity or mixed constitution

5 Thucydides, 579–580, 581, 582, 587, 590
8 Aristotle, 476–477, 493–494, 499, 509
13 Plutarch, 34, 800
14 Tacitus, 72
18 Aquinas, 307–309
35 Montesquieu, 21–22, 52, 75, 76–77
38 Gibbon, 81
39 Kant, 439–440, 450
40 Federalist, 216
40 Mill, 353–354, 406–409, 419
43 Hegel, 97–98, 291–292, 293–294, 379
44 Tocqueville, 131, 254

2c. Aristocracy and democracy

5 Herodotus, 107–108
5 Thucydides, 520, 533, 579–581, 582
6 Plato, 408–409
8 Aristotle, 479, 510, 511, 608
13 Plutarch, 62, 792–802

18 Aquinas, 307–309
21 Machiavelli, 14–16 passim
21 Hobbes, 104–105
25 Shakespeare, 351, 370–371
30 Pascal, 225–226
35 Montesquieu, 4–7, 9–11, 44–45, 58
35 Rousseau, 369, 427
38 Gibbon, 81
39 Kant, 450
40 Federalist, 125, 176–179 passim, 181, 185–187
40 Mill, 298–299, 353–354, 364, 366–369 passim, 376
41 Boswell, 125, 141, 211
43 Hegel, 94–95, 291–292, 293, 302
44 Tocqueville, 47–48, 91, 119–121, 105–121 passim esp 119–121, 210–211, 227–383 passim

2d. Aristocracy and oligarchy

6 Plato, 401–402, 405–407
8 Aristotle, 378, 468–470, 475, 491–492, 493–494
21 Hobbes, 104–105
35 Rousseau, 419
36 Smith, 347–349
40 Mill, 363–364
43 Hegel, 310

2e. Aristocracy and tyranny

6 Plato, 401–402, 411–421, 598–604 passim, 679–680
8 Aristotle, 512–513
14 Tacitus, 193–194
21 Hobbes, 273
33 Locke, 71
35 Montesquieu, 52, 70, 78–79
40 Federalist, 157, 213–214
43 Hegel, 95

3. The causes of degeneration or instability in aristocracies: aristocracy and revolution

Old Testament: *I Samuel*, 7:15–8:5
5 Herodotus, 108
5 Thucydides, 579–583, 587–589, 590
6 Plato, 339–350, 403–404, 806–807
8 Aristotle, 485, 504, 505–506, 508–509
13 Plutarch, 35, 47–48, 180–184, 361–368, 683, 708
14 Tacitus, 1–2
19 Dante, 20, 108–111
21 Machiavelli, 7–8, 14–16
23 Erasmus, 32
35 Montesquieu, 23–25, 52–53, 151–152
35 Rousseau, 411, 418–419
36 Smith, 470
39 Kant, 451
40 Mill, 366–367
43 Hegel, 378–379, 387–388
44 Tocqueville, 22–23, 183, 272, 312–313, 322–323, 373–374
50 Marx-Engels, 423–424, 429–430

51 Tolstoy, 666–669

4. Aristocracy and the issue of rule by men as opposed to rule by law

6 Plato, 598–604, 806–807
8 Aristotle, 482, 484, 486–487
21 Hobbes, 273
33 Locke, 71–72
35 Montesquieu, 52, 69
39 Kant, 450–451

5. The training of those fitted for rule: aristocratic theories of education

Apocrypha: *Ecclesiasticus*, 38:24–34
6 Plato, 320–339, 383–401, 607–608, 728, 794–798
8 Aristotle, 474, 537–538
13 Plutarch, 38–45, 156–158, 286–287, 781–788
14 Tacitus, 267
21 Hobbes, 94, 158, 164
22 Rabelais, 18–19, 24–30, 78–83
23 Montaigne, 114–115
24 Shakespeare, 202–203, 533, 597
27 Cervantes, 392–396, 425–426
34 Swift, 29–31, 158, 166–167
36 Smith, 389–390
37 Gibbon, 86
38 Gibbon, 508–509
40 Mill, 298–299, 384–387, 415–417
43 Hegel, 149
43 Nietzsche, 535–536, 537
44 Tocqueville, 136–140, 246
51 Tolstoy, 244–245
58 Weber, 87–89

6. The selection of the best men for public office: the aristocratic theory of representation in modern constitutional government

Old Testament: *Genesis*, 41:33–40 / *Exodus*, 18:13–26 / *Deuteronomy*, 1:9–18 / *Judges* esp 9:8–15 / *I Samuel*, 1:1–25:1 / *I Kings*, 3:5–15 / *II Chronicles*, 1:7–12 / *Proverbs*, 29:2 / *Daniel*, 6:1–4
Apocrypha: *Ecclesiasticus*, 10:1–3
5 Herodotus, 93
5 Thucydides, 396, 425, 520
6 Plato, 319–320, 339–341, 369–370, 373–375, 383, 390–391, 598–604, 608, 697–705 passim, 786–787, 794–799 esp 796–798, 807
8 Aristotle, 466–467, 469, 474, 478–483, 486, 487, 493–494, 500–501, 511, 522
13 Plutarch, 45, 387–388
14 Tacitus, 105–107
18 Aquinas, 213–214, 307–309
21 Hobbes, 136
23 Montaigne, 406–407, 452–453, 494–495
25 Shakespeare, 352–353, 361–369
33 Locke, 48–51 passim
34 Swift, 28–29, 73
35 Montesquieu, 10–11, 21–22
35 Rousseau, 412, 427

36 Smith, 302–304, 347–349
37 Gibbon, 61–62
40 Federalist, 33–34, 51–53, 113–114, 165–195 passim, 205–207, 225–229
40 Mill, 290–291, 320–322, 336–337, 341–424 passim, 439–442
41 Boswell, 178–191
43 Hegel, 97–98, 101–102, 106–107, 149, 152, 294, 391–392
44 Tocqueville, 119–121
58 Frazer, 30–32
58 Weber, 87–89

23 Montaigne, 221–223
25 Shakespeare, 351–392
31 Molière, 197–200
34 Swift, 73–76, 157–158
35 Montesquieu, 76–84
35 Rousseau, 369, 418
36 Smith, 185–203 passim
38 Gibbon, 71–73 passim, 217–219, 387–390 passim, 427–428, 452–456, 574–582, 588–589
40 Federalist, 70
40 Mill, 363–364
43 Hegel, 294
44 Tocqueville, 300, 333–334, 349–350
45 Balzac, 169–370 passim
47 Dickens, 54–55, 158–160, 198–203 passim, 282–290
48 Twain, 321–323
50 Marx, 355–364
50 Marx-Engels, 419, 420, 429–430
51 Tolstoy, 384–388
58 Weber, 87–89, 182, 186
58 Huizinga, 255–301 passim
59 Proust, 373–382

7. **Historic and poetic exemplifications of aristocracy**

5 Herodotus, 107–108
5 Thucydides, 409, 434–438 passim, 458–459, 465, 482–483, 568–569, 579–590
8 Aristotle, 466–467, 509, 553–572
13 Plutarch, 20–21, 32–48, 121–141, 174–184, 263–266
14 Tacitus, 1–2, 32, 34, 65, 97, 105–107, 193–194, 212
16 Augustine, 262
19 Chaucer, 391

交叉索引

以下是与其他章的交叉索引:
The general theory of the forms of government, *see* GOVERNMENT 2–2e.
Particular forms of government, *see* CONSTITUTION; DEMOCRACY; MONARCHY; OLIGARCHY; TYRANNY AND DESPOTISM.
The conception of the ideal state, *see* STATE 6–6b.
The comparison of aristocratic with democratic theories of education, *see* EDUCATION 8d.
The role of virtue in political theory, in relation to citizenship and public office, *see* CITIZEN 5; VIRTUE AND VICE 7–7d.
The theory of representation, *see* CONSTITUTION 9–9b.
The role of honor in the organization of the state, and the theory of timocracy, *see* HONOR 4a.

扩展书目

下面列出的文著没有包括在本套伟大著作丛书中,但它们与本章的大观念及主题相关。

书目分成两组:

Ⅰ. 伟大著作丛书中收入了其部分著作的作者。作者大致按年代顺序排列。

Ⅱ. 未收入伟大著作丛书的作者。我们先把作者划归为古代、近代等,在一个时代范围内再按西文字母顺序排序。

在《论题集》第二卷后面,附有扩展阅读总目,在那里可以查到这里所列著作的作者全名、完整书名、出版日期等全部信息。

I.

Dante. *The Convivio (The Banquet)*, FOURTH TREATISE, CH 10–14
Spinoza. *Tractatus Politicus (Political Treatise)*, CH 8–10
Jefferson. *Notes on the State of Virginia*
Nietzsche. *Thus Spoke Zarathustra*
Balzac. *Gobseck*
Austen. *Pride and Prejudice*

Ibsen. *An Enemy of the People*
James, H. *The American*
Shaw. *Socialism and Superior Brains*
Bergson. *Two Sources of Morality and Religion*, CH 1
Dewey. *The Public and Its Problems*
Tawney. *Equality*
Eliot, T. S. *Notes Towards the Definition of Culture*

II.

THE MIDDLE AGES TO THE RENAISSANCE (TO 1500)

Anonymous. *The Saga of the Volsungs*

THE MODERN WORLD (1500 AND LATER)

Adams, J. *A Defense of the Constitutions of Government of the United States of America*
Arnold. *Culture and Anarchy*
Aron. *The Opium of the Intellectuals*
Bryce. *Modern Democracies*, PART I, CH 7; PART III, CH 75
Burke. *An Appeal from the New to the Old Whigs*
——. *Letter to a Noble Lord*
——. *Letter to Sir Hercules Langrishe*
Campanella. *A Discourse Touching the Spanish Monarchy*
Dinesen. *Seven Gothic Tales*
Emerson. "Aristocracy," in *English Traits*
Filmer. *Patriarcha*
Gobineau. *The Inequality of Human Races*
Godwin. *An Enquiry Concerning Political Justice*, BK V, CH 10–11, 13
Haldane, J. B. S. *The Inequality of Man*
Harrington. *Oceana*
Huxley, T. H. *Method and Results*, VI–VII
Landtman. *The Origin of the Inequality of the Social Classes*
Madariaga. *Anarchy or Hierarchy*
Mairet. *Aristocracy and the Meaning of Class Rule*
Mallock. *Aristocracy and Evolution*
——. *Social Equality*
Mill, J. *An Essay on Government*, III–V
Millar. *Observations Concerning the Distinction of Ranks in Society*
Montalembert. *On Constitutional Liberty*
More, P. E. *Aristocracy and Justice*
Mosca. *The Ruling Class*
Nock. *The Theory of Education in the United States*
Paine. *Common Sense*
Pareto. *The Mind and Society*
Ponsonby. *The Decline of Aristocracy*
Powell. *A Dance to the Music of Time*
Renan. *The Future of Science*
——. *Philosophical Dialogues*
Santayana. *Reason in Society*, CH 4
Sévigné. *Letters*
Sidney, A. *Discourses Concerning Government*
Sieyès. *An Essay on Privileges*
Sorel. *Reflections on Violence*
Spenser. *The Faerie Queene*
Stendhal. *The Red and the Black*
Thackeray. *Vanity Fair*
Tomasi di Lampedusa. *The Leopard*
Wells. *The New Machiavelli*
Wendell. *The Privileged Classes*
Whitman. *Democratic Vistas*

4

艺 术 Art

总 论

"艺术"这个词有一系列含义。这一点可能由于我们当前倾向于在极端限定的意义上使用这个词而变得不那么明显。在现代思想中,艺术通常与美联系在一起;不过在历史上,艺术与实用和知识的联系可能更为紧密和广泛。

把艺术和美联系在一起的现代看法反映了19世纪把艺术理论合并于美学的倾向。这就自然而然地把艺术等同于艺术中的一个门类,即所谓"审美艺术",或 fine arts、beaux arts、Schoene Kunst。"艺术"一词的含义有时进一步缩减,只是特指审美艺术中的一种——绘画和雕塑,例如我们常说到"文学、音乐和美术"。这种限定的用法已成习俗,以至于人们通常在说美术馆和美术展览的时候,"艺术"这个词即仅指那些悬挂在墙上或者柱子上的一件物品。

当然,稍微想一想,我们就可以端正这种提法。把医疗和教育看作艺术,这一点我们并不陌生。"工业艺术"和"手工艺"这类用语,我们也耳熟能详,而它们指的是生产有用之物。我们对自由教育的讨论要求我们考虑自由艺术(liberal arts,人文学科),无论怎样定义或枚举自由艺术,它们总归指的是智力的技巧。我们认识到,art(艺术)既是artisan(手艺人)的词根,也是artist(艺术家)的词根。由此我们可以断定即便在最低等形式的劳动实践中,也包括技巧的成分。Art 也是 artifice(人工产品)和 artificial(人工的)的词根,这让我们意识到艺术有别于自然,有时刚好与自然相反。

在我们的日常语言里,艺术这些古老而传统的含义都有出现。在我们的思想中,艺术的第一层含义是美术。先前时代的思想都认为实用艺术是最先出现的。正如赫伊津哈指出的:"在中世纪结束时,艺术与时尚之间的联系较现在要密切。艺术尚未飞升到超越世界的高度。它构成了社会中必需的一个部分。"

直到18世纪末,亚当·斯密还追随着自柏拉图肇始的传统用法,在提到一件呢外套的生产时,他说:"为了完成这件朴素的产品,须得牧羊者、拣羊毛者、梳羊毛者、染工、粗梳工、纺工、织工、漂白工、裁缝,以及其他许多人联合起来工作。"

柏拉图的一些对话提供了关于艺术的第一场伟大的讨论,在那里我们发现,他把实用技术和日常技能视作艺术的典型,其他种类的技能是参照它们加以分析的。在《高尔吉亚篇》里,苏格拉底甚至在分析修辞学艺术的时候也总是求助于鞋匠和织工的制作技艺,求助于农夫和医生的工作程序。因为逻辑学家或修辞学家以心灵而非物质为媒介,所以人文学科被推崇为最高级的艺术,但这里说到艺术"只是一种说法",只是与处理物质材料的基础艺术对照才被称为艺术的。

普罗米修斯将火赠予人类,使得人类走出野蛮状态,掌握了各种征服物质的技术——各种基本的实用的艺术。卢克莱修将文明的进程、文明社会与原始社会的差异,归根于艺术和科学的发展:

航海,耕种,筑城,法律,武器,道路,服装,

> 以及诸如此类的一切,所有的奖赏,
> 所有更好的生活的享受,诗歌,绘画,
> 巧夺天工的雕像,所有这些技艺,
> 实践和活跃的心灵的创造性逐渐地教导人们
> 当人们逐步向前走的时候。

这些话属于一个大传统,这个传统自荷马始,经修昔底德和柏拉图,为弗兰西斯·培根、斯密、卢梭所承袭。卢克莱修把人类发明的冶金、畜养动物、开垦土地的艺术置于文明进程的源头。卢梭说:"冶金术和农艺导致这场伟大革命。"——即从原始社会到文明社会的进步。在文明进程中,审美艺术和思辨科学不是最早出现,而是最后出现。

审美艺术和思辨科学完善人类生活。它们不是最需的——尽管为了美好生活可能需要它们。它们是人类闲暇的产物,是其最美妙的果实。若无闲暇,审美艺术和思辨科学既不可能出现,也不可能结出丰硕的果实。闲暇是专属于人类的,是实用艺术的产品培育起来的。亚里士多德告诉我们:"数学之所以兴于埃及,就因为那里的僧侣阶级被特许拥有闲暇。"

当我们使用"艺术"这个词时,还存在另一个模棱两可之处。有时我们用它来指人工制作的结果;有时我们用它简称艺术作品;有时则用它来指由人制作的东西的原因——处理物质材料时指导双手的心灵技能。艺术家和艺术作品里头都有艺术的存在——在前者,艺术是原因;在后者,艺术是结果。在这个结果里物质变得高贵了,这一转变不只依赖人的双手,更是由于人的思想或知识。

艺术更一般的意义并非艺术之为结果,倒是艺术之为原因。许多艺术领域并不产生有形的结果,像航海、军事战略。当然,我们可以把一次着陆或者一次胜利称为一件艺术作品,但是,我们更愿意说的是航海家的艺术或者将军的艺术。故而,在医学和教育中也是一样,我们把治疗带来的健康和教育带来的知识看作是自然的健康或知识。艺术并不在健康或知识里头,而是在帮助产生那个结果的治疗师或老师的技能里头。因而,即使是做鞋或雕像这样的事,看起来艺术也首先是在鞋匠或雕刻家的心灵和工作里的东西,而在生产出的对象里头,艺术只是衍生的东西。

亚里士多德把艺术定义为:"借助真正的推理过程进行制作的技艺。"这样一来,他把艺术与制作(making)归在一起,而与行动(doing)和认识(knowing)区别开来。虽然艺术跟科学和道德行为一样,也属于心灵,也包含经验和学识、想象和思想,但艺术仍有别于科学和道德行为,因为艺术的目标是生产,艺术作为知识,是知道如何制作某物或如何获得意欲结果的知识。另一方面,科学则是关于事情如此这般的知识,关于某种事物具有某些性质的知识。知识有时候被等同于科学,将艺术和技能排斥在外;但是,只要我们承认技能在于知道如何制作某物,我们就不再囿于狭隘的知识观念。

阿奎那写道:"即使在思辨中,也有一些需要借助操作式的工作,例如,三段论推理,或调整演说的段落,或计算和测量。思辨推理中的这一类工作要求形成某些惯例,无论它们是什么惯例,参照其他技艺来说,都确实应当称作艺术,但它们是自由艺术,这个名称把它们与那些属于由身体操作所产生的艺术区别开来。由身体操作所产生的艺术,在某种意义上,是服务性的,较低一等,因为身体是服务于心灵的,而人认为自己的灵魂是自由的。另一方面,那些完全不要求任何此类操作活动的科学,则直称为科学,而非艺术。"

伟大著作中关于医学的讨论,为艺术和科学之间关系的起源和发展提供了一些启示。部落的医师或者萨满,像列维-斯特劳斯描述的那样,更像一个演员而非科学家。萨满的行医是"手势、魔术、江湖医生知识的大杂烩,其中包括佯装昏迷和惊厥的艺术,唱巫歌艺术,诱吐技术",以及另一些非科学的做法。其中有个故事很是让人吃惊:"萨满将一小束绒毛藏在嘴里,在适当时候咬破舌头,或弄破牙床,吐出沾血的绒毛,然后将它郑重地呈给病人和旁观者,说是自己施展法术后从病人体内吸出的致病异物。"

希波克拉底认为医学是艺术也是科学。在《论古代医学》中,他写道:"在我看来,每个医生都必须精通自然,他若想尽忠尽职,就须努力去了解人与食物、饮料及其他事物的关系是什么,这些东西中每一种对每一个人有何作用。奶酪是一种不好的食物,因为谁吃多了都会感到不适,但你仅仅知道这一点是不够的,你必须知道它造成的是哪一种失调,从而知道它和人体的何种元素不相适配……谁要是不知道这些东西如何作用于人体,就不能了解这些东西会产生什么后果,也不能了解如何利用它们。"作为科学,医学包括疾病产生的原因、疾病的不同种类及其特征的知识。没有这些知识,诊断、预测、治疗就成了凭空臆测之事——用希波克拉底的话说,是碰运气——要不,最多也是根据过去经验,应用老一套方法。

但是科学知识本身不能使一个人成为治疗师、执业医生。除了科学之外,医学实践还需要艺术——这种艺术以科学为基础,但是它还需要超出科学,形成用以指导特殊案例实践的普遍规则。在医学中,盖伦这样的艺术家,通常根据得自科学的规则行医,因而与江湖医生区别开来。艺术家和江湖医生相对,前者即借助经过检验的规则行医,后者借助试错法行医,这种对比类似于科学家和普通民众的对比。

很少有人认为人类能够脱离某些科学的主题(艺术也处理这一主题)独创地发明、发展一门艺术。当然这不是说,一个人不懂得相关的科学知识就不可能掌握一门艺术的本质。艺术可以通过实践学得;技能可以经过重复的行为得以巩固。但是,要是不制定出让学生遵循的规则,艺术教师就没法指导学生。若是规则的真理性或可理解性受到质疑,那么其答案将从作为艺术地基的科学里寻找。

康德说:"因为每一种艺术都预设了一些规则,凭借这些规则作基础,一个要想叫做艺术品的作品才首次被表象为可能。"康德把"审美艺术"看作是"天才"的作品,区别于其他种类的艺术。康德称它是"一种产生出不能为之提供任何确定规则的那种东西的才能。"不过,他还是坚持"规则"是其基础,可能"这种规则必须从事实中、即从作品中抽出来,在这作品上别人可以检验他自己的才能。"

如果没有科学就没有艺术,那么可以反过来说吗?没有艺术可能有科学吗?这个问题有双重含义。其一,是否存在科学发展所必需的艺术?其二,是否每一门科学都会产生一门与之相关的艺术,并且通过它能够更有成效地工作?

传统认为,诸门自由艺术(人文学科)对于科学来说必不可少;逻辑学尤不可少,因为它们是要被当作所有科学的工具或艺术。亚里士多德的逻辑学论文是这个主题的第一个系统性论证,它是当得起其题目的——《工具论》。从某种意义上说,培根的《新工具》尝试为科学提供一种新的逻辑或艺术,尝试应用实验方法发起一场科学革命。

作为一门艺术,逻辑由指导调查、推理、定义、论证过程的心理行动的规则组成,通过逻辑,科学得以构建。简而言之,科学的方法就是获得科学知识的艺术。实验科学里有一些辅助艺术——控制实验中使用的工具和仪器的艺术。实验本身是一门艺术工作,结合众多技术,使用众多艺术产品:伽利略的滴漏、斜面、钟摆,牛顿的三棱镜、镜子、透镜。

第二个问题——是否所有科学都有与之相关的艺术,并且通过它能够更有成效地工作——是关于科学知识的本质的重要问题之一,我们在**哲学**和**科学**两章里讨论。

对培根以及在某种程度上对笛卡尔来说,艺术是科学的必然产物。培根在《新工具》开头宣称:"人类知识和人类权能归于一;因为凡不知原因时即不能产生结果。要支配自然就须服从自然;而凡在思辨中为原因者在动作中则为法则。"在这里,培根对思辨知识和实践知识所作的区分,对应于科学和艺术的区分,或者像我们有时候说的那样是"纯粹科学与应用科学"的区分。他反对将两者分离。如果科学是艺术必不可少的基础,而且存在于一种作为原因的知识中的话,那么在培根看来,艺术完全是科学的果实,因为它将那种知识应用到结果的生产中。

培根的科学理论和新方法,是为了人类"对万物建立自己的帝国"服务的,这个帝国"全靠艺术和科学"。正如目前这个关于艺术的陈述说明了"在欧洲最文明的区域和新印度最野蛮的地方之间人们生活是怎么大不相同"。科学里的长足进步,预示新发明和新技术的无法形容的力量。

在培根看来,科学知识的价值,甚至于它是否可靠,都是由其生产力来衡量的。一门无用的自然科学——一门不能用来控制自然的自然科学——是不可思议的。每一门科学都有与自己相称的魔法或者特殊的生产能力,唯有数学除外。G. H. 哈迪写道:"真正的"数学——"较高等的"数学,除了理智的满足之外,不能产生任何东西——"要是能证明其正当性,就必须像证明艺术那样去证明。"在培根看来,即使是形而上学也有"真实的自然的魔法,那就是依赖于关于形式的知识,人的行为获得了大自由和大广度。"

对于这个问题,柏拉图、亚里士多德以及其他一些区分思辨科学和生产科学的人们的答案截然相反。他们与培根的区别在于语言层面,他们用"实践"这个词表示的科学,是指道德和政治的行动,而非结果的产生。培根称之为"实践的",他们称之为"生产的"。但是,无论哪种叫法,它们都是指制作(making)而非行动(doing)——是属于艺术领域的科学,而非沉思的科学。但是重要的差异在于对纯粹思辨科学的评价,它因为自身的缘故存在于知识中,与艺术、道德无关,或者与生产的功利性、行动的必要性无涉。

在追溯科学的历史时,亚里士多德说,最先发明实用艺术的人们被认为是智慧的、出类拔萃的,"迨技术发明日渐增多,有些丰富了生活必需品,有些则增加了人类的娱乐;后一类发明家又自然地被认为较前一类更敏慧,因为这些知识不以实用为目的。在所有这些发明相继建立以后,又出现了既不为生活必需也不以人世快乐为目的的一些知识,这些知识最先出现于人们开始有闲暇的地方……因此,如上所述,有经验的人较之只有感官知觉的人富于智慧,技术家较之经验家、大匠师较之工匠富于智慧,而理论部门的知识比之生产部门更富于较高的智慧。"就理论科学不能为人类提供生活必需品或者愉快这一点说，它是无用的。而这正是其优越性的一个标志。它们给予的是比功利性更好的东西——智慧的洞察力和知性。

培根式的回应指责这种观念——存在着沉思真理的知识。在杜威看来，这种回应宣布了一场迎接现代世界的革命。知识的实用主义理论，起源于科学处处与艺术融为一体的观念。

古人试图理解变化和繁殖的自然现象，发现艺术生产过程给他们提供了一个分析模式。通过理解自己如何制作东西，人类或许可能理解自然是如何工作的。

人们造房子或者做雕像时，改变了物质。物质的形状和位置发生了改变。艺术家通过处理物质，将自己头脑里的计划或观念客观地具体化、现实化。对古代的人们来说，每个艺术产品似乎都包涵许多不同的原因或因素——用来制作的材料，艺术家的行动，艺术家头脑里试图加于物质、进而改变物质的形式，激励艺术家努力的目的。

从亚里士多德到盖伦再到哈维的医学传统，都在强调自然的艺术家式的行为。盖伦一直与那些不能把自然领会为艺术家的人进行争论。哈维有意识地将生物繁殖的自然行为与艺术家的行为相比较。"自然像个陶工，她先把材料分开，然后指定这是头、那是躯干以及四肢；她像个画家，她先用线条勾画出各部分的轮廓，然后填上颜色；或者像造船工，造船工先做出龙骨，以之为基础，加上船帮、甲板和顶盖；自然甚至就像造船工那样，先做出身体的躯干，再加上四肢。"

在所有自然变化中，跟艺术生产最相似的是繁衍，尤其是生物的繁殖。两者都产生一个新个体。但是进一步的考察揭示了艺术生产和自然繁殖之间的显著不同——这个不同将自然与艺术区分开来。

阿奎那分别考察了艺术生产和自然繁殖，并通过对神性因果导致关系的分析对两者作了区分。他指出，凡不是偶然产生的事物，主体的形式都是通过两种方式之一传递给另一个存在者的。"在某些主体那里，事物的形式按照这类事物的自然存在预先做成，这时，事物按照自己的自然本性行为；例如人生人，或者火生火。在另一些主体那里，事物的形式按照理解的存在预先做成，这时，事物根据其理解行动；这样，一幢房子的模样预先存在于建造者的头脑里。这可能被称为房子的理念，因为建造者想把房子造得跟他的头脑里想到的形式一样。"

因而，在生物学的繁殖上，后代有其父母的形式——兔子生兔子，马生马。但是在艺术生产中，产品可没有艺术家的形式，产品的形式在艺术家的头脑里孕育，艺术家努力将之客观化。进一步说，如同其他的自然变化，在繁殖中经历变化的物质自己拥有变化的倾向，比如说，橡树果子很自然地要变成一棵橡树，反之，橡木本身却没有要变成一把椅子或者一张床的倾向。作为艺术家工作对象的物质，对于艺术家想要生产出的变化完全是被动的，在这个意义上，艺术家的作品完全是他自己的。

在此意义上，艺术王国或者人造(artificial)王国与自然王国相对立、并且与之区别开。对康德来说，艺术与自然的不同"正如动作与行动或一般活动不同"，他认为"出于正当理由只应当把通过自由而生产、也就是把通过以理性为其行动的基础的某种任意性而进行的生产，称之为艺术。"因而，若没有人类的干预，艺术是不会出现的。人类不是以随便哪种方式,而是特别借助于才智、借助于使人得到自由的理性生产人造物。

除人类外,动物看来也进行生产,问题是它们能不能被称为"艺术家"。马克思说:"蜘蛛的活动与织工的活动相似,蜜蜂建筑蜂房的本领使人间的许多建筑师感到惭愧。但是最蹩脚的建筑师从一开始就比灵巧的蜜蜂高明的地方,是他在用蜂蜡建筑蜂房以前,已经在自己的头脑中把它建成了。劳动过程结束时得到的结果,在这个过程开始时就已经在劳动者的表象中存在着,即已经观念地存在着。他不仅使自然物发生形式变化,同时他还在自然物中实现自己的目的,这个目的是他所知道的,是作为规律决定着他的活动的方式和方法的,他必须使他的意志服从于这个目的。"

正如**动物**一章指出的,一些作家,如蒙田将动物的生产归因于理性而非直觉。因而艺术不再是人类与牲畜的区别之一。但是,如果只有人类才具有理性,如果艺术的产品都是理性的作品,那么,把动物称为艺术家的人们是在用隐喻方式说话,在此基础上康德声称"只是由于和后者类比才这样做;只要我们细想一下"他接着说:"蜜蜂绝不是把自己的劳动建立在自己的理性思虑的基础上,那么我们马上就会说,这是它们的本性(本能)的产物,而一个产品作为艺术只应被归之于艺术的创造者。"

这样,反过来又产生了一个问题——自然本身是一件艺术品吗?《智者篇》中,爱利亚的陌生人说:"我只要提出自然界的生产,如他们所说是神的技艺的生产,就像人工从自然物中制造出来的东西是人的技艺的生产一样。因此有两种生产:一种是人的,另一种是神的。"

如果我们假定自然物最初是由神的心灵创造的,那么神的心灵的产品与人类艺术家的作品有何不同?或者,与生物学的繁殖有何不同?柏拉图在《蒂迈欧篇》里,将事物的起源看作是根据永恒原型或者理念制定的图式,对原始物质的精细加工。因而,神的工作可能更像人类艺术家,而不是像自然界的繁殖。普罗提诺认为世界从"一"生出;另一方面,斯宾诺莎认为事物从上帝的物质产生,显然他是将之与自然界的繁殖类比。

这两种类比——将造物比作艺术创造和比作自然繁殖——都被基督教神学家当作谬误加以排斥。上帝造物是绝对地创造性的。它不预设用来制作物质;事物也不是从上帝本身的物质产生出来,而是产生于无。

因此,奥古斯丁问:"您通过什么方式造天造地?"他的回答是:"您不用像人类的手艺人那样,从别的东西里造出他头脑里的某种东西来。他的心灵可以将他的眼睛感知到的任何形式加到材料上……显然您不是在天上也不是地上制造出它们的。不是在空气里也不是在海底,因为这些都是天与地的一部分。您也不是在宇宙中造出宇宙,因为在宇宙造出之前,没有它的地盘……还有什么由于别的原因而存在的东西能比您更高贵?因而,事情必定是这样的——您言说,事就这样成了。您在您的言说里造万物。"根据这个观点,我们不能说人类的艺术是创造性的,也不能说上帝是艺术家,除非是在隐喻的意义上。而在乔伊斯的《一个青年艺术家的画像》中,斯蒂芬说:"艺术家,像创世的上帝一样,留在他亲手创造的作品中间,隐身不见,锤炼得无影无踪,漠不关心地剪着手指甲。"

关于上帝造物或者宇宙起源的各种理论的问题,我们在**世界**一章里讨论。但是,在此我们必须清楚,根据我们所持的人类技艺和神的技艺类似的观点,我

4. 艺 术

们给艺术王国和自然王国之间划分的界线,也会因之变得模糊或清晰。伍尔夫的《到灯塔去》里有一段文字与此有关。艺术家——一个画家——"当她注视之时,她可以把这一切看得如此清楚,如此有把握;当她握笔在手,那片景色就整个儿变了样。就在她要把那心目中的画面移植到画布上去的顷刻之间,那些魔鬼缠上了她,往往几乎叫她掉下眼泪,并且使这个把概念变成作品的过程和一个孩子穿过一条黑暗的弄堂一样可怕。这就是她经常的感觉——她得和概念与现实之间的可怕的差距抗争,来保持她的勇气,并且说,'但这就是我所见到的景象;这就是我所见到的景象,'借此抓住她的视觉印象的一些可怜的残余,把它揣在胸前,而有成百上千种力量,要竭力把这一点儿残余印象也从她那儿夺走。"

我们也许可以根据伟大著作对艺术的讨论所提供的材料来尝试对艺术进行系统的分类,但说到明确的分类,我们只能找到一些零碎的片断。

比如说,许多作家都列举了七门自由艺术(liberal arts),但是对于它们与其他艺术的区别、它们彼此之间的次第关系,没有给予详尽的解释。在《理想国》里,柏拉图对文法、修辞、逻辑(或辩证法)的阐述,就没有对算术、几何、音乐、天文学那么精心;他也没有分析前三门艺术与后四门艺术的关系——传统上将它们分别称为三艺(trivium)与四科(quadrivium)。

不过,我们会在奥古斯丁的《论基督教教义》一书中看到他对这些艺术的讨论,他把这些艺术看作是从属于神学的研究。介绍这七门自由艺术也是圣波拿文图拉的著作《论科学向神学的复归》的主题。撇开它们如何相互服从这个问题不谈,特殊的自由艺术在伟大著作传统中有着如此丰富多样的讨论,因而对它们的描述不得不分散在不同的章节里,如**逻辑**、**修辞学**、**语言**(对文法的讨论)以及**数学**等章里。

在康德看来,"艺术可与人类的语言表达方式相类比",而他所制定审美艺术的分类原则即"类比于人们互相之间尽可能充分的交流的方式"。既然语言表达"在于词语、表情和音调",因而他发现了三种相应的审美艺术:"语言艺术、造型艺术、感觉游戏艺术。"在此基础上,他分析了修辞、诗歌、雕塑、建筑、绘画、园艺、音乐。

亚里士多德在《诗学》开篇提出的分类原则跟康德不同。所有艺术都模仿自然这个原则,提示了根据各种艺术作为模仿物的特征差异而互相区别并互相联系的可能性——诗人、雕刻家、画家、音乐家所模仿的对象以及模仿的媒介和方式各有不同。亚里士多德写道:"有些人使用颜色和形式……借助它们来模仿和描画许多事物,而另一些人则用声音来模仿;舞蹈者的模仿则只用节奏,无需和声,……而另一种艺术则只用语言来模仿,或用散文,或用韵文,都无需和声。"亚里士多德主要讨论诗歌这门艺术,没有在其他审美艺术里展开进一步的分析。

亚里士多德的原则也提出了关于实用艺术的问题。像做鞋子、造房子这样的艺术,是跟诗歌、音乐同样意义上的模仿自然的艺术吗?农夫、医生、教师模仿自然的方式,使得这三种艺术有别于一尊雕像模仿自然的方式吗?或者一首诗、一幢房子模仿自然的方式?

当然,亚里士多德关于艺术模仿自然的主张,在后世受到的挑战不亚于赢得的附会赞颂。撇开其真假问题不论,艺术作为模仿的理论摆出了许多亚里士多德本人也未解决的问题。如果这些伟大著作中有答案的话，那也只是暗示，而非明述。

人们最为熟悉的各艺术之间的区分——实用艺术和审美艺术的区分——在现代讨论里也最常见。我们有必要对这个区分标准做一点解释。有些人工产品是为着使用而生产的；而另一些是为着沉思或享受而生产的。按照模仿理论的说法，实用艺术的产品必须模仿一种自然功能（比如，鞋子是模仿结了茧的皮肤的保护功能）。模仿只是提示了使用，而使用才是要紧的。但是在审美艺术的产品里，对一个自然对象的形式、质量或者其他方面的模仿，被看作是愉快的源泉。

艺术中有一种最不为人熟知的区分，在任何充分的讨论里都对之有所暗示，然而却很少甚至从未对之加以命名。在实用艺术的范围内，有些艺术工作所得的结果很难被看作是人工产品。没有农夫的干预，果子和稻谷也会生长，尽管农夫让它们更加茁壮、有规律地生长。健康和知识是自然的结果，尽管医学和教学的艺术可能对它们有所帮助。

这些艺术在**医学**和**教育**两章里有更全面的讨论，它们与人类借以生产另一类有用之物的技能形成鲜明对比，这后一类事物，若无人类的工作，就完全不会产生。一方面，艺术家的行动本身是模仿或者遵从自然的工作方式；另一方面，艺术家通过影响由自然提供的被动的材料而制作的东西，是模仿自然的形式或功能。

一般地说，工业艺术属于第二种艺术。它们将死的物质转变成日用品或者工具。遵从自然的艺术通常是以活的物质为作用对象的，如在农业、医学和教学中那样。这个区分看起来是正当且清晰的，但是它与斯密把劳动分为生产的和非生产的分法不一致。就财富生产而言，农业是与工业联系在一起的，但是医生和教师，不管他们是否有其他什么用处，根据斯密的理论，他们不能直接增加国民财富。正如另一位经济学家凡勃伦指出的，人的"劳作本能……让人对生产效率有所偏爱。"

如果我们在前面这些区分上，再加上自由的艺术和附庸的艺术这个区分，主要的传统区别就说全了。最后这一区分起源于认识到一些艺术（如雕塑和木工）除了改变物质形状外，不能对产品有什么影响。反之，另一些艺术，像诗歌或逻辑，都是与物质无关的——至少就它们使用符号媒介来进行富有成效的工作这个意义上说。但是根据别的分类原则，诗歌和雕塑跟逻辑和木工不同，因为审美艺术与实用艺术不同。逻辑、文法、修辞和数学艺术则与诗歌、雕塑有别，因为自由艺术与审美艺术有别。当"自由"这个词用来指最后一种区分时，它的意义很狭隘。它只是指思辨艺术，或者关于思考和认识过程的艺术。

任何一种分类是否充分，以及其原则是否可理解，都必须经受对于一些特殊艺术问题的考验。伟大著作里经常讨论家禽饲养和航海的艺术，烹饪和狩猎的艺术，战争和统治的艺术。每一种艺术都提出了关于一般艺术的本质问题，都对我们应当如何分析各种艺术以便将它们归类并解释其特殊性提出挑战。

还有两个人们经常讨论的主要跟审美艺术有关的重要问题。

第一个前面已经提过，涉及艺术的模仿特征。模仿说的反对者并不否认艺术作品和自然对象之间存在着某些可见的相似之处。一出戏可能会提醒我们曾经历过的人类行为；音乐能够模仿传达情感的人声的音质和节奏。尽管如此，反对者认为，艺术家创造的动力来自更深的层次，远甚于模仿自然的冲动，或者在这些相似之处找些乐趣。

托尔斯泰的观点是，艺术主要是精神交流的媒介，是帮助人类创造手足情谊的纽带。弗洛伊德认为，艺术最深层的源泉是情感或者潜意识的表达，而非模仿或者交流；诗人或艺术家"迫使我们意识到内在自我，在那里仍然存在着同样的艺术冲动，虽然它们被压抑着。"情感或欲望通过艺术而升华的弗洛伊德理论，似乎跟亚里士多德的情感净化说有联系。但是弗洛伊德意在说明艺术的起源，亚里士多德则试图描述对于艺术享受来说是正当的结果。

这些关于交流、表达或者模仿的理论试图解释艺术，或者至少解释艺术的动机。不过，对艺术还有另外一种理解，先于对艺术的解释，这种理解将艺术视作神秘之事——艺术是灵感的和神圣迷狂的自发产物，是天才的深不可测的作品。这个观念最早出现在柏拉图的《伊安篇》里，当然，后继不乏其人。

另一个重要的争论涉及国家是否应当为人类福利和公众利益考虑而对艺术有所管制。

如前面那个争论一样，在这里，审美艺术（主要是诗歌和音乐）是争论的焦点。不过，值得注意的是，在工业艺术领域同样存在政治管制的问题。在国家控制财富的生产和分配的问题上，斯密和马克思的立场极端对立。而关于国家是否有权审定艺术家的工作，弥尔顿和柏拉图则各执一词。在这场争论中，亚里士多德在许多特殊问题上站在柏拉图这边，约翰·斯图亚特·穆勒则持弥尔顿的观点。

审美艺术的审查制度或政治管制问题预设了一些先行的问题。柏拉图在《理想国》里说，所有诗歌，除了"歌颂神明的赞美好人的颂诗"，必须在城邦禁止；"因为如果你越过了这个界限而允许甜蜜的抒情诗和史诗进入城邦，那么，就不再是公认的至善之道的法律和理性原则，而是快乐和痛苦将成为我们城邦的统治者。"这种看法预设了一种审美艺术理论，及它们对公民和社会整体性格的影响的理论。柏拉图和亚里士多德都断定这种影响绝非微不足道，因而，他们不认为个人自由是限制城邦为了公众的更大的善而去干涉艺术家权利的理由。

对弥尔顿和穆勒来说，艺术效果的衡量不影响把艺术自由问题与政府、教会的干涉问题的区分开。弥尔顿承认需要保护和平的利益和出版安全，但他要求："给我以认识的自由，发抒己见的自由，依据良心争论的自由，这是一切自由中最重要的自由。"对他们来说，关键问题就是自由。他们拥护自由的理想——对于艺术家而言，是表达或者交流他们作品的自由；对于公众而言，是能够接触艺术家所提供的无论什么作品的自由。

分 类 主 题

1. 艺术的基本概念：制作中的心灵技能
2. 艺术和自然
    2a. 艺术和自然中的因果关系：艺术生产与自然繁衍的比较
    2b. 物质和形式在艺术生产和自然生产中的作用：美 Vs 有用
    2c. 自然和人工产品分别作为上帝和人的作品。

3. 作为模仿的艺术
4. 艺术的各色分类:有用的和美的(审美的)、自由的和附庸的
5. 经验、想象、灵感中的艺术源泉
6. 艺术和科学
    6a. 艺术和科学的比较与区别
    6b. 作为生产性科学的自由艺术:获得知识的手段和方法
    6c. 作为应用科学的艺术:知识的生产能力
7. 审美艺术的乐趣
    7a. 作为愉快或愉悦来源的艺术
    7b. 艺术中优秀作品的判断
8. 艺术和情绪:表达、净化、升华
9. 有用的艺术
    9a. 通过艺术利用自然:农业、医学、教学
    9b. 财富的生产:工业艺术
    9c. 战争的艺术
    9d. 管理的艺术
10. 艺术的道德和政治意义
    10a. 艺术对个人性格和公民的影响:艺术在培养年轻人中的作用
    10b. 国家和教会对艺术的管制:审查问题
11. 关于艺术起源的神话和理论
12. 艺术的历史:作为衡量文明阶段的艺术的进程

[翁海贞、陈焰 译]

索引

本索引相继列出本系列的卷号〔黑体〕、作者、该卷的页码。所引圣经依据詹姆士御制版,先后列出卷、章、行。缩略语 esp 提醒读者所涉参考材料中有一处或多处与本论题关系特别紧密;passim 表示所涉文著与本论题是断续而非全部相关。若所涉文著整体与本论题相关,页码就包括整体文著。关于如何使用《论题集》的一般指南请参见导论。

1. **The generic notion of art: skill of mind in making**

    6 Plato, 44–45, 136, 138–139, 145–146, 160, 164, 260–262, 280–283, 302–306, 633, 679
    7 Aristotle, 277, 499–500, 555, 571–572, 573
    8 Aristotle, 343, 388–389, 421, 594–595
    11 Plotinus, 550–551
    16 Augustine, 686–687
    17 Aquinas, 194–195, 595–597, 718, 768–769
    18 Aquinas, 37–39, 42–43, 70–72
    26 Harvey, 333
    39 Kant, 523–524, 525–527
    43 Hegel, 31, 281–290
    45 Goethe, xviii
    45 Balzac, 264–267
    46 Austen, 19
    53 James, William, 186, 774
    57 Veblen, 66–69

2. **Art and nature**

2a. **Causation in art and nature: artistic production compared with natural generation**

    6 Plato, 155–157, 760–761
    7 Aristotle, 129, 268–269, 275–278, 437, 555–558, 592, 599
    8 Aristotle, 161–162, 164, 274–275, 388
    9 Galen, 358–360, 385–389
    11 Lucretius, 52–53
    11 Aurelius, 245
    11 Plotinus, 436–438, 483–484, 550–552, 553–554, 558–559, 582–583
    17 Aquinas, 106–107, 194–195, 219–221, 534–536, 542–543
    19 Dante, 14, 92, 106
    19 Chaucer, 368
    23 Montaigne, 144–145
    26 Harvey, 385, 407, 412–415, 443–444, 447–448
    27 Cervantes, 300–301
    33 Locke, 217
    39 Kant, 557–558, 564–565
    50 Marx, 85
    53 James, William, 186

2b. **The role of matter and form in artistic and natural production: beauty versus utility**

    7 Aristotle, 266, 269–272, 506, 555–558, 567–568, 642
    8 Aristotle, 162–165, 269–271, 275
    9 Galen, 385–389
    11 Aurelius, 266
    11 Plotinus, 323–324, 550–552, 558–559
    17 Aquinas, 219–221, 242–244, 534–536
    18 Aquinas, 710–711, 953–955, 956–958
    19 Dante, 91, 106
    28 Bacon, 17, 43–45
    29 Milton, 185–186
    43 Hegel, 125–126, 171–173
    57 Veblen, 53–70 esp 64–65, 66–69
    59 Pirandello, 259

2c. **The natural and the artificial as respectively the work of God and man**

    Old Testament: *Genesis*, 1–2 / *Leviticus*, 26:1 / *Deuteronomy*, 5:7–10; 16:21–22 / *Job*, 37:1–40:5 / *Isaiah*, 40:18–26
    6 Plato, 427–428, 447–449, 577–578
    11 Plotinus, 553–554
    16 Augustine, 114–115, 686–687
    17 Aquinas, 12–14, 82–83, 84–85, 91–94, 100–101, 238–255 passim, 375–377, 486–487, 534–536, 610–611
    18 Aquinas, 938–939
    19 Dante, 102, 106, 113
    26 Harvey, 427–428, 442–443, 492
    39 Kant, 521–523
    49 Darwin, 87

3. **Art as imitation**

    3 Homer, 230–232
    6 Plato, 427–434, 455, 478, 560–561, 654, 660–662
    8 Aristotle, 545–546, 681–699
    11 Lucretius, 76
    11 Aurelius, 287
    11 Plotinus, 454–455, 550–552
    15 Kepler, 1048
    16 Augustine, 731
    17 Aquinas, 493
    19 Chaucer, 202
    20 Calvin, 37
    21 Hobbes, 47
    25 Shakespeare, 49, 395, 508–509
    26 Harvey, 332–333, 444, 492
    27 Cervantes, 93–94, 283–284

28 Descartes, 302
30 Pascal, 176, 195, 196
33 Hume, 452–453
34 Diderot, 288–294 passim
37 Gibbon, 158
39 Kant, 521–524, 525–528
44 Tocqueville, 250
52 Dostoevsky, 297–298
58 Huizinga, 357–373 passim
59 Pirandello, 255–256, 258–261, 269–271
59 Proust, 303–305, 369–372, 385–389

4. **Diverse classifications of the arts: useful and fine, liberal and servile**

   6 Plato, 74–76, 145–148, 305–306, 552–553, 592–595, 633–635
   7 Aristotle, 500
   8 Aristotle, 542, 681–682
   11 Plotinus, 558–559
   16 Augustine, 733
   17 Aquinas, 529–530, 656
   20 Calvin, 115–118
   22 Rabelais, 82
   23 Montaigne, 122–123
   28 Bacon, 38–39, 56
   39 Kant, 524, 532–536
   44 Tocqueville, 100–103, 249–250

5. **The sources of art in experience, imagination, and inspiration**

   Old Testament: *Exodus,* 31:1–11
   3 Homer, 22, 307
   6 Plato, 124, 142–148, 160, 202, 253, 260–262
   7 Aristotle, 136, 499–500
   8 Aristotle, 348–349, 435–436, 690
   9 Hippocrates, 1–17
   12 Virgil, 14–15, 81, 197
   13 Plutarch, 692–695
   19 Dante, 45, 76, 90, 91, 92, 118–119, 120
   21 Hobbes, 262
   22 Rabelais, 129
   23 Montaigne, 107, 567
   24 Shakespeare, 370–371
   25 Shakespeare, 598–599, 601–602
   27 Cervantes, 300–301
   28 Bacon, 32
   28 Descartes, 267
   29 Milton, 16, 93–94, 135–136, 217–218
   34 Diderot, 297–300
   37 Gibbon, 185
   38 Gibbon, 528
   39 Kant, 482–483, 525–532, 542–543
   43 Hegel, 159, 184, 279–284
   44 Tocqueville, 258–261
   45 Goethe, xv
   45 Balzac, 206, 264–267
   46 Eliot, George, 293–294
   49 Darwin, 292
   53 James, William, 165, 686–688
   54 Freud, 181, 239–240, 246–248, 383, 600–601, 692–693
   58 Weber, 221

58 Huizinga, 354–356, 361–386 passim
59 Pirandello, 272
59 Proust, 386–389
59 Mann, 495–496
59 Joyce, 554, 638–642, 658–659
60 Woolf, 36, 78–79, 96–97

6. **Art and science**

6a. **The comparison and distinction of art and science**

   6 Plato, 386–388, 391–398
   7 Aristotle, 499–500, 592
   8 Aristotle, 339, 388, 390
   11 Plotinus, 436–438
   18 Aquinas, 37–39
   26 Harvey, 333
   28 Bacon, 50–51
   28 Descartes, 223
   32 Newton, 1
   39 Kant, 388, 463–464, 515
   43 Hegel, 368–369
   53 James, William, 687–688, 863–866
   54 Freud, 874–875
   56 Heisenberg, 420–421
   56 Waddington, 699
   58 Weber, 113, 115

6b. **The liberal arts as productive of science: means and methods of achieving knowledge**

   6 Plato, 134, 139–140, 179–183, 252–262, 386–388, 391–398, 525–526, 571, 594–595, 633–635, 809–810
   7 Aristotle, 63–64, 97–137, 122–128, 143–144, 147–148, 234–237, 241, 252–253, 259, 411, 513, 589, 631–632
   8 Aristotle, 161–165, 339–340, 343–344, 388
   11 Epictetus, 105–106, 115–116
   11 Plotinus, 310–312
   16 Augustine, 313–315, 733–736
   17 Aquinas, 595–597
   18 Aquinas, 40–41, 765–766
   20 Calvin, 115–116, 141–142
   21 Hobbes, 56, 58–61
   26 Harvey, 331–337
   28 Bacon, 56–69, 105–106, 107–136
   28 Descartes, 223–262, 265–291, 301–303, 354–355, 532–533
   30 Pascal, 171–172, 355–358 passim, 365–366, 382–389, 442–446
   32 Newton, 542, 543–544
   33 Locke, 94–95, 317–319, 358–360 passim, 362–363
   33 Hume, 453–455 passim, 470–471
   35 Rousseau, 339–342
   36 Smith, 376–377
   39 Kant, 1–13, 36–37, 60, 109–112, 193–194, 253–254, 291–296, 319–321, 329–330
   40 Federalist, 103–104
   40 Mill, 283–284, 287–288
   42 Lavoisier, 1–2
   43 Hegel, 19–20

53 James, William, 175-176, 385, 674-675, 687, 862-865
54 Freud, 881

6c. Art as the application of science: the productive powers of knowledge

6 Plato, 43, 70, 142-148, 391-397, 580-582
7 Aristotle, 270-271, 499-500, 592
8 Aristotle, 339, 350-351
9 Hippocrates, 1-17, 123, 147, 233-234, 303-304
10 Nicomachus, 600-601
12 Virgil, 27-79 passim
13 Plutarch, 252-255
17 Aquinas, 679
18 Aquinas, 37-39
21 Hobbes, 60, 73, 267
26 Gilbert, 100-101
26 Harvey, 305
28 Bacon, 42, 48-49, 56-58, 105-195, 210-214
28 Descartes, 285
33 Locke, 361-362
33 Hume, 452-453
34 Swift, 103-115
36 Smith, 5-6
37 Gibbon, 633, 661-663
40 Mill, 369
43 Hegel, 369
44 Tocqueville, 244-251
50 Marx, 183-189, 239-241
54 Freud, 123-125, 777, 778-779
55 James, William, 39-40
55 Whitehead, 181

7. The enjoyment of the fine arts

7a. Art as a source of pleasure or delight

6 Plato, 433-434, 455, 628-630, 654, 658-660
8 Aristotle, 421, 543, 544-546, 615, 653-667, 682, 688-689
12 Virgil, 231-234
15 Copernicus, 510
16 Augustine, 7-9, 105-107, 686-687
17 Aquinas, 764-765
22 Rabelais, 1-3, 190-191
23 Montaigne, 441-442
24 Shakespeare, 431
29 Milton, 337-338
31 Molière, 47-60, 55-56
37 Gibbon, 502-503
39 Kant, 471-473, 476-483, 516-518, 527-528, 534-539
40 Mill, 446-447, 451
41 Boswell, 254
43 Hegel, 194
44 Tocqueville, 249-250
45 Goethe, xvii-xix, 131
46 Eliot, George, 232-233, 307-308
47 Dickens, 98
49 Darwin, 569
51 Tolstoy, 64-65, 190-192, 288-290, 318-321, 601-602

53 James, William, 755-758
54 Freud, 601, 756, 775
58 Huizinga, 357-360
59 James, Henry, 1
59 Proust, 294-297, 300-301
59 Cather, 436-437
60 Kafka, 135-136

7b. The judgment of excellence in art

4 Aristophanes, 705-706, 759-760, 811-823
6 Plato, 130-141, 142-148, 320-334, 478, 513, 594-595, 653-656, 660-662, 675-676
8 Aristotle, 351-352, 390, 479-481, 546, 698-699
11 Plotinus, 223-224
13 Plutarch, 121-122, 128
17 Aquinas, 125
18 Aquinas, 37-39
19 Dante, 58-59
23 Montaigne, 156, 497-498
24 Shakespeare, 431
25 Shakespeare, 45
27 Cervantes, 217-221, 224-228, 255-259
28 Descartes, 268
29 Milton, 247-248
30 Pascal, 194, 238
31 Molière, 47-60 esp 55-56
34 Voltaire, 228-229, 230, 237-240
34 Diderot, 289-294
38 Gibbon, 300
39 Kant, 461-495 esp 492-493, 513-518, 527-528
41 Boswell, 115, 202, 284, 373
44 Tocqueville, 251-254 esp 253-254, 263-264
45 Balzac, 206
46 Eliot, George, 239-240, 300-301
47 Dickens, 105
48 Melville, 171-172, 208
48 Twain, 312-314
49 Darwin, 302
51 Tolstoy, 186-188, 324-325, 444-445
53 James, William, 689-690
58 Frazer, 1
58 Huizinga, 347-348, 357-360
59 Shaw, 62-65
59 Proust, 297-298, 303-305, 316-320, 349
59 Joyce, 560-561, 630-634, 636-637
60 Woolf, 26-27

8. Art and emotion: expression, purgation, sublimation

Old Testament: *I Samuel,* 16:15-23
3 Homer, 313-314, 374-375
6 Plato, 145, 325-326, 431-434, 455, 628-630, 654
8 Aristotle, 547-548, 595, 622-636, 671, 684, 687-689, 691-692
12 Virgil, 11-16, 91-93
16 Augustine, 7-8, 8-9, 16-17, 105-106
19 Dante, 6-7
22 Rabelais, 190-191

23 Montaigne, 441–442, 451
24 Shakespeare, 245, 350
25 Shakespeare, 46, 192, 566
27 Cervantes, 217–219
28 Bacon, 38–39, 78, 87
29 Milton, 17–25, 337–338
30 Pascal, 173–174, 196
31 Racine, 327–328
37 Gibbon, 94
41 Boswell, 308
49 Darwin, 570–571
51 Tolstoy, 64–65, 190–192, 290, 601–602
53 James, William, 751–753
54 Freud, 239–240, 246–248, 483, 581–582, 600–601, 692–693, 773–774
58 Huizinga, 258–259, 304–307
59 Pirandello, 266–268, 275–276
59 Proust, 292–298, 313–314, 374–376, 383–389
59 Joyce, 557
60 Woolf, 9, 59–62 passim, 78–79 passim

9. **The useful arts**

9a. **The use of nature by art: agriculture, medicine, teaching**

Old Testament: *Genesis,* 3:17–19,23
Apocrypha: *Ecclesiasticus,* 38:1–15
 4 Sophocles, 163
 6 Plato, 136, 155–156, 334–337, 391, 599–600
 7 Aristotle, 268–269, 277
 8 Aristotle, 450, 452–453
 9 Hippocrates, 2–3, 13–15, 39, 156–159, 183, 273, 302–303
11 Lucretius, 75–76
11 Plotinus, 483–484
12 Virgil, 27–79
16 Augustine, 686–687, 733
17 Aquinas, 595–597
22 Rabelais, 303–304
23 Montaigne, 107, 117–119, 410–412, 570–572
26 Harvey, 438
28 Bacon, 53, 137–138, 211–214
34 Swift, 78
35 Rousseau, 336–337, 352
36 Smith, 177–179
37 Gibbon, 21–22, 367–368
43 Hegel, 71–72, 282–283
49 Darwin, 18–22
50 Marx, 16–17, 85–88
50 Marx-Engels, 421
51 Tolstoy, 372–373, 654–655
58 Lévi-Strauss, 450–452, 464–473
60 Orwell, 492–494

9b. **The production of wealth: the industrial arts**

Old Testament: *Exodus,* 35–39 / *I Kings,* 5–7 / *II Chronicles,* 2:11–5:14
Apocrypha: *Ecclesiasticus,* 38:27–34
 6 Plato, 316–319, 591–593, 596–597
 8 Aristotle, 447, 449–453

11 Lucretius, 74
17 Aquinas, 615–616
28 Bacon, 121–122, 210–214
35 Montesquieu, 191
35 Rousseau, 349, 365–366
36 Smith, 6–7, 31–32, 323–337
37 Gibbon, 88–89, 368, 655–656, 658
38 Gibbon, 314–315
44 Tocqueville, 248–249, 298, 371–372
48 Melville, 49–51
50 Marx, 16–17, 31–37 passim, 85–89, 96–97, 100–147 passim, 157–188 esp 158–159, 164–166, 180–188, 205–207, 251–255, 279–280, 292, 299
50 Marx-Engels, 420–422
57 Veblen, 4–5, 8–9, 38, 67–69, 73, 119–121

9c. **The arts of war**

Old Testament: *Genesis,* 14 / *Exodus,* 17:8–16 / *Numbers,* 31 / *Deuteronomy,* 2–3; 20 / *Joshua,* 1–12 / *Judges* / *I Samuel* / *II Samuel*
Apocrypha: *Judith,* 7:8–31 / *I Maccabees* / *II Maccabees*
 3 Homer, 44, 96–97, 150–151, 231, 382–383
 4 Euripides, 355–356, 370–371, 517
 5 Herodotus, 41–42, 141, 144–148, 206–208, 239–241, 247–259, 260–287 passim, 288–314
 5 Thucydides, 514–516, 538–563
 6 Plato, 75, 319, 716–717
11 Lucretius, 74–75
12 Virgil, 99–104, 234–236
13 Plutarch, 90–95, 131–139, 154, 216–223, 252–255, 257–260, 266–272, 293–302, 338–344, 382, 400–421, 423–438, 457–470, 498, 528–534, 546–550, 555–556, 583–596, 770–773, 816–824
14 Tacitus, 26–28, 63, 247
18 Aquinas, 580–581
21 Machiavelli, 17–22, 37
21 Hobbes, 159
22 Rabelais, 31–35, 55–57, 127–128
23 Montaigne, 67–68, 177–184, 233–234, 368–370, 395–399
24 Shakespeare, 472–474, 544–545, 590
25 Shakespeare, 110, 331–333
27 Cervantes, 171–173
34 Swift, 23–25, 77–78
35 Montesquieu, 58, 68
36 Smith, 338–347
37 Gibbon, 4–8, 281–287 passim, 365–375, 411–412
38 Gibbon, 3–4, 120, 291–292, 321–325, 509–510, 542–548
40 Federalist, 44–45
43 Hegel, 365
51 Tolstoy, 88–89, 92–93, 135–137, 358–365, 389–391, 421–426, 430–432, 440–443, 445–448, 449, 470–475, 563–571, 582–590, 618–621
57 Veblen, 8–9, 103–107

58 Weber, 175-179
59 Shaw, 73-74, 85-88, 100-101

9d. The arts of government

Old Testament: *Exodus,* 18:13-26
4 Aristophanes, 675-677, 832-834
6 Plato, 43-47, 188-190, 285-292, 339-347, 382, 390-391, 580-608, 679
8 Aristotle, 390, 434-436, 470-471, 479-480, 487-488, 509-512, 515-518, 528-529
11 Lucretius, 72-73
11 Aurelius, 240, 261-262
13 Plutarch, 30, 81, 121-141, 155-174 passim, 262-276, 455-457, 482, 604-605, 625-627, 648-649
14 Tacitus, 63-67
16 Augustine, 590-591
18 Aquinas, 306-307
19 Dante, 106-107
21 Machiavelli, 1-37
21 Hobbes, 82, 122-124, 127-130, 148-159
22 Rabelais, 131-133
23 Montaigne, 364-367, 478-479, 494-495
24 Shakespeare, 340
27 Cervantes, 390-396
28 Bacon, 4-7, 23-26, 93-95
30 Pascal, 225-233 passim
33 Locke, 9
34 Swift, 78, 112-115, 157-158
35 Montesquieu, 3, 4-33, 40, 43, 69-75, 135-141, 262-269
35 Rousseau, 367-385, 400-406
37 Gibbon, 24-32 passim, 48, 61-63, 142-144, 153-157, 240-255 passim, 284, 288-289, 338-344, 577-578
38 Gibbon, 176-177, 504-505
40 Federalist, 113, 119-120, 190
40 Mill, 327-328, 338-339, 356-362 passim, 442
43 Hegel, 384-385
58 Weber, 79-108, 130

10. The moral and political significance of the arts

10a. The influence of the arts on character and citizenship: the role of the arts in the training of youth

4 Aristophanes, 662, 738-739, 815-816, 823
6 Plato, 46, 140, 320-339, 344, 388-401, 427-434, 653-663, 717-728
8 Aristotle, 542-548
11 Plotinus, 310-311
13 Plutarch, 33-34, 43, 76, 195, 726
14 Tacitus, 146
16 Augustine, 7-8, 8-9, 16-17, 105-107, 185-186, 191-195, 244-245
19 Dante, 73, 112
19 Chaucer, 349, 471
22 Rabelais, 26-30
23 Montaigne, 122-132 passim

27 Cervantes, 217-221, 224-228, 500-502
28 Bacon, 38-39, 78, 79-80
28 Descartes, 267
29 Milton, 385-386
30 Pascal, 173-174
31 Molière, 181-192
34 Swift, xvii-xviii
35 Montesquieu, 17-18
36 Smith, 378-385, 389-390
37 Gibbon, 94
38 Gibbon, 225-226, 573-574
39 Kant, 521-523, 586-587
41 Boswell, 259
43 Hegel, 279-281, 292-293, 369
43 Nietzsche, 524-526, 529-531
44 Tocqueville, 242-255
51 Tolstoy, 316-321
54 Freud, 582, 762
55 Whitehead, 229, 230-231
59 Mann, 477-478

10b. The regulation of the arts by the state or by religion: the problem of censorship

4 Aristophanes, 657-658
6 Plato, 320-339, 427-434, 653-663, 675-676, 717-730, 731-732, 782-783
8 Aristotle, 541
14 Tacitus, 56-57, 67, 72-73
16 Augustine, 185-186, 192-195
21 Hobbes, 102-103, 150-151
23 Montaigne, 131-132, 231-232
27 Cervantes, 15-18, 136-138, 217-221
29 Milton, 381-412
35 Montesquieu, 90
37 Gibbon, 148
39 Kant, 425-426
41 Boswell, 300-301
58 Huizinga, 259
60 Orwell, 505-506

11. Myths and theories concerning the origin of the arts

Old Testament: *Genesis,* 4:20-22
4 Aeschylus, 40-53
6 Plato, 44-45, 138-139, 589, 610-613, 662-663
8 Aristotle, 547, 682-684
9 Hippocrates, 2-3
11 Lucretius, 71-72, 74-76
12 Virgil, 30
22 Rabelais, 299-300
28 Bacon, 128-129
35 Rousseau, 352
43 Hegel, 251-252, 265-266, 276
49 Darwin, 278-279, 298-301, 329, 348-349, 567-571
53 James, William, 727-728
54 Freud, 670, 692-693, 778, 862
58 Frazer, 66-67

12. The history of the arts: progress in art as measuring stages of civilization

3 Homer, 122-123, 228-233
5 Herodotus, 5, 49-50, 75-76, 102
5 Thucydides, 350
6 Plato, 602, 654-655
7 Aristotle, 253, 500, 605
8 Aristotle, 464-465, 682-684
9 Hippocrates, 1-3
11 Lucretius, 63, 70-73, 74-76
13 Plutarch, 127-129
16 Augustine, 686-687
17 Aquinas, 253-255
19 Dante, 58-59
21 Hobbes, 267-269 passim
28 Bacon, 1-101, 121-122, 134-135
34 Swift, 103-115
35 Rousseau, 338-340
36 Smith, 194-196, 214
37 Gibbon, 18-24, 237-239, 633-634, 655-658, 661-664
38 Gibbon, 195-197, 225, 291-292, 298-300, 327-328, 451-452, 509-510, 522-528, 590-598 passim
39 Kant, 586-587
40 Mill, 367
41 Boswell, 307
43 Hegel, 25, 190, 193-194, 241-242, 255-256, 264-265, 274-299, 343, 355-356, 368-369
44 Tocqueville, 242-255
46 Eliot, George, 260-262, 271-273, 292
49 Darwin, 13, 19, 278-279, 320-321, 329-330, 349, 569
50 Marx, 86, 181
50 Marx-Engels, 420-421
54 Freud, 776-780, 882-883
55 Whitehead, 137-144
58 Frazer, 32-33
58 Huizinga, 347-386 esp 381-386

交叉索引

以下是与其他章的交叉索引：

Art as a habit of mind or an intellectual virtue, see HABIT 5a, 5d; VIRTUE AND VICE 2a(2).

The applications of science in the useful arts, see KNOWLEDGE 8a; PHYSICS 5; SCIENCE 1b(1), 3b; the dependence of science on art, see PHYSICS 4a; SCIENCE 5b, 6a.

The distinction between art and prudence and the spheres of making and doing, see PRUDENCE 2b.

The relation of art to nature, see NATURE 2a; comparisons of artistic production, natural generation, and divine creation, see FORM 1d(1)-1d(2); WORLD 4e(1).

Experience as a source of art, see EXPERIENCE 3; POETRY 3.

The distinction between artist and empiric, see EXPERIENCE 3a.

The opposition between art and chance, see CHANCE 5.

The enjoyment of beauty in nature and in art, see BEAUTY 2; PLEASURE AND PAIN 4c(1); the aesthetic judgment or the judgment of taste, see BEAUTY 5; EDUCATION 4.

The educational influence of the arts, see EDUCATION 4d; POETRY 9a; VIRTUE AND VICE 4d(4).

The problem of political regulation or censorship of art, see EMOTION 5e; POETRY 9b.

More extended treatments of the liberal arts, see LANGUAGE 4-8; LOGIC; MATHEMATICS; RHETORIC; an analysis of one of the fine arts, see POETRY.

The useful and industrial arts, see EDUCATION 5a-5b; LABOR 2b; MEDICINE; PROGRESS 3c, 4a, 6a; STATE 8d-8d(3); WAR AND PEACE 10-10f; WEALTH 3c-3d.

The censorship of art, see EDUCATION 8c; EMOTION 5e; LIBERTY 2a; POETRY 9b.

扩展书目

下面列出的文著没有包括在本套伟大著作丛书中,但它们与本章的大观念及主题相关。

书目分成两组:

Ⅰ. 伟大著作丛书中收入了其部分著作的作者。作者大致按年代顺序排列。

Ⅱ. 未收入伟大著作丛书的作者。我们先把作者划归为古代、近代等,在一个时代范围内再按西文字母顺序排序。

在《论题集》第二卷后面,附有扩展阅读总目,在那里可以查到这里所列著作的作者全名、完整书名、出版日期等全部信息。

I.

Dante. *The Convivio (The Banquet)*
Hume. *Of the Rise and Progress of the Arts and Sciences*
Voltaire. "Fine Arts," in *A Philosophical Dictionary*
Rousseau. *A Discourse on the Arts and Sciences*
Smith, A. "Of the Affinity Between Music, Dancing, and Poetry"
Mill, J. S. *A System of Logic*, BK VI, CH II
Hegel. *The Phenomenology of Spirit*, VII (B)
——. *The Philosophy of Fine Art*
——. *The Philosophy of Mind*, SECT III, SUB-SECT A
Nietzsche. *The Will to Power*, BK III (4)
Goethe. *Conversations with Eckermann*
——. *Italian Journey*
——. *Maxims and Reflections*
——. *Poetry and Truth*
Tolstoy. *What Is Art?*
Freud. *A Childhood Memory from "Dichtung und Wahrheit"*
——. *Leonardo da Vinci*
——. *The Moses of Michelangelo*
——. *The Theme of the Three Caskets*
Shaw. *The Sanity of Art*
Veblen, T. *The Instinct of Workmanship, and the State of the Industrial Arts*, CH 2-4, 6-7
——. *The Vested Interests and the Common Man*, CH 3
Dewey. *Art as Experience*
Mann. *Doctor Faustus*
——. *Tonio Kröger*

II.

THE ANCIENT WORLD (TO 500 A.D.)

Epicurus. *Letter to Herodotus*
Horace. *The Art of Poetry*
Quintilian. *Institutio Oratoria (Institutes of Oratory)*, BK XII
Vitruvius. *On Architecture*

THE MIDDLE AGES TO THE RENAISSANCE (TO 1500)

Bonaventura. *On the Reduction of the Arts to Theology*
Leonardo da Vinci. *Notebooks*
——. *A Treatise on Painting*

THE MODERN WORLD (1500 AND LATER)

Abercrombie. *An Essay Towards a Theory of Art*
Adler, M. J. *Art and Prudence*
Alain. *Système des beaux-arts*
Arnold. *Essays in Criticism*
Baudelaire. *Curiosités esthétiques*
Bosanquet. *Three Lectures on Aesthetic*, II
Brunetière. *An Apology for Rhetoric*
Burckhardt. *The Civilization of the Renaissance in Italy*
Burke. *A Philosophical Enquiry into the Origin of Our Ideas of the Sublime and Beautiful*
Cellini. *Autobiography*
Chapman. *Greek Genius*
Chipp. *Theories of Modern Art*
Coleridge. *Biographia Literaria*, CH 4
Collingwood. *The Principles of Art*
Comte. *System of Positive Polity*, VOL I, *General View of Positivism*, CH 5
Coomaraswamy. *The Transformation of Nature in Art*
Corneille. *Examens*
——. *Trois discours sur l'art dramatique*
Croce. *Aesthetic as Science of Expression*
——. *The Essence of Aesthetic*
Danto. *The Philosophical Disenfranchisement of Art*
Delacroix, E. *Journal*
Delacroix, H. *Psychologie de l'art*
Edman. *Arts and the Man*
Emerson. "Art," in *Essays*, I
Freedberg. *The Power of Images*
Gill. *Art-Nonsense*
Gombrich. *The Story of Art*
Greenough. *Art and Utility*
Harris, J. *Three Treatises.*
Harrison, J. E. *Ancient Art and Ritual*
Hartmann, E. *Philosophy of the Unconscious*, (B) V
Hirn. *The Origins of Art*
Huysmans. *Against Nature*
Koestler. *The Act of Creation*
Kuhns. *Structures of Experience*
Langer. *Reflections on Art*
Leeuw. *Sacred and Profane Beauty: The Holy in A*
Lessing, G. E. *Laocoön*
Lotze. *Microcosmos*, BK VIII, CH 3
Malraux. *The Voices of Silence*

Maquet. *The Aesthetic Experience*
Maritain. *Art and Scholasticism*
——. *An Introduction to Philosophy,* PART II (9)
Morris. *The Aims of Art*
——. *Hopes and Fears for Art*
Mumford. *Technics and Civilization*
Munro. *Evolution in the Arts*
Ortega y Gasset. *The Dehumanization of Art*
Pater. *The Renaissance*
Rank. *Art and Artist*
Reid, L. A. *A Study in Aesthetics*
Reynolds. *Discourses on Art*
Ruskin. *Modern Painters*
——. *Sesame and Lilies*
——. *The Stones of Venice*
Santayana. *Reason in Art*

Schelling. *The Philosophy of Art*
Schiller. *Letters upon the Esthetic Education of Man*
Schopenhauer. *The World as Will and Idea,* VOL I, BK III; VOL III, SUP, CH 34–36
Taine. *The Philosophy of Art*
Trilling. *The Liberal Imagination*
——. *Matthew Arnold*
Van Gogh. *Letters*
Vasari. *The Lives of the Artists*
Whewell. *The Philosophy of the Inductive Sciences,* VOL II, BK XI, CH 8
Wilde. *The Artist as Critic*
——. *The Picture of Dorian Gray*
Wolfe, Tom. *The Painted Word*
Yeats. "Sailing to Byzantium"

5

天文学和宇宙论　Astronomy and Cosmology

总　论

"天文学"可以跻身于此类观念之列,是因为有几本伟大著作是天文学的里程碑式著作,其想象之丰富,分析之严谨,足以使天文学归于人类精神最伟大的胜利之一;此外,其他一些关于数学、物理、神学和诗歌的伟大著作,也都有着天文学意象和理论的背景,这也是这样做的一个原因;事实上,把天文学包括进来还有一个更为重要的原因,那就是天文学思辨提出了问题,并且得出了与所有大观念密切相关的结论。

人类不仅通过天文学来测量时间、计算航程,而且也用它来衡量人在宇宙中的位置、人的认识能力及其与神的关系。当人第一次把目光从周边事物转向更为广阔的宇宙时,只见天穹高悬,发光体点缀其间,以一种令人惊叹的规律运行着,经过更加仔细的观察,人们发现这些运动又包含着某些令人困惑的不规则性。天穹不变之中包含着变化,是人所能看到的宇宙的边界,对他而言已经成了一个基本的、无可逃避的沉思对象。

早在天文学作为一门科学诞生之前,就已经有了细致而精确的天文学观测。我们往往把古人对天体及其运动的兴趣,归因于他们可以利用天象知识作出预测。

无论他们的动机是完全实用,还是夹杂着宗教和思辨的因素,我们从希罗多德那里得知,埃及人和巴比伦人都对天做过细致而耐心的研究。他们不仅进行观测,而且还持之以恒地做着记录。通过计算,他们可以作出预言。通过祭司对蚀、潮汐和洪水发生时刻的预言,他们就可以把预言付诸应用,并把计算结果用于航海术和勘测,以指导航行和确定边界。但他们并没有像希腊人那样,发展出一些精致的理论,试图把这些观察到的事实系统地组织起来。

在希腊人看来,天文学的现实之用比不上其高贵的思辨那样有价值。在诸种学科当中,他们赋予天文学以崇高的地位,这反映了这门学科的畛域和尊严。希腊天文学家所考察的是和谐宇宙的结构,试图描绘出遍布宇宙四处、和时间一样久远或永恒的运动。

亚里士多德和柏拉图热情赞颂了天文学的特殊价值。在《形而上学》的开篇,亚里士多德把天文学研究同哲学的诞生联系了起来。他说:"除了对人有用,视觉……还能给人带来愉悦。"然后又说:"古往今来,人们开始哲理探索,无不起因于对自然万物的惊异。"他们先是惊异于"种种迷惑的现象",逐渐过渡到一些"较为重大的问题","试图对日月星辰的运行以及宇宙的创生作出说明"。在亚里士多德本人的哲学思想中,《论天》是基本的自然科学著作之一,它的某些原理对于亚里士多德的物理学有着普遍的意义。

柏拉图对于天文学重要性的强调有过之而无不及。在《蒂迈欧篇》中,他详细阐述了"怎样更好地使用眼睛,以及神赋予我们眼睛的更高目的……",蒂迈欧说:"……如果我们没有见过星星、太阳、天空,那么,我们前面关于宇宙的说法一个字也说不出来……造物主将视觉赋予我们,是要我们能够注视天上理智的进程，并把它们应用于相类似的人类理智的进程，包括正常的和不正常的。进而，我们通过学习而分享它们，然后模仿造物主的完美运行来规范我们的奇想妄念。"

于是，对于柏拉图而言，天与人的关系并不只是使其开始进行哲学研究。人的自治，其灵魂的纯洁与宁静，都与这种关系息息相关。正因为此，柏拉图才在《理想国》和《法律篇》中，把天文学当作统治者的一个必修课程。《法律篇》中的雅典陌生人说，"如果一个人没有对存在于星辰中的自然心智进行沉思，看不到音乐与这些事物的关联，并且使它们与法律和制度谐调一致，就无法对事物作出合理的解释。"

对于一些人基于宗教的理由而反对天文学，柏拉图也作了讨论。这些人认为，用天文学的方法来理解天上的现象"可能会造成无神论，因为他们看到……事情的发生是必然的，而不是出于一种善的意志"。柏拉图指出："有两种东西会使人相信神……其中之一便是从星体的运动以及主宰宇宙的心智所统治的一切所体现出的秩序进行论证。"认为这些东西会"导致无神论或迷妄"是荒谬的。

柏拉图认为，天文学对于净化和虔敬，对于教育和政治都有着极端重要的意义，这种看法贯穿着整个西方思想传统。虽然它在犹太教和基督教信仰的背景下有所变化，并且被天文学后来的发展所改变，但一个人对天文学持什么态度仍然能够反映出他的整个思想倾向。

像托勒密、哥白尼和开普勒这样的天文学家，虽然对科学理论的看法有所不同，但似乎都在重申柏拉图所主张的天文学对于宗教和道德的意义；而卢克莱修和奥古斯丁虽然学说迥异，但似乎并不同意柏拉图的看法。在西方思想传统中，他们代表着反对柏拉图观点的不同类型。

柏拉图和他的后继者，包括像哥白尼和开普勒这样的虔诚的基督徒，都认为真正的虔敬得益于天文学研究，而卢克莱修则希望天文学能够帮助人们摆脱宗教迷信。在卢克莱修看来，当"他们对那个伟大的天的世界进行沉思……对日月星辰的路径进行思索时，他们的心灵会保持平静安宁"，因为他们看到的纯粹是自然律的作品，而不是一种出自神的意志的统治力量，而后，人们将会获得自然哲学家的那种虔敬——这与基于恐惧的盲目崇拜完全不同。

奥古斯丁根据自己对摩尼教派关于天文学与宗教学说的关系的理解，认为宗教的教诲决不依赖于天文学。他并不认为这样的知识对于真正的虔敬有什么必要。他写道："一个人也许不清楚大熊星座的轨迹，但总比另一个测量天空、点数星辰、称重元素，但却不知道给一切事物分配尺寸、数目和重量的人更好。"

奥古斯丁认为，当摩尼教的创始人摩尼"关于天和星辰以及日月运动的主张被证明是错误的时候"，他的宗教学说不可避免地会遭到嘲笑，尽管那些主张并不属于宗教学说，因为他自称它们得到了一门关于天体的科学的支持。奥古斯丁把神学与天文学分开了，这预示了巴贝里尼主教后来所采取的立场。据说，他曾在谈论哥白尼的假说时告诉伽利略，天文学和宗教有着非常不同的任务，前者是为了知晓天怎么运动，后者则是教导如何上天堂。

关于天文学重要性的另一种观点体现在蒙田富有怀疑色彩的人文主义态度中。蒙田说："我赞赏米利都的侍女建议哲学家泰勒斯要关注自己而不是天空。"他还援引了阿那克西美尼问毕达哥拉斯的问题——"假如我终日沉迷于星辰的

5. 天文学和宇宙论

奥秘,那么当死亡突然降临或者被卖为奴隶时,我会怎样想?"在说这些话时,蒙田并不只是为了把道德置于自然科学之上。他把天文学研究看成人"与生俱来的原初疾病"的一个绝好例子。在我们无法理解身边的事物时,认为我们的心灵能够把握和构想天的运行,这是自以为是的。于是在阿那克西美尼精神的指引下,蒙田暗示:"当我受到野心、贪婪、蛮勇和迷信的重重夹击,而且生命中还有其他类似的敌人时,我还要考虑地球的运转吗?"

和蒙田一样,康德也对人类认识的弱点展开了批判。他写道:"天文学家的研究和计算表明我们对于宇宙是多么无知。"但康德既是一位道德学家,又是一位天文学家,他并没有因此而建议我们放弃对天的研究。恰恰相反,他主张对天进行研究,不仅是因为它的科学价值,而且也因为它的道德含义。

康德曾经说过一段著名的话:"有两样东西,我们对它们的思考越是深沉和持久,就越是对它们充满深深的敬畏,那就是:头顶的星空和心中的道德律。"两者共同产生了一种结果。天文学"对无数个宇宙的看法似乎取消了我们作为一种动物的重要性。"道德则"通过我们的人格提升了我们作为一种智慧生物的价值,道德律向我们揭示了一种不受动物性乃至整个感官世界约束的生活"。

相对于柏拉图的律令,即"把天上理智的进程应用于……我们自己理智的进程",康德把星空与道德生活联系在一起,与其说是一种呼应,不如说是一种变种。但在弗洛伊德那里,我们却几乎看到了对柏拉图的完全回归。他说:"秩序的原型来自于大自然,人对天文周期性的观察不仅提供给他一个模型,而且为他第一次试图把秩序引入他自己的生活提供了基本方案。"

天文学不仅与数学和物理学有关,而且与生物学和心理学都有关联。阿奎那由太阳孕育地球生命这一事实推论说,太阳也可能是由腐烂物质自发产生新物种的原因。这种说法与关于宇宙射线对基因变异的影响的当代遗传学理论不无类似之处。

与这些生物学概念不同,关于天对心理现象的影响的思辨似乎超越了天文学与占星学之间的界限。这种对人及其活动的影响有时可见于一个人出生时的星座;有时它是一种特殊的影响,这种影响仍然可以通过"精神失常"(lunacy)等一些词表现出来;有时可以通过星相进行预测和占卜。

预言和**记号与符号**两章讨论了占星学所提出的问题。与天文学和天文学思辨联系更加紧密的问题在其他章节讨论。关于物质宇宙起源的宇宙论问题在**永恒**、**时间**、**世界**三章中讨论;关于宇宙尺寸的问题在**空间**一章中讨论;关于天球本身是否有生命,以及是否由理智或精神所推动等问题在**天使**和**灵魂**两章中讨论;关于天体本性的问题在**物质**一章讨论。

最后一个问题在天文学史上有着重要的意义。关于天体运动的对立理论与关于天体物质的对立理论相关,后者探讨的是,天界物质是否与地界物质种类相同。正是相对于这些问题,后来所谓的"哥白尼革命"才称得上是一个重大的危机,它在天文学、物理学乃至一般自然科学的发展中,都是最具戏剧性的转折点之一。

导致哥白尼革命的因素并不单单是天文学观察的深入和扩展,甚至也不是天文学观察所可能导致的其他数学表述。如果不是伴随着从古代物理学到近代物理学的激进转变,特别是相对于宇宙物质的多样性或均一性,那么关于天体运动的哥白尼革命就只不过是对托勒密假说的另一种数学表述。哥白尼似乎只是推进到这一步，但在开普勒、伽利略和牛顿手里，它的意义远远不止于此。完成了与哥白尼的名字联系在一起的革命似乎是他们，而不是哥白尼。

当他们的贡献被忽视或者没有被完全理解时，哥白尼革命似乎就像经常认为的那样，只是一种天文学理论的转换。哥白尼用一种不同于托勒密的数学方案来组织天的视运动。他没有把地球看成静居于宇宙的中心，而是把它看成一颗行星，给它赋予了三重运动——围绕太阳的公转、围绕地轴的自转以及改变地轴相对于太阳的倾角。

关于这一假说的革命性方面，通常的看法是它影响了人对自身及其在宇宙中的位置或等级的估量。无论是这两种对立假说中的哪一种，天的视运动仍然保持不变，但人对自身、地球或宇宙的观念改变了，地球在宇宙中只是划出了一个如此微小的轨道。正如康德所暗示的，人的位置似乎降低了。他成了"宇宙中的一个小点"，宇宙被扩张成了无限大，或至少是广袤得出奇。他不再处于宇宙的中心，而是同地球一起成为一个漫游者。根据弗洛伊德的说法，人的自尊心第一次被深深地伤害了。他把"我们头脑中与哥白尼的名字联系在一起的"理论称为人类"不得不忍受的来自科学的第一次大的伤害"。

人们曾经怀疑，这种对哥白尼革命的阐释是否符合当时的文献。弗洛伊德也许正确地描述了一种流行的情感，这种情感自18世纪以来已经成为哥白尼天文学和后哥白尼天文学的一种普遍后果。但在托勒密体系占统治地位的时候，甚至到哥白尼以后，对人的等级的评价似乎更多地依赖于他在宇宙造物等级中所占据的地位——低于天使，高于禽兽——而不是地球的位置或运动，也不是宇宙的尺寸。

例如，波依提乌认为托勒密的宇宙大得足以使人想起他所占据的无限小的空间。但丁也评论了地球在宇宙万物中的微不足道。当但丁在其幻想的旅行中到达天堂时，他俯视着地球，他对我们说，"我的眼光经过七重天而看到我们的球，我对于它的渺小而可怜的状态，不觉微笑了。因此，我对于看轻它的意见表示赞同。"

开普勒是一个热情的哥白尼主义者，他关注天文学对人的意义，主张新假说包含着某种比旧假说更符合人的东西。在维护哥白尼的学说，反对第谷和托勒密的观点时，他宣称："人作为这个世界的居住者和沉思者，竟然处在一个如同封闭小屋的地方，这是不相称的……通过地球的运送而在这个广袤的宏伟建筑中到处活动是他的职责。"为了对宇宙的各个部分进行恰当的观察和测量，天文学家"需要有地球这样一条船围绕太阳作周年航行"。

然而，我们也可以对开普勒以这种方式论证事实作这样的解释，即它表明了开普勒对于人在发生变化的宇宙结构中的含意的觉察。开普勒认为，地球不再"能被算作这个伟大宇宙的主要部分"，因为地球只是行星区域的一个部分而已，他还特意加上了限定："我现在所说的地球是就它是宇宙大厦的一部分来说的，而不是就居住在那里的统治造物的尊严来说的。"当他这样说时，人们甚至会认为他宣布了所谓的"哥白尼革命"。

无论从托勒密到哥白尼的转变是否像弗洛伊德所说的那样是对人类自我的重创，它无疑对想象力造成了实实在在的冲击。托勒密体系与我们所看到的这个世界相符，这就是为什么在航海的实际过程中它仍然被使用的原因。这里开普勒又一次为哥白尼作了辩护，他解释了为什么"我们未经休息的目光"必定会受到欺骗，以及为什么"应当向理性学习"理解那些与显现不同的事物。

这种断言也许会使人幡然醒悟（任何学习了哥白尼体系的学生都能说出来），即不管我们看到什么，太阳并没有围绕地球旋转，地球既绕地轴自转，又绕太阳公转。它破坏了人对感官的信任，人们不再相信科学能把世界描述成他们所看到的样子。为了"拯救现象"，也就是说，为了解释现象，人们从此以后也许会指望科学能够杜绝任何把现象当作实在简单接受下来的做法。

不仅如此，尽管托勒密的宇宙已经非常大，但哥白尼的宇宙还要大得多。虽然在托勒密的宇宙中，地球的半径相对于恒星天球的半径来说可以忽略不计，但在哥白尼的宇宙中，即使是地球围绕太阳旋转的半径，相对于恒星天球的半径也可以忽略不计。几乎不能怀疑，这强化了某些人迷失在无限的深渊中的感觉。"我看到四周可怖的宇宙空间，我发现自己被缚在这个广袤浩渺的宇宙之一隅，不知道为什么把我放在这里而不是那里。"当帕斯卡把宇宙的浩瀚视作"上帝全能的最伟大的感觉标记"时，他体验到了一种敬畏。其他人也许同样体验到了这种情绪，但与之相伴随的更多的是一种令人痛苦的孤独，而不是尊敬。它源出于这样一种怀疑，即如此浩渺的宇宙——如果是一个有秩序的整体而不是混沌的话——竟然是被仁慈的造物主设计出来供人居住的。

无论哥白尼的理论对舆论、想象和情感有什么作用，它的确在思想界产生了直接影响。较之其他因素，它更强烈地导致了在亚里士多德的物理学和天文学中联系在一起的某些重要学说被抛弃，于是彻底改变了人由以理解自然的秩序和统一性的基本原理。"哥白尼革命"的确名副其实。

这场发生在理论领域的革命远远不只是用一种新的数学建构来描述宇宙的运动。正如弗洛伊德所指出的，虽然日心说与哥白尼的名字相联系，但古代亚历山大里亚的天文学家就已经知道了。比如阿基米德在《数沙术》中就认为，萨摩斯的阿里斯塔克已经提出了日心说。

就地球的自转而言，托勒密承认，假设"天不动，地球绕着同一个轴自西向东每日旋转一周似乎是非常合理的……就恒星的显现而言，一切似乎都与这一更为简单的猜想相一致。"

那么，为什么托勒密还要拒绝这样一个不仅看似合理，而且能够更为简单地解释现象的假设呢？也许部分原因在于，相反的假设，即地球不动，天自东向西运动，与我们的日常感觉经验相符。但这还是次要的，最重要的原因是，托勒密认为，当我们考虑地界物体运动的速度和方向时，看似合理的地球旋转假设就会变得"完全荒谬"。他之所以会反对这一假设，主要是因为它与亚里士多德的物理学不相符，后者区分了天然运动与受迫运动，认为四种元素都会沿着某些特定的方向作天然运动，地界物质并不参与天体的构成。

问题的核心是亚里士多德的物理学和宇宙论，后来开普勒在支持哥白尼理论，反对托勒密理论时所使用的方法证明了这一点。他在为哥白尼理论的真理性辩护时，并不是试图论证哥白尼的假说解释托勒密假说无法解释的一些观测事实，也不是仅仅由于这个假说在数学上更简单而倾向于它。恰恰相反，他特别指出，哥白尼理论在数学上优于托勒密的地方，第谷体系也全都有。（第谷的理论是,当众行星围绕太阳旋转的时候,太阳又带着这些行星围绕静止的地球旋转。)在开普勒看来,这些相互竞争的理论最终必须从物理上而不是数学上加以判断。通过这样提出问题(哥白尼并没有这样做),开普勒、伽利略、牛顿等哥白尼主义者就对托勒密理论所依赖的亚里士多德的物理学提出了挑战。

为了考察这个问题,这里有必要简要叙述一下亚里士多德物理学的某些特征,在**变化**,**元素**,**力学**和**物理学**几章中还有更为详细的讨论。

托勒密的天文学符合我们所看到的天上的一切,亚里士多德的物理学也同日常感觉经验相符。我们看到火往上升,石头下落。如果把土、气和水混合在一个密闭的容器中,那么气泡会往上升,土微粒则会下沉到底部。为了涵盖如此众多的类似现象,亚里士多德提出了关于天然运动和四种地界元素——土、气、火、水的理论。由于物体在天然运动时只是为了达到它们固有的处所,所以已经位于万物底部的地球就不再需要运动了。地球已经处于其固有的处所,它依其本性就是静止的。

还有两种现象对亚里士多德的理论被广泛接受产生了决定性的影响。我们用肉眼只能看到天体的运动或位置变化。与地界不同,天界物质似乎并没有生成或消亡,尺寸或性质也不发生改变。此外,月下物体的天然运动似乎是直线运动,而天体却似乎在做圆周运动。

为了解释这些现象,亚里士多德的理论为天界和地界设定了不同种类的物质。天球必定是由不可朽的物质构成的,它们只作最完美的圆周运动;而地界物体由可朽物质构成,它们有生成和朽灭,有质和量的改变,做直线运动。

当阿奎那概括亚里士多德的学说时,他指出了所有这些学说之间的相互关联。他写道,"柏拉图和所有亚里士多德以前的人都主张,一切物体都具有四元素的本性",因此"一切物体的质料都是相同的。但柏拉图把某些物体的不可朽归因于物质,而不是造物主的意志。亚里士多德通过物体的天然运动否证了这一理论。他说,天体做着与诸元素不同的天然运动,所以它们具有不同的本性。天体都做着适合其本性的圆周运动,而元素的运动却方向相反,一种试图向上运动,另一种却试图向下运动……正如生成和朽坏是相反的一样,元素是可朽的,天体则是不可朽的。"

开普勒在攻击亚里士多德的理论和托勒密天文学时,也阐述了阿奎那对亚里士多德理论的辩护。他问:"古人通过何种论证建立了与你们相对立的理论?通过四种论证:(1)从运动物体的本性进行论证;(2)从原动者的性质进行论证;(3)从运动发生的处所的本性进行论证;(4)从圆周的完美性进行论证。"然后他陈述了每一种论证,并一一作答。

如果不考察托勒密对其理论的辩护,我们就无法理解开普勒对托勒密宇宙论的攻击的异乎寻常之处。托勒密所使用的术语适用于哥白尼,但不适用于开普勒。

虽然托勒密的意图是要构建一种符合亚里士多德物理学的关于天体运动的数学理论,但是当他为了"拯救现象"而不得不做出复杂的修补之后,他发现这个理论并不符合亚里士多德关于天球作完美的圆周运动的学说。他并没有抛弃亚里士多德的物理学,而是为他的理论进行辩护,理由是:天文学是一门数学科学而不是物理科学,为了计算的方便和"拯救现象",这种"非实在的"复杂性是可以允许的。

5. 天文学和宇宙论

在《天文学大成》的第 13 卷亦即最后一卷，托勒密的数学工具已经变得极为复杂（而且受到了亚里士多德实在观的限制），面对这一事实，托勒密说："考虑到我们所使用的工具的困难，不要让任何人觉得这些假说是麻烦的……我们应当尽可能地用较为简单的假说来描述天的运动；如果一个假说没有成功，还可以使用任何其他可能的假说。如果所有现象都能够被假说所拯救，这种复杂性在天界物质的运动中发生，还有什么奇怪的呢？"我们对天界事物简单性的判断不应当根据解释地界现象的情况来进行，"而是应当从天及其运动的不变性来判断其简单性。因为这样一来，天看上去就是简单的，比我们这里看到的那些事物更简单。"

当哥白尼提出"更简单的假说"来描述"天的运动"时，他忽视了这个假定，即在不同区域必须以不同方式来判断简单性，而是根据自己的理由挑战了托勒密的理论。但这样一来，他似乎就接受了天文学假说具有数学特征这一传统看法。然而事实上，他并没有像安德里斯·奥西安德尔在其《天球运行论》的前言中所说的那样，无根据地接受这种观点。

奥西安德尔写道："天文学家的职责就是先通过艰苦的、训练有素的观察把天的运动的历史收集起来，然后——由于他无论如何也不能发现这些运动的真正起因——再想象或构想出任何令他自己满意的原因或假说，以至于通过假设这些原因，过去和将来的那些同样的运动也可以通过几何学原理计算出来。"

他又说："这些假说无须真实，甚至也并不一定是可能的，只要它们能够提供一套与观测结果相符的计算方法，那就足够了。由于同一种运动有时可以对应不同的假说，比如为太阳的运动提出偏心率和本轮，天文学家一定会愿意优先选用最易掌握的假说。"

开普勒对天文学中替代性假说的实在性的态度不同于托勒密和奥西安德尔。对于一个假说的实在性，他认为不仅要通过数学计算工具的适当性和简单性来判断，而且要通过它是否与物理实在相符合来判断。在《哥白尼天文学概要》一开头，他径直宣布："天文学是物理学的一部分。"在第四卷的开篇，他坚持认为天文学的目的不是一个，而是"两个：拯救现象以及对整个宇宙的真实形式进行沉思"。他发现，如果天文学的目的只是第一个，那么第谷的理论将和哥白尼的理论同样令人满意。

在开普勒早年写作《概要》以前，他断言："不能容许天文学家杜撰任何假说。"他抱怨天文学家"经常……把思想束缚得过于狭窄，不越出几何学一步"。

要想在数学同样令人满意的对立假说中作出选择，就必须超越几何学，进入物理学。开普勒对他的科学同仁说："必须在一种更高的科学中寻找天文学的基础，我指的是物理学或形而上学。"

由于开普勒对天文学的任务和实在性持这种看法，迪昂在其伟大的天文学史著作中称他为一个"实在论的哥白尼主义者"。迪昂认为，伽利略也是一个实在论的哥白尼主义者。他写道："伽利略的天文学观察以及他的力学都是为了通过物理学来证实哥白尼的假说。"

牛顿是第三位重要人物。他需要利用地球表面物体的动力学，以一种与伽利略运动定律相一致的方式导出开普勒的行星运动定律。但提出这个问题的前提是，天上的力学与地上的力学遵循着同样的原理和定律。这种洞见要求完全抛弃古代的物理学，宇宙不再被分成两个截然不同的部分，分别由不同的物质所组成，遵循着不同的运动规律。

尽管奥西安德尔有那些辩解，但哥白尼本人仍然相信其理论的实在性。他并没有正视哥白尼革命中最受争议的一点——宇宙的物质均一性。我们接下来将考虑天文学假说的实在性问题，但无论哥白尼或哥白尼主义者在他们那个时代是否有权相信他们的理论是真实的，正是由于认为哥白尼的假说是真实的，开普勒和伽利略才拒绝接受亚里士多德的物理学。

假如地球并非静居于宇宙的中心，那么关于各种元素的天然运动方向和静止位置的基本学说就被完全颠覆了。倘若地球只是一颗行星，那么在地球上为真的任何结论——或者关于地球为真的任何结论，比如吉尔伯特关于地球绕轴自转产生磁场的理论——对于其他行星也将为真。

开普勒写道：“读读英国人吉尔伯特关于磁的哲学吧，在那本书中，尽管作者并不相信地球在运动……但他根据许多证据把一种磁性赋予了地球。因此，主行星中的任何一颗与地球没有什么本质区别，也就绝非荒谬或不可置信了。”这种说法表明，当地球就像在哥白尼理论中那样成为一颗行星时，我们就可以径直断言，地球与其他行星无论在物质上还是在运动上都没有什么区别。月上世界和月下世界的古老的物理二元论被抛弃了。

怀特海评论说，“问题的焦点不是地球的运动，而是天的荣耀”，因为断言天的组成物质与自然的其他部分相同，并且服从同样的规律，这就把天降到了用地上的物理学来描述的层次。这恰恰就是牛顿最后完成的工作。当他提出自然哲学中的第三条推理规则时，他用冷冰冰的语言完成了哥白尼革命。牛顿宣称，那些"我们实验所及的那些物体的性质将被看作一切物体的普遍性质"。

在古代二元论的世界里，天文学在自然科学中占据着一个极为特殊的位置，与"天的荣耀"相称。但在牛顿手中，它完全融入了一种普遍力学，其运动定律可以应用于万事万物。

19世纪时，不仅天上的力学与地上的力学已经被牛顿完美地结合在了一起，而且天与地在化学上也统一了起来。通过对太阳等恒星发出的光进行光谱分析，并把这些光谱与地球上元素产生的光谱进行比较，人们发现天界物质与地界物质本质上是相同的，于是最终驳斥了亚里士多德关于天界物质和地界物质有本质不同的思想，即一个是不可朽的，一个是可朽的。19世纪天文学的一个更加惊人的发现是，氦元素是在太阳光谱中发现的，而不是源自于对地球的研究。

如果与亚里士多德的物理学进行比较，那么以开普勒为起点，由牛顿完成的自然界的统一就会显得更加激进。由于牛顿的理论用最简单的规律囊括了最广泛的现象，康德认为它"确立了哥白尼当初只是作为假说接受的东西的真理性"。但是在怀特海看来，牛顿理论更大的贡献是，"位置的中立性以及物理定律的普遍性……适用于万事万物这一思想"。

无论我们今天对于数学物理中的假说所包含的真理类型持何种立场，在三个哥白尼主义者——开普勒、伽利略、特别是牛顿——的精神感召之下，我们现在要求物理假说能够一劳永逸地解释物质宇宙的一切现象。无论与古代物理学相对立的近代物理学真理性如何，牛顿的宇宙已经深入人心，以至于当我们想起哥白尼革命以前人们所居住的那个宇宙时，总会错误地认为它古怪、荒谬、迷信、难以置信。

最后，就我们对自然科学本身的理解而言，我们前面所讨论的天文学的争论几乎是一个原型。当然，我们需要认识到托勒密、哥白尼和开普勒的实际成就的重要性,以理解问题是多么真实和棘手。现在,他们所不知道的事实也许已经有了定论,但是近代科学其他领域的问题几乎和天文学的模式一样,并没有了结;既然我们能够再现围绕哥白尼理论的争论双方的思想交锋,我们也可以用开放的心灵面对类似的悬而未决的科学问题。

例如,达尔文在天文学争论中发现了一个先例,我们可以利用它来为自然选择做辩护。他写道:"直到最近,对地球绕轴自转的信念才获得了证据的直接支持。"但达尔文认为,如果一种科学理论有能力解释几大类事实,而且"很难想象一种错误的理论能够把它们解释"得如此令人满意,那么直接证据的缺失并不证明这种理论没有基础。达尔文认为自然选择理论就是如此。对于那些认为"这种论证方法不可靠的"的人,他援引天文学中的一个例子回答说,"最伟大的自然哲学家们就常常使用这种方法"。

天文学的伟大著作最为清晰地展现了那种在现时代被称为"数学物理"的自然科学的本质模式。这种说法也许是现代的,但古人很清楚这种科学的特征,即把数学应用于自然,根据经验在有着不同数学表述的假说中进行选择。

柏拉图在《理想国》中列举了文科教育的课程,他把音乐和天文学连同算术和几何列为数学技艺或数学科学,因此,他视其为纯粹数学。就像音乐不关注能够听见的音符一样,天文学也不关注可见的天。音乐是关于谐音的算术,天文学则是关于运动的几何。但是在《蒂迈欧篇》中,柏拉图却用数学规则和计算来讲述关于可感的生成世界的形成和结构的"一个可能的故事"。在怀特海看来,和《理想国》不同,这里已经有了关于数学物理的最初观念以及对其本性和模式的深刻洞见。

亚里士多德批评天文学是一门纯粹的数学科学。正如"光学和声学处理的对象"不可能脱离可感事物一样,天文学的对象也应该是可见的天。亚里士多德写道:"天文学的经验提供了天文学的原理。"然而,虽然天文学的对象是物理的,方法有一部分是经验的,但天文学却像光学和和声学一样,采用了数学论证的形式。正因为此,阿奎那后来把这些学科称为"混合的和居间的科学"。

于是,对于柯南特所说的以数学物理为代表的科学的"战术和策略"而言,从柏拉图和亚里士多德开始,经过托勒密、哥白尼和开普勒,到伽利略和牛顿为止的天文学形成了一套独特的"案例史"。但天文学有一个与其他数学物理分支不同的特征:它是经验的而不是实验的。天文学家并不能左右他所观察到的现象。他不像物理学家、化学家或生理学家,能够通过实验手段来建立一个孤立的事件系统。

对于天文学的这个特征,哈维提出了一个实验,使生理学家能够做天文学家所不能做的事情,即专门制备一些现象供感官考察。天文学家必须满足于他们所看到的现象的原样。在为心理分析作辩护,反驳"它无法用实验证实"的反对意见时,弗洛伊德指出,他的批评者"也可以用同样的意见来反驳天文学;毕竟,对天体做实验是极为困难的,在那里只能依赖于观察"。

自从望远镜发明以来,天文学家已经有了各种各样的仪器来增加观察的范围和精确性。正如弗兰西斯·培根指出的,望远镜使伽利略不仅改进了观察的精确性,而且还使迄今无法用肉眼观察到的某些天文现象进入了视野,比如金星的盈亏、木星的卫星以及银河的构成。

关于银河,帕斯卡后来指出,古人不必为他们没有弄清楚其颜色的成因负责。"他们虚弱的肉眼没有得到人工的帮助,他们把这种颜色归之于这部分天空的巨大的坚固性"。他又说,"在望远镜的帮助下,仍然固执于原有的思想"将是不可原谅的,因为"我们已经在银河发现了无数颗小恒星,其绚丽的色彩使我们认识到了这种白色的真正成因"。

由于天文学是一门兼具经验和数学两种成分的混合科学,所以天文学不仅能够得益于观察的改进,而且能够随着数学的发展而进步。康德向我们举例说明了纯粹数学家的工作如何能够对物理学和天文学做出贡献。他们的发现常常是在对是否能够应用于自然现象一无所知的情况下做出的。康德写道:"他们在对应用于天体轨道的地球引力定律一无所知的情况下,研究了抛物线的性质……他们还研究了椭圆的性质,而不知道引力会使天体在自由运动时描出这条曲线,也不知道天体所服从的引力定律随间距变化的规律。"

这些数学预言惊人地准确,以至于康德认为柏拉图说纯粹数学"可以不通过任何经验"来发现事物的构成甚至情有可原。无论柏拉图是否有这么极端,他的确在《理想国》中提出了与康德关于数学与天文学的关系概念相对立的看法。他说:"应当用群星闪烁的天空来获得数学这种更高的知识。"通过提出好的问题,超越天的真实情况的限制,天文学应当为纯粹数学中的发现服务。

数学发现与经验观察之间的这种二重关系在天文学以及数学物理的所有分支的发展史上都可以看到。然而,倘若我们要考虑这些科学中的真实性问题,我们就必须考虑这种关系的另一个方面。数学表述与现象相符合的方式决定了描述同一实在的相互竞争的假说的真实性。

事实上,这种证实的逻辑已经在地心说和日心说的讨论中暗示出来了,在**假说**一章中还有进一步的讨论。自辛普利丘斯以来,要想使人满意,假说就必须能够"拯救现象",也就是对相关现象作出解释。但在有些时候,两种假说(比如地心说和日心说)也许能够同样好地拯救现象。于是,它们之间的选择就成了数学优雅孰优孰劣的问题。

然而,这并不是说数学上更优越的理论就更接近于真理。用柏拉图的话来说,就实在而言,它只是"一种可能的理论";或者像阿奎那关于地心说所指出的那样:"可以认为,偏心轮和本轮理论已经建立起来了,因为可以用它们解释天体运动的诸多现象;然而,这并不是说这种理由就是充分的,因为也许还有其他某种理论能够解释它们。"

对于某些现象,也许同时有两种假说能够给出解释,而且同样令人满意。然而也许只有一种假说,能够与该假说最初所要解释的现象无关的其他现象相符合。"符合"(consilience)曾被用来描述假说的一种性质,这种假说除了能够拯救一定范围的现象,还能与许多其他现象相符合,能够把它们纳入其包罗性的解释之中。牛顿通过运动定律和引力理论所发展的日心说,当然在很大程度上就具有这种符合性,因为它既包含了天上的现象,又包含了各种地上的现象。

那么,日心说是真实的吗?如果一个假说的真实性依赖于它所符合或拯救的现象范围,那么日心说似乎的确是真实的,因为它能够解释托勒密理论无法解释的现象。然而,虽然这也许会使我们抛弃不成功的假说,但成功的假说毫无疑问就是真理吗?或者换句话说,我们这里的判断难道不是一种比较性的说法,而不是绝对性的吗?除了说一种假说比另一种假说更成功之外,我们还能说出更多的东西吗?我们在逻辑上是否有权把这种成功看作其真理性的表征,抑或必须表述得更谦虚一些,即更好的假说只是给出了关于实在的一种更可能的描述?

演化在现代天文学扮演了重要角色。现在认为,恒星有"出生",也有"死亡"。更加精确地说,恒星由原恒星物质的引力而形成,生命结束时也许成为黑洞或白矮星。一般认为,宇宙本身将由一种暴涨态逐渐演化成一种高度均一、寒冷、稀薄的气体。

非演化宇宙学的最后一次尝试是弗雷德·霍伊尔爵士、赫尔曼·邦迪等人所提出的稳恒态理论。爱因斯坦曾一度倾向于非演化宇宙学。但随着哈勃在20世纪20年代末发现宇宙正在膨胀,他逐渐抛弃了这种想法。

20世纪40年代,伽莫夫等人试图对原始爆炸,即所谓的"大爆炸"之后4分钟元素的形成作出解释。在这项工作中,他们发现,那次爆炸将留下绝对零度以上几度的背景辐射遗迹。60年代,这种辐射被发现了,它的发现终结了稳恒态理论等非演化宇宙论。目前,天文学和宇宙学部分融合在一起,成为当代科学最活跃的领域之一。

分 类 主 题

1. 天文学作为对太阳系和天的研究:它的尊严和用处
2. 天文学的方法
    2a. 观察和测量:工具和制表
    2b. 假说的使用:日心说和地心说
    2c. 天文学与数学的关系:天文学对数学的使用
3. 天文学中的原因
    3a. 原型形式因:天球的数目与音乐
    3b. 物理动力因:引力和超距作用
4. 天文学、宇宙论和神学:天文学影响了对上帝、创世、神意和道德的看法
5. 天文学、宇宙论和对时间的测量
6. 太阳系和银河
    6a. 月上世界的物质的特殊性质
    6b. 天体中的灵魂与理智
    6c. 天体运动:周期性与大年
        (1) 天体运动的永恒性
        (2) 天体运动的形式:圆周、偏心均速点、椭圆
        (3) 天体运动的定律:天体力学
7. 太阳系和银河中的特殊天体
    7a. 太阳:位置、距离、大小和质量
    7b. 月球:不规则性
    7c. 行星:偏心率、逆行、留
    7d. 地球:起源、位置、形状、运动

7e. 恒星:二分点进动
7f. 彗星和流星
8. 天体对地球现象的影响
8a. 天体对生物的影响:产生和朽坏
8b. 天体对潮汐的影响
9. 恒星和行星对人的性格和活动的影响
10. 对地球、太阳、月亮和星辰的崇拜
11. 天文学作为对宇宙整体的研究:宇宙学
11a. 宇宙学的特殊方法
11b. 关于宇宙起源和演化的宇宙学理论
11c. 宇宙的尺寸、范围和膨胀:推行的星系;宇宙的有限或无限
11d. 宇宙的主要组成部分:星系和星云
12. 天文学与其他人文科学的关系:天文学在教育课程中的位置
13. 天文学史

[张卜天 译]

5. Astronomy and Cosmology

索引

本索引相继列出本系列的卷号〔黑体〕、作者、该卷的页码。所引圣经依据詹姆士御制版，先后列出卷、章、行。缩略语 esp 提醒读者所涉参考材料中有一处或多处与本论题关系特别紧密；passim 表示所涉文著与本论题是断续而非全部相关。若所涉文著整体与本论题相关，页码就包括整体文著。关于如何使用《论题集》的一般指南请参见导论。

1. **Astronomy as the study of the solar system and the empyrean: its dignity and utility**

    6 Plato, 156, 394–396, 455, 729–730
    7 Aristotle, 591, 603
    10 Nicomachus, 600–601
    11 Lucretius, 65–68
    15 Ptolemy, 83, 429
    15 Copernicus, 509, 510–511
    15 Kepler, 846–851, 961–965
    16 Augustine, 732–733
    17 Aquinas, 175–178
    19 Dante, 102
    23 Montaigne, 254–255
    29 Milton, 232–236
    30 Pascal, 181–184, 217–218
    34 Swift, 94–103 passim
    39 Kant, 175, 360–361
    48 Melville, 226–227

2. **The method of astronomy**

2a. **Observation and measurement: instruments and tables**

    7 Aristotle, 379, 383, 604
    15 Ptolemy, 24–26, 29–86, 93–119, 123–269, 273–290, 296–465
    15 Copernicus, 557–626, 631–652, 680–739, 744–812, 818–838
    15 Kepler, 907–908
    19 Dante, 91–92
    19 Chaucer, 444–445
    26 Harvey, 320
    28 Bacon, 129, 170
    29 Milton, 181
    32 Newton, 272–275, 342–368, 412–423
    33 Berkeley, 424
    34 Swift, 102
    38 Gibbon, 299
    48 Melville, 226–227
    56 Whitehead, 167–168
    56 Eddington, 256–257, 277–278

2b. **The use of hypotheses: the heliocentric and geocentric theories**

    6 Plato, 241–242, 247, 386–387, 438–439, 452, 797–798
    7 Aristotle, 361–362, 381–382, 383–385, 387–388
    8 Aristotle, 234
    10 Archimedes, 520
    13 Plutarch, 55
    15 Ptolemy, 7–8, 9–12, 86–93, 120–122, 270–273, 291–296
    15 Copernicus, 505–506, 513–515, 517–521, 628–629, 675–678, 740
    15 Kepler, 852–853, 857–860, 887–890, 907–916, 966–967, 1014–1016
    23 Montaigne, 298–302, 316
    26 Gilbert, 107–116
    28 Bacon, 139, 186
    29 Milton, 165, 233–236
    30 Pascal, 165, 368–369
    32 Newton, 273–274
    39 Kant, 8
    51 Tolstoy, 563
    55 Whitehead, 221

2c. **The relation of astronomy to mathematics: the use of mathematics by astronomy**

    6 Plato, 394–396
    7 Aristotle, 270, 516
    15 Ptolemy, 5–6, 26–28
    15 Copernicus, 507–508, 532–556
    15 Kepler, 968–986 passim
    16 Augustine, 34–36, 733
    18 Aquinas, 424–425
    28 Bacon, 37, 46
    28 Descartes, 302
    32 Newton, 1–2, 269–372
    39 Kant, 551–552
    56 Whitehead, 167–168

3. **Causes in astronomy**

3a. **Formal archetypal causes: the number and the music of the spheres**

    6 Plato, 241–242, 395–396, 438–439, 447–452
    7 Aristotle, 359–364, 375–384, 503–504, 603–605
    10 Nicomachus, 599–602
    15 Ptolemy, 8
    15 Kepler, 857–860, 863–887 passim, 913, 915–916, 1016–1018, 1023–1085 esp 1049–1050
    19 Dante, 126
    28 Bacon, 185

29 Milton, 4-5, 26-27, 166-167, 178-179, 188-189
34 Swift, 96-97
45 Goethe, xxi

3b. Physical efficient causes: gravitation and action-at-a-distance

7 Aristotle, 381-382, 384, 447-452, 603-605 esp 604
11 Lucretius, 66
15 Kepler, 895-905, 922, 935-952 passim, 965-967
26 Gilbert, 106-121
28 Bacon, 162-169, 176-177, 183
28 Descartes, 237, 279
32 Newton, 276-284, 320-324, 371-372, 531, 540-541
33 Berkeley, 432-434 passim
34 Swift, 94-103, 118-119
42 Faraday, 578-581, 725, 732
51 Tolstoy, 694-695
55 Whitehead, 156-157, 193-194
56 Whitehead, 130-131
56 Einstein, 208-210, 213-215, 216-217, 224-225, 232-234

4. Astronomy, cosmology, and theology: astronomy as affecting views of God, creation, the divine plan, and the moral hierarchy

Old Testament: *Genesis,* 1:1-19 / *Job,* 9:6-9; 38:1-38 / *Psalms,* 19:1-6 / *Jeremiah,* 33:22; 51:15
Apocrypha: *Ecclesiasticus,* 43
6 Plato, 396, 455, 586-589
7 Aristotle, 272-273, 334-355 esp 338-346, 353-355, 601-605
11 Lucretius, 59-68, 73-74
11 Plotinus, 344, 373-375, 458
15 Kepler, 853-854, 933, 1017-1018, 1025, 1048, 1061, 1071, 1080-1085
16 Augustine, 34-36
17 Aquinas, 138-140, 325-326, 343-359, 362-367, 525-526
18 Aquinas, 943-947
19 Dante, 9, 44, 91-92, 94, 100, 106, 119
28 Bacon, 124
28 Descartes, 278-280
29 Milton, 178-179, 233-236
30 Pascal, 181-184, 207, 217-218
32 Newton, 369-371, 542-543
38 Gibbon, 226, 227
39 Kant, 360-361
51 Tolstoy, 695-696
54 Freud, 562, 876
56 Eddington, 254

5. Astronomy, cosmology, and the measurement of time

Apocrypha: *Ecclesiasticus,* 43:6-8
4 Aeschylus, 45
4 Aristophanes, 706-707
5 Herodotus, 49-50, 79

6 Plato, 451
7 Aristotle, 303
8 Aristotle, 319-320
11 Plotinus, 429-431, 432-435
13 Plutarch, 58-59, 74, 599-600
15 Ptolemy, 77-86, 104-107
15 Copernicus, 568-576, 646-652, 672-674
16 Augustine, 121-122, 405-407
17 Aquinas, 45-46, 364-365
18 Aquinas, 1017-1020
19 Dante, 46, 49, 77, 90
21 Hobbes, 267
22 Rabelais, 69-70
23 Montaigne, 539-540
28 Bacon, 177-178
29 Milton, 136, 179, 233-234, 288-289
32 Newton, 9-10, 291-294
33 Locke, 158-162
34 Swift, 169
38 Gibbon, 376
43 Hegel, 230-231, 264-265
56 Whitehead, 165-166
56 Eddington, 284
56 Schrödinger, 500-502

6. The solar system and the Milky Way

6a. The special character of matter in the supralunar spheres

New Testament: *I Corinthians,* 15:40-41
6 Plato, 247-248, 448-449
7 Aristotle, 361-362, 370-376, 569, 591
11 Plotinus, 337-342
15 Ptolemy, 8
15 Copernicus, 519-520
15 Kepler, 853-857, 894, 904-905, 929-930, 931-932
17 Aquinas, 250-252, 289-290, 301-302, 325-326, 345-347, 354-355, 443-444, 588-589
19 Dante, 92
28 Bacon, 146-147
32 Newton, 270-271

6b. Soul and intellect in the heavenly bodies

6 Plato, 449-450, 451-452, 618-619, 762-765, 797-798
7 Aristotle, 375-377, 383-384, 636-637
11 Lucretius, 60
11 Plotinus, 342-352, 388, 408-409, 469-471, 483, 490
12 Virgil, 192
15 Kepler, 890-895, 896-897, 930, 932-933, 959-960
16 Augustine, 293-294
17 Aquinas, 104-105, 277-278, 365-367, 564-565, 589-590, 599, 648-649
19 Dante, 91, 92, 99, 106, 126-127
23 Montaigne, 254-255
26 Gilbert, 104-105
30 Pascal, 258
45 Goethe, xxi

5. Astronomy and Cosmology

6c. Celestial motion: periodicity and the great year

    6 Plato, 438–439, 451–452, 586–587
    7 Aristotle, 359–389
    8 Aristotle, 234–235
    11 Lucretius, 65–66, 66–67
    11 Aurelius, 256
    11 Plotinus, 342–343
    15 Ptolemy, 12–14
    15 Kepler, 928–933
    16 Augustine, 733
    18 Aquinas, 392–393
    19 Dante, 92, 126
    26 Gilbert, 110
    26 Galileo, 245
    29 Milton, 151, 224–225
    32 Newton, 266–267
    33 Locke, 158–159 passim
    54 Freud, 779

6c(1) The eternity of celestial motion

    6 Plato, 447, 450–451, 460
    7 Aristotle, 334–337, 348–353, 370, 375–376, 576
    11 Lucretius, 60, 62, 63–64
    11 Aurelius, 278
    11 Plotinus, 370–372, 373–374, 429–431, 469–471
    15 Kepler, 888–891
    17 Aquinas, 43–45
    18 Aquinas, 1017–1020
    28 Bacon, 163
    32 Newton, 284–285, 540–541

6c(2) The form of celestial motion: circles, the equant, ellipses

    6 Plato, 438–439, 730
    7 Aristotle, 348–353, 359–364, 378–379, 381–382, 384, 601–602, 604
    15 Ptolemy, 7–8, 86, 148–157, 291–296
    15 Copernicus, 513–514, 628–629, 675–678, 740
    15 Kepler, 888–893, 929–933, 968–979, 1018
    18 Aquinas, 945–946
    26 Galileo, 245
    28 Bacon, 186
    29 Milton, 188–189
    32 Newton, 42–43, 48–50
    56 Einstein, 225, 232

6c(3) The laws of celestial motion: celestial mechanics

    15 Kepler, 888–895 passim, 897–907 passim, 933–952 passim, 975–979, 1019–1020
    32 Newton, 32–35, 42–46, 48–50, 259–267, 269–372 passim
    51 Tolstoy, 563, 694–695
    56 Whitehead, 134, 158–159, 165–166
    56 Bohr, 329

6d. The creation of the heavens

Old Testament: *Genesis,* 1:1–8,14–19; 2:1–4 / *Job,* 38 / *Psalms,* 8:3–4; 136:5–9 / *Amos,* 5:8
New Testament: *II Peter,* 3:5
    6 Plato, 450–452
    7 Aristotle, 370–375
    8 Aristotle, 164
    11 Lucretius, 64–65
    16 Augustine, 113–116, 126–129, 129–139, 142–157, 378–379, 385–386
    17 Aquinas, 250–252, 255, 352–355
    19 Dante, 99, 102, 127
    28 Bacon, 17
    29 Milton, 150–151, 221–225, 232–236
    32 Newton, 542–543

7. The particular heavenly bodies in the solar system and the Milky Way

7a. The sun: its position, distance, size, and mass

Old Testament: *Joshua,* 10:12–14
Apocrypha: *Ecclesiasticus,* 43:1–5
    5 Herodotus, 53–54, 79, 130–131
    5 Thucydides, 394
    6 Plato, 98, 385–386
    7 Aristotle, 385, 451
    11 Lucretius, 66
    15 Ptolemy, 77–107, 215–222
    15 Copernicus, 520–529, 646–674, 710–714, 716–731
    15 Kepler, 854–856, 857–860, 882–883, 885–886, 895–905, 907–916 passim
    17 Aquinas, 362–364
    18 Aquinas, 1017–1020
    19 Dante, 90, 102
    23 Montaigne, 298
    26 Gilbert, 112–113
    28 Bacon, 165–166
    28 Descartes, 278–280, 457, 459
    29 Milton, 147–149
    32 Newton, 118–128, 273–274, 299–300, 324, 518
    34 Swift, 98
    56 Eddington, 281–282

7b. The moon: its irregularities

Apocrypha: *Ecclesiasticus,* 43:6–8
    6 Plato, 98
    11 Lucretius, 66–67, 67–68
    11 Plotinus, 345–346
    13 Plutarch, 74, 435, 789–790
    15 Ptolemy, 108–222
    15 Copernicus, 675–731
    15 Kepler, 876–878, 918–928, 952–960
    17 Aquinas, 362–364
    24 Shakespeare, 295, 357
    28 Bacon, 167
    29 Milton, 180–181, 224–225
    32 Newton, 92–101, 275, 276–278, 294–329

7c. The planets: their eccentricities, retrogradations, and stations

6 Plato, 438–439, 451
　　7 Aristotle, 377, 380–384, 603–605
　　15 Ptolemy, 270–465
　　15 Copernicus, 521–529, 732–838
　　15 Kepler, 860–872, 878–882, 888–905, 907–910, 928–952 passim, 961–1004, 1015–1080
　　19 Dante, 91–92, 119
　　28 Descartes, 278–280
　　29 Milton, 179, 229, 234–235
　　32 Newton, 42–43, 46–47, 48–50, 111–115, 116–130, 272–275, 276, 278–281, 282–285, 286–291
　　32 Huygens, 556–557
　　34 Swift, 102
　　56 Einstein, 225

7d. **The earth: its origin, position, shape, and motions**

　　Old Testament: *Genesis*, 1:1–10 / *Job*, 38:4–7 / *Proverbs*, 3:19; 8:23–29 / *Isaiah*, 45:12; 48:13
　　6 Plato, 241–242, 247, 452
　　7 Aristotle, 384–389
　　8 Aristotle, 234–235
　　10 Archimedes, 520
　　11 Lucretius, 64–65, 65–66
　　11 Plotinus, 479–480
　　13 Plutarch, 55
　　15 Ptolemy, 8–12
　　15 Copernicus, 511–513, 514–521, 529–532
　　15 Kepler, 873–876, 911–928
　　26 Gilbert, 23–25, 106–121
　　29 Milton, 150–151, 187–188, 249–250, 289
　　30 Pascal, 368–369
　　32 Newton, 127–128, 288–294
　　33 Berkeley, 424
　　34 Swift, 98
　　42 Faraday, 727
　　56 Poincaré, 33–34
　　56 Einstein, 209–210

7e. **The fixed stars: the precession of the equinoxes**

　　Old Testament: *Genesis*, 1:14–18
　　Apocrypha, *Ecclesiasticus*, 43:9–10
　　6 Plato, 451–452
　　7 Aristotle, 380–384
　　11 Lucretius, 66
　　13 Plutarch, 358–359
　　15 Ptolemy, 77, 233–269
　　15 Copernicus, 622–652
　　15 Kepler, 887–888
　　19 Dante, 91–92
　　22 Rabelais, 29, 69–70
　　26 Gilbert, 107–116, 117–121
　　28 Bacon, 165–166, 185
　　29 Milton, 166–167, 224
　　32 Newton, 126–127, 329–333, 419

7f. **The comets and meteors**

　　7 Aristotle, 447–448, 449–452
　　13 Plutarch, 358–359
　　19 Dante, 108
　　29 Milton, 164
　　30 Pascal, 358
　　32 Newton, 333–368
　　34 Swift, 102
　　38 Gibbon, 68–69
　　51 Tolstoy, 340–341

8. **The influence of the heavenly bodies upon terrestrial phenomena**

　　6 Plato, 518, 586–589
　　7 Aristotle, 445
　　9 Hippocrates, 18–24 passim, 26–28
　　17 Aquinas, 104–105, 113–114, 463–464, 531–532, 564–565, 588–592
　　18 Aquinas, 943–944
　　19 Dante, 100, 102, 106
　　19 Chaucer, 310–311, 314
　　22 Rabelais, 72
　　25 Shakespeare, 109
　　29 Milton, 148, 166–167, 234, 288–290
　　34 Swift, 98

8a. **The influence of the heavenly bodies on living matter: generation and corruption**

　　7 Aristotle, 377–378, 437–439
　　8 Aristotle, 278–279, 319–320
　　17 Aquinas, 365–368, 434–435, 485–486, 488–489, 538–539, 588–589, 590–591, 600–601
　　18 Aquinas, 939–941, 993–994
　　19 Dante, 99
　　26 Gilbert, 105
　　26 Harvey, 416, 427, 428–429
　　28 Bacon, 141, 162
　　29 Milton, 233–236, 249

8b. **The influence of the heavenly bodies on the tides**

　　5 Herodotus, 53–54
　　17 Aquinas, 543–544, 566–567
　　18 Aquinas, 392–393
　　19 Chaucer, 442
　　26 Gilbert, 47, 113
　　28 Bacon, 164–165, 178
　　28 Descartes, 279
　　32 Newton, 126, 296–299, 324–328
　　56 Whitehead, 172

9. **The influence of the stars and planets upon the character and actions of men**

　　Old Testament: *Isaiah*, 47:13
　　5 Herodotus, 65, 223
　　5 Thucydides, 552
　　11 Plotinus, 382–383, 384–385, 483–492
　　13 Plutarch, 20
　　14 Tacitus, 9, 79, 91, 195, 295
　　16 Augustine, 25–26, 59–61, 216, 249–255, 728–730
　　17 Aquinas, 364–365, 463–464, 589–590, 592–593, 660–662

5. Astronomy and Cosmology

19 Dante, 9, 65
19 Chaucer, 302–303, 326–327, 328, 385
22 Rabelais, 66–67, 136–137, 176
23 Montaigne, 254–255, 287–288
24 Shakespeare, 570
25 Shakespeare, 30–31, 240, 249
26 Gilbert, 73
28 Bacon, 14, 54–55
29 Milton, 35–36, 106
30 Pascal, 203–204
45 Goethe, 67
58 Frazer, 24–25

10. The worship of the earth, sun, moon, and stars

Old Testament: *Deuteronomy*, 4:19, 17:13 / *Jeremiah*, 8:1–2, 10:2

4 Aristophanes, 706–707, 754
5 Herodotus, 31, 226
6 Plato, 204–205, 797–798
7 Aristotle, 604–605
11 Lucretius, 22–23, 64
13 Plutarch, 220–221
15 Kepler, 1080–1085
17 Aquinas, 49
19 Chaucer, 300–303
33 Berkeley, 431
37 Gibbon, 59–60, 81, 93, 346–347
38 Gibbon, 226, 227
43 Hegel, 251–252, 265–266
45 Goethe, 105, 106, 109–110

11. Astronomy as the study of the universe as a whole: cosmology

6 Plato, 447–452, 455
7 Aristotle, 359–405, 445–447
10 Archimedes, 520
11 Lucretius, 13–15, 28–29
11 Plotinus, 337–342
15 Copernicus, 516–529
15 Kepler, 853–857, 882–886
23 Montaigne, 254–255
29 Milton, 133–134, 144, 146–147, 222–223, 280–281
30 Pascal, 181–184
32 Newton, 285–286
33 Locke, 320
51 Tolstoy, 695

11a. The special methods of cosmology

56 Eddington, 256–257, 260–261, 277–278, 280–281

11b. Cosmological theories concerning the origins and evolution of the universe

56 Eddington, 254–256, 259, 269–276, 281–283

11c. The size, extent, and expansion of the universe: the receding galaxies; the universe as finite or infinite

56 Einstein, 225–228, 234–235
56 Eddington, 253–295 passim esp 253–284
56 Heisenberg, 426

11d. The principal components of the universe: galaxies and nebulas

56 Eddington, 253–256, 277

12. The relation of astronomy to the other liberal arts and sciences: the place of astronomy in the educational curriculum

6 Plato, 254, 391–398, 728–730
21 Hobbes, 72
22 Rabelais, 82
23 Montaigne, 122–123, 298–300
28 Bacon, 120
56 Whitehead, 158–159

13. The history of astronomy

5 Herodotus, 49–50
6 Plato, 586–589
7 Aristotle, 370–371, 449–450, 451–452, 603–605
13 Plutarch, 55, 358–359, 435
15 Ptolemy, 223–232 passim, 272
15 Kepler, 861–863, 888–891, 907–910, 929–933 passim
16 Augustine, 34–36
23 Montaigne, 298
26 Gilbert, 107, 117, 118–119
28 Bacon, 24, 124
29 Milton, 233–235
30 Pascal, 165, 368–369
38 Gibbon, 226, 299
39 Kant, 8, 175
43 Hegel, 230
51 Tolstoy, 563, 694–696
56 Whitehead, 158–159

交叉索引

以下是与其他章的交叉索引：
Related disciplines, *see* MATHEMATICS; MECHANICS; PHYSICS.
Mathematical physics, *see* MATHEMATICS 5b; MECHANICS 3; PHYSICS 1b, 3; SCIENCE 5c.
The logic of hypotheses and their verification in scientific method, *see* HYPOTHESIS 4b–4d; PHYSICS 4b; PRINCIPLE 3c(2); SCIENCE 5e.
The general consideration of scientific method, *see* LOGIC 5b; REASONING 6c; SCIENCE 5–5e.
The mathematical forms used in astronomy, *see* QUANTITY 3b(1)–3b(2), 3e(2).
Celestial and terrestrial mechanics, *see* MECHANICS 4a, 5f–5f(2), 6c.
The theory of gravitation and the problem of action-at-a-distance, *see* MECHANICS 6a–6b, 6d(1)–6d(3); SPACE 2c.
Matter and soul or intellect in relation to the heavenly bodies, *see* ANGEL 2a; MATTER 1b; SOUL 1a; WORLD 6a.
The measurement of time, *see* QUANTITY 5b; TIME 4.
The interpretation of celestial phenomena in divination and augury, *see* LANGUAGE 10; PROPHECY 3b; SIGN AND SYMBOL 5b.
Criticisms of astrology, *see* RELIGION 6a.
The cosmological and theological implications of astronomy, *see* ANGEL 2a; CHANGE 13–14; ETERNITY 2; INFINITY 3d–3e; SPACE 3a; TIME 2b; WORLD 4a, 4e, 5, 7.
Cosmological theories concerning the origin of the universe, *see* WORLD 4f.

扩展书目

下面列出的文著没有包括在本套伟大著作丛书中，但它们与本章的大观念及主题相关。书目分成两组：

Ⅰ．伟大著作丛书中收入了其部分著作的作者。作者大致按年代顺序排列。

Ⅱ．未收入伟大著作丛书的作者。我们先把作者划归为古代、近代等，在一个时代范围内再按西文字母顺序排序。

在《论题集》第二卷后面，附有扩展阅读总目，在那里可以查到这里所列著作的作者全名、完整书名、出版日期等全部信息。

I.

Ptolemy. *Tetrabiblos*
Thomas Aquinas. *On the Trinity of Boethius*, Q 5
——. *Summa Contra Gentiles*, BK III, CH 84–87
Dante. *The Convivio (The Banquet)*, SECOND TREATISE, CH 3–4
Chaucer. *A Treatise on the Astrolabe*
Copernicus. *Commentariolus*
——. *Letter Against Werner*
Kepler. *De Motibus Stellae Martis*
——. *Harmonices Mundi*, BK I–IV
——. *The Secret of the Universe*
Hobbes. *Concerning Body*, PART IV, CH 26
Galileo. *Dialogues Concerning the Two Chief World Systems*
——. *The Sidereal Messenger*
Descartes. *The Principles of Philosophy*, PART III
Voltaire. "Astrology," "Astronomy," in *A Philosophical Dictionary*
Smith, A. *The History of Astronomy*
Kant. *Cosmogony*
Poincaré. *New Methods of Celestial Mechanics*
——. *Science and Method*, BK III, CH 3; BK IV
——. *The Value of Science*, PART II, CH 6

Russell. *Human Knowledge, Its Scope and Limits*, PART I, CH 2
Eddington. *The Internal Constitution of the Stars*
——. *Stars and Atoms*
Brecht. *The Life of Galileo*

II.

THE ANCIENT WORLD (TO 500 A.D.)

Aristarchus. *On the Sizes and Distances of the Sun and Moon*
Epicurus. *Letter to Herodotus*
——. *Letter to Pythocles*

THE MIDDLE AGES TO THE RENAISSANCE (TO 1500)

Bacon, R. *Opus Majus*, PART IV
Ibn Ezra. *The Beginning of Wisdom*
Maimonides. *The Guide of the Perplexed*, PART II, CH 8–12, 24

THE MODERN WORLD (1500 AND LATER)

Arrhenius. *The Destinies of the Stars*
Calder. *Einstein's Universe*
Chaisson. *Universe: An Evolutionary Approach to Astronomy*

5. Astronomy and Cosmology

Chamberlin, T. *The Origin of the Earth*
Chang. *Introduction to Quantum Field Theory*
Cohen, N. *Gravity's Lens: Views of the New Cosmology*
Comte. *The Positive Philosophy,* BK II
Dingle. *Modern Astrophysics*
Duhem. *Le système du monde*
Ferris. *The Red Limit: The Search for the Edge of the Universe*
Fontenelle. *Conversations on the Plurality of Worlds*
Gamow. *The Birth and Death of the Sun*
Gauss. *Inaugural Lecture on Astronomy*
Harrison, E. R. *Cosmology, the Science of the Universe*
Hawking. *A Brief History of Time*
Herschel. *Familiar Lectures on Scientific Subjects,* II
Hubble. *The Realm of the Nebulae*
Humboldt, A. *Cosmos*
Jaki. *God and the Cosmologists*
Jeans. *Astronomy and Cosmogony*
——. *Problems of Cosmogony and Stellar Dynamics*
Laplace. *Celestial Mechanics*
——. *The System of the World*
Shapley. *Starlight*
Tolman. *Relativity, Thermodynamics, and Cosmology*
Toulmin. *The Return to Cosmology*
Weedman. *Quasar Astronomy*
Weinberg. *The First Three Minutes*
Whewell. *Astronomy and General Physics Considered with Reference to Natural Theology*

6

美　Beauty

总　论

在西方思想传统中，真、善、美一直被作为一组概念放在一起讨论。

它们被称为"先验的"概念，因为任何存在都可以用某种方式被归为真的或假的、善的或恶的、美的或丑的。而这三个概念又分属于专门的存在领域和主题，真对应思想和逻辑，善对应行为和道德，美对应享乐和审美。

它们被称为"三个基本价值"，因为除了这三个标准，没有什么能被用来从根本上判断一切事物的价值。不过，也有人将快乐和效用等另一些概念作为这三个所谓基本价值的附加价值或重要变量，而且在某些情况下，它们甚至比真善美更为基本。比如，在斯宾诺莎和穆勒等人那里，快乐和效用被认为是美和善的根本标准；而经济学家凡勃伦认为，对于事物是否为美的判断存在着一种纯以金钱为标准的品味。

真、善、美这三个概念无论单独还是放在一起，长久以来一直处于绝对和相对、客观和主观、普遍和个别的争论的中心。在一些年代里，人们普遍认为真与假、善与恶、美与丑的区别基于事物自身的本质，而个人判断的正确度与准确性要根据是否符合事实来衡量。而到了另一些年代，相反的看法又占了统治地位。"人是万物的尺度"这句古话的一项含义就是专门针对真、善、美的。人们根据事物显示出的样子，看它能对自己产生什么影响来判断真、善、美。对这个人来说是善的事物可能在那个人眼里却是恶的。看上去丑的或者假的事物，可能对另一个人，甚至对处于不同情形下的同一个人，却是美的和真的。

不过，这三个概念并不总是面对同样的遭遇。斯宾诺莎认为善和美是主观的，而真不是。因为人"告诉自己，所有存在之物都为他而创"，斯宾诺莎认为，人认定"对他最有用的东西最为重要，而且，他认定能令自己获取最大利益的事物最有价值"。善与恶、美与丑的观念丝毫不遵从事物的本质。而斯宾诺莎又说："无知者根据他们从中所获得的影响来判断事物的本质：善的、恶的、健康的、堕落的或腐败的。举例来说，神经被呈现于眼前的对象所影响从而促发动作，如果这个动作是有益的，那么相应的，这个对象就会被认为是美丽的，而激发相反动作的东西则会被认为是丑陋的。"

一直以来，美一般被认为是主观的，是依赖于个人判断的。个人偏好不值得争论这句广为人知的格言，本是针对美的领域的，而非真和善的领域。"真理是可以争辩的，"休谟写道，"而口味则不能……没人会去推理他人的美，却会判断他人行为的正当与否。"即使真和善的判断被认为可能具有一定的绝对性和普遍性，或者至少可能通过辩论达成一致，而关于美的看法却在争论下依然各执一词。美完全属于个人品味，它无法给出任何供推理、辩论的基础，它无法提供协调不同意见的客观背景。

从古代的怀疑论者到我们今天，不同时代不同地域的人们写下他们对美的特质的考虑，这些繁多丰富的特质往往相互对立。蒙田这样谈论美："我们以自己的想象来设想美的形式,印度人认为皮肤黝黑、大嘴厚唇、鼻子宽扁是美。他们把大金环穿在鼻孔间的软骨上,一直垂到嘴巴……在秘鲁,耳朵越大越漂亮,秘鲁人还想尽办法人为扯长耳朵……在一些国家,人们悉心把牙齿染黑,并嘲笑白牙齿。而另一些地方的人们却把牙齿染红……意大利人认为丰满肥胖是美的,西班牙人则认为瘦削骨感是美的;而在法国人中,有些人认为白皮肤美,有些人认为黑皮肤美;有些人以纤柔为美,有些人以健壮为美……关于美的基准,柏拉图推崇球形,而伊壁鸠鲁学派却以锥体和立方体为美,他们无法接受神呈现为球形。"

和蒙田一样,达尔文也提供了大量人们如何看待美的实例,人们的看法如此多样且相互抵触,似乎关于美的判断并不存在客观的基础。而一旦关于美或丑达成了某种共识,怀疑论者和相对主义者往往会将之归因于某种盛行意见的力量,或风俗习惯标准的影响,但这些会根据部族、文化、时代、地域的不同而不同。

主观主义和相对主义发端于美的领域,然后开始扩展到关于善恶的判断,再延伸至关于真的表述,这一过程的顺序永远不会是相反的。在我们这个时代经常可以看到,当何为善何为真的问题像美一样被看成是个人品味或习惯看法时,就形成了彻底的主观主义或相对主义。

美是客观还是主观的这一问题当然可以和真、善的同类问题分开来提,不过,任何试图解决美的这一问题的努力都会不可避免地招来或主动发起对真、善相关问题的讨论。这三者的问题在多大程度上要放在一起考虑,取决于这三个概念在其各自的定义与分析中需要在多大程度上参照其他两个。

或许,根据狭义的定义概念,美是无法被定义的。不过,至今已有很多人尝试用定义般简练的句子去陈述什么是美。各种善的概念,以及相关的欲望与爱的概念往往被用在这些陈述之中。

比如,阿奎那主张:"美即是善,它们只是外表不同……善的观念平息欲望;而美的观念,通过看到美或认识到美,也平息欲望。"在阿奎那看来这就意味着:"美比善多出了与认知能力相关的联系;因而,善仅仅满足欲求,而美则是一种出于理解的愉悦。"

由于美与认知力的联系,阿奎那这样定义:美的事物是"那些看上去使人愉悦的事物"。接着,他又说:"感官因比例恰当的事物而愉悦,所以美是由恰当的比例构成……因为作为认知力量的感觉也是一种理智。"

与美的感知相关的快乐和愉悦属于认知范围,而不属于欲望或行为的范围。而且,认知,似乎与科学意义上的知不同,因为它与个别事物相关,而不是与普遍自然相关,它在直观或沉思中发生,并不去评判或推理。有一种专门针对善好的真理形式,也有一种专门针对美的真理形式。

要完全理解阿奎那对于美的看法,必须理解他关于善和真的理论。而艾理克·吉尔的话的意思一目了然,他对那些想让事物变美的人提出建议:"关心善和真吧,美会照顾好她自己。"

用快乐来定义美似乎会把这个问题引向个体,因为让一个人感到快乐的东西,包括沉思的快乐,并不一定会让另一个人也如此。而这里个体产生快乐的原因是某个对象。于是,随之就可能出现这些问题:是对象中的什么引起了独特的个人满足,构成了美的体验?同一个对象是否能轻易让另一个体感到不快,并随之做出丑的判断?这些相反的反应是否完全由个人感觉导致？

面对这一困难，阿奎那详细说明了美的客观要素，他称它们为"条件"。"美包括三个条件——"他写道，"完整或完满，因为有缺损的东西必是丑的；适当的比例或和谐；最后，鲜明或清晰，因为美的事物的色彩总是明丽的。"撇开个体的反应，事物可以根据它们包含这些特性的情况来区分，是这些特性令观赏者感到快乐或不快。

而这并不意味着个体反应总是与所见事物的客观特性相一致。人可以根据他们具备良好理解力和健全评判力的情况来区分，正如对象以它们具备美的要素的情况来区分一样。在关于美是客观还是主观的争论中，还有另一种处于两种极端主张之间的看法，持这种看法者一方面认为美内在于对象，同时也并不否认个体感觉的差异。

在《一个青年艺术家的画像》中，乔伊斯笔下的斯蒂芬试图捍卫阿奎那美是理解的快乐的定义。斯蒂芬指出，阿奎那"运用观见（visa）这个词……来概括对各种事物的感官理解，不论是通过视觉还是听觉或者其他理解途径。这个词虽然含糊，但足以和引起欲望的善以及引起讨厌的恶区分开。"真不是美，斯蒂芬接着说："但真的事物与美的事物是类似的。当理智因可知事物的完美关系而满足时它看到了真，当想象因可见事物的完美关系而满足时它看到了美。"斯蒂芬进而阐释了阿奎那用来定义客观美的三个特性：完整（integritas）是被理解对象的统一，比例（proportio）是各个关联部分的和谐，清晰（claritas）是对象本质用来揭示自己的光辉。

而在威廉·詹姆士对美学原理的讨论中，他表达了这样的看法："我们会断然发生这样的情况，当某些印象出现于我们的理智前，其中一个印象要么会召唤要么会抵制其他印象作为它的同伴。"他拿出了这样一个例子："三度和音和五度和音听上去好听。"这个审美判断当然依靠个体感觉，不过，詹姆士接着说："传统的音程理论能在某种程度上对此做出解释。"但他又指出："用这种方式来解释所有审美判断是荒谬的；因为大家都知道，几乎没有多少自然经验符合我们审美上的需求。"审美判断"表达出思考对象的内在和谐与不和"，詹姆士认为从这个意义上来说，美的事物有一定的客观性；而好的品味就是因应当令人愉快的事物而愉快的能力。

康德关于美的理论采用了另一种观念，必须放在他的知识论背景下并参考他对善、快乐、欲望等概念的分析来理解。类似于阿奎那，康德这样定义：我们称一个对象是美的，如果它能以这样一种特殊的方式满足欣赏者——不仅仅取悦他的感官或满足他的欲望，而必须令手段和目的符合人的兴趣和意图。在康德那里，美的事物"直接让人愉快……没有任何利害关系"。经过沉思的快乐"可以说是唯一没有利害关系的、自由的快乐；因为既没有感官上的利益也没有理性上的利益来强迫我们赞许。"

在康德那里，审美经验也是特殊的——审美判断"表现为普遍的，即对每个人都有效"，同时，它"无法用任何普遍性的概念来认识"。换句话说，"所有的关于趣味的判断都是单称判断"，它们并不针对一类对象，因而在此意义上来说，它们不包含概念。然而，它们具有某种普遍性，并不仅仅是个人判断的表达。"当我们说某个对象美时，"康德写道，"我们相信自己说出了普遍的想法，以为获得了所有人的赞同，尽管没有任何个人感觉是起决定作用的，除了欣赏者自己和他的喜好。"

6. 美

康德主张审美判断具有主观的而不是客观的普遍性，并坚持美的事物是一种必要满足的对象，他似乎持一种中间立场，承认审美判断的主观性，但又不否认美是对象的一种内在特性。康德引用休谟的话来说明美的主观特征："虽然批评家比厨师更会推理，但他们依然面对同样的遭遇。"然而，审美判断的普遍特征又使其避免彻底的主观化，康德做出了一定的努力来反驳这样一种观念：在关系到美的事物时人们可以用"每个人有自己的口味"这句老话来回避争论。

审美判断需要普遍赞同，即使它所基于的普遍律令无法被明确地表述出来。当然，这一事实无法排除某一对象没能从多数人那里赢得一致意见的情况。因为，并不是所有人都有好的品味，有好品味的，不一定好到同样的水准。

前文选择性地阐述了美的各种定义和审美训练问题的联系。在关于教育目的的传统讨论中，存在着那么一个问题：如何培养好的品味——即鉴别美与丑的能力。

如果美是完全主观的、完全属于个人感受的内容，那么，除了根据时代和地域的风俗习惯所形成的标准，似乎没有标准能衡量个人品味。如果美仅仅是客观的，就如同那些单纯的可感品质那样可以直接观察到，那么，似乎就不需要用特殊训练来磨炼我们对美的理解力。

因此，审美教育问题的关键就显得必须基于这样一个关于美的理论，这一理论不持极端的主观论或客观论，能让教育家致力于发展个体感受力以符合客观的品味标准。

前文的内容也为自然美和艺术美的问题提供了一个背景。就如同在**艺术**那章中所指出的那样，近代对艺术的思考越来越局限于美术理论。对美的思渐渐变为对诗歌、音乐、绘画、雕塑的名作分析。于是，"审美的"一词的意义也变得日益狭窄，在当今，这个词专门指对美术作品的欣赏，而以往这个词则指任何关于美的事物的体验，包括自然之物和人类的作品。

那么，就产生了这样的问题——自然美或对自然美的感知，是否含有与艺术美相同的要素和原因？让一朵花或一片鲜花盛开的原野看起来美的要素是否和一幅美的静物画或风景画一样？

大部分传统理论似乎持肯定回答。《诗学》中在讨论美的事物时，亚里士多德对自然和艺术，明确地给出了相同的标准。"要显得美，"他写道，"无论是活物还是由各部分组成的整体，不仅其各个部分的排列要有恰当的秩序，而且要有一定的体积。"他的艺术模仿自然的观点又指出了艺术美和自然美的进一步关联。而统一、比例和明晰可能是所有美的显现中共有的要素，虽然这些元素以不同的方式包含于存在模式不同的事物之中，比如自然之物和艺术作品。

关于自然美和艺术美，康德倾向于相反的看法。他指出："如果同时没有兴趣产生，头脑就不会去思考自然美。"撇开任何可能相关的效用问题，康德断言自然美中被激发起的"兴趣"是"与道德类似的"，这部分地是出于"自然……在她美丽的产物中以艺术品的方式展现自己，不仅仅是出于偶然，而仿佛是有意地遵循符合规律的安排那样"。

在康德那里，既然自然之物和艺术作品对于目的或兴趣有不同的关系，那么这两种美当然是不同的。它们对于无目的的快乐的感受性是不同的。还有，在康德看来，和他的前辈们一样，自然提供了艺术所遵循的模式和原型，他甚至说艺术是对自然的"模仿"。

在牵涉到美和崇高的区分时，对自然和艺术问题的康德式的探讨进入了另一个维度。康德认为我们寻找崇高必须"既不在艺术作品中也不在自然事物中，因为在它们本身的概念中带着一个明确的目的，比如在一种被公认的自然秩序中的动物，而要去粗糙的自然中寻找，因为它仅仅具有体积。"和朗吉努斯及埃德蒙·柏克不同，康德根据人的力量的限度来刻画崇高。美的事物"存在于限度中"，而崇高的事物"直接具有，或者说是被它的存在激起了，无限的表现"，它"在形式上与我们的判断力所产生的结果相抵触，无法适合于我们的表达能力，令我们的想象力羞愧"。

在自然的壮美面前人们显得渺小，由此意识到自己的软弱，但在那个时刻，人同时也因为意识到他有能力欣赏比自己伟大得多的事物而得到提升。这双重的情绪就是人的崇高体验的特征。不像美所带来的愉悦，崇高的体验既不是无利害的又不是脱离道德气氛的。

真往往和知觉与思考有关，而善则与欲望和行为有关。而这两者都与爱相关，并以不同的方式与快乐和痛苦有关。所有这些概念都出现在对美的传统讨论中，有时被用来定义美，有时出现于对审美体验的相关能力的论述中。

这里有个基本问题，美是否是爱或欲望的对象。根据对欲望和爱的不同定义，答案的内容当然也会不同。

欲望有时被认为就是纯粹想获得占有好的东西；相反，爱，并不在于个人所有的增加，而是带着完全的慷慨仅仅希望所爱有福。在这种情况下，对于一个被爱的好的事物和一个作为欲望对象的好的事物，美似乎与前者的联系更为密切。

此外，和欲望相比，爱与知识更为类似。沉思的举动有时被理解为是通过知识和爱与对象的结合。在这种情况下，美再一次和爱联系在了一起，至少在把美根本上看作是沉思对象的理论中是这样。在柏拉图、普罗提诺那里，对爱和美的思考密不可分地融合在一起，而在神学家那里更是在另一个层面上体现了这点。

柏拉图认为，能让人们最迅速地进入理念世界的是"美的特权"。《斐德罗篇》中的神话说到对美的沉思让灵魂"长出翅膀"。在目的上是完全智性的这种体验，被柏拉图形容为是与爱一样的。

美的欣赏者"感到吃惊，当他看到具有神一般相貌、展现出神性美的人时，先是一阵战栗袭来，曾经的敬畏又占领了他，接着他把爱人的容颜看作是神的容颜，他崇敬他的所爱，如果他并不害怕被看成一个彻底的疯子，他会祭奉他的爱人如同祭奉神像"。当灵魂沐浴"在美的波流中时，束缚被解除了，她重新精神焕发，不再痛苦"。灵魂此时因美而迷狂，柏拉图继续说，"人们将这种状态称为爱"。柏拉图在《斐德罗篇》中对爱的阐述被托马斯·曼大段引用于《魂断威尼斯》中。

与柏拉图美的智性化观点针锋相对的是把美与官能快感及性吸引力联系起来的观念。比如，达尔文在讨论美的感觉时，他的注意力几乎完全限于发挥"异性吸引力"的色彩和声音。同样地，弗洛伊德虽然承认"心理分析对于美能说出的东西比其他大多数事物要少"，但他又提出："它的根源在于性感的领域……这看起来是无疑的。"

这些看法也许并不能把美从爱的领域中剔除，但正如**爱**那章所澄清的那样，爱有多种含义、多种类型。把具有性吸引力的美的事物作为对象的爱，几乎类似于欲望，有时还带着性欲，这种美必然涉及动物冲动和肉体快感。达尔文写道:"对于美的事物的品味,至少在涉及女性美时,并不是人类精神的特有性质。"

另一方面,达尔文又肯定人拥有独一无二的审美能力,能欣赏不涉及爱和性的美。他认为,和其他动物不同,人"能够欣赏这些东西——夜晚的天空,美丽的风景和优雅的音乐等。但这些高尚的品味是通过教化获得的,并依靠综合联想;野蛮人和没受过教育的人是无法欣赏这些的。"然而,弗洛伊德认为,对这些美的欣赏从根本上来说其动机依然是出于性的,无论在结果上多么地高尚。"对于美的爱,"他说,"是一个表明一种具有内在目的的感觉的有力例证。'美'和'吸引力'首先是性对象的特征。"

美与欲望和爱的关系的问题又和另一个基本论题相关——美与感觉和理智的关系,或美与感知领域和思想领域的关系。这两个讨论自然而然地变得类似。

这里主要的问题关系到在纯粹可知对象的秩序中美的存在,及其和物质对象的可感之美的关系。

纯粹可知的美可以在数学中被发现。"一个数学理论的美很大一部分在于它的严肃性,"哈迪说,"如同画家和诗人那样,数学家的理论模型必须是美的,概念就如同色彩和语词,必须和谐地整合在一起……丑的数学在这个世界上没有永恒的位置。"

普罗提诺坚持各种美来自"形式"或"理性",认为"具体形态的美"以及"灵魂的美"的根源是"永恒的智性"。这"可知的美"处于欲望的范围之外,因为感觉无法触及。只有爱的钦慕才与之匹配。

自然的和人工的、可感的和可知的,甚至或许还可以说,物质的和精神的,这些对不同类型的美的区分划出了讨论的疆界,不过,并非所有讨论美的作者都会涉及它所有的表现形式。

许多著作只是在其他主题中间接地提出了美的理论:在道德论述中会讨论关于一个高尚的人或一种道德品质的精神上的美;在哲学家或科学家的宇宙论中,非可感的可知之美即宇宙的秩序从世界的结构里被发现;数学著作有的直接阐明,有的则在概念的必要联系中展现出形式美的意识;伟大的诗篇细腻地描绘出一道风景的美、一张脸的美,一个行为的美;最重要的是,那些神学家的著述从不试图去多说上帝无限之美那难以言表的壮丽,这种美融合了真与善,一切完全被统一于绝对完满的神性存在中。但丁写道,"神圣的仁爱把一切妒恨从它周围/踢开,在自身内部熊熊燃烧,/火花四射,展露出永恒的美丽"。

另一些著作讨论了各种美,却并没有给出明确的分类,而是根据存在的等级或爱和知识的等级,列出了美的各种等级。

在柏拉图的《会饮篇》中,爱的阶梯是由美的低等形式向高等形式的攀升。第俄提玛对苏格拉底说:"一个人如果跟随教导学习爱的奥秘,学习依次逐步欣赏美,当他的修行快圆满时就会突然感知一种奇妙无比的美的本质……这种美是绝对的,独立的,纯粹的,永恒的,不减不增,也不会改变,一切美的事物以它为源泉,但具体事物中的美是有生有灭的。他从那些具体事物的美开始,在真正的爱情的影响下循阶上行,当他感知那美时,那么就离终点不远了。"

攀升的顺序,据第俄提玛说,开始于"世间个别的美的事物,再逐渐提升到最高境界的美",从一个美好的形式到"全体的形体,再从美的形体到美的实践,从美的实践到美的观念,直到从各种美的观念"我们到了"绝对的美的观念,最终了解到美的本质。我亲爱的苏格拉底",她总结道,"对绝对的美的沉思,这才是真正值得过的生活"。

在普罗提诺那里,美的等级根据从物质中解放的程度来划分。"越接近物质……美越衰弱。"一件事物之所以丑只是因为"它不由理性和形式所支配,物质没有完全被观念所充满。"如果一件事物完全缺乏理性和形式,那么它将是"彻底丑的"。不过,一切存在的事物都在某种程度上占有形式和理性,分有灿烂的神所放射出的美,美的等级,就如同存在的等级,根据离开那个最终本源的距离来划分。

虽然并没有像普罗提诺那样提出美的等级系统,但在神学家阿奎那那里的终极概念也具有相似的面貌,比如上帝的美和有限性最小的事物的美。在他对美的事物的定义中(id quod visum placet——那些看上去使人愉悦的事物),看(visum)这个词意味着一种超自然的知识,这种知识被赐予那些受到祝福的灵魂,通过这受祝福的视力,神被直观地准确感知,与爱结合的知识是让灵魂与上帝结合的法则。

可以得出这么一个推论。在生活中,在自然的秩序下,无论是针对自然还是艺术品,针对可感事物还是理念,每一个美的体验都引起了一些东西,比如一个看的动作,一个沉思的瞬间,一个享受无关欲望及行为的快乐的片刻,这是清楚无疑的,无需明晰的分析和实证的推理。

分 类 主 题

1. 美的基本理论
    1a. 美的事物与善的事物:美作为一种适当性或秩序
    1b. 美与真:美的事物作为一个沉思和爱慕的对象
    1c. 美的要素:统一、比例、清晰
    1d. 美和崇高的区别
2. 自然美和艺术美
3. 美与欲望、美与爱的关系:作为对象或原因
4. 美和丑与快乐和痛苦以及善和恶的关系
5. 美的判断:审美判断及趣味判断中的客观性和主观性;基于财富和荣誉的时尚风格判断
6. 美的事物在教育中的作用
7. 可知之美
    7a. 神的美
    7b. 宇宙的美
    7c. 理念范围的美
    7d. 道德秩序的美

[俞哲 译]

索引

本索引相继列出本系列的卷号〔黑体〕、作者、该卷的页码。所引圣经依据詹姆士御制版，先后列出卷、章、行。缩略语 esp 提醒读者所涉参考材料中有一处或多处与本论题关系特别紧密；passim 表示所涉文著与本论题是断续而非全部相关。若所涉文著整体与本论题相关，页码就包括整体文著。关于如何使用《论题集》的一般指南请参见导论。

1. **The general theory of the beautiful**

   6 Plato, 126, 167, 242–243, 266–267, 370–373, 654–662
   7 Aristotle, 602
   11 Aurelius, 250
   11 Plotinus, 311, 322–327, 591, 595
   16 Augustine, 14, 30, 31–32, 106–107
   17 Aquinas, 25–26
   18 Aquinas, 608–609
   39 Kant, 461–549
   49 Darwin, 95
   53 James, William, 886–888
   54 Freud, 775–779
   57 Veblen, 63–64

1a. **The beautiful and the good: beauty as a kind of fitness or order**

   6 Plato, 162–163, 333–334, 474–475, 594, 637–638
   7 Aristotle, 165, 329–330, 502, 533, 602, 609–610
   8 Aristotle, 530
   11 Aurelius, 242
   11 Plotinus, 545–546, 649
   13 Plutarch, 47
   15 Kepler, 868
   16 Augustine, 14, 30, 31–32, 687
   17 Aquinas, 486–487, 737
   18 Aquinas, 8–9
   39 Kant, 476–482, 540–542, 544–545, 550, 557–558
   43 Hegel, 281–284
   43 Kierkegaard, 436, 449–453
   54 Freud, 779
   55 James, William, 30–31
   59 Mann, 495–496
   59 Joyce, 619–621

1b. **Beauty and truth: the beautiful as an object of contemplation or adoration**

   6 Plato, 124–129, 370–373, 660–661
   11 Plotinus, 310–311, 550–558, 653
   16 Augustine, 63
   17 Aquinas, 737–738
   18 Aquinas, 1040–1041
   25 Shakespeare, 588, 594
   27 Cervantes, 218
   33 Hume, 452–453

   39 Kant, 476–479 esp 479, 484–485, 496, 501–502, 521–523
   43 Hegel, 368
   53 James, William, 865–866, 886–888
   54 Freud, 880
   59 Joyce, 632–633
   60 Woolf, 14, 88–89

1c. **The elements of beauty: unity, proportion, clarity**

   6 Plato, 342, 448, 474–475, 561
   7 Aristotle, 329–330, 610
   8 Aristotle, 352, 369–370 passim, 482, 512, 685
   10 Nicomachus, 602, 608, 614–615, 627–628
   11 Plotinus, 322–323, 649, 671
   15 Kepler, 1079
   16 Augustine, 30
   17 Aquinas, 210–213, 486–487
   18 Aquinas, 22–23, 608–609
   28 Descartes, 268
   30 Pascal, 176
   39 Kant, 471–473, 485–491, 493–495
   43 Hegel, 194
   53 James, William, 186, 755
   56 Hardy, 368
   57 Veblen, 64
   58 Weber, 221–223
   58 Huizinga, 358
   59 Joyce, 635–636

1d. **The distinction between the beautiful and the sublime**

   39 Kant, 473, 480–482, 488–489, 495–539 esp 495–496, 499, 501–512

2. **Beauty in nature and in art**

   6 Plato, 320–334, 447–448, 561
   7 Aristotle, 329–330
   8 Aristotle, 168–169, 545, 685
   11 Aurelius, 245
   11 Plotinus, 550–552
   17 Aquinas, 210–213, 486–487
   18 Aquinas, 8–9
   19 Chaucer, 368
   23 Montaigne, 271–272
   30 Pascal, 176
   39 Kant, 473, 488–489, 521–524, 525–528, 544–546, 557–558

43 Hegel, 268-269, 279-284
45 Balzac, 179, 181
48 Melville, 171-172
48 Twain, 319-320
49 Darwin, 94-95, 235
57 Veblen, 63-64
58 Huizinga, 300
59 Proust, 303-305
59 Cather, 438
59 Mann, 484

3. **Beauty in relation to desire and love, as object or cause**

   Old Testament: *Genesis,* 3:6; 6:1-2; 12:11-20; 29:15-31; 39:6-20 / *II Samuel,* 11; 13:1-19
   Apocrypha: *Judith,* 12:16-20; 16:7-9 / *Susanna*
   3 Homer, 32-33, 167-171
   4 Aristophanes, 876-877, 881-885
   5 Herodotus, 2-3, 196-197
   6 Plato, 1-2, 120, 126-129, 159-160, 161-167, 735-736, 738
   11 Lucretius, 56-57
   11 Plotinus, 407-408, 545-546, 555-556
   12 Virgil, 97-98, 136-137
   16 Augustine, 28-29, 92-102, 106-107
   17 Aquinas, 25-26, 737
   18 Aquinas, 608-609
   19 Dante, 6-7, 83-86, 125
   19 Chaucer, 194, 368-371
   23 Montaigne, 351-352, 439-441, 474-476, 556-557
   24 Shakespeare, 271, 287-288, 292, 294
   25 Shakespeare, 320-321, 589, 589-590, 606
   27 Cervantes, 448
   29 Milton, 48-52, 243-244, 361
   31 Molière, 20, 84
   35 Rousseau, 345-346
   39 Kant, 476-483
   43 Hegel, 231
   45 Goethe, 85-87, 123-125
   49 Darwin, 95, 301, 366, 481-482, 571-576 passim
   51 Tolstoy, 4, 113-115, 316-317, 659, 660
   52 Dostoevsky, 56-57
   58 Huizinga, 259, 289
   59 Proust, 283-288

4. **Beauty and ugliness in relation to pleasure and pain or good and evil**

   6 Plato, 266-267, 630-631, 654-656
   7 Aristotle, 200
   8 Aristotle, 364, 545, 603
   11 Aurelius, 245
   11 Plotinus, 322-326 passim, 545-546
   17 Aquinas, 486-487, 764-765
   21 Hobbes, 62
   27 Cervantes, 218
   28 Spinoza, 605
   39 Kant, 471-473, 502-503, 537-539
   45 Goethe, 115-117, 152

46 Austen, 17, 67-68
46 Eliot, George, 307-308, 389-390
49 Darwin, 301-302, 577
53 James, William, 157, 755-757
54 Freud, 643, 775
55 Whitehead, 227
57 Veblen, 74-75
58 Huizinga, 259
59 Proust, 303-305
59 Cather, 417-418
59 Mann, 494-496

5. **Judgments of beauty: the objective and subjective in aesthetic judgments or judgments of taste; judgments of style or fashion based on wealth or honor**

   6 Plato, 142-148, 593-595, 660-662, 675-676, 720
   11 Epictetus, 165-167
   11 Aurelius, 245
   11 Plotinus, 323-324, 595
   16 Augustine, 301, 316-317
   18 Aquinas, 608-609, 1040-1041
   19 Dante, 58-59
   22 Rabelais, 273-274
   23 Montaigne, 271-272
   28 Spinoza, 605-606
   34 Voltaire, 237-240
   34 Diderot, 289-294
   39 Kant, 476-495, 513-516, 524-525, 540-546
   41 Boswell, 202
   43 Hegel, 194, 279-284, 297
   45 Balzac, 206, 343
   46 Eliot, George, 300-301
   49 Darwin, 95, 301-302, 571-577
   51 Tolstoy, 318-320
   57 Veblen, 31-32, 53-70, 73-75
   58 Weber, 116
   58 Huizinga, 265-266, 349-350, 351-354, 357-381
   59 Shaw, 38
   59 Proust, 286-288, 297-298, 303-305, 316-320
   59 Joyce, 630-634, 636-637

6. **The role of the beautiful in education**

   6 Plato, 261, 320-334, 653-663, 720
   8 Aristotle, 542-543, 544-548
   11 Epictetus, 228-229
   11 Plotinus, 310-311, 558-559
   37 Gibbon, 24
   38 Gibbon, 300
   39 Kant, 513-514, 521-523, 548-549
   43 Hegel, 368
   53 James, William, 288, 757
   55 Whitehead, 229

7. **Intelligible beauty**

7a. **The beauty of God**

   Old Testament: *Psalms,* 27:4 / *Isaiah,* 28:5
   6 Plato, 167

6. Beauty

7 Aristotle, 602–603, 624
11 Plotinus, 325–327, 652–656
16 Augustine, 2, 19, 33, 92–102, 114
17 Aquinas, 210–213, 628–629
19 Dante, 128–133
28 Descartes, 314–315
29 Milton, 143–144
58 Huizinga, 358

7b. The beauty of the universe

Old Testament: *Psalms,* 8; 19:1–6; 104
Apocrypha: *Wisdom of Solomon,* 13:1–9 / *Ecclesiasticus,* 43
6 Plato, 447–448
7 Aristotle, 605–606
8 Aristotle, 168–169
11 Aurelius, 245, 262
11 Plotinus, 380–381, 388, 392–394, 555–556, 557–558
15 Kepler, 853–887 passim, 1023–1085
16 Augustine, 61–64, 259, 376, 384–385, 386–388, 398–399, 685–688, 705
17 Aquinas, 116–117, 343–345, 375–377
18 Aquinas, 1016–1025
19 Dante, 126–127
26 Gilbert, 104–105
26 Harvey, 491–492
28 Spinoza, 603–606
29 Milton, 229
32 Newton, 369–370
33 Berkeley, 442, 443–444

39 Kant, 187–188
52 Dostoevsky, 160–161

7c. Beauty in the order of ideas

Apocrypha: *Wisdom of Solomon,* 7:24–29; 8:1–2
6 Plato, 113, 126, 370–373, 383–388
7 Aristotle, 609–610
11 Plotinus, 550–558, 558–559, 649, 652–654
19 Dante, 108
30 Pascal, 176
39 Kant, 553

7d. Beauty in the moral order

6 Plato, 164–167, 320–334, 357–358, 513, 535, 637–638
8 Aristotle, 351–352, 368–370, 479, 511–512
11 Epictetus, 165–167, 228–229
11 Plotinus, 322–327 passim, 558–559
16 Augustine, 199–200, 528–529
17 Aquinas, 499–500, 737–738
18 Aquinas, 307–309, 608–609
19 Dante, 108, 128
23 Montaigne, 136
24 Shakespeare, 420–421
25 Shakespeare, 2, 48, 594, 596–597, 600–601
29 Milton, 42–44
39 Kant, 508, 546–548
43 Hegel, 281–282, 292–293, 294–295
51 Tolstoy, 543–544
53 James, William, 755, 757

交叉索引

以下是与其他章的交叉索引：

The relation of beauty to goodness and truth, *see* GOOD AND EVIL 1C; TRUTH 1C.
The relation of grades of beauty to degrees of perfection in being, *see* BEING 3a.
Unity, order, and proportion as elements of beauty, *see* RELATION 5C.
Beauty as an object of love or desire, *see* DESIRE 2b; LOVE 1d.
The theory of the aesthetic judgment or the judgment of taste, *see* SENSE 6.
The controversy over the objectivity and universality of such judgments, *see* CUSTOM 9a; RELATION 6C; UNIVERSAL AND PARTICULAR 7C.
The problem of cultivating good taste and critical judgment in the field of the fine arts, *see* ART 7b; EDUCATION 4; POETRY 8a–8b.
The comparison of beauty in nature to beauty in art, *see* ART 2a–3; NATURE 2a, 5d; PLEASURE AND PAIN 4c(1).
The kind of knowledge involved in the apprehension of beauty, *see* KNOWLEDGE 6a(2), 6c(1).
Sensible or intelligible beauty, *see* SENSE 6; the intelligible beauty of God and of the universe, *see* GOD 4h; WORLD 6d.

扩展书目

下面列出的文著没有包括在本套伟大著作丛书中,但它们与本章的大观念及主题相关。

书目分成两组:

Ⅰ. 伟大著作丛书中收入了其部分著作的作者。作者大致按年代顺序排列。

Ⅱ. 未收入伟大著作丛书的作者。我们先把作者划归为古代、近代等,在一个时代范围内再按西文字母顺序排序。

在《论题集》第二卷后面,附有扩展阅读总目,在那里可以查到这里所列著作的作者全名、完整书名、出版日期等全部信息。

I.

Hobbes. *Concerning Body*, PART II, CH 10
Bacon, F. "Of Beauty," "Of Deformity," in *Essayes*
Berkeley. *Alciphron*, III
Voltaire. "Beautiful," "Taste," in *A Philosophical Dictionary*
Smith, A. *The Theory of Moral Sentiments*, PART IV
Hegel. *The Philosophy of Fine Art*
Kierkegaard. *Either/Or*, PART II
Darwin, C. R. *The Different Forms of Flowers on Plants of the Same Species*
Poincaré. *Science and Method*, BK I, CH 3
Whitehead. *Process and Reality*, PART III, CH 2(2), 3(3,5), 5(7,8)

II.

THE ANCIENT WORLD (TO 500 A.D.)

Longinus. *On the Sublime*

THE MODERN WORLD (1500 AND LATER)

Adler, M. J. *Six Great Ideas*, CH 14-17
Birkhoff. *Aesthetic Measure*
Bosanquet. *Three Lectures on Aesthetic*, I, III
Burke. *A Philosophical Enquiry into the Origin of Our Ideas of the Sublime and Beautiful*, PART I-IV
Carritt. *The Theory of Beauty*
Chalmers. *On the Power, Wisdom, and Goodness of God*
Collingwood. *The Principles of Art*
Croce. *Aesthetic as Science of Expression*
Danto. *The Philosophical Disenfranchisement of Art*
Emerson. "Beauty," in *The Conduct of Life*
———. "Love," in *Essays*, I
Feibleman. *Ontology*
Gill. *Beauty Looks After Herself*
Hazlitt. *On Taste*
Humboldt, A. *Cosmos*
Hutcheson. *An Inquiry into the Original of Our Ideas of Beauty and Virtue*
Langer. *Reflections on Art*
Leeuw. *Sacred and Profane Beauty: The Holy in Art*
Leibniz. *Monadology*, par 1-9
Lipps. *Ästhetik*
Lotze. *Microcosmos*, BK VIII, CH 3
Maquet. *The Aesthetic Experience*
Mauron. *Aesthetics and Psychology*
Pater. *The Renaissance*
Reid, T. *Essays on the Intellectual Powers of Man*, VIII
Ruskin. *Sesame and Lilies*
Santayana. *Reason in Art*, CH 10
———. *The Sense of Beauty*, PART I-IV
Schiller. *Letters upon the Esthetic Education of Man*
Schopenhauer. *The World as Will and Idea*, VOL III, SUP, CH 33
Shaftesbury. *Characteristics of Men, Manners, Opinions, Times*
Shelley, P. B. "Hymn to Intellectual Beauty"
Stendhal. *Love*
Stewart. *Philosophical Essays*, PART II
Wilde. *The Picture of Dorian Gray*

7

存 在 Being

总 论

"存在/是"(is)与"不存在/不是"[(is) not]或许是人们最常用的两个词了。哪句话都少不了它们,至少是隐含着它们。此外,它们有着比其他任何词语更广泛的意义。

它们的多重含义看起来非常特殊,因为任何从存在(being)的一种意义上来讲不存在(not to be)的东西,总是能够在这个词的另一种意义上被说成存在(to be)的。小孩和老练的说谎者就知道这个。通过玩弄存在(being)的多种意义,或者用"是"和"不(是)"耍花招,他们圆滑地从事实溜向虚构、从想象跑到真实,或者把真理变成谎言。

那些与对"存在/是"(is)之意义的思考一道产生的问题是明显而又常见的,尽管如此,对存在的研究却是一项技术性很高、只有哲学家才充分开展过的探索。为何哲学家们无法避免这项任务呢?贝克莱给出了一个理由:"要建立一个由合理和真实的知识构成的牢固体系,看来最为重要的是把起点放在对事物(thing)、实在(reality)、实存(existence)的意义的清晰解释那里;因为只要我们还没有敲定这些词语的意义,我们就会因事物是否真实实存作徒劳的争论,或者假装拥有了跟这个问题相关的什么知识。"

在整个学术领域里,哲学不同于其他学科(历史、科学以及数学)之处就在于它对存在问题的关注。惟独哲学要追问实存的本质、存在的模式和性质、存在与变易(becoming)、现象(显现)与实在、可能性与现实性、存在与非存在之间的区别。诚然并非所有的哲学家都在追问这些问题,也并非所有提出这些问题的人都以同样的方式进入问题或表述问题,但解答这些问题的努力却是一项为哲学所特有的任务。这种努力常常会得出精妙的东西,但也使哲学家最深切地触及所有人的常识和思辨好奇心。

作为哲学中的一个专门概念,存在(being)被称为思想语汇中最丰富的、也最空洞的一个术语。这两种评价证明了同一个事实,即:它是最高的抽象,最普遍的谓词,以及最具扩散性的讨论话题。

当威廉·詹姆士说出下面的话的时候,他就处在那个从早期希腊开始的长长的哲学家队列当中:"在'实存'(existence)一词的严格与终极的意义上,任何能被想到的事物都一定会作为某种对象而实存,无论是神话中的对象、个别思想家的对象,还是太空里的对象或者一般知性的对象。"甚至那些并不真正实存的事物也有其存在,可以说它们是思考的对象——曾经实存的记忆中的事物,可能存在的构想中的事物,至少在思考它们的心灵中存在的想象中的事物。这就导致了一个古人津津乐道的悖谬:甚至"虚无"(nothing)也是某种事物,甚至非存在(nonbeing)也具有存在,因为在我们能说"非存在不存在"之前,我们必须能够说"非存在存在"。"虚无"至少是一个思考对象。

二十世纪实存主义(旧译"存在主义"——译者)的中心是对虚无的关注。海德格尔写道:"虚无既不是一个客体,也不是任何毕竟'存在'的事物。虚无既非经由其自身而发生，亦非作为某种'外在于'什么－存在(what-is)的附属物而发生。虚无使得什么－存在本身的揭示对我们人类的实存来说成为可能的。"按照海德格尔的说法，实存论上的畏(angst)或怕(dread)"揭示了虚无……但不是将之揭示为某种'存在'的东西；倒是虚无"唯有在怕之中才得到原初显明。"海德格尔进一步引用黑格尔的话："纯粹的存在与纯粹的虚无……是同一的"，并且接着说，如果对存在的关注在形而上学中笼罩了一切，那么，"虚无问题"也就遍及"整个形而上学领域"。在这个实存主义思想的世纪里，看到 T. S. 艾略特的《荒原》活动在虚无的国度里，就并不奇怪了。

除"存在"之外的一切词语都指向对事物的分类。其他任何名称的使用，都在把世界划分为事物，把某种事物命名为区别于其他一切事物的东西。例如，"椅子"就把世界划分为椅子与其他所有对象；但是，"存在"却把某种东西，或者说把一切都与虚无区分开来，而且正如我们所看到的那样，它甚至适用于虚无。

阿奎那写道："其他所有的名称都不如存在这个名称具有普遍性，或者——如果有些名称与存在同义——至少在观念中给它添加了一些东西；它们因而是以某种方式描述和界定存在。"因此，那些词语所表达的概念只有一种有限的普遍性。它们适用于所有属于某个种类的事物，但并不适用于所有事物，即一切种类或类型的事物。除了一些与"存在"不可分离地联系在一起的术语之外（或者如阿奎那所言的与之同义的术语），只有存在对于所有种类的事物是同样的。如果去掉所有其他专属于某个事物的特性，它的存在依然——即它在某种意义上存在这样一个事实。

假如我们从任一类型的特殊事物开始，根据它与其他事物的共有特征而将之归类，一步步地与越来越多的事物归为一类，最终我们就将达到存在。根据这种抽象方法（黑格尔在《逻辑学》中就采用了它），恰恰因为"存在"是最共同的，所以它是所有术语中最空洞的。它几乎不指称任何可以想到的东西。由此看来，倘若我们对于某物所知的是它存在——即它具有存在，那么，我们对这个事物的了解就是最低限度的。为了理解一种确定的本性，我们必须知道某物是一个物质的还是精神的存在，是真实的还是想象中的存在，是一个生物还是一个人。从其他一切事物中抽象出来的"存在"只具有排除"非存在"的肯定性意义。

还有一种与此相反的思路，按照这个思路，存在这一术语具有最大而非最小的含义。既然一个事物无论是什么东西都是一个存在，那么，它的存在就处在它的本质的中心，是它所有其他性质的基底。存在接纳所有类型的规定，仅仅在这个意义上它才是不确定的。无论我们在何处想到存在，它都被理解成一种已确定了的存在模式。用这种方式去构想存在，我们没有取消各种差异性或规定性，相反地倒是囊括了一切，因为一切都是存在的差异性或规定性。

例如，阿奎那就设想，"存在径直被当作是包含了存在的全部完善性的"；在犹太－基督教传统中，无限定的"存在"被视为与上帝最相称的名字。当摩西询问上帝之名时，他得到的回答是："我是我所是(I AM THAT I AM)……你要对以色列的子嗣这样说：我是(I AM)把我派到你们这里来。"[《旧约·出埃及记·3－14》，圣经和合本译为"神对摩西说，我是自有永有的。……你要对以色列人这样说，那自有的打发我到你们这里来。"——译注]在这个意义上使用的'存在'变成了最丰富的术语,一个意义最广的词语。

关于存在的两种思考方式都牵涉到"存在"的各种不同意义之间的关系问题,也都跟存在是一还是多的问题相关。这个问题由埃利亚学派首次提出,在柏拉图的《巴门尼德篇》中得到了详尽的探索,并且重现于普罗提诺、斯宾诺莎以及黑格尔的思想中。

这两个问题是相互联系的。如果一切存在的事物仅仅是作为存在整体的一部分而实存,或者,如果存在的统一性要求一切事物都在存在方面相同,那么,无论事物间有什么样的差别都不会增加存在的意义。斯宾诺莎就认为,"除了上帝以外,不可能存在任何实体,从而也不能构想任何其他实体",尽管他谈的是实体而不是存在。由此推出,"一切存在,皆存在于上帝中,若没有上帝,就没有任何东西能够存在或者能够被设想。"

鉴于"不可能有两个或两个以上的实体具有同样的本性或属性",并且上帝被定义为"由无限多属性构成的实体,其中每一属性都表达了永恒和无限的本质",因而以斯宾诺莎的观点,对任何其他实体的思考都是荒谬的。他说:"如果在上帝之外存在任何实体,它也不得不通过上帝的某种属性来解释,这样就会存在具有同样属性的两个实体,"这是不可能的。

斯宾诺莎对于实体、属性、样态或特性(affection)的定义,加上他那条公理——"任何存在者,要么存在于自身中,要么存在于他者中",使他能把在这个世界上遇见的一切多样性与差异性都当作某个存在的诸方面囊括进来。一切非实体的、自在地实存于自身中的东西,都作为某种无限的属性或者某种有限的样态而实存于那个唯一的实体中。斯宾诺莎写道:"rem extensam(广延)和 rem cogitantem(思维),要么是上帝的属性,要么是上帝属性的特性。"

相反,如果没有单一的存在整体而只有多数的存在者,它们同为存在却彼此不同地存在着,那么,我们的存在概念就必须包括一个意义系统,一条有着众多分支的主干。例如笛卡尔,他区分了无限存在(它的本质包含了它的实存)和有限存在者(它们不是必然地和自在地实存着,而必须以他物为原因)。无限存在,即上帝,导致了其他有限的实体,但并没有将它们包含于自身之中;而在有限的事物中,笛卡尔说,"当两个实体能够彼此独立地实存时,就可以说它们是不同的。"

除了上帝这个"我们理解为无上完善的实体"之外,笛卡尔定义了两种有限实体。"那种思想直接寓居于其中的实体,我称之为心灵;另一种实体是空间里的广延的直接主体,也是以广延为前提的诸偶性(accidents)——例如空间中的形状、位置、运动等——的直接主体,称为物体(Body)。"所有这些实体乃至它们的偶性都具有存在,但并不是相同种类或相同程度的存在。根据笛卡尔的看法,"有不同程度的实在,或者说实有(entity),即作为实有而存在所需要的那种性质。因为实体比偶性或样态具有更多的真实性;而无限实体比有限实体具有更多的真实性。"前者的存在是独立的,而后者的存在是有所依赖的。

斯宾诺莎与笛卡尔之间的争议点——实体是一还是多——仅仅是存在的统一性和多样性问题的一种表现方式。又如柏拉图和亚里士多德也都断定有多种多样的单个实存,尽管他们在这个意义上都是多元论者,存在对于柏拉图来说似乎只有一种意义,而对亚里士多德来说却有多种意义。

根据柏拉图对存在与生成的区分，只有不变的本质即永恒的理念才是存在，它们虽然数量众多，却属于一个领域，具有同样类型的存在。对亚里士多德而言，不仅可朽的实体确实与不朽的实体一样实存，感性的和可变的事物与非物质的、永恒的东西也一样实存，而且实体所拥有的存在与偶性所拥有的不同，本质的存在不同于偶性的存在，潜在的存在不同于现实的存在，而且存在不同于被构想，即是说，在实在中实存不同于在思想中实存。

亚里士多德再三强调："一样事物可以在多个意义上被说成存在……一些事物因为是实体而被说成存在，另一些因为是实体的特性而被说成存在，还有一些东西被说成存在，则因为它们处于趋向实体的过程中，或者是实体的消解或缺失，或者是实体的性质，或者是制造或者产生实体的能力，或者属于与实体相关的事物，或者是对上述事物之一的否定，或者是对实体本身的否定。正是因为这个原因，"他继续写道，"即使对于非存在，我们也说它是非存在"；在另一处他补充道，"除了所有这些之外，还有潜在地或现实地'存在'的东西。"

按照亚里士多德的说法，存在的所有这些意义都"指向一个出发点"，即实体，或者说那在自身中自在存在的东西。他写道："那本原地存在（即不在某个限定意义上存在）的东西，必定是实体。"但他又说，"本原地'存在'的东西就是指明一件事物之实体的'什么'"，这个时候，他似乎是在互换的意义上使用"实体"和"本质"这两个词。这一点反过来又似乎与下述事实相关，即尽管亚里士多德区分了现实的存在与潜在的存在，区分了必然或不朽的存在与偶然或可朽的存在，他却更像柏拉图而不像阿奎那、笛卡尔或斯宾诺莎，他并不考虑一个存在者的本质与实存是同一的还是分离的。

或许可以认为，这种区分已包含在亚里士多德的理论中了，因为一个偶然存在可能不实存，而一个必然存在则不可能并不实存。因此，偶然存在就是其本质可以从其实存中分离出来的存在，而必然存在却恰恰因为它的本质与实存是同一的所以必须存在。但对本质与实存之间真正区别的明确认识，似乎当归诸后来的神学家和哲学家们，他们构想了一种无限的存在，亚里士多德却没有这么做。

一种存在的无限性不仅在于它具有一切完善性，更根本地是在于它不需要从自身之外为它自身的实存找原因。阿奎那说："那种其存在不同于其本质的事物，必定是从其他东西那里取得了它的存在……那种拥有存在、却并不是存在的东西，是一种通过分有（participation）得来的存在。"亚里士多德把实体当作存在的本原类型和存在所有其他含义的"出发点"，阿奎那则将上帝的无限存在——这一无限存在应当是上帝的本质——当作一切有限的、分有而得来的存在的来源，其中有实存与本质的结合，或者说"它们由之而存在东西与它们之所是的东西"的结合。

既然"存在自身是一个事物所由之存在的东西"，那么存在就首先属于上帝，并根据派生或分有的模式属于其他事物。上帝和造物都能被称为"存在"，但阿奎那指出，这绝不是在完全等同的意义上，也不是在截然不同的意义上来讲的。在上帝的无定性的（unqualified）存在与所有其他事物的受缚于各种定性（qualification）或限制的存在之间，有一种类似，即多样之统一或者类比。

对存在的统一性、存在的种类及不同种类的排序这些基本问题的解答，影响着所有其他关于存在的追问。如果这些问题用一种方式——比如支持统一性——解答了,那么某些问题甚至不会被提出来,因为后者只有以另一种解答方式——认为存在是多样的——为基础才是真正的问题。因此,在**同与异**和**记号与符号**两章中,有关同一性、多样性和类比的讨论都关系到这个问题:事物如何在存在中同时既相像又不相像。

对存在的探问始于希腊人,尤以柏拉图和亚里士多德为著。他们认识到,即使所有其他问题都得到回答,这一问题依然会存在。谈论某件事物存在或不存在意味着什么?在我们理解了某个东西是一个人、是活的、或是一个身体对于它意味着什么之后,我们还必须思考,这个东西仅仅是以随便哪种方式存在,还是在一种意义上存在而在另一种意义上不存在,这对它究竟意味着什么。

关于存在的讨论,讨论存在本身,把存在放在与统一性和真理、静止和运动的关系中来讨论,这贯穿于柏拉图的多篇对话之中,在《智者篇》与《巴门尼德篇》中更处于中心。同样的术语和问题出现在亚里士多德的科学著述中,存在是这类著述的独特题材,有时亚里士多德称之为"第一哲学",有时称之为"神学"。他宣称,"思考作为存在的存在(既思考存在是什么,也思考那些作为存在从属于它的性质)是这门科学的事情"。

正如**形而上学**一章中指出的那样,这种关于存在的探讨被称为"形而上学"在历史上是偶然的。根据传说,"形而上学"是古代编订者给亚里士多德的一组探讨这个问题的著作所起的名称。因为它们出现在那些关于物理学的书之后,他们猜测亚里士多德本来打算在他那些关于变化和位置的论文之后再讨论存在,所以称之为"形而上学"(物理学之后)。

倘若要发明一个词来描述关于存在的科学,那就应该是"存在学"而非"形而上学"甚或"神学"。但"形而上学"仍然作为传统上被接受的名称而保留下来,指称超越于物理学乃至全部自然科学之上的那种探讨或那门科学,它直接追问事物的实存和它们的存在模式。普朗克就确认了这一点,他承认"在人类经验表明其为真实的一切事物背后,还有一个形而上学的实在",接着他还解释说,"形而上学的实在并非在空间上位于经验所给出的那些东西背后,而是完全在这些东西内部。"

在**形而上学**和**神学**等相关章节中讨论过的形而上学与神学的传统关联,似乎起源于下述事实,即:亚里士多德关于存在的论文从对感性的、易变的实体的思考通向非物质存在的实存问题,通向对一种纯粹现实的、绝对不变的神性存在的构想。

亚里士多德说,在一门打算论述"那最本原地存在的、所有其他的存在范畴都以之为参照的东西,也就是实体"的科学中,"我们必须首先勾勒出实体的本性"。因此,他从他称之为"被普遍意识到的实体"开始,"这些是感性的实体"。他把关于"数学的理念与对象"的批判性讨论放到后面进行,"因为有人认为这些是那些感性实体之外的实体";他还把整个探讨引向那个终极问题:"除了感性实体还有没有其他实体存在。"他在《形而上学》第十二卷中对这个问题所尝试的解答就构成该书的神学部分。

十七世纪的形而上学家们,如笛卡尔、斯宾诺莎和莱布尼茨,也涉入了由希腊哲学家所开创、由中世纪神学家们所发展了的存在分析中的诸多重大论点(如果不是全部的话),尽管他们的讨论次序各不相同。后来的哲学家们主要关注人类知识的来源与有效性，他们是通过分析我们关于实体与能力（power）的理念——而不是直接分析实体或本质、实存或能力本身——进入传统形而上学问题中的。

贝克莱用警句般的形式道出了这种对古老的存在问题的转换。在思考"实存这一术语的意义"时，他从对于感性事物的经验出发提出："它们的 esse（存在）即是 percipi（被感知），离开了感知它们的心灵或者思维之物，它们不可能拥有任何实存。"尽管洛克没有把感知与存在当作一回事，但他也作出了同样的变换，其根据是："要达到人的心灵容易进入的若干令人满意的探讨，第一步就是对我们自己的知性作一番考察，检验一下我们自己的能力，看看它们适应于何种事物。"

一旦存在问题首先是着眼于心灵而被看待的，那么哲学家的问题就主要成了这样一些问题：我们的定义与唯实论的和唯名论的本质之间的关系问题，我们知识或者实存的条件问题，实在的和观念的东西与可感知的事实情况之间的同一性问题，以及各种观念之间的可理解的关系问题。

对康德来说，基本的区分就是感性的与超感性的存在领域之间的区分，或者说现象界与本体界之间的区别。从另一个角度来看，康德考虑的是，在人类经验和自然事物——或经验事物，对他来说两者是一回事——的存在之外，还有自在之物的存在。后者是无条件的，前者是有条件的，受制于那个能够形成或构成经验的认知心灵。

"纯粹理性的唯一目标，"康德写道，"就是条件方面的综合的绝对总体性……为的是要预先设定条件的整个序列，并且因而将它们交给先天的知性。"得到了这些"条件"之后，我们可以通过它们向上攀升，"直至我们达到无条件者，即原理。"按康德的看法，纯粹理性的这些理念正是形而上学要处理的。形而上学的课题不是*存在*，而在于"三大理念：上帝、自由与灵魂不死，而且其目标是要表明，第二个概念如果与第一个概念相结合，就必定导向作为一个必然结论的第三个概念。"

黑格尔却没有经由知识批判而进入存在问题或者实在问题。对黑格尔来说，如同他之前的普罗提诺，形而上学的核心就在于理解："除了理念"或者绝对者，"没有什么是现实的"，"重要的是，在短暂而即时之物的显现中，把握到内在的实体和在场的永恒之物"。普罗提诺称之为绝对者，不是理念而是那万能的唯一者，不过他还试图表明：唯一者就是一切事物的原理、光和生命，正如黑格尔把一切都还原为绝对理念之根本实在的表现。

尽管术语方面发生了所有此类变化，尽管在哲学原则和结论方面有极端的差异，而且不论对于作为一门科学的形而上学的可能性采取何种态度，任何超越了物理学或自然哲学的人要面临的核心问题，都不外乎是关于存在或者实存的问题。这个问题不一定被明确地提出来，但总会以暗含的方式呈现出来。

举例说来，关于上帝、自由意志或者灵魂不死的问题，首先就是一个关于这样一些东西是否实存以及如何实存的问题。它们是否具有实在性，或者只是心灵的虚构？类似地，关于无限者、绝对者或者无条件者的问题，就是关于第一实在（primary reality）的问题——没有第一实在的实存，其他任何东西都不可能存在或者被设想，因此第一实在就具有一种不同的实存，不同于那些依靠它而存在的事物。在这里，首要问题又成了这样一种实在是否实存的问题。

7. 存 在

上述情况足以说明,为什么这里的讨论不能顾及到与存在理论相关的所有论题。要使眼下这篇引论(所引用著作的出处将集中列在后面)充分展开此处所概述的论题,它的篇幅就得扩张成许多其他引论加起来的规模——所有这些实际上都是那些处理形而上学概念或问题的章节所要展开的。

当然,可以想见,关于上帝实存、灵魂不朽和自由意志的特殊问题,将会在**上帝**、**不朽**和**意志**等章中得到论述。而可能让人想不到的是,诸如**原因**、**永恒**、**形式**、**观念**、**无限**、**物质**、**一与多**、**关系**、**同与异**、**普遍与特殊**等,所有这些以及其他在文后交叉索引中出现的章节,都包含了我们如果要尽收所有相关思考就不得不在此加以讨论的论题。

经济上和理智上的原因提示我们采取相反的办法。把这篇引论的范围限定于存在理论中少数原则性的论点,我们也就能够通过本章与其他各章的关系来展示大观念之间的交互关联。因此,存在的各种模式(诸如本质与实存,实体与偶性、潜在性与现实性、实在之物与理想之物)以及存在的基本相关概念(诸如统一性、善、真理之类),这些都将留到其他各章中作更充分的论述。但有两个论题在此值得进一步关注,一是存在与生成的区分,二是存在与知识的关系。

变化或运动的事实——生成和消逝的事实——对于感官来说是如此明显,以至于这个事实从来没有被否定过,至少作为一种经验现象没有被否定过。但是,它曾经被视为非理性的和不真实的,是一种肇始于感官的幻象。例如,古希腊医生盖伦诘难智者,因为他们"同意面包在转变为血液时经历了视觉、味觉和触觉方面的变化",却否认"这种变化是在实在中发生的"。盖伦说,智者们辩称这是"我们感官的花招和幻象……它们时而以这种、时而以那种方式接受影响,而同时,根本性的实体却未经受任何此类变化。"

为人所熟知的芝诺悖论是要证明运动之不可思议和自相矛盾的归谬法论证。根据芝诺的老师、爱利亚学派巴门尼德的学说,通向真理之路在于这样一种洞见:凡是存在的,过去和未来都永远存在,没有任何东西从非存在变为存在,或者从存在变为非存在。

巴门尼德的学说激起了许多批评。他的反对者们仍然试图维护变化的实在性,而不强求它与存在的完满性相一致。比如,古希腊的原子论者认为,除非根据永久的存在——实即永恒的存在——否则变化是无法得到解释的。卢克莱修详细阐述了他们的观点,指出在任何变化中,

> 不变的某个东西必须要永存,
> 以免一切事物归于彻底的虚无。
> 如果任何东西都变化了,超出其界限,
> 那就等于原来存在的东西的死亡。

不变的"某个东西"被想成是原子,绝对不可分的、因而不灭的物质单位。变化不会触及原子的存在,而"只是打破它们的组合,/以别的方式将它们重新结合。"卢克莱修相信一切事物都会变化——这就是说,一切事物都是合成的,没有坚固的单一性的简单物体。

在与克拉底鲁(他赞同赫拉克利特关于普遍流变的理论)的一次对话中,苏格拉底问:"一个从来不处于同一状态中的事物,何以可能是一个实在的事物呢?"接着又问:何以"我们能合乎情理地说拥有某种知识,克拉底鲁,如果一切都处于变动不居的状态中,而且无物持留的话?"

在《理想国》中,苏格拉底使格劳孔

承认"存在是知识的领地或者论题,而知识就是知道存在的本性",这时候,他是要引导格劳孔看到存在、非存在和生成与知识、无知和意见的相互关联。"假如意见和知识是不同的才能,那么,知识与意见的领地就不可能同一……假如存在是知识的论题,那么,意见的论题就必定是另外一些东西了。"它不可能是非存在,因为"已经假定了无知与非存在有着必然的关联"。

"意见既不与存在相关又不与非存在相关",因为它显然在知识与无知之间起着中介作用,于是,苏格拉底就得出结论:"假如有什么事物看起来是一种同时既存在又不存在的东西,那么,这种事物似乎也就处于纯粹的存在与绝对的非存在之间",并且"与之相应的才能就既非知识亦非无知,而是两者之间的才能。"这个"中介之流"或者说生成区域,这个"多样和变动之物的领域",只能生产意见。存在,这个"绝对、永恒和不朽的(理念)王国,是人们"可以说必须认识"的唯一对象。

亚里士多德似乎会赞同柏拉图,认为变化"同等地具有存在和非存在的本性,而且其中无论哪个都不能十分恰当地命名它"。亚里士多德指出,他的前辈们,尤其爱利亚学派的哲学家们,认为变化是不可能的,因为他们相信"将要生成的事物必定要么是从存在的事物要么是从不存在的事物那里生成的,而这两种情况都是不可能的。"他们辩称,"存在的事物不可能生成(因为它已经存在了),而且从不存在的事物不能生成任何东西",所以变化是不可能的。亚里士多德在某个条件下承认这个论辩是对的,这个条件就是:"存在"和"非存在"这些术语是"毫无限定地"被看待的。但他的整个要点却在于,如果我们想要解释变化而不是把变化当作一件神秘事件,我们就不能也不该毫无限定地对待这些术语。

亚里士多德引入的限定基于两种存在模式之间的区分,即质料与形式,以及与此相关的潜在性与现实性。在二十世纪,海森堡采用了这种区分,在量子力学中使用了 potentia(潜能)概念。他告诉我们:"物理学家们已经逐步习惯不把电子轨道等对象思考为实在,而是把它们思考为一种'潜能'。"

对于亚里士多德而言,这个区分使得他能够维持如下说法:"一个事物可以从不存在的东西那里生成……在一个限定的意义上"。他通过青铜的例子来说明他的意思,在工艺师手上青铜可以从一个金属块生成为一尊塑像。他说:青铜"潜在地是一尊塑像",它成为一尊现实塑像的变化,就是潜在性与现实性之间的过程。在这个变化进行时,着眼于一个雕像存在,这块青铜既不完全是潜在的也不完全是现实的。

像柏拉图一样,亚里士多德也认识到,关于变化是有些"不确定之处"的。他解释说,"原因就在于,变化不能被简单地归类为一种潜在性或一种现实性——无论是一件仅仅可能具有一定大小的事物,还是一件现实地已经具有一定大小的事物,都没有经受变化。"变化是"一个现实性种类,但不完全……难以把捉,但并不是不能实存。"

如果实存就是成为完全现实的,那么,正在变化的事物与变化本身就并没有完全实存。它们只是在它们具有现实性这一范围内才实存。而潜在性,正如现实性一样,也是一种存在模式。潜在性——力或能——属于存在,这个观点好像也得到柏拉图《智者篇》中那位爱利亚的陌生人的确认。他说:"所有拥有某种会影响他物或受他物影响的力的事物,如果只是片刻的,无论其起因和结果多么微小,都具有实在的实存……我认为,存在的定义乃是简单的力。"

在西方思想传统中,这些关于存在和生成、永恒实存和与之相对立的可变实存的基本论题,一而再再而三地出现。它们又牵涉到可朽的实体与不朽的实体之间的区分(这又与那种把实体分为身体的和精神的区分有关),牵涉到上帝的本性,即作为仅仅是纯粹现实的存在或者是作为真正永恒的存在。在斯宾诺莎对 natura naturans(创造自然的自然、能动的自然)和 natura naturata(被自然创造的自然、被动的自然)的区分中,在他对上帝关于永恒观照下的事物的知识与人关于过程中的世界的时间性看法之间的区分中,都包含着这些基本论题。它们还跟黑格尔的绝对理念有关,后者既恒定不变,同时又在自然和历史不断变化的外观中步步推进地展现自身。在我们这个年代,这些论题把约翰·杜威、乔治·桑塔亚那以及阿尔弗雷德·诺斯·怀特海拉进论战,就像昔日它们曾经吸引过 F. H. 布拉德雷、威廉·詹姆士和亨利·柏格森一样。

正如我们已经指出的,柏拉图把现实划分为存在和生成两个领域的作法是与他对知识和意见的分析相关的。这一划分关系到知性和感性之间的区分,关系到我们对事情的判断中那些对立性质:确定性和可能性,或者必然性和偶然性。本质与实存、实体与偶性之间的区分,则把各个存在维面或存在模式划分开来,它们作为认知心灵的对象有着不同的作用。

例如,亚里士多德就认为:"不可能对偶性事物进行科学考察……因为偶性事物实际上只不过是一个名称。"他接着说:"还有,柏拉图把智者们列为讨论不存在之物的人,这一作法在某种意义上并无过错。因为我们或许可以说,智者们所争论的主要是偶性事物。"偶性事物"类似于非存在",亚里士多德认为,这一点或许可见于以下事实:"存在的事物在另一种意义上通过某个过程成为存在,又出离了存在,但作为偶性存在的事物却并非如此。"不过,尽管亚里士多德拒绝把偶性事物当作一个科学对象,他却没有像柏拉图或普罗提诺那样,把感性的、变化的事物的整个领域排除于科学知识的范围之外。对他来说,形而上学与物理学都涉及感性的实体,前者着眼于它们可变的存在,后者着眼于它们是可变的——它们的生成或变化。

另一方面,对普罗提诺而言,"真正的科学有一个知性的对象,并不包括任何对感性事物的观念。"科学不是指向"多变的事物,它们经受各种各样的变化,在空间上支裂分割,生成和不存在就是它们的名称",而倒是指向"没有被分割的、以同样的方式永远实存的永恒存在,它不生不灭,不占据空间、地点或位置,……而是不变地居于自身中。"

根据以洛克为代表的另一种观点,实体本身是不可知的,无论它是物体还是精神。我们用"实体"一词来命名"这样一些性质的根据,这些性质能够在我们心里产生简单的观念;这些性质通常被称作偶性"。感性的偶性事物就是我们真正要知道的一切东西,"我们把实体这个一般名称"赋予"我们发现实存着的这些性质的假定的、但却未知的根据。"某些感性的偶性就是洛克所谓的"第一性质"——即事物借以相互影响、也影响我们的感官的各种力或潜能。

而当我们的感官到达无法发现"物体的构造和差异所依赖的那些因素,即物体之微小部分的体积、纹理和形状"时,"我们就只好利用它们的第二性质,把它们当作表示特性的标识和记号,用以在我们的心灵中构造关于它们的观念。"可是,对洛克来说,诸种力——它们是性质或偶性,而不是实体——似乎是我们所能知道的终极实在。洛克写道:"第二位的感性性质无非就是力",是有形实体必定"通过我们的感官在我们身上产生若干观念的力,这些观念"不同于第一性质,"它们并不存在于事物自身之中,不同于任何因自身原因而存在的事物。"

霍布斯还举例说明了另一个观点。他说:"一个人在表象任何不从属于感觉的事物时,是不可能有任何思想的。"霍布斯并不反对把物体称为"实体",但他认为,当我们谈论"一个无形的物体或者一个无形的实体(两种说法是一回事)"时,我们是在胡扯;"因为这些东西全都向来不曾与感觉相随,或者说不可能与感觉相伴而生;它们不过是些无稽之谈,其信誉(这种信誉根本没什么意义)来自受迷惑的哲学家们,以及那些要么受迷惑要么迷惑别人的学究们"。

霍布斯列举了另外一些谬论,诸如"把物体的名称赋予偶性,或者把偶性的名称赋予物体的作法",那些说"广延是物体"的人就是例子。这种物体化谬误首先是由奥卡姆的威廉指出来的,对这种谬误的批评在当代语义学中曾反复出现,这种批评也出现在霍布斯的告诫里,他警告人们不要"通过给名称或言辞以物体之名"而从抽象概念或普遍性中制造出实体。

无论哪种知识理论,只要它关注的是我们如何认识与单纯现象相对立的实在,那么,它就是要思考实存的存在者能够以何种方式被认识——通过感知、直觉还是论证;就论证方面来说,知识理论试图规范地表述关于事实或实在的实存的有效推理的条件。但几乎还没有过这样的假设:实在涵盖了我们的思想或知识的全部对象。我们能设想种种没有在这个世界上实现的可能性。我们能想象并不在自然中实存的事物。

实在之物与纯粹概念性或观念性的存在相对;而实在之物的实在性的意义是从关于事物之物性的观念中派生出来的,是从关于心灵之外、而不只是心灵之中的存在的观念中派生出来的。在传统关于理念——或者普遍性、数学对象或关系——的实存的争论中,成问题的不是此类事物的存在,而是它们的实在性,他们在心灵之外的实存。比方说,如果理念是离开心灵(人和上帝的心灵)而实存的,它们就具有实在的而非观念性的实存。如果像数和形之类的数学对象只是作为心灵的虚构而具有实存性,那它们就是观念性的存在了。

詹姆士认为,对一个事物的实在性的判断涉及"一种 sui generis(自生的)意识状态",对于这个状态不太可能"用内在分析的方法"去了解。詹姆士下面这个提问方式点明了现代的实在性问题的焦点所在:"我们在何种情形下认为事物是实在的呢?"对此问题,詹姆士还给出了一个典型的现代式答案。

一开始,詹姆士说:"任何一直没有遇到反驳的对象都凭借这一事实本身而被相信和设定为绝对的实在。"他承认,"对大多数人而言……'与感觉有关的东西'……乃是那个绝对实在的世界的核心。"詹姆士写到:"其他事物可能对这个人或者那个人来说实在的——与科学有关的事物、抽象的道德关系、与基督教神学相关的事物,或者诸如此类的东西。但即使对特定的人而言,这些事物通常也是实在的,只不过其实在性稍逊于那些与感觉有关的事物。"而他的基本信念是:"我们自己的实在性,即我们每一刻都拥有的对自己生命的感觉,是我们的信仰的终极根基。'确定如我实存'——这是我们对所有其他事物的存在的最高保证了。就像笛卡尔用cogito(我思)的无可置疑的实在性来担保我思所包含的一切的实在性一样,我们所有人,由于无时无刻不在被迫感受着我们自身的当前实在性,首先就把一种差不多程度的实在性归因于我们以有关个人需要的感觉所把握到的任何事物,然后,我们又把它归因于任何持续地附属于上述事物的较疏远的事物。"

自身或自我乃是存在或实在的终极尺度。詹姆士写道:"与非实在相对的活生生实在所组成的世界,因而是扎根于自我中的……这是让其他东西悬挂于其上的钩子,是绝对的支撑。人们说过,在一只画出来的钩子上只能挂上一条画出来的链条,同样地,反过来说,只有一条实在的链条才能恰当地挂在一个实在的钩子上。凡是切身而持续地关联着我的生命的事物,我都不能怀疑它们的实在性。凡是建立不了此种关联的事物,对我来说,它们实际上就等于根本没有实存过。"詹姆士可能是第一个这么做的人:他会向所有批评他的人承认,他的立场的真理性和机智之处取决于对"实际、实用"(practically)这个词的注意,因为"由那些'实际的实在'所组成的世界"正是他声称要关注的。

最后,我们可以看到一个衡量哲学思想中存在之重要性的明显尺度。哲学史家们据以划分哲学学说的那些主要的主义,就表现为对于存在或存在模式的肯定或否定。它们是这样一些对立:实在论与观念论,唯物论与唯心论,一元论、二元论与多元论,乃至于无神论与有神论。当然,没有一个伟大哲学家可以如此简单地被纳入框框之中。但种种对立的主义确实指示着那些重大的思辨争端,而没有一个追求真理或者寻找终极的善恶准则的心灵能够避开此类争端。

分 类 主 题

1. 各种存在与非存在的概念:作为一个术语或概念的存在;存在/是与不存在/不是的含义;虚无
2. 存在与一和多
   2a. 无限存在与有限存在者的复多性
   2b. 存在的统一性
3. 存在与善
   3a. 存在的等级:实在性的分级,可理解性的程度
   3b. 存在作为爱与欲望的对象
4. 存在与真理
   4a. 存在作为心灵无所不在的对象,存在作为第一哲学、形而上学或辩证法的正式对象
   4b. 存在作为衡量心灵判断的真理性的尺度:清晰和区别作为一个观念的实在性标准
5. 存在与生成:变化的实在性;可变存在的本性
6. 实存的原因
7. 各种存在分别和存在模式
   7a. 本质与实存的区分:实存作为存在行为
   7b. 实体与属性、偶性或者变式的区别:独立的与不独立的存在

(1) 实体的概念

(2) 有形的实体与精神的实体,复杂的实体与简单的实体:与质料和形式相关的实体种类

(3) 可朽的实体与不朽的实体

(4) 广延与思想,作为非独立的实体或者作为无限实体的属性

(5) 经历变化的实体和经历不同种类变化的实体:偶性或变式的作用

(6) 偶性或变式的本性和种类

7c. 潜在性与现实性的区分:可能的存在与现实的存在

(1) 潜在性与现实性的秩序

(2) 潜能的类型与现实性的程度

(3) 与质料和形式相关的潜在性和现实性

7d. 实在存在与观念存在的区分,或者自然存在与心灵中的存在的区分

(1) 可能事物的存在

(2) 观念、普遍性、正义的存在

(3) 数学对象的存在

(4) 关系的存在

(5) 虚构与否定的存在

7e. 现象与实在的区分,感性事物与超感性事物的区分,现象秩序与本体秩序的区分

8. 存在与知识

8a. 与感觉相关的存在和生成:知觉与想象

8b. 与理智相关的存在和生成:抽象与直觉

8c. 本质或实体作为定义的对象:实在本质与名义本质

8d. 本质在证明中的作用:本质、特性和偶性在推理中的运用

8e. 与科学和定义相关的偶性事物

8f. 实存的判断与证明:这些判断和证明的来源和有效性

[赵千帆、曾静 译,孙周兴 校]

索引

本索引相继列出本系列的卷号〔黑体〕、作者、该卷的页码。所引圣经依据詹姆士御制版，先后列出卷、章、行。缩略语 esp 提醒读者所涉参考材料中有一处或多处与本论题关系特别紧密；passim 表示所涉文著与本论题是断续而非全部相关。若所涉文著整体与本论题相关，页码就包括整体文著。关于如何使用《论题集》的一般指南请参见导论。

1. **Diverse conceptions of being and nonbeing: being as a term or concept; the meanings of *is* and *is not*; nothingness**

   - **6** Plato, 370–373, 455–458, 486–511, 561–563, 567–569, 571–573 passim
   - **7** Aristotle, 25–26, 35, 176–177, 248, 284, 305, 413–416 passim, 501–511 passim, 522, 528, 537–538, 550–551, 552–553, 598–599
   - **11** Plotinus, 329–330, 415–417, 524–525, 548–549
   - **16** Augustine, 54–55
   - **17** Aquinas, 10–75 passim, 238–250, 285–286, 534–538, 618–619
   - **21** Hobbes, 269–270
   - **28** Descartes, 275–278, 315
   - **30** Pascal, 432
   - **33** Locke, 283
   - **33** Berkeley, 421, 422, 428, 430–431
   - **39** Kant, 107–108, 177–187, 603
   - **43** Hegel, 162–163, 245–248, 250–251, 341–342
   - **53** James, William, 636–661
   - **55** Whitehead, 209–217
   - **55** Heidegger, 300–310 esp 308–310
   - **55** Wittgenstein, 329–330, 397
   - **56** Eddington, 273
   - **56** Bohr, 351
   - **56** Heisenberg, 405
   - **60** Beckett, 563–565, 573, 579–580

2. **Being and the one and the many**

   - **6** Plato, 370–373, 392–394, 486–511, 544–547, 564–574, 610–617
   - **7** Aristotle, 259–262, 519–520, 564, 588, 621–622
   - **11** Aurelius, 242–243, 262–263, 265, 281, 293
   - **11** Plotinus, 383–384, 439–443, 444–445, 519–523, 527, 535–539, 581–594, 622–623
   - **17** Aquinas, 46–50, 169–170
   - **39** Kant, 43–44, 49–51, 99–101, 173–177, 193–200
   - **43** Hegel, 235–236

2a. **Infinite being and the plurality of finite beings**

   - **7** Aristotle, 504–505
   - **11** Aurelius, 252
   - **11** Plotinus, 428–429, 439–443, 517, 519–522, 535–536

   - **16** Augustine, 62–63
   - **17** Aquinas, 16, 31–38, 73–74, 238–250, 256–259, 528–545
   - **28** Descartes, 312–314, 347–348
   - **28** Spinoza, 589–606 esp 589, 590–596, 598–600
   - **30** Pascal, 195
   - **39** Kant, 130–133, 550–551, 564–565, 580
   - **55** James, William, 54–55
   - **55** Whitehead, 217–220
   - **55** Heidegger, 309–310
   - **56** Schrödinger, 503–504

2b. **The unity of a being**

   - **7** Aristotle, 169, 522, 536–537, 569–570, 578–580
   - **10** Nicomachus, 628
   - **11** Plotinus, 446–448, 631–635, 671–672
   - **17** Aquinas, 46–50 passim, 204–205, 385–399 passim, 530
   - **18** Aquinas, 710–711, 806–809, 816–818
   - **28** Descartes, 379–380, 439–440
   - **33** Locke, 154, 213–214, 218–228, 268–269
   - **33** Berkeley, 415
   - **39** Kant, 120–129
   - **53** James, William, 215–216

3. **Being and good**

   Old Testament: *Genesis,* 1
   - **6** Plato, 383–398, 447–448
   - **7** Aristotle, 200–201, 204, 506, 602–603, 605–606, 624–625
   - **8** Aristotle, 341
   - **11** Plotinus, 310–312, 329–336, 562, 620, 650–651
   - **16** Augustine, 41, 55–57, 386–387, 397–398
   - **17** Aquinas, 20–30, 124–125, 127–128, 149–150, 370–371, 618–619, 694–695
   - **18** Aquinas, 28–29
   - **28** Spinoza, 603–606
   - **39** Kant, 307

3a. **The hierarchy of being: grades of reality, degrees of intelligibility**

   - **6** Plato, 124–126, 383–398, 422–425, 447–455
   - **7** Aristotle, 359–360, 383–384, 413–416, 493–494, 505–506, 508–511, 577, 602–603, 661
   - **8** Aristotle, 168, 272

    11 Plotinus, 328, 329-336, 370, 386-388,
        439-443, 514, 537-539, 651-652
    16 Augustine, 383-384, 397-399, 706-707
    17 Aquinas, 14-15, 106-107, 116, 131-132,
        192-194, 238-239, 257-258, 269-270,
        272-273, 340-341, 365-367, 391-393,
        422-423, 493-494, 548-549, 555, 628
    18 Aquinas, 15-18, 107-108, 181
    19 Dante, 91, 92, 106
    28 Descartes, 310, 358
    28 Spinoza, 656-658
    29 Milton, 185-186
    33 Locke, 211, 271-272, 370-371
    39 Kant, 206-207, 556-558
    43 Hegel, 235-236, 246-248
    51 Tolstoy, 217
    53 James, William, 639-645
    55 Whitehead, 214-217

3b. Being as the object of love and desire

    6 Plato, 165-167, 376
    7 Aristotle, 268, 502-503
    11 Plotinus, 326
    16 Augustine, 705-706
    17 Aquinas, 23-28, 121-122, 615, 618-619,
        721-722, 738-739
    28 Bacon, 73
    28 Spinoza, 663-664
    43 Hegel, 245-247
    55 Heidegger, 308-309

4. Being and truth

    6 Plato, 71-74, 386-388, 534-536, 537,
        561-577, 634-635
    7 Aristotle, 511-512, 550, 577-578
    11 Plotinus, 528-529, 539-540
    16 Augustine, 19, 35, 61-63, 714-715
    17 Aquinas, 16-17, 83, 94-101, 103-104,
        422-423, 747-748
    28 Descartes, 275-278, 350-351, 452, 455
    28 Spinoza, 610-611, 619, 622-623
    33 Locke, 330
    39 Kant, 36-37, 91-93, 102-103
    43 Hegel, 98
    55 Heidegger, 307

4a. Being as the pervasive object of mind, and the formal object of the first philosophy, metaphysics, or dialectic

    6 Plato, 368-373, 383-398, 486-491, 507-509,
        535-536, 561-574
    7 Aristotle, 511, 512, 522-532, 547-551,
        589-592
    11 Plotinus, 310-312, 558-559
    17 Aquinas, 3-4, 24-25, 96-97, 420-421,
        434-435, 467-468, 628
    18 Aquinas, 221-223
    28 Bacon, 40-48
    28 Descartes, 277
    28 Spinoza, 624
    33 Locke, 132
    39 Kant, 1-4, 119, 603-607

    43 Hegel, 6-7, 118
    55 James, William, 48-50
    55 Bergson, 76-78, 82, 84-89
    55 Heidegger, 299-310 passim esp 307-310

4b. Being as the measure of truth in judgments of the mind: clarity and distinctness as criteria of the reality of an idea

    6 Plato, 85-89, 558, 575-577
    7 Aristotle, 8-9, 20, 259, 524-532, 577-578,
        589-592
    17 Aquinas, 16-17, 99-101, 125
    21 Hobbes, 56
    28 Descartes, 275-278, 301-315, 318-322,
        334-341, 350-351, 352-353, 358,
        463-464
    28 Spinoza, 622-623
    33 Locke, 120, 133-134, 154, 212, 243-248
        passim, 350-351, 357
    39 Kant, 36, 179-182, 603-604
    53 James, William, 141-142, 636, 638-641,
        879-882 esp 881
    55 James, William, 44-50

5. Being and becoming: the reality of change; the nature of mutable being

    6 Plato, 94, 99-104, 165-166, 231-232,
        322-323, 383-398, 442-477, 486-511,
        517-534, 561-574, 587, 610-617, 631-635,
        760-765
    7 Aristotle, 259-270, 278-280, 284-285, 402,
        413-416, 436-441, 501-511 passim, 514,
        518-519, 531-532, 534-535, 555-558, 572,
        574, 586, 590-592, 593-594, 596-606 esp
        598-599, 601-605
    8 Aristotle, 320
    9 Galen, 347-350
    10 Nicomachus, 599
    11 Lucretius, 3-5
    11 Aurelius, 252-253, 257, 260, 265-266,
        267, 279
    11 Plotinus, 338-339, 414-425, 574-577,
        577-581, 594-611
    16 Augustine, 28-30, 61-63, 114, 126-127,
        132-133, 157
    17 Aquinas, 12-14, 38-39, 44-45, 342-343
    18 Aquinas, 1020-1022
    19 Chaucer, 308-309
    28 Spinoza, 619
    33 Berkeley, 441
    39 Kant, 27-33, 74-76, 82-83, 95, 141-145,
        200-204
    43 Hegel, 186-188, 195
    51 Tolstoy, 608
    53 James, William, 882-884 passim
    55 James, William, 60-62
    55 Bergson, 71, 72-84
    55 Whitehead, 176, 218
    56 Heisenberg, 402-404
    59 Pirandello, 270-271
    60 Woolf, 63-72

6. **The cause of existence**

Old Testament: *Genesis,* 1-2 / *Job,* 38:1-42:2 / *Psalms,* 8; 136:5-9
Apocrypha: *Ecclesiasticus,* 18:1
New Testament: *Acts,* 17:22-32 / *Colossians,* 1:16-17
  6 Plato, 447-448
  7 Aristotle, 122-123, 127-131, 509, 511, 565-566, 601-603
 11 Epictetus, 114
 16 Augustine, 714
 17 Aquinas, 16-17, 24-25, 34-36, 37-38, 39-40, 82-83, 238-255, 314-315, 339-343, 534-538, 542-543
 26 Harvey, 443
 28 Descartes, 279-280, 439
 28 Spinoza, 596-597, 599-600, 601-603, 610-611, 624
 29 Milton, 217-231
 33 Locke, 165, 217
 33 Berkeley, 417-419, 430-431, 442-443
 39 Kant, 177-179, 334-337

7. **The divisions or modes of being**

7a. **The distinction between essence and existence: existence as the act of being**

  7 Aristotle, 572
 11 Plotinus, 428-429
 16 Augustine, 381
 17 Aquinas, 16-17, 19, 29-30, 34-35, 39-40, 51-52, 53-54, 238-239, 285, 471-472
 28 Descartes, 276-277, 319-322, 336-338, 352-353, 358, 384-388 passim, 443-444
 28 Spinoza, 589, 597-598, 599, 603, 607, 633
 33 Locke, 263-265, 349
 39 Kant, 179-182
 43 Hegel, 98, 171-172
 53 James, William, 640, 644
 55 Russell, 274
 55 Heidegger, 299-300

7b. **The distinction between substance and attribute, accident or modification: independent and dependent being**

  7 Aristotle, 6-9, 13, 184-185, 260-262, 526-527, 551, 552-555, 568, 580, 599-601
  8 Aristotle, 173-174
 11 Plotinus, 565, 573, 577-578, 589-590, 595-596, 597-598
 17 Aquinas, 18-19, 39-40, 46-47, 213-214, 239-240, 244-245, 351-352, 393-394, 396, 399-401, 404-405, 585-587, 651-652, 688-689
 18 Aquinas, 2-4, 21, 78-79, 485, 893-895, 951-953
 20 Calvin, 43
 28 Bacon, 114-115
 28 Descartes, 307-315 passim, 356, 361-362, 454-455
 28 Spinoza, 589, 598
 33 Locke, 117, 152, 204-214 esp 204-208, 247, 287-288
 33 Berkeley, 413-414, 422, 427-428
 39 Kant, 33, 130-133 esp 131, 529-530, 550-551
 43 Hegel, 126, 167
 53 James, William, 572
 55 James, William, 18-20
 55 Bergson, 71
 55 Whitehead, 160-161
 55 Russell, 243-246, 247-253, 272-274
 58 Huizinga, 361-381

7b(1) **The conceptions of substance**

  7 Aristotle, 6-9, 13, 550-570, 598
 11 Aurelius, 266
 11 Plotinus, 564-565, 595-600
 17 Aquinas, 17-18, 161-237 passim, 378-399 passim, 688-689
 18 Aquinas, 701-730, 806-809 passim, 974-983 passim
 21 Hobbes, 172
 28 Bacon, 168-169
 28 Descartes, 356, 379-381
 28 Spinoza, 589-591, 592-595
 33 Locke, 117, 148, 152, 204-214, 240-243, 273, 280, 287-290
 33 Berkeley, 414, 418, 427, 440
 39 Kant, 63-64, 69-72, 86-87, 121-128, 131, 137-140, 162-163
 43 Hegel, 58
 53 James, William, 221, 223
 55 Whitehead, 160-161, 194
 56 Heisenberg, 402-404, 406-407, 424-425

7b(2) **Corporeal and spiritual substances, composite and simple substances: the kinds of substance in relation to matter and form**

  7 Aristotle, 265-267, 268-270, 413-416, 493-494, 516, 518, 520-521, 550-570, 587, 588, 598-626, 642-644
 11 Aurelius, 250-251, 293
 11 Plotinus, 352-353, 416-425, 518-519, 559, 595-600, 622-623
 16 Augustine, 56-57, 61, 65, 127, 128, 130-132, 138-139, 380-381
 17 Aquinas, 14-20, 31, 76-77, 107-108, 162-164, 244-245, 269-275, 378-401, 471-472, 585-587, 588-589
 18 Aquinas, 498-499, 710-711, 885-886, 1025-1032
 19 Dante, 127
 21 Hobbes, 172-177
 28 Bacon, 17
 28 Descartes, 322-329
 28 Spinoza, 594-595
 33 Locke, 151-152, 205, 208-214, 219, 313-315, 351-354 passim
 33 Berkeley, 413-418, 419-420, 421-422, 426-428
 39 Kant, 100-101, 186, 565, 566-567
 43 Hegel, 163

53 James, William, 118-119 passim, 220-226
55 James, William, 19-20

7b(3) Corruptible and incorruptible substances

7 Aristotle, 359-362, 370-376, 396, 576-577, 586, 601-605
11 Lucretius, 4-5, 7-9
11 Plotinus, 337-339, 341-342, 508-510
15 Kepler, 929-930
17 Aquinas, 39-40, 128-130, 274-275, 345-347, 354-355, 383-384, 391-393, 513-514
18 Aquinas, 182-184, 1016-1017, 1022-1025
19 Dante, 98, 106
28 Descartes, 353
28 Spinoza, 590-591, 593
29 Milton, 113
32 Newton, 541
33 Berkeley, 441
39 Kant, 121-128, 203-204

7b(4) Extension and thought as dependent substances or as attributes of infinite substance

28 Descartes, 322-329, 361-362, 378-381, 450-451, 457-458, 474
28 Spinoza, 607-609
33 Locke, 152
39 Kant, 580

7b(5) Substance as subject to change and to different kinds of change: the role of accidents or modifications

7 Aristotle, 264-270, 278-280, 304-355, 409-420, 436-439, 555-558, 568-569, 572, 573-575, 593-594, 596, 598-601
9 Galen, 347-350, 389-390
11 Plotinus, 363-365, 416-425
17 Aquinas, 18-19, 39-40, 222-223, 242-247 passim, 342-347, 351-352, 490-491, 534-538, 585-589, 600-601, 604-608
18 Aquinas, 15-19, 21, 349, 959-963, 968-971, 981-982, 993-996
28 Descartes, 388-391
28 Spinoza, 593, 598-600
33 Locke, 203
39 Kant, 74-76, 82-83
55 James, William, 18-19

7b(6) The nature and kinds of accidents or modifications

7 Aristotle, 5-6, 9-16, 147, 329-330, 536, 537-538, 547, 552-555, 586, 683-684
11 Lucretius, 7
11 Plotinus, 565-577, 581
17 Aquinas, 35-36, 158-160, 285, 396-407 passim, 591-593, 651-655 passim, 688-689
18 Aquinas, 1-25 passim, 492-493, 893-895, 951-953
21 Hobbes, 57, 59
28 Bacon, 114-115
28 Descartes, 361-362, 454-455
28 Spinoza, 592, 598-599

33 Locke, 147-148, 205-206, 238, 239, 288
33 Berkeley, 413-416, 428, 432-433
33 Hume, 505
53 James, William, 503, 650-651

7c. The distinction between potentiality and actuality: possible and actual being

7 Aristotle, 29, 297, 538, 540-541, 570-578, 600-601, 619, 647-648
11 Plotinus, 360-363, 417-425, 608-609, 610-611
17 Aquinas, 12-15, 17-18, 20-22, 25, 106-107, 245-247, 286-287, 378-379, 463
28 Descartes, 312-313
39 Kant, 90-91, 291-292, 570-571
43 Hegel, 163, 186
55 James, William, 59-60
55 Whitehead, 212-214, 217-220
56 Heisenberg, 395-396, 400-401, 439-440, 447-449

7c(1) The order of potentiality and actuality

7 Aristotle, 35, 278, 521, 540, 575-577, 601-603
11 Plotinus, 416-417, 421-422, 573-577
17 Aquinas, 14-15, 20-22, 143-144, 504-505, 657-658, 721-722
18 Aquinas, 7-8, 769-771

7c(2) Types of potency and degrees of actuality

7 Aristotle, 34-35, 330, 340, 540-541, 570-577, 600-601
8 Aristotle, 348-349
17 Aquinas, 23-24, 76-77, 143-150, 262-263, 278-280, 300-301, 345-347, 382-383, 399-401, 414-416, 491, 542-543, 662-663
18 Aquinas, 11-12, 27
33 Locke, 178-179, 199-200, 205-206
55 Whitehead, 212-214

7c(3) Potentiality and actuality in relation to matter and form

7 Aristotle, 268, 269-270, 413-416, 425-426, 534-535, 569-570, 573-577, 600-601, 642-644
11 Plotinus, 329-333, 334-335, 518-519, 559, 577-578
16 Augustine, 126-127, 129-130, 133-135
17 Aquinas, 15-16, 31, 245-247, 270-272, 289-290, 463, 481-482, 538-539, 720-721
18 Aquinas, 5-6, 182-184, 968-970, 1025-1032
26 Harvey, 384, 494
28 Descartes, 438
55 Whitehead, 209-220
56 Heisenberg, 428-432, 435
56 Waddington, 703-706

7d. The distinction between real and ideal being, or between natural being and being in mind

7 Aristotle, 550, 572, 577-578, 664, 691-692

11 Plotinus, 439-440
17 Aquinas, 46-47, 51-52, 68-70, 80-81, 82-83, 86-88, 95-96, 99, 107-108, 110-111, 185-187, 291, 292-294, 295-297, 305-306, 471-472, 655-656, 740-741
18 Aquinas, 971-972
21 Hobbes, 172, 262, 270
27 Cervantes, 1-9, 21-25, 338-342
28 Descartes, 297-298, 309-312, 319-320, 334-335, 383-384
28 Spinoza, 603-606, 608-610
33 Locke, 201, 245-247 passim, 258-260, 268-283 passim, 312, 349, 355-357
33 Berkeley, 413-431
33 Hume, 468-469, 504-506
39 Kant, 24-33, 85-93, 200-209, 604
41 Boswell, 134
43 Hegel, 159, 164-167, 231, 248-249
50 Marx, 11
53 James, William, 142, 176-177, 639-645 esp 640, 644-645, 659-660, 865-866, 879-886 esp 881-882, 889-890
55 Bergson, 72-84
55 Whitehead, 165-170, 177-179
56 Planck, 97-99
56 Heisenberg, 410-411, 431-432, 434
58 Huizinga, 329-330

7d(1) The being of the possible

6 Plato, 368-383
7 Aristotle, 572
11 Plotinus, 362-363
17 Aquinas, 31-32, 83, 107-108, 250-252
28 Spinoza, 601, 609-610
39 Kant, 95, 97, 179-180, 550-578
43 Hegel, 159, 163, 186
53 James, William, 301-302
55 James, William, 38-39, 50-57, 59-60

7d(2) The being of ideas, universals, rights

6 Plato, 113-114, 228-230, 231-232, 240-246, 368-388, 457-458, 486-491
7 Aristotle, 105-106, 116, 158, 201, 505-506, 508-511, 516, 518, 519-520, 521-522, 562-565, 576-577, 580, 587-589, 598, 599-601
8 Aristotle, 341-342 passim
11 Plotinus, 361-362, 539-546, 549-550, 559-560
16 Augustine, 316
17 Aquinas, 91-94, 99, 163-164, 240-241, 288-291, 295-297, 388-391, 440-450, 451-457, 460-461, 469-471, 564-565, 748-749
18 Aquinas, 1025-1032
21 Hobbes, 55
28 Bacon, 43-44, 137
28 Descartes, 310-311, 356
28 Spinoza, 620-622
33 Locke, 98-99, 133-138 passim, 239, 244, 245-247, 257-260, 263-283 passim, 324, 326, 331-332, 349, 355-357

33 Berkeley, 408-409, 413-414, 429-431
39 Kant, 93-99, 112-209 esp 112-120, 121-128, 121-145, 173-190, 237, 281-282, 416-417, 461, 489, 528-530, 542-544
43 Hegel, 9, 30-31, 67, 119, 163-199
53 James, William, 113-115, 128, 300-313 passim, 641-643 passim, 865
55 James, William, 48-50
55 Whitehead, 209-217
55 Russell, 253-256, 271-277
58 Huizinga, 329-330, 337

7d(3) The being of mathematical objects

6 Plato, 387, 392-394, 541, 562, 809-810
7 Aristotle, 270, 282, 303, 503-504, 505-506, 508, 509-511, 520-521, 560, 589, 607-610, 611-618, 619-626
10 Nicomachus, 599-600, 601-602
11 Plotinus, 626-637
16 Augustine, 96, 736-737
17 Aquinas, 25, 45-47, 49, 167-168, 238-239, 451-453
28 Descartes, 252-254, 302, 395-396, 442-443
33 Locke, 149, 324-325
33 Berkeley, 415-416, 436-438 passim esp 436-437
33 Hume, 458
39 Kant, 16, 17-18, 24-25, 68-69, 87, 94-95, 211-213, 217, 551-552
53 James, William, 874-878 passim, 880-881
56 Einstein, 195-196
56 Bohr, 324-326
56 Hardy, 376, 377-378

7d(4) The being of relations

6 Plato, 242-245, 570-574
7 Aristotle, 620
11 Plotinus, 566-569
17 Aquinas, 68-70, 157-160, 214-215, 244
33 Locke, 214-215, 216-217
39 Kant, 24-33 esp 31-32, 61-64 esp 62-63, 72-85, 99-108
43 Hegel, 162
53 James, William, 157-161, 873, 879-886
55 Whitehead, 214
55 Russell, 270-271
58 Huizinga, 329-330

7d(5) The being of fictions and negations

6 Plato, 561-564
7 Aristotle, 508, 553, 572
11 Lucretius, 51-52
16 Augustine, 386-387, 400
17 Aquinas, 188-189, 260-261, 655-656
21 Hobbes, 50, 57, 262
28 Descartes, 383
33 Locke, 259-260
37 Gibbon, 345
39 Kant, 62-63, 174-175
53 James, William, 639-644
54 Freud, 597-598

59 Pirandello, 244, 245, 259-261, 269-272

7e. **The distinction between appearance and reality, between the sensible and suprasensible, between the phenomenal and noumenal orders**

    6 Plato, 113-114, 224-225, 370-373, 396-398, 447, 450, 455-458, 534-536, 567-568
    7 Aristotle, 546
    11 Lucretius, 19
    11 Plotinus, 363-364, 514
    16 Augustine, 13-14, 94, 95-96
    17 Aquinas, 105-106
    23 Montaigne, 331-334
    28 Descartes, 464
    28 Spinoza, 606
    33 Locke, 133-138 passim esp 134, 135-136, 211-212, 240-243, 268-283 passim esp 270-271, 370-371
    33 Berkeley, 417-418, 429-431 passim, 442
    33 Hume, 461
    39 Kant, 15-16, 27-33, 53-59, 93-99, 101-108, 113-115, 164-165, 227-228, 292, 307-314, 331-337, 340-342, 348-353, 541-542, 543, 551-552, 564, 570-572, 581, 599-600, 604, 606-607, 611-613
    43 Hegel, 36, 371-372
    43 Kierkegaard, 416-417
    43 Nietzsche, 468, 478-479
    48 Melville, 74-75, 238
    53 James, William, 185, 234, 569-570, 606-608
    54 Freud, 430
    55 James, William, 18-19, 50-57 esp 52-53
    55 Bergson, 84
    55 Russell, 243-256 passim, 269-270
    56 Planck, 96-97
    56 Whitehead, 135-136
    58 Huizinga, 328-329
    59 Pirandello, 275-276

8. **Being and knowledge**

8a. **Being and becoming in relation to sense: perception and imagination**

    6 Plato, 126, 368-373, 383-398, 447, 453-454, 455-458, 517-536, 565-569
    7 Aristotle, 415, 416, 528-531, 591, 633-635, 639-641, 647-648, 656-658
    11 Plotinus, 539-540, 559-560, 579-580
    16 Augustine, 63
    17 Aquinas, 410-411, 463
    23 Montaigne, 333-334
    28 Descartes, 275-277, 300, 307
    33 Berkeley, 417-418, 440-441
    39 Kant, 34-72
    55 James, William, 38-39

8b. **Being and becoming in relation to intellect: abstraction and intuition**

    6 Plato, 113-114, 228-232, 368-375, 383-398, 447, 455-458, 565-569, 610-613, 615-619
    7 Aristotle, 104, 169, 330, 390, 513-516, 522-532, 547-550, 587-593, 605, 633-635, 639-641, 661-664
    10 Nicomachus, 599
    11 Plotinus, 539-540, 567-568
    16 Augustine, 380-381
    17 Aquinas, 24-25, 50-51, 52-54, 185-187, 270-272, 413-424 passim, 440-443, 447-450, 451-453, 461-462, 463, 468-473
    33 Berkeley, 417-418, 430-431
    39 Kant, 38-108, 281-282, 285-287
    43 Hegel, 115
    55 Bergson, 71-72, 75-78, 79-84, 84-89
    55 Whitehead, 216-217
    55 Heidegger, 309-310

8c. **Essence or substance as the object of definition: real and nominal essences**

    6 Plato, 174-179 passim, 514-515, 547-549, 763, 809-810
    7 Aristotle, 6-8, 113-115, 121-122, 123-128, 131-133, 192, 194-211 passim, 261-262, 513, 525, 547-548, 552-555, 558-568, 592, 608-609, 631-632, 642
    8 Aristotle, 165-167
    17 Aquinas, 7, 16, 102-103, 105-106, 163-164, 240-241, 303-304, 458-459
    18 Aquinas, 710-711, 849-850
    28 Bacon, 43-44, 137-138
    28 Descartes, 275-276
    28 Spinoza, 591, 607, 620
    30 Pascal, 372-373, 376-377, 430-431
    33 Locke, 204-209, 240, 246-247, 257-260, 268-283, 287-290, 295-297, 326-328, 331-336, 360-362 passim
    33 Berkeley, 410
    39 Kant, 215-216, 423-424
    53 James, William, 668-670
    55 James, William, 18, 46-48

8d. **The role of essence in demonstration: the use of essence, property, and accident in inference**

    7 Aristotle, 97-137, 515, 592, 643
    17 Aquinas, 11-12, 17-18, 102-103, 399-401
    28 Descartes, 319
    33 Locke, 303-304, 315-317 passim, 331-336 passim, 360-361
    39 Kant, 180-182
    53 James, William, 666-673

8e. **The accidental in relation to science and definition**

    7 Aristotle, 100-101, 103, 104, 153-168, 174, 178-192, 196-199, 514, 522-524, 548-549, 552-555, 589, 608-609
    10 Nicomachus, 599-600
    17 Aquinas, 86-88, 105-106, 463, 695-696
    28 Descartes, 361-362, 433, 435-436
    33 Locke, 211-212, 213-214, 288-290
    33 Berkeley, 422
    33 Hume, 480-481

8f. Judgments and demonstrations of existence: their sources and validity

6 Plato, 757–765
7 Aristotle, 508–509, 547
16 Augustine, 390
17 Aquinas, 10–12, 60–61, 253–255
21 Hobbes, 269–270
28 Descartes, 275–277, 297–298, 319–329, 352–353, 357, 435–436, 450
28 Spinoza, 592–593
33 Locke, 155, 312, 349–358
33 Berkeley, 416–418, 430
33 Hume, 458–466 passim esp 461–462, 464, 466, 497–503 passim esp 503, 509
39 Kant, 85–88, 179–201
41 Boswell, 134
43 Hegel, 98
53 James, William, 176–177, 643–659
55 Heidegger, 300–310
56 Heisenberg, 411, 428–434 passim

交叉索引

以下是与其他章的交叉索引：

'Being' as a transcendental term or concept, see IDEA 4b(4); METAPHYSICS 2b; OPPOSITION 2c.

The analysis of the meaning of words like 'being,' and the theory of 'being' as an analogical term or concept, see RELATION 1d; SAME AND OTHER 4c; SIGN AND SYMBOL 3d.

Unity, goodness, and truth as properties of being, or as convertible with being, see GOOD AND EVIL 1b; ONE AND MANY 1; SAME AND OTHER 1a, 2e; TRUTH 1b.

The distinction between being and becoming, and the problem of the reality of mutable as compared with immutable being, see CHANGE 1, 10c, 15–15c; ETERNITY 4a–4b; MATTER 1; NECESSITY AND CONTINGENCY 2c.

The distinction between essence and existence, see FORM 2a; GOD 2a–2b, 4a; NECESSITY AND CONTINGENCY 2a–2b; SOUL 4b; UNIVERSAL AND PARTICULAR 2a.

The distinction between substance and accident, or between the essential and the accidental, see FORM 2c(2); MATTER 1b; NATURE 1a(1); NECESSITY AND CONTINGENCY 2d; QUALITY 1, 2a; QUANTITY 1; SAME AND OTHER 3a; SOUL 2a.

The problem of the being of qualities, quantities, and relations, see QUALITY 1; QUANTITY 1; RELATION 1a.

The distinction between potentiality and actuality, or matter and form, see CHANGE 2a; DESIRE 2a; FORM 2c(1); HABIT 1a; INFINITY 1b, 4c; MATTER 1–1a, 3b; MIND 2b, 4c; NECESSITY AND CONTINGENCY 1; UNIVERSAL AND PARTICULAR 2a.

The distinction between the real and the ideal, see IDEA 3c, 6–6b; KNOWLEDGE 6a(3).

The controversy over the real existence of ideas, forms, mathematical objects, universals, see FORM 1a, 2a; MATHEMATICS 2b; SPACE 5; UNIVERSAL AND PARTICULAR 2a–2c.

The distinction between sensible and supra-sensible being, see KNOWLEDGE 6a(1), 6a(4); MIND 1a(1).

Being and becoming as objects of knowledge and their relation to the faculties of sense and reason, see CHANGE 11; KNOWLEDGE 6a(1); OPINION 1; SENSE 1b.

Essence in relation to the natures of things and to their definitions, see DEFINITION 1a; FORM 3c; KNOWLEDGE 6a(2); NATURE 1a, 1a(2), 4a.

The relation of the concept 'being' to the principle of contradiction, both as a principle of being and of thought, see OPPOSITION 2a; PRINCIPLE 1c.

Logical problems concerning judgments of existence and proofs of existence, see GOD 2c; JUDGMENT 8c; KNOWLEDGE 6a(3); NECESSITY AND CONTINGENCY 2b; REASONING 6a.

扩展书目

下面列出的文著没有包括在本套伟大著作丛书中，但它们与本章的大观念及主题相关。书目分成两组：

Ⅰ．伟大著作丛书中收入了其部分著作的作者。作者大致按年代顺序排列。

Ⅱ．未收入伟大著作丛书的作者。我们先把作者划归为古代、近代等，在一个时代范围内再按西文字母顺序排序。

在《论题集》第二卷后面，附有扩展阅读总目，在那里可以查到这里所列著作的作者全名、完整书名、出版日期等全部信息。

I.

Thomas Aquinas. *On Being and Essence*
Hobbes. *Concerning Body*, PART II, CH 8, 10
Descartes. *The Principles of Philosophy*, PART I
Berkeley. *Three Dialogues Between Hylas and Philonous*
Hume. *A Treatise of Human Nature*, BK I, PART I, SECT VI; PART II, SECT VI
Diderot. *D'Alembert's Dream*
Kant. *Metaphysical Foundations of Natural Science*
Hegel. *Logic*, CH 7-8
——. *The Phenomenology of Spirit*, VIII
——. *Science of Logic*, VOL I, BK I, SECT I; SECT III, CH I (C), 3; BK II, SECT I, CH I; SECT II, CH I; SECT III, CH 2, 3 (A)
Kierkegaard. *Concluding Unscientific Postscript*
James, W. *Some Problems of Philosophy*, CH 2-3
Dewey. *Experience and Nature*, CH 2, 8, 10
Bergson. *Creative Evolution*
——. *The Creative Mind*, CH 3, 6
Whitehead. *Process and Reality*
Russell. *The Analysis of Matter*, CH 23
O'Neill. *The Iceman Cometh*
Heidegger. *Being and Time*
——. *Kant and the Problem of Metaphysics*
——. *The Question of Being*
——. *What Is a Thing?*
Beckett. *Endgame*

II.

THE ANCIENT WORLD (TO 500 A.D.)

Porphyry. *Introduction to Aristotle's Predicaments*
Proclus. *The Elements of Theology*, (C, J)
Sextus Empiricus. *Against the Physicists*, BK II, CH 5

THE MIDDLE AGES TO THE RENAISSANCE (TO 1500)

Albo. *Book of Principles (Sefer ha-Ikkarim)*, BK II, CH I
Boethius. *De Trinitate (On the Trinity)*
——. *In Isagogem Porphyri Commenta*
Bonaventura. *The Mind's Road to God*
Cajetan. *De Conceptu Entis*
Crescas. *Or Adonai*, PROPOSITIONS 18-25
Duns Scotus. *Tractatus de Primo Principio (A Tract Concerning the First Principle)*
Erigena. *De Divisione Naturae*
Pico della Mirandola, G. *Of Being and Unity*

THE MODERN WORLD (1500 AND LATER)

Blondel. *L'être et les êtres*
Bradley, F. H. *Appearance and Reality*, BK I, CH 2, 7-8; BK II, CH 13-15, 24, 26
——. *The Principles of Logic*, Terminal Essays, VII, XI
Camus. *The Stranger*
Cassirer. *Substance and Function*, PART I; PART II, CH 6
Clarke, S. *A Demonstration of the Being and Attributes of God*
Clifford. "On the Nature of Things-In-Themselves," in *Lectures and Essays*
Fichte, I. H. *Ontologie*
Fichte, J. G. *The Science of Knowledge*
Garrigou-Lagrange. *God, His Existence and Nature*, PART II, APPENDIX 2
Gilson. *Being and Some Philosophers*
——. *History of Christian Philosophy in the Middle Ages*
Hartmann, N. *New Ways of Ontology*
Hesse. *Siddhartha*
Husserl. *Ideas: General Introduction to Pure Phenomenology*
Ionesco. *The Rhinoceros*
John of Saint Thomas. *Cursus Philosophicus Thomisticus, Ars Logica*, PART II, QQ 2, 13-19
Leibniz. *Discourse on Metaphysics*, VIII-XIII
——. *Monadology*, par 1-9
——. *New Essays Concerning Human Understanding*, BK II, CH 23-24
Lotze. *Metaphysics*, BK I, CH 1-3
——. *Microcosmos*, BK IX, CH 1-3
Lovejoy. *The Great Chain of Being*
Lowe. *Kinds of Being*
McTaggart. *The Nature of Existence*, BK I
Malebranche. *Dialogues on Metaphysics*
Maritain. *The Degrees of Knowledge*, CH 4
——. *Existence and the Existent*
——. *An Introduction to Philosophy*, PART II (5-7)
——. *A Preface to Metaphysics*, LECT I-IV
Moore. *Philosophical Studies*, CH 6
Peirce, C. S. *Collected Papers*, VOL I, par 545-567; VOL VI, par 327-372, 385

Peters, J. A. *Metaphysics: A Systematic Survey*
Quinton. *The Nature of Things*
Royce. *The World and the Individual,* SERIES I (1–4, 8)
Santayana. *The Realm of Essence,* CH 1–11
Sartre. *Being and Nothingness*
——. *Existentialism and Humanism*

Schopenhauer. *The World as Will and Idea,* VOL I, BK I, IV
Taylor, A. E. *Philosophical Studies,* CH 3
Weiss. *Beyond All Appearances*
——. *Reality*
Wolterstorff. *On Universals*

8

原　因　Cause

总　论

　　解释是人类最根深蒂固的倾向。甚至连那些不认为我们有可能获得关于原因的知识的哲学家，也会去给出解释来说明我们为什么不能做到这一点。同样的，不管他们对原因所做的理论争论最后会变成什么样子，他们也不可能把"因为"这个词从我们的日常言语中抹去。这个词在我们的语言中就跟"是"一样绕也绕不开。"那种要去寻找原因的冲动"，托尔斯泰会说，"内在于人类的灵魂"。

　　而在我们的所有提问中，"为什么"会是最后一个得到回答的问题。有的时候，它也是唯一一个无法得到回答的问题——不管这是由于事情本身的性质，还是因为有些秘密人类尚无法探及。正如但丁所言，有时候"人得满足于'如此'"，也就是那种只知其然而不知其所以然的状态。不过，尽管"为什么"已经变成了那种明智的人不会去问的问题，但同时也会有人认为，智慧的钥匙就在这个问题的掌握之中。正如维吉尔的名句所言（那是他最为著名的诗行之一）：所谓幸福就是能够知道事物的原因。

　　"为什么"这个问题可以有很多的形式，也能够用很多的方式加以回答。至于其他类型的知识，它们对我们回答这个问题也可能会有所帮助。比如说，定义这种知识让我们知道一个东西到底是什么，而这样的一种知识，有时候也会告诉我们为什么一个东西具有它现在这样的行为方式，或者告诉我们为什么它会具有现在这么一些具体的性质。同样的，对于一个叙述来说，它是通过去描述事件继而告诉我们一件事情到底是怎么发生的，这样一来，如果我们想要获得的是对事件序列中的某一个事件的整体解释，这样一种知识也许就会成为那个整体解释中的一个组成部分。

　　另外，对根据或理由的阐明或陈述有时候也会具有解释性的效力。实际上，像"你怎么知道"这样的问题，往往就是一种以隐蔽形式出现的"为什么"。因为，如果要对前者进行回答，我们很可能就要给出我们之所以会认为事情确实如此或者确实并非如此的理由，或者就会给出我们产生这种想法的缘由所在。而且，当我们试图做出这种说明的时候，哪怕是像关于个人经历的自传性叙述和逻辑性的阐明这么两种完全不同的东西，也都有可能会是相关的；其实这跟我们在对我们的行为进行说明时是一样的：当我们去说明我们的行为的时候，所借助的东西不仅有我们的目的，同时也会去征引我们的过去来形成一种参照。

　　在希腊语中，用来说原因（cause）的那个词，其实是从法庭语言进入到科学和哲学的词汇中的——英语中的"病理学、病因学"这个词（aetiology）就是从那里来的。在那个词的法律用法中，它指的本来是责任的所在。一起法律诉讼，总是由一种行为引起的；而那个要为自己所受到的伤害求得救济的人，也必须指出到底应该由谁来承担这个责任。事实上，之所以会有法律的救济或者惩罚，原因正是在于我们会把某个错误行为中的责任归于某人，或者说，原因是在于有某个人犯了错误;同时,这样一种从责任的角度所进行指控会自然地产生出一种辩解的必要,而也正是在这样的一种辩解中,可能会出现某种关于人的行为动机的论述。

于是,在这样一种法律的语境下,原因这个词就开始具有了两种不同的含义。一方面,我们可以说"一个人的行为是导致另外一个人受到伤害的原因",这里我们是在说这个人的行为要为这种伤害的出现负责。而另一方面,如果这个行为是故意的,那么这个行为本身就还有一个原因,也就是促使这一行为出现的动机,而这样的一种原因,其实是一种目的。

原因的这样两种类型,不仅出现在法律审判中,它也出现在历史学家的解释中。当希罗多德和修昔底德这两位历史学家试图对伯罗奔尼撒战争进行解释的时候,他们所做的一件事情,就是列举出了那些让战争双方产生了敌意的事件。他们征引了一些之前发生的事情,把它们当作是战争的原因,或者说,当作是让战争双方注定发生冲突,甚至是把战争双方推入冲突状态的因素。不过,这些历史学家认为,除非他们还对另外一些因素有所考虑——比如希望、野心或者修昔底德所说的那种对于竞争对手的恐惧——否则他们就无法充分或者全面地说明,为什么这些特定的事件会成为战争的原因。至少,对于古代的历史学家来说,寻找原因就包含着对于动机,对于那种埋藏在其他原因之下的原因的找寻,而在他们看来,这样的一种原因就能够帮助他们说明为什么其他的因素可以成为原因,或者换个说法,具有原因的效力。

在他历史著作的第一章中,修昔底德就明确地区分了这两种类型的原因。在指出了战争的"直接原因"是对某一条约的违反之后,他又补充道,"真正的原因"其实是在于一个"往往被绝大多数人所忽视了的"事情,即"雅典在权势方面的增长,以及斯巴达人对这一增长的警觉"。

在某些时候,会有人认为,修昔底德的这样一种原因观念其实是来源于某种早期的医学传统。这很可能是真的,因为希波拉底克所一直寻找的也正是疾病的"自然原因";而当他去分析某个具体疾病中的各种不同因素的时候,他又会试图去区分两种不同的原因,即内因和诱因。

不过,无论是雅典人的法庭,还是希腊人对历史的诠释,还是早期的医学实践,都没有完成对原因的分类。事实上,前苏格拉底的物理学家们对于原因也是同样的念念不忘。他们对自然的研究,主要就是在对原理、元素以及变化的原因进行分析。从泰勒斯和阿那克萨戈拉到恩培多克勒、德谟克利特、柏拉图以及亚里士多德,希腊的科学家或者哲学家所关注的变化不仅仅是人类的行动或者具体的现象,比如犯罪、战争或者疾病,他们的课题是一般意义上的变化,他们要去发现的,是卷入到任何一种变化中的原因。在这样的研究中,亚里士多德是走得最远的,另外,他的研究还为后来对原因的讨论建立起了一个模式。

按照亚里士多德的观点,对于一个事物的解释,必须得回答出所有"包含在'为什么'这个提问中的"的探询。他认为,这个提问至少可以用四种方式给出回答,而这四种告诉我们为什么事物会如此这般的方法,也就构成了他那个著名的四因学说。

他写道,"在一种意义上,那事物的存在和持存从其所出的,就被称为'原因'"——即质料因。"在另外一种意义上,形式或者原型"是一种原因——即形式因。"还有,变化或变化的停止的主要源泉"也是一种原因——这是动力因。"还有,目的或者当我们做一件事情时的那个'为了什么'"也是原因——即目的因。"而这",他总结道,"也许就穷尽了'原因'这个词的所有用法"。

要说明这四种不同类型的原因,最常见的例子是制作艺术品的过程——这也是亚里士多德经常会举出的例子。当我们制作一双鞋的时候,质料因就是我们用来做鞋的材料——皮子或者革子。动力因就是鞋匠,或者,更准确地说,是鞋匠做出的那些把原材料变成最终产品的行为。形式因是指导制作工作的模子;从某种意义上说,它是对想要做出来的那个东西的一个定义、规定或者说是那个东西的范型,它最初是作为一个计划而存在于艺术家的心智之中的,等到了整个工作结束的时候,它却会作为那个变化后的质料的内在形式而出现。对脚的保护则是目的因或者说是目的——正是为了这个,我们才会去做出一双鞋来。

如果我们讨论的不是艺术而是自然过程,那么在上述这四种原因中,就会有两种原因变得不是那么容易被区分出来。质料因和动力因还是会足够明显的。通常,我们可以通过搞清楚到底是什么在经受变化来确定出质料因——那个成长着的,颜色有变化的,或者从一个位置移动到了另外一个位置的,就是质料因。而动力因则永远都是那个制造出变化的东西。它是使得那些可以经受变化的东西变化起来的东西,比如对水加热的火,或者让另一块石头运动起来的滚石。

不过,自然过程中的形式因就不是那么明显了。在艺术过程中,我们可以通过征引制作者心智中的计划来确认形式因,可是对于自然过程来说,我们只有到变化本身之中才能找到形式因,因为只有在整个进程结束的时候它才会出现。举个例子吧,对于苹果来说,它的颜色变化过程的形式因,其实是它在成熟时才会具有的那种红色状态。至于目的因,它的麻烦之处在于它太过经常地跟形式因处于一种难分难解的状态;因为,除非我们能为自然变化找到某种外在的目的,也就是说,为变化找出某种超出其自身的目的,否则目的因或者变化发生的那个"为了什么"就无非是在那个物质身上一定会作为变化的结果而出现的性质或者形式而已。

上面对亚里士多德四因学说的概述,让我们可以看到因果理论中的一些基本议题以及转折。

对目的因所做的攻击,至少在最开始的时候,并不是要完全地拒绝它。比如说,弗兰西斯·培根会把自然哲学分成两个部分,其中的一个部分是"物理学,即对质料因和动力因的探索与处理;而另一个部分则是形而上学,它处理的是形式因和目的因"。而培根所抱怨的,其实是在于他的前辈没能把这两种类型的探索分离开来,这才是他们的错误所在。他的想法是,在物理学中研究目的因是不合适的。

"这种错位,"培根这样评论道,"在科学自身之中造成了一种缺陷,或者,至少是一种笨拙。因为对目的因的处理,当它与物理学的其他探索混杂在一起之后,会阻碍我们对所有那些真实的原因或者物理原因进行一种严格而细致的探索,而且,实际上是给人们一个机会让他们自己止步于那些华而不实、容易给人以满足感的原因,从而给进一步的发现带来极大的阻力和伤害。"在这方面,他指责柏拉图、亚里士多德和盖伦实际上阻碍了科学的发展,这不是因为"目的因不是真实的原因,或者说它不值得我们去探索——只要我们能够保证不让它越出它自己的领地;而是因为它现在已经侵入到了物理原因的界限之内,而且在这片土地上滋生得十分茁壮,甚至让其他原因无法生长"。

在培根看来,像这样的一些陈述,比如,"眼皮上的毛发是为了像篱笆一样阻挡视线",或者,"树上的叶子是为了保护果实",或者,"云是为了给大地带来水",在物理学中都是一些"废话"。正因为如此,他才会夸赞德谟克利特的机械论哲学。在他看起来,对"具体的物理原因"所进行的探索要好过"柏拉图和亚里士多德所做的事情,因为后面这两个人的探索中都掺进了目的因,其中一个是出现在神学中,而另一个则是出现在逻辑学里面"。

正如我们可以从培根的批评中隐约看到的,对自然中的目的因的攻击,实际上提出了一系列的问题。不管是说为了变化着的事物自己好,还是说为了自然本身的秩序,到底是不是每一个自然变化都是服务于某种目的呢?在自然变化中是否有某种类似于艺术家心里的那种计划——这种计划能把自然的各部分以及这些部分的行为归整到一种目的-手段的秩序之中?而如果我们接受一种自然目的论的观点,也就是说,把目的因分配给每一个存在者,那么这就意味着,自然中的每个事物都是受到某种内置形式的管制的,而这种形式则是会向着某个确定的目的而工作,同时,整个自然其实都是在展现这种出于某种神圣的计划或者意愿的工作。

对于这样的一些问题,斯宾诺莎所给出的是否定性的回答。他宣称说,"自然并未在她自己面前设立任何目的",而且,"所有的目的因都只不过是人类的虚构而已"。更进一步地,他还坚持认为,"出现在这样的一种学说中的目的,实际上是对自然的完全颠倒。因为它把真正的原因看成是结果,而却把结果看成了原因"。对于那些"要不断地去追问原因的原因,直到最后飞到上帝的意志这种只是用来对无知给予庇护的地方才肯罢休"的人,他是深为之憾的。

在斯宾诺莎看来,上帝是不能作为一种目的而行动的,同时,宇宙也并没有表达出任何神圣的目的。他还认为,甚至在人类行动这个领域中,目的因也只是一种幻觉。当我们说"能有房子让我们住进去是这所或者那所房子的目的因"的时候,我们只不过是表达出了"一种具体的欲望,而这实际上是一种动力因,而且应该被看成一种非常原初的动力因,因为对于他们自己的欲望,人通常是无知的"。

至于笛卡尔,尽管在答复皮埃尔·伽桑狄的那些"代表目的因立场"的论证时,他确实是说过一些像"这些其实应该被称为动力因"这样的话,但实际上,他在这个问题上的立场更接近于培根而不是斯宾诺莎。当我们见证到"动、植物的各个部分所具有的种种功能"时,我们可能会去赞叹"那个把这一切变成了现实的上帝",但是,他补充道:"这并不意味着我们因此就可以对他制造每个东西的目的进行猜测。而且,尽管在伦理学这样一门经常会允许研究者把推测当作手段的科学中,对上帝给自己设立的那个用来统治宇宙的目的进行推测,并且对这个我们通过推测而获得的目的进行思考有时可能确实是虔诚的,但是在物理学中,当所有的一切都必须基于最保险的论证之上的时候,这却无疑是最无谓的举动。"

正是因为把目的因从自然科学中清除了出去,笛卡尔才能够用数学语言去叙述哈维在心脏和血液运动方面的发现。至于哈维自己，正如罗伯特·波义耳在他那篇《论自然事物的目的因》中所指出的，是用功能性的效用来解释有机体的结构的；而且，波义耳的这篇论文其实是在为哈维的立场做辩护，他反对笛卡尔的观点，在他看来，在科学中使用目的因的运用并没有什么不对的地方。

哈维在对血液循环——特别是血液在静脉和动脉中的流动与肺部的运动之间的关系——进行推理时，借助的就是目的因；而他用来指导他自己的推论的，是功效或者功能的原则。在他关于动物繁殖的工作中，他对借助目的因来进行论证的必要性做出了评论。"在我看来非常可取的做法是，"他这样写道，"从一个已经达到完善状态的动物向回追溯，去探索它达到这种成熟状态、长成到这种成熟状态所要经过的过程，也就是说，我们的脚步所遵循的是一种回溯性的轨迹，正如从目标返回到起始的状态。"

在他的"目的论判断批判"中，康德为这种类型的论证提供了一个一般化的表述。"没有人会对这样一个原理的正确性产生怀疑，"他这样说道，"这个原理就是，当我们要对自然中的某种东西做出判断的时候，也就是说，当我们要对有机体以及它们的可能性做出判断的时候，我们必须借助目的因的观念。即使我们想要的只是获得一些对经验观察具有指导性的线索，以便我们可以通过经验观察而对这些事物的性质获得某种程度上的熟悉，也没有人会去否认这一原则的必要性。"同时，他也批评了那种完全把目的因原理排除在外的机械论——不管这种机械论是基于德谟克利特和伊壁鸠鲁关于"盲目的机遇"的学说，还是以那种被他归之于斯宾诺莎的"宿命论系统"为基础。在他看来，物理科学是可以借助于目的因原理而获得拓展的，而且"不会对那些属于物理因果机制的原理造成干扰"。

不过，在力学特别是那些与生命现象无关的自然科学领域中，那种要将目的因取消的倾向却是通行无阻。比如，惠更斯会把光定义为"某种物质的运动"。他明确地坚持这样的一种观点，即对于他所讲的"真正的哲学"来说，这是唯一恰当的思考方法。事实上，对于他来说，所谓"真正的哲学"，也就是那种"在其中人们用机械运动来设想所有自然现象的原因"的科学。

与其他类型的解释相比，机械论解释的特殊之处，就在于它只求助于物质和运动的原理。对于它来说，有质料因和运动因（或者动力因）就足够了。而17世纪的哲学，因为受到这个世纪在力学方面所获得的杰出成就的影响，也倾向于用机械论的方式来构造它关于因果过程的理论。不过，虽然如此，由于它也同时受到了数学的方法与典范的影响，像笛卡尔、斯宾诺莎这样的思想家，也仍然保留了形式因来作为一种论证性的原理——如果不是作为解释性的原理的话。事实上，斯宾诺莎会宣称说，"数学所处理的，不是目的而是形式的性质与本质，而如果不是它为我们提供了另外一种关于真理的规则"，那么单凭目的因自己，"就足可以让人类一直停留在对所有的永恒的盲目之中"。

不过，那种把因果性限制在动力因之上的倾向，即限制在产生一种运动的某种运动之上的倾向，还是占了上风。后来，休谟质疑人类能否获得关于原因的知识，到那个时候，"原因"已经单指"动力因"了，它被理解成产生结果时所消耗的能。休谟怀疑我们有获知原因的能力，这一怀疑针对的就是这一因果观念——这一观念断言："一个对象产生另一个对象,这在任何情况下都隐含着一种力(power),而这种力跟它的结果是连接在一起的。"事实上,这样一种把原因等同于动力因型的原因的观念,在当时已经成为一种被普遍接受的观念,甚至那些不同意休谟的下面这种观点,即"我们对物体之间如何相互作用……一无所知",而且"它们的能量和力量也是完全不可被把握的"的人,对这一点也并无异议。

在今天,我们有一种非常通行的教条——事实上它在今天的流行程度要远远超过以前——即认为自然科学只做描述而不进行解释,也就是说,科学所告诉我们的是"事情是怎样发生的",而不是它为什么会发生。而我们前面提到的那样一种把因果性收拢到动力因上的做法,其实也可以从这个教条上体现出来。事实上,这样的一种教条,如果说它没有要求科学家们回避所有类型的原因,那它也是把他们限制在了单独一种原因上面,也就是那种能够被序列和相互关系所刻画的原因。而且,这样的一种排除,一种对除动力因之外所有其他类型原因的排除,还会进一步把整个因果秩序约减到只剩下原因与结果之间的关系。

当我们把四种原因的整体看成是某个事物或者事件的充分理由时,这些原因本身与那个结果之间并不是处在一种关系性的状态中的:因为所谓关系性的状态,其实指的是结果与原因之间处于一种相互分离的状态,而且它们之间的关联也得是一种外在的关联。而这样一种设想因果过程的方式——即把原因和结果想象成是关系性的状态——其实只对动力因适合。而也正是当动力因变成了唯一的原因,当我们把动力因看成是一种能、一种大小与其结果的现实性成比例的能的时候,一种关系性的含义,即"对于结果的关系"这样一种含义,出现在了原因的含义中。

在另外一种对因果过程的理解中,因果秩序实际上是把四种原因彼此联系在一起的。阿奎那说,对于任何一种变化或者行为,在它的四因中,占首位的是"目的因;因为,如果物质不是被某个能动者所运动,它就不会去接受形式,因为没有东西会把自己从潜存降低到行动。而一个能动者,除非有一个目的,否则不会运动"。因此,这四种原因在运作过程中的次序是:目的因、动力因、质料因和形式因。或者,正如阿奎那所陈述的:"最先出现的是善和目的,它使得能动者行动起来;其次则是能动者朝向形式运动的行为;第三才是形式。"

在亚里士多德和阿奎那所发展起来的关于原因的理论中,除了四因这样一种区分,还有其他的区分,比如说,在本质性的原因或者原因本身,与偶然或者巧合性的原因之间的区分。正如在**机遇**那一章中所指出的,正是通过巧合性的原因,亚里士多德才能够把机会也看成是原因的一种。

另外,对于某一个具体的结果而言,它可能会是很多动力因的后果。而有时候,这些动力因之间又构成了一个序列,就比如说,一个运动物体让另一个物体运动了起来,而后者又使得第三个物体运动了起来;或者,另举一个例子,一个人是他的孙子的原因,但这只能是通过他先获得一个儿子而这个儿子又获得了他自己的儿子这样的方式完成的。在这样一种原因的接续中,处于首位的原因也许可以说是不可缺少的,但它自己却并不足以产生出最后的那个结果。而对于那个除非有别的原因的介入否则它自己并不能独立产生出来的结果而言,它就是那个结果的偶因。相反,如果一个原因在它的运作中不靠任何中介就使得一个结果产生了出来,它就是那个结果的本质性的原因。

不过,有时候在产生一个单独的结果时,可能会有多个动力因同时而不是相互接续着被牵涉进来。而它们彼此之间,又具有一种因果关系,也就是说,非偶然的关系。一个原因可能是另一个原因的本质性的原因,而后者又是另一个原因的本质性的原因。当两个原因以这样的方式同时地关联到同一个结果的时候,阿奎那就把第一个叫作原理性的原因,而把第二个叫作工具性的原因;在这方面,他所举出的一个例子是工匠锯木头。锯子塑造着木头的形状,但是对于那个原理性的原因——也就是工匠使用锯子这个行动——来说,它只是工具性的。

这样的两种区分——即在本质性的原因与偶然的原因以及原理性的原因与工具性的原因之间所做的区分——对于后来关于诸因之因,也就是第一因或者终极因的形而上学或者神学论证中有非常大的意义。比如说,亚里士多德对原动者所做的证明其实是依赖于这样的一个命题,即对于一个给定的结果来说,不可能有无限个原因。不过,由于亚里士多德同时又认为世界既没有起点也没有终点而且时间又是无限的,我们也许可以提出这样的疑问:为什么原因的链条不能无限地倒溯呢?

如果时间是无限的,那么一个在时间上无限倒溯的原因序列看起来就不会引发任何困难。正如笛卡尔所指出的,你不能"证明这种向无限的回溯是荒谬的,除非你能同时证明世界在时间上有一个有限的起点"。虽说从他们的基督教或者犹太教的信仰出发,世界在时间上确实有一个起点,但是,像迈蒙尼德或者阿奎那这样神学家并不认为世界的起点这事能够用理性来证明。不过,他们确实认为第一因的必然性是可以展示出来的,而且,他们自己的说法要么是对亚里士多德的论证的改造,要么就干脆接受了他的论证,即前面那种依赖于原因链条的无穷回溯之不可能性的论证。

对这种论证,阿奎那曾经有过一个非常清楚的解释。他认为,只有当我们区分出本质性的原因与偶然的原因之后,这种论证才是有效的。他说:"如果从动力因来考虑,原因的链条并非没有偶然地推进到无限的可能……人由人生这事,并不是不可能推演到无穷的。"不过,他也同意,"对于某个特定的结果而言,如果考虑的是它本身所要求的原因,那么这种原因的数量不可能是无限的;比如,一块石头被一根棍子所移动,棍子被手所移动,然后直到无穷"。在后一种情况中,应该看到的是,共同起作用的各原因是同时性的,所以即使存在着无限多的原因,需要的时间也不会是无限的。所以,这一论证实际上是要依赖于两种不可能性才能成立,第一,同时起作用的原因其数量不可能是无限大;第二,如果不同的原因之间的关系是原理和工具的关系,具有这种关系的原因的数量也不可能是无限的。

关于以这种方式相互关联的诸原因,笛卡尔的观点与阿奎那的一样,他也认为必然会存在着一个第一因或者说原理因。"在各原因以这种方式相互关联并且相互之间存在着从属关系的情况下,也就是说,当低端的部分在没有高端部分的活动就不可能行动的情况下;比如,有某个东西被一块石头所移动,而它自己又是因为一根棍子而运动起来的,而棍子又是被手……在这种情况下,我们必须不断上溯直到找到那个首先运动起来的东西。"但是,对于笛卡尔来说,与阿奎那不一样的是,这种证明上帝是所有可观察的结果的第一因的方法,与所谓的"本体论证明"相比,在优美程度上是不如的,事实上,根据后一种方法,既然上帝的观念中就包含着这样的内容,即它是一个必然的存在者,也就是说不可能不存在,那么他的存在就直接得到了证明,无须任何中间过程。

传统上把这种从结果到原因的论证称为后天推理,而与之相对的,则是先天推理,即从原因到结果的论证。根据亚里士多德和阿奎那的观点,后一种推理模式只能用来展示一个事物的本性,而不能证明其存在。而在这一点上,阿奎那还更进一步认为,本体论论证根本就不是一种论证,事实上,他认为这种论证只不过是在说,上帝的存在是一件对我们不说自明的事情——而他是不承认这一点的。

关于这些论证所采用的具体形式,以及各种与其有效性相关的问题,在**存在,上帝**以及**必然性和偶然性**三章中有更为充分的讨论。但是,在这里值得着重指出的,是康德曾经提出过的一个质疑:他怀疑这种对于上帝存在的后天论证与本体论证明之间是否存在着真正的差别。事实上,按照他的看法,这种证明不仅仅是"幻觉性的和不充分的",而且还有另外一种缺陷,即偷换论题——它号称要把我们带上一条通向目的地的新路,其实却在绕了一个小圈之后很快就把我们带回到了那条它自己要求我们放弃的老路。所以,按照康德的观点,对于上帝存在的因果证明也并没有成功地规避掉他、阿奎那和迈蒙尼德在本体论论证中所发现的那些错误。

在神学家对创世、神恩和世界统治的思辨中,对因果过程的分析占据着关键性的位置。

比如,创世的教义就要求着一种从类型上看独一无二的原因。事实上,就算这个世界是一直就有的——我们已经知道,这样一种假设尽管确实与犹太教以及基督教的信仰相悖,但是却并不违反理性——对一个创世者的宗教信仰仍然可以保留下来,只不过会变成这样一种形态:需要有一种独一无二的原因来保存这个世界,如果没有这个原因每时每刻地在保存着这个世界的存在,它就会停止存在下去。

而如果我们来考虑那个假设,即上帝在起点处创造了世界,那么,我们也许就可以很容易地看到阿奎那所看到的东西:"那种把存在赋予所有的自然的创造,那种肇始性的工作,不同于所有其他那些产生出运动、变化或者甚至事物的代际更替的因果过程,因为它所产生出的,是那个事物的实存。"当然,如果这个世界是一个已经存在的世界,那么理解上帝的这种创造行为显然会更困难一些。

不过,对于像阿奎那这样的神学家来说,他会这样来解释这个问题:"只要事物还有它的存在,那么上帝就必须出现在这种存在之中。"而且是作为它的存在的原因而出现——这样的一种教义,贝克莱后来是这样表述的:这样的一种原因使得"由神实施的保存……成为一种连续的创造"。阿奎那的观点其实是与这种表述一致的:"上帝所进行的这种对事物的保存,并不是某种新的行动,而是通过延续他原来那种给予事物存在的行动而完成的。"不过,对于对事物的保存,阿奎那认为上帝是通过自然的原因或者由他创造出来的原因而行动的,只有在讨论到这些原因自己出现问题时,上帝才会是存在的唯一原因。

同样,神恩的教义也要求一种关于第一因与自然的或者说次级的原因共同运作的理论。在描述恩典是如何给予自然过程以方向的时候,但丁使用了弓的形象。"无论这弓之所射为何,它都是指向着一个已经事先被看到的目的,甚至,就像是矢指向它的目标。"而那种上帝掌管着、照顾着万物的观点,则可能会蕴涵着这样的后果:自然被降低为一场傀儡戏,在其中,任何一种行为都只是对神圣意志的遵循。这样一来,自然的原因就不再是原因了,也就是说,它对产生它自己的结果其实不再有任何真正的推动。

确实有一些神学家倾向于这种极端的立场,不过,阿奎那的论证方向却与之相反,他的观点是,自然的原因仍然保持着它们的推动力,只不过是作为工具性的原因而从属于那作为唯一的原理性原因的上帝的意志而已。"既然上帝的意愿就是让诸结果是因为它们的原因而存在",他写道,"那么所有预设了某种其他结果的结果就不是仅只依赖于上帝的意志";而且,在另一处他又说,"不管他为某些特定的结果所安排的是什么样的原因,他总是给予了后者以权力来产生出那些结果……正因为如此,甚至在受造物那里因果性的尊严也仍然没有受到损坏"。

除了在自然的一般进程中存在着神圣的因果性之外,对于超自然事件的宗教信仰还预设了另外一种神圣的因果过程,即通过上帝的荣耀来提高自然以及拨转自然的行进方向——也就是所谓的"奇迹"。所有这些想法,特别是上帝对一般自然进程的奇迹式的干预,都曾经是神学家和哲学家(以及有时候的物理学家和历史学家)争论的主题。他们中的有些人,虽然并不否认存在着某种创世者或者存在着某种通过自然律而进行的对整个宇宙的神圣统治,但也不同意说每一个自然的原因都需要神圣的原因的合作,也就是说,上帝对自然秩序的干预。

而在整个这些争论中,正是关于原因的理论在规定着争论的议题,也决定着各种相互反对的论证的论证路线。不过,既然在这些辩驳中也牵涉到了其他一些基本观念,我们还是把对于它们的更进一步的考察留给其他章节,特别是**上帝**,**自然**和**世界**三章。

到了现代,对原因的讨论出现了一个新的转向。新的议题出现了,而且,这些新的议题并非来自对因果性原理的种种不同诠释,而是来自怀疑论者的质疑,这种质疑所针对的,则是我们是否有能力获得关于事物的原因的知识,而它们的另一个源头则是物理科学的那种倾向,即要限制甚至整个放弃对原因的探索的倾向。多布赞斯基,一位20世纪的遗传学家,曾经提醒我们要我们注意这样的一个事实,即当我们使用"自发的"这个词的时候,比如说"自发繁衍"或者"自发变异",我们实际上是在掩盖一种我们"对所探究的现象的真实原因的几乎是赤裸裸的无知"。

按照古代对科学的看法,知识,要想成为科学的,就必须陈述出事物的原因。按照亚里士多德在《后分析篇》中的观点,科学方法的本质就在于它运用原因:不仅仅是下定义,而且还进行证明。在亚里士多德那里,有时候种和属差会用质料因和形式因的语言加以叙述;有时候,一个对某个事物进行规定的种是以它的动力因为参照的,而在另外一些情况下,参照物则会是它的目的因。

不过,对于某个具体的领域来说,这样的一种想法到底能实现到哪种程度,确实是可以加以疑问的。比如说,古代天文学家所做的那些论述,看起来就并不像亚里士多德自己的物理学论述,或者哈维对血液循环所做的论述那样能够体现这种想法。不过,尽管如此,一直到现代数理物理学发展起来之前，对原因的确定看起来仍然在我们对科学工作任务的理解中占据着主导地位；而且，直到实验性的科学与哲学性的（理论性的）科学之间的分裂扩大之前，也很少会有人去怀疑我们是否有可能获得关于原因的知识。

伽利略对新力学的开拓明确地宣称出一种分离：他的新力学已经离开了自然哲学家那种要去发现原因的传统兴趣。在《关于两门新科学的对话》中他是这么说的："考虑到已经有很多哲学家在这个问题上表达了各种不同的意见"，所以目标不是在于"探索使得自然运动加速的原因"，而是"探索和说明这种加速运动的某些性质"。在这本书中，那些关于原因的"各种不同的意见"，被说成是"幻想"，对于科学家来说这些东西"并不真的值得去"探讨。

这种对于原因，特别是动力因的态度，典型地刻画出数理物理学——不管是天文学中的数学物理学还是力学中的数学物理学——的目标所在。对于牛顿来说，"只要能够从现象中推导出两或三条关于运动的一般原理……哪怕我们还没有找到这些原理的原因"，那就已经足够了——事实上，他说的是"那将会是在哲学中迈出的巨大一步"——所以，他如此说道："因此，我毫不犹豫地把这些关于运动的原理提供出来，……而把它们的原因留待以后去发现。"在另一个段落中，牛顿把追寻"隐蔽的或者神秘的原因"排除在了科学的事务之外。

而当我们从古典力学过渡到量子力学的时候，因果性的预测则会让位于对几率的计算。玻尔告诉我们，"对量子行为的发现"，使得"以因果的方式对原子过程进行详细描述……成为不可能"，因为"任何一种要去获得这样的一种过程的努力，在其本身之中都包含着对该过程的不可控的干扰"。在描述"原子过程"的时候，量子力学包含着一种对"因果性的时—空坐标"的脱离。

休谟则走得更远。他坚持认为，所有的原因都是隐蔽的，甚至对于那些古典力学或者牛顿力学所研究的现象也同样是如此。事实上，按照他的观点，我们之所以不能就原因之产生出结果的具体过程获得任何知识，其根源正是在于我们对原因的作用方式的设想，以及人类心智获取知识的方式。他说，"即使进行最细致的探究，如果我们对原因在其产生效果的运作过程中的那种力量或者权能没有理解，或者对于原因与它们的结果之间的那种关联没有理解，那么除了事件之间的接续关系之外我们也永远不可能发现到任何东西"。

休谟认为，当人们在使用"原因"或者"结果"这两个词的时候，他们所唯一能指涉到的，只是"一个对象跟随在另一个对象之后，以及，对于任意一个与第一个对象类似的对象，它们的后面都会跟随着与第二个对象类似的对象"这样一种习惯性的序列。而只要我们所考虑的还是那些基于理性或者经验所获得的指示，原因和结果之间的关系就仅仅是一种接续的关系，而这种关系是"通过习惯性的过渡"而在我们的心智中留下印象的。也就是说，当这个序列在经验中发生的次数越来越多的时候，一种事件引发另一种事件的几率就越来越大——但是，它永远也都只是可能发生。

休谟在原因问题上的怀疑主义，以及他对原因的含义的重新解释，在后来者那里，特别是自然科学家那里，获得了广泛的接受。比如，威廉·詹姆士在考虑"'万物皆有其因'这一原理"时，就宣称说"我们对'原因'这个词并无确定的观念，对于到底什么是因果性，也同样如此。但是这个原理表达出了一种需求，我们想要的不仅仅是现象之间那种表面的、时间性的接续，而是某种更深的内在关联的需求。简单说，'原因'这个词，是为某个未知的神明所准备的一座神坛，一个空置的基座，它实际上是在标示着某个位置——这个位置就是我们希望原因能存在在那里的那个位置"。然后，他又接着说道，"对于这个序列中的各项，任何一种内在的互属关系——如果真能发现的话——都会被接受为这个'原因'一词的含义"。

尽管休谟认为我们不可能穿透经验，不可能达到那种坐落于事物本性之中的真实原因的运转，他却并没有否认因果过程的现实确实是自然的一个原理。相反，他并不认为有任何东西是因为机遇而发生的，也不认为自然中有任何的发生可以是无因的。"一个被普遍接受的观点是"，休谟以赞同的口吻说道，"任何事物，都不可能是没有原因就存在的，而任何一种机遇，如果详加考察的话，都可以发现，那只是一个否定性的词语，而不是在指自然中的任何一种（无论存在在哪里）真实的权能"。不过，"尽管在这个世界上并没有机遇这种东西，由于我们对任何事件中的真实原因的无知，对于我们的理智来说，效果最后是一样的，而且也产生了类似的信念或者意见"。

换句话说，休谟的立场看起来是这样的：人类对于真实原因的无知，以及他对"原因"和"结果"之间的习惯序列的那种仅仅停留在几率层面的意见，所标示出的只是人类自身的限度而不是自然秩序本身在因果决定性方面的限度。而在我们这套伟大著作的传统中，休谟的对手们，无论是在他之前还是在他之后的，都曾经接过上述这两个观点而与他进行争论。不过尼采倒是站在休谟一边的，在他看来，原因是我们自己发明出来的故事。"原因是我们自己，而且只是我们自己编造出来的……在这件事情上，我们的所作所为跟我们一直以来的所作所为完全一样，也就是说，一种神话学的方式"。

另一方面，比如，亚里士多德则会反对休谟的这种决定论；而休谟的这种决定论，从其在完整性或者说全面性来看，一点也不弱于斯宾诺莎。他坚定地认为，机遇或者真正的偶然是存在于自然的诸种发生之中的。而康德则会反对休谟的那种做法，即把关于原因的陈述还原成几率性的意见。他坚持认为，在自然的形而上学中，这类判断（即关于原因的判断）是可以获得绝对的确定性的。关于这些相关的论题，见**机会**、**命运**以及**必然性与偶然性**这几章。

从休谟之后自然科学的发展来看，他这种把原因—结果翻译成被观察到的序列或者说原因与结果之间的相互关系的做法，实际上是加强了那种最先出现在伽利略和牛顿的倾向，即那种要去描述自然现象而不是去解释自然现象的倾向。不过，考虑到科学在技术领域所结出的果实，考虑到人对自然的控制，在对科学的理解方面，得到验证的反倒像是培根的观点而不是休谟的观点——至少，单就下面这样一点而言是这样，即，既然我们可以成功地应用那些关于结果之生产的科学知识，那这就意味着我们对原因是有知识的。

按照普朗克的说法，"因果律则既不真，也不假。它更像是一种启发性的原理，一种路标……它帮助我们在各种事件组成的令人迷乱的迷宫中找到我们自己的位置，同时又让我们看到，科学为了获得丰硕的果实所要前进的方向"。对因果性的考虑"在儿童那正在觉醒的心灵上留下了烙印，并且把那个永不休止的问题'为什么'放到了他的嘴边"。"而

8. 原 因

正是这个问题与科学家长伴一生,让他不断地遇到新的问题。"

因果性原理——即,万物皆有其因,或者所谓"充足理由律",或者,按照斯宾诺莎的说法,即"就本性而言,没有不产生结果的实存"——曾经成为对人类的自由以及自然秩序中的机遇与偶然性加以拒绝的基础。关于人的自由意志的问题,在**命运**、**自由**和**意志**那几章中有讨论。不过,在本章中,我们可以来看一看,在原因的语境中——不管说是神恩或者自然的因果——这个问题是怎么获得表达的。

如果上帝的意志是所有发生的事情的原因,如果没有一件事情是能够违背他的意志或者逃脱他的恩典的预见的,那么,人又如何能够自由地、不受上帝的预先安排的约束而在善恶之间进行选择呢?如果,就像神学家所说的那样,"自由选择这种行为是可以像追溯到原因那样追溯到上帝的",这种行为又能在什么意义上被称为"自由"呢?难道它不是要必然地去遵循上帝的意志和他的计划吗?同时,另一方面,如果"任何一种出自自由选择的事件都必须从属于神圣的恩典",那么人所行的邪恶,难道不也要溯因到上帝那里去吗?

对于那些只承认自然之中的因果的科学家——特别是这样一些科学家,他们认为,存在着这样的一个自然领域,在其中任何东西都不能逃脱因果性的管辖(就像神学家认为没有东西能逃脱上帝的意志一样)——来说,这个问题则有另外一种形式。既然自然领域也包括着人的自然/本性,那么,如果自由就是指完全没有原因来使其发生,那么人的行动不也就会像其他自然事件一样受到因果律的决定吗?那么,是否还有任何一种人类的行动是自由的呢?还是说,人类的行动虽然有原因,这种原因却不同于那些导致物质运动的原因?在自然(包括物理运动和心理运动)的秩序中,因果性和自由是相互矛盾的原理吗?还是说,它们实际上分属不同的领域——就像——比如康德所做的区分,现象界和本体界,感觉领域和超感觉的领域;或者,还是像黑格尔那样,区分自然的领域和历史的领域?

那些伟大的著作在这些问题上所给出的不同答案,深远地影响着人类对他们自己、对宇宙以及对人类在宇宙中的地位的看法,正如必然性和机遇问题在物理学或者自然哲学中占据着一种中心位置一样,决定论和自由的问题对于心理学、伦理学、政治理论、历史哲学以及最重要的神学来说,也有着一种中心的位置。它让詹姆士和弗洛伊德、黑格尔和马克思、休谟和康德、斯宾诺莎和笛卡尔、卢克莱修和奥勒留成为对手。而对于下面这些人来说,这则是复杂的神学问题,他们是奥古斯丁、阿奎那、帕斯卡,以及两位在思考上帝的意志与人类的自由方面最伟大的诗人——但丁和弥尔顿。

分 类 主 题

1. 关于因果过程的一般理论
   1a. 原因的种类:它们的区分与说明
   1b. 原因秩序:原因与结果的关系
2. 有生命和无生命自然中的原因比较

3. 因果性与自由
4. 按照实际活动中的秩序来分析目的和手段
5. 从知识的角度看原因
   5a. 作为探索对象的原因
   5b. 哲学和科学方法中的原因：原因在定义、证明、实验以及假设中的作用
   5c. 我们关于原因的知识的来源和本性
   5d. 我们关于原因的知识的限度
6. 目的因的存在与运作
7. 上帝或者诸神的因果性
   7a. 存在于世界的起源或者实存中的神圣因果：世界的创造与保存
   7b. 在自然秩序或者变化中的神圣因果：第一因，它与其他所有原因的关系
   7c. 在宇宙之管制中的神圣因果：恩典与自由意志
   7d. 超自然秩序中的神圣因果：神的荣耀与奇迹
8. 历史进程中原因的运作

[陆丁 译]

索引

本索引相继列出本系列的卷号〔黑体〕、作者、该卷的页码。所引圣经依据詹姆士御制版，先后列出卷、章、行。缩略语 esp 提醒读者所涉参考材料中有一处或多处与本论题关系特别紧密；passim 表示所涉文著与本论题是断续而非全部相关。若所涉文著整体与本论题相关，页码就包括整体文著。关于如何使用《论题集》的一般指南请参见导论。

1. The general theory of causation

6 Plato, 195, 226–228, 240–246
7 Aristotle, 128–131, 271–278, 514–515, 533–534, 569–570
8 Aristotle, 612–613
11 Lucretius, 85
11 Plotinus, 483–484
17 Aquinas, 16–17, 180–181, 264–268 passim, 280, 542–543, 547–548, 585–588, 591–595
18 Aquinas, 13–15, 140, 939–941
21 Hobbes, 80
28 Bacon, 42–46
28 Descartes, 310–312, 337–338, 347
28 Spinoza, 589, 590, 609
33 Locke, 178–179
33 Berkeley, 417–419 passim, 424–426
33 Hume, 457–485 passim
39 Kant, 46–47, 58–59, 76–83, 152–153, 225–226, 279–287, 294–295, 311–314, 550–578 esp 550–551, 555–558, 564, 566, 568–570, 577–578, 587–591, 611–613

1a. The kinds of causes: their distinction and enumeration

6 Plato, 447, 455–458, 577–578, 592–593, 615–619, 760–765
7 Aristotle, 128–129, 288, 436–439, 501–511, 514–515, 543, 547, 565–567, 568–569, 599–601
8 Aristotle, 161–165, 255, 320–321
17 Aquinas, 12–14, 25–26, 82–83, 84–85, 194–195, 203–204, 253–255, 259–260, 382–383, 653–654
18 Aquinas, 113–114, 137–138, 141, 181–182
26 Gilbert, 36
26 Harvey, 415–417, 425–429
28 Descartes, 336–337, 384–387 passim
28 Spinoza, 589, 592–593, 600, 629–632
33 Locke, 217
33 Berkeley, 422–423
39 Kant, 164–171, 594

1b. The order of causes: the relation of cause and effect

6 Plato, 24, 124, 267–268, 460, 521–522, 617
7 Aristotle, 20, 129–131, 134–136, 279–280, 326–329, 334–355, 421–423, 512–513, 533, 593, 600, 601–605, 635–636
8 Aristotle, 170, 235, 283, 649
9 Galen, 349–350, 351
11 Plotinus, 524–525
15 Kepler, 854, 940–941
16 Augustine, 413–414, 662
17 Aquinas, 16–17, 18–19, 21–22, 24–25, 66–67, 106–107, 111–116, 217–219, 227, 250–252, 259–260, 269–270, 378–379, 472–473, 610–611, 813–814
18 Aquinas, 80–81, 385–387, 424–425, 740–741, 744, 858–864 passim, 870–871, 927–928, 939–942, 994–996
21 Hobbes, 78–80
26 Harvey, 426–429, 445, 447
28 Bacon, 43
28 Descartes, 279–280, 310–312, 313–314, 336–338, 358, 384–387 passim, 439, 455
28 Spinoza, 592–593, 598–600, 601–603, 607, 609, 629–632
32 Newton, 270
33 Locke, 182, 203, 217
33 Berkeley, 425–426
33 Hume, 477, 497–503 passim
39 Kant, 15, 17, 57, 95, 140, 187–189, 214, 553–555, 577–578
49 Darwin, 10, 65–66, 285
53 James, William, 772, 884–885
55 James, William, 38
55 Dewey, 122–123
57 Veblen, 116–123

2. Comparison of causes in animate and inanimate nature

6 Plato, 241–242, 763–765
7 Aristotle, 275–278, 336, 337, 339, 493–494, 557, 571–572, 573, 645–646, 664–668, 698
8 Aristotle, 161–165, 274–275
9 Galen, 367–381
11 Lucretius, 24
15 Kepler, 959–960
17 Aquinas, 106–107, 128–130, 365–367, 516–517, 610–611
19 Dante, 90–91, 92
21 Hobbes, 271
26 Harvey, 385
28 Descartes, 441
33 Locke, 211–212
39 Kant, 555–558, 566, 578–580
42 Faraday, 448–449

49 Darwin, 9–10
53 James, William, 4–6, 84–94
55 Whitehead, 172–173
57 Veblen, 5–6, 117–119

3. **Causality and freedom**

7 Aristotle, 573
8 Aristotle, 358, 611–613
11 Lucretius, 18–19
11 Aurelius, 255
11 Plotinus, 382–386
16 Augustine, 256–259
17 Aquinas, 110–118 passim, 308–309, 436–438, 591–592, 662–666
19 Dante, 65
19 Chaucer, 365–366
21 Hobbes, 112–113
28 Spinoza, 596–597, 599–603, 625–628
30 Pascal, 154–159
33 Locke, 180–184, 190–192
33 Hume, 478–487
35 Rousseau, 337–338
39 Kant, 234–235, 236–237, 275, 279–287, 292–293, 296, 301–302, 310–321, 331–337, 383, 386–387, 463–465
41 Boswell, 392–393
43 Hegel, 51, 68, 167–171, 178–179
44 Tocqueville, 265–266
48 Melville, 97–98
51 Tolstoy, 389–391, 469–472
53 James, William, 84–94, 291–295, 388, 820–826
54 Freud, 454, 486–487
56 Planck, 90–91

4. **The analysis of means and ends in the practical order**

6 Plato, 23, 262–264, 280
7 Aristotle, 163, 512–513, 575–576, 665–666
8 Aristotle, 339, 340–341, 342–344 passim, 387–388, 536, 602–607, 608
11 Epictetus, 179, 212–215
11 Aurelius, 262–263, 271
11 Plotinus, 315–316
16 Augustine, 317–318, 575–579, 593, 705–706, 709–710, 713–714
17 Aquinas, 109–111, 431–435, 439–440, 609–623, 629–632, 641–642, 656–657, 667–668, 670–672, 674–675, 678, 682–683, 685–686
18 Aquinas, 23–24, 39–40, 228–229, 325–327, 524–525
19 Chaucer, 349–350
21 Hobbes, 53, 76
23 Montaigne, 370–372
39 Kant, 256, 257, 265–268, 271–279, 314–329, 478
40 Mill, 461–463
43 Hegel, 45–48, 51–56, 69, 112, 132, 168–177, 282–283
44 Tocqueville, 399
53 James, William, 381–382, 788–789

55 Dewey, 105, 116–117
55 Barth, 518
57 Tawney, 189–191, 253–255
58 Weber, 170

5. **Cause in relation to knowledge**

5a. **Cause as the object of our inquiries**

6 Plato, 240–246, 465–466
7 Aristotle, 122–123, 271, 272, 499–511, 547, 587, 592, 598
8 Aristotle, 243, 255, 283–284, 358
9 Galen, 349–350, 351
11 Lucretius, 66
11 Plotinus, 660
12 Virgil, 50–51
15 Kepler, 959–960
17 Aquinas, 112–113, 628–629
18 Aquinas, 424–425
21 Hobbes, 53, 78–80
23 Montaigne, 540
26 Gilbert, 5–7 passim
26 Harvey, 335–336
28 Bacon, 42–47, 110–111, 131–132, 137–195, 210
28 Descartes, 285–286, 336
28 Spinoza, 603–606, 624
32 Newton, 543
33 Locke, 317
33 Berkeley, 418–419, 432–434 passim
33 Hume, 454–455, 460, 477
51 Tolstoy, 563, 675–696
53 James, William, 89–90, 885–886
57 Veblen, 119–121

5b. **Cause in philosophical and scientific method: the role of causes in definition, demonstration, experiment, hypothesis**

6 Plato, 240–246, 455
7 Aristotle, 97–137, 275, 514–515, 632
8 Aristotle, 161–165, 283–284, 320
11 Lucretius, 85
15 Copernicus, 505–506
15 Kepler, 846–847, 960
17 Aquinas, 11–12, 84–85, 238–239, 680
18 Aquinas, 28–29
21 Hobbes, 267
26 Galileo, 202–203
26 Harvey, 316, 319, 393, 425
28 Bacon, 56–59, 117–118, 210
28 Descartes, 276, 290, 307–315, 334–341, 346–348
28 Spinoza, 590–591, 629, 656–657
30 Pascal, 368–369
32 Newton, 531, 541–542, 543
32 Huygens, 553–554
33 Locke, 315–317, 322–323
33 Berkeley, 422–423, 424–426 passim, 432–434
33 Hume, 481–482, 487, 503
39 Kant, 46–47, 285–286, 311–314, 339, 578
42 Lavoisier, 9–10

43 Hegel, 162–164
49 Darwin, 239–240
50 Marx, 10–11
51 Tolstoy, 563, 675–696 passim
53 James, William, 668–671
54 Freud, 483–484
56 Planck, 102–109
56 Bohr, 337–338, 341, 351
56 Schrödinger, 481–486
56 Dobzhansky, 530

5c. The nature and sources of our knowledge of causes

6 Plato, 240–245, 455
7 Aristotle, 136–137, 499–501, 512
9 Galen, 351
16 Augustine, 392–393
18 Aquinas, 66–67, 295–297
20 Calvin, 4–5
21 Hobbes, 53, 60, 63, 78, 79–80
28 Bacon, 110–111, 127, 137–195
28 Descartes, 286, 336
28 Spinoza, 603–606
30 Pascal, 388
32 Newton, 543
33 Locke, 217
33 Hume, 457–485 passim, 497–503 passim
36 Smith, 376–378
39 Kant, 57–58, 59, 76–83, 95, 164–171, 285–286, 387, 562–563
53 James, William, 88–90 passim
56 Poincaré, 58–60
56 Planck, 102–109
56 Bohr, 314–316, 333, 337–338, 341, 351
56 Heisenberg, 413–414

5d. The limits of our knowledge of causes

Old Testament: *Job*, 38–39
6 Plato, 383–388
7 Aristotle, 501
8 Aristotle, 283–284
11 Lucretius, 66
17 Aquinas, 57–58, 112–113, 297–298
21 Hobbes, 54, 78–80
23 Montaigne, 132–134, 311–313, 539–545 passim
28 Bacon, 137
28 Spinoza, 656–657
30 Pascal, 205–217 passim
32 Newton, 371–372
33 Locke, 197, 211–212, 315–317, 332–336 passim
33 Hume, 458–478, 482–483, 497–503 passim, 507
36 Smith, 376–377
39 Kant, 140–145, 171–172, 234–235, 291–292, 557–558, 611–613
49 Darwin, 65, 92–94 passim
51 Tolstoy, 469–470, 563, 646–647, 650, 675–696
53 James, William, 90, 822
55 Russell, 268

56 Planck, 102–109
56 Bohr, 314–316, 337–338, 341, 351
56 Heisenberg, 413–414
56 Dobzhansky, 530
56 Waddington, 743–744
57 Veblen, 120–121
58 Huizinga, 329, 334

6. The existence and operation of final causes

6 Plato, 241–242, 447–448
7 Aristotle, 129, 270–271, 275–278, 383–384, 500, 512–513, 602, 605–606, 645–646, 698
8 Aristotle, 161–162, 164–165, 170–229 passim, 257–260, 283, 285–286, 309, 320–321, 330–331
9 Galen, 356–357, 362–364, 385–389
11 Lucretius, 28, 52–53, 60–61
11 Aurelius, 255
11 Plotinus, 342–343.
15 Kepler, 857–860, 863–887 passim, 915–916, 925–928, 1023–1080
16 Augustine, 386–387, 587–589
17 Aquinas, 24–25, 106–107, 132–133, 194–195, 241, 340–341, 455–457, 486–487, 528–534 passim, 542–543, 672
26 Harvey, 302, 355, 390, 442–443, 447, 462
28 Bacon, 43, 45–46
28 Descartes, 316
32 Newton, 371, 528–529
33 Berkeley, 424–426 passim, 433–434
33 Hume, 469
34 Voltaire, 191–192
39 Kant, 187–190, 467–470, 473–474, 550–613
43 Hegel, 168
49 Darwin, 40, 41–42, 217–218, 593
54 Freud, 651–654 passim
55 James, William, 30, 58–59
56 Planck, 115
56 Waddington, 703–704, 723–735 esp 723–727, 730–735, 744–745
57 Veblen, 118–119

7. The causality of God or the gods

7a. Divine causality in the origin and existence of the world: creation and conservation

Old Testament: *Genesis*, 1–2 / *Job*, 38:1–42:2 / *Psalms*, 8; 33:6–9; 74:16–17; 104; 148:1–6 / *Proverbs*, 8:23–29 / *Isaiah*, 40:26–28
Apocrypha, *Ecclesiasticus*, 33:10–13; 39:16–35; 43
New Testament: *Acts*, 17:22–28 / *Colossians*, 1:16–17
6 Plato, 447–452, 577–578
11 Plotinus, 369–377, 524–525, 554–555
16 Augustine, 113–116, 126–129, 129–139, 142–157, 307–309, 376–389, 402–415
17 Aquinas, 34–35, 36–37, 238–255, 292–294, 314–317, 339–343, 383–384, 480–501, 504–505, 534–536
19 Dante, 99, 106, 127

20 Calvin, 46, 61–63, 71, 83–86
21 Hobbes, 173, 251
26 Galileo, 245
28 Bacon, 17
28 Descartes, 278–280, 358–359, 441, 454, 455
28 Spinoza, 596–597
29 Milton, 118–119, 150–151, 168, 185–186, 192–194, 218–231
30 Pascal, 258
31 Molière, 123–124
32 Newton, 542–543
33 Locke, 352–353
33 Berkeley, 417–419, 421, 423–424, 442–443
39 Kant, 143–145, 597–599
43 Hegel, 259–260
49 Darwin, 239, 243
55 James, William, 21–23
55 Heidegger, 305–306
55 Barth, 470
56 Waddington, 725–727

7b. Divine causality in the order of nature or change: the first cause in relation to all other causes

6 Plato, 455, 587–589
7 Aristotle, 334–355, 438, 439, 501, 601–606
9 Hippocrates, 338
11 Lucretius, 3, 17, 77–78, 81
11 Epictetus, 104–106, 114
11 Plotinus, 435–443, 518–519
15 Kepler, 1049–1050
16 Augustine, 61–63, 358, 413–414, 586–592, 685–688
17 Aquinas, 12–14, 19, 20–23, 253–255, 256–258, 266, 277–278, 279–280, 310–311, 378–379, 442–443, 534–545, 592–595, 662, 672, 692
18 Aquinas, 157–158, 347–349, 424–425
19 Dante, 125
19 Chaucer, 308–309
21 Hobbes, 78–79, 241–242, 272
26 Harvey, 406–407, 416, 426–429, 490–493
28 Bacon, 4
28 Descartes, 279–280, 336, 349, 384–388, 455
28 Spinoza, 599–600, 601–603, 608–609
32 Newton, 369–371
33 Locke, 178, 211
33 Berkeley, 417–419 passim, 424–426, 433–434 passim
33 Hume, 474–475
39 Kant, 140–145, 171–172, 177–179, 187–189, 205–209, 239–240, 334–335, 564–567, 581–582, 587–592
48 Melville, 245
49 Darwin, 243
55 James, William, 23–25, 29
55 Whitehead, 217–220
57 Veblen, 118

7c. Divine causality in the government of the universe: providence and free will

Old Testament: *Genesis*, 1–3; 6–9; 12–13; 15; 17–18; 21–22; 26:1–6,22–25; 28:10–22; 35:9–15; 37–50 / *Exodus*, 3; 7–14; 19–20; 23:20–33; 33:18–19; 40:34–38 / *Numbers*, 9:15–23 / *Deuteronomy*, 4:1–40; 5–11; 29:1–31:8 / *Joshua*, 1–11; 23–24 / *Judges*, 1–16 / *I Samuel*, 8–10; 15–16 / *II Samuel*, 7 / *I Kings*, 11; 13–22 passim / *II Kings*, passim / *I Chronicles*, 17:4–14; 29:11–12 / *II Chronicles*, 11–36 passim, esp 36 / *Esther* / *Job* esp 1–2, 24, 27, 38–41 / *Psalms* passim, esp 3–4, 9–11, 13, 17–18, 20, 23, 65, 104 / *Ecclesiastes*, 3; 8–9; 11–12 / *Isaiah*, 36–37; 46; 51 / *Jeremiah*, 17:5–8; 18–19; 31; 45 / *Ezekiel*, 18 / *Daniel* esp 3, 6 / *Jonah*, 1–2
Apocrypha: *Tobit* / *Judith* / *Rest of Esther* / *Ecclesiasticus*, 15:11–20 / *Song of Three Children* / *Susanna* / *Bel and Dragon* / *I Maccabees*, 3:13–26 / *II Maccabees*, 6:1–16
New Testament: *Matthew*, 6:25–34; 10:29–33 / *Luke*, 12:4–7, 22–34; 21:12–19 / *John*, 6:22–71 / *Acts*, 6:8–7:60 / *Romans*, 8:28–11:36 / *Ephesians*, 1:4–2:10; 4:1–7 / *Hebrews*, 13:5–6 / *I Peter*, 1:1–5 / *Revelation*, 11:15–18
3 Homer, 301
6 Plato, 321–322, 479
7 Aristotle, 605–606
8 Aristotle, 434
11 Lucretius, 29, 60–62, 73–74
11 Epictetus, 112–113, 114–116, 181, 184–189, 219–220
11 Aurelius, 242–244, 247–248, 268, 269, 271, 272–273, 281, 291
11 Plotinus, 346–347, 386–402 passim
12 Virgil, 87–88
13 Plutarch, 189, 435
16 Augustine, 169–171, 248, 250–259, 269–271, 358–359, 384, 396–402, 414–415, 455, 586–592
17 Aquinas, 70–71, 93–94, 110–111, 127–143, 510–511, 528–608, 662, 665–666
18 Aquinas, 208–209, 215–220 passim, 855
19 Dante, 65, 77, 100, 103, 116, 117, 122, 138
19 Chaucer, 243–244, 294, 308–309, 351–360, 395, 440
20 Calvin, 2–4, 8–16, 71–72, 80–96, 109–134
21 Machiavelli, 35
21 Hobbes, 160, 163–164
23 Montaigne, 149–150
28 Bacon, 38, 125–126
28 Descartes, 315–319, 325
28 Spinoza, 608
29 Milton, 200, 220–221, 354–355, 394–395
30 Pascal, 211, 284–290
33 Locke, 230
33 Berkeley, 423–424, 93–94, 442–444 passim
33 Hume, 485–487, 497–503 passim
35 Montesquieu, 1–2
37 Gibbon, 292–293

43 Hegel, 163-167, 168-178, 190-193, 392-393
51 Tolstoy, 272, 447-448, 619-620, 631, 645-650 passim, 675-676, 680, 684
52 Dostoevsky, 133-144 passim
54 Freud, 771, 878

7d. Divine causality in the supernatural order: grace, miracles

Old Testament: *Genesis*, 19:24-26; 21:1-8 / *Exodus*, 3-12 passim / *Numbers*, 11-12; 16-17; 20:1-13; 22:21-34 / *Joshua*, 3:13-4:24; 6:1-20 / *Judges*, 6:36-40 / *I Kings*, 17; 18:30-39 / *II Kings*, 1-6; 20:1-11 / *Nehemiah*, 9 / *Psalms*, 78 / *Isaiah*, 38 / *Jeremiah*, 33:1-14 / *Daniel* 3:1-4:3; 5-6; 9:9 / *Joel*, 2:30-31 / *Jonah* / *Micah*, 7:18-20 / *Zechariah*, 12:10

Apocrypha: *Song of Three Children* / *Bel and Dragon*, 28-42

New Testament: *Matthew*, 8-9; 12:22-29; 14:13-36; 15:22-39; 17:1-8; 20:29-34 / *Mark*, 1:29-34, 40-44; 2:3-12; 4:34-41; 5; 6:34-56; 7:24-8:26; 9:2-10, 17-30; 10:46-52; 13:24-26 / *Luke*, 1:5-66; 4:31-5:26; 7:1-16; 8:22-56; 9:12-17, 28-42; 11:14-26; 13:11-17; 14:1-6; 17:11-19; 18:35-43 / *John*, 1:14-17; 2:1-11; 4:46-54; 11:1-45 / *Acts*, 2:1-22; 3:1-16; 9:36-43; 14:8-10; 19:11-12; 20:7-12; 28:1-10 / *Romans*, 1:3-5; 3:19-7:25; 11 / *I Corinthians*, 15:9-10 / *II Corinthians*, 8-9 passim; 12:1-10 / *Ephesians*, 1:1-11 / *Philippians*, 2:12-13; 14:13 / *II Thessalonians*, 2:16-17 / *Titus*, 2:11-15; 3:3-9 / *Hebrews*, 12:14-29

13 Plutarch, 191-192
16 Augustine, 45, 353-354, 357-362, 426-427, 456-458, 500, 506-507, 636-641, 646-647, 663-675
17 Aquinas, 53-55, 61-62, 317-325, 475, 506-510, 543-545, 561-562, 567-568, 584-585
18 Aquinas, 28-29, 60, 64-65, 72-73, 141-142, 158, 321-322, 338-378, 745-763, 855, 858-864, 938-939, 978-980
19 Dante, 98-99, 131-132, 132-133
19 Chaucer, 324-338, 344-346
20 Calvin, 24, 50
21 Hobbes, 83, 88-89, 137, 165-167, 172-177 passim
23 Montaigne, 252-253, 307-308
28 Bacon, 33, 41, 201-203
28 Descartes, 351-352
29 Milton, 136-144, 299, 304-305, 323-324
30 Pascal, 1-14, 19-26, 154-159, 245-251, 261, 262-264, 290-291, 328-341
33 Locke, 371
33 Berkeley, 425, 429
33 Hume, 488-497
37 Gibbon, 180, 189-191, 295-296, 465-467
38 Gibbon, 232, 398-399
39 Kant, 238
41 Boswell, 126
43 Hegel, 325-326
58 Frazer, 7-30, 38-40
59 Shaw, 67-68, 79-81, 100

8. The operation of causes in the process of history

5 Herodotus, 21-22, 291
6 Plato, 587-589, 663-666, 679
8 Aristotle, 502-519 passim
11 Lucretius, 7
11 Aurelius, 278, 283-284
12 Virgil, 81-321
14 Tacitus, 91, 190
16 Augustine, 187, 188-189, 248, 250, 259-274, 374-375, 537-538
19 Dante, 97
21 Machiavelli, 35-36
24 Shakespeare, 590
30 Pascal, 284-290
35 Montesquieu, 122-125
35 Rousseau, 348
37 Gibbon, 456-457, 630
38 Gibbon, 451-453, 590
40 Mill, 327-332
43 Hegel, 44, 114-118, 163-177, 199-211, 213-216, 248-249, 298-299, 300-301, 358-363
44 Tocqueville, 237, 264-266
49 Darwin, 323, 327-328
50 Marx, 8-11 passim
50 Marx-Engels, 416-417, 419-425, 428
51 Tolstoy, 342-344, 430-432, 447-448, 469-472, 563-575, 588-590, 609-613, 618-621, 645-650, 675-696
52 Dostoevsky, 133-144
54 Freud, 761, 781-782, 787-788, 799-802, 882-884
58 Huizinga, 250-251, 271, 282-285

交叉索引

以下是与其他章的交叉索引：

Cause in relation to principle and element, see ELEMENT 2; PRINCIPLE 1a.

The distinction between necessary and contingent causes, and the conception of chance in relation to cause, see CHANCE 1a-1b; NATURE 3c-3c(1); NECESSITY AND CONTINGENCY 3a-3c.

Determinism in nature, history, philosophy, or science, see CHANCE 2a; FATE 5-6; HISTORY 4a(1); MECHANICS 4c(1); NATURE 2f, 3c(2).

The controversy concerning causality versus free will, and the problem of man's freedom in relation to God's will, see FATE 2, 4; HISTORY 4a(1); LIBERTY 4a-4b, 5a, 5d; WILL 5a(3)-5a(4), 5b(2), 5c, 7c.

The theory of divine causality in creation, providence, and the performance of miracles, see ASTRONOMY AND COSMOLOGY 6d; GOD 5a, 7a-7e; MATTER 3d; NATURE 3c(4); WORLD 4b, 4d-4e.

The role of ends or final causes in the order of nature and the structure of the universe, see DESIRE 1; GOD 5b; NATURE 3c(3); WORLD 1b, 6c; and for the general theory of means and ends, see GOOD AND EVIL 4b, 5c; JUDGMENT 3; PRUDENCE 3a, 4b; WILL 2c(2)-2c(3).

Cause as an object of knowledge and in relation to the methods and aims of philosophy, science, and history, see ASTRONOMY AND COSMOLOGY 3a-3b; DEFINITION 2d; HISTORY 3b; KNOWLEDGE 5a(3); MECHANICS 2c; PHYSICS 2b; REASONING 5b(4)-5b(5); SCIENCE 1b(1), 4c.

扩展书目

下面列出的文著没有包括在本套伟大著作丛书中，但它们与本章的大观念及主题相关。

书目分成两组：

Ⅰ．伟大著作丛书中收入了其部分著作的作者。作者大致按年代顺序排列。

Ⅱ．未收入伟大著作丛书的作者。我们先把作者划归为古代、近代等，在一个时代范围内再按西文字母顺序排序。

在《论题集》第二卷后面，附有扩展阅读总目，在那里可以查到这里所列著作的作者全名、完整书名、出版日期等全部信息。

I.

Thomas Aquinas. *Summa Contra Gentiles*, BK III, CH 1-16, 64-83, 88-98
Hobbes. *Concerning Body*, PART II, CH 9
Descartes. *The Principles of Philosophy*, PART I
Berkeley. *Siris*
Hume. *A Treatise of Human Nature*, BK I, PART III, SECT II-IV, XV
Voltaire. "Change or Generation of Events," "Final Causes," in *A Philosophical Dictionary*
Gibbon. *An Essay on the Study of Literature*, XLVIII-LV, LXXVIII-LXXXII
Kant. *Metaphysical Foundations of Natural Science*, DIV III
Mill, J. S. *An Examination of Sir William Hamilton's Philosophy*, CH 16
———. *A System of Logic*, BK III, CH 4-6, 9-10, 15, 21
Hegel. *Science of Logic*, VOL I, BK II, SECT I, CH 3; SECT III, CH 3 (B); VOL II, SECT II, CH 3
James, W. *Some Problems of Philosophy*, CH 12-13
Freud. *The Psychopathology of Everyday Life*, CH 12
Planck. *The Philosophy of Physics*, CH 2
———. *Where Is Science Going?*, CH 4-5

Bergson. *Creative Evolution*
Dewey. *Logic, the Theory of Inquiry*, CH 22
Whitehead. *An Enquiry Concerning the Principles of Natural Knowledge*, CH 16
———. *Symbolism, Its Meaning and Effects*
Russell. *The Analysis of Matter*, CH 30-31, 35
———. *Human Knowledge, Its Scope and Limits*, PART IV, CH 9-10; PART VI, CH 5-6
———. *Mysticism and Logic*, CH 9
———. *Our Knowledge of the External World*, VIII
———. *The Principles of Mathematics*, CH 55
Eddington. *The Nature of the Physical World*, CH 14

II.

THE ANCIENT WORLD (TO 500 A.D.)

Proclus. *The Elements of Theology*, (B,G,I)
Sextus Empiricus. *Against the Physicists*, BK I (Concerning Cause and the Passive)
———. *Outlines of Pyrrhonism*, BK III, CH 1-20

THE MIDDLE AGES TO THE RENAISSANCE (TO 1500)

Duns Scotus. *Tractatus de Primo Principio* (A Tract Concerning the First Principle)

Maimonides. *The Guide of the Perplexed*, PART I, CH 69; PART II, CH 48

THE MODERN WORLD (1500 AND LATER)

Armstrong and Malcolm. *Consciousness and Causality*
Boyle. *A Disquisition About the Final Causes of Natural Things*
Bradley, F. H. *Appearance and Reality*, BK I, CH 6
——. *The Principles of Logic*, BK III, PART II, CH 2
Broad. *Perception, Physics, and Reality*, CH 1-2
Brown. *An Inquiry into the Relation of Cause and Effect*
——. *Lectures on the Philosophy of the Human Mind*, VOL I-II, in part
Bruno. *De la causa, principio, e uno*
Burks. *Chance, Cause, Reason*
Cohen, M. R. *Reason and Nature*, BK I, CH 4(2); BK II, CH 2
Comte. *The Positive Philosophy*, INTRO, CH I; BK III, CH I
Davidson. *Essays on Actions and Events*
Ducasse. *Causation and the Types of Necessity*
Emmet. *The Effectiveness of Causes*
Gustafson. *Intention and Agency*
Hamilton, W. *Lectures on Metaphysics and Logic*, VOL I (38-40)
Helmholtz. *Popular Lectures on Scientific Subjects*, VIII
Henderson. *The Order of Nature*
Janet, P. A. *Final Causes*
Jevons. *The Principles of Science*, CH II
John of Saint Thomas. *Cursus Philosophicus Thomisticus, Philosophia Naturalis*, PART I, QQ 10-13, 25-26
Johnson, W. E. *Logic*, PART III, CH 3-11
Leibniz. *Discourse on Metaphysics*, XV-XXII
——. *New Essays Concerning Human Understanding*, BK II, CH 26
Lotze. *Logic*, BK I, CH 2 (B)
McTaggart. *The Nature of Existence*, CH 24-26
Malebranche. *Dialogues on Metaphysics*, VII
——. *The Search After Truth*, BK VI (II), CH 3; Eclaircissement 15
Maritain. *A Preface to Metaphysics*, LECT V-VII
Meyerson. *De l'explication dans les sciences*
——. *Identity and Reality*, CH I
Pearson. *The Grammar of Science*, CH 4
Peirce, C. S. *Collected Papers*, VOL VI, par 66-87, 393-394
Reid, T. *Essays on the Active Powers of the Human Mind*, I
Santayana. *The Realm of Matter*, CH 7
Schopenhauer. *On the Fourfold Root of the Principle of Sufficient Reason*
——. *The World as Will and Idea*, VOL III, SUP, CH 26; APPENDIX
Suárez. *Disputationes Metaphysicae*, XI (3), XII-XXVII, XXIX, XXXI (8-10), XXXIV (6-7), XLVIII (1)
Toynbee, A. J. *A Study of History*
Venn. *The Principles of Empirical or Inductive Logic*, CH 2
Weyl. *The Open World*, LECT II
Whewell. *The Philosophy of the Inductive Sciences*, VOL I, BK III, CH 1-4; BK IX, CH 6; BK X, CH 5; VOL II, BK XI, CH 7

9

机 会 Chance

总 论

在"机会"[在很多上下文中，Chance 一词更适当的译文是"偶然"、"偶发"等等，但译界早已通行用"偶然"来翻译 contingency，因此，我们仍按通常习惯把 chance 译作"机会"，尽管在本章中这一译法往往显得相当生硬。]的一种意义上，这个词并不排斥原因的作用。在这个意义上，机会事件并不是无原因的。但是，在机会的这一意思之内也就存在着一个问题：机会事件是如何由原因产生的。

有一种观点认为，凭机会发生的事情有别于由于本质而发生的事情，根据在于其因果联系方式不同，即一种是偶然导致的，一种是必然导致的。而另一种观点认为，机会事件与有规律或以一致方式发生的事件就原因而言并无不同。其不同不在于原因的类型，在于我们对这些原因的认识。机会事件是不可预知的或较少被人预知的，因为我们不了解其原因，而非在自然界中存在着任何真实的偶然性。

"机会"还有第三种意义。在此意义上它说的是完全没有原因而发生的事情——绝对自发自生的事情。

"机会"的这三种意义同时指出了这一概念所牵涉的基本论题。第三个意思最为基本，而且与其他两个意思截然相反。我们先考察排斥任何原因的第三种意义，然后就能够考虑各种意义之间的对照了。

绝对自生学说乃是最极端形式的非决定论。"原子自生拢聚"这一熟悉的表述就简要地说明了这学说的经典命题，并在那些伟大著作中将其认同为原子论理论——不过说认同为"卢克莱修的原子理论"将更为准确，因为正是涉及机会之时他离开了德谟克利特与伊壁鸠鲁的教义，并添加了一种他自己独有的假设。

根据卢克莱修的观点，原子的涡旋解释了世界的起源、自然的运动，以及人类的自由意志。然而什么东西也解释不了原子的涡旋：这是无原因的、自发自生的。

......当这些微粒大多下降，
以它们的重量径直下落，穿过虚空，有时——
没有人知道何时或何地——它们有一点转向，
不多，但足以让我们说
它们变了方向。如果情况不是如此，
所有物体都将径直落下，像滴滴雨水，
穿过完全的虚空，绝无生产之阵痛出现
于碰撞，无物得以创生。

既然原子形状、大小、重量各异，人们可能会推测，因为较重的原子它们径直下落而且下落更快，它们将会追上并击中较轻的原子，于是就造成了它们的组群与连锁。然而这种假设，卢克莱修认为其与理性相悖。这说法对于下落并穿过水或稀薄空气的事物也许成立，可是穿过空洞的虚空时"所有物体，哪怕它们重量也许不一，运动/以同样的速度穿过没有阻力的虚空"。因而，较重的物体永远也不可能从上方落在较轻的物体之上，也不可能靠自身引起那足以产生大自然推动万物所藉的那些运动。于是，卢克莱修总结为原子"轻微涡旋"。

一旦原子已经碰撞，它们以合成物

9. 机 会

类型被连锁在一起的方式以及这些物体后来的运动就可以通过原子的自然属性加以解释。原子的大小、形状与重量决定着它们如何单独运作或联合运作。不过这些原子的转向并非如此确定。它是完全自发的。

"如果原因永远尾随着原因",卢克莱修问道,

> 以无限、不移的次序
> 且一种新的运动总是必须到来
> 来自先前的运动,依据确凿的规律;如果原子
> 并不通过转向造成新的运动,这些移动打破了
> 命运的各种规律;如果原因总是跟随,
> 以无限的次序,原因——我们会从哪里得到
> 这我们拥有的自由意志,从命运夺得,
> 靠着它我们前进,我们每一个人,
> 不管我们的享乐催向何方?我们不也涡旋吗
> 没有固定的时间或地点,而只是听任我们的目的
> 指导着我们?

他给出的答案是,在原子里面"除了外在推力或其固有重量外,必然还有着某些造成运动的其他原因;这第三种力居于我们之中,因为我们知道,没有任何事物可以生自虚无"。

原子的涡旋既然是绝对自生的,它就绝对无法理解。为何它们在不确定的时间与地点凭机会发生涡旋,这问题根本没有答案。尽管如此,这一不可理解却不应使自生之事变成虚幻或不可能。可以这样争辩:的确可以有凭机会发生的事件,尽管对于我们有限的理解力来说它是神秘莫测的。

同样的不可理解问题出现在机会的这样一个意义之中:在这一意义上,机会被认同为巧合或偶然,就像在绝对自生性那里,凭机会发生的事情是现实或自然的一部分一样。"某些事物总是以同样的方式发生,其他事情则是在绝大多数情况下如此"。作为自然观察家的亚里士多德如是说;然而"在这两种事件之外还有第三种事件——我们称这类事件为'凭机会发生的'"。这最后一种事情,他接着说,是这样一些事情,它们"顺带发生或偶发"。

根据这一理论,存在着一个真正或客观的非决定论。机会或偶然并不仅仅是一种人类因知识不足而产生的不确定性的表达。然而,偶然性不同于原子涡旋的自生自发性,因为它乃是诸原因的产物,而非它们的全部阙如。就偶然事件来说,"不存在任何确定的原因",这是亚里士多德的看法,可是却存在着"一个凭机会的原因,即是说,一个不确定的原因"。

在凭机会发生的事件中,两种活动的路线的巧合相遇,并由此产生出某个单一的结果。这就是我们对事故发生方式的通常理解。老友阔别经年之后在火车站凭机会相逢是一种巧合——两个独立且各不相干的行动巧合,将两个人都在同一个时间引向同一个火车站:他们两人来自不同所在,去往不同地方,在不同原因与目标的影响下前行。他们各自到了那里,这可以解释为各种原因的运作;而两个人一起在那里就不能用决定他们各自独立路线的那些原因加以解释了。

如果这样理解,机会事件就体现了阿奎那所说的"两个原因的相撞"。而它之成为凭机会发生的事件,在于"这两个原因的相撞,就其偶发而论,没有任何原因。"恰恰因为它是偶发的,"这原因间的相撞就不能被再行还原为一个先在的、由之必然会产生某事的原因。"

这一例证并不会因为考虑到自由意志而受到影响。不论人是否拥有自由意

志,也不论自由行为是否由原因促成,还是如康德所说的无原因的、自发性的,我们称之为"凭机会相逢"的那一事件都仍然是偶发的,或者更准确地说是一种巧合。不管这些控制各人行动的因素是什么,它们都是完全在单个人的行动内部运作的。在相逢之前,它们并不影响另一个人的举动。如果我们可以说出这两种行动之巧合的原因,它就必定会是影响了两种行动的某种因素。若是这一因素存在并且为我们所知,我们就不能说这一相逢是凭机会发生的。单纯从来到一起的物理意义上来说这仍然是一个巧合,但它却不是一个因果关系方面的巧合。

自由意志与这种意义上的机会无关,这一点可以从如下事实看出:造成原子聚变的微粒的碰撞被认为是来自机会或来自巧合,其方式与朋友的偶然相逢没有任何区别。种种原因控制着碰撞的粒子的速度与方向,但是却没有任何原因可以解释两条毫不相干的原因运作线索的巧合。对此,当代物理学并不仅仅说这种巧合的原因不为我们所知,而更是认定根本没有任何这种需要为人所知的原因存在。

机会成了其他科学里的一个重要因素。生物学家 C. H. 瓦丁顿将机会视为达尔文进化论最重要特征之一。"达尔文主义理论的基本特点……是它依靠机会,而非依靠一种简单的因果决定论,"瓦丁顿这样写道。"所有导致新的基因型发生的事件,比如突变、重组与授精作用,就本质而言都是随机的。"虽说瓦丁顿承认,达尔文很可能并未意识到这一贡献,"达尔文主义发挥了重要作用……因为它打破了简单的因果关系观念对我们心灵的禁锢"。

把机会事件看作各种原因的一种无原因的巧合,这种学说既古老又现代。

在其《物理学》中,亚里士多德就通过不同类型的因果关系区分了由于本质发生事情和凭机会发生的事情。他写道:"机会也被视作一类原因;许多事物都被说成是机会的结果,或将是机会的结果。"不过,机会的效果不能"被等同于任何由于必然性发生的事情,等同于永远或在绝大多数情况下"发生的事情,这个事实把来自机会的因果关系和本质的因果关系区分开来。

"早期的物理学家",亚里士多德评论道,"在他们认可的各种原因之中没有为机会找到任何位置……另外一些人,他们的确相信机会是一种原因,但这原因却无法为人类的理智力测知,因为它是一种神圣之物,充满了神秘"。然而对亚氏本人来说"很清楚的是,机会乃是一种偶然原因",且"由于机会而发生的东西的原因是无限的"。惟此之故,他解释说,"机会理应属于不确定之物的范围,非人所能测知。"尽管他在自发与机会之间作了区分,他还是说两者"都是一些效果的原因;这些效果虽说产生自理智或本质,实际上却仍是被某物顺带地造成"。

由于本质而发生的东西会有规律地发生,或者在绝大多数情况下通过因果必然性发生。这一必然性产生自种种根本性原因的运作:这些原因就存在于运动着的事物的真正本质之中。如果这规律失效了,这是由于某种偶然原因的干预之故。那么,凭机会发生的或由于偶然性而发生的事情就总是由于一个偶发的(或用更好的说法:顺带的)原因而发生。正如**原因**那章所述,一个与本质性原因相对立的偶发原因(accidental),在亚里士多德的理论中,是这样一种原因:它并不是借由其自身而产生出既成效果的,它只是通过与其他原因的结合而产生效果。但是既然它并未决定其他那些原因的运作,这效果——就各种原因的联合而言是偶然产生的——就是被机会产生出来的;也就是说,是由于若干碰巧同时发生作用的偶发原因的巧合产生的。

一个真正存在机会的世界与必然性统治的世界迥然不同。在后一种世界中,万事万物皆由原因决定,根本不存在什么没有原因的巧合。威廉·詹姆士生动地描述了它们的差异:他将满是绝对必然性或决定论的世界——斯宾诺莎或黑格尔的世界——称为"整块的宇宙",与之相映成趣的则被他描写为"链接而成的宇宙"。在他之前,伏尔泰在其《哲学辞典》中就已经用"事件链接"这一说法表达了机会的意思。

这说法引发了一幅正确的意象,即这样一个世界的图画:在这一世界中,许多因果关系共同运作,它们相互之间不发生任何影响,却仍然可以链接或者被联系起来,产生出一种来自机会的结果。整块宇宙则呈现出一幅对比鲜明的世界图画,在这世界中,每一个运动或行为都在整体的固定结构之中决定着其他任何一个,并被其他任何一个所决定。

比方说,斯宾诺莎称:"在大自然中没有任何东西是偶然的;受到神圣自然之必然性的决定,所有事物才会存在,并以一种确定的方式行动。"换言之,大自然之中并无机会。某物被称为偶然的,斯宾诺莎写道,只是"指出了我们的一种知识缺陷而已。因为若是我们并不知道一事物的本质之中包括着一个矛盾,或者若是我们实际上并不知道它根本没有包括着任何矛盾,我们就不能确切地断言任何东西的存在;因为原因的秩序对我们而言隐匿不明,事物也就永远也不可能是必然的或是不可能的,因而,我们才或称之偶然的,或称之为可能的"。

于是,对斯宾诺莎来说,偶然性或机会是虚幻而非真实的——它是一种心灵无知的投射,或对原因认识不足的投射。对他来说,现代量子力学中包含的非确定性会变成"无法加以决定性",而不是"非决定性"。

出于一种甚为不同的原因,加尔文也认为任何东西都不是偶发的,或由于机会而发生的;他说:"如果所有的成功皆为来自上帝的福祉,灾祸与逆境乃神之诅咒,那么人类事务中就没有任何位置留给幸运和机会。"

这一存在于真正非决定论与绝对决定论之间的争论——在本书的**命运**、**必然性与偶然性**两章中有进一步的讨论——不可避免地引起了种种神学难题。正是由于神学家不得不以上帝的定命论来抚慰人类的自由意志,如果他接受其现实性,他就不得不也用神之天命来抚慰机会,舍此以外,任何东西都不能必然或偶然地发生。

对于奥古斯丁,仿佛神之天命在自然万物之中根本没有给机会留下位置。他提到,人们有时把原因划分为"自生原因、本质原因和主观随意的原因",他对这种划分法做了评论,并废除了"那些被称为自生性的原因",说它们"并非只是一个指称原因不在场的名称,它们只是隐而不见罢了;我们或将其归于真正的上帝的意志,或归于某些其他神灵的意志"。

在某些地方,阿奎那的议论看起来几乎如出一辙——好像机会只是对于我们的有限智性来说才是存在的,对上帝则不然。他宣称,"没有任何东西会通过运气或机会阻碍某些事物的发生,如果与其切近原因相比的话;但是与神之天命相比则不然:据神之天命'世界上任何东西都不是随机发生的',如奥古斯丁所说。"他用以论证其论点的例子是,两个仆人被其主人派往同一个地方:"两名仆人见了面,对他们来说这仿佛是机会使然,可是却完全为其主人所预见。主人故意派他们到一个地方见面,而且让两人互相一无所知。"同样,这样一来,"万事万物都必然由于上帝的安排出现",顺理成章地,上帝甚至直接造成了偶然原因的发生,以及它们的巧合。于是,机会事件就由于上帝而成为必然了。它将被神之意志决定,虽然在我们看来它也许是非决定的。

然而,在其他地方阿奎那却写道:"上帝意愿一些事情必然被完成,另一些则是偶然地完成……从某种程度来说,主对某些事物已经加上了颠扑不破的必然原因,由此效果必然随之发生;但是对其他事物主则加上有欠缺的或偶然的原因,由此效果是偶然发生的。"对某些人来说,这可能只是助长了这种神秘而非对它的解决。至少,它留下了许多悬而未解的问题。

阿奎那的意思是说原因的巧合本身并非没有原因吗?他意思是说,上帝造就了事件的链条,而且在上帝的意志当中存在着一种解释一切偶然的充足原因吗?若是,机会就是一个幻觉,一种我们无知于神之天命的功能吗?机会在自然层面而言是相当真实的,因为在自然界没有任何自然原因决定了巧合;而与此同时,机会对上帝而言却又不是真实的——至少不是在同一个意义上——这是可能的吗?抑或这种说法,即"神之天命安排偶然发生的就偶然发生"的意思是说,机会甚至对上帝来说也仍是宇宙的一个真实特征吗?

有一点是清楚的。就这个词的某个意义来说,基督教神学家们完全否认机会。如果"机会"意谓某种上帝不能预知的东西,某种主之天命未曾规划的东西,那么根据他们的信仰,就没有任何东西是由于机会发生的。也正是在这个意义上,由于机会发生的东西就和根据目的而发生的东西、或者说,有一个最终目的而且也有一个充分理由的东西针锋相对。正如**原因**那章表述的那样,那些否认自然中存在终极原因的人有时会运用"机会"一词,但是他们意指的并非原因的缺失,甚至也并非意指偶然性;而只是意指因果关系的盲目性——它发生作用,却没有目的。

有些人在宇宙结构中发现了一个神圣规划的宏大蓝图,另一些人则认为大自然的所有的秩序都是由于盲目的机会。**世界**那章讨论了这一争议。它进一步表明了诸如奥古斯丁和阿奎那这样的神学家们都否认的"机会"的一层意义。不过,如果"机会"的意义只是"偶然性",那么为了证明确有机会,所需排除的就不是天命(providence)而是宿命(fate),至少也是如下意义上的命运:根据这一命运,所有事物都被盲目地被变成了必然。正是在这里斯宾诺莎才说"在大自然中没有任何东西是偶然的,万事万物都是被神圣自然的必然性所决定的";与之相反的是阿奎那的话:"必然性与偶然性两种模式都受控于上帝的先见之明。"

机会理论明显影响了知识论,特别是在知识与意见的划分以及确定性与或然性的划分方面。

对于任何关于机会的观点——不论认为机会真实还是虚幻——只要人们把一个未来事件称为偶然的,他们意思是说,他们不能确定地预测它。就人类的预言来说,这未来事件是否必然被决定或者我们对其原因缺乏充足的认识,抑或这事件在其被原因决定或未被决定方面是否具有一种真正的非决定性都没有任何差别。不论客观情况如何,我们预言任何东西的把握都反映着我们对其认识的情况。

在绝大多数情况下,那些把偶然性

当作真实客观的古人们将或然性当作主观之物对待。对他们来说，人们给自己的陈述加上的不同程度的或然性度量着他们对无法了解而只能猜测之事情的认识不足，因此也度量着他们对这些事情之意见的不确定性。虽说对知识与意见之区分持不同理论，柏拉图和亚里士多德两人却都将偶发与偶然性，连同特殊之物，从科学对象之中排除了出去。因为在他们看来，确定性属于科学的本质——或者说属于和意见截然不同的知识的本质——对他们来说，科学的对象不仅是普遍之物，也是必然之物。

在《理想国》中，苏格拉底将"意见"分配给生成领域——这是多变和偶然的特殊之物的领域。与柏拉图不同的是，亚里士多德并未将知识局限于永恒与不变之存在的领域；他的主张是，物理学，作为一门探讨变化之物的科学，通过仅仅关注本质与必然之物保存了科学的确定性。"一门关于偶然之物的科学甚至是不可能的，"他写道，"这一点肯定是明显的，只要我们努力去发现这偶然之物到底是什么东西。"三伏天里出现冷天，这是机会使然的事情，因为"这事既不永远出现也非必然出现，也不是大多数情况下出现，虽说它也许有时出现。那么，偶然之物就是出现了的东西，却并非永远出现或必然出现的东西，亦非大多数情况下出现的东西。于是……根本没有一门关于这种事情的科学的原因就显而易见了。"

虽说不同意亚里士多德与阿奎那对偶然性之现实性的看法，斯宾诺莎和他们都认为知识——至少充足的知识——的对象是必然之物。对于个体事物来说，他说："我们根本没有充足的知识……这就是我们将要把它们理解为偶然性的东西"。要想忠实于自身并忠实于事物的本质，理性必须"忠实地构想事物；这就是说，将它们构想为它们本身之所是；这就是说，不是构想为偶然的而是必然的。"

阿奎那的立场有必要提出来以资比较。对于"我们的智性是否能够认识偶然事物"这一问题，他回答道："我们认为的真正的偶然之物乃是直接通过感官而间接通过智性认识的；而偶然事物的普遍和必然原则却是通过智性认识的。因而，"他继续说，"如果我们通过其普遍原则来考虑可认识的事物，那么所有科学就都是关于必然之物的科学了；但是如果我们考虑的是事物本身，那么就有些科学探讨必然事物，而有些科学则探讨偶然事物了。"

在关于偶然事物的科学之中，阿奎那包括的不只是"自然科学"，他还包括了"道德科学"；因为后者探讨的是人类的行动，也就必然向下伸展以探讨偶然的特殊事物。在道德领域和自然领域之中，确定性都只能在普遍性原则层面上获得。对于将要去完成哪些特殊行动的考虑则下降到了或然看法的层面之上。与道德科学家判然有别的是，行动者必须权衡机会，并根据未来的各种偶然性作出决断。希望从演说家或法官那里得到确定的科学论证，亚里士多德说，将是与"想从数学家那里找到或然性推理"同样愚蠢。

并不令人惊讶的是，现代或然性理论——或者像后来乔治·布勒、约翰·维恩与其他人所称的"机会逻辑"——的起源理应存在于实际问题的范围之中。帕斯卡与皮埃尔·德·费玛的通信展现了对有关在纯机会游戏中预言结果的公式的早期数学思考。对帕斯卡来说，机会逻辑同样具有道德上的含义。若我们自愿在赌博桌上根据计算出来的或然性拿钱财冒险，那么，我们在生活中又将多么强烈地愿意直面各种不确定性而做出决断、采取行动，甚至为了永恒拯救的机会而拿生命本身冒险。

如果我们的行动是"以一种不确定性为基础的，我们的行动就是理性的，"帕斯卡写道，"因为根据机会学说，我们应当面对不确定性有所作为。"如果存在来生的机会和根本不存在来生的机会相等——如果两者的或然机会相等反映了择此择彼都基于同样的无知——那么，帕斯卡论证说，我们就应该鼓起勇气来赞成不朽的存在，并据此行动。"这里可能出现的结果是赢得无限的幸福生活的机会对有限数目的损失的机会，而你只花费了有限的赌注。"

像帕斯卡一样，休谟认为我们必须满足于或然性，视之为一种行动的基础。他写道："皮浪主义或者过度怀疑论原则的伟大颠覆者是行动；是有为、充实的公共生活。"不过，与古人不同的是，休谟认为我们也应该在自然科学领域中满足于或然性。只有那些探讨观念之间联系的数学家们才能得到确定性。既然自然科学探讨的是事实情况或现实存在，既然要认识这类事物我们必须全然信赖我们对原因与效果的经验，我们就不可能取得比或然性结论更好的结论了。

在休谟看来，科学家"权衡对立的实验。他考虑的是哪一方得到了更多次实验的支持；对于他倾向的一方，他心存疑虑，犹豫不决。当他最终做出了决断，那证据也不会超出我们正当地称之为'或然性'的东西。于是所有的或然性都假定了一个对立的实验或观察……一方是100次事例或实验，另一方则是50，那么期待任何一方会再次出现都是可疑的；虽说100次实验全部一致而只有一例矛盾则会合理地带来一种相当有力的把握。"

休谟运用这种机会逻辑来权衡相反的证据和认为奇迹存在的证词，以及科学中的相反假说。和斯宾诺莎一样，他坚决否认自然中存在任何机会或偶然性。机会完全是主观的。他说，掷下色子之时，心灵"认为每一个侧面都同样可能朝上；这即是机会的真正本质：它令所有的特殊事件完全等同。"但是可能也存在着"一种或然性，它是从任何一个方面的更大机会产生的。随着机会的增加，并超越与其对立的机会，这种或然性就得到了相应的增加……"休谟断言，"原因的或然性和机会的或然性是一样的。"

从休谟时代以来，或然性理论就成了经验科学的一个基本组成部分。如果没有它，热力学就不可能在19世纪发展起来。我们时代的量子力学与原子物理学也是如此。但是和机会学说类似，或然性理论有向两个方向发展的趋势：或者朝向主观性观点发展，即认为或然性仅仅是一种我们判断的品质，它量度着我们对在自然中没留下任何非决定之物的真正原因的无知；或者朝向客观性观点发展，认为自然中的确存在着真正的非决定性现象，对或然性的数学计算也对一事件之发生的真实机会做出了估计。

机会因素对于一般艺术理论也有影响。一只小猫从琴键上走过，也可能奏出一段旋律，这样的假设的意图显然在于将机会的产物和艺术作品加以对照。一位合格的音乐家确信他能够完成小猫信步一百万次才能获得的那一次机会造就的成果。

与一门艺术的发展程度相当，并且和其诸法则所能够代表的艺术家借以工作的媒介的掌握程度相应，机会被从其制作过程中剔除。这一点在医药史中得到了惊人的证明。"如果从来不曾有过这样一种叫做医药的东西"，希波克拉底说,"而且如果从未有人对其做过研究或是从中有所发现",那么所有的行医者"在此方面都会同样地笨拙无知,而病人的一切都必将受到机会的支配。"依据同样的原则,盖伦区分了医生和纯靠经验、"不知其所以然"却自称"能够修正功能失效"的庸医。靠着试错法的经验性作品正是艺术和科学的反面,因为试错法只能依靠机会的成功。而医生通晓医理,精于医术,本着对于病因的认识,依靠可以消灭机会的艺术法则进行工作。

奥古斯丁记录了一次他与总督的谈话,说的是医学与天文学哪样更优。总督告诉他,与医学相比,天文学是一门伪学(false art)。当时"热衷于天文学书籍"的奥古斯丁便问,那么如何解释"未来之事经常通过天文学的方式获得正确的预言"?总督答道,"那完全是因为机会的力量,一股在大自然的秩序中一直需要认真对待的力量"。因此,奥古斯丁后来说:"当天文学家们被证明是正确之时,那是因为运气(luck)或者纯粹的机会,而并非因为他们解读星象的本领。"

不论艺术本身还是它实践中的技巧,都永远不能臻于完美,从而彻底取消机会;因为艺术是和特殊打交道的。然而,衡量一门艺术的尺度,是看它的各种法则能够指导取得理想结果的确实性;衡量一位艺术家,要看他依凭法则和判断力而非纯靠机会所能达到的成功的境界。

亚里士多德引用阿伽通的话说"艺术爱机会,机会爱艺术",亚里士多德解释说,这话的意思是"机会和艺术关系着相同的对象"——而那对象的存在并非由于本质或者必然性。所以艺术有时也有爽失,或因不可控制的偶然因素,或因对于原因的认识不足。休谟说:"并非所有的原因都会将其惯常效应与相似的一致性结合在一处。只和死物打交道的匠师可能会对他的目标失望,指挥具有感觉和智力的行为者之举动的政治家也是如此。"

在道德、政治、历史等人事领域,机会因素经常在好运和厄运的名目下得到讨论。"运道"(fortune)一词,从它与"自生"(fortuitous)一词共享词根便可以看出,它具有和"机会"相同的含义。在亚里士多德那里,人类活动中的运道,与自然变化中的机会相应相当。亚氏认为,只有对具有智力、能够自主抉择的生物谈到运道才是适当的。在这种意义上对机会与运道所做的区分似乎在历史事实中得到了证明:不同于机会,运道在神话和传说中被人格化了。幸运是一位女神,或者,像与她角力的命运之神(Fate)那样,是一种连诸神都不得小觑的力量。

机会学说或运道学说在道德理论中占据了一个重要的位置。亚里士多德对于各种善的分类倾向于把外部诸善认同于运道之善——要想取得这些善,我们不能全靠行使我们的意志和官能——因此与知识和美德不同。在论及幸福的各种要素时,阿奎那把财富、光荣、名誉和力量归属同一类的善,因为它们都"归于各种外在的原因,而在绝大多数情况下要归于运道"。

运道之善,就像运道之恶一样,存在于那些人无法掌控、因此也非理应遭受的事物之中。斯多葛派的爱比克泰德意识到了运道不可逆料的运作,他认为,"我们要充分利用那些我们力量所及的东西,其余我们则要接受自然的安排"。我们拥有"正当地处置我们自己观念印象的力量"。所以,斯多葛派建议我们,尽管无力控制事物本身,我们也要控制自己对事物的反应。然而,就像哈姆雷特,人们总会问道,"究竟是忍受残暴的命运的弹丸矢镞,精神因此更高尚,还是披坚执锐,当着纷乱之海,奋臂一击,结束一切？"

运道的善恶超出我们所控制的力量范围,这一事实引起了更进一步的问题,即人对这些善恶的责任问题。除去那些臣服于我们的意志的东西,我们几乎无法对发生到我们身上的每一件事情负责。这种传统的道德区分,即把通过运道降临到我们身上的善或恶和那些由我们自主地取得或者成就的善或恶划作两类,正呼应着法律上对于偶然恶行和蓄意恶行的判别。

这对个体生活成立,而且看来也适用于一般历史,适用于国家生活和文明的发展。多数情况下,希罗多德和修昔底德,普鲁塔克,塔西佗,还有吉本,这些历史学家都认为运道是一个有用的阐释原则。对于马基雅维里来说,历史充满了如此众多的偶发和意外事件,"事情的种种剧变……超乎人之猜度",以致他极力向君主建言,教他如何善用运道而避免毁于其手。据他的看法,这样的建议可被采纳,因为"运道是我们的一半行为的决定者,却仍然任由我们去支配那另一半,或者少于一半的部分"。

与此相反,黑格尔在他的世界历史观中没有接纳机会或运道,而是认为它们"完全是从理念自由的观念中必然发展出来的"。对于托尔斯泰亦然,统治人事的不是必然性就是自由。而机会,他写道,"并不表示任何真实存在之物",而只是"认识现象的某个阶段"。一旦我们成功地估算出人类大规模运动所牵涉的各种力量的组成,"我们就不必求助于机会也能解释那些使这些人变成如此这般的各种小事件,不过很显然,所有这些小事件都是不可避免的"。

正如偶然与必然相对,正如凭机会发生的事情与完全由原因决定的事情相对,运道也对立于命运或定命(destiny)。这种对立在伟大的诗篇中最为明显,悲剧犹然。悲剧描写人要支配其自我之定命的努力,或是驱使他以自由与命运与运道竞争,或是,在斗争中奉承运道而对抗命运。

分 类 主 题

1. 对机会的理解
   - 1a. 机会之为原因之巧合
   - 1b. 机会之为绝对偶发的、自发或无原因的事件
2. 关于机会或命运是否存在的争论
   - 2a. 机会与因果关系的联系:哲学或科学决定论
   - 2b. 机会与宿命、天命以及命定论的联系
3. 在世界之起源与结构之中的机会、必然性、设计与目的:或然性在量子力学中的功能
4. 原因/机会和知识/意见的关联:或然性理论
5. 通过艺术控制机会或偶然性
6. 人类事务中的机会与命运:命运之神话
   - 6a. 个人生活中的机会与命运:赌博与机会游戏
   - 6b. 政治与历史中的机会与命运

[孙善春 译]

索引

本索引相继列出本系列的卷号〔黑体〕、作者、该卷的页码。所引圣经依据詹姆士御制版，先后列出卷、章、行。缩略语 esp 提醒读者所涉参考材料中有一处或多处与本论题关系特别紧密；passim 表示所涉文著与本论题是断续而非全部相关。若所涉文著整体与本论题相关，页码就包括整体文著。关于如何使用《论题集》的一般指南请参见导论。

1. **The conception of chance**

   1a. **Chance as the coincidence of causes**

   7 Aristotle, 28, 157–158, 272–277, 375, 547–549, 593
   8 Aristotle, 612
   11 Aurelius, 242–243
   11 Plotinus, 457–458, 664–665
   17 Aquinas, 128–130, 297–298, 531–532, 591–593
   20 Calvin, 80–81
   33 Hume, 469–470 passim, 480–481
   39 Kant, 566
   51 Tolstoy, 342–344
   53 James, William, 857–858 passim

   1b. **Chance as the absolutely fortuitous, the spontaneous or uncaused**

   7 Aristotle, 272–273
   11 Lucretius, 18–19, 28, 64
   16 Augustine, 239
   17 Aquinas, 94–95, 256–257
   39 Kant, 140–143, 331–332

2. **The issue concerning the existence of chance or fortune**

   2a. **The relation of chance to causality: philosophical or scientific determinism**

   6 Plato, 438–439, 465–466, 587–589, 759–765
   7 Aristotle, 28–29, 434, 549, 599, 694
   8 Aristotle, 162–163, 612
   11 Lucretius, 18–19, 63, 64
   11 Aurelius, 278, 283–284
   11 Plotinus, 382–383, 485, 664–665
   17 Aquinas, 86–88, 116, 131–132, 531–532
   21 Hobbes, 113, 272
   28 Bacon, 45
   28 Spinoza, 589, 596, 598–599, 601–603, 623–624, 629, 656–658
   32 Newton, 542
   33 Hume, 478–487 passim
   39 Kant, 72–85, 91–92, 140–143, 153, 184, 558, 564, 587
   43 Hegel, 163–164
   44 Tocqueville, 265–266
   49 Darwin, 37, 593
   50 Marx, 10–11
   51 Tolstoy, 389–391, 469–472, 646–650, 675–696
   53 James, William, 71, 90–93, 823–825 passim
   54 Freud, 454, 486–487
   55 Whitehead, 172–173
   56 Planck, 102–109
   56 Waddington, 723–727
   58 Frazer, 24

   2b. **The relation of chance to fate, providence, and predestination**

   Old Testament: *Jonah*, 1:1–10
   New Testament: *Acts*, 1:15–26; 13:48 / *Romans*, 8:28–11:36 / *Ephesians*, 1:4–2:10
   3 Homer, 301
   4 Sophocles, 217–218
   4 Euripides, 418
   8 Aristotle, 345
   11 Epictetus, 104–106, 112, 114–116, 181
   11 Aurelius, 243–244, 247–248, 292
   11 Plotinus, 386–388
   12 Virgil, 313–314
   14 Tacitus, 91, 194
   16 Augustine, 250, 256–258
   17 Aquinas, 86–88, 91–92, 94–95, 128–130, 256–257, 297–298, 463–464, 594–595, 665–666
   19 Dante, 106
   19 Chaucer, 218, 243–244
   20 Calvin, 80–81, 83–89, 99–100, 131–134, 247–248
   27 Cervantes, 478–479
   29 Milton, 137–138, 220–221, 287–288, 354–355, 394–395
   30 Pascal, 211
   33 Berkeley, 431
   39 Kant, 334–335
   43 Hegel, 163–165, 176–177
   51 Tolstoy, 342–344, 389–391, 447–448, 646–650 esp 646–647, 675–696
   52 Ibsen, 583–584
   55 Barth, 466
   56 Bohr, 344–345
   58 Weber, 183–186

3. **Chance, necessity, and design or purpose in the origin and structure of the world: probability functions in quantum mechanics**

   6 Plato, 450, 760–765

7 Aristotle, 272-273
11 Lucretius, 14, 28, 60-61, 64-65
11 Aurelius, 259
11 Plotinus, 346-347, 383
17 Aquinas, 91-92, 111-112, 256-257, 528-529, 533
28 Spinoza, 601-606
32 Newton, 369-370
39 Kant, 558-559, 560-567, 575-588
43 Hegel, 163
53 James, William, 5
55 James, William, 23-25, 30
55 Whitehead, 217-220
56 Poincaré, 34-35
56 Planck, 102-109 passim
56 Eddington, 254-256, 289-290
56 Bohr, 338, 344-345
56 Heisenberg, 395-396, 397-401, 447-449
56 Dobzhansky, 582-583
56 Waddington, 703-704, 723-727, 729-731, 744-745
57 Veblen, 118-119

4. **Cause and chance in relation to knowledge and opinion: the theory of probability**

7 Aristotle, 28-29, 102-103, 119, 121, 548-549
8 Aristotle, 358, 389
11 Plotinus, 664-665
17 Aquinas, 94-95, 422-423, 463-464
28 Descartes, 224-225
28 Spinoza, 623-624
30 Pascal, 213-217, 460-468, 474-477, 479-486
33 Locke, 316, 322-323, 365-371
33 Hume, 488-491 passim
39 Kant, 228
51 Tolstoy, 365, 584-585
56 Poincaré, 52-60
56 Bohr, 338

5. **The control of chance or contingency by art**

6 Plato, 69-71, 760
7 Aristotle, 129
8 Aristotle, 162, 388-389, 453, 537
17 Aquinas, 297-298
23 Montaigne, 107, 419-420
28 Bacon, 56-57, 85-86, 128-129, 159-161
33 Hume, 480-481
45 Goethe, xviii
51 Tolstoy, 359-365, 445-448, 456-459, 471-472, 505-507, 563-575, 582-587, 609-613, 618-621
53 James, William, 673

6. **Chance and fortune in human affairs: the mythology of Fortune**

6a. **Chance and fortune in the life of the individual: gambling and games of chance**

Old Testament: *Ecclesiastes,* 9:11
3 Homer, 1-306
4 Aeschylus, 22-25
4 Sophocles, 111-132, 171-172
4 Euripides, 334-346, 352, 353-354, 363-382, 515-532
5 Herodotus, 7-8, 98-99
6 Plato, 439-440
7 Aristotle, 274
8 Aristotle, 345-346, 405, 527, 602, 612, 638-639
11 Aurelius, 245, 247-248, 252-253, 255, 265, 267-268, 268-269, 270-271, 272-273, 280-281, 283, 284-285, 291-292
11 Plotinus, 386-402 passim, 457-458
12 Virgil, 95-96
13 Plutarch, 74-75, 370-371, 457-458, 535, 739-740, 744
14 Tacitus, 91
16 Augustine, 25-26, 57-59
19 Dante, 19, 100
19 Chaucer, 187, 193, 236, 351-360
20 Calvin, 93
21 Machiavelli, 35-36
21 Hobbes, 79-80, 81
22 Rabelais, 144-156, 158-178, 204-215, 258-259
23 Montaigne, 82-84, 151-152, 209, 342-346 passim, 352-354, 494-495, 526-527, 549-550, 557-558
24 Shakespeare, 149-169, 411-412, 547-548, 590, 599
25 Shakespeare, 36, 49, 123-124, 169, 394, 410, 603
29 Milton, 12
31 Racine, 337
36 Smith, 51-54
43 Nietzsche, 540
46 Eliot, George, 314, 520-522
47 Dickens, 91
48 Melville, 97-98, 146-147
51 Tolstoy, 221, 646-650
57 Veblen, 116-117, 124-125, 126
58 Weber, 183-186
58 Huizinga, 246
59 James, Henry, 7-8
59 Cather, 427-429

6b. **Chance and fortune in politics and history**

5 Herodotus, 2, 225, 252
5 Thucydides, 451, 506
6 Plato, 679
8 Aristotle, 537
12 Virgil, 91-93
13 Plutarch, 109-110, 195-213, 225, 604-605, 698
14 Tacitus, 49
16 Augustine, 250
19 Dante, 8-9
19 Chaucer, 178
21 Machiavelli, 10, 34-36
23 Montaigne, 177-180, 494-495
24 Shakespeare, 590
33 Hume, 481-482

37 Gibbon, 609
43 Hegel, 111, 114, 173, 318–319
44 Tocqueville, 264–266
50 Marx, 378
51 Tolstoy, 359–365, 389–391, 447–448, 456–459 esp 458–459, 505–507, 688–696 passim
58 Frazer, 24
58 Huizinga, 249–250

交叉索引

以下是与其他章的交叉索引:

Determinism and chance, see FATE 3, 5–6; HISTORY 4a(1); NATURE 3c–3c(1); NECESSITY AND CONTINGENCY 3a–3c.

The relation of chance to free will, see LIBERTY 4a; WILL 5a(3), 5c.

The general theory of cause and its bearing on the concept of chance, see CAUSE 1–1b, 5d–6; NATURE 3c(3).

The theological problems of chance in relation to fate, providence, and predestination, see CAUSE 7b–7c; FATE 4; GOD 7b.

The theory of probability, see JUDGMENT 6c; KNOWLEDGE 4b, 6d(1)–6d(3); NECESSITY AND CONTINGENCY 4a; OPINION 1, 3b; SCIENCE 4e; TRUTH 4d.

The relation of art to chance, see ART 1, 2a; and for the role of chance in the sphere of prudence, see PRUDENCE 4a–4b, 5a.

The theory of the goods of fortune, see GOOD AND EVIL 4d; HAPPINESS 2b(1); VIRTUE AND VICE 6c; WEALTH 10a.

扩展书目

下面列出的文著没有包括在本套伟大著作丛书中,但它们与本章的大观念及主题相关。

书目分成两组:

Ⅰ. 伟大著作丛书中收入了其部分著作的作者。作者大致按年代顺序排列。

Ⅱ. 未收入伟大著作丛书的作者。我们先把作者划归为古代、近代等,在一个时代范围内再按西文字母顺序排序。

在《论题集》第二卷后面,附有扩展阅读总目,在那里可以查到这里所列著作的作者全名、完整书名、出版日期等全部信息。

I.

Plutarch. "Chance," "On Tranquillity of Mind," in *Moralia*

Bacon, F. "Of Fortune," in *Essayes*

Hume. *A Treatise of Human Nature*, BK I, PART III, SECT XI–XIII

Voltaire. "Change or Generation of Events," "Necessary-Necessity," "Power-Omnipotence," in *A Philosophical Dictionary*

Kant. *Introduction to Logic*, X

Mill, J. S. *A System of Logic*, BK III, CH 17–18

James, W. *Some Problems of Philosophy*, CH 9–13

——. "The Dilemma of Determinism," in *The Will to Believe*

Freud. *The Psychopathology of Everyday Life*, CH 12

Poincaré. *Science and Method*, BK I, CH 4

Dewey. *The Quest for Certainty*, CH 1

Russell. *Human Knowledge, Its Scope and Limits*, PART V

Keynes, J. M. *A Treatise on Probability*, PART I–II, IV–V

Heisenberg. *The Physical Principles of the Quantum Theory*

II.

THE MIDDLE AGES TO THE RENAISSANCE (TO 1500)

Boethius. *The Consolation of Philosophy*, BK II, IV–V

THE MODERN WORLD (1500 AND LATER)

Boole. *An Investigation of the Laws of Thought*, CH 16–18, 21

Boutroux. *The Contingency of the Laws of Nature*

Bradley, F. H. *The Principles of Logic*, Terminal Essays, VIII

Bréal. *Semantics*

Burks. *Chance, Cause, Reason*

Butler, J. *The Analogy of Religion*, INTRO

Campbell, N. R. *Physics; the Elements*, CH 7

Carnap. *Logical Foundations of Probability*

Cohen, M. R. *Reason and Nature*, BK I, CH 3(4)

Cournot. *Exposition de la théorie des chances et des probabilités*

De Morgan. *An Essay on Probabilities*

Dreiser. *Sister Carrie*

Forster. *A Passage to India*

Frost. "Design"

Henderson. *The Fitness of the Environment*

Hesse. *Siddhartha*
Jeffreys. *Theory of Probability*
Jevons. *The Principles of Science,* CH 10–12
Johnson, W. E. *Logic,* PART III, CH 2
Knight. *Risk, Uncertainty and Profit*
Laplace. *A Philosophical Essay on Probabilities*
Lewis, G. N. *The Anatomy of Science,* ESSAY VI
Maritain. *A Preface to Metaphysics,* LECT VII
Meyerson. *Identity and Reality,* CH 9
Monod. *Chance and Necessity*
O'Hara. *Appointment in Samarra*
Pearson. *The Chances of Death*

Peirce, C. S. *Collected Papers,* VOL II, par 645–754; VOL VI, par 35–65
Popper. *The Logic of Scientific Discovery*
——. *The Open Universe*
Reichenbach. *Theory of Probability*
Santayana. *The Realm of Truth,* CH 11
Schopenhauer. *On the Fourfold Root of the Principle of Sufficient Reason*
Todhunter. *History of the Mathematical Theory of Probability*
Venn. *The Logic of Chance*
Von Neumann and Morgenstern. *Theory of Games and Economic Behavior*

10

变 化 Change

总 论

　　从苏格拉底之前的物理学家和古代的哲学家到达尔文、马克思、詹姆士，再到后来的柏格森、杜威、怀特海，变化的事实一直是思辨探索与科学探索的一个主要焦点。

　　在古代，对苏格拉底之前的赫拉克利特来说，没有什么是永久的；流变或变化无处不在。对于二十世纪的柏格森来说，也同样如此。按他的观点，"实在即流动……存在的只是变动不居的状态。静止从来不是透明的，或不如说它是相对的。"怀特海的看法也与此类似，"静止只是匀速直线运动的一个特例……此时速度是零并保持为零。"二十世纪的科学家确认了二十世纪的哲学家所说的话。海森堡告诉我们，"现代物理学在某种方式上极为接近赫拉克利特的学说。"只不过，对赫拉克利特来说，火才是变化的核心，而在我们看来，这个核心是能量。"能量可以被称为世界上一切变化的根本原因。"

　　除了巴门尼德及其学派，变化的存在从未遭到否认。如果否认它的存在，那势必也要拒绝所有的感官知觉，把它们看作幻觉，而后者似乎正是芝诺悖论要做的，至少按照这些悖论的某种阐释来说是这样。但是，如果说论证不能反驳感官的确证，那么推理也不能支持这样的确证。因为变化的事实对感官来说是明证的，所以这一事实无须证据。

　　变化存在，变化不证自明。但是，变化是什么？这一点却并非不证自明，也不大容易界定。什么原则或因素是每类变化所共有的？变化或形成怎样相关于永久或存在？什么样的存在属于变化的事物，什么样的存在又属于变化本身？这些问题的答案不能仅仅由观察取得。单纯的观察，若没有实验、测量与数学计算的协助，也不会发现运动的法则和特性。

　　变化或运动的分析一直是自然哲学家的问题。他们关注的是变化的定义、变化与存在的关系以及变化的分类。另一方面，运动测量、运动法则的数学表述则一直占据着实验的自然科学家的头脑。自然哲学和自然科学分享一个共同的主题，不过他们的处理方法却很不相同，兴趣点也不一样。他们都有资格以"物理学"之名称呼其研究的主题。

　　"物理学"（physics）一词来自古希腊词 phüsis，这个词同它在拉丁语中的对应词一样，包含有 natura 的含义，而"自然"（nature）一词即出自 natura。按它们的原始含义，这两个词都指向变化事物所组成的感性世界，或者这个世界的底层原则及变化的最终来源。哲学家的物理学与经验科学家的物理学同样都在探索事物的本性，但不是事物的每个方面，而是它们的变化和运动方面。这两类探索的结论，对于物理世界的本性和物理存在的性格，都有形而上学的含义。

　　哲学家从关于形成的研究中，推出这些关于存在的含义。科学家又在哲学的区分之上再做推理，以求界定他所研究的对象。例如，伽利略把自由落体问题与抛射物运动分开，这就是运用传统的哲学区分，即自然运动与受迫运动的区分。时间与空间的分析（这些是牛顿力学中的基本变量)、非连续变化与连续变化的区分以及连续运动的可分性问题,这些都是哲学上的考虑,运动的科学测量预设了这些考虑。

到此为止,我们在使用"变化"、"运动"以及"形成"这些词汇时,好像这三个词在意义上可以互换。这是不太准确的,甚至对某些古代人来说也是这样,他们把除了一种以外的所有类型的变化都看作运动;对现代人来说,这就更不准确了,现代人往往把"运动"的意义限定在处所运动或位置变化。因此就有必要简要考察变化的种类,并指出随着这些区分所产生的问题。

亚里士多德在他的物理学论著中,区分了四种变化。他写道:"在对立面之间的变化是数量上的,这就是'增加和减少';地点上的变化是'运动';性质上的变化是'变换'(alteration);但当开始没有什么,而其变化结果却是一种特性时(或者一种'偶性'),这就是'出现'(coming to be),而相反的变化就是'消失'(passing away)。"亚里士多德也运用其他几组词来命名最后一种变化:"生成"与"毁坏","形成"与"毁灭"。

在这四种变化中,只有最后一种不被称为"运动"。但在说"形成不能是一种运动"的上下文中,亚里士多德也指出,"每个运动都是一种变化"。他没有把运动意义限定在地点变化,地点变化通常被称为"处所运动"或"位移"。因此,按照亚里士多德的词汇,就存在三类运动:(1)处所运动,此时物体从一处变化到另一处;(2)变换或性质运动,此时物体在属性上发生变化,例如颜色、质地、温度;(3)增加和减少,或数量运动,此时物体的大小变化。此外,还有一种变化,它不是运动,这就是生成与毁坏。这种变化是指一个物体的出现和消失,这个物体有其存在,但却作为某类个别的实体而存在。

形成和毁灭的最明显例证是生命物的生与死,但亚里士多德也把水变成冰或变成水蒸气的转变列入生成与毁坏的例证。按亚里士多德对此类变化的观念,生成与毁坏的一个独特特征在于它们的同时性。他认为,其他三类变化都是连续的过程,要花时间,而事物的出现或消失却是即时的。因此,亚里士多德只把"运动"一词用于时间可以测量的那些连续变化。他从未说过时间是变化的量度,只说它是运动的量度。

但是,在一种并非运动的变化模式与其他三种运动之间的这种对比,不只牵涉在时间和连续性方面的这种差别。亚里士多德的分析考虑了变化的主体、也就是承受转变的东西,也考虑了运动的起点和目标。他说,"每个运动都是从某物进到某物,而那直接在运动的东西,不同于它运动所向的东西以及它运动所自的东西;例如,我们可以看三样东西,'木头'、'热'、'冷',其中第一个是那在运动的东西,第二个是运动所向的东西,第三个是运动所自的东西。"

当木头改变性质时,变换发生了,在此变化过程中,那在变化的东西作为同一类实体持续存在;一个物体在数量变化时出现增加与减少、在地点变化时出现处所运动,情况也一样。木头在它变冷或变热时并不终止其为木头;石头在它从这里滚到那里时也不终止其为石头,或者,有机体当它个头长大时也不终止其为某种类型的动物。在所有这些情况下,"底基"(substratum)、也就是作为变化的主体的东西,"持续存在,只在它的特性方面发生变化……身体,虽然持续作为同一个身体存在,但却一会儿健康,一会儿生病;黄铜现在是球形,过会儿又呈方形,但仍然是同样一块黄铜。"

10. 变 化

因为变化事物的实体保持相同,即使它的特性在变,例如质、量、位置这些属性或偶性在变,所以,亚里士多德把这三类运动归到一起,作为偶性的变化。变化的事物不是绝对地出现或消失,只是在某个方面如此。与之不同,生成与毁坏则涉及事物的实体方面的变化。于是,按照亚里士多德的说法,"当没有任何可感知的东西还以其同一性作为底基持续存在,当事物在整体上发生变化时,这就是一个实体的出现,另一个实体的消失。"

在这样的形成或毁灭中,发生转变的不是物体或实体,而是物质本身。物质取得或者失去某类实体的形式。例如,当营养被有生命体的形式吸收时,面包或玉米就成了一个人的血肉。当动物死掉时,它的身体就解体为无机物质的元素。因为这是实体本身变掉了,所以亚里士多德把这种不是运动的变化,称为实体的变化,说它是"纯粹地出现或消失",也就是说,不是在某个方面变化,而是绝对地或"没有限制地"变化。

这些区分蕴涵在长期以来的讨论与争议的传统之中。它们要能得到确认或否认,则势必要有对立的双方,讨论起一些基本的论题,比如实体和偶性、物质和形式、变化或运动的原因。采纳或拒绝这些区分,会影响一个人在一些方面的观点,比如无机变化和有机变化的差异如何、在物质的运动和在心灵中所发生的变化之间的差异又如何。某些问题的陈述就因此得到确定;例如,元素的转变问题,这个问题以各种形式出现,从古代人的物理学,到中世纪的炼金术和现代化学的开端,再到如今所考虑的放射性和原子裂变。

自十七世纪以来,运动已经被等同于处所运动。笛卡尔写道,"我不能设想任何其他类型的运动,也不考虑我们应当设想在自然中还有任何其它运动。"他说,按其一般说话中的表达,运动"无非是任一物体从一处到另一处的行动。"

很难把这理解为,处所变化是唯一一种可观察的变化。无法否认其他类型的变化也可观察。机械力学和动力学也许主要或完全只是考虑处所变化,但是,自然科学的其他分支,比如化学,却会处理性质转变;而生命科学则研究发育与腐败、生与死。

强调处所运动是唯一一种运动,同时又不排除其他类型的貌似变化(apparent change),这就引起有关它们的实在性的问题。这个问题可以以若干方式提出。各种貌似不同的变化真的不同吗?还是它们全都可以归结为一种底层变化模式的诸多方面,这种变化就是处所运动?假设这些类型的变化不可彼此归结,处所运动之所以是最主要的,是否因为它就蕴涵在所有其他变化之中?

当机械力学主导自然科学时(在现代时期大多如此),有一种趋势,是要把所有可观察的、各式各样的变化还原为处所运动现象。例如,牛顿就明确表达这种愿望,他要从运动粒子的机械力学出发,表述所有的自然现象。在他的《数学原理》第一版序言中,在叙述他成功地处理天体现象之后,他说,"我想我们能够通过同样的推理过程,从机械原则中推导出剩下的自然现象,因为我受某些理由的引导,而疑心它们也许全都依赖一些力,根据这些力,物体的粒子,出于一些尚未知道的原因,要么是朝着彼此相互推动而以规则形状结合在一起,要么是离开彼此而推动、退后的。"

但是,这种观念——所有变化都可还原为处所运动的结果——并非来自现代。卢克莱修曾这样阐述古希腊的原子论者的理论:所有变化的现象都能通过不可分的粒子的、这些分分合合的粒子的处所运动来解释。位置变化是唯一一种在最终的物理实在层次上发生的变化。原子既不出现也不消失，也不在性质或大小方面发生变化。

但是，虽然我们在古代原子论中找到这种观念，却只是到了现代物理学这里，强调处所运动的做法才经常排斥所有其它类型的变化。威廉·詹姆士所称的这种"现代的机械-物理学哲学"的典型做法就是，开始就"说唯一的事实是原始固体的位置排列和运动，而唯一的法则就是在排列方面的变化所带来的运动变化。"詹姆士引用赫尔曼·亥姆霍兹的话，其大意说，"理论物理学的最终目标是发现自然过程的最后不变的原因。"如果对此目标，"我们的现象世界是由有着不可变化的性质的元素所组成，"那么，亥姆霍兹继续说，"唯一能够在这样一个世界中维持的变化，就是空间变化，也就是运动，而唯一能够修正力的行为的外部关系，就是空间关系，或者，换言之，力就是其效果依赖空间关系的动力。"

在物理学的历史上，亚里士多德代表相反的观点。他所区别的四类变化，对他来说，没有哪个比别的有着更大的物理实在。正如质不能被归结为量，或者它们其中任何一个也不能被归结为位置，在他的判断中，与这些术语相联系的运动，也不可彼此归结。然而，亚里士多德的确赋予处所运动以某种主导地位。他写道，"最一般和最主要意义上的运动，就是位置变化，我们称之为处所运动。"他不仅仅是指这是该词的主要含义，而且也是指没有哪种其他的运动可以在没有处所变化的情况下发生，处所变化总以某种方式包含在运动的过程之中。他指出增加和减少如何依赖变换、变换又如何依赖位置变化，于是他说，"在这三种运动中……最后这个，我们称为处所运动的这个，必定是最主要的。"

"运动"一词意义的这种转变，也许按其本身还不标志着变化理论方面的根本转折，但是，这种转变伴随着一种思想转变，后者产生了最为根本的后果。在运动被等同于处所运动的同时，笛卡尔设想运动是某种完全现实的、完全可理解的东西。对古代人来说，任何类型的形成，与存在相比，它的实在性和可理解性都要少。

亚里士多德曾把运动界定为在某个方面是潜能的东西的现实性，在这里它仍然在一定程度上是潜能的。按照笛卡尔所说的这个词的严格的而非日常的意义，运动是"物质的一个部分或一个物体，从那些物体的邻近区域（这些物体与之直接接触着、并且我们将它们视为处在静止状态），转移到其他物体的邻近区域。"与它在随后的自然科学传统中所超越的亚里士多德的观念相比，这一定义的革命程度，就如同笛卡尔的分析几何之于欧几里得几何学一样。一个并非毫无联系的事实是，分析几何为微分学铺平了道路，而微分学正是测量可变运动、速度以及加速度所必需的。

这两个定义相互对立的中心点，构成自然哲学中最根本的论题之一。运动是蕴涵着从潜能到现实存在的过渡？还是说，只是一种现实状态对另一现实状态的取代？只是一种从一个地方到另一个地方的"转移"，就如笛卡尔所说的那样。

在运动持续进行的时候，运动着的事物，按照亚里士多德的定义，必定在同一方面，部分是潜能的，部分是现实的。叶子在转红，在它转变的时候，这片叶子就还没有充分变红。当它成为它所能达到的那种红时，它就不再能够在此方面有所变化。在它开始变化之前，它实际上是绿的；而由于它能够变红，它就有红的潜能性。但是，在这个变化进行时，叶子变红的潜能性是在实现的。这种实现会持续进展，直到这个变化完成。

同样的分析也许也适用于运动中的球。直到它在一个给定的位置变为静止之前，它到达那个位置的潜能是在经历着持续进展的实现过程。简言之，运动意味着，从某个方面的纯粹的潜能性离开，而又一直未在此一方面达到充分的现实性。当没有从潜能性离开时，运动就还未开始；当现实性已经充分获得，运动就已终结。

亚里士多德的运动定义在十七世纪成为人们大肆嘲笑的对象。笛卡尔重复了学院里已经成为传统的表述，即"以其潜能性存在的东西的实现，就它是潜能的而言"，然后他问，"现在谁还理解这些话？同时又有谁不知道运动是什么？难道不是每个人都将承认，那些哲学家一直在尝试无事生非？"洛克也觉得这种定义没有意义。"人的智慧还能发明出比这更精致的行话吗……她会让任何理性人士困惑，如果这些人还不知道，这之所以出名，只是因为荒唐得出名，居然要猜测它或许应该去解释的是什么词。"洛克继续说道，"如果西塞罗问一个丹麦人，beweeginge 是什么，而他得到的是用他自己的拉丁语说出的解释，它是 actus entis in potentia quatenus in potentia；我要问，是否有什么人能够想象，西塞罗由此可以猜出 beweeginge 这个词代表什么？"

洛克似乎并不满足于运动的任何定义。"原子论者把运动界定为，'从一处过到另一处'，这样，他们除了以一个同义词来替换，还做了什么更多的吗？因为，什么是与运动不同的通过呢？……'一个物体的表面相继地施用于另一物体的表面'这个笛卡尔主义者给我们的说法，在仔细考察下，也不是一个更好的运动定义。"但是，虽然洛克以形式的根据，拒绝原子论者和笛卡尔主义者的定义，他还是接受他们的运动观，认为运动只是位置变化；同时他摒弃亚里士多德的定义，认为那是纯粹的胡说八道，他也拒绝承认，运动或变化必然地包含着一种潜能性，能够逐步实现出来。

我们曾评论说，在运动的观念中略去潜能性，这是最具深层意义的一次理论转变。这种转变不仅出现在笛卡尔的《哲学原理》、霍布斯和伽桑狄的原子论中，而且也可见于伽利略和牛顿的机械力学。按照这些现代的哲学家和科学家的观点，一个运动的物体始终是现实地在某处的。它在一段连续运动的每个瞬间都占据着一个不同的位置。这种运动可以被描述为，物体在不同的时间相继占据不同的位置。虽然运动的所有部分并不共存，但运动的粒子却是完全现实的。粒子在运动的过程中没有失去实在性，也没有获得实在性，因为物体所占据的各个位置完全地是在它的物质本性之外。当然，也许很难以这些术语来分析颜色或生物发育方面的变换，但我们必须记得，当时人们已经做出努力，将这样一种分析全盘施用，把所有其他模式的变化都归结为处所运动。

伽利略首次发现的惯性原理，对于这两种运动观念之间的论题，至关重要。牛顿把此原理作为他的"运动公理或法则"的第一个。他写道，"每个物体都持续处在静止状态，或者做直线匀速运动，除非有作用于它之上的外力，推动它改变这种状态。"当运用于抛射物运动时，这个法则宣布，它们"持续处在其运动中，只要它们不受空气阻力的阻碍、或者重力向下的推动。"

在他关于沿斜面向下运动物体的加速度的实验推理中，伽利略主张，一个物体如在下行运动中已经达到一定的速度,那么,如果它能沿一水平面运动,它就以同样的速度无限地继续运动下去,除非空气阻力和摩擦阻碍它。他坚持认为,"任何赋予一个运动物体的速度,都将得到严格维持,只要加速度或阻碍的外在原因被消除。"这样,对抛射物而言,它们会维持大炮赋予它们的速度和方向,只要没有重力和空气阻力。实际运动的物体,其运动具有一种完全的现实性。它们无须任何原因作用于其之上以保持运动,它们只需原因来改变方向或进入静止状态。

抛射物的运动,对那种把所有运动都描述为行动权能的减少的理论提出了困难。亚里士多德问道,"如果每个在运动的东西,除了推动自身的东西以外,都是由某个别的东西推动,那么,某个东西,比如某个抛出去的东西,如何可以继续运动,如果它们的动源[推动原因]已经不再同它们接触?"这对亚里士多德是一个难题,正是因为他假设,推动的原因必须在整个运动过程中都作用于被推动的东西之上。要使潜能性逐步地被减少为现实性,它就必须持续地施加这种作用。

亚里士多德的答案假设了一系列的原因,这样接触就在抛射物和运动原因之间维持着。他写道,"原始的动源把作为一个动源的力量,要么给了空气,要么给了水,要么给了某类其他的东西,这种东西可以自然地适应而接受和经历运动……当在这个相继序列的一个成员中所产生的运动的力,在每个阶段,都小于在先的成员所拥有的力的时候,运动就开始停止,而当一个成员不再引起下一成员成为一个动源,而只是引起它运动时,运动就最终停止了。"由此可以得出,惯性必定会遭到一些人的否认,只要他们主张,一个运动的物体始终要求一个推动者;或甚至,一个物体不能维持它自身的运动,而越出一点之外,即与最初使之运动的作用力的量成比例的那一点。

对古代人来说,存在与形成(或永久之物与变化之物)之间的基本对比,就是理智之物与感性之物之间的对比。这点最鲜明地表达在柏拉图的区分中,他区分了物质事物的感性王国与理念的理智王国。蒂迈欧"那始终存在、并无形成的东西是什么,那始终在形成和从未存在的东西又是什么?"他这样回答自己的问题:他说,"那由理智和理性所把握的东西,始终是在同一个状态;但那由意见在感觉的帮助下、不用理性就构想到的东西,则始终处在形成与毁灭的过程中,而从未实在地存在。"

亚里士多德认为变化和变化之物可以作为科学知识的对象,在这一点上他不同于柏拉图,但是他也认为,形成的可理解程度比存在要少,而这恰好是因为,变化必然地包含着潜能性。然而,形成却能在一定程度上得到理解,因为我们可以发现它存在的原则、关于变化的一些不变的原则。亚里士多德评论说:"在追求真理时,我们必须从那些始终处在同一状态、不经受什么变化的东西开始。"这点既适用于关于变化的真理,也适用于关于所有其他东西的真理。

对亚里士多德来说,变化以三个恒久的要素为其原理,正是通过这三个要素变化才是可理解的。这三个要素是:(1)变化的持存底基,(2)变化所指向的处所,(3)变化所来自的处所。同样的原则有时也被表述为:(1)物质、(2)形式、(3)缺失;物质或底基就是既采取一定的形式,又有一种拥有它的确定的潜能性的东西。变化就发生在物质经受一种转变的时候,在此转变中,它开始具有某种形式,这种形式正是因为拥有相反的形式而缺失的东西。

这两种对立的形式都不变化。只有

由物质和形式所组成的事物,在其物质的形式方面发生变化。因此,这些变化原则本身是不变的。变化是透过它们发生,而不是在它们之中发生。作为变化事物的构成要件,它们是它的可变存在的原则,这些原则既是它的存在的原则,也是它如何可变的原则。

通过不变化的东西来解释变化,这似乎是一切形成理论都共有的情况。正如我们所见到的,卢克莱修就是通过原子运动,来解释所有其它事物的出现与消失,这些原子是既不出现也不消失的。这些原子的永恒性支撑着其他一切东西的可变性。

然而,原子不是完全不可动的。它们永远在真空中运动,按照卢克莱修的说法,真空是它们的运动所必需的。而且,它们的处所运动是原子的一个现实特性。对它们来说,存在就是运动。因此在这里,正如在笛卡尔的理论中一样,并不涉及潜能性,而运动是完全实在的和完全可理解的。

时间和永恒的观念与变化或运动的理论不可分离。正如**时间**和**科学**两章所表明的,处所运动既涉及时间的维度,也包含空间的维度,但是,所有变化都要求时间,而时间本身离开变化或运动则是不可设想的。而且,如在**时间**和**永恒**两章中表达的,"永恒"有根本对立的两个意义,它有时意味着无终止的变化,有时意味着绝对的无变化。

永恒有时被等同于无限的时间。正是在这个意义上,柏拉图在《蒂迈欧篇》中认为时间是"永恒的运动图像",他也暗示,时间属于永在变化的事物的王国,所以时间只是透过它的持久的存在,才与永恒之物相似。永恒之物的另一意义也在此蕴涵着,在这个意义上,永恒属于不可动的存在的王国。正如蒙田指出的,这个意义上的永恒之物,不仅仅是"那从未有诞生、也将不会有终结的东西,"而是"时间对之绝不带来任何变化的"东西。

在这些对立的意义上使用"永恒"一词,带来两个大问题。一个问题是运动的永恒:运动是否具有或能够具有一个开端或一个终结?另一个问题是永恒对象的存在:不可变动的事物可以脱离时间和变化而有其存在吗?

这两个问题在古代思想中是联系着的。例如,亚里士多德就主张,"不可能运动要么开始存在,要么停止存在,因为它必定首先已经存在。"既然"没有什么是随机地被推动的,而是必定始终存在某个东西来推动它,"所以,就必须有一个原因来维持自然的无终止的运动。这个原因,亚里士多德称之为"第一推动者",它必定是"某种自己不被推动但却进行推动的东西,它是永恒的,是实体,是现实性。"

亚里士多德的第一推动者理论确立了一个原因的等级体系,以说明在宇宙中可观察的不同类型的运动。天体的完美的圆形运动所起的作用就是,在全然不被推动的第一推动者与地球变化的规则性较弱的循环周期之间进行调节。恒星的运动的"恒定"周期不同于地球上"生成与毁灭"的不规则周期。对第一种,亚里士多德断言,必须有"某个东西,它始终被推动而做不停止的运动,这个运动是圆周运动。"他把第一个天体的这种运动称为"宇宙的简单空间运动"。在此之外,"还有其他的空间运动,比如行星的运动,这些运动也是永恒的",但是"始终以不同的方式在活动",因而它们能够说明自然的其他周期,也就是生成与毁灭的不规则周期。

此外,一种无变化状态也被归之于所有的天体,亚里士多德称之为"永恒"。

它们永恒地在运动,也永恒存在着。虽然不是不可推动的,但它们还应该是不可毁坏的实体。它们从未开始存在,也决不毁灭。

一个永恒地运动的世界的理论,遭到了犹太教和基督教神学家的挑战,他们确信,"在开端,上帝创造天与地",这是他们的宗教信念的一部分。这个世界的运动,就如它的存在一样,其开端是在创造行动中。阿奎那主张,创造本身不是任何种类的变化或运动,"只是按照我们的理解方式才是这样。因为变化的意思是指,同样的事物应该现在不同于它以往的样子……但在创造中,一个事物的整个实体就是依照创造而产生,同样的理解可以被认作是现在与以前不同,那只是就我们的理解方式而言,所以一个事物首先被理解为完全不存在,然后才存在。"由于创造是从非存在的一种绝对的出现,所以,没有事先存在的物质可以去作用在它之上,在生成、在艺术生产、在任何形式的运动中,都是这样。

有关创造与变化、永恒与时间的哲学和神学论题,在**原因**、**永恒**、**世界**等章中有进一步的讨论。其他来自变化分析的问题,在此则必须简要提及。

虽然不及创造与变化的差异那么根本,但惯性物或非生命物的运动与动植物的生命活动之间的差异,还是对任何变化都提出了一个问题,即同样的原则是否适用于这两者。滚落的石头与奔跑的动物都有处所运动,但这两种运动是同样意义上的处所运动吗?在晶体的生长和植物的生长中都有增大,但它们是在同样意义上的生长吗?此外,在有生命物中,似乎存在一类变化,在惯性物体的运动中找不到类似的情况。动物和人类都能学习。它们习得知识、形成习惯、改变习惯。心灵变化能够以与物质变化一样的术语来得到解释吗?

由这样的问题所引发的论题,在**动物**、**习惯**、**生命与死亡**等章中有更为充分的讨论。一些其他的论题必须完全留到别处讨论。处所运动的特殊问题,比如直线运动和圆形运动的特性、匀速运动与变速运动的区分、变速运动的匀速或变速加速度,这些问题都属于**天文学和宇宙论**与**力学**两章的讨论。而且,变化不仅对自然科学家来说是一个基本事实,而且对历史学家也是这样,无论是自然的历史学家,还是研究人类和社会的历史学家。与变化的这一方面相关的考虑,会在**进化**、**历史**、**进步**等章中得到讨论。

在《圣女贞德》的序言中,萧伯纳写道,"虽然所有社会都建立在不宽容的基础上,但所有的改善都是基于宽容,或者承认一个事实,即演化的法则就是易卜生的变化法则。而正如上帝的法则,不管这个词作何理解,只要它现在能够提出一种反对科学的信仰证据,它就只是一种演化的法则,所以可以推出,上帝的法则也是一种变化的法则,并且当教会自己要反对这样的变化时,他们实际上是在反对上帝的法则。"

甚至这些讨论的细流也没有穷尽变化的含义。情感的周期过程、快乐与痛苦的交替发生,如要得到解释,则需要援引与欲望和反感相关的状态变化,比如从欠缺到满足的运动,或者从拥有到剥夺的运动。变化不仅只是情感分析中的一个因素,它本身也是人的情感态度的一个对象。它既让人爱,也遭人恨;人寻找它,也逃避它。

按照帕斯卡的观点,人总在尽力避免一种静止状态。人会做他所能做的一切以使事物流动起来。他写道,"我们的本性就在运动,完全的静止就是死亡。"他继续说,"没有什么比这更令人不可忍受:完全的静止、没有激情、没有事业、没有娱乐、没有研究。然后人感觉到他的虚无、他的落魄、他的依赖、他的虚弱、他的空虚。"达尔文并不认为对于变化的欲望属人类独有。他写道:"低等动物在它们的感受、反感、美感方面也同样多变。也有理由猜想,它们爱新奇,只是为了新奇。"

但是,人也想要避免变化。在《战争与和平》中,老包尔康斯基王爵"不能理解,如何有人还可以想要改变他的生命,或者引入任何新的东西到他的生命之中。"这不仅仅是一个老人的观点。在很大程度上,是永久存在而非短暂无常,是持久之物而非新奇之物,成了诗人歌颂的对象,他们表达出人对于他自己可变的不满。所有可朽事物的衰败与毁灭、时间与变化对于一切我们熟悉的与热爱的事物的攻击,推动着诗人们哀歌转瞬即逝、过眼云烟的东西。从维吉尔的"那是大自然的哭泣,人世间涌动着无尽的欲望",到莎士比亚的"能变就变的爱,不再是爱",诗人们都在为无可避免的变化发出哀叹。

分 类 主 题

1. 变化或运动的本性和实在
2. 变化的不变原则
   2a. 变化事物的构件
   2b. 变化中的对立面或相反物的因素
3. 运动中的原因与结果:推动者与被推动者的关系,或主动与被动的关系
4. 运动与静止:相反的运动
5. 运动的量度
   5a. 时间或持续作为运动的量度
   5b. 运动的可分性与连续性
6. 变化的类型
   6a. 所有模式的运动都可归结为一种变化
   6b. 处所运动的主导地位
   6c. 生命物与非生命物中的变化的比较
   6d. 物质的运动与心灵秩序中的变化的比较
7. 处所运动的分析
   7a. 空间、位置、虚空
   7b. 自然运动与暴烈运动
   7c. 处所运动的类型
      (1)直线运动、旋转或圆形运动
      (2)匀速运动或变速运动
      (3)绝对运动或相对运动
      (4)地球运动和天体运动
   7d. 变速运动的特性:运动的法则
8. 大小变化
   8a. 无生命体的增加和减少
   8b. 有生命有机体的生长

9. 质的变化

    9a. 物理的和化学的变化:复合物和混合物

    9b. 生物的变化:生命的变换

10. 实体变化:生成与毁坏

    10a. 物体王国的实体变化:元素的转变

    10b. 植物、动物、人类的繁殖

    10c. 原子、天体、精神实体的可坏性或不可坏性

11. 变化的把握:通过感性、通过理性

12. 变化的情感层面

    12a. 静止与运动同快乐与痛苦的关系

    12b. 对变化与不变的爱与恨

13. 运动或变化的永恒问题

14. 第一推动者理论:推动者与被推动者的秩序与等级体系

15. 不可动者

    15a. 思想对象的不可动:真理的王国

    15b. 命运命令的不可变换

    15c. 上帝的不可动

[陈虎平 译]

索引

本索引相继列出本系列的卷号〔黑体〕、作者、该卷的页码。所引圣经依据詹姆士御制版，先后列出卷、章、行。缩略语 esp 提醒读者所涉参考材料中有一处或多处与本论题关系特别紧密；passim 表示所涉文著与本论题是断续而非全部相关。若所涉文著整体与本论题相关，页码就包括整体文著。关于如何使用《论题集》的一般指南请参见导论。

1. **The nature and reality of change or motion**

    6 Plato, 99–104, 112–114, 231–232, 447, 460, 504–505, 517–534, 564–574
    7 Aristotle, 278–280, 402, 403, 501–511 passim, 529–530, 532, 573–574, 590–592, 593–594, 596–598, 636
    10 Nicomachus, 599
    11 Lucretius, 16–19, 62–64
    11 Aurelius, 252, 260, 265–266, 270
    11 Plotinus, 338–339, 607–611
    16 Augustine, 114
    17 Aquinas, 280–282, 351–352, 370–371, 531–532, 662–663, 730–731
    18 Aquinas, 1020–1022
    19 Chaucer, 308–309
    23 Montaigne, 333–334
    26 Galileo, 197–260
    28 Bacon, 179–188
    28 Descartes, 246
    32 Newton, 5–267
    33 Berkeley, 432–433
    39 Kant, 72–85
    43 Hegel, 186
    55 Bergson, 71, 72–84
    55 Whitehead, 185–188
    60 Woolf, 63–72

2. **The unchanging principles of change**

    6 Plato, 124, 455–458, 610–619, 760–765
    7 Aristotle, 259–268, 518
    11 Lucretius, 3–13
    11 Aurelius, 278, 281
    11 Plotinus, 416–425
    15 Kepler, 854
    17 Aquinas, 440–442, 463, 576, 588–589
    39 Kant, 23–33, 49–51, 120–129

2a. **The constituents of the changing thing**

    6 Plato, 458–460
    7 Aristotle, 264–268, 278–280, 305, 403, 410, 413–416, 429, 518, 528, 534–535, 556–559, 566–578, 597, 598–601
    8 Aristotle, 264
    9 Galen, 347–351
    11 Lucretius, 16–28
    11 Aurelius, 293
    11 Plotinus, 337–339, 354–355, 360–365, 608–609
    16 Augustine, 126–130
    17 Aquinas, 38–39, 162–163, 242–244, 261–262, 345–347, 490–491, 611–612
    18 Aquinas, 498–499
    21 Hobbes, 172
    26 Harvey, 494–496
    28 Bacon, 139
    32 Newton, 541
    55 Whitehead, 160–161, 179–180, 183

2b. **The factor of opposites or contraries in change**

    6 Plato, 165–166, 226–228, 350–351, 565, 760
    7 Aristotle, 8–9, 21, 263–268, 297, 304–305, 307, 310–311, 312, 346, 361, 368, 403, 416–417, 428–433, 512, 531, 569, 577, 584, 596, 598–599, 606, 710–711
    8 Aristotle, 309
    11 Plotinus, 610–611
    17 Aquinas, 305–306, 322–323, 699–700
    28 Spinoza, 632–633, 686
    39 Kant, 76–83
    43 Hegel, 167, 171–172

3. **Cause and effect in motion: the relation of mover and moved, or action and passion**

    6 Plato, 124, 267–268, 460
    7 Aristotle, 279–280, 326–329, 354, 391–392, 421–426, 436–439, 506, 533, 570–573, 594, 606, 647–648, 658
    8 Aristotle, 281, 310
    11 Lucretius, 16–17, 18–19
    11 Plotinus, 573–577
    15 Kepler, 855, 940–941, 959–960
    17 Aquinas, 34–35, 217–218, 259–260, 310–311, 428, 585–587, 611–612, 660, 720–723, 726–727
    18 Aquinas, 367–368
    26 Gilbert, 26–40 passim, 112
    26 Galileo, 202–203
    28 Descartes, 357, 438
    28 Spinoza, 612–613, 629–632, 687
    32 Newton, 14
    33 Locke, 178–179, 199–200, 203, 211–212
    33 Hume, 457–484 passim
    39 Kant, 15, 43
    55 Wittgenstein, 358–359
    56 Bohr, 308, 317–320, 342–344

4. **Motion and rest: contrary motions**

    6 Plato, 350–351, 567–574, 587–589
    7 Aristotle, 21, 310–312, 362, 635
    15 Copernicus, 517–518, 519–520
    17 Aquinas, 283–284, 371, 644–646, 799–800
    18 Aquinas, 985–989
    21 Hobbes, 50
    28 Bacon, 163
    28 Spinoza, 612–613
    32 Newton, 5, 14
    56 Poincaré, 17–21

5. **The measure of motion**

5a. **Time or duration as the measure of motion**

    6 Plato, 450–451
    7 Aristotle, 297–304, 312–325, 439, 601
    11 Aurelius, 260
    11 Plotinus, 429–435, 566, 573
    16 Augustine, 116–125, 405–407
    17 Aquinas, 32–33, 40–41, 43–46, 329–331, 753–754
    26 Galileo, 201–202
    28 Bacon, 177–179
    29 Milton, 188
    30 Pascal, 432–433, 434–439 passim
    32 Newton, 8–10, 12
    33 Locke, 159, 174
    39 Kant, 27, 29, 72–76
    55 Bergson, 71–84
    56 Whitehead, 165–166, 186
    56 Einstein, 197, 202

5b. **The divisibility and continuity of motion**

    7 Aristotle, 308–310, 347–352
    8 Aristotle, 428–429
    18 Aquinas, 366–367
    28 Bacon, 173–174
    28 Descartes, 313, 439
    32 Newton, 31–32
    39 Kant, 26–27
    51 Tolstoy, 469
    55 Bergson, 71–84
    55 Whitehead, 199–200

6. **The kinds of change**

    6 Plato, 449–450, 492–493, 533, 762–763
    7 Aristotle, 20–21, 304–307, 330–333, 401–402, 409–420, 593–594, 596–597, 635
    8 Aristotle, 264
    11 Plotinus, 607–611
    17 Aquinas, 242, 343–345
    18 Aquinas, 985–989
    26 Harvey, 407–409

6a. **The reducibility of all modes of motion to one kind of change**

    7 Aristotle, 346
    11 Lucretius, 24–28, 35–40, 49–52
    21 Hobbes, 61
    32 Newton, 1–2, 541

    32 Huygens, 553–554
    53 James, William, 882–884
    56 Waddington, 705–706

6b. **The primacy of local motion**

    7 Aristotle, 287, 346–348, 402, 437–439, 603
    17 Aquinas, 350–351, 410–411
    18 Aquinas, 984–985

6c. **Comparison of change in living and non-living things**

    7 Aristotle, 328, 338–340, 345, 646–647
    8 Aristotle, 233, 235–238
    9 Galen, 354–355, 388–389
    11 Lucretius, 24, 29–30
    17 Aquinas, 104–105
    26 Gilbert, 67
    26 Harvey, 412–415
    28 Bacon, 157–158
    28 Descartes, 283–284, 382
    33 Locke, 217, 220, 354
    39 Kant, 579–580
    49 Darwin, 62
    53 James, William, 4–6, 68–69
    56 Schrödinger, 499–502

6d. **Comparison of the motions of matter with changes in the order of mind**

    6 Plato, 764–765
    7 Aristotle, 330, 571–572, 635–637, 638, 667
    11 Lucretius, 32
    11 Plotinus, 411–414
    17 Aquinas, 153–155, 185–187, 269–270, 371, 382–383, 410–411, 432–433, 503–504, 777–778
    18 Aquinas, 15–18, 366–367, 613–614, 971–972
    19 Dante, 67
    21 Hobbes, 49
    28 Spinoza, 629, 630–632
    33 Locke, 147, 199–200
    33 Berkeley, 441
    43 Hegel, 195–199
    53 James, William, 95–97

7. **The analysis of local motion**

7a. **Space, place, and void**

    6 Plato, 460
    7 Aristotle, 283–284, 287–297, 367, 368–369, 376–377, 399–404, 574, 595–596
    9 Galen, 392–397, 444–447
    10 Nicomachus, 620
    11 Lucretius, 13–14, 14–15, 16–18
    15 Ptolemy, 10–11
    15 Copernicus, 517–518, 519–520
    15 Kepler, 855, 900–903, 922
    17 Aquinas, 37–38, 278–283
    18 Aquinas, 976–982, 984–985
    21 Hobbes, 61, 271
    26 Gilbert, 110

26 Galileo, 157–160 passim
28 Bacon, 168–169, 176–177
28 Descartes, 237
30 Pascal, 366–367, 370, 405–415 passim
32 Newton, 8–13, 520–522, 542–543
33 Locke, 153, 168
33 Berkeley, 434–436
39 Kant, 29, 84
42 Faraday, 421–422, 593–594, 724–727
56 Einstein, 235–243

7b. Natural and violent motion

6 Plato, 463–464
7 Aristotle, 294, 311–312, 338–340, 359–361, 367–369, 370, 386, 391–393, 434
15 Ptolemy, 11
15 Copernicus, 517–520 passim
17 Aquinas, 541–542, 543–544, 644–646, 799–800
18 Aquinas, 938–939
19 Dante, 90–91
26 Galileo, 200, 238
28 Bacon, 179–188

7c. Kinds of local motion

7c(1) Rectilinear and rotary or circular motion

6 Plato, 492–493, 762
7 Aristotle, 330–331, 348–353, 359–365, 636–637
11 Plotinus, 341–342, 343
15 Ptolemy, 6, 7–8, 86, 270
15 Copernicus, 514
15 Kepler, 887, 913, 931–933
26 Gilbert, 110
26 Galileo, 245
32 Newton, 6–7, 19–20, 32–35, 266–267
56 Einstein, 217–219

7c(2) Uniform or variable motion

7 Aristotle, 295, 309–310
26 Galileo, 157–160, 197–198, 200, 203, 205, 224
28 Bacon, 186
32 Newton, 14, 18–19
56 Schrödinger, 472–475

7c(3) Absolute or relative motion

11 Lucretius, 47
15 Copernicus, 514–515, 519, 557
15 Kepler, 1015
26 Gilbert, 115
32 Newton, 8–13, 19, 111–114
33 Locke, 149–150 passim
53 James, William, 511–512
56 Poincaré, 21–26, 32–35
56 Einstein, 197–225 passim
56 Eddington, 279–280

7c(4) Terrestrial and celestial motion

6 Plato, 587, 729–730
7 Aristotle, 359–405, 576, 601–602

8 Aristotle, 234
11 Plotinus, 337–339
15 Ptolemy, 7–8, 86–87, 429
15 Copernicus, 513–514, 517–518
15 Kepler, 888–895, 897–905 passim, 929–933, 959–960
17 Aquinas, 345–347, 365–367
28 Bacon, 163, 165–166, 186
32 Newton, 1–2, 269–372 passim, 540–541

7d. The properties of variable motion: the laws of motion

7 Aristotle, 330–333
8 Aristotle, 233–235 passim, 243–244, 310
15 Kepler, 894, 905–906, 933–934, 936–937
26 Galileo, 157–172 passim, 197–260
28 Bacon, 166, 167, 179–188
28 Spinoza, 612–614
32 Newton, 5, 14–24, 32–50, 76–131, 159–267 passim
32 Huygens, 558–563
33 Locke, 209
33 Berkeley, 422, 432–433
33 Hume, 460
51 Tolstoy, 694–695
55 Whitehead, 157–158
56 Poincaré, 26–28
56 Whitehead, 133–134, 166
56 Einstein, 199–200, 205–207, 213–215, 235
56 Bohr, 308, 317–320, 331–332, 342–344

8. Change of size

8a. The increase and decrease of inanimate bodies

6 Plato, 460
7 Aristotle, 296–297, 361, 434, 646
11 Lucretius, 16, 29–30, 62–63
17 Aquinas, 604–607
18 Aquinas, 15–19, 754–755
21 Hobbes, 271–272
26 Galileo, 151–154
28 Bacon, 171–172, 180–181, 184
42 Lavoisier, 9–15

8b. Growth in living organisms

6 Plato, 471–472
7 Aristotle, 410–411, 417–420, 535, 646
8 Aristotle, 84–85, 235, 263, 280–281
9 Galen, 351–352, 354–355, 357–358, 385–389
11 Lucretius, 3–4, 29–30
26 Galileo, 187
26 Harvey, 353–354, 388, 408–409, 412–415, 441–443
49 Darwin, 71
56 Waddington, 715–723

9. Change of quality

6 Plato, 509–510
7 Aristotle, 198, 266, 306, 328, 329–330, 409–417, 507, 685
11 Plotinus, 417–418

18 Aquinas, 6-7, 971-972
32 Newton, 541
33 Berkeley, 417-419 passim

9a. **Physical and chemical change: compounds and mixtures**

6 Plato, 448, 459-462
7 Aristotle, 206, 393, 398, 426-428, 433-436, 482-494, 565-566, 677-678
8 Aristotle, 170
11 Lucretius, 9-13, 24-26
11 Aurelius, 281
11 Plotinus, 339-342, 366-367
17 Aquinas, 367-368, 393-394
18 Aquinas, 925-926, 929-931, 958-959
26 Gilbert, 13-14, 29-30
26 Harvey, 495-496
28 Bacon, 139-140
32 Newton, 517-518, 531-542
42 Lavoisier, 22-86, 117-128
42 Faraday, 217-220, 222, 223, 235-330 passim, 449-492 passim
53 James, William, 68, 104-105, 876

9b. **Biological change: vital alterations**

7 Aristotle, 329-330
8 Aristotle, 78-79, 106-108, 157-158, 239, 273-274, 320
9 Galen, 424-426
26 Harvey, 412-415, 450
28 Spinoza, 670-671
49 Darwin, 10, 219-222 esp 221-222, 224, 354-355
53 James, William, 68-73
54 Freud, 655-657
55 Whitehead, 183-185, 186-189
56 Schrödinger, 481-486

10. **Substantial change: generation and corruption**

6 Plato, 165-166, 226-228, 434-436
7 Aristotle, 409-441, 501, 506-508, 555-558, 598-599
9 Galen, 348-349
11 Lucretius, 22-23, 26-28, 32-33, 35-40
11 Aurelius, 266
16 Augustine, 61-62
17 Aquinas, 116-117, 154-155, 181-182, 342-347, 367-369, 383-384, 510-511, 604-608
18 Aquinas, 19-22, 182-184, 385-387, 951-955, 968-970, 993-994
26 Gilbert, 104-105
28 Spinoza, 590
33 Locke, 259-260
39 Kant, 74-76, 82-83
54 Freud, 652-653

10a. **Substantial change in the realm of bodies: the transmutation of the elements**

6 Plato, 456, 458-460
7 Aristotle, 360-362, 389-390, 396-398, 409-441 esp 409-416, 420, 431-441, 445, 482-483
9 Galen, 347-349, 389-390
11 Lucretius, 62-63, 64
11 Aurelius, 250-251, 252-253, 266
11 Plotinus, 338-339
17 Aquinas, 350-351
18 Aquinas, 1024-1025
19 Dante, 99
19 Chaucer, 455-465
28 Bacon, 14, 114-115
32 Newton, 531
33 Locke, 128
38 Gibbon, 299-300
42 Lavoisier, 41
55 James, William, 18-19
55 Whitehead, 198-200
56 Heisenberg, 438-439

10b. **Plant, animal, and human reproduction**

6 Plato, 476, 586-588
7 Aristotle, 493, 557, 574
8 Aristotle, 255-331 passim
16 Augustine, 413-414, 685-686
17 Aquinas, 222-223, 368-369, 409-410, 488-489, 491, 516-519, 587-588, 600-601, 604-608
19 Dante, 77
26 Harvey, 278, 329-496 passim
29 Milton, 166-167
54 Freud, 659-660
56 Dobzhansky, 630-642, 645-666, 672-674

10c. **The corruptibility or incorruptibility of atoms, the heavenly bodies, and spiritual substances**

7 Aristotle, 361, 370-375, 601-605
9 Galen, 359-360, 394-395
11 Lucretius, 24-25
17 Aquinas, 41-42, 44-45, 250-252, 274-275, 345-347, 365-367, 534-536
19 Dante, 106
28 Spinoza, 589-606 passim
29 Milton, 96, 202-204, 205
55 Whitehead, 198-200
56 Planck, 96
56 Heisenberg, 424-425

11. **The apprehension of change: by sense, by reason**

6 Plato, 231-232, 447, 457, 565-569
7 Aristotle, 298-300, 505, 514-515, 528-530, 591
11 Lucretius, 16-17, 19
16 Augustine, 63, 736-737
17 Aquinas, 89-90, 410-411, 463
28 Bacon, 138-139, 170-174
33 Locke, 131, 132-133, 156-157
39 Kant, 27-33, 55-56, 76-83
47 Dickens, 173
53 James, William, 405-406, 510-512, 563-567, 612-616 esp 616

55 Bergson, 71, 72–84
55 Whitehead, 207
60 Woolf, 63–72
60 Beckett, 553–555, 559–560, 563–565, 576–581

12. Emotional aspects of change

12a. Rest and motion in relation to pleasure and pain

6 Plato, 275–277, 463–464, 619–620, 626, 631–632
7 Aristotle, 169
8 Aristotle, 403–404, 406, 427, 428–429, 613, 614
11 Plotinus, 475–477
17 Aquinas, 759–760
28 Spinoza, 629–656
33 Locke, 184–190 passim
54 Freud, 592–593, 639–640, 648–649

12b. The love and hatred of change and the unchanging

6 Plato, 717–718
9 Hippocrates, 156, 279
11 Lucretius, 40–41, 42–43
11 Aurelius, 248–249, 252, 256, 258, 262, 265–266, 271, 281, 284
11 Plotinus, 313–320
13 Plutarch, 225, 229
16 Augustine, 75–76, 707
19 Dante, 33–34, 58–59, 62–63, 81–82, 108–111
19 Chaucer, 374–388
21 Machiavelli, 9
21 Hobbes, 150, 154
23 Montaigne, 88–91, 101–105, 358–359, 505–508, 584–585
24 Shakespeare, 483
25 Shakespeare, 66, 124, 588, 593, 595, 596, 605
26 Harvey, 274, 285
28 Bacon, 14–15, 90, 124–125
28 Spinoza, 632–634
30 Pascal, 195, 196–200, 202–203, 355–358
33 Locke, 76, 85
40 Federalist, 62
40 Mill, 293–302 passim, 336
43 Hegel, 186, 219
45 Goethe, 155
46 Austen, 4
46 Eliot, George, 412–418
51 Tolstoy, 221, 275–276, 356, 403–405, 639, 645–646
53 James, William, 524–525, 707–708
54 Freud, 651
55 James, William, 13
57 Veblen, 83–84, 80–89, 159–160
58 Weber, 161–162
59 Chekhov, 211–219
59 Cather, 444, 464–465
60 Beckett, 556–557, 563–565, 581–582

13. The problem of the eternity of motion or change

6 Plato, 124, 450–451
7 Aristotle, 302, 334–340, 348–352, 370–376, 379–380, 437–441, 601–602, 603
11 Lucretius, 13–14
11 Aurelius, 256, 257, 290
11 Plotinus, 469–471
15 Ptolemy, 429
15 Kepler, 888–891
16 Augustine, 129–130, 138–139, 376–378
17 Aquinas, 41–42, 43–44, 250–255, 378–379
18 Aquinas, 1017–1020
26 Gilbert, 56
28 Bacon, 186
28 Descartes, 249
32 Newton, 14, 284–285
39 Kant, 135–137, 160–161

14. The theory of the prime mover: the order and hierarchy of movers and moved

6 Plato, 587–589, 758–765
7 Aristotle, 326–329, 334–355, 421–423, 600, 601–605
8 Aristotle, 234–236
11 Epictetus, 114
17 Aquinas, 12–14, 108–109, 144–145, 250–252, 277–278, 310–311, 378–379, 538–608 passim, 644–646
18 Aquinas, 338–339
19 Dante, 106, 126
21 Hobbes, 79–80
26 Gilbert, 107–110
26 Harvey, 415–417, 426–429, 443, 490–493
29 Milton, 185–186
39 Kant, 140–145, 239–240, 334–337, 597–599, 610–613
55 Whitehead, 217

15. The immutable

15a. The immutability of the objects of thought: the realm of truth

Old Testament: *Psalms*, 119:160 / *Proverbs*, 8:22–30
6 Plato, 113–114, 167, 231–232, 447, 457–458, 634–635, 809–810
7 Aristotle, 104, 508–511, 516, 517–518, 519–521, 562–563, 564, 587, 607–611
8 Aristotle, 341–342
10 Nicomachus, 599, 601–602
11 Plotinus, 361–362, 443–445, 559–563
16 Augustine, 115–116, 736–737
17 Aquinas, 25, 42–43, 99–100, 440–442, 576
18 Aquinas, 19–21, 224–226
28 Bacon, 27–28, 43–44
28 Descartes, 276–277, 319–322, 442–443
28 Spinoza, 590–591, 596–597, 619, 620–621, 622–625
30 Pascal, 358
33 Locke, 128, 259–260, 308–309, 358

168　西方大观念 The Great Ideas

39 Kant, 551–553
43 Hegel, 163
50 Marx-Engels, 428
53 James, William, 299–304, 879–882
55 James, William, 54–56
59 Pirandello, 270–271

15b. **The unalterability of the decrees of fate**

3 Homer, 222–223
4 Euripides, 605
5 Herodotus, 6–10, 20–22, 77
11 Lucretius, 18–19
11 Epictetus, 112–113
11 Aurelius, 247–248, 281
12 Virgil, 269
13 Plutarch, 601–604
16 Augustine, 258–259
17 Aquinas, 594–595
19 Chaucer, 243–244
51 Tolstoy, 342–344, 675
59 James, Henry, 11

15c. **The immutability of God**

Old Testament: *Deuteronomy,* 32:39–40 / *Psalms,* 33:10–11; 48; 89–90; 102; 136; 145–146 / *Ecclesiastes,* 3:14–15 / *Isaiah,* 43:10–13 / *Daniel,* 6:25–27
Apocrypha: *Ecclesiasticus,* 42:21
New Testament: *John,* 1:1–5 / *Romans,* 1:21–25 / *Colossians,* 1:16–17 / *Hebrews,* 1:10–12; 7:23–28 / *James,* 1:17 / *Revelation,* 1:17–18; 11:15–18
6 Plato, 322–323, 324
7 Aristotle, 344–345, 377, 601–603, 605
11 Plotinus, 669–671
16 Augustine, 3–4, 54–56, 63, 129, 130–131, 380–381, 396–398, 407–408, 705–706
17 Aquinas, 12–15, 38–46, 89–90, 114–115, 277–278
18 Aquinas, 701–703, 710–711
19 Dante, 121–122, 126
20 Calvin, 46–49, 94–96
28 Descartes, 276, 312–313, 319–322, 454, 455
28 Spinoza, 589–606 esp 589, 590–591, 592–595, 596–598, 601, 603, 690
29 Milton, 143–144
32 Newton, 370–371
33 Locke, 172–173, 209
33 Berkeley, 436
39 Kant, 177–179, 192, 352

交叉索引

以下是与其他章的交叉索引：

The broad philosophical context of the theory of change, see BEING 5; DESIRE 1; FORM 1–1b; MATTER 1–1b, 2c.

The distinction between the mutable and the immutable, see ASTRONOMY AND COSMOLOGY 6a; BEING 7b(3); ELEMENT 3c, 5; ETERNITY 4–4d; FORM 1a; TRUTH 5.

Time and eternity in relation to change, see ASTRONOMY AND COSMOLOGY 6c(1); ETERNITY 1; TIME 2, 2b; WORLD 4a.

The mathematical and experimental approach to the study of local motion and the formulation of its laws, see ASTRONOMY AND COSMOLOGY 6c–6c(3); MECHANICS 1c–1c(3), 5–5f(2), 6c–6d(3), 6f–6g; ONE AND MANY 3a(2); QUANTITY 5c; SPACE 2a.

Biological and psychological change, see ANIMAL 4a, 6b–7, 8b; CAUSE 2; DESIRE 2c–2d; EDUCATION 4, 5c, 6; EMOTION 1b, 2b; HABIT 4b; LIFE AND DEATH 6c; REASONING 1b; TIME 7; VIRTUE AND VICE 4b–4c.

The distinction between generation and other kinds of change, see ART 2a; FORM 1d(2); WORLD 4e(1).

The transmutation of the elements, see ELEMENT 3c.

The theory of historical change in nature and society, see EVOLUTION 3d, 5a, 6c; HISTORY 4b; PROGRESS 1a, 1c–2; REVOLUTION 1–1c; TIME 8a.

Economic, political, and cultural change, see CONSTITUTION 7–7a, 8–8b; PROGRESS 3–4c, 6–6b; REVOLUTION 2–2c, 4–4b; WEALTH 12.

Change or becoming as an object of knowledge, see BEING 8a–8b; KNOWLEDGE 6a(1); OPINION 1.

Man's attitude toward change and mutability, see CUSTOM AND CONVENTION 8; PROGRESS 5; TIME 7; TRUTH 5.

扩展书目

下面列出的文著没有包括在本套伟大著作丛书中，但它们与本章的大观念及主题相关。书目分成两组：

Ⅰ．伟大著作丛书中收入了其部分著作的作者。作者大致按年代顺序排列。

Ⅱ．未收入伟大著作丛书的作者。我们先把作者划归为古代、近代等，在一个时代范围内再按西文字母顺序排序。

在《论题集》第二卷后面，附有扩展阅读总目，在那里可以查到这里所列著作的作者全名、完整书名、出版日期等全部信息。

I.

Thomas Aquinas. *De Principiis Naturae*
Hobbes. *Concerning Body*, PART III, CH 15–16, 21–22
Descartes. *The Principles of Philosophy*, PART II
Berkeley. *Siris*
Voltaire. "Motion," in *A Philosophical Dictionary*
Kant. *Metaphysical Foundations of Natural Science*
Hegel. *Logic*, CH 7
———. *The Phenomenology of Spirit*, III
———. *Science of Logic*, VOL I, BK I, SECT I, CH 1 (C)
James, W. *Some Problems of Philosophy*, CH 9–10, 12
Bergson. *Creative Evolution*
———. *The Creative Mind*, CH 5
Dewey. *Experience and Nature*, CH 2
———. *The Quest for Certainty*, CH 2
Whitehead. *The Concept of Nature*, CH 5
———. *Process and Reality*, PART II, CH 10
Russell. *The Analysis of Matter*, CH 27, 33–34
———. *The Principles of Mathematics*, CH 54, 56–59
Mann. *Buddenbrooks*
Eddington. *The Nature of the Physical World*, CH 5
Heidegger. *Being and Time*

II.

THE ANCIENT WORLD (TO 500 A.D.)

Sextus Empiricus. *Against the Physicists*, BK II, CH 2, 5
———. *Outlines of Pyrrhonism*, BK III, CH 1–20

THE MIDDLE AGES TO THE RENAISSANCE (TO 1500)

Crescas. *Or Adonai*, PROPOSITIONS 4–9, 13–14, 17, 25

THE MODERN WORLD (1500 AND LATER)

Bradley, F. H. *Appearance and Reality*, BK I, CH 5
Clifford. *The Common Sense of the Exact Sciences*, CH 5
Croce. *History, Its Theory and Practice*
Davidson. *Essays on Actions and Events*
Emmet. *The Effectiveness of Causes*
Gustafson. *Intention and Agency*
Helmholtz. *Popular Lectures on Scientific Subjects*, VII
John of Saint Thomas. *Cursus Philosophicus Thomisticus, Philosophia Naturalis*, PART I, QQ 14, 19, 22–24; PART III, QQ 1–2, 10–12
Leibniz. *Discourse on Metaphysics*, XV–XXII
———. *Monadology*, par 10–18
Lewis, G. N. *The Anatomy of Science*, ESSAY III–IV
Lotze. *Metaphysics*, BK I, CH 4–5; BK II, CH 4
Maxwell. *Matter and Motion*
Naipaul. *The Enigma of Arrival*
Riezler. *Physics and Reality*
Santayana. *The Realm of Matter*, CH 5–6
———. *Scepticism and Animal Faith*, CH 5
Schopenhauer. *The World as Will and Idea*
Toynbee, A. J. *Change and Habit*
Whewell. *The Philosophy of the Inductive Sciences*, VOL I, BK II, CH 13

11

公 民　Citizen

总　论

"公民",就像"同志"一样,一直是一个革命用语。人们自豪地用这两个称谓表示,他们已经摆脱了专制或暴政的桎梏。那些还没有获得自由和平等的兄弟情谊的人们,现在仍在对这两个称号孜孜以求。

公民这个等级或地位,在希腊城邦立宪政治之初最先出现在古代世界中。对此事实希腊人很明白,并为之而感到自豪。借助于这个身份,他们把自己区别于那些作为波斯大王或埃及法老之臣民的蛮族人。据希罗多德记载,斯巴达的传令官们这样对波斯指挥官说:"你们能懂的只是事情的一半,对事情的另一半你们却一无所知。你们懂得的,只是奴隶的生活;你们从未品尝过自由,所以你们不知道自由是否甘甜。唉!如果你们知道什么是自由,你们就会恳求我们为之而战,不仅用矛枪而且用战斧为之而战。"

不仅希罗多德和修昔底德,而且那些伟大的悲剧诗人,尤其是埃斯库罗斯在《波斯人》中,记载了希腊人相对于周边民族的自我优越感,他们认为周边民族仍然像孩童一样臣服于绝对统治之下。然而,希腊人也意识到,他们也只是在摆脱了部族头领原始的专制统治之后才成为一种自我统治的公民;而埃斯库罗斯之后不久,亚里士多德在其《政治学》中也对此有所暗示。

"臣服地位"和"公民身份"之间的基本区别,与绝对政府和有限政府之间、专制政府和立宪政府之间的同样基本的区别,是密不可分的。这两种统治形式之间的区别在**宪法**一章中有论述。这里只需指出,统治者所拥有的权威和权力中的区别——根据它是绝对的还是有限的——对应于被统治者的地位、自由程度、权利和特权。

为理解公民,有必要理解人们可以以哪些形式隶属于一个政治共同体,或成为其一部分。共同体中的人们之间的两种区分有助于我们界定公民身份。

根据其中一个区分,本地出生者要区别于异族人或外来人。在希腊城邦,外来人几乎不可能成为公民。普鲁塔克指出,在他看来"有些可疑"的梭伦的归化法,是不允许外来人成为公民的,除非"他们永久背井离乡,或带着全家族人来此经商"。被允许住在城邦里的外乡人,通常是一个单独类别的人群。

在罗马,情况有所不同;外来人有可能获得罗马公民身份的较高荣誉。吉本写道:"罗马的雄心勃勃的天才们为了雄心而放弃了虚荣,不管在什么地方,哪怕在奴隶和外来人中,在敌人和蛮族人中,只要发现有德有功之士,就招纳在自己麾下,认为这既是明智的,也是体面的。"

多数现代共和制国家制定了归化程序,用来规范将部分甚至全部移民接纳为国家成员。但公民与定居者之间,总是存在着区别的。因此,卢梭批评让·博丹混淆了公民(citizens)和市民(townsmen)。他写道:"M. 达兰贝尔避免了这个错误,在他写的日内瓦条目中,他明确地把居住在我们城市的人们区分为四个等级(甚至五个等级,如果把纯粹的外来人也算进去的话),其中只有两个等级的人才组成共和国。"

根据区分政治共同体中人们的第二种方式,自由人与奴隶要区分开来。奴隶虽然可能是本地出生的,但并不是政治共同体的成员,只属于政治共同体的财产。根据亚里士多德所说,奴隶者,"既是人类也是财产"也。但他在另一个地方说,"财产,即使包括有生命者,也不是城邦的组成部分;因为城邦不仅仅是一个由有生命者所组成的共同体,而且也是由平等的人们所组成的共同体"。

根据这个原则,被亚里士多德排除在公民地位和特权之外的不仅仅是作为动产的奴隶。"对城邦的生存必不可少的人们当中,并非全部都可以被承认为公民;比方说,孩子并不是与成年人平等的公民……在古时候,在有些民族中,"他接着说,"工匠阶级曾经是奴隶或外来人,因此多数工匠现在也是如此。最好形式的城邦不会给予他们公民身份。"

"为满足人们需要而效力的奴隶"以及"作为共同体仆人的技工或工匠"要算做共同体的"必不可少的人民",但不是城邦的成员。亚里士多德在讨论理想城邦的人口规模和特点时说:"我们不应该把所有人包括进来,因为在城邦中总有大量的奴隶以及寄居者和外来人;相反我们只应该把那些作为城邦成员的人们,那些构成城邦之本质部分的人们,包括进来。"

把奴隶和外来居民排除在政治共同体的成员身份之外,对"人民"这个词所表达的政治概念的含义,有深刻影响。"人民"不同于"人口",亦即居住在国家边界之内的所有人。即使在那些废除了作为动产的奴隶身份、普选权渐渐不加限制的社会里,婴儿和外来人也依然处在政治生活之外。人民永远是人口的一个部分——在政治上发挥积极作用的部分。

公民与奴隶、婴儿、外来人的区别,还不是事情的全部。国王的臣民并不是奴隶,但他们也不是共和国的公民。但像公民一样,臣民也拥有政治共同体的成员身份。他们所构成的人民,是国王所统治和照看的,除非他是一个暴君,因为只有当他是一个暴君的时候,他才把臣民当作他的财产,用来服务于他自己的快乐或利益。有时候还对一等公民和二等公民作出区分,而二等公民,其地位介于公民和奴隶之间,被当作臣民。"因为存在着许多种政体,"亚里士多德写道,"也必定存在着许多种公民,尤其是许多种作为臣民的公民;因此在某些政府之下技工和工匠是公民,但在其他国家他们却不是。"在亚里士多德看来,当劳工阶级被给予公民地位的时候,公民身份的全部意义发生了变化。

从稍为不同的角度出发,阿奎那主张一个人可以"在两种意义上被认为是一个公民:第一,绝对意义上的;第二,有限意义上的。一个人如果拥有全部的公民权利,就是绝对意义上的公民;比如,拥有在公共集会上争论和投票的权利。另一方面,任何人,如果他居住在一个城邦,甚至是比较底层的人们,或是孩子,或是老人,但不适合在涉及共同福利的事务上享有权力,他就只能在有限的意义上被称为公民"。那些无公民权,也不是奴隶的人,是臣民,而不是完整意义上的公民。

当然,人们有可能具有臣民和公民的双重身份,今日英国和英联邦自治领域中的情况就是这样。这种双重身份并没有冲淡公民和臣民之间的区别;相反它意味着一种既为王国——至少就其君主制的痕迹来说——也为立宪国家的政府形式的混合特征。在洛克时代,立宪制度大胜斯图亚特王朝末代国王以后，英国人还没有视自己为公民。卢梭说，公民的称号从未给过"任何王公的臣民，哪怕是古代马其顿人"，然后不得不补充说："即使今天的英国人也没有，尽管他们比任何其他民族都更接近自由。"

与公民不同，国王的臣民，尤其是拥有绝对权力的国王的臣民，对政府没有发言权，没有保护其天赋人权的法律手段。绝对的统治者只要还不是暴君，他就是为了人民的福利而统治；因此，即使就其对其治下的人们行使绝对权力而言他是一个独裁者，就其照看人民而不是役使人民而言，他是一个仁慈的君主。但如果他不再仁慈，而变得暴戾，他的臣民除了反叛以外别无选择。他们必须诉诸武力，使自己摆脱相当于奴隶境遇的状态。

相反，公民的法律权利和自然权利是受到保护的，至少在某些现代共和制国家中，他还拥有法律手段来纠正他认为的不正义。对公民来说，反抗的权利是最后的手段，而不是唯一的手段。

奴隶身份、臣服地位和公民身份这些不同状况，可以通过对统治者与被统治者之间关系的三种形式的界定来加以概括。最早明确地区分这三种关系的，看来是亚里士多德。

亚里士多德发现，这三种关系并存于家庭的结构之中，古代家庭形成时便是如此。关于家庭管理，他写道："存在着三个部分——一个是主人对奴隶的统治……另一个是父亲的统治，第三个是丈夫的统治。"在每种情况下，"统治的类型各不相同：自由人统治奴隶的方式不同于男人统治女人的方式，也不同于大人统治孩子的方式"。

我们前面已经看到，亚里士多德把奴隶看作是一件财产。当他说奴隶"完全隶属于他的主人"的时候，或说"他是他的主人的一个部分，他的身体的一个有生命的但与之分离的部分"的时候，他想到的显然只是作为动产的奴隶。如**奴隶制**那章所显示的，奴隶制还有其他类型或程度的不那么极端的形式。

但是，与弱化形式的奴隶制相比，作为动产的奴隶更清楚地界定了奴隶主地位的性质。奴隶主对奴隶的经管或役使就像他对其他工具——无生命的工具和家畜——的经管和役使一样。亚里士多德宣布，"主人的统治主要是着眼于主人的利益而行使的"。但主人"偶尔也为奴隶着想，因为，如果奴隶受到伤害，主人的统治也随之而受到伤害"。

这样考虑的话，奴隶享受不到一丝一毫的政治自由。他受到的待遇彻底低于他的主人——就好像他是非人的某物一样。他对自身的支配没有任何发言权，他的福利并非主人的首要考虑因素。简言之，当我们看到一个人支配另一个人就像一个人经管他的财产、为其自身利益而使用它一样，我们看到的就是奴隶制了。

当一个人统治另一个人的方式就像好心的父母支配作为家庭成员的孩子的事务一样时，我们看到的就是这样一种类型的统治，它也出现在绝对国王或仁慈独裁者和他们的臣民之间的关系之中。亚里士多德说："父亲对他的孩子的统治是国王般的，因为他借以实施统治的既是爱，也是与年龄相应的尊重，行使一种国王般的权力……国王，"亚里士多德补充说，"天然地高于他的臣民，但他应该与他的臣民属于同一个部族或种类，长幼、父子关系亦是如此。"

从家庭中类似的统治中，我们看到奴隶和国家中绝对统治或专制统治之下的臣民的境遇之间的两点区别。孩子所处的从属地位，与奴隶不同，并不是恒久

11. 公　民

的,这是他们的不成熟状况的一个方面。他们暂时无法判断什么是对他们好的事情,所以需要在年龄、经验和明智方面长于他们的人的指导。但是孩子的人性被承认,这就是他们不应该被当作奴隶来统治、而应该为了他们自己的福利而受统治的理由,就此而言他们与他们的父母享受某种平等。

对孩子的统治,亚里士多德宣布:"首先是为了被统治者的利益,或者是为了双方的共同利益,但本质上是为了被统治者的利益而行使的。"同样,一个仁慈独裁者的臣民,或任何以家长主义方式统治的绝对君主的臣民,对他们的统治据说也是为了臣民自己的利益。统治者是照看他们,而不是役使他们;就此而言他们拥有某种程度的政治自由。但他们并没有那种只存在于自治之中的完全的自由。

自治只出现在立宪统治之中;在亚里士多德那里,立宪统治与家庭中夫妻关系有不完全的类比关系。但是在国家中,立宪统治在担任公职人员与其他公民之间的关系中得到充分的表现。亚里士多德说,"在立宪国家中,公民轮流统治和被统治;因为立宪国家的观念就蕴含着公民们的本性是平等的,并没有任何区别。"换言之,公民"有权管理,对国事进行审议或裁判"。卢梭好像有类似的一种公民观,即认为公民是统治者和被统治者一身兼二任,尽管他用"臣民"这个词来表示作为被统治者的公民。他写道:"人民,作为主权的分享者,称为公民;作为国家法律的服从者,称为臣民。"

因为在立宪政府中担任公职的人首先是一个公民,其次才是拥有公职权威的官员,所以,公民是一个受与其平等的人们统治、作为平等者而受到统治的人。看到这些事实,亚里士多德把公民身份描述为一个由宪法制定的"无限定职位"。它之所以"无限定",既是就其任期而言,与各种行政职位相比是无限定的;也是就其职能而言,与职能规定得比较确定的官职相比是无限定的。既然公民只由其他公民统治,既然他有机会反过来统治别人,那么,公民身份就包含着最完整意义上的政治自由。但这并不意味着免于统治的自由,而只意味着自治的自由——一个人在社会中可能拥有的所有自由,法律之下并且符合正义尺度的自由权利。

三种政治状况中的两个——奴隶地位和臣服地位——当然在**奴隶制**那章中有更充分的讨论。对其中第三种状况即公民身份的讨论,不仅属于本章,而且也属于**宪法**那章,以及涉及各种形式的立宪政府的那些章,比如**贵族制**,**民主制**,**寡头制**。

出于同样的理由,18 世纪反对绝对王权或专制主义的革命者们用"自由政府"这个词来称呼共和制度,他们还使用"公民"来表示自由的人,亦即拥有政治自由和平等的人,他们把这种自由和平等看作是天赋人权。在这方面,他们并没有根本上偏离其希腊和罗马的祖先,后者把立宪政府和公民身份视为自由和平等的先决条件。

进一步说,就像古代的立宪主义者,18 世纪的共和主义者们——即使有例外的话也不多——并不是那种主张把公民身份的权利和特权扩展到**所有**成年人的民主派。18 世纪奴隶制度仍然存在;即使那些在经济上不处于奴役状态的人,相当一部分仍然处在公民身份范围之外。之所以没有公民身份,可能是由于种族和性别原因,也可能是由于缺少足够的财富和财产(因此他们必须以劳动为生)。除了亚里士多德之类的古代寡头,持有下列看法的大有人在:"统治阶级应该是财产主,因为他们是公民,而一个国家的公民应该境况殷实良好";而工匠则在"国家事务中没有他们的份"。不仅在古代的希腊,在 18 世纪,把公民权利扩展到契约徒工,打零工的或熟练工人,同样被视作"极端民主"的激进要求。

康德可以被看作是 18 世纪一种开明观点的代表者。他发现有"三种法律属性"是公民有权拥有的:"1. 立宪自由,亦即每个公民拥有只服从他同意或赞成的法律的权利;2. 公民平等,即公民不承认任何别人有高人一等的权利……以及 3. 政治独立,即公民在社会中的生命和生存不受他人任意支配,而只受他作为共同体成员所具有的自身权利和权力的支配。"

最后一个属性引导康德对"积极公民身份"和"消极公民身份"作出区分。尽管承认这"似乎与公民本身的定义有所矛盾",他还是得出结论说,共同体中有些人并没有资格享受公民的全部特权。他的意思是 18 世纪人们广泛具有的这样一个想法,即"恰当地构成公民的政治资格"的投票权,其前提条件是"公民个人在人民中的独立或自足"。

因此,他否认"每个被迫不自食其力而听任别人安排的人"有投票权。受这样一个限制的,他说,包括"商人或工匠的学徒,不是由国家雇用的仆人,未成年人"和"全部女性"。他们是国家的"消极部分",并没有"作为国家的积极成员来与国家打交道、重组国家或以引进某些法律的方式采取行动的权利"。但康德坚持说:"必须使他们有可能从国家中的这种消极状况自我提升出来,提升到积极公民身份的状况。"

上面的讨论表明,在公民身份的观念和 J. S. 穆勒指出的政治思想和行动的历史中的两场革命运动之间存在着联系。第一场运动的结果是,"承认某些豁免,即政治自由或权利,统治者如果侵犯这些自由或权利,就会被认为是一种失职,假如他确实侵犯了,特定的抵抗或普遍的反抗就被认为是合情合理的"。这就是推翻专制主义、建立立宪政府的革命运动,它赋予一部分人口——常常远远少于总数的一半——以公民的地位。

第二场革命运动走得更远。其前提条件是依法施政,目标是使治理臻于完善。因此它寻求实现"建立立宪制约,借助于这种制约,政府权力的某些比较重要的行为,必须以共同体或某种类型的、被认为代表其利益的团体的同意作为必要条件"。在穆勒看来,既然这场运动的目标是通过对被统治者的愿望的充分代表、使他们的同意发生作用,那么,它就不可避免地会导致一场这样的战斗,即反对对选举权的限制,支持普选权,承认每个平常的成年人享有公民自由和平等。

托克维尔在谈到民主国家中对平等的热爱时写道:"我们可以想象这样一种极点,自由和平等会在这个点上相交、结合。让我们假定所有公民都参与政府,他们中的每个人都有平等参与权。这样的话,没有人会区别于他的同伴,没有人能行使暴戾的权力;人们将充分自由,因为他们是完全平等的;他们将充分平等,因为他们是完全自由的。"

第一场革命历时很久。它始于希腊城邦,但后者在赢得对波斯的胜利以后,被马其顿征服。塔克文家族被逐、罗马共和国建立以后,这场革命再次发生,当恺撒攫取绝对权力的时候,其成果又遭破坏。普鲁塔克、波利比阿、塔西佗和吉本以不同程度的热情都讲述过这段历史。中世纪,在为建立法律的至高地位(尤其是通过发展习惯法和教会法)所作的许多努力中,也发生过不少同样的斗争。这场革命在17世纪和18世纪依然延续,它达到的新高度反映在像洛克这样的立宪派和像卢梭、康德和美国联邦主义者那样的共和派的著述中。《独立宣言》和《美利坚合众国宪法》是这个历史时期堪称经典的文献。

第二场革命,尤其就其与争取普选权的斗争合为一体而言,是一件相对晚近的事情。它的根源或许可追溯到克伦威尔时期平等派的活动,以及18世纪约翰·卡特赖特的著作。但是,最充分表达其思想的,大概要数穆勒的《代议制民主》了。在该书中,穆勒确定了选举权改革的一些原则,这场改革始于19世纪,但在妇女获得普选权、废止人头税等问题上,直到昨天改革才得以完成,甚至到今天还在进行中。

但是,争取普选权的斗争——或如穆勒所说的,反对把任何人当作"政治贱民"的斗争,在希腊政治生活和政治思想中的民主式立宪政治和寡头式立宪政治的冲突中,确实可以找到古代的对应物。在公民身份和公职的资格条件方面,两类立宪政治彼此对立。寡头式立宪政治把这两者局限于拥有相当财富的男人。而在另一个极端,如亚里士多德指出的,最极端形式的希腊民主政治则把公民权赋予劳工阶级,在任命行政职位的时候不给富人以特权,因为他们用抽签方式在全体公民中选择官员。

对应关系仅限于此。希腊民主制度即使当它否定有产阶级的特权的时候,也从未想过要废除奴隶制、解放妇女。

在有关公民身份方面古代建制和现代建制之间还有另一些差异。谁将被承认拥有公民身份,在古代和现代都是根本问题。公民地位意味的是政治自由和平等的条件,就此而言公民身份本质上依然如故。但是属于公民身份的权利和义务,特权和豁免,则因为古代立宪主义和现代立宪主义的区别而发生相应变化。

古代世界的那些宪法,即使它们是成文的,也不会宣布人权和公民权,也不会包括作为修正案的人权法案。这些现代创新(其开端或许是《大宪章》)的意义不在于一种新的公民身份观,而在于发明了一些法律手段来赋予公民身份这个首要职位以充分的法律权力来保护它免受政府的侵犯。托尼在评论法国大革命和《人权宣言》的时候提请人们注意"两方面之间的区别,一方面是包括五百万小农的法国的普遍和平等的公民身份,另一方面是英国的牢固地建立在阶级传统和阶级建制之上的有组织的不平等"。

在《联邦党人文集》中,汉密尔顿写道:"就其起源而言,人权法案是国王与其臣民之间的约定,是剥夺王室特权(prerogative)而保护臣民特权(privilege),是不把权利作为王公们的专有物。"他为最初宪法中没有一份专门的人权法案进行辩护,强调说:"从任何理由来说,就任何实用目的而言,宪法本身就是一份人权法案。"宪法宣布并具体说明了"公民在政府结构和行政运作中的政治特权",并且"界定了某些有关个人的和私人的问题的豁免和程序模式"。

然而,言论自由和集会自由的权利,受公民陪审团审理的权利,加上未经许可不得搜查和逮捕,或不受事后制定的法律和剥夺公民财产的法案的制裁,宪法早期修正案所提供的这些权利,确实给公民以更多的保护,使他们在履行公民义务如独立的政治思想和行动方面,或在行使其特权如宗教自由方面,免受干预。这些宪法措施的发明,起因是那些痛苦经历,即刑事法庭的审理,王室书报检查制度,以及无限制的警察权力所造成的强制和威胁的痛苦经历。一个有可能受其政府强制和威胁的公民，与一个绝对专制下的臣民之间只有名义上的差别。

除了具有这些法律保障之外，现代公民身份区别于古代公民身份之处还在于权利和特权的行使方式。公民是通过选举产生的代表行事，还是通过在公共论坛上投票直接参与政府的商讨和决策，这两种情况下的选举机制是不同的。

关于公民教育的问题，像柏拉图和穆勒这样的不同政治哲学家，在某些方面却有几乎相同的论述。

在《理想国》和《法律篇》中，柏拉图强调"教育是用法律所确认的正当理由来约束和引导年轻人"。他的意思不仅是教育将影响法律，而且是法律本身也履行教育功能。教育因此是由国家来计划和实施的。卫国者——《理想国》中最完整意义上的唯一公民——是为公共生活而训练成就的，首先是通过约束其激情，其次是通过开发其心智。约束其激情的是音乐和体育，开发其心智的是人文学和辩论术。

在穆勒设想的理想的民主制度中，"至高的卓越……在于推进人民自身的德性和理智"。他没有概述公民训练的具体课程纲要，但显然他们的教育不能仅仅在学校里实现。根据穆勒，民主的优越性在于，它号召公民"要不计较其自身利益；在诸种利益主张发生冲突的时候，要受他的私人偏爱以外的规则的指导；在每个关口，都要运用那些以共同福利为存在理由的原则和准则；在同样的努力中，他通常会发现与这样一些心灵站在一起，这些心灵比他自己的心灵更熟悉一些这样的观念和作为，学习这些观念和作为，将为他的知性提供理由，为他的普遍利益感提供鼓舞"。在这种"公共精神的学校"中，一个人通过做公民的事情、学习像公民那样行动而成为一个公民。

假如未来的公民要像一个自由人那样行动，他难道不是在年轻时就要训练得像自由人那样思考吗？职业训练让人准备成为的是一个工匠，而不是公民。只有人文教育才适合于创造公民身份所需要的自由的、批判的理智的任务。因此在一个依赖于普选权的国家中，教育问题的范围大大扩充，如果其内在难度并未加深的话。

随着穆勒所倡导的普选权的出现，国家必定面临这样一个责任，那就是要使每个未来的公民都接受人文教育。一方面说所有正常儿童都有足够智力成为公民，另一方面却认为其中相当大部分人的天赋是无法接受人文教育的，那是对公民身份的嘲弄。不受惠于人文教育的孩子会有能力履行他成年时将被允许承担的职位的义务吗？

品性的训练总是比心智的训练更加困难。在公民教育中，道德训练的问题包括这样的问题：好人和好公民在德性方面是否统一。该问题在**美德与邪恶**一章中也将加以讨论。

亚里士多德认为（穆勒好像也这样认为），理想宪政下的好人的德性无异于好公民的德性。无论是作为统治者还是被统治者，"好公民应当是能够具有两种德性的，"亚里士多德写道，"他应当知道如何像一个自由人那样进行统治，如何像一个自由人那样服从统治——这些就是公民的德性。虽然统治者的节制和公正不同于臣民的节制和公正，但一个好人的德性将两者兼具；因为一个既是自由人也是臣民的好人的德性，亦即他的公正，将不是只有一种类型的，而将包括不同类型，其中一种使他适合于统治，另一种使他适合于服从统治。"

公民的德性主要是在他履行其对国家的责任方面给他以指导。但如果国家的福利不是人的最终目的,如果要求人类效忠的还有更高的善德,如果人的共同人性优先于他的特定国家成员身份,那么公民德性就不完全包括在人类美德中。对好人的道德要求就可能多于对好公民的道德要求。圣人的德性和爱国者的德性可能不属于同一层次。

在这个问题上,各大名著揭示出不同的道德学家和政治哲学家之间存在着根本的分歧,就像在国家在人类生活中的地位的问题上,柏拉图和黑格尔不同于奥古斯丁和阿奎那,或不同于洛克和穆勒一样。

古代人常常诉诸一种高于国家法律的法律。有些人会为了服从其内心的声音——良心的命令——而宁可献身,苏格拉底永远是这种人的经典范例。像马可·奥勒留这样的斯多葛派,只有当一个政治共同体是理想的人间之城、包括全部人类手足情谊的时候,才愿意无条件地效忠。"作为安东尼,我的都城、我的国家是罗马",但作为一个人——人的"本性是理性的、社会的"——"它是整个世界"。

对基督教神学家来说,上帝之城的成员身份高于任何世俗共同体——哪怕它是最好的人间之城——的公民职分。上帝之城需要的是高于人间之城的德性。奥古斯丁在提到世俗之城的时候说:"这个都城所欲望的东西不能正当地说就是邪恶的,因为它本身、就其本身的种类而言,要优于所有其他人类之善。因为它为了享受世俗之善而欲求世俗和平。"人们完全有理由寻求"这些东西",因为它们"是好东西,无疑是上帝的礼物"。但是,奥古斯丁继续说,"如果他们忽视了上天之城的更好的东西,忽视了这些由永恒的胜利和无尽的和平所确保的东西,而过分贪求那些当下的好东西,以至于以为它们是唯一值得追求的东西",那么,奥古斯丁认为,他们的爱就被误导了。

神学家们在优先考虑上帝戒律的时候,并不轻视国家的律令或公民的义务。但那些同时属于两个都城的人们,会发现自己面对着国法和神法之间的冲突。在这种情况下,信徒无可选择。他们必须首先服从的是上帝而不是人。"与上帝戒律相悖的法律",阿奎那认为,并不"约束人的良心",因此"不应该被遵守"。

人法和神法之间的冲突在古代表现于索福克勒斯的《安提戈涅》。关于安提戈涅所违背的人法,她告诉底比斯国王克瑞翁:

> 建立这个秩序的并不是宙斯,
> 我也不认为你的秩序有那么强大有力,
> 以至于你这个凡人居然可以推翻
> 神的无字的、不朽的法律。
> 这些法律永久存在,而不限于今日和昨天,
> 无人知道它们起源于何时。

安提戈涅面对的问题可以许多种方式出现,就像个人良心或欲望与政治责任之间的冲突有许多种可能的形式一样。不管采取什么形式,该冲突都使政治哲学家们面对那些构成个人与社会问题或人与国家问题的所有疑问。

在多大程度上、在哪些方面个人的人格是神圣的,是国家不可侵犯的?个人有权利要求从国家那里得到多少自由?国家有权利指望个人作出的个人牺牲有多少?国家仅仅是个人追求其幸福的手段,还是其他所有善都要让位的目的?是人为了国家而有,还是国家为了人而有?

对这类问题有许多回答,一个极端

是哲学无政府主义,另一个极端是同样具有哲学性质的极权主义,两者之间则是形形色色的个人主义。人和国家这个一般问题,连同众说纷纭的所有相关问题,贯穿于其他许多章节——比方说**宪法**,**善与恶**,**法律**,**自由**以及**国家**等章,但我们的主要论述放在这一章,这是因为,公民身份的概念意味着作为政治共同体之成员的人类个体的理想状况。

分 类 主 题

1. 个人与国家的关系
2. 公民身份的观念
    2a. 与立宪政府的原则相关联的公民地位或职位
    2b. 公民和臣民的区别:立宪君主制的臣民与专制主义的臣民之间的区别
    2c. 不同政体下公民身份的特点和范围
3. 公民身份的资格:选举的范围
4. 公民身份的权利、义务、特权和豁免
5. 公民的德性和好人的德性
6. 公民教育
7. 政治的公民身份和上帝之城的成员身份
8. 世界公民的观念:人的政治上的手足之情
9. 为公民身份而斗争的历史事件和阶段

[童世骏 译]

索引

本索引相继列出本系列的卷号〔黑体〕、作者、该卷的页码。所引圣经依据詹姆士御制版，先后列出卷、章、行。缩略语 esp 提醒读者所涉参考材料中有一处或多处与本论题关系特别紧密；passim 表示所涉文著与本论题是断续而非全部相关。若所涉文著整体与本论题相关，页码就包括整体文著。关于如何使用《论题集》的一般指南请参见导论。

1. The individual in relation to the state

4 Aeschylus, 5, 38–39
4 Sophocles, 159–174, 189, 234–254
4 Euripides, 339–340, 545, 606–633
4 Aristophanes, 651–672
5 Thucydides, 395–399, 402–404
6 Plato, 200–212, 213–219, 342, 390–391, 401–416, 692–693, 707–708, 754, 775–778
8 Aristotle, 386, 446, 455, 455–456, 459–460, 475–476, 527–530, 533
11 Lucretius, 72
11 Epictetus, 118–119
11 Aurelius, 257, 265
13 Plutarch, 284, 626–627, 632, 699–700
17 Aquinas, 718–719
18 Aquinas, 206–207
21 Hobbes, 99, 112–117, 153–157
23 Montaigne, 102–105 passim, 422–429, 522–524, 528–531
24 Shakespeare, 35, 535–536
28 Spinoza, 669–670, 680–681
29 Milton, 358–359
33 Locke, 29, 37–38, 44–47, 51–54, 58–59, 65, 69, 81
35 Montesquieu, 2–3, 31, 52, 69, 221–222
35 Rousseau, 323, 368–369, 391–394, 396–399, 406, 407–408, 425–427
36 Smith, 124–125
40 Federalist, 67–68, 69, 95, 147–148
40 Mill, 267–323 esp 271–273, 302–312, 322–323, 453–454, 460–461
43 Hegel, 58–61, 67, 68, 139–140, 146, 171, 221–222, 233–234, 306–307, 321, 339–340
44 Tocqueville, 271–275
50 Marx-Engels, 419–434
51 Tolstoy, 206–207, 260–262, 475–476, 505–511, esp 509–510, 537–538, 577, 634–635, 670–671
54 Freud, 761, 780–781
57 Tawney, 198–199
57 Keynes, 455–456
58 Weber, 131–134

2. The conception of citizenship

8 Aristotle, 471–475, 481–482
18 Aquinas, 316–318
19 Dante, 100
35 Rousseau, 391–393
39 Kant, 436–437, 449–450
40 Federalist, 138–139 passim
40 Mill, 349–350
43 Hegel, 127–128

2a. The status or office of citizenship in relation to the principle of constitutional government

5 Thucydides, 396–397
8 Aristotle, 472, 474
18 Aquinas, 309–316
35 Montesquieu, 4–7, 9–11, 18–25, 68–75, 145–146
35 Rousseau, 358, 392, 424
39 Kant, 401, 438–439, 586–587
40 Mill, 344–350
44 Tocqueville, 362–381

2b. The distinction between citizen and subject: the distinction between the subjects of a constitutional monarchy and of a despotism

4 Euripides, 351–353
5 Herodotus, 233, 238
6 Plato, 733–734
8 Aristotle, 445, 449, 475 passim, 476, 484–485, 486–487
21 Machiavelli, 8
21 Hobbes, 104–106, 113–115
33 Locke, 55–58, 63
35 Montesquieu, 11–15, 25–26, 36, 47–48, 93–96
37 Gibbon, 16–17
38 Gibbon, 81–82
40 Federalist, 138–139, 142
40 Mill, 339–340, 341–344 passim, 348–355, 427
43 Hegel, 146, 287
51 Tolstoy, 384–388

2c. The character and extent of citizenship under different types of constitutions

5 Herodotus, 107–108
6 Plato, 401–420
8 Aristotle, 413 passim, 475, 488–489, 493–494, 502–503, 523, 524
35 Montesquieu, 4–7, 9–11, 18–25, 31–33 passim, 68–75, 84–85, 99–100
36 Smith, 303–304
38 Gibbon, 223–224, 403–404
39 Kant, 450

40 Federalist, 51-52 passim, 60
40 Mill, 370
43 Hegel, 289-290
44 Tocqueville, 44-47, 125-127, 227-383

3. **The qualifications for citizenship: extent of suffrage**

   4 Aristophanes, 810
   5 Herodotus, 39
   6 Plato, 401-416, 690-691
   8 Aristotle, 471-475, 523, 562, 572, 608
   13 Plutarch, 73, 139-140
   14 Tacitus, 106
   35 Montesquieu, 114-115
   35 Rousseau, 428-432 passim
   36 Smith, 302-304
   37 Gibbon, 14, 15, 17
   38 Gibbon, 73
   39 Kant, 436-437, 450-452
   40 Federalist, 165, 171, 177, 178
   40 Mill, 380-389
   44 Tocqueville, 393

4. **The rights, duties, privileges, and immunities of citizenship**

   Old Testament: *Exodus,* 22:21 / *Deuteronomy,* 19:15; 20:1-9
   New Testament: *Acts,* 21:27-28:31 / *Romans,* 13:1-7
   4 Aristophanes, 867-886
   5 Thucydides, 395-399, 425-427, 520
   6 Plato, 213-219, 287-292, 697-705 passim, 732-735
   8 Aristotle, 456, 468, 471-472, 475, 480-482, 520-521
   11 Epictetus, 184-190
   13 Plutarch, 44-47, 51-52, 71, 620-648 passim
   14 Tacitus, 21
   18 Aquinas, 307-321 passim
   21 Hobbes, 101-104, 113-116
   25 Shakespeare, 351-392, esp 366, 367-369
   28 Bacon, 71-75
   29 Milton, 381-412
   35 Montesquieu, 31-35, 37, 68-75, 84-90, 142-143, 221-222
   35 Rousseau, 324-325, 369, 377, 396-398, 421-423, 424
   36 Smith, 340-342, 442-443
   37 Gibbon, 4, 90-92
   38 Gibbon, 94-95, 96
   39 Kant, 389-390, 400-402, 439-441, 450-452
   40 Federalist, 138-139 passim, 144-145, 165, 171, 188-189, 236, 251-253
   40 Mill, 267-268, 271-273, 348-350, 392-396
   43 Hegel, 78-79, 86-87, 111-112, 143, 388-389
   44 Tocqueville, 30-33, 96-100, 122-124, 273-275, 290-291, 395-397
   54 Freud, 757
   57 Tawney, 183-185, 199

   58 Weber, 82-83
   60 Faulkner, 387-388

5. **The virtues of the citizen and the virtues of the good man**

   4 Aristophanes, 673-696
   5 Herodotus, 175, 233
   5 Thucydides, 370
   6 Plato, 43-47, 174-176, 200-212, 213-219, 346-355, 605-608, 686-691
   8 Aristotle, 362, 377, 378, 434-436, 473-475, 484, 487, 528, 529-530, 531-532, 537-538, 608-609
   11 Epictetus, 140-141, 172-173
   11 Aurelius, 246, 257, 260, 265, 269, 277-278, 281, 289-290
   11 Plotinus, 306-310
   13 Plutarch, 48, 174-175
   14 Tacitus, 267
   16 Augustine, 199-201, 593-594, 597-598
   18 Aquinas, 58-59
   19 Dante, 13-14, 41-42 passim, 51-52, 67, 109-111
   21 Hobbes, 279
   23 Erasmus, 9-10
   23 Montaigne, 422-429, 431-432, 528-531, 532-533
   28 Bacon, 74, 81-82, 94-95
   28 Descartes, 272-273
   33 Locke, 105
   34 Swift, 112-115
   35 Montesquieu, 9-12, 18-19, 44-45
   35 Rousseau, 323-328, 366, 372-377, 402-403
   36 Smith, 382-385, 388-390
   37 Gibbon, 630-631, 644-645
   40 Mill, 329-330, 334, 336-341 passim, 346-350 passim
   41 Boswell, 393
   43 Hegel, 88, 288-289
   44 Tocqueville, 82-83, 127
   49 Darwin, 314-316, 321
   51 Tolstoy, 244-245, 686-687

6. **Education for citizenship**

   4 Aristophanes, 815-816
   5 Thucydides, 396-397
   6 Plato, 43-47, 213-219, 320-339, 344, 640-663, 713-731, 732-735
   8 Aristotle, 378, 434-436, 459, 474-475, 494, 537-538, 541-548 passim
   11 Aurelius, 239-242
   13 Plutarch, 39-45, 61-77 passim, 480-481
   21 Hobbes, 282-283
   23 Montaigne, 114-115
   28 Bacon, 23, 79-80
   29 Milton, 381-412
   35 Montesquieu, 13-18
   35 Rousseau, 373-377
   36 Smith, 379-385, 389-390
   39 Kant, 586-587
   40 Mill, 317-319, 320, 336-341 passim, 381-387 passim

43 Hegel, 80, 136, 144, 152
  44 Tocqueville, 3, 19–22, 83–84, 142–143, 158–159, 318
  60 Orwell, 481–482, 486–488

7. **Political citizenship and membership in the city of God**

  Old Testament: *I Samuel*, 8:9–18 / *Jeremiah*, 29:4–7
  Apocrypha: *I Maccabees*, 1:41–2:70 / *II Maccabees*, 6:8–7:42
  New Testament: *Matthew*, 22:15–22 / *Romans*, 13:1–10 / *Ephesians*, 2:19–22
  11 Epictetus, 130, 135, 211–212
  11 Aurelius, 247–248
  16 Augustine, 21, 165, 264, 374–375, 455–458, 567–568, 585–586, 589–590, 591–592
  17 Aquinas, 719–720
  19 Dante, 65
  20 Calvin, 428–432
  21 Hobbes, 198–199, 240–246, 275–277
  29 Milton, 329–331
  33 Locke, 15, 16–17
  35 Montesquieu, 200–215, 218–219
  35 Rousseau, 327, 435–439
  37 Gibbon, 193–194, 291–292, 299–300 passim
  39 Kant, 444
  40 Mill, 279
  43 Nietzsche, 488–489
  43 Hegel, 88–93, 215–216, 259–260, 326–327, 328–329, 335–336, 351–352, 357–358, 367–368, 373–376
  44 Tocqueville, 15–21, 235–240
  52 Dostoevsky, 30–33, 133–144 passim
  55 Barth, 533–550
  58 Weber, 217–221

8. **The idea of world citizenship: the political brotherhood of man**

  11 Epictetus, 108–109, 140–141, 155–156, 192–198
  11 Aurelius, 246, 247–248
  12 Virgil, 87–88
  16 Augustine, 583–584, 591–592
  23 Montaigne, 513–514
  28 Bacon, 31–32
  35 Rousseau, 369
  39 Kant, 452, 455–458
  40 Mill, 424–428
  49 Darwin, 317
  51 Tolstoy, 466
  52 Dostoevsky, 174–175
  54 Freud, 755–761, 785–788
  59 Joyce, 625–627

9. **Historical episodes and stages in the struggle for citizenship**

  5 Herodotus, 107–108, 152–153, 171–175
  5 Thucydides, 468–469, 534
  6 Plato, 672–676
  8 Aristotle, 470–471, 498, 505–506, 553–572 passim
  12 Virgil, 193–195
  13 Plutarch, 21–27, 79–80, 174–193, 671–689
  14 Tacitus, 51–52, 106
  24 Shakespeare, 568–596
  25 Shakespeare, 351–392
  29 Milton, 68
  33 Locke, 47–51, 63–64
  36 Smith, 67–70, 191–194, 197–200
  37 Gibbon, 14, 15, 29, 90–92, 521–523
  38 Gibbon, 202, 215–219, 403–404, 562–564, 574–582, 586–589
  40 Federalist, 62
  43 Hegel, 278–279, 291–292, 313–314
  44 Tocqueville, 1–6
  50 Marx-Engels, 415–416, 423–425
  51 Tolstoy, 238–243
  57 Tawney, 185–186

交叉索引

以下是与其他章的交叉索引：

The relation between the individual and the state, see GOOD AND EVIL 5d; HAPPINESS 5b; JUSTICE 10b; LAW 6-6e(3); STATE 2f, 3c, 3e, 8e.

Citizenship in the theory of constitutional government or government by law rather than by men, see CONSTITUTION; LAW 7a-7b; LIBERTY 1d, 1f-1g; MONARCHY 1a(1); TYRANNY AND DESPOTISM 5-5d.

Comparisons of citizens with subjects or slaves, see JUSTICE 9d; SLAVERY 6a-6c.

The bearing of different types of constitutions on the character of citizenship and especially on the extent of the franchise, see CONSTITUTION 5-5b; DEMOCRACY 4-4a(2), 5b(2), 8; OLIGARCHY 5-5a.

The political machinery, such as elections and representation, by which the citizen exercises his suffrage, see CONSTITUTION 9-9b; DEMOCRACY 5b-5b(4); GOVERNMENT 1h.

Civic virtue in relation to virtue generally, see VIRTUE AND VICE 7b.

The problem of education for citizenship, see ARISTOCRACY 5; DEMOCRACY 6; EDUCATION 8d; STATE 7d; VIRTUE AND VICE 7a.

The distinction between the city of man and the city of God, see STATE 2g.

The ideal of world citizenship, see LOVE 4c; STATE 10f; WAR AND PEACE 11d.

The historical struggle for citizenship, and for the extension of the franchise, see LABOR 7d; LIBERTY 6b; SLAVERY 6c; TYRANNY AND DESPOTISM 8.

扩展书目

下面列出的文著没有包括在本套伟大著作丛书中，但它们与本章的大观念及主题相关。

书目分成两组：

Ⅰ．伟大著作丛书中收入了其部分著作的作者。作者大致按年代顺序排列。

Ⅱ．未收入伟大著作丛书的作者。我们先把作者划归为古代、近代等，在一个时代范围内再按西文字母顺序排序。

在《论题集》第二卷后面，附有扩展阅读总目，在那里可以查到这里所列著作的作者全名、完整书名、出版日期等全部信息。

I.

Machiavelli. *The Discourses*, BK I
Diderot. *Citoyen*
Montesquieu. *Considerations on the Causes of the Greatness of the Romans and Their Decadence*
Mill, J. S. *The Subjection of Women*
James, H. *Portrait of a Lady*
Tawney. *Equality*

II.

THE ANCIENT WORLD (TO 500 A.D.)

Cicero. *De Officiis (On Duties)*, I
Xenophon. *In Defense of Socrates*

THE MODERN WORLD (1500 AND LATER)

Adler, M. J. *A Vision of the Future*, CH 7
Baldwin. *The Fire Next Time*
Bodin. *The Six Bookes of a Commonweale*, BK I, CH 6-7; BK III, CH 8
Bryce. *Modern Democracies*
Burke. *Letter to the Sheriffs of Bristol*
——. *On the Reform of the Representation in the House of Commons*
Cartwright. *Take Your Choice!*
Cozzens. *The Just and the Unjust*
Ewing. *The Individual, the State and World Government*
Fustel de Coulanges. *The Ancient City*
Godwin. *An Enquiry Concerning Political Justice*, BK IV, CH 2, SECT I
Green. *Principles of Political Obligation*, (H)
Hobhouse. *The Metaphysical Theory of the State*
Hooker. *Of the Laws of Ecclesiastical Polity*
King, M. L., Jr. "Letter from Birmingham Jail"
Maritain. *The Rights of Man and Natural Law*
Merriam. *The Making of Citizens*
Paine. *Rights of Man*
Pufendorf. *De Officio Hominis et Civis Juxta Legem Naturalem (Of the Duties of Man and of the Citizen According to Natural Law)*
Spencer. *The Man Versus the State*
Thoreau. *Civil Disobedience*

12

宪 法 Constitution

总 论

下述三个问题之间有着极其紧密的关系,所以我们必须把它们放在一起加以讨论:第一,将宪法视作建立和组织一个政治共同体的观点;第二,视宪政原则为确定各种政体之一般形式的努力;以及第三,立宪政府的性质。在本章中,我们用"宪法"一词来表达一种根本的观念,而本章所考虑的所有其他问题都由此一观念衍生而来。

试图准确地阐明什么是这样一种"宪法"(也就是既符合古希腊城邦、古罗马共和国以及它向帝国之转型的政治现实,也符合中世纪诸王国的政治现实,甚或符合它们向现代各种有限君主政体和各种共和政体之逐渐转型的政治现实的那种宪法),实是不可能的。任何一种定义都不可能完全包括有关政治理论和政治历史的巨著中所阐发的所有有关"宪法"的不尽相同的含义。但是,在"宪法"所具有的各种不尽相同的含义中却存在着诸多连接点,它们为我们理解那些拥有不同宪政观点的思想家标示出了他们的共同点:这些思想家包括柏拉图和洛克、亚里士多德和卢梭、康德和穆勒、孟德斯鸠和黑格尔、阿奎那、霍布斯、托克维尔和美国的联邦党人。

长期以来,论者们一直认为,宪法乃是国体。这可以被解释成政治的(与家庭的相对)共同体为了存续而需要一部宪法,正如一件艺术品有着其自身存在的原则一般——当然,这种原则乃是以艺术家赋予内容之上的那种形式而存在的。从亚里士多德有关政治联合体的一般理论来看,他有关"第一个创建国家的人乃是捐助人中最伟大者"的说法有可能意味着:宪法观念乃是人们国家最初形成(或至少区别于部落和家族)时所依凭的那种创造性原则。

康德明确表述了这样一个观念,即宪法的发明乃是与国家的形成相伴而生的。他指出:"把一个民族描述成把自己组成一个国家所依凭的法案,被称为'原初契约'";而这反过来又表明"宪法形成过程的正当性"。

在上述意义上,宪法似乎与国家的组建是同一的。人们似乎可以据此得出结论认为,每一个国家在性质上都是立宪的,而不论其政体为何。但是,这种观点却会使立宪政体与非立宪政体(或通常所谓的"独裁政体"、"君主政体"、"专制政体")之间的根本区别失去根基。

各种政体间所存在的这种根本的区别,早在柏拉图和亚里士多德时代便已经存在了。柏拉图在《政治家篇》中讨论法律在政府治理中的作用时最先论及了这种区别。在《政治学》一书开始时,亚里士多德通过坚持强调国王与政治家之间以及君主政体和政治政体之间的区别而阐明了这种根本区别。但是,当洛克说"君主专制制度乃是与市民社会不相一致的,因而根本就不可能成为市民政体"时,他似乎走得比柏拉图和亚里士多德更远了。

除了强调立宪政体与非立宪政体间这种根本区别的重要性以外,洛克似乎还认为,非立宪政体绝不可能成为一个真正的市民社会(与家族社会或原始部落家长制相对）的形式。然而，他却显然不否认这样一种历史事实，即人类社会中一直存在着这样一些共同体，它们的性质或形式虽说是由专制政体决定的，但它们的其他方面则貌似国家。因此，洛克的要点似乎在于，在各种类型的政体中，君主专制制度并不符合市民社会的性质。

如果"宪法"一词仅被当作"形式"或"类型"的同义词使用，那么即使是一个君主专制制度的国家或专制政体的国家，它也可以被说成是拥有一部宪法。由于每一个国家都具有某种类型，所以我们可以说，每一个国家都拥有一部特定的宪法，或每一个国家都是以一种特定的形式被型构的。但是，如果我们使"宪法"一词与立宪政体和非立宪政体之间的区别相符合，那么我们就不得不指出，有些国家是没有宪法的。

当我们牢记立宪政体与非立宪政体间的这一区别时，我们便会发现，"宪法乃是国体"的说法实际上呈现出了一种不同的且更为激进的含义。它意味着，存在着一些比家族和部落更大而且不同于家族和部落的共同体，但是这些共同体却不能被称为严格意义上的"国家"，因为它们不具备宪法。例如，黑格尔就指出："把家长制的情形称为一种'宪法'、或把家长式政体下的民族称为一个'国家'、或把它的独立称为'主权'，甚至都是与常识性观念相悖的。"在这种情形中，黑格尔指出，所缺乏的乃是"这样一种客观现实，即在这个民族自身看来并在其他民族看来，它拥有着一个普遍的和普遍有效的法律化身"。如果没有这样一种"客观的法律和一部明确创构的理性宪法，它的自治就不是……主权"。

据此，我们可以发现，一个专制统治的共同体（如古代的波斯），乃是一种政治异常现象。它位居于家族与国家之间，因为它在其疆域上以及在其人口的数量和性质上很像一个国家，但从其政治形式上看，它又不是一个国家。真正的政治共同体都是按照宪法加以组织和治理的。在这一意义上，"政治的"和"立宪的"这两个英文语词几乎是可以交互使用的，而且我们也可以理解这两个英文语词究竟是如何解释希腊政治话语中那个单一语词的。

作为国体，宪法是国家的组织原则。无论是成文宪法还是不成文宪法，亦即无论是习惯的产物还是明确制定的产物，亚里士多德指出，一部宪法都是"对一个国家中各种公职的组织，并且决定何者应当成为统治主体以及什么是每个社会的目的"。

政治职务的观念——即关于政府官员及其职务地位的观念——乃是与宪法观念分不开的。这正是为什么公民身份观念也是与宪法观念不可分的原因之所在。正如本书**公民**一章中所指出的，公民身份乃是一部宪法所确立的首要的或不确定的职务。公民身份始终是担任立宪政体中任何其他更为确定的职务（从陪审员到总统）的先决条件。在对公民身份资格的规定中，宪法还为所有其他的职务都做出了最低资格的规定，这些规定通常（尽管并非总是）都要求任职的人员不仅只具有公民身份。

一项政治职务代表了一种政治权力和政治权威。亚里士多德解释说："这些政治权力和政治权威就是所谓的职务，而这些职务被赋予了商讨特定措施的职责以及裁判和命令的职责——尤其是后者；因为命令是一个官员所特有的职责。"作为一种政治权力和政治权威的代表，一项政治职务可以被称作是主权的一个构成部分。然而，对于那些主张"主权不可分割"的论者（如卢梭）来说，上述说法似乎是无法成立的。但是，卢梭也承认:"每个官员几乎都具有某种政治上的职能",并且履行着"一种主权的功能"。

既然宪法是对公职的一种安排,那么它也是对整个政体主权——或至少是对主权的实施——的一种分割或划分,它将之划分为各种单元,而这些单元都有着特定的功能需要履行并且必须被赋予必要的权力和权威来履行这些功能。这些单元就是政治职务;它们是根据其功能而加以界定的,并且是根据它们在整个结构中的地位和目的而被赋予了一种特定权力和权威。

汉密尔顿有关"每一项权力都应当与它的目标相对应"的箴言提出了这样一种平衡,据此一项公职的功能或者这项公职的职责决定了它的权利和权力,亦即特权和豁免权。而且除了早期罗马宪法中有关暂时专政的规定或现代宪法中有关紧急状况时授予权力的类似规定之外,立宪政体下的政治职务始终代表着数量有限的权力和权威——而它们之所以是有限的,实是因为每项权力和权威永远都只是整个权力和权威的一部分。

一部宪法界定并描述了各种政治职务。它决定了任职者的资格,但是它却并没有从所有的合格人选中指定谁应当被选出来担当某项公职。正因为宪法的条款具有这样一种一般性,宪法才具有了法律的特性。成文宪法和不成文宪法,亦即习惯所形成的宪法和制宪国民代表大会所制定的宪法,都是如此。

与所有其他的人定法不同,一部宪法乃是创制和规制政府本身的法律,而不是政府创制的那种法律,也不是政府据以调整人们行为(即人们彼此之间的关系以及人们与国家之间的关系)之根据的那种法律。这也许就是宪法与国家法律之间的根本区别。霍布斯指出:"每个国家的基本法都是一种与国家法律相区别的东西,而且还被完全分解了。"孟德斯鸠对他所谓的组成国家的"政治法"与普通的立法做了区分;而卢梭也同样把法律划分为"政治法"或"基本法"与"市民法"——亦即那些确定政体的法律与那些由业已确立的政府制定并执行的法律。

宪法除了是一国所有其他实在法的渊源(因为是宪法设立了立法机构)以外,它还是基本法,因为它确立了合法性标准,而且此后所有的法律都要根据这一标准加以衡量。亚里士多德指出:"法律的正义与否,必定会因宪法的不同而不同。"根据不同国家的不同宪法,一个国家中为正义的法律,有可能会在另一个国家中成为不正义的法律。

按照美国的惯例以及以它为模式的那种惯例,一部违背了宪法字面含义或宪法精神的法律将被判定为违宪,并因此而被剥夺掉法律的权威。汉密尔顿在《联邦党人文集》中写道:"某一被授权的权力机构所颁发的任何一项法案,只要与授权的要旨相悖,就都是无效的。因此,与宪法相悖的任何立法法案,也绝不可能是有效的。对上述观点的否定,意味着对如下观点的肯定,即代理人比委托人重要;雇员高于雇主;人民的代表优位于人民本身;依权力行事的人们不仅可以做他们的权力并没有授权的事情,还可以做他们的权力所禁止的事情。"

那种把宪法视作是优位于所有政府法案的一部法律或一系列法律的观念,必定会引发这样一个问题:宪法是如何制定的或者宪法是由谁制定的?如果一部宪法的条款是自然法性质的规则,那么根据自然法理论,这些条款就应当经由理性去发现,而不能按照实在法制定的方式加以创制。然而,虽然宪法具有实在法的特性,但我们却不能像制定其他实在法那样去制定宪法,亦即不能由立法者——也就是那些担任宪法所规定的立法职务的人——去制定宪法。

针对上述问题,一个广为人们接受的回答是:宪法是由那些组成这个政治共同体的人所制定的。但是,正如麦迪逊所指出的那样,历史上却存在着某种与此相反的证据。麦迪逊写道:"颇为值得关注的是,在古代历史所记载的每一种情形中——其间政府乃是经由刻意且经过同意而被建构起来的,制定宪法的任务并不是委托给议会去承担的,而是由某一具有卓越的智慧和令人赞许的正直的公民所实施的。"他从普鲁塔克那里引证了许多事例来支持他的上述论断,但是他又评论说,这些立法者究竟在何等程度上"被赋予了人民的合法授权"这一点,还无法确证。然而在某些情形中,麦迪逊又宣称道:"程序是严格符合规定的。"

当然,《联邦党人文集》的论者们所关注的主要是这样一种宪法,即它不是一个人的工作成果,而是由一个立宪会议或制宪大会所制定的法律。从这些论者对英国法的了解来看,他们也非常清楚地认识到,一部宪法有时候可以是习惯的产物,并会随着习惯的改变而变化和完善。但是,不论他们是如何实施制宪权的,他们都认为,国家的选民(亦即作为主权者的人民)享有制宪权。这一权力的实施,可以经由习惯的力量而形成一部不成文的宪法,或可以经由刻意审慎的程序而创制出一部成文的宪法;但是若没有人民的同意,政府就绝不能行使这种权力,因为一个真正的立宪政府所拥有的所有权力都源于它的宪法。在美国的实践中(如果说不是在英国的实践中),宪法的修订也需求之于人民的同意,至少需要间接地求之于人民的同意。

卢梭将这种制宪权归属于一个虚构的人物,他将其称为"立法者"或"法律赋予者",并把他描述成"创建共和国"的人。但是,在论及这一特殊职务时,卢梭却说:"在任何地方,宪法都没有对这一特殊职务做出规定。"由此,他重申了这样一个要点,即宪法并不能创设立宪的职务。

卢梭在《社会契约论》一书中的上述观点,还具有另一个重要意义。卢梭试图对经由宪法(立法者所制定的政治法或基本法)的政府形成与经由社会契约(亦即人民在其原始的结社法案中订立的那种社会契约)的国家形成做出区分。但是,难道宪法不也是一种构成性的契约或协议吗?如果宪法源出于人民——而不论是经由习惯还是经由创制,那么在建构一个政治社会的契约与建构这个社会的政府的契约这二者之间,除了语词的差别之外,还什么其他差别吗?

对于霍布斯来说,而且对于洛克也似乎同样如此,人们据以放弃自然状态并建构市民社会的那个契约,同时也导致了政府的创建。霍布斯指出:"如同每个人应当对每个其他人所说的那样,我把我统治我自己的权利授予并给予这个人或这个议会——正是在这个条件下,你也把你的这种权利让渡给他,并以同样的方式认可他所有的行动。"按照卢梭的观点:"只有一种建构国家的契约,那便是[原始的]结社法案。"对他来说,"政府的创建并不是一种契约。"

这三位政治哲学家之间的区别的现实意义和重要性,似乎要取决于他们每个人赋予该项假设(即有关人们生活在先于政治联合体的自然状态之中的那种假设)的精准的历史含义。如果在国家出现之前,人们生活在非政治的社会中,又如果国家——与家族或专制统治共同体相对——只是当它按照宪法被建构时才开始存在,那么国家的形成以及该国家的政府的形成就似乎是一项单一的契约的产物。

为了理解法治与人治之间那种为人熟知的区别,我们也需要宪政原则的帮助。除了位于法律与非法律之上的神治之外,柏拉图把"据法之治或不据法之治的区别"作为标准将各种形式的政体划分为两组。"法律原则与法律的缺失将把它们分成两类",埃利亚的异乡人在《政治家篇》中如是说。

在那种视法律为一项政府治理工具的常识性理解中,我们很难设想一种无人制定和执行法律的法治,或者一种人并不颁发具有法律特性之一般性指令的人治。治理总是既包括法律,也包括人。但是,并不是所有的治理都依凭法律面前人人平等的至高原则以及遵循常规法律而非专断裁决的至上原则。并不是所有的治理都是立基于这样一部法律之上的,这部法律不仅规制政府官员的行为,也规制公民的行为,而且还决定官方行为(包括立法行为、司法行为或行政行为)的合法性。当然,这部法律就是宪法。

洛克对那种依"绝对专断权"的统治与那种依"确定的常规法律"的统治做出了区分。他指出:"无论国家采取何种形式,统治权拥有者都应当依据公开的和公认的法律进行治理,而非依据即时性的命令和不确定的决策进行治理,因为如果不是这样的话,人类将会处于一种比自然状态还要恶劣得多的环境之中。……政府所拥有的所有权力,都只是为了社会之善或社会之利益而存在的;正如它不应当是专断的和任意的那样,它的实施也应当根据业已确立的和明确颁布的法律,因此,不但人民可以知晓他们的义务并在法律规定的范围内享有安全和得到保障,而且统治者也可以被控制在他们的适当权限之内。"

就洛克所阐释的法治与人治之间的区别而言,它似乎与立宪政体与非立宪政体之间的区别是同样的。在后一种政体中,一个单独的个人赋予自己以主权,而且作为主权者,他把自己置于所有的人定法之上:他不仅是人定法的渊源,而且还是人定法是否合法的裁判者。这样的政体就是专制的,因为对主权者所行使的权力——作为一项他授予自己的特权——没有任何限制。在立宪政体中,人们并不是主权者,而是任职者,因而只拥有主权中的一部分。他们并不是通过事实上的权力进行统治的,而是通过那种被添附在他们所担任的职务上的司法权进行统治的。当然,对各种政府职务进行界定的宪法不仅创设了任职者的权力,而且也对它进行着限制。

虽然从抽象的意义上或从理论上来看,专制政体和立宪政体是明显不同的——甚至是相反对的,但是政治历史却记载了这两种政体之间的若干居间类型。这些居间类型可以被视作是宪政原则的不完善体现,或被视作是宪政逐渐削弱专制统治的表现。尽管专制政体和立宪政体在原则上是不相协调的,但是历史上的各种情势却使得这两种政体结合在一起。正是这种结合,被中世纪的法学家和哲学家们称作为"混合政体"或"君主和政治政体"。

我们可以认为,中世纪有关混合政体的预言可以见之于柏拉图的《法律篇》;雅典的异乡人在该篇文字中指出,君主制和民主制是"两种基本的国体,而其他的国体都可以严格衍生于它们"。于是,他断言道,为了使自由和智慧相结合,"你们就必须在一定程度上兼具这两种政体"。由于波斯的专制体制被引证为君主制的"最高形式",而且雅典的宪政被引证为民主制的典型,所以上文提到的"结合"似乎是指专制政体与立宪政体的混合。但是,雅典的异乡人又说,如果要避免专断,"就不应当存在强大而又纯粹的权力";再者,既然《法律篇》一书的主旨,一如该书书名所显示的那样,是要主张法律的至高无上性,那么一种真正的混合政体——亦即部分为专制、部分为立宪的政体——是否是本书所意指的那种政体,便是颇有疑问的。

此外,亚里士多德还向我们说明了为什么这种混合制对于一个希腊人来说是不可思议的原因。至少在亚里士多德自己的语汇中,"君主的"和"政治的"这两个术语就正如同"圆"和"方"那般相冲突。对亚里士多德来说,君主政体或国王政体乃是"君主专制制度,或一个主权者对所有人的专制统治"。在君主政体中,政治职务是不存在的,因而公民也是不存在的。统治者本身就是主权者,被统治者服从主权者的意志,因为主权者的意志不仅是法律的渊源,而且也不受任何法律的限制。

对亚里士多德来说,政治政体意味着纯粹的宪政。它只存在于"公民进行统治并反过来被统治"的地方,因为"当国家的建构所依凭的是平等和相同原则的时候,公民们就会认为他们应当轮流担任公职"。亚里士多德有时候把宪政的一般形式称作"政体"(polity),尽管他也用这一称谓来指称一种结合了公民身份和公职的民主标准与寡头标准的混合宪政。这种混合宪政(the mixed constitution)不应当与混合政体(the mixed regime)相混淆,因为前者是对不同立宪原则的混合,而不是对宪政本身与专制政体的混合。当"政体"这个语词在一般意义上意指立宪政体时,它具有罗马人使用"共和国"一词时所表示的那种含义,还具有18世纪宪政主义者所谓"自由政体"的那种含义。

无论是被称为政治政体、共和政体、立宪政体还是被称为自由政体,这种政体所具有的与众不同的特性都在于这样一个事实:公民既是统治者又是被统治者;任何人都不得位于法律之上,即使总统也不行;一切政治权力或权威都源出于并受制于宪法;宪法渊源于人民,因此除非经所有人民的同意,否则任何人不能改变宪法。

也许只有在中世纪,我们才能在现实中发现那种混合政体。阿奎那指出:"那种统治就是所谓的政治的和君主的统治,而根据这种统治,一个人统治所有自由的国民——这些国民虽然受制于该统治者的治理,却仍然保有某些属于他们自己的东西,正是根据他们所保有的这些东西,他们可以反抗统治者所下达的命令。"这些文字似乎准确地描述了中世纪特有的政治形式,它源自罗马法(罗马法本身就在部分上是共和的,部分上是帝国的)在受地方习惯和基督教影响的封建环境中的适用。

我们不应当把中世纪的混合政体与现代的君主立宪形式相混淆,更不应把它与希腊人的混合宪政或混合政体相混淆。亚里士多德指出:"所谓有限的君主政体(limited monarchy)或依法君主政体(kingship according to law),并不是一种独特的政体。"在"君主政体"那一章中,他论述了君主立宪制度的性质、它与混合政体的区别以及它与纯粹共和政体的关系。中世纪的君主并不是一个立宪君主,而是一个主权者,他在某种意义上处于法律之上,并在另一种意义上受制于法律。

就中世纪的君主拥有不受法律限制

的权力和特权来说,他是一个专制统治者。一如阿奎那所言,中世纪的君主所依凭的乃是罗马法学家的说法,即他可以免受一切人定法的约束(legibus solutus)。"当法律是权宜之计的时候,他可以改变法律,而且还可以因时因地地不据法进行统治"——就这一点而言,阿奎那又把中世纪的君主描述成"位于法律之上"的人。然而,中世纪的君主也要受到他践履其职务义务之加冕誓言的约束,其中首要的义务就是维护国家的法律——亦即那些界定了人民权利和自由权项的古老的民众习惯。君主的渎职和玩忽职守,可以使他的臣民免除履行效忠的誓言。

正是从这一点来看,中世纪的君主乃是一个应负责任的统治者,而且这种混合政体是立宪的。再者,君主对习惯法不具有管辖权;但是在习惯不起作用的情形中,君主可以绝对自由地进行统治,可以颁布他所愿意的决定,甚至可以创制法律。

君主和政治混合政体的设立,或者约翰·福特斯鸠爵士在描述15世纪英格兰的时候所称之为的那种"政治王国"的设立,起源于中世纪,并对现代的宪政发展产生了巨大的影响。迟至17世纪末,洛克有关国王与议会(亦即君主特权与法律限制)之关系的观念,才开始强调法律的首位性,但它并没有完全剥夺国王的个人主权。洛克以一种赞同的态度征引了詹姆士一世在1609年的演讲,他在其间指出:"依据一项双向誓言,国王使其自身受制于他的王国的基本法。国王在加冕典礼上的誓言一方面明示了他就是他的王国的法律,而在另一方面则默示了身为国王,他也有义务保护人民。"就这一点而言,如同福特斯鸠曾经断言的那样,不列颠王国是"政治的"。但另一方面,国王依旧保有免受法律管辖的特权以及依旧保有在特定情形中根据法律以外的政令实施统治的特权,而且就此而言,这种政体仍然是君主制。

洛克承认把国王所实施的专制权与对这一权力所施加的各种限制(体现于议会对约束国主的法律所享有的权限)结合在一起是颇为困难的。谁将成为裁判君主特权是否得到正确使用的法官?针对这个问题,洛克回答说:"在拥有如此特权的现有行政权力与立法权力(是否召开议会将取决于君主的意志)之间,根本就不可能存在法官。……人民唯有诉诸上帝,而无任何其他救济途径可寻。"

孟德斯鸠和洛克只能够用有关混合政体的术语去构想那种有别于专制主义的君主政体。孟德斯鸠把非法治的(或者说是专断之治和独裁之治)专制主义从所有的法治政体中抽离出来,并将法治政体划分为君主政体和共和政体。他坚信,古人不具有这样一种君主政体的观念,即它虽然是法治政体,但是在共和政体的意义上,它却并不是纯粹的立宪政体。孟德斯鸠把这种君主政体称之为"哥特式政体",而且正如黑格尔后来所指出的那样:"所谓'君主政体',他所理解的显然只是封建的君主政体,而不是家长制的或任何古老的政体类型,也不是被纳入一部客观宪法的那种政体类型。"

任何一点君主权力的存在,都会有损于法律。当然,只是到了18世纪,人们才开始持有这种观点。卢梭认为:"每一个合法的政体都是共和政体。"康德认为:"唯一正当的宪法……就是一个纯粹共和政体的宪法。"在他看来,这种宪法"只能由一种人民的代议制度所创设"。《联邦党人文集》的论者们也持相同的立场。他们把"人民对君主政体的厌恶"解释为人民对纯粹立宪政体或纯粹共和政体的拥护。在那些伟大论著的脉络中，只有黑格尔在后来发表了与之相反的看法。对他来说，君主立宪政体体现了宪政的实质，而且是国家理念的唯一完美表达。

由于现代的共和政体——甚至现代的君主立宪政体或有限君主政体，已经通过渐进的方式或通过冲破混合政体的革命而发展起来了，又由于这种发展是为了反对国王日益猖獗的专制或独裁而出现的，所以宪政原则在现代世界中的实践要比在古代世界中更为有效。除了坚持对政府施以限制之外，宪法还为控制政府提供了手段。宪法被赋予了实在法的力量及权威。宪法使得任职者对自己的行为负责，而且还通过诸如弹劾之类的司法程序以及通过诸如频繁选举和短暂任期之类的政治手段，把政府的行政管理活动纳入了法律控制的范围之内。

联邦党人步孟德斯鸠之后尘，建议把彼此制衡的诸权力分立视作是强制执行对职务施以宪法限制的主要手段，以及防止某一政府部门侵占另一部门之权力的主要手段。宪法通过其对公民享有的各种权利和各种豁免权的宣言，进一步保护他们免受权力滥用的侵害；再者，立宪政体本身也可以通过诸如司法审查之类的各种制度以及修订权（即经由正当法律程序变革宪法的一种方式）的运用而避免革命性暴力的冲击。

半个世纪过后，托克维尔承认了1787－1789年之间所创立并通过的美国联邦宪法所具有的伟大创造性。对此，托克维尔写道：

> 乍一看，人们很容易把美国联邦宪法与以前的诸联邦同盟宪法混为一谈，但是前者所依凭的实际上却是一种全新的理论，而这个理论应当被赞誉为政治科学在我们这个时代的伟大发现之一。

在1789年美国联邦之前的所有邦联同盟中，为了一个共同的目标而联合起来的各族人民都愿意服从联邦同盟政府的命令，但是他们却保留了指导和监督联邦同盟法律在其辖区中实施的权利。

1789年联合起来的美国人民不仅达成协议认为美国联邦政府应当指导法律，而且还认为联邦政府本身应当负责实施这些法律。

在上述两种情形中，权利都是相同的，不同的只是权利的运用。但是我们知道，失之毫厘，谬以千里……

在美国，合众国的主体并不是各州，而是私性公民。当它要征税时，它所针对的并不是马萨诸塞州的政府，而是马萨诸塞州的每一个居民。以前的诸联邦同盟政府不得不面对各族人民，亦即合众国的个体。在今天，美国联邦并不是从外部借用权力，而是从内部汲取权力。它拥有自己的行政人员、法官、司法官员和军队。

在政治变革史中，有必要对"从向立宪政体的转变"与立宪政体范围之内的"宪法变化"做出区分。

共和国的创建和宪法的确立，可以通过推翻专制君主或随着专制君主的退位而实现。同样，篡夺政府权力的专制者也可以摧毁共和国并废除宪法。这些变化通常都伴随着暴力或暴力的威胁。通常伴随暴力的上述两种变化，都可以见之于奥威尔讽刺俄国革命的作品《动物农场》中：动物们推翻了农场主约翰，并制定了一部简要的动物宪法，而该宪法的首要原则就是："所有两条腿走路的东西都是敌人。"这条戒律被猪打破了，因为最后，猪无法与它们的人类压迫者相区别了。

宪法的变化可以以下述两种途径发生：如同在希腊城邦所发生的诸多革命中经常出现的那样，一部宪法代替另一部宪法；或者，如同在现代共和国中通常出现的那样，通过修订而使一部常规宪

12. 宪　法

法发生变化。在某种意义上讲,每一种宪法变化都是革命性的,但是,如果这种变化可以通过正当法律程序予以实现,那么我们就可以避免暴力。

包括立宪政体或宪法在内的所有变化,都提出了一些有关正义的基本问题。共和政体总是优于(所谓"优于",乃是指更为正义,亦即因为它赋予了人们他们完全应得的自由和平等而优于)君主专制政体和混合政体吗?共和政体与某些特定民族的本性和情势相关,而不是与所有民族的本性和情势相关,是否就是一件更好的事情呢?或者说,共和政体与一个民族在其特定发展阶段的本性和情势相关,而不是与该民族惯常的本性和情势相关,是否就是一件更好的事情呢?在什么角度上讲,一部宪法比另一部宪法体现了更多的正义?什么样的修订或改革能够矫正一部宪法的不正义?如果不回答这些问题,我们就无法对宪政史中的进步和倒退作出界分。

当然,伟大的思想家在其著作中对上述问题给出了不尽相同的回答。在政治哲学家中,不仅有专制主义的拥护者以及视君主政体为最类似于神授政体的论者,有混合政体至上性的倡导者,而且还有共和政体的拥护者——他们坚信立宪政体是最适合自由人和平等者的政体。当然,还有一些论者主张,在考虑任何政体是否正义的问题时,都必须顾及人民的情势,因此,共和政体只是在某些情形中而非所有的情形中更优越。

有关立宪政体和专制政体的上述彼此冲突观点所引发的问题,在本书**公民**、**君主制**以及**暴政与专制**等章节中都进行了讨论。但是,仍有另外一个问题需要在这里进行讨论。它涉及各种不同宪法之间正义的比较问题。诸宪法可以在它们设计政府运作的方式上或它们为公民和职务所设定的资格条件上有所区别。通常来讲,只有上述第二种区别才会对这些宪法的正义产生重大影响。

在古希腊的政治生活中,有关民主宪法与寡头宪法之间的正义问题,正如下述两种人之间的冲突一般:一些人认为,所有的自由人都应当享有平等的公民资格和担任职务的机会,而另一些人则认为,平等对待富人和穷人乃是不正义的。后者坚信,公民资格应当只限于富人,而且地方长官的职位也应当留给那些拥有巨额财富的人。

对上述两方面的正义和不正义都进行了考察以后,亚里士多德赞成一种他所谓的"混合宪法"。这种宪法把那种在公民资格方面平等对待自由人的正义与那种在公职问题上区别对待富人和穷人的正义结合在一起。他认为,这样的混合"在一般的意义上可以被视作民主政体和寡头政体的结合",因为这种宪法"试图把穷人的自由和富人的财富结合在一起"。亚里士多德认为,这种"混合宪法",尤其伴之以中产阶级在人数上的优势,似乎要比上述纯粹的民主宪法和纯粹的寡头宪法——这两种宪法由于要么压制穷人要么压制富人,所以易于引起革命——都更为稳定,也更为正义。

在现代的政治生活中,有关民主政体与寡头政体之间的问题,趋向于一个不同的解决方案。寡头宪法的最晚近的拥护者,乃是18世纪的埃德蒙·柏克、亚历山大·汉密尔顿和约翰·亚当斯等人。从此以后,若干伟大的宪法改革则逐渐把公民选举权几乎扩展到了普选权的程度。当然,本书**民主制**和**寡头制**两个章节还对这些问题做了更深入的讨论。

在现代情势下,伴随一种定期选举制的政治代议制,似乎是立宪政体所不可或缺的一部分。民族国家所具有的广阔领土和众多人口,与古代城邦相比,使得所有公民都直接参与重大的治理工作变得不可能。

在考虑了古代的斯巴达共和国、罗马共和国和迦太基共和国以后，《联邦党人文集》的论者们试图对代议原则使美国的共和政体区别于这些古代的立宪政体的意义做出解释。他们指出："这种代议原则既不是不为古人们所知晓，也没有在他们的政治宪法中被完全忽视。这些古代立宪政体与美国政体之间的真正区别，乃在于将人民（以人民集体的资格）完全排除在对后者的任何参与之外，而不在于将人民的代表完全排除在前者的管理之外。"

联邦党人接着指出："我们必须承认上述区别，进而保有一种最有利于美国的优势。但是，为了确使这一优势能够发挥出其完全的效果，我们还必须确使它与美国所具有的广阔领土这一优势结合起来。因为我们无法相信，代议政体的任何形式都能够在希腊民主城邦政体所占据的狭小区域之内取得成功。"

在联邦党人看来，代议政体不仅是现代社会的各种情势所必需的，而且还具有确使立宪政体免遭群众攻击的政治优势。正如本书在讨论代议制理论的**贵族制**一章中所指出的，至少根据一种代议制观念来看，由公民整体选举出来的政府官员，在处理政府事务方面，应当比他们的选举人更具能力。正是根据这些考虑，联邦党人倡导一种他们所谓的与"纯粹民主政体"相对的"共和政体"。

如同政治职务理念一样，代议原则似乎也是与宪政和立宪政体紧密勾连在一起的。尽管在某种程度上讲，代议原则也存在于古代诸共和国中（而不论它们是寡头制还是民主制），但是古代的政治论著却不曾对代议制理论做过正式的讨论。有关这个问题的讨论，始于中世纪的一些论著，因为它们对那些在国王的议事厅和法庭上代表贵族和平民的人所具有的咨询作用或顾问作用予以了承认。但是，只是在晚近的几个世纪中——亦即当立法成了议会唯一的功能时，代议制观念以及有关代议制实践的理论才占据了极其重要的地位，以至于诸如 J. S. 穆勒这样的政治哲学家毫不犹豫地把代议政体与立宪政体等而视之。

分 类 主 题

1. 法治与人治的区别：立宪政体的性质
2. 宪法概念
   2a. 作为一个政治共同体之形式或组成的宪法：职务的安排；功能的划分
   2b. 作为基本法的宪法：宪法与其他法律的关系——作为一种渊源或者合法与否及正义与否的衡量标准；司法审查
   2c. 作为第一部联邦宪法的《美国宪法》：它的前身
3. 立宪政体与其他政体的关系
   3a. 立宪政体与君主专制政体的结合：混合政体；君主立宪政体或有限的君主政体
   3b. 立宪政体较之君主政体和混合政体的若干优点
4. 政治职务的立宪观念：担任公职者的资格和义务
5. 各种政体中的宪法多样性
   5a. 不同宪法的正义：公民资格在每一种宪法规定下的外延和特性
   5b. 混合宪法：它的优势

6. 宪法的起源:立法者、社会契约、立宪会议
7. 宪法的维护:趋于消解宪法的因素
   7a. 不同种类的宪法的相对稳定性。
   7b. 对立宪政体的保护:权利法案;权力分立;弹劾
8. 宪法的改变
   8a. 改变宪法的方法:革命、修订
   8b. 破坏和推翻立宪政体
9. 代议制理论
   9a. 代表的职能和义务:他们与他们的选民的关系
   9b. 代议制的种类:选举代表的各种方法
10. 立宪政体的起源、发展和变迁

[邓正来 译]

索引

本索引相继列出本系列的卷号〔黑体〕、作者、该卷的页码。所引圣经依据詹姆士御制版，先后列出卷、章、行。缩略语 esp 提醒读者所涉参考材料中有一处或多处与本论题关系特别紧密；passim 表示所涉文著与本论题是断续而非全部相关。若所涉文著整体与本论题相关，页码就包括整体文著。关于如何使用《论题集》的一般指南请参见导论。

1. **The difference between government by law and government by men: the nature of constitutional government**

    4 Aeschylus, 99
    4 Aristophanes, 729–730
    5 Herodotus, 233
    5 Thucydides, 368, 425
    6 Plato, 369, 380, 681–682, 733–734, 754, 805
    8 Aristotle, 382, 434–435, 445, 448–449, 453–454, 468–469, 479, 480, 484–487, 491, 492–493, 512, 528–529
    13 Plutarch, 635, 638–639
    14 Tacitus, 61–62
    18 Aquinas, 226–227, 233–234
    21 Hobbes, 114–115, 131–132, 149–151, 272, 273
    33 Locke, 25–81, esp 29, 36–37, 44–46, 55–58, 62–64, 71–72
    35 Montesquieu, 12–13, 25–31, 33–35, 69, 137, 223
    35 Rousseau, 323–324, 370–371, 387–391, 400, 406, 408, 433–434
    37 Gibbon, 51, 342
    38 Gibbon, 73–75, 96
    39 Kant, 435–437
    40 Federalist, 107–109 passim, 146–147, 167–168, 176–178, 230–232
    40 Mill, 267–268, 327–355
    41 Boswell, 203–205
    43 Hegel, 96, 141–142, 206, 223–225, 319–321, 363–364, 386–389
    44 Tocqueville, 28, 208–211, 362–381 passim

2. **The notion of a constitution**

2a. **The constitution as the form or organization of a political community: arrangement of offices; division of functions**

    6 Plato, 697–705
    8 Aristotle, 475, 476–477 passim, 488
    18 Aquinas, 307–309
    33 Locke, 55–64 passim
    35 Montesquieu, 69–75
    35 Rousseau, 406–410
    38 Gibbon, 562
    40 Federalist, 125–128 passim, 153–251 passim
    40 Mill, 327–332 passim

    43 Hegel, 87–88, 93–95, 147, 148, 180–183
    44 Tocqueville, 17

2b. **The constitution as the fundamental law: its relation to other laws, as a source or measure of legality or justice; judicial review**

    8 Aristotle, 488, 512
    21 Hobbes, 138
    33 Locke, 74
    35 Montesquieu, 2–6, 18–25
    35 Rousseau, 358, 405–406
    39 Kant, 113–115, 435–441
    40 Articles of Confederation, 9
    40 Constitution of the U.S., 16
    40 Federalist, 107–109, 146–147, 167–168, 229–233, 236–237, 237–238
    40 Mill, 430–431
    43 Hegel, 86–88, 116, 149
    44 Tocqueville, 19–22, 49–51, 71–72, 394
    60 Orwell, 484

2c. **The Constitution of the United States as the first federal constitution: its antecedents**

    44 Tocqueville, ix–x, 6–7, 28–87 esp 78–87

3. **The relation of constitutional government to other forms of government**

3a. **The combination of constitutional with absolute government: the mixed regime; constitutional or limited monarchy**

    4 Aeschylus, 5, 7–8
    4 Euripides, 351–352
    6 Plato, 598–604
    8 Aristotle, 483–484, 608
    13 Plutarch, 34–35
    14 Tacitus, 59
    21 Machiavelli, 7–8, 27
    21 Hobbes, 103–104, 106–107, 228
    31 Racine, 294–298, 303–305, 320–321
    33 Locke, 46, 55–58, 62–64, 71–72
    35 Montesquieu, 11–12, 13, 36, 58–60, 69–77, 142–146
    35 Rousseau, 414–415
    37 Gibbon, 26–28, 622–623
    39 Kant, 439–440
    40 Federalist, 154, 207–210 passim, 252
    40 Mill, 343–344
    41 Boswell, 178, 390

12. Constitution

43 Hegel, 94–100, 149–150
44 Tocqueville, 61–62
51 Tolstoy, 238–243, 384–388 passim
58 Weber, 165, 180–181

3b. The merits of constitutional government compared with royal government and the mixed regime

4 Euripides, 352–353
5 Herodotus, 107–108
6 Plato, 598–604, 672–676
8 Aristotle, 447–448, 454–455, 476–477, 484–487, 488, 495–496
21 Hobbes, 151–152
33 Locke, 44–46, 63
35 Montesquieu, 7–9, 12–13, 13–15, 25–31, 33–35, 37–38
35 Rousseau, 356–359, 387–391, 412–414
37 Gibbon, 32–34, 68–69, 522–524
39 Kant, 450–452
40 Federalist, 40–41, 207–210 passim
40 Mill, 267–269, 341–350, 363–366
43 Hegel, 151–152, 223–225
44 Tocqueville, 105–119 passim

4. The constitutional conception of political office: the qualifications and duties of public officials

8 Aristotle, 466–467, 479–480, 498–502, 511, 522
13 Plutarch, 625–627, 678
14 Tacitus, 105–107
18 Aquinas, 207
21 Hobbes, 122–124
33 Locke, 54, 58, 59–62, 70–71
34 Swift, 28–29
35 Montesquieu, 71–72
35 Rousseau, 324–325, 423–424
38 Gibbon, 73, 94–95, 563–564, 586–587
40 Constitution of the U.S., 11–12, 14–15, 16, 18–20
40 Federalist, 165–237 passim
40 Mill, 354–362, 365–366, 398–406, 409–417 passim
43 Hegel, 101–103
44 Tocqueville, 342–343

5. The diversity of constitutions among the forms of government

5 Herodotus, 107–108
6 Plato, 401–421
8 Aristotle, 412–413, 461–470, 475–478, 488–494, 495–497, 498–499, 520–526
21 Hobbes, 104–108
33 Locke, 55
35 Montesquieu, 4–8, 9–12, 23
35 Rousseau, 359
39 Kant, 450
40 Federalist, 51–52 passim, 60, 125
43 Hegel, 94–95, 180–183
44 Tocqueville, 39–40, 49–50, 83–87

5a. The justice of different constitutions: the extent and character of citizenship under each

5 Thucydides, 395–399
6 Plato, 401–421, 667–676
8 Aristotle, 471–472, 475, 477–478, 488–489, 502–503, 521–522, 523, 553, 557–558
11 Aurelius, 240
18 Aquinas, 307–309
35 Montesquieu, 9–11, 18–25, 31–33 passim, 33–43, 68–75, 99–100
35 Rousseau, 405–406
37 Gibbon, 616–617
38 Gibbon, 81–82, 403–404
39 Kant, 114, 401–402, 436–437
40 Federalist, 176–179
40 Mill, 370–372
43 Hegel, 289–290, 291–292
44 Tocqueville, 76–80, 393

5b. The mixed constitution: its advantages

6 Plato, 667–676, 680–681
8 Aristotle, 461, 469–470, 495–497, 509, 510–511
13 Plutarch, 34–35
14 Tacitus, 72
18 Aquinas, 229–230, 307–309
33 Locke, 55
35 Montesquieu, 58–60, 68–84
35 Rousseau, 414–415
37 Gibbon, 24, 630–631
40 Mill, 401–402
44 Tocqueville, 131

6. The origin of constitutions: the lawgiver, the social contract, the constituent assembly

5 Herodotus, 152–153
6 Plato, 311, 664–667
8 Aristotle, 445–446, 470–471, 498, 553–584
13 Plutarch, 9, 20–28, 32–48, 68–74, 86–87
14 Tacitus, 51
21 Hobbes, 84–90, 97, 99–104, 109
28 Spinoza, 669–670
33 Locke, 16, 44, 46–53, 65, 75, 81
35 Rousseau, 353–355, 358, 391–393, 423–424
38 Gibbon, 71–72
39 Kant, 434, 439–441, 450–452
40 Constitution of the U.S., 11, 17
40 Federalist, 29, 32–33, 128–132, 159, 167–168
40 Mill, 302–303, 327–332 passim
43 Hegel, 84, 139
44 Tocqueville, 17, 55–56
51 Tolstoy, 680–684

7. The preservation of constitutions: factors tending toward their dissolution

5 Thucydides, 396
6 Plato, 401–421, 786–787, 794–799, 806–807
8 Aristotle, 466–467, 468–469, 495–497, 502–519, 600
13 Plutarch, 35, 47–48, 180
14 Tacitus, 210–212

18 Aquinas, 236-238
21 Hobbes, 148-153
23 Montaigne, 101-105, 505-508, 547-548
24 Shakespeare, 568-596
28 Bacon, 205-207
33 Locke, 47, 63-64, 72-73, 76-77
35 Montesquieu, 9-10, 21-22, 51-57, 63
35 Rousseau, 361-362, 403-404, 418-421, 432-435
39 Kant, 441
40 Declaration of Independence, 1-3
40 Federalist, 45-47, 49-53, 64-68, 71-85, 91, 94-98, 133-134, 215
40 Mill, 327-332, 350-356, 413-414, 425
41 Boswell, 120
43 Hegel, 288-289, 388-389
44 Tocqueville, 191-211
51 Tolstoy, 668-669

7a. **The relative stability of different types of constitutions**

5 Herodotus, 107-108
5 Thucydides, 587
6 Plato, 401-421, 667-676
8 Aristotle, 465-470 passim, 482-483, 496-497, 502-519
14 Tacitus, 72
21 Hobbes, 105-106
35 Montesquieu, 10, 51-54, 112-114, 142-143
35 Rousseau, 411, 413-414
37 Gibbon, 522-523
40 Federalist, 51-53, 157
44 Tocqueville, 78-80, 95-96, 129-130, 191-211 esp 209-211, 343-349

7b. **The safeguards of constitutional government: bills of rights; separation of powers; impeachment**

13 Plutarch, 70-71, 179-184, 678
21 Hobbes, 103-104, 150
33 Locke, 55-58, 59-62
35 Montesquieu, 29, 33-35, 68-75, 82-83, 84-85
35 Rousseau, 370-377, 407-408, 410-411, 423, 424
37 Gibbon, 24, 25, 27
38 Gibbon, 93, 94-95
39 Kant, 435-441 passim
40 Declaration of Independence, 1
40 Articles of Confederation, 6
40 Constitution of the U.S., 11, 13, 15-16, 17, 18, 19
40 Federalist, 47-53, 78-79, 90, 92-98 passim, 144-145, 146, 151-165, 167-168, 173-174, 176-178 passim, 189-191, 192-193, 198-203, 207, 226-227, 229-233, 236, 244-256
40 Mill, 355-356, 369-389, 392-401
41 Boswell, 195
43 Hegel, 93-94, 100, 152
44 Tocqueville, 51-55

8. **The change of constitutions**

8a. **Methods of changing a constitution: revolution, amendment**

5 Thucydides, 575-577
6 Plato, 401-421, 800-801, 804
8 Aristotle, 487-488, 492, 502-503, 506-509, 554-555, 566, 568-569
21 Hobbes, 150-151, 280-281
23 Montaigne, 505-508
33 Locke, 73-81 passim
35 Rousseau, 424
40 Articles of Confederation, 9
40 Constitution of the U.S., 16
40 Federalist, 78-79, 127-132, 143, 159-162, 232, 257-259
40 Mill, 327-332
43 Hegel, 151, 387-388
44 Tocqueville, 394
50 Marx-Engels, 432
60 Orwell, 506

8b. **The violation and overthrow of constitutional government**

5 Thucydides, 438, 579-583, 585-586, 587-589, 590
8 Aristotle, 492, 523, 524, 558-561
13 Plutarch, 361-362, 482, 495, 499-538, 577-604, 629-639
14 Tacitus, 1-2, 3, 210-212
23 Montaigne, 101-105, 547-548
33 Locke, 60-61, 65-81 passim
35 Montesquieu, 51-52, 82-83
35 Rousseau, 418-419
37 Gibbon, 24-28, 153-154
38 Gibbon, 74
40 Declaration of Independence, 1-3
40 Federalist, 68, 78-79, 91
41 Boswell, 176
43 Hegel, 318-319
44 Tocqueville, 205-206, 380
51 Tolstoy, 8-10

9. **The theory of representation**

8 Aristotle, 493-494, 498-499 passim
18 Aquinas, 207, 237-238
21 Hobbes, 117-121, 153-159
33 Locke, 58, 75-76, 81
35 Montesquieu, 4-5
35 Rousseau, 421-423
36 Smith, 302-304
39 Kant, 451-452
40 Constitution of the U.S., 11-14 passim
40 Federalist, 51-53, 60-61, 113-114, 165-203 passim, 227
40 Mill, 327-442 passim, esp 338, 355-362, 370-372, 401-406
43 Hegel, 104-105, 152

9a. **The functions and duties of representatives: their relation to their constituents**

21 Hobbes, 97–98, 105
33 Locke, 58
34 Swift, 73–74
35 Montesquieu, 71
37 Gibbon, 522
39 Kant, 438–439, 451–452
40 Articles of Confederation, 7–9
40 Constitution of the U.S., 11–14
40 Federalist, 51–52, 97, 113–115, 160, 165–203 passim, 231
40 Mill, 355–362, 400–406
44 Tocqueville, 30–33, 41, 58–60
46 Eliot, George, 423–424
58 Weber, 79–89 passim, 100–108 passim, 146–147

9b. Types of representation: diverse methods of selecting representatives

6 Plato, 697–705, 786–787
8 Aristotle, 478–479, 481, 500–501, 521–522
13 Plutarch, 45–46
25 Shakespeare, 361–369
33 Locke, 46–47, 60–62
35 Montesquieu, 4–6, 71
35 Rousseau, 324–325, 425–428
40 Constitution of the U.S., 11–12, 18, 19
40 Federalist, 82, 165–195 passim, 205–207
40 Mill, 369–399
41 Boswell, 261
43 Hegel, 107–108, 388, 391–392
44 Tocqueville, 63–69

46 Eliot, George, 439–444
58 Weber, 99–100

10. The origin, growth, and vicissitudes of constitutional government

5 Thucydides, 396–397, 432, 575–576
6 Plato, 667–676
8 Aristotle, 470–471, 484–485, 506–509, 553–572 passim
13 Plutarch, 20–28, 32–48, 64–82, 174–193, 365–368, 620–656, 657–663, 671–689
14 Tacitus, 1–2, 3, 21–22, 51, 72
25 Shakespeare, 351–392
29 Milton, 65
33 Locke, 47–51 passim, 63–64
34 Swift, 74–76
35 Montesquieu, 68–84
35 Rousseau, 356, 428–434
37 Gibbon, 1, 24, 51, 153–154, 241–244 passim
38 Gibbon, 71–75, esp 71–72, 73, 202, 217, 403–404, 562–565, 574–582, 586–589, esp 587
40 Declaration of Independence, 1–3
40 Articles of Confederation, 5–9
40 Constitution of the U.S., 11–20
40 Federalist, 31–33, 71–78 passim, 117–125, 156–159, 191–195 passim, 256–259
40 Mill, 267–268
43 Hegel, 202, 313–314, 355, 385–392
44 Tocqueville, 19–48, 55–57, 400–406
51 Tolstoy, 238–243, 260

交叉索引

以下是与其他章的交叉索引：

The distinction between government by law and government by men, and the comparison of constitutional government with other forms of government, see ARISTOCRACY 4; LAW 6b, 7a–7b; LIBERTY 1d, 1f; MONARCHY 1a–1a(2), 4c–4e(4); TYRANNY AND DESPOTISM 5–5d.

The exposition of different types of constitutions and different forms of constitutional government in themselves and in relation to one another, see ARISTOCRACY 1–2e; CITIZEN 2c–3; DEMOCRACY 3–3c, 4a(1)–4a(2), 4d; OLIGARCHY 1–2, 4, 5a.

The mixed regime and the mixed constitution, see ARISTOCRACY 2b; DEMOCRACY 3a–3b; GOVERNMENT 2b; MONARCHY 1b(1)–1b(2).

Citizenship in relation to constitutional government, see CITIZEN 2a–2b.

The conception of the statesman as a constitutional officeholder, see STATE 8.

Constitutional law and its relation to other bodies of law and legal justice, see JUSTICE 9c, 10a; LAW 7a.

The conventional character of constitutions and the relation of the idea of a constitution to the theory of the social contract, see CUSTOM AND CONVENTION 6a; LAW 7c; NATURE 2b; STATE 3d.

Constitutional government in relation to the theory of sovereignty, see DEMOCRACY 4b; GOVERNMENT 1g(1)–1g(3); LAW 6b; MONARCHY 4e(3); STATE 2c; TYRANNY AND DESPOTISM 5c.

The safeguards of constitutional government and of the theory and machinery of representation, see ARISTOCRACY 6; DEMOCRACY 4b, 5–5c; GOVERNMENT 1h; LIBERTY 1g.

The problem of constitutional change and the stability of different types of constitution, see ARISTOCRACY 3; DEMOCRACY 7–7a; REVOLUTION 2a, 3c(2); STATE 3g.

The development of constitutional government and the establishment of liberty under law, see GOVERNMENT 6; LIBERTY 6b; MONARCHY 4e(2); PROGRESS 4a; REVOLUTION 3a; TYRANNY AND DESPOTISM 4b, 8.

扩展书目

下面列出的文著没有包括在本套伟大著作丛书中，但它们与本章的大观念及主题相关。

书目分成两组：

Ⅰ. 伟大著作丛书中收入了其部分著作的作者。作者大致按年代顺序排列。

Ⅱ. 未收入伟大著作丛书的作者。我们先把作者划归为古代、近代等，在一个时代范围内再按西文字母顺序排序。

在《论题集》第二卷后面，附有扩展阅读总目，在那里可以查到这里所列著作的作者全名、完整书名、出版日期等全部信息。

I.

Machiavelli. *The Discourses*, BK I
Milton. *The Tenure of Kings and Magistrates*
Hume. *Idea of a Perfect Commonwealth*
Jefferson. *Democracy*, CH 3
——. *Notes on the State of Virginia*
Tocqueville. *L'ancien régime*

II.

THE ANCIENT WORLD (TO 500 A.D.)

Cicero. *De Republica (On the Republic)*
Polybius. *Histories*, BKS I, II, VI

THE MIDDLE AGES TO THE RENAISSANCE (TO 1500)

Fortescue. *Governance of England.*
Marsilius of Padua. *Defensor Pacis*

THE MODERN WORLD (1500 AND LATER)

Adams, J. *A Defense of the Constitutions of Government of the United States of America*
Adler, M. J. *We Hold These Truths*
Bagehot. *The English Constitution*
Banting and Simeon. *Redesigning the State*
Beard, C. A. *The Supreme Court and the Constitution*
Bellarmine. *The Treatise on Civil Government (De Laicis)*
Bentham. *A Fragment on Government*, CH I (36-48), 3
Bodin. *The Six Bookes of a Commonweale*
Bolingbroke. *A Dissertation upon Parties*, LETTER 18
Borgese et al. *Preliminary Draft of a World Constitution*
Bryce. *The American Commonwealth*
——. *Studies in History and Jurisprudence*
Buchanan. *The Constitution Revisited*
Burke. *An Appeal from the New to the Old Whigs*
——. *Letter to Sir Hercules Langrishe*
——. *Letter to the Sheriffs of Bristol*
——. *On the Reform of the Representation in the House of Commons*
Calhoun. *A Discourse on the Constitution and Government of the United States*
——. *A Disquisition on Government*
Dicey. *Introduction to the Study of the Law of the Constitution*
Dickinson, J. *Administrative Justice and the Supremacy of Law in the United States*
Duguit. *Law in the Modern State*
Elton, G. *Political History: Principles and Practice*
Ely. *Democracy and Distrust: A Theory of Judicial Review*
Engdahl. *Constitutional Federalism in a Nutshell*
Farrand. *The Framing of the Constitution of the United States*
Godwin. *An Enquiry Concerning Political Justice*, BK VI, CH 7
Guicciardini. *Dialogo e discorsi del reggimento di Firenze*
Hooker. *Of the Laws of Ecclesiastical Polity*
Kammen. *A Machine That Would Go of Itself*
Kelsen. *General Theory of Law and State*
McDonald. *Novus Ordo Seclorum*
McIlwain. *Constitutionalism, Ancient and Modern*
——. *Constitutionalism and the Changing World*
——. *The Fundamental Law Behind the Constitution*
McWhinney. *Constitution-Making*
Merriam. *The Written Constitution and the Unwritten Attitude*
Mosca. *The Ruling Class*
Paine. *Rights of Man*
Polin. *Modern Government and Constitutionalism*
Rossiter. *Constitutional Dictatorship*
Whewell. *The Elements of Morality*, BK V, CH 4-5
Wilson, J. *Works*, PART I, CH II, V, X-XI; PART II

13

勇　敢　Courage

总　论

　　历史和诗歌中的英雄可能残忍、粗暴、自私、冷酷、放纵、不义，却从不是懦夫。他们不会缩手缩脚或者屈服认输。他们不会绝望，即便前途渺茫。一旦下定决心去做，他们就有能力和毅力完成。若非勇敢之士，他们也成就不了英雄之名。

　　正是对英雄主义的这种理解使得传说中的英雄之地位几与诸神相同。荷马时代，他们实际上确实与凡人斗争也与诸神斗争。荷马的两部史诗中，尤其是《伊利亚特》中，到处是毫不畏死、决不气馁的人。丁尼生的诗中，尤利西斯在伊萨卡感到烦躁，他回想起在特洛伊的那段岁月和返乡的那段长途旅程，对他的同伴们说：

> 我们还能做一番崇高的事业，
> 使我们配称为与神斗争的人。
> ……
> 虽然我们的力量已不如当初，
> 已远非昔日移天动地的雄姿，
> 但我们仍是我们，英雄的心，
> 尽管被时间消磨，被命运削弱，
> 我们的意志坚强如故，坚持着
> 奋斗、探索、寻求，而不屈服。

　　在《伊利亚特》中，勇敢高于所有其他品质，它是阿基琉斯、赫克托尔、埃涅阿斯、帕特罗克洛斯、狄俄墨得斯、阿伽门农以及墨奈劳斯这些巨人的特征。其他看来同受褒奖且成为竞争和自夸主题的唯一品质是狡猾——计策很多的奥德修斯的骗术，以及他在奈斯托尔的演讲上的聪明。然而最好的演讲不过是行动的开始，除奥德修斯和狄俄墨得斯那一晚偷袭特洛伊人阵营外，《伊利亚特》中的壮举都是未加谋划的英勇事迹，都光明正大而非鬼鬼祟祟。

　　英雄豪情万丈，然恐惧也夹杂其中。他们被称为不恐惧，并非因为无物能令他们恐惧或使他们魂飞魄散。恐惧和愤怒一样，也会支配他们，并在他们身上充分表现出来。他们是不恐惧的，只是说他们不怕行事或者说不半途而废。他们的勇敢总包含对危险的觉察或感知，故而他们能行必行之事，仿佛全然不畏痛苦或死亡。海明威的小说《弗朗西斯·麦康伯短暂的幸福生活》中题目的主角就说明了此种勇敢：

　　"你知道，我想试着再打一头狮子"，麦康伯说，"现在我真的不怕死。说到底，它们能对你怎么样呢？"

　　"说的是，"威尔逊说，"最狠的人能做的也不过是杀了你。这怎么说来着？莎士比亚说的。说的真他妈好！看我能不能记起来……'凭良心说，我倒并不在乎；死了一次不死第二次；我们谁都欠着上帝一条命，死也好，活也好，一切都是命中注定，今年死了明年总不会再死。'"

　　然而勇敢的人常常把勇敢说成好像真是对什么都无所畏，而把因恐惧而打退堂鼓的人称为懦夫。《伊利亚特》中伊多梅纽斯说，埋伏可说明"谁胆怯，谁勇敢；胆怯的人每次和人交手都会神色大变；他心中充满恐惧，总是左躲右闪；他一想到死就心跳加快，而且我们还能听到他牙齿在格格打颤"。勇敢的人，克制着恐惧，看起来就毫不恐惧。

这是行动者,是战士的勇敢,这不仅可以在围攻特洛伊的英雄们身上,也可以在所有其他战役的坚定参与者身上看到——德摩比利战役中的莱奥尼达斯,彼此决斗的埃涅阿斯和图尔努斯,普鲁塔克书中的征服者,莎士比亚笔下的贵族武士,《战争与和平》中彬彬有礼的安德烈王子和年轻的罗斯托夫。这是种伴随体力,伴随非凡耐久力表现的勇敢。而且,如勇敢的同义词"坚韧"一词的根源意义所显示的,这是我们的血肉之躯无力继续行动时维持我们行动的道德或精神力量源泉。此种勇敢在拉丁语 virtus 里的基本意思是一种美德——大丈夫气概,那种精神,或者说精神力量,它要人成为一个男子汉。

勇敢还有其他类别。悲剧英雄俄狄浦斯和安提戈涅的勇敢,是心灵而非身体力量的发挥。这是种特殊的人性力量,比之凶猛或许更胜一筹。勇敢不只在于,不管多大的痛苦风险都要克服恐惧,镇定自若;它起码也要求意志坚定,行事果断,以及义无反顾地追求或直面真理。

民事工作之需要勇敢不亚于军事行动。马可·奥勒留厌倦了帝王生活,每天从事一轮无休止的工作都要再三鼓起勇气。"当你早晨老大不情愿地起床时",他提醒自己,"想着这句话——我要起来去做一个人的工作。"他是怎么看待帝王之业的?对此他作了简明陈述。"让你心中的神灵成为一个有生命存在的保护者,一个从事政治事务的成年男子的保护者,一个罗马人,一个统治者的保护者。这个统治者像一个等待生活中召唤他的信号的人一样,接受了他的岗位,也做好了离去准备,无需誓言亦无需任何人证言。"

民事勇敢对公民跟对统治者同等必要。这种美德,在 J. S. 穆勒看来,对自由政府的公民们尤为必要。"一个民族可能优先选择一个自由政府,"他写道,"但是,如果因为懒散、漫不经心、胆怯或公共精神的匮乏,他们为保存它所付出的精力不相等;如果他们在它受到直接攻击时不愿保卫它;如果他们会被用于欺骗他们的诡计所骗;如果他们被暂时的沮丧,或一时的恐惧,或对个人的一阵迷恋所诱,把他们的自由竟至于放在一个伟大人物的脚底下,或相信他有使他能颠覆他们制度的力量;那么在所有这些情况下,他们多少是不适宜享有自由的:尽管拥有即便一小会儿自由对他们也是好的,然而他们不可能长久享用到自由。"

一个民族的勇敢或胆怯,有时被看作是形成该民族政治制度的原因,有时则被看作是结果。希波克拉底说:"欧洲的居民比亚洲居民更勇敢;因为一成不变的气候会使人懒散成性,而变化不断的气候则使人身心协作,出力流汗。胆怯源于闲逸和懒散,而勇敢发自吃苦和耐劳。"在希波克拉底看来,这部分解释了为什么亚洲人易于拱手称臣,而欧洲人勇于为政治自由而战斗。但是他补充说,欧洲人的性格也是"他们制度的结果,因为他们不是由君主统治的……而哪里的人受君主统治,哪里的人一定非常胆怯……而且,他们不会轻易为了帮助别人而以身涉险;但那些自由的人则会因为这也是自己的利益而不避危险……这样,他们的制度对他们的勇敢所起的就不是微不足道的作用了。"

与之相反,对黑格尔来说,民事勇敢乃在于为国家从事危险之事,甚至必要时为国捐躯。此外,在他看来,真正的勇敢完全是一种民事美德。他写道:"作为心灵情绪的勇敢,其内在价值要在真正、绝对的最终目的,即国家主权中发现。

勇敢，它的任务就是实现这一最终目的，而达到这个目的的手段则是牺牲个人的现实性。"尽管他承认，勇敢"多种多样"，然而他坚持说："动物或野兽的悍猛，为了荣誉的勇敢，骑士式勇敢，这些都不是真正形式的勇敢。文明国家真正的勇敢是，随时准备为国捐躯，使个人成为只是多数中的一个。"

人的工作是行动，也是求知。人应为国效劳，也应问学求知。面对现实所提出的难题而不退缩的能力，构成了一颗勇敢之心的秉性。"我们置身于其间的广漠世界，"威廉·詹姆士写道，"向我们提出了各种各样的问题，并以各种各样的方式考验我们。一些简单的考验我们用行动来应付，还有一些问题我们用清楚明了的话来作答。但是迄今所问最难的问题不容许有回答，只在我们说'是，我甚至会那样说'时，容许有无声无息的意志转动和心弦紧绷。当一个令人恐惧的对象出现在我们面前，或整个生活向我们展现其黑暗深渊时，我们中品性不良的人就完全迷失其中了……但勇敢之心全然不同……它能正视这些情况，如果没的选择，它也不会迷失了今后生活的方向。世界由此在英雄之士中发现了有价值的比赛和对手。"

不光回答这些问题需要勇敢，就是提出这些问题也同样需要勇敢。圣奥古斯丁在《忏悔录》中讲述的他对信条和学说持续不断的追问，讲述的他拒绝安耽于任何教义的故事，就是一个思辨勇敢之故事。这种勇敢被冠以坚韧不拔，正是凭借这种坚韧不拔，他承受住了犹疑之苦。

求学绝非易事，真理也非唾手可得。伟大的科学家和哲学家，不光在克服那些可能使不执著于寻求并发现真理之人泄气的理智困难，而且在克服社会的敌对和不信任这类困难时，也显示了耐心和一以贯之的勇敢。伟大的宗教殉道者在谦卑恭良上跟战士在冲锋陷阵上表现出一样的不屈不挠，而且向来坚韧不拔——决不向那会使他们的信仰蒙羞的绝望低头。

在所有这些类型的坚韧中，显而易见存在不同的动力，这些动力与勇敢按照各种各样的生活要求而展现出的形式一样，都是千差万别的。并非所有形式的勇敢都值得同等尊敬，这部分是因为它们在程度上不一样，部分也因为勇敢行为本身，或者那些目的——它们需要坚韧才能达到，在道德上不具有同等价值。然而勇敢之实质似乎是处处一样的。它使堂吉诃德以及某种意义上使福斯塔夫的声誉得以保持；它使亚历山大和恺撒的名声更为响亮；它增强了苏格拉底和伽利略顶住审判的力量。不管是在履行义务还是在追求幸福中，勇敢都证实了一个人已经作了不得已的困难抉择。

正如**美德与邪恶**这章所说明的，传统的道德品质理论把勇敢或坚韧置于四种最重要的美德之中。其他三种美德按不同作者的说法，分别是节制、正义以及智慧或审慎。

当柏拉图在《理想国》中比较国家的组成部分与灵魂的组成部分时，他举出了这些美德。"存在于国家中的东西也同样存在于个体"，苏格拉底说，"它们的数量是三。"其一是"一个人用来推理的部分……灵魂的理性部分，另一个是他用来感觉爱还有饿和渴以及任何其他欲望之骚动的部分——非理性的或欲望部分，它是各种欲望和满足的盟友"。第三部分是"激情或精神"，"它在未被恶劣的教育败坏时是理性的天然盟友"。

在柏拉图看来，与灵魂的这三部分

相对应,国家也有或应该有三个等级:护国者或统治者,农夫与手艺人或工人,还有辅助者或军人。

属于灵魂这三部分的美德也属于国家的相应部分。智慧的人是这样的,苏格拉底宣布说,"他身上有起领导作用和宣布命令的那一小部分,这部分也被假定是知悉这三部分各自利益及整体利益的"。勇敢的人是这样的,"他的精神不管是在快乐还是痛苦中都记着理性教导的什么该恐惧什么不该恐惧的命令"。

然而,节制却不是专属于某一部分的完美典型,它贯穿全体,而且在苏格拉底看来,它存在于这样的人,"他身上这三部分友好和谐,其一是起领导作用的理智,另两个是精神和欲望,它们一致同意理性应该起领导作用"。正义——"其他三种美德:节制、勇敢和智慧拿掉后……剩下的唯一美德"——"是它们全体存在的最终原因和条件,尽管存在于它们中间,却也是它们的协调者"。它是那种"不许一个人身上的各个部分相互干涉,或越俎代庖的美德"。

政治上的类比结果显示,正义存在于秩序井然的国家里,其中,智慧起统治作用,勇敢则捍卫法律与和平,而节制平衡收支。智慧最当属护国者所有,勇敢最当属辅助者,而所有这三个等级都需要节制。黑格尔也把勇敢和"军事等级"——"那个掌管国家防卫的普遍等级",他们的职责就是"使内在于其自身的理想性现实化,亦即牺牲自己"——相联系。但是尽管对黑格尔来说,勇敢看起来是政治上最重要的善,可柏拉图却把它放在各级美德的末位。"智慧是最重要的",《法律篇》中雅典来的客人说,"继而是节制;然后由这两者和勇敢结合产生了正义,而美德表上排名第四的是勇敢。"

亚里士多德的勇敢概念和柏拉图的在很多方面呈现出差异,因为它基于一种不同的心理分析和美德理论——该理论主要把它们看作习惯——之背景。它和节制结合得最为紧密。这两种美德都属于灵魂的非理性部分——激情或欲望——而且跟我们对快乐和痛苦的态度有关。它们围绕令人愉悦的欲望对象和令人痛苦的恐惧或厌恶对象,从感觉和行动两方面规训我们。亚里士多德似乎认为勇敢比节制更值得称道,"因为直面使人痛苦的对象比禁弃使人愉悦的对象更为困难"。

正如节制的人惯于禁绝某些快乐,并且为了达到某些更大的善而适度地寻求其他快乐一样,勇敢的人为了达到最终目的,不管什么时候都能忍受痛苦和磨难,都能克服对危险或死亡的恐惧。由于死亡是"所有事物中最可怕的",所以亚里士多德宣布说,"恰当来说,毫无恐惧地面对高尚的死亡,以及面对所有涉及死亡的突发事件的人,可称为勇敢"。但是,"勇敢的人定是为了某个高尚的目的而按勇敢所指示的来忍受和行事"。

节制之适度和勇敢之忍受所致力于的最终目的,至善,对亚里士多德来说就是幸福。通过与正义相联系——正义关涉他人的善,关涉国家的福利——节制和勇敢还使人不管是作为统治者还是公民,不管是在和平时期中还是战争状态,始终会履行其社会责任。奉公守法的人不仅是正义的,而且是勇敢和节制的,因为,在亚里士多德看来,"法律要求我们做勇敢者的事,比如,不擅离职守或逃之夭夭或丢下武器,法律也要求我们做一个节制的人,比如,不通奸或纵欲"。遵纪守法的公民不仅要在亚里士多德说的这些方面成为勇敢者,而且有时要以极大的勇气来维护法律本身,抵制许多与之相反的诱惑。"耶和华的仆人摩西死了以后……耶和华晓谕约书亚",对他说:"只要刚强,大大壮胆,谨守遵行我仆人摩西所吩咐你的一切律法,不可偏离左右。"

私人或公共生活中,与勇敢、节制和正义相关的第四种美德是审慎,或者说"实践智慧"。尽管亚里士多德把审慎归入理智的美德,视其为正确判断该做什么的一种能力,然而,他也始终把审慎看作与这其他三种美德不可分,这三种美德他称为"伦理"而非"理智"美德。后来的作者们把这四种美德——勇敢、节制、正义还有审慎——一道称作"基本美德",用以说明,道德生活的整体有赖于此,就像阿奎那解释的那样。

关于基本美德以及它们彼此以那样一种一旦分离即不完美的方式相联系的理论,在**美德与邪恶**一章作了讨论。**正义、节制**和**审慎**这三章讨论的学说是,这些美德里的每一种都只是美德之部分,它们必须与其他部分整合起来。审慎在它与勇敢和节制这两种美德的关系中所扮演的特殊角色——至少按亚里士多德的观点,严格意义上,没有实践智慧就没有伦理美德,反之亦然——要留到讨论审慎的那章再说。然而现在须要考虑的是,勇敢有赖于审慎,这一点是怎么限定勇敢的意义或本质的。

一些作者看到,勇气和审慎之间的联系以两种方式影响到勇气的定义。第一种方式涉及中道学说,这是考虑所有伦理美德,尤其是勇敢和节制,都要谈到的。

亚里士多德开创了这一分析:美德是"两种恶行之间的一种中道……因为恶行要么不及要么超过激情和行动中的正确之物"。这就需要由审慎出来决定何时、何物该恐惧以及恐惧度大小问题;因而,在正确的时候以正确的方式对

确的事物恐惧——既不多也不少——就需要一种审慎的判断。亚里士多德写道:"胆怯的人、鲁莽的人和勇敢的人,都与同样的对象相关,但表现各不相同;前两者要么过度要么不及,只有第三者把握中间正确的位置;鲁莽的人横冲直撞,总是事先企求危险但临到头又退缩不前,而勇敢的人行动之时敏捷,行动之前冷静。"

亚里士多德不是唯一把勇敢定义为两个相对极端之中点的人。绝大多数专注于勇敢之本质的作者差不多都得出了同样的结论。例如,爱比克泰德——他宣布说,我们"做任何事都应信心加小心"——似乎也把勇敢当作一种中道。他指出,这种结合初看起来"可能像是悖论",因为"小心和信心似乎是矛盾的,而矛盾的东西是不可能相容的"。但是他说,这只不过是由于"混乱"罢了。"如果我们真的要某个人对同一件事信心加小心……就像把不可能统一的性质统一起来一样",那就会产生悖论。但是,正如爱比克泰德解释的,小心和信心可以结合起来,因为它们与不同的对象相关。

他想的这种对象间的差异,参照斯多葛主义的箴言,就变得清楚了,"对所有不受意志控制的事充满信心,对所有依赖于意志的事保持小心"。爱比克泰德明确区分了何者受何者不受我们控制,他告诉我们只要小心谨慎地注意这些事就行,在这些事上,我们稍不留心作了一个不好的选择就会犯下罪恶。"在那些意志的问题上,小心是不会错的",但在其他问题上,"在那些不受意志控制,不依赖于我们的事上……我们应该充满信心"。

通过信心加小心,我们避开了鲁莽和胆怯这两个极端,达到了亚里士多德说的勇敢所在的中道。二者都不可或缺。胆怯不是唯一与勇敢相反的恶。面

对危险行事上不加小心,眼睛看着天上不注意眼前理当恐惧的事物,这样的人与其说是勇敢不如说是鲁莽;至于像胆怯的人那样,被恐惧束缚了手脚,自己的理性明明告诉他不应该恐惧可还是恐惧,那就更低一个层次了。

斯宾诺莎同意勇敢就是要避开两个极端,所以他写道"适时的逃离跟适时的战斗一样,应视作心灵力量的展示"。这两种行为是结合在一起的,因为正是根据"同一种心灵美德"一个人才能"避开危险……然后力图加以克服"。

在一个特定时刻,是决定逃之夭夭还是决定决一死战,从而既不表现为胆怯也不表现为鲁莽,显然涉及理性决断。在斯宾诺莎看来,这样一种决断需要"心灵的力量",他用这个短语意指"每个人只根据理性的命令来尽力保存自己这样一种欲望"。没有理性的指导,或者像亚里士多德说的那样没有审慎,那么,人可能是不恐惧的但不会是勇敢的。

那些像霍布斯一样,不认为理性或审慎是他们勇气概念中的一个基本组成的人,把勇敢看作一种情感而非美德,而且倾向于把它和不恐惧以及过分恐惧相对照。霍布斯写道:"在激情中,勇敢(我指的是不畏伤痛视死如归)容易使人施行私人报复,有时候还会导致破坏公共和平;而许多时候,胆小怕事又容易使人丢掉公共防御"。当霍布斯这样描述勇敢时,勇敢对个人或国家的价值就殊可怀疑了。梅尔维尔看来就是这么理解勇敢的,因为他说"最可靠最有用的勇敢源于对所遇危险的正确估计——没有这种估计,只会造成完全不知恐惧的人……一个比胆怯的人更危险的同伴"。海德格尔在讨论怕——存在主义者的畏——的文本中宣布说,"勇敢者感受到的畏,其对立面不是……和平生活的欢乐。它陡然出现了……与创造性渴望的宁静和温柔悄悄结合在了一起"。

如果表面上的不恐惧就是勇敢,那么某些动物也可以被称为"勇敢",而天性乐观、极端自信或者至少没有害怕感的人,将和那些为了完成人们期待他们做的事而抑制恐惧的人一样勇敢。但是,正如亚里士多德观察到的,喝醉酒的人常常表现出一副不恐惧的样子,但我们不会说他们是勇敢的。柏拉图对勇气也持类似观点,即勇气乃是对危险事先有所考虑并有一种真正的担心。

"我并不把那些不怕危险的动物称为勇敢的,因为它们没有意识到危险",尼西亚斯在《拉刻斯》中说。它们"只不过是不恐惧,或没有感受……在我看来",他继续说,"不恐惧和勇敢之间是有差别的。我认为,有思考的勇敢是极少数人才具有的一种品质,而没有事先思考的鲁莽、大胆和不恐惧是许多男人、女人、孩子以及动物都具有的一种极为常见的品质"。按这种勇气概念,"勇敢的行动",尼西亚斯说,"是智慧的行动"。

与这些考虑相应,对勇敢的定义也将涉及对这两者——何者应该恐惧和何者虽会给人带来危险或痛苦但仍应去做——作一个合理、明智或审慎的区分。正如《坎特伯雷故事集》中牧师在他关于七项重罪的讲道中宣讲的:"这种美德是如此的强大,如此的有力,以至于它敢坚定地经受痛苦,敢明智地使自己远离邪恶的危险,敢跟魔鬼的突然袭击进行搏斗。因为它提升灵魂,坚固灵魂……它能忍受长期艰难困苦所带来的适度辛劳。"

谁要能在特殊情况下作出此类决定,就必已认定了某种善的等级和生活目的。一个向来表现勇敢的人,一般来说必定倾向于认为某些东西比另一些东西更重要,这样他才心甘情愿为此冒险和受苦。

弗洛伊德似乎对上面这种观点持怀疑态度,并称之为"对英雄主义的理性解释",这种解释认定的是"个体生命不可能跟某些抽象、普遍的理想相提并论"。依弗洛伊德之见,更为常见的倒是"那种本能和冲动型的英雄主义,这种英雄主义才不管什么动机,而是以安岑格鲁贝写的碎石工汉斯那样的精神:'没有什么事会发生到我头上',藐视危险"。但是阿奎那——他强调理性动机,这跟弗洛伊德贬低理性动机恰成对照——坚持说,勇敢的人,"不管面临的危险有多大,都会出于为它们意志永久的对象即为美德着想,而正视危险"。

阿奎那设想的勇气,尽管在诸种美德之一的意义上只是美德的一部分,然而从某种观点来看,仍然代表了整个道德生活。他指出,当其余的美德溢入勇敢这种品质时,勇敢反过来也"溢入了其余"的美德。"抑制住自己对触觉快感的欲念",阿奎那写道,"从而使它们保持在体内,这是一件很难做到的事,所以,任何一个能做到这点的人,都能借此更容易地检验自己在面临死亡危险时的勇敢,而不用费很大精力;在这种意义上,坚韧据说就是节制。"

"此外",他继续说,"节制据说就是勇敢,因为坚毅溢入了节制。一个灵魂由坚韧所巩固而且不怕死亡危险——这是一个巨大的困难——的人,更能镇定自若地抵挡各种快感之大屠杀,因为,就像西塞罗说的那样,一个人没有被恐惧所打垮,却在表明自己没有被辛劳征服后,被贪婪战胜了,或被欲望征服了,这真是天大的笑话。"

既然我们可以期望节制的人——因为他是以理性的方式安排行动完成特定目的——是勇敢的,那么按照阿奎那的说法,基于同样的理由他也会是审慎的,因为他的节制和勇敢都源自于他为达到目的所寻求的一种审慎或理性的手段。

作为一个神学家,阿奎那在他的写作中区分了他所说的宗教生活的"完美美德(the perfecting virtues)"和政治生活的"社会美德(the social virtues)"——这是道德哲学家关心的美德。道德哲学家认为,勇气和其他美德在两个层面上——或是被导向自然目的或是被导向超自然目的——都不可分,因为在每种情况下正是同一个目的把几种美德都联系在了一起。"这样,通过沉思神性之物",他解释说,"审慎把这个世界上的万事万物都看作虚无",而"节制,除了自然许可的需要外,漠视身体的任何需要;坚毅则使灵魂敢于漠视身体,敢于上升到天堂;而正义则在灵魂中发布完全准许的批文,准许遵从这样建议的道路"。

克尔凯郭尔在《恐惧与战栗》中也从神学的角度看待勇气,其中他重复了《创世记》中亚伯拉罕的故事,并把这位圣经中的祖先描述为一位"信仰的骑士"。信仰,在克尔凯郭尔看来,是不完全的,如果没有一定程度的勇敢:"一种纯粹人的勇敢要求放弃所有的世俗生活,从而获得永恒……但是一种自相矛盾、谦卑的勇敢则要求通过荒谬把握世俗生活的全部,这就是信仰的勇敢。"

由此,我们被带到了勇敢的第二个限制条件,这个条件源自它与审慎,以及通过审慎而与其他美德的联系。一个人全力以赴达到的目的本身,是值得称道的事情,或是应予鄙弃的事情,这有差别吗?如果没有,那么小偷也可以和惧怕丢脸更胜于惧怕死亡的人一样,确实勇敢;而暴君和守法的公民比起来,也并无逊色或不同之处。

在《君主论》中,马基雅维里考虑的似乎只是勇气的效用。关于目的,他是这么说的,"每个人的目的就是追求荣耀和财富",他指出人们追求目的的方式各种各样,"有的小心谨慎,有的急躁鲁莽;有的诉诸武力,有的玩弄手段;有的耐心等待,有的恰恰相反;但殊途同归,所有的人都达到了目标"。他认为,这里面,运气起了很大的作用,正因此,他不主张某一特定方法。任何方法都要求我们最充分地使用运气。这要求勇敢乃至莽撞。

"与其小心谨慎不如勇猛莽撞",他写道,"因为运气是一个女人,如果你想要让她听你的,你就必须对她动用武力施以暴力;而看起来,她也愿意自己受勇猛者支配,而不是受温吞之人支配。"因此,运气总是像女人,喜爱年轻人,因为他们不小心谨慎,他们更为勇猛,而且大胆制服她。

看起来,马基雅维里把勇敢或至少是大胆,推荐给那些希望干出番大事业的人,至于眼前的目的值不值得称道他就不管了。不管在哪种情况下,勇敢都可以提高成功几率,而成功才最根本。柏拉图、亚里士多德和阿奎那都把勇敢看作一种美德,这就使他们在目的与手段的看法上与马基雅维里大相径庭,这一点上文可见。康德和黑格尔也是这么看的。

"正是肯定的东西即目的和内容",黑格尔写道,"赋予了这种勇敢行为以意义。强盗和杀人犯以犯罪为目的,冒险家以适合自己念头的为目的,如此等等,他们都有拼命的胆量",因为他们的目的不是图谋不轨就是毫无价值,所以强盗乃至骑士的勇敢在黑格尔看来并非勇敢的真正形式。

在康德看来,"智力、才智、判断以及其他不管叫什么名字的心灵天赋,还有勇敢、坚定、不屈不挠等性格品质,从许多方面来说毫无疑问是好的,是值得追求的;但是,如果使用他们的意志,以及由此组成的所谓品性不善良的话,那么,这些自然的赋有也可能变成彻彻底底的坏与恶"。如果勇敢之成为美德必然需要一种善良意志,那么,虽然恶棍的行为可能看起来勇敢,但它可能只是一种冒牌货。康德认为,"没有善良意志的原则",像直面危险或承受困苦的能力之类东西,"可能会变得邪恶……坏蛋的冷漠",他补充说,"不仅使他比起不冷漠时更为危险,而且也使他在我们眼里更加可恶"。

勇敢可以按照引发恐惧的对象之种类,或者按照人们感觉到沉重或痛苦的活动之类型,而有不同展现形式,这一点可能毫无问题。但是,如果真正勇敢的人一般来说也必须是有美德的,那么许多勇敢现象不会是发自于真正的美德。把作为习惯的美德这个概念与一种固定不易的性情这个标准加起来可以得出:即便一贯表现胆怯的人也可能作出一件勇敢的事来。勇气也不应该归属于那些性情怪异、天不怕地不怕的人。美德的优点,不可能像他们说的那样,就是克服恐惧。

政治学经典著作,尤其是古代那些经典著作中,勇敢在国家中以及在公民训练中的地位,受到了特别的关注。克里特和斯巴达的宪法看起来使勇敢成了对公民来说唯一根本的美德。

普鲁塔克在他有关吕库古的传记中说明了,"城市怎么会成为一种军营的"。所有的培养和教育都指向作战勇猛。"就是他们的歌里也有一种生命和精神,这种生命和精神以一种对行动的执著和热情激起并占据人的心灵……主题总是严肃而富于道德意味的;最常见的情况是,要么在颂扬为国捐躯的人,要么在嘲笑胆怯的人;前者他们说成幸福而光荣,后者的生活则被描述为可怜亦复可悲"。在普鲁塔克看来,其结果就是,他们是世界上唯一的由战争来给予安宁的民族。

柏拉图和亚里士多德都批评克里特和斯巴达的宪法,因为它们使战争成为国家的目的,并且把美德之一的勇敢提升到"美德的整体"之上。勇敢必须和其他美德放在一起才能使人善良,使人不仅成为公民,也成为一个人。"正义、节制和智慧与勇敢结合起来,远胜于单单只有勇敢",《法律篇》中雅典来的客人说。

进一步,军事的勇敢甚至不是勇气的全部。柏拉图认为,一旦某个明智的政治家认识到我们需要这种勇敢,认识到人们是要被训练成优秀的公民,而不仅仅是训练成优秀的战士,那他就会把它置于适当的地方。雅典来的客人论证说,有头脑的立法者没有哪个会"为了战争而下令和平",而只会"为了和平而下令战争",他暗示说,克里特人和斯巴达人拥有的勇敢概念看起来含义太窄,一个含义更广的勇敢概念,不仅在与敌国交战中,而且在和平使命中——为过上一种良好的生活和建立一个良好的社会而努力——也会是有用的。他问斯巴达人麦格卢斯和克里特人克里尼亚斯,"什么东西使你们的公民勇于抵挡享乐和痛苦,征服他们该征服的敌人,而且比最危险最靠近家园的敌人更优秀"?

无论如何,多少世纪以来,诗人和历史学家称颂的勇敢一直是人类的勇敢,即为同胞而置生死不顾——一种公民履行责任的勇敢,或者,一种迄今仍然壮观的事迹,亦即战士奋勇杀敌。为什么许多作者,从古希腊一直到黑格尔以来,会在战争中发现一种道德催化剂;或者,像詹姆士一样找到战争在道德上的等价物?这就是一个原因。在这个问题上,不仅那些在战争中只看见堕落的人,而且许多洞见到和平时期也有英雄的人,都对他们做了回答。

分 类 主 题

1. 勇敢之本质
2. 与勇敢相对的恶:胆怯,鲁莽
3. 勇敢这一领域中的激情:恐惧,大胆,愤怒,希望,绝望
4. 勇敢与其他美德之间的联系和比较
5. 勇敢之动力:名声或荣誉,幸福,爱,责任,宗教信仰
6. 勇敢之人的形成或培养
7. 勇敢在政治或民事上的重要性
   7a. 公民和政治家需要具备的勇敢:政治上认可的勇敢
   7b. 与法律和自由相关的勇敢
   7c. 战争中的勇敢

[王晓丰 译]

索引

本索引相继列出本系列的卷号〔黑体〕、作者、该卷的页码。所引圣经依据詹姆士御制版，先后列出卷、章、行。缩略语 esp 提醒读者所涉参考材料中有一处或多处与本论题关系特别紧密；passim 表示所涉文著与本论题是断续而非全部相关。若所涉文著整体与本论题相关，页码就包括整体文著。关于如何使用《论题集》的一般指南请参见导论。

1. The nature of courage

3 Homer, 153–154
6 Plato, 26–37, 57–64, 205–206, 346–355, esp 347
8 Aristotle, 361–364
13 Plutarch, 50, 232–233
19 Dante, 108–113
23 Montaigne, 69–75
25 Shakespeare, 377, 407
27 Cervantes, 305–306, 345–346
28 Spinoza, 649–650
37 Gibbon, 93
38 Gibbon, 159
43 Hegel, 112
43 Nietzsche, 477
44 Tocqueville, 319–320
51 Tolstoy, 577–578, 589–590
53 James, William, 826–827
58 Huizinga, 275
60 Brecht, 427

2. The vices opposed to courage: cowardice, foolhardiness

Old Testament: *Exodus*, 14:9–14 / *I Samuel*, 17, esp 17:11, 17:24
New Testament: *Matthew*, 26:56, 69–75
3 Homer, 30–38, 263–270
4 Sophocles, 184–185
4 Aristophanes, 803–804, 806–810
5 Herodotus, 120–121, 216–218
5 Thucydides, 370
6 Plato, 35, 366, 474
8 Aristotle, 349–350, 353, 361–362, 365–366, 377–378 passim, 637–638
11 Epictetus, 136–137, 219–222
12 Virgil, 284–286
13 Plutarch, 219–229, 232–233, 244–245, 423–438, 695–703
17 Aquinas, 812–813
19 Dante, 1–3
21 Hobbes, 115
23 Montaigne, 78–80, 81–82, 169–173, 206–209, 374–375, 378
24 Shakespeare, 20, 445–447, 578
25 Shakespeare, 46
35 Montesquieu, 239–240
48 Melville, 189–190
48 Twain, 332

51 Tolstoy, 80–81, 344–346, 426, 475–476, 569–570, 618–619
52 Dostoevsky, 181–182
60 Hemingway, 453–461

3. The passions in the sphere of courage: fear, daring, anger, hope, despair

Old Testament: *Leviticus*, 26:36–38 / *Numbers*, 13:16–14:10 / *Joshua*, 2:8–11, 23–24
Apocrypha: *Wisdom of Solomon*, 17 / *Ecclesiasticus*, 40:1–7
New Testament: *Romans*, 5:1–5 / *I John*, 4:18
3 Homer, 393–394
4 Aeschylus, 40–53
4 Sophocles, 207–210
4 Euripides, 353
5 Herodotus, 303–304
5 Thucydides, 402–404, 555–557, 559–560
6 Plato, 36, 346–355, 651
7 Aristotle, 174–175
8 Aristotle, 361–364, 628–629
11 Lucretius, 2–4, 39–43, 77
11 Aurelius, 288–289
12 Virgil, 207–208, 237–238, 314–315
13 Plutarch, 224–229, 244–245, 583–585, 659–660
14 Tacitus, 49–50, 265
16 Augustine, 336–338
17 Aquinas, 309–310, 792–826
18 Aquinas, 52–53, 57–58, 78–79
19 Chaucer, 182–183, 239, 362
21 Hobbes, 68, 79
22 Rabelais, 261–266, 297
23 Montaigne, 81–82, 107–110, 382–383, 476–477
24 Shakespeare, 437–440, 443–444, 459, 578, 589–590
25 Shakespeare, 289–290, 553
28 Spinoza, 645–646, 654
31 Racine, 332–336
33 Locke, 177
35 Rousseau, 335
39 Kant, 502–503
44 Boswell, 394
43 Kierkegaard, 406–407, 411
45 Goethe, 72–73, 130–132
48 Melville, 51–53, 73–80
51 Tolstoy, 173–177, 188–190, 203, 513–515,

527-532, 549-551, 560-562, 586-587,
614-618
52 Dostoevsky, 163-164
52 Ibsen, 498-499, 552-554, 558, 560-561
54 Freud, 607-608, 762, 765
55 James, William, 6-7
55 Heidegger, 305, 309
55 Barth, 490
59 James, Henry, 12
59 Conrad, 179, 183
59 Proust, 339-340
60 Kafka, 128-131
60 Brecht, 420-423
60 Hemingway, 455-456, 459-460, 467-469
60 Beckett, 529-582 passim esp 550-551, 566-569

4. **The relation and comparison of courage with other virtues**

4 Sophocles, 207-208
5 Thucydides, 411, 555-557
6 Plato, 31-37, 57-64, 183-184, 225-226, 284, 346-350, 466, 557, 605-608, 643, 644-645, 673-674
7 Aristotle, 164
8 Aristotle, 354, 394, 432, 527, 539, 608-609
11 Epictetus, 130-132
11 Aurelius, 288-289
11 Plotinus, 391
13 Plutarch, 637
14 Tacitus, 211-212
17 Aquinas, 777-778
18 Aquinas, 52-59, 70-73, 75-79
21 Hobbes, 62-63
23 Montaigne, 223
27 Cervantes, 305-306, 345-346
28 Spinoza, 680-681
29 Milton, 340, 353-354
39 Kant, 256
49 Darwin, 315

5. **The motivations of courage: fame or honor, happiness, love, duty, religious faith**

Old Testament: *Genesis*, 22:1-14 / *Deuteronomy*, 7:16-24 / *Joshua*, 1:5-9 / *Judges*, 7 / *Esther*, 4:1-5:8 / *Psalms*, 27; 46; 91; 118 / *Isaiah*, 41:10-16; 43:1-7 / *Daniel*, 1; 3:1-4:3; 6:1-22
Apocrypha, *Song of Three Children* / *Susanna* / *II Maccabees*, 6:18-7:42; 8:12-22; 11:7-11; 13:10-15; 14:37-46; 15:7-27
New Testament: *Matthew*, 10:26-31 / *Acts* / *Romans*, 8:31-39 / *II Corinthians*, 1:1-12; 6:4-10 / *Hebrews*, 11; 13:6
3 Homer, 83, 89, 199, 264-265, 268-269
4 Aeschylus, 33-34, 40-53
4 Sophocles, 159-174, 181
4 Euripides, 339-340, 351, 499, 518, 545, 628-632
5 Herodotus, 216-220, 233-234, 255, 264, 274, 291-292

5 Thucydides, 370, 396-399, 542
6 Plato, 152-153, 675
8 Aristotle, 361-364, 371, 514
11 Epictetus, 184-190, 192-198
11 Plotinus, 315-320 passim
12 Virgil, 261, 265, 299-300
13 Plutarch, 2-9, 175-176, 224-229, 238-239, 302, 542, 620-648, 826-836
14 Tacitus, 171, 180-184, 200, 234-235, 256, 259-260, 265, 266, 267
16 Augustine, 336-337
19 Dante, 33-34
19 Chaucer, 286-288, 326-338, 344-346, 368-371, 405-418, 450-455
20 Calvin, 319
21 Hobbes, 74, 210-211
23 Montaigne, 380-384 passim
24 Shakespeare, 459, 462, 543-544
25 Shakespeare, 59, 113-115, 406-408
27 Cervantes, 46-47, 245, 272-274, 332-333
29 Milton, 266-269
35 Montesquieu, 13-15
37 Gibbon, 92-93, 217-220, 370, 376
38 Gibbon, 159, 224, 238, 324-325, 385-386
39 Kant, 326-327, 448-449
40 Mill, 452-453
43 Hegel, 153, 173-175, 192-193, 342, 362
43 Kierkegaard, 405-436 passim esp 407-408, 413-423, 438-439, 446, 452-453
44 Tocqueville, 336
45 Goethe, 7-8, 139-140
48 Melville, 216-217
49 Darwin, 311, 322
51 Tolstoy, 77-81, 135-137, 146-147, 173-179, 437, 448, 467, 514, 527-528, 560-562, 596-600, 605, 673-674
58 Huizinga, 270-275
59 Shaw, 41, 43, 103
59 Joyce, 542-548
60 O'Neill, 242
60 Brecht, 420-423, 425-427

6. **The formation or training of the courageous man**

4 Euripides, 357-358
4 Aristophanes, 697-721
5 Herodotus, 233
5 Thucydides, 396-397
6 Plato, 26-32, 152-153, 320-339, 640-652, 732-733
8 Aristotle, 528, 542-543, 544
11 Epictetus, 201-211
12 Virgil, 248-249, 308-309
13 Plutarch, 39-45, 661-663
22 Rabelais, 28-29
23 Montaigne, 371-372, 377-378
36 Smith, 341-343
37 Gibbon, 93-94, 644-645
38 Gibbon, 223, 224
51 Tolstoy, 481-482

7. The political or civic significance of courage

7a. The courage required of citizens and statesmen: the political recognition of courage

- 4 Sophocles, 192-193
- 4 Euripides, 263-264, 339-340, 545
- 5 Herodotus, 239, 256-257, 282-283, 291-292
- 5 Thucydides, 396-399
- 6 Plato, 207, 319-320, 605-608
- 8 Aristotle, 362, 474, 531-532, 539
- 11 Aurelius, 246
- 12 Virgil, 281-286
- 13 Plutarch, 177-179, 180-181, 226-229, 423-430, 620-648, 695-703
- 21 Machiavelli, 9, 15, 23-24, 26-30, 32, 34-37
- 23 Montaigne, 221-223, 368-370
- 24 Shakespeare, 146-147, 568-596
- 25 Shakespeare, 479-480, 553
- 28 Bacon, 23
- 28 Spinoza, 680-681
- 29 Milton, 69
- 35 Montesquieu, 15
- 35 Rousseau, 411, 437-438
- 37 Gibbon, 23, 369-370, 427, 630-631, 644-645
- 40 Mill, 334
- 43 Hegel, 111-112
- 49 Darwin, 321
- 51 Tolstoy, 149-150, 475-476, 537-538, 668-669
- 59 Shaw, 82-83

7b. Courage in relation to law and liberty

- 5 Herodotus, 175, 238
- 5 Thucydides, 396-399, 402-404, 469-470, 478-479, 484
- 6 Plato, 200-212, 213-219
- 8 Aristotle, 514, 516, 608-609
- 13 Plutarch, 620-648, 659-660, 826-836
- 14 Tacitus, 180-184
- 18 Aquinas, 316-318
- 21 Machiavelli, 8, 16
- 21 Hobbes, 113
- 35 Montesquieu, 12, 107, 122
- 35 Rousseau, 324
- 37 Gibbon, 23, 523-524
- 38 Gibbon, 223, 224, 324-325
- 40 Mill, 282-283, 329

7c. Courage in war

Old Testament: *Deuteronomy*, 20:1-4,8 / *Judges*, 14-16 / *I Samuel*, 17

Apocrypha: *Judith*, 8-13 / *I Maccabees*, 6:43-46; 9:1-22
- 3 Homer, 1-306
- 4 Aeschylus, 13-25, 33-34
- 4 Euripides, 357-358, 541-542
- 4 Aristophanes, 683
- 5 Herodotus, 252-259, 291-292, 298-304, 309-310
- 5 Thucydides, 367-368, 389-390, 411-412, 457, 460, 469-470, 478-479, 491, 501, 522, 527, 561
- 6 Plato, 32, 172, 324-325, 366-367, 445-446, 784-786
- 8 Aristotle, 362-363, 535
- 9 Hippocrates, 31-32, 36-37
- 12 Virgil, 99-118, 234-321
- 13 Plutarch, 40-45, 83-84, 177-179, 219-229, 246-262, 293-302, 328-330, 583-585, 826-836
- 14 Tacitus, 117, 210, 211-212, 226-227, 246, 248
- 19 Chaucer, 182, 273
- 21 Machiavelli, 17-21
- 21 Hobbes, 115
- 22 Rabelais, 32-35
- 23 Montaigne, 51-52, 67-69, 78-80, 147-148, 342-346, 576-577
- 24 Shakespeare, 23-25, 101, 146-147, 399-400, 437-440, 443-444, 459, 543-544, 555-556, 558
- 25 Shakespeare, 113-115, 356-357, 358-359, 365, 479-480
- 27 Cervantes, 172-173
- 29 Milton, 68-69, 120-121
- 31 Racine, 289-290, 364-365
- 37 Gibbon, 93-94, 369-376, 427
- 38 Gibbon, 19-20, 238, 324-325, 357-359, 534-536 passim, 543-551 passim, esp 543-544, 549-550
- 39 Kant, 504
- 41 Boswell, 384
- 43 Hegel, 153, 256
- 44 Tocqueville, 356-357
- 45 Balzac, 312-313
- 45 Goethe, 126-127
- 51 Tolstoy, 95, 97-106, 149-164, 366-367, 369-372, 441-442, 457, 461-463, 467-468, 480-482, 517-518, 537-538, 586-587, 590-604 passim, 610-611, 627
- 58 Weber, 176-177
- 58 Huizinga, 274-275
- 59 Shaw, 82-83, 87, 100-101
- 60 Brecht, 404-407, 443-444
- 60 Orwell, 490-491

交叉索引

以下是与其他章的交叉索引:

The general theory of virtue and the virtues, see VIRTUE AND VICE.

The virtues most closely related to courage, see JUSTICE; PRUDENCE; TEMPERANCE.

The relation of these other virtues to courage, *see* Prudence 3a–3b, 3e; Temperance 1a; Virtue and Vice 2–3b.

Courage and other virtues in relation to happiness and duty, *see* Happiness 2b(3); Virtue and Vice 1d, 6a.

The emotional aspects of courage, *see* Emotion 2d, 4b(1); Pleasure and Pain 8a; Virtue and Vice 5a.

Moral training, *see* Education 4–4d; Temperance 4; Virtue and Vice 4–4e(3).

Civic virtue, *see* Citizen 5; State 8b–8c; Virtue and Vice 7–7d.

Courage as a military virtue, *see* War and Peace 10c.

The analysis of the heroic and the conception of the hero, *see* History 4a(4); Honor 5–5a, 5c.

扩展书目

下面列出的文著没有包括在本套伟大著作丛书中,但它们与本章的大观念及主题相关。

书目分成两组:

Ⅰ. 伟大著作丛书中收入了其部分著作的作者。作者大致按年代顺序排列。

Ⅱ. 未收入伟大著作丛书的作者。我们先把作者划归为古代、近代等,在一个时代范围内再按西文字母顺序排序。

在《论题集》第二卷后面,附有扩展阅读总目,在那里可以查到这里所列著作的作者全名、完整书名、出版日期等全部信息。

I.

Thomas Aquinas. *Summa Theologica*, part II–II, QQ 123–140
Bacon, F. "Of Boldness," in *Essayes*
Milton. *The Ready and Easy Way to Establish a Free Commonwealth*
Dostoevsky. *The Idiot*
———. *Notes from Underground*
Hemingway. *The Old Man and the Sea*

II.

THE ANCIENT WORLD (TO 500 A.D.)

Cicero. *De Officiis (On Duties)*, III
Seneca. *De Constantia Sapientis (On the Firmness of the Wise Man)*
Theophrastus. *The Characters*

THE MIDDLE AGES TO THE RENAISSANCE (TO 1500)

Anonymous. *Sir Gawain and the Green Knight*

THE MODERN WORLD (1500 AND LATER)

Auden. *The Age of Anxiety*
Camus. *The Plague*
Carlyle, T. *On Heroes, Hero-Worship and the Heroic in History*
Chambers, W. *Witness*
Corneille. *Polyeuctus*
Crane. *The Red Badge of Courage*
Emerson. "Courage," in *Society and Solitude*
Forster. *A Passage to India*
Glasgow. *Barren Ground*
Green. *Prolegomena to Ethics*, IV
Keegan and Holmes. *Soldiers: A History of Men in Battle*
Leopardi. *Essays, Dialogues, and Thoughts*
Malraux. *Man's Fate*
Morgann. *Essay on the Dramatic Character of Sir John Falstaff*
Raglan. *The Hero*
Rank. *The Myth of the Birth of the Hero*
Rostand. *Cyrano de Bergerac*
Routh. *God, Man, and Epic Poetry*
Scott. *Old Mortality*
Servan-Schreiber. *The Return of Courage*
Sidney, P. *The Countess of Pembroke's Arcadia*
Stendhal. *The Charterhouse of Parma*
Synge. *The Playboy of the Western World*
Tillich. *The Courage to Be*

14

习俗与约定　Custom and Convention

总　论

人们一般都根据一样事物的来历或性质中是否有人力的参与来理解人工与自然的差异。艺术作品是人为的。人工的东西在某种程度上是由人引起或设计的。自然与习俗或习惯的区别包含着同类的不同之点。在严格的意义上，习俗并非像艺术作品那样是由人创造的，它们只是作为人们出于自发而非本能的那种活动的结果才生长出来的。同样，约定也和契约一样，是人们自发缔结的社会组织或社会协议。

由此可见，本章讨论的基本观念与**艺术**和**自然**两章中论述的思想和区分密切相关。例如，人的行为和产品之间，或者活动和制作之间的区分就有助于我们理解约定和人工之物如何作为自然之物的对立面而彼此有别。艺术包含着自发的制作。习俗来自自发的活动。这两种情况似乎都预设了自发和本能之间的不同——后者代表自然。

按照传统的说法，第三个术语——习惯——是和对自发和本能的考虑联系在一起的。和其他术语一样，它似乎对有关习俗和艺术的讨论具有重要的意义。例如，亚里士多德把艺术看作一种智力的美德，即一种心灵的习惯，一种习得的技巧。休谟认为，习俗和习惯几乎是一个东西。无论它们是被确认为一个东西还是仅仅偶尔被人们联系在一起，习惯与习俗的这种联系都不仅阐明了习俗的性质，而且使我们注意到这样的事实：即"习俗"和"约定"不能被简单地看作同义词。

在伟大著作传统中，"约定"这个词至少有两个意思，其中只有一个意思和"习俗"同义。当"约定"用来指习惯性的社会实践时，在绝大多数情况下，才可以和"习俗"互换。在这个意义上，约定的观念就和习俗的观念一样，是习惯观念的一种延伸。习惯属于个人的行为，而习俗或约定的举止属于社会群体的行为。

"约定"的另一个含义并非指社会行为中的习惯，而是强调与社会制度、社会组织或社会实践的本能根源相对的自发性。例如，不同类型的家庭组织在不同时代或不同的共同体的人们以不同的方式建立其家庭组织这个意义上就是约定的。在每种情况下，他们都倾向于让他们或者他们的祖先创制的这些特殊制度永久地保持下来。如果人们认为应当发明并采用其他方案来组织他们的社会生活，那么，有关这些社会制度的约定大概就会是另一种样子了。这就表明了"约定"的两种意义之间的联系，因为所有习俗在起源时都是约定的，而所有约定一旦被长久保持下来就变成了习俗。

人们能够背离也可以遵守他们的约定——他们能够违反也可以遵循习俗，这一事实似乎表明：习俗和约定隶属人类自由的畛域。不过，还有一种意义，即习俗是一种约束力量，它减少个人彼此相异的倾向，具有把他们塑造得大致相似并且编排他们的生活的效果。本系列中所有伟大的小说家和剧作家——尤其是奥斯汀、乔治·爱略特、巴尔扎克、塞万提斯、狄更斯、马克·吐温、陀思妥耶夫斯基、易卜生、凯瑟、康拉德、契诃夫、奥尼尔——所讲述的故事，其主要人物都卷入了与习俗和约定的冲突之中。

按照弗洛伊德的看法，习俗的压抑效果可以从神经失调中看得出来，当人的本能冲动与他"接受的习俗"发生冲突时，就会患上这种病。当论及习俗对个人发展的影响时，他说，"它的训令，常常是非常急迫地向他强征暴敛，要他过多地自我克制，过多地放弃本能的满足"。因此，精神分析学治疗的目的之一就在于把个人从习俗的束缚中解放出来，或者至少让他意识到他的某些欲望被该部落的道德和禁忌强加在他身上的诸种限制淹没或歪曲的方式，以及他的整个人格被这些限制塑造的方式。

从它与社会的关系考虑，习俗似乎也发挥着一种即使不是压制也是保守的作用。既定的习俗总是要抵制变化。它们有时被认为会妨碍进步。但就其保存了过去的成就来说，它们或许是进步所不可缺少的，因为它们为我们所谓的"传统"提供了内容。培根的《学术的进展》中有一段话说明了习俗的这些截然相反的作用。

在培根看来，过于强调好古或趋新都是学问的一种病症，或者是学问进步的障碍。他写道："好古者反对新增加的事物，而趋新者不能够满足于增加，还必须毁坏"。如果习俗容易支持好古来反对趋新，它也会鼓励创新或发现来真正巩固传统，而不是毁坏它。培根说，"好古配享这种尊敬，人们应该站在它上面来发现最佳道路何在；不过，如果确实有所发现，那就要勇往直前"。因此，作为古风古物的存留之所，习俗似乎为进步提供了基石。

希罗多德、蒙田、弗洛伊德、韦伯、弗雷泽和列维-斯特劳斯这些绝大多数评论者都注意到的另一个有关习俗的事实是它们的多样性和可变性。习俗随时间和地域的不同而不同。但习俗的这种多样性和变异性并不必然意味着人的行为根本不存在一致性。休谟指出，"如果人类的行为没有一致性"，那就不可能"收集到有关人类的任何普遍的观察材料"。在他看来，至少可以发现足够的一致性，因为人们"普遍都承认人性仍然是相同的"。无论人类行为在何种程度上纯粹是自然的或本能的，这对所有人类成员来说都是共同的，而且它并不像习俗行为那样，在人种的不同部分或代际之间有明显的变化。

"我们对世界不同区域的习俗知道得越多，"杜威写道，"我们就越发了解风俗如何随着时间和地点的不同而不同……某个约定所采取的特殊形式并没有任何东西把它固定起来并且绝对化。但某些约定形式的存在本身并非一种约定。它是一切社会关系的统一伴随物。至少，它是防止或减少摩擦的润滑剂。"

因此，习俗的多样性和可变性似乎就是它们的本质，而且显示出，它们两者在根源上都是人为的和自发的。奥古斯丁写道，"如果它们并非人的设计，它们就不会因不同的民族而不同，也不会在特定的民族中发生改变"。因此，自然和约定之间的差异，可以部分地根据恒量和变量的对比，部分地根据本能与自发的不同来表述。

早期希腊人对此有一个恰切的表达方式。正像亚里士多德在解释他们的洞见时所说的那样，他们的自然之物指"在任何地方都有同样的效力而且不因为人们想这想那而存在的东西"，例如，像"火在这儿和在波斯都燃烧"。约定的东西以及那些"不是由自然而是由人类制定的东西却并非在所有地方都一样"。波斯的法律不同于希腊的法律，而在希腊或波斯，它们还随时间而发生变化。

习俗的可变性与自然的恒常性或一致性形成的反差，使自然与约定之间的不同助了怀疑派的一臂之力。怀疑派攻击自然法、普遍道德标准、真理或美的客观性的一个形式就在于使习俗成为衡量人类行为或判断的唯一尺度。例如，像休谟那样断言心灵在因果之间的联结是基于习俗而非理性，就具有休谟想要的那种怀疑论效果。它用任意之物取代了理性之物。它剥夺了理性作为我们有关因果的结论的有效性或可理解性的源泉的权力。

如论述"知识"和"意见"的章节所指出，这种怀疑论观点还采取了其他一些形式。把所有人类判断都简化为意见，这就使人与人之间在行动或思想方面的差异无法通过论证或辩论来得以解决。一个意见可以仅仅凭借力量或数量上的优势就能够压倒另一个意见。当它靠数量的优势居于主导地位时，就以习俗或约定的方式流行开来。正是这种意见让多数人在某个特定的时间或地点达成了一致。靠点人头来解决有关人应该想什么或做什么的一切争端，就等于认为一切都是意见和纯粹约定的事情。

无论怀疑论者把一切都简化为意见还是约定，他都达到了同样的效果。他把一切都称之为"意见"或"约定"，这对理性都同样不利。在这两种情况下，任性或任意都被供奉在理性的位置上，而且只有力量才能有最终的决定权。这两个观念——意见和约定——似乎互为因果，二者都隐含着一种相关性。意见一般暗示出与个人的相关性，习俗或约定意味着与社会群体的相关性。两者中的任何一个都可能包含另一方的起源之中。个人会在流行的思维习俗或行为习俗的压力之下形成自己的意见；而某个社会或文化的习俗性的信仰或实践通常又确实是来源于已经流行开来的意见。

我们从柏拉图的对话中得知，希腊智者学派恰恰以同样的方式诉诸自然与约定以及知识和意见之间的区分。他们在其质疑行为的绝对标准和真理的客观性或普遍性的努力中，为意见和约定赋予了同等的力量。智者派所有的格言中最令人耳熟能详的那一句话——即据说是普罗泰戈拉说的"人是万物的尺度"——被柏拉图和亚里士多德解释为，人们希望想或做的东西决定着对他们来说是真实或正确的东西。人的意愿统治着他的理性，约定或个人意愿的一致决定了群体能够接受的东西。

在《高尔吉亚篇》（根据当时另一位主要的智者而得名）中，柏拉图借卡利克勒斯之口说出了智者派的立场，即除了强者的规则之外，根本没有正义的规律或标准。在声称"约定和自然一般总是相互抵牾"的同时，卡利克勒斯试图表明，苏格拉底的一切寻求正义的绝对标准的努力都是徒劳的，因为他只能求助于"流行的和庸俗的正义观，而这些观念并非自然的，而是约定的"。

就像在柏拉图的对话中表现出来的那样，这些智者们显然被希罗多德的《历史》中充斥的那种知识所感动了——任何人只要像希罗多德那样在不同民族之间周游，观察他们的制度并收集他们的传说，就会为自己发现这种关于人类信仰和实践的巨大多样性的知识。希罗多德本人并没有明确地得出智者派的结论，但他对许多事情的悬疑判断就预示着在对立的意见和冲突的习俗的影响下而产生的一种心灵的转变。

在希腊化时期，当希腊哲学的主流分化为罗马的许多思想流派时，智者派的立场大概就得到了最充分和最明确的表述。但是，举两个例子，在卢奇安和皮浪的著作中，与其说是习俗之间的冲突，不如说是卢奇安所说的"信条之间的征战",这些信条引起了普遍的怀疑。不过,无论这种怀疑源自何处,皮浪主义都以最极端的形式表达了智者派一贯的否定观点。感官完全是不可信赖的。理性是无能和自欺的。人不能拥有任何知识和科学。没有任何真理是自明的;任何东西都不能得到证实。

希腊智者派以及像希罗多德这样的人和风俗的观察者的批判倾向,后来又重新出现在蒙田的疑问之中——而且或许在某种程度上还由于他对罗马怀疑论者的熟悉而变得更加尖锐了。在他看来,他的《随笔》中处处被条分缕析的习俗的含义,比其他任何东西都更能够为他们赋予怀疑的腔调。蒙田本人并非一个去远方周游的旅行家,但他通过阅读而游历时空的世界。他通过归来的探险家的报告来和蛮族以及东方的奇风异俗进行对话。他从古代历史学家和地理学家的著述中挑选出习俗的每一个不同之点,而这些书把这些差异或者当做事实,或者当做无稽之谈。

蒙田收集和比较习俗的不倦癖好并非对人类多样性奇观的一种漫无目的的迷恋。这使他坚定不移地得出了在他看来是唯一可能的结论。既然每一种信仰或习俗都能够有其他时间和地点的相反的信仰或习俗与它形成比照,那么,就没有任何信仰或惯例可以要求得到绝对的或普遍的赞同。他写道,"没有什么东西是习俗将不做或者不能够做的;而且品达完全有理由称之为……世界的皇后和女王"。

像蒙田那样认为"善和恶的趣味在很大程度上取决于我们对它们的意见",而且"每个人过得是好是坏全凭自己的感觉",这就等于说,一切道德判断都是意见,无论其来源于个人还是习俗。美也是趣味之事。按蒙田的说法,"我们想象它的形式符合我们的幻想"。一个群体的趣味或偏好就像它们常常与另一个群体的趣味或偏好相反一样,无法理喻。

甚至在沉思事物的本性时,蒙田也认为人们持以为真的东西无非就是流行的意见——即一时一地的文化约定。他声称,"我们对真理和理性的检验无非是我们生活的那个国度的意见和习俗的实例和样式。在一切事物中都有完美的宗教、完美的政府、完美的和既成的风俗"。

在人类的一切欺骗或欺诈中,最糟糕的莫过于勉强人们用承认"这在我看来是如此"来证明每一个观点。在蒙田的眼里,"世界上没有"比没能承认我们把真假"当成我们本领和能力的尺度更触目惊心的蠢事了"。他人的新思想或奇异的信仰初看起来之所以不可信,那只是因为它们不是我们自己的,"我们将发现,正是熟悉程度而非知识才驱除了它们的陌生感"。至于蒙田本人,他把"我知道什么?"这个问题当作自己的"座右铭"。他说,这句话概括了他的皮浪式的哲学。

在那些主张习俗是行为的终极标准并为道德评价提供了唯一尺度的现代社会科学家看来,不能对特定习俗的善恶提出任何质疑。一个民族的习俗不能由另一个民族来评判,至少不能客观地或不偏不倚地来评判,因为那些评判者一定是根据他们自己的习俗来判断的。既然在各种对立的习俗之上不存在可以说出谁对谁错的裁决者,那么,某个特定的习俗就仅仅对它流行的那个群体才有效。在这个社会群体中,其个体成员的性格或举止是由它与流行习俗吻合的程度来衡量的。

列维-斯特劳斯写道,"在绝大多数原始民族中,很难得到对任何习俗或制度的道德辩护或理性的解释……即使在我们自己的社会,餐桌礼仪、社会仪式、着装的风尚以及我们许多道德的、政治的和宗教的态度,每个人都一丝不苟地遵循着,尽管它们真实的来源和功能常常没有经过批判性的检验"。

因此,社会学或比较民族学的描述科学就倾向于取代伦理学或道德哲学的规范科学。对人类行为提出的唯一能够给以科学回答的问题形式是"人实际上怎样做?"或者"他们以个人或群体的形式已经如何做了?"而不是"他们应该如何做?"如威廉·格拉姆·萨姆纳在《民风》中所做的那样,有关道德的研究变成了有关社会风俗的研究——即研究衡量行为举止的习俗如何发展并居于支配地位;或者像在弗洛伊德的著作中那样,变成了对个人在心理上如何被其部落和文化的风俗塑造或扭曲的研究,成长中的儿童按照这种方式对该共同体通过父母的训诫来强加的压力做出反应。

古代和现代的许多哲学家和神学家都不同意这些观点。但他们的对立学说很少到了否认道德具有某些约定俗成特点的程度。例如,洛克和蒙田一样,在断言"没有天赋的实践原则"时也援引了相互矛盾的习俗实例,以便表明"在一个地方被人们提到或想到的道德原则……几乎没有一种不是被某些地方或其他地方的全社会的普遍风尚忽视和鄙弃的,这些人受着与别人完全相反的实践意见和生活规则的支配"。

但洛克并没有对这种有关习俗多样性的观察不加证明。他继续断言道,"虽然不同种类的人的脾性、教育、风尚、准则和兴趣不同,但结果往往是,在一个地方受到褒扬的,在另一个地方难免受到责难;因此,在不同的社会中,美德和邪恶是可以变化的:不过,要而言之,它们绝大多数在各地仍然是一样的。因为没有什么比鼓励人们一旦发现有利可图就想到了尊重和荣誉、而相反则加以指责和反对更自然的了;不足为奇的是,敬重和失信、美德和邪恶在任何地方多半都应该与对和错的不可移易的规则相对应,这条规则是上帝设立的法律……甚至当风俗衰败时,这条自然法的真实界限也颇受青睐,它应该成为美德和邪恶的法则"。

在洛克和其他许多人看来,在习俗的可变性背后似乎存在着一些普遍有效的道德原则,其真实性来自于人的本性,而这种本性则代表着贯穿文化多样性的一个恒久的和共同的因素,我们似乎可以得出结论说,正像习惯是本能的改变或者是个人固有的行为能力的发展一样,习俗也是对人作为社会动物而天然具有的东西的约定俗成的表达形式。根据这种理论,约定只能通过参照本性即人和社会的本性才能获得理解。

这种认为约定具有自然基础的观点可以由亚里士多德的自然正义和法律（或约定）正义的理论以及阿奎那关于自然法和成文法的教义而得到最现成的例示。在希腊人看来,法律和约定几乎是一个东西,所以,它是一种正义而不是亚里士多德称为"自然的"那种法律。罗马哲学家如西塞罗和罗马法官如盖尤斯和乌尔比安,都根据法律而非正义做出了同样的区分。阿奎那在分析时遵循的是拉丁语而非希腊语的词汇。

吉本告诉我们,罗马的司法制度区分了"成文制度"的法和"那些由理性规定的法,自然法和民族法"。前者是人为的——是"习俗和偏见的结果"。这种区分对成文法和不成文法都适用,尽管现在通常只把不成文法称为"习惯法"。这些习惯法在其由人制定或实施的意义上是成文的——它是由立法者的意志来编排的,而非仅仅由哲学家的理性来发现的。它们在代表了其所管辖的共同体的一部分成员自发达成一致的意义上又是约定的,无论这种一致表现为听从帝王的训令还是赞成立法机构的法规。

只要是约定的,不同共同体的法律就会是不同的;在单个共同体的历史中,成文法会随时间而变化。但这种法律条文"可以被偶发事件或习俗改变",吉本说,罗马法学家们认为这源于"权利的规则"。"理性规定"这条规则的事实,是他们对一切法律条文中似乎都包含的某些共同成分的解释。

所有民法典中潜在的原则,无论是理性直接发现的还是(如格劳秀斯后来暗示出来的那样)通过不同法律制度的比较研究而归纳出来的,都包含着罗马人以及后来的阿奎那称为"自然法"的那些戒律。这样,这些作者(虽然以稍微不同的语言)再次确认了亚里士多德的观点,即本然正确的东西对于所有人来说无论何时何地都是如此,而希腊和波斯的法律代表了对正义的普遍原则的不同的约定倾向。

如霍布斯、洛克和康德的著作以及古代和中世纪的传统所表明的那样,这种自然权利和自然法的理论当然在有关"正义"和"法律"的章节中已经做了更充分的讨论。不过,有一个区分自然正义和约定正义的实例,在此大概对我们会有所启发。

阿奎那认为成文法规是自然法的"限定"而不是自然法的"演绎"。他把"你不可杀人"和"你不可偷盗"这样的戒律看作理性能够从自然法的第一条原理演绎而来的结论,该原理有时以命令的形式表达出来:行善事,勿为恶,每个人都会自食其果。由于这些戒律是理性命令的而非国家颁行的,所以它们可以被解释为:宣布谋杀罪和盗窃罪无论在何时何地都是非正义的。但什么样的杀人和拿走不属于自己的东西的行为将被界定为谋杀和盗窃;犯人将受到怎样的审问、判决和处罚——自然正义或自然法的戒律把这些问题都留给了每个共同体的成文法按照自己的宪法和当地习俗来裁决。

这样例示出来的有关约定正义和自然正义或者成文法和自然法之间的关系的理论,一般也适用于道德规范和伦理标准。正因如此,违背了自然正义的成文法就不能叫做"正义的",即使它与该共同体的习俗协调一致,因此,任何行为准则,无论它在多大程度上代表了流行的习俗,如果它违背了理性赋予它的权利,那么,它就不能被认为在道德上是正确的。自然法(有时也被称为"理性法")的辩护者们断言在多样而相互冲突的习俗之上存在着一个绝对的标准,可以用来衡量它们的健全程度。

这些相互矛盾的伦理学说针对"人做什么才是对的或者寻求什么才是善的"提出了许多问题;但道德家们至少都同意:道德基于理性或自然。在他们看来,人性和理性直觉的事实最终决定着问题的关键。柏拉图和亚里士多德、阿奎那和黑格尔、康德和穆勒在其权利和善的观念上以及对二者的分析中大相径庭,但他们在如何解决其争端这个问题上(至少是消极地)站在了一起:不是诉诸部落的风俗,不是把共同体的约定作为尺度,不是让多数人的习俗来最后定夺。

因此,一切道德争论的最深层问题存在于认为道德来源于自然或理性的人和像古代智者派、蒙田或弗洛伊德这样的在习俗和约定中找到其根源的人之间。按照人们在这个论争中所采取的一方的立场,他可以相信或者不相信有可能找到与习俗无关的标准来判定习俗是好的、坏的还是中性的。一方相信公众的风俗是对道德原则的约定俗成的限定，或者它们有时会违反这些原则，就像成文法或者是对自然法的限定，或者是对它的违反一样。另一方则相信，个人可以赞成或反对、遵循或违反他的群体的风俗或习惯；但无论个人是否喜欢，这些风俗或习惯都超越于任何站得住脚的客观批评之上。

在诉诸人的本性或理性的自然主义者或理性主义者与认为不能诉诸人类习俗的实证主义者之间就司法和道德问题展开的这场争论，与知识或科学理论的论争是并行不悖的。这个并行不悖的问题在有关"假设"和"原则"的章节中有更详细的讨论。它可以表述为这样一个问题，即科学——甚至像逻辑和数学这样的科学——的基础是由假设还是由公理构成的。

公理和自然法的戒律一样，被认为具有源自人类理性本质的一种普遍性。它们是自明的真理，要迫使人们赞同。相反，假设就像成文法的条文一样——是人们自发接受的假定，当某个特定科学领域里的专家就这些假定达成一致时，它们就成为约定的基础。在科学中就像在法律中一样，实证主义者们认为没有任何东西可以超出人们就什么东西将被理所当然地认作真实的或正义的决定而达成的一致。

自然和约定的差异也进入了有关人的两个最独特的活动（言语和政治联盟）的传统讨论之中。

关于言语能力对于人来说是否是自然的，没有人有异议。人说话，就和狗会叫或者鸟会歌唱一样自然。但问题是：人类的语言有没有一些词汇和句法是自然的或约定俗成的。答案似乎很快就会被事实揭晓。

人类语言存在或者已经存在着巨大的数量和多样性，而且仍然在经历逐步的发展，无疑还会承受进一步的变化。因此，按照有关自然和约定的传统理解，这些各种各样的方言一定代表了约定俗成的语言——最初是由这个或那个人类群体发明的，由习俗把它们永久地固定下来，再由约定来改变。相反，其他动物本能地发出的富有表现性的声音可以由一个事实表明它们本身是自然的，即它们是一个物种的所有成员共同拥有的，而且只要这个物种存在着，它们就不会改变。

但是，如"语言"那一章所指出，这些巨著的作者们也思考了自然人类语言的假设。《旧约》的巴别塔故事有时被解释为意味着在上帝变乱人的语言并增加人的方言之前，存在着所有人都通用的一种语言。那些认为可能存在着自然符号和约定符号的人，还引用了亚当在伊甸园里为各个物种的动植物命名的故事。柏拉图的《克拉底鲁篇》试图发现事物的自然之名，或者至少是为希腊语这样的约定语言辨析出某些自然的词语根基。

那些否认所有其他语言都通过一种单一的人类语言分化、发展而来的人，或者是那些认为纯粹自然的语言根本不可能存在的人，有时也承认，所有的人类语言有可能存在着某些共同的成分——如果不是词，那就是句法原理。寻找共同的语言规则是中世纪思辨语法学家的目标，也是阿尔诺等人的目的所在，他们后来努力在表述一种"普遍语法"。在他们看来，一切语言，即使被约定俗成为书面的或者口头的，都在这样一个事实中拥有同样的自然基础：即它们都被用来表达人能够自然感受或思考的东西。

和语言一样，在社会中，问题在于家庭和国家是完全自然的、完全约定俗成的还是部分是这样部分是那样的——他们的制度是通过基于自然基础的选择和习俗建立起来的。而且就像语言一样,这些巨著多半也没有对二者给出极端的答案。他们没有说国家整个是自然的,它是人类本能的表现形式,就像蜂房和蚁丘是本能形成的一样。他们也没有说国家完全是约定俗成的,就人约定共同生活在一个政治共同体中而言,它只是自发联盟的结果。

当亚里士多德说"人是天生的政治动物"而国家就是"自然的创造"时,他也区分了人与其他动物的群居特性。他把动物的联盟归因为本能,与此不同的是,人类社会依靠理性和语言。他写道,"人是唯一有语言天赋的动物……试图区分有利和不利以及正义和非正义"。正因如此,城市和城市才彼此不同,而蜂房或蚁丘却并非如此。

在亚里士多德看来,国家的多样性代表理性的独创能力和自由选择的运用——这当然是就国家都是从政治上构成的而且都有自己的宪法来说的。亚里士多德认为,"自然给所有人植入了一种社会冲动",但是"最先缔造了国家的人是最伟大的恩人"。这种说法看起来自相矛盾;但是,如果把第一部分看作是指国家的(在一种社会冲动中)自然基础,把第二部分看作是指在任何国家实际建立起来之前需要某种约定(一部宪法)来塑造这种冲动,那么,这两部分读起来倒是十分吻合一致的。

就像人们有时把亚里士多德的观点解释为国家完全是自然的理论一样,霍布斯、洛克和卢梭也常常被人们读作是站在另一个极端——即认为国家全然是约定俗成的。这种极端的解释根据的是进一步夸大了他们双方对人生活在自然状态和公民社会状态的区分。

尽管他们在各自阐明人的这两种状况时各有不同,但他们似乎都同意:只要人经过了一种(无论是假设的还是历史上存在的)自然状态,他们就必须与另一个人订立契约或协议。在他们看来,既然社会契约是公共福利和公民社会赖以建立的本源的或开创性的约定,那么,似乎就可以得出结论说,国家决非自然的,而全然是约定俗成的产物。

但霍布斯、洛克和卢梭也分别以自己的方式增加了一个条件来支持国家的自然性质,正如亚里士多德通过褒奖"国家的始作俑者"来为他的"国家是自然的创造"的观点作辩解一样。国家起源的社会契约论的倡导者们在人的本性或理性中发现了一种本能、一种需求或者一种法则,这些东西阻止或者命令他去为了那种撇开公民社会他就无法享用的利益而和他人缔结联盟。这就足以证明,国家赖以建立的约定或契约存在着一个自然的基础。

这些有关国家的自然成分和约定成分的明显对立的理论似乎彼此也比较接近,尽管一个从强调国家的自然性质出发,而另一个从它的约定俗成的起源出发。当然,整个问题在论述"家庭"和"国家"的章节里有进一步考察;但上述讨论暗示出来的一点在另一章里受到了特别的关注。这一点涉及宪法观念和社会契约的观念。二者都被认为是国家赖以建立的基本的或主要的约定。这两种观念是可以互换的还是仅仅是类似的,这个问题会在**宪法**那一章有所讨论。

习俗既是习惯的原因又是习惯的结果。个人的习惯当然反映了他生活在其中的那个共同体的习俗;反过来,任何社会群体活生生的习俗也从其成员的习惯中获得其生命力。一个不要求人们普遍遵从的习俗,就像不再有人说的语言或无人遵守的法律一样,成了僵死之物。这种普遍遵从无非是个人习惯的某种协调一致。

作为成文法的部分或阶段的习俗和法规之间的连续性依赖于二者和习惯的关系。按照阿奎那的说法,"习俗具有法律的威力,可以废除法律,是法律的解释者",这恰恰是因为它是通过人们的习惯来发挥作用的。"通过外在的重复行为",例如产生一个习俗,"意志的内在活动和理性的构想就被极为明确地宣示出来",阿奎那认为,"一切法律都出自理性和立法者的意志"。某个君主或某个民族颁行的法律,要成为有效的社会规范,就必须在许多个人中发展出一种特定的行为习惯。这样而且只有这样,一个新的法规才能获得充分的法律效力。为了保持效力,它还必须一直获得"国家习俗"的支持。

没有这种支持,它就是一部书本法而非实践法,因为法律的权威不可能长期压倒相反的习俗,除非靠一定程度的强制,而压迫就会产生反抗。正因如此,习俗条例或不成文条例——通常是成文法的原始形式——才不易变化和改变,也不容易被修改。习俗是保守的因素。马基雅维里写道,"没有比率先给事物引进一种新秩序更难控制、对行为举止更危险或者其成功的几率更不确定的了。革新者以所有在旧状态下活得好好的人为敌,其不冷不热的辩护者出现在新秩序下活得不错的人中间"。

正如习俗可以支持成文法也可以使它失效一样,习俗也作为一种社会力量在相反的方向上起作用。它既是黏合人也是划分人的一个因素——是所谓"社会团结"的一个原因和把人们彼此分开的一个屏障。希罗多德说,当雅典人自己拒绝和波斯人结盟时,他们骂走了斯巴达人,因为担心他们"会和野蛮人妥协"。他们告诉斯巴达人的使节,就是拿出地球上所有的黄金,他们也"不能袒护米底亚人"。这样做就背叛了"我们和希腊人共同的兄弟情谊,我们共同的语言,我们一起享用的祭坛和牺牲以及我们共同的特性"。

野蛮人或异邦人——异族或外国人的传统称谓——是被一条社会的而非地理的界线排除在外的,这是在那些共享一套习俗的人与所有外来者之间划的一条线。当陌生人被同化时,该群体并不接纳他;他采纳了该共同体的习俗。community(共同体)这个词意味着具有许多共同之处的一群人。比他们占据的领地更重要的是他们分享的习俗。

倡导美国 13 个州的政治联合的联邦主义者根据社会联合已经存在来强调其可行性。杰伊写道,"上帝乐意把这样一个相互联系的国家给了一个联合的民族——一个来自共同的祖先、说同样的语言、信仰同一个宗教、隶属同样的管理原则、风尚和习俗也很相像的民族"。

如今那些主张世界联合统一的人们却不能同样指出世界社会已经存在。他们只能希望:如果分立的国家在政治上统一起来,那么,作为通过普遍法律促进普遍习俗的一个结果,世界民族的社会团结才会随之而出现。

分 类 主 题

1. 自然与约定的区分及其在国家和语言起源中的运用
2. 习俗的起源、发展和传播
3. 习俗的冲突:它们在不同地方的可变性
4. 习俗的变迁:它们在不同时间的可变性

14. 习俗与约定

5. 道德秩序中的习俗和约定
   5a. 道德判断的约定俗成的限定：对约定的道德评价
   5b. 习俗对人的训练和性格的影响
6. 习俗与法律的关系
   6a. 宪法、社会契约、成文法和作为约定的风俗
   6b. 习俗相对法律而言所具有的效力
7. 社会生活中的习俗
   7a. 习俗统一了共同体：风俗与法规的协调一致
   7b. 习俗作为共同体之间的一个屏障
   7c. 习俗决定了经济的需求和标准
   7d. 习俗对个人自由的影响：训诫的威力
8. 习俗与秩序和进步的关系：传统的因素和创新的因素
9. 习俗对思想的影响
   9a. 习俗作为意见和信仰的一个源泉：它对审美判断的影响
   9b. 真理的约定俗成特性：假定，在各种假设中选择

[户晓辉 译]

索引

本索引相继列出本系列的卷号〔黑体〕、作者、该卷的页码。所引圣经依据詹姆士御制版，先后列出卷、章、行。缩略语 esp 提醒读者所涉参考材料中有一处或多处与本论题关系特别紧密；passim 表示所涉文著与本论题是断续而非全部相关。若所涉文著整体与本论题相关，页码就包括整体文著。关于如何使用《论题集》的一般指南请参见导论。

1. **The distinction between nature and convention: its application to the origin of the state and of language**

    5 Herodotus, 49
    6 Plato, 52, 85–114, esp 104–105, 106, 110–111, 271–272
    7 Aristotle, 238
    8 Aristotle, 382–383, 445–446, 448–449
    11 Lucretius, 52–53
    16 Augustine, 728–732 passim
    18 Aquinas, 227–228, 229–230
    21 Hobbes, 84–87, 113, 131, 136–137
    22 Rabelais, 11–14
    23 Montaigne, 153–154, 466–468, 531–532
    28 Bacon, 20
    28 Spinoza, 669–670
    33 Locke, 16, 25–54 passim, 228–229, 252–253
    35 Montesquieu, 119–120, 215–217 passim, 219–221
    35 Rousseau, 329–331, 340–342, 348–363, 387–394
    39 Kant, 405–406, 433–434
    40 Mill, 327–332
    43 Hegel, 63, 127–128, 136, 275
    49 Darwin, 349
    54 Freud, 20, 452, 776–802, esp 776–777, 778, 780–781, 783–784, 787, 788–789, 791–792, 799–802, 853
    55 Wittgenstein, 360
    58 Lévi-Strauss, 444–446, 515–516

2. **The origin, development, and transmission of customs**

    5 Herodotus, 38, 58, 59–60, 62, 66, 69, 129–130
    5 Thucydides, 442–443
    6 Plato, 663–666
    12 Virgil, 211, 220–223
    13 Plutarch, 1–30 passim, 36–47 passim, 49–61 passim, 70–74
    16 Augustine, 730–731
    20 Calvin, 354, 360–361, 375–381, 411–423, 442–444
    23 Montaigne, 318–319
    35 Montesquieu, 107, 116–117, 118–119, 169–170, 187–189, 209
    37 Gibbon, 154–155
    38 Gibbon, 389
    43 Hegel, 274, 281, 334–335, 373–375
    44 Tocqueville, 15–22
    48 Twain, 315–316
    49 Darwin, 317, 318
    54 Freud, 799–800
    55 Barth, 520–521
    56 Waddington, 741–742
    57 Veblen, 6–9, 20–21, 29–32, 32–34, 111
    58 Frazer, 48–62
    58 Huizinga, 293–297, 340
    58 Lévi-Strauss, 406–410

3. **The conflict of customs: their variation from place to place**

    4 Euripides, 436–437
    5 Herodotus, 22–23, 31–33, 39, 44–45, 48, 56–68, 111–113, 129–130, 132, 137–138, 142–144, 154–158 passim, 160–161, 195–196
    6 Plato, 154–155
    9 Hippocrates, 18, 30–33
    12 Virgil, 248, 317–318
    13 Plutarch, 99, 254–256
    14 Tacitus, 23–24
    19 Chaucer, 190
    23 Montaigne, 98–101, 286–288 passim, 318–320, 321–324, 456–457
    28 Descartes, 270
    30 Pascal, 225–226
    33 Hume, 480
    34 Swift, 76–78
    35 Montesquieu, 116–119, 153
    35 Rousseau, 416–417
    37 Gibbon, 89–94 passim, 260–261, 409–415 passim
    38 Gibbon, 33–36 passim, 85, 223–227 passim, 337–339 passim
    40 Federalist, 184
    40 Mill, 307–312
    43 Hegel, 264, 369
    48 Melville, 27, 38–40
    49 Darwin, 571–577
    52 Dostoevsky, 128–131
    58 Lévi-Strauss, 422–424, 441–442

4. **The change of customs: their variation from time to time**

    4 Aristophanes, 712–713

14. Custom and Convention

5 Thucydides, 350
8 Aristotle, 464–465
11 Lucretius, 70–71
13 Plutarch, 361
14 Tacitus, 58, 105–107
16 Augustine, 20–21, 470–471, 747–749
18 Aquinas, 237–238
19 Dante, 51–52, 109–111
19 Chaucer, 190
23 Montaigne, 184–186
33 Locke, 61
34 Swift, 105–106
35 Montesquieu, 104, 135–146
35 Rousseau, 402
37 Gibbon, 545, 638–639
38 Gibbon, 485–486
40 Mill, 300–302
49 Darwin, 579–582 passim
51 Tolstoy, 647
57 Veblen, 44–47, 80–83, 87–89

5. Custom and convention in the moral order

5a. The conventional determination of moral judgments: the moral evaluation of conventions

4 Euripides, 505
5 Herodotus, 32, 92–93, 97–98
6 Plato, 271–284, 528
8 Aristotle, 339–340, 448–449
11 Epictetus, 100–101, 141–142
16 Augustine, 7–10, 21, 728–732, 737–738, 744
21 Hobbes, 61–62, 75, 78
22 Rabelais, 141–142
23 Montaigne, 100–102, 144–145, 347, 466–468
25 Shakespeare, 113–115, 247–248
27 Cervantes, 36–37
28 Spinoza, 653
30 Pascal, 230–231, 238–239
33 Locke, 105–107 passim, 197, 230–231
33 Hume, 509
35 Montesquieu, 139–140
35 Rousseau, 362, 369–370
36 Smith, 388–389
39 Kant, 387–388
40 Mill, 269–271, 286–287, 457–458, 475
41 Boswell, 197, 198
43 Hegel, 48–49, 50–51, 59–60, 119, 134–135, 136, 173, 178–179, 296, 329–330
43 Nietzsche, 478, 494–503 esp 501, 511–518
44 Tocqueville, 326–328, 335–336
46 Austen, 13–15
49 Darwin, 305, 314–316, 592–593
51 Tolstoy, 263–265 passim, 303–305, 403–405, 514, 589, 645–646
53 James, William, 190–191, 886–887
54 Freud, 625, 757–759, 792

5b. The effect of custom on the training and character of men

4 Aristophanes, 711–714

5 Herodotus, 35
6 Plato, 344, 377–379, 717–718
13 Plutarch, 361
16 Augustine, 7–10, 47–49
18 Aquinas, 213–214, 226–227, 228–229
23 Montaigne, 68–69, 97–98, 117–118
25 Shakespeare, 56
28 Bacon, 78–80
30 Pascal, 190
33 Locke, 105–107 passim
35 Rousseau, 347
36 Smith, 378–379
37 Gibbon, 92–94, 291–292, 409–413 passim
40 Mill, 293–302 passim, 460–461
43 Hegel, 62, 287–289
44 Tocqueville, 15–22, 301–307 passim, 320–325
49 Darwin, 313–314, 328
51 Tolstoy, 221, 303–305
53 James, William, 733–734
54 Freud, 119–122 passim, 799–801, 843, 854–855
59 Cather, 461–463

6. Custom in relation to law

6a. Constitutions, social contracts, positive laws, and manners as conventions

6 Plato, 216–219, 311, 665–666, 716, 718, 730–731, 736–737
8 Aristotle, 382–383, 617
13 Plutarch, 33–34
16 Augustine, 231, 591–592
21 Hobbes, 78, 99–101, 140
23 Montaigne, 100–103, 144–145, 321–323, 562–563
28 Bacon, 94–95
30 Pascal, 225–233
33 Locke, 27–28, 46–47, 55, 65, 81
34 Swift, 22–23, 28
35 Montesquieu, 1, 2–3, 140–142, 214–215, 261–262
35 Rousseau, 387–394
37 Gibbon, 616–617
38 Gibbon, 71–73 passim, 75, 86–89
39 Kant, 419–420, 435–436, 437
40 Declaration of Independence, 1
40 Mill, 269, 270–271, 327–332 passim
41 Boswell, 276
43 Hegel, 73–74, 75
44 Tocqueville, 17–22, 310
48 Melville, 181–184 esp 182
51 Tolstoy, 680–684

6b. The force of custom with respect to law

4 Euripides, 485
5 Herodotus, 97–98
6 Plato, 401, 692, 713–714
8 Aristotle, 465, 512
13 Plutarch, 36–37, 38, 46, 47–48
14 Tacitus, 57–58, 67–68, 151–152

16 Augustine, 470–471
18 Aquinas, 228–229, 231–232, 236–238
21 Hobbes, 78, 108, 130–131, 136
23 Montaigne, 101–105, 505–508
25 Shakespeare, 178–179
28 Descartes, 269
30 Pascal, 228
31 Racine, 294–298, 303–305
33 Locke, 230–231
35 Montesquieu, 135–136, 137–140, 188–189, 218, 221, 223, 237
35 Rousseau, 324, 406, 419–420
38 Gibbon, 77
39 Kant, 448–449
40 Declaration of Independence, 1
40 Federalist, 95
40 Mill, 329–330
44 Tocqueville, 45–46, 138–139, 160–161, 332–338, 388–389
43 Hegel, 83–84, 141–142, 294

7. Custom in social life

58 Huizinga, 259–262, 293–297, 359–360
58 Lévi-Strauss, 413–415, 429, 515–516
59 Proust, 317–318

7a. Custom as unifying a community: conformity in manners and etiquette

6 Plato, 678–679, 716
16 Augustine, 597–598, 731–732, 737–738
19 Dante, 51–52
28 Bacon, 205–206
28 Spinoza, 682
30 Pascal, 225–226
37 Gibbon, 1, 15–16
40 Federalist, 31
40 Mill, 424–425, 428
43 Hegel, 184, 275, 294
44 Tocqueville, 150, 160–163, 196–197, 208–209, 218, 230–231, 301–307 passim, 326–328, 346–347
51 Tolstoy, 254–260, 288–290, 403–405, 538–539
55 Dewey, 112, 114
57 Veblen, 19–23, 84–86, 108–109
57 Tawney, 179–186
58 Weber, 205
59 Cather, 448

7b. Custom as a barrier between communities

4 Aeschylus, 9–11
5 Herodotus, 31–32, 287
12 Virgil, 248
13 Plutarch, 99, 287–288, 562–563
14 Tacitus, 295–296
16 Augustine, 583–584, 746
21 Hobbes, 96
23 Montaigne, 143–149, 520, 567–568
24 Shakespeare, 410–411
34 Swift, 25–26, 149–150
35 Montesquieu, 207–208
35 Rousseau, 355

37 Gibbon, 179–183, 207–211
38 Gibbon, 224–225
40 Mill, 300–302 passim, 424–428 passim
44 Tocqueville, 168–178, 306
48 Melville, 38–40
51 Tolstoy, 309, 362–363
52 Dostoevsky, 424–425
54 Freud, 755–757 passim, 788
55 Wittgenstein, 361
58 Weber, 140–142

7c. Custom as determining economic needs or standards

6 Plato, 318
13 Plutarch, 285, 361
14 Tacitus, 58
23 Montaigne, 172–173, 531–532
33 Locke, 35
35 Montesquieu, 128, 153
36 Smith, 11–14, 429
44 Tocqueville, 286–287, 335
50 Marx, 44–45, 66–67, 81, 112
57 Veblen, 43–49, 71
57 Keynes, 337–338
58 Weber, 139–142, 181–182

7d. The influence of custom on the liberty of the individual: the force of discipline

5 Thucydides, 396
23 Montaigne, 100–102, 347, 466–468
35 Montesquieu, 84, 138, 142, 145
40 Mill, 269–271, 293–302
43 Hegel, 140, 296–298
44 Tocqueville, 25–26, 29, 132–135, 348–349
46 Eliot, George, 462–463
48 Twain, 269–270
54 Freud, 755, 776–802
55 Dewey, 111–114
58 Weber, 174–179
59 Shaw, 56–57
59 Cather, 459–460
59 Joyce, 562, 616–618, 650–656
60 Woolf, 42–56 passim

8. Custom in relation to order and progress: the factors of tradition and invention

6 Plato, 344, 654–655, 717–718
9 Hippocrates, 156
13 Plutarch, 648–656 passim, 663
15 Copernicus, 506
18 Aquinas, 236–237
19 Dante, 108–111
20 Calvin, 399–400
21 Machiavelli, 9
21 Hobbes, 154
23 Montaigne, 100–105, 358–359, 505–508
26 Galileo, 166, 203
26 Harvey, 285, 319, 364
28 Bacon, 14–15, 16, 65, 109–110, 118–119
30 Pascal, 225–226, 355–358
33 Locke, 76, 85

33 Berkeley, 404
34 Swift, 105–106
35 Montesquieu, 22, 137–138
35 Rousseau, 324
36 Smith, 109–110
37 Gibbon, 23–24
39 Kant, 513–514
40 Federalist, 62
40 Mill, 293–302, 344, 352–353, 377–378
41 Boswell, 189–190
43 Hegel, 149, 219, 233–235, 248–249, 271–272, 297–298, 334–335, 390–391
44 Tocqueville, 21–22
46 Eliot, George, 465–468
47 Dickens, 375–376
50 Marx, 6–7, 234–235, 239–241
50 Marx-Engels, 426–428
51 Tolstoy, 305, 307–309, 403, 645–646
53 James, William, 79
54 Freud, 776–778, 849
55 Dewey, 99–101
55 Whitehead, 138–139, 223–226
55 Barth, 517–523
56 Heisenberg, 391, 455–456
56 Waddington, 698–699
57 Veblen, 25, 79–83, 159–160
58 Frazer, 31–32
58 Weber, 161–162, 182–183

9. **The bearing of custom on thought**

9a. **Custom as a source of opinion and belief: its influence on judgments of beauty**

5 Herodotus, 56, 92–93, 142
6 Plato, 675–676
16 Augustine, 20–21, 744–746
19 Dante, 58–59, 79
19 Chaucer, 190
21 Hobbes, 274
23 Montaigne, 132, 144–145, 248–249, 250–252, 271, 300–302, 540–545 passim
24 Shakespeare, 603
26 Harvey, 411

27 Cervantes, 299–301
28 Descartes, 269–270
29 Milton, 408–409
30 Pascal, 176, 189–190, 218, 219–220
33 Locke, 248–251 passim
34 Swift, 95
35 Montesquieu, 135–136
37 Gibbon, 296
39 Kant, 221–222
40 Federalist, 159–160, 184
41 Boswell, 202
43 Hegel, 146, 281
43 Nietzsche, 466
45 Balzac, 221–222, 343
49 Darwin, 95, 302, 569, 571–577
50 Marx-Engels, 427, 428
51 Tolstoy, 247–248, 318–320, 403–405
53 James, William, 642
54 Freud, 452–453, 864–865
55 Barth, 532–533
56 Planck, 80
57 Veblen, 31–32, 53–70 esp 67–70, 89–90
59 Proust, 316–320

9b. **The conventionality of truth: postulation, choice among hypotheses**

6 Plato, 85–86, 107–109, 131–133, 525–528
7 Aristotle, 99, 528–531
15 Copernicus, 505–506
21 Hobbes, 65
23 Montaigne, 97–99, 271, 281–286, 316–318, 358–359
25 Shakespeare, 43
28 Bacon, 57–58
28 Descartes, 270
30 Pascal, 181–184
34 Swift, 118–119
43 Hegel, 2
43 Nietzsche, 466–467
51 Tolstoy, 645–646
53 James, William, 884–886
54 Freud, 412
56 Poincaré, xv–xvi, 14–15, 39–40, 52–53

交叉索引

以下是与其他章的交叉索引：
The distinction between nature and convention, and the examination of related distinctions, see ART 2C; HABIT 1, 7; NATURE 2a–2c.
The natural and the conventional in language and society, see FAMILY 1; LANGUAGE 2–2b; NATURE 2b, 5c; SIGN AND SYMBOL 1a–1f; STATE 3b–3d.
The distinction between nature and convention in law and jurisprudence, see JUSTICE 6a–6b, 9a, 10a; LAW 4–4h, 5c, 7c.
The relation of law to custom and habit, see HABIT 7; LAW 5f.
Custom as a conservative force in relation to progress, see CHANGE 12b; HISTORY 4b; PROGRESS 4a, 5.
The bearing of custom and convention on issues of morality, see GOOD AND EVIL 3a, 6d; NATURE 5a; OPINION 6a; RELATION 6C; UNIVERSAL AND PARTICULAR 7b.
The relativity of truth to the customs of the time and place, and the theory that the foundations of science are conventional, see HYPOTHESIS 3; KNOWLEDGE 4b, 5c; OPINION 3c; PRINCIPLE 3c(2), 5; RELATION 6b; TRUTH 7–7b; UNIVERSAL AND PARTICULAR 7a.

Discipline and its relation to the individual, see HABIT 4a; LABOR 1c; PUNISHMENT 1c–1d.
The influence of custom on taste or judgments of beauty, see BEAUTY 5; EDUCATION 4; NATURE 5d; RELATION 6c; UNIVERSAL AND PARTICULAR 7c.
The significance of nature and custom in the sphere of economic activity, see NATURE 5b; WEALTH 1, 10b.

扩展书目

下面列出的文著没有包括在本套伟大著作丛书中,但它们与本章的大观念及主题相关。

书目分成两组:

Ⅰ. 伟大著作丛书中收入了其部分著作的作者。作者大致按年代顺序排列。

Ⅱ. 未收入伟大著作丛书的作者。我们先把作者划归为古代、近代等,在一个时代范围内再按西文字母顺序排序。

在《论题集》第二卷后面,附有扩展阅读总目,在那里可以查到这里所列著作的作者全名、完整书名、出版日期等全部信息。

I.

Erasmus. *Ten Colloquies*
Bacon, F. "Of Custom and Education," in *Essayes*
Hume. *Of Some Remarkable Customs*
Voltaire. "Customs . . . Usages," in *A Philosophical Dictionary*
Montesquieu. *The Persian Letters*
Smith, A. *The Theory of Moral Sentiments*, PART V
Hegel. *The Phenomenology of Spirit*, V (B)
Austen. *Pride and Prejudice*
Eliot, G. *The Mill on the Floss*
Dickens. *Bleak House*
——. *Great Expectations*
Melville. *Omoo*
——. *Typee*
Dostoevsky. *A Raw Youth*
Freud. *"Civilized" Sexual Morality and Modern Nervousness*
——. *Totem and Taboo*
James, H. *The American*
——. *Daisy Miller*
Shaw. *Heartbreak House*
Veblen, T. *The Vested Interests and the Common Man*, CH 2
Dewey. *Human Nature and Conduct*, PART I–II
——. *Reconstruction in Philosophy*, CH 1, 5
Cather. *My Ántonia*
Mann. *Buddenbrooks*
Lawrence, D. H. *Lady Chatterley's Lover*
Eliot, T. S. "Tradition and the Individual Talent," in *The Sacred Wood*
Lévi-Strauss. *The Raw and the Cooked*
——. *The Savage Mind*

II.

THE ANCIENT WORLD (TO 500 A.D.)

Horace. *Satires*
Juvenal. *Satires*

THE MIDDLE AGES TO THE RENAISSANCE (TO 1500)

Anonymous. *Beowulf*
——. *The Saga of the Volsungs*

THE MODERN WORLD (1500 AND LATER)

Ariès and Duby. *A History of Private Life*
Bagehot. *Physics and Politics*
Bentham. *A Comment on the Commentaries*, SECT 13–20
Browne. *Hydriotaphia*
Carlyle, T. *Sartor Resartus*, BK 1
Chesterfield. *Letters to His Son*
Daudet. *Letters from My Mill*
Defoe. *Moll Flanders*
Douglas. *South Wind*
Flaubert. *Madame Bovary*
Forster. *Howards End*
——. *A Room with a View*
Gogol. *Dead Souls*
——. *Taras Bulba*
Goldsmith. *The Citizen of the World*
——. *She Stoops to Conquer*
Gracián y Morales. *The Art of Worldly Wisdom*
Jackson, S. "The Lottery"
Kovalevsky. *Modern Customs and Ancient Laws of Russia*
Lamb. *On the Custom of Hissing at the Theatres*
Lang. *Custom and Myth*
Lermontov. *A Hero of Our Own Times*
Le Sage. *The Adventures of Gil Blas*
Lewis, S. *Babbitt*
Lotze. *Microcosmos*, BK VI, CH 3
Maine. *Ancient Law*
——. *Dissertations on Early Law and Customs*
——. *Lectures on the Early History of Institutions*
Malinowski. *Crime and Custom in Savage Society*
——. *The Sexual Life of Savages*
Manzoni. *The Betrothed*
Meredith. *The Egoist*
Oakeshott. *Rationalism in Politics*
Pepys. *Diary*
Richardson. *Pamela*
Savigny. *Jural Relations*
Schwartz. *In Dreams Begin Responsibilities*
Sheridan. *The School for Scandal*
Sholem Aleichem. *The Old Country*

Smollett. *The Expedition of Humphry Clinker*
Spenser. *The Faerie Queene*
Stephen, L. *The Science of Ethics*
Sterne. *A Sentimental Journey*
Sumner. *Folkways*
Tarde. *The Laws of Imitation*
Thackeray. *The History of Henry Esmond, Esq.*
Tönnies. *Custom: An Essay on Social Codes*
Trilling. *The Liberal Imagination*
Trollope. *Barchester Towers*
Tylor. *Primitive Culture*
Undset. *Kristin Lavransdatter*
Vinogradoff. *Custom and Right*
Westermarck. *The Origin and Development of the Moral Ideas*
Wharton. *Age of Innocence*
——. *The House of Mirth*
Wilde. *The Importance of Being Earnest*
Wundt. *Ethics*, PART I, CH 3
Yeats. *Mythologies*

15

定 义 Definition

总 论

在伟大著作传统中,定义得到了各式各样的界定。这些不同的定义概念产生了诸多问题。

在一个极端,像霍布斯这样的作者认为定义只不过相当于尝试着说出一个词的意义,即该词平时是如何被使用的或者当前如何被使用的。在另一个极端,像阿奎那这样的作者把定义看成心灵的一种行为;通过这种行为,定义表达了一个事物的性质,或者说阐述了该事物的本质。

从一种与亚里士多德的名字联系在一起的技术观点来看,定义就在于陈述一个事物的种及由之构造出来的属和差。按照洛克及其他人提出的另外一种定义理论,任何一组把一类或一种事物与另一类或另一种事物区别开来的特性,都定义了那类事物中所有分子的共同特点。再从另外一种观点看,定义就在于给出一个事物的原因或起源,即在于说出这个事物是如何起源的或者说当初如何被制造出来的;这种观点是在斯宾诺莎那里发现的。

有时,通过原因所下的定义使用了终极的而非有效的或者说产生结果的原因,并最终刻画了它自然而然与之适应的那个事物;而有时,就像在威廉·詹姆士那里一样,定义仅仅表达了,当我们对事物进行分类以便使之适于我们自身时,我们内心所具有的意图或兴趣。

在古代和中世纪的文科三艺即语法、修辞和逻辑的传统中,这些不同的定义概念与某些争论相关联。这些争论则涉及人类心灵的力量与活动、语言对思想的关系、科学的结构(或者更一般地说,知识的本性)和实在的构成,尤其涉及共相和个别事物的存在及二者间的相互关系。

这些关联出现在亚里士多德、斯宾诺莎、霍布斯、洛克、阿奎那和詹姆士的思想中。他们关于定义的构造方式的各种观点,或者说对于定义的功能的各种理解,大体决定并反映了他们在许多其他问题上相同及相左的意见。在欧几里得、笛卡尔、伽利略、牛顿、拉瓦锡以及达尔文等人有关数学及自然科学的伟大著作中,对各种定义的使用,往往时而体现了一种定义理论,时而体现了另一种定义理论。关于科学和数学之本性的现代讨论,特别是受到自怀特海、罗素及杜威以来数理逻辑之发展所影响了的那些讨论,都把评论的注意力集中在定义的性质和作用上。

对于本章所讨论的题目,其他诸章,尤其是**语言、逻辑、观念、原则、推理、哲学、科学**和**真理**等章,提供了一种富有启发性的背景。尽管对关涉定义的这些问题的解决,不可能离开这种更广泛的关于心灵、实在及知识的争论背景,我们仍然能够单独描述这些问题。不过在这样做时,我们应当记住,因其他相关的考虑而出现时,它们会使自身更易于为人们所理解。

首先,存在着定义的对象问题。当人们作出定义或者为定义辩护时,什么东西被定义了?这个问题扩大成了关于名义定义与实在定义的关系问题。这是一个复杂的问题,并带来了诸多其他问题。由于表达了我们的言语习惯,或者表达了我们在给事物分类时内心所具有的特殊意图,所有定义都是任意的吗?或者说,某些定义(假如不是所有定义)表达了被定义者的真实性质吗?它们是根据相异于心灵及其兴趣且具有实在性的自然种类,对事物进行分类的吗?

这些问题反过来又与定义的限度及基本原理有关:所有事物都可以定义,还是只有某些事物可以定义?定义自身少不了不可定义的词项,那么不可定义的词项可以任意选择,还是必须始终限于某一类别?定义可以是真的或假的,并且它不可能同时既真又假。定义的这两个特点与所有这些问题都有关联;而且通过这两个特点,所有这些问题都代表了人们对于定义能够如何构造或者应该如何构造有不同的看法。

在争论过程中,一个人会这样反驳另一个人的意见:"这仅仅是个定义的问题。"这句话通常意味着,除了提出者使用语词的方式以外,被拒绝的意见并不包含真理。他甚至可能被指责回避了问题的实质;也就是说,他构造了一些定义,而这些定义又明显包含着他随后从中引申出来的那个结论。

这里有一个潜藏的假定,它似乎由帕斯卡表达出来了。在其论文《论几何学的证明》中,帕斯卡断言:"存在着很大的定义自由权,并且定义绝不会产生矛盾",因为不管允许做什么事情,我们首先都要允许我们把自己喜欢的任何名字给予我们已经清晰指出的事物。他把那些"任意的、可允许的及几何学的"定义称为"真实的定义"。他对我们的定义自由权所给予的唯一限制,就是"我们必须小心翼翼,不要利用我们赋予事物名称的自由权,把同一个名称塞给两个不同的事物";而且他主张,"如果我们避免混淆,不将一个事物的推论延伸到另一个事物上",甚至连这种情况也是可以允许的。

假如我们可以自由地作出我们喜欢的任何定义,那么似乎可以推定,定义不可能是论证的问题;而且因定义上的差别而导致的意见分歧,似乎不可能诉诸推理或事实来调和。

如此把定义理解为文字的,似乎并未阻止霍布斯把定义首先看作科学的原理或基础。他写道:"几何学是迄今为止上帝愿意赠予人类的唯一科学。在几何学中,人们首先确立他们的语词的意义。他们把对语词意义的确立称之为定义,而且把定义置于推论的开端。"霍布斯认为,这表明"对于任何一个渴望真知识的人,检验以往作者的定义,并且或者修正定义中被粗心设置的地方,或者使它们成为自己的定义,是多么地有必要!这是因为,随着推理的前进,这些定义中出现的错误会不断地增多"。

那么,对于霍布斯来说,定义就是文字的。然而,定义也可以是真的或假的,而且知识和意见之间的区别依赖于定义的真理性。他说:"言语的首次使用就在于对名称的正确定义。这意味着获得了科学知识。"仅当论证"从语词的定义开始"时,才有可能到达拥有知识特性的结论。"如果这种论证的首要根据不是定义……那么论证的终端或者说结论就是意见。"

当霍布斯说定义在几何学中被用作推理或证明的原理时,他就精确地叙述了这门科学的性质。在许多欧几里得的证明中,"通过定义"这样的语词,标志着其中的一个步骤。笛卡尔和斯宾诺莎以几何学的方式开展自己的工作。他们把定义放在其著作的开端,并把它们作为基本原理,用来使自己的结论合理化。

但与霍布斯不一样，这些作者似乎并不认为自己的定义仅仅是文字的。就像我们眼下即将看到的那样，欧几里得则又比他们向前多跨越了一步。他提供了某种相当于对自己的定义进行证明的东西，或者说，至少提供了某种相当于对定义的几何学实在性进行证明的东西。亚里士多德和阿奎那当然不仅认为定义就是原理，而且认为定义自身是能够被证明的。但是，由于坚持定义既不是真的也不是假的，他们就把问题复杂化了。他们之所以认为定义既不真也不假，是因为正如亚里士多德所说的那样，定义并不包含"某物涉及某物的断言"。

这种为人们所熟知的关于定义的可论证性以及它们在论证中的作用的争论，似乎至少包含着两个问题。为了避免混乱，应该把它们区分开来：一个是关于定义之真和假的问题。要把这个问题从另一个问题中分离出来，虽然它们之间是有联系的。这另一个问题问的是，所有定义是否都是名义上的。定义是名义上的，指的是它们仅仅涉及对我们用来命名事物的语词赋予意义的行为。为了理解这第二个问题所包含的内容，思考一下定义过程中语词、思想和事物的关系可能是有益的。

词典被设想包含着诸多定义。部分说来，情况是这样的；也就是说，对于任何一些语词，只要它们不是所要讨论的那个词的同义词，其意义就构成了该词的定义。这些结合在一起的其他语词的意义，决定了正在被定义的那个词的意义。

比如，"兄弟"这个词的一个定义是"男性亲属，同父母、同父或同母之子"；其另一个定义是"宗教教派中的男性成员"。这两个定义给出了同一个词的两种不同的意义。词典在这里记录了该词被使用的两种方式，而以这些方式使用该词是一个历史事实的问题。它还以——并且也能够以——其他方式被使用。不能把这两个定义中的任何一个称为"正确的"，把另一个称为"错误的"。

词典定义在许多方面好像是文字的和任意的。"兄弟"一词携带着词典所记录的那些意义中的任何一种，此乃英语用法中的一个偶然事实。那个特殊的声音或标记应该成为同父母之子的男性亲属的名称，这也是任意的。把"兄弟"一词的意义限于这两个定义中的任何一个，同样是任意的行为。

一个词可以与其意义一起被人们所使用，而且没有任何东西限制其不同意义的数目。正如洛克所说："让语词代表他所喜欢的任何观念是每个人都拥有的不可剥夺的自由，以致对任何人来说，当他人使用了和自己同样的语词时，都没有权力让他人在头脑中拥有和自己同样的观念。"因而语词就是一种惯用的声音或标记，它可以被赋予习惯所赋予它的任何意义。当那种意义用其他一些语词来表达时，我们就有了一个文字的定义；而且就其陈述了名称的意义而言，这样的定义当然是名义上的。

但它们仅仅是名义上的吗？它们完全是任意的吗？人们使用该词来命名此物，此乃是任意的行为。但是，当它被如此使用时，某个定义也适用于它，这可能不是任意的。在一个语词的几种文字定义中，适用于任何特殊情况的那个定义，将依赖于该词被用来命名的那个事物的特点。

例如，假如约翰和詹姆士是同父母之子，那么"兄弟"这个名称就是适用的。但是，当"兄弟"这个名称的定义仅仅要求该名称用于没有血缘关系且同属一个修道会的马可和马太身上时，该名称就不适用于约翰和詹姆士了。"兄弟"这个词用以代表的事物可以是任意的;但是,当时而用于约翰和詹姆士,时而用于马可和马太时,如果不携带适当的定义,它就被误用了。在每种情况下哪个定义是适当的,似乎并不是任意的;这是因为,那种适当性并不依赖于我们的意志,而依赖于那种情况下的客观事实,即被称为"兄弟"的那些人之间的实际关系。

正因为这个词被用来命名一个事物,就其被如此使用而言,它的定义就不仅仅陈述了自身的意义。它陈述了关于被命名者的特征的某种东西。仅当自身所定义的语词实际上并未以某种方式来命名或指示事物时,定义才依然仅仅是名义上的。每当一个事物被命名或指示时,赋予那个语词以意义的定义必定也指示了关于该物性质的某种东西。

拉瓦锡写道:"在观念的自然秩序中,类或属的名称表达了许多个体共同具有的性质;相反,种的名称仅仅表达了某些个体所特有的性质。正如有些人所想象的,这些区分不仅仅是形而上学的,而是大自然所确立的。"

然而可以这样说,由于定义完全依赖于表达它的那些语词的意义,定义仍然是名义上的。例如,"兄弟"这个词的一个定义就牵涉了诸如"男性的""亲属""儿子""双亲"及"相同的"这些语词的意义。假如我们在词典上查阅这些语词,我们所发现的这些定义将更进一步牵涉其他语词的意义。其他语词也是这样,并如此构成了一个无限的循环。而且我们会发现,由于用来定义的那些语词的意义转而又牵涉将要被定义的那个语词的意义,因此,词典对某些诸如"亲属"和"相同的"这类语词的解释,就其作为定义而言,在某种程度上是不能令人满意的。说"相同的"意味着"并非其他的"或"并非不同的",似乎相当于说"相同的"意味着"相同的"。然而我们必须知道"相同的"一词的意义,否则就不能理解"兄弟"一词的意义,因为"相同的"这个词出现在"兄弟"的定义中。

某些语词似乎拥有不可定义的意义,这暗示着并非所有意义都仅仅是文字的或者说名义的,而且还暗示着每一个词的意义不可能都在其他语词的意义中被发现。在其词典的《序言》中,约翰逊博士发现,"除非通过设想某种事物是直观地被认识的以及不证自明的,任何东西都不可能得到证明;同样,除非通过使用一些无需定义就可以得到理解的语词,任何东西都不可能得到定义"。词典的循环因此就避免了。当我们从一个词的意义追寻到另一个词的意义时,我们最终遇到了某些语词;对于这些语词,我们似乎是直接理解它们的意义,或者说,至少无需提及其他语词的意义就可以理解其意义。

通过考虑语词所命名或指示的事物,文字定义的任意性特征似乎就可以消除了。恰好与此类似,借助于无需再作文字解释就可以被理解的意义(事实上它们可能无法得到这类解释),定义的纯粹名义性特征似乎也可以消除。

并非所有作者都同意约翰逊博士。所有作者都承认,为了定义其他语词,必须留下某些语词不作定义。但是按照一些人的看法,哪些语词应该用作不可定义的,哪些语词应该被定义,乃是一个选择的问题。这种选择不可能由内在于观念或意义的法则来决定。数理逻辑学家们认为,我们可以自由选择我们的初始词项或者不可定义的词项;而像阿奎那等人认为,诸如存在、相同、一以及关系这样的一些词项是作为原理强加给我们的,我们对此无法选择。有一种观点认为,一门科学的原理就是人们自愿假定的公设；另有一种观点认为，它们是公理或者说是无可回避的。在数理逻辑学家和阿奎那两者之间存在的问题，就类似于这两种观点之间存在的问题。

斯宾诺莎非但不认为这种基本的不可定义的词项具有最清晰的及最无可辩驳的意义，相反他还认为"这些词项指示了极端混乱的观念"。对他来说，"任何一个事物的真实定义……都只不过表达了被定义者的特性"。但是为了获得真实的定义，有必要发现该物的原因。他写道，对于"每一个存在物来说，都有某种它由之得以存在的原因"。这个原因"要么一定包含在自然本身以及该存在物的定义中……要么存在于该事物的外部"。在后一种情况下，该事物的定义总是包含了一个关于其存在的外部原因的陈述。

因此，斯宾诺莎抛弃了传统的亚里士多德式的定义。这种定义纯粹是主观的，也就是说，它是一个个人记忆和想象的问题。他写道："通过人这个名称，那些更经常以赞赏的态度看待人的身材的人，将会理解何谓身体直立的动物；而那些习惯于将自己的思想专注于某种其他事物的人，将形成关于人的另一种共同的概念。这种概念把人描述为（比如说）能笑的动物、无毛两足动物、理性动物，如此等等。每个人都根据自身的性情形成关于事物的各种一般概念。"

不管斯宾诺莎与亚里士多德之间的问题如何解决，两人似乎都一致认为，在定义的过程中包含着比文字上的同义陈述更多的东西。亚里士多德说："我们的定义并不存在于我们拥有同义语词或公式的地方，因为在那种情况下，所有公式或种种语词集合就都是定义了。"通过短语或者说语词的结合所表达的公式，必须陈述一个事物的性质或者说本质，而不能仅仅陈述一个语词的意义。根据亚里士多德的看法，"……词项自身在所说的公式中并不出现，但是其意义被表达了；这种公式就是关于每个事物之本质的公式"。而且，他还补充道："仅仅对于那些其公式就是定义的事物来说，才有一个本质。"

即便设想这些陈述是真的（霍布斯或洛克当然会对此提出疑问），关于实在定义与名义定义的关系问题仍需进一步的考察。为了进一步探讨这个问题，让我们举本书中出现的两个最著名的定义作为例子。两个定义都是关于人的，它们分别是"无毛两足动物"和"理性动物"。就如我们已经看到的那样，在"人"这个词用来命名某种事物以前，这些定义必定依然纯粹是名义的，也就是说，它们仅仅陈述了"人"这个词的意义。然而，假如我们把"人"这个词用于将"拥有两足"和"缺乏羽毛"这两个特征结合到一起的现存实体上，那么"无毛两足动物"所定义的就不是"人"这个词，而是一类实在的即存在着的事物。除了是名义的以外，就其所确定的那类或那种事物拥有现存的成员而言，这个定义现在也是实在的。

动物存在可能同样是一个观察事实。但是，"动物"仅仅是"人"的另外一个名义定义中的两个词项之一。为了使"理性动物"不仅仅成为一个名义定义，有必要证实某些动物的存在；这些动物拥有某种特征即理性，此特征并不为一切动物所拥有。假如理性在某种程度上为一切动物所拥有，那么"人"这个词（它名义上为"理性动物"所定义）就将成为"动物"的同义词。但是理性与羽毛不同，羽毛的出现与否似乎是易于观察的，而理性的拥有或缺乏是难以确定的。

这里，我们面临着两种可能性。一种可能性是，我们绝不能确定某些存在的动物是理性的，以及某些存在的动物不是理性的。于是,"理性动物"这一定义将绝不可能成为实在的。它将永远依然是纯粹名义的;也就是说,它是"人"的一种可能的意义的陈述。但作为纯粹名义的定义,当我们用这个词来命名任何存在的事物时,我们不能使用这个定义。另一种可能是,从诸如阅读和写作这类并非为所有动物所施行的活动中,我们能够推断出一个特殊种类的动物的存在,而此类动物的特征就在于拥有理性。于是,由于发现了存在着被如此定义的这类动物的成员,"理性动物"就成了关于某些存在物的实在定义,而我们也把"人"这个名称任意地给予了它们。

证实过程将名义定义转换成了实在定义。这种过程可以看成对一个定义的证明。严格说来,并不是定义由此被证明了;毋宁说,一个命题被证明了。在此命题中,定义的主词被断言存在着,或者说,已被知道存在的主词据说拥有某种定义。例如,并非"理性动物"这个定义被证明了,被证明了的是命题"存在着一种因具有理性而区别于其他动物的动物",或是命题"我们称之为'人'的这种真实的存在物既是动物又是理性的,而且唯有他是理性的。"假如这些命题不可能被证实,"理性动物"就依然是一个纯粹名义的定义。

如此说来,定义并不是或真或假的;而这种说法并未受到实在定义与名义定义之间的区别的影响。关键之点仅仅在于,定义在语言学上总是通过短语而非句子来表达的,它既未肯定也未否定某种事物,因此不可能或真或假。"无毛两足动物"或"同父母之子"并未作出关于实在或存在的任何断言。

然而,还是存在一种特殊的意义,在这种意义上定义可以是真的或假的;而且这种意义的确与实在定义与名义定义之间的区别有关。帕斯卡对于定义的真或假提出了三种可能的选择。他写道:"假如我们发现它是不可能的,它就被认为是假的;假如我们证明它是真的,它就被认为是真理;而只要无法证明它是可能的或是不可能的,它就被看成一种想象。"

按照阿奎那的看法,可以有两种方式导致定义错误。一种方式是指,思维把"适合于另一个事物的定义应用于一个事物,比如把圆的定义应用于人。另一种方式是指,构造一个其各个部分相互矛盾的定义。类似'四足理性动物'这样的定义就属此类……因为类似'某些理性动物是四足的'这样的陈述本身就是假的。"

但是可以想象人们能够证明那个陈述的真或假,因此它并不是一个明显的关于错误定义的例证。用帕斯卡的话说,错误的定义就是显然不具备可能性的定义。假定有人提供"圆的方"作为"rectacycle"的名义定义。"圆的方"这个短语就表达了一种矛盾,因而这个定义是错误的。其错误性就相当于如下事实的不可能性:存在某种类似 rectacycle 这样的图形,且该图形拥有所设想的这个定义。

一个定义的真,完全在于避免了自相矛盾。它等于被定义的事物的可能性,而非与之相对的不可能性。说"同父母之子"或"无毛两足动物"这个定义是真的,就等于说被定义的语词即"兄弟"或"人"指示了可能的存在物。简言之,只有那些真的名义定义才能成为实在定义,而且仅当人们实际上知道,它们所指示的可能性变成了真实存在时,它们才成为实在的定义。

现代量子力学对于定义的真和假作出了另一种考虑。海森堡告诉我们:"电子的'位置'和'速率'这些语词,就其意义以及它们之间可能的关系而言，似乎得到了完满地定义；而且事实上，它们在牛顿力学的数学框架内都是被清晰定义的概念。但实际上，它们并未得到完满地定义，这可以从非确定性的关系中看得出来。人们可以说，就其位置而言，它们在牛顿力学中得到了完满地定义，但就它们对自然的关系而言，它们并未被完满地定义。"

欧几里得《几何原本》的方法说明了名义定义与实在定义之间的区别所涉及的东西。欧几里得定义了一些几何图形，比如三角形、平行四边形和方形。这些定义可能看起来避免了矛盾，但这并未告诉我们它们是否不仅仅是名义的。这些被定义的图形是可能存在的，但问题在于，它们是否存在于欧几里得公设所决定了的空间中。

为了表明它们确实存在，欧几里得着力根据自己的公设来构造它们。为了达到构造的目的，他的公设允许他使用直尺和圆规。当欧几里得在命题 1 中证明他能够构造一个等边三角形时，他确立了在定义 20 中所定义的那种图形的几何学实在性。几何学构造因此被看作所谓的"存在的证明"。它把一个名义定义转换成了实在定义。就像（比如）直线和圆一样，不能被构造的图形必须确立为公设。公设 1 和公设 3 要求我们假定，一条直线可以在任意两点之间作出，而且在任意的圆心和半径之间都可以绘出一个圆。这些公设把几何学的实在性赋予了定义 4 和定义 15。

根据彭加勒的看法，"几何学公理……仅仅是伪装的定义。那么我们将如何看待这个问题，即欧几里得几何学是真的吗？这个问题没有什么意义……一种几何学不可能比另一种几何学更加真实；它只能是更加方便而已"。

尽管构造的方法专属于几何学，定义与证明或公设之间的关系对于所有科学而言都是相同的。除非一个定义不再是名义的而成为科学的，它就不可能科学地用于对其他结论的证明。在证明中仅仅使用名义定义，就相当于用假定作为论据来进行辩论。

假如被定义的事物的存在或者是可以直接观察到的或者是自明的，那就不需要任何对存在的证明或设定。比如在神学中，有些人认为可以直接在上帝的定义中发现上帝的存在。笛卡尔和斯宾诺莎似乎就持这样的看法。

笛卡尔主张，"永恒的存在"必然包含在上帝的观念中，而上帝是"一种无限完美的存在"。他宣称，这一点是如此明显，以至于"就像拥有相当于两直角的三个角不能从三角形的本质中分离出来一样，或者就像山的观念不能从山谷的观念中分离出来一样，存在也不能从上帝的本质中分离出来"。关于实体或上帝，斯宾诺莎认为，由于存在属于它的性质，"其定义必定涉及必然的存在，而且其存在因此一定是单独从其定义中推论出来的"。

另一方面，有些人认为，上帝的存在必须在从结果到原因的推论中得到证明。假定一个人理解"上帝"这个词的意义，阿奎那认为，这"并不能由此推断他知道该名称所指示的事物实际存在着，而仅能推断他知道此物在思想中存在着"。因此他宣称，通过把名称的意义当作中间词项来证明上帝的存在是有必要的，但在证明这个原因存在时，要使用结果来代替关于该原因的定义。

这两种立场之间的差别也许可以这样总结：笛卡尔和斯宾诺莎，像他们以前的安瑟伦一样，认为上帝的定义本质上是实在的；而阿奎那认为，我们必须从上帝的名义定义开始，并且只有通过证明

15. 定 义

上帝的存在,这个定义才能变成实在的。对于某些坚定的无神论者来说,关于上帝的任何一种定义都不仅仅是名义的,而且是错误的;也就是说,这种定义是关于某种不可能的存在物的,该物不可能存在。

关于名义定义和实在定义,还有另外一个问题。它涉及的核心就是洛克在讨论名义本质和实在本质时提出的问题。亚里士多德区分了必然的统一体(unity)与偶然的统一体,而这种区分也就是"无毛两足动物"和"皮肤黝黑的人"这两个短语所指示的统一体的区分。通过这种区分,亚里士多德也提出了洛克所提出的问题。每一个短语都指出了一个可能的个体的类,并设立了能否成为那个类的分子的一些条件。

根据亚里士多德,它们之间的差别并不依赖于存在的标准。被定义的两个对象都可能存在。但是,尽管第一个对象确实是一个种,第二个对象,按照亚里士多德的看法,却只是人这个种内部的一个偶然的亚种。作为一个种,人可以拥有实在的本质。因此任何关于人的定义(无论是"无毛两足动物"还是"理性动物")都可以是实在的,它们由属与差构成。但是黑人或白人由于并不是一个种,而只是一个族类或者说亚种,因此它没有这样的本质。"皮肤黝黑的人"和"皮肤白色的人"这两个定义揭示了这一点,因为构造它们的两个词项是作为实体和偶性而非作为属和差关联起来的。

尽管亚里士多德是把这两类表达式当作本质定义和偶然定义加以区分的,而非当作实在定义与名义定义加以区分的,但是这一个区分原则与另一个区分原则密切相关,因为只有本质定义才可能拥有关于其对象的实在本质。偶然定义几乎仅仅陈述了语词的意义,或者说表达了被洛克称为事物的"名义本质"的东西。他不太相信,除了数学对象之外,任何事物的定义都抓住了一个事物的实在本质。对他来说,所有定义都是名义的;这就等于说,我们绝不是通过真实的属和差进行定义的,而总是通过偶然的和外在的标志或者说通过陈述一个复合整体的组成部分进行定义的。

洛克解释道:"人们设想,人、黄金或任何其他的自然实体的种都是由精确的或实在的本质构造的;并且,大自然有规律地将这种本质分配给那个种类中的每个个体,而这些个体借此也就成了那个种类的成员。论及这些事物时,我们无法确定对它的任何肯定或否定判断是否为真。这是因为,人和黄金既在这种意义上被理解,且被用作由实在本质所构造起来的事物的种,因而就不同于说话者头脑中的复杂观念,复杂观念代表了我们无法认识的东西;而且由于有了这样的界限,这些种的范围是未知的和未确定的,以至于我们不可能带着某种确定性来断言所有人都是理性的,或者所有黄金都是黄色的。"

这个问题产生了很大的影响。从一个方面来看,它演变为亚里士多德与柏拉图之间的争论。这种争论涉及能否把划分或者说对分作为定义的方法。在《智者篇》和《申辩篇》中,寻求定义的过程,就在于把一类事物分为两个子类,然后对其中一个子类再行划分,如此下去,直至获得一个拥有将被定义的对象的特征的类。比如,定义智者的努力,首先在于把他当成一个技人,然后通过对各种技艺进行划分和再划分,这种努力得以继续下去。在进行此种努力时,埃利亚的陌生人在某一时刻恰当地总结了这种方法。

他对塞阿提特斯说:"我和你不仅要

理解垂钓者的技艺这个名称，而且要理解关于这个事物自身的定义。所有技艺的一半是获得性的，获得性技艺的一半是强力攻取或占有，强力攻取或占有的一半又是狩猎，狩猎的一半是猎取动物，猎取动物的一半是猎取水中动物。这下面的一半又是捕鱼，捕鱼的一半是钓鱼，钓鱼的一部分是用鱼钩捕鱼。用鱼钩捕鱼的一半又是用挂钩钓鱼，并将鱼从水中拉上来；而这就是我们正在寻求的技艺，也是从这种操作的性质中作为垂钓或吊起而揭示出来的技艺……"他接着说："现在让我们循着这种模式，努力发现智者是什么。"

这种经过如此阐释的模式表明，在划分过程中，两个类中的一个被丢弃了，而另一个将再作细分。亚里士多德对这种步骤的批评，部分因为这种划分总是对分的或者说总是将某物分为两个子类，部分因为柏拉图在此系列重分过程中所使用的词项相互间似无任何统一的关系。假如（比如说）动物这个类被分为有脚动物和无脚动物两个子类，那么按照亚里士多德的看法，使用什么词项来区分有脚动物，以便将其划入自身所属的适当子类，是非常关键的。

他坚持认为："必须根据差的差来划分。比如'天生有脚'是'动物'的差，而'天生有脚的动物'的差必定还是属于天生有脚的。因此假如我们要正确地表达，我们就必不能说，关于天生有脚的事物，其一部分长有羽毛，一部分没有羽毛；假如我们确实这么说了，我们的说法就是不适当的。我们必须仅仅把它分为有分趾蹄的和无分趾蹄的，因为这些都是脚上的差异，有分趾蹄是有蹄的一种形式。而且这个过程总要如此继续下去，直到获得不再含有差的种。因此，脚的种类将和差的种类一样多，而且天生有脚的动物的种类在数量上等同于这些差。如果情况就是如此，最后的差显然将是该事物的本质及其定义。"

就像亚里士多德在划分的方法问题上与柏拉图发生争吵一样，威廉·詹姆士也不同意亚里士多德的这一理论，即：当正确的差在某一属事物的范围内被适当地选择时，实在本质就得到了定义。他倾向于赞同洛克的观点，认为定义仅仅揭示了事物的名义本质。但他对洛克的理论作了特别的翻新，因为他补充道，我们的所有定义都仅仅是根据兴趣和目的来对事物进行分类的，而且不管这兴趣或目的是理论的还是实践的，正是它们构成了我们对事物进行分类的动机。这就是人们所知道的实用主义定义理论。

詹姆士写道："总的说来，我的思维始终迎合我的行为。"他指出，洛克"颠覆了这一谬误"，即设想我们可以定义事物的实在本质这一谬误。指出这一点之后，他接着说，"就我所知，他的后继者们无一从根本上摆脱了这一谬误，或者说无一看到了本质的唯一意义是目的论的，无一看到了分类与概念纯粹是心灵的目的论武器。一个事物的本质在于，它的其中一个性质对我的兴趣来说是如此重要，以至于和这个性质相比，我可以忽略其余的性质……至于哪些性质是重要的，这要因人因时而异。"

詹姆士在一个脚注中补充道："类似石油这样的实体对不同的个人拥有种种不同的用途，而其拥有的本质在数量上也和这些用途一样多。"因此，对于自然对象以及人工对象的分类，应该依据靡菲斯特的忠告来进行。在歌德的《浮士德》中，靡菲斯特给研究者提出了这样的忠告：假如你"学着将事物系统化，然后再行分类"，你将获得更多的成功。但是，假如情况如此，任何一种分类方案都不能比任何其他方案更能代表自然的真实结构与秩序。我们在现存事物中所希望作出的任何及所有的划分,大自然都一视同仁地加以接受。某些分类可能比其他分类更重要,但这只是相对于我们的兴趣而言的,而不是因为它们更准确、更充分地表达了实在。因此,我们究竟是根据属和差来定义的,还是根据其他一些结合在一起的特征来定义的,抑或是参照事物的起源和功能来定义的,都无关紧要。

达尔文的分类方案提供了与这整个问题相关的证据。就像在**动物**章和**进化**章所表明的那样,达尔文认为,与他的前驱者们所提出的分类相比,他对动物和植物的系谱学分类更接近生物有机体的自然体系。他写道:"自然的体系是一种系谱学的安排。这种安排带有后天的等级差别,而亚种、种、属及科等术语就标志着这类差别。我们必须根据那些最恒久的且必不可少的特征来发现遗传的路线,不管那些特征可能是什么,也不管那种必不可少的特征是如何地不明显。"从此以后,由于遵循了他的方法,"分类学者为了能够作出定义,将不得不仅仅去确定……任何一种形式是否足够恒久,并能与其他形式相区别;而且,假如它是可定义的,那么这些差别是否足够重要,以至于应该被称为一个种"。

但是,达尔文的陈述重新提出而非解决了这些重要的传统问题。分类者发现对自然强作划分是有益的,那么在分类中所作的各种归类都是这样的划分吗?或者,它们代表了恰好属于事物本身的真实区分的界限吗?假如,或总体或部分地看,情况就是后者,那么,通过我们所使用的无论什么样的定义方法,我们能够比近似真实的区分做得更多吗?我们能够发现有必要相互区分的真实的种吗?并且我们的定义能够表达每个种的本质吗?

就其作出的所有科学的及辩证的努力而言,对定义的寻求主要属于人类心灵的活动;而这些努力指的是,澄清谈话内容、获得思想的精确、使问题明朗化并解决它们。

除了通过定义他们用以表达观念或意义的语词以外,人们没有其他方式达成相互间的一致。通过把意义的恰当性和精确性赋予语词,他们从语词中达成了协议。定义做到了这一点,并使得各种或一致或分歧的心灵之间的相遇成为可能。定义也使得任何心灵接受与实在相一致的检验成为可能。定义有助于人们向自然或经验提出那种唯一的其答案可以被发现的问题。

寻求定义的最显著的例证,也许出现在柏拉图的对话中。在寻求定义时柏拉图通常主导着谈话的过程,尽管只是在诸如《智者篇》和《申辩篇》这样的某些对话中才有深入的定义实践。与此相关的另外两本书主要是与获得定义并为定义辩护的方式有关。这两本书就是亚里士多德的《论题篇》(该书应该与他的《论动物》的开篇几章合起来加以考虑)以及弗兰西斯·培根的《新工具》。

分 类 主 题

1. 定义理论

  1a. 定义的对象:任意的及名义的定义或实在的及涉及本质的定义

  1b. 定义的目的:观念的澄清

  1c. 定义的限度:可定义的及不可定义的事物

1d. 与被定义的事物的统一性相关联的定义的统一性
　　1e. 定义的真与假
2. 种种不同的定义或分类的方法
　　2a. 在定义中对划分或对分的使用
　　2b. 通过属和差作出的定义：特性
　　2c. 通过偶然的或外在的标志作出的定义或通过组成部分作出的定义：实指定义
　　2d. 在定义中诉诸起源、起因、原因或结果：遗传学的或系谱学的定义
　　2e. 参照意图或兴趣作出的定义
3. 定义的语法的或文字的方面
4. 对定义的探索以及为定义进行辩护的方法
5. 定义与证明：作为原理及作为结论的定义
6. 各种不同学科中定义的特点
　　6a. 物理学、数学及形而上学中定义的作用
　　6b. 思辨哲学及经验科学中定义的用途
　　6c. 实践哲学或道德哲学及社会科学中定义的作用

[贾可春　译]

索引

本索引相继列出本系列的卷号〔黑体〕、作者、该卷的页码。所引圣经依据詹姆士御制版，先后列出卷、章、行。缩略语 esp 提醒读者所涉参考材料中有一处或多处与本论题关系特别紧密；passim 表示所涉文著与本论题是断续而非全部相关。若所涉文著整体与本论题相关，页码就包括整体文著。关于如何使用《论题集》的一般指南请参见导论。

1. The theory of definition

6 Plato, 544-549, 551-579, 580-608
7 Aristotle, 192-211, 552-555
11 Aurelius, 247-248
16 Augustine, 735
28 Bacon, 137-195
28 Spinoza, 621-622
33 Locke, 254-283 passim
39 Kant, 44-45, 215-217
53 James, William, 668-673

1a. The object of definition: definitions as arbitrary and nominal or real and concerned with essence

6 Plato, 104-105, 113-114, 457-458, 610-613
7 Aristotle, 113-115, 123-128, 269-270, 413, 505, 513, 547-548, 558-566, 578-579, 610, 631-632
17 Aquinas, 16, 162-164, 240-241, 381-382, 458-459
18 Aquinas, 402-403, 849-850
21 Hobbes, 55, 59, 270
23 Montaigne, 561-562
28 Bacon, 137-138
28 Descartes, 248
28 Spinoza, 632
33 Locke, 240-243, 246-247, 257-260, 268-283, 295-297, 326-328 passim, 331-336 passim, 360-361
33 Berkeley, 410
39 Kant, 404, 423-424
43 Hegel, 184, 193
53 James, William, 185, 668-671
55 James, William, 18
55 Wittgenstein, 323-327
56 Dobzhansky, 545-546, 666-672
58 Huizinga, 334-337

1b. The purpose of definition: the clarification of ideas

6 Plato, 809-810
7 Aristotle, 152, 192, 194, 214-215
11 Aurelius, 247-248
17 Aquinas, 455-457
21 Hobbes, 58-59
28 Bacon, 60, 112
30 Pascal, 430-434 passim
33 Locke, 260-263

33 Hume, 478
39 Kant, 113, 293-294
42 Lavoisier, 21-22
53 James, William, 871
55 James, William, 39

1c. The limits of definition: the definable and the indefinable

6 Plato, 384-388, 544-547
7 Aristotle, 513, 552-554
11 Plotinus, 542
17 Aquinas, 240-241, 451-453
33 Locke, 131, 176, 270-271, 302-306
39 Kant, 29-33, 53-54, 179-182, 215-216, 603-604
49 Darwin, 242, 346-347
55 Wittgenstein, 366-373
58 Huizinga, 337

1d. The unity of a definition in relation to the unity of the thing defined

6 Plato, 32-33, 85-114
7 Aristotle, 128, 194, 204-206, 261, 536-537, 558-568, 644-645
28 Bacon, 162-164
33 Locke, 201, 204, 264, 273, 276-277
53 James, William, 503

1e. The truth and falsity of definitions

6 Plato, 85-114, 809-810
7 Aristotle, 194-206, 546-547, 550
17 Aquinas, 102-103, 303-304, 458-459
20 Calvin, 262-263
26 Galileo, 200
28 Bacon, 112
33 Locke, 243-248 passim
40 Mill, 469
43 Hegel, 9-10

2. The various methods of definition or classification

2a. The use of division or dichotomy in definition

6 Plato, 134, 552-561, 577-579, 580-608, 610-613
7 Aristotle, 64-65, 197, 561-562
11 Plotinus, 311-312
55 Bergson, 75-77

2b. Definition by genus and differentia: properties

6 Plato, 548–549
7 Aristotle, 6–8, 20, 113–115, 131–134, 144–147, 152, 153, 168–211, 261–262, 517–518, 534, 552, 561–563, 569–570, 585–586, 587–588, 631–632
11 Plotinus, 594–595, 598–600, 603–604
17 Aquinas, 17–18, 162–163, 270–272, 273–274, 345–347, 391–393, 455–457, 471–472, 611–612, 697–703 passim, 723–724, 774–775, 779–780
18 Aquinas, 1–4, 21, 22–25 passim, 111–119 passim, 229–230, 402–403, 710–711
28 Bacon, 137–195 passim
28 Descartes, 380
33 Locke, 254–260 passim, 268–283 passim
39 Kant, 193–200
48 Melville, 61, 64–65
49 Darwin, 12–13, 25–29, 30–31, 207–210, 331–332
53 James, William, 344–345, 669–671, 869–871, esp 870–871
56 Dobzhansky, 517–519, 545–546, 666

2c. Definition by accidental or extrinsic signs or by component parts: ostensive definition

7 Aristotle, 197, 561–562
8 Aristotle, 489–490
17 Aquinas, 399–401
33 Locke, 202–203, 204–206, 208–209, 256–257, 262–263, 268–283 passim, 304–305, 305–306
42 Lavoisier, 21–22, 25–29
48 Melville, 59–65
49 Darwin, 207–210, 212–215, 332
53 James, William, 503
55 Wittgenstein, 317–329

2d. The appeal to genesis, origin, cause, or end in definition: genetic or genealogical definitions

6 Plato, 544–548
7 Aristotle, 200–201, 204, 501, 567
8 Aristotle, 445–446, 477–478
17 Aquinas, 238–239
18 Aquinas, 28–29
28 Bacon, 113–114
28 Spinoza, 590–591, 603–606
33 Locke, 261, 263
39 Kant, 574, 579
49 Darwin, 207–229, esp 207–208, 211, 217–218, 228, 238–239, 331–333
56 Dobzhansky, 666–669

2e. Definition by reference to purpose or interest

28 Spinoza, 603–606, 621–622
33 Locke, 201–202, 263–268 passim, 276–277
49 Darwin, 27–29 passim
53 James, William, 184–186, 314, 668–671

3. The grammatical or verbal aspects of definition

6 Plato, 6, 85–114
7 Aristotle, 5, 149–152, 192–211 passim, 215, 552–554, 578–579
18 Aquinas, 402–403
21 Hobbes, 56–57
28 Descartes, 245–246, 248
33 Locke, 260, 264, 266
41 Boswell, 82
42 Faraday, 269–270
53 James, William, 171–172
55 James, William, 10

4. The search for definitions and the methods of defending them

6 Plato, 31–37, 174–190, 295–356, 512–550, 552–579, 580–608
7 Aristotle, 122–128, 131–134, 143–211, 573–574, 610, 631–641, 642–645
11 Plotinus, 597–600
17 Aquinas, 40–41
18 Aquinas, 28–29, 110–111, 205–208
28 Bacon, 128, 140–153, 154–155
28 Spinoza, 621–622
33 Locke, 305
33 Hume, 470–478
39 Kant, 215–216
40 Federalist, 119–120
49 Darwin, 241–242
51 Tolstoy, 683–684, 690

5. Definition and demonstration: definitions as principles and as conclusions

7 Aristotle, 68, 98, 105, 121–122, 123–128, 208–210, 214–215, 532, 590, 631, 643
8 Aristotle, 161–165
11 Plotinus, 620–621
17 Aquinas, 102–103, 458–459
21 Hobbes, 56–60, 65
30 Pascal, 171–172, 430–434 passim, esp 430, 431–432, 442–443
33 Locke, 288–289, 319
33 Hume, 508–509
39 Kant, 179–182, 211–218
56 Poincaré, 13–15, 28–32 passim, 39–40

6. The character of definitions in diverse disciplines

6a. The role of definitions in physics, mathematics, and metaphysics

7 Aristotle, 270–271, 278–279, 287–292, 298–300, 493–494, 525–528, 533–548, 592–593, 608–609, 631–645
8 Aristotle, 165–168, 343–344
10 Euclid, 1–2, 30, 41, 67, 81–82, 99, 127–128, 191, 229, 264, 301–302
10 Archimedes, 404, 452–454 passim, 455, 490, 511, 524, 534–535
10 Nicomachus, 602

15 Kepler, 986-1004 passim
17 Aquinas, 11-12, 381-382, 451-453, 460-461
26 Galileo, 200-203
28 Bacon, 43
28 Descartes, 354-355
28 Spinoza, 603-606
30 Pascal, 171-172, 372-373, 376-377, 430-434 passim
32 Newton, 5-13
33 Hume, 470-471
39 Kant, 15-16, 17-19, 68-69, 245-248
56 Poincaré, 13-15, 28-32 passim, 39-40
56 Planck, 86-88
56 Whitehead, 145-146, 163
56 Einstein, 195-196, 200-202
56 Bohr, 347-348, 353
56 Hardy, 369, 372
56 Heisenberg, 414-415, 443-446, 454-455

6b. **The use of definition in speculative philosophy and empirical science**

6 Plato, 595
7 Aristotle, 131-134, 631-641
8 Aristotle, 161-168 passim, 489-490
26 Gilbert, 43-44
28 Bacon, 140-153, 179-188
28 Spinoza, 621-622
33 Locke, 288-290, 302, 304-306
33 Hume, 470-471
39 Kant, 243-244, 388

42 Lavoisier, 10, 21-22, 25-29
43 Hegel, 9-10
51 Tolstoy, 690, 694
53 James, William, 3-4, 869-871
54 Freud, 400-401, 412-413
55 Russell, 282-284
56 Dobzhansky, 666-672

6c. **The role of definitions in practical or moral philosophy and the social sciences**

6 Plato, 120
8 Aristotle, 339-352 passim, 426-434, 471-476
11 Aurelius, 247-248
16 Augustine, 593-598
18 Aquinas, 1-6, 28-29, 110-111, 205-208, 402-403
21 Hobbes, 57-58
33 Locke, 303-304, 319
33 Hume, 470-471
35 Rousseau, 330
39 Kant, 297-314, 330-331, 386, 390-391, 398-399
40 Federalist, 119-120, 125-128 passim, esp 125, 137
43 Hegel, 164-168
50 Marx, 6-11 passim, 265-266
51 Tolstoy, 365
53 James, William, 887-888

交叉索引

以下是与其他章的交叉索引：
The linguistic aspects of definition and the general theory of the meaning of words, *see* LANGUAGE 1a; SIGN AND SYMBOL 4a.
The logical aspects of definition, *see* IDEA 4a.
The object of definition and the problem of essences or universals, *see* BEING 8c; NATURE 4a; UNIVERSAL AND PARTICULAR 2a-2c.
The notions of genus and differentia, species and property, *see* BEING 8d; IDEA 4b(3); NATURE 1a(1); OPPOSITION 1c(2); RELATION 5a(4); UNIVERSAL AND PARTICULAR 5b.
Indefinable terms, *see* INFINITY 2c; MECHANICS 8c; NECESSITY AND CONTINGENCY 3c; PRINCIPLE 2a(3); the indefinability of individuals, *see* UNIVERSAL AND PARTICULAR 4e.
The use of definitions as principles in reasoning or proof, and the problem of demonstrating definitions, *see* PRINCIPLE 2a(2); REASONING 5b(2).
The truth or falsity of definitions, *see* IDEA 6f; TRUTH 3b(1).
Definitions in dialectic and science, *see* DIALECTIC 2a(2), 2b(1); MATHEMATICS 3a; MATTER 4b; METAPHYSICS 2b; PHILOSOPHY 3b-3c; PHYSICS 2a; SCIENCE 4a.

扩展书目

下面列出的文著没有包括在本套伟大著作丛书中，但它们与本章的大观念及主题相关。

书目分成两组：

Ⅰ. 伟大著作丛书中收入了其部分著作的作者。作者大致按年代顺序排列。

Ⅱ. 未收入伟大著作丛书的作者。我们先把作者划归为古代、近代等，在一个时代范围内再按西文字母顺序排序。

在《论题集》第二卷后面，附有扩展阅读总目，在那里可以查到这里所列著作的作者全名、完整书名、出版日期等全部信息。

I.

Thomas Aquinas. *On Being and Essence,* CH 2-3
Hobbes. *Concerning Body,* PART I, CH 2
Spinoza. *Correspondence,* IX
Locke. *Conduct of the Understanding*
Kant. *Introduction to Logic,* VIII
Mill, J. S. *A System of Logic,* BK I, CH 7-8; BK 4, CH 7-8
Hegel. *Science of Logic,* VOL I, BK II, SECT I, CH I
Poincaré. *Science and Method,* BK II, CH 2
Dewey. *Logic, the Theory of Inquiry,* CH 13-14, 16-18, 20
Dewey and Bentley. *Knowing and the Known,* CH 7
Whitehead. *The Concept of Nature,* CH 4
——. *An Enquiry Concerning the Principles of Natural Knowledge,* CH 8-13
Whitehead and Russell. *Principia Mathematica,* INTRO, CH I; PART I, SECT A
Russell. *Introduction to Mathematical Philosophy,* CH 13, 16-17
——. *The Principles of Mathematics,* PART I

II.

THE ANCIENT WORLD (TO 500 A.D.)

Quintilian. *Institutio Oratoria (Institutes of Oratory),* BK VII, CH 3

Sextus Empiricus. *Outlines of Pyrrhonism,* BK II

THE MODERN WORLD (1500 AND LATER)

Arnauld. *Logic,* PART I, CH 12-14; PART IV, CH 4-5
Carnap. *The Logical Syntax of Language,* PART I, SECT 8; PART II, SECT 22; PART III, SECT 29
Hamilton, W. *Lectures on Metaphysics and Logic,* VOL II (24)
Jevons. *The Principles of Science,* CH 30
——. *Studies in Deductive Logic,* CH 1-2, 7
John of Saint Thomas. *Cursus Philosophicus Thomisticus, Ars Logica,* PART II, QQ 6-12
Johnson, W. E. *Logic,* PART I, CH 7-8
Leibniz. *New Essays Concerning Human Understanding,* BK III, CH 3
Maritain. *The Degrees of Knowledge,* CH 3
Mill, J. *Analysis of the Phenomena of the Human Mind,* CH 8
Ogden and Richards. *The Meaning of Meaning*
Reid, T. *Essays on the Intellectual Powers of Man,* I
Sigwart. *Logic,* PART I, CH I, SECT 44; PART III, CH I, SECT 74
Venn. *The Principles of Empirical or Inductive Logic,* CH 11-13
Whewell. *The Philosophy of the Inductive Sciences,* VOL I, BK VIII

16

民主制 Democracy

总 论

在有关政府形式的所有传统名称中,"民主"一词在今天是最为通行的。不过,和所有其他名称一样,民主在政治思想著作中有着很长的历史,其含义历经变化。从下列事实我们或许能够判断出民主概念的含义有着多么大的差异,从某种意义上说,民主早在公元前5世纪希腊城邦国家中就已经兴盛起来;而从另外一种意义上说,民主只是在最近的时期才开始存在,甚至可能还没有在世界上任何一个地方存在。

在我们的观念中,民主与立宪政体是密切关联的。我们倾向于认为,只有专制政体或独裁政体才是其对手或敌人。我们这个时代主要的政治问题正是被这样理解的。但是迟至18世纪,美国的一些立宪主义者仍然宁愿要一个共和形式的政府,而不愿要一个民主形式的政府。而在另外一些时期,无论是古代还是现代,人们的首要选择都是寡头政体或贵族政体,而非君主政体或专制政体。"民主"甚至表示不受法律约束的群众统治——其本身要么就是一种暴政,要么就是暴政的直接先驱。

尽管"民主"一词历经意义和价值上的这些变化,这个词还是保留了某种稳定的政治含义。按照孟德斯鸠的说法,"当人民这一实体拥有了最高权力时,"民主就存在了。正如这一词汇的本义所显示的那样,民主是"人民统治"。至于"人民"的含义,或许,而且在事实上经常有不同的看法,这一概念传统上与人民主权学说联系在一起,该学说将人民这一政治群体看作政治权威的根源和基础。在民主传统发展的过程中,尤其是在近代,伴随着该学说,确立了对人的各项权利的捍卫,旨在确保政府的实际功能是为了人民,而不仅仅是为了其中的某个团体。

尽管人民主权和捍卫自然权利都是民主必不可少的组成部分,不过二者都没有为民主提供一个明确的特征,因为二者与任何其他公正的政府形式都是相容的。民主独特的要素显然是基于这一事实——尽管历经变迁,民主的基本含义仍然保持不变。其含义在于,政治权力掌握在多数人手中而不是掌握在少数人或某个人手中。所以在民主政体最早出现的时候,我们看到伯里克利称雅典为民主,因为"其管理有利于多数人而不是有利于少数人"。近至我们自己的时代,J. S. 穆勒同样坚持民主是"为全体人民所有,由全体人民治理的政府",在这样的一个政府中,"多数人……将参与投票,并执掌政府。"

从作为公民的许多人行使着合法的权力,或者是仅仅作为群众的许多人行使着实际的权力的角度来说,民主政体与立宪政体紧密关联又全然不同。"许多"的数量含义可以从比少数要多,到包括所有人,或者接近所有人之间变化,随着数量上的这种变化,同样的政体有时可能会被认为是寡头制或贵族制,有时又会被认为是民主制。多数人作为公民行使其权利的不同方式——或者是直接的,或者是通过代表——促成了十八世纪在民主政体和共和政体之间进行的区分。当然,使用"直接民主"和"代议制民主"这样的用语,字句上的这种模糊很容易避免。而《联邦党人文集》的作者及其美国同党有时就是这样进行区分的。

最后这两点——选举权的扩大和代议体制——标志着古今民主制度的主要差异。在今天,宪政民主倾向于代议制,而在一个民主政体下的公民权利的让渡倾向于普选。这正是我们不再比较民主与共和的原因所在。正因为如此,即便是最为民主的希腊政体对于我们来说可能也会显得不那么民主——它是一种寡头制或贵族制。

无论是在古代还是在近代,从最广泛的意义上来说,民主都被认为是一个法制形式的政府。它与其他形式的法制政府有着一些共同的要素,出于这样或那样的原因,这些形式的法制政府可能不是民主的。这些共同要素——立宪原则和公民地位——的意义是显而易见的。其意义将在**政体**和**公民**两章中加以讨论。在**政府**一章中,我们将讨论有关政府形式的一般理论,有两种政府形式最接近民主制,这两种政府形式将在**贵族制**和**寡头制**两章中加以讨论。

对民主的评价要比对民主含义的评价更加意见不一。民主一直被人们指责为是一种极端扭曲的政府形式。人们一直把它与其他种种好的坏的政府形式并列,至多会称它是在各种坏的政府形式中的一种最可接受的一种政府形式,或者是在各种可接受的政府形式中效率最低的一种政府形式。它一直被作为政治理想,作为唯一完美的正义国家保留了下来——不管人们是否意识到,正义这一典范一直被人们视作政治进步的目标。

有的时候,同一位作者会就民主问题表达出迥异的观点。比如说,在《政治家篇》中,柏拉图声称,根据它是"有法的治理还是无法的治理",民主具有双重含义。他发现,民主"在各方面都是弱的,既不能行任何大善,也不能做任何大恶",他因而得出结论说,民主是"在所有有法治理的政府形式中最坏的一种政府形式,在所有无法治理的政府形式中最好的一种政府形式"。无论是善还是恶,多数人的治理都是最无效率的。但是在《理想国》中,他视民主为清除专制的唯一选择。根据"物极必反"的规律,专制被认为"自然地产生于民主,而最恶劣的专制和奴役政体产生于最极端的自由政体形式中。"

和柏拉图类似,在《政治学》中,亚里士多德称民主为三种反常的政府形式中"最可接受的",以之与寡头政体相比较,他认为寡头政体仅仅比专制政体"稍好一点",而专制政体被他视作"最坏的政府形式"。不过他也指出,在既有的政府形式中,"总的来说被认为只有两种主要形式——民主政体和寡头政体……其他政体仅仅是这些政体的变体。"他自己的讨论就遵循了这一观察结果。其《政治学》的核心部分就是在分析寡头政体和民主政体。就其不正义来说,它们是同等的,又是全然不同的,在他看来,二者都有可能蜕变成专制政体或僭主政体。

在现代不同的政治哲学家当中,尽管在其他方面理论迥异,在对待民主问题上却似乎广为一致。像霍布斯、洛克、卢梭、马基雅维里、孟德斯鸠和康德这样的作者,在许多重要的方面他们的观点差异很大,但是他们却以非常一致的方式来划分不同的政府形式。霍布斯表述说,"当代表是一个人时,这个国家就是君主制;当它是一种所有人的集会时,这就是一种民主的或人民的国家;当它只是部分人的一种集会时,它就被称作一种贵族统治。"尽管霍布斯青睐君主制而孟德斯鸠喜欢贵族制或民主制,这些作者却并没有在能够有意义地表达其政治理论的三种传统形式中做出选择。对于他们来说,更重要的选择在于另外一些问题上的抉择:对于霍布斯来说,是在全权政府和有限政府之间做出选择;对于孟德斯鸠和洛克来说,是在法治政府和专制政府之间做出选择;而对于卢梭和康德来说,则是在共和政体和君主政体之间做出选择。

《联邦党人文集》的作者明确地表示,他们更倾向于与君主制、贵族制和寡头制相对立的"人民政府"。他们通常称这种政府形式为"共和制",他们用这个名称意指"所有权力直接或间接来源于多数人民的政府,并由某些自愿任职的人在一定时期内或者在其忠实履行职责期间进行管理。"汉密尔顿和卷入美国政体之争的其他一些人,如詹姆士·威尔逊,偶尔会把这种体制称为"代议制民主"。但是在《联邦党人文集》中,共和制与民主制是截然不同的。不过,"最重要的差异",事实上仅仅是"(在共和政体中)政府被委派给了由其他人选举出的少数公民",共和可以扩展至"更多的公民和一个国家更多的地方"。正如已经指出的那样,这种差异完全可以用"代议制"民主和"直接"民主来表述。

在穆勒的《代议制政府》一书中,我们发现民主被视为理想状态。"最理想的政府形式,"他写道,"就是那种其主权,或者说作为最后诉求的最高控制权赋予整个群体,每个公民不仅在最终主权的实践中拥有投票权,而且要被号召起来,通过——起码偶尔通过——亲自履行地方或国家公职实际地参与政府。"尽管穆勒也认识到了民主的弱点,尽管他也很乐意承认也许并不是在所有情况下民主对全体人民来说都是最佳的政府形式,他有关民主优于所有其他形式政府的论证事实上还是无条件的。

穆勒受到了托克维尔《论美国的民主》的极大影响。这本书做出过这样的表述:"在我逗留美国期间,没有什么比那里的平等状况更强烈地打动我的了。"

在托克维尔看来,平等,而非自由,才是民主的核心。"政治自由,"他写道,"只是偶尔给少数人以高尚的快乐。而平等,则每天都给予大众中的每一个人以细微的快乐……民主的人民总是喜欢平等,不过有时会发现他们对于民主的热情是一种狂热。"如果要在自由和平等之间进行选择,他们总是会选择平等。不过,与托克维尔不同,穆勒并不认为他们总是会做出这种选择。

在穆勒作为为所有人提供自由和平等的民主理想的建构中,他的民主概念与以前诸民主概念的本质区别就在于"所有人"这一词汇的含义。18世纪的共和党人,在其人民主权和自然权利的学说中,都是以地位平等来理解公民权,并且以一个人在其政府中拥有投票权来构想自由。古代人只有在一个人作为法定公民而生活时才可以被视作是一个政治共同体自由而平等的成员,因而,他们认为民主政体本身将这种平等赋予所有非奴隶出身者。但是总的来说,不管是古代人还是18世纪的共和党人,都没有意识到,所有人的平等都要求废除奴隶制,将妇女从政治从属地位中解放出来,并消除所有基于财富、种族或以前的奴役状态的体制歧视。

在穆勒那里,"所有人"是指与出生和财富等偶然因素无关的每一个人。"在一个成熟的文明的国度里,不应该存在贱民,"他写道,"任何人都不应该被剥夺资格,除非他们个人弃权。"在后一种情况中,他将排除婴儿、白痴或罪犯(包括犯罪的穷人)的选举权。但是在这些例外情况排除后,他会主张普选权。他总结自己的论证,认为"将任何人排除在外,都是一种人格上的不公。除非是为了阻止更大的恶,否则,每个人都和其他人一样享有处置事务的投票权,他和其他人一样都拥有这种权利。"而那些"没有投票权,没有希望得到这种权利的人,要么永远会表示不满,要么会感到整个社会事务与之无关。"不过,应该再提一句,在穆勒那里,选举权不只是一种特权或权利,"严格说来,"他写道,"它是一种义务。"投票人如何使用选票,"不仅跟陪审团成员的裁定意见一样,事关他个人的愿望,……他还有义务依照他对公共善的最好的最善良的意见来投票。任何对其选票有各种其他想法的人都不适合拥有投票权。"

普选的观念立刻带来了经济条件是完美的政治民主先决条件的问题。没有在经济上不受制于对其他人的依赖的自由,人们能够实践公民身份的政治自由吗?18世纪共和党人的普遍看法是不能。"人的生存权,"汉密尔顿声称,"就是他的意愿权。"基于这种看法,在费城大会上,许多人主张财产资格是拥有选举权的必要条件。

康德也提出,选举权"以公民个人独立或自足为先决条件。"因为学徒、仆人、未成年人、妇女等等不能养活自己,每人"都取决于自己所在的行业,但是由于他们是由别人来安排他们的生活,"他认为他们"仅仅是国家的附属,而不是积极的独立的个体,"他们受到"别人必要的控制和保护。"出于这个原因,他得出结论说,他们是"消极的"而不是"积极的"公民,因而可以正当地剥夺他们的选举权。

政治民主要在实践中得以实现,就需要有更多的要求,而不仅仅是废除投票税和其他基于财富的歧视。依照马克思的看法,除非"工人阶级能够使无产阶级处于统治阶级的地位",否则"争取民主的战斗"不会获胜,甚至连"第一步"也迈不出去。除了树立起了革命性的政治哲学之外,马克思的观点,以及其他19世纪社会改革家的这种看法,已经使得在社会和经济条件下设想民主与在政治条件下设想民主一样成为一个核心问题。他们坚持认为,如果不这样考虑问题的话,所谓的"民主"就会容许,甚至纵容社会不公和经济不平等,从而败坏政治自由。

公民身份还要求另外一种平等地位。这就是教育机会的平等。根据穆勒的说法,这"几乎是一个自明的公理,国家应该要求和强制进行达到某种标准,针对生为公民的每一个人的教育。"也许并不是每个人都拥有同样的自然能力或禀赋,但是每一个生而拥有足够智力,能够成为公民的人,都应该得到某种教育,从而使他们能够胜任政治自由的生活。从量上来讲,这意味着教育体系要像选举权那样普及;无论是年轻人还是成年人,要尽可能地惠及每一个人。从质上来讲,这意味着是进行公民教育而不是进行职业培训,尽管当代人在这一点上仍存在着争议。

对于这一问题的认识以及所承担的教育责任考验着现代民主的诚挚程度。其他任何一种政府都没有这样一种负担,其他任何一种政府也都不会把"所有的"人都称作公民。孟德斯鸠认为,在这样的一个政府中,"要求完整的教育权"。专制依靠恐惧,君主制依靠荣誉体系,而民主依靠公民德性。在"政府被委托给个体公民进行管理"的地方,就要求"爱法律,爱国家",而这,依照孟德斯鸠的想法,将"有助于道德的纯净"。

单靠普及学校教育不足以完成这一目标。民主还需要穆勒所说的"公共精神的训练"。只有通过参与政府的实际管理,人们才能够成为合格的公民。在参与公民活动过程中,一个人"会觉得自己是公众的一部分,任何对他们利益的考虑也就是对他的利益的考虑。""通过个体公民参与公共事务所培养起来的道德感,即便很稀薄,"在穆勒看来,也会使得一个人能够"权衡各种利益而不仅仅是其自己的利益;能够在其指导下,依据其他的准则,而不是依据其一己之私面对各种冲突的看法;能够在每一个关键时刻运用各种准则和原理,因为这些准则和原理具有公共善"……如果国家事务不能为每一个公民积极地参与政府管理提供机会,那就必须通过地方政府事务实现这种参与,出于这个原因,穆勒赞成增强地方政府的活力。

不过,依照韦伯的说法,"与小型匀质的民主自治截然不同,官僚政治不可避免地伴随着现代大众民主。"这种大众民主的官僚化将阻碍着个体公民的积极参与。

对于现代民主来说,还有另外一些特殊的问题。由于民族国家疆域和人口的规模,民主政府已经必须成为代议制的。依照《联邦党人文集》中的说法,当人民的数量巨大,且居住分散,不利于集会或连续性地直接参与国家事务的时候,就几乎必须实行代表制了。联邦党人所归诸于希腊城邦国家的纯粹民主或许还适用于城镇集会型的地方政府,但是对于联邦政府或全国性的政府的管理来说,联邦党人认为罗马共和制是更值得仿效的榜样。

联邦党人拥护代议制政府还有另外一个理由。平民政府的"致命疾病",在他们看来,就是"派系的暴力",不同派系在采纳某种方式时"不是根据正义规则和少数群体的权利,而是根据利益群体和压倒多数的至上权力。"美国政治家相信派系的这种风气根植于社会中人的本性,他们不是通过"消除原因,"而是通过"控制结果"来矫正这种罪恶。麦迪逊认为,代议制原则"保证了这种矫正。"

通过把政府委托给由其他人选举出来的少数公民,代议制被认为是"通过遴选的公民团体这一中介提炼和放大了公共视野,他们的智慧或许能最好地识别他们国家的真正利益。"从这一点看来,代议制似乎提供了一种将平民政府与最好的人所代表的贵族原则的政府相结合的途径。

代议制通常会保存贵族政府的优点,这一假设并非没有混杂寡头政治的偏见。正如联邦党人所坦率认为的那样,如果最好的人同样有可能是依据血统和财产而确定的人,那么代议制政府就会保障贵族的利益,以及共和国的安全,以反对平民——用汉密尔顿的话说,"那些群兽"。他们所关注的派系的罪恶似乎就沾染上了对任何民主中优势派系的恐惧——这些优势派系永远是占更大多数的穷人。

由形成现代民主的代议体制造成的平民政府的渐变滋长了整个代议制在本性和功能上的问题。在什么程度上,可以说代议制仅仅是提供了一种工具,人民可以在自治的过程中借助此工具表达其意愿?而在什么程度上,又可以说代议制仅仅是一种手段,人民中的多数可以借此选择他们中的更优秀者,来为他们决定那些超出其能力决定的事情?

根据对这些问题回答方式的不同,对代议制作用的看法——尤其是对其在立法事务中的功能的想法——会有所不同,有人会认为代表仅仅是选民的传声筒,也有人会认为代表可以独立行动,实践其自己的判断,他不是在传达选民请求的意义上来代表选民,而完全是在他被大家选出来了,他要决定为了公共善应该做些什么的意义上代表选民。

在一种极端的意义上,代议制似乎沦落为可悲的传声筒的角色,成为由于时空的限制而必需的一种便利措施。根本不需要成为领袖,也不需要成为最好的人,甚至不需要成为比其选民更好的人。在另外一种极端的意义上,并不清楚为什么完全独立的代表还需要经过大众选举产生。在埃德蒙·柏克的实质代表理论中,偶尔也见于他的反对扩大普选权的论证中,即便是那些不投票的人也足以由那些将国家福祉珍藏于心的人来代表。他们和投票的选民一样,可以期望其代表考虑那些有利于其利益的事情,如果其代表认为他们本地的或特殊的利益对于普遍利益来说是有害的,他就可以反对他们的愿望。

穆勒试图在此两个极端之间寻找一种折中,以获得"政府的两个必要前提:对那些政权应该为其利益服务的,并且也素来宣称自己是为其利益服务的人负责;与此同时,尽最大可能发挥精英们运作政府的能力,精英们就是那些长久思考政府的职能,并且在实际中受过专门训练的人。"相应地,穆勒会为代表保留一些独立判断的方式,能够使代表既回应其选民,为其选民负责,而又不用因为受到公民的提案权、否决权和罢免权的限制而受到牵制或约束。

穆勒有关代议制的讨论还留下了几个关键问题没有触及,当然,可能他们当中谁也不能为此提供一个清晰的令人满意的回答。它已经超出了代议制本身的本性与作用的问题,触及到现在人们所熟悉的比例投票制方法所要解决的保证少数人代表的问题。它牵涉到了选举程序的细节——代表的提名,公开和秘密投票,复数投票,以及与代议制有关的政府行政、司法、立法部门的差异等更一般性的问题,尤其是在两院制立法机构中上院和下院中的代表的差异。和《联邦党人文集》的作者一样,穆勒也在有才干和训练有素的大众领导者中为民主的大众探询一种渐变因素。他会通过专家或智慧的少数使大众的常识合理化。

民主体制和寡头体制之间的古老问题首先是正义问题,而不是多数统治还是少数统治的能力问题。任何一种政府体制,依照担任公职者的卓越德性或能力多少都会具有贵族倾向,但是不管哪一种体制,体制本身都不保障其选择,只是在寡头制的假定中,拥有财富可能意味着拥有超群的智慧和德性。

亚里士多德认为,正义对于民主政体来说,"产生于那种在任何一个方面平等的人在所有方面也都平等的观念;因为人都是同等自由的,他们要求绝对的平等。"在亚里士多德那里,奴隶、妇女、外来居民被排除在了公民身份和公职之外,他似乎不觉得这与民主正义有什么不一致的地方。

在希腊民主的极端形式中,担任公职的资格与作为公民的资格没有什么区别。因为他们都同样有资格担任几乎所有政府职位,公民可以通过抓阄挑选而不用通过投票选举。卢梭赞成孟德斯鸠关于希腊民主实践的看法,"从本质上讲,抓阄选举是民主的。"他认为这"在真实的民主中不会有多少缺点,不过,"他补充说,"我已经说过,真正的民主仅仅是一种理想。"

依照亚里士多德的说法,正义对于寡头政体来说,"基于那种在任何一个方面不平等的人在所有方面也都不平等的观念;由于不平等,也就是说,由于财产的不平等,他们认为他们自己绝对地不平等。"寡头政体因而不承认公民身份或公职对所有自由民开放,但是在不同程尽管亚里士多德承认,有主张认为寡头制和民主制"具有某种正义,"不过亚里士多德还是指出了这两种政体各自的非正义。他认为,仅仅因为富人和穷人都是自由人,就将两者视为是平等的,在这一点上,民主政体对于富人来说的确是不正义的。而寡头政体由于不能抛开财富标准,将所有自由人视作是平等的,因而对于穷人来说也是不正义的。"以绝对的标准审验之,"亚里士多德继续讲道,"他们都是不完善的,因而,当双方在政府中的分享份额与他们固有观念不一致时,就会激起革命。"

柏拉图,修昔底德,普鲁塔克和亚里士多德一样,都注意到了这一不稳定的情势会让煽动家或君主鼓励由群众或富人小团体实行没有法律的统治。两者都将为专制铺平道路。

为了稳定局势,消除不公,亚里士多德提出了一种混合政体。这种政体通过数种不同的方法"试图联合穷人的自由与富人的财富。"通过这种办法,他希望能够满足好政府的两个要求。"一个就是公民对于法律的实际服从,另一个就是他们所遵守的法律的嘉益。"通过参与制订法律,所有的自由民,包括穷人,都会更倾向于遵守法律。不过既然富人也被赋予了特别的作用,按照亚里士多德的想法,他们就有可能也从所通过的法律中获得好处,因为"出生和教育通常与财富相伴。"

在亚里士多德看来,混合政体是十分公正的,由于混合了贵族因素,它接近于是一种理想政体。考虑到具体情况,混合政体"比其他任何一种政府形式都要更正当,但它也并不是最真实与最理想的政府形式。"

对于亚里士多德来说,真实与理想的、有时被他称作"神圣的政府形式"似乎应该是君主制,或者说由一位优秀者进行统治;根据他自己在《政治学》结尾对最佳——即便不是最理想的,那也应该是最为可行的——政体的描绘来看,亚里士多德显然反对承认所有的劳动者都具有公民资格。

正如在**宪法**一章中所指出的那样,应该把亚里士多德的混合政体与中世纪的混合体制区别开来,后者是有法的政府与无法的政府或专制政府的混合,而不是不同的政体原则的混合。混合体制——或者说"王室的和政治的政府"——似乎并不是在试图调和矛盾的正义原则中形成的,而是作为腐朽的封建主义和上升的民族主义不可避免的结果而存在的。不过阿奎那主张,混合体制应该是依据为犹太人所制订的神圣法律而建立起来的;因为它"部分是王权制,因为有一人在万人之上;部分是贵族制,就其一些人被视为权威而言;部分是民主制,比如说人民选举的政府,就其统治者可以从人民中选出,人民有权选择其统治者而言。"在这样一种体制中,君主原则与贵族因素和民主因素混合,无论程度如何,贵族与平民都在政府中占据一个部分。但是任何一个团体都不会像在纯粹的宪政政府中那样作为公民发挥政治上的作用。

不过,宪政正义的问题自古到今都有。现代民主的回答截然不同,承诺基于其"生而为人"而给所有人以平等。它认识到财富和出身不应该作为特殊政治偏好或特权的基础。如果依据这些标准,混合政体,甚至是最为极端的希腊民主形式也会被像穆勒这样的作者视为具有寡头特征。

不过,穆勒起码会和亚里士多德一样,赞成孟德斯鸠的理论,认为任何政府形式的正当性都必须考虑到"人民的性情和倾向,有了人民的支持,政府才能成立"。孟德斯鸠写道,政体和法律"应该以这样的方式为其人民加以改进,使其与这个国家所可能设想出的其他政府形式相比,能够为人民提供更多的可能。"

穆勒说:"最理想的政府形式……并不意味着它是对所有文明国家都是可行的与合适的"。当他这样说时,他也做出了稍有差异的相同看法。不过尽管穆勒愿意将政府的形式与不同人民的历史条件联系起来,而不是将其视作绝对标准,但是在一个非常重要的方面,他还是与孟德斯鸠和亚里士多德截然不同。正如我们所看到的那样,在他看来,绝对地来说,基于普选的代议制民主是唯一真正正义的政府——它是唯一完美地符合人性的。人们的偶然机运会暂时证明不那么公正乃至不公正的政府形式的正当性,诸如寡头制或专制,不过人们不能永远宣告屈从,不能永远没有选举权,要通过教育、经验和经济改革将人们培养至与理想政体相适应的状况。

尽管民主的观念在不同时期会有改变,但是——无论从反对者还是支持者的观点来看——民主政府的基本问题一直存在着。

不管在什么时代,都存在着一个领导者的问题,都需要最佳人选从事政治服务,而又不侵犯所有人的政治表决权。多数和少数之别,作为自由的人的平等与其个人在德性和禀赋上的不平等之别,这都永远需要在政治上加以关注,如果不是根据地位的优越,而是将治国难题分配给专家或特殊才能者,那么就可以只把某些一般性的政策问题留给多数人投票表决。杰斐逊和穆勒都希望平民政府可以取消特权阶层,而又不会丧失由特殊才能的个人的领导所带来的好处。杰斐逊给亚当斯写信说,要想实现这一愿望,就要依靠让"公民自由选举,把真贵族与假贵族区分开来,把麦籽与麦壳区分开来。"

任何时代,都存在着多数暴政的危险,在革命的威胁下,会出现煽动家,他们会借助群氓统治建立独裁。霍布斯把民主的这种特殊的易感性说成是煽动家的捣乱,认为大众议会"就像君主为阿谀者所奉承一样受制于罪恶的意见,被雄辩家引入歧途",结果,民主就堕落成为多数强权的雄辩家所支配的政府。

托克维尔比霍布斯走得更远,依照他的看法,民主集权可能是一种比任何从古代到中世纪所能见到的专制形式更要专制的形式。他在此问题上的洞见在**暴政与专判**章中会有更详细的讨论。

民主国家很少被诱使去承担帝国的重负,它无须承受内政与外交不一致之累。而修昔底德在其书中则反复记述了雅典人是如何努力调和其外交上的帝国主义和内政上的民主之间的不一致。

在伯罗奔尼撒战争结束后第一年,伯里克利在其演讲中称赞了雅典的民主,同时又赞美了帝国的强大。"只有雅典人,"他讲道,"不计后果,他们不是出于对个人得失的计算而行事,而是出于对自由的信心而行事"。但是仅仅隔了四年,在米提利尼起义后,克里昂就以一种完全不同的语调进行演说了。修昔底德称他为"在那个时代到那时为止,对人民影响最大的人。"但是克里昂告诉其民主雅典的公民同胞们,他"在此之前经常听到有人劝解,说民主政治不能适用于帝国统治。"但是现在"我看到你们对于密提林人的情绪改变,我更加相信这一点了"。他敦促他的同胞们回到其早期的决定,惩罚密提林人,因为,他说,如果他们撤销其决定,他们就会"让步于对于帝国来说最为致命的三个缺陷——怜悯、同情和纵容。"

在这场争论中，狄奥多德主张一种温厚的政策，他主张这样做并不是像伯里克利所说的那样是依照民主国家对待其依附国的态度，出于"对于自由的自信"而行事。"不是正义的问题，"狄奥多德声称，"而是如何让密提林人对雅典人有用的问题……我们一定不能"，他继续讲道，"像对待罪犯的严格法官那样，因而损害我们的利益，而应该想出办法，减轻处罚，使这些城邦将来能够为我们所充分利用，这些城市会给我们带来重要贡献……对于保全我们的帝国最有利的是，"他总结说，"宁可让人家对不住我们，也不要把那些活着对我们有利的人处死，不管处死是怎样正当的。"

十二年后，亚西比德——其本身毫无民主精神——建议雅典人发动西西里远征，他讲到："我们不能死守让帝国停滞的观点；我们已经处于这样一个位置，我们不能满足于保持所得，而必须想办法扩大我们的所得，因为，如果我们停止统治别人，我们就面临着被人统治的危险。"在入侵西西里之前的外交冲突中，叙拉古的厄谟克拉特试图联合西西里诸城邦以避免"不体面地臣服于雅典人的统治。"雅典大使尤费谟发现他不得不在开始的时候说"我们的帝国和我们所拥有的充分权利"，但是随之就只好坦白地承认"为了君主和帝国城邦，远征没有什么不合理的"。

对于伯罗奔尼撒战争，尤其是对于叙拉古远征的谴责导致了民主的崩溃。这种崩溃不是因为帝国的消失，而是试图保持或扩大帝国而卷入的道德牺牲的结果。塔西佗在评价随着罗马的扩张而导致的共和体制的崩溃时也强调了同样的原因。当英帝国的问题出现在穆勒有关民主政体应该如何管理其殖民地或附属国的讨论中时，也牵扯到了同样的问题。

帝国与民主的不相容是民主国家外部事务问题的一个侧面。其另一面就是民主体制与军事权力或军事政策——以长期的敌人和好战的政策的形式存在——之间的紧张关系。从所有的历史经验来看，传统上在和平形式下归诸民主的低效率似乎并没有导致在面对外来入侵时的民主的软弱或怯懦。

对于民主来说，深层的危险似乎存在于战争对于该体制及其人民的道德影响上。正如汉密尔顿在《联邦党人文集》中所写的那样："战争所带来的对于生活和财产的摧毁，一个国家由于持续的危险状态而导致的人们的持续紧张和忧虑，都将迫使拥护自由的国民寻求平静和安全的体制，为了更安全，他们最终变得甘冒不再那么自由的危险。"

分 类 主 题

1. 民主的观念：民主与其他政府形式的比较
2. 民主的堕落：自由和平等的无政府倾向
   2a. 多数的暴政：没有法律的群氓统治
   2b. 大众的无能和领袖的必要：君主制和贵族制的优势；煽动家的出现
3. 对于作为数种好的政府形式之一的民主的接受
   3a. 民主正义与寡头正义的比较：作为富人利益和穷人利益折中方案的混合政体
   3b. 多数人政治智慧与少数人政治智慧的比较：能够包容二者的混合体制
   3c. 民主制、贵族制和君主制在效率方面的比较

4. 对民主的赞美：理想国家

   4a. 法律之下所有人的自由和平等

   （1）普选权：特权阶层的废除

   （2）经济正义问题：资本主义和社会主义之间的选择

   4b. 人民主权的民主实现：捍卫自然权利

   4c. 民主在实践中的弱点以及对于这些缺陷的改进与补救

   4d. 民主政体在所有情况下适用于所有人：有利于民主的条件；通往民主的进步

5. 民主和代议制政府

   5a. 直接民主与代议制或共和制政府的区别：民主的疆域限制

   5b. 代议制理论

   （1）多数统治和少数或比例代表制

   （2）对选举权的根本限制

   （3）选举和投票的方法

   （4）政党的作用：派系

   5c. 职位和权力的分配：代议制民主中的限制与平衡；任命权的使用

6. 民主教育的任务：培养全体公民

7. 民主的成长及其变迁：支持其成长的因素

   7a. 煽动家和革命的危险

   7b. 帝国的危险：附属国的待遇

   7c. 战争与和平的挑战：公民的敌人

8. 作为民主社会本质的条件的平等：对人民品质及政体的影响

[陈德中 译]

索引

本索引相继列出本系列的卷号〔黑体〕、作者、该卷的页码。所引圣经依据詹姆士御制版，先后列出卷、章、行。缩略语 esp 提醒读者所涉参考材料中有一处或多处与本论题关系特别紧密；passim 表示所涉文著与本论题是断续而非全部相关。若所涉文著整体与本论题相关，页码就包括整体文著。关于如何使用《论题集》的一般指南请参见导论。

1. Conceptions of democracy: the comparison of democracy with other forms of government

- 4 Euripides, 352
- 5 Thucydides, 395–399
- 6 Plato, 408–413, 598–604, 667–676
- 8 Aristotle, 471–472, 488–493, 495–497, 520–524, 608
- 13 Plutarch, 70–71
- 18 Aquinas, 229–230, 307–309
- 21 Hobbes, 104–106
- 33 Locke, 25–28, 46–53 passim, 55–58 passim, 59
- 35 Montesquieu, 4–13, 18–25, 31–33, 44–45, 47–48
- 35 Rousseau, 391–393, 395–398, 410–411, 420–424
- 39 Kant, 436, 450–452
- 40 Federalist, 60–61, 125–126
- 40 Mill, 327–442 passim
- 43 Hegel, 94–95, 96–98, 180–183, 287–290, 291–293
- 44 Tocqueville, 208–211, 227–383 passim
- 50 Marx-Engels, 428–429
- 58 Weber, 97–98, 160

2. The derogation of democracy: the anarchic tendency of freedom and equality

- 5 Herodotus, 107–108
- 6 Plato, 408–414
- 8 Aristotle, 492, 512, 516, 523
- 21 Hobbes, 150–151, 273
- 33 Locke, 29
- 40 Mill, 298–299, 354–355
- 41 Boswell, 125, 127, 211
- 43 Hegel, 104, 390
- 43 Nietzsche, 481–482, 501–503, 522–523
- 44 Tocqueville, 130–144 esp 135–136, 281
- 47 Dickens, 159–160
- 58 Weber, 98–100

2a. The tyranny of the majority: lawless mob rule

- 5 Herodotus, 108
- 5 Thucydides, 533
- 6 Plato, 411–412, 681–682
- 8 Aristotle, 478–480, 491, 523
- 13 Plutarch, 648–649
- 24 Shakespeare, 61–63
- 25 Shakespeare, 351–353, 370–371
- 35 Montesquieu, 10
- 40 Federalist, 47, 50, 164–165, 192–193
- 40 Mill, 268–271
- 43 Hegel, 151–152
- 44 Tocqueville, 98–99, 130–144, 231, 348–349

2b. The incompetence of the people and the need for leadership: the superiority of monarchy and aristocracy; the rise of the demagogue

- 4 Aristophanes, 473–496
- 5 Herodotus, 107–108
- 5 Thucydides, 504–505, 520
- 6 Plato, 375–376, 598–604, 674–676
- 8 Aristotle, 478–483, 565–566
- 13 Plutarch, 62–64, 792–802
- 23 Erasmus, 10
- 23 Montaigne, 187–188
- 24 Shakespeare, 568–572
- 25 Shakespeare, 351–353, 361–362, 370–371, 383–384
- 28 Descartes, 268–269
- 33 Locke, 76
- 35 Montesquieu, 4–5, 142–143
- 35 Rousseau, 401
- 37 Gibbon, 68–69
- 40 Mill, 298–299, 319–323 passim, 363–366, 375–377
- 41 Boswell, 86, 178
- 43 Hegel, 98–99, 106–107, 108–109, 180–183, 288–289, 318–319
- 43 Nietzsche, 500
- 44 Tocqueville, 164–165, 208, 210–211
- 58 Frazer, 31–32
- 58 Weber, 80, 87–89 esp 89, 96–98, 146–147, 162, 170–173
- 58 Huizinga, 267–268

3. The acceptance of democracy as one of several good forms of government

- 8 Aristotle, 479–480, 495–497, 608
- 21 Hobbes, 154, 228
- 33 Locke, 55
- 35 Montesquieu, 4–6, 9–10
- 35 Rousseau, 359
- 39 Kant, 450
- 40 Federalist, 60, 125–126
- 43 Hegel, 180–183, 287–290 passim

3a. Comparison of democratic and oligarchic justice: the mixed constitution as a compromise between the interests of the poor and rich

5 Thucydides, 396, 520, 575-576, 590
6 Plato, 681-682
8 Aristotle, 461, 477-483, 493-494, 498-503, 521-522
13 Plutarch, 70-71
21 Hobbes, 156
38 Gibbon, 94-95, 403-404
40 Federalist, 171-172, 176-179 passim
40 Mill, 384-387

3b. Comparison of the political wisdom of the many and the few: the mixed regime as including both

5 Herodotus, 107-108, 180
6 Plato, 213-219, 346-347, 375-376, 377-379, 598-604
8 Aristotle, 478-483, 484
13 Plutarch, 34-35
21 Hobbes, 105-106, 129-130
25 Shakespeare, 351-392
28 Descartes, 268-269
33 Locke, 81
35 Montesquieu, 71
35 Rousseau, 369, 413, 414-415
40 Federalist, 51-52, 130-132, 159-162 passim, 192-193, 205, 214-215
40 Mill, 356-362 passim, 374-377, 384-387, 401-406 passim, 407-409, 410-412
43 Hegel, 103, 104, 108-109
44 Tocqueville, 131

3c. Comparison of democracy, aristocracy, and monarchy with respect to efficiency

5 Herodotus, 107-108
6 Plato, 603-604, 699-700
8 Aristotle, 479-483, 484-487
21 Hobbes, 107-108
35 Montesquieu, 25
39 Kant, 450
40 Federalist, 118-119
40 Mill, 363-366
44 Tocqueville, ix-x, 4-5, 47-48, 105-121 passim esp 119-121

4. The praise of democracy: the ideal state

5 Herodotus, 175
5 Thucydides, 395-399
6 Plato, 408-413
8 Aristotle, 495-497
33 Locke, 76
35 Montesquieu, 4-5, 9-10
35 Rousseau, 323-328 passim
39 Kant, 450-452, 586-587
40 Federalist, 49-53, 125-126, 150
40 Mill, 341-350
43 Hegel, 292-293
44 Tocqueville, 119-127
55 Dewey, 104-105

4a. Liberty and equality for all under law

4 Euripides, 352-353
5 Herodotus, 232-233
6 Plato, 681-682
8 Aristotle, 382, 477-483 passim, 491, 498, 520-521
13 Plutarch, 36-37
14 Tacitus, 132
21 Hobbes, 94, 113-116, 156
33 Locke, 36-37, 56-58
35 Montesquieu, 19-21, 68-69
35 Rousseau, 396-398, 405
39 Kant, 114, 398-399, 400-402, 408-409, 438-439, 450-452
40 Declaration of Independence, 1 passim
40 Articles of Confederation, 5
40 Constitution of the U.S., 11, 17
40 Federalist, 92-94, 251-254
40 Mill, 267-274, 370-372, 387, 403, 460, 467, 474-476
41 Boswell, 125, 127, 211
43 Hegel, 223, 287-289, 291-293
44 Tocqueville, 269-271
50 Marx-Engels, 429
51 Tolstoy, 10
60 Orwell, 520-524

4a(1) Universal suffrage: the abolition of privileged classes

4 Aristophanes, 867-886
6 Plato, 406-407
8 Aristotle, 477-481 passim, 523
35 Montesquieu, 4-5
37 Gibbon, 14
38 Gibbon, 73, 81-82
39 Kant, 436-437, 445
40 Constitution of the U.S., 14, 18-19
40 Federalist, 125-126
40 Mill, 344-346, 369-370, 380-389, 394-396
44 Tocqueville, 28, 104-105, 183, 364-365
50 Marx-Engels, 416, 428-429

4a(2) The problem of economic justice: the choice between capitalism and socialism

4 Aristophanes, 867-886
6 Plato, 341, 691-697
8 Aristotle, 458-460, 461-463, 521-522, 523-524
18 Aquinas, 309-316
21 Hobbes, 156-157
25 Shakespeare, 351-353
33 Locke, 30-36
35 Montesquieu, 96-102
35 Rousseau, 375, 377, 393-394
36 Smith, 32-33, 124-125, 225-226
40 Federalist, 113-114, 184-186
40 Mill, 345-346, 472-473
50 Marx, 33-37, 104-105, 113-115, 377-378
50 Marx-Engels, 419-434
54 Freud, 787-788

    57 Tawney, 181-255 passim esp 194-199, 215-216, 231-232
    59 Joyce, 625-626
    60 Orwell, 478-481, 513-524

4b. The democratic realization of popular sovereignty: the safeguarding of natural rights

    5 Herodotus, 107
    5 Thucydides, 396-397
    6 Plato, 681-682
    8 Aristotle, 608
    13 Plutarch, 678
    21 Hobbes, 101-104
    28 Spinoza, 669-670
    33 Locke, 44-47, 54-55, 59, 73-81 passim
    35 Montesquieu, 4-6
    35 Rousseau, 323, 356-359, 369, 387-392, 395-396, 420-424
    37 Gibbon, 14, 91
    39 Kant, 429, 434, 435-458
    40 Declaration of Independence, 1-3
    40 Constitution of the U.S., 17, 18-19, 19
    40 Federalist, 49-53, 125-128, 144-145, 146, 231-232, 251-254
    40 Mill, 267-274
    43 Hegel, 96-98
    44 Tocqueville, ix-x, 19-22, 27-48 passim, 85-86, 122-124, 208-210, 361, 379-380

4c. The infirmities of democracy in practice and the reforms or remedies for these defects

    4 Aristophanes, 651-672, 673-696, 722-747, 748-769, 770-797, 832-834
    5 Thucydides, 425, 504-505, 533
    6 Plato, 411-413
    8 Aristotle, 492, 512, 522-523
    13 Plutarch, 62-64
    21 Hobbes, 148-149
    33 Locke, 61-62
    35 Montesquieu, 51-52, 142-143
    35 Rousseau, 418-420, 433-434
    40 Federalist, 49-53 passim, 83, 159-162, 192-195
    40 Mill, 354-355, 362-389 passim, 392-399
    41 Boswell, 178, 374
    43 Hegel, 105
    44 Tocqueville, 4-5, 25-26, 67-69, 100-119, 129-144, 210, 282-284, 342-343, 375-381, 399, 402-406
    47 Dickens, 52-62, 206-207
    57 Veblen, 149-151
    58 Weber, 95-101

4d. The suitability of democratic constitutions to all men under all circumstances: conditions favorable to democracy; progress toward democracy

    8 Aristotle, 484-485
    35 Montesquieu, 122-126
    35 Rousseau, 324, 402-405
    38 Gibbon, 562-565

    39 Kant, 114-115, 451
    40 Federalist, 60-61
    40 Mill, 328-332, 350-355, 387, 413-414, 424-428 passim, 433-442 passim
    43 Hegel, 167-168, 180-183
    44 Tocqueville, ix-x, 22-26, 149-165 esp 161-165

5. Democracy and representative government

5a. The distinction between direct democracy and representative, or republican, government: the territorial limits of democracy

    8 Aristotle, 522
    33 Locke, 55
    35 Montesquieu, 56, 58-60
    35 Rousseau, 410
    39 Kant, 451-452
    40 Federalist, 51-53, 157, 192-194
    40 Mill, 330, 350
    43 Hegel, 183
    44 Tocqueville, 30-31, 402

5b. The theory of representation

    6 Plato, 697-705
    13 Plutarch, 34-35, 70-71
    21 Hobbes, 96-98, 101, 104-105, 117-121, 153-159
    33 Locke, 58, 60-62
    35 Montesquieu, 71
    35 Rousseau, 421-423
    36 Smith, 301-304
    37 Gibbon, 522-523
    40 Declaration of Independence, 1-2
    40 Constitution of the U.S., 11-14 passim
    40 Federalist, 49-53, 82-83, 113-114, 165-203 passim, 231-232
    40 Mill, 327-442 passim
    43 Hegel, 104-108
    44 Tocqueville, 58-60

5b(1) Majority rule and minority or proportional representation

    8 Aristotle, 481, 484-485, 493-494
    30 Pascal, 227, 345
    33 Locke, 46-47
    35 Montesquieu, 4-6
    35 Rousseau, 425-427
    37 Gibbon, 91
    40 Articles of Confederation, 5-6
    40 Constitution of the U.S., 18
    40 Federalist, 49-53, 141-142, 170-172, 181-182, 189
    40 Mill, 298-302, 307-312, 366-380, 386-387
    41 Boswell, 261
    43 Hegel, 388
    44 Tocqueville, 128-136, 200-201
    58 Weber, 99-100

5b(2) Ultimate limitations on the franchise

    8 Aristotle, 492-493, 533, 554, 572
    35 Montesquieu, 4-5

35 Rousseau, 427-432
39 Kant, 436-437
40 Federalist, 165, 170-172
40 Mill, 380-389 passim, 394-396
43 Hegel, 107-108
44 Tocqueville, 66-67, 393

5b(3) Methods of election and voting

6 Plato, 697-705, 786-787
8 Aristotle, 499, 500-501
13 Plutarch, 45
14 Tacitus, 6
20 Calvin, 352-353, 359-360, 363, 427
33 Locke, 60-62
35 Rousseau, 426-428
40 Constitution of the U.S., 11-12, 14, 18, 19
40 Federalist, 165-188 passim
40 Mill, 370-406, 412-414
43 Hegel, 107-108
44 Tocqueville, 63-69, 88
46 Eliot, George, 382-383, 439-444
58 Weber, 91-92, 94-95

5b(4) The role of political parties: factions

5 Thucydides, 434-438, 564-593
6 Plato, 744
8 Aristotle, 420-421, 554-555, 556
13 Plutarch, 68, 75, 521
14 Tacitus, 224-225
21 Machiavelli, 14
21 Hobbes, 121
35 Montesquieu, 142-143
35 Rousseau, 396
36 Smith, 470
37 Gibbon, 652-655
40 Federalist, 49-53, 141-142, 164-165
40 Mill, 366-370, 376-377, 412-413
43 Hegel, 356-357
44 Tocqueville, 88-91, 266-268
50 Marx-Engels, 423-425
58 Weber, 84-85, 86-87, 91-100, 142-143, 159-160
60 Orwell, 492-496

5c. The distribution of functions and powers: checks and balances in representative democracy; the uses of patronage

8 Aristotle, 498-502, 525-526, 572-584 passim
13 Plutarch, 34-35, 70-71
21 Hobbes, 103-104, 150, 151-152
33 Locke, 58-62
35 Montesquieu, 69-75
35 Rousseau, 428-435
37 Gibbon, 26-27
39 Kant, 436, 438-439
40 Articles of Confederation, 7-9
40 Constitution of the U.S., 11, 12-14, 15
40 Federalist, 153-159, 162-165, 176-179, 189-191, 200-201, 207-210 passim, 219-221, 226-227
40 Mill, 355-356, 365-366, 401-402, 406-409

43 Hegel, 93-94
44 Tocqueville, 34-40
58 Weber, 84-85, 86-87, 96-97, 146-148

6. The educational task of democracy: the training of all citizens

5 Thucydides, 395-399
6 Plato, 675-676
8 Aristotle, 512, 537-538, 542
21 Hobbes, 153-155
29 Milton, 381-412
35 Montesquieu, 15-18
35 Rousseau, 375-377
36 Smith, 382-385
40 Federalist, 95
40 Mill, 317-323, 330, 339-341, 349-350, 401-406 passim, 420, 424
44 Tocqueville, 3, 83-84, 142-143, 159, 318
58 Weber, 168

7. The growth and vicissitudes of democracy: factors supporting its growth

5 Thucydides, 579-580
6 Plato, 408-414
8 Aristotle, 470, 553-572
13 Plutarch, 9, 121-141, 604-619, 681-689
14 Tacitus, 1-2
21 Machiavelli, 8
24 Shakespeare, 568-596
25 Shakespeare, 351-392
35 Rousseau, 418-419
38 Gibbon, 71-73 passim, 217, 218-219, 427-428, 562-565
40 Federalist, 29-31 passim, 38-41 passim, 179-182 passim
40 Mill, 267-269
43 Hegel, 287-290
44 Tocqueville, 1-6, 14, 144-165, 216-218, 229, 381-383, 400-406

7a. Demagoguery and the danger of revolution

4 Aristophanes, 673-696, 732-733, 757-758
5 Herodotus, 108
5 Thucydides, 434-438, 466-469, 575-582
8 Aristotle, 470, 506-507, 523-524, 558-559, 565-566
13 Plutarch, 13-14, 117-121, 577-619, 628, 681-689, 792-802
21 Hobbes, 127-129, 152
28 Bacon, 23-26
33 Locke, 76-78
35 Montesquieu, 52, 142-143
39 Kant, 439-441
40 Federalist, 47, 78-79, 181
40 Mill, 329-330
43 Hegel, 318-319
44 Tocqueville, 343-349, 380
60 Orwell, 492-496

7b. The dangers of imperialism: the treatment of dependencies

4 Aristophanes, 833-834

5 Thucydides, 403, 425–429
6 Plato, 698
13 Plutarch, 21–27 esp 22, 129–141 passim
33 Locke, 65–70
34 Swift, 182–183
35 Montesquieu, 64
36 Smith, 283–284, 299–304
37 Gibbon, 630–631
39 Kant, 413
40 Declaration of Independence, 1–3
40 Mill, 433–442

21 Machiavelli, 17–21, 36–37
34 Swift, 80
35 Montesquieu, 10, 58–60
35 Rousseau, 324, 380
37 Gibbon, 4–5
39 Kant, 452–458
40 Federalist, 40–41, 44–47, 83, 98–101 passim, 152–153
43 Hegel, 290–291, 295–296
44 Tocqueville, 114–116, 349–360, 395
58 Weber, 178–179

7c. **The challenge of war and peace: the citizen army**

4 Aristophanes, 651–672, 673–696, 748–769 esp 757–758
5 Herodotus, 177–178, 232–233
5 Thucydides, 402–404, 513–514, 564
6 Plato, 640–642, 732–735
8 Aristotle, 524–525, 538

8. **Equality of conditions as the essence of a democratic society: its effect upon the character of the people and its institutions**

44 Tocqueville, 1, 14, 19–22, 23–25, 150–151, 218, 243–244, 301, 309–312, 330–332, 339–341, 364–365, 381–383
58 Weber, 159–161
60 Orwell, 505

交叉索引

以下是与其他章的交叉索引：

The general theory of government and the forms of government, see ARISTOCRACY; GOVERNMENT; MONARCHY; OLIGARCHY; TYRANNY AND DESPOTISM.

The theory of constitutional or representative government, in itself and in contrast to monarchy or absolute government, see CONSTITUTION; MONARCHY.

The mixed constitution and the mixed regime, see ARISTOCRACY 2b; CONSTITUTION 3a, 5b; GOVERNMENT 2b; MONARCHY 1b(1).

The conditions relative to which democracy is a suitable form of government, see MONARCHY 4e(2); SLAVERY 6c; TYRANNY AND DESPOTISM 4b.

Political liberty and equality in relation to the rights of citizenship, see JUSTICE 9e; LIBERTY 1f.

The problem of suffrage and the debate concerning the extension of the franchise, see CITIZEN 2c–3; LABOR 7d; OLIGARCHY 4, 5a; SLAVERY 5b.

The relation between economic and political democracy, and the problems of economic as well as political justice, see JUSTICE 8–9g; LABOR 7f; LIBERTY 2d; SLAVERY 5a–5b.

Popular sovereignty and natural rights, see GOVERNMENT 1g(3); JUSTICE 6–6e; LAW 7b–7c; LIBERTY 2–2d; STATE 2c; TYRANNY AND DESPOTISM 5c.

Majority rule and the tyranny of the majority, see OPINION 7–7b; TYRANNY AND DESPOTISM 2c; WILL 10a.

The theory of representation, see ARISTOCRACY 6; CONSTITUTION 9–9b.

The educational problems of democracy, see ARISTOCRACY 5; EDUCATION 8c–8d; STATE 7d.

Equality of conditions, see PROGRESS 4c.

扩展书目

下面列出的文著没有包括在本套伟大著作丛书中，但它们与本章的大观念及主题相关。

书目分成两组：

Ⅰ．伟大著作丛书中收入了其部分著作的作者。作者大致按年代顺序排列。

Ⅱ．未收入伟大著作丛书的作者。我们先把作者划归为古代、近代等，在一个时代范围内再按西文字母顺序排序。

在《论题集》第二卷后面，附有扩展阅读总目，在那里可以查到这里所列著作的作者全名、完整书名、出版日期等全部信息。

I.

Plutarch. "On Monarchy, Democracy, and Oligarchy," in *Moralia*
Spinoza. *Tractatus Politicus (Political Treatise)*, CH II
Voltaire. "Democracy," in *A Philosophical Dictionary*
Jefferson. *Democracy*, CH 1-2
Mill, J. S. "M. De Tocqueville on Democracy in America," "Enfranchisement of Women," in *Dissertations and Discussions*
———. *Socialism*
Marx. *The Civil War in France*
———. *Critique of the Gotha Programme*
Veblen, T. *The Vested Interests and the Common Man*
Dewey. *Characters and Events*, VOL II, BK V (17)
———. *Freedom and Culture*, CH 4-7
———. *The Public and Its Problems*, CH 3
Tawney. *Equality*

II.

THE MODERN WORLD (1500 AND LATER)

Acton. *Essays on Freedom and Power*, CH 5, 7-8
Adams, H. B. *The Degradation of the Democratic Dogma*
———. *History of the United States*
Adler, M. J. *A Vision of the Future*, CH 7
———. *We Hold These Truths*
Arnold. "Democracy," "Equality," in *Mixed Essays*.
Atwood. *The Handmaid's Tale*
Babbit. *Democracy and Leadership*
Baldwin. *The Fire Next Time*
Barker. *Reflections on Government*
Beard, C. A. *Economic Origins of Jeffersonian Democracy*
Becker. *Modern Democracy*
Benes. *Democracy Today and Tomorrow*
Bryce. *The American Commonwealth*
———. *Modern Democracies*
Burke. *An Appeal from the New to the Old Whigs*
———. *Letter to Sir Hercules Langrishe*
Calhoun. *A Discourse on the Constitution and Government of the United States*
———. *A Disquisition on Government*
Carlyle, T. *Chartism*
Cartwright. *Take Your Choice!*
Clarke Papers
Cohen, C. *Democracy*
Croly. *Progressive Democracy*
Dahrendorf. *The Modern Social Conflict*
Dicey. *Lectures on the Relation Between Law and Public Opinion*
Ely. *Democracy and Distrust: A Theory of Judicial Review*
Friedrich. *Constitutional Government and Democracy*
Giddings. *Democracy and Empire*
Gissing. *Demos*
Hayek. *The Constitution of Liberty*
Hirsch, M. *Democracy Versus Socialism*
Hobson, J. A. *Democracy and a Changing Civilisation*
Hook. *Reason, Social Myths and Democracy*
Jones, A. H. M. *Athenian Democracy*
Kainz. *Democracy, East and West*
Laski. *Democracy in Crisis*
Le Bon. *The Crowd*
Lecky. *Democracy and Liberty*
Lenin. *"Left-Wing" Communism, an Infantile Disorder*
———. *The State and Revolution*, CH 5
Lincoln. "The Gettysburg Address"
Lindsay. *The Modern Democratic State*
MacIver. *Leviathan and the People*
Maine. *Popular Government*
Maritain. *Christianity and Democracy*
———. *Ransoming the Time*, CH 2
———. *Scholasticism and Politics*, CH III-IV
Mazzini. *The Duties of Man*
Merriam. *The New Democracy and the New Despotism*
———. *What Is Democracy?*
Michelet. *The People*
Michels. *Political Parties*
Nock. *The Theory of Education in the United States*
Ostrogorski. *Democracy and the Organization of Political Parties*
Paine. *Dissertation on First Principles of Government*
———. *Rights of Man*, PART II, CH 1
Pareto. *The Mind and Society*, VOL IV
Perry. *Puritanism and Democracy*
Plamenatz. *Consent, Freedom and Political Obligation*
Revel. *How Democracies Perish*
———. *The Totalitarian Temptation*
Santayana. *Reason in Society*, CH 5
Schumpeter. *Capitalism, Socialism, and Democracy*
Simon. *Community of the Free*, CH 4
Sorel. *Reflections on Violence*
Stephen, J. F. *Liberty, Equality, Fraternity*
Strachey. *The Challenge of Democracy*
Thoreau. *A Plea for Captain John Brown*
Trotsky. *Terrorism and Communism*
Whitman. *Democratic Vistas*
Wilson, J. *Works*, PART I, CH VI-IX; PART II, CH XII

17

欲望 Desire

总论

到整个大传统的现代一端,在达尔文、J. S. 穆勒、威廉·詹姆士和弗洛伊德那里,"欲望"这个词主要指动物和人类行为的一个原因。它是心理学分析基本词汇中的一个,涵盖了一整个范围的现象,这类现象也由其他词汇来谈论,如要求、需要、渴望、愿望、意志,所有这些词汇均连同下列理论来讨论:本能和感情、力比多和爱,动机和目的。

杜威断言:"我们每个人都有欲望,至少那些还未病态到完全冷漠的人都有。这些欲望是行动的根本动力……欲望的强度调节着付出努力的力度。"欲望的范围和种类非常之广;在性的快乐、财富、力量或知识等等欲望中,哪种才是更具支配地位的,对此问题,伟大著作的作者们各有所执。

若回到传统的开端,去看看柏拉图、盖伦、亚里士多德、普罗提诺的著作,我们发现,对欲望的探讨当中,心理的考察只是其一部分。古代人当然关心欲望在导致动物和人类行为中所起的作用,也关心这种欲望的原因,但他们还对植物与动物看起来都有的渴望颇感兴趣。例如,柏拉图就把"快乐、痛苦的感觉和伴随这些感觉的欲望"用于植物。营养供给、生长和繁殖的植物活动似乎源于基本的欲求(appetite),或现代术语说的"生物性需要",这是一切生物所固有的。

由于饥和渴容易成为欲望本质的象征(或确定地标示了欲望在活物中最普遍的表现),在传统的早期,"欲求"和"欲望"经常当作同义词使用。霍布斯提出把"欲求"和"欲望"用作同义词时,观察到欲望是"那个一般的名称",而欲求则"常常限定为特指对食物的欲望,即饥和渴"。斯宾诺莎也说,"欲求和欲望之间并无不同",但他又说,"除了在这一点上,即,就人意识到自己的欲求而言,欲望一般与人相关,因此,欲望可定义为有意识的欲求"。

这里,斯宾诺莎似乎正回到更早的作家在自然欲求和有意识欲望之间所做的区分,今天我们会将之表述为"需要"和"愿望"。古代的倾向概念拓宽了欲求和欲望的意思,倾向是一切东西——无生命及有生命的——所固有的,寻求某种自然满足。当亚里士多德说"每个东西都寻求自己的完满""自然不做徒劳之事",他考虑的不仅是生命体,也有非生命物。在物理世界的任何地方,若某物看来有朝特定方向运动或以特定方式变化的自然倾向,属于此物体本质的欲求就起着原因的作用。凭着这个看法,但丁宣称"造物主和造物都永不会没有爱,要么有自然的爱,要么有心中的爱";在《筵席》中,他表明每个东西是如何有其"特定的爱"的。元素的爱或欲望,是其"固有的、向着其恰当位置的亲和";矿物欲望着(desire)"那个凡属此类都注定了的"位置,结果,"磁铁就受到从其同类方向来的力"。

根据这个看法,就可能说到雨点有下落的自然欲望,烟有上升的欲望。这或许乍一看是比喻的说法——一种原始万物有灵论或神人同形、同性论的说法,但是,在重的、轻的物体那里观察到不同自然倾向的古人,他们这么说的时候意思就是字面的。

那些说法的含义和以下说法的含义没什么不同：向日葵没有意识地、自然倾向于朝着太阳，或所有的人自然就欲望着知识。

就动物和人的行为而言欲望，是欲望的最窄意义，而当它被理解为涵盖了生命有机体中的欲求时，这个词就有了一个较宽的含义。但就其最宽的含义而言，它指物（matter）自身中固有的先天倾向。如我们马上要看到的，说欲求、欲望或倾向坐落在物之中，是根据这样一个物的概念，即把物等同于潜能或潜在。这些想法在**存在**、**变化**和**物质**等章那里有更全面的讨论，但在这儿，不妨简要说明它们对于欲望概念的重要性。

普罗提诺把质料（matter）描述为"处于乞丐状态，像是用暴力去力求获取，而总是失望"，这时他给出了对此问题的基本洞见。质料在自然事物中，是其运动和变化的理由。谈到自然变化时，亚里士多德认为有三个本原，并为之命名。除"某种神圣的、善的和值得欲望的东西"之外，他又写道，"我们以为有另两个本原，一个与第一个本原相反，另一个是这样：另一种出于其自身的本质而对第一本原有着某种渴望和向往。"这几个本原分别是形式、缺乏和质料。亚里士多德用欲望这个概念来表达质料和形式的关系。"形式不能对自身抱有欲望，"他说，"因为它不是有欠缺的；与形式相反的也不能欲望它，因为相反的东西是互相否定的。事实是，欲望着形式的是质料，就如雌性欲望着雄性。"

欲望最一般地被理解为自然欲求或倾向，从而成为一个物理学或形而上学概念。阿奎那说："自然欲求是每个东西就其自身本质都有的偏向。"在此意义上的欲望，其含义远远超出了心理现象，而是延伸到一切运动的东西，这里的运动，是指在自身本质的推动力或偏向作用下的运动，而不指外在的力强行引起的运动。

古代物理学中，每个自然倾向都有一个目的或满足，达到之后，这倾向支配的运动便静止下来。爱欲［eros］和目的［telos］——欲望和目的——是互相补充的概念，每一个都包含了另一个，一起作为物理过程的本原，这就是说，是在变化的秩序中，一起在本质上起作用的因素。每个东西的目的是满足了其本质之倾向的完满。自然不做徒劳之事，这话的意思简简单单就是，若无满足的可能，自然欲望——需要或欲求——就不可能存在。

考虑到宇宙的设计，以及造物对上帝的关系，奥古斯丁和阿奎那这样的神学家既在欲望的心理意义上，也在其形而上学意义上使用这个概念。

在形而上学的意义上，欲望只能在有限的存在物之中，因为有限的意思是要求某种完满。所以，欲望绝不能进到上帝之永恒、无限、完满的存在中。阿奎那指出，欲望"意味着某个特定的不完满，"即，欠缺"我们没有的善"。既然上帝是完满的，那么欲望便不能属于上帝，"除非是比喻意义上的。"然而，爱意味着完满，而非不完满，因为爱是从某种意志活动中流出，那意志是要散播自身的善到其他东西中。就此而言，虽然上帝的无限完满排除了欲望之可能，却不排除爱之可能。

当这位神学家把欲望的分析带到超自然的层面时，他超出了形而上学家或物理学家的领域。上帝是所有造物的超自然的致动因，同样，上帝也是超自然的终极因——所有造物趋向之的那个目的或最高的善。于是，形而上学的基本原理,即每个东西都寻求其自身的完满,便被转变了。阿奎那写道:"所有的东西通过欲望着其自身的完满,欲望着上帝本身,这是因为,所有东西各自的完满是许许多多对神圣存在的模仿……在欲望着上帝的东西之中,有一些就上帝之所是来认识上帝,这是适合于理性造物的;另一些认识到上帝之善的某些分有,这也属于可感的知识;另一些有的是无所认识的自然欲望,仿佛是受一更高智性指引趋向它们的目的。"

造物中有对上帝的欲望,这就引出了个难题:那欲望是以何种方式得到满足。不能由纯自然的手段达到超自然的目的,纯自然的手段意味着不靠上帝的帮助。阿奎那认为,上帝的临现是神赐的最高礼物,有福的灵魂在那儿得到安宁。因此,至少就人而言,就有必要问,若是那欲望的目标不能由纯自然的手段去达到,那么人还是否可能有对上帝之临现的纯自然欲望。

问题并不在于,那些上帝已向之显露了最高荣耀之许诺的人,能否有意识地欲望着赐福之临现。很清楚那是可能的,虽然要维持这样的欲望,需要有神学德性"希望",这希望与信仰和博爱不可分割。问题倒是在于,作为人的超自然目的,赐福之临现能不能是自然欲望的对象。对此,神学家们的主张看起来就不那么清楚了。

阿奎那认为"人和其他造物都不能由自然力量去达到最终的幸福。"但他又似乎认为,人有着对永恒生命之完美幸福的自然欲望。他写道:"意志的对象,即人的欲求的对象,是普遍的善,就像智性的对象是普遍的真理。"人要认识真理的欲望——不只是一些真理,而是全部的真理,无限的真理——看起来是以获得上帝之临现为其满足。类似地,阿奎那也如此说到意志对无限之善的自然欲望。他写道:"没有东西能使人的意志平静下来,除了普遍的善……那在任何造物中都找不到,而只在上帝之中。"一些作家发现这说法与以下事实相符,即无论一个人心向何种善,他总是追寻无限。看起来,任何有限数量的快乐或力量或财富都不能满足他。他总是要得更多。但追求更多的那类东西是无止境的。这种无限的欲望结果一定是挫败。这位神学家说,只有上帝,只有一个无限的存在,才能满足人对所有善的无穷渴望。

看到了不论人去哪里寻找安宁,都仍然无休止,奥古斯丁向上帝告白道:"你造出我们,为了向着你,而我们的心找不到安宁,直到平息在你那里。"帕斯卡思考人因无休止寻求的绝望而致的厌倦时,也得到了相同的结论。他写道:"他们的错误并不在于寻求刺激,要是他们只是为了享乐而寻求的话;罪孽在于他们这样去寻求刺激:仿佛占有了他们追求的对象就真的会使他们幸福。"谈到对享乐的发狂的追求,他主张"指责者和受指责的都没有理解人的真正本质"以及"没有上帝之人的不幸"。在这种无休止和徒劳的寻求那儿,这位神学家看到了人有要与上帝同在的自然欲望的证据。

怀疑论者承认同样的事实,但把人之欲望的无限性解释为一种要成为上帝的渴望。即使这不是每个人的欲望,也肯定是《失乐园》里撒旦的欲望。不论是怀疑者还是信仰者,人人都明白这个问题,而身为伟大诗人的歌德和但丁将其当作核心主题。人努力着、无休无止,到了其中的哪一个瞬间,灵魂将会欢乐地叫喊:"停下吧,你是如此美好,停下吧!"浮士德确信不会有那样的瞬间,这是他与靡菲斯特打赌的底牌。

看来两位诗人对此给出了相反的回答。浮士德在一个尘世之像中找到了步步进取后的停息。但丁的灵魂则在放弃寻求的瞬间得到天国的宁静,由舍弃而获得安宁。

在欲望这个词最宽的或神学的意义上,只有上帝无所欲望。在它最窄或心理的意义上,只有动物和人有所欲望。对照这两种意义很有用。自然欲求或倾向对于理解有意识欲望的本质有所启发。

在《斐利布篇》中,苏格拉底认为,为了"确定欲望的本质和所在",诸如"饥、渴和类似的"东西是"欲望这一类的"。他指出"当我们说'一个人渴',我们的意思是说他'空虚'"。他要的不是饮水,而是饮水带来的补足,是一种状态的变化。苏格拉底将此见识概括为"空虚的人欲望着……与他所体验着的正相反的东西;因为他是空虚的,且欲望着被充满"。在《会饮篇》中,苏格拉底使用"爱"和"欲望"这两个词,仿佛它们是可互换的,他称"欲望着某些东西的人是缺少某些东西",及"爱与一个人想要但缺少的东西有关"。

在心理领域,欲望和爱常常被等同——至少这两个词是被等同使用的,常常可以替换使用。我们上面提到上帝爱但无所欲望,在这里,这一事实提示着欲望与爱其实有根本的区别。欲望总是牵涉到一些缺少或缺失,有待通过一些变化来纠正;然而,爱,至少是得到了回报的爱,意味着拒绝改变的满足。当然,爱和欲望常常是混合着的,但这不妨碍它们是有根本差别的倾向。它们与给予和获取一样有着差别。爱之所虑是被爱者的幸福,而欲望则寻求享乐或对善的占有。

不过,并非所有作家都把爱之慷慨和欲望之攫取相对起来。例如,洛克在爱和欲望中都发现了对自身利益的考虑。他说,爱的意义很明白,只要反思一下"那些愉快的念头,某些在手边、不在手边的东西容易使人产生的那种愉快的念头……因为一个人无论是在秋天吃葡萄时说他爱葡萄,或是在春天没有葡萄时说他爱葡萄,他的意思只是葡萄的滋味使他愉快"。照洛克的看法,欲望的意义与此紧密相连。欲望的意义在于"一个人发现自己对于某种东西的缺失感到不安,那种东西若在手边会有的乐趣使他产生了对它的愉快想法"。简而言之,我们欲望着我们爱但未占有的东西。

爱与欲望的区别,它们对动物是否如对人一般有着区别,以及它们有区别时的相互关系,这些问题在**爱**那章中有更全面的讨论。这儿只要这么讲就够了,即当作家们互换着用这两个词时,它们都指要求和寻求。

就动物和人的情况而言,想要的东西只有是被认识了的,才是有意识欲望的对象。除了像一个科学对象那样被认识而外,它还必须被认为是好的或令人愉快的——换句话说,值得拥有。对于洛克,如我们已看到的,欲望只是"心灵为了想要一些缺失的善而产生的不安",且以快乐和痛苦来衡量。"易使我们快乐的,我们称为善,而易使我们痛苦的,我们称为恶。"我们有意识地欲望着的,我们判断是值得欲望的,是我们认为对自己善的东西,而"坏的"或"恶的"是我们想要避免的,是以某种方式对我们有害的,而不是有益的。

毫无疑问,欲望和嫌恶在心理上关系到对善、恶或快乐、痛苦的估量。事实总是如此,不论我们怎么回答伦理学家的这个问题:我们是因为某个东西是善的所以欲望着它的吗,或我们称之为善,只是因为我们欲望着它?这个问题的伦理学意义以及两种相反的回答,是在**善与恶**那章里讨论的。

17. 欲 望

自然欲望这个形而上学概念,可用于对有意识欲望及其对象的心理分析。欲求被认为属于一个东西的本质,这个欲求,据亚里士多德,乃是针对"我们没有的某些东西"且"是我们需要的东西"的倾向。两个要素都是根本的——缺乏,以及获取缺少之物的能力或可能性。在严格的意义上,缺乏总是与可能性相关联。

使用这些用语的作家不会说什么向日葵丧失了智慧,正如不会说一块石头是瞎的。瞎的意思是那些自然就有能力看的事物丧失了视力。所以,若说到人自然就有求知的欲望,或某些天性群居的动物自然就趋向于联合成群体或社会,就已指明了认识的可能性或社会生活的可能性;恰恰是因为这些可能性,无知和孤独才被认为是某种缺失。

这儿我们看到了欲求或欲望的两个不同的状态。与缺失相对的是占有——或与缺少相对的是拥有,同样,与欲求相对的状态是向着未占有的东西且占有了的满足的推进。我们不争取已有的东西,除非是为了保持对之的占有,以免丧失;而我们也不感到满足,直到取得寻求的东西。

在《会饮篇》里苏格拉底说:"如果一个强壮的人想要强壮,或敏捷的人想要敏捷,或健康的人想要健康,他会被认为在欲望着已有或已是的东西。"这是一个必须避免的误解。若有人说"我只想要我已有的东西",苏格拉底认为应当对他说:"我的朋友,你已有了财富、健康和力量,你想要的是它们的延续……当你说'我欲望着我已有的,别的什么也不要',你的意思难道不是你想在未来还能有你现在有的?"而这还是"与如下说法相符,即一个人所欲的是对他不存在的且他还没取得的东西";由此苏格拉底得出这样的结论,每个人都"欲望着他还没有的、未来的而非现在的……且是他缺少的东西。"

因而,欲望的对象——自然欲望或有意识欲望——看来是欲望者的某个改变了的状态,是与所欲之物结合后的结果。人要求知的自然欲望迫使他去学习。满足了这个自然欲望的学习行为,意义在于一个改变了的心灵的状态,柏拉图和亚里士多德都把这种改变说成从无知到知的一个运动。

我们有意识地欲望着食物时,寻求的并非就是这么个可食用的东西,而是吃掉它。只有吃掉它,带来称为"滋养"的状态变化,才能平息欲望。可食用的东西只是偶然成了欲望的对象,这一点可以这么看出来:除了吃掉它,没有别的方式去占有食物,以满足饥饿的要求。

由于心理学家做的另一些紧密相关的区分,自然欲望和有意识欲望的区别变得更复杂了。例如,弗洛伊德区分了有意识欲望和无意识欲望;达尔文区分了本能的欲望和习得的欲望;而詹姆士观察到,有意识欲望可以成为习惯性的,几乎自动运作,用不着我们意识到其对象或行动。

这方面的复杂,部分是措辞上的,若把自然欲望说成非意识的而不是无意识的,便可将其除去。"有意识"这个词就字面而言意味着有知识。没有认识能力的造物不能有意识地欲求。不过,这不意味着,有知觉或有意识的存在物不能有自然欲求。人要求知的自然欲望恰是一个例子。许多人有意识地寻求知识,知道什么是知识,且认为知识是值得拥有的,这些事实并不就否定了求知是自然的人类倾向。

动物受感情驱使向某个对象,它对此对象会有知觉,人们通常不认为,动物的本能欲望运作时不牵扯那种知觉。不论从知觉来看，还是从感情的冲动来看，本能欲望都是有意识的。本能欲望是先天的，不是习得的，不是由经验获得的，如果因为这一点，我们把它称为"自然的"，那么最好是记住，这儿的"自然的"不是指没有意识。不过，本能欲望和习得欲望都是能无意识地运作的。

弗洛伊德所讲的被压抑的欲望就是一个例子。被压抑的欲望，或从来就是本能的，或是力比多在对象或自我（ego）上面后天固着的结果，若它未被压抑，将会是有意识的倾向。弗洛伊德把压抑的过程与一个人试图进入一个门卫把守的房间相比较。"一开始，无意识中的兴奋……保持为无意识的。它们被迫向门口而又被门卫赶回时而'没能成为有意识的'，于是我们称其为被压抑的……若称某个冲动为被压抑的，意思是这个冲动因门卫拒绝让其进到前意识，而没能冲出无意识系统。"

被压抑的欲望由于被压抑了，其运作是无意识的，但仍能影响我们的行为或思想，只不过是凭着将其驱动力和目标强加入我们的注意力中。与之大不相同的是习惯性地因而在某种程度上无意识运作的欲望，它没有被压抑，只是不再需要我们全部的注意。

在我们对动物和人行为的描述中，欲望和感情常常被看成一回事。不过，有时又把欲望和嫌恶看成只是感情的一种，有时又把一切感情看成只是某种有意识欲望的表现，这种欲求就是与理性欲望相对的动物性欲望。

詹姆士在对本能行为的分析中说明了感情的欲求性或驱动性的一面。詹姆士认为，本能的运作可视作一系列心理事件，这些事件属于"一般反射类……由确定的感觉刺激引起，那刺激或接触到动物身体，或在周围一段距离外"，从而使"动物的感情活跃起来"。本能行为的感情部分既是要做特定行为的冲动，也是伴随该行为的感觉。绵羊本能地觉得狼危险，害怕并逃跑了。它逃跑，是因为害怕，并在逃跑的行动中感到恐惧。在詹姆士的感情理论中，他走得如此之远，说逃跑导致了恐惧的感觉，不过，他的意思不是要否定恐惧的感情会影响逃跑的冲动。

在感情作为冲动——或行动倾向——的这一面，一个感情是一个欲望，由感官知觉有意识地引起，且伴随着有意识的感觉。在伟大著作的传统中，这种感情概念以不同方式表述出来。例如，阿奎那把所有感情或激情都称做"感官欲求的运动"。但他也用"欲望""嫌恶""爱""恨""愤怒"及"恐惧"这些词来命名特定的感情。

霍布斯看出，所有感情中，欲求的倾向是共同的东西，他在感情的核心处发现了他称为"企图"（endeavour）的东西——"这些人体内的、运动的微小开端，在显露于走、说、打及别的可见行动中之前……这个企图，"他继续说，"当它趋向引起它的东西时，叫做欲求，或欲望。"斯宾诺莎用稍稍不同的话说了同样的意思："欲望自身就是本质，或是人的本性，这是说，这个本性因其给定构造而被认作是确定了要针对某个行动的……正如人的本性是以这样、那样的方式构造的，他的欲望也必须各个不同，且一个欲望的本性不同于另一个的，就像引起每种欲望的情感（affect）也不同。因此，有多少种高兴、悲伤、爱等等感情，就有多少种欲望，因而……也就有多少种打动我们的对象。"

那些发现人有两种不同认知官能——感官的与理性或智性的——的心理学家，也发现人有两种不同的欲求或欲望的官能。或许，这个区分亚里士多德和阿奎那做得最决然，他们说"一定有一种属于理性的欲求趋向于普遍的善，以及另一种属于感官的欲求趋向于特殊的善"。智性欲求，或理性欲望的官能，传统的名称是"意志"。照斯宾诺莎的用语，欲望的努力，"当它只与心相关时，称为意志，但当它同时与心和身都相关时，称为欲求"。

不过，有些心理学家把欲望的这些不同模式归于同一个官能，就像把感觉和思想也都归于斯一样，这个能力称为"心灵"或"领会"，他们是将一整个领域的欲求现象一同处理的，包括了动物性的激情和意志行为。例如，詹姆士把带感情的本能行为当成"自动的和反射的"活动，而将其与"自愿活动"区分开来，而"自愿活动是预先所欲求和意图的，是完全预知了其所是而做的"。这样一来，他也在感情冲动和意志行为之间画了一条线，即使他没区分两种欲求官能。

不管有没有区分不同的官能，看起来，几乎所有人类经验和行为的观察者都同意，有意识欲望有着不同的种类，至少他们都看到了激情和意志之间常有的冲突。这些问题在**情绪**和**意志**两章有更全面的讨论。

欲望，尤其是感性欲望，在人类生活中的作用，与善恶、德性、责任、快乐等问题如此紧密相连，以至于直到相当晚近的时候，这个题目主要在伦理学、政治学、修辞学的书籍中，或在虚构作品中，而不是在心理学著作中讨论。自荷马以来，整个虚构文学的领域里，无节制的欲望导向毁灭是一个不断重复的主题。甚至抑制欲望的努力也被一些作家看作是通向毁灭的途径，就如托马斯·曼在《梦断威尼斯》中用柏拉图的话表明的："超然……及对形式的专注导致狂热和欲望，它们会把我们中间最高贵的人带向可怕的感情过度……所以它们同样，还是同样，导向无底深渊。"有些作家，如柏拉图、曼、乔伊斯，认为艺术家比其他人更倾向于这种感情过度。

弗洛伊德对艺术家持类似的看法，艺术家"受太过吵闹的本能需要的催促；他渴望获得荣誉、力量、财产、名望和女人的爱……这样，如别的有着未满足渴望的人一样，他躲开现实，把所有兴趣转移……到幻想生活中的愿望的创造那儿去了"。对于弗洛伊德，艺术家只是一切"饥饿的灵魂"的极端例子，因为"起调解作用的幻想世界是一般人类都同意接受的"。

弗洛伊德想要把心理描述及解释与道德原则或结论隔离开来，但甚至他也避免不了以欲望和激情生活的动力机制来探讨道德的影响。许多心理分析的基本术语含有道德问题的意味，即便它们暗示要对道德问题提供纯心理学的回答；就此我们只需提到其中几个术语就够了，如冲突、抑制、合理行为、升华。

与流行的误解相反，弗洛伊德清楚地说："建议病人'自由地去生活'，不可能是分析治疗的一部分。""力比多的欲望与性的压抑之间"的冲突，他解释道，"不是通过一方战胜另一方来解决的"。虽然弗洛伊德认为"世界的道德规则所要求的牺牲超出其所值"，他也说"我们必须注意到，节欲在引发神经官能症中的作用被高估了"。

弗洛伊德称为感情幼稚症的，有点像亚里士多德等伦理学家所称的放纵或不节制。让欲望的所有呼叫都得以发泄，而不管社会或现实的需要，这是回退到婴儿期——据弗洛伊德，婴儿期是以"不肯调和愿望与现实"为特征的状态。亚里士多德认为，儿童"活在欲求的召唤之下，且儿童对愉悦之事的欲望最为强烈",所以把成人身上的放纵称为"孩子气"是恰当的。

看来,亚里士多德和弗洛伊德是用同一种眼光看到了人之本质的同样事实。弗洛伊德说的"快乐原则"与"现实原则"之间的冲突,亚里士多德——以及斯宾诺莎——则将其讲成激情与理性的冲突,而康德说的是欲望与责任的对立。弗洛伊德所说的"现实原则""要求且强迫将满足推迟、放弃多样之可能以及忍受暂时的痛苦",这类似于关于道德生活中理性或责任的角色的传统说法。伦理学家谈到控制或调节感性欲望之必要性的地方,弗洛伊德则说要"驯化"之,如同训练一头野兽去为人类生活的目的服务。

无论是在亚里士多德、斯宾诺莎还是在弗洛伊德那里,其隐含的推论看来都不会是,人的动物性欲求就其自身而言是坏的,而是,如果它们未经训练或控制,就会在个人生活和社会当中引起混乱。然而,一些伦理学家持相反观点。他们认为欲望本质上是邪恶的,是导致不满足的一个要素,而且充满了痛苦。

卢克莱修写道:"我们所没有的,仿佛好过全部世界里其他一切,但若拿到了,我们又想要另一些。"每当一个人得到了什么新东西,他总是发觉并没变得更好。要么欲望没有满足,于是我们遭到沮丧之苦;要么欲望满足了,于是我们因厌倦而无望。因而,若要使心灵安宁的话,摆脱所有欲望,而不只是调节欲望,看来才是可取的劝告;正如数百年之后叔本华劝告人们放弃生命的意志,以避免沮丧或无聊。

马可·奥勒留和禁欲主义者,以及后来的康德,同样规劝我们"不要屈服于身体的诱惑……永远不要被感官冲动或欲求征服。"不过,禁欲主义者抑制欲望,是"因为它是动物性的",且为了避免痛苦,而康德主张,放弃欲望,"不仅是与责任一致……而是来自于责任,责任必须是一切道德教养的真正目的"。

这两种对道德生活中的欲望的看法相互对立,提示了伦理学理论中的一个主要问题,这在**责任**、**美德与邪恶**两章中有进一步的讨论。自然欲求的学说与此问题有紧要的联系。只有"自然倾向在任何地方都是善恶的尺度"当真是真理,伦理学的自然主义者才能是对的。然而,要是自然欲望的学说中没有真理,那么在理性的法庭上,源自人的动物性激情的冲动就毫无自辩的凭据了。

分 类 主 题

1. 欲望与变化的秩序:情欲与目的
2. 欲望或欲求的分析
    2a. 需要、缺乏或潜力中根本性的欲望:本能之源力比多
    2b. 欲望的对象:善的和令人愉快的
    2c. 作为行动原因的欲望:动机、目的和野心;自愿
    2d. 欲望的满足:占有和享乐
3. 欲望或欲求的模式
    3a. 自然欲求:由自然或本能确定的欲望
    3b. 由知识或判断确定的欲望
        (1)感官与理性欲望的区别:感情倾向与意志行动
        (2)有意识与无意识的欲望:习惯了的欲望

- 3c. 欲望与爱:区别和联系
- 3d. 欲望与嫌恶在感情上相对
4. 人类生活中欲望的节制
    - 4a. 欲望之间的冲突
    - 4b. 欲望之附着:固恋、投射、认同和移情
    - 4c. 欲望之注目:感性情结
    - 4d. 欲望之释放:宣泄和升华
5. 欲望作为支配者
    - 5a. 欲望支配想象:白日梦和幻想
    - 5b. 欲望支配思想:合理行为和怀着渴望的思考
    - 5c. 欲望支配行动:未加抑制地表达欲望;不节制
6. 受支配的欲望
    - 6a. 理性对欲望的控制:道德或责任的纪律
    - 6b. 限制或放弃欲望:节制、抑制和压抑
    - 6c. 压抑的结果:梦、象征性的反应过度和神经官能症
7. 欲望与无限
    - 7a. 欲望的无限倾向
        - (1)对快乐的追求
        - (2)权力欲
        - (3)财富的积累
    - 7b. 对无限的无休止追寻:对上帝之临现的欲望

［王宇光 译］

索引

本索引相继列出本系列的卷号〔黑体〕、作者、该卷的页码。所引圣经依据詹姆士御制版，先后列出卷、章、行。缩略语 esp 提醒读者所涉参考材料中有一处或多处与本论题关系特别紧密；passim 表示所涉文著与本论题是断续而非全部相关。若所涉文著整体与本论题相关，页码就包括整体文著。关于如何使用《论题集》的一般指南请参见导论。

1. **Desire and the order of change: *eros* and *telos***
   - **6** Plato, 165–166
   - **7** Aristotle, 275–278, 434–435, 502–503, 575–576, 602, 606
   - **11** Lucretius, 14
   - **16** Augustine, 398–399, 586–590
   - **17** Aquinas, 23–30 passim, 108–124 passim, 150–151, 259–260, 306–314 passim, 317–318, 537, 541–542, 610–611, 615
   - **19** Dante, 90–91
   - **21** Hobbes, 61
   - **26** Gilbert, 38
   - **28** Spinoza, 656–658
   - **30** Pascal, 184
   - **33** Locke, 184–188
   - **39** Kant, 293, 304, 315, 385–386, 465–466, 483–484, 577–578
   - **43** Hegel, 168–175
   - **43** Kierkegaard, 418–419
   - **49** Darwin, 40–42, 96–98
   - **53** James, William, 4–7
   - **54** Freud, 639–663 esp 651–654, 662–663, 708–712 esp 711–712, 790–791, 799–800, 849–851
   - **55** Barth, 500, 507–508

2. **The analysis of desire or appetite**

   2a. **The roots of desire in need, privation, or potency: the instinctual sources of the libido**
   - **6** Plato, 24, 162–166, 352, 621–622
   - **7** Aristotle, 268
   - **8** Aristotle, 365
   - **11** Lucretius, 53, 60–61
   - **11** Plotinus, 411, 475–477
   - **16** Augustine, 16, 19, 34, 61–63
   - **17** Aquinas, 25, 429–430
   - **19** Dante, 71–72 passim
   - **26** Harvey, 347, 349–350, 402
   - **28** Spinoza, 659–660
   - **30** Pascal, 191–192
   - **33** Locke, 177
   - **40** Mill, 295
   - **43** Hegel, 69–70
   - **45** Balzac, 221–222, 230–233
   - **51** Tolstoy, 577–578, 605
   - **54** Freud, 363, 400–402, 412–413, 414, 574, 580, 591–592, 615–616, 618–619, 654, 657–659, 673, 710–711, 789–791, 846–847, 849–851
   - **58** Huizinga, 290–291, 293
   - **60** Woolf, 75–77

   2b. **The objects of desire: the good and the pleasant**
   - **6** Plato, 69–71, 275–280, 351–352, 422–425, 712
   - **7** Aristotle, 162–166, 200–201, 644, 663–664
   - **8** Aristotle, 188, 403–406, 426–427, 429, 430, 602–607, 613
   - **11** Lucretius, 15–16
   - **11** Epictetus, 102–103
   - **11** Plotinus, 405–411, 486–487, 545–546, 652–653
   - **16** Augustine, 13–16, 575–577, 705
   - **17** Aquinas, 94–95, 150–151, 311–314, 317–318, 328–329, 427–440 passim, 609–643 passim, 655–657, 721–722, 723–727, 734, 737–740, 766–767
   - **28** Bacon, 73–74
   - **28** Spinoza, 642, 648, 650–651, 660–662, 663–665
   - **31** Molière, 107
   - **33** Locke, 131–132, 185, 188, 192–193, 197, 198–199
   - **39** Kant, 298–300, 315–317, 330–331, 341–342, 605–606
   - **40** Mill, 448–450, 461–464
   - **43** Hegel, 338–339
   - **51** Tolstoy, 524–527, 560–561, 577–578, 630–631
   - **53** James, William, 198–211, 808–814
   - **54** Freud, 418–420, 592–593

   2c. **Desire as a cause of action: motivation, purpose, ambition; voluntariness**
   - **6** Plato, 474, 751
   - **7** Aristotle, 573, 664–667
   - **8** Aristotle, 235–239, 355–357, 365–366, 387–388, 611–613
   - **11** Lucretius, 18–19, 53
   - **11** Plotinus, 661
   - **16** Augustine, 32, 73–76
   - **17** Aquinas, 82–83, 106–107, 218–219, 298–299, 380–381, 407–409, 430–431, 644–651, 684–693
   - **19** Dante, 67–68

21 Hobbes, 64
28 Spinoza, 663, 676
30 Pascal, 24–26
33 Locke, 107–108, 186
35 Rousseau, 338–339
39 Kant, 262, 271, 282–283, 303–304, 385–386
40 Mill, 346–348
43 Hegel, 15, 46
44 Tocqueville, 147–149, 181–182, 213–214, 234, 289, 297–298, 338–341, 352, 354
45 Balzac, 170–178, 212–213, 218–219, 222–225
46 Eliot, George, 240–241, 425–426, 444, 450
52 Ibsen, 461
53 James, William, 8–9, 13–15, 767–768, 788–799
54 Freud, 363–364, 377–378, 412–413, 418–419, 453–476 passim
55 Dewey, 110–111, 116–117
56 Hardy, 366–367
57 Veblen, 108–109
59 Cather, 428–429

2d. The satisfaction of desire: possession and enjoyment

6 Plato, 162, 421–425
8 Aristotle, 364–365, 428–430
11 Lucretius, 55–56
16 Augustine, 11–12, 47, 53–54, 705
17 Aquinas, 614–615, 629–631, 642–643, 666–669, 752–772
18 Aquinas, 527–533
19 Dante, 93
28 Spinoza, 640–641
31 Molière, 12
39 Kant, 470–471
43 Hegel, 28, 46–47
45 Balzac, 300
53 James, William, 725–726
54 Freud, 412–413
57 Veblen, 42
58 Huizinga, 288
59 Proust, 306–312

3. The modes of desire or appetite

6 Plato, 120
8 Aristotle, 613
11 Plotinus, 414–415
17 Aquinas, 108–109, 306–307, 407–409, 427–428, 655–656, 734
19 Dante, 67–68
21 Hobbes, 61–62
28 Spinoza, 633, 648–649, 676, 681
53 James, William, 8–17, 47–52
54 Freud, 591–593, 757–759

3a. Natural appetite: desires determined by nature or instinct

6 Plato, 165, 621–622
7 Aristotle, 499
8 Aristotle, 97–108 passim, 115, 365, 613
9 Galen, 422–423, 427–432, 441–443
11 Lucretius, 53, 55

17 Aquinas, 28, 57–58, 150–151, 327–328, 407–409, 431–432, 663–664, 672, 673–674, 750–752, 768–769, 780–782, 794–795
18 Aquinas, 221–223
19 Dante, 67–68
19 Chaucer, 467
20 Calvin, 285
21 Hobbes, 50, 61
23 Montaigne, 265–266
26 Harvey, 402, 405–406
28 Descartes, 323–324, 325–329, 382
28 Spinoza, 629, 663
33 Locke, 104
43 Hegel, 140
49 Darwin, 119, 287–289, 304–313 passim, 371–372
53 James, William, 198–199, 204–211, 700–737, 799, 890–892
54 Freud, 15–18, 400–402, 414–421 passim, 569–576, 651–654, 758–759, 787–788, 837, 846–851

3b. Desires determined by knowledge or judgment

6 Plato, 59–62
7 Aristotle, 602, 644
8 Aristotle, 359
11 Plotinus, 464–465
16 Augustine, 437
17 Aquinas, 427–440, 737–738, 793–794
28 Descartes, 274
28 Spinoza, 676, 677
49 Darwin, 310–313 passim
54 Freud, 501–504

3b(1) The distinction between sensitive and rational desire: emotional tendencies and acts of the will

6 Plato, 421–425
7 Aristotle, 573, 666–667, 695
8 Aristotle, 612
11 Plotinus, 322–327, 405–406, 480–482
17 Aquinas, 306–307, 414, 428, 432–433, 435–436, 610–611, 646, 672, 673–674, 682, 687–688, 722–723
20 Calvin, 78–79
28 Spinoza, 625, 633, 649–650
33 Locke, 185
39 Kant, 264–265, 282–283, 284–285, 301, 314–317, 330–331
40 Mill, 463–464
43 Hegel, 17, 18–19, 51, 385
43 Nietzsche, 471–472
53 James, William, 8–9, 13–15, 767–768, 790–799 passim esp 794–798
54 Freud, 110, 377–380, 501–504, 590–593, 607–608, 615–616, 837–838

3b(2) Conscious and unconscious desires; habitual desire

8 Aristotle, 351
16 Augustine, 70–71

17 Aquinas, 466-467
18 Aquinas, 8-9, 10, 32-33
39 Kant, 385-386
49 Darwin, 119
51 Tolstoy, 407
53 James, William, 8-9, 90-93 passim, 788-792
54 Freud, 357-358, 363-365, 369, 377-387 passim, 428-443, 452, 453-476, 501-503, 531-532

3c. **Desire and love: their distinction and connection**

4 Euripides, 614
6 Plato, 23-24, 115-129, 165-165, 735-736
7 Aristotle, 207
8 Aristotle, 406-411 passim, 416-417 passim, 421-423
11 Lucretius, 55
11 Epictetus, 192-198
16 Augustine, 437-438, 744
17 Aquinas, 120-122, 311-312, 724-725, 726-727, 731-732, 733-737, 738-742
19 Dante, 67-68
21 Hobbes, 61
23 Montaigne, 439-441, 466
28 Spinoza, 651, 683
31 Molière, 17-18, 83-85
33 Locke, 176-177
35 Rousseau, 345-346
53 James, William, 204-209 passim
54 Freud, 404-406, 409-411, 420-421, 679, 681-683, 693-694, 783
58 Huizinga, 288
59 Proust, 283-408 passim esp 306-312

3d. **Desire and aversion as emotional opposites**

7 Aristotle, 663-664
8 Aristotle, 387-388
17 Aquinas, 724-725, 726-727, 777-778
28 Spinoza, 629-656
39 Kant, 385
47 Dickens, 156-157
53 James, William, 708-709
54 Freud, 677-678, 708-710, 790-791

4. **The economy of desire in human life**

4a. **The conflict of desires with one another**

New Testament: *Matthew*, 26:36-45 / *Romans*, 7:14-25 / *Philippians*, 1:21-26 / *James*, 4:1-10
6 Plato, 128
7 Aristotle, 666
8 Aristotle, 395-406
12 Virgil, 144-145
16 Augustine, 27-28, 103-110
17 Aquinas, 649-650
18 Aquinas, 530-531, 814-815
19 Dante, 94
23 Montaigne, 337-338, 391-395
28 Spinoza, 639-640, 660, 662-663
43 Hegel, 122

45 Goethe, 10
46 Austen, 176-177
46 Eliot, George, 537-538
48 Melville, 244-245
49 Darwin, 309-313, 318-319
50 Marx, 293-294
53 James, William, 199-204, 717-718, 791-798 passim esp 794-795
54 Freud, 7-8, 65-66, 82-83, 117, 433-436, 501-504, 589-593, 599-600, 615-616, 624, 633-635, 720-733 passim, 843-845
59 Mann, 472-474
59 Joyce, 570-576

4b. **The attachment of desires: fixations, projections, identifications, transferences**

11 Epictetus, 146-147
13 Plutarch, 66
23 Montaigne, 57-58
28 Spinoza, 634-636, 660, 671-672
43 Hegel, 206-207
45 Goethe, 16
48 Melville, 1-260 esp 83, 96-97
53 James, William, 648-650, 707-712, 734-735
54 Freud, 399-411, 414, 557-558, 569-589, 593-597, 599-600, 616-622, 623-631, 634, 678-684, 703-706, 832-834
59 Mann, 491-492

4c. **The focusing of desires: emotional complexes**

54 Freud, 10, 246-248, 415-418, 529-531, 569-585, 593-600, 607-623, 644-646, 704-706, 724-742, 774, 792-796, 847-849, 855-863
59 Proust, 306-312, 336-369

4d. **The discharge of desires: catharsis and sublimation**

22 Rabelais, 190
39 Kant, 509
41 Boswell, 308
45 Balzac, 283-284
53 James, William, 718-719
54 Freud, 2-6, 11-17, 62-64, 189-193, 356-373, 407-408, 527-539, 587-588, 693-694, 710-712, 773-774, 781
58 Huizinga, 258-259
59 Proust, 405-408

5. **Desire as ruler**

5a. **Desire ruling imagination: daydreaming and fantasy**

7 Aristotle, 704
18 Aquinas, 145
21 Hobbes, 52-53
24 Shakespeare, 87-88, 349-350
27 Cervantes, 1-2, 21, 56-59, 158-160
29 Milton, 177-178
43 Hegel, 231-232
43 Nietzsche, 498
45 Goethe, 97-98

47 Dickens, 148-150, 323-324, 384-385
51 Tolstoy, 125, 146-148, 443-444, 497-499, 615-617
52 Ibsen, 572-574
53 James, William, 374-375
54 Freud, 18, 115-116, 333-336, 347-349, 483, 486-489, 597-601
58 Huizinga, 258-259, 275-276, 300
59 Proust, 405-407
59 Mann, 493-499, 500-502, 503, 507-511
59 Joyce, 550-551 esp 550
60 Fitzgerald, 340

5b. Desire ruling thought: rationalization and wishful thinking

5 Herodotus, 11
5 Thucydides, 427-428, 506
8 Aristotle, 485-486
11 Lucretius, 56-57
11 Epictetus, 151-153
17 Aquinas, 658-659
18 Aquinas, 131-137
22 Rabelais, 154-156, 159-163
23 Montaigne, 250-253, 313-316
25 Shakespeare, 136
28 Bacon, 111
28 Descartes, 315-319, 441-442
30 Pascal, 186-189, 191-192, 439-442
33 Locke, 195-196, 392
40 Federalist, 103-104
40 Mill, 269-270
41 Boswell, 103, 106
46 Eliot, George, 521-522
51 Tolstoy, 134, 238, 366-367, 505-511 esp 509-510
53 James, William, 381-385, 652-657, 668-671
54 Freud, 363-364, 379-380, 682, 760-761, 765-766, 873-879 passim

5c. Desire ruling action: the unchecked expression of desires; incontinence

Old Testament: *Genesis,* 4:1-16; 34; 39:7-20 / *Numbers,* 11:4-35; 16:1-35 / *II Samuel,* 11; 13
Apocrypha: *Wisdom of Solomon,* 2:6-9
New Testament: *Romans,* 1:18-32 / *I Timothy,* 6:9-10
4 Aeschylus, 33-34
4 Sophocles, 222-223
4 Euripides, 284-285
4 Aristophanes, 711-714
5 Herodotus, 95-98
5 Thucydides, 436-438
6 Plato, 120-122, 128-129, 416-418, 801
7 Aristotle, 665-667
8 Aristotle, 107, 236-237, 348, 366, 395-403, 612, 636
11 Aurelius, 243
13 Plutarch, 748-779
14 Tacitus, 57-58
16 Augustine, 32, 75-76, 102-112
17 Aquinas, 430-431, 650, 664-665

18 Aquinas, 138-139
19 Dante, 69-79
20 Calvin, 106-107, 185-186
22 Rabelais, 65-66
23 Erasmus, 6
23 Montaigne, 199-206, 273-279, 454-458, 581-587
24 Shakespeare, 87-88, 103-104, 105-148
25 Shakespeare, 55, 109, 113-115, 205-243, 274, 311-350
28 Spinoza, 658-663
29 Milton, 243-245, 269-270
31 Molière, 95-97, 109-110
31 Racine, 330-367 passim esp 357-359
33 Locke, 104
34 Voltaire, 192
37 Gibbon, 34-39 passim, 60
38 Gibbon, 174-175, 559
41 Boswell, 135-136, 301
43 Hegel, 168-169, 178-179
45 Goethe, 130-132
45 Balzac, 172-176, 181, 190, 214-215, 339-340
46 Eliot, George, 274-275, 522
51 Tolstoy, 15-16, 248-250, 321-322, 329-333, 334-335, 336-337
52 Dostoevsky, 4-5, 41-42, 172
52 Ibsen, 594-597
53 James, William, 799-807
54 Freud, 702, 837-839
57 Veblen, 38
58 Weber, 100
59 Conrad, 174-175, 180-181
59 Proust, 283-286, 312-315
59 Cather, 452-454
59 Mann, 500-502
59 Joyce, 570-576
60 Lawrence, 148-157

6. Desire as subject to rule

6a. The regulation of desire by reason: the discipline of moral virtue or duty

Old Testament: *Numbers,* 15:38-41 / *Psalms,* 37:1-13 / *Proverbs,* 7
Apocrypha: *Ecclesiasticus,* 31:1-17
New Testament: *Romans,* 8:1-13 / *Galatians,* 5:16-24 / *Colossians,* 3:5-15 / *Titus,* 2:11-14; 3:3-7
4 Aeschylus, 96-97
4 Aristophanes, 711-714, 824-845
6 Plato, 225-226, 275-280, 346-356, 712, 735-738
7 Aristotle, 179
8 Aristotle, 364-366, 387-388, 395-403 passim
10 Nicomachus, 614-615
11 Aurelius, 239-294
11 Plotinus, 558-559
12 Virgil, 136-153
16 Augustine, 11-12, 66-67, 75-76, 102-112, 336-338, 438-442, 710-711, 747-749

17 Aquinas, 430-431, 507-508, 517-519, 664-665, 690-692, 727-730, 812-813
18 Aquinas, 33-34, 45-54
19 Dante, 45-89
21 Hobbes, 95-96
23 Montaigne, 224, 241-245, 273-279, 528-537, 581-587
24 Shakespeare, 533
25 Shakespeare, 34, 49, 212
28 Bacon, 78
28 Descartes, 273
28 Spinoza, 630, 656-658, 662-663, 671-681, 684-690
30 Pascal, 260-261
33 Locke, 107-108, 189-192, 197-198
39 Kant, 258, 259, 586-587
40 Mill, 295
43 Hegel, 59, 68, 168-179
43 Nietzsche, 541
46 Eliot, George, 231
49 Darwin, 304-305, 310-319, 592-593
51 Tolstoy, 245, 248-250
53 James, William, 202-204, 807-808, 816-819
54 Freud, 386-387, 407, 501-504, 590-593, 701-702, 704-707, 715-716, 721-722, 757-759, 773-774, 780-781, 785-789, 792-796, 800-801, 837-840
55 Dewey, 115-116, 117
58 Frazer, 13-17, 19
58 Weber, 174-181
59 Conrad, 162-163

6b. The restraint or renunciation of desire: abstention, inhibition, repression

11 Epictetus, 99-231
11 Aurelius, 264, 268
16 Augustine, 336-338
17 Aquinas, 727-728
18 Aquinas, 650-663
19 Chaucer, 379-380
20 Calvin, 438-441, 444-455
22 Rabelais, 188-191
23 Montaigne, 140-142, 150-151, 158-163, 205-206, 338-340, 394-395
28 Bacon, 71-72
28 Descartes, 273
28 Spinoza, 660-663
29 Milton, 42-44, 49-50
30 Pascal, 64-65
37 Gibbon, 192-193, 596
39 Kant, 346
41 Boswell, 283
43 Kierkegaard, 420-422
44 Tocqueville, 152-153
45 Goethe, 37-38
46 Eliot, George, 225
51 Tolstoy, 122, 373-374, 577-578, 630-631
53 James, William, 80-83
54 Freud, 6-8, 422-427, 432-436, 566-568, 585-586, 718-722, 726-728, 773, 781, 793-795, 834-835, 842-845
58 Weber, 171-172, 183, 212-216

6c. The results of repression: dreaming, symbolic overreactions, neuroses

16 Augustine, 438-442
29 Milton, 176-178
37 Gibbon, 598
51 Tolstoy, 233-234, 292-296, 338-339
52 Ibsen, 588-589
53 James, William, 753-754
54 Freud, 1-20, 25-118, 164-168, 189-205 passim, 216-219, 234-235, 240-249, 294-295, 331-332, 352-382, 386-387, 423-427, 469-470, 476-544, 557-631, 633-635, 712-715, 718-754, 810-813, 817-818, 840-846
59 Mann, 507-508
59 Joyce, 563-564

7. Desire and infinity

7a. The infinite tendency of desires

Old Testament: *Ecclesiastes*, 6:7
Apocrypha: *Ecclesiasticus*, 14:9
6 Plato, 370, 416-418
11 Lucretius, 77
11 Epictetus, 224-225
17 Aquinas, 615-616, 751-752
23 Montaigne, 338-339, 470, 546
25 Shakespeare, 304
43 Hegel, 67-68, 140
43 Kierkegaard, 418-419
45 Goethe, 1-2, 4-6, 17, 154, 155

7a(1) The pursuit of pleasure

Apocrypha: *Ecclesiasticus*, 23:16-17
New Testament: *John*, 4:13-14
6 Plato, 628
8 Aristotle, 366
11 Lucretius, 55-56
16 Augustine, 11-12
19 Dante, 6
19 Chaucer, 181-182
20 Calvin, 452, 453-454
31 Molière, 108-136 esp 109-110, 116-121
31 Racine, 335-336
33 Locke, 188-189
34 Voltaire, 235-236
34 Diderot, 271
39 Kant, 584-585
44 Tocqueville, 285-287
45 Balzac, 218, 230-233, 236-241, 269-275, 291-298, 314-317, 369-370
52 Dostoevsky, 55-57
59 Joyce, 570-576
60 Brecht, 412-413
60 Orwell, 512-513

7a(2) The lust for power

Old Testament: *Isaiah*, 14:12-14
5 Herodotus, 215-216
6 Plato, 275-277
11 Lucretius, 30-31, 41-42

13 Plutarch, 319–321, 533, 599
16 Augustine, 445–446
17 Aquinas, 327–328
20 Calvin, 362–370, 381–392
21 Hobbes, 76
23 Montaigne, 391–395
24 Shakespeare, 105–148, 574
29 Milton, 98–99
35 Rousseau, 364
43 Nietzsche, 479–480, 507–508
44 Tocqueville, 81
45 Balzac, 196–202 passim
52 Ibsen, 562–597 passim
58 Weber, 97–98, 100, 171

7a(3) The accumulation of wealth

Old Testament: *Ecclesiastes*, 5:10 / *Habakkuk*, 2:5–11
New Testament: *Luke*, 12:16–21
 4 Aristophanes, 889–890
 6 Plato, 405–408, 733
 8 Aristotle, 452
17 Aquinas, 615–616
18 Aquinas, 174–175
20 Calvin, 186–187, 188–189, 318, 364–370, 452
23 Erasmus, 32–34
23 Montaigne, 75–78
28 Spinoza, 684
31 Molière, 90–91, 141–180 passim, 237–238
34 Diderot, 286–288
35 Rousseau, 364
36 Smith, 81
40 Mill, 462–463
44 Tocqueville, 148–149, 238, 297–298, 331–332, 335
45 Goethe, 73–81, 150–152

45 Balzac, 236–241
46 Eliot, George, 346–352, 359–363, 450, 453–455, 496
48 Twain, 337–349 passim
50 Marx, 60–62, 292–295
52 Ibsen, 534–535
57 Veblen, 10–15, 97–103
57 Tawney, 189–199 esp 192–194, 217–218
57 Keynes, 452
58 Huizinga, 253–254
60 Brecht, 419

7b. The restless search for the infinite: the desire for the vision of God

Old Testament: *Exodus*, 33:11–23 / *Psalms*, 27; 42–43; 63
New Testament: *Philippians*, 3:7–21 / *I John*, 3:1–3
 6 Plato, 163–167
11 Plotinus, 671–678
16 Augustine, 1–159, 716
17 Aquinas, 50–51, 57–58, 313–314, 317–318, 636–637
18 Aquinas, 340–341, 524–525, 528–529
19 Dante, 95–96, 118, 123–124, 132–133
28 Bacon, 80–81
28 Descartes, 314
28 Spinoza, 681, 695
29 Milton, 66
30 Pascal, 183, 195–204, 255–259
43 Hegel, 235–236, 322–324
44 Tocqueville, 287–288
45 Goethe, 17, 155
51 Tolstoy, 608, 631
55 Barth, 481–483, 484–486
58 Huizinga, 326–327

交叉索引

以下是与其他章的交叉索引：

The metaphysical conception of desire, *see* BEING 7c–7c(3); CHANGE 1; MATTER 1a, 3b.

The theory of natural appetite or desire, *see* HABIT 3a; HAPPINESS 1; NATURE 1a, 2d, 3c(3).

The distinction between conscious and natural desire; animal appetite in contrast to the human will, *see* ANIMAL 1a(3); MAN 4b; SENSE 3e; WILL 1, 2b(2).

Voluntary acts or movements, *see* ANIMAL 4b; MIND 1d; NATURE 3c(2); WILL 3a(1)–3a(2).

The objects of desire in general, *see* BEING 3b; GOOD AND EVIL 1a, 3c; HAPPINESS 1, 4–4b; PLEASURE AND PAIN 6a–6b.

Particular objects of desire, *see* HONOR 2b; LIBERTY 6b; LIFE AND DEATH 8c; WEALTH 10a–10b, 10e(3).

Pleasure as the satisfaction of desire, *see* PLEASURE AND PAIN 6d.

Desire and love, *see* LOVE 1c, 2a–2a(4).

The psychological analysis of emotional desires and impulses, *see* EMOTION 3–3c(4); LOVE 2a(3)–2a(4); MEDICINE 6c(2).

The influence of emotional desires on imagination and thought, *see* EMOTION 3b; MEMORY AND IMAGINATION 8c, 8e; MIND 9b; OPINION 2a; WILL 3b(1).

Psychological or ethical problems arising from the conflict between desire and reason or duty, *see* DUTY 8; EMOTION 4–4b(2); LIBERTY 3a–3b; MIND 1e(3), 9b; VIRTUE AND VICE 5a; WILL 2b(2), 9b.

Man's relation to the infinite, *see* INFINITY 6a; MAN 10d.

The theological conception of man's ultimate rest in the vision of God, *see* GOD 5b, 6c(4); HAPPINESS 7c–7c(1); LOVE 5a(2); WILL 7d.

扩展书目

下面列出的文著没有包括在本套伟大著作丛书中，但它们与本章的大观念及主题相关。

书目分成两组：

Ⅰ. 伟大著作丛书中收入了其部分著作的作者。作者大致按年代顺序排列。

Ⅱ. 未收入伟大著作丛书的作者。我们先把作者划归为古代、近代等，在一个时代范围内再按西文字母顺序排序。

在《论题集》第二卷后面，附有扩展阅读总目，在那里可以查到这里所列著作的作者全名、完整书名、出版日期等全部信息。

I.

Epictetus. *The Enchiridion (The Manual)*
Racine. *Athaliah*
Hegel. *The Phenomenology of Spirit*, IV (3)
Goethe. *The Sorrows of Young Werther*
Ibsen. *Peer Gynt*
Freud. *Three Contributions to the Theory of Sex*, CH I
Dewey. *Human Nature and Conduct*, PART III (8)
Chekhov. *The Sea-Gull*
Russell. *The Analysis of Mind*, LECT 3
Kafka. *America*
O'Neill. *Desire Under the Elms*
Eliot, T. S. "The Love Song of J. Alfred Prufrock"
Fitzgerald. *Tender Is the Night*

II.

THE ANCIENT WORLD (TO 500 A.D.)

Epicurus. *Letter to Menoeceus*

THE MIDDLE AGES TO THE RENAISSANCE (TO 1500)

Boccaccio. *The Decameron*
Villon. *The Debate of the Heart and Body of Villon*

THE MODERN WORLD (1500 AND LATER)

Alexander, F. *The Psychoanalysis of the Total Personality*
Bain. *The Emotions and the Will*
Beattie, A. *Falling in Place*
Beebe-Center. *The Psychology of Pleasantness and Unpleasantness*
Bentham. *Deontology*
———. *An Introduction to the Principles of Morals and Legislation*, CH 10
Bersani. *A Future for Astyanax*
Bossuet. *Traité de la concupiscence*
Bradley, F. H. *Collected Essays*, VOL I (14)
Brown. *Lectures on the Philosophy of the Human Mind*, VOL II, in part
Butler, J. *Fifteen Sermons upon Human Nature*, I–II
D'Arcy. *The Mind and Heart of Love*
Ebreo. *The Philosophy of Love*, DIALOGUE I
Fichte, J. G. *The Vocation of Man*
Green. *Prolegomena to Ethics*, BK II, CH 2
Hartmann, E. *Philosophy of the Unconscious*
Helvétius. *Traité de l'esprit*, III, CH 9–11
Horney. *The Neurotic Personality of Our Time*
Hurston. *Their Eyes Were Watching God*
Hutcheson. *An Essay on the Nature and Conduct of the Passions and Affections*
———. *A System of Moral Philosophy*, BK I, CH 2–3; BK II, CH 2
John of Saint Thomas. *Cursus Philosophicus Thomisticus, Philosophia Naturalis*, PART IV, Q 12
Keats. "Ode on a Grecian Urn"
Leibniz. *New Essays Concerning Human Understanding*, BK II, CH 21
Malebranche. *The Search After Truth*, BK IV
Maritain. *Scholasticism and Politics*, CH VI
Marks. *The Ways of Desire*
Marlowe. *Tamburlaine the Great*
Mill, J. *Analysis of the Phenomena of the Human Mind*, CH I
Moore. *Principia Ethica*, CH 2
Nabokov. *Lolita*
Nygren. *Agape and Eros*
Pushkin. *The Queen of Spades*
Reid, T. *Essays on the Active Powers of the Human Mind*, III, PART II, CH 1–2
Ribot. *The Psychology of the Emotions*
Rougemont. *Love in the Western World*
Scheler. *Formalism in Ethics*
Schopenhauer. *The World as Will and Idea*
Schwartz. *In Dreams Begin Responsibilities*
Sidgwick, H. *The Methods of Ethics*, BK I, CH 4
Sidney, P. *Astrophel and Stella*
Spencer. *The Principles of Psychology*, VOL I, PART I, CH 6 (50); PART IV, CH 8
Stendhal. *The Red and the Black*
Stephen, L. *The Science of Ethics*, CH 2
Stewart. *Outlines of Moral Philosophy*, PART II, CH I (1–4)
———. *Philosophy of the Active and Moral Powers of Man*, BK I, CH 1–3
Suárez. *Disputationes Metaphysicae*, X (1), XXIII–XXIV, XXX (16), XLVII (14)
Svevo. *Confessions of Zeno*
Whewell. *The Elements of Morality*, BK I, CH 2
Williams, T. *A Streetcar Named Desire*
Zola. *Nana*

18

辩证法 Dialectic

总 论

"辩证的"和"辩证论者"这两个词现今更经常地用于贬义,而不是中性描述。当一个人批判一个论证时说:"这只是一个定义问题",他也有可能说:"从辩证的角度来看,这也许是正确的,但……"或"你只是辩证的"。在这些说法的背后,隐含地是对推理的指责,因为推理无论多么优秀或熟练,都被斥责为远离事实或经验。

其他对辩证法的不满,是认为它玩弄文字游戏,回避问题的实质,故意利用矛盾。当神学家希波塔丢乌斯几乎说服他的儿子潘努戈,他"应该选择立即结婚,而不应该在欲火中煎熬"时,拉伯雷斯却让潘努戈对这个建议最终产生了怀疑,他问道:"父亲,我会戴绿帽子,是不是?"希波塔丢乌斯回答说:"不管怎样……如果上帝愿意,你就会戴绿帽子。"听到这个回答,潘努戈立即大声喊道:"主啊,帮帮我们吧。按照辩证法的规则和教导,现在容许所有的矛盾和不可能性,我们究竟该怎么选择,好心人?如果我的阿尔卑斯骡子生有翅膀,它就会飞翔。如果上帝愿意,我不会戴绿帽子;但是,如果上帝愿意,我又会戴绿帽子。"

"辩证的"作为一个在不同意义上使用的术语,科学家的使用与哲学家不同,哲学家的使用与神学家不同。而用于抨击对手时,宗教人士的使用又与那些对信仰之事诉诸论证的人们不同。

中世纪早期,人们曾经就选择神秘的还是理性的方法接近宗教真理的问题发生过一场争论。那些相信宗教体验和启示是通达上帝的唯一途径的人,斥责那些试图通过推理理性而不是凭借直观和洞察力接近上帝的哲学家或神学家是辩证论者。伴随着宗教改革和文艺复兴,马丁·路德和弗兰西斯·培根等人把辩证法看作中世纪知识的祸根。因为其辩证性,路德把所有的神学思辨都当作诡辩不予考虑。培根出于同样的理由,指责经院哲学只是"极尽巧言善辩之能事,没有什么了不起"。

无论根据的是相反的理由还是共同的理由,神秘论者和经验论者都攻击辩证法,认为它是心灵的一种徒劳无益的运用,否则就是恶意的——充满无益而琐碎的分析和强词夺理的争辩。即使他们承认它或许有些优点,他们也认为那是一种论证或证明的方法,在法庭辩论或政治演说中或许很有用,但在追求真理或认识实在方面则完全不适用。

在所有这些批评中,蕴涵着辩证法的某种观念。辩证论者是一个论证者,而不是观察者,他诉诸理性而不是诉诸经验,他从所说的或能说的话中推导出隐含的结论,把某一个前提一路推向其逻辑结论或迫使前提陷入荒谬。在潘努戈和陶玛斯特的著名争论中,拉伯雷斯嘲讽的大概就是这种辩证法,讽刺它"只能用手势,而无需语言,因为事情是如此深奥、艰深和艰巨,以致人们口中说出的话语绝不足以展示它们"。

对于那些认为只能通过观测,通过归纳殊相,通过概括经验来获得真理的人来说,辩证法远非一种研究的方法,它似乎只有利于辩论或批判。吉本写道:"人类的认知能力通过辩证法的技巧和实践得到加强。"随后又说,它是"论辩的最锋利的武器",但是,"在侦查错误方面比确定真理更奏效"。

J. S. 穆勒说道:"苏格拉底的辩证法,在柏拉图的对话中得到很好的例示",他认为,那是一种"把问题的各种困难呈现给听者的意识的发明……它们本质上是一种对哲学和生活的种种重大问题的否定性探讨"。他还说:"它们旨在用娴熟的技巧让那些随声附和流行观念的老生常谈的人明白他们并没有理解这些观念……中世纪学校的辩论课就有一种与此有些类似的目的。"不过,在穆勒看来,"作为心灵的一种训练,它们在各方面都不如造就了'苏格拉底的学生'的(Socratic viri)的智能的强有力的辩证法。"但是近代心灵,他说:"比人们通常能够承认的更多地得益于二者,当前的教育模式根本不提供任何东西能够取代这一个或那一个。"

对辩证法的轻视,不仅来自那些对辩证法与经验或经验研究的方法进行不适宜的比较的人,还来自那些相信理性能直观地把握真理和能推论出结果的著作者们。笛卡尔敏感地意识到这里可能有一个悖论,于是在他的《指导心灵的规则》一书中写道:"也许让人感到惊奇的是,恰恰在我们讨论如何增进我们从一个真理推论到另一个真理的能力的地方,我们忽略了辩证学家们的所有告诫。"辩证学家只能在获得他需要的前提之后才能开始工作。在笛卡尔看来,既然辩证法提供的不是确立前提或发现首要原理的方法,它就"对真理的发现没有任何贡献……它的唯一可能的用处是,有时能够更容易地向其他人解释我们已经获得的真理。因此,它应该从哲学转到修辞学上"。

辩证法与辩论和修辞学的关系有其历史基础。历史上,许多辩证术都是由古希腊的智术师们发明的,他们主要是出于一种修辞学的或公开辩论的目的。堪与罗马的修辞学家以及稍晚的法律教师相比,智术师们教导年轻人如何为一个案例辩护,如何使自己免受攻击,如何去说服听众。对他们而言,论证技巧只有实用的而非理论上的目的。运用它们不是为了获得知识或真理,而是为了在诉讼中或在政治性论战中取得胜利。那种熟悉的指控:即智术师们所教的方法使人们能够"把黑的说成白的",或许有点夸张,但仍然反映了辩论中的可能性的标准和科学研究中的真理的标准之间的差别。这与诡辩的坏名声多少有某种渊源。当人们把辩证的与诡辩的等同起来时,对后者的贬损就牵连到了前者。

但是,在历史上,人们也从另一个方面来考虑辩证法。在人文学科传统中,尤其经过罗马和中世纪的发展,"辩证法"和"逻辑学"是同一门学科的可以互换的两个名称,这门学科与语法学和修辞学一起,构成了人们所熟知的"三学科"的三门大学文科。奥古斯丁在他的论文《论基督教教义》中就在这种意义上使用"辩证法"一词。无论它还有什么其他含义,把辩证法与逻辑学等同起来,就意味着它与修辞学,当然还有诡辩存在着差别。

然而,奥古斯丁并非没有注意到辩证法被降低到诡辩层次上的误用。他声明:"在运用辩证法时,我们必须防范热衷于口舌之争和以诱骗一个对手为能事的孩子气的虚荣。因为有许多被叫做诡辩的推论,"他接着说,"推出那些结论的推断是错误的,然而,它们几乎是对真理的模仿,以致在人们未曾防备时,不仅可以欺骗理解迟钝的人,而且还可以骗过思想敏锐的聪明之士。"他举了一个例子。假设某人对另一人说了这样一句话:"我所是的,你不是。"另一个人可能对此表示同意,因为,如奥古斯丁设想,这个人会认为,"这个命题在某种程度上是真的,因为一个人是狡猾的,另一个人可能是单纯的"。但是当"第一个人接着说:'我是一个人'"时,"另一个人也同意这一点,第一个人就会得出结论说:那么,'你不是一个人'"。

在奥古斯丁看来,"这种诱导性的论证"不应该叫辩证法,而是诡辩。他对演说中修辞学的滥用作了同样的评价,认为这种修辞学"只注重措辞的优美,与目的的严肃性不协调"。他认为,为了避免把一种艺术的误用冠以修辞学的美名,这些也应该"称为诡辩的"。

对奥古斯丁而言,辩证法是"处理推理、定义和分类的"艺术,"是揭示意义的最佳助手"。而修辞学"与其说是用来获得意义,不如说是在意义获得之后用来阐述意义"。换句话说,辩证法不再具有陈述和赢得一个争论的实际目的,而是作为一种研究方法在理论上占有一席之地。

这种辩证法的概念起源于柏拉图的对话。苏格拉底本人不是智术师,也不以此为职业或目标,但他发现智术师们发明的分析和论证的策略还有其他用处。心灵的同样技巧,不仅在公共集会和法庭上有其实际的好处,也能用于或适用于在纯理论的探讨中澄清含义或明确概念。它们还能用于从一般表述出来的人们的信念中发现隐含的真理,揭露由于在论述中缺乏定义或在推理中不甚严密而导致的各种错误。

在《智者篇》中,柏拉图区分了哲学家和智术师,他不是根据二者在方法上的不同,而是根据他们在使用同一技巧时的目的差异。在《理想国》中,苏格拉底主张人们在30岁之前不要学习辩证法,其理由之一就是,年轻人"在他们第一次尝到它的甜头时,就会用辩论取乐",他们会"像小狗一样,在拉扯和撕咬每一个接近它们的人中感到快乐"。由于滥用论辩,他们"不相信他们以前曾经相信的任何事情,因此,不仅他们,而且哲学以及所有与之相关的东西很容易得到一个坏名声……但随着一个人的年龄的增长,他就不会再那么狂妄了。他将仿效辩证论者追求真理,而不是仿效智术师为取乐而论辩"。

在哲学家手中,辩证法是科学的一种工具。在苏格拉底看来,"还没有其他的方法能通过一个规范的过程,来理解一切真实的存在或获得每一事物自身的性质"。它超越了各种较低阶段的艺术,后者"关注人们的欲望或看法,或者致力于提出创造性的和建设性的观点"。它同样超越了各种数学科学,这些科学"对真实的存在有所把握……却从不考察其未经检查就使用的前提,也不能说明这些前提"。辩证法把它们当作侍女和助手,"直接走向第一原理,是唯一远离假设,以便使她的基础更加牢固的科学"。

柏拉图的辩证法有一个上升和下降的道路,这与心灵从事实到原理的归纳过程、与从原理到有效结论的演绎过程有些类似。苏格拉底说,辩证法通过把假设当作"离开假想世界的步骤和要点,以便它能超越它们,到达整体的第一原理……而上升,又通过一系列的步骤,在没有任何可感对象的帮助下,始于概念,经过概念,又止于概念而下降"。

作为追求真理的方法,辩证法包括整个逻辑学。它关注思想的每一个阶段:确立各种定义,根据假设或结果考察前提,简化推理过程和证明,解决出现在思想的对立面中的两难。

对柏拉图来说,辩证法远不只是心灵从神秘和幻想、知觉和意见走向最高的真理的过程,它是智力劳作的最终成果——知识本身,是显示存在和统一的最高形式。这就是苏格拉底把辩证法当作把卫士培养成哲学王所要求教授的最后一门课程来学习的原因,他说:"辩证法处于所有科学之上。没有其他科学比它更高——它是最高的知识。"

如果说对柏拉图而言,辩证法不仅仅是逻辑学,那么在亚里士多德看来,辩证法只是逻辑学的一部分。对亚里士多德而言,辩证法远非科学和哲学的顶点,而是它们的基础,它必须与方法上同它类似的诡辩仔细区分开来。亚里士多德写道:"辩证论者与智术师采取了与哲学家同样的外表,因为诡辩是表面上的智慧,而辩证法家在他们的辩证法中囊括一切,存在是一切事物的共性。但是显然,他们的辩证法包含了所有这些主题,因为这些主题恰好是哲学所探讨的。"他接着说:"诡辩和辩证法模仿哲学探讨同一种事物,但哲学在所要求的能力的性质上不同于辩证法,而在哲学生活的目的上不同于诡辩。辩证法仅仅在哲学家声称有知识的地方是批判的,诡辩只是看起来像哲学,其实不然。"

照亚里士多德的说法,辩证法本身既不是科学也不是科学的方法。它是他在《范畴篇》中讨论的逻辑或方法的一部分,不同于《后分析篇》中说明的科学方法,正如处于意见和或然性范围的论证不同于科学证明一样。与科学的结论不同,辩证推理的结论只是或然的,因为它们建立在假定而非不证自明的真理的基础之上。既然不能排除其他的和相反的假定,那么,辩证法的结论就通常被另一个针锋相对的可能性的观点所反对。

辩证法位于科学和修辞学之间,能够为二者所共用。除了它在辩论术中的实际运用之外,它在哲学科学中也是有用的,因为它在下定义和批判定义、提出问题和回答问题方面运用了技巧。亚里士多德说:"在一个话题的两方面寻找困难的能力,将使我们更容易在提出的几要点中侦查到错误和真理。"

尽管辩证法主要是一种根据假定进行论证,解决来自相反假定的争论的方法,但它同时也关注论证的起点。《范畴篇》讨论怎样选择前提,使他们能够被接受,决定他们的可能性的问题。在这里,亚里士多德又一次证明,哲学家是如何利用辩证法作为"通向所有公理的批判的过程"的。

在伟大著作的传统中,对辩证法的解释主要有四种。在康德和黑格尔的思想中,辩证法是一个非常重要的概念,正如在柏拉图和亚里士多德的哲学中一样。康德对辩证法的理解可以看作类似于亚里士多德,黑格尔对辩证法的理解则可以看作类似于柏拉图,不过,尽管有这种两两相似,两两之间的差异可能比相似更重要。

在亚里士多德的《工具篇》中,有《后分析篇》和《范畴篇》之分,与此类似,康德的《纯粹理性批判》中的先验逻辑也分为两个部分——分析论和辩证论。在关于逻辑的章节中,康德讨论了先验逻辑和他所谓的"普遍的逻辑"的区别,但是,在这里必须注意到,对他而言,"普遍的逻辑,作为一种工具论来看,在任何时候都是一种幻相的逻辑,也就是说,是辩证的"。他认为,古人在这种意义上使用"辩证法"一词,表示的是"一种给自己的无知乃至蓄意的诡辩涂上真理的色彩的诡辩艺术,在这里人们模仿了一般逻辑所要求的缜密方法"。然而,出于他自己的种种目的,他希望人们在"一种辩证幻相的批判的意义上"来理解"辩证法"。

因此,当他阐明他自己的先验逻辑时,他把它划分为两个部分。第一部分

18. 辩证法

陈述"纯粹知性的各种认知的要素,和在任何地方要能思维对象就不可或缺的各种原理"。这就是"先验分析论,同时也是一种真理的逻辑"——一种科学的逻辑。在他看来,既然"它原本应当是一部对知性的经验性应用作出评判的法规,所以,当我们寻求把它视为一种知性的普遍的而无限制的应用的工具论而运用它时,它就被误用了"。

当被这样误用时,"纯粹知性的应用就是辩证的,我们的先验逻辑的第二部分,"康德写道,"因此必须是这种辩证幻相的一种批判,这种批判我们叫做先验辩证论——不是作为一种独断地激起幻相的艺术(各种各样的形而上学戏法的一种令人遗憾的非常流行的艺术),而是作为对知性和理性在其超自然的应用方面的批判。"

较之亚里士多德,康德更进一步地区分了辩证法和科学。对于感性的或现象的经验世界,科学是可能的,对于心灵自己的结构,最高科学是可能的。但当理性试图将其概念运用于其他对象时,把它们"当作实际事物的概念,他们的应用就是超验的和虚妄的"。康德解释说,"当一个概念被应用到一个误以为是它的对象上时,当它作为存在被孤立地适用于知性在经验范围内的应用时,这个概念就被先验的应用了"。他坚持认为,当概念被先验地使用时,他们不会产生科学,只会"表现出一种虚妄的和辩证的特征"。

在康德看来,辩证推理的结论,要么被一个理性同样可以接受的结论所反对——"一个完全自然的反题"——如在纯粹理性的二律背反(antinomies)中;要么,如在谬误中,推理具有独特的说服力,能被证明"形式上是正确的和无懈可击的,而结论却是错误的"。在这种理性反对自己的平衡中,就有先验辩证论的幻相性格。

亚里士多德认识到理性能在一个问题的两方面同时运用,因为它包括了各种竞争的可能性,康德也注意到这一点。他把辩证法叫做"显象(appearance)的逻辑",明确地说"这不表示一种可能性的学说"。他进一步从"显象的经验的幻相"和普通的"逻辑幻相"中区分出他所谓的"显象的先验幻相"。前两者能被纠正和完全消除。但"先验幻相则相反",他写道,"即使我们已经揭露了它,并通过先验的批判清晰地看出了它的无价值性,它也仍然不会终止"。

康德解释说,其理由是"我们所涉及的是一种自然的和不可避免的幻觉,它本身基于主观的原理,并把主观的原理偷换成客观的原理……"因此,他接着说,"纯粹理性有一种自然的且不可避免的辩证法",它因为心灵要回答"几乎不可能回答的"问题而产生,例如"作为物自身的对象如何存在"或"事物的性质是如何服从原理的"。在它试图超出经验的过程中——"不顾批判的所有告诫"——心灵难免受挫,辩证的幻相,"是人类理性的一个不可分离的属性"。康德反复强调,并不是"纯粹理性的理念"在"本性上是辩证的;而是由于被孤立地误用,从而就产生了谬误和幻相。"

辩证法对柏拉图和黑格尔而言,都是在真理和理念的王国中活动,而不是在可能性和幻相中活动。但对黑格尔来说,辩证法任何时候都是心灵或绝对理念走向绝对真理的无限的运动过程——它绝对不会在真理的直观中停止。他写道,绝对理念,"是自我决定的,它采取不断超越的连续形式。正是通过这种超越其早期阶段的运动过程,获得一个肯定的,事实上是更丰富的和更具体的形式"。

辩证运动是一种协调相反的和不完善的真理的活动。正题和反题的综合产生一个更完善的真理。为了说明他的思想，黑格尔以建造房子为例。要建造一所房子，我们必须"首先有一个主观的目的和设想"，和作为工具的"工作所需的一些物质——铁，木料和石头"。为了使这些材料适合我们的目的，我们需要利用自然力量："用火熔化铁，用风煽动火，用水推动轮子旋转来切割木料等等。"

在黑格尔看来，我们建造的房子是这些自然力量的一个对立物或反题。"风帮助我们建造房子，房子却遮挡住风；雨水和洪水的力量也是如此，如果房子是用来防火的，火的破坏性力量也如此。石头和横梁服从引力规律——向下压——所以高墙得以建立"。结果是"自然的力量根据它们的性质得到利用，然而协作产生了一个其活动被限制的产物"。在一个更高的综合中，即房子本身，房子的概念和自然力量之间的最初的对立得到了调和。

这个例子展示了对立的命题及其作为结果的合题，但却没有完全表现出黑格尔辩证法的动态特征。如果作为结果的合题还不是完善的真理，她就必定是不完善的，需要由一个处于对立中的同样不完善的对立面来补充。这时，此二者一起构成一个更高综合的材料，心灵生活的辩证运动——人类心灵的主观辩证法和绝对心灵或绝对理念的客观辩证法，在其中继续向前发展。

在对立的原理中，我们可以找到贯穿于四种辩证法概念的共同内涵的线索。在此四种辩证法中，辩证法以某种理智的冲突开始或结束，或者发展并解决这些对立。

对康德而言，辩证的对立采取了极端的不可简约的矛盾形式，它是我们的心灵不能避免的。他宣称："这是一种让人感到消沉的反思，理性在其最高的应用中落入到其反面。"这种情况产生的原因在于"纯粹理性作出的一切陈述都超越了可能经验的种种条件，在这些条件之外，我们不能发现真理的任何标准，而这些陈述乃是被限制在仅仅适用于经验的知性的规律中的。所以，当一方攻击其对手的弱点时，他无疑也暴露了他自己的弱点，这就是所有纯理论探讨的命运"。

对黑格尔而言，对立采取了相反的正题和反题的调和形式。各占一半真理的不完善性能够通过一个合题来弥补，从而得到辩证的克服。黑格尔说，"这是逻辑学最重要的发现之一，即处于对立面的，有着极端立场的一个具体的环节，不再是极端的对立面，通过同时成为一种工具，而成为一个有机整体中的一个环节"。黑格尔的对立由此也是"调解"。

对亚里士多德而言，辩证的对立源于人们日常谈论中的争执。但是，正如只有当争论中的问题本身就有两面性，争执才是合理的，所以，理性也只能就真实的可争论的事物进行推理，才可以是辩证的。人们争执的那些熟悉的话题提供了辩证法的一般问题，因为他们大部分都是从那些可争论的命题或问题中形成的。亚里士多德相信，"没有一个人能在他自己的意义上提出一个无人认可的命题；他也不能提出一个对所有人或大多数人来说都显而易见的问题"。因此，互相冲突的意见各自都有某种可能性。所以，辩证过程既不终止于一种不完全的对立面的综合，也不把二者都当作幻相而拒绝了事。而是，"着眼于一般的观点"，寻求获得更合理的看法——两者中更站得住脚的或更可能的。

在柏拉图的辩证法理论中，对立的要素处于存在和存在者，一与多，可知物和可感物的张力中，这种张力出现在心灵上升到概念的辩证运动中的每一个阶段。因此这种张力是基础性的，苏格拉底用它去定义辩证论者,即通过把握"概念中分散的殊相"和"依照其自然形成"把它划分为"不同的种","能在自然中看见'一和多'"的人。正如在黑格尔哲学中,这里的对立——对话中的貌似的矛盾——能通过辩证法得到解决,通过这种解决,心灵上升到一个更高的层次。

只有在黑格尔或他的追随者的著作中,辩证法的含义才不只限于人类思想的活动。黑格尔清楚地指出"崇高的辩证法……不是外在地运用于某物的主观思维活动,而是有机地表现其枝叶和果实的事物的真实的灵魂"。它是"理念的发展",是"理性的固有的活动"。如果整个世界的存在和发展是一个绝对心灵或绝对理念的思想和思维,那么,自然和历史的种种事件都属于宇宙的一个辩证过程的各个环节。辩证法的原理是变化的原理,变化本身被认为是一个从低到高,从部分到整体,从未定到规定的发展或演化过程。

马克思用物质力量的冲突理论重建了被黑格尔看作精神的渐进的客观化的辩证的历史模式。马克思本人明确地把自己的辩证法与黑格尔的辩证法作了对比。他写道:"我的辩证法,不仅不同于黑格尔的辩证法,而且是直接与之对立的。"他声称,黑格尔认为"真实的世界只是'绝对理念'的表面的,现象的形式",而他则认为"绝对理念不过是反映到人类心灵中的物质世界,并被转变为思想的形式"。

关于辩证法,马克思还是赞扬了黑格尔,说他是"第一个全面而有意识地提出了辩证法的普遍形式的人"。黑格尔的唯一问题是,辩证法"还停留在头脑中"。因此它必须"被再一次颠倒过来",完成一次马克思认为他在辩证唯物主义中完成的革命。

马克思把辩证法放到其适当的基石上,按照一种"既承认事物的存在状态,同时也承认其否定状态及其不可避免的分解"的辩证的模式,从物质力量的冲突,或在经济斗争中的社会各阶级的斗争的角度构建了历史整体。由此,历史被辩证地理解为"流动的历史",同时,它也有一个明确的目的——以无阶级社会的和平作为其结果的革命。资产阶级工业造成无产阶级的集中和联合,产生了"它自己的掘墓人。它的衰落和无产阶级的胜利同样"是"不可避免的"。

在马克思的专业词汇中,"历史唯物主义"和"辩证唯物主义"严格说来是同义词。虽然马克思声称与黑格尔相反,但对马克思和黑格尔的一个比较似乎证明了,一个历史的辩证法同样能被设想为精神或物质的。

在历史辩证法之外是否还有一个自然辩证法?尽管黑格尔的《逻辑学》和《精神现象学》也许已经回答了这个问题,但这在马克思主义的思想中仍成为一个有争议的问题。恩格斯在他的《自然辩证法》中试图用严格的唯物主义的术语对黑格尔哲学的辩证法作出一种更完全的再现。它的普遍范围,包括全部自然和历史,也被反映在某种宇宙演化的达尔文主义之后的学说中。

在**历史**和**进步**两章中有关于黑格尔和马克思的辩证法的一些考察。虽然我们没有就黑格尔和马克思在上个世纪的思想中所引起的争端作出裁决,但是,我们可以介绍一下近几十年来思想界对他们的几近强烈的反感。尼采蔑视一切辩证论者:"他们自命通过一个冷酷的纯粹的神圣不可侵犯的辩证法的自我演化,已经发现和获得了真实的意见……而实际上,他们是用事后的聪明去为一种偏见,一个观念,一次'灵感',主要是一种被筛选和抽象出来的内心的期望辩护——他们全都是不希望被尊重的鼓吹者。"弗洛伊德对马克思的批评毫不留情,始终反对辩证唯物主义,一如在他之前的威廉·詹姆士表达了对黑格尔的极端厌恶。詹姆士嘲笑那些认为"精神生命的崇高和美丽在于一切矛盾都在它里面得到调和"的"黑格尔主义者",他宣布:"对于这种理智的和事佬,我承认我无法与之争论"。

在詹姆士看来,从情绪的角度考虑,黑格尔哲学的辩证法和他所谓的"心灵的哑剧"是"同一件事。在哑剧中,一切日常的事物都以不可能的方式发生,人们被扼住喉咙,房子被翻了个遍,老女人变成年轻男人,所有的事情都以难以相信的敏捷和技巧'过渡到它的对立面'……在黑格尔哲学的逻辑中也是这样。"詹姆士接着说:"平常用普普通通的名字所表示的差别(例如认知者和对象的差别,多和一的差别),到了黑格尔那里,首先须被翻译成不可能性和矛盾,然后,被奇迹般地'超越'和统一,最后是引进那种固有的调和,让人皆大欢喜地欣赏它们所展示的奇观。"

分 类 主 题

1. 辩证法的种种定义
2. 辩证法的不同理论
   2a. 辩证法:对真理的追求和对存在的思考
      (1) 从显象到实在,从意见到知识的上升:辩证法的上升和下降
      (2) 辩证法的定义,分类,前提和假设
   2b. 辩证法:意见范围内的调查,论证和批评的方法
      (1) 辩证法的分类:可推断性理论
      (2) 怀疑和回答的技术
   2c. 辩证法:类似逻辑和对理性超出经验的虚假运用的批判
      (1) 逻辑之分为分析论和辩证论:普通辩证法和先验辩证法的区别
      (2) 人类理性的自然辩证法:二论背反的解决
   2d. 辩证法:精神或物质的演进
      (1) 主观辩证法和客观辩证法的区别:道德意志的实现;信仰的悖论
      (2) 自然辩证法和历史辩证法:自由的实现
3. 辩证对立的类型
   3a. 存在和形成,一与多,同一和其他的对立
   3b. 辩证论证的对立的前提:辩证的问题和命题;各种可能性的冲突
   3c. 辩证推理的对立的结论:先验辩证论的二论背反和谬误
   3d. 辩证综合过程中作为环节的正题和反题
4. 辩证法与哲学和科学,宗教和文化的关系
5. 辩证法和修辞学的领域:证明和说服
6. 辩证法的评价:辩证法和诡辩的区分

[潘卫红 译]

索引

本索引相继列出本系列的卷号〔黑体〕、作者、该卷的页码。所引圣经依据詹姆士御制版，先后列出卷、章、行。缩略语 esp 提醒读者所涉参考材料中有一处或多处与本论题关系特别紧密；passim 表示所涉文著与本论题是断续而非全部相关。若所涉文著整体与本论题相关，页码就包括整体文著。关于如何使用《论题集》的一般指南请参见导论。

1. **Definitions of dialectic**
   6 Plato, 88–89, 387, 571
   7 Aristotle, 39, 143, 236
   8 Aristotle, 593, 595–596
   11 Plotinus, 311–312
   28 Descartes, 238–239
   39 Kant, 36–37, 108–111 esp 108, 227–235 esp 229, 231–232
   43 Hegel, 19–20

2. **Diverse theories of dialectic**

2a. **Dialectic as the pursuit of truth and the contemplation of being**
   6 Plato, 139–140, 383–388, 491, 611–612, 634–635, 809–810
   11 Plotinus, 310–312
   39 Kant, 337–338, 551–552
   40 Mill, 287–288

2a(1) **The ascent from appearance to reality, or from opinion to knowledge: the upward and downward paths of dialectic**
   6 Plato, 391–401, 551–579, 580–608 esp 585, 586, 589, 591, 594–596, 599, 608
   39 Kant, 113–115, 173–174
   43 Nietzsche, 468
   55 James, William, 50–57 passim

2a(2) **Definition, division, hypothesis, and myth in the service of dialectic**
   6 Plato, 4–13, 43–45, 174–190, 192–199, 242–243, 297–316, 346–356, 386–398, 486–511, 551–579, 582–583, 586–589, 594–596, 609–639
   7 Aristotle, 411, 505
   8 Aristotle, 165–167
   11 Epictetus, 106–107
   56 Planck, 86–88

2b. **Dialectic as the method of inquiry, argument, and criticism in the sphere of opinion**
   7 Aristotle, 143–223, 227–253 esp 227–228, 234–237, 252–253, 523
   8 Aristotle, 593–598, 599
   18 Aquinas, 40–41, 765–766
   28 Bacon, 60, 65
   38 Gibbon, 299
   39 Kant, 109, 600–603
   43 Hegel, 19–20, 55, 383
   55 James, William, 39–41

2b(1) **Divisions of dialectic: the theory of the predicables**
   7 Aristotle, 143–211, 236, 237
   8 Aristotle, 596–598

2b(2) **The technique of question and answer**
   6 Plato, 50–51, 88–89, 551
   7 Aristotle, 125, 211–223, 235–236
   39 Kant, 36
   55 Barth, 513–514

2c. **Dialectic as the logic of semblance and as the critique of the illusory employment of reason beyond experience**
   39 Kant, 1–4, 15–16, 53–54, 93–99, 101–107, 108–209, 217–218, 219–223, 227–235, 260–261, 283–284, 291–292, 296, 310–311, 313–314, 335–337, 540–542, 543–544, 551–552, 562–564, 570–572

2c(1) **The division of logic into analytic and dialectic: the distinction between general and transcendental dialectic**
   39 Kant, 34–37

2c(2) **The natural dialectic of human reason: the resolution of antinomies**
   39 Kant, 7–8, 20, 120–121, 133, 217–218, 352
   55 Bergson, 78–79, 82–84, 88–89
   55 Barth, 471

2d. **Dialectic as the evolution of spirit or matter**
   43 Hegel, 20, 115, 116–118, 159–217, 271
   50 Marx, 10–11

2d(1) **The distinction between subjective and objective dialectic: the realization of the moral will; the paradoxes of faith**
   43 Hegel, 18–19, 42–44, 51–56, 130–131
   43 Kierkegaard, 416–417, 422–429, 430–436, 441–445, 450–453
   55 James, William, 62–63
   55 Barth, 464–467, 471, 484–487, 495, 500–504, 512–514, 544–550

2d(2) The dialectic of nature and of history: the actualization of freedom

43 Hegel, 12–13, 114–115, 116–118, 159–393

3. Types of dialectical opposition

3a. The opposition between being and becoming, the one and the many, the same and the other

6 Plato, 167, 333, 370–373, 383–398, 486–511, 564–574, 610–613, 615–617, 633–635
7 Aristotle, 505–506, 522–524
10 Nicomachus, 627–628
11 Plotinus, 353–354, 411–425, 443–445, 519–522, 524–526, 546–549, 671–672

3b. The opposed premises of dialectical argument: dialectical problems and theses; the conflict of probabilities

7 Aristotle, 148, 213–214
11 Epictetus, 141–142
28 Bacon, 47–48
33 Locke, 369
33 Hume, 488–491
39 Kant, 108

3c. The opposed conclusions of dialectical reasoning: the antinomies and paralogisms of a transcendental dialectic

8 Aristotle, 594
39 Kant, 120–173, 187–192, 200–209, 219–220, 283–284, 331–337, 340–342, 407–408, 543–544, 562–578
43 Hegel, 49–50
55 Bergson, 78–79, 88–89

3d. Thesis and antithesis as moments in the advance toward a dialectical synthesis

39 Kant, 133
43 Hegel, 39, 42–44, 159–199, 213–216, 248–249, 258–259, 271–272, 303–304, 321–330, 352–353
43 Nietzsche, 465–466
55 Russell, 287–289

4. Dialectic in relation to philosophy and science, religion and culture

6 Plato, 386–388, 396–398, 570–574, 610–613, 633–635
7 Aristotle, 102, 103, 111, 143–144, 147–148, 234–237, 499–512 esp 501, 506, 511–512, 513–522, 589, 610, 632
8 Aristotle, 597–598
16 Augustine, 313–315
28 Descartes, 224–225, 227, 237–239, 247–248
39 Kant, 261, 551–552
54 Freud, 545–546
55 Barth, 489–490
58 Lévi-Strauss, 486–490

5. The spheres of dialectic and rhetoric: proof and persuasion

6 Plato, 39–42, 131–141, 200–201, 203–205, 252–294, 595, 610–613
8 Aristotle, 593–598
23 Montaigne, 488–492, 495–497
28 Bacon, 60, 66–67
28 Descartes, 238–239

6. The evaluation of dialectic: the line between dialectic and sophistry

4 Aristophanes, 697–721
6 Plato, 65–84, 388–398, 522–523, 525–526, 551–579, 611–612, 633–635
7 Aristotle, 143–144, 227–228, 233–237, 523, 589, 631–632
11 Epictetus, 107–108, 167–168, 183–184
16 Augustine, 733–734, 736
22 Rabelais, 101–106
23 Erasmus, 25
23 Montaigne, 488–492
28 Bacon, 113–114
39 Kant, 36–37, 109, 120–121, 221–222, 600–601, 607–608
40 Mill, 287–288 passim
43 Nietzsche, 465–466
53 James, William, 107, 117, 238

交叉索引

以下是与其他章的交叉索引：

Dialectic as logic or a part of logic, and its relation to the other liberal arts, see LANGUAGE 7; LOGIC 1, 1b, 4–4b; RHETORIC 1a.

Dialectic as the highest science, the supreme form of knowledge or wisdom, see METAPHYSICS 1; PHILOSOPHY 2b; SCIENCE 1a(2); WISDOM 1a.

Dialectic as a method of argument in the sphere of opinion, see OPINION 2c; REASONING 5c; RHETORIC 4c–4c(3).

Dialectic as a method of inquiry, see DEFINITION 4; HYPOTHESIS 1; PRINCIPLE 3c(2).

The role of dialectic in the philosophy of history, see HISTORY 4a(2)–4a(3); PROGRESS 1a.

The types of opposition which have significance for dialectic, see OPPOSITION 1e, 2b, 2e; REASONING 5c.

Dialectic in relation to philosophy and theology, see METAPHYSICS 3c; PHILOSOPHY 3c; THEOLOGY 5.

Condemnations of sophistry and of dialectic as sophistry, *see* LOGIC 6; METAPHYSICS 4a; PHILOSOPHY 6b; RHETORIC 1a; THEOLOGY 5; TRUTH 8e; WISDOM 3.

扩展书目

下面列出的文著没有包括在本套伟大著作丛书中，但它们与本章的大观念及主题相关。书目分成两组：

Ⅰ．伟大著作丛书中收入了其部分著作的作者。作者大致按年代顺序排列。

Ⅱ．未收入伟大著作丛书的作者。我们先把作者划归为古代、近代等，在一个时代范围内再按西文字母顺序排序。

在《论题集》第二卷后面，附有扩展阅读总目，在那里可以查到这里所列著作的作者全名、完整书名、出版日期等全部信息。

I.

Augustine. *Concerning the Teacher*
——. *Divine Providence and the Problem of Evil*, BK II, CH 11–16
Hobbes. *The Art of Sophistry*
Hegel. *The Phenomenology of Spirit*
——. *Science of Logic*
Engels. *Dialectics of Nature*
——. *Herr Eugen Dühring's Revolution in Science*, PART I (12–13)
Whitehead. *Process and Reality*, PART I
Russell. *An Inquiry into Meaning and Truth*, CH 24

II.

THE ANCIENT WORLD (TO 500 A.D.)

Philostratus. *Lives of the Sophists*
Sextus Empiricus. *Outlines of Pyrrhonism*, BK I–II

THE MIDDLE AGES TO THE RENAISSANCE (TO 1500)

Abelard. *Dialectica*
——. *Sic et Non*
Erigena. *De Divisione Naturae*, BK V (4)
John of Salisbury. *The Metalogicon*
Nicholas of Cusa. *De Docta Ignorantia*

THE MODERN WORLD (1500 AND LATER)

Adler, M. J. *Dialectic*
Bradley, F. H. *Appearance and Reality*
Brunetière. *An Apology for Rhetoric*
Buchanan. *Possibility*
Bukharin. *Historical Materialism*
Fichte, J. G. *The Science of Knowledge*, PART III
Jackson, T. A. *Dialectics*
Lenin. *On Dialectics*
Lotze. *Logic*, BK I, CH 3 (C)
McTaggart. *Studies in Hegelian Cosmology*
——. *Studies in the Hegelian Dialectic*
Melanchthon. *Dialectica*
Mueller. *Dialectic: A Way into and Within Philosophy*
Peirce, C. S. *Collected Papers*, VOL I, par 284–572; VOL V, par 41–119; VOL VI, par 7–34
Plekhanov. *Fundamental Problems of Marxism*
Popper. *Conjectures and Refutations*
Ramus. *Dialecticae Institutiones*
Rescher. *Dialectics*
Santayana. *The Realm of Essence*, CH 7
——. *Reason in Science*, CH 7
Schleiermacher. *Dialektik*
Stump. *Dialectic and Its Place in the Development of Medieval Logic*
Whewell. *On the Philosophy of Discovery*, APPENDIX C

19

责 任 Duty

总 论

洛克在他的著作《人类理解论》中讨论"一个人为什么必须遵守诺言"时指出,我们会遇到对这个问题的三种不同的答案:"如果问的是一个基督徒,他会提供这样的原因:因为拥有永恒的生命和死亡权力的上帝这样要求我们。但一个被询问的霍布斯主义者会回答:因为公众需要这种行为,如果你不这样做利维坦会惩罚你。如果一个古代哲学家被问到,他会回答:不这样做,就是不诚实的行为,有失人的尊严,违背了美德——人类本性的至善。"

通过这三种回答,洛克向我们介绍了关于义务的核心问题的几种不同的观点。所有的观点都承认义务的存在和责任的力量。在接受这个问题的过程中,它们承认一个人必须或者说应该遵守诺言。但是为什么?是什么创造了义务和责任?

在洛克列举的回答中,基督徒的和霍布斯主义者的这两种都是从法律的命令中推导义务,无论上帝的律法还是国家的法律,在任何一种情况中法律都是被一种更高级权力的支持所加强。因此,市民对国家承担义务,宗教信徒对上帝承担义务。但是只依靠更高级的权力似乎没有完全解决关于义务的问题。有些人只是因为惧怕惩罚才遵守神圣或者世俗的法律的,他们的行为会被认为不是出于义务,而只是出于权宜之计——通过对风险和结果的计算。

遵守被看作义务的法律的人,是那些承认法律权威或制定法律者权力的人,即使没有高级的权力所做的惩罚,他们也愿意遵守法律。法律束缚这些人是通过良心而不是强制力,他们遵守法律是因为道德的要求。对法律道德权威的理解适用于那些通过良心的指示去理解义务的人。

洛克说的第三种回答来自古代哲学家,展示了义务有时无须通过神圣或世俗的法律去理解。当我们做出一个承诺或者有了一笔债时,也能分享这种理解,即便没有高级的命令我们也会感到有责任不去改变它们。进一步说,义务似乎是面对另一个与我们平等的人的,而不是对国家或者上帝。

洛克对这种古代观点的说明指出,诚实或者公正的人承认义务是与法律和高级权力分离的。当然,美德也指导一个人为了普遍的福利去行为,去遵守国家的法律和上帝的命令。但是,在古代哲人那里,以特定方式行使对待同胞义务的动力,就是洛克所述的"美德,人类本性的至善"。这种观点认为,美德单独提供动机。没有美德,人们遵守法律只是因为法律的强制力。没有美德,人们不会认清对同胞对国家的责任。

基督徒和霍布斯主义者的回答可归为一类,与古代哲学家的观点对应,这两种对义务的理解,似乎只是措词上的区别。每一种理解所认可的尽义务的行为几乎完全相同。但是,它们确实相互冲突,而且如果进一步检验,两种理解都会带来困难。

洛克表述的那种认为义务是来自一个人自己的美德的理论,在古代哲学家

19. 责　任

那里,尤其是在柏拉图和亚里士多德那里,都有自己经典式的解释。比如,在《理想国》中,苏格拉底就遇到了格劳孔这样的观点:人遵守法律不是因为他们觉得应该这样做,而是为了避免受到责备和惩罚。格劳孔认为在拥有能使人隐形的古阿斯的指环之后,"没有人不会去拿别人的东西,因为他可以安全地拿到所有喜欢的东西。"还可以"像众人中的神一样享受所有的尊敬"。

苏格拉底提出自己对"义人"的理解来反驳这种观点,义人做自己应该做的事情只因为那些事是正义的,正义是生命和灵魂健康所必需的。按照苏格拉底的思考方法,这样去问是荒谬的:"无论是否被众神和人们看见,做义人、做正义之事、实践美德或者做不正义之人哪个更有利可图? ……我们都知道,当肉体消失后,即使享受过所有的美食佳酿,拥有全部的财富和权力,生命也不再延续。当我们被告知,重大原则的本质被破坏和腐化,而一个人被允许带着这样的期待做任何他想做的——他不是在获得正义和美德,也不是在远离不正义和罪恶,他的生命是否仍然是值得拥有的?"

这种观点认为义务和责任是建立在正义的美德之上。但对柏拉图来说,正义尽管只是美德中的一种,与节制、勇敢和智慧三种其他的美德不可分离,但说道德义务建立在正义的美德之上,或者建立在全部的美德之上,几乎是没有分别的。亚里士多德有些章节论述正义、美德与恶行等内容,也与全部的美德和正义相关,他表达出与柏拉图不同的观点。亚里士多德认为是正义这一美德而不是美德的全部或者其他的美德支撑着义务和责任。

亚里士多德认为正义不同于其他的美德之处在于,"它是唯一一种考虑到他人之善的美德,因为它关涉了一个人和邻人的关系。"其他美德,比如节制和勇敢,不能支持义务,除非它们在某种程度上附加或者混合了正义。亚里士多德每次谈到义务,总是谈到关于正义推导出的责任——"父母对孩子的义务和兄弟之间的义务……同胞与伙伴之间的义务"。

对于亚里士多德来说,正义总是和其他人的善或者所有人共同的善相关,而像节制和勇敢那样的美德,如果不与正义相联系,只能是关心个人的幸福。这就是为什么义务是伴随正义的原因。义务正是要在行为中考虑到他人的福利。如果没有任何其他人的善被关涉,一个人就没有义务变得节制和勇敢,即便这个人拥有这两种美德。

正是因为正义本质上的社会性,亚里士多德提出了一个问题"一个人可不可以对自己不正义?"他认为只是在比喻的意义上,一个人才能对自己正义或不正义。他称之为"比喻的正义",这并不是一个人和他自己的关系,而是一个人的一部分与另一部分的关系。

阿奎那追随亚里士多德的观点,也认为义务只是和正义这种美德有关,而不是和其他美德。他说"正义在美德中是独特的,蕴涵着义务的观念"。尽管他在某种程度上说义务也会融入其他美德的行为中——"义务在其他美德中体现得不如在正义中明显",但他的立场从根本上还是亚里士多德式的。通过使用"比喻的正义"——就是亚里士多德在谈论人能对自己不正义时用到的——阿奎那解释了如何可以说所有其他的美德"包含了低级权力对理性的义务"。除了激情对理性的这种比喻的义务,阿奎那认为只有通过正义的观念,才有严格意义上关涉人与人关系的义务。

按照这种理论,义务和道德不是同

延的,义务感不等同于道德感,即使当需被遵守的普遍法不存在时,特殊的义务也能使一个人对他人负有责任。批评者发现这种理论存在的困难,他们认为是整个道德而不是道德中的一部分关涉义务。他们提出这样的问题,义务感在那些不影响任何其他人和整体善的事情上,是不是起作用?比如,是不是一个人只有义务去对别人讲真话,而没有义务为自己寻找真理?康德认为存在私人的义务,像公共义务一样;或者用他自己的话说:内在义务存在于伦理的领域,外在义务存在于法律的领域。

霍布斯的义务理论也面临着同样的困难。正义观念所决定的特殊义务,并不总是与国内法律包含的义务相同,尽管在国家法律本身是正义的体现时二者可以是同一的。但是当法律而不是正义成为原则时,义务主要包括的就是对法律或制定法律者(那些拥有高级权力和权威)的服从。只是在次要的意义上,它才涉及对平等地位的其他人的责任。

比如,霍布斯认为正义和责任,都起源于一个制定法律的权威体的建立。他认为"没有国家,就没有什么不正义。所以正义本质存在于保持有效的契约;但契约的有效性只起源于国内权力支撑的宪法,足以强迫人们遵守它的权力"。义务和正义都被说成是自然之法,但霍布斯补充道,"它们不是完全的法律,但能使人平和与服从",直到"一个国家被建立"之后它们成为"国家的命令"。换句话说,"是君主的权力使得人们去遵守它们",服从也被说成是"自然法的一部分",这是这种观念的一个恰当的表达。

到这里,这两种观念冲突了,至少是产生了分歧。但如果义务的合法理论不能超出政府法令的范围,与前面同样的问题会再次出现。一个人排除掉与政府的关系就没有义务了吗?如果行为要遵守的准则是法律,而法律源于一个权威只因为它有权做出命令,这样的话义务能否与道德同延?我们会看到,康德再一次表示反对。

我们现在讨论的关于义务的这些问题,正是它们引起了亚里士多德和霍布斯理论的困难。尽管这两种理论在法律、正义和义务的观念上有区别,但他们在下面一点上保持某种一致:尽一个人的责任并不能彻底解决所有的道德问题。

但同样的问题并没有引起其他一些道德哲学家的困难,比如康德和古代斯多葛派哲学家(马可·奥勒留、爱比克泰德)。相反地,他们的道德哲学通过使义务的范围全同于整个道德生活的范围,回避了这样问题的产生。

当转向检查他们的义务观念时,我们一定会观察到,它在两个方面改变了洛克对"一个人为什么必须遵守诺言"这个问题的答案的三种划分。首先,洛克表述古代哲学家的回答时只使用了柏拉图和亚里士多德的观点,却没有斯多葛派的。其次,洛克对基督教立场的说明似乎同霍布斯主义者的回答有所结合,并以此同柏拉图和亚里士多德的观点对应。建立这种结合的基础是对上帝的义务和对国家的义务,同样是对高级存在的义务。但是阿奎那在"正义是义务的一个来源"这点上同意亚里士多德,但他在"义务是充满整个伦理领域"这点上是同意康德和斯多葛派的。洛克对基督教观点的说明是不充分的,他只选择了一个侧面。

康德、斯多葛派和阿奎那在这一点上达成共识,法律的存在不依赖于国家的制定,也不依赖于上帝的启示。这种法律,斯多葛派称之为"理性的法律",阿奎那称为"自然法",康德称为"内在道德律"。这个共同观念的多种阐释,我们放在**法律**章去详细展开;在目前的讨论中我们无需这样做就能得出,理性的法律、自然法都是道德的法律,它的一般原则和详细的规则统摄了整个道德行为的领域。

康德认为,"道德是与所有行动相关的立法构成的,这种立法可以单独使目的王国成为可能"。通过这个定义,他说,"永不按照自相矛盾的准则去行为,这样的意志是一个普遍律"。这种法律在下面这种意义上是道德,它只履行道德的权威,即便没有高级存在,用命令支撑的外面制裁也应该奏效。康德认为"义务的观念单独就足以作为行动的源头,即使这个源头缺乏与法庭立法的联系,即外部强制"。

使自然律或者说道德律成为义务的原则,这就把义务的因素引入到每个道德行为中。正确的行为同自然法的要求和服从道德律的命令是一致的。我们不需要外在地颁布这种法律,也不需要一个法律制定者用语言来表达,因为这种法律是理性本身固有的。它的各种准则和观念可以从阿奎那说的"实践理性第一原则"、康德说的"绝对命令"中推导出来,或者像斯多葛派所说,理性是人的"统领的原则",人的义务包括"紧紧地把握住它"和"直接向前"让它展示它自身的内涵。

在这种理论中,我们被良心驱使去做理性宣示为正确的事情,不管它是否涉及其他人。公共领域的道德和个人的道德之间的区别,即正义和其他美德这两者范围的区别,与良心无关。康德认为良心在内、外两种义务的领域起同样的作用。在伦理和法律的领域,良心实践着道德律,在特殊事件中指示我们的义务。我们与他人的关系与我们与自身的关系没有区别,因为道德是普遍的,同等地作用于每个人。任何一事中的义务就是遵守道德律。除非道德律命令我去尊敬别人和我们一样具有的人类尊严,否则我们就没有这一义务。

高级对低级的命令中的成分,通过理想和人类意志、欲望的关系,出现在义务的观念中。符合义务的行为包含意志对理性的服从,也包含战胜所有相反的爱好或欲望。但是康德有时用这样的说法,他认为义务类似于对上帝的责任,"个人行为是在上帝面前的这种主观的责任原则",是"被包含在每个道德自觉中,尽管只是模糊的"。

不管怎样,康德坚持"基督教的道德原则本身不是神学的"。他认为,这基于"纯粹理性的自主性,因为它没有使对上帝的知识和上帝的意志成为道德律的基础,而只是在遵守这些法律的条件下到达至善的过程,它甚至没有在欲求的结果中为这种服从寻找恰当的根源,只是在义务的观念下,忠实地遵守这些来构成获得快乐结果的价值。"

这是"把至善作为纯粹实践理性的目标和最终目的",在康德对基督教的观点中,我们从道德哲学过渡到"宗教,把所有的义务当作神圣命令来承认"。基督教神学家,像阿奎那和加尔文,在把对道德法或理性的自然法则的遵从等同于对上帝的宗教服从方面,似乎比康德走得更远。他也没有从这样一个事实来对这种等同性加以说明,即上帝使得人们对永福的抵达依靠对于道德法则的自由遵守。自然法则对阿奎那而言毋宁是"理性生物对于上帝的永恒法则的参与"——"烙印在我们之上的神圣之光"。因为上帝是人的本性和理性的创造者,所以他就是掌控自然法则的最终权威,该法则在创世时赋予人以理性。

对于基督教神学家而言,象阿奎那和加尔文,对上帝的义务包括对理性通过自身能够发现的自然法则的遵从,不亚于对上帝向人所揭示的戒律的遵从。二者都包括一种对上帝所制定的秩序的分裂,一是"在对理性规则的关系中,就我们的理性和激情而言都应该与理性规则相称",一是"对于神圣法律的规则的关系"。这样,在所有道德问题上,用威廉·华兹华斯的话说,义务就显得是"上帝声音的严厉女儿"。如果自然法则控制我们以利用我们的能力来达到它要创造的目的,那么拥有心灵就意味着把苏格拉底在《申辩篇》中所称的人的"追问的义务"强加于我们。如果我们寻求不到真理,我们就因为违背了我们的本性而违背了上帝,即使"你将追求真理"清楚地写在圣经上。

数学家 G. H. 哈迪告诉我们"人的第一义务……是要有雄心";因为就他的观点,"所有对人类幸福的实质性贡献都是由雄心壮志的人做出的"。

伦理教义可以根据其角色来分类,这角色被指派给义务作为一种道德原则。在道德哲学中,也许再也没有比义务的伦理和快乐或幸福的伦理更能成为一个基础问题的了。这一问题明显属于**幸福**和**快乐与痛苦**以及这一章所讨论的。这三章必须结合起来读——也许还有**欲望**、**法律**和**美德与邪恶**这些章节——以便形成完整图像。

根据义务的道德性,每个行为都依照其对法的遵守来判断,并且最基本的道德区分是对与错。虽然快乐和幸福是中心问题,但最基本的区分却在善与恶之间做出,并且是欲望而不是法律设定了评估的标准。对目的和手段的分析以及美德理论通常在幸福的伦理学中可以发现,而良心和惩罚通常在义务的伦理学中很显著。

在一种极端上,义务概念的位置被完全排除。这样一个事实,而不是其他的事实,是伊壁鸠鲁主义的特征。对他而言好的生活就是人不渴求任何生活,"除了痛苦远离身体/并且心灵享受驱遣了恐惧的快乐/远离焦虑"。他所描述的生活——如此被规训和调和以至于在避免痛苦的努力中除了简单快乐之外所有的都被放弃了——就使得义务和社会责任毫无位置。

在亚里士多德更详尽的道德哲学中,美德包含避免痛苦中的中道以及对快乐的追求。虽然他承认"任何没有资质的快乐也许是坏的",但亚里士多德宣称幸福作为"首要善","包含了一些快乐"。但是即使作为一种善,快乐不是唯一的善,因为存在其他的欲望对象。

根据亚里士多德的观点,通过寻求一些秩序中的以及彼此相互关联的各种各样的善,幸福的人成功地满足了他的全部欲望。幸福本身就是"我们总是因其自身而绝不为了其他事物而选择"的事物。尽管我们选择其他事物也在某种意义上为了其自身,例如"荣誉,快乐,理性,以及每种美德",但它们依然是"为了幸福"而被选择的,因为我们把它们判断为"我们成为幸福的手段"。

在亚里士多德的幸福伦理学中,义务既没有完全被排除,也没有被给予独立的意义。正如我们所见,它仅仅是正义美德的一个方面,并且毋宁等同于正义之人对他所欠于别人的债务的承诺;或者他对某些责任的认同,以避免伤害他人并且服务于一般的善。

在另一极端上,存在一个对于道德感和义务感的区分。在马可·奥勒留和爱比克泰德的斯多葛主义中,生活好就是行使义务,并且放弃与之相反的欲望。"正是义务",皇帝奥勒留写道,"在每一单个行为中安排好了生活;如果每个行为都行使了义务,只要它是可能的,它就

19. 责 任

是满意的;没有人能够隐藏它们以致每一行为不完成其义务。"人并非注定是幸福的;他的幸福在于做他在宇宙秩序中的职位所要求于他的事。唯一善是善的意志,义务的意志,遵从自然法则的意志。

康德更为详细的道德哲学给予了同样的基础性教义。这可以从他把他所称之为的幸福主义(如,幸福的伦理学)和快乐主义(如,快乐的伦理学)联系起来这一事实中得到说明。"幸福",他写道,是"理性存在者对于伴随他的整个存在的、未被中断的愉悦的意识",并且它的基础是"自爱的原则"。所以,根据康德的观点,幸福主义和快乐主义犯了同样的错误。二者都"削弱了道德性并有损于其崇高性,因为它们把美德和邪恶的动机归为同类,并且仅仅教我们做出一个更好的算计"。二者都承认欲望作为善和恶的道德标准。它们都关涉到结果、手段和目的,在此二者都是功利的。它们都参照其所服从的目的来衡量道德行为。

对于康德,"一个出于义务的行为,并非从通过它而被达到的目的那里获得其道德价值,而是从它被决定的准则那里获得,并因此使它不依赖于行为对象的实现,而仅仅依赖于行为发生所出自的自愿原则,与欲望对象没有任何关联……义务,"康德继续说,"是按照对法则的尊重来行动的必需"。由此他论证义务和所有的道德行为都必须因其正确而做出,因为法则控制着它,而不是为了其他原因。它将因满足了人的倾向并达到意志的目的而对幸福有所贡献,仅仅建立于此基础上的任何行动建议都被排除了。那将是一个纯粹权宜之计的判断。就康德的观点而言,比不道德更糟糕的是非道德的。

"行为因义务而做出",康德写道,"必须完全排除倾向的影响,以及意志的每一对象,以致没有事物能够决定意志,除了客观的法则,以及对于这种实践法则的主体性的纯粹尊重,和我必须遵守这种法则并即使阻碍了我全部倾向的准则……我们称之为道德的卓越善因此存在于法则概念自身之中,就此概念而论,它当然仅仅在一个理性存在物那里是可能的,并且在我们意料效果之外,它决定了意志。"

这种法则,它是义务和所有道德行为的来源,就是康德著名的"绝对命令"——或者,换句话说,理性的无条件律令。根据其法令,康德宣称,"我总是按照那些能够成为普遍法则的准则行事。"通过遵守绝对命令,我们能够知道并行使我们的义务,并且确信我们的意志在道德上是善的。"因此,我不需要任何深远的突破来洞悉我必须做的事情,"康德写道,"为了我的意志能是道德上的善。虽然在世界中经验缺乏,不能对所有偶然事件做好准备,我只是问我自己:你也认为那准则意愿应该是普遍的法则吗? 若不是,那么它应该被拒绝,并且不是因为它那里产生的对我或其他人的不利,而是因为它不能作为一个原则进入一个可能的普遍规则。"

说一个人必须做这或拒绝做那以便达到幸福,这在康德看来充其量是有条件的责任,最终是一个似是而非的责任,因为它没有无条件地变得幸福。康德并没有完全排除幸福和永福。事实上他说没有必要在它们和道德之间保持"对立"。但是他称"义务被讨论之时我们不应该考虑幸福"。正如亚里士多德把义务置于正义之中,康德认为幸福作为道德法则所设定的目的在可能范围内是有价值的,并仅仅由此具有道德的性质。

另外两种声音参与到这种有关义务

和幸福的论证。一个是穆勒,他的功利主义把康德当作幸福伦理学的主要对手。尽管穆勒在很多观点上不同于亚里士多德,特别是有关美德是幸福的手段,但穆勒对康德的回答可以被解读为对亚里士多德以及他自己的理论的辩护。

从康德的观点看,他们都是功利主义者。他们都在手段与目的中论证。他们仅仅作出注重实效的而不是道德的判断——权宜之计的判断代替了对与错的判断。

从穆勒的观点看,亚里士多德像他自己一样除了幸福之外不需要其他道德原则。幸福是终极目的,并为每一个朝向其实现的手段辩护。"所有道德的最终惩罚,外部的分离动机,"穆勒写道,"是我们心灵中的主体感受。"他宣称"一旦一般的幸福被看作伦理标准",它就会要求"一种强烈的情感"。他坚持作为社会存在的人的本性"倾向于使他感觉它是他的自然愿望之一,即在他的情感和目的以及他的同类生物之间是和谐的"。

这一确信,在拥有它的人身上,"在他们的心灵中并不表现为教育的迷信,也不表现为社会力量专制地强加的法律,而是作为一种性质,对他们来说没有它是不好的。"这一确信胜过内在的责任感和上级权力所强加的外部惩罚,对穆勒而言它是"最大幸福道德的最终认可"——其目的在于最大多数的最大幸福。

穆勒为了回答康德的问题,甚至提出义务并不涉及关于正义的思辨;但阿奎那却有一种分析,认为每一道德行为都可以被看作遵守或违反自然法则,并同时被判断为一种手段,此手段服从或违反了人的自然欲望的终极目的。"自然法则对象的秩序是",阿奎那说,"根据自然倾向的秩序"。通过一种理论,义务和幸福之间的对立所产生的困境如此被否认了,或至少避免了。这种理论发现了自然法则的对象和欲望对象之间的完美对应,这种对应出自上帝创造人性的共同来源。

义务和欲望之间的张力——遵守行为规则和无限制的放纵之间——是其他动物除外人所必需忍受的一种负担。它是大多数伟大爱情小说的情节关键。它是悲剧的主题,因为无论这张力是在哪一个方向被解决了的——不论是在义务这条线上还是在对于法则的违背上(像亚当在《失落的天堂》中对伊夫的屈服),都是毁灭性的结局。

既有理性又有动物性的悲剧在于不得不在义务和欲望之间做出选择,而非做出任何特殊的选择。然而,诗歌中的悲剧英雄经常更多的抛弃义务而不是欲望和爱,尽管很少受到道德惩罚,却被他们深刻的犯罪感所超越,这可能是有意义的。但是,他们有时候自我欺骗,在义务的伪装中遮蔽了欲望。

在义务的领域中有另一种悲剧冲突的根源。人们被竞争性的忠诚、责任撕扯,它们被置于对立的方向。在家庭的基本关系中,一个男人对父母的义务若没有违背和忽视,对他妻子的责任通常是不能被履行的。当道德法则和国家法控制着相反的行为时,义务反对它在良心的折磨中被衡量。尽管如此,有时候一种责任比另一种责任具有明显的优先性,正如在索福克勒斯的戏剧人物安提戈涅的心中,当国王的法令违反了上帝的法律时,它就失去了权威。该戏剧更悲剧性的人物是国王克瑞昂而不是他的臣民安提戈涅。他牺牲了他深爱的儿子来维护他认为作为统治者的义务应保持的权利。

如果人不是理性的动物,或者如果无论其本性怎样,理性不是它的统治原则,那么义务感看来就是欺骗,它从情感能量中吸收了它的驱动力量,某些特定的人为的行为规则被赋予这些能量。与其作为一种对欲望的平衡,毋宁说义务本身就是某些特定欲望用来抗拒其他欲望的形式。

韦伯赞同地引用了尼采的"怨恨"理论——这种理论"把对慈善和兄弟情谊的赞美看作'奴隶在道德上的反抗',在那些道德中对他们是不利的……'义务'的伦理",他继续说,"这样就被认为是'压迫'情感的产物,对机械式的人这方面的复仇,因为他们没有权利,其情感被'置换'了…他们憎恨免除了义务的地主阶层的生活方式"。

根据弗洛伊德的理论,良心或超我,产生于自我和本能冲动之间的斗争。弗洛伊德告诉我们,通过被翻译成"通俗语言",自我代表理性和慎重,而本能冲动代表难以驯服的激情。在神经系统中那原始地扮演着必然功能的可能变成扮演着支配性地位。对精神分析学家而言,不仅悲剧而且神经症源于过渡发展的义务感。当"自我被强迫承认其弱点",弗洛伊德解释说,它"暴发为焦虑:面对外部世界的实在焦虑,面对超我的正常焦虑,以及面对本能冲动的激情力量的神经质焦虑"。

统治者与在统治国度内或政治共同体的关系初看起来像是把义务和责任强加给被统治者。统治者控制,他的臣民被迫遵守。统治者反过来对他所管理的人没有义务、没有责任吗?如果没有,那么他就没有统治人的权利,这权利是他必须尊重的。这种绝对的统治——被定义为统治者的义务和被统治者的权利的相关缺乏——一直是主人和奴隶关系的一个概念。

在国家统治者中官员们被迫负有其机构的职责,并且被赋予权威和权力。官员被宪法赋予绑定的义务,不是绝对的统治者。事实上,他是国家的奴仆,而不是主人。中世纪国王在他的加冕礼宣誓中保证履行其义务,他不一定被人类法律所限制。但只要他的良心使他对其宣誓忠诚,他就认识到自然法和上帝之法的至高地位。一个共和国的自我管理的公民,仅仅当他认识到一般善的至高地位时,才类似地被义务限制。

根据宪政理论,权利和义务相互关联。对义务的承认表示了权利拥有者认识到其权利的有限性和条件性特征。考虑一个人完全免除了义务和责任就是认为其权利是绝对的。除了在存在的条件下没有一个高级的种类外,任何人能拥有绝对的权力吗?对此问题的一个暗示性回答是:不仅暴君没有,而且国家也没有。只有上帝才是没有义务的自治。

分 类 主 题

1. 义务和责任的概念:它的道德意义
2. 义务的伦理学和幸福,快乐和功利的伦理学之对比
3. 义务的划分:内在和外在义务;伦理学和法学之域
4. 义务感
  4a. 良心的道德与社会发展:其指意
  4b. 良心的情感发展:其病之表现
5. 义务的神法、自然法、民法来源,以及绝对命令和理性来源
6. 义务的各种起源之间的冲突

7. 义务和正义以及义务和权利之间的关系:宣誓与承诺
8. 义务和本能、欲望、爱之间的张力
9. 家庭生活中的支配和服从的义务
10. 政治责任:关爱,职责,忠诚
11. 对上帝的义务:虔诚与崇拜

[何怀宏 译]

索引

本索引相继列出本系列的卷号〔黑体〕、作者、该卷的页码。所引圣经依据詹姆士御制版，先后列出卷、章、行。缩略语 esp 提醒读者所涉参考材料中有一处或多处与本论题关系特别紧密；passim 表示所涉文著与本论题是断续而非全部相关。若所涉文著整体与本论题相关，页码就包括整体文著。关于如何使用《论题集》的一般指南请参见导论。

1. **The concept of duty or obligation: its moral significance**

    6 Plato, 269–270
    11 Epictetus, 135
    11 Aurelius, 245, 246–247, 254–255, 261, 265, 272
    16 Augustine, 589–591, 709–713
    18 Aquinas, 249–250, 625–700 passim
    20 Calvin, 382–383
    21 Hobbes, 86–87
    23 Montaigne, 54–55
    28 Bacon, 74–76
    39 Kant, 149–150, 236–237, 253–254, 256–279, 366–367, 368, 373, 383–390, 391, 392–393, 397–398
    40 Mill, 453–454, 468–469
    43 Hegel, 49–50, 59–60, 133, 136, 178–179
    44 Tocqueville, 311–312, 357
    46 Eliot, George, 376, 470
    47 Dickens, 47, 127–128, 163
    49 Darwin, 304
    55 Whitehead, 233
    57 Veblen, 22–23
    59 Joyce, 655–656

2. **Comparison of the ethics of duty with the ethics of happiness, pleasure, or utility**

    11 Epictetus, 141–142, 192–198
    11 Aurelius, 243–244, 271, 272
    16 Augustine, 336–338, 438–442
    17 Aquinas, 727–728
    22 Rabelais, 65–66
    28 Bacon, 69–76
    30 Pascal, 62–68
    34 Diderot, 271–274
    39 Kant, 235, 236–239, 256–257, 258–264, 282–283, 286, 297–319, 325–331, 338–355, 365–366, 369–373, 478–479, 584–587, 591–592
    40 Mill, 296–297, 445–476
    43 Hegel, 46–47, 133
    43 Nietzsche, 499–500
    53 James, William, 813–814
    54 Freud, 800–801
    57 Tawney, 185–186

3. **The divisions of duty: internal and external duty; the realms of ethics and jurisprudence**

    17 Aquinas, 97
    21 Hobbes, 95–96
    29 Milton, 368–369
    38 Gibbon, 89–91
    39 Kant, 268–270, 272–273, 365–379, 383–384, 386–387, 389–390, 391–394, 398–399, 400–401
    40 Mill, 458
    43 Hegel, 34–35, 50–57, 178–179, 194–195, 217, 225–227, 307
    44 Tocqueville, 282–283
    55 Barth, 490–495, 499–500

4. **The sense of duty**

    4 Aeschylus, 75–89, 90–103
    4 Sophocles, 159–174, 195–215, 234–254
    4 Euripides, 296–315, 316–333, 334–346, 347–362, 450–471
    6 Plato, 70–71, 213–219, 390–391
    11 Aurelius, 272
    13 Plutarch, 276–290, 620–648
    19 Chaucer, 286–287
    23 Montaigne, 342–343
    27 Cervantes, 92–100
    29 Milton, 139
    39 Kant, 325–327, 333–334, 593, 599
    40 Mill, 458–461
    43 Nietzsche, 515, 540
    47 Dickens, 363–365, 413–414
    49 Darwin, 310–314
    51 Tolstoy, 465–467, 513–514
    56 Hardy, 364
    60 Woolf, 1–2

4a. **The moral and social development of conscience: its dictates**

    Apocrypha: *Wisdom of Solomon,* 17:11 / *Ecclesiasticus,* 14:2
    New Testament: *Romans,* 2:14–15 / *I Corinthians,* 8 / *Titus,* 1:15
    11 Aurelius, 246
    17 Aquinas, 425–427, 705–708
    20 Calvin, 90, 120–122, 409
    21 Hobbes, 149
    23 Montaigne, 100–101, 214–215, 346–347, 422–436 esp 425–426
    24 Shakespeare, 412
    28 Bacon, 96
    28 Spinoza, 653

30 Pascal, 29-33
31 Molière, 96-97
33 Locke, 105-106
35 Rousseau, 330-331
39 Kant, 321-329, 374-379
40 Mill, 295
41 Boswell, 219
43 Hegel, 49-51
43 Nietzsche, 511, 542
47 Dickens, 163
48 Twain, 369
49 Darwin, 304-305, 310-318, 321-323
53 James, William, 661, 886-888
54 Freud, 707-708, 757-759, 792
55 Barth, 451-452
59 Pirandello, 252

4b. **The emotional development of conscience: its morbid manifestations**

Apocrypha: 17
 4 Sophocles, 196-201
11 Lucretius, 42, 72-73
20 Calvin, 268-270, 281-282, 283-284, 287-289, 296, 303-306
24 Shakespeare, 114-115, 144-145
25 Shakespeare, 29-72, 297-299, 306-308
37 Gibbon, 54-55
39 Kant, 306-307, 389
45 Goethe, 46, 54-57
48 Twain, 361-362
51 Tolstoy, 416-417
52 Dostoevsky, 167-171, 384-385
52 Ibsen, 501-519 passim, 584-585
54 Freud, 407-409, 622, 689-691, 703-708, 712-717 esp 715-716, 792-799 esp 792-794 and 797-799, 830-840, 851-852
59 Joyce, 580, 585-586, 591-598
60 O'Neill, 264-288 esp 271-275, 283-288

5. **The derivation of duty from divine, natural, and civil law, and from the categorical imperative of reason**

Old Testament: *Genesis*, 22:1-19 / *Deuteronomy*, 5:22-33; 11:26-28 / *Psalms*, 78:1-11; 119 / *Ecclesiastes*, 12:13-14
New Testament: *John*, 5:30
 4 Aeschylus, 38-39
 4 Sophocles, 123, 159-174
 4 Euripides, 347-362, 552-554
 6 Plato, 206, 214-219
11 Epictetus, 148-149
11 Aurelius, 147-148, 255, 268
16 Augustine, 589-591
18 Aquinas, 233, 407-409
20 Calvin, 141-150, 166-171
21 Hobbes, 131, 137-138, 164, 165, 282-283
23 Montaigne, 100-101, 273
33 Locke, 25-26, 105, 107-108
35 Montesquieu, 2
35 Rousseau, 356-359, 388-389, 397-398
39 Kant, 114-115, 273-287, 297-314, 386, 388, 390-391, 392-393, 571-572, 605-606

40 Mill, 445-446, 470
43 Hegel, 178-179, 385-386
43 Nietzsche, 495-496
55 Barth, 495-497
56 Hardy, 366

6. **Conflicts between duties of diverse origins**

New Testament: *Matthew*, 8:21-22; 12:46-50; 22:17-21
 4 Aeschylus, 4-6, 26-39, 86-87, 90-103
 4 Sophocles, 159-174, 234-254
 4 Euripides, 450-471, 533-554, 606-633
 5 Herodotus, 71-72, 171-172
13 Plutarch, 152, 189-191, 196-198
16 Augustine, 592-593
21 Hobbes, 151, 198-199, 240-246
23 Montaigne, 422-429, 528-530
24 Shakespeare, 322-323
31 Molière, 126-127
35 Rousseau, 435-439 passim
37 Gibbon, 193-194
40 Mill, 304
41 Boswell, 221-224, 542
43 Hegel, 59-60
43 Kierkegaard, 423-429
51 Tolstoy, 275-276, 670-671
52 Ibsen, 472-473

7. **The relation of duty to justice and to rights: oaths and promises**

Old Testament: *Genesis*, 28:18-22 / *Leviticus*, 5:14-13; 27 / *Numbers*, 6:30 / *Joshua*, 2 / *I Samuel*, 1:11-28
New Testament: *Matthew*, 5:33-37
 4 Aeschylus, 75-89
 4 Sophocles, 234-254
 4 Euripides, 497-499
 5 Herodotus, 151, 159, 197
 5 Thucydides, 406-407
 6 Plato, 209, 284-285, 297-300, 787-788
 8 Aristotle, 411-412
12 Virgil, 302-303
13 Plutarch, 484
17 Aquinas, 124-125
18 Aquinas, 51-52, 253, 485
19 Chaucer, 446-447
20 Calvin, 177-179
21 Hobbes, 86-92, 115-116, 138
23 Montaigne, 61, 422-429, 509-512
24 Shakespeare, 66-67, 72-73, 239, 425-430, 575-576
25 Shakespeare, 121-122, 137, 609
28 Spinoza, 669-670
31 Molière, 129-131
33 Locke, 1-22, 25-26, 28, 65-70 passim
35 Montesquieu, 55
35 Rousseau, 392-393
38 Gibbon, 532-533
39 Kant, 269, 371-372, 389-390, 429-430, 432-433
40 Mill, 302-312 esp 305-306, 309-310, 316-319, 468-469, 475

43 Hegel, 60, 86–87, 143
48 Twain, 271–272
51 Tolstoy, 505–511
52 Ibsen, 452–453, 502
58 Weber, 206–207
58 Huizinga, 269–270, 280–282
59 Cather, 439–441

8. **The tension between duty and instinct, desire, or love**

Old Testament: *Deuteronomy,* 13:6–11; 21:18–21 / *Ruth,* 1
New Testament: *Acts,* 21:7–15
3 Homer, 74–76
4 Aeschylus, 56
4 Euripides, 296–315, 606–633
4 Aristophanes, 824–825
5 Herodotus, 201–202
11 Epictetus, 102, 167–168, 192–198
11 Aurelius, 259, 273
12 Virgil, 136–153
13 Plutarch, 77–79
18 Aquinas, 501–520, 537–539, 544–558, 592–598
19 Dante, 57, 83–85
19 Chaucer, 232–252
21 Hobbes, 279
23 Montaigne, 135–138
24 Shakespeare, 229–253, 307–309, 347–349, 583–584
25 Shakespeare, 311–350, 387–389
27 Cervantes, 139–162
29 Milton, 358–359
31 Molière, 91–92
39 Kant, 261–262, 325–327, 342, 385–386
40 Federalist, 217
40 Mill, 458–459
43 Kierkegaard, 425–429, 431–433, 451–452
43 Nietzsche, 495–496
46 Austen, 176–177
46 Eliot, George, 353–354, 427–429, 430–432, 523–524
48 Twain, 306–308 passim, 360–362
49 Darwin, 311–314, 318–319
51 Tolstoy, 77–81, 122, 365–366, 520–521
52 Dostoevsky, 99–105
52 Ibsen, 501–519, 578
54 Freud, 624–625, 758–759, 780–802, 835
59 Shaw, 112–113
59 Conrad, 188
60 Lawrence, 153–157

9. **The duties of command and obedience in family life**

Old Testament: *Deuteronomy,* 5:16, 15:12–18; 21:15–23; 22:13–30 / *Ruth* / *Proverbs,* 30:17
Apocrypha: *Ecclesiasticus,* 3:1–18; 7:19–28; 30:1–13
New Testament: *Matthew,* 15:3–6 / *Ephesians,* 5:22–25; 6:1–9 / *Colossians,* 3:18–4:1 / *Philemon* / *I Peter,* 3:1–7

3 Homer, 307–324
4 Sophocles, 159–174, 216–233
4 Aristophanes, 718–720
6 Plato, 779–781
8 Aristotle, 411–412, 453–455
16 Augustine, 11–12
18 Aquinas, 318–321
19 Chaucer, 327, 379–388, 405–418, 418–431, 439
20 Calvin, 90–96
21 Hobbes, 109–110, 121, 155
22 Rabelais, 219–222
23 Montaigne, 224–231, 451–463
24 Shakespeare, 199–228, 352–353, 408–409
25 Shakespeare, 244–283
28 Bacon, 207–209
29 Milton, 162–163, 242–245
31 Molière, 18–22, 61–106, 230–253 passim
33 Locke, 36–44
34 Swift, 29
35 Montesquieu, 22–23, 187–189
35 Rousseau, 357, 367–368
38 Gibbon, 82–84, 86
39 Kant, 404, 419–422
40 Mill, 317–318
43 Hegel, 64, 138, 221–223
46 Austen, 60–61
46 Eliot, George, 234–236, 381–382, 388, 552–553
47 Dickens, 240–244
51 Tolstoy, 267, 291–292
54 Freud, 244, 876

10. **Political obligation: cares, functions, loyalties**

Old Testament: *Exodus,* 20:13–17 / *Leviticus,* 19:9–20,32–37; 25:14–55 / *Numbers,* 35 / *Deuteronomy,* 19; 23:15–25 / *Proverbs,* 29:2,4,12,14 / *Zechariah,* 8:16–17
New Testament: *Matthew,* 5:21–24 / *Romans,* 13:1–7 / *I Peter,* 2:13–19

3 Homer, 97–100
4 Aeschylus, 26–27
4 Sophocles, 234–254
5 Herodotus, 239
5 Thucydides, 355, 359–360, 378, 395–399, 402, 403, 432
6 Plato, 213–219, 342, 802–804
11 Epictetus, 184–189
11 Aurelius, 246
12 Virgil, 195
13 Plutarch, 32–48, 51–52, 276–290, 455–456, 620–648, 859
14 Tacitus, 211–212, 234–235
18 Aquinas, 233–235, 307–318
19 Dante, 52
21 Machiavelli, 14–16 passim, 24, 25
21 Hobbes, 86–96, 101–104, 110–117, 132–136, 152–160, 164, 199–204, 279–283
22 Rabelais, 127–130
23 Montaigne, 54–55, 80–81, 102–105 passim, 343, 422–429

24 Shakespeare, 437, 494–496, 498–499, 552–554
25 Shakespeare, 366–369, 388–389, 552–553
27 Cervantes, 390–396, 401–404, 406–410, 414–420, 424–428
28 Bacon, 1–2
31 Racine, 294–323
33 Locke, 47, 51–53, 54, 59–81 passim
35 Montesquieu, 68–75
35 Rousseau, 367–385 passim, 388–391, 396–398, 421–423
37 Gibbon, 242–246 passim, 288–289, 577, 630
39 Kant, 457–458
40 Declaration of Independence, 1–3 passim
40 Articles of Confederation, 5–9 passim
40 Constitution of the U.S., 11–20 passim
40 Federalist, 130–132, 190, 212–213, 225–226, 256–257
40 Mill, 272, 302–303, 348, 355–362, 401–406, 410
41 Boswell, 355
43 Hegel, 101–103, 107–108, 111, 363–364, 388–389
44 Tocqueville, 30–31, 290–291
45 Goethe, 140–141
51 Tolstoy, 206–207, 232–234, 668–669, 670–671
58 Weber, 102–107, 162, 174–179
58 Huizinga, 251
59 Shaw, 57–58

11. Duty to God: piety and worship

Old Testament: *Genesis,* 4:2–5; 22:1–19 / *Exodus,* 12–13; 35–40 / *Numbers,* 9:1–14; 19 / *Deuteronomy,* 6; 8; 10–12 / *Joshua,* 22:1–6 / *I Samuel,* 15:10–35 / *II Kings,* 12:1–16 / *II Chronicles,* 1–7; 29–31 / *Ezra* / *Nehemiah* / *Psalms* passim / *Ecclesiastes,* 5:2–7 / *Isaiah,* 1:11–20 / *Daniel,* 9 / *Micah,* 6:8

Apocrypha: *Tobit,* 12:8–10 / *Judith,* 4; 8–9 / *Ecclesiasticus,* 18:22–24; 35:4–12 / *Baruch,* 1; 4:1–3 / *I Maccabees,* 4:38–61

New Testament: *Matthew,* 4:1–11; 6:1–8,16–18; 7:21; 18:23–25 / *Mark,* 12:28–34 / *Luke,* 4:1–13; 9:23–26,57–62; 10:25–42; 18:1–14 / *Acts,* 5:17–32 / *Romans,* 12–13 / *Ephesians,* 4 / *Colossians,* 3 / *I Timothy,* 2:1–8 / *II Timothy* / *James,* 5:13–18 / *I John* / *II John*

3 Homer, 106–107
4 Aeschylus, 1–12, 58
4 Sophocles, 140, 159–174, 208–209
4 Euripides, 347–362, 472–493, 505
4 Aristophanes, 770–797
5 Herodotus, 308
6 Plato, 191–199, 206, 769–771
11 Lucretius, 77
11 Epictetus, 115, 124–125, 149, 192–198, 211–212, 229–230
11 Aurelius, 241–242, 275–276, 279
12 Virgil, 154–156
16 Augustine, 2, 21, 306–309, 348–353, 359–360, 362
17 Aquinas, 719–720
18 Aquinas, 239–337, 454–456, 480–482, 592–598, 625–700, 839–845
19 Dante, 66–67, 83–85, 92–94 passim
19 Chaucer, 452–455
20 Calvin, 3–4, 39–41, 130–134, 160–162, 167–171, 172–173, 179–182, 248–249, 253–279, 288–289, 322–323, 333–337, 407–423, 446–447
21 Hobbes, 159–167, 177–180, 198–207, 240–246
23 Montaigne, 192–196, 273–274
28 Bacon, 80–81, 100–101
28 Spinoza, 696–697
29 Milton, 66–67, 93–333, 368–370, 402
30 Pascal, 78–80, 258, 259
33 Locke, 2, 3–4, 10–11, 15–17
35 Rousseau, 435–439 passim
37 Gibbon, 81–82, 180–182, 184–185, 350, 593–599 passim
38 Gibbon, 226–227, 232–233, 259–260
39 Kant, 325–327, 345, 504–505, 611
40 Mill, 296
41 Boswell, 84, 262
43 Kierkegaard, 405–436 passim esp 408–409, 413–423, 426–427, 429–436, 452–453
44 Tocqueville, 283–284, 291–294, 388–389
48 Melville, 18–23, 24
51 Tolstoy, 50, 218–220, 273–274, 476–480
52 Dostoevsky, 87–88, 171–173, 176–178
55 Barth, 483–484, 502, 514–516, 523, 530–532, 533–550 esp 544–545
57 Veblen, 131–133
58 Weber, 183
59 Shaw, 50–51, 83–84 passim
59 Joyce, 598–601

交叉索引

以下是与其他章的交叉索引：

The relation between the ethics of duty and the ethics of happiness or pleasure, *see* DESIRE 2b, 3a; GOOD AND EVIL 3a–3b(2); HAPPINESS 3; JUSTICE 1e–1f, 4; LAW 3a(1), 4–4a, 4c–4d; PLEASURE AND PAIN 6, 6a, 8b; TEMPERANCE 3; VIRTUE AND VICE 1d; WILL 8b(2), 8c–8d.

Psychological and ethical treatments of conscience, *see* HONOR 2a; PUNISHMENT 5c; SIN 5; TEMPERANCE 3.

Duty in relation to law, justice, and rights, *see* GOD 3d; JUSTICE 1e, 3, 11b; LAW 2, 4a, 4c–4d, 6a; OPINION 5a; RELIGION 2; WILL 8d.

The conflict between duty and desire or love, see DESIRE 6a–6b; LOVE 3c; OPPOSITION 4d.
Specific duties: domestic, economic, political, and religious, see CITIZEN 4; FAMILY 6d; GOD 3d; JUSTICE 11b; LABOR 1d; RELIGION 2; STATE 8a; TRUTH 8e.

扩展书目

下面列出的文著没有包括在本套伟大著作丛书中，但它们与本章的大观念及主题相关。

书目分成两组：

Ⅰ．伟大著作丛书中收入了其部分著作的作者。作者大致按年代顺序排列。

Ⅱ．未收入伟大著作丛书的作者。我们先把作者划归为古代、近代等，在一个时代范围内再按西文字母顺序排序。

在《论题集》第二卷后面，附有扩展阅读总目，在那里可以查到这里所列著作的作者全名、完整书名、出版日期等全部信息。

I.

Epictetus. *The Enchiridion (The Manual)*
Hobbes. *Philosophical Rudiments Concerning Government and Society*, CH 13
Racine. *Andromache*
Hume. *A Treatise of Human Nature*, BK III, PART II, SECT VII–X
Smith, A. *The Theory of Moral Sentiments*, PART III
Kant. *Lectures on Ethics*, in part
——. *Religion Within the Limits of Reason Alone*
Nietzsche. *On the Genealogy of Morals*, II
Dostoevsky. *Crime and Punishment*
Conrad. *Nostromo*
——. *Typhoon*
Bergson. *Two Sources of Morality and Religion*, CH 1
Dewey. "The Idea of Obligation," in *Outlines of a Critical Theory of Ethics*
——. *The Study of Ethics*, CH 7–8
Waddington. *The Ethical Animal*

II.

THE ANCIENT WORLD (TO 500 A.D.)

Cicero. *De Finibus (On the Ends of Good and Evil)*
——. *De Officiis (On Duties)*
Seneca. *Moral Essays*

THE MIDDLE AGES TO THE RENAISSANCE (TO 1500)

Boccaccio. *Patient Griselda*
Maimonides. *Eight Chapters on Ethics*

THE MODERN WORLD (1500 AND LATER)

Baxter. *Chapters from a Christian Directory*
Beaumont and Fletcher. *The Maid's Tragedy*
Bentham. *Deontology*
Bowen. *The Heat of the Day*
Bradley, F. H. *Ethical Studies*, IV–V
Brentano. *The Origin of the Knowledge of Right and Wrong*
Butler, J. *Fifteen Sermons upon Human Nature*, III, X, XIII
Camus. *The Fall*
Corneille. *Horace*
——. *Le Cid*
——. *Polyeuctus*
Croce. *The Philosophy of the Practical*, PART I, SECT II; PART II, SECT I (IV); SECT II (I); PART III (IV)
Fichte, J. G. *The Vocation of Man*, PART III
Fielding. *Amelia*
Green. *The Principles of Political Obligation*, (A)
Guyau. *Esquisse d'une morale sans obligation ni sanction*
Hartmann, N. *Ethics*, VOL I, *Moral Phenomena*, SECT 4–6
Janet, P. A. *The Theory of Morals*, BK II, CH 2
Kirk. *Conscience and Its Problems*
Maurice. *The Conscience*
Mazzini. *The Duties of Man*
Moore. *Ethics*, CH 4–5
——. *Principia Ethica*, CH 4
Muirhead. *Rule and End in Morals*
Prichard. *Duty and Interest*
Pufendorf. *De Officio Hominis et Civis Juxta Legem Naturalem (Of the Duties of Man and of the Citizen According to Natural Law)*
Reid, T. *Essays on the Active Powers of the Human Mind*, III, PART III, CH 5–8
Ross. *The Right and the Good*, I–II, VII
Royce. *The Philosophy of Loyalty*
Sanderson. *De Obligatione Conscientiae (On the Obligations of Conscience)*
Schopenhauer. *The World as Will and Idea*, VOL I, BK IV
Sidgwick, H. *The Methods of Ethics*, BK II, CH 5; BK III, CH 2
Spencer. *The Principles of Ethics*, VOL II, PART IV, CH 9–29; PART V–VI
Stewart. *Outlines of Moral Philosophy*, PART II, CH 2
Taylor, J. *Ductor Dubitantium*
——. *Of Holy Living*
Waugh. *Sword of Honor*
Whewell. *The Elements of Morality*, BK II, CH 5–12; BK V, CH 2, 10–17
Wordsworth. "Ode to Duty"

20

教 育 Education

总 论

　　汇编在这一套丛书之中的伟大著作是作为达到通识教育或一般教育的手段而提供出来的。这些著作的作者是一些有教养的人；不唯如此，他们代表了他们那些不同时代的教育理想。一如他们的文字所揭示的，他们心灵的成型主要缘于阅读其前辈的著作，或者至少因之而深受影响。他们之中的许多人，有时通过个人的往来，有时通过写就的文字，而有师生的关系的。他们中的许多人是同一宗师的异趣门徒，而且他们既彼此相左，亦常常与宗师相左。他们中间几乎没有一个人不熟悉先于他们出道的其他人的意见的——荷马除外，通常倒是相当精通他们的思想。

　　除了两个例外，这套丛书中的文字没有一篇是关于教育的专论。这两个例外是蒙田的论文《论儿童教育》和杜威的《经验与教育》。一些作者或多或少充分地谈到他们自己的教育，就如马可·奥勒留在《沉思录》的开篇，奥古斯丁在他的《忏悔录》，笛卡尔在他的《方法谈》，以及博斯韦尔所做的那样。其他人以虚拟的手段谈及他们的教育经验，一如阿里斯托芬在《云》中关于正义与不义的辩驳里所做的那样；或如拉伯雷在卡冈都亚致庞大固埃的信中说到的巨人学校教育时所做的那样。有时他们报道其他人被训练成伟大品性的方法，如普鲁塔克所做的那样；或者，像吉本、黑格尔和 J. S. 穆勒那样，他们描写和评论历史上著名的教育体系。

　　在其他一些情形里，伟大著作包含一些章节，它们论述教育的目的和手段、研究的秩序、学习与教授的性质、政治家和公民的训练；试举数例，柏拉图的《理想国》、亚里士多德的《政治学》、奥古斯丁的《论基督教教义》、弗兰西斯·培根的《学术的进展》、亚当·斯密的《国富论》、黑格尔的《法哲学》、威廉·詹姆士和弗洛伊德的心理学著作、韦伯的一篇论文，以及怀特海的《科学与现代世界》。但是，教育绝非这些著作的主题，一如绝大多数列在进一步阅读清单之中的著作，在后者那里可以找到由这套丛书中的作者所写的论教育的论文。

　　教育本身与其说是一个观念或主题，不如说它是一个与那些大观念和基础主题相关的题目。有些反复出现的实践问题，人们如不从事最为深入的思辨考虑就不能讨论，教育就是其中之一。它是一个将讨论带入和越过许多主题的问题——文科的语法、修辞和逻辑，心理学、医学、形而上学和神学，伦理学、政治学和经济学。它是一个将许多大观念纳入焦点的问题——美德与真理、知识与意见、艺术与科学，欲望、意志、感觉、记忆、心灵、习惯，变化与进步，家庭与国家，人、自然与上帝。

　　这一点可以通过关注在伟大著作中教育被讨论的不同语境来检验。在每一个承转里，我们都会发现一些特殊的难题，它们一起形成教育的复杂问题。比如，教授和学习的性质是在这样一个心理学思考的广阔语境之中受到考查的，后者关涉人的各种能力、知识之获得的途径以及它是如何通过语言的工具或其他

20. 教 育

符号而交流的。关于人的性质和他的几种能力之间的关系的不同概念环绕教育目的的问题,在这个语境中,关于教育的各部分——人的身体的训练、品格的形成、心灵的陶冶——问题,以及这些部分是如何彼此关联起来的问题就产生了。

美德和习惯形成的整个理论是包含在美德是否能够教授或必须以某种其他的方法获得这个问题之中的,是包含在有关家庭和国家对品格成长的影响这些相关的问题之中的。这些问题也以一般政治理论的话语被提出来。关于国家的不同观点包含在有关对不同机构之中教育责任的划分的各种问题里面。有关教育目标的问题,以及何种教育应该提供给国家里面的不同阶级,是在不同形式的政府的讨论语境中以不同方式提出来和得到回答的。

虽然这些例子远非详尽无遗,但它们仍然足以得出如下一点:没有什么脱离作为整体的哲学的教育哲学。因此,教育讨论在伟大著作之中几乎总是埋藏在某些更一般的理论或问题的语境里面,看到这一点也许不是一个不利的情况。

在伟大著作中,一个几乎没有不同声音的意见是,教育的目的应当在于使人像人和公民一样善。"倘若你问,什么是教育之善,"柏拉图写道,"答案很简单——教育造就善的人,并且善的人行为高尚,在战斗中战胜他们的敌人,因为他们是善的。"培根宣称,人应当着手学习,目的在于"为着人的利益与用处,让他们的理性天赋做出真正的成就";而詹姆士强调"完善而全面发展"的必要。这样,教育应当努力去发展人所能够具有的典型的美德,而其终极目的是人类的幸福和社会的福祉,这一点看起来是所有时代的一个共同观点。

在这个普遍一致的领域,当然也有一些差别,它们来自于就人与国家或与上帝的关系所采取的不同观点。如果国家之善优先于个人幸福,那么教育的指针就必须是将人训练成适合于他们所承担的一个庞然有机体的部分那种角色。教育于是就服务于维持国家这个目标。亚里士多德说,在所有事情中,"对政体的恒久贡献最多者就是使教育适应政府的形式……最好的法律,"他接着说,"虽然为城邦的每一个公民所批准,将是没有用处的,除非年轻人受到习惯和教育的训练而符合政体的精神。"

当卢梭提倡一种由国家管理的教育体系时,他看起来也采取了同样的观点。这个体系的目的是要保证公民"很早习惯于只是在个性与国家躯体的关系之中关注他们的个性,并且可以说,要意识到他们自己的实存仅仅是国家实存的一个部分。"卢梭宣称,受过这种方式的教导之后,公民"最后会在某种程度上把他们自己看成是与这个伟大的整体一体的,感觉他们自己是他们国家的成员,以那种孤立的个人无法为他自己保留的那种极致的情感去爱它。"

倘若幸福不能够在地球上完全获得,那么教育所服务的尘世的目的本身必须听命于永恒的拯救,并且人类发展的整个进程必须是灵魂指向上帝。奥古斯丁在他的《忏悔录》里写道,什么也没有学到,当"我阅读所有我能够找到的有关所谓七艺的著作,自己理解,因为在那些日子里,我一无所用,是一个肮脏的野心的奴隶……我背着光明,却面向受光明照耀的东西,所以我用来看在光明之中的东西的眼睛自身处在黑暗之中。不费多少劲,亦无需教师,我理解一切有关修辞、逻辑、几何、音乐、数学的论著。噢、主、我的上帝,你都清楚,因为倘若一个人善于理解,而他的知觉又敏锐,那么他所拥有的都是来自你的礼物。但是,我并不将它们作为给你的供奉物，"奥古斯丁总结说，"它不是有益于我，反而害了我。"然而，奥古斯丁并不因此得出结论说，人文教育无论如何不能被置于好的应用。在他的《论基督教教义》的论文中，他详细地思考了七艺如何可以服务于将灵魂带至上帝那里，因为它们对《圣经》研究大有帮助。

然而，这些差别并没有取消那个普遍同意所产生的一个结果，即这样一个概念：教育是与人的职业相关的，并且在思想上和行动上为他准备好生活的目标和位置。根据这些项目，斯密为最低程度的综合教育做出论证。他宣称，"一个没有适当地应用人的理智能力的人，在可能的情况下，甚至比懦夫更为卑劣，并且看起来在人性更为基本的部分是残缺不全的和畸形的。"他明确指出，"人民中的绝大多数"的状况一如其下：他们因劳动分工而在他们的职业里被局限于"几个相当简单的动作"，在这些动作里，工人"没有机会去发挥他的理解力，或在找到克服各种困难——它们从不发生——的各种手段过程中去锻炼他的发明能力。"在斯密看来，结果就是，"他心灵的迟钝致使他不仅不能品味或容忍任何理性的谈话中的一节，而且还不能设想任何一般的、高尚的、或温柔的情感，从而不能就许多甚至私人生活的日常责任形成任何正确的判断。"

当人的职业这样来理解时，综合教育或通识教育就是职业性的，因为它使每个人对人类生活的共同条件和职业有所准备。在这个意义上，专业训练至少看起来是斯密暗指的批评对象，是非职业性的。它只是使人适合于某些专业的功能，根据这个功能他或他的阶级是区别于某些其他人或阶级的。

在我们的时代，"职业性的"一词在相反的意义上用来指专业的训练，无论它是为毫无技巧的交易的预备，还是为最需学问的职业的预备。因为并非所有人都会被召去从事法律或医学工作——更非所有人都会被召去在各种艺术或手艺领域从事创造性的工作，或从事商业和工业的劳作——他们去履行这些功能可能需要的训练并不充分地发展他们共同的人性。这并不足以使得他们善而为人，为公民，或为上帝之子。

二十世纪的作家，诸如怀特海和韦伯，在综合教育与高度专业化的训练之间做出许多区别。它并不令人惊奇，因为专业化是二十世纪的现象。韦伯批评了欧洲大学层次上的高度专业化考试的流行；怀特海让人注意现代对"训练那些专长于特定畛域的思想的职业人员的方法"的发现；他补充说，"由职业主义而引起的危险是巨大的，尤其在我们民主社会里……各种主导性的智力缺乏平衡。他们看到这样一堆情况，或那样一堆情况，但没有一起看到所有的情况。"结果，"共同体专业化的功能履行得比以前好，进步比以前大，但是，一般性方向却为人所不见。"

"自由的（liberal）"一词在用于教育时的传统意义承带了自由人与奴隶的区别。奴隶，像驯养的动物一样，是被训练来执行专门的功能的。它们不是被当作目的，而是被当作工具，这样他们之受教育不是为了自己的目的，而是为了那种他们被置于其中的用途。这一点不仅对于作为严格意义上的家庭奴隶的奴隶是真的，而且对任何这样一种社会中的所有奴隶般的阶级也是真的；那种社会将它的人类划分成两类，一类为了活着而工作，另一类靠别人的工作而生活，从而具有力求活得好的闲暇。

根据这些区别，亚里士多德将教育

区分为"自由的"与"非自由的"。某些科目在本质上是非自由的,亦即"任何使得自由人的身体或灵魂不怎么适合于美德的实践或练习的职业、技艺或科学。"在这个范畴内,亚里士多德包括了"那些趋于毁伤身体的技艺,并且同样地包括所有付钱的职业,因为它们吞没和贬损了灵魂。"

不仅科目的性质,而且教育所服务的目的也决定了其特征是不是自由的或非自由的。按照亚里士多德的看法,甚至一种自由的艺术"变成了仆人的和奴隶的艺术……倘若是为其他的缘故而作的话。"人的教育"不会表现为非自由的",只要"他为着自己的缘故或为着他的朋友的缘故做或学习任何事情,或着眼于卓越。"换言之,为了是自由的,教育必须服务于闲暇的用途以追求卓越。它必须把人当作目的,而不是当作其他人或国家所用的手段。

由此可见,任何取消社会阶级区别和号召所有人自由的社会,应当把教育构想为本质上是自由的,是为所有人的。此外,它应当使教育在其所有部分和所有阶段都面向每一个人的良好生活这个目的,而不是为他自己或为别人谋生那个目的。

在各种教育的分类方面,"自由的"一词常常在一个比较严格的意义上用来指称并非为自由人设计的所有教育,而只是指称通过获得知识和技能的心灵改善。在这个意义上,通识教育有别于关系身体的健康和灵活的体育教育,有别于关系在行为中而不是在思想上优秀的道德教育。

这种区分大约是在柏拉图的《理想国》里首次清楚地做出的。在那里所描述的教育在早年是从音乐和体育开始的。体育"掌管身体的成长和衰退"。音乐,包括和谐和韵律的艺术以及文学,据说是教育其学生"受习惯的影响,受和谐的影响而使得他们成为和谐的,受韵律的影响而使得他们成为有韵律的",并且它的功能是发展审美的以及道德的感受力。

柏拉图课程的第二部分是由数学科目和算术学、几何学、音乐和天文学组成的,"它自然地导致反思",并且引领"灵魂朝向存在"。这个方案之上覆以辩证法研究,所有其他科目无非是这个研究的"序曲";因为"当一个人凭着单单理性之光而无任何感性之助开始发现绝对之时,并且坚持到他凭纯粹理智理解绝对的善,最终他达到了理智世界的顶端。"

直到这一点,这个方案才能够在学习如何思想和思想什么这个狭窄意义上被看作通识教育。从事公民事务和政府工作的十五年——柏拉图把它们安排在〔受教育者〕三十五岁之际——看来起了另一阶段道德训练的功用。这个时期提供了"一个考验他们在为形形色色的诱惑所吸引时,是坚定不移还是退缩的机会。"

除了健康之外,身体训练的目的在于获得一个人的身体动作协调的技能,就此而论,它能够附属于通识教育而不是道德教育。比如,柏拉图特别提到,体育不应当像"身体的训练"与"灵魂的训练"分开来的那样,如此分明地与音乐区分开来。他声称,音乐与体育"总的目的在于灵魂的完善",并且他认为这两者彼此平衡和调剂。

无论它们是否产生体育技艺或运动技艺的能力,或者,像手工的艺术,生产工作中的熟练,所有身体的技能,甚至那最简单的,都既包括骨头与肌肉,也包括感觉和心灵。它们是不亚于音乐和逻辑的科目。除了它们的功用,它们代表了某种类型的人类卓越,后者只会被那些看不到赛马的质量与骑手的技能之间区别的人所否认。这些技能以及其他有用的科目是否广义上的通识教育的部分——如我们所见的那样——依赖于它们为人所教授和学习的目的。甚至传统上被唤作通识的科目,诸如修辞或逻辑,也能够沦落而具有奴性,倘若使这些科目的技能得心应手的唯一动机就是由法庭上的成功而赢得的财富的话。

在到此为止所讨论的两个传统的区分里,当"通识教育"指奴性训练的反面和指道德教化的反面时,有稍稍不同的意义。在第一种情况下,区分是建立在教育目标的基础之上的;在第二种情况下,它指的是被教化的才能和功用。在第二种区分是根据理智的美德和道德的美德的区分陈述出来时,通识(亦即理智的)教育是被设想成以思想和认识的好习惯为目的的,而道德教育是被考虑成以意志、欲望或情绪的好习惯以及它们在行动中的后果为目的的。

虽然蒙田没有使用这些术语,当他批评他那个时代的教育"仅仅瞄着给我们脑袋灌输知识;关于判断力和美德,鲜有新闻"时,他看来也对心灵的理智训练和道德训练做了区分。对他来说,这是一种"迂腐的学问",它不仅无法达到最高的教育目标,而且导致巨大的罪恶,因为"对一个不具备善之知识的人来说,任何其他知识都是有害的。"

理智的东西与道德的东西之间如此鲜明的分离是会受到像苏格拉底那样一些趋向于将知识与美德等同起来的人的质疑的,或者至少是会受到他们的限定的。然而他们很少走向相反的极端而假定在为心灵传授知识的任务与形成品格的任务之间不能做出任何区分。比如,苏格拉底在《美诺篇》里承认,一个人不能以他能够被教以几何学的方法被教化成有节制的、勇敢的或正义的。

从另一种观点来看,道德训练的概念受到像弗洛伊德那样的人的质疑,他们认为,人类欲望或情绪的模式能够在道德约束之外有益地得到改变。他写道,心理分析的目标是"去强化自我,使得它更加独立于超我,拓宽它的视阈,并扩展它的组织从而使它能够接管本我的一些新的部分。"做此事就是彻底地改变个人的行为模式。弗洛伊德说,"这是一个矫正的工作,有如须德海(Zuyder Zee)的泄水。"这样来想,情绪教育是治疗学的——更像预防的和补救的医疗,而非道德训练。

宗教教育通常被视为既是理智的又是道德的,正如神学学术被说成既是思辨的又是实践的一样。引证一下圣詹姆士的警告,"尔等当为言语的践行者,而非听者",阿奎那坚持认为,宗教教育关涉并非单单"神圣的"事情的知识,也关涉人类据以走向上帝的"人类行动"的知识。因为人是无限地远离上帝的,为了这一目的,他需要上帝的仁慈,而根据阿奎那的观点,后者"是绝不缺少分享的神圣本性的。"

在人有关上帝的知识这一边和在上帝之爱、对上帝的崇拜这一边,宗教教育都包含超自然因素的作用——启示、仁慈、圣礼。因此,上帝本身是宗教教育的第一位的源泉。但是,仁慈经圣餐而以工具的方式发生,而根据阿奎那的观点,教会作为圣餐的施予者以工具的方式发挥服务于神圣教师的功能。

道德教育的手段和目的的概念,因关于善之人和善之生活的不同伦理学理论,并根据对美德的不同的枚举和定义,而有所不同。它甚至会更基本地依据其是否首先强调快乐、幸福或义务而不同。在哲学中属于这个基本议题的部分,是

20. 教　育

在论**责任**和**幸福**的章节里讨论的，不可避免地提出形成善的品格的不同途径——通过增强服从法律的意志，或通过习惯那种在他们的爱好之中保持节制或理性的渴求。

在任何一种理论里，道德教育的基础问题乃是德性是否能够被教授和如何被教授。古希腊人通过质问，诸如勇敢和节制一类事情是否从根本上是可教授的，就如几何学和马术显然是可教授的那样，以美德的名义阐述了这个问题。倘若质问的是"意志是如何能够得到训练的"，那么问题在本质上依然一成不变。意志能够由那些在改善理解力时起作用的同样的方法得到训练吗？

对此质问的回答，无论它是以何种方式阐述出来的，都依赖于就道德知识与道德行为之间的关系所取得的观点。那些理解伦理学原理或那些了解道德法则的人必然会依照他们的知识行事吗？一个人知道在一个特定的情形中做什么是善的或正确的，仍然能够去做相反的事情吗？当圣保罗说，"故此，我所愿意的善，我反不做；我所不愿意的罪恶，我倒去做"，他似乎暗示了这一点。如果某种多于知识或直接的思想的东西是为善之行为所需要的，那么它是如何能够获得的以及一个人如何能够帮助他人去获得它呢？的确不是凭那种适用于人文学科和科学的日常意义上的学习和教授。然而如何获得呢？——凭实践，凭引导或建议，凭例子，凭奖励和惩罚？或者如果不凭其中的任何一个，那么凭自然的礼物或凭上帝的仁慈？

在道德训练的过程中，这些质问必然先于任何关于家庭、国家和教会作用的讨论。它们也为考虑对成人和孩子的品格形成的特殊影响，诸如诗歌和音乐，或法律和习俗一类东西，提供了一般的背景。道德教育的所有这些相关的问题都有一个政治的层面，它在涉及国家出于道德的理由检查或管制诸学科的权利的议题时出现；在质问家庭或国家在对年轻人的道德指导上的首要性时出现；在善之人与善的公民或统治者之间的区别中，以及在训练适合于这个人和另一个人之间的可能的不同中出现。

理智教育的主要问题看起来是课程或学科的课目。构造理想课程的传统的尝试打开了这样一些质问：什么学科将包括在内，它们的次序将是什么，它们如何被教授或学习。形形色色的答案来自关于人的能力和接受力、关于知识本身的性质、关于人文学科和科学分类和等级的形形色色的观点，尤其重要的是关于人文学科的功能和性质的各种概念。次一级的质问关涉通识教育之中美术和实用艺术的地位，经验和实验的作用——既与书本和教师的作用相对，又与之合作。

除了课程及其教材问题之外，理智教育的理论必然考虑教授与学习的方法。在这里，各种建议得自于关于学习进程——关于在任何获得技能和知识的行动中起作用的原因和因素——的不同观点。

教师的贡献不能在关于学习的心理分析之外来理解，因为教师显然只是学习的许多原因中的一个。对学习的整个事情造成最大影响的乃是，教师是否被视为学生这一方理解的主要原因；或者教师是不是，像苏格拉底自称的那样，单单一个"接生婆"，襄助心灵的劳作以使知识和智慧产生出来，并且"彻底地检查心灵……带来的思想是一个假的偶像还是高贵的和真正的诞生。"

苏格拉底的这个洞见后来在阿奎那的《关于教师》的小册子里就教授的技艺与治疗的技艺两者所做的比较里得到了

重述。两者都是合作的技艺，后者只有作为"乃是主要行动者的天性之仆人"才能成功，并且不是像皮匠或雕刻匠的技艺那样通过动作，通过塑造可塑的但无生命的材料来产生结果。

希波克拉底就医学教学与"大地的产物的种植"所做的比较，展示了同样的教学概念。他写道，"我们自然的倾向有如土壤；我们教师的教义有如种子。对青年人的教学就像在适当的季节把种子播在土地里；教学沟通的所在就像由空气输给植物的养料；勤奋的学习就像对土地的耕耘；然后就是把力量授予一切作物并且使它们成熟的时候了。"

教授，类似于医学或农艺，作为合作的技艺这个概念，在夸美纽斯的《大教学论》中奠立了教育学原则。它赋予阿奎那在通过发现或得自经验的学习与通过教学的或者得自教师的学习——正如个人"以一种通过单单自然的作用的方式，和以另一种通过自然加医疗的方式被治愈了"——之间的区分以意义。

除了由学习过程的天性所提起的技术考虑之外，关于教授的讨论措置教师与学生之间关系的道德和情绪层面。没有兴趣，学习很少发生，或者即便它发生了，它也不能够超过死记硬背的水平。制定一门学习的课程是一件事情；激发学生是另一件事情。尽管柏拉图并不犹豫去规定什么是学生需要学习的，但他还是补充了如下警告：不应当有"强制实行我们的教育体系的想法"。

所需要的并非限于兴趣。奥古斯丁声称，教授是最伟大的慈善行为。学习是由爱促动的。《神曲》中但丁与维吉尔之间的礼貌呈现了学生与老师、宗师与门徒之间爱的动人图画。不仅爱，还有顺从，是为学生一方所必需的；而对学生心灵的尊重是为老师一方所必需的。理智教育不会直接地关涉品格的形成，道德的美德看来仍然是追求真理时和学习过程中的因素。

在评论"教师的领域和职责"时，杜威主张，因为"经验的发展通过互动发生"，它"本质上是一个社会过程"。教师，"作为这个团体的最成熟的成员……对乃是作为共同体的团体的真实生活的相互沟通和互动的行为，具有特殊的责任。"因为对杜威来说，经验居于教育过程的中心，他声称，健全的教育哲学依赖于"健全的经验哲学"。

我们已经注意了教育的某些政治问题。在这些问题中首要的质问大概就是，机构和组织应该是私人的还是公共的。任何把对教育的控制大部分或整个地让与国家的答案必定导致一些其他的决定。

谁将受教育，所有人或者只是某些人？领导者的教育应当有别于其他人的教育吗？倘若教育的机会对所有人都是平等的，那么所有人都必须得到同一种类和同一质量的教育吗？并且在每一个情形下，国家使其成员的教育指向什么目的——指向它自己的福利和安全，或指向人的幸福和上帝的较大荣耀？教育应当通过维持现存的习惯和使政府的当下形式恒久化而永远服务于现状，或者它能够和应当以一个更好的社会和更高文明为目标？

有一些政治家和政治哲学家已经措置过的质问，他们根据其时代的制度和依照那个国家及其政府的一种或另一种理论，有歧义地回答了它们。尚有其他一些质问。在教授和讨论时，表达自由对于追求真理和知识传播是不可或缺的吗？在什么范围内，国家应该控制教育的内容和方法，或者让教师行业来做如此的决定？公共教育应该如何得到支持？它应该实施至儿童和青年之外的所有年龄阶段的成年生活？倘是如此，这样的教育在学校之外应该如何组织？

比如，穆勒认为这是"几乎不证自明的准则：国家应该要求和强制实施每个生而为其公民的人的教育，直至达到某种标准。"他还抨击"一般国家教育"的观念为一种"纯粹为了把人民从一个模子铸出来而彼此一样的设想。"

在讨论关于这个议题的赞成方与反对方时，穆勒简要措置了刚刚提出的质问中的大多数，如果不是全部的话。他相信，困难是可以避免的，只要政府愿意让"家长在他们喜欢的地方以他们喜欢的方法去获得教育，而使自己满足于帮较为穷困的阶级的孩子付学费，并且为那些付不起任何费用的人支付全部学校开支"。他主张，完全由国家建立和控制的学校，如果它们毕竟存在着的话，应当仅仅与许多其他试验中的一个一样存在，为着榜样和刺激的目的继续下去，使得其他学校一直达到某种卓越的标准。

就成人教育的问题关涉公民身份而论，像他之前的孟德斯鸠和柏拉图一样，穆勒的答案乃是没有什么能够替代在政治生活中的积极参与。在好的法律的监护之下，并在公民美德的氛围之中，人通过像公民一样生活成为公民。就成人教育在成年男女的整个生活之中心灵的持续发展而论，答案在这些伟大著作里无法从其作者们的话语里找到。然而，这些伟大著作作为全体则为那个问题制定了解决方案。

这些著作的作者，从荷马到贝克特，都是我们文化传统里的伟大而有原创性的教师。他们彼此教授。他们为成年人而不是为孩子写作，并且大体上他们为大多数人而非为这个或那个专门学问领域的学者写作。

这些著作展示了这些工作在教授过程中的教师。再者，它们展出和举例说明了在每一个主题领域作为教授和学习艺术的各种人文学科。为了使这些著作和它们的作者通过与他们一起而为我们工作，在这套丛书的编者和出版者看来，是成人教育的一个切实可行的和值得的方案。利用它们就是改善人自身，并且就如狄更斯所说，"没有哪一个已经一般地得到完善，并且已经完善了自己的有识之士，可以被称为……无知的"。

在凯瑟的《迷失的女士》里有一生动的段落。它谈的是有关"法官波默罗伊多年前在他是弗吉尼亚大学的学生时所买的"博恩丛书版的经典著作。

> 他把它们带到西部，不是因为他常常读这些书，而是因为在他那个时代，一位绅士在他的图书室有这样一些书，恰如他在地窖里面有红葡萄酒。在这些书里面，有一套三卷本的拜伦文集，而去年冬天，顺便说到一个尼尔认不出来的引语，他叔叔建议他去读拜伦，——除《唐璜》以外的所有作品……尼尔自然从《唐璜》开始读起。接着，他读了《汤姆·琼斯》和《威廉·迈斯特》，并且快速进展一直读到蒙田和奥维德的全部翻译……
>
> 在这个搜集过程中有一些哲学工作，但他除了翻页和浏览它们之外，什么也不做。他对"人们想了什么"没有什么好奇心，但对"他们有什么感受有什么经历"，倒是花了功夫。如果任何人告诉他这些是经典著作，代表了那个年代的智慧，他无疑会对它们敬而远之。但是自从他第一次独自发现了它们，他就一直过着一种双重生活，带着它所有有罪的享乐……如果这位法官把他的博恩丛书留在肯塔基，他侄子的生活大约就会有另外一个样子。

分 类 主 题

1. 教育的手段和目的
   1a. 受教育者的理想
   2b. 妇女的教育
   3c. 受教育的好处
2. 教育的种类：身体的、道德的、通识的、职业的、宗教的
3. 身体的训练和身体技能的培养：体育、手工工作
4. 善之品格、美德、正确的意志的形成：审美鉴赏的培养
   4a. 道德教育的可能性和限制：知识和美德
   4b. 家庭在道德训练中的影响
   4c. 国家在道德教育中的作用：法律、习惯和公共意见
   4d. 诗歌、音乐和其他艺术对品格的影响：历史和榜样的作用
5. 通过教授和学习的心灵的完善
   5a. 教授的职业：教师与学生的关系
   5b. 教授的手段和方法
   5c. 学习的性质：它的几种模式
   5d. 学习的秩序：课程的组织
   5e. 学习的情绪层面：快乐、欲望和兴趣
   5f. 教师和书本之外的学习：经验的作用
6. 获得技术：为专业、艺术和职业的准备
7. 宗教教育
   7a. 作为教师的上帝：神圣的启示和灵感
   7b. 教会、牧师和先知的教学功能
8. 教室和国家
   8a. 家庭和国家的教育责任
   8b. 对教育机构的经济支持
   8c. 对教育的政治控制和审查
   8d. 对贵族、政治家和公民和无产者的训练：贵族的和民主的教育理论
9. 有关教育制度和实践的历史的和传记方面的考察

［韩水法 译］

20. Education

索引

本索引相继列出本系列的卷号〔黑体〕、作者、该卷的页码。所引圣经依据詹姆士御制版，先后列出卷、章、行。缩略语 esp 提醒读者所涉参考材料中有一处或多处与本论题关系特别紧密；passim 表示所涉文著与本论题是断续而非全部相关。若所涉文著整体与本论题相关，页码就包括整体文著。关于如何使用《论题集》的一般指南请参见导论。

1. The means and ends of education

4 Aristophanes, 697–721
6 Plato, 45–46, 320–339 passim, 383–398, 648–649, 653, 656, 713–731 passim
7 Aristotle, 499–501
8 Aristotle, 339, 347, 536–548
11 Lucretius, 58–59, 77
11 Epictetus, 120–121, 192–198 esp 196–198
11 Aurelius, 282
11 Plotinus, 310–312
16 Augustine, 6–7, 8
17 Aquinas, 504–505
21 Hobbes, 153–156
23 Montaigne, 110–115, 118–119, 122–124
27 Cervantes, 171
28 Bacon, 1–28
28 Descartes, 223–224
28 Spinoza, 681, 682
29 Milton, 397
34 Swift, 165–167
36 Smith, 381–385
39 Kant, 223, 266
43 Hegel, 17
51 Tolstoy, 244–245
53 James, William, 274–275
54 Freud, 868–871
55 Dewey, 99–125
55 Whitehead, 227–229
57 Veblen, 165–169
58 Lévi-Strauss, 519–520, 521–527

1a. The ideal of the educated person

6 Plato, 16–18, 319–320, 388–401, 454, 649, 796–799
7 Aristotle, 144
8 Aristotle, 161, 608
11 Epictetus, 124–125, 179–180, 217–219
11 Aurelius, 239–242, 248–249
22 Rabelais, 81–83
23 Montaigne, 117–132
24 Shakespeare, 202–203
28 Bacon, 1–28, 86
33 Hume, 451–452
35 Rousseau, 346–347
36 Smith, 385
37 Gibbon, 88, 644–645
39 Kant, 260–261, 337–338
40 Mill, 294–296, 451–452
41 Boswell, 130, 283
43 Hegel, 130–131, 140
46 Eliot, George, 242–243
50 Marx, 176–178, 238
56 Whitehead, 158
58 Weber, 169

1b. The education of women

23 Erasmus, 13–16
31 Molière, 3–4, 242–244, 256–258
44 Tocqueville, 317–318
46 Eliot, George, 471
48 Twain, 277
52 Ibsen, 536
55 Dewey, 102
55 Whitehead, 227–228
58 Huizinga, 296–297

1c. The disadvantages of being educated

4 Euripides, 280–281
6 Plato, 47, 272
8 Aristotle, 642, 643, 647
11 Epictetus, 196, 222–224
16 Augustine, 8–9, 32–33
21 Hobbes, 150
22 Rabelais, 77–78
23 Montaigne, 110–115, 127–130, 191, 273–280, 361–362, 438–439, 490–491, 545–547
24 Shakespeare, 58–59, 254–255, 274
28 Bacon, 1–28, 30, 73–74
28 Descartes, 224, 266
33 Locke, 110–111
34 Swift, 58
35 Rousseau, 344–345, 362
36 Smith, 378–379
39 Kant, 608
41 Boswell, 201
45 Goethe, 1, 4–6, 16, 18–19, 66, 82

2. The kinds of education: physical, moral, liberal, professional, religious

6 Plato, 333–339, 380–381, 649, 653–663, 728–730
8 Aristotle, 542–543
11 Epictetus, 179–180
16 Augustine, 720–739, 759–784
20 Calvin, 115–118
23 Montaigne, 111–115

28 Bacon, 53–54
28 Descartes, 266–267
30 Pascal, 177
43 Hegel, 70
46 Austen, 9–10
50 Marx, 237–238
55 Barth, 508–509
58 Weber, 168–170
59 Shaw, 42–43

3. **The training of the body and the cultivation of bodily skills: gymnastics, manual work**

   4 Aristophanes, 711–714
   6 Plato, 261–262, 334–335, 398–399, 644–646, 653–654, 717, 721–722, 726–727, 734–735
   8 Aristotle, 487, 542–544
   9 Hippocrates, 233–235
   11 Plotinus, 391
   12 Virgil, 248–249
   13 Plutarch, 40–42, 293–294
   22 Rabelais, 28–29
   23 Montaigne, 125–126
   34 Swift, 166–167
   35 Rousseau, 348–349
   37 Gibbon, 5
   43 Hegel, 282–284
   49 Darwin, 269–271
   53 James, William, 332
   57 Veblen, 104–111 esp 109–110, 159–160
   59 Proust, 306–312

4. **The formation of a good character, virtue, a right will: the cultivation of aesthetic taste**

   4 Euripides, 357–358
   6 Plato, 66–67, 174–190, 320–339, 474, 640–799
   8 Aristotle, 350, 366, 461–463, 536–548
   11 Lucretius, 30, 58–59
   11 Epictetus, 99–231
   11 Aurelius, 239–294
   11 Plotinus, 312
   13 Plutarch, 63–64, 121–122, 174–175
   16 Augustine, 5–11
   18 Aquinas, 250–251, 261–262, 334–336
   19 Dante, 1–133
   19 Chaucer, 391–392
   23 Montaigne, 114–115, 117–127
   28 Bacon, 76–81
   29 Milton, 394–395
   31 Molière, 20–21
   35 Montesquieu, 13–18
   39 Kant, 221, 273–275, 278, 305, 356–360, 376–377
   40 Mill, 303, 453, 457–461 passim, 463–464
   43 Hegel, 136, 367–368
   44 Tocqueville, 318
   47 Dickens, 227–228, 240–244
   49 Darwin, 304–319, 592–593
   52 Dostoevsky, 430–431
   53 James, William, 78–83, 199–204, 711–712, 827
   54 Freud, 757–759, 792–796, 844

55 Whitehead, 228–229
57 Veblen, 109–110, 145, 165
59 Proust, 290–291, 316–320

4a. **The possibility and limits of moral education: knowledge and virtue**

   Old Testament: *Proverbs,* 1:20–2:22; 4:1–12; 8
   4 Euripides, 301–302, 613–614
   4 Aristophanes, 697–721
   6 Plato, 7, 26–37, 38–64, 166–167, 174, 177–178, 183–190, 258–259, 262–263, 277, 287–291, 388–401, 439–441, 556–558, 607–608, 801–802, 806, 809–810
   8 Aristotle, 340, 345, 348–351, 387–388, 393–394, 395–398, 434, 537
   11 Lucretius, 33–34
   11 Epictetus, 103–104, 115–117, 125–127, 164, 168–169, 171–172, 202–211, 212–215, 224–225
   11 Aurelius, 242, 257, 279–280
   13 Plutarch, 782–788
   16 Augustine, 90–92
   18 Aquinas, 70–72, 226–227
   23 Montaigne, 97–98, 273–280, 361–362
   25 Shakespeare, 115
   28 Bacon, 26–27, 69–70
   29 Milton, 390–391
   33 Locke, 105–106, 197–198
   35 Rousseau, 375–377
   37 Gibbon, 435
   39 Kant, 258, 260–261, 265, 282–283, 513–514
   40 Mill, 303, 306–307
   43 Hegel, 48–49
   49 Darwin, 313–314, 317–319
   51 Tolstoy, 244–245
   53 James, William, 806–808
   54 Freud, 573, 592, 596, 624–625, 781, 784–789, 870
   57 Veblen, 159–160

4b. **The influence of the family in moral training**

   Old Testament: *Proverbs,* 1:8–9; 6:20–24; 22:6,15; 23:13–26
   Apocrypha: *Ecclesiasticus,* 30:1–13
   New Testament: *Ephesians,* 6:1–4 / *Colossians,* 3:20–21
   6 Plato, 45–47, 366, 713–716
   8 Aristotle, 541
   11 Aurelius, 236–242
   13 Plutarch, 286–287
   16 Augustine, 11–13, 23
   18 Aquinas, 318–321
   19 Chaucer, 369
   23 Montaigne, 63, 117–118, 224–227, 445–446, 578
   28 Spinoza, 653
   33 Locke, 36–40, 64–65
   34 Swift, 29–30
   34 Diderot, 294–297
   35 Rousseau, 326–328, 376–377
   39 Kant, 420–421
   43 Hegel, 64–65, 138, 144

48 Twain, 269-270
52 Dostoevsky, 413-414
54 Freud, 119-122 passim, 704-707, 794-795, 834

4c. The role of the state in moral education: law, custom, public opinion

5 Thucydides, 396-397
6 Plato, 287-291, 320-339, 377-379, 607-608, 800
8 Aristotle, 378, 434-435, 459, 461-463, 536-542
13 Plutarch, 32-48, 64-77 passim, 284-286
16 Augustine, 44
18 Aquinas, 226-227, 228-229, 231-233, 261-262
21 Hobbes, 149, 154-156, 272
23 Montaigne, 97-98, 100-103
28 Bacon, 78-80
29 Milton, 383-395
33 Locke, 15, 197, 230-231
34 Swift, 29-31
35 Montesquieu, 18-25, 37-43, 118-119
35 Rousseau, 359, 375-377
36 Smith, 388-390
37 Gibbon, 92-94 passim, 100-101, 291-292
38 Gibbon, 93-94
39 Kant, 383
40 Mill, 269-270, 294-296, 303-306, 336-340 passim, 342-344 passim, 456, 457-458
43 Hegel, 59-60, 147, 152
44 Tocqueville, 18-19
49 Darwin, 310-317
54 Freud, 757, 781

4d. The effect upon character of poetry, music, and other arts: the role of history and examples

4 Aristophanes, 738-739, 815-816, 823
6 Plato, 320-339, 344, 388-401, 427-434, 653-663, 675-676, 717-721, 724-725, 726-728
8 Aristotle, 544-548
11 Aurelius, 239-242
11 Plotinus, 310-311
12 Virgil, 91-93, 231-234
13 Plutarch, 33-34, 43, 195, 726
14 Tacitus, 146-147
16 Augustine, 7-9, 16-18, 90-92, 105-107, 185-186, 191-195, 244-245
19 Dante, 90
19 Chaucer, 471
23 Montaigne, 121-122, 237-239
24 Shakespeare, 431
27 Cervantes, 14-18, 220-221
28 Bacon, 4-6, 38-39, 79-80, 85
28 Descartes, 267
29 Milton, 247-248, 385-386
30 Pascal, 173-174
31 Molière, 181-191
31 Racine, 328
35 Rousseau, 365-366
36 Smith, 379, 390
37 Gibbon, 284, 449
38 Gibbon, 225, 311-312
39 Kant, 356-360, 504, 521-523, 586-587
41 Boswell, 308, 347
43 Hegel, 292-293, 369
43 Nietzsche, 524-525, 530-531
44 Tocqueville, 253-254
58 Huizinga, 259, 290-293
59 Cather, 436-437

5. The improvement of the mind by teaching and learning

5a. The profession of teaching: the relation of teacher and student

3 Homer, 105-109
4 Aristophanes, 697-721
6 Plato, 29-31, 38-47, 65-84, 169-170, 174-190, 203-204, 206-208, 252-259, 515-517, 556-559, 723
7 Aristotle, 227-228, 499
8 Aristotle, 417, 435-436
11 Lucretius, 58-59
11 Epictetus, 149-151, 160-162, 167-168, 183-191
13 Plutarch, 122-123, 155-158, 782-788
14 Tacitus, 153-155
16 Augustine, 24, 41-42, 761, 782
17 Aquinas, 545-549, 568-569, 595-598
18 Aquinas, 392-393, 681-682
19 Dante, 1-44 passim, 45-89 passim
19 Chaucer, 280
22 Rabelais, 18-25 passim, 101-106
23 Erasmus, 23-24
23 Montaigne, 111-114, 118-131 passim
28 Bacon, 7-11, 14-15, 29-32
29 Milton, 398
36 Smith, 66, 372-375, 379-381
40 Mill, 424
41 Boswell, 191, 199-200
45 Goethe, 89-91
51 Tolstoy, 47-48
55 Dewey, 114, 119
57 Veblen, 47-48
58 Weber, 108-111, 119-120
58 Lévi-Strauss, 523-526

5b. The means and methods of teaching

6 Plato, 85-88, 112-113, 131-141, 179-183, 388-398, 549-550, 556-559, 610-613, 656, 809-811
7 Aristotle, 97, 237, 513
8 Aristotle, 161
11 Lucretius, 13, 43
11 Epictetus, 174-175
16 Augustine, 8, 735-736, 759-784
17 Aquinas, 568-569, 595-597
18 Aquinas, 385-387, 618-619
22 Rabelais, 26-30 passim
23 Montaigne, 111-115 passim, 117-132 passim

26 Harvey, 336-337
28 Bacon, 16, 31, 64, 65, 68-69
28 Descartes, 266-267
30 Pascal, 173, 177-178
33 Locke, 299-300, 340-341
34 Swift, 109-110
39 Kant, 2-4
41 Boswell, 7-8, 144
43 Hegel, 64-65
45 Goethe, 3-4
47 Dickens, 229
53 James, William, 290-291, 692
55 Dewey, 99-101, 106-107, 108-109, 113-114, 115, 118
55 Wittgenstein, 357-358
58 Weber, 117-118, 227
58 Lévi-Strauss, 511-513, 522-523

5c. The nature of learning: its several modes

6 Plato, 29-30, 111-112, 124-126, 179-183, 228-230, 383-401, 541-543, 610-613
7 Aristotle, 88, 97, 136-137, 330, 340, 511, 574, 575, 647-648, 692, 693
8 Aristotle, 397
13 Plutarch, 620
16 Augustine, 32-33, 704-705
17 Aquinas, 388-391, 443-444
18 Aquinas, 392-393, 766-767
21 Hobbes, 55-56
23 Montaigne, 118-119, 488-492
28 Bacon, 57-58, 105-106
28 Descartes, 225-229, 240-249, 285-286
31 Molière, 243-244
33 Locke, 98-99, 101-102, 120
39 Kant, 14-15, 113-114, 244-245, 526-527
40 Mill, 283-288
41 Boswell, 257
42 Lavoisier, 1-2
43 Hegel, 31
43 Nietzsche, 518
48 Twain, 275
53 James, William, 15-17, 49-52, 83, 110, 331-336 passim, 362-364, 433-438, 664-665, 691, 827-835
55 Dewey, 99-104, 108-111, 115, 122-123
55 Wittgenstein, 347-354, 438
56 Waddington, 741
57 Veblen, 163-164
58 Weber, 111-113

5d. The order of learning: the organization of the curriculum

6 Plato, 272-273, 333-334, 383-401, 552, 653-654, 728-730
7 Aristotle, 259, 552, 631-632
8 Aristotle, 161, 542-543
10 Nicomachus, 600-601
11 Epictetus, 164
15 Ptolemy, 5-6 passim
16 Augustine, 720-739
17 Aquinas, 105-106, 447-449, 451-453, 455-457, 460-461

21 Hobbes, 71, 72, 268-269
22 Rabelais, 75-77, 78-80, 82-83
23 Montaigne, 117-132 passim
26 Harvey, 332-336
28 Bacon, 44, 56-66, 108-109, 124-125
28 Descartes, 227-232, 234-239, 247-249, 266-268
33 Locke, 122-123, 127, 145, 255-256, 267, 286-287, 340-342 passim, 358-359
36 Smith, 375-378, 379-380, 384-385
39 Kant, 551-552, 572
41 Boswell, 15, 23-24, 135, 273
44 Tocqueville, 254-255
45 Goethe, 19-21
46 Eliot, George, 270
52 Dostoevsky, 305-306
53 James, William, 317-319, 453-457
55 Dewey, 109-110, 118-124
56 Whitehead, 125
57 Veblen, 161-162, 164-169
58 Weber, 108
58 Lévi-Strauss, 521-527

5e. The emotional aspect of learning: pleasure, desire, interest

6 Plato, 374-375, 388-389, 399-401, 421-422, 660
8 Aristotle, 168-169, 544, 614, 682
9 Galen, 433
11 Lucretius, 28
11 Epictetus, 212-215
16 Augustine, 5-9
17 Aquinas, 57-58, 628-629, 749, 783-784
19 Dante, 71-72, 95
21 Hobbes, 52-53
22 Rabelais, 190-191
23 Montaigne, 123-126, 285-286
24 Shakespeare, 202-203
26 Harvey, 331-332
28 Spinoza, 647
30 Pascal, 440-442
33 Locke, 250
35 Rousseau, 338-339
41 Boswell, 130, 135-136, 309, 448
45 Goethe, 1-5
53 James, William, 271-275, 524-525, 711-712
55 Dewey, 110
56 Whitehead, 125
56 Hardy, 381-382

5f. Learning apart from teachers and books: the role of experience

Apocrypha: *Ecclesiasticus*, 25:3-6
3 Homer, 307-541
4 Aeschylus, 55-56
6 Plato, 29-30, 253, 337, 366, 377-379
7 Aristotle, 63-64, 97, 411
8 Aristotle, 340, 391, 392-393, 435, 436, 546-547
11 Lucretius, 70-76 passim
16 Augustine, 760-761
17 Aquinas, 447-449, 595-597

18 Aquinas, 776–779
21 Hobbes, 60–61, 66–68
23 Montaigne, 80, 119–122, 127, 436–439, 564–566
24 Shakespeare, 271–272, 533
26 Gilbert, 1
26 Harvey, 411
28 Bacon, 16, 30–31, 82, 126–127
28 Descartes, 224–225, 244–245, 274–275
28 Spinoza, 621–622
30 Pascal, 355–358
31 Molière, 268
33 Locke, 121–148 passim, 360–362
33 Berkeley, 418
33 Hume, 479–480
35 Rousseau, 334
36 Smith, 378–379
39 Kant, 146–149
40 Mill, 287, 288
47 Dickens, 419
53 James, William, 362–364 passim, 453–454, 767–768, 852–862
55 Dewey, 100–125
56 Planck, 95–96
57 Veblen, 19
58 Lévi-Strauss, 523–527

6. **The acquisition of techniques: preparation for the vocations, arts, and professions**

6 Plato, 258–262, 319, 337–338, 377–378, 633, 649
8 Aristotle, 348–349, 350–351, 435–436 passim
9 Hippocrates, 1–3, 123, 197–198, 205–206
11 Lucretius, 72, 74–76
13 Plutarch, 692–695
22 Rabelais, 27–30, 85–87, 232–233
31 Molière, 268–274
36 Smith, 49–50, 59–61, 62–63, 338–343, 380–381, 384–385
37 Gibbon, 245, 411–412
38 Gibbon, 75–78 passim, 298–300, 311–312, 355, 508–509
39 Kant, 253
40 Mill, 415–417 passim
44 Tocqueville, 25
45 Goethe, 19–21
46 Austen, 66
49 Darwin, 278
50 Marx, 81, 165–166, 170–171, 237–241
54 Freud, 130, 449–452 passim
55 Dewey, 105, 110–111
55 Whitehead, 227–229
57 Veblen, 26
57 Tawney, 216–218 passim, 222–225, 230–233, 242–253
58 Weber, 108, 120–121, 177–178

7. **Religious education**

Old Testament: *Exodus*, 12:24–27 / *Deuteronomy*, 11:18–21; 31:9–13 / *II Kings*, 23:1–2 / *Nehemiah*, 8

6 Plato, 757–771, 797–798
11 Epictetus, 184–190
16 Augustine, 701–784
17 Aquinas, 1
18 Aquinas, 354–355, 395–396, 679–682
20 Calvin, vii–xii
21 Hobbes, 154–155, 241–242
30 Pascal, 205–209
36 Smith, 385–400 passim, 400–401
37 Gibbon, 82
39 Kant, 325–327
40 Mill, 290–292 passim, 437–438
41 Boswell, 151
52 Dostoevsky, 158–161
57 Veblen, 153–156, 159
59 Joyce, 554–556

7a. **God as teacher: divine revelation and inspiration**

Old Testament: *Genesis*, 9:1–17 / *Exodus*, 20:1–20 / *Deuteronomy*, 5:1–20 / *Job*, 33:14–17; 38–41 / *Psalms*, 25:4–5,8–9,12; 94:10–13 / *Daniel*, 2:19–23
Apocrypha: *Ecclesiasticus*, 17:6–14
New Testament: *Matthew* passim / *Mark* passim / *Luke* passim / *John* passim / *Romans*, 1:16–20 / *I Corinthians*, 2 / *Ephesians*, 3:2–5 / *II Timothy*, 3:15–16
16 Augustine, 12–13, 46–47, 113–114, 146, 358, 375–377, 628–629
17 Aquinas, 3–10, 14–15, 61–62, 175–180 passim, 297–298, 540–541
18 Aquinas, 87–96, 239–337, 354–355, 704–706, 729–730, 750, 778–779
19 Dante, 114, 120–124 passim
19 Chaucer, 452
20 Calvin, 16–17, 117, 118–120, 141, 160–162, 165–171, 251–253, 273–276, 397–400, 410–412
21 Hobbes, 137–138, 160, 165–167, 176–177, 181–186, 205, 241–242, 281–282
23 Montaigne, 313
28 Bacon, 54, 95–101
29 Milton, 180–246, 301–333
30 Pascal, 290–301
33 Locke, 380–388 passim
40 Mill, 455
43 Hegel, 165–166, 325–326
46 Austen, 7
51 Tolstoy, 50
52 Dostoevsky, 133–144

7b. **The teaching function of the church, of priests and prophets**

Old Testament: *Exodus*, 4:10–17 / *Deuteronomy*, 17:9–13; 31:9–13 / *I Samuel*, 12:20–25 / *II Chronicles*, 18:7–24; 34:29–30 / *Isaiah* passim / *Jeremiah* passim / *Ezekiel* passim / *Daniel* passim / *Hosea* passim / *Joel* passim / *Amos* passim / *Obadiah* passim / *Jonah* passim / *Micah* passim / *Nahum* passim / *Habakkuk* passim / *Zephaniah*

passim / *Haggai* passim / *Zechariah* passim / *Malachi* passim
Apocrypha: *Song of Three Children* passim / *Susanna* passim / *Bel and Dragon* passim
New Testament: *Matthew*, 10; 23; 28:18-20 / *Mark*, 6:7-13; 13:9-13; 16:14-20 / *Luke*, 9:1-6; 10:1-20 / *John*, 21:15-17 / *Romans*, 10:14-18 / *I Corinthians*, 14 / *II Corinthians*, 3-4 / *Ephesians*, 3:1-12; 4:11-15 / *II Timothy*, 4:1-5 / *Titus* passim
18 Aquinas, 633-634, 643-644, 663-665, 678-682
19 Dante, 104-105, 127-128
19 Chaucer, 282
20 Calvin, 34-35, 328-330, 347-354, 358-359
21 Hobbes, 123, 182-183, 208-211
29 Milton, 324
30 Pascal, 277
33 Locke, 7-8, 10-11, 18
37 Gibbon, 194, 302-304 passim, 307-308, 355
38 Gibbon, 230-231
40 Mill, 285
41 Boswell, 313-316
52 Dostoevsky, 171-173
59 Joyce, 576-591

8. **Education and the state**

8a. **The educational responsibility of the family and the state**

6 Plato, 721-722
8 Aristotle, 455, 542
13 Plutarch, 39-45
18 Aquinas, 226-227, 318-321
21 Hobbes, 155
23 Montaigne, 385
34 Swift, 29-31
35 Rousseau, 376-377
36 Smith, 379-380
38 Gibbon, 92
43 Hegel, 80, 138-139
44 Tocqueville, 3, 20, 158-159
50 Marx, 195-196, 237-241
58 Weber, 109

8b. **The economic support of educational institutions**

28 Bacon, 30-31
34 Swift, 106
36 Smith, 64-66, 372-400
37 Gibbon, 669-670
38 Gibbon, 298
40 Mill, 317-319 passim, 382-383
41 Boswell, 300
43 Hegel, 345
57 Veblen, 158, 160-161

8c. **The political regulation and censorship of education**

6 Plato, 320-339, 427-434, 601-602, 654-655, 675-676, 713-731
8 Aristotle, 541

13 Plutarch, 61-64 passim
14 Tacitus, 67, 72-73
16 Augustine, 192, 193-195, 321
21 Hobbes, 102-103, 114-115, 224-225
27 Cervantes, 218-221
28 Bacon, 210-214
29 Milton, 381-412
35 Montesquieu, 13-18, 90
35 Rousseau, 434-435
37 Gibbon, 148, 355
40 Mill, 274-293 passim, 344, 368-369, 437-438
41 Boswell, 222-223, 512
43 Hegel, 228-229

8d. **The training of the prince, the statesman, the citizen, the proletariat: aristocratic and democratic theories of education**

Apocrypha: 38:24-34
4 Aristophanes, 673-696
5 Thucydides, 370
6 Plato, 43-47, 340-341, 366, 383-401, 607-608, 640-799
8 Aristotle, 459, 474, 487, 494, 512, 537-538, 542-548
11 Aurelius, 246
12 Virgil, 228-229
13 Plutarch, 32-48, 64-77 passim, 156-158 passim, 354-355, 480-481, 781-788
14 Tacitus, 153-155
21 Machiavelli, 1-37
21 Hobbes, 47, 128-130, 273, 282-283
22 Rabelais, 18-19, 78-83
23 Montaigne, 114-115
24 Shakespeare, 597
27 Cervantes, 392-396, 425-426
28 Bacon, 20-28
35 Rousseau, 372-377
36 Smith, 379, 382-385
37 Gibbon, 62, 260, 275-276, 534
38 Gibbon, 508-509
40 Federalist, 168-169, 190
40 Mill, 298-299, 317-323, 349-350, 362-366, 375-377, 380-389 passim, 401-406 passim, 415-417, 420
43 Hegel, 73, 149, 150, 223-225, 256
44 Tocqueville, 83-84, 142-143, 159, 254-255
50 Marx, 237-241
50 Marx-Engels, 427
54 Freud, 122
58 Weber, 85-88, 168-170
60 Orwell, 486-488

9. **Historical and biographical observations concerning the institutions and practices of education**

4 Aristophanes, 697-721
5 Thucydides, 370
6 Plato, 644-646, 672-673
8 Aristotle, 538, 542, 544
11 Aurelius, 239-242

13 Plutarch, 38-45 passim, 155-158, 286-287, 542-544, 782-788
16 Augustine, 5-11
21 Hobbes, 155-156
22 Rabelais, 24-30
23 Erasmus, 23-24
23 Montaigne, 111-117, 121-122, 130-132, 234-239, 436-442
27 Cervantes, xiii-xix
28 Bacon, 1-101 passim esp 8, 29-30, 119, 120, 124-125
28 Descartes, 265-291, 504-519 passim
29 Milton, 384-389
31 Molière, 268-274
34 Swift, 3
34 Diderot, 266-271
35 Montesquieu, 15, 16-18
35 Rousseau, 377
36 Smith, 340-342, 375-382, 398-399

37 Gibbon, 23-24, 344-347 passim, 364, 644, 668-671
38 Gibbon, 40-41, 298-300, 325-328, 452, 522-528
40 Mill, 288
41 Boswell, 7-9, 11-12, 15-17
43 Hegel, 223, 345
44 Tocqueville, 158-159, 317-318
45 Goethe, 1-5
46 Eliot, George, 391
55 Dewey, 99-100, 103
55 Whitehead, 227-229
56 Hardy, 381-382
57 Veblen, 153-169
58 Weber, 109-111
58 Huizinga, 270
58 Lévi-Strauss, 511-513
59 Joyce, 523-524, 542-548

交叉索引

以下是与其他章的交叉索引：

Liberal education or intellectual training, see ART 6b; HABIT 4a-4b, 5d; HISTORY 2; KNOWLEDGE 9a; MAN 6a; MIND 4a-4c; PLEASURE AND PAIN 10a; POETRY 5a, 9a; TRUTH 3d(3); VIRTUE AND VICE 4b-4c.

The liberal arts, see LANGUAGE 1a, 7-8; LOGIC 4-4b; MATHEMATICS 1b; RHETORIC 1b, 2c-2d, 6.

The cultivation of aesthetic taste, see ART 7b; BEAUTY 5-6; POETRY 8a-8b.

The education of women, see FAMILY 5b.

Physical education or the training of bodily skills, see ART 9b; HABIT 5a; LABOR 2b.

Moral education, see ART 10a; CUSTOM AND CONVENTION 5b; GOOD AND EVIL 6a; HABIT 5b; HISTORY 2; KNOWLEDGE 8b(1); PLEASURE AND PAIN 10a; POETRY 9a; PUNISHMENT 3a; VIRTUE AND VICE 1a, 4-4c, 4d(2), 4d(4), 8b; the training of specific virtues, see COURAGE 6; TEMPERANCE 4.

Professional education or training in the useful arts and crafts, see LAW 9; MEDICINE 1, 2c; PHILOSOPHY 5; RHETORIC 6; STATE 8c.

Religious education, see GOD 6c(1)-6c(3); KNOWLEDGE 6c(5); PROPHECY 1c-1d; RELIGION 1a-1b(3), 3c, 5c; THEOLOGY 2, 4a-4c; VIRTUE AND VICE 8b, 8e; WISDOM 1c.

Learning and teaching, see EMOTION 5d; EXPERIENCE 2-3b; HABIT 4a-4b; KNOWLEDGE 4a-4b, 9a; LANGUAGE 8; LOGIC 5; MIND 4c; PLEASURE AND PAIN 4c(2); TRUTH 3d(3), 8e; VIRTUE AND VICE 4b-4c.

The role of the family in education, see FAMILY 2c, 6d; VIRTUE AND VICE 4d(1).

The role of the state in education, see LAW 6d; VIRTUE AND VICE 4d(3), 7a.

Education in relation to different forms of government, see ARISTOCRACY 5; CITIZEN 6; DEMOCRACY 6; MONARCHY 3a; STATE 8c.

Freedom in the communication of knowledge and art, see ART 10b; KNOWLEDGE 8c, 9b; LIBERTY 2a; OPINION 5b; POETRY 9b; TRUTH 8d.

扩展书目

下面列出的文著没有包括在本套伟大著作丛书中,但它们与本章的大观念及主题相关。

书目分成两组:

Ⅰ. 伟大著作丛书中收入了其部分著作的作者。作者大致按年代顺序排列。

Ⅱ. 未收入伟大著作丛书的作者。我们先把作者划归为古代、近代等,在一个时代范围内再按西文字母顺序排序。

在《论题集》第二卷后面,附有扩展阅读总目,在那里可以查到这里所列著作的作者全名、完整书名、出版日期等全部信息。

I.

Plutarch. "The Education of Children," in *Moralia*
Augustine. *Concerning the Teacher*
Thomas Aquinas. *Concerning the Teacher*
——. *Summa Theologica*, PART II-II, QQ 166-167
Erasmus. *De Pueris Statim ac Liberaliter Instituendis (On Liberal Education)*
——. *The Education of a Christian Prince*
——. *Ten Colloquies*
Bacon, F. "Of Custom and Education," "Of Studies," in *Essayes*
Milton. *Of Education*
Locke. *Some Thoughts Concerning Education*
Swift. *An Essay on Modern Education*
Voltaire. "University," in *A Philosophical Dictionary*
Rousseau. *Émile*
Kant. *Educational Theory*
Mill, J. S. *Autobiography*
——. "Professor Sedgwick's Discourse on the Studies of the University of Cambridge," in *Dissertations and Discussions*
——. *Inaugural Address*
Faraday. "Observations on Mental Education," in *Lectures on Education*
Nietzsche. *On the Future of Our Educational Institutions*
Goethe. *Wilhelm Meister's Apprenticeship and Travels*
Dickens. *David Copperfield*
——. *Great Expectations*
——. *Nicholas Nickleby*
Twain. *Life on the Mississippi*
Shaw. *Pygmalion*
Veblen, T. *The Higher Learning in America*
Dewey. *Democracy and Education*
——. *Interest and Effort in Education*
——. *The School and Society*
Whitehead. *The Aims of Education*
——. *The Organization of Thought*, CH 1-5
Russell. *Education and the Good Life*
——. *Skeptical Essays*, XIV
Eliot, T. S. "Modern Education and the Classics," in *Essays, Ancient and Modern*
Fitzgerald. *This Side of Paradise*

II.

THE ANCIENT WORLD (TO 500 A.D.)

Cicero. *De Oratore (On Oratory)*
Quintilian. *Institutio Oratoria (Institutes of Oratory)*, BK I; BK II, CH 1-3; BK X, CH 1
Sextus Empiricus. *Outlines of Pyrrhonism*, BK III, CH 27-32
Xenophon. *The Education of Cyrus*

THE MIDDLE AGES TO THE RENAISSANCE (TO 1500)

Cassiodorus. *An Introduction to Divine and Human Readings*

THE MODERN WORLD (1500 AND LATER)

Adams, H. B. *The Education of Henry Adams*
Adler, M. J. *The Paideia Program*
——. *The Paideia Proposal*
——. *Reforming Education*
Arnold. *Culture and Anarchy*
Aron. *The Opium of the Intellectuals*
Bryce. *The Functions of a University*
Butler, S. *The Way of All Flesh*
Castiglione. *The Book of the Courtier*
Chesterfield. *Letters to His Son*
Clifford. "Virchow on the Teaching of Science," in *Lectures and Essays*
Comenius. *The Great Didactic*
——. *School of Infancy*
Conant. *Education in a Divided World*
Cremin. *American Education*
——. *The Transformation of the School*
De Quincey. *Letters to a Young Man Whose Education Has Been Neglected*
Elyot. *The Governour*
Emerson. *The American Scholar*
Fénelon. *Adventures of Telemachus*
——. *A Treatise on the Education of Daughters*
Fichte, J. G. *Addresses to the German Nation*, II-III, IX-XIV
Flexner. *Medical Education in the United States and Canada*
Franklin, B. *Autobiography*
Froebel. *The Education of Man*
Giamatti. *A Free and Ordered Space*
Godwin. *An Enquiry Concerning Political Justice*, BK V, CH 2

Gorky. *Forty Years—The Life of Clim Samghin,* VOL I, *Bystander*
Green. *The Principles of Political Obligation,* (L)
Helvétius. *A Treatise on Man*
Herbart. *The Science of Education*
Hesse. *The Glass Bead Game*
Hook. *Education for Modern Man*
Hutchins. *Education for Freedom*
———. *The Higher Learning in America*
Ignatius of Loyola. *The Constitutions of the Society of Jesus*
Jaeger. *Paideia*
Jean Paul. *Levana*
Lessing, G. E. *The Education of the Human Race*
Livingstone. *On Education*
Luther. *To the Councilmen of All Cities in Germany That They Establish and Maintain Christian Schools*
Lyly. *Euphues*
Maritain. *Education at the Crossroads*
Meiklejohn. *Education Between Two Worlds*
Meredith. *The Ordeal of Richard Feverel*
Montessori. *The Montessori Method*
More, T. *Utopia,* BK I

Musil. *Young Törless*
Newman. *The Idea of a University*
———. *University Sketches*
Oliver and Gershman. *Education, Modernity, and Fractured Meaning*
Ortega y Gasset. *Mission of the University*
Pestalozzi. *How Gertrude Teaches Her Children*
Pius XI. *Divini Illius Magistri* (Encyclical on Christian Education of Youth)
Rank. *Modern Education*
Richards. *Interpretation in Teaching*
Rosovsky. *The University: An Owner's Manual*
Schiller. *Letters upon the Esthetic Education of Man*
Schopenhauer. "On Education," in *Studies in Pessimism*
Spark. *The Prime of Miss Jean Brodie*
Spencer. *Essays on Education and Kindred Subjects,* PART I
Van Doren. *Liberal Education*
Vives. *On Education*
Whewell. *The Elements of Morality,* BK V, CH 15
———. *Of a Liberal Education*

21

元 素 Element

总 论

在物的分析中,"原子"和"元素"是基本概念。看起来,它们的意思在某种程度上是一样的。通常把原子和元素理解为终极单元,其他东西赖以组成的部件。不过,一旦提出进一步的问题——问这些单元可分还是不可分,或问其数目和种类——我们就会碰到不同的原子概念,以及一种与物的原子化分析对立的元素理论。

就算这两个概念不对立时,它们也不能互换。"原子"的意义要窄得多。它通常指一个小的物质粒子,而"元素"指任一东西可分出的最小部分。正是在这个较宽的意义上,欧几里得才能称他的定理集(所有几何问题都可由其解出)为几何的"元素"。亚里士多德认为,不仅对几何证明这么说是对的,且可以"一般地"谈论"论证的元素"。他说,"首要的论证每一个都隐含在许多论证中,称为论证的元素。"由此,不仅物理学中有元素,在任何有所分析的科目或科学中都有元素。

在《算术引论》里,尼柯马库斯写道,"元素是组成物体的最小的东西,是物体可分析出的最小的东西。例如,字母称为书面语的元素,因为所有表达清晰的话由字母组成,且最终可分解为字母。单音是旋律的元素;因为旋律是由单音开始而组成的,并分解为单音。所谓宇宙整体的四元素是简单体,即火,水,气,土;因为一方面我们用它们解释宇宙的构成,另一方面,我们认为宇宙最终可分解为它们。"

这就说明了,为什么诸多领域的著作都把"元素"一词放在标题中。有语法或逻辑的元素,语言或音乐的元素,心理学或经济学的元素。不同科目或科学中的元素是类似的,因为在各自领域中,它们对于别的东西,恰如简单的对于复杂的,纯的对于混合的,部分对于整体。这样,价格因素可说是经济学分析中的元素,就如词类是语法学分析中的元素。

另一个例子来自于古代生理学中的四体液理论。按传统的、起自希波克拉底的说法,四体液是血液、黏液、黄胆汁和黑胆汁,它们的分析作用,正如古代物理学中的火、水、气、土一样。希波克拉底在一篇关于人之本质的论文中说,它们"构成人身体的本质,经由体液人感到疼痛或享有健康"。"当这些元素就配搭、能量和体积而言都比例得当,且完美地混合在一起时",一个人就享有完美的健康。盖伦在对性情的分析中,用这些体液来解释各种性情和各种体格特征,或说因体液如此这般混合,或说因其中某一体液占优势。这样,就把热情、冷静(译注:这两个词原文为 sanguine、phlegmatic,字面上与血、黏液相关。)、暴躁或忧郁的性情解释为,一种体液过多或其他体液过少。

这些例子表明,说元素不可还原为更简单的东西,并不意味着它们一定不可分。细胞可进一步分为细胞核、细胞质和细胞膜,但仍然是组织的元素。词类——名词、动词、形容词——可进一步分为音节和字母,但仍然是有意义话语的元素。字母作为语言的元素,在物理

21. 元 素

上却还可分解。项有时被当作构成命题和推理的逻辑元素,但仍可区分简单项和复杂项。尼柯马库斯称三角形为所有平面图形的元素,"因为其他东西都可以分解成它,但它不再能分解";而三角形却还可分为构成它的线段,线段又可接着分为点。

当尼柯马库斯说,三角形是所有其他图形的元素且自身没有元素,他的意思不是三角形绝对不可分,而只是相对而言。对于平面图形的分析而言,没有更简单的图形可用来构成三角形。类似的,对于有意义话语的分析而言,没有比词更简单的部件。对于旋律的分析而言,没有比单音更简单的部件。音乐的单音在物理上可以是——但在音乐上不是——复杂的。

亦可如此来接近元素的定义:拿它的意义与原理、原因的意义作比较。这三个用语是亚里士多德在《物理学》的开头一并带出的,他指出,我们通过认识事物的"原理、原因和元素",获得"科学知识"。

在那些声称是基本性的阐述或分析的著作标题中,"原理"这个词几乎和"元素"出现得同样频繁。这两个词经常是同义词。例如,拉瓦锡说,我们可用"元素这个词,或物体的原理,来表达我们对分析能至之终点的观念。"

要发现"元素"和"原理"意义之不同,有必要明确与它们相对的词。元素可构成复合物和混合物。从原理出发,导出的是结论。例如,在逻辑中,我们说项是命题的元素(命题"苏格拉底是一个人"由项"苏格拉底"和"人"组成),但我们说公理是使结论得以导出的原理。这不妨碍同一东西在不同勾连中可看作元素或原理——是元素,因为它是复杂整体可由其组成的简单部分,是原理,因为

它是其他东西可由其导出的来源。语法中的词类是词组和句子的组成元素;也是使句法规则得以导出的原理。

与元素和原理同属的第三个概念是原因。与原因相对的是结果。同样,在不同勾连中可看作元素或原理的东西,从另一角度看也可以是原因。例如,在亚里士多德的物理学论述中,就用这三种方式看待质料:它是所有物体的元素,因为物体是质料和形式构成的实体;它是变化的原理,因为变化由质料、形式和缺乏导出;它是某些后果的原因(即质料因)。

但也要看到,是这三个中的一个,并不必定就也是另两个。据亚里士多德,元素是"某个东西的内在成分",任何外在的原理或原因不能是元素。因此,一物体施于另一物体上的动作是原因和原理,但不是元素。阿奎那说"原理比原因更宽,就如原因比元素更普通",指的就是这些差别。就此,即对西方思想传统中这几个观念的不同适用范围,**原因**和**原理**两章谈的更具体。

与元素相关的基本议题是在分析物质时提出的。柏拉图和亚里士多德之前,早期希腊物理学家已问了这样的问题,如,万物由什么而来?万物由什么做成?对此,从只有一种终极,如土或火,到有种类较少的终极,到有无限多种类的终极,各种答案都有。正统的四元素理论是处于中间的答案,避免了一和无穷两个极端。

据盖伦的说法,希波克拉底"第一个尝试说明一共有四个相互作用的性质",并提供了"至少是那些证明的开端",那些证明指后来亚里士多德用以发展四元素理论的证明。盖伦也指出,古代人对以下问题是有争议的:是否四元素的"实体及性质"要"经过这样密切的混合",来

导致"万物的生成和毁灭,即得到或失去存在"。

在《论生成和消灭》的论述中,亚里士多德列举了物理学家谈到元素时的各种意思。他写道,"我们应当辨认出三种'本原'(或元素),第一,潜在的可感物体;第二,相反的东西(如热和冷);第三,火、水及诸如此类的东西。""潜在的可感物体"被等同于第一质料,并且,既然它"没有分离的存在,而总是与相反的东西在一起",就可以将其从通常的元素概念里排除出去。第二个说到的"相反的东西",即元素性质,是热、冷、干、湿。而所谓元素,即火、气、水、土,是留到最后说的,亚里士多德写道,它们"只是第三个"被提到,是因为它们"相互转化……而相反的东西不变化"。

元素性质成对地加于"显然的'简单'物体"。于是亚里士多德写道,"火是热与干,气是热与湿……水是冷与湿,土是冷与干。"不过,其中的每一个都"单纯地各有单一的性质"。根据简单物体和元素性质,所有其他物质的东西都能得到解释。

与元素相对的是混合或复合的物体,它们由两个或更多元素联合构成。有多种混合物体,但在种类上没有像四元素那样不可还原的;任何混合物体可分为组成它的不同种类的元素体,而元素体不可分为种类与之不同的部分。例如,一个活的东西可以有土的部分和水的部分,但土的一部分还是土,水的一部分还是水。

亚里士多德称为"基本问题"的,正是可分的模式。回答这问题时,他把四元素理论与希腊另一种对物质构造的说明(即原子理论)相对,这理论是由留基波和德谟克利特发展起来的,并在卢克莱修的诗《物性论》里得到了详细说明。

据希腊的原子论者,物质不是无限可分的。卢克莱修写道:

……若自然没有为分裂
设限,那万物到此刻
早已因时间的磨损而缩解
以至没有东西能从起始出发
达到丰满、完全的成长

这样,物质的分裂就必定有"可靠、确定的限度"——物理分割最终会得到绝对不可分的物质单元。卢克莱修称其为"原初"的"单一 / 致密,一致,非复合,但很坚固 / 在其永恒的单一之中"——"事物的种子",或原子。希腊语中,"原子"一词的字面意思是不可缩减。

鉴于此,显然亚里士多德就能否定原子存在,同时肯定元素体存在。不像原子,元素并不是在量上不可分,而只是不可分为不同类的物质。

希腊的原子和元素概念,其差异在于区别这量的不可分和质的不可分。原子是最小量的物质。它不能分为更少量的部分。元素体则没有这种原子性。它总可以分为更小的单元,但所有这些单元必定与被分割的元素体同属一类。

说元素不可分只是在这个意义上,即它不能像混合体分解为不同元素那样,分解为其他种类的物质。原子以任何方式都不可分。只有复合体可分为构成它的原子,所有这些原子都是同类的,只在量上有所不同——如大小、形状和重量。不同类的物质只是复合的层次不同,是原子的不同复合的结果。

这最后一点指出了古代物理学中原子和元素的另一对照。如前所述,元素由其质的差异来定义;更严格地说,是由可感的元素性质来定义的——热和冷,湿和干。通过这些独特的性质,四元素之间有特定的相互次序。按照柏拉图的理解,水和气"在火和土之间",且"只要可能的话,有相同的比例;火比之于气就如气比之于水,气比之于水就如水比之于土。"这样的平均是由两个元素共有的性质提供的。因此,火和气由相同的性质——热连接起来;气和水由湿连接;水和土则由冷连接。

当古人的分析达到最精细的程度时,他们认识到,普通经验中的土、气、火和水并不真正符合元素对纯粹的要求。亚里士多德写道,它们"不是简单的,而是混杂的",而元素"本质上是真正简单的,所以它们并不等同。""与火对应的"元素"是'像火',而不是火;与气对应的是'像气',余下的也类似。"这样,四元素只是与日常的土、气、火、水相似,因为元素比它们更纯;不过它们的名称继续用作真正元素的符号,这种含义仍然保留着,在我们说到人类与"恶劣天气"斗争或作战时。

这儿,海森堡对希腊原子论的评论值得一提。他写道:"德谟克利特的哲学中,原子是永恒的、不可毁灭的物质单元,它们永不能相互转化。就此点而言,现代物理学家明确地反对德谟克利特的物理主义,而站在柏拉图和毕达哥拉斯派一边。基本粒子肯定不是永恒、不可毁灭的物质单元,它们实际可以相互转化……现代人与柏拉图、毕达哥拉斯派的观点之相似还不止于此。柏拉图《蒂迈欧篇》中的基本粒子最终不是实体,而是数学形式。'所有东西是数'一般认为是毕达哥拉斯说的。那个时代唯一有的数学形式是某些几何形式,即规则的固体或构成其表面之三角形的几何形式。在现代量子论中毫无疑问基本粒子最终也是数学的。"

在《化学元素》的前言中,拉瓦锡写道,"在一篇讨论化学元素的论文中,没有章节论述物质之构成性的和元素性的部分,这无疑令人惊讶;但我要借这个机会作以下评论,人们喜爱把世间万物分解为三或四种元素,这种偏爱源于一种希腊哲学家传下来的偏见。四元素理论认为,通过四元素的不同比例组合可得到世间万物,但这不过是个假设,提出这个假设,是在化学实验哲学的第一原理出现前很久。"

这不是说拉瓦锡在化学分析中完全拒绝元素的概念。相反,他说,"我们应当把所有我们通过分解、还原物体所得到的实体认作元素。"他与古代人的争点主要有两处。第一是元素的数量,他认为实验表明了元素的数量远多于古典理论说的四个。第二是关于实验发现的元素有多简单。它们可以叫作原子或简单体,但这样命名绝不是说我们知道它们绝对不可分——不管是质的可分还是量的可分。我们尚未发现"分解它们的方法",而仅仅这个理由不足以"确定以下事实,即这些我们认为简单的实体不可以是由两个、甚至更多数目的本原构成的。"

在二十世纪的物理学和化学中,元素意味着化学元素。如果两种物质的化学反应等同,就属于同一种化学元素。元素由原子组成,每个原子中有一个较重、带正电荷的原子核,及一些围绕原子核的较轻、带负电荷的电子。

原子——或若干原子合成的分子——的化学性质,由其中的电子决定。因此,某一元素的所有原子都有着相同数目的电子。就通常的用法来说,某一元素的各原子不必有相同的质量。它们的原子核可以有不同数目的中子——一种电中性的、较重的粒子。例如,氢的原子核只有一个带正电荷的、较重的粒子,即质子,而重氢的电子核有一个质子和一个中子:这一对同位素——氢和重氢——有着同样的化学性质,就元素这个词的通常用法而言,它们属于同一种元素。

按照混合物和复合物的古义来讲,分子看来既是混合物又是复合物——是混合的,意思是可分解为不同种类的物质;是复合的,意思是可分为更小的物质单元。而元素如何组合,以形成分子化合物,是由它们的重量或化合价决定的,而不是由它们性质的聚合决定的。

不过,理论上的最根本变化并不在此;也不在于元素的数目从四个增加到一百多个;也不在于按原子的重量而非对立的性质来排列元素。最根本的变化是以下发现造成的,即原子不是不可缩减的,且原子裂变和聚变可产生新的元素。裂变指一个重的原子核(如铀)分裂为若干较轻的原子核,聚变指一些较轻的原子核结合成若干重的原子核。

法拉第在电离和电化学分解方面的实验工作是一类物理研究的开端,这类研究深入到原子的内部结构中,析出更小的物质单元。甚至在实验真正把原子裂开之前,分析已表明,原子由正电荷和负电荷构成。

法拉第研究的结果,举个例子来说,是他把原子想成"只是力或能量的中心,而非物质粒子,能量本身居于其中"。因此,原子不再是"少许不可变的、不可入的物质",而是由其所行的"能量来组成"。日常"词形状"所指的东西,成了观察到的"力的配置和相对强度"。

对法拉第来说,"原子"的意思显然与卢克莱修或牛顿所说的都不同,卢克莱修说原子是"单一的致密体",牛顿说原子是"致密、厚重、坚硬、不可入和可运动的粒子……其坚硬程度,任何由其合成的有孔的物体都不可比拟;甚至如此坚硬,永不会磨损或裂成碎片;上帝本人创世时做成为一的东西,任何平凡的力量都不能分其为多"。就元素而言,它首先被理解为不同类型的原子;然后,发现了缓慢衰变的发射性元素;最后,由原子的变化产生了同位素及新元素;于是"元素"的意思同样变得与最初的意思很不一样。

这些意思上的变更是否改变了自然哲学的基本问题?实证科学是否解决了这些问题,或使这些问题变得没有意义?

元素理论的要点是就物质种类而言不可还原的质的多样性。若考虑元素一词的严格意义,现代化学中的元素就不是元素性的物质类型。而严格意义上的元素性的种类差异或可在亚原子粒子的区别中找到,即它们是带正电荷、负电荷还是电中性。

与此类似的是自然哲学中的原子主义,其要点是存在着绝对不可分的物质单元或物质量子;换句话说,是否认物质无限可分,否认不管多小的粒子都能分裂为更小的粒子。因此,严格的原子概念失效并不能称为失效,即便实验发现了,叫做"原子"的粒子并非原子性的,而是运动粒子组成的复杂结构,且在物理上可分。

对哲学的原子主义者来说,无论是构成分子的粒子具有原子性,还是构成原子的粒子(电子和质子,中子和介子)具有原子性,都没什么分别。即使进一步的实验工作成功地分解了这些"亚原子"粒子,仍然可以问:就算我们有能力继续无限地分解下去,物质就是无限可分的吗?经这样表述之后,这问题不可能投之于实验检验,原子的难题依然存在。

那难题并不关乎物理分析或实验探索之某一特定阶段所定义的物质粒子。它在于两种对于物质本质和物质宇宙之构成的相反观点:一方面是肯定的观点,即认为真正原子性的粒子必然存在;另一方面是否定的观点,即认为任何物质粒子都不是原子性的。肯定一方(卢克莱修和牛顿)论证说,自然的稳定和物质的不可毁灭倚赖物质终极部件的绝对致密和不可入。否定一方(亚里士多德和笛卡尔)则论证说,任何连续的东西都是可分的,因而任何物质单元一定还有其部分。

原子主义的哲学学说,在卢克莱修采纳自伊壁鸠鲁的那个形式下,主张虚空是另一宇宙的基本原理。他写道,"每一东西有双重本质——物质和虚空;或粒子和空间,在其间粒子静止或运动。"复合物体是可分的,因为组成它们的原子并非绝对连续在一起,而是被空洞的空间分开的。这就是为什么它们不像原子性的粒子那样致密或不可入,而原子性的粒子则由物质全无虚空地组成。用牛顿的话来说,坚硬必须"算作所有非复合物质的性质",因为,既然"某些复合物体如我们所见相当坚硬,而复合物却是有孔的",那么"无孔的简单粒子"将会比之坚硬多少啊。

原子主义的反对者倾向于不仅否定原子的存在,也否定虚空的存在。例如,笛卡尔否认可能有"任何就其本性不可分的原子或物质部分……因为不管多么小,它们必定是有广延的,所以总是能在思想中将其分为两个或更多部分。"出于同样理由,他坚持不可能有"一个无实体的空间……因为空间或内在位置的广延与物体的广延并无分别。"按这种观点,物理世界被设想为古人说的实空,连续地充满着物质。关乎虚空与实空的这个争论在**空间**一章中有详细的说明。

虽然法拉第用了原子主义者的语汇,看起来他却更同意笛卡尔而非牛顿。他把物质描述为"连续的充满",并无"原子和其间空隙"之间的区分。他认为,原子不是绝对坚硬的,而是"高度弹性"的,而且都是"相互可入"的。他把两个原子的组合和分离比作"两个不同速度的海浪结合成一个,一度完全抱成团,最后分离成原来的海浪"。法拉第写道,对物质构成的这种看法会导致这样的"结论,即物质充满了所有空间,或至少充满了引力所达的所有空间"。

这个连续性——无虚空或无孔——原子主义的反对者强调它是物质无限可分的缘由,而原子主义者则用它来解释为什么终极粒子没有部分,从而是简单、致密和不可分的。

在另一些问题上,原子主义者之间也有分歧。不是所有人都走到极端,否定任何非物质东西的存在或实在;也不是所有人都坚持,存在的东西要么是原子,要么由原子构成,要么是虚空。在伟大著作中,只在卢克莱修那儿能找到这种极端的学说。虽然霍布斯赞成这种学说,《利维坦》中也有所反映,但那儿未作详细说明。他在《论物体》中才对之作了发展。

对卢克莱修来说,原子是永恒的,也是不可毁灭的。所有他物的"第一开端"自身没有开端。卢克莱修写道,"此刻,原子运动着／其方式如一直如此的那样／并将永远是那样",在无尽的世界更替中都是如此,其中的每个世界通过原子的某种聚合而生成,依次因那种聚合的分解而衰落并毁灭。牛顿的说法看起来有着相反的气质。他说,"对我来说这是可能的,上帝一开始以致密、厚重的、坚硬、不可入和可运动的粒子构成了物质。"他继续说,"看来,所有物质的东西是由上述坚硬、致密的粒子构成的,创世时,某智性行动者照其计划让粒子以各种方式连接起来。"

牛顿只是在解释物理世界的特性和法则时,才诉诸终极粒子的性质和运动。

不像卢克莱修和霍布斯,他没有把人的灵魂还原为极易移动的原子流,也没有尝试以原子之间的撞击来说明所有的心理现象(思想及感觉、记忆),而且,看起来《光学》的一些证据表明他也不打算那么做。

将感觉之原因原子化的理论并不是物理主义者才有。例如像洛克这样的作者,认为人既有身体的本性也有精神的本性,但也吸收了物理世界的原子论观点。他写道,"这些粒子的不同运动、形状、体积和数目,影响着我们的若干感觉器官,使我们产生了对物体颜色和味道的那些不同感觉。"补充一句,这儿暗藏的区分——第一性的质和第二性的质——并非原子主义特有的。它也可在笛卡尔这样的原子主义的批评者那儿找到。

不过,在关于此种物理主义的争论中,感觉的原子主义理论极其重要。原子主义的批评者主张,作为物理主义哲学的原子主义,其正确程度不会超过用以检验它是否成功解释了感觉的尺子,它用本身不可感的粒子的性质和运动来解释感觉,而感觉却是原子主义者自己关于本质的知识的来源。

自1960年代发现夸克以来,关乎原子主义的问题有了显著的、新的转向。20世纪即将结束之时,人们相信夸克是核粒子(如质子、中子)的终极组成部分。然而,夸克理论预言,不可能把质子和中子分解为其中的夸克。这意味着一条原则,即这些原子性的组成部分在某个意义上不能作为自由粒子被检测到。这与原子和原子核的情况很不一样,它们能分解成可检测到的组成部分。

海森堡提出了这个最终的问题:"为什么物理学家主张基本粒子不能分为更小的东西?对此的回答清楚地表明,现代物理学比希腊哲学抽象得多得多。论证是像这样的:怎样分解一个基本粒子?当然只有用极强的力和很精密的工具。唯一可用的工具是其他基本粒子。因此,使两个能量极高的粒子碰撞,是唯一可将粒子最终分解的方法。实际上粒子能用这方法分解,有时候得到很多碎片;但这些碎片又是基本粒子,而非任何更小的片断,它们的质量来自于两个碰撞粒子的极大动能。换句话说,能量到物质的转化使如下情况成为可能的了:基本粒子的一部分还是同样的基本粒子。"

在海森堡写这段话之前约半世纪,普朗克拿当代科学和从希腊到19世纪一直盛行的原子主义的幼稚作了比较。他写道,"今天,受惠于相对论和量子论颇多的科学研究,站在了一个更高发展阶段的开端,准备要为自己塑造一幅新的世界图景……从今天的观点来看,古典的世界图景是幼稚的。但没有人能知道,未来某一天,同样的话会不会用在我们的这个现代世界图景上面。"

分 类 主 题

1. 元素概念
2. 比较元素、原理和原因
3. 自然哲学、物理学及化学中的元素理论
   - 3a. 元素和原子:质的不可分和量的不可分
   - 3b. 列举元素:它们的性质和次序
   - 3c. 元素的变易和转化:放射性衰变

3d. 元素的结合:复合物和混合物
4. 其他艺术、科学中出现的元素
5. 原子概念:原子不可分,不可感,不可毁灭

5a. 原子存在吗? 赞成和反对的论据:物质无限可分的问题

5b. 原子和虚空:实在的终极要素

5c. 原子的数目、种类和性质:原子的配置产生可感物

5d. 对感觉和思想的原子论解释:假相(idola)

5e. 心和灵魂的原子建构:瞄着的是永生

5f. 以原子的性质和运动解释自然现象

5g. 对世界之起源、衰退、演化和秩序的原子论解释

6. 原子概念:原子可分,可检测但不可感,由基本粒子组成(原子结构理论);亚原子粒子的性质……

[王宇光 译]

索引

本索引相继列出本系列的卷号〔黑体〕、作者、该卷的页码。所引圣经依据詹姆士御制版，先后列出卷、章、行。缩略语 esp 提醒读者所涉参考材料中有一处或多处与本论题关系特别紧密；passim 表示所涉文著与本论题是断续而非全部相关。若所涉文著整体与本论题相关，页码就包括整体文著。关于如何使用《论题集》的一般指南请参见导论。

1. The concept of element

   6 Plato, 544–547
   7 Aristotle, 393–394, 501–504, 506–508, 510–511, 534, 535, 545, 555–556, 558–559, 579, 620–621
   10 Nicomachus, 617, 621
   17 Aquinas, 484–485
   18 Aquinas, 925–926
   39 Kant, 100, 103, 105–106, 137–140
   42 Lavoisier, 3–4
   53 James, William, 327–331 passim
   56 Heisenberg, 436

2. The comparison of element, principle, and cause

   6 Plato, 455
   7 Aristotle, 429, 506, 517, 533–534, 545, 564, 598, 599–601
   17 Aquinas, 180–181

3. The theory of the elements in natural philosophy, physics, and chemistry

   6 Plato, 240–242, 448, 455–462, 618–619, 760–761
   7 Aristotle, 259, 262–268, 389–405, 409–441, 445–494
   9 Galen, 389–390
   18 Aquinas, 1024–1025
   42 Lavoisier, 1–159 passim
   42 Faraday, 291–294
   55 Whitehead, 182–183, 183–185, 207–209

3a. Element and atom: qualitative and quantitative indivisibility

   7 Aristotle, 394–396, 397, 545, 633
   11 Lucretius, 9–13
   11 Plotinus, 383
   28 Bacon, 114–115
   39 Kant, 161–163
   42 Lavoisier, 103–105

3b. The enumeration of the elements: their properties and order

   6 Plato, 98, 448, 458–460
   7 Aristotle, 287, 359–369, 377–378, 389–391, 393–396, 397–405, 409–410, 428–431, 445–447, 501–504, 506–508, 633–634, 656–657

   8 Aristotle, 172–174
   9 Galen, 402–403
   11 Lucretius, 10, 11
   11 Plotinus, 338, 339–341, 638
   16 Augustine, 312–313
   17 Aquinas, 588–589
   18 Aquinas, 925–935 passim, 951–953, 1022–1023
   26 Harvey, 491, 496
   42 Lavoisier, 29–33, 53–55
   56 Bohr, 309, 311–312, 328–329

3c. The mutability or transmutation of the elements: radioactive decay

   6 Plato, 456
   7 Aristotle, 360–362, 389–390, 396–398, 420
   9 Galen, 386–387
   11 Lucretius, 62–63, 64
   11 Aurelius, 252–253, 256, 266, 281
   17 Aquinas, 345–347
   19 Chaucer, 455–465
   28 Bacon, 14
   32 Newton, 531
   42 Lavoisier, 41
   56 Planck, 87
   56 Bohr, 328–329, 331
   56 Heisenberg, 436, 438–439

3d. Combinations of the elements: compounds and mixtures

   6 Plato, 449–450, 452–454
   7 Aristotle, 206, 360, 362–363, 402–403, 426–428, 433–436, 482–494, 565–566, 634–635, 639–641
   8 Aristotle, 170
   9 Hippocrates, 10
   9 Galen, 347–356
   11 Lucretius, 9–13
   11 Plotinus, 366–367
   15 Kepler, 929–930
   17 Aquinas, 367–368, 393–394, 484–485
   18 Aquinas, 710–711, 958–959, 968–970
   26 Gilbert, 13–14, 29–30
   28 Bacon, 114–115, 139–140, 171–173, 181–184
   30 Pascal, 367
   42 Lavoisier, 22–52, 54–55, 57–86, 87, 117–128
   42 Faraday, 217–221, 222, 223, 235–330 passim, 449–492 passim

53 James, William, 104–105, 876
56 Heisenberg, 404

4. **The discovery of elements in other arts and sciences**

6 Plato, 104–110, 544–548, 615–617, 635–639
7 Aristotle, 26, 100, 115–116, 144–147, 192, 204–206, 503–504, 511, 521, 639–641
8 Aristotle, 170–172, 471, 473, 667, 684–685, 692–693
9 Galen, 352–354, 392–397
10 Euclid, 1–396
10 Nicomachus, 617
11 Lucretius, 23–24
18 Aquinas, 607
22 Rabelais, 138
26 Harvey, 429–438, 488–496
28 Bacon, 52
28 Descartes, 230–231, 243–246, 286, 354–355
33 Locke, 127–128, 147, 164, 200, 263
36 Smith, 23–26
50 Marx, 6, 19–26, 85–88
51 Tolstoy, 469–470, 589–590, 694–695
53 James, William, xiii, 18–19, 150
55 Whitehead, 182–183
58 Lévi-Strauss, 413–415, 418–420, 424–426

5. **The conception of atoms as indivisible, imperceptible, and indestructible**

6 Plato, 567–568
7 Aristotle, 367, 394, 400–401, 409, 410–413, 423–424, 503, 562
9 Galen, 358–373, 392–397
11 Lucretius, 1–91
11 Aurelius, 279, 281
11 Plotinus, 382–383
23 Montaigne, 303
26 Harvey, 355, 495–496
28 Bacon, 140
32 Newton, 531–542
33 Locke, 321
42 Faraday, 294, 758–763
53 James, William, 876, 882–884
55 Whitehead, 182–183
56 Bohr, 328
56 Heisenberg, 404–406

5a. **Arguments for and against the existence of atoms: the issue concerning the infinite divisibility of matter**

7 Aristotle, 284–286, 396, 423–425, 683–684
11 Lucretius, 3–6, 7–13, 16–17
11 Plotinus, 354–355, 446–447
17 Aquinas, 33–34
26 Galileo, 147–148, 151–153
28 Spinoza, 594–595
32 Newton, 270–271, 478–485, 537–541
33 Locke, 170, 351–352
33 Berkeley, 421–422
39 Kant, 137–140, 152, 161–163

40 Federalist, 103
42 Lavoisier, 9
56 Einstein, 238

5b. **Atoms and the void as the ultimate constituents of reality**

7 Aristotle, 292–297, 370, 400–401, 404, 528
11 Lucretius, 4–9
32 Newton, 281
55 Whitehead, 182–183
56 Heisenberg, 404–405

5c. **The number, variety, and properties of atoms: the production of sensible things by their collocation**

7 Aristotle, 263, 367, 394, 397, 410–411
9 Galen, 393–395
11 Lucretius, 18, 19–23, 24–28
32 Newton, 536–537, 539
33 Locke, 217
42 Lavoisier, 13
42 Faraday, 758–763
44 Bohr, 306
56 Heisenberg, 405–408, 436–437
56 Schrödinger, 470–472, 475–476

5d. **The atomistic account of sensation and thought: the *idola***

6 Plato, 177
11 Lucretius, 26–27, 33–35, 43–53
11 Plotinus, 382–383, 504–506
17 Aquinas, 447–449
32 Newton, 518–519
33 Locke, 261
53 James, William, 98–117
55 Whitehead, 172–173

5e. **The atomic constitution of mind and soul: its bearing on immortality**

7 Aristotle, 633, 636, 639
11 Lucretius, 31–40
11 Plotinus, 501–503
33 Berkeley, 431, 441
53 James, William, 95–118
55 Whitehead, 172–173

5f. **The explanation of natural phenomena by reference to the properties and motions of atoms**

7 Aristotle, 404–405, 410–413
9 Galen, 367–371
11 Lucretius, 49–50, 77–91
17 Aquinas, 585–587
26 Gilbert, 34–35
26 Harvey, 495–496
28 Bacon, 45
32 Newton, 531–542
32 Huygens, 566–569
53 James, William, 882–884
55 James, William, 20–23
56 Poincaré, 60–64 passim
56 Planck, 82–84, 103

56 Heisenberg, 418

5g. The atomistic account of the origin and decay of the world, its evolution and order
- 11 Lucretius, 14, 28-30, 59-65
- 11 Aurelius, 259
- 11 Plotinus, 383
- 17 Aquinas, 256-257, 258-259
- 53 James, William, 95
- 56 Eddington, 254-256

6. The conception of atoms as divisible, detectable but not perceptible, and composed of elementary particles: theories of atomic structure; the properties of subatomic particles
- 55 Whitehead, 187-188, 196-200
- 56 Planck, 96
- 56 Bohr, 321-327, 328, 338
- 56 Heisenberg, 393, 406-408 passim, 436-440
- 56 Waddington, 697-698, 702-703

交叉索引

以下是与其他章的交叉索引：
Ideas most closely associated with element, see CAUSE; MATTER; PRINCIPLE.
Elements or atoms as simple parts of a whole, see ONE AND MANY 2b-2c.
The distinction between elements or atoms and compounds or mixtures, see CHANGE 9a; MATTER 2.
The transmutation of the elements, see CHANGE 10a.
The divisibility of matter and the existence of a void, see INFINITY 4b; ONE AND MANY 3a(3); SPACE 2b(1)-2b(3).
The question of the number of elements or atoms, see INFINITY 5-5b; QUANTITY 7.
Atomistic materialism, see MATTER 3a, 6; MECHANICS 4c; MIND 2e; SOUL 3d; WORLD 1a, 4c.
Subatomic particles and quantum mechanics, see CHANCE 3; MECHANICS 8a-8e; PHYSICS 6.

扩展书目

下面列出的文著没有包括在本套伟大著作丛书中，但它们与本章的大观念及主题相关。

书目分成两组：

Ⅰ．伟大著作丛书中收入了其部分著作的作者。作者大致按年代顺序排列。

Ⅱ．未收入伟大著作丛书的作者。我们先把作者划归为古代、近代等，在一个时代范围内再按西文字母顺序排序。

在《论题集》第二卷后面，附有扩展阅读总目，在那里可以查到这里所列著作的作者全名、完整书名、出版日期等全部信息。

I.

Augustine. *The Literal Meaning of Genesis*
Thomas Aquinas. *De Mixtione Elementorum*
Descartes. *The Principles of Philosophy*, PARTS II, III, IV
Hobbes. *Concerning Body*
Voltaire. "Atoms," in *A Philosophical Dictionary*
Kant. *Metaphysical Foundations of Natural Science*, DIV II
Planck. *The Origin and Development of the Quantum Theory*
Whitehead. *An Enquiry Concerning the Principles of Natural Knowledge*, CH 5
Russell. *The Analysis of Matter*, CH 3
Eddington. *Stars and Atoms*
Bohr. *On the Application of the Quantum Theory to Atomic Structure*
———. *The Theory of Spectra and Atomic Constitution*

II.

THE ANCIENT WORLD (TO 500 A.D.)
Epicurus. *Letter to Herodotus*
Sextus Empiricus. *Against the Physicists*

THE MIDDLE AGES TO THE RENAISSANCE (TO 1500)
Maimonides. *The Guide of the Perplexed*, PART II, CH 10

THE MODERN WORLD (1500 AND LATER)
Barrow, J. D. *The World Within the World*
Boyle. *The Sceptical Chymist*
Chaisson. *Universe: An Evolutionary Approach to Astronomy*
Clifford. "Atoms," in *Lectures and Essays*
Dalton. *A New System of Chemical Philosophy*
Darwin, C. G. *The New Conceptions of Matter*
Dirac. *The Development of Quantum Theory*
Emsley. *The Elements*
Feynman. *QED: The Strange Theory of Light and Matter*
Forward and Davis. *Mirror Matter: Pioneering Antimatter Physics*
Gamow. *Atomic Energy in Cosmic and Human Life*
Gregory. *Inventing Reality: Physics as a Language*

Herschel. *Familiar Lectures on Scientific Subjects,* XI
Jeans. *The Universe Around Us,* CH 2
John of Saint Thomas. *Cursus Philosophicus Thomisticus, Philosophia Naturalis,* PART III, Q 10
Lange. *The History of Materialism*
Leibniz. *Monadology,* par 1-9
——. *New Essays Concerning Human Understanding,* APPENDIX, CH 3
Maxwell. *Scientific Papers,* LXXIII
Mendeleyev. *The Principles of Chemistry*
Miyamoto. *Plasma Physics for Nuclear Fusion*
Pagels. *The Cosmic Code*
Pais. *Inward Bound: Of Matter and Forces in the Physical World*
Peat. *Superstrings*
Popper. *Quantum Theory and the Schism in Physics*
Soddy. *The Interpretation of the Atom*
Stallo. *Concepts and Theories of Modern Physics,* CH 7-8, 13
Stranathan. *The "Particles" of Modern Physics*
Thomson, G. *The Atom*
Toulmin and Goodfield. *The Architecture of Matter*
Trefil. *The Moment of Creation*
Whewell. *The Philosophy of the Inductive Sciences,* VOL I, BK VI

22

情 感 Emotion

总 论

情感在两个方面引起我们的注意。一方面,我们体验情感——某些时候甚至是以被情感淹没的方式;另一方面,我们分析情感——对不同的情感加以定义、分类,研究它们在人类生活和社会所起的作用。我们很少同时做这两件事情,因为分析工作要求我们从情感中抽离出来,而动感情的时候,我们也无从细察或反思。

考虑到情感这两方面的特性,可以把经典著作也相应地分为两类——一类是理论性的讨论,另一类则形象地描述具体人物的感情生活,展现他们的精神魅力,引发我们感同身受的体验。第一类包括科学、哲学、神学的讨论,第二类则包括气势磅礴的史诗和感人肺腑的诗篇,小说和戏剧,传记文学和历史文学作品。

习惯上,我们把情感归为心理学的主题——也即关于动物及人类行为的科学。因此,应当提请注意的是,心理学基本上是一门直到相当晚近的年代,基于查尔斯·达尔文、威廉·詹姆士和西格蒙德·弗洛伊德的著述才发展起来的新学科。在更早的年代里,对感情的分析则出现在不同的上下文中——在对修辞学的论述中(比如柏拉图的相关几部对话录和亚里士多德的《修辞学》),在古希腊关于德行与恶行的讨论中,在阿奎那的道德神学和斯宾诺莎的《伦理学》中,以及政治理论著作中(例如马基雅维里的《君主论》和霍布斯的《利维坦》)。

笛卡尔的《论灵魂的各种情感》大概是把对情感的讨论与对讲演术、道德和政治的实用性思考分离开来的最早著述之一。在这之后,情感才成为心理学纯理论兴趣的对象。即便如此,当精神病学家和精神分析学者出于医学性或临床性的兴趣研究情感时,他们的理论兴趣本身也仍然有很强的实用性倾向。

从荷马、维吉尔到托尔斯泰、陀思妥耶夫斯基、普鲁斯特,从古希腊悲剧到莎士比亚悲剧,从普鲁塔克、塔西佗到吉本,纵览诗歌和历史的经典著作,我们找不到什么通用的文学手法。华兹华斯把抒情诗称为"以沉静的心情回味起来的情感",这一评论却不能在同样的意义上适用于叙事诗。尽管如此,叙事诗同样生动逼真地再现了人物体验到的感情。在人物与他人的冲突或者人物自身的内心冲突中所体验到的种种情感,同样浸透在叙事诗的字里行间。

这在虚构性作品中是这样,在历史叙事作品中也是这样。历史舞台上值得永志青史的伟绩不会发生在平静和沉默之中。如若不是历史学家成功再现了历史转折、大难降临之际的时势动荡,而传记作家又穷形尽相地描绘出了英雄人物内心的坚忍以及他们身处的狂风骤雨、泰山压顶般的情势,那么,这些历史伟迹肯定不会被任何人记起。

摘录诗歌和历史的所有相关篇章自然是不可能的。对于许多篇章而言,真的需要足足一部书的篇幅来评述。本章收录的参考书目远远谈不上详尽,它们被收录在这里,是由于它们对于某一特定主题具有范本意义;但要了解与情感相关的所有主题,读者就必须进入历史

22. 情 感

和诗歌领域,把这些科学家、哲学家们致力于分析、解释的原始文本找来做进一步的参考。

弗兰西斯·培根曾向有志研究情感问题的入门者建议,"历史诗人和历史作家"是"这门知识的最佳学者;在他们那里,我们可以栩栩如生地看到,情感是怎样被点燃和鼓动起来;又是怎样被平息和压抑下去;又怎样被再三抑制不使发作;情感怎样暴露;怎样起作用;怎样变化;怎样汇聚和增强;不同的感情怎样纠缠在一起;怎样争斗、对抗以及种种情感的其他特性。"

Passion, affection, affect, emotion 这四个词,历史上一直被用来指称同一种心理事实。这其中,affection 和 affect 这两个词现在已经不怎么常用,虽然我们的确可以在弗洛伊德那里找到它们;而 passion 则通常只用来指情感中的一种,或者用来指所有情感体验中较为激烈的一面。但要把来自相隔遥远的不同时代的讨论选取到一起加以讨论,我们就必须允许在讨论中互换使用这几个词。

与这四个词都有关的心理事实是每一个人在强烈兴奋的时刻都体验过的,特别是在暴怒和畏惧激烈发作的时候。哈维在《血液循环论》一书中提请人注意"这一事实:几乎所有的情感、欲求(appetite)、期望(hope)和恐惧(fear),都会引起我们身体上的不适和面色上的改变,人们会看到血液流到不同的身体部位。当人愤怒时,眼睛像在冒火,瞳孔会张大;当人羞赧时(in modesty)面颊会涨得通红;当人畏惧,以及感觉出丑或蒙羞(under the sense of infamy and of shame)时,脸色会发白"。而"性欲则会让人体的一部分多么迅速地充血膨胀而勃起"!

情感体验大概总会让人感觉到某种震荡全身的身体变化,其中包括血管压力和肌肉张力的变化,心跳与呼吸的变化,皮肤及其他生理组织状态的变化。虽然一定程度上的肌肉紧张似乎可看作是所有情感体验的基本要素,但心理反应或生理不适的强度和范围却并非在所有情感中都是相同或相等的。某些情感表现得远比其他的情感激烈。由此,詹姆士区分了"粗放情感"和"细腻情感"。"前者表现出的强烈的肌体反应每个人都能察觉到,而后者带来的肌体反应则远非那么明显和强烈。"

这个事实有时也被用来辨别什么是真正意义上的情感,什么是或快乐或苦痛的轻微感觉,以及什么是在一个人身上长期表现出的情调。然而,情调也可以是某种情感的余绪——某种贯穿终生、即便感情抽离、心平气和时也仍是如此的固定姿态——而所有情感可能同样都镀有或快乐或苦痛的色彩。洛克提出,"快乐和苦痛"是"将我们的情感打开或关闭的铰链。"尽管快乐和苦痛可能并不是严格意义上的情感,它们却显然与情感有着紧密的联系。

认为情感只是生理上的不适,只是肌体正常活动过程的打乱,有时会被当成一个新发现,这与詹姆士－朗格的理论相关。这一理论认为,"当人感知到让人激动的事情时,身体会紧跟着发生一些变化",而情感体验不是别的,正是"人对于这些身体变化的感觉"。从这一观点来看,这种对于情感的解释与"常识"恰恰相反——常识是:"我们碰见一头熊,吓坏了,逃跑。"而按照詹姆士的观点,"这种排列顺序是不对的",而"更理性的表述是:我们感觉到……害怕,因为我们在发抖"。换句话来说,我们不是因为害怕而逃跑,倒是因为逃跑而害怕。

有关情感的这一事实在古代和中世纪即已为人所知。举例来说,亚里士多德就认为,如果心脏不在跳动,仅仅觉知到一件东西就不会导致逃跑。阿奎那也断定,情感恰恰是在肉体嬗变的情况下才存在。他不惜笔墨,对人在愤怒和恐惧时所表现出的身体变化详加描绘。不过,人为刺激动物及人类产生特定的情感,借助现代仪器和技术对与情感变化同步发生的生理变化进行记录,并且在有条件的情况下进行进一步的测量,则是直到最近才开始出现的新事。

近代理论也试图对这类与情感变化同步的肌体变化加以解释,其解释路线是:指出这类肌体变化具有与生存竞争相适应的功用。这一类型的解释由达尔文在《人与动物的情感表达》一书中做了进一步发展,并为其他进化论者所接受。"咆哮或者冷笑,露出上齿的一角,"詹姆士写道,"在达尔文看来,是远古时代的残余,当时我们的祖先还生着巨大的犬齿,用以在进攻时撕咬敌人(就像狗现在做的那样)……斯宾塞则把人发怒时鼻孔张大解释为远古人生活方式的返照,因为当我们的祖先与对手搏斗时,'口腔因为咬住对手的身体而填满',所以必须张大鼻孔来呼吸……面部和颈部在兴奋时发红,也被冯特称之为降低脑部血压的补偿性反应,因为心脏的兴奋会同时造成脑部的血压升高,而面、颈部充血则有利于舒解脑部过高的血压。而泪液的排出则同被冯特和达尔文解说成具有类似的疏导血液的功用。"

詹姆士在回顾这类论述时,同样愿意承认,"某些情感体验的伴随动作可以视作对人类远祖动作的较弱意义上的重现(当时这些动作更为猛烈),对于主体也具有实际的效用";但他同时认为,尽管我们或许已能"为某些情感的肌体反应找到原因",但"令人信服地为另一些情感的肌体反应也找出原因,甚至还无从设想"。詹姆士提出,后一类肌体反应"可能单单只是由我们的神经中枢构造所决定的机械反应,这类反应虽说已是我们内在的稳定机能,但究其根源,却可说纯属偶然"。

在这派理论看来,不管与愤怒、恐惧之类的情感相伴随的肌体反应是不是全都旨在提高动物争斗或逃逸的能力——比如,提高血糖或增加手臂和腿部的血液供给——动物的所有基本情感活动的确全都与求生的本能行为方式有关。如詹姆士所言,"我们称之为'本能'的活动,也就是情感的表达或表现";或者,像其他论者所表明的,在任何一种情感的外在表现和内在体验中,本能都在核心层面发挥着作用。

对于本能与情感之联系的考察并不专属于近代或后达尔文时代的思想。古代思想家同样认识到了这一点,只是措词有所不同。比如阿奎那——他继承亚里士多德对于各种"内感官"的分析,提出了"估测力"的说法。在他看来,也许正是借助这种能力,动物才能够本能地做好准备,随时对有利或有害的事物做出反应。

阿奎那这样写道:"倘若对动物利害相关的事物对动物的影响仅限于感官,"——也即外感官——"那么,动物的理解力就应只限于感官知觉的范围,只体现在它们享受快乐的表现,以及惊恐时蜷缩身体之类的事情上;也就再没有必要想象,除此之外,动物还会有更多的理解力。"但事实上,动物同样会主动地趋利避害,而在阿奎那看来,这类寻求或逃避的情感反应,已预设了动物具有辨别利害的感觉,这类感觉与其说是后天习得的,不如说是与生俱来的。就此看来,阿奎那的"估测力"所扮演的角色,颇有些类似于后人所谓的"本能"。在**欲望**和**习惯**两章中,我们还会从另外的视角来考察本能与情感以及本能与基本生理

22. 情 感

需要的关系。

像欲望一样,情感既非知识也非行动,而是某种介乎于二者之间的东西。各种各样的情感通常被某种感知到的、想象到的或是回想起的对象所唤起,而情感一旦被唤起,它反过来又会以某种方式引发行动的冲动。例如,恐惧情绪的出现同时伴随着对危险将临的预感或对某种祸变的想象。基于这样那样的理由,人们认定让人惧怕的事物会造成实际上的伤害以及由伤害带来的痛苦,并本能地逃开这类事物以避其害。一旦人们察觉到危险,那么,除非人已逃离危险,或以其他方式脱离了险境,否则,人的全部心灵体验都将被恐惧的典型感受所笼罩。这一方面是人所知与所行之事的结果,一方面又是人如何看待事情、如何行动的原因。

如果抛开其原因、结果,只在分析的意义上独立地看情感,那么就其自身而言,情感大体上应属于"所感",而非"所知"或"所行"。但情感并不单单是对某种身体状况的知觉。它也包含人所感受到的要对情感对象有所行动的冲动。

像阿奎那一样把情感等同于"把灵魂引向某物"的冲动的著者,也把各种情感类型定义为欲求或欲望——即特定的行为趋向——的各种特定作用。阿奎那,比如说,就接受大马士革人的定义:"情感就是当我们对善行和恶行做想象时,易变的欲求受影响而发生的变化。"

斯宾诺莎等另一派论则主张"我们的身体行为和身体情感的秩序总与心灵行为和心灵情感的秩序相吻合",他们更强调情感的认知侧面,而非心理冲动的侧面。由此,这一派论者定义情感的依据是:对特定对象的利害估价所引发的或愉快或不愉快的特定感受。斯宾诺莎在这个方面上走得最远,甚而指出"所谓'心灵的感情或情感',实则是个似是而非的概念,实际情况是:心灵对存在的力量在于整个身体或身体的某部分中的起伏变化进行了肯定,而这一肯定通过感情或情感表现了出来。"

这两派观点应该并没有什么根本上的分歧,因为,尽管两派论者所强调的侧重点不同,但都承认情感的两个侧面——认知的侧面和心理冲动的侧面,前者朝向对象,后者则导致行动。两派论者都把人类的情感看作人性中动物性的一面。所有论者也普遍认同这样的观点:脱离肉体的灵魂——如果这样的灵魂存在的话——是不会有情感的。奥古斯丁写道:天使"在惩罚依据上帝的永恒法则该受惩罚的人时,不会感觉到愤怒;在解救不幸的人时,不会感觉到对不幸的同情;在救助身处险境的人时,也不会感觉到恐惧"。他进一步解释说,我们之所以认为情感应归属于灵魂,是因为"虽然这类灵魂没有我们的弱点,但他们的行为与情感驱使我们所做的很类似"。

既然情感与唤起情感的对象相关联,那么情感必然依赖感官和想象;情感上的波动和冲动也必然依靠身体器官表现出来。这也就是为什么——如**欲望**那章所提示的——不少著者会把情感与意愿行为区分开来,把前者归属于感性的或动物性的欲求,而把后者归属于理性的或为人类特别具有的欲求。就算并不怎么高估理性地位的著者,也会把情感看作人类行为的动物性侧面,或把情感称为"人类的低级本性"。当他们使用这一说法的时候,往往用它来指与理性相对的情感,而并不单指为人、植物及动物共有的植物性功能。

由此可见,情感无疑为人和动物共有,情感与本能的关联也无疑比情感与理性或理智的关联紧密得多。达尔文曾援引很多事例证明他的观点:"人类自诩为独有的感觉、直觉,以及各种情感、能力,诸如爱、记忆、注意、好奇、模仿、理性等,同样可以在低等动物那里发现其萌芽形态,有时甚至可以发现其成熟形态。"他认为,"与低等动物相比,高等动物的本能少而简单",在同样的论题上,詹姆士则采取不同的立场,他认为人类"是本能冲动最为丰富的动物"。不过,有一点是确定的:高等动物的情感形态更为成熟,而人类的情感生活大概最为纷繁复杂和丰富多样。就像巴尔扎克观察到的,"野蛮人仅具有情感。文明人则既有情感,又有观念"。

那么接下来的问题便是:特定的情感在人类和动物那里是完全相同,还是仅仅类似?举例来说,人类的愤怒——不管它在生理机制与心理感受上与动物野性的狂怒多么类似——是不是唯人类所独有呢?是不是只是人类才会因心中的情感与理性的某种共同作用,体验到对不公正的义愤呢?而当问到人类与动物的性激情是近似还是相同,问题的答案将决定一个人如何看待爱、恨情感中为人类特别具有的侧面。我们甚至要问:动物究竟能否体验到人类所感受到的那种恨?或者,动物能否懂得希望、失望这样的情感?

在关于情感的传统理论中,排在情感定义之后的下一个重要问题,就是如何对情感分类或分组,以及如何对特定的情感进行排序。在任何时代、任何文化的日常言语交流中,都包含许多指称情感的词汇,研究者一直力图界定清楚,究竟哪些词是真正用来指称情感或感情的。在大多数情况下,人们采用情感对象的准确特征和情感冲动的趋向充当界定的判准。正像前面提到的,直到晚近,人们才借助对肌体变化的实验观察对不同的情感进行区分。

斯宾诺莎为情感提供了一份最长的清单。他认为,所有情感都由三种基本情感——欲望、喜悦和哀伤——组成,并发展出以下的各种变式:惊异、轻蔑、爱慕、憎恨、偏爱、嫌恶、热爱、嘲笑、希望、恐惧、自信、失望、愉悦、自责、可怜、眷顾、义愤、高估、嫉妒、悲悯、知足、谦卑、悔罪、骄傲、绝望、自恃、羞耻、遗憾、好胜、感激、仁慈、愤怒、报复、残忍、大胆、震惊、恭让、雄心、浮夸、沉醉、贪婪、肉欲。

霍布斯认为,上面提到的很多情感,都是由他所谓的"简单情感"衍生出来的。"简单情感"包括"欲求、欲望、爱慕、嫌恶、憎恨、喜悦和痛苦"。无论是亚里士多德,还是洛克或詹姆士,都没有像斯宾诺莎那样列出一份如此之长的情感清单,但这份清单所列的所有条目中,却没有哪一种情感是被这几位著者遗漏而未加讨论的。另一些著者则把其中的一些条目作为善行或恶行加以讨论,而非作为情感。

人们曾参照各种各样的标准来为情感分类。我们已经看到,詹姆士依据与情感伴随的生理变化的强烈或轻微,把情感分作"粗放的情感"与"细腻的情感"两种;斯宾诺莎则依据"心灵的完满程度"变得"更高"还是"更低"来区分情感。斯宾诺莎的区分方法似乎暗示,情感对象的有利或有害导致了这两种类型的情感,或者至少与快乐与苦痛中所包含的对立因素有关,因为,在他看来,当"存在的力量增强",情感总伴有"令人愉快的兴奋",而当"存在的力量减弱",情感则伴随着"苦痛"。

霍布斯则依照另一原则来区分情感。情感间相互区分的基本依据是情感冲动的方向——或者说,一种情感冲动"作为活动或努力……是导致了对象的运动,还是由对象的运动引起"。阿奎那则加上了另一条标准——"所遇的困难或所做的努力……是因为要获得善,还是因为要免除恶"。由于善或恶并非我们"能够轻易地获得或免除"的,所以,求善避恶的努力"在本质上是艰苦卓绝或至少相当困难的"。通过这种方式,他把所有情感分作两类:"欲情"和"愤情"。前者"抱着简单的态度来看待善恶"(指爱、恨、欲求、嫌恶、喜悦、哀伤),后者则"认为善恶是很难获得或免除的,所以必须付出艰苦的努力"(指惧怕、果敢、希望、失望、愤怒)。

阿奎那又把这两类情感中的每一类进一步分成若干组两两对当、正反相对的概念,比如喜悦与哀伤,希望与失望。这样分组,或者是依据"对象间的对立关系,亦即善恶间的对立……或者是依据对待对象的不同态度:是争取还是规避"。愤怒应该是唯一找不到对当情感的一种,除非把"怒气的平息"——亚里士多德将之称为"平静"——也考虑在内,而阿奎那说,"平静"作为"愤怒"的对当情感,并不在于"它是愤怒的对立面,而在于它是愤怒的否定或缺如"。

根据上面对情感的分组,阿奎那进一步描述了一种情感导向或产生另一情感的次序:从爱或恨开始,经过希望、欲求、惧怕或其对当情感,再到愤怒,最后止于喜悦或哀伤。从柏拉图到弗洛伊德的所有评论家和理论家大概在这一点上都会取得共识,即爱与恨植根于所有其他情感中,而与所爱的获得或丧失相对应的强烈情感,催生出希望或失望,惧怕与愤怒。虽说"恨本身也源自于爱"这一见解并非特别晚近才出现,但弗洛伊德所提出的对同一对象的爱与恨可以——用他的话来说——"矛盾并存"的理论,倒似乎确是他对于我们对情感的理解所做的特殊贡献的一部分。

在广泛考察了人类各种各样的感觉、情绪和情感之后,海德格尔单独选出了一种情感详细地加以讨论,他认为,这一情感具有某种人们所说的"形而上"的重要性。这一情感就是 Angst,或曰"畏"。"我们所说的'畏'并不是指'焦虑','焦虑'非常普通,与'不安'同类";他又补充说,"畏"同样"全然不同于'怕'……我们总是怕这样或那样的确定的东西,这些东西以这样或那样的确定的方式威胁到我们。"但在海德格尔看来,"畏"却"渗透着一种特殊的平静"。它是"一种独特的具有揭示性的情绪,其重要之处在于,它揭示出'无'本身"。只有在"畏的典型情绪中",我们才"被引至'无'的面前,与'无'本身面面相对"。

关于情感或感情在人类行为中所扮演的角色,一直都存在两个问题:其中,一个问题与不同情感间的冲突或影响有关,另一个则与情感与理性或意志间的冲突有关。而后一个问题一度是道德学家和政治家兴趣的焦点。

尽管人类的情感是源于本能,与生俱来的,但人类的情感反应却似乎是服从自主意愿控制的,由此,人类才能够培养和改变自己的情感生活习惯。若非如此,就不会存在情感节制的道德问题,诊治病态情感的医学难题也将不复存在。除此之外,神经症的精神分析疗法似乎同样预设了通过自主的以至理性的方式解决情感冲突的可能性。事实表明,要查明情感冲突的根源,清除被压抑情感和理智抉择之间的障碍,并不一定非依赖医疗手段不可。

与感情与意愿的关系,尤其是二者间的对抗关系紧密相关的一个问题是:人的所作所为是否总是与他对善恶、对错的判断相一致。当讨论到知识与德行关系的问题时,苏格拉底似乎是持这样的观点:人如果知道什么是对他好的,那他就会照此行事。苏格拉底讲道:一个人同样可能"意欲得到某种被想象成善的、实质上却是恶的东西",因此,人做错事,应归咎于错误的判断,而非行为和思想间的矛盾。苏格拉底说服美诺接受了这一想法:如果排除判断失误这一情况,那么,"没有人会要恶的东西,或选择恶的东西"。

亚里士多德则对苏格拉底的观点提出了批评,他把苏格拉底的观点表述为:"人一旦做出了自己的判断,就不会不按照他判定为最好的方式来行动——人们之所以有错误的行为,只因为疏忽大意。"而在亚里士多德看来,"这一观点明摆着与观察到的事实相互矛盾"。不过他也承认,一个人所做的任何事情,都是至少在做的那一刻对他本人而言看起来好的事情;在这一意义上,对事情的好坏判断似乎的确决定了相应的行为。在对行为失控现象的分析中,亚里士多德尝试解释,一个人怎么可能会不按对他而言更佳的决定来行事,而与此同时,在他行事的那一时刻,又是怎样朝着他认定为好的方向去努力的。

引发某一行动的起因,既可以是某种理智判断——其考虑的是:什么是好的;也可以是某种情绪化估测——其关心的是:什么是可欲的。假定这两个因素相互独立——或者更甚:假定二者各指向两个相反的方向——那么,一个人就可能此一时受理性驱使按这种方式行事,彼一时却顺从情感按另一种相反的方式来行事。亚里士多德认为,人的行为既可以很情绪化又可以很理智这一点,能够解释:为何在强烈感情的影响下一个人的做法会与他凭理性衡量何对何错时的判断全然相反。其中的道理在于:当情感操控了一个人的心灵和行动时,他就不再听理性在说什么了。

这方面的问题会在**节制**那章做更进一步的讨论。这里只提一点:情感与理性,或者说,人性中的"较低层次"和"较高层次",并非总是冲突的。有些时候,一种情感或心态会帮助人做出自主的决定,从而以此种方式促进了理性。很多道德难题的解决,都归功于情感与理性的合作,二者共同帮助人坚定决心并付诸行动,若非如此,这些道德难题将是很难解决的。

古代人并没有低估情感的力量,也同样没有过分乐观地相信理性有足够的力量,可以轻易地控制情感,或者摆脱情感的影响。他们了解感情爆发的威力,将之称为"疯狂"或"癫狂"。中世纪的神学家和像斯宾诺莎、霍布斯这样的近代哲学家也同样如此。但直到弗洛伊德——也许还包括詹姆士,虽然只是在较弱的意义上——在西方大书的传统中才出现了对情感的病理学考察,对病态情感根源的分析,以及把神经症及其症状作为情感压抑后果加以系统研究的理论。

对弗洛伊德而言,最基本的事实既非理性与情感的冲突,亦非——按他自己的话来说——"自我"与"本我"的冲突,而是作为这类冲突后果的压抑。一方面是"自我",它"代表理性和慎重",负有"认识外部世界的任务",或——按弗氏的话来说——负有表现"现实-原则"的任务。与"自我"相联系的是"超我"——超我是"理想自我的载体,借诸超我,自我为自身定位,权衡努力的方向,并且以不断的努力来实现超我永不满足的完美欲求"。另一方面是"本我",它"代表野性难驯的情感",是本能生活的源泉。

按弗洛伊德的想法,自我一直在不断设法"在'本我'和'超我'间居中调停",它努力达到超我设定的理想标准,从而"把完全左右本我活动的快乐-原

22. 情　感

则赶下王位,并让许以自我更多保障和更大成功的现实－原则取而代之"。但自我也常常无法成功完成这项任务——当尚无可能通过社会接纳的渠道把情感冲动付诸行动的时候,自我就会在超我的帮助下,压抑情感或本能的冲动,也就是说,不把这种冲动公开地表现出来。

弗洛伊德的最大洞见在于,指出了被压抑的情感并没有萎缩或消失。相反,不得发泄的能量像洪水般积蓄起来,而且像溃疡的创口般向内部溃烂。被压抑的情感,连同与其相关的观念、记忆和希望,一起造成了弗氏所说的"情结(complex)"。情结不仅构成了情感失衡活跃的内核,而且还会引发一系列的神经症的症候和行为——恐惧症和焦虑症,妄想症和强迫症,以及各种各样的歇斯底里的生理表现,比如并无器质性原因的失明和麻痹。

在神经症病人和正常人之间,并没有一条清晰的界线,因为,照弗氏的看法,被压抑的情感所造成的情结,同样会导致口误、遗忘,而后者往往是潜在或潜伏的心理隐患的征兆;梦的内容、职业与婚姻选择以及许许多多常被看作偶然的或由理性决定的现象,在弗氏看来,也同样应归因于情结。事实上,弗洛伊德在有些地方甚至走到这样的极端,以至于认定,思想也好,决定也好,任何表面上看起来理性的行为,其实都是由情感决定的;而讲道理在大部分以至所有情况下,不过是对已由情感所确定的偏见、信念的合理化而已。"自我,"他写道,"说到底只是本我的一部分——只是本我为避免现实中业已临近的危险而作出了自我修正的那一部分。"

古代思想家对知识与看法的区分,与情感可以控制思想过程这一洞见,在本质上有其相互呼应之处。但与此同时,前者否认所有思想都必然受情感操控。不受情感影响或操控的那一类思想有可能成就为知识——如果理性自身还没有瘫痪的话。但被情感指挥、决定的思想却必然导致看法。前者是讲道理;后者则是弗洛伊德所谓的"合理化",或者他在另一些地方所说的"由愿望决定的思想"。

病态的情感同样可以被调整正常,所以,情感同时为医学和道德提出了难题。不管医学上与道德上对于这一难题的解决是否在根本上对立,或者,心理治疗是不是只有在道德上的努力宣告失败时才是必需的,再或者,心理治疗要去医治的病态情感是不是部分上就是由道德本身所导致,有一点至少是肯定的,那就是:医学与道德的解决方式是明显不同的。医学上,病态的情感需要的是诊断和治疗。道德上,其需要的则是批评和纠正。

按斯宾诺莎的讲法,人类的束缚,表现在"人控制和约束感情的重要性上……因为,一个为感情所左右的人成不了自己的主人"。他把自由人描述为"仅按照理性的旨意来生活的人",并力图表明"理性在多大程度上可以节制感情",以达到他所说的"心灵的自由或者幸福"。虽说道德学家们也倾向于接受这一观点,但如何在人类的高级与低级本性之间建立起适当的关系,他们开出的却并非同一药方。

这里出现的问题同样会在**欲望**与**责任**两章加以讨论。讨论是在两派思想者之间展开的:一派认为情感本质上是邪恶的,它是良好意志的天敌,是与责任顽抗到底的无法无天的反叛者;而另一派则认为情感表达了对幸福生活中某些美好事物的自然而然的欲求,或者对某些丑恶事物的自然而然的嫌恶。

像斯多葛派和康德这样倾向于接纳

第一种观点的思想者,提出了对情感的"磨耗说"。他们主张,必须弱化情感对人的控制,使理性从情感的影响中解脱出来,确保意志不受其蛊惑。根据这派理论的观点,哪怕是情感衰萎、死亡了,人也一无所失。但是,如果依另一派想法所言,情感在道德生活中天然占有一席之地的话,那么,要做的就不应是完全抛弃它们,而是让它们保持在它们所属的位置上。因此,亚里士多德提出了情感的"适度说"——如果做到了不放任情感,并把情感的能量引导到与理性相一致的方向上去,那么,人同样可以使情感为理性的目标服务。

根据亚里士多德的想法,某些德行——特别是节制和勇敢——本身就是稳定的情感态度,或情感反应的习惯,它们与理性一致,并贯彻理性的准则。道德德行的培养所必需的,不是仅限于一时的对情感的控制和约束,而是已内化为习惯的对情感的规训。而亚氏所说的"克制",作为德行的对立面,则表现在当某些情感因尚未将理性准则内化为习惯而有违理性准则时,理性对这类情感进行检察监督的努力。

如何将普遍的道德准则成功应用到性情各有不同的个体身上去,一直是许多道德学家们试图解决的问题,对于他们而言,每个个体性情各有不同这一事实,就显得极端重要。心理学家和道德学家都曾依据人天生个性中不同情感倾向所占比重的多寡,把人划分成不同的气质类型。在一定意义上,这些气质差异同样与医学和生理学相关,因为人类体格上的某些特定元素——如古代人所说的四种体液,或现代内分泌学意义上的体液——似乎确与某种类型的个性有关。

政治理论上的一个重要课题是关于情感在人类交往中的角色的。人类之所以集合起来,组建国家,是出于对"自然的无政府状态"以及"所有人的战争"之风险与隐患的担忧,还是因为人类寻求的某些好处只能在政治生活中找到?政治共同体形成后,不同社会成员之间以及统治者与被统治者之间的关系,是由关爱和友谊决定,还是由猜忌和惧怕决定?对于一个君主,或任何一个企图获取并保住政治权力的人而言,在他力图控制的民众那里,要做的到底是激发爱心,还是注入恐怖?或者,根据政治目标和交往对象的不同,这些情感其实各有其不同的用处?

一个君主为了成功得到政治权力,"是被爱比被怕更好,还是被怕比被爱更好?"马基雅维里在考虑这一问题时说道,"他最好是既被爱又被怕,但是,既然很难把这两种情感统一到一个人身上,那么,若是必须在二者中舍弃一个,被怕就比被爱更为稳妥……不过,"他接着说道,"当君主试图唤起他人的畏惧之心时,应当注意同时做到,在他无法获得他人爱戴的情况下,就应设法免遭他人憎恨;这是因为,只要不是同时遭人憎恨,那么,即使招人惧怕,也大可安枕无忧。"

霍布斯认为,当人们进入一个富国(commonwealth),得以共同安居乐业,他们的行为会一方面受理性驱使,另一方面受情感驱使。他写道:"促使人共同和睦生活的情感包括对死的恐惧,对富足的生活条件的向往,以及勤劳致富的希望。"但是共富国一旦形成,一种情感似乎就构成了所有政治活动的主要推动力,那就是"对一层高过一层的权力无穷无尽、到死方休的欲望";因为人"并不能保证现在到手的权力和财富可以让自己生活得好——如果不能在此基础上得到更多的话"。

并非所有政治理论家都赞同马基雅

22. 情　感

维里和霍布斯在这一问题上给出的答案；他们也并不都把这样的问题设为其政治理论的轴心。不过的确存在着一个广被接受的共识，即在人类政治统治中，情感总是一不容忽视的力量；无论是专制制度下的君主，还是立宪制下的官员，要影响民众，都不仅要晓之以理，更需要动之以情。

两种用来影响情感的政治工具是修辞（现在有时被称之为"宣传"）和法律。两样工具都可以做到令人信服。柏拉图认为，就像其他的语篇一样，法令同样可以有序言和前言，在这里，立法者力图"唤起对话者心中善的意愿，并借此达到使对话者对他的法令更为心悦诚服的效果"。但与此同时，法律同样承担着以强制力加以威慑的职能。对违法者加以惩罚的威慑旨在引起畏惧，与此同时，对于修辞家——甚或撰写法令前言的立法者——而言，可用的手法却并不仅限于此。修辞家能够借助一切种类的情感来获取他所想要的行为和决定。

最后，还有一个问题：政治家是否应以政治力量来影响民众的情感生活，特别是在艺术和公共看法的领域。对这一问题的最早也许同样是最经典的讨论可以在柏拉图的《理想国》和《法律篇》那里找到。他提出的这一问题所引发的思考，以及与这一问题相关的种种解决方案，会在**艺术**、**自由**与**诗**三章加以讨论。

分 类 主 题

1. 情感或感情的本质和原因
    1a. 情感与快乐和苦痛的关系
    1b. 与情感兴奋伴随的身体变化
    1c. 动物与人的本能情感反应
2. 情感的分类与枚举
    2a. 对具体情感的定义
    2b. 情感的排序和相互联系
    2c. 某些特定情感的对当关系
    2d. 畏与绝望：坚信的勇气
3. 情感的病态或情感的病理表现
    3a. 由情感过度导致的疯狂或癫狂：过度的情感行为或受情感过度影响的行为
    3b. 合理化，或情感对思想的决定
    3c. 某些特定的病态情感：由压抑导致的精神性神经症
        （1）歇斯底里
        （2）强迫性观念与强迫性动作
        （3）恐惧症与焦虑
        （4）精神创伤与创伤性神经症
    3d. 病态情感的缓解和治疗
4. 对情感的道德考察
    4a. 理性与情感的冲突
        （1）情感的威力
        （2）理性或意志的力量

4b. 以理性为手段或目的,对情感进行干预

（1）理性对于情感的节制:德行,节欲,免罪

（2）情感的衰减和萎缩:对理性的解放

4c. 先天或后天的情感倾向:气质类型的道德意义;感情迟钝或感情冷漠

5. 社会、政治及历史中的情感

5a. 政治共同体的起因:惧怕或需要

5b. 权力的获取与保持:爱或怕

5c. 法律的强制力:对惩罚的惧怕

5d. 修辞工具:情感的说服力

5e. 为情感训练服务的艺术管理

[刘畅 译]

索引

本索引相继列出本系列的卷号〔黑体〕、作者、该卷的页码。所引圣经依据詹姆士御制版，先后列出卷、章、行。缩略语 esp 提醒读者所涉参考材料中有一处或多处与本论题关系特别紧密；passim 表示所涉文著与本论题是断续而非全部相关。若所涉文著整体与本论题相关，页码就包括整体文著。关于如何使用《论题集》的一般指南请参见导论。

1. **The nature and causes of the emotions or passions**

    6 Plato, 416, 466, 621–622, 627–628
    7 Aristotle, 632
    8 Aristotle, 532
    11 Lucretius, 31–32, 33–34
    11 Plotinus, 302–303, 304–305, 413–415, 475–477, 480–482, 574–577
    16 Augustine, 336–338
    17 Aquinas, 720–826
    18 Aquinas, 968–970
    21 Hobbes, 47, 68
    28 Spinoza, 629–656, 660–662, 681
    35 Rousseau, 338
    39 Kant, 378, 508
    53 James, William, 49–50, 738–766
    54 Freud, 363, 432–433, 837

1a. **Emotion in relation to feelings of pleasure and pain**

    6 Plato, 463–464, 628–630
    7 Aristotle, 175
    8 Aristotle, 350, 400, 613–615 passim
    11 Lucretius, 55
    11 Plotinus, 475–476, 480–482
    13 Plutarch, 184
    16 Augustine, 16–17, 68–69
    17 Aquinas, 619–620, 752–792, 822–823
    31 Molière, 228–229
    33 Locke, 176–178, 187–188
    39 Kant, 385–386, 477–478
    53 James, William, 391–392, 754–758, 808–812
    54 Freud, 378, 418–420, 422–427, 639–643, 720–721, 736–737, 739
    58 Huizinga, 245
    59 Joyce, 558–559

1b. **Bodily changes during emotional excitement**

    6 Plato, 466, 628
    7 Aristotle, 14–15, 638, 695
    8 Aristotle, 97–98, 175–176, 209, 236–237, 239, 375–376
    9 Hippocrates, 337–339
    11 Plotinus, 461–462
    13 Plutarch, 740–741
    17 Aquinas, 690–692, 785–786, 798, 807–808, 809, 825–826
    18 Aquinas, 896–897
    22 Rabelais, 192–193
    26 Harvey, 271, 296, 322
    28 Spinoza, 629–630, 660, 694
    33 Locke, 177
    45 Balzac, 300–301
    46 Eliot, George, 386
    49 Darwin, 274, 546
    51 Tolstoy, 256, 350–354 passim, 567–568, 616–618
    53 James, William, 198, 327–328, 694–699, 738–766
    54 Freud, 608–609, 736–738
    55 Wittgenstein, 410–411

1c. **Instinctive emotional reactions in animals and men**

    6 Plato, 157–159, 165–166, 712
    7 Aristotle, 92–93
    8 Aristotle, 68–69, 97–108 passim, 209, 294, 400
    11 Epictetus, 173
    11 Aurelius, 276–277
    17 Aquinas, 411–413, 687–688, 793–795, 798, 815–816
    19 Chaucer, 467
    23 Montaigne, 224
    26 Harvey, 346–347, 349–350, 402, 405–406, 476–477
    28 Descartes, 325–326, 328–329, 382
    28 Spinoza, 649
    35 Rousseau, 343–346
    40 Mill, 469
    41 Boswell, 124, 347
    48 Melville, 88–89
    49 Darwin, 287–291, 304–313, 371–372
    51 Tolstoy, 499–500
    53 James, William, 49–51, 198–199, 204–211 passim, 700–738
    54 Freud, 591–592, 607–609, 615–616, 737–739, 752, 782, 789–791, 840–853

2. **The classification and enumeration of the emotions**

    8 Aristotle, 351
    17 Aquinas, 723–727, 749–750
    21 Hobbes, 62–64
    28 Spinoza, 650–656
    33 Locke, 176
    53 James, William, 127, 742–743, 745–746

2a. Definitions of particular passions

6 Plato, 120, 149–173, 193–194, 202, 651
7 Aristotle, 158–159, 212
8 Aristotle, 361, 363, 425, 623–636
11 Plotinus, 480–482
16 Augustine, 14–15, 26–28
17 Aquinas, 733–826
21 Hobbes, 61–65
23 Montaigne, 52–54, 81–82, 385–388, 466
25 Shakespeare, 223–224, 225–226
28 Spinoza, 633–656
39 Kant, 259, 502–503
43 Kierkegaard, 422
43 Nietzsche, 513
45 Balzac, 219
49 Darwin, 308–309, 312, 313
53 James, William, 717–736
54 Freud, 607–609, 641, 681–683, 693–694 passim, 736–739, 751–754 esp 753–754, 783, 795–796
55 Heidegger, 302–303

2b. The order and connection of the passions

6 Plato, 628–630
16 Augustine, 16–17
17 Aquinas, 429–430, 730–733, 739–740, 745–746, 805–806, 810–811, 813–814
21 Hobbes, 61–62
23 Montaigne, 157–158
28 Spinoza, 633–656
30 Pascal, 221
46 Eliot, George, 281, 521–522
54 Freud, 415–421, 677–678
55 Wittgenstein, 406
59 Proust, 401

2c. The opposition of particular emotions to one another

6 Plato, 153–157, 350–353
7 Aristotle, 664
8 Aristotle, 623–636 passim
16 Augustine, 110
17 Aquinas, 724–727, 745–747, 777–778
21 Hobbes, 279 passim
28 Spinoza, 635–636, 645–646, 658, 662–663, 676–677
45 Balzac, 202, 287–291 passim
46 Austen, 48–49, 53–55
46 Eliot, George, 427, 435–436, 537–538, 553–554, 576–577
53 James, William, 708–709, 729, 734–735
54 Freud, 415–421, 659, 677–678, 709–710

2d. Dread and despair: the courage of faith

43 Kierkegaard, 405–436 passim, 411, 450–453
44 Tocqueville, 288–289
55 Heidegger, 302–305, 308–309
55 Barth, 453
60 Woolf, 72–74 passim
60 Beckett, 529, 530–532, 534–535, 546–547,
550–551, 560–563, 563–565, 572–576, 576–581

3. The disorder or pathology of the passions

3a. Madness or frenzy due to emotional excess: excessively emotional or emotionally over-determined behavior

3 Homer, 1–9
4 Aeschylus, 88–89
4 Sophocles, 175–194, 195–215
4 Euripides, 277–295, 450–471, 487–491, 524–526, 555–584
5 Herodotus, 95–98
6 Plato, 14–15, 120–129, 145
11 Lucretius, 30–31, 55–56
12 Virgil, 147–148, 204–208, 298–300
14 Tacitus, 206
17 Aquinas, 742, 784–785
19 Chaucer, 177–273
21 Hobbes, 68–71
23 Montaigne, 57–58, 315–316, 459–460, 462–463
24 Shakespeare, 87–88, 103–104, 105–148, 285–319
25 Shakespeare, 29–72, 205–243, 244–283, 322–323, 410–420
27 Cervantes, 94–95
31 Racine, 333–336, 345
33 Locke, 196–197
37 Gibbon, 216, 509–510
43 Hegel, 342–343
45 Goethe, 41, 54–57
45 Balzac, 215–218, 275–278 passim, 287–291 passim, 344–346
46 Eliot, George, 572–573
47 Dickens, 13–14, 115–116, 329–331
48 Melville, 83–84, 91–92
51 Tolstoy, 159–162, 233–234, 271–273, 277–278, 292–296, 350–354, 505–511, 531–532, 642–643
52 Dostoevsky, 4–5, 18–22, 44–48, 48–86, 215–217, 239–246, 271–277, 413–414
52 Ibsen, 594–597
53 James, William, 716, 718–719, 750, 797
54 Freud, 210, 547–549, 670–671, 675–676
58 Weber, 170–171, 187
58 Huizinga, 263–264, 324
59 Shaw, 39–42
59 Chekhov, 218–221
59 Proust, 336–369 passim
59 Cather, 452–454
59 Joyce, 593–594
60 Lawrence, 148–152, 156–161
60 O'Neill, 265–288

3b. Rationalization or the emotional determination of thought

5 Thucydides, 506, 507
6 Plato, 118
8 Aristotle, 485–486
11 Lucretius, 56–57

21 Hobbes, 52–53, 58
22 Rabelais, 148–150, 154–156, 159–163, 166–168
23 Montaigne, 250–252, 489–490, 533–534
26 Harvey, 306
28 Bacon, 111
28 Spinoza, 642
30 Pascal, 186–189, 191–192, 439–442
33 Locke, 2–3, 28, 248–249, 392
33 Hume, 453
40 Federalist, 29–30
47 Dickens, 337–342
51 Tolstoy, 134, 170–171, 238, 426, 497–499, 505–511, 686–687
53 James, William, 374–377 passim, 643–646, 652–657
54 Freud, 210, 379–380, 486–488, 682, 760–761, 874–879
58 Weber, 183
60 O'Neill, 273–274

3c. **Particular emotional disorders: psychoneuroses due to repression**

26 Harvey, 347
53 James, William, 244–253, 746–748, 753–754, 799–807, 838–839
54 Freud, 1–20, 25–118, 320, 380–382, 402–404, 422–427, 432–436, 545–638, 690–691, 695–696, 712–715, 718–754, 792–799, 840–846, 851–852, 859–860
60 Woolf, 3

3c(1) **Hysterias**

47 Dickens, 350–352
53 James, William, 131–137, 248–252, 768–770
54 Freud, 4–5, 25–62, 72–73, 76, 81–83, 97–99, 111–118, 200, 426, 434–436, 586–587, 713–714, 728–729

3c(2) **Obsessions and compulsions**

25 Shakespeare, 306–307, 308
27 Cervantes, 2
28 Spinoza, 671–672
30 Pascal, 196–199
31 Molière, 226–274 passim
41 Boswell, 138–139
46 Austen, 166
48 Melville, 83–84
51 Tolstoy, 513–515
53 James, William, 801–805
54 Freud, 83–86, 99–102, 426–427, 550–557, 561–562, 568–569, 572, 612, 723, 729–733
59 James, Henry, 24–25
59 Conrad, 173
59 Mann, 487–512 passim esp 488–489, 493–499, 500–502, 503, 507–511
60 Lawrence, 148–153

3c(3) **Phobias and anxieties**

11 Lucretius, 2–3
17 Aquinas, 779–780
21 Hobbes, 68

44 Tocqueville, 289
51 Tolstoy, 210–211
52 Dostoevsky, 332–364
52 Ibsen, 587
53 James, William, 722–725
54 Freud, 87–97, 205, 235, 370–373, 425–426, 607–615, 623, 715–717, 720–754, 840–846
58 Lévi-Strauss, 456
60 Kafka, 111–140 passim
60 Fitzgerald, 354

3c(4) **Traumas and traumatic neuroses**

52 Ibsen, 588–589
54 Freud, 3–5, 14–15, 25–30, 558, 603, 641, 648–650, 735–736, 751–752, 817–818

3d. **The alleviation and cure of emotional disorders**

11 Lucretius, 31, 77
17 Aquinas, 786–789
23 Montaigne, 92–94, 442–447
33 Locke, 250
41 Boswell, 127, 284
51 Tolstoy, 551–554, 614, 616–618
52 Dostoevsky, 22–25
53 James, William, 132
54 Freud, 1–4, 6–7, 10–13, 18–20, 25–81 passim, 123–127, 128–130, 560–561, 603–604, 623–638, 712–713, 864–873
58 Lévi-Strauss, 463–464, 470–472

4. **The moral consideration of the passions**

6 Plato, 350–353
8 Aristotle, 348–357 passim, 361–376, 383–384, 395–406, 636–638
11 Epictetus, 99–231 passim
11 Aurelius, 239–294 passim
16 Augustine, 434–442, 710–711
17 Aquinas, 727–730, 768–772
18 Aquinas, 32–33, 42–43, 50–51, 65–67, 77–78
21 Hobbes, 79–80, 85, 95–96, 272
28 Bacon, 26–27
28 Spinoza, 684, 686–687
30 Pascal, 243, 260–261
35 Rousseau, 362, 375–376
39 Kant, 253–279, 297–307, 321–329, 356–360
40 Mill, 295–297, 457–461, 464–465, 469–471
43 Hegel, 265, 340–341
49 Darwin, 310–319, 592–593
53 James, William, 81–83, 202–203, 798–808, 816–818
54 Freud, 501–504, 624–625, 757–761

4a. **The conflict between reason and emotion**

4 Sophocles, 143
6 Plato, 120, 128–129, 416
8 Aristotle, 348, 395–406
11 Aurelius, 243, 244–245, 246, 248, 255–256, 268, 269
12 Virgil, 136–153
17 Aquinas, 430–431, 658–659, 690–692, 767, 768–769, 824–825

18 Aquinas, 56–57, 144–152, 160–161, 212–213, 225–226
20 Calvin, 109–110, 120–121, 123
21 Hobbes, 57–58, 141
23 Erasmus, 6
23 Montaigne, 199–206, 224, 241–245, 528–537
25 Shakespeare, 113–115, 212
28 Bacon, 55, 78
28 Spinoza, 676–681, 686–692
29 Milton, 243–246, 321
30 Pascal, 242
33 Locke, 192
39 Kant, 586–587
45 Balzac, 185, 202
48 Melville, 254–255
53 James, William, 807, 816–819
54 Freud, 715–716, 721–722, 837–839
59 Pirandello, 271
59 Proust, 389–391

4a(1) The force of the passions

Old Testament: *Genesis,* 4:1–16; 34; 39:7–20 / *II Samuel,* 11; 13
New Testament: *Romans,* 1:18–32 / *I Timothy,* 6:9–10
4 Euripides, 296–315
4 Aristophanes, 824–845
5 Herodotus, 100–101, 222
5 Thucydides, 438
6 Plato, 2, 232–234, 296, 416–418
8 Aristotle, 107, 355–356, 389, 395–403 passim, 408, 434–435, 446, 532, 636
12 Virgil, 298–300
13 Plutarch, 174–193, 362–365, 533, 748–779
14 Tacitus, 137
16 Augustine, 47–49, 70–71
17 Aquinas, 649–650, 783–786
18 Aquinas, 112–113, 144–152, 169–170, 173–174
19 Dante, 6–7, 9–10
23 Erasmus, 6
23 Montaigne, 67–68, 81–82, 91–95 passim, 160, 199–206, 387–388, 391–395, 443–445, 476–477
24 Shakespeare, 73–74, 285–319, 406–430
25 Shakespeare, 103–141, 205–243, 311–350
28 Spinoza, 658–663
29 Milton, 269–270, 351–352
31 Racine, 329–367
33 Locke, 187
39 Kant, 385–386
40 Federalist, 40
41 Boswell, 174, 214, 341
43 Hegel, 174–175
45 Goethe, 39–41
49 Darwin, 311–312
51 Tolstoy, 251–252
52 Dostoevsky, 4–5, 53–65, 416–417
54 Freud, 110, 503–504, 690, 745–747, 787
58 Huizinga, 289
59 Proust, 336–369
60 Lawrence, 148–157

4a(2) The strength of reason or will

6 Plato, 168–173, 205–206, 214–215, 220–221, 232–234, 649–650
8 Aristotle, 422
11 Epictetus, 160–162
11 Aurelius, 288–289
13 Plutarch, 139–140
16 Augustine, 50, 73–76, 438–442
17 Aquinas, 690–692
23 Montaigne, 91–95, 199–206, 241–245, 313–316
28 Bacon, 27
28 Spinoza, 662, 676–681, 685–697
29 Milton, 42–44
39 Kant, 164–165, 235, 259, 264–265, 271, 284–285, 303–304, 314, 386
40 Mill, 332
43 Nietzsche, 471–472
45 Balzac, 219
49 Darwin, 313–314
52 Ibsen, 471–474
53 James, William, 798–800, 807–808
54 Freud, 690, 721–722, 760–761, 837–839, 880

4b. The treatment of the emotions by or for the sake of reason

4b(1) Moderation of the passions by reason: virtue, continence, avoidance of sin

Old Testament: *Leviticus,* 19:17–18 / *Psalms,* 37:1–8 / *Proverbs,* 7
Apocrypha: *Ecclesiasticus,* 18:30–33; 31
New Testament: *Matthew,* 5:21–26, 43–48 / *I Corinthians,* 13:4–8 / *Colossians,* 3:5–15 / *Titus,* 3:1–7 / *James,* 4:1–7
6 Plato, 5, 31–37, 59–64, 153–157, 168–173, 346–356, 649–650, 713–716, 735–738
7 Aristotle, 174–175
8 Aristotle, 347–357, 361–376, 395–406, 637–638
10 Nicomachus, 614–615
11 Lucretius, 15–16, 43–44, 58
11 Epictetus, 99–100, 132–133, 151–153
11 Aurelius, 251, 268
13 Plutarch, 798
16 Augustine, 11–12, 32, 51–54, 66–67, 75–76, 437–442, 590
17 Aquinas, 507–509, 714–715, 727–730
18 Aquinas, 45–49, 52–59, 66–68, 70–72
19 Dante, 67–68
21 Hobbes, 93–94, 95–96
22 Rabelais, 234–240
23 Montaigne, 140–142, 199–206, 273–279, 387–388, 394–395, 443–445
24 Shakespeare, 533
25 Shakespeare, 34
28 Bacon, 67
28 Spinoza, 658–663, 676–684, 685–697 esp 686–692, 695–697
29 Milton, 306–307, 310–311, 390–391
30 Pascal, 193

33 Locke, 189–192
37 Gibbon, 32
39 Kant, 256, 368–369
43 Hegel, 389
43 Nietzsche, 541
44 Tocqueville, 328–329
45 Balzac, 278–279, 282–283
47 Dickens, 370–371
49 Darwin, 313–314, 318–319, 593
51 Tolstoy, 122, 201, 247–250
52 Dostoevsky, 171–175
53 James, William, 817–818
54 Freud, 20, 407–408, 757–759
59 Joyce, 565–576 passim

4b(2) Attenuation and atrophy of the passions: the liberation of reason

6 Plato, 233–234
8 Aristotle, 637
11 Epictetus, 102–103, 149–153, 184–189, 212–215, 229–230
11 Aurelius, 244–245, 246, 248, 257, 262–263, 268
16 Augustine, 336–338
22 Rabelais, 188–191
23 Erasmus, 12
23 Montaigne, 150–151, 158–163, 205–206, 241–245, 291–292, 528–537
29 Milton, 49–50
35 Rousseau, 344–345
39 Kant, 586–587
51 Tolstoy, 577–578, 605, 630–631
53 James, William, 760
54 Freud, 745–746
59 James, Henry, 1–28 passim

4c. Inherited or acquired emotional dispositions: the moral significance of temperamental types; emotional torpor or lethargy

6 Plato, 319–320, 338–339, 607–608
8 Aristotle, 375–376, 394, 399, 612, 636–638
11 Epictetus, 103–104, 146–147
11 Plotinus, 558–559
17 Aquinas, 815–816
18 Aquinas, 12–13, 63–64
19 Chaucer, 385
21 Hobbes, 77–78
23 Montaigne, 241–245, 476–477
24 Shakespeare, 335–337, 451–452
25 Shakespeare, 59
35 Montesquieu, 102–108
37 Gibbon, 435
39 Kant, 258, 356–360
40 Mill, 303–304, 346–348
43 Hegel, 59–60
43 Nietzsche, 495
51 Tolstoy, 321–322, 362–363
52 Dostoevsky, 50–52, 55–63, 73–75
59 Conrad, 167–169
60 Woolf, 18–20, 74–78, 81–85

5. The passions in society, politics, and history

4 Aristophanes, 824–845
5 Thucydides, 436–438
6 Plato, 404–418 passim, 643–663, 665, 668–670, 671–672, 674–675, 686–691, 707–708, 732–738, 747–748
8 Aristotle, 467, 484, 502–519 passim
13 Plutarch, 784–785
21 Machiavelli, 3–37 passim
21 Hobbes, 85, 104, 105–106, 113, 140–142, 279
25 Shakespeare, 406–408
28 Bacon, 20
30 Pascal, 225–233
33 Locke, 56–57
34 Swift, 28–29, 112–114, 119–121
35 Montesquieu, 10, 18–19, 47–48, 135–139 passim
35 Rousseau, 375–376
40 Federalist, 29–31 passim, 37–41 passim, 49–53 esp 50, 69–70, 103–104, 192–193, 225–226
40 Mill, 329, 336–337
43 Hegel, 173–174, 318
44 Tocqueville, 81, 93
54 Freud, 780–802
58 Weber, 100–101
58 Huizinga, 247–252, 263–265
59 Joyce, 531–536, 629–630, 642–643

5a. The causes of political association: fear or need

6 Plato, 44–45, 311, 316–319
8 Aristotle, 475–476, 477–478
11 Lucretius, 71
14 Tacitus, 51
21 Hobbes, 77, 84–87, 99–101, 109
28 Spinoza, 668–670
33 Locke, 16, 28, 46, 53–54
35 Montesquieu, 2
35 Rousseau, 354–355, 393
36 Smith, 347, 349
37 Gibbon, 91
39 Kant, 435
40 Federalist, 95, 150–152
40 Mill, 424–425
43 Hegel, 67, 277, 300
44 Tocqueville, 279–281
49 Darwin, 308–310, 321
54 Freud, 664–696, 781–782, 785–788, 884

5b. The acquisition and retention of power: love or fear

5 Herodotus, 103–104, 107
5 Thucydides, 368, 402–404, 425–426, 523–524
6 Plato, 311–312, 671
8 Aristotle, 503–504, 510, 512–515, 516–518
11 Epictetus, 212–214, 224–225
13 Plutarch, 180–181, 314–332, 362–365, 384, 438–455, 482–484, 577–583

14 Tacitus, 224–225
21 Machiavelli, 9, 23–24, 26–30, 31
21 Hobbes, 109
22 Rabelais, 132
23 Montaigne, 105–110 passim
24 Shakespeare, 146, 453
25 Shakespeare, 303–304
35 Montesquieu, 12–13, 26–27, 43
35 Rousseau, 412–413
37 Gibbon, 263, 436
40 Federalist, 39, 69, 217
40 Mill, 354–355, 462
43 Hegel, 304–305
45 Balzac, 196–202 passim
52 Ibsen, 562–597
54 Freud, 669, 686–689
58 Huizinga, 250–251
60 Lawrence, 148–152

5c. **The coercive force of law: fear of punishment**

4 Aeschylus, 99
4 Sophocles, 189
5 Thucydides, 396, 427–428
6 Plato, 45, 293
8 Aristotle, 434–435
11 Lucretius, 72–73
13 Plutarch, 494, 659–660
14 Tacitus, 57–58
18 Aquinas, 214–215, 226–227, 250–251, 258–259, 325–327
21 Hobbes, 89, 91, 113, 116, 273
28 Spinoza, 669–670
30 Pascal, 109, 116–117, 345
34 Swift, 28
35 Montesquieu, 37–39, 212
35 Rousseau, 359–360, 370–373
39 Kant, 253–254, 321–329

40 Federalist, 66–68 passim, 95–96
43 Hegel, 348–349
52 Dostoevsky, 32
60 Orwell, 504–506

5d. **The devices of oratory: emotional persuasion**

4 Euripides, 571–572
4 Aristophanes, 673–696
5 Thucydides, 425, 559–560
6 Plato, 210, 260–262, 280–283
8 Aristotle, 593–594, 622–636, 659–660, 668–670
13 Plutarch, 129–130, 577–583
21 Hobbes, 127–129
23 Erasmus, 10, 29, 30
23 Montaigne, 187–188
24 Shakespeare, 580–587
28 Bacon, 24–25, 66–67, 78
37 Gibbon, 303–304
39 Kant, 535
40 Federalist, 181
40 Mill, 292–293
44 Tocqueville, 261–262
45 Goethe, 3
51 Tolstoy, 622
58 Huizinga, 246–247

5e. **The regulation of art for the sake of training the passions**

6 Plato, 320–339, 344, 431–434, 717–721, 726–728
8 Aristotle, 541, 545–546, 547–548
11 Plotinus, 310–311
27 Cervantes, 217–222 passim
29 Milton, 384–386, 387–394
35 Montesquieu, 17–18
41 Boswell, 308

交叉索引

以下是与其他章的交叉索引：

Instinct and instinctual drives, *see* DESIRE 2a, 3a; HABIT 3–3e.
The relation of pleasure and pain to the emotions, *see* PLEASURE AND PAIN 4a.
The emotions as forms of animal appetite or sensitive desire, *see* DESIRE 3b(1); WILL 2b(2).
The emotion held to be the root of all the others, *see* LOVE.
The conflict between the passions and reason, or between one emotion and another, *see* DESIRE 3d, 4a, 6c; DUTY 8; MIND 9b–9c; OPPOSITION 4a–4b, 4d.
Emotional disorder from a psychological or medical point of view, *see* DESIRE 4a–4d; MEDICINE 5d(2), 6c(2); MIND 8b; ONE AND MANY 3b(5); OPPOSITION 4c.
The influence of the emotions upon imagination or thought, *see* DESIRE 5a–5b, 6c; MEMORY AND IMAGINATION 8c, 8d(1); OPINION 2a; TRUTH 3d(2).
The moral problems raised by the conflict between reason and emotion, *see* DESIRE 6a–6b; DUTY 4–4b; LIBERTY 3a–3b; MIND 9c–9d; SIN 5; SLAVERY 7; TYRANNY AND DESPOTISM 5d; VIRTUE AND VICE 5a.
The passions in relation to law, government, and the state, *see* LAW 5, 6a; PUNISHMENT 1c–1d; STATE 3e–3f.
Political censorship or regulation of the arts because of their emotional influence, *see* ART 10b; EDUCATION 8c; LIBERTY 2a; POETRY 9b.
The use of emotion in oratory, *see* RHETORIC 4b.
Emotion in relation to artistic inspiration or expression, *see* ART 8; POETRY 3, 6a.

扩展书目

下面列出的文著没有包括在本套伟大著作丛书中,但它们与本章的大观念及主题相关。

书目分成两组:

Ⅰ. 伟大著作丛书中收入了其部分著作的作者。作者大致按年代顺序排列。

Ⅱ. 未收入伟大著作丛书的作者。我们先把作者划归为古代、近代等,在一个时代范围内再按西文字母顺序排序。

在《论题集》第二卷后面,附有扩展阅读总目,在那里可以查到这里所列著作的作者全名、完整书名、出版日期等全部信息。

I.

Epictetus. *The Enchiridion (The Manual)*
Plutarch. "Whether the Affections Are Worse Than Those of the Body," in *Moralia*
Augustine. *Of Continence*
Thomas Aquinas. *Truth*, QQ 25-26
Hobbes. *The Elements of Law, Natural and Politic*, PART I, CH 12
——. *The Whole Art of Rhetoric*, BK II, CH 1-13
Bacon, F. "Of Anger," in *Essayes*
Descartes. *The Passions of the Soul*
Pascal. *Discours sur les passions de l'amour*
Hume. *A Dissertation on the Passions*
——. *A Treatise of Human Nature*, BK II, PART III
Voltaire. "Passions," in *A Philosophical Dictionary*
Smith, A. *The Theory of Moral Sentiments*, PART I, SECT II
Hegel. *The Phenomenology of Spirit*, IV, B (3)
Goethe. *The Sorrows of Young Werther*
Austen. *Sense and Sensibility*
Darwin, C. R. *The Expression of Emotions in Man and Animals*
Dostoevsky. *Notes from Underground*
James, W. *Collected Essays and Reviews*, XV, XXV
Freud. *The Predisposition to Obsessional Neurosis*
Proust. *Remembrance of Things Past*
Russell. *The Analysis of Mind*, LECT 3, 14
——. *Skeptical Essays*, VI
Eliot, T. S. "The Love Song of J. Alfred Prufrock"
Fitzgerald. *Tender Is the Night*

II.

THE ANCIENT WORLD (TO 500 A.D.)

Cicero. *Tusculan Disputations*, III-IV

THE MODERN WORLD (1500 AND LATER)

Bain. *The Emotions and the Will*
Berke. *The Tyranny of Malice*
Bersani. *A Future for Astyanax*
Bloom. *Poetry and Repression*
Bowen. *The Heat of the Day*
Bradley, F. H. *Collected Essays*, VOL II (23)
Brown. *Lectures on the Philosophy of the Human Mind*, VOL III, in part
Burton. *The Anatomy of Melancholy*
Cannon. *Bodily Changes in Pain, Hunger, Fear and Rage*
Carlson. *The Control of Hunger in Health and Disease*
Collins. *The Passions*
Comte. *System of Positive Polity*, VOL IV, *Theory of the Future of Man*, CH 2
Crile. *The Origin and Nature of the Emotions*
Franklin, J. *Molecules of the Mind*
Frijda. *The Emotions*
García Márquez. *One Hundred Years of Solitude*
Hamilton, W. *Lectures on Metaphysics and Logic*, VOL I (41-46)
Hartmann, E. *Philosophy of the Unconscious*, (B) II-I
Horney. *The Neurotic Personality of Our Time*
Hutcheson. *An Essay on the Nature and Conduct of the Passions and Affections*
Jonson. *Every Man in His Humour*
Jung. *Psychological Types*
Lessing, D. *The Golden Notebook*
Lotze. *Microcosmos*, BK II, CH 5
McTaggart. *The Nature of Existence*, CH 41, 57
Malebranche. *The Search After Truth*, BK V
Neruda. *Twenty Love Poems and a Song of Despair*
Pareto. *The Mind and Society*, VOL III, CH 9
Plath. *The Bell Jar*
Poe. "The Imp of the Perverse"
Reid, T. *Essays on the Active Powers of the Human Mind*, III, PART II, CH 3-7
Sartre. *Nausea*
Shaftesbury. *Characteristics of Men, Manners, Opinions, Times*
Sterne. *A Sentimental Journey*
Stewart. *Philosophy of the Active and Moral Powers of Man*
Strindberg. *The Dance of Death*
Svevo. *Confessions of Zeno*
Titchener. *Lectures on the Elementary Psychology of Feeling and Attention*
Wundt. *Outlines of Psychology*, (12-13)

23

永 恒 Eternity

总 论

永恒这一概念,如同无限概念,也具有两层意义。一种意义可以视作是某种肯定的东西,但两种意义在人类心智中似乎都是以否定的方式表述的。当我们说永恒就是在时间进程上无始无终时,我们把握了永恒的一层意义。我们所把握的另一层意义是否定时间本身,并进而否定变化或变易性。

关于将永恒把握为一个无限的延续过程,洛克认为,这一观念是如此形成的,"通过同样的方式,源于同样的起点,我们也拥有了这样的时间观念……亦即,关于后继者和延续的观念……我们可以在思维中将一个延续的过程添加到另一个之上,而且,只要愿意,我们可以随意在过去的和未来的延续过程上不断地添加。我们能够一直这样添加下去,没有任何界限或限制,直至 infinitum[无限]"。

难以想象时间领域中的无限,同样,空间中的和算术上的无限也超越想象。洛克指出,三种情况中的困难之处是相同的。"如此多的观念是肯定的、清晰的,巨大的观念也是清晰的。"但仅仅如此,还不能给予我们无限的观念。无限的观念仅来自"那些如此巨大以至于完全无法加以领会的观念,这完全是否定的,而非肯定的……朝向无限、超越了我们的肯定观念的",洛克继续论证,"具有某种含混性,具备否定观念所独具的不确定的混乱。对此,我既没有更不能如愿以偿地加以领会,相对于我有限、狭隘的领会能力,它实在是太庞大了。"

洛克坚持主张,我们无法形成关于无限的肯定观念——无论是时间的,还是空间的或算术的——他指出,想象一个无限的对象似乎超越了我们有限的能力。但是,通过我们如此有限的想象力,我们确实能够以否定的方式,建构超越于经验之外的诸概念,以及缺乏虚构内容的某种意义。洛克是在批评某些教条式地断言"世界既非永恒,亦非无限"的人时,指出了事情的这另一个方面的。看起来,对洛克来说,世界的永恒或无限,"至少作为一个对立面是可以理解的。"

洛克既说无限是不可想象的,又认为它是可以理解的;这两方面并不一定不一致,因为说永恒是可以理解的,只不过是说,无始无终的时间既不比有开端有终结的时间更为可能,也不比它更不可能。前者与后者同样有意义。事实上,无始无终的时间是通过对有始有终的否定形成的,——把"始终"之前的"有"〔with〕换成了"无"〔without〕。我们的想象与我们的概念不同,它无法通过否定的形式而形成。当我们想象时,犹如当我们感知时,我们的对象总是肯定的、有限的。我们不能想象,也无法感受无始无终的持续或期间。

关于"永恒"的另一传统意义,洛克持不同立场。仅就人类理解力而言,它也可以被界定为否定的概念,因为它涉及对时间本身的否认,即否定延续是由后继者构成的。洛克就此说道,"对于我,没有什么比从无后继者的延续更不可思议的了……如果我们可怜的领悟力,"他继续道,"无法从延续之类的东西中将后继者单独分离出来,那么,我们关于永恒的观念不过就是一系列无休无止的时刻相继构成的延续,任何事物都存在于其间。"

即便如此,洛克也同意,"我们能够自然而然地设想上帝无限延续,而我们根本无法不如此设想"。在此,洛克是否意指上帝的永恒中包含着时间上的后继,这需要参照其他场合的论述来理解,"上帝无限延续,全知、全能,他同时确知过去与未来,没有什么是他所不知道的,也没有什么是他看不到的,一切呈现在他面前;一切经他见证"。

如果这段话意味着,对于上帝,时间静止,一切同时呈现,他大概不会像霍布斯那么坚定地反对神学家的上帝的永恒概念。霍布斯曾批评经院哲学家,"说到永恒的意义,他们并不将它视为时间上无限的相继"。取而代之,"他们告诉我们,永恒就是当下时刻的静止,是 Nunc-stans[此刻的持存](用经院里的话说)"。霍布斯认为,"他们和其他人一样不知道 Nunc-stans 是什么意思,最多是把它理解成一个无限大的位置"。

霍布斯在永恒概念中发现的难题,阿奎那等神学家曾试图加以解决,他们的办法是区分永恒的当下和时间上的当下。"时间上的当下是同一的,"阿奎那写道,"考虑到当下在整个时间进程中的实质;但虑及它们所代表的时态(aspect),每一个当下又各自不同。"此外,"当下之流,随时态而变化,就构成了时间。然而,无论从实质还是从时态方面而言,永恒都是同一的;因此,永恒与时间上的当下不同"。

把永恒视作无时间的和绝对不变的,这个观念并非基督教神学所特有。例如,在伟大著作传统中,可以在柏拉图和普罗提诺的著作里找到相似的概念。

对于普罗提诺,永恒就是"生命毫无变化地静止不动,并永葆现实存在着的宇宙万物;不是当下或者另一个当下,永远是所有时刻;不是当下以某一种模式、另一个当下以另一种模式存在,而是永无止境、没有部分或停顿。其中的万物都直接集中于一个点;无物新生;万物各自安守自身,甚至从无变化,因为无物逝去,也无物即将产生;现在是什么状态,就永远是什么状态"。

被如此设想的永恒,也许比作为无限时间的永恒更无法想象。我们会觉得,当我们像《卡拉马佐夫兄弟》中的伊万那样谈论一百万年或"百万的四次方之百万的四次方集中于千亿分之一所激发的能量"时,我们就会对无限延续有某种了解。无限的时间就像是更长而已。这不过是因为,我们的经验实在是太短暂了,要想获得有关绝对的无限时间和无止无尽的延续的经验,非常困难。

有时哲人会转而求助于诗歌。诗人通过比较"永恒的透明光辉"与"色彩斑斓的杯子",或者通过将时间本身描述为"永恒的不停息的幻象",而尝试着赋予这一概念可以想象的内容。在《战争与和平》中,当迪姆勒对娜塔莎说"我们很难想象永恒"时,她回答,这对于她而言似乎并不太难——永恒"就是今天、不断来临的明天和已经过去的昨天,以及昨天的昨天等等、等等"。

这样或类似的尝试也许不如我们的如下直觉那样容易获得成功:假如我们能够使得现在停顿、就停顿在这一时刻,我们可能就会在时间的核心处经验永恒。"停顿不前的当下,"阿奎那写道,"依照我们的领会力,据说就能够成永恒。据说,由我们内在地领会当下之流的事实,就能达到对时间的领会,所以对永恒的领会,由我们对停顿的当下的领会而引发。"

为了便于理解构成永恒的主要问题所包括的对立观点,有必要分清永恒一词的两种不同意义。在西方哲学传统中,这两者始终并驾齐驱。第一种意义意味着无休无止的时间,是日常语言中"永恒"最通行的意义。它也是**无限**和**时间**两章中所述的意义。它同样也是哲学家和神学家在争论世界的永恒问题时所表达的意义——世界是否有始有终。

既然无休止的存在是不朽的,"恒常的"一词也被用于设想为永远持存的实体。托勒密以及其他前贤都认为,天体"是可知觉的,既是使动的、又是被动的,而且是恒常的、没有感觉的"。亚里士多德将天体认做"恒常的、不灭的"。对于卢克莱修和其他原子论者,原子且只有原子是恒常的。它们是持存的,卢克莱修写道:"假若这不是事实,那么/一切都早已崩塌,化为虚无。"牛顿争辩道:如果原子粒子"能够磨损,或破裂而成碎片,那么,建基于其上的自然万物,也许早就发生变化……因此,自然也许会永远存续下去,但这些持久的粒子的分离、重新组合和运动必然引起有形物的变化"。

天体和原子可被设想为持存的,不过它们并非在所有方面都毫无改变,它们的本质恰恰就是沿着轨迹运动。它们的存在不朽,它们的运动也不会停息。在亚里士多德看来,沿轨迹运动只有在轨迹是圆形时,才真正是永远的或恒常的。圆周运动本身无始无终。

恒常的天体的圆周运动,依照亚里士多德的理论,依次向其他实在传递着无休止的循环运动的方式。"因为太阳所做的是周转运动,所以四季交替轮转……因为四季循环而至,周而复始,由此由它们所焕发的万物也循环往复。"这样的恒常的回归,看起来也被亚里士多德用于分析人类事务,他曾这样写道:"每一种艺术和科学都极可能在发展到极致时重新归于毁灭。"

既然上天和原子都是运动的,即使它们的运动是持存的、恒常的,它们也根本不可能是恒常的,即不可能具有"永恒"的第二种意义,它与第一种意义恰恰相反,而并非后者的某种变形或延伸。在此意义上,恒常是绝对不变的存在——既不会产生也不会逝去的某种存在,永无变化,也不移动,等等。当阿奎那说"永恒的本性"在于"绝对外在于运动的不变性"时,他就是在此意义上使用"永恒"一词的。

但是,阿奎那也曾用无休止的观念来概括"永恒"的这第二种意义;他写道,"彻底绝对不变的存在也不可能有后继者,因此,它无始无终"。尽管如此,他在区分世界的恒常性与仅仅可归于上帝的永恒性时,保留了永恒的两种意义之间判然的区别。"即使世界被设想为永存的,这也绝不等同于上帝的永恒性。"他写道,"因为神圣的存在者同时也是所有的存在者,它并无后继者,而相对于世界来说,存在着他者。"

古代异教作者同样也使用作为绝对不变的存在者的永恒概念。如前所述,普罗提诺将不可变性作为永恒的标志。亚里士多德的不动的第一推动者和柏拉图的理念论,都带有这一特征。不过,是犹太教和基督教神学家首先将永恒的这种意义归为上帝的首要属性。

以奥古斯丁为例,他认为上帝是"永远静止的永恒之光",在上帝之中,"无物逝去,一切都属于现在"。既然对于奥古斯丁而言,离开变化和运动的时间是不可设想的,永远绝对不变的存在者一定并不存在于时间之中。对于上帝的永恒性,他指出,"将它与永不停息的时间做一比较,即可看出二者根本无法相提并论……上帝的一年就是一天,上帝的一天不是每一天,而永远是今天……上帝的今天就是永恒"。

在此,时间与永恒被理解为两种完全不同的实在的秩序。时间性的秩序是处于变化和运动中的存在者的秩序,恒常的秩序则是固定的或持久的、静止不动、绝对不变的存在者的世界。"正如永恒是存在的恰当标准,"奥古斯丁写道,"时间也是运动的恰当标准。"

与奥古斯丁的做法相似,柏拉图也区分了恒常的与时间性的,他用术语"绝对不变的存在的世界"和"生生不息的现象世界"来指称存在的世界和生成的世界。在现象世界中,我们能看到"时间的不同部分、过去与未来",这是理念世界所没有的。柏拉图宣称,"我们无意地然而是错误地将时间性归为恒常的本性……但事实是,只有'现在是'能够被恰当地归于永恒,而'曾是'和'将成为'只关涉时间性,它们涉及运动,不移动的存在者不会由于时间的因素而变得古老或年轻……它也完全无关乎那些被推动的状态、或由某种原因而产生的存在者。"

对于斯宾诺莎,永恒的两种意义间的差别,是出于看待自然秩序的两种不同立场。"我们以两种方式将万物设想为现实的,"他写道,"或者将它们设想为与特定的时空相联系,或者是在上帝之中的、即遵从神圣者的必然性。"只有在第二种情况下,"我们才在永恒的形式中设想万物"。我们只有理解了上帝,方能将万物归于永恒。考虑到"万物的观念都包含在上帝的永恒和无限性中",通过理解上帝,我们就能够理解万物了。

将实在世界划分为时间与永恒的截然不同的区域,甚至是两种思考存在者整体的根本不同的方式,这样的做法受到了其他思想家的挑战,后者认为恒常也处于时间的进程之中。对于犹太人和基督教徒而言,恒常的上帝直接干预内在于时间性的秩序。这种结合的一个极端形式最鲜明地表现在道成肉身的教义中,"道具有肉身,居于我们之间"。但是,加尔文提醒我们,"道永远自上帝而生",出于上帝,基督才获得了"真的本性、永恒和神圣"。

怀特海从另一个角度挑战这种划分法。他不只是把"恒常的对象"置于现实的场合或时间进程中思考;而且他认为,既然构成变化进程的事件本身是无法变更的,那么,对于他,它们也就是永恒的——它们的存在属于变化的领域。

亚里士多德似乎也曾提出类似的、关于变化的观点。当变化被设想为存在于物质的转化之中时,是构成物质和形式的东西,而非物质或形式本身发生了变化。物质之为物质,亚里士多德认为,"就在于它永远固守其本性,而必然外在于变化着的和不再存在的领域"。这一论断同样适用于形式之为形式。

变化一章已暗示,亚里士多德对运动的分析,在变化的物质和实体中,在运动发生的相反的两种方式——使动和被动中,发现了构成变化根基的持久不变的因素。例如,当一片绿叶变红时,绿色本身并没有变成红色;是叶子由一种颜色变为另一种而已。变化着的叶子不是恒常的,可是红色和绿色是恒常的,它们根本无法发生改变。不变的瞬间是恒常的、过去的是恒常的、甚至连时间的某些因素和方面以及变化进程也是恒常的,这就是永恒的意义。

过去可以是恒常却不再存在的。逝去的时刻可以是恒常而并不延续的。这种不存在和不延续说明,完全表示不可变的"恒常"的意义与表示无变化地永远存在和延续的另一种意义,是相互区分的。只有这第二种含义,才能被设想为完全外在于时间世界的。

至此，我们已发觉，假如我们不把永恒的两种意义——"永恒性"与"恒常的"——清楚地区分开来，关于永恒的哲学和神学基本问题几乎将无法诉诸文字，得到清晰的表述。

举例说，关于世界的永恒性的传统疑问，并不是对自然秩序是否与变化或后继者无关的质疑，而是关于变化着的物质世界是否有开端，也将有尽头的问题。**变化**、**时间**和**世界**等章已表明，这也就是时间的无限性的问题，换言之，是变化或运动的无休止性的问题。

亚里士多德看似在《物理学》最后一卷中明确地回答了这些问题，他声称，已证明了运动根本不可能有一个开端。相反，阿奎那并不主张能够以某种方式证明世界的永恒性；关于亚里士多德的论证，他认为它们"并没有绝对地证明什么，仅仅是相对的，也就是说，与其他持相反观点的某些古代哲学家相对而言——他们认定，世界通过在现实中不可能的某种方式而具有一个开端。"阿奎那为了支持自己的论述，援引亚里士多德《论题篇》中的论断："我们根本无法证明的辩证的问题"之一就是，"世界是否是恒常的"。

对于康德，这显然是一个二律背反问题。在"先验辩证论"中，它构成了第一组悖论——正题："世界在时间上有开端"，反题："世界没有开端，它在时空上都是无限的"。在康德看来，这两个相互冲突的命题具有同样明显的说服力这一事实，说明了双方的推理都没有证明力，而只是辩证的，用他的话说就是理性的"先验幻相"。

犹太教和基督教关于上帝创世的教义可能要求否定世界的永恒性。不过，事实上，神学家们发现了一种可供选择的说法，将神圣的创造设想为世界存在的原因，并不必定意味着它有开端，这与创世说并无矛盾。如奥古斯丁研究过这样的观点：即使说世界是上帝制造或创造出来的，也可以意味着世界与上帝永远同在。"就好像在尘土中迈步，就一定会在身后留下一个脚印；没人怀疑脚印不是脚留下的，尽管脚印是由于脚而产生的，但是脚并不一定在时间上先于脚印。"因此，他继续论证，可以说世界是存在的、而且是永恒的，但也是由上帝创造、即因上帝而产生的。

对于奥古斯丁的这段论证，阿奎那补充了如下支持：如果一个"行为是即时的、没有后续动作，在此期间，相对于被动者，使动者并不必然在先"。由此，他写道，"如果上帝是世界的动力因"，这一前提并不必导出"他就一定会在时间序列中在先"；"因为上帝创生世界的创造，不是前后相继的变化"，而是一个即时的行为。

既是哲学家又是神学家的迈蒙尼德早在康德提出二律背反前的几个世纪就已经认为，他可以表明，无限时间和永不停息的运动问题"无法通过论证而得到确认或者否定"。与奥古斯丁和阿奎那一样，他也认为，从哲学的立场来看，作为造物的世界是否与其创造者同样永恒，抑或如《创世记》所云"起初，上帝创造天地"，两者并没有什么区别。

然而，对于作为神学家的迈蒙尼德来说，这两种说法并不是同等可接受的。他写道：既然双方都拿不出"足以令我们信服"的证据，"我们就从字面上理解《圣经》的经文，说它教给我们以无法证明的真理"——即，世界在时间上有开端。阿奎那也得出了相同的结论。"我们仅凭信念即可知，"他写道，"世界并非一直存在。"这并非"论证或科学的对象"。对于基督教徒和犹太教徒来说，宗教教义表明，世界不仅仅是由上帝创造的，在此意义上,上帝是它存在的原因;世界还是由上帝推动的,世界的存在和运动也由上帝而实现,正如《圣经》经文所明示的那样。

出于哲学立场否定从无中创造的论者,同样也否定世界的开端。例如,普罗提诺就宣告,"宇宙从来没有什么开端……这保证了它的存续。否则为什么尚未发生的变化却会在将来发生呢?"这个问题与世界必然由永恒的"太一"流溢而出的理论是一致的。依照斯宾诺莎的相似观点,"由上帝的属性而生的自然的绝对本性必然永存";至少在这一意义上,世界是恒常的、而非创生的。

即便如此,一个信仰者会相信,上帝有创造和不创造的自由,而被造的世界却不一定是神圣源头的必然结果。由此,当一个人肯定上帝出于意志而选择从无中创造时,他就会遇到"上帝创造天地之前在做什么?"的问题。此前曾有人这样回答:"他在为探听秘密的人准备地狱",奥古斯丁认为,这种回应只是试图躲避问题的要害,他自己则不愿给出这种"无聊的回应"。

相反,奥古斯丁指出,这个问题自身就不合适,因为它假设了时间之前的时间。"既然在上帝创造天地之前,还没有时间,"他论述说,"怎么可能问在'那时'之前上帝在做什么? 没有时间就没有'那时'。""创造之前"这个短语中的"之前"根本没有时间上的意义。这里区分了在先性的两层意思——永恒先于时间这一层意思,以及上帝"不在时间中创世……恰恰是在远远优先于时间的永恒中——它就是永不停息的现在,你先于所有过去的时刻,又晚于所有将来的时刻"。

我们已从无限的时间意义上的永恒转向无始无终的、永无变化意义上的恒常,最大的问题就是,是否真的存在着某种恒常的东西。在此意义上,卢克莱修的原子不是恒常的,那些被设想为不朽的天体也不是。仅仅指出变化自身包含着某些永久的方面或因素,也是不够的;因为严格说来,这个问题问的是,是否有某种自身存在且仅凭自身存在的东西,它无始无终,也没有过去、现在或未来——在它的连续不断的持存中,没有时态的区别。只有这样的存在者才在完全意义上是非时间性的、不变的。

既然没有任何一种由物质构成的存在者能够免于运动,因此可从总体设定,没有什么物质性的存在者在此意义上是恒常的。除非上帝既是属灵的,又是绝对不变的,否则,在此意义上,就连上帝也不是恒常的。天使是精神性的存在者,然而,依照基督教神学的观念,也不能将天使们称作"恒常的"。因为,首先,它们是受造物,有其起源;其次,即使天使们不会像实体一样卷入某种物质运动中,它们也一定会发生属灵的变化。神学家由此而以 aeviternal 来表示天使这样的存在者的存在模式,一种"介于永恒与时间之间的模式"。阿奎那解释道,Aeviternity 有"一个开端,但没有终结",而"永恒则无始无终……时间则有始有终"。

作为无始无终、绝对不变的存在的恒常问题,包括:绝对不变的上帝是否存在? 是否有其他绝对不变的存在者?

肯定上帝的存在,并不能完全地回答第一个问题。某些现代神学家否认上帝的绝对不变的存在,并进而否定上帝在这一确切意义上的永恒性。

关于第二个问题,我们一定已觉察,在伟大著作传统中,除了上帝,永恒性还被归于另外两个存在者——真理和理念。"由推理可确当地得出的,"霍布斯说道,"即为普遍的、恒常的和绝对不变的真理。"基于某种不同的立场,威廉·詹姆士宣称,"无可否认的一个事实是,心智总是满足于某种必然的、恒常的关系,即心智总在观念性的概念所具有的确定性与形成确定的体系所需的东西之间发现这种关系,而且这样的关系独立于经验在时空上与概念源头发生关联的频率所形成的秩序"。他引用洛克作论据,"真理是事物的本质……它是恒常的、只能由对事物的本质的审思而得出"。

日常用语"永恒的真理"被詹姆士用于证明真理自身不变的普遍观念,当人们说到某种新的真理或真理的进步时,他们指的是人们思想上的变化,人们是在思想中认定真理或谬误的,不是真理自身发生了变化。凡是真的,一定曾是真的,且将永远是真的。时间和变化都不能改变"二加二等于四"这样的真理。

即便如此,我们仍可追问真理到底是如何存在的,仍需就其存在模式考察具有永恒性的存在者。例如,假设真理仅仅存在于心智中,那么,它一定是存在于绝对无误的全知者的心智之中,某个无需学习、也不会遗忘,他所知的一切永远不会发生变化的心智之中。如果上帝是这样的全知者,永恒的真理就会是存在于上帝的心智之中的。

神学家们偶尔会走得更远,他们将绝对的真,以及绝对的善,视为是与上帝相同一的。例如,阿奎那曾写道:"假若我们说真理存在于事物中,那么,所有的事物都将因原初的真理而成为真的;每一事物都将因真理的永恒性而具有真的性质,即使事物具有不同的本质或形式,神圣理智的真理却是唯一的,与唯一的真相一致的万事万物就都被称作真的"。由此看来,并无第二个、而只有一个永恒的存在者。

詹姆士认为,绝对不变性不仅存在于真理中,还存在于人类心智的种种概念中。他论证道:"每一个概念都恒常地是其所是,永远不会变成另外一个概念。在不同的时候,心智可以改变它的状态以及它的意义;可以由某个概念转向另一个,但前面这个概念,无论如何也不能被理解为变成了后面的这个……正如在柏拉图的理念世界中那样,在意见之流与有形的事物之中,概念的世界、或被归于回忆的那些事物,坚如磐石地持守自身,绝对不变。"

谈到理念,问题会更加复杂,因为可以置疑,理念是否外在于上帝或人的心智而独立自存。如果参照柏拉图及柏拉图主义者的主张,理念或形式独立地存在,那么,它们就构成了一个恒常存在者的世界,既然它们的绝对不变性无可置疑。而如果参照相反的观点,永无变化的理念世界与神圣的理智是同一的,那么,就没有外在于上帝的、唯一的或众多的恒常存在者。

上帝是唯一恒常的、非受造的和绝对不变的存在者的命题,与上帝是唯一现实的无限存在者、完满的 ens realissimum[实在的存在者]的命题内在地联系在一起。"永恒性恰是上帝的本质,"斯宾诺莎写道,"只要这一本质中包含着必然的存在。"为此他借助于他对永恒的定义,我们将之理解为"设想其定义就必然也设想其存在本身的恒常的存在者。"对于斯宾诺莎,正如对于阿奎那,使得上帝恒常存在的——亦即,他的本质与他的存在的同一性——也构成了他的无限性和独一无二性。斯宾诺莎继续论证道,根本不可能存在着两个无限的实体。基于同样的原因,也根本不可能有两个恒常的存在者。

如**无限**章所示,当"无限的"一词用于上帝时,神学家主要是在积极的,而非消极的意义上使用的。他们借此指示现实的无限完满性以及绝对的万能,这与数学家们意指的数量的增加或可分方面的不受限制即潜在的无限性,判然有别。

"无限"的这两种意义与本文一直在研究的"永恒"的两种意义,看来似乎是相对应的——消极的意义意味着时间上的不受限制、无始无终,积极意义即上帝的永恒性,亦即一种外在于时间和变化的完满存在。因为我们的理智的局限,我们仅能从消极的方面领悟永恒,称它为"无始无终的",或将它设想为无限的延续。不过,斯宾诺莎就此劝告我们,不要假设永恒可以被"解释为延续或者时间,即使延续被设想为没有开始和终止"。

神学研究中还有一个独特的角度,讨论永恒的双重意义。它讨论启示神学中把沉沦与救赎视作永恒的死亡与永生的学说。地狱和天堂的永恒性,与没有尽头的延续过程是一样的吗?或者,它是否意味着,在更为根本的意义上,终极审判后灵魂状态不再发生任何变化?

帕斯卡提出了在短暂的尘世快乐与永生之间择一的著名赌局,将地狱的永恒性与尘世的短暂易逝的快乐作为筹码。乔伊斯对此评论道,"即使是设想永远地忍受虫子的叮咬,也是可怕的折磨"。

对于奥古斯丁和阿奎那,天堂与地狱的永恒性,意味着永生的灵魂的道德上的绝对性,也意味着灵魂能够享受的无休止的欢乐和它所要遭受的无休止的严惩。只有在炼狱中,才可能发生道德状态的变化,而涤罪的过程总是受到时间的限制。因此,在双重意义上,炼狱都不是永恒的。

无论如何,康德认定,死后生命一定不只是无休止的无限延续,它也将允许一种没有止境的道德上的进步。依照康德的说法,人可以借此获得合法性:"寄希望于他的存在将无限延续",这立足于"对于基督律法所要求的神圣……造物不过是 in infinitum[无限]进步,此外无他"。而乔纳森博士从另一个角度对传统的基督教教义提出了质疑,被祝福的灵魂是否处于永远正直的状态而涤清——是否如天使一样,在被创造的那一瞬间就被赋予了善。

博斯韦尔曾"大胆向乔纳森博士质疑,虽然《圣经》经文强有力地证实永恒惩罚的可怕教义,我们能否依然希望,这种天谴不过是修辞,不会逐字地按照经文执行"。乔纳森就此答复:"先生,你是从未来的角度考虑惩罚的目的。而我们没有任何理由确认,在此之后,我们将不再冒犯上帝。我们甚至不知道天使能否永久地处于涤清状态……因此,为了让人与天使均保持涤清状态,也许,很可能是必然地,那些误入歧途者会不断地面对惩罚。"

在乔纳森博士的理论中,被判为有罪的道德前提似乎是绝对不变的。在他看来,这是无可挽回的,那些被祝福的受到惩罚后,也许会产生某种纠正的效果,但是,被祝福者并不一定就此踏上了通向正直之路,与此相反,有罪者终其一生都是邪恶的。

考虑到天堂、地狱一类的概念,以及死后生命的灵魂状态,在某种意义上,"永恒"的意义与此前略有不同;因为对于个体灵魂,永生或永恒的死亡被设想为有一个开端,即使是没有终止的。正如所有基本的宗教教义那样,这里所断言的真理依然是模糊的、神秘的。不仅超越了想象,也超越了所有确当的理性概念、分析和证明。

分 类 主 题

1. 作为无时间性和绝对不变性的永恒或作为无休止的和无限的时间:永恒与时间之间的区别
   1a. 永恒相对于时间的在先性
   1b. 作为永恒与时间的中介的 Aeviternity
2. 时间的无限性问题和世界或运动的永恒问题
3. 上帝的永恒
4. 分有永恒之物
   4a. 天使、属灵的实体和灵魂的不朽
   4b. 自然秩序中不朽的:物质、原子和天体
   4c. 真理和诸理念的不朽
   4d. 天堂和地狱的永恒:持存的生命与死亡
5. 关于永恒的认识和意象

[李静韬 译]

索引

本索引相继列出本系列的卷号〔黑体〕、作者、该卷的页码。所引圣经依据詹姆士御制版，先后列出卷、章、行。缩略语 esp 提醒读者所涉参考材料中有一处或多处与本论题关系特别紧密；passim 表示所涉文著与本论题是断续而非全部相关。若所涉文著整体与本论题相关，页码就包括整体文著。关于如何使用《论题集》的一般指南请参见导论。

1. **Eternity as timelessness and immutability or as endless and infinite time: the distinction between eternity and time**

    6 Plato, 450–451
    7 Aristotle, 35, 301–302, 315, 321, 325, 436–437, 536, 596, 620–621
    11 Plotinus, 425–435, 469–471
    16 Augustine, 129–131, 156, 403–410
    17 Aquinas, 43–44, 86–88, 421–422
    21 Hobbes, 271
    23 Montaigne, 333–334
    27 Cervantes, 431–432
    28 Spinoza, 589, 624
    30 Pascal, 195, 211
    33 Locke, 160–164, 165, 167–174 passim esp 168–169, 170, 172, 237
    39 Kant, 26, 135–137
    55 Bergson, 83–84
    55 Barth, 476

1a. **The priority of eternity to time**

    7 Aristotle, 576
    11 Plotinus, 425, 473–474
    16 Augustine, 138–139, 376–377
    17 Aquinas, 127–128
    29 Milton, 187–188, 218–219
    39 Kant, 135–137
    55 Whitehead, 179–180

1b. **Aeviternity as intermediate between eternity and time**

    16 Augustine, 129–130, 405–407
    17 Aquinas, 44–46

2. **The issue concerning the infinity of time and the eternity of the world or of motion**

    Old Testament: *Job*, 38:1–13 / *Psalms*, 104:5–6 / *Proverbs*, 8:22–29
    New Testament: *Matthew*, 24:3–35 / *Mark*, 13:3–33 / *Luke*, 21:5–33 / *Colossians*, 1:16–17 / *Hebrews*, 1:10–12
    7 Aristotle, 334–337, 344–346, 348–352, 360, 370–375, 458–459, 462, 601–605
    8 Aristotle, 234–235, 236
    11 Lucretius, 13–14, 16–17, 22, 28, 29–30, 59
    11 Aurelius, 256, 260, 278
    11 Plotinus, 337–342
    16 Augustine, 112–126, 402–412

    17 Aquinas, 85–86, 250–255, 348–349, 378–379
    21 Hobbes, 50
    28 Descartes, 249, 454
    29 Milton, 129–133
    32 Newton, 540–541
    39 Kant, 130–133, 152, 160–161, 334–335
    51 Tolstoy, 693–694 passim

3. **The eternity of God**

    Old Testament: *Psalms*, 9:5–8; 33:10–11; 48; 90; 93; 102:12–28; 136; 146:5–10 / *Lamentations*, 5:19 / *Daniel*, 6:25–27
    Apocrypha: *Ecclesiasticus*, 42:21
    New Testament: *Hebrews*, 1:10–12; *Revelation*, 1:17–18; 10:6
    7 Aristotle, 377, 601–603
    11 Plotinus, 427–428, 660
    16 Augustine, 56, 63–64, 129, 386, 705–706, 709–710
    17 Aquinas, 40–46, 83, 106–107, 225–227, 315–316
    19 Dante, 127, 132–133
    19 Chaucer, 308–309
    20 Calvin, 46–49, 225
    28 Descartes, 276, 310–313, 320–321
    28 Spinoza, 589, 590–591, 592–593, 597–598, 601–602, 624–625
    29 Milton, 135, 143
    32 Newton, 370–371
    33 Locke, 172–173, 349–354 passim
    37 Gibbon, 81
    39 Kant, 175–176, 334–335, 344
    51 Tolstoy, 631

4. **The things which partake of eternity**

4a. **The imperishability of angels, spiritual substances, souls**

    6 Plato, 124, 179–183, 223–246, 434–436, 452
    7 Aristotle, 662
    11 Lucretius, 35–40
    11 Plotinus, 469, 501–510
    15 Kepler, 890–891
    16 Augustine, 130–132, 371, 405–407, 422–424
    17 Aquinas, 274–275, 315–316, 383–384, 534–536
    19 Dante, 98, 106
    28 Descartes, 299, 353
    28 Spinoza, 611, 692, 693–694, 695–696

29 Milton, 113, 202-204, 205
33 Berkeley, 441
37 Gibbon, 186
39 Kant, 121-128, 203-204

4b. The imperishable in the physical order: matter, atoms, celestial bodies

6 Plato, 457
7 Aristotle, 269, 360-362, 379-380, 396, 437-441, 501-502, 518-519, 588, 599
11 Lucretius, 3-4, 7-8, 19
11 Aurelius, 242-243, 252-253, 265-266, 267, 281
11 Plotinus, 337-342
15 Ptolemy, 5-6
15 Kepler, 888-889, 929-930
16 Augustine, 128-129, 129-130, 423-424
17 Aquinas, 250-252, 301-302, 339-340, 345-347, 576, 588-589
18 Aquinas, 945-946, 1016-1025
28 Bacon, 186
28 Spinoza, 594-595
32 Newton, 541
39 Kant, 74-76
42 Lavoisier, 41

4c. The immutability of truth and ideas

Old Testament: *Psalms,* 119:160 / *Proverbs,* 8:22-30
Apocrypha: *Wisdom of Solomon,* 7:24-26
New Testament: *II John,* 1-2
6 Plato, 125, 167, 447, 457-458
7 Aristotle, 104, 512, 516, 578
8 Aristotle, 341, 388
10 Nicomachus, 599-600, 601-602
11 Plotinus, 559-561
16 Augustine, 706-707, 736
17 Aquinas, 89-90, 99-100, 240-241, 440-442, 446-447, 463
18 Aquinas, 215-220, 223-226
23 Montaigne, 316-325
28 Descartes, 442-443, 455
28 Spinoza, 596-597, 601-603
33 Locke, 323, 358
39 Kant, 113-118, 173-174
43 Hegel, 6-7, 89, 163, 175-176
53 James, William, 301, 879-882
55 James, William, 48-50, 50-57 esp 54-57
59 Pirandello, 245

4d. The eternity of Heaven and Hell: everlasting life and death

Old Testament: *Psalms,* 16; 73; 145:10-13 / *Daniel,* 7:13-18
Apocrypha: *Wisdom of Solomon,* 1-5
New Testament: *Mark,* 9:43-50; 10:17-31 / *John,* 6:37-40; 10:24-30; 11:23-27; 17:1-3 / *Romans,* 6 / *I Corinthians,* 15:34-58 / *II Corinthians,* 4:12-5:10 / *I Peter,* 1:3-7 / *I John,* 5:11-12 / *Jude,* 5-8 / *Revelation,* 2:7-11; 3:5; 20-22
16 Augustine, 158-159, 415-416, 427-433, 446-447, 579-582, 585-586, 598-599, 632-695
17 Aquinas, 132-133, 347-348, 635-636
18 Aquinas, 81-87, 93-94, 187-189, 462-464, 472-473
19 Dante, 3, 4, 7-9, 93, 107, 130
20 Calvin, 203-207, 232-234, 276-278
21 Hobbes, 191-198, 250-251, 253-255
23 Montaigne, 305
24 Shakespeare, 115
29 Milton, 95-97, 98-100, 114-115, 141-143, 291-292
30 Pascal, 206-210, 214-215
33 Locke, 187, 194
38 Gibbon, 233-234
39 Kant, 346-347
41 Boswell, 363
58 Huizinga, 337
59 Joyce, 582-585, 589-590

5. The knowledge and imagery of eternity

6 Plato, 211
11 Plotinus, 321, 426-427
15 Kepler, 1048
16 Augustine, 116-117, 377-378
17 Aquinas, 40-42, 62-63, 225-227, 250-252, 253-255, 422-423
19 Dante, 128-133
28 Bacon, 110-111
29 Milton, 12, 331
33 Locke, 165, 167-174 passim esp 168-169, 170, 172, 237-238
51 Tolstoy, 216-218
55 Barth, 541, 549-550
58 Huizinga, 337

交叉索引

以下是与其他章的交叉索引：

The distinction between eternity as infinite time and eternity as timelessness, *see* INFINITY 3e; TIME 2.
The relation of eternity to time, *see* TIME 2c.
The infinity of time and the eternity of the world or motion, *see* ASTRONOMY AND COSMOLOGY 6c(1), 6d; CHANGE 13; TIME 2b; WORLD 4a.
The relation of creation to eternity and time, *see* GOD 7a; TIME 2c; WORLD 4e(2).
Permanent elements or principles of change, *see* CHANGE 2.
The eternity or infinity of God, *see* CHANGE 15c; GOD 4d; INFINITY 7a-7d.

Angels as aeviternal, *see* ANGEL 3c; TIME 2a.
Imperishable or incorruptible bodies, *see* ASTRONOMY AND COSMOLOGY 6a; BEING 7b(3); CHANGE 10c; ELEMENT 5.
The eternality of truth and ideas, *see* CHANGE 15a; FORM 2b; IDEA 1e; IMMORTALITY 6c; TRUTH 5.
The eternity of Heaven and Hell: eternal salvation and damnation, *see* HAPPINESS 7c–7c(3); IMMORTALITY 5e–5f; PUNISHMENT 5d, 5e(1); SIN 6d.
The knowability of the infinite, *see* INFINITY 6b; KNOWLEDGE 5a(4).

扩展书目

下面列出的文著没有包括在本套伟大著作丛书中，但它们与本章的大观念及主题相关。

书目分成两组：

Ⅰ. 伟大著作丛书中收入了其部分著作的作者。作者大致按年代顺序排列。

Ⅱ. 未收入伟大著作丛书的作者。我们先把作者划归为古代、近代等，在一个时代范围内再按西文字母顺序排序。

在《论题集》第二卷后面，附有扩展阅读总目，在那里可以查到这里所列著作的作者全名、完整书名、出版日期等全部信息。

I.

Augustine. *On the Immortality of the Soul*, CH 1
Thomas Aquinas. *De Aeternitate Mundi*
——. *On the Power of God*, Q 8
——. *Summa Contra Gentiles*, BK II, CH 32–38
Spinoza. *Correspondence*, XII
Voltaire. *The Ignorant Philosopher*, CH 14, 16, 20
——. "Eternity," in *A Philosophical Dictionary*
Kierkegaard. *Concluding Unscientific Postscript*, in part
——. "The Expectation of an Eternal Happiness," in *Edifying Discourses*
——. *Philosophical Fragments*
Bergson. *The Creative Mind*, CH 1, 5
Dewey. *The Quest for Certainty*, CH 2
Whitehead. *Adventures of Ideas*, CH 11–15
——. *Process and Reality*, PART I, CH 2; PART II, CH 1; PART IV, CH 1 (5–6); PART V, CH 2

II.

THE ANCIENT WORLD (TO 500 A.D.)
Proclus. *The Elements of Theology*, (F)

THE MIDDLE AGES TO THE RENAISSANCE (TO 1500)
Anselm of Canterbury. *Monologium*

Boethius. *The Consolation of Philosophy*, BK V
Bonaventura. *Breviloquium*, PART VII
Duns Scotus. *Opus Oxoniense*, BK II, DIST 2, Q 2
——. *Tractatus de Primo Principio* (*A Tract Concerning the First Principle*)
Eckhart. *Sermons and Collations*, XXV
Maimonides. *The Guide of the Perplexed*, PART II, CH 13–16, 18, 22–23

THE MODERN WORLD (1500 AND LATER)
Borges. "The Library of Babel"
Bradley, F. H. *Appearance and Reality*, BK I, CH 4–5; BK II, CH 18, 26
Bultmann. *History and Eschatology*
Hügel. *The Mystical Element of Religion*
Leibniz. *Monadology*, par 6
——. *New Essays Concerning Human Understanding*, BK II, CH 14
Rilke. *Duino Elegies*
Royce. *The World and the Individual*, SERIES II (3)
Suárez. *Disputationes Metaphysicae*, XXX (7–9), L (3–6)
Taylor, A. E. *The Faith of a Moralist*, SERIES I (3, 6)
Whewell. *On the Philosophy of Discovery*, CH 26
Yeats. "The Second Coming"

24

进 化 Evolution

总 论

本章属于达尔文。这倒不是因为在本章几乎所有主题下都引用他的论述而且这些论述在所出现之处都很突出,而是因为许多的论题都受到他思想的支配,或者从他的思想中获得意义。因为在所有相关的主要论题中,包括物种起源、进化理论以及人在自然界中的位置,他都有一席重要的地位。就本章所讨论的内容而言,西方传统名著的其他著者不得不因达尔文而重新分类,分成达尔文之前的或达尔文之后的,赞同达尔文的或反对达尔文的。

达尔文对后世著者的影响,人们或许可以做出不同的估价,不过只要看看后世著者怎样使用他的语言,引用他的基本观念,他的影响就是明摆着的。威廉·詹姆士在其《心理学原理》一书中,尤其是在论本能和情感的有关章节中,就是用进化论的术语来看待人和动物的行为以及智力或心灵现象的。与此类似,弗洛伊德的著作也受遗传学研究的主导,并诉诸人来自动物的说法,以便在进化理论的框架下解释其心理的遗传构造。

除心理学之外,进化观念还体现在历史学中的进步理论或辩证发展观中,例如,马克思和恩格斯的辩证唯物主义或历史唯物主义,它出现于恩格斯的《自然辩证法》一书中。受进化思维方式的影响,哲学上也出现了一个更为一般的转向潮流,它体现于柏格森和杜威的著作中,例如《创造进化论》和《达尔文对哲学的影响》。这些都足以衡量达尔文对于哲学思想带来的影响。在生物学中,达尔文的观念对以后所有的研究都带来了影响。后来关于生物进化的著作,如多布赞斯基的《遗传学和物种起源》,在为达尔文理论的框架继续提供支持的同时,又为进化机制的解释提供了更进一步的细节,尤其是关于遗传过程、突变以及种群遗传学方面。

至于达尔文的前辈们,他们的预感对达尔文的发现、概念以及理论所产生的影响则无论就哪一方面来说都没有这么大。

古代人们就曾发现在山坡处有海洋化石的沉淀,有时这一发现被认为是暗示了早期的人们已认识到陆地生命的进化。更恰当的例子也许是卢克莱修的说法,"新生的大地开始萌出青草和灌木,随后产生有德行的动物,数目众多又相殊。"卢克莱修还说到了奇异的怪兽,自然界不允许它们的生存:

> 这种怪异的组合,由大地产生
> 徒然地,既然自然界不允许它们生长。
> 它们不可能繁荣兴盛,
> 寻求养料,寻觅爱的滋润⋯
> 许多尝试惨遭失败;许多类型
> 走向凋零;今天的我们眼中所见
> 生机盎然的一片,必定自最初起源
> 其有用性状已悄然生成

明显类似的理解还见于亚里士多德的下述说法中,"自然界通过点滴积累,从无生命过渡到动物生命","在植物中可以发现一系列趋向动物的上升阶梯"以及"沿着整列动物阶梯,在生存能力和运动能力方面表现出逐渐的分化"。奥古斯丁对于《创世记》第一节的点评甚至似乎更明确地沉思了不同形式生命的连续出现。在世界之初,植物和动物是不存在的,尽管它们的形成根源为上帝所创,且这种根源从一开始就已存在,不过,其不同类型的实际产生,正如阿奎那在总结奥古斯丁观点时所告诉我们的,是"通过生殖"——而非创世。

正如亚里士多德一样,阿奎那和洛克都把生命界看作连续的阶梯,从生命的不完善形式过渡到更完善的形式。不过,阿奎那倾向于把连续的阶梯想象为一种涉及本质差异的等级秩序,而洛克从中看到的却几乎是一种完美的连续性,其间仅涉及程度上的差异。他写道:"触目所及,我们看不到裂缝或空隙"。为了详述这一观点,他指出,"存在着有翅膀的鱼,对于水面以上的空间来说,它们并非外来者;有些鸟的栖息地是在水里,它们正如鱼一样是冷血动物……还有些动物是如此地接近于鸟类和兽类,以至于它们处在这两者中间:两栖类就连接着陆生和水生……动物界和植物界是如此地密切相关,以至于如果你先是关注一个最低等类型,再去关注一个最高等类型,你将难以见到在它们之间存在的任何巨大差异:逐级搜索,直至深入最低等和缺乏生机的部分,到处都能发现数个物种彼此相连,它们有所不同但又几乎难以辨认。"

但是,对于进化理论来说,发现自然界中的等级秩序,或者物种彼此间通过"几乎难以辨认的差异"而表现出来的连续性,仅仅只构成一种理论背景。由进化理论带往前台的,是在不同生命形式中进化或遗传关系的概念。康德的《判断力批判》中有些段落预示了达尔文的思想,因为这些段落似乎包含了上述洞见,这些段落才特别引人注目,虽然康德讨论渐成论的那个与此主题紧密相关的段落中,他所使用的"进化"(evolution)这个词在其意义上与达尔文的观念几乎是相反的。

"那是值得赞美的,"康德写道,"运用比较解剖学,深入到有机界那庞大的创世体系之中,以便弄清其中是否存在某种体系的痕迹,并且该体系的痕迹是否确实遵循一种遗传原则……当我们看到如此多的动物种类都遵循一种特定的共同框架,该框架显然不仅体现为骨骼构造,而且还有其余各部分的排列方式,当我们从中看出原始计划的出奇的简单性,它竟然由此产生物种惊人的多样性,通过使一个部分缩短,另一个部分拉长,一个部分萎缩,另一个部分展现,从而向心灵投射一束希望之光,无论它多么微弱,但那正是自然机制的原理,没有它,自然科学根本就不可能存在,这也许才使得我们能够努力去解释有机生命。这种形式的相似,纵然其间有种种差异,但它们似乎都源于一种共同的模式,这就强化了这一猜测,即它们实际上存在着从一个共同祖先而来的亲缘关系。这样,也许我们就能从一个物种逐渐接近另一个物种,使目的性原则似乎极有可能得到证实,也就是说,从人类追溯至水螅,从水螅追溯至苔藓乃至地衣,最后到自然界最低等的可辨认形式。"

寻找达尔文式的预见涉及的判断更多是属于争议性的而非追溯他的影响问题。例如,有争议的是,卢克莱修和洛克的文章中暗示性的段落是否更多地与达尔文的思想只是一种表面上的相似。由于达尔文自己的看法与其前人的背离和分歧,问题因此更复杂化了——这些前人包括布丰、林耐等直接的前辈和更早的哲学家和神学家们。

达尔文告诉我们,他与自然神学有

过争论。他的追随者详细阐述了在他的物种概念与亚里士多德的物种概念之间的对立,在这种对立中,达尔文极为看重对生物的静态的分类体系和动态的或系谱学的分类体系之间的不同。

因此我们必须首先弄清达尔文理论的要义所在,以便就它们与类似观点间的一致或分歧作出判断。

正如他的主要著作的标题所表明的,达尔文所重点关注的,看来并不是作为生物学或宇宙历史宏观框架的进化,而是物种的起源。他想确认这一事实,即新物种确实在时间的进程中形成,而反对那些认为物种在整个时段中在数量上固定、在种类上也不变的人;他关心的是描述这一条件,在这一条件之下,新物种诞生了,其他某些种类则不再占有物种地位或就此灭绝了;他关心的是分析在物种分化中涉及的不同因素,并反对那些认为新物种的出现需要一次特殊的创造行动的人;他想说明,其实物种的起源,就如同它们的灭绝,完全是一个自然的过程,其间除了那些日常的事件,如生存、死亡、繁殖等等,不需要其他因素。正是从上述基本条件出发,他沉思地球上的生命从开始到现在直至未来这样一幅动态全景图。

由于达尔文把"物种"这个词看作是一种"任意的规定",因而不再去严格地定义它。他使用该词,就像他在生物系统分类学中的前辈那样,仅意味着"一系列密切相似的个体",亦即有某些共同性状的一类植物或动物。达尔文可能会同意洛克对一些人的批评,在那些人看来,我们对物种的定义抓住了真正的本质,或者与事物的内在基本形式有关。正如在**定义**一章中所表明的,洛克则坚持认为,我们对物种的定义,仅仅表达他称之为"名义上的本质",亦即一系列我们赋予其名字以便用我们的分类体系对其进行分门别类的性状。他写道:"物种的界限,取决于人的归类,是被人所确立的,物种的本质,被不同的名字所区分,就是……人的产物"。然而,遗传学的进展也许反而支持相反的观点。多布赞斯基认为,物种代表了自然界中真实的遗传间断性——因不利于杂交的障碍而被保留下来的基因序列。事实上,它们就是"自然单元"。

物种不是分类的唯一术语,例如,"属"的范围就要比"种"来得更广泛。如果某一特定不同的分类群,它们彼此间的不同还伴有共同性状的话,那么,它们就归于同一个属。在属的层次上,正如物种一样,属与属之间彼此也有所不同,因而它们反过来又组成一个更广的分类单元中的下属单元,这些更广的单元如:门、科、目等。另一方面,在种下其实还有更小的分类单元,如种族、变种、亚变种,它们都共享同一物种的特点但彼此又有所不同。最终,在一个最小的分类单元内,分类学者还会不厌其烦地定义在同一单元内彼此不同的每一个体,同时它们又共享它们所属的种族、种、属以及所有更大单元的特定属性。

在植物或动物分类学的一般体系中似乎并不赋予物种在分类秩序中以特殊的地位,或者把它与其他的分类单元相区分,要说区别,只不过其他的分类单元或多或少比物种更加包罗万象。那么,为什么要把注意力放在物种而不是变种或属的起源上?

答案之一在于生殖这一事实。后代不仅倾向于彼此间以及与亲代间有所不同,而且它们还倾向于彼此间有所相似。亚里士多德写道:"一个特定的胚芽不会带来任何偶然的生命体,也不会从任何偶然的生命体中产生;每一个胚芽来自一个特定的亲代,而且产生一个特定的子代。"这是早期对生殖过程的一种洞见,"相似孕育相似"这一定律总是针对这样的性状,正是它们界定了亲代物种和子代物种。

换言之,一个物种总是生育纯种,亦即它的成员总是生育能被归类为同一物种的个体,尽管在这些个体之间总有明显的差异,正如在物种这个单元内个体间总有相异性一样。而且,同一物种下的亚分类单元,如种族或变种,彼此间就能够交配和生育,但是不同的物种则不可能杂交。不同物种的个体,要么根本就不能交配;要么,即便交配了,像马和驴子,产生的却是不育的后代——骡子。从遗传学角度来看,正是这种生殖隔离定义了不同物种的界线。在多布赞斯基看来,就因为阻止杂交的隔离机制的存在,物种才不同于种族或变种。

于是,在分类的等级中,物种由于其代代相传的稳定性,就不同于所有更小的分类单元。那么,如果物种是自我维系的,它们转而会将稳定性赋予所有更大的分类单元——属、门、科——这些单元正如其下属单元物种一样,具有代代相传的稳定性。因此,起源问题就特定地属于物种而不是变种或属。

根据这一假设,除了来自一次特殊的创造,否则物种不可能起源。所有已存物种,要么从生命开始就在地球上生存;要么,如果是在时间的展开中新物种逐渐起源,那么,它们的出现就不可能通过自然生殖来说明。这是因为根据自然生殖律,子代只能是与其亲代相同的物种。

当然,自发产生说作为一种可能性依旧存在。不通过生命体的生殖方式,一个生物新物种或许也会出现。但是,除了事实依据(亦即,自发产生是否确实出现过)之外,一种生命形式若是以这种方式起源,似乎就不受自然原因的操纵,且暗示超自然力量的存在。

自发产生的可能性在古代和中世纪是被认可的,甚至还被认为有观察事实为证,例如,蛆就会从腐烂的物质中产生。但是,现代科学倾向于肯定这一生物发生律,即生命体只能来自生命体。对于康德来说,"生命可能源于毫无生机的自然"这一看法似乎不仅与事实相悖,而且还是荒谬或不合理的。然而,由于坚持"生命的发生只能来自有的生命"这一观点,因而"相似孕育相似"原则得到确证,但康德决不让这一原则发挥到这样的程度,以至于一个新物种的发生成为不可能。"在有机界内",他写道,对于一个生命体来说,生出一个"与其自身不同的个体",那是可能的。

针对这些不同假设的背景,达尔文通过对特定事实的整合,获得了一种新的视角,这些事实有:在家养条件下,生育的结果显示了种内存在普遍变异现象,以及变种近交后的趋势是生育纯种;达尔文自己所观察到的动植物物种的地理分布事实,尤其是由于不可逾越的屏障而引起的相互隔离现象;比较解剖学和胚胎学的事实所揭示出的生命结构的相似性以及不同物种生命体之间的发育情况;地质记录表明地球上生命的极其古老性,显示地球表面有过剧变的证据(以及对劫后余生的生命的影响),上述所有都留下了化石遗骸,尽管那些生命形式现在已经灭绝,但相似于现存物种。

简而言之,达尔文的见解是,新物种的出现,是由于在一个现存物种的变种中,某些中间形式灭绝了,接下来的情况是,生存下来的变种,在形式上变得彼此更为相异,这些变种生育出相似的后代,经历许多代的近交,也就倾向于生育纯种。于是,它们就稳定地存在,直至在物种的基础上又演化出一个属。这时,这些物种中又生成了许多变种,由于中间变种的绝灭,变种彼此间再度分化,直至再形成一个新的物种,其过程正如它们的上一代物种所经历过的那样。有鉴于此,达尔文说"一个显著的变种也可以被称作是一个早期的物种",一个物种则可被称作是一个早期的属。

如果假设,新物种来自旧物种,新旧物种可同时继续生存,这就是一种误解。情况刚好相反,历经数千代,一个物种的某些变种取得了物种的地位,原先的那一亲代物种则不再是物种而演变成了一个属。

"在物种与特征明显的变种之间仅有的区别",达尔文写道,"就是已知,或者相信,后者与现存的中间类型相关,而物种则是以前有过这种相关……相当可能的是,现在通常被承认仅是变种的形式,也许以后被认为值得给予一个特定的名字。在这种情况中,科学的和日常的语言将是一致的。简而言之,我们必须以博物学家对待属的方式来对待物种。博物学家承认,属只是出于方便而形成的人为组合……我们的分类体系,将尽其所能地变成系谱学的。"

于是,物种起源似乎就等同于中间变种的灭绝,同时伴之以一个或更多个极端变种的生存。这似乎恰恰就是看待同一事物的两种方式。此外还可以基于另一种假设来观察这一现象:所有生成的变种的幸存都经由有机体的生殖;而这是与事实相违背的。

"如果我的理论是真实的,"达尔文写道,"必定有过的情况是,无数中间变种的存在使得同一单元中的所有物种密切相连;但自然选择的过程却倾向于,正如我们常常强调的,根除亲代形式和中间环节。"如果我们假设,所有当今的中间变种都依然同时存在,那么,现在叫做"物种"的这一分类单元将通过成员间细微的差别而彼此相连,因而就无所谓明确的物种界限,正如我们现在所见的那样,情况恰恰是,正因某些环节的缺失才有明确的物种界限。

在《纯粹理性批判》中,康德用下述方式论述连续性原则,他写道:"这个原则指明物种的所有差异都彼此限制,不承认过渡之间存在间断,而只承认物种之间更细小的程度上的差别构成了过渡。简单一句话,不存在彼此之间最为接近的……物种或亚种;中间物种或中间亚种总是可能的,它们与物种或亚种之间的差别总是比它们之间现存的差别更小。"但是,康德又说,"显而易见,形式的这种连续性只是一个观念,在实际情况中不可能有如此的客体存在。"这部分是因为"在自然界中确实可区分出物种……如果依据其相似性,逐步的过渡是连续的,那么,位于两个特定物种之间的中间成员必定在数量上是无限多的,而那是不可能的"。

多布赞斯基对自然界中连续性的理解既不同于康德也不同于达尔文。既然生命体的差异代表一个或更多个基因的不同,完全的连续性就需要每一种可能的基因组合的存在。如果我们假设存在这样一种极端情况,结果也许就不是物种会有一个无限的数目,而是根本就没有物种和属的存在。植物和动物的序列也许会达到一种完美连续的程度,以至于其中仅仅只有个体差异的存在。事实上,现存物种仅仅反映了"可能基因组合的一个微不足道的片段",而现有物种之间绝大部分可能的中间组合体则会带来不适应的畸形个体,从而无法生存。物种是种群单位,物种之间的基因交换,因为"一种或数种生理隔离机制的共同作用而被阻断了"。只有通过这些屏障后的杂交,产生了适应性的"基因簇",才得以被保存下来。于是,从遗传学观点来看,生物学中的物种反映了自然界中实际的间断性——而不是任意规定的范畴。正是在此意义上,多布赞斯基认为物种是"自然的单元"。

关于达尔文的物种起源观,它的机制可划分为两类因素:第一类,决定有机体的绝灭或生存的以及(就生存来说)与交配和生殖有关的机遇状况;第二类,决定代际间性状传递的以及来自祖先及相互之间的后代变异状况。没有遗传变异,也许就没有群体内的差异,而选择因素正是对这些群体起作用的。没有祖先性状的遗传,也就没有群体性状在设法生存和繁衍的生命体中的稳定存在。

对于达尔文来说,第一类因素的作用组成了自然选择的过程,借助于此"变异,不管多么微小,无论何种原因引起,只要它们对个体有好处……就会倾向于这些个体的生存,并且还将遗传给后代"。达尔文对自然选择的理解是基于马尔萨斯原理基础之上的:只要不弹尽粮绝,所有生命体都倾向于生殖比实际能够生存下来的、更多数目的个体。通过高的死亡率,自然界"选择"那些最适合于生存和生殖的个体。这个过程以许多方式发生:通过地理环境的剧变,使得地球表面某个特定区域无法再为所有生命体提供栖息地,或者淘汰那些不能与急剧变化的环境相适应的个体;通过有机体为生境内有限的食物资源而发生的竞争;通过生存斗争,其间有机体不仅为食物竞争,而且还有彼此间的猎捕与反猎捕;通过性选择,群体内的某些个体被阻隔在交配和生殖圈之外。

对于达尔文的直接追随者来说,选择的本质被认为体现于这一概念,即"最适者生存"上。但是,生存下来的是否只是最适者,或者次等个体的增殖是否还赋予了进化以另一种方向,关于这些尚存争议。根据达尔文的表述,"自然选择

的作用机制,仅在于通过个体而起作用,并且是有益于个体的利益。所有躯体的和心理的禀赋都倾向于朝着完美的方向逼近……于是,正是通过自然界存在的争斗、饥荒和死亡,更高等的动物从中得以直接产生"。但多布赞斯基对此则持更为谨慎的态度。自然选择的过程确实是创造性的,他认为,因为它"导致产生了先前不存在的连贯实体,那些在特定生境中繁衍不息的新个体"。但是,选择也是机会性的,它有利于具有当下好处的变异,而不具有远见性。于是,它"冒有失败和误创的风险"。他指出,当我们运用自然选择产生最适者这一概念时,就存在这一危险。在我们看来是畸形的个体却偏偏能在自然界中生存和繁殖。瓦丁顿和多布赞斯基都同意,任何限定最适者的严肃意图都会导致这样一个同语反复:被认为适合的就是那些得以生存并繁殖的个体。"选择的本质",多布赞斯基写道,"就是一个种群内不同基因型的携带者对于世代相传的基因库做出的不同贡献"。达尔文主义的适合度只不过就是一个特定基因型的生殖效率而已。

至于遗传和变异这些因素,考虑到自达尔文以来实验遗传学的巨大进展,故需对他进化理论的这一部分做出修改。因为当时孟德尔关于杂交的经典论文尚未发表,故达尔文似乎采纳融合的遗传观。但是根据孟德尔的观点,遗传物质是颗粒状的。不同的遗传因子结合产生一种特定的个体,但其各自的特性并未失去。因此它们就能重组并进入下一代,形成一种新的遗传组合。关于变异的起源,达尔文的理解也是错的。首先,他的用进废退理论,非常接近拉马克的获得性遗传学说,已被证明是错误的。正如詹姆士所叙述的,奥古斯特·魏斯曼的研究证明了"亲代在生活期间获得

的任何性状可被传递给生殖质"是先天不可能的。其次,他错误地假定,因环境对发育的不同效应而导致的自然变异,能够被传递给下一代。也就是说,他对遗传过程的无知,使他不能区分由基因型所产生的变异以及由表现型所产生的变异之间的不同,事实上基因型与环境的相互作用才产生表现型。

达尔文对突变的发生有所知晓,但它们的速度似乎太慢而不能说明自然界中的巨大变异。不过在多布赞斯基看来,基因的随机突变就足够说明所有的遗传变异现象,这一发现已经除去了达尔文理论中的最大难题。由于发现显著的突变在一代中就会引起急剧的变化,故而在一段时期里人们曾认为,这类突变本身似乎就足以充当进化改变的动因。但现已证明情况并非如此。的确,有时候——大多是在植物那里——染色体数目的成倍增加(多倍体)能够导致一代内就出现一个完全新的物种。但对于大多数物种来说,达尔文的格言"自然界不作跳跃"仍然是有效的。因为物种在众多基因上有所不同,由此在多布赞斯基称之为"基因的簇集"中所获得的缓慢改变,已被证明对于物种的起源来说要比孤立的突变更为重要。而在一代中就出现众多基因的自发突变尚属未知。

自达尔文时代以来遗传学的进展并未改变其理论的主要框架。遗传机制要比达尔文所知道的更为复杂,涉及更多他当初忽略或无知的内容,例如遗传物质的结构,突变率的性质或杂交的不同类型、原因和结果。但那些发现仅仅导致了对于子代和祖先性状传递过程中的遗传变异问题的一种精致或不同的解释。不管这些问题如何被解释,它们的发生就是要让新物种通过遗传和选择这一自然过程得以出现。"我们现在的进化理论,"瓦丁顿写道,"大部分确实只不过是借助于孟德尔遗传学对达尔文理论的重述而已。"20世纪进化理论的成就已经增加了我们对于指导进化过程的不同机制之间相互关系的认识。诸如突变、遗传漂变、地理隔离、种群规模、生殖率、迁移、自然选择等对于进化过程和物种起源的相对贡献,如今的理解相比达尔文时代可能达到的要深刻得多。"如果达尔文今天还活着,"朱利亚·赫胥黎写道,"他的著作的标题也许就不会是'起源'而是'物种的各种起源'。因为从最近的研究中得到的一个最显著事实也许就是物种会以若干种相当不同的方式形成。"

读者必须自己做出判断,达尔文的进化理论在何种程度上曾被诸如奥古斯丁这样的学者有所预知,后者断言新物种出现于地球历史的不同阶段,甚至像康德这样的学者,似乎也萌生过这类洞察。

在这里关键的评判标准是,那些断言新物种是通过自然过程而不是特殊创造才发生的人,他们是否认为这种发生仅仅只是增加了已经存在的生命形式,而此前已经存在的物种的形态却没有任何变化。认可这种观点的人其实并不拥有达尔文的物种起源观,因为若把物种数量的增长仅仅看作一个扩增现象,他们就必须认定每一物种都具有稳定性,无论是新的还是旧的。就这一评判标准来看,甚至连康德似乎都不接近达尔文物种起源说的要义,亦即物种的起源必须通过具中间性状的变种的灭绝。

拿达尔文与他的某些特定前辈作比较,尤其是亚里士多德和阿奎那,似乎有必要运用另一种评判标准。现在面临的问题主要不是去寻找他们之间的相似性或相异性,而是确定他们是否在谈论同一个事情,当他们看上去相异时,他们之间的争议是否是实质性的。他们似乎并不以同样的方式来理解物种,确实,他们的用词就有所不同。这影响到了对整个起源问题的理解方式。只有当看上去持相反意见的双方不在广泛不同的意义上使用"物种"这个词时,那些有关物种稳定性或可变性的争议、有关进化和创造的争议以及有关人类起源问题的争议才具有实质性的意义。

有可能某种生命形式不是通过从一个共同祖先而来的方式起源,并且它们得以成为界限分明的类型不是仅仅由于中间变种的缺失——这些变种必定曾经存在而现在灭绝了。如果这类形式被称作"物种",那么这个词就有了不同的含义,不同于称谓鸽子、甲虫、老鼠这些类别时的那种含义。

现在"物种"一词有了两层含义,第一层可能表达了这么一种哲学观念,亦即物种是作为具有相同本质属性的分类单元。根据这一观念,绝对不可能有中间变种。第二层含义也许属于动植物分类学家,他们在系谱学或是其他什么意义上构筑一个分类体系。根据这一含义,对于被分类学家称之为"物种"的那些动植物类型来说,150万也许就是一个保守的估计数。与之相反,哲学意义上的那种不同本质的物种,其数目就要少得多了。

例如,达尔文就说:"我不能怀疑这一理论,即带有变异的遗传谱系包含了相同的纲或者界内的所有成员。我相信,动物最多源于四或五个祖先,植物则是从相同或更少的数目衍传而来。依此类推,我也许会进一步达到这一信念,即相信所有动植物都源于某一原始类型。但类推也许会误入歧途。"不过,他又补充说,对于进化理论来说,这种推断,"主要基于类推而做出……是否被接受"是无关紧要的。

根据本段落的理解,以及根据"物种"这个词有可能带来的双重运用:一重针对所有现存动植物类型的少量共同祖先;另一重针对大量现存的类型,达尔文与神学家之间的争议也许具有也许不具有实质性意义。如果神学家是在第一种含义上使用"物种"这个词,而达尔文则是在第二种含义上,那么,他们就不需要争执了。"这种生命观",达尔文把它归于某些著名权威,他本人也不愿断然拒绝,亦即生命"及其若干能力最初是被造物主注入少数类型或一个类型的"。

现在的问题是,双方有承认这一可能性的共同基础吗?即生命最初也许来自少量被创造的不同形式,并且这些不同形式又被认为是在某种特定概念上(但不是另一种概念上)的物种。如果这样,对物种稳定性的断言也许仅适用于少数原始形式。考虑到那些随着时间的展开而出现的形式,有两个问题不得不面对。首先,它们是哲学家意义上的物种,亦即具有确定的、不变的本质,还是分类学家框架体系中的物种?其次,它们在历史上的首次出现,是由于一次特殊的创造行动,是自发产生,还是由于进化,亦即从已经存在的生命形式按"带有变异的遗传谱系"衍传而来?

为了与达尔文交锋,对于回答这些问题的人来说,似乎有必要在生物学的意义上使用"物种"这个词,同时又通过特殊创造或自发产生来说明新物种的历史起源。但是,在思想史的传统中,像奥古斯丁和阿奎那这样的神学家,通常并不认为在最初创世之后,上帝还有任何特殊的创造活动,除非在解释人类个体灵魂的出现时才这样做。

"没有任何全新的东西后来才被上帝所创生,"阿奎那写道,"所有后来产生的东西在某种意义上都是以前在六天创世中被创造的……某些事物已经存在,这不仅指物质,而且还指其中的原因,那些现在才出现的个别受造物,其实它们的初始类型早就存在了。物种也是如此,如果有任何新物种出现,也是预先就以不同的活力存在的。动物也一样,也许甚至还有动物中的新物种,是由天体和要素从一开始就接收的活力通过腐殖产生的。再次强调,某种新类型的动物,偶尔会从属于不同物种的个体的交配中产生,正如骡子是公驴和母马的后代一样,但即便这种情况,其原因早已存在于六天的创世过程之中。"

神学家对于生命形式历史发展的概念是否符合进化论者的假说,即便它并不提供同一类型的解释,那是一个必须由读者自己做出判断的问题。但有一个问题依旧受到争议,毫无疑问,那也正是达尔文与其前辈尤其是神学家之间的一个基本争议。

这就是人类的起源和性质问题。对于人类的性质有两种观点。一种是,人类是哲学意义上的物种,本质上截然不同于兽类;另一种,人类是生物学家意义上的物种,仅仅在连续变异的意义上不同于动物。

根据第一种观点,要么,人类是被创造的,无论是其躯体还是灵魂;要么,如果人种有一个起源,亦即它部分或全部源于自然原因的操纵,那么,它就必须被理解为是从一个更低级的生命形式突现而来。阿奎那坚持认为,理性的灵魂"不可能降临,除了创造"。但是,根据阿奎那的观点,不仅只是人的灵魂,"除了上帝的直接干预外,不可能被产生",他还坚持认为"人类躯体的首次形成也不可能出自任何被创的因素,而是直接源于上帝"。他不拒绝奥古斯丁的看法,即人类躯体也许已经预先存在于其他的被创造物中,正如结果已预先存在于其原因之中一样。但是,他又补充道,结果仅仅以这样一种"被动潜力"的方式预先存在于其原因之中,于是,"它只能由上帝从预先存在的物质中产生"。这样,一个基督教神学家,比如阿奎那,也许会接受将这样的突现进化理论运用于人体组织,当然先决条件就是,仅靠自然原因不能满足人类的出现。

根据第二种观点,即达尔文的观点,人和类人猿从一个共同祖先形式而来,该形式现已灭绝,正如进化环节中的许多中间变种已经灭绝了一样,除非某种化石提供了这一缺失环节。"人类与其最接近的近亲之间的明显断裂,不能通过任何灭绝的或现存的物种来连接,这一点常常被人提起,"达尔文承认,"它似乎构成了对人源于某种更低等的形式这一信念的有力反驳;但是这一反驳,"他继续说道,"对那些依据普遍的理由而相信进化的一般原则的人来说将不会有多少力度。在这一系谱的所有环节经常存在缺口,有些宽泛些、明显些、突出些,有些则在不同程度上不那么强烈,正如在猩猩与其最接近的近亲之间;在眼镜猴与其他狐猴科动物之间;在大象与所有其他哺乳动物之间,以及以更明显的方式表现在鸭嘴兽或针鼹与所有其他哺乳动物之间。"达尔文还进一步坚持,"只要读过赖尔《人类古代的地质学证据》一文的人,就不会再过多强调……化石遗骸的缺乏",因为赖尔已经显示"在所有脊椎动物纲中化石遗骸的发现一直是一个非常缓慢和偶然发生的过程。同样不应当被忘记的是,那些最有可能提供与人类起源有关的、某些已绝灭的类人猿生物遗骸的区域,却还没有被地质学家搜寻过"。

无论基于上述这两种相互矛盾的观点中的哪一种,人类和大多数高等哺乳动物之间的器官组织相似性都是可以理解的,尽管在阿奎那和达尔文那儿对此会有不同的解释。但根据上帝造人说,或即便是根据突变进化假说,在猿类和人类之间不需要——严格地说,也不可能——有一个缺失环节,因为新物种的突现在生命的阶梯上跨出的就是一个整步。因此,人类就不会是通过中间变种的灭绝而成为物种的若干种生命形态之一。也正因为如此,他不同于动物,不只是在非本质的属性上,而是在本质属性上,亦即,他是在类型而不只是在程度上不同于动物。

关于人类本性的争议,在**动物**和**人**两章里还有其他角度的讨论。在这里,是从人类起源这一角度进行讨论,似乎涉及三种可能性:特殊的创造;通过来自一个共同祖先的进化;突现的进化。但这三种可能性不仅可应用于人类,而且还可应用于地球生命起始之初尚不存在的每一个物种的起源。

特殊创造的假说似乎并不为神学家所持有,至少不在神学思想的传统中。突现进化的假说引发的问题则涉及种种自然因素或超自然因素,在引发从低级向高级突现的过程中必须要有这样一些因素起到某种作用。不管亚里士多德和阿奎那是否能够用他们的物质潜能适合

多种形式的理论对这些问题提供一个答案,达尔文的带有变异的谱系遗传理论似乎明确反对突现进化假说。作为一个达尔文主义者,詹姆士说,"作为进化论者,我们牢牢抓住的一点是,所有新出现的存在形式确实只不过是原始的和不变的物质的重新分布的结果……在起初没有一种因素不存在,在后来的阶段也没有新的本质属性被引进"。

要解决两种进化理论的这场争论,难道无论如何不都必须先回答所讨论的物种之间具有何种关系的问题吗?——即这些物种在其发展过程中是否有可能由中间变种联系在一起,或是否有可能曾由中间变种联系在一起?举例来说,如果有证据表明,人类和猿类,就它们今天实际存在的状态而言,本质上是不同的,也就是说属于不同的种类,那么就不可能有过一个中间变种来为它们来自一个共同的祖先提供解释;反过来,如果有证据表明它们仅是在程度上有所不同,那么,达尔文假说就不面临什么困难。于是,物种起源所涉及的最终争议看来也将还原为这么一个问题,即应当在何种意义上将"物种"这一概念应用于所讨论的生物体类型。

分 类 主 题

1. 动物的分类
   1a. 系谱学的分类与其他分类体系的比较:系统发育系列
   1b. 区分种族或变种、物种、属以及所有更高分类单元的标准
2. 进化的机制:遗传学
   2a. 遗传理论:DNA 的结构和功能;基因的存在;作为基因载体的染色体
   2b. 遗传过程
      (1) 获得性遗传
      (2) 本能的遗传和变异
      (3) 种内生育(interbreeding)和杂交:杂种和不育;多倍体
      (4) 隔代遗传与返祖现象

2c. 生命多样性的来源:突变
   (1)突变的性质和原因:基因结构在自然条件下和在人工条件下的改变
   (2)突变的频率:在一代中出现的显著、截然的突变,对照于不易察觉的微小变异的连续积累
2d. 世代交替中的遗传变异:种群遗传学
   (1)自然和人工环境下变异的比较
   (2)遗传上或多或少可变的性状:它们对种族、物种和属的区分的影响
   (3)影响种群遗传学的因素:遗传和环境的相互作用;新种族和新物种的出现
3. 进化问题:动植物物种的起源
   3a. 终极起源的问题:一个或多个原始生命形式的创造;生命从无机物的发生;所有生命的基本形式
   3b. 物种的稳定性或可变性
   3c. 生命新形式的起源:特殊创造、自发产生、或来自旧有生命形式有所改变的后代
   3d. 进化的方向:进步和退步
4. 进化理论:来自共同祖先的新物种的起源
   4a. 生存斗争:原因和结果
   (1)自然选择:最适者生存
   (2)中间变种的灭绝
   (3)自然选择理论的困难:它的限制
   4b. 交配中的竞争:性选择
   4c. 影响生殖和种族形成的地理和生理学隔离机制:易接近性,可育性,不育性
5. 进化的因素:地球生命史的证据
   5a. 地质记录:化石遗骸的重要性
   5b. 生命形式的地理分布与现存物种系谱学的关系:适应和自然选择的证据
   5c. 比较解剖学和胚胎学:痕迹器官或退化器官及其功能的意义
6. 人类的起源和演变
   6a. 人类特殊创造的学说:躯体;灵魂
   6b. 人类源于低级动物生命形式的进化理论:人和类人猿来自一个共同祖先
   (1)人和其他哺乳类之间在解剖学、生理学和胚胎学方面相似性的证据
   (2)古生物学的证据:人类祖先的缺失环节
   (3)心理学的证据:人类心灵与动物智力之间的关系
   6c. 人类发生过程中的生物学进化:从史前期到文明时代
7. 进化理论对于其他学科的影响:社会达尔文主义

[陈嘉映 译]

索引

本索引相继列出本系列的卷号〔黑体〕、作者、该卷的页码。所引圣经依据詹姆士御制版，先后列出卷、章、行。缩略语 esp 提醒读者所涉参考材料中有一处或多处与本论题关系特别紧密；passim 表示所涉文著与本论题是断续而非全部相关。若所涉文著整体与本论题相关，页码就包括整体文著。关于如何使用《论题集》的一般指南请参见导论。

1. **The classification of animals**

1a. **Comparison of genealogical classification with other types of taxonomy: the phylogenetic series**

  8 Aristotle, 65, 114–116, 165–168, 272–274
  49 Darwin, 31, 63–64, 207–229, 238–239, 331–341
  56 Dobzhansky, 518–519, 627, 666–672

1b. **The criteria for distinguishing races or varieties, species, genera, and all higher taxonomic groupings**

  7 Aristotle, 20, 197–198 passim, 546
  8 Aristotle, 7–12, 19–20, 48, 489–490
  17 Aquinas, 273–274, 394–396
  33 Locke, 268–283 passim, 304
  39 Kant, 193–200
  43 Hegel, 191–192
  49 Darwin, 12–13, 24, 25–29, 30–31, 55–60 passim, 159–160, 207–210, 234, 241–242, 342–350 passim
  56 Dobzhansky, 537–548 esp 545–546, 666–672

2. **The mechanisms of evolution: the science of genetics**

  56 Schrödinger, 484–485, 487
  56 Dobzhansky, 519–522, 545–546, 575–576
  56 Waddington, 697

2a. **Theories of heredity: the structure and function of DNA; the existence of genes; chromosomes as the carriers of genes**

  56 Schrödinger, 476–480, 486–487, 490–491, 495
  56 Dobzhansky, 520, 548–551, 551–575 esp 573–575, 576–577
  56 Waddington, 704–715, 736

2b. **The process of heredity**

  8 Aristotle, 162, 164–165, 261–264, 308–312
  9 Hippocrates, 30
  11 Lucretius, 3, 57–58
  23 Montaigne, 409–410
  26 Harvey, 386–387, 391–393, 395–396, 425, 446, 455–456
  39 Kant, 578–580
  49 Darwin, 10–12, 222–224, 375–383, 429–430, 500–525, 529–531, 590
  56 Dobzhansky, 520, 522–525, 545–546
  56 Waddington, 723–735

2b(1) **The inheritance of acquired characteristics: the use and disuse of parts**

  6 Plato, 708–709
  8 Aristotle, 111–112
  18 Aquinas, 164–165
  23 Montaigne, 409
  26 Harvey, 455–456
  34 Diderot, 294
  49 Darwin, 66, 82–85, 103–116 passim, 119–120, 227–228, 283–284, 299, 318, 320–321, 358–359, 587–588
  54 Freud, 594–595, 707–708
  55 Whitehead, 187
  56 Schrödinger, 478–480, 483–485
  56 Dobzhansky, 530, 576, 599–601
  56 Waddington, 731–735

2b(2) **The inheritance and variability of instincts**

  11 Lucretius, 39
  39 Kant, 580
  49 Darwin, 119–135 esp 121–122, 131–134, 288, 292, 318–319 passim
  53 James, William, 691, 718–720, 722–725, 890–897
  54 Freud, 591–592, 613, 651–654, 758

2b(3) **Interbreeding and crossbreeding: hybridism and sterility; polyploidy**

  8 Aristotle, 103, 132, 279, 287–290
  11 Lucretius, 24, 69–70
  28 Bacon, 159, 211–212
  40 Mill, 426–427
  49 Darwin, 16, 47–50, 136–151, 230–231, 344–345, 356
  56 Schrödinger, 484–485
  56 Dobzhansky, 523, 534, 546–551, 552–553, 576–577, 611–628, 630–631, 637–666
  57 Veblen, 59–60

2b(4) **Atavisms and reversions to ancestral type**

  8 Aristotle, 309–310
  49 Darwin, 12, 16, 73, 75–78, 149–150, 271–275, 557, 587

57 Veblen, 90-95, 98, 103-116 passim esp 107, 112-116, 121-123, 128, 139, 152-153

2c. **The sources of organic diversity: mutations**

56 Dobzhansky, 521-522, 523-575, 578-579, 608
56 Waddington, 727, 732-735

2c(1) **The nature and causes of mutations: changes in gene structure and their occurrence under natural and artificial conditions**

56 Schrödinger, 481-486, 493-495
56 Dobzhansky, 523-533, 534-537, 552-575
56 Waddington, 727, 732-735

2c(2) **The frequency of mutations: marked and abrupt mutations in a single generation as opposed to the continuous accumulation of slight and imperceptible variations**

49 Darwin, 3, 92, 117-118, 235, 240-241, 487-488 passim
56 Schrödinger, 481, 485, 493-494
56 Dobzhansky, 527-533, 534, 555, 578-579, 604-605, 611-612

2d. **Genetic variation in the course of generations: the genetics of populations**

6 Plato, 403
8 Aristotle, 638
39 Kant, 579
49 Darwin, 6-7, 9-31, 53-59 passim, 65-79, 99-103, 234, 266-271, 275, 284-285, 347-348
53 James, William, 857-858
56 Schrödinger, 480
56 Dobzhansky, 521-522, 575-590, 629-644
56 Waddington, 728-735, 736-738

2d(1) **Comparison of variation under conditions of natural and artificial breeding**

28 Bacon, 211-212
49 Darwin, 9, 12, 24, 40-42, 117, 233, 377
56 Dobzhansky, 522, 575

2d(2) **Characteristics which are more or less variable genetically: their bearing on the distinction of races, species, and genera**

8 Aristotle, 167-168
33 Locke, 272-273
49 Darwin, 24-25, 71-75, 78-79, 236, 372-375, 486-488
56 Dobzhansky, 537-548, 551-552, 570-573

2d(3) **Factors influencing the genetics of populations: the interplay of heredity and environment; the emergence of new races and species**

56 Dobzhansky, 533-534, 537-548, 575-590, 629-644
56 Waddington, 731-735

3. **The problem of evolution: the origin of plant and animal species**

3a. **The question of ultimate origins: the creation of primordial life in one or many forms; the original generation of life from inorganic matter; the fundamental unity of all organisms**

Old Testament: *Genesis,* 1:11-12,20-28; 2:4-9,19-23
8 Aristotle, 65-66, 73, 74-75, 77-79, 83-84, 95-96, 255-256, 299-300
11 Lucretius, 68-69
16 Augustine, 156, 412
17 Aquinas, 361-362, 367-369
26 Gilbert, 105
26 Harvey, 400-401, 412-413, 428, 449, 468-469
29 Milton, 220-231
32 Newton, 542
49 Darwin, 2-4, 240-241
53 James, William, 95-98
54 Freud, 652
55 Whitehead, 186-189
56 Dobzhansky, 518
56 Waddington, 723-727

3b. **The fixity or the mutability of species**

8 Aristotle, 272
11 Lucretius, 8-9
17 Aquinas, 516-517
33 Locke, 258-259, 326-328 passim
39 Kant, 579-580, 581-582
49 Darwin, 1-5, 160-180 passim esp 160, 165, 167, 239-240
56 Dobzhansky, 669-672

3c. **The origin of new forms of life: special creation, spontaneous generation, or descent with modification from older forms**

8 Aristotle, 303-304
16 Augustine, 487-489
17 Aquinas, 370-371, 373-375, 587-588
39 Kant, 578-580
49 Darwin, 6-7, 78, 85, 182-184, 198-204, 217-219, 228-229, 234-243, 253

3d. **The direction of evolution: progress and recession**

34 Swift, 79-80, 121
43 Hegel, 186
49 Darwin, 1, 41-42, 60-62, 63-64, 96-103, 176-178, 340-341
54 Freud, 768-769
56 Schrödinger, 482-484
56 Dobzhansky, 524-528, 556, 578-579
56 Waddington, 738-741

4. **The theory of evolution: the origin of new species from a common ancestry**

49 Darwin, 6-243

24. Evolution

53 James, William, 95–98
55 Whitehead, 186–189
56 Dobzhansky, 519–522, 575–576, 608–611
56 Waddington, 723–735, 746–747

4a. The struggle for existence: its causes and consequences

6 Herodotus, 112–113
8 Aristotle, 134–136
35 Rousseau, 334–337 passim, 348–349
36 Smith, 38–39
49 Darwin, 7, 32–64, 182–183, 275–277, 320–328 passim
54 Freud, 592, 791
56 Dobzhansky, 579–580, 590–611

4a(1) Natural selection: the survival of the fittest

7 Aristotle, 275–276
11 Lucretius, 69
41 Boswell, 510
49 Darwin, 32, 40–64, 95–97, 134–135, 214, 233–239, 277–286 passim, 320–328, 424–425 passim, 430–432, 442–443, 525–527, 554–555
53 James, William, 90–93, 94, 208–209
55 James, William, 24
56 Dobzhansky, 526–527, 579–580, 590–611, 628
56 Waddington, 728, 732–735
57 Veblen, 90–93

4a(2) The extinction of intermediate varieties

11 Lucretius, 69
49 Darwin, 52–53, 58–60, 80–82, 97, 152–153, 168–171, 231–232, 350–356

4a(3) Difficulties with the theory of natural selection: its limitations

49 Darwin, 80–118, 131–134, 152–153, 160–166, 230–233, 284–285
56 Schrödinger, 481–483
56 Dobzhansky, 581–585 passim, 603

4b. Competition in mating: sexual selection

6 Plato, 361–363
26 Harvey, 454
34 Swift, 166
35 Rousseau, 346
49 Darwin 43–44, 359, 364–589, 593–596, 598–600
56 Dobzhansky, 577–578, 632–637

4c. The geographical and physiological isolating mechanisms influencing breeding and race formation: accessibility, fertility, and sterility

11 Lucretius, 24
39 Kant, 229
49 Darwin, 47–52, 68–69, 136–151 esp 136, 141–142, 143–145, 150–151, 344–345
56 Dobzhansky, 522, 585–590, 629–666, 668–670
57 Veblen, 79–80

5. The facts of evolution: evidences bearing on the history of life on earth

5a. The geological record: the significance of fossil remains

39 Kant, 583–584
49 Darwin, 80–81, 152–180, 231–233, 237, 242–243
56 Dobzhansky, 667

5b. The geographical distribution of the forms of life in relation to the genealogy of existing species: evidences of adaptation and natural selection

49 Darwin, 51–52 passim, 80–82, 181–206, 231, 237–238, 343–344
56 Dobzhansky, 537–548, 583–590, 595–601
56 Waddington, 731–732

5c. Comparative anatomy and embryology: the meaning of rudimentary or vestigial organs and functions

8 Aristotle, 13, 112
26 Harvey, 375, 451–453 passim
49 Darwin, 82–94, 212–229, 238–239, 255–265, 271–275 passim, 278–284, 333–334, 338–340, 347–348
54 Freud, 652

6. The origin and development of man

6a. The doctrine of man's special creation: in body, in soul

Old Testament: *Genesis,* 1:26–27; 2:7,18,-21–23; 5:1–2 / *Job,* 10:8–12 / *Psalms,* 8; 139:14–16 / *Jeremiah,* 27:5
Apocrypha: *Wisdom of Solomon,* 2:23; 10:1 / *II Maccabees,* 7:23,28
New Testament: *Acts,* 17:24–26
11 Epictetus, 102, 104–105
16 Augustine, 307–308, 410–415, 430–432, 709
17 Aquinas, 368–369, 383–384, 480–491, 600–604
19 Dante, 77, 106
21 Hobbes, 176, 251
28 Bacon, 41, 54
28 Descartes, 280, 313–314
29 Milton, 242–243
33 Locke, 36
51 Tolstoy, 689

6b. The theory of the evolutionary origin of man from lower forms of animal life: descent from an ancestor common to man and the anthropoids

35 Rousseau, 334
39 Kant, 578–580
49 Darwin, 253–341, 590–592, 596–597
54 Freud, 509–510, 562

6b(1) Anatomical, physiological, and embryological evidences of an organic affinity between man and other mammalian forms of life

8 Aristotle, 24–25
49 Darwin, 255–265, 271–275, 278–284, 333–335, 338–340

6b(2) Paleontological evidences: the missing link in man's ancestry

49 Darwin, 336–337

6b(3) Psychological evidences: the human mind in relation to animal intelligence

39 Kant, 602
49 Darwin, 287–320
51 Tolstoy, 689–690

53 James, William, 8–52 passim

6c. Biological evolution in the course of human generation: from prehistoric to historic man

11 Lucretius, 70–71
35 Rousseau, 329–330, 334–337
49 Darwin, 266–275 passim, 323–324, 342–359, 578–589
54 Freud, 782
58 Lévi-Strauss, 513–514

7. The influence of the theory of evolution upon other disciplines: social Darwinism

55 Whitehead, 186–189, 232–233
56 Waddington, 735–736, 738–746 passim
57 Veblen, 79–83, 100–101
58 Lévi-Strauss, 406–407

交叉索引

以下是与其他章的交叉索引：

The classification of animals, *see* ANIMAL 2a–2c; LIFE AND DEATH 3–3b.
The distinction between species and genera in relation to definition and classification, *see* DEFINITION 1a, 2b, 2d; OPPOSITION 1c(2); RELATION 5a(4); SAME AND OTHER 3a(1).
Heredity, *see* ANIMAL 10; FAMILY 6b; HABIT 3e.
DNA, RNA, and chromosomes and their role in heredity, *see* ANIMAL 10.
Breeding, *see* ANIMAL 8c(4), 12a; FAMILY 6b.
The origin of life and the major forms of life, *see* ANIMAL 1b, 8a–8b; LIFE AND DEATH 2, 3a.
The conflict of organisms in the struggle for existence, *see* OPPOSITION 3e.
The origin of man and his affinity with other animals, *see* ANIMAL 1c–1c(2); MAN 1a–1c, 4b–4c, 8–8c; MIND 3a–3b; SOUL 2c(2)–2c(3).
Evolution in relation to the idea of progress, *see* PROGRESS 2.
Social and mental evolution in human history, *see* HISTORY 4b; MAN 9c; MIND 3c; PROGRESS 1b, 6; TIME 8a.
The notion of cultural evolution, *see* PROGRESS 6.

扩展书目

下面列出的文著没有包括在本套伟大著作丛书中，但它们与本章的大观念及主题相关。

书目分成两组：

Ⅰ．伟大著作丛书中收入了其部分著作的作者。作者大致按年代顺序排列。

Ⅱ．未收入伟大著作丛书的作者。我们先把作者划归为古代、近代等，在一个时代范围内再按西文字母顺序排序。

在《论题集》第二卷后面，附有扩展阅读总目，在那里可以查到这里所列著作的作者全名、完整书名、出版日期等全部信息。

I.

Augustine. *The Literal Meaning of Genesis*
Nietzsche. *Thus Spoke Zarathustra*
Goethe. *The Metamorphosis of Plants*
Darwin, C. R. *Foundations of the Origin of Species*
———. *A Posthumous Essay on Instinct*
———. *The Variation of Animals and Plants Under Domestication*
Engels. *Dialectics of Nature*
Shaw. *Back to Methuselah*
———. *Man and Superman*
Bergson. *Creative Evolution*
———. *Matter and Memory*
Dewey. *The Influence of Darwin on Philosophy*, Title Essay
Russell. *Human Knowledge, Its Scope and Limits*, PART I, CH 4
———. *Religion and Science*, CH 3
Dobzhansky. *The Biology of Ultimate Concern*
———. *Genetics of the Evolutionary Process*
Waddington. *Biology for the Modern World*
———. *The Epigenetics of Birds*
———. *How Animals Develop*
———. *Organisers and Genes*

———. *Principles of Embryology*
———. *The Strategy of the Genes*

II.
THE MODERN WORLD (1500 AND LATER)

Adler, M. J. *Problems for Thomists*
Bagehot. *Physics and Politics*
Bateson. *Problems of Genetics*
Buffon. "Epochs of Nature," in *Natural History*
Butler, S. *Darwin Among the Machines*
———. *Evolution, Old and New*
———. *Note-Books*
Chaisson. *Universe: An Evolutionary Approach to Astronomy*
Chambers, R. *Vestiges of the Natural History of Creation*
Childe. *Man Makes Himself*
Clark, W. E. Le Gros. *The Antecedents of Man*
Cohen, M. R. *Reason and Nature*, BK II, CH 3
Cope. *The Primary Factors of Organic Evolution*
Cuvier. *The Animal Kingdom*
Darwin, C. G. *The Next Million Years*
Darwin, E. *Zoonomia*
De Vries. *The Mutation Theory*
Eiseley. *The Immense Journey*
Elton, C. *Animal Ecology*
Fisher. *The Genetical Theory of Natural Selection*
Fiske. *Essays: Historical and Literary*, VOL II (9)
Galton. *Essays in Eugenics*
———. *Natural Inheritance*
Gould. *Time's Arrow, Time's Cycle*
———. *Wonderful Life*
Hartmann, E. *Philosophy of the Unconscious*, (c) x
Henderson. *The Fitness of the Environment*
Hobhouse. *Mind in Evolution*
———. *Morals in Evolution*
Huxley, J. S. *Evolution, the Modern Synthesis*, CH 10
———. *Evolutionary Ethics*

Huxley, T. H. *Darwiniana*
———. *Evolution and Ethics*
———. *Man's Place in Nature*
Keith. *A New Theory of Human Evolution*
Lamarck. *Zoological Philosophy*
Langer. *Mind: An Essay on Human Feeling*
Lewes. *Problems of Life and Mind*
Linnaeus. *Systema Naturae*
Løvtrup. *Darwinism*
Lyell. *The Geological Evidences of the Antiquity of Man*
———. *Principles of Geology*
Mayr. *The Growth of Biological Thought*
———. *Systematics and the Origin of Species from the Viewpoint of a Zoologist*
———. *Toward a New Philosophy of Biology*
Mendel. *Experiments in Plant Hybridization*
More, L. T. *The Dogma of Evolution*
Morgan, C. L. *Emergent Evolution*
Morgan, T. H. *Evolution and Genetics*
———. *The Physical Basis of Heredity*
———. *The Scientific Basis of Evolution*
———. *The Theory of the Gene*
Munro. *Evolution in the Arts*
Oparin. *The Origin of Life*
Peirce, C. S. *Collected Papers*, VOL VI, par 13–17, 287–317
Romanes. *Mental Evolution in Animals*
Smuts. *Holism and Evolution*
Spencer. *Progress: Its Law and Cause*
Teilhard de Chardin. *The Phenomenon of Man*
Tennyson. *In Memoriam*
———. "Locksley Hall"
Thompson, D. W. *On Growth and Form*
Wallace, A. R. *Contributions to the Theory of Natural Selection*
Weismann. *Essays upon Heredity and Kindred Biological Problems*
———. *The Germ-Plasm*

25

经　验　Experience

总　论

人们把经验看作知识的一个源泉。有时又把经验说成我们所知的所有内容。

人们有些时候把经验等同于感官知觉；有些时候则认为经验还包含着更多的内容——记忆和想象行为。有时经验还被看作思想、感觉、欲望以至意识的全部内容及心灵或精神生活各个方面的总和。这种情况下，经验在时间中的流动又被等同于意识流。

经验的内涵既可以是私人的，也可以是公共的，既可以是主观的，也可以是客观的——既可以指无人可与分享的东西，也可以指对所有生活于同一世界、具有共同常识的人不言而喻的东西。

经验还可以从其他角度来分类，比如直觉的或审美的经验，宗教经验，神秘经验。

经验还会让人在某项技艺或某类实用操作方面成为行家。一个人如果对于某类事情的操作或某样东西的制作拥有很多经验，也就能把这类事情做得更漂亮，把这样东西制作得更完美。无论这件工作是交给别人还是他自己来做，他都能更好地判断应该如何着手开始工作，或者哪些工作已经做好。就此而言，经验就是实用的，这既是因为经验从实践中来，也是因为经验是用来指导实践的手段。不过，经验也会因为完全相反的理由得到赞美——人们因经验本身之故而从经验中得到快乐，把经验作为目的本身来追求，而非作为服务于其他目的的手段——除非目的是以最为多姿多彩的经验充实生命。

这只是"经验"一词不可计数的众多含义中的几个——并非所有，而只是在经典著作的传统中被格外强调的几种含义。没有著者会在所有可能的意义上使用这个词。这个词的有些意义相互矛盾。根据讨论的上下文，或者思考的主题，同一位著者也会交替地在不同含义上使用这个词。

例如，亚里士多德在探讨科学的本源时指出："我们所说的记忆来源于感官知觉，而对同一事物的记忆经过频繁的重复，就逐渐形成了经验；因为若干记忆成就一个经验。"由经验进一步带来的产物——"灵魂中完全定型的共相"——则得自于抽象，以及与归纳或概括相关的行为。亚里士多德写道："当从经验中获取的众多观念形成对于某一类对象的普遍判断的时候"，艺术或科学就得以产生。因此，在他看来，"能工巧匠的手艺与学问家的知识，把有待存在者（coming to be）创造出来的技艺与关于存在者（being）的知识"，可说都源自于经验。

在亚里士多德看来，在自然研究中，经验对于"如何通盘审视所有已掌握的事实"具有本质性意义，这种能力只有在对自然及自然现象深入了解的基础上才会得以形成。而在讨论伦理学或政治学问题时，他则把经验作为明智判断的基础，这样的判断不仅"与共相相关"，而且"必须对殊相有所了解"。亚氏写道，这一事实可以解释"为什么一些没有知识"，但"富有经验的人，会比另一些有知识的人更会处理实际问题"。而照亚氏的观点，在诗学的领域，就像在道德问题中一样,同样是有经验的人最善于分辨作品的好坏,而且懂得"正确地评价人工作品,……能够理解作品是借助什么样的方式,以及如何创造出来的,有哪些因素相互协调",而"对于没经验的人来说,能够不出差错地看出一件作品是好是坏就已经很不错了。"

霍布斯和威廉·詹姆士同样既用"经验"这个词来指在实践问题上的行家眼光或良好的判断力,也使用这个词讨论关于知识的来源和本质的问题。像亚里士多德一样,霍布斯也说:"丰富多彩的记忆,或对丰富多彩的事物的记忆,就叫做经验"。他把经验与明智联系在一起。他写道,经验是这样一种知识,它"不是由推理获得的,而是野兽和人所共有的;在关于过去事件来龙去脉的记忆中,对于会改变事情结果的哪怕极为细小的环节的遗漏,也会让最明智的人做出错误的估测。"

与霍布斯不同,詹姆士经常把经验与意识流相提并论。"经验在每时每刻都塑造着我们,"他写道,"它让我们的心灵成为反映世界上各种事物间时空关系的一面镜子。"他把经验与概念、推理及思想区分开来,而将之与知觉和感觉联系在一起。他写道,"'经验'之路本身是一道门,五种官感由之通行的门。"

就大部分用法而言,经验是心理学分析的用语,意指理论知识或实践智慧的发展成熟。除了上面提到的著者,阿奎那、弗兰西斯·培根、笛卡尔、斯宾诺莎、洛克和休谟也主要是在这个意义上使用"经验"一词的。普罗提诺及其他神学家在讨论灵魂与上帝的神秘融合时,也是在心理学的维度上使用"经验"一词。

但在休谟那里,经验同样意指实在,或,按他自己的说法,意指与"观念的关系"相对的"实际情况与存在"的领域。他倾向于把自然的秩序与经验中的事件序列等同起来,尽管他似乎也考虑到了"自然过程与我们的观念序列间的前定和谐"。他接下来说,自然"赋予我们一种本能,这一本能使我们的思想进程与自然业已在外界对象中确立的秩序相一致。"

休谟在经验客观性问题上的困难或迟疑不决,在康德那里则不复存在。康德已经不再把经验作为具有主观性含义的心理学用语使用了。自然界的秩序——也即理论科学的对象——就是经验的秩序。在康德对"可能经验"所赋予的专门意义上来讲,自然界就是所有可能经验的总和。他对于知觉判断和经验判断的区分,则与其他论者对于主观的感官-经验与对于实在的知识——即对于为众多心灵共同分享的对象的知识——的区分相对应。

经验之所以成为这样一个公共对象的领域,恰恰在于经验的感觉材料正是心灵本身依其自身的结构塑造和整合起来的:这一由直观形式和知性范畴完成的综合过程,被康德称为"统觉的先验统合"。假若没有这样一个综合过程,经验"将纯粹是一团知觉杂多,根本无法按照一个完全统一的(可能)意识所规定的准则,组成任何相互关联、具有条理的整体,因而也就无从接受统觉的先验、必然的统合。"

虽然听起来不太可能,但说到把经验在概念上等同于存在,詹姆士的确比康德走得还要远。康德并不认为实在的范围是由所有可能经验划定的。"非现象不可能成为经验的对象;"他写道,"经验对象永远不可能越出感性的界限,只有在这一界限之内,对象才得以呈现给我们。"与这种和经验同一的现象实在相对,康德还设定了一个本体世界——一个只能由智性加以把握的、超感官的存在者组成的世界。康德写道：属于这个世界的，是这样一些"可能事物，它们并非我们感官的对象，只能为知性思及。"由于这些康德称为"物自体（Ding-an-sich）"的事物不受条件限制，也就是说，从其自身而言，无法接受任何直观形式或知性范畴的塑造，所以，物自体无法具有经验的、或感官上的实在性，而是只能由智性把握的存在。

在《彻底的经验主义》一书中，詹姆士则在这个方向上走得更远：他把经验与实在整体画上了等号，一切事物——无论现实的还是可能的或想象的，具体的还是抽象的，客观的还是主观的——都被囊括其中。所有区分都必须在经验内部作出，而经验本身则对所有区分中立——它涵纳一切。在经验和其他存在的领域之间，不可能作出任何有意义的区分。正是在这种无所不包的意义上，经验被说成杜威哲学的核心概念，正像心灵对于黑格尔，实体对于斯宾诺莎，或存在对于阿奎那和亚里士多德那样。

对杜威来说，虽说教育有赖于经验，但"经验与教育还不能这样轻易地混为一谈。因为有些经验对教育是有害的"，原因是这些经验"会阻碍经验的进一步成长，或者把经验的成长引到错误的方向上。"因此，我们必须"分清有益于教育的经验和有害于教育的经验"。

从对经验概念的纯心理学讨论，到某种类形而上学的讨论，我们从经验概念的一极走到另一极。另一种截然不同的讨论方式则是在经验的两种不同价值的对照中展开的：一种是实用价值——讲的是实际上的有用，一种是美学价值——讲的是直觉上的愉悦。至少，把经验在形而上学的意义上等同于一切存在，与在美学上把追求最丰富的经验设为人生理想，有其相互呼应之处。

激发奥德修斯和他的同伴们冒险的强烈渴望，让我们看到这一理想的若干提示。事实上，但丁发现奥德修斯性格的奥秘正在于他"经验天地万物、人性百态"的热情，是这种热情，激励他"追求德行和知识"，甚至于达到"如痴如狂"的程度。

巨人卡冈都亚和庞大固埃所表现出的无穷魄力，以及乔叟故事中巴思妇所具有的进取心，同样是以人生经验作为追求目标的体现。不过对于这一人生理想最为杰出的诗性表达当属浮士德——一个以灵魂来赌一个尽善尽美时刻的人，决心在由魔鬼墨菲斯托菲里斯开启的一个个世界中，丰富他的人生经验：

> 我的胸中已解脱了对知识的渴望，
> 将来再不把任何苦痛斥出门墙，
> 凡是赋予整个人类的一切，
> 我都要在我内心中体味参详，
> 我的精神抓着至高与至深的东西不放，
> 将全人类的苦乐堆积在我心上，
> 于是小我便扩展成全人类的大我，
> 最后我也和全人类一起消亡。

在知识的起源，特别是在艺术与科学的系统化的知识的起源问题上，经验到底扮演什么角色？与这一课题相关的基本问题是：经验是知识的唯一来源，或者，只是来源之一？很少有人——假如还存在这样的人的话——会认为从经验中什么也学不到，或者，任何值得学习的东西都可以完全脱离经验习得。在基督教历史的最初几个世纪里，虔诚的基督徒在他们的传道中宣传，人类过上好日子、并获得拯救所需要了解的一切知识，都可以在上帝的启示中找到。但这一极端立场忽视了理性建构和经验材料的作用。

当哲学家以及科学家有关经验的争论涉及"人借助自身的能力到底能习得哪些知识"的问题时，常常会提到感官与理性或智性的区分。正如**观念**、**心灵**和**感觉**那几章所提示的,能否有效地作出这一区分本身就是伟大著作传统中一个举足轻重的问题。不过,那些赞成此区分方式的人,往往也会把经验看成感官活动的某种结果。对他们而言,问题只在于我们的观念——我们在科学判断及推理中使用的普遍观念或概念——是否来源于感觉-经验;感觉-经验要么本身就是对殊相的感知,要么源自于对殊相的感知。这里,殊相与共相间的对立,以及知觉、感官印象或具体印象与概念或抽象观念间的对立,是问题的核心所在。

一种可能性是:心灵中的概念和普遍法则全部是由抽象或归纳的过程以某种方式从经验中汲取的。阿奎那是这一观点的代表。他接受亚里士多德的观点,认为智性"就像一块无字的白板"。白板上写些什么,取决于感官和想象力如何组织材料,形成概念。"智性之所以在事实上既具有习得新知识的理解力,又具有运用已掌握知识的理解力,"阿奎那写道,"是因为有想象活动及其他能力的存在作为前提。"

没有经验,心灵将是一片空白,但是,要以形形色色的观念把心智充实起来,仅靠经验也是不够的。感觉器官的正常活动本身还不是知识的原因。阿奎那写道,由感觉-经验建构起来的知觉或印象,"事实上还需要被赋予智性",这就需要智性的积极参与,而不仅是智性对来自经验的印象的被动接收。根据这一理由,他作出结论,"感性知识并不是智性知识全部和完全的原因;准确地来讲,感性知识只是智性知识的某种物质上的原因。"尽管经验是智性实际运作所绝对必需的原材料提供者,但名符其实的科学知识或艺术知识并不仅仅来源于经验。

然而我们同样看到,像阿奎那那样断定智性中的东西无不预先存在于感官之中的论者,并没有假定感觉-经验材料可以不经转换地为智性接纳。相反,他们认为,智性的最基本贡献就在于将经验到的殊相转换为普遍的概念。而像培根那样坚持知识的原则源于对经验的归纳的论者,也并不必然假定所有知识都直接取自经验。某种程度上,演绎推理是一种对未知真理的学习过程,而如此习得的真理只能间接地来源于经验。这类真理的直接来源是业已知道的真理,而业已知道的真理反过来又来自于对经验的归纳。

哈维批评许多人都搞错了理性与感官的关系。他写道,在他自己所研究的领域中,"一些不学无术、毫无经验的人,仅凭着东拼西凑的辩证法和牵强的论证,加上对感官证明的迷信,就妄图颠覆或杜撰事实上只能依据解剖学证据才能证实的理论。"他接着写道:"要教会那些毫无经验的人学习仅靠感官无从掌握的知识,真是难上加难!"

哈维认为,在几何学以及一切科学领域之中,理性的工作是"借助可感事物对不可感事物作出理性证明,得出合情合理的结论,或者从更明显、更好了解的事物中推导出那些深奥难解、仅凭感官无法得出的结论。"科学既依赖理性,又依赖感性;但对错的最终裁定者是感觉,而非理性。他断言,"要检验一理论的优劣,确定一命题中有否包藏谬误,对我们来说必须要做的,就是用感性来加以验证,由感性来决定接纳还是抛弃这一理论或命题。"

奠定在感性能力与理性能力区分基础之上的理论并非只有上述一种。天赋观念理论展示了另一可能性。这一理论的持有者,比如笛卡尔,认为存在着"我们的知性借助某种与生俱来的禀赋所领会到的纯粹智性的[观念]。"因此,接下来的结论似乎就是:经验的作用除了与个体事物相关的方面,其余都大可以忽略不计。不过,持天赋观念论的理论家大都认为,经验除了提供对个体事物的认识之外,还会刺激或诱使先天埋藏在心灵中的知识种子进一步成长发育。笛卡尔虽然把他的形而上学建筑在自我与上帝的天赋观念基础之上,也同样承认经验知识在自然科学领域中的作用。要回答诸如"何为磁铁的本质"之类的问题,研究者必须"首先搜集关于这种矿石的一切可经验的观察结果,然后,再试图从中推导出这种矿石的各种性质。"

如果一个理论家要取否定经验的一切作用的极端立场,那么他也必定承认,天赋观念无需任何外界的推动就能够在事实上发展为知识;他或许也会认为,一切观念都是心灵的直觉式理解的对象。而问题是,是否有人持如此极端的观点,以至于否认,即使对于个体事物而言,感觉-经验也根本不属于知识。

取另一极端立场,认为"经验是知识的唯一来源"的理论家,则否认存在着感性能力与理性能力的区分,反对认为感性和理性在人类知识来源的问题上都占有一席之位的二元论,而代之以对"感知过程"和"对已获取的材料的再加工过程"的区分。霍布斯、洛克、贝克莱和休谟应该说都是取这一立场的理论家,尽管其具体思路又各有不同。

按照詹姆士的看法,这几位理论家代表了"心理学中的经验论学派"。他尝试着把这派理论的观点概括为:"如果可以把心灵中的所有观念联系都阐释为感觉材料间的装配焊接……那么,经验,依其正常、规范的意义而言,乃是心灵的设计师。"换言之,如果与感觉、印象、观念——无论我们用什么词来称谓经验的原始材料——相关的所有活动就在于记忆或想象对这些原始材料的再加工过程,以及通过它们之间的比较、组合、连接等各种方式形成复杂观念、判断及推理链条的过程,那么,构成人类知识内容的所有元素就都可以还原为源自外部的经验。

这样的立场是否需要进一步的限定,取决于理论家在共相或抽象问题上的态度,关于"共相"及"抽象",我们在**观念**、**感觉**及**普遍与特殊**等章中还会有更加详尽的讨论。洛克在关于"抽象观念"的讨论中,休谟在对数学概念的专门考察中,都提出过这样的观点:的确有某些类型的知识、或知识的某些侧面是不能通过还原为经验加以解释的。这两位思想家都对他们的经验论进行了某种限定。霍布斯和贝克莱的想法却又有所不同——尽管与上两位的区别也许并非那么明显。他们完全否认抽象概念或共相概念在心灵中的存在。如果"抽象""一般"或"普遍"对我们而言不过是空洞的说辞,那么心灵或知性就既没有对经验材料另外附加什么东西,也没有使之发生什么根本上的转变。

涉及经验与知识的争论也出现在关于"先天"与"后天"这组对立概念的讨论中。这组概念在有些场合意味着"先于经验具有"与"后于经验出现或从经验中获得"的区分,在有些场合的用法则与时间序列上的区分无关,指示"独立于经验"与"依赖于经验"的区别。

在涉及命题或判断的讨论中,与涉及推论或推理的讨论中,先天与后天这组概念所提示的区别并非全然相同。这组概念在科学与哲学上所提示的区分及其意义将在**判断**和**推理**两章中专门讨论。这里只需指出,先天判断既不由经验决定,也毋需经验证实。

初看起来,认为经验只是知识的一种——而非唯一——来源的理论家,似乎也应该顺理成章地认同"某些判断、特别是科学的基础命题属于先天判断"的观点。事实却并非如此。举例来讲,培根与亚里士多德都认为,各种科学的原理都来源于对经验的归纳。培根这样写道:"有且仅有两种探索和发现真理的方法:一种是急于从感觉和个别一步跳到最普遍的公理,并想当然地把这些普遍公理当作原理和无可争议的真理,导出和发现次一级的公理……另一种则是把公理建构在感觉和殊相的基础上,环环相扣、步步为营,最终达到最普遍的公理。"照此看来,所有公理都是后天命题。

笛卡尔与康德尽管在具体细节上各有不同,但如我们以上所见,他们两个都认为心灵自身为一类判断提供了基础,因此,这类判断属于先天判断。同时,丝毫没有迹象表明,视经验为知识唯一来源的理论家就一定会认为所有命题都是后天的。休谟对于数学命题的讨论,以及詹姆士对于公理或必然真理的讨论,即属这类例外。

这里还有进入这一问题的另一角度:人类知识能否涵盖超越经验的对象,能否通达超越一切可能经验、不可感知的事物或存在?

这里,我们也许同样会想当然地以为,在知识起源问题上持后天论观点的人,同样会把人的理解力局限于可经验之物。而亚里士多德和阿奎那却会说,知识的经验来源并不把可知事物仅限定为可经验的事物。阿奎那引用亚里士多德关于天界的著述用以表明,"我们可以拥有"关于无法经验的事物的"科学知识","其方式是:借助排除法或根据这些事物与物质事物的关系。"他认为天文学知识的真实性甚至高于形而上学和神学。尽管我们的全部概念都源于对经验的抽象,我们却同样能够借助概念超越可感世界,通达纯粹智性的实在——非物质、不可感的存在物或存在的相应侧面。洛克一贯坚持经验是知识的唯一来源,因此会被认为是比亚里士多德和阿奎那更为彻底的经验论者,但他也同另两人一样,确信人类可以具有关于上帝和灵魂的知识。

与之相对照,休谟则认为,只有关于观念关系的知识才可能超越出经验的界限,例如数学知识。而在休谟看来,恰恰因为数学不是关于实际情况和现实存在物的知识,数学命题才会"仅靠思想活动就得到解答,而无需依赖存在于宇宙任何角落的事物的提示。"而关于"实际情况"的知识,休谟则认为"只有经验才是我们唯一的向导"。罗素则给出了另一告诫:"没有经验之助,我们无法知道任何事物是否存在……如果我们想证实某种无法直接经验到的事物确实存在,就必须把一种或更多种可直接经验的事物的存在设为前提。"因此,关于存在的所有证明都是后天的。

任何一门科学,如果旨在探究实在或存在的知识,而非观念关系的知识,那么,这门科学就必须限制在可经验的领域。而既然这门科学的对象仅限于经验,那么在这门科学中,任何科学结论也同样必须参照经验才能做出。在自然科学领域,要检验哪些命题够得上真理的标准,经验是真正的试金石。只有数学命题才可以无需经验验证即具有有效性。

依据上述原则,休谟对形而上学及自然神学的有效性发起了挑战。这些学科自称是关于实在存在者的知识,然而其对象却不可经验,其论断也无法得到经验验证。上帝存在和灵魂不死可能是信仰的对象,但它们并不是可被证实的科学结论;基于同样的原因,如果形而上学所处理的是关于现象背后、经验以外的实在或原因的知识，那么它同样无法为我们提供关于物理世界之终极法则的科学知识。休谟写道："世界上任何一种哲学，任何一门宗教……都永无可能把我们拉到经验的惯常进程之外。"

像休谟一样，康德也把理论知识限定为数学和自然现象研究。一种谎称掌握了现象界以外的知识的形而上学则注定失败。他写道："知性没有能力告诉我们，是否在我们的全部可能经验之外还存在其他的知觉方式，因此也无法告诉我们，是否另有物质存在于其他的世界。"超越一切可能经验的——至少在纯理论科学的意义上——也就等同于不可知的；只有道德科学，因其不同的工作方式，才有能力处理超感觉领域的问题。

康德在上述问题上的立场看起来似乎与休谟类似。但实际上，两人在对数学及自然科学的理解上有着明显的不同——尤其是对自然科学的理解。康德把自然科学区分为纯粹物理学和经验物理学两类。他把"纯粹物理学"等同于"自然形而上学"，而与"道德形而上学"相区分；"自然形而上学"是一门理论科学，"道德形而上学"则是一门实践科学。对康德而言，数学及纯粹物理学的原则都是先天而非后天的；两门科学的对象都是现实经验或可能经验的对象。

在对科学进行分类时，人们往往把自然科学既与数学也与形而上学区分开来，并冠之以"经验科学"或"实验科学"之名。这样的称谓不光是指自然科学知识是我们利用归纳法从经验中获得的，而且意味着无论包含什么内容的假说，无论以何种方式推出的结论，都必须接受经验事实的检验。牛顿把"实验哲学"的推理规则表述为："在实验哲学中，我们应把通过对现象的普遍归纳得出的命题视作绝对为真或相当趋近于真的，尽管并非不可想象，一旦有其他现象出现，我们同样可能会作出相反的假设，同样可能对上述命题做出更精确的修正，甚或否弃上述命题。"拉瓦锡也持有类似的观点，他说："在任何情况下，我们都应让我们的推理接受实验的检验，并把实验与观察的自然之路作为追寻真理所应遵循的唯一道路。"而普朗克同样认为，"实验工作者是科学的突骑兵。他们从事具有决定性意义的实验以及极为重要的测量工作。"

不过，"经验的"与"实验的"这两个词并不能互换使用。任何实验科学都必定是经验科学，但正如**天文学与宇宙论**一章所表明的，并非所有经验科学都是实验科学。

大体上会有三种类型的经验可构成知识的来源：(1)人们无需特别的研究、探索或检验即可自然而然获得的普通日常经验；(2)借助、或不借助仪器，通过有方法有步骤的研究和系统性的观察获得的专门的经验数据；(3)通过对现象过程施加控制，并由观察者本人对其自身经验的条件加以严格限定而人工制造出的经验。"那些用来证实科学真理的经验，"詹姆士写道，"大多是在实验室里制造出的人工经验，而研究者在制造这些人工经验之前，已事先假定了这些科学真理的存在。"

这三类经验之中，只有最后一种属于实验性的经验。科学家也会利用第一类经验，但要达到预期的科学结论，几乎不可能仅利用第一类经验，或完全信赖第一类经验。区分一门经验科学是不是实验科学，判定因素在于第二类经验与第三类经验的区分。

科学家并非总能借助实验进行工作。举例来说，天文学家能够采用各种方法观察和准确地记录天文现象，却无法操纵或控制天文现象。在自然科学的经典著作中，希波克拉底、亚里士多德、伽林、达尔文的生物学著作，托勒密、哥白尼、开普勒、牛顿的天文学著作，以及弗洛伊德的临床研究，都基本上属于经验科学著作，但并不属于实验科学著作。与之相反，伽利略的《关于两门新科学的对话》、牛顿的《光学》、哈维的《心血运动论》、拉瓦锡的《实验化学原理》以及法拉第的《电学研究集》，则是诉诸实验的经验科学在严格意义上的代表。

从生产层面上讲，实验就像发明。它们既非偶然发生，也离不开工艺发明。实验往往是在严格控制的条件下借助人工设计的仪器进行的。这可以解释技术与实验科学之间的互动。两个领域中的进步总是连带发生。

从功能层面上讲，实验在科学工作中大体上服务于三种既相区别又相联系的目的。物理学的那些与数学和实验均有关系的分支上，科学家利用实验对现象进行精密测量，以判定是这种还是那种数学表达与可观测的自然事实相印证。伽利略在研究加速运动时，不仅尝试论证加速运动的定义与特性，还试图表明，"实验结果……恰好符合并逐一印证了我们对运动特性事先的推理证明。"

到底应选用对自由落体加速度的哪一种数学描述导出正确的时间空间比率，斜面实验的测量结果提供了事实依据。因此，这一实验被用来判定在两种对抗性的数学理论中，哪一种"与自然现象最为相符"。伽利略写道，在"将数学证明应用于自然现象解释的"科学中，"以精当的实验为基础的科学原则一经证实，就会成为整个上层理论的基础。"

约瑟夫·傅立叶在探讨热现象时，对于数学与实验的关系也提出了相同的观点。他说道："数学分析可以从普遍而简单的现象中演绎出对自然法则的表达，但要把自然法则具体应用到极其错综复杂的现象中去，就必须进行一系列准确的观察。"而要准确地观察，就需要实验。

实验除了可用于检验假说、提供测量结果、使数学表达得以施用于自然，还可用作归纳的材料根据。一个判决性的实验提供一个清楚的个例，而从中概括出的一般性结论却可以施用到所有情况。牛顿的光学实验即属此类。他把实验的这类功用称为"分析法"。这是指"进行实验和观察，并从中通过归纳得出一般性的结论……尽管建立在实验和观察基础上的归纳论证还不成其为对一般性结论的证明，但却的确是与事物的本性相协调的最佳论证方式。"

实验的第三种功用表现在对未知现象领域的探索上，其目的与其说是归纳或证实，不如说是发现。这类探索有可能产生假说，但在探索过程的第一步，实验的进行可能并没有假说的指导。实验技术在这方面的应用被法拉第表述为："电学是这样一个领域，其每一部分都需要实验性的研究。实验性研究的任务不仅是对新效应的发现，而且是对制造已知效应的技术手段的发展完善——这一项任务在眼下远比前一项来得重要。"

实验性的探索，一旦没有假说的指导，就像是一场试错的过程。在此意义上，实验方法体现出了希波克拉底在"实验风险"这一说法中所表达的意思。在希波克拉底堪称为经验科学奠基的科学工作中，对于实验的借用远非一种值得赞扬的手段，而代表着科学知识的缺乏。只有无法利用科学方法医治病人的医生才会冒险采用实验方法——也即采用试错法。

怀特海在回顾近代思想时，谈到实在

论与唯心论之争在近代的独特表现。在古代或中世纪并没有认识论意义上的唯心论者。他指出:"实在论与唯心论的区分,并不等同于客观主义与主观主义的区分。实在论者和唯心论者都可能是以客观主义为出发点的。他们都有可能认为,展现于感官知觉中的世界是一个超越了个人感受的公共世界。但当分析这一世界中包含哪些实在性内容时,客观唯心论者主张具有认知能力的精神总是以某种方式毫无遗漏地关涉到每一个细小的环节。而实在论者则否定这一点。"

对客观性与主观性之区分发表意见的另一个论者是海森堡。"在对电子活动的描述中,由于测量仪器是由观测者制造的,"所以,他提请我们"记住,我们观测到的并非自然本身,而是由我们的提问方式所揭示出来的自然……通过这种方式,量子理论让我们再次记起玻尔的名言,……在这场存在的戏剧里面,我们自己既是观众,又是演员。"

分 类 主 题

1. 对经验概念的各种理解
2. 经验与心灵活动的关系
   2a. 记忆与想象作为经验的组成要素或经验的产物
   2b. 归纳、抽象、概括的经验来源
   2c. 心灵的先验或天生的结构作为经验的条件
   2d. 判断与推理中的"先天"与"后天"
3. 经验与系统性知识的关系:艺术与科学
   3a. 个别经验与普遍规则作为手艺或技能的条件:匠人与艺术家的区别
   3b. 经验在科学中的作用问题
4. 经验作为人类知识范围的标尺
   4a. 经验以外的事物的可知性:超感官的存在,本体的或先验的存在
   4b. 经验证实:经验作为真理的最终检验标准
5. 科学实验方法的理论
   5a. 实验探索和发现:假说的表达
   5b. 实验证实:假说的检验
   5c. 实验测量:数学的应用
6. 在实用事务中富于经验的人
   6a. 经验作为良好判断和审慎态度不可或缺的条件
   6b. 经验在政治的作用:历史的教训
7. 神秘经验或宗教经验:对于超自然或超验存在的经验
8. 丰富多彩的经验作为一种人生理想

[刘畅 译]

25. Experience

索引

本索引相继列出本系列的卷号〔黑体〕、作者、该卷的页码。所引圣经依据詹姆士御制版，先后列出卷、章、行。缩略语 esp 提醒读者所涉参考材料中有一处或多处与本论题关系特别紧密；passim 表示所涉文著与本论题是断续而非全部相关。若所涉文著整体与本论题相关，页码就包括整体文著。关于如何使用《论题集》的一般指南请参见导论。

1. **Various conceptions of experience**

    7 Aristotle, 25
    17 Aquinas, 288
    21 Hobbes, 128
    23 Montaigne, 559–567
    33 Locke, 121–123
    33 Berkeley, 418
    33 Hume, 458–484 passim
    39 Kant, 14–15, 45–46, 53–54, 56–57, 65–66, 72–73, 176–177
    53 James, William, 185–187, 232–238, 260–261
    55 Dewey, 101–102, 104–111

2. **Experience in relation to the acts of the mind**

    6 Plato, 179–183, 224–225, 534–536
    7 Aristotle, 499–500
    11 Lucretius, 47–49
    17 Aquinas, 334–335, 446–451, 795–796
    18 Aquinas, 359–360
    26 Harvey, 332–335
    28 Descartes, 244–245, 274, 301–303
    28 Spinoza, 621–622
    39 Kant, 1–4, 23–24, 47–48, 61–64, 72–85, 89–91, 115, 153, 199, 551–552, 562–563
    53 James, William, 2–3, 149–152, 317–319, 851–897
    55 Dewey, 105–108

2a. **Memory and imagination as factors in or products of experience**

    6 Plato, 228–230, 523–524, 621
    7 Aristotle, 499
    16 Augustine, 93–102
    21 Hobbes, 50, 267
    28 Bacon, 59
    33 Locke, 126–127, 147, 174
    33 Berkeley, 413
    39 Kant, 41–42, 54–56, 58, 66, 80, 173–174, 319–320, 482–483, 493, 506–511, 528–530, 542–543
    53 James, William, 1–3, 282–291, 332–336, 424, 433–434, 480
    54 Freud, 363–364
    55 Wittgenstein, 439
    59 Proust, 294–297, 397–399

2b. **The empirical sources of induction, abstraction, generalization**

    7 Aristotle, 97, 120, 148, 212, 631–632
    8 Aristotle, 340, 641
    16 Augustine, 732
    17 Aquinas, 416–418, 451–453, 455–457
    18 Aquinas, 766–767
    28 Bacon, 43–44, 57, 59, 108, 111
    28 Descartes, 224–225, 250, 393
    33 Locke, 98–99, 145, 244, 255–256
    33 Berkeley, 433–434
    33 Hume, 458
    35 Rousseau, 341–342
    43 Hegel, 190–192, 384
    53 James, William, 329–331, 674–677 passim, 858–865 esp 860–862, 864–865
    55 James, William, 35–41
    55 Bergson, 71–72, 72–84, 84–89
    55 Whitehead, 146–147, 155–157, 162–163, 203–204, 207–209
    55 Russell, 260–268
    55 Wittgenstein, 389–390
    57 Veblen, 63–64

2c. **The transcendental or innate structure of the mind as a condition of experience**

    39 Kant, 14–108, 128, 166–171, 207, 213–215, 309–310, 350, 492, 515–516, 570–572 esp 570, 572, 573
    53 James, William, 232–238, 260–261, 627–635
    55 Whitehead, 167–170
    55 Russell, 243–256

2d. **The *a priori* and *a posteriori* in judgment and reasoning**

    7 Aristotle, 99, 136–137, 259
    17 Aquinas, 17–18
    28 Descartes, 307–315, 358, 450
    28 Spinoza, 592–593
    33 Locke, 101–102, 357–358
    33 Hume, 458–466, 490, 497–503 passim, 508–509 passim
    39 Kant, 14–108, 110–113, 115–120, 123–124, 172–173, 179–182, 190–191, 192, 199, 209, 211–218, 224–227, 253–254, 268, 283, 307–308, 309, 329–330, 461–475 esp 465–467, 474–475, 600–603
    40 Mill, 445–447 passim, 475
    53 James, William, 851–890
    55 Russell, 265–271, 275–277, 289–290
    56 Heisenberg, 412–414

3. **Experience in relation to organized knowledge: art and science**

7 Aristotle, 64, 397, 411
8 Aristotle, 435-436
19 Dante, 91-92
21 Hobbes, 60-61
28 Bacon, 126-127
28 Descartes, 224-225, 285
28 Spinoza, 622
33 Locke, 121, 146-147
33 Berkeley, 418-419
39 Kant, 14-15, 72-85
41 Boswell, 281
54 Freud, 449-451
55 Dewey, 100-125 passim esp 100-101, 101-104, 124-125
59 Pirandello, 254-255

3a. **Particular experiences and general rules as conditions of expertness or skill: the contrast between the empiric and the artist**

6 Plato, 136, 261-262, 280-282, 287-288, 303-304, 684-685
7 Aristotle, 136
8 Aristotle, 348-349 passim, 387, 479
9 Hippocrates, 13-14, 123, 197-198, 303-304
9 Galen, 406-408
16 Augustine, 760-761
23 Montaigne, 119, 410-420 passim, 492-493
28 Bacon, 5-6, 48-49, 53, 56-57, 74, 114, 175-195
33 Hume, 465, 479-480
51 Tolstoy, 361-365
53 James, William, 666-667, 673-674
55 Dewey, 101-102, 105
57 Veblen, 38, 39-40

3b. **The issue concerning the role of experience in science**

6 Plato, 383-388, 391-398, 455
7 Aristotle, 108, 111, 120, 259, 267, 397
8 Aristotle, 35
9 Hippocrates, 1-5
17 Aquinas, 447-451
21 Hobbes, 60, 267
26 Galileo, 131-138 passim
26 Harvey, 267-268, 280, 331-335, 411
28 Bacon, 57, 105-195
28 Descartes, 232-234, 246
32 Huygens, 553
33 Locke, 304-305, 335
33 Berkeley, 424, 433
33 Hume, 471, 477, 501-502
39 Kant, 5-13, 15-16, 58, 66-67, 68-69, 94-95, 295, 312, 387, 562-563
42 Lavoisier, 1-2
43 Hegel, 162-199
53 James, William, 385, 862-884
54 Freud, 400-401, 412, 545
55 Bergson, 86-89
55 Dewey, 121-122

55 Whitehead, 146, 189-191
56 Einstein, 231-232, 235-243

4. **Experience as measuring the scope of human knowledge**

4a. **The knowability of that which is outside experience: the supra-sensible, the noumenal or transcendent**

6 Plato, 94, 113-114, 447, 489-490
7 Aristotle, 390, 690
8 Aristotle, 168
11 Lucretius, 19
16 Augustine, 375-376, 706
17 Aquinas, 10-12, 50-75, 175-180, 464-473, 475, 501-504
18 Aquinas, 938-939
21 Hobbes, 54, 78-79
23 Montaigne, 331-334
28 Bacon, 41, 96-97
28 Descartes, 277-278, 441
29 Milton, 331-332
33 Locke, 126-127, 204, 205-206, 212-214, 268-283 passim, 316, 317, 321-323 passim, 370-371
33 Berkeley, 418, 440-441
33 Hume, 455-457, 458-466 passim, 487, 497-503 passim, 505
37 Gibbon, 308
39 Kant, 15-16, 19-20, 27-33, 49-59, 86-88, 93-99, 101-108, 117-118, 119-209, 218-223, 227-235, 247, 283-287, 291-293, 296, 307-314, 320-321, 335-337, 349-353, 474-475, 506-507, 547, 562-564, 570-572, 584, 588-589, 599-600, 606-607, 609-610, 611-613
43 Nietzsche, 470
55 James, William, 18-20
55 Russell, 269-270
56 Eddington, 268-269
56 Bohr, 328
56 Heisenberg, 399-400

4b. **Verification by experience: experience as the ultimate test of truth**

6 Plato, 395-396
7 Aristotle, 361, 397
8 Aristotle, 426, 433-434, 459
11 Lucretius, 6-7
23 Montaigne, 301-302, 325-326
26 Galileo, 200
26 Harvey, 322-323, 324
28 Bacon, 43-44, 137-195
28 Descartes, 301-303, 455-456
33 Hume, 488-497
39 Kant, 36-37, 85, 91-93, 146-149
40 Federalist, 40
40 Mill, 461-462, 463
41 Boswell, 129
53 James, William, 647-648
55 James, William, 9-18, 41-50, 52-57
55 Whitehead, 157-158

55 Russell, 265–266
56 Planck, 93–96
56 Heisenberg, 411, 452–453

5. **The theory of experimentation in scientific method**

   23 Montaigne, 419–420
   26 Harvey, 331–337
   28 Bacon, 105–195, 210–214
   32 Newton, 543
   39 Kant, 5–6
   42 Faraday, 682
   50 Marx, 6
   54 Freud, 879
   55 Dewey, 120–122
   55 Whitehead, 146
   56 Poincaré, 40–42
   56 Planck, 99–100
   56 Heisenberg, 397–402
   58 Weber, 115

5a. **Experimental exploration and discovery: the formulation of hypotheses**

   26 Gilbert, 1, 6–7, 27
   26 Galileo, 157–171, 203–205
   26 Harvey, 280, 285
   28 Bacon, 16, 30–31, 42, 105–106, 107–136, 137–195 passim
   28 Descartes, 285–286, 290
   30 Pascal, 359–365, 390–403
   32 Newton, 270–271, 371–372, 386–455, 457–470, 496–516
   33 Locke, 281–282
   35 Rousseau, 329–330
   39 Kant, 387
   42 Lavoisier, 10–12, 17–20 esp 17, 22–24 esp 23, 29–33
   42 Faraday, 348
   49 Darwin, 136–139 passim
   53 James, William, 126–127, 348–357 passim
   55 Dewey, 124
   56 Poincaré, 39–40, 64–70
   56 Einstein, 231–232
   56 Eddington, 260–261, 274–276
   58 Lévi-Strauss, 509–510

5b. **Experimental verification: the testing of hypotheses**

   5 Herodotus, 49
   9 Galen, 360–367 passim, 419–422, 427–432
   26 Galileo, 148–149, 207–208
   26 Harvey, 268–273, 286–304, 311–312
   30 Pascal, 368–370, 382–389 passim, 404–405, 425–429
   32 Newton, 19–22, 211–219, 239–246, 392–396, 408–410, 412–416, 453–455
   42 Faraday, 293, 375
   54 Freud, 291–292, 815
   55 James, William, 10–11
   55 Dewey, 124
   55 Whitehead, 146, 189–191
   56 Poincaré, 21–25, 28–32, 64–70

56 Eddington, 253, 262–263, 274–276
56 Bohr, 349–350
56 Waddington, 716–718
58 Lévi-Strauss, 412–413, 492

5c. **Experimental measurement: the application of mathematics**

   15 Ptolemy, 24–26, 143–144, 166–167
   15 Copernicus, 558–559, 586–589, 705–706
   26 Gilbert, 85–89, 92–93
   26 Galileo, 136–137, 148–149, 164–166
   26 Harvey, 286–288
   28 Bacon, 46, 175–179
   32 Newton, 131
   32 Huygens, 554–557
   33 Hume, 460
   42 Lavoisier, 17–20, 22–24, 30–32, 33–36, 41–44, 87–90, 91–95
   42 Faraday, 224–226, 274–279, 352–359, 676–681, 686–701
   53 James, William, 56–66 esp 61–64, 265–268, 341–344, 348–359
   55 Whitehead, 150
   56 Poincaré, 59–60

6. **The man of experience in practical affairs**

6a. **Experience as indispensable to sound judgment and prudence**

   Apocrypha: *Ecclesiasticus*, 25:3–6; 34:9–11
   5 Thucydides, 383–384
   6 Plato, 337–338, 366, 400–401, 421–422, 645–652
   8 Aristotle, 362–363, 390, 391, 392–393 passim, 636–638 passim
   18 Aquinas, 226–227
   19 Chaucer, 184
   21 Hobbes, 53–54, 66–67
   23 Erasmus, 9–10, 11–12
   23 Montaigne, 80, 110–115, 117–127, 216–220
   27 Cervantes, 401–404, 406–410, 414–420, 424–428
   28 Bacon, 5–6, 79–80, 86–89
   40 Federalist, 32
   40 Mill, 287, 450, 456
   46 Eliot, George, 481–482
   47 Dickens, 419
   49 Darwin, 592–593
   51 Tolstoy, 211–213, 584–585
   53 James, William, 886–888
   55 Dewey, 104–111
   59 Shaw, 39

6b. **The role of experience in politics: the lessons of history**

   5 Herodotus, 178–180
   5 Thucydides, 354
   6 Plato, 288–289
   8 Aristotle, 390–391, 435–436, 533–534, 599–600
   12 Virgil, 282–283

西方大观念 The Great Ideas

13 Plutarch, 121–122, 141–154, 195, 540–549, 692–695, 726	17 Aquinas, 58–59, 742
14 Tacitus, 71–72, 189–190	18 Aquinas, 1025–1032
21 Machiavelli, 1–37	19 Dante, 128–133
21 Hobbes, 112, 128–129	19 Chaucer, 344–346
23 Montaigne, 80–81, 239–241, 498	21 Hobbes, 160, 165–166, 174–176, 183–185
28 Bacon, 4–7, 85, 94	25 Shakespeare, 29–31, 285–286, 524–548
33 Locke, 49	30 Pascal, 222–224
37 Gibbon, 284, 632–634 passim	37 Gibbon, 81, 189–191, 294–296, 605
38 Gibbon, 13	38 Gibbon, 476–477
40 Federalist, 96, 121–122, 217–218	43 Kierkegaard, 405
40 Mill, 320–323 passim, 357	45 Goethe, 1–5, 12, 26–30, 46–53, 94–112
43 Hegel, 160	51 Tolstoy, 219–220, 525–526, 631
44 Tocqueville, 163–165, 180–182, 355–356	52 Dostoevsky, 133–144, 197–200
50 Marx, 7	55 James, William, 32–33
55 Dewey, 104–105	55 Barth, 511–512
58 Weber, 151–155, 163–170	58 Weber, 187–190, 192–193, 212–231 esp 212–216
	58 Huizinga, 318–328 esp 326–327, 337–339
	58 Lévi-Strauss, 455–464
	59 Shaw, 40–42, 73
	59 Joyce, 638–642

7. **Mystical or religious experience: experience of the supernatural or transcendental**

   Old Testament: *Genesis*, 15; 17:1–19:23; 22:1–18; 28:10–22 / *Exodus*, 3–4; 7–11; 19 / *Numbers*, 12; 22:22–35 / *Joshua*, 5:13–6:5 / *Judges*, 6:11–40; 13 / *I Samuel*, 3; 16 / *I Kings*, 3:5–15; 9:1–9; 19 / *Job*, 38:1–42:8 / *Isaiah*, 6 / *Jeremiah*, 1 / *Ezekiel*, 1–4; 40–48 passim / *Daniel*, 7–12 / *Hosea*, 1–3 / *Amos*, 7–8 / *Zechariah*, 1–6
   New Testament: *Matthew*, 1:20–25; 17:1–9; 28 / *Luke*, 1:1–38; 2:8–15,25–35 / *Acts*, 2:2–4; 9:3–8; 10; 11:5–10 / *II Corinthians*, 12:1–9 / *Revelation*
   3 Homer, 406–418
   4 Aeschylus, 47–50
   4 Sophocles, 155–156
   4 Euripides, 472–493
   4 Aristophanes, 701–703, 798–823, 896–898
   5 Herodotus, 218–220
   11 Plotinus, 544–546, 556–557, 654–656, 673, 675–678
   12 Virgil, 174–196
   16 Augustine, 110–111, 343–344, 358, 482, 691–693

8. **Variety of experience as an ideal of human life**

   3 Homer, 307–541
   6 Plato, 409–411
   11 Epictetus, 105
   16 Augustine, 107–108
   19 Dante, 33–34
   19 Chaucer, 379–388
   22 Rabelais, 1–312
   23 Montaigne, 119–122, 126–127, 500–505, 513–514, 521–522
   24 Shakespeare, 232–233, 434–466, 467–502, 617
   28 Descartes, 267, 268
   30 Pascal, 177
   33 Hume, 479–480
   37 Gibbon, 88
   40 Mill, 293–302
   41 Boswell, 302–303
   45 Goethe, 39

交叉索引

以下是与其他章的交叉索引：

The faculties or acts of the mind related to experience, *see* IDEA 1c, 2b, 2e–2g; INDUCTION 1a, 2; JUDGMENT 8c; KNOWLEDGE 6b(1), 6c(4); MEMORY AND IMAGINATION 1a, 3c, 5a–5b, 6c(1)–6c(2); MIND 1a(1)–1a(2), 1e(1); REASONING 1c, 4c, 5b(3); SENSE 1a, 1c–1d, 3c(5), 4b, 5a; TIME 6a; UNIVERSAL AND PARTICULAR 4c.

The empirical foundations or sources of science and art, *see* ART 5; DIALECTIC 2a(1); MEDICINE 2a; METAPHYSICS 2c; PHILOSOPHY 3a; PHYSICS 2; POETRY 3; SCIENCE 1b, 1c, 5a; SENSE 5b–5c.

Experience in relation to the conditions or limits of human knowledge, *see* INDUCTION 2; KNOWLEDGE 5a–5a(6); MEMORY AND IMAGINATION 6d; METAPHYSICS 4b; MIND 5b.

The empirical verification of hypotheses or theories, *see* CAUSE 5b; HYPOTHESIS 4d; MECHANICS 8c; PHYSICS 4c; SCIENCE 5e; SENSE 5c; TRUTH 1a.

The role of experimentation in scientific inquiry, *see* INDUCTION 5; LOGIC 5b; MECHANICS 2a; PHYSICS 4–4d; SCIENCE 5a.

Experience as a factor in education, see EDUCATION 5f.
Religious or mystical experience, see GOD 6c(3); PROPHECY 1b; RELIGION 1b(2)–1b(3); SIGN AND SYMBOL 5b.

扩展书目

下面列出的文著没有包括在本套伟大著作丛书中,但它们与本章的大观念及主题相关。

书目分成两组:

Ⅰ. 伟大著作丛书中收入了其部分著作的作者。作者大致按年代顺序排列。

Ⅱ. 未收入伟大著作丛书的作者。我们先把作者划归为古代、近代等,在一个时代范围内再按西文字母顺序排序。

在《论题集》第二卷后面,附有扩展阅读总目,在那里可以查到这里所列著作的作者全名、完整书名、出版日期等全部信息。

I.

Augustine. *The Literal Meaning of Genesis*, BK XII
Descartes. *The Principles of Philosophy*, PART III
Hume. *A Treatise of Human Nature*
Voltaire. *The Ignorant Philosopher*, CH 7
Kant. *Prolegomena to Any Future Metaphysic*
Mill, J. S. *A System of Logic*, BK III, CH 7–8
Hegel. *The Phenomenology of Spirit*
——. *Science of Logic*, VOL I, BK II, SECT II; SECT III, CH I; VOL II, SECT III, CH 3
Twain. *Life on the Mississippi*
James, W. *Essays in Radical Empiricism*
——. *The Meaning of Truth*
——. *The Varieties of Religious Experience*
Bergson. *Time and Free Will*
——. *Two Sources of Morality and Religion*, CH 4
Dewey. *Experience and Nature*, CH 1, 9
——. "Experience and Objective Idealism," "The Postulate of Immediate Empiricism," " 'Consciousness' and Experience," in *The Influence of Darwin on Philosophy*
——. *Reconstruction in Philosophy*, CH 4
Whitehead. *Process and Reality*, PART III
Proust. *Remembrance of Things Past*
Russell. *Human Knowledge, Its Scope and Limits*, PART III, CH 1–5; PART VI, CH 4, 10
——. *An Inquiry into Meaning and Truth*, CH 8–11, 16–18, 21–23
Joyce. *Ulysses*
Lawrence, D. H. *The Rainbow*
——. *Women in Love*

II.

THE MIDDLE AGES TO THE RENAISSANCE (TO 1500)

Bacon, R. *Opus Majus*, PART VI
Duns Scotus. *Oxford Commentary*, BK I, DIST 3, Q 4 (9)

THE MODERN WORLD (1500 AND LATER)

Avenarius. *Kritik der reinen Erfahrung*
Bernard. *Introduction to Experimental Medicine*
Blanshard. *The Nature of Thought*
Bradley, F. H. *Appearance and Reality*, BK I, CH II
——. *Essays on Truth and Reality*, CH 6
Bridgman. *The Logic of Modern Physics*
Broad. *Perception, Physics, and Reality*, CH 3
Clifford. "On the Nature of Things-In-Themselves," in *Lectures and Essays*
Emerson. "Experience," in *Essays*, II
Fisher. *The Design of Experiments*
Frost. "The Road Not Taken"
Gilby. *Poetic Experience*
Haldane, J. S. *The Sciences and Philosophy*, LECT XVI
Hodgson. *The Metaphysic of Experience*
Hook. *The Metaphysics of Pragmatism*
Hügel. *The Mystical Element of Religion*
Husserl. *Cartesian Meditations*
——. *Ideas: General Introduction to Pure Phenomenology*
Kipling. *Kim*
Kuhns. *Structures of Experience*
Leibniz. *New Essays Concerning Human Understanding*
Lenin. *Materialism and Empiriocriticism*
Lewis, C. I. *Mind and the World Order*
Mach. *The Analysis of Sensations*
——. *Knowledge and Error*
Maritain. *The Degrees of Knowledge*, CH 1, 5
——. *Ransoming the Time*, CH 10
Mill, J. *Analysis of the Phenomena of the Human Mind*
Neruda. *The Heights of Macchu Picchu*
Oakeshott. *Experience and Its Modes*
Péguy. *Basic Verities* (Innocence and Experience)
——. *Men and Saints* (The Holy Innocents)
Pope, K. and Singer. *The Stream of Consciousness*
Popper. *The Logic of Scientific Discovery*
Pound, E. *Cantos*
Price. *Thinking and Experience*
Reichenbach. *Experience and Prediction*
Richardson, D. *Pilgrimage*
Royce. *The World and the Individual*, SERIES I (6)
Santayana. *Scepticism and Animal Faith*, CH 15
Scott, W. *Waverley*
Tennyson. "Ulysses"
Whewell. *The Philosophy of the Inductive Sciences*, VOL I, BK I, CH 5, 7
Wordsworth. *The Prelude*

26

家 庭 Family

总 论

根据卢梭的说法,家庭是"所有社会组织中最古老的,并且是唯一自然的"。关于家庭的自然性,伟大著作似乎都意见一致,虽然不是所有的人都像卢梭那样,声称它是唯一自然的社会组织。国家有时也被认为是自然的共同体,但它的自然性不那么明显,常有争议。

用于描述人的共同体或联合体的"自然"一词,其含义既可以指人本能地与其他人相联系,像蜜蜂或野牛那样,也可以指这种联合虽然是自愿的,因此是习俗决定的,但对人的幸福来说是必要的。卢梭正是在必要性或需要的含义上,认为家庭关系是自然的。"儿童仅仅因为需要父亲保护才依附于他,"他写道,"一旦这种需要停止,自然的联结也就瓦解了。"如果在此之后,"他们仍然结合在一起,那他们便不再是自然地,而是自愿地结合在一起;家庭本身从而就只是通过习俗来维系"。

洛克似乎把人类家庭的存在归结为本能决定,同样的本能也驱使其他的动物建立起家庭,尽管他承认,人类子女漫长的婴儿期使得"人类夫妇间的合作……比其他动物物种更牢固和更持久"。由于其他动物与人类一样,"雄雌结合的目的不仅是生殖,而且是种的延续",在洛克看来,"即使在生育之后",这种结合也必须维持,"只要有必要为年幼者提供食品和抚养。这些年幼者靠生育他们的人护养直至能够走动和自己谋食"。他还说,"我们发现,无限智慧的造物主为他亲手创造的生物所制定的这一规则,次等的生物是一贯服从的"。

但洛克没有将父母儿女的结合完全归结为神授的物种延续本能。"婚姻社会,"他写道,"是由男女间的自愿契约而形成的,并且,尽管这种契约主要是因为其首要目的即生育的需要而形成的对彼此身体的共享与权利,但它同时也提供了相互的支持与帮助,以及利益共享。"

如果人类家庭完全是依照本能形成的社会组织,我们会在所有时代与地方的家庭中发现相同的共同体样式或结构。但是,从希罗多德时代开始,历史学家和后来的人类学家就已观察到,在不同部族与文化,甚至相同文化中的不同时代中,家庭制度存在巨大差异。根据他自己在不同人群中的游历,希罗多德记录了婚姻和家庭方面的种种不同习俗。蒙田则编选了一本类似的故事集,记载了与性相关的各种道德风尚,特别是围绕夫妇共同体的相关规则与习俗。列维-斯特劳斯则更进一步,他说,"生物学的家庭在人类社会中是普遍存在的。但赋予亲属关系以社会—文化特征的,不是其自然禀赋,而恰是其偏离自然的基本模式。亲属制度不在于客观的个人之间的世袭或血缘纽带。它只存在于人类意识之中;它是一种任意的表征制度,不是实际情形的自发发展"。

以上事实使人质疑,洛克所描绘的一夫一妻制模式,是否仅仅代表了一种类型的人类家庭模式——也就是在西方文明中,甚至更狭义的,在基督教世界占主导地位的模式。例如马克思就认为,家庭结构依赖它的"经济基础",并且强调"把日耳曼—基督教家庭作为绝对的

26. 家 庭

与最终的形式,与把它的特征加诸古罗马、古希腊,或者东方家庭形式,无疑是同样荒谬的。这些不同家庭形式本身就共同构成历史发展的一个系列"。

尽管对人类家庭多样形式的观察导致一些作家否认家庭的自然性,至少就"自然性"意指纯粹的本能而言,但对家庭实现人的自然需要这点则少有争议。虽然家庭在结构上是习俗化的,但作为不可或缺的工具,用以达到人自然地期望的目标,如此则家庭仍是自然的。亚里士多德写道,"必须让离开彼此就不能生存的人,也就是男人和女人,联合起来,才能使种族得以延续";同时他继续说,这种联合的形成"不是基于深思熟虑的目的,而是因为人和其他动物、植物一样,有一种留下他们自身形象的自然欲望"。

人类的婴儿,正如洛克所言,需要多年的护养才能存活。如果家庭不能作为满足这一目的的相对稳定的组织存在,一些其他社会机构就必须提供对儿童的持续看护。然而无论在哪里,只要存在任何其他社会单元,如部落或城市,就能在其中发现家庭形式。家庭不仅发挥着养育儿童的作用,而且成为原始的社会集团,并由此发展或形成所有更大的集团。例如,据亚里士多德描述,乡村和部落从家族联合体发展而来,正如后来城市或城邦从乡村联盟发展而成。

我们已看到,家庭作为满足自然需要的途径,其自然性与其作为风俗习惯的产物并不矛盾。由希罗多德、蒙田、达尔文和列维-斯特劳斯所记载的事实,显示出家庭在大小与成员构成以及形式与管理中的多样性。这不仅不排除,反而强调了另一个事实,即只要人们生活在一起,他们也就生活在家庭中。

政治共同体是不是自然社会,倘若如此,它是否也像家庭一样的自然,那是留给**国家**那章处理的问题。在此需要指出的是,对一些作者,特别是对亚里士多德,以及在较弱的程度上对洛克而言,家庭的自然性不仅指向国家的自然发展,也有助于解释在从家庭到国家的过渡中,父权制是如何导致君主统治或绝对王权的。甚至卢梭这位认为家庭是唯一的自然共同体的人,也在关于一个政治统治者与其父亲的通信中,发现"家庭……可被称作第一个政治社会模式"这种说法是有理由的。

在西方文明中,一个家庭通常由父母及其子女组成。如果家庭自然存在的目的,或目的之一,是为了发挥生殖与养育子孙的功能,那没有孩子的家庭就会被认为是不正常的。黑格尔对子女提出另一种解释。他认为孩子是将家庭变成一个社群的联结纽带。

"夫妻间的爱,"他写道,"本身并非客观的,因为即使他们坚固的感情使他们合而为一,这种结合仍然没有客观性。这种客观性首先是父母从他们的孩子获得的。正是在孩子身上父母可以看到他们的整个结合的客观化。母亲对父亲的爱以及父亲对母亲的爱都体现在孩子身上。父母的爱都在孩子身上获得了客观化。在物品之上,他们的结合只体现在外在的事物中;但在孩子身上,它却体现为精神的东西,孩子体现父母的相爱,并成为父母之所爱。"

一直到近代,受城市和工业条件的影响,家庭趋于成为更大的单位,不仅在孩子的数量上,而且涉及其他成员与关系。家庭包括仆人,如果不是奴隶;包括有不同程度血缘关系的亲戚;它的范围扩展至三至四代人。举个例子,桑丘·潘萨的妻子,为她的女儿描绘了一幅理想的婚姻蓝图,"我们能时刻照看她,而且我们所有的人将会在一起,包括父母和孩子、孙子、侄子、外甥、侄女和外甥女，还有安宁，以及上帝对我们的保佑也和我们同在。"《战争与和平》中的家庭，即使在他们所属的19世纪，也显示出在农耕与半封建条件下的家庭有多大不同。

但是，即使组成更大、成员更多样的家庭，它在规模和作用上也不同于部族或国家等其他社会单位。家庭通常比其它集团更严格，因为其成员是由血缘来决定的。血缘关系也可能对部族和国家的成员产生限制，虽然通常是比较遥远的关系。根据亚里士多德，家庭的作用至少在起源上是为"满足人们的日常需要"，而国家所针对的则是实现"美好生活"的其他条件。

在我们从古代发现的农业社会中，处理财富问题的是家庭而不是城市。家庭有生殖与养育孩子的责任，也许部分地由于这个原因，家庭作为一个单位，似乎很关注维持生计的手段，无论是在生产还是消费方面。它的成员则分担劳动，并分享成果。

除了单纯依赖为国家服务的奴隶来运作的工业外，物品的生产大量依靠家庭工业。在现代，这种生产制度称为"家庭模式"，以别于"工厂模式"。甚至在工业革命之后，这种制度似乎还继续存在。但是，根据马克思，"除了名字外，现代的家庭工业同旧式的家庭工业没有任何相似之处。家庭工业的存在预设了独立的城市工匠，独立的乡村农业，而最重要的是为劳动者及其家庭居住的房屋"。

实际上，工业革命所产生的经济，不仅不再以农业，而且不再以家庭为中心。问题从家庭的财富转变为国家的财富，正如生产从家庭转移到工厂。根据马克思，"现代工业通过把生产过程中重要的一部分，在家庭范围之外，分配给女人、年轻人，及男孩和女孩，创造了新的经济基础"。

许多世纪以来，家庭的地位正如工厂和仓库在工业时代所占有的地位。而工厂和仓库的这种地位是在晚近才获得的。对古人来说，财富的问题——它的获取、积聚和使用——是家庭而非政治问题。亚里士多德写道："所谓获取财富的艺术，在一些人看来等同于家庭管理，在另一些人看来则是家庭管理的首要任务。"据他自己的判断，"财产是家庭的一部分，而获得财产的艺术是家庭管理艺术的一部分"——但仅是一部分，因为家庭还包括人口，而不仅是财产，因此涉及人的治理，而不仅是物的管理。

前文清楚地显示了"经济学"一词的含义从古代到现代的不寻常变迁。从希腊词根的意义看，"政治体制"（polity）意指国家，"经济"（economy）意指家庭；同样，正如"政治学"（politics）指治理政治共同体的艺术，"经济学"（economics）指管理家庭共同体的艺术，它只是部分地涉及获取财富的艺术。正如在**财富**一章所示，卢梭在政治治理的一般问题上使用"政治经济学（political economy）"一词时，试图保留它更宽泛的意义；然而，"经济学"的现代用法大多指财富管理的科学或艺术。而鉴于管理财富和与财富有关的人已经成为国家而不再是家庭的问题，在此意义上"经济学"一词是"政治"的。不仅工业经济越来越变成政治事务，而且家庭作为一种社会组织，其特性也已随着其经济地位与功能的转变而变化。

关于家庭与国家关系的主要问题，古代与现代一样，是家庭是否拥有不受国家侵占或侵犯的自然权利。

柏拉图的《理想国》有这样的提议："卫兵的妻子们是共有的，他们的孩子是共有的，没有家长知道他的孩子，也没有孩子知道其家长。"这种论调不仅在公元前五世纪显得激进,即使在今天也一样。当苏格拉底作此提议时,格劳孔就指出,"这样的法律在可能性与现实性上"都会遭受"众多的怀疑"。但苏格拉底并不认为"对于共同拥有妻子和孩子所能产生的巨大效用会有任何争议;至于可能性,"他补充说,"那是另一个问题,而且会是非常有争议的。"

亚里士多德同时质疑这一做法是否人们所希求以及是否可能。"苏格拉底论证的前提,"他说,是"'国家越统一越好'。"他否认这个前提。他问道,"一个国家最终可能达到过度的统一性,以至于不再是一个国家,这不是显然的吗?——由于国家的本质就是多样性,在趋向于更高度统一的过程中,国家变成了家庭,而家庭则变成个体。"由此,"即使能够,我们也不可以达到最高度的统一,因为那将会导致国家的灭亡"。此外,"严格地说,这项计划是无法实施的"。

重要的是,亚里士多德反对柏拉图的"共产"主张(不仅包括财产共同体,而且包括女人及孩子的共同体)的主要论证,是建立在国家的性质而非家庭的权利上。孩子应"被认为属于国家而非他们的家长",看起来在古代已是流行的观点,至少在哲学家中是如此。虽然如此,安提戈涅的例子就表明,这种观点决非无一例外。她对克里翁的反抗,既是以"神的不成文和永不出错的律法"为基础,同时也是对血亲荣誉的维护。在这一意义上,它构成对家庭权利与责任的肯定。

在基督教传统中,同国家对立的家庭权利,也受到神圣律法的保护。问题不在于,在神学家如阿奎那的眼中,国家作为共同体没有家庭那么自然,而在于,家庭除了比国家更自然外,还比国家有更直接的神圣根源。家庭不仅是建立在婚姻的神圣仪式上,而且上帝的诫令明确规定了关怀与服从的义务,正是这些义务把家庭成员维系在一起。对国家而言,干涉由神圣法所规范的父母与子女,或丈夫与妻子的关系,是超越其权限的,从而是不正当的行动,违背了建立在更高权威基础上的权利。

在基督教传统中,霍布斯和康德等哲学家,通过自然法来陈述家庭的权利,或是用自然权利来为之辩护。霍布斯写道,"由于儿童的第一教育决定于父母的护养,当他们处在父母监护下时,对父母的服从是必要的……起初,每个人的父亲也是有权决定他生死的专制君主"。根据霍布斯,当众多家庭的父亲们放弃这种绝对权力,以便形成联邦或国家,他们既没有失去也没有放弃对孩子们的全部控制。他继续说,"任何人,如果以后他们并没有从孩子身上获得比从其他人身上更多的利益的话,也就没有理由可以解释,为何他们会希望拥有孩子或费心去抚养与教育他们"。他说,"这同时与第五诫是一致的"。

在《法的科学》"作为家庭(domestic)社会的家庭权利"一节中,康德论证说,"生育本身可推导出保护与养育孩子的责任"。从这一责任他又推出:"父母管理和训练子女的权利,前提是儿童本身对其作为生物体的身体和作为知性的心灵,尚不能恰当使用。这包括对儿童的抚养与教育。"一般而言,它也"包括在实践中形成和发展自身的功能,以便在未来能够自我维持和提升,还包括其道德教养与发展,如果忽略了这一权利,父母就会产生罪恶感"。

在霍布斯和康德的论述中,很明显,对家庭权利进行辩护并不需否定家庭像个人一样,对国家有服从的义务。至少在现代用语中,问题可以部分地表达为:

在什么程度上,家长能正当地要求对自己孩子的控制而免除政治的干涉?但这仅是问题的一部分。同时要问的是,除了为整个共同体的福利而规范家庭之外,国家是否也有权干预家庭事务,以便保护儿童免遭家长的不当管制与疏忽。这两个问题都要求考虑家庭管治的形式与原则。

统治的类型和家庭共同体内部统治者与被统治者的关系,对更大的国家共同体的政体理论有深远的影响。许多关于政府理论的论述,特别是关于宪法、君主制、独裁和专制的章节,表明从柏拉图和亚里士多德到洛克和卢梭的伟大政治理论著作,都从家庭管理与政治统治的比较中推导出重要的论点。

我们将省略主奴关系,不仅因为这一关系在**奴隶制**那章有论述,同时也因为不是所有家庭都包含奴隶。除此之外,仍须检讨家庭管治所涉及的两种基本关系:夫妻关系,及父母和子女的关系。

第一种关系涉及平等与最高管理权的问题。即使认为妻子与丈夫完全平等,管理问题仍然存在,因为那样要么就必须分割权威,要么双方就必须取得一致意见,或者在需要解决不同意见以便作出实际决定时,丈夫或妻子之一必须拥有最后的决定权。就丈夫与妻子的关系而言,家庭应当是绝对君主政体呢,还是宪政政府?

一古一今两个作者似乎以相同的方式回答这个问题。亚里士多德说,"一个丈夫和父亲统治着妻子和孩子,两者都自由,但统治方式不一样,对孩子是王权统治,对妻子则是立宪统治。"但依亚里士多德的观点,丈夫与妻子之间的关系不完全是宪政的。在国家中,"公民的统治与被统治是轮流的",这假定了他们的"本性……是平等的,并没有任何区别"。然而,在家庭里,亚里士多德认为,"尽管存在着自然秩序的例外,但男性在本性上比女性更适合支配地位"。

根据洛克,"丈夫和妻子虽然有同样的关切,但却有不同的理解,因此不可避免的有时有不同的意愿。因而必须有人作最后的决定(也就是统治),这自然落在男性的手中,因为他们更能干更强大"。但是,洛克认为,这样一来,妻子就充分和真正地拥有契约所留给她的特殊权利,并且,至少丈夫对妻子的生活并不比妻子对丈夫的生活拥有更多权力。丈夫的权力非但不像君主,反而在许多情况下,当自然权利或他们的契约许可时,妻子有离开他的自由。

在《坎特伯雷故事集》所谓的婚姻团体中,乔叟表达了丈夫与妻子所有可能的关系。例如,巴斯的妻子就认为妻子应该统治。她声称唯一能让妻子满意的,就是她"对丈夫拥有完全的主权,并主宰他,如同对情人一样;而他不能在她之上"。牛津学者在关于坚忍的克莉西达的故事中,向我们展现了这样的妻子,她对丈夫说,"在父亲的门口,我放下我的衣服。这同我进来时放下我的意志与自由,不是同样的么?"自由农在他的故事中,不允许夫妻中任一方占据统治地位,除却"为了体面而保持夫权的名义外"。他甚至说,

> 爱人若要情谊持久,
> 就必须彼此谦让顺从。
> 爱情是不受压制的……
> 女子的天性是要自由,
> 不愿像奴隶那样受到束缚;
> 男子也是如此,如果我能同为男女代言
> ……
> 在此谦卑而智慧的和谐中,
> 她得到一个主人,也就得到一个侍从,
> 婚姻中的主人,爱情上的侍从,

26. 家 庭

就是甘受奴役的主人。

在莫里哀的《太太学堂》中，我们可以发现如下的段落：

> 亲爱的，婚姻非同儿戏。
> 妻子的身份将你与神圣的职责相连，
> 要过自由放纵的生活，
> 你就无法上升到如此地位……
> 人类虽是男女各半，
> 但各半远不是平等。
> 一半在上主宰，一半低眉顺从。

人们对于夫妻关系的看法也许会不一致，但对父母和未成年子女之间的不平等则没有任何异议。虽然每个人都有"平等的权利（享受）……其自然的自由，不需要屈从于其他人的意志或权威"，但是根据洛克，儿童"并不是生来就处于完全平等的状态，尽管他们将会获得这种平等"。

父亲的权力，甚至是对孩子的绝对统治，便由此而来。只要孩子"尚未具备控制自己意志的理解力，在这样的状态下"，洛克认为，他"便不能够拥有自己的意志以引导行事。替他作理解的人也必须替他作选择；他必须引导他的意志，同时规范他的行动"。但洛克又加上一个重要的限制，当儿子"达到使他的父亲成为自由人的状态时，儿子也便成为自由人"。

由于孩子在能力上是真正的弱者，他们受家长管治，或者就孩子无权为他们自己的行为或家庭事务作最终的决定而言，他们受绝对的统治，似乎没有什么不正当。那些认为国王不能要求家长式的绝对权威的人，经常使用"专制的"一词去指谓不正当的家长式统治——将一种仅仅在家庭中才是正当的统治类型转换到国家统治上。

专制的本质是绝对统治，这在**君主制**、**暴政**和**专制**章中已有讨论，但这一问题与本章相关，因此值得重复，"暴君"一词的希腊词源，与意思相近的拉丁词paterfamilias（家长）一样，意指家庭的统治者并具有绝对统治的内涵——父亲对子女和仆人的完全掌控，即使对妻子不是如此。因此，将家庭的管治称为专制的，应该不会有人反对，至少在孩子的情形中，绝对统治是正当的，因为孩子尚未成年。问题只是出现在国家的专制上，即当一个人像父亲统治子女一样绝对地统治另一个成年人时。

君权必须是绝对的，"否则就根本没有君权"，这一论说的重要辩护者认为，国家统治者的权力——制度所确定的君权——和自然成为一家之主的父亲的权力并没有两样。霍布斯认为，"父权和专制统治的权利与后果同制度所确定的君权是完全相同的"。另一方面，卢梭这个绝对统治的坚定反对者则仅仅用"专制"的贬义来描述他认为是不合法的政府——君主专制政体。"即使像许多作者主张的在国家与家庭间存在如此接近的类似，"他写道，"那也不能从某些行为规则对某个社会是合适的而推导出对其他社会也是合适的。"

卢梭甚至否认他所理解的父母统治是专制的。他评论说，"一些作者从父亲权威推导出绝对政府，然而对于父权，没什么比凶恶的专制精神跟这一温和的权威相去更远了，因为父权更关注的是服从者的利益，而不是命令者的利益"。他在下面的评论中赞同洛克，认为父亲不像政治专制君主，"一旦孩子不再需要父亲的帮助，父亲就不再是孩子的主人"。当两者平等时，儿子是完全独立于父亲的，对父亲只应该"尊重而非服从"。正如托克维尔所言，"在民主国家中，儿子对父亲说的每个字都带有自由、亲密与温柔的意味，让人充分感受到家庭中所充满的这种新关系"。

但家庭中的暴政会出现在这些条件或限制被违背的时候。孩子已经成熟并有能力处理自己的事情的时候，家长会试图继续他们对孩子的绝对控制。在这种情况下还不放弃控制的家长，就会被叫做"专制的"——在这个词的贬义上。

用政治学者的一个区分来说，当家长出于孩子的福利而控制他们的事务时是正当的；然而，当他们为自己的利益而利用孩子，像对待财产那样对待他们，那就是独裁而非专制。家长独裁的存在以最尖锐的形式，提出了国家是否有权为其成员的利益而干涉家庭的问题。

家庭制度的中心要素当然是婚姻制度。在经典著作关于婚姻的讨论中，即使没有讨论该制度的社会学、经济学方面的所有问题，也涉及了道德与心理学的大部分问题。最深奥的问题也许是，婚姻仅仅是一种唯一受习俗与民法规范的人类制度，还是自然法所认可的契约，抑或是一种宗教仪式，指示并传达上帝的恩典。上述最后两项并不互相排斥，但那些坚持第一项的人一般会排除其他两项。

有些人，像《坎特伯雷故事集》中的教区牧师，认为婚姻不仅是自然的，同时也是神圣的制度——"一次仪式……由上帝自身在天堂颁布命令，同时为耶稣基督所证实，马太福音作为见证：'因此，人要离开父母，与妻子联合，二人成为一体。'这又使基督与神圣的教堂密切结合起来。"

另一些人如康德，似乎强调婚姻是自然法所认可的制度。他写道，"两性间的自然结合，或者仅仅出于动物的本性，或者依据法律。后一种就是婚姻，也就是两个不同性别的人，为了终身互相占有对方的性官能而结合"。康德认为后代是婚姻的自然目标，但不是唯一的目标，否则，"在停止生养孩子后，婚姻便会自动瓦解……即使可以假设互相利用性官能的欢乐是婚姻的一个目的，但婚姻并不能因此就成为随心所欲的。依据人性法则，婚姻本质上是一个必要的契约。换言之，如果一男一女希望依照他们的性别特点来获得相互的欢乐，那么他们就必须结婚"。

还有一些人基本上把婚姻看成习俗的契约。如弗洛伊德就认为，"只有在男女之间最终的不可分离的结合的基础上，才允许发生性的关系"，这种论点纯粹是"今日文明"的一种习俗。婚姻作为一套限制性生活的禁忌，在不同文明间是有差别的。但弗洛伊德认为，"我们西欧的文明已经达到了这种制度的顶点。"

婚姻的观念，无论仅仅是世俗的，还是自然的，乃至是神圣的制度，都显然影响人们对一夫一妻制、离婚、贞操和通奸的态度，也同时影响人们如何看待已婚和独身的好处。异教徒多半都认为独身是一种不幸，尤其对妇女而言，正如未婚的伊莱克特拉的悲剧向人们所展示的那样。相反，基督教则崇扬处女英雄主义，并鼓励建立独身者的隐修团体。在犹太-基督教传统中也有令人惊异的差别。不仅《旧约》中的长老是多妻的，正统的犹太教和基督教对离婚也有不同意见。

奥古斯丁曾解释一个基督徒应该如何理解《旧约》中描述长老实行多妻制的那些章节。他写道，"古代的圣人生活在地上的王国中，预示、预言天上的王国。为了生育大量的后代，那时男人多妻的习俗是无可指责的；为同样的理由，女人不适合有多个丈夫，因为女人并不会为此变得更多产……"由此他认为，"对于这类问题，只要古圣先贤的所作所为不是出于情欲，圣经就会不加指责地记录下来，虽然他们那时所做的事在今天做来就是出于情欲"。

出于类似的理由,阿奎那认为在《旧约》的律法之下,"发出离婚的诉状是允许的",但在基督教的制度内却是不允许的,因为离婚"违反了圣礼的本质"。夫妻之间至亲至密的关系要求最不渝的忠贞,而"倘若婚姻的联结是可解除的,那就不可能了"。同在基督教传统中,洛克对离婚却持相反的看法。他能够理解为什么"人类夫妻的结合应该比其他物种的雌雄结合更长久",但却不能理解"当生养教育的职责得到保障,家族后继有人之后,这一契约为什么不能像其他自愿的契约一样,通过协议或者在特定时间或特定条件下由人来决定,而必定要维持终身"。约翰逊博士则反对洛克,认为"在婚姻契约中,除了夫妻双方之外,还有第三方——社会;如果认为婚姻是一种誓约,那么第三方就是上帝;因此婚姻不能仅仅通过夫妻双方的协议来解除"。

然而,法律和习俗仅仅反映了婚姻的外在或社会层面。就婚姻作为个人的问题而言,关于这些外在方面的讨论并不能解决其内在的、深层的问题。只有伟大的诗歌、小说、戏剧、史书和传记才能充分地展示婚姻在个人生活中所蕴含的心理和情感层面。这些著作通过叙事的强化,为婚姻提供了远比弗洛伊德的案例史更雄辩的证词,来说明婚姻在任何时候都是人类品格的最终考验。

男女之间在婚姻内外的关系,夫妻之间在结婚前后的关系,父母子女间的关系——这些关系造成了危机与紧张,造成爱与责任、理性与激情之间的冲突,任何个人都不可能完全逃避。婚姻不仅是一个典型的人类问题,而且是唯一一个从心理和道德上触动每一个男人、女人和孩子的问题。这一问题的解决有时是悲剧性的,有时其结果却似乎是可喜乃至幸福的。但无论一个人的生活是建立在此基础上,还是在这些岩石上被摔得粉碎,都会使生活发生剧烈的改变,并永远被它塑造。

在某种程度上,任何一个阅读经典著作的读者,即使不是在行动上,也是在想象中参与了俄底修斯、珀涅洛普和忒勒马科斯的审判,赫克托尔和安德洛玛赫、阿尔刻提斯和阿德墨托斯、娜塔莎和皮埃尔·别佐科夫的爱情,奥赛罗的妒忌,李尔王的愤怒,埃涅阿斯的决断和哈姆雷特的优柔,哈克·费恩的青春期反叛,当然还有巴汝奇关于是否要结婚的论证。在以上的每一个例子中,每个人都会发现与婚姻之爱有关的某些方面,或在身为父母或孩子时影响自己或家庭生活的某些阶段。他可以在自己的经验中找到一些基础,使他得以同情地理解伊莱克特拉和她母亲克吕泰墨斯特拉之间,圣奥古斯丁和他的母亲莫尼卡之间,俄狄浦斯和伊俄卡斯忒之间,王子哈姆雷特和王后乔特鲁德之间,皮埃尔·别佐科夫和他的妻子之间的不寻常关系,或者《失乐园》中的亚当和夏娃之间的关系——这大概是最不寻常的例子。

在此,婚姻和家庭生活问题的普遍性似乎需要加以限制。婚姻的和非法的爱情之间的冲突似乎任何时代都存在。将男人及其妻子联系起来的纽带——无论是爱情的或血缘的——也将父母和子女联系起来,这种联系同样是普遍的。但因为将婚姻视为浪漫爱情的理想或幻想所带来的难题,却似乎是现代社会的独特问题。"如果新郎小心谨慎地询问那小处女……远在婚礼之前就已经学会的那些伎俩,很多婚姻就不可能成功了",这样的假定在伊拉斯谟看来是很愚蠢的。

古人分别性爱与友爱,他们理解,如果婚姻是正常的,这两者对婚姻关系就都是必要的。但直到中世纪晚期,人们才开始认为,爱人在浪漫时刻相互爱慕,视彼此为完美无瑕、无可指责的,而结婚就是为了让这种爱慕在今后的年月中永恒持续下去。

与此现代问题相关的内容在**爱**一章中有讨论。正如该章指出的,浪漫爱情虽然似乎来源于基督教,但也可能是对在神圣的婚礼中相互承诺的基督教之爱的歪曲——甚至是异教的曲解。

我们已经考察了与儿童和青少年——人类中未成熟的成员——有关的一些家庭问题,例如孩子是属于家庭还是国家,家庭对孩子的教养负有完全责任还是国家或教会分担其中的部分责任。

还有其他问题。为什么男人和女人想要后代,他们能从养育后代中获得什么满足?在大部分基督教世界中——当然是在古代——没有孩子被认为是重大的失败。没有孩子不仅违背自然,而且等于丧失了一种能令晚年的婚姻生活生辉的幸福。相反的观点非常少见,但在欧里庇德斯的《美狄亚》中有所表达。

"那些从没有生过孩子的人,倒比那些做母亲的幸福得多,"在回应美狄亚悲哀地离开自己的孩子时,歌队长唱道:

> 因为那些没有子女的人
> 不懂得养育孩子是苦是乐,
> 可以减少许多烦恼;
> 那些家里养着可爱孩子的人
> 我看见他们一生忧愁:
> 愁着怎样把孩子养得好好的,
> 怎样给他们留下一些生活费,
> 他们辛辛苦苦养育了孩子
> 此后还不知是好是坏。

跟儿童相关的还有另一些问题,是与父母养育孩子的态度无关的。在财产权以及劳动分工方面,儿童的经济地位是什么?工业化对儿童的经济地位有什么影响?儿童在心理和道德方面有哪些不成熟的特征使得他们被排斥于政治生活之外,并需要父母来管理他们的事务?决定一个人究竟是儿童还是成人的分类有什么标准——无论是情感的、心理的还是年龄的?从儿童时期过渡到成年期会在经济、政治方面,以及更重要的是在情感方面有什么影响?

对以上的大多数问题,经典著作者们都有所讨论,但其中只有弗洛伊德在儿童与其父母的关系中发现决定人一生的基本情感因素。父亲、母亲和孩子之间构成爱与恨、忠诚与对抗的三角关系。在弗洛伊德看来,错综复杂、颠倒错乱的爱,在浪漫的、婚姻的和非法的爱之间的本质差别,选择伴侣和婚姻成败的决定因素,以及发生情感幼稚病的决定条件——这一切都只能通过儿童在家庭生活中的情感历程来理解。

根据弗洛伊德,儿童的"重大任务"是要"离开父母获得自由",因为"只有通过这样的分离,他才不再是孩子,转而成为社会中的一员……这是每个人都必须面对的任务"。弗洛伊德写道,"但值得注意的是,这一任务极少有人能够圆满完成,也就是说,能够不仅在社会意义上,而且在心理意义上获得令人满意的结果"。他接着说,"对神经病患者,这一分离根本就没有完成"。

在某种意义上,从来没有一个人能够完成这种分离。弗洛伊德所谓的"理想自我"——代表我们较高级的天性,并能根据现实原则,抵制屈从于快乐原则的本能——据说来源于"与父亲的认同,这发生在每个人的史前时期"。即使一个人已经成功地从家庭中分离,这一理想自我仍然作为"渴望有父亲的一种替代",并以良心的形式"继续……成为道德的审查者"。

另一组与家庭有关——至少是作为

背景——的问题,是女性的位置或角色的问题。在讨论有关家庭的治理问题时,我们已经考虑过女性与其丈夫之间的关系。看待这一关系的方式影响到女性在国家这一更大的社会组织中的地位和活动,诸如关于女性的公民地位,受教育的机会,财产权和财富的生产(例如,在工业经济中女性劳动的角色)的问题。

仍然是在欧里庇德斯的悲剧《特洛伊妇女》和《美狄亚》中,女性表达了她们在男性世界中所遇到的困境。在前者中,她们身逢战乱,呼喊男性让她们承受战争的苦果。在后者中,美狄亚激动地谴责作为妻子必须接受的屈辱和奴役:

在一切懂得判断的生物中,
唯有女人最是不幸。
我们首先要用无量的财富
为自己买一个丈夫,为我们的身体寻一个主人,
因为不如此我们将会更悲惨。

在古代世界里,还有另一个女权主义者,在宣言女性权利方面比欧里庇德斯走得更远。他认为女性应该像男性一样受教育,分享财产,以及承担公民的职责。在经典巨著的传统中,令人惊异的是,自柏拉图以后,女性权利的第二个重大宣言竟然是由穆勒所作,而穆勒无论是在时间上还是性格上都与柏拉图相去甚远。

在柏拉图的《理想国》中,苏格拉底辩称,如果男人和女人的差别仅仅是"女人将成为母亲而男人将成为父亲,这并不能证明女人应该受跟男人不同的教育"。根据同样的理由,他认为"自然的天赋在两性中是同样分布的"。苏格拉底坚持认为:"在国家事务中,没有任何管理工作是专门为女人设立的,也没有任何工作是根据男人的性别来设立的。男人和女人的一切事业都是如此。"但他同时说,"在所有这些事业中,女人都比男人差"。因此,在提议让女人"分担战争的辛劳和保卫国家的职责"时,苏格拉底建议"在劳动分工中,女人作为较弱的种类,应该承担较轻的工作"。

在19世纪,尼采和穆勒就男女之间关系的问题,发表了截然相反的观点。尼采写道,"女人想要独立,为此目的她开始启蒙男人,教会他们什么是'女人本身'——这是在对欧洲的普遍丑化过程中最糟糕的事物。因为,对于女人的自然本性和自我暴露,有多少东西是不应该让这些愚蠢的企图揭露出来的!女人应该感到多么羞耻;在女人中掩盖着多少迂腐、浅薄、女学究气、短浅的自大、褊狭的放纵和卑劣的无礼——我们只需要看看她们是怎样对待孩子的!——这些一直以来都得到很有效的克制和压抑,仅仅因为对男人的畏惧……在'男人和女人'的问题上出错,否认男女关系中最深不可测的敌对和永恒敌意的必要性,甚至梦想拥有平等的权利,平等的教育,平等的要求和责任:这是典型的思想浅薄……自法国大革命以来,女人的权利和要求日益增加,然而相比之下她们对欧洲的影响却减少了;因而,'女性解放运动',只要是女人自己(而不仅仅是那些浅薄的男人)所要求和推进的,就成为削弱大部分女性本能的重要征兆。"

易卜生的戏剧《玩偶之家》生动地描述了一个妻子离家出走,寻求从家庭事务中获得解放的故事。她丈夫告诉她,她正在"背叛(她)最神圣的职责"——"对丈夫和孩子的职责"。娜拉却回答说,她"有另一项同样神圣的职责"——对她自己的职责。萧伯纳在很多方面都是易卜生的信徒,他在《圣女贞德》序言中表达了同样的观点。他写道:"要过男人的生活,并不是非得穿长裤,抽雪茄,正如要过女人的生活不一定要穿衬裙一

样。日常生活中多的是穿长裙和紧身胸衣的女人，能管理她们自己和他人的生活，包括家中男人的生活。她们在品味和追求方面完全是男性化的。这种女人向来就存在，即使是在女人比男人享有更少法律权利的维多利亚时代。那时还没有人听说过我们现代的女性法官、市长和国会议员。在本世纪的反动俄国，女人曾经组织过一个有效的女战士兵团，但后来消失了，仅仅因为它奥尔德索式的特征于革命有所妨碍。将女性从军队中排除出去，并不是因为女人天生比男人无能，而是因为，如果没有足够的女人，整个社会就不能繁衍下去。相比女人，男人是可有可无的，因此可以牺牲掉。"

穆勒的短文《妇女的屈从地位》充分地阐述了他认为两性在社会、经济和政治上具有平等地位的理由。在《代议制政府》中，他对女性权利的辩护主要集中于是否应该给女性以选举权。他论证说，性别的差异"与高矮、头发颜色的差异一样，与政治权利完全没有任何关系。所有人都希望有好的政府……人类早就已经抛弃了能够得出女性不应有选举权这一结论的唯一前提。现在没有人会再认为女人应该是奴隶，她们不应有思想、欲望或职业，而仅仅应该成为丈夫、父亲和兄弟的家庭苦力。未婚的女人跟男人一样可以拥有财产，有金钱和商业上的利益，而已婚的女人在这些权利上也仅仅需要做出微小的出让。女人思考、写作和教书，也被认为是恰当的、合适的"。穆勒断言，"只要承认这些，就没有任何理由剥夺女性的政治权利"。20世纪早期，凡勃伦在其著述中写道，在所有这些方面，"新女性运动"并没能使女性获得解放，无论是在家庭还是国家的层面。

著述直接宣扬女性应从家庭和政治的屈从地位解放出来的，虽然穆勒是唯一人，但许多经典著作的确探讨了在战争与爱情、快乐与痛苦、美德与邪恶、职责与荣誉的问题上男女之间的差别。有些人径直关注最关键的问题——男女之间究竟是更相似还是更不同，他们在本性上是平等还是不平等。由于这些问题与人性本身相关，但又受性别问题影响，相关的章节收录在人那章。

分 类 主 题

1. 家庭的本质和必要性：亲族系统
2. 家庭与国家
   2a. 家庭与政治社群的比较：起源、结构与功能
   2b. 家庭与政治社群的比较：管理方式
   2c. 家庭在国家中的地位与权利：儿童的控制与教育
3. 家庭的经济学
   3a. 家庭的财富：家庭经济的维持
   3b. 政治经济学的后果：工业系统中的家庭
4. 婚姻制度：本质与目的
   4a. 一夫一妻制与多配偶制
   4b. 宗教的婚姻观：神圣的婚礼
   4c. 结婚与独身
   4d. 协调婚姻的法律与习俗

4e. 离婚
5. 女性的位置
    5a. 女性在社会和家庭中的角色：家庭治理中的夫妻关系
    5b. 宗族或国家中女性的地位：公民权，财产权，受教育权
    5c. 女性与战争的关系
6. 父母与子女：为父之道与为母之道
    6a. 对后代的渴望：出生率
    6b. 优生学：教育计划；生育计划
    6c. 未成年的状况
    6d. 儿童的护养与管理：儿童的权利与义务；父母专制与独裁
    6e. 从儿童进入成年生活
7. 家庭生活
    7a. 婚姻与爱情：浪漫的，婚姻的和非法的爱
    7b. 家庭的延续：祖先崇拜；家庭的自尊，家族争斗，诅咒
    7c. 大家庭中的友谊模式
    7d. 家庭生活对儿童的情感影响：家庭三角关系；父亲和母亲的象征角色
8. 考察历史和文献中的婚姻家庭制度

[陈少明、刘玉宇 译]

索引

本索引相继列出本系列的卷号〔黑体〕、作者、该卷的页码。所引圣经依据詹姆士御制版，先后列出卷、章、行。缩略语 esp 提醒读者所涉参考材料中有一处或多处与本论题关系特别紧密；passim 表示所涉文著与本论题是断续而非全部相关。若所涉文著整体与本论题相关，页码就包括整体文著。关于如何使用《论题集》的一般指南请参见导论。

1. **The nature and necessity of the family: systems of kinship**

    6 Plato, 707–709
    8 Aristotle, 445–455
    11 Lucretius, 71
    13 Plutarch, 62–64
    17 Aquinas, 516–519
    18 Aquinas, 318–321
    29 Milton, 240–242
    33 Locke, 36–38, 42–44
    35 Rousseau, 350, 387–388
    39 Kant, 418–422
    43 Hegel, 61–67, 179–180
    44 Tocqueville, 314–316
    51 Tolstoy, 659–662
    53 James, William, 189
    54 Freud, 781–782
    58 Lévi-Strauss, 417–427, 429–432, 435–439, 500–508

2. **The family and the state**

2a. **Comparison of the domestic and political community in origin, structure, and function**

    6 Plato, 356–365
    12 Virgil, 193–194
    13 Plutarch, 36
    16 Augustine, 586, 588–592
    21 Hobbes, 99, 111
    35 Rousseau, 367–368
    43 Hegel, 71, 83, 116, 139, 188–190, 221–223, 260, 305–307
    49 Darwin, 310
    54 Freud, 685–687, 692, 796

2b. **Comparison of the domestic and political community in manner of government**

    6 Plato, 641–642, 664–666
    8 Aristotle, 382, 412–413, 453–455, 476
    12 Virgil, 254–257
    18 Aquinas, 207
    21 Hobbes, 67–68, 109–111, 121
    28 Bacon, 207–209
    33 Locke, 25, 36–46, 48–51, 64–65
    35 Montesquieu, 3, 13, 28–29, 118, 140
    35 Rousseau, 357
    38 Gibbon, 82–83
    43 Hegel, 127–128, 138, 146

    54 Freud, 687
    58 Weber, 170

2c. **The place and rights of the family in the state: the control and education of children**

    Old Testament: *Deuteronomy*, 24:5
    4 Aeschylus, 26–39
    4 Sophocles, 159–174
    4 Euripides, 606–633
    4 Aristophanes, 876–877
    5 Herodotus, 223
    5 Thucydides, 398
    6 Plato, 216–217, 360–365, 665–666, 707–708, 721–723, 775–780
    8 Aristotle, 434–435, 455–457, 539–542
    13 Plutarch, 21–26, 36–45, 62–64
    14 Tacitus, 162
    16 Augustine, 590–591
    18 Aquinas, 226–227
    33 Locke, 43, 67–68
    34 Swift, 29–31
    34 Diderot, 294–297
    35 Montesquieu, 140, 192–199
    35 Rousseau, 376–378
    36 Smith, 379–380
    37 Gibbon, 66–67, 175
    38 Gibbon, 86, 88–89
    40 Mill, 317–319
    43 Hegel, 63, 65–66, 80, 144
    44 Tocqueville, 314–317, 320–322
    45 Balzac, 338–339
    50 Marx-Engels, 427–428
    54 Freud, 783–784
    55 Barth, 537

3. **The economics of the family**

3a. **The wealth of families: the maintenance of the domestic economy**

    6 Plato, 664–666
    8 Aristotle, 446–453, 459
    13 Plutarch, 72, 130, 278–279, 286–287, 291–292, 439
    14 Tacitus, 32
    18 Aquinas, 318–321
    23 Montaigne, 224–231, 500–504, 514–515
    27 Cervantes, 174–175
    31 Molière, 155–156
    33 Locke, 42–43

35 Montesquieu, 50, 129-132, 190, 225-230
36 Smith, 1, 185-187
37 Gibbon, 16-17, 66-67, 498-501 passim
38 Gibbon, 83, 86-89
41 Boswell, 147-148, 274-278, 280-281, 289
43 Hegel, 63-64
45 Balzac, 230-233, 244-248 passim, 263-269 passim, 300-309 passim, 325-328, 344
46 Austen, 7
46 Eliot, George, 311-312, 481-487, 509-512, 517-520
47 Dickens, 199-200
49 Darwin, 324
50 Marx, 34, 171-172
51 Tolstoy, 211-213, 275-302 passim, 654-655
52 Ibsen, 439-443
57 Veblen, 24-28, 34-35
59 Chekhov, 216-218
60 Kafka, 123-125

3b. The effects of political economy: the family in the industrial system

35 Rousseau, 367-368
36 Smith, 31-42, 272-273, 429-430
40 Mill, 319
43 Hegel, 82-83
50 Marx, 117-144 passim, 192-196, 226-248, 318-319, 375-376
50 Marx-Engels, 427

4. The institution of marriage: its nature and purpose

Old Testament: *Genesis*, 1:27-28; 2:18-25; 30:1-24
New Testament: *Matthew*, 19:3-12 / I *Corinthians*, 7 / I *Peter*, 3:1-7
6 Plato, 685, 707-709
8 Aristotle, 539-541
11 Epictetus, 172-173, 187-189
12 Virgil, 136-140, 202-207
13 Plutarch, 39-40
16 Augustine, 52-53, 450-454
17 Aquinas, 488-490, 516-519
19 Chaucer, 379-388, 418-423, 439-448
20 Calvin, 184-186
23 Montaigne, 452-454
28 Spinoza, 683
31 Molière, 3-4, 16-17, 18-22, 249, 255
35 Montesquieu, 187-188
39 Kant, 418-420
41 Boswell, 194
43 Hegel, 33, 61-63
43 Kierkegaard, 439-441
44 Tocqueville, 152, 319-320
46 Austen, 25, 35-36
46 Eliot, George, 335, 481, 517, 559-561, 581, 597
47 Dickens, 20, 198-208 passim, 310, 420
51 Tolstoy, 14-15, 111-128, 245-274

4a. Monogamy and polygamy

Old Testament: *Genesis*, 16; 29:1-30:24 / *Deuteronomy*, 21:15-17 / I *Samuel*, 25:39-44 / I *Kings*, 11:1-13
4 Euripides, 434-449
5 Herodotus, 160
13 Plutarch, 731
16 Augustine, 746, 747-749
34 Swift, 162-166
35 Montesquieu, 112, 116-120, 188
37 Gibbon, 92
38 Gibbon, 245-246
39 Kant, 419-420
40 Mill, 311-312
43 Hegel, 137
49 Darwin, 579-583
53 James, William, 735
54 Freud, 784

4b. The religious view of marriage: the sacrament of matrimony

Old Testament: *Genesis*, 2:23-24
Apocrypha: *Tobit*
New Testament: *Mark*, 10:1-12 / *John*, 2:1-12 / *Ephesians*, 5:22-33 / I *Timothy*, 4:1-5 / *Hebrews*, 13:4
4 Euripides, 296-315
12 Virgil, 198-199
16 Augustine, 11, 24
17 Aquinas, 489-491
18 Aquinas, 879-883, 1042-1049 passim
19 Chaucer, 379-380, 419
21 Hobbes, 272-273
22 Rabelais, 219-222
29 Milton, 240-244
35 Montesquieu, 217-218, 219
35 Rousseau, 439
41 Boswell, 304
51 Tolstoy, 476-479 passim
58 Weber, 223, 226
58 Huizinga, 289

4c. Matrimony and celibacy

New Testament: *Matthew*, 19:10-12 / I *Corinthians*, 7
13 Plutarch, 54-55
14 Tacitus, 44, 51
16 Augustine, 76
18 Aquinas, 655-656, 1053-1058
19 Chaucer, 379-380, 450-455
20 Calvin, 184-185, 442-444, 445-446, 448-455
21 Hobbes, 272-273
22 Rabelais, 60-66
25 Shakespeare, 48
29 Milton, 168
35 Montesquieu, 189, 197, 210
37 Gibbon, 193, 533
38 Gibbon, 86, 177-178
40 Mill, 308
43 Hegel, 354, 375
49 Darwin, 315
50 Marx, 305
54 Freud, 695
58 Huizinga, 325-326

4d. The laws and customs regulating marriage

Old Testament: *Genesis*, 19:30–38; 24; 29; 38; 39:7–20 / *Exodus*, 22:16–17 / *Leviticus*, 18 / *Numbers*, 5:12–31; 36 / *Deuteronomy*, 22:13–30; 25:5–10 / *Ruth*, 3–4 / *II Samuel*, 11–13 / *Ezra*, 10 / *Proverbs*, 5; 6:20–7:27

Apocrypha: *Tobit*, 4:12–13 / *Ecclesiasticus*, 9:1–9; 23:17–28

New Testament: *Matthew*, 5:27–32 / *John*, 8:1–11 / *Romans*, 7:1–3 / *I Corinthians*, 5; 7

3 Homer, 483–484
4 Aeschylus, 54–74, 75–89, 90–103
4 Sophocles, 111–132
4 Euripides, 277–295, 434–449, 466–468, 533–534
4 Aristophanes, 713–714, 867–886
5 Herodotus, 2–3, 39, 44, 96, 144
6 Plato, 360–365, 442–443, 605–608, 710–711, 735–738, 777–778
8 Aristotle, 455–458, 465–466, 508
11 Epictetus, 133–134
13 Plutarch, 21–22, 39–40, 62–63, 71–72
14 Tacitus, 53, 107–110, 111, 121–122, 141
16 Augustine, 470–471, 749
18 Aquinas, 112–113, 318–321
19 Dante, 38
19 Chaucer, 309–317, 321–323, 418–431, 445–448
20 Calvin, 184–186
22 Rabelais, 140–141, 144–146, 148–150, 154–156, 173–200, 248–250
23 Montaigne, 98–101 passim, 101–102
24 Shakespeare, 31–32, 33–34, 297, 300, 306–309, 520–523
25 Shakespeare, 55–56, 209–211, 236–237, 274, 421–448, 449–488, 492, 501–502
27 Cervantes, 143–144, 321–322
29 Milton, 340–362
31 Molière, 1–44 passim esp 27–28
35 Montesquieu, 48–50, 115–122, 141–142, 187–189, 193–197, 219–221, 223
37 Gibbon, 579
38 Gibbon, 93–94, 174, 319
41 Boswell, 160, 429–430
43 Hegel, 61–62, 138, 139
44 Tocqueville, 321–322, 335–336
45 Balzac, 170–178
46 Austen, 160–161
46 Eliot, George, 462–463
48 Melville, 179–181
49 Darwin, 313, 581–582, 584–585
51 Tolstoy, 177–179, 291–292, 540–541
52 Ibsen, 473–474
54 Freud, 531, 555, 583
58 Huizinga, 289
58 Lévi-Strauss, 421–427, 437–439

4e. Divorce

Old Testament: *Deuteronomy*, 24:1–4

New Testament: *Matthew*, 5:31–32; 19:3–9 / *Mark*, 10:2–12 / *I Corinthians*, 7:10–16

4 Euripides, 279–280
6 Plato, 780
13 Plutarch, 26, 62–63, 158, 215, 629
23 Montaigne, 339
33 Locke, 43
34 Swift, 127
35 Montesquieu, 120–122, 217–218
38 Gibbon, 84–85
41 Boswell, 220–221, 304, 411
43 Hegel, 65, 139
51 Tolstoy, 476–479
60 Hemingway, 462

5. The position of women

5a. The role of women in the society and the family: the relation of husband and wife in domestic government

Old Testament: *Genesis*, 2:18–25; 3:16 / *Numbers*, 30 / *Esther*, 1 / *Proverbs*, 31:10–31

Apocrypha: *Tobit*, 10:12 / *Ecclesiasticus*, 25–26

New Testament: *I Corinthians*, 11:1–16; 14:34–35 / *Ephesians*, 5:22–33 / *I Timothy*, 2:9–15 / *I Peter*, 3:1–7

3 Homer, 317–318, 486–498, 528–530, 535
4 Euripides, 436–437
4 Aristophanes, 824–845, 846–866
5 Herodotus, 56
6 Plato, 174–175, 721–722
8 Aristotle, 413, 445, 454, 474, 516
13 Plutarch, 99, 654–655, 807
16 Augustine, 84–85
17 Aquinas, 488–491
19 Dante, 109
19 Chaucer, 199, 326–338, 338–343, 379–388, 388–392, 401, 405–418, 418–431, 439–448, 467
20 Calvin, 223
23 Erasmus, 7
23 Montaigne, 228–231, 454–457, 469–470
24 Shakespeare, 152, 227–228, 443–444
29 Milton, 162–163, 166, 242–245, 252–253, 293–294
31 Molière, 4, 18–22
33 Locke, 38–39, 42–44 passim
35 Montesquieu, 187–188
37 Gibbon, 92–93
38 Gibbon, 83–86
39 Kant, 404
41 Boswell, 165, 297, 301–302
43 Hegel, 63
43 Nietzsche, 518–521
44 Tocqueville, 317–325
46 Eliot, George, 236–237, 255–256, 317–318, 401–402, 552–553
49 Darwin, 579–580 passim, 584–585
51 Tolstoy, 13–15, 55–59, 490–493
52 Dostoevsky, 48–50
52 Ibsen, 439–474 esp 469–474

57 Veblen, 23–24, 34–35, 61–63, 75–78, 136, 142–143, 144–145, 148–151
57 Tawney, 209
58 Frazer, 15–18
58 Huizinga, 291–293, 297
58 Lévi-Strauss, 411–412, 421–427, 429–431
60 Woolf, 1–105 passim esp 18–21, 42–56, 74–78
60 Hemingway, 454–455

5b. The status of women in the tribe or state: the right to citizenship, property, education

Old Testament: *Numbers*, 27:1–11
4 Aristophanes, 846–866, 867–886
6 Plato, 356–365, 716–717
8 Aristotle, 455–458, 539–541
13 Plutarch, 39–41, 54–55, 133, 650–651
14 Tacitus, 44, 285–286
18 Aquinas, 309–316
20 Calvin, 453–454
21 Hobbes, 109–110
31 Racine, 295–297
34 Swift, 98–99, 166
35 Montesquieu, 47–50, 90, 107–108, 116–122, 137, 215–216
35 Rousseau, 327
36 Smith, 381–382
37 Gibbon, 122–125, 533–535, 557, 649–652
38 Gibbon, 14–16, 89, 164, 170–171
40 Constitution of the U.S., 19
40 Mill, 387–389
41 Boswell, 274–277, 391–392
44 Tocqueville, 317–318
50 Marx-Engels, 423, 427–428
57 Veblen, 2–3, 6–7, 10, 23, 29–32, 149–151, 158–159, 164
58 Lévi-Strauss, 411–412, 429–431

5c. Women in relation to war

Old Testament: *Deuteronomy*, 21:10–14 / *Judges*, 4–5
Apocrypha: *Judith*, 8–16
3 Homer, 32–33, 271–273, 304–306
4 Aeschylus, 27–29, 58–59
4 Euripides, 363–382, 407–433, 435, 606–633
4 Aristophanes, 824–845
5 Herodotus, 2, 121, 143–144, 232
6 Plato, 479–480, 721–722, 726
8 Aristotle, 465–466
9 Hippocrates, 32
12 Virgil, 113–114, 168–170, 288–298
13 Plutarch, 10–11, 21–24, 189–191, 756–779
14 Tacitus, 12, 20, 53, 150
19 Chaucer, 286–287
22 Rabelais, 140–141
24 Shakespeare, 389, 477–478
25 Shakespeare, 115, 387–389
33 Locke, 67–68
36 Smith, 338
37 Gibbon, 93, 509–510
49 Darwin, 565

51 Tolstoy, 367–369, 392, 397–398, 410–421, 485–488, 528–531, 538–539
59 Shaw, 44–45, 87
60 O'Neill, 235
60 Brecht, 428–429

6. Parents and children: fatherhood, motherhood

Old Testament: *Exodus*, 20:5–6,12 / *Ezekiel*, 18
Apocrypha: *Tobit* / *Ecclesiasticus*, 3:1–16
3 Homer, 415–416, 446–466
4 Euripides, 291
8 Aristotle, 414, 453–454, 457, 539–542
11 Epictetus, 187–189
12 Virgil, 228–229, 239–242
16 Augustine, 39
17 Aquinas, 160–161, 180–185, 213–230 passim
18 Aquinas, 162–167 passim
23 Montaigne, 231–233
33 Locke, 36–42
34 Swift, 29–31, 165–167
35 Rousseau, 364–365, 367–368
39 Kant, 420–421
46 Eliot, George, 364–366, 471–473
47 Dickens, 10–11, 126, 171–172, 310–311
49 Darwin, 579–580
51 Tolstoy, 1–696
54 Freud, 406, 863, 876
60 Brecht, 399–400

6a. The desire for offspring: the birthrate

Old Testament: *Genesis*, 25:19–26; 30:1–24 / *I Samuel*, 1:1–2:11
4 Euripides, 383–406, 434–449
5 Herodotus, 32
6 Plato, 165–167, 708
11 Epictetus, 187–189
12 Virgil, 97–98
13 Plutarch, 629
14 Tacitus, 51, 162
16 Augustine, 450–451
17 Aquinas, 517–519
23 Montaigne, 527
25 Shakespeare, 586–588
28 Bacon, 72–73
29 Milton, 295–297
36 Smith, 34–35
46 Austen, 157–158
57 Veblen, 47
58 Frazer, 10

6b. Eugenics: control of breeding; birth control

5 Herodotus, 143
6 Plato, 361–363, 403, 605–608, 693, 712–713
8 Aristotle, 460–461, 466
13 Plutarch, 39–40, 71–72
28 Bacon, 207–209
34 Swift, 166, 168
35 Montesquieu, 190, 191, 192–199
35 Rousseau, 335

- 37 Gibbon, 175
- 40 Mill, 319, 426–427
- 49 Darwin, 275–277, 323–328, 391–394, 578–579, 596
- 56 Dobzhansky, 579
- 60 Eliot, T. S., 170

6c. The condition of immaturity

New Testament: *I Corinthians,* 13:10–11
- 6 Plato, 16–17, 320–321, 366, 399–401, 653
- 8 Aristotle, 218, 340, 366, 391, 404, 407–408, 636
- 13 Plutarch, 540–549
- 16 Augustine, 2–13, 646–647
- 17 Aquinas, 520–523, 796–797
- 21 Hobbes, 60
- 22 Rabelais, 9–11, 14–18, 74–75
- 23 Montaigne, 97–98, 125–127, 455–456
- 43 Hegel, 61, 130–131
- 43 Nietzsche, 477–478
- 46 Eliot, George, 214–215, 241
- 51 Tolstoy, 20–26, 35–37, 252–254, 382–384, 592–604
- 52 Dostoevsky, 94–96, 285–311
- 54 Freud, 15–18, 119–122, 191–193, 241–243, 495–496 passim, 526–532, 572–576, 579–584, 594–599, 612–614, 641–643, 724–727, 737–740, 751–753
- 55 Dewey, 107–108, 109, 118–119
- 56 Waddington, 741
- 57 Veblen, 105–108
- 59 Shaw, 46
- 59 Cather, 414–420 passim
- 59 Joyce, 517–548, 564–569, 609–611
- 60 Woolf, 29–30, 58–59
- 60 Lawrence, 148–149
- 60 Hemingway, 468–469

6d. The care and government of children: the rights and duties of the child; parental despotism and tyranny

Old Testament: *Deuteronomy,* 5:16; 6:6–7; 21:15–23 / *Proverbs,* 6:20–23; 19:18; 22:6,15; 23:13–24; 30:17

Apocrypha: *Ecclesiasticus,* 3:1–18; 7:23–28; 30:1–13; 42:9–11

New Testament: *Matthew,* 15:3–6 / *Ephesians,* 6:1–4
- 4 Aeschylus, 90–103
- 4 Sophocles, 131–132, 133–158, 192–215, 231–233
- 4 Euripides, 522, 555–584
- 4 Aristophanes, 710–711, 790–791
- 6 Plato, 26–27, 42–43, 45–47, 216–217, 360–365, 686–688, 713–716, 723, 755–757, 779–781
- 8 Aristotle, 107, 413, 434–435, 453–455 passim, 539, 541–542, 543
- 11 Epictetus, 110–112
- 11 Aurelius, 239–242
- 12 Virgil, 228–229, 239–242
- 13 Plutarch, 40–41, 152, 286–287

- 16 Augustine, 11–13
- 18 Aquinas, 226–227, 318–321
- 19 Chaucer, 369
- 20 Calvin, 182–183
- 21 Hobbes, 109–110, 155
- 22 Rabelais, 74–75, 81–83
- 23 Montaigne, 117–118, 119–120, 135
- 24 Shakespeare, 78–79, 196–197, 285–319, 352–353, 452–454
- 25 Shakespeare, 210–211, 244–283, 451
- 27 Cervantes, 262–263, 299–300
- 31 Molière, 40–42, 71–72, 80–81, 91–92, 141–180 esp 142, 147–148, 168–171, 230–253 passim
- 31 Racine, 343, 352–356
- 33 Locke, 36–43, 249
- 35 Montesquieu, 22–23, 189, 216–217, 220
- 35 Rousseau, 357, 389
- 38 Gibbon, 82–83
- 39 Kant, 420–422
- 40 Mill, 317
- 41 Boswell, 199–200, 247, 301–302
- 43 Hegel, 64–65, 138, 222–223
- 43 Kierkegaard, 406, 431–432
- 43 Nietzsche, 499
- 44 Tocqueville, 314–317
- 46 Austen, 7–8, 60–61, 66, 189–190
- 47 Dickens, 23–26, 34–35, 36–38, 192, 240–244
- 48 Twain, 269–270, 273–274, 276–278, 278–284 passim, 336
- 50 Marx, 241
- 51 Tolstoy, 22–23, 291–292, 324–325, 381, 382–384, 659–674 passim
- 52 Dostoevsky, 2–11, 413–417
- 52 Ibsen, 448–449, 471–472, 475–521 passim esp 484–493, 503–521, 581
- 54 Freud, 244, 573, 794–795, 832, 868–871
- 59 Pirandello, 245–254
- 59 Mann, 484–485
- 60 Woolf, 1–105 passim esp 1, 74, 77, 81–85, 92, 94–95
- 60 Kafka, 128–131

6e. The initiation of children into adult life

New Testament: *Luke,* 2:41–52
- 5 Herodotus, 125–126, 155–156
- 11 Aurelius, 239–242
- 13 Plutarch, 41–42
- 23 Montaigne, 125–127, 197–198, 227
- 24 Shakespeare, 232
- 25 Shakespeare, 34–35
- 28 Bacon, 207–209
- 35 Montesquieu, 133
- 35 Rousseau, 376, 387–388
- 37 Gibbon, 91
- 38 Gibbon, 86
- 43 Hegel, 65
- 46 Eliot, George, 282
- 47 Dickens, 35–36
- 48 Melville, 239–240

51 Tolstoy, 128–131, 192–193, 254–260, 267–270
52 Ibsen, 475–521 passim
54 Freud, 119–122 passim, 584
55 Dewey, 106
57 Veblen, 106–107
58 Frazer, 56–62
58 Huizinga, 296–297
59 Joyce, 608–612, 650–659
60 Woolf, 28–30

7. The life of the family

7a. Marriage and love: romantic, conjugal, and illicit love

Old Testament: *Genesis*, 29:16–30 / *Ruth* / *II Samuel*, 11; 13:1–20 / *Proverbs*, 5; 6:20–7:27 / *Song of Solomon*
Apocrypha: *Tobit*, 6:10–17 / *Ecclesiasticus*, 25:1

3 Homer, 169–171, 527–531
4 Aeschylus, 83
4 Sophocles, 216–233
4 Euripides, 277–295, 296–315, 316–333, 357–360, 372–373, 407–433, 434–449
4 Aristophanes, 824–845, 846–866
5 Herodotus, 197, 311–312
6 Plato, 152–153
11 Lucretius, 57–58
11 Plotinus, 405–406
12 Virgil, 136–145
13 Plutarch, 62–63, 756–779, 807, 811
14 Tacitus, 64, 107–110
16 Augustine, 52–53, 447–454, 470–471, 747–749
17 Aquinas, 742–743
18 Aquinas, 318–321, 518–519
19 Dante, 6–7
19 Chaucer, 177–273, 310–317, 379–388, 388–392, 405–418, 418–431, 439–448
20 Calvin, 185–186
21 Hobbes, 155
22 Rabelais, 73–74, 106–108, 109–126, 159–163, 166–169, 186–188, 196
23 Erasmus, 8
23 Montaigne, 92–94, 141–142, 400–403, 451–476, 514–515
24 Shakespeare, 28–29, 152–153, 154, 157–158, 199–228, 230–231, 285–319, 503–531, 564–566, 618, 625
25 Shakespeare, 33, 34, 37, 73–102, 141, 205–243, 311–350, 449–488, 542–543
27 Cervantes, 139–162, 311–312, 321–322
29 Milton, 156–159, 162–163, 233, 252–253, 293–294
31 Molière, 1–44 esp 30–33, 73, 75–81, 83–89, 93–97, 108–113, 146–150, 162–165, 234–236, 248–250
31 Racine, 334–336, 344–345, 349, 352–356
34 Voltaire, 191–192, 201–202
41 Boswell, 107, 194, 294–295
43 Hegel, 61–63

44 Tocqueville, 320–322
45 Goethe, 86–132
45 Balzac, 179–180, 263–269 passim, 278–279, 329
46 Austen, 6–7, 15, 174
46 Eliot, George, 213–246 passim, 268, 270–271, 280, 281–282, 294–310 esp 295–299, 329–332, 333–342, 342–346, 366–370, 402–403, 408–410, 446–449, 458–462, 560–561, 594–595
47 Dickens, 76–79, 107–108, 280
51 Tolstoy, 122, 173–179, 291–292, 311–313, 539–547, 635–644, 650–674
52 Dostoevsky, 4–5, 41
52 Ibsen, 439–474 esp 470–474, 522–561, 565–568, 571–574
54 Freud, 404–406, 694–695
58 Frazer, 23
58 Huizinga, 294–297
59 Chekhov, 198
59 Cather, 414, 430–433, 452–454, 459, 463–464
60 Woolf, 33–36, 62–63 passim, 86–87
60 O'Neill, 205–213, 214–221, 222–225, 236–241, 249–254, 256–258, 279–282
60 Fitzgerald, 305–312 passim, 356–358
60 Hemingway, 462–463

7b. The continuity of the family: the veneration of ancestors; family pride, feuds, curses

Old Testament: *Genesis*, 17; 25:20–34; 27:1–28:5; 30:1–24; 48–49 / *Deuteronomy*, 5:9–10; 25:5–10 / *Ezekiel*, 18

4 Aeschylus, 34–35, 50, 54–74
4 Sophocles, 111–132, 195–215
4 Euripides, 450–471, 533–554
5 Herodotus, 13, 149, 167–168
6 Plato, 3, 683
8 Aristotle, 601
12 Virgil, 115–118, 154–156, 193–196, 231–234
13 Plutarch, 826
19 Dante, 58, 108–111
19 Chaucer, 391–392
24 Shakespeare, 23–26, 285–319
25 Shakespeare, 152–153
30 Pascal, 286
31 Molière, 131–132
35 Montesquieu, 188
37 Gibbon, 412–413 passim, 497–498
38 Gibbon, 389, 453–456, 571–572
41 Boswell, 282, 289
43 Hegel, 65–66, 207
44 Tocqueville, 315–316
45 Balzac, 178, 233–234, 283, 287–291 passim, 314–317, 320–321, 341–342
48 Twain, 310–319 passim
59 Mann, 501–502
59 Joyce, 570–571
60 O'Neill, 198–204, 251–254, 263–265, 273–275, 286–288
60 Fitzgerald, 296, 374–375

7c. **Patterns of friendship in the extended family**

Old Testament: *Genesis,* 4:1-16; 24; 29:21-30; 32-34; 37; 42-45; 50:15-23 / *Judges,* 11:30-40 / *Ruth,* 1:3-18 / *I Samuel,* 20 / *II Samuel,* 13-14 / *Micah,* 7:5-6
New Testament: *Matthew,* 10:21,35-37; 12:46-50 / *Luke,* 15:11-32
  3 Homer, 263-265, 294-306, 315-324, 436-457, 460-461, 524-528, 536-538
  4 Aeschylus, 75-89
  4 Sophocles, 138-140, 150-154, 159-174, 192
  4 Euripides, 289-293, 316-333, 347-362, 374-375, 379-381, 438-439, 499-500, 521, 533-554, 558-560, 572-573, 585-605, 606-633
  5 Herodotus, 7, 8-10, 73-74, 95-96, 114-115, 194-195
  6 Plato, 360-365
  8 Aristotle, 406, 410, 411, 416, 417-418, 456-458
 11 Epictetus, 121
 12 Virgil, 154-156, 191-192, 277-278, 279-280
 13 Plutarch, 139-140, 174-193, 196-198, 286-287, 623-624, 654-655, 727, 740-741
 14 Tacitus, 10, 118-119, 128-131, 141-143
 16 Augustine, 23-24, 39, 83-90
 17 Aquinas, 312-313, 512
 18 Aquinas, 516-519
 19 Dante, 41-42
 19 Chaucer, 405-418
 22 Rabelais, 81-83, 242-244
 23 Montaigne, 119-120, 135-136, 400-403, 451-463, 514-515
 24 Shakespeare, 82, 322-323, 492-496
 25 Shakespeare, 60-62, 244-283, 355-356, 362-363, 387-389
 29 Milton, 371-372
 35 Montesquieu, 140
 35 Rousseau, 327, 368
 41 Boswell, 57-58, 305, 424-425, 510
 43 Hegel, 138-139
 44 Tocqueville, 316-317
 45 Goethe, 44-46
 45 Balzac, 328
 46 Austen, 3-7, 189
 46 Eliot, George, 248-249, 252-255, 282
 47 Dickens, 35-39 passim, 229-234
 51 Tolstoy, 25-31, 119-131, 165-168, 247-248, 252-254, 270-274, 305-310, 314-316, 326-329, 356-358, 406-410, 412-414, 416-417, 614-618
 52 Dostoevsky, 105-114, 123-127, 143-144, 156-158, 298-311, 427-431
 52 Ibsen, 484-493, 522-561
 53 James, William, 735-736
 54 Freud, 241-246, 528-529, 583, 783, 856-859
 58 Lévi-Strauss, 420-427, 438
 59 Chekhov, 195-225 passim
 59 Joyce, 529-536
 60 Kafka, 123-126

7d. **The emotional impact of family life upon the child: the domestic triangle; the symbolic roles of father and mother**

  3 Homer, 446-466
  4 Sophocles, 111-132, 198, 201-202
  4 Euripides, 296-315, 466-468
  5 Herodotus, 89, 100-101, 151
  8 Aristotle, 413-414 passim
 13 Plutarch, 855
 24 Shakespeare, 72
 25 Shakespeare, 29-72
 31 Racine, 329-332, 351
 34 Swift, 165-166
 45 Balzac, 170-178
 46 Austen, 60
 46 Eliot, George, 399-400
 47 Dickens, 11, 17, 23-24, 116-118, 402-403
 51 Tolstoy, 271-273, 305-307, 356-358, 658-659, 662-664
 52 Dostoevsky, 36-38, 62-65, 109-114, 216-217, 255-256
 52 Ibsen, 452-453, 475-521 esp 503-521
 54 Freud, 14-19, 240-249, 580-585, 644-645, 678-681, 692-694, 703-708, 738-742, 752-753, 792-796, 855-863, 876
 58 Lévi-Strauss, 477-480, 487-490
 59 Pirandello, 252-254
 59 Joyce, 517-548 passim, 652-653
 60 Woolf, 1, 92, 99-100
 60 O'Neill, 201, 205-209, 214-221, 229-233, 236-241, 243-246, 254, 256-258

8. **Observations in history or literature on the institution of marriage and the family**

  3 Homer, 436-457
  5 Herodotus, 34, 44, 167-168
  8 Aristotle, 465-466
 11 Lucretius, 71
 13 Plutarch, 54-55, 58, 62-64, 72-73, 650-651, 780
 14 Tacitus, 53, 67-68, 73-74, 162
 18 Aquinas, 318-321
 20 Calvin, 442-444
 31 Molière, 265-267
 35 Montesquieu, 47-50, 129-134, 141-142, 214-221, 225-230
 36 Smith, 34-35
 37 Gibbon, 92-93
 38 Gibbon, 82-89, 319
 41 Boswell, 197
 43 Hegel, 221-223, 260, 305-306
 44 Tocqueville, 314-317, 397-398
 45 Balzac, 234, 362
 46 Eliot, George, 247
 47 Dickens, 99, 303-311 passim, 325-329, 392-399 passim
 49 Darwin, 579-583
 54 Freud, 781-782
 58 Huizinga, 256-257, 259, 296-297
 60 Woolf, 1-105 passim

交叉索引

以下是与其他章的交叉索引：

The naturalness of human association in the family or in the state, see NATURE 2b; NECESSITY AND CONTINGENCY 5b; STATE 1a–1c, 3b–3d.

The political significance of the domestic community, and comparisons of government in the family and in the state, see EDUCATION 8a; GOVERNMENT 1b; MONARCHY 4a, 4e(1); SLAVERY 6b; STATE 1b, 5b; TYRANNY AND DESPOTISM 4b.

The economic aspects of the family, see LABOR 5a, 5c; SLAVERY 4a; WEALTH 2, 3d.

Religious views of matrimony and celibacy, see RELIGION 2c, 3d; VIRTUE AND VICE 8f–8g.

Women in relation to men, and the difference between the sexes, see EDUCATION 1b; HAPPINESS 4a; MAN 6, 6b; WAR AND PEACE 5a.

Childhood as a stage of human life, see LIFE AND DEATH 6c; MAN 6c.

The problem of the care and training of the young, see DUTY 9; EDUCATION 4b, 8a; RELIGION 5c; VIRTUE AND VICE 4d(1).

Heredity, see ANIMAL 10; EVOLUTION 2a–2b(4), 2d(3).

The several kinds of love and friendship that may enter into marriage, see LOVE 2–2d.

The emotional pattern of family relationships, see DESIRE 4a–4d; EMOTION 3c–3c(4); LOVE 2b(4), 2d.

Rights and duties in the family, see DUTY 9; JUSTICE 7.

扩展书目

下面列出的文著没有包括在本套伟大著作丛书中，但它们与本章的大观念及主题相关。

书目分成两组：

Ⅰ. 伟大著作丛书中收入了其部分著作的作者。作者大致按年代顺序排列。

Ⅱ. 未收入伟大著作丛书的作者。我们先把作者划归为古代、近代等，在一个时代范围内再按西文字母顺序排序。

在《论题集》第二卷后面，附有扩展阅读总目，在那里可以查到这里所列著作的作者全名、完整书名、出版日期等全部信息。

I.

Plutarch. "The Education of Children," "Bravery of Women," "Advice to Bride and Groom," "On Affection for Offspring," in *Moralia*

Augustine. *Of Marriage and Concupiscence*

——. *On the Good of Marriage*

——. *On the Good of Widowhood*

Thomas Aquinas. *Summa Contra Gentiles*, BK III, CH 122–126

——. *Summa Theologica*, PART II–II, QQ 151–154; PART III, SUPPL, QQ 41–68

Hobbes. *The Elements of Law, Natural and Politic*, PART II, CH 4

——. *Philosophical Rudiments Concerning Government and Society*, CH 9

Erasmus. *Ten Colloquies*

Bacon, F. "Of Parents and Children," "Of Marriage and Single Life," "Of Youth and Age," in *Essayes*

Milton. *The Doctrine and Discipline of Divorce*

Molière. *L'école des maris (The School for Husbands)*

Swift. *A Modest Proposal*

Voltaire. "Marriage," "Women," in *A Philosophical Dictionary*

Mill, J. S. *The Subjection of Women*

Nietzsche. *Human, All-Too-Human*, VII

Balzac. *Eugénie Grandet*

——. *Old Goriot*

——. *The Physiology of Marriage*

——. *Pinpricks of Married Life*

Austen. *Pride and Prejudice*

——. *Sense and Sensibility*

Eliot, G. *The Mill on the Floss*

Dickens. *Our Mutual Friend*

Twain. *The Adventures of Tom Sawyer*

Engels. *The Origin of the Family, Private Property and the State*

Ibsen. *Ghosts*

Freud. *Three Contributions to the Theory of Sex*, CH 2–3

James, H. *The Ambassadors*

——. *The Golden Bowl*

——. *Notes of a Son and Brother*

——. *Portrait of a Lady*

——. *A Small Boy and Others*

——. *Wings of the Dove*

Shaw. *Candida*

Dewey and Tufts. *Ethics*, PART III, CH 26

Chekhov. *The Cherry Orchard*

Proust. *Remembrance of Things Past*

Mann. *Buddenbrooks*

Joyce. *Ulysses*
Lawrence, D. H. *Sons and Lovers*
Eliot, T. S. *The Family Reunion*
O'Neill. *Desire Under the Elms*
——. *Long Day's Journey into Night*
——. *Strange Interlude*
Fitzgerald. *Tender Is the Night*
Faulkner. *As I Lay Dying*
——. *Light in August*
——. *The Sound and the Fury*

II.
THE ANCIENT WORLD (TO 500 A.D.)

Cicero. *De Domo Sua*
Xenophon. *The Economist*

THE MIDDLE AGES TO THE RENAISSANCE (TO 1500)

Alberti. *Della Famiglia*
Anonymous. *Njalssaga*
——. *The Saga of the Volsungs*
Boccaccio. *Patient Griselda*

THE MODERN WORLD (1500 AND LATER)

Allan. *Family Life*
Anouilh. *Traveller Without Luggage*
Ariès and Duby. *A History of Private Life*
Atwood. *The Handmaid's Tale*
Bachofen. *Das Mutterrecht*
Barth, J. *The Tidewater Tales*
Bateson. *Problems of Genetics*
Beard, M. *Woman as Force in History*
Beattie, A. *Chilly Scenes of Winter*
——. *Falling in Place*
Beauvoir. *The Second Sex*
Bellow. *Herzog*
Bennett. *The Old Wives' Tale*
Bettelheim. *The Uses of Enchantment*
Bodin. *The Six Bookes of a Commonweale,* BK I, CH 2-4
Bowen. *The Death of the Heart*
Briffault. *The Mothers*
Brontë, E. *Wuthering Heights*
Bryce. *Marriage and Divorce*
Burns, R. *The Cotter's Saturday Night*
Butler, S. *The Way of All Flesh*
Calderón. *Life Is a Dream*
Cary. *A Fearful Joy*
Chesterfield. *Letters to His Son*
Comte. *The Catechism of Positive Religion*
——. *System of Positive Polity,* VOL I, *General View of Positivism,* CH 4; VOL II, *Social Statics,* CH 3
Dawson. "Christianity and Sex," in *Enquiries into Religion and Culture*
Dinesen. *Seven Gothic Tales*
Ellis. *Man and Woman*
——. *Studies in the Psychology of Sex*
Erikson. *Childhood and Society*
Fielding. *Amelia*
Fiorenza and Carr. *Women, Work, and Poverty*
Flaubert. *Madame Bovary*
Franklin, B. *On Marriage*

Fustel de Coulanges. *The Ancient City*
Galsworthy. *The Forsyte Saga*
Galton. *Essays in Eugenics*
——. *Natural Inheritance*
García Lorca. *Blood Wedding*
García Márquez. *One Hundred Years of Solitude*
Gelles. *The Sociology of the Family*
Gilder. *Men and Marriage*
Gorky. *Decadence*
Gosse. *Father and Son*
Green. *Principles of Political Obligation,* (N)
Haldane, J. B. S. *Daedalus*
Hardy, T. *The Mayor of Casterbridge*
Heywood. *A Woman Killed with Kindness*
Jung. *Marriage as a Psychological Relationship*
Keats. "The Eve of St. Agnes"
Lamb. "A Bachelor's Complaint," in *Essays of Elia*
Lerner. *The Creation of Patriarchy*
McGoldrick, Anderson, and Walsh. *Women in Families*
Maine. *Ancient Law,* CH 5
Malamud. *The Fixer*
Martin du Gard. *The Thibaults*
Meredith. *The Amazing Marriage*
——. *Diana of the Crossways*
——. *Modern Love*
——. *The Ordeal of Richard Feverel*
Miller, A. *Death of a Salesman*
Morgan, L. H. *Ancient Society,* PART III, CH I
——. *Systems of Consanguinity and Affinity of the Human Family*
Paul VI. *Humanae Vitae*
Pius XI. *Casti Connubii* (Encyclical on Christian Marriage)
Poe. "The Fall of the House of Usher"
Reiss. *The Family's Construction of Reality*
Richardson, D. *Pilgrimage*
Roth. *Portnoy's Complaint*
Santayana. *Reason in Society,* CH 2
Schlegel, F. *Lucinde*
Schopenhauer. "On Women," in *Studies in Pessimism*
Schwartz. *In Dreams Begin Responsibilities*
Sholem Aleichem. *The Old Country*
Singer. *The Family Moskat*
Spenser. *Epithalamion*
——. *The Faerie Queene,* BK III
Stevenson. *Virginibus Puerisque*
Strindberg. *The Father*
Sturzo. *The Inner Laws of Society,* CH II
Synge. *Riders to the Sea*
Thackeray. *Vanity Fair*
Tönnies. *Fundamental Concepts of Sociology,* PART I
Turgenev. *Fathers and Sons*
Tyler. *Dinner at the Homesick Restaurant*
Tylor. *Primitive Culture*
Undset. *Kristin Lavransdatter*
Updike. *Rabbit, Run*
Verga. *I Malavoglia*
Walker. *The Color Purple*

Weininger. *Sex and Character*
Welty. *The Ponder Heart*
Westermarck. *The History of Human Marriage*
Whewell. *The Elements of Morality*, BK IV, CH 5
Wilde. *The Importance of Being Earnest*

Williams, T. *A Streetcar Named Desire*
Wolfe, Thomas. *Look Homeward, Angel*
Wollstonecraft. *The Rights of Woman*
Zola. *Les Rougon Macquart*

27

命 运 Fate

总 论

　　命运,它有时是个赋有人格的存在,有时是个抽象的概念,无论哪一样,它总是在人生和历史的戏剧中扮演着自由之敌的角色。至少在古典诗人眼里像是这样。在很多希腊悲剧中,是命运设置好了舞台。一个非要实现的赌咒。一种步步逼近无可转圜的厄运。但舞台上的各个角色却远不是玩偶。在无可逃避的命运笼罩之下,悲剧主人公做出这样那样的选择,他个人的灾难由此而来,而同时他成就了自己命定的生涯。俄狄浦斯命中注定要杀死自己的父亲迎娶自己的母亲,但并不是命运驱使他去追问自己的过去,去发现自己的罪恶,当他看见了这些罪恶,他决定让自己再也看不见。降临到阿特柔斯家族的赌咒并没有要求阿伽门农把卡桑德拉从特洛伊带回家去,踏上紫红的地毯。愤怒的复仇女神紧跟着俄瑞斯忒斯不放,但那愤怒是他自己唤醒的,因为他杀害了自己的母亲克丽泰梅丝特拉,而这不是命运让他干的,是他为了替被害的父亲报仇自主而为。

　　俄狄浦斯离开了自己的出生地,企图借此欺哄命运。按照弗雷泽在《金枝》里的描述,原始部落中实际存在这一类做法。"人们施行拟真的魔法,通过模拟的方式来消除某种邪恶的咒语。这种做法是要用一种伪造的灾难来代替真实的灾难,从而绕过命运的设置。在马达加斯加,……每个人的祸福都由他出生的日子或时刻决定好了,倘若他碰巧要走背运,那也是命里注定,除非这个倒霉运,如当地俗话所说,能被替身带走。"

　　古人并不怀疑人们能够选择,靠选择对他们生命的走向施加某种控制。例如,尽管塔西佗承认"大多数人……禁不住相信每个人的未来都在出生的一刻注定了",但他也说道:"古人中最智慧的人……把选择生活的能力传给了我们。"另一方面,他承认万事自有人力所不能控制的盛衰,尽管说到造成这种情况的原因,他发现人们并无一致的看法——不知是系于"漫游的星辰"或"基本元素",抑或是系于"种种自然原因的结合"。塔西佗申明,"驾驭人间事务的究竟是命运和不可变更的必然,抑或是偶然机遇",他本人不加裁决。这等于承认,也许并不是每一件人力不及的事情都是命运使然。有些违乎人愿的事情也许是出于机遇或运道。

　　"命运"〔fate〕和"运气"〔fortune〕有时被当作同义词,只是命运含悲情而运气含喜乐。就仿佛运气总是善意的而命运总是恶意的。然而从人的欲望着眼,命运和运气都可以是好的,也可以是坏的。命运和运气远非一事,不过,把两者连在一起也有些道理。它们都为人的自由设了限。人躲不开他的命运,同样,他也无法强迫运气向他微笑。然而,除了在这一点上,命运和运气几乎是相对立的。命运意味着事情一往直前,无可转圜,但惟当有些事情不受必然性的控制才谈得上运气。惟那些可凭机遇发生的事情才会招来运气的青睐。

　　命运之于运气,看来就像必然之于偶然。倘若万事无不必然,命运就会一统天下。偶然性就会从自然中驱除干净。自然之网中的机会与耦合,连同人生中的自由,就会归化为幻影,人只是由于对无可避免者的无知,对这些幻影情有独钟。

在某种意义上,在对抗命运的搏斗中,运气可说是自由的盟友。好运气似乎能助人成其所愿,还能鼓动人的欲望。即使是坏运气也暗示了机会的存在,既然人很愿相信他能自由地安排自己的生活,那么,坏运气里的机会即使不比命运更友善,至少不那么坚冷。

命运和运气这两个词若替换成必然和偶然,难免会丧失其意味。如**必然性和偶然性**一章所指出,必然和偶然用在对自然秩序和因果秩序的哲学分析。这组词可以有神学的意味,但不必有。**机遇**一章对相关课题的讨论讲得很清楚,在解说必然和偶然的时候,我们无须涉及超自然的东西。而命运和运气,至少就它们的来源而论,是神学语汇。

在古代诗歌和神话中,命定和机会都赋有人格,要么是神明,要么是超自然力量。有幸运女神,有三位命运女神,她们还有三个恶意的姐妹,或对头,即三位复仇女神。Fate 由之而来的那个拉丁词意谓神谕,那是神意认定的东西。命运使然之事是神明所预言的,为奥林匹斯众神会商所决定而不可更改;要么来自宙斯的裁定,而所有其他神明都臣服于他的辖制;要么,我们马上就会看到,它竟可能是某种超自然的天命,连宙斯也奈何不得。

总之,命运观念意味着一种超自然的意志,即使在天命的意义上,仍然意味着那是由一种心智力量所预定的,它不仅能计划未来,而且能实行其计划。因此,命运和天命之所注定,不同于单纯自然的必然性之所注定,在后一种情况中,未来之被决定,只是由于种种原因自然而然导致了不可避免的后果。

不过古人看起来并不是极端意义上的宿命论者。在一定程度上,人能取悦神明,诱发神明的妒意和愤怒,就此而言,人的态度和作为看起来也是决定众神如何行事的一个因素。在人间发生冲突的时候,众神有时分头站在冲突的某一方,例如在《伊利亚特》中,或互相敌对,例如在《奥德赛》中,就此而言,我们似乎可以认为世上发生的事情只不过反映了众神之间力量阵营的变化。

神明的意志和计划是在众神之间的争吵中出炉的,但这类意志和计划似乎并非完全无视人的计划和意愿。相反,众神并存似乎使运气本身依赖于奥林匹斯山上的冲突怎样分晓,因而带有相当的偶然性,为人的自我决定多少留下了一些余地。人们能与众神抗争,恰因为众神也许赞同他们也许反对他们。

然而,宙斯裁决万事的终极权能也许更加突出了命运而不是自由。的确如此,而且连宙斯也未见得是他自身命运的主人,更不是众神之中的全能统治者或人类天命的裁判。在《被缚的普罗米修斯》中,合唱队问道:"谁是执掌必然性的舵手?"普罗米修斯答道:"三位一体的命运女神,还有记恨的复仇女神。"合唱队接着问道:"宙斯不如她们强大吗?"普罗米修斯对此答道:"是的,因为他同样逃不脱命定之事。"合唱队于是追问宙斯命定的灾难是什么,普罗米修斯让她们不要再问了,因为她们已来到奥秘的边缘。后来宙斯自己派遣赫尔墨斯去见普罗米修斯,试图从他口中获取这个秘密,追问"铸成万事的命运"或"不可抗拒的命运铁则"为宙斯注定了何种归宿,普罗米修斯拒绝回答,"他休想这样让我屈服,告诉他命里注定是哪一个将把他赶下暴虐的王座。"

阿喀琉斯留下未答的问题是:如果宙斯能够预见命运为他准备了什么下

场,那他是否能够逃脱其厄运。隐含的答案似乎是:没有全知,宙斯尽管全能也无法截断命运的链条。

在犹太教—基督教神学传统中,命运问题半是字面的半是实际的。字面问题涉及的是"命运"这个词和上帝的意志、神意、前定有何种联系。解决了字面问题,还有上帝的意志和人类自由的关系这个实际问题。对全能全知的上帝的严格一神教理解使得这神秘之事更加神秘,使得它比起异教思想中的命运/自由问题更加难解。

圣奥古斯丁是这样说的:谁要是"把上帝的意志或权能叫做命运,他不妨保留他的看法,但他应该纠正他的用词……因为人们听到命运这个词,按照语言的通常用法,他们仅只认为,某人出生或植胎的时刻,众星所处的特定位置具有某种预示的力量,而那就是命运。有人认为这种力量完全无关乎上帝的意志,另一些人则认为它依赖于上帝的意志。在前一种人看来,和上帝的意志无关,是星辰决定了我们将做什么,我们将遇到哪些好事,遭受哪些苦难;我们所有人都不要理睬这种人的言论,不仅有真信仰的人当如此,而且凡愿对任何神祇膜拜的人,甚至是愿对虚假的神祇膜拜的人,都当如此,因为那种人的说法其实等于说出并没有任何我们可向之膜拜对之祈祷的神明。"

既然"命运"这个词一向所指的东西是无关乎上帝或人的意志而被决定的,奥古斯丁认为基督徒最好不要使用这个词,若要指称上帝所意欲之事,不妨使用"神意"或"前定"。不过阿奎那保留了"命运"这个词,但他只用它来指"中介原因……的序列",上帝意欲借助这些中介原因使得"某些结果得以产生"。

阿奎那曾引用波伊提乌的定义说,

"命运深深藏在可变易事物的本性之中,神意借命运把每一事物连接到它所属的秩序之中"。这么说来,命运和神意不是一回事,而是从属于神意的。阿奎那解释说,两者的区别在于说到上帝"对结果的先后安排",我们有不同的考量:"就其在上帝自身之中的存在而言,这种安排被称作神意",但"就上帝通过中介原因所做的安排而言",这种安排被称作命运。尽管阿奎那承认"神圣力量或神圣意志,就其之为命运的原因而言,〔也〕可以被称作命运,"但他宣称"从根本上说,命运是就次级原因的性质而言的,指的是次级原因的序列即秩序"。

卢克莱修的立场似乎和阿奎那正好相反。卢克莱修叱责宿命论者,因为他们认为众神控制着自然的秩序,从而把落到他们头上的无论什么都归因于神圣的旨意。在他看来,"自然的头上没有君王,她一向按自己的意志行事,不受任何神祇的干预"。他要教诲人们说:任何事情都是依自然法则发生的,自然法则而外再无命运。"命运的指令"体现在这样的法则之中:"任何一个新的运动总是按固定的法则来自一个旧的运动。"若说人竟能"打破命运的法则而由自由意志引发新的运动",从而使得原因不跟着原因,那是因为组成人的那些原子之中,"必定有引发运动的另一种原因",卢克莱修相信这种原因是"极为精微的原子漩涡,它们出现的时刻和地点都完全是不确定的"。

不过,在奥古斯丁看来,卢克莱修是个不信从神意的宿命论者,他本人则相信,在神意之外,再无命运。奥古斯丁和卢克莱修都使用"命运"这个词,后者用它来否定神的力量,前者用它来肯定神的力量。

不过,基督徒即使不迷信星相学,或不迷信自然界中诸如此类不依赖于上帝

27. 命 运

的必然,他仍然可能由于否认人的自由意志而犯下宿命论的罪过。若把命运看作和神意是一回事,这个基督徒就是个宿命论者,因为他等于认为人的一举一动都是由上帝事先规定好的,从而委身于他的命运,放弃了道德上的努力,不对自己的灵魂负起道德责任。这样的人将像乔叟的特罗勒斯那样争辩:

> 到来的一切,必定要到来,
> 天命中注定,我得而复失,
> 特罗勒斯喊道,我心里明白,
> 这一切神圣天意早已预知,
> 我的克丽西德,我将永失我爱,
> 上帝眼见万事,万事所来所之,
> 他在设计之初就已经安排,
> 根据万事的自己的价值,
> 各就各位,如其所应该。

在特罗勒斯看来,"自由选择只是个幻觉"这一结论是无法避免的。

基督教神学家,包括奥古斯丁和阿奎那在内,也包括加尔文在内,都意识到调和神意与自由意志是个困难。真理必定处于两种异端邪说之间的某一点上。否认上帝的全能全知是一种异端,可同时,没有任何事情会处在神圣意志无所不包的范围之外,没有任何未来的偶发事件不是上帝所预见的,或不能为上帝所预见。另一方面,如果否认人是自由地陷入罪恶的,那就意味着上帝必须为人所行的邪恶负责,那当然也是异端,因为这就把邪恶归于上帝了。

这就是弥尔顿在《失乐园》里探讨的问题。他宣称他将尝试"辩明上帝对待人的方式。"在天庭的一场对话中,天父对他的儿子说道,虽然他知道亚当将违背他的命令,亚当仍保有自由去犯罪或不去犯罪,过错是亚当自己的。这情形一如反叛的天使们是依他们自己的自由意志行事。上帝这样说到反叛的天使们

> 因此,他们的创造是正确的,
> 不能归咎于创造者,或他们的造法,
> 或他们的命运;不要以为前定
> 支配他们的意志,由绝对的天命
> 或高远的预见去安排。是他们自己
> 决定他们自己的背叛,与我无干。
> 如果我预见到,预知也不会影响
> 他们的犯罪;如果我没有预见到,
> 他们犯的罪也已形成,丝毫不减。
> 同样,他们的犯罪也没有丝毫
> 命运的动机,或命运的影子;
> 更无关我不变的预见,他们背叛,
> 一切由于他们自己的判断和选择。
> 因为我造成他们自由,他们必须
> 保留自由,甚至可以自己奴役自己。
> 否则我必须改变他们的本性,
> 收回给他们自由的不变成命。
> 他们自己决定自己的堕落。

人们有时候靠区分上帝的预知和上帝的预先指定来寻求解决之方。上帝预先指定了人的自由,但他只是预知人的堕落,人自己指定了自己的堕落。不过严格说来,"预知"这个用语恐怕含有某种误导的因素,因为对于上帝来说,没有任何事物处在未来之中。一切曾发生的和一切将发生的都同时处在神圣眼界的永恒当下之中。

但丁在向天堂上升的途中想知道他自己不久的未来,他请求他的先人卡恰圭达告知他的前程,因为卡恰圭达"洞察一切时间皆在当下的所在",他能够在"偶然之事本身尚未存在之前"看见它们。卡恰圭达预言但丁将从佛罗伦萨被流放,在此之前他先告诉但丁,物质存在的变易"莫不收入永恒眼界之中;但这并不意味着必然注定,就像一条小船顺流而下,不是旁观者的眼光使然"。时间与永恒的区别是这样得到理解的:时间上的未来尽可以是偶然的,虽然上帝确知其中的内容。

但我们仍然会问:既然上帝确知之

事不可能不像上帝所知的那样发生,上帝的全知岂不意味着未来事件由神意绝对前定?约翰逊博士在讨论神恩和人的自由意志时说道:"我可以颇有把握某人在某事上会怎样行事,但他的行事并不受我的判断约束。上帝判断的把握则可以增进到确定无疑。"博斯韦尔就此回应说:"当判断的把握增进到确定无疑,自由就无容身之处了,因为当时尚不确定之事无法被确切预知,但若一事当时已经确定,那么若说此后还会因意志或因任何其他什么而发生偶然变故,那就是自相矛盾了。"

针对这种驳难,阿奎那坚持认为,神圣天意不仅和自然事物的必然性是相谐的,而且和自然界的偶然变故乃至和人类行为的自由意志是相谐的。他写道:神意"为某些事物准备好了必然原因,使得它们出于必然而发生;为另一些事物准备好了偶然原因,使得它们可以出于偶然而发生。"人类自由并不意味着出于意志的行为并不是由上帝引起的,上帝是第一推动者,他"既推动自然性的原因,也推动意愿性的原因。他推动自然性的原因,这时他并不妨碍这些原因以自然的方式起作用;同理,他推动意愿性的原因,这时他并不妨碍这些原因以意愿的方式起作用"。上帝引发人去自由选择并自由地实施其选择。

对命运概念不折不扣地加以接受,就在宇宙之中没给偶然和自由留下任何余地,无论涉及的是上帝的行动,还是自然的秩序,或是历史进程。从而,绝对决定论学说,无论在神学科学还是历史学中,都是无条件的宿命论。

古代历史学家不是这种意义上的宿命论者。例如希罗多德就见到很多可以用运气的偶然变故或人的选择来加以解释的事情。例如雅典保卫战这一生死决断就被描述为人类选择的行为。雅典人得到的神谕是"难以攻陷的木墙将保卫你们和你们的子孙",面对这一神谕,他们展现了自己的自由,对这一神谕的意义各抒己见。希罗多德写道:"有一些年长的人认为,神谕的意思是他们应该把卫城留下,因为卫城在古昔是有一道木栅栏围着的……另一些人则认为神谕里所说的木墙是指雅典的船队,他们认为除了船只,其他什么都不要指望。"地米斯托克利的雄辩使得后一种见解得以实施。为了强调这一事件的重要性,历史学之父希罗多德评论道:"希腊的得救"系于这个把雅典领向海上强国的这一决定。

在说到波斯人方面所做的一个同样意义重大的决定时,希罗多德似乎是拿波斯人的宿命论对照希腊人的自由协商。薛西斯一开始接受了阿尔达班的建议,不去进攻希腊。但是后来有一系列梦中征兆既向波斯王也向他的大臣显现,原来的决定被倒转过来了,因为依照他们所梦到的,这场战争是"命里注定要发生的"。

《埃涅阿斯纪》中对命运和自由的理解似乎更接近希腊人的看法而非波斯人的看法。在维吉尔那里,历史的顶点是罗马帝国的奠立,尽管这一顶点被设想为神意预授的天命,但引向这一伟大成就的英雄看起来是自由地决定他是接受还是逃避自己的责任。

基督教徒从神意来理解历史的天命,这种理解允许——不只是允许,而且是要求——人在每一行止中进行自由选择。奥古斯丁写道:"罗马帝国伟大的原因既不是偶发的,也不是命定的。有些人把这样的事物说成是偶发的,按照他们的看法,这些事物要么没有原因,要么其原因并不是从某种可理解的秩序中产生出来的;另一些人把这样的事物说成是命定的,它们不依赖于上帝和人的意志,而是由某种秩序的必然性导致的……人世王国是由神意建立起来的。"奥古斯丁在这里所斥责的宿命论不仅关乎否弃神的意志,而且关乎否弃人的意志。

直到近代以后,通过黑格尔和马克思,历史哲学才大受必然性的辖制。黑格尔嘲笑一种观点,认为历史是"因果联系的、所谓单纯人类努力和激情的肤浅戏剧"。他同样指责另一些人"空洞地谈论神意和神意的计划",因为在他们那里,神意的计划是不可测度不可理解的。对黑格尔来说,历史是"独独出自于精神自由理念的必然发展"。但对于个人和他们的事业来说,这种发展和这种自由完完全全是必然之事。"这些个人始终不过是世界精神的不知情的工具和功能。"

对马克思来说,历史似乎同样具有这种必然性。他在《资本论》的序言里写道:他所谈到的个人,"只是经济范畴的人格化,是一定的阶级关系和利益的承担者"。他说,他所持的观点是:"社会经济形态的发展是一种自然历史过程,"在这个历史过程中,"个人不能对他处于其中的社会关系负责,而不管个人在主观上怎样超脱各种关系,他在社会意义上总是这些关系的产物。"这里涉及的问题只是"这些法则本身,只是以铁的必然性导向不可避免的结果的趋向"。

按照黑格尔和马克思的历史决定论,人在历史中的角色已经在历史画卷中写定了。人的自由似乎依赖于人对历史必然发展的了解和听之由之。**历史**一章将进一步讨论黑格尔和马克思的历史决定论。

历史决定论只是因果必然性统治万物学说的一个部分而已。按照斯宾诺莎,休谟和弗洛伊德等近代思想家的理解,因果性看来是容不得机遇和自由意志的。在古代人里,似乎只有普罗提诺走得像斯宾诺莎一样远,主张宇宙完全由自然的必然性所统治。斯宾诺莎就上帝和自然所说的,相当于普罗提诺就大一所说的,那就是,第一原理是其他万物的原因,对第一原理而言,自由就在于它是它自己的原因,或自因〔causa sui〕——由它自身所决定而不是由外部的原因所决定。

"上帝并不出自意志自由行事,"斯宾诺莎写道,但"惟上帝是自由因,因为惟上帝存在并出自他自己本性的必然行事。"说到宇宙中的其他一切,斯宾诺莎认为"没有任何东西是偶然的,万物皆由神圣自然的必然性决定,决定它们以某种特定的方式存在并行事"。人也一样,照斯宾诺莎的看法,人无论做什么,"都只由上帝的意志决定"。

休谟由以出发的前提大相径庭,但关于机遇和自由,他所得的结论似乎大致相同。他写道:"我们若对机会加以严格的考察,就会发现它只是个负面的词,它不意谓任何在自然中有点儿踪迹可寻的实际力量。"而说到自由,他认为"若是与必然相对而言,而非与约束相对而言,那么自由就和机遇是同一样东西"。

休谟准备好了接受这一立场的后果:"如果意愿的行为服从于控制物质活动的同一些必然法则,那么就存在着一条连续不断的必然因果链条,从万物初始的原因开始一直延伸到每一个人的每一个意愿,事先决定好了一切。在宇宙中哪儿都没有偶然,没有差别,没有自由。"

然而,我们似乎就不可能解释明白,"上帝怎么可能一方面是一切人类行为的中介原因而另一方面却又不是罪恶和道德败坏的源头"。面对这样的质问,休谟回应说:"这些是神秘莫明之事,我们只靠自然理性是无法弄清楚的……一方面维护绝对的神命,另一方面不接受神明是罪恶的源头,我们发现,这一任务迄今为止一直超出了哲学的能力。"

弗洛伊德与斯宾诺莎和休谟不一样,他不讨论决定论的神学后果或神学预设。在他看来,决定论是科学的基本前提,甚至在某种意义上是可由科学发现的事实。他写道:"对心理自由和选择的根深蒂固的信仰是很不科学的,它必须让位给决定论,即使在心理生活中也是一样。"他相信临床经验可以展示所有心理联想"都将是由某些重要的心灵状态所严格决定的,这些状态在起作用之际并不为我们所知,正像很多心理倾向不为我们所知,其中有些带来扰乱引起错误,有些则带来所谓的'任意'行为"。

常被称作"科学决定论"的那种宿命论是盲目必然性的宿命论。它不仅摒绝了自由和机遇,而且也摒绝了最终原因的意图和作用。所有未来事件,无论是自然界的,还是历史的、人类行为的,都完完全全由致动因事先决定;是事先决定,却不是前定,因为并没有什么具有心智在冥冥中引导,没有什么意图有待实现。康德写道:"宿命体系在斯宾诺莎那里登峰造极,这一体系去除了一切设计的痕迹,自然事物的原始根据不再留存任何智性。"

是否只有这种彻底的宿命论才能和自然科学的原则及成果相谐?威廉·詹姆士曾对此提出质疑。反正这肯定不是唯一能和凡事都有个原因的主张相谐的学说。古代思想家和中世纪思想家肯定自然中存在偶然,肯定人类行为具有自由,而同时并不否认因果的普遍统治。**机遇**和**意志**两章将讨论这些内容。

分 类 主 题

1. 命运的指令和众神的决定
2. 人类生活中的命中注定
3. 命运的反题:幸运、自由、自然的必然性、机遇、偶然
4. 宿命论与上帝意志的关系:前定学说
5. 命运的世俗化:科学决定论和哲学决定论
6. 历史学家眼中的命运:城邦、国家、帝国的天命

[陈嘉映 译]

索引

本索引相继列出本系列的卷号〔黑体〕、作者、该卷的页码。所引圣经依据詹姆士御制版,先后列出卷、章、行。缩略语 esp 提醒读者所涉参考材料中有一处或多处与本论题关系特别紧密; passim 表示所涉文著与本论题是断续而非全部相关。若所涉文著整体与本论题相关,页码就包括整体文著。关于如何使用《论题集》的一般指南请参见导论。

1. **The decrees of fate and the decisions of the gods**

   3 Homer, 10–11, 197–198, 234–235, 328, 499
   4 Aeschylus, 12, 40–53
   4 Euripides, 316–333, 531, 605
   5 Herodotus, 20–22
   11 Epictetus, 112–113
   11 Aurelius, 243–244
   12 Virgil, 81, 119, 203–204, 256–257, 315–318
   29 Milton, 26–27
   31 Racine, 335, 359
   34 Voltaire, 197
   45 Goethe, 131–132
   52 Ibsen, 588–589
   58 Frazer, 27
   58 Weber, 183–186
   60 Eliot, T. S., 168

2. **The fated or inevitable in human life**

   3 Homer, 1–306, 522
   4 Aeschylus, 26–39, 47–50, 54–74, 75–89, 90–103
   4 Sophocles, 111–132, 147–148, 170, 195–215
   4 Euripides, 316–333, 450–471, 492–493, 570, 590, 605
   5 Herodotus, 8–10, 20–22, 46, 65, 77, 98–99, 102–104
   6 Plato, 210, 437–441
   11 Aurelius, 239–294
   11 Plotinus, 382–386
   12 Virgil, 86–88, 127–130, 141–146, 236–237, 269
   13 Plutarch, 20, 225, 228–229, 370–371, 600–604
   14 Tacitus, 91
   19 Chaucer, 218, 326–327
   22 Rabelais, 258–259
   24 Shakespeare, 578–579
   25 Shakespeare, 68, 249, 284–310 esp 285–287, 481–482
   45 Goethe, 130–132
   46 Eliot, George, 247
   47 Dickens, 91
   48 Melville, 3, 245, 253–254
   51 Tolstoy, 303–304, 542, 547–549, 578–582 esp 578–579
   52 Ibsen, 583–584
   54 Freud, 246–247, 796

   58 Frazer, 24
   58 Huizinga, 254–255, 301–307
   59 James, Henry, 5–7, 8–9, 11, 16, 27–28

3. **The antitheses of fate: fortune, freedom, natural necessity, chance or contingency**

   6 Plato, 586–589
   7 Aristotle, 272–275, 549, 573
   8 Aristotle, 345
   11 Lucretius, 18–19
   11 Aurelius, 242–243, 247–248, 255, 292
   11 Plotinus, 457–458
   14 Tacitus, 91
   19 Dante, 65
   20 Calvin, 80–81, 84–86
   21 Hobbes, 163–164
   24 Shakespeare, 590
   28 Descartes, 273
   28 Spinoza, 628
   35 Montesquieu, 1
   39 Kant, 133, 164–171, 205–209, 264–265, 279–287, 291–293, 301–302, 304, 307–314, 331–337, 386–387, 390, 571–572, 587–588
   41 Boswell, 549
   43 Hegel, 115, 167–172, 173–175, 392–393
   48 Melville, 97–98
   51 Tolstoy, 342–344, 563–590, 609–613
   53 James, William, 291–295, 820–824
   54 Freud, 486–487

4. **Fatalism in relation to the will of God: the doctrine of predestination**

   Old Testament: *Exodus,* 7–14; 33:19 / *Deuteronomy,* 7:6–8 / *Psalms,* 147:12–20 / *Ecclesiastes,* 9:11–12 / *Isaiah,* 41:8–14
   Apocrypha: *Rest of Esther,* 13:8–18 / *Ecclesiasticus,* 33:10–13
   New Testament: *Matthew,* 22:1–14 / *John,* 6:22–71 / *Acts,* 17:24–27 / *Romans,* 8:28–11:36 / *II Corinthians,* 3–4 / *Ephesians,* 1:4–2:10 / *James,* 4:13–15
   11 Epictetus, 115–117, 184–189, 201–211, 211–212
   11 Aurelius, 247–248, 263
   16 Augustine, 250, 255–259, 264, 456–457, 644, 661–662
   17 Aquinas, 132–143, 592–595
   19 Dante, 9, 100, 111, 115–116
   19 Chaucer, 243–244

20 Calvin, 80–81, 83–89, 140, 218, 247–248
21 Hobbes, 113
23 Montaigne, 294–295, 382–383
27 Cervantes, 478–479
29 Milton, 93–333, 354–355
35 Montesquieu, 107
35 Rousseau, 437–438
38 Gibbon, 230
39 Kant, 334–335, 594
41 Boswell, 173
43 Hegel, 159–199, 323–324
51 Tolstoy, 272, 631, 675–677, 680, 684
52 Dostoevsky, 133–144 passim
52 Ibsen, 569
54 Freud, 776, 793
55 Barth, 503–504
58 Weber, 231

5. **The secularization of fate: scientific or philosophical determinism**

6 Plato, 437–441
11 Lucretius, 18–19
11 Aurelius, 255
11 Plotinus, 382–386
28 Spinoza, 589, 596–597, 599–600, 601–606
32 Newton, 542
33 Berkeley, 431
33 Hume, 478–487 passim
39 Kant, 140–143, 164–171, 463–467, 575–578
43 Hegel, 115–116, 163–199, 213–216
44 Tocqueville, 265–266

50 Marx, 10–11, 378
50 Marx-Engels, 416
51 Tolstoy, 675–696
53 James, William, 823–825
54 Freud, 246–247, 581–582, 645–646, 801–802, 882–883
55 Whitehead, 139–140, 172–173

6. **The historian's recognition of fate: the destiny of cities, nations, empires**

5 Herodotus, 214–220
6 Plato, 403
12 Virgil, 10–11, 91–93, 193–196, 231–234, 315–318
13 Plutarch, 109–110, 555, 698
14 Tacitus, 189–190
16 Augustine, 249–274 esp 250, 259–262, 264
23 Montaigne, 505–508 passim
40 Federalist, 40
43 Hegel, 114–118 esp 115, 272–273, 294–295, 297–298, 300–301, 318–319, 321–324, 334, 392–393
44 Tocqueville, 2–3
50 Marx, 6–7 passim, 377–378
50 Marx-Engels, 421–422, 424–425
51 Tolstoy, 389–391, 469–472, 563–590, 609–613, 618–621, 626–630, 645–650, 675–696
54 Freud, 882–883
58 Huizinga, 249–250

交叉索引

以下是与其他章的交叉索引:

The basic opposites of fate, see CHANCE 1a–1b, 2a; HISTORY 4a(1); WILL 5–5a(4), 5c; the opposition between fate and chance, see NECESSITY AND CONTINGENCY 3.

Human liberty in relation to fate, see LIBERTY 4, 5a; NECESSITY AND CONTINGENCY 5a(3); WILL 5c.

The implications of fate in theology, and the relation of human liberty to divine providence, see CAUSE 7c; GOD 1c, 7b; HISTORY 5a; LIBERTY 5a–5c; WILL 7c.

The foretelling of fate or providence, see PROPHECY 1a–1b.

The condemnation of astrology and divination, see ASTRONOMY AND COSMOLOGY 9; PROPHECY 5.

Fatalism or determinism in the philosophy of nature, see CHANCE 2a; NATURE 3c–3c(3); WILL 5c; WORLD 1a; fatalism or determinism in the philosophy of history, see HISTORY 4a(1)–4a(4); NECESSITY AND CONTINGENCY 5f; WILL 7b.

扩展书目

下面列出的文著没有包括在本套伟大著作丛书中,但它们与本章的大观念及主题相关。

书目分成两组:

Ⅰ. 伟大著作丛书中收入了其部分著作的作者。作者大致按年代顺序排列。

Ⅱ. 未收入伟大著作丛书的作者。我们先把作者划归为古代、近代等,在一个时代范围内再按西文字母顺序排序。

在《论题集》第二卷后面,附有扩展阅读总目,在那里可以查到这里所列著作的作者全名、完整书名、出版日期等全部信息。

I.

Plutarch. "On Fate," in *Moralia*
Augustine. *On the Predestination of the Saints*
Thomas Aquinas. *Summa Contra Gentiles*, BK III, CH 64-83, 88-98, 163
Hobbes. *A Treatise of Liberty and Necessity*
Descartes. *The Principles of Philosophy*, PART I
Voltaire. *Zadig*
Mill, J. S. *A System of Logic*, BK VI, CH 2
James, W. "The Dilemma of Determinism," in *The Will to Believe*
Russell. *Religion and Science*, CH 6
Eliot, T. S. *The Family Reunion*

II.

THE ANCIENT WORLD (TO 500 A.D.)

Cicero. *De Divinatione (On Divination)*
———. *De Fato (On Fate)*

THE MIDDLE AGES TO THE RENAISSANCE (TO 1500)

Gersonides. *Commentary on the Book of Job*
Maimonides. *The Guide of the Perplexed*, PART III, CH 17-19

THE MODERN WORLD (1500 AND LATER)

Bellow. *Seize the Day*
Berofsky. *Freedom from Necessity*
Burnham. *Suicide of the West*
Butler, J. *The Analogy of Religion*, PART I, CH 7
Cudworth. *A Treatise of Freewill*
Davis, L. *Theory of Action*
De Quincey. *On the Knocking at the Gate in Macbeth*
Dinesen. *Seven Gothic Tales*
Dreiser. *An American Tragedy*
Edwards, J. *Freedom of the Will*
Emerson. "Fate," in *The Conduct of Life*
Frost. "Design"
Goldsmith. *The Vicar of Wakefield*
Hardy, T. *Jude the Obscure*
———. *The Return of the Native*
———. *Tess of the D'Urbervilles*
Knox. *An Answer to the Cavillations of an Adversarie Respecting the Doctrine of Predestination*
Lagerlöf. *The Ring of the Löwensködls*
O'Hara. *Appointment in Samarra*
Pound, E. *Cantos*
Priestley, J. and Price, R. *A Free Discussion of Materialism and Philosophical Necessity*
Ricoeur. *Freedom and Nature*
Schopenhauer. *Die beiden Grundprobleme der Ethik*, I
———. *Transcendent Speculations on Apparent Design in the Fate of the Individual*
Synge. *Riders to the Sea*
Wilder. *The Bridge of San Luis Rey*

28

形　式　Form

总　论

那些关涉形式与物质的重大哲学论题从未得到解决。不过，从古代的最初陈述到十七或十八世纪，表述这些论题的术语业已消失，或至少在当代话语中已不再普遍流行。康德可能是把这些术语置于其基本词汇表的最后一位大哲学家。他认为质料和形式的概念，"处在所有其他反思之基础的位置，所以，它们与知性的每一种质料的运用方式都具有不可分割的联系。质料意味着一般的可限定之物，形式意味着该物的限定。"

在对于变化或运动的分析中，"形式"一词不再是一个关键性的术语，在存在与生成的区分中，以及在对于存在方式与知识条件的思考中，也同样如此。"物质"一词的使用现在已经与形式无关，而在早期，传统上其全部主要意思总是涉及"形式"，或者与它相关，或者与它对立。其他诸如"参与"和"模仿"等另一些词也已淡出，或者丧失了源于形式与质料关系的那些意思。

借助于这些词来陈述和讨论的主要问题在当代思想中仍然活跃着，例如存在着普遍与特殊的问题，不可变与可变的问题，一与多或同一与多样的问题。这些问题出现在威廉·詹姆士和柏格森，杜威与桑塔亚那，怀特海和罗素的著述中。有时甚至在语词上接近于传统论述，例如在怀特海的"永恒客体"的学说里，或者在桑塔亚那对于"本质领域"和"物质领域"的思考那里。柏拉图与亚里士多德之间关于形式的伟大的传统争论传了下来。不管上述近代思想家所使用的表达是什么，他们在很多议题上互相对立，而这些议题正是传统争论的一部分，如果不是全部的话。

思想史家们存在着一种倾向，他们以柏拉图和亚里士多德的名义，将哲学观点和方法中的对立，甚至詹姆士称之为"理智气质"的那些对立，加以符号化。后代作者被称为"柏拉图主义者"或"亚里士多德主义者"，他们的种种学说或理论被区分为柏拉图式的或亚里士多德式的。人们似乎从古至今都差不多觉得这两个名称穷尽了典型的可能性：思想或理论必然非此即彼，或者是两者的混合或混淆。

如果这种倾向竟然有道理，那么，就形式问题而言似乎是可以得到确证的。假如是有这么一回事，那么，在怀特海的下述评论中可能存在着诗意的真理：西方思想史可以被解读为对柏拉图的一连串注解；不过，我们也许应该在这一评论上再加上说，亚里士多德是评论柏拉图的第一人，他写下了许多重要注解。在普罗提诺那儿，两股潮流似乎合流了。柏拉图和亚里士多德之间关于形式的论题支配了中世纪后期诸多重大的形而上学和神学争论，而且，随着这些争论在语言和思想上的一些变化，这一论题还出现在霍布斯、弗兰西斯·培根、笛卡尔、斯宾诺莎和洛克的著述中，这些著作部分是延续了柏拉图和亚里士多德学说的中世纪版本，另一些部分则持反对立场。

当然，最极端的反应可以在这样一些人中发现：他们彻底拒绝形式这一术语或其对等物，认为它们对运动、实存或知识问题毫无助益。培根保留了这个术语,不过从根本上改变了其含义。培根写道:"尽管我们认为形式具有重大作用,但不该由此推定,我们所说的形式就是人们迄今沉思冥想时所习惯采用的那个意思的形式。"他既不意指"具体的形式"也不指"任何抽象的理念形式",而是"简单行动的规律和规则……因此,热的形式或光的形式,也无非意味着热的规律或光的规律。"不过,霍布斯和洛克倾向于将此术语自身——尤其当它作为一个实体形式概念出现时——作为无意义的或令人误解的东西予以拒绝。

霍布斯说:"我们被告知,世上有一些与物体分离的本质存在着,它们名为**抽象本质**,以及**实体形式**……一旦掉进分离的本质的谬误中,(人们)由此必定陷入许多别的随之而来的荒谬之中。既然人们把这些形式视为实在的,他们必然会为它们设置某种位置";但在霍布斯看来,这种企图不可能成功,"因为他们认为形式是无形体的,没有任何量纲,而大家都知道位置就是量纲,除了有形体之物,没有别的东西能占据位置。"

关于实体形式,洛克宣称:"除了'形式'的发音外,我承认自己对它没有任何观念。"有些人"被教导说……正是那些形式才将实体区分为真正的种和属。对'实体形式'怎么询问也毫无成果,在思想上经受了这样的打击之后,这些人会被更深地引入歧途。"——"实体形式"这样的主词,洛克认为是"完全莫名其妙的"。

由于形式和物质被假定是相互关联的,否定意义或现实具有形式会导致唯物主义,这正是霍布斯的情形,他仅仅把质料确定为一条原则或原因。诸如此类的唯物主义者们既是柏拉图的对手,又是亚里士多德的对手,既不赞成柏拉图主义者,又反对亚里士多德主义者。这一部分在**物质**一章中得到讨论。现在,我们开始关注由关于形式及其与质料关系的不同观点所引起的那些论题。

"形式"的流行含义提供了进入该主词的微妙之处的一个路径。在日常使用中,"形式"意味着形象或形状。这一蕴含表达了"形式"技术含义的一个方面。许许多多不同的事物,在材料上以及其他方面迥然不同,却可以拥有同样的形象或形状。同样的形式可以体现在不计其数的大量别的不同的个体身上。但是形象或形状是可感的形式,在视觉上和触觉上可以知觉的形式。把形象或形状等同于形式将会对形式的意义造成不适当的限制。这一点在思考艺术品的形式——史诗或交响乐的结构——中得到了广泛的认可,这似乎更多的是知性的事,而不是直接的感觉-知觉。

罗素对命题形式的定义有力地阐明了所涉及的这一点。他认为,命题的形式是,在一个陈述中,当别的所有东西都已经改变的时候仍然保留着同样内容的东西。例如,下列两个陈述具有同样的语法形式和逻辑形式:(1)约翰跟着詹姆士。(2)保罗陪伴彼得。这两个陈述的物质或主题完全不同,但两者拥有同样的形式,就像不计其数的其他陈述也可以拥有这个形式。

这样的阐述有助于我们把握形式的涵义,以及形式与质料之间的区分,或者任何事物的形式的或质料的方面。因而,我们可以理解,短语"形式逻辑"是代表着对于思想或话语形式的研究,与被思考或讨论的主题是分离的。与此类似,抽象派或超现实主义是绘画中的形式主义,他们试图把可见的图形或结构从再现的意义或与相似客体的关系中分离出来。

康德把空间和时间当作先验直觉形式的学说,作为例子,证明脱离了感官内容的纯粹秩序或结构具有形式的意义。

"处在对应于感官的现象中的东西,我称之为质料;"康德写道;"在一定关系中,能够影响对现象内容的安排的,我称之为形式。"有时,对形式的考虑强调的并不是它与什么相分离,而是它与质料的统一性。形式居于事物之中,构建了它的本性。事物的可感或可知的特性产生于物质借以成形的种种不同方式。

不过,要进一步探讨形式的含义,就不可能不马上直面发生在柏拉图和亚里士多德之间的重大争论,直面他们的理论所面对的那些困难。

柏拉图并不否认,事物,即可感的、物质的、变化的经验事物,具有某种像形式的东西。他也不否认我们借以理解事物性质的理念与形式相像。不过,他要求我们去思考这些东西与之相像的那些东西。

《斐多篇》是讨论形式学说的诸多对话中的一篇,在这一篇中,苏格拉底争辩说:"存在着像平等这样的事物,但不是一块木头与另一块木头之间的平等,或一块石头与另一块石头之间的平等,而是超越凌驾于其上的绝对平等。"苏格拉底引导西米亚斯承认,"我们知道这一绝对本质的本性,"然后又问道:"我们从哪儿获得这种知识呢?"这种知识不可能从那些木头或石头那儿获得。苏格拉底试图表明,由于这些东西"有时候是显得平等的,另一些时候又显得是不平等的,"而平等的理念和不平等的理念永远是不一样的。所以,他认为,"我们第一次看到物质的平等之前,也许已经预先知道了平等……在我们以任何方式观看、聆听或感知之前,我们必然已经拥有了一个绝对平等的知识,否则,我们不可能把从感觉得来的那些平等与那一标准联系起来。"为质料之间的平等提供了度量"标准"的平等性是平等的理式或理念。

苏格拉底认为,在此情况下,真实的东西就是在每一种情况下都是真实的。苏格拉底主张,我们不管思考的是"平等、美或任何别的东西的本质,在此辩证过程中我们作为……真实实体……所定义的理念或本质……的任一个始终是如其所是的东西,都具有同样简单的独立存在的以及不变的形式,完全不接受任何变化,不管什么方式或什么时间的变化。"除了可感世界的易于损毁的事物,除了我们学习和思考过程中所牵涉的理念,还存在着理式或理念自身——也就是我们最高级的知识的不变的客体。

由于同样的英文词有非常不同的含义,遵循译者们的惯例是有用处的:他们把指涉独立于物质事物的特性以及独立于我们头脑里的观念之外的理式或理念的第一个字母用大写表示。[即 Form 和 Idea。我们相应译作理式和理念,form 和 idea 则如常译作形式和观念(平常也有时可译作想法、念头、意见、主意等)。译者注。] "理式"和"理念"这两个词是可以互换的,但"理念"(Idea)与"观念"(idea)则不可。后者指的是人类心智借以有所认识的概念;而"理念"——柏拉图就是这样使用这个词的——代表的是知识的客体,也就是被认识的东西。这些差异在**观念**那章进一步讨论。

柏拉图认为,可感事物通过模仿理式而具有了我们在它们身上所知觉到的特性。当我们知觉可感事物与(可感事物所展示的)理式之间的类似之处,我们具有观念似乎就是对理式自身的间接把握。在《理想国》中,苏格拉底讨论了知识和意见,他根据对象的分际——一方面是理智存在的领域,另一方面是可感的变易的领域——它们进行了区分。后者对前者的关系是影像或复制品对现实的关系。苏格拉底对这两部分又各做进一步的细分,这时上述关系再次出现。变易的领域可以划分为影像或影子,以及"这些影像或影子仅仅与之相仿的实物",也就是"我们所看到的动物,任何生产或被制造的东西。"他把理智事物的领域也细分为两部分,第一部分是我们在头脑中形成的假想,第二部分是理念或理式自身,前者是后者的影像或折射。

由此看来,情况似乎是,正如我们应该把事物的形式看成对于独立的理式的模仿或参与,我们也应该把我们拥有的观念(也就是对事物的理解)当成对于理念的接近。理念甚至就像形式独立于其可感的、物质的模仿品那样,处在人类心灵之外。当我们依靠理性把握事物时,我们是把它们当作理念的模仿或影像那样来认识的。

柏拉图的理论改变了"模仿"一词的日常含义。我们一般想到模仿时,总是涉及两个可感事物之间的类似关系,两者我们都是能够感知的。例如说,我们会说一个孩子模仿他父亲的举止,或者说一幅肖像画与那为画画摆姿势的人相似。根据苏格拉底在《理想国》的说法,画家并不是唯一的"表象的创造者"。他比较了画床的画家与造床的工匠。

工匠造的床就与画中的床一样,并不是真正的床。苏格拉底认为,这样的床并非理念,而"根据我们的观点,理念才是床的本质。"工匠"并不能造出真正的实存,而只能造出实存的某种类似物。"画中的床是对工匠造出的特殊的床的模仿,与此相同,后者也是对理念——即本质的床性,所有特殊的床的模型或原型——的模仿。

换个例子,我们会说一尊与某个人相仿的塑像是模仿的模仿,因为第一级的模仿是那个所描画的特殊的人对人这个普遍理式或理念的模仿。塑像从它所模仿的那个人那里获得其特征,同样,这个特殊的人或任何特殊的人,从人那

里获得人格或人性。就像特殊的人模仿人一样,我们的人的观念也是对于理念的模仿。根据柏拉图的观点,知识就在于对理念的模仿,就像感官的、物质的事物通过对于真实存在之物——即理式——的模仿而拥有了某种存在,不管那是怎么样的存在。

第一种类型的模仿有另一个名字,"参与"。参与亦即共享。在一次对话中,柏拉图让年轻的苏格拉底询问可感觉的殊相与理念或理式之间的关系。巴门尼德告诉他:"存在着某些所有其他事物共享的理念,就是由这些理念,其他事物才获得了自己的名称。举例来说,诸多相似之物变成相似的,是因为它们分享了相似性;大的事物成其为大,是因为它们分享了大的特性;而正义的和美丽的事物之所以变成正义的和美丽的,是因为它们分享了正义与美丽。"巴门尼德提示说,理式或理念是"本性固定不移的样式,别的事物跟它们相像,是它们的仿制品,其他事物参与理念,这话的意思实在就是同化于理念。"

事物具有特殊性和多样性这一事实似乎与具有参与性这一事实不可割裂。从另一方面说,许多殊相参与其中的事物必然具有普遍性和统一性。理式或理念在如下意义上是共相:每一共相是一,但同时通过相似或参与成为多。巴门尼德问苏格拉底,是否他认为"整个理念是一,而同时则作为一存在在众多事物的每一个之中。"当苏格拉底毫不犹豫地表示赞同的时候,巴门尼德向他指出,这样我们就会面临困难:"同一个东西将作为整体同时存在于许多不同的个别事物中",并且,"理念自身就成为可分割的,参与到它们中的事物只能拥有它们的一部分,而非整个理念都存在于每一个这样的事物中。"苏格拉底被迫认识到,我们也不能说,"一个理念是真正可分割的

却仍保持其为整一。"

关于殊相与它们参与其中的理念之间关系的难题,在**普遍与特殊**一章中还会讨论。这并不是柏拉图自己在理念论中发现的唯一难题。另一个难题涉及复制了单个模型或原型的大量殊相中的每一个殊相的个体性。什么导致了同样的模型的不同副本彼此间迥然有异呢?

柏拉图通过增加一个第三原则来解决这一问题。对于可以理解的样式或原型及其可感的模仿,柏拉图在《蒂迈欧篇》中增加的原则被赋予了不同的命名,有时是"容受者",有时是"空间",有时是"质料"。不管怎样命名,总是绝对无形式的,因为"那些接纳所有理念的东西不应该拥有形式……所有可见的和以任何方式可感的事物的母亲和容受者……是某种不可见的和无形式的存在,它接纳所有事物,并以某种神秘的方式共享着可理解之物;它是最为不可思议的存在。"

正是质料原则或接纳原则在某种程度上可以说明,某一绝对模型的许多副本既可以具有数目上的多样性,又可以具有特殊化。当通过在不同地方的塑料材料片上以压制模子的方式生产出同一样式的许多复制品时,存在于不同地方的材料中的差异可以说明复制品的多样性和特殊性。一个模子乃是这些复制品具有同样风格的原因。

任何一种可感事物并不只是特殊的,因为这些事物所模仿的理式在某种意义上已经在质料中被接受下来了;基于这一事实,它们也是会湮毁的。容受者是生成的原则或变化的原则。蒂迈欧说,它是"所有刻印的自然接受者。"容受者"由这些刻印所激发所受形,并由于它们而一时显出这样一时显出那样,不过,那些此一时入乎她彼一时出乎她的那些形态只是与真实存在物相像而已,她以一种奇妙而不可言传的方式模仿着这些真实存在物的样式。"

根据柏拉图这里的建议,质料是变易着的事物之母,这些变易着的事物介乎过去与未来之间,由于其不会改变的理式而是其所是。理式一度会在质料中被接受,它使得变易着的事物成为一种模仿,就正如接受了理式的质料使得变易着的事物成为一种参与一样。

无形式的容受者对于理式的无可否认的神秘共享,构建了生成的领域,在此领域中,存在与非存在结合起来了。然而,理式或理念自身存在于可感知的模仿之外,它们是"非被造的,不可毁灭性的,从来不会从外部接受任何东西于自身,自身也不进入任何别的地方,任何感觉都无法看见、无法感知。"它们构建了纯粹存在的领域,它们是诉诸理智的现实。

柏拉图称之为永恒理式,并视为实际存在而非生成的模式的东西,怀特海称之为永恒客体,并将它视之为可能存在的模式。他写道:"永恒客体的形而上学地位也就是实在的可能性的地位。每一个实际场景都可以根据这些可能性是如何由于此场景而实在化来定义其特性。因而,在许多可能性中,实在化是一个选择。"

对于形式或理念的批评,我们可以在亚里士多德的撰述中找到,他把矛头主要指向分离的存在。亚里士多德说:"当柏拉图说存在着多少种理式就存在着多少种自然客体,这个时候他并没有什么大错。"但他马上加上了一条限制:"如果确实存在着区别于这个世间的事物之外的理式的话。"这一假定恰恰是亚里士多德试图挑战的。

亚里士多德对柏拉图的批评源于他自身对于实体的概念,尤其是源于由质料和形式所构成的可感实体的概念。他

28. 形　式

使用"实体"一词来表示自在和自为的存在着的事物;或者,换言之,独立于其他事物的存在着的事物。因此,除了可感实体之外,当他说"柏拉图设置了两种实体——理式与数学对象"的时候,他已经将理式具有独立于变化着的事物的可感世界的存在这一确信,转换成了这些理式是实体的断言。

亚里士多德写道:"苏格拉底并没有将普遍性或定义视为单独的存在,"但是至于柏拉图主义者,他说:"不过,他们将它们赋予独立存在的特性,这就是他们称之为理念的东西。"他反复地问,理式、普遍之物或数学对象的独立存在的证据是什么呢?他宣称:"有那么多不同方法来证明理式是存在的,可没有一条是令人信服的。"进而言之,他还反对"所有其他事物来源于理式"的这一说法,因为"认为它们是一些样式,别的东西在它们那里共享,这种说法不过是使用空洞的语词和诗的比喻。"他认为,这种说法额外的难处还在于,"同样的事物存在着几种样式,也就是几种理式。比如说,人的理式是动物,是两足的东西,也可以是'人自身'。"

亚里士多德对于指向理念或普遍之物的独立的存在或实体的否定,与他对于在实质存在中形式的位置的确认,以及知识秩序中的普遍之物的角色的确定,是完全一致的。进一步说,他把对于理念实体性的否定限制在那些似乎是原型或可感事物的模型的理式中。在他看来,个别的物理事物——指熟悉的可感实体,例如石头,树或人——并非对独立于这些事物的普遍模式的模仿或参与。究竟是否存在着自我持存的理式或理念——也就是纯粹的可理解的实体——这些形式或理念并不作为让可感事物加以模仿的模型起作用,亚里士多德对此悬而未决。

从正面说,亚里士多德的理论表现为两个主张。第一,事物的特性决定于"内在形式",这些形式并不脱离事物而存在,而是存在于事物自身中。为了阐释他的意思,他求助于工艺领域。他写道:当我们制作一个黄铜的球体时,"我们将形式"——也就是球体——"带入到特别的质料中"——也就是黄铜,而"其结果就是黄铜制的球体"。并不存在"独立于各种特殊球体的球",也不存在独立于黄铜做的特殊的金属团之外的黄铜。"'形式'意味着'如此',而不是'这个','这个'是一个确定的事物,例如'这个'特殊的黄铜球。"

亚里士多德以同样的方式分析了自然物。他说,正是从"内在的形式和质料,才可以得出具体的实体。"例如,像卡利亚斯或苏格拉底这样的人,是由"在这样的肌肉和那些骨骼中的这样那样的形式"构成,并且,"根据他们的质料(这是不同的)是存在差异的,但是在形式上是同样的。"卡利亚斯的肌肉和骨骼不同于苏格拉底的肌肉和骨骼;不过,尽管作为个体的人来说是不同的,但是,他们作为人来说是相同的,因为他们拥有同样的形式。

第二点是我们对于事物的理解涉及事物的形式,不过眼下在某种意义上是在理智层次而不是在事物自身层次。亚里士多德说,为了了解事物,我们必须在内心里接纳"或者事物自身,或者其形式。这儿说的非此即彼的选择当然是不可能的:并不是石头出现在灵魂中,"他坚持认为,"而是石头的形式出现在灵魂中。"

事物中的形式像事物自身一样是个别的。不过在心智——作为能够从质料中抽取形式的理智力的结果——中,形式变成了一个普遍性的东西:这个时候亚里士多德就会把它称之为"理念"、"抽象"或"概念"。形式只是在心智中才普遍之物。如果有独立存在于质料和心智这两者之外的形式，它既不会是一个个别的形式，也不会是一个抽象的普遍的东西。

根据亚里士多德的观点，内在形式并不是普遍之物。除了理式——这些理式与可感事物相分离，而且与可感事物完全没有类似之处——的可能性之外，所有的形式要么就存在于质料中，要么存在于从质料中抽取的人的心智中。它们常常被称为"物质形式"，因为它们是质料可以或能够获取的形式，也是心智从质料中抽取的形式。它们的存在取决于它们激活或决定质料，正如质料的存在取决于获取这些形式的能力，以及形式决定它们的程度。

前述内容有助于我们解释，当亚里士多德考虑个别的可感事物时，他会使用"复合物"一词来作为"实体"的同义词。独立的存在，个别的物理事物，这些亚里士多德称之为"实体"的东西全部都是形式与质料的合成物。他有时把形式和质料称之为"实体"，但是当他严格地、在其第一义上使用"实体"一词时，他只是将它应用到具体的个体上。形式与质料只是具体事物——亦即复合实体——的原则或要素。

形式和质料的统一构成了物理实体，这一说法也解释了把形式视为实现、把质料视为潜能的亚里士多德学说；并进一步解释了形式与质料与变易分析的第三项即缺失的关系。当物理事物发生变化时，其质料放弃了一个形式，接受了另一个形式。因而，其质料表现了获得形式的能力或潜能。质料是变化性事物的可以具备形式的方面。事物在每一时刻实际上是什么，取决于它们所拥有的形式。但是，它们可能拥有获得自己所缺失的其他形式的潜能。

奥古斯丁写道："可变性，作为所有的易于变化的事物的特性，包含了当这些事物发生变化时它们所获取的全部形式。"变化存在于质料的变形之中，这也就是它存在于事物潜能的现实化之中的另一种说法。亚里士多德关于形式与质料的理论既是一个生成的理论，又是一个对于正在发生变化的事物的分析。对此理论的阐释性运用，可以在**艺术**、**原因**和**变化**等章中找到。

某些形式是可感的。某些形式是形状，某些是性质，某些是数量。但形式并非都可以通过感官而感知。比方说，当动植物出生时质料所获取的形式，此形式赋予出生之事物以特殊的性质。此类形式可以称之为"实体形式"，因为它决定了事物所成为的实体。相反，决定了事物的属性或特性的形式，被称之为"非本质特性"或"非本质形式"。例如，身高、体形、颜色和体重都是人的非本质形式；而依靠这些形式的事物（拥有某种身高、体形和颜色）是一个人，这却是本质形式。

亚里士多德对实体形式与非本质形式的区分影响了他对变化的分析以及质料的概念的确定。对他来说，生成毁灭是本质变化，在变化中，质料经历了与其实体形式相关的转换。各种类型的运动——变易，增益或减损，以及局部运动——是发生在同一持存实体中的变化，并与其非本质形式相关。

非本质变化的基体并非无形式的质料，而是拥有某一确定实体形式的质料。而在实体的未来或过去中，基体似乎是缺乏所有形式的基本的质料。正如在**物质**那章所表明的那样，根据亚里士多德的观点，这就是"每个事物的基本基体，在那里它可以无限制的存在，并维持这样的结果。"他试图通过运用类比来帮助我们把握首要质料。他写道："黄铜之于塑像,木头之于床,就如同根本性质之于实体"——质料对于实体形式来说是绝对的无形式。

亚里士多德有时提到实体形式是第一行动或现实性,而把非本质形式当成次要的现实性。由此他也区分了首要、次要质料:一个是绝对潜能的、根本性的实体性变化;另一个是部分实现的、部分潜能的,它所涉及的是非本质变化。阿奎那解释说:"基本质料通过其形式拥有实体性存在……但是,当它在一个形式之下存在时,对于别的质料而言它就是潜能。"

这里可能还应该提到另一个区分,因为它对后面关于形式的讨论具有意义。亚里士多德认识到有生命的和无生命的事物存在着本质的区别,从而对构建了这两类实体的形式进行了区分。正如在**灵魂**那章所显示出来的那样,他使用"灵魂"一词来命名植物、动物和人的实体形式。

不管是柏拉图的独立的形式的理论,还是亚里士多德形式与质料合为一体的理论,都引发了一些难题,这两位作者对这些难题曾做了讨论,它们也成为希腊时代和中世纪发生在柏拉图主义者与亚里士多德主义者之间的激烈争论的一个主题。

柏拉图理论面临的问题产生于这样的假定:即在生成性的可感世界中的每一个表现存在着永恒的和不可变易的理式。如果理念和个体(the individual)是相同的,那么,正如巴门尼德对苏格拉底所言:"就会出现具有相同性的某种更深层次的理念,并且,如果这种理念又和哪个相同,那么,就会又产生另一个理念。如果理念与跟它共享的东西相似,那么,将会永无休止地产生新的理念。"由于参与学说面临如此的困难,巴门尼德建议

有必要总结说:"理念不可能像个体,或者,个体不可能像理念。"此外,形式之间的关系也产生困难。巴门尼德问道:理式之间的关系决定于每一形式的本质,还是决定于那些可疑地模仿了理式的可感个体之间的关系?由于这两者所引起的进一步的困难,其中任何一个解决办法似乎都不能让人满意。

不过,巴门尼德在提出了这一类问题和复杂的困难之后,他告诉苏格拉底自己为何不能放弃理念论的结论。他说:"如果有人将注意力集中在这些以及类似困难中,并放弃事物的理式,他也不承认任何个体事物具有其自身的确定理念,该理念始终为一,并为同一;那么,他的心智就没有什么地方可以安顿,因此,他将彻底摧毁推理的力量。"

亚里士多德理论自身的困难与独立于全部形式的质料的最终特性相关。完全无形式的质料会是纯粹的潜能,并且不会是现实的存在。由于形式是任何可理解性的原则,上述这种说法就是不可理解的。不过,即使在实体变化中,似乎已经牵涉到某种无形式的质料,这是对照于赋有实体形式的质料来说的,后者是承受偶然变化的基质。

基本质料的问题与质料所能获取的不同形式有多少以及它们的先后顺序如何相关,这些是后世哲学家曾思考的问题。这问题就是:是否在质料拥有任何非本质形式之前,它必然会拥有一个实体形式;以及,除了第一性的形式之外,它能否拥有一个次要的实体形式,或者,它是否局限于某一单个的实体形式之中,所有随之而来的形式必然是非本质的。

阿奎那清楚地为实体形式的统一性争辩,他坚持说:"除非通过一个形式,通过使事物成为存在的形式,任何事物都不可能成为绝对的一。因为一个事物从同一来源处获得存在与统一性,因此,通

过不同形式得以命名的事物并不是绝对的一,例如说,一个白种男人。"阿奎那继续说:"所以,如果说人类以一种形式即植物的灵魂生活着,又作为动物以另一种形式即感官的灵魂生活着,以及作为人,以别种形式即理智灵魂生活着,那么,可以得出的是,人并不是绝对的一……由此我们必然可以总结如下,"他说,"人身上理智的灵魂,感官的灵魂,以及营养的灵魂在数目上是一个灵魂,并且是同一个灵魂。"换言之,"在一个事物那里,只有一个实体形式。"不仅仅"在人那里,除了理智的灵魂之外,别的实体形式的存在都是不可能的,"而且,也没有别的实体形式存在的需要,因为,"理智的灵魂实际上包含了属于野蛮的动物的感官灵魂和植物的营养灵魂的任何东西。"

在关涉作为知识和定义的对象的实体形式方面,亚里士多德的理论也存在着困难。思想所阐述的定义试图说明被定义的事物的本质。事物的可被阐述的本质似乎被视同为其形式。不过亚里士多德提出了这个问题,他的追随者们详细地争论了是否复合实体的本质与其实体形式同一,或者是否该本质也包含该复合实体的质料。

在他的追随者中,阿奎那坚持认为,在定义复合实体的本质或种类时,类别用来表示质料,而差异用来表示形式。他写道:"某些人主张,形式自身属于种类,而质料是个体的一部分,但不是种类的一部分。这种说法不可能是真实的。因为,定义所表示的东西属于种类的性质,而在自然事物中,定义不仅仅表示形式,而是表示形式与质料。所以在自然事物中,质料是种类的一部分。这里说的确实不是作为个体化原则的特殊质料,而是一般的质料。"在另一个地方,他解释说:"质料具有双重性:一般的和特殊的,或个别的:一般,例如肌肉和骨头;个别的,例如这块肌肉和这些骨头。"在形成普遍概念例如人这里,理智"从这块肌肉和这些骨头"那里抽象出种类的概念,而"这些东西并不属于如其所是的种类,它们是个别的……不过,人的种类不可能通过理智从肌肉和骨头那里抽取得到。"

正如在**一与多**和**普遍与特殊**两章中会看到的那样,柏拉图和亚里士多德的形式理论同样都涉及普遍与特殊的大问题。即便它们在普遍存在——无论是撇开心智或只是考虑心智——方面针锋相对,他们两者都面临着解释个体性的必要性。什么东西造成了模仿着普遍理式的个体成为独一无二的个体?个别实体正如它的内在形式一样具有其独特性,那么,是什么构成了复合实体的这种形式?

我们已经注意到,柏拉图和亚里士多德都诉诸质料作为对于个体化和个体性的某种程度的回应,但这样只会引起进一步的问题。柏拉图主义者们把质料想象成全部形式的容受者,因而就其自身而言是无形式的。那么,它是怎么样造成特殊化的呢?这必须解释。既然基本质料犹如容受者一样是无形式的,那么,亚里士多德主义者就求助于他们称之为"特殊质料"或"个别质料"的东西来解释形式和实体的个体性;但是,值得商榷的是,这只是避开了问题而不是解决了问题。

在现代思想里,形式与质料这一对相关的术语似乎发生在某些对等的东西的伪装之下。例如,笛卡尔称之为"思想"(thought)和"广延"(extension)——res cogitans(思想物)和 res extensa(广延物)——的不同的实体,或者斯宾诺莎称之为"心灵"和"身体"的实体的无限的属性。在康德对于有关经验的先验和后验要素方面的知识的分析中,这些得到了更为清晰的表现。不过,只是在中世纪的伟大的神学沉思中,对于这些术语的最为清楚和最为广泛的运用才得以形成,而这种运用常常伴随着对于古典理论的新颖解释。

例如,精神实体的学说就具有自我持存(self-subsistent)的理式理论的意义。神学家有时候就把天使称之为"个别的形式"。天使被想象为非物质形态的实体,因而被想象为简单的,而不是复合的。不过,尽管普罗提诺把纯粹可理解的存在物秩序视同为纯粹理智,但是,基督教神学家并不把柏拉图的理念视同为天使。他把天使看成是理智。它们以纯粹形式存在着,因此,它们是可理解的,同时也是有智慧的实体。但是,它们绝不是可感事物相似的原型或模式。

无论如何,基督教神学确实包含了柏拉图理论中把理念看成是永恒典型或样式这一方面。然而,正如阿奎那所指出的那样,不同的现存的理式被奥古斯丁称为"存在于神圣心灵中的范本"所取代了。

阿奎那对此情况评论如下:"奥古斯丁是一个被柏拉图主义学说所鼓舞的人,他无论什么时候在这些教导中发现和其信仰相一致的地方,他都会接受它;至于那些和他的信仰相反的地方,他会加以修正。"尔后他接着说,奥古斯丁不能接受而不得不修改柏拉图主义的"事物的形式撇开质料自在地存在"这一学说。奥古斯丁这样做,并没有否定理念,"依据的是所有事物得以形成的东西";但是,他否定了理念可以存在于神圣心灵之外。神圣理念是永恒的范本和永恒的类型,至于类型,阿奎那解释说,它们就是事物的相似性,因而也是上帝知识的原则;范本,也就是在上帝的创造行动中"塑造事物的原则"。

创造行动将神圣的理念投射到实体存在或质料存在之中,创造行动的深刻的奥秘取代了一个更为古老的问题:物理事物如何通过分享理式获得其本性。根据亚里士多德的理论,无论是自然的生殖还是人为的生产都涉及先在的质料的转变。根据柏拉图世界起源的神话,只有变化的事物才会被创造出来,而无论容受者或者理念均无此可能。不过基督教关于创造的信条排除了上帝之外的任何事物创造事物的可能性。

只是在与神圣心灵不可分离的时候,理念才是永恒的。作为精神的创造物,天使或自我持存的形式并不是永恒的。而在肉身创造物的世界中,质料及其形式必定在事物被创造之时同时开始存在。因为质料及其形式不可能在彼此的分离状态中存在,神学家主张,上帝不可能将它们分开来创造。奥古斯丁说,不可能假设"上帝先创造了没有形式的质料,然后再赋予它以形式。"他继续通过声音和歌的类比来解释这一点:"歌是有秩序的声音,尽管某种事物没有秩序也可以很好地存在,但是,秩序并不会给于那种不存在的事物……我们并不是首先发出无形式的声音——这也不能构成歌——然后以歌的形式适应它们并塑造它们。"因此,上帝必须被理解为创造了无形式的质料,然而他就在同时创造了世界。奥古斯丁认为,上帝"同创"(concreates)形式和质料,并没有任何短暂停留就将形式赋予了质料的无形式。

奥古斯丁对《创世纪》的这一段进行了阐释:起初上帝开始创造的时候,地是"没有形式的并且空虚的"。阿奎那是这样为奥古斯丁辩护的,他争辩说:"如果在时间持续中无形式的质料在先,那么它已经存在了;因为这是在时间中持续所蕴含的……这样,如果说质料在先,但是没有形式,这就是说它实际上存在,不过没有任何现实性,这在说法上是矛盾的。……因此,我们必须断言,最初质料的创造并非全然没有形式"。但根据阿奎那的意见,任何物质性事物的形式都不能脱离开质料而得到创造。他宣称:"形式与别的非存在事物,也就是被说成是共存而不是存在的那些事物,应该被称为被同创的,而非被创造的事物。"

亚里士多德把物理实体视为形式与质料的复合体的理论给基督教神学提出了某些特殊的困难。像阿奎那那样接受其理论的那些人,当他们处理涉及三位一体中的第二位道成肉身以及圣餐变体等奥秘的实体问题时,也必须使此理论适应于这样的超自然状况。

更有甚者,亚里士多德把灵魂视同为有生命的事物的实体形式,使得理解人类个体灵魂的独立存在变得困难了。正如在**不朽**与**灵魂**两章所表明的那样,基督教关于个人生存的教义,通过把人的灵魂当作不完全是物质的形式,被赋予了一种亚里士多德式的表现。所以,随着寂灭以及复合性质的解体,当它与身体分离开来的时候,它就被想象成是可以自我持存的。

分 类 主 题

1. 形式与生成或变化的关系
   1a. 作为不可变异的模式或原型的形式:典范的理念
   1b. 作为内在原因或组织原则的形式
   1c. 作为构成了经验中秩序之超越的或先验的形式
   1d. 可感秩序中形式的现实化
      (1)模仿或参与:容受者的作用
      (2)创造、产生、生产:在质料或基质中的体现
      (3)可感秩序中永恒客体的入口
2. 形式的存在
   2a. 形式的存在:独立的,在方式上,在心灵上
   2b. 形式的永恒,种类的永恒性:神圣的理念
   2c. 在个体事物的复合存在中的形式
      (1)质料与形式的统一:潜能和实现
      (2)实体形式与次要形式之间的区别
      (3)实体形式的统一:与实体形式相关的主要质料
   2d. 作为自我持存的天使和人的灵魂:思想的实体性或独立于广延或身体的心灵
3. 与知识相关的形式
   3a. 可感形式,可理解的形式:直觉和悟性的形式
   3b. 普遍性的问题:个体知识
   3c. 形式与定义:可表述的本质;与定义相关的质料的问题
4. 作为存在、生成或知识的原则对形式的否定

[朱国华 译]

索引

本索引相继列出本系列的卷号〔黑体〕、作者、该卷的页码。所引圣经依据詹姆士御制版，先后列出卷、章、行。缩略语 esp 提醒读者所涉参考材料中有一处或多处与本论题关系特别紧密；passim 表示所涉文著与本论题是断续而非全部相关。若所涉文著整体与本论题相关，页码就包括整体文著。关于如何使用《论题集》的一般指南请参见导论。

1. Form in relation to becoming or change

1a. Forms as immutable models or archetypes: the exemplar ideas

 6 Plato, 88–89, 113–114, 167, 231–232, 247–248, 333–334, 368–369, 386–389, 426–429, 447–458, 487–491, 610–613, 809–810
 7 Aristotle, 201, 437, 506, 509, 610–611
 11 Lucretius, 61
 11 Plotinus, 344–345, 351–354, 378–379, 443–444, 524–525, 541–563, 592–594
 16 Augustine, 316–317, 392–393
 17 Aquinas, 107–108, 240–241, 256–257, 272–273
 28 Bacon, 43–44
 33 Locke, 258–259
 39 Kant, 113–115, 173–174, 352–353, 551–552
 55 Whitehead, 209–217

1b. Forms as indwelling causes or organizing principles

 7 Aristotle, 259–268, 270–271, 368, 555–558, 598–601
 17 Aquinas, 31, 82–83, 106–107, 224–225, 275–276, 342–343, 453–455, 534–536, 539–540, 585–588, 641–642
 18 Aquinas, 5–6, 15–18, 338–339, 483–484, 498–499, 780–781
 19 Dante, 91–92
 26 Gilbert, 36–37
 26 Harvey, 386–387
 33 Locke, 247
 39 Kant, 550–551, 553–562, 565–569, 584
 43 Hegel, 163–167
 55 Whitehead, 179–180, 210–211
 56 Waddington, 715–723 passim

1c. The transcendental or *a priori* forms as constitutive of order in experience

 39 Kant, 14–108, 112–113, 115, 129–137, 153–155, 162–163, 253, 282, 308, 335–336, 461, 492, 515–516, 542, 551–553, 562–563, 570–572, 612
 53 James, William, 627–631, 859–882
 55 James, William, 46–50
 55 Whitehead, 209–217, 218–220

1d. The realization of forms in the sensible order

1d(1) Imitation or participation: the role of the receptacle

 6 Plato, 126, 242–243, 333–334, 455–477, 487–491
 7 Aristotle, 505–506, 509, 606
 11 Plotinus, 323–324, 373–374, 375–377, 393–394, 425–426, 435–443, 446–447, 450–451, 457, 512–517, 616–617, 622, 647–650
 17 Aquinas, 342–343, 588–589
 18 Aquinas, 18–19
 34 Diderot, 288–294 passim
 58 Frazer, 55–56

1d(2) Creation, generation, production: embodiment in matter or substratum

 7 Aristotle, 269–270, 285–286, 288–289, 297, 369, 403, 422–423, 506, 534–535
 8 Aristotle, 162–165, 269–271
 11 Aurelius, 256, 266, 293
 11 Plotinus, 354–355, 360–363
 16 Augustine, 114–115
 17 Aquinas, 250–252, 443–444, 481–482, 538–539, 712
 19 Dante, 99, 106
 39 Kant, 100–101, 575–576, 577
 56 Waddington, 715–723 passim

1d(3) The ingression of eternal objects in the sensible order

 55 Whitehead, 184–186, 209–217, 218–220

2. The being of forms

2a. The existence of forms: separately, in matter, in mind

 6 Plato, 167, 368–373, 385–386, 570–574, 610–613, 809–810
 7 Aristotle, 105–106, 113, 197, 508–511, 516, 519–521, 551, 564–565, 586, 587, 598, 606, 607–626
 11 Plotinus, 328, 329–330, 450–451, 537–539, 549–552, 427–631, 633–636
 16 Augustine, 96
 17 Aquinas, 20–21, 25, 39–40, 62–63, 238–239, 451–453, 565–566, 588–589

18 Aquinas, 733-734
21 Hobbes, 269-271
33 Locke, 257-260, 263-283 passim, 331-332, 349
33 Berkeley, 415
39 Kant, 34, 45-46, 176-177, 186-187, 211-213, 461, 580
55 Whitehead, 185-186, 209-217 esp 216-217
55 Russell, 253-256

2b. **The eternity of forms, the perpetuity of species: the divine ideas**

6 Plato, 113-114, 231-232
7 Aristotle, 438, 548, 588-589, 601
11 Plotinus, 638-647
16 Augustine, 138, 313-314, 378-379, 381, 736-737
17 Aquinas, 91-94, 99, 304-306, 446-447, 465-466, 516-517
18 Aquinas, 1025-1032
28 Descartes, 319, 442-443
28 Spinoza, 596-597, 598-599
39 Kant, 173-174

2c. **Form in the composite being of the individual thing**

2c(1) **The union of matter and form: potentiality and actuality**

7 Aristotle, 538, 565-566, 569-570, 573-577, 642-644
8 Aristotle, 277-278, 279
11 Plotinus, 333, 334-336
15 Kepler, 1078
16 Augustine, 126-127, 128, 129-130, 132-135, 138-139, 157
17 Aquinas, 15-16, 289-290, 322-323, 365-367, 385-399, 662-663
18 Aquinas, 5-6, 968-970
19 Dante, 91, 127
26 Gilbert, 30
30 Pascal, 262
39 Kant, 36, 45-46, 48-49, 188-189
55 James, William, 20
55 Whitehead, 184-186, 209-217
56 Waddington, 700-706

2c(2) **The distinction between substantial and accidental forms**

17 Aquinas, 31-32, 35-36, 163-164, 244-245, 285-287, 351-352, 404-405
18 Aquinas, 2-4, 178-179, 710-711, 893-895
33 Locke, 147-148, 268-283 passim
39 Kant, 131
55 James, William, 18-20

2c(3) **The unity of substantial form: prime matter in relation to substantial form**

7 Aristotle, 416, 493-494, 551, 568-569, 611
11 Plotinus, 416-425
17 Aquinas, 19-20, 256-257, 343-347, 399-401
18 Aquinas, 951-953

33 Berkeley, 415

2d. **Angels and human souls as self-subsistent forms: the substantiality of thought or mind in separation from extension or body**

11 Plotinus, 446, 454-456, 458-459
16 Augustine, 661-662
17 Aquinas, 269-275, 378-385
20 Calvin, 64
21 Hobbes, 80, 174-176, 258-261
28 Descartes, 284, 303-307, 322-329, 359, 378-382, 451-452, 457-458
28 Spinoza, 609, 611-612, 630-632
29 Milton, 183-186
33 Locke, 205, 208-214 passim
33 Berkeley, 418, 430, 440-441
37 Gibbon, 186
39 Kant, 121-128, 201, 203-204
53 James, William, 221-226
55 James, William, 19-20

3. **Form in relation to knowledge**

6 Plato, 457-458
7 Aristotle, 113, 610-611
10 Nicomachus, 599
16 Augustine, 392-393
17 Aquinas, 31-32, 75-77, 185-187
33 Locke, 324-325
39 Kant, 14-108, 308
51 Tolstoy, 693-694
55 Whitehead, 216-217

3a. **Sensible forms, intelligible forms: the forms of intuition and understanding**

6 Plato, 125-126, 228-232, 383-388, 447, 455-458, 534-536
7 Aristotle, 158, 661-662, 664, 691-692
16 Augustine, 390-391
17 Aquinas, 31-32, 71-72, 102-103, 108-109, 440-455, 457-458
18 Aquinas, 61-62
33 Locke, 270-271
39 Kant, 14-15, 23-33, 41-42, 48-55, 56-59, 61-64, 65-66, 68-93, 94-96, 153-155, 207, 213-215, 319, 335-336, 461, 471, 517, 603-604
53 James, William, 420

3b. **The problem of the universal: knowledge of the individual**

6 Plato, 228-232, 487-491
7 Aristotle, 6-7, 105-106, 116-117, 246, 330, 517, 518, 560, 618-619
8 Aristotle, 341-342
17 Aquinas, 16, 22-23, 49, 71-72, 84-85, 204-205, 295-297, 459-460, 461-462
18 Aquinas, 711-712
26 Harvey, 332-333
33 Locke, 255-260, 266, 277-278, 279, 338-339
33 Berkeley, 405-410
35 Rousseau, 341-342
39 Kant, 211-218, 573

	43 Hegel, 383–384		28 Spinoza, 591, 620
	53 James, William, 308–312		33 Locke, 204–214, 257–260, 287–290, 295–297, 304, 331–336 passim
	55 James, William, 46–50		
3c.	**Form and definition: the formulable essence; the problem of matter in relation to definition**		33 Berkeley, 413
			43 Hegel, 184, 193
	6 Plato, 134, 174–179	4.	**The denial of form as a principle of being, becoming, or knowledge**
	7 Aristotle, 123–128, 131–133, 413, 513, 547–548, 552–555, 558–564, 566–568, 610–611, 631–632, 661–662		6 Plato, 567–568
			7 Aristotle, 526–527, 528–530, 590–592
			21 Hobbes, 49, 269–271
	8 Aristotle, 163–164, 165–168		28 Bacon, 111, 137, 149
	17 Aquinas, 17–18, 74–75, 102–103, 162–163, 381–382, 611–612		33 Locke, 133, 240–243, 274, 296–297
			55 James, William, 50–57 passim esp 50, 56–57
	18 Aquinas, 28–29		58 Weber, 222

交叉索引

以下是与其他章的交叉索引:

Forms or Ideas as immutable models or archetypes, *see* CHANGE 1 5a; ETERNITY 4C; IDEA 1a, 6b.

Forms as indwelling causes or principles in mutable things, *see* CAUSE 1a; CHANGE 2a; MATTER 1a.

Form and matter as coprinciples of composite substances, *see* BEING 7b(2).

Matter or the receptacle in relation to form, *see* CHANGE 2–2b; MATTER 1–1b; SPACE 1a; WORLD 4b.

The consideration of matter apart from form, *see* MATTER 2, 3a.

The separate existence of the Forms, the objects of mathematics, physics, and universals, *see* BEING 7d(2)–7d(3); MATHEMATICS 2b; MECHANICS 8d; SAME AND OTHER 2a; UNIVERSAL AND PARTICULAR 2a–2c.

The cause of individuality, *see* MATTER 1c; UNIVERSAL AND PARTICULAR 3.

The existence of forms in the mind as concepts abstracted from matter, *see* IDEA 2g; MATTER 4d; MEMORY AND IMAGINATION 6c(1); MIND 2a; SENSE 5a; UNIVERSAL AND PARTICULAR 4c.

The *a priori* or transcendental forms of intuition, *see* MIND 4d(3); SENSE 1c; SPACE 4a; TIME 6c.

Creation, generation, and production in relation to form and matter, *see* ART 2b–2c; MATTER 3d; WORLD 4e(1).

The distinction of form and matter: the kinds of form, *see* BEING 7b, 7c(1)–7c(3); NATURE 1a(2); UNIVERSAL AND PARTICULAR 6a.

The theological doctrine of the angels as self-subsistent forms or simple substances, *see* ANGEL 2, 3b–3c; BEING 7b(2); the theological doctrine of the forms as eternal exemplars or types in the mind of God, *see* GOD 5f; IDEA 1e.

The soul as the substantial form of a living thing, *see* LIFE AND DEATH 1; MAN 3a; SOUL 1b.

Form and matter in relation to definition, *see* BEING 8c; DEFINITION 6a; MATTER 4b; NATURE 1a(2).

扩展书目

下面列出的文著没有包括在本套伟大著作丛书中，但它们与本章的大观念及主题相关。

书目分成两组：

Ⅰ. 伟大著作丛书中收入了其部分著作的作者。作者大致按年代顺序排列。

Ⅱ. 未收入伟大著作丛书的作者。我们先把作者划归为古代、近代等，在一个时代范围内再按西文字母顺序排序。

在《论题集》第二卷后面，附有扩展阅读总目，在那里可以查到这里所列著作的作者全名、完整书名、出版日期等全部信息。

I.

Thomas Aquinas. *On Being and Essence*
——. *On Spiritual Creatures*
——. *Quaestiones Disputatae, De Anima*
Kant. *De Mundi Sensibilis (Inaugural Dissertation)*, SECT IV
Whitehead. *Process and Reality*, PART II, CH I

II.

THE MIDDLE AGES TO THE RENAISSANCE (TO 1500)

Crescas. *Or Adonai*, PROPOSITIONS 10-11, 16
Duns Scotus. *Opus Oxoniense*, BK I, DIST 7 (24)

THE MODERN WORLD (1500 AND LATER)

Blanshard. *The Nature of Thought*
Bradley, F. H. *Appearance and Reality*
Bruno. *De la causa, principio, e uno*
Descoqs. *Essai critique sur l'hylémorphisme*
Gilson. *History of Christian Philosophy in the Middle Ages*
John of Saint Thomas. *Cursus Philosophicus Thomisticus, Philosophia Naturalis*, PART I, QQ 3-4, 6, 9, 11
Lotze. *Metaphysics*
Malebranche. *The Search After Truth*
Peirce, C. S. *Collected Papers*, VOL VI, par 353-363
Santayana. *The Realm of Essence*
Schopenhauer. *The World as Will and Idea*, VOL I, BK I-III
Suárez. *Disputationes Metaphysicae*, V (4), XII (3), XIII (1-9), XIV-XVI, XVIII (2-6), XXVI (2), XXVII, XXX (4), XXXI (8, 10, 13), XXXIV (5-6), XXXV-XXXVI, XLII (2-3), XLV (4), XLVI
Taylor, A. E. *Philosophical Studies*, CH 3

29

上　帝　God

总　论

本章将述及除一些数学家和物理学家之外的几乎所有伟大著作的作者。仅就本章相关参考著作的量和种类而言，它也是篇幅最长的一章。理由很明显，对上帝的肯定或否定所引起的思想和行动后果，比回答任何其他基本问题所引起的后果都要多。对那些把这个问题视为可以仅仅依靠信仰或仅仅依靠理性予以回答的人来说，情况是如此；即使对于那些坚持完全不作判断的人来说，情况也是如此。

除了上帝存在这个基本问题之外，还有关于神性，关于世界和人与神或上帝的关系等所有问题。对这些问题的解答不可避免地影响到人对于他生活于其中的世界，他在世界中所占据的位置，以及他被召向的生活的理解。

人类或者把自己视为宇宙的至高存在，或者承认有一个更高的存在——一个他们想象为恐惧或爱的对象的超人存在，一种受到蔑视的力量，或一个必须服从的主宰，这些当然都影响到人类生命的整个进程。对于那些承认神存在的人来说，神圣者只是被表现为上帝的概念、表现为哲学沉思的对象，抑或表现为由在构成宗教仪式的所有虔敬行为中受到崇拜的活的上帝，这两者的区别也至关重要。

从人的起源和样式上排除神，或把人视为以各种方式分有神性，都导致人对于自身本性之理解上的最根本的区别。因此，本章许多基本主题和争论，与论人的章节相同。

本章的一些主题主要是哲学论题，它们属于我们文化上的伟大时代的理性沉思和诗歌想象的主题，处理它们无须考虑这些文化在宗教信仰上的不同。但其余主题特别限于信仰或宗教问题，关于这些问题，我们必须明确地考虑到教义或信条的区别。

因此，在某些情况下，这里收集的资料必须根据它们的异教来源或犹太教和基督教来源做出区分。虽然没有穆斯林传统中的伟大著作包括在其中，但是，吉本讨论穆斯林信仰及把它的教导与犹太教和基督教的教导相比较的事实，说明了把伊斯兰教包括在一组主题中的理由。这组主题处理三教共有的教义，以区别于使犹太教和基督教在教义上分道扬镳的信条。西方传统中的某些共同信仰的存在，使我们能够从今天西方文化中活的宗教共有的上帝概念开始，这样做似乎是可取的。

也许加尔文比基督教早期神学家更强烈地坚持上帝观念无处不在地植根于所有人的心灵中。早在他的《基督教要义》一书中，他就写道：

> 我们认为无需争论的是，确实由于自然天性，在人类心灵中存在着某种意义上的神，因为为了预防任何人假装无知，上帝亲自赋予所有人关于他的神性的某种观念，赋予所有人关于他不断更新和随意扩大的记忆。对人来说，由于意识到有一个上帝，意识到他是他们的制造者，当他们既不崇拜他，也不献身于对他的礼拜时，他们都会受到良心的谴责。当然，如果说有什么地方不知道上帝的话，这种情况最有可能存在于那些远离文明的最愚昧的部落。

但是，正如异教徒（西塞罗）告诉我们的，没有哪个民族和种族野蛮、愚昧到没有受到上帝存在的信念的激励。另一方面，即使那些与低等动物相差无几的种族，也常常保持着宗教感；这个共同信念是如此完全地占据着心灵，它是如此牢固地被印在所有人的心中。那么，既然从一开始地球上的任何地方从未有过任何城市甚至任何家庭没有宗教，这就等于默认某种意义上的神被铭记在每个人的内心深处。

在我们的文明中，说上帝不存在的无神论者否认的是什么呢？不是人们可以寻求安慰的偶像或形象，不是哲学的概念或神话的虚构物。当然，无神论者否认的也不是宇宙本身，即作为无限和永恒整体，或作为有限和短暂的但就人类心灵根本不可能理解来说同样神秘的宇宙。在我们的文明中，无神论者否认的是超自然实体的存在，是犹太教徒、基督教徒和穆斯林的宗教信仰和崇拜的对象。他否认从无中创造世界的单一、人格的上帝，这个上帝超越于这个被造的宇宙，用他的固有力量维持着它，他立法管理所有事物，以他的神佑眷顾每一个个体，他按照他自己的形象造人，向人启示他自己和他的意志，给亚当的后代施以永恒的赏罚，他也以他的恩典救助他们。

在无神论的这个意义上，在那些伟大著作的作者中，尼采算得上是现代最著名的无神论者。他率先提出上帝死了的命题。他讨论犹太教徒和基督徒视为上帝自我启示的圣经，说如果上帝是它的作者，"他不可能使自己被清楚地了解。"尼采承认，在西方，"宗教癖好［仍然］在蓬勃发展"，但他又说，有神论也"因深刻的怀疑"而被抛弃。

在关于上帝的宗教概念中，有一个被误解的术语必须得到澄清。"人格的"一词不应当读作拟人的比喻，虽然它的意思使人也使上帝具有人格而非事物之名。阿奎那写道："尽管在圣经中，无论是旧约还是新约，都未发现人格一词用于上帝，然而，在圣经的许多地方，都可以发现这个词所意味的东西被用于断言上帝，如终极自存的存在，最完善的理智存在等等。"

波伊提乌把人格定义为"具有理性本性的单个实体"，或如洛克后来所谓的"思维的理智存在"。在把人格一词用于上帝之后，阿奎那在波伊提乌给予它的意义上，评论了当它用于人时所具有的不同意义。他写道，可以说上帝具有理性本性，仅"当理性被视为不是意指推论的思维，而是意指一般意义上的理智本性……上帝不可能在物理事物的意义上被称为个体"，但可以在独一无二的意义上这样称呼他。"实体可以［仅］在意指自存的意义上用于上帝。"阿奎那并未由此推论出"人格"不适合用来称呼上帝，而是认为当上帝被称作"人格的"时，意味着"这是一个更好的用法"，因为上帝并不具有理智，上帝是理智。

我们将使用当代无神论者所否认的实在即人格上帝概念，以区分其他学说中的各种歧异概念。然后我们将进一步考察这个概念本身所包含的内容。

在西方传统中，五花八门的异教——特别是反映在古希腊罗马诗歌和历史中的异教——都是多神的。据蒙田估计，他们的神的数目，"多达三万六千个"。奥古斯丁对何以有如此众多的神提供了一个解释。他写道："由于受自己的揣测或魔鬼所蒙骗，古人认为必须邀请许多神关心人事，派给每一个神一项身心的单独职能和一个单独的部分——把身体派给一个神，把灵魂派给另一个神。就身体而言，把头派给一个神，把脖子派给另一个神，把身体的其余部分分别派给其他的神。同样，就灵魂而言，把本能派给一个神，把教养派给另一个神，还有愤怒和欲望，也分别派给一个神。此外，生活中的各种事务也都派给神掌管——家畜派给一个神，谷物派给一个神，葡萄酒派给一个神，油类派给一个神，森林派给一个神，财富派给一个神，航行派给一个神，战争和胜利派给一个神，婚姻派给一个神，出生和生殖派给一个神，其他事务派给其他神。"

出现在柏拉图《申辩篇》中的那个多神教，也同一神教一样把神想象为人格的。当苏格拉底被控以无神论时，他问道，这个指控是否意味着他不"承认城邦公认的神而承认其他一些新神或精神力量以取代它们"。迈雷托士回答说，他认为苏格拉底是一个彻头彻尾不承认有神的无神论者。对于这一点，苏格拉底回答说，他的敌人一定是把他和阿那克萨戈拉弄混了，后者亵渎阿波罗，称太阳为"发红的炽热石头"。至于他自己，他以证据证明他相信神或精神力量，"无论新的和旧的"。他问道："如果我相信神物，我怎么能不相信神灵或半神呢？"

与犹太教和基督教的唯一神一样，许多古代异教的神也有不死的生命，但它们却并非没有起源。宙斯是克罗诺斯的儿子，而且他有许多神和半神的后代，他们履行着不同的职能，在奥林匹斯神谱中处于不同的地位。神的王国包括提坦和基克洛普斯这样一些人物，他们既不是神，也不是普通人；还包括赫拉克勒斯这样的半神，他是神与人类配偶的后代。这些神行使超人的权能，但没有一个是全能、全知的，甚至克罗诺斯和宙斯也是如此，他们也不能逃脱命运的定数。此外，也许除了宙斯，一个神的权能常常受到另一个神的挑战和挫败。多神教的这一方面以及它关于神对人类事务的干预等内容，将在有关命运的章节讨论。

在什么意义上我们因为异教徒把他们的神雕成人的形象而认为他们是崇拜偶像的，或把异教徒的神的概念视为拟人的，取决于我们对宗教象征主义的解释。例如，柏拉图认为许多诗人对神及其活动的描述不值一提，恰恰因为他们把神贬低到人类的水平。

根据吉本的说法，一个希腊或罗马的哲学家，"把多神教体系看作是人类欺骗和错误的产物，他可能把他的轻蔑的讥笑掩藏在虔诚的面具下，他不明白不管是嘲笑还是依从，都会使他遭遇任何不可见的，或者如他所想象的虚构的力量的怨恨"。但是，他指出，在早期基督徒的眼中，古代的许多神"可憎、可怕得多"，他们认为这些神是"作者、庇护者和偶像崇拜的对象"。

那些用无聊的写实主义看待象征的人，也可能指责基督教是拟人的和偶像崇拜的，事实上他们就是这样指责的。基督教对这个指责的辩护在罗马帝王崇拜的例子中并不有效。罗马的帝王崇拜并不是为了象征表现目的的神的人化，而是为了政治目的的完全的人的神化。

在关于神的本性的问题上，异教信仰和犹太－基督教之间存在着根本的区别，但二者间也有某些基本的一致之处。正如我们已注意到的，神被想象为具有人格的，而不是非人格的、无理性的力量。由于被想象为具有理智和意志的存在，神亲自干涉世俗的社会，他们帮助或反对人的计划和努力，奖赏人的忠诚和善，惩罚他们的不敬和罪恶。

尽管在异教信仰和基督教之间还有其他许多不同，这些一致之处实足以证明贯穿于我们传统中的许多共同的神学思路，尤其是关于人类怎样看待他自己和他的命运与神或超自然力量的关系这个挥之不去的实践问题。因此，我们已尝试在每一个题目下（除了那些专门限于犹太教和基督教教义的题目）——甚至在那些用一神教语言表达的题目下，加入一些出自古代异教伟大著作的段落，因为，即使在这里，也存在着一个从荷马和维吉尔到但丁和密尔顿，从柏拉图、亚里士多德和普罗提诺到奥古斯丁、阿奎那、加尔文、伊拉斯谟、笛卡尔、康德，从卢克莱修到牛顿和达尔文的思想和表达的连续。

以自然神论和泛神论为人所知的学说，像绝对无神论一样，既为犹太教和基督教信仰所反对，也为多神教宗教信仰所反对。

两者中泛神论更接近无神论，因为它否认超自然的先验实体或众多实体的存在。上帝就是自然。上帝内在于世界之中，按照泛神论的极端形式，上帝无论如何都不是超验的。历史上一些常常被视为泛神论的某种形式或种类的学说，似乎不像这种形式那么极端，因为，它们并不认为物理宇宙穷尽了上帝的无限存在。世界尽管广大无边，纷纭多样，但仍可能仅表现了神性的一个方面。

根据斯宾诺莎的意见，广延和思维这两个我们由之理解作为神圣实体之存在的世界或自然的属性，只是上帝那些为我们所知的方面，因为神圣实体具有"无限的属性，每一个属性都表现永恒和无限本质"。按照普罗提诺的概念，整个世界只表现了从神圣源头的部分流溢。然而，像普罗提诺和斯宾诺莎这样的思想家是如此想象这世界与神的关系，以至于——如在严格的泛神论中那样——关于创造、神意、拯救等宗教原理，或者遭到拒绝，或者被彻底地改变。

在古代世界中，斯多葛哲学家的教导表达了一种泛神论。马可·奥勒留写道："存在着一个由所有事物组成的宇宙，一个遍及所有事物的上帝，一个实体，一个法则，一个为所有理智动物所具有的共同理性和一个真理。"他谈及"共同本性"说：它显然是神性，"每一特殊本性都是它的一个部分，正如树叶的本性是树的本性的一部分"。虽然奥勒留强调所有事物的同一和神性，但有时他也说神既在世界之外也寓于世界之中这样的话，例如当他讨论神是否关心人类事务时。

另一种类型的古代泛神论出现在普罗提诺的思想中，对他而言，所有事物仅就其分有太一的力量或始源，甚至仅就其从太一的力量或始源流溢出来而言都有其存在。"上帝君临一切，"他写道："我们不可想象上帝的一些东西在此而他的另一些东西在彼，也不可想象聚集在某一点的上帝全部；有一个遍及各处的瞬间在场，无物包含，无物空置，因此一切都完全被神掌控。"太一和所有其他事物的关系被比之于数的系列。"正如在每一连续的数中，无论原初还是派生，都有来自不可分的单元的形式或观念——虽然不等，后者仍旧分有整数——作为太一之结果的存在系列也是如此，每一个都具有某种源于那个源头的形式或观念。在数中，分有造成量；在存在领域，太一的踪迹造成实在：实存就是太一的踪迹。"

尽管太一在所有事物中，所有事物的实存都依赖于太一，但是，太一本身却不需要它们。正是在这个意义上，普罗提诺说："太一是一切事物但不是事物之一……掌控一切——虽然本身无处被掌控——它无处不在，因为它出现的地方，没有什么东西能逃脱它的掌控。同时，在无处被掌控这个意义上，它不在场：因此，它既在场又不在场；不被事物包围时不在场，然而由于完全无所附着，故毫无约束地出现在各处。"因此，所有事物绝对依赖地分有太一,但太一就其自身来说是绝对超验的。普罗提诺甚至拒绝称它为上帝、善或存在,说它超越这些名称。

斯宾诺莎是否泛神论者,他的评论者们争论不休。下述命题明确表达了泛神论的一种形式,甚至是它的极端形式:"无论什么存在,都存在于上帝之中,没有上帝,什么也不可能存在或被想象。"但是,如果一和存在的唯一实体同时是自然和上帝,斯宾诺莎仅把上帝等同于自然,称之为"产生的自然"。上帝没有被降低到人的有限经验或理解范围内的自然——这个自然他称之为"被产生的自然"。

"所谓产生的自然,"他解释道,"我们理解为在自身中并通过自身而被了解的东西,或实体的那些表现永恒和无限本质的属性,换言之,即上帝,就其被认为是自由因。但是,所谓被产生的自然,我理解为由上帝的本性的必然性或由上帝的一个属性的必然性所出的任何事物,换言之,就它们被理解为在上帝中并且如果没有上帝就既不可能存在,也不可能被了解而言,它们是上帝的属性的所有样式。"

上帝是所有有限存在的无限、永恒实体,是绝对不变的一,构成有限样式的基础,变化地显现自身。对斯宾诺莎来说,虽然在空间上超越人所知的世界这个意义上,上帝是超验的,但上帝绝不离开自然整体而存在。因此,斯宾诺莎的观点严重偏离了一个犹太教或基督教神学家的正统观点。当后者说上帝是超验的时,他的意思是说,上帝独立于、无限地远离整个被造的宇宙而存在。当后者谈论上帝内在于那个宇宙时,他小心翼翼地指明不是他的实体内在于宇宙,而是他的行动和知识能力内在于宇宙。但是,斯宾诺莎称上帝是"所有事物的内在固有原因,而非暂时的原因",理由是,"上帝之外不可能有实体,换言之,在上帝之外,无物能够在自身中存在。"

关于上帝的内在与超越的众多歧异概念——也关系到谁是或不是泛神论者的问题——将在论自然和世界的章节进一步讨论。

不像泛神论,自然神论肯定存在着许多神或一个唯一神,一个独立于世界的人格的理智体,但是,正如卢克莱修所教导的,自然神论有时走向极端,相信外在的神,它们既不干预自然秩序,也不过问人事。

卢克莱修写道:

> 神灵必定是本身就享受着
> 不朽的长寿和最完满的和平,
> 远离我们的事务,泰然与世无争,
> 不遭受危险,不遭受痛苦,
> 自身就具有无数的自己的财富,
> 既不需要我们,他们就不会被触怒,
> 人们也不能以侍奉和礼品取得其欢心。

这样的神既不创造世界,也不统治世界。尤其是他们并不赏罚人类,所以,人们不必恐惧或迎合他们。根据卢克莱修的说法,我们不应

> 愚蠢到说神灵为了人类
> 才愿意准备好这个世界的庄严美丽,
> 以及因此我们应该去赞美
> 那值得赞美的神灵的作品;
> 若说那是亵渎神灵,如果人们用暴力
> 去从根本上动摇神的古老智慧人类
> 建立起来作为永恒的居停的东西;
> 若说那是犯罪,如果用语言的攻击
> 把所有的这一切都整个地加以颠覆,——
> 臆想出这些和类似的其他想法,
> 实在是愚蠢的事情。
> 我们的感谢究竟能够把什么利益
> 加在那些不朽者和有福者身上……

对卢克莱修来说,仅就神示范了幸

福生活而言,神似乎具有道德意味。宗教是不道德的,因为它关于神的动机和干预的迷信造成了人的奴性和不幸。

当把卢克莱修的自然神论与这种学说的更为人所熟悉的现代形式相比较,基督教的影响就显露出来了。现代自然神论肯定一个上帝的至高地位,他是这个世界的无限和永恒的创造者,他的法则就是自然的法则,这些法则从一开始就被设立,所有造物都受它辖制。卢梭说这是"关于人的宗教",甚至把它等同于基督教——"不是今天的基督教,而是福音时代的基督教,那是全然不同的。"他把这种宗教描述为"既无教堂,也无祭坛和仪式,只有对至高上帝的内心崇拜和永恒的道德义务"。

并非所有的自然神论者,当然也并非那些17世纪和18世纪初的自然神论者都走向卢克莱修的极端,去描画一个漠不关心的和道德上中性的神。他们许多人都相信来世。但是,现代自然神论确实倾向于这个极端。康德时代甚至不再把上帝看作人格的理智体。因此,康德忍痛把自然神论和一神论区别开来。

根据康德的意见,自然神论"承认我们单凭纯粹理性能够认识到一个至上实体的存在,但同时坚持主张我们关于这个实体的概念是纯粹先验的,关于它我们所能说的只是它拥有所有实在性,我们不能更精确地定义它"。另一方面,一神论"断言理性能够从与自然的类似中向我们提供关于这个存在的更明确的概念;而且,作为所有事物的原因,它的作用是理智和自由意志的结果"。

康德甚至坚持认为,"在严格精确的意义上,我们可以断然否认自然神论者对上帝有任何信仰,只把他视为原初实体或事物——所有其他事物的至上原因的主张者。"无论如何,自然神论似乎本质上是一种非犹太教和非基督教或反犹太教和反基督教的学说,因为它否认上帝的超自然的自我启示,否认奇迹,否认自然和人类生命进程中每一种超自然力量的显现,否认祈祷和圣事的效验。简言之,它拒绝任何为它的教义和仪式要求超自然基础和超自然保证的宗教的建制和实践,以及信仰和希望。自然神论"仅仅在于崇拜一个被视为至高、强大和永恒的上帝",在帕斯卡看来,"它与基督教相去之远,几乎就像基督教的严格的对立面无神论一样。"像帕斯卡一样,加尔文问道:"那有什么用呢?简言之,知道一个我们与之无关的上帝有何益处呢?"

帕斯卡和康德称作"自然神论",卢梭称作"关于人的宗教"的那种学说,其他人如休谟称之为"自然宗教"。他的《自然宗教对话录》提供了一个同自然主义一样的宗教理性主义的经典陈述。虽然,如论宗教的章节所指出的,人们也许会问,"宗教"一词是否可能有意义地用于这样一种学说,它宣称没有超出哲学家知识范围的知识,没有超出道德家训诫的人类生活指南。

系统阐释人类关于上帝知识的学问是神学。除了思考与上帝有关的所有事情——整个世界和人类生活——外,神学特别处理上帝的存在、本质和属性等问题。就其贯穿始终的主题和问题而言,神学可分为两类:由一般的观察和推理过程所获得的自然知识,和建立在神圣启示意义上的超自然知识。这是自然神学和神圣神学(有时也被称作教义神学)之间的传统区分。一个属于理性领域,是哲学家的工作;一个属于信仰领域,是寻求理解其信仰的神学家的工作。

上述区分将在论**神学**、**形而上学**和**智慧**的诸章讨论。这里我们只关心对人关于上帝的知识问题的不同态度。如前所述,自然神论者拒绝超自然的启示和信仰,自然认为神学和宗教一样,是理性的工作。不可知论者正好相反,否认理性可以了解任何超自然的事物。理性不可能证明,或说到底,也不可能否证这样的事物。自然的证据和理性之光不允许关于上帝、创造、神意或不朽的有效推论或论证。

不可知论者通常最引人注目的宣称是,理性不适合证明上帝的存在。对于其他人可能提出的论证,他常常煞费苦心地予以批评,以补充他的宣称。但是,情况并非总是如此。例如,伟大的犹太神学家摩西·迈蒙尼德就认为,上帝的存在可能由完全独立于信仰的理性得到证明。但是,在关于上帝的本质和属性等问题上,他的立场似乎可以称之为不可知论的。

当人"把本质属性归于上帝"时,迈蒙尼德声称,"这些所谓的本质属性,不应当与其他事物的属性有任何类似,正如在上帝的本质和其他存在的本质之间不存在类似一样。"由于诸如善、智慧等肯定属性的意义源自我们对于事物的了解,它们并未向我们提供任何关于上帝本质的知识。在事物和上帝之间不存在可比性。因此,迈蒙尼德断言:"上帝的否定属性才是他的真正属性。"它们不告诉我们上帝是什么,而告诉我们上帝不是什么。

即使迈蒙尼德认为在上帝中,"存在和本质是完全同一的",他仍断言"我们只了解他存在这个事实,而不了解他的本质……我们所理解的全部",他继续说:除了"他存在这个事实",就是"他是他的造物没有一个与他类似的存在"这个事实。所有否定的属性如永恒(意思是非暂时)、无限或非物质等都证实了这个事实。甚至当他遭到所有肯定属性的歪曲时,也证实了这个事实,这些肯定属性由这样一些词表达,如"善的"、"有生命的"或"有知的"等等,就这些词暗示着上帝与他的造物之间的比较而言。当这些肯定属性不能被否定地加以解释时,可以把它们认作隐喻,但不应把它们视为表达了"对于上帝真正本质"的了解。迈蒙尼德坚持认为,关于这个本质,"没有任何获知的可能性"。

阿奎那在讨论上帝之名时,不同意关于神性的这种不可知论。虽然他说"我们不可能知道上帝是什么,但我们却知道他不是什么"。他不同意迈蒙尼德所谓所有表达关于上帝的某种知识的词,必须得到否定的解释或必须被看作隐喻的观点。他否认"当我们说上帝是有生命的时,我们的意思仅指上帝不同于一个无生命的事物",正如"摩西拉比所教导的"。相反,他认为"这些名称与神圣实体有关……虽然它们不足以表现他……因为这些名称是在我们的理智了解他的范围内表达上帝。既然我们的理智从造物中了解上帝,那么,就造物表现他来说,我们了解他"。因此,阿奎那作出结论说:"当我们说上帝是善的,那意思不是说上帝是善的原因或上帝不是恶,而是说,我们归于造物的任何善都先在于上帝中,而且是在更高的意义上。"

如果迈蒙尼德是正确的,那些肯定地述说上帝和造物的名称是"在完全模棱两可的意义上被使用……"(例如,当述说造物时有字面的意义,而当述说上帝时仅有隐喻的意义),那么,根据阿奎那的意见,其结果就是"从造物出发,根本不可能了解和证明关于上帝的任何东西"。另一方面,那些说"归于上帝的东西和归于造物的东西一义"(即在完全相同的意义上被述说)的人,声称关于上帝的本质比人所能知道的了解得更多。阿奎那写道:当智慧"被用于上帝"时,"它舍弃了上帝之名所意味的不可理解的东西和超出该名称的意义的东西"。阿奎那并不像伊拉斯谟那样,强调唯独上帝是智慧的。相反,他宣称,"智慧这个词,并不同样适用于上帝和人。其他词也是如此。因此,没有一个词可以一义地称谓上帝和造物",但恰当地说,所有肯定的词"都在类似的意义上述说上帝和造物"。

在**记号与符号**一章中,我们将发现上帝诸名称的进一步讨论;在那里,以及在**同与异**一章中,也将发现关于类似、一义、多义等词的讨论。在此,为了描述不可知论的那个等级,即通过与阿奎那相比,迈蒙尼德由之成为不可知论的那个等级,我们已涉及这些问题。但是,不可知论通常走得更远,否认人能够有任何关于上帝——关于他的存在和本质的自然知识。

在这样的理解下,不可知论就不必与宗教不容,除非一个特定宗教认为,作为信条本身,上帝的存在不可能由理性证明。事实上,不可知论者可能是一个宗教人,他接受神启,认为信仰由神所激起。

迈蒙尼德的《为雷蒙德·西本辩护》一文例证了这个立场。西本写了一篇论自然神学的论文,对迈蒙尼德来说,它似乎"大胆无忌,勇气可嘉,因为它许诺通过人类自然理性,确立和证明所有反对无神论者的基督教信条"。虽然迈蒙尼德说,西本的工作"我并不认为能提供更好的论证",虽然他心中揣测西本的论证可能"来自圣托马斯·阿奎那,因为事实上,这个贤哲学识渊博,极其敏锐,独有这种观念能力",然而,迈蒙尼德并"不认为纯粹人类的方式完全具有这种能力"。

根据迈蒙尼德的意见,"唯独信仰才生动确实地把握我们宗教的高度神秘。"在他看来,理性自身不能证明任何东西,更不用说证明关于上帝之事。他写道:"我们人类的理性和论证,笨拙而无用,它们的形式是上帝的恩赐,是上帝的恩典赋予它们样式和价值。"西本论证的启发意义和价值来自下述事实:信仰附带"使它们鲜明","使它们坚实可靠"。

迈蒙尼德说,这样的论证可以用作"初学者的第一指南",甚至可以"使他易受上帝的恩典",但是,由于怀疑所有的论证,对他本人来说,唯独信仰的方式才能提供"对一些信念的始终不渝的确信。……因此,由于上帝的恩典,我得以在我们宗教的各种古老信仰中,在我们时代出现的如此众多的派别和分歧中,始终不为所动,没有良心的纷扰"。

克尔凯郭尔的宗教观也排除理性。对他来说,信仰是荒谬的领域,是一个悖论,它断言"个别高于一般",因此允许与上帝有更私人的关系。"断言对上帝有绝对的义务也能表现这个悖论,因为,在这个义务关系中,个体作为个体处在与绝对的绝对关系中。"

与迈蒙尼德和克尔凯郭尔不同,不可知论者远非宗教信仰者,他可能是信仰和理性上的怀疑论者。他可能把信仰既看作迷信,也看作意志的训练,即训练意志去相信那不可知解之物——几乎是一厢情愿的相信。他甚至可能走得更远,以致把宗教看作似乎是病态的。

例如,弗洛伊德就把宗教视为一种幻想,可由人按照他自己的形象创造神的需要——寻找父亲的替身,那是他婴儿期的依赖所投射的对象——得到解释。弗洛伊德在西方宗教的上帝"被公开地称作父"这个事实中,为他的观点找到了证据。他说:"精神分析推断出他实际上是父亲,曾经披裹着富丽堂皇的外衣,出现在孩子面前。"

弗洛伊德认为,虽然成人"早就认识到他的父亲是一个能力非常有限的存在,决不赋有每一样他所想望的属性,"然而他仍"追忆他孩童时代过高估计的父亲在记忆中的形象,把他抬高到神的地位,使他在场,成为现实。对这个记忆中的形象的强烈感情和他需要得到永久保护的天性"——因为正如弗洛伊德所解释的,"在与外部世界的关系中,他仍然是个孩子"——"是他信仰上帝的两个支柱。"在这个意义上,弗洛伊德可能同意伏尔泰的说法:"如果上帝不存在,也必须把他发明出来。"

不可知论的另一个极端,正如这个词所意味的,是诺斯替教。和自然神论一样,诺斯替教也摒弃信仰,但它超越了传统的自然神论,声称它有助于理性的力量深察神的秘密。在独断地依赖信仰和把理性提高到无需上帝启示任何事物的地步,两者之间有一个中间地带,处于这个地带的人承认信仰和理性两者皆有贡献。那些试图协调两者的人,通常在适合于每一个的领域间做出区分,制定某种规则,根据这种规则,两者有条理地相互关联。

无论纯粹信仰之事是什么,阿奎那说,它都是可允许的,唯因"它是上帝所启示的"。基督教信条以"全能上帝位格的三位一体,基督道成肉身的秘密,以及诸如此类的东西"为典型。关于这些问题,阿奎那认为属于信仰首要之事,理性可以起某种辅助作用。他解释说:"当然不是证明信仰",而是澄清一些伴随信仰而来的事。某些问题,如上帝的存在和属性等,他把它们归属于"信仰的先导",因为在他看来,这些问题在理性能力证明的范围内,信仰无助于它们的解决。然而,即使在这里,他也不把对真理的肯定单独归诸理性。

正如"为了人的拯救,有必要通过神启让人知道某些超出人类理性的真理",即使"那些人类理性可以探究的、关于上帝的真理,也应当通过神启让人知道。"阿奎那认为,也有必要"通过神启教导人。因为,为理性所了解的关于上帝的真理,仅为少数人所知,费时既久,且混杂着许多错误。""人类理性在关于上帝的事上极不完善"——"一个显著的标志就是哲学家们……错误百出,他们自己也意见不一"——因此,人们将不会有关于上帝的"确定无疑"的知识,除非所有神圣真理"以信仰的方式传达给他们,换言之,由不可能说谎的上帝亲自告诉他们。"

以不同的方式,信仰支持理性,理性加强信仰。在属于理性和信仰两者的问题上,信仰提供更大的确信;在严格属于信仰的问题上,理性提供对宗教秘密的某种理解,但无论如何,它是间接的和不充分的。弗兰西斯·培根写道:"人类理性在宗教上的使用有两类:首先,用于概括和理解被启示给我们的关于上帝的秘密;其次,用于从中推知和引出原理和方向……"在前者中,我们看到上帝屈尊下降到我们的智力范围,以能被我们感知的方式显露他的秘密,把他的启示和神圣原理嫁接于我们理性的观念,用他的灵感开启我们的理智,作为打开锁孔的钥匙。就后者而言,在派生和分别而非起源和绝对的意义上,我们得以使用理性和论证。因为,在宗教信条和原理得以确立并得到理性考察的豁免以后,然后我们就得到允许,跟从它们的类似,为我们更好的目标进行演绎和推论。

除了所有关于上帝的推论知识外,不论它们是通过信仰还是通过理性获得的,还有对于超自然者的完全不可传达的和私人的了解。神秘主义者声称他在宗教狂喜的瞬间瞥见了这个超自然者,而有福者得到承诺,这个超自然者是他们的天国至福。当但丁在天国的峰顶看到上帝时,他声称:"我所看到的比我的语言所能证明的更有说服力。"

尽管认识到他的语言"比襁褓中的婴儿的语言……更贫乏",他仍试图用语言传达"你的荣光的一小粒火星给将来的人们"。他写道:当上帝出现时,他的"心欣喜若狂,全神贯注、坚定不移、固定不动,视线集中地观照,越观照越燃起观照的欲望。面对着那光,人就变得如此幸福,以致永不肯从那里转移视线去看其他的事物;因为善作为意志的对象全集中在那光里,凡在其中的都完美,在其外的则都有缺陷。"

对神或唯一上帝存在的论证,构成人类心智超越可感的或现象的经验世界的最伟大的努力之一。每一个时代的人们都在做着这个努力,虽然他们的心智分属极不相同的宗教信仰或哲学见解的派别。尽管如此,仍有可能把这些论证分为两种或三种主要类型。

在纯粹理论理性领域内,有两种探讨上帝存在问题的方式。

一种方式是从上帝的概念出发的论证。上帝是无限的、完善的和必然的存在,因此,他的不存在是不可想象的。根据安瑟伦的意见,除了把上帝想象为"在他之外不可想象有比他更伟大的东西存在",我们不可能以任何其他方式想象上帝。但是,由于"愚人心里说没有上帝",那么,怎样让他知道当他否认上帝的真实存在时出现在他理智中的上帝,实际上也真实地存在于他的理智之外呢?"因为一个对象存在于理智中是一回事,而理解那个对象实际存在是另一回事。"于是,安瑟伦着手考察假定上帝只存在于理智中的后果。

他论证道:"如果那个除他之外没有更伟大的东西能够被想象的只存在于理智中,那么,真正的存在,即除他之外没有更伟大的东西能够被想象的,就成了一个除他之外有更伟大的东西能够被想象的,"因为,既存在于现实中也存在于理智中有更多的存在性。但是,这导致"一个不可调和的矛盾",因为"如果那个除他之外没有更伟大的东西能够被想象的,能够被想象为不存在,那就不是除他之外没有更伟大的东西能够被想象的。"因此,安瑟伦结论说:一个"除他之外没有更伟大的东西能够被想象"的存在,必定"既存在于理智中,也存在于现实中。"

安瑟伦概括他的论证说:"无人既了解上帝是什么,又能设想上帝不存在。"既然上帝的不存在是不可想象的,那么,上帝必然存在。笛卡尔根据上帝的本质与上帝的存在的不可分离性,以略微不同的方式表述了这个论证。

他写道:"由于我们习惯于在所有其他事物上区分存在与本质,我就不难说服我自己相信上帝的存在可以和他的本质分离,并因此可以想象上帝实际上不存在。尽管如此,当我更仔细地考虑这件事时,我清楚地看到,存在不能与上帝的本质分离,除非三个内角和等于两直角可以和三角形的本质分离,或山的观念可以和谷的观念分离。所以,想象一个缺乏存在(换言之,缺乏某种完善性)的上帝(确切说至善、至完美的存在),并不比想象一个没有山谷的山更少矛盾。"

斯宾诺莎把"自因"定义为"它的本质包含存在,或除非它存在,否则它的本质不可能被想象。"根据他的实体概念,实体必然无限,故它是自因。因此,他结论道:"上帝或实体……必然存在",因为,"如果否认这一点,想象如果上帝不存在是可能的,那么,结果就是他的本质不包含存在,而这是荒谬的,因此,上帝必然存在。"

这种论证形态,也采用其他形式,传统上称之为"本体论论证"或上帝存在的"先天证明"。批评它的人认为,在任何意义上,它都不是论证或证明。例如阿奎那解释说,安瑟伦并未提供一个上帝存在的证明,他只是断言上帝存在是自明的。那些说"上帝不存在"是自相矛盾的命题的人,只是在说相反的命题"上帝存在"必定是自明的。

阿奎那并不否认"上帝存在"的命题具有内在的自明性。在这个问题上,他比安瑟伦、笛卡尔和斯宾诺莎更进一步。当他们说上帝的本质包含他的存在时,阿奎那断言,在上帝中,本质和存在是同一的。当摩西问上帝:"如果他们问我,他的名是什么,我将何以作答?"上帝对摩西说:"我是我所是",而且补充说:"你要对以色列人说:那是其所是者打发我到你们这里来。"是其所是这个称呼,阿奎那认为是"最适合上帝的名",因为它意味着"上帝的存在就是他的本质"。

因此,他认为"上帝存在"这个命题本身是自明的,它的主宾词直接相关。尽管如此,阿奎那认为这个命题对我们来说并不是自明的,"因为我们并不知道上帝的本质"。他写道:即使假定"人人都理解上帝之名意味着除他之外没有什么更伟大的东西能够被想象,并不因此就必然得出结论说他理解该名称所意味的东西实际存在,只能说他知道该名称所意味的东西在心中存在。除非承认实际上存在着某物,在他之外没有比他更伟大的东西能够被想象,否则,我们也不能论证他实际上存在。严格说,那些认为上帝不存在的人,并不承认这一点。"

笛卡尔《第一哲学沉思集》的"第一组反驳"的作者坚持认为,阿奎那提出的批评既适用于笛卡尔,也适用于安瑟伦。他认为,无论根据一个绝对完善的存在概念,还是根据本质和存在来陈述,这个论证,即断言上帝实际上存在,因为他的不存在是不可想象的,都是无效的。康德后来对本体论论证的批评,采取的是同样的路线。一个事实上不真的命题,在逻辑上可以是必然的。

他写道:"绝对必然的存在概念只是一个理性的理念,它的客观实在性完全不靠仅仅它是一个理性的需要这个事实所建立……判断的无条件的必然性并不构成事物的绝对必然性。"康德说,从"存在必然属于概念的对象"这个事实,我们不能做出结论说:"事物的存在……因此是绝对必然的——只因它的存在是在概念中被思考的……无论我们关于一个对象的概念的内容是什么,只要我们企图断言存在是这个对象的属性,就必然超出这个概念的内容范围。……因此,关于一个至高存在的著名的本体论或笛卡尔式的论证,是不适当的。"

解决上帝存在问题的这第二个主要途径在于这类证明,即洛克所说的"我们自己的存在和宇宙的可感部分如此清楚和令人信服地提供给我们的思想的证明"。洛克没有去批评根据"最完善的存在观念"所作的论证,但是,他断言,我们不应当"把某些人心中有上帝观念……当作上帝的唯一证明"。就他而言,他宁可听从圣保罗的忠告:"上帝的永能和神性是明明可知的,虽然眼不能见,但藉着所造之物就可以晓得"。

根据洛克的意见,我们有关于自己存在的直觉知识。他说:我们知道,"想象中的东西不可能造成任何真实的存在",所以,"从我们自己考虑,从我们在我们的构造中无误地发现的东西出发,我们的理性引导我们了解到如下明确的真理:有一个永恒的、全能全知的存在。"

奥古斯丁在他的《忏悔录》中提出了

一个类似的论证,他没有把他称作上帝存在的证明——从可见的创造出发的论证。他说:"地和天在我们的眼前。正是它们存在在那里这个事实表明它们是被造的,因为它们服从于变化和变易……地和天的存在也表明它们不是自我创造的。它们告诉我们:'我们存在,因为我们是被造的。这是我们并非自造的证明。因为要自造,我们必须在我们开始存在之前就存在'……那么,是你,哦!我的主,创造了它们。"

通过推理从经验事实或自然的证据出发的关于上帝存在的这第二条证明途径,被称作"后天证明"。在伟大的著作传统中,人们以不同的方式阐述它,但所有阐述的共同依据是因果律,即以某些已知结果的存在为基础,推论出唯一因——第一因、最高因、无因之因的存在。

例如,亚里士多德在他的《物理学》的最后一卷,从运动和变化的事实论证了一个不动的推动者的存在。他以下列陈述概述了关于这一观点的精巧的推理过程:"我们确定这个事实:所有运动中的事物都是被某物推动的,这个某物(动因)或者是不动的,或者是运动的。如果它是运动的,它或者是自动的,或者是由某物推动的,整个系列依此类推。如此,我们得到如下结论:直接引起被动事物之运动的原理是本身在运动的,而整个运动系列的第一原理却是不动的。"从公元前四世纪直到二十世纪,我们才发现怀特海说:"在亚里士多德作为第一推动者的神的地方,我们需要作为具体化原理的神。"除此之外,没有什么更能令我们想起怀特海的反亚里士多德主义了。

不像奥古斯丁和洛克,亚里士多德的论证没有预先假定世界的创造,至少没有在世界有一个开端的意义上作这个假定。相反,他认为世界及其运动与它们的不动的推动者一样永恒。在《形而上学》中,他写道:"运动不可能既有开端,又有中止"。确因亚里士多德设想世界的运动是永恒的,所以,他认为第一动者除了是永恒存在外,必定也是永远不变的。对他来说,这意味着"一个其真正本质是现实的原理"。只有一个没有潜能的实体,一个纯粹现实的实体才有可能是绝对不变的永恒存在。

任何其本性具有潜在性的东西,都有可能不存在。如果所有事物都属此类,那么,没有什么现在存在的东西是"必须存在的,因为,所有能够存在的事物现在还不存在是可能的。"因此,亚里士多德仍以另一种方式达到如下结论:一个纯粹现实的实体必定存在;此外,他似乎把这个实体等同于有生命和思想的神。"生命也属于神",他写道:"因为思想的现实就是生命,神就是那个现实,神的自依的现实性是最完善和永恒的生命。"

亚里士多德从运动和潜能论证第一推动者和纯粹现实,牛顿则为这个后天证明提供了另一个陈述。他从宇宙的设计论证了上帝是它的设计者或建筑师。对他来说,"事物之最有智慧和最卓越的设计及其最终原因",似乎是了解上帝的最佳途径。"盲目的形而上学必然性,无疑它到处都永远一样,不可能造成事物的多样性。我们随时随处发现的自然事物的所有差异,除了产生于一个必然存在的实体的计划和意志外,不可能从其他任何事物产生。"

以同样的方式,贝克莱坚持声称"如果我们留心考察自然事物的经久不变的规律、秩序和相互联系,造化的较大部分的不期而遇的壮丽、美妙和完美,微小部分的精巧的设计,连同整体精确的和谐一致,尤其是从未受到足够赞叹的痛苦与快乐法则,动物本能的或自然的倾向,欲望和激情,我的意思是说,如果我们考虑到所有这些事物,同时考虑一、永恒、无限智慧、善和完美等属性的意义和意味,那么,我们将十分清楚地认识到它们属于……精神,是精神造成了这一切,'所有事物藉它而存在'"。对贝克莱来说,这似乎是确定无疑的,所以他补充说:"我们甚至可以断言,对我们来说,设想上帝存在比设想人的存在更清楚明白。"

但是,根据贝克莱的意见,所有可见的自然事物只作为观念存在于我们心中,这些观念不像我们自己的记忆或想象,不是我们自己所产生。他写道:"我们看到、听到、触摸到或以任何方式通过感官知觉到的一切",必定有某种其他的原因而不是我们自己的意志,因此,它们是"上帝力量的标记或结果"。对那些声称"他们看不到上帝"的"没有思考能力的群盲",贝克莱回答说:"上帝……内在于我们心中,并在其中产生持续影响我们的各种各样的观念或感觉。"

对贝克莱来说,我们心中的任何观念的存在,都是他断言作为它们之原因的上帝存在及其力量的理由。但是,对笛卡尔来说,只有一个观念成为这种推论的基础。他用他称作"根据上帝观念存在于我们心中这个绝对的事实所作的关于上帝存在的后天证明",补充他的先天的或本体论论证。

笛卡尔从他怀疑这个事实了解到他自己是不完善的。即使怀疑带来了解,他的知识仍是不完善的。他说,关于这一点的"一个确实可靠的证明"是,"我的知识在一点一点地增加"这个事实。但是,他宣称,他所具有的上帝观念是一个绝对完善的存在观念,"在其中没有什么东西仅仅是潜在的,所有东西都是实在的和现实的。"关于结果与原因相比不可能更实在和更完善这个原理,笛卡尔推论说,他自己的不完善的心灵不可能是一个完善的存在观念的原因,他写道:"我具有一个比我更完善的存在的观念,必定是由一个实际上更完善的存在放在我心中的。"

人的,实际上也是所有创造的根本上的不完善,还给奥古斯丁提供了另一个关于上帝存在的证明。他把这个证明归属于"柏拉图主义者"。他写道:"他们认识到凡可变化之物都不是最高的神,因此,他们超出每一个灵魂和所有可变化的精灵去寻求终极者。他们也认识到,在每一个可变化的事物中,使该事物成其所是的形式,无论其形态或本性为何,都只能通过真实存在的他而存在,因为他是不变的。因此,无论我们是否考虑世界的整体,它的形状,它的性质,它的规则运动,以及所有在它里面的物体;或者,无论我们是否考虑所有的生命,包括汲取营养和自我维护的植物生命,也包括此外还具有感觉的动物生命,还包括在汲取营养、自我维护和感觉之外再加上理智的人的生命,最后还包括无需营养支持,仅仅自我维护并具有感觉和理解的天使生命——所有这些都只能通过那绝对存在的他而存在。因为对他来说,并非存在是一回事,而有生命是另一回事,似乎他能存在,但没有生命;也并非对他来说有生命是一回事,而有理智是另一回事,似乎他有生命,但不能有理智;以及对他来说,并非有理智是一回事,领受感恩是另一回事,似乎他能有理智,但不能领受感恩。但是,对他来说,有生命,有理智,领受感恩,都是他的存在。他们从这种不变性和简单性中,认识到所有事物必定都是被造的,他本身却不能是任何其他东西所造。"

到目前为止,我们所考察的各种论证,似乎都符合"五种方式",根据阿奎那的意见,上帝的存在能够从这五种方式中得到后天证明。"第一种也是最明显的一种方式是根据运动的论证",阿奎那把它归于亚里士多德。"第二种方式是根据有效因的本性",贝克莱或洛克的论证似乎在某些方面提供了这类推理的版本。第三种方式"被认为是根据可能性和必然性",似乎是亚里士多德《形而上学》潜能论证的发展,包括内含在奥古斯丁归于柏拉图主义者的论证中的从可变性和偶然性出发的推论。"第四种方式被认为是根据事物中所发现的等级",从不完善的存在进到绝对完善,它类似于笛卡尔关于原因中的完善与结果中的完善相关的推理。"第五种方式被认为是根据世界的辖治"——根据所有事物的活动都有目的这个事实——诸如牛顿提出的根据最终因和宇宙秩序存在的论证,都是此类论证。

这"五种方式"也许被认为穷尽了后天证明,也许没有。人们甚至可能会问,这五种方式是否在逻辑上是有区别的和各自独立的。阿奎那本人说:"在纯理论的事务上,完全证明结论的证明中介只有一个,而证明的方式可能有许多。"由于他认为上帝存在的论证是确定的而非可能的证明,因此,必然的结论似乎就是,在严格逻辑的意义上,只能有一个原理包括在那种证明中。

如前所示,这条原理——表达这种后天推理的不同方式所共有的原理——似乎是因果性原理。它出现在不可能是其自身本体原因的偶然本体的存在论证中,也出现在因其真正的本质即是存在故其本体无需原因的本体的存在论证中。它可能是上帝存在的一个论证,或者,如果是许多论证之一,它可能是所有其他论证的核心。至少在把上帝想象为存在本体的原因而非运动或等级以及世界秩序的原因方面,它有这个特点。

根据阿奎那"存在本体是上帝的固有结果"的陈述,因果律把上帝设立为所有限事物之存在本体的唯一、直接原因。我们将在论**必然性和偶然性**一章中更充分地考察这条证明公式,也将在论**原因**、**永恒**和**世界**诸章中看到它与世界是有开端的还是永恒的,如果永恒,它是被造的还是非被造的等问题的关系。

关于上帝存在的后天论证——无论哪一种形式——的合法性,受到那些认为因果律不能超出经验使用的人的质疑,也受到那些认为我们关于原因和结果的知识不足以保证这种推论的人的质疑。

休谟写道:"任何本体的存在,只能从根据其原因或结果的论证得到证明,而我们发现,这些论证完全与经验相连……唯经验教我们认识原因和结果的本性和范围,使我们能够从一个对象的存在推知另一个对象的存在。"但是,休谟怀疑"是否仅仅通过其结果就能知道原因……或者,是否一个其本性个别和特殊的原因,有可能与其他曾被我们观察到的原因或对象对应和类似……如果经验、观察和类似确实是我们推知这个本性能够合理地遵循的唯一向导",如休谟所认为的那样,那么,随之而来的就是,"结果和原因两者必须与我们所知的其他结果和原因具有类似和相似。"

他补充说:"我把它留给你自己去思考,以求得关于这条原理的逻辑结论。"有一件事是足够明显的,即上帝——唯一的、无可比拟的原因——不可能通过从我们关于结果及其原因的经验推理中得到证明。休谟本人在宣称神学就其关涉上帝存在而言,"它的最好和最坚实的基础",不在理性或经验中,而在"信仰和神启"中时,得出了这个结论。

和休谟一样,康德也认为我们的因果观念不能在经验之外运用,不可能用

29. 上 帝

于任何超出可感的自然领域的事物。但是,他提出了另一个理由否认所有关于上帝存在的后天推论的合法性。他说:"它强加给我们一个换汤不换药的论证,诉诸两个证据的一致,一个带有纯粹理性的凭证,另一个带有经验主义的凭证,而事实上它只是先前那个论证的改头换面。"

关于根据世界的偶然性或其部分的论证原理,康德说明如下:"如果某物存在,那么,一个绝对必然的本体也必定存在。"这个论证的一个前提即偶然事物存在,在经验中有它的基础,因此,康德承认,这个推理"不完全是先天的或本体论的",但是,他认为,为了完成这个论证,必须证明一个存有的本体或最完善的本体等同于一个绝对必然的本体,以便所获得的结论(一个必然的本体存在)被翻译成所希望的结论(上帝存在)。

根据康德的意见,"一个存有的本体必须同时具有绝对必然属性——或换句话说,一个完善的本体必须与一个绝对必然的本体完全同一——恰恰是本体论论证所坚持的东西。"因此,康德认为,根据偶然性的论证是无效的,因为它不可避免地包含着他视为无效的本体论论证前提,并以之为"假冒和谬误推理的真实基础"。

关于上帝存在之证明的争论在逻辑学、形而上学、物理学以及在知识论中引起了许多问题,哲学家们在有效的证明是否可能的问题上意见不一。认为可能的人在证明构造的方式上也彼此不同。认为不可能的人也并非总是走向相反的极端,使肯定上帝存在成为信仰之事;或与怀疑论者一起否认我们能够了解这个问题。例如,帕斯卡和康德把理论论证当作无结果或站不住的予以拒斥,但他们并不认为这个问题是全然不可解决的。他们代之以提出实践根据或理由接受上帝存在。

帕斯卡断言:"关于上帝的形而上学证明如此复杂,与人的理性如此漠不相关,以致其效果微乎其微。"在《思想录》中,他告诉我们,他将"不承诺通过自然理性证明……上帝存在"。在他看来,"只有三类人:服务于上帝者已发现了他,正在寻求上帝者尚未发现他,其余不寻求上帝而生活者没有发现他。"由于他认为第一类人是"明智而幸福的",最后一类人是"愚蠢和不幸的",所以,它把自己归入中间一类,他称此类为"不幸但明智的"。

他请求他们思考上帝是否存在。他说:"在这里,理性什么也决定不了。"如果一个选择是理性做出的,它必定是某种形式的赌注。"那么,你将选择哪一个呢?让我们想想看,既然你必须选择,让我们看看你至少对哪一个有兴趣。你要失去两样东西:真和善;你有两样东西要赌:你的理性和意志,你的知识和幸福。你本性要避开两件事:错误和不幸。对你的理性来说,选择此而非彼不会有更大的影响,因为你必须选择,这是一个安顿之处。但是,你的幸福呢?让我们加重赌上帝存在的得失分量,然后估价这两个机会。如果你得,你将得到一切;如果你失,你将什么也没有失去。那么,毫不犹豫地去赌上帝存在。"

康德也使肯定上帝成为信仰之事,但对他来说,这是"纯粹的理性信念,因为纯粹理性……是它产生的唯一源泉"。他把信仰之事限定于任何通过理性的思辨使用不可能了解,而"必须通过先天方式(既作为结果也作为根据)了解的对象。……如果纯粹实践理性被用作义务的命令……至善就是这种命令",他说,"它必须通过自由实现于世上……所要求的这个结果,连同我们由之设想它的可能性的仅有条件,即上帝的存在和灵魂的不朽等,就是信仰之事,而且在所有的对象中,只有它们当得起如此称呼。"

因此,对康德来说,上帝的存在是"纯粹实践理性的公设……作为至善之可能性的必要条件。"道德律要求我们寻求最高的善及与之相伴的完全的幸福,但是,康德认为,"在作为世界的一部分而属于世界的存在中,道德律没有为道德和相称的幸福之间的必然联系提供丝毫根据。"既然人是世界或自然的一部分并依赖于它,那么,"他不可能凭他的意志成为这个自然的原因,也不可能凭自己的力量,在他的幸福问题上,使世界与他的实践原理完全协调。"唯一可能的答案就是,"存在着一个所有自然的原因,不同于自然本身,包含着这个联系即幸福与道德完全协调原理。"康德解释说,那就是"假定上帝存在是道德之必然性"的原因。

在伟大著作的传统中,为理性和信仰所共有的根据集中表现在异教徒、犹太教徒、基督徒——以及诗人、哲学家和神学家——对上帝存在问题、神性的理解问题、上帝的本质及其属性问题的思考中。

20世纪的巴特不同意关于上帝的传统讨论,下列出自《上帝的言和人的言》的引文表明了这一点:

上帝是常新的、无与伦比的和不可企及的,并不仅仅是天国的福祉,而是比那更多。他吸引了圣经时代的人们注意他本人。他渴望他们的完全专注,他们的完全顺服。因为他必须对他自己是真实的,他必须是而且永远是神圣的。他不可能被掌握、被辖制、被利用,不可能做仆役。他必须统治。他必须亲自掌握、支配、控制、利用。他自满自足,而不满足其他需要。他并不高踞于与这个世界冲突的另一世界,他浸没所有的此于彼。他不是他物中的一物,而是完全的他者,他是所有仅仅相对的他物的无限总和。他不是宗教史描述的形式,而是我们生命的主宰,世界的终极主宰。他就是圣经所说的他。

上帝的某些属性,如简单性、非物质性、永恒性、无限性、完善性及荣耀等,通常被认作人类理性把握神性本身的多种不同方式。其他一些属性,如神的因果性、全能、全在、全知、爱、公正和仁慈等,通常被认作是在与世界和造物的关系中思考上帝本性的方式。但是,以这种方式区分神性,正如主题所作的那样,除了我们理解的便利之外,其正当性不可能得到充分的证明。例如,上帝的意志,和上帝的理智一样,能在与他自身的关系中被思考。上帝的理智,和上帝的意志一样,也能以世界作为它的对象。所以,正如上帝的爱能在与他自身的关系中被思考,神的善也能在与事物的关系中被思考。

我们在分类或整理上帝属性方面所遇到的困难证实了几乎所有神学家的意见,即我们的理性不足以了解上帝的本质。我们使用多重属性去描述对我们来说其本质是绝对的单一这个事实,也表明了这一点。简单性这一属性似乎使我们无权去命名上帝的其他属性,除非我们用多重属性去意指人对上帝的了解,而不是神性的真正复杂性。

霍布斯写道:"那将为上帝定性的他,除了自然理性所保证的以外,什么也没有,他必须既使用否定的属性,如无限、永恒、不可理解等,也使用最高级形式,如最高、最伟大及诸如此类的属性,他还使用不确定的属性,如善、公正、神圣、创造者等等,在此意义上,似乎他无意宣布他是什么(因为那是要把他限定在我们的想象范围之内),而是意指我们多么崇敬他,多么乐意去顺服他。那是谦卑的象征,是尽我们所能地崇拜他的意愿的表征:因为只有一个名称表示我们关于他的本性的观念,那就是我是,只有一个名称表示他与我们的关系,那就是上帝,其中包含着父、君、主。"

甚至当哲学家们讨论这些问题,诗人们反省这些问题时,因为它们构成宗教教义——唯独以神启为基础而非人类的探究或沉思所发现的宗教信条——的内容,某些问题也特别属于神学。例如,上帝从无中,从他的自由意志中创造世界,世界有开端也有终结等等问题,就是传统犹太教和基督教的教条。哲学家们也许会论证创造活动的自由与必然,或世界在时间上有开端和终结的可能性,但犹太教和基督教神学家们却在圣典中发现了相信理性也许不能完全了解,更加难以证实的东西的理由。对于创造问题的这种解释,一般也适用于神意和上帝的肯定戒律,适用于上帝赋予人的恩典的礼物,适用于奇迹的施行。

犹太教和基督教共有某些教义,尽管犹太教和基督教神学家对哪些是犹太教和基督教明显相同的教义在理解程度上有所不同:从认为对它们的解释极其相同(如对于创造和神意的解释),到认为它们是如此不同(如关于神恩的教义),以至于那些相同的教义是否真的相同颇令人怀疑。这两种信仰之间的界线比它们共同的根据似乎更容易确定,然而,即使在这里,即使考虑到对它们的解释不同,我们仍然可以把诸如肉体的复活这类教义视为两者共有的教义。

犹太教神学和基督教神学的基本区别当然集中于神性概念的一位和三位之争,及作为争论的直接后果的信与不信肉身的基督是三位一体的第二位格——道成了肉身的问题。然后,这个问题又引出关于拯救,关于教会的本性与使命,它的仪式和圣事等教义上的一系列问题。甚至在基督教内部,在这些问题上,过去一直存在着而且将来仍会存在严重的教义分歧。最初的异端和早期的宗派分裂,也与对三位一体和道成肉身的理解不同有关。造成基督徒分化的重大的现代分裂,起因于关于圣事、关于教会的组织和实践以及关于得救的条件等问题的争执。

说哪些信条是犹太教徒和基督徒共有的,和明确地说基督教各派拥有共同信仰,同样容易。如果考虑到新教教义的所有变化,那么,除了相信亚伯拉罕、以撒、雅各的上帝——创造者和供养者,统治者和法官,赏罚的施予者外,几乎没有剩下什么共同的东西。

在我们的传统中,除了其他一切之外,一部书特别引人注目,因为它就是——正如该书特有的名称"圣经"一词的用法所意味的——关于上帝和人的那部书。对那些信仰者来说,圣书或圣典是由上帝的言所启示的。它的区分为旧约和新约,表现了犹太教和基督教的历史关系。

对信与不信,对犹太教信仰和基督教信仰之间的争论不存偏见,据此原则,我们尝试列举了一些"参考材料",这些材料的选择根据于它们在旧约或新约或两者中的出处,特别与关于上帝及其造物的宗教教义有关。某些教义,如前所述,可以清楚地看出出处,例如关于上帝与以色列人立约的教义,关于选民的教义,关于圣殿和律法的教义等毫无疑问都出自旧约;而像基督的神性和人性,童贞女受胎,作为基督之神秘身体的教会,以及七种圣事等教义,则出自新约。

在所有这类"主题"下,我们汇集了许多来自圣经的段落,神学家对于它们的解释,以及来自伟大的诗歌、历史、哲学和科学著作的资料。由于这里所用的相关标准是神圣的内省或世俗文献中的宗教原理,因此,古代异端的著作必然排除在外,虽然它们被包括在一些更哲学化的神学主题中,如"独一上帝的存在和本性"。

尽管篇幅很长,本章仍无法穷尽所有伟大著作中的讨论。附在本章"参考材料"之后的"其他各章主题的相关参考"表,表明上帝观念出现在其他章节的主题中的不同方式。读者将发现它非常有用,它不仅指明了详论或展开这里所论问题的其他章节的主题,而且也是其他"章节"的指南,在这些"章节"中,读者可能发现上帝概念是考察其他某些大观念的相关部分。

分 类 主 题

1. 多神论的超自然秩序概念
    1a. 神的本性和存在
    1b. 神的等级:它们的相互关系
    1c. 神对人类事物的干预:它们对人的功过的审判
2. 独一上帝的存在
    2a. 独一上帝的启示
    2b. 上帝存在的证据和证明
    2c. 对上帝存在之证明的批评:不可知论
    2d. 关于上帝的假定:信仰的实践根据
3. 人与上帝或神的关系
    3a. 对上帝或神的恐惧
    3b. 对上帝或神的侮辱或轻蔑
    3c. 对上帝或神的爱
    3d. 顺服上帝或神:上帝对个人的试炼
    3e. 对上帝或神的崇拜:祈祷、告解、献祭
    3f. 对上帝或神的模仿:人类本性中的神圣要素;人的神化;作为上帝形象的人
4. 神性本身:神的属性
    4a. 上帝的本质与存在的同一:其本质包含其存在的本体的必然性
    4b. 神性的单一性和简单性
    4c. 上帝的非物质性
    4d. 上帝的永恒和不变
    4e. 上帝的无限:无限本体的自由
    4f. 上帝的完善或善
    4g. 上帝的理智
    4h. 上帝的喜乐和荣耀
5. 与造物的世界有关的神性
    5a. 作为第一因和原始模型的上帝:神与自然因果的关系
    5b. 作为最终因的上帝:所有事物朝向上帝的运动
    5c. 上帝的能力:神的全能
    5d. 上帝的内在性:神的全在

5e. 上帝的超验性:神的永在

5f. 上帝的知识:神的全知;神智

5g. 上帝的意志:神的选择

5h. 上帝的爱:神的仁慈播撒

5i. 神的公义和怜悯:与神的赏罚相关的上帝的公义

6. 人关于神的知识

6a. 上帝的名:上帝的隐喻和象征表达;拟人的上帝概念

6b. 自然知识:类比的使用;自然的证据;理性之光

6c. 超自然知识

(1) 作为教训者的上帝:灵感和启示

(2) 信仰之光

(3) 神秘体验

(4) 极乐景象

7. 犹太教、伊斯兰教、基督教共有的关于神的概念及其与世界和人的关系原理

7a. 创造

7b. 神意

7c. 神的统治和律法

7d. 恩典

7e. 奇迹

7f. 生命之书

7g. 身体的复活

7h. 最后审判和世界末日

8. 犹太教特有的关于上帝与其人民的原理

8a. 选民:犹太人和非犹太人

8b. 上帝与以色列人的约:作为约的记号的割礼

8c. 律法:作为义和福的条件的对它的遵从

8d. 会所:约柜

8e. 弥赛亚希望

9. 基督教特有的关于神性和人类命运的原理

9a. 三位一体的位格:父、子、圣灵

9b. 道成肉身:神-人

(1) 基督的神性

(2) 基督的人性

(3) 玛丽亚,神的母亲

9c. 基督救世主和赎罪者:基督的复活和升天;原罪和拯救

9d. 教会:基督的神秘身体;使徒

9e. 圣餐

9f. 基督的第二次降临和最后审判

10. 对上帝或诸神,或超自然秩序的否定:无神论者的立场

11. 对完全超越于世界或自然的上帝的否定:泛神论者的立场

12. 对被启示的和具有神意的上帝的否定：自然神论者的立场
13. 作为人发明出来的概念的上帝：它的感情基础
14. 虚假的神的崇拜：神明和偶像崇拜；反基督者

[张晓林 译]

29. God 457

索引

本索引相继列出本系列的卷号〔黑体〕、作者、该卷的页码。所引圣经依据詹姆士御制版，先后列出卷、章、行。缩略语 esp 提醒读者所涉参考材料中有一处或多处与本论题关系特别紧密；passim 表示所涉文著与本论题是断续而非全部相关。若所涉文著整体与本论题相关，页码就包括整体文著。关于如何使用《论题集》的一般指南请参见导论。

1. **The polytheistic conception of the supernatural order**

1a. **The nature and existence of the gods**

  3 Homer, 56, 378–380
  4 Aeschylus, 40–53
  4 Euripides, 472–493
  4 Aristophanes, 697–721 esp 701–704, 710, 720, 770–797 esp 781
  5 Herodotus, 75, 95, 134, 140
  6 Plato, 124–125, 320–328, 451–452, 730, 757–769, 787–788
  7 Aristotle, 361–362, 375–376
  8 Aristotle, 673–674
  11 Lucretius, 30
  11 Epictetus, 102, 112, 177–178, 215, 227
  11 Aurelius, 243–244
  11 Plotinus, 406–408, 436–437, 442–443
  13 Plutarch, 140
  16 Augustine, 165–374
  21 Hobbes, 81
  29 Milton, 27–32, 33–56
  33 Locke, 116
  37 Gibbon, 98, 345–347, 584
  38 Gibbon, 226–227
  43 Hegel, 249–250, 257–258, 265–272, 279–281, 284–287, 307–309
  58 Frazer, 1–6, 67–68
  58 Weber, 183–184

1b. **The hierarchy of the gods: their relation to one another**

  3 Homer, 10–12, 178–179, 241–244, 350–353, 429–430
  4 Aeschylus, 7, 11–12, 40–53, 90–103
  4 Euripides, 531
  4 Aristophanes, 770–797, 888–889
  5 Herodotus, 21–22, 58–60, 79–80, 82–83, 134, 155–156
  6 Plato, 91, 153, 159–161, 731–732
  11 Plotinus, 408–409, 521–522
  12 Virgil, 253–256
  19 Dante, 39–40
  19 Chaucer, 210–211
  23 Erasmus, 2–4
  25 Shakespeare, 542–543
  28 Bacon, 20
  29 Milton, 100–107

  37 Gibbon, 12, 59–60, 346, 461
  43 Hegel, 235–236, 240, 277
  55 James, William, 5–6

1c. **The intervention of the gods in the affairs of men: their judgment of the deserts of men**

  3 Homer, 1–306, 307–541
  4 Aeschylus, 1–2, 11–12, 18, 21–22, 26–39, 40–53, 54–74, 75–89, 90–103
  4 Sophocles, 111–132, 133–158, 159–174, 175–194, 195–215, 216–233, 234–254
  4 Euripides, 261–276, 295, 296–315, 316–333, 343–346, 347–362, 363–382, 383–406, 407–433, 449, 450–471, 472–493, 501, 515–532, 533–554, 555–584, 585–605, 606–633
  4 Aristophanes, 748–769, 856–857, 887–905
  5 Herodotus, 7–10, 144, 151–153, 155, 158–159, 198, 201–202, 216–217, 218–220, 239–240, 246–247, 266, 270–271, 279–280, 308
  5 Thucydides, 355, 506
  6 Plato, 44–45, 152–153, 436–437, 478–485, 587–589
  8 Aristotle, 345, 434
  9 Hippocrates, 326–329
  11 Lucretius, 73–74, 77–78, 81
  11 Epictetus, 112–113
  11 Aurelius, 241–242, 242–243, 255, 291
  11 Plotinus, 386–402
  12 Virgil, 81–329
  13 Plutarch, 188–191, 268–273, 365–366, 615, 781–782
  14 Tacitus, 235
  19 Chaucer, 179–180, 218, 286–309, 428–430
  21 Hobbes, 81
  23 Erasmus, 5–6, 21–22
  25 Shakespeare, 270–271, 281, 317, 481–482
  31 Racine, 335, 364–365
  35 Rousseau, 435–436
  43 Nietzsche, 543–544
  45 Goethe, 113–114

2. **The existence of one God**

2a. **The revelation of one God**

  Old Testament: *Exodus*, 3; 6:1–8, 19:9–20:6; 20:18–22 / *Deuteronomy*, 6; 32:1–47 / *I Kings*, 8:22–62 / *I Chronicles*, 16:7–36

/ *Psalms,* 18 / *Isaiah,* 43-45 passim / *Jeremiah,* 10 / *Daniel,* 6
Apocrypha: *II Maccabees,* 1:24-29
New Testament: *Mark,* 12:28-34 / *Acts,* 17:22-29 / *I Timothy,* 2:5-6
16 Augustine, 61
17 Aquinas, 49
19 Dante, 121-122
20 Calvin, 16-39, 171-173
29 Milton, 238-239, 321-322
30 Pascal, 217-225
55 Barth, 462-464, 520-521, 538

2b. The evidences and proofs of God's existence

New Testament: *Romans,* 1:14-32
6 Plato, 758-765
7 Aristotle, 354-355, 512-513, 575-577, 601-603
11 Epictetus, 104-106, 115-116
16 Augustine, 3-4, 92-102, 316-317
17 Aquinas, 10-14, 34-38, 417-418, 534-537
21 Hobbes, 78-79
28 Bacon, 41
28 Descartes, 275-278, 307-315, 334-341 passim, 346-349, 352-353, 356, 358-359, 363-364, 384-388, 394-395, 437-438, 439, 443-444
28 Spinoza, 592-593, 593-594, 597-598
29 Milton, 8-10
31 Molière, 123-124
33 Locke, 349-352
33 Berkeley, 414, 417-419
39 Kant, 177-192, 236-240, 353-354, 593, 607-609
41 Boswell, 401
43 Hegel, 98
45 Goethe, 41-42
51 Tolstoy, 196

2c. Criticisms of the proofs of God's existence: agnosticism

17 Aquinas, 10-11
30 Pascal, 217-218, 266-267
33 Hume, 503
39 Kant, 33, 143-145, 152-153, 177-179, 190-192, 200-203, 205-208, 218-223, 234-240, 241-242, 291-292, 348-349, 351-352, 384, 567, 568-570, 588-613
43 Hegel, 98
52 Dostoevsky, 352-362
55 Barth, 185-186

2d. The postulation of God: practical grounds for belief

30 Pascal, 205-217, 243-244, 245-247
34 Voltaire, 219
39 Kant, 236-243, 291-292, 314, 344-349, 432-433, 588-607, 608-611
52 Dostoevsky, 126-127, 326-328
55 James, William, 4-5, 15, 18, 23, 63
55 Whitehead, 171, 219-220
59 Joyce, 650-655

60 Beckett, 529-582 esp 550-551

3. Man's relation to God or the gods

3a. The fear of God or the gods

Old Testament: *Deuteronomy,* 6:1-2,12-15; 10:12-13,20-22 / *Joshua,* 24:14-16 / *Job,* 28:12-28 / *Psalms,* 2:10-12; 25:12-14; 34; 112; 128 / *Proverbs,* 1:7; 14:26-27; 23:17-18 / *Ecclesiastes,* 5:2-7; 8:10-13 / *Isaiah,* 8:11-14 / *Jeremiah,* 5:19-31 / *Jonah,* 1:1-16
Apocrypha: *Ecclesiasticus,* 1-2; 10:19-24; 19:20-24; 34:13-17; 40:26-27
New Testament: *Revelation,* 14:6-7
3 Homer, 355-356
4 Aeschylus, 5-6
4 Sophocles, 137
5 Herodotus, 216-220
11 Lucretius, 2-3, 30-31
12 Virgil, 207
13 Plutarch, 435, 575-576, 615
14 Tacitus, 292-294
16 Augustine, 34, 719-720
18 Aquinas, 91-92, 415-416, 465-474, 481-482, 501-502
20 Calvin, 3-4, 264-270, 283
21 Hobbes, 79-80, 90
29 Milton, 331
30 Pascal, 221
39 Kant, 504-505
55 Whitehead, 225
55 Barth, 469-470, 487
58 Frazer, 38-39

3b. The reproach or defiance of God or the gods

Old Testament: *Genesis,* 4:4-9; 11:1-9 / *Exodus,* 5; 7-12; 16:1-30 / *Numbers,* 11; 14; 20:1-13 / *Deuteronomy,* 1:26-46 / *Joshua,* 22 / *I Samuel,* 12:14-15; 15:22-23 / *Job* / *Psalms,* 2; 44; 74; 107:10-12 / *Isaiah,* 1:2-4; 30-31; 36-37; 48:1-9; 59:1-15; 65:2-7 / *Jeremiah* passim / *Ezekiel,* 12-15; 17; 20; 22-23; 28 / *Hosea* / *Jonah*
Apocrypha: *Judith,* 7:20-8:27
New Testament: *Acts,* 9:1-6; 11:17
3 Homer, 1-3, 57-60, 255-258
4 Aeschylus, 2, 20-22, 64-65
4 Sophocles, 170-171, 175-194, 201-202
4 Euripides, 296-315, 334-346, 347-362, 363-364, 383-406, 411, 446-447, 472-493, 515-532
4 Aristophanes, 701-704, 710, 770-797, 856-867
5 Herodotus, 20-22, 77, 95, 151-152
11 Epictetus, 124-125, 184, 186-187
12 Virgil, 81
13 Plutarch, 483
18 Aquinas, 175-176, 444-452
19 Dante, 4, 13-14, 17-18, 31
19 Chaucer, 353
20 Calvin, 176-179, 291-292, 402-403

23 Montaigne, 57–58
31 Molière, 111
48 Melville, 76–77, 229–230, 235–236
52 Dostoevsky, 127–133 passim
52 Ibsen, 594
58 Huizinga, 311–312

3c. The love of God or the gods

Old Testament: *Deuteronomy*, 10:12–11:1; 30:6, 15–20 / *Psalms*, 31:23; 63 / *Isaiah*, 26:8–9

New Testament: *Matthew*, 22:35–38 / *Luke*, 7:37–47 / *John*, 14:15–31; 21:15–17 / *Romans*, 8:28–39 / *I Corinthians*, 13:1–14:1 / *I Timothy*, 1:5 / *I John*, 4:7–5:3

11 Epictetus, 149, 206–207
16 Augustine, 15, 28–30, 34, 63, 92–103, 455, 709–710, 711–712, 712–713, 715, 716–717
17 Aquinas, 313–314, 735–736
18 Aquinas, 80–81, 95–96, 103–104, 174–175, 194–195, 199–200, 245–246, 262–263, 340–341, 381–382, 401, 416, 467–468, 473–474, 482–527, 621–623, 629–632, 636–637, 644–645, 675–677
19 Dante, 67–68, 92–94, 95, 117
19 Chaucer, 450–455
28 Bacon, 80–81
28 Descartes, 453–454
28 Spinoza, 690–692, 694, 695
30 Pascal, 78–80, 255, 257, 258–259, 266
39 Kant, 278–279
40 Mill, 458
43 Kierkegaard, 432
43 Nietzsche, 485
52 Dostoevsky, 133–144 passim, 171–173
58 Huizinga, 326–327

3d. Obedience to God or the gods: the trials of individuals by God

Old Testament: *Genesis*, 2:15–17; 3; 22:1–18 / *Exodus*, 3:4–4:17 / *Deuteronomy*, 4–11 passim; 27–30 passim / *Joshua*, 24:1–28 / *I Samuel*, 12:14–15; 15 / *I Kings*, 8:54–62 / *Job* / *Ecclesiastes*, 5:1 / *Jeremiah* passim / *Micah*, 6:8

New Testament: *Matthew*, 12:46–50; 25:31–46 / *Luke*, 22:40–45 / *Acts*, 21:8–15 / *Philippians*, 2:1–18

3 Homer, 4–5
4 Aeschylus, 79, 86–89, 96–97
4 Sophocles, 123, 159–174, 184, 195–215
4 Euripides, 353–354, 433, 586
5 Herodotus, 150, 151–152, 201–202, 308
5 Thucydides, 355
6 Plato, 206, 681–683
11 Epictetus, 148–151, 197–198, 201–211
11 Aurelius, 258, 275–276
12 Virgil, 121
14 Tacitus, 292–294
16 Augustine, 21
18 Aquinas, 233, 407–409, 556–557, 658–660, 747–748

19 Dante, 92–96, 98, 99
19 Chaucer, 405–418
20 Calvin, 90–96, 130–134, 140–150, 160–162, 167–171, 172–173, 237–239, 248–249, 322–323, 333–337, 446–447
21 Hobbes, 82, 154–155
23 Erasmus, 40
23 Montaigne, 273–274
29 Milton, 93–333, 347–348, 394–395
30 Pascal, 256–257, 264, 265
33 Locke, 15–16, 26, 105
35 Montesquieu, 2
38 Gibbon, 259–260
39 Kant, 321–329, 345, 593–611
40 Mill, 296
43 Kierkegaard, 405–436 passim, 452–453
44 Tocqueville, 283–284, 388–389
48 Melville, 18–23
52 Dostoevsky, 68–70, 185–188
54 Freud, 776
55 Barth, 467–468, 474, 491–492, 502, 514–516, 523, 530–532, 533–550 esp 544–545
57 Veblen, 131–133
59 Shaw, 83–84 passim, 112–113
59 Joyce, 619

3e. The worship of God or the gods: prayer, propitiation, sacrifice

Old Testament: *Genesis*, 15:7–21 / *Exodus* passim / *Leviticus* passim / *Numbers*, 5–8; 15; 18–19; 28–30 / *Deuteronomy*, 10–12; 14:22–17:1 / *I Kings*, 8; 18:21–39 / *II Chronicles*, 5–8; 29–31 / *Nehemiah*, 10:29–39 / *Psalms* / *Isaiah*, 1:11–20; 58 / *Lamentations*, 5 / *Ezekiel*, 43:18–27; 45:13–46:24 / *Hosea*, 6 / *Joel*, 2:12–18 / *Amos*, 4 / *Micah*, 6:6–8 / *Malachi*, 1:6–14

Apocrypha: *Tobit*, 13 / *Ecclesiasticus*, 18:22–23; 35

New Testament: *Matthew*, 6:1–18 / *Luke*, 11:1–13; 18:1–14 / *John*, 17 / *Colossians*, 4:2–4 / *Hebrews*, 10:1–22; 13:15–16 / *Revelation*, 5

3 Homer, 20–21
4 Aeschylus, 1–2, 11–12, 27–29
4 Sophocles, 113–114, 140
4 Euripides, 472–493, 606–633
4 Aristophanes, 762–766, 770–797
5 Herodotus, 10–11, 31, 40–41, 140, 175–176, 226, 235, 267
5 Thucydides, 407
6 Plato, 156–157, 197–198, 313–314, 721, 768–769, 791–792
8 Aristotle, 347, 533
11 Lucretius, 22–23, 30, 77–78
11 Aurelius, 279
12 Virgil, 13, 81–321 passim esp 121, 137–138, 141, 175–176, 295
13 Plutarch, 1–15 passim, 49–61, 104, 142–143, 214, 247–249, 541
14 Tacitus, 59–60, 214–215, 282–283, 296
15 Kepler, 1009, 1050, 1080, 1085

16 Augustine, 1, 306-309, 348-374
18 Aquinas, 265-304, 536, 541-542, 606-700, 823-833, 839-845, 900-922
19 Dante, 51, 58
19 Chaucer, 300-302, 344-346, 399-400, 440
20 Calvin, 3-4, 30-41 esp 39-41, 162-163, 179-182, 210, 248-250, 412-414, 421, 438-441
21 Hobbes, 81, 161-163, 182-183
22 Rabelais, 117-118, 265
23 Montaigne, 142-143, 192-196, 340-341
29 Milton, 178-179, 229-231, 298-300, 402
30 Pascal, 258-259, 261, 262-263
33 Locke, 3-5, 10-15
35 Montesquieu, 209-210, 211
35 Rousseau, 437
37 Gibbon, 81-82, 93, 121, 180-182, 184-185, 208-211, 327-328, 349-350, 356-358, 457-467 passim, 583-584
38 Gibbon, 195-198, 207-208, 226-228, 232-233
40 Mill, 307-309
41 Boswell, 52-53, 394
43 Hegel, 235-236, 239-240, 247-248, 267-268, 341-342
45 Goethe, 43-44
48 Melville, 18-23, 24, 80, 229-230
51 Tolstoy, 122, 281-282, 323, 373-377, 435-436, 544-545, 553-554, 585
52 Dostoevsky, 133-144 passim
53 James, William, 203-204
55 Whitehead, 225-226
55 Barth, 470, 480-482
57 Veblen, 137-138
58 Weber, 201-211 passim
59 Joyce, 598-601

3f. **The imitation of God or the gods: the divine element in human nature; the deification of men; man as the image of God**

Old Testament: *Genesis*, 1:26-27; 9:6 / *Leviticus*, 20:7-8 / *Psalms*, 8; 82:6-7 / *Isaiah*, 40:10-31 / *Ezekiel*, 19; 28:1-19
Apocrypha: *Wisdom of Solomon*, 2:23; 13-15 / *Ecclesiasticus*, 17:1-3
New Testament: *John*, 10:34-35 / *Acts*, 14:7-18 / *Romans*, 1:14-32 / *I Corinthians*, 11:7; 15:49 / *II Corinthians*, 3:18 / *Colossians*, 3:8-10 / *I John*, 2:28-3:3
5 Herodotus, 7, 14, 79-80, 140-141, 217
6 Plato, 127-128, 144-145, 452, 466, 476, 530-531, 686-687
7 Aristotle, 501, 605
8 Aristotle, 395, 433
11 Lucretius, 58-59
11 Epictetus, 102, 108-109, 113-114, 115-117, 136-139, 178, 227
11 Aurelius, 248, 258, 291
11 Plotinus, 306-310, 378-379
13 Plutarch, 27-29, 50-51, 52-53, 553-554
14 Tacitus, 73, 80
15 Kepler, 1038, 1048

16 Augustine, 151, 390-392, 412-413
17 Aquinas, 153-154, 306-307, 368-369, 472-473, 492-501, 545-546, 626-627
18 Aquinas, 435-436, 466-467, 730-731, 1034-1037
19 Dante, 77, 95, 98, 106
20 Calvin, 74-77
21 Hobbes, 263
23 Montaigne, 255-256, 288-289, 296-297, 334, 585-587
25 Shakespeare, 43, 59
26 Harvey, 428
28 Descartes, 440
29 Milton, 118-119, 228
30 Pascal, 248-251, 270
37 Gibbon, 28, 547
43 Hegel, 175, 235-240, 247-248, 258, 284-287
45 Goethe, 4-5
48 Melville, 52
52 Dostoevsky, 127-128, 328-329, 369
54 Freud, 692-693, 778-779, 790
55 Barth, 533-534
60 Beckett, 556

4. **The divine nature in itself: the divine attributes**

6 Plato, 167
11 Epictetus, 137
11 Plotinus, 518-549 passim, 637-678 passim
16 Augustine, 2, 54-58
17 Aquinas, 14-50
21 Hobbes, 162-163, 271
28 Descartes, 437-438, 458
28 Spinoza, 589-606
32 Newton, 369-371, 542-543
33 Locke, 212-213, 271-272
33 Berkeley, 442
38 Gibbon, 229-230
39 Kant, 236-240, 303-304, 325-326, 344, 345, 347-348, 350-351, 352

4a. **The identity of essence and existence in God: the necessity of a being whose essence involves its existence**

Old Testament: *Exodus*, 3:13-14
7 Aristotle, 602
11 Plotinus, 667, 669-671
16 Augustine, 320
17 Aquinas, 12-14, 16-17, 73-74, 270-272, 382-383
18 Aquinas, 724
28 Descartes, 336-340, 352-353, 384-388, 443-444
28 Spinoza, 589, 590-591, 592-593, 597-598, 599, 603
39 Kant, 143-145, 153, 177-192 esp 177-179, 187, 192, 205, 239, 344-355 esp 353-354, 570-571, 606-609

4b. **The unity and simplicity of the divine nature**

7 Aristotle, 353-355, 603, 604
8 Aristotle, 406

11 Plotinus, 671–678
16 Augustine, 63, 147, 316–317
17 Aquinas, 14–20, 46–50, 75–76, 150, 167–168, 213–214, 694
18 Aquinas, 724, 744
19 Dante, 106, 121–122, 128, 133
20 Calvin, 52–54
28 Descartes, 276, 312–314, 348
28 Spinoza, 589–591
33 Locke, 213
37 Gibbon, 307
39 Kant, 176
43 Hegel, 239–240, 341–342
56 Schrödinger, 503–504

4c. **The immateriality of God**

11 Plotinus, 578–580
13 Plutarch, 53
14 Tacitus, 296
16 Augustine, 40–41
17 Aquinas, 15–16, 31, 75–76, 270–272, 382–383, 462–463, 485–486
18 Aquinas, 841–842
21 Hobbes, 172–173
28 Spinoza, 593–595, 607–609
33 Locke, 351–353
39 Kant, 334–335

4d. **The eternity and immutability of God**

Old Testament: *Psalms*, 33:10–11; 48; 102; 103:13–18; 136 / *Isaiah*, 43:10–13
Apocrypha: *Ecclesiasticus*, 42:21
New Testament: *Matthew*, 24:35 / *Hebrews*, 1:8–12 / *James*, 1:17 / *Revelation*, 1:17–18
6 Plato, 322–323
7 Aristotle, 344–345, 370, 601–603, 605
11 Plotinus, 425–429, 660
16 Augustine, 3–4, 32, 54–57, 61–62, 63, 116–117, 130–131, 138–139, 308, 386–387, 706–707
17 Aquinas, 38–46, 83, 86–88, 106–107, 114–115, 225–227, 230–231
18 Aquinas, 208, 701–703
19 Dante, 127
20 Calvin, 46–49, 94–96, 225
23 Montaigne, 333–334
28 Spinoza, 589, 592–593, 597–598, 624–625
29 Milton, 135, 143
32 Newton, 370–371
33 Locke, 172, 209, 349–354
33 Berkeley, 436
39 Kant, 352
43 Hegel, 163

4e. **The infinity of God: the freedom of an infinite being**

16 Augustine, 56–57
17 Aquinas, 31–34, 144–145, 382–383, 462–463
18 Aquinas, 703–704, 723–724, 1025–1032
28 Descartes, 338, 349
28 Spinoza, 589, 590–594, 598, 600, 601–603, 607–608

30 Pascal, 213–216
33 Locke, 162–163, 165, 167–168, 172–173, 212–213
39 Kant, 188, 192, 344

4f. **The perfection or goodness of God**

New Testament: *Matthew*, 5:48 / *Luke*, 18:19
6 Plato, 321–323
16 Augustine, 61–63, 114, 140–142, 380–381, 713–714
17 Aquinas, 12–14, 20–23, 28–30, 106–107, 108–109, 275–276, 316, 484–485, 537, 612–613, 618, 705, 721–722
18 Aquinas, 69–70, 444–445, 485–486, 559, 629–630, 701–703, 1081
19 Dante, 98
20 Calvin, 30
28 Descartes, 302–303, 312–319, 356
28 Spinoza, 601–603
33 Hume, 485–487, 502
39 Kant, 205, 263, 307, 342, 592

4g. **The intellect of God**

11 Plotinus, 369–370, 518–563
16 Augustine, 386, 407–408
17 Aquinas, 75–79, 106–107, 109–110, 150–151, 155–156, 269–270, 289, 291, 307–308, 414–416, 423–424, 457–458, 465–466, 467–468, 540–541
28 Descartes, 454
28 Spinoza, 596–597, 601, 602, 607–609
39 Kant, 33, 52–53, 590, 600–601, 610–613

4h. **The happiness and glory of God**

Old Testament: *Exodus*, 15:1–21 / *I Chronicles*, 16:23–27; 29:11–13 / *Psalms*, 8; 19; 24; 57:5–11; 96:3–6 / *Isaiah*, 6:1–4
Apocrypha: *Song of Three Children*, 28–31
New Testament: *Hebrews*, 2:10 / *II Peter*, 1:16–18 / *Revelation*, 5:9–14
16 Augustine, 263–264
17 Aquinas, 150–152, 320–321, 371, 622–624, 638–639, 642
19 Dante, 90
28 Spinoza, 690
29 Milton, 136–144
39 Kant, 347–348

5. **The divine nature in relation to the world of creatures**

6 Plato, 447–458
7 Aristotle, 326–327, 334–346
11 Epictetus, 184
11 Aurelius, 255
11 Plotinus, 456–457
16 Augustine, 2, 33–34, 307–309, 311–319, 348–350
17 Aquinas, 75–150
19 Dante, 91, 92, 102, 126–127
26 Harvey, 428
28 Descartes, 455
29 Milton, 241

32 Newton, 369–371, 542–543
33 Berkeley, 423–424
37 Gibbon, 81, 183
39 Kant, 303–304, 345, 347–348, 350–351, 352

5a. God as first and as exemplar cause: the relation of divine to natural causation

Old Testament: *Genesis*, 1–2 / *Job*, 12; 36:24–42:2 / *Psalms*, 65:5–13; 107:23–30; 115:3; 147–148
Apocrypha: *Judith*, 16:14 / *Ecclesiasticus*, 33:10–13; 39:16–35; 43
New Testament, *Hebrews*, 1:10–11 / *II Peter*, 3:5–7
 6 Plato, 427–429, 577–578, 587–589, 758–765
 7 Aristotle, 438, 600
11 Lucretius, 60–61
15 Ptolemy, 5
15 Kepler, 1017–1018, 1049–1050, 1061
16 Augustine, 307–309, 588–589, 662
17 Aquinas, 12–14, 20–23, 275–276, 310–311, 378–379, 436–438, 472–475, 610–611, 644–646, 662, 665–666, 672
18 Aquinas, 156–158, 215–216, 257–258, 338–339, 347–349, 938–939
19 Chaucer, 308–309
21 Hobbes, 113, 272
26 Galileo, 245
26 Harvey, 390–391, 406–407, 415–417, 426–429, 443, 490–493
28 Bacon, 2, 4
28 Descartes, 307–315, 336–338, 384–387
28 Spinoza, 596–597, 599–600, 609, 610–611
29 Milton, 149–151, 217–231
32 Newton, 528–529
33 Locke, 322–323
33 Berkeley, 417–419, 422–427, 433–434, 442–444
33 Hume, 474–475
39 Kant, 140–145, 187–191, 205–209, 236–240 esp 239, 332–337, 569–570, 581–582, 592–596, 597–599
43 Hegel, 163
49 Darwin, 239, 243
55 Whitehead, 217–220

5b. God as final cause: the motion of all things toward God

Old Testament: *Deuteronomy*, 4:29 / *I Chronicles*, 28:9 / *Psalms*, 27:4–9; 42; 63; 73:25–28 / *Isaiah*, 58:2
Apocrypha: *Wisdom of Solomon*, 13:1–7
 7 Aristotle, 602
16 Augustine, 28–30, 99–101, 348–351, 588–589, 704–717
17 Aquinas, 151, 241, 313–314, 340–341, 529–530, 615, 667–668, 685–686
18 Aquinas, 101–102, 121–122, 156–157, 208, 257–258, 265–304 passim, 474–475, 491–492, 559, 740–741
19 Dante, 90–91
29 Milton, 185, 329

30 Pascal, 229, 243–244
39 Kant, 236–240, 337–348, 584, 587
43 Kierkegaard, 423–429
55 James, William, 23–25
55 Barth, 475–476, 507–508

5c. The power of God: the divine omnipotence

Old Testament: *Exodus*, 15:1–21 / *Deuteronomy*, 32:39 / *I Samuel*, 2:6–8 / *II Samuel*, 22 / *Job*, 9; 12; 26; 34; 36:1–42:3 / *Psalms*, 29; 50:7–12; 65:5–13; 66:1–7; 78; 89:8–13; 104; 107:23–41; 135; 147:1–11 / *Isaiah*, 2:10–22; 40:9–31; 44:24–28 / *Jeremiah*, 10:12–13; 18:1–10 / *Daniel*, 2, 4–5 / *Amos*, 9
Apocrypha: *Judith*, 16:13–17 / *Ecclesiasticus*, 10:12–17; 18:1–7 / *II Maccabees*, 8:18
New Testament: *Mark*, 10:17–27 / *Luke*, 1:26–38 / *Romans*, 9:19–23 / *Ephesians*, 1:15–23
 6 Plato, 766–767
16 Augustine, 258–259, 308, 413–414, 455, 636–641
17 Aquinas, 143–150, 151–152, 242–244, 245–247, 383–384, 485–486, 488–489, 537, 538, 571–573, 647–648
18 Aquinas, 368–369, 387–388, 704–706, 728–729, 750, 754–755, 779–784, 927–928, 939–941
20 Calvin, 81–82, 272
21 Hobbes, 160–161
28 Descartes, 384–385, 455
28 Spinoza, 596–597
29 Milton, 113–116, 143–144
33 Locke, 178, 350
33 Berkeley, 443
33 Hume, 475
39 Kant, 180, 181, 351–352, 504

5d. The immanence of God: the divine omnipresence

Old Testament: *Genesis*, 28:15 / *Exodus*, 29:45–46 / *II Samuel*, 7:1–13 / *I Kings*, 8:12–13,26–30 / *Psalms*, 139 / *Jeremiah*, 23:24
Apocrypha: *Wisdom of Solomon*, 1:7
New Testament: *Colossians*, 1:16–19; 2:8–13 / *I John*, 4:4–16
11 Epictetus, 114
11 Aurelius, 242, 265
11 Plotinus, 554–555
16 Augustine, 19, 22–23, 32, 45, 92–93, 127–128, 131, 293–294, 358
17 Aquinas, 34–38, 279–280
18 Aquinas, 511
20 Calvin, 42–43, 51–53
28 Spinoza, 589–606, 607–611
29 Milton, 306
33 Locke, 162–163
33 Berkeley, 442–443
39 Kant, 334–335, 351–352
51 Tolstoy, 217–218, 608

52 Dostoevsky, 160-161
55 James, William, 15
55 Barth, 536-539

5e. The transcendence of God: the divine aseity

Old Testament: *Job*, 11:7-9; 36:22-42:3 / *Psalms*, 113:4-5 / *Isaiah*, 55:8-9
Apocrypha: *Ecclesiasticus*, 18:4-7
New Testament: *John*, 3:31 / *Romans*, 9:19-21 / *Ephesians*, 1:19-23; 4:6 / *Timothy*, 6:15-16
8 Aristotle, 234-235
16 Augustine, 1-2, 61, 92-93
17 Aquinas, 14-15, 34-35, 107-108, 316, 529-530
19 Dante, 106, 114, 128
20 Calvin, 42-43, 51-53
39 Kant, 192, 566, 580
55 James, William, 15-16, 57-64 passim
55 Barth, 471-472, 500-501, 528-529, 534-535, 546
58 Weber, 212-213

5f. God's knowledge: the divine omniscience; the divine ideas

Old Testament: *I Samuel*, 2:3 / *Job*, 12:12-25; 22:12-14; 28:10-28; 34:21-25 / *Psalms*, 94:7-12; 139 / *Proverbs*, 3:19-20 / *Isaiah*, 29:15-16; 47:10-11 / *Jeremiah*, 17:9-10; 23:23-24
Apocrypha: *Wisdom of Solomon*, 1:6-11 / *Ecclesiasticus*, 15:18-19; 16:17-19; 17:15, 17-20; 23:18-20; 42:18-21
New Testament: *Romans*, 11:33-36 / *I Corinthians*, 2:6-16; 3:18-20 / *Hebrews*, 4:12-13
6 Plato, 489-490
7 Aristotle, 602-603, 605
11 Aurelius, 263
11 Plotinus, 402-405, 521-522, 530-535, 538-563
16 Augustine, 130-131, 256-259, 380-381, 386, 614-615, 662
17 Aquinas, 75-94, 110-111, 188-189, 297-299, 457, 465-466, 467-468, 494-495, 499-500
18 Aquinas, 423-424, 739-740, 780-781, 1002-1004
19 Dante, 100
19 Chaucer, 243-244
20 Calvin, 82-89
28 Bacon, 149
28 Spinoza, 601-603, 609-610
29 Milton, 136-138
33 Locke, 143, 350
41 Boswell, 173, 392-393
55 James, William, 31-33
55 Russell, 253-254

5g. God's will: divine choice

Old Testament: *Psalms*, 135:6 / *Isaiah*, 14:24-27; 46:9-11

New Testament: *Matthew*, 20:1-16 / *John*, 6:38-40 / *Romans*, 8:27-29; 12:1-2 / *I Corinthians*, 12 / *Ephesians*, 1:8-12 / *I Thessalonians*, 4:3-6
4 Euripides, 493
11 Epictetus, 212
11 Aurelius, 247-248
11 Plotinus, 659-671
16 Augustine, 116, 256-259, 405, 662
17 Aquinas, 82-83, 108-119, 120-121, 135, 147-149, 150-151, 307-308, 315-316, 537-538, 610-611, 662-663, 709-711, 790-791
18 Aquinas, 218, 237-238, 810-811, 823-824, 826-827, 920-922, 1034-1037
19 Dante, 93
20 Calvin, 91, 96-100, 134-138, 214-215, 237
21 Hobbes, 113
28 Bacon, 38
28 Spinoza, 596-597, 601, 604-605
29 Milton, 220-221, 346
33 Berkeley, 418
39 Kant, 265, 276-277, 278, 303-304, 321, 324-325, 328
44 Tocqueville, 2-3
51 Tolstoy, 563, 675-677, 680, 684
59 Shaw, 100-101

5h. God's love: the diffusion of the divine goodness

Old Testament: *Deuteronomy*, 7:7-8 / *Job* passim / *Psalms* / *Proverbs*, 3:12 / *Song of Solomon* / *Isaiah*, 43; 63:7-9 / *Jeremiah*, 31:1-6; 32:17-44; 33:1-16 / *Ezekiel*, 16:1-15 / *Hosea*, 1-3; 11 / *Joel*, 2:12-3:21 / *Malachi*,1:1-3
Apocrypha: *Wisdom of Solomon*, 11:22-26; 16:20-29 / *Ecclesiasticus*, 39:16,25-34
New Testament: *Matthew*, 6:25-34; 7:7-11; 10:29-31 / *Luke*, 11:1-13; *John*, 3:16-21; 15:9-16 / *Romans*, 8:28-39 / *Ephesians*, 5:1-2 / *Titus*, 3:3-7 / *I John*, 3-4
6 Plato, 447-448
11 Epictetus, 137-139
11 Plotinus, 676-677
15 Kepler, 1049-1050, 1071
16 Augustine, 2-3, 10-11, 140-142, 401-402, 588-589, 685-688
17 Aquinas, 30, 119-124, 126, 197-200, 264-268, 313-314, 375-377, 499-500, 548-549, 612-613, 742
18 Aquinas, 347-349, 483-484, 495-496, 499-500, 511-512, 734, 833
19 Dante, 106, 114, 125, 127, 128
19 Chaucer, 231
20 Calvin, 30, 90-91, 175
28 Bacon, 80-81
28 Spinoza, 694-695
29 Milton, 137-143, 161-162
33 Locke, 115-116
43 Kierkegaard, 414
51 Tolstoy, 272

52 Dostoevsky, 126-144, 197-200
55 Barth, 474-475
58 Huizinga, 326-327
59 Joyce, 590-591, 599

5i. **Divine justice and mercy: the righteousness of God in relation to divine rewards and punishments**

Old Testament: *Genesis*, 3:1-4:16; 6-9; 11:1-9; 18:17-19:29; 22:1-19 / *Exodus*, 7-12; 20:3-7; 32; 33:19; 34:5-10 / *Leviticus*, 26 / *Numbers*, 11-14; 16; 21:5-9; 25 / *Deuteronomy*, 1-11 passim; 28-32 passim / *I Samuel*, 15 / *I Kings*, 8; 13; 14:2-16 / *II Kings*, 9:1-10:11 / *I Chronicles*, 10:13-14; 21 / *II Chronicles*, 6; 12; 19:6-7; 21:12-20; 26:16-21 / *Nehemiah*, 9:5-38 / *Job* / *Psalms* / *Proverbs*, 11:1,20-21 / *Isaiah* passim / *Jeremiah* passim / *Lamentations* / *Ezekiel* passim / *Daniel*, 4:4-5:31 / *Joel* / *Amos* / *Obadiah* / *Jonah* / *Micah* / *Nahum* / *Habakkuk* / *Zephaniah* / *Zechariah* / *Malachi*

Apocrypha: *Tobit*, 2-3 / *Wisdom of Solomon*, 1-5; 12 / *Ecclesiasticus*, 16; 17:19-29; 18:1-14; 35 / *Susanna* / *II Maccabees*, 6:12-17

New Testament: *Matthew*, 5:1-22; 11:20-24; 12:36-37; 13:24-30,36-43; 18:7-14; 19:16-20:16; 23 / *Luke*, 1:46-55; 6:36-38; 7:36-50; 10:25-37; 15; 16:19-31; 18:1-8; 19:1-10; 23:34,39-43 / *John*, 5:30; 8:1-11 / *Acts*, 5:1-6; 12:18-23 / *Romans*, 1:16-2:16; 6:23; 9:14-18 / *Galatians*, 6:7-8 / *Ephesians*, 2 / *II Thessalonians*, 1:3-10; 2:10-12 / *Titus*, 3:4-6 / *Hebrews*, 10:26-31 / *II Peter* / *Jude* / *Revelation* passim

4 Aeschylus, 61-63, 90-103
4 Sophocles, 111-132, 133-158, 162, 175-194, 233
4 Euripides, 354, 509, 524
5 Herodotus, 77, 158-159, 203, 278-279
6 Plato, 437-441, 765-769, 806
11 Lucretius, 41-42
13 Plutarch, 107
14 Tacitus, 189-190
16 Augustine, 34, 263-274, 415-419, 421-423, 427-455, 479, 485-486, 585-589, 590, 600-696, 708
17 Aquinas, 113-114, 124-127, 135-137, 347-348, 509-510, 580-582, 636-637, 639-640, 642, 719-720, 819-820
18 Aquinas, 115-116, 158-159, 182-184, 185-198, 224-225, 259-261, 264-265, 322-323, 360-378, 448-449, 465, 479, 632-633, 721-722, 886-887, 897-917 passim, 922-935 passim, 935-937, 968-1085
19 Dante, 92-96, 98-99, 131-132
19 Chaucer, 351-361, 368-371, 373-378, 393-397, 470-471
20 Calvin, 3-4, 11-12, 94-100, 171-193 passim esp 175, 194-196, 236-243, 438-439

21 Hobbes, 88-89, 160-161, 163-164, 191-198, 245, 250-251, 253-258, 276-277
23 Montaigne, 193
24 Shakespeare, 427
25 Shakespeare, 53-54, 481
28 Spinoza, 603-605
29 Milton, 66, 137-140, 141-144, 180, 274-298, 325-329, 364-365, 376
30 Pascal, 245-247, 276-277
31 Molière, 138-139
33 Locke, 17, 29, 66, 107-108, 194, 198, 364
33 Hume, 500-501
34 Voltaire, 225
35 Montesquieu, 85-86
41 Boswell, 345, 394, 482, 539-540
45 Goethe, 157-162
48 Melville, 18-23
51 Tolstoy, 606-607
52 Dostoevsky, 68-70, 158-159, 170-171, 177-178, 186, 193-194, 357-358
52 Ibsen, 594
54 Freud, 878
55 Barth, 451-456 esp 455-456, 487, 501
59 Joyce, 578-580

6. **Man's knowledge of God**

Old Testament: *Exodus*, 33:12-23 / *Job*, 36:23-33 / *Proverbs*, 2:1-5 / *Ecclesiastes*, 8:16-17 / *Isaiah*, 40:12-14 / *Jeremiah*, 31:34

Apocrypha: *Wisdom of Solomon*, 9:13-16

New Testament: *Acts*, 17:22-30 / *Romans*, 1:18-21; 11:33-34

6 Plato, 106, 730, 757-761
7 Aristotle, 501
11 Epictetus, 112
16 Augustine, 90-112, 706-707
17 Aquinas, 10-11, 50-62, 66-67, 74-75, 472-473
19 Dante, 114, 116, 117, 123-124
20 Calvin, 1-100, 118-120
23 Montaigne, 249-250, 252-253, 279-280, 307-308
28 Bacon, 55, 95-101
28 Descartes, 295-297 passim, 300, 314-315, 319-322, 346-349, 357, 358-359, 366, 437-438, 439-440, 441
28 Spinoza, 608, 616-622, 624-625, 665, 668-670, 681
30 Pascal, 205-206, 213, 214, 217-225, 277
33 Locke, 113-117, 212-213
37 Gibbon, 200-201, 308-309
39 Kant, 173-248, 292, 320-321, 349-352, 354-355, 575-577, 589-590, 600-601, 603, 606-608

6a. **The names of God: the metaphoric and symbolic representations of God; the anthropomorphic conception of God**

Old Testament: *Exodus*, 3:13-15 / *Deuteronomy*, 5:11 / *II Samuel*, 22 / *Psalms* passim, esp 18, 23, 29, 78:65 / *Proverbs*, 30:4 /

Isaiah, 30:27-30; 44:6; 54:5 / *Jeremiah,* 23:6; 51:19 / *Daniel,* 7:9,13 / *Amos,* 4:13
Apocrypha: *Wisdom of Solomon,* 14:12-21
New Testament: *John,* 10:1-18 / *Revelation,* 1:8-19

5 Herodotus, 60, 80
6 Plato, 91-92, 93-97
7 Aristotle, 604-605
15 Kepler, 853-854, 860
16 Augustine, 235-237, 243, 296-297
17 Aquinas, 8-10, 14-15, 62-75, 580-581, 819-820
18 Aquinas, 247-248, 1052-1053
19 Dante, 124, 128-129
20 Calvin, 47-48, 168-169, 176-179, 252-253
21 Hobbes, 54, 172-173, 181-182, 183-184
26 Harvey, 428, 443
28 Spinoza, 596-597, 608
33 Locke, 152
39 Kant, 192, 547, 598-599
51 Tolstoy, 248
57 Veblen, 52-53, 120-128
58 Huizinga, 309, 315, 327-328
59 Joyce, 522-523
60 Beckett, 529-582 passim

6b. **Natural knowledge: the use of analogies; the evidences of nature; the light of reason**

Old Testament: *Job,* 12:7-9; 36:24-42:2 / *Psalms,* 8; 19:1-6; 104; 107 / *Ecclesiasticus,* 3:11; 8:17
Apocrypha: *Wisdom of Solomon,* 13:1-5 / *Ecclesiasticus,* 18:4-7; 42:15-43:33 / *II Maccabees,* 7:28
New Testament: *Romans,* 1:18-24

6 Plato, 465-466, 758-759
7 Aristotle, 547-548, 592-593
11 Epictetus, 108, 114-117
11 Aurelius, 293
13 Plutarch, 435
16 Augustine, 46-47, 114, 358
17 Aquinas, 53-54, 60-62, 175-178, 422-423, 462-463, 471-473, 501-503, 640-641, 677-678
18 Aquinas, 207-208, 216-217, 221-223, 247-248, 251-252, 383-384, 407-409, 436-437, 524-525, 724-725, 778-779
20 Calvin, 4-5, 8-16 esp 15-16, 80
21 Hobbes, 137, 163
23 Montaigne, 286-287, 292
26 Harvey, 421, 429
28 Bacon, 2-4, 17-20, 39-40, 41, 96-97, 203
28 Descartes, 267, 297-298, 307-315, 319-322, 353, 358-359, 384-387, 458, 509-510
28 Spinoza, 607, 692-697
29 Milton, 219-220
30 Pascal, 163-164, 217-220, 221-225, 272-273
32 Newton, 371
33 Locke, 132, 173, 212-214, 349-354
33 Berkeley, 418-419, 442-444
33 Hume, 497-503 passim

39 Kant, 33, 173-192, 346-347, 547, 602-603, 607-609
43 Hegel, 165-166, 323
52 Dostoevsky, 126-127
55 James, William, 23-26
56 Planck, 115-117
58 Weber, 115-116

6c. **Supernatural knowledge**

6c(1) **God as teacher: inspiration and revelation**

Old Testament: *Genesis,* 3:8-24; 9:1-17 / *Exodus,* 3:4-6,13-15; 4:10-12; 6:2-8; 20:1-7; 33:11-34:8 / *Numbers,* 12:1-8 / *Deuteronomy,* 5:4-11; 18:18-22; 29:29 / *Job,* 33; 38-42 / *Psalms,* 25:3-5,8-12; 94:10-13; 119; 143 / *Proverbs,* 2:5-6 / *Isaiah,* 6:1-9; 28:9-13; 48:3-8 / *Joel,* 2:28-29
Apocrypha: *Ecclesiasticus,* 17:5-14
New Testament: *Matthew* passim / *Mark* passim / *Luke* passim / *John* passim / *Romans,* 1:16-20 / *I Corinthians,* 2; 12:1-8 / *Galatians,* 1:11-12 / *Ephesians,* 3:1-5 / *II Timothy,* 3:15-16 / *Hebrews,* 1:1-3; 2:3-4 / *I Peter,* 1:10-12

16 Augustine, 33, 85-86, 146, 358, 375-376, 594, 725
17 Aquinas, 3-10, 61-62, 473-475, 504-505, 595-597
18 Aquinas, 87-96, 210-212, 240-245, 253, 267-268, 321-330, 359-360, 750, 778-779
19 Dante, 83-89 passim, 122-123, 123
20 Calvin, ix-x, 16-39 esp 29, 32-33, 93-94, 118-120, 141, 160-162, 165-171, 193-194, 211, 251-253, 257-259, 273-276, 306, 395-397
21 Hobbes, 83, 137-138, 160, 165-167, 176-177, 181-186
28 Bacon, 19, 38, 54, 95-101
29 Milton, 182-246, 301-333
30 Pascal, 277, 290-301, 440
33 Locke, 291, 340, 371
35 Rousseau, 366
37 Gibbon, 307-308
38 Gibbon, 231
40 Mill, 455
43 Hegel, 324-325
51 Tolstoy, 50
52 Dostoevsky, 133-144, 158-161
55 Barth, 457-467 esp 461-462, 481-486 esp 485-486, 504, 510, 519-522, 523-525, 528-529, 537-539, 542-544

6c(2) **The light of faith**

Apocrypha: *Ecclesiasticus,* 44-50
New Testament: *Luke,* 8:4-17 / *John,* 6:28-40; 12:44-46; 14:1,7-11; 20:24-29 / *Romans,* 3:21-5:2 / *II Corinthians,* 4:3-6 / *Hebrews* / *I John,* 5:4-10

16 Augustine, 45-47, 592, 636-637, 666
17 Aquinas, 175-178, 253-255

18 Aquinas, 61–63, 73–75, 83–84, 85–86, 253–255, 332–333, 380–456
19 Dante, 120–122
19 Chaucer, 450–455
20 Calvin, 129–132, 253–279, 282–283, 396–397
21 Hobbes, 137, 149, 172–173, 241–242
23 Montaigne, 249–250, 252–253, 307–308, 334
28 Bacon, 95–96
28 Descartes, 295–297 passim, 351–352, 394–395
29 Milton, 331–332
30 Pascal, 147, 163–164, 217–225, 243–244
33 Locke, 380–388 passim
39 Kant, 242–243, 604–609
43 Hegel, 371–372
51 Tolstoy, 631
52 Dostoevsky, 28–29, 68–69, 133–144 passim, 185–188
55 Barth, 456, 459–460, 504, 530–531, 538–539
56 Planck, 116–117
59 Shaw, 79–80
59 Joyce, 599

6c(3) Mystical experience

Old Testament: *Genesis*, 22:9–18; 31:11–13 / *Exodus*, 3:1–4:17; 19–20 / *Numbers*, 12; 22:21–35 / *Joshua*, 5:13–15 / *Judges*, 6:11–26; 13 / *I Samuel*, 3 / *I Kings*, 3:5–15; 19 / *Job*, 4:12–21; 38:1–42:8 / *Isaiah*, 6 / *Jeremiah*, 1 / *Ezekiel* / *Daniel*, 7–12 / *Amos*, 7–8 / *Zechariah*, 1–6
New Testament: *Matthew*, 1:20–25; 17:1–8 / *Luke*, 1:1–38; 2:8–15,25–35; 9:28–36 / *Acts*, 2:2–11; 9:1–20; 10; 11:5–10 / *II Corinthians*, 12:1–9 / *Revelation*
16 Augustine, 75–77, 85–86, 343–344
17 Aquinas, 446–447
19 Dante, 90, 119–120, 128–129
21 Hobbes, 165–166, 174–176, 183–185
30 Pascal, 222–224
37 Gibbon, 81
38 Gibbon, 476–477
39 Kant, 320–321
52 Dostoevsky, 198–200
55 James, William, 32–33
55 Barth, 511–512
58 Weber, 212–231 esp 212–216
58 Huizinga, 326–327, 337–339
59 Shaw, 40–42

6c(4) The beatific vision

Old Testament: *Genesis*, 28:10–22; 32:24–30 / *Exodus*, 33:11–23; 34:5–7 / *Job*, 19:26–27
New Testament: *II Corinthians*, 5:6–7 / *I John*, 3:2–3
16 Augustine, 691–693
17 Aquinas, 499–500, 521–522, 628–629, 630–631
18 Aquinas, 241–242, 421–422, 611–613, 764–765, 917–919, 999–1000, 1014–1016, 1025–1037
19 Dante, 107, 108–109, 117, 124, 127, 132–133

20 Calvin, 265–266
28 Descartes, 314–315
29 Milton, 12

7. Doctrines common to the Jewish, Islamic, and Christian conceptions of God and His relation to the world and man

7a. Creation

Old Testament: *Genesis*, 1–2 / *Nehemiah*, 9:6 / *Job*, 10:8–13; 26:7–14; 28:24–27; 37:14–38:41 / *Psalms*, 8; 24:1–2; 33; 95:1–7; 102:25–28; 104; 139:14–16; 148 / *Proverbs*, 8:22–31 / *Isaiah*, 42:5–8; 44:24–28; 45:5–13 / *Jeremiah*, 10:11–13
Apocrypha: *Ecclesiasticus*, 17:1–9; 18:1–5; 39:16–35; 42:15–43:33
New Testament: *Acts*, 17:23–27 / *Colossians*, 1:12–17
16 Augustine, 56–57, 114–116, 126–159, 376–415, 430–432
17 Aquinas, 238–255, 314–317, 339–377, 383–384, 480–501, 601–607
18 Aquinas, 718, 729–730
19 Dante, 77, 81, 99, 102, 127
20 Calvin, 46, 61–63, 71
28 Bacon, 17
28 Descartes, 358–359, 363–364, 366, 440, 455
28 Spinoza, 604–606 passim
29 Milton, 118–119, 168, 185–186, 187–188, 218–231, 242–243
31 Molière, 123–124
33 Locke, 36–37, 352–353, 353–354
33 Hume, 509
49 Darwin, 239–243
54 Freud, 875–876
55 James, William, 21–25
55 Heidegger, 305–306
55 Barth, 470
56 Waddington, 703–704, 725–727, 729–730

7b. Providence

Old Testament: *Genesis*, 1–3; 6–9; 12–13; 15; 17–18; 21–22; 26:1–6,22–25; 35:9–15; 37–50 / *Exodus*, 3; 12; 13:21–17:7; 19–20 / *Numbers*, 9:15–23; 12; 22–24 / *Deuteronomy*, 4:1–40; 6–11; 29–33 / *Joshua*, 1–11; 23–24 / *Judges*, 1–16 / *I Samuel*, 8–10; 15–16 / *II Samuel*, 7 / *I Kings*, 11; 13–22 passim / *II Kings* passim / *II Chronicles*, 11–36 passim / *Job* / *Psalms* passim / *Ecclesiastes*, 3; 8–9; 11–12 / *Isaiah*, 36–37; 46; 51 / *Jeremiah*, 18–19; 31; 45 / *Daniel* passim / *Jonah*
Apocrypha: *Tobit* / *Judith* / *Rest of Esther* / *Ecclesiasticus*, 15:11–20 / *Song of Three Children* / *Susanna* / *Bel and Dragon* / *I Maccabees*, 3:13–26 / *II Maccabees*, 6:1–16
New Testament: *Matthew*, 6:25–34; 7:7–11; 10 / *Luke*, 12:1–34 / *John*, 6:22–71 / *Romans*, 8:28–11:36 / *Ephesians*, 1:4–2:10; 4:1–7

16 Augustine, 169–171, 248, 250, 269–271, 358–361, 661–662
17 Aquinas, 36–37, 70–71, 127–143
18 Aquinas, 219, 385–387, 855, 943–944
19 Dante, 90–91, 96–97, 100, 103–106
19 Chaucer, 243–244, 326–338, 440
20 Calvin, 2–4, 8–16, 80–96
21 Hobbes, 160
23 Montaigne, 149–150
25 Shakespeare, 70
29 Milton, 394–395
33 Berkeley, 405, 424–426, 431, 433–434
33 Hume, 474–475, 500
35 Rousseau, 331, 437–438
37 Gibbon, 292–294
43 Hegel, 165–167, 176–177
48 Melville, 52–53, 245
51 Tolstoy, 342–344, 357–358, 447–448, 465–467 passim, 619–620, 650, 675–677
52 Dostoevsky, 133–144 passim, 359
54 Freud, 771
56 Bohr, 344–345

7c. **Divine government and law**

Old Testament: *Exodus*, 12–13; 19–31; 34–35 / *Leviticus* passim / *Numbers* passim / *Deuteronomy* passim / *I Chronicles*, 29:11–12 / *Job*, 37–41 / *Psalms*, 1; 19:7–14; 47; 89:30–32; 93; 103:19–22; 119 passim / *Isaiah*, 51:4–8 / *Jeremiah*, 31–34 / *Ezekiel*, 18 / *Daniel*, 4

New Testament: *Matthew*, 5:17–20 / *Romans* passim / *James*, 2:8–12 / *Revelation*, 11:15–18

16 Augustine, 20–22, 259, 384–385, 386–387, 586–590, 685–688 passim
17 Aquinas, 151–152, 258–259, 528–608, 705, 707–708
18 Aquinas, 110–111, 208–209, 210–212, 215–220, 237–238, 239–337
19 Dante, 13–14, 65, 93, 102, 125–127, 131–132
20 Calvin, 71–72, 80–96 esp 82–89, 245–247
21 Hobbes, 95–96, 136–138, 159–164, 167, 171–172, 177–180, 199–204, 216–219, 240–241, 245–246
28 Bacon, 94, 100
28 Spinoza, 608
29 Milton, 141–143, 188, 200, 229–230
33 Locke, 230, 322–323
33 Berkeley, 418–419, 422–424, 433–434, 442–444
33 Hume, 485–487
35 Montesquieu, 1–2, 214–215
39 Kant, 237, 238–240
43 Hegel, 328–329, 392–393
55 Barth, 476

7d. **Grace**

Old Testament: *Zechariah*, 12:10
New Testament: *John*, 1:11–18 / *Romans* passim / *I Corinthians*, 2:11–3:10 / *II Corinthians*, 1; 4–6; 9:5–15; 12 / *Galatians* / *Ephesians* / *II Timothy* / *Titus*, 2:9–3:7 / *Hebrews*, 12:14–29 / *I Peter*

16 Augustine, 2, 418, 428–433, 456–458, 646–647, 683–684
17 Aquinas, 61–62, 200–202, 230–237, 317–325, 506–510, 561–562, 640–642
18 Aquinas, 15, 28–29, 59–63, 72–75, 76–77, 87–96, 141–142, 158–159, 264–265, 321–322, 338–378, 491, 745–763, 771–772, 786–787, 827–828, 855, 858–864, 937–938
19 Dante, 1–3, 55–56, 58, 60, 98–99, 115–116, 127, 128–129
20 Calvin, 111–113, 123, 126–134 esp 126–129, 139–140, 147–150, 247–250, 336–340
21 Hobbes, 176–177, 186, 191–193, 250–251, 253–254
29 Milton, 136–144, 299, 304–305
30 Pascal, 1–14, 19–26, 29, 154–159, 245–251, 261, 263–264
43 Hegel, 329–330, 376–377
52 Dostoevsky, 133–144 passim
55 Barth, 530–531

7e. **Miracles**

Old Testament: *Genesis*, 17:18–18:16 / *Exodus*, 3–4; 7–12; 14–17 / *Numbers*, 11–12; 16–17; 20:1–13; 21:5–9; 22:21–34 / *Joshua*, 3–4; 6:1–20 / *Judges*, 6:36–40 / *I Kings*, 17; 18:30–39 / *II Kings*, 1–6; 20:1–11 / *Psalms*, 105; 114 / *Daniel*, 3:1–4:3; 5–6 / *Joel*, 2:30–31 / *Jonah*

Apocrypha: *Song of Three Children*, 1–27 / *Bel and Dragon*, 28–42 / *II Maccabees*, 1:18–22

New Testament: *Matthew*, 1:18–25; 8–9; 12:9–13,22–29; 14:13–36; 15:22–39 / *Mark*, 1:29–34,40–44; 2:3–12; 3:1–5; 5; 6:34–56; 7:24–8:26; 9:1–10,16–29; 10:46–52; 13:24–26 / *Luke*, 1:5–66; 4:31–5:26; 7:1–16; 8:22–56; 11:14–26; 13:11–17; 14:1–6; 17:11–19; 18:35–43 / *John*, 2:1–11; 3:2; 4:46–54; 5:1–16; 6:5–26; 7:31; 9:1–33; 11:1–45; 21:1–11 / *Acts*, 2:1–22; 3:2–11; 5:12–16; 8:6; 9:36–43; 14:7–10; 20:7–12; 28:1–10

16 Augustine, 353–358, 636–642, 663–675
17 Aquinas, 543–545, 547–548, 567–568, 584–585
18 Aquinas, 166–167, 369–370, 938–939, 978–980
19 Dante, 121
19 Chaucer, 326–338, 344–346
20 Calvin, 24, 50, 297–298
21 Hobbes, 83, 137, 160, 166–167, 188–191, 249–250
28 Bacon, 19, 33, 41, 201–203
29 Milton, 323–324
30 Pascal, 290–291, 328–341, 345
33 Locke, 371
33 Berkeley, 425, 429
33 Hume, 488–497
37 Gibbon, 189–191, 206, 295–296, 465–466, 605

7f. The Book of Life

Old Testament: *Exodus,* 32:31-33
New Testament: *Matthew,* 20:1-16; 22:1-14 / *Luke,* 10:20 / *John,* 10:26-29 / *Acts,* 13:48 / *Romans,* 8:28-9:23 / *Ephesians,* 1-3 / *II Thessalonians,* 2:12-14 / *I Peter,* 1:1-5; 2:1-9 / *Revelation,* 3:4-5; 13:4-8; 17:7-8; 20:11-21:27; 22:18-19

16 Augustine, 607-609
17 Aquinas, 141-143
18 Aquinas, 997-998
19 Dante, 114-115, 131-132
20 Calvin, 131-134, 140, 206-207, 218, 247-248, 276-278, 290-291
29 Milton, 101
30 Pascal, 346
55 Barth, 463-464, 466, 503-504, 531
58 Weber, 231

7g. The resurrection of the body

Old Testament: *Job,* 14:13-15; 19:25-27 / *Isaiah,* 26:19 / *Ezekiel,* 37:1-14 / *Daniel,* 12:1-3
Apocrypha: *II Maccabees,* 12:41-45
New Testament: *Matthew,* 22:23-33; 27:52-53; 28 / *Mark,* 12:18-27; 16:1-9 / *Luke,* 20:27-38; 24:1-12 / *John,* 2:18-22; 20:1-18 / *Acts,* 23:1-10 / *Romans,* 6:3-11; 8:10-11 / *I Corinthians,* 6:14; 15 / *I Thessalonians,* 4:13-17

16 Augustine, 422-432, 604-607, 609-616, 619-624, 632-643, 661-695, 709-710
18 Aquinas, 935-996, 1037-1039
19 Dante, 12, 107, 122-123
20 Calvin, 200, 205-206, 243-246
21 Hobbes, 195, 253-255, 259
29 Milton, 140-143, 327-329
33 Berkeley, 431
41 Boswell, 472
55 Barth, 472-478 esp 477
58 Frazer, 56-62

7h. The Last Judgment and the end of the world

Old Testament: *Psalms,* 50; 96:10-13 / *Ecclesiastes,* 3:16-17; 11:9-10 / *Isaiah,* 2-4; 11:11-16; 13:6-22; 24; 26-27; 30; 34-35; 65:17-25; 66 / *Daniel,* 7:21-27; 12 / *Joel* / *Micah,* 4 / *Zephaniah* / *Zechariah,* 14 / *Malachi,* 3-4
New Testament: *Matthew,* 11:20-24; 13:36-43, 47-50; 24-25 / *Mark,* 13:4-37 / *Luke,* 17:20-37; 21:5-36 / *Acts,* 2:17-21; 17:31 / *Romans,* 2:5-11 / *I Corinthians,* 4:15-5:4; 15:23-28 / *I Thessalonians,* 1:9-10; 4:14-5:4 / *II Thessalonians,* 1-2 / *II Timothy,* 3:1-4:9 / *II Peter,* 2:9; 3:7-13 / *I John,* 2:18-29 / *Jude* / *Revelation* passim

16 Augustine, 572-573, 600-632, 643-661, 757-758
18 Aquinas, 922-935, 945-946, 997-1085
19 Dante, 8, 114-115
20 Calvin, 246-247, 283
21 Hobbes, 244
29 Milton, 4-5, 141-143, 220-221, 300-301, 331
37 Gibbon, 187-189
38 Gibbon, 233-234
52 Dostoevsky, 133-144 passim esp 140-141, 352-362 passim
55 Barth, 476-477, 549-550
59 Joyce, 578-580

8. Specifically Jewish doctrines concerning God and His people

8a. The Chosen People: Jew and gentile

Old Testament: *Genesis,* 12:1-4; 15; 17:1-18:19; 22:1-18; 27-28; 35:9-13; 48-49 / *Exodus,* 3-17; 19-20; 33:1-34:18 / *Deuteronomy,* 1; 4-12 passim; 23:1-8; 26-32 passim / *Joshua,* 23:1-13 / *I Samuel,* 12 / *I Kings,* 8:51-53 / *Psalms* / *Isaiah* passim / *Jeremiah* passim / *Ezekiel,* 11:15-20; 16-17; 20; 34; 36-37 / *Amos,* 3:1-2 / *Obadiah* / *Micah,* 5:7-15 / *Zechariah,* 1:12-2:13; 8-10 / *Malachi,* 1:1-3
Apocrypha: *Wisdom of Solomon,* 16:20-26
New Testament: *Matthew,* 10:5-6 / *Acts,* 15:1-29; 21:19-25 / *Romans,* 1:13-16; 2-4; 9; 11 / *Galatians,* 2:6-16; 3:13-29; 4:21-31 / *Ephesians,* 2:11-3:8 / *Colossians,* 3:9-11

14 Tacitus, 295
16 Augustine, 249, 522-523
17 Aquinas, 126-127
18 Aquinas, 242-244, 270-321
20 Calvin, 25-26, 171-173, 197-215 esp 208-209, 213-214
21 Hobbes, 177-180
29 Milton, 321-325, 339-378
30 Pascal, 279, 284-290, 304-308
35 Rousseau, 435
37 Gibbon, 179-183
43 Hegel, 259-261
58 Weber, 182

8b. God's Covenant with Israel: circumcision as sign of the Covenant

Old Testament: *Genesis,* 12:1-3,7; 17 / *Exodus,* 2:23-4:31; 6:1-9; 24:7-8 / *Leviticus,* 26 / *Deuteronomy,* 1:8; 4-11 passim, esp 4:23; 29-31 / *Joshua,* 5:1-9; 23:16-24:28 / *Judges,* 2:1-5 / *I Kings,* 19:9-18 / *II Kings,* 17; 22-23 / *I Chronicles,* 16:13-22 / *Nehemiah,* 1:5; 9 / *Psalms,* 78; 105; 111 /

Isaiah, 54; 56; 61 / *Jeremiah,* 11; 14:19–22; 31–33; 34:13–20 / *Ezekiel,* 16–17; 20:33–38; 37:21–28 / *Hosea,* 2:16–20; 6
Apocrypha: *Ecclesiasticus,* 44:19–45:5 / *I Maccabees*
New Testament: *Luke,* 1:70–75 / *John,* 7:22–23 / *Acts,* 3:25; 7:1–8,51–53; 15:1–29 / *Romans,* 2:25–4:16 / *I Corinthians,* 7:18–19 / *Galatians,* 3:13–5:11; 6:12–15 / *Ephesians,* 2:11–13 / *Colossians,* 2:10–14; 3:9–11 / *Hebrews,* 8:6–10:17
16 Augustine, 494–495, 496–502, 503–504, 505–508
20 Calvin, 23–25, 197–215 esp 200–203, 208–209, 344–346
21 Hobbes, 82–83, 199–201
29 Milton, 12–13
30 Pascal, 280–282, 289–290, 296–297
43 Hegel, 341–342
55 Barth, 457

8c. **The Law: its observance as a condition of righteousness and blessedness**

Old Testament: *Exodus,* 12–13; 19–40 / *Leviticus* passim / *Numbers* passim / *Deuteronomy* passim / *Joshua,* 8:30–35; 22:1–6 / *II Kings,* 17 / *II Chronicles,* 31; 35:1–19 / *Ezra,* 9–10 / *Nehemiah,* 1:5–9; 9:16–38 / *Psalms,* 1; 89:20–36; 105:43–45; 119 / *Proverbs* passim / *Isaiah* passim / *Jeremiah* passim / *Ezekiel,* 5:5–9; 11:17–20; 18; 36:25–27; 43–48 / *Daniel,* 9:1–15 / *Amos* 2:4–6 / *Zephaniah,* 3:1–7 / *Zechariah,* 7:12–14 / *Malachi,* 2:1–10
Apocrypha: *Ecclesiasticus* / *Baruch* / *II Maccabees,* 2:2–3; 6–7; 11:22–26
New Testament: *Matthew,* 5:17–20; 12:1–13; 15:1–20; 19:3–9 / *Luke,* 6:1–9; 11:37–41; 14:2–5; 16:16–17 / *John,* 5:1–18,45–47; 7:19–23 / *Acts,* 15:1–10 / *Romans* passim / *Galatians* passim / *I Timothy,* 1:5–11 / *Hebrews,* 7–10
16 Augustine, 628–629
18 Aquinas, 210–212, 239–321
19 Dante, 95–96 passim
20 Calvin, 141–143, 155–193 esp 165–193, 410–412
21 Hobbes, 180, 206–207, 216–218, 223, 269
30 Pascal, 284–286, 287–289
33 Locke, 14–15
37 Gibbon, 181–182, 208
43 Hegel, 260

8d. **The Temple: the Ark of the Torah**

Old Testament: *Exodus,* 25–27; 30:1–6; 35:10–38:31; 39:32–40:36 / *Joshua,* 3–4; 6:1–16 / *I Samuel,* 4:3–7:2 / *II Samuel,* 6:1–17; 7:1–13 / *I Kings,* 5–8 / *II Kings,* 12:4–16; 25:1–17 / *I Chronicles,* 13; 15:1–17:12; 22:1–29:10 / *II Chronicles,* 24:4–14; 29; 34; 36 / *Ezra,* 3–6 / *Jeremiah,* 7:1–4,29–30; 26:1–7 / *Ezekiel,* 40–42 / *Micah,* 4:1–2 / *Habakkuk,* 2:20 / *Haggai*
Apocrypha: *Tobit,* 14:4–7
New Testament: *John,* 2:13–17 / *Hebrews,* 9:1–10
16 Augustine, 360–361
18 Aquinas, 269–270, 276–283
20 Calvin, 329–330, 342
21 Hobbes, 184, 198
29 Milton, 325–327
37 Gibbon, 352–354

8e. **The messianic hope**

Old Testament: *Genesis,* 49:10–12 / *Numbers,* 24:15–25 / *Deuteronomy,* 30:1–10 / *Psalms,* 22:27–31; 44; 46–48; 60; 67–69 passim; 74; 102; 126; 132; 147:1–11 / *Isaiah,* 2–4; 7:10–16; 9:1–7; 11–12; 25–27; 30:18–33; 32; 40–46; 49; 51–56; 59:20–62:12; 65:17–66:24 / *Jeremiah,* 23:3–6; 30–33 / *Ezekiel,* 17:22–24; 34; 36–37 / *Daniel,* 9:20–27 / *Hosea,* 1:10–11; 2:16–23; 13–14 / *Joel,* 2–3 / *Amos,* 9:9–15 / *Micah,* 2:12–13; 4–5; 7:7–20 / *Zephaniah,* 3 / *Zechariah,* 2; 8–10; 12–14 / *Malachi,* 3–4
New Testament: *Matthew,* 1; 3:1–3,13–17; 12:14–21; 16:13–16; 17:1–13; 26:63–64 / *Luke,* 1:30–35; 3:1–6,15–16; 7:24–28; 9:18–20,28–36; 22:66–70 / *John,* 1:15–41; 4:4–30; 7:26–53; 10:24–38
18 Aquinas, 708–709
20 Calvin, 151–163, 193–215, 230–234
30 Pascal, 280, 282–285, 290, 296–297, 300–301, 315–317
38 Gibbon, 134–135
55 Barth, 474–475

9. **Specifically Christian dogmas concerning the divine nature and human destiny**

9a. **The persons of the Trinity: Father, Son, Holy Spirit**

New Testament: *Matthew,* 3:11,16–17; 12:31–32 / *Luke,* 1:15,26–35 / *John,* 1:1–8,14,18,32–34; 3; 14–16; 20:22–23 / *Acts,* 1:2,5–8; 2:1–41; 4:23–31; 8:17–22; 10:38,44–48; 11:15–17; 13:2–4; 15:7–9; 19:1–6 28:25–27 / *Romans,* 5; 8:1–9:1 / *I Corinthians,* 2:9–14; 3:16–23; 12:2–13 / *II Corinthians,* 1:18–22 / *Ephesians,* 1–3 passim / *Colossians,* 1:13–15 / *I Thessalonians,* 1:5–6 / *Titus,* 3:4–7 / *Hebrews,* 1:2–3; 6:4–6; 10:14–17 / *I Peter,* 1:1–12 / *I John,* 4–5 / *Jude,* 17–21
16 Augustine, 142–144, 380–381, 387–393, 394, 430–432, 705–706
17 Aquinas, 153–237, 315–316, 495–500
18 Aquinas, 324–325, 387–388, 397–398, 756–757, 796–798, 800–801, 807–808, 816–818, 821–839, 1042–1044
19 Dante, 107, 121–122
19 Chaucer, 273

20 Calvin, 20–21, 28–29, 43–61 esp 51–53, 55–61, 226–230, 251–253
21 Hobbes, 207–208
28 Bacon, 100
28 Descartes, 385
29 Milton, 136–144, 329–331
37 Gibbon, 307–314, 438–441
38 Gibbon, 422, 520–521
43 Hegel, 324–325
55 Barth, 463–464
58 Huizinga, 309
59 Joyce, 598–599

9b. The Incarnation: the God-man

New Testament: *John*, 1:1–14
16 Augustine, 41, 60, 111–112, 113, 346
17 Aquinas, 334–335, 370–371
18 Aquinas, 701–846, 939–941
19 Dante, 83, 85–86, 91, 96
20 Calvin, 43, 44–46, 215–230, 394–396
21 Hobbes, 182
23 Erasmus, 26
29 Milton, 1–7, 10–13, 136–144, 326–327
30 Pascal, 262, 342–343
37 Gibbon, 307–308
38 Gibbon, 134–161, 230–231
43 Hegel, 324–325, 326–327
43 Kierkegaard, 429
52 Dostoevsky, 133–144
55 Barth, 510

9b(1) The divinity of Christ

Old Testament: *Isaiah*, 9:6–7
New Testament: *Matthew* passim / *Mark* passim / *Luke* passim / *John* passim / *Romans*, 1:3–4 / *II Corinthians*, 1:19; 5:18–21 / *Colossians*, 1:15–17; 2:8–9 / *I Timothy*, 3:16 / *Hebrews*, 1:1–8 / *I John*, 2:22–24; 4:9–10,13–15; 5:1–13 / *II John*, 7–11 / *Jude*
16 Augustine, 342–343, 344–345, 362, 364–366, 366–370, 665–666
18 Aquinas, 723–730, 796–840
19 Chaucer, 391–395
20 Calvin, 46–50, 55–61, 153–154, 216–220, 224–230
29 Milton, 12–13, 136–144, 188, 212
30 Pascal, 317, 325, 336–337
38 Gibbon, 134–138
43 Hegel, 325–326
52 Dostoevsky, 198–199

9b(2) The humanity of Christ

New Testament: *Matthew*, 1:18–25; 13:54–56; 25:37–45; 26:1–28:8 / *Mark*, 6:2–3; 15:37–16:6 / *Luke*, 1–2; 23 / *John*, 1:1–18; 19:28–20:29 / *Galatians*, 4:4 / *Ephesians*, 2:14–16 / *Philippians*, 2:5–8 / *Hebrews*, 2:14–18; 7:20–24 / *I John*, 4:2–3
16 Augustine, 375–376, 646–647
17 Aquinas, 276–278, 607–608
18 Aquinas, 462–463, 730–841, 939–941, 1012–1014

20 Calvin, 216–230 esp 220–224
23 Erasmus, 38–39
29 Milton, 10–12, 136–144, 299–300, 326–327
30 Pascal, 268–270
38 Gibbon, 134–138
43 Hegel, 286–287, 324–326
59 Joyce, 593

9b(3) Mary, the Mother of God

Old Testament: *Isaiah*, 7:14
New Testament: *Matthew*, 1:18–25; 12:46–50 / *Mark*, 3:31–35 / *Luke*, 1–2; 8:19–21; 11:27–28 / *John*, 2:1–12; 19:25–27
16 Augustine, 529–531
18 Aquinas, 843–844, 1055–1058
19 Dante, 2–3, 119–120, 132–133
19 Chaucer, 343–346
20 Calvin, 222–224
29 Milton, 1–7, 326–327
30 Pascal, 62–64
38 Gibbon, 134–137 passim, 154
43 Kierkegaard, 428–429
45 Goethe, 43–44, 161–162
59 Joyce, 574, 580

9c. Christ the Saviour and Redeemer: the resurrection and ascension of Christ; the doctrines of original sin and salvation

Old Testament: *I Samuel*, 2:1–10 / *Isaiah*, 53
New Testament: *Matthew*, 9:2–8; 16:24–27 / *Mark*, 2:1–12 / *Luke*, 1:67–79; 5:17–26; 9:23–26,56; 15; 19:1–10 / *John* / *Acts*, 3:12–26; 4:10–12; 5:30–31; 13:15–50; 16:30–31 / *Romans* / *II Corinthians* / *Galatians* passim / *Ephesians* / *Colossians* / *I Timothy*, 1:12–17; 2:5–6 / *Titus* / *Hebrews* / *I Peter* / *I John* / *Revelation*
16 Augustine, 29–30, 64–66, 344–345, 351–353, 366–374, 428–432, 512–537 passim, 549–550, 554–559, 682–688, 707
17 Aquinas, 642
18 Aquinas, 211–212, 264–265, 305–306, 321–337, 385–387, 396–397, 701–709, 845–846, 862–863, 889–890, 916–917, 939–941, 947–949, 1006–1007
19 Dante, 5, 86, 88, 98–99, 106, 119–120
19 Chaucer, 273, 452
20 Calvin, 50, 124–125, 150–163, 194–196, 197–253 esp 215–250, 270, 272–275, 289–290, 308–317, 319–320
21 Hobbes, 191–192, 195–196, 197–198, 204–207, 240, 242–245, 260
28 Spinoza, 679
29 Milton, 10–12, 31, 93–94, 136–144, 287–288, 299–300, 325–329
30 Pascal, 243–341 passim
41 Boswell, 482
43 Hegel, 352, 377
54 Freud, 763
55 James, William, 60–63
55 Barth, 456, 457–458, 463, 472–478, 485, 504–505, 527–529, 537–538, 540–541, 547

58 Huizinga, 324, 337
59 Joyce, 577, 582, 590–591
60 Brecht, 416–417
60 Beckett, 530–532

9d. The Church: the mystical body of Christ; the Apostolate

Old Testament: *Song of Solomon*
New Testament: *Matthew*, 3; 4:18–22; 9:35–10:42; 11:1–15; 13:1–53; 16:17–24; 28:16–20 / *Mark*, 1:1–9,16–20; 3:13–19 / *Luke*, 3:1–20; 5:1–11; 6:13–16; 8:16–17; 9:1–6; 11:48–50; 12:11–12; 22:24–30 / *John*, 1:6–8,15–42; 4:34–38; 10; 13:31–17:26; 20:19–21:24 / *Acts* / *Romans* / *I Corinthians* / *II Corinthians* / *Galatians* / *Ephesians* / *Philippians*, 1:27–2:4 / *Colossians* / *Hebrews*, 3:5–6 / *I Peter*, 2:4–10 / *I John*
16 Augustine, 186–187, 526–527, 529–531, 568–572, 678–680, 709, 753
18 Aquinas, 389–390, 395–398, 410–413, 625–700, 756–763, 910–912, 1045–1046
19 Dante, 56, 82–83, 86, 88, 103–106, 119–124 passim, 124–125, 128–132
20 Calvin, 19–20, 213–215, 232, 256–261, 301–303, 326–455 passim esp 331–332, 374–375, 389
21 Hobbes, 198–199, 207–224, 247–249, 275–278
29 Milton, 328–330
30 Pascal, 256–258, 291, 328, 334, 339–340, 341, 342, 343–349
33 Locke, 4–5
43 Hegel, 325–329, 352–353, 358–359
43 Kierkegaard, 432–433
52 Dostoevsky, 133–144 passim
54 Freud, 674, 691–692
55 Barth, 190, 470–471, 480–481, 518–523, 531, 533–534
58 Weber, 202–204, 207–211
59 Shaw, 53–55
59 Joyce, 582

9e. The sacraments

New Testament: *Matthew*, 3; 26:26–29; 28:19 / *Mark*, 14:22–24 / *Luke*, 22:14–20 / *John*, 1:25–27,33; 3:1–8; 6; 19:33–34; 20:21–23 / *Acts*, 8:12–17,26–40; 19:1–7 / *Romans*, 6:3–4 / *I Corinthians*, 1:12–17; 7:8–14,34–39; 10:16–17; 11:23–30; 15:28–29 / *Galatians*, 3:27 / *Ephesians*, 4:5; 5:21–33 / *Colossians*, 2:11–12 / *Hebrews*, 5:1–6 / *James*, 5:14–16 / *I Peter*, 3:20–22
16 Augustine, 149–150, 416–418, 649, 654–655
18 Aquinas, 283–292, 332–333, 400–401, 847–884
20 Calvin, 52, 198–199, 297–308, 309, 331–334, 345, 416–417, 447
21 Hobbes, 206–207, 211–212, 249–250
23 Erasmus, 41
28 Descartes, 388–391

29 Milton, 328–329
30 Pascal, 71–80, 128–137, 343, 344, 348–349
33 Locke, 391–392
37 Gibbon, 297
38 Gibbon, 334
43 Hegel, 358–359, 371–372
52 Dostoevsky, 84–85
55 James, William, 18–19
55 Barth, 483, 527–529
58 Weber, 202, 207–208
59 Joyce, 604, 653

9f. The second coming of Christ and the Last Judgment

New Testament: *Matthew*, 13:36–43,47–50; 24–25 / *Mark*, 13:4–37 / *Luke*, 17:20–37; 19:11–28; 21:5–36 / *John*, 14:1–4 / *Acts*, 1:9–11 / *I Corinthians*, 15:23–28 / *Philippians*, 3:20–21 / *I Thessalonians*, 1:9–10; 4:14–5:4 / *II Thessalonians*, 1–2 / *II Timothy*, 3:1–4:8 / *James*, 5:7–9 / *II Peter*, 3:7–13 / *I John*, 2:18–29 / *Revelation*
16 Augustine, 572–573, 600–632, 708
18 Aquinas, 922–923, 924–925, 997–1016
20 Calvin, 246–247
21 Hobbes, 191–192, 248, 251–252
29 Milton, 4–5, 13, 141–143, 220–221, 404
30 Pascal, 321
37 Gibbon, 187–188
59 Joyce, 579

10. The denial of God or the gods, or of a supernatural order: the position of the atheist

Old Testament: *Psalms*, 14:1–3; 53:1–3
4 Aristophanes, 853
6 Plato, 204–205, 758–765
20 Calvin, 4–5
23 Montaigne, 252
29 Milton, 311–315, 346
30 Pascal, 205–217
31 Molière, 123–124
33 Locke, 114
33 Berkeley, 431, 444
33 Hume, 503
35 Montesquieu, 200–201
39 Kant, 595–596
40 Mill, 280–281
43 Nietzsche, 485
50 Marx, 35
52 Dostoevsky, 141–142, 326–329, 361
56 Planck, 110

11. The denial of God as completely transcending the world or nature: the position of the pantheist

11 Aurelius, 265, 294
11 Plotinus, 435–443, 515–517, 524–526, 535–537, 554–556
16 Augustine, 19, 22–23, 33, 54–55, 92–93, 237, 293–294
17 Aquinas, 19–20, 30, 98, 480–481, 542–543
28 Descartes, 325

28 Spinoza, 589–606, 656–657, 659
33 Locke, 152
39 Kant, 564–565, 580
43 Hegel, 184, 231–232
44 Tocqueville, 240
48 Melville, 72–73
51 Tolstoy, 216–218, 608

12. **The denial of a revealed and providential God: the position of the deist**

6 Plato, 489–490, 765–768
11 Lucretius, 2–3, 17, 22–23, 29, 59–60, 60–62, 63, 73–74, 77–78
11 Plotinus, 379–380
14 Tacitus, 91
20 Calvin, 82–84
30 Pascal, 137, 245–250, 270–277
39 Kant, 190, 547
52 Dostoevsky, 126–127, 133–144, 306–308
55 James, William, 15–16
57 Veblen, 118

13. **God as a conception invented by man: its emotional basis**

21 Hobbes, 79–80
23 Montaigne, 296–297
39 Kant, 593
43 Nietzsche, 485, 486
49 Darwin, 302–303, 593
50 Marx, 31
52 Dostoevsky, 71–72, 126–127, 307
54 Freud, 763, 771, 875–878
56 Planck, 112

14. **The worship of false gods: deification and idolatry; the antichrist**

Old Testament: *Genesis*, 31:19–35 / *Exodus*, 20:1–6,22–23; 32; 34:11–17 / *Leviticus*, 20:1–6 / *Deuteronomy* passim / *Joshua*, 22–23; 24:14–25 / *Judges*, 2:10–23; 3:5–8; 6:24–32; 8:33–34; 10; 17–18 / *I Samuel*, 7:3–4; 15:22–23 / *I Kings*, 3:1–4; 9:6–9; 11–16; 18:17–29; 20:22–28; 21:25–29; 22:51–53 / *II Kings* passim / *II Chronicles*, 13:8–9; 28; 33 / *Psalms*, 81:8–16; 106; 115:1–8; 135:15–18 / *Isaiah*, 1–2; 19; 30–31; 36; 40:18–20; 41; 44; 46:5–9; 57:3–8; 65:3–5 / *Jeremiah*, 1–13 passim; 23:20–27; 25:3–7; 32:30–35; 44; 51 / *Ezekiel*, 6; 14; 16; 20; 22–23; 36:17–19 / *Daniel*, 3; 6 / *Hosea* passim / *Amos*, 5 / *Nahum* passim / *Habakkuk*, 2:18–19 / *Zephaniah* passim / *Zechariah*, 10:1–3

Apocrypha: *Rest of Esther*, 14:6–10 / *Wisdom of Solomon*, 12–15 / *Ecclesiasticus*, 34:1–7 / *Baruch*, 6 / *Bel and Dragon* / *I Maccabees*, 1:41–2:28 / *II Maccabees*, 6–7

New Testament: *Acts*, 7:39–44; 14:7–18; 17:16–31 / *I Corinthians*, 5:9–11; 8; 10:7,14–21; 12:2 / *II Corinthians*, 6:14–17 / *Galatians*, 5:19–20 / *Philippians*, 3:18–19 / *I John*, 5:21 / *Revelation*, 2:20; 9:20; 21:8; 22:14–15

5 Herodotus, 31, 95
6 Plato, 769–771
13 Plutarch, 104–105, 123–124, 239–240, 729–731
15 Kepler, 1081–1083
16 Augustine, 165–374, 540–548, 550–551
18 Aquinas, 253–255, 268–269
19 Dante, 24, 94, 99
19 Chaucer, 273
20 Calvin, 4–5, 14–15, 30–41, 82, 172–174, 344–345, 390–392, 404
21 Hobbes, 51–52, 80–82, 261
23 Montaigne, 65–67, 286–298
28 Bacon, 100, 101
29 Milton, 5–7, 100–107, 349–350, 358–359, 364–366
33 Locke, 13–15, 112
35 Montesquieu, 208
37 Gibbon, 81, 184–185, 457–467, 600–601, 775–776
38 Gibbon, 154, 195–202, 207–208, 229–230, 252, 329–330
41 Boswell, 173
43 Hegel, 206–207, 257–258, 267–268
48 Melville, 11, 23, 227–230
55 Barth, 455, 539
58 Huizinga, 328

交叉索引

以下是与其他章的交叉索引：

The gods in relation to fate and human life, *see* ANGEL 1; FATE 1, 4; HISTORY 5a; MAN 10a.

Duty and piety toward God or the gods, and worship of God or the gods, *see* DUTY 5, 11; JUSTICE 11b; RELIGION 2–2g.

Love of God and desire to be with God, *see* DESIRE 7b; LOVE 5a–5b(2); VIRTUE AND VICE 8d(3).

The proof or affirmation of God's existence, *see* BEING 7a, 8f; CHANGE 14; KNOWLEDGE 5a(1); METAPHYSICS 2d; NECESSITY AND CONTINGENCY 2a–2b; REASONING 5b(3), 5b(5); THEOLOGY 4c.

God's immanence and transcendence, and the doctrine of pantheism, *see* NATURE 1b; ONE AND MANY 1b; WORLD 3–3b.

God as a necessary being, *see* BEING 7a; NECESSITY AND CONTINGENCY 2a–2b.

The unity and simplicity of God, *see* ONE AND MANY 6a.

God's eternity and immutability, see CHANGE 15C; ETERNITY 3.
God's infinity and omnipresence, see INFINITY 7-7d.
God's perfection and goodness, see GOOD AND EVIL 2-2a.
God in relation to Satan and to the problem of evil, see ANGEL 7-7b; GOOD AND EVIL 1d, 2b; OPPOSITION 2d.
God's intellect, knowledge, and wisdom: the divine ideas and the divine truth, see IDEA 1e; INFINITY 7d; KNOWLEDGE 7a; MIND 10e-10g; STATE 2a(3); TRUTH 2d; WISDOM 1d.
God's will and love, see GOOD AND EVIL 2a; INFINITY 7c; LOVE 5c; WILL 4-4b.
God's beauty, happiness, and glory, see BEAUTY 7a; HAPPINESS 7d; HONOR 6-6b.
The divine independence and God's free will, see LIBERTY 5d; WILL 4b.
Divine causality in relation to nature, the origin of the universe by creation or emanation, and the eternity of the world, see ART 2c; CAUSE 7-7a; CHANGE 14; MATTER 3d; NATURE 3c(4); TIME 2c; WORLD 4-4e(3).
The creation of life and of man, see EVOLUTION 3a, 6a; MAN 8b; SOUL 4c.
God's foreknowledge and providence in relation to man's freedom and to the course of history, see CAUSE 7c; CHANCE 2b; FATE 4; HISTORY 5a; LIBERTY 5a-5c; PROPHECY 1b-1c; SIN 6a; WILL 7c.
Divine causality as expressed in divine law and in the government of the universe, see ASTRONOMY AND COSMOLOGY 4; CAUSE 7c; JUSTICE 11a; LAW 3-3b(2); MONARCHY 2b; SIN 1; VIRTUE AND VICE 8c; WORLD 1b.
Divine causality in the dispensation of grace and the performance of miracles, see CAUSE 7d; HAPPINESS 7a; LIBERTY 5c; MIND 5c; NATURE 3c(4), 6b; RELIGION 1b(2); SIN 7; VIRTUE AND VICE 8b, 8e; WILL 7e(2).
God's justice and mercy, rewards and punishments, see HAPPINESS 7c-7c(3); IMMORTALITY 5e-5f; JUSTICE 11-11a; PUNISHMENT 5e; SIN 6c-6e.
The doctrine of the Messiah, the Trinity, the Incarnation, and the second coming of Christ, see MAN 11c; ONE AND MANY 6b-6c; PROPHECY 4c-4d; RELATION 2.
The doctrine of original sin and man's redemption and salvation, see HAPPINESS 7a; MAN 9b(2); PUNISHMENT 5b; SIN 2a, 3-3e, 7; VIRTUE AND VICE 8a; WILL 7e(1).
The Last Judgment and the end of the world, see IMMORTALITY 5c; PROPHECY 4d; WORLD 8.
The church as the Mystical Body of Christ, and the theory of the sacraments, see RELIGION 2c, 3a-3b; SIGN AND SYMBOL 5c.
The relation between reason and faith in man's knowledge of God, see KNOWLEDGE 6c(5); LOGIC 5f; METAPHYSICS 3a; RELIGION 1b-1b(3); THEOLOGY 2, 4b-4c; TRUTH 4a; VIRTUE AND VICE 8d(1); WISDOM 1c.
The distinction between man's natural and supernatural knowledge of God, and the discussion of mystical experience and the beatific vision, see EXPERIENCE 7; HAPPINESS 7c(1); KNOWLEDGE 6c(5); RELIGION 6f; WILL 7d; WISDOM 1c.
God's revelation of Himself in Sacred Scripture, and man's interpretation of the Word of God, see EDUCATION 7a; LANGUAGE 12; PROPHECY 3d; RELIGION 1b(1); SIGN AND SYMBOL 5e; THEOLOGY 4b.
The relation of creatures to God, and especially the resemblance between creatures and God, see MAN 10a, 11a; RELATION 3; SAME AND OTHER 6.
The names of God, and the bearing thereon of the distinction between the univocal, the equivocal, and the analogical, see IDEA 4b(4); SAME AND OTHER 3a(3)-3b, 6; SIGN AND SYMBOL 3d, 5f.
Sciences concerned with God, see ASTRONOMY AND COSMOLOGY 4; METAPHYSICS 2a, 2d, 3a; THEOLOGY.

扩展书目

下面列出的文著没有包括在本套伟大著作丛书中,但它们与本章的大观念及主题相关。

书目分成两组:

Ⅰ. 伟大著作丛书中收入了其部分著作的作者。作者大致按年代顺序排列。

Ⅱ. 未收入伟大著作丛书的作者。我们先把作者划归为古代、近代等,在一个时代范围内再按西文字母顺序排序。

在《论题集》第二卷后面,附有扩展阅读总目,在那里可以查到这里所列著作的作者全名、完整书名、出版日期等全部信息。

I.

Epictetus. *The Enchiridion (The Manual)*
Plutarch. "Isis and Osiris," in *Moralia*
Augustine. *Answer to Skeptics*
——. *The Enchiridion on Faith, Hope and Love*
——. *The Literal Meaning of Genesis*, BK XII
——. *On Grace and Free Will*
——. *On the Trinity*
Thomas Aquinas. *Compendium of Theology*
——. *On the Power of God*, QQ 1–3, 5–7, 9–10
——. *On the Trinity of Boethius*, QQ 1–3
——. *Quaestiones Disputatae, De Unione Verbi Incarnati*
——. *Summa Contra Gentiles*, BK I; BK II, CH 1–28; BK III, CH 64–83, 146–162; BK IV, CH 1–49, 53–55
——. *Summa Theologica*, PART III, QQ 27–59
——. *Truth*, QQ 2, 5–7, 14, 23, 27–29
Hobbes. *Philosophical Rudiments Concerning Government and Society*, CH 15–18
Bacon, F. "Of Atheism," in *Essayes*
Descartes. *The Principles of Philosophy*, PARTS I, III
Hume. *Dialogues Concerning Natural Religion*
——. *The Natural History of Religion*
Voltaire. *The Ignorant Philosopher*, CH 26
——. "Faith," "Final Causes," "God-Gods," "Grace," "Power-Omnipotence," "Providence," "Theism," "Theist," "Polytheism," in *A Philosophical Dictionary*
——. *The Sage and the Atheist*
Kant. *Prolegomena to Any Future Metaphysic*, par 55
——. *Religion Within the Limits of Reason Alone*
Mill, J. S. "Theism," in *Three Essays on Religion*
Hegel. *On the Proofs of the Existence of God*
——. *Science of Logic*, VOL I, BK II, SECT III, CH I; VOL II, SECT III, CH 3
James, W. *A Pluralistic Universe*
——. *The Will to Believe*
Frazer. *Man, God, and Immortality*, PART III
Bergson. *Two Sources of Morality and Religion*, CH 4
Whitehead. *Process and Reality*, PART V, CH 2
Russell. *Religion and Science*, CH 8
Mann. *Joseph and His Brothers*
Barth, K. *Church Dogmatics*
——. *Epistle to the Romans*
——. *Evangelical Theology*
——. *The Knowledge of God and the Service of God*

II.

THE ANCIENT WORLD (TO 500 A.D.)

Cicero. *De Natura Deorum (On the Nature of the Gods)*
Cleanthes. *Hymn to Zeus*
Hesiod. *Theogony*
Lucian. *Dialogues of the Gods*
Proclus. *The Elements of Theology*, (E,L)
Sextus Empiricus. *Against the Physicists*, BK I (Concerning Gods, Do Gods Exist?)

THE MIDDLE AGES TO THE RENAISSANCE (TO 1500)

Albertus Magnus. *Of Cleaving to God*

Albo. *Book of Principles (Sefer ha-Ikkarim)*, BK II
Anonymous. *The Cloud of Unknowing*
——. *The Saga of the Volsungs*
——. *The Song of the Nibelungs*
Anselm of Canterbury. *Cur Deus Homo?*
——. *Monologium*
——. *Proslogium*
Bacon, R. *Opus Majus*, PART VII
Bernard of Clairvaux. *On Loving God*
Boethius. *The Consolation of Philosophy*, BK IV–V
——. *Contra Eutychen (A Treatise Against Eutyches and Nestorius)*
——. *De Trinitate (On the Trinity)*
Bonaventura. *Breviloquium*, PART I, IV–V
——. *The Mind's Road to God*
——. *On the Reduction of the Arts to Theology*
Duns Scotus. *Tractatus de Primo Principio (A Tract Concerning the First Principle)*, CH 3–4
Eckhart. *Sermons and Collations*, XV
Erigena. *De Divisione Naturae*, BK I
Gaunilon. *On Behalf of the Fool*
Maimonides. *The Guide of the Perplexed*, PART I, CH 46–47, 50–60, 73–76; PART II, CH I, 13–16, 22–23, 25–30, 48; PART III, CH 13–16, 20–21
Nicholas of Cusa. *The Vision of God*
Pseudo-Dionysius. *The Divine Names*
——. *The Mystical Theology*
Sa'adia ben Joseph. *The Book of Beliefs and Opinions*, TREATISES I–II, IV, VII
Thomas à Kempis. *The Imitation of Christ*, BK III

THE MODERN WORLD (1500 AND LATER)

Adler, M. J. *How to Think About God*
Asch. *The Apostle*
——. *The Nazarene*
Boehme. *The Aurora*
——. *De Electione Gratiae (On the Election of Grace)*
Borges. "The Aleph"
Bossuet. *De la connaissance de Dieu et de soi-même*
Bradley, F. H. *Appearance and Reality*, BK II, CH 26
——. *Essays on Truth and Reality*, CH 15
Brown. *Lectures on the Philosophy of the Human Mind*, VOL II, in part
Browne. *Religio Medici*
Buber. *Eclipse of God*
——. *Hasidism and Modern Man*
Butler, J. *The Analogy of Religion*, PART I, CH 2–8
Clarke, S. *A Demonstration of the Being and Attributes of God*
Comte. *System of Positive Polity*, VOL IV, *Theory of the Future of Man*, CH I
Cook. *Zeus: A Study in Ancient Religion*
Cudworth. *The True Intellectual System of the Universe*, VOL I, CH 4–5
Dewart. *The Future of Belief*
Fénelon. *A Demonstration of the Existence and Attributes of God*
Flew. *God and Philosophy*
Garrigou-Lagrange. *God, His Existence and Nature*, PART I; PART II, CH 1–3

Gilson. *God and Philosophy*
———. *Reason and Revelation in the Middle Ages*
Green. *Prolegomena to Ethics*, BK I, CH 1-2
Hartshorne. *Man's Vision of God*
Herbert. *The Temple*
Herder. *God, Some Conversations*
Jaki. *God and the Cosmologists*
John of the Cross. *Dark Night of the Soul*
———. *The Living Flame of Love*
———. *Spiritual Canticle*
Knox. *An Answer to the Cavillations of an Adversarie Respecting the Doctrine of Predestination*
LaCroix. *The Meaning of Modern Atheism*
Leibniz. *Discourse on Metaphysics*, I-VII, XIV, XXXVI-XXXVII
———. *Monadology*, par 38-55
———. *New Essays Concerning Human Understanding*, BK IV, CH 10, 18; APPENDIX, CH 10
———. *Philosophical Works*, CH 34 (*The Principles of Nature and of Grace*)
———. *Theodicy*
Lessing, G. E. *Nathan the Wise*
Lewis, C. S. *The Abolition of Man*
Lotze. *Microcosmos*, BK IX, CH 2, 4-5
Lovejoy. *The Great Chain of Being*
Lubac. *The Discovery of God*
Luther. *Trinity Sunday*
McTaggart. *The Nature of Existence*, CH 43
———. *Some Dogmas of Religion*, CH 6-8
Malebranche. *Dialogues on Metaphysics*, II, VII-XIV
———. *The Search After Truth*
Maritain. *The Degrees of Knowledge*, CH 4; CONCLUSION
———. *An Introduction to Philosophy*, PART II (8)

Newman. *An Essay in Aid of a Grammar of Assent*
Otto. *The Idea of the Holy*
Paley. *Natural Theology*, CH 23-26
Peirce, C. S. *Collected Papers*, VOL VI, par 452-547
Penido. *Le rôle de l'analogie en théologie dogmatique*
Romanes. *A Candid Examination of Theism*
Royce. *The Conception of God*
———. *The Problem of Christianity*, VOL II
———. *The World and the Individual*, SERIES II (10)
Santayana. *The Genteel Tradition at Bay*, CH 2-3
———. *The Idea of Christ in the Gospels*
Sayers. *The Mind of the Maker*
Schleiermacher. *The Christian Faith*, par 50-56, 79-112, 157-172
Smith, N. K. *The Credibility of Divine Existence*
Stephen, L. *An Agnostic's Apology*
Suárez. *Disputationes Metaphysicae*, X(3), XI (3-4), XII (1), XV (9), XIX (3), XX-XXII, XXIII (9), XXIV, XXVIII-XXX, XXXI (14), XLVII (15)
Taylor, A. E. *Does God Exist?*
Tennant. *Philosophical Theology*, VOL II, CH 5-6
Teresa of Ávila. *Book of the Foundations*
———. *Interior Castle*
———. *The Way of Perfection*
Thompson, F. *The Hound of Heaven*
Ward. *The Realm of Ends*
Weil. *Waiting on God*
Weyl. *The Open World*, LECT I
Whewell. *On the Philosophy of Discovery*, CH 31
———. *The Philosophy of the Inductive Sciences*, VOL I, BK X, CH 5
Yeats. "The Second Coming"

30

善与恶 Good and Evil

总 论

　　有关善与恶的学说,涉及众多学科和议题的讨论。它在形而上学中亦占有一席之地。在所有道德哲学——伦理学、经济学、政治学、法学——中,它都具有一种基础性的重要性。即使被另眼相待,且只占有较不重要的位置,它还出现在所有描述性的有关人类行为的学科中,比如说心理学,社会学。

　　善与恶、真与假之间的关系,善与恶、美与丑之间的关系,引发了逻辑上的、美学上的、艺术哲学中的一系列争论。真,如前所述,属于我们思想中善的那一方面。因此,当事物作为爱与沉思的对象或产物时是善的,我们也许就可以说,美是事物的一种特性。在真一词中我们很容易理解善与美;同样,在美一词中,我们也不难理解真与善。

　　在解析中将真、善、美都考虑进来的目的之一,是试图将它们明显区分开来,而不减弱任何一个的广泛适用性。一些著作者做过这方面的尝试。他们在任一事物上使用它们,视这三者间有一种相似之处;但他们也坚持说,这三个词在对事物进行构想时,都有不同的侧重点,各与事物间有着不同的联系。"当'令人向往的'里加诸善这一特性,"阿奎那说,"真与才智也就有了某种关联";同样的,也就有了这样一种说法:目的"属于嗜欲的,即是善,它属于那令人向往之物",反之,目的"属于才智的,即是真,它属于才智本身"。

　　在超越了形而上学和道德哲学的这部分理论中,我们遇到了这样一个概念:完全的善——完全之物的善。我们也因此面对这样一个问题——人类如何理解上帝的善。道德神学的一个基本观念是:正义与邪恶,拯救与沉沦——如同贞与不贞,欢乐与悲伤,实际上对于人类来说,就是善与恶。(他们独特的神学上的意见来源于这样一个事实:那就是,他们认为一个人是善是恶,取决于他与上帝的关系。)但是,一个传统上被称为"恶的问题"的神学上的难题,把整个世界置于它与一种神性的至美的关系中。对于巴特来说,"伦理问题隐含着这样一个秘密,正如我们在生活中所知道的,人乃是一种不可能性。在上帝看来,每个人只能死亡。"

　　这个问题在**世界**一章中有更深入的讨论,很多种方法能被用来将它公式化。在这样一个被全能至臻至美的上帝所创造的世界中,我们应如何去理解恶的存在?既然上帝是善的,既然万事万物皆出自上帝之力,我们如何解释撒旦的罪,人类的沉沦?能像伏尔泰的潘格罗斯博士反复归咎于莱布尼兹那样说吗:这是可能世界中最好的一个?这个世界与完美还差得很远——如果这种说法也是真的呢?如同一般神学家所持的观点,"即使上帝能造出其他一些东西,或者在现存物的基础上添添加加,难道会有一个更好的另外的世界吗?"

　　如今有关善恶的争论更多地采用经济学上的术语而不是神学上的。"价值"一词几乎取代了"善"与"恶"。在好些个世纪中被视为属于道德哲学范畴的,如今不过是一般价值学说中的一部分。

"价值"取代了"善"或者"价值判断"取代了"道德判断",是经济学影响的反映。

对于马克思来说,亚里士多德"是第一个分析……价值的存在形式的人。"**财富**一章中指出,在经济学的源头,它是与伦理学、政治学一起,被亚里士多德作为一门道德哲学对待的。但他将经济学置于其他之下,因为它应付不来整个的人类福祉,而只与财富有关——而财富,只是使人称心如意的事物的一种。

在经济学的现代发展中,"使人称心如意的事物(goods)"一词有了新的定义。如在"商品(goods)与服务"这一短语中,它指的是有用之物或有价值之物。在更普遍的范围里,任何能用得上的或可供交换的事物,都具备一种经济学上的"善"的特质。当经济学家们用到"价值"一词时,即包含有这层普遍的含义。对于亚当·斯密来说,"价值一词……有两种不同的含义,有时候它代表一些特殊对象的效用;有时候它又代表因为占有了一些特殊对象,所有者取得了对他物的购买力"。这两种含义被区分为"使用价值"和"交换价值"。马克思接受了这种划分,但他认为,价值还包含一些更基础性的理念。他认为,有可能将使用价值和交换价值两者抽象化,用以找到是什么隐藏的特性给了所有可供交易之物以价值,那就是,它们是被劳动生产出来的。

在斯密、马克思那里,与亚里士多德一样,有关价值的学说并不用来处理所有类型的善,而仅适用于早期伦理学家们所谓的"外在之善"或"财富的善"。但更经常地,价值一词的含义已被经济学家们或其他一些人大大延伸,只要有一个人在任一方面认为任一事物是值得希求的,它就被用来作为估价。其结果就是,这场由来已久的、有关善恶的主观性或客观性的争执,如今被建立在大量事实与价值的差异上,这差异,或者说,是在对事实的判断与对价值的判断上。

这一争议,即:是否回答有关事实的问题时,也可回答有关价值的问题。一种立场坚持,不像有关事实的问题可以被科学发现所回答及被客观地解决,有关价值的问题只是引发了观念阐述的问题,它与个人的主观回应有关,或者在过去的时代里,与他所在社会的习俗有关。而争议的另一方则坚持,价值的基准可以是客观的,并可像事实或存在的标准一样被科学地决定。

"价值"一词,在任何方面都没改变这一问题;评估一个事物,就意味着判断它是好是坏、是更好或更坏吗?如同体现在巨著中的传统思想一样古老,有一个这样的问题——怎么做,我们能捍卫这种判断力,以及,捍卫他们对那些被判断事物的评判。善与恶是天生的还是习性所至?它们属于知识的科目,还是观点争论的对象?

蒙田有一篇随笔——《对于善恶的判断力很大程度上取决于我们对它们的评价》——给出了一套有关这些问题的答案。"如果恶除了我们的判断别无他法进入我们,"他写道,"那我们似乎有能力鄙弃它们,或将它们转向善的用途……如果我们所说的恶和烦扰既不是恶也不是烦扰本身,如果只是因为我们的怪念头使它们有了如此的特质——改变它们,全在于我们自己。"与蒙田遥相呼应的,哈姆雷特强调:"没有什么一定是好或坏,是你的想法将之看成好或坏。"许多个世纪前,希腊诡辩家们显然也有一番相同的见解。普罗泰戈拉主张"人是万物的尺度",柏拉图则认为,这一观点不无限地适用于所有事物,而只是只适用于像好的或正确的、真的或美的。《泰阿泰德篇》里,普罗泰戈拉被迫承认

"对于病人来说，食物是苦的，而对于健康的人来说，正好相反"。因此，对大多数人来说，对于事物的估量或判断，取决于他们自身的状况以及事物对他们的影响。这种有关善恶的学说不可避免地否认了道德哲学的潜力。苏格拉底称它为"一场大争论，在这其中，万事万物都被说成是有关联的"。

作为对诡辩家们的回应，柏拉图和亚里士多德在相反的倾向上展开了争论。在柏拉图看来，善根本不是一个思辨的课题，而是一个知识的科目。关于善恶的知识是智慧树结出的最好果实。"让我们中的每一个人留下其他任何一种知识吧，"在《理想国》一书的末尾，苏格拉底说道，"去寻觅、跟随那唯一的，"那就是"懂得并分辨善恶"。

亚里士多德认为，伦理学或其他哲学在处理善恶问题时，不可能有如数学一般地精准。"我们的讨论将会是适当的，"他写道，"如果在论题允许的范围内，把一些问题搞清楚。因为在所有的讨论中，我们可不是为了达到相似而寻求精确。"但这并不包括我们在严格遵循道德哲学的基本定律的情况下，尽可能地拓展我们的所知。道德哲学的基本定律包括，比如说，幸福与美德的天性。只有在哪怕特例中也适用这些准则，才有可能谈到不确定性，以及（哪怕只是）某种相对性。因此，亚里士多德的观点是，道德哲学，比如说伦理学和政治学，在客观性和适用于普世的效力上，并不比物理学和数学少，至少在理论层面上是这样。

现代的洛克和康德都肯定了伦理学具有某种科学性，但他们并不同意，亚里士多德所坚持的——当我们将理论运用到实践时，这种科学性会受到一定限制。洛克阐释了他在何种基础上"可以大胆地说，道德可能论证，如同数学一般"；因为，他说"在道德词条的支持下，事物准确、真正的本质将会被了解得通通透透，事物自身的一致性与非一致性当然也会被发现；在这其中，存在着完美的知识"。他自信于，"对于一个在这些学科中对待此一与彼一，没有偏颇、怀着同样注意力的人，我们由不言自明的命题，通过如在数学中般不容置疑、必然的推论，也可以使他明白是非的尺度"。但是，洛克补充说，"也很难说，当人们被获得好评、财富或权力的欲望所驱使，他会拥护时下更为流行的观点。"而他自己，当他确认善会使人愉快，并与个人欲求有关时，似乎更趋向于相反的方面。

对于康德来说，哲学体系由两大部分组成——物理学和伦理学，它们有着平等的立足点，一个与"自然的法则"有关，一个与"自由的法则"有关。两方都存在经验的、也有先验的知识。康德将这两者中先验的部分称为"形而上学"，并论及"自然的形而上学和道德的形而上学"。自然科学，他要求我们"将经验主义的东西从理性主义的部分剔除，将严格意义上的物理（或经验主义的物理）放在自然的形而上学的前头；将注重实践的人类实践学放在道德的形而上学前头，它需要极小心地无任何经验主义之忧"。

这份不完全的思想家清单显示——他们在道德领域内都反对怀疑论和相对论——虽然似乎他们都持同一观点，但对某一点表现支持的同时，又有各自不尽相同的理由。同样的情况似乎也出现在他们的敌对阵营中，比如斯宾诺莎和约翰·穆勒之间存在不同，就如他们与蒙田、古代诡辩家们存在不同一样。

"善与恶"这一组词，斯宾诺莎写道，"如果只从它们自身的角度考虑，并不表征事物中任何实在的东西，它们什么也不是，只是思维的一些模式……一个而且是同一个事物,在同一时间里,可以亦善亦恶,或者与善恶根本无关"——这都取决于那个对这一事物做出判断的人。斯宾诺莎从而定义"善"是"我们肯定它于我们是有用的"。抛开社会不谈,他说,"没有什么是由这世界来判断孰善孰恶的,因为任何一个处于自然状态的人都只考虑自我利益。"只有当人们聚集而居,生活在法律统率下的市民社会中,它才被"尘世所判断,是善是恶"。

既然穆勒坚持,所有的人都寻求幸福;在特定的一些情势中,他们以是否达到这一目的来判定善恶。那么,他似乎提供了一种如同一种道德规范的客观准则的标准,来判断何谓有用之物。但也仅限于此,因为他用欢愉与满足的总和来定义幸福,这就使得"幸福"这一概念有与个人或群体有关的倾向。穆勒说,除非大多数人已有定论,如果在进行全盘考量时,不顾及这两种幸福谁更伟大或更高尚,这一考量没有任何吸引力。最终,在这种程度上,价值判断不是科学的判定而只是观点的表述。穆勒不无迟疑地说"所有道德观的最终裁判"是"我们心思里主观的感觉"。

尼采是宗教理论中无神论的象征,他也是最狂热反对西方传统中所有保守道德教条的代表。在《善恶的彼岸》一书中,他宣称,审视所有"那些统治过或还在统治世界的、较完善和较粗放的道德准则,我发现,某些特性经常一起重复发作,而且总是被绑缚在一起……存在着主人道德和奴隶道德——我同时补充,在所有高级和混合的文明中,都显然存在试图使这两者调和的努力,但更频繁出现的,是一团混乱和彼此间的误解;实际上,有时它们粗暴地并置——即使在同一个人身上,在同一个心灵里头……实质上,奴隶道德是一种功利的道德观。这里,是著名的相对物'善'与'恶'的源头——力量和危险被感觉到存在于恶中,一种实实在在的恐惧,而因为被藐视的原因,它的细微之处和能量得不到承认。如此,对于奴隶道德来说,"恶"意味着恐惧;对于主人道德来说,当"坏"人被轻蔑地评判,恰恰是'善'激发恐惧并愿意去激发恐惧。如果固守奴隶道德,它的对立面会达到顶峰,最终,即便是轻蔑的一瞟也到达了这种道德观里的'善'——它应是一种轻微及仁慈的蔑视——因为在奴隶的思维方式看来,好人不管在哪种情况下都是无害的人;他本性即善,易被哄骗,也许还有一点点笨,好人一个。哪怕奴隶道德占统治地位,它那把'善'与'笨'等同起来的倾向也会通过言语暴露无遗。"

为了使这一基本性的争论明晰起来,有必要注意那些经常卷入有关善恶争论的其他概念——比如说苦与乐、希求与反感,存在、本性,以及理性。在这一过程中,我们将注意到涉及这些观念的章节间存在着关联。

例如,我们已经说过:善与欢愉是相近的;善是人所期望的;善是存在或存在物所具有的特质之一;善是符合事物的本性的;善是理性所称许的。我们有可能看到这每一种表述中都有一部分是真理。但如果每一种都只坚持己见,又可能太简单化。那些不同意将善等同于令人愉悦的、值得期许的、本质的或明智的的人,可能会有疑问:难道恶里就不可能有欢乐吗,难道善里就怎么也不可能有痛苦吗?难道所有欲求本身都是善,或都等同于是善吗?在它自身存在或存在形式之上,加诸任何,怎么还能称其为"善"?如果善遵从于本性和理性,以什么标准,本质的和有理性的被判定为善的呢?

这些问题呼吁,在善恶之争中对有

关的这些要素进行更多的分析。它们并暗示着,这些要素无一能单凭一己之力便足以解决分辨善恶的问题,或设立评判善恶的标尺。在我们提到的这五样东西中,有两种很特别——欢愉与欲望——它们似乎使得这样一个问题悬而未决:善恶哪一个主观,哪一个客观。它们要求我们做出决定,事物是否因为是善的,所以取悦了我们;或是因为取悦了我们,所以事物是善的。是否因为事物是善的,所以我们于它有希求;或仅因为我们有所希求,所以我们就称其为"善"。在这个问题上,斯宾诺莎断言,"我们并不先判断一个事物是善的而想求,正好相反,我们说它是善的,因为我们想要它。"如一句格言说的:"说一样东西是善的,就如同说,它是令人向往的。"阿奎那则持相反的立场,因为对他来说,"凡事只因其完美而令人向往。"因此,哪怕并未实际地被这个人或那个人欲求,它也可以是令人向往的。

其他三个观念——不像欢乐和欲望——似乎偏向于善恶是客观的,起码对那些将自然规律、事物的本性、理性的戒律独立于我们的欲求和偏好的人来说。例如对斯宾诺莎来说,人的本性和理性似乎提供了一种客观的标准去判定,什么对于我们所有的人来说,都是一样的善。没有什么,他写道:"能是善的,除了在我们本性所承认的范围内,因此,一样东西越是被本性所承认的,就越是有益的。"在另一处,他说,"通过善,我理解到……任何我们确信的事物,是以它为手段,我们可以离我们置于前头的、人性的典范越来越近。"所谓的典范,他告诉我们,是一个理性的人,一个行动总是"依从理性支配"的人,因为"所有经由人的能力或理性确认的欲望总是对的"。

不过,如果欲望和欢乐不能从有关善恶的考察中排除出去——起码,善恶不是人类生活的一部分——那么,单纯请求存在、本性和理性的帮助,解决不了这样一个难题:为我们的道德评判找到一种纯粹客观的基础。

善与人类欲望的关系——在这样一个被经常提及的事实里,我们可能找到一些有助于解决问题的方法。古人坚持说,除非某一种东西在某一时刻、在某种程度上,人觉得对自己是善的,人不会希求它。"没有人,"苏格拉底发现,"自愿追逐恶,或追逐他觉得可能会成为恶的东西。宁恶毋善不是人的本性;当人被强制从两样恶的东西中二选一,如果他可以选那稍少一些恶的,他不会选第二个。"但这并未阻碍人们希求那"他们觉得可能会成为善的东西,虽然它们是真正恶的"。因为他们做出了错误的判断,"以为那恶的会成为善的,他们真真正正渴求的还是善"。

那被自觉地欲求的东西,起码看上去常常是善的。当人们在估量事物是对他们有利或有害时犯了错,那表面上看上去是善的——那实际上被渴求的善——将会真真正正是恶,也就是,某些实际上不应被渴求的。而真正的善,也许表面上看不出来,因此可能值得欲求而不被理睬。表面现象耍的这套把戏,苏格拉底说,诱骗我们"一度选择了这样,就会对那样懊悔不已;这种事既发生在我们的行动中,也发生在我们对大事小情的选择中。"

当然,真的善,与那表面上看上去是善的区别,与善的客观性和主观性有关。表面上的善因人而异、因时而异,变化多端。而当那是真正的善,它会从这种相对性和多变性中解脱出来。除非它是真的,明白无误地与那仅是表面的善区别开来,道德家们不可能将善从人们应当欲求的和实际上他们欲求的之间区分开来。

因为道德哲学研究人的行为,这一领域可从对同一题目进行研究的其他学科中剥离——如心理学、社会学——仅就它们处理这一课题的不同方法来说。道德哲学必须更多地是标准性的或规范性的,而不是描述性的。它必须搞清楚,什么是人们应当寻求的,而不是他们正在寻求什么。规范科学的每一种存在形式,如同它们的正确性一样,似乎宁愿如此依靠于证明——与表面上的善形成对照的,真正的善。

这并未给道德家们制造特别的麻烦。他们觉得,无论是在一般情况还是在特殊情况下,运用神法的戒律或者理性法律的戒条,通过直觉判断或理性推理,人们知道什么是对他们真正好的。但是对于那些坚持认为善总是跟欲望有着某种关联,而且总是牵扯着欢乐的人们来说,区别真正的善与表面上的善是一个极其困难的问题。

如我们所知,表面上的善不是真正意义上的善,这种说法就意味着,那被称为"善"的,也许其内里并不是值得向往的。而那些真正善的,也许事实上看上去不是那么回事——这似乎暗示着,"善"一词可被令人瞩目地用在那些并不真正值得向往的事物上——至少,这不是出自它的自觉。那么,善怎么老是跟欲望联系在一起呢?对这个问题的传统回答一定要求助于本性与理性愿望的差异,这一差异在**欲望**一章中被讨论。在那里,善被暗示天然地令人向往,即善被说成其内里总是值得拥有——即使那真正善的并未被理智地欲求。

作为希求对象的欢乐,与被认为是希求得到满足的欢乐,这两者间的基本区别可用来搞清楚善与恶、苦与乐之间的联系。这在**快乐与痛苦**一章中被讨论。如果得到一种值得向往的善是令人满足的,那么当然会有一种感觉:善与乐(或满足)总是联系在一起;但这也有可能是真的——欲求的无数对象中,乐只是一种类型的善;以及,人们的欲望表现得像是真正的欢乐,其实不是真正的善。

前述的考量适用于人类行为范围内的善。但人类的善,可实践的善,服务于人类的善,并不能完全囊括"善"这一概念。善这一观念,对于柏拉图而言,是衡量所有事物完美程度的标尺;它"不仅提供有关已知物的知识,而且赋予已知物的存在和真理,并且,虽然善并不是真理,在高贵性和力量上,前者超越后者"。

在《神曲》中,绝对的善,也是宇宙运行的最后原因或最终结局。它是"始和终,"但丁说,"在爱读给我听的所有戒条中……那本质的东西在那,如此至尊;在外部,它存留了自身光芒的一柱,别无他物,只是善……正是这爱,推动太阳和其他星辰。"

亚里士多德的宇宙论也认为,天体的循环运转,以及经由它们发生的所有自然变化循环,都由最初的推动者永恒地承载着,它凭着自身完美的存在对万事万物的吸引力,驱动着它们。它也因而被称为"自动而无需他动",因为它"通过爱,创造运动"。

虽然欲望和爱被当作宇宙最终的原因进入了有关善的构想,它们并不是人类的欲望或爱。虽然事物中与生俱来的、与其自身完美程度有关的善,可以使人们对它们向往以求;但求与不求,并不取决于事物被人们自发地向往的本身。

比如说,犹太教和基督教的神学理论中,上帝的善绝无可能被人类的欲望、意图或欢乐来衡量;又据《创世纪》记载,上帝检视并发现的"甚好",绝无可能是被创造物的善。创造的次序甚至使得存在物和善里,有了不平等的等阶制度。

即使万事万物都在各自的属性上完美无瑕，它们也不会善得一模一样；因为考虑到天性有差异，不同的种类有可能完美得或多、或少。

在形而上学的观念中，哪一种善在存在形式上或能量上更具现实性，哪一种善就更完美。因而，上帝的无限的善被说成是经由这样一个事实推断而来：他是完全真实的——在存在和大能上，它都是无限的。"那些有生命的"事物，奥古斯丁写道，"要高于没有生命的……而在有生命的事物中，有感知的高于没有感知的……在有感知的事物中，有智能的又高于其他没有的"。

奥古斯丁把"价值的标准"与这些完美的不同等级进行比对。前者"与每一个人在每样事物中发现的效用有关"。后者则"与自然界的次序有关"。那形而上学感觉并不怎么善的，在道德的基础上，可能因对人类更有好处而受到青睐。"谁，"他问，"不是更愿意自己房间里有面包而不是老鼠呢，有黄金而不是跳蚤呢？"难道"得到一匹马比得到一个奴隶要付出更多，得到一颗宝石比得到一个女仆要付出更多"，这不是真的吗？

奥古斯丁及稍晚一些的阿奎那都认为，形而上学的善存在于"在创造物的排序中，事物自身所拥有的价值里"，而道德上的善依赖于某一事物以怎样的关联遵循人类的需要或欲求，并与建立在人类理性上的评估有关。我们在道德中，而不是在超自然的感觉中，才会说一个好人、一个好的愿望、善的一生、一个好的社会；或者说，在所有的事物中，人类去寻求和占有像健康、财富、快乐、美德或知识之类的事物，是好的。只有在超自然的感觉中，事物才会被看作是善的，且与人类完全无关；也只有如此，我们才能在这世上找到与存在物的等阶相一致的、关于完美的等阶制度。斯宾诺莎从而宣称，"事物的完美程度只由它们的本性和能量来判断；而不是因为人类觉得它使人喜或厌，它才更完美或更不完美；也不是因为对于人类的本性来说，它是有益的或有害的。"

形而上学中有关善的概念制造了特别的难题。是否有多少种"存在"，就有多少种"善"？当我们说上帝是善的，是否我们在做一个道德上的或一个形而上学的判断？我们是否在把存在的完美或意愿的善归功于上帝？如果善是存在的一种特性，那是否所有的恶都必须从存在剔除干净？从这一方面想及恶，奥古斯丁指出，如果事物"失去所有的善，它们也随之一起不复存在，"因此"恶并不存在"于存在自身；奥古斯丁并主张，"存在不可能被说成是恶的；恶被当作存在来考虑，只是说恶是一种存在的缺失，如此而已"。

如果在考虑善的观念时把存在的观念也考虑进去，那么有必要说，存在拥有善，与企求有关；问题不可避免地产生了，"谁的企求？"当然不是人类的，否则道德上的和形而上学的善就成同一的了。如果是上帝的，那么企求就不存在于欲望而是爱的形式中，因为神性的至美，常被认为是阻碍欲望的。

这一类的问题摆在了那些认为善既与人类有关又与人类无关的人们面前。他们有义务把道德上的和形而上学理解的善联系起来，并说明两者是否有一种共通的脉络。然而一些著作者把自己的思考局限在严格意义上的道德上的善，并且像斯多葛派干的那样，认为善或恶不是别的，仅是人类意志的自由行动。

"我们应该，"马可·奥勒留说，"仅判断那些在我们影响力下的事物，是好是坏。"在这方面，我们完全自由，因为"事物自身不具备自然的能力去构建我们的判断……如果你被任一外在事物所苦,你不是被它所困扰,而是被你自己对它的判断所困扰。现在,凭你之力你可将此种判断一笔勾销……譬如人杀你,将你千刀万剐,并诅咒你。这些事物怎能阻止你的心智仅只保持纯正、明智和清醒呢?"

虽然康德发展了他所谓的"道德形而上学",他在形而上学上所持的关于善的构想,似乎并不对立于道德意义上的善;除非在一些相似的表现形式中,这些表现形式出现在他将"价值"和"尊严"区别开来时。在这里,就要看它们中的哪一个"总是与一般的趋向发生关联,以及作为具有'市场价值'的人类想望之物",反之"任何……超越一切价值之上,没有等价物可以替代的,即拥有尊严"——"不仅仅是相对价值,而是内在价值。"

但因为康德认为,只有人类或有理性的生物具有内在价值,所以他只在道德体系中找到了善。他同意斯多葛派的说法,善与恶只在自由的范畴中发生,根本不是在万物或自然界的领域中。"善或恶,"他写道,"往往提供了有关意愿的证明,如同理性法则所决定的那样。"理性法则是有关自由的法则。对于康德来说,"在这个世界之内或之外,除了善的意愿,不可能构想出任何能不受限制地被称为善的东西。"在另一处,他说:"如果某物应是绝对的善或恶的……那它就只会是行动的方式,意志的准则。"在这种意义上,服从或反对责任命令的自由意志,是所有善或所有恶的所在或根源。"人们会发笑的,"康德说,"在斯多葛派中,如果有人因为最严重的一次痛风发作而嚎出声来:痛苦,哪怕你最狠毒地折磨我,我也永不会承认你乃恶魔:他是对的……因为除了使他的健康价值受损,痛苦丝毫没有削减他自身的价值。"

在道德行为的范畴里,特别是对于那些多在有所求或找乐甚于承担责任和规则的人,似乎有非常多的善需要区分对待、按序排列。

一些事物会表现得不是因为自身而被希求,而是为了某种其他利益。因为是用得着的手段,所以它们是善的。一些事物被希求是因为它们自身,作为目的,它们会被占有或使人愉快,所以它们是善的。如此,将善区别为手段与目的——有用的和使人愉快的,或讨人喜欢的——即允许存在第三种善:它从一个角度看是目的,从另一个角度看又是手段。对这一类善的分析通向"至善"这一观念——它从任何角度看来都不是一种手段,而完完全全是一种目的,它是最重要或最高级的一种善;其他所有的善,都想达到它这一高度。

有关至善的首要问题是,它是一种类型的善或者,它就是善——是否它只是一种善、比其他的善更令人向往;还是:它是所有善的事物的总和,人们一旦拥有它,无复所求。在亚里士多德和穆勒有关幸福和至善的构想中,他们似乎采纳了后一种观点。"人类的天性,"穆勒说,"自被设立以来,就没有任何希求,既不希求幸福的任何部分,也不希求获得幸福的任何手段。"幸福,他坚持说,不是"一个绝对理念,而是一个具体而微的整体",它包含有所有其他的善,其中也包括它自己。这是仅有的一种完全因其自身的原因而令人向往的善。亚里士多德将美德和知识当作内在的善一样来对待,但他也将它们视为获得幸福的手段。在穆勒的学说中,他们所说的善仍摆脱不了受功利标准的支配;而幸福,因其被用来衡量其他种善的功用,而得以被单独从这种支配下获得豁免。

用对幸福的贡献大小来评估万事万物,如同把这贡献当作根本性的善——

假如说,这即构成了伦理学中的功利主义,那么,亚里士多德比起穆勒来更是一个功利主义者,即使亚里士多德并未提到过功利主义的准则;也未用幸福来定义善;而且他认为,美德是本质上的善,而不仅只是手段。抛开两人所有的分歧不谈,康德更愿意认定他们达成了基本性的一致——或者至少,康德更愿意看作他们承认了,他们都犯了同样基础性的错误。出于一个与众不同的原因,韦伯排除了"心智伦理",基于——"目的得给手段找到借口,这是个麻烦事……要解决这一麻烦,唯一的可能性就是:如果任一行动可能使用到在道德上有危险性的手段,就坚决抑制。"韦伯接着说,"在一个屋檐下,不可能同时容留心智伦理和责任伦理。"

对于康德来说,任何有关人类行为的讨论,如果包含对达到目的的手段的估量,都是实用主义的或功利主义的,即便占支配地位的目的是至善或幸福。他所说的行为的"实用主义准则",考虑的是一个想得到幸福的人应当做什么;而在他看来是严格的"道德或伦理准则","除了认为获得幸福是值得的,没有其他主旨。"在这两者间,他做了明确的区分。道德,他在另一处说,"严格地说,并不是指导人们如何使自己幸福的学说,而是指导人们如何配得上享有幸福的学说。"——通过尽我们的职责。

康德对亚里士多德有关幸福的伦理学的批判因而也适用于批判穆勒的功利主义;而穆勒对于康德的反驳也为亚里士多德提供了辩护。这一基本观点涉及快乐或责任谁是居于首位的——欲望与法则,谁居于首位——这在**责任**和**幸福**两章中被讨论,在那里,有这样一种观点:在有关责任的伦理学中,好与坏取代了善与恶作为基本的观念,至善不是作为道德的第一准则而只是作为派生出来的概念存在。

一些人更为极端,他们对责任给予完全的否定,从而,好坏的任何含义都与善恶不同。还有另一种概念上的普遍的善是可能的。另一些持中间立场的人,在对善恶进行分析时,将好与坏作为低一等级的概念使用;并在对他利或社会利益进行考察时,发现了好与坏的特别的含义。做好事,意味着为他人造福;做坏事,意味着伤害他人。柏拉图孜孜以求的一个问题是:行不公正与因不公正而苦,哪一个更好?这一问题,就善与恶来说,或就好与坏来说,也是能成立的。受恶所苦与行恶,哪一个更好?被他人枉待与枉待他人,哪一个更好?因为对于亚里士多德来说,正义是美德里的这样一种:关心的是他人的权益和一般意义上的善;正义也是这样一种美德:被认为包含着责任或义务——所以,在谈到法律与社会时,评判好坏的标准就被用来衡量人类行为的善与恶。

承认存在多种的、不同等级的善的伦理学家们,在对善的归类上,并不只将它从手段和目的上区分开来。

从数量的角度考虑,善已被划分为有限的和无限的;从性质的角度考虑,它被分为单一的和混合的;能被感知的和超感知的,或者:特殊利益与普遍利益;外在的善、身体的善、灵魂的善;令人愉悦的、有用的、和品德高尚的。有关多种多样的善,更具体的条目上列有:财富、健康、力量、美貌、长寿、幸福、荣誉(或者名声)、美德、知识、友谊。

前述的种种分类可以相互兼容,但有一种分类方法,尽管它于其他都有影响,但它是"自食其力"的。那就是:按个人的善与普遍的善划分的类别,或者说按个人利益与公众利益划分的类别;为一己的善与为其他所有人的善,及整个社会的福祉。在现代功利主义的词汇中,这是按个人幸福与杰里米·边沁称为"最多数人的最大幸福"划分的类别。

"共同利益"这一词组,在一些伟大著作的传统思想中,有许多种意思。一种认为,它是像公用的或被一些家族成员共同耕种的土地一样,一些人觉得最不重要的,即意味着它可能被许多人使用或分享。这种时候,我们所说的"共同"是指一个镇或一个村庄。这种含义尤其适用在经济利益上,这种经济利益也许作为一个整体属于社会所有,也许被分割成若干部分,成为私有财产。如果群体中的个别成员在相互交往中获益,那么社会的繁荣就不仅从整体上看是一种共同利益,单个地来看,它也是一种共同利益;因为对于这个群体的整体或其中每一成员来说,它都是有益的。

也许因为存有这种观念,穆勒谈道:"考虑到普世幸福的指令,(个人)幸福与一种行为模式的践行间牢不可破的联盟,可能是消极的或积极的;因此,如果一个人的行为一贯悖于普遍的善,他想都不要想可能实现个人的幸福;而且,在每一个人的惯常行动模式中,都会有一种直截了当的冲动,要去提升那普遍的善。"如果用穆勒的这一表述来解释边沁的惯用短语——"最多数人的最大幸福"——那么,最多数人不能用票数上的多数来定义,因为只有整个全体的善或所有部分的集合的善,才能被认为是共有的或普遍的善。

还可能存在另一种观念上的共同利益。在某种意义上,有一种利益是共有的;在这种意义上,人类成员共有一种特殊的天性——这里所说的人类,从任何方面来说,都不是一种社会性的组织,而仅指的是如此多数量的个人。例如,如果所有的人都寻求幸福,那么幸福就是一种共同利益,即使这其中的每一个人都只在寻求自己的个人幸福。在更深一层的意思上,因为如果每一个人天性都相同,他们也就在寻求同一种的幸福;因此,这种幸福就是一种共同利益;但是,最严格地来讲,只有每一个个体的幸福与全体的幸福无法分割,它才是一种共同利益。

在给作为"指向共同利益"的行为规则下定义时,阿奎那似乎即在使用"共同利益"的这一层含义。他所说的"共同利益",不仅是社会利益或政治统一体的利益,更是超越它们的"人类生活的最终目的",是"幸福或至高无上的幸福"。这条法则,他说,"自身需要充分地考虑到指向万事万物的幸福的规则。"在这种意义上,穆勒似乎也赞同:幸福是一种普遍的善。"攻击功利主义的人们极少能公正地承认,"他写道,"在指向上正确地符合功利主义标准的幸福,并不是代理人自己的幸福,而是考虑到所有人的幸福。"

共同利益的多种含义引发了一个基本性的论题。一些作家摒弃其他含义,只取一种。一些著作者在使用这一名词时并未覆盖其所有含义,但也发展了一种有关共同利益的等价制度。例如,他们认为万事万物的幸福,是一种比政治社会中的福祉更高级的共同利益。当然,在每一种等阶中,他们都坚持共同利益要高于个人利益。例如,在政治体系中,他们觉得社会的福祉优先于个人幸福。他们宁愿从这样一个方面采纳斯密的表述:个人在寻求他们的一己私利时,会附带地为共同利益服务——这其实是对两种利益关系的一种曲解。一个只盘算着自己的得益的个人"被一只看不见的手推向一个本不在计划目标中的目的"(即:社会的普遍繁荣)——藉由此种说法,并不能使以下这个事实得以开脱:个人无法将注意力放在共同利益上。

共同利益的多种含义还引发了这样

一种引起争议的表述：一些人像是在说社会的福祉总是优先于个人自我完善或幸福——整体利益总是比局部利益重要。另一些人像是在说共同体是为人们而设，而不是人为共同体；或者说因为一个社会的兴旺发达使得居于其中的每一个人生活得更好，所以它是首要的利益。这一争议，从柏拉图、亚里士多德到黑格尔、穆勒，一直贯穿于所有的政治学巨著；在**公民**和**国家**两章中有关于这一争议的研讨。

在经济学和政治学中，集体主义和个人主义的对立并未尽述这样一个观点——建立在最宽泛的道德观基础上，利己主义和利他主义存在着一种冲突。在这里，首先需要考虑的是，这一观点是否自身是正确的；或者它仅是这样一些错误的极端思想的对立面——它们不必要地把各自包含的半真半假的陈述排除在外。

对于共同利益的全方位考察，也许并不需要强调：将它拆开打散地来考察所作出的牺牲。每一个人的利益与人类利益也许是密不可分的。它们可能是同一种利益，只是因为侧重点不同，所以会是个人和共有的。应该说，如果一种善不能既是内在的又是超越的，它不可能是至高无上的——个人所能达到的最高等级的自我完善，与比他的整个的生命和生活更高尚的善，不可能同时存在。

分 类 主 题

1. 有关善与恶的通用理论
   1a. 善的观念：决定性的概念
   1b. 善在存在中所占比重：有关完美的等阶制度和按序排列的善
   1c. 善，真，美
   1d. 恶的根源，本质和存在形式
2. 上帝的善或上帝的至臻：神性的完全存在
   2a. 上帝的善无所不在，导致了事物的善：上帝的爱
   2b. 神性的善和有关恶的问题
3. 有关善的道德学说：道德上的善与形而上学的善的区别
   3a. 人类本性和对于人类来说，什么是善的判定：真正的善和表面的善；特别的善和普遍意义上的善
   3b. 在自由和意愿命令下的善
      （1）责任的规则
      （2）善的意愿：它的条件和结果
   3c. 善与欲望：善导致了欲望的行动，欲望导致了对善的判断
   3d. 欢乐：是善，还是一种类型的善，一种善的感觉
   3e. 好与坏：社会影响力下的善；为善或因恶而受苦
   3f. 人类生活中恶的起源
4. 人类之善的种种
   4a. 可感知的和可理解的善
   4b. 有用的和令人快乐的善；作为一种目的的善和自身是善的
   4c. 肉体的善和灵魂的善：价值的等级

4d. 个人利益和共同利益
5. 人类之善的体系
   5a. 最高的善或者至善:它的存在形式和本质
   5b. 对于不同类型的善的判断:它们相互间的从主关系
   5c. 手段和目的的辩证关系:只不过是手段的和作为最终目的的
   5d. 个人利益和共同利益敦高敦低:作为个体的个人的利益,其他人的利益,共同体的利益,三者间的关系
6. 知识和善
   6a. 知识,智慧,美德:行善和知道何谓善之间的关系
   6b. 有过恶的经历的必要性
   6c. 知识或智慧的好处:知识的用处
   6d. 道德认识的可能性:对善恶的判断是主观的还是恪守常规的

[刘静 译]

索引

本索引相继列出本系列的卷号〔黑体〕、作者、该卷的页码。所引圣经依据詹姆士御制版，先后列出卷、章、行。缩略语 esp 提醒读者所涉参考材料中有一处或多处与本论题关系特别紧密；passim 表示所涉文著与本论题是断续而非全部相关。若所涉文著整体与本论题相关，页码就包括整体文著。关于如何使用《论题集》的一般指南请参见导论。

1. The general theory of good and evil

Apocrypha: *Ecclesiasticus,* 33:14-15
  6 Plato, 83-84, 389
  7 Aristotle, 506
  8 Aristotle, 339, 341-344
 11 Epictetus, 137-139
 11 Plotinus, 329-336, 518-549 passim, 650-651, 651-652
 16 Augustine, 396-399
 17 Aquinas, 20-30, 124-125, 126, 694-696
 21 Hobbes, 61-62
 24 Shakespeare, 296
 28 Spinoza, 642, 660, 665
 29 Milton, 390-391
 39 Kant, 314-321 esp 316-317, 318-321, 338-355
 43 Nietzsche, 499

1a. The idea of the good: the notion of finality

  6 Plato, 50, 164-165, 240-242, 282-284, 309-310, 384-401, 447-448, 535, 609-639 esp 609, 614
  7 Aristotle, 129, 151, 270-271, 275-277, 329-330, 500, 502-503, 506, 512-513, 514-515, 541-542, 606, 645, 698
  8 Aristotle, 161-162, 164-165, 255, 320-321, 450
 11 Lucretius, 52-53
 11 Aurelius, 255
 11 Plotinus, 444-445, 539-549, 620, 624, 645-659, 671-678
 16 Augustine, 158-159, 398-399
 17 Aquinas, 23-30 esp 25-26, 94-95, 96, 128-130, 132-133, 194-195, 241, 328-329, 340-341, 434-435, 486-487, 542-543, 610-611, 614, 655-656
 19 Dante, 90-91, 123-124
 26 Harvey, 442-443
 28 Bacon, 45-46, 110-111
 28 Descartes, 441
 28 Spinoza, 603-606, 656-658
 33 Berkeley, 433-434
 33 Hume, 469
 34 Voltaire, 191-192
 39 Kant, 205-209, 467-470, 473-474, 550-613 esp 550-562
 43 Hegel, 166-186
 43 Kierkegaard, 423-429
 49 Darwin, 41-42, 95-97
 51 Tolstoy, 646-647
 53 James, William, 4-6
 55 Barth, 500

1b. Goodness in proportion to being: the grades of perfection and the goodness of order

Old Testament: *Genesis,* 1
  6 Plato, 167, 282-284, 447-455
  7 Aristotle, 359-360, 383-384, 438, 577, 605-606, 624
  8 Aristotle, 272
 11 Plotinus, 328, 329-336, 370, 558-559, 650-651, 651-652
 16 Augustine, 61-63, 383-384, 396-399, 706-707
 17 Aquinas, 19, 96, 106-107, 116, 131-132, 224-225, 257-259, 269-270, 295, 370-371, 384-385, 391-393, 401, 403, 433-434, 528-534 passim, 615, 618-619
 18 Aquinas, 15-18, 28-29, 181, 392-393, 925-926
 19 Dante, 92, 126-127
 20 Calvin, 157, 286, 333-337, 450-452
 28 Spinoza, 696
 29 Milton, 185-186
 33 Locke, 271-272
 44 Tocqueville, 240-241
 55 Bergson, 71-72
 58 Weber, 230

1c. The good, the true, and the beautiful

  6 Plato, 21, 124-129, 162-163, 383-388
  7 Aristotle, 602, 609-610
 11 Epictetus, 165-167, 227-229
 11 Aurelius, 250
 11 Plotinus, 323-327, 518-524, 545-546, 649, 653-654
 16 Augustine, 114
 17 Aquinas, 25-26, 94-95, 96, 97, 103-104, 424-425, 433-435, 657-658, 704-705, 737, 747-748
 18 Aquinas, 608-609
 34 Diderot, 289-291
 39 Kant, 478-479, 480-482, 488-489, 521-523, 546-548
 55 James, William, 16-18

1d. The origin, nature, and existence of evil

Old Testament: *Isaiah*, 45:7 / *Lamentations*, 3:38

- 6 Plato, 434–435, 530
- 7 Aristotle, 19, 268
- 11 Epictetus, 119
- 11 Plotinus, 329–336, 352, 360, 377–378, 389–391, 392–394, 400–401, 412–413, 457–458, 562, 651–652
- 16 Augustine, 31–32, 41, 55–57, 380, 386–387, 396–402
- 17 Aquinas, 25, 26–27, 259–268, 693–703 passim, 745, 747–748
- 18 Aquinas, 156–158, 159–162, 163–165, 167
- 19 Dante, 98–99, 127
- 20 Calvin, 284–286
- 21 Hobbes, 191
- 28 Spinoza, 603–606
- 29 Milton, 258–273
- 30 Pascal, 116
- 33 Berkeley, 443–444
- 34 Voltaire, 195–196, 224–225, 226
- 39 Kant, 316–317
- 43 Hegel, 134–135, 168–169, 176
- 48 Melville, esp 18–23, 73–77, 80–89, 196–199, 254–259

2. The goodness or perfection of God: the plenitude of the divine being

New Testament: *Matthew*, 5:48 / *Luke*, 18:18–19 / *Revelation*, 15:4

- 6 Plato, 321–323, 447–448
- 7 Aristotle, 602–603
- 8 Aristotle, 406, 433
- 15 Kepler, 1009
- 16 Augustine, 4–5, 54–57, 61–63, 102, 380–381, 705–706, 713–714
- 17 Aquinas, 12–14, 20–23, 28–30, 73–74, 108–109, 150–152, 323–324, 343–345, 542–543, 721–722
- 18 Aquinas, 58–59, 69–70, 485–486, 575–576, 629–630, 701–703
- 19 Dante, 63–64, 98–100, 106, 114
- 23 Montaigne, 340
- 28 Descartes, 276, 277, 303, 312–314, 349–350
- 28 Spinoza, 589, 590–591, 593–594, 596, 601–603
- 29 Milton, 138–139
- 32 Newton, 370–371
- 33 Locke, 213
- 33 Hume, 499–500 passim, 502
- 38 Gibbon, 230
- 39 Kant, 237–239, 263, 278, 307, 325–326

2a. God's goodness as diffusive, causing the goodness of things: God's love

Old Testament: *Exodus*, 20:4–6; 34:5–10 / *Deuteronomy*, 4:1–40; 5:7–10; 7:6–11 / *Job*, 33:13–33 / *Psalms* passim / *Proverbs*, 3:11–12 / *Song of Solomon* / *Isaiah*, 40–66 passim, *Jeremiah*, 31–33 / *Lamentations*, 3:22–39 / *Ezekiel*, 16 / *Hosea* / *Joel*, 2 / *Malachi*, 1:1–3

Apocrypha: *Tobit*, 13:10 / *Wisdom of Solomon*, 11:22–26; 16:20–29 / *Ecclesiasticus*, 11:14–17; 16:26–18:14; 39:16,25–34

New Testament: *Matthew*, 6:25–34; 7:7–11 / *Luke*, 11:1–13; 12:6–7,16–33 / *John*, 3:16–21; 14:21; 15:9–16 / *Romans*, 8:31–39 / *Ephesians*, 3:14–21; 5:1–2 / *I John*, 3–4

- 6 Plato, 447–448
- 7 Aristotle, 438, 605–606
- 11 Epictetus, 137–139
- 11 Plotinus, 539–546, 676–677
- 15 Kepler, 1049–1050
- 16 Augustine, 2–3, 13–14, 114, 140–142, 308–309, 386–389, 401–402, 685–688
- 17 Aquinas, 109–110, 111–112, 119–124, 126, 149–150, 306–308, 313–314, 484–485, 528–534, 538, 548–549, 612–613, 662
- 19 Dante, 92, 123–124, 126–127, 128
- 20 Calvin, 398–399
- 21 Hobbes, 185
- 28 Descartes, 455
- 29 Milton, 178–179
- 52 Dostoevsky, 133–144, 175–176, 197–200

2b. The divine goodness and the problem of evil

Old Testament: *Deuteronomy*, 30:15–20 / *I Samuel*, 16:14–23 / *Job* / *Psalms*, 5; 9–10; 13; 22; 37; 39; 44; 73; 88 / *Ecclesiastes*, 8:1–9:12 / *Jeremiah*, 12

Apocrypha: *Wisdom of Solomon*, 1:13–16; 2:23–24 / *Ecclesiasticus*, 15:11–20; 33:10–15

New Testament: *Matthew*, 13:24–30,36–43 / *Romans*, 1:18–32; 5 / *James*, 1:12–15 / *I John*, 1

- 4 Aeschylus, 90–103
- 6 Plato, 452–453
- 7 Aristotle, 577
- 11 Epictetus, 112–113
- 13 Plutarch, 140
- 16 Augustine, 19–20, 59–63, 362–363, 382–383, 412, 414–415, 442–447, 588–589, 661–662, 757–758
- 17 Aquinas, 12–14, 34–35, 93–94, 107–108, 116–117, 118–119, 128–131, 135–137, 145–147, 266–268, 328–330, 337–338, 368–369, 488–489, 533–534, 581–582
- 18 Aquinas, 156–159
- 19 Dante, 43, 100, 106
- 20 Calvin, 88–89, 90, 96–100
- 21 Hobbes, 160–161
- 28 Bacon, 17–18
- 28 Descartes, 315–319
- 29 Milton, 93–333, 394–395
- 37 Gibbon, 81
- 41 Boswell, 482, 539–540
- 43 Hegel, 166, 323–324
- 43 Kierkegaard, 412, 423–429
- 45 Goethe, xxi–xxii
- 51 Tolstoy, 272
- 52 Dostoevsky, 126–127, 128–129, 352–362

490　西方大观念 The Great Ideas

54 Freud, 790
55 James, William, 30
55 Whitehead, 220
58 Weber, 228-229, 231

3. **The moral theory of the good: the distinction between the moral and the metaphysical good**

6 Plato, 262-263, 280-285, 530-531, 609-639
8 Aristotle, 339-348, 608-610
11 Epictetus, 99-231 esp 168-169
11 Aurelius, 239-294
16 Augustine, 383-384
17 Aquinas, 609-643, 693-720
19 Dante, 65, 67-68
28 Bacon, 69-76, 80-81
33 Locke, 229-232
39 Kant, 114-115, 149-150, 169, 173-174, 253-287, 291-361, 365-379, 594, 595
40 Mill, 445-476
43 Hegel, 48-56
49 Darwin, 304-319
54 Freud, 757-760

3a. **Human nature and the determination of the good for man: the real and the apparent good; particular goods and the good in general**

4 Sophocles, 166
6 Plato, 57-62, 74-76, 177-178, 261-270, 295-356, 421-425, 439-441, 528-531
7 Aristotle, 329-330, 602
8 Aristotle, 341-342, 343, 347-352, 359, 376-377, 389, 430-434, 538, 602-607, 613
11 Lucretius, 72, 77
11 Epictetus, 104-106, 110-112, 124-125, 217-219
11 Aurelius, 243-244, 251, 252, 256-257, 259-260, 268, 270
11 Plotinus, 651
16 Augustine, 99-101, 575-585
17 Aquinas, 308-310, 317-318, 434-436, 541-542, 609-643, 662, 693-703
18 Aquinas, 24-25, 26-35, 63-64, 220-226, 531
20 Calvin, 120-123
21 Hobbes, 61-62, 65, 96
23 Montaigne, 189-190, 272-273, 531-532
25 Shakespeare, 220
28 Spinoza, 657, 662-665, 666, 667
30 Pascal, 243-244, 245-247, 251, 255-256
33 Locke, 90, 105, 108, 191-192, 194-197 passim
35 Rousseau, 343-346
39 Kant, 253-254, 263-264, 270, 584-587
40 Mill, 295-296, 367-369, 448-455
43 Hegel, 173, 190-193
43 Nietzsche, 478, 496-497, 511-518
44 Tocqueville, 196-197, 332-333
49 Darwin, 311-313
50 Marx, 301
51 Tolstoy, 689
52 Dostoevsky, 133-144, 172
53 James, William, 198-209
54 Freud, 624-625, 767, 785-802

55 Barth, 452-455 esp 453-454, 460-461
58 Weber, 101-107

3b. **Goodness in the order of freedom and will**

New Testament: *Romans*, 7:15-25
8 Aristotle, 355-361, 376
11 Epictetus, 99-231
11 Aurelius, 239-294
16 Augustine, 73-75
17 Aquinas, 431-433, 436-438, 468, 541-542, 663-666
18 Aquinas, 156-158, 159-162
19 Dante, 72, 94-95
20 Calvin, 454-455
21 Hobbes, 93
22 Rabelais, 65-66
28 Bacon, 69-81
28 Descartes, 358, 454
29 Milton, 137-138, 180, 186-187
35 Rousseau, 337-338
39 Kant, 164-171, 256-261, 271-287, 298-300, 304, 310-311, 318, 331-337, 378, 397, 403-404
43 Hegel, 14, 58-61, 130-131, 133, 135-137
53 James, William, 794-808, 816-819, 825-827
54 Freud, 164-168

3b(1) **The prescriptions of duty**

11 Epictetus, 175-176
11 Aurelius, 272
13 Plutarch, 121-122
16 Augustine, 589-591, 592-593
28 Bacon, 71-76
28 Descartes, 272-273
35 Rousseau, 393
39 Kant, 190, 253-254, 265-266, 268-270, 272, 273-287, 297-314, 321-329, 338-355, 366-367, 368-369, 373, 383-390, 391, 392-393, 593, 595, 599
40 Mill, 296, 446, 453, 458-459, 468-470, 475-476
43 Hegel, 34-35, 48-50, 59, 133
49 Darwin, 304, 592

3b(2) **The good will: its conditions and consequences**

6 Plato, 262-263, 688-689
7 Aristotle, 175
8 Aristotle, 355-361
11 Epictetus, 99-100, 117-118, 120-121, 122-123, 127-130, 134-135, 147-149, 160-162
11 Plotinus, 486-487
16 Augustine, 397-402, 443-444
17 Aquinas, 25-26, 263-264, 625-626, 631-632, 662, 703-711
19 Dante, 108
23 Montaigne, 61, 69-73, 186-187
29 Milton, 254-255, 368-369
35 Rousseau, 372-373, 396, 400
39 Kant, 253-254, 260-261, 265, 268-270,

297–319, 321–329, 330–331, 386–387, 388, 392–393
41 Boswell, 112, 145
43 Hegel, 44
43 Nietzsche, 496–497
46 Austen, 86, 177–180
55 Barth, 495–497
56 Waddington, 745

3c. **The good and desire: goodness causing movements of desire and desire causing estimations of goodness**

New Testament: *Romans,* 7:15–25
5 Herodotus, 105
6 Plato, 120, 128, 164–165, 177–178, 689
7 Aristotle, 665–667
8 Aristotle, 235–236, 387–388, 426–427, 430–431, 613
11 Epictetus, 158–160
11 Plotinus, 407–408, 411, 662–663, 666–667
17 Aquinas, 24–26, 28, 642–643, 655–657, 667–668, 670–672, 723–727, 799–800
19 Dante, 67–68, 95, 123–124
21 Hobbes, 272
23 Montaigne, 338–340
28 Spinoza, 632–633, 642, 647, 660–662
33 Locke, 177, 184–192 passim
39 Kant, 293, 298–300, 385
43 Hegel, 46

3d. **Pleasure as *the* good, *a* good, or *feeling* good**

6 Plato, 59–62, 275–280, 421–425, 609–639, 660, 689–690
7 Aristotle, 68, 166, 172, 173, 330, 602–603
8 Aristotle, 340, 344, 350, 359, 398–399, 403–406, 426–430, 545
11 Lucretius, 76
11 Epictetus, 141–142
11 Aurelius, 284, 286, 289
11 Plotinus, 318–319, 378–379, 651, 652–653
16 Augustine, 269
17 Aquinas, 614–615, 619–620, 629–631, 666–669, 751–772, 790–792
18 Aquinas, 527–533
23 Montaigne, 84, 123–124, 276–278
28 Bacon, 71–74
28 Spinoza, 671
29 Milton, 171–173
31 Molière, 108–136
33 Locke, 176, 194–195
39 Kant, 298–300, 314–319, 330–331, 338–355, 478–479, 584–587, 588, 594–596
40 Mill, 447–457, 461–464
41 Boswell, 378
49 Darwin, 316
53 James, William, 94, 808–814
54 Freud, 418–420, 772

3e. **Right and wrong: the social incidence of the good; doing or suffering good and evil**

Old Testament: *Genesis,* 18:17–33 / *Exodus,* 20:12–17; 22:21–28; 23:1–9 / *Leviticus,* 19:9–18,33–36 / *Deuteronomy,* 10:17–19 / *I Samuel,* 24; 26 / *Proverbs,* 3:27–35 / *Isaiah,* 10:1–3 / *Ezekiel,* 18:5–22 / *Hosea,* 4:1–3; 7:1–7 / *Amos,* 2:6–8; 8:4–7
Apocrypha: *Tobit,* 1:1–2:9; 4:1–20 / *Ecclesiasticus,* 7–8; 12–14; 28; 34:21–22 / *Susanna*
New Testament: *Matthew,* 5–7 passim / *Luke,* 6:27–38 / *Romans,* 12:17–21 / *I Corinthians,* 6:1–11 / *I Peter,* 2:13–21; 3:8–18
4 Aeschylus, 40–53, 54–74, 75–89, 90–103
4 Sophocles, 111–132, 137, 150–151, 159–174, 189–194, 195–215, 234–254
4 Euripides, 316–333, 350, 450–471, 533–554, 564–567, 606–633
5 Herodotus, 201–202, 217
6 Plato, 203–204, 206, 213–214, 215–216, 300–315, 436–437, 656–658, 687–689, 747
8 Aristotle, 376–387
11 Epictetus, 140–141, 168–169, 201–211, 215–217
11 Aurelius, 242, 244, 254–255, 276
16 Augustine, 7
17 Aquinas, 718–720
18 Aquinas, 236
19 Dante, 13–14
20 Calvin, 183–193
21 Hobbes, 78, 86, 149
24 Shakespeare, 12–14, 49–50
25 Shakespeare, 115, 270–271, 573
27 Cervantes, 77–82
28 Bacon, 93–94
29 Milton, 33–56
31 Molière, 110–111
33 Locke, 230–231
34 Voltaire, 191–249 passim
34 Diderot, 284–286, 286–288
35 Rousseau, 351
39 Kant, 149–150, 306, 391–392, 397–399, 400–401
40 Mill, 302–323 passim, 455–456
41 Boswell, 315
43 Hegel, 36, 37, 51–56, 75–76, 129, 131, 133–134, 135–137, 172–173
43 Nietzsche, 534
44 Tocqueville, 113–114
46 Eliot, George, 283, 554
48 Melville, 181–184
49 Darwin, 310–316, 322, 592–593
51 Tolstoy, 214–216
52 Dostoevsky, 35–36, 129–133, 161–164, 416–417
52 Ibsen, 501–521 passim
54 Freud, 792–793
58 Frazer, 13–17
58 Weber, 101–102
58 Huizinga, 245, 254–255, 256–258
59 Shaw, 123–124, 125
59 Cather, 449–450
59 Joyce, 655–656
60 Fitzgerald, 322–323, 352–381 esp 380
60 Brecht, 438–440

3f. The sources of evil in human life

Old Testament: *Genesis*, 3
Apocrypha: *Wisdom of Solomon*, 1:12–16 / *Ecclesiasticus*, 14:1–10; 15:10–20; 31:5–11
New Testament: *Matthew*, 6:13,19–24; 15:10–20; 19:16–30 / *Mark*, 4:1–20; 7:14–23 / *Luke*, 4:1–13; 12:13–21; 16:1–13; 18:22–30 / *Romans*, 5:12–19 / *II Thessalonians*, 2:1–12 / *I Timothy*, 6:9–10 / *I Peter*, 5:8–9 / *I John*, 2:7–23 / *Revelation*, 12

- 4 Aristophanes, 888–890
- 6 Plato, 318–319, 354–355, 377–379, 431–434, 466, 733–734, 751
- 11 Lucretius, 30–31
- 11 Epictetus, 164
- 11 Aurelius, 279–280
- 11 Plotinus, 331, 388–392, 393–398
- 14 Tacitus, 51
- 16 Augustine, 13–16, 55–56, 74–75, 331–332, 421–422, 442–447
- 17 Aquinas, 100–101, 333, 583, 712, 718
- 18 Aquinas, 137–178
- 19 Dante, 10–12, 30, 34–35, 43, 50–51, 54–55, 81, 100, 101–102
- 19 Chaucer, 302–303, 377–378
- 20 Calvin, 96–100, 103–134 passim esp 126–129, 362–370, 434, 452
- 23 Montaigne, 272–279, 367–368, 422
- 25 Shakespeare, 410–411
- 29 Milton, 40–44, 122, 125–133, 163–164, 262–264, 306–333, 340, 351, 409–410
- 33 Locke, 193–197
- 33 Hume, 485–487
- 34 Voltaire, 248
- 35 Rousseau, 350, 351–352, 360–361, 363–366
- 43 Hegel, 51–57, 122, 250–251
- 44 Tocqueville, 116–117
- 47 Dickens, 64
- 48 Melville, 126–127
- 52 Dostoevsky, 55–57, 128–129, 136–142, 171–174, 321–325, 360–361
- 54 Freud, 531–532, 767–802
- 58 Weber, 104–105
- 58 Huizinga, 245–255

4. Divisions of the human good

4a. Sensible and intelligible goods

- 6 Plato, 69–71, 120–122, 162–167, 224, 386, 735–736
- 11 Plotinus, 378–381, 409–410
- 16 Augustine, 30, 31–32, 63
- 17 Aquinas, 428, 435–436, 625–626, 630–631, 673–674, 749, 756–757
- 43 Hegel, 385

4b. Useful and enjoyable goods: good for an end and good in itself

- 6 Plato, 22–24, 69–71, 74–76, 266–267, 298–299, 310
- 7 Aristotle, 162–163, 164–166, 204
- 8 Aristotle, 339, 341, 407, 536, 539, 542–543 passim, 601
- 11 Epictetus, 192–198
- 16 Augustine, 13–16, 317–318, 575–582, 591–593
- 17 Aquinas, 324–325, 622–623, 652–653, 656–657
- 28 Bacon, 27, 71
- 33 Locke, 194–195
- 39 Kant, 256, 266–267, 268, 271–279, 387–388, 477, 478–479, 586, 591–592
- 53 James, William, 725–726
- 54 Freud, 779–780

4c. Goods of the body and goods of the soul: the scale of values

- 6 Plato, 40–41, 162–167, 178, 205–206, 209–212, 215, 224, 260–270, 334–339, 643
- 7 Aristotle, 329–330
- 8 Aristotle, 527, 601, 602
- 11 Lucretius, 15–16
- 11 Epictetus, 119–120
- 11 Plotinus, 313–320
- 16 Augustine, 103–111, 476, 575–579
- 17 Aquinas, 618–621, 624–625, 755–756
- 19 Dante, 84–85
- 22 Rabelais, 234–235
- 23 Montaigne, 581–582
- 40 Mill, 448–450, 471
- 41 Boswell, 378
- 53 James, William, 198–199

4d. Intrinsic and external goods: intrinsic worth and extrinsic value

- 6 Plato, 206
- 8 Aristotle, 344, 405, 416, 423–424, 432–434, 527
- 11 Lucretius, 72
- 11 Epictetus, 182–183, 212–215, 225–227
- 11 Aurelius, 264–265
- 13 Plutarch, 74–75, 121–122
- 16 Augustine, 171–173, 578
- 17 Aquinas, 529–530, 615–618, 632–636
- 19 Dante, 8–9
- 21 Hobbes, 73
- 23 Montaigne, 158–163, 340–346
- 33 Locke, 33
- 41 Boswell, 349
- 43 Hegel, 25–26, 29–30, 125
- 51 Tolstoy, 194

4e. Individual and common goods

- 6 Plato, 213–219, 342, 364–365
- 8 Aristotle, 445, 455–460
- 11 Epictetus, 118–119
- 11 Aurelius, 246, 265
- 17 Aquinas, 488–489, 512–513, 614–615, 710–711, 718–720
- 18 Aquinas, 206–208, 215–216, 229–230, 232–233, 238–239, 252–253, 259–261, 1058–1061
- 19 Dante, 63–64

33 Locke, 30–36 passim
34 Swift, 112–113
39 Kant, 369–373
40 Mill, 297
41 Boswell, 393
43 Hegel, 24–25, 63–64, 82, 125, 141, 144
43 Nietzsche, 481

5. The order of human goods

5a. The supreme good or *summum bonum*: its existence and nature

6 Plato, 164–167, 254–255, 383–401
7 Aristotle, 543, 602–603
8 Aristotle, 339–347, 403–405 passim, 426–434, 527–530 passim
11 Epictetus, 102, 153–155, 167–168
11 Plotinus, 329, 671–678
16 Augustine, 31–32, 317–319, 348–351, 396–397, 575–599
17 Aquinas, 50–51, 150–152, 609–643
19 Dante, 93, 123–124, 132–133
19 Chaucer, 210–211
21 Hobbes, 76
23 Erasmus, 41–42
23 Montaigne, 84
28 Bacon, 70
28 Spinoza, 665, 668, 681, 697
30 Pascal, 185
33 Locke, 194
39 Kant, 236–240, 253–287, 297–314, 338–355, 584–588, 591–592, 594–597, 604–605
40 Mill, 448, 450, 461–464
54 Freud, 771–772

5b. The judgment of diverse types of good: their subordination to one another

Old Testament: *I Kings,* 3:5–14 / *Psalms,* 49; 52 / *Proverbs,* 11:4,23–31; 22:1–5 / *Ecclesiastes,* 5:10–19; 6:2–7 / *Jeremiah,* 9:23–24
Apocrypha: *Ecclesiasticus,* 13:24–26
New Testament: *Matthew,* 10:34–39; 13:22,44–46; 16:24–28 / *Mark,* 10:17–31 / *Luke,* 9:23–27,59–62 / *Romans,* 8:1–27 / *Galatians,* 5:16–26 / *Philippians,* 3:7–21 / *I John,* 2:15–17 / *Jude*
5 Herodotus, 6–8
6 Plato, 69–71, 183–184, 310–311, 421–427, 635–639, 643–644, 656–658, 674, 686–688, 689–690
7 Aristotle, 89–90, 162–166
8 Aristotle, 339, 340, 341–344, 452, 480–481, 536–537, 604–607
11 Lucretius, 55
11 Aurelius, 247–248
11 Plotinus, 313–317, 319–320
16 Augustine, 13–16, 103–111, 169–173, 248–249, 383–384, 588–592
17 Aquinas, 613–614, 615–636
19 Dante, 84–85
21 Machiavelli, 26
23 Montaigne, 122–127, 166, 257–259, 272–279, 319–321, 410, 531–532, 581–587
25 Shakespeare, 114
28 Bacon, 70–76, 91–92
28 Spinoza, 678
30 Pascal, 94–97, 213–216, 326–327
33 Locke, 198
35 Rousseau, 373–374
39 Kant, 271–272, 273–277, 337–355, 478
40 Mill, 448–450, 455–456, 471
43 Hegel, 325–326, 388–389
43 Kierkegaard, 436–453
43 Nietzsche, 498–499, 512, 516
53 James, William, 198–204
55 Barth, 499–500
57 Tawney, 196–199, 254–255

5c. The dialectic of means and ends: mere means and ultimate ends

4 Sophocles, 234–254
5 Thucydides, 504–507
6 Plato, 22–24, 213–219, 280, 300–315, 632
7 Aristotle, 163, 533
8 Aristotle, 340–341, 342–343, 358–359, 387–388, 391–392, 602–607, 608
11 Epictetus, 177–179, 212–215
11 Aurelius, 262–263, 271
11 Plotinus, 307–309, 315–316
13 Plutarch, 160–161, 357, 660–661
16 Augustine, 314–315, 585–592, 709–710, 713–714
17 Aquinas, 106–107, 109–110, 629–636, 641–642, 656–657, 667–668, 674–675, 678, 682–683, 685–686
18 Aquinas, 23–24, 325–327, 524–525
19 Chaucer, 349–350
21 Hobbes, 53, 237
23 Montaigne, 107, 370–372, 422–429 passim
28 Spinoza, 605
30 Pascal, 190, 261
38 Gibbon, 245
39 Kant, 234–240, 265–267, 268, 271–279, 282–283, 315–317, 318–321, 337–355, 357–360, 397–398, 477, 594–595, 605–606
40 Federalist, 85–87 passim
40 Mill, 445
43 Hegel, 28, 45–48, 67, 76–77, 112, 132–133, 139, 282–284
43 Nietzsche, 540
52 Dostoevsky, 133–144
53 James, William, 199–201, 381–382, 788–789
55 Dewey, 105
55 Barth, 495–497, 507–508, 539
57 Tawney, 189–191, 197–199
58 Weber, 103–106

5d. The supremacy of the individual or the common good: the relation of the good of the individual person to the good of other persons and to the good of the state

4 Aeschylus, 26–39 esp 38–39
4 Sophocles, 111–112, 161, 175–194, 234–254

4 Euripides, 543-545, 551-553
4 Aristophanes, 651-672
5 Herodotus, 253-257
5 Thucydides, 397-398, 402, 511, 520
6 Plato, 75-76, 200-212, 213-219, 262-270, 342, 364-365, 379-380, 390-391, 692-693, 707-708, 754
8 Aristotle, 377, 420-421, 422, 423-424, 425, 446, 455-460, 473-475, 481-483, 527-530, 542
11 Epictetus, 135, 140, 172-173, 187-188
11 Aurelius, 246, 249, 257, 260, 263, 275-276, 277, 281, 289
13 Plutarch, 32-48, 626-627, 632
14 Tacitus, 226-228
16 Augustine, 582, 584, 590-592
17 Aquinas, 636, 762-763
18 Aquinas, 213-214, 221-223, 235, 236-237, 239-240, 247-248, 263-264, 309-318, 458-459, 900-917, 1040-1042, 1061-1062
20 Calvin, 333-337, 351-354
21 Hobbes, 91-92, 93-94, 105
23 Montaigne, 522-524, 529-530
24 Shakespeare, 535-536
25 Shakespeare, 103-141, 352-353
28 Bacon, 71-75, 94-95
28 Spinoza, 667, 669-670
29 Milton, 358-359
30 Pascal, 256-257
33 Locke, 15-17, 44, 46-47, 53-54, 62-64, 65, 104
34 Swift, 112-115
35 Montesquieu, 221-222
35 Rousseau, 323-328, 343-345, 363-364, 368-377, 391-400, 405, 417-418, 425
36 Smith, 124-125, 216-217
37 Gibbon, 193-194
39 Kant, 272-273, 304-305, 369-373, 375-376
40 Constitution of the U.S., 17
40 Federalist, 147-148, 256-257
40 Mill, 267-274, 293-323, 450-455, 469-470
41 Boswell, 221-224, 261
43 Hegel, 47, 60, 83, 86-87, 102, 106-107, 111, 127-128, 139-140, 144, 145, 287-288, 316-317, 339-341, 390-392
43 Kierkegaard, 435
43 Nietzsche, 477, 478, 481-482, 501-503, 513
44 Tocqueville, 46-47, 154, 271-275, 282-284, 349, 375, 407-408
47 Dickens, 413-414
49 Darwin, 310-319, 321-322
50 Marx-Engels, 429
51 Tolstoy, 67-68, 72-74, 475-476, 505-511 passim, 514-515, 537-538, 634-635
52 Dostoevsky, 165-166, 171-175
54 Freud, 452, 757-759, 780-781, 799-800, 853
55 Dewey, 111-114
55 Whitehead, 226-227
55 Barth, 477-478, 497-499, 539
57 Veblen, 95-96
57 Tawney, 183-186, 198-199
58 Weber, 174-179

59 Shaw, 93-94, 102-103, 112-113

6. **Knowledge and the good**

6a. **Knowledge, wisdom, and virtue: the relation of being good and knowing what is good**

Old Testament: *Proverbs*, 1-2; 7-8; 10:8,31; 14:16-18,22,29; 28:7
Apocrypha: *Wisdom of Solomon*, 1:1-7; 6; 8-10 / *Ecclesiasticus*, 19:22-24; 39:1-11
4 Euripides, 301-302
6 Plato, 7, 12-13, 26-37, 38-64, 174-190, 225-226, 230-234, 333, 383-401, 439-441, 485, 669-670, 806
7 Aristotle, 169-170
8 Aristotle, 339-340, 350-351, 393-394, 395-398, 434
11 Epictetus, 115-117, 123-124
11 Aurelius, 266, 268
11 Plotinus, 309-310, 312
13 Plutarch, 265, 490-491
16 Augustine, 65-66, 70-71, 313-314, 391-392
17 Aquinas, 6-7, 615-616
18 Aquinas, 38-40, 42-43, 44-45, 70-72
19 Dante, 123-124
23 Montaigne, 113-114, 122-127, 248, 557
24 Shakespeare, 408
28 Descartes, 267, 273-274
28 Spinoza, 662, 663, 664
29 Milton, 228-229, 239
33 Locke, 186
33 Berkeley, 432
34 Swift, 28-29
35 Rousseau, 343-345
39 Kant, 282-283, 326-327
43 Hegel, 51-56
53 James, William, 82, 806-808
54 Freud, 560, 625
55 Barth, 490-505

6b. **The need for experience of evil**

6 Plato, 337, 727
11 Plotinus, 514-515
13 Plutarch, 726
16 Augustine, 107-108
17 Aquinas, 130-131
19 Dante, 1-44
23 Montaigne, 241-243, 276, 552
29 Milton, 239, 262-264, 301, 389-396
43 Hegel, 250-251, 376-377
43 Nietzsche, 480
48 Melville, 3
52 Dostoevsky, 55-57, 128-131, 360-361

6c. **The goodness of knowledge or wisdom: the use of knowledge**

Old Testament: *I Kings*, 10 / *Job*, 28:12-20 / *Proverbs*, 1-4; 8; 9:10-12; 14:24; 19:2,8; 24:1-14 / *Ecclesiastes*, 1:17-18; 2:12-26; 7:11-12,16-19; 9:11,13-18
Apocrypha: *Wisdom of Solomon*, 6-10 / *Ecclesiasticus*, 1:16-19; 4:11-19; 6:18-37;

14:20–15:8; 21:12–13,21; 24:1–22; 25:10; 34:8; 37:24,26; 40:25; 41:14–15; 51:13–28
New Testament: *I Corinthians,* 1:17–31
  4 Sophocles, 166–168
  6 Plato, 16–18, 28, 40–41, 74–76, 389–398, 421–425, 476, 525–526, 528–531, 609–639, 792, 794–799
  7 Aristotle, 162, 499, 500–501, 631
  8 Aristotle, 426–427, 431–434
  11 Lucretius, 58–59, 77
  11 Aurelius, 255–256
  19 Dante, 4–6, 47
  19 Chaucer, 280
  23 Erasmus, 13–16
  23 Montaigne, 110–115, 272–283, 545–547, 551–554
  24 Shakespeare, 58–59, 61–62
  28 Bacon, 6, 16–17, 26–27, 30
  28 Spinoza, 692–693
  33 Locke, 94–95, 188–189
  37 Gibbon, 284
  40 Mill, 274–293 passim
  41 Boswell, 118, 256
  43 Hegel, 297–298
  45 Goethe, 1, 12, 19–21
  54 Freud, 777–779
  56 Hardy, 380–381

6d. The possibility of moral knowledge: the subjectivity or conventionality of judgments of good and evil

  4 Aristophanes, 711–714
  5 Herodotus, 97–98
  6 Plato, 58–62, 183–184, 187–190, 383–386, 594–595, 759–760, 809–810
  8 Aristotle, 359, 390–393
  11 Epictetus, 136–137, 141–142

  13 Plutarch, 99
  14 Tacitus, 58
  16 Augustine, 737–738, 746
  17 Aquinas, 308–309
  18 Aquinas, 223–224, 498–499
  20 Calvin, 1–2, 120–122, 169–170
  21 Hobbes, 57–58, 78, 91, 140
  23 Montaigne, 69–70, 78, 100–102, 319–324, 347, 466–468
  25 Shakespeare, 114
  28 Descartes, 270, 272–274
  28 Spinoza, 653, 660, 678
  30 Pascal, 29–44, 230–231, 238–239
  33 Locke, 105–107, 110–112 passim, 303–304, 317–319, 325–326, 360
  33 Berkeley, 432
  33 Hume, 508–509 passim, 509
  34 Swift, 165–166
  35 Rousseau, 362, 434
  36 Smith, 47, 388–389
  39 Kant, 263, 264, 265, 270–272, 307–310, 377
  40 Mill, 445–447, 448–450, 456–462, 471–476
  41 Boswell, 197, 198
  43 Hegel, 2, 48–49, 50–51, 59–60, 119, 136, 173
  43 Nietzsche, 474–482, 494–503 esp 501–503
  49 Darwin, 314–315, 317
  50 Marx-Engels, 428
  51 Tolstoy, 304–305, 514, 611, 645–646
  52 Dostoevsky, 34–36
  53 James, William, 190–191, 886–888
  54 Freud, 758, 759
  55 Whitehead, 227
  55 Barth, 490–505 esp 493–495
  58 Weber, 101–102

交叉索引

以下是与其他章的交叉索引：

The metaphysical theory of good and evil, *see* BEING 3–3b; CAUSE 6; CHANGE 14; DESIRE 1; GOD 5b; WORLD 6b, 6d.

The relation of the good to the true and the beautiful, *see* BEAUTY 1a; TRUTH 1c.

The theological considerations of divine goodness and the problem of evil, *see* GOD 4f, 5h; INFINITY 7c; JUSTICE 11a; LOVE 5a, 5c; PUNISHMENT 5e–5e(2); SIN 3–3e, 6–6e; WILL 7d; WORLD 6d.

The moral theory of good and evil, *see* DESIRE 2b–2d; DUTY 1; MIND 9c; NATURE 5a; PLEASURE AND PAIN 6–6e; WILL 8b–8b(2).

Right and wrong, *see* DUTY 3; JUSTICE 1–2, 4.

The theory of the *summum bonum* or of happiness, *see* DUTY 2; HAPPINESS 1, 3; MIND 1e(3).

Particular human goods in themselves and in relation to the *summum bonum* or happiness, *see* HAPPINESS 2b–2b(7); HONOR 2b; KNOWLEDGE 8b(4); LOVE 3a; PLEASURE AND PAIN 6a–6b, 7; VIRTUE AND VICE 1d; WEALTH 1, 10a; WISDOM 2c.

Evil and its sources in human life, *see* LABOR 1a; SIN 3–3e; WEALTH 10e(3).

The individual and the common good, or the good of the person and the good of the state, *see* CITIZEN 1; HAPPINESS 5–5b; JUSTICE 1e; STATE 2f.

Means and ends in general, *see* CAUSE 4; RELATION 5a(2); WILL 2c(1).

The objectivity or subjectivity of judgments of good and evil, *see* CUSTOM AND CONVENTION 5a; OPINION 6a–6b; RELATION 6c; UNIVERSAL AND PARTICULAR 7b.

Knowledge of good and evil, and the nature and method of the moral sciences, see KNOWLEDGE 8b(1); PHILOSOPHY 2C; SCIENCE 3a; WISDOM 2b.

The goodness and use of knowledge, see ART 6c; KNOWLEDGE 8a–8c; PHILOSOPHY 4c–4d; SCIENCE 1b(1); WISDOM 2C.

扩展书目

下面列出的文著没有包括在本套伟大著作丛书中，但它们与本章的大观念及主题相关。

书目分成两组：

Ⅰ．伟大著作丛书中收入了其部分著作的作者。作者大致按年代顺序排列。

Ⅱ．未收入伟大著作丛书的作者。我们先把作者划归为古代、近代等，在一个时代范围内再按西文字母顺序排序。

在《论题集》第二卷后面，附有扩展阅读总目，在那里可以查到这里所列著作的作者全名、完整书名、出版日期等全部信息。

I.

Epictetus. *The Enchiridion (The Manual)*
Augustine. *Concerning the Nature of Good*
———. *Divine Providence and the Problem of Evil*
Thomas Aquinas. *Quaestiones Disputatae, De Malo*, Q 1
———. *Summa Contra Gentiles*, BK III, CH 1–16
———. *Truth*, Q 21
Hobbes. *The Whole Art of Rhetoric*, BK I, CH 7
Bacon, F. "Of Goodness, and Goodness of Nature," in *Essayes*
Hume. *An Inquiry Concerning the Principles of Morals*
Voltaire. *The Ignorant Philosopher*, CH 31, 38
———. "Good—The Sovereign Good—A Chimera," "Good," in *A Philosophical Dictionary*
Smith, A. *The Theory of Moral Sentiments*, PART VII
Kant. *Lectures on Ethics*
Hegel. *The Phenomenology of Spirit*, VI
———. *The Philosophy of Mind*, SECT II, SUB-SECT B
———. *Science of Logic*, VOL II, SECT II, CH 3; SECT III, CH 2(B)
Nietzsche. *On the Genealogy of Morals*, I
Dickens. *Oliver Twist*
Melville. "Benito Cereno"
———. *Billy Budd, Foretopman*
———. *Pierre*
Tolstoy. *Resurrection*
Dostoevsky. *Crime and Punishment*
James, H. *The Turn of the Screw*
Bergson. *Two Sources of Morality and Religion*
Dewey. *Experience and Nature*, CH 3–4, 10
———. *Human Nature and Conduct*, PART III–IV
———. "Nature and Its Good, A Conversation," in *The Influence of Darwin on Philosophy*
———. "The Good," "The Ethical World," "The Formation and Growth of Ideals," "The Moral Struggle," in *Outlines of a Critical Theory of Ethics*
———. *The Quest for Certainty*, CH 10
———. *Reconstruction in Philosophy*, CH 5, 7
Russell. *Philosophical Essays*, CH 1
———. *Religion and Science*, CH 8
———. *The Scientific Outlook*, CH 17
Heisenberg. *Philosophical Problems of Quantum Physics*
Waddington. *The Ethical Animal*

II.

THE ANCIENT WORLD (TO 500 A.D.)

Cicero. *De Finibus (On the Ends of Good and Evil)*
Epicurus. *Letter to Menoeceus*
Sextus Empiricus. *Against the Ethicists*
———. *Outlines of Pyrrhonism*, BK III, CH 21–32

THE MIDDLE AGES TO THE RENAISSANCE (TO 1500)

Albo. *Book of Principles (Sefer ha-Ikkarim)*, VOL IV, CH 12–15
Boethius. *The Consolation of Philosophy*, BK III–IV
———. *Quomodo Substantiae (How Substances Can Be Good in Virtue of Their Existence Without Being Absolute Goods)*
Bonaventura. *Breviloquium*, PART III (1)
Duns Scotus. *Tractatus de Primo Principio (A Tract Concerning the First Principle)*
Maimonides. *Eight Chapters on Ethics*
———. *The Guide of the Perplexed*, PART III, CH 10–12

THE MODERN WORLD (1500 AND LATER)

Adler, M. J. *A Dialectic of Morals*
———. *Six Great Ideas*, CH 9–13
Anouilh. *Traveller Without Luggage*
Baudelaire. *Flowers of Evil*
Bentham. *An Introduction to the Principles of Morals and Legislation*
Berke. *The Tyranny of Malice*
Bosley. *On Good and Bad: Whether Happiness Is the Highest Good*
Bradley, F. H. *Appearance and Reality*, BK II, CH 17, 25
———. *Ethical Studies*
Brentano. *The Origin of the Knowledge of Right and Wrong*
Burgess. *A Clockwork Orange*
Carlyle, T. *Sartor Resartus*
Clifford. "On the Scientific Basis of Morals,"

"Right and Wrong: The Scientific Ground of Their Distinction," in *Lectures and Essays*
Croce. *The Philosophy of the Practical*
Dickinson, G. *The Meaning of Good*
Ewing. *The Definition of Good*
Fichte, J. G. *The Vocation of Man*
Gide. *The Counterfeiters*
——. *The Immoralist*
Golding. *Lord of the Flies*
Green. *Prolegomena to Ethics*, BK III–IV
Haldane, J. S. *The Sciences and Philosophy*, LECT XV
Hampshire. *Morality and Conflict*
Hare. *Freedom and Reason*
——. *Moral Thinking*
Hartmann, N. *Ethics*
Hutcheson. *An Inquiry into the Original of Our Ideas of Beauty and Virtue*, II
Huxley, A. L. *Ends and Means*
——. *The Perennial Philosophy*
Katz. *Seductions of Crime*
Laird. *An Enquiry into Moral Notions*
Leibniz. *Theodicy*
Lewis, C. I. *An Analysis of Knowledge and Valuation*
MacIntyre. *After Virtue*
McTaggart. *The Nature of Existence*, CH 64–67
Malebranche. *The Search After Truth*, BK IV, CH 1–4
Malraux. *Man's Fate*
Maritain. *The Person and the Common Good*
——. *Saint Thomas and the Problem of Evil*
Miller, A. *The Crucible*
Moore. *Ethics*, CH 3–4, 7
——. *Philosophical Studies*, CH 8, 10
——. *Principia Ethica*, CH 4, 6
Peirce, C. S. *Collected Papers*, VOL I, par 573–677; VOL V, par 120–150
Poe. "The Imp of the Perverse"
Rawls. *A Theory of Justice*
Reid, T. *Essays on the Active Powers of the Human Mind*, III, PART III, CH 1–4; V
Ross. *The Right and the Good*, III–VII
Royce. *Studies of Good and Evil*
——. *The World and the Individual*, SERIES II (8–9)
Santayana. *Reason in Science*, CH 8–10
Scheler. *Formalism in Ethics*
Sidgwick, H. *The Methods of Ethics*, BK I, CH 9
Soyinka. *The Road*
Spark. *The Prime of Miss Jean Brodie*
Sparshott. *An Enquiry into Goodness*
Suárez. *Disputationes Metaphysicae*, III, X–XI, XXIII–XXIV
Taylor, A. E. *The Faith of a Moralist*, SERIES I (2, 4–5)
——. *Philosophical Studies*, CH 11
Thackeray. *The History of Pendennis*
Walker. *The Color Purple*
Wassermann. *The World's Illusion*
West, N. *The Day of the Locust*
Westermarck. *Ethical Relativity*
Whewell. *The Elements of Morality*, BK I
Wilde. *The Artist as Critic*
——. *The Picture of Dorian Gray*

31

政 府 Government

总 论

"政府(government)"的通常含义是政治的。这个词经常与"国家(state)"互换使用。但是在大学、商业公司、教会以及为了共同目的而联合在一起的任何人类组织中都有类似政府的机构。神学家谈论宇宙的神圣政府,道德家则探讨在心灵中作为统治权力来掌控欲望或激情的理性。

在所有这些脉络中,政府这个概念都包含了统治与被统治的基本关系以及命令与服从的基本关系。尽管这些关系的性质因相关术语的不同而有所不同,但总体而言它们之间还是有着足够多的共同内涵,这使得一般性地考察政府本性成为可能。不过这并不是各种名著探讨政府的方式。在绝大多数著作中,政府这个概念是在某一两个特定的情境下面被考察的——比如它在家庭或者国家所起的作用,在心灵或宇宙中所起的作用。其内涵的共同点只是在比较各种不同的政府模式时被间接地记录下来。

考虑到这一点,为方便行事,我们把本章的论旨限定在政治意义上的政府,而把家庭意义的政府和教会意义的政府放在**家庭**那章与**宗教**那章名下,把经济意义的政府放在**财富**那章、把神圣政府放在**上帝**以及**世界**两章名下加以考察,把心灵的政府分拆到考察理性与激情的诸章,如**欲望**与**情绪**两章。

"政府"与"国家"经常作为可以互换的词语被使用。一些作者则对此作了区分,他们认为"国家"指称的是政治共同体自身,而"政府"指称的是该政治共同体在政治上的组织方式。不过在传统的政治理论中这两个概念总是倾向于相互融合。比如说,国家的类型通常是根据政府形式来加以命名的。各种名著谈论君主制和共和制国家,一如我们今天谈论法西斯国家和民主制国家。

尽管如此,当我们发现国家在经历了政府形式的根本变化之后仍可保持它的历史同一性时,我们就认识到国家与其政府之间的差异。当一场革命导致君主制被民主制所取代,或者民主制被君主制所取代时,国家并未在这场革命中消解。无论是在塔克文家族统治下,在共和主义者统治下,还是在恺撒统治下,某种意义上罗马还是罗马。与此相反,某些反叛比如美国历史上一些蓄奴州试图脱离联邦的南北战争就危及到国家自身。

虽然在事实上政府包含了统治者和被统治者的关系,但是这个词通常被用来指称关系中的特定一维,即统治者。当共和制的公民说到"政府"的时候,他们通常指称的是官僚部门——不是作为整体的公民而是那些在某个时段位居公职的人。但是政府不能仅只包含政府官员,就好像教育不能只有教师一样。不同的政府形式可以通过观察被统治者的状况以及统治者的权力而得到轻易的区分。此外,恰如亚里士多德对宪政政体的观察所言,同一个体可以"转换其统治者和被统治者的身份"。

尽管政府这个观念包含了统治者和被统治者,但是这个词在政治文献中却有着更为严格的意义。当不同的作者论及政府的各个分支或部门时,或者当他们论及政府的主权者时,他们就把注意力集中在统治权力及其相关的组成部分上。

政治理论的名著在探讨政府时提出了许多基本问题。何为政府的起源、本性和必要性？政府的目的是什么,以及这些目的是如何规定政府的范围和限度的？好政府与坏政府、正当的政府与不正当的政府、正义的政府与非正义的政府之间的区别在哪里？政府的形式都有哪些,好政府的形式是什么样的,坏政府的形式又是什么样的？政府部门或分支都有哪些,它们彼此之间应该如何相互发挥作用？

这些问题都是彼此相关的。政府的起源、本性和必要性与它的目的和限度有关。在探讨政府的正当性和正义时同样也会考虑这些因素。它们同样也和政府形式的区分及其评价有关。不同的政府分支应当如何相关的方式则受不同的政府形式所影响。

这些问题并非总是按照同样的顺序被考察。一些伟大的政治理论家们——诸如霍布斯、洛克和卢梭——是在考察政府的起源时发现其根本原则的。他们把下列问题作为起点,是什么使得一个人能够正当地统治其他人？政治权力的实施是由它所诉求的目标得到证实和限制的吗？在回答这些问题时,他们或者暗示或者明确区分了好政府与坏政府之间的差别,并且指出政府(权力)可能被滥用或者腐化。尽管他们在列举各种形式的政府时采取的是反映传统分类的方法,但是他们似乎并不认为这个问题具有核心意义。

另外一些著名的政治思想家则把区分和比较不同形式的政府作为政府理论的核心问题。柏拉图和亚里士多德,孟德斯鸠和穆勒主要关注的都是有关政府是否正义或好的判准问题。他们从是否合意的角度比较了各种政府形式,从最接近于理想状态的到最腐败的。在这些思考过程中,他们普泛地回答了关于政府的必要性、正当性以及目的的问题。

所有这些思考至少在这一点上达成了一致意见,即政府对于国家的生活是必要的。各种名著的作者一般都认为,没有哪个共同体可以不需要政府,因为没有政府人们就不能和平共存。没有人像梭罗或者克鲁泡特金那样是无政府主义者,尽管克鲁泡特金声称《战争与和平》以及穆勒的《论自由》中包含了"无政府主义的观点"。马克思和恩格斯或许是这一规则的例外。

正如韦伯所留意到的那样,托洛茨基正确地指出:"所有的国家都是建立在暴力之上。"在韦伯看来,如果不使用暴力,"'国家'这个概念就会消失,另一种可以被称之为'无政府'的情况就会浮现——在这个词的明确意义上。"但是韦伯没能区分暴力和由政府正当使用强制力之间的差异。这一错误可以通过把正当的政府定义为能够垄断实施被授权的强力而得到纠正。所有未被授权的强力都是暴力。

马克思和恩格斯看起来持相反的观点,这个观点在列宁的《国家与革命》中得到了详细说明。这个观点的基础在于,在共产主义革命之后无阶级社会必将来临,此时阶级斗争已经终结因此也就不再需要政府。国家可以悄然消失。但是根据阿奎那的观点,即便社会摆脱了所有的不公正和邪恶。即便人们共同生活在一个纯洁无罪的状态,并且拥有亚当堕落之前的完满道德,即便那时政府也还是必要的,他认为,"除非建立政府来看护共同利益,否则众人聚居的社会生活也是不可能的。"

各种政治理论名著并没有就国家的本性达成一致意见。在国家的历史起源及其所应当和不应当承担的功能等问题上也没有达成共识。它们并不总是以同样的方式在反思政府的善与恶。它们也没有为政府的必要性提供相同的理由。结果,它们为政府的权限范围划出不同的界限,并且赋予它不同的功能,其范围从仅仅是消极地防止暴力到积极地以各种方式为人民提供福祉,不一而足。

尽管在所有这些事情上它们都聚讼纷纭,但是惟有一个例外,它们一致认为无政府——政府的完全缺席——是不符合人性的。就人之为人而言,按照达尔文的观点,"任何形式的政府都要比无政府好。"其他人如霍布斯和康德,则把无政府等同于自然状态,对他们来说这也就是战争状态。像洛克这样的人尽管认为自然状态不等于战争状态,不过生活在市民社会会有更大便利,因为政府弥补了无政府状态所滋生的各种不便和不幸。尽管在这些理论家的笔下人们似乎可以选择生活在自然状态或者市民社会,但是事实上只要人们希望获得文明生活的好处,他们就不认为人们在政府这个问题上有任何选择余地。他们无法想象在没有政府的状态下市民社会能够存在上一时半刻。

关于政府必要性的普遍共识集中在政府的两个基本要素上:权威和权力。除非人们服从政府的指令和规范,否则就不可能存在任何政府,即使是最弱意义的政府。但是一个人可以是自愿地或者非自愿地服从他人——或者因为他认可把权利赋予他人来发号施令,或者是因为他畏惧不服从所可能遭到的惩罚。

这两种服从的模式分别对应于政府的权威和权力。权威导致自愿的服从。而权力或者通过实际的强迫或者通过恐吓的强迫来迫使非自愿地服从。权威和权力是政府的权利与强力的体现。彼此可以共存也可以分离;但是正像卢梭所指出的,当权利缺失的时候,政府就是不正当的;而汉密尔顿则指出,当强力缺失的时候,政府就是无能的。

在一段著名的文字中,联邦党人提出一个观点,只有在天使的社会中才可能只依靠权威来实行统治。但是人既然是人,而不是天使,他们的服从就必须要以强制力的威胁来作保证。在任何社会中总有一些人是好的,一些人是坏的,或者有时好有时坏,强制力是唯一可以迫使那些不愿为公益服务的人去做他们应当做的事情的方式。即使政府机构的权威来自于被统治者的认可,但若没有权力或者强力的保障就不可能有效地发挥其功能。出于这个理由汉密尔顿痛斥那种"由单纯的法律力量来治理一切的观念"没有任何立锥之地,只可能"存在于那些自命聪明、不屑汲取经验教训的政治学博士的幻想之中。"

权威没有强制力为辅就无法有效地实现政府目的,强力没有权利保障则会沦为专制。"法律终止之处,专制出现。"洛克写道,"无论谁是权威,但凡他超越了法律赋予的权力限度,并利用他控制的强力去攫取法律所禁止的对象,他就不再是保民官。"使用未被授权的强力只可能有两种形式,要么是篡权要么是暴政。如果是"运用属于他人权利的强力",洛克就称之为篡权;如果"使用权力去做任何人都无权利去做的事情,"就是暴政。

对正当的统治和基于强力的全面支配的区分并不是取决于是否使用权力,而是取决于这必须被运用的权力究竟是否被合法地授权。

主权这个概念包括对权威和权力的

研究。主权这个词本身起源于中世纪和封建制时代。它指称那种无须对任何人效忠、其治下封地的持有者都须向他效忠的领主的最高地位。由于这些主权领主的最高地位披有合法权利的外衣,所以根据封建领土权的习俗,主权看起来就暗示着权力与权威的联合,而不只是赤裸裸的强力的使用。

古代的政治哲学家并不使用"主权"这个术语。但是他们在讨论政治权力分配时关注的正是权威的占有以及强力的控制问题。比如说,亚里士多德在探讨"谁是城邦国家中的最高权力——大众?或是富人?或是好人?或是最好的那个人?"时,他的问题就和现代作者追问主权归谁是一样的。当亚里士多德在探究寡头制与民主制之间的矛盾时,他的关键问题集中在统治阶级的法律定义上:这种制度究竟是把全部的政治权力放在富人手里还是无论其贵贱贫富放在自由人的手里。在这里一个现代作者使用"主权"一词来做解释似乎并不那么违反原意,因为主权可以被说成是属于任何一个由法律赋予最高权力的个体或者阶级。

在主权的这种含义之下,专制政府和有限政府之间的差别,或者暴政和宪政之间的差别,都导向了主权个体和主权机构之间的区分。

以个人身份握有主权的统治者,如果他的权力和权威不受实证法的任何限制,则他就是专制主权者。根据一些政治哲学家的观点,主权必然是专制的。比如说,在霍布斯看来,有限主权这个观念似乎就是自相矛盾的,就好比最高权力者并没有最高权力一样。

在讨论了建构主权的专制权力之后,霍布斯继续说道:"这伟大的权威是不可分的……有些人说主权君主的权力虽然比每一个臣民单独说来大,但比全体臣民总合起来的权力小的说法是没有什么根据的。因为他们所说的全体,如果不是如同一个人一样的集体,那么全体一词和每一个人一词所指的便是同一回事,这句话便荒谬不通了。但如果他们所谓的全体所指的是把全体臣民当成一个人看待,而这一人格又由主权者承当,那么全体的权力和主权者的权力便是同一回事,在这种情形下,这话便也是不通的。"

霍布斯认为,主权是由一个人把持还是由一群人把持并无分别。在两种情形下"国家的主权者……都不服从于市民法。因为主权者既然有权立法和废法,所以他就可以任意废止那些阻挠它的法律而摆脱束缚、肆意妄为。"主权者因此就拥有专制的权力,这种专制的权力体现在他可以肆意妄为的绝对权利与自由之中,因为"只受自己限制的人就是毫无限制的。"

阿奎那似乎也持同样的观点,当他承认"主权者……在行使其强迫性权力时是不受法律约束的,既然通常认为没有人会受他本人的强迫,那么法律也就无法对主权者的权威有任何强迫性的权力。"但是阿奎那与霍布斯的不同之处在于,他认为即使君主的权力不受君主制度的特性束缚,那么君王的权威也是要受君主制度的特性限制的。在中世纪的君主制概念里,君王并不像霍布斯所坚持的那样只受限于他本人,而还要受限于他的臣民。臣民对君王宣誓效忠是以后者的加冕誓言作为交换的,在加冕誓言中君王要立誓承担起维护疆域内习俗的义务。

阿奎那把主权君主理解为政府的组成要素之一——另一个要素是成文法——如此一来,这个政府就兼具专制与宪政的色彩了;而霍布斯则认为主权者是与专制政府完全等同的。这其中所隐含的差异——也即混合政体与纯粹的专制政体之间的差异——在本书的**宪法**与**君主制**两章中会有更详细的讨论。与上述两种政体相比，共和制或者纯粹的宪政政府就用主权机构替代了主权个体。它否认可以由个人来掌握主权，除非是以公职的身份。

根据卢梭的共和主义观念，政府本身并不拥有主权，它只是代表了作为整体的政治共同体，后者才是主权者。他写道，主权"只是而且仅仅是作为一种委托和任用"授予政府，他们"仅仅是主权者的官吏，是以主权者的名义在行使主权者托付给他们的权力。"既然这个权力不是他们的而是被委托的，所以只要主权者高兴就能够限制，修正或者收回它，"因为转让这样一种权利既然是与社会体的本性不相容的，所以也就是违反结合的目的的。"

主权的统一性不会因为一些人共同行使主权权力这一事实而受到损伤，政府的统一性也不会因为被分拆为不同的部门或分支比如立法、行政和司法而受到损伤。因为在共和制中，政府（包括它所有的分支或部门）的权力和权威源自于宪法（或者如卢梭所说的"根本法"），而且是作为整体的人民而不是政府部门的官员拥有宪法权力，所以在这个意义上人民就是最高权力者或者就是主权者。

人民主权意味着作为整体的人民自己统治自己，无需任何类型的行政官员的服务；但是这种情况只可能在一个非常小的共同体中实现。在任何有历史重要地位的国家中，是否有民族以这种方式行使过主权是颇可怀疑的。人民主权更为常见的意义可以在阿奎那的论述中窥见一斑，他把行政官员或者统治者仅仅理解成人民的代理人。他写道："为公益而下达命令的权力，属于所有人民或者属于人民的代理人。因此立法权要么属于全体人民要么属于一个受到全体人民关注的公职人物。"与此相类似，压迫性强力的行使"是以全体人民的名义或者某些公职人物的名义出现的，它是用来惩罚罪恶的。"

"公职人物"这个观念，如阿奎那在这些段落所使用的，显然是指那些全体人民的代理或者代表。作为全体的人民首先拥有行使政府所有功能的权威与权力。只有出于方便或者其他理由他们才会推选一个或者更多的公职人物来代为行事，让这些个体来实践主权，但仅只作为代表。

洛克的根本原则——即"人是……天生自由、平等和独立的，没有人能够在未经他本人认可的前提下放弃这些权利并且臣服于其他人的政治权力"——是人民主权的另一种表达方式。它在《独立宣言》中再次出现，它是这样表述的，既然政府是由那些保留其基本权利的人所组成的，政府就必须将"它们的正当权力源自于被统治者的认可。"

黑格尔拒绝把"大家最近开始谈论的'人民主权'"作为"反对君主主权的武器。并因此反对君主主权。"他写道，"人民主权是一个建立在'人民'这个过于宽泛概念基础之上的混乱观念。"他认为，如果人民主权意味的不过是整个国家的主权，那么"作为整体人格存在的主权……就在那里，就其概念的充分实存，一如君主的人格。"

但是共和主义的作者会这样答复他，只要政府是宪政政府而不是极权政府，他们所说的人民主权就和政府主权并不矛盾。当人民主权被理解成政府的正当权力的一种源泉或者基础而不是实际的行使时，主权在国家中的两种存在形式就不会相互冲突。不过政府的至高无上性总是受制于以下事实:它的所有权力都是人民意志所赋予的,并且能够被收回或者改变。

绝对主权或者有限主权的问题以及相关的联合主权和分离主权的问题在各种政府之间的关系上有着不同的意义。

在《联邦党人文集》以及在穆勒《代议制政府》中所讨论的联邦政府理论考虑的不是人民与其政府之间的主权划分问题,而是两种不同的政府——其中人民都赋予了一定的权力——之间的主权划分问题。在区分州政府和联邦政府的时候,麦迪逊写道:"在组成一个国家的人民中……最高权力完全被授予国家立法机关。在为特殊目的而联合的共同体中,最高权力部分授予国家立法机关,部分授予地方立法机关。在前一种情况下,一切地方权威从属于最高权力,并且最高权力可以随意控制、指导或废除地方权威。在后一种情况下,地方当局形成各自独立的部分最高权力,在各自的范围内,不从属于国家权力,正如后者在其权力范围内不从属于前者。"联邦政府或者一般性政府与州或者当地政府都以同样的人民主权为其源头,但是它们各自源自此源头的主权却受制于对保留给另一方权限内容的界定。

联邦国家与殖民附属地或者被征服民族的最根本区别在于,与联邦政府不同,帝国政府声称拥有无限的主权。在行使这种权力时所引发的帝国主义问题将在**暴政与专制**和**奴隶制**两章中进行探讨。

剩下的一个情况是各种独立政府,包括由不同的国家通过协约或者联盟结合在一起的政府,或者顶多是像希腊同盟或是由美国的《邦联条例》所代表的某种松散的威权同盟。在这种情况下,运用于独立政府的"主权"这个字眼所指称的最高权力,并非指它们拥有发布命令的权威和权力,而是在相反的意义上指它们不受制于任何政治上的威权。

这种意义上的相反在黑格尔区分内在主权与外在主权时得到了清晰的阐释。

在阐述完国家主权与其人民之间关系的情况后,黑格尔说道:"这是国家内部的主权。主权还有另外一面,也即面对外国时的主权。"国家的个体性体现在它意识到自身的存在"是与他者截然不同的单位";黑格尔在这种个体性中发现了国家的自主性,他认为这种自主性是"一个民族拥有的最高尊严和最根本自由。"

根据黑格尔的观点,从"每一个国家相对于其邻国都是独立自主的"这个事实可以推论出,这些主权者"彼此之间处于自然状态之中。"这种自然状态也就是霍布斯此前所描述的战争状态。正因为独立国家相对于他国拥有绝对的主权,"它们才在边陲布置重兵,用枪炮对准四邻,处在无休止的战争状态以及一触即发的战争边缘之中。"

康德写道,各种独立国家之间的关系就像是"无法无天的野蛮状态"。他同意卢梭的观点,认为"在其他民族眼中"一国被称作"一种纯粹的力量"是恰当的。与主权政府在其领土范围内要把权力与权威统一在一起不同,主权国家彼此之间的对外关系却可能单纯以力相向。当它们的利益发生冲突时,各方只会屈从于更强大的势力或者来自它的威胁。关于这些问题的更详细讨论请参见**法律**、**国家**以及**战争与和平**等章。

正如此前多处地方所暗示的,本章所讨论的资料必然要涉及讨论政治主题的相关章节的研究。在探讨政府形式的时候尤其如此。比如**贵族制**、**民主制**、**君**

主制、寡头制、暴政与专制等章，它们处理的都是传统上公认的各种不同政府形式。每一章探讨一个政府形式，辨名析理，并与其他形式比较优劣高下。此外，在**宪法**一章还要处理各种政府形式的所有差别中或许是最根本的差别，即在共和政府和专制政府或者在法治政府与人治政府之间的差别。

因此，在此处只需一般性地探讨由不同形式的政府之间的分类与比较所引发的论题。这些论题可以被总结为如下一些问题。

什么是好政府的标准或者标志？政府的好是由它所实现的目标来决定的，还是由它被建立的方式决定的，抑或是由它在达到无论何种目标时所体现出来的效率所决定的？好政府的这些标准是正义、正当性还是效率，它们是相互独立的还是可以彼此转换的？

坏政府的本质是什么？可以对在实际操作中产生权力滥用和弊端的好政府，和由于在原则上以及实践中腐败堕落因而在本质上就是坏的政府之间划出界线吗？

存在不同形式的好政府吗？存在不同形式的坏政府吗？它们彼此之间如何被区分？所有的好形式都一样的好，坏形式都一样的坏吗？如果不是一样的好或者一样的坏，那么根据什么原则来为那些合意或不合意的政府形式进行排序？例如，到底是根据正义与不正义的程度还是根据有效与无效的对比，来断定一种好政府形式要更好于另一种好政府形式，一种坏政府形式要更坏于另一种坏政府形式？换种方式来追问这个问题，一种好的政府形式之所以优于另一种好的政府形式，乃是因为它取得了更好的结果或是仅仅因为它更完美地获得了同样的结果？

如果存在几种截然不同的好政府形式，有没有一种或多种办法把它们结合成为一个复合形式或者混合形式？如果把混合形式与混合之前的各种纯形式相比，它是优于所有的纯形式，还是优于其中一些，甚或一个也不是？其根据是什么？需要什么样的条件？

尽管各自提出了他们所认为的理想政府形式，但是一些政治哲学家承认理想形式在现存的条件下或者就人之为人而言也许是无法实现的。比如说，柏拉图就承认他在《理想国》中所勾勒的国家也许是不现实的；在《法律篇》中他提出的政府制度就相对不那么理想化而更具有可操作性。到访雅典的陌生人在谈及《理想国》里所描述的国家时说到，"无论它是否可能，都没有人能够——不管根据何种原则——建立起一个在德性上（比它）更真实、更完善或者更尊贵的国家，"他在《法律篇》中所探讨的国家则是"退而求其次"的对象。而他所说的"第三优"的国家，尽管甚至不是实践中的理想对象，但却可能是如今真实存在的最好的政府形式。

亚里士多德也制定了不同的方法去判断和比较不同形式的政府。他写道，我们也许应该考虑，"在没有任何外在障碍的时候，哪一类型的政府更能激发我们的热情，"但是我们也必须考虑"哪一类型的政府更适合特定的国家。"此外，亚里士多德认为有必要"知道哪种政府形式最适合于普遍意义的国家"以及有必要"说明在任何给定的条件下一个国家可以被如何建立起来。"

至关重要的是，不仅必须要知道"哪种形式的政府是最好的，而且还要知道哪种形式的政府是可能的。"尽管"政治理论家有着极棒的想法，"但亚里士多德认为它们"通常是不现实的"。因为"最好的常常是无法企及的，"真正的立法者"不仅应该熟知在抽象意义上哪一种形

31. 政 府

式是最好的,而且还要熟知在具体情境下哪一种形式是最棒的。"

孟德斯鸠和穆勒后来都曾运用过这一基本的区分,即在绝对或者抽象意义上的最好政府形式和与特定历史环境相关的最好政府形式之间所作的区分。这些特定的历史环境包括人民的经济状况、文化层次、政治经验、地理、气候以及种族特征。比如孟德斯鸠认为在绝对意义上法治政府要优于专制政府,但他也认为专制政府对一些特定民族可能更加合适。穆勒认为代议民主制代表了理想的政府形式,但他也认识到专制君主制对于尚未脱离原始状态的野蛮民族或者未开化民族来说也许要更为合适。

这里最大的问题在于,历史环境本身能否被改善到让一个民族开始适应或者准备好接受一个更好的政府形式,并最终准备好接受所能达到的最好政府形式,也即,与最可能的条件相关的形式。尽管孟德斯鸠强调了他所认为的最顽固的种族特征——比如亚洲人的奴性,但穆勒认为这些条件都是可以通过教育、经济发展以及社会变革加以弥补和改进的,这两位作者似乎给出了两个截然对立的答案。这个论题在本书**民主制**、**君主制**以及**进步**等章中有更为充分的讨论。

此外还有一些其他遗留问题应该被提及。理想的国家和理想的政府形式是不可分离的还是可以分离的?理想的政府应当如何被理解——是在假定人类如其所是或者如其所能是的前提下,在实践中可能达致的"最好";还是超越人类的极限、只能远距离或者非常拙劣地模仿的完美形象?举例来说,神圣的政府可以为人类政府设定一个应该仿效的模型吗?人类政府的理想是最类似于神圣的政府呢?抑或恰恰相反,人类政府的完美形式是根据人性以及人统治人的难度标准所确定的?

传统上列举了三个政府功能:立法,司法和行政。洛克补充了一个所谓的"外交权力",这是签订协议或联盟,以及一般性从事外交事务的权力。我们或可质疑这个功能在严格意义上是否与其他三个功能是等同的,因为外交事务和国内事务一样可以属于行政或者立法的领域,要么二者兼而有之,就像美国宪法这样的例子。

在我们这个时代,各种行政机关增生以及各种规划委员会的发展被认为是政府活动的新的方面,但是以上问题可能再一次被提出,这些部门不仅仅是对立法功能、对特殊案例的司法管理以及对那些在可施行的法律管辖范围之外的事务的行政管制的一种补充。看起来政府的行政部门是最难被定义的,因为它既包含了执法,也包含了要对立法和司法裁决所未能涵盖的事务的管理。

如果政府的这三种功能划分穷尽了所有可能,剩下的问题就是这些不同的活动之间应该如何相关联,以及应该由谁来实现这些功能。在专制君主制中,朕即政府,所有的权力都集于一人之手。尽管君主可以授权给他人,但是那些人只是作为他的代理或代表行事,而不是独立的官员。这一事实并不能抹煞立法、司法与行政在理论上的分野,但是在这种情况下三权没有现实的区分,也没有法律的检查和平衡机制。

根据孟德斯鸠的观点,政治自由的基础就是权力的分离。"权力应该受到权力的监督,"他写道。在三权分立的制度中,"立法部门由两部分组成,基于彼此相互对立的特权而监督对方。它们同时受到行政权的限制,正如行政权受到立法权的限制一样。"

无论孟德斯鸠把宪政主义归功于当

时英格兰的有限君主制是否正确,他的论证都能从历史之外求得检验,因为它是就法治政府能否依靠三权分立来防止堕落成为极权政府提出了一般性的问题。

对于美国的联邦党人来说,当监督与制衡的体系被写入宪法之后,也就发明了这样一种"政府的内在结构,其中的各组成部分,就其相互关系而言,彼此可以成为维系各自恰当位置的手段。"这就是他们认为从孟德斯鸠三权分立原则那里继承来的最主要优点。他们把这个原则视为"自由政府的神圣标准"。

分 类 主 题

1. 政府的一般理论
    1a. 政府的起源和必要性:关于无政府的论题
    1b. 政治政府或者市民政府与教会政府、父权统治或者专制统治的比较
    1c. 政府的目的与限度:正当性与正义的标准
    1d. 政府的组成要素:权威与权力或者压迫性强力;法理政府与事实政府之间的区分
    1e. 好政府的特点
    1f. 政府的滥用与腐败
    1g. 政府的主权:主权的统一与分配
        (1)主权个人:以个体统治者面目出现的主权
        (2)主权机构:主权被分割为由制度所创立的各部门
        (3)主权在民:作为政府主权来源的共同体
    1h. 自治:人民意志的表达;选举;投票
2. 政府的形式:它们的评价与排序
    2a. 好的政府形式与坏的政府形式的区分与比较
    2b. 不同的政府形式之间的结合:混合制度,混合政体
    2c. 政府形式的绝对评价与相对评价:相对于人性或者历史情境
    2d. 不同的政府形式对于构建人民性格的影响
    2e. 政府的理想形式:可操作的理想与乌托邦式的理想
3. 宪政政府的权力、分支或部门:各种权力的列举、定义和排序
    3a. 各种权力的分离与合作:各政府部门彼此之间的侵权与僭越
    3b. 市民权力与军事权力之间的关系
    3c. 政府的立法部门:法律的制定
        (1)立法机关的权力与责任
        (2)立法机制与程序
    3d. 政府的司法部门:法律的运用
        (1)司法机关的权力与责任
        (2)司法制度与程序
    3e. 政府的行政部门:法律的执行;行政法令
        (1)行政机关的权力与责任
        (2)行政机制与程序:科层体制和市民服务

4. 政府的收入与开支：税收和预算；政府在经济活动中的角色
5. 各种政府之间的关系：主权君主或者作为无政府状态的各国
    5a. 外交政策：协议的制定；战争与和平的行为
    5b. 依附型政府：殖民政府；被征服民族的政府
    5c. 地方政府与全国政府之间的关系：政府功能的中心化与去中心化
    5d. 联邦与联邦统一体：州政府与联邦政府之间的权限分配
6. 政府的历史发展：革命与进步

[周濂 译]

索引

本索引相继列出本系列的卷号〔黑体〕、作者、该卷的页码。所引圣经依据詹姆士御制版，先后列出卷、章、行。缩略语 esp 提醒读者所涉参考材料中有一处或多处与本论题关系特别紧密；passim 表示所涉文著与本论题是断续而非全部相关。若所涉文著整体与本论题相关，页码就包括整体文著。关于如何使用《论题集》的一般指南请参见导论。

1. The general theory of government

  6 Plato, 295–441 esp 310–416, 598–604, 663–677, 679
  8 Aristotle, 390–391, 445–548
  16 Augustine, 593–594, 597–598
  17 Aquinas, 512–513
  21 Hobbes, 84–104
  28 Bacon, 94–95
  30 Pascal, 225–233 passim
  33 Locke, 25–81
  34 Swift, 78, 112–115, 157–158
  35 Rousseau, 367–385, 406–410, 423–424
  39 Kant, 435–437, 450–452
  40 Federalist, 104
  40 Mill, 327–341
  43 Hegel, 388
  54 Freud, 780–781

1a. The origin and necessity of government: the issue concerning anarchy

  New Testament: Romans, 13:1–8
  5 Thucydides, 436–438
  6 Plato, 44, 316–319, 663–667
  8 Aristotle, 445–446, 475–476
  11 Lucretius, 72–73
  13 Plutarch, 638
  14 Tacitus, 51
  16 Augustine, 231, 414–415
  18 Aquinas, 226–227
  19 Dante, 52
  20 Calvin, 420–421
  21 Hobbes, 58, 77, 84–87, 91, 99–102, 109, 113, 159
  24 Shakespeare, 535–536
  25 Shakespeare, 109
  28 Spinoza, 669–670
  30 Pascal, 227–228
  33 Locke, 4, 16, 25, 28–29, 44–55, 65, 75
  34 Swift, 135–184
  35 Montesquieu, 1–3
  35 Rousseau, 333, 391–393
  36 Smith, 347–349
  39 Kant, 433–434
  40 Federalist, 31, 36, 63, 65, 71–78 passim, 121–122
  40 Mill, 302–303
  43 Hegel, 127–128, 180–183
  44 Tocqueville, 361

  49 Darwin, 310, 321

1b. Comparison of political or civil government with ecclesiastical government and with paternal or despotic rule

  4 Sophocles, 166–167
  5 Herodotus, 107–108, 178–180
  6 Plato, 217, 581
  8 Aristotle, 413, 445–446, 447–448, 453–455, 474, 476, 528–529, 537–538
  14 Tacitus, 51, 61–62
  16 Augustine, 588–592
  20 Calvin, 428–432, 435
  21 Hobbes, 109–111, 121, 155, 198–199
  29 Milton, 68
  33 Locke, 3–5, 14–15, 25, 28, 29–30, 36–46, 62–73
  35 Montesquieu, 12–13, 15, 36–37, 50, 137, 202, 214–215, 218
  35 Rousseau, 357, 367–368, 370–379, 418–419
  36 Smith, 390–394
  37 Gibbon, 194–197 passim, 299–304 passim, 412
  40 Mill, 267–269, 271–272, 339–355
  43 Hegel, 116–117, 138, 221–223, 328–329
  52 Dostoevsky, 133–144 passim

1c. The ends and limits of government: the criteria of legitimacy and justice

  Apocrypha: Rest of Esther, 13:1–2
  4 Sophocles, 159–174
  6 Plato, 44, 300–310, 401–416, 707–708, 710–711
  8 Aristotle, 475–479, 491
  11 Aurelius, 240
  13 Plutarch, 678
  16 Augustine, 199–201, 593–594
  17 Aquinas, 488–489
  18 Aquinas, 205–206, 434–435, 443–444
  20 Calvin, 423–444
  21 Hobbes, 86–87, 91–96, 99, 111–117, 137–138, 153–159, 171–172, 177–180, 187–188, 198–246, 248–249
  27 Cervantes, 228
  29 Milton, 192
  30 Pascal, 232
  33 Locke, 8–10, 36–37, 44–46, 47, 53–54, 63, 65, 78
  34 Swift, 72–80, 149–159

35 Montesquieu, 16-17, 221-222
35 Rousseau, 368-370, 374-375, 400
39 Kant, 435-439, 445
40 Declaration of Independence, 1-3
40 Constitution of the U.S., 13-14, 17
40 Federalist, 33, 40, 85, 104-105, 107-109, 144-145, 147-148, 171
40 Mill, 267-323 passim, 332-350, 380-382, 422
41 Boswell, 220, 221-224
44 Tocqueville, 34-35, 127, 207
45 Balzac, 338-339
57 Veblen, 161
58 Weber, 79-81, 172-173, 180-181

1d. The elements of government: authority and power, or coercive force; the distinction between *de jure* and *de facto* government

4 Sophocles, 189
6 Plato, 285-287, 670-671
8 Aristotle, 448, 485, 517-518
13 Plutarch, 659-660
16 Augustine, 597-598
18 Aquinas, 233-234
20 Calvin, 381-392
21 Hobbes, 71-73, 91, 96-105, 122-124, 145, 148-149, 225, 273
30 Pascal, 225-228, 345
33 Locke, 25, 40, 46-47, 53-54, 65-81 passim, 229-232 passim
35 Rousseau, 389-393, 418-419
39 Kant, 389, 392
40 Federalist, 64-65, 66-68 passim, 78, 94-96, 98-99, 108-109, 132, 141-142, 145-147
40 Mill, 327-332, 333-334, 350-355
43 Hegel, 78-80, 96
44 Tocqueville, 70
51 Tolstoy, 680-688
58 Weber, 79-81, 105-106, 163-165, 197-200, 217-218
59 Shaw, 56-58

1e. The attributes of good government

4 Euripides, 352-353
6 Plato, 342-350, 733-734
8 Aristotle, 456, 522, 537
16 Augustine, 230-231
17 Aquinas, 229-230, 307-309
21 Hobbes, 101-104
27 Cervantes, 390-396, 415
33 Locke, 54, 61-64, 72
34 Swift, 74-76
35 Montesquieu, 3, 69-75, 84-85, 135-136, 199
35 Rousseau, 323-328, 368-372, 375, 417-418, 424
37 Gibbon, 50
39 Kant, 408-409
40 Federalist, 85-87, 118-119, 125-126, 132, 153-156
40 Mill, 272-273, 322-323, 362-370, 387
41 Boswell, 182, 204

1f. The abuses and corruptions to which government is subject

5 Thucydides, 436-437
6 Plato, 401-427
8 Aristotle, 462-463, 484, 503-505, 518-519, 600
14 Tacitus, 224-225
16 Augustine, 582-583
19 Dante, 34, 65-66, 110-111
21 Hobbes, 78, 100, 116, 148-153
23 Montaigne, 422, 425
25 Shakespeare, 174-204
29 Milton, 344-345
33 Locke, 71
34 Swift, 15-16, 28-29, 120, 152-154
35 Montesquieu, 39, 51-55, 259
35 Rousseau, 360-361, 372-373, 418-420, 433-434
36 Smith, 166-167, 168-169
37 Gibbon, 35
38 Gibbon, 307, 586-587
39 Kant, 435-441
40 Federalist, 49-53 passim, 65-66, 82-83, 98 passim, 190
40 Mill, 267-269, 328-330
41 Boswell, 120, 178, 195, 261
44 Tocqueville, 101-119 passim esp 105-107, 113-114
45 Goethe, 65, 137-138
45 Balzac, 231-233, 238-239, 284-285, 298-300, 314-317 passim
47 Dickens, 52-62 passim esp 52-54, 263, 287, 374-376
58 Weber, 84-85, 94-98
60 Orwell, 488, 500-524 passim

1g. The sovereignty of government: the unity and disposition of sovereignty

8 Aristotle, 475, 478-479
21 Hobbes, 97-98, 122-124, 148, 150, 151-152, 228
35 Rousseau, 392-393, 395-398
39 Kant, 435, 439-441
40 Articles of Confederation, 5
40 Federalist, 48-49, 63-78, 126-128, 146-147, 242
40 Mill, 331-332
43 Hegel, 95, 151, 153
44 Tocqueville, 56-57, 362-381
51 Tolstoy, 680-684
58 Weber, 125

1g(1) The sovereign person: sovereignty vested in the individual ruler

Old Testament: *I Samuel*, 8:4-20
3 Homer, 16
4 Sophocles, 166-168
4 Euripides, 440
5 Herodotus, 23-24, 107-108
6 Plato, 679-681
8 Aristotle, 484-487, 495

14 Tacitus, 1-2
17 Aquinas, 530
18 Aquinas, 233-234
21 Hobbes, 74, 100-106, 113-114, 149-150
23 Erasmus, 31-32
29 Milton, 106, 111-112
33 Locke, 36, 44-46, 78-81
34 Voltaire, 241-242
35 Montesquieu, 7, 8-9, 25-27, 30, 36
37 Gibbon, 24-28 passim, 51
38 Gibbon, 320-321
40 Mill, 341-344
43 Hegel, 96-98, 149, 344-345, 388-389
58 Frazer, 31-32
58 Weber, 164-165, 172-174
59 Shaw, 75-85 passim

1g(2) **The sovereign office: the partition of sovereignty among the offices created by a constitution**

6 Plato, 697-705
8 Aristotle, 456, 472, 480, 489, 499-501, 525-526
13 Plutarch, 34-35
21 Hobbes, 153-159
33 Locke, 59-62 passim
34 Swift, 71-76
35 Montesquieu, 69-75
35 Rousseau, 395
37 Gibbon, 1
38 Gibbon, 564
39 Kant, 436, 444-445
40 Constitution of the U.S., 11-16
40 Federalist, 153-165, 167-168, 197
40 Mill, 355-356, 401-402
43 Hegel, 88
51 Tolstoy, 238-243
58 Weber, 81-82, 165

1g(3) **The sovereign people: the community as the source of governmental sovereignty**

Apocrypha: *I Maccabees,* 14:25-47
4 Aristophanes, 673-696
8 Aristotle, 476-477, 479-480, 486-487, 491, 496-497
18 Aquinas, 207
21 Hobbes, 200
33 Locke, 29, 44-46, 58, 63-64, 65, 69, 70-71, 81
35 Rousseau, 323, 391-393, 396-398, 420-421
39 Kant, 437, 450-452
40 Declaration of Independence, 1
40 Constitution of the U.S., 11
40 Federalist, 84-85, 108, 125-128, 150, 159, 252
40 Mill, 267-269, 341-350, 380-382, 386-393
43 Hegel, 96-98, 288-289
44 Tocqueville, 19-22, 27-48 passim, 88, 209-210, 376-377
58 Weber, 172-173

1h. **Self-government: expressions of the popular will; elections; voting**

8 Aristotle, 461, 466-467, 470, 498-499, 520-522
13 Plutarch, 180, 676-681
25 Shakespeare, 351-392
29 Milton, 65
33 Locke, 46-47, 75-76
35 Montesquieu, 4-6, 142
35 Rousseau, 324-325, 393, 396, 425-432
37 Gibbon, 241
38 Gibbon, 562-564
40 Constitution of the U.S., 11-12, 14, 18, 19
40 Federalist, 159-162, 165-188 passim, 205-207
40 Mill, 370-406
43 Hegel, 106-107
44 Tocqueville, 28-48 passim, 63-69, 128-130, 376-377, 393
46 Eliot, George, 382-383, 439-444
58 Weber, 91-92, 94-95

2. **The forms of government: their evaluation and order**

2a. **The distinction and comparison of good and bad forms of government**

4 Euripides, 352-353
5 Herodotus, 107-108
5 Thucydides, 432, 520
6 Plato, 301, 401-421, 663-677, 679-682, 692-693
8 Aristotle, 412-413, 472, 475-477, 487-495, 608
13 Plutarch, 61-64
14 Tacitus, 72
18 Aquinas, 229-230, 307-309
21 Machiavelli, 3
21 Hobbes, 104-109, 114-115, 150-151, 154
35 Montesquieu, 4-13, 25-31, 33-35, 37-38
35 Rousseau, 359, 410-415
39 Kant, 113-115
40 Federalist, 51-52, 60-61, 83, 157
40 Mill, 332-355
41 Boswell, 260, 390
43 Hegel, 213-216

2b. **The combination of different forms of government: the mixed constitution, the mixed regime**

4 Aeschylus, 5
5 Herodotus, 152-153
6 Plato, 598-604, 667-676, 699-700
8 Aristotle, 461, 469-470, 484-486, 493-494, 495-497, 509, 510-511
13 Plutarch, 800
21 Machiavelli, 7-8, 27
21 Hobbes, 106-107, 228
33 Locke, 55, 59-64 passim, 74
35 Montesquieu, 7-8, 11-12, 68-84
35 Rousseau, 410, 414-415

37 Gibbon, 26-28, 630-631
38 Gibbon, 81, 218-219, 403
39 Kant, 439-440, 441
40 Federalist, 141, 154, 213
40 Mill, 343-344, 355-356
41 Boswell, 255
43 Hegel, 94-100, 149-150
44 Tocqueville, 131
58 Weber, 180-181

2c. **The absolute and relative evaluation of forms of government: by reference to the nature of man or to historic circumstances**

Old Testament: *I Samuel*, 8
5 Herodotus, 107-108, 120, 178-180
5 Thucydides, 587, 590
6 Plato, 339-356, 401-427, 754
8 Aristotle, 453-454, 484-485, 486-488, 496-497
13 Plutarch, 605
21 Hobbes, 104, 105-106
24 Shakespeare, 568-572
33 Locke, 28, 48-51
34 Swift, 118-121
35 Montesquieu, 15, 29, 107, 118, 122-124, 125, 126
35 Rousseau, 405, 410, 415-417
37 Gibbon, 32-34, 90-91
38 Gibbon, 222-224
39 Kant, 114, 438-439
40 Declaration of Independence, 1
40 Federalist, 40-41, 65-66, 257
40 Mill, 327-355 passim
43 Hegel, 181-183, 217-219, 287-288, 289-290, 302, 318-319, 365-366
54 Freud, 883-884

2d. **The influence of different forms of government on the formation of human character**

5 Herodotus, 175, 232-233
5 Thucydides, 396
6 Plato, 401-416, 733-734
8 Aristotle, 434-436, 473-475, 528
9 Hippocrates, 31-32
13 Plutarch, 32-48 esp 34-37, 59-60, 61-64, 659-660
23 Montaigne, 114-115
29 Milton, 384-385
35 Montesquieu, 8-19, 142-146
35 Rousseau, 372, 400-401
37 Gibbon, 23-24, 91-92
38 Gibbon, 161-162, 202
39 Kant, 586
40 Mill, 341-350 passim
43 Hegel, 302
44 Tocqueville, 44-47, 125-127, 133-135, 213-214, 227-383 passim esp 301-360, 361
51 Tolstoy, 668-669

2e. **The ideal form of government: the distinction between practicable and utopian ideals**

4 Aristophanes, 770-797, 867-886
6 Plato, 295-441, 442-443, 681, 692-693, 696, 722-723, 806-807
8 Aristotle, 455-465, 487-488, 518-519, 530-539
11 Aurelius, 278
13 Plutarch, 32-48
16 Augustine, 593-594, 597-598
21 Machiavelli, 22
21 Hobbes, 112, 164
23 Montaigne, 505-508
25 Shakespeare, 532-533
28 Bacon, 199-214
34 Swift, 28-31, 112-115, 135-184
35 Montesquieu, 68-75
35 Rousseau, 323-328, 400-403, 405, 410-411, 417-418
37 Gibbon, 68-69
39 Kant, 114, 586-587
40 Federalist, 122-124, 159-160, 200, 206, 257, 258-259
40 Mill, 327-355, 380-381, 387
43 Hegel, 5-6, 67-68, 181-183, 296
44 Tocqueville, 161-165
50 Marx-Engels, 428-429, 432-433
51 Tolstoy, 245
60 Orwell, 480-481

3. **The powers, branches, or departments of constitutional government: enumerations, definitions, and orderings of these several powers**

8 Aristotle, 498-502, 593-594
21 Hobbes, 122-124
33 Locke, 44, 53-54
35 Montesquieu, 69-75
39 Kant, 436-439
40 Constitution of the U.S., 11-16 passim
40 Federalist, 119, 153-244
40 Mill, 355-424 passim
43 Hegel, 93-95, 148
44 Tocqueville, 57-63
60 Orwell, 486-487

3a. **The separation and coordination of the several powers: usurpations and infringements by one branch of government upon another**

6 Plato, 671-672, 754
13 Plutarch, 482, 650-656, 660-661
14 Tacitus, 65, 126
21 Hobbes, 103-104, 151-152
33 Locke, 49, 58-64, 70-73, 74-75
35 Montesquieu, 6-8, 29, 68-84
35 Rousseau, 406-407, 423, 432-433
36 Smith, 349-353
37 Gibbon, 24-28, 154
38 Gibbon, 74-78
39 Kant, 436, 437-439
40 Declaration of Independence, 1-2 passim
40 Articles of Confederation, 7
40 Constitution of the U.S., 12-13, 14-15
40 Federalist, 153-161, 162-167, 195-205,

215-216, 218-221, 222-229, 230-232, 242-243
40 Mill, 350-351, 353, 355-363
43 Hegel, 103, 104, 105, 108, 148, 150-151
44 Tocqueville, 34-35, 402-404
58 Weber, 85-88

3b. **The relation of the civil to the military power**

5 Herodotus, 79
5 Thucydides, 582-583, 585-586, 587-589
6 Plato, 340-368
8 Aristotle, 497-498, 526, 533
14 Tacitus, 6-15, 190, 194, 195-197, 210-212, 239-240
21 Machiavelli, 21-22
21 Hobbes, 103, 159
34 Swift, 80
35 Montesquieu, 30, 31-32, 74
36 Smith, 338-347
37 Gibbon, 25-26, 30, 42-43, 50-51, 63-64, 245-246
40 Articles of Confederation, 6, 8 passim
40 Constitution of the U.S., 13, 15
40 Federalist, 45, 46-47, 87-101 passim, 152-153
43 Hegel, 112
51 Tolstoy, 153-155, 346-365 passim, 404-405, 533-537, 565-566, 627-630
58 Weber, 157-159

3c. **The legislative department of government: the making of law**

6 Plato, 344-346, 599-600, 666, 684-686, 705-706
8 Aristotle, 498-499
18 Aquinas, 205-208, 213-215, 226-239
21 Hobbes, 103, 131-132, 133-134
27 Cervantes, 428
28 Bacon, 94-95
30 Pascal, 225-226
33 Locke, 55-58, 74-75
35 Montesquieu, 6, 71-72, 262-269
35 Rousseau, 399-402
37 Gibbon, 151-156, 624
38 Gibbon, 79-80, 96
39 Kant, 393, 438, 451-452
40 Constitution of the U.S., 11-14
40 Federalist, 107-109, 145-146, 163, 165-203, 239
40 Mill, 355-409 passim
43 Hegel, 73-74, 103-108
44 Tocqueville, 41, 58-60, 103, 394-395
58 Weber, 86-87

3c(1) **The powers and duties of the legislature**

6 Plato, 344-346
33 Locke, 16, 59-60, 75-76
35 Montesquieu, 69-75
40 Declaration of Independence, 1-2
40 Articles of Confederation, 7-9 passim
40 Constitution of the U.S., 11-14, 15, 16, 17

40 Federalist, 85-117 passim, 132-153 passim, 165-203 passim, 227-229, 230-231
40 Mill, 355-363, 365-366, 417-424
41 Boswell, 255, 364-365, 370
44 Tocqueville, 41, 52-55, 395, 402

3c(2) **Legislative institutions and procedures**

9 Aristotle, 572-573
13 Plutarch, 34-35, 45-46
33 Locke, 60-62, 64, 74
34 Swift, 73-74
35 Montesquieu, 4-6, 71, 72
38 Gibbon, 73, 587
40 Constitution of the U.S., 11-14, 16, 18, 19
40 Federalist, 82-83, 84, 165-203 passim
40 Mill, 370-409 passim
44 Tocqueville, 41

3d. **The judicial department of government: the application of law**

4 Aristophanes, 722-747
8 Aristotle, 485-486, 501-502
18 Aquinas, 309-316
21 Hobbes, 103, 123, 132-136
27 Cervantes, 392-393, 401-404, 415-420, 424-425
33 Locke, 28, 29, 54
34 Swift, 73-75, 152-154
35 Montesquieu, 80-83
36 Smith, 347-353
39 Kant, 438
40 Constitution of the U.S., 15-16
40 Federalist, 69-70, 83-84, 229-251
43 Hegel, 73-78, 143
44 Tocqueville, 69-74

3d(1) **The powers and duties of the judiciary**

Old Testament: *Exodus*, 18:13-26 / *Deuteronomy*, 1:16-17, 16:18-20 / *Ezra*, 7:25-26
6 Plato, 208-209, 605
8 Aristotle, 593-594, 619-622
13 Plutarch, 70-71
16 Augustine, 582-583
18 Aquinas, 1006-1007
35 Montesquieu, 73
37 Gibbon, 343
40 Constitution of the U.S., 15, 16, 17, 18
40 Federalist, 162-163, 199, 221, 231, 245
40 Mill, 413-414, 430-431
41 Boswell, 251-252
43 Hegel, 76-77
44 Tocqueville, 48-52, 69-76, 140, 370-371, 379, 402-403
58 Weber, 164

3d(2) **Judicial institutions and procedures**

Old Testament: *Numbers*, 35:9-34 / *Deuteronomy*, 1:12-17, 17:2-13, 19, 25:1-3
New Testament: *Matthew*, 26:46-27:26
4 Aeschylus, 90-103
5 Herodotus, 95-96
6 Plato, 704-705, 786-788, 792-793

31. Government

8 Aristotle, 463, 464, 573–575, 576–577, 581–584
14 Tacitus, 30
19 Chaucer, 369–370
20 Calvin, 382–386, 431–432
22 Rabelais, 204–215
24 Shakespeare, 425–430
34 Swift, 37
35 Montesquieu, 33–37, 70–71
36 Smith, 349–353
37 Gibbon, 243–245 passim, 251, 617–618
38 Gibbon, 94–95, 403–404, 458
40 Articles of Confederation, 7–8
40 Constitution of the U.S., 16
40 Federalist, 229–251 passim
40 Mill, 336, 337, 413–414, 421–422
43 Hegel, 76–77
44 Tocqueville, 36–39, 48–52, 69–76, 141–144, 396–397
51 Tolstoy, 547
52 Dostoevsky, 246–284 passim, 365–420
59 Shaw, 104–120
60 Orwell, 504–506

3e. The executive department of government: the enforcement of law; administrative decrees

8 Aristotle, 499–501
33 Locke, 54, 58–64, 75
34 Swift, 157–158
35 Montesquieu, 80
39 Kant, 438
40 Constitution of the U.S., 14–15
40 Federalist, 64–66, 78, 94–99, 157, 203–229 passim
40 Mill, 356–359
43 Hegel, 100–103, 150–151
44 Tocqueville, 41–42
58 Weber, 86

3e(1) The powers and duties of the executive

21 Hobbes, 101–104, 130, 153–159
33 Locke, 75–76
35 Montesquieu, 36–37, 72–74
37 Gibbon, 25–27, 243
40 Articles of Confederation, 8, 9
40 Constitution of the U.S., 12–13, 14–15
40 Federalist, 201–229 passim
40 Mill, 409–417
43 Hegel, 388–389
44 Tocqueville, 41–42, 60–63, 402

3e(2) Administrative institutions and procedures: bureaucracy and civil service

6 Plato, 700–704
8 Aristotle, 500–501, 525–526, 572–576, 577–581
14 Tacitus, 88–89
21 Machiavelli, 33–34
35 Montesquieu, 31–33, 224–225
37 Gibbon, 25–27 passim, 240–246, 248–251
38 Gibbon, 317–318, 563–564, 586–587
40 Articles of Confederation, 8–9

40 Constitution of the U.S., 18, 19–20
40 Federalist, 201–229 passim, 255
40 Mill, 319–323, 364–366, 409–424 passim, 439–442
43 Hegel, 223–225
44 Tocqueville, 30–40, 42–48, 105–107, 342–343, 370
47 Dickens, 52–62, 206–207, 261–263
58 Weber, 81–82, 84–88, 143–170, 180–181

4. The support and the expenditures of government: taxation and budget; the role of government in the economy

4 Aristophanes, 732–733
5 Herodotus, 109–111
5 Thucydides, 373
6 Plato, 791
8 Aristotle, 523–524, 574–575
13 Plutarch, 274, 285, 625–626
14 Tacitus, 139, 194–195
21 Machiavelli, 22–23
21 Hobbes, 152, 156–157
25 Shakespeare, 552–553
33 Locke, 58a
34 Swift, 75, 113–114
35 Montesquieu, 96–102, 183–184
35 Rousseau, 377–385
36 Smith, 338–371
37 Gibbon, 41, 65–68, 249–250, 251–255, 577–578, 658–660
38 Gibbon, 177, 315–317, 417
39 Kant, 441–444
40 Articles of Confederation, 6–7, 8
40 Constitution of the U.S., 11, 13, 14, 19
40 Federalist, 43–44, 56–60, 79–80, 101–117, 135, 253, 254–256
40 Mill, 315, 335, 383, 473
41 Boswell, 281–282
43 Hegel, 238–239, 345, 355–357
44 Tocqueville, 107–113, 276, 370
50 Marx, 65–66, 375
57 Tawney, 187–189, 215–216
57 Keynes, 309, 315, 320, 321–322, 325–326, 327–328, 364, 366, 373, 391–398, 420–439 passim, 454–456 passim
58 Weber, 84, 148–151
60 Faulkner, 387–388

5. The relation of governments to one another: sovereign princes or states as in a condition of anarchy

6 Plato, 788–790
8 Aristotle, 478
21 Hobbes, 86
34 Swift, 23–25, 149–150
35 Rousseau, 355
37 Gibbon, 520–521
39 Kant, 435, 449–458
40 Declaration of Independence, 1, 3
40 Articles of Confederation, 5–9 passim
40 Federalist, 29–259
40 Mill, 417–442

西方大观念 The Great Ideas

43 Hegel, 110–118, 153–154, 299–300, 379–382
44 Tocqueville, 218
58 Huizinga, 283–287

5a. **Foreign policy: the making of treaties; the conduct of war and peace**

Old Testament: *Numbers*, 31 / *Deuteronomy*, 2:26–37; 20 / *II Samuel*, 3:12–21 / *I Kings*, 5:1–12
Apocrypha: *I Maccabees*, 8; 10; 12:1–23; 15:1–9, 15–27 / *II Maccabees*, 11:16–38
  4 Euripides, 347–362
  4 Aristophanes, 651–654, 659–660, 757–758, 824–845
  5 Herodotus, 6, 15–16, 144, 193, 206, 239–247 passim, 286–287, 289–290
  5 Thucydides, 360, 371–372, 378–380, 418–420, 430, 450–452, 457, 461–463, 468–469, 476–477, 486–500, 502–508, 529–533, 568, 572–573, 578–579
  8 Aristotle, 460, 531, 538
  12 Virgil, 302–303
  13 Plutarch, 21–27, 121–141, 427–428
  14 Tacitus, 34–35, 286–287
  16 Augustine, 583–584
  21 Machiavelli, 32
  21 Hobbes, 121, 159
  22 Rabelais, 36–38
  24 Shakespeare, 30–31, 33–34, 384–385, 489–491, 563–567
  33 Locke, 34–35, 73–74
  34 Swift, 21–25, 77–78
  35 Montesquieu, 2–3, 58–62, 223–224
  35 Rousseau, 390
  37 Gibbon, 83–85, 95–96, 119, 150–152, 174–175, 378, 402–404, 431–432, 433–435, 491–492, 503–507, 535–537
  38 Gibbon, 48–49, 428, 503
  39 Kant, 452, 454–455
  40 Articles of Confederation, 5–9
  40 Constitution of the U.S., 15
  40 Federalist, 35–47, 53–56, 64–65, 80–81, 83, 88–91, 110–111, 132–133, 136–138, 195–198, 235–236
  43 Hegel, 110–112, 113–114, 153, 295–296, 315–316
  44 Tocqueville, 65, 117–119, 349–360
  48 Melville, 181–182
  51 Tolstoy, 208–209, 232–234, 344–355, 573–574, 629–630
  58 Weber, 128–130

5b. **The government of dependencies: colonial government; the government of conquered peoples**

Old Testament: *Joshua*, 9 / *I Kings*, 9:20–23 / *II Kings*, 23:30–35; 24:12–16; 25:5–30
Apocrypha: *II Maccabees*, 5:11–7:42
  4 Aeschylus, 22
  5 Herodotus, 35–36, 109–111
  5 Thucydides, 368–369, 403–404, 425–428
  6 Plato, 698
  12 Virgil, 87–88
  13 Plutarch, 47–48, 409–410
  14 Tacitus, 39–40, 104, 106, 122, 139–140, 191–192, 290
  16 Augustine, 237–238, 259–262, 264–265, 593–594
  21 Machiavelli, 3–14, 30–31
  21 Hobbes, 108–109, 110–111, 119, 126–127
  22 Rabelais, 131–133
  33 Locke, 65–70 passim, 73–74
  34 Swift, 24–25, 182–183
  35 Montesquieu, 61–68, 83–84, 170–171
  36 Smith, 268–313
  37 Gibbon, 14–15, 134, 245–246, 420, 518–519, 522–523, 632–633, 638–639
  38 Gibbon, 65, 216, 285
  39 Kant, 413, 456–457
  40 Declaration of Independence, 1–3 passim
  40 Mill, 339–341, 411–412, 433–442
  41 Boswell, 179
  43 Hegel, 256–257
  44 Tocqueville, 17–18, 168–178
  58 Weber, 127–128

5c. **The relation of local to national government: the centralization and decentralization of governmental functions**

  5 Thucydides, 391–392
  13 Plutarch, 9
  21 Hobbes, 120–121
  35 Rousseau, 403, 420–421
  36 Smith, 358–359, 470
  40 Constitution of the U.S., 12, 16
  40 Federalist, 33–35, 61, 69–70, 105, 126–128, 141, 148–150, 253–254
  40 Mill, 417–424
  43 Hegel, 150–151
  44 Tocqueville, 28–48 esp 42–48, 56–58, 84–87, 136, 202–205, 206–208, 362–381, 393–394, 399
  50 Marx-Engels, 421

5d. **Confederation and federal union: the division of jurisdiction between state and federal governments**

  5 Thucydides, 365–371
  6 Plato, 667–670
  35 Montesquieu, 58–60
  36 Smith, 470
  37 Gibbon, 103
  38 Gibbon, 218–219, 577
  40 Articles of Confederation, 5–9
  40 Constitution of the U.S., 11–20
  40 Federalist, 29–103 passim, 104–111, 115–117, 119–120, 126–128, 132–153, 164–165, 182–188 passim, 189, 239–241, 242–244, 253–254, 258–259
  40 Mill, 427–433
  43 Hegel, 295–296
  44 Tocqueville, 55–87 esp 78–87, 191–211, 404–405

6. **Historical developments in government: revolution and progress**

Old Testament: *II Chronicles,* 10
5 Herodotus, 12–14, 23–24
5 Thucydides, 352, 353, 391–392, 458–459, 463–465, 523–525, 575–576, 579–583, 585–586, 587–589
6 Plato, 663–677
8 Aristotle, 464–471, 502–519 passim, 533–534, 553–572
13 Plutarch, 32–48, 64–77, 80–82, 86–87, 659–660, 671–691, 781–802
14 Tacitus, 1–2, 126, 132–133, 224–225
16 Augustine, 269–274
19 Dante, 97
21 Hobbes, 275–278
24 Shakespeare, 568–596
25 Shakespeare, 351–392, 549–585
29 Milton, 69
33 Locke, 47–51
34 Swift, 117–121
35 Montesquieu, 68–84
35 Rousseau, 402–403, 418
36 Smith, 185–203
37 Gibbon, 24–34, 50–51, 240–255, 521–523
38 Gibbon, 71–79, 199–202, 215–220, 427–428, 562–566, 574–582, 586–589
40 Declaration of Independence, 1–3
40 Constitution of the U.S., 11–20
40 Federalist, 29, 62, 71–78, 91, 133, 165–167, 211
40 Mill, 267–272, 367, 434–436
43 Hegel, 151, 181–183, 208–209, 213–216, 348–352, 378–379
44 Tocqueville, 1–6, 19–22, 55–57, 400–406
50 Marx, 355–364
50 Marx-Engels, 420
51 Tolstoy, 10, 238–243
58 Weber, 81–100, 165–167

交叉索引

以下是与其他章的交叉索引：

The basic context of the problems discussed in this chapter, *see* STATE.
The domestic government, *see* FAMILY 2b, 5a.
Ecclesiastical government, *see* RELIGION 3c(2).
Divine government, *see* GOD 7c; JUSTICE 11a; MONARCHY 2b; WORLD 1b.
Government in relation to economic affairs, *see* WEALTH 7d(2), 9d.
Anarchy, *see* LIBERTY 1b; TYRANNY AND DESPOTISM 3; WAR AND PEACE 1.
The various forms or meanings of sovereignty, *see* DEMOCRACY 4b; LAW 6b; LIBERTY 1b, 6c; STATE 2c, 9d; TYRANNY AND DESPOTISM 5c.
Foreign policy between sovereign states, *see* JUSTICE 9f; STATE 9e(1)–9e(2); WAR AND PEACE 11c.
Sovereignty in relation to federal government, and the idea of world government, *see* CITIZEN 8; STATE 10e–10f; WAR AND PEACE 11d.
Justice, liberty, and property in relation to government, *see* JUSTICE 1a, 6–6e, 9–9e, 10–10e; LIBERTY 1d, 1f, 1h; WEALTH 7a, 7d(2).
The relation of the ideal form of government to the ideal state, *see* DEMOCRACY 4–4d; STATE 2e, 6–6b.
The abuses or corruption of government, *see* LANGUAGE 5a; LAW 7d; MONARCHY 4e(3)–4e(4); TYRANNY AND DESPOTISM 1–1c.
Imperialism in the government of colonies or subject peoples, *see* DEMOCRACY 7b; LIBERTY 6c; MONARCHY 5–5b; REVOLUTION 7; SLAVERY 6d; STATE 9f, 10b; TYRANNY AND DESPOTISM 6.
Particular forms of government, *see* ARISTOCRACY 1–2e; CONSTITUTION 1–3b, 5–5b; DEMOCRACY 1–4c; MONARCHY 1–1a(2), 4–4e(1), 4e(3)–4e(4); OLIGARCHY 1–2, 4–5; TYRANNY AND DESPOTISM 1–5d; mixed forms of government, *see* CONSTITUTION 3a–3b; DEMOCRACY 3b; MONARCHY 1b–1b(2).
The condition of the ruled under diverse forms of government, *see* CITIZEN 2b; LIBERTY 1f; SLAVERY 6a–6b.
The institutions of self-government, such as representation, elections, voting, *see* ARISTOCRACY 6; CONSTITUTION 9–9b; DEMOCRACY 5a–5b(4).
The relativity of the forms of government to the character and circumstances of particular peoples, *see* DEMOCRACY 4d; MONARCHY 4e(2); TYRANNY AND DESPOTISM 4b.
Political revolution and progress, *see* LIBERTY 6b; PROGRESS 4a–4c; REVOLUTION 2a–2c, 3a, 3c–3c(3); the consideration of revolution with respect to particular forms of government, *see* ARISTOCRACY 3; CONSTITUTION 8–8b; DEMOCRACY 7a; OLIGARCHY 3–3b; TYRANNY AND DESPOTISM 8.
The legislative branch of government, *see* LAW 5d.
The judicial branch of government, *see* JUSTICE 10d; LAW 5g; PRUDENCE 6b.

The executive branch of government, especially law enforcement and administration, *see* Law 5a, 6a, 7e; Monarchy 1b(3).

The separation of powers and the system of checks and balances, *see* Constitution 7b; Democracy 5c; Liberty 1g.

The relation between the civil and military powers, *see* State 8d(1), 9e(1); War and Peace 10–10a.

The economic support of government, *see* Wealth 9e–9e(2).

The art and science of government, *see* Art 9d; Education 8d; Knowledge 8c; Prudence 6a; Rhetoric 1c; State 8c–8d(3).

The relation of politics to ethics and economics, *see* Philosophy 2c; Science 3a; State 8d; Wealth 9.

扩展书目

下面列出的文著没有包括在本套伟大著作丛书中，但它们与本章的大观念及主题相关。

书目分成两组：

Ⅰ．伟大著作丛书中收入了其部分著作的作者。作者大致按年代顺序排列。

Ⅱ．未收入伟大著作丛书的作者。我们先把作者划归为古代、近代等，在一个时代范围内再按西文字母顺序排序。

在《论题集》第二卷后面，附有扩展阅读总目，在那里可以查到这里所列著作的作者全名、完整书名、出版日期等全部信息。

I.

Plutarch. "Precepts of Statecraft," "On Monarchy, Democracy, and Oligarchy," in *Moralia*
Thomas Aquinas. *On Kingship*
Dante. *The Convivio (The Banquet)*, fourth treatise, ch 4–5
———. *On World-Government (De Monarchia)*
Machiavelli. *The Discourses*
———. *Florentine History*
Hobbes. *A Dialogue Between a Philosopher and a Student of the Common Laws of England*
———. *The Elements of Law, Natural and Politic*, part I, ch 19; part II, ch 1
———. *Philosophical Rudiments Concerning Government and Society*, ch 6–7, 10–11
Erasmus. *The Education of a Christian Prince*
Bacon, F. "Of Faction," in *Essayes*
Spinoza. *Tractatus Politicus (Political Treatise)*, ch 3–5
———. *Tractatus Theologico-Politicus (Theological-Political Treatise)*, ch 16–19
Milton. *Defence of the People of England*
Hume. *A Treatise of Human Nature*, bk III, part II, sect VII–X
Voltaire. *Letters on the English*, VIII–IX
———. "Government," in *A Philosophical Dictionary*
Smith, A. *Lectures on Justice, Police, Revenue and Arms*
Jefferson. *Literary Commonplace Book*
———. *Notes on the State of Virginia*
Mill, J. S. "M. De Tocqueville on Democracy in America" in *Dissertations and Discussions*
Marx. *Critique of Hegel's "Philosophy of Right"*
Dostoevsky. *The Possessed*
Russell. *Proposed Roads to Freedom*, ch 5

II.

THE ANCIENT WORLD (TO 500 A.D.)
Cicero. *De Republica (On the Republic)*
Polybius. *Histories*, bk I, II, VI

THE MIDDLE AGES TO THE RENAISSANCE (TO 1500)
Fortescue. *Governance of England*
John of Salisbury. *The Statesman's Book*
Marsilius of Padua. *Defensor Pacis*

THE MODERN WORLD (1500 AND LATER)
Adams, J. *A Defense of the Constitutions of Government of the United States of America*
Adler, M. J. *The Common Sense of Politics*
———. *A Vision of the Future*, ch 6
Barker. *Reflections on Government*
Bellarmine. *The Treatise on Civil Government (De Laicis)*
Bentham. *A Fragment on Government*, ch 2, 4–5
Bodin. *The Six Bookes of a Commonweale*
Bosanquet. *The Philosophical Theory of the State*
Bryce. "The Nature of Sovereignty," in *Studies in History and Jurisprudence*
Burke. *An Appeal from the New to the Old Whigs*
Burlamaqui. *The Principles of Natural and Politic Law*
Calhoun. *A Discourse on the Constitution and Government of the United States*
———. *A Disquisition on Government*
Carlyle, A. J. *Political Liberty*
Chesterton. *The Man Who Was Thursday*
Elton, G. *Political History: Principles and Practice*
Ferrero. *The Principles of Power*
France. *Penguin Island*
Gogol. *The Government Inspector*
———. *The Nose*

31. Government

Green. *The Principles of Political Obligation*, (A, F, G)
Hooker. *Of the Laws of Ecclesiastical Polity*
Humboldt, W. *The Sphere and Duties of Government*
Huxley, T. H. *Method and Results*, IX
Jackson, B. *The International Share-out*
Kipling. "The Man Who Would Be King"
Kropotkin. *Anarchism*
Laski. *Authority in the Modern State*
Lotze. *Microcosmos*, BK VIII, CH 5
McDonald. *Novus Ordo Seclorum*
MacIver. *The Web of Government*
Maine. *Popular Government*
Maitland. *Justice and Police*
Mannheim. *Ideology and Utopia*
Maritain. *The Problem of World Government*
———. *Scholasticism and Politics*, CH III–IV
Meinecke. *Machiavellism: The Doctrine of Raison D'Etat and Its Place in Modern History*
Mill, J. *An Essay on Government*
More, T. *Utopia*
Newman. *A Letter to His Grace the Duke of Norfolk*
Nicolson, H. *Diaries and Letters*
Nozick. *Anarchy, State, and Utopia*
Oakeshott. *Rationalism in Politics*
Paine. *The Age of Reason*
———. *Dissertation on First Principles of Government*
———. *Rights of Man*
Pareto. *The Mind and Society*, VOL IV, CH 12
Santayana. *Reason in Society*, CH 3
Sidney, A. *Discourses Concerning Government*
Simon. *Nature and Functions of Authority*
Spencer. *The Man Versus the State*
Steffens. *Autobiography*
Sturzo. *The Inner Laws of Society*
Turgenev. *Fathers and Sons*
———. *Virgin Soil*
Warren. *All the King's Men*
Weiss. *Toward a Perfected State*
Whewell. *The Elements of Morality*, BK IV, CH 6; BK V, CH 7–9
Wilson, J. *Works*, PART I, CH II, V, X
Wilson, W. *Congressional Government*

32

习 惯 Habit

总 论

"习惯"是个常见词,其意义非常广泛。作为专门术语使用时,它的一个意义有时和另一个意义相去甚远,而且又不同于对这个词的通俗理解,以致我们很难找到一条共同线索,从一个意义过渡到另一个意义,把种种不同意义串在一起。

这个词有时意指衣装,如我们会说到"骑士装"〔riding habit〕。这个意义我们可以马上剔除。但即使这个意义也包含某种无法漠视的意义根由。奥古斯丁指出,"习惯"(habit)一词起源于动词"具有"(to have),亚里士多德在考察"具有"的意义时,也考虑到"穿有一件上衣或一件短袖"这样的意义,而且是连同下述意义一道考虑的,即我们会说到一个人具有一个习惯——包括具有"一种知识或一种美德"。一个人穿有或拥有的衣装多多少少是量体而制的,同样,心理学上的习惯是某个人所具有或拥有的性状,而我们可以就它们是否适合这个人来加以评价。

对习惯的这种理解在一句古话中得到表达,这句古话已经成为一个普通成语——"习惯是第二天性"。习惯不是原始天性,而是另外附加之物,恰如衣服加在身上。但是,与衣服不同,衣服是外加的,并且仅仅与身体处于接触状态,作为第二天性的习惯是被改变的或被发展的天性本身。正如亚里士多德以赞同的口吻加以引述的一首古诗写道,"习惯仅仅是长期实践,而这最后成为人的天性。"

我们将会发现,并不是所有人都承认,实践是习惯所必需的。不过,"实践"这个词确实暗示所有关于后天习惯的理论共同具有的一个观念,即习惯是存留的结果——先前的行为或经验的结果。在这个共同的理解之中,存在相反的观点。一种观点是,习惯的获得依赖于活动。另一种观点是,习惯是被动地而不是主动地获得的调适。

"习惯"一词也在与目前为止所考虑的意义完全相反的意义上被使用。这就是亚里士多德在《动物志》中讨论动物的习性时所使用的意义,他按照动物的习性差异来区分物种。在这里,"习性"(habit)一词不是用于表示后天的行为模式,而是以某种方式行动或者做出反应的先天倾向。威廉·詹姆士告诉我们,后天习惯和"存在先天倾向的习惯"之间的差异体现为这个事实:后者通常"被称为本能"。

"习惯"的这两个意义的对立是清楚的。一方面,至少对生物而言,习惯是指通过经验、训练或活动的逐渐培养而转化成的天性。另一方面,它被等同于本能,本能属于原始天性本身,是动物的天生禀赋的一部分。在后天习惯和天生习惯观念中,存在可以解释该词在这两种相反的意义上使用的共同意义线索吗?

"一个人做他习惯做的事情",这个熟悉的说法表明,习惯是去做某种特定行为的倾向。了解一个人的习惯能够使我们预测,在任何诱发其习惯性行为的情境中他可能做什么。所以,特定情境中的动物的行为也可以根据对其本能的了解而加以预测。本能和习惯——或者说天生习惯和后天习惯——似乎具有这种共同特性,即它们是特定种类或确定种类的行为的倾向。它们肯定不是随意的行为。在一种情形中,倾向是预先形成的,是有机体的遗传本性的一部分。在另一种情形中,倾向在一定程度上是经验和学习的产物。在这两种情形中,"习惯"既不是指未成形的和不确定的行动能力,也不是指行动,而是指行动的倾向。

借助经验可以改变本能,这表明天生习惯和后天习惯之间另一个更强有力的联系。詹姆士构想出先天决定的行为,似乎它是新的行为模式能够从中形成的可塑材料。他认为,动物的学习过程通常可以被描述为习惯取代本能。他写道:"大部分本能的植入是为了产生习惯,而这个目的一旦实现,从精神的经济性考虑,本能本身没有任何存在的理由,随后会逐渐消失"。

在俄罗斯生理学家贝卡特里夫和巴甫洛夫通过实验研究条件反射的数年前,詹姆士把动物的学习过程描述为取代对刺激作用的本能反应的一种新的反应过程,或者说描述为本能反应依附于新的刺激作用。詹姆士写道:"我们所谓本能行为全都符合一般反射作用类型",并且"都是由确定的感官刺激引起的"。例如,食肉动物本能地对他的捕获物所在地的各种可感信号反应敏感,可能学会在特定时间,以特种方式,寻找处于特定地点的食物。或者,拿詹姆士所举的例子说,"如果一个小孩在他初次尝试爱抚一只狗时就被咬,因此产生强烈的恐惧冲动,可能在许多年里,他都不会再产生爱抚狗的冲动"。与此相似,一只对人并没有本能恐惧的动物,可能获得在人接近时就逃走的习惯性倾向,因为经验表明,人的出现与凭本能识别到的危险信号相联系。

在从亚里士多德以来的动物分类学中,每个物种特有的本能一直被作为它们的区别依据。并且,动物的本能从相对不易改变的一端到容易调适的另一端之间的程度,一直被看作是动物智力等级的标志。较高等的动物似乎具有更强的形成习惯的能力,因而能够按照经验的结果改变其本能的行为模式。因此,与总是遵循本能建立的行动路线的那些动物的行为相比,它们的行为既更具有适应性,也更易改变。

其本能在很大程度上不可调适的物种,在一个正在改变的环境中,或者在它们天生不适应的环境中,处于不利地位。达尔文发现,在生存竞争中,"无论是在习性上还是在构造上总是发生些微改变的有机体","与同一地域的其他居住者相比获得优势"。在大部分情况下,本能看来有利于动物的生存,但是智力或通过学习获得的适应环境变化的能力有时也是需要的,只有这样才能把动物从它的本能中解救出来。

如果较低等的动物大部分依赖本能而且最不具有改变本能的能力,那就似乎表明在本能和理智之间存在某种对立。达尔文引述乔治·库维尔的话,大意是"本能和理智此消彼长",但他本人并不完全接受这个观点。他认为,譬如说,河狸的行为,或者某些种类昆虫的行为表明,"高程度的理智肯定和复杂的本能是相容的"。然而,他承认,"在自由理智的发展和本能的发展之间并非不可能存在某种程度的互相妨碍"。

在本能与理智或理性的关系这个问题上,詹姆士的观点似乎较为明确。按照他的看法,"人拥有动物所具有的一切冲动,而且除此之外还有更多得多的冲动"。在列举他视之为人类的本能倾向之后,他总结道,"没有其他动物,包括猿猴,表现出如此大量的本能倾向"。但是，由于詹姆士也认为人类具有敏锐的理智，甚至可能是唯一的推理动物，所以他不可能相信"在本能和理智之间存在任何实质的对立"。相反，记忆官能、联想官能和推理官能的高度发达并不意味着缺乏本能，而是意味着本能可通过经验和学习加以调适。詹姆士写道，"尽管最富有理性的动物可能同时也是最富有本能冲动的动物"，但是，"他似乎绝对不会像仅具有本能的动物那样成为命定的机械人"。

持相反观点的人，如库维尔，认为动物的生存本能装备越充分，它就越不需要以适应性为目的的自由理智，学习和习惯形成所起的作用也就越不重要。一些著作家，如阿奎那，甚至比这走得更远，坚持对人类而言，作为学习和解决问题之工具的理性能力几乎完全取代本能，或者说仅需要由极端初级类别的本能冲动——几乎不比简单的反射作用复杂——加以补充。

其他动物依靠本能解决的问题，人用理性加以解决。阿奎那写道："野兽的行动不受理性控制"，"但是，如果任其行动的话，这种动物会按照自然本能行动"。在他看来，由于习惯只能通过包含理性因素的行动形成，因此，他认为，严格说来，我们在野兽身上找不到习惯。但是，他补充说，在一定程度上，人类理性可能影响野兽，"通过条件反射让野兽以这种或那种方式行为，所以，在这个意义上说，我们在一定程度上承认在野兽中存在习惯"。

本能在个体生命过程中的调适，提出不同世代之间本能世代代的可调适性问题，这个问题对进化论而言具有明显意义。

一些人认为，动物的本能代表物种的过去经验。譬如说，在詹姆士曾经加以引证的一段话中，斯宾塞坚持，"反射作用和本能……起因于持续无数代的经验记录"。弗洛伊德似乎持差不多一样的观点。他写道，"一切有机体的本能都是保守的。"它们是"在历史中获得的，并且指向退化，指向复原先前的某种东西"。确实，他宣称，生物的本能越过祖先的历史回归无机物，它们回到"生命在很久以前由之出发的古老起点"。它们是"我们地球及其与太阳的关系的演化"给有机体的发展留下的"印记"。

但是，詹姆士宣称，"也许不存在任何单一的意义清楚的肯定性证据"可以支持"后天的适应性变化是可遗传的"这个观点——后天适应性变化的可遗传观点是指，由先前数代获得的习惯通过遗传，将逐渐成为往后数代的**天生习惯**。所以，他认为，本能的世世代代的可变性，必须通过"后天适应性变化的可遗传性"之外的某种其他途径来加以解释。

除本能的起源问题外，另一个问题是，本能的结构如何？这个问题在**情感**一章得到考察，本能行为被描述为具有三个组成部分。首先，它包含识别某些对象的先天能力；其次，包含对这些对象的情感反应，这种反应包含以某种方式行动的冲动；第三，包含在未得到学习协助的情况下实行该冲动的能力。

詹姆士把本能界定为，"在没有预见目标的情况下，在没有进行预先教育的情况下，以一种创造某些目标的方式进行行动的能力"。他的这个定义涵盖上述三点中的两点。他的下述说法则触及剩下的一点："本能反应和情感表达不易察觉地相互渗透。"他继续说道，"一个能激发本能的对象同样也激发情感"。但是"情感的激发不及本能的激发"，因为情感的反应"往往会在主体内部被终止，而本能的激发却倾向于进一步同激发对象形成实质上的联系。"

32. 习 惯

在从亚里士多德到弗洛伊德的本能探讨中,着重点放在这三个组成部分中的哪个部分经常会有所改变。中世纪的心理学家,如果我们以阿奎那为例的话,似乎强调认知方面。他谈到羊"在看到狼时"就逃走,"不是因为它的颜色或形状,而是把它看作是天敌"。在这里,他认为,值得注意的问题不是羊逃走这个事实,而是这个事实:在先前没有遇见过狼的情况下,羊认识到狼是危险的。"羊在看到狼时,就把它判断为是应该加以躲避之物……这不是出于慎重考虑,而是出于天然的本能"。阿奎那把这种识别好处或危险的本能能力称为"判断力",并认为它同记忆和想象力一样,是敏感的能力。

后来的著作家强调本能的情感或意欲方面——感受和冲动。譬如说,在詹姆士说"每个本能都是冲动"时,就表示这种强调;而弗洛伊德则使欲望而不是知觉或行动成为问题的核心。他说道,本能可以被描述为刺激,但是,把"源于本能的刺激"看作是"需要"会更为确切。于是,本能便是基本的渴望或需要,而且这些本能的需要是行为和思想的最初的无意识的决定因素。

弗洛伊德所谓"本能的需要",似乎就是早先的传统阶段所谓"自然欲望"的对应物。严格说来,这两个概念远不是可以互换的,但是,就它们涉及无意识的或不是通过经验获得的欲望而言,它们确实具有某些相似性。这个问题将在**欲望**一章得到进一步讨论。

如果我们现在转向考虑作为个体获得之物的习惯,我们会发现两个重要问题。第一个问题前面已经提到,与作为**存留**的结果这个习惯概念有关。

按照詹姆士的看法,习惯形成的能力是自然的一般特性,在无生命的物质和生物中都可以发现这种特性。他写道:"谁只要试图给习惯下定义,他就会被引向物质的基本特性。"例如,他把自然法则仅仅看作是"永远不变的习惯,不同的基本类型物质在它们相互的作用和反作用中遵循这些习惯。当然,在有机物世界中,习惯比这更多变化"。

詹姆士把这种习惯形成的普遍能力归因于他所谓物质的"可塑性",它表现为"拥有一个结构,这个结构的脆弱程度足以向某种影响力屈服,但是这个结构的坚固程度又足以使它不至于一下子屈服于这种影响。在这种结构中,每个相对稳定的均衡阶段的标志是,我们可以称之为一组新习惯的东西"。他所引证的无机物的习惯形成的范例是,铁棒的磁化、熟石膏的构型、光滑的表面上的刮痕或衣服上的皱痕等诸如此类的东西。在这些例子中,物质不仅是可塑的和易变形的,而且由于惯性有保持之能力。他写道:"当结构已经屈服时,正是这种惯性就成为它在新形式中的相对持久的条件,并且成为该物体随后展现出的新习惯的条件"。

生物的习惯或人类心灵的习惯仅仅被看作是自然的一般可塑性和保持能力的特例。詹姆士并不是没有观察到磁棒、有刮痕的表面或有皱痕的衣服与受过训练的动物或有技能的工人之间的差别。后者是通过活动——通过反复练习同样的动作——获得的。另外,它们不仅仅是过去印记的被动遗迹,它们本身是行动的倾向。当行动机会出现时,它们几乎自动地萌发行动。

可能有人质疑是否应该如此宽泛地使用"习惯"一词。与詹姆士不同,大部分著作家把它的应用范围限制在生物,并且甚至把习惯形成限制在学习领域。如果从经验学习的能力不是植物的特性,那么,植物就不可能形成习惯。同样,对于完全按照一成不变的本能进行活动的某些种类的动物而言,情况也是这样。因此,习惯仅仅为一些有机体——动物或人——所拥有,这些有机体的未来行为由它们自己过去的行为决定。正如我们已经看到的,阿奎那比这走得更远,他在严格的意义上把习惯形成仅限于人。

这马上引向第二个问题。对相信人并非特别不同于所有其他动物的那些人而言,人的习惯和他的习惯形成并不需要特别的区分或分析。他们坚持,人类的智力与动物的智力仅具有在程度上的差别,而不具有种类上的差别。他们认为,在一定程度上,动物从经验中获益或者获得新的行为模式,人类的学习与此相似,并没有在其中发现有其他因素在起作用。当然,在伟大著作丛书中,也可以发现一种非常特殊的习惯理论,这个理论是这样一种学说的一部分:人明确区别于一切其他动物,因为惟有人是理性的,并且具有自由意志。

关于人的本性问题在其他章(**动物、进化、人、心灵**)已经得到探讨。在这里,我们必须考察这个持有对立观点的习惯理论的后果。动物和人在该词的相同意义上形成习惯吗?这里用到"习惯"一词并不是争点,因为对动物的后天倾向而言,"习惯"一词可以在不同意义上使用。坚持野兽和人并不在相同的意义上具有习惯的那些人承认,除了他们特有的人类习惯外,人类可能也有调适本能或条件反射。而这两点正是动物习惯形成的典型方式。另外,人们承认,人类的习惯和动物的习惯在某些方面是相似的。二者都是通过活动获得的,并且都趋向特定的活动。

因而,问题仅仅是:运用于人和动物的是同一个习惯概念,抑或人性需要一个仅仅可应用于人的特殊习惯概念?为了澄清这个问题,这里有必要概述对人类习惯的分析。与其他作家相比,即使与持有同样的人类理性和人类自由观点的那些作家相比,亚里士多德和阿奎那的分析展开得更充分。

亚里士多德和阿奎那应该是详尽的人类习惯理论的创始人,理解这个命题的依据是以下两个事实。

首先,他们在道德理论的背景中考察习惯。对他们来说,道德的或智力的美德是习惯,所以,与之相反的罪恶必定也是习惯。美德是好的习惯,罪恶是坏的习惯;因此,人类的好习惯或坏习惯就是这样形成和构成的,它们可能具有美德或罪恶所包含的道德性质。只要其拥有者有责任能力,美德就是值得赞扬的,而罪恶就是该受责备的,所以,人类的习惯被视为产生于自由选择的行动。

其次,他们对习惯的理解受他们的能力心理学学说影响,尤其受他们对能力和活动的分析影响,他们认为,能力和活动是人所独有的。这又反过来给予习惯以某种形而上学意义,因为他们把人类的能力和人类的行动看作是潜能和现实的特例。

阿奎那对习惯的诸多讨论以亚里士多德的定义为基础。亚里士多德把习惯界定为"一个倾向,这种倾向或者是好的或者是坏的,所谓好坏,要么是就其自身而言的,要么是就另一个东西而言的"。在把习惯称为倾向时,亚里士多德接着说道,一切"倾向并非必定是习惯",因为与倾向是不稳定的或短暂的不同,习惯"是永久的",或至少"难以改变"。

按照阿奎那的看法,一个倾向要成为习惯,还必须具备某些其他条件。他写道:"处于倾向状态应该区别于它所倾向的东西",并且因此"应该与之相联系,正如潜能和行动相联系一样"。他指出,

32. 习 惯

如果存在缺乏一切潜能的存在物,"我们就不可能在这种东西中找到容纳习惯的空间……这对上帝而言明显是事实"。

同样必要的是,"处于关乎某种其他东西的潜能状态的东西,能够以数种方式决定,并且能够成为各种东西"。如果存在能够以一种方式并且仅能够以一种方式加以实现的潜能,那么,这种行动能力就不可能由习惯决定。人的某些能力似乎就属于此类。譬如说,当人的感觉器官通常已经成熟时,他的感觉能力就完美地起作用。一个人并不学习看颜色,或者学习听声音,他的感官的简单使用——审美知觉和训练过的辨别力除外——并不导致感官习惯。阿奎那坚持道,"外知觉能力,如看、听等等,并不被认为是习惯,而是按照它们的天然倾向,被命定为它们的固定行为"。

相反,人的思维和认知能力可通过活动和练习加以改进或完善。"改进"和"完善"这两个词是误导性的,如果它们被认为是要排除坏习惯的话,因为坏习惯和好习惯一样都是习惯。阿奎那指出,习惯的定义包括倾向,倾向"在使主体就形式或行动层面产生某一趋向的过程中发挥善的或恶的作用"。因此,当我们说行动能力通过练习得到"改善"或"完善"时,我们必定仅仅意指,在许多特定的行动之后,与以前相比,对明确的行动而言,个体拥有更确定的能力。

一个人出生时可能仅具有认知语法或几何学的能力,但是在他学习这些科目之后,他具有这种知识习惯。按照亚里士多德和阿奎那的看法,这意味着他的原始能力在其活动中已经变得更为确定。即使他学到错误的东西,也就是说,即使他所形成的理智习惯以所谓"坏的"方式而不是"好的"方式处理他的心智,情况也是如此。

学会语法的人和未学会语法的人之间的差别,是其能力在某种智力表现中的差别,产生这种差别的原因在于学会语法的人所做的智力工作。这种差别是智力上的差别。没有学过语法的人所拥有的未开发的认知语法的能力同他刚出生时所具有的这种能力处于同一水平。学会语法的人使他天生的语法知识能力得到开发。得到开发的能力是知识或技能的习惯,这种习惯在他的写作方式和说话方式中表现出来。但是,甚至在他并不实际使用他的语法技巧时,他已形成这种特殊习惯这个事实也意味着,无论何时出现机会,他都能迅速熟练正确地完成不具有这种习惯的人所不可能轻易完成乃至根本完不成的事情。

参照身体习惯,如体操技巧或运动技巧,可能有助于说明同样的观点。体操技巧或运动技巧作为艺术,不仅仅是身体习惯,也是心智习惯。如果两个人天生具有正常的身体,都同样具有某些肌肉协调能力,他们都在网球场上的同样方位打球。二者一样能够学会这种运动。但是,当其中一个人已经学会打网球,他的后天技巧表现为做必修动作或姿势的受过训练的能力。另一个人可能能够表演所有这些动作,或者能够经历所有这些姿势,但是与掌握这项运动技巧的那个人相比,他的动作没有那么熟练,没有那么优雅,也没有那么令人愉快,后者在表演这些必修动作时,经过诸多训练所形成的习惯在起作用。随着习惯的逐渐形成,笨拙被克服,速度增长,表演中的快乐取代痛苦或困难。

而且,显然,习惯甚至在它不起作用时也存在。它甚至可能在不活动期间成长。正如詹姆士所言,在一定意义上,"我们在冬天期间学习游泳,在夏天期间学习滑冰",其实我们并不实际进行这些运动。这似乎与一般见识不一致,所有观察者都承认,习惯因练习而得到强化,由于搁置不用或者由于做相反的动作而被削弱或克服。但是，詹姆士解释说，他的观点，如果以较少包含反论的方式加以陈述的话，仅仅意味着在休息期间，先前的活动效果也会巩固和增强习惯。

在亚里士多德和阿奎那的语言中，习惯形成和习惯性活动的活力被概括为这个陈述："习惯是单纯的能力和单纯的行动之间的中介。"一方面，习惯像力量或能力一样，因为尽管它是对天生的能力的改进，但它仍然仅仅是履行某些行为的能力；它不是实际行为的践行。另一方面，习惯像行动或活动一样，因为它代表能力的实现或展开，甚至作为特殊的行动是行动能力的实现。这就是习惯有时被称为二级潜能（与作为第一潜能的天然能力相比较）并且同时被称为"一级现实"（与作为完全行为的行动相比较）的原因。

按照人类特有习惯的理论，习惯仅仅存在于人的理性能力和意志能力。在其他能力中形成的习惯仅仅在一定程度上受理性和意志的引导。人类特有的习惯只能在活动领域中形成，在活动领域，人要么自由行动，要么不行动；并且，当他们行动时，他们以这种或那种方式自由行动。习惯，作为自由的产物，并不被看作是在革除自由。无论运用自由选择反对强大的习惯可能多么困难，但是，即便是最强大的习惯也不被看作是牢不可破的。如果它是可以打破的话，它就必须允许与之相反的行为。仅仅因为一个人习惯性地行事，没有有意识地注意细节，习惯性行为才显得缺乏自由，如果他缺乏习惯，他将被迫在每一个步骤通过有意识的选择来做这些事情。

在上述理论中，习惯被按照它们所决定或完善的能力加以分类，其依据是"可能被引向各式各样行为的每一个能力，需要一个习惯，借此它合理地倾向于它的行为"。因此，存在理智习惯或者思想和认知习惯；存在欲望习惯或意愿习惯，这种习惯包含情感和意志，并且通常包含特定种类的行为。在诸如理智这样的单个能力中，习惯通过参照它们的独特行动所指向的对象或者目标而被进一步区分。例如，表现在像几何学这样的科学中的认知习惯和表现在语法技巧中的鉴别行为习惯，都属于理智习惯，但是，按照它们的对象或目的，它们是不同的习惯。

所有这些区分既具有道德意义，也具有心理学意义。它们被用于精确地表达好的和坏的习惯的标准，这种标准在**美德与邪恶**一章得到更为合适的讨论。但是，在这里，进一步的心理学区分值得一番评论。人的某些后天习惯在一种特殊的意义上——不是在本能被叫作"自然"或"天生的"习惯的意义上——被看作是自然的。这个区分推自这个假定：某些习惯在一切人身上生长，其原因是，由于人性是一切人共同具有的，人必然会形成这些习惯，如果他们到底要行动的话。在这里，"自然的"这个词应用于习惯仅仅意味着，它是具有相同性质的一切人共同具有的。

例如，对矛盾律——同样的东西不可能同时被肯定和否定——和理论知识的其他简单公理的理解，被断言为是作为自然习惯之材料的人类心智所共同具有的。只要一个人思考，他终究会认识这些真理。阿奎那写道，"由于人的理智灵魂的自然本性"，当"人一旦掌握什么是整体和什么是部分，就应该马上意识到每一个整体都大于它的一部分"。

阿奎那断言"对第一原理的理解被称为自然习惯"的那个意义，既适用于实践理性的第一原理，也适用于理论知识的公理。在他看来，正如任何对真和假

32. 习　惯

进行理论判断的人不可能不具备关于矛盾原则的习惯知识,所以,他认为,任何对善和恶进行实践判断的人不可能不具有关于自然道德律的习惯知识,自然道德律的第一原理是,善是应该寻求的东西,而恶是应该避免的东西。阿奎那写道,"由于道德律的训诫有时实际上由理性考虑,而有时它们又仅从习惯上被包含在理性之中,在这个意义上,自然律可以被称为习惯"。

在不同的传统时期,休谟把习惯看作是人类心智按照原因和结果来解释阐释任何重复的事件顺序的不可避免的倾向。在我们的经验中,如果一个东西多次先于另一个东西,我们倾向于推论,只要前者出现,后者就会随之出现。休谟说道,决定我们"形成这个结论"的原则是"习俗或习惯"。我们所有来自经验的推论都是"习惯的结果,而不是推理的结果"。而且,在他看来,由于推断过去惯常结合在一起的两个事物之间的未来关系的习惯存在于人的本性之中,休谟称之为"任何推理或思想和理解过程要么无法引致要么无法阻止的一种自然本能"。

甚至康德的先天综合判断也与所谓"自然的习惯"存在某种相似性。它们包含心智因其自身的本性而要做出的判断,或者,用康德的话说,心智因为其先验的结构而要作出的判断。尽管先天判断不是天赋的,因为它仅在实际的经验提供其质料时才产生。所以,阿奎那说,第一原则的自然本性不是先天的,而是经验的结果。

不过,"自然习惯"这个短语存在另一个传统意义。它出现在基督教神学中。在那里,区分习惯的依据是,它们是通过人自身的努力获得的还是上帝恩典的天赋,上帝的恩典增进或提升人性。前者是自然的,后者是超自然的。

在超自然的习惯领域,神学家在上帝的恩典本身和伴随恩典的特殊习惯之间进行区分。例如,阿奎那写道,"正如理性之光不同于后天的美德,后者服从理性之光的安排,上帝恩典之光分享神性,也不同于输灌的美德,输灌的美德来自上帝恩典之光并服从它的安排"。这些"输灌的美德"像自然美德一样,是好的习惯——行动原则,决定思想或欲望行为。它们要么是具有信仰、希望和博爱的特殊神学美德,要么是后天的理智美德和道德美德——被称为"输灌美德"和"道德和理智天赋"的习惯——的超自然的对应物。

上帝的恩典就其本身而言,而不是就其结果而言,不是行动习惯,也就是说,它不是履行某些行为的习惯。不过,作为某种增进和完善本性之物,它被从习惯方面加以考虑。但是,它不是"能力借以倾向于行动的习惯",阿奎那视之为"天性借以对某种东西有好感或恶感,并且多半在这种倾向具有一种天性时"的习惯。通过上帝恩典的习惯,人的本性通过成为"神性的……分享者"而得以提升。

为了使这种习惯和行动的习惯相区别,它有时被称为"属于单纯存在方式的习惯"——属于人的个性的习惯。在纯自然层面上,健康可能以同样的方式被看作是属于单纯存在方式的习惯,而不是行动习惯。它不是思想、欲望或行为的习惯,而是人的身体存在的习惯。

"习俗"一词有时是习惯的同义词,有时又是具有特别含义的变异词。一个人习惯性做的事情,是他根据习俗做的事情。就单个人考虑,在习惯和习俗之间似乎没有区别。但是,我们通常是依据团体或社会,而不是依据个人,来考虑习俗的。正如在关于**习俗与约定**一章所表明的，一个社会中的普遍的行为模式及其广泛共享的信念，从它的成员的角度看，代表共同的思想习惯和行动习惯。无论如何，撇开个人，社会习俗没有存在的余地。但是，社会习俗和个人习惯不能被等同，因为，对于任何常规或观点，可能存在不遵守常规的个人——具有偏离正轨习惯的人。普遍的或流行的习惯是大多数人的习惯。正是在这个意义上，凡勃伦把公认的生活规范看作是习俗的或习惯的。

没有任何社会能够长久持续或平静地运行，除非共同的习惯产生习俗的纽带。为使其自身永续，国家必然要通过一切教育手段，通过传统，通过法律，努力塑造正在成长的每一代人的习惯。按照蒙田的看法，在社会生活中，习俗的稳定如此重要，以致"让公共的和不可改变的制度和庆典仪式服从个人想象力的不稳定性是极不公正的"。他怀疑，"改变公认的法律，无论改变的是哪一种法律，其带来的明显利益会像其带来的明显损害那么多"。他对改变法律的极端谨慎来自他对永久习俗的稳定性的偏好，也来自这个认识："政府如同由不同部分结合在一起的构造物，牵一发而动全身。"

至少，如果没有行为习惯，无论是个人还是社会都无法避免混乱。习惯的联结，赋予时间以连续性，如果重复的行为或思想问题每当出现时都必须重新加以解决，这种连续性就不复存在。如果没有习惯，生活就会变成不可忍受之负担。它会陷入决策重负之泥沼。如果没有习惯，人无法忍受自身，更不用说忍受别人。正如詹姆士所言，习惯是"社会的飞轮"。正如杜威所察，习惯"涵盖态度之形成……我们的基本敏感性、会面方式以及对我们在生活中碰到的一切状况的反应"。按照这种观点，"经验的连续性原则"依赖于"习惯这个事实"。

分 类 主 题

1. 不同的习惯概念：第二天性、能力的完善、物质的存留调适
    1a. 习惯与潜能和行动的关系
    1b. 习惯与物质的可塑性的关系
2. 习惯的种类：习惯与倾向和其他性质的区分
    2a. 按照起源和功能区分习惯：天生的习惯和后天的习惯；与某物的单纯的存在方式有关的习惯和行动习惯
    2b. 按照熟习的能力或按照习惯的活动的对象区分习惯
3. 动物和人的本能或天生的习惯
    3a. 本能的需要或冲动
    3b. 对益和害天生的识别力：判断力
    3c. 本能与理性的关系
    3d. 习惯形成的本能基础：通过经验或学习调适本能和反射作用
    3e. 本能在世代过程中的起源、传播和调适
4. 习惯形成
    4a. 习惯的起因：练习、重复、训练、教授和法律
    4b. 习惯的成长和衰弱：加强和克服习惯的方法

5. 人类特有的习惯之分析

    5a. 身体的习惯：手工艺术和运动技巧

    5b. 欲望和意志习惯：作为好习惯的道德美德

    5c. 理性的自然习惯：心智的天生偏好

    5d. 心智的后天习惯：智力美德

    5e. 超自然的习惯

        （1）上帝的恩典：作为与人的单纯存在方式有关的习惯

        （2）输灌的美德和超自然的天赋

        （3）神学的美德

6. 习惯在人类生活中的力量

    6a. 习惯的自动或无意识的运行：嗜好

    6b. 习惯对性格和心智之完善的作用

    6c. 习惯和自由

7. 习惯的社会意义：习惯与法律的关系

[杨玉成 译]

索引

本索引相继列出本系列的卷号〔黑体〕、作者、该卷的页码。所引圣经依据詹姆士御制版，先后列出卷、章、行。缩略语 esp 提醒读者所涉参考材料中有一处或多处与本论题关系特别紧密；passim 表示所涉文著与本论题是断续而非全部相关。若所涉文著整体与本论题相关，页码就包括整体文著。关于如何使用《论题集》的一般指南请参见导论。

1. **Diverse conceptions of habit: as second nature, perfection of power, retained modification of matter**

    7 Aristotle, 329–330
    8 Aristotle, 537
    17 Aquinas, 105–106, 466–467
    18 Aquinas, 1–6
    23 Montaigne, 531–532
    30 Pascal, 190
    33 Locke, 249
    40 Mill, 269
    53 James, William, 68–83
    55 Dewey, 105
    57 Veblen, 121–123
    57 Tawney, 179–186

1a. **Habit in relation to potency and act**

    7 Aristotle, 329–330, 340, 573, 647–648, 661–662, 679
    8 Aristotle, 348–349
    17 Aquinas, 419–421, 425–426
    18 Aquinas, 1–35 passim, 108–109

1b. **Habit in relation to the plasticity of matter**

    18 Aquinas, 6–7, 11–12
    53 James, William, 68–71, 423–424 passim, 429–430
    54 Freud, 651–652

2. **The kinds of habit: the distinction of habit from disposition and other qualities**

    7 Aristotle, 13–14, 543–544
    18 Aquinas, 22–25, 108–109, 131, 755–756, 765–766

2a. **Differentiation of habits according to origin and function: innate and acquired, entitative and operative habits**

    18 Aquinas, 6–8, 12–15, 27, 168
    26 Harvey, 428
    33 Hume, 487–488
    40 Mill, 459–461
    49 Darwin, 68–69
    54 Freud, 591–592, 594–595, 758–759
    57 Veblen, 45–47

2b. **Differentiation of habits according to the capacity habituated or to the object of the habit's activity**

    6 Plato, 518
    8 Aristotle, 347–348, 538, 539
    18 Aquinas, 6–12, 22–25, 492–493
    26 Harvey, 333
    55 Dewey, 105–109

3. **The instincts or innate habits of animals and men**

    6 Plato, 320
    7 Aristotle, 14
    8 Aristotle, 7–9, 114–115, 122
    9 Galen, 359–360
    17 Aquinas, 106–107, 794–795
    20 Calvin, 122–123
    33 Hume, 488
    35 Montesquieu, 2
    35 Rousseau, 334–336
    49 Darwin, 119–135, 287–291, 308–312
    51 Tolstoy, 278–287 passim, 499–500
    53 James, William, 8–17, 47–52, 700–737
    54 Freud, 412–421, 639–663, 789–791, 846–853

3a. **Instinctual needs or drives**

    5 Herodotus, 62–63, 67
    6 Plato, 157–159, 165–166
    7 Aristotle, 499
    8 Aristotle, 68–69, 97–99, 294, 365, 400
    11 Lucretius, 55
    11 Epictetus, 121
    17 Aquinas, 672, 673–674, 687–688
    19 Dante, 67–68
    19 Chaucer, 467
    20 Calvin, 285
    21 Hobbes, 61, 84–86, 141
    23 Montaigne, 224, 466–467
    26 Harvey, 346–347, 349–350, 361–362, 402, 460–461, 476–477
    28 Bacon, 72–73
    28 Descartes, 325–329
    28 Spinoza, 632–633
    33 Locke, 42–43
    35 Rousseau, 342–346 passim
    40 Mill, 469–470
    48 Melville, 177–178

32. Habit

49 Darwin, 122–131, 298, 304–314, 371–372, 456–457
53 James, William, 198–199, 700–704, 712–737
54 Freud, 400–402, 569–593, 615–616, 618–619, 669, 673, 684–686, 708–712, 714–717, 787–788, 837, 883
59 Pirandello, 251

3b. The innate sense of the beneficial and harmful: the estimative power

8 Aristotle, 136–138
17 Aquinas, 411–413, 429–431, 436–438
23 Montaigne, 327
26 Harvey, 456–457
33 Locke, 104, 141, 144–146
35 Rousseau, 337–338
45 Balzac, 211, 276
48 Melville, 88–89, 90–91
49 Darwin, 121, 122, 287–288
53 James, William, 8, 708–709, 729
54 Freud, 607–609, 612–614, 720–721, 737–738, 751–752

3c. Instinct in relation to reason

7 Aristotle, 276
8 Aristotle, 138, 539
11 Aurelius, 248
11 Plotinus, 476–477
17 Aquinas, 106–107, 308–309, 394–396, 510–511
18 Aquinas, 8–9
23 Montaigne, 257–259
28 Descartes, 283–284, 382
30 Pascal, 357
33 Hume, 466, 469, 504–505
37 Gibbon, 409–410
39 Kant, 256–257, 316–317, 602
40 Mill, 465
43 Nietzsche, 466, 497
49 Darwin, 287–289, 292
53 James, William, 676–677, 704–706
54 Freud, 377–380, 702, 715–716, 837–839, 843–845

3d. The instinctive basis of habit-formation: the modification of instincts and reflexes through experience or learning

8 Aristotle, 63, 156–157
18 Aquinas, 8–9
33 Hume, 488
49 Darwin, 288, 290–291, 293–295, 298, 317–319, 592–593
53 James, William, 8–9, 13–17, 44–52, 705–712, 720, 725, 732–735, 827–835
54 Freud, 15–18, 407–408, 415–421, 422–423, 574–575, 590–593, 693–695, 781
55 Dewey, 101–102

3e. The genesis, transmission, and modification of instincts in the course of generations

11 Lucretius, 23, 39
43 Nietzsche, 536–537

49 Darwin, 82–85, 111, 119–135, 236–237, 288, 292, 304, 318–319 passim, 504–507
52 Ibsen, 452–453
53 James, William, 691, 717–725, 853–858, 890–897
54 Freud, 594–595, 613, 651–654, 707–708, 758
57 Veblen, 162

4. Habit formation

4a. The causes of habit: practice, repetition, discipline, teaching, and the law

7 Aristotle, 573
8 Aristotle, 107, 348–351 passim, 360, 365–366, 542
11 Epictetus, 151–153, 173–174
13 Plutarch, 121–122
17 Aquinas, 462–463, 478
18 Aquinas, 25
21 Hobbes, 154–155
28 Bacon, 78–79
28 Spinoza, 689–690
33 Hume, 464
43 Hegel, 136
44 Tocqueville, 357
47 Dickens, 240–244
53 James, William, 70–73, 332, 571
55 Dewey, 105–109
57 Veblen, 30–32, 44–47, 49, 63–64, 145
59 Mann, 474–477

4b. The growth and decay of habits: ways of strengthening and breaking habits

11 Epictetus, 124–125, 176–177
18 Aquinas, 15–22, 25
23 Montaigne, 117–118, 432–434, 569–570
28 Bacon, 80
33 Locke, 197–198
40 Mill, 464
49 Darwin, 309
53 James, William, 79–83, 332
55 Dewey, 105–109
57 Veblen, 92–94

5. The analysis of specifically human habits

7 Aristotle, 329–330
8 Aristotle, 348–352 passim
18 Aquinas, 1–25
53 James, William, 73–83

5a. Habits of body: manual arts and the skills of play

6 Plato, 334–335, 717
7 Aristotle, 383–384
8 Aristotle, 487, 541, 544
9 Hippocrates, 279
12 Virgil, 248–249
13 Plutarch, 40–42, 293–294, 693–695
18 Aquinas, 6–7, 18–19
22 Rabelais, 28–29
23 Montaigne, 98, 119–120, 126
28 Bacon, 53–54

```
35 Rousseau, 335
37 Gibbon, 5
43 Hegel, 282-284
44 Tocqueville, 328
46 Eliot, George, 520-522
49 Darwin, 269-271, 278
50 Marx, 164-167, 170-171
53 James, William, 73-78, 774
57 Veblen, 17, 103-116, 124-126, 159-160, 167
```

5b. Habits of appetite and will: the moral virtues as good habits

```
7 Aristotle, 330
8 Aristotle, 348-352, 399
11 Epictetus, 168-169, 201-211
16 Augustine, 70, 73-74
18 Aquinas, 2-4, 10, 32-33, 34-35, 41-59
28 Bacon, 78-81
31 Molière, 107
39 Kant, 357-360, 378, 521-523, 604-606
40 Mill, 445-446, 463-465
43 Hegel, 178-179
46 Austen, 60-61
46 Eliot, George, 284, 469-470, 551-552
48 Twain, 329
49 Darwin, 304-305, 310-319, 321-322, 593
53 James, William, 80-83, 798-808
59 Chekhov, 206-207
59 Cather, 421, 433
```

5c. The natural habits of reason: innate predispositions of the mind

```
7 Aristotle, 524-525, 590
8 Aristotle, 392-393
11 Epictetus, 120-121, 141-142
11 Aurelius, 249
11 Plotinus, 310-311
17 Aquinas, 98, 425-427, 613-614
18 Aquinas, 19-21, 763-764
19 Dante, 65, 67
21 Hobbes, 54, 60
28 Bacon, 60-61, 110-111
28 Descartes, 227, 265, 278, 450
28 Spinoza, 663
30 Pascal, 171, 186, 440
33 Locke, 95-121 passim
39 Kant, 48, 58-59, 66-72 esp 67-69, 109, 229, 562-564
53 James, William, 851-890
59 Proust, 341
```

5d. The acquired habits of mind: the intellectual virtues

```
7 Aristotle, 330, 693-694
8 Aristotle, 387-394, 539
11 Epictetus, 168-169, 204-211
17 Aquinas, 75-76, 423-424, 466-467
18 Aquinas, 8-9, 9-10, 14-15, 19-22, 25, 35-45, 68-69
21 Hobbes, 66-68
28 Bacon, 26-27
28 Descartes, 223-224
28 Spinoza, 664-665, 689-690
33 Locke, 139-140, 308-309
33 Hume, 464-466, 468-469, 476-478 passim
39 Kant, 223
41 Boswell, 135-136
44 Tocqueville, 157-159, 245-246
53 James, William, 83, 295-298, 331-336, 427-430, 433-434, 502-507, 520-526, 852-853, 860-862
```

5e. Supernatural habits

5e(1) Grace as an entitative habit of the person

```
18 Aquinas, 7-8, 168, 347-351
```

5e(2) The infused virtues and the supernatural gifts

Old Testament: *I Kings*, 3:5-15, 4:29-34 / *Psalms*, 119:34-40 / *Proverbs*, 2 / *Isaiah*, 11:2-5 / *Daniel*, 1
Apocrypha: *Wisdom of Solomon*, 7:22, 8:7,21; 9
New Testament: *Acts*, 2:1-21 / *I Corinthians*, 2; 12:4-11 / *Ephesians*, 4:17-5:21 / *James*, 1:5-7,17; 3:13-18 / *II Peter*, 1:1-10
```
18 Aquinas, 15, 28-29, 65-66, 87-96, 416-426, 465-474, 598-603
20 Calvin, 112, 129-134, 139-140
21 Hobbes, 176-177, 270
```

5e(3) The theological virtues

Old Testament: *Psalms*, 22; 25; 71 / *Proverbs*, 3:1-26
Apocrypha: *Wisdom of Solomon*, 3:9 / *Ecclesiasticus*, 2:6-9; 13:14
New Testament: *Matthew*, 9:20-22,27-30; 15:22-28; 17:14-21; 19:16-23 / *Mark*, 9:17-27 / *John*, 20:26-29 / *Romans*, 1:5,16-17; 3:20-5:9; 8:24-25; 10 / *I Corinthians*, 13 / *Ephesians*, 2:1-10 / *Colossians*, 1:1-8 / *James*, 2:14-26 / *II Peter*, 1:5-8 / *I John* / *II John* / *III John*
```
16 Augustine, 350-351
18 Aquinas, 59-63, 69-70, 83-87, 350-351, 482-489
19 Dante, 120-124
21 Hobbes, 149, 241-242
28 Bacon, 2-4
29 Milton, 331-332
```

6. The force of habit in human life

Old Testament: *Proverbs*, 22:6 / *Jeremiah*, 13:23
```
5 Herodotus, 97-98
6 Plato, 716, 717-718
7 Aristotle, 513
8 Aristotle, 348-352 passim, 612-613
11 Lucretius, 33-34
16 Augustine, 63, 73, 75-76, 710-711
21 Machiavelli, 35
23 Montaigne, 63-64, 117-118, 432-434, 436-438, 531-532
33 Hume, 469
```

37 Gibbon, 464
40 Mill, 370
41 Boswell, 259
49 Darwin, 308, 317
51 Tolstoy, 303–305, 609
54 Freud, 643–646
59 James, Henry, 10–11

6a. The automatic or unconscious functioning of habits: addiction

18 Aquinas, 2–4
23 Montaigne, 347–348, 356
40 Mill, 464
47 Dickens, 151–152
49 Darwin, 119
53 James, William, 73–78, 774, 788–789, 790–791, 810
54 Freud, 455
56 Waddington, 744–745
57 Veblen, 114
58 Lévi-Strauss, 413–415
59 Proust, 399

6b. The contribution of habit to the perfection of character and mind

Old Testament: *Proverbs,* 22:6
5 Thucydides, 396–397
6 Plato, 330–331, 333, 389–390, 474–475, 518, 653
7 Aristotle, 18
8 Aristotle, 340, 345, 360, 434–435, 495, 541–542
11 Epictetus, 102–103, 151–153, 201–211, 224–225
11 Aurelius, 246, 257
18 Aquinas, 64–65, 214–215
23 Montaigne, 216, 243
28 Bacon, 69–70, 78–81
28 Descartes, 269–270

33 Locke, 249
33 Hume, 487–488
35 Rousseau, 347
36 Smith, 89
43 Hegel, 136
49 Darwin, 305, 310–314, 592–593
51 Tolstoy, 47–48, 605
53 James, William, 81–83, 711–712, 760
54 Freud, 757–759, 844, 870

6c. Habit and freedom

17 Aquinas, 436–438
39 Kant, 378
40 Mill, 464
43 Hegel, 136
51 Tolstoy, 221
52 Dostoevsky, 171–172
55 Dewey, 115–116
60 Beckett, 529–582 passim esp 537, 579–580

7. The social significance of habit: habit in relation to law

5 Herodotus, 137–138
6 Plato, 344–345, 401, 713–714, 716
8 Aristotle, 349, 465, 537
13 Plutarch, 38, 63–64
14 Tacitus, 57–58
18 Aquinas, 221, 228–229, 231–233, 236–237, 264–265
23 Montaigne, 97–105, 172–173, 505–506
28 Bacon, 109–110
35 Montesquieu, 135–142
35 Rousseau, 324, 402, 406
40 Federalist, 95
40 Mill, 329–331
43 Hegel, 287–288, 388
44 Tocqueville, 13–22, 277, 326–328
55 Dewey, 121–122
57 Veblen, 44–47

交叉索引

以下是与其他章的交叉索引：

The general conception of habit, see BEING 7c–7c(3); MATTER 2a; MIND 2b; NATURE 2c.

The psychological analysis of the faculties or powers in which habits are situated, see ANIMAL 1a–1a(3); LIFE 3; MAN 4–4d; SOUL 2c–2c(3); VIRTUE AND VICE 2a.

Instinct, see ANIMAL 1d; DESIRE 2a, 3a; EMOTION 1c; EVOLUTION 2b(2); SENSE 3d(3); WILL 3a(2).

The formation or breaking of habits, see EDUCATION 3–6; LAW 6d; TEMPERANCE 4; VIRTUE AND VICE 4–4d(4).

The role of habit in the theory of virtue, see VIRTUE AND VICE 1e; the intellectual virtues, see ART 1; MIND 4c, 4e–4f; PRUDENCE 1–2c; SCIENCE 1a(1); VIRTUE AND VICE 2a, 2a(2); WISDOM 2a; the moral virtues, see COURAGE 1, 4; JUSTICE 1c–1d; TEMPERANCE 1–1b; VIRTUE AND VICE 2a–2a(1), 3b; the theological virtues, see KNOWLEDGE 6c(5); LOVE 5b–5b(2); MIND 5c; RELIGION 1a; VIRTUE AND VICE 2b, 8d–8d(3); the infused virtues and the supernatural gifts, see MIND 4f, 5c; VIRTUE AND VICE 8e.

Grace as an entitative habit, see GOD 7d; MAN 9b(2); NATURE 6b; SIN 3c, 4d, 7; VIRTUE AND VICE 8b; WILL 7e(2).

The natural habits of the mind, see JUDGMENT 8a; KNOWLEDGE 6c(2)–6c(4); LAW 4a; MIND 4d(2)–4d(3); PRINCIPLE 2b(2), 3a(1), 4; VIRTUE AND VICE 4a.

The relation of habit to freedom, see WILL 3a(2).
The relation of habit to custom and law, see CUSTOM AND CONVENTION 2, 6b; LAW 5f, 6d.

扩展书目

下面列出的文著没有包括在本套伟大著作丛书中，但它们与本章的大观念及主题相关。书目分成两组：

Ⅰ．伟大著作丛书中收入了其部分著作的作者。作者大致按年代顺序排列。

Ⅱ．未收入伟大著作丛书的作者。我们先把作者划归为古代、近代等，在一个时代范围内再按西文字母顺序排序。

在《论题集》第二卷后面，附有扩展阅读总目，在那里可以查到这里所列著作的作者全名、完整书名、出版日期等全部信息。

I.

Thomas Aquinas. *Truth*, Q 16
Descartes. *The Passions of the Soul*, XVI, XLIV, L
Hume. *A Treatise of Human Nature*, BK I, PART III, SECT VIII–IX, XIV; BK II, PART III, SECT V
Voltaire. "Instinct," in *A Philosophical Dictionary*
Darwin, C. R. *The Expression of Emotions in Man and Animals*
——. *A Posthumous Essay on Instinct*
Bergson. *Creative Evolution*, CH 2
Dewey. *Human Nature and Conduct*, PART I–II
Chekhov. *The Cherry Orchard*
Russell. *The Analysis of Mind*, LECT 2
O'Neill. *Long Day's Journey into Night*

II.

THE ANCIENT WORLD (TO 500 A.D.)

Seneca. "On the Diseases of the Soul," in *Moral Letters*

THE MODERN WORLD (1500 AND LATER)

Adler, M. J. *A Vision of the Future*, CH 4
Bentham. *An Introduction to the Principles of Morals and Legislation*, CH 11
Butler, S. *Life and Habit*
Condillac. *Traité des animaux*, PART II, CH 5
Hartley. *Observations on Man, His Frame, His Duty and His Expectations*, VOL I, PROPOSITION 21
Hartmann, E. *Philosophy of the Unconscious*, (A) III; (B) I
Huysmans. *Against Nature*
Jung. *Instinct and the Unconscious*
Klubertanz. *Habits and Virtues*
Leibniz. *New Essays Concerning Human Understanding*, BK II, CH 22 (10)
Lewis, C. I. *Our Social Inheritance*
Maine de Biran. *The Influence of Habit on the Faculty of Thinking*
Malebranche. *The Search After Truth*, BK II (I), CH 5
Menninger. *Love Against Hate*
Mill, J. *Analysis of the Phenomena of the Human Mind*, CH III
Morgan, C. L. *Habit and Instinct*
——. *Instinct and Experience*
Pavlov. *Conditioned Reflexes*
Peirce, C. S. *Collected Papers*, VOL III, par 154–164, 359–403; VOL VI, par 259–263
Reid, T. *Essays on the Active Powers of the Human Mind*, III, PART I, CH 2–3
Riesman. *The Lonely Crowd*
Rivers. *Instinct and the Unconscious*
Romanes. *Mental Evolution in Animals*, CH 11–18
Ryle. *The Concept of Mind*
Schopenhauer. *The World as Will and Idea*, VOL III, SUP, CH 27
Stewart. *Elements of the Philosophy of the Human Mind*, PART II, CH 5
——. *Outlines of Moral Philosophy*, PART I, CH 10
Tinbergen. *The Study of Instinct*
Toynbee, A. J. *Change and Habit*
Verville. *Habit*
Woodworth. *Psychological Issues*, CH 9

33

幸　福　Happiness

总　论

关于幸福的众多问题都与它的定义和可及性有关。幸福在于什么？它是否对于所有人来说都是一样的，还是说在幸福的名义之下不同的人追求着不同的东西？幸福究竟能否在现世获得，抑或只是来世的事情？而如果对幸福的追求并非徒劳无益，那么我们要通过何种方式或者哪些步骤才能获得它？

本套伟大著作展示了西方思想的传统对于所有这些问题的基本探究和思考以及由之所激起的种种争论。人们都想要幸福，这似乎毋庸置疑。"人希望快乐，"帕斯卡写道，"并且只会希望快乐，而不会希望不快乐。"什么推动着欲望？针对这个论题，洛克认为只有一种答案是可能的："幸福，唯有幸福。"

但是即便这一事实无可置疑，它也没有解决如下问题：人们着眼于幸福或争取幸福来支配自己的生活，这样做是否正当？因此还有一个更深层次的问题。人们应该把幸福作为自己生活的目标从而指引自己的行动么？

在康德看来，"私人幸福的原则"乃是"与道德原则截然对立的"。他理解的幸福乃在于"我们所有欲望的满足：在外延上，它关涉到这些欲望的多样性；在内涵上，它关涉到它们的程度；在延展上，它关涉到它们的持续时间。"康德称之为生活的"实用主义的"规则（它志在幸福）"告诉我们必须做什么，如果我们想要获得幸福的话"。

它不像道德律，它只是一个假言的命令，而不是一个绝对的律令。此外，康德指出，这样的一个实用主义的或者功利主义的伦理学（对康德来说它们与"幸福伦理学"是一回事）只能是经验性的，他说："因为只有通过经验，我才能够获知，存在着哪些欲求得到满足的爱好，或者满足爱好的自然手段是什么。"这样的经验性的知识"对每个个体来说只能通过他自己的方式获得"。因此在欲求如何获得幸福这个问题上并不存在一个普遍的解决方案。从而，将道德哲学还原为"一种幸福理论"，这必然导致放弃追求那些既是普遍的又是先天的伦理原则。

与实用主义的规则截然对立的是，康德确立了"道德律"，它的动机并不仅仅是要求得幸福，毋宁说是要配享幸福。这个道德律除了作为一个绝对律令，加给我们一个绝对的义务之外，康德说，它"丝毫不考虑我们的欲望以及满足这些欲望的手段"。更确切地说，它"指示我们为了配得上幸福应该如何行动"。它是从纯粹理性而不是从经验导出的，因而具有一个先天原则的普遍性，在康德看来，没有这种普遍性，一种真正的伦理科学——或者道德形而上学——是不可能的。

在康德看来，惟道德价值配享幸福，排除了道德价值的观念，"单单幸福远远不是完全的善。理性不会认可它（不论爱好多么欲求它），除非它与赏罚联系在一起。另一方面，类似地，"康德承认，"单独的道德，以及单纯的赏罚，也远非完全的善。"这两个东西必须被联结起来，以构成真正的至善，在康德看来，它既是最高的善也是最完全的善。一个

"以一种配享幸福的方式行动的"人"必定可以期望拥有幸福。"

但是即使幸福与道德价值的结合构成了至善,康德依然拒绝承认幸福作为一个实践的目标能够起到一个道德原则的作用。虽然一个人只有在道德律之下履行自己的义务时,他才能够期望获得幸福,他不应该出于将由此获得幸福的考虑而履行自己的义务。康德写道,"一种要求幸福的前景作为它的必要条件的意向是不道德的,因而也不配享有完全的善。"道德律要求义务得到无条件地履行。幸福应该是一个后果,但是它不能成为道德行动的一个前提条件。

换言之,在康德看来,幸福不能提出任何道德义务或者提供一个人类行为之对错的标准。如果道德必须避免为了幸福或者任何其他的目的、诸般事情该做还是不该做的所有功利或权宜的计算,那么幸福能够用来作为伦理学第一原则的最多只是愉悦。

义务伦理学和幸福伦理学之间的这个分歧,以及这一分歧涉及的作为道德之起源的规律和欲望之间的冲突,在本书的**欲望**、**责任**以及**善与恶**这几章那里从另外的角度得到了思考,那些地方也提出了至善的问题。在这一章,我们将着重考察作为一种伦理原则的幸福,因此着重考察那些以这样或那样的方式接受了幸福作为至善以及生活之目的的人们所面对的问题。他们或许认为,没有任何理由拒绝那些通过欲望而不是通过义务起作用的道德原则。他们或许发现,把幸福作为最终目的,以论证各种手段并确定其他所有善的序列,这并没有什么矛盾的地方。但是他们不能不去面对那些与幸福的本质及其与美德的关系等等诸多相关的问题,就把幸福作为伦理学的第一原则。

他们的讨论始于所有人都欲求幸福,而不是结束于它。一旦他们断言这一事实,一旦他们使幸福成为所有伦理术语中最基本的术语,比如亚里士多德或者洛克、阿奎那或者穆勒,他们就不能逃避以下问题,是否所有寻求幸福的人都在同样的事物中寻找着它或者发现了它。

康德坚持认为一个确定的幸福概念不能得到确切的表述,他认为幸福甚至都不能作为行动的一个实用主义的原则。"幸福的概念是如此的不确定,"他写道,"虽然每个人都希求获得它,但是他永远也不能确切地、一以贯之地说清楚自己真正希求的是什么。"他不能够"确信地决定什么会使他真正幸福;因为要做到这个他必须是个全知者。"如果这对个体来说是真的,那么广泛流行于人们之中的幸福概念将会是多种多样的。

洛克直接地断言了这里暗示的东西,即如下事实,"并不是所有人都将幸福寄于同样的事物,或者是都以同样的方式获得它。"但是承认这一事实并没有阻止洛克去探求"在与幸福和不幸相关的事情上……相对于较好的状况人们是如何更倾向于选择较糟的状况的;人们承认自己会去选择那些使他们不幸的东西。"即使他宣称"同样一个东西对所有类似的人来说并不都是好的,"洛克还是认为可以通过说明个体如何可能在判断中犯错误而来解释"人们经常带给自身的不幸"——"事物是如何通过它被错误地断言和我们的欲望相关而以骗人的面貌被表象给我们的欲望"。

但是这仅仅适用于个体。洛克认为,当两个人的幸福概念不同时,不能表明一个人就是对的另一个人就是错的。"虽然所有人的欲望都倾向于幸福,然而他们并不是被同一个对象所推动。人们可以选择不同的事物,而所有的选择都

33. 幸 福

是对的。"他并不与神学家们争执,后者在神圣启示的基础上描述在来世的生命中永恒的幸福,这种幸福将会被所有得救的人同样地享有。启示是一回事,理性又是另一回事。

对于世俗暂时的幸福,理性不能够达到和救赎有关的信仰一样确定的目的的定义。因此洛克与那些"旧的哲学家们"争论,在他看来,这些旧哲学家徒劳地以所有人都赞同何为幸福的方式寻求着至善或者幸福的定义;而如果他们并没有找到幸福的定义,那么他们会认为,在对幸福的追求中一定有某个东西搞错了或者受到了误导。

因此当洛克说存在着一门关于一个人应该怎样"作为一个有理性的、主动的……为了获得幸福的……行为主体"而行事的科学时,这是很令人惊讶的。他将伦理学描述为一门"通向幸福的人类行为之规则和手段"的科学,并将道德置于"能够被实证的诸科学之中,在其中……如同数学中那样的无可置疑,从自明的命题出发,通过必然的过程,任何一个人只要愿意将同样的中立和专注运用于这门科学,他都能够发现对错的尺度,就像他在其他科学中所做的一样。"

洛克所反对的古代的哲学家们坚持认为,一门伦理科学依赖于一个其自身对所有人都同样自明的第一原则。如果幸福的内容就是每个人自以为的那样,那么幸福并非那一个原则;因为如果不能给出任何可普遍运用的幸福定义——如果当人们的幸福概念各不相同,这个人和那个人或许都是对的——那么,所有人都同意把"幸福"之名赋予他们最终所欲求的东西这一事实将仅仅只是一个有名无实的共识。这样一个有名无实的共识在亚里士多德和阿奎那看来并不足以建立起一门伦理科学,因为

他关于幸福之追求的诸种规则应能够普遍的应用于所有人。

在他们看来,人类真正的幸福必定对所有人来说都是一样的。用阿奎那的话来说,理由是,"所有人在他们的特殊本性上都是一致的。"根据他们特殊的或者说共同的本性,幸福能够被客观地定义。如此被构想的幸福乃是一个对所有人来说都共同的目的,"因为本性只会趋向于一个东西。"

虽然或许对于幸福在于什么这个问题事实上的确存在着许多不同的意见,但是我们却不可能认为所有观点都同样有道理而同时却不承认自己在道德问题上彻底的相对主义我们却不可能认为所有观点都同样有道理而同时在道德问题上却不接受彻底的相对主义。在《愚人颂》中,伊拉斯谟让愚人提出这样的相对主义:"你认为在柏拉图洞穴中那些只惊异并满足于实物的影子和影像,而不知道自己错失了什么的人与那个已逃离洞穴看到实物的哲学家之间有什么不同?如果卢西安的 Mycillus 被允许继续永远作着黄金梦的话,他或许也就没有理由去追求幸福的其他任何状态了。"从这短文字中可以清楚看出,伊拉斯谟只是在心理意识层面上使用"幸福"一词(在该层面上幸福意味着满足),而不是在伦理意识层面上使用的(在该层面幸福意味着整个人生都生活得美好)。

在亚里士多德和阿奎那看来,人们事实上的确在幸福的名义之下寻求着不同的事物,但是这并没有改变如下真理,他们应该寻求的幸福必定是和所有人都一样的人性相关联的东西,而不是被他们个人各不相同的需要或性情所规定的东西。如果是后者,那么亚里士多德和阿奎那会承认,关于人们应该怎么做来获得幸福的问题,只有通过个体的意见或个人的偏好才能给出答案,而不是通

过科学的分析或证明。

除了洛克以及在更小程度上的穆勒,那些认为一门伦理科学可以建基于作为第一原则的幸福之上的思想家们都倾向于认为只可能存在一种正确的人类幸福概念。这个正确的幸福概念在于幸福是一个生命过程中所有真正善的不断拥有,而不再欲求其他东西。这就是为什么幸福,如此想象的幸福,应被叫做 totum bomum,而不是 summum bonum。他们将其他的意见看作是一些似是而非的、事实上并非是真正至善的错误概念。人们给出的关于幸福的各种各样的定义引出了真正的善和表面上的善的问题,这个问题的含义会在本书的**善与恶**这一章得到考察。

在人们的日常话语中,对于"幸福的"以及"幸福"这些词的意义,似乎存在着一个普遍同意的内核。这一通常的理解曾经被亚里士多德和穆勒这样的哲学家们用来检验任何一个幸福定义的充分性。

当一个人说"我觉得快乐"时,他是说他感到愉悦或满足——他获得了他所想要的东西。当人们对照悲剧和幸福时,他们的头脑中所想的是一种生活由其结果所获得的性质。在舞台上、小说中或者生活里的悲剧通常被刻画为"一个没有幸福结局的故事"。这表达出一种普遍的感觉,幸福乃是生活性质,在过程中虽然有诸多的困难和变迁,但总体上它结果是好的。只有最终的失败或受挫才是悲剧性的。

这里,在一个特定时刻感到幸福和整个生命中处于幸福即活得幸福似乎有些矛盾。我们或许必须要在度过一段幸福的时光和过幸福的生活之间作出选择。不过,在对"幸福"的这两种用法中都有满足这个含义。当人们说他们想要的是幸福时,他们是指,一旦拥有它,他们将别无他求。如果他们被问及为什么他们要幸福,他们会发现很难给出什么理由,除了"为幸福自身"。他们想不出有什么东西超出了幸福并使幸福成为它的一个手段或者准备。在幸福属于整个生命这一意义上,这种终极性或最终性似乎是无条件的。在瞬间的幸福感中也有静止,但是严格说来这是因为它并不持续,它留下一个又一个这样的瞬间被人们欲求。

亚里士多德观察到这些事实,他从流行的话语中提出"幸福"这一语词并赋予它专门的意义,即最终的善、最后的目的或者至善。他写道:"首要的善很明显是最终的……现在我们说,那其自身就值得追求的东西和那出于其他原因而值得追求的东西比起来是更加终极的,那永远也不会出于其他原因而被欲求的东西和那既在自身之中又出于其他事物的原因而被欲求的东西比起来更加终极。因此我们称那出于其自身的原因、永远都不是出于其他原因而被欲求的东西才是无条件地终极的。这样的东西高于其他东西,它被认为是幸福;因为我们永远是为了其自身而非出于其他任何原因来选择。"

幸福的终极性也可以根据它的完全性或充分性而得到表达。如果一个幸福的人还想要某个东西,那么,说幸福是出于自身的原因被欲求而所有其他的东西则是出于幸福的原因被欲求,这就不对了。在亚里士多德看来,幸福的人的最明显标志乃是他一无所求。幸福的生活不欲求任何东西。这一洞见后来在波伊提乌那里被表述为常常被人引用的一段话,幸福的特性乃是"通过集所有善的事物于一身而达到的完美的生活"。在如此的构想中,幸福自身并不是一种特殊的善,而是所有善的事物的总和。"如果幸福被认为是诸种善中的一种,"亚里士多德论证道,"那么很明显哪怕只要再加上一点点的善,也将会是更加值得欲求的。"但是这样一来对幸福的人而言他还会去欲求某些东西,而幸福也将不是"某种终极性的、自足的东西",不是"行动的目的"。

像亚里士多德一样,穆勒对于幸福的终极性也诉诸人们的常识。他写道,"功利主义的学说是,幸福是可欲的,并且是作为一个目的唯一可欲的东西;所有其他的东西只有作为手段才是可欲的。"为什么是这样,我们不能够也无需给出任何理由,"除了以下理由:每个人,只要他相信幸福是可以达到的,他都欲求自己的幸福。"这就足以证明幸福是一种善。要表明它是此种善,就"有必要表明,不仅人们欲求幸福,而且他们永远也不欲求其他事物"。

这里像亚里士多德那样,穆勒的回答预设了以下流行观念的正当性,即当一个人处于幸福的时候,他拥有了自己欲求的所有事物。穆勒承认,许多事物可以出于它们自己的缘故而被欲求,但是如果拥有其中某一种时仍留有其他东西被欲求,那么它只是作为幸福的一部分而被欲求。幸福乃是"一个具体的整体,这些乃是它的一些部分……任何仅仅只是作为指向超出它自身的某个目的的手段、最终作为指向幸福的手段而被欲求的东西,都只是作为幸福的一部分而被欲求,而不是出于它自身的原因被欲求,除非它已经成为幸福的。"

还存在另一些幸福的概念。幸福并不总是根据手段－目的、效用－愉悦或满足来分析。例如柏拉图就将幸福等同于精神性的好的存在——一种灵魂中的和谐,一种来自于所有灵魂部分之恰当秩序的内在和睦。

早在《理想国》中,苏格拉底就受到挑战,他需要表明,正义的人将会比不正义的人更幸福,即使从所有外在的方面看他似乎都不如别人。直到他使格劳孔接受以下洞见,苏格拉底才能回答上述问题。这个洞见就是,正义"并不与人的外在相关,而只是与内在相关"。这样他才能够进一步解释,"正义的人不允许在他内部的一部分干预其他的部分……他给自己的内在生活设定了秩序,他是自己的主人,他自己的律令,他与自身和睦相处。"

普罗提诺以同样的精神要我们思考"两种明智的人,一种人拥有所有被认为是自然地受人欢迎的东西,而另一种人只碰到与前面那些东西截然相反的东西。"他想要知道我们是否会"断言他们具有同等的幸福"。他自己的回答是,"如果他们具有同等的智慧…那么即使其中之一在肉体以及在其他所有并不会有助于通向智慧的方面得到照顾,"我们还是应该断言他们是同等幸福的。普罗提诺认为,如果我们根据我们自己的弱小来构想一个幸福的人,那么我们很可能错误地设想了幸福。"我们把他的幸福看得很轻的东西看作令人惊惧的、严重的东西;如果这个人不放弃所有这些无关紧要的事物,他将既没有智慧也不会幸福。"

在普罗提诺看来,"柏拉图正确地教导我们,会变得有智慧、会获得幸福的人是从最高的存在者那里获得他的善的,他凝视它、变得像它、依照它生活……只有当并非出于希望增加他的永久的幸福,而是仅仅出于合理地注意到他住在这里或那里的不同的条件时,他要改变住所,这个时候,他才会关注其他的东西。"如果他"碰到了自己不会去选择的某种机缘的变化,他的幸福也不会因此而有丝毫的减少。"像柏拉图那样,普罗提诺坚持认为,任何外在的东西都不能将幸福从一个有道德的人那里剥夺——没有人能够伤害一个人,除非是他自己。

人们更多地是持与之对立的观点。《高尔吉亚篇》里边在与卡利克勒的争论中,苏格拉底就碰到了这样的命题,与其被别人伤害不如去伤害别人。他认为只要卡利克勒能够被说服而认识到,不正义的人或邪恶的人,不论他外在地获得了什么,他自身都是不幸的,我们就可以驳倒上述命题。他说,根本的原则是,"幸福的人是通过拥有正义和节制而获得幸福的,而不幸的人的不幸则是由于具有罪恶。"幸福与正义一体是因为正义或者德性一般说来是"灵魂的健康、优美以及美好存在。"

幸福与健康的这种联结——一个是灵魂中的和谐而另一个是身体中的和谐——也出现在弗洛伊德对人类的美好存在的思考中。对弗洛伊德来说,健康的理想不仅仅是指身体的健康,更是指整个人的健康,它似乎把幸福等同于心灵的宁静。他写道:"任何一个天生就具有一种特别不适宜的本能结构的人,任何一个力比多成分没有得到转化和改变的人(在以后的生活中要想获得成就必须进行转化和改变),将发现自己很难达到幸福"。幸福的对立面不是不幸,而是神经症。与神经病患者相反,幸福的人已经发现了一个控制他自己的内在冲突的途径,能够很好地调节自己以适应他的环境。

幸福作为精神的健康或精神上的宁静的理论可以是另一种看待幸福的自足方式,在其中所有的斗争都停止了,因为所有的欲望都实现了或得到了缓和。这一点所暗含的意思在以下的事实中被发现,神学家们以两种途径构想至福或超自然的幸福。对他们来说,这既是一个满足了所有欲望的终极目的,也是一种宁静的状态或美妙的休止。

奥古斯丁写道:"终极的善就是,由于它的缘故其他事物才会被欲求,而它自身之被欲求则是出于自身的缘故";并且,他补充道,通过它,善的东西"得以完成,从而它自身也得以完全"——一切都得到了满足。但是这种"最后的幸福、最终的完满、无尽的终点"是什么?它是宁静。奥古斯丁说,"确实,当我们拥有了能够在此生中享有的宁静时,我们被认为是得到了上帝的保佑;但是这样的保佑与那最终的幸福相比仅仅只是不幸,"那最终的幸福可以被描述为"永恒生命中的宁静,或者宁静中的永恒生命。"

在那些将幸福看作他们的最终目的的人们中还可能存在另一种差别。一些人将幸福等同于对一种特殊类型的善的拥有——财富或健康、荣誉或友谊——或者,如果他们并不把这些事物中的这一种或那一种作为幸福的唯一成分,他们也会将之作为最高的成分。在各种各样的善之中哪一个才是构成幸福生活的最重要的善,这个问题乃是诸种善的等级序列的问题,我们待会儿就来处理这个问题。不过将幸福等同于某一种善而排除或忽略其他的善,这似乎粗暴地破坏了人们普遍同意的幸福含义。幸福不能是这样的,它忽略了所有的善——以任何一种方式而被欲求的东西——而不去欲求什么了。

不过,我们可以说,矿工只欲求金子,他认为当他拥有一个金库时自己是幸福的。不可否认的是,他可以认为自己是幸福的。但是这并没有阻止道德学家去设想他被欺骗了,他实际上是不幸的人们中的一员。这样的虚幻的幸福和真实的幸福之间的差别似乎依赖于有意识的欲求和自然的欲望之间的区分。根据这一区分,在**欲望**这一章中认为,矿工可以拥有所有他有意识地欲求的东西，但是他缺乏很多东西，他的本性倾向于这些东西，因而它们是自然欲望的对象。他可能是世界上最不幸的人，如果他虽然拥有世上所有的财富，但是却被剥夺了朋友或知识、德性甚至健康，他对某一种类型的善的排他性的嗜好导致许多其他的欲求被阻挠。他或许并未自觉地认识到这些东西，但是它们仍然代表了他要求得到实现的本性。

如同在**欲望**一章中所提示的那样，自然法与自然欲望的关系或许至少可以用来回应康德的反对意见，他反对将幸福伦理学建筑在其原则缺乏普遍性或义务要素的基础之上。自然的道德律可以颁定义务，而同时也把人们引向所有欲望都得到满足的幸福，这种欲望的满足代表了人的本性天生的倾向。因而自然欲望理论也涉及以下问题，即是否幸福的内容必定对所有人来说都是一样的，不论它可能怎样显现给他们。

即使人们不将幸福和某种善等同起来，而是把它看作对所有种类的善的拥有，那么，哪些善的种类必需被包括进来，或者这些善应该在其中的被寻求的秩序是什么，对于和这些问题相关的意见，我们能否作出合理的区分？与表面的善相对的真实的善乃是自然欲望的对象，这个观点似乎要求一种否定的回答。

例如，阿奎那就承认，"拥有所有他欲求的东西，或者其每一个愿望都得到了实现的人是幸福的，这是一个好的、充分的定义"，只要"我们以某种特定的方式去理解它"。"如果我们以别的方式去理解它，它就会是一个不充分的定义。因为如果我们将之简单地理解为人由于自己的自然爱好而欲求所有东西，那么拥有所有他欲求的东西的人是幸福的这个说法就是对的；因为没有什么可以满足人的自然欲望，除非是幸福这个完满的善。但是如果将之理解为人根据理性的理解而欲求的那些东西，"那么，阿奎那继续写道，"拥有人所欲求的这些东西并不属于幸福；对这些东西的拥有阻碍了一个人去获得他自然地欲求的所有东西，就此而言，毋宁说他是不幸的。"阿奎那指出，由于这一原因，当奥古斯丁赞成"拥有所有他欲求的东西的人是幸福的"这一陈述时，他补充了如下一句话，"倘若他没有错误地欲求任何东西的话。"

由于人们拥有同样复杂的本性，因此他们也拥有同样的一系列的自然欲望，因此那些能够实现他们的需求的真正的善对所有人来说都包含了同样的种类。由于不同的自然欲望代表了人类本性的不同部分——较低的部分和较高的部分——所以这些不同种类的善并不是同等地善的。在阿奎那看来，如果人类意志的自然对象"是普遍的善"，那么由此可以得出结论，"没有什么东西能够满足人的意志，除了普遍的善。"他坚持认为，这"不会在任何被造物中被发现，只有在上帝中才能被发现。"

我们后面还会回到神学家的完满的善的概念，它存在于来世生活中的上帝的妙境中。通过比较，（哲学家考虑的）这个尘世生活的幸福可以是不完满的，但是人能够获得的这个现世的幸福同样地被自然的欲望所规定。如果一个人对一种善的不适当渴求会影响他对另一种善的拥有，那么各种各样的善必须根据它们的价值进行排序；这一序列，由于它反映了自然的欲望，必定对所有人来说都是一样的。在这样的看法下，亚里士多德似乎认为我们可以证明，幸福的实在性可以通过参照人类本性而得到定义，达到幸福的规则也能够具有确定的普遍性——虽然规则必须由个人不同地应用到他们各自生活的具体情形中。任何特殊的善都不应该过分地或与其他善相比不成比例地被追求，因为对过分地拥有一种善的事物的惩罚就是剥夺或扰乱其他的善。

考虑到每种善的类型的特殊性，幸福与特殊的善的关系引起了一系列的问题。在这些问题中最显著的问题关涉到愉悦、知识、德性以及机缘的种种好处。

关于愉悦，困难似乎源于这一术语的双重含义，在本书的**快乐与痛苦**这一章更全面地讨论了这个问题。愉悦的一种意思是欲望的对象，另一种意思是拥有了所欲求的对象后随之而来的满足感。在后一种含义中，愉悦可以被等同于幸福，或者至少被看作是幸福的相关物，因为如果幸福在于对所有善的事物的拥有，那么它也是所有可以获得的满足或愉悦的总和。愉悦意味着满足，则痛苦就意味着阻挠，而不是指肉体受伤所感到的疼痛。因此洛克可以说，幸福"是我们能够最大程度上获得的愉悦"；穆勒也可以将幸福定义为"一种尽可能地排除了痛苦、尽可能地享乐的存在"。亚里士多德也不反对以下的说法，幸福的生活"自身也是令人愉悦的"。

但是和洛克、穆勒不同的是，亚里士多德提出了这样一个问题，是否所有的愉悦都是善的，所有的痛苦都是恶的？作为一个欲望对象的感性愉悦时常与其他的欲望对象相冲突。如果"愉悦"意味着满足，那么在诸多愉悦之中会有冲突，因为一种欲望的满足可能会导致另一种欲望被阻挠。在这一点上亚里士多德发现有必要引入德性的原则。有德行的人是这样的人，他"在自然地就令人愉悦的事物之中"发现愉悦，他仅仅在正确的事物中获取愉悦，并愿意为正确的目的忍受痛苦。如果愉悦或者欲望及其满足可以更好或更糟，那么为了幸福，在它们之间必定存在一个选择。穆勒是根据较低的愉悦和较高的愉悦之间的分别、而不是根据德性，作出这一选择的。他将德性看作仅仅只是幸福的一部分，与其他的部分并没有任何不同。但是亚里士多德似乎认为德性是达到幸福的主要手段，因为它规范了为了获得所有善的事物必须要正确地作出的那些选择；因此他把幸福定义为"依据德性的行动"。

这一定义引起了另一个等级序列的困难。正如**美德与邪恶**这一章所指出的，对亚里士多德而言存在着两种德性，道德德性和理智德性，前者相关于欲望和社会行为，后者相关于思想和知识。也存在着两种生活模式，有时它们被称作行动的生活和沉思的生活，它们的不同之处在于，前者投身于政治活动或实践任务，而后者则主要地从事于在追求真理中或在思考认识中的理论问题。那么是否存在着两种幸福，它们各自属于政治生活和沉思生活？一种幸福是否比另一种幸福更好？政治类型的幸福是否像要求道德德性一样也要求理智德性？沉思类型的幸福是否也对两者都有要求？

为了回答这些问题，更一般地，为了形成他的幸福定义，亚里士多德思考了机缘的种种好处，比如健康、财富、幸运的出身、身体或头脑天生的资质、长寿等等这些东西的作用。这些天赋的东西构成了有德性的行动的条件，也可能带来德性需要去解决的问题。但是，拥不拥有它们是机缘的问题，就此而言它们不在一个人的控制（获得、保存或放弃）之下。如果它们是不可或缺的，那么幸福就是不确定的，或者对那些机缘不佳的人来说甚至是无法获得的。此外，如果机缘的种种好处是不可或缺的，那么幸福的定义自身必定是有条件的。为了幸福，除了依照德性行动之外还需要别的条件。

33. 幸 福

亚里士多德问，"难道我们不应该说，根据完全的德性行动的人是幸福的、充分地具有外在的好处，他不是偶然地在生命的一段时间里而是终其一生都是幸福的？还是说我们必须加上，'他命中注定了要这样生活和死去，如此才与他的生命相称'？……如果是这样的话，在那些活着的人之中，只有具备了或者将会具备这些条件的人才是快乐的——即快乐的人。"

对机缘的种种好处的考虑已经导致了对于幸福在此生的可及性的各种观点。首先，它们可以作为通向幸福的阻碍。《战争与和平》中的皮埃尔·别佐科夫在他被俘房期间认识到，"人注定要追求幸福；幸福就在他自身之中，在他自然的人性渴望的满足中；所有的不幸都不是来自于缺乏而是来自于过剩。"

希罗多德记载了这样一个事情，梭伦告诉吕底亚的国王克洛伊索斯，他不会称克洛伊索斯是幸福的，"除非我听到你幸福地过完了你的一生……因为神时常使人们对幸福惊鸿一瞥，然后却将他们推向毁灭。"当梭伦这么说的时候，他所想的似乎就是机缘的变迁。由于这个原因，在对幸福的判断中，以及"在每一个事情中，我们应该充分注意最终的结果。"

一个人力所能及的德性能够抵御任何东西，除了最粗暴的机缘，在这个基础上，即使有可能在他还活着的时候就称他是幸福的，我们依然必须依照完整的生命来定义幸福。亚里士多德认为，儿童不能够被称作是幸福的，因为他们的性格还没有成熟，他们的生活也远没有过完。称他们是幸福的、或称正处于一个年龄时期但以后依然可能遭受巨大不幸的人是幸福的人，这只是表达了我们对他们的愿望。亚里士多德写道，"最成功的人可能在老年会陷入巨大的不幸，比如在特洛伊时期的普里阿摩斯；一个经历了这样的变化并可怜地死去的人，绝不是幸福的。"

在似乎与获得幸福有关的种种机缘的种种好处中，构成一个人与生俱来的个别本性的那些东西——生理特性、气质、智力水平——在生命历程中或许是不可改变的。如果某种遗传的条件或者限制了追求幸福的能力，或者是使幸福彻底地无法达到，那么被定义为人之目的的幸福就不是对所有人来说的至善，或者就不是对所有人来说都相同的。

从亚里士多德的观点看，例如，女人不能和男人具有同等程度的幸福或者以同样的方式拥有幸福；天然的奴隶，就像牲畜一样，则根本不具备追求幸福的能力，虽然他们可以分享他们所服侍的主人的幸福。这个看法是，通过服侍主人，奴隶给予了主人必需的闲暇以从事于向那些具有幸运出身的人们敞开的政治生活或沉思生活。正是由于作为奴隶的这个人完全地属于另一个人，因此他的生活的最高的善就在于他对这另一个人的幸福所作出的贡献。

幸福能够为所有普通人获得还是仅仅为那些天生具有特殊才能的人获得，这个问题的答案部分地依赖于幸福概念自身。像亚里士多德那样，斯宾诺莎将理智活动中的幸福置于很高的位置，以至于幸福的人如同神一般；在其《伦理学》的结尾，他发现，必须说通向幸福的道路"实际上必定是困难的，因为人们很少发现它。"然而，个别杰出的人还是能够发现"灵魂真正的宁静"。"所有高尚的事物都很困难，正如它们也很罕见。"相反，像托尼所说的——"如果一个人有很重要的事情要做，有足够的闲暇和收入以使他能够真正地做这件事，那么他就拥有了幸福，它对所有人来说都很好的"——这种陈述似乎使幸福对每个人来说都可以获得,而不只是对少数资质特优的人而言。

幸福是否对所有人而言都是可及的？即使根据托尼的定义,这也可能依赖于经济体系和政治制度,它们规定了是否所有的人都能够获得机会与闲暇去运用他们的天资来过一种体面的生活。设想所有普通人都能获得幸福,以及坚持认为所有普通人都应该获得政治地位和经济自由,在这两者之间似乎有一种意义深远的联系。在这两点上穆勒都不同于亚里士多德。

与亚里士多德和穆勒的立场都不相同的是如下的观点,幸福是一个虚幻的目标——它既是人类生活中反复发作的疾病,也是人们不可避免地会导致悲剧的意志脆弱。伟大的悲剧诗篇和历史上的巨大悲剧当然可以被解读为似乎它们遭遇到不寻常的情况,但是可能还有另外一种解释。在英雄、伟人或名人的生活中被放大了的乃是人类生活的悲剧典型,它是所有人的命运。

索福克勒斯似乎就说过这个,他在《俄狄浦斯在克洛诺斯》中写道,"不出生是最好的,它超出了所有的赞誉；不过当一个人看到了光明时,尽快地离开尘世去往那里,这是次一等好的。因为当他看到青春逝去,生命的光辉变得暗淡,纷乱的情形对他的命运来说有什么陌生的？那里什么痛苦没有呢？——嫉妒、内讧、争斗、战争,还有屠杀；最后,岁月不饶人,他的阳寿也近了——年老、被人责难、孱弱、孤僻、孤立无援,他活在悲哀之中。"

死亡有时候被看作悲剧性挫败的象征。有时候,不是死亡而是对死亡的恐惧使生命蒙上了阴影,因此对蒙田来说,学会如何很好地面对死亡似乎是对很好地生活而言不可或缺的。他写道,"生命自身的幸福依赖于有着良好遗传的精神的宁静和满足,依赖于有着良好秩序的心灵的坚定和自信,直到我们看见一个人临终的行为(无疑这是他最艰难的行为),我们才能将幸福归于他。或许在他之前的其他行为中都有着伪装、掩饰……但是,在死亡这一幕,没有任何的伪造：我们必定坦率地言说,我们必定发现壶底有什么好东西、纯洁的东西。"

对卢克莱修来说也是这样,幸福的人能够拥有什么,这要依赖于他们通过知道事情的原因而摆脱对死亡的恐惧。但是不论是死亡还是对死亡的恐惧都不是至关重要的缺陷。这或许是生命自身的暂时性特性。

据说幸福在于对所有善的事物的拥有。据说,幸福是整个一生的性质,而不是暂时的满足感。如果是这样的话,那么梭伦对克洛伊索斯的评价可以具有另一种含义,即,幸福并不会在一个人的生命的任何一个时刻被他实际地享受。人只有在他死后才会拥有所有善的事物,而不是在他生前就拥有；因此幸福永远不会实际地被获得,我们永远只是处在获得它的过程中。当这一过程完成时,这个人就死了,他的生命就完结了。

在机缘的帮助下,很好地生活或者有德行地生活就是幸福地生活,这么说可以依然是对的,但是只要生活在继续,我们更多的是在追求幸福而不是在享受幸福。在尘世、在时间中,人似乎不能在任何最终的满足之中停息下来,在那个完满的妙境(它配得上浮士德的"请停留一下,你太美好了！")中,他的所有欲望都永远地平息了。

正如前面已经说过的,当人的幸福的问题被基督教神学家们思考时,它还有另一个维度。在阿奎那看来,人在此世、在时间中能够拥有的任何幸福"与其说是对幸福的实际享受不如说是对我们的悲惨的安慰。"

他继续写道,"我们的正直就它依照真正的善而言虽然是真的,但在此生它更多地在于对原罪的救赎,而不是德性的完满……因为理性虽然服从于上帝,但它依然'受到了易堕落的肉体的压迫',只要它处于这种道德处境中,它对恶就不具有完全的权威……因为虽然它行使着权威,但是不经过斗争恶是不会服从的。因为一个人不论怎样很好地克服了冲突,不论怎样彻底地征服了这些敌人,依然有一些恶的东西溜了进来,即使还没有迅速地在行动中表现出来,这些恶的东西也会经我们的口流出来,或者在思想中暗暗滋长;因此,只要他在与他的恶斗争,他的宁静就不是完全的。"

神学家们接受了对幸福的如下定义,幸福就是对所有善的事物的拥有和所有欲望的满足,他们比较了有限善的事物的连续聚集体和无限善的事物的不变的快乐。我们终有一死者的生活的日子就算无尽地延伸下去,这不会增加我们获得完满幸福的机会,因为时间和变化容不下任何的停留、任何的终结。因此尘世的幸福本质上就是不完满的。

完满的幸福属于不朽灵魂的永恒生活,它完全停留在至福的妙境,因为在上帝的妙境中灵魂通过知识和爱与无限的善合而为一了。在神圣的在场和荣耀中人类精神的所有自然欲望——理智对真理的追寻、意志对善的渴望——都自发地得到了满足。奥古斯丁把"我们所有的正直都与之有关的那种最终的宁静(由于它我们才能做到正直)"描述为"受到束缚的生活(它受到恶或者冲突的束缚、受到时间和变化的束缚)的幸福"。相反人类在尘世中最好的生活也是悲惨的,充满了人的本性无法逃脱的挫折和倦怠。

在对幸福的神学思考中明显地预设了不朽的教义。对康德来说不朽是灵魂通向道德完满、通向神圣(它单独地就配享完满的幸福)的无限进程的一个必要条件。但是对于像奥古斯丁和阿奎那这样的神学家来说,在不朽的生活中不存在任何的变化或过程。相反,不朽的灵魂在永恒的停息中才发现了自身的得救。运动和停息、时间和永恒的区别属于神学家在此世不完满的幸福和来世完满的幸福之间作出的区分的本质。

在本书的**永恒**和**不朽**两章讨论了这些与幸福理论相关的问题;在**罪**这一章我们发现另一种宗教教条,原罪的教条,原罪与尘世的幸福和永恒的救赎都有着明显的关系。在基督教的学说看来,没有上帝的帮助,堕落的人类甚至都无力达到不完满的暂时的幸福这个自然的目的。弥尔顿在《失乐园》里,在圣父向他的儿子说的话中,解释了这种不可或缺的恩典的教义:

> 人不应该沦亡殆尽,那些愿得救的人会被拯救,
> 不过这救赎不是由于他的内心之愿,而是由于我自由施与的恩典;
> 我将使其重获失去的权能,
> 虽然那权能由于罪已被剥夺,
> 被役于非分的欲望;
> 得我扶持,他会立于平坦的大地
> 摆脱终有一死的危害,
> 得我扶持,他会知道他是多么易于堕落,
> 他的获救全赖于我。

人为了在尘世过上和永恒幸福一样好的生活,需要上帝的荣耀。在尘世,人成为道德者的努力需要超自然恩赐的补充——信、望、爱,以及种种被赋予的道德德性。天国中幸福的妙境完全超出了灵魂的自然力量,它是伴随着加给人的启示之光的恩赐而到来的。简言之,根

据基督教教旨的严格教义,似乎不存在纯粹的自然幸福。

阿奎那不仅用永恒的至福来衡量尘世幸福的不完满性,他也坚持认为世俗的幸福仅仅只是在它是对真理和完满幸福的微不足道的参与这个意义上才是幸福。我们不能说世俗的幸福"排除了所有邪恶,实现了所有欲求"。在这种生活中不是所有邪恶都能排除的。"因为这一现世的生活受制于许多无法避免的邪恶:受制于理智部分的无知;受制于欲念部分毫无节制的感情;受制于肉体方面的诸多苦果……同样地,"阿奎那继续写道,"对善的欲求也不能在此生得到满足。因为人天生就欲求他必须去遵从的善。但是因为生命自身逝去了,所以此世的幸福也就逝去了,……因此此生是不可能拥有真正的幸福的。"

如果完满的幸福在于"人在此生不能达到的神圣本体的妙境",那么,在阿奎那看来,只有那在某种程度上具有上帝属性的尘世生活才在自身中拥有幸福的尺度。尘世的幸福(它之所以不完满是因为它是暂时的并且受到肉体条件的限制)在于一种献身于上帝的生活——此时此地对来世幸福妙境的一种初步的参与。在尘世,"关于人借此与上帝合一的活动"只可能是一个起始。"……在此世的生活中,由于我们的活动缺乏统一性和持续性,因此我们也缺乏完满的幸福。然而,它是对幸福的参与;我们的活动能更加持久、我们有更多这样的活动,我们就会有更大的幸福。因此忙于诸多事务的行动生活与沉思生活相比,幸福要较小些,后者只忙于一件事,即对真理的沉思。"

当神学家们根据世俗生活和宗教生活,或者行动的生活和沉思的生活之间的根本区别来思考尘世生活的模式时,他们似乎承认了在两种生活模式中不完满的幸福的可能性。不论在哪种模式中,一个虔敬的基督徒都将他的所有活动都献给上帝的荣耀,通过这样的奉献,他在其尘世旅程的短暂瞬间领会到了神圣者。

分 类 主 题

1. 对幸福的欲求:它的自然性和普遍性
2. 对幸福的理解:各种定义与神话
    2a. 一个幸福的人的标志,一种幸福生活的品质。
    2b. 一种幸福生活的内容:幸福的各个部分或要素。
        (1)机缘的种种好处对幸福的影响:财富、健康、长寿
        (2)愉悦和幸福
        (3)与幸福相关的德性
        (4)幸福中荣誉的作用
        (5)友谊和爱对幸福的重要性
        (6)政治权力或地位对幸福的影响
        (7)知识和智慧在幸福生活中的功能:思辨活动和沉思的地位
3. 关于幸福作为道德的首要原则的论证:义务与幸福这两种冲突的主张
4. 对幸福的追求
    4a. 人追求幸福的能力:和幸福有关的人性中的差别

4b. 幸福的可及性:对死亡的恐惧和对人生的悲观看法
5. 幸福的社会方面:公共的善的学说
   5a. 与其他人的幸福或者善相关联的个体的幸福
   5b. 与国家的福利相关联的个体的幸福:与政府以及各种统治形式相关联的幸福
6. 与神或者来世相关联的人的幸福
7. 暂时幸福和永恒幸福的区分
   7a. 原罪的影响:要达到自然的幸福,神圣恩典的不可或缺性
   7b. 暂时幸福的不完满性:它不能满足自然欲望
   7c. 永恒的至福:人类幸福的完满性
      (1) 至福的妙境
      (2) 被赐福者的快乐:教徒们的精神团体
      (3) 被降罚者的悲惨
   7d. 上帝的至福

[丁三东 译]

索引

本索引相继列出本系列的卷号〔黑体〕、作者、该卷的页码。所引圣经依据詹姆士御制版，先后列出卷、章、行。缩略语 esp 提醒读者所涉参考材料中有一处或多处与本论题关系特别紧密；passim 表示所涉文著与本论题是断续而非全部相关。若所涉文著整体与本论题相关，页码就包括整体文著。关于如何使用《论题集》的一般指南请参见导论。

1. **The desire for happiness: its naturalness and universality**

    8 Aristotle, 340, 342-343
    11 Epictetus, 192-193
    16 Augustine, 586-587
    17 Aquinas, 10-11, 50-51, 150-151, 616-617, 636-637, 639-640
    21 Hobbes, 76
    28 Spinoza, 663-664
    30 Pascal, 243-244
    33 Locke, 188-199 passim
    39 Kant, 258-259, 266
    40 Mill, 461-464
    45 Goethe, 15-17
    51 Tolstoy, 605
    54 Freud, 772

2. **The understanding of happiness: definitions and myths**

    5 Herodotus, 6-8, 98-99
    6 Plato, 124-129, 164-165, 437-441, 479-485, 586-589
    8 Aristotle, 339-348, 430-434, 600-601
    11 Lucretius, 58-59
    11 Epictetus, 102-103
    11 Aurelius, 248-249
    11 Plotinus, 313-322
    12 Virgil, 10-11
    13 Plutarch, 74-75
    16 Augustine, 99-101, 705
    17 Aquinas, 615-636
    22 Rabelais, 60-66
    23 Montaigne, 82-84, 581-587
    33 Locke, 188, 192-193
    33 Berkeley, 432
    39 Kant, 236, 267, 345, 584-587
    40 Mill, 448-452
    41 Boswell, 144
    54 Freud, 777-778

2a. **The marks of a happy man, the quality of a happy life**

    4 Sophocles, 166
    4 Euripides, 485
    6 Plato, 284-285, 635-639
    8 Aristotle, 342-343, 344, 345-346
    11 Aurelius, 255, 259

    16 Augustine, 317-318, 348-351, 396-397, 598
    17 Aquinas, 618, 642-643
    18 Aquinas, 176-178
    24 Shakespeare, 326
    29 Milton, 17-25
    35 Rousseau, 351-352
    40 Mill, 293-297
    43 Hegel, 171-172
    48 Melville, 223-224
    51 Tolstoy, 480-482
    52 Dostoevsky, 136-143, 199-200
    59 Proust, 390

2b. **The content of a happy life: the parts or constituents of happiness**

    4 Sophocles, 172
    4 Euripides, 391-392
    6 Plato, 69-71, 275-276, 643, 656-658, 688-690
    8 Aristotle, 340-341, 344-345, 423-424 passim, 600-602
    11 Lucretius, 77
    11 Epictetus, 212-215, 217-222
    11 Aurelius, 270
    13 Plutarch, 86-87
    16 Augustine, 51-52, 240-241, 685-688
    17 Aquinas, 629-636
    19 Chaucer, 290
    23 Erasmus, 20-21
    23 Montaigne, 158-163, 272-279, 352-354, 501-504, 528-539
    28 Bacon, 71-72
    28 Spinoza, 663-665
    34 Voltaire, 249
    34 Diderot, 271-274
    36 Smith, 377
    37 Gibbon, 572
    38 Gibbon, 297-298
    39 Kant, 236-237, 256-257
    40 Mill, 461-464
    41 Boswell, 214
    45 Goethe, 4-6, 39, 130-132
    51 Tolstoy, 215-218, 605, 630-634
    52 Dostoevsky, 142
    52 Ibsen, 580-582
    53 James, William, 199-204
    54 Freud, 771-779
    58 Huizinga, 297-301

2b(1) The contribution of the goods of fortune to happiness: wealth, health, longevity

Old Testament: *Deuteronomy,* 11:13–17 / *Psalms,* 128; 144:11–15 / *Ecclesiastes,* 2:4–11; 4:5–8; 5–6
Apocrypha: *Ecclesiasticus,* 30:14–17
New Testament: *I Timothy,* 6
- 4 Euripides, 360, 370, 539
- 4 Aristophanes, 779–780, 887–905
- 5 Herodotus, 7–8
- 6 Plato, 295–297, 341–343, 694, 751
- 8 Aristotle, 340, 345–347, 405, 433, 527, 536–537, 601, 602
- 11 Lucretius, 15–16, 72
- 11 Plotinus, 320–322
- 13 Plutarch, 74–75, 224–225, 229, 285
- 16 Augustine, 578–579, 588–590
- 17 Aquinas, 614–619, 632–636
- 19 Chaucer, 325–326
- 22 Rabelais, 133–140
- 23 Montaigne, 75–78, 167–170
- 24 Shakespeare, 603
- 31 Molière, 182
- 34 Swift, 124–129
- 35 Rousseau, 350, 363–366
- 39 Kant, 256
- 41 Boswell, 124–125, 403, 492
- 44 Tocqueville, 285–287, 297–298
- 47 Dickens, 215–218, 415–416
- 51 Tolstoy, 430, 514, 605
- 53 James, William, 189
- 54 Freud, 777–779
- 57 Veblen, 13–15, 43–48
- 57 Tawney, 181–182, 190–191, 208–210, 253–255
- 57 Keynes, 445–447
- 58 Weber, 187–188
- 58 Huizinga, 298–299
- 59 Proust, 360–362
- 59 Cather, 447
- 60 Kafka, 140–141

2b(2) Pleasure and happiness

Old Testament: *Ecclesiastes,* 2:1–2; 3:12–13,22; 5:18–20
Apocrypha: *Wisdom of Solomon,* 2:1–9
New Testament: *Luke,* 12:16–21 / *II Peter,* 2:12–22
- 4 Euripides, 636–637
- 6 Plato, 57–62, 421–427, 609–639, 715–716, 801
- 8 Aristotle, 344, 403–406, 426–430 passim, 431–432, 543, 545
- 11 Lucretius, 76
- 11 Plotinus, 313–314, 315–317
- 13 Plutarch, 747
- 17 Aquinas, 619–620, 629–631, 770–771
- 18 Aquinas, 966–967, 1014–1016
- 19 Dante, 83–86
- 19 Chaucer, 280
- 22 Rabelais, 65–66
- 23 Erasmus, 4, 7
- 23 Montaigne, 84, 123–124, 276, 435–436, 473–474, 570–571, 581–587
- 24 Shakespeare, 254–256
- 30 Pascal, 196–200
- 33 Locke, 131, 188–190
- 38 Gibbon, 234
- 39 Kant, 298–300, 478
- 40 Mill, 447–455
- 41 Boswell, 378
- 43 Hegel, 122
- 45 Goethe, 18
- 52 Dostoevsky, 48–86, 387–388
- 54 Freud, 772–774

2b(3) Virtue in relation to happiness

Old Testament: *Psalms,* 1; 34:11–22; 112; 119 / *Proverbs,* 3:13–26; 10:27–11:11; 31:10–31 / *Ezekiel,* 18:5–9
Apocrypha: *Ecclesiasticus,* 14:1–10; 25:1–12
New Testament: *Romans,* 4:6–8
- 6 Plato, 262–270, 275–284, 304, 306–315, 418–421, 436–437, 475–476, 528–531, 688–690
- 8 Aristotle, 344–345, 393–394, 430–434, 527
- 11 Epictetus, 201–211
- 11 Aurelius, 248, 258–259
- 11 Plotinus, 378–379
- 13 Plutarch, 265
- 16 Augustine, 575–582
- 17 Aquinas, 150, 620–621, 631–632, 642
- 23 Montaigne, 430–431
- 28 Spinoza, 697
- 33 Locke, 198
- 39 Kant, 282–283, 338–348, 366
- 40 Mill, 452–455
- 51 Tolstoy, 214–216
- 52 Dostoevsky, 153–178, 430–431
- 54 Freud, 793–794

2b(4) The role of honor in happiness

- 3 Homer, 103–105
- 6 Plato, 421–422, 805–806
- 8 Aristotle, 340–341, 538
- 11 Epictetus, 217–219
- 12 Virgil, 231–234, 285–286
- 13 Plutarch, 245, 648–649
- 16 Augustine, 259–269
- 17 Aquinas, 616–618
- 19 Dante, 97
- 19 Chaucer, 309
- 23 Montaigne, 166
- 24 Shakespeare, 322, 462, 555–556
- 25 Shakespeare, 113–115, 219, 223, 355, 590
- 27 Cervantes, 170–173, 272–274
- 28 Spinoza, 647
- 29 Milton, 27–32
- 30 Pascal, 200–201, 202, 241
- 31 Molière, 182–224
- 35 Rousseau, 360–361
- 41 Boswell, 163, 498–499
- 43 Hegel, 46–47

49 Darwin, 310, 312-314, 322
51 Tolstoy, 146-147
52 Ibsen, 469-471
53 James, William, 189-191, 198-199
58 Huizinga, 298
59 Chekhov, 197-198

2b(5) The importance of friendship and love for happiness

3 Homer, 221-223
6 Plato, 18, 126-129, 155-157, 164-167
8 Aristotle, 346-347, 406, 408, 409, 410, 423-424, 425
11 Lucretius, 55-57
11 Epictetus, 158-160, 180-181, 211
16 Augustine, 26-28, 579, 582-585
17 Aquinas, 636
19 Dante, 6-7, 63-64, 67-68
19 Chaucer, 200, 210-211, 231
23 Erasmus, 7-8
24 Shakespeare, 268-272
25 Shakespeare, 397-400, 413-414
28 Spinoza, 668-669
30 Pascal, 191-192, 201
40 Mill, 367-368
41 Boswell, 107, 423
45 Goethe, 37, 41, 125-128
46 Austen, 175-176
47 Dickens, 130-132
48 Melville, 23-24
51 Tolstoy, 122, 642-643
52 Dostoevsky, 29, 175-176
52 Ibsen, 518
54 Freud, 774-775, 782-783
58 Huizinga, 298-299
59 Conrad, 187-189
59 Proust, 336-369
60 Fitzgerald, 340

2b(6) The effect of political power or status on happiness

6 Plato, 75-76, 262-265, 311-313, 416-421, 439-440
8 Aristotle, 431-434, 528-530, 538-539
11 Lucretius, 72
11 Epictetus, 212-222, 224-227
13 Plutarch, 51-52, 320-321, 438-455, 701-702
14 Tacitus, 154
16 Augustine, 271-274
17 Aquinas, 618
19 Dante, 15-16, 58-59, 96-98
23 Erasmus, 19
23 Montaigne, 167-172, 423-424, 485-488, 528-531
24 Shakespeare, 81-82, 343-345, 482-483, 554
27 Cervantes, 228-229, 433-434
35 Rousseau, 326-327, 362, 364, 372-377
37 Gibbon, 157
38 Gibbon, 194, 297-298
43 Hegel, 171-172
51 Tolstoy, 215-216
58 Weber, 100-101

58 Huizinga, 299-300

2b(7) The function of knowledge and wisdom in the happy life: the place of speculative activity and contemplation

Old Testament: *I Kings*, 10:1-10 / *Proverbs*, 1-4; 8-9 / *Ecclesiastes*, 2:12-26; 9:13-18
Apocrypha: *Wisdom of Solomon*, 6-11 / *Ecclesiasticus*, 4:11-19; 6:18-37; 14:19-15:8
4 Sophocles, 174
4 Aristophanes, 488-506
6 Plato, 12-13, 74-76, 167, 183-184, 200-212, 220-251, 388-401, 528-531, 635-639, 688, 808-809
7 Aristotle, 499-501
8 Aristotle, 343, 393-394, 528
10 Nicomachus, 599
11 Epictetus, 127-130, 175-176, 179-180, 184-190
11 Aurelius, 246-247, 248, 255-256
11 Plotinus, 314-315, 317-318, 654-656, 676-678
13 Plutarch, 121-122
16 Augustine, 36, 575-579, 589-590
17 Aquinas, 150-151, 624-629, 775-777
18 Aquinas, 79-80, 607-616, 620-624
19 Chaucer, 280
23 Erasmus, 10, 13-16
23 Montaigne, 54, 84-85, 272-279, 441-442, 545-547
25 Shakespeare, 434-435
28 Bacon, 27
28 Descartes, 265-266, 273-274
28 Spinoza, 681, 684, 693-694
37 Gibbon, 645
39 Kant, 267
40 Mill, 448-449, 451-452
41 Boswell, 299
44 Tocqueville, 243-244
45 Goethe, 1-3
46 Eliot, George, 241
54 Freud, 773-774
58 Weber, 213

3. The argument concerning happiness as a first principle of morality: the conflicting claims of duty and happiness

8 Aristotle, 339-348 passim
11 Epictetus, 120-121, 141-142, 153-155, 167-168, 175-176, 179
11 Aurelius, 243-244, 246-247, 272
16 Augustine, 336-338, 438-442
17 Aquinas, 609-615 passim, 642-643
18 Aquinas, 210-211, 221-223
21 Hobbes, 76
30 Pascal, 62-68
33 Locke, 104
36 Smith, 377
39 Kant, 236-239, 253-287, 291-361, 365-366, 369-373, 387-388, 389-390, 478-479, 588, 595, 596-597, 604-606
40 Mill, 445-476

33. Happiness

43 Hegel, 49–50, 132–133
43 Nietzsche, 499–500, 516
48 Twain, 360–362
54 Freud, 772, 800–801
56 Planck, 102
57 Tawney, 185–186

4. The pursuit of happiness

8 Aristotle, 345–346
11 Epictetus, 192–198
13 Plutarch, 353–354
16 Augustine, 99–101
19 Dante, 79–89
23 Montaigne, 54
33 Locke, 191
39 Kant, 300, 304–307, 584–587
40 Declaration of Independence, 1
40 Mill, 448–453
43 Hegel, 46, 72, 132
51 Tolstoy, 605
52 Dostoevsky, 27–29
54 Freud, 771–776
59 Proust, 407

4a. Man's capacity for happiness: differences in human nature with respect to happiness

8 Aristotle, 345, 406, 432, 433, 532
11 Plotinus, 388–390
17 Aquinas, 318–319, 636–638, 640–641
19 Dante, 81–82
19 Chaucer, 379–388
24 Shakespeare, 617
28 Bacon, 70
33 Locke, 194
35 Rousseau, 338, 342–343
39 Kant, 256–257, 267
40 Mill, 293–302, 461–464
43 Hegel, 63, 173–176
46 Eliot, George, 241–243, 307–308, 335–336
47 Dickens, 5–6
48 Melville, 76–77
51 Tolstoy, 235–238, 262–263, 480–482
52 Dostoevsky, 133–144 passim, 321–325
54 Freud, 633–634, 772, 775–776
55 Barth, 499–500
60 Woolf, 22

4b. The attainability of happiness: the fear of death and the tragic view of human life

3 Homer, 75–76
4 Sophocles, 151, 172, 216
4 Euripides, 327–328, 502–503, 520
5 Herodotus, 2, 6–10, 20–21, 64–65, 160, 224–225
6 Plato, 205–206, 211–212, 213–219, 220–251
8 Aristotle, 345–347, 495
11 Lucretius, 30–31, 39–43
11 Epictetus, 102–103, 121–122, 147–149
11 Aurelius, 253, 258, 267, 276
11 Plotinus, 315
13 Plutarch, 66, 224–225, 245
14 Tacitus, 91

16 Augustine, 579–584, 685–688
17 Aquinas, 636–643
19 Chaucer, 179–180, 220, 238, 351–361
20 Calvin, 93
21 Hobbes, 79, 163–164
23 Erasmus, 12–13
23 Montaigne, 54–57, 69–73, 82–91, 367–368, 379–380, 443–444, 552–554, 572–573
24 Shakespeare, 337, 349–350
25 Shakespeare, 32–33, 43, 47–48, 186–187, 409, 410–419, 572
28 Spinoza, 678–679
29 Milton, 291–292
30 Pascal, 195–201, 202–204, 210, 239
35 Rousseau, 363
39 Kant, 345–347
40 Mill, 450–453
41 Boswell, 95, 350–351, 362–363, 376–377, 540–542
43 Hegel, 168–177
45 Goethe, xv–162
48 Melville, 1–260 passim
51 Tolstoy, 80–81, 294–296, 303–305, 357–358, 373–374, 560–562, 605, 630–631
52 Dostoevsky, 55–57, 127–133
54 Freud, 771–802
55 Barth, 472–474
58 Huizinga, 254–258, 301–307
59 James, Henry, 27–28
60 Woolf, 30
60 Brecht, 422–423, 438–440
60 Beckett, 558–559

5. The social aspects of happiness: the doctrine of the common good

6 Plato, 75–76, 342, 599–603
8 Aristotle, 339, 377, 495, 536–539
11 Epictetus, 140–141
11 Aurelius, 242–243, 249, 254, 267, 271, 281, 283
16 Augustine, 586–592
17 Aquinas, 124–125, 613–614
18 Aquinas, 50–51, 206–207, 212–213, 215–216, 232–233, 235, 236–237, 238–239, 309–316, 666–669
21 Hobbes, 84–86
28 Bacon, 69–76
33 Locke, 105
35 Rousseau, 351–352, 363–366, 400–401
39 Kant, 369–373
40 Mill, 460–461, 475–476
49 Darwin, 316–317, 592
54 Freud, 799–802

5a. The happiness of the individual in relation to the happiness or good of other men

6 Plato, 284–285
8 Aristotle, 422
11 Epictetus, 134–135
11 Aurelius, 246, 254–255, 271, 275, 277–278, 279–280
16 Augustine, 584

17 Aquinas, 614-615, 762-763
18 Aquinas, 458-459, 510-520 passim, 900-917, 1040-1042
33 Locke, 15-16
35 Rousseau, 343-345, 363-364
39 Kant, 304-305, 369-373
40 Mill, 452-454, 469-470
43 Hegel, 47, 67, 69
44 Tocqueville, 307-312
49 Darwin, 310-319
51 Tolstoy, 127-128, 214-216
52 Dostoevsky, 39-40, 161-166, 173-175
52 Ibsen, 443-444
55 Whitehead, 226-227
55 Barth, 477-478, 497-499
57 Veblen, 95-96

5b. **The happiness of the individual in relation to the welfare of the state: happiness in relation to government and diverse forms of government**

Old Testament: *Proverbs,* 11:10-11
4 Aeschylus, 26-39
4 Sophocles, 159-174, 234-254
4 Euripides, 543-545, 551-553, 606-633
5 Thucydides, 397-398, 402
6 Plato, 213-219, 302-306, 379-380, 390-391, 692-693, 707-708, 754
8 Aristotle, 475-476, 527-530, 533, 536-538
11 Epictetus, 118-119, 184-189
11 Aurelius, 257, 265
13 Plutarch, 32-48, 51-52, 59-60, 86-87, 699-700
14 Tacitus, 226-228
16 Augustine, 591-592
17 Aquinas, 512-513, 710-711, 718-720
18 Aquinas, 213-214, 221-223, 229-230, 239-240, 247-248, 252-253, 263-264
21 Hobbes, 104, 105
23 Montaigne, 422-429, 522-524
25 Shakespeare, 352-353
28 Bacon, 74-76
28 Spinoza, 669-670
33 Locke, 36-37, 53-54, 65
34 Swift, 112-115
35 Montesquieu, 19, 38
35 Rousseau, 323-328, 359, 374, 393, 417-418, 421
37 Gibbon, 31-34 passim
39 Kant, 114, 438-439
40 Declaration of Independence, 1
40 Constitution of the U.S., 11
40 Federalist, 62, 147-148
40 Mill, 338
41 Boswell, 221-224, 393
43 Hegel, 86-87, 102, 114, 139, 145-146, 171
44 Tocqueville, 3-4, 85-86, 125-127, 144-165 passim esp 160-165, 271-275, 282-284, 349, 375
51 Tolstoy, 238-243, 475-476, 505-511, 514-515, 537-538, 634-635

6. **The happiness of men in relation to the gods or the afterlife**

3 Homer, 175-176
4 Aeschylus, 58-59, 90-103
4 Sophocles, 128, 166, 252
4 Euripides, 485
5 Herodotus, 6-10
6 Plato, 211, 223-225, 249-250, 658, 689
8 Aristotle, 345-347, 431-432, 433
11 Lucretius, 30-31, 41-42, 73-74
11 Aurelius, 243-244
12 Virgil, 181-191, 192-193
14 Tacitus, 190

7. **The distinction between temporal and eternal happiness**

16 Augustine, 579-586
17 Aquinas, 615-643 passim
19 Chaucer, 422-423
20 Calvin, 232-234
21 Hobbes, 65
35 Rousseau, 437-438
52 Dostoevsky, 133-144 passim

7a. **The effects of original sin: the indispensability of divine grace for the attainment of natural happiness**

Old Testament: *Genesis,* 3:14-24
New Testament: *Romans,* 5:14-21
16 Augustine, 342-345, 363-374, 433, 646-647
18 Aquinas, 178-184, 212-213, 339-340
19 Dante, 98-99
20 Calvin, 103-134, 149-150, 200
21 Hobbes, 195-196
29 Milton, 136-144, 299-300, 306-333
30 Pascal, 243-247
52 Dostoevsky, 131-132

7b. **The imperfection of temporal happiness: its failure to satisfy natural desire**

16 Augustine, 72-73, 593, 598-599, 705, 716
17 Aquinas, 621-622, 623-624, 638-640
19 Chaucer, 290-291
20 Calvin, 200-207
23 Montaigne, 150-151
30 Pascal, 193-194, 205-217, 239, 243-270 passim
33 Locke, 189, 194, 198
41 Boswell, 256
43 Nietzsche, 540
44 Tocqueville, 287-289, 294-296
45 Goethe, 15-16
51 Tolstoy, 216-218, 273-274, 525-526
52 Dostoevsky, 133-144 passim, 161-175
55 Barth, 481-483, 484-486, 506-508
58 Weber, 183-186, 212-231 esp 212-216
60 Woolf, 22

7c. **Eternal beatitude: the perfection of human happiness**

16 Augustine, 308–309, 371–374, 382, 426–427, 585–586, 588–589, 661–696, 714
17 Aquinas, 150–152, 347–348, 629–643
18 Aquinas, 81–87, 89–94, 96–101, 338–347, 392–398, 457–459, 935–937, 1025–1066
19 Dante, 93, 118, 123–124
23 Erasmus, 41–42
30 Pascal, 243–270 passim
33 Locke, 187
38 Gibbon, 233–234
39 Kant, 346–347
58 Weber, 186–190

7c(1) The beatific vision

Old Testament: *Genesis*, 32,24–30 / *Exodus*, 24; 33:11–23 / *Job*, 19:26–27
New Testament: *John*, 14:19–21 / *II Corinthians*, 12:1–4 / *I Timothy*, 6:15–16 / *I John*, 3:1–2 / *Revelation*
16 Augustine, 146, 410, 691–696, 707
17 Aquinas, 50–60, 313–314, 317–318, 334–335, 475, 499–500, 628–629
18 Aquinas, 421–422, 611–613, 764–765, 795–796, 1025–1037
19 Dante, 107, 108–109, 116–117, 126–127, 132–133
28 Descartes, 314–315

7c(2) The joy of the blessed: the communion of saints

Old Testament: *Psalms*, 37; 84 / *Isaiah*, 65:8–25
Apocrypha: *Wisdom of Solomon*, 3:1–9; 4:7–5:5; 5:15–16
New Testament: *Matthew*, 5:1–12,19–20; 25:31–46 / *Luke*, 16:19 / *John*, 6:38–40; 16:20–24 ; *I Corinthians*, 15:40–55 / *II Corinthians*, 4:17–5:10 / *Ephesians*, 2:18–22 / *I Peter*, 1:3–10 / *Revelation*, 4–5; 7; 14–15; 19; 21–22
16 Augustine, 102, 158–159, 381–383, 392–394, 410–412, 568–569, 591–592, 616, 709–710, 716
17 Aquinas, 617–618, 629–631
18 Aquinas, 84–85, 462–463, 472–473, 519–520, 528–529, 1037–1040, 1049–1066
19 Dante, 81–89, 90–133

20 Calvin, 124–125, 200, 203–207, 270, 272–275, 276–278
21 Hobbes, 195
29 Milton, 12, 13, 66, 143–144, 245–246, 314
41 Boswell, 192–193
52 Dostoevsky, 23–25
55 Barth, 456
60 Orwell, 482, 515

7c(3) The misery of the damned

Old Testament: *Job*, 20:4–29 / *Psalms*, 21:8–12 / *Isaiah*, 14:4–23 / *Ezekiel*, 31:10–18
Apocrypha: *Wisdom of Solomon*, 4:16–5:23 passim / *Ecclesiasticus*, 21:9–10
New Testament: *Matthew*, 13:41–42,49–50; 25:41–46 / *Jude*, 5–7 / *Revelation*, 14:9–11; 17:1–20:15
16 Augustine, 415–416, 446–447, 599, 604–605, 613–615, 632–661, 709
17 Aquinas, 42–43
18 Aquinas, 187–189, 897–900, 992–996, 1014–1016, 1040–1042, 1066–1085
19 Dante, 1–44, 98, 108
19 Chaucer, 397
20 Calvin, 204–205
21 Hobbes, 195
22 Rabelais, 119–122
24 Shakespeare, 115
29 Milton, 92–134
33 Locke, 194
38 Gibbon, 234
52 Dostoevsky, 177–178
59 Joyce, 582–585, 587–590

7d. The beatitude of God

Old Testament: *I Chronicles*, 29:11–13 / *Psalms*, 8; 19; 24; 145
New Testament: *II Peter*, 1:16–18
16 Augustine, 316–317, 691–693
17 Aquinas, 150–152, 320–321, 371, 623–624, 638–639
18 Aquinas, 819–820
19 Dante, 90
28 Spinoza, 694–695
29 Milton, 136–144
39 Kant, 347–348

交叉索引

以下是与其他章的交叉索引：

The general theory of happiness, see GOOD AND EVIL 3a, 5a; PLEASURE AND PAIN 6–6b, 6d.

Particular goods or virtues related to happiness, see COURAGE 5; HONOR 2b; KNOWLEDGE 8b(4); LOVE 3a; PRUDENCE 2a; TEMPERANCE 3; VIRTUE AND VICE 1d; WEALTH 10a; WISDOM 2c.

Means and ends in the order of goods, see GOOD AND EVIL 4b, 5b–5c; JUDGMENT 3.

The conflict between an ethics of happiness and an ethics of duty, see DUTY 2; PLEASURE AND PAIN 8b; PRINCIPLE 4–4b.

The bearing of natural desire on the pursuit of happiness, see DESIRE 2a, 3a, 7b; LOVE 5a–5a(1); WILL 7d.

The relation of happiness to death and the fear of death, see IMMORTALITY 1; LIFE AND DEATH 8b-8d.

Individual happiness in relation to the state or the common good, see GOOD AND EVIL 5d; STATE 2f.

The Christian doctrine of supernatural happiness or eternal beatitude, see ETERNITY 4d; GOD 4h, 6c(4), 7d, 7g; IMMORTALITY 5e-5g; LOVE 5a(2); MIND 4f; PUNISHMENT 5d, 5e(1); SIN 3c-3d, 4d, 6d, 7; VIRTUE AND VICE 8b, 8e; WILL 7d, 7e-7e(2).

扩展书目

下面列出的文著没有包括在本套伟大著作丛书中，但它们与本章的大观念及主题相关。

书目分成两组：

Ⅰ. 伟大著作丛书中收入了其部分著作的作者。作者大致按年代顺序排列。

Ⅱ. 未收入伟大著作丛书的作者。我们先把作者划归为古代、近代等，在一个时代范围内再按西文字母顺序排序。

在《论题集》第二卷后面，附有扩展阅读总目，在那里可以查到这里所列著作的作者全名、完整书名、出版日期等全部信息。

I.

Plutarch. "On Tranquillity of Mind," "Whether Vice Be Sufficient to Cause Unhappiness," in *Moralia*
Augustine. *The Happy Life*
Thomas Aquinas. *Summa Contra Gentiles*, BK I, CH 100-102; BK III, CH 17-63
Dante. *The Convivio (The Banquet)*, FOURTH TREATISE, CH 12
———. *On World-Government (De Monarchia)*, BK III, CH 16
Hume. *An Inquiry Concerning the Principles of Morals*
Smith, A. *The Theory of Moral Sentiments*, PART VI
Kant. *Lectures on Ethics*
Kierkegaard. *Concluding Unscientific Postscript*
———. *Philosophical Fragments*
Nietzsche. *The Will to Power*
Dickens. *Great Expectations*
Dostoevsky. *The Idiot*
———. *Notes from Underground*
Dewey and Tufts. *Ethics*, PART II, CH 14-15
Chekhov. *Three Sisters*
Russell. *Skeptical Essays*, VIII
———. *What I Believe*, CH 4-5
Mann. *Buddenbrooks*
Kafka. *America*

II.

THE ANCIENT WORLD (TO 500 A.D.)

Cicero. *De Finibus (On the Ends of Good and Evil)*
———. *Tusculan Disputations*, V
Seneca. *De Vita Beata (On the Happy Life)*
Sextus Empiricus. *Against the Ethicists*
———. *Outlines of Pyrrhonism*, BK III, CH 21-32

THE MIDDLE AGES TO THE RENAISSANCE (TO 1500)

Abelard. *Ethics (Scito Teipsum)*
Boethius. *The Consolation of Philosophy*, BK III
Maimonides. *The Guide of the Perplexed*, PART III, CH 8-9
Nicholas of Cusa. *The Vision of God*

THE MODERN WORLD (1500 AND LATER)

Adler, M. J. *A Dialectic of Morals*
———. *The Time of Our Lives*
———. *A Vision of the Future*, CH 4
Bentham. *An Introduction to the Principles of Morals and Legislation*, CH 1
Bosley. *On Good and Bad: Whether Happiness Is the Highest Good*
Emerson. *The Conduct of Life*
Flaubert. *Madame Bovary*
Forster. *A Room with a View*
Hauptmann. *The Weavers*
Hutcheson. *A System of Moral Philosophy*
John of the Cross. *Ascent of Mount Carmel*
Johnson, S. *History of Rasselas*
Kirk. *The Vision of God*
Leopardi. *Essays, Dialogues, and Thoughts*
Lotze. *Microcosmos*, BK VIII, CH 2
Maritain. *Scholasticism and Politics*, CH VII
Moore. *Ethics*, CH 1-2
———. *Principia Ethica*, CH 2-3
Paley. *Moral Philosophy*, BK I, CH 6
Porter. *Ship of Fools*
Reid, T. *Essays on the Active Powers of the Human Mind*, III, PART III, CH 1-4
Santayana. *Some Turns of Thought in Modern Philosophy*, CH 4
Schopenhauer. *The World as Will and Idea*, VOL I, BK IV; VOL III, SUP, CH 45-50
Sidgwick, H. *The Methods of Ethics*, BK II, CH 1-6; BK III, CH 14; BK IV
Taylor, A. E. *The Faith of a Moralist*, SERIES I (9)
Teresa of Ávila. *The Way of Perfection*
Unamuno. *The Tragic Sense of Life*
Whewell. *The Elements of Morality*, BK II, CH 25
Wordsworth. *The Prelude*

34

历 史 History

总 论

"在我们的语言中,历史一词,"黑格尔留意到,"将主观与客观两个方面结合在一起……它既包含事情的叙述,也同样包含事情本身。我们必须把这两种意义的结合视为更高层面上的结合,而不是单纯外在的耦合。我们必须认定历史叙述是与历史事迹与事件同步出现的。"

我们的日常言语印证了黑格尔的看法:"历史"既指已经发生的事情,也指对之的记载。我们谈论民族的历史或国家的历史、历史大事或历史时代,我们也把记载这些事情的书籍称作历史。

情形就如同我们使用"物理"一词既指研究的对象又指有关这一对象的科学;但通常我们倾向于使用"物理"一词指物理学,而把其主题材料称作是物理世界。我们不会说运动的物体是物理,而会说它是物理学的对象,是物理学家研究的事物之一。与此相似,我们原本也可以在某种限制的意义上使用"history"一词,用它指一种知识或一种写作,即历史学,而将所写或所研究的现象称作是"historical",即历史事物。

不过,这不是最主要的用法。"历史"一词看来至少有4种不同的含义。它指一种知识。它指一类文献。它指事件在时间中的实际次序,这个次序构成了不可逆的变化过程。这种变化或是世界结构或自然界中任何部分的变化,或是人事的变化、社会或文明的变化。

历史知识与历史写作或是关于自然史的,或是关于人类史。弗兰西斯·培根在他的知识分类中,把历史划分为"自然的、市民的、教会的、文学的",就是做出了这种区分。后三种历史处理的是人类的事情,而第一种则关注的是自然世界的非人类的部分。同时,在培根的判断中,这一自然史与自然哲学或我们现在所称的"自然科学"并不是一回事。

在这套伟大著作中,自然史甚或宇宙史往往出现在我们通常所分类的科学或哲学的著述中。例如,达尔文的《物种起源》,卢克莱修的《物性论》或柏拉图的《蒂迈欧篇》。历史学的伟大著作处理的是人与社会,而不是自然或宇宙。历史哲学的大书大致也是如此。它们主要关注的也是人类文明而不是物理世界。

在原来的希腊词根中,"历史"这个词的意思是研究,并且有判别证据、存真去伪的意思。希罗多德著作的开头有时并不翻译为"这些是哈利卡尔那索斯的希罗多德的历史记载",而是被译为"这些是一些研究……"

当然,"研究"这个词可以指任何一种研究,既可以是对事情的本性是什么的研究,也可以是对曾经发生过什么事情的研究。亚里士多德的一本生物学著作的题目《动物志》就透露出它关注的是动物研究。它处理的不是自然史;它也不是在划分出它们在时间过程中不同的成长阶段意义上的动物史。因此,有必要区别两种不同的探究或研究——科学研究与历史研究,职是之故,"历史研究"这一冗余表达也就可以得到原谅了。

这种研究从一开始就把历史学家与诗人、神话或传奇的作者区别开来了。诗人等等也讲故事,但只有历史学家约束自己，在探究或研究所确定的事实的基础上讲故事。希罗多德在这一非凡的领域，创造了一种有别于诗歌的写作风格，因此赢得"历史学之父"的称号。他赢得读者信任不是靠他的故事似真，而是通过向读者透露消息的源头，指明证据的可靠性基础。

诗人讲述一个似真的故事，而历史学家则就往事力图做出可靠的陈述。正如希罗多德经常做的那样，历史学家本人要努力掂量一下证据，把相互冲突的证言交付读者自己鉴定。"这是波斯人就此所给的记述，"他写道，"但腓尼基人却有另外的说法"；或"这其中很多是我从德尔菲人那里了解到；故事的其余部分则是米利都人补充的"；或"这些都是我在孟斐斯从伍尔坎神的祭司那里得到的实情"；或"实情就是这样；我还听说另外一种我根本就不相信的说法"；又或，"关于埃及我至今讲出的一切，都是出自我本人的观察、我自己的看法以及我自己研究的结果。以下的记叙则有赖于埃及人给予我的报道，我现在就复述之，并补充一些我自己留心到的细节"。

希罗多德看来对他本人与荷马之间的区别颇为自觉，尤其在诗人讲述的事情落入他作为一位历史学家的范围之内的情况下。特洛伊战争处在希罗多德直接关注的冲突背景之下——波斯人对希腊的入侵，因为波斯人"将特洛伊之战追溯到他们对希腊人远古的敌意"。

希罗多德并不怀疑特洛伊之围确实像荷马叙述的那样发生过，不过，他从埃及人那里得到一种传说，其中讲到帕里斯和海伦曾踏上过埃及的土地以及海伦曾被孟斐斯王普罗透斯扣留。"这是祭司们告诉我有关海伦抵达普罗透斯宫廷的一个传闻。在我看来荷马熟悉这个故事，但却弃之不用，因为他认为与他采纳的版本相比，这个传闻不太适合史诗，然而荷马又在别处表明他并非不知道这个传闻。"

希罗多德援引了《伊利亚特》与《奥德赛》中的段落来确证这一点。他愿意使用荷马的诗歌作为资讯的一个来源，但他总是把这些段落与相反的记叙核对一番。"我做过一番考察，"他写道，"究竟希腊人讲的特洛伊是不是寓言。"当他得出结论，认为海伦根本就不曾在希腊人围攻了10年的城墙之内时，他告诉读者他这样认为的理由。而荷马在他叙述海伦的围城期间的行动时，根本就不在意去确立这些事实，或者给读者提供与之相反的版本。这不是诗人的任务，希罗多德认识到这一点。它属于历史学家，而不是诗人。一个故事在事实上可能性更大，对于诗人来说并不见得就是一个好的故事。

因为他既是一位研究者，又是一位叙事者，历史学家便一方面堪与科学家相比，另一方面又可与诗人并论。作为一种有别于科学或哲学的知识，历史学的独特品格从它的对象上就表现得一目了然：一次性的、独一无二的过去发生的事件。科学家或哲学家关心的并不是已经发生的事情，而是事情的本性。具体的事件对他来说或可当作证据之用，但他的结论不是陈述具体的事实，而是要概括事物的存在方式或在任何时间、任何地点下发生的方式。与此相对，历史学家的研究则始于具体、终于具体。他使用他本人所观察到或由别人验证的具体事实作为基础，间接推导出那些无法由直接证据建立的事情。早期历史学家所提出的研究方法或可成为科学方法的先驱，不过，我们在希波克拉底或柏拉图那里见到的证据或论证方式则显示出，科学家与哲学家离开了历史学家的方法。

34. 历 史

历史学与科学的对比——历史学与哲学的对比也一样——在亚里士多德的诗论中有所表述,诗歌"比历史学更有哲学意味,因为诗歌旨在表达普遍,而历史旨在具体"。历史学处理的是实际已经发生的事情,而诗歌像哲学一样关注的是任何存在的东西或可能存在的东西。

一个对比引向另一个对比。与诗歌不同,就两者都试图去证明它们所说的东西而论,历史学与科学是相似的。不过在另一方面,历史学与科学或哲学不同,而更像诗歌,尤其更像史诗以及戏剧诗,都属于叙事文学。历史学家与诗人一样都在讲故事。

如果诗人与历史学家——当然也包括诸如普鲁塔克在内的传记作家——也是说教者(moralist),那么,他们是在相同的意义上的说教者。他们的著作虽然并不阐发伦理或政治教义,但却包含人类生活活动与社会实践理论的具体例证。在处理道德、政治甚或心理学的话题的其他篇章中,也会援引伟大历史著作的很多内容,理由即在于此。不过在本章中,我们关注的是历史学本身,而不是各有特色的历史著作。我们关注的是作为一种知识与文献的历史学的方法与宗旨;我们关注的是作为整体的历史过程,这种考量属于历史哲学的范畴。

撰写历史的宗旨与方法既被历史学家自己所讨论,也被哲学家所讨论。哲学家如霍布斯、培根、笛卡尔看待历史学,大多着眼于它所属的知识类型以及它在整个人类学问中所占的位置。历史学家如希罗多德、修昔底德、塔西佗与吉本特别指出他们的工作目标、他们用来确定事实的可靠性或真实性的标准,以及他们用来筛选最重要事实的解释原则,他们依照所研究事件的意义的某种假设来组织这些事实。

希罗多德告诉我们,他写作乃是"为了保存人们的所作所为而不被遗忘,为了让希腊人与野蛮人的壮举不会丧失他们应得的荣耀之赞"。修昔底德写作的信念是,伯罗奔尼撒人与雅典人的战争乃是"迄今为止历史上最伟大的运动,这不仅对希腊世界是如此,而且对于野蛮世界的绝大部分也是如此——我差不多要说对于全人类也是如此"。塔西佗的声明也无大差异:"我的旨趣不是面面俱到记叙每一件事情,我只记叙声名远扬的壮举或臭名昭著的劣行。让高尚的行为不会被人遗忘,让恶言恶行者痛感到后人谴责的恐惧,我认为这是历史的最高职能。"

尽管在这些历史学家的旨趣中有着鲜明的相似性,但是三者之中只有塔西佗一人坦承自己的道德旨趣。另外,三者都各自意识到实现自己意图的独特方式。例如,修昔底德说:"在我的历史中没有趣闻轶事,恐难引人入胜。"他表达这份担心时,心里看来想着的是希罗多德。但他接着说:"但是如果它会得到那些希望准确了解过去的研究者的肯定……我就心满意足了。"像修昔底德一样,塔西佗也是记述同时代事件的历史学家,他也担心与记述古代的历史学家相比,后者通过"描述国家、各种不同战役以及将帅们光荣之死,扣紧读者的心灵"。他认为,他自己的著作或可有所教益,但却无法给人快感。因为他不得不"连篇累牍记叙暴君发下无情的命令,迫害接着迫害,友谊被背叛,清白无辜被毁灭,同因生出同果,(他的)题材千篇一律,令人乏味"。

正如我们业已指出的,希罗多德看来满意让读者在相互抵牾的记叙之中进行抉择。只是在一些特殊的场合下,他才会指明按他自己的判断实情最可能是什么。修昔底德声称他花了很大工夫来确定事实。"我甚至不信赖自己的印象",他写道;所叙述的一切"部分依靠我亲自所见,部分依靠别人为我所见,这些材料的确凿性总是受到最严格与最细致的考证所检验过的。不同的目击者对同一事件的叙述之间缺乏一致性,我的结论往往为此费尽思量"。但是,他认为他的结论"大可信赖",而丝毫不会受到"卖弄技巧的诗人的叙事诗、以真相为代价而引人入胜的编年史作者的作品"的打扰。

把讲真相与讲故事结合在一起,其困难历史学家是很清楚的。修昔底德评论道,绝大多数人是不愿意下一番力气去"调查真相的,他们乐意接受信耳听到的第一个故事"。依照塔西佗,困难在于最重大事件的模糊性,"以至于一些人想当然接纳任何道听途说的东西,而不计它的出处,另外一些人则把真相变成虚假,两种错误在后人那里得到了鼓励"。

在评论他大部头的著作时,吉本在最后总括说:"历史学家会赞叹他的研究主题的重要性与多样性,但是,他既知道自己的不足,同时也一定为材料的不足恼恨。"他在另外场合还告诉我们说,由于真实的记忆材料的匮乏,历史学家觉得"保持清晰与完整的叙事线索"殊为不易。"面对语焉不详,甚或相互抵牾的断编残简,他只得搜集、比勘、猜测;尽管他永远不应把猜想当作事实,但是对人性的了解,对人性中狂热无羁的激情肯定会以何种方式起作用的了解,在有些场合也许会弥补历史材料的匮乏。"

显然,历史学家在取舍材料的过程中拥有不同的标准,在事件因缘的追溯过程中有不同的诠释原则。这些差异反映在每一位历史学家都以自己的方式从事实之中建构一个宏伟的故事,编织故事情节的线索以及主人公的性格特征。例如,希罗多德史诗的写作风格一直堪与荷马相媲美,修昔底德则一直与悲剧的剧作家们相提并论。伟大的历史学家即便在事实的确定上达成一致,他们也是相互有别的,一如伟大的诗人一样。像荷马、维吉尔、梅尔维尔或托尔斯泰一样,历史学家们风格不同,各领风骚。

所选的伟大著作中只有一本从题目到内容完全致力于历史哲学,提出一种涵盖人类的全部尘世历程的理论。这就是黑格尔的《历史哲学》。奥古斯丁的《上帝之城》展现出的全盘视野可与之相侔,不过,两相比较,一者是哲学,一者是神学,泾渭分明。

这并不是说,在哲学家的立场之中缺乏上帝及其神意。相反,黑格尔视世界史为"精神的实现过程——这是真正的神义论,是上帝在历史之中的证成。只有这种洞见才能调和精神与世界历史——也就是说,每天业已发生或正在发生的一切不仅不能'离开上帝',而且归根结底都是他的事功"。

差别在于从何种终极源头来看待人类的发展与命运。奥古斯丁是从《圣经》所启示的神意看待一切;而黑格尔像从 G. 维柯到 A. 汤因比等一系列历史哲学家那样,是在历史记载本身之中寻找——有时他们还声称最终发现了——贯穿人类历史始终的支配规律与固有模式。

对于奥古斯丁来说,伟大的历史时代是由宗教来界定的。它们是上帝之城而非人类之城在尘世展开的不同阶段。据认为,人是在出自上帝的4种不同的安排下寓居于尘世的:(1)堕落之前的天堂;(2)在逐出伊甸园之后与赐予犹太人的应许与律法之前的世界;(3)在律法之下与基督的降临之前;(4)在恩赐下第一次降临与第二次降临之间。

奥古斯丁偶尔还有其他的历史划分法,不过,宗教性一直是举足轻重的。例如,他将整个时间划分为七个时代,以对应于创世的七天。"第一个时代,恰如第一天,从亚当到大洪水;第二个时代从大洪水到亚伯拉罕……从亚伯拉罕到基督的莅临,如福音传道者马太所计算的那样,有三个时期,其中每一个时期都经历了十四代人——第一个时期从亚伯拉罕到大卫,第二个时期从大卫到被掳掠,第三个时期则从被掳掠到基督道成肉身。至此已经是五个时代了。第六个时代是现在经历的时代,这是无法从世代多少来计量的……在这个时期之后,上帝会在第七天休息,他会赐我们(而我们将是这第七日)休息在他自身之中……第七日就是我们的安息日,使它终结的不是一个晚上,而是主日,是第八日、永恒之日,是基督复活所祝圣的日子,是预示着灵肉永恒宁静之日……这是最终永恒所是。"

弥尔顿《失乐园》中的天使长米迦勒,在亚当即将离开伊甸园之际,也向亚当描绘了相同的或至少在基本方面上相同的历史蓝图。

与奥古斯丁、弥尔顿的四种安排法不同,黑格尔的世界四阶段乃是表现于国家之中的精神历程的诸时代。它们从尘世上被界定为东方、希腊、罗马、日耳曼世界,并且被视为是一种"自由意识的进程"。黑格尔写道:"自由意识的不同程度为我们提供了普遍历史的自然划分……东方人尚未认识到绝对精神——人本身——是自由的;也因为他们没有认识到这一点,他们也是不自由的。他们只知道一人是自由的……这只能是一位暴君;而不是一个自由的人。自由意识首先出现在希腊人中,因而他们是自由的;但是他们与罗马人只知道某些人是自由的——而不是人本身……因此,希腊人拥有奴隶,他们的整体生活与伟大自由的维系是与奴隶制牵涉在一起的……日耳曼民族在基督教的影响下首先意识到人之为人是自由的。"

对黑格尔来说,随着日耳曼-基督教世界中人的完全解放,历史臻于完成。他宣布说:"存有的伟大原理得到了实现,因而,岁月的终点到了。"日耳曼-基督教世界的终结性的另一个标记看来应是其国家与教会的和好:"欧洲历史乃是这些原理的单个成长的展示……然后是双方的对立……最后则是对立者之间的和谐。"在日耳曼-基督教世界,尘世与宗教的生活方式最终臻于和谐,并融合在"理性自由"的唯一秩序之中。

除了黑格尔与奥古斯丁在这里所代表的哲学与神学进路的对立之外,在人类历史的一般理论里面看来尚存在两大问题。第一个问题涉及变迁的模式;第二个问题则牵涉致动因的性格。

进步或进化的模式在现代思辨中是最盛行的并因而是大家最熟悉的。根据"物质的本质是重力……而精神的本质是自由",进步可以被黑格尔视为是与物质或自然领域相对立的精神领域的一种辩证运动。但依照马克思与恩格斯的辩证唯物主义,它也可以被认为发生在对立的物质或经济力量的解决过程之中。

恩格斯在《共产党宣言》的序言中写道:"从原始土地公有制解体以来,全部历史都是阶级斗争的历史,即社会发展各个阶段上被剥削阶级和剥削阶级之间、被统治阶级和统治阶级之间斗争的历史;而这些斗争现在已经达到这样一个阶段,即被剥削被压迫的阶级(无产阶级),如果不同时使整个社会永远摆脱剥削、压迫和阶级差别与阶级斗争,就不再能使自己从剥削它压迫它的那个阶级(资产阶级)下解放出来。"由此,四大经济制度——奴隶制、封建制、工业资本主义与共产主义或无阶级社会——便被视为趋向终极完善的不同阶段。由于历史最终充分实现了它的发展趋势，它便在这个终极完善状态中终结了。凡勃伦在其《有闲阶级论》中，也从经济的角度论及了这一点。

而依照康德，进步的模式不应该被视为一种对立与综合的辩证运动，而是人类生活中追求良善的潜能的不断实现。康德把文化界定为"追求他自己选择的任何目的的理性存在者所创造之物"，根据这一界定，康德宣布："只有文化才是终极的目的，我们有理由将之归为人类这个种族的本性。"文化的不断实现在于，"意志摆脱欲望的绝对控制，在我们依附于某些自然物的状态下，这种欲望控制使得我们不能够进行本己的选择"。就此而言，历史是不断趋向完善状态的，这种完善永远不能在尘世充分实现，因为人类的"自身本性就不会止步或满足于任何一种占有或享受上面"。

在进化论者看来，进步或有止境或无止境。但无论在哪种情况下，它在人类历史中的表现都如同一条延伸的发展路线，世界或整个生命自然沿着它而逐渐提升。

这些观点在**进化**、**进步**以及**世界**三章中得到进一步探讨。在自然史秩序之中是否存在跟人类与社会史同一变迁模式？否认进步的人也罢，肯定进步的人也罢，都应该回答这一问题。在自然中存在着循环，出生、成长、衰败以及死亡这同一模式，一代接一代重复着自身。历史自身的循环，都市与文明的兴衰，由来有自。这种观点重现于现代奥斯瓦尔德·斯宾格勒，而在汤因比那里，这种观点饰以进步的可能性而再次粉墨登场。

"以前伟大的都市，"希罗多德观察到，"现在大多变得无足轻重了；而现在强大的都市往昔则非常脆弱。因此，我会对两者同等对待，深信繁荣昌盛不会永久持续。"卢克莱修发现世界演替与文明演替之中皆存在着循环模式。柏拉图在《政治家篇》所讲述的克罗诺斯的黄金时代与宙斯的红尘时代，也同样适用于自然与社会。

按照神话的说法，"有一个神亲自主宰、帮助世界沿着自己的进程运转的时代；在某个循环完成之后，则有一个神撒手不管的时代，在这个时代中，世界是一个生命体，它最初从其创造者那里得到悟性，转身并按固有的必然性在相反的方向上旋转"。如此，世界史是在"无限的年轮"之中运行的，世代交替于无尽的循环之中。

还有第三种观点，它既不把历史视为循环的也不简单地视为进步的。维吉尔颠倒了柏拉图式的神话次第，在将来加入了一个黄金时代。它与罗马一同出现，在这里，用第四《田园诗》的话说：

伟大的世纪循环
伊始。正义回归大地，黄金时代
还世，首生者从天
而降。
端详……这位婴儿的呱呱落地，
因为从他开始，铁质的心将要停止，
金质的心
将要承继全地。

对于维吉尔来说，罗马不仅是黄金时代的滥觞，它也是历史的圆成。在《埃涅阿斯纪》中朱庇特亲自宣布道，他赋予罗马人"无限的力量"，他给他们安排了"时空无限的世界"。罗马的"着托加袍者"将要成为"万物之主，他们的名望与星辰同辉"；接着"暴力的时代浸染为和平"。罗马的永存看来没有给进一步实质的进步留下空间，也没有为另一个兴衰循环留下任何机会。

人类从恩典中的堕落并通过神圣的中保而返回恩典与拯救，在次第上看，这一基督教的教理赋予历史一定程度的柏拉图模式,黄金时代的失落成为努力重获它的机会。但在一定程度上它也是维吉尔模式。历史时代的变迁是一次性的。基督的莅临是绝对的、独一无二的事件,此后人类状况不再有任何实质进步,直到世界末日的最后审判。

什么是历史进程的动因乃是这些不同的历史模式观的共同问题。无论这些因素是什么,它们在未来会一如既往地发生作用,除非千禧年已经降临我们或即将莅临。通过认识自己的过去,或者依稀觉察神意,人类获得一种未来感。但是,究竟未来的一部分出自自由选择,还是整个未来都是无可变更地由不受人类控制的原因决定了的,这决定了他们对未来有不同的期许。

命定与自由、必然与偶然、神的意志与人的选择之间的取舍在**机遇**、**命运**、**必然性与偶然性**三章之中会得到考量。有时人们以同样的方式处理自然过程与历史过程中的这个问题:必然性主宰两者;自然事件中存在着偶然性,同样历史行动中存在着自由。有时人们又把自然过程与历史过程区别开来:物质运动受不可违背的规律支配,而人的活动则受规律的引导,它让他们自由地去确立一种命运,这种命运是由人类精神决定的,而不是决定人类精神的。

那些没有全盘否定历史领域中的自由的人们,很少赋予它无限的范围。人类的行动受到下自物质力量的运作、上自黑格尔所称的"神的世界旨意"的制约。"普遍历史的巨幅挂毯"是由神的意志(绝对理念)与被黑格尔称为"人类情结"的人类旨趣交织而成的。

对于他来说,历史是"自由与必然的同一",在这里"精神潜在的抽象过程被视为必然性,而在人的意愿之中展示自身的东西则属于自由的领域"。但这种与必然一致的自由看来更多属于作为整体的人类而不是单个的人。单个的人倘若试图阻挡历史之路,他就会被抛弃。他无力改变历史的进程。

甚至伟人也不能创造或决定历史。他们是伟人只不过是因为,由于意识到历史过程的下一个阶段,他们自觉地顺应未来的潮流,让自己的旨趣服从于事情的进展——绝对理念的辩证发展。由于他们自己的"特殊目标涉及那些更大的结果,这些结果是世界精神的意志",于是,少数人变成了"世界历史的个人"。他们"洞察到时代的要求——适合发展的东西……他们的时代、他们的世界的真理本身,以及这样说吧,酝酿之中早已形成的下一个阶段的人类"。

与黑格尔一样,而与古代的历史学家不同,托尔斯泰也认为伟人的主宰权乃是一种幻觉。在他看来,相信英雄或伟人引领历史是个错误,就像一个人"看到一群牛在移动,而没有留意田野中不同地方不同的牧草,或者没有留意牧者的驱赶,而把牧群行走的方向归为凑巧在头部位置的那头动物身上"。

伟大人物不过是被推向历史前台的著名玩偶。历史运动的力量与方向来自构成人民群众的无数无名之辈的个体行动。单个的个体行动算不了什么。群众运动是不同方向的推动力的一个复杂结果。不管每一个人发出的推动力是如何微小,但他对历史的贡献却是一种自由的行动,而只受到他做出选择的处境以及赋予他选择自由的神意的制约。像"每一种人的行动"一样,在托尔斯泰看来,历史也是"作为自由与不可规避性的某种结合而出现在我们面前"。

在20世纪,随着社会科学的兴起,历史与人类学的分隔受到了质疑。列维-施特劳斯写道:"我们不再满足于政治史,它照着一些次要的说明与解释的线索,把王朝与战争按照年代编织在一起。经济史在很大程度上成了无意识过程的历史。于是,任何一部优秀的历史著作……都浸润着人类学成分。"

依照列维-施特劳斯,我们"正朝着理解人的目标前进,而这条道路……是从意识内容研究走向无意识形态的研究"。历史学家与人类学家"携手同行。他们的共同旅程却从不同的角度展示在两者面前,这一事实……一点儿也没有改变他们基本进路的共同特征"。

另有一种对历史进行哲学思考的方式有别于对整个历史过程进行宏大的思辨,它着重历史的教化作用——它启迪心灵,训导众生。

例如,蒙田就把阅读历史与传记视为俯视世界的窗口。他写道:"这个伟大的世界是我们从适当的角度反观内视的镜子。"只有透过历史所开启的大场景并在它所展示的复杂人性之中,一个人才能真正认识他自己及其时代。吉本以类似的口吻断言"历史经验提升与扩展我们的智性视野"。反过来,黑格尔则坚持,"经验与历史告诉我们,民众与政府从未从历史之中学习到任何东西,也从未依照从它里面推导出来的原理行动"。

在《圣女贞德》的前言中,萧伯纳对历史的看法更加消沉。在他看来,历史"总是些过时的老皇历"。这就是为什么"人们从不给孩子讲授当代史(而只是讲授无害的陈年历史)。他们的历史著作处理的总是思想陈旧、时过境迁的时期。

例如,人们教给孩子们华盛顿的历史,讲到当代的列宁,却只是一堆谎言。在华盛顿时代,讲到华盛顿就用一堆谎言(同样的谎言),所教的历史是克伦威尔的历史。在 15 与 16 世纪,教给孩子们的是虚假的贞德,本来到了这样的时代完全该讲述一个真实的贞德了。令人遗憾的是,政治环境虽已时过境迁,谎言却并未停止。贞德无意之中遥开宗教改革的先声,而宗教改革使得她那时出现的问题一直烧到我们的时代(你在爱尔兰依然可以看到很多被焚毁的房屋),结果贞德依然是反教权主义谎言的主题,更是新教谎言的主题,是罗马天主教闭口不谈她的无意识新教的主题。加油添醋的真相难以下咽:除非我们去除那些添加的调料,我们就无法接受真相"。

在实践的一面,政治学作者如马基雅维里、孟德斯鸠以及联邦党人则用历史作为他们理论的例证。他们同意修昔底德的看法:"准确认识过去有助于解释未来,人世沧桑,未来即便不反映着过去,也必然与过去有几分相似。"塔西佗则说道,绝大多数人"从他人的幸运中学到智慧"。

因是之故,伟大历史著作与伟大道德、政治著作并列,也与玄思人类本性与命运的哲学与神学同伍。人文教养既需要特殊也需要普遍,而它们在宏大的历史叙事之中结合在了一起。撇开它们的功用不谈,它们具有观念的创新性、诗性的品格与想象的空间,这让它们当之无愧进入人类心灵伟大的创造之列。

分 类 主 题

1. 历史之为知识与文学:它的种类与划分;它与诗歌、神话、哲学以及科学的区别
2. 历史的启迪与教训:它在心灵教化与引导人类行为中的作用
3. 历史的写作:研究与叙事;诗歌的影响
    3a. 事实的确定与选择:历史材料的分类

3b. 历史事实的阐释或解释：历史学家对原因的处理
4. 历史哲学
　　4a. 历史进程中的因果理论
　　　　（1）命定或自由、必然或偶然的两难
　　　　（2）历史之中的物质力量：经济、物理与地理因素
　　　　（3）作为精神展开的历史：历史的诸辩证阶段
　　　　（4）个人在历史中的作用：伟人、英雄或领袖
　　4b. 历史变迁的规律与模式：循环，进步，演化
　　4c. 制约一个时期政治与文化的时代精神
5. 历史神学
　　5a. 诸神或上帝与人类历史的关系：神意的安排
　　5b. 上帝之城与人之城；教会与国家

[陈立胜　译]

索引

本索引相继列出本系列的卷号〔黑体〕、作者、该卷的页码。所引圣经依据詹姆士御制版，先后列出卷、章、行。缩略语 esp 提醒读者所涉参考材料中有一处或多处与本论题关系特别紧密；passim 表示所涉文著与本论题是断续而非全部相关。若所涉文著整体与本论题相关，页码就包括整体文著。关于如何使用《论题集》的一般指南请参见导论。

1. **History as knowledge and as literature: its kinds and divisions; its distinction from poetry, myth, philosophy, and science**

    5 Herodotus, 71–73, 127
    5 Thucydides, 354
    8 Aristotle, 686, 695
    13 Plutarch, 1, 15–18
    14 Tacitus, 60
    16 Augustine, 732
    21 Hobbes, 67, 71
    23 Montaigne, 80, 96, 239–241, 345–346, 388–391, 499
    24 Shakespeare, 123, 532
    27 Cervantes, 256
    28 Bacon, 32–39, 123
    28 Descartes, 225
    30 Pascal, 287, 355–356
    33 Locke, 368–370
    37 Gibbon, 97–98 passim, 398
    41 Boswell, 353
    43 Hegel, 261
    51 Tolstoy, 675–696 passim
    58 Lévi-Strauss, 405–417
    59 Shaw, 60–62

2. **The light and lesson of history: its role in the education of the mind and in the guidance of human conduct**

    Old Testament: *Deuteronomy*, 6:20–25; 7:6–11,17–19; 8; 16:1–12; 29 / *Joshua*, 24:1–27 / *I Samuel*, 12:6–25 / *Nehemiah*, 9 / *Psalms*, 44:1–3; 78; 81; 105–106; 136 / *Jeremiah*, 2:1–9 / *Ezekiel*, 20:1–44
    New Testament: *II Peter*, 2 / *Jude*
    3 Homer, 106–109
    5 Herodotus, 175
    5 Thucydides, 379
    6 Plato, 612, 663–677
    7 Aristotle, 501–512, 513–522 passim, 604–605, 631–641 passim
    8 Aristotle, 436, 533–534
    11 Aurelius, 264, 267
    13 Plutarch, 121–122, 195, 201–202, 540–541, 726
    14 Tacitus, 255
    16 Augustine, 11, 90–92, 169–171, 512–537, 695, 737
    18 Aquinas, 236

    19 Dante, 103–106, 109–111
    19 Chaucer, 351–361
    21 Machiavelli, 22, 25–26
    21 Hobbes, 53–54
    22 Rabelais, 58–59
    23 Montaigne, 80, 239–241
    24 Shakespeare, 483
    27 Cervantes, 36–37
    28 Bacon, 4–6
    28 Descartes, 267
    29 Milton, 384–386
    30 Pascal, 355–358
    33 Locke, 47–51 passim
    33 Hume, 479
    35 Rousseau, 420, 428–435
    36 Smith, 375–385
    37 Gibbon, 33, 211, 632
    38 Gibbon, 13, 194, 326–328
    39 Kant, 5–8, 248–250, 357
    40 Federalist, 37, 70, 71–78, 211
    41 Boswell, 3–4, 116, 258–259, 314–315, 347, 458
    43 Hegel, 176–177, 182–183, 186–192, 242–243, 392–393
    43 Nietzsche, 480, 500, 513–515
    44 Tocqueville, 254–255, 374–375, 380–382 esp 382
    45 Goethe, 3–4
    48 Twain, 335–336
    50 Marx, 7
    52 Dostoevsky, 305
    55 Dewey, 101, 119–120
    59 Shaw, 59
    60 Orwell, 518–519

3. **The writing of history: research and narration; the influence of poetry**

    Apocrypha: *II Maccabees*, 2:22–31
    5 Herodotus, 1–48 passim, 68, 75, 242
    5 Thucydides, 349–355 passim
    8 Aristotle, 660, 670–672
    13 Plutarch, 102, 128–129, 390, 423, 691–692, 794–795
    14 Tacitus, 1, 60–61, 66, 71–72, 179, 189
    23 Montaigne, 95–96, 121–122, 239–241, 388–391, 498–499
    27 Cervantes, 26–27
    28 Bacon, 34–35, 126–128
    30 Pascal, 286–287

37 Gibbon, 96, 648–649
38 Gibbon, 161–163, 186, 255, 598, 755–756, 790–791
41 Boswell, 1–4, 120, 217
43 Hegel, 159–164, 302–303
44 Tocqueville, 106–107, 389–392
48 Melville, 120–124
51 Tolstoy, 134
58 Huizinga, 248–249, 344–345

3a. The determination and choice of fact: the classification of historical data

5 Herodotus, 2, 23, 49–56 passim, 59, 60–61, 69, 76, 77, 80, 97–98, 99, 115, 150–151, 158, 168, 254, 281–282
5 Thucydides, 349–355, 399, 442–443, 487, 500–501
13 Plutarch, 1, 15–30 passim, 32, 49, 191–192, 262–263, 634, 698–699
14 Tacitus, 48, 87, 107, 190, 228, 255
16 Augustine, 358, 456–459, 512–513, 561–562
23 Montaigne, 133, 345–346
28 Bacon, 13–14, 32–33
30 Pascal, 325
37 Gibbon, 88, 96, 103, 201–204 passim, 212–214, 232–234, 413, 428, 471
38 Gibbon, 311–312, 501–503, 639, 660, 710
41 Boswell, 177–178, 210, 359–360
43 Hegel, 188–190, 206–209, 213–216, 219–221, 242–243, 261
44 Tocqueville, 389–392
54 Freud, 450–451
58 Huizinga, 344–345, 347
58 Lévi-Strauss, 405–417 passim
59 Shaw, 46–49

3b. The explanation or interpretation of historic fact: the historian's treatment of causes

5 Herodotus, 51–54, 221, 226, 237, 238–239, 250, 289, 292, 309–310
5 Thucydides, 349–355, 384–386 passim, 489, 586
13 Plutarch, 17–18, 109–110, 201, 307–308
14 Tacitus, 189–190
16 Augustine, 187, 250
20 Calvin, 24–27
28 Bacon, 34, 37
36 Smith, 167, 342–347
37 Gibbon, 179, 190, 200–201, 211, 294–296, 409–410
38 Gibbon, 386, 451–453
41 Boswell, 166
43 Hegel, 10–11, 46–47, 171–174, 190–192
44 Tocqueville, 89–91, 163–165, 216–218, 237, 264–266
50 Marx-Engels, 430–433 passim
51 Tolstoy, 342–344, 389–390, 430–432, 447–448, 610–611
56 Hardy, 367–368
58 Weber, 123–135, 151–161, 165–167, 173–181
58 Huizinga, 250–251, 266–268, 270–271, 282

58 Lévi-Strauss, 416
59 Shaw, 37–38, 46–49, 59, 60–62

4. The philosophy of history

4a. Theories of causation in the historical process

8 Aristotle, 502–519 passim
11 Lucretius, 7, 59–60, 61, 68–76
16 Augustine, 188–189, 248, 250, 384–385, 412, 475–476, 537–538
21 Machiavelli, 21
35 Rousseau, 348
37 Gibbon, 456–457, 630–634
43 Hegel, 44, 163–177, 199–211, 272–273, 277–279, 290–291
44 Tocqueville, 265–266
49 Darwin, 323–328
50 Marx, 6–7, 8–11 passim, 35, 36, 377–378
50 Marx-Engels, 416–417, 419–425 passim, 428
51 Tolstoy, 469–472, 563–575, 588–590, 609–613, 645–650, 675–696
54 Freud, 781–789, 791, 799–802, 834

4a(1) The alternatives of fate or freedom, necessity or chance

5 Herodotus, 21–22, 291
5 Thucydides, 462
6 Plato, 679
11 Aurelius, 255
13 Plutarch, 20, 109–110, 188–192, 195–213, 698–699, 814–815
14 Tacitus, 69, 91
16 Augustine, 259–274
19 Dante, 9, 65
21 Machiavelli, 8–9, 35–36
38 Gibbon, 590
43 Hegel, 115, 159–199, 213–216, 302
51 Tolstoy, 389–391, 618–621, 626–630, 675–696

4a(2) Material forces in history: economic, physical, and geographic factors

5 Herodotus, 50–56, 114, 237
5 Thucydides, 349, 350, 352
6 Plato, 677–678
35 Montesquieu, 3, 56–57, 102–108, 122–129, 153–173
36 Smith, 3–7, 9–11, 39–40, 81, 194–195, 198–201, 212–215, 272–276
37 Gibbon, 89, 90, 236–237
38 Gibbon, 220–225 passim, 355, 427–428
40 Mill, 327–332
43 Hegel, 199–211, 249, 257, 275, 303
44 Tocqueville, 9–11
49 Darwin, 323
50 Marx, 6–7, 10–11, 25, 35–36, 187, 239–241
50 Marx-Engels, 415–434
54 Freud, 882–883, 884
55 James, William, 29
57 Veblen, 79–89
58 Frazer, 32
58 Weber, 135–136

58 Huizinga, 250-251, 266-268, 271
59 Cather, 444

4a(3) World history as the development of Spirit: the stages of the dialectic of history

43 Hegel, 97-98, 115-118, 162-168, 169-172, 176-179, 184, 185-199

4a(4) The role of the individual in history: the great man, hero, or leader

12 Virgil, 193-196, 231-234
13 Plutarch, 1-30, 32-48, 49-61, 64-77, 121-141, 195-213, 307-308, 358, 499-538, 577-604, 748-779, 802-824
14 Tacitus, 44-45
21 Machiavelli, 8-10, 30, 35-37
22 Rabelais, 267-270
29 Milton, 69
34 Diderot, 257-260
35 Montesquieu, 65-68
35 Rousseau, 373-374, 400-402
38 Gibbon, 251-253
40 Mill, 332
43 Hegel, 115-116, 129, 153, 192-193, 274, 289, 292, 297-299, 300-301, 318-319, 383, 384-385, 389
43 Kierkegaard, 450-451
43 Nietzsche, 475-476, 538-539
44 Tocqueville, 206-207, 264-266
48 Melville, 66-67
51 Tolstoy, 1-696 passim
54 Freud, 800
55 Whitehead, 153-162, 166-167
55 Barth, 522-523
58 Frazer, 31-32
58 Weber, 170-174, 182

4b. The laws and patterns of historical change: cycles, progress, evolution

5 Thucydides, 349-352
6 Plato, 403, 444-445, 587-589, 663-666
7 Aristotle, 303
11 Lucretius, 29-30, 68-76
11 Aurelius, 244, 263, 278
12 Virgil, 10-11
13 Plutarch, 372
14 Tacitus, 51-52
16 Augustine, 358, 456-574, 695-696
23 Montaigne, 481, 484-485
24 Shakespeare, 483
34 Swift, 79-80, 121
37 Gibbon, 544-545, 632-634
39 Kant, 584-587
40 Mill, 300-301
43 Hegel, 117-118, 167-168, 182-183, 186-187, 195-196, 272-273, 294, 299-301, 303-304, 334-336, 364
44 Tocqueville, 240-241
49 Darwin, 327-330
50 Marx, 10-11, 377-378
51 Tolstoy, 469-472, 645-650
54 Freud, 651-652, 781-789, 799-802

55 Whitehead, 230-232

4c. The spirit of the time as conditioning the politics and culture of a period

30 Pascal, 234
35 Rousseau, 362
43 Hegel, 6-7, 10-12, 75-76, 180-183, 221-248, 261-271, 274-275, 279-298, 303-315
43 Kierkegaard, 444-445, 454-455
44 Tocqueville, 13-22
51 Tolstoy, 645-646
52 Dostoevsky, 361
55 Whitehead, 137-138, 150-153, 162, 180-181
55 Barth, 492-495, 539-540
56 Heisenberg, 421
58 Huizinga, 245-386 esp 245-255, 282-285, 386
60 Eliot, T. S., 170-171

5. The theology of history

5a. The relation of the gods or God to human history: the dispensations of providence

Old Testament: *Genesis*, 3:6-9 passim; 16-17; 21:1-24; 22:1-18; 28:11-16; 35:9-13; 45:1-13 / *Exodus*, 3-20 passim; 23:20-33 / *Deuteronomy*, 4:1-40; 7-11 passim / *Joshua*, 6:1-20; 10 / *Nehemiah*, 9:1-10:29 / *Psalms*, 44:1-3; 78; 81; 105-106; 136 / *Jeremiah*, 43:8-13; 44:30; 46
Apocrypha: *Judith* passim
New Testament: *Romans*, 1-11 / *I Corinthians*, 15:19-55 / *Galatians*, 3-4 / *II Thessalonians*, 1:7-2:14 / *Hebrews* passim / *II Peter*, 3:3-13 / *Revelation*
 4 Aeschylus, 13-25, 40-53
 5 Herodotus, 21-22, 204, 214-220, 250
 6 Plato, 44-45, 157-159, 478-485, 682-683, 765-768
11 Epictetus, 184-189, 201-211, 211-212
11 Aurelius, 243-244, 263
12 Virgil, 81-321
13 Plutarch, 28-29, 50-51, 107, 822
14 Tacitus, 189-190
16 Augustine, 157-158
18 Aquinas, 244-245, 323-325, 385-387, 707-709
19 Dante, 82-83, 86-88, 100, 103
21 Machiavelli, 36-37
23 Montaigne, 346
24 Shakespeare, 105-148
28 Bacon, 19, 37-38
28 Spinoza, 603-606
29 Milton, 93-333, 346, 354-355
30 Pascal, 284-317
37 Gibbon, 292-293
43 Hegel, 115, 162-166, 321-328, 340-341, 392-393
48 Melville, 52-53
51 Tolstoy, 343, 675-677
55 Barth, 459

5b. **The city of God and the city of man; church and state**
   Old Testament: *Psalms*, 2; 72:8-11 / *Isaiah*, 60:14 / *Daniel*, 2:44; 7:14
   New Testament: *Matthew*, 6:33; 17:24-27; 22:15-22 / *Mark*, 12:13-17 / *John*, 18:33-37 / *Romans*, 13:1-8 / *I Corinthians*, 15:24-25 / *Ephesians*, 2:19 / *I Peter*, 2:13-17
   11 Aurelius, 247-248, 251
   16 Augustine, 165, 186-187, 264, 272, 374-375, 455-459, 512-514, 537-538, 585-586, 589-590, 591-592
   19 Dante, 61, 96-97, 113-116 passim, 129-132
   21 Hobbes, 151, 160, 177-180, 191-204, 240, 245-249, 275-278
   29 Milton, 329-331
   30 Pascal, 116-117
   35 Rousseau, 435-439
   39 Kant, 444
   43 Hegel, 183-185, 215-216, 259-260, 330, 334, 335, 351-363, 370-393
   44 Tocqueville, 235-240
   52 Dostoevsky, 30-34
   55 Barth, 452-454, 458-461, 463-464, 497-499, 533-550

交叉索引

以下是与其他章的交叉索引：

History as a kind of knowledge, *see* KNOWLEDGE 5a(5); MEMORY AND IMAGINATION 3d; TIME 6e.

Comparisons of history with poetry, science, and philosophy, *see* NATURE 4c; PHILOSOPHY 1d; POETRY 5b; SCIENCE 2b.

The educational significance of history or of historical examples, *see* EDUCATION 4d; VIRTUE AND VICE 4d(4).

The logic or method of historical research, *see* LOGIC 5c; REASONING 6d.

The theory of historical causation, *see* CAUSE 8.

The factors of chance and fate, freedom and necessity, *see* CHANCE 6b; FATE 6; LIBERTY 6a; NECESSITY AND CONTINGENCY 5f; PROGRESS 1a; WILL 7b.

The idea of progress in the philosophy of history, *see* EVOLUTION 6c; PROGRESS 1-1c; and for a cyclical theory of history, *see* LABOR 1a; MAN 9a; PROGRESS 1c.

The materialist philosophy of history, *see* DIALECTIC 2d; LABOR 7c-7c(3); MATTER 6; OPPOSITION 5b; PROGRESS 1a; WAR AND PEACE 2c; WEALTH 11.

History as a dialectical process in the development of Spirit, *see* DIALECTIC 2d-2d(2); LIBERTY 6a; MIND 10f-10f(2); PROGRESS 4b.

The role of the great man or hero in history, *see* HONOR 5d.

The historian or philosopher of history as a prophet, *see* FATE 6.

Historical relativism, *see* CUSTOM AND CONVENTION 9-9b; RELATION 6-6c; UNIVERSAL AND PARTICULAR 7-7c.

Divine providence in relation to historical events and to the issue of necessity and freedom in history, *see* CAUSE 7c; FATE 4; GOD 7b; LIBERTY 5a-5b; WILL 7b.

The city of God and the city of man, and the issue of church and state, *see* RELIGION 4-4b; STATE 2g.

扩展书目

下面列出的文著没有包括在本套伟大著作丛书中，但它们与本章的大观念及主题相关。

书目分成两组：

Ⅰ. 伟大著作丛书中收入了其部分著作的作者。作者大致按年代顺序排列。

Ⅱ. 未收入伟大著作丛书的作者。我们先把作者划归为古代、近代等，在一个时代范围内再按西文字母顺序排序。

在《论题集》第二卷后面，附有扩展阅读总目，在那里可以查到这里所列著作的作者全名、完整书名、出版日期等全部信息。

I.

Voltaire. "History," in *A Philosophical Dictionary*
———. *The Philosophy of History*
Montesquieu. *Considerations on the Causes of the Greatness of the Romans and Their Decline*
Gibbon. *An Essay on the Study of Literature,* LXXVIII-LXXXII
Kant. *The Idea of a Universal History on a Cosmo-Political Plan*
Mill, J. S. *A System of Logic,* BK VI, CH 10-11

Hegel. *The Philosophy of Mind*, SECT II, SUB-
    SECT C (cc,v)
Nietzsche. *The Use and Abuse of History*
James, W. "Great Men and Their Environment," in
    The Will to Believe

II.
THE ANCIENT WORLD (TO 500 A.D.)

Lucian. *How to Write History*
Polybius. *Histories*, BKS III, IV, XII

THE MODERN WORLD (1500 AND LATER)

Acton. *Essays on Freedom and Power*, CH 1
Adams, B. *The Law of Civilization and Decay*
Adams, H. *The Degradation of the Democratic
    Dogma*
Barzun. *Clio and the Doctors*
Bayle. *Historical and Critical Dictionary*
Beard, C. A. *The Economic Basis of Politics*
Becker. *Everyman His Own Historian*
Berdyayev. *The Meaning of History*
Bodin. *Method for the Easy Comprehension
    of History*
Borges. "Tlön, Uqbar, Orbis Tertius"
Bossuet. *Discourse on Universal History*
Bradley, F. H. *Collected Essays*, VOL I (1)
Braudel. *On History*
Broch. *The Sleepwalkers*
Buckle. *History of Civilization in England*
Bukharin. *Historical Materialism*
Burckhardt. *Force and Freedom*, CH 4-6
Burnham. *Suicide of the West*
Bury. *The Science of History*
Butterfield. *The Origins of History*
Carlyle, T. *On Heroes, Hero-Worship and the
    Heroic in History*
———. *On History*
Cassirer. *The Myth of the State*, PART III (15-17)
———. *The Philosophy of Symbolic Forms*
Cohen, M. R. *The Meaning of Human History*
Collingwood. *The Idea of History*
Comte. *The Positive Philosophy*, BK VI
———. *System of Positive Polity*, VOL III, *Social
    Dynamics*
Condorcet. *Sketch for a Historical Picture of the
    Progress of the Human Mind*
Croce. *History as the Story of Liberty*
———. *History, Its Theory and Practice*
D'Arcy. *The Meaning and Matter of History*
Darwin, C. G. *The Next Million Years*
Dawson. *Progress and Religion*
Emerson. "History," in *Essays*, 1

Fiske. *Essays: Historical and Literary*, VOL II (1)
Froude. *Caesar: A Sketch*
———. *The Science of History*
Guizot. *General History of Civilization in Europe*, LECT I-II
Hamilton, E. *The Greek Way*
———. *The Roman Way*
Hardy, T. *The Dynasts*
Herder. *Outlines of a Philosophy of the History of Man*
Hexter. *Reappraisals in History*
Lamprecht. *What Is History?*
Langlois and Seignobos. *Introduction to the Study of History*
Le Roy Ladurie. *The Territory of the Historian*
Lissner. *The Silent Past*
Lotze. *Microcosmos*, BK VII
Löwith. *Meaning in History*
Lukacs. *Historical Consciousness*
Macaulay. "History," in *Miscellaneous Essays*
McNeill. *Plagues and Peoples*
———. *The Rise of the West*
Michelet. *Introduction à l'histoire universelle*
Morris. *News from Nowhere*
Neff. *The Poetry of History*
Oakeshott. *Experience and Its Modes*
Ortega y Gasset. *Toward a Philosophy of History*
Pareto. *The Mind and Society*, VOL IV, CH 13
Penty. *A Guildsman's Interpretation of History*
Petrie. *The Revolutions of Civilization*
Plekhanov. *The Development of the Monist View of History*
Pope, M. *The Story of Archaeological Decipherment*
Popper. *The Poverty of Historicism*
Pound, E. *Cantos*
Schelling. *The Ages of the World*
Schlegel, F. *The Philosophy of History*
Schopenhauer. *The World as Will and Idea*, VOL III, SUP, CH 38
Schrecker. *Work and History*
Shotwell. *The History of History*
Spengler. *The Decline of the West*
Sturzo. *The Inner Laws of Society*, INTRO
Teggart. *Theory of History*
Toynbee, A. J. *Civilization on Trial*, CH 1-3, 13
———. *A Study of History*
Troeltsch. *Christian Thought*
Tuchman. *Practicing History*
Vico. *The New Science*
Wells. *The Time Machine*
White. *Foundations of Historical Knowledge*
Yeats. *A Vision*

35

荣 誉 Honor

总 论

人们在用到荣誉和声誉这两个词的时候,有时对其不加区分,好像两者可以互换,有时则要分别彼此,似乎它们又有着不同的含义。这两种用法在大观念丛书中都能找到。但这却并不仅仅只是个用词的问题。如果有某位作者觉得一个人的荣誉和他的声誉之间没有什么区别的话,那么,那些认为一个人的荣誉和他之所以获得声誉的原因两不相干的人,就会从基本的道德问题上对其提出反对的看法。这种反对的看法通常会延伸到人类行为动机的心理学问题以及权力和正义的政治问题上去。由此,关于奖赏和惩罚在个人生活和社会生活中的作用,就产生了两种相互对立的看法。

在荣誉和声誉包含的意义中,赞扬和贬低似乎是两个基本的组成部分。此外,荣誉的概念似乎还涉及价值或尊严。但一个人是否具备德操,他是否配得上周围的人对他的赞扬,都似乎与他赖以获得声誉的东西没有绝对必然的关系。而且,一个人在其所处的群体中的名声的好坏也并不就意味着他是一个有荣誉或者高尚的人。尼采把人们认为一个人高尚的那种品质称之为高贵。尼采的英雄,那个超人,是高贵的。

这样看来,荣誉和声誉这两个概念之间的区别和联系就成了本章首先要解决的问题。而要解决这个问题,就必须要考虑到个人和群体之间的关系,以及一个人自己和他周围的人对他进行评价时所依据的标准。荣誉和声誉似乎都意味着公众的赞许,但问题是,它们是否都首先要求社会对一个人的尊重必须具有同样的原因或基于同样的理由?

霍布斯说:"我们给每个人评定的价值,表现在通常人们所说的褒扬和贬抑中。给予一个人较高的评价,就是褒扬他;给予一个人较低的评价,就是贬抑他。但这里所说的高与低,要和他本人给予自己的评价对照来看,才能看出来。"霍布斯的意思是否是说,只有一个人自己给自己的评价才是他真正标准的价值?显然不是。他说,让人们"给自己最高的评价;但他真正的价值是其他人尊重的那一部分"。那么,这种尊重的尺度是什么?霍布斯回答说:"一个人的价值,和其他东西的价值一样,就是他的价格;也就是说,是人们在用到他的力量的时候愿意付出的东西;因此,他的价值并不是绝对的,而要靠需求和别人的判断来确定。"

如此说来,荣誉不是一个人本身具有的东西,而是他从别人那里接受来的。荣誉是别人给他的报答。如果别人不给他他自认为应该获得的尊重,他可能就会觉得受到了贬抑,但别人对他的评价在某种程度上并不依照他评价自己时所依照的标准。别人的评价,依照的是他和别人之间的关系、他的能力以及别人的需求。德操和责任——是非、善恶的判断——并不会牵涉到荣誉的概念中来。如果荣誉反映的是社会群体的看法,而这种看法是基于政治上的使用价值而不是人的道德价值,那么,荣誉和声誉之间的区别便要消失了。

还有另外一种对荣誉的看法,这种看法不仅将荣誉同声誉区分开来,而且也使其与公众的认可脱离了关系。人们对该词的这一层意思并不陌生。人们说"以我的荣誉担保",或说"以我的荣誉发誓",说这话的人可能并不是一个诚实的人,但如果他是,他说这样的话,是发誓要实现一个诺言,或者期望达到某种预期的目标。他这样说,是想表明他不需要任何外来的验证或约束。一个被威吓或被武力驱使去实现自己的诺言的人,不是出于荣誉感才这么做的。

蒙田写道:"我们的灵魂生活不是为了向人炫耀。荣誉生在我们自己的家中,生在我们的内心中,生在只有我们自己的眼睛能看到的地方。在那里,荣誉使我们不会因死亡、痛苦、甚至耻辱而感到恐惧;在那里,荣誉让我们面对丧失子女、朋友和财产而感到安全;如果机会使然,荣誉也将引导我们踏进战争的危难之中。"蒙田引用西塞罗的话说,这些活动"不是为了获得任何利益,而只是为了德操之美本身"。

由此看来,荣誉感和责任感的作用似乎是一样的。它们都反射出良心的光芒。它们都通过内心意志的决定来完成理性判断为正确的事情。如果两者之间有什么差别的话,那更多的倒是它们造成的结果之间的差别,而不是它们的动机有什么不同。

责任通常意味着对别人负有义务,但一个人的荣誉感可能促使他去做某些不涉及任何人的利益的事情。为了维护自己的自尊,他必须要遵从他为自己制定的一套行为规范。同样,一个人也可能为自己做过的某些事情或有过的某些想法感到羞愧,哪怕这些事情或想法根本就没有伤害到他人,甚至根本就没有引起他人的注意。羞耻感,也就是他的荣誉感的反映,会折磨他,因为他没有实现他自己的理想,因为他的所作所为不符合他自己的是非观念;这种羞愧可能格外强烈,因为他违背的是他认为自己应该遵从的或应该达到的标准,而不是别人也都承认的一种共同的标准。

从卡拉马佐夫在第一次司法调查中说的话中,就可以看到这种混杂了荣誉和羞愧的感情:"你们必须要面对的是一个有荣誉感的人,一个有最高荣誉感的人;首先——不要让这一点逃过你们的眼睛——一个做过许多肮脏事的人,但是,在内心深处,他从来是,而且仍旧是一个有荣誉的人……正是因为这个,我的一生才如此悲惨,我总希望能够成为一个有荣誉的人,可以说,我为荣誉感而牺牲了自己,我打着灯笼,打着第欧根尼的灯笼寻求荣誉,但我一生中总是在做龌龊的事情。"

荣誉感和责任感还有另外一个不同的地方。责任的先决条件是要有法律。法律的本质在于它的普遍性。因此,责任感促使人去做别人期待他做的事情,但责任并不仅仅这样促使他一个人,因为就法律的要求而论,他与别人没有什么不同。与此相对照的是,荣誉感的先决条件是要一个人有自觉的德操意识。荣誉感和良心结合在一起,使他达到自身的理想状态,只要这种理想的状态是他所仰慕的。

人如果没有自尊,就不会有荣誉感。在伟大的悲剧诗歌中,在自己的眼中贬抑自己的主人公在失去自尊之后,在精神上也死去了。即使再行尸走肉般地活下去,他的命运也只会比通常象征着悲剧性结局的肉体死亡更加悲惨。拉辛以这样的悲剧诗人为原型,将古罗马描绘成这样一个地方:为了荣誉,皇帝泰特斯只能放弃娶伯尼斯为妻;在拉辛的世界里,荣誉和耻辱可能都是悲剧性的。两个世纪之后,环境发生了很大的改变,但在狄更斯的小说《小杜丽》中,荣誉在多里特的一生中却起着相同的作用。在这部小说中,威廉·杜丽不是一个英雄,但他在关押债务人的监狱中也试图维护自己的荣誉。就像小多里特和克里南所表现出来的那样,真正的荣誉是一个人默默地履行自己的责任。

一个人可以去争取荣誉,也可以使自己蒙受耻辱;别人可以给予他荣誉,也可以使他蒙受耻辱,这两者是相互关联的,它们都牵涉到德操或对德操的违背。但两者的不同之处在于:一个人的个人荣誉是德操在内心的产物,是和德操分不开的,而公众给予一个人的荣誉是外界对德操的回报。得到公众给予的荣誉的人并非都是应该得到这种荣誉的人。如果一个人得到了他应当获得的荣誉,那么就像阿奎那所说的那样,"一个人得到了荣誉,是因为他具备某种卓越之处,也是获得荣誉的人所具备的优点的标志和证明"。

托尼说,如果"公众对个人的尊重取决于其财富的多寡,那么大多数辛勤劳动却并没有获得财富的人,和那少数获得了财富的人比起来,就会显得庸俗、渺小、微不足道"。

什么应该获得荣誉,什么是德操或卓越的思想或性格,一个群体对这两者的看法是分不开的。但这并不意味着一个有德操的人就总是能获得他应得的荣誉。公众可能把荣誉错施于人——可能给了不相称的人,也可能被有手腕的人谋到手。有德操的人应该认识到这一点,在阿奎那看来,因为荣誉并非"有德之人辛劳之所冀,他们从别人那里获得的荣誉,是人们给他们的回报,因为有些人,除了赞美,他们不能提供什么更好的东西了"。他接着说,幸福是"对有德之人辛劳的真正回报,因为如果他们辛劳的目的是为了获得荣誉的话,那么他们所有的也并非德操,而是抱负了"。

然而,托尔斯泰却对拿破仑获誉及库图佐夫蒙羞之不公而愤愤不平。他写道:"拿破仑是历史最微不足道的工具,他在任何地方,哪怕是在流放中,也从来没有表现出人的尊严——人们对拿破仑有太多的崇敬和热情;他声名显赫。但是库图佐夫——从博罗迪诺到维尔纽斯,在1812年发生的所有事件中,他从来没有被任何言行所左右,他是历史上一个典型的具有自我牺牲精神的人,对当时发生的一切对未来的重要意义有清醒的认识——库图佐夫对他们来说似乎是模糊不明的、可怜的,但提起他,提起1812年的时候,他们总会感到一丝羞愧。"

库图佐夫后来也获得了一些荣誉,他被授予了很少颁发的圣乔治勋章。在他死后,托尔斯泰把他作为《战争与和平》的主人公描写成一位英雄,这可能算是更大的荣誉了。有的时候,品德高尚的人和真正应该获得荣誉的人生活在一个恶劣的社会环境中,他们生前没有获得荣誉,死后才为后代所景仰。在一个轻视德操的社会中,他甚至会蒙受耻辱。有的时候,一个没有杰出的人格,也没有什么作为的人,甚至是无耻小人,也会因为装腔作势而获得荣誉。

也许我们应该来考虑一下一个人的内在价值和他获得的荣誉是否相称。荣誉给谁不给谁,这里面有一个公正的问题——实际上,公正是荣誉分配中的主要问题。对那些认为荣誉和声誉在原则上界线分明的人来说,这是两者之间差别的最显著的标志。公正不要求有名声的人必须有德操。虽然我们有时会觉得一个人配不上他享有的声誉,但一个人藉以获得声誉的品质和应该获得荣誉的那些品质却是高下有别。声誉属于那些超凡的、出众的、卓异的人,它不涉及德操或邪恶。骂名不比美名少些什么。英雄可以名垂千古，奸雄也能遗臭万年。一个人大有声名，这可能和他的品格或成就了不相干，在这种情况下，即使这种声名空无内容，他也不会因此声誉渐低。不实之荣誉却会让接受荣誉者声誉受损。但因为同样的原因，声誉得来既易，失之也不难。阿奎那说："声誉难以永葆，常易毁于谰言。即使有享之久者，亦属偶然。"

伍尔夫问过这样一个问题："一个人的声誉能留传多久？"她接着问，"即使是一位英雄，他在临死之前也可能会想他死之后人们会怎么评论他。他的声誉也许能留传两千年。两千年才有多久？……真的，当你从高山之巅远眺亿万斯年的苍茫大地，你随便一脚踢下去的一块石头也比莎士比亚寿永年长。"

如果褒奖一个人的时候不考虑他的功绩，就会忽视荣誉和声誉之间的区别。比如，马基雅维里就把荣誉——他有时候也称之为荣耀——当作世人不知餍足、不顾正义而孜孜以求的三件俗事之一。如果人生的目的是出人头地，那么金钱、声誉和权力就是最主要的成功标志。即使一个人的权力是谋篡或是其他不正当的手段得来的，他的成功并不因此减色；同样，如果一个人的声誉是通过阴谋诡计或招摇撞骗得来的，只要他显得出类拔萃，就会获得人们的赞扬。

马基雅维里说，和财富一样，声誉是"人人都孜孜以求的东西"。人们用各种手段来猎取声誉："有的人谨慎，有的人急切；有的人用权力，有的人用机巧；有的人通过忍耐，有的人则相反；每个人都用不同的手段达到自己的目的。"他在另外的文章中也承认，有的手段，"比如杀戮同胞、欺骗朋友、背弃信义、残酷无情、不信宗教，能征服一个帝国，却不能得到荣耀"。尽管如此，他却声称："愿有王者能得国而享之，他的得国之道无论如何总是正当的，他也会得到所有人的赞扬。"

因为声誉在道德上是中性的，所以那些在衡量人的时候使用的标准是成功与否，而不是德操、责任或幸福的人们在谈话的时候经常用声誉来代替荣誉。也同样因为声誉在道德上是中性的，那些想要评判一个人的影响而不是一个人本身的人们就会使用这个词。他们评判一个人的时候看的是这个人造成的影响的大小，而不是这种影响和现实是否相称。

出名，就是要别人谈论自己，这种谈论并不一定是褒扬，无论是当前还是以后。一个出类拔萃的人，一个形象出众的人，一个事迹为人称颂的人，会烜赫一时，或流芳百世。作为道德家的普鲁塔克肯定不会认为他为之作传的人都是德操高尚的典范。相反，他明确地表示其中很多人都罪恶昭著。但作为传记作家的普鲁塔克把他们都当作名人。他要做的是记录历史事实，而不是进行道德评判。无论是善是恶，他们都被认为是强人、领袖、有杰出才能的人，他们干的都是大事。但他们也并非都事事成功。没有几个人真正实现了他们所有的目标，也很少有人能够得守其成。但他们每个人都迈出了常人没有迈出的脚步，而且至少每个人都成了丰功伟绩的标志，成了人们记忆中的一座丰碑。

和声誉相对的便是默默无闻。在但丁的道德世界中，只有在地狱边缘上的特里默尔才是真正默默无闻的人，不论是善是恶，他们都籍籍无名。因为他们"既没有恶名，也没有美名"。地狱不会接纳他们，"唯恐恶人也给他们带来一些声名"。他们不能有声名。荣誉和荣耀只属于那些蒙神佑的人，但遭神谴而入地狱的，虽然他们留下的是千载骂名，但他们同样也被人们记住了，所以他们也是有声誉的人，如同那些在天堂中的圣人一样。

人通常总希望得到别人的尊重，这一点似乎毋庸置疑。洛克说过："如果一个人在自己生活的环境中总是要承受羞辱和指摘而仍能感到满足的话，这个人的性格必定古怪而不同寻常。很多人都寻求清静，并习惯了清静；但如果一个人周围所有的人，包括任何和他说话的人，人人都厌恶他，人人都戳他的脊梁骨，没有人能在这样的环境中生存。这种负担是人所不能承受的。"

一个由彼此厌恶的厌世者组成的社会群体和一个由吝啬鬼组成的经济群体一样都是不可想象的。人的社会性要求人有同情、通情、爱情和友情，所有的这些感情都需要有某种程度的认同，无论这种认同是基于了解还是基于理解。有一种理论认为，最高境界的友情来自朋友之间的相互欣赏，那种人和人之间的互相钦佩。老话说"盗亦有道"，也说明了即使是坏人也希望得到那些等闲之辈的赞美。詹姆士大概意识到了这一点，他说一个人的声誉和荣誉是"一个人在同类眼中的形象，他依这种形象而被高扬或被谴责，端赖于他是否遵行了同类的一套要求，这套要求对另一路人可能漠不相关。"

莫里哀对荣誉的看法比较窄。《主妇学校》中的克莱赛尔德说：

> 将幸福等同于安全，
> 而只把一件事情当作荣誉；
> 与此比较起来，
> 残忍、贪婪、卑鄙和口是心非都不重要！
> 不管一个人的生活和品格如何，
> 荣誉在于避免戴绿帽子！

虽然帕斯卡将"对荣耀的追求"看作是"人性中最卑俗的东西"，他却也不得不承认"那却也是他的卓越之处的最明显的标志；因为无论他在这个世界上拥有什么，无论他身体多么健康，精神多么快乐，如果没有得到他人的尊重，他就不会感到满足。他将人的理性看得如此之重，无论他在世上取得了怎样的成就，如果他没有得到人们的推崇，他就不会感到满足……有些人鄙视他人，视他人为禽兽的人，却又希望别人赞赏他、信任他，这和他们自己的感情是自相矛盾的"。

但这种普遍存在的、希望获得他人尊重的欲望到底是想获得荣誉还是想获得声誉？我们说人没有荣誉就不会快乐和我们说他们不出名就不会快乐，对于我们的幸福观念来说有什么不同？

就是那些对荣誉和声誉的人不加区分的人，在面对这些问题的时候，也要区分美誉和恶誉。我们已经讨论过，美誉和恶誉是很相似的，因为两者都涉及那些超凡的、杰出的、卓异的人所拥有的名声，无论这种名声是好是坏。如果人们所需要的只是别人知道他们、只是想靠使后人记住他们来达到某种不朽的话，那么好名声和坏名声是一样的。真正要紧的是名声的大小，享名时间的长短。但如果人们需要的是褒奖或颂扬，就需要人们对他们有好的看法，那么问题就变成了他们追求的到底是荣誉还是声誉。"我的好主帅，无论男人女人，声誉是他们灵魂里面最切身的珍宝"，埃古说这话的时候，脑子里到底想的是什么呢？

对人性和幸福持不同的观点的人可能会给出相反的回答。包括柏拉图在内的一些人认为德操是幸福不可分割的组成部分，他们把荣誉当作是一种德操高尚的人通过正当的方式追求的"好东西"。苏格拉底在《尤息衣谟斯篇》中说，只拥有好东西是不够的。你必须要用它，而且必须要用好，因为"一件东西，用得不好比不用要糟多了"。把这个道理用到荣誉上，似乎是说有德操的人不会为了不正当的目的来获取赞美——无论是他自身不配得到的赞美，还是他人的德操不足以使他们不能诚实地给予别人的赞美。德操高尚的人不会去追求声誉，或者不会因为没有声誉而郁郁寡欢，因为声誉和快乐或财富一样，既能使坏人喜欢，也能使好人喜欢，既可以出于正当的动机获得，也可以出于不正当的动机来获得，既可以用正当的手段获得，也可以用不正当的手段获得。有些道德学家称，德操可以使人免于金钱、声誉和权力的诱惑，而那些没有德操约束的人来说对金钱、声誉和权力的追求是无止境的。

在关于德操的理论中，荣誉和声誉不同，它只属于善，而且从来都是善的，是值得追求的。荣誉实际上是由亚里士多德在《尼各马可伦理学》中所阐述的两种德操所追求的目标。其一他称为"抱负"，另外一个，最初从希腊语译成"高尚"，有时也译成"宽厚"，有时也译成"骄傲"。按基督教义，我们很难将"骄傲"作为某种德操的名字，尽管如此，这个词还是可以这样用的，只要能使对方明白我们指的是某种合理程度上的自尊——不是自满，而是介于自大和自卑之间的某种状态。亚里士多德说到自大和自卑这两种低劣品质的时候用的词被译成英语中的"虚荣"和"谦让"。同样必须要说明的是，"谦让"在这里不能理解为基督教义中的真正虔诚的信徒的那种德操，它指的是一种过分的顺从或怯懦。

骄傲和抱负的不同之处在于与两者各自相伴的其他德操的高下，以及与之相应的荣誉的大小。这两者都与被亚里士多德称为"外物之最佳者"的荣誉有关。在两种情况下，"荣誉是对德操的奖赏，并且只回报给善的人"。自尊的人是"真正配得上拥有好东西，而且也觉得自己配得上这些好东西的人；因为过高估计自己的人是愚蠢或糊涂的，而有德操的人不会是愚蠢或糊涂的"。自尊的人只会珍视"好人们给予的较大的荣誉……他会蔑视一般人因为琐细的事情给予他的荣誉，因为那不是他应得到的"。

据亚里士多德，谦让和虚荣是当一个人未能保持自尊的时候产生的过少或过多的邪恶。一个过于谦让的人会低估他自己的价值，从而不会去追求他应得的荣誉。在另一个极端上，虚荣的人会高估他自己的价值，从而去要求和他的品质不相称的荣誉。荣誉和其他外物一样，"可能被人用不正当的方式获取，或退一步讲，从正当的地方以正当的手段获取。我们谴责那些从不正当的地方以不正当的手段获取荣誉的野心勃勃的人，也谴责那些即使为了高尚的原因也不愿获得荣誉的没有进取心的人"。

无论怎么措词，问题似乎是清楚的。人们对荣誉的要求可以多，也可以少。人们也可以对荣誉有正当的要求。过分地追求荣誉或用不正当的方式获取的荣誉可以称作"声誉"，即使对荣誉过分的欲望有时被认为是邪恶的抱负，或是罪恶的自负。"自负"这个词似乎兼有好坏两个含义。但问题在于"自负"的这两层含义，与荣誉和声誉之间的区别一样，在道德学家那里被当作是一个德操的问题，而另外一些人则认为与德操无涉。

社会学家以及在研究上运用社会学方法的哲学家，如尼采等，对此有不同的看法。韦伯认为，"'地位集团'的地位是在社会秩序之中，也就是说，是在'荣誉'分配的领域中的"。在他看来，"地位状态是由一种特定的对荣誉的社会估价来决定的，无论这种估价是正面的还是负面的。这种荣誉可以和一个群体的任何品质联系起来，并且当然也可以融入一个阶级状态中"。在其他书中,韦伯对"地位状态"的解释是"某些社会群体"获取正面或负面的社会荣誉的可能性。获取社会荣誉的机会主要是由这些社会群体的生活方式之间的差别决定的,也就是说,主要是由教育之间的不同决定的。

尽管在道德理论中荣誉与德操可能被认为是不可分离的,有些政治哲学家将两者的分离作为某种类型的政府的一个原则。

在柏拉图的《理想国》中,君主政体和贵族政体是根据统治者的德操来确定的,不管统治者是一个哲人还是少数精英。如果选择统治者的原则是财富而不是德操的话,那么少数精英组成的政府是寡头政府而不是贵族政府。柏拉图认为,在贵族政府蜕变为寡头政府的过程中,可以产生一种过渡形式。他把这种过渡形式称为"荣誉政治",认为这种形式是"善和恶的混合体",其统治者是"一个热衷于权力的人,同时也是一个热衷于荣誉的人,他之所以成为统治者,不是因为他的雄辩,或任何类似的品质,而是因为他是一个军功赫赫的战士"。他说,在这样的国家中,"一件事,只有这一件事,是最明显的,那就是竞争和野心勃勃的精神;而这是因为激情或饱满的精神的蔚然成风"。换句话说,在荣誉政治的统治下,荣誉已经脱离了德操和智慧,成了担任公职的唯一要求了。

在孟德斯鸠看来,情况恰恰相反。对他来说,在一般的政府或民主政体中,德操是绝对必须的,虽然比他称为"贵族统治"的另外那种形式的共和政体需要的要少。就像在共和政体中,德操是必须的,在君主政体中,荣誉也是必须的。"荣誉——也就是每个人、每个阶层的人都有的偏见——为政治德操提供了存身之所。一个君主政体的政府要求其官员有杰出的才能和出身,例如要求他们是贵族的后代。因为荣誉的本质就要求高贵的地位和称号,因此荣誉在这种政府中是最适合的。"

虽然孟德斯鸠和柏拉图对政府形式的分类不同,但他们似乎都一致认为脱离了德操的荣誉不是真正的荣誉。孟德斯鸠认为地位和称号带来的荣誉,以及促使个人为了提高自己的利益而投身于公益事业带来的荣誉是假的荣誉。"但就是这种假的荣誉对公众来说也是有用的,如同真正的荣誉对无官职的人是有用的一样。"考虑到君权政府所特有的教育规范,孟德斯鸠指出,教给人们什么是荣誉的学校不是哪所学院,也不是哪所研究所,而是整个社会,这才是臣民们受教育的主要场所。"在社会中,人们的行为会受到评判,但评判的标准不是看他是否德操高尚,而是看他是否出众;不是看他是否公正,而是看他是否卓异;不是看他是否理智,而是看他是否超脱凡俗。"

我们把英雄主义放在**勇敢**一章中讨论,而英雄的角色则放在**历史**一章讨论。在这里我们关心的是受到同时代的人尊重的英雄——人性中的伟大的象征,人们景仰的对象。

古典世界的英雄人物身上都或多或少地拥有荣誉、声誉和荣耀;他们有荣誉,因为他们都有某些高尚的德操,而且他们的高尚情操都是显而易见的;他们有声誉,因为他们都是人中翘楚,他们都出类拔萃,无人不知,他们的杰出如同神明一般;他们的荣耀,几乎是神学意义上的,因为荷马和维吉尔赞颂的英雄也都是诸神的宠儿。

希腊悲剧中的中心人物都叫做"英雄",这不是偶然的,因为在古代人看来,悲剧的性格只属于伟大的人,一个高贵的人,用亚里士多德的话说,"一个超越众人之上的人"。如果他也有一些错误和瑕疵,那是因为他没有正确地使用他的能力,而不能说明他身上有缺点。他身上所有的弱点是人身上都有的弱点。

在现代社会中,英雄主义和英雄人物都比较少见,也比较难以界定。提到那些格外杰出的人的时候,我们通常会代之以天才的概念。人们对荣耀的认识很模糊,荣誉的地位也被放到了声誉之后。现代诗歌中以英雄为主题的作品中,如莎士比亚的悲剧和历史剧中的英雄人物都源自或改编自某些英雄人物。现代小说在地位上相当于古典世界中的英雄史诗。但现代小说在描写杰出人物的时候,并不将他们理想化,不会都将他们描绘成英雄人物。例如,托尔斯泰在小说《战争与和平》中就试图淡化伟人们的荣誉。哪怕是因为他们功绩非凡,他们也配不上那么大的声誉;真正伟大的人,更不应该拥有那么大的荣誉。

托尔斯泰称:"如果你像历史学家一样相信是伟人带领人们实现了某些目标,那么不引入机会和天才的概念,很多历史事实就无法解释。"但在托尔斯泰看来,"机会和天才这两个词并不确指任何实际存在的东西,因此也无法定义。"他认为假如我们愿意放弃"辨别出一个让我们马上可以明白的目的的要求",并且承认"最终的目的是超出我们的视野之外的",那么我们根本不需要这些无意义的字眼。如此以来,"我们不仅不需要像拿破仑和亚历山大那样的超凡的能力,而且我们可以将他们当作是平平常常的人,而且我们也就不必非要用机会来解释造就了这些人的那些不起眼的事件了,因为所有那些不起眼的事件都是必然会发生的。"

这种强调非人力的历史观,在马克思主义理论中也有类似的说法。机器和无产阶级大众是历史或革命的英雄。但现代并不是没有相反的看法。马基雅维里希望一个伟人、一个英雄成为意大利的"拯救者","来抚平意大利的创伤,结束对伦巴第的劫掠,结束对王国和托斯卡纳的欺诈和苛捐杂税,将多年所积之沉疴宿疾一扫而净"。他给君主的箴言不仅可以看作是给君主打江山、守社稷的建议,而且也可以看作是想准备进行一次利用君主的力量和声誉来获取自由的英雄主义的运动。这位伟人负有开拓者的历史使命,而不仅仅是个傀儡。

然而,甚至在文艺复兴时期,马基雅维里就遭到了蒙田的抨击,因为蒙田对中庸主义推崇备至,而对英雄主义却不以为然。对比了苏格拉底和亚历山大之后,蒙田用一句名言归结了后者的一生:"征服了世界",而苏格拉底"顺从人的自然的生活"的行为准则则充满了智慧。对蒙田来说,"灵魂的价值不在于翱翔于九天之上,而在于规行矩步。灵魂的伟大之处不反映在伟大中,而在于平凡中体现出来"。

中世纪时基督教义中的英雄观注重的是英雄的德操的体现,神学家也以此来界定神圣。众多的圣徒在各方面都体现了他们超人的精神力量,但所有的圣徒都十分相似——烈士、贞女、忏悔者、医生——他们都有某种上帝所赋予的超人的力量。圣徒们的行为不仅是完美的典范,他们也是具有神性的人,因为他们身上没有人类共同的弱点。

古代的英雄身上也有某种神性,但是,像阿喀琉斯一样,他们每个人的刚强勇武之下也都有自己的弱点。此外,《伊利亚特》、《奥德赛》和《埃涅阿斯纪》中的英雄都是睥睨一切的人物。他们对自己的荣誉都极其爱惜。他们奋斗的目的与其说是为了获取胜利,倒不如说是为了获取胜利给他们带来的荣誉。如果他们的英雄事迹未能得到十二分的赞扬,他们会感到无比愤慨。在罗马帝国的崛起过程中,这种对荣誉的热衷起到了很大的作用,奥古斯丁在其中看到了上帝的意志是怎样起作用的。为了让罗马帝国"扫除其他国家间存在的种种酷虐的罪恶,"他写道,上帝"有意将这个帝国交到一些人的手上,让他们在追求荣誉、赞扬和荣耀的时候也为他们的国家谋取利益,在给国家赢得荣誉的同时也为他们自己赢得了荣誉,在国家遇到安全的问题时候不会先考虑自己的安全,让他们抑制对财富和种种其他的邪恶的追求,专力来追求这一种邪恶,也就是对赞扬的热衷"。

然而,对奥古斯丁来说,人们的赞扬带来的荣耀和真正的荣耀相差很远。实际上,这种荣耀是一种罪愆。他写道:"这种罪愆和虔诚的信仰是完全对立的,如果在内心中对这种荣耀的热衷超过了对上帝的爱或敬畏,如同主说的,'你怎么能相信一个人从他人那里寻求荣耀,而不去寻求从上帝来的那唯一的荣耀?'"

因此,基督教世界中的英雄寻求的不是他自己的荣耀,而是上帝的荣耀,和不信教的英雄比起来,他们是伟大的,不是因为他们自傲,而是因为他们谦让。基督的使徒就是这种英雄的典范,用奥古斯丁的话说:"恶毒的诅咒和侮辱,残酷的迫害和惩罚,都没有阻止他们宣扬人类的救赎。然后……他们从所有基督徒那里获得了荣誉,他们没有满足于此,也没有满足于自己的美德,而是将这种荣耀归为上帝的荣耀……因为他们的主教他们不要为了人的荣耀去追求善,主说,'你们行善的时候不要让人们看见'……而要'让你们做的善事在人们面前彰显,他们会看见你们做的善事,然后去赞美你们在天上的父。'"

这样看来,"荣耀"这个词在神学上的意义就和我们有时当作"声誉"的同义词的那个意义不同,甚至是与其完全相对的。在教会的礼拜仪式上,颂歌和赞美诗(特别是唱《荣耀颂》和《荣归主颂》的荣光颂歌)将上帝因其至善而应得的赞美奉献给他,这种赞美反射的光辉是神圣的荣光。在严格的道德意义上,人的层次上的荣誉只来自德操,所以在严格的神学意义上,荣耀只属于上帝。

严格来说,上帝的荣耀不会因为人的认识而增加。但是每件出于虔诚的信仰的行为都会有助于增加上帝的荣耀,并将会把上帝的荣耀通过被创造者因为爱上帝、也为上帝所爱而获得的神性分散到他们之间。

据但丁说,"万能的上帝的荣光穿透整个宇宙,并且在有的地方闪烁得比较明亮,在有的地方闪烁得比较暗淡"。在他的天堂之旅中,他看见上帝格外钟爱的众圣人,他们每个人都根据靠近上帝的远近不同而有明显不同的荣光。他们身上的光环和光轮在基督教的艺术想象中是他们的荣耀的标志,他们沐浴其中,如同他们沐浴在被彰显出来的上帝的荣光之中一样。

分 类 主 题

1. 荣誉和声誉之间的关系:赞扬和名声
2. 个人生活中的荣誉和声誉
   2a. 荣誉和声誉的意义:忠实于善
   2b. 作为欲望的目标、作为德操和幸福的因素的荣誉:奉承、模仿或仿效

2c. 作为适度自尊的荣誉：宽厚和或适当的骄傲

2d. 作为不朽的一种形式的荣誉

2e. 作为友谊的誓言的荣誉：社会地位相等的人的行为规范

3. 荣誉和声誉的社会实现

3a. 一个群体对该群体中的善人或伟人的反应

3b. 获得荣誉或声誉的条件以及羞辱或造成恶誉的原因

4. 荣誉政治群体和政府中的作用

4a. 作为国家组织的原则的荣誉：荣誉政治和政权政治

4b. 国家组织中荣誉的尺度：荣誉的公正分配

4c. 作为政治手段的荣誉：赞扬、威望和公众舆论

5. 荣誉、声誉和英雄

5a. 作为英雄主义的追求目标的荣誉

5b. 英雄崇拜：领袖的晋升

5c. 战争与和平时期的英雄主义

5d. 历史中对英雄角色的评定

6. 荣耀的概念：和荣誉及声誉的区别

6a. 上帝的荣耀：神圣的荣耀的标志和赞美

6b. 天使、圣徒和烈士彰显的神的荣耀

[葛海滨 译]

索引

本索引相继列出本系列的卷号〔黑体〕、作者、该卷的页码。所引圣经依据詹姆士御制版，先后列出卷、章、行。缩略语 esp 提醒读者所涉参考材料中有一处或多处与本论题关系特别紧密；passim 表示所涉文著与本论题是断续而非全部相关。若所涉文著整体与本论题相关，页码就包括整体文著。关于如何使用《论题集》的一般指南请参见导论。

1. **The relation of honor and fame: praise and reputation**

    4 Euripides, 438
    5 Thucydides, 395–396
    8 Aristotle, 608–611
    13 Plutarch, 262
    14 Tacitus, 73
    16 Augustine, 30–31, 259–269
    19 Chaucer, 192
    20 Calvin, 187–188
    21 Machiavelli, 13
    21 Hobbes, 71–76
    23 Montaigne, 167–168, 431–432, 536–537
    25 Shakespeare, 219, 223, 596–597, 604
    27 Cervantes, 266–267
    28 Bacon, 91–92
    28 Spinoza, 639
    30 Pascal, 232
    35 Rousseau, 434–435
    44 Tocqueville, 332–335
    51 Tolstoy, 214–215
    52 Dostoevsky, 286–287
    59 Proust, 362–363

2. **Honor and fame in the life of the individual**

    2a. **The sense of honor and of shame: loyalty to the good**

    3 Homer, 1–11, 30–38, 45–46, 73, 75
    4 Sophocles, 181, 234–254
    4 Euripides, 301–302, 339–340, 357–358, 421, 499, 545
    5 Herodotus, 225–226, 238, 255–259, 304–305
    6 Plato, 152, 205–206, 651–652, 686–688, 802–803
    8 Aristotle, 370–372, 375–376, 434, 629–631
    11 Epictetus, 103–104
    12 Virgil, 136–137
    13 Plutarch, 264
    14 Tacitus, 180–183, 267–268, 289–290
    16 Augustine, 13, 15–16
    19 Chaucer, 194–195, 213–214, 309, 368–371, 445–448
    22 Rabelais, 65
    23 Montaigne, 61, 214–216, 427–429
    24 Shakespeare, 322, 520–523, 560–561
    25 Shakespeare, 59, 185–186, 188, 326, 502

    27 Cervantes, 36–39, 92–96, 142–143, 344
    28 Spinoza, 675–676
    31 Molière, 96–97
    43 Hegel, 144, 225–226
    44 Tocqueville, 388
    45 Balzac, 314–317
    47 Dickens, 362–365, 367
    48 Twain, 361–362
    49 Darwin, 310–314
    51 Tolstoy, 102, 173–179, 321–323, 333–334, 650–652
    52 Dostoevsky, 43, 57–61, 161–164, 225–256, 272–275
    53 James, William, 207–208
    57 Veblen, 36
    59 Pirandello, 251
    59 Cather, 439–441
    60 Hemingway, 455–456

    2b. **Honor as an object of desire and as a factor in virtue and happiness: flattery, imitation, or emulation**

    Old Testament: *Esther,* 5:9–14
    3 Homer, 97–111, 143–145
    4 Sophocles, 235–236
    4 Euripides, 443–444, 498–499
    5 Herodotus, 6–7, 215–216, 243–245, 255, 264
    5 Thucydides, 370, 486
    6 Plato, 310–315, 421–422, 788–789, 810–811, 814
    7 Aristotle, 200
    8 Aristotle, 340–341, 345, 398–399, 411, 536–537, 600–602, 603, 614
    11 Lucretius, 30–31
    11 Epictetus, 120
    11 Aurelius, 264
    12 Virgil, 270–271
    13 Plutarch, 89–90, 155–174, 265, 282, 302–313, 369, 499–538, 704–723
    14 Tacitus, 73, 195, 226–228
    17 Aquinas, 151–152, 616–618
    18 Aquinas, 53–54, 501–502
    19 Dante, 3–4, 16–30
    19 Chaucer, 198–199, 212
    20 Calvin, 379–381
    23 Erasmus, 19, 20
    23 Montaigne, 166, 340–347, 538–539
    24 Shakespeare, 264, 439, 462, 464–465, 558
    25 Shakespeare, 137, 223, 355, 590

27 Cervantes, 173
28 Descartes, 289
28 Spinoza, 647, 673–674
30 Pascal, 240–241
33 Locke, 230–231
34 Diderot, 260–261, 275–277
38 Gibbon, 194
39 Kant, 258
41 Boswell, 479, 498–499
43 Hegel, 46–47
44 Tocqueville, 306
46 Eliot, George, 401
47 Dickens, 352
49 Darwin, 312–313, 322, 592
51 Tolstoy, 590–604
53 James, William, 189–191, 198–199
57 Veblen, 46–47, 61, 146–148
58 Huizinga, 269–270, 271–272
60 Woolf, 17–20
60 Hemingway, 468–469

2c. **Honor as due self-esteem: magnanimity or proper pride**

4 Aeschylus, 64–65
5 Thucydides, 513
6 Plato, 208–209, 686–689
8 Aristotle, 353, 368–372, 374–375
11 Epictetus, 118
11 Aurelius, 260
13 Plutarch, 283, 706, 713, 724
14 Tacitus, 73
16 Augustine, 108–111, 445–446
19 Dante, 58–59
20 Calvin, 182–183
23 Montaigne, 220–221, 347–360, 362–363, 449–450
25 Shakespeare, 113–118, 351–392
27 Cervantes, 45, 65, 209–210
29 Milton, 244–245
30 Pascal, 191–192, 200–202, 361
34 Diderot, 262–263
39 Kant, 321–329, 376
40 Federalist, 212
40 Mill, 448–449
41 Boswell, 116–117, 383
43 Kierkegaard, 428
43 Nietzsche, 533, 534–535
44 Tocqueville, 311, 341
45 Balzac, 180, 284–285
46 Austen, 113–114
46 Eliot, George, 231, 335–336, 397
47 Dickens, 33
51 Tolstoy, 72–74, 291–292, 301–302, 335–337, 338–339, 365–366, 442–443
52 Dostoevsky, 109–114, 114–115
53 James, William, 211–212
54 Freud, 407–409
56 Hardy, 367
57 Veblen, 71–72
57 Tawney, 240–245
58 Weber, 101
58 Huizinga, 271–272, 287–288

59 Mann, 477
60 Fitzgerald, 324–326

2d. **Honor or fame as a mode of immortality**

Old Testament: *Proverbs*, 10:7 / *Ecclesiastes*, 2:16
Apocrypha: *Wisdom of Solomon*, 4:1–2; 8:9–13 / *Ecclesiasticus*, 39:9–11; 44:8–15 / *II Maccabees*, 6:21–31
3 Homer, 103–105, 535
4 Aeschylus, 33
5 Thucydides, 398
6 Plato, 166–167
8 Aristotle, 345
11 Epictetus, 119
11 Aurelius, 250, 252, 253, 265, 267, 273, 278, 285
19 Dante, 20, 40–42
21 Hobbes, 77
23 Montaigne, 163–164, 307, 344–346
25 Shakespeare, 594, 598
26 Harvey, 312
27 Cervantes, 272–274
28 Bacon, 27–28, 29, 36
34 Diderot, 257–260
37 Gibbon, 94
38 Gibbon, 494–495
39 Kant, 428–429
41 Boswell, 57–58, 163
43 Hegel, 222–223
44 Tocqueville, 341
58 Huizinga, 272
60 Woolf, 17–18

2e. **Honor as the pledge of friendship: the codes of honor among social equals**

3 Homer, 1–6, 97–111
5 Herodotus, 31–32, 91–92
5 Thucydides, 396
6 Plato, 154–155
8 Aristotle, 373–374, 411, 415–416, 418, 421–423
11 Epictetus, 159–160, 211
18 Aquinas, 501–502
19 Chaucer, 237, 248–249, 251, 271–272, 286–309
21 Machiavelli, 24
23 Montaigne, 221–223
24 Shakespeare, 245–246
25 Shakespeare, 121–122, 409, 413–414
27 Cervantes, 9–11, 139–157
38 Gibbon, 389
43 Hegel, 72
45 Balzac, 298–300
47 Dickens, 387–388
51 Tolstoy, 15–16, 72–74, 328
57 Veblen, 19–23, 33–34
58 Huizinga, 260–262, 278–282
59 Joyce, 525–526

35. Honor

3. The social realization of honor and fame

3a. The reaction of the community to its good or great men

Old Testament: *Genesis*, 41:14-45 / *Judges*, 8:35-9:20 / *I Samuel*, 18:6-8 / *II Samuel*, 1:17-27 / *I Kings*, 4:30-34; 10 / *Esther*, 6 / *Job*, 19:9-21; 29-30 / *Proverbs*, 31:10-31 / *Ecclesiastes*, 10:5-7

Apocrypha: *Judith*, 8; 15:7-16:25 / *Ecclesiasticus*, 10:19-20,24; 39:1-11; 44-50 / *I Maccabees*, 3:1-9; 14:4-49

New Testament: *Matthew*, 13:53-58 / *Luke*, 4:14-30,36-37 / *John*, 6:14-71

- 3 Homer, 273-306
- 4 Sophocles, 111-132, 175-194
- 5 Herodotus, 85-86, 136, 195-196, 198-199, 282-283
- 5 Thucydides, 395-399, 513
- 8 Aristotle, 601-602
- 13 Plutarch, 95, 97, 141-154, 155-174, 212-213, 245, 256, 265-266, 309, 310, 464, 499, 598-601, 624-625, 712-713
- 14 Tacitus, 33, 41, 43-44, 45-46, 153-155
- 16 Augustine, 264-268
- 19 Dante, 5-6, 110-112
- 23 Montaigne, 487-488
- 24 Shakespeare, 595-596
- 25 Shakespeare, 351-392, 406-408
- 27 Cervantes, 73-77
- 28 Bacon, 20
- 30 Pascal, 232-233
- 35 Rousseau, 360
- 37 Gibbon, 28-29, 92, 219-220, 381
- 38 Gibbon, 318-319
- 39 Kant, 504
- 40 Mill, 278-279, 298-299
- 41 Boswell, 8
- 43 Kierkegaard, 407-410
- 43 Nietzsche, 538-539
- 44 Tocqueville, 102-103, 144-145
- 45 Goethe, 9
- 45 Balzac, 332-337
- 47 Dickens, 73-74, 125-129 passim, 282, 290-291, 312, 314-315
- 51 Tolstoy, 582-584, 619-621, 629
- 55 Barth, 522-523
- 57 Veblen, 154, 158
- 58 Weber, 170-174
- 59 Shaw, 35-37, 58-59, 97
- 59 Chekhov, 197-198
- 59 Proust, 299-300, 321-332
- 59 Joyce, 531-536

3b. The conditions of honor or fame and the causes of dishonor or infamy

Old Testament: *Judges*, 5 / *I Kings*, 10 / *I Chronicles*, 29:12 / *Jeremiah*, 9:23-24

Apocrypha: *Wisdom of Solomon*, 3:16-17; 4:1-8; 8:9-10 / *Ecclesiasticus*, 10:5; 10:19-11:2

New Testament: *II Corinthians*, 10:8-18; 11:16-30

- 3 Homer, 30-38, 73, 97-111, 265
- 4 Aeschylus, 38-39
- 4 Sophocles, 111-132, 161, 175-194
- 4 Euripides, 263-264
- 5 Herodotus, 70, 85-86, 134-135, 233-234, 257, 303-304, 305
- 5 Thucydides, 350, 403-404
- 6 Plato, 152-153, 296, 366-367, 422
- 7 Aristotle, 161-162
- 8 Aristotle, 370-372, 601, 635-636
- 11 Lucretius, 72
- 12 Virgil, 94, 248-249
- 13 Plutarch, 141-154, 155-174, 194-195, 224-229, 243-244, 425, 497, 509-510, 598-601
- 14 Tacitus, 60-61, 72-73, 101-102, 259-260
- 18 Aquinas, 585-592
- 19 Dante, 8-9, 40-42, 110-111
- 21 Machiavelli, 12-14, 21-30, 31-33
- 23 Erasmus, 11, 24-25, 32
- 23 Montaigne, 54-55, 155-156, 163-164, 171, 354-356
- 24 Shakespeare, 554
- 25 Shakespeare, 363-364, 373-377, 572-573
- 29 Milton, 120-121, 360-361
- 30 Pascal, 229-230
- 31 Molière, 31-32, 125-127, 131-132, 161, 206-208
- 31 Racine, 349, 361
- 34 Diderot, 286-288
- 35 Rousseau, 362
- 36 Smith, 397-398
- 37 Gibbon, 435-436
- 38 Gibbon, 27-29, 176, 209, 494-495, 504-505
- 40 Federalist, 206
- 40 Mill, 452-453
- 41 Boswell, 62, 124-125, 140-141, 189-190, 250-251, 256, 299, 412
- 43 Hegel, 81
- 43 Nietzsche, 499
- 45 Goethe, 45-46
- 46 Austen, 27-28, 114-115
- 46 Eliot, George, 335-336, 435-437, 452-453, 530, 543-550, 553-554, 562-563
- 47 Dickens, 192, 233, 245-247, 361-362
- 48 Melville, 49-51, 52-53
- 51 Tolstoy, 170-171, 173-179, 204-205, 247-250, 304, 610-611
- 52 Ibsen, 456, 469-474
- 57 Veblen, 54-55
- 57 Tawney, 192-193
- 58 Weber, 109-111, 119-120, 202-207 passim, 210
- 58 Huizinga, 250-251
- 58 Lévi-Strauss, 461
- 59 Shaw, 35-37, 38, 89-120 esp 104-120, 123
- 59 Conrad, 182-183
- 59 Proust, 391-393
- 60 Woolf, 21
- 60 Fitzgerald, 380

4. Honor in the political community and in government

4a. Honor as a principle in the organization of the state: timocracy and monarchy

- 6 Plato, 402–405
- 8 Aristotle, 528–529
- 13 Plutarch, 99, 387–388
- 24 Shakespeare, 343–345
- 25 Shakespeare, 370–371
- 35 Montesquieu, 11–12, 13–15, 53
- 35 Rousseau, 360–362
- 43 Hegel, 95, 354–355
- 58 Frazer, 31–32
- 58 Weber, 80, 84, 87–88, 172–174, 182–183, 186, 190–191, 198–199
- 58 Huizinga, 270–275, 282–285

4b. The scale of honor in the organization of the state: the just distribution of honors

- 3 Homer, 1–10, 97–111
- 4 Sophocles, 175–194
- 5 Herodotus, 194–195
- 5 Thucydides, 427, 587
- 6 Plato, 305–306, 673–674, 699–700
- 8 Aristotle, 382, 469–470, 481–483, 503–504, 510, 557
- 13 Plutarch, 505, 636–637
- 14 Tacitus, 105–107
- 21 Hobbes, 74, 75–76, 103
- 34 Swift, 15–16, 28, 119–121
- 35 Montesquieu, 23–25, 31, 71–72
- 35 Rousseau, 326–327, 358, 408
- 37 Gibbon, 17, 240–244, 245–247, 501
- 38 Gibbon, 81, 317–318
- 39 Kant, 444–445
- 43 Hegel, 72, 233–235
- 44 Tocqueville, 32–33, 101–105, 136–140, 332–338
- 45 Goethe, 145–148
- 51 Tolstoy, 131–135, 228–234
- 57 Veblen, 7–8, 12–23, 32–33, 36–37
- 58 Weber, 135, 138–142, 145–146, 204–207

4c. Honor as a political technique: the uses of praise, prestige, public opinion

- 5 Thucydides, 395–399
- 6 Plato, 377–379, 730–731
- 8 Aristotle, 517–518, 608–611
- 13 Plutarch, 45–46, 598–599
- 21 Machiavelli, 32–33
- 21 Hobbes, 146, 156
- 23 Montaigne, 221–223, 346
- 25 Shakespeare, 122–125
- 35 Rousseau, 360, 375
- 36 Smith, 302–303
- 37 Gibbon, 4
- 40 Federalist, 177, 217
- 41 Boswell, 127
- 43 Hegel, 109, 153
- 44 Tocqueville, 133–135, 330–331

- 46 Eliot, George, 384–386
- 51 Tolstoy, 170–173, 204–205, 228, 230
- 58 Weber, 123–124, 130, 132–135, 168–170, 175, 179–181

5. Honor, fame, and the heroic

- 3 Homer, 1–306
- 5 Herodotus, 293–294
- 6 Plato, 92–93, 366–367
- 8 Aristotle, 370–372
- 13 Plutarch, 1–15
- 19 Dante, 3–4, 4–6
- 21 Hobbes, 77
- 23 Montaigne, 221–223
- 29 Milton, 339–378
- 35 Rousseau, 373–374
- 38 Gibbon, 31–32
- 45 Balzac, 312–313
- 51 Tolstoy, 89, 131–135, 150–164, 344–346, 442–443
- 53 James, William, 826–827

5a. Honor as a motivation of heroism

- 3 Homer, 1–12, 97–111
- 4 Sophocles, 181
- 4 Euripides, 339–340, 518, 545
- 4 Aristophanes, 477
- 5 Thucydides, 395–399, 402–404, 484, 556
- 6 Plato, 366–367, 651–652
- 8 Aristotle, 361–364
- 12 Virgil, 91–93, 261, 285–286, 314–315
- 13 Plutarch, 2–9, 238–239, 583–585, 599
- 14 Tacitus, 195
- 16 Augustine, 259–262
- 19 Chaucer, 182, 286–288
- 24 Shakespeare, 439
- 25 Shakespeare, 113–115
- 27 Cervantes, 142, 272–273, 305–306
- 30 Pascal, 328
- 37 Gibbon, 3, 92, 93–94, 217–220, 370, 376
- 38 Gibbon, 324–325
- 39 Kant, 326–327
- 43 Hegel, 173–175, 192–193
- 43 Kierkegaard, 425–428, 434–435, 438, 450–451
- 48 Melville, 28
- 51 Tolstoy, 21–22, 146–147, 527–528, 569–570, 618–619
- 54 Freud, 765
- 58 Huizinga, 271–278, 282–285

5b. Hero-worship: the exaltation of leaders

- 4 Aristophanes, 576–577
- 5 Herodotus, 235
- 6 Plato, 401
- 12 Virgil, 87–88
- 13 Plutarch, 14–15, 28–30, 140–141, 226–230, 361–362, 729–731, 734–735
- 14 Tacitus, 198
- 22 Rabelais, 267–270
- 23 Montaigne, 155–156, 186–187

24 Shakespeare, 346, 376-379, 568-569, 570-571
25 Shakespeare, 347
27 Cervantes, 46-47
29 Milton, 68-69
31 Racine, 294
37 Gibbon, 28, 263, 471, 627
51 Tolstoy, 97-101, 135-137, 238-243, 260-262, 354-355, 382-388, 405-406, 444-445, 518, 578, 647-649
54 Freud, 669, 686-689, 691-693
58 Frazer, 30-31
58 Weber, 170-174, 197
58 Huizinga, 272-274
59 Conrad, 151-155
59 Mann, 475-476
60 Orwell, 507-508

5c. The occasions of heroism in war and peace

3 Homer, 1-306
5 Herodotus, 101, 122-123, 187-188, 303-304
5 Thucydides, 395-399
8 Aristotle, 361-364
12 Virgil, 238-245
13 Plutarch, 83-84, 174-179, 219-229, 246-261, 540-576, 620-648, 695-703
14 Tacitus, 11, 49, 200, 226-228, 246, 248, 256
18 Aquinas, 1063-1065
19 Dante, 32-34
19 Chaucer, 192, 197, 277, 286-309
22 Rabelais, 32-35, 42-44, 50-52
23 Montaigne, 342-343
24 Shakespeare, 543-544, 555-556
25 Shakespeare, 354, 362, 366-367
27 Cervantes, 1-502
31 Racine, 289-290, 364-365
37 Gibbon, 217-220, 369-376, 644-645
38 Gibbon, 19-20, 415-416, 534-536 passim, 549-550
43 Hegel, 277-278, 290-291, 298-299
44 Tocqueville, 356-357
51 Tolstoy, 77-81, 89, 97-106, 150-164, 366-367, 369-372
56 Eddington, 264-265
58 Weber, 174, 176
58 Huizinga, 282-285
60 O'Neill, 235, 242
60 Brecht, 404-407, 425-426, 443-444
60 Orwell, 491

5d. The estimation of the role of the hero in history

12 Virgil, 193-196, 231-234
13 Plutarch, 1-30, 32-48, 49-61, 121-141, 195-213, 499-538, 577-604, 748-779, 802-824
21 Machiavelli, 9, 35-37
22 Rabelais, 267-268
23 Montaigne, 403-407
35 Montesquieu, 65-68
35 Rousseau, 362, 400-402
38 Gibbon, 220, 251-252

40 Mill, 298-299
43 Hegel, 46-47, 115-116, 129, 168-177, 292, 297-298, 318-319
43 Kierkegaard, 407
43 Nietzsche, 500
44 Tocqueville, 206-207
48 Melville, 66-67
51 Tolstoy, 1-696 passim
54 Freud, 800
59 Shaw, 35-46 esp 35-37

6. The idea of glory: its distinction from honor and fame

16 Augustine, 263-264, 264-269
17 Aquinas, 617-618
18 Aquinas, 1013-1014
19 Dante, 107
27 Cervantes, 273-274
30 Pascal, 326-327
35 Rousseau, 437-438
39 Kant, 347-348
53 James, William, 203-204

6a. The glory of God: the signs and the praise of the divine glory

Old Testament: *Exodus,* 15:1-21 / *II Samuel,* 6; 22 / *I Kings,* 8 / *I Chronicles,* 16:7-36; 17:16-27; 29:10-19 / *Psalms* passim / *Isaiah,* 6:1-6; 12:1-6; 25-26; 42
Apocrypha: *Judith,* 16:1-18 / *Rest of Esther,* 13:8-18 / *Ecclesiasticus,* 18; 39:12-35; 42:15-43:33; 51:1-12 / *Song of Three Children,* 28-68
New Testament: *Matthew,* 5:13-16 / *Luke,* 1:46-55, 68-79 / *II Peter,* 1:16-19 / *Revelation,* 5:9-14; 7:9-17; 11:16-18; 21-22
16 Augustine, 1, 2, 10-11, 34, 62, 63, 316-317, 392-393
17 Aquinas, 340-341, 364-365
18 Aquinas, 819-820, 839-845, 1012-1037 passim
19 Dante, 58, 90, 98, 124, 133
21 Hobbes, 161-163
23 Montaigne, 340-341
29 Milton, 12-13, 136-144, 178-179, 229-231, 339-378
39 Kant, 347-348

6b. The reflected glory of angels, saints, and martyrs

Old Testament: *Exodus,* 34:29-35 / *Isaiah,* 60
Apocrypha: *Ecclesiasticus,* 44-50
New Testament: *Matthew* 5:13-16 / *II Corinthians,* 3:18 / *Revelation,* 21-22
16 Augustine, 568-569, 588-589, 616, 691-696
17 Aquinas, 317-325
18 Aquinas, 819-820, 886-887, 968-992, 1049-1066
19 Dante, 102-108, 113-114, 119-120, 126-127, 128, 129
20 Calvin, 41
28 Spinoza, 695

> 29 Milton, 12, 13, 193
> 30 Pascal, 290-291
> 43 Nietzsche, 484, 485, 539-540
> 55 Barth, 467-468
> 59 Shaw, 120-129
> 59 Joyce, 576

交叉索引

以下是与其他章的交叉索引：

Honor or fame in relation to virtue, duty, and happiness, *see* DUTY 4-4b; HAPPINESS 2b(4); VIRTUE AND VICE 4d(2), 6d.
Pride as a vice and humility as a virtue, *see* SIN 4c; VIRTUE AND VICE 8f.
Fame as a mode of immortality, *see* IMMORTALITY 6b.
Mutual respect or honor as a condition of friendship, *see* LOVE 2b(3); VIRTUE AND VICE 6e.
The political significance of honor, *see* GOVERNMENT 2a; JUSTICE 9e; STATE 9c.
The rhetorical uses of praise or honor, *see* RHETORIC 4a.
Heroism and the heroic, *see* COURAGE 5; LIFE AND DEATH 8d; TEMPERANCE 6a; the conception of the tragic or epic hero, *see* POETRY 7b.
The role of heroes, leaders, and great men in history, *see* HISTORY 4a(4).
The theological significance of glory, *see* GOD 4h; HAPPINESS 7c(2), 7d; IMMORTALITY 5f.

扩展书目

下面列出的文著没有包括在本套伟大著作丛书中，但它们与本章的大观念及主题相关。

书目分成两组：

Ⅰ. 伟大著作丛书中收入了其部分著作的作者。作者大致按年代顺序排列。

Ⅱ. 未收入伟大著作丛书的作者。我们先把作者划归为古代、近代等，在一个时代范围内再按西文字母顺序排序。

在《论题集》第二卷后面，附有扩展阅读总目，在那里可以查到这里所列著作的作者全名、完整书名、出版日期等全部信息。

I.

Chaucer. *The House of Fame*
——. *The Legend of Good Women*
Hobbes. *The Elements of Law, Natural and Politic,* PART I, CH 8
Bacon, F. "Of Praise," "Of Vainglory," "Of Honor and Reputation," in *Essayes*
Racine. *Andromache*
Hume. *A Treatise of Human Nature,* BK II, PART I
Voltaire. "Honor," in *A Philosophical Dictionary*
Smith, A. *The Theory of Moral Sentiments,* PART I, SECT III, CH 2-3
Shaw. *Caesar and Cleopatra*
Conrad. *Lord Jim*
——. *Nostromo*
——. "The Secret Sharer"
Eliot, T. S. *Murder in the Cathedral*

II.

THE ANCIENT WORLD (TO 500 A.D.)

Anonymous. *The Epic of Gilgamesh*
Theophrastus. *The Characters*

THE MIDDLE AGES TO THE RENAISSANCE (TO 1500)

Anonymous. *Beowulf*
——. *Njalssaga*
——. *The Saga of the Volsungs*
——. *The Song of Roland*
Benedict of Nursia. *The Rule*
Boethius. *The Consolation of Philosophy,* BK II
Chrétien de Troyes. *Arthurian Romances*
Diaz de Gamez. *The Unconquered Knight*
Francis of Assisi. *The Rules*
Froissart. *The Chronicles*
Jacobus de Voragine. *The Golden Legend*
Lull. *The Book of the Ordre of Chyvalry*
Malory. *Le morte d'Arthur*

THE MODERN WORLD (1500 AND LATER)

Alemán. *The Rogue*
Ariosto. *Orlando Furioso*
Beaumont and Fletcher. *The Maid's Tragedy*
Braudy. *The Frenzy of Renown: Fame and Its History*
Brooke. *An Inquisition upon Fame and Honour*
Calderón. *The Surgeon of His Honour*
Camus. *The Fall*
Carew. *A Rapture*
Carlyle, T. *On Heroes, Hero-Worship and the Heroic in History*
Cassirer. *The Myth of the State,* PART III (15-17)
Castiglione. *The Book of the Courtier*
Corneille. *Horace*
——. *Le Cid*
Dryden. *All for Love*
Elyot. *The Governour*
Emerson. *Representative Men*
Farnell. *Greek Hero Cults and Ideas of Immortality*

Froude. *Caesar: A Sketch*
Galton. *Hereditary Genius*
Hardy, T. *The Dynasts*
——. *The Mayor of Casterbridge*
Howells. *The Rise of Silas Lapham*
Hurd. *Letters on Chivalry and Romance*
Mandeville. *An Enquiry into the Origin of Honor, and the Usefulness of Christianity in War*
Meredith. *The Egoist*
Millar. *Observations Concerning the Distinction of Ranks in Society*
Morison. *Admiral of the Ocean Sea*
Raglan. *The Hero*
Rostand. *L'Aiglon*
Saint-Simon. *Memoirs*
Schiller. *Don Carlos*
——. *Wallenstein*
Scott. *Ivanhoe*
Shaftesbury. *Characteristics of Men, Manners, Opinions, Times*
Sheridan. *The Rivals*, ACT 4, SC 1
Sidney, P. *The Countess of Pembroke's Arcadia*
Spenser. *The Faerie Queene*, BK VI
Stendhal. *The Charterhouse of Parma*
——. *The Red and the Black*
Synge. *The Playboy of the Western World*
Tasso. *Jerusalem Delivered*
Tennyson. "Tithonus"
Vargas Llosa. *The Time of the Hero*
Vigny. *The Military Necessity*
Waugh. *Sword of Honor*

36

假 说 Hypothesis

总 论

比较一下英文"假说"(hypothesis)和"设定"(supposition)的希腊文、拉丁文的词根即可表明,这两个词是同义词。提出假说或做出设定,就是置于下位——使某物在思想过程中成为另一物的基础。

"假说"一词如今被普遍误用为意指一个猜测或直觉。侦探小说中的侦探总是谈论关于嫌疑犯的假说。人们在讲到设定某事或考虑做出某种设定时所持的通俗观念,倒更为准确地反映了假说在逻辑学、数学和科学方法或哲学方法中的意义。

一个设定通常被理解为且加认可的(granted)东西,它被看作是据以引申出隐含意义或做出推论的东西。所设定的东西并不非已知为真;它可能为真也可能为假。当我们做出一个设定,我们首先关心的是由此会得到什么后承,而只有反过来我们才能根据后承去判断原来的设定为真或为假。我们不能颠倒这个顺序,在做出设定的时候首先去问它们的真假。

"如果"一词表达了设定的本质。"然后"一词或"由此得到"这个短语则引出我们做出设定所要考虑的后承。我们对"如果"本身并不感兴趣,而对它可能引出的东西感兴趣。在"如果……那么……"这类陈述中,总是由如果从句表达这个设定或假说,而陈述的另一部分即那么从句则表达后承或隐含意义。在这个陈述中,如果是那么的逻辑基础。整个陈述并不构成一个假说,它是传统逻辑中所谓的假言命题。

数学中有一种对"假说"这个词的用法似乎与前述用法有所不同。譬如,在欧几里得《几何原本》中,假说就是被给定的东西,不是作为由此引出结论或使结论得到证明的基础,而是作为解决所考虑的几何学问题的条件。就拿该书章一命题六来说。该命题是:"如果一个三角形的两个角相等,那么对应于等角的边也会相等。"在对这个定理的证明中,具有两个等角的三角形就被看作是给定的或且加认可的。这个图形或几何学条件是一个通过假说得到的事实。这是在假说中陈述出来的事实,或者说是这个定理中的如果从句。

如果对这个事实本身的几何学实在提出质疑,我们就只能从一种先天证明中得到答案,即我们只用直尺和圆规就能构造出这样一种符合等腰三角形定义的图形。然而,这种构造并不是对定理六的证明,就像如果在定理六的证明中我们需要采用另一个定理作为前提,对那另一个定理的证明并不是对定理六的证明。在对定理六的证明中用"令"开始的第一行就宣布了,这个图形是可以构造出来的这一点是作为假说而且加认可的。

定理六的全部内容是要去证明那么从句来自于如果从句。欧几里得看起来是这样完成这个工作的:他其实引入了其他的命题,这些命题来自公理、定义、公设或他先前证明了的定理,通过这些命题他确立了假说和结论的联系,证实了这个结论是由这个假说得到的。这个程序中有两点需要注意。

首先，结论并不是直接出自这个假说，因为如果是这样的话，"如果—那么"命题就会是自明的了，不需要任何证明。直接可以看出等腰三角形中相对于等角的两边必然相等的心智并不需要对等角和等边相联系的任何证明。欧几里得的证明在于做出这样的联系，这并不是直接明显的，而是间接明显的，就是说，是借助其他的命题而变得明显的。并非假说单独地证明了结论，而是假说在与其他命题的合作中，使得心智一步一步地从且加认可的假说走到了它所蕴涵的结论。

其次，推理看起来终止在最后一个命题（即对应于等角的边相等）的真理性上，然而，这个命题并非是所要证明的命题。欧几里得证明结尾的"证毕"并非应用于一系列证明中的最后一个命题，而是应用于整个这个定理，因为这才是要证明的命题。推理中的最后一个命题仅仅是被视作根据这个定理而来自这个假说的一个后承。当欧几里得能够证实在假说与其结论或后承之间存在所设想的联系时，他就对整个定理即整个的如果－那么陈述说"证毕"。

如果是直言地而不是假言地陈述这个定理，证明过程似乎是相同的。例如，定理六就可以像欧几里得的其他定理一样表述为以下方式："一个三角形对应等角的边也是相等的。"这种陈述方式会造成一个问题，不过这个问题并非关于欧几里得证明中的"凭借假说"的意义，而是关于假言命题与直言命题之间的区别，此为后话。

欧几里得把一个给定的（即可以构造出来的）图形用作一个假说，看来并不是通过做出一个设定以发现其蕴含的方法。它也似乎并非根据其后承来检验该假说是否为真的手段。然而，假言推理的这两个方面都出现在柏拉图的对话中。

譬如，在《美诺篇》中，在谈到德性和知识时，苏格拉底建议他和美诺来考虑一下德性是知识这样一个假说。苏格拉底立刻索问这个假说的后承。他问道："如果德性是知识，那么德性就是可以教的了？"由于美诺已经明白知识是可教的，所以他对这个问题给出了正面的回答。提出德性即知识这个假说的用处，在这个对话的第二节中逐渐表现出来，就是说，人们发现德性是完全不可教的，或至少不能以教科学、教艺术的方式来教。这个发现就对德性即知识这个假说的真理性提出了某种怀疑；至少看起来德性不是科学或艺术那样的知识。

这种推理方式是用后承来检验假说是否为真的一个例子。它所依赖的逻辑原理是，若否定后承，就要否定作为前提的假说，正如肯定前提就要肯定后承。否定假说或肯定后承则在逻辑上得不出任何东西。

这个取自《美诺篇》的例子也表明了欧几里得和柏拉图对假说的用法不同。苏格拉底在这里并非想要证明，如果德性是知识，那么德性就是可教的。根据知识是可教的这个事实，我们已经明白这种如果—那么的陈述是有效的。我们已经承认这个如果—那么的陈述是有效的，现在苏格拉底用它来审视是否或在什么意义上德性是知识。不是假言陈述或如果—那么陈述在这里得到了证明，而是假说，亦即这个陈述中的前提，在接受测试。

这样使用假说以便对假说加以测试是一种普遍的方法。这种方法也出现在经验科学之中。根据希波克拉底的观点，在医学工作中，医生"须先对所有症状有所了解，通过对这些症状的比较评估它们的轻重，必须藉此形成某种判断"；然后他将"提出预后"，因为"谁能够从目前的状况预见到将会出现什么，谁才能够提供最好的治疗"。

最初的诊断提出了一种假说（可能是什么样的病），而预后则预示了一套后承（如果诊断正确的话会出现什么）。观察症状发展和病人身体状况的改变，就会认证或否定预后。对预后的认证表明最初的诊断是有效的猜测，但还说不上证实。但若病症不像所预测的那样发展，预后所据的最初诊断就是一个错误的假说，须得放弃。

当一个假说采取了这样的一种预言形式，即只要这个假说是真的，那么就会出现某种情况，若这种情况没有出现，这个假说就遭到否定。虽然对科学方法的讨论通常涉及"预测和证实"，但预测似乎也只能是带来对假说的否定，而不是对假说的证实。一个预测没有成功，假说就被否定了，而预测最后被证明为真，这个假说却并没有得到证实。认为假说可以用这种方式得到证实，就等于犯了从结论的真可以推导出前提的真这样一个逻辑谬误。那么，经验科学家能否证明一个假说为真呢？在采用假说的时候，他们说到预测和证实究竟是什么意思呢？

一个假说似乎可以通过两种方式为经验研究或实验研究所证明。一种方式是，我们知道惟当假说为真才出现所蕴涵的后承。除非所设想的条件存在，否则就绝不可能出现所蕴涵的后承，在这种情况下，预测得到认证也就证实了这个假说。

证实的另一种可能方法后来被称作"多重工作假说方法"。如果我们知道所提出的几种假说穷尽了所有相关的可能性，这种方法就是有效的。每种假说都产生了一个预测；通过研究，所观察到的事实除了一种假说之外否定了其他所有的假说，那么，剩下的这种假说就得到了证实。如果反面的事例已经消除了所有错误的假说，那么剩下的假说就一定是真的，当然其前提是，它是剩下的唯一的可能性。这就说明了为什么彭加勒要警告科学家，"不要无限地增加假说"。

这两种方法都似乎只有在满足了先决条件后才是有效的。要通过消除一系列多重假说中所有其他假说而证实其中的一种假说，科学家就必须知道，所开列出的假说的确是穷尽的。要通过肯定预测而证实一个单一的假说，科学家就必须知道，所观察到的结果无法来自其他的设定。由于这种知识通常是无法得到的，因而通过观察或实验来检验假说通常得到的是更高的概率而不是完全的证明。

帕斯卡在《论真空》中概要总结了我们在区分真的、假的与可质疑的或曰有可能的假说之际所处的逻辑情境。"有时，否定一个假说会带来明显荒谬的结论，于是，这个假说就是真的，是不可变的。或者是，人们通过肯定一个假说推演出一个明显的错误，于是，这个假说就被看作是假的。有时候，人们无法从其否定或肯定中发现任何错误，于是，这个假说就只好存疑，由此，仅仅说明所有的现象都由此产生并不足以表明这个假说为真，倒必定是反过来，如果出现的事情与所期待的现象中哪怕只有一个相反，就足以确定这个假说为假"。

根据彭加勒的观点，"每个概括都是一个假说"。因而，在科学中，假说"扮演着从来无人质疑的必要角色"。但是科学要求假说"应当总是尽早付诸证实"。在彭加勒看来，"有些假说是很危险的——而这首先就是那些默会的、无意识的假说。由于我们做出了这些假说却不自知,我们也就无法摆脱它们。"

在不同的科学门类中,假说的用法和证实假说的方法也不同,这要看这门科学的性质是纯粹经验的(例如希波克拉底、达尔文、弗洛伊德的工作)还是实验的(例如哈维和法拉第的工作),还是实验和数学推理相结合的(例如伽利略、牛顿、彭加勒、普朗克、爱因斯坦、玻尔、多布赞斯基的工作)。并非所有的科学工作都受到假说的指导或支配,但如果缺少形态完好的假说,这门科学就差不多只是在做勘察搜集的工作。

一个构造完善的实验,特别是弗兰西斯·培根所称的"决定性实验",正是从假言推理中得到其证明力量的,而该推理确切地阐述了所要解决的问题。在培根关于潮涨潮落的推理中可以看到这样一个决定性实验的价值。他写道:"如果人们发现在退潮时海水的表面变得更为弯曲,呈环形状,中间的水升起来,边上的或海岸上的水沉下去;如果涨潮时海水的表面变得更为平稳,呈水平状,海水又回到了原来的位置,那么就可以断定,根据这个关键事例,可以承认是由于磁力而导致海水的上升;否则的话,这种看法就必须完全抛弃。"

在数学物理学领域,特别是在天文学中,假说的意义得到了扩充并有所改变。此前我们所考虑的假说是一些蕴涵了某些后承的单个命题。但在数学物理学中,整个理论(即很多命题的复杂系统)最终被看作是一个单个的假说。

在为哥白尼的著作所写的序言中,安德里斯·奥西安德尔说,天文学家的工作就是"以辛勤而又娴熟的观察收集天体运动的历史;然后(由于他无法通过推理得到这些运动的真正原因)设想出或构造出他觉得合适的原因或假说,通过假定这些原因,就可以根据几何学原理去计算出那些运动,无论是过去的运动还是未来的运动"。哥白尼所构造出来的复杂体系以及他希望加以替换的托勒密所构造出来的体系,有时也被称作"哥白尼假说"和"托勒密假说";这两种理论有时也被称作"日心假说"和"地心假说"。

就作为假说加以检验而言,检验一个整体理论必定不同于检验一个会产生某种预测的单个命题。在相互竞争的诸种假说之中,一个理论可能在内部一致性方面或在数学的简单优雅方面优于其他理论。开普勒由此能够诉诸托勒密自己所接纳的标准来反对托勒密,指出托勒密本人希望"构造一种只要能做到就尽可能简单的假说。如果有人构造出比他的更为简单的假说(即几何学意义上的简单性),他就不会去捍卫自己的复杂的假说"。

但即使哥白尼的假说在几何学的简单性上更为优越,它也必须接受另一个检验。正如在**天文学和宇宙论**那章中所表明的,关于物理现象的数学理论必须比以理想方式构造可能的宇宙多些什么。它们必须努力阐明这一个真实的世界,因而必须经受检验,看它们能否应用于真实世界。物理学假说是为了阐释实际现象发明出来的,从物理学的观点看,一个假说无论在数学上如何优雅,惟当它能够为这些现象提供阐释的时候才是令人满意的。用西里西亚的辛普利丘斯的话说,它必须"拯救现象"。

因而,我们可以通过考察一个假说是否符合观察到的事实来检验它是否可以应用于现实世界。伽利略写道:"在那些把数学证明应用于自然现象的科学中",那些作为"整个上层建筑的基础"的"原理"必须"由精心选择的实验确立"。通过这种方式伽利略在下面两个假说中进行选择,一个假说认为自由落体的匀加速与它所经过的空间单位成正比,另一个假说认为它与所经过的时间单位成正比。

在杜威看来,"除非行动是受到某个主导观念的指引的,否则就没有科学意义上的实验这种东西。人们所运用的观念是假说,而不是最后的真理,这个事实说明了为什么观念在科学中比在其他任何地方都受到更谨小慎微的防护和检验。……作为假说,它们必须不断地接受检验和修正,而这又要求它们必须精确地加以表述"。

借用柏拉图在《蒂迈欧篇》中的说法,一种理论的数学一致性使它成为"一个可能的故事"。假说在理论上的整严使得它可以取信。但若面对相互竞争的假说,每个都可信,每个都同样成功地拯救了相关的现象,那该相信哪一个呢?像在哥白尼与托勒密争论的情况中那样,即使其中有一个在数学上更优越,这也无法决定这个问题,因为这个问题在于,哪一个对实在为真?

有时,一个单个的事实,譬如福柯摆现象,可能起到关键影响,倘若这个事实对两个竞争理论中的一个颇为亲和,而它在另一个理论中却得不到解释。有时,正如在**天文学和宇宙论**那章中对哥白尼假说的讨论所表明的,两个假说同样令人满意地说明了它们所涉及的纯天文学现象,这时,其中一个假说可能表现出额外的优点,它可以适合于最初提出该假说时并没有想到要去解释的其他现象领域。

哥白尼假说经过了开普勒的解释,再经过了牛顿万有引力理论中的发展,这个假说就把地球上的潮汐现象和落体现象合并到本来用以解释天体运动的同一套法则之中。于是,这个假说就有了令人惊异的贯通特性——把先前没有想到会有关联的现象整合为同一套表述。当惠更斯思考实验研究所达到何种确定程度的时候,他所想到的看来正是这一点。惠更斯写道:"由所设的原理加以证明的东西完全符合了实验产生出来的观察得到的现象;更进一步,我们可以想象并预见到从我们采用的假说应当产生出某些新现象,而我们发现事实的确符合我们的预见,这时,我们几乎就获得了完全的证明。"

按通常的说法,我们就说,这不再是一个理论,而变成了一个事实。但依然存在的问题是,用于消除不甚令人满意的假说的经验检验究竟能否使得更为令人满意的假说比一个可能的故事更胜一筹。

在《自然哲学的数学原理》中,牛顿说:"我始终未能从现象中找到引力的这些特征的原因,而且我不杜撰任何假说;因为凡不是从现象中推演出的东西都应称作假说;而假说,无论是形而上学的还是物理学的,无论是具有隐秘的性质还是力学性质,在实验哲学中都没有地位。"这一段话的上下文,还有《光学》结尾的类似陈述的上下文,以及假说在牛顿心中与隐秘性质、实体形式和潜藏原因的联系,这些东西似乎表明了"假说"的一种特别的意义。

牛顿批评笛卡尔物理学中的漩涡概念,他的理由在于没有必要求助于隐秘的或不可观察的实体而去解释自然现象。在牛顿看来,笛卡尔的漩涡,和亚里士多德的实体形式一样,都是非常特殊意义上的假说。它们是假设的实体。它们不是从现象推论而来的。虽然说起来它们好像是现象背后的实在,但正如吉尔伯特说到"第十层天"时所说的,它们是"虚构的,无法为任何推理所掌握,没有被任何可见的星辰所见证,完全是想象和数学假说的产物"。

把假说等同于为想象的东西赋予实在,这几乎是一场文字游戏;因为从希腊文和拉丁文的词根来看,hypothesis〔假说〕和 hypostasis〔基础〕,supposition〔设定〕和 substance〔实体〕密切相连。这两个对子中的第一个词都是指为推理提供基础的命题,第二个词都是指可观察属性或现象下面的实在。牛顿是在一种特定的意义上从实验哲学中排除假说的,在这种意义上,杜撰假说就是给予基础或赋成实体,就是说,把虚构的东西或心智构造而成的东西当成某种实在的东西,赋予它们以实在。

在某些批评家眼中,牛顿光学理论中的以太,正像笛卡尔的漩涡,也正是这种意义上的假说,是一种想象的实体。许多世纪以来,用于解释化学结合和变化而提出的原子和分子,有人攻击其为虚构,有人则捍卫其为有用的假说。一方面这涉及这种构造在理论上的用处;另一方面这又涉及它们在实在中有没有对应物的问题。

人们有时认为,即使我们承认某种东西是虚构的而不是实在之物,这种虚构对于提供某种解释来说仍可以是有用的。例如,卢梭构想人类在按照社会契约形成社会之前生活在自然状态之中,然而他明确否认这种构想表现了真实的历史。他说,在这件事上,我们可以把"事实置于一边,因为它们并不影响这个问题"。自然状态和社会契约这些相关概念设想出来以便"说明事物的本性,而非用来确认它们的实际起源;这就像我们的物理学家关于世界的构成每天要提出的假说一样"。

同样,拉瓦锡因其具有说明价值而设定了"卡路里"的存在。他写道:"很难理解这些现象,除非把它们看作是某种真实物质实体的作用,或某种极其精细的流体的作用,这种流体悄然进入物体粒子之间,把它们相互分开;即使我们允许只把这种流体的存在当作一种假说,我们后面也会看到,它能非常令人满意地说明自然现象。"

假说还有另一种意义有待考虑。我们根据这种意义把公设或假定与科学基础中的公理区分开来。欧几里得几何学和笛卡尔几何学中都出现了这两种原理。公理或共同概念是不需要证明就可以直接看作为真的那些命题。公设或假定则是假说,意思是说,其真理性未经证明而且加认可。

这两种命题都被用作证明定理或引出科学结论的原理或出发点。两者都是证明的原理,就是说,它们被用来证明其他的命题,而它们自身则未加证明。但公理则在传统上被看作本质上不可证明的,而假说(即公设或假定)可能并非不可证明。它们只是未加证明就被假定了而已。

假说有可能得到证明,这使得假说有一种临时假定的性质。在《方法谈》中,笛卡尔提到了他在《折光学》和《论流星》中所断定的某些事情,表达了他的担心,唯恐读者会受到"冒犯,因为我把它们称作假说,却似乎并不在意为它们提供证明"。他接着说:"我把它们叫作假说,目的只有一个,那就是,尽管我相信自己能够依据上面已做出说明的原初真理把它们推演出来,但我刻意不这样做,从而使得人们没有机会按他们所认为的我的原理来构造宏大不经的哲学体系。"

公理和公设或假说之间的区分提出了两个问题。一个是关于这个区分本身的真实性问题。公理、自明的命题或威廉·詹姆士所谓的"必然真理"或者被晚期否认,或者被看作同义反复而抛在一边。那么,科学原理就只能是假说,即有意为之的或一致约定的假定。这个问题在原则一章中得到了更为充分的讨论。另一个问题预设了这个区分的真实性，但关心的是它在科学分析中的不同应用。

例如，亚里士多德把科学知识界定为三个元素，其中一个是证明所依赖的原初前提。一门特定科学的原理可以是严格意义上的公理，即它们是自明的真理并因而是绝对不可证明的；或者它们可以是暂时的假定，虽然它们在该门科学中并没有得到证明，不过是可以在更高的科学中得到证明的，例如"在几何学中证明力学定理或光学定理，或在算术中证明声学的定理"。后者并非公理，因为它们是可以得到证明的；但在一门特定科学中，它们可以扮演公理的角色，因为可用来证明其他的命题而自身则不经证明。

依赖于公理或可证明之原理的推理，亚里士多德称之为科学的推理，仅仅依赖于假说的推理，他则看作是辩证的推理。在亚里士多德看来，"如果推理由之出发的前提是真的和原初的，或者是这样，我们关于前提的知识起初来自原初的真前提"，那么，推理所产生的就是科学证明。与此对照，"如果推理来自普遍接受的看法"，推理就是辩证的。亚里士多德解释道，"'被普遍接受的'即为每个人所接受，或者为大多数人所接受，或者为哲学家所接受——或曰为所有的人所接受，或为一个大多数所接受，或为其中最尊贵和杰出的人所接受"。在另一处他补充了一条重要的限制。他仍然这样界定辩证命题，即它"为所有人或大多数人或为哲学家所接受"，但这时他补充道："只要它并非与普遍看法相左；因为，只有当哲学家的看法并不与大多数人的看法相左，一个人才会赞同哲学家的看法。"

对亚里士多德来说，辩证推理或辩证论证完全是在看法的范围内活动。即使一个看法得到普遍接受，不仅得到哲学家的接受，而且得到大多数人的接受，它也仍然是一个看法。最好的看法仍只是可能为真，——这些命题不是自明的，也无法得到证明。它们不只是临时的假定。依赖于最多不过是可能为真的假定，辩证推理的结论也就只是可能为真。由于它们缺乏公理所提供的那种确定基础，它们就无法具有科学所具有的确定性。

柏拉图却似乎反过来认为，数学科学在其基础上就是假说性的，而只有在他所认为的最高科学的辩证法科学中，心灵才能从仅仅假说升华为知识的最终原理。在《理想国》中，苏格拉底说："几何学、算术学和类似科学的研究者在各个分支科学中假定了奇数、偶数、图形、三类角以及类似的东西；这些就是他们的假说，他们认为自己以及每个人都知道这些东西，因此他们并不在意对自己或他人为它们提供说明。"他接着说，有一种更高的知识，"理性自身凭借辩证能力达到它，它也用到假说，但不是把假说用作第一原理，而是仅仅用作假说，就是说，用作进入高于假说的世界的步骤和出发点，以便理性可以超越它们，翱翔而入乎第一原理的世界。"

柏拉图和亚里士多德之间的区别可能只是字词上的，即他们对"科学"和"辩证法"这样的语词用法不同。这究竟是字词之争还是实质之争，在**辩证法**章和**形而上学**章中再加以讨论。无论如何，这个区别有助于我们理解对假说的两种不同看法，一种看法把假说看作仅仅临时性的假定，有待于由更高的原理加以证明，另一种看法把假说看作其本身就是无法能得到证明的东西，是为了论证的而且加认可的可能为真的东西。

36. 假　说

最后,我们来谈一下"假说"或"假言的"在命题分析和三段论分析中的意义。亚里士多德在《工具论》中简略提到的直言命题与假言命题之间的区别,肇始于该书的逻辑传统进一步展开了这一区别。

亚里士多德在《解释篇》中区分了简单命题和复合命题。复合命题是由几个简单命题根据相互间的某种逻辑关系构成的。在逻辑分析传统中,三种基本的关系类型一直被看作是构成了三种不同的复合命题。一种关系是合取的,用"和"这个词来表示。另一种是选言的,用"或者……或者……"来表示。第三种是假言的,用"如果……那么……"来表示。

用一个我们使用过的例子。"德性即知识"和"德性是可教的"是简单命题,相反,"如果德性即知识,那么德性就是可教的"这个陈述就是假言形式的复合命题。如果这个命题表述为这样一个陈述"或者德性即知识,或者德性是不可教的",这就是一种选言形式;如果它被表述为"德性即知识并且德性是可教的",这就是一种合取形式。在这三种情况中,每个复合命题都是由我们最先提到的两个简单命题构成的,虽然它们在每种情况中似乎都是以不同的方式联系在一起的。

亚里士多德把命题区分为简单的和复合的,而康德则把所有的判断区分为直言的、假言的和选言的。他说,在直言判断中,"我们涉及的是两个概念";在假言判断中涉及的则是"两个判断";在选言判断中则是"几个相互关联的判断"。他为假言判断提供的一个例子是:"如果存在完美的正义,那么伤天害理之人就受到惩罚。"他为选言判断提出的例子是:"我们可以说……世界的存在或者是由于盲目的机遇,或者是由于内在的必然性,或者是由于外在的原因。"康德指出,这三种选择中的每一个都"占据了一部分关于世界存在的可能知识领域,而它们合起来就共同占据了整个领域"。假言判断不过是陈述了"两个命题之间的关系。……这两个命题是否为真仍无定论"。康德说:"这仅仅是由这个判断带来的后承。"

在《前分析篇》中,亚里士多德区分了直言三段论和假言三段论。下面的推理就是直言形式:"知识是可教的,德性即知识;所以,德性是可教的。"下面的推理是假言形式:"如果德性即知识,它就是可教的;但德性确实是知识,所以,它是可教的。"或者,"如果德性即知识,它就是可教的;但德性不是可教的,所以,它不是知识"。

关于直言三段论与假言三段论之间区别的基本问题是,后者是否总是可以还原为前者。有一点似乎很清楚。假言三段论的规则在形式上对应于直言三段论的规则。在假言推理中,肯定前件必定肯定后承;否定后承必要否定前件。在直言推理中,肯定前提则需要肯定结论,否定结论也需要否定前提。

关于直言命题与假言命题之间的区别也有一个问题,即以一种形式表述的命题是否总是能够转换为具有其他陈述形式的命题。例如,在现代数理逻辑中,诸如"所有的人都有死"这个全称命题有时也表述为假言形式:"如果某物是一个人,它就是有死的。"像罗素这样的逻辑学家就认为,假言形式更为精确,因为它明确地避免了人存在这样的提示;它仅仅陈述了,如果"人"这个类有存在的成员,该成员就也属于"有死的"这个类。

除了全称命题是否应当被解释为断定了某物的存在之外,在直言命题与假言命题之间似乎还是有一个形式上的区别。惟当假言命题真是一个复合命题,它才明显具有和直言命题的形式区别。如果那是一个以假言形式出现的简单命题,例如"所有的人都有死"这个简单命题被表述为一个假言形式:"如果某物是一个人,它就是有死的",那就显现不出它与直言命题的形式区别。因为"如果德性即知识,那么德性就是可教的"是一个真正的复合命题,而不是对一个全称命题的假言陈述,所以,这个命题就无法重新表述为简单直言命题。

一个简单命题,无论是被表述为直言的还是假言的,它都可能是直言三段论或假言三段论的结论。但是,假言陈述若真是一个复合命题,它就绝不可能是任何一种三段论的结论,虽然它可能是假言推理中的前提之一。

分 类 主 题

1. 假说在辨证过程中的用法
2. 哲学中的假言推理与假言构造
3. 数学的基础:公设,假定
4. 假说在科学中的作用:
    4a. 理论,临时的假定,虚构,实体化
    4b. 假说的目的:拯救现象;形成预言
    4c. 构造假说的标准:一致性,简单性,美
    4d. 证实任务:多种假说;假说的实验检验
5. 假言命题和三段论:假言与直言之间的区别

[江怡 译]

36. Hypothesis

索引

本索引相继列出本系列的卷号〔黑体〕、作者、该卷的页码。所引圣经依据詹姆士御制版，先后列出卷、章、行。缩略语 esp 提醒读者所涉参考材料中有一处或多处与本论题关系特别紧密；passim 表示所涉文著与本论题是断续而非全部相关。若所涉文著整体与本论题相关，页码就包括整体文著。关于如何使用《论题集》的一般指南请参见导论。

1. The use of hypotheses in the process of dialectic

6 Plato, 9–10, 183–190, 350–351, 383–388, 397–398, 462, 570
7 Aristotle, 103, 143–223
11 Epictetus, 106–107
39 Kant, 227–230, 457, 603

2. Hypothetical reasoning and hypothetical constructions in philosophy

6 Plato, 242–243, 491–511
7 Aristotle, 125–126, 524
28 Descartes, 268–274 passim, 290, 298, 301–304, 349–350
33 Locke, 123, 204
35 Rousseau, 329–331, 333–334, 348
39 Kant, 176–177, 194–200, 232–233
43 Hegel, 162–164
53 James, William, 84–119 passim, 221–238, 820–827, 880–886
55 Wittgenstein, 342–344

3. The foundations of mathematics: postulates, assumptions

6 Plato, 386–388
7 Aristotle, 97, 98, 104–105, 106, 609
10 Euclid, 2
10 Archimedes, 404, 527
28 Descartes, 224–225, 532–533
30 Pascal, 171–173, 365–366, 430–439 passim, 442–443
32 Newton, 1
33 Locke, 358–360 passim
39 Kant, 17–18, 24–25, 46, 211–218, 302–303, 312, 551–553
40 Federalist, 103–104
40 Mill, 445
52 Dostoevsky, 126–127
53 James, William, 869–870, 874–878
55 Whitehead, 146, 147–148
56 Poincaré, xv–xvi, 1–5, 10–15 esp 14–15
56 Einstein, 195–196
56 Hardy, 369–373

4. The role of hypotheses in science

6 Plato, 386–388
7 Aristotle, 603–605
9 Hippocrates, 39
15 Copernicus, 505–506
17 Aquinas, 175–178, 680–681
28 Bacon, 128
28 Descartes, 245
32 Newton, 270, 271
33 Locke, 317, 362
39 Kant, 7
42 Lavoisier, 2, 6–7
42 Faraday, 375, 759
49 Darwin, 239, 590
51 Tolstoy, 563
53 James, William, 324, 862–866
54 Freud, 661–662
55 Dewey, 124
56 Poincaré, xv–xvi, 32–35 passim, 40–52 passim, 64–70 passim
56 Eddington, 260–261
56 Waddington, 697–699

4a. Theories, provisional assumptions, fictions, reifications

6 Plato, 447–450, 730
7 Aristotle, 373, 547, 601–602
10 Archimedes, 502, 538
15 Ptolemy, 270–273, 291–292, 429
15 Copernicus, 675–678, 740
15 Kepler, 863–872, 890–892, 932–933, 966–967, 984–985, 991–994, 1023–1080
23 Montaigne, 299
26 Gilbert, 108–110
26 Galileo, 200, 240–241
26 Harvey, 316–318
28 Bacon, 114–115
30 Pascal, 182, 367–370
32 Newton, 259, 285, 331, 516–544
32 Huygens, 557–560
39 Kant, 227–228
42 Lavoisier, 9–10
42 Faraday, 181–185, 666–667, 685–686, 758–763
49 Darwin, 42
53 James, William, 231
54 Freud, 400–401, 412, 483–485, 818–819
55 James, William, 12
56 Poincaré, 64–70 passim
56 Eddington, 260–261
58 Weber, 111–113, 116–118

4b. **The purpose of hypotheses: saving the appearances; the formulation of predictions**

6 Plato, 386–388, 447
7 Aristotle, 379, 397
9 Hippocrates, 1
15 Ptolemy, 83, 270–273, 429
15 Kepler, 852, 888–890, 911, 964
16 Augustine, 35
17 Aquinas, 175–178
26 Gilbert, 119
28 Descartes, 290
32 Newton, 371–372
32 Huygens, 551–552, 553
33 Berkeley, 433
33 Hume, 460, 487, 499–500
35 Rousseau, 333–334
39 Kant, 228
53 James, William, 655
54 Freud, 686, 840
56 Waddington, 697–699

4c. **Consistency, simplicity, and beauty as standards in the construction of hypotheses**

15 Ptolemy, 93
15 Copernicus, 507–508, 740, 784–785
15 Kepler, 888–890
39 Kant, 227–228
42 Lavoisier, 62–63
53 James, William, 655–659
56 Poincaré, 33–34, 42–43
56 Eddington, 273

4d. **The task of verification: the plurality of hypotheses; the experimental testing of hypotheses**

5 Herodotus, 49
7 Aristotle, 387–389
9 Galen, 367–371
10 Archimedes, 520
15 Ptolemy, 9–12, 86–93, 120–122
15 Copernicus, 514–515
15 Kepler, 857–860, 907–916, 1014–1016
26 Galileo, 203–205
26 Harvey, 268–273, 286–304 esp 295–296, 311–312, 324
28 Bacon, 164–168
28 Descartes, 285–286
29 Milton, 233–236
30 Pascal, 368–370, 425–429
32 Newton, 265, 266–267, 369, 453–455
40 Mill, 283–284
42 Faraday, 293, 348, 738–740
53 James, William, 655–659
54 Freud, 502–503
56 Poincaré, 40–42, 43–44, 64–70 passim
56 Planck, 99–100
56 Eddington, 253, 262–263, 274–276
56 Bohr, 349–350

5. **Hypothetical propositions and syllogisms: the distinction between the hypothetical and the categorical**

7 Aristotle, 39, 62–63, 68–69, 81–84
17 Aquinas, 86–88
39 Kant, 39–41, 51–52, 110–111, 129, 179–180, 193–200, 265–267, 297–298

交叉索引

以下是与其他章的交叉索引:

The distinction between axioms and postulates, assumptions, and hypotheses, see INDUCTION 3; JUDGMENT 8a; PRINCIPLE 2b(2), 3c–3c(3); TRUTH 4c, 7a.

The use of hypotheses in dialectic and philosophy, see DIALECTIC 2a(2); LOGIC 5d; PHILOSOPHY 3b–3c.

The distinction between scientific and dialectical reasoning, see PRINCIPLE 3c(2); REASONING 5b–5c.

Postulates in mathematics, see LOGIC 5a; MATHEMATICS 3a.

Hypothetical judgments and hypothetical reasoning, see JUDGMENT 6d; REASONING 2b.

The employment and verification of hypotheses in empirical science, see ASTRONOMY AND COSMOLOGY 2b; EXPERIENCE 5a–5c; LOGIC 5b; MECHANICS 2b, 8c; PHYSICS 4b–4d; SCIENCE 4e, 5e.

扩展书目

下面列出的文著没有包括在本套伟大著作丛书中,但它们与本章的大观念及主题相关。

书目分成两组:

Ⅰ. 伟大著作丛书中收入了其部分著作的作者。作者大致按年代顺序排列。

Ⅱ. 未收入伟大著作丛书的作者。我们先把作者划归为古代、近代等,在一个时代范围内再按西文字母顺序排序。

在《论题集》第二卷后面,附有扩展阅读总目,在那里可以查到这里所列著作的作者全名、完整书名、出版日期等全部信息。

I.

Hobbes. *Concerning Body*, PART IV, CH 26
Descartes. *The Principles of Philosophy*, PART III
Spinoza. *Correspondence*, VI, XIII
Kant. *Introduction to Logic*, x
Mill, J. S. *A System of Logic*, BK III, CH 14
Dewey. *Logic, the Theory of Inquiry*, CH 7
Einstein. *On the Method of Theoretical Physics*

II.

THE MODERN WORLD (1500 AND LATER)

Arnauld. *Logic*, PART II
Bernard. *Introduction to Experimental Medicine*, PART I, CH 2
Bosanquet. *Logic*, VOL II, CH 5
Boyle. *Reflections upon the Hypothesis of Alkali and Acidum*
Bradley, F. H. *The Principles of Logic*, BK I, CH 2
Brown. *Lectures on the Philosophy of the Human Mind*, VOL I, in part
Campbell, N. R. *Physics; the Elements*, CH 6
———. *What Is Science?*, CH 5
Comte. *The Positive Philosophy*, BK III, CH I
Duhem. *The Aim and Structure of Physical Theory*
Fisher. *The Design of Experiments*
Hempel. *Aspects of Scientific Explanation*
Herschel. *A Preliminary Discourse on the Study of Natural Philosophy*, par 202, 208, 210, 216
Jevons. *The Principles of Science*, CH 23
Mach. *Knowledge and Error*
Northrop. *Science and First Principles*
Pareto. *The Mind and Society*, VOL I, CH 4-5
Peirce, C. S. *Collected Papers*, VOL II, par 619-644, 669-693, 755-791; VOL VI, par 7-34
Popper. *The Logic of Scientific Discovery*
Reid, T. *Essays on the Intellectual Powers of Man*, I, CH 3
Rothstein. *The Structural Hypothesis*
Tyndall. *Scientific Use of the Imagination*
Venn. *The Principles of Empirical or Inductive Logic*, CH 16
Whewell. *On the Philosophy of Discovery*, APPENDIX H
———. *The Philosophy of the Inductive Sciences*, VOL II, BK XIII

37

观 念 Idea

总 论

正如每一章的主题分析或主题要点所表明的,大观念不是简单的思想对象。每个大观念似乎都有复杂的内部结构——一个由包含相关意义和不同见解的部分组成的序列,当这些相关意义和不同见解彼此相互矛盾时,这个序列决定该思想领域的基本问题。

大观念也是我们借以考虑问题的概念。它们是我们借以阐述基本问题的术语;它们是我们在界定问题和讨论问题时所使用的概念。它们代表我们的思想的主要内容。它们是我们思考的内容,也是我们思考的对象。

除了思想的对象和内容,如果我们想要思考思想本身——它的行为或过程——我们会在伟大著作丛书传统中发现许多相关术语,它们指出这种探究的范围。其中一些术语是:观念、判断、知性和推理;知觉、记忆和想象;感官和心灵。在这里,我们关注的是其中一个术语——观念这个概念。它可能是所有这些相关术语中最基本的术语,因为按照不同的观念性质和观念来源概念,思想和知识的分析会发生改变。关于人的认知能力、关于思想的行为和过程、关于人类理解的界限的不同见解,将会被接受。

当"观念"一词被用在形而上学或心理学的专门话语中时,它表示所知道或所理解的东西吗?它表示的不是思想的对象,而是思想本身吗?或者,二者兼是?确实,在通常的讲话中,该词以两种方式被使用,因为人们说到理解一个观念,并且注意到他们对同一观念理解中的差异;而且他们又说他们对同一事物具有不同的观念,这意味着他们以不同的方式理解同一个事物。

在巨大的意义含糊不清的范围内,"观念"一词有许多其他的意义对立。它有时仅仅指神灵的永恒类型,或者存在于物质事物之外的可理解的形式,物质事物是它们的摹本;有时指人心中的概念,是从感觉经验中抽象出来的;有时指理解的根源,天然地属于理智,因而无需从感觉中抽取。有时,"观念"指感觉或知觉,也指抽象的思想,于是,它的含义扩展到几乎所有类型的心理内容;有时人们否认存在任何抽象的或一般的观念;而有时"观念"只具有极端有限的作为感觉印象之记忆的心像意义。

康德强烈反对他所认为的观念这个术语的不必要的滥用。他写道,"我请求心里真正装有哲学的那些人努力维护观念这个词的原始含义"。他坚持说,"不缺乏适当地指示每一个表象方式的语词,这些语词并不侵害适合于其他表象方式的术语"。

康德提出这些词的"分级名单"。他以知觉为起点,依据主客观之区分,把知觉划分为"感觉"和"认知"。而后他继续说道,按照其与对象所具有的直接关系或居间关系,认知"要么是一个直觉,要么是一个概念"。在把概念区分为经验概念和纯概念时,康德终于达到作为纯概念之分支的观念这个术语。如果纯概念"单单在理解中有其根源,并且不是具有纯感觉心像的概念",那么,它就是一个意念;"从意念中形成的概念,超越经

37. 观　念

验的可能性,是一个观念或者一个理性概念"。

按照康德的看法,任何已经习惯这些区分的人会发现,"听到红色的表象被称为观念是无法忍受的"。不管能否忍受,"观念"一词总是在康德所憎恶的意义上被使用着,同时也在各种其他的意义上被使用着。本书的读者必须准备对付所有这些意义的变换,以及随之而来的理论变换。因为按照这些意义的差别,就有对观念的性质或存在的不同分析,就有对观念的起源或它们如何在人心中出现的不同解释,就有对观念的不同分类。这三个问题——观念是什么,观念如何获得以及它们属于哪一种类——相互如此密切联系,以致对其中一个问题的回答倾向于限制其他两个问题的答案。

本书每一章的统一性依赖于其核心术语之意义的某种连续性,某种意义线索,无论这个线索多么单薄或纤细,它使各个作者对同一事物的论述协调一致并使之可以理解。没有这种统一性,他们就根本不在同一话语世界中活动。如果他们所使用的词完全歧义,他们甚至不可能与他人争议,正如"pen"这个词在指示一种书写工具和一个猪圈时,是完全歧义的。

本书中所使用的"观念"一词的极端含糊性使这个原则经受考验。柏拉图所讨论的观念指的是唯一可知的实在,而休谟所讨论的观念指的是通过记忆从原始印象或感觉经验中得来的心像,他们到底是在谈论同样的东西吗?亚里士多德把人的观念看作是抽象的或一般的概念,认为它们与知觉或感觉心像极为不同,而贝克莱则把观念看作是特殊的知觉,并且同时否认抽象的或一般的概念,他们之间有共同的基础吗?

对洛克或詹姆士这样的作家而言,感觉观念和抽象观念(或知觉和概念)属于同一知性能力,或者属于单一的意识流,而对普罗提诺、笛卡尔和斯宾诺莎这样的著作家来说,观念属于理智或者属于思想存在物,它们既不同于物质,也不同于感觉,感觉仅仅是机体的反应,洛克或詹姆士可以同普罗提诺、笛卡尔和斯宾诺莎交流吗?或者说,他们可以同亚里士多德和阿奎那沟通吗?对亚里士多德和阿奎那来说,在感觉能力和理智能力之间存在严格的区分。还有,亚里士多德和阿奎那能够通过指涉理性存在物从经验或可感种类中抽象概念或可感种类的能力来解释概念或可知种类的起源,并继续与柏拉图、奥古斯丁和笛卡尔讨论吗?柏拉图、奥古斯丁和笛卡尔认为理性存在物在一定程度上具有天赋观念,具有知性原则或知性原由。这些人当中有谁和讨论数学观念的彭加勒、怀特海和哈迪有共同之处?譬如说,哈迪写道,"除观念外,数学没有其他可供使用的材料,因此,他的模式可能更持久,因为观念比语词持久"。

前面所述绝不是完整的清单。譬如说,它没有追问神学家在什么意义上谈论上帝心中的观念,谈论借助神灌输的观念的天使启示或人类理智。(在这种话语和与抽象观念之形成或与感觉印象在心像中的复活有关的那些话语之间,有什么共同的意义线索?)它也没有追问观念在康德的直觉、判断和推理的三重分析中的意义,或者在黑格尔的一切自然和历史在绝对观念辩证历程中的最终综合的意义。("观念"的这些意义与弗洛伊德区分意识和无意识观念时所使用的意义有共同之处吗?)

这个清单没有指出,出发点似乎相同的作者采取许多不同的路线,在这个意义上说,它是不完整的。甚至在某些观点上似乎谈论同一种语言的那些人，在观念理论的其他观点上并未显露出有共同的基础。但是，已经提出的问题足够满足当前的目的。无论"观念"一词多么含糊，它的含糊性并没有达到会摧毁话语世界的程度。仍然有一根细长的意义线索，把所有这些传统要素捆扎在一起，不是捆扎在一个真理或一致性的统一体中，而是捆扎在可理解的问题结合中。

这种统一性可以从两个方面看。首先，它似乎表现为这样一个事实：对观念——无论对作为心灵的对象还是作为心灵的内容——的任何考虑都包含一个知识理论。这在很大程度上是"观念"的所有意义的共性。

对柏拉图和贝克莱来说，观念构成可知的或可感的存在物王国，而关于实在的知识表现在对观念的理解或知晓。对亚里士多德和詹姆士来说，观念仅仅是知觉或思想，他们把观念看作是借以认识实在的工具。无论是按照哪一个观点，知识包含认知者和认知对象之间的关系，或者认知能力和可认知的存在物之间的关系。但是，按照一种观点，观念是被认识的实在，而按照另一种观点，它们是借以认识实在的表象，而实在并不把观念作为它的要素。

观念有时既被看作是知识的对象，又被看作是实在的表象。一些著作家（譬如说柏拉图）区分了两个实在序列（可感的实在和可知的实在）和两种理解方式（感性和知性）的不同。而且，他们使用"观念"这个词既表示可知对象也表示对它的理解。洛克恳求读者原谅他经常使用"观念"一词，他说道，这个词"最好用于代表一个人思维时的知性对象"。但是，洛克又在关于真实存在的知识和关于我们自己的观念间关系的知识之间进行区分，前者是"心灵通过观念对事物本身拥有的知识"，后者是心灵"从观念的比较中获得的知识"。休谟也认为，观念以及印象包含在我们关于事实的知识中，但是，观念之间的关系也是知识的对象，比如在"几何科学、代数科学和算术科学中"。

在阿奎那那里，"观念"的这两种用法，有时伴随着对两种意义的明确认可和排序。对阿奎那来说，概念首先是知识的手段，而不是知识的对象。阿奎那写道，概念"不是实际上理解的东西，而是理性存在物借以进行理解的东西"——借助它，某种其他的东西被认识。其次，当然，当我们把我们的注意力转向我们自己心灵的内容时，观念就变成我们所认知的东西。在使用"可知的种类"这个短语表示概念时，阿奎那解释说，"由于理智对它自己进行反思，通过反思不仅理解它自己的智力行为，还懂得它借以进行理解的种类"。因此，可知的种类是其次得到理解的东西。但是，首先得到理解的东西是对象，可知的种类是对象的相似物。

因而，拥有关于事物的观念或者关于观念的观念是可能的。在阿奎那的分析词汇表中，借以理解实在事物的观念或概念有时被称为心灵的"第一意向"。我们借以理解这些观念或第一意向的观念被称为心灵的"第二意向"。观念总是心理意向、意识或者表象，绝不是有待心灵去认识的独立实在。

洛克的感觉观念和反省观念之间的区分似乎相当于中世纪的第一意向和第二意向之间的区分。但是，与第二意向是对作为被理解的对象的观念进行反思性理解的观念不同，洛克的反省观念包含"对我们自己的心灵活动的感知，这种感知针对的是它所拥有的观念"。洛克在我们关于实在或者关于真实存在物的知识和我们关于我们自己的观念间关系的知识之间进行区分,也许在这个区分中可以发现更仔细的比较。

理解"观念"的诸意义间联系的第二种方式,取决于对相反观点的共同之处的认识。

我们已经注意到,在"pen"这个词命名一种书写工具和一种动物围栏时,它完全是歧义的。因此,当一个人在一个意义上说到"pen",而另一个人在另一个意义上说到"pen",无论他们所说的东西如何截然不同,但他们并不相互冲突。"pen"一词的两个意义甚至没有相互对立的联系。但是,"观念"一词的所有意义至少有相互对立的联系,所以在不同意义上使用该词并持不同理论的著作家无法避免由他们的相互冲突的分析而产生的问题。

这种对立的根源在于对观念和感觉之间的关系——或者,更一般地说,感觉和可感物之间的关系——的肯定看法和否定看法。尽管存在不同的感觉分析,但这些不同的分析似乎都赞同以下两个观点或其中一点:感觉是特殊的知觉,并且感觉产生于物理刺激对生物感觉器官的冲击。

贝克莱坚持第一点,而强烈地否定第二点。观念或感觉总是不同;但是,他说,"铭刻在感官之上的各种感觉或观念,无论是如何混合或结合在一起的(就是说,无论它们包含什么对象),除在感知它们的心灵中外,不可能在别的地方存在",并且它们的原因既不是物质,也不是进行感知的心灵,而是产生它们的"某种其他意志或精神"。其他人,如卢克莱修和霍布斯,把感觉看作是特殊的知觉,但像贝克莱一样,并不使用"观念"一词表示外来的知觉,而是把它限于心灵本身在记忆或想象行为中的表演。

因此,存在各种各样的观念理论,从把观念等同于感觉或知觉,或者把观念等同于感觉之衍生物的理论,到否认这种同一性,甚至否认观念和感觉或感觉心像之间存在任何关系的理论。

接受第一个观点的作家,把人或动物中的心智或知性看作是唯一的知识能力。它履行一切认知和思维功能。它不仅进行感知和记忆,还进行想象和推理。

在这组作家内部也存在差异。譬如说,贝克莱认为,"人类知识的对象"要么包括"实际铭刻在感官上的观念,要么包括经由注意心灵的激情和活动而被感知的其他东西;要么包括通过记忆和想象力的帮助——或者混合、分离,或者仅仅表达以上述方式最初感知到的那些东西——最终形成的观念"。但是,休谟把"心灵的所有知觉"划分为"两类或两种,区分它们的依据是它们的强烈或活跃程度。较不强烈和较不活跃的知觉通常被称为思想或观念。另一种知觉在我们的语言中以及在大多数其他语言中缺乏名称,因此,让我们较为自由地使用,并称之为印象"。休谟解释道,用这个术语,"我所指的是我们在听或看或摸或爱或恨或渴望或希望时所得到的一切较为生动的知觉"。

该词的另一个用法是洛克所表达的。洛克区分感觉观念或反省观念、简单观念和复杂观念、特殊观念和一般观念,并且使用"观念"一词既代表感觉经验的原始要素,又代表心灵活动(无论是记忆行为、想象的建构行为还是抽象行为)在修订这些被给予的材料中所产生的一切派生物。在詹姆士那里,还可以发现该词的另外一个用法。不顾洛克的权威,詹姆士认为,"'观念'一词还未在语言中使其自身驯化,以便涵盖身体上的感觉"。因此,他把"观念"一词限于概念,而从不用它表示感觉或知觉。不过,像洛克一样,他不认为从知觉中发展概念需要运用特殊的才能。概念和知觉属于单一的"思想之流",并且都是"意识的状态"。

接受第二个观点的作家,以这种或那种方式在感觉和理智之间进行区分,并且把它们看作极为不同的认知能力。感觉被看作是履行知觉、想象和记忆功能;而理智被看作是履行思想功能——概念、判断和推理,或者如果不是履行这些行为的话,就是履行理智洞察或理智直观行为。在这里,在该集团内,也存在差异。

正如第一个观点的极端形式把观念等同于知觉一样,在这里,相反的极端形式表现为否认观念和一切感觉经验要素之间的任何关系。神的心灵中的观念,或者由上帝灌输到天使的理智中的观念,并不是来源于经验,也不需要知觉、记忆或感觉心像。它们不是抽象的观念,也就是说,它们不是从感觉材料中抽象出来的概念。

阿奎那写道,"我们的理智从个体化的原则"——感觉和想象的物质条件——"抽象出可知的种类"。他继续道,"神圣理智中的可知种类""是非物质的,不是抽象物,而是其本身"。阿奎那引证奥古斯丁的话说,神圣观念"是包含在神圣理智中的某些原始形式或者事物的永久的和不可改变的模型"。他遵循奥古斯丁的供述"每个事物都是上帝按照适合于它的观念创造的",把"观念"一词限制于"存在于神圣心灵中的范例"和上帝借以告知天使理智的种类。在其他人谈到人心中的"观念"的地方,他使用"概念"一词。

但是,笛卡尔赋予人心以观念——不是从感觉中抽象出来的并依赖于感觉的概念,而是直觉的理解,由于这些直觉的理解不可能以任何方式从感觉经验中获得,所以,它们必定是人的心灵的天赋特性。当然,他并不总是在这个严格的意义上使用"观念"一词。他说,一些观念"似乎是天赋的,一些观念是偶然的,而其他观念是由我们自己形成的或发明的"。所谓"偶然的"观念,似乎是从外部来的那些观念,是当"我们听到某种声音,或者看到太阳,或者感到热量"时得到的观念。我们自己形成或发明的那些观念"是想象力的构造物"。在笛卡尔看来,在成为确定知识的要素和理智直觉的来源这个意义上说,唯有天赋观念是真正的观念。他说,"我不把直觉理解为变动不居的感觉证据,也不是从盲目的想象力构造物出发的引人误导的判断",而是"平静的和注意的心灵所具有的确定无疑的概念",这种概念"单单来自理性之光"。

由于在笛卡尔那里,心和身是分离的实体——心被他构想为思维[res cogitans]或思维实体,完全独立于广延[res extensa]或者作为身体实体的有广延的物质,所以观念和感觉在来源上和功能上是独立的。像天使理智中灌输的概念一样,人心中的天赋观念不是抽象的,因为它们不是抽取出来的。但是,与天使的观念不同,人类的心灵即使在使用天赋观念时,也是散漫的或沉思的。即使它的能力也被看作是直觉的——也就是说,能够在不分析或不求助于感觉表象的情况下理解可知的对象,它也从不被看作是完全脱离判断和推理活动。

在区分理智知识——或者借用观念的知识——和感觉经验时,天赋观念学说并非总是走得如此之远。譬如说,在柏拉图和奥古斯丁的理论中,感觉经验的作用是唤醒知性去了解可知的对象,它对可知的对象拥有天赋直觉。

按照奥古斯丁的看法,学习那些"不

是作为心像借助感觉达到我们心灵,而是在不具有心像的情况下为我们所认知"的事物,"仅仅是我们借以搜集事物的思想过程,这些事物已经包含在记忆中,尽管它们是混杂的和混乱的"。另外,记忆不仅包含"通过身体的感觉铭刻在记忆上的心像,还包含情感自身的观念",它们不是受"自通向心灵的任何身体入口"。

这个通过记忆的学习过程,似乎与柏拉图所谓"回忆"或"回想"过程相似。在《美诺篇》中,苏格拉底证明,一个他认为其不了解任何几何学的男童奴,仅仅通过提问就可以发现,他始终知道几何问题的解决办法。苏格拉底告诉美诺说,"在他那里总是存在正确的思想",这些思想"只需要通过给他提问就可以被唤醒为知识"。因此,"他的灵魂必定总是已经拥有这种知识"。因此,按照这种天赋观念理论,学习必定可以被描述为努力去"回忆",不是回忆"你所不知道的东西","而是你记不得的东西"。

通过回忆或记忆的学习,似乎是经由教师的提问或者经由知觉对身体感觉的唤醒,把潜在观念(无论它们是通过灵魂从前生保留下来的,还是灵魂的天赋的一部分)变成活跃观念的过程。尽管对思想的这种身体刺激意味着身体和灵魂的功能联系,不过,柏拉图和奥古斯丁都坚持,观念有其独立的来源。它们不是来自感觉,尽管它们的出现可能是由感觉世界的事件引起的。

另一个观点仍然需要加以考察。它否定观念在心灵中是天赋的,同时又把理智和感觉作为分离的认知能力加以区分。在解释理智从何处获得其观念之后,像亚里士多德和阿奎那这样的作家,把从感觉心像——阿奎那称之为幻象——中获得"可知种类"的抽象能力归因于人的理智。

我们"通过从由幻象加以表象的个别事物中抽取形式"来获得"我们的理智借以理解物质事物的概念"。阿奎那坚持,通过被如此抽象出来的普遍概念,我们能够"考虑除其个体原则之外的种类本性"。在这里,应该补充的是,抽象不是直觉理解的工具。形成概念是心灵的第一行动,仅仅在概念被用于随后的判断和推理行为时,它才产生知识。

抽象的或普遍的概念既不同于观念——观念属于与身体相分离的理智,神的或天使的理智——也不同于特殊的知觉或感觉的心像。它们占据二者之间的中介位置,正如按照阿奎那的看法,"人类的理智占据"天使的理智和身体感觉之间的"中间位置"。一方面,对阿奎那来说,人类理智是非物质的能力,另一方面,它又只能在与感觉和想象的身体能力协力合作中起作用。所以,人类理智形成的普遍概念是非物质的;但是,在起源和功能上,它们又依赖于感觉材料。普遍概念不仅是从幻象中抽象出来的,而且对理智去理解有形的事物而言,"它必定转向幻象以便感知存在于个体中的普遍性质"。

这种抽象观念似乎同洛克的观点或詹姆士的观点相距不远,洛克区分特殊观念和一般观念(他称之为"抽象"观念),詹姆士则区分普遍概念和感官知觉。然而,他们之间在一个问题上的差异是根本的,也就是说,特殊的感觉和普遍观念是属于同一心智能力,还是属于极为不同的感觉和理智能力。

这个差异似乎与这些作家解释抽象或概括过程的方式有很大关系,其结果是,抽象等级的分析中的某种微妙性,不管这种微妙性被承认还是被忽视。不过,洛克和阿奎那之间或者詹姆士和亚里士多德之间的观点相似性——每个人都以自己的方式断定心灵所包含的东西无不源于感觉——所起的作用是在更极端的两个观点之间进行调停。

在心理学中,关于天赋观念的争议和关于抽象观念的争论,是与关于认知能力或认知诸能力的基本差异不可分离的问题。关于观念的存在或真理性,存在其他问题。在这里,第一个问题不是观念是否知识的对象,而是观念的存在是实在的还是心理的——在心之外还是在心之中。

这个争论的一个方面在**形式**那一章,即在亚里士多德和柏拉图关于除去物质和心灵外的观念或形式之存在的争论中得到考察。正是在这个争论的背景中,传统的描述词"实在论"获得其意义,它表示这样的观点:观念或普遍具有其自身的独立实在性。这个观点的各种各样的反对者不是被称为"唯心论者",如果他们否认心灵之外的普遍观念的任何存在,他们通常被称为"概念论者";如果他们甚至否认普遍在心灵中的存在,他们被称为"唯名论者"。这些学说在**同与异**、**普遍与特殊**两章中得到更为详细的讨论。

本章已经注意到,关于观念之存在的争论还有另一个方面。正是在这种关联中,"唯心主义"一词获得其传统意义。唯心主义并不主张观念在心灵之外真实存在。相反,它主张,唯一的实在是心理实在——要么是心,要么是心中的观念。

贝克莱的著名命题——存在就是被感知——似乎只允许一个例外。进行感知的心灵在不进行感知时存在,任何其他东西都不存在。所有其他东西的存在都是观念,是属于心灵的存在。按照这种学说(这种学说在贝克莱那里和黑格尔那里采取不同的形式),"某种东西的观念"这个短语是没有意义的。观念不可能是任何存在之物的表象。在事物和观念之间进行区分是没有意义的。实在和理念是同一的。

柏拉图有时被称为"唯心主义者",但不是这个意义上的唯心主义者。他从不被阐释为全然否定模仿或复制永恒观念、不可改变的原型或形式的变动不居的物质事物的实在性。在柏拉图或普罗提诺那里,"唯心主义"似乎表示理想(与物质的或物理的相对)存在物的较高的实在性。正如"唯心主义"具有这些广泛的不同意义,"实在论"也是如此,一方面,它指的是把独立的实在性归因于观念的那些学说,另一方面,它指的是肯定独立于作为心灵表象之观念的一系列真实存在物之存在的那些学说。

在事物和观念之间或者在实在秩序和心灵对它的构想之间进行区分的作家,面对区分两种存在模式的难题。断言观念或概念仅仅在心灵中存在,不是断言它们根本不存在,而是仅仅断言它们不以心外之物的那种方式存在。

除知识外,一个存在物在其真实的存在中,拥有在它作为一个被认知的对象(某种程度上属于一个认知心灵)时所拥有的同一个特性吗?存在一种能够呈现两种存在方式——独立于心的真实存在和理想的存在,或者作为被构想或被认知之对象的心灵中的存在——的中性本质吗?心灵中的观念或概念仅仅是被对象化的真实事物,或者被转化为知识对象的真实事物?或者,实在的事物,物自体,全然不同于经验或知识的对象,既不是可知的,也不能被概念表象?

这些问题与对作为实在之表象的观念的考察有关,当然,也与**存在**、**经验**和**知识**诸章所考虑的问题有关。所表示的问题在那里得到讨论。

与之密切相关的问题是观念的真理性问题。观念可能在真假被归属于命题或判断的那种意义上为真或为假吗？观念在什么条件下是真的？它的真理性表现在什么地方，以及它的真理性的象征或标志是什么？这些问题在**真理**那一章将得到讨论。在这里，需要指出的是，合适的观念和不合适的观念之间的传统区分，以及清楚的和分明的观念与模糊的和混淆的观念的比较，被看作是决定真理性的标准。它可能是为观念本身所接受的真理性，或者可能是由几个观念构成的判断的真理性。在一定程度上，观念被看作是表象的，它们的真理性（或者由它们构成的判断的真理性）表现为与它们所表象的实在——或者，用斯宾诺莎的话说，就是观念原料——的某种方式的一致或者符合。

在概念的或心理的秩序中，在不履行表象功能的观念和履行表象功能的观念之间存在进一步的区分。前者被看作是幻想、虚构或妄想，后者被称为"真实观念"，或者与实在有关的观念。至少对把真实和虚假观念之划分看作只能应用于表象的那些人来说，观念的实在性问题先于真理性问题。然而，真实和想象的观念之间的区分标准难于和真假标准相分离。对使用"观念"意指记忆心像的那些人来说，这种分离是相当容易的。他们能够通过追溯作为观念之来源的印象，检验观念的实在性。

由于抽象观念是从感官知觉中抽象出来的，所以检验抽象观念之实在性的另一种办法是，看它们对感官知觉的忠实程度。还有一个标准是詹姆士提出来的，那就是不矛盾标准。如果一个观念"保持不矛盾"，那它就具有真理性和实在性。带翅膀的马这个观念就说明这一点。

詹姆士写道，"如果我仅仅梦到一匹带翅膀的马，我的马并不妨碍任何其他东西，并且并不矛盾……但是，如果我带着这匹马侵入在不同的情况下被认知的世界，并且比如说道，'这是我的老母马迈玛姬，她在她的马厩里长出一对翅膀'，整个情况就随之改变；因为现在该匹马和该地方被等同于在不同情况下被认知的马和地方，关于后一个对象所知道的东西与对前一个对象所感知到的东西是不相容的"。

对观念或概念的考察属于逻辑学，也属于心理学和形而上学。有时逻辑学家直接处理概念，并处理由概念构成的判断；有时仅仅当他在词项和命题中找到言词表达方式时才处理它们。

概念和判断之间（或者词项和命题之间）的区分，在**判断**那一章会讨论。在那里，我们还会看到，判断或命题的分类部分依赖于在概念或词项分析中对主词和谓词观念的接受或拒绝；而且，它们是否被接受，取决于词项区分于主词和谓词的方式。

这依次取决于某些传统的区分，诸如具体词项和抽象词项、特殊词项和普遍词项之间的熟悉区分，这些区分可以运用于词项——如果并不总是可运用于概念的话。当概念——有时被称为"心理语词"——从其性质来说被看作是抽象的和普遍的时候，这些区分只能运用于物质名词。具体的和特殊的词项被看作是感官知觉或心像的言词表达式；抽象的和普遍的词项被看作是观念或概念的言词表达式。但是，当观念被等同于感官知觉或心像，而抽象观念被拒绝时，在日常话语中一般名字的存在满足特殊词项和一般词项之间的区分，即使后者并不表达任何实际的心理内容。

与如前所述不同，其他的词项区分，譬如说，单义词项和类推词项的区分，或者种词项和属词项的区分，并不在整个逻辑传统中出现。它们倾向于成为亚里士多德逻辑学及其中世纪发展的特征。在这两种区分中，单义词项或概念与类推词项或概念之间的区分，就本书范围考虑，似乎仅仅明确出现在《神学大全》。不过，阿奎那关于类推词项的特殊理论，确实在亚里士多德的单义名字和多义名字的论述中，以及在他的述谓种或属之同一性的词项与那些通过类推述谓同一性的词项的区分中，有其背景。对这些区分的分析在关于**同与异**以及**记号和符号**那两章进行。

其他作家在处理普遍词项时认识到，它们具有不同的普遍性程度。他们有时把这表述为一系列多少包含一切的类。有时，它们指的是一个词项的内涵和外延，或者含意和指谓。越一般的词项越少具有限制性内涵，因此代表更多的外延或者包容性的类。亚里士多德的种属分析的独到之处，是给普遍词项的等级设置高低界限，所有的种类都属于少数不可归约的范畴（或者，最高的类[summa genera]），而在另一个极端，有限数量的最低（或最低部分的[infimae]）种类无法包含其他种类。

归入最低种名下的名词必定要么是殊相，要么是偶然的类。那些似乎是范畴本身之述谓的词项，诸如存在或一，不可能是属。这些词项就是亚里士多德的中世纪追随者所谓"先验的"和"类推的"词项。康德在不同的意义上使用"先验"一词，他所列举的一组概念与亚里士多德的最高的类有某种相似性，但是，他把它们看作是先验范畴。

与逻辑学家一样，心理学家也对概念之间普遍性的差异感兴趣，因为它产生在学习次序中究竟是更多普遍性的概念在先还是更少普遍性的概念在先这个问题。进一步说，观念的次序和关系是逻辑学和心理学的共同基础。譬如说，二者都处理词项或概念在推理中的位置和次序，尽管逻辑学家目的在于规定有效推理必须采取的形式，而心理学家试图描述思维实际进行的步骤。

当然，唯有逻辑学家关注词项的安排方式，是对另一个名词的肯定和否定，或者是另一个名词的反义词。正如从亚里士多德到弗洛伊德，唯有心理学家处理观念在思想之流中的联系，包括接近和连续关系，以及相似性和差异关系。依据观念的逻辑联系或者它们的心理联系，对心的性质、理性的生命和思想过程可以给予极为不同的解释，这是首要的事实。

分　类　主　题

1. 观念学说
   1a. 观念，或观念之间的关系，作为思想对象或知识对象：作为永恒形式的观念
   1b. 作为心灵借以思维或认知的观念或概念
   1c. 作为感觉经验的材料或其残余物的观念
   1d. 作为纯理论概念的观念：范导原理
   1e. 观念在超人类的理智或精神中的位置：永恒的范例和原型；神灵的模式
   1f. 观念作为有限的存在和概念的统一体：绝对观念
2. 人心中的观念的起源或由来
   2a. 观念的灌输：神的启示
   2b. 观念的天赋或保留：通过感觉、记忆或经验激活心灵的天赋内容或结构

2c. 通过知觉或直觉获得观念:作为知性直接对象的简单观念或形式

2d. 作为观念之源的反思:心灵对其自己的行为或内容的考察

2e. 经由回忆感觉印象的观念创始:感觉心像

2f. 经由修订感觉材料的观念创造:概念的想象建构或从简单观念中形成复杂概念

2g. 从感觉经验中抽象观念:作为心灵第一行动的概念;抽象的等级

2h. 从理性的三段论中获得先验观念

3. 按照其客观所指区分观念

3a. 关于事物的观念区分于关于观念的观念:第一意向和第二意向的区分

3b. 适当的和不适当的观念:清楚和明晰的观念与模糊的和混乱的观念的对照

3c. 真实的观念和幻想的或虚构的观念:否定和幻想

4. 观念的逻辑

4a. 观念或概念的语言表达:词项

4b. 词项的分类:不同种类词项的使用问题

（1）具体词项和抽象词项

（2）特殊词项和普遍词项

（3）特种词项和普通词项:无限的种和最高的属

（4）单义词项和类推词项

4c. 词项的关联、对立和排序

5. 思想过程中的观念或概念

5a. 观念和判断:主词和谓词的划分;主词和谓词的种类

5b. 词项在推理中的位置和顺序

5c. 理性观念的辩证使用

5d. 概念在学习阶段中的次序:较多普遍的概念和较少普遍性的概念

5e. 观念的联结、比较和辨别:思想之流或意识之流

6. 存在和观念的真理性

6a. 真实的存在和意向的存在之间的区分,事物和观念之间的区分:作为符号的观念,或心灵的意向

6b. 与心灵的性质和存在相联系的观念的性质和存在

6c. 观念与其对象的一致性:符合中的适当性标准

6d. 作为真理性标准的观念的清晰性

6e. 属的标准:通过指涉其起源检验观念的真理性或意义

6f. 简单理解、感觉或概念的真或假:与判断或断言之真假的比较

［杨玉成 译］

索引

本索引相继列出本系列的卷号〔黑体〕、作者、该卷的页码。所引圣经依据詹姆士御制版，先后列出卷、章、行。缩略语 esp 提醒读者所涉参考材料中有一处或多处与本论题关系特别紧密；passim 表示所涉文著与本论题是断续而非全部相关。若所涉文著整体与本论题相关，页码就包括整体文著。关于如何使用《论题集》的一般指南请参见导论。

1. **Doctrines of idea**

1a. **Ideas, or relations between ideas, as objects of thought or knowledge: the ideas as eternal forms**

    6 Plato: 113–114, 167, 231–232, 242–243, 368–373, 383–388, 486–511, 534–536, 571–574
    11 Plotinus, 560–562
    16 Augustine, 316–317
    17 Aquinas, 440–443, 444–446, 463–464, 465–466, 469–471
    28 Bacon, 43–44
    28 Descartes, 322–323, 347, 356, 357–358, 363, 383–384
    33 Locke, 95, 134, 307–326 passim
    33 Berkeley, 404–444 passim
    33 Hume, 458
    39 Kant, 113–115 esp 113, 173–174, 352–353, 551–552
    43 Hegel, 55
    55 James, William, 44–48
    55 Russell, 253–256
    58 Weber, 114–115
    58 Huizinga, 334–337, 339–340

1b. **Ideas or conceptions as that by which the mind thinks or knows**

    17 Aquinas, 58–59, 62–63, 75–77, 85–86, 154–155, 178–180, 288–306, 433–434, 440–451, 461–462, 475, 478
    28 Descartes, 308–309, 334–335, 363
    28 Spinoza, 607
    39 Kant, 15, 31, 41–42, 58–59, 109–113, 130
    53 James, William, 300–314
    55 James, William, 36–37
    55 Russell, 254–255
    55 Wittgenstein, 334–335

1c. **Ideas as the data of sense-experience or their residues**

    16 Augustine, 317
    21 Hobbes, 52
    28 Spinoza, 625
    33 Locke, 121–123, 126–129, 131–141 passim, 211–212, 252, 260–263, 320
    33 Berkeley, 413, 416, 419, 430–431
    33 Hume, 455–457
    39 Kant, 45–46, 101–102, 282
    55 James, William, 41–43
    55 Russell, 253–254
    55 Wittgenstein, 439

1d. **Ideas as the pure concepts of reason: regulative principles**

    39 Kant, 37–39, 108–209, 239–240, 310–311, 329, 343, 349–355, 461–462, 464–467, 489, 506–511, 570–572, 581–582, 596–598

1e. **Ideas in the order of suprahuman intelligence or spirit: the eternal exemplars and archetypes; the modes of the divine mind**

    11 Lucretius, 61
    11 Plotinus, 323–324, 327, 443–444, 473, 518–563, 592–593, 638–647
    16 Augustine, 3, 407–409
    17 Aquinas, 78–80, 82–83, 88–89, 91–95, 107–108, 127–143 passim, 256–257, 375–377, 442–443, 540–541, 545–546, 587–588
    18 Aquinas, 58–59
    19 Dante, 106
    28 Bacon, 133
    28 Spinoza, 596–597 passim, 608, 610, 616
    33 Locke, 268
    33 Berkeley, 426–428
    39 Kant, 113–118, 575–577, 580
    55 Whitehead, 209–217
    55 Russell, 253–254, 271–277

1f. **Idea as the unity of determinate existence and concept: the Absolute Idea**

    43 Hegel, 9–10, 19–20, 116–117, 118, 119, 123, 162–168, 169–172, 177–178
    55 Russell, 288

2. **The origin or derivation of ideas in the human mind**

2a. **The infusion of ideas: divine illumination**

    16 Augustine, 61, 63, 147, 350, 388–390
    17 Aquinas, 473–475, 476–477
    18 Aquinas, 765–767, 1035–1032
    33 Berkeley, 418–419, 423–424, 426

2b. **The innate endowment or retention of ideas: the activation of the mind's native content** or structure by sense, by memory, or by experience

6 Plato, 124–126, 179–183, 228–230
7 Aristotle, 97, 136, 511
11 Epictetus, 120–121, 141–142
11 Plotinus, 308–309, 468–469, 526–527
16 Augustine, 94–96, 98–102, 316–317
17 Aquinas, 443–444, 595–597
26 Harvey, 333–335
28 Descartes, 227, 277, 303–307, 309, 314, 346, 441, 450
33 Locke, 90–91, 95–96, 98–99, 101–102, 107, 112–121 passim, 125, 139, 147
33 Hume, 457
39 Kant, 14–108, 352–353, 551–589
53 James, William, 851–890
54 Freud, 512–513, 526, 599, 707–708

2c. The acquirement of ideas by perception or intuition: simple ideas or forms as direct objects of the understanding

7 Plato, 224, 392–393, 487–488
17 Aquinas, 446–450
28 Descartes, 226
28 Spinoza, 614–617
33 Locke, 118–119, 121–141 passim, 147, 149, 164, 165, 204, 205–206, 212–214 passim, 238, 239, 261–263, 281–282, 304–305, 311–312, 324, 381
33 Berkeley, 416, 419
33 Hume, 471, 477–478
39 Kant, 14, 23–33, 34, 41–42, 45–46, 53–55, 66–72, 85–93, 131, 186–187, 465, 528–530, 570–572
53 James, William, 502–505
55 Bergson, 72–80
55 Wittgenstein, 419–430 esp 426–430
56 Poincaré, 4
58 Weber, 111–113

2d. Reflection as a source of ideas: the mind's consideration of its own acts or content

11 Epictetus, 99–100, 115–117, 119–120
16 Augustine, 94–100
17 Aquinas, 58–59, 160–161, 453–455, 467–468
28 Descartes, 322–323
33 Locke, 127, 131–133, 148, 155–156, 161–162, 173–174, 176, 177, 178–179, 200, 204, 205, 208, 211–212, 216, 217, 320
33 Hume, 456
39 Kant, 15–16, 55–56, 99–107
43 Hegel, 50–51
53 James, William, 121, 122–126 passim
55 James, William, 13–18
55 Russell, 257–258

2e. The genesis of ideas by the recollection of sense impressions: the images of sense

16 Augustine, 92–96
21 Hobbes, 49, 258, 262
28 Bacon, 156–157
28 Descartes, 241–242
28 Spinoza, 625–626
33 Locke, 141–143 passim
33 Hume, 455–457, 471, 477–478
53 James, William, 480–501 esp 480
54 Freud, 351–352, 363–364, 384–385, 518, 700–701
55 Wittgenstein, 415–417

2f. The production of ideas by the reworking of the materials of sense: the imaginative construction of concepts or the formation of complex from simple ideas

11 Lucretius, 51
21 Hobbes, 50
28 Descartes, 436
29 Milton, 177–178
33 Locke, 127–128, 133, 145, 147–233, 262–268, 303
33 Berkeley, 406–407, 418
33 Hume, 457, 466, 467
39 Kant, 5–6, 31, 45–46, 65–108, 211–216, 493–495
53 James, William, 104–106, 149–153, 179–181, 362–363, 480–481
55 Dewey, 117
55 Whitehead, 146–147

2g. The abstraction of ideas from sense-experience: the concept as the first act of the mind; the grades of abstraction

7 Aristotle, 136, 499–500, 559, 589, 608–610, 663–664, 690–691
17 Aquinas, 84–85, 215–216, 382–383, 388–391, 416–419, 451–457, 460–461, 478–479, 748–749
26 Harvey, 332–335
28 Descartes, 251–252, 442–443
33 Locke, 145–146, 244, 349
33 Berkeley, 405–412, 414, 431–432, 436, 441
33 Hume, 505, 506–507
35 Rousseau, 341–342
39 Kant, 23–24, 193–195
49 Darwin, 296–297 passim
53 James, William, 305–312 passim, 329–331
54 Freud, 442–443
55 James, William, 35–38
55 Bergson, 72–84
55 Whitehead, 162–163, 167–170, 203–204, 207–209
57 Veblen, 63–64

2h. The derivation of transcendental ideas from the three syllogisms of reason

39 Kant, 109–120 esp 110–111

3. The division of ideas according to their objective reference

3a. Ideas about things distinguished from ideas about ideas: the distinction between first and second intentions

17 Aquinas, 80-81, 92-93, 162-163, 170-171
33 Locke, 266-267, 273, 282, 305
39 Kant, 55-56, 99-101, 121-123
43 Hegel, 162-164

3b. **Adequate and inadequate ideas: clear and distinct ideas as compared with obscure and confused ideas**

7 Aristotle, 259
17 Aquinas, 62-75, 475-477
26 Harvey, 332-333
28 Bacon, 107-108
28 Descartes, 275-276, 357
28 Spinoza, 619-620, 621-623, 630, 632, 687
33 Locke, 91-92, 152, 165-166, 169-170, 216, 233-238, 239-243 passim, 280-283, 312-313, 362-363
33 Hume, 470-471
39 Kant, 1-4, 30-31, 125

3c. **Real and fantastic or fictional ideas: negations and chimeras**

11 Lucretius, 53
21 Hobbes, 258, 261, 262
28 Bacon, 112-113
28 Descartes, 302-303, 436
33 Locke, 133-134, 170-173, 238-239, 330
33 Berkeley, 418, 419, 428-431
39 Kant, 62-63, 174-175
47 Dickens, 148-150
53 James, William, 639-644, 646-655, 659-660
54 Freud, 158, 270-271, 597-598

4. **The logic of ideas**

4a. **The verbal expression of ideas or concepts: terms**

6 Plato, 85-114, 138-140, 575-577, 809-810
7 Aristotle, 5-21, 66
17 Aquinas, 185-187
21 Hobbes, 54-58
28 Bacon, 61, 62, 112
28 Descartes, 248
33 Locke, 200-204 passim, 251-306 passim, 329, 331
33 Berkeley, 410
35 Rousseau, 340-342
42 Lavoisier, 1
53 James, William, 127-128, 153-154, 181-183, 332-334
56 Whitehead, 145-146
56 Heisenberg, 401, 414-415, 434, 442-449 passim

4b. **The classification of terms: problems in the use of different kinds of terms**

4b(1) **Concrete and abstract terms**

7 Aristotle, 66
17 Aquinas, 16, 62-63, 71-72, 205-208
33 Locke, 284-285
44 Tocqueville, 257-258

53 James, William, 305-308
54 Freud, 516
55 James, William, 44-51 passim
55 Whitehead, 143-144

4b(2) **Particular and universal terms**

7 Aristotle, 26
11 Plotinus, 562-563
17 Aquinas, 162-163, 182-183, 388-391, 455-457
18 Aquinas, 755-756
21 Hobbes, 55
33 Locke, 145-146, 165, 254-260, 268, 323, 338-339
33 Berkeley, 407-408, 409, 437
35 Rousseau, 341-342
44 Tocqueville, 233-234
53 James, William, 307-312

4b(3) **Specific and generic terms: *infimae species* and *summa genera***

7 Aristotle: 5-16, 111-115, 168-169, 170, 173-174, 177-178, 196, 245-246, 330-333, 413-416, 517-518, 534, 538, 541-543, 546, 561-563, 569-570, 570, 587-588
8 Aristotle, 166
16 Augustine, 754
17 Aquinas, 17-18, 46-47, 157-160, 163-164, 270-272, 345-347, 396, 403, 471-472, 698-699, 779-780
28 Bacon, 158-159
33 Locke, 256, 277-278, 279-280
39 Kant, 42-43, 193-200
49 Darwin, 30-31, 64, 207-208, 210-211, 238, 241-242
53 James, William, 345

4b(4) **Univocal and analogical terms**

7 Aristotle, 5, 151, 215, 260-262, 589, 599-601
17 Aquinas, 66-68, 72-73, 98, 165-167, 175-178
18 Aquinas, 54-55
21 Hobbes, 57-58
28 Bacon, 112-113
33 Locke, 234-236, 282-283, 285-291
33 Hume, 478
39 Kant, 547-548, 602-603
53 James, William, 549-550, 689

4c. **The correlation, opposition, and order of terms**

6 Plato, 49-50, 242-245, 350-353
7 Aristotle, 10, 11-13, 15, 16-21, 70-71, 158-160, 171-172, 173, 187-188, 200-202, 203-204, 523, 539, 581-586
17 Aquinas, 68-70, 100-101, 103-104, 213-224 passim, 259-260, 261-262, 266-268, 699-700, 745-746, 774-775
18 Aquinas, 68-69, 83-84, 116-117, 479-480
21 Hobbes, 57, 58
22 Rabelais, 12-13
53 James, William, 869-872

5. Ideas or concepts in the process of thought

5a. Concept and judgment: the division of terms as subjects and predicates; kinds of subjects and predicates

- 7 Aristotle, 5, 6–8, 25–36, 60, 100–101, 144–147
- 16 Augustine, 32–33
- 17 Aquinas, 10–11, 74–75, 391–393, 457–459
- 21 Hobbes, 270
- 28 Descartes, 244
- 39 Kant, 39–44, 51–52, 59–66, 480–482, 572–575
- 53 James, William, 144, 178–179, 638

5b. The position and sequence of terms in reasoning

- 7 Aristotle, 40–41
- 21 Hobbes, 58
- 28 Bacon, 59–60
- 33 Locke, 373–375
- 39 Kant, 110–111, 118
- 53 James, William, 667–668, 672–673, 868–879

5c. The dialectical employment of the ideas of reason

- 39 Kant, 1–4, 7–8, 53–54, 59, 93–99, 101–107, 108–209, 219–223, 227–235, 260–261, 283–284, 291–292, 296, 310–311, 313–314, 320–321, 335–355, 461, 540–542, 562–564, 570–572, 606–607
- 55 Bergson, 78–79, 82–84
- 55 Barth, 512–514

5d. The order of concepts in the stages of learning: the more and the less general

- 8 Aristotle, 161
- 17 Aquinas, 24–25, 182–183
- 26 Harvey, 332–334
- 28 Bacon, 68–69, 105–106
- 28 Descartes, 393
- 33 Locke, 101–102, 145, 255–256, 338–339, 358–359
- 35 Rousseau, 338–342
- 39 Kant, 193–200, 294, 601–602
- 53 James, William, 315–319 esp 317–319, 327–329, 522–525
- 54 Freud, 412
- 55 Bergson, 88–89
- 55 Dewey, 118–119

5e. The association, comparison, and discrimination of ideas: the stream of thought or consciousness

- 7 Aristotle, 692–695
- 21 Hobbes, 52–53
- 28 Spinoza, 615–616
- 33 Locke, 144, 155–158, 248–251, 309–311, 337–338, 357–358, 371–372, 377
- 33 Berkeley, 418
- 33 Hume, 467–469
- 39 Kant, 51, 493
- 46 Eliot, George, 352–353
- 53 James, William, 15–19, 35–37, 146–187, 291–295 passim, 315–395, 427–431, 525–526, 664–665, 677–678, 827–835, 867–873
- 54 Freud, 65–67, 74–75, 180–181, 373–385
- 55 Bergson, 84
- 55 Whitehead, 206–207
- 60 Woolf, 31–33, 63–73

6. The being and truth of ideas

6a. The distinction between real and intentional existence, between thing and idea: ideas as symbols, or intentions of the mind

- 6 Plato, 489
- 7 Aristotle, 572, 577–578, 605, 657–658, 664, 691–692
- 11 Plotinus, 439–440
- 17 Aquinas, 16–17, 24–25, 46–47, 49, 64–66, 71–72, 73–74, 83, 86–88, 99, 110–111, 155–156, 167–168, 185–187, 188–189, 197–199, 351–352, 375–377, 410–413, 457–458, 641–642, 649–650, 655–656, 670–671, 688–689, 721–722
- 18 Aquinas, 215–216, 715–716
- 21 Hobbes, 172
- 24 Shakespeare, 349–350
- 27 Cervantes, 1–9, 21–25, 338–342
- 28 Descartes, 309–312, 319–320, 334–335, 347
- 28 Spinoza, 603–606, 608–610
- 33 Locke, 133–138 passim, 238, 244, 257–260, 268–283 passim, 312, 355–357
- 33 Berkeley, 413–431
- 33 Hume, 468–469, 504–506
- 39 Kant, 23–33, 117–118, 200–209, 211–212, 295, 551–553, 604
- 41 Boswell, 134
- 43 Hegel, 159, 231, 248–249, 271–272
- 53 James, William, 128, 142, 176–184 passim, 191–192, 299–302, 639–645, 865–866, 878–882, 889–890
- 54 Freud, 597–598
- 56 Heisenberg, 410–411
- 56 Dobzhansky, 546, 666–672
- 58 Huizinga, 329–330, 334–337

6b. The nature and being of ideas in relation to the nature and being of the mind

- 6 Plato, 383–388, 457–458, 486–491, 567–569
- 7 Aristotle, 661–662
- 16 Augustine, 95–102, 736–737
- 17 Aquinas, 99, 388–391, 451–480 passim
- 28 Descartes, 388, 438–439
- 33 Locke, 201, 324, 326, 355–357
- 33 Berkeley, 404–444
- 39 Kant, 14–15, 34–35, 113–118, 179–182, 281–282, 285–287, 542–544
- 43 Hegel, 6–7, 171–172
- 50 Marx, 11

53 James, William, 104-115 passim, 149-154, 325-327, 394
54 Freud, 430-432
55 Whitehead, 203-204

6c. The agreement between an idea and its object: the criterion of adequacy in correspondence

28 Descartes, 379
28 Spinoza, 617-623, 658-659
33 Locke, 133-138 passim, 214, 238-243, 244, 270-271, 279, 280, 281-282, 305, 323-326
33 Hume, 468-469
39 Kant, 77, 85-88, 91-93
53 James, William, 141-142, 480-484
54 Freud, 430
55 James, William, 13-15, 41-50
55 Whitehead, 216-217
55 Russell, 281-282
55 Wittgenstein, 439
56 Bohr, 347-348

6d. Clarity and distinctness in ideas as criteria of their truth

28 Descartes, 308, 311-312, 319-322, 346, 436, 463-464
28 Spinoza, 687
33 Locke, 150-151, 212, 233-238
33 Berkeley, 418, 419
33 Hume, 506-507

6e. The criterion of genesis: the test of an idea's truth or meaning by reference to its origin

21 Hobbes, 49, 54
28 Descartes, 325
33 Locke, 324
33 Berkeley, 428-431
33 Hume, 455-457
50 Marx-Engels, 427-428

6f. The truth and falsity of simple apprehensions, sensations, or conceptions: contrasted with the truth and falsity of judgments or assertions

6 Plato, 85-86, 107-108, 575-577
7 Aristotle, 546-547, 550, 659-661, 662-663
11 Lucretius, 46-49
17 Aquinas, 95-96, 102-103, 451-453, 458-459, 477-478, 505-506
21 Hobbes, 56
28 Bacon, 57-58
28 Descartes, 240-247 passim, 309, 315-319, 349-351, 383-384, 441-442, 455-456
28 Spinoza, 619-620, 626
33 Locke, 243-248, 283, 329-331, 336
39 Kant, 36-37, 108, 179-180, 193, 211-218, 570-571
53 James, William, 668-671
56 Planck, 93-96

交叉索引

以下是与其他章的交叉索引：

The theory of Ideas as eternal forms existing apart from mind and matter, see CHANGE 15a; ETERNITY 4c; FORM 1a, 2a-2b; UNIVERSAL AND PARTICULAR 2a.

Ideas as universal conceptions abstracted from the materials of sense, see FORM 3a-3b; MEMORY AND IMAGINATION 5b, 6c(1); SENSE 5a; UNIVERSAL AND PARTICULAR 2b, 4c-4d; abstraction in relation to generalization and induction, see EXPERIENCE 2b; INDUCTION 1a, 3.

Ideas as sense impressions or sense images, see MEMORY AND IMAGINATION 1a, 5a; SENSE 1d, 5a.

The doctrine of innate ideas and the related theory of reminiscence and intuitive knowledge, see KNOWLEDGE 6c(3); MEMORY AND IMAGINATION 2c, 3a; MIND 4d(2).

The theory of the transcendental concepts or ideas as constitutive or regulative principles, see FORM 1c, 3a; KNOWLEDGE 6b(4), 6c(4); MIND 4d(3); PRINCIPLE 2b(3).

The dialectical employment of the ideas of pure reason, see DIALECTIC 2c(2).

The theory of the Absolute Idea, see HISTORY 4a(3); MIND 10f-10f(2).

The divine ideas as eternal exemplars; ideas infused into angelic intellects, see ANGEL 3d; FORM 2b; GOD 5f; KNOWLEDGE 7a-7b; MIND 10e, 10g; UNIVERSAL AND PARTICULAR 4b.

The distinction of, and the relation between, sense and intellect, see BEING 8a-8b; KNOWLEDGE 6a(1), 6b-6b(4); MEMORY AND IMAGINATION 3b, 5b, 6b, 6d; MIND 1-1g(3); SENSE 1a-1b, 4a, 5c.

The distinction between first and second intentions, and the related distinction between first and second impositions, see SIGN AND SYMBOL 2a-2b.

Adequate and inadequate, or clear and distinct ideas, see KNOWLEDGE 6d(3); OPINION 3b; TRUTH 1a.

Mental fictions or chimeras, see BEING 7d(5); MEMORY AND IMAGINATION 5a; SENSE 4d(2).

The expression of ideas in words or terms, see LANGUAGE 1a, 7; SIGN AND SYMBOL 1f; the distinction of concrete and abstract terms, see SIGN AND SYMBOL 2e; the distinction of particular and universal terms, see SIGN AND SYMBOL 2d; UNIVERSAL AND PARTICULAR 5c; the distinction of species and genera, see RELATION 5a(4); SAME AND OTHER 3a(1);

UNIVERSAL AND PARTICULAR 5b; and the distinction between univocal, equivocal, and analogical terms, see RELATION 1d; SAME AND OTHER 3b, 4c; SIGN AND SYMBOL 3d.

The definition of terms as the expression or analysis of concepts, see DEFINITION 1, 1b.

The correlation and opposition of concepts or terms, see OPPOSITION 1a–1b; RELATION 1c, 4e.

The role played by concepts in the acts of judgment and reasoning; terms in relation to propositions and syllogisms, see JUDGMENT 5b–5c; REASONING 2a(1).

The association of ideas, see MEMORY AND IMAGINATION 2c; MIND 1g(1); RELATION 4f; SENSE 3d(1); TIME 5c.

The metaphysical problem of the being of ideas, and the theory of intentional existence, see BEING 7d–7d(5); SIGN AND SYMBOL 1b; UNIVERSAL AND PARTICULAR 2c.

The truth or reality of ideas, see TRUTH 3b(1).

扩展书目

下面列出的文著没有包括在本套伟大著作丛书中，但它们与本章的大观念及主题相关。

书目分成两组：

Ⅰ. 伟大著作丛书中收入了其部分著作的作者。作者大致按年代顺序排列。

Ⅱ. 未收入伟大著作丛书的作者。我们先把作者划归为古代、近代等，在一个时代范围内再按西文字母顺序排序。

在《论题集》第二卷后面，附有扩展阅读总目，在那里可以查到这里所列著作的作者全名、完整书名、出版日期等全部信息。

I.

Thomas Aquinas. *De Natura Verbi Intellectus*
——. *On the Trinity of Boethius*, QQ 5–6
——. *Truth*, Q 3
Descartes. *The Principles of Philosophy*, PART I
Spinoza. *Of the Improvement of the Understanding*
Berkeley. *Siris*
Hume. *A Treatise of Human Nature*, BK I, PART I
Voltaire. "Idea," in *A Philosophical Dictionary*
Kant. *Prolegomena to Any Future Metaphysic*, par 39, 56
Mill, J. S. *A System of Logic*, BK IV, CH 2
Hegel. *Logic*, CH 9
——. *The Phenomenology of Spirit*
——. *Science of Logic*, VOL II, SECT I, CH I; SECT III, CH I (C), 3
James, W. *Some Problems of Philosophy*, CH 4–6
Dewey. *Essays in Experimental Logic*, VII–VIII
——. *The Quest for Certainty*, CH 5–6
Whitehead. *Process and Reality*, PART I

II.

THE ANCIENT WORLD (TO 500 A.D.)

Cicero. *Academics*
Philo Judaeus. *On the Creation of the World*, par 16
Porphyry. *Introduction to Aristotle's Predicaments*

THE MIDDLE AGES TO THE RENAISSANCE (TO 1500)

Boethius. *In Isagogem Porphyri Commenta*
Bonaventura. *On the Reduction of the Arts to Theology*
Cajetan. *De Conceptu Entis*
——. *De Nominum Analogia*
Duns Scotus. *Opus Oxoniense*, BK I, DIST 35 (1)
Erigena. *De Divisione Naturae*, BK III
John of Salisbury. *The Metalogicon*, BK II, CH 17

THE MODERN WORLD (1500 AND LATER)

Arnauld. *Logic*, PART I
Blondel. *La pensée*
Bradley, F. H. *Collected Essays*, VOL I (12)
——. *Essays on Truth and Reality*, CH 3
——. *The Principles of Logic*, BK II, PART II, CH I
Cassirer. *Substance and Function*, PART I, CH I
Coleridge. *Biographia Literaria*, CH 5–8
Croce. *Logic as the Science of Pure Concept*
Fichte, J. G. *The Science of Knowledge*
Hamilton, W. *Lectures on Metaphysics and Logic*, VOL I (34–36); VOL II (7–12)
Husserl. *Ideas: General Introduction to Pure Phenomenology*
——. *Logical Investigations*
John of Saint Thomas. *Cursus Philosophicus Thomisticus, Ars Logica*, PART II, QQ 3–5, 23
Leibniz. *Discourse on Metaphysics*, XXIV–XXIX
——. *New Essays Concerning Human Understanding*, BK I; BK II, CH 1–8, 12, 30–33
——. *Philosophical Works*, CH 3 (*Thoughts on Knowledge, Truth and Ideas*)
——. *What Is "Idea"?*
Lotze. *Logic*, BK I, CH I
——. *Microcosmos*, BK II, CH 3
Malebranche. *Dialogues on Metaphysics*, III
——. *The Search After Truth*, BK III (II), CH 1–8
Maritain. *The Degrees of Knowledge*, CH 2
——. *An Introduction to Logic*, CH I
——. *Réflexions sur l'intelligence et sur la vie propre*, CH I
Mill, J. *Analysis of the Phenomena of the Human Mind*, CH 2–3, 6, 9
Peirce, C. S. *Collected Papers*, VOL V, par 388–410
Quinton. *The Nature of Things*

Reid, T. *Essays on the Intellectual Powers of Man*, IV-V
Ribot. *The Evolution of General Ideas*
Royce. *The World and the Individual*, SERIES I (7)
Schopenhauer. *The World as Will and Idea*, VOL I, BK I, III; VOL II, SUP, CH 14; VOL III, SUP, CH 29
Sigwart. *Logic*, PART I, CH I; PART II, CH I; PART III, CH I-2

Suárez. *Disputationes Metaphysicae*, XXV
Titchener. *Lectures on the Experimental Psychology of the Thought-Processes*
Venn. *The Principles of Empirical or Inductive Logic*, CH 7
Weaver. *Ideas Have Consequences*
Whewell. *The Philosophy of the Inductive Sciences*, VOL I, BK I, CH 7

38

不 朽 Immortality

总 论

不朽通过与人的有死相比较而得到定义。人们或希望、或害怕、或嘲笑不朽,但每个人迟早都会考虑它。人的生命和其他动物的生命一样,从生到死有自然的时限。民间传奇记录了某些英雄人物,不朽的神把他们自己神性的一个方面恩赐给他们,赠予他们不朽的生命。犹太教和基督教信仰认为,亚当如果不犯罪,那么,他及他的所有后代子孙将永不会患病或死亡。但是,根据神学家们的意见,恩典状态下人类身体的不朽是一种不可思议的情况。那么,除非出现超自然的奇迹,死亡总是从一出生就追逐生命。产生的要消灭,所有血肉之躯都要朽坏。

"所有人都是有死的"这一命题在数世纪的逻辑教程中不断被重复。它的真理性甚至从未受到那些批评三段论的人们的认真挑战。三段论从苏格拉底是人,推出苏格拉底有死。但是,同一时期的伟大的诗歌、宗教哲学和神学著作,却记录了人们对于这条真理的修正。

人肉体的死亡是为了精神上的再生。人由灵魂和肉体组成,正如所有易遭分解的事物要朽坏一样,人也会朽坏,但灵魂本身作为简单的精神实体,却是不朽的,在它与身体的统一体分解之后,继续存活。有时,不朽的灵魂被认为有许多肉身,时而寓居在这个身体里,时而寓居在那个身体里,永无休止地游荡;有时,如在基督教信仰中,人们又认为每个灵魂只有一次地上的肉身。上帝特意创造出灵魂,用以赋予人类身体以形式。人的不朽的精神注定了将来属于永恒而不属于时间。

除了在灵魂轮回和转世说中所具有的形式外,不朽的观念通常伴随着另一个世界的来生观念——灵魂在天堂的幸福生活或在地狱的惩罚生活观念。来生绝不仅仅是开始于地上的生命的延续,另一个世界不只是脱离肉体的灵魂的寓所。它是赏罚的审判之所,在那里,灵魂实现善或因其在尘世生涯所犯之罪而接受惩罚。不朽与赏罚的联系甚至也出现在灵魂轮回的学说中,因为当灵魂从一个肉身转入另一个肉身时,它将享受或忍受生前存在所造之果。

作为理论问题,人们历来都把不朽问题当作一个关于人的灵魂或精神的问题提出:灵魂是否在它与人类身体的结合之前或之后独立存在?如果是这样,那么,它以什么方式持存?对那些肯定灵魂独立存在的人来说,灵魂毫无疑问永恒持存,既根本没有开始,也没有从它的创造之刻的开始。但是,灵魂的持存方式引出了关于在一个精灵世界或在远离天堂地狱的某些地方的来生或来世的思考。

眼下我们将考虑,这些问题在什么程度上要加以论证,以及在什么程度上它们是宗教信仰之事。但是,无论哪种考虑,不朽的主题绝不仅仅是纯理论兴趣之事,绝不仅仅是精神实体及其持存的问题。它永远都是道德家关注的问题。

此世的生活及其短暂的时光,对人类精神的渴望够吗?对争取知识的完善和爱与和谐的完美够吗？如果需要外部的约束来支持良心的诉求，那么，尘世的赏罚——无论是人为施与的或变化莫测的运气或命运造成的——是道德律的充分保证吗？除非有神律和神的审判——那是神透过人的行为进入其内心的审判，无人能逃脱它，而其赏罚是以超自然的方式为灵魂规定的幸与不幸的状态，完全的公正能做到吗？

无论上帝、自由和不朽是否如康德所述是纯粹理性思维的三个主要对象，它们都是宗教信仰的基本对象。在西方宗教中，这些信仰采取了多种形式，但对不朽的信仰却从未发现离开过对超自然秩序，对神或对上帝的信仰。对上帝，人负有某些义务，作为一个有责任的道德主体，无论人是否服从神的诫命，他都要在上帝面前接受审判。但是，承认这个事实，问题仍然存在：离开宗教基础，或至少不涉及上帝和不朽，道德原理是否能够得到充分表述，是否能充分发挥其人类行为规范的作用？

关于这一点，道德家们众说纷纭。例如，柏拉图《高尔吉亚篇》关于施不公正与受不公正哪个更好的论证，结束于一个神话，它告诉我们，人死后灵魂赤裸裸地站在神面前接受审判，只显示个体在其一生中所犯罪恶的污点，而不显示其所受之恶。认为这个神话对于完成关于正义和惩罚是必要的读者，代表着对这个问题的一种看法。他采取的是这样一种观点：如果没有死后灵魂的审判，正义就不可实现。

柏拉图许多对话中的不朽的预设，并非总是出于道德考虑，常常看上去更像是为了讨论灵魂与其认知对象的关系。如果理念作为知识的固有对象必须是永恒的，那么，认识理念的灵魂也必须是不朽的。但是，当关于不朽的讨论涉及到此生与来生的比较时，通常就变成对于善而非知识与真理的考察。对康德（如果不是对柏拉图的话）来说，不朽几乎完全是一个道德问题，在柏拉图神话涉及来生公正赏罚的地方，康德的论证则与实现道德完善有关。

在《实践理性批判》中，康德肯定不朽与上帝存在以及意志自由一道，是必要的实践公设——道德生活的必要条件。康德写道："意志和道德律的完全一致是至善，它是感性世界的所有理性本体在其存在的任何时刻都不可能具有的完善……只能在无限地趋向于完全一致的过程中发现它……假定这样一个实践过程作为我们意志的真实对象是必要的。"康德结论说，幸福的实现或至善，"只有假定灵魂的不朽，才是实践上可能的。"

亚里士多德的《尼各马可伦理学》和J. S. 穆勒的《功利主义》似乎采取了相反的观点。至善是短暂的幸福，是在尘世以纯自然的方式实现的完善。不过，在用沉思活动定义幸福的那些段落里，亚里士多德也说到幸福是如神的生活，因此是与不朽有关的生活。他写道：仅"就某些神圣的东西出现在他心中"，人有可能过上这样的生活。他说，过理性的生活，与其他任何人类生活形式相比，这是神圣的生活，我们必须"尽我们所能，使我们自己不朽，竭尽全力与我们的理性一致地生活。"

但是，这样的不朽似乎意味着此生具有如神的性质，而非承诺来世生活。亚里士多德只要求"一个完整的生命时段"作为"人的完全幸福"的必要条件。他轻易地就回避了是否"死者对其生前的善恶负责"这个问题。至于他考虑的至福，那是神可能加于人类幸福之上的，并不属于来生，而不过是神赐予某些人的好运，扩大和保证他们的幸福使之超出仅靠德行可能获得的幸福。

穆勒在考察宗教或超自然约束的必要性时,更清楚地面对不朽的道德后果问题。虽然他不承认它们是必不可少的,但他也不否认它们有用。他声称:"所有这些要遵从的动机可以像依附于其他任何学说一样,完全地、强有力地依附于功利主义道德,显然没有道理表明不是这样。"然而,他又亲口强调"即使不借助于上帝信仰,宗教的心理力量和社会功效也有可能服务于人类"。

穆勒不像卢克莱修那么极端,认为伴随着灵魂无穷烦恼之可能性的不朽信仰,其本身是一个不道德的原理。对卢克莱修来说,那是缠绕着人的清醒时刻的梦魇,用虚假的恐惧充满他们,把将来的痛苦置于现在的快乐之上。他写道:"首要的是必须/把对于亚基龙的恐惧/驱除干净,正是它/从根底搅扰了我们的生命/是它在一切上面倾注了死的黑暗,不让/任何欢乐保持无污而纯清。"

其他人在人对死亡的恐惧中看到了他渴望不朽的本能,卢克莱修则认为正是害怕不朽才引起人的死亡恐惧。他说:如果死亡是终结,"我们没有理由害怕死,如果我们不存在,我们不可能不幸。"

我们在古代伟大的诗歌中,发现了异教来世生活概念的细致而形象的表达。奥德修斯和埃涅阿斯造访了阴间。他们看到了已逝的英雄们的幽灵,肉眼所见都是发光的幽灵。他们与死者谈话,倾听他们回忆过去,聆听他们预言未来。埃涅阿斯从他已逝父亲安喀塞斯那里了解到他的命运;奥德修斯在阴间得知在他流浪的那些年里,他在特洛伊的那些同伴和他在故乡的家人都遭遇到了什么。

然而,维吉尔和荷马诗中关于来世的描写,仍有显著的不同。较之荷马或其他希腊诗人的区分,维吉尔在乐土和地狱之间所作的区分更符合基督教关于天堂和地狱的区分。希腊人的乐土和地狱都属于阴间,但一个是有福者的居处,另一个是罪人受折磨的地方。

在《埃涅阿斯纪》第六卷,女巫西比尔向埃涅阿斯介绍阴间的情况。她说:有一个地方,"路在那里分岔,"

> 右边的路直通伟大的冥王狄斯的城堡,
> 沿着这条路我们可以到达乐土;左边的路是把坏人送到

可诅咒的塔尔塔路斯去受惩罚的,那是他们应去之地。

塔尔塔路斯,罪人的居所,"地狱火河——火焰河的急流"围绕着它,充满着惩罚的噪音。而另一边的乐土,则是

> 福地,那是一片绿色的福林,
> 一片欢乐之乡,有福人的家。
> 天宇无比广阔,一片紫光披盖着田野,
> 那地方有自己的太阳和星辰。

与地狱里不幸的人们形成鲜明对比的是,那里的居民和平、快乐地度过他们的时光。

荷马没有在有福者之地和罪人之所做出这样严格的区分。普鲁塔克提到"荷马赞美的有福者的岛",但这个说法得不到证实。在《奥德赛》的一个段落,墨涅拉俄斯得到他将去"乐土"的承诺,那地方在"地的尽头,是金发的拉达曼堤斯的居所,那里的人过着悠闲的生活,那里没有暴风雪,没有严冬和淫雨"。但是,这与其说是在描述来世,不如说是在描述另一种生活。

当奥德修斯下到"哈得斯和可畏的珀尔塞福涅的居所"时,我们从关于阴间的描述中得知,忒拜的预言者特瑞西阿斯素有的"丰富智慧依然如故"。珀尔塞福涅唯独让他"死后……仍保持智慧",而阴间所有其他的灵魂,则成为"飘忽的

魂影"。好人和坏人的幽灵在这黑暗之地同受折磨。提修斯、坦塔罗斯和西绪福斯,因罪大恶极和触犯天条而受到特殊惩罚,但所有的幽灵——甚至那些神所钟爱者的幽灵——似乎也身处悲惨的境地。虽然他们都不为烦恼和痛苦所困,但他们似乎也无人达到极乐或满足。

神所钟爱的那些人,并未加入奥林匹斯山诸神的行列。当他们进入冥王普路托阴暗的领地时,他们像所有那些卡隆摆渡过冥河的亡灵一样,比尘世那些凡人离神更远。赫拉克勒斯也许是唯一的例外,奥德修斯在阴间遇到他,或不如说"他的魂影,……他本人正在不死的神明们中间,尽情饮宴,身边有美足的赫柏陪伴,伟大的宙斯和赫拉的爱女。"

当阿基琉斯对奥德修斯说:"请不要安慰我亡故,我宁愿为他人耕种田地,被雇受役使,一个人纵然无祖传地产,家财微薄度日难,也不想统治即使所有故去者的亡灵",他概括了居住在阴间的所有人的一般态度。奥德修斯的母亲把阴间里死人的情况作了这样的描述:"筋腱已不再连接肌肉和骨骼,灼烈的火焰的强大力量把它们制服,一旦人的生命离开白色的骨骼,魂灵也有如梦幻一样飘忽飞离。"

希罗多德在其他古代人群中,例如埃及人、巴比伦人、波斯人中,发现了不同于希腊流行的关于不朽的观点。例如,他记录了轮回或转世的学说——这也出现在柏拉图《理想国》末尾关于埃尔的神话中,并且在他的对话的其他地方也被提及。希罗多德写道:"埃及人最早开始讨论人的灵魂不朽的见解,他们认为,当身体死亡时,灵魂进入那一刻出生的动物的身体中,那以后,灵魂从一个动物转入另一个动物,直到它在地上、水中、空中暂居的所有动物身体内转了一圈后,它再次进入人的身体获得重生。"

但是,希罗多德似乎对这种信仰对生者的实践效果,特别是葬礼仪式和其他祭拜实践的效果更感兴趣,而不是同意互相矛盾的不朽理论的真理性。

据吉本说,"希腊和罗马虔诚的多神论者,几乎不把关于死后状态的学说当作基本信条来考虑。在基督之前的时代,关于阴间的描述被丢弃给画家和诗人们的想象,他们让阴间住满妖魔鬼怪,肆意施行它们的赏罚,使一个最适于人心的严肃真理,受到最野蛮荒谬的虚构故事的大杂烩的践踏和玷污。"吉本认为,由于缺少一个可以接受的和令人满意的信仰,而又倾向于相信一个更美好的生活,正如人们倾向于希望更美好的生活一样,异教世界不可能长久拒绝基督教教义的感召。他声称:"如果向人类作出永恒幸福的承诺,条件是接受这种信仰,遵守福音的教导,那么,毫不奇怪,罗马帝国境内的各种宗教、各个阶层、各个行省的大多数人,一定会接受这个如此有益的信仰的召唤。"

基督教神学家从人类灵魂的本性推出的人格不朽的论证,与不诉诸宗教信仰的哲学家们提出的证明并无本质区别。这既适用于基督教产生之前和之后柏拉图和普罗提诺提出的论证,也适用于属于基督教共同体的哲学家如笛卡尔和洛克所发挥的那些论证。基督教关于不朽的教义所特有的神学方面,是理性无法企及因而仅仅属于信仰的问题。

个别灵魂的被造以及它只与一个人类身体结合的理论,不能得到理性的证明和辩护,以反对截然相反的理论:灵魂永恒存在,并在多次轮回中寓居于许多身体中。作为灵魂之超自然状态的地狱、炼狱、天堂的存在,最后审判的时间、地点和方式,肉体的复活以及与受赏的灵魂再度结合的肉体和受罚的灵魂再度结合的肉体之间的不同,永恒幸福的快乐和永恒惩罚的痛苦——基督教正统的这些教义,远远超出了所有企图证明灵魂不朽或考察灵魂离开身体继续存活的单纯的哲学努力的范围。

伟大的神学家们答应要做的不止是阐明信条。理性向信仰者提出问题,为了捍卫其信仰,信仰者必须设法回答这些问题。他回答的方式不是通过证明,而是通过克服怀疑,通过回应反对意见,通过使教义明白易懂。但是,伟大的神学家们承认有一个不可化约的核心秘密。在极乐的注视中与神结合的灵魂的欢欣,远胜过世间的理解。关于地狱的秘密也许是更大的秘密。

乔伊斯《一个青年艺术家的画像》中的布道者讲述了地狱巨大的精神痛苦,他声称:"所有这些精神痛苦中最大的痛苦,无疑是失落的痛苦,……比所有的痛苦都大的痛苦。教会最伟大的博士圣托马斯……说,最可怕的惩罚就是,人的理解完全被剥夺了神圣之光,他的喜好不可救药地背离了上帝的善。"随之而来的精神痛苦是"良知的痛苦"和"拖延的痛苦",但是,"那可怕之地所有痛苦中最后的和顶级的痛苦",布道者最后说,"是地狱的永无尽头"。

与注视神的极乐和在神圣光环内的极乐相比,失去神的爱和被排除出神的在场,就是一种精神痛苦。首先是极度挫折和失落的无尽痛苦,其次是永远失去安宁和满足。但神学家们也教导说,堕入地狱的人在地狱中既遭受失落的痛苦,也遭受感官的痛苦。奥古斯丁说:"地狱也被称作火池和硫黄池,是真正的火场,将烧灼罪人的身体。"如果地狱之火和炼狱的罪罚不只是想象的表征,那么,它们就提出了特别困难的问题,正如奥古斯丁和阿奎那两人所承认的。

但丁请我们在严格的字面意义和几个象征如道德和寓言意义上,阅读他在《神曲》中关于地狱、炼狱和天国的描述。但是,在他自己关于这部诗篇的注释中,他解释说,字面意义也包含象征,就这些词按其字面意义所指的事物本身就是其他事物的象征而言。总之,在通过象征和其字面意义完全不可想象的隐喻使人明白易懂方面,诗人也许比神学家更成功。在《地狱篇》,随着下降的过程而变得越来越强烈的对黑暗、酷热、喧闹和忧伤的形象描述,比罪人痛苦的叫喊更多地传达了地狱的真实。

轻歌曼舞的隐喻表达天国的和谐。然而特别是光的象征,用可见的方式捕捉到了不可见者,也许在《天国篇》的末尾,当光在炫目的光辉中达到顶点时是个例外。但丁走进爱的王国,圣徒们说话彬彬有礼,满怀善良愿望,这时他完全靠着反射的光看到了天国的神秘玫瑰。圣徒们,尤其是那些引导他前行的光荣的精灵,成为他们自己注视着的难以形容的景象的苍白的镜子。

弥尔顿也描述了天堂和地狱,但在《失乐园》中,不朽灵魂的命运仍然是一个预言,一个亚当所失去的尘世不朽的推论。而在歌德的《浮士德》中,除了"序曲",地狱和天堂都退到了后景,虽然浮士德拿他不朽的灵魂和靡菲斯特打赌,而这个赌注主要的意味就是地狱和天堂。

关于不朽的哲学争论不可能离开关于人的灵魂的存在和本性的争论。各种不朽的论证不仅以灵魂和肉体实实在在具有区别为基础,而且更确切地说,是以灵魂的非物质性为基础。例如卢克莱修,他不否认灵魂的存在,也没忘了把灵魂和它所寓居于其中的肉体区别开来。在卢克莱修看来,灵魂同宇宙中其他一切事物一样,由原子组成。这些原子呈圆形，光滑，可以移动，不同于组成身体的原子。它们"比形成身体的实体小得多，/ 但它们的数目也更少，稀疏地散布全身 / 彼此之间间隔得较远。"

按照灵魂本性上是物质的以及由许多完全可分离的部分组成的观点，灵魂必然同身体的其余部分一样，是有死的。卢克莱修写道：

> 当身体已为岁月的暴力所破坏
> 而肢体的能力已大大地衰落了的时候，
> 思想就不灵，说话就紊乱，心灵就垮台；
> 一切都完了，一切都同时没有了。
> 因此，很自然，即使灵魂也会被解散，
> 像烟一样散失在高空的气的微风里面
> ......
> 它和我们的身体一起，
> 出生、成长、衰老、死亡。

但是，应当看到，与其说是灵魂的物质性，不如说是灵魂的可分割为部分的性质，解释了灵魂的可朽。原子毕竟是物质的，但是，作为物质的终极单元，它们是单一的物体，绝对不可分割，因此，它们不可能朽坏。唯单一者不朽。

单一物（即没有部分）的不朽性，作为一个前提，出现在关于灵魂不朽的一个著名论证中。柏拉图《斐多篇》描写了苏格拉底在等待被处决的牢房里讨论不朽，他在其中阐述了这个论证。它似乎作了两个假定：第一，灵魂是有生命物的生命原理，因为，如苏格拉底所说："无论灵魂占有何物，她都给它带来生命"；第二，作为一个非物质存在，灵魂必定是单一的，因为，只有身体是"复合的"和"有变化的"。

对身体来说，生与死意味着什么？论证从这两个假定之一开始。苏格拉底举例论证说："如果有人问你，使物体发热的内在的东西是什么，你不会回答说是热……而会说是火……或者，如果有人问你，身体因何患病，你不会说因为疾病，你会说因为发烧。"所以，如果有人问，"使身体具有生命的内在的东西是什么？"答案不是生命，而是"灵魂"。作为生命原理本身，灵魂"决不会容纳它所引起的东西的反面"即死亡。因此，灵魂不朽。

根据第二个假定，从作为非物质的和永远不变的存在的灵魂的单一性，推出灵魂的永久持存。苏格拉底说，"应当说合成物或复合物本性上既是合成的，因此也是可以分解的；而非合成物、单一之物，如果有这样的东西的话，必定是不可分解的。"对肉体来说，灵魂是它的原动力和舵手，当灵魂离开肉体，肉体的生命就中止，而且按照物质事物的样子死亡；灵魂则继续存活，摆脱肉体牢笼的暂时苦役，"启程去不可见的世界——神圣的、不朽的和理性的世界。"

摩西·门德尔松在其《菲多》中，重述了从单一性出发的论证，康德对之进行了批评。康德承认，一个真正"单一的存在不可能停止存在"，但他断言，知性灵魂——对他来说，它是经验自我或意识——虽然缺乏外延量，但它可能有内涵量。因此，它的实在可能会减少，它"可能在一个更低等级的无限序列中，变得越来越少。"

说到灵魂作为一个非物质的和单一的实体（即先验自我），康德愿意肯定不朽必然属于这种实体。但他否认我们能够获得关于灵魂的任何知识，除非作为经验现象。不可能有关于不朽的任何可靠的理性论证，只因不可能有关于先验对象——超出所有可能经验的存在之本性的科学知识。康德所谓的"理性心理学的谬误推论"，就是为不朽的正题和反题的辩证无效提供证明。同样，"宇宙论的二律背反"企图揭露关于时间和空间的无限性及其反题、关于物质的无限可分及其反题、关于自由意志和神的存在及其反题等等论证的无效。

康德关于不朽问题的上述见解,与他的经验理论和知识理论是否正确没有很深的关联。笛卡尔和洛克那样的哲学家,认为他们有理由肯定作为非物质实体的灵魂(或心灵,精神)的存在,也有理由肯定它的不朽。卢克莱修和霍布斯那样的哲学家,认为他们有理由否认除物质粒子以外的任何东西的存在,也有理由既否认灵魂的存在,也否认灵魂有不被其他物质统一体所拥有的永恒性。休谟那样的哲学家,认为没有理由肯定任何种类持存的实体,无论是物质实体还是精神实体的存在——甚至怀疑此刻到彼刻的人格的同一——他可能承认没有理由肯定实体性的灵魂,更何况不朽的灵魂。

还剩一种观点需要考察。虽然它可说是上述观点之中的一个,但却有一种重要的变异形式,由亚里士多德的理论予以代表。与休谟和康德相反,亚里士多德认为实体存在而且可以认识。经验中可感的物质事物就是这样的实体。但是,在他看来,这些实体不完全是物质的。它们由两个原理组成:质料和形式,两者均非能够独立存在的实体。正如亚氏这个理论要阐明的(见**形式**章和**物质**章),形式和质料只存在于相互的结合中。复合实体就产生于它们的结合,它因自身而独立存在。

构成复合实体的形式可以称之为"实体形式"。在和它与之结合的质料的关系中,实体形式是质料中作为某种实体而存在的潜能的实现。并非所有实体都属同类。有些是有生命的,有些是无生命的和惰性的。就生命实体而言,根据亚里士多德的意见,实体形式不仅赋予质料作为实体的存在活动,而且也赋予质料以生命活动。由于它如此不同于无生命实体的形式,亚里士多德给生命实体的形式一个特别的名称,"灵魂"。这个词长期以来一直被用于指"生物的生命原理",亚里士多德觉得有理由把它用来命名植物、动物以及人的实体形式。

这个理论及其主要的反对观点(把人类灵魂视为一个完整的实体而非实体形式),将在**灵魂**章予以更充分的讨论。这里我们只关心亚里士多德理论对于人类不朽观点的影响。正如他认为的,如果实体形式仅就它们存在于它们是其形式的实体中才存在而言,那么,当一个复合实体因质料和形式的分解而死亡时,形式也随之死亡。灵魂——生物的实体形式——似乎也不例外。亚里士多德写道:"灵魂与它的身体不可分离,或至少它的某些部分不可分离(如果它有部分的话)——因为,它们中的一些的现实,不过是它们身体的部分的现实。然而,它们有些是可分离的,因为它们完全不是任何身体的现实。"

亚里士多德心中所想的例外,可能是人类灵魂的理智部分。他认为,作为不同于易朽之物的永恒之物,它不同于灵魂的其他能力。他说:"唯独它能够脱离所有其他精神能力而存在。"他论证说,"就它认识的实在"——或至少它们中的一些——"能够与它们的质料分离而言,心灵的能力也是如此。"

这种假定的、独立于身体而活动的理智能力对于人类灵魂不朽的意义是什么?亚里士多德根据如下原理做了回答:"如果有任何适于灵魂的活动或被动的方式,那么,灵魂就能够独立存在;如果没有,那么,灵魂的独立存在就不可能。"他承认,如果我们考虑到营养、感觉和激情,似乎"没有这样的例证,即灵魂可以无需相关的身体而活动或被动。"也许,思维是一个可能的例外,但亚里士多德立即又补充说:"如果思维也证明是想象的一种形式,或没有想象就不可能进行,那么,思维也需要一个身体作为它存在的条件。"

后来,当亚里士多德讨论到思维能力时,他断然宣称:"灵魂从不无形象地思维","离开感觉,无人能够了解或理解事物",因为,"心灵主动认识到任何事物,必然与形象联系在一起"。根据他自己的原理,随之而来的结论就是:既然思维证明"没有想象就不可能进行,那么,它也需要一个身体作为它存在的条件"。因此,理智与质料不可分离,以理智为其最高能力的人类灵魂也与质料不可分离。

尽管如此,亚里士多德在一个著名的段落中声称,心灵之作为主动思维能力,"是可分离的、无感觉的、纯净的";而且,从理智与质料分离这个宣称出发,他似乎肯定不朽,至少肯定灵魂的理智部分不朽。他写道:"当心灵摆脱现在的存在状态,它就完完全全作为它自身呈现,而不是任何别的东西;唯独这个它自身是不朽的和永恒的。"

上述引文得到相互矛盾的解释。亚里士多德的阿拉伯注释者们,如著名的阿维罗伊,发现其中没有个别人类灵魂不朽的原理。根据他们的意见,这些文本只为单个主动理智提供了证明,这种理智离开个别的人类心灵而存在——近乎宇宙的神圣原理,它按照个别人类的理性灵魂的方式而活动,使他们能够思维和理解。阿奎那反对他们的意见,得出相反的结论。

与阿维罗伊主义者相反,阿奎那辩称,如果说个别的人如苏格拉底能够思维,那么,无论如何,所需的思维能力都必定属于他的个人本性。在阿奎那看来,所需的思维能力是双重的:能够从事物的感觉映象的物质表象中,抽象出可理解的形式的主动理智;当抽象活动离开质料时,能够接受这些形式的可能的或潜在的理智。

这个问题所涉及的关于知识和思维的理论,在**形式**、**观念**、**心灵**、**普遍**与**特殊**等章讨论,这里我们只关心阿奎那所持的如下论点:既然思维涉及一般观念,既然形式只有离开质料才可能是一般,那么,进行抽象和接受抽象的理智本身必定是非物质的。理智能力并不像营养能力通过营养系统、视觉能力通过眼睛起作用一样通过身体器官起作用。换言之,大脑不是理解和思维的器官,它和外部感官一样,是知觉、记忆和想象的物质器官。

因此,使人类灵魂不朽的论证得以进行的是如下前提:它能够离开质料起作用,也能离开质料而存在。"我们称作心灵或理智的理智原理,离开身体有其本身的作用。只有持存者才可能有自身作用,因为,除非是现实之物,无物能够作用;因此,一物因其自身起作用。"由此,阿奎那结论道:"被称作理智或心灵的人类灵魂,是某种非物质的和持存的。"把持存性归属于人类灵魂,意味着虽然灵魂是人类身体的实体形式,但它也像一个单一实体一样,能够独立自存。

天使作为精神实体本身是独立的形式而非质料的形式,不似天使,人类灵魂是实体形式,因其具有某种程度的非物质性,故它也在某种程度上可与质料分离。但是,相反的观点也是正确的,在灵魂的能力如感觉和想象需要肉体器官的意义上,灵魂与身体不可分离。此外,既然阿奎那同意亚里士多德的意见,认为每一个理解或思维活动都牵涉想象,那么,他就面临解释的困难:即当死后灵魂与肉体分离,它怎么才能起作用。

"为了解决这个困难",他说:"我们必须考虑,除非作为现实之物,无物能起作用,每一个作用者其作用的方式取决于其存在的方式。既然灵魂在身体中时有一种存在形式,而在离开身体时有另外一种存在形式……那么,当与身体结合时,它与身体的存在形式一致,具有一种通过求助于出现在身体器官中的物质形象进行理解的方式;而当它离开身体时,它就具有一种通过求助于单一理智对象进行理解的方式,如同其他独立实体所特有的方式。"然而,阿奎那补充说,后一种方式的理解并非灵魂的本能,因为它本性上并非独立实体。因此,"与身体分离和它的本性并不一致"。

最后这一点具有哲学和神学双重意义。从哲学上说,如果有人(如柏拉图主义者所为)从如下命题开始:灵魂是一个纯粹精神原理或实体,不依赖于身体,那么,可能更容易证明灵魂的不朽。但是,那样一来,根据阿奎那的意见,你的灵魂不朽的证明就是以毁灭人的统一体为代价的,因为如果灵魂是实体而非形式,那么,由身体和灵魂组成的个别的人就由两个不同的实体构成。

从神学上说,基督教信仰相信最后审判和世界末日后的肉体的复活,也相信死后灵魂直接的分离存在。按照阿奎那这样的神学家的观点,关于不朽的哲学证明必须巩固这两条教义。根据他的意见,一个建立在灵魂具有类似于天使本性(即纯粹的精神实体)的命题之上的证明,使基督教关于复活的肉体的教义令人难以理解,甚至令人憎恶。

如果不朽的灵魂是完整的和独立的实体,那么,在来世生活中它将不需要身体。仅当它的本性是实体形式,部分浸入质料,部分分离于质料,它才有那个需要。因此,由于它的本性的这两个方面,我们才能说,不仅"当与身体分离后灵魂继续保持它本身的存在",而且,它还具有"与肉体结合的自然倾向和能力。"

没有身体的灵魂的不完整性,进一步说,人的心灵对于肉体感觉和想象的依赖,如我们所见,提出如下困难问题:当死后与身体分离,并在与复活的身体再度结合之前,灵魂怎样存在和起作用。更有甚者,它也可能招致如下问题:阿奎那的推理为离开身体的灵魂的真实存在提供了一个有效的哲学论证呢,还是只提供了这种存在的可能性?造成这些困难的因素正是阿奎那在其"论复活"的文中为了从本性上解释肉体和灵魂再度结合的奇迹之根据而求助的东西。

迄今为止,支持和反对不朽的论证都采取了目的在于确定性的证明和反证的表达形式。此外,除了一个例外,所有论证在下述意义上都是理论的或玄思的,即它们都是按照对于事物——原子和实体、质料和形式、广延和思维、惰性物体和生命有机体之本性的观察、假定、推理的顺序而进行的论证。上面所说的一个例外,就是康德建立在不朽生命的道德必然性之上的实践论证。

还有一个论证,具有理论和实践双重特点,它的目的不在于确定性,也没有采取证明的形式。它建议在同样未知的死后遗忘和永恒生命两种选择之间打赌。由于假定没有理性的证据支持每一种选择的真理性,帕斯卡强调每一种选择之下的生活所伴随的得与失的概率。他认为,这种概率大大地偏重于那些选择了放弃尘世生活的人们一边,因为,想要碰运气在短暂的尘世生活时期获得整个世界,他们将会冒失去他们的不朽灵魂永恒幸福的危险。

洛克采用了同样类型的计算。"天平的这一端放入无限幸福,另一端放入无限痛苦,一个虔诚者,即使他错了,一个邪恶者,即使他对了,前者所得到的最坏的结果也不过是后者所能得到的最好结果",洛克问道,"只要不疯,谁会去冒这个风险?哪个有脑子的人会选择冒无限痛苦的可能之险,而即使他并没堕入无限的痛苦,这份冒险也仍然没给他带来任何好处;而另一方面,那个清醒者,如果他的期待如愿以偿,那么,他不曾冒任何风险就获得了无限的幸福。"善人把赌注押在不朽的生命那一边,"如果这个善人押对了,那么,他将获得永恒幸福";而"如果他押错了"——死亡结束了一切——"他也没什么不幸,因为他什么也感觉不到"。

所有这些理论,包括康德的假定及帕斯卡和洛克建议的赌注,都明显与人格不朽或个体持存的论证有关。在那些否认个别人类精神持存的人中,有些人——例如黑格尔和斯宾诺莎——设想了一种非人格的不朽类型。

对黑格尔来说,绝对精神本身是不朽的。他写道:"绝对精神在赋予民族以生命的必然渐进过程中的连续阶段,本身只是同一宇宙精神发展的许多步骤,通过这些步骤,宇宙精神完成自身并使自身提高为一个自我理解的整体。"在考察世界历史时,黑格尔把一切都视为精神的显现,因此,当我们详察过去时,他说,我们"只是在处理现在,因为,专注于真理的哲学,必须处理永恒的现在。对它来说,过去什么也没有失去,因为理念永远是现在;精神是不朽的,它没有过去,没有将来,只有绝对的现在。这必然意味着精神的现在形式中包含着所有先前的步骤……精神的进展中似乎被抛在它后边的那些阶段,仍然保留在它的现在的深处。"

黑格尔所谓的精神,斯宾诺莎称之为自然。但是,斯宾诺莎为个人设想了一种不朽,通过个人分有自然的永恒而得到实现。根据斯宾诺莎的看法,个人的身体属于自然的无限质料。它是"实际存在的广延的某种样式"。与此相类,个别的人类心灵是"神的无限理智的一部分"。在一种意义上,身体和心灵都是暂存的事物,像神或自然的所有其他有限样式一样,其存在时间是固定的和有限的。此外,个人的人格的记忆和思维,依赖于他的心灵和身体的共存。斯宾诺莎写道:"除非身体存在,心灵不可能想象任何东西,也不可能回忆起过去的任何东西。"

但是,斯宾诺莎也主张"仅就心灵需要身体的现实存在而言,才能说心灵具有绵延,它的存在受固定的时间所限。"每一个个别事物——无论它是有限心灵还是有限身体——都在神的无限和永恒本质中有其概念或观念。斯宾诺莎写道:"在永恒形式下设想事物,就是把它们设想为它们是通过神的本质被设想的。"由于他认为人类心灵可能具有关于神的充分知识,所以,他认为心灵能够在"永恒的形式下"设想"它自身和它的身体"。因此,通过了解神或关于暂存事物的永恒真理,心灵分有永恒。

想象和记忆也许属于时间,而不属于理智,后者具有认识神的能力。为了解释为什么我们感觉到"我们是永恒的",斯宾诺莎指出:"就像心灵能够觉察到它回忆起的那些事物一样,心灵也能觉察到它通过理解而设想的那些事物。"虽然我们不可能"想象或回忆有身体之前我们的存在",但是,我们能够凭理智知道心灵和身体中属于永恒的某些东西;因为除了把它们设想为"与固定的时间和空间有关而存在"之外,我们还能把它们设想为"包含在神中",设想为"源自神性的必然性"。斯宾诺莎下结论说:由于"在永恒形式下设想身体的本质属于心灵的本性,所以,人类心灵不可能随身体的死亡而完全消失,它的一些永恒的东西继续存在。"

在某种意义上,这种不朽为此生所享有,因为它是通过心灵关于神的知识对永恒的现在分有。还有一种非人格的不朽,即人们通过沉思种的永恒延续而享有的不朽;或者,更特殊地说,他们的形象在他们后代记忆中的永存。在《会饮篇》,苏格拉底叙述了与第俄提玛的一场谈话,在谈话中,第俄提玛向他解释了通过生育"有死的生物尽力追寻永生和不朽"。人们希望后代"记住他们,给予他们所渴望的未来的福祉和不朽。"但是,如果通过生育子女是实现不朽的一种方式,那么,第俄提玛论证说,通过某种灵魂的生育而实现的艺术家的艺术创作,就更是实现不朽的方式。她问道:"谁人不愿有这种灵魂的孩子而愿意有身生的孩子呢?看看荷马、赫西俄德和其他伟大诗人,谁人不会争先恐后地效仿他们,孕育像他们的作品那样的孩子呢?这些孩子铭记他们并使他们永世荣耀。"

这种非人格的不朽属于伟大的文学作品的著名人物——属于莎士比亚的哈姆雷特,属于塞万提斯的堂吉诃德和桑丘·潘萨。正如皮兰德娄在其《六个寻找作者的剧中人》中所说:"这个人,作者……会死,但他创造的人物不会死。"

想想看"仅仅人们的野心"和他们为了身后永远留名的所作所为,就可以充分了解"喜爱名声的不朽对人们的激励"有多深。据第俄提玛的意见,更深层的原因是,人们喜爱好的东西,或更确切地说,他们渴望"永远拥有好的东西",正是这个使所有人必然"渴望不朽和好东西"。

无论是通过种的延续,通过保留在人类记忆中,通过关于神的知识而实现不朽,还是通过灵魂的持存而实现不朽,不朽的渴望似乎都表达了人对于消失于完全虚无的恐惧。然而,面对死亡,苏格拉底从容选择。他宣称:"死亡或者是一种不存在和完全无意识的状态,或者正如人们所说,是灵魂从此世进到彼世的变化和迁移。"或者,它就像一个无梦的和无烦恼的睡眠,或者它打开了一个新世界,使善人可以满怀希望地期待。他对他的朋友说,如果我们相信"不管是生前或死后,善人都不可能遭遇不幸,"那么,无论哪种可能,我们都应当高兴。

分 类 主 题

1. 渴望不朽:死亡恐惧
2. 关于不朽的知识:人格持存的证明和反证
3. 相信不朽
    3a. 关于不朽的假设:相信不朽的实践根据
    3b. 关于不朽的启示:作为一个宗教信条的不朽
4. 不朽的道德意义:奖赏和赞许
5. 来世概念
    5a. 灵魂的转世:轮回
    5b. 离开身体的灵魂的状态
    5c. 灵魂的审判
    5d. 净化的过程:炼狱

5e. 恶人的状态：地狱
5f. 有福者的状态：天堂
5g. 肉体的复活
6. 非人格的持存的学说
6a. 通过后代的不朽：种的永存
6b. 名声的不朽：记忆中的持存
6c. 分有真理、理念、爱的永恒

[张晓林 译]

38. Immortality

索引

本索引相继列出本系列的卷号〔黑体〕、作者、该卷的页码。所引圣经依据詹姆士御制版，先后列出卷、章、行。缩略语 esp 提醒读者所涉参考材料中有一处或多处与本论题关系特别紧密；passim 表示所涉文著与本论题是断续而非全部相关。若所涉文著整体与本论题相关，页码就包括整体文著。关于如何使用《论题集》的一般指南请参见导论。

1. **The desire for immortality: the fear of death**

   Old Testament: *II Samuel*, 22:5-7 / *Job*, 14; 30:23-24 / *Psalms*, 6; 18:4-6; 49:6-12; 55; 90 / *Isaiah*, 38:10-19
   Apocrypha: *II Maccabees*, 6:18-7:42
   New Testament: *Matthew*, 10:28; 19:16-30
     4 Sophocles, 156-158
     6 Plato, 165-167, 230-235, 324-325
    11 Lucretius, 2
    11 Epictetus, 131
    11 Aurelius, 243-244, 245-246, 253, 272, 275, 276
    11 Plotinus, 325-326, 328-329
    16 Augustine, 85-87, 342-343, 579-585, 684-685
    20 Calvin, 2
    23 Montaigne, 89-91, 150-151, 443-444
    25 Shakespeare, 47, 188
    28 Spinoza, 695-696
    29 Milton, 291-292
    30 Pascal, 203, 217
    34 Swift, 124-129
    37 Gibbon, 219-220, 376
    41 Boswell, 174, 238, 347, 394, 399-400, 573-574
    51 Tolstoy, 560-562
    52 Dostoevsky, 27-29 passim, 156-158
    55 Barth, 472-474
    58 Huizinga, 301-307

2. **The knowledge of immortality: arguments for and against personal survival**

     6 Plato, 124, 220-251, 434-436
     7 Aristotle, 632, 634, 643-644
    11 Lucretius, 34-42
    11 Aurelius, 244, 245, 256, 272, 281, 291
    11 Plotinus, 446, 473-474, 501-510
    16 Augustine, 371
    17 Aquinas, 379-380, 383-384, 391-393
    19 Dante, 77-78
    21 Hobbes, 269-270
    28 Descartes, 284, 295-297 passim, 299, 353
    28 Spinoza, 692-696
    33 Berkeley, 441
    37 Gibbon, 186-187
    39 Kant, 120-129, 218-223, 234-240, 291-292
    51 Tolstoy, 77-78, 97

3. **Belief in immortality**

    11 Aurelius, 245-246
    13 Plutarch, 29
    19 Chaucer, 452
    22 Rabelais, 269
    24 Shakespeare, 314
    27 Cervantes, 431-432
    29 Milton, 12
    35 Montesquieu, 205-206
    41 Boswell, 256
    43 Hegel, 269-270
    48 Melville, 16-17
    51 Tolstoy, 200, 217-218, 615-616
    52 Dostoevsky, 35-36, 42-43, 71-72, 326-327
    54 Freud, 763-764

3a. **The postulation of immortality: practical grounds for belief in immortality**

    11 Plotinus, 501-510
    20 Calvin, 10-11, 12-13
    30 Pascal, 205-217 passim
    37 Gibbon, 186
    39 Kant, 234-236, 240-243, 338-352, 599-600, 603-607
    41 Boswell, 394
    53 James, William, 224-225
    56 Schrödinger, 503-504

3b. **The revelation of immortality: immortality as an article of religious faith**

   Old Testament: *Psalms*, 16; 37; 49; 116:1-9 / *Proverbs*, 14:27 / *Ecclesiastes*, 12:1-8 / *Ezekiel*, 37:1-14
   Apocrypha: *Wisdom of Solomon*, 2:23, 3:1-10; 5:15-16 / *II Maccabees*, 6:18-7:42
   New Testament: *Mark*, 10:28-30 / *Luke*, 10:25-37 / *John*, 3:14-17; 4:9-14; 5:21-29; 6:34-59; 8:51; 10:25-30; 12:24-25; 17:2-3 / *Romans*, 2:5-8 / *Galatians*, 6:7-8 / *Ephesians* 2:1-10 / *I Timothy*, 6:11-19 / *Hebrews*, 2:9,14-16 / *I John*, 2:15-25
    16 Augustine, 158-159, 417
    17 Aquinas, 513-514
    18 Aquinas, 181-184
    19 Dante, 122-123
    20 Calvin, 73-74
    21 Hobbes, 191-193, 250-251, 253-254
    28 Descartes, 295

30 Pascal, 270-272

4. **The moral significance of immortality: rewards and sanctions**

   Old Testament: *Psalms,* 49
   Apocrypha: *Wisdom of Solomon,* 1:12-6:20
   New Testament: *Matthew,* 5:1-12; 19:16-30; 25:31-46 / *Mark,* 9:43-48 / *Luke,* 10:25-37; 14:7-14; 16:19-31 / *Galatians,* 6:7-8 / *II Thessalonians,* 2:10-12 / *Hebrews,* 10:26-31 / *II Peter,* 2
   3 Homer, 417
   6 Plato, 124-126, 179-180, 246-250, 297, 436-441, 452-453, 757, 793, 806
   8 Aristotle, 345-347, 432
   11 Lucretius, 30-31, 39-43
   11 Plotinus, 393, 399-400
   17 Aquinas, 515-516, 609-643
   19 Dante, 1-161
   19 Chaucer, 351-361, 397
   23 Montaigne, 251-252
   28 Spinoza, 697
   30 Pascal, 205-217
   33 Locke, 15-16, 194, 198
   33 Hume, 500-501
   35 Rousseau, 366, 437-438
   36 Smith, 377
   37 Gibbon, 187, 219
   39 Kant, 306-307, 344
   40 Mill, 290
   48 Melville, 211-212
   51 Tolstoy, 200, 273-274
   52 Dostoevsky, 35-36, 42, 326-327

5. **Conceptions of the afterlife**

   3 Homer, 404-406, 406-418, 531-535
   4 Euripides, 316-333, 423
   4 Aristophanes, 798-823
   5 Herodotus, 140-141
   6 Plato, 211-212, 313-314
   8 Aristotle, 346-347
   12 Virgil, 71, 174-196
   16 Augustine, 575-696
   18 Aquinas, 885-1085
   19 Dante, 1-133
   21 Hobbes, 191-198
   23 Montaigne, 289-290, 304-309
   31 Racine, 338
   38 Gibbon, 233-234
   41 Boswell, 363
   52 Dostoevsky, 357-361

5a. **The transmigration of souls: reincarnation**

   3 Homer, 412
   5 Herodotus, 75
   6 Plato, 179-183, 226-234, 246-250, 452-453, 476-477, 767-768
   7 Aristotle, 635
   11 Lucretius, 38-39
   11 Aurelius, 250-251
   11 Plotinus, 305, 402-403, 404-405, 456-457, 510, 512-514, 618-620

   12 Virgil, 71, 192-193
   16 Augustine, 370-371, 410-412
   18 Aquinas, 951-953
   19 Dante, 94
   20 Calvin, 240-241
   23 Montaigne, 247, 304-305, 308
   33 Locke, 220, 223-224, 227-228
   44 Tocqueville, 293
   48 Melville, 196
   51 Tolstoy, 295
   55 James, William, 19-20

5b. **The state of the soul apart from the body**

   3 Homer, 274-275, 531-535
   4 Euripides, 423
   6 Plato, 124-126, 223-226, 230-234, 292-294, 437-441
   11 Plotinus, 458-459, 462-463, 464, 466-467
   12 Virgil, 77
   13 Plutarch, 29
   16 Augustine, 415-416, 422-423
   17 Aquinas, 406-407, 473-480, 599, 603-604
   18 Aquinas, 893-900, 1037-1039
   19 Dante, 77-78
   20 Calvin, 323-324
   21 Hobbes, 270-271
   22 Rabelais, 150-151
   23 Montaigne, 289-290
   38 Gibbon, 233
   58 Frazer, 40-69

5c. **The judgment of souls**

   Old Testament: *Job,* 19:29; 21 / *Psalms,* 50; 96:10-13 / *Ecclesiastes,* 3:16-17; 12:14 / *Isaiah,* 11:1-9; 24:21-22; 34; 66 / *Daniel,* 12 / *Joel*
   Apocrypha: *Judith,* 16:17 / *II Maccabees,* 7:31-36
   New Testament: *Matthew,* 3:7-12; 11:20-24; 12:34-37; 13:18-50; 24-25 / *Acts,* 17:31 / *Romans,* 2 / *Jude,* 14-15 / *Revelation,* 20:9-15
   4 Aeschylus, 3
   6 Plato, 249-250, 292-294, 437-438
   11 Plotinus, 462
   16 Augustine, 600-632
   18 Aquinas, 997-1016
   19 Dante, 4, 16-17, 24-25, 34-35, 55-56, 114-115
   20 Calvin, 283
   29 Milton, 142, 300-301, 329
   33 Locke, 17
   37 Gibbon, 188-189
   38 Gibbon, 233-234
   41 Boswell, 514-515
   59 Joyce, 578-580

5d. **The process of purification: the state of purgatory**

   Apocrypha: *II Maccabees,* 12:43-46
   6 Plato, 95, 232-234, 246-250
   11 Plotinus, 404-405

12 Virgil, 181–193
13 Plutarch, 28–29
16 Augustine, 626–627, 644–645, 651–653
18 Aquinas, 886–887, 891–893, 908–909
19 Dante, 45–89
20 Calvin, 320–324
21 Hobbes, 244, 251, 255–258
25 Shakespeare, 37
38 Gibbon, 234
41 Boswell, 173, 193

5e. The state of the damned: hell

Old Testament: *Psalms*, 9:16–17 / *Isaiah*, 5:14–15; 14:4–23; 33:10–14
Apocrypha: *Judith*, 16:17 / *Wisdom of Solomon*, 4:16–5:14 / *Ecclesiasticus*, 7:17
New Testament: *Matthew*, 5:22,29; 13:41–42,49–50; 25:31–46 / *Luke*, 16:19–26 / *II Thessalonians*, 1:7–9 / *Hebrews*, 10:26–31 / *Jude*, 6–7 / *Revelation* passim

3 Homer, 417
4 Aristophanes, 800–801
6 Plato, 249–250, 437–438
12 Virgil, 188–190
16 Augustine, 394–395, 421, 446–447, 599, 614–615, 632–661
18 Aquinas, 885–893, 897–900, 992–996, 1066–1085
19 Dante, 1–44
19 Chaucer, 393–397
20 Calvin, 204–205, 240–243
21 Hobbes, 193–195, 254–255
22 Rabelais, 119–122
24 Shakespeare, 115
28 Descartes, 453
29 Milton, 93–134
38 Gibbon, 234
41 Boswell, 363
52 Dostoevsky, 11, 133–134, 177–178
58 Frazer, 66
59 Shaw, 125
59 Joyce, 582–585, 587–590, 648–649

5f. The state of the blessed: heaven

Old Testament: *Psalms*, 36; 37; 84 / *Isaiah*, 65:16–25
Apocrypha: *Wisdom of Solomon*, 3:1–9,13–15; 4:7–5:5
New Testament: *Matthew*, 25:31–46 / *Luke*, 16:19–26 / *John*, 8:51; 10:24–30; 11:23–27 / *II Corinthians*, 4:17–5:10 / *I Peter*, 1 / *I John*, 3:1–3 / *Revelation* esp 7, 14, 21

3 Homer, 344
6 Plato, 249–250, 437–440
12 Virgil, 190–191
13 Plutarch, 460–461
16 Augustine, 342–343, 344–345, 381–383, 426–432, 585–589, 598–599, 616, 632–696, 709–710
18 Aquinas, 81–87, 93–94, 472–473, 519–520, 1025–1066
19 Dante, 81–89

19 Chaucer, 273, 452
20 Calvin, 200, 203–207, 232–234, 270, 272–275, 276–278
21 Hobbes, 191–193, 195–197
23 Erasmus, 41–42
29 Milton, 4–5, 13, 31, 55–56, 66, 135–333
33 Locke, 187, 189
41 Boswell, 192–193
52 Dostoevsky, 24–25
60 Orwell, 482, 515

5g. The resurrection of the body

Old Testament: *Job*, 19:25–27 / *Isaiah*, 26:19 / *Ezekiel*, 37:1–14
New Testament: *Matthew*, 27:52–53 / *Mark*, 12:18–27; 16 / *Luke*, 24 esp 24:6 / *John*, 2:18–22; 5:21–29; 11:1–44; 20; 21 / *Acts*, 24:15; 26:8 / *Romans*, 6:3–11; 8:9–11 / *I Corinthians*, 6:14; 15 / *II Corinthians*, 4:14 / *I Thessalonians*, 4:13–18 / *Revelation*, 20:4–15

16 Augustine, 422–427, 604–607, 610–611, 613–623, 663–664, 675–683, 688–691, 709, 710–711
18 Aquinas, 935–996, 1037–1039
19 Dante, 12, 16–17, 99, 107
20 Calvin, 205–206, 243–246
21 Hobbes, 192–193, 195, 254–255
23 Montaigne, 351
29 Milton, 328
33 Berkeley, 431
41 Boswell, 472
45 Goethe, 5–6
55 Barth, 472–478 esp 477
58 Frazer, 56–62

6. Doctrines of impersonal survival

6a. Immortality through offspring: the perpetuation of the species

Apocrypha: *Ecclesiasticus*, 30:3–6; 44:11–13
6 Plato, 685
8 Aristotle, 272
21 Hobbes, 254
22 Rabelais, 81
25 Shakespeare, 586–588
26 Harvey, 364, 384, 390–391
43 Hegel, 198, 222–223
48 Melville, 211
54 Freud, 406, 653, 655–656

6b. Enduring fame: survival in the memory

Apocrypha: *Wisdom of Solomon*, 8:9–13 / *Ecclesiasticus*, 39:1–11; 44:8–15
3 Homer, 105, 535
5 Thucydides, 398
11 Aurelius, 247, 250, 252
19 Dante, 4–6, 58–59
21 Hobbes, 77
23 Montaigne, 163–164, 344–346
25 Shakespeare, 594, 596, 598
26 Harvey, 312

27 Cervantes, 272–274
28 Bacon, 27–28, 36
29 Milton, 16
34 Diderot, 257–260
37 Gibbon, 94
38 Gibbon, 494–495
39 Kant, 428–429
41 Boswell, 57–58, 163
43 Hegel, 116, 269–270, 290–291, 295, 298–299
45 Goethe, xviii
58 Huizinga, 272

59 Shaw, 120–129 passim
59 Mann, 474–478
60 Woolf, 17–18

6c. Participation in the eternity of truth, ideas, or love

11 Plotinus, 654–656
28 Spinoza, 692–697
43 Hegel, 162–175, 198–199, 213–216
59 Pirandello, 249

交叉索引

以下是与其他章的交叉索引：

Man's attitude toward mutability and death, see CHANGE 12b; HAPPINESS 4b; LIFE AND DEATH 8a, 8c–8d; TIME 7.

The basic terms and propositions involved in arguments for or against the immortality of the soul, see BEING 7b(1)–7b(4); ETERNITY 4a; FORM 2d; MAN 3a–3a(2), 3c; MATTER 2e; MIND 1b, 2a, 2d–2e; SOUL 3a–3d, 4b.

The contrast between souls and angels with respect to their mode of being, see ANGEL 4; ETERNITY 4a; FORM 2d; MAN 3b; SOUL 4d(2).

Immortality as a postulate of the practical reason, see METAPHYSICS 2d; NECESSITY AND CONTINGENCY 4b.

The doctrine of reincarnation or the transmigration of souls, see SOUL 4d(1).

Articles of religious belief bearing on immortality, such as predestination, the Last Judgment, and the resurrection of the body, see GOD 7f–7h, 9c, 9f; HAPPINESS 7c; SOUL 4d(3).

The relevance of the doctrine of innate ideas to immortality, see IDEA 2b; KNOWLEDGE 6c(3); MEMORY AND IMAGINATION 3a; MIND 4d(2).

The relevance to immortality of the theory of mind or intellect as an incorporeal power, see MAN 3a(2); MATTER 4d; MIND 2a; SOUL 3b.

The state of the soul separated from the body, see KNOWLEDGE 7c; SOUL 4d–4d(4).

The moral significance of immortality in relation to divine rewards and punishments, see GOD 5i; PUNISHMENT 5d.

The underworld, hell, purgatory, and heaven, see ETERNITY 4d; HAPPINESS 7c–7c(3); PUNISHMENT 5e–5e(2); SIN 6d–6e.

The immortality of enduring fame, see HONOR 2d.

扩展书目

下面列出的文著没有包括在本套伟大著作丛书中，但它们与本章的大观念及主题相关。

书目分成两组：

Ⅰ. 伟大著作丛书中收入了其部分著作的作者。作者大致按年代顺序排列。

Ⅱ. 未收入伟大著作丛书的作者。我们先把作者划归为古代、近代等，在一个时代范围内再按西文字母顺序排序。

在《论题集》第二卷后面，附有扩展阅读总目，在那里可以查到这里所列著作的作者全名、完整书名、出版日期等全部信息。

I.

Augustine. *On the Immortality of the Soul*
Thomas Aquinas. *Quaestiones Disputatae, De Anima*, A 14
——. *Summa Contra Gentiles*, BK IV, CH 79–95
Dante. *The Convivio (The Banquet)*, SECOND TREATISE, CH 9 (4–6)
Bacon, F. "Of Death," in *Essayes*
Hume. *Of Suicide*
——. *Of the Immortality of the Soul*

Voltaire. "Heaven," "Hell," "Hell (Descent into)," "Purgatory," "Resurrection," in *A Philosophical Dictionary*
Mill, J. S. "Theism," PART III, in *Three Essays on Religion*
Kierkegaard. *Concluding Unscientific Postscript*, in part
James, W. *Human Immortality*
Frazer. *Man, God, and Immortality*, PART IV
Whitehead. *Process and Reality*, PART V

II.

THE ANCIENT WORLD (TO 500 A.D.)
Anonymous. *The Epic of Gilgamesh*
Cicero. *De Republica (On the Republic)*, VI
———. *De Senectute (Of Old Age)*
———. *Tusculan Disputations*, I
Epicurus. *Letter to Menoeceus*
Gregory of Nyssa. *On the Soul and the Resurrection*
Ovid. *Metamorphoses*
Proclus. *The Elements of Theology*, PROPOSITIONS 104-105, 208-210
Seneca. *De Consolatione ad Marciam (On Consolation)*

THE MIDDLE AGES TO THE RENAISSANCE (TO 1500)
Albo. *Book of Principles (Sefer ha-Ikkarim)*, BK IV, CH 29-41
Bacon, R. *Opus Majus*, PART VII
Bonaventura. *Breviloquium*, PART VII
Nicholas of Cusa. *The Vision of God*
Sa'adia ben Joseph. *The Book of Beliefs and Opinions*, TREATISES VI, VIII

THE MODERN WORLD (1500 AND LATER)
Bosanquet. *The Value and Destiny of the Individual*
Bradley, F. H. *Essays on Truth and Reality*, CH 15 (B)
Broad. *The Mind and Its Place in Nature*, CH 11-12
Browne. *Hydriotaphia*
Bultmann. *History and Eschatology*
Butler, J. *The Analogy of Religion*, PART I, CH I
Clifford. "The Unseen Universe," in *Lectures and Essays*
Ducasse. *A Critical Examination of the Belief in Life After Death*
Farnell. *Greek Hero Cults and Ideas of Immortality*
Fechner. *Life After Death*
———. *Religion of a Scientist*
Fiske. *Life Everlasting*
Flew. *God, Freedom, and Immortality*
Fontinell. *Self, God, and Immortality*
Haldane, J. S. *The Sciences and Philosophy*, LECT XVIII
Hazlitt. *On the Feeling of Immortality in Youth*
Hocking. *Thoughts on Death and Life*
Hügel. *Eternal Life*
King, H. *The Exequy*
Kirk. *The Vision of God*
Lake. *Immortality and the Modern Mind*
Leibniz. *Discourse on Metaphysics*, XXXII-XXXVI
———. *Monadology*, par 19-28
Lessing, G. E. *How the Ancients Represented Death*
McTaggart. *The Nature of Existence*, CH 43, 62
More, H. *The Immortality of the Soul*
Newman. "The Immortality of the Soul," in *Parochial and Plain Sermons*
Pomponazzi. *On the Immortality of the Soul*
Royce. *The Conception of Immortality*
Santayana. *Reason in Religion*, CH 13-14
Scheler. *Vom Ewigen im Menschen*
Schopenhauer. "Immortality: A Dialogue," in *Studies in Pessimism*
———. *The World as Will and Idea*, VOL III, SUP, CH 41
Swedenborg. *Heaven and Its Wonders and Hell*
Taylor, A. E. *The Christian Hope of Immortality*
Vaughan. *The Retreate*
Wordsworth. "Intimations of Immortality"

39

归 纳 Induction

总 论

就像进一步阅读的材料表所表明的那样,归纳理论属于逻辑的领域,并且是逻辑学家对于科学推理或科学推论的兴趣的一部分。与归纳推理有关的主要争论在逻辑理论中似乎出现得相对较晚,它们可能源于威廉·辉卫尔与 J. S. 穆勒关于理性与经验在归纳过程中的作用的争论。在 19 世纪晚期以及我们自己的时代,像 W. E. 约翰逊、约翰·梅纳德·凯恩斯、贝特兰·罗素和让·尼科特等作者都提出了关于归纳推论的不同构想,并把注意力集中于任何理论都尚未解决的问题上。他们强调那些在使所谓"归纳跳跃"有效的任何形式化条件的陈述中似乎无法避免的假定。归纳跳跃指的是从已观察到的特殊事实到一般真理的跳跃;而与它们得自其中或基于其上的特殊证据相比,真理拥有更广泛的一般性。

在任何人看来,归纳问题都是概括问题。这可能涉及关于心灵如何从经验中进行概括的心理学问题。但是,无论怎么回答这些问题,那些基本的逻辑问题依然尚未得到实质性的解决。根据什么样的标准来区分有效归纳和错误归纳?遵循推论规则,归纳就能确保免于错误吗?在科学知识的发展中,归纳是不可或缺的吗?或者就像(比如说)辉卫尔所提出的,在归纳科学和演绎科学之间存在着分明的区别吗?

归纳与演绎之间的关系是什么?它是发现的方法与论证或证明的方法之间的关系吗?它是两种都可构想为证明过程的推理方法之间的关系吗?是既存在着归纳推理也存在着演绎推理呢,还是归纳恰好是各类推理和证明的反面呢?

在伟大著作丛书中,尤其是在亚里士多德的《工具论》以及弗兰西斯·培根的《新工具》中,对于归纳的讨论就是从上述这些问题开始的。但在笛卡尔和洛克的作品中,以及牛顿、哈维和帕斯卡关于科学方法的评论中,对于归纳的讨论也是从这些问题开始的。许多这类争论和问题都成了 19 世纪人们关注的中心。尽管它们似乎并未明显出现在早期的传统中,但在早期作者那里发现的那些根本区分及问题预示了它们的出现。

比如说,由于对亚里士多德的不满,培根系统阐述了专门的归纳规则。沿着同样的总体方向进一步往前走,穆勒后来建立了精致的归纳推理理论。假如我们以亚里士多德对科学归纳和辩证归纳的区分作为指导,并像他那样把归纳作为推理的真正对立面,我们就在沿着与培根相反的方向前进。于是,问题就出现了:培根和穆勒是全面看待归纳的,还是只从几个非常特别的角度之一来看待归纳的?

就像逻辑章所揭示的,亚里士多德和培根的名字在逻辑学中有时用以代表两种相反的倾向。一个名字被认为代表了对演绎的几乎唯一的强调,另一个名字则被认为代表了对归纳的第一性及重要性几乎唯一的强调。亚里士多德和培根之间的对立,也蕴含于对"归纳逻辑"和"演绎逻辑"这类短语的通行使用中。这些短语有时用来暗示,归纳方法或者

39. 归 纳

演绎方法可以得到足够的偏爱,以至于可以排斥另一种方法,或者至少让另一种方法成为从属的。对问题作如此理解,通常包括了这样一种流行的看法:归纳总是从特殊到一般的推理,而演绎总是从一般到特殊的推理。

但这些看法似乎没有一个是正确的;或者,至少要对它们加以严格的限制。亚里士多德和培根都没有在强调演绎或归纳的同时排斥另一种;相反,他们似乎都主张归纳的绝对优先性,因为按照他们的看法,归纳为演绎推理提供了最初的前提。归纳和演绎之间的关系远非冲突的,而是相互补充的。穆勒写道:"两种方法在结果上是一致的,每一种都支持并证实了另外一种。这种一致性是必需的,它为任何一般命题提供证据的种类及程度,而证据构则构成了科学证明。"

只有先确立了原理,才能开始对原理的含义和结果进行演绎。原理一旦获得,除非用来对其他真理进行证明或者以其他方式加以理性的运用,归纳概括的目的就不会充分实现。这样来理解归纳和推理之间的关系,亚里士多德和培根之间似乎并无矛盾,他们当中也没有哪一个将归纳理解为从特殊到一般的推理过程。

毫无疑问,归纳的方向始自特殊事物。但在归纳先于演绎的精确意义上,即在他们都认为归纳是公理的来源这个意义上,培根和亚里士多德并不认为它是一种推理方法或一种证明形式。就演绎而言,其方向是否可以描述为从一般到特殊,至少对亚里士多德来说,是值得怀疑的。

亚里士多德很少用"演绎"一词来命名思想中作为归纳的补充的那个方面。他更愿意提及论证。论证发生于他称之为"三段论"的各种推理形式的始终。如**推理**一章所解释的那样,这些都是前提之间的联系,而且每一个都通过有效推理产生了一个结论。在最完善的推理形式中,结论与其前提具有相同程度的一般性;而且,尽管在有些三段论中,可以从一个一般的和一个特殊的前提出发推出一个特殊的命题,然而从若干纯粹一般的前提中很少能有效推出一个特殊的结论。这个陈述即演绎是从一般到特殊的推理,好像明显与亚里士多德的三段论理论不相符合,并且与他的科学论证思想更不相符。在亚里士多德那里,科学论证的目标在于证明一般的而非特殊的命题。

亚里士多德在他的《前分析篇》中写道:"我们或是通过归纳或是通过论证学习的。论证是从一般规律中产生的,而归纳是从特殊事实中产生的。"他在《后分析篇》中说,论证的初始前提一定是主要的或基本的真理。基本真理是直接命题,它有时被称为"第一原理"或"公理"。由于按照他的观点,直接命题就是没有其他命题优先于它的命题,所以基本前提不可能被论证。

对于论证来说,基本前提是不可或缺的;没有它们,论证就无法进行。这些基本前提是从何而来的呢?亚里士多德的回答是:"我们通过归纳知道这些基本前提。"在另外一个地方,他说:"正是通过直观,我们获得了这些基本前提。"

"直观"这个词揭示了亚里士多德所说的那种归纳的基本特征。这种归纳自身不是一种推理形式,所以它可以先于所有推理;而且,为了提供推理由以出发的前提,它必须先于所有推理。推理是论证性的。它是一个包含若干步骤的过程。借助于第三个命题作为中介,一个命题可以从另一个命题中推演出来。与此相对照,直观是直接的。就像看的行为一样,它立即且直接地理解自身的对象。因此当亚里士多德说归纳是一种直观时,他就暗示了归纳是对一般真理的直接把握。他把如此获得的命题称为"直接的",恰恰因为它只能通过直观被认识。与可以称为"归纳推理"的东西相反,直观归纳是在特殊事实中看一般真理。当被看到的东西以命题的形式表达出来时,蕴含于已被认识的特殊事实中的一般真理,就清楚地呈现出来了。

然而对于亚里士多德来说,归纳与直观并不等同。他在《前分析篇》的一个段落中思考了三段论归纳,这种归纳几乎不能称为"直观的"。在《尼各马可伦理学》中,他讨论了直观理性,并区分了可以通过直观而认识的两种主要真理。

他写道:"直观理性在两个方面都与最终的东西有关。这是因为首项(first terms)和末项(last terms)都是直观理性而非证明的对象;而且,作为论证前提的直观理性把握不变的首项,而包含在实际推理中的直观理性把握最后的可变的事实即小前提。因为一般事物获自特殊事物,这些可变的事实是领会目标的出发点。因此对于这些特殊事实,我们必须有知觉,而且这种知觉就是直观理性。"

这既适用于理论知识,也适用于实践知识。通过直观理性,我们似乎既把握一般原理或者说公理,也把握感官知觉的特殊事实。正像就其敏感的天赋而言知觉是直观一样,归纳是对智力的直观使用,尽管亚里士多德把这二者都归于"直观理性"。

这两种形式的直观在功能上是相互关联的。从特殊事物中作出的对于一般真理的归纳离不开感官知觉,"因为单单感官知觉就可以把握特殊事物"。但是根据亚里士多德,单一孤立的知觉并不产生直观归纳。对某类事物即某类特殊事物的重复知觉,经过记忆的改造就成了他所说的"经验"。因为这种经验并不涉及一个单一的个体,而涉及一类相似的个体,它为心灵的直观归纳行为提供了材料。

在**经验**一章中,关于经验在归纳中的作用的理论得到了更充分的探讨。就我们当前的目的而言,关键之处在于,内含于经验中的一般在某种程度上是可以剥离并得以显现的。亚里士多德写道:"虽然感官知觉行为涉及特殊事实,但其内容是一般的。"借助于记忆和经验,归纳使潜在的一般明朗化。

培根对亚里士多德的逻辑学的批评,似乎依赖于两个方面的事实:首先,他抱怨亚里士多德过分强调了三段论,无论是对它们作辩证的使用还是作论证的使用;其次,他指责亚里士多德肤浅地理解了归纳。《新工具》的主要努力之一,就在于改正这后一种错误。

培根说:"有且只有两种研究与发现真理的方式。一种方式匆忙地从感觉与特殊事实出发推至最一般的公理,然后把它们作为原理,并从它们及其想象中的无可辩驳的真理出发,演绎出过渡公理。这是目前使用的方式。另一种方式从感觉与特殊事实中构造公理,而其采用的方法则是连续与逐步地上升,并最终达到最一般的公理。这是正确的但却未经尝试的方式。"

亚里士多德认为,只有主要真理或者说第一原理是通过归纳所确立的,而所有其他真理(培根称之为"过渡公理")是经由论证起源于它们的。在亚里士多德提出这种看法的地方,培根却主张一种从最不一般的命题逐步上升至最一般的命题的归纳法。我们不应该"允许知性跳跃,并从特殊事实飞越到遥远的和最一般的公理"。我们应该"在适当范围内展开,其中要经历若干不间断或不被违反的连续步骤,从特殊事实升至较低的公理,再一步接一步地升至过渡公理,最终达到最一般的公理"。

根据他的理论,归纳可以从一般性程度较低的真理中推断出一般性程度较高的真理,并且从关于知觉的特殊事实中推断出一般性程度最低的真理。在科学的发展中,这起初好像没有为演绎留下生存的空间。但是培根把对自然的研究分为两个阶段:"第一阶段是从实验中引申或发明公理,第二阶段从公理中演绎或获得新的实验。"这里,在培根和亚里士多德之间似乎存在一个关键的差别。这种差别是通过培根对实验的强调而揭示出来的:他强调实验既是归纳概括的来源,也是通过从公理中进行演绎而最终获得的东西的来源。

经验在亚里士多德那里被当成归纳的源泉。它和实验之间的差别不仅仅是文字上的。"在某种程度上,现在使用的公理获自为数不多的某些经验以及少量的关于经常发生的现象的特殊事实。"一直以来,否定的事例所受到的关注微乎其微。否定的事例,是和正在形成的概括似乎相悖的情况的事例。培根认为:"在建立任何公理时,否定的事例都是最有力的。"

经验一章详述了通常的经验和有计划的实验之间的区别。在亚里士多德看来,通常的经验产生于日常生活过程中人们的知觉。在他似乎满足于这种通常经验的地方,培根却认为它并不充分。因为它是随意的,它没有搜集真正的及稳定的归纳能够建立于其上的肯定事例变化表及否定事例变化表。必须找出那些异常的及特殊的经验,而且必须创造不能自发出现的经验。为了这一点,实验或者说经验的创造是必要的。培根认为,我们必须"通过每一种实验,让原因及真正的公理引发出来"。

从我们所注意到的在亚里士多德的和培根的归纳理论之间的若干差别中,可以得出两个结论。

首先,亚里士多德似乎认为,不可能从方法论上给归纳开出逻辑规则的处方。它是从经验中推断一般的智力上的自然行为。尽管人们天生的智力的敏捷度有所差异,对主要真理即科学公理或第一原理的归纳并不需要特殊的才能,它也不可能通过随之产生的规则加以改进或使自身变得更加确定。正是因为它是直观的而非论证性的,因此与推理不同,归纳不可能受到诸如支配着三段论的那些推论规则的调节。

由于并不否认它是直观的而非论证性的,培根似乎认为归纳需要从方法上加以最详尽和最精确的实践。不仅归纳的各种上升阶段必须受制于对普遍性秩序的遵守,而且实验以及为了"形成表格并将事例归类"而对特殊事实的搜集与整理,也要受制于一组复杂的规则。在《新工具》第二卷中所确立的二十七种事例表,构成了培根归纳方法的核心。他注意到,"由于通过最确定的规则成就了一切事情",这种新的"发现科学"的方法"抹平了人们的智力差异,并使人们的智力几乎不再具有优越性"。

其次,由于对培根来说,真正的归纳依赖于大量的实验,因此它主要属于实验科学即物理学和自然科学的方法;在这些科学中,实验法是可能的。尽管算术和几何的第一原理或者说公理可以通过归纳而习得,通过中间的概括从实验中逐步上升的方法却并不适用于数学。这里,我们可能开始有了这样的看法:只有实验科学才主要是归纳的,而像数学那样的其他科学主要是演绎的。

但是,对科学作出的如此划分并不

符合亚里士多德的归纳理论。他认为,就其基础而言,数学和形而上学对归纳的需求并不亚于物理学,而且需求的方式也没有任何不同。如果说确实存在某种差别的话,那么这种差别就在于,归纳对于形而上学具有头等的重要性,因为它的所有原理都是不可论证的,而数学和物理学所需要的某些原理却可以在形而上学中得到论证。然而,没有任何科学专门是归纳的,这正像没有任何科学专门与经验有关。就对主要真理的归纳而言,所有科学都同等地依赖于经验;而且对主要真理的论证也依赖于归纳。

笛卡尔似乎在某种程度上落于亚里士多德和培根之间。他认为算术和几何比物理学更确定,因为数学主要是从演绎中发展起来的,而对自然的研究依赖于从实验中作出的概括。数学的优越性正在于此。笛卡尔写道:"尽管我们从经验中作出的推论经常是错误的,但是演绎,或者说,从另一事物中对一事物所作的纯粹推论……在由至少作为理性事物的知性完成时,却不会出错。"

不过,笛卡尔并未把归纳排除在数学公理(或者,除此之外还有形而上学公理)的来源以外。他仅仅排除了依赖实验的那类归纳。诸如当若干等量事物减去等量事物时余额相等或整体大于其任何部分之类的公理都是归纳的产物。只要"在特殊情况下给他指出一些例子",一个儿童就能被教以这些一般真理;而他由此指出,从这个事实中我们就可以看出公理确实是归纳的产物。类似地,包含在我思故我在这个命题中的形而上学真理,也不可能通过归纳或三段论推理而习得。思维就是存在这个公理必须通过对"个体经验"的归纳而习得,而这种个体经验指的是"除非他存在,他就不能思考"。之所以是这样,乃是因为,我们心灵的天生构造方式,要求我们从关

于特殊事实的知识中来形成一般命题。

从前面的叙述中,我们可以猜想,不同的归纳理论在很大程度上就是关于不同类型的归纳的理论。每一种归纳的共同之处就在于它们都是心灵的运动,这种运动是从感官所领会的特殊事实到一般命题或者说一般概念的运动。但是归纳的特征或者说它的条件和方法,可以因其来源的精确特征而不同:(1)它是从通常的感觉经验中产生的还是从被设计的实验中产生的;(2)它是基于单个的实验还是基于对各个事例的列举。在归纳的类型上还存在一个最根本的区别:(3)它是直观的还是论证性的,或者说,它是通过直接洞察的行为完成的还是通过从前提到结论的推理过程完成的。

在某种程度上,这三种类型的划分是相互交叉的。比如,笛卡尔似乎把对一系列相关事实的完全列举,看做获得关于它们之间相互关系的一般结论的方法。他说:"与简单直观之外的任何其他类型的证明相比,充分的列举或归纳就是我们获得更可靠的结论的方法。"从他的这个陈述中我们得知,他拥有归纳的推理而非心灵的直观归纳。

帕斯卡似乎表明了同一种看法,因为他说,"对于所有问题,当对它们的证明是通过实验而非论证时,除了通过对所有部分及所有不同事例的普遍列举以外,就不可能作出任何一般的断言"。另一方面,培根始终把归纳看做直观的概括,因此他认为,"通过简单列举而展开的归纳是幼稚的,它导致不确定的结论,并且会从一个相互矛盾的事例中暴露出危险"。

培根提出的用以检验事例的精巧程序,并不强调列举的完全性。它所强调的是考察事例间的相互关系,并由此根据这种关系中所包含的信息,强调对它

们的意义作出解释。穆勒提出的四种或者说五种归纳方法,非常类似于培根那里为数更多的事例表。但是穆勒的方法就在于试图阐述归纳推理的推论规则,然而培根的规则不是关于推理的,而是关于如何对直观概括形成于其中的特殊事实进行列表。

根据穆勒关于归纳的观点,我们可以怀疑来自完全列举的归纳是否确实是归纳,因为它似乎产生于对被列举的事实的总结,而非产生于从特殊事实中作出的概括。没有归纳跳跃,就不会有归纳。然而当归纳跳跃确实出现时,似乎更易于把它理解为一种直观的行为(即在特殊中看一般),而非一种推理的过程。穆勒的每种方法都需要一种推论规则,而这种规则自身又是一个一般命题。他的批评者问道:这些关于因果联系或者说关于自然秩序与自然统一性的一般命题,是如何形成的? 他们指出,这些命题自身就是归纳推理的结论,而穆勒不可能实质性地对此作出回答。

按照罗素的看法,自然的统一性是支配归纳的原理,而归纳是从同一自然现象或同一自然因果联系的重复事例中作出的。"数量上充分的因果联系的事例将可能使一种新的联系几乎成为一种确定性。"罗素继续说,这个原理"不可能通过经验被否证"。而且他还补充道,"诉诸经验同样不可能证实它"。

怀特海认为,"归纳预设了形而上学……它依赖先前的理性主义。你对历史的诉求不可能得到理性上正当的证明,直到你的形而上学已经使你确信确实有一种可以诉求的历史"。没有这一点,"你就完全搅乱了归纳"。怀特海也告诉我们,他"并不在本质意义上将归纳当成一般规律的起源。它是具些某种特征的对未来特殊事实的预言,这种预言是从过去特殊事实的已知特征中作出的"。

对归纳推理的这种批评似乎并不适用于亚里士多德关于归纳推理的思想,因为在他那里,就像在穆勒那里一样,这种推理在形式上与三段论并无不同。它只是一种特殊类型的三段论,其实质是从结果推溯原因,而非从原因推出结果。这种评论即归纳推论不可能具有更大的可能性,也不适用于亚里士多德用归纳三段论所意指的东西。彭加勒所说的"数学归纳"或"递归推理",严格说来,根本不是归纳,而是某种形式的论证。

非三段论归纳的确实性或可能性依赖于这种推论的起源:它起源于单个的专门构造的实验,还是起源于对特殊事例(不管这些事例是否拥有基于其出现频率的统计学计算)的列举。完善的实验概念意味着,关于一般规律的运作方式可以展示在单个事例中。这几乎像实验的主导性目标就在于使一般在特殊中显现出来一样。

牛顿关于反射和折射的实验似乎是属于这种类型的。根据亚里士多德和笛卡尔的看法,数学和形而上学的公理可以直接从简单实验中导出,而且这些实验是连儿童都可以做到的,或是所有人都熟悉的。与此相似,在牛顿所做的这类实验中,光学仪器的某些规律也直接被导出。然而牛顿认为,在确立自然规律时,归纳并不拥有与论证同样的可靠性。

他写道,分析的方法"就在于做出实验和观察,并通过归纳从中引申一般结论。虽然通过归纳从实验和观察中作出的证明并不是对一般结论的论证,然而它是事物本性所能允许的最好的证明方式;而且依据归纳在多大程度上是更一般的,可以在同样程度上将它看作一种更强有力的方式。假如并未出现例外的现象,结论通常可以被宣布。但是如果在后来的某个时间从实验中观察到了某种例外,那么可以开始宣称它具有这样的例外"。

由于物理学必须依赖于从实验中作出的归纳概括,洛克不能确信这门学科会在某个时候成为科学,因为他认为归纳绝不具有确定性。他写道:"我不否认,一个人如果习惯了理性的及有规则的实验,就能够进一步洞察物体的本质,并且与不熟悉实验的人相比,他可以更正确地猜测它们那些依然未为人知的性质。但是就如我已经说过的那样,这只是判断和意见,而非知识和确定性。我们基本上仅仅通过实验和历史来获得并改善我们的知识,我们的平庸能力所具备的不充分性也只能让我们做到这一点。"洛克推断:"这使我猜想,自然哲学绝不能确立为一门科学。"

休谟提出了两个理由来证明这种非决定性和非确定性。他认为,这种非决定性和非确定性可以用以描述我们从经验中作出的所有概括和归纳。第一个理由要求人们注意这个事实:与数学推理不同,在物理学的范围内从经验中作出的推论,依赖于被观察到的事例的数目。他说:"[理性]通过考虑一个领域而得出的那些结论,与通过考察宇宙中所有领域而形成的结论是一样的。但在仅仅看到一个物体在另一个物体的推动下作出移动时,没有人会推断每一个其他物体也将会在一个类似的推力下作出移动。"

根据休谟的看法,"决定他形成这个结论"的原理是"习惯或者说惯性";而且恰恰因为归纳概括是习惯的结果而非严格意义上的推理的结果,所以归纳的力量或者说习惯的力量随着归纳产生于其中的事例的数目变化着。休谟坚持认为,"当两个对象(比如热与火、重量与固体)有了恒常的联结之后,习惯就会单独驱使我们在一个对象出现之后期待着另一个对象。这个假说似乎……唯一地解释了这样的困难:对于我们从一千次事例中得出的推论,为什么不能从与此一千次事例并无任何不同的一次事例中得出。理性不会出现任何这样的变化。"

由于绝不可能详尽无遗地观察到所有相关事例,从习惯的联结中作出的推论必定始终是不确定的,不管它从类似事件的增加中获得了多高程度的可能性。这是休谟提出的第一个要点;它论述的是,获自经验的概括的可能性依赖于被观察事件出现的频率。休谟补充了第二个要点,它论述的是关于被观察的事例间的类似性。他说:"类似引导我们从任何原因中,都期待着我们已经观察到的且产生于类似原因的相同事件。在这些原因完全类似的地方,类似是充分的,而且从中作出的推论被当作是确定的和决定性的。……但是在对象并不拥有如此精确的类似性的地方,类似就不太充分了,而且推论也不太具有决定性,尽管它仍然具有与类似性和相似性的程度成比例的某种力量。"缺乏充分的类似性,是休谟对于归纳概括的非决定性和非确定性所提出的第二个理由。

与此相反的假定是,一个事例可以充分地代表数目无穷的类似事例。这个假定可以解释,为什么亚里士多德似乎认为归纳必然可以产生科学的主要真理或原理,而且这种必然性赋予了基于这些公理的所有论证以确定性。对亚里士多德观点的另一种解释,可以在科学归纳和辩证归纳的区分中发现。他认为前者基于共同经验;而且甚至与最好的实验不同,这种共同经验不允许有例外。与此相对照,辩证归纳或者基于对若干事例的列举,而这些事例可能是不完全的;或者基于单独的事例,而这个事例并不担保可能的例外不会发生。亚里士多德称辩证归纳为"修辞学的",它是一种更弱形式的归纳。

在其辩证形式中,归纳证明是从许多想当然的特殊事实出发的。亚里士多德提供了这样一个辩证归纳的例子:"设想熟练的引航人最适于自己的工作,熟练的驾车人同样最适于自己的特殊工作;于是一般说来,有技术的人都最适于自己的工作。"如果某个特殊的个人曾经因其诚实的品质最终得到了回报,那么当演说者从此人的故事中概括出诚实是最好的策略时,在归纳的修辞学形式上,他可以仅仅使用这单一的事例。

在这两种形式中,归纳概括至多是可能的。根据它源自其中的那些假定或事例的合理性,它具有或高或低程度的可能性;而且它将只能通过扩大对特殊事实的列举范围而得到检验。但是假如归纳首先仅仅是可能的,那么我们只能使它成为更加可能的,也就是说,我们绝不可能通过增加事例的数量或者增加它们的种类而使其成为确定的。

因而,亚里士多德的辩证归纳理论,似乎与从有限的实验中(或者从自身完善性无法得以保证的单个实验中)作出归纳的可能性有关,似乎也与从已观察到的事例的出现频率或者说变化情况中作出归纳的可能性有关。要注意的其他要点是,培根提出的关于从不太一般的特殊事例逐步上升到更一般命题的基本规则,似与辩证归纳有关。但是,按照亚里士多德的观点,这与产生科学公理或原理的那类归纳无关。

分 类 主 题

1. 归纳理论:从特殊事物中作出的概括
    1a. 归纳与直观:它们与推理或论证的关系
    1b. 归纳推理:涉及归纳证明和演绎证明的问题
2. 归纳的条件或来源:记忆、经验和实验
3. 归纳的产物:定义、公理、原理及规律
4. 在论证中对归纳的使用
    4a. 辩证归纳:辩论的可靠假定
    4b. 修辞学的归纳:在说服过程中从事例中进行推论
5. 归纳在科学发展中的作用:实验归纳及列举归纳的方法

[贾可春 译]

索引

本索引相继列出本系列的卷号〔黑体〕、作者、该卷的页码。所引圣经依据詹姆士御制版，先后列出卷、章、行。缩略语 esp 提醒读者所涉参考材料中有一处或多处与本论题关系特别紧密；passim 表示所涉文著与本论题是断续而非全部相关。若所涉文著整体与本论题相关，页码就包括整体文著。关于如何使用《论题集》的一般指南请参见导论。

1. **The theory of induction: generalization from particulars**

1a. **Induction and intuition: their relation to reasoning or demonstration**

    7 Aristotle, 99, 115–116, 121, 148, 211–212, 511
    8 Aristotle, 389, 391, 392–393
    26 Harvey, 333–334
    28 Bacon, 59, 61, 105–195
    28 Descartes, 225–227, 232–234, 236–237, 349
    30 Pascal, 171–173
    55 Russell, 260–264 esp 263

1b. **Inductive reasoning: the issue concerning inductive and deductive proof**

    7 Aristotle, 90, 97, 99
    8 Aristotle, 340, 596
    26 Galileo, 252
    28 Bacon, 42, 57–58, 116, 127–128, 140–195
    28 Descartes, 224–225, 239–240, 246
    33 Hume, 487, 508–509 passim
    39 Kant, 45–46
    40 Mill, 445–447 passim
    51 Tolstoy, 690
    53 James, William, 674–675
    55 Russell, 267

2. **The conditions or sources of induction: memory, experience, experiment**

    7 Aristotle, 64, 111, 120, 148, 259, 267, 397, 499–500
    8 Aristotle, 343–344
    26 Gilbert, 1
    26 Harvey, 267–268, 322–323
    28 Bacon, 16, 34, 57, 59, 108, 128, 140–149
    28 Descartes, 285–286, 393
    28 Spinoza, 621–622
    30 Pascal, 358
    32 Newton, 270–271, 543
    33 Berkeley, 433–434
    39 Kant, 562–563
    42 Faraday, 567
    43 Hegel, 384
    55 Whitehead, 159–160
    56 Poincaré, 6–7

3. **The products of induction: definitions, axioms, principles, laws**

    7 Aristotle, 90, 99, 123, 126, 136–137, 152
    8 Aristotle, 388, 392–393
    17 Aquinas, 425–426
    28 Bacon, 96–97, 108, 137–140
    33 Locke, 120
    33 Hume, 451, 454–455, 460
    39 Kant, 66–93, 110
    40 Mill, 475

4. **The use of induction in argument**

4a. **Dialectical induction: securing assumptions for disputation**

    7 Aristotle, 211–212, 213, 222

4b. **Rhetorical induction: inference from example in the process of persuasion**

    7 Aristotle, 90–91, 217
    8 Aristotle, 596–597, 640–641, 646–647, 672
    28 Bacon, 58–59
    39 Kant, 376
    58 Huizinga, 340–341

5. **The role of induction in the development of science: the methods of experimental and enumerative induction**

    7 Aristotle, 136–137, 259, 336, 411, 547
    8 Aristotle, 388
    26 Gilbert, 1
    26 Galileo, 200, 207–208
    26 Harvey, 324, 332–335, 383
    28 Bacon, 42, 56–58, 96–97, 107–108, 128, 149, 150–153, 194–195
    28 Descartes, 224–225, 232–234, 285–286, 393
    30 Pascal, 464–466
    32 Newton, 270–271, 371–372, 543
    33 Hume, 454–455, 458
    39 Kant, 72–85, 387
    42 Faraday, 567
    53 James, William, 385, 677, 862–865
    54 Freud, 412
    55 James, William, 12
    55 Whitehead, 146, 155–156
    55 Russell, 261–264
    56 Poincaré, xv–xvi
    56 Dobzhansky, 518–519

交叉索引

以下是与其他章的交叉索引：

Induction as an intuitive act of generalization, *see* Judgment 8a; Knowledge 6c(2); Principle 3a(1), 3a(3)–3b; Reasoning 5b(1); Science 5d.

Inductive reasoning and its relation to deductive reasoning, *see* Reasoning 4c, 6c; Science 5d; parallel distinctions in modes of argument, *see* Experience 2d; Reasoning 5b(3), 5b(5).

The sources or conditions of induction, generalization, or abstraction, *see* Experience 2b; Idea 2g; Mathematics 2; Memory and Imagination 3c, 6c(1); Science 4b; Sense 5b; Universal and Particular 4c.

Induction as the source of principles, axioms, or scientific laws, *see* Principle 3b; Science 4d; Universal and Particular 4f.

Dialectical and rhetorical induction, *see* Dialectic 2b, 3b; Rhetoric 4c(1); their contrast with dialectical and rhetorical reasoning, *see* Dialectic 3c; Reasoning 5c–5d; Rhetoric 4c(2).

Induction in mathematics and the experimental sciences, *see* Experience 5a; Mechanics 2a; Reasoning 6b–6c; Science 4d, 5d.

扩展书目

下面列出的文著没有包括在本套伟大著作丛书中，但它们与本章的大观念及主题相关。

书目分成两组：

Ⅰ. 伟大著作丛书中收入了其部分著作的作者。作者大致按年代顺序排列。

Ⅱ. 未收入伟大著作丛书的作者。我们先把作者划归为古代、近代等，在一个时代范围内再按西文字母顺序排序。

在《论题集》第二卷后面，附有扩展阅读总目，在那里可以查到这里所列著作的作者全名、完整书名、出版日期等全部信息。

I.

Mill, J. S. *A System of Logic*, BK III–IV
Poincaré. *Science and Method*, BK II, CH 3–4
Dewey. *Logic, the Theory of Inquiry*, CH 21
Russell. *Human Knowledge, Its Scope and Limits*, PART V, CH 7; PART VI, CH 2–3
———. *Introduction to Mathematical Philosophy*, CH 3
Keynes, J. M. *A Treatise on Probability*, PART III

II.

THE ANCIENT WORLD (TO 500 A.D.)

Philodemus. *On Methods of Inference*

THE MODERN WORLD (1500 AND LATER)

Bosanquet. *Logic*, VOL II, CH 3–5
Bradley, F. H. *The Principles of Logic*, BK II, PART II, CH 3
Campbell, N. R. *Physics; the Elements*, CH 4
Cassirer. *Substance and Function*, PART II, CH 5
Cohen, M. R. *Reason and Nature*, BK I, CH 3(3)
Hempel. *Aspects of Scientific Explanation*
Jeffreys. *Scientific Inference*
Jevons. *The Principles of Science*, CH 7, 11; BK IV, esp CH 22
John of Saint Thomas. *Cursus Philosophicus Thomisticus, Ars Logica*, PART I, BK III, CH 2; Q 8 (2); PART II, Q 5
Johnson, W. E. *Logic*, PART II, CH 8–11; PART III, CH 2
Lotze. *Logic*, BK I, CH 3 (A)
Mises. *Probability, Statistics, and Truth*
Nicod. "The Logical Problem of Induction," in *Foundations of Geometry and Induction*
Pearson. *The Grammar of Science*, CH 3
Peirce, C. S. *Collected Papers*, VOL II, par 619–644, 669–693, 755–791
Popper. *The Logic of Scientific Discovery*
———. *Objective Knowledge*
———. *Realism and the Aim of Science*
Sigwart. *Logic*, PART III, CH 5
Venn. *The Principles of Empirical or Inductive Logic*, CH 5–15, 17, 24
Whately. *Elements of Logic*, BK IV, CH 1
Whewell. *On the Philosophy of Discovery*
———. *The Philosophy of the Inductive Sciences*, VOL II, BK XI, CH 1–6; BK XIII
Wilson, J. C. *Statement and Inference*, PART IV

40

无 限 Infinity

总 论

我们能否知道无限,又能否理解无限,这是关于"无限"的一个长年未决的问题;而"无限"究竟存不存在?如若存在,它又是怎样一类东西?这追问也同样经久不衰。既如此,关于无限的讨论往往几近不可理解,便也无足怪了。

如同永恒的观念一样,无限这个观念既难于想象,又无法感知。也正因其难于想象和无法感知,霍布斯与贝克莱才否认它的实在性。霍布斯这样写道:"我们所能想象的一切都是有限的,因此观念也好、关于任何事物的概念也罢,都不能称为无限……我们说某个东西无限,无非是说:我们无法设想那个东西的尽端与界限,我们没有那个东西的概念,有的只是自身没有这个想象能力的概念。"

出于类似的理由,贝克莱反对无限分割的可能性。他说:"既然在任何有限的广延中,我都无法感知到无限的部分,那它们必不在其中:显而易见,无论从感官感知,还是在心中构想任何个别的线、面或体,我都无法从中识别出无数的部分;因此我的认定它们并不含于其中。"

讨论此问题的诸家都认为,无限与永恒虽难以在想象中呈现,却并非无意义和不可设想的。但正因它们不易想象,要把握其含义便更为困难,而且事实上无论它们意指为何,无限与永恒都不可定义:给无限之物下定义便是要给那不受限制的加限制——即便只是在思想中加以限制。

但无限甚至比永恒更要让人困惑。"永恒"的意义与上帝、世界、时间这些难于理解的概念相辅相成,而要弄清"无限"的意义,除了上述概念,还要加上空间、数、物质和运动。对量度和受量度约束的事物而言,无限概念即便算不上疑难的源头,至少也是造成分析过程中困难的根节了。因此当讨论数列与极限的连续性与不可分割性之时,这个词成了一个核心语汇。

如**永恒**那章所示,我们在两个意义上使用永恒概念:一指时间的无限,即那既无起始,又无终结的时间;二指存在物的超出时间限制、恒久不变的性质。我们认为,这两种意义都是否定性的。不过后一个意义包含着某些肯定性的东西,因为至少在一些人看来,只有那尽善尽美、无分毫匮缺的,方能免于流变不定。

无限概念的意义也有这样的分疏。当用于存在物时,即便我们在否定的或至少是比拟的意义上理解这些存在物,无限这个词也仍然意指一些肯定的东西。无限的存在物就是不匮缺任何存在物所能具备之属性的东西。这是臻于绝对完美的积极意义上的条件。在此,无限仍然意味着不受限制,那于存在上不受限制的,便无欠缺可言,而没有欠缺,便是臻于完美了。

也正是在此意义上,斯宾诺莎把上帝定义为"成为绝对的无限,即那由无限的属性组成的实在,每一个这样的属性都体现着永恒与无限的本质。"不过他同时认为:"上帝以外的事物只能有相对的无限,而没有绝对的无限。"因此斯宾诺莎区分了两种无限概念：一是绝对的或肯定意义上的无限，只有上帝才能达到；二是相对的无限。照托马斯·阿奎那的看法，这后一种无限不但是相对的，而且是在否定意义上说的，因为它暗含了"一些不完美的"，它意味着存在上的流变不定，无法尽善尽美。

阿奎那将其所谓相对的或潜在的无限用于物质与量，即用于实体、数目，以及空间与时间的度量。"无限"与"永恒"正在这个意义上两相对应：因为依据永恒的观念，时间乃由无限的片刻组成，我们向前数算未来、向后回点过去，然而无论行到多远，每个片刻都毫无例外地伴随着其先行者与后继者。

当遇到除时间以外的量时，永恒与无限的意义就不再如此紧密地联系了。既然一个无限的广延既无起点也无终点，那么当然，时间的无限与空间的无限之间尚有某种对应关系；但从空间与数中得到的无限概念与那相应于永恒的无限概念是很不相同的。

帕斯卡说："早在人类之前，自然界便已定下两种无限，一是大小，一是数目……因为，凡能加增的，就必然也能减少……比如，若我们能把一个数乘上十万倍，我们也能把这数除以十万，得其十万分之一，故只要把整数改为分数，我们便可把一切乘项变为除项了。因此无限加增的概念中就包含无限分割（division）的概念了。"无穷的连加产生无穷大量，无穷的连除则导致无限小量。

一亿亿亿虽大，却仍是有限的，因为加一个单位便可得到更大的数，这表明一亿亿亿有确定的大小，换言之，它是个有限数。而对一无限的数，我们是无法用加法增加其大小的，因为至少在概念上，它应大于任何两个有限数之和；另一种说法是：若把加法无穷无尽地进行下去，我们便会趋近无限。

伽利略让我们思考两个无限的量：一个是整数的全体，另一个是整数平方的全体。一方面，整数平方的数目看来与整数的数目一样多；另一方面，整数的全体却包含了整数的平方的全体。确切地说，正因为"全体整数平方的数目既不少于全体整数的数目，也不多于它，"伽利略才坚持认为"'相等'、'大于'和'小于'这些属性只能用于有限量，不能用于无限量。"有限的量之间有确定的差异，即一个有限量可以比另一个大或者小，这种意义上的大小，并不适用于有限量与无限量之间的比较。无限的量大小不可确定，正在这不可确定的意义上，它比任何一个有限的量都大。这样看来，伽利略那里的两个无限量间的关系问题也适用于一个无限量与一个有限量之间。

以上所述，同样适用于无限小的情况：无限小量之小是不可度量的，或者说，无论一个有限分数多么微小，无限小量总比它更小，尽管比它小多少是无法确定的，因为无限小量本身的大小是不确定的。有限分数本身便是除法运算的商，而它们本身还能被继续分割下去；但假使一个无限小量也能被继续分割，我们就能藉此得到一个比它更小的量，而且，既然这个更小的量是无限小量的一个确定的分数，则那无限小量也就必定有确定的大小了。事实显然并非如此，故无限小量须被理解为是不可分的；或者说，必须被理解为无穷分割所向之趋近的那个极限。

在牛顿看来，这不可分的假设显得草率和粗糙了，他用"初始的量"与"将逝的量"这两个概念解析这个问题，前者指刚刚开始大于无的量，后者则是即将消逝为无的量。"在运动过程末尾，物体的速度可以达到一个极限，而无法超越它；同样地……在一切初始与将逝的量中也有个类似的极限。"故牛顿告诫读者,若自己"偶或提及所谓最小量、将逝的量和极限的量,"那么读者"不应把它们看作有确定的大小,而应视其为不断消减、永无止尽的量。"

稍后,当论及"以连续运动或流动的方式增减变化,且没有定值"的量时,牛顿又补充道:"当心莫把有限的量视作如此。"牛顿的求导数法为无限小量的微积分奠立了基础,它所据的正是极限的假设,而非不可分的假设。

有两个观念贯穿了所有这些形而上学、数学和物理学上关于无限概念的讨论:一是不受限制,二是只可接近而不能达到。有限物既不能不受限制,又不能无穷趋近一个极限。另一对观念则是"完美"与"不定"。有限物因已被确定,又非完备的全体,故它既不是不定的,也不是完美的。

无限存在或无限权能这些概念与数量上的无限大无限小概念意义上有共通之处,理解起来也会产生相似的问题;尽管如此,二者还是应当分开来考虑。我们可以对这两类无限概念提出同样的问题,如无限存在与否?我们又对它知道几分?但对这两类问题的回答并不相同。有人否认存在真正无限的数或实体,同时坚持上帝存在的无限性;也有人声称物质的无限性是内在地不可理解的,同时却认为上帝,那无限的上帝,却内在地是最为明晰可解的对象。当然他们还会补充说,我们的理智有限,无以领会上帝那无限的存在。

在所有这些观点上都存在着相反的观点,但关于上帝的无限性的争论所涉及的问题既不同于物质的无限分割所涉及的问题,也不同于时空无限性所涉及的问题。因此针对不同的论题与讨论对象,以不同方式分别处理关于无限的问题,应是比较恰当的。

上帝的存在,用安瑟伦的话说,是"我们所能设想的最高的存在"——康德说,那是 ens realissimum,最真实的存在——在此,上帝是神性与实在性的充盈。笛卡尔主张上帝的本质即是实在,但这论题中古时代就已有了,它表明上帝与实在是同一的,既不彼此矛盾,也不相互规定。阿奎那的思想承自亚里士多德,他视上帝为纯粹的真实,具有圆融完满的属性,所谓圆融完美,是"不可能发生变化"这一属性的正面表述。斯宾诺莎把实在定义为那不仅自在存在而且是依其本质得以存在之物,这在理论上也要求一个全然自主、不假于外的上帝。

人们用多种多样的方法,要说明上帝是个无限的存在。阿奎那与斯宾诺莎都把无限性作为证明上帝唯一性的基础。当斯宾诺莎说"许多不同实体不可能具有相同性质"的时候,他心中已然是把无限实体与上帝视为同一了。阿奎那论证道:"若存在许多上帝,他们必定彼此不同。因而某物可能为某个上帝所有,而不为另一个上帝所有。若该物是匮缺,则他们中的一个就不会绝对完美;若该物是完美,则他们中的一个会缺乏这种完美;因此不可能存在许多上帝。"这论证把无限作为神性的一个特征。在另一处,他说得更明白:"先哲们在说到无限原理的时候,就仿佛受缚于唯一的真理,都同样断定关于无限的原理只有一个。"

两个无限的存在物当然不可能同时存在,但这并不意味着不能有两个或两个以上的无限量。这种区别的一种解说似乎可以是,前者是现实的无限存在,而数学对象的无限则是概念上的无限,这类无限有时被称作"潜在的无限",因为它们被理解为一个无穷尽的变化过程,或者是不断逼近却无法达到那个极限。

如果认为无限量是物理存在,例如,认为宇宙具有无限的广延,包含无限数量的原子,那么,似乎就得推论这个世界是独一无二的了。两个无限的世界无法共存,不过,唯一一个世界则可以在许多不同方面是无限的,例如时间与空间、数目与要素——斯宾诺莎就认为,上帝的无限乃是因其具备"无限多的属性,每个属性都表征其无限与永恒的本质。"

阿奎那说,虽然上帝全知全能,但造一个无限世界并非他的权柄。斯宾诺莎否证两个无限世界的存在时似乎可以从阿奎那的立场那里获得支持。如前所述,正是因其本质与存在的同一,上帝才是无限的。而既然受造物的存在被外加于其本质之上,阿奎那便认为"受造物成为绝对无限乃是违反自然的";他接着论道:"尽管上帝是全能的,他仍无法造出造不出来的东西(这将使两件相反的事情同时为真),故同样地,他也无法造绝对无限之物。"

依此观点,若世界与上帝是分殊的存在,且前者为后者所造,那么无限的世界与无限的上帝便不可能共存了。然而在斯宾诺莎的概念体系中,世界的或自然的无限性并不与上帝的无限相分离——世界在思想与广延上是无限的,而这两个属性正寓于上帝的诸多属性之中。

有限上帝则是我们时代的产物,照这理论,上帝虽至为完美,却仍有生长变化的权能,即上帝永存而可变。在传统神学看来,这说法就像"圆的方"一样是自相矛盾的;但这观念乃是为了回应批评者对传统无限理论的诘难而提出的。这些批评者指出,我们很难理解有限物怎么可能既与无限物分离存在而又附加于无限物;他们还指出无限知识、无限权能、无限善好等等观念中所包含的困难。

上帝无所不知这种无限性不限于现实世界,还延伸到可能世界。但可能世界中包含着彼此不相容的事物,用莱布尼茨的话说,它们不是共可能的(compossible)。只有上帝的思想才无远弗届,非共可能之物似乎也包容在其中。神学家库萨的尼古拉认为:上帝无限性的奥秘,其最佳的表达恰在于断定一切矛盾都以某种方式在上帝之中得到调解。

上帝无所不能这种无限性同样引发了可能事物与不可能事物的问题。上帝面前果真没有不可能的事吗?有没有哪些事,即便上帝也无能为力?上帝能让时光倒流吗?他又能否造一个同他一样无限而完美的世界呢?阿奎那说上帝不行不可能之事的时候,他无意表明上帝的权能是受拘限的。他认为,不可能之事不"进入上帝的全能之手,非由于上帝的能力有所欠缺,乃是因为它不具备可能之事或可行之事的性质。"因此阿奎那声称:"与其说上帝不能行它们,不如说这些事本身不能被行。"不行不能行之事与上帝的无限权能并不悖逆,正如亏缺"无物"丝毫无损于无限的存在一样。

人们有时还会举出受创世界中的恶以及不完美来质疑上帝善好的无限性。恶的问题的这个方面,就像人服从或违抗神意的自由问题一样,无法与上帝无限性这一基本奥秘分开来谈——因为上帝的无限包括了无限权能、无限知识与无限善好。这个论题在**善与恶**章中讨论。那里我们指出:若视恶的本质为"非存在",即存在的缺失,对这个问题便能给出一个解答,因为这样一来,受造物的有限与不完美就是上帝无限性的必然结果了。而即便所有可能世界中最善好的那个,也不可能变得无限善好。

一切被视为有限的事物里,惟人类与众不同,在本性上被赋予了无限。这会不会引入一个不同于量度也不同于上帝的另一个意义上的"无限"概念呢？

毋庸置疑，人，无论就其存在还是就其能力而言，都是有限的。人类认知与行事能力的界限本身就是我们研究自身的一个经久不衰的问题；然而，有的论者恰恰是在涉及能力之际暗示人具有无限性。

如帕斯卡就认为：人渴念无限，并被迫趋向它，唯有作如是想，我们才能破解晦奥矛盾的人性。他写道："我们欲火中烧，要寻求确切牢靠的基础，好在上面建立通向无限的巨厦。却听不到地基崩塌，噼啪作响，大地也已坼裂成深壑了。"在这场景中，人类显得既庄严伟大又悲惨可怜——人渴慕无限，但他终究是个不满于自身的有限并为之灰心沮丧的有限存在。

人们有时说，人性中的一抹无限是他要成为上帝的渴望——话里也含着这是一抹癫狂。有人认为，人自然地欲望面对面地认识上帝，在神的临场中让神的爱充满自己，而成为上帝的渴望把人的自然欲望引错了方向，变成了失常倒错的欲望。但依据自然欲望的理论，每种事物所具的倾向与其能力适成比例；若唯有无限的真与无限的善方能平息人类追逐知识与幸福的汲汲之心，则人类的理智和意志在本质上也必当如其在倾向上一样是无限的。但那不是不加限制的无限，因为，同是这些神学家，一方面教导说，人自然而然追寻上帝，同时他们又认为，人类理智有限，无法如上帝理解他自身一般理解上帝的无限存在。而且他们还认为，除非有了神恩所赐的眼光，人认识神、敬爱神的能力终究是无法充分施展的，而神恩所赐的眼光是超自然的赐予而不是自然的成就。

相关话题在**欲望**与**知识**两章还会论及。人对无限的渴念，除了上帝，伟大著作里还说到其他对象。如对金钱、快乐与权力的贪欲便非有限的数量所能餍足。这个事实在人类的记录上比比皆是。伟大著作中就这个事实谈到过两点。一则，人对俗物的无限贪欲，表达着他对真正无限的善好的渴求，尽管这一点也许深藏不露。二则，这些俗物之所以诱人，恰是因其无限的缘故。

在此，"无限"一词并不意味着完美，而是指数量上不可确定。当柏拉图在《斐利布篇》中把事物分为有限物与无限物的时候，他区分的就是已被量度的确定之物与尚需在量上加以限定之物。苏格拉底举例解释这种区分说："如冷热之类的概念，总是或多或少而言的"，既然"它们没有尽端……所以也是无限的。"相反，"量一旦被确定了，便不再会有'热些'、'冷些'这样的说法了。"他说，那些"不允许或多或少的事物"属于"有界限的、有限的事物种类"。

接着这些例子，苏格拉底区分了无限的快乐和有限的快乐，前者没有限制，后者则具备某些内在的量度。他说："得体的快乐有量度，过分的快乐则没有；大量的、过分的东西……应归为无限的，即或多或少的类；"而"其他的则可归入有界限的事物。"财富的善好与某些快乐的善好在量上不可确定，因而是无限的；也正因其不可确定，才有必要去决定或量度它们，好知道多少财富是值得拥有的，多少快乐是值是享受的。

和欲望一样，人的理智在数量上也不可确定，因而同样被认为是无限的。阿奎那主张理智认知仰赖普遍概念，故他认为人类心灵具有"无限的能力，因其能把握普遍物，而普遍物能把自身扩展到无限的个别物中去。"每个普遍物都表示一个共同之处，正是那共同之处，使得无数个别物被归于某个属类。

人类理智的潜质能认识一切可知之物，在此意义上，它也被认为是无限的，不过这无限是一种相对的无限,就像与之对应的原初质料〔它潜在地能够接受一切形式〕所具有的无限一样。这两种意义上的无限都是有限制的:前者的限制在于,认知的对象对理智而言必须是可知的,后者的限制在于,那些特殊类型的形式必须是能够为质料所接受的。由于原初质料全无形式,其无限性恰与上帝的无限性处在两个对立的极端上:一边是纯粹潜在性的绝对不确定,另一边则是纯粹现实性的绝对完美。

当问题涉及物质事物——物体而非原始物质时,物质的无限便卷入了不同的考虑。问题是双重的。能够有无限大的物体吗?有无限多个物体吗?亚里士多德对两个问题都给出了否定的回答,而斯宾诺莎看来对前者作出了肯定的回答,卢克莱修则对后者作出了肯定的回答。

当然,斯宾诺莎的断言可以由他的无限物体乃上帝的一个属性的观念加以限制,但卢克莱修的断言,"物质的供应是无限的",则未加任何限制,除非把他所说的原子只有有限种不同的形状视作一种限制。只有原子的数目是无限的,而不是它们的种类。

亚里士多德给出许多论证来反驳一个无限物体或者无限数量的物体的存在。所有论证都依赖于他对实在无限与潜在无限的区分。体或量中的无限不是不可能的——因为他确认时间的无限,也坚持物质无限可分;他倒是说,假使一个无限物体存在,那它的无限性就必定是现实的,而它的现实性就必然包括一些可决定的方面,如体大小和位置,而这就会与无限的不可决定性不相容。与此类似,共存的事物——不像不可共存的瞬间——的量也是不能无限的。因为他们若是共存的,那就是实际上可数的,而他们的无限性则表示他们是不可数的。

潜在无限,亚里士多德写道,"以不同方式显示自己——如时间、人的世代、体的分割,一般地,无限有这样一个存在模式:在一物之后总可再取一物,每个所取之物总是有限的,但总是不同的。"当这种情况发生于空间的分割时,"分割随着时间和人的延续而持续,以这种不可能用尽供给资源的方式消磨这些东西而进行。"

元素一章讨论了卢克莱修和亚里士多德关于物质可分性的对立的观点。争论双方对无限概念和连续性概念有不同用法。亚里士多德把物质的连续性作为它无限可分的条件,而卢克莱修把原子的连续性——它的实体性,或非虚空——作为它不可分的原因。亚里士多德认定,在任何瞬间世界上都只有有限数目的微粒,因为物质的分割不能在有限的时间里无限地进行。与此相反,卢克莱修认为物质分为越来越小的部分,到了原子个体就到尽头了。但他同时声称原子数量是无限的。

根据卢克莱修的观点,容纳无限数目的原子须有无限的空间。这和无限时间一样给他造成了很大的困难。在另一方面,亚里士多德在无限方面对空间和时间作了区分。通过不断的增加,时间是潜在无限的,因为"每一部分越出存在的范围不断流逝"。但是,虽然空间也许可以无限分割,它却不可以无限延伸,因它和时间不一样,所有部分必须同时共存,因此,它必须是个实在而非潜在的无限量。亚里士多德认为这是不可能的。

这些以及其他关于时间空间无限性的相互冲突的观点,出现在康德第一个宇宙论的二律背反之中。他的意图不是要解决这问题,而是要表明它不可能通过证明或论证得到解决。为此康德设立了对他来说同等强的或者说同等不足以达至最终结论的论证,一面是支持时空无限的,另一面是反驳时空无限的。

一方面,康德假定"世界在时间上没有开端",得出"直到每一个被给予的时间点为止都有一个永恒消失了,一起消失的,还有世界中事物的连续的情况或状态的一个无限序列。"但由于"序列的无限在于这样一个事实,即它永不可能由连续的综合来完成",它也"说明一个已经消失的无限系列是不可能的,由此世界有个开端是其存在的一个必要条件"。

另一方面康德提出他认为有同等力量的论证,"假设世界有个开端,一个开端",他解释道,"就是一个存在,之前有一个无物存在于其中的时间",康德继续说,"据以上假设,必有一个世界不存在于其中的时间,即一个空时间。但在一个空时间里,事物的产生是不可能的;这样的时间的任何部分都不包含先于非有的条件的可资区分的存在的条件……结果是在世界中许多事物的系列都可能有开端,但世界自己不能有个开端,因此它在过去时间的方面是无限的"。

康德以类似方法分析空间的无限或有限。如果我们假设空间是无限的,那么"世界就是一个无限的被给予的具有同时实存事物的总体",但为了"把充满整个空间的世界设想成一个整体,就必须把一个无限世界各部分的相继综合看成是已完成了的,即一个无限的时间必须被看作在历数共存之物时流逝了的"。康德争辩说"这是不可能的"。因此,"一个实在事物的无限集合不能被看作一个给定的整体",所以,"世界就其空间中的广延而言不是无限的,而是包含于其边界之中的。"

但是,如果我们假定"世界在空间上是有限的和有边界的",根据康德的观点,"则世界就存在于一个未被限定的空的空间中。因此,我们就会不但发现事物在空间中的关系,而且会发现事物与空间的关系"。但是"世界与空的空间的关系就是与无对象的关系",而"这样一种关系,以及由此而来的空的空间对世界所作的限制,就是无"。因此康德总结道,"从空间着眼,世界是没有边界的,即它在广延上是无限的。"

这些相反的论证彼此推翻对方,由此揭示了证明或否定时空的无限超出了我们的能力。在康德的人类知识理论里,这表明了"事涉经验的整体对象——感官世界,我们无权作任何断言"。

"时间和空间,"罗素写道,"看来是无限可分的,但与这些明显事实——无限广延无限可分——相反,哲学家有高明的论证去表明没有事物的无限总和,因此空间中的点的数目,或时间的各瞬间,必定是有限的。因此,时空的明显的本质和无限总体的假定的不可能性之间,就有矛盾出现。"

物理学领域还有一个关于无限的问题,它在一本伟大著作中首次得到表述——伽利略的《关于两门新科学的对话》。他在这本书中讨论了自由落体的匀加速度。在相同的时间内速度的增加量相同的物体,也被认为是"从无限慢,也即静止开始。"对话中有个人对此说提出挑战,他说,"当越来越接近那开始的时刻,物体的移动是如此慢。如果保持此速率,在一小时里,或一天、一年、或一千年,也运动不到一英里。实在说,在更长时间里它也移动不到一指距。这是个使想象感到困惑的现象,而我们的感觉告诉我们,一个重的落体瞬间就获得很高的速度。"

感觉告诉我们的可由实验作矫正,实验会使观察精确,但这里仍然留下了纯粹分析的问题。在对话中,辛普里丘就反对这样的断言:"速度可无限地增加或减少"。他在对话中指出,"如果越来越慢的程度是无限的,那它就永不会穷尽",因此物体在慢下来时就永不能停止,而在静止时就不能启动。

萨尔维阿蒂回应说:"假使运动的物体在任何时间段内在任何速率上都维持它的速度,那它就永不会停下来。然而,它通过每一点时耽留的时间都不超过一瞬间,而因为每一时间段不管多么小,都可分为无限的瞬间,这些瞬间的数目将足够大,用以对应减少速度的无限程度。"

无限小速度的问题,为物理层面的无限与数学层面的无限之间的差异提供了另一个说明。我们知道,在欧氏几何中,平行线即使无限延长,它们之间仍始终保持等距;渐近线则不是这样,渐近线是一条直线,而有一曲线与之不断接近但永不会相交,即使两者一直延伸下去。曲线与渐近线间的距离不断减少,但不管有多小,两条线始终不会汇合。曲线与渐近线之间不断缩小的空隙,就像是物体从静止开始或是趋向静止时速度的不断增加或减少。但我们知道物体确实能开始也能停止运动,在物理层面的动与静之间的鸿沟就有个神秘的飞跃,而在数学层面,极限点能不断接近但永不能到达。

伟大著作还在另一个语境中对无限进行讨论。

逻辑学家把一些词项和判断当成是无限的。比如亚里士多德认为否定的词项——如非人或非白——是无限的。这些词项的意义不确定,这一点在它们用作句子主语时就可以看出来。这样的句子谈论的是什么呢?至少也要部分地用肯定的词项回答:非人即是指除人以外的整个宇宙,或者除人以外所有事物的总和。由此,否定的概念在它肯定的意义上有一种无限性——对象的无限总和,只除去一个它所否定的对象。

在他对判断的分类中,康德根据质把判断分为三类:肯定的,否定的,无限的。无限判断在构造中包含了一个否定,但当否定被给出了一个肯定的解释,命题的无限意义就明显了。有个例子可说明。

"这个动物不是白的",这命题是否定的,它只是否定特定事物的特定性质。但命题"这个动物是非白的"则是无限的,因它确认一条否定的词项,把对象放在了包括白色以外的所有事物无限类或总和里。

定义和证明的问题,根据逻辑学家提出在推理或分析中避免无穷倒退的不同的方式,有了不同的解决方法。如果每一概念在用来定义其他概念之前都须作定义,那定义就没有尽头,如果每一命题在作为前提去推出结论前都须得到证明,那证明过程就没有一个开端。

帕斯卡在他的论文"论几何证明"提到要定义和证明一切事物的方案。"无疑这方法是美好的",他说,"但它是绝对不可能的。因为很明显,我们想要定义的第一个概念需要其他概念来说明。与此类似,我们第一个要证明的命题也需要前面的来证明。由此很明显我们永不可能到达第一个命题。"

定义章考察了不可定义概念的特征和选择,由此来澄清含义避免无限倒退。**归纳**章和**原理**章则考察了不同种类的原始命题——公理、公设、假设——由此在证明过程中避免类似的倒退。**原因**章处理了原因和结果的无限倒退问题。这里考虑一下无限序列的理由与无限序列的原因的区别是合宜的。

在某种意义上,理由的无限序列与原因的无限序列的确都是系列——一者跟随着另一者,就此而言,如果给有无限的时间,两者似乎都不是不可能的。有些人否认无限原因是可能的,他们区分本质原因与偶然原因,本质原因必定与结果共存,偶然原因虽然在结果之前出现,但在结果产生之际就消失了。如果有无限时间,就会有无限序列的偶然原因。但即使假定一个无限时间,在推理的前提和结论间的关系是否允许无穷倒退,这仍然是有疑问的。如果我们只有知道前提为真才可知道结论是否为真,那对真的追寻就会因要追求到无限而夭折。

在19世纪末,特别是基于乔治·康托尔的工作,对数学中无限的新的洞见出现了。如果两个集合的对象是可一一对应的,一个集合里对象的数目就与第二个集合里对象的数目相等。因此,左右手的手指一一对应表示每只手有同样数量的手指。

根据定义,一个含有无限个元素的集合是一个与其子集元素的数量相等的集合。因此,正整数是无穷的,因为正整数可与比如偶数一一对应。在康托尔的概念里,这个数量用阿勒法零来表示。康托尔的伟大发现是,阿勒法零是无限数里最小的。

一个更大的无限数是一条线上点的数,这个数被称为C,因为点的数是在一个连续统上。的确,各种超限数构成了一整个等级。这一点刚被发现的时候,人们认为它极端荒谬,但现在它是当代数学的一个标准部分。

分 类 主 题

1. 无限的一般理论
   1a. 确定的与不确定的,可测量的与不可决定的
   1b. 存在与数量的无限,实在无限与潜在无限,形式与物质料的无限
2. 逻辑次序的无限
   2a. 否定词项与不确定词项的无限
   2b. 否定判断与无限判断的区别
   2c. 分析与推理中的无限回归
3. 数的无限,无限的积与量
   3a. 数:分割与添加的无限
   3b. 连续数的无限可分:无限小,穷竭法,极限理论
   3c. 渐近的无限与平行的无限
   3d. 空间的无限广延或者有限无边的空间
   3e. 时间与运动的无限延续
4. 物质的无限
   4a. 物质的无限数量或广延:一个实在无限物体的问题
   4b. 物质的无限可分:关于原子或基本粒子的议题
   4c. 物质的无限可分性:最初或无形物质的观念
5. 世界中的无限
   5a. 事物的无限数量和种类的无限数量
   5b. 原因的数量

6. 人本质中的有限与无限

    6 a. 欲望与意志的无限：人能力的局限

    6b. 智力的无限：人对无限的知识

7. 上帝的无限

    7a. 上帝的无限存在或本质

    7b. 上帝的无限力量

    7c. 上帝无限的善与爱

    7d. 上帝无限的知识

[王师、何宝军、禤庆文 译]

索引

本索引相继列出本系列的卷号〔黑体〕、作者、该卷的页码。所引圣经依据詹姆士御制版，先后列出卷、章、行。缩略语 esp 提醒读者所涉参考材料中有一处或多处与本论题关系特别紧密；passim 表示所涉文著与本论题是断续而非全部相关。若所涉文著整体与本论题相关，页码就包括整体文著。关于如何使用《论题集》的一般指南请参见导论。

1. **The general theory of infinity**

    7 Aristotle, 280–286
    11 Plotinus, 626, 635–637
    18 Aquinas, 1025–1032
    26 Galileo, 144–145
    28 Descartes, 312, 338, 349
    28 Spinoza, 589, 590–591
    32 Newton, 25–32
    33 Locke, 167–174
    33 Hume, 506–507
    39 Kant, 130–149, 156–157
    43 Hegel, 123
    51 Tolstoy, 693–694
    55 Bergson, 72

   1a. **The definite and indefinite: the measured and the indeterminate**

    6 Plato, 505–506, 510–511, 615–617
    7 Aristotle, 504, 505–506, 507
    11 Plotinus, 329–330, 358–360, 636–637
    15 Kepler, 1078
    16 Augustine, 41
    17 Aquinas, 612–613
    28 Descartes, 338
    39 Kant, 158–159, 196–197
    43 Hegel, 121

   1b. **The infinite in being and quantity: the actual and potential infinite; the formal and the material infinite**

    6 Plato, 495–497
    7 Aristotle, 260, 414, 574, 594–595
    17 Aquinas, 50–51, 75–76, 270–272, 285–286, 619–620
    18 Aquinas, 769–771
    28 Descartes, 312–314
    28 Spinoza, 590, 592, 593–594
    30 Pascal, 195
    33 Locke, 149, 162–163, 167, 169
    33 Berkeley, 437–439
    39 Kant, 124–125, 135–137
    43 Hegel, 17–18
    53 James, William, 668–669

2. **Infinity in the logical order**

   2a. **The infinity of negative and indefinite terms**

    6 Plato, 571–573, 615–616
    7 Aristotle, 70–71
    39 Kant, 158–159

   2b. **The distinction between negative and infinite judgments**

    7 Aristotle, 17–18, 26, 29–31
    33 Locke, 283
    39 Kant, 40, 210

   2c. **Infinite regression in analysis and reasoning**

    6 Plato, 489, 542–544
    7 Aristotle, 99–100, 111–116, 264, 525, 530, 636–637
    8 Aristotle, 339
    11 Epictetus, 115–116
    17 Aquinas, 612–613
    23 Montaigne, 332–333
    28 Bacon, 110–111
    28 Descartes, 439, 450
    30 Pascal, 431–434, 458–459, 464–466
    33 Locke, 183, 260
    39 Kant, 111–112, 115–119, 135–173
    53 James, William, 321, 525–526

3. **The infinite in quantity: infinite magnitudes and multitudes**

   3a. **Number: the infinite of division and addition**

    7 Aristotle, 284–286
    10 Archimedes, 520–526 passim
    10 Nicomachus, 617
    11 Plotinus, 626
    16 Augustine, 408–409
    17 Aquinas, 33–34, 612–613
    18 Aquinas, 754–755
    26 Galileo, 144–145
    30 Pascal, 434–439
    33 Locke, 167, 170
    39 Kant, 498, 499–500

   3b. **The infinite divisibility of continuous quantities: the infinitesimal; the method of exhaustion and the theory of limits**

    7 Aristotle, 281, 284–285, 312–315, 324–325, 359, 412–413, 520, 541
    10 Euclid, 191–192, 339–340, 351–359, 367–368
    10 Archimedes, 411–414, 424–427, 447–451

        passim, 470–471, 473–479, 492–495, 496–500, 503–504, 527–537, 569–592
    10 Nicomachus, 599–600
    15 Kepler, 973–975
    17 Aquinas, 280–283
    26 Galileo, 139–153 passim, 193–194, 201–202
    28 Spinoza, 595
    32 Newton, 25, 30–32, 168–170
    33 Locke, 164, 166, 170, 237–238
    33 Berkeley, 437–439
    33 Hume, 506
    51 Tolstoy, 469, 695
    55 Bergson, 72, 80–82, 83–84
    55 Whitehead, 195–196
    56 Poincaré, 5–10
    56 Whitehead, 161–165, 173–175, 178–183

3c. **The infinity of asymptotes and parallels**

    10 Euclid, 2
    28 Descartes, 534–535
    32 Newton, 57, 65, 69–70

3d. **The infinite extent of space or space as finite yet unbounded**

     7 Aristotle, 283–284, 595–596
    11 Lucretius, 13–15, 19–20
    16 Augustine, 377
    17 Aquinas, 348–349
    30 Pascal, 195, 211
    32 Newton, 8–11, 542–543
    33 Locke, 149, 162–165 passim, 167, 168, 170
    39 Kant, 24, 28–29, 135–137, 152, 160–163
    53 James, William, 631
    56 Poincaré, 11–12
    56 Einstein, 225–228, 234–235
    56 Eddington, 265, 278–279
    56 Heisenberg, 426–428

3e. **The infinite duration of time and motion**

     6 Plato, 124, 460
     7 Aristotle, 286, 315, 325, 334–337, 344–346 passim, 348–353, 361–362, 370–376 passim, 379–380, 437–441, 576, 601–602, 603
     8 Aristotle, 236
    11 Lucretius, 4, 14, 16–17, 29, 64, 73–74
    11 Aurelius, 257, 260, 278, 281
    11 Plotinus, 337–339, 425–435 passim
    15 Kepler, 888–891
    16 Augustine, 116–118, 125, 376–378, 403–412
    17 Aquinas, 43–45, 250–255, 348–349
    18 Aquinas, 945–946, 1017–1020
    21 Hobbes, 50, 271
    26 Galileo, 245
    28 Bacon, 163, 186
    28 Descartes, 249
    32 Newton, 14, 540–541
    33 Locke, 160–163, 165, 168–169, 172, 237
    39 Kant, 26, 27, 130–133, 135–137
    56 Heisenberg, 426–428

4. **The infinity of matter**

4a. **The infinite quantity or extent of matter: the problem of an actually infinite body**

     7 Aristotle, 281, 282–284, 362–367, 603
    11 Lucretius, 14
    11 Plotinus, 354–355
    17 Aquinas, 32–33, 258–259
    28 Spinoza, 593
    33 Locke, 152–153, 211

4b. **The infinite divisibility of matter: the issue concerning atoms or elementary particles**

     7 Aristotle, 316–318, 396, 405, 411–413, 423–425, 426, 427, 562, 683–684
    11 Lucretius, 7–8
    11 Plotinus, 354–355, 446–447
    15 Copernicus, 517
    17 Aquinas, 270–272
    26 Galileo, 147–148
    28 Bacon, 140
    32 Newton, 270–271
    33 Locke, 170, 237
    33 Berkeley, 421–422
    39 Kant, 100, 137–140
    40 Federalist, 103
    42 Faraday, 758–763
    56 Bohr, 328–329

4c. **The infinite potentiality of matter: the conception of prime or formless matter**

     6 Plato, 455–458
     7 Aristotle, 268, 428–429
    11 Plotinus, 352–353, 416–425
    16 Augustine, 126–127, 129–130, 132–135, 138–139
    17 Aquinas, 31, 32–33, 343–347
    26 Harvey, 494

5. **Infinity in the world**

5a. **The infinite number of things and the infinite number of kinds**

     7 Aristotle, 262–263, 264, 518
     8 Aristotle, 255
    11 Lucretius, 21–22, 28
    11 Plotinus, 564
    17 Aquinas, 138–140, 253–255, 272–273
    28 Spinoza, 596, 598–599
    39 Kant, 193–200
    53 James, William, 873

5b. **The number of causes**

     7 Aristotle, 326–327, 512–513, 657
    17 Aquinas, 12–14, 378–379
    28 Bacon, 43
    28 Descartes, 337
    28 Spinoza, 604–605
    39 Kant, 140–143, 152–153, 164–171, 556, 577–578

6. **The finite and the infinite in the nature of man**

6a. **The infinity of desire and will: the limits of human capacity**

Old Testament: *Psalms,* 42; 63 / *Ecclesiastes,* 5:10-12 / *Isaiah,* 14:12-14
Apocrypha: *Ecclesiasticus,* 11:10; 23:16-17; 31:1-11
New Testament: *John,* 4:13-14
- 4 Aristophanes, 889-890
- 6 Plato, 275-277, 609-639, 733, 751
- 8 Aristotle, 450-452
- 11 Lucretius, 30-31, 41, 55-56, 77
- 11 Epictetus, 212-217, 224-225
- 13 Plutarch, 319-321, 353-354, 599
- 16 Augustine, 11-12, 28-30
- 17 Aquinas, 327-328, 615-616, 751-752
- 18 Aquinas, 524-525, 528-529
- 19 Chaucer, 18-19
- 21 Hobbes, 76
- 23 Montaigne, 77, 189-190, 391-395, 531, 546
- 25 Shakespeare, 109, 120-121, 289-290
- 30 Pascal, 195-204, 243-244
- 33 Locke, 189
- 39 Kant, 256-257, 298-300
- 40 Mill, 462-463
- 43 Hegel, 13-15, 17-19, 121-122, 123, 124, 125, 140
- 43 Kierkegaard, 418-419
- 45 Goethe, 39
- 50 Marx, 62, 292-295
- 51 Tolstoy, 692-694
- 55 Barth, 507
- 60 Fitzgerald, 347

6b. **The infinity of the intellect: man's knowledge of the infinite**

Old Testament: *Exodus,* 33:12-33 / *Job,* 11:7-9; 26:14; 28; 36:26; 38-41 / *Ecclesiastes,* 8:17 / *Isaiah,* 55:6-9
Apocrypha: *Wisdom of Solomon,* 9:13-16 / *Ecclesiasticus,* 1:2-10; 18:4-7
New Testament: *John,* 1:18 / *Romans,* 11:33-34
- 6 Plato, 610-613
- 7 Aristotle, 513, 602-603, 619, 636-637
- 8 Aristotle, 596
- 10 Nicomachus, 600
- 17 Aquinas, 3-4, 31-32, 50-75, 160-161, 175-178, 414-416, 462-463, 469-471, 472-473, 486-487, 501-503
- 18 Aquinas, 89-90, 1025-1037
- 19 Dante, 95, 117
- 21 Hobbes, 54
- 23 Montaigne, 279, 292-298
- 28 Descartes, 315-319 passim, 347-348, 395, 437, 438-440
- 28 Spinoza, 600
- 30 Pascal, 181-184
- 33 Locke, 160-162, 165, 171-172, 202-203, 212-214 passim
- 33 Berkeley, 405
- 37 Gibbon, 308
- 39 Kant, 495-498
- 43 Hegel, 15-16, 117-118, 286-271, 322-324
- 45 Goethe, 154
- 51 Tolstoy, 162-164, 631

7. **The infinity of God**
- 11 Plotinus, 453-454, 471, 621-622
- 16 Augustine, 1-2, 54, 56-57, 144
- 17 Aquinas, 31-34
- 19 Dante, 132-133
- 21 Hobbes, 162
- 28 Descartes, 349, 356
- 28 Spinoza, 589, 592-593, 609
- 29 Milton, 143-144
- 30 Pascal, 213-216
- 32 Newton, 370-371
- 33 Locke, 167-168
- 38 Gibbon, 230
- 39 Kant, 192, 344, 590

7a. **The infinite being or essence of God**

Old Testament: *I Kings,* 8:27 / *Psalms,* 139:7-10
- 16 Augustine, 3-4, 62-63, 141, 397, 714
- 17 Aquinas, 75-76, 77-78, 382-383
- 18 Aquinas, 710-711
- 23 Montaigne, 333-334
- 28 Descartes, 334-340 passim
- 28 Spinoza, 589-606
- 33 Locke, 212-213, 271-272
- 33 Berkeley, 436
- 39 Kant, 205
- 43 Hegel, 163-167, 171-172

7b. **The infinite power of God**

Old Testament: *Genesis,* 1:1-2:4 / *Exodus,* 15:18 / *Deuteronomy,* 32:39 / *I Samuel,* 2:6-8 / *Job,* 12:14-15; 38-41 / *Isaiah,* 40:22-31; 44:24-46:13
Apocrypha: *Judith,* 16:13-17 / *Rest of Esther,* 13:9-11 / *Wisdom of Solomon,* 11:17-26 / *Ecclesiasticus,* 18:1-7
New Testament: *Colossians,* 1:13-20
- 7 Aristotle, 603
- 16 Augustine, 56-57, 258-259, 308, 636-641
- 17 Aquinas, 144-147, 245-247, 489-490
- 18 Aquinas, 368-369, 483-484
- 20 Calvin, 81-82
- 28 Descartes, 455
- 28 Spinoza, 603-606, 608
- 29 Milton, 113-116
- 33 Locke, 165, 167-168
- 39 Kant, 180, 504, 592, 600-601
- 51 Tolstoy, 684

7c. **God's infinite goodness and love**

Old Testament: *Psalms* passim, esp 23, 27, 32,

40, 51, 55, 71, 89, 92, 107, 118, 136 / *Isaiah*, 43:1–4; 63:8–9 / *Jeremiah*, 31
New Testament: *John*, 3:16; 13:31–17:26 / *Romans*, 8:35–39
11 Plotinus, 544–545
16 Augustine, 141–142, 396–398
17 Aquinas, 12–14, 20–21, 28–30, 285–286, 612–613, 637–638
18 Aquinas, 701–703
19 Dante, 63–64
28 Spinoza, 694–695
39 Kant, 263
41 Boswell, 539–540
52 Dostoevsky, 25–26

7d. God's infinite knowledge

Old Testament: *Psalms*, 94:7–12; 139 / *Proverbs*, 15:3 / *Isaiah*, 29:15–16
Apocrypha: *Ecclesiasticus*, 15:18–19; 19:17–20; 17:15–20; 23:18–20; 39:19–21; 42:18–21
New Testament: *I Corinthians*, 1:17–2:16 / *Colossians*, 2:2–3 / *Hebrews*, 4:13
11 Plotinus, 592–593
16 Augustine, 256–259, 386, 407–409, 706–707
17 Aquinas, 77–78, 85–86, 97–98, 414–416
19 Dante, 114
20 Calvin, 82–86
28 Spinoza, 607–608
29 Milton, 136–138, 241
39 Kant, 303–304, 325–326, 344–348, 351–352, 590–592

交叉索引

以下是与其他章的交叉索引：

The distinction between the potential and actual infinite, and the infinite of division and addition, *see* QUANTITY 7.

The infinity of space, time, and motion, *see* ASTRONOMY AND COSMOLOGY 6c(1), 11c; CHANGE 13; ETERNITY 2; SPACE 3a; TIME 2b; WORLD 4a, 7; the conception of eternity as infinite time, *see* ETERNITY 1; TIME 2.

The existence of atoms and elementary particles, and the infinite divisibility of matter, *see* ELEMENT 5a, 6; MECHANICS 8a–8d; ONE AND MANY 3a(3).

The problem of an infinite regression in causes, *see* CAUSE 1b, 7b; CHANGE 14; PRINCIPLE 1b; infinite regression in definition and reasoning, *see* DEFINITION 1c; PRINCIPLE 3a(3); REASONING 5b(1).

The infinite and the infinitesimal in mathematics, *see* MATHEMATICS 4d; QUANTITY 2, 3a, 3c, 4c, 7.

The special logical sense in which judgments are called "infinite," *see* JUDGMENT 6b.

The human intellect and prime matter as having comparable types of infinity, *see* MIND 2b.

The finite and the infinite in relation to human nature, *see* MAN 10d, 13.

Infinity in relation to human desire, *see* DESIRE 7–7a(3).

The limits of human knowledge, *see* KNOWLEDGE 5a–5a(6).

The problem of our knowledge of the infinite, *see* KNOWLEDGE 5a(4).

The infinity of God, and of God's knowledge, power, and goodness, *see* BEING 7b(4); GOD 4e–4f, 5c, 5f; GOOD AND EVIL 2; KNOWLEDGE 7a; LIBERTY 5d; MIND 10f; NATURE 1b; TRUTH 2d; WILL 4b; WORLD 3a.

扩展书目

下面列出的文著没有包括在本套伟大著作丛书中，但它们与本章的大观念及主题相关。

书目分成两组：

Ⅰ．伟大著作丛书中收入了其部分著作的作者。作者大致按年代顺序排列。

Ⅱ．未收入伟大著作丛书的作者。我们先把作者划归为古代、近代等，在一个时代范围内再按西文字母顺序排序。

在《论题集》第二卷后面，附有扩展阅读总目，在那里可以查到这里所列著作的作者全名、完整书名、出版日期等全部信息。

I.

Descartes. *The Principles of Philosophy*, PART I
Spinoza. *Correspondence*, XII
Newton. *The Method of Fluxions and Infinite Series*
Berkeley. *The Analyst*
——. *A Defence of Free Thinking in Mathematics*
Hume. *A Treatise of Human Nature*, BK I, PART II, SECT I–II
Voltaire. *The Ignorant Philosopher*, CH 18
——. "Infinity," in *A Philosophical Dictionary*
Kant. *De Mundi Sensibilis (Inaugural Dissertation)*

——. *Prolegomena to Any Future Metaphysic,* par 50-54
Hegel. *Science of Logic,* VOL I, BK I, SECT I, CH 2 (B,C); SECT II, CH 2 (C)
James, W. *Some Problems of Philosophy,* CH 10-11
Poincaré. *Science and Method,* BK II, CH 3
Whitehead and Russell. *Principia Mathematica,* PART III, SECT C; PART V, SECT E
Russell. *Introduction to Mathematical Philosophy,* CH 3, 9, 13
——. *Our Knowledge of the External World,* V-VII
——. *The Principles of Mathematics,* CH 13, 17, 23, 37-43

II.
THE ANCIENT WORLD (TO 500 A.D.)

Proclus. *The Elements of Theology,* (J)

THE MIDDLE AGES TO THE RENAISSANCE (TO 1500)

Anselm of Canterbury. *Monologium*
——. *Proslogium*
Crescas. *Or Adonai,* PROPOSITIONS 1-3
Duns Scotus. *Opus Oxoniense,* BK I, DIST 13
——. *Reportata Parisiensia*
Maimonides. *The Guide of the Perplexed,* PART I, CH 73
Nicholas of Cusa. *De Docta Ignorantia*

THE MODERN WORLD (1500 AND LATER)

Bolzano. *Paradoxes of the Infinite*

Bosanquet. *Logic,* VOL I, CH 4
Bradley, F. H. *The Principles of Logic,* Terminal Essays, VI
Bruno. *De Immenso et Innumerabilibus*
——. *De l'infinito, universo e mondi*
Cantor. *Contributions to the Founding of the Theory of Transfinite Numbers*
Couturat. *De l'infini mathématique*
Donne. *Lovers Infinitenesse*
Dyson. *Infinite in All Directions*
Farrer. *Finite and Infinite*
Fullerton. *The Conception of the Infinite*
Hobson, E. W. *The Theory of Functions of a Real Variable and the Theory of Fourier's Series*
Leibniz. *Correspondence with Clarke*
——. *New Essays Concerning Human Understanding,* BK II, CH 17
Maor. *To Infinity and Beyond*
Peano. *Formulaire de mathématique*
Peirce, C. S. *Collected Papers,* VOL VI, par 112-126
Royce. *The World and the Individual,* SERIES I; Supplementary Essay (4)
Sitter. *Kosmos* (The Expanding Universe)
Sondheimer and Rogerson. *Numbers and Infinity*
Stallo. *Concepts and Theories of Modern Physics,* CH 13
Suárez. *Disputationes Metaphysicae,* XXVIII, XXX (2), XXXV (3), XLI (5)
Weyl. *The Open World,* LECT III
Whewell. *On the Philosophy of Discovery,* CH 26

41

判 断 Judgment

总 论

"判断"一词有宽泛的意义,它包括了三个主要内容:(1)心灵的性质;(2)心灵的能力;(3)心灵的行动。在这三种意义中,第三种意义才是本章考虑的核心;许多作者使用"命题"所表达的正是"判断"的这种意义。它们时而用一个词完全替换另一个;时而用这两个词,不是用作严格的同义词,而是表达同一基本现象的互相有别但紧密相连的方面。

判断作为心灵性质的意义,就是我们通常谈论一个人有着合理的判断或贫乏的判断。亚里士多德说,"我们相信某个人拥有判断,到了理智之年,拥有了实践智慧和理解"。要做"一个理解之人,一个有着善良判断或同情判断的人",他继续说,就是要"能够对实践智慧所关心的事物有所判断"。

能够对所要完成的行为做出良好判断的能力,通常是与能够对这个行为的优劣或其他相关环境做出审慎思考的能力联系在一起的。这可能伴随或不伴随着把想法付诸行动的能力,即把判断所构成的决定付诸实施的能力。心灵的这三种能力,即慎思、判断和决定,被亚里士多德和阿奎那看作共同属于他们称作的"远见"或"实践智慧"这样的理智德性。这些特性可能是分别出现的,但一个有远见的人则会拥有这三种特性。

"判断"的这种意义我们留待在**审慎**一章中加以讨论;**法律**一章中将会考虑法庭上使用的判断,即法官在把法律运用到具体案件时做出的那种决定。在司法裁决这种法律意义上,判断并没有更多地反映法官的心灵特征,就是说,他具有处理该案件的责任,有权要求恰当的执法官执行他的决定。判断的这种法律意义主要并非心理学上的或逻辑上的;正如从道德上考虑判断就归之于远见,从法律上考虑判断也会更为恰当地从其他观念的语境中得到推进。

还有属于心理学、逻辑和知识论方面的意义我们尚未考虑。"判断"表明心灵能力或作用(即精神活动的不同领域)的意义,要比"判断"或"命题"表明知识过程或以语词表达这个过程中的具体心灵活动的意义更为具体。许多作者都讨论了心灵做出的这种判断,以及心灵构成和断定或否定的那种判断,但只有很少的人(主要是洛克和康德)用"判断"这个词去命名一种心理能力。

例如,洛克说,"心灵有两种精通真假的能力"。一种是知识的能力;另一种是判断的能力。"上帝赋予人类满足清楚确定知识之需要(如果无法得到这种知识)的能力,就是判断:心灵由此使观念得到赞同或反对,或同样地,心灵使命题为真为假,而无需感知到证明中的证据。"洛克区分知识与判断的方式以及他把这种区分与确定性和可能性联系起来,这就表明了一种类似知识与意见的区分。对洛克来说,判断能力就等同于其他作者认为的意见的构成。

康德也把判断看作是一种能力。与知性和理性一样,判断是人类的三种认知能力之一。它自身有着明显的作用,与其他两种能力并存。由于自然规律是知性在思辨理性范围内的产物,而道德律则是理性在实践范围内的产物,所以,自然的目的性是通过判断力产生的,它运作于愉悦与痛苦的关系之中。

康德把灵魂的所有能力区分为"三种,它们无法进一步派生于一个共同的基础:知识的能力,愉悦和痛苦的感觉,愿望的能力。"他把这三种认识作用(即知性、判断和理性)都看作是处于以上三种基本能力的关系之中。判断力是在愉悦和痛苦方面发挥作用,这是与愿望的能力联系起来的。但对美的审美判断和对目的性的神学判断,本质上却具有思辨的特征,而不是实践的特征。由于这两个相关的事实,康德认为,"我们认识能力顺序中的判断,构成了知性与理性之间的间接联系"。

康德可能比其他思想家更多地把判断看作既是一种能力也是一种行动,这在他的哲学中是关键术语之一。它是三大批判中的核心,但正是《判断力批判》把《纯粹理性批判》和《实践理性批判》联系起来。"知性为自然先天地立法为感觉对象——为可能经验中的理论知识立法。理性则为自由及其具体的因果性立法;作为主体中的超感觉之物,即为无条件的实践知识立法。一种立法体系之下的自然概念领域和另一种立法体系之下的自由概念领域,完全是互不影响的,它们或许是由这样一个巨大鸿沟而相互过渡(每一个都依据其基本的法则),这个鸿沟把超感觉之物与现象区分开来。"根据康德的论述,正是判断"丰富了自然概念与自由概念之间的中介概念"。

康德关于知性、判断和理性能力的理论极其复杂,其他人对心灵能力或作用的分析无法与之相匹。他的三重区分表面上类似于阿奎那把心理活动区分为概念过程、判断和推理。

根据阿奎那的论述,判断是单一认识能力(分别被称作"心灵"或"理智"或"理性")之三种行动中的第二种。他写道,这种能力"首先领会了关于某物的一些东西,诸如其本质,这正是它第一位的专门对象;然后,它理解了属性、偶性以及影响到本质的各种禀性。由此,它就必然地通过构造或区分而把某物与另一物联系起来了;通过一种构造和区分,它必然地推进到另一种构造和区分,而这就是推理"。

心灵的第一个行动是概念过程,即对某物之本质和属性的简单领会。判断是第二个行动,它通过肯定或否定某个概念或另一些概念而把概念联系起来或区分开来。正像康德的分析那样,判断是一种中介联系,因为经过由阿奎那所谓的概念之"构成或区分"所构成的判断,它反过来又成为心灵第三个行动的单位,这就是推理。推理正是从判断到判断的过程。

判断行为是一种心灵行为,这是一种唯一可以拥有真假属性的行为。阿奎那写道,"真理栖居于理智的构成和区分",因为如果理智"断定某物符合它所理解的关于该物的形式,那么,它就必须了解和表达真理……在每个命题中",心灵"或者应用于或者远离主词所指明的事物,由谓词所指明的某个形式"。而且,判断包括了断定或否定,但概念则没有。无论隐含在概念中的是什么样的真理,它们都必须用判断清楚地表达出来,而推理结论的真理则依赖于作为前提之判断的真理。因而,判断就是知识的基本单位。

在这最后一点上,康德似乎与先人意见一致。因而,我们就有可能比较一下康德对判断或命题的分类与亚里士多德、笛卡尔或洛克的分类。但首先,我们必须要考虑判断与命题的关系。然后,我们才能考察理论判断与实践判断之间的区分。在理论判断(或命题)方面,我

41. 判　断

们应当能够陈述关于判断性质的相反观点以及关于判断形式结构、它们的实质内容、它们的相互关系和对整个认识过程之关系的不同观点。

"所有的人都有死"这句话可以解释为表达了一个判断或命题。从某些观点看，对解释的这种选择没有什么不同；例如，在考虑"所有的人都有死"和"某些人不是有死的"这两句话时，究竟是用全称判断和特称判断、肯定判断和否定判断，**还是**用全称命题和特称命题、肯定命题和否定命题来表达这个比较，这并不重要；究竟是说这些是矛盾的判断，还是说它们是矛盾的命题，这也并不重要。逻辑的基本问题在亚里士多德和洛克这样的作者那里似乎是以相同的方式加以认识的，他们倾向于用"命题"取代"判断"，而像阿奎那、笛卡尔和康德这样的作者，则倾向于把这两个词赋予不同的意义。

区别何在？这时而被理解为断定或否定这样的心灵行动和被断定或否定的题材之间的区别。命题就是那种可能被断定或否定的东西，或根据笛卡尔所强调的第三种选择，心灵可以悬置判断，而仅仅运作命题。它可能拒绝判断命题的真假，并拒绝断定或否定它。命题本身既可以是肯定的也可以是否定的，这并不表明它为心灵的判断所断定或否定，因为肯定命题也可以遭到否定，而否定命题也可以得到肯定。

判断对这种命题增加了心灵对其真假的决断。这种决断可能有对错之分。事实上为真的命题也可能遭到否定。命题之真并不受到判断之假的影响，或者说，如果心灵悬置了对为真之命题的判断，那么命题之真也就不能挑选出判断。这似乎确认了命题与判断之间的分离。

在罗素看来，"每个判断行动中都有一个从事判断的心灵，都有涉及它所判断之内容术语"。这些术语就是被判断为真为假的（被肯定或被否定的）命题之构成要素。

判断与命题之区分时而也在于"构成"和"区分"概念之心灵行动与用语词构成这种行动之间的区分。根据这种观点，命题相关于判断，正如术语相关于概念，物理语词相关于心理语词，语言相关于思想。结果，无论对判断还是对命题，都不存在可以被断定或否定之物与对其加以断定或否定之间的分别。肯定判断就是一个断定，而否定判断就是一个否定，这对肯定命题和否定命题同样如此。

但根据这两种区别理论，人们认为有必要区分句子与命题，特别是当命题也被看作一个语词表达，即对思想的语词陈述。这在亚里士多德的逻辑论述中特别重要，他分析了语词、命题和逻辑体系，而不是概念，判断和推理。

在讨论词项的《范畴篇》和讨论命题的《解释篇》中，亚里士多德都区分出了对语言单位的语法处理和逻辑处理。例如，他关于简单表达式与复杂表达式之间的区别（一方面是词项和短语，另一方面是句子）就相关于而不是等同于他对词项与命题的区别。并非每个简单表达式都可以被用作一个词项。例如，命题和连接词就无法像名词和动词那样用作词项。

亚里士多德写道，"一个句子是一个单位话语，其中的某些部分具有独立的意义，就是说，作为话语，而不是作为任何肯定判断的表达式……每个句子都有约定的意义。"接着，他又说，"但并不是每一个句子都可以成为命题，只有那些……"，只有那些自身具有真假的句子才是命题。因而一句祈祷是一个句子，但非真非假。所以我们不要去理会其他各种形式的句子，而仅仅关注命题，因为只有命题才是我们目前探究的东西，而对其他东西的研究则属于对修辞学或诗学的研究。

我们似乎有可能把一直关注的这种区分（即句子与命题的区分）与命题和判断之间的区分联系起来。由于命题可以被看作是一个逻辑地（而不是语法地）构造起来的句子，所以它就也可以被看作是关于心灵判断的语言表达式。命题由此就表现为语言与思想之间的一种中间基础，因为当句子被用作陈述命题的时候，它也可以表达一个判断。当一个判断被用语词表达出来，这个语词陈述就是一个命题。这个命题由此就是一个句子的逻辑方面，一个判断的语词方面。**观念**一章中有对于与语词和概念相关的术语的类似考虑。

判断领域中最为根本的区分（即实践与理论或思辨的区分）或许可以被创造性地解释为与语言形式有关。亚里士多德对句子和命题的论述是要把命题等同于陈述句。虚拟语气中的句子陈述的是祈祷或愿望，而不是命题。一个疑问句提出了一个问题，而其回答则可以是命题，或者它们可能是希望和愿望。祈使句发出了一个命令，要求以某种方式行事，无论这个命令是指向他人还是指向自己。最后这种句子表示了思想的以及言语的实践语气，这个思想关心的是应当做或不应当做的行动，而不是存在着的或没有存在的事物。

祈使句不单单是一种实践陈述。它完全是最为简洁有力的陈述。它也是那种可以最为直接地带来行动或执行命令的实践判断。还有一些句子，表面上是陈述句形式，却隐藏了它们的祈使句语气。但仔细考察就会发现它们基本上具有实践意义，而不是理论意义。

包含了"应当"或"应该"这种词的句子就属于这一种，譬如，"人类应当寻求真理"，"你应该为和平而工作"，"我应当把这说得清楚些"。省略了"应该"或"应当"之后，这些句子就可以变成理论命题的严格陈述语气，譬如，"人类寻求真理"，"你会为和平而工作"，"我会把这说得清楚些"。它们也可以变成明显的祈使句，譬如，"寻求真理"等等。直接的祈使句形式与使用了"应当"或"应该"这些词的句子之间的主要差别在于，后者指明了接受命令的人。

因此，陈述句与祈使句之间的意义差别就表明了一个理论命题和实践命题或判断之间的差别。康德把实践判断进一步区分为假言判断和直言判断，这仅仅是区分了直截了当的命令或"应当"与那些旨在为获取某种目的而采取行动的命令，或者是那些基于假定可以得到或寻求的某个目的而使用了这种那种手段的命令。假言的或条件的祈使句例为如下判断："如果你想要得到幸福，那就寻求真理吧！"或者"寻求真理就是要得到幸福！"

理论判断与实践判断之间的区分目前被解释为事实陈述与价值陈述之间的区分，或在司法程序中，就是事实陈述与法律条文之间的区分。一个法律条文具有一般实践陈述的形式，通常是作为条件的祈使句，而不是直言的祈使句；而把这个条文运用于某个案件所形成的法庭判决则是一个具体的实践判断。

肇始于弗兰西斯·培根，理论与实践的区分同样也被解释为纯粹科学与其技术应用之间的区别。技术判断规定了制作或产生某种结果的方式，这在传统上是以实践的名义联系到关于所追求的善和寻求善之方式的道德判断。它们都是行为规范，而不是对存在的描述或以理论陈述的方式对自然的描述。

亚里士多德、阿奎那和康德等思想家把科学或哲学区分为了理论学科（例如物理学、数学、形而上学）和实践学科或道德学科（例如伦理学、经济学，政治学），并把理论判断与实践判断的区分放在其他的区分中来讨论；譬如，思辨理性与实践理性的区分，或理论知识与实践知识的区分；或在考虑各种各自恰当的真理以及各自的推理方式或证明方式中加以讨论。这些相关的区分和考虑会在**知识**、**心灵**、**推理**、**真理**等章中讨论。

然而，就大部分而言，逻辑传统中的伟大著作并没有以与其对思想和陈述之理论形式的论述相媲美的方式，分析实践判断或推理。关于命题或判断的逻辑问题，现在被看作是仅仅应用于理论形式而已。

命题理论或判断理论的两个基本问题缘起于这些巨著的传统，但必须考虑后来对这些巨著的全面清晰的发展，即在进一步阅读材料中开列的相对晚近的逻辑专论。其中的一个基本问题已经得到了简要的评论，但要充分展现命题与判断之间的区别，我们就必须进一步考察如下的作者：G. W. F. 黑格尔、F. H. 布拉德雷、B. 鲍桑葵、J. C. 威尔逊、W. E. 约翰逊、J. 杜威，他们使得这个区分成为关于形式逻辑范围之争的症结所在。

另一个基本问题则是后来所谓的"主谓逻辑"与"关系逻辑"之间的对立。一方面完全是由亚里士多德的《工具论》以及接受了亚里士多德谓词逻辑的晚近著作所代表，而另一方面的逻辑理论则是由以下的作者所发起，但并非完全由他们所代表：洛克、休谟、康德、威廉·詹姆士，他们虽然时而也运用主谓形式，但主要是试图把知识的单位（即命题或判断）构造成观念或概念之间的关系。

康德把实体和偶性置于关系范畴之下，这可以看作是对这种倾向的一个例证，正如洛克强调我们观念之间的联结和一致或不一致也可以看作这样一个例证。不过，这些最多是暗示了这样一个理论，即命题是两个或更多词项之间的关系，而不是把谓词运用到主词。正如**逻辑**一章所表明的，关系逻辑只是在现代符号系统或数理逻辑得到发展之后才获得了恰当的研究，这肇始于乔治·布尔、W. S. 约文斯和 J. 文恩的工作，并且在诸如罗素和怀特海的《数学原理》之类的著作中得到了重要结果。

在亚里士多德的逻辑中，简单命题是由主词和谓词构成的，即正在被讨论的东西和被说出的东西。系词"是"表示了谓述关系，它也表明了对主词与谓词之整体的肯定。例如，在"苏格拉底是一个人"中，谓词人就被用在了主词苏格拉底上，同时肯定了作为苏格拉底和作为一个人的整体。所有的话语词项都可以根据它们的主谓特征而加以分类；同样，命题也可以根据构成它们的主词类型和谓词类型而加以分类。主谓顺序所确定的不仅是命题的形式结构，而且是符号系统的形式结构。亚里士多德写道，"当一个词对另一个词有所断定时，对谓词可以做出断定的词项也就会对该主词做出断定"。

根据把命题看作词项或类之关系的理论，谓述关系仅仅表达了一种关系，即一个类中的个体身份，或一个类包括在另一个类中。还有许多其他种类的关系被看作是无法还原为类成员（class-membership）或类包括（class-inclusion）；譬如由以下命题表达的关系："约翰打中了詹姆士"或"一月之后是二月"。命题可以根据在单一关系中所涉及的词项数量加以分类，或者可以根据用于组织它们的关系种类加以分类，无论它是对称的还是不对称的，及物的还是不及物的，反身的还是非反身的。根据这种理论，逻辑分析的基本成分正是这种关系的特征,而不是词项的特征,这就决定了推理以及命题的形式结构。

人们一向认为,对这些逻辑理论而言,这正是最为一般的分析,能够把对立理论的表述还原为自身的词项,或者把它们划归为一个特例。的确,所有的谓述关系都有可能从语词上转换为关于关系的陈述,或者所有的关系陈述都可以转换为主谓命题。但这本身并非表明使每种理论都满意地解决了这个问题,每一方面都会认为,这种还原与其基本原则相冲突。用最为极端的话来说,尚未解决的问题是,究竟是有一种逻辑还是两种逻辑,或许还有更多。

在亚里士多德逻辑的传统中,有划分命题或判断的不同方案。仅就所涉及的巨著而言,这可以清楚地表明在康德对分析的划分上。

亚里士多德区分了简单命题和复杂命题,前者是由单一主词和谓词构成的,后者则"由若干个命题构成"。譬如,由于"这个男人是好的并且是一个鞋匠"这个命题中的两个谓词并没有构成一个整体,因而这个句子表达的是两个简单命题的合取:"这个男人是好的"和"这个男人是一个鞋匠"。其他类型的复合命题是假言命题和选言命题,譬如,"如果苏格拉底是人,苏格拉底就是有死的",和"所有的人都有死,或者没有人是有死的"。康德把这种区分置于关系名下。他把作为"谓词对主词之关系"的命题称作"直言命题",把假言判断或(基于因果关系或整体部分关系的)选言判断看作是与"相互关系中的"命题有关。

亚里士多德划分简单命题是根据它们的质与量。在量的方面,他区分了全称命题(譬如"所有的人都有死")和特称命题(譬如"某些人有死")。此外,他还补充了尚未确定量(即所有或某些)的不确定命题。在量的名义之下,康德做了三重区分,即整体、多样和全体。他对亚里士多德的全称命题和特称命题补充了一个单称命题"苏格拉底是有死的"。一方面是单称命题,另一方面是特称命题和全称命题,这种区分在亚里士多德思想中的代表似乎就是关于单个主词的命题与关于全称主词的命题之间的区分。

在亚里士多德看来,直言命题的性质或者是肯定的(即正面的)或否定的,例如"所有的人都有死"和"某些人**没有**死"。对此,康德在性质的名义下补充了第三种判断,即肯定了对一个主词的否定谓词的不确定判断,例如"灵魂是非有死的"。虽然亚里士多德把诸如"非有死的"这种词项看作是一个特例,但由于它既是否定的又是不确定的,他似乎并不认为这种词项的用法会影响到一个命题的性质。

最后,亚里士多德把命题区分为对事实的简单断定或者由必然性和偶然性(譬如可能性)概念界定的断定。他说,每个命题都"陈述了,某物是或必定是或可能是另一物的属性"。必然陈述语气和偶然陈述语气之间的区别最终被称作"模态"区别,而拥有某个或另一个模态的陈述则被称作"模态命题"。

人们有时会认为,亚里士多德的分类只是把必然命题和偶然命题作为各自的对立面,当作模态命题,区分了简单断定或纯粹断定与非模态的命题。与此相反,康德则在模态的名下对判断做出了三重区分:"疑难判断"(即可能的东西、可能是的东西)、"断言判断"(即存在着的东西、所是的东西)和"必然判断"(即必然的东西、必定是的东西)。

对判断种类的分类通常是在逻辑分析中考虑它们之顺序和关联的前提。

传统所谓的"对仗方阵"形式是由简

单命题的质和量确定的,这些命题由此有着相互矛盾、反对和小反对的关系。两个命题如果在质和量上是对立的,它们就是矛盾的(譬如,"所有的人都是有死的"就与"某些人是没有死的"相矛盾)。两个全称命题如果一个是肯定的而另一个是否定的,那么它们就是反对的(譬如,"所有的人都是有死的"和"没有人是有死的"就是反对的);而一个肯定的特称命题与一个否定的特称命题就具有小反对关系(譬如,"某些人是有死的"和"某些人是没有死的")。这三种基本关系对于对立命题之真假的意义,将在**对立**一章中讨论;而**必然性与偶然性**一章则考察各种模态命题中具体的对立问题。

除了它们的对立之外,命题或判断的唯一形式关系出现在推论或推理的结构之中。根据传统的分析,一个命题为另一个命题所蕴涵(就各自的形式确定而言)是直接推论。相反,间接推论或推理的模式则总是至少包含了三种命题,其顺序不仅在于从前提到结论的前后关系,而且在于前提之间的相互关系。这些问题在**推理**一章中加以讨论。

在起源、地位或重要性方面,判断或命题则属于进一步的类型区分。命题所断定的或判断所做出的确定性或可能性,在某些作者看来,是与知识和意见的区分有关,而在其他一些作者看来,则与科学和辩证法的区分有关,在另外一些作者看来,是与认识观念之关系和认识事实或真实存在的区分有关。而且,表达了某种知识的命题被某些分析学家区分为了两种,一种是公理化的、自明的或直接的命题,另一种是只有通过间接推论、推理或证明,而不是通过直觉或归纳,才能得知的命题。前者有时也被叫做"原则",后者则是"结论"。

洛克区分了"肤浅的"命题与"有益的"命题,就像康德区分了"分析"判断和"综合"判断,这是在考察我们学习或认知方式的一般语境中得到的。

在洛克看来,肤浅的命题"是一些全称命题,虽然它们肯定是真的,但它们对我们的理智本身毫无增益,没有增长我们的知识"。所有的"纯粹同一命题"都是这种命题,譬如"物体就是物体"或"真空就是真空"。这种命题"仅仅告诉了每个能够说话的人无需被告之就知道的东西,即这个词就是这个词,这个观念就是这个观念"。它们都是同一律的例子,或者像洛克所说的那样,它们都"等于这样一个命题,即所是即是"。如果这种肤浅的命题、分析判断或我们今天所谓的"重言式"超出了主谓同一的陈述,那么它就不过是对一个定义的解释。洛克说,它"断定了所定义语词的一部分定义",譬如像"铅是一种金属"这样的命题。

康德在《形而上学导论》中说,分析判断或解释性判断"在谓词中无所表达,仅仅表达了在主词概念中已然实际思想过的东西。……当我说,'所有的物体都是有广延的',我并没有对我的物体概念有所补充,而仅仅是在分析它。……相反,'所有的物体都有重量'这个判断就在谓词中包含了在物体的一般概念中所没有实际思想过的东西;它增加了我的知识,补充了我的概念,因而必须被称作是综合的"。

在洛克看来,并非所有的公理或自明的命题都是肤浅的或重言式的,因为某些命题超出了同一性陈述或对定义的解释,譬如就像整体大于部分一样。它们也并非全都没有用处。洛克从其他命题中区分出来的某些命题被称作"准则",他认为,这些是有用的,"在于传授那些已经得到推进的科学的一般方法,但对进一步推进它们则用处不大,或毫无用处。它们也可以用在争辩中,让那些固执的辩论者保持沉默,使那些争论得到某种结论"。

在康德看来,判断还可以进一步区分为后天的和先天的,这取决于它们的真是否在经验材料中得到了保证。前者在起源上是经验的,而后者则是先验的,就是说,它们具有超越了经验的基础。这两种判断表达了两种对应的知识。一种是先天的知识,康德把它理解为"并非独立于这种或那种经验,而是完全独立于所有经验。与此相对的是经验知识,或者说是那种只是后天可能的知识,即通过经验的知识"。

根据康德的观点,分析判断真不存在任何问题,因为它们在矛盾原理上具有先天的基础(分析判断的矛盾总是自相矛盾)。关于经验的或后天的综合判断也不存在任何特殊的困难。知识论的核心问题是关于先天综合判断的可能性和有效性。

康德问道:"如果我进一步超出了想法 A,以便得到另一个想法 B,作为与 A 相互联系,那么我必须依赖什么样的基础才能使得这种综合判断得以可能?我这里不再有任何好处可以在经验范围内寻找我想要的东西。我们来看一下(譬如)这样一个命题:'所有发生的事情都有一个原因。'在所有发生的事情这个想法中,我的确想到了一个存在,它先于某个时间,由此我就可以派生出分析判断。但是原因的想法却是在上述想法之外的,它表明了完全不同于'发生的事情'的东西,所以并不能包含在这个想法之中。那么,我是如何能够断定这个一般的想法(即'发生的事情')是完全不同于这个想法的东西,并认识到原因的想法虽然没有包含在其中,但却属于它,甚至是必然的呢?这个未知的 X 是知性赖以存在的基础,因为它相信它有这个基础,是在想法 A 之外的,一个不同的谓词 B,但却被看作是与之相联系的,那么它究竟是什么呢?"正是对这个问题的发现和解决,使得康德相信,它是对自己关于判断的先验逻辑的突出贡献。

使人感到好奇的是,这个问题是否可以用不同于康德专门的分析词汇加以陈述。其他的作者承认,具体的和偶然的命题具有"存在的重要性"。它们的真关涉真实的存在,所以,它们是否为真可以且必须来自经验。这些类似于康德的后天综合判断。另一方面,全称命题和必然命题时而被解释为不具有存在的意义。它们不是用来断定某个存在的东西,而仅仅被看作是对我们自身观念关系的陈述。对洛克和休谟来说,这些就类似于康德的先天分析判断。

余下的问题是要发现康德先天综合判断的对应物。用不同于康德的说法,最为类似的对应物似乎就是全称命题和必然命题,它们被看作是关于实在的陈述,而不是关于我们自身观念领域中的关系的陈述。一旦如此解释全称命题,就产生了两个疑问。我们如何确立这种命题的主词是真实存在的?什么是这种命题真理的最终基础,而它的无限普遍性超越了经验?在这两个疑问中,我们找到的问题至少类似于康德关于先天综合判断如何可能的问题。

分 类 主 题

1. 判断作为心灵能力的行动:它与形成看法之行动的对比,或与知性和理性之能力的对比
2. 以理论与实践之区分对判断的划分

3. 对实践判断或道德判断的分析：价值判断；善恶判断，手段与目的的判断；直言祈使句与假言祈使句
4. 审美判断与目的论判断之间的区分
5. 理论判断的性质：

   5a. 判断的语言表达式：句子和命题

   5b. 作为谓述关系的判断：主谓分类

   5c. 作为关系的判断：关系的类型
6. 根据形式标准对理论判断的区分

   6a. 根据量对判断的区分：全称命题、特称命题、单个命题和不确定的命题

   6b. 根据质对判断的区分：肯定命题、否定命题和无限的命题

   6c. 根据模态对判断的区分：必然命题和偶然命题；疑难判断、断言判断和必然判断

   6d. 依据关系对判断的分类：简单命题和复杂命题；直言判断、假言判断和选言判断
7. 判断的顺序和关联

   7a. 判断的形式对立：对仗方阵

   7b. 命题的转换：直接推论问题

   7c. 作为判断顺序的推理：推理的链条
8. 根据起源、基础或重要性对判断的划分

   8a. 自明命题与可证明的命题；直接判断与间接判断，直觉判断与推理判断

   8b. 分析判断与综合判断：肤浅的命题与有益的命题

   8c. 先天判断与后天判断，非存在性的判断与存在性的判断：先天综合判断问题

   8d. 判断区分为确定性的和反身性的：作为构成性判断或作为规则性判断
9. 断定的程度：确定性与可能性
10. 判断的真假

[江怡 译]

索引

本索引相继列出本系列的卷号〔黑体〕、作者、该卷的页码。所引圣经依据詹姆士御制版，先后列出卷、章、行。缩略语 esp 提醒读者所涉参考材料中有一处或多处与本论题关系特别紧密；passim 表示所涉文著与本论题是断续而非全部相关。若所涉文著整体与本论题相关，页码就包括整体文著。关于如何使用《论题集》的一般指南请参见导论。

1. **Judgment as an act or faculty of the mind: its contrast with the act of conception or with the faculties of understanding and reason**

    7 Aristotle, 550, 577–578, 662–663
    16 Augustine, 63, 316–317
    17 Aquinas, 88–89, 301
    28 Bacon, 59–61, 64
    28 Descartes, 307, 315–319
    28 Spinoza, 625–628
    33 Locke, 179, 364–365
    39 Kant, 34–45, 59–64, 99–101, 108–112, 166–171, 282, 558, 572–575
    53 James, William, 213–214, 313, 861
    55 James, William, 36
    55 Dewey, 122–123

2. **The division of judgments in terms of the distinction between the theoretical and the practical**

    7 Aristotle, 499–500, 664, 665
    8 Aristotle, 343, 349, 391
    17 Aquinas, 90–91, 424–427
    18 Aquinas, 39–40, 205–207, 223–224, 772–773, 780–781
    28 Descartes, 352
    33 Locke, 103–104
    39 Kant, 190–191, 297, 310, 329–330, 343, 461–475
    40 Mill, 445
    43 Hegel, 77–78

3. **The analysis of practical or moral judgments: value judgments; judgments of good and evil, means and ends; categorical and hypothetical imperatives**

    7 Aristotle, 162–166, 527–528
    8 Aristotle, 339–340, 387–388, 392–393, 396–398, 479–480, 604–607
    11 Plotinus, 411–412
    16 Augustine, 20–21, 317–318, 575–590, 744
    17 Aquinas, 308–309, 436–439, 686–687
    18 Aquinas, 40–41
    19 Chaucer, 349–350
    21 Hobbes, 53–54, 61–62, 66–67, 68, 96, 149
    23 Montaigne, 105–110, 177–180, 563–565
    25 Shakespeare, 113–115
    28 Bacon, 86–95
    28 Descartes, 273

    30 Pascal, 172, 190, 237–239, 254
    33 Locke, 193–197 passim
    33 Hume, 465
    39 Kant, 236–237, 260–261, 266–267, 268–271, 272, 318–321, 327–329, 357–360, 367, 369, 373, 386, 387–388, 390–391, 392–393, 397–398, 416–417, 577, 586, 595, 596–598, 605–606
    40 Mill, 275–278, 446–447, 455–457 passim, 461–462
    43 Hegel, 51–56, 69, 171–173
    43 Nietzsche, 474–482 passim esp 481–482, 495–496, 502–503, 512
    53 James, William, 794–798, 886–888
    54 Freud, 792
    55 Dewey, 116–117
    55 Russell, 266
    55 Barth, 490–505 esp 493–495, 518
    57 Veblen, 63–64, 65–70
    58 Weber, 102–107

4. **The distinction between the aesthetic and the teleological judgment**

    39 Kant, 471–473, 476–483, 485–489, 492–493, 513–517, 548–549, 550–551, 558, 559–560, 562–564, 567–570, 572–578

5. **The nature of theoretical judgments**

5a. **The linguistic expression of judgments: sentences and propositions**

    6 Plato, 109
    7 Aristotle, 26, 39
    17 Aquinas, 453–455
    18 Aquinas, 381
    21 Hobbes, 270
    30 Pascal, 433
    33 Locke, 329–331 passim
    35 Rousseau, 341–342

5b. **The judgment as a predication: the classification of subjects and predicates**

    7 Aristotle, 5, 6–8, 26–28, 31–32, 100–101, 144–147, 261–262
    17 Aquinas, 16–17, 66–67, 74–75, 98, 302–303, 391–393
    39 Kant, 51–52, 180–182
    53 James, William, 144, 870–873

5c. The judgment as relational: types of relation

33 Locke, 307–308, 360
33 Hume, 458
39 Kant, 39–41
53 James, William, 174–176, 302–304, 869–873, 878–879, 889
55 Russell, 282–284

6. The division of theoretical judgments according to formal criteria

6a. The division of judgments according to quantity: universal, particular, singular, and indefinite propositions

7 Aristotle, 26–27
21 Hobbes, 55–56
33 Locke, 331–336 passim, 349, 357–358
39 Kant, 39–41

6b. The division of judgments according to quality: positive, negative, and infinite propositions

7 Aristotle, 26, 70–71, 118
28 Bacon, 161
33 Locke, 283
39 Kant, 210
43 Hegel, 26

6c. The division of judgments according to modality: necessary and contingent propositions; problematic, assertoric, and apodictic judgments

7 Aristotle, 32–35, 40
17 Aquinas, 86–88, 110–111
28 Descartes, 244–245
39 Kant, 14–15, 193–200, 491–495
53 James, William, 851

6d. The classification of judgments by reference to relation: simple and composite propositions; categorical, hypothetical, and disjunctive judgments

7 Aristotle, 26
17 Aquinas, 116
39 Kant, 110–111, 265–266, 297–298, 483–491

7. The order and connection of judgments

7a. The formal opposition of judgments: the square of opposition

7 Aristotle, 19, 29–31, 32–36
18 Aquinas, 68–69
39 Kant, 156–157, 174

7b. The conversion of propositions: the problem of immediate inference

7 Aristotle, 39–40, 79–81, 89
39 Kant, 109–111

7c. Reasoning as a sequence of judgments: the chain of reasoning

7 Aristotle, 39–40, 57, 97–99
17 Aquinas, 81–82, 301–302, 303, 421–423, 457–458
21 Hobbes, 58–60
28 Bacon, 59–60
28 Descartes, 250
33 Locke, 365, 373–375 passim, 378–379
39 Kant, 110–112, 115–119
53 James, William, 666–674, 868–879

8. The differentiation of judgments according to origin, ground, or import

8a. Self-evident and demonstrable propositions: immediate and mediated, intuitive and reasoned judgments

7 Aristotle, 99–100, 109, 111–116, 128, 136–137
8 Aristotle, 388, 389, 392–393
17 Aquinas, 10–11, 75–76, 425–426, 443–444, 595–597, 612–613
18 Aquinas, 36–37, 221–223, 417
28 Descartes, 349, 351
30 Pascal, 171–172
33 Locke, 99–100, 119–120, 308–313, 337–342 passim, 371–372
39 Kant, 211–218, 542–543
40 Federalist, 103
40 Mill, 446–447
55 Russell, 260–264, 277–280, 285–287
56 Poincaré, 4
58 Weber, 116–118

8b. Analytic and synthetic judgments: trifling and instructive propositions

33 Locke, 345–348
39 Kant, 16–19, 31, 64–66, 179–182, 339, 405, 516
53 James, William, 879–880

8c. *A priori* and *a posteriori*, nonexistential and existential judgments: the problem of *a priori* synthetic judgments

33 Locke, 98–99, 101–102, 315–319
33 Hume, 458–463 passim, 464–466, 508–509 passim
39 Kant, 5–8, 14–108, 110–113, 192, 224–227, 309, 329–330, 405–407, 570–572, 603
40 Mill, 445–446
43 Hegel, 163–164, 190–192
43 Nietzsche, 468–469
53 James, William, 639–641, 851–890
55 Russell, 268–271, 289–290
56 Heisenberg, 412–414

8d. The division of judgments into the determinant and the reflective: judgments as constitutive or as regulative

39 Kant, 72–74, 193–200, 206–207, 471–474, 550–551, 559–560, 597–599

9. Degrees of assent: certainty and probability

7 Aristotle, 182
8 Aristotle, 596–597, 652
15 Copernicus, 505–506
17 Aquinas, 86–88, 297–298, 305–306, 463–464, 690
18 Aquinas, 14–15, 382–384, 409, 423–424, 464–465
21 Hobbes, 65
23 Montaigne, 281–282, 312
28 Descartes, 223–225, 277, 287–288
33 Locke, 93–95, 331–336, 355, 356–357, 364–371
33 Hume, 469–470, 488–491
35 Rousseau, 348
39 Kant, 228, 600–604 passim
53 James, William, 636–638, 659–660
54 Freud, 463, 818–819
55 Russell, 246–247, 284–287 passim
55 Wittgenstein, 434–439
55 Barth, 505–506

10. **The truth and falsity of judgments**

6 Plato, 71–74, 85–86, 541–544, 561–577
7 Aristotle, 8–9, 25, 26–36, 531–532
11 Lucretius, 47–49
16 Augustine, 733–735
17 Aquinas, 89–90, 95–96, 99–100, 102–104, 303–304, 451–453, 458–459, 505–506
18 Aquinas, 39–40
20 Calvin, 21
21 Hobbes, 56, 57, 59–60
23 Montaigne, 300–301, 311–312, 332–333
28 Descartes, 240–247 passim, 276, 309, 316–317, 350, 351–352, 367, 382–384, 394, 441–442, 455–456
33 Locke, 243–248 passim, 331
39 Kant, 108, 240–243
43 Nietzsche, 466, 471
53 James, William, 460–469, 879–881
55 Wittgenstein, 436–439
58 Huizinga, 344

交叉索引

以下是与其他章的交叉索引：

The comparison of judgment with other acts of the mind, see IDEA 2g, 5a; KNOWLEDGE 6b(4); REASONING 1; the relation of judgment to other faculties of the mind, see MIND 1e–1e(3).
The distinction between theoretical and practical judgments, see KNOWLEDGE 6e(1); PHILOSOPHY 2a; PRUDENCE 2a; REASONING 5e–5e(1); THEOLOGY 4d; TRUTH 2c; WISDOM 1b.
Practical or moral judgments, and judgment in relation to prudence, see GOOD AND EVIL 5b–5c; KNOWLEDGE 6e(2); PRUDENCE 5a.
The theory of the categorical imperative, see DUTY 5; NECESSITY AND CONTINGENCY 5a(2).
Language in relation to thought, see IDEA 4a; LANGUAGE 7; PHILOSOPHY 3d.
The theory of predication and the analysis of subjects and predicates, see IDEA 5a; UNIVERSAL AND PARTICULAR 5c.
The relational theory of propositions, see RELATION 4b.
The quantity, quality, and modality of propositions, see INFINITY 2b; NECESSITY AND CONTINGENCY 4e(1); UNIVERSAL AND PARTICULAR 5c–5d.
The distinction between the categorical and the hypothetical in judgment and reasoning, see HYPOTHESIS 5; REASONING 2b.
The square of opposition, see OPPOSITION 1d(1)–1d(2).
The relation of judgments to one another in immediate inference or in reasoning, see REASONING 4a; RELATION 4b.
The distinction between self-evident and demonstrable judgments, see INDUCTION 3; KNOWLEDGE 6c(2); PRINCIPLE 2b(2).
The *a priori* and the *a posteriori*, see EXPERIENCE 2d; FORM 1c; KNOWLEDGE 6c(4); MIND 4d(3); PRINCIPLE 2b(2); REASONING 5b(3).
The distinction between existential and nonexistential judgments, see KNOWLEDGE 6a(3).
The truth and falsity of judgments, and their certainty and probability, see KNOWLEDGE 6d(1)–6d(2); OPINION 3a–3b; TRUTH 2e, 3b(2)–3c, 7a.
The aesthetic judgment, see BEAUTY 5; EDUCATION 4; UNIVERSAL AND PARTICULAR 7c.

扩展书目

下面列出的文著没有包括在本套伟大著作丛书中，但它们与本章的大观念及主题相关。书目分成两组：

Ⅰ．伟大著作丛书中收入了其部分著作的作者。作者大致按年代顺序排列。

Ⅱ．未收入伟大著作丛书的作者。我们先把作者划归为古代、近代等，在一个时代范围内再按西文字母顺序排序。

在《论题集》第二卷后面，附有扩展阅读总目，在那里可以查到这里所列著作的作者全名、完整书名、出版日期等全部信息。

I.

Thomas Aquinas. *De Propositionibus Modalibus*
Hobbes. *Concerning Body*, PART I, CH 3
Kant. *Prolegomena to Any Future Metaphysic*, par 2–3
Mill, J. S. *A System of Logic*, BK I, CH 4–6
Hegel. *Science of Logic*, VOL II, SECT I, CH 2
Dewey. *Essays in Experimental Logic*, II–VI, XII–XIV
——. *Logic, the Theory of Inquiry*, CH 6–14
——. *Reconstruction in Philosophy*, CH 6
Dewey et al. *Studies in Logical Theory*, I–IV
Whitehead. *Process and Reality*, PART II, CH 9
Whitehead and Russell. *Principia Mathematica*, PART I, SECT C, D; PART II, SECT B, C, D, E; PART IV–V

II.

THE ANCIENT WORLD (TO 500 A.D.)

Cicero. *Academics*, II (xlvii)
Sextus Empiricus. *Against the Logicians*

THE MIDDLE AGES TO THE RENAISSANCE (TO 1500)

John of Salisbury. *The Metalogicon*

THE MODERN WORLD (1500 AND LATER)

Arnauld. *Logic*, PART II
Boole. *An Investigation of the Laws of Thought*, CH 21
Bosanquet. *Logic*, VOL I, CH 1–9
Bradley, F. H. *The Principles of Logic*, BK I; Terminal Essays, II–III, VI
Cohen, M. R. *A Preface to Logic*, II–III
Hamilton, W. *Lectures on Metaphysics and Logic*, VOL II (13–14)
Jevons. *Pure Logic*, CH 2, 7, 10, 12
——. *Studies in Deductive Logic*, CH 3–6
John of Saint Thomas. *Cursus Philosophicus Thomisticus, Ars Logica*, PART I, QQ 5–7
Johnson, W. E. *Logic*, PART I, CH 1–5, 9–10
Keynes, J. N. *Studies and Exercises in Formal Logic*, PART II
Leibniz. *New Essays Concerning Human Understanding*, BK IV, CH 5
Lotze. *Logic*, BK I, CH 2
——. *Outlines of Logic*, I, CH 2
Lycan. *Judgement and Justification*
Maritain. *An Introduction to Logic*, CH 2
Newman. *An Essay in Aid of a Grammar of Assent*
Reid, T. *Essays on the Intellectual Powers of Man*, VI
Royce. *The Principles of Logic*
Sigwart. *Logic*, PART I–II
Venn. *The Principles of Empirical or Inductive Logic*, CH 8–10
——. *Symbolic Logic*, CH 6–8
Vickers, G. *The Art of Judgement*
Wilson, J. C. *Statement and Inference*, PART II

42

正 义 Justice

总 论

有关正义的讨论乃是柏拉图以对话方式所撰写的两部著作——即《理想国》和《高尔吉亚篇》——中的核心主题。苏格拉底在这两部论著中分别与色拉叙马霍斯和卡里克勒斯进行了辩论。他们之间的辩论所关涉的范围如此之广泛,所展开的论题之性质如此之根本,以至于它们一次又一次地几乎无甚变化地重现于此后的伟大著作之中,唯一变化的只是参与辩论的具体人物和他们所使用的语词。

这是一种相反两极之间的冲突,因此,关于正义的所有其他的分歧观点唯有在放弃这两种极端立场中的一者之后才能够展开论辩。这是一种强力(might)的主张者与正当(right)的主张者之间的冲突,前者认为强力产生正当,因而正义是权宜之计,而后者则认为强力的运用既可能是正确的也有可能是不当的,因而作为人们和城邦之判准的正义,就不能根据功效加以衡量。

尽管柏拉图是最早对此一问题给出极其详尽论述的,但是他却并不是凭空虚构这个问题的。在帝国城邦(the imperialistic city-states)——这些城邦所玩的强权政治游戏在伯罗奔尼撒战争期间达到了极致——的时代,这个问题可以说贯穿于希腊人的整个生活和思想之中。在关于伯罗奔尼撒战争的历史描述中,修昔底德突出强调了米洛斯事件。米洛斯这个小岛当时是斯巴达的殖民地,它拒绝向雅典侵略者表示臣服。修昔底德以戏剧性的方式构想了一次发生在雅典特使和米洛斯代表间的对话。

米洛斯人认识到了侵略者的武力要强过自己,他们决定参加这次会谈,虽然知道它不会有什么结果,因为,正如他们所指出的那样,如果他们坚持自己的权利并且拒绝屈服,那么他们从这些谈判中所能期待的唯一结果便是战争,并最终被奴役。雅典人以一种在我们现今的外交谈判中少见的坦白给出了他们的回答,尽管在我们当下这个世纪里,那些在每场世界级战争的前前后后所举行的会议,在其实质性的争论中,都在重复着曾经在米洛斯岛发生过的一切,如果说不是在重复曾经说过的一切的话。

雅典人告诉米洛斯人,他们不会浪费时间去虚伪地声称"我们为何对我们的帝国享有权利……,或者我们现在之所以进攻你们,乃是因为你们对我们做了不公平的事。"他们说,为什么要讲那些别人不会相信的长篇大论呢?反之,他们直奔主题,简洁明了地讲清楚了他们要讲的事情,或者用我们现在的话来说,是用一种很现实的态度把事情说得一清二楚。他们对米洛斯人讲道:"你我都明白,全世界都是这样做的,只有在势均力敌的国族之间才会对上述那项权利进行讨论或争论,否则的话,强者便可以做他们所能做的,而弱者则应当忍受他们所必须忍受的。"米洛斯人除了采取权宜之计别无他择。在尝试说服雅典人相信雅典的政策最终会给雅典带去灾难之前,米洛斯人这样回答雅典人:"你们阻止我们谈论正义,而且还引导我们去服从你们的利益。"

色拉叙马霍斯在《理想国》中说的话,同雅典特使所言相类似。他说道:"我宣布,正义无非就是强者的利益……不尽相同的政体基于各自的利益考虑而会制定出民主的法律、贵族的法律或专制的法律;不尽相同的政体为各自的利益而制定的上述各种法律,便是它们传送给其臣民的正义,而且他们会把违反这种法律的人视作不正义的违法者加以惩处。当我声称在所有的城邦中都有着一种相同的正义原则(即正义就是政府的利益)的时候,以上所述就是我的意思之所在;而且由于政府必定会被认为拥有权力,所以唯一合理的结论就是无论何处都只有一项正义原则,即正义便是强者的利益。"

这一命题似乎可以做两种解释。对强者来说,它意味着只要他们拥有强力,他们也就拥有逼迫弱者交出任何有助益于其利益的东西的权利。他们的法律或他们的要求,是不可能不正义的。他们的所作所为,也不可能是不正义的。他们唯一有可能的就是没有用足够的力量去捍卫那种能够给他们提供保护的权力;当然,这种保护并不能够使他们免于被指控为不正义,而是能够使他们免遭那些受其压迫或伤害的人的复仇行为。

对弱者来说,此一命题则意味着只有他们的所作所为可能是不正义的,而他们不可能蒙遭不正义。他们所作所为的不正义,就是指他们违反其统治者的法律。因此,对他们而言,正义也是一种权宜之计,当然这只是在下述意义上而言的,即如果他们想要追求他们自己的利益而非强者的利益,那么他们就可能要蒙遭痛苦。

霍布斯和斯宾诺莎似乎也曾以一种稍有不同的言语重复了此一命题。对那些在一种纯粹自然的状态下生活的人而言,正义和不正义的观念乃是无甚意义的。它们只适用于那些生活在文明社会(civil society)中的人。霍布斯指出:"在没有国家的地方,就没有什么是不正义的。因此,正义的本质就在于遵循有效的契约;但是,契约的有效性并不是源于其他,而是源于一个足以迫使人们遵守这些契约的文明国家(civil power)的建构。"对国家法律或者契约的违反"会被称为不正义,而对它们的遵守则会被称为正义"。

斯宾诺莎认为:"万物,就其本性而言,有多少维持生存和运转的能力就有多少权利。"他据此还认为:"在自然国家中,没有任何东西可以被称为正义的或不正义的。唯有在文明状态(civil state)中,所谓正义和不正义的观念才具有意义。"与此前一样,这里的正义乃是指服从——不正义乃是指不服从——国家有权强制实施的任何法律,当然,这些法律本身并不是基于正义而是基于国家(它必然要捍卫自身,而且只要它拥有权力,它就有权利去捍卫自己的利益)所具有的各种利益而予以制定的。

那些持反对观点的论者则一致认为,在国家——从它的组织和运作方面来看——乃是一种正义之物的意义上,正义是政治的。智慧是《理想国》中统治者的德性,而正义则是柏拉图理想国的组织原则。

亚里士多德主张,人是一种政治动物,而其他的动物只不过是些群居的动物而已。他征引了下述事实来说明这个问题,即唯有人才具有言说的能力,而这种能力能够使他们与其他人交流他们关于何为权宜之计和何为正义的意见。"正义是城邦中的人们所达成的约定,因为司法或实施正义——它决定何为正义——乃是政治社会中的秩序原则"。亚里士多德把"脱离了法律和正义"的人说成是一种最坏的动物。奥古斯丁这样问道:"取消了正义,王国和大盗还有什么区别?"

那些赞同政治制度关涉到正义的论者面临着这样一种选择:即他们要么认为正义原则是国家以及国家的宪法、约定和法律的前提条件,要么认为对何为正义和何为不正义的判定乃是完全与国家的宪法紧密相关、依赖于国家的权力并且是法律所规定的结果。

如果论者们选择了上述第二个选项,那么有关正义是政治的这一命题便得到了严格的界定。正义只是政治的。自然正义是不存在的,亦即与人定法不涉的正义也是不存在的,也就是说在纯粹自然的状态中,且在与国家机构和制度不涉的情形中,没有什么东西是正义的或不正义的。根据这一理论,只有受制于政府的个人才能够被评判为正义的或不正义的。政府本身是不能被评判为正义的或不正义的,而且国家的宪法、法律或者其行为也是不能被评判为正义的或不正义的;因为,既然何为正义或何为不正义是由上述若干因素所决定的,所以人们也就不能就它们本身的正义问题进行评判。

与上述选择相反的答案认为,政治正义是由自然正义所决定的。亚里士多德指出:"政治正义,部分是自然的,部分是约定的或法律的。"有关公民的正义行为在于守法行为的观点是颇有道理的这个事实,并不能否定另一种观点也是有道理的,即法律本身也能够被称为正义的或不正义的,而且不仅是法律,就是国家宪法本身亦复如此。虽然国家法律的正义问题在某种程度上是与宪法相关的,因为它们是根据宪法加以制定和实施的,但是有些法律——由于它们违反自然正义——的正当性却是不能根据任何宪法予以证明的。此外,那些对不同政体的正义性或不同宪法的正义性进行比较的人,也不能把宪法视作最终的正义判准。在他们看来,关于所有人定制度和行为之正义性的最终判准,以及关于各种人品之正义性的最终判准,其本身并不是一种人定的判准,而毋宁是一种在任何时间和地点适用于一切人的自然的正义原则。

上述两种正义理论所引发的那种争论还因其含义的扩展而扩展成了诸多相关的问题。比如说,本书的**法律**一章便讨论了那些把自然法本身视为一国所有规章之合法性的渊源的论者与那些认为实在法的合法性仅源出于主权者意志的论者之间的对立,但是我们在本词条中却应当阐释与这个问题紧密相关或平行的有关自然正义与约定正义的问题。

那些否认自然正义和自然法的论者也倾向于否认自然权利,而自然权利,不同于私权利,并不是由国家赋予个人的,而是内在于其人格之中的。根据《独立宣言》,自然权利是"不可剥夺的",这意味着国家不能废除它们。不是国家创制的东西,国家就不能废止它。如果政府僭越了自然权利,那么它也就否定了其得以存在的自身理由,因为正是"为了保护这些自然权利,人们才在他们中间创建了政府"。

托克维尔认为,正是经由自然权利,"人们定义了许可的性质和专制的性质"。在他看来,"如果不尊重权利",那么任何一个国家都不可能是"伟大的;而且人们还几乎可以这样说,没有对权利的尊重,就不可能有社会"。

那些否认自然权利——自由权利也通常含括在内——的论者,在评判政府是否侵犯了这些权利而且是否干涉了人之自由权项的时候,是没有评判标准的。如果人们被认为只具有其统治者所赋予的那些权利,那么统治者所行使的绝对权力也不能被批判为专制的权力或独裁的权力。

洛克在讨论了人们在他所谓的"完全自由的状态"——即远离政府和国家制度及机构的状态——下的情形以后,他又讨论了这种自然状态,即它"有一种治理它的自然法,它约束着每一个人;而且理性(亦即这种自然法)也这样教诲所有会诉诸理性的人,即由于所有的人都是平等的和独立的,所以任何人都不应当侵害他人的生命、健康、自由或财产……一如每个人都注定会保护自己一样,每个人也不会有意放弃自己的位置;于是,依据同样的道理,当他对自己的保护没有遇到挑战的时候,他就应当尽其所能去保护其他的人;除非是对违法者的惩罚,否则就不应当剥夺或侵害其他人的生命或有助益于保护其生命的因素、自由、健康、肢体或者财产"。由于这种自然法以及其间所隐含的关于人际之间正当行为的原则在人们于文明社会(civil society)的日常生活中结盟的时候并没有被废弃,所以自然正义和自然权利,洛克和其他一些学者认为,仍将限制政府的各种权力并对政府所颁布的各种法律的正义性进行评价。

自然正义的原则也并不总是与有关自然法和自然权利的论说勾连在一起的,比如说古希腊的思想。它们的勾连最早好像出现在古罗马的法理学和中世纪的理论之中。并不是所有反对自然正义的论者都会回避使用"自然法"和"自然权利"这两个术语。比如说,由于霍布斯就是在一种不同意义上使用这些术语的,所以他说人是生活在一种自然状态之中并且是生活在自然法之下的,而这种自然状态便是"一切人反对一切人的战争状态",而且"在这种状态中,每个人对每样东西都有权利,甚至对他人的身体也有权利"。只有当人们为了组成国家而放弃这种无限的权利的时候,作为补偿,他们获得了某些公民权利,或者,一如霍布斯所说的"礼遇"。此后,也只是在此后,正义才可能具有意义,而这种正义乃是以霍布斯所接受的那项古老准则为基础的,即正义就是"使每个人获得他所应得的东西的恒久意志"。

斯宾诺莎和休谟也都表达了同样的看法。在不存在公认的财产权或者不存在法定权利的地方,就不可能有正义——亦即不会对一个人所有的东西表示尊重,或者也不会把属于他的东西给他。洛克与斯宾诺莎和休谟之间的分歧似乎在于下述方面,即他把所有权视为一个人所拥有的保护其生命、自由和财产的那种自然权利。因此,在自然状态中,人们之间是存在正义的,因为即使在自然状态中,每个人也拥有其他人有义务尊重的某种所有权。

撇开上述关于所谓的"自然状态"的不同解释,自然正义的意义仍能够得到考察。那些与亚里士多德和阿奎那一样并不认为政治社会的起源是由"自然状态"过渡而来的论者,依旧诉诸某种自然正义的原则。对阿奎那而言,自然正义原则就好似自然法不可分割的一个组成部分。有时候,自然法的首要律令被表述为"趋利避害"。有时候,它则被表述为"施善于他人,不伤害任何人,并且使每个人得到他自己的东西"。在上述第二种表述中,自然法似乎与正义律令完全相同。这种自然正义律令的基本含义也可以见之于亚里士多德关于正义既作为一种德性又作为一种人之行为的品性的分析之中,但是它却是与任何有关自然法的论说不相干的。

亚里士多德讲道:"正义的就是合法的和公平的。"他在此一语境中使用"合法的"一词，似乎并不是单单意指守法——亦即遵守某一特定社会的实际有效的法律。他认为法律的目的就在于实现"共同利益……我们把那些有助益于产生且维护幸福和有助益于产生且维护政治社会之幸福因素的行为视作是正义的"。因此，合法的（或正义的）行为是那些为了公共利益或他人利益的行为；而不合法的（或不正义的）行为则是那些伤害他人或者危害社会的行为。

正是根据这样一种意义的正义，柏拉图和亚里士多德确立了区别好政府和坏政府的基本判准。那些合法的且服务于公共利益的政府就是正义的政府，而那些不合法的且服务于统治者私人利益的政府则是不正义的政府。这种含义的正义既适用于所有的公民——亦即一个社会中的所有成员，也同样适用于那些承担特殊职责或在政府部门担任特定职务的人。

无论是从其他个人的利益来表述对正义的上述理解，还是从一个共同体（国内的或政治的）的共同利益来表述对正义的上述理解，这样的理解似乎都是从一个人的行为影响其他人的而非他自己的福利的角度关注其行为的。亚里士多德指出："正义，唯有此种德性，被认为是'另一人的利益'，因为它与我们的邻人相关。"由于关注的是另一人的应得之物，所以正义也就具有了义务或责任的要素。阿奎那指出，"每个人自己的东西都应当属于他"，而且他还补充指出，"一个人把另一人应得之物给予他，显然是符合正义的"。这就是缘何"正义，唯有此种德性，蕴含着义务的理念"。施善于他人或不伤害他人，在被作为一种严格正义的问题来看待的时候，实无异于每个人都应当清偿自己所欠他人的债务。

因此，在正义是否足以确立一个社会的和平和和谐这个问题上，也就出现了观点上的分歧。一些论者，比如康德，似乎认为一旦达致完全正义，众多的个人意志就会在自由行动中达致完美的和谐。而其他论者，比如阿奎那，则认为正义是必要的，但却不是充分的，而这恰恰是因为它是一个关涉义务和债务的问题。阿奎那指出："就正义排除通往和平的障碍而言，和平是正义的间接成果；然而，由于慈善的本性就会导致和平，所以和平是慈善的直接成果；因为爱是一种可以促进团结的力量。"在正义只调整人们之间的互动关系的场合，爱和友谊的约定却能够使人们联合起来。人们出于爱的慷慨而做出的互相帮助，远远超出了正义之命令所能及者。这就是为什么人们需要用仁慈和慈善来修饰正义，甚或来取代正义。在《威尼斯商人》中，鲍西娅宣称："在施用世俗权力的情形中，正义之外仁慈的成分越多，就越类似于上帝的权力。"

当人们从另一个角度来考虑正义的时候，"使其他人得到他们所应得之物"这一律令也就有了另一种理解。当正义被认作是公平的时候，我们自己或其他人所应享有的这种公平，并不适用于一般意义上的有利和不利，而适用于对利益或责任的交换和分配。那么，什么是公平交换或公平分配的原则呢？亚里士多德乃是根据平等来回答这个问题的。

在商业交易中，公平似乎就是要求等价之物的交换。"以眼还眼，以牙还牙"的规则乃是作为公平惩罚或公正赔偿之判准的平等原则的另一种表达。如果要分配荣誉或奖赏，那么平等的人就应当以公平的方式被平等地对待，而那些在品行（merit）上的不平等者就应当被给予不平等的份额。因为，如果不是所有的人都应得相同的份额，那么平均分配就不是一种对应得之物的正义的分配方法。亚里士多德指出："应当'依据品行'进行奖赏。"他断言，"所有的人都同意"这一点，"尽管他们所意指的并不都是同一种 merit，具体情况毋宁是：支持民主政治者把 merit 与自由民这种身份等而视之，支持寡头政治者把它等同于财富或高贵的血统，而支持贵族政治者则将它与卓越的才能或品格等而视之"。然而，以不平等的方式对待不平等的人这一做法中的公平，仍是源出于平等原则的，因为给应得更多者更多和给应得更少者更少这两者在比例上是均衡的。

亚里士多德对上述两种平等模式进行了界分：第一种模式是算数和几何的或者简单和比例的平等模式，第二种模式则是用以界定交换公平与分配公平之差异的平等模式。一种平等模式是一种在传统上被称为"交换正义"、"矫正正义"或"纠正正义"的正义类型，另一种平等模式则被称为"分配正义"。

关于"对人们之间的交易起到纠正作用"的那种正义类型，亚里士多德又将其进一步分为两种。他指出："在交易当中，(1)一些交易是自愿的，(2)另一些交易是不自愿的——自愿的交易乃是指这样一些交易，即卖、买、消费借贷、设置抵押、借用、储蓄、租赁等等，而不自愿交易则是指这样一些交易，即(a)其中一些是秘密进行的，比如偷盗、通奸、投毒、不劳而获、诱拐奴隶、暗杀、作伪证，(b)另一些是暴力性质的，比如攻击、监禁、谋杀、暴力抢劫、严重伤害他人身体或财物、虐待、侮辱。"因此，亚里士多德给交换正义或矫正正义划定的范围似乎不仅包括了犯罪行为，而且也覆盖了民事伤害行为。但是，值得我们注意的是，当把公平交换原则适用于民事伤害行为的时候，公平交换原则常常是指支付损害赔偿金，恢复原状或以实物赔偿；而当把交换正义原则适用于犯罪行为的时候，交换正义原则通常要求以与犯罪行为的后果危害程度相当的方式对罪犯处以惩罚。最后一项原则乃是同态报复法——即以眼还眼，以命抵命。我们将在本书**惩罚**一章讨论由这种同态报复法所引发的各种有关正义的问题。

有时候，正义也被区分为经济正义和政治正义。在经济的方面，公平或平等所涉及的乃是以劳动的消耗而产出的商品的种类，而在政治的方面，公平或平等所关涉的乃是人们在国家中的身份。这两种正义模式间的区别似乎在很大程度上取决于正义原则被适用于的交易种类。正义的这两种形式——即平等或公平的这两种模式——似乎并没有发生改变。我们将在**劳动**和**财富**两章中对经济正义的特殊问题做出更为详尽的讨论，而在关于国家、政府和若干政体的所有章节条目中，我们则会就政治正义的特殊问题展开更加详尽的讨论。在这里，我们只考虑一般性的问题，尤其是那些关涉到正义理论主要论题的问题。

虽然马克思并没有参加关于自然正义的争论，但是他的立场似乎是站在把正义视作是一种并非源出于人类制度而是评判人类制度的普世性判准那一边。对于马克思来说，像"各尽所能，按需分配"这种公理——或者它的另一种说法："按应得之物进行分配"——似乎是正义经济的一项公理，就好像一项在本质上不证自明的原则一样毋庸争辩。因此，在考虑劳动剥削所具有的各种不同的历史形式——把奴隶等同于财产的制度、封建农奴制或劳务还债制度，以及他所称之为的工业资本主义中的"雇佣劳动者"制度——的时候，马克思做了如下的假设，即如果一个人的劳动所生产的商品使另一个人致富的程度大大超过了后者所做出的贡献或所应得的财富，那么这就违反了一项明确且毋庸置疑的正义原则。《资本论》一书中的诸如"剥夺"、"剥削"以及"自然增值"这些基本语词,似乎从来就不只是描述性的术语,而是具有价值判断性质的术语。每个术语都隐含了一种不正义的具体形式。

马克思认为劳动价值论——他认为该理论源于亚当·斯密——可以解决亚里士多德所提出的但却没有解决的有关正义的一个问题。他征引了亚里士多德《尼柯马库斯伦理学》一书中研究正义的那一章文字,其间,亚里士多德对货币进行了讨论,并认为货币是一种促进商品交易的媒介。货币使得人们能够把同一种商品的多个单位等同于另一种商品的多个单位。然而,问题在于:当人们就不同种类且价值无从比较的东西进行交易的时候,如何确定它们之间的等价物呢?我们如何才能够将一套房屋的价值与一张床的价值进行比较,以得出一套房屋可以和一定数量的床在价值上相等?当完全不考虑供求状况时,确定一种公正的交易或一种公平的价格,需要可比数量上的等值作为基础。

马克思指出,亚里士多德告诉我们他何以认为此一问题是没有答案的。"那是因为价值概念的缺失。什么是这里的相等之物——即那种一般的使人们能够用一套房屋来表达若干张床的价值的东西呢?亚里士多德认为,这样的东西实际上是不可能存在的。然而,为什么不可能呢?就它代表什么是床和房屋之间真正的相等之物而言,与床相比较,房屋并不代表某种与它们二者相等的东西。这种相等之物就是——人的劳动。……天才亚里士多德所具有的横溢才华仅此一点就足以展露出来,即他在讨论商品价值的过程中洞见到了一种等值的关系。正是他所置身于其间的那些特定的社会条件,使得他无力发现什么是此种等值的'真正'根源"。

我们必须指出,劳动价值论的特点就在于它不仅是一种对交易中的正义的分析,而且还是一种对根据生产力而对劳动进行公正补偿的分析。这里所采用的正义原则似乎是与另一种正义原则——亦即构成中世纪时期把利息斥责为不正义的或暴利的观点之基础的那种正义原则,或者构成此后为了区分公正的利率和不公正的利率所做的那种努力之基础的那种正义原则——相同的。我们甚至可以说,斯密在界分实际的价格或自然的价格与那种随着供求变化而不断变化的市场价格的过程中,似乎也间接地论及到了该项原则。

当经济问题是一个分配问题而不是交易问题的时候,与之有关的乃是另一项公平判准——即有关分配正义的比例平等。

关于所有的物——尤其是土地和土地上的资源——都是原始共同拥有的假设,乃是一个特定的背景,而诸如阿奎那和霍布斯、洛克和卢梭、孟德斯鸠和黑格尔、斯密和马克思这样的思想家正是根据这一背景而对私有财产权的起源或正当性进行了思考。就这个问题是一个有关正当性的问题而非一个有关实际的历史起源的问题而言,把共同拥有之物分割成私人分享之物的做法实是一个关于分配正义的问题。在许多论者看来,一项公正的分配会承认,一个人单凭其劳动就能够使他获得主张拥有他的工作所改进的原材料和这项工作所形成的制成品的权利。

分配问题的另一个方面则假设了现实中切实存在着不公平的分配。于是,有人追问道,如何能够通过某种更公正的重新分配财富的方法来对这种切实存在的不公平分配进行补救;或者有人提议道,应当把整个私有财产权体系逐渐改革成生产资料公有制,并以其为基础对人类生产力的成果进行公平的分配。

正义与自由及平等之间所存在的显见不争的联系,并不意味着这三个基本理念就是彼此等同或同位的概念。相反,至少就正义等同于交换或分配中的公平而言,平等似乎是正义的根源;而正义又似乎是自由的基础,而非自由的结果。

对奴隶制的谴责证实了上述观点。假如奴隶制并不是不正义的,那么奴隶就没有任何享有自由的权利。把人当成财产这种做法之所以是不正义的,在根本上是以奴隶和他的主人在作为人这一点上是平等的观点为基础的。奴隶要求享有与其主人所享有的自由同样的自由的这种权利,就是源自于以上所述的那种平等。平等地对待所有平等者这一正义准则承认了奴隶所具有的上述权利并且使他获得了自由。亚里士多德有关自然奴隶制的理论乃是以一种有关自然不平等的假设为基础的;他认为,这种自然不平等的状态可以证明一些人遭受奴役而另一些人享受自由的正当性。只要奴隶制被证明是正当的或者罪犯被公正地投入监狱,那么人们就不会认为奴隶或罪犯被剥夺了他有权享有的任何自由。

人们似乎可以由此认为,如果一个人得到了公正的待遇,那么他也就享有了他所应当享有的一切自由。然而,J. S.穆勒却从一个相反的角度主张,人有权享有他所能正当使用的一切自由,所谓正当使用,亦即在使用的时候不会伤害其邻人或公益。比这种自由更多的自由,实是一种许可。如果某人侵犯了其他人的权利,或者使其他人遭受了"他自己的权利无法证明其为正当的损失或损害",那么他也就超越自由的边界,而且以穆勒之见,他还是"道德败坏的"典型,"并且在严重的情况下,还必须受到道德的严惩和处罚"。

我们将在**自由**和**法律**两章中讨论自由同正义以及这两者同法律的各种各样的关系。所有那些把法治与人治间的区分作为自己政治理论中的基本问题来处理的论者,也都明确地表明了他们因正义和自由而对法治的偏好。

即使违背了人之平等的专制政府没有通过暴政来奴役人们,它也会以不公正的方式来对待他们。专制君主出于公益的考虑而做出的仁慈之举具有正义的一面,然而,正如穆勒所指出的,只有在这样的情况下,即"专制统治者同意不再进行专制统治……并允许一般性的治理工作继续下去,就像人民真的在治理自己那样",政治正义的其他方面才能够实现。更为重要的宪政正义乃在于授予那些应当享有平等者的相等自由的人以一种公民资格上的平等——亦即由那种使那些碰巧执掌公职的公民与一般的公民处于平等地位的法律所规定的那种平等。

有关宪政形式的主要争议所指向的乃是正义的第三个要点。民主政治的支持者和寡头政治的支持者都赞同,出身或财富的平等或不平等可以证明公民选举权范围之大小的正当性。就此而言,穆勒又一次坚持认为,唯有普选权才能使公民的政治地位得到公正的分配,而且"除非是为了阻止更大罪恶的发生,否则拒绝给一个人这种一般性权利(经由这项权利,个人在对他和其他人同样关注的事件的处理过程中可以使自己的意见得到认真考虑),就是一种个人性的不正义"。

在政体比较所关涉到的正义三个要点中,只有第一个要点(它所关注的是政治权力的行使究竟是为了维护公共利益还是为了维护统治者的私人利益)被认为不是一个分配正义的问题。然而,即使在这里,那种认为统治者应当把被统治者当成目的而非手段的要求,仍是源出于统治者与被统治者之间的基本平等。暴政的不正义性就在于它对这种基本平等状态的破坏。

我们还需要对正义所具有的另一层含义展开探讨。它与我们上述所有的讨论——关于经济正义和政治正义的讨论,关于正义宪法、正义法律和正义行为的讨论——都有关系。正是在正义所具有的这一含义上,一个人被认为是正义的——有着正义的意志,即品格正派,有正义这种德性。在这里,理论上的差异反映了道德理论家与另一些论者的区别:前者把德性视作基本观念,而后者(比如康德)则强调义务,或者(比如穆勒)把人对正义的倾向化约成一种道德情操。但是,即使在那些把正义视作一种德性的道德理论家之间,在分析上也存在着巨大的差异。

在亚里士多德看来,同其他的道德德性一样,正义这种德性也是一种行为习惯。正是由于它是一种行为习惯,而非情感习惯,所以正义也不同于勇气和自我节制。它不是一种试图对那些令人喜悦或悲痛之事所引发的情绪进行理性调适的取向。它是植根于人心中的那份意愿,"正是由于这份意愿,一个正义的人被认为是只愿意做正义之事的人,被认为是当他在他自己和其他人之间或者其他两者之间进行分配时不会把大家都想要的东西大部分留给自己少部分分给别人(反之亦然:他也不会把有害的东西大部分分给别人少部分留给自己),而只会按照比例进行平等分配"。

正义与其他的道德德性之间所存在的另一个区别就是,只有勇敢的人才会有勇敢的行为,而且只有自我克制的人才会进行自我节制,而不正直的人和正直的人都能够做出表面上看起来正义的行为。

商品交易的公平或商品分配的公平,由于是由客观的平等关系所决定的,所以是作为一种特殊德性的正义的实质;但是,此外还有一种被亚里士多德称作与"特殊"正义相对的"一般"正义的正义。亚里士多德把正义所具有的这种一般性德性称为"完全的德性",因为"具有此种德性的人不仅能够自己展现这种德行,而且还能够对其他人施以这种德行"。"完全的德性"含括了所有的道德德性,而这是就其行为旨在实现其他人的利益而言的。

亚里士多德继续指出,"这种意义上的正义,并不是德性的一部分,而是整个德性";然而特殊正义——亦即分配正义和交换正义——却只是道德德性的一部分,亦即只是一种特定的德性。但是,和一般正义一样,特殊正义也是一种社会德性。这两种正义的行为在实现其他人利益时所采用的方式之间的区别,有点类似于合法和公平之间的区别,或者有点类似于整个社会之公益与其他个人之利益之间的区别。

亚里士多德整个社会的正义观同柏拉图《高尔吉亚篇》(其中讨论的问题是忍受不正义是否会比实施不正义更好)中正义的含义也许有某种相似之处,但是柏拉图在《理想国》中把正义定义为一种德性的观点却没有表达或发展上文所说的那种社会含义。内心中的正义乃是内心中若干德性的恰当协调或和谐状况,同样,国家中的正义也是国家中若干阶层的人们的适当分工或和谐秩序。一个正义的国家并没有被描述为以正义的方式对待其他国家,而且一个正义的人也没有被描绘成一个行善者。更为确切地说,对那种充满正义的内心的描述乃是对心灵的恬静或精神的健康——幸福安康的状态——的描述。

苏格拉底指出,"正义"所关注的并不是"人的外部表现,而是人的内心,即一个人的真正自我和真正关注的东西:因为正义的人不会允许他自己内心的几种因素相互干扰,或者不会允许一种因素去做其他几种因素所该做的工作——他使他自己的内心生活处于有序状态之中,而且他是他自己的主人,自己的立法者,且平和地对待自己"。他是"一个能够完全自我克制并完美自我调整的人"。

这一正义观念和基督教神学家的"原始正义"(original justice)观念所表达的意思有一些相似之处。阿奎那指出,亚当的灵魂在超自然的仁慈状态中的完美意向,就在于"他的理性服从于上帝,较低级的各种能力服从于理性,而且身体服从于灵魂——第一种服从导致了后两种服从,因为当理性服从于上帝的时候,较低级的各种能力只能服从于理性"。人服从于上帝的这种正义,似乎是与那种内在于其自身各个部分的不正义不可分离的。

与此相似,《高尔吉亚篇》中那种讨论正义的方式也可能同《理想国》中定义正义的方式是密切相关的。毫无疑问的是,卡里克勒斯将永远不会明白为什么忍受不正义总是要优于实施不正义,除非苏格拉底成功地向他解释了这一点,即遭受不公正待遇的人只是遭受了肉体的或外在的伤害,然而实施不正义行为的人却经由摧毁苏格拉底所认为的最大的善(亦即那种可以产生所有得当之举的平和性情)而侵损了他自己的灵魂。

分 类 主 题

1. 正义诸观念
   1a. 作为强者的利益的正义或者作为对主权者(也可译为最高统治者)的意志的服从的正义
   1b. 作为内心的和谐或正常状态的正义:原始正义
   1c. 作为引导关涉到他人或社会的行为的一种道德德性的正义:正直之人和正义之举之间的区别
   1d. 作为全部德性的正义和作为一种个别德性的正义:合法和公平之间的区别
   1e. 作为一种意志行为的正义或作为一种完成对公益的义务的正义:在普世性的自由法则之下的个人意志的一致行为
   1f. 作为一种基于效用考虑的习惯或道德情操的正义
2. 正义诸规则:行善,勿伤害他人,给予每人其所应得之物,平等对待平等的人
3. 同爱和友情的慷慨相比正义的诸义务
4. 正义和权宜之计的比较:在反抗和忍受不正义间进行抉择;正义与幸福的关系
5. 正义和平等:与评判平等与否和平等与不平等的几种模式相关的正义的诸类别
6. 正义和自由:人权理论
   6a. 自然法和自然正义之间的关系
   6b. 自然权利和实在权利,与生俱来的权利和后天继承的权利,私权利和公权利之间的区别:和这些权利相关的义务间的区别
   6c. 不可剥夺的自然权利:暴政和专制对它们的践踏

6d. 作为区别自由和许可的根据的正义

6e. 作为公民自由的根源的正义和自然权利

7. 家庭正义：家庭中的权利和义务问题
8. 经济正义：生产，分配和交换中的正义

    8a. 私人所有权和公共所有权：经济商品的公平分配

    8b. 公正的酬金和公正的价格：商品和服务的公平交易

    8c. 组织生产中的正义

    （1）经济剥削：把人当作财产的奴隶制和雇佣劳工制

    （2）利润和不劳而获的报酬增长

    8d. 正义和货币的功用：高利贷和利率

9. 政治正义：政府正义

    9a. 政治正义中的自然和传统：自然法和一般意志

    9b. 作为政治组织的道德原则的正义：以国家为单位的人的联合

    9c. 各种政府形式和不同宪法中正义的标准

    9d. 统治者和被统治者之间的关系：统治者或领袖们的正义和统治对象或公民的正义

    9e. 对荣誉，官级，职位和选举权的公正分配

    9f. 国家之间的正义：在战争与和平的产生中权利和力量的问题

    9g. 通过仁政对政治正义的调整：赦免，庇护和饶恕

10. 正义和法律

    10a. 国家所制定的法律中正义的评判：自然判准和宪法性判准

    10b. 不正义的法律的合法性：在不正义的社会中要求正直的人服从的程度

    10c. 对不正义的行为加以惩罚的正义性：惩罚和复仇之间的区别

    10d. 法定正义的矫正：人定法适用中的平衡

11. 神定正义：上帝或诸神和人之间的关系

    11a. 神界对人的统治：正义和上帝或诸神的宽恕

    11b. 人所欠上帝或诸神的债：通过笃信和膜拜的宗教活动

[邓正来　译]

索引

本索引相继列出本系列的卷号〔黑体〕、作者、该卷的页码。所引圣经依据詹姆士御制版，先后列出卷、章、行。缩略语 esp 提醒读者所涉参考材料中有一处或多处与本论题关系特别紧密；passim 表示所涉文著与本论题是断续而非全部相关。若所涉文著整体与本论题相关，页码就包括整体文著。关于如何使用《论题集》的一般指南请参见导论。

1. **Diverse conceptions of justice**

1a. **Justice as the interest of the stronger or conformity to the will of the sovereign**

   4 Sophocles, 189–194
   5 Thucydides, 504–508
   6 Plato, 271–275, 300–315
   8 Aristotle, 448, 528–529
   13 Plutarch, 108
   16 Augustine, 593–594
   21 Hobbes, 86, 91, 99, 130
   30 Pascal, 225–233, 345
   33 Locke, 28–29, 44–46
   35 Rousseau, 347, 353–355 passim, 361–362, 388–389
   43 Hegel, 84–86, 348–350, 365–366
   48 Melville, 181–184
   51 Tolstoy, 547–549, 647–649
   54 Freud, 780
   58 Weber, 173
   59 Shaw, 118–119

1b. **Justice as harmony or right order in the soul: original justice**

   6 Plato, 99–100, 282–285, 309–310, 346–355, 425–427, 681, 748
   8 Aristotle, 387
   11 Plotinus, 412–413
   12 Virgil, 10–11
   16 Augustine, 449
   17 Aquinas, 506–513, 520–522
   18 Aquinas, 162–174, 178–179, 212–213
   29 Milton, 320–321
   46 Eliot, George, 593

1c. **Justice as a moral virtue directing activity in relation to others and to the community: the distinction between the just man and the just act**

   7 Plato, 342–356
   8 Aristotle, 377, 381, 383–385, 393
   11 Aurelius, 246–247, 258, 267, 272, 275–276, 282
   13 Plutarch, 491, 636–637
   18 Aquinas, 48–49, 50–52, 249–250, 264–265, 360–361
   21 Hobbes, 92–93, 96
   55 Barth, 497–499

1d. **Justice as the whole of virtue and as a particular virtue: the distinction between the lawful and the fair**

   6 Plato, 178–179, 349–350
   8 Aristotle, 376–378, 608–609
   11 Aurelius, 287
   18 Aquinas, 28–29, 78–79
   23 Montaigne, 341–342
   39 Kant, 377

1e. **Justice as an act of will or duty fulfilling obligations to the common good: the harmonious action of individual wills under a universal law of freedom**

   39 Kant, 368–369, 371–372, 383–394, 397–402, 435
   43 Hegel, 83, 92–93, 207, 333, 365
   60 Orwell, 488

1f. **Justice as a custom or moral sentiment based on considerations of utility**

   6 Plato, 310–315
   23 Montaigne, 101–102, 321–323
   30 Pascal, 229
   33 Locke, 104
   40 Mill, 300–301, 464–476
   57 Tawney, 185–186
   59 Shaw, 49–50, 51–52

2. **The precepts of justice: doing good, harming no one, rendering to each his own, treating equals equally**

   Old Testament: *Exodus,* 21:1–23:9 / *Leviticus,* 19:9–18,32–37 / *Deuteronomy,* 15:7–18; 19:11–21; 21:15–17; 22:1–4,13–29; 24:6,10–22; 25:1–3,13–16 / *I Kings,* 3:16–28 / *Proverbs,* 24:23–25,29 / *Isaiah,* 56:1–2 / *Jeremiah,* 5:21–29 / *Ezekiel,* 45:9–11 / *Hosea,* 4:1–3 / *Amos,* 5:7–27 / *Micah,* 6:8 / *Zechariah,* 7:8–14
   New Testament: *Matthew,* 5:38–48; 19:16–24 / *Luke,* 6:27–38 / *Romans,* 12:17–21
   4 Aeschylus, 4–5
   4 Euripides, 351–352, 421–423, 538–539
   4 Aristophanes, 662–663
   5 Herodotus, 201–202
   6 Plato, 216, 297–300
   8 Aristotle, 386

11 Epictetus, 158-160, 208-211
11 Aurelius, 250, 254-255
18 Aquinas, 248, 304-321
19 Chaucer, 318-323
20 Calvin, 183-193
21 Hobbes, 86-87, 155
34 Diderot, 284-286
39 Kant, 375-376, 400-401
40 Mill, 302-303
46 Austen, 171
51 Tolstoy, 202, 214-216
52 Dostoevsky, 129-133, 174-175, 175-176
53 James, William, 886-888

3. **The duties of justice compared with the generosity of love and friendship**

Old Testament: *Leviticus,* 19:17-18 / *Deuteronomy,* 13:6-11; 21:18-21 / *Judges,* 11:28-40
New Testament: *I Peter,* 3:8-18
5 Herodotus, 83-84
7 Aristotle, 162
8 Aristotle, 373-374 passim, 410-412, 413, 415, 417-418, 420-421
11 Aurelius, 247-248
13 Plutarch, 482, 816
18 Aquinas, 485, 531-532
19 Chaucer, 447-448
23 Montaigne, 137-138, 509-512
27 Cervantes, 125-126
39 Kant, 259, 371-372
40 Mill, 466-467, 468-469
43 Hegel, 124
48 Twain, 306-308 passim, 360-362
51 Tolstoy, 271, 655
59 Cather, 441-442

4. **The comparison of justice and expediency: the choice between doing and suffering injustice; the relation of justice to happiness**

Old Testament: *Proverbs,* 24:29; 25:21
Apocrypha: *Susanna*
New Testament: *Luke,* 6:27-38 / *Romans,* 12:17-21 / *I Corinthians,* 6:1-11 / *I Peter,* 2:19-21
4 Aeschylus, 96-97
4 Euripides, 277-295, 316-333, 497-499, 606-633
4 Aristophanes, 711-714
5 Herodotus, 105
6 Plato, 213-219, 263-267, 295-441, 656-658, 746-747
7 Aristotle, 249
8 Aristotle, 386-387
11 Epictetus, 120-121, 140-141, 181, 210-211, 215-217
13 Plutarch, 106-107, 274-275, 490-491, 636-637
21 Hobbes, 91-92, 140
23 Montaigne, 342
24 Shakespeare, 385-386
34 Swift, 37

40 Mill, 464-476
51 Tolstoy, 9-10, 216
59 Shaw, 123, 127, 129
59 Cather, 439-441

5. **Justice and equality: the kinds of justice in relation to the measure and modes of equality and inequality**

5 Thucydides, 505
6 Plato, 699-700
7 Aristotle, 199
8 Aristotle, 378-381, 382, 384-385, 410, 413, 453-455, 456, 461-463, 477-478, 480-483, 485, 491, 502, 503, 510, 512, 520, 521-522, 537-538
11 Aurelius, 240
17 Aquinas, 340-341
18 Aquinas, 67-68, 370-371
21 Hobbes, 93, 94-95, 156-157
33 Locke, 25-28, 36
35 Montesquieu, 52
35 Rousseau, 333, 359, 360, 361-363, 397-398, 405
39 Kant, 431-432, 433, 435-437
40 Declaration of Independence, 1
40 Constitution of the U.S., 18, 19
40 Federalist, 236
40 Mill, 370-389 passim, 460-461, 467, 474-476
43 Hegel, 25-26, 71, 73, 125
44 Tocqueville, 269-271, 303-312 passim
50 Marx, 25
52 Dostoevsky, 109-112
54 Freud, 685-686
58 Huizinga, 269-270
60 Orwell, 513-524

6. **Justice and liberty: the theory of human rights**

4 Sophocles, 189-194
4 Euripides, 564-565
6 Plato, 411-413
8 Aristotle, 382, 512, 520-521
16 Augustine, 231
21 Hobbes, 112-117
28 Spinoza, 681
33 Locke, 25-81
35 Rousseau, 356-358, 361-362, 370, 387-394, 398-399
39 Kant, 113-115, 400-402
40 Declaration of Independence, 1
40 Constitution of the U.S., 17, 18
40 Federalist, 251-253
40 Mill, 267-323
43 Hegel, 24, 132-133, 387-389
54 Freud, 780-781

6a. **The relation between natural law and natural justice**

4 Sophocles, 164-165
8 Aristotle, 617
11 Aurelius, 249, 268

16 Augustine, 593-594
17 Aquinas, 510-511
18 Aquinas, 208-209, 221-223, 227-228, 229-230
21 Hobbes, 86-87
28 Spinoza, 669-670
33 Locke, 25-54 passim, 65
35 Montesquieu, 1
35 Rousseau, 330-331
36 Smith, 158
38 Gibbon, 86-87
39 Kant, 392, 397, 400-402, 429, 430-432, 435-457
40 Declaration of Independence, 1
43 Hegel, 178-179

6b. **The relation between natural and positive rights, innate and acquired rights, private and public rights: their correlative duties**

4 Aeschylus, 1-12
4 Euripides, 353-354, 485, 552-553
6 Plato, 682-683
7 Aristotle, 238
16 Augustine, 20-21, 591-592
18 Aquinas, 251-252
21 Hobbes, 131, 136-137, 138
23 Montaigne, 562-563
25 Shakespeare, 247-248
28 Bacon, 100
33 Locke, 36-38, 44, 46-47, 53-54, 55-58
35 Montesquieu, 1-3, 215-216, 221
35 Rousseau, 342-347, 393
38 Gibbon, 82-83
39 Kant, 397-458
41 Boswell, 221-224
43 Hegel, 23, 60, 73-78, 119
57 Tawney, 199

6c. **The inalienability of natural rights: their violation by tyranny and despotism**

14 Tacitus, 271
18 Aquinas, 224-226, 235-239
21 Hobbes, 87, 90, 115-116, 142
33 Locke, 20-21, 28-30, 54, 64, 65-81
35 Montesquieu, 109-110
35 Rousseau, 389-390, 396-398
37 Gibbon, 33-34
39 Kant, 401-402, 445-446
40 Declaration of Independence, 1-3
40 Mill, 316
41 Boswell, 363-364
43 Hegel, 27-28, 30
57 Tawney, 183-186
60 Orwell, 504-506

6d. **Justice as the basis for the distinction between liberty and license**

5 Thucydides, 396
6 Plato, 674-676
8 Aristotle, 512
14 Tacitus, 57-58
18 Aquinas, 627-628

21 Hobbes, 114-115
25 Shakespeare, 177
29 Milton, 65, 381-412
33 Locke, 25-26
35 Montesquieu, 51-52, 69
35 Rousseau, 324
37 Gibbon, 622-623
40 Mill, 271-273, 302-323 passim
43 Hegel, 109-110

6e. **Justice and natural rights as the source of civil liberty**

21 Hobbes, 138
33 Locke, 29, 53-54, 55-57
35 Rousseau, 393
38 Gibbon, 96
39 Kant, 114, 398-399, 450-452, 586-587
40 Declaration of Independence, 1
43 Hegel, 88-93 passim
44 Tocqueville, 122-124, 379-380

7. **Domestic justice: the problems of right and duty in the family**

Old Testament: *Exodus*, 21:1-11,26-27,32 / *Leviticus*, 25:39-55 / *Proverbs*, 28:24; 30:17
Apocrypha, *Ecclesiasticus*, 3:2-18; 33:30-31
New Testament: *Mark*, 7:10 / *I Corinthians*, 7 / *Ephesians*, 6:1-9 / *Colossians*, 3:18-4:1 / *I Peter*, 3:1-7
4 Aeschylus, 38-39, 71-74
4 Sophocles, 133-158, 159-174, 201-202
4 Euripides, 277-295, 316-333, 561-567
4 Aristophanes, 718-720, 790-791
6 Plato, 356-368, 779-781
8 Aristotle, 382, 413, 417-418, 453-455
13 Plutarch, 152, 189-191
16 Augustine, 11-13, 589-591
17 Aquinas, 489-490, 512-513
18 Aquinas, 318-321
19 Chaucer, 369, 379-388, 388-392, 405-418, 439
20 Calvin, 182-183
21 Hobbes, 109-111, 155
23 Montaigne, 135-136, 223-233, 451-463
24 Shakespeare, 152, 154, 196-197, 199-228, 308-309, 352-353, 452-454
25 Shakespeare, 37, 115, 210-211, 244-283
27 Cervantes, 299, 311-312
28 Bacon, 207-209
29 Milton, 242-245, 277, 361-362
31 Racine, 350-367
33 Locke, 36-42, 43
34 Swift, 29
35 Montesquieu, 187-188, 216
35 Rousseau, 357, 367-368
38 Gibbon, 82-86 passim
39 Kant, 418-422
40 Mill, 316-319
41 Boswell, 247, 429-430
43 Hegel, 64-66, 305-306
50 Marx, 241
51 Tolstoy, 38-41, 654-662

52 Dostoevsky, 1-11, 36-38, 387-389, 413-417
59 Chekhov, 216-218

8. **Economic justice: justice in production, distribution, and exchange**

Old Testament: *II Kings,* 5:20-27 / *Nehemiah,* 5:1-12 / *Proverbs,* 1:10-19; 16:11; 22:16,22-23; 28:8,24; 30:8-9 / *Isaiah,* 3:14-15; 10:1-2 / *Ezekiel,* 22:25-29 / *Amos,* 5:11-12; 8:1-7 / *Micah,* 6:9-15
Apocrypha: *Ecclesiasticus,* 34:18-22
  4 Euripides, 421-422
  4 Aristophanes, 887-905
  6 Plato, 316-319, 340-343
  8 Aristotle, 446-453 passim, 461-463
 13 Plutarch, 36-37, 68-70, 87
 17 Aquinas, 124-125
 21 Hobbes, 124-126
 25 Shakespeare, 351-354
 35 Montesquieu, 96-102, 199-200
 35 Rousseau, 348, 354-355, 377-385
 39 Kant, 443
 40 Constitution of the U.S., 19
 40 Mill, 335, 472-473
 43 Hegel, 80, 125, 144
 48 Melville, 181-184
 50 Marx, 1-383
 50 Marx-Engels, 415-434
 51 Tolstoy, 211-213
 52 Dostoevsky, 173
 60 Orwell, 478-481

8a. **Private and public property: the just distribution of economic goods**

Old Testament: *Exodus,* 20:15,17 / *Deuteronomy,* 5:19,21 / *II Samuel,* 12:1-6 / *I Kings,* 21 / *Job,* 24 / *Proverbs,* 6:30-31 / *Jeremiah,* 17:11
New Testament: *Acts,* 2:44-47; 4:31-5:11
  4 Euripides, 538-539
  4 Aristophanes, 867-886
  6 Plato, 364-365, 686-697 passim, 738-742
  8 Aristotle, 456, 458-461, 522, 533, 557-558
 13 Plutarch, 36, 648-656, 674-681
 14 Tacitus, 31, 32
 17 Aquinas, 516-517
 18 Aquinas, 309-316, 544-546
 21 Hobbes, 156-157
 28 Spinoza, 682
 30 Pascal, 91-94
 33 Locke, 30-36
 35 Montesquieu, 23-25, 29, 221-222
 35 Rousseau, 353, 375, 377-385, 415-417
 36 Smith, 59-71, 268-269, 347-349
 37 Gibbon, 22, 127, 251-255 passim, 501-502
 38 Gibbon, 86-89
 39 Kant, 403-410, 411-415, 422-425, 426-428, 431-432
 40 Federalist, 112-117
 43 Hegel, 24-26, 29-30, 31, 81, 125, 144, 291-292, 293-294

 50 Marx, 34-35, 61-62, 89, 174-175, 286-296, 302-383
 50 Marx-Engels, 425-427
 51 Tolstoy, 414-416
 54 Freud, 787-788
 57 Tawney, 194, 200-245 esp 225-229
 58 Huizinga, 268-269
 59 Joyce, 625-626
 60 Orwell, 485-487

8b. **Fair wages and prices: the just exchange of goods and services**

Old Testament: *Leviticus,* 19:11,13,35-36; 25:35-37 / *Deuteronomy,* 24:10-15; 25:13-16 / *I Kings,* 21 / *II Kings,* 5:20-27 / *Nehemiah,* 5:1-12 / *Proverbs,* 11:1; 16:11 / *Ezekiel,* 45:9-12
Apocrypha: *Ecclesiasticus,* 26:29; 27:2; 34:20-22
  5 Herodotus, 158
  6 Plato, 740-743, 772-775
  8 Aristotle, 380-381, 416-417, 450-452
 23 Montaigne, 96-97
 35 Montesquieu, 146
 36 Smith, 14-18, 23-26, 31-42, 68-71 passim, 120-121, 253-255
 39 Kant, 424-425
 40 Mill, 309, 366-367, 470, 472-473
 43 Hegel, 79, 144
 44 Tocqueville, 313-314
 46 Eliot, George, 315-317
 50 Marx, 13-50, 69-84, 89-102, 256-260, 264-275, 296-298, 305-307, 324-327, 366-368
 50 Marx-Engels, 425-427
 51 Tolstoy, 572-573
 57 Tawney, 229-230, 247-248, 250-252
 57 Keynes, 409-419
 58 Weber, 138

8c. **Justice in the organization of production**

 50 Marx, 33-36, 85-263, 279-286, 311-321, 354-355, 377-378
 50 Marx-Engels, 419-425
 57 Tawney, 181-255 passim esp 231-232

8c(1) **Economic exploitation: chattel slavery and wage slavery**

  8 Aristotle, 446-449, 553
 13 Plutarch, 46-47
 18 Aquinas, 318-321
 34 Swift, 154-155
 35 Rousseau, 352, 353-355, 365-366
 36 Smith, 32-33, 70, 185-191, 284-285, 322
 39 Kant, 445-446
 40 Constitution of the U.S., 16, 18
 40 Mill, 339-340
 41 Boswell, 363-364
 43 Hegel, 356-357
 44 Tocqueville, 166-168, 299-300
 50 Marx, 1-383
 50 Marx-Engels, 422-423, 424-425, 426-428

51 Tolstoy, 211-213
57 Veblen, 10
57 Tawney, 233-234, 236-237, 241-242
59 Conrad, 144-145

8c(2) Profit and unearned increment

13 Plutarch, 287
36 Smith, 23-24, 31-32, 124-125
43 Hegel, 80-81
44 Tocqueville, 296
50 Marx, 71-72, 85-263, 267-275, 286-301, 327
57 Tawney, 187-191, 214-216

8d. Justice and the use of money: usury and interest rates

Old Testament: *Exodus,* 22:25 / *Leviticus,* 25:35-37 / *Deuteronomy,* 23:19-20; 24:10-13 / *Nehemiah,* 5 / *Ezekiel,* 18:4-21; 22:12

6 Plato, 408, 694
8 Aristotle, 377-378, 417-418, 450-452
13 Plutarch, 287, 409
14 Tacitus, 90
19 Dante, 21
22 Rabelais, 133-140
24 Shakespeare, 409-411
30 Pascal, 55-57
31 Molière, 150-153, 197-200
35 Montesquieu, 92-93, 169-170, 175-176, 184-187
36 Smith, 43-48, 173-174
39 Kant, 424-425
43 Hegel, 375
46 Eliot, George, 323-324, 482-483
50 Marx, 77-78, 293, 371-372
57 Keynes, 439-441

9. Political justice: justice in government

5 Herodotus, 23
6 Plato, 295-441, 795-797
8 Aristotle, 382-383, 446, 477-478, 480-483, 557-558
16 Augustine, 593-594
18 Aquinas, 233
21 Hobbes, 91
33 Locke, 53-54, 59-64, 65-81 passim
35 Rousseau, 353-362 passim, 367-385 passim, 387-439 passim
36 Smith, 347-349
39 Kant, 433-434, 435-437
40 Federalist, 50-51
40 Mill, 369-370
43 Hegel, 73-78
45 Goethe, 65

9a. The natural and the conventional in political justice: natural law and the general will

6 Plato, 271-275, 310-356
8 Aristotle, 619-620
16 Augustine, 20-21, 597-598
18 Aquinas, 209-210, 227-230
21 Hobbes, 131
23 Montaigne, 321-323
33 Locke, 26-28, 55-58
35 Montesquieu, 3
35 Rousseau, 370, 396-398, 399-400
39 Kant, 435
40 Mill, 465-466
43 Hegel, 75, 288-289

9b. Justice as the moral principle of political organization: the bond of men in states

4 Euripides, 351, 538-539
5 Herodotus, 225-226
6 Plato, 213-219, 308-309, 346-350
8 Aristotle, 406, 411-412, 413, 420-421, 446
13 Plutarch, 61-62
16 Augustine, 231, 597-598
18 Aquinas, 252-253
19 Dante, 113-116
21 Hobbes, 91-92
25 Shakespeare, 109
28 Spinoza, 682
33 Locke, 3, 28, 55-58, 104
35 Rousseau, 369
40 Mill, 302-303, 460-461, 470-471, 473-474
43 Hegel, 143, 146, 340, 354-355
54 Freud, 685-686, 780-781
58 Huizinga, 287-288

9c. The criteria of justice in various forms of government and diverse constitutions

5 Herodotus, 107-108
6 Plato, 401-416, 598-604, 670-671, 672-676
8 Aristotle, 413, 475-476, 477-483, 484-487, 502, 520-522
13 Plutarch, 46
18 Aquinas, 229-230
35 Montesquieu, 12-13, 33-35
35 Rousseau, 405-406
38 Gibbon, 94-95, 403, 575-577
39 Kant, 450
40 Mill, 343-344, 350-355
43 Hegel, 287-289
50 Marx-Engels, 428-429
58 Weber, 173
59 Shaw, 50-52

9d. The relation of ruler and ruled: the justice of the prince or statesman and of the subject or citizen

Old Testament: *I Samuel,* 8:10-20 / *II Chronicles,* 1:7-12 / *Proverbs,* 16:12; 28:15-16; 29:14

New Testament: *Matthew,* 22:16-22 / *Romans,* 13:1-7

4 Aeschylus, 5
4 Sophocles, 161
4 Euripides, 432-433
5 Herodotus, 120
6 Plato, 301-306, 346-350, 642-643, 806-807, 814

8 Aristotle, 474, 475-476, 478-479, 481-483, 537-538
11 Epictetus, 172-173
11 Aurelius, 261-262
13 Plutarch, 48, 59-60, 262-276, 490-491, 494, 604-605, 620-648, 742-743
16 Augustine, 455
18 Aquinas, 307-318
21 Machiavelli, 22-30
21 Hobbes, 101-102, 104, 154-158
23 Montaigne, 423-424, 427, 478-479
24 Shakespeare, 146, 552-554
25 Shakespeare, 174-204, 351-392
28 Bacon, 94-95
29 Milton, 192-193
33 Locke, 44-46
34 Voltaire, 192-193
35 Montesquieu, 6-7, 10-11, 16, 18-19, 23-25, 51-56, 94-96
35 Rousseau, 361-362, 370-372
37 Gibbon, 61-62, 288-289, 339-343
38 Gibbon, 39-40, 173
40 Declaration of Independence, 1-3 passim
40 Mill, 366-370, 413-414
43 Hegel, 74-75, 105, 256, 319-321
51 Tolstoy, 680-684
58 Huizinga, 259

9e. **The just distribution of honors, ranks, offices, suffrage**

3 Homer, 1-12, 98-110
4 Aeschylus, 38-39
4 Sophocles, 175-194
4 Aristophanes, 833-834
6 Plato, 672-676
8 Aristotle, 378-379, 416, 456, 469-470, 475, 476, 478-483, 510-511, 520-522, 557
13 Plutarch, 45-46, 505, 636-637
14 Tacitus, 105-107
21 Hobbes, 74, 103, 147-148, 158
34 Swift, 28-29
35 Montesquieu, 4-6, 11-12, 31-32, 71-72
35 Rousseau, 360-361
37 Gibbon, 240-244, 245-247
38 Gibbon, 317-318
39 Kant, 436-437, 444-446
40 Constitution of the U.S., 11, 12, 14, 18, 19
40 Federalist, 252
40 Mill, 380-389 passim, 466-467
41 Boswell, 124-125, 127, 141, 479
43 Hegel, 72, 101-102, 233-235, 379
45 Goethe, 145-148
51 Tolstoy, 131-135, 228-229, 232-234, 241-242

9f. **Justice between states: the problem of right and might in the making of war and peace**

Old Testament: *Deuteronomy*, 20
4 Euripides, 347-362
4 Aristophanes, 757-758
5 Herodotus, 1-2, 93, 202-203, 212, 241-246, 287

5 Thucydides, 349-386, 404-405, 418-420, 429-434, 461-463, 469-470, 504-508, 511-516, 529-533
6 Plato, 367-368, 640-643
8 Aristotle, 478, 528-529
12 Virgil, 282-286
13 Plutarch, 26-27, 106-107, 254-255, 273-275, 398, 468-469, 484, 497-498, 518, 569
14 Tacitus, 272, 290
16 Augustine, 165-169, 237-238, 583-584
18 Aquinas, 316-318, 577-581
21 Machiavelli, 32, 36-37
21 Hobbes, 159, 279-282
22 Rabelais, 36-38, 54-55, 58-59
23 Montaigne, 58-61, 146-148, 428-429
24 Shakespeare, 388-389, 487-489, 490-491, 534-536
27 Cervantes, 344
29 Milton, 313-314
33 Locke, 57-58, 65-70
34 Swift, 23-25, 76-78, 149-151
35 Montesquieu, 61-64, 223-224
35 Rousseau, 389-390
37 Gibbon, 402-404, 504-507, 509, 535-536, 549-550
38 Gibbon, 17-18, 373-374, 383-384
39 Kant, 452-458
40 Articles of Confederation, 5-9 passim
40 Constitution of the U.S., 15
40 Federalist, 33-44 passim
40 Mill, 434-435 passim
43 Hegel, 112-114, 116, 154, 380-381
51 Tolstoy, 346-355, 442-443, 547-551
54 Freud, 755-757, 761
60 Brecht, 410-412

9g. **The tempering of political justice by clemency: amnesty, asylum, and pardon**

Old Testament: *Numbers*, 35:6,11-15,28-33 / *Deuteronomy*, 4:41-43; 19:1-13
4 Aristophanes, 572
5 Herodotus, 20, 36, 71-72
5 Thucydides, 424-429, 433-434
12 Virgil, 278-279
13 Plutarch, 68, 503, 599, 798
14 Tacitus, 39, 113-114, 151-152
19 Dante, 57
21 Hobbes, 94
23 Montaigne, 51-52, 105-107
24 Shakespeare, 427, 466
25 Shakespeare, 182-183, 486-488
27 Cervantes, 80, 125-126
35 Montesquieu, 43, 209
37 Gibbon, 176, 449-451
39 Kant, 449
40 Federalist, 221-222
41 Boswell, 335, 344
43 Hegel, 99, 150
51 Tolstoy, 230-232
52 Dostoevsky, 416-417
58 Huizinga, 252

10. **Justice and law**

   6 Plato, 311, 743–757
   8 Aristotle, 377, 382–383, 485–486
  13 Plutarch, 61–64
  16 Augustine, 20–22, 771–772
  18 Aquinas, 211–212, 223–224, 226–229, 252–253
  21 Hobbes, 131, 157
  30 Pascal, 225–233
  33 Locke, 53–54
  35 Montesquieu, 214–225 passim
  35 Rousseau, 399–400
  38 Gibbon, 96
  39 Kant, 400, 432–433
  40 Federalist, 50–51
  40 Mill, 467–468
  43 Hegel, 74

10a. **The measure of justice in laws made by the state: natural and constitutional standards**

   5 Thucydides, 396
   6 Plato, 271–274, 316–319, 349–350, 598–604, 680–683
   8 Aristotle, 386, 448–449, 480, 488, 619–620, 621
  18 Aquinas, 217–218, 223–224
  21 Hobbes, 116, 132, 134–135, 156
  23 Montaigne, 102, 425, 562–563
  28 Bacon, 94–95
  30 Pascal, 345
  33 Locke, 11–12, 27–28, 55–58, 71–73 passim, 75–76, 81
  35 Montesquieu, 85–86, 138, 214
  35 Rousseau, 397, 405–406, 426
  36 Smith, 444–445
  37 Gibbon, 525–526, 617
  38 Gibbon, 76–77, 89–94 passim
  39 Kant, 429, 434, 435–436
  40 Declaration of Independence, 1–3
  40 Constitution of the U.S., 11, 13–14, 17
  40 Federalist, 145–147, 230–232
  40 Mill, 302–323 passim
  41 Boswell, 203–204
  43 Hegel, 142
  44 Tocqueville, 130–131
  58 Weber, 155–157

10b. **The legality of unjust laws: the extent of obedience required of the just man in the unjust society**

   4 Sophocles, 159–174
   4 Euripides, 552–553
   6 Plato, 200–212, 213–219
   8 Aristotle, 617
  14 Tacitus, 172–173, 180–184
  16 Augustine, 591–592
  18 Aquinas, 213–214, 229–230, 233, 236–237, 584
  20 Calvin, 90–96
  21 Hobbes, 102, 112, 113–114, 115–116, 134–135, 238
  23 Montaigne, 54–55, 101–105, 422–429, 505–508, 522–524, 547–548
  30 Pascal, 231
  33 Locke, 16–17, 60–61, 65–81
  34 Diderot, 258
  35 Rousseau, 366, 369
  39 Kant, 439–441
  40 Federalist, 68, 108–109
  40 Mill, 465–466
  51 Tolstoy, 668–669

10c. **The justice of punishment for unjust acts: the distinction between retribution and vengeance**

  Old Testament: *Genesis,* 9:6 / *Exodus,* 21:12–29 / *Leviticus,* 24:16–21 / *Deuteronomy,* 19:11–13,21
  New Testament: *Romans,* 13:2–4
   4 Aeschylus, 75–89, 90–103
   4 Sophocles, 195–215
   4 Euripides, 277–295, 450–471, 563–566
   5 Herodotus, 99–100, 237–239, 278–279, 306–307
   5 Thucydides, 556–557
   6 Plato, 45, 194, 743, 746–748
   8 Aristotle, 359–360, 379–380, 434
  13 Plutarch, 4, 70, 71
  16 Augustine, 446–447, 643–644
  17 Aquinas, 266
  18 Aquinas, 185–192, 334–336, 504–505, 1009–1011
  19 Chaucer, 349–350
  20 Calvin, 91–92, 425–426, 435–438
  21 Hobbes, 94, 145, 147, 157–158
  23 Montaigne, 79–80
  24 Shakespeare, 189–192, 425–430, 498–499, 539–541
  25 Shakespeare, 174–204
  27 Cervantes, 77–82
  31 Molière, 125–127
  34 Swift, 28
  35 Montesquieu, 37–43
  35 Rousseau, 371, 398–399
  37 Gibbon, 175–176, 617
  38 Gibbon, 91–93 passim
  39 Kant, 306, 391–394, 446–449
  40 Constitution of the U.S., 17
  40 Mill, 304–305, 469–470, 471–472, 474
  43 Hegel, 38–39, 75–76, 109–110, 129–130, 143, 225–226
  46 Eliot, George, 402
  48 Twain, 330–332
  52 Dostoevsky, 32–34, 402
  57 Veblen, 49
  58 Huizinga, 246, 250–253, 343–344
  58 Lévi-Strauss, 458–459
  60 O'Neill, 207–213, 243–246, 252–254, 256–258, 267

10d. **The correction of legal justice: equity in the application of human law**

   5 Herodotus, 32

6 Plato, 754, 777-778, 785-786
8 Aristotle, 385-386, 484, 485, 486, 618-619
13 Plutarch, 150-151, 494, 539
18 Aquinas, 235, 238-239
20 Calvin, 382-386, 431-432
21 Hobbes, 132, 134-135, 142-144
24 Shakespeare, 425-430
25 Shakespeare, 406-408
27 Cervantes, 393, 401-404, 415-420, 424-425
33 Locke, 62-64
34 Swift, 152-154
35 Montesquieu, 40, 42
38 Gibbon, 73-74, 77-78
39 Kant, 399-400
40 Federalist, 232, 237, 248-249
43 Hegel, 76-78
47 Dickens, 214-215
58 Huizinga, 343
59 Shaw, 37

11. **Divine justice: the relation of God or the gods to man**

20 Calvin, 172-173, 175, 236-237, 310-317, 331-337
57 Veblen, 131-133

11a. **The divine government of man: the justice and mercy of God or the gods**

Old Testament: *Genesis*, 3; 6:5-8:22; 18:20-19:29 / *Exodus*, 20 / *Leviticus*, 26 / *Numbers*, 13-14; 25 / *Deuteronomy*, 32 / *II Samuel*, 24 / *II Chronicles*, 6; 12 / *Nehemiah*, 9:5-38 / *Job* / *Psalms*, 5-7; 28; 37; 59-60; 73; 76; 81; 83; 89:14; 146 / *Proverbs*, 14:32 / *Ecclesiastes*, 12:14 / *Isaiah*, 1; 30-31; 42; 45:21-25; 59 / *Jeremiah*, 15; 24; 29-31; 34 / *Lamentations* / *Ezekiel*, 11; 14; 18; 33-34 / *Daniel*, 4:4-37 / *Joel*, 3 / *Amos* / *Obadiah* / *Jonah* / *Micah*, 1-3 / *Nahum* / *Malachi*, 3-4

Apocrypha: *Wisdom of Solomon*, 1-6 passim / *Ecclesiasticus*, 16; 35 / *II Maccabees*, 6:12-17

New Testament: *Matthew*, 11:20-24; 12:36-37; 13:24-30,36-43; 18:7-9; 19:16-20:16; 23 / *Mark*, 10:17-31 / *Luke*, 6:36-38; 7:36-50; 10:25-28; 14:7-14; 15; 16:19-26; 18:1-8; 23 / *John*, 8:1-11 / *Romans*, 1:16-2:16; 6:28 / *Galatians*, 6:7-8 / *Ephesians*, 2 / *Hebrews*, 10:26-31 / *II Peter*, 2 / *Jude* / *Revelation* passim

3 Homer, 300-301, 307-308
4 Aeschylus, 1-2, 40-53, 61-63, 90-103
4 Sophocles, 175-194, 233
4 Euripides, 410-411, 523-524
5 Herodotus, 20-22, 278-279, 308
5 Thucydides, 506
6 Plato, 437-441, 530-531, 757-771
11 Plotinus, 393
12 Virgil, 103, 317-318
13 Plutarch, 265
16 Augustine, 34, 56, 256-259, 264, 269-270, 387-388, 397-398, 415-419, 433, 485-486, 585-592, 600, 714
17 Aquinas, 113-114, 124-127, 128-130, 531-532, 533-534, 543-544, 790-791
18 Aquinas, 158-159, 210-213, 239-337
19 Dante, 1-133
19 Chaucer, 470-471
20 Calvin, 3-4
21 Hobbes, 160-161, 197-198, 245, 276-277
29 Milton, 1-7, 10-12, 137-139, 143-144, 274-298, 324, 325-329, 339-378
30 Pascal, 245-247, 259-260
31 Racine, 356-357, 359-360
33 Locke, 105, 107-108, 230
33 Hume, 500-501
34 Voltaire, 225
39 Kant, 592
41 Boswell, 482
51 Tolstoy, 606-607
52 Dostoevsky, 158-159
55 James, William, 6
59 Joyce, 578-580, 582-585, 590

11b. **Man's debt to God or the gods: the religious acts of piety and worship**

Old Testament: *Genesis*, 22 / *Exodus*, 32-34 / *Leviticus*, 18:1-5; 26 / *Deuteronomy*, 4:1-40; 5-6; 8; 10-12; 23:21-23 / *Joshua*, 22:1-6 / *Job*, 9:2-21 / *Psalms* passim / *Ecclesiastes*, 5:4-5

Apocrypha, *Ecclesiasticus*, 2:15-18; 18:22-24; 35 / *I Maccabees*, 2:20-28; 4:36-61

New Testament: *Matthew*, 18:23-35 / *Luke*, 17:7-10; / *John*, 4:21-24 / *Romans*, 3:19-28; 4:1-8; 5:8-21; 8:1-17 / *Galatians*, 3:10-13; 5:1-5

3 Homer, 20-21, 324-325
4 Aeschylus, 1-12, 21-22, 58
4 Sophocles, 123, 140, 159-174, 192-194, 208-209, 253
4 Euripides, 383-406, 421-423, 472-493, 505-506
6 Plato, 196-198, 200-212 passim, 682-683
8 Aristotle, 347
11 Epictetus, 115, 149, 197-198
11 Aurelius, 244, 279
12 Virgil, 116, 302-303
16 Augustine, 175-176, 306-309, 348-353, 359-360, 709-710, 711-712, 712-713
18 Aquinas, 247-248, 265-304, 839-845
19 Dante, 83-86, 92-96, 98-99
19 Chaucer, 450-455
20 Calvin, 3-4, 39-41, 130-134, 160-162, 167-171, 288-289
21 Hobbes, 161-163
23 Montaigne, 192-196, 273-274
28 Spinoza, 668-669
29 Milton, 178-179, 368-369
30 Pascal, 78-80, 256, 258, 259, 265
33 Berkeley, 444
38 Gibbon, 259-260
39 Kant, 325-327, 344-348, 611

43 Hegel, 308–309, 330
44 Tocqueville, 388–389
48 Melville, 30–36

51 Tolstoy, 122
55 Barth, 469–470, 502
59 Joyce, 598–601

交叉索引

以下是与其他章的交叉索引:

Justice as a virtue and its relation to other virtues and happiness, *see* COURAGE 4; GOOD AND EVIL 3e; HAPPINESS 5–5b; TEMPERANCE 1a; VIRTUE AND VICE 2a(1), 3b; WILL 8c.
The theological doctrine of original justice, *see* SIN 3a.
The relation of justice and duty, *see* DUTY 7; WILL 8e.
The comparison of justice with love and friendship, *see* LOVE 3c, 4b.
Human rights, *see* LIBERTY 1d, 2a–2b, 3d; SLAVERY 3d.
Natural rights and civil liberties, *see* LAW 4e, 7c; LIBERTY 1e–1g; SLAVERY 3d; TYRANNY AND DESPOTISM 5a.
Economic justice, *see* DEMOCRACY 4a(2); LABOR 7a–7b, 7c(2), 7d–7f; LIBERTY 2d; SLAVERY 4a–4c, 5a–5b; WEALTH 5e, 6d(2), 10d.
Justice in government and law, *see* ARISTOCRACY 1a–1b; CONSTITUTION 5a; DEMOCRACY 4a–4a(1), 4b; HONOR 4b; LAW 5c, 6c; LIBERTY 1f; MONARCHY 1a(2), 4e(3), 5a–5b; OLIGARCHY 4, 5a; SLAVERY 5a–5b, 6d; STATE 3e; TYRANNY AND DESPOTISM 1a–1b, 4b, 6.
The distinction between justice and equity, *see* LAW 5h; UNIVERSAL AND PARTICULAR 6c.
Justice in the relation of states to one another and in the issues of war and peace, *see* LAW 4g; STATE 9c; WAR AND PEACE 3a–3b, 11b.
The justice of punishment as a political instrument, *see* LAW 6e(3); PUNISHMENT 1b, 2, 4c–4d.
The justice of divine punishment and the relation of God's mercy to God's justice, *see* GOD 5i; PUNISHMENT 5e; SIN 6a–6b; VIRTUE AND VICE 8c.
The justice involved in man's debt to God, *see* DUTY 11; GOD 3d; RELIGION 2.

扩展书目

下面列出的文著没有包括在本套伟大著作丛书中,但它们与本章的大观念及主题相关。书目分成两组:

Ⅰ. 伟大著作丛书中收入了其部分著作的作者。作者大致按年代顺序排列。

Ⅱ. 未收入伟大著作丛书的作者。我们先把作者划归为古代、近代等,在一个时代范围内再按西文字母顺序排序。

在《论题集》第二卷后面,附有扩展阅读总目,在那里可以查到这里所列著作的作者全名、完整书名、出版日期等全部信息。

I.

Plutarch. "On the Delays of the Divine Vengeance," in *Moralia*
Thomas Aquinas. *Summa Theologica*, PART II–II, QQ 57–80, 108–113, 120–122
Dante. *On World-Government (De Monarchia)*, BK I, CH II; BK II, CH 6
Bacon, F. "Of Usury," in *Essayes*
Spinoza. *Tractatus Politicus (Political Treatise)*, CH 2
Hume. *A Treatise of Human Nature*, BK III, PART II, SECT I–VI
Voltaire. *Essay on Toleration*
———. *The Ignorant Philosopher*, CH 32
———. "Equality," "Justice," "Rights," "Toleration," in *A Philosophical Dictionary*
Smith, A. *Lectures on Justice, Police, Revenue and Arms*
———. *The Theory of Moral Sentiments*, PART II

Kant. *Lectures on Ethics*, in part
Hegel. *The Philosophy of Mind*, SECT II, SUB-SECT C, (BB, b, c)
Melville. *Billy Budd, Foretopman*
Tolstoy. *Resurrection*
Dostoevsky. *The House of the Dead*
Tawney. *Equality*
Kafka. *The Trial*

II.

THE ANCIENT WORLD (TO 500 A.D.)

Cicero. *De Finibus (On the Ends of Good and Evil)*
———. *De Officiis (On Duties)*, II (ix)
Seneca. *De Beneficiis (On Benefits)*

THE MIDDLE AGES TO THE RENAISSANCE (TO 1500)

Anonymous. *Njalssaga*
Grotius. *The Rights of War and Peace*
Langland. *Piers Plowman*

Sa'adia ben Joseph. *The Book of Beliefs and Opinions*, TREATISES IV-V, IX

THE MODERN WORLD (1500 AND LATER)

Adler, M. J. *Six Great Ideas*, CH 18, 24-25
Bakunin. *God and the State*
Bentham. *Defence of Usury*
Cohen, C. *Civil Disobedience*
Cohen, M. R. *Reason and Nature*, BK III, CH 4
Croce. *The Philosophy of the Practical*
Del Vecchio. *The Formal Bases of Law*
Dickinson, G. *Justice and Liberty*
Dickinson, J. *Administrative Justice and the Supremacy of Law in the United States*
Douglas. *South Wind*
Ewin. *Liberty, Community, and Justice*
Fielding. *Amelia*
Friedman, L. M. *Total Justice*
Galston. *Justice and the Human Good*
García Lorca. *Blood Wedding*
George. *Progress and Poverty*
Godwin. *An Enquiry Concerning Political Justice*
Green. *The Principles of Political Obligation*, (H,I,O)
Hobhouse. *The Elements of Social Justice*
Hocking. *Present Status of the Philosophy of Law and of Rights*
Holmes, O. W., Jr. *The Common Law*
Hooker. *Of the Laws of Ecclesiastical Polity*
Huxley, T. H. *Method and Results*, VIII
Kelsen. *Society and Nature*
———. *What Is Justice?*
King, M. L., Jr. "Letter from Birmingham Jail"
Lee. *To Kill a Mockingbird*
Leibniz. *Philosophical Works*, CH 8 (*On the Notions of Right and Justice*)
Marin. *Inside Justice*
Maritain. *Ransoming the Time*, CH 1
———. *The Rights of Man and Natural Law*
More, H. *An Account of Virtue* (*Enchiridion Ethicum*), BK II
Mounier. *A Personalist Manifesto*
Paine. *Rights of Man*
Posner. *The Economics of Justice*
Rawls. *A Theory of Justice*
Ritchie. *Natural Rights*
Sidgwick, H. *The Methods of Ethics*, BK III, CH 5
Spenser. *The Faerie Queene*, BK V
Stammler. *The Theory of Justice*
Tillich. *Love, Power, and Justice*
Walzer. *Spheres of Justice*
West, R. *A Train of Powder*
Whewell. *The Elements of Morality*, BK II, CH 21-22; BK IV
Willoughby. *Social Justice*
Zola. *Letter to M. Félix Faure* (*J'accuse*)

43

知 识 Knowledge

总 论

知识,像存在一样,是一个涵盖面很广的术语。其广泛性,在某种程度上,和存在相应。唯一不能成为知识或意见的对象的——除了以否定的方式便不能被加以思考的东西——是那种不具备任何形式的存在的东西,简言之,虚无。并非所有东西都是可知的,但是,即使是严格地限制或者完全怀疑人的认识能力的怀疑论者,通常也会承认,那些超过人的知识范围的东西本身是可知的。除了贝克莱,人人都同意,我们所看不见的物体的面,不会因为我们看不见,自身便是不可见的。

因此,对知识的思考,会扩展到对所有可知事物、所有种类的认识者、所有形式的知识以及所有认识方法的思考。如此广泛的论题,难以用单单一章的篇幅来处理,这就要求把这一章和其他许多章节的内容联系起来。

"参考文献"之后的"相关参考"部分,提示了在其他章节中所处理的我们不能在这里加以讨论的各种细节问题。比如,历史学、自然科学、哲学和神学的本性以及它们的相互区别,在相关主题的章节中作了讨论。所以,同样地,在**形而上学**、**数学**、**物理学**、**力学**和**医学**各章,讨论了这些特殊科学的特性和相互关系。也有关于认识活动的心理因素——感觉和心灵的机能,记忆和想象的机能,经验和推理的本性——的章节。还有其他的章节讨论了知识的逻辑因素,比如**观念**、**判断**、**定义**、**假说**、**原则**、**归纳**、**推理**、**逻辑**以及**辩证法**等章。

洛克在其《人类理解论》中提出的纲领,通常被认为包含了有关知识的一些基本问题。他说,他的目的是"研究人类知识的起源、确定性和范围,以及信念、意见和同意的理由和程度"。其他两个问题,洛克在其论著的开首没有明确地提及,却在该书的第四卷中占有核心地位。一个是关于知识自身的本性问题,另一个是关于知识的种类问题。

也许有人会认为,有些问题先于这些问题以及所有其他问题。知识是否可能?我们能否认识?怀疑论者所挑战的是这样一些人,他们认为,知识是可以获得的,甚至声称拥有某种知识。但是,怀疑论者及其对手之间的问题难以简单地加以表述。其表述部分地依赖于所赋予知识的意义,以及有时用来与它相对照的各种事物,比如信念和意见或者无知和谬误。它还部分地依赖于真理和概然性的意义。因此,关于知识本性的某种考虑,似乎应当先于对关于知识的各种主张的考察,这些主张会引发怀疑论式的否定。

知识论是一个众说纷纭的领域。绝大部分主要的学说和分析都能在伟大著作的传统中找到其代表。但知识包含一个认识者和被认识者的关系这个事实似乎未被质疑过。威廉·詹姆士在如下陈述中,以一种被一些人认为过于独断的方式,表达了这个看法。他认为,知识"是一种彻底的二元论。它设定了两个因素,认识的心灵和被认识的事物……没有哪一方越出自身或者进入对方,没有哪一方以任何方式是对方,创造对方。

它们只是在一个共同的世界中面对面，其中之一只是认识它的对方，或者被它的对方所认识"。即使当我们的注意力转向关于知识的知识或者关于认识者认识自身这一特殊情形，这一点依然成立。心灵对自身的考察，使得心灵既是一个认识者，也是一个认识对象。

这暗示了第二个似乎没有争议的关于知识的本性的观点。如果说知识将认识者和被认识者关联起来，那么，当一个人声称具有知识的时候，他所占有的是所知的对象。一个人说他知道某物，如果这不是说他在心灵中拥有该物，这似乎是不可能的。詹姆士写道："事物必须给大脑某种信号。不然认识不会发生。我们看到如下事实：事物仅仅在大脑之外存在，不是我们认识它的充分原因。要成为认识对象，除了存在，它还必须以某种方式来冲击大脑。"如果不是以任何方式呈现在心灵中，或者为心灵所表象，就不是在"认识"一词的任何意义上"被认识"。心灵所不能达至的或不能以某种方式把握的东西，是不能被认识的。认识的同义词如"领会"、"理解"，就传达了这层意思，即知识就是以某种方式把握和包围了它的对象。

认为知识是一种占有，这种看法引发了对知识和爱的比较。古人看到，两者都包含了类似性和统一。比如柏拉图在《会饮篇》中指出，知者和爱者都试图与其对象合而为一。"爱也是一个哲学家"，第俄提玛告诉苏格拉底，而"作为对智慧的爱者"，哲学家也是一个爱者。

对于某些对象来说，爱和知识几乎是不可分离的。认识它们就是去爱它们。但是，这并不适用于一切对象，并且知识和爱在某些情况下的不可分离性，并不妨碍两者总体上可作分析的区分。类似者为类似者所认识，不相类似的东西则相互吸引。而且，根据阿奎那所阐发的一种认识论，认识者满足于占有所知事物的形象。这一形象提供了类似性，知识由此得以发生。因此，阿奎那写道："对被理解的东西的观念，存在于理解者那里。"与此不同，爱者则"倾向于事物本身，即作为自身存在的事物本身"。他试图和它直接融为一体。所爱的对象的特征会影响爱者，认识则不同，所知对象的高贵或者卑贱不会以这种方式影响认识者。对知识和爱之间的差异的这种理解，使得阿奎那说："爱上帝优于认识上帝；但是，与此相反，认识物质事物则优于爱它们。"

认识者和被认识者之间的类似性的原则并非没有争议。相反，对立的观点在此构成了有关知识本性的一些基本问题。问题在于，被认识的事物是否实际上呈现给了认识者，它在心灵或意识中的存在是否完全像它自身存在那样；或者，事物是否由一种自身的类似性而被心灵所表象——通过这种类似性，心灵认识了它。按照这种观点，事物在心灵之外的存在方式，和它在心灵中的表象的存在方式是不同的。

贝克莱在一个极端上把存在和被认识等同起来。他写道："认为非思维的东西与它们之被感知无关而具有某种绝对的存在，这种说法完全是不可理喻的，它们的存在即被感知，在心灵之外，或者在感知它们的思维的东西之外，它们不可能拥有任何存在。"

在另一个极端，像康德这样的哲学家认为，物自体是不可知的，恰恰是因为，在经验条件下被表象的对象的现象秩序和无条件者的本体秩序之间不存在相似性。他写道："所有关于物自体的观念必须和直觉相联系。对我们人来说，这些直觉只能是感性的，因此不能使我们认识作为物自体的对象，而只能认识作为现象的对象……"他继续说："无条在这些极端的立场之间,有些人同意,事物是可知的,它们的存在独立于其被知。但是,在事物在现实中和在心灵中的存在方式是否相同的问题上,他们却有不同的看法。在**观念**一章中加以区分的那些形式的唯心论和实在论,表明了在有关这个困难问题的讨论中出现的那些传统差异有多大。

对于任何一种关于知识是什么的理论来说,存在着在知识和无知之间、在心灵中拥有或不拥有某种东西之间的一种区分。没有人会混淆无知和谬误。处于谬误中的心灵声称知道某物,事实上却处于无知之中。正如苏格拉底在《美诺篇》中指出的那样,让人意识到他的无知,比起让人意识到他的谬误要容易一些。因为处于谬误中的人,自以为有知识,会拒绝教导。因此,使人承认无知是教育的不可或缺的第一步。

尽管大家对于知识和无知之间的差异,以及无知和谬误之间的差异似乎有共同的看法,但这并不意味着对于知识和谬误之间的差异,人人都会有一致的看法。认识是对某物拥有真理,而谬误则是被(误认为是真的)假的东西所欺骗,这一点是大家的共识。而一旦对真和假的意义加以考察时,哲学家之间的歧异就产生了。

对于那些坚持认为在所知事物和该物由以在心灵中得以认识或表象的东西之间有某种相似性的人来说,真理是一回事。对于那些认为可以不需要意象或表象的中介来获得知识的人来说,真理是另一回事。对于前者来说,真理在于思考或理解的心灵和它试图认识的实在之间的某种符合。对于后者来说,真理等于心灵自己的观念之间的一致性。

我们把对这个根本性歧异的考察留给**真理**一章。在这里,把认识和拥有真理等同起来,要求我们来思考首先由柏拉图提出来的另一个区分。用他的语言或者用亚里士多德和其他一些哲学家语言来说,这就是知识和意见之间的差异。有时,比如在洛克那里,一个相类似的区分,是知识和判断之间的区分;有时,是知识和信念之间的区分;有时是充分的知识和不那么充分的知识之间的区分,或者确定的知识和概然的知识之间的区分。

这些对立面之间的差异,与知识和谬误之间的差异不同,不是一个真假的问题。在苏格拉底看来,存在着"正确意见"这样的东西,它"和知识一样有用"。就真理对行动的影响而言,苏格拉底认为,拥有正确意见的人,"和那些知道真理的人一样,同样是一个好的向导,如果他所认为的东西是真理的话"。在此,正确意见和知识之间的差异,是通过"认为"和"知道"这样一些字眼来表达的。两者的差异不在于结论之真,而在于达到结论的方式或者结论为心灵所拥有的方式。

苏格拉底解释说,和知识相比,正确意见的不足之处在于它缺乏稳定性和持久性。"当它们在我们这里的时候",正确的意见是有用的,"但它们会逃离人的灵魂,而不会持久停留。因此,在被原因之带系住之前,它们没有太大的价值"。或者换句话说,在它们在心灵中被理由——这些理由是它们的根据——固定之前,是没有什么太大的价值的。苏格拉底说:"一旦它们被束缚住了,它们就具备了知识的本性……它们是持久的。"

在他和美诺对话的这一节点上,苏格拉底作了一个非同寻常的肯认:"我声称知道的东西并不很多,但这绝对是其中之一。"这就是,"知识不同于真的信念"。苏格拉底声称所知如此之少,是因为他认为知识所包含的东西远比仅仅拥有真理要丰富得多,拥有正确意见的人就拥有真理。在拥有真理之外,知识还在于看到其为真的理由。

这一标准可以作如下解释,即一个既非自明又未被证明的命题,表达的是意见而不是知识。即使意见碰巧为真,它还是会受到某种程度的怀疑或某种概然性和反概然性估计的限制。相反,当心灵具备了充分的理由作出判断时,当它知道它有所知并且为什么时,它拥有了知识的确定性。

对于有些作者比如柏拉图来说,确定性和知识是不可分离的,正如真理和知识是不可分离的一样。谈论一种"既真又假的知识"在他看来似乎是不可能的;"不确定的知识"和"错误的知识"一样,是一个自相矛盾的词组。

其他人对"知识"这个词的使用就不那么严格,它涵盖了充分的知识和不充分的知识,确定的知识和概然的知识。他们在知识的范围之内作了一个区分,相当于知识和意见的区分。

比方说,斯宾诺莎区分了三种知识。他称通过肉体感官所获得的对于个体事物的知觉为"来自含糊的经验的知识",并把它和依赖于由记忆和想象所构成的观念的"来自符号"的知识归并起来。他写道,"以后我将把这两种看待事物的方式称作第一类知识——意见或想象"。与此相对,他把从"我们所拥有的关于事物性质的共同观念或充分观念"中得来的东西,称作"理性和第二类知识"。

第三类知识,他称作"直觉科学"。它是这样一种认识过程:"从关于上帝的某些性质的一种充分观念出发,得到关于事物本质的充分知识。"他认为,第二类和第三类知识"是必然真的"。第一类知识中可能有假,而且,只有在那里才会有假。这意味着它根本不是真正的知识,而只是其他作者称作"意见"的东西。

"信念"一词的几种含义是由这些区分所决定的。有时,信念和意见相联系,有时和知识相联系,有时被看作是心灵的中间状态。但是,在所有这些含义中,信念都是和虚假相对的,而这一对照对于知识和意见也是有关系的。知道或拥有意见,使得心灵和真实的或实际的东西相联系,而不是和仅仅是可能的东西相联系,从而使心灵服从真假的标准。空想的或想象的东西,属于可能的领域(或者甚至不可能的领域)。处于想象中的心灵是无拘无束的,它摆脱了真理和实在的约束和限制。

最极端的怀疑主义认为,没有什么东西是真的或假的。但是,即使像蒙田这样除了宗教信仰之外否定任何事物的确定性的人,也没有走得这么远。

在其《为雷蒙·塞邦申辩》中,蒙田承认,只要意见被认为是或多或少是概然的,其真假就蕴涵在其中了——起码作为不断增加的可能性(概然性)或不断增加的不可能性所趋向的极限。提到学院派的古代怀疑论者,他评论说,他们承认"有些东西的概然性高于其他东西"。比如说,雪是白的而不是黑的。他指出,更极端的怀疑论者,即皮浪主义者,是更为大胆也是更为一致的。他们拒绝倾向于某个命题而不是另一个命题,因为这样做的话,蒙田说,就是承认"在这个命题而不是在那个命题中存在着某种更为明显的真理"。他问道,人们怎么能"使自己倾向于类似真理的东西,如果他们不知道真理?他们怎么知道与某种东西相似,如果他们不知道这种东西本身?"

在这方面,蒙田自己的怀疑主义是较为温和的。因为起码在行动的领域中,他是承认概然判断的必要性的。但在所有其他的方面,他持一种坚定的怀疑论的立场,认为没有什么是自明的,没有什么东西是被证明了的。任何事情的对立面都被人主张过或证明过。他写道:"对人来说不会有第一原理,除非神启示了它们;所有其他的东西:开头、中间和结尾,都只是如梦似烟的东西……任何一种人的预设和任何一种阐明,与另外一种预设和阐明具有同样的权威性……确定性的印象是错误和极端不确定性的某种确定的表征。"

在伟大著作中,人们只是为了反驳的目的而提及怀疑论这一极端的。比方说,亚里士多德在《形而上学》中提到了如下立场:有些人认为所有命题都真或者所有命题都假,他们因此也否定了矛盾律以及与之相连的真假区分。如果所有命题都是真的,那么,命题"所有命题都是假的"也是真的;如果所有命题都是假的,命题"所有命题都是真的"也是假的。当然,怀疑论者会回答说,他不受那些试图令他自相矛盾的论证的限制,因为他不在乎自相矛盾。对此,只有一个回答,那就是,不要再和怀疑论者啰嗦下去了。

从怀疑论者的观点来看,他的立场是不可反驳的,只要他不接受任何可以据以提出反驳的各种标准。从他的反对者的观点来看,彻底的怀疑主义是自相反驳的,因为只要怀疑论者说出任何确定的东西,他就显得拥有某种知识,或者至少持有某种意见,它是优先于其他的意见的。他的唯一的选择就是保持沉默。如果他不顾自相矛盾而提出这样那样的主张,他的反对者只有离他而去。

休谟写道:"通过论证和推理来毁坏理性,似乎是怀疑论者的一个很过分的企图,但是,这确实是他们所有探究和争论的主要目的。"他指的是极端的怀疑论或者皮浪主义。与此不同,他试图提出一种温和的、有益的怀疑论。论及贝克莱反对物质或物体的独立实在性的那些论证,休谟说,它们的效果是怀疑的,尽管贝克莱宣称他的意图刚好相反。贝克莱的论证是怀疑论的,这"可以从这一点看出来:它们不承认任何答案,不导致任何确信,它们唯一的效果是产生那种片刻的惊异、犹豫不决和迷惑。这正是怀疑论的结果。"

在这里以及在其他地方,正如在他对笛卡尔的怀疑一切可怀疑的东西的怀疑方法的评论中,休谟似乎并不认为极端的怀疑论是可以驳倒的或者甚至是错误的。但它是不切实际的。"皮浪主义或者怀疑主义的极端原则的最大颠覆者,是行动、运用和生活中的各种工作"。一旦思想必须面对生活的各种选择,并且为行动负起某种责任的时候,极端的怀疑论就站不住脚了。

然而,"存在着一种温和的怀疑论或者学院哲学,它既是经久的又是有用的"。在休谟看来,这来自"对人类理解的奇怪的弱点的敏感",以及由此而来的,"把我们的探究限制在那些最适合于人类理解的狭隘能力的课题上"。

他认为,他自己对人类知识的范围和确定性的看法,正是实施这种温和怀疑论的一个例证。证明能引用于其上的对象唯有量和数。数学具有知识的确定性,但是它处理的只是观念之间的关系,而不是休谟所说的"事实和存在"。这些东西"显然是不能加以证明的。"这是一个"道德的确定性"的领域。道德的确定性不是真正的确定性,而只是一种概然性的程度,它对行动来说已经足够。概然性是以事实为对象的实验性推理或探究所能够获得的最好结果。如果说,概然性是意见的特征而不是知识的特征,那么,关于真实的存在,我们所能拥有的只能是意见。

当 G. H. 哈迪说下面这段话的时候,

看来他是同意休谟对数学知识和关于实在的知识的区分的:"一把椅子可被看作是旋转着的电子的集合,或者是上帝的心灵中的一个观念:这两种阐释都有其优点,但是没有一种阐释与常识所告诉我们的东西密切吻合。"

与怀疑论正相反对的是独断论,在它那里,没有什么东西是在人类知识的范围之外的,它对可知性的程度不作任何区分,认为一切东西具有同样的确定性。和极端的怀疑论一样,在伟大著作中,这一极端也不是人们实际所采取的立场。所有伟大的思想家在思考人类知识的问题时,对人的认识能力都作了限制。他们或者把有些对象置于人的领会(apprehend)能力之外,或者对那些人能够以某种不那么充分的方式加以领会但不能理解(comprehend)的东西作出区分。他们认为,其他一些对象是人能够充分、确定地加以把握的。

用休谟的术语来说,他们都采取了某种"温和的怀疑论",如果这意味着避免如下两种极端:或者认为无物可知,或者认为一切事物都是同等地可知的。但是,在确定知识的限度以及区分确定性和概然性的领域的标准问题上,他们有分歧。结果是,在对某些种类的对象——如上帝或者无限者、实体或原因、物质或精神、实在的东西或理想的东西、自我或者物自体——的可知性的规定上,他们也有分歧。

比如,柏拉图和亚里士多德都认为必须把知识和意见区分开来,他们甚至诉诸一些共同的原则来作出这种区分。但是,他们并没有以相同的方式来界定知识的范围,从他们对感性事物的可知性的不同看法上,就可以看到这一点。笛卡尔和洛克,培根和斯宾诺莎,休谟和康德,对上帝或灵魂的可知性,或者对事物的可知性条件,都有不同的看法。大家都从一种批判的欲望出发。每个人都批判其他人认为是知识的东西,每一个人都提出一种新方法,按此,对知识的追求可以避免虚幻的希望或无尽的争议的侵扰。

在这最后一方面,现代人与他们中世纪的和古代的先驱相比,有很大的不同。在所有时代,人们既对发挥他们的认识能力有兴趣,也对考察知识本身有兴趣。但是,在传统的早期阶段,关于知识的知识,似乎并不优先于所有其他的探究或者是它们的先决条件。相反,在古代人那里,对知识的研究必然预设了知识的存在。在他们看来,这种考察之所以发生,是因为心灵本质上是反身的,而不是出于自我批判的理由。但从笛卡尔的《方法谈》开始——其中,一种普遍怀疑的方法,在奠定科学的基础之前,被用来清扫地基——对认识本身的考察被置于任何认识的企图之前。

有时,比如在笛卡尔和培根那里,着重点在于一种新方法,它最终能在一个坚实的基础上确立知识或者推进学问。有时,比如在洛克和休谟那里,首先关注的是理解的机能本身。

洛克说:"如果我们了解了理解所能起作用的范围,了解了在多大的程度上它有能力来获得确定性,以及在何种情况下它只能够作出判断和猜测,我们就会满足于在这种状态下我们所能获得的东西……当我们认识到自己的力量,我们就会更好地知道去从事——带着胜利的希望——什么样的工作;当我们很好地考察了我们心灵的力量,以及对我们能从中期待什么作出某种估量之后,我们就既不会静坐在那里,不作思虑,对认识感到绝望,也不会因为有些事物不可理解而质疑一切,否认一切知识。"

休谟也认为,对人类理解的研究先

于其他的一切,"从对它的力量和能力的一种精确的分析中,来显示"它适合或不适合研究什么样的课题。"关于这一主题——它并不处在人类理解的范围之外——的所有论述,都是既有真理又有谬误"。没有人会怀疑一种关于心灵的科学或者关于认识活动的知识的可能性,除非他认为,"这样一种怀疑主义,对于所有思辨甚至行动,完全是颠覆性的"。

尽管不同意洛克和休谟的原则以及他们的结论,康德对他们给予认识某些对象的可能性问题以优先性,表示赞同。不这样做,就是独断论,康德认为其他的大多数的哲学家正坐此弊。康德的三大主要著作的书名所用的"批判"一词表明,他旨在建构一种批判哲学,这种哲学并不认为,"不先对纯粹理解加以批判,是能够在形上学上有所收获的"。他并不反对他所说的科学发展中的"理性的独断程序",条件是只有在经过理性的自我批判已经确定理性能够走多远之后。对于康德,正如对于培根,独断论和怀疑论构成了相反的两个极端,只有一种批判的方法才能避免。罗素认为,康德"清楚地展示了知识论的哲学重要性"。他还认为,康德"洞察到了非纯粹'分析的'先天知识。纯粹分析的知识,是其反面会自相矛盾的知识"。

这两种不同的知识论的进路,似乎会导致关于人类知识的本性和范围的不同结论。那些从已确立的科学出发,仅仅探讨其基础和方法的人,会对人的认识能力抱有无限的信心。那些把对科学的基础和方法的探究看作科学发展的必要准备的人,在很大程度上倾向于给有效知识的范围设置比较狭窄的边界。这两种进路也影响到了人们对不同种类的知识的区分和比较。

在知识分类中,存在着两种比较。一是把人类知识和神圣知识,或者和天使的知识以及动物的知识作比较。一是以认识对象、认识过程中所牵涉的机能,以及这些机能的运作方式为标准,对人类知识的不同部分或不同样式作比较。尽管这两种比较是分别作出的,但它们很少是相互独立的。因为人的本性是在与其他高于或低于他的存在者的联系中被思考的,所以,他的机能也会被作出相应的评估。他作为一个认识者的能力,会提示他所能拥有的认识方法和手段。

比方说,阿奎那赋予了人以与他在存在的等级中的地位相适应的那种知识。人高于动物,因为他在和动物共有的感觉和想象的机能之外,还拥有理性的机能。人低于纯粹精神性的存在——天使和上帝——因为他有身体,他的理智不能独立于他的肉体性的感觉和想象而起作用。与天使和上帝不同,他不是一个纯粹理智的存在。

因此,人类知识的本质特征是:首先,它总是既是感性的又是理智的,而不会像动物那样仅仅拥有感性知觉,也不会像天使那样拥有纯粹的理智的直觉;其次,它的恰当对象是可感的物质事物构成的物理世界,感觉使人能够认识个体的存在,理智则能领会其普遍的本性;最后,人类心灵认识事物本性的方式是抽象的和推论性的,因为理智从感觉和想象中抽取概念,由此出发,进行判断和推理。

这一分析否定了天赋观念。它否认人直觉地领会观念的能力或者在领会事物时直觉地使用它们。它也没有给先天知识和后天知识的区分留有余地,因为感性知觉和理性活动参与了每一个认识行动。它主张,知识主要是关于真实的存在的,而不是关于观念之间的关系的,但它并不把知识限制在物质世界的变动不居的事物之上。虽然这些对象是人能以最大的精确性加以了解的事物,但他也能认识非物质的和永恒的事物的存在和本性。

但是,在阿奎那看来,即使当人的知识超越了可经验事物的领域,这种知识还是通过同一自然过程来获取的,并且包含了感觉和理性的合作。然而,神学家确实严格地区分了通过人自己的努力而获得的知识和通过神圣的启示获得的知识。在通过自然地发挥人的各种机能而获得的所有知识之外,人还会被超自然的知识天赋——超越理性的信仰的智慧——所提升。

就一种伟大的学说而言,上面这个概要,为一种关于知识的分析与一种关于(处在和其他事物的联系之中的)人的本性和机能的理论之间的关联,提供了例证。在这一分析中,没有哪一点是不受争议的:柏拉图或奥古斯丁、笛卡尔、斯宾诺莎或洛克、休谟、康德或詹姆士,都会提出异议。但在很多方面,其他人也表示同意,不仅亚里士多德和培根会同意,甚至奥古斯丁、笛卡尔和洛克也会同意。

除非置于更广泛的神学和形而上学、心理学和逻辑中的看法一致或者意见分歧的背景之下,一般很少会出现对于知识的种类,或者人类知识的范围,它的机能和方法的看法一致或者意见分歧,或者说这种情况是难以理解的。因此,在"知识的种类"的标题下讨论的大多数东西,将在其他章节中得到特殊的处理。"相关参考"部分的内容有助于读者考察收集在此的材料的预设或背景。

对无知的崇拜在伟大著作的传统中受到很少关注或者没有受到什么关注。甚至那些像卢梭那样赞美初民之天真的人,或者像伊拉斯谟那样讥讽经常混杂在人的智慧中的愚蠢以及学问增长中的缺陷的人,也不会认真地质疑那个古老的说法,即求知是人的本性。人们一般也不会怀疑:知识是善;拥有知识会增进人的幸福和国家的福利;教育、学者和科学家的支持以及他们所享有的自由、任何一种能够帮助人们在相互之间交流知识的办法,都将促进个人对知识的追求,以及知识在社会中的传播。

但是,知识并非因为同样的理由而为所有人所重视。在讨论将科学应用于各种技艺之中时,在考虑治国之术时,在分析美德时,似乎假定了知识对于能工巧匠,对于政治家,对于立法者,对于生活中的个体,都是有用处的。就最后一点来说,问题不在于知识在道德上是否是有用的,而在于关于善和恶的知识是否等同于美德,因而罪孽和邪恶是错误或无知的结果。

如果这里存在什么否定性意见的话,那么,这将是:仅仅知识是不够的。知道不是行动。良好行为所要求的,多于知识。

关于知识的价值的一个更为极端的争议,是关于知识本身之善的,它与知识的技术的或道德的用处无关。对真理的沉思是一种终极目的呢,还是说,知识之善总是体现为在把握自然和指导行为的活动中产生效果的力量?那些认为思辨的智慧和理论科学本身是善甚至是最高之善——与对它们的利用无关——的人,很少否认知识的效用。对立的立场则不承认沉思或者真理和效用的分离有什么特殊价值。面对那些主张"对真理的沉思比效用和效果更尊贵、更高尚"的人,培根的回答是:"真理和效用是完全同一的,作为对真理之承诺的效果,比起来自它们所给予人们的好处的效果,是更有价值的。"

知识和行动如何相关联是一个问

题,知识本身如何划分为思辨的和实践的是另一个问题。比方说,培根坚持认为,把关注"探索因果"的自然哲学划分为思辨的部门和实践的部门是必要的。与亚里士多德和康德不同,在他那里,"实践"这个词指的不是包含在伦理学或政治学这些科学中的那种知识,而仅仅是指应用科学或者技术。伦理学和政治学属于他所说的"公民哲学"。

尽管在语言上存在着这些差异,培根对整个知识领域的划分与亚里士多德关于科学的三分法,即把科学划分为理论的、生产的(技术的)和实践的(道德的),十分相似,同样,康德也有类似的三分法。但康德、亚里士多德(还应该加上阿奎那),对这三类知识,特别是对适合于每一类知识的原理、它们由以得到发展的判断和推理的本性、它们的真理的特征和标准等作了更为详尽的分析。

罗素作出了一个重要的区分,令人惊讶的是,在他之前,没有人作过这一区分。这是亲知和描述的知识之间的区分。罗素指出,"比方说,当我们作出一个关于恺撒的陈述时,显然恺撒自己没有出现在我们心灵之前,因为我们和他并不相熟。我们在思想中拥有一些关于恺撒的描述:'那个在 3 月 15 日被谋杀的人','罗马帝国的创立者'"。罗素继续说,"描述的知识的重要性首先在于它使我们超越了私有经验的界限"。然而,"通过描述获得的知识最终可以归结为对于所知对象的亲知"。

分类主题

1. 知识的本性:认识者和认识对象之间的关系;有关知识之表象品格或意向品格的问题
2. 人自然的求知欲望和认识能力
3. 知识的各种原理
4. 知识和其他心灵状态的关系

    4a. 知识和真理:知识、谬误和无知的区分

    4b. 知识、信念和意见:它们的联系或区别

    4c. 知识和幻想或想象的区别

    4d. 知识和爱

5. 人类知识的范围或界限

    5a. 可知的、不可知的和未知的:某些对象的可知性

    1) 为知识对象的上帝

    2) 为知识对象的物质和非物质的东西

    3) 为知识对象的原因和实体

    4) 为知识对象的无限者和个体

    5) 为知识对象的过去和未来

    6) 为知识对象的自我和物自体

    5b. 本身就更具可知性的东西和对我们来说更具可知性的东西之间的区分

    5c. 在人类知识的范围、确定性和终局问题上的独断论、怀疑论和批判的态度

    5d. 作为知识的先决条件的普遍怀疑方法:作为我们机能的正确性之担保的上帝之善

5e. 关于知识的知识：作为评价知识主张的标准的来源。

6. 知识的种类

    6a. 按照对象的多样性对知识的分类

        1）作为知识对象的存在和生成、可知的东西和可感的东西、必然的东西和偶然的东西、永恒的东西和暂时的东西、非物质的东西和物质的东西

        2）关于本质或种类的知识与关于个体的知识的区分

        3）关于事实或真实存在的知识与关于我们的观念或观念之间关系的知识的区分

        4）与现象和本体、感性和超感性的区分相联系的知识

    6b. 按照认识活动中所牵涉的不同机能所作的知识分类

        1）感性知识：感性知觉之为知识；知觉判断和经验判断；私人的和公共的知识

        2）记忆之为知识

        3）理性或理智的知识：理性主义

        4）与理解、判断和理性的机能相关的知识；与直觉、想象和理解的运作相关的知识

    6c. 按照认识的方法和手段所作的知识分类

        1）洞见、沉思或直觉知识与推理性知识的区分：亲知和描述的知识

        2）直接判断和有中介的判断之间的区分：归纳和推理，原则和结论

        3）知识即回忆的学说：天赋知识和获得性知识之间的区分

        4）先天知识和后天知识之间的区分：先验的或者思辨的东西和经验的东西

        5）自然的和超自然的知识：基于感觉或理性的知识与来自信仰或通过神赐和灵感获得的知识之间的区分

    6d. 按照同意的程度所作的知识分类

        1）确定的知识和概然的知识之间的区分

        2）确定性的种类和概然性的程度

        3）充分的知识和不充分的知识或者完美的知识和不完美的知识之间的区分

    6e. 按照认识的目的或目标所作的知识分类

        1）理论知识和实践知识的区分：以知识为目的的认识活动和以行动或生产为目的的认识活动

        2）实践知识的种类：在生产中运用知识和在对行为的指导中运用知识；技术知识和道德知识

7. 人类知识和其他种类的知识的比较

    7a. 人类知识和神圣知识

    7b. 人类知识和天使的知识

    7c. 今生的知识与素朴状态下的知识和来生的知识之比较

    7d. 人类的知识和动物的知识

8. 知识的运用和价值

    8a. 在生产领域中对知识的技术运用：把科学应用于技艺

    8b. 知识的道德运用和知识的道德价值

        1）善与恶的知识：知识与美德和罪恶之间关系

        2）知识之为行为的自愿性的条件

        3）知识与审慎和自制的关系

4)拥有知识或追求知识之为一种善或者满足:它与快乐和痛苦的关系;它对于
　　　　幸福的贡献
　　8c. 知识的政治运用:政治家、立法者或公民所必备的知识;意识形态的作用;新闻业
9. 知识的交流
　　9a. 交流知识的手段和方法:不可交流的知识
　　9b. 传播知识的价值:讨论的自由;秘密的用处
10. 人类知识的增长:在追求知识的过程中人类进步和失败的历史

[郁振华 译]

索引

本索引相继列出本系列的卷号〔黑体〕、作者、该卷的页码。所引圣经依据詹姆士御制版，先后列出卷、章、行。缩略语 esp 提醒读者所涉参考材料中有一处或多处与本论题关系特别紧密；passim 表示所涉文著与本论题是断续而非全部相关。若所涉文著整体与本论题相关，页码就包括整体文著。关于如何使用《论题集》的一般指南请参见导论。

1. **The nature of knowledge: the relation between knower and known; the issue concerning the representative or intentional character of knowledge**

    6 Plato, 113–114, 231–232, 371–373, 397–398, 476, 515–517, 538–541, 809–810
    7 Aristotle, 12–13, 16, 173, 203–204, 580, 639–641, 661–662, 663, 664
    11 Lucretius, 43–44, 51–52
    11 Plotinus, 438–440, 532–535, 539–540, 656–658
    17 Aquinas, 36–37, 53–54, 58–59, 68–70, 79–81, 82–83, 91–92, 102–103, 110–111, 154–155, 160–161, 185–188, 285, 378–379, 410–411, 440–451, 457–458, 460–461, 465–466, 478
    18 Aquinas, 10
    21 Hobbes, 262
    28 Descartes, 240–247 passim, 325, 334–335
    28 Spinoza, 600–601, 609, 611–612, 615
    33 Locke, 238, 244, 245–246, 307–309, 323–326, 363–364, 371–372, 377
    33 Berkeley, 413–431, 440–441
    33 Hume, 504
    39 Kant, 7, 12, 14, 15–16, 23–24, 55–56, 88–91, 99–101, 109–110, 121–123, 307–310
    43 Hegel, 58–59, 115
    43 Nietzsche, 470–471
    53 James, William, 140–143, 153–154, 176–184, 194–196, 213–239 passim, 258–259, 307–311, 325–327, 450–451
    55 Russell, 280–284
    55 Wittgenstein, 435–439
    56 Bohr, 332–333, 347–348, 352–353
    56 Heisenberg, 399–402, 420

2. **Man's natural desire and power to know**

    6 Plato, 810
    7 Aristotle, 330, 499
    13 Plutarch, 121
    16 Augustine, 93, 390–391
    17 Aquinas, 76–77, 83–84, 105–106, 287–288, 379–380, 413–427, 469–471
    18 Aquinas, 8–9
    19 Dante, 71–72, 95
    20 Calvin, 115–116
    23 Montaigne, 546
    28 Spinoza, 665, 692–692

    33 Locke, 139
    41 Boswell, 130
    43 Hegel, 163–164
    45 Goethe, 1–3, 3–4
    46 Eliot, George, 391
    48 Melville, 3
    53 James, William, 522–525, 711–712, 729–730
    55 Russell, 270
    56 Planck, 86, 95–96
    59 Proust, 377
    60 Woolf, 16–17

3. **Principles of knowledge**

    6 Plato, 350–351, 383–398, 544–547
    7 Aristotle, 136–137, 259, 499–500
    8 Aristotle, 389
    16 Augustine, 314–317, 388–390, 390–393, 716–717, 757–758
    17 Aquinas, 93–94, 455–457, 472–473, 540–541, 612–614
    26 Harvey, 333–334
    28 Bacon, 39–40
    28 Descartes, 230–231, 235, 275–278
    33 Locke, 121–127 passim, 133, 142–143, 147–148, 155, 173–174, 202–203, 216, 252, 305, 308–309, 337–344, 358–360
    33 Berkeley, 405, 412, 430
    33 Hume, 455–457, 471
    35 Rousseau, 338–339
    39 Kant, 34–35, 66–72, 492, 550–551, 562, 570–572, 578
    43 Hegel, 9–10
    53 James, William, 299–300, 315–319, 453–459, 859–860
    54 Freud, 700–701
    55 Russell, 249

4. **Knowledge in relation to other states of mind**

    4a. **Knowledge and truth: the differentiation of knowledge, error, and ignorance**

    6 Plato, 201–202, 450, 490, 542–544, 557–558
    7 Aristotle, 87–89, 109–111, 201–202, 531–532, 546–547, 550
    8 Aristotle, 594
    11 Lucretius, 48–49
    11 Epictetus, 103–104
    16 Augustine, 93, 715–716, 736–737
    17 Aquinas, 3–4, 74–75, 94–104, 307–308,

310-311, 449-450, 459-460, 477-478, 505-506, 522-523
18 Aquinas, 216-217
21 Hobbes, 56, 58-60, 78
23 Montaigne, 191
28 Bacon, 109-110
28 Descartes, 223-225, 276, 315-319, 394
28 Spinoza, 622-623
30 Pascal, 231
33 Locke, 329-331, 388
39 Kant, 224
43 Hegel, 54-56
53 James, William, 141-142
54 Freud, 560-561, 879

4b. Knowledge, belief, and opinion: their relation or distinction

5 Thucydides, 353-354
6 Plato, 188-189, 256-257, 430-431, 447, 531-532, 536-549, 632-635
7 Aristotle, 121-122, 169, 528
8 Aristotle, 389, 391 passim, 392, 396-397
9 Hippocrates, 304
11 Plotinus, 561
16 Augustine, 45-47, 663-664, 719-720
17 Aquinas, 56-57, 61-62, 422-423, 560-561, 690
18 Aquinas, 145-147, 765-766
19 Dante, 115-116
20 Calvin, 257-258
21 Hobbes, 65-66
23 Erasmus, 20-21
23 Montaigne, 132-134, 298-302, 311-313
28 Descartes, 224-227, 288, 301-303, 321-322, 349, 393
28 Spinoza, 603-606, 625-628
33 Locke, 93-94, 119-120, 312, 371-372
33 Hume, 458-463 passim
34 Swift, 165
39 Kant, 601-607
43 Hegel, 1-8 passim, 9, 108
44 Tocqueville, 95-96
53 James, William, 636-638 passim
54 Freud, 881-882
55 Russell, 284-287
55 Wittgenstein, 399, 417-419

4c. The distinction between knowledge and fancy or imagination

6 Plato, 142-148, 427-431, 577, 684
7 Aristotle, 659-661
13 Plutarch, 191-192
16 Augustine, 22-23
17 Aquinas, 52-53, 59-60, 295, 411-413, 442-443, 447-449, 450-451, 496-498, 690-692
18 Aquinas, 896-897
19 Dante, 66
26 Harvey, 335
27 Cervantes, 224-228, 247-252, 325-330, 385-390
28 Bacon, 33, 38-39, 55, 112-113

28 Descartes, 251-253, 278, 305-307, 322-329, 362-363, 444
28 Spinoza, 618, 623-624, 694
29 Milton, 177-178
30 Pascal, 186-189
33 Locke, 238-239, 330
33 Berkeley, 419, 429
33 Hume, 466-467
39 Kant, 528-529
43 Hegel, 231-232
46 Eliot, George, 295-299
53 James, William, 639-641, 646-655

4d. Knowledge and love

6 Plato, 126-129, 164-165, 167
11 Plotinus, 311, 407-408, 409-410
16 Augustine, 1-2, 113, 350-351, 455, 738-739
17 Aquinas, 89-90, 168-169, 197-200, 311-312, 334-335, 433-434, 465-466, 498-500, 737-738, 740-742
18 Aquinas, 80-81, 184, 487, 523-524
24 Shakespeare, 271-272
28 Descartes, 453
28 Spinoza, 694-695, 697
30 Pascal, 440
59 James, Henry, 7-8, 9-10

5. The extent or limits of human knowledge

5a. The knowable, the unknowable, and the unknown: the knowability of certain objects

6 Plato, 179-183, 489-491, 492-504, 509-510, 511
7 Aristotle, 500, 548-549
8 Aristotle, 168
11 Epictetus, 155-157
11 Plotinus, 527-537
16 Augustine, 400, 636-637
17 Aquinas, 50-51, 77-78, 270-272, 416-417, 442-443
18 Aquinas, 769-771
19 Dante, 114
23 Montaigne, 286-302 passim, 331-334
25 Shakespeare, 47
26 Harvey, 492
28 Bacon, 2-4
28 Descartes, 224-225, 234-236
30 Pascal, 181-184
33 Locke, 128, 160, 165, 313-323, 354, 360-362, 377-378
33 Berkeley, 405, 428
33 Hume, 453-455, 460
39 Kant, 1-4, 19-20, 117-118, 120-121, 281-282, 285-287, 296, 354-355, 465, 564, 604
45 Goethe, 154
53 James, William, 116-119, 223-224
56 Planck, 86-92 passim
56 Bohr, 328, 350-352
56 Heisenberg, 397-402 passim
59 James, Henry 16-20

5a(1) God as an object of knowledge

Old Testament: *Exodus,* 33:12-23 / *Job,* 11:7-9; 36:26; 38:1-42:6 / *Psalms,* 19:1-4; 100:3 / *Ecclesiastes,* 3:11 / *Isaiah,* 49:22-26 / *Jeremiah,* 31:34 / *Ezekiel,* 6:9-10,13-14
Apocrypha: *Wisdom of Solomon,* 9:13-16; 13:1-9
New Testament: *John,* 14:7-11 / *Acts,* 17:22-31 / *Romans,* 1:18-21; / *II Corinthians,* 4:6 / *Colossians,* 1:9-15 / *I Timothy,* 6:14-16 / *I John,* 4:7-21
- 7 Aristotle, 501, 604-605
- 11 Plotinus, 440-442, 482, 542
- 13 Plutarch, 53
- 16 Augustine, 92-102, 146, 318-319, 375, 691-693
- 17 Aquinas, 3-4, 7, 10-12, 17-18, 50-75, 175-180, 225-227
- 18 Aquinas, 1025-1032
- 19 Dante, 114, 116, 117, 133
- 20 Calvin, 80, 118-120, 257-261
- 21 Hobbes, 79-80, 162-163, 271
- 23 Montaigne, 249-250
- 28 Bacon, 17-20, 95-101
- 28 Descartes, 275-278 passim, 295, 307-315, 319-322, 334-340, 347-349, 353, 358-359, 437-438, 439-440, 453
- 28 Spinoza, 592-593, 607-608, 624-625, 692-694
- 29 Milton, 219-220, 234-235, 346
- 30 Pascal, 205-217 passim
- 32 Newton, 370-371
- 33 Locke, 113-117, 212-214 passim, 271, 349-354 passim
- 33 Berkeley, 442-444
- 33 Hume, 456, 497-503
- 37 Gibbon, 308-309
- 39 Kant, 33, 177-179, 190-192, 239, 241-242, 348-352, 575-577, 603-607
- 43 Hegel, 165-167, 371-372
- 55 Barth, 462-467, 503-504, 530

5a(2) Matter and the immaterial as objects of knowledge

- 6 Plato, 456-458
- 7 Aristotle, 493-494, 559, 632
- 11 Lucretius, 4-5, 6-7
- 11 Plotinus, 356, 357-358, 362-363
- 16 Augustine, 112-140
- 17 Aquinas, 8-9, 50-51, 93-94, 163-164, 388-391, 475
- 21 Hobbes, 172, 269-270
- 28 Descartes, 378-381
- 33 Locke, 205, 271-272, 357
- 33 Berkeley, 416-417, 429-430
- 39 Kant, 186, 319-321
- 55 Russell, 243-256
- 56 Heisenberg, 397-402

5a(3) Cause and substance as objects of knowledge

- 7 Aristotle, 514-515, 521-522, 563-564
- 8 Aristotle, 283-284
- 11 Lucretius, 85
- 17 Aquinas, 112-113, 162-163, 292, 399-401, 449-450
- 21 Hobbes, 78-80
- 28 Bacon, 45-46, 137
- 28 Descartes, 435-436, 437
- 28 Spinoza, 590-591, 592, 656-657
- 30 Pascal, 213-217
- 32 Newton, 371-372
- 33 Locke, 152, 178-180, 204-214 passim, 217, 240-243, 258-259, 268-283 passim, 287-290, 304-306, 315-317, 320-323, 326, 331-336, 347-348
- 33 Berkeley, 432-433
- 33 Hume, 457-484 passim, 498-499, 503
- 39 Kant, 15, 17, 46-47, 58-59, 63-64, 76-83, 95, 99-100, 140-145, 171-172, 294-295, 313-314, 556, 557-558, 564, 611-613
- 51 Tolstoy, 563, 646-647, 694-695
- 53 James, William, 89-90, 885-886
- 57 Veblen, 119-121

5a(4) The infinite and the individual as objects of knowledge

- 6 Plato, 610-617
- 7 Aristotle, 6-7, 120, 262, 618-619
- 8 Aristotle, 596
- 11 Plotinus, 626-627
- 16 Augustine, 126-127
- 17 Aquinas, 16, 56-57, 84-86, 93-94, 128-130, 163-164, 170-171, 175-180, 461-463, 476-477
- 21 Hobbes, 54
- 26 Harvey, 332-333
- 28 Descartes, 437, 438-439
- 28 Spinoza, 619
- 30 Pascal, 181-184, 435
- 33 Locke, 160-162 passim, 167-174, 212-213, 237-238
- 51 Tolstoy, 631, 693-694
- 53 James, William, 312
- 56 Bohr, 340-341, 352

5a(5) The past and the future as objects of knowledge

Old Testament: *Proverbs,* 27:1 / *Ecclesiastes,* 8:6-7
New Testament: *James,* 4:13-14
- 4 Sophocles, 194
- 5 Thucydides, 354
- 7 Aristotle, 28-29, 690
- 8 Aristotle, 640
- 9 Hippocrates, 39, 123
- 13 Plutarch, 129
- 16 Augustine, 97, 117-126
- 17 Aquinas, 86-88, 297-298, 463-464, 475-476, 478-479
- 18 Aquinas, 776-777
- 19 Chaucer, 243-244
- 20 Calvin, 85-86, 89-90
- 21 Hobbes, 53-54

23 Montaigne, 96
28 Bacon, 13-14, 54-55
28 Descartes, 485
28 Spinoza, 677, 678
33 Locke, 165, 357
37 Gibbon, 88, 413
39 Kant, 579-580, 583-584
43 Hegel, 189-190
44 Tocqueville, 381-383
49 Darwin, 231-233
54 Freud, 387
55 Dewey, 101, 119-120
57 Keynes, 339-342
58 Lévi-Strauss, 407-413

5a(6) The self and the thing in itself as objects of knowledge

11 Epictetus, 125
11 Aurelius, 286
11 Plotinus, 467-468, 526-531
16 Augustine, 92, 96-98, 390
17 Aquinas, 76-77, 464-468, 469-472
20 Calvin, 101-103
21 Hobbes, 47
28 Bacon, 88-89
28 Descartes, 435-436, 441
28 Spinoza, 616-617
33 Locke, 349
39 Kant, 9-10, 32, 49-50, 120-129, 200-204, 281-282, 285-287, 292-293, 311-314, 327-329, 331-337, 574-577
43 Hegel, 22, 24, 272
43 Nietzsche, 470-471
48 Melville, 229-230
51 Tolstoy, 688
53 James, William, 121-125, 191-197, 213-238, 471-472
54 Freud, 428-430, 767-768
55 Bergson, 71-72, 75-78, 84-89
55 Russell, 257-258
56 Planck, 89

5b. The distinction between what is more knowable in itself and what is more knowable to us

7 Aristotle, 194-195, 211-212, 264, 415, 552
17 Aquinas, 5-6, 8-9, 40-41, 455-457, 460-461
26 Harvey, 332
28 Descartes, 275-278, 295, 319-322

5c. Dogmatism, skepticism, and the critical attitude with respect to the extent, certainty, and finality of human knowledge

6 Plato, 65-84, 86, 236-238, 521-526
7 Aristotle, 97-99, 102-103, 379, 411, 528-531, 590-592
8 Aristotle, 339-340, 388
11 Epictetus, 149-151, 167-168, 183-184
16 Augustine, 40-41, 592
17 Aquinas, 440-442, 453-455
18 Aquinas, 68-70, 409
23 Erasmus, 13-16

23 Montaigne, 248-334, 358-359, 539-545, 559-567
26 Gilbert, 1-2
26 Harvey, 267-268, 411
28 Bacon, 13, 15-17, 47-48, 105-106, 115-116, 118, 126, 134
28 Descartes, 268-272, 298, 394, 498
28 Spinoza, 620-625
30 Pascal, 238-239, 248-251
33 Locke, 94-95, 120, 128, 319-323, 364
33 Berkeley, 429-430, 439-440
33 Hume, 458, 460-466 passim, 477, 503-509
39 Kant, 22, 129-130, 133-134, 146-149, 187-188, 196-197, 218-227, 248-250, 277-279, 320-321, 567-568
40 Mill, 274-293
41 Boswell, 121, 126
43 Hegel, 19-20
43 Nietzsche, 463, 506-509
45 Goethe, 4-5, 19-21, 53
48 Melville, 171
54 Freud, 873-884 passim
55 James, William, 39-41, 63-64
55 Bergson, 84-85
55 Whitehead, 155-156, 221-222
55 Russell, 243-256, 287-291 passim esp 290-291
55 Barth, 510-511, 519-520
56 Planck, 92-94
56 Bohr, 332-333

5d. The method of universal doubt as prerequisite to knowledge: God's goodness as the assurance of the veracity of our faculties

20 Calvin, 264-270
28 Descartes, 224-225, 265-291, 301-303, 349, 350-351, 393, 432, 441, 455, 463-464, 465-466, 468-470
33 Locke, 223
33 Berkeley, 405
33 Hume, 503-504, 505, 508
43 Kierkegaard, 403-404, 448-450
43 Nietzsche, 470-471
53 James, William, 881
55 Whitehead, 201-204
55 Russell, 246-247
56 Heisenberg, 409-410

5e. Knowledge about knowledge as the source of criteria for evaluating claims to knowledge

33 Locke, 87, 93-95, 319-320
33 Berkeley, 409-410
33 Hume, 471-474
39 Kant, 1-12, 55-56, 99-101, 121-123, 307-310
55 James, William, 41-50

6. The kinds of knowledge

6a. The classification of knowledge according to diversity of objects

6a(1) Being and becoming, the intelligible and the sensible, the necessary and the contingent, the eternal and the temporal, the immaterial and the material as objects of knowledge

- 6 Plato, 113–114, 125–126, 167, 223–232, 368–373, 457–458, 534–536, 565–569, 595, 610–613
- 7 Aristotle, 8–9, 100–101, 102–104, 121–122, 270–271, 390, 505, 507–508, 511–512, 528–531, 547–548, 577–578, 588–589, 592–593, 598
- 8 Aristotle, 387, 596–597
- 10 Nicomachus, 599–600
- 16 Augustine, 34–35, 45–46, 63, 316–317, 592, 732–737
- 17 Aquinas, 24–25, 40–41, 53–54, 74–75, 291–300, 440–473
- 18 Aquinas, 174–175, 216–217, 223–224, 424–425
- 28 Bacon, 40, 41–42, 43–44
- 28 Descartes, 303–307, 444, 445
- 28 Spinoza, 590–591, 617–624
- 33 Locke, 205, 317, 357
- 33 Berkeley, 440–441
- 36 Smith, 377
- 39 Kant, 113–115, 551–552
- 55 Bergson, 71–72, 74–75, 79–84
- 55 Whitehead, 206–207, 209–210, 212–214

6a(2) Knowledge of natures or kinds distinguished from knowledge of individuals

- 7 Aristotle, 116–118, 120, 518, 521–522, 618–619
- 8 Aristotle, 389, 392–393
- 17 Aquinas, 57–58, 93–94, 163–164, 170–171, 291, 382–383, 451–457
- 18 Aquinas, 772–773
- 28 Bacon, 137–140
- 28 Spinoza, 620–621, 624
- 33 Locke, 244, 255–256, 324–325
- 39 Kant, 211–218, 572–574
- 53 James, William, 305–312

6a(3) Knowledge of matters of fact or real existence distinguished from knowledge of our ideas or of the relations between them

- 17 Aquinas, 453–455
- 21 Hobbes, 60
- 33 Locke, 98–99, 101–102, 266–267, 280–283, 307–308, 309–313 passim, 322–323, 330, 354–358
- 33 Berkeley, 416–417
- 33 Hume, 458–463, 464–466, 487–488 esp 487, 508–509
- 43 Hegel, 376
- 53 James, William, 157–161, 867–890
- 55 Bergson, 75–79, 84–89
- 55 Russell, 272–276
- 56 Planck, 97–99

6a(4) Knowledge in relation to the distinction between the phenomenal and the noumenal, the sensible and supra-sensible

- 39 Kant, 27–33, 53–59, 93–99, 101–108, 120–121, 153–157, 164–165, 172–173, 224–230, 281–282, 285–287, 291–296, 307–314, 319–321, 328–329, 331–332, 337, 340–342, 349–355, 474–475, 497–498, 541–542, 543–544, 570–572, 574–577, 578–579, 596–598, 599–600, 603–606
- 53 James, William, 233–234
- 55 James, William, 18–20
- 55 Russell, 268–271 esp 269–270
- 56 Heisenberg, 408–409
- 58 Huizinga, 328–329

6b. The classification of knowledge according to the faculties involved in knowing

- 6 Plato, 224–232, 431
- 7 Aristotle, 136, 499–500
- 11 Plotinus, 473, 526–527, 530, 605
- 16 Augustine, 92–102, 375–376, 707, 732, 761
- 17 Aquinas, 53–54, 106–107, 451–453
- 18 Aquinas, 417
- 21 Hobbes, 71
- 28 Bacon, 32
- 28 Descartes, 251–253, 322–329 passim, 357–358, 362–363, 388–391, 443, 445, 454–456
- 28 Spinoza, 622–624
- 33 Locke, 312, 313
- 33 Berkeley, 418
- 43 Hegel, 77–78
- 53 James, William, 157–167, 450–451, 453–457

6b(1) Sensitive knowledge: sense perception as knowledge; judgments of perception and judgments of experience; private and public knowledge

- 6 Plato, 383–398, 517–536
- 7 Aristotle, 136, 397, 528–529, 530, 591, 647–648, 657–659
- 8 Aristotle, 397–398
- 9 Hippocrates, 147
- 11 Lucretius, 47–49
- 11 Epictetus, 104–106
- 11 Plotinus, 461–462, 463–464, 478–479, 498–499
- 16 Augustine, 28–29, 92–93
- 17 Aquinas, 80–81, 84–85, 95–96, 102–103, 306–307, 380–381, 382–383, 388–391, 403–404, 407–409, 410–413, 416–417, 442–443, 447–449, 453–455, 467–468
- 21 Hobbes, 49
- 23 Montaigne, 325–326
- 26 Harvey, 332–335
- 28 Bacon, 111, 170–173
- 28 Descartes, 306–307, 309–310, 437, 457
- 28 Spinoza, 611–612, 614–615
- 32 Newton, 270–271
- 33 Locke, 139–140, 270–271, 354–358

33 Berkeley, 416, 417–419 passim
53 James, William, 450–471, 502–525
55 James, William, 35–39
55 Whitehead, 167–170
55 Russell, 243–253
55 Wittgenstein, 419–430
56 Planck, 93–94
56 Whitehead, 126

6b(2) Memory as knowledge

7 Aristotle, 174, 690–693
11 Plotinus, 499–501
16 Augustine, 93–102
17 Aquinas, 411–413, 419–421
18 Aquinas, 896–897
21 Hobbes, 50, 53–54
28 Descartes, 226, 232, 239–240
28 Spinoza, 616
33 Locke, 118–119, 141, 308–309
53 James, William, 145, 421–422 passim, 424–427, 450–451
54 Freud, 484–486
55 Russell, 279–280
55 Wittgenstein, 356–357

6b(3) Rational or intellectual knowledge: rationalism

6 Plato, 224–232, 387–388, 389, 393
7 Aristotle, 330, 499–500
8 Aristotle, 388–390
11 Plotinus, 446, 605
16 Augustine, 93, 95–96
17 Aquinas, 95–96, 102–103, 407–409, 413–427, 440–480
18 Aquinas, 35–45
20 Calvin, 115–118
21 Hobbes, 58–61, 65, 267
28 Descartes, 350–351, 356
28 Spinoza, 620–622
33 Locke, 309–311
33 Berkeley, 405
53 James, William, 299–314
55 Whitehead, 138–139, 153, 159–160, 229–230

6b(4) Knowledge in relation to the faculties of understanding, judgment, and reason; and to the work of intuition, imagination, and understanding

39 Kant, 23–110, 166–171, 193–195, 461–476, 493–495, 542–543, 570–572
43 Nietzsche, 497–498
53 James, William, 232–235
55 Bergson, 71–89 passim
55 Russell, 277–280
55 Wittgenstein, 348–349, 357, 393–395
56 Planck, 102
56 Waddington, 747

6c. The classification of knowledge according to the methods or means of knowing

6c(1) Vision, contemplation, or intuitive knowledge distinguished from discursive knowledge: knowledge by acquaintance and knowledge by description

6 Plato, 150–151, 167, 386–389
7 Aristotle, 602–603
11 Plotinus, 458–459, 527, 542–543
15 Kepler, 1083–1084
16 Augustine, 85–86, 343–344, 375, 386
17 Aquinas, 50–62, 75–76, 86–89, 185–187, 302–303, 417–418, 421–422, 457–458, 462–463
18 Aquinas, 416–423, 609–614, 773–775
19 Dante, 128–129
29 Milton, 185–186
30 Pascal, 222–224
39 Kant, 33, 52–53, 350–351, 572–574
48 Melville, 171
54 Freud, 874–875
55 Bergson, 71–89 passim
55 Russell, 255–260 esp 258–260, 274–277, 285–287
56 Poincaré, 4
56 Waddington, 746–747

6c(2) The distinction between immediate and mediated judgments; induction and reasoning, principles and conclusions

7 Aristotle, 97–100, 114–116, 128, 136–137, 148, 513, 524–525
8 Aristotle, 389–390
17 Aquinas, 81–82, 112–113, 458–459, 465–466, 612–614
18 Aquinas, 36–37, 221–223
21 Hobbes, 58–59
28 Bacon, 59, 61, 107–136, 139, 140
28 Descartes, 226, 232–234, 242–250
28 Spinoza, 624–625
30 Pascal, 171–173
33 Locke, 103–105, 119–120, 371–372, 378–379
39 Kant, 39, 66–72, 109–111, 211–218
40 Federalist, 103–104
40 Mill, 461
43 Hegel, 1
53 James, William, 453–457
55 Russell, 260–264, 277–280
58 Weber, 111–113, 116–118

6c(3) The doctrine of knowledge as reminiscence: the distinction between innate and acquired knowledge

6 Plato, 124–126, 179–183, 228–230
7 Aristotle, 136, 511
11 Epictetus, 141–142
11 Plotinus, 462–463, 468–469
16 Augustine, 95–96, 316–317, 707
17 Aquinas, 311, 443–446, 447–449, 473–475
20 Calvin, 116
23 Montaigne, 304–305
26 Harvey, 333–334
28 Descartes, 227, 228, 230–231, 235, 346, 366, 441

33 Locke, 90–91, 95–121 passim, 139
33 Hume, 457
39 Kant, 113–115, 352–353, 551–552
53 James, William, 633–635, 851–862, 867–868
54 Freud, 512–513, 526, 532, 599

6c(4) **The distinction between *a priori* and *a posteriori* knowledge; the transcendental, or speculative, and the empirical**

33 Locke, 325
33 Hume, 458–463, 464–466, 490, 508–509
39 Kant, 14–108, 115–120, 172–173, 253–254, 600–603
40 Mill, 445–447 passim
43 Hegel, 163–164
53 James, William, 232–238, 851–897
55 Russell, 264–271, 275–277
56 Heisenberg, 412–414

6c(5) **The distinction between natural and supernatural knowledge: knowledge based on sense or reason distinguished from knowledge by faith or through grace and inspiration**

Old Testament: *Deuteronomy*, 4:5–6 / *I Kings*, 3:3–15; 4:29–34 / *Psalms*, 119:97–104 / *Proverbs*, 1:7 / *Daniel*, 1–2 esp 2:17–23
Apocrypha: *Wisdom of Solomon*, 6–9 passim / *Ecclesiasticus*, 1; 6:32–37; 24:23–27
New Testament: *Matthew*, 11:25–27 / *Luke*, 8:4–18 / *John*, 1:1–18; 14:10–12; 16:12–14 / *I Corinthians*, 1:17–2:16; 3:18–21; 8:1–2; 12:8–11 / *II Corinthians*, 4:3–6; 12:1–6 / *Ephesians*, 3:1–12 / *II Thessalonians*, 2:10–14 / *James*, 3:13–18
16 Augustine, 1, 45–47, 61, 76–77, 85–86, 350, 375–377, 636–637, 663–664, 737–738
17 Aquinas, 3–10, 11–12, 50–62, 175–178, 253–255, 322–323, 334–335, 469–471, 472–473, 501–506, 576
18 Aquinas, 61–62, 83–84, 332–333, 338–339, 350–351, 359–360, 382–384, 392–394, 399–400, 402–409, 416–426, 469–470, 598–603, 679–681, 763–779, 1025–1037
19 Dante, 47, 66, 114, 121–122
20 Calvin, 256–257, 259–261, 263–264, 396–397
21 Hobbes, 66, 137, 149, 160, 165–166, 241–242
23 Montaigne, 149–150, 252–258, 290, 307–308
28 Bacon, 41, 54–55, 114, 124
28 Descartes, 295–297, 351–352, 394–395
29 Milton, 331–332
30 Pascal, 147, 163–166 passim, 205–213, 214, 218, 221–225, 243–244, 272–273, 277, 440
33 Locke, 291, 371, 380–384, 387–388
33 Hume, 474–475, 488–489
37 Gibbon, 189–190 passim
39 Kant, 346–347, 588–589, 604–606, 607–609
40 Mill, 455
41 Boswell, 394
51 Tolstoy, 196–197, 630–631
52 Dostoevsky, 185–188

54 Freud, 877–879
55 Barth, 458–464, 525
56 Heisenberg, 452
58 Weber, 226–231
59 Shaw, 97–98
60 Eliot, T. S., 167

6d. **The classification of knowledge according to the degrees of assent**

6d(1) **The distinction between certain and probable knowledge**

7 Aristotle, 91, 97–99, 143, 182, 524–525, 547
8 Aristotle, 388, 596–597, 652–653
15 Copernicus, 506–506
16 Augustine, 313–314
17 Aquinas, 77–78, 256–257, 305–306, 422–423, 432–433
21 Hobbes, 65
23 Montaigne, 281, 311–313, 332–333
28 Bacon, 161
28 Descartes, 271–272, 273–276, 356–357, 394, 486–487
28 Spinoza, 617–624, 635–636
30 Pascal, 27–44, 213–217
33 Locke, 322–323, 331–336, 364–367
33 Hume, 458
36 Smith, 376–377
39 Kant, 1–4, 211–218, 228, 230–233
43 Hegel, 52–53, 119, 135
55 Wittgenstein, 434–439
56 Heisenberg, 397–401

6d(2) **The types of certainty and the degrees of probability**

7 Aristotle, 91
8 Aristotle, 358
17 Aquinas, 5–6
18 Aquinas, 423–425, 464–465
21 Hobbes, 53–54
28 Bacon, 134
28 Descartes, 272–275, 432–433, 469
30 Pascal, 349–352 passim
33 Locke, 309, 310–311, 365–371, 384
33 Hume, 469–470, 488–491
35 Rousseau, 348
39 Kant, 66–72, 202–203, 600–603
40 Federalist, 103–104
54 Freud, 661–662
55 Russell, 284–287
55 Wittgenstein, 436–439
56 Heisenberg, 397–398

6d(3) **The distinction between adequate and inadequate, or perfect and imperfect knowledge**

16 Augustine, 592
17 Aquinas, 60–61, 79–81, 442–443, 455–457, 459–461, 737–738
18 Aquinas, 83–84, 765–766, 767–772
28 Descartes, 224–227
28 Spinoza, 617–623, 678
33 Locke, 240–241, 276–277, 280–282 passim

39 Kant, 240–243, 498–499
53 James, William, 318–319, 668–671, 676–677
55 Russell, 284–285
57 Keynes, 336

6e. **The classification of knowledge according to the end or aim of the knowing**

6e(1) **The distinction between theoretical and practical knowledge: knowing for the sake of knowledge and for the sake of action or production**

6 Plato, 7–8, 391–394, 728–729
7 Aristotle, 499–501, 547, 592, 605, 663–664
8 Aristotle, 339–340, 349, 350–351, 387–388, 389, 390, 393
13 Plutarch, 252–255
15 Ptolemy, 5
17 Aquinas, 5–6, 422–423, 424–427
18 Aquinas, 418–419, 425, 600–601, 607, 780–781
19 Dante, 106–107
21 Hobbes, 60–61
23 Montaigne, 110–115, 117–130, 563–565
28 Bacon, 16–17, 42, 46–47, 55, 65–66, 86, 114–115, 137–140
28 Descartes, 268, 272–273, 284–285, 290–291
30 Pascal, 102–108
33 Locke, 103–105, 394–395
33 Berkeley, 436–437 passim
33 Hume, 451–455
39 Kant, 5–13, 291–297, 307–314, 329–330, 461–475
40 Mill, 346–347, 445
44 Tocqueville, 227–229, 244–251
53 James, William, 656
55 James, William, 42–43
55 Barth, 518
56 Whitehead, 131, 133
56 Hardy, 379
56 Waddington, 697–698

6e(2) **The types of practical knowledge: the use of knowledge in production and in the direction of conduct; technical and moral knowledge**

6 Plato, 5–6, 70, 580–582
8 Aristotle, 339, 350–351, 388–389
17 Aquinas, 125
18 Aquinas, 42–43, 44–45, 70–72, 215–216, 236–237
39 Kant, 253–255, 260–261, 271, 283–287, 305–307, 314–321, 354–355, 357–360, 383, 388, 390–391, 515, 523–524, 596–598
43 Nietzsche, 494–503 esp 501–503
59 Shaw, 39

7. **Comparison of human with other kinds of knowledge**

7a. **Human and divine knowledge**

Old Testament: *Genesis,* 3:1–7,22 / *Job,* 11:1–12; 12:16–17, 28:12–25; 38–41 / *Psalms,* 94:11; 139 / *Proverbs,* 20:24 / *Ecclesiastes,* 8:16–17; 11:1–6 / *Isaiah,* 40:12–31 / *Jeremiah,* 10:7–8,12–15
Apocrypha: *Wisdom of Solomon,* 9:13–17 / *Ecclesiasticus,* 23:18–20; 42:17–22
New Testament: *Romans,* 11:33–36 / *I Corinthians,* 1:17–2:16; 3:18–21

4 Aeschylus, 1–2
4 Euripides, 477
6 Plato, 125–126, 489–490
7 Aristotle, 602–603, 605
11 Epictetus, 102, 114
11 Plotinus, 526–528
16 Augustine, 35, 114, 156–157, 408–409, 706–708
17 Aquinas, 4, 6–8, 36–37, 75–91, 106–108, 127–143 passim, 240–241, 324–325, 414–416, 417–418, 423–424, 457–458, 467–468, 494–495, 677–678
18 Aquinas, 209–210, 602–603, 763–764, 766–772, 780–781, 789–790, 795–796
19 Dante, 117, 124
23 Montaigne, 279–280
28 Bacon, 98–99
28 Descartes, 378–379
28 Spinoza, 596–597
29 Milton, 149–151, 233–236
33 Locke, 123, 143, 271–272, 350
39 Kant, 52–53, 344
55 Barth, 491–492
59 Joyce, 590

7b. **Human and angelic knowledge**

16 Augustine, 332, 346–347, 392, 487, 661–662
17 Aquinas, 284–307 passim, 334–335, 443–444, 465–466, 475–476
18 Aquinas, 774–775, 779
19 Dante, 114
29 Milton, 183–186, 203–204
33 Locke, 213, 320
33 Berkeley, 428
39 Kant, 285–287, 354–355

7c. **Knowledge in this life compared with knowledge in the state of innocence and knowledge hereafter**

Old Testament: *Genesis,* 3:1–22
New Testament: *I Corinthians,* 13:12
6 Plato, 179–180
11 Plotinus, 466–469
16 Augustine, 85–86, 146, 691–693
17 Aquinas, 50–62, 446–447, 469–471, 473–480, 501–506, 522–523
18 Aquinas, 82–84, 611–613, 917–919, 971–972, 1025–1034
19 Dante, 109, 116, 117, 124
52 Dostoevsky, 175–176
59 Joyce, 587–590

7d. **The knowledge of men and brutes**

6 Plato, 35–36, 320
8 Aristotle, 114, 271

9 Galen, 359–360
11 Epictetus, 137–138
11 Aurelius, 276–277
17 Aquinas, 419–420, 421–422
21 Hobbes, 100
23 Montaigne, 255–264
28 Descartes, 283–284, 382
29 Milton, 240–242, 259
30 Pascal, 357–358
33 Locke, 140–141, 144–146, 221–222, 272
33 Berkeley, 407–408
33 Hume, 487–488
35 Montesquieu, 1–2
35 Rousseau, 338
39 Kant, 479, 584–585, 602
48 Melville, 151–152
49 Darwin, 253–600
53 James, William, 678–686, 704
59 Shaw, 114

8. **The use and value of knowledge**

8a. **The technical use of knowledge in the sphere of production: the applications of science in art**

Old Testament: *Exodus,* 31:1–11; 35:30–36:8
4 Aeschylus, 45–46
6 Plato, 43–45, 70, 142–148, 261–262, 394, 633–634
7 Aristotle, 270–271, 555–556, 571–572, 726
8 Aristotle, 339, 388–389
9 Hippocrates, 1–17, 53, 233–235
9 Galen, 406–408
10 Nicomachus, 600–601
11 Lucretius, 74–76 passim
11 Epictetus, 149–150
12 Virgil, 27–79
13 Plutarch, 252–255
17 Aquinas, 82–83
18 Aquinas, 37–38
23 Montaigne, 567
26 Galileo, 191–193
26 Harvey, 305
28 Bacon, 48–49, 50–51, 120, 121–122, 134–135, 175–195 passim, 199–214
28 Descartes, 285
30 Pascal, 392–393
32 Newton, 1, 15–16
33 Locke, 361–362
33 Hume, 452–453
34 Swift, 97, 106–112
36 Smith, 5–6
37 Gibbon, 633, 661–663
39 Kant, 60, 463–464, 526–527
42 Faraday, 341–348
43 Hegel, 229–230
50 Marx, 167–171 passim, 176–178, 180–189, 299
51 Tolstoy, 361–365
54 Freud, 123–125, 777, 778
55 James, William, 39–40
55 Whitehead, 181, 229–231

56 Planck, 100–101
57 Veblen, 38, 39–40
57 Tawney, 216–229 esp 222–225, 242–253

8b. **The moral use of knowledge and the moral value of knowledge**

8b(1) **The knowledge of good and evil: the relation of knowledge to virtue and sin**

Old Testament: *Genesis,* 3:1–7,22 / *Proverbs,* 1:1–23; 2:1–20; 7–8; 14:9,16–18; 24:1–14
Apocrypha: *Wisdom of Solomon,* 1:1–7; 6:12–20; 14:22–27 / *Ecclesiasticus,* 19:22–24
New Testament: *John,* 3:17–21 / *Romans,* 2:17–23; 7 / *Colossians,* 1:9–11 / *II Peter,* 1:1–11
4 Euripides, 301–302
6 Plato, 7, 33–37, 40–41, 57–64, 174–190, 280–281, 306–308, 333, 337, 439–441, 670, 724–728, 754
7 Aristotle, 514–515
8 Aristotle, 339–340, 342, 350–351, 389, 391–392, 393–394, 395–398, 618
11 Epictetus, 110–112, 123–127, 158–160, 175–176, 201–211
11 Aurelius, 242, 248, 266, 268
11 Plotinus, 309–310
13 Plutarch, 121–122, 197–198
16 Augustine, 107–108, 313–314, 391–392, 715–716
17 Aquinas, 6–7, 83–84, 130–131, 704–708
18 Aquinas, 42–43, 140–144, 997–1000
19 Dante, 3, 33–34, 123
20 Calvin, 120–123, 165–171
21 Hobbes, 95–96, 112
23 Montaigne, 253–257, 273–283, 550–554
24 Shakespeare, 408
28 Bacon, 79–80
28 Descartes, 273–274
28 Spinoza, 656–658, 660, 662, 665, 667–681, 686–692, 697
29 Milton, 239, 262–264, 301, 389–396
30 Pascal, 238–239
33 Locke, 186
33 Hume, 451
35 Rousseau, 343–345
39 Kant, 260–261, 282–283, 318–319, 326–327, 368–369
40 Mill, 448–450
43 Hegel, 51–56, 134, 175–176, 297–298, 323
51 Tolstoy, 214–215
52 Dostoevsky, 128–131, 133–144, 358–361
55 Whitehead, 226–234
55 Barth, 452–456, 460–461, 490–505 esp 493–495
56 Hardy, 380
59 Joyce, 587–589

8b(2) **Knowledge as a condition of voluntariness in conduct**

6 Plato, 689–690, 746–748
8 Aristotle, 356–357, 383–384

11 Aurelius, 243, 271, 279-280
11 Plotinus, 659-661
17 Aquinas, 106-107, 256-257, 431-432, 541-542, 644-646, 650-651, 652-653, 707-708, 712-713
18 Aquinas, 141-142
21 Hobbes, 61, 64
25 Shakespeare, 68-70
33 Locke, 179, 180-181, 196-197
39 Kant, 333-334, 386
43 Hegel, 44
53 James, William, 767-768

8b(3) Knowledge in relation to prudence and continence

8 Aristotle, 348, 389-394, 395-398
16 Augustine, 580
17 Aquinas, 6-7
18 Aquinas, 31-32, 38-41, 43-45, 617-618
21 Hobbes, 60-61, 84
23 Montaigne, 114-115, 368
29 Milton, 389-391
39 Kant, 586-587

8b(4) The possession or pursuit of knowledge as a good or satisfaction: its relation to pleasure and pain; its contribution to happiness

Old Testament: *I Kings*, 10:1-8 / *Job*, 28:12-20 / *Proverbs*, 1:24-33; 3:13-20; 24:13-14 / *Ecclesiastes*, 1:13-18; 2:12-21; 9:13-18
Apocrypha: *Ecclesiasticus*, 6:18-37; 51:13-28
4 Aeschylus, 55-56
4 Sophocles, 174
6 Plato, 12-13, 69-71, 74-76, 374-375, 421-425, 609-639, 688, 728, 808-809
7 Aristotle, 499-501
8 Aristotle, 168-169, 393, 428-430 passim, 431-434, 543, 682
11 Lucretius, 1-3, 15-16, 58-59, 72
11 Epictetus, 130-132, 167-168, 179-180, 184-189, 212-215, 217-219
11 Aurelius, 246-247, 255
11 Plotinus, 313-320
13 Plutarch, 122-123
16 Augustine, 7-9, 18, 36, 113-114, 317-318
17 Aquinas, 150-152, 317-319, 322-325, 624-631, 737, 759-761, 764-765, 767, 770-771, 775-777, 783-784, 788-789
18 Aquinas, 421-422, 425-426, 606-616, 620-624, 897-900
19 Dante, 3, 4-6, 83-86
19 Chaucer, 280
22 Rabelais, 26-27, 29-30
23 Montaigne, 110-115, 117-130, 162-163, 272-286, 490-494, 539-547, 559-567
24 Shakespeare, 255
28 Bacon, 2-7, 27-28, 71
28 Descartes, 265-291 passim
28 Spinoza, 647, 649, 681
29 Milton, 21-25
33 Locke, 87, 94-95, 188-189, 192-193

33 Hume, 453
37 Gibbon, 645
38 Gibbon, 523-527
39 Kant, 508-509, 586-587
40 Mill, 451-452
41 Boswell, 118, 130
43 Nietzsche, 466-467
44 Tocqueville, 243-244
45 Goethe, xv-162
54 Freud, 777, 778-779
57 Veblen, 19
59 Cather, 436-437
60 Woolf, 16-17

8c. The political use of knowledge: the knowledge requisite for the statesman, legislator, or citizen; the role of ideology; journalism

5 Thucydides, 370, 402-403
6 Plato, 256-262, 346-347, 369, 381, 383-401, 598-608, 645-652, 669-670, 671-672, 679-680, 702-703, 723-730, 754, 789-790, 792, 794-799
8 Aristotle, 339, 347, 390-391, 435-436, 487-488, 599-600, 608, 644
11 Aurelius, 240, 261-262
13 Plutarch, 43, 46, 49-61, 64-77, 122-125 passim, 542-544
21 Machiavelli, 1-37
21 Hobbes, 128-130, 153-156, 158, 164
22 Rabelais, 85-87
23 Montaigne, 494-495
27 Cervantes, 390-393
28 Bacon, 1-2, 4-7, 20-26
29 Milton, 385
33 Locke, 293-294
34 Swift, 77-78, 112-115
35 Rousseau, 329-331, 400-402
36 Smith, 378-379, 385, 389-390
37 Gibbon, 284, 343
38 Gibbon, 40, 75-81 passim
40 Federalist, 113-116, 168-169, 174-176, 253-254
40 Mill, 317-319, 330-331, 359-361, 363-366, 374-377, 380-389, 401-406, 410-412, 415-417
43 Hegel, 73-74, 288-289
44 Tocqueville, 92-96, 159, 277-279
51 Tolstoy, 385-387 passim
58 Weber, 89-91, 134-135
60 Orwell, 481-482, 484-485, 486-488

9. The communication of knowledge

9a. The means and methods of communicating knowledge: incommunicable knowledge

4 Aristophanes, 697-721
6 Plato, 50-52, 85-88, 138-140, 388-389, 515-517, 549-550, 556-558, 590-591, 656
7 Aristotle, 152, 227-228, 513, 673-674
8 Aristotle, 388, 597-598, 599
11 Lucretius, 13

11 Epictetus, 157-158, 162-163, 183-192 passim, 228-229
16 Augustine, 5, 8, 719, 735-736, 759-784
17 Aquinas, 153-154, 185-187, 545-552, 568-569, 570-571, 595-597
18 Aquinas, 385-387, 618-619, 766-767, 778-779
21 Hobbes, 55
22 Rabelais, 101-106
23 Montaigne, 117-132, 488-492
26 Harvey, 336-337
28 Bacon, 14-15, 29-32, 62-68
29 Milton, 384
30 Pascal, 286, 439-446
33 Locke, 299-300
34 Swift, 109-112
36 Smith, 378-379, 381
37 Gibbon, 88, 601
38 Gibbon, 80, 527-528
39 Kant, 2-4
40 Mill, 283-288 passim
41 Boswell, 471
51 Tolstoy, 47-48
54 Freud, 449-451, 820-829
55 Wittgenstein, 368, 378-379, 403
58 Weber, 108
58 Lévi-Strauss, 440-441
59 Pirandello, 248
60 Kafka, 125-127

9b. **The value of the dissemination of knowledge: freedom of discussion; the uses of secrecy**

5 Thucydides, 397, 425, 427
6 Plato, 200-212
14 Tacitus, 153
18 Aquinas, 1061-1062
21 Hobbes, 102-103, 149, 150-151, 274
23 Montaigne, 110-115
24 Shakespeare, 61
26 Harvey, 273-274
28 Bacon, 7
28 Descartes, 284-285, 509-510
29 Milton, 381-412
33 Locke, 18-21
36 Smith, 382-385, 389-390
37 Gibbon, 148, 670-671
38 Gibbon, 300, 334-335, 523
39 Kant, 220-221
40 Mill, 318-319, 322-323, 336-338, 361-362, 418, 424, 425
41 Boswell, 29, 86, 512
43 Hegel, 108, 143, 372-373
44 Tocqueville, 92-96, 132-133, 277-279
50 Marx, 239-241
54 Freud, 125-127, 879-880
56 Bohr, 337
58 Weber, 164-165

10. **The growth of human knowledge: the history of man's progress and failures in the pursuit of knowledge**

6 Plato, 444-445
7 Aristotle, 253, 259-268, 501-511, 604-605, 633-641
9 Hippocrates, 1-5, 54-55
9 Galen, 402, 432-433
11 Lucretius, 76
11 Epictetus, 171-172
13 Plutarch, 252-255
15 Kepler, 846-850, 1009-1010
16 Augustine, 311-320, 575-582
21 Hobbes, 114-115, 267-269, 282
23 Montaigne, 316-318
26 Gilbert, 2
26 Harvey, 267-269, 279-280, 306, 331-332, 364-365, 458
28 Bacon, 1-101, 112, 116-130 passim, 203-207
28 Descartes, 227-229, 266-268, 284-291
30 Pascal, 355-358
33 Locke, 88-89
33 Berkeley, 409-410
33 Hume, 454-455
34 Swift, 118-119
35 Rousseau, 329-330, 338-342
36 Smith, 372-385 passim
37 Gibbon, 23-24, 159, 597, 601, 633-634, 669-671
38 Gibbon, 75-80 passim, 274, 298-300, 325-328, 347, 439-440, 451-452, 509-510, 522-528
39 Kant, 5-8, 248-250, 299, 307, 317-318, 327, 551-552
40 Federalist, 119-120
40 Mill, 445-447
43 Hegel, 193-194, 228-230, 267, 296-297, 343, 369, 384
43 Nietzsche, 465-474
44 Tocqueville, 247-250
46 Eliot, George, 308-309, 430
48 Melville, 59-65
51 Tolstoy, 469, 694-696
53 James, William, 125-127
54 Freud, 137-139, 880-881
55 James, William, 35-36, 52
55 Whitehead, 135-234 passim esp 135-144, 153-162
56 Whitehead, 130-135, 152-154, 156-159, 178-179
56 Bohr, 337-355 passim esp 354-355
56 Waddington, 698-699
58 Frazer, 69-71
58 Weber, 113-114

交叉索引

以下是与其他章的交叉索引：

The differences between human and other kinds of knowledge, see ANGEL 3d; ANIMAL 1a(1)–1a(2); GOD 5f; INFINITY 7d; MIND 4e–4f; WISDOM 1d.

The nature of human knowledge, its relation to truth, error, and ignorance, and its distinction from opinion, belief, and fancy, see MEMORY AND IMAGINATION 6a; ONE AND MANY 4f; OPINION 1, 3–4b; PRINCIPLE 3c(2); SAME AND OTHER 4a; TRUTH 2e, 3d; WILL 3b(1).

The elements, causes, or principles of knowledge, see DEFINITION 5; EXPERIENCE 3; FORM 3, 4; IDEA 1a–1c; INDUCTION 3; JUDGMENT 8–8d; PRINCIPLE 2–2b(3); REASONING 5a–5b(5); WILL 3b(1).

The limits of human knowledge and of the knowability of certain objects, see ANGEL 2b; BEING 8a–8c, 8e; CAUSE 5d; EXPERIENCE 4a; FORM 3b; GOD 6–6b; INFINITY 6b; MAN 2a; MATTER 4a; ONE AND MANY 4e; OPINION 3c; PRINCIPLE 5; SCIENCE 4e; SOUL 1d; THEOLOGY 3c; TIME 6e–6f; TRUTH 7a; UNIVERSAL AND PARTICULAR 4e.

The classification of the kinds of knowledge by reference to its objects, see BEING 8a–8b; FORM 3–3a; IDEA 1a; MIND 1a(1); NATURE 4a–4c; NECESSITY AND CONTINGENCY 4a; RELATION 4d; RELIGION 1a; SENSE 4a–4b; UNIVERSAL AND PARTICULAR 4a.

The classification of the kinds of knowledge by reference to the faculties involved, see MEMORY AND IMAGINATION 3, 6a; MIND 1a(1); SENSE 4a–4b.

The classification of the kinds of knowledge by reference to the methods or means of knowing, see EXPERIENCE 2d; GOD 6c–6c(4); INDUCTION 1a; JUDGMENT 8a; MEMORY AND IMAGINATION 3a; OPINION 4a; REASONING 1b; RELIGION 6g; THEOLOGY 2; WISDOM 1c.

Methodology in general and the methods of the particular sciences, see ASTRONOMY AND COSMOLOGY 2a–2c; HISTORY 3a; LOGIC 5–5f; MATHEMATICS 3–3d; MECHANICS 2–2c; METAPHYSICS 2c; PHILOSOPHY 3–3c; PHYSICS 4–4d; SCIENCE 5–5e; THEOLOGY 4c.

The classification of the kinds of knowledge by reference to the degrees of assent, see JUDGMENT 9; OPINION 3–3b; TRUTH 2e.

The distinction between theoretical and practical knowledge, see JUDGMENT 2; PHILOSOPHY 2a; PRUDENCE 2a; REASONING 5e–5e(1); THEOLOGY 4d; TRUTH 2c; WISDOM 1b.

The basic divisions of theoretical knowledge, see ASTRONOMY AND COSMOLOGY 12; DIALECTIC 4; HISTORY 1; MATHEMATICS 1a; METAPHYSICS 3b–3c; NATURE 4b; PHILOSOPHY 2b; PHYSICS 1a, 2; SCIENCE 1a(2), 1c, 2a; THEOLOGY 3a, 4a; TRUTH 4c.

The hierarchy of the sciences and the definition of the highest form of human knowledge, see DIALECTIC 4; METAPHYSICS 1; THEOLOGY 4a; WISDOM 1a.

The basic divisions of practical knowledge, see ART 6c; PHILOSOPHY 2c; PRUDENCE 6a–6b; SCIENCE 3a–3b; WEALTH 9.

The moral or political value of knowledge, see CITIZEN 6; GOOD AND EVIL 6a–6c; HAPPINESS 2b(7); PHILOSOPHY 4b–4d; PLEASURE AND PAIN 4c, 4c(2); PRUDENCE 2c; SCIENCE 1b(2); STATE 8c–8d; VIRTUE AND VICE 1a; WILL 3a(1); WISDOM 2b.

The technical use of knowledge and the applications of science to production, see ART 6c; MEDICINE 2a; PHYSICS 5; SCIENCE 1b(1), 3b; WEALTH 3a.

The dissemination and communication of knowledge, see EDUCATION 5b; LANGUAGE 1b, 5–5c, 7; LIBERTY 2a; OPINION 5b.

The development of human knowledge, the advancement of learning, or progress in science and philosophy, see ART 12; PHILOSOPHY 7; PROGRESS 6a–6e; SCIENCE 6a–6b; TRUTH 6.

扩展书目

下面列出的文著没有包括在本套伟大著作丛书中，但它们与本章的大观念及主题相关。

书目分成两组：

Ⅰ．伟大著作丛书中收入了其部分著作的作者。作者大致按年代顺序排列。

Ⅱ．未收入伟大著作丛书的作者。我们先把作者划归为古代、近代等，在一个时代范围内再按西文字母顺序排序。

在《论题集》第二卷后面，附有扩展阅读总目，在那里可以查到这里所列著作的作者全名、完整书名、出版日期等全部信息。

I.

Augustine. *Answer to Skeptics*
——. *On Faith in Things Unseen*
——. *On the Profit of Believing*
Thomas Aquinas. *On the Trinity of Boethius*, QQ 5-6
——. *Summa Contra Gentiles*, BK I, CH 48-71
——. *Truth*
Spinoza. *Of the Improvement of the Understanding*
Berkeley. *Three Dialogues Between Hylas and Philonous*
Hume. *A Treatise of Human Nature*, BK I, PART IV, SECT I-IV
Voltaire. *The Ignorant Philosopher*, CH 51-55
——. "Ignorance," in *A Philosophical Dictionary*
Diderot. *Discours Préliminaire* (to *Encyclopédie*)
Kant. *Introduction to Logic*, V-VI, IX-X
——. *Metaphysical Foundations of Natural Science*
——. *Prolegomena to Any Future Metaphysic*
Mill, J. S. *An Examination of Sir William Hamilton's Philosophy*, CH 2-3
Faraday. *Observations on the Education of the Judgment*
Hegel. *Logic*, CH 3-5
——. *The Phenomenology of Spirit*, VIII
Kierkegaard. *Concluding Unscientific Postscript*
——. *Philosophical Fragments*
James, W. *The Meaning of Truth*, CH 1-2, 4
——. *The Will to Believe*
Bergson. *The Creative Mind*, CH 6
——. *Matter and Memory*
Dewey. "The Experimental Theory of Knowledge," "The Significance of the Problems of Knowledge," in *The Influence of Darwin on Philosophy*
——. *Logic, the Theory of Inquiry*, CH 25
——. *The Quest for Certainty*
Dewey and Bentley. *Knowing and the Known*
Dewey et al. *Studies in Logical Theory*, I-IV
Whitehead. *The Concept of Nature*
——. *An Enquiry Concerning the Principles of Natural Knowledge*
——. *Process and Reality*, PART III
Russell. *The Analysis of Mind*, LECT 12
——. *Human Knowledge, Its Scope and Limits*
——. *An Inquiry into Meaning and Truth*, CH 7-12, 18
——. *Mysticism and Logic*, CH 10
——. *Skeptical Essays*, I
Keynes, J. M. *A Treatise on Probability*, PART I-II
Wittgenstein. *Tractatus Logico-Philosophicus*

II.

THE ANCIENT WORLD (TO 500 A.D.)

Sextus Empiricus. *Outlines of Pyrrhonism*, BK I-II

THE MIDDLE AGES TO THE RENAISSANCE (TO 1500)

Albertus Magnus. *On the Intellect and the Intelligible*
Albo. *Book of Principles* (*Sefer ha-Ikkarim*), BK IV, CH 1
Anselm of Canterbury. *Dialogue on Truth*
Duns Scotus. *Oxford Commentary*, BK I, DIST 3, Q 4
Maimonides. *The Guide of the Perplexed*, PART III, CH 20-21
Matthew of Aquasparta. *Ten Disputed Questions on Knowledge*, QQ I-II
Petrarch. *On His Own Ignorance*
Sa'adia ben Joseph. *The Book of Beliefs and Opinions*, INTRODUCTORY TREATISE

THE MODERN WORLD (1500 AND LATER)

Ayer. *The Problem of Knowledge*
Blanshard. *The Nature of Thought*
Borges. "Funes the Memorious"
——. "The Library of Babel"
——. "Tlön, Uqbar, Orbis Tertius"
Bosanquet. *Knowledge and Reality*
——. *Logic*, VOL I, INTRO, (2); VOL II, CH 7
Bradley, F. H. *Appearance and Reality*, BK I, CH 11-12; BK II, CH 21, 27
——. *Essays on Truth and Reality*, CH 2, 6
Bronowski. *The Origins of Knowledge and Imagination*
Canetti. *Auto-da-Fé*
Cassirer. *The Philosophy of Symbolic Forms*
Chesterton. *St. Thomas Aquinas*
Danto. *Analytical Philosophy of Knowledge*
Feibleman. *Ontology*
Fichte, J. G. *The Science of Knowledge*
——. *The Vocation of Man*
Gardner. *The Mind's New Science*
Gilby. *Poetic Experience*
Gill. *The Necessity of Belief*
Gilson. *History of Christian Philosophy in the Middle Ages*
——. *Reason and Revelation in the Middle Ages*
——. *The Unity of Philosophical Experience*
Glanvill. *Scepsis Scientifica*
Green. *Prolegomena to Ethics*, BK I
Hodder. *The Adversaries of the Sceptic*
Husserl. *Logical Investigations*
John of Saint Thomas. *Cursus Philosophicus Thomisticus, Ars Logica*, PART II, Q 26
Leibniz. *Discourse on Metaphysics*, XXIV-XXIX
——. *Monadology*, par 29-30
——. *New Essays Concerning Human Understanding*, BK IV
Lenin. *Materialism and Empiriocriticism*
Lewis, C. I. *An Analysis of Knowledge and Valuation*
——. *Mind and the World Order*
Lotze. *Logic*, BK III
——. *Microcosmos*, BK V, CH 4
Malebranche. *The Search After Truth*
Maritain. *The Degrees of Knowledge*, CH 2
——. *An Introduction to Philosophy*, PART II (4)
Marlowe. *The Tragical History of Doctor Faustus*
Merleau-Ponty. *Phenomenology of Perception*
Meyerson. *Du cheminement de la pensée*
Newman. *An Essay in Aid of a Grammar of Assent*
——. *The Idea of a University*
Oakeshott. *Experience and Its Modes*

Pearson. *The Grammar of Science*
Polanyi, M. *Personal Knowledge*
Popper. *Conjectures and Refutations*
——. *Objective Knowledge*
Poundstone. *Labyrinths of Reason*
Quinton. *The Nature of Things*
Rescher. *The Limits of Science*
Santayana. *Scepticism and Animal Faith*
Schlick. *General Theory of Knowledge*

Schopenhauer. *The World as Will and Idea*, VOL I, BK I–III; VOL II, SUP, CH 1–7, 18; VOL III, SUP, CH 30
Shelley, P. B. "Hymn to Intellectual Beauty"
Simon. *Introduction à l'ontologie du connaître*
Suárez. *Disputationes Metaphysicae*, I (6) VIII–IX, XIII (6), XX (1), XXII (1), XXIII (7–8), XXX (11–12), XXXV (4)
Taylor, A. E. *Philosophical Studies*, CH 10
Weiss. *Reality*, BK I

44

劳 动 Labor

总 论

许多人都向往昔日的黄金时代，那时，世界朝气蓬勃，人们衣食无忧。卢克莱修写道，大地一度孕育了

> 葡萄园和大丰收，草原，林荫道
> 所有这些，现在已经变成了我们奋斗的目标
> 我们几乎无法自理，我们筋疲力尽
> 不管是在公牛那里还是在人类那里，我们用钝了
> 我们的犁头，结果
> 我们的田野变得吝啬，我们食不果腹

卢克莱修接着说，当年迈的犁夫"对比现在和过去"时，他意识到"过去更好，而且要好得多，/他的父亲是幸运的"，因为他生活在大地的富足时代。

同卢梭一样，这种关于黄金时代的古代神话，有时会把尚未受到文明打扰的原始社会理想化，在此，舒适的、近乎轻松自如的生存符合简单的人类需要。卢梭描绘了这样一种情景："地球上的物产足以满足他的各种需要，而且本能告诉他如何使用这些物产"，以至于"唱歌与舞蹈——爱与休闲的真正产物——变成了娱乐，确切地说，在没有其他事情可做时，它们变成了聚集在一起的男男女女的职业。"

在我们自己的时代，工业乌托邦已经变成了未来的重要组成部分，据说，充足的机器和高效的原子能将使未来免受劳役之苦。在工业时代很久之前，亚里士多德设想了一个建立在节省劳力的机器之上的社会。他写道，"如果每一个工具都能完成自己的工作"，如果它能够服从或发布命令，如果"梭子能够在没有手引导的情况下织布，那么，领班将不再需要助手，主人将不再需要奴隶"。

在所有这些更美好生活的概念中，劳动或者被取消了，或者被贬低了。这似乎意味着，维持所有社会所需的劳动是折磨、苦差或难以承受的重负，这使得许多人甚至所有人过着畸形的生活。人类生活之所以会充满劳役之苦，这不是由于人性，而是由于特定的外部环境。根据卢梭的看法，只有当"所有权出现"时，只有当"大片的森林变成人类必须用自己的汗水浇灌的欢乐的田野"时，"工作才变得不可缺少"。它是"某种难以避免的偶然性"的结果，尽管"从公共利益的角度说"，这种偶然性"根本不应该发生"。如果人类像田野里的百合一样，既没有痛苦，也没有过度疲劳，那么，他将更加充分地意识到他的本性。

相反的观点认为，工作并不是祸根，而是恩赐，它不仅使人类更有效地利用了时间，还把可能在无聊或苦恼中浪费的能量变成了服务。有懒惰的罪恶，就有工作的美德。在黑格尔看来，"工人为了生存而不得不遵循"的活动准则使他赢得了尊严，因为他能够"完全依靠自身的勤奋、行为和智力来满足自身的需要"。"贫穷、懒惰、懒散"都直接违反了这种准则。

甚至有人认为，人惧怕无聊更甚于惧怕劳动之苦，而恰恰是充实的工作能够使人们摆脱无聊。理由是，人们发明了大量的娱乐和消遣，在工作结束后，他们总是疯狂地陶醉于其中。劳动的满足，同劳动负担一样，都是人类特有的。

44. 劳 动

人被迫工作,这不仅仅是为了生存,也是为了保持自尊。

罗马皇帝马可·奥勒留告诫自己说:"清晨你不愿起床,请你想到——我正起床去做人的劳作。如果我要去做的事情正是我为之生存的事情,正是我降生于世应当去做的事情,那我为什么会沮丧呢?难道我来到世上来只是为了赖在暖烘烘的被窝里?但这更舒服。难道你来此世仅仅为了舒服而不是为了行动和努力?"

神学的视角提供了另一种劳动观。劳动不是人们有一天可以克服的偶然性。但是,它既不是恩赐,也不是人为之创造的事物。犹如维吉尔所讲的故事,当农神萨杜恩的黄金时代结束时,当大神朱庇特代替他登上天空的宝座时,世界上才第一次出现了劳动。在朱庇特时代之前,

> 没有人能征服土地;
> 甚至用界碑和界线分开平原都是非法的;
> 所有的产物都是公共财产,
> 而且,地球上的各种果实都是免费的。
> 朱庇特把剧毒放入了邪恶之蛇的牙齿,
> 朱庇特吩咐狼去掠夺,吩咐大海总是波涛汹涌
> 他摇掉叶子上的甘露,他让所有的火消失,
> 并拦截了河流中随处流动的葡萄酒,
> 这样,思想和经验就能创造人类的各种手艺
> 逐渐地,要求田地生产庄稼,
> 还点燃了燧石里的隐秘之火

在此,尽管劳动在某种意义上是一种惩罚,或者说至少是告别了黄金时代,但是,劳动依旧带来了好处。"农业之父……通过给予烦恼来增进人类智慧/而且不允许他的王国因死气沉沉而出现倦怠";因此,"无数的艺术出现了"。不过,虽然"劳动和粗糙的需要之手将掌控一切",但劳动依旧是"沉重不懈的劳动"。

根据犹太教—基督教共同的教义,劳动是人类失宠的一种必然后果,换言之,犹如疾病和死亡,它是对亚当违抗上帝命令的一种惩罚。在尘世的伊甸园,亚当的子孙可以在不劳动或不受奴役的状态下生活。但是,当亚当犯错之后,上帝对他说,"大地因你而受难;你应终生受苦……你只有在回归大地后,才可通过自己的辛苦劳作吃到面包"。

工作是痛苦的,这恰恰是其本质。否则,它将不再是惩罚或苦行。但是,如同维吉尔式的看法,在基督教中,劳动也产生了人类在尘世可以享受的幸福。暂时和永久幸福之间的区分,也就是尘世的工作生活和天国的思考活动之间的区分。这并不意味着从尘世生活中消除了休闲与乐趣,但是,它的确使劳动成为人类的前提和必要条件。它也意味着,甚至在其最高级的活动中——在其艺术和科学发展中,人类必须不断地工作。他获得的真理或美永远都不会如此完美和持久,以至于他可以止步不前。

在这些关于劳动与人类生活之关系的不同观念中,劳作似乎有不同的意义。它总会指向活动或运用。它最明显的对立面是睡觉。但是,运动、娱乐、消遣、懒散诸如此类也是工作的对立面。当消遣没有被视为懒散时,它同工作一样,也指向了活动。许多形式的运动也需要紧张的身体或精神运用。因此,差别在于活动的性质或目的。

当亚里士多德把运动、工作和消遣放到一个有序的关系之中时,他指出了它们之间的区别。他写道,"我们一方面要好好工作,另一方面也要注意休息",这是本性的需要。消遣或闲暇是"所有行动的首要原则",因此"消遣要好于工作,是其目的"。如果说运动和随之而来的休息(如睡觉)是为了工作,那么,工作反过来也是为了闲暇。

工作作为中项（middle term）的特征似乎是：首先，工作是为了实现自身之外的某一目的而进行的活动；其次，它产生了维持生活的必需品，而不是完美生活所需的物品。在亚里士多德看来是闲暇职业的政治或思考活动，从本质上说是好的或者说有趣的。就参与这种活动而言，闲暇——在无需劳动的时间的意义上——是必要的；但是，既然生活本身无法维持下去就不会有美好生活，所以，劳动也是一个先决条件。

财富由此被定义为工作的直接目标，换言之，工作就是为了生产维持生命所需的外在的、经济的或可消费的产品。尽管运动具有为了自身的目的而进行的活动所表现出来的直接享受的特征，但是，在亚里士多德那里，它隶属于工作，而且，它和休息具有同样的功用。二者都使人们从疲惫的劳动中恢复过来，并再次获得了工作所需的能量。他写道："紧张的工作更加需要娱乐，因为紧张工作的人需要放松，而娱乐就是一种放松的方式。"

把工作和劳动同财富联系在一起的经济意义似乎是首要的，但这并不是这些术语在伟大著作中所使用的唯一意义。人类劳作更经常地被视为人类运用了某种艺术或技巧而进行的生产活动。如果说实现某种最简单的手工劳动都需要某种程度的技巧——至少是最粗拙的技能，那么，简单劳动和熟练劳动之间的区分只是一种程度上的区分。

根据这种理论，各种工作可以根据与之相关的技能进行区分。古代关于奴性艺术和自由艺术的区分也把工人划分为两类：一类是利用和改变物质材料的人，另一类是使用符号（如诗歌、音乐、科学）生产精神产品的人。这种关于体力劳动和脑力劳动之间的区分，并不能被视为奴隶劳动和自由劳动之间的区分，因为前一个区分基于劳动本身的性质，而后一个区分则基于劳动者的地位。甚至在古代世界的奴隶经济中，一些自由人是工匠、农夫或水手，而一些奴隶则是哲学家。同体力劳动相对的脑力劳动也不一定指向精神产品的生产。在工业经济中，使用金融、会计或管理符号的白领的确从事着脑力劳动，但这种劳动的目的是物质产品的生产或交换。

关于工作种类和工人类型的传统区分还有许多，所有这些区分都无法放入一个没有重叠的单一分类图式之中。一些区分基于工作本身的性质，如手工劳动和机器劳动之间的区分，健康的职业和不健康的职业之间的区分。一些区分依赖工作得以完成的社会状况，或个体工人和他人之间的关系。有待完成的工作既可以通过单个的个体劳动完成，也可以通过多人的合作完成；而且，就后者而言，根据人们所发挥的功能，劳动群体的社会组织可能会涉及彼此之间的等级。

在此，我们把工人分成了师傅和各个级别的助手：师傅实施规划和监督，助手执行命令。Menial 这个词〔俯首帖耳的、仆从般的〕用于劳作等级时，其中的一个意思就意味着等级职责中的低级任务；但是，它也用来表达社会对特定任务（如家庭服务）从事者的看法。当然，仆从工作和体面工作之间的区分不仅在不同社会之间有所不同，在不同年龄之间也有所不同。

把劳动视为生产性的还是非生产性的，把工作视为有用的还无用的，这不仅取决于严格的经济标准，还取决于社会福利制度。把非生产劳动视为根本不会增加国家福利的工作，并不意味着工作能够脱离某种外在效应的生产。

亚当·斯密写道："有一种劳动，加

在物上,能增加物的价值;另一种劳动,却不能。前者可称为生产性劳动,而后者可称为非生产性劳动……在有些社会,上等阶级人士的劳动……并不生产价值……例如,君主以及他的官吏和海陆军,都是非生产性的劳动者……如同演员的对白,雄辩家的演说,音乐家的歌唱,所有这些人的工作都是随生随灭的。"

马克思判断劳动是否有用的标准也暗示着商品的经济观念。他说:"没有使用价值的物品就没有价值。如果物品是无用的,那么,其中包含的劳动也是这样。"但是,马克思也增加了一个社会效用的标准。"如果一个人用自己的劳动产品直接满足了自身的需要,那么,他事实上仅仅创造了使用价值,而不是商品。要想生产出商品,他不仅要为自己生产使用价值,还应为他人生产使用价值,即社会使用价值。"恰恰是通过后一个标准,马克思批评资本主义在剩余生产或者说社会上无用的生产中"浪费了大量的劳动力"。或许可以说,这些区分在现代经济文献和用法中基本上消失了。

分工原则同某种工作或工人的任何特定分类无关,同任何一种经济体系也无关。但是,古代人比较关心分工同国家起源和发展之间的关系,从而首先看到了分工的政治后果;而现代人则比较关注分工的经济原因和后果。

修昔底德把早期希腊部落的贫困与野蛮生活同伯罗奔尼撒战争开始时雅典、斯巴达、科林斯和其他城邦国家的财富、力量和文明进行了对比。差别的解释不是根据新工具的发明,而是根据分工导致的更大的生产效率。这不仅是共同体规模扩大及其人口增加的结果,也是其原因。共同生活的人数越多,共同体成员的专业分工也就越细。

这种观点是由柏拉图和亚里士多德在解释国家起源时提出来的。国家赋予其成员的利益在一定程度上源于他们参与的分工。

亚里士多德评论道,孤立的家庭很少能够为其成员提供"日常需要"。由家庭组成的部落或村庄仅仅能获得最基本的生存;在几个部落形成城市之前,真正自我满足的社区不可能出现,而且,有精细分工的社区也不会出现。只有在城市出现后,一些人,即便不是所有的人,才会有时间去从事艺术、科学和政治——这种对文明的追求已经有了充分的物质基础。

在分工对国家的社会结构所产生的影响这个问题上,所有的观察者,不管是古代的还是现代的,基本上达成了共识。根据所从事的工作类型,换言之,既根据经济意义上生产性劳动的类型,也根据社会上劳动和闲暇之间的区分,以及经济功能和其他功能之间的区分,人被划分成了不同的社会阶级。

然而,并非所有的观察者都认为,这种阶级划分,同分工所带来的财富的增加一样,对社会也是有益的。它们不仅威胁了社会的统一与和平,而且也倾向于恶化劳动状况,因为分工会把个体工人变成机器上的一个齿轮。分工通常使他局限于做一些重复性的、微小而不重要的工作,从而使他无法利用他的技巧,也无法享受他的手艺带来的成就感。从纯粹经济学的观点看,斯密提倡分工的精细化,因为每次进一步的分工都会增加生产效率。但是,从人类的观点看,他也注意到,这种通过把人分成不同的功能性群体——一人一事——而增加财富的方法会导致人的精神贫乏,因为在这种情况下,他们的发展仅仅需要重复性的功能。

斯密写道:"在分工的进程中,更大

部分通过劳动而生存的那些人的职业……终将局限于少数一、两个简单的操作。那些终生从事少数简单操作的人……没有机会运用他的理解力和创造性……因此，他自然就丧失了这种运用习惯，而且通常在未来变得更加愚蠢和无知。"这种情况在马克思那里似乎变得更加恶劣。工业体系尽管革新了工作方式，但"使劳动者变成了跛脚的怪物，因为他的工作娴熟是以他牺牲整个世界的生产能力和本能为代价的"。马克思的用语"跛脚的怪物"可以理解为卡夫卡《变形记》中的人物格里高尔·萨姆沙，在此，读者感觉到，萨姆沙单调的工作使他变成了一个甲壳虫。劳动在现代世界中已经在很大程度上退化为卡夫卡痛苦的隐喻。

劳动的主要问题似乎是道德和政治问题，而不是经济问题。从生产效率的角度考虑分工时，如果我们没有关注它对劳动者的影响，那么，这种考虑依旧是纯经济学的。如果我们从工人的角度看待工作时间、工作状况和工作组织时，那么，对影响劳动生产率的因素分析则不再仅仅是经济学的。

工资是由劳动的（或者像马克思所坚持的，由劳动力的）买卖确定的，就像商品的价格取决于市场的供求状况；真实工资和名义工资的差别是由工资同其他商品的价格之间的关系确定的；工资是根据劳动者及其家庭的最低生活费用设定的这一所谓"工资铁律"；所有这些问题，经济学家都可以用描述的或历史的方式进行处理，不考虑正义问题而只是计算比例和比率。但若考虑到对劳动者的影响，正义问题就会出现，并成为主要问题，这包括工人有权获得其劳动成果，有权获得充分就业及其他形式的保护，有权集体谈判，有权在工业或商业管理中发出自己的声音。

这些都是资本主义经济体系的难题，对此，资本的支持者和劳动的支持者曾经提出了不同的方案。然而，冲突双方呼吁的正义原则，似乎也适用于先前的其他经济体系的冲突，如主人和奴隶之间或农奴主和农奴之间的冲突。在马克思看来，尽管这三种经济有制度上的差别，但我们不应忽视所有者与工人的关系中存在着相似性，不管这里的工人是奴隶，还是被束缚在土地上的雇工，或出卖自身劳动力的工业无产阶级。

他写道："凡是社会上一部分人享有生产资料垄断权的地方，劳动者，无论是自由的或不自由的，都必须在维持自身生活所必需的劳动时间以外，追加超额的劳动时间来为生产资料的所有者生产生活资料，不论这里的所有者是雅典的贵族、伊特鲁里亚的僧侣、罗马的市民、诺曼的男爵、美国的奴隶主、瓦拉几亚的领主，还是现代的地主或资本家。"

马克思继续解释，奴隶劳动和雇佣劳动之间的表面差别是如何掩盖了二者的相似性。"在奴隶劳动中，甚至工作日的那部分（在此，奴隶仅仅是归还了他自身生存资料的价值，因此，他仅仅为自己工作）似乎也是为其主人进行劳动的。所有奴隶劳动都是作为无偿劳动而出现的。相反，在雇佣劳动中，甚至剩余劳动，或者说义务劳动，似乎都是有偿的。就前者而言，财产关系掩盖了奴隶为他自己所做的劳动；而就后者来说，货币关系掩盖了雇佣劳动者的无偿劳动。"

有两个用语，"义务劳动"和"无偿劳动"，表明了马克思是从正义问题切入来思考的。在其他地方，他称工业无产阶级是"工资奴隶"，借此强调显然自由的经济也存在同样不公正的剥削，在此"奴隶"这个词意味着它把人当作牛马来使用。从劳动者的剩余价值出发，马克思看到了各种形式的经济剥削在本质上具有相似性,从而使得各种形式的经济奴隶制在本质上是相似的;换言之,同维持自身生存的需要相比,劳动者生产出了更大的商品价值。这种剩余价值被原料和工具的主人占有时,就变成了不劳而获的增量,换言之,就变成了来自另一个人工作的不公正的利润。

奥威尔在《动物农场》中指出,这种对工人的剥削类似于人类对动物的滥用。如同马克思抨击了生产资料的主人,在奥威尔那里,象征马克思的年老少校,那头具有预言能力的猪,也对人类进行了抨击:"人类是唯一能够在没有生产的情况下进行消费的生物……然而,他是所有动物的主人,他让它们工作,向它们提供不至于饿死的最基本的食物,然后把剩余的据为己有。"

如何看待价值——商品的价值和劳动本身的价值——显然是最为重要的问题。如同**正义**一章所表明的,平等的公式(the formulas of equality)决定了公平交易或分配,然而这种公式也需要某种价值等价物的度量。是什么决定了商品的内在价值,以至于它可以在没有涉及市场上彼此价格的情况下同另一商品进行比较?斯密对这一问题的答案是劳动。这不仅是斯密之前洛克给出的答案,也是其后马克思给出的答案。

斯密宣称:"可以说,同等数量的劳动,在任何时候任何地方,都具有劳动者的同等价值。在其平常的健康、力量和精神状态下,换言之,在其正常的技术和熟练程度的情况下,他必须总是放弃同样比例的安逸、自由和幸福。他给出的价格必定总是一样的,不管他接受的作为交换的商品数量是多少。当然,它购买的商品数量时多时少;但是,发生变化的恰恰是它们的价值,而不是购买它们的劳动。"据此,斯密断定:"劳动本身的价值根本不会发生变化,只有劳动才是所有商品的价值在任何时间、任何地方得以估计和比较的终极标准和真实标准。劳动是商品的真实价格;货币仅仅是它们的名义价格。"

这种劳动价值理论进一步提出了劳动价值本身的问题。是什么决定了与其市场或名义价格相对立的自然或真实价格?在此,马克思和斯密似乎分道扬镳,而且,这解释了他们更深层的分歧。马克思宣称:"劳动的真实价值是其生产成本,而不是它在市场上得到的总体价格";他进一步解释了资本家是如何获得剩余价值的:资本家仅仅在生产与维持劳动者成本的基础上支付劳动力,然而,他使用了劳动者的全部劳动力去生产商品的真实价值,而这种价值远远超过了劳动本身的真实价格。

另一方面,斯密坚持认为,只有"在土地占有和股份积累之前的事物的初始状态","劳动的全部产品才属于劳动者"。当"土地变成私有财产"时,地主以租金的形式"做出了第一种扣除",而资本家则以利润的形式"做出了第二种扣除"。只有在扣除了租金和利润之后,劳动者的工资才代表了剩下的"劳动的全部产品"。

然而,斯密也这样说道,"任何一个国家的土地一旦变成了私有财产","像所有其他人一样",地主"喜欢在他们没有播种的地方进行收割"。在这句话中,不劳而获的增量意味着,斯密既不是不愿意把道德判断同经济描述相混淆,也不是在经济正义的原则上同马克思发生了分歧。斯密把利润视为因使用资本而适当支付的价格,他也没有把"收而不种"视为获取利润的本质要素,所有这些都可解读为对马克思的一种挑战,因为马克思把劳动价值理论发展为剩余价值理论和不劳而获的增量理论。

斯密和马克思在共同的前提下得出了不同的结论。当然，这种结论的差别可以通过他们所采用的不同分析路线来加以解释。它并不是代表了事实的直接对立。"价值源于劳动"这一命题似乎产生了许多理论后果。

例如，洛克就把上述命题视为私有制的基础，他坚持认为，恰恰是由于劳动，"事物才会有不同的价值"。"尽管地球和所有低等生物属于所有人，然而，每一个人都有自己的财产。可以说，其身体进行的劳动和其双手进行的工作都应该是他自己的。所以，只要他使任何东西脱离自然所提供的和那个东西所处的状态，他就使他的东西掺进了他的劳动，从而使之成为自己的财产"。

卢梭也赞同这种观点。他说："我们不可能想象，财产源于手工劳动之外的其他事物；一个人会把什么东西放到并非他原创的事物之上，以至于使它们成为自身的财产？"斯密以同样的口吻宣称："每个人都有自己的劳动财产，它是所有其他财产的最初基础，所以，它是最神圣不可侵犯的。"

如果我们把私有财产合情合理地视为以劳动为基础的权利，那么，我们将进一步得出什么结论？最初的财产权又如何演化成了继承权？这种财产起源的概念如何影响了马克思主义关于无产阶级起源的想法——无产阶级就是只有劳动力可以出卖的无产者？有人攻击共产主义者试图废除"个人获得的、作为自身劳动成果的财产权"。马克思和恩格斯对此进行了反击：工业资本主义"在很大程度上已经摧毁了它，并且每天还在继续摧毁它"。他们提出了生存资料的公有制，并借此来保护劳动力的财产权；他们仅仅试图废除"资产阶级形式的私有制"，因为在他们看来，这种私有制就是运用财产去剥削劳动力。

在任何财富公正分配难题的表述中，劳动权利似乎是核心问题。但是，当其他的权利得以考虑时，经济正义问题变得更加复杂；而且，不同的解决方案源于不同的强调重点。J. S. 穆勒指出，甚至在同一组解决方案内部也有差别："一些共产主义者认为，共同体内的劳动产品应该根据严格的平等原则进行分配。其他人则认为，那些需要最大的人应该接受最多。"要想衡量不同方案的优点，要想找到一个合适的解决方案，关于劳动的讨论必须同**正义**、**革命**和**财富**等章的相关讨论联系起来。

恰恰是劳动，而非收入分配这种严格意义的经济问题，涉及了正义问题。例如，在古代世界，人们通常认为，奴隶和自由的工匠都不能参与政治生活。只有富人才有足够的时间去参加公民活动，因为在希腊的城邦国家，这种活动近乎是全职的职业。在亚里士多德看来，这是劳动阶级丧失公民权利的一个重要原因，他们不得不把精力放在糊口上，他们既没有时间也没有能力去追求自由。他说："既然闲暇是发展美德、履行政治义务的必要条件"，公民无法"过技工和商人的生活"。

这种寡头主义的看法意味着，富豪应该享有政治特权。与此相反，希腊的民主人士坚持认为，所有自由人都是平等的公民，不管他们财产是多是少，也不管他们的劳动和闲暇状况如何。但是，在 18 世纪的共和党人中，寡头主义的原则依旧处于主导地位。例如，康德认为，公民权"预设了个体公民的独立和自足"。他由此指出，"商人或工匠的学徒、没有受雇于国家的仆人、未成年人、全部的女人、无法养活自己的人以及受他人

(国家例外)安排的人",都没有公民权,因为他们仅仅是"消极的"公民。他们"没有公民人格,他们的存在实际上仅仅是附带地包括在国家之内"。

《联邦党人文集》一书的作者们喜欢同民主政府对立的共和政府,或者说同直接民主对立的代议政府,部分原因在于,他们不仅担心雇佣工人和日工缺乏政治能力,也担心这些人的集团利益。在表达对人头税的"反对"时,他们仍然捍卫政府强求征税的权利,因为他们坚信,"国家可能会陷入某种严重的危机,这时,人头税就会成为无法估量的资源"。然而,这种人头税似乎将首先成为剥夺没有财产和收入微薄的工人权利的手段,这也正是后世的看法,此外,后世还注意到了对少数族群被剥夺的状况。

民主革命直到19世纪中期才发生。但是,即使在那时,主张普选权的穆勒依然赞成剥夺穷人或失业者的选举权;他根本没有提出"工作权利——避免贫困和匮乏的权利——是不是一种同公民权密不可分的民主权利"这个问题。他写道:"接受教区救济的人根本不应该有公民权。如果一个人不能通过自己的劳动来养活自己,那么,他没有特权享用他人的财产。如果一个人为了生存而不得不依附于其他的共同体成员,那么,他就要放弃别人在其他方面拥有的平等权。"

在历史上,民主总是同为了劳动阶级的政治正义而进行的运动相连,而这种历史联系表明,政治民主只有在经济民主之后才能获得充分的实现。

在最近的时代,尤其是20世纪,关于公平或正义的讨论大大减少,关于确定工资水平之因素的讨论也是这样。在20世纪末写就的《有闲阶级论》中,凡勃伦确实区分了两种主要的职业类型——"侵占"和"劳役"。"那些属于侵占一类的职业是可敬的、光荣的、高贵的;而不包含这种侵占成分的职业,尤其是含有奴性或屈服意味的那些职业,是不值得尊敬的、低贱的、不体面的。"但是,凡勃伦进行这样的区分并不是为了有所行动;改革,更不必说革命,根本不是他的兴趣或计划。在此,犹如在其他地方,凡勃伦的著作既引起了不满,又带来了启发。部分地由于此种原因,恰恰是富人——有闲阶级——而非工人,吸引了他的注意。关于更详细的内容,参见**财富**一章。

然而,在凡勃伦的著作中,有一个意义深远的关于劳动的评论。如他所言,他发现了"成就本能"(the instinct of workmanship),这在其他地方被描述为"高效工作的嗜好"。在他之后,凡阅读凡勃伦著作的人几乎都会注意到这一点。不管一个工人的身份或职业如何,他/她的内在欲望就是成为任务及其要求的主人,从而表明,他或她能胜任任何工作,而且,其特定的技巧和能力足以赢得观察者、雇主,尤其是他/她本人的满意。

第二种或者说是最近的劳动观不再强调就业,而是强调工人的社会背景及其同福利和个人实现的关系。托尼基本上在现代意义的层面上思考了这个问题;他在《贪得无厌的社会》等著作中声称,现代资本主义比较重视有助于提高公众共同生活水准的工作,换言之,它比较重视致力于同教育、公共娱乐设施、卫生医疗、图书馆、法律和秩序提供等有关的生产活动。而且,它原则上鼓励私人为市场经济服务。反过来,这不仅妨碍了依赖公共服务(如学校或图书馆)的那些人的利益,而且还支持能够提供私人服务的那些人。

从更一般的角度说,托尼把时代的统治观念视为强制性的社会冷漠,甚至是必然会对辛苦工作的人产生特殊影响的残忍。"自英国率先展现了工业主义的可能性之后,它迅猛发展……其胜利的秘密是显而易见的。它鼓励人们使用自然或社会赋予他们的力量,刺激人们运用技巧、活力或极端的自私赋予他们的力量,怂恿人们运用纯粹的好运赋予他们的力量,但没有询问这些力量的运用是否应该受到某个原则的限制"。作为英国费边运动的一部分,托尼理论体系的中心问题是一种平衡意识。一方面是活力和受到欢迎的表达意愿,另一方面是扩大他人(尤其是因缺乏技巧、活力、极端的自私或好运而以不同的方式受强者支配的那些人)自由和福利的约束。马克思在革命和统治力量的安乐死中发现了解决方案;然而,托尼在一种人道的社会和政治环境中发现了解决方案。

关于劳动的位置,韦伯提出了一种不同的看法。这种看法强调正在浮现的科层制的角色——从个体权威到团体或组织权威的演变。他把这种运动视为不可逆转的总体趋势;他最初把它同公共服务相连,并提醒他的读者,"集团福利的科层化将以私人资本主义企业的形式得以实现,这跟其他企业的科层化没有什么不同"。直到 18 世纪,兵团一直是一个管理单元,上校团长为企业家提供了制服和军队。"就占据高位的政治人物而言",军队供应是"私人资本主义的首要大事"。

尽管这依旧受到了正统的意识形态的抵制——恰如韦伯在某种程度上的所作所为——他开创了在现代资本主义企业中寻求工人角色的先河。在典型的公司中,工人作出的反应不是基于企业家或资本家的命令或利益,而是基于复杂的大型官僚机构的命令或利益,在此,管理者和被管理者之间的界限通常是不明确的。

在大萧条时期,关于劳动在现代工业社会之位置的讨论发生了很大的、甚至说是巨大的变化。在美国,尽管集体谈判和工会依旧在政治中发挥着作用,但由此而引发的权力问题却失去了意义。在工业世界,关于劳动的首要问题现在是就业问题。如果一个人有工作,生活可能是完美的;但是,如果一个人根本没有工作,生活显然是不完美的。在 20 世纪 20 年代的英国,这已经成为了十分紧迫的问题。在 20 世纪 30 年代,失业几乎已经变成了资本主义的普遍问题。

许多人提到这个问题,不过人们听到最多的还是凯恩斯的声音。他在 1936 年出版的《就业、利息和货币通论》不仅使就业成为经济讨论的主要话题,还在当时消除了几乎所有其他的同劳动有关的问题。

在凯恩斯之前,普遍接受的假设是充分就业平衡,这在某种经济思潮中是理所当然地应该接受的假设。事实上,如果有失业,那么,撇开一些短期的周期性的难题不谈,失业者将会通过降低他们的工资要求而获得工作。因而,一些雇佣他们的雇主将是值得的——有利可图的。诚然,工会反对这种方法;并不奇怪,他们随后受到了失业的遣责。

凯恩斯把失业视为有效需求未能成功应对已有的产品与服务的结果。自从让—巴普蒂斯特·萨伊——著名的法国经济学家,近乎当代的斯密——时代以来,萨伊定律已经变成了经济学的公理(马尔萨斯是少数的反对者之一):生产导致了相应的和极其充足的需求。凯恩斯否认了这个命题,因为过多的储蓄导致了需求不足(这里的"需求"并没有受到较低的利息率和充足的投资流的调节)。生产和就业的持续下降会消除过多的储蓄,并建立新的就业不足或失业平衡,此时,调节就会发生。

根据这种分析,凯恩斯提出了伟大的、在当时甚至是革命性的策略。国家应该干预私人或市场经济的需求不足,并通过借贷弥补这种需求不足。在公共预算中,通过故意的赤字开支增加就业,这在当时几乎是前所未闻的。基于此,一个更加非同寻常的结论在二战之后完全进入了公共政策:国家不仅要为经济活动的水平承担责任,还要为其发展速度承担责任。在这种情况下,经济增长率变成了公共政策成功与否的首要标准。

凯恩斯《通论》的观点有时会模棱两可,这引起了许多争论。如同《圣经》或马克思的《资本论》,人们对它有截然不同的解释。与《圣经》或马克思的《资本论》一样,随后的关于意义和意图的争论产生了许多信徒:既然已经投入了时间和精力来捍卫一个解释,所以,一个人会因此而成为信徒。就就业、劳动和随后的公众态度和公共政策而言,《通论》依旧是20世纪最有影响的经济著作。

分 类 主 题

1. 人类生活中的劳动
   1a. 劳动的祸根:黄金时代的神话和世界的衰退
   1b. 劳动、休闲与幸福:奴隶生活、政治生活和冥思生活
   1c. 劳动的痛苦与罪孽的解脱:劳动的规训用途和惩戒用途
   1d. 社会必要劳动和道德上的工作责任
   1e. 工作的荣幸与生产力的作用:由发明征服自然的技艺所带来的进步
   1f. 劳动的退化:劳动者工作在奴隶制、农奴制和劳动工资制下的异化
2. 工作的性质
   2a. 工作的终结:生产的物品和工人的利益
   2b. 工作的进步:艺术、手艺、机器、事物之间的关系
3. 工作的种类和不同类型的工人之间的关系
   3a. 根据必需的人类潜能或人类能力进行的工作划分:有技巧的劳动和没有技巧的劳动;体力劳动和脑力劳动;劳动与管理
   3b. 根据工人的社会地位进行的工作划分:奴隶工作和自由工作;低贱的工作和高贵的工作
   3c. 根据工作的身体状况和心理状况而进行的职业划分:健康的职业和不健康的职业;舒适的工作和不舒适的工作
   3d. 根据工作方式而确立的工作类型:个人工作和团体工作;师傅和助手之间的关系
   3e. 根据对财富增加的影响而确立的工作类型:生产性劳动和非生产性劳动
   3f. 根据同公共福利的关系而进行的工作划分:对社会有用的工作和浪费性的工作或多余的工作
4. 劳动的分工
   4a. 分工的经济原因与经济结果:分工同产品和服务的交换、生产、分配之间的关系;分工对富裕的影响
   4b. 分工的社会后果:阶级的发展

4c. 分工的道德因素:艺术力量的获得;琐碎的工作所导致的艺术的衰竭
5. 生产组织:劳动在不同经济制度下的位置
    5a. 奴隶主义经济制度下的驯服制或奴役制
    5b. 封建主义经济制度下的农奴制或劳役制
    5c. 资本主义经济制度下的雇佣工人或工业无产阶级:全面就业的影响因素
    5d. 社会主义经济制度下的工人状况
6. 劳动工资:工资支付的种类
    6a. 作为商品的劳动:劳动市场
    6b. 工资铁律:生存线与最低工资
    6c. 真实工资与名义工资的区分:影响工资水平的变量因素;工资水平对就业的影响
    6d. 劳动的实际工资与劳动价值理论
7. 劳动者的经济正义和政治正义
    7a. 公平的工资、时间和工作条件:劳动立法
    7b. 财产权:生产资料的所有权
    7c. 经济不平等或经济压迫的后果:阶级战争
        (1)对抗性社会阶级的经济类别:奴隶与自由人;劳动阶级与闲暇阶级;无产阶级与有产阶级
        (2)工人组织与保护劳动者权益的工会的形成
        (3)作为革命阶级的无产阶级:它的革命目标
    7d. 工人的贫困状况:剥夺奴隶的公民资格;剥夺劳动阶级的公民权
    7e. 财产问题与贫困:失业与工作权利
    7f. 经济自由和政治自由的关系:经济民主
8. 劳动状况的历史考察和理论考察

[郇建立 译]

索引

本索引相继列出本系列的卷号〔黑体〕、作者、该卷的页码。所引圣经依据詹姆士御制版，先后列出卷、章、行。缩略语 esp 提醒读者所涉参考材料中有一处或多处与本论题关系特别紧密；passim 表示所涉文著与本论题是断续而非全部相关。若所涉文著整体与本论题相关，页码就包括整体文著。关于如何使用《论题集》的一般指南请参见导论。

1. **Labor in human life**

1a. **The curse of labor: myths of a golden age and the decay of the world**

Old Testament: *Genesis,* 3:17-19,23 / *Ecclesiastes,* 1:3-2:11; 2:17-24; 3:9-13; 4:4-8; 5:15-16
Apocrypha: *Ecclesiasticus,* 7:15; 31:3-4
 6 Plato, 588-589
 11 Lucretius, 29-30, 61
 12 Virgil, 10-11, 223-224
 16 Augustine, 442-443
 19 Dante, 74, 87
 27 Cervantes, 31
 29 Milton, 297-298, 302-303, 304-305
 35 Rousseau, 348-353, 362
 50 Marx, 199-200
 57 Veblen, 7-8, 92-95

1b. **Labor, leisure, and happiness: the servile, political, and contemplative life**

Old Testament: *Proverbs,* 6:6-11; 19:15,24; 21:25-26; 24:30-34
Apocrypha: *Ecclesiasticus,* 11:11-14; 38:24-34
New Testament: *Luke,* 10:38-42
 4 Aristophanes, 893-896
 5 Herodotus, 86
 6 Plato, 43, 390-391, 722-723
 7 Aristotle, 500-501
 8 Aristotle, 430-432, 448, 460, 527-531, 533, 538-539, 542-543, 547-548
 11 Epictetus, 129, 212-215
 11 Aurelius, 254
 13 Plutarch, 44-45, 560
 19 Chaucer, 280, 448-450
 21 Hobbes, 267-268
 23 Montaigne, 61-62, 158-163, 528-531, 582-584
 24 Shakespeare, 554
 25 Shakespeare, 532-533
 28 Bacon, 6, 18, 69-76
 33 Locke, 389
 36 Smith, 372-373
 37 Gibbon, 597-598
 39 Kant, 586-587
 41 Boswell, 171, 201
 43 Hegel, 283-284
 43 Nietzsche, 496
 44 Tocqueville, 234
 45 Goethe, 70
 48 Melville, 220-227
 49 Darwin, 324
 50 Marx, 112, 262
 54 Freud, 774
 57 Veblen, 15-79 esp 25-28, 41-47, 84-89, 98-103, 134-153, 160-164, 166-168
 57 Tawney, 234-235
 58 Huizinga, 298-299, 301

1c. **The pain of labor and the expiation of sin: the disciplinary and penal use of labor**

Apocrypha: *Ecclesiasticus,* 40:1
 4 Euripides, 518-519
 12 Virgil, 29-30
 13 Plutarch, 512
 16 Augustine, 590
 17 Aquinas, 512-513
 19 Dante, 8-9, 57-58
 19 Chaucer, 448
 29 Milton, 306-333, 339-378
 48 Melville, 196
 50 Marx, 354
 51 Tolstoy, 275, 606-607
 57 Veblen, 71-72, 75-78

1d. **The social necessity of labor and the moral obligation to work**

Old Testament: *Deuteronomy,* 5:13-14
Apocrypha: *Ecclesiasticus,* 22:1-2
New Testament: *Ephesians,* 4:28 / *I Thessalonians,* 4:11-12 / *II Thessalonians,* 3:7-12
 4 Aristophanes, 893-896
 6 Plato, 316-317
 8 Aristotle, 490
 11 Epictetus, 109-110
 11 Aurelius, 262
 18 Aquinas, 666-669
 21 Hobbes, 157
 37 Gibbon, 597
 43 Hegel, 69-70, 375
 43 Kierkegaard, 410-411
 44 Tocqueville, 296, 336
 47 Dickens, 81
 49 Darwin, 324
 50 Marx, 88, 253-255 passim
 51 Tolstoy, 572-573
 54 Freud, 781-782

57 Veblen, 7-8, 34
57 Tawney, 190-255 passim esp 233-234

1e. The honor of work and the virtue of productivity: progress through the invention of arts for the conquest of nature

Old Testament: *Proverbs,* 31:10-31
Apocrypha: *Ecclesiasticus,* 38:25-34
 3 Homer, 231-232
 4 Aeschylus, 45-46
 6 Plato, 6, 664-665
 13 Plutarch, 64-65, 252-255
 28 Bacon, 105-195
 28 Descartes, 285
 29 Milton, 165-166
 34 Swift, 106-115
 35 Montesquieu, 126
 35 Rousseau, 352, 363, 428
 36 Smith, 6-7, 9-11 passim
 37 Gibbon, 633-634, 655-656
 43 Hegel, 257, 282-283
 44 Tocqueville, 181-182, 213-215, 296, 297-300, 309-312, 335
 46 Eliot, George, 322, 393-394, 468-469
 50 Marx-Engels, 420-421
 54 Freud, 777-779 passim
 57 Veblen, 39-41, 151-152
 57 Tawney, 190-255 passim esp 222-225, 239-245, 253-255
 58 Weber, 194-195
 58 Huizinga, 258

1f. The degradation of labor: the alienation of the laborer's work in chattel slavery, serfdom, and industrial wage slavery

Old Testament: *Exodus,* 1:8-14
 13 Plutarch, 278-279
 36 Smith, 49-50, 59-61
 37 Gibbon, 144
 39 Kant, 421-422
 44 Tocqueville, 15, 166-168, 180-182, 308-309, 314
 50 Marx, 82-83, 88-89, 104-105, 150, 161-163, 199-200, 226-236 passim, 238-240, 251-253, 266-267, 280-286, 319-321, 369-371
 50 Marx-Engels, 420-421, 422-423, 424-425
 57 Veblen, 41-43
 57 Tawney, 192-193, 204-206, 210-212, 220, 241-242
 58 Weber, 175, 179
 59 Chekhov, 208
 60 Kafka, 111-112, 114

2. The nature of work

2a. The ends of work: the good of the product and the good of the workman

 6 Plato, 303-306, 733, 774-775
 12 Virgil, 29-30
 13 Plutarch, 36, 121-122
 19 Dante, 100
 39 Kant, 524
 43 Hegel, 70, 274
 50 Marx, 113-114, 251, 254-255
 56 Hardy, 364-365
 57 Tawney, 181, 190-191, 197, 217-218, 230-233, 239-245, 253-255

2b. The process of work: the relations of art, hand, machine, and matter

 6 Plato, 319, 591-593, 633
 8 Aristotle, 447
 16 Augustine, 733
 18 Aquinas, 182-184
 33 Locke, 34
 36 Smith, 5, 62-63
 43 Hegel, 31
 49 Darwin, 278
 50 Marx, 85-88, 180-188, 197-198, 251
 54 Freud, 778
 57 Veblen, 66-68
 57 Keynes, 369-371

3. The kinds of work and the relationship of different types of workers

3a. The differentiation of work according to the human talent or ability required: skilled and unskilled labor; manual and mental work; labor and management

 6 Plato, 316-320
 7 Aristotle, 499
 8 Aristotle, 544
 11 Lucretius, 75
 13 Plutarch, 252-255
 18 Aquinas, 666-669
 34 Swift, 29-31
 36 Smith, 49-50
 43 Hegel, 71
 50 Marx, 17-18, 95-96, 165-166, 170-171, 212
 57 Veblen, 38, 39-40, 66-69, 97-98
 57 Tawney, 216-229 esp 222-225, 242-253
 58 Weber, 144-148
 60 Orwell, 488

3b. The differentiation of work according to the social status of the worker: servile and free, menial and honorable work

 5 Herodotus, 84-85
 6 Plato, 722-723, 740-741
 8 Aristotle, 449, 453, 522, 542
 13 Plutarch, 733
 23 Montaigne, 161-163, 501-504
 24 Shakespeare, 57-59
 33 Locke, 43
 36 Smith, 51-52, 64-66, 190-192
 43 Hegel, 127
 44 Tocqueville, 307-312
 47 Dickens, 407-408
 52 Dostoevsky, 173-175
 57 Veblen, 1-9, 24-28, 33-34, 38-40, 77
 58 Weber, 141-142
 59 Proust, 369-371

3c. The classification of occupations by reference to bodily and mental concomitants of the work: healthy and unhealthy occupations; pleasant and unpleasant tasks

   8 Aristotle, 453, 542, 544
  35 Rousseau, 365
  36 Smith, 48–49, 382–385
  50 Marx, 117–130 passim, 194–195, 200–204 passim, 206–209, 227–231

3d. Types of work distinguished by reference to the manner in which the work is done: solitary and group work; the relation of master craftsmen and helpers

   6 Plato, 581–582
   8 Aristotle, 474
  36 Smith, 3–5, 40–41, 57–58, 58–61
  50 Marx, 157–164, 165–166, 170–171, 186–188
  57 Tawney, 246

3e. Types of work distinguished by reference to their effect on the increase of wealth: productive and nonproductive labor

  35 Rousseau, 365–366
  36 Smith, 160–170, 323–327, 330–332
  44 Tocqueville, 342–343
  50 Marx, 86–87, 96–97, 219, 251–252, 290–292
  57 Veblen, 15–28, 53, 96–97, 130–131, 144–145, 148–151
  57 Tawney, 181, 186–255 passim esp 192–194, 205–212
  57 Keynes, 369–371
  60 Orwell, 478–479

3f. The differentiation of work in terms of its relation to the common welfare: socially useful and wasteful or superfluous work

   6 Plato, 318
   8 Aristotle, 532–533
  11 Aurelius, 265
  13 Plutarch, 36
  18 Aquinas, 666–669
  19 Dante, 14
  35 Rousseau, 365–366
  36 Smith, 160–170
  50 Marx, 16–18, 31–32, 34–35, 48, 174, 261–262
  57 Veblen, 18–28
  57 Tawney, 191–199

4. The division of labor

   6 Plato, 12, 349–350, 442, 445, 480–481
   8 Aristotle, 489–491
  16 Augustine, 292
  28 Bacon, 210–214
  35 Rousseau, 352–353
  36 Smith, 3–11, 132–133
  39 Kant, 253
  40 Mill, 420
  43 Hegel, 70–73
  50 Marx, 164–180

4a. The economic causes and effects of the division of labor: its relation to the exchange, production, and distribution of goods and services; its bearing on opulence

   6 Plato, 316–319
  33 Locke, 34
  35 Montesquieu, 191
  36 Smith, 183, 214
  37 Gibbon, 21–23
  44 Tocqueville, 299–300
  50 Marx, 31–37, 48–50, 80–81, 164–165, 167–170, 178–180
  57 Veblen, 1–9, 32–34
  57 Tawney, 216–229 passim esp 222–225, 240–245, 246
  58 Weber, 85–86

4b. The social consequences of the division of labor: the development of classes

   5 Herodotus, 196
   6 Plato, 316–356
   8 Aristotle, 459–460, 464
  34 Swift, 154–155, 158
  36 Smith, 8–9, 64, 190–191, 338–347 passim esp 341
  37 Gibbon, 89, 498, 501, 655–656
  39 Kant, 586–587
  40 Federalist, 113–114
  41 Boswell, 127, 140–141
  43 Hegel, 70–73, 141, 263–264, 355–358
  44 Tocqueville, 212–213, 299–300
  50 Marx, 16, 170–176, 205–206, 218–219, 239–240, 317–319
  50 Marx-Engels, 422–424
  54 Freud, 882
  57 Veblen, 15–24, 34–35
  58 Weber, 135–136
  59 Cather, 413
  60 Orwell, 499

4c. The moral aspects of the division of labor: the acquisition of the virtue of art; the attenuation of art by insignificant tasks

  12 Virgil, 29–30
  18 Aquinas, 666–669
  20 Calvin, 355–356
  35 Rousseau, 353
  36 Smith, 124–125, 326, 382–383
  44 Tocqueville, 212–213
  50 Marx, 165–166, 176–178, 205–208, 226–231, 249–250
  55 Whitehead, 227–228
  57 Veblen, 18–19
  58 Weber, 179

5. The organization of production: the position of labor in different economies

  36 Smith, 1–2, 57–58
  44 Tocqueville, 248–249, 371–372
  50 Marx, 33–36, 79–81, 104–105, 113–115, 149–150, 157–164, 171–176, 377–378

50 Marx-Engels, 420, 425–429
57 Tawney, 191–255 passim

5a. Domestic or chattel slavery in a slave economy

Old Testament: *Exodus,* 21:1–12,16,-20–21,26–27,32 / *Leviticus,* 25:44–45 / *Deuteronomy,* 15:12–18
Apocrypha: *Ecclesiasticus,* 33:24–31
New Testament: *Colossians,* 3:22–4:1 / *Titus,* 2:9–11 / *Philemon*
3 Homer, 437
6 Plato, 709–710
8 Aristotle, 446–449 passim, 454–455 passim, 534
13 Plutarch, 439
18 Aquinas, 318–321
21 Hobbes, 110–111, 261–262
35 Montesquieu, 96–97, 109, 111–112
36 Smith, 187–188, 268–269, 284–285
37 Gibbon, 16–17, 498–500, 620
40 Constitution of the U.S., 16, 18
40 Federalist, 137
40 Mill, 339–340
41 Boswell, 363–364
44 Tocqueville, 180–191
50 Marx, 95, 128–129
52 Dostoevsky, 173–175
57 Veblen, 23–24
58 Weber, 128

5b. Serfdom or agrarian peonage in a feudal economy

36 Smith, 185–191, 197–200
37 Gibbon, 144, 628
38 Gibbon, 452–453
44 Tocqueville, 308–309
50 Marx, 34, 79–80, 114–115, 266, 354–364 passim
51 Tolstoy, 211–213, 410–411, 654–655

5c. The wage earner or industrial proletariat in a capitalist economy: factors affecting overall employment

36 Smith, 23–24
40 Mill, 345–346, 369–370
43 Hegel, 82–83
44 Tocqueville, 299–300
50 Marx, 79–256, 261–262, 279–383
50 Marx-Engels, 426–428
57 Tawney, 217–229, 232–253
57 Keynes, 265–457 passim esp 385–390

5d. The condition of the worker in a socialist economy

40 Mill, 309
50 Marx, 34–35
50 Marx-Engels, 425–429
60 Orwell, 485–524 passim esp 496–497, 500–502, 513–518, 519–524

6. The wages of labor: kinds of wage payments

36 Smith, 31–43, 48–71
40 Mill, 366–367
50 Marx, 264–278
58 Weber, 138, 148–151

6a. Labor as a commodity: the labor market

21 Hobbes, 124
36 Smith, 14–19, 31–43, 272–273
50 Marx, 79–84, 91–95 passim, 112–113, 211–219, 302–317, 379–383
57 Tawney, 236–238
57 Keynes, 269–272, 275–280, 398–409

6b. The iron law of wages: the subsistence level and the minimum wage

36 Smith, 33, 47, 429–430
50 Marx, 81–82
50 Marx-Engels, 424–425, 426
57 Veblen, 45
57 Keynes, 271–272, 401–402

6c. The distinction between real and nominal wages: variable factors affecting wage levels; the effect of wage levels on employment

36 Smith, 14–23 esp 16, 26–43 passim, 46, 48–71, 139–140, 297–298, 426–428, 429–433, 437–438
50 Marx, 171, 223, 256–260, 267–268, 302–307, 315–316
50 Marx-Engels, 425
57 Tawney, 232–235, 247–248
57 Keynes, 266–271, 272–273, 307, 385–390 passim, 391–403

6d. The natural wages of labor and the labor theory of value

33 Locke, 30–36
35 Rousseau, 353
36 Smith, 14–16
39 Kant, 424–425
50 Marx, 13–25, 32–33, 93–96, 100–101, 112–113, 264–267
57 Keynes, 369–371

7. Economic and political justice to the laborer

7a. Fair wages, hours, and working conditions: labor legislation

Old Testament: *Exodus,* 31:14–17 / *Leviticus,* 25:1–12 / *Deuteronomy,* 5:12–15; 24:14–15 / *Jeremiah,* 22:13
New Testament: *Matthew,* 20:8
6 Plato, 741
8 Aristotle, 416–417
28 Bacon, 30
34 Swift, 154–155
35 Montesquieu, 111
36 Smith, 23–26, 31–43, 48–71 passim, 120–121, 224–225, 322
40 Mill, 309, 310, 345–346, 366–367, 467, 472–473
43 Hegel, 79, 144

44 Tocqueville, 313–314
50 Marx, 81–84, 102–156, 192–209 passim, 226–248, 256–275 passim, 296–307 passim, 366–368
50 Marx-Engels, 422–423
57 Tawney, 195–197, 232–235, 247–248, 252–253

7b. **The right to property: the ownership of the means of production**

6 Plato, 341–342, 695–696
8 Aristotle, 458–460
13 Plutarch, 36–37, 674–681
33 Locke, 30–36
35 Rousseau, 339, 353, 394
36 Smith, 268–269, 272–273
38 Gibbon, 86–87
39 Kant, 409–410, 414–415, 426–428, 431–432, 441–443
43 Hegel, 26, 30–32, 125–126
48 Melville, 182–184
50 Marx, 88–89, 113, 149–151 passim, 160–162, 288–290, 354–364, 369–370
50 Marx-Engels, 425–427, 428–429
54 Freud, 787–788 passim
57 Tawney, 199–216, 225–229
60 Orwell, 485–487

7c. **The consequences of economic inequality or oppression: the class war**

7c(1) **The economic determination of antagonistic social classes: slaves versus freemen; laboring versus leisure classes; propertyless versus propertied classes**

4 Euripides, 350
5 Thucydides, 423, 434–438, 463–465, 520, 564–593 passim
6 Plato, 343, 405–416
8 Aristotle, 461–463, 465, 478–479, 490, 495–497, 506–507, 519, 521–522, 524–525, 553–555
13 Plutarch, 68–71, 117–121, 176–184, 648–656
24 Shakespeare, 57–59
25 Shakespeare, 351–353
34 Swift, 154–155
34 Diderot, 270–271
35 Montesquieu, 77–83
35 Rousseau, 355–356, 381–382
36 Smith, 32–33, 124–125, 272–273, 347–349
37 Gibbon, 144, 501–502
40 Federalist, 50–51, 185–186
40 Mill, 345–346, 366–367, 369–370
43 Hegel, 81, 278–279, 304–305, 313–315, 379
44 Tocqueville, 101–103, 107–109, 299–300
46 Eliot, George, 389–391
50 Marx, 6–9, 111–146, 209–215, 282–286, 354–364
50 Marx-Engels, 415–416, 419–425, 428, 429–430, 434
54 Freud, 882–884

57 Veblen, 1–7, 10–15, 86–87, 96–97, 101–103, 134–139
57 Tawney, 186–255 passim esp 194–195, 204–216, 216–217, 219–220, 232–235, 236–237
58 Weber, 129–130, 135–138, 200
59 Cather, 416–417

7c(2) **The organization of workmen and the formation of trade unions to protect labor's rights and interests**

36 Smith, 58–64, 69–70
40 Mill, 366–367
50 Marx, 121–122, 137–138, 317, 367–368
50 Marx-Engels, 415–416, 423
57 Tawney, 234, 241–243, 244–245
58 Weber, 211

7c(3) **The proletariat as a revolutionary class: its revolutionary aims**

50 Marx, 294–295, 377–378
50 Marx-Engels, 415–417, 424, 425–434
57 Tawney, 207–208
60 Orwell, 478–481

7d. **The underprivileged condition of workers: the exclusion of slaves from citizenship; the disfranchisement of the laboring classes**

5 Herodotus, 107–108
6 Plato, 405–407
8 Aristotle, 464, 475, 492, 522–523, 533
35 Montesquieu, 114–115
35 Rousseau, 429
37 Gibbon, 17, 144
38 Gibbon, 73, 81–82
40 Federalist, 170–171 passim
40 Mill, 339–340, 351–352, 383–387 passim, 394–395 passim
44 Tocqueville, 183–184, 185–191
50 Marx, 137–141 passim, 283–286, 316–317, 364–368
50 Marx-Engels, 424–425, 428

7e. **The problem of poverty and pauperism: unemployment and the right to work**

6 Plato, 695, 783
8 Aristotle, 523–524
13 Plutarch, 62, 127–128, 409
21 Hobbes, 157
34 Swift, 154–155
35 Montesquieu, 147, 190, 191, 199–200
35 Rousseau, 375
36 Smith, 31–43, 66–71
40 Mill, 322
41 Boswell, 428
43 Hegel, 80–81, 83, 144
46 Eliot, George, 389–391
47 Dickens, 46, 68–72 passim esp 69–70, 79, 167
50 Marx, 209–225 passim, 302–366
55 James, William, 6–8
57 Veblen, 18–19

57 Tawney, 180–181, 236–237
57 Keynes, 266–267, 271–272

7f. The relation of economic to political freedom: economic democracy

8 Aristotle, 477–478, 492–493
13 Plutarch, 68–70, 671–689
35 Montesquieu, 19–21, 44–45, 99–100
35 Rousseau, 353–355 passim, 405
36 Smith, 58–71, 322–323
39 Kant, 436–437
40 Federalist, 113–114
40 Mill, 309, 382
43 Hegel, 80–81, 374, 388
44 Tocqueville, 290
50 Marx-Engels, 426, 428–429
57 Tawney, 182–191, 231–232, 238–239, 248–253 esp 248–249

8. Historical and fictional observations on the condition of labor

8 Aristotle, 465
13 Plutarch, 36–37, 127–129
34 Diderot, 269–270
35 Rousseau, 348–353
36 Smith, 31–43, 48–71, 100–101, 185–194, 196–200, 224–225
37 Gibbon, 16–17, 498–501 passim
38 Gibbon, 404, 452–453
45 Balzac, 241–242
46 Eliot, George, 389–391
50 Marx, 127–146, 333–377
50 Marx-Engels, 415–425 passim, 429–433
52 Dostoevsky, 173
57 Tawney, 201–203, 236–239
57 Keynes, 418–419, 425–426
58 Weber, 129–130
58 Huizinga, 268–269

交叉索引

以下是与其他章的交叉索引：

The golden age, *see* MAN 9a; PROGRESS 1c; TIME 8b.
Penal labor, *see* PUNISHMENT 4b(3).
Productive work and the factors influencing productivity, *see* ART 4, 9a–9b; EDUCATION 6; SCIENCE 1b(1)–1b(2); WEALTH 3a.
The division of labor and its consequences, *see* FAMILY 3a–3b; PROGRESS 3a; STATE 5c; WEALTH 3a.
The position of labor in different economic systems, *see* SLAVERY 4a–4c; WEALTH 6a, 7b(1).
The general theory of wages and the relation of wages to profits, *see* WEALTH 4c–4d, 6d(1)–6d(2).
The problem of economic justice to the laborer, *see* DEMOCRACY 4a(2); JUSTICE 8b–8c(2); PROGRESS 3b; WEALTH 6d(2), 10d; and for the relation of economic to political liberty, *see* LIBERTY 2d, 6b; REVOLUTION 4a.
Property rights and the ownership of the means of production, *see* WEALTH 3a, 7a–7e, 8a–8c.
The political status of the laboring classes and the extension of suffrage to workmen, *see* CITIZEN 3; CONSTITUTION 5a; DEMOCRACY 4a(1); LIBERTY 1f; OLIGARCHY 4, 5a; SLAVERY 5a–5b.
Poverty and unemployment, *see* WEALTH 8c–8d.
The class war in different economic systems, *see* OPPOSITION 5b; REVOLUTION 5a–5c; STATE 5d(2)–5e; WAR AND PEACE 2c; WEALTH 9h.
Labor and management, *see* WEALTH 7d(1).

扩展书目

下面列出的文著没有包括在本套伟大著作丛书中，但它们与本章的大观念及主题相关。

书目分成两组：

Ⅰ．伟大著作丛书中收入了其部分著作的作者。作者大致按年代顺序排列。

Ⅱ．未收入伟大著作丛书的作者。我们先把作者划归为古代、近代等，在一个时代范围内再按西文字母顺序排序。

在《论题集》第二卷后面，附有扩展阅读总目，在那里可以查到这里所列著作的作者全名、完整书名、出版日期等全部信息。

I.

Augustine. *Of the Work of Monks*
Mill, J. S. "The Claims of Labor," in *Dissertations and Discussions*

———. *Principles of Political Economy*, BK I, CH 1–3, 7–8, 10; BK II, CH 11–14; BK III, CH 6; BK IV, CH 7
Hegel. *The Phenomenology of Spirit*, IV (A)
Kierkegaard. *Christian Discourses*, PART IV (2)

Nietzsche. *The Dawn of Day*, APH 173
———. *The Gay Science*, APH 42, 329, 348
———. *On the Genealogy of Morals*, III (18)
Melville. "Bartleby the Scrivener"
Marx. *The Poverty of Philosophy*, CH 2 (2, 5)
Engels. *The Condition of the Working Classes in England*
———. *Herr Eugen Dühring's Revolution in Science*, PART II
Tolstoy. "On Labor and Luxury," in *What Then Must We Do?*
Veblen, T. *The Instinct of Workmanship, and the State of the Industrial Arts*
Russell. *Freedom Versus Organization*
———. *Proposed Roads to Freedom*, CH 4
Cather. *My Ántonia*
———. *O Pioneers!*

II.
THE ANCIENT WORLD (TO 500 A.D.)

Hesiod. *Works and Days*

THE MIDDLE AGES TO THE RENAISSANCE (TO 1500)

Langland. *Piers Plowman*

THE MODERN WORLD (1500 AND LATER)

Adler, M. J. *A Vision of the Future*, CH 2
Arendt. *The Human Condition*
Ashton. *The Industrial Revolution*
Berle and Means. *The Modern Corporation and Private Property*
Bradley, F. H. *Essays on Truth and Reality*, CH 3
Burns, A. R. *The Decline of Competition*
Carlyle, T. *Sartor Resartus*
Chamberlin, E. *The Theory of Monopolistic Competition*
Clark, J. M. *Alternative to Serfdom*
De Grazia. *Of Time, Work, and Leisure*
Dekker. *The Shoemaker's Holiday*
Dos Passos. *U.S.A.*
Durkheim. *The Division of Labor in Society*
Fiorenza and Carr. *Women, Work, and Poverty*
Fourier, F. *Social Destinies*
Franklin, B. *Poor Richard's Almanack*
George. *Progress and Poverty*
Gill. *Work and Leisure*
———. *Work and Property*
Groos. *The Play of Animals*
———. *The Play of Man*
Hamsun. *Growth of the Soil*
———. *Hunger*
Hess. *Sozialistische Aufsätze*
Himmelfarb. *The Idea of Poverty*

Hobson, J. A. *The Evolution of Modern Capitalism*
———. *Work and Wealth*
Jevons. *The State in Relation to Labour*
Kropotkin. *The Conquest of Bread*
———. *Fields, Factories and Workshops*
Le Bon. *The Psychology of Socialism*
Leo XIII. *Rerum Novarum* (Encyclical Letter on the Condition of the Working Classes)
Malthus. *An Essay on the Principle of Population*
———. *Principles of Political Economy*, BK I, CH 1-2, 4; BK II, CH 1, SECT 10
Maritain. *Freedom in the Modern World*, APPENDIX I
———. *Scholasticism and Politics*, CH VII
Marshall. *Principles of Economics*, BK IV, CH 6, 9; BK VI, CH 3-5
Michels. *Economia e felicità*
More, T. *Utopia*
Nexö. *Pelle the Conqueror*
Paracelsus. *On the Miners' Sickness and Other Miners' Diseases*
Péguy. *Basic Verities* (The Honor of Work)
Pius XI. *Quadragesimo Anno* (Encyclical on the Reconstruction of the Social Order)
Polanyi, K. *The Great Transformation*
Proudhon. *Philosophy of Misery*
Ramazzini. *De Morbis Artificum* (The Diseases of Workers)
Ricardo. *The Principles of Political Economy and Taxation*, CH 1, 5, 16
Robinson, J. *The Economics of Imperfect Competition*
Ruskin. *Fors Clavigera*
———. *Munera Pulveris*
———. *Time and Tide*
Samuelson. *The Foundations of Economic Analysis*
Silone. *Bread and Wine*
Simon. *Trois leçons sur le travail*
Sinclair. *The Jungle*
Smiles. *Life and Labor*
Sorel. *Reflections on Violence*, CH 7
Southey. *Essays, Moral and Political*, IV
Steinbeck. *The Grapes of Wrath*
Stevenson. "An Apology for Idlers," in *Virginibus Puerisque*
Thoreau. *Walden*, CH 1
Troeltsch. *The Social Teaching of the Christian Churches*
Vargas Llosa. *Conversation in the Cathedral*
Von Mises. *Human Action*
Webb, S. and B. *Industrial Democracy*, PART II-III
Zola. *Germinal*

45

语　言　Language

总　论

在人文学科中,语法、修辞、逻辑这三门都和语言有关。这三门学科中的每一门都为使用语言制定自己特有的规则,都有自己特有的标准用以衡量语言这一思想工具或交流工具怎样才是优秀的、怎样才是正确的。三门学科合在一起规制言说整体。三者的相互关系代表了言说的三个方面之间的关系——情感方面、社会方面和智性方面。

伟大著作的传统就是人文学科的传统。这些伟大著作的伟大不仅体现于它们所探讨的观念或问题规模恢弘,而且也在于它们所生产的各人文学科具备卓越的形式。有些伟大著作解说逻辑和修辞。没有一部是专论语法的。不过,即使它们不见得专门阐释语言艺术,它们全都各显神通,明明白白展现了语言艺术的精妙绝伦。其中有些著作明确地探讨言说中的诸种难点,解说人们曾用来克服这些困难的方法,这主要是指科学、哲学和神学方面的著作,但也包括某些诗歌作品。语言是它们的工具,而它们在使用这种工具的时候着意保持着批判态度。

伟大著作之一,奥古斯丁的《论基督教教义》,直接而明确地讨论语法,即讨论广义上的阅读艺术。维特根斯坦在他自己探讨语言本性的著作里批评奥古斯丁说,他过于关注名词而忽视了动词。但他没有看到《论基督教教义》这部著作中奥古斯丁关注阅读的中心旨趣何在。奥古斯丁对"道言的真诚学者"说道:这本书旨在"制定解释的规则",这可以和下面的情况相比,"教人阅读的教师是要告诉人们怎样自己去阅读"。只不过这里奥古斯丁关注的不是一般的阅读,而是阅读这本书,即《圣经》。我们后面还要回到这个问题上来,讨论解释上帝之言或解释被认为是受启示而发之言有哪些特殊之处。

我们的时代对语言问题有活跃的兴趣。这部分是由于近世对形形色色的人类语言展开了历史研究和比较研究,并形成了科学的表述方式来探索所有语言所共有的起源、结构和变化。但这也部分由于诞生了通常被称作"语义学"的学科。这门学科声称它发现了语言这一表达形式的诸种性质,尤其是声称它发现了语言的限度。语义学有时走得很远,甚至声称人类的许多毛病正来自对语言的误用。据认为,语义学的新鲜之处既在于诊断这些毛病,也在于它所提供的治疗方案。

说到近世对语言的兴趣的这两个来源,第二个来源让我们注意到人文学科的核心。语义学正是这一核心的当代表述。当然,也许不妨说语义学并不是什么新东西,所谓新者不过是变换了名称。霍布斯、培根、洛克及很多其他作者都明确地讨论过语言的误用和语词的陷阱。他们每一个都提议过怎样纠正这些缺陷的方案。柏拉图和亚里士多德、奥古斯丁和阿奎那、贝克莱和休谟,他们也各个都谈到话语会模棱不清,谈到每一种言说可能在哪些多种多样的意义上得到解释,谈到通过何种方法可以更加准确地使用语言。

对语言的前一种兴趣也见诸伟大著

作。尽管语言学作为一门科学以及语言史研究都是近世才产生的,但对语言起源的思辨以及就此而言对语言的自然方面和约定方面的思考则贯穿整个传统。所有时代,凡讨论人和社会的本性,无不把语言视作惟人类世界所具有的一种根本特点,无不把人类语言和动物之间的交流加以区别、对照。

此外,伟大著作还对一般符号和信号的本性做了广泛的哲学探讨。这不限于口说和书写的语词如何获得其意义。这是一个更加普遍的问题,要求人们考察每一种类型的信号,每一种类型的意指方式,无论那是否通过语词,是人工的还是自然的,人的还是神的。这些考察和语言问题密切相关,本章都有所涉及,不过它们将在**记号与符号**一章中得到更充分的讨论。

古代和近现代对语言问题的探讨看来有不同的主调。只有在近现代,才会有海德格尔这样的哲学家,说"不可言说之事的主要舞台之一是畏,而畏的意义是:无之深渊把我们抛掷于其中的恐惧"。也只有在近现代,才会有海森堡这样的物理学家,指出量子理论中"最困难的问题"是"语言的使用"。我们"没有任何简明的线索帮助我们把数学符号和日常语言的概念对应起来"。

古代哲学家对话语中的非常规因素颇为敏感,努力保护言说不受其侵害。柏拉图和亚里士多德在讨论一个课题的时候,通常要先考察与之相关的语词都有哪些时行的用法。他们发现,普通语词多半有很多不同的意义,于是他们仔仔细细把这些意义列举出来,排成某个系列。他们寻求语词的定义,或者建构定义,借以减少在人人凡要表达或交流都不得不用的话语之中潜藏着的模棱不清。但他们没指望过完全消除模棱不清。同一个词不得不在好几个意义上使用,这一事实他们准备好了接受下来,他们区分不同的情况,在有些情况下最好在明晰的意义上使用一个语词,而另一些话语则须允许一个语词表达一系列意义才好。抽象语词有别于具体语词,通名有别于指称个别事物的专名,有些语词指的是观念之类的纯粹智性对象而不是感觉经验的对象,他们不觉得这些事情造成了格外难以对付的麻烦。

古代人的这种态度大一半也为中世纪的哲学家和神学家所继承。这种态度看起来对语言的不完善表现出某种宽容。思考得不清楚,推理得不一致,论证得不切实,这些毛病主要应怪罪于人们没有善用他们的思想能力,而非语言这种工具有什么无法改善的缺陷阻滞了他们的意图。即使人们之间发生误解,也主要不应归罪于语言这种交流媒介不够充分,使得心智无法借助语词交换互相通达。只要做出更多努力,只要更勤奋地运用自由艺术,即使语言造成障碍,人们照样可以成功交流。

有些事物,即使能被人类思想充分把握,仍无法由人类语言加以表达。但丁来到天堂的神秘玫瑰那里时说:"我所见到的,比语言所能展现的更为伟大。"柏拉图认为,"关于最高的事物,关于万物的第一原理",我们的知识"不同于知识的其他分支,它们是无法解说的"。在他的《第七封信》中,他走得更远,断言"没有哪个理智清醒的人会冒险用语言来表达他的哲学观点"。

除了这些例外,古代人对语言多半采取宽容的态度。但这并不意味着他们低估了出色使用语言的困难。这只是意味着他们并不把语言视作明晰与真理的顽敌。语言的缺陷好像肉体的弱点。我们可以修炼德性,在很大程度上克服肉体的弱点,同样,我们修习自由艺术,掌握语法、修辞、逻辑各门技术，最后就能让语言表达我们所能获得的几乎所有真理，明晰地传达给别人，差不多像我们思考时一样明晰。只要我们付出应有的努力，学会让语言服务于我们的意图，就不至于始终臣服于语词的专制。

不过，自由艺术并不担保我们怀有纯洁的意图。有时，人们的目标恰恰是欺骗、造假、愚弄。人们要说服别人，有时不择手段，为赢得争论，有时罔顾真理。人们会有意把论争对手弄糊涂，会有意误导听众。要达到这些目的所需的语言技巧殊不亚于为追求真理之时。若说这样使用语言是一种误用，那么，语言的确既可以被正当使用也可以被误用滥用。

古语云，惟熟谙语法者能够故意制造语法错误。所以，如柏拉图所知，智术师和哲学家的区别不在技巧而在意图。他批评智术师的论证狡诈欺人，但他同时也承认智术师的聪明，他们玩弄语词，在貌似有意义的话语之下贩运各种荒唐无稽。亚里士多德列举了智术师的多种悖论，它们很少源于偶然的错误。它们通常也远非源于语言为思想设置的障碍，倒多半是精巧设计的模棱歧义。它们是些利用语言来混淆逻辑的方式。用亚里士多德的话说，它们表现的是"争论中的违规拳法"，只有那些"下决心不惜代价取胜的人"才会采用。

近现代的语言研究则更经常主张语词在不知不觉之际让人欺骗了自己，其经常殊不亚于语词使人能有意欺骗他人。语词经常冒充成某种东西，这种东西其实并不存在，结果是让人上当受骗。在霍布斯或洛克看来，在贝克莱和休谟看来，通名或普遍名词尤其如此，那些意指看不见或想象不出之物的语词也是一样。

霍布斯说，我们想象不出无限之物，所以，"无限"这样的词就是荒唐之言，"它并不指任何东西，只是那些上了当的哲学家，以及上了当的或打算让人上当的教书匠才让这种语词显得煞有介事"。霍布斯指出日常用语的模棱不清，隐喻的欺人之处，而他尤其关注有时语词被用得荒唐无稽，"除了声音之外我们一无所闻"。他举了一些例子，不仅包括"圆的正方"，也包括"灌输德性"、"自由意志"、"非物质实体"等等。

看看这些例子，我们就可以明白霍布斯所说的言之无物是什么意思，也可以明白他的下述警句是什么意思："语词是智者讨价还价的筹码，是蠢人滥花浪掷的钱币。"霍布斯也是从这个角度指出人们很容易用语词来欺骗自己，正是这种自我欺骗把前人引入一种他称之为"荒诞无稽"的错误。霍布斯的新意不在于他不同意前辈思想家的心理学、形而上学、神学等等的观点，而在于他的这样一种见地：人们以为是正确观点和错误观点的分歧，其实往往是话语有意义还是无意义之间的区别。不过，他的反对者也许可以这样回应：除非你关于物质和心灵的观点是正确的，否则你的语义学批评就不能成立。惟当霍布斯的形而上学和心理学是正确的，才能说其他人被语言诱惑，坠入了无意义的言说。

至于批评某些论证似乎依赖于隐喻，这种批评倒并不特属于近代。柏拉图阐释理念论时说到形式或理念"是一些样式，其他事物分有这些样式"，而亚里士多德就批评这个提法使用了"空洞的语词和诗式的隐喻"。不过，霍布斯把这种批评推进得更远得多。他在批评其他哲学家时常常完全依据于这样的理由：他们的谈论是无意义的。尽管霍布斯自己差不多像柏拉图一样经常借助巧妙营造的隐喻引发想象，但他坚持认为他所说的都可以转换成字面表达,而别人的隐喻却掩盖着无意义的言说。

培根是另一个例子,可借以看到近代哲学家认为语言有一种邪魔力量。他写道:"错误用语和不当用语对心智会造成奇特的阻碍。饱学之士往往借助定义和说明来加以防范,但仍不能完全消除这种阻碍——语词照旧表现出对理解的强制力量,造成一团混淆,把人类抛进无数空洞的纷争和悖理。"培根接着说:"语词强加理解的偶像有两种。一种是本无此物,却有此物的名字……另一种是实存之物的名字,但这些名字却混淆不清,定义不当,匆忙或不合规则地从事物抽象而来。"

霍布斯和培根都认为语言通过一个语词网络而与心智纠缠不清,所以他们的指责针对的是语词而不是事物。在这种指责背后,看来有一种关于现实以及心智如何从经验中获取观念的特定理论。洛克在《人类理解论》中告诉读者他为什么必须在他这本书里包括讨论语言的长长的第三卷,他的说明在精神上与霍布斯和培根是一致的,尽管他所依据的并非相同的前提。这一卷详细考察了语词的缺陷及滥用,以及应当如何加以救治的办法。

洛克说:"含混的话语,无意义的语词形式,语言的滥用,这些东西长久以来人们习焉不察,视作科学中神秘莫测的部分;那些艰涩的用语和错置的语词没多少意义,甚至毫无意义,我们要定下规矩,不可让它们堂而皇之地冒充学识渊深见解高远。不过,要说服那些如此发言的人,或说服其听众,那些话语只是无知的掩护,求真知的障碍,却并非易事……鲜有人会明白他们或在用语词行骗,或因语词受骗,明白这些语词所构成的那部分语言弊端丛生。"

这里的讨论涉及事物的本性以及人与心智的本性等最根本的问题。暂时不论应当怎样解答这些问题,有一点看来是清楚的。根据人们怎样看待语言和思想之间的关系(随看法的不同,人们对语言的缺陷和误用也会有不同的态度),人们不可避免对上述根本问题会有截然相反的看法。不管人们把语言这门学科称作语义学还是自由艺术,一个人批评另一个人的用语时所据的标准看来总是依赖于他把哪些东西视作真理。

眼下这套展示西方大观念的著作一部分意在记录西方传统中伟大心智何处有一致之见何处有不同之见。它也记录下了这些心智曾怎样在不同意义上使用同一个词,曾怎样用相当不同的语词来指示同一事物。这提示出伟大著作所例示的语言和思想之间的基本关系,即使这些著作有时并不是明确地把这种关系当作讨论语言和思想问题的基础。

由于人们感到,要进行数学和科学的精密分析,日常语言不足敷用,近代开始提出完善普遍的语言这一理想。笛卡尔把数学方法视作所有其他研究方法和其他研究领域都应遵从的步骤,于是他所设想的"普遍数理科学"就要求一种新语言,它应该成为分析和证明的完善工具。

有人认为数学符号体系本身就是完善的语言。拉瓦锡曾引用孔狄亚克,其大意是:代数"最为简明、最为准确、最为完善,它同时就是一种语言和分析方法"。傅立叶说道:"笛卡尔首先把分析方程引入来研究曲线和平面。这些方程也适用于所有一般现象。不可能另有一种语言来得更加普遍、更加简明、更加免于错误和含混,这是说,更加适合于用来表达自然事物的不变关系……它最重要的特点是清晰,其中没有一个符号会表达混淆的观念……它在研究所有现象时遵循相同的程序，它用同样的语言来解释所有的现象。"

对数学符号体系的这种赞扬表明，理想语言的一个特征是语词和观念的严格对应。拉瓦锡说："就像同一个印章印出三个图样，语词应当产生观念，观念应当是事实的图画。"如果在物理符号和心理观念之间有完全的一一对应，那么交流就永远不可能出错。人们互相理解，就好像他们直接看见对方的内心。虽然人们仍然使用外部符号作为交流媒介，但他们差不多是在直接交流，就像神学家所描述的天使那样。而且，应该与交流分隔开来考虑的思考过程本身也将完全由语法规则来规制，即由进行符号操作的规则来规制。

拉瓦锡说："推理的艺术无非是出色安排语词的艺术。"在这个意义上，如果有一种完善的语言，思想规则在那里大概可以还原为句法规则。如果数学符号还不够普遍，不能表达所有类型的观念，那么，也许必须像莱布尼兹建议的那样，建构一种"普遍的字词"，使我们能够用它们来为完成各种思想作业进行符号演算。这种看法看来包含了各种逻辑斯蒂方案的原则和动机。从乔治·布尔、约翰·维恩到朱塞佩·皮亚诺、哥特洛布·弗雷格、路易-亚历山大·康托尔、伯特兰·罗素和路德维希·维特根斯坦，近现代思想家发展出了符号逻辑或曰数理逻辑，与这种发展相应，人们提出了各种逻辑斯蒂方案。这些需由逻辑代数来实现的希望在威廉·斯坦利·杰冯斯设想出的一种逻辑算盘那里得到表达，这种逻辑算盘像计算器或高速电脑那样，将会是一种思想机器，无论什么问题，只要以适当的术语表述出来，这种逻辑算盘都能加以解决。

完善的普遍语言这一理想是真切的希望抑或乌托邦梦想？近现代科学家并非个个同意拉瓦锡，认为科学的改善与语言的改善密不可分。例如，法拉第就为自己发明了描述电现象的新词道歉，他说自己"充分意识到名称是一回事，科学另是一回事"。斯威夫特对普遍语言的讽刺似乎也意味着理想语言是乌托邦梦想。格列佛来到居住着各种科学家的拉普他飞岛，得知那里的语言教授们正在从事一个项目。"既然语词只是事物的名称，那么，不如让所有人都携带着一些物件，表达他们所要谈论的那些事务所必不可少的那些物件，交流起来岂不更加方便？"用物件来代替语词会提供一种"所有文明民族都懂得的普遍语言"。

古代人也意识到日常语言是不完善的，但他们并未因此设想人们应当尝试去构造一种完善的语言，而是去思考假想中的自然语言和实际存在的约定语言之间的区别。假如真有那种自然语言，它就不仅是对无论何处的人们都共同的语言，而且其语词会是事物的完善形象或模拟。然而，人类语言是约定的而不是自然的，这一点表现在以下两个方面：不仅人类语言多种多样，而且，实际存在的语言在制造符号的时候采用了一些互相矛盾的原则。

柏拉图在《克拉底鲁篇》中提出，后一个事实说明人类语言不是诸神赐予的礼物，若是诸神把人们所使用的名称给予人类，这些符号就会天衣无缝地和它们所指示的事物相合。这里的确假设了一种自然语言或神授的语言，不过，那并没有被视作一种理想，鼓励人们去发明一种完善的语言。这个假设更像是一种规范，人们可借以批评人造的语言，可借以发现所有约定语言共有的自然因素。

就像人类社会一样，人类语言看起来也半是自然的半是约定的。尽管人类社会有多种多样的风俗和建制，但有些政治原则，如自然公正原则，对所有社会都有效。与此相似，所有约定语言也有某些共同的结构特点，这些特点提示各种语言有自然的基础，奠立在人类共有的身体构造和心智构造之上。在自由艺术传统中，人们也探索适用于所有约定语言的普遍语法，不过，那并非希望创造一种普遍语言或完善语言，而是因为人们相信所有语言都有共同的自然基础。

在犹太—基督教传统中，自然语言假说具有另一种形式，也具有另一种意义。在这一传统中，自然语言假说在一定程度上是和启示连在一起讨论的，但这些讨论也从根本上关联到实际存在的多种多样的约定语言从何处而来以及它们具有何种性质等问题。

《创世记》里说到上帝创造了陆地上的所有走兽、空中的所有飞鸟，他把它们"都带到亚当面前，看他怎样称呼它们；亚当怎样叫一样生物，那就成为它的名称"。亚当发明的名称构成了一种自然语言，至少，按照奥古斯丁的解释，在大洪水之前以及此后一段时间里那是一种"人类的共同语言"。不过，这仍然遗留下一个问题：亚当给予事物的名称是不是事物的自然名称或适当名称？这里所谓"自然符号"的意思是它们真正体现了其所指之物的本质。

霍布斯提出了一个回答，他说："最初创造语言的是上帝自己，他把受造物带到亚当面前的时候，教给亚当应怎样称呼它们。"奥古斯丁提出了另一个回答。他认为人类最初的语言是希伯来语，认为巴别塔之后的希伯来语和各族语言变乱之前所有人所说的语言是一脉相承的。

《创世记》告诉我们说，后来，人们开始建造"一座可以直通天庭的高塔"，于是，"大地上只有一种语言……主说：看哪，人类合成一族，他们都说同一种语言；他们已经开始这样做了，从此，人要做什么，就没有什么妨碍他们做成。让我们下到人间去，变乱他们的口音，让他们互相听不懂别人的话语"。

照霍布斯的说法，这意味着"亚当和他的苗裔所得到的增益的语言在巴别塔时期又被遗失了，那时，由上帝之手，每个人都因为他的反叛罪受遗忘往昔语言之苦"。这也许还意味着，那时丧失掉的语言和此后历史记录下来的所有约定语言都不一样。假如是这样，我们就不妨设想，最初的语言是语言的自然形式，它根据每一事物的本性为它命名。所以，我们甚至可以把近现代的完善的普遍语言理想视作一种僭越的愿望，要获取上帝在巴别塔从人那里剥夺的东西。

人类语言的起源问题对神学家来说是个难题。而对于那些从纯粹自然主义角度来思考这个问题的人来说则更加困难。卢梭曾提出这类思考会面临的某些困境。

他问道：如果人类从互相隔离的状态过渡到共同生活在社会之中以前语言还不是社会生活所必需，那么，在发明语言之前，又怎么能够形成社会？他说道："若说人需要有语言才能学会思想，那么，人反过来又更加需要具备高度的思想能力才可能去发明语言艺术。"已经存在的语言怎样发展，孩子在已经具有语言的环境中怎样学习语言，"这些都绝对解释不了语言最早是怎么出现的"。

卢梭设想，在原始情境里，人们发出本能的呼喊，"遇到危险时用以求助，遭受痛苦时吁求安抚"；他设想，除了呼喊，人们会加上手势姿态，用以指示可见的活动的物体，发出模仿的声音，用以指示可以听到的声音。这些表达方式不足以传达不在场的事物和未来的事物，因此，人们最后发明了"音节语音",把它们用作约定的符号。然而,卢梭注意到,"这种约定必须得到共同认可……但我们要想象这一点更加困难,因为,需要大量的说服才能形成共同认可,而要进行说服,语言似乎是绝对必不可少的"。

人类语言的起源问题不仅和人类社会的起源问题相连,而且和人本身的起源问题相连。"人是从某种较低的形态发展而来",而在达尔文看来,分音节语言的能力并不对这一信念"构成不可克服的反驳"。尽管惟有人习用音节语言,但"人和其他较低级的动物都使用不分音节的喊叫来表达某种意义,外加一些手势和面部肌肉的活动作为辅助"。鸟类的歌唱、鹦鹉的学舌,表明动物可以学会并重复某些确定的声音,甚至可以把语词和事物联系在一起。在达尔文看来,人类的音节语言很可能"起源于模仿和调整各种自然的声音、其他动物的发音以及人自己的本能喊叫,外加手势姿态等等的辅助"。

达尔文认为:"人类和较低级动物的唯一区别在于人具有一种几乎无限的能力,可以把形形色色互不相干的声音和观念联系在一起。"有人并不同意这个论断;这些人也就不会接受达尔文对人类语言起源的看法。有些人认为人类理性和动物智力属于不同的种类,而非只是程度有别。与此相应,这些人也就会倾向于认为人类语言和动物的呼叫属于不同种类。例如,亚里士多德就说,自然惟赋予人类以"语言的天赋,单纯呼叫则只是表示喜怒,在其他动物那里也会出现",而人类却有能力讨论何为权宜之计何为公正,这一事实使人类的联合区别于群居动物的结伴。

笛卡尔认为我们可以根据两个标准来"认识人和兽类之间存在的区别",其中之一就是人类语言。"即使把白痴也算上,没有哪个人残疾愚蠢到不能把不同的语词结合在一起形成句子,借以表达他们在想些什么;而另一方面,没有哪种其他动物……能做到这一点。这委实是极可注意的事实。其他动物不会说话,并非因为它们的器官妨碍了它们,显然,喜鹊和鹦鹉能吐出单词,和我们并没有什么两样,但它们却不能像我们这样说话,这是说,它们没显示出它们在想着它们所说的东西。……这一点所表明的不仅仅是兽类比人有较少的理性,而是兽类完全没有理性。"

人一章中将更充分地讨论人和其他动物的区别。我们这里讨论对此问题的相反见解,只限于它们与人类语言及其起源有关的方面。无论像笛卡尔那样认为人类语言的独特性在于句法和语法,还是像洛克那样认为人类的特殊能力在于把声音"用作内在概念的符号,使它们成为代表内心观念的记号",他们看起来都不是从明确的进化角度来看待人类语言的起源的。

逻辑、诗、修辞学等章讨论语法和其他自由艺术以及语言的多种用法的关系。在这些角度之外,孤立看来,语法主要关注的是话语各部分的区别,例如名词和动词的区别、小品词和形容词的区别等等。

"说到名词,"亚里士多德说,"我们指的是这样的声音:其约定的意义不关时间,它的各部分离开了其他部分就没有意义。"和名词相对照,亚里士多德这样定义动词:这类语词"除了它固有的意义还携带时间观念……"他继续说道:"此外,动词这种符号总是关于某种东西来言说某种东西。"在洛克看来,动词和名词的语法功能是能够被普遍认识到的,也比较容易定义;小品词、介词、连词则不然，它们"用来表示说话人给予其言说的各个部分以何种联系、限制、区别、对照、重点等等。……要想显示出小品词用得适当，用得富有意义充满力量，就需多费几分心思，深入自己的思想，细细观察自己的心智在言谈过程之中的不同姿态。"

语法也关注语词和句子的区别，或用亚里士多德的话说，简单表达式和复合表达式的区别。语法还关注句法规则，这些规则按照语词作为句子各部分的功能决定它们的次序与搭配。语法学家根据这些规则对语言的误用进行批评，对形形色色的常见错误进行分类。

语法是不是一种可以应用于所有语言的普遍艺术，而不止是让我们能正确使用某一特殊的约定语言的一套正确规则？为此提供的一个测试是看一看这一语法理论所做出的区分是否自然。例如，亚里士多德对名词和动词所做的区分是否对应于所有语言里都自然存在的东西，抑或只是希腊语或印欧语言所特有的？

"语言"还有一重意义，它比人类语言或动物交流更加广泛。从希波克拉底以来，医生们看待疾病的症状，就仿佛它们是互相联系的符号所组成的一个体系，仿佛是一种语言，医生的诊断艺术则为解释这种语言提供了语法。在心理学领域尤其是这样。当医生对神经症进行心理分析，尤其当弗洛伊德对梦进行解释，他们都把症状和梦里的象征当作复杂的语言来对待。这种语言的功能是表达某些潜意识的思想、欲望，它们无法用日常进行社会交往的语言来表达，因为意识总是对社会交往语言实施某种程度的控制。

医疗方面的这些例子所代表的是对语言的这样一种看法，按照这种看法，整个自然就是有待科学家解读的一本大书。科学家修习自然符号的语法，从而透视自然的种种神秘。从原因结果或部分整体来理解自然事物之间的关系，相当于发现大自然的句法。伽利略提出了另一种看法，按照这种看法，自然这本大书"是用数学语言书写的，它的词汇是三角形、圆和其他几何图形，没有这些图形的帮助，我们就不可能读懂任何一页"。

自然这本书也可以当作上帝的语言来读。预言或卜卦就是这样，它们把梦或其他事件作为凶兆和预兆来解读，而凶兆和预兆透露神的意图。当但丁升上最高一层天，他明见到，"那散碎在宇宙边边角角的物事"，在三位一体的眼界中，"为爱所系，浑然一体"。贝克莱走得更远。人通过感官知觉所获得的所有观念都是上帝语汇表里的单词。自然现象表现出一致，这"未尝不可认为是大自然创造者的语言使然，他向我们的眼睛展现出他的种种性质，指导我们以何种方式行动，以使我们生活得较为方便较为丰饶"。

上帝还以另一种方式对人言说。至少犹太—基督教传统相信，上帝会通过人类语言来启示人。圣经是人在上帝的启示下写成的，它是上帝的话语。因为它既是人的又是上帝的话语，因此对人来说格外难以解释。

解释圣经的艺术涉及关于符号以及意义类型、意义层次的精致理论。它牵涉一套特殊的解读规则。奥古斯丁和阿奎那、迈蒙尼德和斯宾诺莎、霍布斯和帕斯卡都曾发展这一理论，都曾发展相关的解读规则。这些发展加深了自由艺术的内涵，扩展了人们对其他语言理解的广度，这既包括对其他人类语言的理解也包括对大自然语言的理解。对语言的这一更宽泛的考虑，其核心在于意义分析和意指类型，因此，对大自然符号和对上帝言说的讨论属于**记号与符号**一章，就其理论方面而言则属于**预言**和**宗教**两章。

我们看到，对语言的探讨不可能与对人类本性和人类社会的思考。列维-斯特劳斯认为，"语言学在社会科学中占据特殊的位置，语言学无疑是社会科学中的一个门类"。

按照洛克的看法，由于上帝"把人设计为一种社会生物，与其同类相交相处，不仅是人的倾向，实是人的必需，同时，上帝赋予人以语言，而语言将成为社会的关键工具，成为社会的共同纽带"。

不仅人的共处依赖于言谈，按照洛克的看法，人若不能交流思想，就不可能享受"社会带来的安慰和益处"。"大自然赋予人特别适合于发音吐字的器官，……但仅仅这一点还不足以使人产生语言"，至少不足以使人产生人类语言，"因为，鹦鹉和其他几种鸟类也可以被教会发音吐字，但它们并不会说话"。洛克认定，因此，除了分成音节的发音，人形成的声音还应当是能够"彼此交流心智中的思想"的工具。

然而，卢梭却似乎认为，在社会和语言产生那时，人类处在原始的环境之中，人的交往结合"并不需要十分精致的语言，也许比乌鸦或猴子的语言精致不了多少，它们也为同样的目的交往结合。有很长时期，普遍的语言一定是不分音节的喊叫、多种多样的姿势、某些粗糙的声音"。卢梭写道："在每一个国家，各自从一些约定的音节，一点一点……发展出各种特殊的语言，但它们仍然是粗糙不整的，差不多就像现在我们在某些野蛮民族那里所见到的那样。"

历史的、约定的语言有很多种，这看来和人类划分成很多种不同的民族或社会是平行的。但在多种多样的语言下面也存在一种统一性，这一点提示，人类有可能统一起来。语言是用来表达思想的，就此而言，各种语言无非是同一样东西的不同媒介。亚里士多德称："并非所有人都有同一种语音，但语音直接表征的心理经验对所有人都是相同的。"

我们若把人类社会理解为思想交流，那么，其边界一直延伸到人之间的交流终止之处。思想交流不以政治疆域为限。它通过翻译克服由语言多样性所设的屏障。它包括生者，也包括死者，一直延伸而达乎尚未出生者。在这个意义上，人类文明可以描述为对话的文明，伟大著作的传统可以被视作所有人都可参与其中的一场伟大对话。这场对话的广度标划出西方思想的广度。这场对话的语汇表就是这样一些观念——当我们从对话转向自语，每个人都可以开始用这些观念来独立思考。因为，正如柏拉图所云："思想和言语是同一的，只在一种情况下例外，那就是，所谓思想此时是灵魂与其自身的无语交谈。"

分 类 主 题

1. 语言的本质和功能：人和动物的话语
   1a. 思想和行为中语言的角色
   1b. 语言对社会的作用：语言形式和社会结构
2. 语言起源的理论
   2a. 所有人共有一种自然语言的假说
   2b. 约定语言的发生：音节的起源

3. 语言的生长
   - 3a. 语言习得：语词的发明和意义的增生
   - 3b. 语言发展中的口语语词和书写语词
   - 3c. 语言传统和语言的生命：语言游戏
4. 语法艺术
   - 4a. 句法：言说的部分和单位
   - 4b. 正确使用语言的标准：语法错误
5. 语言的不完善：交流失败
   - 5a. 语词的滥用：模棱、不准确、含混；政治动机造成的语言堕落
   - 5b. 无稽的言说：无意义，荒唐
   - 5c. 用语言描述现实的难处
6. 言说的改善：完善语言的理想
7. 语法和逻辑：知识的表述和陈述
8. 语法和修辞：有效使用语言进行教学和说服
9. 诗的语言：诗人对语言的提升
10. 事物的语言：大自然这本书；梦的象征；预兆
11. 直接交流：天使的言说和语言天分
12. 上帝的语言或诸神的语言：神谕；启示；圣经解释

[陈嘉映 译]

索引

本索引相继列出本系列的卷号〔黑体〕、作者、该卷的页码。所引圣经依据詹姆士御制版，先后列出卷、章、行。缩略语 esp 提醒读者所涉参考材料中有一处或多处与本论题关系特别紧密；passim 表示所涉文著与本论题是断续而非全部相关。若所涉文著整体与本论题相关，页码就包括整体文著。关于如何使用《论题集》的一般指南请参见导论。

1. The nature and functions of language: the speech of men and brutes

New Testament: *I Corinthians,* 14
  6 Plato, 85–114
  7 Aristotle, 651–652
  8 Aristotle, 62–63, 186–187
  13 Plutarch, 692
  16 Augustine, 96
  17 Aquinas, 185–187
  21 Hobbes, 100
  23 Montaigne, 256–257, 258–259
  28 Bacon, 62–63
  28 Descartes, 283–284
  29 Milton, 240–242, 259–260
  33 Locke, 145–146, 221–222, 244, 251–255 passim, 273–274, 347
  33 Berkeley, 410–411
  35 Rousseau, 339–342, 349–350
  43 Hegel, 190
  49 Darwin, 297–300, 349
  53 James, William, 35–37, 683–685, 715–716
  56 Waddington, 740–741
  58 Lévi-Strauss, 428

1a. The role of language in thought and behavior

  6 Plato, 447, 520, 537–538, 547, 575–577
  7 Aristotle, 25–26, 525–528
  8 Aristotle, 662
  16 Augustine, 114, 135–137, 139–140, 153, 707–708, 718, 735–736
  17 Aquinas, 188–189, 332–333, 549–550
  21 Hobbes, 54–58, 270
  28 Spinoza, 621–622
  30 Pascal, 239–240
  33 Locke, 98–99, 201–203, 251–306, 318–319, 328, 395
  33 Berkeley, 411–412, 436–437
  35 Rousseau, 339–342
  42 Lavoisier, 1, 4–5
  45 Goethe, 21
  49 Darwin, 592
  53 James, William, 127–128, 153–154, 161–176, 333–334, 650
  54 Freud, 700–701, 714
  55 Wittgenstein, 317–328, 361–362, 374–378, 390–393, 430–435
  56 Heisenberg, 454–455
  58 Lévi-Strauss, 433

1b. The service of language to society: linguistic forms and social structure

Old Testament: *Genesis,* 11:1–9
  8 Aristotle, 446
  11 Epictetus, 190–192
  16 Augustine, 583–584
  21 Hobbes, 132–133
  23 Montaigne, 294, 364
  24 Shakespeare, 325, 564–566
  28 Bacon, 23–26
  33 Locke, 174–175, 228–229, 260, 265, 282–283, 298–299, 300
  35 Rousseau, 350
  38 Gibbon, 300
  43 Hegel, 369
  43 Nietzsche, 537–538
  44 Tocqueville, 255–258, 387–388
  54 Freud, 450, 668
  55 Wittgenstein, 317–321
  56 Waddington, 740–741
  58 Weber, 131, 134–135
  58 Lévi-Strauss, 413–415, 417–446 esp 417–421, 429–432, 435–441, 500–502
  59 Proust, 289
  60 Orwell, 484–485, 487

2. Theories of the origin of language

Old Testament: *Genesis,* 11:1–9
  4 Aeschylus, 45
  5 Herodotus, 49
  6 Plato, 106, 138–139
  11 Lucretius, 71–72
  16 Augustine, 485–486
  19 Dante, 39, 124
  23 Montaigne, 258–259
  28 Bacon, 2–3, 17–18
  29 Milton, 239–240, 319–320
  33 Locke, 252
  41 Boswell, 509
  49 Darwin, 211
  54 Freud, 512–513

2a. The hypothesis of one natural language for all men

  6 Plato, 110–111
  16 Augustine, 490–492, 718–719
  22 Rabelais, 164
  29 Milton, 238

33 Locke, 252–253
33 Hume, 457

2b. The genesis of conventional languages: the origin of alphabets

Old Testament: *Genesis,* 10:5; 11:1–9
5 Herodotus, 12, 60, 171
6 Plato, 107–114, 612–613
14 Tacitus, 103
16 Augustine, 730–731
21 Hobbes, 54–55
33 Locke, 228–229, 280–283
35 Rousseau, 340–342
38 Gibbon, 225
49 Darwin, 211, 300–301, 329
53 James, William, 685

3. The growth of language

3a. The acquisition of language: the invention of words and the proliferation of meanings

6 Plato, 89–107
7 Aristotle, 525
8 Aristotle, 655–656
16 Augustine, 725–726, 742, 750
17 Aquinas, 70–71, 199–200, 349–350
22 Rabelais, 178–179, 182–184, 202–204
26 Gilbert, 2
26 Harvey, 336–337
28 Descartes, 516
33 Locke, 201–202, 255–256, 263–268, 274, 282–283
35 Rousseau, 419
37 Gibbon, 775–776
38 Gibbon, 106
39 Kant, 294
40 Mill, 467
41 Boswell, 191, 410
42 Lavoisier, 25–29
42 Faraday, 269–270
44 Tocqueville, 255–258
53 James, William, 689
54 Freud, 509, 516, 517–518
55 Whitehead, 146
55 Wittgenstein, 364–373, 397–398
56 Heisenberg, 442–443
58 Huizinga, 256
58 Lévi-Strauss, 443–446
59 Joyce, 621–622

3b. The spoken and written word in the development of language

6 Plato, 100–101, 102
8 Aristotle, 654
16 Augustine, 561
35 Rousseau, 341
37 Gibbon, 88
41 Boswell, 253, 330–331
43 Hegel, 229, 261–262
44 Tocqueville, 255–258
46 Eliot, George, 471
54 Freud, 540–541

55 Wittgenstein, 350–354
57 Veblen, 168–169
58 Lévi-Strauss, 520–521

3c. Tradition and the life of languages: language games

Old Testament: *Deuteronomy,* 6:4–9
7 Aristotle, 533–547
16 Augustine, 722
18 Aquinas, 388–389
21 Hobbes, 282
22 Rabelais, 81–83
23 Montaigne, 129–131
28 Bacon, 11–12, 42–43
33 Locke, 202
36 Smith, 375–376
37 Gibbon, 15–16, 628
38 Gibbon, 152, 300, 325–328, 338, 522–528
39 Kant, 113–115
41 Boswell, 151, 166
44 Tocqueville, 257
46 Austen, 29–33, 140–141
49 Darwin, 211
55 Wittgenstein, 318–440 passim
60 Beckett, 550–551

4. The art of grammar

4a. Syntax: the parts and units of speech

6 Plato, 105–106, 109
7 Aristotle, 25–26
8 Aristotle, 655, 691–694
21 Hobbes, 64–65, 270
28 Bacon, 62–63
33 Locke, 283–284
35 Rousseau, 341–342
41 Boswell, 23–24
55 Wittgenstein, 320, 321–323

4b. Standards of correctness in the use of language: grammatical errors

4 Aristophanes, 707–708
7 Aristotle, 239, 250–251
8 Aristotle, 654–656, 657–658, 694–695
11 Aurelius, 240
16 Augustine, 723–724
31 Molière, 191–192
33 Locke, 238–239, 240, 286, 302
41 Boswell, 361–362
44 Tocqueville, 257–258
46 Eliot, George, 318–319
48 Twain, 341–342
53 James, William, 164
55 Wittgenstein, 391

5. The imperfections of language: failures in communication

6 Plato, 65–84, 108–110, 534, 561–563
7 Aristotle, 525–528
8 Aristotle, 697–698
11 Plotinus, 666–667
17 Aquinas, 62–65

19 Dante, 90
21 Hobbes, 57-58
23 Montaigne, 294
28 Bacon, 109-110, 112-113
28 Descartes, 306-307
28 Spinoza, 624-625
33 Locke, 152, 267-268, 280, 285-301
33 Berkeley, 427, 441
35 Rousseau, 401
38 Gibbon, 40
41 Boswell, 70-71
46 Eliot, George, 249
53 James, William, 159
55 Wittgenstein, 413-415
59 Pirandello, 248
60 Kafka, 125-129

5a. The abuse of words: ambiguity, imprecision, obscurity; the corruption of language for political motives

4 Aristophanes, 715-716, 814-815, 817-818
5 Herodotus, 192
6 Plato, 68, 138-140, 520, 534, 809-810
7 Aristotle, 149-152, 154-155, 184-185, 192-193, 215, 217, 227, 228-229, 247-248, 251
8 Aristotle, 172-174, 654-658 passim
11 Plotinus, 554
16 Augustine, 722-723
21 Hobbes, 78, 135
22 Rabelais, 101-106
23 Erasmus, 24-25
23 Montaigne, 188-189, 560-562
24 Shakespeare, 205, 297-298
28 Bacon, 11-13, 60, 61
28 Descartes, 248, 434
30 Pascal, 1-14, 432-434
33 Locke, 27-28, 89, 234-236, 238-239, 276-277, 292-294, 323, 326-328
33 Berkeley, 422-423
33 Hume, 478
35 Montesquieu, 89
36 Smith, 139
39 Kant, 315-316
40 Federalist, 120
42 Lavoisier, 6-7
44 Tocqueville, 257-258
45 Goethe, 21
47 Dickens, 52-62 passim
55 Wittgenstein, 360-362
56 Planck, 86-88
56 Whitehead, 163
57 Veblen, 168

5b. Insignificant speech: meaninglessness, absurdity

7 Aristotle, 238-239, 250, 525
21 Hobbes, 49, 59-60, 71, 269-272, 274
22 Rabelais, 77-78
30 Pascal, 432
31 Molière, 269-274
33 Locke, 89, 254, 291-292, 298, 301
33 Berkeley, 428, 430
45 Goethe, 20
51 Tolstoy, 534
53 James, William, 168-172
55 Wittgenstein, 391-393
56 Planck, 86-92 passim

5c. The difficulties of using language in the describing of reality

20 Calvin, 44-46
55 Russell, 272
55 Wittgenstein, 317-440 passim
56 Planck, 98
56 Bohr, 315-316, 347
56 Heisenberg, 397-402 passim, 414-415, 434, 442-449
60 Woolf, 89

6. The improvement of speech: the ideal of a perfect language

6 Plato, 107-114
7 Aristotle, 11-12, 152, 243-247
8 Aristotle, 653-667
16 Augustine, 739-742
21 Hobbes, 56
28 Bacon, 62-64
33 Locke, 300-306
34 Swift, 109-111
35 Rousseau, 340-341
41 Boswell, 81-82
42 Lavoisier, 4-5
49 Darwin, 301
55 Wittgenstein, 337, 340-342

7. Grammar and logic: the formulation and statement of knowledge

6 Plato, 65-84, 534, 541-542, 561-563, 569-577, 809-811
7 Aristotle, 5-6, 66-68, 149-152, 160, 173, 184-185, 188, 192-194, 202-203, 217, 227, 228-229, 234-235, 238-239, 250-251, 267
16 Augustine, 139-140, 153
21 Hobbes, 58-60, 65, 269
28 Bacon, 56-66
30 Pascal, 430-434
33 Locke, 256-257, 283-284, 328
33 Berkeley, 422-423
35 Rousseau, 339-342
39 Kant, 1-4
49 Darwin, 40
51 Tolstoy, 672
53 James, William, 144
55 Wittgenstein, 344-345
56 Heisenberg, 443-449

8. Grammar and rhetoric: the effective use of language in teaching and persuasion

4 Aristophanes, 697-721
6 Plato, 65-84, 131-141
8 Aristotle, 653-667
13 Plutarch, 42-43, 279-281, 606, 692-695 passim

16 Augustine, 18, 37, 759-784
19 Chaucer, 284-285, 467-468
21 Hobbes, 127, 128
23 Montaigne, 127-130, 463-466, 490-491, 524-525
28 Bacon, 1-2, 31, 66-68
28 Descartes, 267
30 Pascal, 174, 175, 439-446
33 Locke, 299-300
35 Rousseau, 401-402
37 Gibbon, 529
38 Gibbon, 526
40 Mill, 292-293
41 Boswell, 59-61, 353-354
54 Freud, 662

9. **The language of poetry: the poet's enchantment with language**

4 Aristophanes, 759-760, 811-823, 848-849
6 Plato, 52-57, 144, 328-333
8 Aristotle, 681, 685, 691-695, 696, 697-698
16 Augustine, 384-385, 719
19 Dante, 40, 119-120, 132-133
19 Chaucer, 190, 202, 272-273, 284-285, 438-439, 469-470, 471
23 Montaigne, 128-129, 156, 236-237, 349-350
25 Shakespeare, 589, 597-598
27 Cervantes, xiii-xix, 299-301
28 Bacon, 39, 63
29 Milton, 59-60
30 Pascal, 175-177
38 Gibbon, 327
41 Boswell, 167-168, 307, 381-382, 455
52 Dostoevsky, 120-121
53 James, William, 687-688
59 Joyce, 608-612 passim, 615-616, 638-642
60 Eliot, T. S., 176

10. **The language of things and events: the book of nature; the symbolism of dreams; prophetic signs**

Old Testament: *Genesis,* 9:8-17; 37:1-11; 40-41 / *Exodus,* 4:1-9 / *Deuteronomy,* 4:32-36; 7:17-19 / *I Kings,* 13:1-6 / *Psalms,* 19:1-6 / *Jeremiah,* 18:1-6 / *Daniel,* 2; 4-5; 7-8
Apocrypha: *Rest of Esther,* 10:4-11:12 / *Wisdom of Solomon,* 13:1-7 / *Ecclesiasticus,* 43
New Testament: *Matthew,* 6:26-30; 24:3-34 / *Mark,* 13:4-30 / *Luke,* 2:8-15; 12:24-28; 21:7-13 / *John,* 6:32-35,47-58 / *Acts,* 2:16-22 / *I Corinthians,* 11:23-29
3 Homer, 18-20 passim, 496-497
4 Aeschylus, 14-15, 55, 82
4 Sophocles, 154-155, 170-171, 225
4 Euripides, 585-586
5 Herodotus, 8, 18, 25-31, 47, 79, 103-104, 116, 135, 146-147, 190, 200-201, 205-206, 216-220, 267, 270-271, 285-286, 309-310, 313-314
5 Thucydides, 438-439

6 Plato, 213, 591
7 Aristotle, 92-93, 702-706, 707-709
8 Aristotle, 596-597
9 Hippocrates, 53, 102
11 Lucretius, 41
11 Epictetus, 115-117, 166-167
12 Virgil, 103-105, 115-116, 127-128, 147, 179-180, 198, 217-218, 229, 304
13 Plutarch, 56-57, 123-124, 198, 239-240, 259-260, 371-372, 398-399, 429-430, 789-790
14 Tacitus, 9, 79, 101, 112-113, 119, 124, 147, 149, 168-169, 256-257, 293-294
15 Kepler, 1080-1085 passim
16 Augustine, 5, 23, 187, 188-189, 250, 259-274, 353-354, 357-362, 456-457, 475-476, 512-514, 537-538, 704-705, 717-718
17 Aquinas, 298-299, 538
18 Aquinas, 778-779, 848, 849-850
19 Dante, 42, 55-56, 69
19 Chaucer, 256, 266-267, 268-269, 272, 362-365
21 Hobbes, 53, 81-82
22 Rabelais, 148-150, 154-156, 159-163, 175-178
23 Montaigne, 122, 252-253, 256-257
24 Shakespeare, 36, 103-104, 114-115, 291, 450, 572-573, 578-579
25 Shakespeare, 249, 481-482, 488
26 Harvey, 331-332
28 Bacon, 54-55
28 Descartes, 268
29 Milton, 176-178, 182-246, 303-333
30 Pascal, 290-291, 296-297, 301-317, 328-341
32 Newton, 369-371
33 Berkeley, 425-426, 434, 442-444 passim
37 Gibbon, 294-296, 571
38 Gibbon, 398-399
43 Hegel, 279-281
45 Goethe, 1-2
48 Melville, 1-2, 74-75, 85-89, 126-127
51 Tolstoy, 198-203, 248-250, 340-341, 377-379, 561-562, 673-674
52 Dostoevsky, 197-200
54 Freud, 11-12 passim, 137-138, 173-174, 178-205, 230-231, 252-340, 440-442, 467, 489-494, 504-519, 808-810, 812-817
58 Huizinga, 307

11. **Immediate communication: the speech of angels and the gift of tongues**

Old Testament: *Numbers,* 11:16-17,24-30
New Testament: *Acts,* 2:1-21; 10:44-47 / *I Corinthians,* 12-14
16 Augustine, 487
17 Aquinas, 545-552
19 Dante, 103, 108-109, 120
28 Bacon, 55
33 Locke, 213
37 Gibbon, 189
53 James, William, 846-847

54 Freud, 820–829

12. **The language of God or the gods: the deliverances of the oracles; the inspiration, revelation, and interpretation of Sacred Scripture**

Old Testament: *Genesis*, 1 / *Exodus*, 4:11–12; 32:15–16 / *Numbers*, 12:6–8; 22:20–38 / *Deuteronomy*, 18:18–22; 30:11–14 / *Job*, 38–42 / *Psalms*, 119:105,130 / *Proverbs*, 30:5–6 / *Isaiah*, 28:9–13; 40:8; 51:15–16 / *Jeremiah*, 1:7–9; 13:1–11; 18:1–6; 23:28–32; 24; / *Ezekiel*, 2:7–3:11 / *Joel*, 2:28–29

New Testament: *Matthew*, 4:4; 10:19–20; 13:1–53; 15:10–20; 16:16–17; 21:33–45 / *Mark*, 10:2–9 / *Luke*, 21:33; 24:27,32,44–45 / *John*, 5:38–39,46–47; 12:47–50; 16:25–29 / *Romans*, 1:20; 10:8; 15:4; 16:25–27 / *I Corinthians*, 2:7–16; 14:26–39 / *II Corinthians*, 3:2–7; 12:1–7 / *Galatians*, 1:11–12 / *Ephesians*, 3:2–5 / *Hebrews*, 1:1–3 / *I Peter*, 1:10–13,23–25 / *II Peter*, 1:19–21; 3:5,15–16

3 Homer, 2, 13
4 Aeschylus, 47–48, 90
4 Sophocles, 111–132, 218
4 Euripides, 602–603
4 Aristophanes, 675–677, 688–691, 763–766, 784–785
5 Herodotus, 10, 11, 14–15, 21–22, 60–61, 77, 101–102, 153, 160, 178–180, 189, 194–195, 201–202, 212–213, 239–240, 241–242, 255, 268, 269–270, 273, 284–285, 295–296, 308
5 Thucydides, 392, 401, 442–443
6 Plato, 142–148, 201–203, 467
12 Virgil, 102, 121–123, 175–177, 198–199
13 Plutarch, 268
14 Tacitus, 37, 235
16 Augustine, 45–47, 112–159, 376, 479–482, 483–484, 549–550, 563–564, 567–568, 600–632, 701–784
17 Aquinas, 8–10, 14–15, 185–189
18 Aquinas, 265–304, 847–884
19 Dante, 94, 121, 123–124
20 Calvin, ix, 26, 405–407
21 Hobbes, 70–71, 160, 165–167, 171–172, 176–177, 181–186, 215–216, 247–258
28 Bacon, 2–4, 97–100, 202–203
28 Descartes, 349–350, 453–454
30 Pascal, 78–80, 163–164, 290–317, 323–324
33 Locke, 5, 21–22, 291
37 Gibbon, 186–188 passim
38 Gibbon, 230–232
40 Federalist, 120
40 Mill, 290–291 passim
43 Hegel, 327–328
45 Goethe, 11–12
48 Melville, 18–23
52 Dostoevsky, 133–144
55 Barth, 467–472, 542–544

交叉索引

以下是与其他章的交叉索引：

Language in terms of the variety of signs and the modes of signification, *see* SIGN AND SYMBOL.

Language as an instrument of thought, *see* IDEA 4a; JUDGMENT 5a; LOGIC 4a; MAN 1b; MATHEMATICS 3d; RHETORIC 1b, 2c–2d; SIGN AND SYMBOL 1d, 4b, 4e.

The distinction of the natural and the conventional as applied to language, *see* CUSTOM AND CONVENTION 1; SIGN AND SYMBOL 1b, 1d, 1f.

The liberal arts of grammar, rhetoric, and logic, *see* ART 6b; the relation of grammar to these other arts, *see* LOGIC 4a; RHETORIC 1b, 3c.

The imperfections of language, and the remedies proposed by semantics, *see* SIGN AND SYMBOL 3a, 4c.

The language of poetry, *see* POETRY 8b; SIGN AND SYMBOL 4d.

The language of symptoms in medicine, of dreams in psychoanalysis, and of omens and portents in prophecy and divination, *see* MEDICINE 3c; MEMORY AND IMAGINATION 8d–8e; PROPHECY 3b–3c; SIGN AND SYMBOL 4e, 5b, 6a–6c.

The language of God or the gods in Sacred Scripture or oracular utterances, and the problem of interpreting the divine word, *see* GOD 6c(1); PROPHECY 3a–3d; RELIGION 1b(1); SIGN AND SYMBOL 5e; THEOLOGY 4b.

Language and philosophy, *see* PHILOSOPHY 3d.

The political use of language, *see* RHETORIC 1c, 3c; TRUTH 8b.

扩展书目

下面列出的文著没有包括在本套伟大著作丛书中,但它们与本章的大观念及主题相关。书目分成两组:

Ⅰ.伟大著作丛书中收入了其部分著作的作者。作者大致按年代顺序排列。

Ⅱ.未收入伟大著作丛书的作者。我们先把作者划归为古代、近代等,在一个时代范围内再按西文字母顺序排序。

在《论题集》第二卷后面,附有扩展阅读总目,在那里可以查到这里所列著作的作者全名、完整书名、出版日期等全部信息。

I.

Dante. *The Convivio (The Banquet)*, FIRST TREATISE, CH 5-7, 9-13
——. *Literature in the Vernacular*
Hobbes. *The Elements of Law, Natural and Politic*, PART I, CH 13
Spinoza. *Tractatus Theologico-Politicus (Theological-Political Treatise)*, CH 7-13
Milton. *Grammar*
Locke. *Conduct of the Understanding*
Voltaire. "Languages," in *A Philosophical Dictionary*
Rousseau. *On the Origin of Language*
Smith, A. *Considerations Concerning the First Formation of Languages*
Mill, J. S. *A System of Logic*, BK I; BK IV, CH 3-6
Shaw. *Pygmalion*
Dewey. *Experience and Nature*, CH 5
Whitehead. *Process and Reality*, PART I, CH I (5)
Whitehead and Russell. *Principia Mathematica*, INTRODUCTION
Russell. *Human Knowledge, Its Scope and Limits*, PART II
——. *An Inquiry into Meaning and Truth*, CH 1-6, 13-15, 25
Joyce. *Finnegans Wake*
——. *Ulysses*
Wittgenstein. *Preliminary Studies for the "Philosophical Investigations"*
Orwell. "Politics and the English Language"

II.

THE ANCIENT WORLD (TO 500 A.D.)

Epicurus. *Letter to Herodotus*
Quintilian. *Institutio Oratoria (Institutes of Oratory)*, BK I-III

THE MIDDLE AGES TO THE RENAISSANCE (TO 1500)

Bacon, R. *Opus Majus*, PART III
John of Salisbury. *The Metalogicon*, BK I
Maimonides. *The Guide of the Perplexed*, PART I; PART II, CH 30; PART III, CH 1-7

THE MODERN WORLD (1500 AND LATER)

Adler, M. J. *Some Questions About Language*
Arnauld. *Logic*, PART I, CH 15; PART II, CH 1-2
Arnauld and Lancelot. *General and Rational Grammar*
Arnold. *On Translating Homer*
Austin. *Philosophical Papers*
Ayer. *Language, Truth, and Logic*
——. *Thinking and Meaning*
Blair. *Lectures on Rhetoric and Belles Lettres*, XI-XIV
Boole. *An Investigation of the Laws of Thought*
Bradley, F. H. *Appearance and Reality*, BK I, CH 2
Bréal. *Semantics*
Burke. *A Philosophical Enquiry into the Origin of Our Ideas of the Sublime and Beautiful*, PART V
Carnap. *Introduction to Semantics*
——. *The Logical Syntax of Language*
——. *Meaning and Necessity*
Cassirer. *Language and Myth*
——. *The Philosophy of Symbolic Forms*
Chomsky. *Aspects of the Theory of Syntax*
Comte. *System of Positive Polity*, VOL II, *Social Statics*, CH 4
Condillac. *La langue des calculs*
——. *Logic*, PART II
Couturat and Leau. *Histoire de la langue universelle*
Croce. *Aesthetic as Science of Expression*
Delacroix, H. *Le langage et la pensée*
Derrida. *Of Grammatology*
Emerson. *Nature*
Empson. *Seven Types of Ambiguity*
Grimm. *On the Origin of Language*
Harris, J. *Hermes, or A Philosophical Inquiry Concerning Universal Grammar*
Hartmann, E. *Philosophy of the Unconscious*, (B) VI
Head. *Aphasia and Kindred Disorders of Speech*
Jakobson. *Language in Literature*
Jespersen. *Language*
——. *The Philosophy of Grammar*
Jevons. *On the Mechanical Performance of Logical Inference*
——. *The Principles of Science*, CH 6 (17-18)
John of Saint Thomas. *Cursus Philosophicus Thomisticus, Ars Logica*, PART I, QQ 1-3
Johnson, A. *A Treatise on Language*
Leibniz. *New Essays Concerning Human Understanding*, BK III
Lotze. *Microcosmos*, BK V, CH 3
Mill, J. *Analysis of the Phenomena of the Human Mind*, CH 4
Müller. *Comparative Mythology*
——. *The Science of Language*

Ogden and Richards. *The Meaning of Meaning,* CH 1, 9–10
Pareto. *The Mind and Society,* VOL I, CH 1–2
Quine. *Word and Object*
Renan. *De l'origine du langage*
Richards. *Interpretation in Teaching*
Sapir. *Language*
Saussure. *Course in General Linguistics*
Sayce. *Introduction to the Science of Language*
Sidgwick, A. *The Use of Words in Reasoning*
Stewart. *Elements of the Philosophy of the Human Mind,* PART II, CH 1
Tooke. *The Diversions of Purley*
Urban. *Language and Reality*
Venn. *The Principles of Empirical or Inductive Logic,* CH 6, 22
———. *Symbolic Logic*
Waismann. *The Principles of Linguistic Philosophy*
Wilson, R. A. *The Miraculous Birth of Language*

46

法 律 Law

总 论

　　法律的观念乃是与论题的多样性勾连在一起的，而且法律观念的含义也因讨论语境的变化而发生了许多变化。最为根本的区别乃是自然科学家使用法律这个术语的方式与艺术家和伦理学家或政治学家使用该术语的方式之间所存在的区别。

　　我们通常认为法律是一种应当被遵守也可以被违背的规则——一项命令或者一项禁令。这两种选择，通常都是存在的。尽管一项法律所创设的义务或责任是一种服从的义务或责任，但是，如果法律不可以被违反的话，免除这种义务也就没有任何道德意义了。但是，科学家努力发现的那些自然法则却并不具备这一特性，因为它们是不可违背的。比如说，所谓的万有引力定律，或者牛顿的三大运动定律，都是不能违背的。科学家可能对某项自然法则之阐述的真理性持有不同意见，但是，如果该阐述是有效的，那么我们就应当把它作为一般的行为规则毫无例外地接受下来；如果例外情形被发现，那么它们并不是被解释为违背法则的事例，而是被解释为该项法则并不适用的那些情形。

　　弗雷泽指出："魔术不仅是一种虚妄的行为指南，而且还是一种虚假的自然法则体系。……由于它被认为是一种自然法则体系，……所以它可以被称之为'理论魔术'。"

　　有关艺术的规则，有可能被违反：不是无意地被违反，就是故意地被违反。比如说，语法错误有可能为那些不知道这些规则的人所违反，或者为那些故意无视这些规则的人所违反。逻辑艺术中所谓的"矛盾律"，似乎类似于语法规则或任何其他艺术的规则。尽管该项规则对那些做了矛盾陈述的人会施以惩罚，但是人确定无疑地还是会自相矛盾。

　　然而，根据另一种有关矛盾律的观点——它属于形而上学而非逻辑艺术，任何事物都不可能在同一时间在同一个方面既存在又不存在。存在法则，正如运动定律一样，被那些视其为真的人认为是不可违背的。在这里，Law 有着科学的法则或自然的法则的一个方面。由于矛盾律被认为是一项逻辑规则，所以在非人造的意义上讲，它也可能是自然的。某些哲学家认为，人类既不创造所有的存在都必须遵守的形而上规则，也不创造人之心智应当始终服从的逻辑规则。人类只是发现了这两种规则。

　　当然，还有某种其他类型的规则，通常也被称之为"法律"。这些规则就像艺术规则一般，乃是在本质上可被违背的道德行为规则或社会行为规则。孟德斯鸠指出："从最一般的意义上讲，各种法则乃是源于事物本性的必然关系。在这个意义上，所有的存在都有其自己的法则。"然而，孟德斯鸠又指出，法则在自然界中的作用不同于在诸如人类那样的智性者世界中的作用。他说：人类"不像物理世界那般会精准地遵循[他们的法则]，这一方面是因为特殊的智性者有着某种特定的本性，因而易于犯错误；而另一方面则是因为他们的本性又要求他们成为自由的行动者"。因此，即使是"他们自己制定的法律，他们也会频繁地违反"。

因此,自然的法则与人之行为的法律之间所存在的深刻分歧,似乎关涉到这样两个要点:第一,前者可以适用于所有的物事,而后者仅适用于人类;第二,由于前者是不可违背的,所以它强调的乃是行为的必然性;而由于后者是可以被违反的,所以它意味着,它被适用于的那些人乃是有自由的。

这两种法则当然也有许多共同之处。科学家所发现的自然法则和立法者所创制的行为规则,都是一般的而非特殊的。在法理学的传统中,论者们一直认为,这两种法则所具有的一般性,乃是人们界分法律规则与特定的裁决或律令的基础。然而,以神学理据为依凭,这两种法则还可以被认为有着一项更加显著的共同特征。

阿奎那把科学家发现的自然法则视作是上帝在创造万事万物之时便植入其性质之中的法则。上帝植入人性之中的法则,在它们永远渊源于神之智识和意志的方面没有任何不同,或者说,在它们是神统治世界的表现形式方面没有任何不同。当然,它们仍会因为下述这一点而有所区别,即拥有自由并因而能够违背那些甚至符合其自己本性的规则,乃是人性的一部分。因此,这两种法则都是行为的指导。只是当科学发现的法则不再归诸于上帝的时候,它们才可能仅仅是描述性的而不是规定性的。

在本章中,我们所关注的主要是作为人之行为之指导的法律,或者,一如康德所说的那样,自由领域中的法律。然而,在我们这里所关注的这种法律含义中,仍然有着许多重要的有关法律类型的区分。把法律区分为神法和人定法、自然法和实证法、私法和公法、道德的法和政治的法——这里仅列举一些传统区分的称谓——的做法,决定了诸多伟大著作所讨论的不尽相同的法律哲学的论纲,而且也构成了法律的起源、特性和权威等重大问题的基础。

不同的论者会运用不同的标准去建构他们的法律分类。然而,在分析和分类方面,我们还是能够见到某些类似做法的。自然法的对立物,有时被称为"人定法"、"实证法"或"成文法",有时也被称为"民法"或"市民法"。有时候,从康德(法律的分析衍生于权利的分析)的角度来看,自然权利与实证权利之间的界分,还可以用固有权利和后天获得的权利、公权利和私权利的术语加以表达。

因此,康德认为,"自然权利取决于先验的纯粹理性原则;实证权利或法定权利则源出于立法者的意志。⋯⋯固有权利乃是每个人天生就享有的那种权利,它独立于所有经验性的司法行为。后天获得的权利乃是以此类司法行为为基础的那种权利"。有关那些不需要从外部加以颁布的法律并因此而属于私权利范围的法律的制度,乃是从自然权利或固有权利中发展起来的。实证权利或市民权利乃是生活在市民社会状态中的人根据"下述法律制度"获得的权利,而"那些法律则需要公开加以颁布"并因此而属于公权利的范围。就此而言,我们需要考虑的是:权利是内在于人性的还是从国家那里获得的;人们被认为是生活在自然状态中还是生活在市民社会状态中;法律是需要公布的还是不需要公布的。

自然状态与市民社会状态之间的这种区别,也被许多其他论者用来界分自然法与实证法(或市民法),比如说,霍布斯、斯宾诺莎、洛克、孟德斯鸠、卢梭等论者。他们还承认,那种支配生活在自然状态中的人的法律在本性的意义上讲乃是自然的,或者说是人之理性在本性上便有能力加以规定的一种行为规则;而市民法则源出于一种政治权力者具体的立法行为,即这种政治权力由某一主权者所掌握,由代表议会所掌握,或者由所有人民共同掌握。

正是通过把所有的法律类分为两种法律:"自然法或本国法",黑格尔认为,"自然法就是有关它们是什么的东西,且它们本身就是有效的"。相反,实证法只是"在某一特定的国家中有效,而且这种法律权威对于认识这种实证形式的权利来说(亦即对于实证法律科学来说)乃是一项指导原则"。我们认识它们内容的方式,进一步界分了这两种法律。黑格尔解释道:"为了认识自然法,我们必须学会认识自然,因为它的法则是刚性的,因此只有我们关于法则的观点有可能是错误的……对本国法的认识在一个方面是相似的,而在另一个方面则是不同的。再者,我们所习知的这些法则,实际上就是这些法则本身……但是,本国法区别的意义却在于它们引发了人们的反思精神,而且它们的差异即刻就会促使人们去关注这样一个事实,即它们并不是绝对的。"

这把我们引向了区别的核心。本国法或市民法,乃是"某种被创制的东西,亦即某种由人创造出来的东西"。在这种意义上,它是实证法,即为了存在,它必须是被创制出来的(亦即由官方加以制定)。市民法并不是通过考察人之本性而发现的某种东西。它是被创制的,而且必须公开颁布;这样,那些受制于它的人便能够知晓这种法律的具体条款。任何愿意研究自然法的人都可以独自研习自然法;或者,他可以通过一位指导他研习自然法的导师的帮助去发现自然法,而这种指导就似一位导师指导他学几何学一般,而不是像一个律师告知其当事人有关本国正施行的那些法律一般。

阿奎那对这种自然法和实证法间区别的分析既做了删减,也做了补充。一方面,他并不认为人类在自然状态下的状况与市民社会存在着巨大差别。另一方面,他认为自然法与实证法之间的主要区别乃在于它们得以产生的渊源。自然法是神造的,而实证法则是人定的。阿奎那指出,"自然法只不过是理性造物所参与其间的永恒法而已"。它是神关于人类的永恒法,因为它不仅为人性所接受,而且也存在于人性之中。它不仅像人类实践理性的第一原则那般存在于人性之中,而且还含括了所有能够通过推理而被发现的律令。

因此,一如洛克而言,阿奎那也认为,自然法不仅是理性法,而且也是自然界的神的法。但是,阿奎那还是对一般意义上的自然法(或永恒法)与人类的自然法做了区分。人类的自然法乃是一种道德上的法,这既是从它是一种调整自由行为的法律的意义上来讲的,也是从它是一种在人的私生活领域中指引人们辨别善恶、而不仅仅是有关政治上的共同善的法律的意义上来讲的。

自然法和实证法正是在它们不一致的方面存有相似之处。根据阿奎那的观点,自然法和实证法在法律的性质上是相同的,因为这种法律"只不过是一种追求共同善的理性法,是由关心共同体的人或神制定并公布的"。自然法和实证法都有一个制定者:神或人;自然法和实证法都以某种特定的方式源出于其制定者的理性和意志;自然法和实证法都必须予以公布,尽管二者的方式不同;自然法和实证法都关注一种共同善——人的幸福或国家富强。

然而,阿奎那给出的补充说明,则构成了神法与人法的区别。关于神法,他区分了上帝的永恒律令和上帝的实在命令。一如我们所见，神法的永恒部分乃是指那些"上帝"为了给他创造出来的所有物种都灌输若干"正当行为的原则而从一开始就为整个自然界设定的法则"。阿奎那指出，"如果人类注定只能去实现与其自然能力相符的目的，那么人类也就不再需要任何其他的指导了，……除了自然法和源于自然法的人定法以外"。但是，"人类注定是要追求永恒幸福这一目的的"；而且由于拯救乃是一种在没有上帝的帮助下人力无法达致的超自然的目的，所以"根据上帝所赐予的法律来指引人类达致这个目的的做法是极有必要的"。

上帝并不是在创世之初，而是在历史上的某一特定时刻赐予人类这样一种法律的。上帝并没有把这种法律注入人的本性之中，而是以一种适合于实证法的方式、通过语词宣告的方式来颁布这种法律——通过他在《旧约》和《新约》中的启示录，比如说，十诫和博爱二律。

对阿奎那而言，神法（无论是旧约还是新约）乃是通过给我们提供可前行之道路以获致拯救的指示而起作用的；而对加尔文而言，神法则是评估我们罪过的一种手段。加尔文指出，它是"一种镜子。在镜子中，我们可以发现刻在我们脸上的岁月，而在法律中，我们所看到的则首先是我们的无力之处，……尔后是我们的罪孽，而最后，作为这二者的后果，乃是灾祸"。

阿奎那把人法界分为"民族间的法（或万民法）和市民法"。市民法乃是一个共同体为其自己的成员所制定的法律。至于万民法，阿奎那则追随罗马法学家的传统。因此，他在使用这一术语时所意指的含义不应当与后来的论者（如雨果·格劳秀斯）所认为的国际法相混淆。然而，值得我们注意的是，无论是民族间的法律还是国际法，都必须直面这样一个问题，即民族间的法或国际法是更适合被归属于自然法的领域，还是更适合被归属于实证法的领域这样的问题？

国际法所关注的乃是独立自主国家之间的关系，而正如黑格尔所指出的那样，这些独立自主国家"之间的彼此关系乃是处于自然状态之中的"，因为"一个国家的主权乃是它与其他国家间关系的原则"。法律不能被适用于具有实证法之强制力的主权国家。黑格尔指出，"因此，如果国家间发生分歧而且它们各自的特定意志无法协调一致的话，那么这个问题只能通过战争加以解决"。黑格尔关于国际法"不能越出应然范围"的陈述，把国际法从实证法中分离了出来。阿奎那也依凭同样的理据把万民法从实证法中分离了出来。阿奎那承认，正如意志在当下所表现的那般，国际法并不是立法机构颁布的。再者，他还指出，国际法是经由理性而被发现的，而且它的规则也是依凭自然推论出来的。因此，民族之间的法并不是按照实证方式制定出来的。

在阿奎那看来，关于民族间的法律缺少市民法所具有的某些特性这一点，在实质上并不会影响它成为一种法律；但是黑格尔却认为，民族间的法律不具有法律的实质，而这种实质则存在于由主权者意志构成的一种确定且普世的正当规则之中。诸如约翰·奥斯汀这样的19世纪伟大的法律实证主义者则走得更远，因为他认为，除了有权强制实施法令的政府所制定的实证法以外，任何其他规则都不是真正的法律。自然法仅仅在一种隐喻的意义上成其为法律。

古希腊人似乎也把法律主要视作是一种国家创制的东西。亚里士多德认为，政治正义"在部分上是自然的，在部分上是法律的——所谓自然的，乃是指它在任何地方都具有相同的力量而且其存在也不会因为人们的思想不同而发生变化;所谓法律的,乃是指它在最初是中立的,但是一旦它被制定出来以后,它就不再是中立的了"。这种观点趋向于把正义的法律维度等同于正义的惯例维度。把法律界分为市民法、民族间的法和自然法三种法律的观点,实际上并不是起源于古希腊,而是起源于古罗马。

然而,古希腊人并不认为所有的法律都是人类制定的,也不仅仅是一个地方性约定的问题。神法与人定的国家法之间的根本冲突频繁地出现在古希腊的悲剧文本中,并在索福克勒斯的悲剧《安提戈涅》中占有着特别重要的分量。由于埋葬其兄弟,安提戈涅违背了国王的法令,然而,在她看来,如果她不去埋葬其兄弟,那么她就会违反"神定的不成文的永恒法律"。她宣称,神定的这些不成文的永恒法律"既不属于今天也不属于昨天,永恒地存在着。没有人能确知它们的生成之时因此我不畏惧任何人的狂傲"而且她指出,"如果我违反了这些法律我甘愿接受神赐的确定的责罚。"

在《修辞学》一书中,当亚里士多德建议在"成文法与我们的理据相悖的情形中"法庭辩论者(或出庭律师)应当"诉诸普世的法律,并坚持它所主张的更大的公平和正义"的时候,他引证了索福克勒斯的这段文字。在此情形中,亚里士多德认为,主张下述观点是明智的:"公平诸原则是永恒不变的,而且普世法也因为是自然法而不会改变,而成文法则经常发生变化。"在相反的情形下,亦即当"成文法支持我们的理据的时候",他又规定了一条相反的思想路线——即征引这些国家法律并且明确主张这些法律应当予以承认。

尽管亚里士多德在这里讲的是"自然法",但是他似乎考虑的是"普世法"的观念,或者是一种为世界各民族共同享有的法律。在很大程度上讲,他所讨论的乃是自然正义,而非自然法。无论这两个概念是否具有相同的含义,他的自然正义的原则都位于政治律令之上,一如对于后来的论者那样,自然法也位于实证法之上。柏拉图认为,法律乃是根据事物之本性去规制事物的"一种理性取向";显然,他的这一观念更加明确地认识到,不仅法律不取决于国家的权力,而且法律的权威也不是来源于国家的权力。"自然法"这一术语可能在古希腊的论著中并不常见,但是它的含义在古希腊的思想中却不是不存在的。

有关法律的其他类分——成文法与不成文法,制定法与习惯法、宪法性法律与诸如合同法、刑法、侵权法等各种特定的部门法,在很大程度上都是实证法的分支。不成文法有可能是一个例外,因为我们知道,当不成文法并不被视作是习惯法的时候,它所意指的是理性法或自然法。就法律的这些部分而言,核心的问题所关涉的乃是宪法的问题和习惯的问题。作为法律的宪法与一个国家中所实施的所有其他的法律之间的区别,将在**宪法**一章中展开讨论,而习惯自身所具有的法律强制力以及它与立法会制定的法令有关时所具有的法律强制力的问题,亦将在**习俗与约定**一章中进行讨论。

在这里,我们所关注的主要是作为整体的实证法以及它的特性和缺陷,而最重要的则是这种作为整体的实证法与自然法之间的关系。实证法所具有的某些特性,已为大多数论者所认同,甚至为那些在实证法与自然法的关系上持截然不同意见的论者所认同。

例如,人们一般都同意,并不是任何人都能制定某项实证法的规则的,而只有行使立法权并有权强制实施这种实证法规则的人才能制定实证法规则。再者,人们也普遍承认实证法所具有的可变性,尽管并非所有的论者都像蒙田走得那么远,因为他认为,"没有什么东西比法律更处于持续的变动之中"。然而,人们却普遍认为,实证法的内容会通过废弃或修订旧规则和增加新规则而发生频繁的变化,而且关于任何特定问题的实证法规定也会因国家的不同而有所不同。

人们对法院和法官的必要性的理解,基本上也是相同的。汉穆勒顿指出,"如果没有法院去解释和界定法律真正的含义和作用,那么法律就将形同一些死的文字"。尽管与裁决不同,制定法律规则的目的乃在于将它们适用于无数相似的案件,但是根据司法程序必须把这些法律规则适用于那些案件又完全不一样。因此,法院和法官的使命就在于决定某一特定案件的事实是否能够使该项法律的具体条款适用于该案件。这便是司法自由裁量权的领域以及诉讼当事人和律师的战场。

在从阿里斯多芬到乔叟、拉伯雷、蒙田和斯威夫特辛辣地讽刺法律职业的伟大作品中,法律人在法庭上的各种倾向已经被尖锐地揭示了出来,即他们倾向于延长诉讼程序并使之复杂化,倾向于不是使问题复杂化就是使问题简单化,并倾向于用一张厚重的语言之幕把他们自己与老百姓隔离开来。

例如,拉伯雷在其作品《巨人传》中让庞大固埃去承担这样一项工作,即裁决"原告吻臀爵爷与……被告舔屁爵爷之间的诉讼,而他们之间的纷争太大而且在法律上也太过棘手,以至于议会法庭都对此束手无策"。庞大固埃以一种独特的方式启动了诉讼程序。当法律顾问和律师"把装有与该案有关的各种令状和文献的——其体积和重量几乎足以装载四头大蠢驴的——袋子交到庞大固埃的手里时,他问他们说:本纠纷和程序中的那两位勋爵还活着吗?"在被告知这两位勋爵还活着以后,"庞大固埃又说道,见鬼!那么谁来伺候你们给我的如此之多的毫无价值的纸张和复印件呢?难道听他们在我们面前面对面地进行辩论,不比读这些因充满了废话、欺骗、有害的轻蔑和破坏公平的文字而毫无价值的东西要更好么?"

再者,庞大固埃又继续指出,"由于把法律看作是从道德哲学和自然哲学中间摘取出来的东西,所以这些对哲学的研究比我的骡子还少的傻瓜们又如何能理解它啊?就人能够探知和了解古代情势及历史这一点而言,他们也真的如癞蛤蟆拥有羽毛那般拥有这些本领。然而,法律当中充满了这种知识,以至于若没有这种知识,人们就无法理解这些法律。……因此,如果你们愿意让我对这种诉讼程序进行修正,那么首先,烧掉所有这些纸张;其次,让这两位绅士亲自到我面前来;最后,当我听完他们两位的陈述后,我将坦诚地、诚实地、自由地告诉你们我的意见"。庞大固埃后来依此方式主持的这场审判,即这两位勋爵被迫在没有顾问的帮助下进行论辩的审判,成了一种可供人们选择的和一种适当的诉讼方式。

帕斯卡在其所著《致外省人信札》一书中所详尽处理的那些具有决疑性质的问题,有时候被认为是宗教法规所特有的问题,但是,在界分不同案件和审查它们同一般规则的关系的意义上的决疑问题,在司法适用任何法律的过程中都是必定会发生的。最为棘手的案件是那些可能符合某项法律的文字表述但似乎与该项法律之精神不相符合的案件。当然,相反的情形也会发生,即一些案件与某项法律的文字表述不相符合,但是该项法律的目的却似乎涵盖了这些案件。所有上述情形都表明了法律规则所具有的一个不可避免的缺陷。

亚里士多德指出,法律规则所具有的这一缺陷乃是不可避免的。法律的目的就是要达致普遍性,"但是对于某些情形来说,做出一项正确的普遍性陈述是不可能的"。为了对这一缺陷做出救济,人们应当对法律制定者的意图进行考虑。应当像法律制定者在制定该项一般性规则时所会考虑的那般去处理某一特殊的案件。这种处理疑难案件的方式,正是亚里士多德所谓"衡平"的方法——即"当法律因其太原则而具有缺陷时对法律进行的一种矫正"。

某项需要采用衡平方法加以矫正的法律有可能是一项正义的规则,但是这并不会妨碍它被不公平地适用。衡平方法乃是通过根据法律的精神而非该法律的文字在某一特殊的案件中实施正义来防止因法律误用而导致的不正义现象。亚里士多德指出,它是一种正义,"不是法律正义,而是对法律正义的一种矫正。……尽管这种矫正并不优于绝对正义,但是却优于那种因该项规则的绝对性而产生的错误"。

那些赞同亚里士多德衡平理论的论者都承认存在着一种正义标准,而不仅法律的适用,而且法律本身都应当根据此标准加以衡量。按照亚里士多德的术语,自然正义提供了这种标准。城邦所制定的法律的正义不仅与该城邦的宪法有关,而且由于宪法本身或多或少是正义的,所以存在着一种优于该城邦并独立于该城邦的正义标准——在这个意义上讲,这种正义是自然的。

在本质上讲,诸如孟德斯鸠和洛克等认为自然法不仅是衡量宪法的尺度而且也是界分善法和恶法的标准的论者也持有相同的观点。孟德斯鸠指出,"在法律被制定前,存在着各种与正义相关的关系。那种认为除了实证法所命令的或禁止的东西以外不存在任何正义的或不正义的东西的观点,无异于认为在描绘一个圆圈之前所有的半径都不是相等的。"

在洛克看来,自然法不仅仅只适用于生活于自然状态中的人类的行为。洛克把自然法描述为"上帝为了人类共同安全而确定为人们行为之尺度的一种共同理性和公平"的规则;因此,即使人类进入了文明社会,这种自然法也不会被废止。"自然法的义务并不止于社会,而人定法只是在许多情形中做了类似于自然法义务的规定并为了使人们遵守这些义务而附加了各种刑罚。因此,自然法乃是所有人(立法者与其他人)的永恒规则"。洛克指出,实证法规则必须"与自然法相符合,亦即与上帝的意志相符合——实证法规则乃是对上帝意志的宣告"。任何一个国家的国内法,"就其正当性而言,仅是建立在自然法的基础之上的,因为自然法乃是这种国内法得以实施和解释应当赖以为凭的判准"。

洛克和阿奎那的观点都认为,自然法既是实证法的渊源,也是实证法的判准。作为实证法的一种渊源,至少在阿奎那看来,自然法乃是以一种使之区别于民族间的法律或万民法的方式产生实证法的。

阿奎那指出,"某规则可能通过两种方式源出于自然法:一是作为前提的一个结果,二是通过做出一种具有某些一般特性的决定。"他进一步解释说:"第一种方式类似于科学领域中那种从原理中推论既有结论的方式,而第二种方式则像艺术领域中一般形式据以特殊化至具体细节的方式：因此，工匠需要确定房屋这种一般形式所具有的某种特殊形状。"于是，"那些渊源于自然法的规则属于民族间的法律，而那些渊源于自然法的规则，就像源出于前提（例如正当的买卖以及诸如此类的物事，没有它们，人类就无法共同生活——而这正是自然法的要旨之所在）的结论，因为人在本质上是一种社会动物。……但是，那些经由个殊决定的方式而源出于自然法的物事则属于市民法，因为每个国家自行决定何者对它而言是最好的"。

阿奎那举例说明了实证法的决定方式："自然法规定作恶者应当受到惩罚，而至于应当以何种方式惩罚他，则必须经由实证法所规定的一种具有自然法性质的决定加以解决。"当然，他还完全可以把这样一个事实当作例子，即普遍禁止杀人的规定乃是渊源于这样一项自然法原则的一个结论，即"一个人不得伤害任何其他人"，而不同的国家对谋杀罪的不同种类和不同等级所做的界定，则是因每个国家有关惩罚杀人的实证法所规定的具有自然法性质的决定的不同而不同的。

实证法规则不能通过演绎推论而达致。它们未必源出于原则。它们仅仅是一些以一种适合于某个特定社会之可能情势的方式对自然法律令的特殊化规定。实证法所规定的乃是自然法因其与正义或正当不涉而未予确定的那些事情。实证法的制定，还关涉到一个选择的问题。除了根据理性制定实证法以外，还必须根据有权制定法律的人的意志去制定实证法。

实证法规则的制定乃是一项理性的工作；当然，这是在下述意义上讲的，即需要根据理性提出各种可能的具有自然法性质的决定，例如，某种有关一级谋杀罪的定义，以及某种针对这种谋杀罪定义的刑罚定义。由于一项明确的实证法规则直到在各种可能性中做出了选择以后才能加以制定，所以实证法也不能只是一项理性的工作。在阿奎那看来，选择始终是一种意志行为。

尽管阿奎那承认选择进而承认意志在实证法制定过程中的作用，但是他却没有因此而走向另一个极端，即认为意志是判定何谓法律的唯一决断者。国家法令的合法性并不完全取决于它们是根据主权者的意志制定的。如果一项实证法规则不是源出于自然法，那么它就不是一项正义的规则。在征引了奥古斯丁的论点即"一种不正义的法律只是一种名义上的法律而已"以后，阿奎那接着指出，"每一项人定法都因源出于自然法而在实质上具有了法律的性质。但是，如果它在任何一点上背离自然法，那么它就不再是法律了，而是对法律的一种歪曲"。

一项仅以一个主权者或政府的意志为基础的法令，有可能具有法律的强制力，但是它会缺失法律的道德权威。它对人们的约束，并不是通过良心，而有可能只是通过人们对因违反该法令而受惩罚的恐惧。黑格尔指出，"有关强制力和专制性可能是法律的一个要素的情形，对于法律来说并不至关重要，而且也与法律的本质不涉"。

那些否认自然法或天赋权利及自然正义原则的论者则持有一种与上述观点截然相反的观点。此外，还存在着一种会导向一种与上述观点相反的法律观或正义观的自然法理论，尽管这个方面的"相反"观点是有一定限度的。

在霍布斯看来，"国家法和自然法并不是不同种类的法律，而是法律的不同部分"。他指出，自然法和国家法"互相包含而且具有同等的适用范围"。但是他也曾指出，"自然法……并不是严格意义上的法律，而是一些致使人们趋于和平和服从的规则"。

在人类根据契约或约定（亦即人们据以让渡他们在自然状态下所拥有的权利和自由的契约或约定）形成国家之前，自然法首先引导人们在"任何人反对任何人的战争"中保护他们的生命；其次引导人们通过离开自然的战争状态、进而与其同胞一起共建文明社会秩序的方式来寻求和平的保障。霍布斯所列举的19条自然法规则，似乎阐明了人们有关文明社会优于自然状态的各个方面的理性认识，也阐明了人们有关国家之牢固根基所不可或缺的各种条件的理性认识。

这些理性的规则"就是各项自然法，它规定和平，是一种旨在保护各种人等之生命的一种手段，而且只关注文明社会的原理"。但是，在国家存在之前，各项自然法只是在良心层面上约束人类，因而它们并不能有效地实现它们的目的，即安全。"在国家建立以后，它们才在实际上成为法律；而且由于它们是国家的命令，所以它们也是国家的法律，而不再是从前那样。因为主权迫使人们服从这些法律。"

自然法与国家法之间的上述区别，在后来变成了不成文规则与成文规则之间的一种区别；但是，一项规则实际上是否是一项法律的判准却是相同的，即该项规则是否得到主权者的采用和强制实施。霍布斯指出，"所有的法律，无论是成文法还是不成文法，其权威和强制力都源出于国家的意志"。

霍布斯的理论同洛克或阿奎那的理论，在结论方面存在着很大的区别。在何种情势下一个臣民或公民可以拒绝服从国家的法律？是根据这些法律是不正义的和专制的吗？是以它们违反了自然法律令或者违反了上帝的实在命令为标准吗？个人在良心上是否有义务遵守每一项国家法的命令呢？如果有义务的话，是因为该国家法含括了自然法，解释了自然法，并且赋予了它以法律的权威和强制力，还是因为一旦国家得到建立，自然法本身就会命令公民服从国家法？或者，从相反的角度来讲，个人在良心上是否有自由不遵守那些因不符合自然法或神法而缺失法律权威性的实证法规定？

对于上述这类问题以及对于人民反对国家之权利（造反权利）的整个问题，论者们似乎会因为对法律性质、法律权威性的渊源以及批准法律之机构的不同看法而有不同的回答。

在各种回答的一极，有这样一种论说，它认为：第一，造反从来都不是正当的；第二，维护法律和秩序所提供的和平保障始终要好于由造反引发的无政府状态和战争状态。比如说，霍布斯认为，"享有主权的代表能够对某个臣民所做的任何事情，无论以什么理由，都不能被确当地称之为不正义或伤害"。因此，一个把法律握在自己的手中并使用强力去达到自己目的的造反者，就始终是一个罪犯。在霍布斯看来，一个人只有在把武力用来抵抗针对他的武力时，进而只有在把武力用来保护自己的生命时，其对武力的使用才可以被证明为是正当的。自然法所允许或所要求的亦复如此。但是，自然法却并不允许或不要求他去决定他将遵守或不遵守其主权者所制定的何项法律。

在各种回答的另一极，则是亨利·大卫·梭罗、莫罕达斯·K.甘地和马丁·路德·金等人所提出的公民不服从的学说。不正义的法律或者违背一个人之良心的法律，有可能有着国家的强制力作为其后盾，但是它们对他却并没有权威。这个正义的人被要求去破坏它们，而且被要求乐于承受因破坏它们而导致的后果，亦即承受任何因违反它们而附加给这种行为的刑罚。对这个公民而言,通过批评政府并与同道者一起努力使不正义的法律得到废除或改革的方式,并不足以宽慰或满足他的良心。他在良心上不应当坐等他人的帮助或不应当耐心地采用缓慢的手段。他应当即刻采取单独的行动——亦即通过不遵守那种不正义的法律。

康德似乎就是这样认为的,因为他把"不得伤害任何一个人"这一律令解释成了"不得伤害任何人,即使你在遵守这项义务时不得不终止与其他人的一切联系或拒绝整个社会"。但是,康德又对此解释做了一定程度的限定,因为他给出了另一律令:"如果伤害不可避免,那么就与其他人一起加入到一个每个人都可能保护好在他看来属于他自己的东西的社会中去。"

另一种限定也对不服从、造反或脱离社会等做法做出了限定——亦即个人的良心可以对一项不正义或不合法的国家法令做出妥协。正如阿奎那所阐明的那般,基本原则似乎应当是:在某些特定情形中,默认法令比违反法令也许能更好地实现共同的善。除非这种法律所规定的内容违反了上帝的命令,否则人们就可能"为了避免流言或动乱"而服从一项不正义的法律。

甚至就通过合法手段所进行的法律改革而言,阿奎那也认为,因法律变化而产生的不利因素超过了它的有利因素。法律的有效性取决于它所形成的人们对其服从的习惯,也取决于它所确立的惯常行为。阿奎那指出,"因此,当法律发生变化时,就习惯被废除而言,法律的约束力也就减少了"。当然,对共同福利的这种损害,也许可以通过"新的法令所提供的益处"而得到补偿,或者也可以通过"现行的法律是显失正义的或者对它的遵守是极度有害的这一事实而得到补偿"。

洛克阐述的原则略有不同。只要有关救济不正义的法令或不合法的法令的正当法律程序是可获得的,那么个人不服从法律就不是正当的,因为此类的行为会"动摇和颠覆国家政体,而且所导致的结果只是无政府状态和混乱状态,而不是政府和秩序"。对个人来说,自己一人使用武力去抵抗专制或不正义实是无效的。但是,如果这些不合法的法令扩及到绝大多数人的生活之中,而且"它们在良心上也确信他们的法律以及与之相关的财产权、自由权项、生命甚至宗教信仰都处于危险之中,那么我真的不清楚还有什么方法可以阻止他们去抵制那种针对他们的强力。我承认,这是一个所有政府都面临的麻烦事"。于是,除了造反以外别无任何其他选择——"完全是一种战争状态,而其间,人们只能诉诸上帝"。

正如前述讨论所阐明的那般,法律哲学的基本问题乃是无法与下述问题分开的,即正义与自由、个人权利与国家权威、政府的权力,以及犯罪与刑罚,亦即战争与和平的基本抉择等问题。这些问题在与上述术语相关的章节中进行了讨论。法律理论(尤其是自然法)所关涉到的更为特定的问题,也可以见诸**革命、奴隶制、暴政与专制、公民、宪法、财富**等章节。

分 类 主 题

1. 法律的定义

   1a. 法律的目的:治安、秩序和共同的善

46. 法　律

　　1b. 法律与理性或意志的关系
　　1c. 制定法律所需要的权威和权力
　　1d. 法律的颁布：颁布法律的方式和必要性
2. 法律的主要类型：人定法、自然法和神法间的比较；自然权利和实证权利、天赋的权利和后天的权利、私性权利和公共性权利以及抽象权利和公民权利间的比较
3. 神法
　　3a. 神在支配宇宙方面的永恒法则：万物之性质中的法则
　　　（1）作为人性中之永恒法则的自然的道德法则
　　　（2）永恒法和明确的神法之间的区别
　　3b. 明确的神法：显现于《旧约》和《新约》中的法律之间的差异
　　　（1）《旧约》中的法律：《旧约》法律之中道德的、司法的以及仪式性的律令
　　　（2）《新约》中的法律：慈爱与恩典的法则；《新约》法律中仪式性的律令
4. 自然法
　　4a. 理性法则或道德法则：依其原则所形成的秩序和习惯
　　4b. 生活在自然状态中的人所具有的法律
　　4c. 天赋权利或抽象权利的诸种先验原则：自由秩序中的普遍法则；意志的客观化
　　4d. 作为美德准则之基础的自然法：它与神法的道德律令间的关系
　　4e. 自然法与自然权利和自然正义这二者间的关系
　　4f. 自然法与市民法或国内法之间的关系：自然状态以及文明状态的法规
　　4g. 自然法与万国法和国际法这二者间的关系：主权国家和自然状态
　　4h. 自然法律令和自然状态下有关奴隶制和财产权的情形
5. 人定法或者实在法：具有强制力的制裁
　　5a. 法律与政令间的差异
　　5b. 实在法的类型或分支
　　5c. 实在法的正义问题：自然法的假设标准以及合宪性
　　5d. 实在法在立法过程中的渊源：立法者的作用
　　5e. 实在法的无常性或可变性：法律的变或不变
　　5f. 实在法与习惯之间的关系
　　5g. 实在法在案件中的适用：司法过程中的决疑论；审判活动；正义之实施
　　5h. 实在法的缺陷：经由平衡法去纠正或避免其缺陷的必要性
6. 法律与个人
　　6a. 对法律的权威和强力的服从：良心和担忧的制裁；法律的客观制裁和主观制裁；法律、义务和权利
　　6b. 主权者对法律强制力的豁免
　　6c. 酷法、不公正的法或恶法的效力：反抗或不服从的权利
　　6d. 法律在善与恶方面的教育功用：为个体市民的美德所限制的法律的功效
　　6e. 违法：犯罪与惩罚
　　　（1）犯罪的性质和原因
　　　（2）对犯罪的预防
　　　（3）对犯罪的惩罚

7. 法律与国家
    7a. 人治与法治之间的区别：宪法或政治性法律的性质
    7b. 作为政治自由之原则的法律至上
    7c. 自然法之于市民法的优位性：自然权利/权利的不可侵犯性或不可剥夺性
    7d. 作为不法行为的暴政和叛逆或暴动：对没有权威性的强力的使用
    7e. 行政自由裁量权在法律未规定的情势中的必要性：王室特权
    7f. 关于人的司法观：国家和其他企业的法律人格
8. 关于法律发展和法律体系或法律制度之多样性的历史考察
9. 法律职业和法律研究：对律师和法官的赞扬和批评

[邓正来 译]

索引

本索引相继列出本系列的卷号〔黑体〕、作者、该卷的页码。所引圣经依据詹姆士御制版，先后列出卷、章、行。缩略语 esp 提醒读者所涉参考材料中有一处或多处与本论题关系特别紧密；passim 表示所涉文著与本论题是断续而非全部相关。若所涉文著整体与本论题相关，页码就包括整体文著。关于如何使用《论题集》的一般指南请参见导论。

1. **The definition of law**

    6 Plato, 754
    8 Aristotle, 434–435, 530
    18 Aquinas, 205–208
    21 Hobbes, 130
    33 Locke, 55–58
    35 Montesquieu, 1–2
    35 Rousseau, 399–400
    39 Kant, 266, 383–394, 397–399
    40 Federalist, 108–109
    43 Hegel, 10–12

1a. **The end of law: peace, order, and the common good**

    6 Plato, 301–304, 311, 363–365, 425–427, 640–677
    8 Aristotle, 377, 382
    16 Augustine, 591–592
    18 Aquinas, 213–214, 221–223, 228–229, 231–233, 236, 245–246, 263–264, 309–316, 327–329
    20 Calvin, 116, 189–190, 420–421, 432–433
    21 Hobbes, 157
    28 Spinoza, 669–670
    33 Locke, 53–54, 65
    35 Montesquieu, 2–3 passim
    35 Rousseau, 353–355, 370, 375
    39 Kant, 259–261, 272, 274–277, 408–409
    43 Hegel, 103–104, 177–179
    54 Freud, 780
    58 Weber, 137–138

1b. **Law in relation to reason or will**

    6 Plato, 669–670, 679–680
    8 Aristotle, 446, 485–486
    11 Aurelius, 249
    17 Aquinas, 125
    18 Aquinas, 205–206, 226–227
    21 Hobbes, 272
    33 Locke, 36–38, 74
    35 Rousseau, 368–371, 395
    39 Kant, 264, 273–274, 390, 450, 596–598
    40 Federalist, 230–232
    43 Hegel, 12–13

1c. **The authority and power needed for making law**

    8 Aristotle, 521–522
    13 Plutarch, 32–48, 64–77
    18 Aquinas, 207
    20 Calvin, 403–407, 407–423
    21 Hobbes, 100–101, 130–132, 157, 160–161, 231–234
    33 Locke, 44, 55–58, 59, 107–108, 229–231 passim esp 229
    35 Rousseau, 400–402, 420–421
    39 Kant, 405–406, 412–414
    40 Federalist, 107–108, 145–146
    44 Tocqueville, 362–381 passim
    51 Tolstoy, 680–684
    59 Shaw, 57–59

1d. **The promulgation of law: the need and the manner of its declaration**

    4 Sophocles, 164
    6 Plato, 684–686, 760–761
    8 Aristotle, 359, 555
    13 Plutarch, 38, 60–61, 73–74
    18 Aquinas, 207–208
    20 Calvin, 383–386
    21 Hobbes, 132–133, 157, 160
    28 Bacon, 94–95
    33 Locke, 56–57
    35 Montesquieu, 266–268
    35 Rousseau, 401–402
    38 Gibbon, 73
    39 Kant, 435
    43 Hegel, 73–75
    44 Tocqueville, 124–125
    58 Weber, 173
    60 Orwell, 484–485

2. **The major kinds of law: comparison of human, natural, and divine law; comparison of natural and positive, innate and acquired, private and public, abstract and civil rights**

    4 Sophocles, 169, 189–194
    4 Euripides, 353–354, 484–485
    6 Plato, 681–683
    7 Aristotle, 238
    8 Aristotle, 382–383, 448–449, 617
    16 Augustine, 21
    18 Aquinas, 208–213, 251–253
    21 Hobbes, 86, 131, 136–137, 138, 151, 245–246, 249
    23 Montaigne, 321–323
    28 Bacon, 100

33 Locke, 36-37, 229-231
35 Montesquieu, 214-215, 221
35 Rousseau, 399
38 Gibbon, 72
39 Kant, 400-403, 429, 434-436
40 Mill, 467
43 Hegel, 10-11, 119
58 Weber, 167

3. The divine law

3a. The eternal law in the divine government of the universe: the law in the nature of all creatures

Old Testament: *Psalms*, 119 / *Proverbs*, 8:15-30
16 Augustine, 259, 386-387, 585-590
17 Aquinas, 124-125
18 Aquinas, 214-220
19 Dante, 90-91
20 Calvin, 80-96
21 Hobbes, 159-160
28 Bacon, 71
28 Descartes, 279
33 Berkeley, 418-419 passim
35 Montesquieu, 1-2
49 Darwin, 243

3a(1) The natural moral law as the eternal law in human nature

Old Testament: *Psalms*, 37:30-31
New Testament: *Romans*, 2:11-16
4 Sophocles, 164
16 Augustine, 20-21
17 Aquinas, 705
18 Aquinas, 208-209
20 Calvin, 120-122, 123, 156-163
21 Hobbes, 96, 216-217
33 Locke, 229-230
35 Rousseau, 330-331
55 James, William, 23
55 Whitehead, 140

3a(2) The distinction between the eternal law and the positive commandments of God

New Testament: *Romans*, 2:11-16
18 Aquinas, 210-211
21 Hobbes, 136-138, 160, 171, 199, 216-217
28 Bacon, 71, 100

3b. The divine positive law: the difference between the law revealed in the Old and the New Testament

Old Testament: *Genesis*, 9:8-17; 17:4-14 / *Exodus*, 20 / *Deuteronomy*, 5; 17:18-19; 27:1-8 / *Joshua*, 8:30-35 / *Psalms*, 1; 78; 119 / *Proverbs*, 6:20-23
Apocrypha: *Ecclesiasticus*, 19:17-20
New Testament: *Matthew*, 5:17-44 / *Luke*, 16:16-17 / *John*, 1:17; 7:19-23 / *Acts*, 10:1-48; 13:38-39; 15:22-29; 21:19-28 / *Romans* passim / *I Corinthians*, 9:19-21; 10:23-33 / *Galatians* passim / *Ephesians*, 2:14-15 / *Colossians*, 2:13-23 / *I Timothy*, 1:5-11 / *Hebrews* / *James*, 2:8-12
16 Augustine, 365-366, 542-543, 602
18 Aquinas, 239-337, 454-456, 480-482, 592-598
20 Calvin, 141-143, 169, 180-182, 190, 194-196, 197-215 esp 208-215, 248-249, 413-414
21 Hobbes, 137-138, 171-172, 199-207, 215-219, 240-241, 257-258
23 Erasmus, 26
29 Milton, 321-326
30 Pascal, 263-264, 296
33 Locke, 14
35 Rousseau, 402, 435
37 Gibbon, 181
38 Gibbon, 252
55 Barth, 530-531

3b(1) Law in the Old Testament: the moral, the judicial, and the ceremonial precepts of the Old Law

Old Testament: *Genesis*, 9:3-7 / *Exodus*, 12-13; 20-31; 34-35; 40 / *Leviticus* / *Numbers* / *Deuteronomy* / *Joshua*, 1:7-8 / *I Chronicles*, 22:12-13 / *II Chronicles*, 34-35 / *Ezra*, 9-10 / *Psalms*, 78; 89:30-32; 119 passim / *Isaiah*, 1:10-17; 51:7-8 / *Jeremiah*, 9:13-16; 26:4-6; 31:33 / *Ezekiel*, 5:6-9; 11:18-20; 18; 43-48 / *Daniel*, 9:1-15 / *Hosea*, 4:6 / *Micah*, 6:6-8 / *Zephaniah*, 3:1-7 / *Zechariah*, 7:12-14 / *Malachi*, 2:1-10; 3:7
Apocrypha: *Ecclesiasticus*, 10:19; 19:17-20; 24:1-23; 33:2-3; 39:1-11 / *I Maccabees*, 1:38-63; 2:19-68 / *II Maccabees*, 6-7
16 Augustine, 360-361
18 Aquinas, 239-321
20 Calvin, 25-26, 121, 165-193 esp 189-193, 211
21 Hobbes, 154-155, 177-188, 199-204, 223, 226, 231, 269
28 Bacon, 18
29 Milton, 324-327
30 Pascal, 284-286
37 Gibbon, 208
43 Hegel, 260

3b(2) Law in the New Testament: the law of love and grace; ceremonial precepts of the New Law

New Testament: *Matthew*, 5-7; 22:34-40; 28:19 / *Mark*, 12:28-34 / *Luke*, 6:20-49; 10:25-37; 16:16-17 / *John*, 3:1-8; 6; 13:31; 17:26 / *Acts*, 8:14-17,26-40; 19:1-7 / *Romans*, 3-13 / *I Corinthians*, 11:23-34; 13 / *Galatians*, 3-6 / *Colossians* / *Hebrews*, 7-10 / *I Peter*, 4:8-11 / *I John* / *II John*
16 Augustine, 709-713, 715
18 Aquinas, 267-268, 276-292, 300-302, 321-337

20 Calvin, 211, 247–250, 288–289, 299, 394–400, 410–412, 432–444
21 Hobbes, 180, 206–207; 218–219
28 Bacon, 81, 100
29 Milton, 331–332
39 Kant, 259, 327
40 Mill, 286–287
52 Dostoevsky, 133–144, 157, 174–178

4. **The natural law**

4a. **The law of reason or the moral law: the order and habit of its principles**

11 Aurelius, 268, 286
17 Aquinas, 425–426
18 Aquinas, 44–45, 63–64, 220–226
21 Hobbes, 91–96
23 Montaigne, 224, 563–565
28 Bacon, 96
28 Spinoza, 666–668
33 Locke, 26–27, 36–38, 90
39 Kant, 235, 253–254, 264–265, 271, 282–287, 306–310, 314–321, 360–361
43 Hegel, 54–55
55 Whitehead, 140

4b. **The law of men living in a state of nature**

6 Plato, 311–312
21 Hobbes, 84–87
28 Bacon, 20
33 Locke, 25–29
35 Montesquieu, 2
35 Rousseau, 333, 342–348
39 Kant, 222, 402, 433–436
43 Hegel, 178–179

4c. **The *a priori* principles of innate or abstract right: universal law in the order of freedom; the objectification of the will**

39 Kant, 110, 114–115, 412–414, 416–417, 435–436
40 Mill, 446, 458–459
43 Hegel, 12–19, 20–21, 22–41, 42–44, 49, 58–59, 133, 136, 141, 385–386
57 Tawney, 184–185

4d. **The natural law as underlying the precepts of virtue: its relation to the moral precepts of divine law**

Old Testament: *Exodus*, 20:1–17
New Testament: *Romans*, 1:18–32; 2:11–16; 3
16 Augustine, 20–21
17 Aquinas, 705, 707–708
18 Aquinas, 12–13, 223, 246–247, 251–265
20 Calvin, 120–122
21 Hobbes, 91–96, 216–217
28 Spinoza, 663
33 Locke, 105 passim
35 Rousseau, 343–345, 366
39 Kant, 275, 317–318
52 Dostoevsky, 35–36

4e. **The relation of natural law to natural rights and natural justice**

4 Sophocles, 164–165
8 Aristotle, 447–448
16 Augustine, 593–594
17 Aquinas, 510–511
18 Aquinas, 227–228
20 Calvin, 116
21 Hobbes, 86, 138
28 Bacon, 94–95
28 Spinoza, 681
33 Locke, 25–54 passim, 65
35 Rousseau, 330–331
36 Smith, 69–70, 158
39 Kant, 429, 430–432, 435–457
40 Declaration of Independence, 1
40 Mill, 272–273

4f. **The relation of natural law to civil or municipal law: the state of nature and the regulations of the civil state**

8 Aristotle, 621
16 Augustine, 179–180, 586–587
18 Aquinas, 209–210, 229–230
21 Hobbes, 84–87, 99, 124–125, 134–135
28 Spinoza, 669–670
33 Locke, 26–28, 59, 62, 64
35 Montesquieu, 215–218, 219–221
35 Rousseau, 353–355, 369, 393–394
36 Smith, 444–445
38 Gibbon, 86–89
39 Kant, 222, 402, 405–406, 426–429, 433–434
40 Mill, 470–471
43 Hegel, 74, 75, 194–195

4g. **The relation of natural law to the law of nations and to international law: sovereign states and the state of nature**

13 Plutarch, 108–109
18 Aquinas, 223–224
21 Hobbes, 159
22 Rabelais, 13
33 Locke, 28, 29
35 Montesquieu, 61–63, 223–224
35 Rousseau, 355
39 Kant, 452–455, 456–457
43 Hegel, 114, 384
58 Huizinga, 286–287

4h. **The precepts of the natural law and the condition of the state of nature with respect to slavery and property**

8 Aristotle, 447–449
11 Epictetus, 113–114
16 Augustine, 590
17 Aquinas, 512–513
18 Aquinas, 224–225
21 Hobbes, 94
33 Locke, 29–36, 43, 57–58, 67–68
35 Montesquieu, 109–111

35 Rousseau, 348, 353, 356-358, 388, 389-390, 393-394
36 Smith, 59-60, 347-349
38 Gibbon, 86-87
39 Kant, 401-402, 421-422, 445-446
43 Hegel, 25-26

5. **The human or positive law: the sanction of coercive force**

6 Plato, 213-219, 599-604
8 Aristotle, 434-435, 485
18 Aquinas, 226-239
21 Hobbes, 130-138
27 Cervantes, 426
33 Locke, 3-4, 105, 230-231
35 Rousseau, 371, 426
38 Gibbon, 71-96
39 Kant, 439
40 Federalist, 65, 66-68, 78
43 Hegel, 73-78

5a. **The difference between laws and decrees**

6 Plato, 745-746
8 Aristotle, 491
18 Aquinas, 230-231
33 Locke, 54, 56-57
35 Montesquieu, 6, 33-34, 268
35 Rousseau, 399-400
38 Gibbon, 73-74
39 Kant, 438
40 Federalist, 197

5b. **The kinds or divisions of positive law**

8 Aristotle, 378
18 Aquinas, 229-230, 252-253
21 Hobbes, 136-137
35 Montesquieu, 221-223 passim
35 Rousseau, 406
38 Gibbon, 96
40 Federalist, 241
43 Hegel, 23

5c. **The justice of positive law: the standards of natural law and constitutionality**

5 Thucydides, 396
6 Plato, 271-272, 273-274, 598-604
8 Aristotle, 377, 382-383, 448-449, 480, 488, 621
16 Augustine, 199-201, 597-598, 771-772
18 Aquinas, 217-218, 227-228
21 Hobbes, 91, 134-135, 156, 157
23 Montaigne, 425
30 Pascal, 225-233
33 Locke, 71-73 passim, 75-76, 81
35 Montesquieu, 138, 214-225 passim, 262
35 Rousseau, 369, 399-400
36 Smith, 319, 444-445
38 Gibbon, 403-404
39 Kant, 435-436, 450-451
40 Declaration of Independence, 1-3
40 Constitution of the U.S., 11, 13-14, 17
40 Federalist, 108-109, 145-147

40 Mill, 302-323 passim, 465-466
41 Boswell, 205, 363-364
43 Hegel, 74
44 Tocqueville, 130-131

5d. **The origins of positive law in the legislative process: the function of the legislator**

6 Plato, 344-346, 531, 666, 679-680, 705-706, 754
8 Aristotle, 434-436, 498-499, 593-594
11 Lucretius, 72-73
13 Plutarch, 32-48, 64-77
14 Tacitus, 51-52
18 Aquinas, 226-227
21 Hobbes, 103, 130-132, 133-134, 151-152
27 Cervantes, 428
33 Locke, 11, 16, 54-55, 58, 74-75
34 Swift, 73-74
35 Montesquieu, 33-35, 71-72 passim, 262-269
35 Rousseau, 399-402, 419-423
37 Gibbon, 27-28, 154
38 Gibbon, 71-75, 79-80, 108
39 Kant, 436, 438
40 Constitution of the U.S., 11-14
40 Federalist, 107-108, 121-124, 130-132
40 Mill, 356-362
43 Hegel, 287-289, 388-389
44 Tocqueville, 41

5e. **The mutability or variability of positive law: the maintenance or change of laws**

Old Testament: *Daniel*, 6
5 Herodotus, 6
5 Thucydides, 425, 438
6 Plato, 403-404, 707, 717-718
8 Aristotle, 464-465, 619-620
13 Plutarch, 47-48, 494, 539
14 Tacitus, 21
18 Aquinas, 235-239
21 Hobbes, 116, 157
23 Montaigne, 101-105, 505-508
35 Montesquieu, 135-136
35 Rousseau, 324, 419-420
36 Smith, 186
38 Gibbon, 80-81, 96
39 Kant, 441, 450-452
40 Federalist, 118-119, 128-132, 143, 159-162, 167-168, 190-191, 239, 257-259
41 Boswell, 203-205, 276
43 Hegel, 75
51 Tolstoy, 238-243, 308
60 Orwell, 497-498, 506

5f. **The relation of positive law to custom**

4 Euripides, 484-485, 505-506
5 Herodotus, 97-98
6 Plato, 154, 678-679, 713-716, 730-731, 736-737
8 Aristotle, 382-383, 509-510, 512
13 Plutarch, 32-48, 63-64, 99
14 Tacitus, 151-152

16 Augustine, 470-471
18 Aquinas, 231-232
21 Hobbes, 78, 108
23 Montaigne, 172-173, 321-323, 505
25 Shakespeare, 178-179
30 Pascal, 225-226, 230-231
33 Locke, 61-62
35 Montesquieu, 135-146, 197-198, 237, 261-262
38 Gibbon, 75, 77
40 Federalist, 95
40 Mill, 269-271, 330-331
41 Boswell, 204-205
43 Hegel, 95, 117, 141-142, 287-289
44 Tocqueville, 21-22
50 Marx, 235-236

5g. **The application of positive law to cases: the casuistry of the judicial process; the conduct of a trial; the administration of justice**

Old Testament: *Exodus*, 18:20-22 / *Numbers*, 5:11-31 / *Deuteronomy*, 1:16-17; 16:18-19; 17:2-13; 19:15-20 / *I Kings*, 3:16-28
New Testament: *Acts*, 21-26
4 Aeschylus, 90-103
4 Euripides, 510-513
4 Aristophanes, 722-747
5 Herodotus, 135, 211-212
5 Thucydides, 381-382, 429-432, 524-525
6 Plato, 200-212, 599-603, 704-705, 740, 744, 782, 792-793
8 Aristotle, 379-380, 464, 480, 501-502, 573-574, 593-594, 619-622
13 Plutarch, 162-165, 179-184, 264, 526
14 Tacitus, 46-49, 216-217
18 Aquinas, 309-316
20 Calvin, 431-432
21 Hobbes, 123, 134-136, 275
22 Rabelais, 85-92, 204-215
23 Montaigne, 559-563 passim
24 Shakespeare, 425-430
25 Shakespeare, 174-204, 266-267, 375-377, 558-559
27 Cervantes, 392-393, 401-404, 415-420, 424-425
30 Pascal, 27-62, 90-99, 102-117
33 Locke, 44-46
34 Swift, 73-75, 152-154
35 Montesquieu, 33-37
35 Rousseau, 433
36 Smith, 349-353
37 Gibbon, 251, 343
38 Rousseau, 94-95, 458
40 Constitution of the U.S., 15-16, 17
40 Federalist, 198-200 passim, 229-251 passim
41 Boswell, 133
43 Hegel, 76-78, 143
44 Tocqueville, 38-39, 48-52, 141-144, 395-397
50 Marx, 139-140
51 Tolstoy, 547
52 Dostoevsky, 246-284, 365-420

58 Weber, 155-157
58 Huizinga, 342-343
59 Shaw, 37, 49-51, 104-120
60 Orwell, 504-506

5h. **The defect of positive law: its need for correction or dispensation by equity**

6 Plato, 699-700, 777-778
8 Aristotle, 385-386, 484, 618-619
13 Plutarch, 150-151
18 Aquinas, 235, 238-239
21 Hobbes, 94, 132, 133-135, 136, 156
23 Montaigne, 104-105
31 Molière, 236-237
33 Locke, 62
38 Gibbon, 91
39 Kant, 399-400
40 Federalist, 237, 248-249
43 Hegel, 76-77
44 Tocqueville, 103-104
58 Huizinga, 343

6. **Law and the individual**

6a. **Obedience to the authority and force of law: the sanctions of conscience and fear; the objective and subjective sanctions of law; law, duty, and right**

Old Testament: *Deuteronomy*, 17:12-13; 28:58-59
New Testament: *Romans*, 13:1-5 / *I Peter*, 2:13-16
4 Aeschylus, 96-97, 99
4 Euripides, 563-564
6 Plato, 206, 213-219, 311-312
8 Aristotle, 393, 465, 495
11 Epictetus, 221-222
13 Plutarch, 63-64, 659-660
18 Aquinas, 226-227, 233-235
20 Calvin, 90, 120-122, 141-150, 159-163, 165-171, 407-410, 454-455
21 Hobbes, 90, 115, 149, 153, 244-246, 279
23 Montaigne, 103-104, 522-523
29 Milton, 368-369
30 Pascal, 227
31 Racine, 295-297, 311-313, 314
33 Locke, 46, 47, 52-53
35 Montesquieu, 69
35 Rousseau, 371-372, 401-402, 426
36 Smith, 347-349 passim
39 Kant, 253-254, 259, 273-287
40 Federalist, 69-70, 94-96
40 Mill, 295-296, 302-303, 339-340, 457-461, 465-466
43 Hegel, 2-3, 86-87, 88-93 passim, 221-222, 354, 375-376
43 Nietzsche, 495-496
44 Tocqueville, 124-125
48 Twain, 306-308 passim, 360-362
49 Darwin, 304-305, 310-317
51 Tolstoy, 670-671
55 Dewey, 111-112

59 Shaw, 57-59

6b. The exemption of the sovereign person from the coercive force of law

5 Herodotus, 95-96, 107
6 Plato, 682
13 Plutarch, 564-566
18 Aquinas, 233-234
21 Hobbes, 125, 130, 149-150
33 Locke, 44-46, 70, 72
35 Rousseau, 370-371
37 Gibbon, 27, 51
39 Kant, 438
40 Constitution of the U.S., 12
40 Federalist, 207
41 Boswell, 120
43 Hegel, 99-100

6c. The force of tyrannical, unjust, or bad laws: the right of rebellion or disobedience

4 Aeschylus, 38-39
4 Sophocles, 159-174
4 Euripides, 553-554
6 Plato, 200-212, 213-219
8 Aristotle, 617, 619-620
13 Plutarch, 678, 805-811
14 Tacitus, 269-270
16 Augustine, 21-22
18 Aquinas, 213-214, 233
20 Calvin, 407-423, 440-445
21 Hobbes, 113-114, 115-116, 134-135, 238
23 Montaigne, 547, 548
29 Milton, 359
33 Locke, 16-17, 64, 65-81 passim
35 Rousseau, 388-389
36 Smith, 444-445
39 Kant, 439-441, 450-451
40 Declaration of Independence, 1-3 passim
40 Federalist, 68, 97

6d. The educative function of law in relation to virtue and vice: the efficacy of law as limited by virtue in the individual citizen

4 Aeschylus, 99
5 Herodotus, 233
5 Thucydides, 370, 396
6 Plato, 45-47, 426, 607-608, 640-644, 735-738, 794-799
8 Aristotle, 347, 348-349 passim, 434-435, 537-538
13 Plutarch, 32-48, 63-77
14 Tacitus, 57-58
18 Aquinas, 213-215, 231-233, 251-265
21 Hobbes, 153-155
28 Bacon, 78-81
29 Milton, 325-326, 383-395
33 Locke, 230-231
35 Montesquieu, 13-17, 18-23, 47-50, 138-142
35 Rousseau, 359, 372-377, 393, 434-435
37 Gibbon, 100-101, 291
38 Gibbon, 93-94

39 Kant, 367, 373
40 Mill, 272-273, 302-312 passim, 336-337
41 Boswell, 222-223
43 Hegel, 59-60
44 Tocqueville, 142-143
48 Twain, 330-332 passim
49 Darwin, 328

6e. The breach of law: crime and punishment

6e(1) The nature and causes of crime

5 Thucydides, 400-401, 436-438
6 Plato, 746-750, 758-760, 771-784 passim, 791
8 Aristotle, 378, 461-463, 611-619
20 Calvin, 183-193
21 Hobbes, 139-144
23 Montaigne, 79, 374-375
31 Molière, 172-174
33 Locke, 26-28
35 Montesquieu, 85-86
36 Smith, 347
37 Gibbon, 35, 175
43 Hegel, 38-40, 110
44 Tocqueville, 116
46 Eliot, George, 274-275, 389, 495-497
47 Dickens, 30, 361-362
48 Twain, 271-273
50 Marx, 364
52 Ibsen, 449-451, 452-453
57 Veblen, 115
60 Fitzgerald, 360-364, 370-372
60 Hemingway, 470-471

6e(2) The prevention of crime

4 Aristophanes, 717-720
5 Herodotus, 87, 164
5 Thucydides, 424-429
6 Plato, 45, 690-691, 743, 757
8 Aristotle, 359-360, 434-435, 461-463
14 Tacitus, 162
16 Augustine, 590-591
18 Aquinas, 187-188
21 Hobbes, 140, 157-158
23 Montaigne, 488
25 Shakespeare, 177
33 Locke, 107-108
35 Montesquieu, 139
35 Rousseau, 399
39 Kant, 446-449
40 Mill, 271-272, 313-316
41 Boswell, 204, 301
43 Hegel, 38-39, 129-130, 225-226
52 Dostoevsky, 32-34, 35-36
54 Freud, 787

6e(3) The punishment of crime

4 Aeschylus, 96-97
4 Sophocles, 166-167
4 Euripides, 563-566
5 Herodotus, 32, 116-117, 135-136
5 Thucydides, 427-428

6 Plato, 45–46, 267–270, 743–757, 769–770, 771–784 passim, 784–786, 792–793
8 Aristotle, 379–380, 525–526, 576, 579–580, 615–616, 619
13 Plutarch, 70, 711–712
14 Tacitus, 57
16 Augustine, 643–644
18 Aquinas, 309–316
21 Hobbes, 145–148, 281
23 Montaigne, 562
24 Shakespeare, 44, 286, 324–325, 498–499, 539–541
27 Cervantes, 77–82
28 Spinoza, 673
30 Pascal, 108–109
33 Locke, 3, 26–28, 44, 54
34 Swift, 28
35 Montesquieu, 37–43, 85–92
35 Rousseau, 351, 398–399
37 Gibbon, 175–176, 388
38 Gibbon, 83, 91–94
39 Kant, 306, 446–449
40 Constitution of the U.S., 15, 17, 18
40 Federalist, 78, 198–200 passim
40 Mill, 471–472
43 Hegel, 37–41, 48–49, 75–76, 129, 143
44 Tocqueville, 18–19, 47, 325
50 Marx, 364–367 passim
52 Dostoevsky, 176, 417
57 Veblen, 49
58 Huizinga, 246, 251–253
58 Lévi-Strauss, 458–459
60 Fitzgerald, 329

7. Law and the state

7a. The distinction between government by men and government by laws: the nature of constitutional or political law

4 Sophocles, 147
4 Euripides, 352–353
4 Aristophanes, 729–730
5 Herodotus, 107
5 Thucydides, 368
6 Plato, 598–604, 667
8 Aristotle, 382, 445, 453–454, 479, 480, 484–486, 492–493, 495
13 Plutarch, 638–639
14 Tacitus, 61–62
18 Aquinas, 226–227
21 Hobbes, 273
33 Locke, 25–81
35 Montesquieu, 9, 12–13, 33–35
35 Rousseau, 323–324
39 Kant, 401, 436, 451
40 Declaration of Independence, 1–3 passim
40 Federalist, 146–147, 167–168
43 Hegel, 86–93, 150, 208–209, 321
44 Tocqueville, 28, 49–51, 123–124, 362–381
57 Tawney, 184–185
58 Weber, 172–173, 174–181 esp 179–181, 199
60 Orwell, 504–506

7b. The supremacy of law as the principle of political freedom

4 Euripides, 352–353
5 Thucydides, 396
6 Plato, 672–674
8 Aristotle, 486, 491, 512
11 Aurelius, 240
33 Locke, 36–38, 56–58
35 Montesquieu, 69, 85, 223
35 Rousseau, 353–355, 370, 375
39 Kant, 398–399
40 Constitution of the U.S., 11, 17
40 Federalist, 30, 251–253
40 Mill, 267–323, 339–340
43 Hegel, 87, 100, 141, 242, 287–289, 363–364, 387–388

7c. The priority of natural to civil law: the inviolability or inalienability of natural rights

8 Aristotle, 617, 619–620
16 Augustine, 593–594
18 Aquinas, 223–226, 227–228
21 Hobbes, 86–87, 90, 94–95, 131
33 Locke, 27–29, 44–46, 65–81 passim
35 Montesquieu, 215–217
35 Rousseau, 357–358, 397
36 Smith, 69–70, 158
39 Kant, 408–409, 426–429, 456–457
40 Declaration of Independence, 1–3
43 Hegel, 30, 111
57 Tawney, 183–186

7d. Tyranny and treason or sedition as illegal acts: the use of force without authority

6 Plato, 744
8 Aristotle, 528–529
13 Plutarch, 77–80, 387–388
18 Aquinas, 217–218, 584
20 Calvin, 390–392
21 Hobbes, 101–102, 114–115, 121–122, 150–151, 152, 273
24 Shakespeare, 540
30 Pascal, 232
33 Locke, 56–58, 60–61, 70–81
35 Rousseau, 361–362, 419
37 Gibbon, 525–526
38 Gibbon, 92–93
39 Kant, 439–441
40 Declaration of Independence, 1–3
40 Federalist, 68, 140, 222
43 Hegel, 348–349
44 Tocqueville, 334
51 Tolstoy, 8–10, 505–511, 668–669
59 Shaw, 92
60 Orwell, 500, 502–504

7e. The need for administrative discretion in matters undetermined by law: the royal prerogative

6 Plato, 705–706
8 Aristotle, 385–386 passim, 486, 556

18 Aquinas, 238-239
33 Locke, 62-64
38 Gibbon, 73-75
43 Hegel, 74, 142
44 Tocqueville, 60-62
58 Weber, 143-170 passim

7f. **The juridical conception of the person: the legal personality of the state and other corporations**

21 Hobbes, 96-98, 100-102, 117-120, 122-124
35 Rousseau, 392, 393, 408-409
43 Hegel, 24-25, 97, 153-154, 321

8. **Historical observations on the development of law and on the diversity of legal systems or institutions**

New Testament: *Romans*, 3:1-5:21 / *Galatians*, 3:1-5:14
5 Herodotus, 14, 87
6 Plato, 484-485, 664-670, 674-676
8 Aristotle, 461-471 passim, 553-584
11 Lucretius, 72-73
13 Plutarch, 32-48 passim, 49-61 passim, 61-77
14 Tacitus, 44, 57-58, 111
18 Aquinas, 239-337
20 Calvin, 382-386, 416-422
23 Montaigne, 321-323, 562-563
35 Montesquieu, 1-315 passim
35 Rousseau, 324-325, 353-355, 366, 369, 401-402
37 Gibbon, 51, 175-176, 616-618, 624
38 Gibbon, 71-96, 403-404
39 Kant, 451-452
40 Federalist, 32, 121-122, 252
43 Hegel, 151, 241-242, 287-288, 307, 314, 321, 366-367
44 Tocqueville, 18-22, 36-39, 48-52, 55-56, 103-104, 119-121, 138-140, 160-161, 388-389, 398
48 Melville, 181-184

50 Marx, 114-115, 131-145, 195-196, 236-238, 241-244, 357-358
51 Tolstoy, 238-243
58 Weber, 88-89, 116-117, 155-157, 173
58 Huizinga, 258, 285-286, 342-343

9. **The legal profession and the study of law: praise and dispraise of lawyers and judges**

Old Testament: *Deuteronomy*, 1:12-17 / *I Samuel*, 8:3 / *Isaiah*, 1:21-26 / *Jeremiah*, 5:26-29 / *Micah*, 3:9-12
New Testament: *Luke*, 11:45-46,52-54; 18:1-8 / *I Corinthians*, 6:1-9
4 Aristophanes, 704-705
6 Plato, 528-529, 604-605
8 Aristotle, 435-436, 593-594
14 Tacitus, 101-102
16 Augustine, 582-583
19 Chaucer, 280
21 Hobbes, 78, 132
22 Rabelais, 204-215
23 Erasmus, 25
23 Montaigne, 102, 323
24 Shakespeare, 425-430
28 Bacon, 5-6
29 Milton, 67
33 Locke, 294
34 Swift, 73-75, 152-154
35 Rousseau, 330
36 Smith, 352-353
37 Gibbon, 244-245
38 Gibbon, 75-80
40 Federalist, 233
41 Boswell, 157, 191, 209-210, 216, 251-252, 281
43 Hegel, 74, 78, 142
44 Tocqueville, 136-140
46 Eliot, George, 277
48 Melville, 182-184
57 Veblen, 97
58 Weber, 88-89, 155
59 Cather, 458-459

交叉索引

以下是与其他章的交叉索引：

The kinds of law, *see* CONSTITUTION 2b; GOD 7c; JUSTICE 1e, 10a; LIBERTY 1b, 3c; LOVE 5b(1); NATURE 2b; NECESSITY AND CONTINGENCY 5c; PRINCIPLE 4, 4b; PUNISHMENT 4c; STATE 3b(2)-3c; VIRTUE AND VICE 4d(3); WAR AND PEACE 1; WILL 5a(4); WORLD 1b; comparable distinctions in the sphere of rights, *see* JUSTICE 6-6b.

The relation of law to liberty, justice, and peace, *see* DEMOCRACY 4a; JUSTICE 10-10c; LIBERTY 1d, 1g; MONARCHY 4e(1); TYRANNY AND DESPOTISM 5a; WAR AND PEACE 11a, 11c.

The distinction between government by law and government by men, *see* CONSTITUTION 1; MONARCHY 1a(1); TYRANNY AND DESPOTISM 5-5b.

The relation of law to duty, virtue, and sin, *see* DUTY 3, 5; EDUCATION 4c; SIN 1; VIRTUE AND VICE 4d(3); WILL 8d.

The common good as an end of government and law, *see* GOOD AND EVIL 5d; GOVERNMENT 1c; HAPPINESS 5-5b; LIBERTY 1e; STATE 2f.

The making of law, *see* GOVERNMENT 3c-3c(2); PRUDENCE 6b.

Authority and power in lawmaking, *see* GOVERNMENT 1d; TYRANNY AND DESPOTISM 1a.

Law in relation to sovereignty, see GOVERNMENT 1a; LIBERTY 1b; TYRANNY AND DESPOTISM 5c; WAR AND PEACE 11d.
The application of laws to particular cases, see GOVERNMENT 3d-3d(2); OPINION 6b; PRUDENCE 6b.
Equity in the application of law, see JUSTICE 10d; UNIVERSAL AND PARTICULAR 6c.
The relation of law to custom and habit, see CUSTOM AND CONVENTION 6b; HABIT 7.
Punishment for the breach of human and divine law, see GOD 5i; JUSTICE 10c; PUNISHMENT 4-4d, 5a-5e(2); SIN 6-6e.
The use of lawless force, and the right of rebellion or civil disobedience, see DEMOCRACY 2a; JUSTICE 10b; REVOLUTION 6a-6b.

扩展书目

下面列出的文著没有包括在本套伟大著作丛书中,但它们与本章的大观念及主题相关。书目分成两组:

Ⅰ. 伟大著作丛书中收入了其部分著作的作者。作者大致按年代顺序排列。

Ⅱ. 未收入伟大著作丛书的作者。我们先把作者划归为古代、近代等,在一个时代范围内再按西文字母顺序排序。

在《论题集》第二卷后面,附有扩展阅读总目,在那里可以查到这里所列著作的作者全名、完整书名、出版日期等全部信息。

I.

Augustine. *On the Spirit and the Letter*
Thomas Aquinas. *Summa Contra Gentiles*, BK III, CH 111-121, 128-130
——. *Truth*, Q 16
——. *Two Precepts of Charity*
Hobbes. *A Dialogue Between a Philosopher and a Student of the Common Laws of England*
——. *The Elements of Law, Natural and Politic*
——. *Philosophical Rudiments Concerning Government and Society*, CH 2-4
Bacon, F. *The Maxims of the Law*
Spinoza. *Tractatus Theologico-Politicus (Theological-Political Treatise)*, CH 4, 1
Hume. *Of the Original Contract*
——. *A Treatise of Human Nature*, BK III, PART II, SECT XI
Voltaire. "Crimes or Offenses," "Criminal," "Law (Natural)," "Law (Salic)," "Law (Civil and Ecclesiastical)," "Laws," "Laws (Spirit of)," in *A Philosophical Dictionary*
Smith, A. *Lectures on Justice, Police, Revenue and Arms*
Kant. *Lectures on Ethics*, in part
Jefferson. *Literary Commonplace Book*
Hegel. *The Philosophy of Mind*, SECT II, SUB-SECT A,C (cc,a,β)
Beaumont and Tocqueville. *On the Penitentiary System in the United States and Its Application in France*
Dickens. *Bleak House*
——. *Pickwick Papers*
Melville. "Bartleby the Scrivener"
Ibsen. *The Pillars of Society*
Freud. *Totem and Taboo*
Veblen, T. *The Vested Interests and the Common Man*, CH 2
Conrad. *The Secret Agent*

Dewey. "Logical Method and Law," "Nature and Reason in Law," in *Philosophy and Civilization*
Russell. *Proposed Roads to Freedom*, CH 5
Kafka. *The Trial*

II.

THE ANCIENT WORLD (TO 500 A.D.)

Cicero. *De Legibus (On the Laws)*
——. *De Republica (On the Republic)*, III
Gaius. *The Commentaries*
Quintilian. *Institutio Oratoria (Institutes of Oratory)*, BK V; BK VII, CH 5-7, 10
Talmud

THE MIDDLE AGES TO THE RENAISSANCE (TO 1500)

Anonymous. *Njalssaga*
Bracton. *De Legibus et Consuetudinibus Angliae (On the Laws and Customs of England)*
Fortescue. *De Laudibus Legum Angliae (In Praise of English Law)*
——. *Governance of England*
Grotius. *The Rights of War and Peace*
Justinian. *The Digest of Roman Law*
——. *The Institutes*
Maimonides. *The Guide of the Perplexed*, PART III, CH 25-53
Ranulph de Glanville. *The Laws and Customs of the Kingdom of England*
Sa'adia ben Joseph. *The Book of Beliefs and Opinions*, TREATISE III

THE MODERN WORLD (1500 AND LATER)

Allen. *Law in the Making*
Anderson. *Winterset*
Austin, J. *Lectures on Jurisprudence*
Bentham. *A Comment on the Commentaries*, SECT 1-12
——. *A Fragment on Government*, CH 4-5

——. *An Introduction to the Principles of Morals and Legislation*
Blackstone. *Commentaries on the Laws of England*
Brentano. *The Origin of the Knowledge of Right and Wrong*
Burlamaqui. *The Principles of Natural and Politic Law*
Cardozo. *The Growth of the Law*
——. *The Nature of the Judicial Process*
Carlyle, A. J. *Political Liberty*
Cohen, C. *Civil Disobedience*
Cohen, F. *Ethical Systems and Legal Ideals*
Cohen, M. R. *Law and the Social Order*
——. *Reason and Nature*, BK III, CH 4
Coke. *Institutes of the Laws of England*
Del Vecchio. *The Formal Bases of Law*
Devlin. *The Criminal Prosecution in England*
——. *The Enforcement of Morals*
Dicey. *Lectures on the Relation Between Law and Public Opinion*
Douglas. *South Wind*
Duguit. *Law in the Modern State*
Eisenberg. *The Nature of the Common Law*
Feinberg. *The Moral Limits of the Criminal Law*
Frank. *Law and the Modern Mind*
Hayek. *The Constitution of Liberty*
Hocking. *Present Status of the Philosophy of Law and of Rights*
Holmes, O. W., Jr. *The Common Law*
Hooker. *Of the Laws of Ecclesiastical Polity*
Ihering. *Law as a Means to an End*
——. *The Struggle for Law*
Katz. *Seductions of Crime*
Kelsen. *General Theory of Law and State*
Kohler. *Philosophy of Law*
Lee. *To Kill a Mockingbird*
Lewis, C. S. *The Abolition of Man*
Maine. *Ancient Law*
Malinowski. *Crime and Custom in Savage Society*
Maritain. *The Rights of Man and Natural Law*
Pollock. *Essays in Jurisprudence and Ethics*, CH 2
——. *The Expansion of the Common Law*
Pound, R. *The Spirit of the Common Law*
Pufendorf. *De Jure Naturae et Gentium (On the Law of Nature and Nations)*
Saint-German. *Dialogues Between a Doctor of Divinity and a Student in the Laws of England*
Sidgwick, H. *The Methods of Ethics*, BK III, CH 6
Soyinka. *The Road*
Suárez. *A Treatise on Laws and God the Lawgiver*
Thoreau. *Civil Disobedience*
Vinogradoff. *Common Sense in Law*
——. *Custom and Right*
Welty. *The Ponder Heart*
West, R. *The Meaning of Treason*
——. *A Train of Powder*
Whewell. *The Elements of Morality*, BK VI, CH 1
Wilson, J. *Works*, PART I, CH I–V, XII; PART III

47

自　由　Liberty

总　论

自由与法律、自由与正义、自由与平等——这些术语之间具有为人熟知的关联,但这会让人忽视它们通过联系而赋予彼此的意义。提出几个简单的问题可能有助于恢复这些关系的意义:当人们的行动是被法律或强制所管制的时候,他们是自由的吗?自由是去做一个人乐于或有力量做的任何事情,还是说,正义要求一个人要避免对他人造成伤害?对正义的考虑会在自由与放纵之间划出一条界线吗?脱离平等或博爱的自由有可能存在吗?

另有一些问题则直接提示了对问题本身的回答:法制不是保障被统治者的自由吗?被暴政或非法统治的人们不就是处于受奴役的状态吗?自由会因为法律或宪法是否正当而有所不同吗?或者,因为政府本身就是自由的障碍,所以无论法律是否正当都无济于事?自由是随着政府管辖范围的缩小而增加并只有在无政府状态下或人生活在自然状态中才能达到充分自由吗?

然而,某些形态的政府对自由人而言是不适当的而有些则是格格不入?是所有的人还是仅有一些人拥有自由的权利?有些人是天生自由而有些人则生而为奴吗?这种区分意味着人在天性上的平等与不平等,而其结果就意味着身份或待遇上的平等与不平等吗?自由社会与依附性或隶属性的群体之间的区别对于法律、正义和平等具有什么样的意义?

正像托尔斯泰所指出的那样,关于自由可以提出的问题具有多样性,这标志着主题或学科的多样性,在这些学科中自由的问题会以不同的方式被提出。"由人之自由的意识所引发的观念——什么是原罪?这是一个神学问题……由自由的观念所导致的观念——什么是人对社会的责任?这是一个司法学问题……在依据自由意识所做出的行动中,什么是良知,什么是关于对错的感知?这是一个伦理学问题……应当如何看待人类与民族过去的生活——是作为人的自由活动还是受限制活动的结果?这是一个历史学问题。"

有关自由的重大传统问题似乎可以由这些提问来表述。而事实是,从各种伟大著作中,我们对于大多数甚或所有这些问题所能获得的种种回答是截然不同的。由此可见,可能存在着与这类提问一样众多的基本论点,但对某些问题的回答可以推出对另一些问题的回答。此外,在我们所考虑的问题中,liberty、freedom 或 independence 的含义并不是始终同一的。如果它们在构成答案中的相关含义能被辨识澄清,某些看似不一致的回答可能就并非如此。因此,为了能将真正的问题与字面的纷争加以区分,我们必须找到几种截然不同的自由学说的根源。

历史学家讲述了关于人和国家为争取自由或独立所进行的久远的斗争。据黑格尔所言,作为精神发展的历史直到这种斗争首次显现时方才开始。他写道,"世界历史正是自由意识的进步",直到自由获得普世的实现之时才能抵达其顶峰。然而,在黑格尔看来,虽然自由是历史的产物,但历史并不是自由的成果,而是"包含在一种绝对必然之中",它的每一个发展阶段都会不可避免地发生。

另外一些历史学家认为,人具有把握自己命运的自由,并将文明的巨大危机视为转折点,在这些转折点上,自由人——也就是具有自由意志的人——行使着一种自由的选择,不论结果是好是坏。托尔斯泰宣称,"不管我们论及的是人们的迁徙、野蛮人的入侵或者拿破仑三世的法令,还是一个小时前某人在他行走的几个方向中选择其一的行动,我们都不会意识到",在自由与必然之间"存在着任何矛盾"。他接着说,"我们对于自由程度的观念经常随着我们观察世界的视角不同而变化,但每一个人的行动都是作为自由与必然性的某种结合展示给我们的。在我们所考察的每一个行动中,我们看到某种程度的自由和某种程度的必然性,而在任何行动中,我们看到的自由越多,我们感受的必然性就越少,反之,必然性越多,自由就越少,总是如此"。

因此,决定事件方向的既不是那种来自精神或物质定律的必然性,也不是笼罩一切且不可抗拒的命运。如果神学家们说,不会发生什么上帝不可预见的事情,他们也会说,神圣的天意让世间充满偶然性,让人在这些偶然性中自由行事。奥古斯丁说,"虽然对上帝来说,所有的事物都存在着一定的秩序",但并不能由此推出一切都不取决于"我们自己意志的自由行使,因为我们的意志本身就包括在那种对上帝来说是确定的原因次序之中,并被上帝的先见之明所包含,因为人的意志也是人类行动的原因"。

这些问题在**命运、历史、必然性**与**偶然性**等章中得到了进一步的阐发。在此提出这些问题则暗示了自由的另一种含义——自由选择或自由意志,并与此相关地提出了另一些问题,不同于那些涉及个人与国家或个人与其同伴的关系的问题。**意志**一章处理了关于自由意志和选择自由的形而上学问题,然而,关于自由与必然、或者自由与因果律的形而上学问题,以及有关上帝之下人的自由的神学问题,也并非无关于人在社会中的自由或他的种种权力与权利这样一些政治问题。市民自由的各种根本学说,就它们所依据的自然自由观念而言,看上去当然各不相同。在自由意志是人性的一个部分这个意义上,或者,在自由是人与生俱来的权利、一种固有的和不可让渡的权利这个意义上,自由可以说是自然的。说自由是自然的也可以是指自然状态意义上的自由,这种自然状态中的自由不同于政治自由或者不同于民法和政府之下的自由。

清理含义的努力要求我们考虑三个好像可以被相互替换使用的语词——liberty、freedom 和 independence。在大多数情况下,liberty 和 freedom 是同义词。这两个词都被用在英文版本的伟大著作中,虽然作者或译者有时偏爱这一个,有时偏爱那一个,他们的偏好并不反映其意义的变化。

在英语中,由于 freedom 一词包含了形容词 free 这一构成组分,因此其意思略微宽泛一些。它也用来谈论免于某些限制或不可欲之状况的自由,以及依照愿望或行使某些特权去行动的自由。结果,freedom 一词更多地用于对自由意志的讨论。传统上在列举各种市民自由时,或许会同样多地使用 freedom 和 liberty 来表示"良心或崇拜的自由"。但"言论自由"的用法更通常,而"免于恐惧或需求短缺或经济依赖的自由"则似乎没有其他可替代的措辞。

"独立"(independence)一词有着特

殊的内涵,仅仅与 freedom 或 liberty 的一部分含义相当。在消极意义上,独立是一种免于限制或免于从属于他人决定的自由。在积极意义上,独立意指自足与适当的权力。当我们说一个人具有独立的方式,我们所指的不仅是他免于对他人的需求或经济依赖的自由,而且也指他具有充足的财富来满足他自己的口味或目标。稍作反思就会显明,这是一个相对的问题。绝对的经济独立对于人甚至对于一个民族是否可能是令人怀疑的。

在此,真正的问题似乎是一个形而上学的问题:任何有限的事物可能是绝对独立的吗?传统的回答是否定的。正像**无限**那章所表明的一样,只有在完善和权力方面具备无限性的存在——只有普罗提诺的"至高无上的唯一",只有阿奎那的"自存"或斯宾诺莎的"自我成因的上帝"——才具有完全的独立性。上帝具有自主的自由,这不可能属于有限的事物。但另有一种意义上的神圣的自由,对此阿奎那是肯定的,而普罗提诺和斯宾诺莎都是否定的,那就是选择的自由。

斯宾诺莎写道,"上帝不是根据意志自由来行动的",上帝作为一种自由的原因独行其是,因为上帝自身的存在"来自他自身属性的必然性,仅仅被他自身的行动所决定"。这种神圣的自由蕴含于上帝的自决之中,这种自决对斯宾诺莎来说不排斥必然性。基督教的创世学说最清楚地表达了一种与此对立的观点。被创造出来的世界并不必然地出自神性。阿奎那写道:"因为上帝的神性是尽善尽美的,可以没有其他事物而自足地存在,因为那些事物不可能增加其完美,据此对上帝来说意欲他自身之外的事物不是绝对必要的。"这个事关上帝意志和行动的自由或必然性问题在**意志**和**世界**两章中得到了充分讨论。

将独立与无限性在形而上学意义上视为同一,并没有将问题转入政治自由的领域,但在某一方面存在着某种类比。自主之物就是自我立法的事物,它不承认更高的权威。在政治思想的传统中,国家被称为"自由和独立的",其自主性或主权意味着,据此——用《独立宣言》的话来说:"它们具有充分的权力来发动战争、达成和平、缔结盟约、开展贸易以及做其他所有独立国家有权利做的一切事情。"

自由和独立的国家并没有无限的权力,总存在着一种可能使它们屈从于另一个国家,或者陷于依附的状况。然而,尽管它们的权力不是无限的,它们也不承认更高的权威。成为一个主权体就是不接受任何人的命令。

因为自主性或主权与生活在人类法律或政府之下的状况互不相容,所以具有主权的君王或国家的独立性必定是一种"无政府的"自由——一种免受法律和政府制约的自由。这似乎是霍布斯、洛克、康德和黑格尔等人的观点,他们都依照独立国家或主权君王的无政府性质来解释他们所指的"自然状态"的含义。用康德的话来说,主权者"就像无法无天的野蛮人"。

霍布斯和洛克将这种观念运用于人的个体,他们根据人在自然状态中的独立性来界定那种与市民自由相对立的自然自由。在自然状态中,因为每个人都可能被更强大的力量所强制,所以人具有有限的独立性;但他又不隶属于任何人类的政府或人造的法律,在这个意义上他的独立性又是绝对的。

根据霍布斯的学说,人的自然自由不是自由意志。由于"每一个人意志的行动,以及每一种欲望和倾向都出自某种缘由,而通过一条连续的锁链(它的第一个环节掌握在上帝的手中,是所有缘由的起始),这种缘由又出自其他的缘由,因而它们最终是出自必然性"。自由不是意志的自由,而是人的自由,蕴含于"他不停地做他有意愿、欲望或倾向要去做的事情"。"自由"(free)一词的适当应用是用于动作中的身体,而在这种用法中,它所意指的自由(liberty)仅仅是"外在障碍的缺失"。

每个人的自然权利是"每个人都不得不运用自己的力量……来保全自己的天性,也就是说保全自己的生命的自由……这种自由就是凭自己的判断和理性认为最适合的手段去做任何事情的自由"。这种自由或自然权利仅仅属于处于自然状态中的人,当人们离开自然状态进入国民共同体,他们就让渡了这种自然自由,以此交换一种市民自由。据霍布斯所说,这种市民自由不过是做国家法律不禁止的事情的自由,或是不去顾及法律所要求的事情的自由。

洛克也认为,人的自然自由不是他做选择的意志自由,而是不受限制和障碍去做他所愿之事的自由。但是,他的自然自由观念与霍布斯的又有所不同,因为他们的自然状态观念彼此不同。

对霍布斯而言,自然状态是一种战争状态,正当与不正当的概念、正义与非正义在此没有一席之地。"没有公共权力的地方就没有法律,没有法律的地方就没有非正义。"主权国家所享有的自由其实无异于"那种如果没有市民法、也完全没有国民共同体的情况下所有人都应该具有的自由。而且其作用也完全相同,因为在没有主人控制的人群中存在着每个人反对其邻人的永久的战争……因此,对于互不依赖的国家和国民共同体而言,每个国家具有一种绝对的自由去做它所判断的……最有助于其利益的事情"。

对洛克而言,自然状态不是一种战争状态,而是一种与市民社会对立的自然社会,也就是一种在自然法而非市民法之下人们共同生活的社会。在这种状态下生活的人们是"处在一种完备自由的状态之中,在自然法的界限范围内以他们认为合适的方式来决定他们的行动、处置他们的财产"。但这是一种受限制的而不是绝对的自由,或者如洛克所说:"这虽然是一种自由的状态,却不是一种放任的状态。"自由与放任之间的界线是由自然法的规则所划分的,因此,自然自由与市民自由之间的区别也在于此。自然自由存在于"免受任何世间更高权力的束缚,或者,不受制于人的意志或人的立法权威的管辖"。限制行动自由的只是自然法的规则。市民自由或者市民法下的自由存在于"仅仅服从于由同意所建立的而非任何其他的立法权"。这种自由可以让个人在所有不被国家法律所规定的方面随心所欲。

在支持和反对自由意志的种种辩论中,有一种观点认为,自由意志与因果律原则、自然的必然性或上帝的全能是不相容的;而另一种观点将自由选择看作属于自然或因果律的秩序,从属于上帝的天意。在本章我们不考虑这些论点,这一问题将保留在**意志**一章中予以讨论。

然而,有一点对现在考虑政治自由是清楚的。如果人们生而自由的陈述意味着拥有自由意志是他们理智天性的属性,那么他们生活在市民社会中就不会失去他们内在的自由。政府可能干涉一个人的行为但不能强制他的意志,政府至多能够管制的只是人在外在行动中自由的表达体现。

自由意志的范围也不受法律的限

制,像**法律**一章所显示的那样,任何引导人类行为的法律——道德的或市民的法律、自然的或人为的法律——都可能被违反,这给了人不服从法律并承担其后果的自由。但如果规则是善的或正当的,那么违犯规则的行动就必定具有相反的性质。因此,自由意志的自由是道德无涉的,它可以被用来行善,也可以用来作恶。奥古斯丁说,当我们合乎德性地行动时,我们正确地使用了我们的自由;当我们选择邪恶地行动时,我们滥用了自由。他写道:"当意志不是邪恶和罪孽的奴隶时,它是真正自由的。"

有些人将自然的道德律法看作是对美德训令或是义务命令的陈述,还有一些人进而认为,每一个源自意志的自由选择的具体行动非善即恶(绝不是中性的),他们认为自由与放任之间的区别适用于一切自由行动,这一区别的意义无异于被正确使用的自由与被滥用的自由之间的区别。此外,由于不存在未经道德律法规定的善行,因此,自由在整体上作为放任的对立面就是做道德律法所要求的事。

这些思考影响了政治自由的问题,特别是涉及法律领域与自由领域是否相互分离、甚或对立的问题。正像我们已经提及的那样,有一种观点认为,市民自由的领域存在于法律所管制的行动范围之外,违法或许是有罪的放任,但守法未必就意味着自由。自由的领域随着法律范围的缩小或其紧迫性的降低而扩大。

相反的观点则不将自由看作是免于法律制约的自由。黑格尔主张"自由正是承认和采纳诸如权利和法律这样的普遍性的实质客体"。在自由和法律的关系中要紧的是:法律是否正当,以及人是否具有德性。如果法律是正当的,那么它就不会强迫一个正直的人去做(即使在这一法律并不存在的情况下)他本来就会自由选择去做的事情。只有罪犯才会受到好的法律的强制或限制。声称这种对行动的阻碍会毁灭自由,实际上是否认了自由与放任之间的区别。

然而,法律的确可能会削弱自由,这恰恰是一个生活在不正当的法律之下的好人所遭遇的问题。如果像孟德斯鸠所说的那样——"自由仅能存在于做我们愿做之事的力量之中,在于不被强迫去做我们不愿做的事情",那么,一旦政府与法律命令或禁止那些与一个好人的自由选择相反的行动时,它们就是在侵犯自由。

这种自由的概念将自由看作是那些具有正直导向的人们的状况,他们被命令去做那些他们本来无论如何都会去做的事情。这一概念似乎在斯宾诺莎关于人类的奴役和人类的自由的理论中得到了类似的表达。

斯宾诺莎认为,人类行动在因果关系上被人性的两种因素之一——激情或理性——所决定。当人被他的激情所支配时,他处于"奴役之中,因为一个受其控制的人不是他自己的主人,而是被命运所掌控、被掌控在命运的力量之中,以至于他常常被迫陷入更坏的境遇,尽管他明白在他前面有更好的出路"。而当人被他的理性所支配时,由于他"践行了自己而非别人的意愿,并只是做了那些他所明白的对生命最为重要的、因而也是在所有事情中他最为欲求的事情",因此他是自由的。"在激情影响下行事的人,按照不适当的理念在错误和无知的阴影之中行动;而当理性主导时,人依据真理和适当的知识行动。"

与斯宾诺莎相似,杜威认为,"唯一具有持久重要性的自由是智识的自由,也就是说,观察的自由与判断的自由,而做出这种观察与判断是出于在本质上具有价值的目的"。

同样,在奥古斯丁和阿奎那的理论中,有德行的人在道德上或精神上是自由的,因为人类理性在与激情的冲突中胜出,影响了他意志的自由判断。理性法则没有废除意志的自由,意志也没有因其被理性的激励所感染而更不自由。阿奎那写道:"激情不能够直接驱使或推动意志",它只是间接为之,例如"当那些处于某种激情状态的人们难以使他们的想象摆脱他们所爱慕的对象"。然而,尽管意志不会因为是受理性还是受感情的支配而改变其自由,但将一个人作为整体来看,情形就会有所不同。这些神学家将这个人视为一个道德行动者和一个精神存在,他在自由上的得失将视其意志是遵循理性的引导还是追随激情而衡量。

在超自然的层面上,这些神学家的教导说,上帝的恩典扶持理性,以使人类的行动遵从神圣的律法。但他们的教诲也指出,上帝的恩典并没有废除出自意志方面的自由选择。奥古斯丁说:"当人被创造为直立的时他所获得的意志的首要自由,存在于一种不犯罪的能力之中,也存在于一种犯罪的能力之中。"只要人们生活在尘世间,他就保有犯罪的自由。但施予天性之中的超自然恩典会将人提升到更高的精神自由的水平,高于他凭借习得之美德的规约所能企及的境界。

而更高的境界是至福本身的终极自由,奥古斯丁称其为"意志的最终自由",它凭借上帝的赐予使人"不能犯罪"。值得注意的是,这种终极自由存在于免除了选择或选择之需要的自由之中,而不是在于免除了爱或法律的自由。人所能够获得的最高自由莫过于在上帝的持助下、通过爱成功地使自己服从于上帝的法则。

这些论及自由的道德学说与神学学说的政治含意似乎是,人在市民社会中可能是像在自然状态中一样自由,但实际上他是否确是如此则取决于管制他的法律之正义性,而并不取决于法律的数量及其处理的问题。当然,人不是不顾他人的福祉或共同体的幸福而随其所愿地自由行事,但在自由的道德观念中这并不意味着丧失自由。只有当他被不当地对待或管制时——当他与其他人是平等的却没有被作为他们的平等一员来对待时,或当他有能力管理自己却被剥夺了在自己政府中的发言权时——他才丧失了在社会中的自由。

暴政与奴役的含义似乎确认了这种政治自由的观念。成为一个奴隶并不仅仅是被另一个人统治,它意味着隶属于另一个人的掌控,即被当作另一个人谋求利益的工具而受管制,并在自己的政府中没有任何发言权。这意味着,与此相反,作为一个自由人被统治就是为了他自己的利益而被统治,而且在他所属的政府中具有某种程度的参与。

根据**奴隶制**一章中所讨论的亚里士多德有关自然奴隶的学说,某些人不具有自由人的天性,因此不应该被当作自由人来管制。当那些天生是奴隶的人受到奴役时,他们并没有被不正当地对待。亚里士多德认为,"他们应当被置于一个主人的统治之下,这对他们和对所有下等人一样都更好"。尽管他们实际上不享有自由人的自由,但这并不是说他们被剥夺了任何理应属于他们的自由。这无异于对一个理应被监禁的人来说,被剥夺的自由是不再正当地属于他的自由。

在天生的自由人与天生的奴隶之间做出区分,源自于有关先天不平等的假定。而平等的原则涉及暴政的非正义性,涉及绝对政府与宪政政府之间的差别。在《理想国》中,柏拉图曾对僭主与奴隶主做出比较。他写道,"唯一的差别在于僭主拥有更多的奴隶",并且实施了"最苛刻和最严酷的奴隶制形式"。暴政统治者奴役着那些生来与他平等、并应被当作自由人来管制的人。在整个政治思想的传统中,暴政的名字指称的就是自由的废除。然而,绝对政府或专制政府并非一律被视为自由的敌人。

有关绝对政府的正当性或正义的问题会在**君主制**和**暴政与专制**两章中予以考察,但在此我们可以将以下观点视为在一般意义上的共识:专制君主的臣民与共和国的公民不同,他们不享有任何程度上的自治。就政治自由存在于某种程度的自治而言,绝对统治者的臣民缺乏宪政政府领导下的公民所拥有的自由。正因如此,法律的至高无上经常被称为政治自由的基本原则。

洛克写道:"法律中止处,暴政开始。"一个统治者在逾越法律的时候也就超越了由人民的同意所授予他的权威认可,而只有人民的同意才使得人"服从于任何政府的法律"。此外,对洛克而言,法律本身就是自由的原则,他写道:"就法律真正的概念而言,与其说是限制,还不如说是一种引导,它将一个自由而有智性的行动者引向他正当的利益,而法律所作的规定并不超出这一法律管辖之下的人们的普遍福利。如果没有法律他们可以更加幸福,那么法律作为一个无用之物将会自行消灭。而如果它仅仅是将我们隔离在沼泽和悬崖之外,就不应误称其为限制。所以,无论法律可能被如何误解,其目的不是废除或限制自由,而是维护和扩大自由。"

宪法给予被统治者以公民的地位,以及他们自己的政府内的一种参与。它也可能赋予他们法律的手段,当政府官员违犯宪法侵害他们的权利时,他们可以借此保卫他们的自由。在孟德斯鸠看来,政治自由仅存于法治政府之下而绝不会存在于专制主义或人治之下。他指出,"恰恰就事物的本性而言",政府自身的自由要求"权力应该是对权力的一种制约",这将由分权来实现。一个制衡的体系限制了政府每一个分支的权力,并允许一个部门运用宪法的法律来对抗另一个部门,如果其官员篡取了未被宪法授予的权力或做出违宪的行动。

与暴政不同,绝对政府曾被人辩护。古人曾提出这样一个问题:如果存在着一个真正高等的或神一般的人,那么对他来说以绝对的方式来统治他的下等臣民会是不妥当的吗?亚里士多德写道:"人们不会说这样一个人要被驱逐或流放,但在另一方面,他不应当成为一个臣民,将他作为臣民就好像是人类要来统治宙斯,将其职权瓜分给人类成员。"亚里士多德总结说:"唯一可能的方案是,所有人应该遵从自然秩序,欣悦地服从这样一个统治者。而那些像他一样的人应该成为他们国度中终生的王。"那些服从其统治的人们是为了他们自己的益处而被统治,这或许会比他们自己来统治更好,仅在这个意义上,他们接受这样的统治是自由的。然而,他们会失去那份自治的政治自由。如果宪政政府——这被亚里士多德描述为地位平等的自由人的政府——面对这样一个方案,那些生而自由的人们该做何选择?

正如托克维尔在美国的自由状况中所发现的那样,自由不足以避免暴政。在他之前曾有论者认为,暴政是从统治者的过错中生发出来的;而托克维尔则表明,现代暴政——我们可能称其为极权主义——部分地产生于被统治者。他设想了这样一个世界,在其中人们"纷纷趋向追求卑微而平庸的快乐",而他们的政府"展开怀抱容纳了整个社会"。这里反讽的是,自由是革命背后的驱动力量,也同样是令人麻木不仁而导致暴政的因素。奥威尔的《动物农场》所展现的正是这样一种情形,其中大多数动物在反叛了人类之后忘记了当初革命为什么会发生,因而让自己未能防范猪群的压迫。

古代人的观点也并非全然趋向一致。在许多出自柏拉图和亚里士多德的篇章中,一个智慧国王(高于他的臣民,正如父亲之于孩子、上帝之于众生)的绝对统治似乎被描画为一个政治理想的图景。自由人并不比一个管理良好的家庭中的孩子更为自由,这一事实对柏拉图和亚里士多德来说似乎并不是这幅图景中的一个缺陷。他们似乎并不认为充分的自由是衡量一个良好政府的首要标准。

与此相反,正义才是更为重要的。亚里士多德认为,对那个高等的人来说,赋予他与其他自治公民同样的地位、并被当作一个平等的人来对待是不正当的。但他也指出,"民主城邦建立了放逐制度",以此为手段来对付这样一类高等的人,"平等是这些城邦高于一切的目标,所以它们一度将那些支配力过强的人从城邦中流放驱逐出去"。因为这样做可以使那个高等的人免遭不义,并使其余的人得以自由地践行自治,所以,亚里士多德声称"支持放逐制度的论点是建立在一种政治正义的基础之上的",因为它维护了城邦内部的平衡,或许也因为它能让人们在他们自己中间践行自治。

自18世纪以来,在洛克、孟德斯鸠、卢梭、康德、美国宪政主义者和穆勒的政治思想中出现了一种强烈的取向相反的倾向。自治被视为良好政府的本质,这无疑是18世纪的作者们所称的"自由政府"的标志。被认为是生而自由的人们不能满足于比这更少的公民自由。

康德说:"自由是独立于别人的强制意志,而且根据普遍的法则,它能够和所有人的自由并存,它是每一个人由于他的人性而具有的独一无二的、原生的、与生俱来的权利。当然,每个人都享有天赋的平等,这种平等存在于他不受别人过多约束的权利,不多于他也可能反过来对别人施加的约束。"所以,人们的基本平等表现在他们对自由的同等权利,至少对康德来说,这依赖于所有人与生俱来的自由意志。良好社会的标准就是实现自由。

在康德将人类社会作为目的领域的概念中,所有自由人都不能被降格到沦为手段的耻辱地位,这一概念表达了政治自由的一个方面。另一个方面出现在他关于个人意志的和谐原则中,这种和谐的结果是,每个人的自由与一切人的自由相一致。在制度意义上,建立在民众主权基础之上并具有代议制的共和政府是政治的理想,这完全是因为共和政府给予其公民那种自由人的尊严,并能使他们在自治中实现他们的自由。

根据康德的学说,公民权具有三个不可分割的属性:"1.宪法自由,即每个公民具有——除了必须服从自己已经同意或认可的法律之外——不服从任何其他法律的权利;2.公民平等,即公民有权不承认任何一个人在他与人民的关系中高人一等,除非他是在服从于他的道德权力而把义务强加于他人,正如别人有同样的权力把义务强加给他一样;3.政治独立,即公民有权在社会中维系生存,所凭借的不是别人的专断意志,而是他自己的权利和他作为这个共同体成员的权利以及由此获得的公民品格,除他本人之外任何别人都不能代表这种品格。"

就政治自由问题而言,康德在很大程度上依仗于卢梭的结论。但卢梭对于自由问题的分析多少有些不同,他先说:"人生而自由,却无往而不在枷锁之中。"随后他考虑了两个问题,"既然任何人对于自己的同类都没有任何天然的权威,既然强力并不能产生任何权利",那么,什么才使政府成为正当?卢梭根据人们自由达成的约定回答了第一个问题。他进而提出了第二个问题——如何来形成一个联盟,"在其中每个人将自己与所有人联合在一起的同时,仍然能够只服从于他自己并保有与以往一样的自由"。他说,这是"《社会契约论》要予以解决的根本性问题"。

这个解决方案所涉及的不只是共和政府、民众主权以及个人通过投票和代议进行参与。它引入了公意这个概念,只有通过公意每个个人的自由才能最终得到维护。像康德的自由普遍法则一样,公意规定了什么是每个个人为了他自己会自由欲求的事情,如果他恰当地考虑了他自由的条件。卢梭说:"事实上,每个个人作为人来说,可能具有特殊的意愿,这种意愿与他作为公民所具有的公意可能相反或者不同。他的特殊利益对他提出的要求可能与公共利益提出的要求相当不同。"然而,在多数原则的条件下,即便少数派的成员受到的统治似乎违背他们特殊意愿,他们仍然保有自由。

当一个议案提交给人民时,问题就在于"它是不是符合公意,这个公意也就是他们的意志。每个人在投票中表达了自己对这个问题的意见,于是公意可以由票数的计算而得出。因此,与我相反的意见若是占了上风,那就恰恰证明我错了,恰恰证明我原以为是公意的并不是公意。假如我的个别意见胜出的话,那么我就是企及了与我原来的意愿相悖的事,而在那种情况下,我就不是自由的了。当然这要假定公意的一切特征仍然存在于多数之中;如果这些特征不存在于其中,那么无论一个人站在哪一边,就不再有自由可言"。

托克维尔——其著作《论美国的民主》对穆勒有很大的影响——认为"民主国家的人民天生就爱好自由,你不用去管他们,他们自己就会去寻找自由,喜爱自由,一旦失去自由就会感到痛苦"。托克维尔又说:"但是,他们追求平等的激情更为热烈,没有止境,更为持久,难以遏止。他们希望在自由之中享受平等,在不能如此的时候,也愿意在奴役之中享用平等。"

穆勒从相反的一面看到了同样的问题。宪政政府与代议制度是政治自由不可或缺的条件。如果亚里士多德将民主视为对自由最为有利的一种政体,因为它给予了所有生来自由的人平等的公民权,那么穆勒则赞成赋予所有人平等自由的普选权,因为所有人生而平等。然而,要保障个人自由及其思想或行动的自由,无论是代议制政府还是民主选举权都是不够的。

诸如"自治政府"和"人民施予自己的权力"之类的术语是具有欺骗性的,穆勒写道:"运用权力的'人民'与被施加权力的人民并不总是同一的;而所说的'自治政府'也不是每个人管治自己的政府,而是每个人都被所有其余的人管治的政府。至于所谓人民意志,实际上只是为数最多的或者最活跃的一部分人民的意志,即多数或那些成功地使自己被接受为多数的人们的意志。"

为了捍卫个人自由免遭多数暴政的威胁,穆勒为社会对个人的控制只提出了一个标准,无论这种控制是通过法律的有形力量,还是通过公共意见的道德力量。"人类之所以有理有权可以个别地或者集体地对其中任何成员的行动自由进行干涉,唯一的目的只是自我防御……任何人的行为,只有涉及他人的那部分才须对社会负责。在仅涉及本人的那部分,他的独立性在权利上则是绝对的。对于他自己,对于他的身体与心灵,个人就主权者。"

穆勒的个人自由观念初看起来是消极的——是免于外部强加的规约或强制。自由随着政府范围的缩小而增加,而为了自由的缘故,政府管制得最少就是管制得最好,或者管制的程度不超出公共安全的必要。穆勒写道:"有这样一个行动领域,在其中社会(就区别于个人而言)只有(假如有的话)一种间接利益。这类行动的领域包含了一个人生活和行为中只影响他自己的那部分的全部,或者,如果也影响到他人,也仅仅是在他们自由、自愿和未被蒙骗的同意与参加的情况下。"穆勒继续说:"当我说仅仅影响到他自己,我的意思是指这种影响是直接的与最初的,因为凡是影响到他自己的事物都会通过他自己影响别人……这就是人类自由的适当领域。"

然而,这是穆勒希望强调的免于政府干预或社会压力的自由的积极方面。免于政府或社会强制的自由是为了个性最大发展的自由——个人与众不同的自由,任由一个人听凭其个人的偏好、才华和品位所愿意的并能够形成的与众不同。

穆勒写道:"在不首先关乎他人的事物中,个性应该坚持自身,这是可求的。"当个性的自由发展不被视为人类幸福的首要因素之一,不被视为社会福祉的绝对必要,自由就被贬值了。穆勒认为"唯一名副其实的自由,就是按照我们自己的方式去追求我们自己的利益的自由,只要我们不试图剥夺他人的这种自由,不试图阻碍他们取得这种自由的努力",因为"相应于每个人的个性发展,他变得对自己更有价值,因而对他人也能够更有价值。他在自己的存在上有了更大程度的生命的充实;而当单位中有了更多的生命,由单位组成的群体中自然也有了更多的生命"。

穆勒将自由推崇为一种终极的善,既是对于个人也是对于国家。这种观点可以清楚地在经典著作的传统中找到不同的回应之声。如果说柏拉图在《理想国》一书中提倡对艺术的政治管制,那么穆勒则反对新闻管制或对人类表达渠道的任何控制,甚至比他之前的穆勒反对得更为强烈。但对穆勒最引人注目的对立意见出现在苏格拉底的言说中。苏格拉底藐视民主精神,因为民主精神对自由有着贪得无厌的欲望。苏格拉底说,那种精神造就了一个"充满着自由和坦白的城邦,在那里一个人可以言所欲言、为所欲为……在这种自由存在的地方,个人能够为他自己定制一个他喜好的个人生活"。

在苏格拉底的描述中,民主政体会经由法律的松懈或经由完全无法的状态步入无政府。在这种状况下将会有最为多样的个人差异,这似乎是"最公平的状态,如同一件装饰着形形色色花朵的绣花长袍",但正是在这种状态中,自由以牺牲正义和秩序为代价获得了无限度的增长,这里"充满了多样性和混乱无序,将某种平等分给同等的人,也分给不同等级的人"。

分 类 主 题

1. 自然自由与政治自由

 1a. 与生俱来的自由权利

47. 自　由

- 1b. 自然状态或无政府状态下人们的独立和主权自治
- 1c. 自由与自由意志的关系：作为免受干预自由的自由观念与作为自由谋求个人发展的自由概念
- 1d. 法律的至高无上作为政治自由的一个条件
- 1e. 正义对自由的限制：自由与放任之间的区别
- 1f. 政府之下地位平等的人的自由：公民身份的平等
- 1g. 对自由的司法保障：权利法案；权力的分离
- 1h. 不同形式政体下的公民自由
2. 公民自由的问题
   - 2a. 思想与表达的自由：新闻审查问题；机密的运用
   - 2b. 良心自由和宗教自由
   - 2c. 经济业领域内的自由：自由交易；免受政府制约的自由
   - 2d. 经济依附作为对公民自由的一种限制：经济奴役或经济从属
3. 道德的或精神的自由
   - 3a. 人类的束缚或激情的支配
   - 3b. 人类自由或理性法则：经由真理的知识所达成的自由
   - 3c. 美德作为对自由选择的规训：自由作为由实践理性的道德律法所做的意志决断
   - 3d. 免于冲突的自由与作为幸福条件的个性自由
4. 自由的形而上学
   - 4a. 人类自由与机会和偶然性的关系
   - 4b. 自由的对立面：因果律或必然性，自然，以及法则
5. 自由的神学
   - 5a. 人的自由与命运或上帝意志的关系
   - 5b. 人的自由与上帝的神知
   - 5c. 人的自由与上帝的恩典：上帝的孩子的自由
   - 5d. 神圣自由：无限性存在的独立或自治；神圣的选择
6. 历史与文学中的自由
   - 6a. 自由的历史意义：实现自由的历史阶段；历史进程的开端和终结
   - 6b. 为了公民自由与经济自由的斗争和欲求：推翻暴君、专制君主和压迫者
   - 6c. 为了主权独立而反对帝国主义或殖民征服的奴役的斗争

［刘擎　译］

索引

本索引相继列出本系列的卷号〔黑体〕、作者、该卷的页码。所引圣经依据詹姆士御制版，先后列出卷、章、行。缩略语 esp 提醒读者所涉参考材料中有一处或多处与本论题关系特别紧密；passim 表示所涉文著与本论题是断续而非全部相关。若所涉文著整体与本论题相关，页码就包括整体文著。关于如何使用《论题集》的一般指南请参见导论。

1. **Natural freedom and political liberty**

1a. **The birthright of freedom**

   16 Augustine, 590
   18 Aquinas, 224–225
   29 Milton, 320–321
   33 Locke, 36–42
   35 Rousseau, 387–390 passim
   39 Kant, 401–402, 420–421
   40 Declaration of Independence, 1
   41 Boswell, 363–364
   43 Hegel, 27–28, 30
   44 Tocqueville, 19–22
   57 Tawney, 183–186

1b. **The independence of men and the autonomy of sovereigns in a state of nature or anarchy**

   21 Hobbes, 84–87, 99
   28 Bacon, 20
   28 Spinoza, 669–670
   33 Locke, 28, 44, 53, 54, 73–74
   35 Montesquieu, 2
   35 Rousseau, 342–345, 352, 353–355 passim, 356–357
   39 Kant, 433–434, 435–436
   43 Hegel, 69–70, 178–179
   43 Nietzsche, 481
   58 Frazer, 31–32
   60 Lawrence, 148–157

1c. **The relation of liberty to free will: the conceptions of liberty as freedom from interference and freedom for personal development**

   21 Hobbes, 112–113
   22 Rabelais, 65–66
   33 Locke, 29, 180–184, 193, 198–199
   33 Hume, 483–484
   35 Montesquieu, 85
   35 Rousseau, 370, 426
   39 Kant, 386–387
   40 Mill, 293–323
   43 Hegel, 86, 146, 151
   44 Tocqueville, 29
   48 Twain, 269–270, 319–320 passim
   55 Dewey, 114–116

1d. **The supremacy of law as a condition of political liberty**

   4 Euripides, 352–353
   5 Thucydides, 436–438
   8 Aristotle, 491
   33 Locke, 53–54, 71–72
   35 Montesquieu, 85
   35 Rousseau, 370–371, 375
   36 Smith, 346
   38 Gibbon, 96
   39 Kant, 114, 436
   40 Federalist, 118–119, 167–168
   40 Mill, 267–274
   43 Hegel, 87, 100, 180–183, 188–189, 287–289, 387–388

1e. **The restriction of freedom by justice: the distinction between liberty and license**

   5 Thucydides, 436–438
   6 Plato, 349
   8 Aristotle, 512, 522
   11 Epictetus, 112
   13 Plutarch, 44–45
   14 Tacitus, 57–58
   17 Aquinas, 512–513
   21 Hobbes, 113–116
   25 Shakespeare, 177
   28 Spinoza, 680
   29 Milton, 65, 384–386
   33 Locke, 17–18
   35 Montesquieu, 10, 51–52, 68–69
   35 Rousseau, 324, 393
   37 Gibbon, 622–623
   40 Mill, 271, 297, 302–323 passim
   41 Boswell, 422
   43 Hegel, 19, 141, 144, 340, 348, 363–364
   44 Tocqueville, 373–374
   54 Freud, 780–781
   55 Dewey, 111–112

1f. **The freedom of equals under government: the equality of citizenship**

   4 Euripides, 352–353
   5 Herodotus, 232–233
   6 Plato, 674–676
   8 Aristotle, 382, 471–472, 476, 485–487 passim, 491, 520
   11 Aurelius, 240

21 Hobbes, 156
33 Locke, 56–58
35 Montesquieu, 19, 52
35 Rousseau, 326–327, 359, 396–398, 405
37 Gibbon, 90–92
39 Kant, 398–399, 400–402, 408–409, 450–452
40 Constitution of the U.S., 11, 18–19
40 Mill, 354–355, 460, 474–476
43 Hegel, 223–224, 385–386
44 Tocqueville, 26, 104–106, 122–124, 125–127, 269–271, 305–312, 361

1g. The juridical protection of liberties: bills of rights; the separation of powers

6 Plato, 671–672
13 Plutarch, 34–35
33 Locke, 58
35 Montesquieu, 69–75, 84–86
37 Gibbon, 27, 522–523
38 Gibbon, 403–404
40 Constitution of the U.S., 12, 13–14, 15–16, 17, 18, 19
40 Federalist, 47, 144–145, 146, 153–165 passim, 180, 192–193, 229–234 passim, 236, 245–247, 251–253
40 Mill, 361, 365–366, 369–370, 401–402
41 Boswell, 195
43 Hegel, 366–367
44 Tocqueville, 379

1h. Civil liberty under diverse forms of government

5 Herodotus, 107–108
5 Thucydides, 519–520
6 Plato, 409, 412–413, 672–676
8 Aristotle, 522–523 passim
21 Hobbes, 150–151, 273
29 Milton, 384–388
33 Locke, 44–46
35 Montesquieu, 33–35, 142–146
35 Rousseau, 415, 422
37 Gibbon, 32–34, 617
38 Gibbon, 222–224
40 Federalist, 153–159, 164–165, 167–168
40 Mill, 338–341, 351–352
43 Hegel, 180–183
44 Tocqueville, 80–83, 375–381

2. The issues of civil liberty

2a. Freedom of thought and expression: the problem of censorship; the uses of secrecy

Old Testament: *Jeremiah*, 38:4–28
New Testament: *Matthew*, 23:29–38 / *Acts*, 4:1–31; 5:17–42; 21:27–32
4 Aristophanes, 459
5 Thucydides, 427, 580
6 Plato, 200–212, 320–334, 427–434, 601–602, 653–658, 719–721, 727–728, 782–783
13 Plutarch, 632, 636
14 Tacitus, 21–22, 56–57, 72–73, 87–88, 152–153, 180–183

16 Augustine, 192, 194–195
21 Hobbes, 102–103, 273, 274
23 Montaigne, 310–311, 449–451
27 Cervantes, 15–18, 219–223
28 Descartes, 284–285
29 Milton, 381–412
33 Locke, 367–368
33 Hume, 497–498, 503
35 Montesquieu, 32–33, 89–90
37 Gibbon, 148, 355, 668–671
38 Gibbon, 300
39 Kant, 220–221, 425–426
40 Federalist, 253
40 Mill, 272–293, 297–298
41 Boswell, 161, 300–301, 313–316
43 Hegel, 92, 109–110, 152, 296–297
44 Tocqueville, 92–96, 132–133
54 Freud, 757, 879–880
55 Dewey, 114–115
58 Weber, 164–165

2b. Liberty of conscience and religious freedom

Old Testament: *II Kings*, 10:18–28 / *Ezra*, 1; 6–7 / *Daniel*, 3; 6
Apocrypha: *Rest of Esther*, 16 / *II Maccabees*, 1–2 / *II Maccabees*, 6–8
New Testament: *Matthew*, 10:16–23 / *Mark*, 14:42–65 / *Luke*, 21:12–18 / *John* 15:18–16:3 / *Acts*, 4:1–22; 5:17–18,25–42; 6:9–14; 7:54–8:3; 12:1–6; 16:19–40; 17:5–14; 18:12–16; 28:17–29 / *Galatians*, 1:8–9,13–24; 2:1–5
4 Sophocles, 159–174
5 Herodotus, 137, 138
6 Plato, 769–771
14 Tacitus, 168
16 Augustine, 591–592
18 Aquinas, 431–437, 440–442, 443–444
19 Chaucer, 452–455
20 Calvin, 407–423
21 Hobbes, 149
23 Montaigne, 71, 364–367
29 Milton, 68, 69, 368–369, 381–412
33 Locke, 1–22
35 Montesquieu, 144–145, 211–213
35 Rousseau, 438–439
36 Smith, 385–386, 387–388
37 Gibbon, 12–14, 206–232, 290–291, 349, 464, 601–603
38 Gibbon, 227, 285, 333–335
39 Kant, 433, 444
40 Mill, 270–271, 307–309, 311–312, 341, 437–438
41 Boswell, 221–224, 436–438, 512
43 Hegel, 30, 88–93, 202, 375–376
44 Tocqueville, 15–17, 153
48 Melville, 38–40
52 Dostoevsky, 133–144 passim
59 Shaw, 53–57 passim, 95–96, 109, 112–113

2c. **Freedom in the sphere of economic enterprise: free trade; freedom from governmental restrictions**

33 Locke, 30-36 passim
35 Montesquieu, 148-149
36 Smith, 58-71 passim, 204-337 passim
39 Kant, 441-443
40 Mill, 312-315
43 Hegel, 79, 294, 387-388
44 Tocqueville, 21
50 Marx, 79-81, 127-146 passim, 236-248 passim, 277-278
51 Tolstoy, 573
57 Tawney, 186-191
57 Keynes, 371-373, 430-441, 455-456
58 Weber, 142

2d. **Economic dependence as a limitation of civil liberty: economic slavery or subjection**

8 Aristotle, 475
13 Plutarch, 87
33 Locke, 43
35 Montesquieu, 20-21, 99-100
35 Rousseau, 381
39 Kant, 436-437
40 Federalist, 50-51
40 Mill, 339-340
43 Hegel, 80-81
45 Balzac, 199-202
50 Marx, 138, 366-368
50 Marx-Engels, 420, 426, 428-429
57 Tawney, 231-232, 238-239
57 Keynes, 455-456
60 Orwell, 478-479

3. **Moral or spiritual freedom**

3a. **Human bondage, or the dominance of the passions**

Old Testament: *Genesis*, 4:1-16 / *Numbers*, 11:4-35 / *II Samuel*, 11; 13 / *Proverbs*, 5:22-23
Apocrypha: *Ecclesiasticus*, 18:30-31; 23:5-6
New Testament: *John*, 8:31-36 / *Romans*, 1:18-32; 5:12-6:23; 7:8-8:21 / *Galatians*, 4:1-10; 5:1,13-26 / *I Timothy*, 6:9-10 / *James*, 4:1-7 / *II Peter*, 2 / *I John*, 2:15-17
6 Plato, 120, 128-129, 224, 275-280, 347-348, 411-427, 801
8 Aristotle, 366, 485
11 Lucretius, 30-31, 72
11 Epictetus, 99-100, 151-153, 184-189
11 Aurelius, 243
11 Plotinus, 619
16 Augustine, 51-54, 70-71, 443-444, 446-447, 710-711
17 Aquinas, 664-665
18 Aquinas, 112-113, 144-152
19 Chaucer, 467
23 Montaigne, 273
25 Shakespeare, 229-233, 498-500

28 Spinoza, 631, 656-663
31 Racine, 330-367
33 Locke, 192
43 Hegel, 370-371
45 Balzac, 169-370 passim esp 181, 212-213, 214-215, 230-233, 291-298, 314-317, 322-325, 331-332, 339-340, 369-370
47 Dickens, 413
54 Freud, 760-761
60 O'Neill, 265-288

3b. **Human freedom or the rule of reason: freedom through knowledge of the truth**

New Testament: *John*, 8:31-59 / *James*, 1
6 Plato, 16-18, 230-234, 528-531, 669, 754
8 Aristotle, 348, 448, 454
11 Lucretius, 15-16
11 Epictetus, 112-113, 172-173, 201-211
11 Aurelius, 244-245, 246-247, 255-256, 257, 268, 269
11 Plotinus, 660-661
13 Plutarch, 646-648
16 Augustine, 742-744
17 Aquinas, 430-431, 507-508, 727
18 Aquinas, 8-9, 32-33, 37-38
19 Dante, 67-68
21 Hobbes, 58
23 Montaigne, 224
25 Shakespeare, 212
28 Bacon, 71-72
28 Spinoza, 678-681, 685-697
29 Milton, 404, 409-410
33 Locke, 189-192, 196-197
39 Kant, 282-283, 296
43 Hegel, 167-168, 296-297, 334
54 Freud, 126-127, 625

3c. **Virtue as the discipline of free choice: freedom as the determination of the will by the moral law of practical reason**

8 Aristotle, 352, 355-358
16 Augustine, 443, 694-695
17 Aquinas, 438
18 Aquinas, 627-628
19 Dante, 79-81
29 Milton, 394-395
39 Kant, 275, 302, 331, 332-334, 342, 378, 390-391
43 Hegel, 42-44, 59, 136, 178-179
52 Dostoevsky, 171-173
55 Dewey, 115-116, 118

3d. **Freedom from conflict and freedom for individuality as conditions of happiness**

5 Thucydides, 398
6 Plato, 275-276, 295-296
11 Epictetus, 102-103, 117-118, 130-133, 184-189, 192-198, 201-211, 212-215, 217-222
11 Aurelius, 282
16 Augustine, 70-77, 593
23 Montaigne, 511-512, 528-531

27 Cervantes, 446
33 Locke, 191–192
39 Kant, 378–379
40 Mill, 293–302
43 Hegel, 292–293, 339–340
44 Tocqueville, 379–380
51 Tolstoy, 221, 577–578, 605, 630–631
52 Ibsen, 560–561
53 James, William, 199–202
54 Freud, 20, 623–625, 633–634
55 Dewey, 113–114
59 Joyce, 650–659

4. **The metaphysics of freedom**

17 Aquinas, 117–118, 308–309, 436–440, 686–693
28 Spinoza, 601–603, 625–628, 629–632, 664
39 Kant, 164–172, 234–235, 264–265, 291–293, 296, 307–314, 331–337, 340–342, 351–352, 606–607, 609–610
43 Hegel, 161–199, 213–216, 392–393
51 Tolstoy, 688–696
56 Planck, 90–91

4a. **The relation of human liberty to chance and contingency**

6 Plato, 439–441
8 Aristotle, 358
11 Lucretius, 18–19
11 Plotinus, 385–386
17 Aquinas, 432–433
19 Dante, 111
39 Kant, 392–393
43 Hegel, 16, 72, 122
56 Waddington, 742–746

4b. **The opposites of freedom: causality or necessity, nature, and law**

7 Aristotle, 573
11 Plotinus, 383–384
14 Tacitus, 91
17 Aquinas, 110–117 passim, 218–219, 528–529, 591–592, 662–666, 676–677
19 Dante, 9, 65
21 Hobbes, 113
23 Montaigne, 257–259
28 Spinoza, 596–597
33 Hume, 478–487
34 Diderot, 294
35 Rousseau, 337–338
39 Kant, 133, 140–143, 234–235, 264–265, 279–287 esp 283–285, 292–293, 296, 301–302, 310–311, 331–337, 463–467, 571–572, 587–588
41 Boswell, 392–393
43 Hegel, 68, 134
48 Melville, 97–98
50 Marx, 7
51 Tolstoy, 342–344, 389–391, 469–472, 563–564, 588–590, 645–650
53 James, William, 84–94, 291–295, 823–826
54 Freud, 486

5. **The theology of freedom**

5a. **Man's freedom in relation to fate or to the will of God**

Old Testament: *Genesis*, 3 / *Exodus*, 7–14 / *Deuteronomy*, 30 / *Joshua*, 11:19–20; 24:14–24 / *Job*, 3:23; 12:14–25 / *Psalms*, 139 / *Isaiah*, 14:24–27
Apocrypha: *Rest of Esther*, 13:8–18 / *Ecclesiasticus*, 15:11–20
New Testament: *John*, 10:26–29; 12:37–40; 13:18–27 / *Acts*, 17:24–27 / *Romans*, 8:28–9:24; 11:1–10 / *I Corinthians*, 7:21–23; 9:16–23; 12 / *Ephesians*, 2:8–10 / *II Thessalonians*, 2:11–14 / *James*, 4:13–15
3 Homer, 300–301
4 Sophocles, 111–132, 133–158, 236, 252
4 Euripides, 418–419, 468–471
5 Herodotus, 7–8, 20–22, 77, 218–220
6 Plato, 650, 765–769
7 Aristotle, 605–606
11 Epictetus, 186–187, 197–198, 206–207
11 Aurelius, 263, 281
11 Plotinus, 386–402 passim
12 Virgil, 144–145
13 Plutarch, 188–189
16 Augustine, 256–259
17 Aquinas, 128–130, 531–532, 533–534, 540–543, 592–595, 644–646, 662
19 Dante, 67–68, 90–91, 93
19 Chaucer, 243–244
20 Calvin, 83–89, 96–100, 109–150, 422–423
21 Machiavelli, 35
21 Hobbes, 272
25 Shakespeare, 249
27 Cervantes, 478–479
28 Spinoza, 603–606
29 Milton, 186–187, 254–255, 354–355
39 Kant, 334–335
41 Boswell, 549
43 Hegel, 168
48 Melville, 98, 245, 253–254
51 Tolstoy, 675–677, 680, 684
54 Freud, 246–247, 582
55 Barth, 491–492

5b. **Man's freedom and God's knowledge**

New Testament: *Romans*, 8:28–30 / *Ephesians*, 1:4–12
16 Augustine, 661–662
17 Aquinas, 86–88, 132, 463–464
19 Chaucer, 365–366
23 Montaigne, 382
29 Milton, 180, 274–275
41 Boswell, 173

5c. **Man's freedom and God's grace: the freedom of the children of God**

Old Testament: *Proverbs*, 1:20–33
New Testament: *John*, 1:1–18; 8:31–36 / *Acts*, 13:14–52; 15:1–11 / *Romans* passim /

I Corinthians, 6:11-12; 8:9-13; 9:1-5,19-21; 10:23-29 / *Galatians*, 4:1-5:4; 5:13, 18,22-24 / *Philippians*, 2:12-13 / *Titus*, 3:3-7
- 16 Augustine, 77-78, 371-374
- 17 Aquinas, 134-135, 320-321, 506-507, 640-641
- 18 Aquinas, 339-340, 352-353, 362-363
- 19 Dante, 45, 98
- 20 Calvin, 111-113, 123, 133-134, 147-150, 454-455
- 28 Descartes, 315-319
- 28 Spinoza, 679
- 29 Milton, 136-144, 299, 304-305
- 30 Pascal, 154-159
- 43 Hegel, 329-330
- 44 Tocqueville, 388-389
- 55 Barth, 466, 544-545

5d. **The divine freedom: the independence or autonomy of infinite being; divine choice**

Old Testament: *Psalms*, 135:6 / *Isaiah*, 14:24-25; 46:9-13 / *Daniel*, 4:4-37
New Testament: *Matthew*, 20:1-16 / *Romans*, 8:28-9:26 / *I Corinthians*, 12:7-18
- 7 Aristotle, *Metaphysics*, 601-603
- 11 Plotinus, 659-671
- 16 Augustine, 56-57, 130-131, 144, 147, 407-408, 638-641, 662
- 17 Aquinas, 31-32, 38-39, 117-118, 144-145, 147-150, 250-252, 537
- 18 Aquinas, 218
- 28 Descartes, 454
- 28 Spinoza, 596-597, 601-603
- 29 Milton, 346
- 33 Berkeley, 423-424
- 39 Kant, 265, 321, 328

6. **Liberty in history and literature**

6a. **The historical significance of freedom: stages in the realization of freedom; the beginning and end of the historical process**
- 5 Herodotus, 175, 207-208, 238
- 5 Thucydides, 353
- 6 Plato, 663-677
- 14 Tacitus, 51
- 18 Aquinas, 331-332
- 37 Gibbon, 475, 521-523
- 38 Gibbon, 161-162, 202
- 40 Mill, 267-268, 271-272, 339-341
- 43 Hegel, 114-118, 159-393
- 44 Tocqueville, 1-6

6b. **The struggle and desire for civil liberty and economic freedom: the overthrow of tyrants, despots, and oppressors**

Old Testament: *I Kings*, 12:1-25 / *II Kings*, 9:1-10:11; 11; 21:18-26
- 5 Herodotus, 124, 171-175, 177-180, 243
- 5 Thucydides, 353, 523-524, 564-593
- 8 Aristotle, 512-515, 554-555, 558-562, 568-572 passim
- 13 Plutarch, 64-86, 174-193, 232-246, 600-604, 620-648, 648-656, 671-689, 752-755, 802-824, 826-846
- 14 Tacitus, 115-116, 169-176, 195-201
- 24 Shakespeare, 146, 568-596
- 25 Shakespeare, 351-392
- 29 Milton, 68-69
- 35 Montesquieu, 9-10
- 36 Smith, 191-194, 390-396
- 37 Gibbon, 39-40, 60-61, 71-76, 144
- 38 Gibbon, 166-167, 192-193, 333-335, 562-566, 574-582, 586-588
- 40 Federalist, 47, 252
- 40 Mill, 346, 367
- 43 Hegel, 291-292, 313-314, 364-368, 387-388
- 44 Tocqueville, 373-374
- 50 Marx-Engels, 415-416, 419, 423-425, 429-433
- 57 Tawney, 182-186
- 60 Orwell, 482-484

6c. **The struggle for sovereign independence against the yoke of imperialism or colonial subjugation**

Old Testament: *Exodus*, 1-15 / *Judges*, 3-7 / *Jeremiah*, 41
Apocrypha: *Judith* / *I Maccabees*, 1-9 / *II Maccabees*, 1-10
- 5 Herodotus, 1-314
- 5 Thucydides, 349-593
- 13 Plutarch, 195-213, 262-276, 303-310, 695-703
- 14 Tacitus, 16-21, 76-77, 82-83, 112-114, 148-151, 191, 269-277, 283-292, 294-302
- 21 Machiavelli, 8
- 24 Shakespeare, 1-32, 33-68, 69-104, 532-567
- 25 Shakespeare, 463-464
- 29 Milton, 344-345
- 33 Locke, 69
- 37 Gibbon, 71, 489-491, 521
- 38 Gibbon, 51-67 passim, 443-446, 465-466
- 40 Declaration of Independence, 1-3
- 40 Federalist, 147-148
- 43 Hegel, 290-291

交叉索引

以下是与其他章的交叉索引：

Freedom of the will, see WILL 5–6c, 8a; and for the relation of political liberty to free will, see WILL 5a(2), 7a.

The freedom of men in a state of nature or anarchy, and the independence of sovereign states, see GOVERNMENT 1a; NATURE 2b; STATE 3c, 9d; WAR AND PEACE 1.

Political liberty or the freedom of the individual as a member of society, see CITIZEN 2b; CONSTITUTION 1, 2b, 7b; DEMOCRACY 4a, 4b, 5c; GOVERNMENT 1h; JUSTICE 6, 6c–6e; LAW 7b–7c; MONARCHY 1a(1), 4d–5b; PROGRESS 4c; SLAVERY 6–6d; TYRANNY AND DESPOTISM 5–5c; the relation of economic to political liberty, see DEMOCRACY 4a(2); LABOR 7–7f; SLAVERY 5–5b; WEALTH 9d.

Freedom of thought or expression, see ART 10b; EDUCATION 8c; KNOWLEDGE 9b; OPINION 5a–5b; POETRY 9b; PROGRESS 6e; TRUTH 8d.

Liberty of conscience and freedom of worship, see RELIGION 6c(1)–6e; THEOLOGY 4e.

Moral or psychological freedom in the relation of reason to emotion, see DESIRE 5–6c; EMOTION 4–4b(2); MIND 9d; SLAVERY 7; TYRANNY AND DESPOTISM 5d.

The metaphysical consideration of liberty and related matters, see CAUSE 3; FATE 3; METAPHYSICS 2d; NATURE 2f; NECESSITY AND CONTINGENCY 5a, 5a(3), 5f; WILL 5a(3), 5c, 8a.

The theological consideration of liberty, see FATE 4; GOD 4e, 5f–5g, 7b, 7d, 7f; SIN 6a, 7; WILL 4b, 7c–7e(2).

Freedom and necessity in the philosophy of history, see FATE 6; HISTORY 4a(1), 4a(3); WILL 7b.

The history of man's struggle for civil liberty and economic freedom, see CITIZEN 9; LABOR 7c–7c(3); REVOLUTION 5a–5c, 6a, 7; TYRANNY AND DESPOTISM 8.

扩展书目

下面列出的文著没有包括在本套伟大著作丛书中，但它们与本章的大观念及主题相关。

书目分成两组：

Ⅰ．伟大著作丛书中收入了其部分著作的作者。作者大致按年代顺序排列。

Ⅱ．未收入伟大著作丛书的作者。我们先把作者划归为古代、近代等，在一个时代范围内再按西文字母顺序排序。

在《论题集》第二卷后面，附有扩展阅读总目，在那里可以查到这里所列著作的作者全名、完整书名、出版日期等全部信息。

I.

Dante. *On World-Government (De Monarchia)*, BK I, CH 12
Machiavelli. *The Discourses*
Spinoza. *Tractatus Theologico-Politicus (Theological-Political Treatise)*, CH 20
Milton. *The Ready and Easy Way to Establish a Free Commonwealth*
Locke. *Four Letters on Toleration in Religion*, II–IV
Voltaire. *Essay on Toleration*
——. "Liberty," "Liberty of Opinion," "Liberty of the Press," "Toleration," in *A Philosophical Dictionary*
Hegel. *The Phenomenology of Spirit*, IV (B)
Dostoevsky. *The House of the Dead*
Dewey. *Characters and Events*, VOL II, BK III (14)
——. *Freedom and Culture*
——. "The Idea of Freedom," in *Outlines of a Critical Theory of Ethics*
——. *The Study of Ethics*, CH 8
Whitehead. *Adventures of Ideas*, CH 4–5
Russell. *Skeptical Essays*, XII–XIV
Orwell. *1984*

II.

THE MODERN WORLD (1500 AND LATER)

Acton. *Essays on Freedom and Power*, CH 2–4, 9
Adler, M. J. *The Idea of Freedom*
——. *Six Great Ideas*, CH 19–20
Arnold. "Democracy," "Equality," in *Mixed Essays*
Baldwin. *The Fire Next Time*
Barker. *Reflections on Government*, CH 1–2
Becker. *New Liberties for Old*
Bentham. *On the Liberty of the Press*
Berdyayev. *Freedom and the Spirit*
——. *Slavery and Freedom*
Bosanquet. *The Philosophical Theory of the State*
Bradley, F. H. *Ethical Studies*, I
Browning, R. *Why I Am a Liberal*
Burckhardt. *Force and Freedom*
Burke. *Reflections on the Revolution in France*

Burnham. *Suicide of the West*
Bury. *A History of Freedom of Thought*
Byron. *The Isles of Greece*
———. *Sonnet on Chillon*
Carlyle, A. J. *Political Liberty*
Chambers. *Witness*
Croce. "The Roots of Liberty," in *Freedom, Its Meaning*
———. *History as the Story of Liberty*
Defoe. *The Shortest Way with the Dissenters*
Emerson. "Self-Reliance," in *Essays*, I
Ewin. *Liberty, Community, and Justice*
Franklin, B. *A Dissertation on Liberty and Necessity, Pleasure and Pain*
Garrigou-Lagrange. *God, His Existence and Nature*, PART II, CH 4
Gide. *The Immoralist*
Godwin. *An Enquiry Concerning Political Justice*, BK II, CH 4–6
Gorky. *Forty Years—The Life of Clim Samghin*
Green. *The Principles of Political Obligation*, (H, I)
———. *Prolegomena to Ethics*, BK I, CH 3
Hayek. *The Constitution of Liberty*
———. *The Road to Serfdom*
Hocking. *Freedom of the Press*
King, M. L., Jr. "Letter from Birmingham Jail"
Koestler. *Darkness at Noon*
Laski. *Liberty in the Modern State*
Lecky. *Democracy and Liberty*
Leibniz. *New Essays Concerning Human Understanding*, BK II, CH 21
Lotze. *Microcosmos*, BK I, CH 1 (4)

Luther. *A Treatise on Christian Liberty*
Malinowski. *Freedom and Civilization*
Maritain. "A Philosophy of Freedom," in *Freedom in the Modern World*
———. *Scholasticism and Politics*, CH V
Newman. "Private Judgment," in *Essays and Sketches*
Paine. *Rights of Man*
Péguy. *Basic Verities* (Freedom)
Plamenatz. *Consent, Freedom and Political Obligation*
Plekhanov. *The Development of the Monist View of History*
Reid, T. *Essays on the Active Powers of the Human Mind*, IV
Revel. *How Democracies Perish*
Ricoeur. *Freedom and Nature*
Santayana. *Reason in Society*, CH 6
Schelling. *Of Human Freedom*
Schiller. *William Tell*
Schopenhauer. *The World as Will and Idea*, VOL I, BK IV
Shelley, P. B. *Prometheus Unbound*
Simon. *Community of the Free*, CH 1
Spencer. *The Man Versus the State*
Stephen, J. F. *Liberty, Equality, Fraternity*
Suárez. *Disputationes Metaphysicae*, XI (3), XIX, XXX (16), XXXV (5)
Thoreau. *Civil Disobedience*
Von Mises. *Human Action*
Whitman. *Leaves of Grass*
Wright, R. *Native Son*

48

生命与死亡　Life and Death

总　论

人类以不同的方式区别于大千世界的种种。最根本的三个区别基于自然的与超自然的、物质的与精神的、无生命的与有生命的之间的差异。

其中的每一个区别却都提出了相同的问题，而伟大著作传统又为这同一个问题提供了相反的答案。问题总是以不同的方式得到阐明，它可能是关于超自然的秩序或无形的存在者是否存在的疑问，也可能是这样一个问题：这种区别所标示的是一种实在的二元状态，抑或仅仅是同一个整体的不同方面？上帝和自然是同一的吗？或者，它们截然不同？属灵性（spirituality）是否仅仅是肉体存在的一种表述方式？又或者，确有两个世界存在，一个是灵的世界，一个是肉的世界？

这些问题也会在**上帝**、**自然**、**天使**、**物质**以及**存在**等章中讨论。第三个明显的区别所提出的问题是本章的中心论题。它关注生命的和非生命的之间的不同。这里不讨论自然界中是否存在生命体的问题。确有生命的事实无可否认，至少对于经验观察而言毋庸置疑。表面上看，活着的树与石头、或与不久前还有生命现在却死去的存在者之间，显示出一种确定无疑的截然不同。

问题是如何理解这种不同。它意味着一种决然的断裂，一种生命体的世界与无生命物的领域之间的非连贯性么？或者，它表示的是自然所特有的跨越了无机物和有机体界限的一种连贯性？无生命物与生命体（活着的和死去的）之间的这种不同究竟是关涉类别，抑或仅仅是程度上的差别？

认为是类别上的不同者往往提出某个生命的定义，划出一条判断区别的界线，界线的一旁是具有不可或缺的生命表征的生命体，而另一旁的物则完全不具备这样的表征。关键的分界点就在于表现出某种生命力（vitality）、抑或是生命力的完全缺乏。关于生命的定义总是不尽相同。例如，并非所有关于生命的定义都将灵魂设定为原则；生命的定义也不尽然会涉及相同的灵魂与有机体之间的关系概念。然而，当生命被确定为某些自然存在的基本特征时，生命的定义就暗示了，有某些自然存在缺乏一些对于生命而言是最基本的属性。生命的定义还暗示着，在最低等的生命形式与最复杂的无机物之间，不可能有任何中间状态。

与此相反的答案是，生物与非生物之间的差别只是不同程度的差别，持此论者并且断言，自然的连续性跨越了显现为无生命的存在与看似有生命的存在之间的鸿沟。所有的形体都具有相同的根本属性，尽管不是在相同的量级上。下面的问题就是，可以探究，跟生命体有关的根本属性——如生长、繁殖、感受性、欲望和运动——到底是能量，还是功能；也可以质疑，运动着的物质是否具有某些机械属性，它们与复杂的有机体属性之间的差异是否仅仅是程度上的不同。

依据有时被称作"活力论"、有时又被称作"泛灵论（panpsychism）"的学说，所有的形体都有灵魂，只不过是，在这一阶梯的底端，生命的迹象隐匿于常见的观察视野之外。这一理论通常以粗糙的方式归置自然，尽管如此，它却常常具有某种哲学研究的精微形式，它们认为物质普遍具有灵魂或心智的属性。"存在着一种普遍的物质，"马可·奥勒留说，"虽然它分散于具有多种性质的无数形体中。存在着一个灵魂，虽然它分散于自然存在与个体的无限领域中。"

怀特海的物质有机论可视作这种学说新近的形式。依照他的理论，物质的基本粒子——电子、原子和分子分享着许多通常被认作是生命机体的特性。与生命机体一样，它们不仅受到环境的影响；它们也影响环境，并选择环境。"科学，"怀特海写道，"正变成对于有机体的研究。生物学是对较大的有机体的研究；而物理学是对微小的有机体的研究。"

在现代意义上可称作"机械论"的学说，通过肯定纯粹的机械论原则的普适性，构想自然的连续性。它将所有现象都还原为运动着的组分或粒子之间的相互作用。解释生命现象，也不需要其他新原则，物理和化学规律就已足够。生物物理学和生物化学处理的不过是更为复杂的物质体系中的机械存在。"生物"与"非生物"之间功能上的明显差异所表征的仍是同样的功能。被称为"生物"的更为复杂的物质组织只是在显现上有所变化。

自19世纪后期起，对用机械论原则来分析生命的做法的争论变得更加明显，并延续至今。机械论者的争论对手曾自称为"生机论者(vitalist)"，以表明他们看重生命现象与机械现象之间的区别。雅克·洛布的著作可视为这场争论中机械论一方的代表；而柏格森、J. S. 汉丹和怀特海的著作代表了生机论者的立场。

将有生命之物的王国视作自然中独立领域的人们，同时也会认为，研究生命体需要独特的概念、原则和方法，不同于物理学和化学的概念、原则和方法，牵涉的研究对象也并不相同。

生物学是一门古老的科学。希波克拉底论健康与疾病的著作集、亚里士多德在生物学方面的延伸研究以及盖伦的著作，它们不止开创了这一学科，而且为古代关于生命功能的分类确立了生物学的分析方法。有一些重要的观念，由于传统上一直被接受下来，所以像是显而易见的，然而它们最初曾是一些重大的发现；例如，所有的生命体都吸收营养，都发育并生殖；这是有机体最基本的、而非最高级的功能；再如，在一般的生命进程中，都存在着生长和衰退的有规律周期，不同有机体具有不同的生命进程；还有，生命机体与其环境间保持了能量的均衡，有机体都会主动地以生物经济学的方式，通过交换来维持自身的平衡，比如呼吸就是最好的例证。

自亚里士多德至哈维的伟大传统中的生物学，似乎贯穿了一种看法，即生命体具有独特的能力，并履行着某些特殊的功能，这些能力和功能是无生命体或无机物的王国在任何程度上都无法显现的。他们对以下观念进行了最充分的反思，即拥有灵魂是生命体所具有的生命力的要则，不同的器官所表现出来的生机都源于灵魂。

古代和中世纪的理论普遍认为灵魂不仅仅属于人；灵魂并不等同于心智或理智能力。"动物"(animal)一词源于拉丁语中的"灵魂"，即赋予生气的原则(the principle of animation)。盖伦的确区分了"自然的"和"心灵的"能力。对于他，后者事关感受性、欲望和运动的能力。然而，他对植物和动物所共有的营养、发育和繁殖的植物性能力的分析，符合亚里士多德关于植物性灵魂的概念框架。

"凡有灵魂的，"亚里士多德写道，"不同于那些没有灵魂的，都展示出生命力。这个词现在所获得的不仅是单一的意义……活着可以意味着思考、理解或运动、休止，或者在营养、衰退和发育意义上的运动。所以我们也将植物认作是有生命力的，因为据观察，它们自身就具有生长的机能，它们可以由此而自由繁殖或自动衰竭。这种获取营养的能力……就是生长的机能，我们的结论是：只要具有这种机能，就是活着的。"

伟大著作传统中，涉及有生命和无生命的与亚里士多德对立的立场看来是笛卡尔首倡的。我们可能认为卢克莱修也拒绝承认生命体与无生命物之间除了程度上的差异还有什么别的不同，因为他否认灵魂具有非物质的原理。但实际上不是这样。对于卢克莱修，活着的不仅仅是由原子和虚空构成的更为复杂的复合体。它们由一种独特的灵魂原子所构成，灵魂原子是圆的、光滑而能在生命体的各个部分间快速移动，这代表了生命体所特有的机能和活力。一般认为卢克莱修是唯物主义者和机械论者，但是他明确地自无生命物中甄别生命体，并借助于生命体的独特要则——灵魂原子——来解释二者的区别。

正如**心灵**和**灵魂**两章中所述，笛卡尔的灵魂和生命概念不仅相异于卢克莱修，也不同于亚里士多德、盖伦和普罗提诺。笛卡尔认为灵魂是非物质的实体，与它所依附的有形的人类身体截然不同。

笛卡尔叙述了他如何从"对无生命体和植物的描述……过渡到对动物，特别是对人类的描画"。他让我们考虑这样的假设，"上帝创造像我们这样的凡人的肉体……并没有用到我已经提及的质料之外的任何质料，一开始也没有赋予肉体以理性的灵魂或者其他可充当植物性的或感觉性的灵魂之类的任何东西"。他接着说道，"试考察这个身体所可能具有的、与这个假设相一致的功能，我找到了我们如果没有思考的能力亦即没有我们的灵魂而仍然具有的所有其他功能，这里所说的灵魂，指的是我们与身体相区分的那一部分，而其本性，如人们一向所说，是进行思考。"

笛卡尔假设所暗含的机械论因素，在他对哈维的发现——发现心脏和血流的运动——所作的评价中被明确表达出来了。他得出结论，这种运动"必然地受器官的位置所限，正如钟表的运动由它的动力、位置、形式、钟摆和发条所决定"。灵魂的运动，正如神经、大脑和肌肉的行动一样，"除了与它们的本性相一致的机械运动的法则之外"，不必设想有其他的原因在起作用。

笛卡尔补充道，对于那些知道以下事实的人而言，这似乎并不奇怪——"人靠着勤勉，仅仅使用寥寥几个部件，就可以制造出各式各样的自动机或可活动的机器，相形之下，任何一种动物的身体却是由巨大数量的部件组成——骨头、肌肉、神经、动脉、静脉，以及其他部件。从这一点讲，身体可以被看作是出于上帝之手的机器，区别只在于，与任何人类的发明相比，身体这台机器被构造得无与伦比地精巧，而它自身所具有的种种运动也更让人赞叹不已"。只有推理的功能，以及人能够思考的事实——不是那些有关生存的事实——超越了有形的自然中的机械律。无论是否活着，没有推理能力或理性灵魂的实体都不过是自动机械或机器。它们的运作都可以用钟表的那类运动来解释——由它们的部件的位置和互动作用决定。

笛卡尔主义的观点引导着生物科学研究的方向，并结出了丰硕的成果。20世纪的研究者中，只要是那些断言生命体与无生命物由相同的原子构成，并肯定物理学规律对二者都有效、无需以生命力对生命体作出解释的，均被认作是机械论者。然而，他们看来拒绝接受这样的观念：生命体的活动和特性仅仅在程度上与无生命物的活动与特性有别。换言之，他们认为，在生命体与无生命物之间存在着本质的非连续性，这并非基于物质成分或某种假想的"生命力"，而是基于结构和组织的差异。

生命体的特殊结构揭示了某些新的规律，它们是在对无生命物的观察中无法获得的。瓦丁顿以计算机做类比，"看着这些玻璃、金属、塑料等等碎片，谁会想到，它们能在国际象棋对弈中击败自己？然而，我们确实知道，由这些碎片组装成一台计算机，它们就能击溃顶尖棋手之外的所有对手。它们获胜的奥秘就在于建筑术，或者用亚里士多德的术语——形式"。以相似的方式，生命体特殊的特性——即它避免腐坏、保存并再生秩序的能力——应归于它独一无二的染色体纤维的分子结构，薛定谔将之描述为一种不定周期的固体。"一个机体中最具生机的部分就是它的原子的组成方式，"他写道，"截然不同于物理学家和化学家在他们迄今为止的实验和理论研究中所发现的任何对象的原子组成方式"。

对生命的纯粹机械论的解释为量子学理论所动摇，正如瓦丁顿指出的，断言生命的行为方式与由物质组分组成的机器别无差异，这就"预设了我们确知物质组分是什么，它们能够组成何种机器"。笛卡尔的理论建立在更大程度上的确信之上——我们确知物质和决定其运动的规律；对于传统机械论者，量子的替代作用摧毁了这种确信的基础。描述一座复杂的机械装置的工作原理，无助于还原每一个齿轮的运动方式——如果我们不知道齿轮是如何以及为何而运动。"这绝非事实，"瓦丁顿继续道，"我们并不是从掌握无机物世界中的所有最终组分开始，再来追问它们对于可观察的生物现象是否有意义。无论是在物理学还是生物学领域中，我们通常都是从可观察的现象入手的。"

认为自然的连续性是从未间断的，这种学说的另一种来源和版本是进化论。达尔文本人在他关于生命起源的简洁论述中，主要着眼于这样一个新颖的假说，存在着唯一的原始形式或几种并生的形式——由此衍生出全体植物和动物的王国，经过了自然进化的步骤才完成了这一神圣的创造过程。他将生物王国分为植物和动物，拒绝再增加什么类别，坚持认为人类与动物的区别仅仅在于程度，无关类别。

正如**动物**章和**进化**章已指出的，达尔文置疑植物与动物之间的非连续性。他借助看似同时属于这两个国度的中间形式证明这一点。他提出最低等形式的动物由植物机体自然进化而来的可能性。但是，他从未认真考虑由无机物向生物机体进化的假说。相反，他在此看到了一种类的差别。"最低级的有机体，"他主张，"也在某种意义上高于我们足底的无机灰尘；在研究哪怕是最低级的有机体时，任何毫无偏见的心智都无法不被它令人惊叹的结构和性质所打动。"他怀疑生命有机体可能是由无机物通过代际进化而来的说法。他说道："无论将来的结论是什么，反正科学迄今尚未证明这种信念的真实性。"

48. 生命与死亡

然而,随着达尔文理论中关于物种起源的观点逐渐被拓展为宇宙进化论的学说——威廉·詹姆士称之为"进化论的神启",约翰·廷德尔和赫伯特·斯宾塞等作者开始"谈论,心智以一种连贯的方式自肉体中生长……连续性成为如此强大的基本规律",詹姆士写道,以至于进化论者试图"跨越存在于无机物与意识界之间的鸿沟"。

"在一般意义上的进化论中,"他解释道,"无机物首先诞生,然后是最低等的动物和植物,接着是拥有智性的生命形式,最后才是我们这样的高等生物……我们一直都在考察物质的聚集和分散;尽管我们只能采取假说的方式,这并不妨碍它成为持续不断的物质。作为进化论者,必定要一下子接受重演律的观点:存在的所有新形式所呈现的外观不过是原始的、永恒的物质材料重组的结果。那些曾无序地分散了的原子,却始终是自我同一的,现在重新组成了原子团,被挤压在一起,并暂时归属于特定的位置,由此形成了我们的大脑;而大脑的'进化'应被简单地理解和描述为原子何以如此这般地组建起来。在这一画面中,没有任何新的本性,也没有任何自始并不存在的因素,介入了其后的任何阶段。"

詹姆士在此陈述了一种他自己拒绝的理论。他认识到斯宾塞、廷德尔和其他进化论者的"连续性的假说"所具有的力量,但他认为,"生命体与无生命物间的活动"具有显而易见的"差异",这更易于导致将自然划分为两个王国的做法。不过,他似乎也在某种程度上认为,理智或智性是生命的某种伴生物。由此,他关于"理智的和机械的行为之间"的类别差异的标准——也即目的性、或"追求未来的目标,以及选择实现的手段"——同样也可作为生物与非生物之间差别的标志。

怀特海提供了对这一问题的第三种答案。与詹姆士一样,他拒绝对生命作机械论的或唯物主义的解释。"进化论,关于物质的理论,"他写道,"可以还原为另一种描述语言系统,即对物质的组分之间的外在关系的描述。这其实与进化无关,因为系统和环境之间的外在关系与不同系统之间的外在关系并无区别。"不过,詹姆士将目的性看作生物与非生物之间标志性的区别,而怀特海似乎将这种性质赋予了所有存在着的事物,无论是那些我们称之为生物的,还是那些被称作非生物的。"现代学说的关键,"他继续道,"就在于认定,复杂机体是由简单的机体形式进化而来的。这就大声宣布了,有机体概念是自然的基础。"

值得注意的是,这一标准也是笛卡尔提出来测试人与自然的其他部分的区别的标准之一,即只有人才具有理性或思想。同样值得关注的是,与心智或意识的不同程度相对应的是生命的不同发展水平,詹姆士本人就确定了整个生物领域内的连续性。他因此并没有像伟大传统中其他思想家那样,在非连续性理论方面走得那么远,其他人在非生物与生物、植物与动物,以及野兽与人类之间发现了根本的差别。

后面的两种差别所提出的问题将在**动物**章、**人**章和**心灵**等章中得到进一步的考察。这里我们仅关注如下事实:认为生命体构成了一个真正独特世界的那些人也趋向于借助身体的最一般的属性来区别生物和非生物,就是说,借助那些由植物、动物与人类共享的能力与功能。起源的问题与差异的问题看似并无关联。例如,阿奎那似乎一方面接受有机体自发地产生于纯化了的有机质这一假说,另一方面断言植物与动物的生长机能都是无生命物在任何程度上所不具备的,而并不认为二者相互矛盾。

亚里士多德在谈及自然形体时提到,"一些似乎是有生命的,有些则没有;这里的生命是指,为自身提供营养以及增长",此刻,他意识到了,"增长"一词也可以用来描述无生命物的某种变化。除了生物,其他的事物也可能增大尺寸。为了避免对"增长"一词似是而非的使用,他赋予生命体在数量上的变化或为之增加三个独有的特征:"第一,正在增长的实体中的所有部分以及每一部分都在增大;第二,实体整体就此而有所增添;第三,增长中的实体存活并将存续下去。"

为了具体说明这种差异,盖伦对比了机体的生长和孩子吹气球使气球膨胀之间的不同。膨胀的气球似乎也在增长,但它的扩大不同于活着的动物的生长,后者的整体增长包含了它的任一组分的增长。"孩子们吹气球时,"盖伦写道,"气球的内部空间得以扩张,而同时,必然地,它的外壁会越来越薄。然而,假若孩子们能够为这变薄的部分提供营养,那么他们的所作所为就等同于自然……在所有方向上同时扩张,这只属于那些为自然所导向的有机体;而我们的作为所达致的扩张只能在某个方向上实现,同时导致相反方向的收缩;根本不可能找到一个物体,如果我们同时在三个方向拉扯它,它还能不被扯破。只有自然能使得一个实体在所有方向上增长,而实体本身还完整无缺,一如它原来的模样。"

现代生物学家有时候将溶液结晶的增长与生命的生长与繁殖相比较。或可得出结论:"其他保持能量守恒的系统同样表现出生命属性的最根本特质,"他们说,"如此就几乎难以分辨烛火与生命机体之间的区别。"亚里士多德也曾思考这一点,但他拒绝接受同样的结论。他观察到,"火焰的扩增要受到燃料供应的限制,只有不停供应燃料,它才可能恣意燃烧";然而没有哪种营养过程能够无限地供应生命机体形体的剧增。"有一种界线或尺度限制着它们的尺寸和扩大的范围,这种界线或尺度是灵魂的标志,而不是火焰的。"

或可称火焰为活物,但说它是活的,它的生灭,在亚里士多德看来,不过是富于诗意的修辞,而非科学陈述。"每当我采撷一枝玫瑰,"奥赛罗曾叹道,"我不能再给它养分,它必将凋谢。"然而,对于黛丝特梦娜床前燃烧的蜡烛,他说道:"即使我将你熄灭,你这燃烧的烛火,我还能重燃你的光亮。"可从外部点燃或熄灭烛火;但是生命体的生、死、营养和发育只能源于自我推动。

对于亚里士多德和阿奎那,自我推动是活着的基本标志。"所有可称作活着的,"阿奎那写道,"决定着自身的所有形式的运动和活动;相反,那些不是出自自身属性而运动或活动的,无法被称作活着的,除非在比喻的语境中。"他还进一步界定了何谓自我推动:他在一个惯性物体对另一个物体的传动行为和生命体完善自身的内在行为两者之间做出了区分。发育、感受性和理解是内在的行为,因为它们对发育、感受性和理解本身产生影响。这些行为的后果仍然保存在行为者本身之中。相反,加热就是一个传动行为。在加热过程中,一物作用于另一物,释放热能者在其中失去其自身具备的热能。

一如生命活动有别于无生命物的活动,生命活力也有别于惯性物体作用于它物或对它物做出反应的能力。自我推动的能力(或内在行为)使得生命体能独自完成从不那么完美的状态向以其本性为衡量尺度的较完美状态转变,而不是简单地在相反的状态之间发生转换，如一个实体由此至彼的位移，或由冷变热或反之。

薛定谔与亚里士多德和阿奎那相似，将自我推动视为区分生命体与无生命体之间的根本属性。某物之所以被称作有生命的，他说道，"只有当它连续地'做点儿什么'，例如运动、与周围的环境不断地交换物质，如此等等"。相反，"一个没有生命力的系统若被隔离开来，或者被置入一个始终如一的环境之中，所有的运动都会由于各种摩擦的作用而很快停止下来……系统达到一种持续平衡的状态，没有任何可观测的事件发生。"他接着依照热力学原则定义了生命：有生命力的系统能够通过从环境中获取营养而对无序的倾向——这在所有系统中都非常普遍——做出回应。薛定谔还认为，生命体通过"负熵"，或者换言之，通过从环境中"汲取秩序"而存活。

对于神学家，在生命的定义问题上有另一个需要额外考虑的方面。如果有形的实体领域被分为无生命的和有生命的形体，那么，对于无形的实体（例如天使）和上帝，我们该说些什么呢？即使能设想天使并不存在，而很难设想它们是无生命的存在。在宗教崇拜中，"无限"、"全能的"、"永恒的"和"不死的上帝"等措词，肯定地表达了上帝的神圣本性。然而，在自然中，区分生命体和无生命物的基本行为（如获取营养、生长和繁殖等）确是有形的。感觉和运动也是如此。那么，生命的何种意义能够同时适用于有形的生物和属灵的存在？

阿奎那对此的回答是，他认为"只有当一个存在者自我控制，而不是为其他存在者所推动时，它才能够被称为有生命的。存在者所具备的这种能力越完善，它的生命就越趋于完善"。依此尺度，植物的生命不如动物的完善，后者的自我推动能力是在更高层次上来说的，因为它们具有感觉能力；而在动物中，生命的等级是依照感觉能力的程度来确定的，也依照其机动能力来确定，而有些动物似乎缺乏机动能力。高等动物和人类都能够有目的地行动，但是只有人类才能够通过其智能和意志自由地决定自身的目标，并决定以什么方式实现目标：这些能力使得人类的生命超越了自我推动的水平。

不过，人类的智能行为并非全然自我决定，它还有赖于其他客观原因。因此，阿奎那推论道，最高水平的生命完全属于上帝——"即理解的行为恰是他的本性的存在，而且，他完全自我支配，不受任何其他存在者摆布"。他引用亚里士多德的论断：上帝的生命的完善性是与神圣的智性存在相称的完善性，是纯粹地现实的、永恒的行为。他接着断言，在理解是一种运动的意义上，以及理解推动自我的意义上，"柏拉图也曾教导道，上帝自我运动"。

获取营养、发育和繁殖之所以是有形生命的不可或缺的特征，恰在于有形的生物终将腐坏。它们需要"通过繁殖以保持种族的存续"，阿奎那写道，"并且，它们需要获取营养，以维持个体的存在"。由此，较高级的生命能力，如感受性和理解等，在有形的生物中，一向与生长的机能难解难分。尽管如此，这一点并不适用于属灵的存在，因为它们在本性上是不会腐坏的。属灵的生命在本质上是不朽的。

时间的痕迹使得有形的生命在每一个时刻都显露出其终有一死的迹象——它需要睡眠，生命力会衰减，还有疾病、衰退或衰老。对于那些严格区分了有生命物和无生命物的人来说，死亡正是生命的对应者。岩石也将风化为尘沙，实体将分解，原子将破裂——但是它们并没有死亡。只有生物将经历死亡这一变化。

由生至死的转变使得生命的神秘性更加明显。撇开自发的生殖概念本身不谈，生命也通常看似源于生命。无论是通过细胞的分裂还是萌芽，生物都是自另一个有生命的主体而诞生。但是，生物死亡时，它将跨越生命与非生命之间的鸿沟。有机体的尸体将会分解腐化，除了普通的无机元素和化合物之外，不会留下什么。这似乎是比生殖和诞生更为根本的变化。在分析生命时涉及的形式和主体、物质和灵魂、自然的延续和断裂等所有形而上学问题，只有在对死亡的理解中才能得到深刻的理解。

正如**不朽**一章所示，生命之由死亡而得到预先规定，主要不是通过对死亡的梳理，而是通过面对死亡、惧怕死亡、与死亡的抗争，或拥抱死亡的方式。如同众多不朽的诗篇所揭示的，在那些最伟大的内省或自我评价的时刻，死亡是内心独白的对象。蒙田指出，"死得其所"比"生而无憾"要求更强大的道德自制力。哲学训练的本质对于他而言，正如英雄主义或牺牲对于众人而言，就在于以反思一种更有决断力的高品质生命所带来的镇定态度，来面对死亡。

蒙田就这个问题写作了一篇长文，说明"从事哲学就是学习死亡"，他的论证以引用西塞罗的陈述始，即学习哲学"别无其他，就是预演死亡"。苏格拉底就是这类哲学家的典范，他在狱中等待赴死时，曾与朋友展开一场对话，他告诉他们，"真正的哲学信徒……总是追究死亡，或必死性"。苏格拉底试图同时以言行向他们证明，"真正的哲学家垂死时，有足够的理由欣然赴死"。

也许哲学家的典范可以镇静地面对死亡，诗人则常以对死亡的恐惧向生者传达某些训诫：生命的脆弱、尘世荣誉的易逝和所有人都会遭遇的命运的无情。这些主题在中世纪一再被强调，正如赫伊津哈所详述的，不过，在全部人类的历史上，它们总是出现在艺术和文学作品中。宗教特别地试图利用人们对死亡——以及死后人们必须面对的东西——的恐惧，来唤醒他们的生的意识。"永需忍耐，而无享乐；永被诅咒，而非佑护；永远如此，绝非相反；永远……而非……"乔伊斯的《一个青年艺术家的画像》中的传教士如此警告道，"这是那些因道德上的罪而死的人将要接受的可怕惩罚和判决。这是全能的、公正的上帝的审判。"

不仅仅是死亡本身，而且死者也会对生者产生复杂的影响。历史学家曾以种种方式描述发生在每一个社会中的死亡典仪。无论是世俗的或神圣的仪式，都构成了任何一种文化中最为重要的习俗，表现了对生的价值的评估，反映了相应的生命意义及人类命运观念。各大宗教间最深刻的差异，就体现在迎接死亡和侍奉逝者的宗教实践和圣礼中。

死亡的道德的、社会的和宗教的意义似乎仅仅是人类所特有的。然而，在生物学意义上，动物界和人类通行同样的基本本能和情感。植物也被设想为会为了存活而努力。不过，这种努力与出于动物的自保本能而做出的行为不同，它们没有动物的特有行为模式那么易于分辨。自保本能所伴随的两种相反相应的感情几乎与生命力的水平成正比，一方面，自保本能衍生出一种勃勃然爱生命的力量和顽强，另一方面，它也激起同等强烈的对死亡的恐惧。

自保本能就是生命的本能。为存续和提升生命的目标所引导的是生殖的冲动和爱欲的本能。然而，依照弗洛伊德的理论，在与生命有关的一切中，包含着一种更为原始、与生命背道而驰的本能。这就是死亡的本能——将生命带回无生命的冲动。

弗洛伊德写道："假设生命的目标是一种迄今为止从未达到的状态，那就是与本能的保守性质相矛盾了。生命的目标倒必定是一个古老的起点，生命体在很久以前曾由此出发，并又将向之回归……如果我们出于经验而承认，无物例外，都是出自内因致死的，那么，我们就可以说'生命的目标就是死亡'。"

依照弗洛伊德，死亡的本能创造了生命本身。"在过去的某个时候，基于某种完全不可思议的推动力量，生命的特性在无生命的物质中醒觉……曾在先前无生命的物质中醒觉的张力要努力获致一种平衡；最初的本能凸现，即重归无生命状态的本能。""爱欲本能总是试图将有生命的物质聚集起来形成更大的单位"，而死亡的本能与爱欲本能相对抗，"这两种力量之间的合作和相互反对共同促生了生命现象，并终归于死亡"。

弗洛伊德关于死亡本能的假说可用于思考自杀冲动，可以用来思考人选择这种方式来逃避生命所遭遇的压力和困难是自然的抑或是变态的。这里包含的心理学问题，尤其是关于自杀冲动所采取的无意识形式，并不完全等同于道德问题。除了人之外的其他动物是否也会有自杀行为的问题，与一只动物杀死另一只动物的行为是否可称作"谋杀"一样，显示了心理描述与道德判断之间的差异。

对于道德论者，对自杀的谴责建立在与对谋杀的谴责相同的背景之上。例如，对于康德，这同样表现为对普适的道德律令的违犯。绝对命令要求我们这样行事，使得个人行为的准则在任何时候均可被认作一个人人愿意遵从的普遍行为原则。而在自杀和谋杀的事件中，行为的准则不能被普遍化，这些行为只能带来无人愿意接受的后果。此外，自杀也不符合康德关于人本身只能作为目的的观念。自我毁灭的人，康德说道，"为了达到逃避痛苦的环境的目的，仅仅将人本身作为手段，以达到终结生命、获得可忍受的境况的目的"。

神学家也谴责自杀行为，认为这既违背神命，也违反自然规律。人是上帝的创造物，因此，正如洛克所述，"人是上帝的财产……是为了延续上帝而非他者的欢愉而被创造出来"。同时，在自然规律的约束下，人也不应随意自我毁灭，或者因此随意地将自己陷入被奴役状态。每一个个人"都注定要维持自己的生命，不应任性地放弃他在自然中的位置"。还有，如果确有死后生命，有死后的奖惩，自杀就根本不是一种逃脱。《失乐园》中的亚当对夏娃说："如此造成的死亡不足以使我们免除我们注定要承受的苦痛。"

在古代异教徒中也有类似的推理。普罗提诺认为，自杀是一种暴力行为，"如果由命运分派给所有人的时间是相等的，提前结束并非愉快的行为……如果人们在另一个世界的地位是由他在他退出的这个世界中的地位所决定的，那么，只要还有提升的希望就绝不可放弃"。基督教徒会补充说，只要生命犹存，放弃希望就犯了绝望之罪。

但是，异教传统中也有相反的声音。斯多葛主义者就不将自杀与谋杀等量齐观。对那些抱怨生的苦痛和肉体羁绊的人，伊壁鸠鲁也曾说，"（通向解脱之）门始终敞开着"。在这种认为影响肉体的事物与灵魂的状态无涉的学说中，死亡简直是无关紧要的。"死亡是所有人的港湾；死亡是我们的避难所；出门远行，任你择期。"

分 类 主 题

1. 生命的本性和起源:有机体中作为生命本质的灵魂
2. 生命体和无生命物之间的连续性与非连续性:比较有生命力的机能和活动与无生命力的潜能和运动
3. 有形生命的模式或等级:不同的生命机能和功能的分类和秩序

    3a. 植物与动物之间的连续性与非连续性:比较植物与动物获取营养、呼吸、发育和繁殖

    3b. 动物的生命等级:运动和感受性的类型和程度;结构与功能的类比

4. 生态学系统中的生物经济学:有机体的环境;植物和动物的相互依存
5. 一般的生命力以及由疾病、退化和因年龄的增长而来的衰退所造成的损害

    5a. 健康的本质和原因:身体之美

    5b. 休息或睡眠的康复功能

6. 生命周期与生命循环

    6a. 植物与动物的生命周期,不同的植物与动物的生命周期

    6b. 人类的生命周期

    6c. 生命的不同阶段的生理学、心理学特征

7. 死亡的原因和表现
8. 有关生命的生死之辨

    8a. 反思生死

    8b. 热爱生命:自保的本能;生命的本能

    8c. 死的渴望:死亡的本能;自杀问题

    8d. 死的恐惧:英雄、哲学家、诗人和殉教者的态度

    8e. 死的典仪:和平与战争时期葬礼上的仪式

[李静韬 译]

索引

本索引相继列出本系列的卷号〔黑体〕、作者、该卷的页码。所引圣经依据詹姆士御制版，先后列出卷、章、行。缩略语 esp 提醒读者所涉参考材料中有一处或多处与本论题关系特别紧密；passim 表示所涉文著与本论题是断续而非全部相关。若所涉文著整体与本论题相关，页码就包括整体文著。关于如何使用《论题集》的一般指南请参见导论。

1. **The nature and cause of life: the soul as the principle of life in organic bodies**

   Old Testament: *Genesis*, 2:7
   - **6** Plato, 93, 124, 223, 244–246, 275–277 passim, 763–764
   - **7** Aristotle, 559, 574, 631–641 passim, 642–647
   - **8** Aristotle, 163–164, 275
   - **9** Galen, 385
   - **11** Lucretius, 26–28, 31–35
   - **11** Plotinus, 301–306 passim, 348–349, 453–454, 461–462, 482–483, 501–503, 518–519, 611–612, 613–615, 625–626
   - **16** Augustine, 413–414, 415–416, 686, 706–707
   - **17** Aquinas, 104–108, 275–276, 378–399 passim, 515, 600–608 passim
   - **18** Aquinas, 30, 483–484
   - **19** Dante, 77–78
   - **21** Hobbes, 173, 176, 251
   - **26** Harvey, 316–318, 325–326, 431–434, 488–496
   - **28** Descartes, 382, 433
   - **33** Locke, 297
   - **43** Hegel, 25
   - **45** Goethe, 91–94
   - **51** Tolstoy, 608
   - **54** Freud, 652
   - **56** Heisenberg, 418–419
   - **56** Schrödinger, 469–504 passim esp 495–502
   - **56** Waddington, 701–702, 715–716, 722–723
   - **58** Frazer, 40–41

2. **Continuity or discontinuity between living and nonliving things: comparison of vital powers and activities with the potentialities and motions of inert bodies**

   - **7** Aristotle, 328, 338–340, 345, 482–486, 534–535, 641, 645–647, 656
   - **8** Aristotle, 114–115, 235–236, 236–238
   - **9** Galen, 354–355
   - **11** Lucretius, 4
   - **11** Aurelius, 276–277
   - **17** Aquinas, 14–15, 107–108, 154–155, 365–367, 410–411, 692–693
   - **26** Harvey, 384
   - **28** Bacon, 157–158, 171, 179–188
   - **33** Locke, 219–220 passim, 321, 370–371
   - **39** Kant, 555–558, 578–582
   - **49** Darwin, 341
   - **53** James, William, 68–71 passim, 95–96
   - **54** Freud, 429
   - **55** Whitehead, 172–177, 182–183, 184–185, 186–189, 205–206, 226–227
   - **55** Wittgenstein, 369, 378
   - **56** Bohr, 333
   - **56** Heisenberg, 437–438
   - **56** Schrödinger, 495–496, 500–501, 502
   - **56** Waddington, 699–703, 715–723 passim
   - **57** Veblen, 5–6

3. **The modes or grades of corporeal life: the classification and order of the various vital powers or functions**

   Old Testament: *Genesis*, 1:11–12, 20–31 / *Psalms*, 8
   - **6** Plato, 165–166, 350–353, 466
   - **7** Aristotle, 383–384, 417–420, 499, 571–572, 573, 631–668, 673–689, 690–695, 696–701, 714–726
   - **8** Aristotle, 114–115, 181–182, 218, 235–239, 244–245, 276–277, 281–282, 302, 343, 347–348
   - **9** Galen, 347–449
   - **11** Lucretius, 33–34
   - **11** Epictetus, 103–104
   - **11** Aurelius, 248, 270
   - **11** Plotinus, 459, 461–462, 480–482, 525–526
   - **15** Kepler, 854–856
   - **16** Augustine, 302–303, 706–707
   - **17** Aquinas, 104–107, 245–247, 277–278, 361–362, 367–369, 394–396, 399–440, 600–608
   - **19** Dante, 99
   - **22** Rabelais, 138–139
   - **26** Harvey, 369–370, 384–390 passim, 397–398, 441–443, 444–445, 456–458
   - **28** Descartes, 280, 283–284
   - **28** Spinoza, 649
   - **29** Milton, 185–186, 223–224, 225–229
   - **30** Pascal, 233
   - **33** Locke, 220, 271–272
   - **35** Rousseau, 337–338
   - **39** Kant, 199–200, 583, 602
   - **49** Darwin, 3, 60–61, 64, 71
   - **53** James, William, 4–7, 68–73
   - **54** Freud, 401, 415, 647–648, 851

3a.	Continuity or discontinuity between plants and animals: comparison of plant and animal nutrition, respiration, growth, and reproduction

  7 Aristotle, 276, 384
  8 Aristotle, 65, 114-115, 174-175, 211-212, 255-256, 271, 293, 302-304, 321
 11 Lucretius, 24
 17 Aquinas, 104-105, 106-107, 604-608
 20 Calvin, 93
 22 Rabelais, 143-144
 26 Harvey, 384, 397-398, 468-469
 28 Bacon, 158
 33 Locke, 140-141
 42 Lavoisier, 57
 49 Darwin, 47-49, 115, 241
 53 James, William, 8
 56 Dobzhansky, 611-628 esp 624
 56 Waddington, 724-725
 58 Frazer, 49-50, 62-69

3b.	The grades of animal life: types and degrees of mobility and sensitivity; analogies of structure and function

  7 Aristotle, 666, 667-668, 673-674, 681-682
  8 Aristotle, 7-158, 161-229, 243-252, 255-331
 17 Aquinas, 105-107, 273-274, 367-369, 407-409
 26 Harvey, 274, 277-278, 280-283, 299-302, 336, 338-496
 33 Hume, 487
 39 Kant, 578-580
 48 Melville, 169-170, 173
 49 Darwin, 75-78, 82-94, 112-113, 207-229, 238-239, 255-265, 271-275, 278-284, 331-341
 53 James, William, 13-14, 19-42 passim, 51-52, 705-706
 54 Freud, 651-654, 768-769

4.	The biological economy in ecological systems: the environment of the organism; the interdependence of plants and animals

  5 Herodotus, 63, 112-113
  6 Plato, 377, 469-470
  7 Aristotle, 482-483, 710-713
  8 Aristotle, 8, 83-84, 96, 115-132, 134-136, 215, 225, 250-252, 301
  9 Hippocrates, 18-38
  9 Galen, 398-414
 11 Lucretius, 69, 70-71
 11 Plotinus, 484-485
 17 Aquinas, 367-369
 26 Galileo, 160, 187-188
 30 Pascal, 401-403
 35 Montesquieu, 102-104
 35 Rousseau, 334-337 passim
 36 Smith, 38-39
 39 Kant, 553-554, 584-585
 48 Melville, 140-141

 49 Darwin, 9-10, 32-41, 49-55, 68-69, 81, 181-206 passim, 268-269, 341, 350-356, 424-425, 430-432, 442-443, 525-527, 554-555
 52 Ibsen, 489-490
 55 Whitehead, 187-189, 232-233
 56 Waddington, 736-738
 59 Chekhov, 200-201, 213-214

5.	Normal vitality and its impairment by disease, degeneration, and enfeeblement with age

  7 Aristotle, 329-330, 638
  8 Aristotle, 176, 177-179, 265-266, 322, 326
  9 Hippocrates, 2-3, 5-16
 11 Lucretius, 29-30
 11 Aurelius, 245
 22 Rabelais, 181-182
 23 Montaigne, 90, 435-436, 447-448
 24 Shakespeare, 12-13
 26 Harvey, 296
 32 Newton, 384-385
 49 Darwin, 143-145, 323-327 passim, 354-355
 51 Tolstoy, 499-500, 665
 53 James, William, 19-41 passim, 44-47, 431-433
 54 Freud, 718-719
 59 Chekhov, 203-204

5a.	The nature and causes of health: physical beauty

  5 Herodotus, 157
  6 Plato, 2-3, 355, 474-475
  7 Aristotle, 383-384, 644
  8 Aristotle, 45-46, 177-179, 376, 393 passim, 541
  9 Hippocrates, 61-62, 233-235
  9 Galen, 404-405, 406-407
 11 Aurelius, 255
 16 Augustine, 687
 18 Aquinas, 4-5, 6-7, 15-18
 22 Rabelais, 234-235
 23 Montaigne, 274-276
 26 Harvey, 296-297, 433, 493
 28 Bacon, 72
 35 Rousseau, 335
 36 Smith, 329-330
 37 Gibbon, 87-88
 49 Darwin, 324, 356-357
 54 Freud, 635
 57 Veblen, 61-63

5b.	The restorative function of rest or sleep

  4 Sophocles, 244-245
  7 Aristotle, 696-701
  9 Hippocrates, 43-44
 11 Lucretius, 53-54
 24 Shakespeare, 367, 482-483
 25 Shakespeare, 291, 590
 27 Cervantes, 483-484
 41 Boswell, 352
 45 Goethe, 63-64

48 Melville, 56-57
54 Freud, 478, 617

5c. **The nature and causes of disease**

Old Testament: *Numbers,* 12:10-15 / *Deuteronomy,* 28:21-22,27-28,35,58-62 / *II Chronicles,* 26:18-21
Apocrypha: *Ecclesiasticus,* 37:29-31
New Testament: *Matthew,* 9:32-33; 17:14-18
5 Herodotus, 32, 64, 96, 135
5 Thucydides, 399-401
6 Plato, 155-157, 334-337, 472-474
7 Aristotle, 329-330
8 Aristotle, 46, 107, 114, 127-131 passim, 132, 206-207, 317-318, 349
9 Hippocrates, 5-16, 17-28, 35-36, 61-63, 73-76, 91-92, 97-98, 122-123, 200-201, 279-281, 289-290, 316, 322, 326-339
9 Galen, 398-414 passim, 436-437
11 Lucretius, 85-86, 89-91
11 Plotinus, 378
18 Aquinas, 105-106, 147-148
23 Montaigne, 411-412, 413, 572-573
26 Harvey, 321-322, 423
28 Bacon, 52
29 Milton, 309-311
34 Swift, 155-157, 161-162
35 Montesquieu, 106-107
35 Rousseau, 336-337
38 Gibbon, 70-71
49 Darwin, 256, 350-354 passim, 380
50 Marx, 115, 118-124 passim, 194-195, 324-330
51 Tolstoy, 222, 372-374
53 James, William, 69, 799-807, 895
54 Freud, 4-5, 25-59, 87-97, 111-115, 402-404, 593-595, 601-607, 744-747
58 Frazer, 29, 30

6. **The life span and the life cycle**

6a. **The life span of plants and animals, and of different species of plants and animals**

7 Aristotle, 710-713
8 Aristotle, 100, 102, 103, 138-139, 147, 153, 319-320
33 Locke, 218
49 Darwin, 99
54 Freud, 657
59 Chekhov, 213-214

6b. **The human life span**

Old Testament: *Genesis,* 5; 6:3; 11:10-32 / *Psalms,* 90
Apocrypha: *Ecclesiasticus,* 18:9-10
4 Euripides, 360-361
5 Herodotus, 7-8
8 Aristotle, 602
23 Erasmus, 4-5 passim, 11-12
23 Montaigne, 85-86
44 Tocqueville, 294-296
49 Darwin, 325-327

50 Marx, 194-195, 318
58 Huizinga, 301-307
59 Chekhov, 205-206

6c. **The biological and psychological characteristics of the stages of life**

Old Testament: *Genesis,* 18:9-15 / *I Kings,* 1:1-4 / *Proverbs,* 20:29
5 Herodotus, 118
6 Plato, 296, 471-472
7 Aristotle, 638, 724-726
8 Aristotle, 23-24, 42-43, 71-73, 78-79, 87-88, 97-114 passim, 137, 144, 176, 218, 282-287, 316-317, 318, 321, 322, 324, 325-331 passim, 540
9 Hippocrates, 216-217, 236-237, 274-275, 282, 295, 332-334
11 Lucretius, 35
19 Chaucer, 317-318
23 Erasmus, 13
23 Montaigne, 197-198, 379-380
24 Shakespeare, 472, 608-609
25 Shakespeare, 247
26 Harvey, 363-383, 391, 449-454
31 Molière, 156-157
35 Rousseau, 336
41 Boswell, 306-307, 360
43 Nietzsche, 477-478
47 Dickens, 76, 79-80, 185-186
49 Darwin, 219-225, 257-258, 377-381, 511-525, 562-563
51 Tolstoy, 391-394, 659-660
53 James, William, 714-715
54 Freud, 15-16, 119-120, 572-576, 579-580, 746
55 Dewey, 107-108
56 Hardy, 365
57 Veblen, 105-108
59 James, Henry, 15-16
59 Chekhov, 202-204
59 Proust, 319-320, 341
59 Cather, 414-420
59 Mann, 489, 509
59 Joyce, 611-612, 650-659
60 Lawrence, 148-149
60 Hemingway, 468-469

7. **The causes and occurrence of death: the transition from life to death; homicide**

3 Homer, 406
6 Plato, 223, 225, 434-436
7 Aristotle, 715-726
8 Aristotle, 195
9 Hippocrates, 40-41, 43, 78-79
11 Lucretius, 35-39
11 Aurelius, 249
11 Plotinus, 336
16 Augustine, 419-421
18 Aquinas, 115-116, 182-184, 193-194
20 Calvin, 104-105
23 Montaigne, 216-220
26 Harvey, 276-278, 407, 433, 493

28 Descartes, 353
28 Spinoza, 659, 670–671
31 Racine, 364–366
41 Boswell, 306–307
46 Eliot, George, 539–541
47 Dickens, 331–332
48 Melville, 217–218
48 Twain, 330–331
50 Marx, 122–124, 228–229
51 Tolstoy, 180–183, 406–410, 650–651
52 Dostoevsky, 156–158, 178–185
52 Ibsen, 580
54 Freud, 652–653, 654–657
56 Schrödinger, 496–498
56 Dobzhansky, 579, 590
58 Frazer, 40–56
60 Lawrence, 156–160
60 Eliot, T. S., 174–176
60 O'Neill, 224–225
60 Fitzgerald, 360–362, 370–372
60 Faulkner, 392
60 Hemingway, 470–471
60 Orwell, 515–518

8. **The concern of the living with life and death**

8a. **Reflections about life and death**

Old Testament: *Psalms,* 90:1–2 / *Ecclesiastes,* 1:2–4:16; 8:1–9:12
Apocrypha: *Ecclesiasticus,* 10:4–11:28; 14:11–19
6 Plato, 211
11 Lucretius, 30–31, 41, 43
11 Aurelius, 244, 245, 247, 253
23 Montaigne, 216–217, 466–467
25 Shakespeare, 65–66, 186–187, 308–309, 572
27 Cervantes, 317–318
30 Pascal, 209–210
34 Diderot, 265
43 Nietzsche, 470
47 Dickens, 83–84, 115–116, 182, 194–195
48 Melville, 16–17
48 Twain, 312–314
55 Barth, 506–507
58 Frazer, 23–24
58 Weber, 114, 218–219, 230
58 Huizinga, 301–307
59 James, Henry, 14–16, 20–21
59 Joyce, 527, 579–580
60 Woolf, 30, 72–73, 80, 87, 89–90 passim
60 O'Neill, 216, 219–220
60 Eliot, T. S., 167–168, 171–176
60 Brecht, 422–423
60 Orwell, 478–479
60 Beckett, 529, 530, 537, 546–547, 548, 560–563, 572–576

8b. **The love of life: the instinct of self-preservation; the life instinct**

Old Testament: *Psalms,* 34:12–14 / *Ecclesiastes,* 9:4–6

New Testament: *Luke,* 10:25–37; 15:13 / *I Timothy,* 6:17–19
4 Euripides, 298–299, 316–333, 625–626
5 Herodotus, 296–297
5 Thucydides, 559
8 Aristotle, 423–424, 429
11 Lucretius, 30–43 passim
16 Augustine, 73, 75–76
21 Hobbes, 115, 142
23 Montaigne, 316, 379–380
24 Shakespeare, 465
25 Shakespeare, 212
28 Bacon, 72–73
28 Spinoza, 663–665
33 Locke, 26–27
34 Swift, 124–129
34 Voltaire, 208–209
35 Rousseau, 330–331
39 Kant, 258
43 Hegel, 132–133
45 Goethe, 119–122
48 Melville, 88, 213–214
49 Darwin, 311
51 Tolstoy, 439–440, 461–464, 549–551
52 Dostoevsky, 124–125
53 James, William, 92, 208–209, 700
54 Freud, 414–415, 591–592, 615–616, 651–662, 708–712 passim
58 Huizinga, 255–258
60 O'Neill, 255–258
60 Beckett, 534–535, 581–582

8c. **The desire for death: the death instinct; the problem of suicide**

Old Testament: *I Chronicles,* 10:1–6 / *Job,* 6:8–13; 7:13–16,21; 10:1,18–22; 16:22–17:1; 17:13–16 / *Ecclesiastes,* 4:2–3; 6:3–5; 7:1–4 / *Jeremiah,* 20:14–18 / *Jonah,* 4
Apocrypha: *Wisdom of Solomon,* 1:12–16; 2:23–24 / *Ecclesiasticus,* 41:2–3
New Testament: *Philippians,* 1:20–24 / *Revelation,* 9:6
4 Sophocles, 129–130, 151, 173–174, 181–186, 227–233, 244
4 Euripides, 372–373, 411, 528–532
5 Herodotus, 62–63, 160, 199, 224–225, 245
6 Plato, 222–225
8 Aristotle, 386
12 Virgil, 114–116, 147–153
13 Plutarch, 47, 646–647, 668, 814–815, 823–824, 875–876
16 Augustine, 176–183, 579–582
19 Dante, 16–17
19 Chaucer, 376
20 Calvin, 2
23 Montaigne, 150–151, 206–213, 334–337, 381–382, 400–403
24 Shakespeare, 349–350, 573
25 Shakespeare, 32–33, 47, 273–274, 344–345, 348–350, 467, 596
29 Milton, 295–296
30 Pascal, 201–202

31 Racine, 315-316, 332-336, 367
34 Swift, 127-128
35 Montesquieu, 107
38 Gibbon, 95-96
39 Kant, 269, 272
41 Boswell, 214
43 Hegel, 127, 236
45 Goethe, 4-6, 15-16
47 Dickens, 359-360
48 Melville, 221
51 Tolstoy, 311-313, 535
52 Ibsen, 461, 498-499, 519-521, 557-561
53 James, William, 204
54 Freud, 639-663, 714-715, 716-717, 790-791, 849-851
55 James, William, 6-7
58 Frazer, 20-21
59 Shaw, 45
59 Conrad, 183-184
59 Chekhov, 221-222
60 O'Neill, 257-258

8d. The fear of death: the attitude of the hero, the philosopher, the poet, the martyr

Old Testament: *Deuteronomy*, 30:15-20 / *II Samuel*, 22:5-7 / *Job*, 6-7; 14; 17; 21:23-26 / *Psalms*, 6; 18:4-6; 23; 39:4-5; 49; 55:4-8; 88; 103:14-16; 116 / *Proverbs*, 7:7-27 / *Ecclesiastes*, 9:1-12; 11:7-12:7 / *Isaiah*, 38:10-19 / *Ezekiel*, 33:11

Apocrypha: *Wisdom of Solomon*, 1:12-2:5; 2:24-3:6; 4:7-5:23 / *Ecclesiasticus*, 8:7; 10:10-11; 14:11-19; 16:30-17:2; 18:9-12; 28:18-21; 41:1-4 / *II Maccabees*, 6:18-7:42

New Testament: *John*, 8:51-59; 11 / *Acts*, 7:54-60 / *Romans*, 5-8; 14:7-8 / *I Corinthians*, 15 / *II Corinthians*, 4:9-5:9 / *I Thessalonians*, 4:13-5:11 / *II Timothy*, 4:6-8 / *Hebrews*, 9:27-28 / *James*, 4:13-16 / *Revelation*, 2:10-11; 14:13; 20:6

3 Homer, 76, 222-224, 266, 406-418
4 Sophocles, 156-157
4 Euripides, 316-333, 497-502, 518, 606-633
5 Herodotus, 6-10, 20-21, 64-65, 281-282, 303-304
6 Plato, 166, 205-206, 211-212, 220-251, 297, 324-325
8 Aristotle, 361-364
11 Lucretius, 2-3, 30-31, 39-43
11 Epictetus, 108-109, 121-122, 124-125, 201-211, 212-215, 225-227
11 Aurelius, 244, 245, 253, 263, 266, 272, 275, 276, 277
11 Plotinus, 325-326, 328-329
12 Virgil, 174-196
13 Plutarch, 232
14 Tacitus, 172-173, 183-184, 226-228
16 Augustine, 26-28, 51, 85-90, 173, 417
18 Aquinas, 1058-1061
19 Dante, 1-161
19 Chaucer, 308-309

23 Montaigne, 54-57, 69-74, 82-91, 368-369, 443-444, 512-513, 546-547, 550-554, 573-574, 578
24 Shakespeare, 100, 114-117, 312-314, 316-318, 337, 578, 581
25 Shakespeare, 32, 58, 65, 186-187, 188, 308-309, 422, 482-483, 543
27 Cervantes, 332-333
28 Bacon, 26
28 Spinoza, 678-679, 695-696
29 Milton, 291-292
30 Pascal, 203, 210, 257
37 Gibbon, 186, 217-220, 327-328, 375-376, 645
41 Boswell, 93-94, 174, 238, 347, 394, 573-574
43 Hegel, 258-259, 360
45 Goethe, 15-16, 153
46 Eliot, George, 403-404
48 Melville, 103-104, 129-130, 205-206
51 Tolstoy, 37-47, 77-81, 97-106, 179-180, 216-218, 369-372, 416-417, 481-482, 607-608, 614-618, 636-637
52 Dostoevsky, 156-158
52 Ibsen, 457-458
54 Freud, 243, 735-736, 761-766
55 Barth, 472-474
58 Huizinga, 246, 301-307
58 Lévi-Strauss, 455-456
59 Shaw, 117
59 Conrad, 183
60 Hemingway, 453-461

8e. The ceremonials of death: the rites of burial in war and peace

Old Testament: *Genesis*, 49:1-50:13 / *II Samuel*, 1:17-27; 3:31-36 / *Ezekiel*, 24:16-23

Apocrypha: *Ecclesiasticus*, 22:11-12; 38:16-23
New Testament: *John*, 19:38-42 / *James*, 5:14-15

3 Homer, 237, 273-306, 531-535
4 Aeschylus, 38-39
4 Sophocles, 159-174, 189-194, 232-233
4 Euripides, 347-362, 379-381, 552-553
5 Herodotus, 65-66, 94, 128, 136, 196, 293, 306
5 Thucydides, 395-399
6 Plato, 793-794
12 Virgil, 76-79, 180, 182-184, 239, 280-281
13 Plutarch, 46, 55, 245, 623-624, 747, 810
14 Tacitus, 3-4
16 Augustine, 173-175, 332-334
18 Aquinas, 900-917
20 Calvin, 323-324
23 Montaigne, 91, 516-519
25 Shakespeare, 64, 66-67, 475-476
27 Cervantes, 500-502
29 Milton, 16, 27-32, 57-59
37 Gibbon, 263, 381
43 Hegel, 207, 222-223, 269-271
46 Eliot, George, 355-356

48 Melville, 16–17, 217–219
51 Tolstoy, 43–44, 549–551
52 Dostoevsky, 179
58 Frazer, 56–62

58 Huizinga, 263–265, 303–306, 320, 348–349
59 Cather, 456–457
60 Eliot, T. S., 167–168
60 Fitzgerald, 373–378

交叉索引

以下是与其他章的交叉索引：

The soul as the principle of life, see ANIMAL 1a, 1e; SOUL 1b.
Continuity or hierarchy in nature, see ANIMAL 1b–1c, 2c; EVOLUTION 3a, 3c, 6b; MAN 1–1c, 8b–8c; NATURE 3b; WORLD 6b.
The contrast between the powers and activities of living and nonliving bodies, see ANIMAL 4a; CHANGE 6c, 8a–8b, 9a–9b, 10a–10b.
The distinctive powers of plant, animal, and human life, see ANIMAL 1a(1)–1a(4), 1c–1c(2), 8d; MAN 1–1c, 4a–4c; SENSE 2a; SOUL 2c–2c(3).
Anatomical and physiological analyses of vital powers and operations, see ANIMAL 3–3d, 4b–4c, 5a–5g, 6a–7, 8b–8c(4).
Animal sensitivity and intelligence, see ANIMAL 1a(1), 1c(2); MAN 1c; MEMORY AND IMAGINATION 1; MIND 3a–3b; SENSE 2b–2c.
Health and disease, see MEDICINE 3d(1), 4, 5a–5d.
Mental health and disease, see EMOTION 3a; MAN 5b; MEDICINE 6–6d; MIND 8–8c.
The human life cycle, see MAN 6c.
Man's attitude toward death, see HAPPINESS 4b; IMMORTALITY 1.
The life and death instincts, see ANIMAL 1d; DESIRE 3a; HABIT 3a.
Sleeping and waking, see ANIMAL 1a(5).
The relation between the living organism and its environment, see ANIMAL 10, 11b; EVOLUTION 2d(3).

扩展书目

下面列出的文著没有包括在本套伟大著作丛书中，但它们与本章的大观念及主题相关。

书目分成两组：

Ⅰ．伟大著作丛书中收入了其部分著作的作者。作者大致按年代顺序排列。

Ⅱ．未收入伟大著作丛书的作者。我们先把作者划归为古代、近代等，在一个时代范围内再按西文字母顺序排序。

在《论题集》第二卷后面，附有扩展阅读总目，在那里可以查到这里所列著作的作者全名、完整书名、出版日期等全部信息。

I.

Dante. *The Convivio (The Banquet)*, SECOND TREATISE, CH 8
Bacon, F. "Of Death," "Of Youth and Age," in *Essayes*
Voltaire. "Life," in *A Philosophical Dictionary*
Hegel. *The Phenomenology of Spirit*, V, A (2)
———. *Science of Logic*, VOL II, SECT III, CH 1
Goethe. *Wilhelm Meister's Apprenticeship and Travels*
Tolstoy. *The Death of Ivan Ilyitch*
———. *Memoirs of a Madman*
———. *Three Deaths*
Dostoevsky. *The House of the Dead*
Bergson. *Creative Evolution*
———. *Mind-Energy*, CH 1
Dewey. *Experience and Nature*, CH 7
Whitehead. *Modes of Thought*, LECT VIII
Cather. *Death Comes for the Archbishop*
Mann. *The Magic Mountain*
Joyce. *Dubliners*, esp "The Dead"
Faulkner. *As I Lay Dying*
Waddington. *Biology for the Modern World*

II.

THE ANCIENT WORLD (TO 500 A.D.)

Cicero. *De Senectute (Of Old Age)*
———. *Tusculan Disputations*, 1
Epicurus. *Letter to Menoeceus*

THE MODERN WORLD (1500 AND LATER)

Andreyev. *Lazarus*
Bernard. *Introduction to Experimental Medicine*
Bichat. *General Anatomy, Applied to Physiology and Medicine*
Blasco Ibáñez. *The Four Horsemen of the Apocalypse*
Borges. "The Circular Ruins"
Browne. *Hydriotaphia*

Browning, R. *The Bishop Orders His Tomb at Saint Praxed's Church*
Bryant. *Thanatopsis*
Calderón. *Life Is a Dream*
Camus. *The Stranger*
Cannon. *The Wisdom of the Body*
Carson. *The Sea Around Us*
———. *Silent Spring*
Comte. *The Positive Philosophy*, BK V
Darwin, E. *The Loves of the Plants*
Dickinson, E. *Collected Poems*
Ducasse. *Nature, Mind, and Death*
Elton, C. *Animal Ecology*
Emerson. *Threnody*
Forster. *A Passage to India*
Fuentes. *The Death of Artemio Cruz*
García Márquez. *One Hundred Years of Solitude*
Gray, T. "Elegy Written in a Country Church-Yard"
Haldane, J. S. *Mechanism, Life and Personality*
———. *The Sciences and Philosophy*, LECT I–VI
Hazlitt. *Table Talk*, XXXIII
Huxley, T. H. *Method and Results*, III
Jung. *Spirit and Life*
Keats. "Ode to a Nightingale"
King, H. *The Exequy*
Lamb. "New Year's Eve," in *The Essays of Elia*
Lewis, G. N. *The Anatomy of Science*, ESSAY VIII
Loeb. *The Mechanistic Conception of Life*
Lotze. *Microcosmos*, BK I
Miller, A. *Death of a Salesman*
Omar Khayyam. *The Rubáiyát of Omar Khayyám*
Oparin. *The Origin of Life*
Osler. *A Way of Life*

Paul VI. *Humanae Vitae*
Paz. *Poems*
Pearson. *The Chances of Death*
Poe. "The Fall of the House of Usher"
Santayana. *Scepticism and Animal Faith*, CH 23
Sartre. *No Exit*
Schopenhauer. *Indestructibility of Our True Nature*
———. "On Suicide," in *Studies in Pessimism*
———. *The World as Will and Idea*, VOL III, SUP, CH 42
Shelley, M. *Frankenstein*
Shelley, P. B. *Adonais*
Sherrington. *The Integrative Action of the Nervous System*
———. *Man on His Nature*
Sloan. *The Right to Die: Legal and Ethical Problems*
Stevenson. "Æs Triplex," in *Virginibus Puerisque*
Teilhard de Chardin. *The Phenomenon of Man*
Tennyson. "Crossing the Bar"
———. "Tithonus"
Thompson, D. W. *On Growth and Form*
Uexküll. *Theoretical Biology*
Unamuno. *Mist*
Virchow. *Cellular Pathology*
Watson, J. D. *The Double Helix*
Weismann. *The Duration of Life*
———. "Life and Death," in *Essays upon Heredity and Kindred Biological Problems*
Whewell. *The Philosophy of the Inductive Sciences*, VOL I, BK IX
Wilder. *Our Town*
Woodger. *Biological Principles*
Yeats. "Sailing to Byzantium"

49

逻辑学　Logic

总　论

在这一系列的伟大著作中,亚里士多德的《工具论》,弗兰西斯·培根的《新工具》,笛卡尔的《方法谈》和《指导我们智力的规则》以及康德的《纯粹理性批判》都隐约或明确地探讨了今天我们称之为"逻辑学"的学科之本质、范围和分类。其中,亚里士多德的《工具论》对逻辑学的探究最为详细。在西方思想传统中,无论逻辑学被看作是一门科学还是一项艺术,亚里士多德都被看作逻辑学的创始人,第一个系统论说逻辑学的人。然而,亚里士多德却没有使用"逻辑学"来命名这一科学或艺术。

在此领域,像在其他领域一样,亚里士多德深深受益于先哲。先哲们提供给他进一步发展的素材或批判的靶子。他从智者构建论证、规范反驳方法和揭露谬误中受益颇丰;他也受益于柏拉图的分类和定义理论、三段论之基本理念、证明或推演(demonstration)之观念,以及被柏拉图称之为"论辩学(dialectic)"[通常译作辩证法。考虑到下文中,"dialectic"总体上作为学科的名字而出现,翻译为"论辩学"。]的一种智能方法的一般框架。

辩证法那章显示,亚里士多德在探讨追求真理的整套方法时使用了柏拉图的名字,这仅仅是为了标示亚里士多德方法中的一部分,即关涉盖然之物而非关涉真理的那部分。然而,在罗马和中世纪的传统中,"逻辑学"和"论辩学"可以互换使用。例如,斯多葛学派把科学分为物理学、伦理学和逻辑学或论辩学,在中世纪,语法学、修辞学和逻辑学或论辩学被列为三大学科。在这样的用法下,这些名字涵盖了亚里士多德《工具论》的整个论域。

现代新方法的创制者们,例如培根和笛卡尔,在反对亚里士多德逻辑或所谓"经院"逻辑的时候,倾向于对逻辑的意义进行限制。在他们看来,逻辑仅仅是三段论学说。但他们断言,三段论是不能带来实质成效的方法,或者说,他们认为三段论的主要功用在于在辩驳中作为批判工具,而不在于发现。他们把逻辑学等同为论辩学(与把二者都同修辞学联系一样),似乎是要有意招致他人对逻辑的不满。

受克里斯蒂安·沃尔夫的经院哲学影响,康德继续用"逻辑"来指亚里士多德《工具论》中所有素材,论辩学于是又成为了逻辑的一部分。在《逻辑学导论》中,康德称亚里士多德为"逻辑学之父"。他说,虽然"逻辑学在亚里士多德时代以后并没有取得什么进步,但是,近期两位哲学家使得一般的逻辑成为时尚,他们是莱布尼茨和沃尔夫"。从"附加书目"的标题可以看出,从他们那里起,当然也从康德起,"逻辑学"已作为对亚里士多德《工具论》中的内容进行整体的或部分的探讨而流行开来。

时至现代,"逻辑学"也被用来命名与亚里士多德《工具论》中所展示的学科完全不同的研究领域。所谓"现代逻辑"与传统亚里士多德逻辑或经院逻辑的不同之处在于,它不再作为工具、方法论、手段或艺术,而俨然成为一门科学。它不再满足于给出思维规律或规定推理规则。用约西亚·罗伊斯的话说,它是"秩序的科学"，它适用于事物的秩序，也适用于思维的秩序。如此看来，逻辑学有时被视为具有传统上我们所赋予形而上学的一般性，例如，罗素的一篇论文的题目就是"作为哲学本质的逻辑"。

但是现代逻辑的倡导者们并没有把逻辑学比作形而上学，而是认为逻辑学与数学无异。罗素写道："在两种不同的意义上，逻辑斯蒂或者数理逻辑是数学的：它本身是数学的一个分支，而且它作为逻辑特别适用于更多其他的数学传统分支。"在罗素看来，乔治·布尔的《思维规律》指明了数理逻辑在现代的发展，他说："逻辑已变得更加数学化，而数学变得更加逻辑化。后果就是在二者之间划出一条界线完全是不可能的；实际上，二者就是一个东西。"

维特根斯坦问道："在什么意义上，逻辑学是高贵的？"他的回答侧重于逻辑学的普遍意义，逻辑学处于"所有科学之根基部位……它寻求关注事物的根基，而不关注正在发生的事实是怎样的……它抽身出来……去寻求理解一切经验的根基和本质"。与此形成鲜明对比的是，存在主义哲学家海德格尔断言逻辑"仅仅是对思维本性的一种展示，这种展示基于从希腊思想中所获得的一种存在之体验"。

亚里士多德的《工具论》在逻辑学传统中的地位，恰如欧几里得的《几何原本》在几何学传统中的地位。两个学科的结构和内容都可能被后人大大修改。而且，两个学科都发生了现代对早期传统的背离。因此，在几何学中我们拥有笛卡尔的解析几何以及其他各种非欧几里得几何。同样，在逻辑学中，我们拥有康德的先验逻辑以及其他各种非亚里士多德逻辑。

所有的革新，即使它们被认为不仅是非亚里士多德的，还是反亚里士多德的，也都带有传统源头之痕迹。例如，康德不遗余力地展示，他的先验逻辑构架与亚里士多德逻辑构架是平行的。甚至各种关系逻辑体系和数理逻辑体系也总是试图证明，在它们的构架下，关涉主项和谓项、特称和全称命题以及三段论的亚里士多德逻辑可被看作是一种特殊情形。培根和 J. S. 穆勒关于归纳的主张以及笛卡尔的方法，虽然都伴有对三段论的批判，但都不是根本的背离，因为很明显，他们都不反对亚里士多德关于谓述和证明的思想。

逻辑理论中许多这样的主题，在其他章节——如**辩证法、归纳、假说、观念、判断**和**推理**——中也有所涉及。这里我们主要关注逻辑观念本身，对这门科学的具体内容、它作为科学或者艺术具有的特征、它与其他科学或艺术的关系、它的基本分类和它的首要原则都不予关注。尽管康德对此比亚里士多德更加明确地进行了考察，但是考虑到亚里士多德《工具论》对逻辑观念的形成的影响，我们首先考察《工具论》。

从那些被整编在"工具论"题下的作品的主题，我们也许可以看出亚里士多德认为逻辑包含哪些组成部分。该题名关系到逻辑是一门科学还是一门艺术的问题，也关系到逻辑与其他科学和艺术的差别问题。"organon"一词有工具和方法的意思。这进而提示人们要运用某物——正如运用艺术规则一样——作为指令来产生一定的结果。

亚里士多德对思辨科学、实践科学与艺术的区分支持逻辑是一门艺术的观点。他说："理论知识结束于真理，而实践知识结束于行动。"换句话说，理论科学或思辨科学与实践科学之不同在于，理论科学知识的目的不在于其外端而在于其自身。如果外端是指不同于人类行动或行为的生产或"创造"的话，那么，艺术不同于其他的实践科学。亚里士多德说："创造与行动是不同的"；"有能力去行动的理性状态与有能力去创造的理性状态是有差异的。因此他们彼此都不能相包含；因为行动不是创造，创造也不是行动"。于是，假如逻辑是一门艺术的话，它将关注"创造"，关注产生作品或效应。

从亚里士多德自己对《工具论》的评价方式来看，此观点得到证实。他把《工具论》看作进行理论科学工作的准备。他说："由于缺乏逻辑训练"，有些人在考察数学和物理学题材的同时，尝试去讨论这些学科的真理标准。"他们进行一项具体研究之前，应该已经知道这些标准；在聆听研究报告时，他们不应该是在探究这些标准"。在亚里士多德看来，逻辑学以科学的方式砺炼人们的心灵。逻辑学作为一门艺术，其生产目标是建立科学本身。也因此，在中世纪，逻辑学被称为"理论艺术"，或者，与语法学和修辞学一样，称为人文学科（liberal arts，自由艺术）。

阿奎那说，通过构造三段论，做适当的讲演，或从事计数或计量工作，理论素材会显示出其非同寻常的价值。因此无论人们规定理论理性成果具有什么样的特征，出于比较的需要，即为了与那些借助身体来完成的艺术进行区分，我们称这些成果为艺术，这里指自由艺术……另一方面，那些被规定与这些工作无关的科学被绝对地称作科学而不是艺术。

虽然，真正说来逻辑或许并不是科学，但因为逻辑是智力工作的一种工具，逻辑除了是一门艺术外，还具有科学的某些特征。那么假如逻辑是科学，逻辑知识的对象又是什么呢？

亚里士多德区分理论科学时，界限是清晰的，其中并没留有逻辑学的位置。他说："有三种理论科学，物理学、数学和神学"，其中，后者后来又被称为形而上学。而且，其中的每门科学看来都具有各自不同的主题，分别体现实在的某一方面，例如，变化、量和存在。虽然如此，由于逻辑关注于对词项、命题和三段论的研究，因此逻辑处理的是各门科学所共涉的元素。

这表明，实在是其他科学的对象，但是逻辑作为一门科学，它的对象是科学本身，更概括地说，是整个述说。它从形式方面考察述说的成分或类型；就是说，逻辑并不关注特定主题或科学中的词项、命题和三段论指称什么实在或具有什么实际意义。由于逻辑对思维的形式与其可能具有的内容进行了区分，因此传统上逻辑学被称作"形式科学"。

亚里士多德把述说的成分（或语言所表达的思想）作为研究对象，而后来的逻辑学家则关注于思维的形式方面本身。它们钻研概念、判断和推理，而不是词项、命题与三段论。这种不同导致把逻辑定义为思维的科学；逻辑的基本构成是思维规律。例如，康德说，逻辑"仅仅关注思维的形式"。逻辑全面展示和严格地证明思维的形式规则，这一事实也明确地划定了逻辑的界限。

逻辑上的同一律、排中律、矛盾律以及推理规则，被称作"思维规律"。威廉·詹姆士把他所谓的"消中项公理"，称为最"基本的推理原则"，该公理表述为"去掉中项后关系保持不变"。"等于一个事项，则等于与该事项相等的事项"是该原则在计量领域的特殊运用。由于该原则同等适用于任何素材，詹姆士视之为"总体上人类最普遍和最深刻的思维规律"。

视逻辑为形式科学的观点将面临逻

辑与其他科学的关系问题。对亚里士多德而言,问题关涉逻辑与形而上学。因为这两门科学的领域似乎都是无界的。形而上学研究一切存在物之存在;逻辑考察关于任何东西的述说之形式要素。亚里士多德相对论辩学评说哲学:二者都"胸怀万有",但"论辩学仅仅是批判的,而哲学的口号是求知"。形而上学与逻辑之间的比较同样如此,二者都"胸怀万有",只是视角不同而已。

亚里士多德的另一个问题是,是否形而上学与逻辑一样探求"被称为公理的真理"——特别是那些不仅仅作为某一具体素材的知识的基础,而是作为所有知识或推演的首要原理的真理。"因为这些真理显然对所有作为存在物的东西(things qua beings)永远都成立",而研究作为存在物的存在物(being qua being)的科学即形而上学一定也关涉这些真理。形而上学同逻辑一样"探究三段论的原则"。

同一律、排中律与矛盾律同属这两门科学——在一个之中,表现为关于存在物之最普遍的真理;在另一个之中,表现为述说的基本规则或者思维的规律。这一共有的背景并不影响亚里士多德认为这两门科学是不同的;而培根则谴责亚里士多德"用逻辑破坏了自然哲学"。他说,亚里士多德的物理学建立在"纯粹的逻辑词汇"上,并且,他补充说,亚里士多德"还在其形而上学中用更加显眼的标题重塑了这一主题"。

与亚里士多德考察逻辑学与形而上学的关系不同,康德关注的是逻辑学与心理学的关系。逻辑学与心理学都关注思维与获知。康德区分了纯粹逻辑与应用逻辑,他说,纯粹逻辑"与经验原则无关,心理学对之无益"。应用逻辑则依赖于心理学。康德曾在《逻辑学导论》中说,"我们借由心理学考察通常的思维进程,却不关心什么是正确的思维进程"。应用逻辑根本不该被称为逻辑,因为"逻辑是关于普遍地正确运用知性与理性的科学,不是主观地,就是说,不是根据经验的(心理学的)原则关注知性如何实际地思维,而是客观地,就是说,根据先天的原则,关注知性应该如何思维"。

詹姆士同样坚持心理学与逻辑学的区分。他甚至援用康德的词汇,称逻辑学是先天科学,而心理学是经验科学。心理学家所谓的"思维规律",如观念的联结律,描述了思想的实际流动以及依赖于相似性或相继性的思想联结。而逻辑规律表达的是从理性的视角洞见到的思维本身之理性结构,以及若要思想是理性的必须成立的一些关系。

让我们回到逻辑的组成部分问题,或许《工具论》的结构编排可以给我们一些启示。《工具论》编排为两部分。前三篇——《范畴篇》、《解释篇》和《分析前篇》——用来处理词项、命题和三段论;其中包括对词项的分类以及词项之间的关系;对命题的分类以及命题相互间的对应关系;对各类型的三段论的分析以及制定有效推理的规则。词项是命题的成分,词项与命题是三段论的成分。这几乎就决定了前三篇之编排。

前三篇整体上与其余篇章又处于某种编排结构中。整体上,其余篇章不同于前三篇,它们探讨词项、命题与三段论,主要侧重于关于事实性知识的逻辑,或者说,关注获知的过程,关注对何为真或何为可能进行论证的过程,而不对关于实在的知识与真理进行抽象。在亚里士多德逻辑的传统发展中,《工具论》的前三篇与其余篇章的不同被视为是对形式逻辑与实质逻辑的区分。

在《前分析篇》与《主题篇》中,亚里士多德考察了真理与盖然之物的发现与确立。他对归纳与三段论（或推理）的区分在于，前者是习得知识的方式，而后者是论证的方式。后人把逻辑分为归纳逻辑与演绎逻辑——有时混淆于形式逻辑与实质逻辑的区分——并非与《前分析篇》与《后分析篇》的差异对应。例如，培根在《学术的进展》中，把"考察证明或推演之本质"的判断艺术区分为据归纳做出结论的和据演绎做出结论的两类；然而亚里士多德似乎认为三段论推演中那些不需要证明的大前提要依赖于归纳。

真理与盖然之物的差异或知识与意见的不同并不影响归纳和三段论的形式特征。根据其前提的特征，一个三段论可能是科学的（即可被推演为当然的），也可能是论辩的（即仅仅是盖然的）。无论在哪种情况下，其形式结构都是确定的。同理，科学的归纳与论辩的归纳之不同也仅仅在于其结果是知识还是意见。《后分析篇》与《主题篇》都考察了三段论与归纳的运用。《后分析篇》相对科学知识的发展及其结构进行考察。而《主题篇》相对论证的论辩程序及发现进行考察。

《工具论》的最后一篇用来揭露复杂证明或辩驳中的谬误，用来捍卫科学的推理也捍卫论辩的推理免受诡辩之攻击。与哲学家与论辩学家不同，智术师的目标不是真理。智术师使用的工具也为科学家或论辩学家使用，但智术师滥用这些逻辑工具，酿造伪智慧，或者，如亚里士多德所说，"看似智慧的东西"。而对论辩学家而言，虽然他们不能够宣称自己拥有知识，但他们批判地对待意见，像哲学家一样尊重逻辑原理。

逻辑的艺术大致有三种用途。亚里士多德把演讲家用来游说他人之用算作是科学家与论辩学家对逻辑的使用。修辞学家与论辩学家紧密相连，因为他们都处理盖然之物和其反面仍可作为结论得出的容辩驳之物。"像在论辩学中一样，在修辞学中有归纳也有三段论。"亚里士多德说，"省略三段论是一种具有修辞色彩的三段论，也存在具有修辞色彩的归纳的例子。"

以上显示，传统上被称为三大学科中的两个学科已经形成了一定的格局。在一定的意义上，逻辑的要素与原则先于修辞学的规则。修辞艺术依赖于逻辑和逻辑的运用。而第三个学科，即语法学，似乎服务于逻辑，也服务于修辞学。它帮助逻辑学家通过字、词和句来构造词项和命题。它帮助修辞学家使得语言的运用具有说服力。亚里士多德在《修辞学》中考察文体的时候，以及在《工具论》开篇讨论单义名称与多义名称、词性、简单表达式与复杂表达式以及不同类型的语句的时候，都体现了他关于语法的用途的观点。

康德与亚里士多德的分歧不但体现在逻辑的统一性问题上，还体现在逻辑组成部分的本质及其之间的关系上。康德认为，形式逻辑或初等逻辑不能被视为科学的一门工具。他在《逻辑学导论》中解释说："工具用来指导我们如何获得具体领域的知识……科学的工具因此不是纯粹的逻辑，因为它预设了关于对象的精确知识以及科学的来源……相反，逻辑作为运用知性与理性的一般准备不能够纠缠于科学，也不会期待它们有任何素材。"若勉强承认逻辑为一门工具，时至目前也正被如此使用，那么它被用来"不是扩大我们的知识，而仅仅是批判或纠偏我们的知识"。康德坚持，"逻辑不是关于发现的一般艺术，也不是关于真理的工具；它不能被用作一门代数来帮助我们发现隐蔽的真理。"

在康德看来，亚里士多德把他的逻辑整个地看作一门工具，这门工具被分为分析的与论辩的两部分。康德认为，论辩的部分是对分析部分的误用。他在《纯粹理性批判》中说，一般逻辑或初等逻辑（即分析部分），"只应仅仅作为批判的原理，却被当作工具来真实地产出至少看似客观的断言……这种'与工具相似的'一般逻辑叫做'辩证论'"。

这里康德似乎把辩证论同一于亚里士多德所说的诡辩术。他说，辩证论"这个名字的含义与过去用它来命名一门科学或艺术时的含义不同，从其实际用法中，不难看出，它仅仅是个像逻辑的东西。它就是诡辩术，模仿逻辑所要求的精确方法，给予人们貌似真理的东西，带给人们无知，而且让人们故意地去诡辩"。当逻辑被看作工具时，它"总是虚幻的逻辑，就是说，它总是论辩的。因为逻辑就知识内容而言没给予我们任何东西……任何企图借由逻辑工具，通过似乎有理地断言人们偏爱的东西，如果人们喜欢的话，或者是否定它们，来扩充或拓展我们知识的企图，哪怕是从外观上，都将仅仅结束于空谈。"

然而康德却保留了分析论与辩证论作为它的先验逻辑的主要构成部分，他解释说，援用辩证论做标题，不是为了滥用逻辑，而是为了标示那一部分用来批判"论辩的相似物"或诡辩术的逻辑。一般逻辑或通常逻辑不关注知识的内容，却普遍适用于所有对象，因为"它对思维的形式进行一般的考察"。先验逻辑并非完全忽视知识的内容，而是仅仅不关注那些源于经验的知识的内容。如果存在并非源于经验的先验或先天概念，那么应该存在一门科学用来研究归属于纯粹知性的知识，通过这门科学我们将完全先天地思维对象。

康德称这门科学为"先验逻辑"。他说，它关注"知性与理性的法则，因为这些法则先天地关于对象"。那部分用来"阐明纯粹知性认识之诸要素和那些任何对象要能被思维都不可缺的原则的是先验分析论"。第二部分叫做先验辩证论——"对知性和理性在其超自然的运用方面的一种批判，为的是揭露出它们的无根据的僭妄的虚假幻相……用来保护纯粹知性，避免诡辩的假象"。

如果认为康德与亚里士多德之间的差异仅仅在于他们在逻辑的本质以及分类上的分歧，我们将错过真正主题之所在。他们逻辑观上的不同必须在更大的哲学背景差异下进行理解，其中关涉心灵的本性、实在的本性、知识的起源和它们的研究对象的特征。关于逻辑的争议（甚至在逻辑内部，关于判断或推理的不同理论之间）往往反映出他们在心理学和形而上学上的差异。例如，现代逻辑学家对亚里士多德的主—谓项逻辑的攻击，与他们在物理学和形而上学上对亚里士多德关于实体与偶然的学说的背离是不可分的；虽然，他们的关系逻辑就实在的结构或经验的构成要素也表达了一种不同的观点。

另一方面，培根和笛卡尔对亚里士多德逻辑的批评主要是出于方法上的考虑。他们并没有像康德和后来的符号逻辑学家或数理逻辑学家一样提出新的逻辑。在他们看来，逻辑——他们就是指亚里士多德逻辑，特别是他的三段论学说——对于扩展知识、发现新真理和发展科学似乎是没用的。康德批判亚里士多德把逻辑看作获取知识的工具或方法，而培根和笛卡尔的不满意在于逻辑根本不具有这一功用，因此一个新工具——不是新逻辑，而是一个新的方法——是必需的。

培根说："对科学发现而言，现有的逻辑系统是没用的"，它"反而有助于呈现或强化那些建立在庸俗概念之上的根深蒂固的谬误,而无助于探寻真理,因此是没用反而有害的"。例如,三段论"与自然的微妙是不相称的……我们只能寄希望于真正的归纳"。归纳是通向发现之艺术的钥匙,归纳法是富有成效的探究方法的核心。

亚里士多德逻辑中归纳与推演之间的关系,以及亚里士多德与培根的归纳理论之间的差异,在相应主题的章节中都有讨论。在培根看来,《新工具》与过去的《工具论》根本不同。新工具能够完全替代旧工具。他说,可能有人问"我们的方法单单用来完善自然哲学呢,还是同时完善诸如逻辑学、伦理学、政治学等其他科学呢",他回答说,"通用的逻辑通过三段论来约束不同的素材,它可以应用于包括自然科学在内的所有科学,同样,我们的归纳法也含涉所有科学"。

推演不但和归纳对立,也和发现对立。相应地,由于逻辑仅仅关注推演的规则,这就导致逻辑与那些旨在指导科学探索与研究的方法之间的对立。基本的对立在于是批判还是建构,或者说是就有效性来考察我们具有什么知识,还是发展新的方法来扩展我们已有的知识。伽利略在《关于两门新科学的对话》中说,逻辑"教会我们检验已经发现和完成了的论证或推演中的可推出关系",而不是"用来发现正确的论证与推演"。"在从刺激到发现的过程中",它与"几何学具有的强大功效"简直无法比拟。

笛卡尔以相同的口吻评说逻辑:"三段论和大部分人们被教授的东西,若用来向别人解释我们已有的知识还是不错的……但却不能帮助我们习得新知识……这让我感到必须去发现新方法。"进而,他提出了其方法的四条法则作为他自己进行几何学和物理学发现的步骤,在他看来,这些法则是确保所有领域的学问得以发展的一般程序。

笛卡尔的《指导我们智力的规则》显示,他的方法并没有忽略原理的直观性以及据此对结论的演绎——这相应于亚里士多德《工具论》中的归纳与推演。他解释了为什么即便他关注于改进"我们从真理演绎真理的能力",却"砍掉了论辩学家的所有成规"。他说,他们的论证方式"对发现真理根本不起作用……其唯一可能的用处是它有时能帮助我们向别人解释已经确定的真理;因此,这种论证方式应当从哲学移到修辞学中去"。

此外,传统三段论形式不能处理数学推理关系或数学证明的结构。洛克写道:"考察数学推演的人都知道,这样直接而清晰地获得的知识根本不需要三段论。"洛克认为,逻辑就是三段论学说,而且,比笛卡尔更立场鲜明地表示,逻辑对推理没有帮助。

是否逻辑本身就是方法论,或者逻辑自身是否包含发现的法则和对真理的推演,在对这门科学或艺术进行广义和狭义的考察中,这些问题将获得解答。有些人认为逻辑规则的主要功用在于作为批判工具从而检测智力成果的有效性,他们将努力去寻找另一种不是批判的而是更富有实质成效的工具。于是问题演变为,是否存在某个方法论适合于所有领域的探索,抑或不同的学科或主题对应不同的方法。

传统的亚里士多德逻辑和现代数理逻辑的差异表明可能应有多个逻辑。任何把一个处理为另一个的特殊情况的尝试看来都不会完全成功。虽然亚里士多德逻辑能够针对一定类型的述说令人满意地给出判断和推理的形式,但是从符号逻辑学家的观点看,亚里士多德逻辑却不适用于数学。罗素认为,"数学由演绎构成,然而,关于演绎的正统观点大体上或者完全不适用于现有的数学"。另一方面,符号逻辑也许能够成功地描绘现代数学的关系结构,但是从其批判者的观点看,它不适用于形而上学,至少不适用于把关系看作实体的下属范畴的形而上学。

海森堡指出:"量子论的数学模式可以解释为是对经典逻辑的扩展或者修正……经典逻辑假定,假如一个陈述是有意义的,那么要么该陈述是正确的,要么该陈述的否定是正确的。"在量子力学中,这一逻辑原则只有经过修正才能容纳不确定性原理。

人们在科学和法律中的不同思维模式揭示出逻辑之间的另一种差异。实践或道德判断似乎牵涉一类独特的谓词。亚里士多德的所谓"实践三段论",以及阿奎那所描述的"抉择"过程——与演绎完全不同——都可实现从自然法则获得积极法则,它们似乎都要求有一个关于实践思维的逻辑,这种逻辑与所有理论科学的逻辑都非常不同。

在最广意义上使用"逻辑"一词,我们要问是否存在一个逻辑为所有科学所共享;或者是否存在一个逻辑,它适用于数学,但却不适用于物理学或形而上学;或者是否存在一个逻辑,它对理论哲学是恰当的,但是对实验或经验研究是不恰当的;或者是否存在一个逻辑,它独特地对应实践或道德科学的本质,例如伦理学和政治学,或者独特地对应法学工作。

伟大著作中有证据显示,科学之间的不同,如数学和物理学、形而上学和政治学的不同,在于其科学发现和推演方法的差异。这可能意味着它们的逻辑也不同。然而,下述事实似乎也成立:矛盾律看起来适用于所有科学,所有科学有相同的标准来判定谬误的推理,在此意义上,它们共有一个逻辑。如果哪个主要领域——特别是哲学——引入了新方法,那么这可能是反映了哲学观念自身的变化,而不是通往相同目的地的路径的变化。

本章还涉及一般的方法论法则以及不同学科内的具体方法,这是考虑到它们与逻辑的基本议题(特别是关涉逻辑的范围和统一性的议题)相关联。当然,在集中探讨这些具体学科或主题的章节中还将有相应讨论,如**天文学**和**宇宙学论**、**历史**、**数学**、**形而上学**、**物理学**、**神学**,还有**科学**和**哲学**等章节。这些章节将相应于所涉的知识种类或探究种类来讨论这些具体方法特有的方面,因为各个种类看来都要求有它自己的独特方法。

分 类 主 题

1. 作为一门科学的逻辑:它的范围以及与心理学和形而上学相比所具有的主题
   1a. 逻辑公理:思维规律;推理原则
   1b. 逻辑的分类:演绎的与归纳的;形式的与实质的;分析的与论辩的;一般的与先验的。
2. 先验逻辑:先天认知之预备;方法上的先验原理
3. 数理逻辑或符号逻辑
4. 作为一门艺术的逻辑:它在教育中的地位
   4a. 逻辑与语法的关系
   4b. 逻辑与修辞的关系
5. 方法论:心灵在思维、习得、探究和获知过程中的活动规则
   5a. 数学的分析与推理:对普遍方法的探求

5b. 实验和经验科学中的探索性原则

5c. 历史上对证据与推理标准的探究

5d. 纯理论哲学的不同方法：直觉、分析、论辩、原初的或先验的批判的地位

5e. 实践思维的逻辑：伦理学方法，政治学方法，法学方法

5f. 神学论证：信仰、理性与权威的地位

6. 逻辑作为讽刺与批判的对象：诡辩和逻辑的强词夺理

[徐敏、张秋成 译]

索引

本索引相继列出本系列的卷号〔黑体〕、作者、该卷的页码。所引圣经依据詹姆士御制版，先后列出卷、章、行。缩略语 esp 提醒读者所涉参考材料中有一处或多处与本论题关系特别紧密；passim 表示所涉文著与本论题是断续而非全部相关。若所涉文著整体与本论题相关，页码就包括整体文著。关于如何使用《论题集》的一般指南请参见导论。

1. **Logic as a science: its scope and subject matter compared with psychology and metaphysics**

    6 Plato, 397–398, 571
    7 Aristotle, 515, 523
    11 Epictetus, 106–107
    11 Plotinus, 311–312
    18 Aquinas, 40–41
    28 Bacon, 55–61
    28 Descartes, 224–225
    30 Pascal, 445–446
    31 Molière, 190
    33 Berkeley, 405–406
    36 Smith, 376–377
    39 Kant, 5–6, 463, 492
    53 James, William, 872–874, 889
    55 Heidegger, 309
    55 Wittgenstein, 339

1a. **The axioms of logic: the laws of thought; the principles of reasoning**

    6 Plato, 350–351
    7 Aristotle, 19, 39–40, 97–99, 105–106, 524–532, 589–592
    18 Aquinas, 221–223
    33 Locke, 95–103 passim, 113, 307, 337–344, 345–346
    39 Kant, 39–41, 64–65, 109–113, 156–157, 174, 194
    53 James, William, 319–320, 360–361, 667–668, 868–873, 878–879
    55 James, William, 50–51
    55 Bergson, 72
    55 Whitehead, 147–148
    55 Russell, 264–265, 270, 278
    55 Heidegger, 300–301
    56 Planck, 94
    56 Heisenberg, 447–449

1b. **Divisions of logic: deductive and inductive; formal and material; analytic and dialectic; general and transcendental**

    7 Aristotle, 90, 99, 111, 120, 136–137, 148, 211–212, 259, 610
    8 Aristotle, 596
    28 Bacon, 42, 56–59 esp 58–59, 105–106, 107–136, 140
    39 Kant, 34–37
    55 James, William, 12

2. **Transcendental logic: the propaedeutic to all *a priori* cognition; the transcendental doctrine of method**

    39 Kant, 15–16, 34–48, 59, 113–120, 210–250, 253–254

3. **Mathematical and symbolic logic**

    55 Whitehead, 147–150
    56 Heisenberg, 443–449 esp 447–449

4. **Logic as an art: its place in education**

    6 Plato, 633–635
    7 Aristotle, 143–144, 252–253
    11 Epictetus, 115–117, 164
    16 Augustine, 314–315, 317, 733–736
    18 Aquinas, 37–38
    23 Montaigne, 122–129 passim
    28 Bacon, 194–195
    28 Descartes, 270
    39 Kant, 36–37
    40 Mill, 287–288

4a. **The relation of logic and grammar**

    6 Plato, 85–114, 809–811
    7 Aristotle, 5–6, 66–68, 149–152, 154–155, 160, 184–185, 188, 192–194, 202–203, 217, 227, 228–229, 234–235, 238–239, 243–247, 250–251, 525–528
    16 Augustine, 135–137
    21 Hobbes, 54–60, 65, 270
    28 Bacon, 58–59
    28 Descartes, 248, 516
    30 Pascal, 239–240
    33 Locke, 256–257, 283–284, 329, 331
    33 Berkeley, 410
    35 Rousseau, 339–342
    39 Kant, 1–4
    42 Lavoisier, 1, 4–5
    49 Darwin, 40
    56 Einstein, 195–196

4b. **The relation of logic and rhetoric**

    4 Aristophanes, 711–714
    6 Plato, 131–141, 252–294
    7 Aristotle, 26
    8 Aristotle, 593–598, 599, 643–653
    9 Galen, 375–376
    16 Augustine, 735–736

21 Hobbes, 127, 128
28 Bacon, 31, 66-67
33 Locke, 299-300
56 Einstein, 231-232

5. **Methodology: rules for the conduct of the mind in the processes of thinking, learning, inquiring, knowing**

    6 Plato, 65-84, 491, 610-613
    7 Aristotle, 63-64, 149, 221-223
    8 Aristotle, 161-165, 392-393
    11 Epictetus, 142-143
    21 Hobbes, 58-61
    23 Montaigne, 281-282, 488-492, 495-497
    28 Bacon, 11-17, 33-34, 43-44, 47-49, 57-58, 64-66, 96-97, 105-106, 107-108, 109-116, 127-128, 157-161
    28 Descartes, 223-262, 265-291, 493-503
    30 Pascal, 430-446 passim
    33 Locke, 120-121, 123, 319-320, 323, 340-341, 358-363, 379-380
    33 Berkeley, 411-412
    33 Hume, 457, 471, 484
    39 Kant, 101, 179-182, 218-227, 248-250, 336-337
    40 Mill, 276, 283-284

5a. **Mathematical analysis and reasoning: the search for a universal method**

    6 Plato, 514-515
    7 Aristotle, 103, 104-105, 513, 548, 577, 589-590, 608-609
    10 Archimedes, 569-592
    10 Nicomachus, 619-629
    15 Kepler, 1012-1014
    21 Hobbes, 58
    26 Galileo, 190
    28 Descartes, 224-225, 227-229, 230-232, 250-257, 258-262, 270-272, 354-355, 356-359, 523-581
    30 Pascal, 171-173, 430-434, 442-446, 464-466
    32 Newton, 1, 25-32
    33 Locke, 166, 308-309, 311, 317-319, 325-326
    33 Berkeley, 408, 436-439
    33 Hume, 470-471, 508-509
    34 Swift, 109-111
    39 Kant, 5-13, 17-19, 68-69, 211-212, 215-218, 302-303, 399, 497-498, 551-553
    51 Tolstoy, 469
    53 James, William, 175-176, 874-878
    56 Whitehead, 125-127, 152-153

5b. **The heuristic principles of research in experimental and empirical science**

    7 Aristotle, 397, 411
    8 Aristotle, 12-13, 165
    9 Hippocrates, 1-5, 13-14
    9 Galen, 360-367
    15 Copernicus, 505-506, 507-508
    15 Kepler, 888-890, 907-908
    16 Augustine, 34-36
    17 Aquinas, 175-178
    23 Montaigne, 419-420
    26 Gilbert, 1-2, 6-7
    26 Galileo, 131-138, 148-149, 157-177 passim, 200, 207-208
    26 Harvey, 285, 322-323, 331-337
    28 Bacon, 13-14, 15, 34, 42, 56-59, 64-65, 105-195, 210-214
    28 Descartes, 284-291, 441
    30 Pascal, 355-358, 365-371 passim, 382-389
    32 Newton, 270-271, 543
    32 Huygens, 553-554
    33 Locke, 335
    33 Hume, 459-460, 487
    39 Kant, 5-13
    42 Lavoisier, 1-2, 6-7
    42 Faraday, 348
    51 Tolstoy, 694-696
    53 James, William, 120-129 passim, 348-359, 385, 862-865, 882-886
    54 Freud, 412, 483-485, 818-819, 874, 879, 881
    58 Lévi-Strauss, 503-507

5c. **The criteria of evidence and inference in historical inquiry**

    5 Herodotus, 49-56 passim, 59, 69, 71-73, 254, 281-282
    5 Thucydides, 353-354, 586
    13 Plutarch, 15-30 passim, 262-263, 423
    14 Tacitus, 66
    37 Gibbon, 96
    43 Hegel, 159-164, 188-192, 302-303
    51 Tolstoy, 563, 675-696
    54 Freud, 450-451

5d. **The diverse methods of speculative philosophy: the role of intuition, analysis, dialectic, genetic or transcendental criticism**

    6 Plato, 50-52, 115-141, 179-183, 383-398, 525-526, 551-579, 580-608, 609-639
    7 Aristotle, 97-137, 211, 259-260, 275-278, 511-512, 513, 522-524, 532, 552, 565, 569, 578-579, 589, 590, 609, 631-633, 644-645
    8 Aristotle, 388, 389
    11 Plotinus, 311-312
    17 Aquinas, 693-703 passim
    21 Hobbes, 267, 269
    22 Rabelais, 101-106
    28 Bacon, 56-59, 61
    28 Descartes, 224-255, 275-278, 295-297, 301-303, 308, 345-346, 356-357, 432-433, 463-464, 470, 471-472, 493-503
    33 Locke, 93-95
    33 Hume, 451, 453-455, 508
    39 Kant, 133-134, 184, 185, 193-200, 293-294, 335, 358, 387-388, 570-572
    43 Hegel, 1, 9-10, 119-120
    53 James, William, 674-675
    54 Freud, 661-662, 874-875
    55 James, William, 2-4, 39-41

5e. **The logic of practical thinking: the methods of ethics, politics, and jurisprudence**

8 Aristotle, 236, 340, 343–344, 349–350, 358–359, 385–386, 387, 389, 390–392, 395–398
17 Aquinas, 112–113, 430–431, 436–438, 672–684
18 Aquinas, 141, 227–228
21 Hobbes, 53–54, 60–61, 66–68, 78
24 Shakespeare, 416–418, 420–421
28 Bacon, 79–80, 81–82, 94–95
28 Descartes, 272–274, 352
30 Pascal, 27–80, 90–127
33 Locke, 103–105, 303–304, 325–326
33 Hume, 451–453, 508–509
38 Gibbon, 75–81
39 Kant, 264, 271, 283–284, 291–297, 306–310, 319–321, 329–331, 365–379, 397, 398–399, 416–417
40 Federalist, 103–104
40 Mill, 445–447, 456–457
43 Hegel, 10–12, 77
50 Marx, 6, 10–11
51 Tolstoy, 690
53 James, William, 887–888
55 Russell, 266
55 Barth, 490–492

5f. Theological argument: the roles of faith, reason, and authority

16 Augustine, 139–140, 153, 314–321, 736, 751
17 Aquinas, 3–10, 11–12, 60–61, 175–178, 180, 253–255
18 Aquinas, 383–384, 399–400
19 Dante, 120–122
21 Hobbes, 66, 137, 149, 160, 165, 241–242
23 Montaigne, 149–150, 252–253, 332–334
27 Cervantes, 141–142

28 Bacon, 39–40, 41, 95–101
28 Descartes, 295–298
29 Milton, 331–332
30 Pascal, 163–166, 217–220, 221–225, 272–273, 342–343, 348
33 Locke, 380–384
33 Hume, 497–503
37 Gibbon, 206, 307–314, 438–442
38 Gibbon, 134–151, 520–521
39 Kant, 240–243, 588–613
43 Hegel, 165–167, 383–384
55 Barth, 502–504, 516–533 passim
58 Huizinga, 340–341

6. Logic as an object of satire and criticism: sophistry and logic-chopping

4 Aristophanes, 697–721
6 Plato, 65–84, 525–526
11 Epictetus, 157–158, 183–184
16 Augustine, 733–734
21 Hobbes, 270–272
22 Rabelais, 12–13, 197–200, 273–274
23 Erasmus, 27–28, 29–30
23 Montaigne, 295–296, 300–303, 560–562
24 Shakespeare, 230
25 Shakespeare, 145–146
28 Bacon, 60–61, 113–114
28 Descartes, 238–239
33 Locke, 293–294, 373
33 Berkeley, 405–406
34 Swift, 15–23, 56–62
39 Kant, 109, 120–121, 607–608
43 Nietzsche, 471
45 Goethe, 20
48 Twain, 302–303
51 Tolstoy, 242–243, 361–365

交叉索引

以下是与其他章的交叉索引：

Logic as a science and its relation to other sciences, see DIALECTIC 4; MATHEMATICS 1a; METAPHYSICS 3c; PHILOSOPHY 3d.

The liberal arts and their place in education, see ART 4, 6b; EDUCATION 5b; MATHEMATICS 1b.

Logic or dialectic as an art, in itself and in relation to other arts, see DIALECTIC 1, 2a(2)–2b; LANGUAGE 7; MATHEMATICS 1a; RHETORIC 1b.

The laws of thought and the rules of inference, see INDUCTION 3; JUDGMENT 7a–7b; OPPOSITION 1d(1)–1d(2); PRINCIPLE 1c, 3a(3); REASONING 2–2c, 4a.

The examination of logical fallacies, see REASONING 3a–3c; TRUTH 3d(2)–3d(3).

Particular problems in the art or science of logic, see DEFINITION 1, 2a–2e, 4–5; HYPOTHESIS 5; IDEA 4b–4c; INDUCTION 1–1b, 4–4a, 5; JUDGMENT 6–6d, 8–8d; OPPOSITION 1a–1c(2); REASONING 4d–4f, 5b–5e(3); SAME AND OTHER 3a(1)–3b.

The distinction between inductive and deductive logic, see INDUCTION 1b; REASONING 4b–4c, 5b(3); SCIENCE 5d.

The principles of transcendental logic, see DIALECTIC 2c–2c(2), 3c; IDEA 1d, 5c; JUDGMENT 4, 8d; MEMORY AND IMAGINATION 1a; METAPHYSICS 2c, 4b; OPPOSITION 1e; PRINCIPLE 2b(3); QUALITY 1; QUANTITY 1; RELATION 4c.

The difference between a logic of predication and a relational logic, see IDEA 5a; JUDGMENT 5b–5c; RELATION 4b.

The methodology of the particular sciences, see ASTRONOMY AND COSMOLOGY 2a–2c; HISTORY 3a; MAN 2b(1); MATHEMATICS 3–3d; MECHANICS 2–2c; METAPHYSICS 2c; PHILOSOPHY 3–3c; PHYSICS 4–4d; SCIENCE 5–5e; THEOLOGY 4c.

Attacks on sophistry or logic-chopping, see DIALECTIC 6; METAPHYSICS 4a; SCIENCE 7b; THEOLOGY 5.

扩展书目

下面列出的文著没有包括在本套伟大著作丛书中,但它们与本章的大观念及主题相关。

书目分成两组:

Ⅰ. 伟大著作丛书中收入了其部分著作的作者。作者大致按年代顺序排列。

Ⅱ. 未收入伟大著作丛书的作者。我们先把作者划归为古代、近代等,在一个时代范围内再按西文字母顺序排序。

在《论题集》第二卷后面,附有扩展阅读总目,在那里可以查到这里所列著作的作者全名、完整书名、出版日期等全部信息。

I.

Thomas Aquinas. *De Fallaciis*
Hobbes. *Concerning Body*, PART I, CH 6
Spinoza. *Of the Improvement of the Understanding*
Locke. *Conduct of the Understanding*
Kant. *Introduction to Logic*, I–II
Mill, J. S. *An Examination of Sir William Hamilton's Philosophy*, CH 20–23
———. *A System of Logic*
Hegel. *Science of Logic*
Poincaré. *Science and Method*, BK II, CH 3–5
Dewey. *Essays in Experimental Logic*
———. *Logic, the Theory of Inquiry*, PART I
———. *The Quest for Certainty*, CH 9
———. *Reconstruction in Philosophy*, CH 6
Dewey and Bentley. *Knowing and the Known*
Whitehead and Russell. *Principia Mathematica* (Introductions to first and second editions)
Russell. *Introduction to Mathematical Philosophy*, CH 18
———. *Mysticism and Logic*, CH I
———. *Our Knowledge of the External World*, II
———. *The Principles of Mathematics*, CH 2
Wittgenstein. *Tractatus Logico-Philosophicus*

II.

THE ANCIENT WORLD (TO 500 A.D.)

Porphyry. *Introduction to Aristotle's Predicaments*
Sextus Empiricus. *Against the Logicians*

THE MIDDLE AGES TO THE RENAISSANCE (TO 1500)

Abelard. *Dialectica*
Boethius. *In Isagogem Porphyri Commenta*
John of Salisbury. *The Metalogicon*
Maimonides. *Treatise on Logic*

THE MODERN WORLD (1500 AND LATER)

Arnauld. *Logic*, PART IV
Ayer. *Language, Truth, and Logic*
Blanshard. *The Nature of Thought*
Boole. *An Investigation of the Laws of Thought*
———. *Mathematical Analysis of Logic*
Bosanquet. *Logic*
Bradley, F. H. *The Principles of Logic*
Bridgman. *The Logic of Modern Physics*
Brunetière. *An Apology for Rhetoric*
Carnap. *Logical Foundations of Probability*
Carroll. *Alice's Adventures in Wonderland*
———. *Symbolic Logic*
———. *Through the Looking-Glass*
Cohen, M. R. *A Preface to Logic*, I, IX
Coleridge. *Treatise on Method*
Couturat. *The Algebra of Logic*
De Morgan. *Formal Logic*
Euler. *Letters to a German Princess*
Frege. *The Foundations of Arithmetic*
Gilson. *The Unity of Philosophical Experience*, CH I
Hamilton, W. *Lectures on Metaphysics and Logic*, VOL II (1–4)
Jevons. *The Principles of Science*
———. *Pure Logic*
———. *Studies in Deductive Logic*
John of Saint Thomas. *Cursus Philosophicus Thomisticus, Ars Logica*, PROLOGUS; PART II, Q 1–2
Johnson, W. E. *Logic*
Kripke. *Naming and Necessity*
Lakatos. *Proofs and Refutations: The Logic of Mathematical Discovery*
Leibniz. *New Essays Concerning Human Understanding*, BK IV, CH 2
Lotze. *Logic*, BK I, INTRO, (10–13)
Malebranche. *The Search After Truth*, BK VI
Maritain. *An Introduction to Logic*
Peirce, C. S. *Collected Papers*, VOL II, par 1–218; VOL III, par 154–251, 359–403; VOL IV, par 80–152; VOL VI, par 102–163, 185–237
Quine. *Word and Object*
Santayana. *The Realm of Truth*, CH 3
Schopenhauer. *The World as Will and Idea*, VOL II, SUP, CH 9
Sigwart. *Logic*
Stump. *Dialectic and Its Place in the Development of Medieval Logic*
Veatch. *Two Logics*
Venn. *The Principles of Empirical or Inductive Logic*
———. *Symbolic Logic*
Weiss. *Reality*, BK I, CH 7
Whately. *Elements of Logic*
Wolterstorff. *On Universals*

50

爱 Love

总 论

在**爱**一章中,如同在**上帝**一章及**人**一章中一样,几乎所有的伟大著作都在发言,除了有关数学和自然科学的那些。但即便存在着例外,爱的领域并未被局限住。如同神学家们所理解的,爱并不仅限于有神性的事物及人类,或仅限于数量少于人类的、具有自觉愿求的动物们。自然的爱,阿奎那说,不仅存在于"全部灵魂的能力中,它存在于身体的每一个部分,更广泛地说来,它无处不在:因为,狄奥尼索斯说,'善与美无所不被爱'"。

穹宇之中,爱无处不在——神以丰饶慷慨之爱,赋予万物以形。作为回报,万物遵从爱的法典,寻求神的旨意,彰显神的荣耀。有些时候,爱甚至取代了同样统治着自然界的其他神灵的位置,卢克莱修以诗《物性论》向维纳斯女神祈愿:"若没有你,无物能沐浴光之所布泽……/无物欢喜/亦无物使人爱。"

在诗歌中,爱被喻为有创造性的力量,它不仅催发万物,并能使万物焕然一新;爱集合一切,成为和谐的一体。借此,战争与仇恨若引发分裂势力,自然界自身即能对付得了。不仅如此,爱的意象甚至出现在科学语言中。一些描写激情的基本特征的词汇,被借用来描述磁铁相斥相吸的特性;例如,吉尔伯特所说的"铁对磁石的爱"。

另一方面,爱的驱动力往往被与磁力相较。不过,"爱"一词的应用实在过于广泛,因而含义极为含混,可不是这种比喻或比较应付得了的。威廉·詹姆士写道:"罗密欧要朱丽叶,锉屑要磁石。如果没有重重障碍阻挠,他会奔向她,如同锉屑与磁石相吸,迅如直线。但罗密欧和朱丽叶,如果在他们中间砌堵墙,他们可不会像白痴似的,把脸紧贴在墙的两侧"——如同锉屑与磁石间被一张纸卡隔开那样。

男女之爱在我们每个人身上、在我们之间滋生时,同时也造就了所有伟大的诗篇。有一种观念认为,伟大的爱情故事都是独一无二的——它自成一统,无与伦比,无关乎时空。至少,对浪漫的恋人们来说是如此。而对于冷静的观察家来说,恋人们的关系千差万别,如《伊利亚特》中的帕里斯与海伦,不同于《战争与和平》中的安德烈王子与娜塔莎,或者,斯万与奥黛特,特罗勒斯与克丽西德,盖茨比与黛西,唐吉诃德与杜西妮亚,伊阿宋与美狄亚,阿尼亚斯与狄多,奥赛罗与苔丝狄蒙娜,但丁与比阿特丽丝,希波吕托斯与菲德拉,浮士德与玛格丽特,亨利五世与卡特琳,保罗与弗伦奇斯卡,参孙与大狄拉,安东尼与克里奥帕特拉,阿德墨托斯与阿尔刻提斯,奥兰多与罗萨兰,贺曼与安蒂冈妮,尤利西斯与珀涅罗珀,亚当与夏娃,一对对情人之间的爱各个不同。

分析家能使差异立现。他能将爱情分门别类:夫妻间的与不正当的,正常的与倒错的,属灵的与性的,幼稚的与成熟的,罗曼蒂克的与基督徒式的。除此之外,抛开不同的表现形式,分析家还可以将它们归拢到一起,与其他相对平静的种类的爱区分开来:人们之间不分性别的友爱；家族纽带——父母对子女的爱，子女对父母的爱，手足之情；人的自爱、同胞之谊、爱国心、敬爱上帝。诸此种种，在一个人的一生之中，比比皆是，因而并不比男女之爱更少地成为经典诗篇的素材。

也许，《伊利亚特》中推动情节发展的，与其说是帕里斯对海伦的激情，毋宁说是阿喀琉斯与帕特洛克罗斯之间的友谊。哈姆雷特对父亲的爱，以及他对母亲的另一种不同情绪的爱，使他对奥菲莉亚的柔情相形见绌。哈尔王储和福斯塔夫，堂吉诃德和桑丘，庞大固埃和巴汝奇，他们之间的情谊把他们束缚得比丘比特的神箭来得更紧。柯底里亚对李尔王的爱胜于刚乃绮和瑞根的贪欲，虽然前者未能战胜后者。构建罗马国的宏图，从阿尼亚斯心头抹去了狄多的美状。布鲁图斯为罗马帝国献身，与安东尼为克里奥帕特拉舍生一样真切感人。在托马斯·曼的小说《魂断威尼斯》中，对少年的迷恋，使奥森马赫顾不得瘟疫的威胁，驻足于水城威尼斯。

理查三世发觉，自己"想望那爱的王冠"；可是无法去爱任何人，因为他不能爱自己。他自问，我"有什么可爱的？为了我自己我曾经做过什么好事吗？"而或多或少地，因为对自己有所爱，才有了阿喀琉斯、尤利西斯、俄狄浦斯、麦克白、浮士德、亚哈船长们后来的作为。一个典型例子，就是《失乐园》中的路西法大得没边的自爱（amour-propre）。这种自爱的极端形式是精神分析学家所谓的"自恋"，堪比于人类一生中所经历的任何一种爱。有时，后者能得以有一席之地，甚至要归功于前者的存在。比如，当皮埃尔·别祖霍夫在思考农奴解放问题时，将自身存在的自爱情绪考虑进去，这使得他那从未被行动确认下来的一点兄弟之爱的感受，转变为一种实实在在的伤感。

当然，自爱，如同性爱，能被对他人的善意与同情心压倒。对于洛克来说，若要引领人们趋向爱自己的邻人，真正的于己之爱是必需的；在但丁划分的爱的等阶中，如果你爱邻人如爱自己，此种爱会上升到对上帝的爱。通过爱，他承领了维吉尔与比阿特丽丝所代表的善。但丁进入了天堂的最高处，在那里，他被作为善奉献给爱。

人类之爱的全景，并不仅局限于出现在经典的诗歌与小说中。同样的戏剧冲突伴随着同样类型的情节和人物发生，还有同样的剧情发展脉络，同样的纠葛与结局，出现在同样经典的史书和传记作品中。希罗多德、修昔底德、普鲁塔克、塔西佗、吉本所讲述的爱的故事，涵盖了激情的方方面面；这使得柔情蜜意与舍生取义，都附着在伟大的历史图卷上。

少数人的爱恋改变了许多人的一生。君王的一次见异思迁，似乎便可使得历史掉转一次方向。一个爱国者的满腔豪情就足以构建一段历史。武力与智力都难以长存，殉道者却因为爱，为国牺牲或殉道，无可匹敌，终得不朽。历史里那些最黑暗与最辉煌的篇章，无不告诉我们，人们为了爱，跋涉长远；而在描述英雄气概或暴躁情绪所引发后果的字里行间，时常有关乎内心骚动的故事若隐若现。

有一种极特殊的爱，发源于中世纪，而在现时代，在浪漫之爱中寻到了它极为与众不同的继承人。赫伊津哈告诉我们，"在12世纪，普罗旺斯的游吟诗人们诗情画意地构想着爱，居于中心的，是未获满足的欲望；这影响了文明进程中一个至关重要的转折点……爱如今成了一切道德与文化生根发芽的土壤。他的爱，使得他谦和而有威严的爱人纯洁、坚贞。情感的成分越来越占统治地位，直到13世纪末,但丁及其友人用'温柔的新体',对这一观念做了个了断。他们认为,他们之所以有一种天赋,能处于一种虔诚、神圣的直觉状态,都要归功于爱。这已是这一观念所能达到的极限"。

还有其他一些伟大著作展现了爱的伟力。柏拉图早期的对话有一些讨论了爱与友谊;但更多地、引人瞩目地,是阐明了:追随者们对苏格拉底的爱,以及苏格拉底对智慧与真理的爱。蒙田对任何事都可以保持超然、存有疑问。他对任何事的判断都可能被搁置;他的任何一种情绪都可能为保持对立双方的平衡而克制,只有一种情况除外:他与博埃第的友谊,在那里,爱强硬地置于争议和怀疑之上。

帕斯卡一整本的《思想录》,起码在对他自己说话的那一部分里,似乎都想要表达一种想法,这种想法本身也是一种感觉。"心有它自己的理智,这个理智是理智认识不到的;我们可以从千百种事情知道这一点。我要说,人心天然地要爱普遍的存在者,也爱它自己,并且随着它之献身于此;你随心所欲地硬下心来反对这一个或者另一个。你拒斥了这一个而保存了另一个:难道你是根据理智爱你自己的吗?"

奥古斯丁的《忏悔录》是这样一本书:一个人怀有各种的爱,它们之间相互抵触。为此他的回忆常深陷于痛苦,且混乱无序;最终,为忏悔每一桩不同寻常的、只要与对上帝的爱相违背的罪孽,爱中的冲突得到消解。"别的我都不关心,"他写道,"我所欢喜的,不过是爱与被爱。但我并不以精神与精神之间的联系为满足,并越出那友谊的光明途径;从我粪土般的肉欲中,从我勃发的青春中,吹起阵阵浓雾,笼罩并蒙蔽了我的心,以致分不清什么是晴朗的爱、什么是阴沉的情欲。"

肉体、双眼都垂涎三尺,人们自爱且引以为荣,奥古斯丁向我们展示了形形色色的淫欲与贪婪。也许除了《圣经》,没有另外一本书如这本书一样,有如此之多种的爱摆开架势相互开战。在这个人的一生中,激情的炽烈程度不亚于他意志的强大,由此引发的战与和,导致了他的受缚与解脱,痛楚与安宁。

在《圣经》中,爱,更确切地说,是爱的多样性,被用来解说人类自身的历史发展。种种的爱在这里一应俱全——爱上帝的和爱贪婪的,邪恶的与纯洁的,不应有的偶像崇拜与自负,每一种变态的性欲,每一种心灵的狂迷,每一种兄弟伙伴关系,以及由爱而生的所有仇恨。

这些关于沉思、忏悔和启示的诗篇和史书,即使他们并未逾越惯常的定义、超出教义所限,也教予了我们爱的事实。在我们转向哲人和神学家关于爱的学说,以及对爱的精神分析之前,我们将会发现,将有关爱的诸种事实汇总起来,是有益处的,各式各样的理论都须慎重对待这些事实。而平等地考量它们,我们则遭遇上了一些不可避免的难题。正因为这些难题的存在,出现了种种相互冲突的分析,许多理论上的争议便由此生发。

首先且首要的一点是,爱实在是太纷繁多样。有如此多种的爱——对象迥异,走势不定,表达方式多种多样——而且它们发生在每个个体的生活当中,这也就导致了不协调与无序的问题。是否有一种爱能吞并其他或比其他都低一等?超过一种以上的爱能同时支配心灵吗?是否存在着一种爱的等级制度,能使这种种差异的爱趋于和谐?有关爱的理论,哪怕是那些最包罗万象的,也得从这些问题开始。

在《会饮篇》里，柏拉图设置了爱的阶梯，不同种的爱被赋予不同的等级。第俄提玛，苏格拉底称她为"教导了他什么是爱的艺术的人"，有言如此：一个人在年轻时会爱上一个美丽的身体，"接着他会知觉到，一种身体之美与另一种身体之美，两者是如此相似"，总而言之，"如果他意识不到，所有身体的美其实只是一且同一，他是多么愚蠢呵"。然后，他将"减少他对某一特定事物的迷狂"，会跨越"一个美的外在的爱人"的阶段，到达"灵魂之美比外在形体之美更有价值"的认识。如此，他会被引领去爱"法律与制度的美……在这之后，他会走向科学，并领略到它们的美"。第俄提玛总结说，爱的真实次序是"先是爱大地山峦之美……从形体之美到践行之美，从践行之美到观念之美，直到领略到观念之美，(我们)即知会了何谓绝美"。

通过对友谊类型的分析，亚里士多德将诸种爱区分开来。既然有三种可爱之物："善的，令人愉悦的，有利于己的"，他写道，"那就有三种友谊，它们在数量上与可爱之物是相等的；出于对每一种可爱之物的尊重，爱是相互的、能被对方识别的；也是出于这种尊重，人们彼此相爱，进而都惟愿对方过得好。"在后来的《尼柯马库斯伦理学》里，他还考虑了自爱与其他种种之爱的关联，并发问："一个人最爱的，是自己，还是其他人？"

阿奎那将两种爱区分开来：一种属于激情的范畴，一种是意志驱使下的行为。前者他认为是一种"性欲引发的能力"，属于一种敏感的欲望；后者，是一种"理智的或智力的诉求"。阿奎那认为它们的另一个基本不同在于，是一种天性驱使还是一种非自然的习性。自然而然的爱是"凭着这个，事物寻找适合自己天性的"。当爱通过"在自然的力量上加上一些习惯性的模式"，它就超越了它原本的趋向，这种爱的习性是善所包含的美德。

依照弗洛伊德的理论，爱起源于性的本能冲动，对于他来说，如此之多种的爱，其实不过是一种——当利比多死死地盯住什么不放，爱便发生了。"我们所谈论的爱的核心，"他写道，"理所当然地存在于……以两性结合为目的的性爱中。我们无法将两者剥离开来。"他接着说，"从这方面来说，自爱，以及其他：对父母的爱，对子女的爱，友谊，对普遍意义上的人类的爱，对具体物件的着迷，对抽象观念的热衷……所有这些倾向，都是出于本能的行为的表现。"它们与性爱不同的仅是"它们被从目的剥离，或被禁止达成目的，即使它们尽量多地保留着它们的本性，以保持独立个性以供识别"。性爱始终存在，只是形态有所变化，为与变化了的形态相适应，它或被压抑或升华，在样式上或成熟或幼稚，或因粗暴的性行为而显得低级，或因被压制及混杂着温情而显得"文明"。

所有这些类别和区分都属于有关人类之间的爱的理论。但爱是多样的这一事实，也延伸到了其他动物的爱及神的爱。从亚里士多德到达尔文，在传统生物学中，动物的交配、对下一代的照料，都被视作是一种爱的情绪表达。它被用来作为人类之爱的鲜明对照，或被用来证明人类之爱起源于此。例如，达尔文就坚持，"同族群的动物对彼此有一种爱的感觉，这很自然；而离群索居的成年动物则不会有这种感觉"。

在截然不同的标准之下，神学家们将上帝等同于爱。他们认为，上帝爱他自身、爱他的创造物——这一法则，已被创造、天佑和救赎所证明。在这一法则之下，上帝的创造物，特别是人类，是走向上帝还是远离他，可用来衡量其他的爱的多少。"亲爱的兄弟们呵，我们应当彼此相爱,"圣约翰说,"因为爱是从神来的;凡有爱心的,都是由神而生,并且认识神。没有爱心的,就不认识神;因为神就是爱。神差他的独生子到世间来,使我们藉着他得生。神爱我们的心,在此就显明了。不是我们爱神,而是神爱我们……神爱我们的心,我们既爱也信,神就是爱;住在爱里面的,是住在神里面,神也住在他里面。"

《神曲》构建了一个道德的苍穹,在那里,天堂是爱的领地。"纯净的光呵,"比阿特丽丝说,智慧的光充满着爱,真爱充满着欢乐,欢乐超越每一种甜蜜。这种好意在被佑者中间很流行,慷慨只是在神学的善意中仅存。他们至上的幸福,是看到神分配信念与希望,对神的想象与享受爱,是密不可分的。"作为心愿对象的善,"但丁说,"全都汇聚于此,凡是在那里面完美的东西,在外部就变成有缺陷的"。欲望与意志"像均匀地转动的轮子般地被爱推动,也正是这爱,推动着太阳与其他群星"。与上帝之爱的隔绝,正是地狱之所在——在这世上,如果他们爱其他胜于爱上帝,那里将是对他们的惩罚。

诗与史提供的证据确凿:有关于爱的第二个事实是,爱常常转变为它的反面——恨。有时爱恨交加;有时——就像爱总是与嫉妒相伴而生——如果有什么威胁到它,爱会激发恨。同样的,爱的意识觉醒之后,愤怒与恐惧也随之而来。爱似乎是最初的一种情感,其他种种情感与它相随相生,而究竟它们会是哪些情感,视快乐和痛苦有多对立而定,取决于爱发生的原因以及它的影响两者之间的关系。当然,并不是所有将爱视为一种激情的分析家们都同意这一点,或者至少,他们没在各自的理论中给这个事实以相同的分量。

举个例子来说,霍布斯认为恐惧是第一位的,而斯宾诺莎认为第一位的是欲望、欢乐、悲哀。斯宾诺莎将爱定义为"欢乐伴随着一个外部原因所引发的观念",而且他认为,仇恨与悲伤在组成上是相近的。不过,斯宾诺莎与阿奎那、弗洛伊德一样,更广泛地关注于爱与恨甚于其他情感。他像他们一样,发现爱与恨作为最基本的对立面,始终贯穿了人们一生的情感生活。但他不像阿奎那一样,认为爱是其他情感的根源所在。针对某一对象的"爱恨交织",在他看来,不过只是一种"情绪上的摇摆不定"。他不像弗洛伊德一样,发展了一种有关于犹疑不定的情感的精确理论,该理论试图解释为什么爱与恨的混合,通常对人影响最大。

关于爱的第三个事实,出现在几乎所有经典的爱情故事里,这又是一个关于爱的悖论。爱能带你进入极乐世界。但如果爱人们失去亲爱的,受挫,或得不到回应,他们将堕入深渊,极度迷茫、心如死灰。如果没有这些痛苦的存在,我们还能感受到爱的欢乐吗?爱过亦痛过,与根本不曾爱过,哪一个更好?不去爱,与爱得不顾一切丧失理智,哪一个更明智呢?世界会否因为爱而彻底迷失?

在关于爱的经典悲剧与喜剧中,这些问题通过爱人们的自言自语一一演绎。在莎士比亚的大段戏剧独白与十四行诗中,每一处对爱的赞誉,都会引来一片怨声。"这世上所有的生灵都仰仗着爱的鼻息,没有爱,即使那能存活下来的,也不愿苟且。"但"又瞎又蠢的爱呵,你对我的眸子干了什么,以致它们视而不见?"安东尼对克里奥帕特拉说:"大半个世界都在愚昧中失去了;我们已经用轻轻的一吻,断送了无数的王国州郡。"而朱丽叶对罗密欧又是另一番言辞,"我的慷慨像海一样浩渺,我的爱情也像海一样深沉,我给你的越多,我自己也越是富有,因为这两者都是没有穷尽的。"

伍尔芙在《到灯塔去》中写道:"问罢十个人,九个人都会说除此之外别无他求——爱;然而,女人……每时每刻都有这样的感觉,这并不是我们想要的;没有比它更乏味、更孩子气、更残忍的了;当然,也没有比它更美妙和必不可少的。"

爱是如此矛盾——它是唯一的真实所在,它又是海市蜃楼。它赋予我们生命力,又将它消耗殆尽。它是仁慈的神,人类乞求它给予恩惠;而对于希波吕托斯或狄多,它是那可怕的西彼廉——他怀着刻骨的仇恨,制造大浩劫,疮痍遍地。若得不到安抚,她是令人畏的神,她的解药有毒,她的矛头是毁灭之箭。人们爱上爱,又拼命地抗拒。维吉尔写道——"爱征服一切。"

伦理学家总是言辞冷静:问题很简单,爱是好是坏? 它是欢乐的组成部分,还是阻碍人们得到欢乐? 答案如何,取决于你问的是哪一种爱。如果是最好的那种友谊中的爱,它应该是幸福生活必需的一部分,甚至是任何一种社会架构——无论是家庭还是政治社会的组成部分。

这样的爱,亚里士多德写道,"是善的,或必然包含着善";另外,如果要想活下去,这样的爱不可或缺。因为,谁也不愿去过那种应有尽有却独缺朋友的生活……友谊足以使城邦团结一致,立法者考虑它比正义更多。"当友谊建立在善之上,它会比正义更持久,因为它通过慈悲和慷慨将人们团结在一起。"当人们成为朋友,"亚里士多德说,"他们将不再需要正义。"

但亚里士多德并未忘记,除了这最好的一种友谊,还有其他种类的友谊,那些种类的友谊更多的是建立在功利主义或享乐主义之上,而不是建立在有德者的惺惺相惜之上。在这种情况下,与发生在其他情感中的情形一样,爱可能是好的,也可能是坏的。只有它被理性调和,以及阻止它违背合乎公正的财富的秩序,遵从人类各种爱自有的秩序,它才可能是善的。

当爱被当作是一种性冲动所引发的激情来考虑时,伦理学家们认为,仅用节制来约束它是不够的。理智和律条都不足以完成降伏它的任务——降伏,换了弗洛伊德,他会说那如同驯化,驯化野兽。苏格拉底曾经发问:当人的一生接近终点时,是否会变得更为艰难。老者塞伐洛斯用索福克勒斯的一句话回答了他。这句话,是当索福克勒斯被问到,爱如何与一个人的年龄相适时的回答,"我仿佛觉得我已从一个疯癫狂躁的怪物那里逃离。"

在那些对爱的激情最激烈的嘲讽里,卢克莱修是这样发出谴责的:人在得到肉体快感的同时,也会因痛楚大受其苦。人们应对爱神敬而远之,因为你只要曾被她的乱箭射中过一次,那伤处呵╱将如顽疾恶化,哪怕你有了新的生活;疯癫如你╱状态一天比一天糟糕;痛之切╱越来越难以承受……

> 无他也
> 一旦我们拥有爱,我们会像着了火,
> 只求越多越好,越多越好……倏忽地
> 那烈火也许稍息,却复又升腾,
> 疯狂地再次爆发。欲望呵,重又上路
> 无论它们追寻的是什么,
> 不择手段,无可阻拦,除非达到目的
> 像恶臭蔓延。这使欲望达成,人们却也日渐憔悴,
> 因他们隐秘的伤口而迷惑烦恼……
> 此种悲恸
> 在事情在向好的方向发展时,普遍得很

但也会感到快乐，正如我们所说。而如果事情还没成形，
　　悲恸会无限地增长
　　即使你们紧闭双眼，也不可能视而不见。
警惕呵
　　如同我劝导你们的，可别被卷进去，
　　避免爱的罗网是很容易的
　　比一旦你深陷其中而想要逃离。

诗人卢克莱修的这种谆谆教诲，在小说家普鲁斯特那里得到了回应。他写道："心灵如沉浸在爱里，将不得安宁，因为你所得到的，不是其他，只会是通向更深欲望的一个新的开端。"

然而，大多数的伦理学家教导说，相较于其他欲求和激情，性冲动并不需要特殊对待。只是因为它的表现形式更为复杂，它的要求也许更为迫切，因此需要在理智这方面更加努力，调节之，指引之，遏制之。虽然德性与责任没有针对性爱定下特殊的规则，但既然宗教誓约要求人们保守贞操如同安于贫穷，则嗜财如命与垂涎于肉体同样严重，是对上帝之爱的偏离。

社会学家对于性有不同看法。韦伯曾就"宗教与性之间的紧张关系"撰文：因为这种紧张关系的存在，性升华为"性冲动"，并且它已"如此精细，因为它是逐渐平缓地从幼稚的自然主义的性转变过来的"。这种在性方面升华了的性冲动，其智力质素有几何？韦伯亦有评论："既然成熟人士的机敏的爱也保持着年轻人的激情狂热，那么，如有骑士风度的爱，坚持理智主义的这种性冲动的致命的认真……（它）再次肯定了，性的领域的自然特性，但它并不如被赋予了形态的有创造力的力量般自知。"

责任、**情感**、**美德**与**邪恶和罪**等四章都在普遍谈论这些问题。但还有一个问题留待考虑——关于爱的最后一个事实，诗人与历史学家将它摆在了伦理学家和神学家面前。

贪婪，触犯了有关正义的律条；暴饮暴食，则有违节制的法则。这些恶与罪孽，似乎没有多少可挽回的余地。这是人的性格里与正气浩然之高尚境界相矛盾的弱点。但文学作品中的许多英雄人物，他们要不是地位高贵的男子，要不是女人——却为了爱，明知自己应有的权益，却甘愿为社会所不齿，甚至被放逐；或者拿自己灵魂的不朽冒险——弃绝责任，或逾越上帝的戒律、人类的规则。事实上，当他们挑战社会道德时，似乎只有爱，为他们保留了仅有的一点尊严。并不是道学家们原谅了此种被禁止的行为，而是人类看来，至少如这一族类的诗歌所证实的，爱享有某种特权地位。它的任性胡来，甚至它的癫狂，都是可以原谅的。

诗人们为此种现象提供了一种解释。与人类和其他动物共有的其他情感不同，人类的爱的特性是——爱虽由身体支配，亦由心发。人可能贪吃如猪，怯懦如胆小鬼；但一旦他爱得一发不可收拾，激发他做那比如奉献和牺牲的壮举，他便无可匹敌。这也就是为什么，诗人们刻画的那些伟大的爱侣们，不论他们是否作奸犯科，都似乎值得夸赞。似乎他们都被辩护说——诗意的，至少，如果不是在道德上——似乎在行为上，爱将他们从常规法典中豁免；似乎他们的爱就是自身的法则。阿其泰在乔叟的《骑士的故事》中发问："谁能用法律束缚爱人们？"他说道："爱是自身的法则，莫非这世上的任意一个人，能拥有比这更多的法律吗？"

对于像弗洛伊德这样的精神分析学家来说，性的冲动与道德之间的冲突，居于个人精神生活的冲突中心，也是个人与社会的冲突中心。解决这一冲突，似

乎并不存在皆大欢喜的方法,除非彼此在某种程度上向对方妥协,弗洛伊德的观点是,"我们的文明的要求,使人类中较崇高的那一部分的日子过得如此艰难,也使得对种种神经官能症的现状和起源的嫌恶越来越深";被压抑的精力试图从道德审查中找到能被接受的出口,但失败了;这就导致个体因神经质的紊乱而深受其苦。在其他极端的表现形式中,性的冲动将"会冲破所有阻碍,历尽艰辛竖立起来的文明会被完全击溃"。只有当性欲被异化为爱的各种形态——这些各具形态的爱,带有情感上的忠诚,巩固了法律与责任趋向道德理想;而且将它们的能量投入在理想化的对象之上,创造出了文明社会中最高等级的产品——个体人格才能趋于协调,社会也才能繁荣发达。

对于神学家来说,爱与道德间的冲突一直无法解决——这种困难不是教条上的,而是发生在实践中——除非爱将其他一切行为准则取而代之。对于奥古斯丁来说,"一个好人"并不是指"他知道什么是善好的,而是指他爱那些善好的"。他接着说,那么,这一点就变得很明显了——我们所爱的是那种我们无论爱的是什么都存在于我们之中的爱本身。因为的确有一种爱,我们用这种爱去爱我们不应该去爱的东西;一个人会恨这种爱,如果他所爱的是他用来去爱应该被爱的东西。因为这两种爱非常可能在一个人身上同时存在。这种共存状态有益于我们通向一个终点,那就是——这种对我们生命有利的爱将增长,而那种诱使我们通向邪恶的爱将会逐渐减弱,直到我们的整个生命被完美地治愈,变成为有德性的。只有那更好的爱,那完全贞洁正确的爱,才拥有克服爱的过失所必需的力量。因为有这力量,完美之爱只有一条规则,奥古斯丁说"去爱,并做你所愿做的(dilige, et quod vis fac)。"

这种只应自定其法的完美之爱,如果没有上帝的恩典,堕落了的人性不可能得到它。根据基督教教义,人类依靠仁爱中超自然的美德,分享了上帝对自身的爱、对他的造物的爱——用他们全部的心、灵、思想去爱上帝;像爱自己一样地爱他们的邻人。依照耶稣基督所授,"所有的律法和先知"都建构于这两条博爱的律令之上。

阿奎那在他的论著里有关博爱的问题表明,神学上用来解决爱与道德之间的冲突的法子,在本质上,也解决了迥异的爱之间的冲突;这种终极的解决,因为爱本身的尽善尽美得以实现。虑及博爱的对象和先后次序,他问,例如,"没有博爱,无理性的动物是否也应被爱?""没有博爱,人是否也应爱自己的身体?""没有博爱,我们是否也应爱罪人?""是否博爱要求我们应爱自己的敌人?""是否我们应更爱上帝多过爱我们的邻人?""是否,没有博爱,人被要求保证爱上帝多过他自己?""是否,没有博爱,人应当爱自己多过爱他的邻人?""是否我们应爱自己所属的团体多过爱我们的邻人?""是否我们应爱某位邻人多过爱其他的邻人?""是否我们应爱那更好的人多过爱与我们有更密切关联的人?""是否一个人应,没有博爱,爱其子多过爱其父?""是否一个人应爱其妻甚于爱其父其母?""是否一个人应爱其恩主多过爱他曾施恩的?"

对于精神分析学家、伦理学家和神学家来说,爱的多样性既是一个基本事实,又是一个基本性的问题。古语中的三个词明确区分定义了人类之爱的三种形态:希腊语中的 eros, philia, agape;拉丁语中的 amor, amicitia(或 dilectio), caritas(大致相当于情爱、友爱、博爱)。英语缺乏这样的词汇。我们使用 sexual love, love of friendship, love of charity 这样的短语将这三个意思区分开,同时也直白地表述:这三者其实都是普普通通的爱。我们必须注意到,一则,奥古斯丁指出,经文"不区别情爱、友爱、博爱",二则,《圣经》上也说:"情爱可用于正途。"

若要求区别爱与欲,或在它们之间建立某种联系,都会使爱的多样性这个问题更进一步复杂化。一些作家互换地使用"爱""欲"这两个词,如卢克莱修,他在谈到维纳斯的愉悦时说:"丘比特(也就是,欲),即是爱的拉丁语名字。"另外一些作家,如斯宾诺莎,广泛地使用"欲望"一词,而用"爱"定义某种特殊形态的欲望。当然还有另外一些作家,他们认为"爱"一词的适用范围更广,而"欲望"一词仅只能描述"爱"的外在形态。阿奎那写道:"爱是欲求与意志的第一个行动,这很自然;不论出于什么原因,其他一切有所欲求的行为都以爱为前提,如同它们的根基和源头。因为一个人爱什么,他就认为什么是好的;除此之外,他什么也不想要,也不会为此而感到喜悦。"

有一点很明确,那就是,爱与欲属于欲求的能力——属于情感与意愿的领域,而不属于感知与知识的领域。如果在爱与欲之间划出一条界线,如同划分出欲求的两个王国,那似乎应是根据它们两者不同的倾向。如同在**欲望**一章中指出的,欲倾向于贪得无厌。欲的目标是占有某种有益的好处。欲的驱动力会一直向前,直到因占有而获得满足。若将爱与欲相提并论的话,爱与其他饥渴并无不同。

但似乎有另一种倾向存在,它推动一个人并不去占有他所爱的,而是去为对方谋福利。希望他所爱的人尽善尽美,并通过自己与所爱对象的结合,他反过来也希望自己过得好。相对于欲来说,爱所缺乏的,是自私;它不会在为自己逐利寻欢时不考虑他人或他物的利益。爱更多的是给予而不是取得,即使取得,也仅只是作为给予的一种结果。不实打实地占有点什么,欲望就得不到满足;而与此相反,只要能长久地凝神于所爱的善或美,爱已心满意足。对于一个恋爱中的人来说,理解比行动更有吸引力,虽然除了理解,他更想为他所爱的做些什么,也更想对方回报以爱。

在这一点上,区分爱与欲,往往是在重复有关各种爱之间的区别。例如,情爱与纯洁友谊的不同在于,前者受利己主义支配,而在后者中,利他主义占了上风。情爱有时被称作"欲望之爱",这也就暗示,这是一种源于欲望的爱。而友情中的爱被认为高于欲望,并能左右自己的未来。

友情中的爱所求甚少,彰显了爱与欲的极大反差。"在真正的友谊中,这方面我可是专家",蒙田宣称,"我不拉拢我的友人与我要好,我只是将自己呈献于他。我不仅喜欢为他着想多过喜欢他为我着想,我更愿意他对自己好多过对我;他对他自己好,就是对我的最好。他不在场,如果这对他是愉快且有益的,那将会比他的出现更使我感到美滋滋的"。

这两种爱出现在大多数关于爱的分析之中,虽然叫法各有不同:色迷迷的爱与兄弟般的友爱;寻乐或求利的友谊,与为善的友谊;动物之爱与人类之爱;性爱与温情。有时它们被归属于不同的机能:欲望之爱属于感性欲求,或者属于直觉和情感的范畴;友情中的爱属于意志的范畴,或属于理智的欲望的能力,如斯宾诺莎所言,这种能力能够生发"对神的理智之爱"。有时这两种爱被认为完全不相关,各自独立存在,如在浪漫之爱与夫妻之爱中,如同在混合物中却有着不同的温度;有时,人们又认为,在所有的爱中,都不同程度地存有色欲或性的成分。对这一点,弗洛伊德不持反对意见,他坚持认为,温存总与性欲相伴,这是人类之爱独有的特性。而与之针锋相对的立场,则与有关人与其他动物关联的观念有关;或与相对立的有关人性的理论有关,特别是关于理性与直觉的联系,感觉与智力的联系,冲动与意志的联系。

如上面所提示的,浪漫之爱通常被认为混合着占有与利他主义的两种冲动,浪漫之爱的批评家们认为,浪漫爱情夸张地把被爱者理想化了,从而放大了浪漫之爱中利他主义的一面。另一方面,博爱中的信德,是纯粹的友爱,它超自然的基础使得它拥有完美的纯洁性。在这里,一个重大的议题是,浪漫主义者与基督徒们有关爱的观念是否能共处,是否一个人对其所爱的人所怀有的爱慕之心,不能与他对被奉为神明者的仰慕相提并论——如同违背有关博爱的律令可与不受束缚的自爱自尊相提并论。怎样看待这一点,会影响到我们怎样看待夫妻之爱,怎样看待求爱期中的爱与婚姻中的爱的关系。这些问题,以及一般的家庭中爱的类型,在**家庭**一章中讨论。

分 类 主 题

1. 爱的本性
    1a. 爱与恨的观念:激情与意志的行动
    1b. 爱与恨,涉及彼此双方,以及涉及愉悦和痛楚
    1c. 爱与欲的区别;大度与贪得无厌的目的
    1d. 爱的目的与对象
    1e. 爱的强烈程度与能量;它的增强与减弱;它的积极影响与消极影响
    1f. 恨的强烈程度:仇恨与嫉妒
2. 爱的种类
    2a. 性爱与肉欲或性欲的不同
        (1) 性的冲动:它与其他冲动的关联
        (2) 幼稚的性:多形态的性变态
        (3) 对象固置,认同和移情:升华
        (4) 反常,退化,或爱的病理学;幼童与成人之爱
    2b. 友好的、温存的,或利他的爱:兄弟般的爱
        (1) 爱与友谊的关系
        (2) 自爱与他爱的关系:自负和利己主义
        (3) 友爱的形式:建立在利益、愉悦或德性上的友谊
        (4) 爱的样式与家庭中的友爱
        (5) 作为习惯性结合的友谊
    2c. 浪漫主义的、骑士主义的、宫廷式的爱:被爱者的理想状态与至高无上的地位
    2d. 夫妻之爱:它的性欲的成分,兄弟般的成分,浪漫的成分
3. 爱的道德
    3a. 友谊、爱与美德、快乐的关系
    3b. 爱的要求与美德的约束:爱中的节制;爱的秩序

3c. 爱与责任的冲突：忠于爱或恪守法律的不同
3d. 友爱的英雄气概与爱的牺牲
4. 爱,同情心或友谊所产生的社会及政治影响力
   4a. 平等或不平等的关系中的爱,相似或不相似：公民权利里的平等交往
   4b. 建立在友谊和爱国心之上的国家防线：在与一般意义上的善的关系上,正义与爱的比较
   4c. 人类与环球共同体之间的手足之情
5. 神圣之爱
   5a. 作为最初的爱的对象的上帝
      （1）人类生命中对上帝的爱：遵从道德戒律
      （2）祝福：作为爱的结果
   5b. 博爱,或至高无上的爱,与自然的爱相比较
      （1）博爱的规则：爱的律条
      （2）博爱之神学上的美德：它与其他美德间的关系
   5c. 上帝对自己及它的造物的爱

[刘静 译]

索引

本索引相继列出本系列的卷号〔黑体〕、作者、该卷的页码。所引圣经依据詹姆士御制版，先后列出卷、章、行。缩略语 esp 提醒读者所涉参考材料中有一处或多处与本论题关系特别紧密；passim 表示所涉文著与本论题是断续而非全部相关。若所涉文著整体与本论题相关，页码就包括整体文著。关于如何使用《论题集》的一般指南请参见导论。

1. The nature of love

1a. Conceptions of love and hate: as passions and as acts of will

New Testament: *I John,* 4:7–8,16,18
- **6** Plato, 14–25, 115–129, 149–173
- **8** Aristotle, 406–407, 409, 420, 421, 532, 626–628
- **11** Plotinus, 310–311, 324–325, 405–411, 654, 676–677
- **16** Augustine, 437–438
- **17** Aquinas, 120–121, 197–199, 310–311, 435–436, 726–727, 731–732, 733–737, 740–741, 744–749
- **18** Aquinas, 483–484
- **19** Dante, 67–68
- **19** Chaucer, 210–211, 231
- **20** Calvin, 183–184
- **21** Hobbes, 61
- **28** Spinoza, 634, 642–645, 651
- **33** Locke, 176–177
- **35** Rousseau, 343–345
- **39** Kant, 259
- **43** Hegel, 137
- **45** Balzac, 243–244, 348–349
- **46** Eliot, George, 373–374
- **47** Dickens, 164–165
- **49** Darwin, 312
- **51** Tolstoy, 525–526
- **53** James, William, 4–5
- **54** Freud, 418, 673–674, 783
- **59** Joyce, 599

1b. Love and hate in relation to each other and in relation to pleasure and pain

- **4** Euripides, 277–295
- **6** Plato, 18–19, 21, 121–122, 333–334
- **8** Aristotle, 168, 407–410 passim, 420, 423–424, 425, 429, 614
- **11** Lucretius, 55–56
- **12** Virgil, 143–153
- **16** Augustine, 15–16
- **17** Aquinas, 726–727, 731–733, 734–735, 743–744, 746–747, 788
- **18** Aquinas, 527–530
- **19** Dante, 6–7, 67–68
- **19** Chaucer, 199, 228
- **21** Hobbes, 61–62, 77

- **25** Shakespeare, 103–141, 469–470
- **28** Spinoza, 634, 636–638, 640–645
- **31** Racine, 308
- **33** Locke, 176–177
- **35** Rousseau, 344
- **49** Darwin, 312
- **52** Dostoevsky, 295–297, 383–385
- **53** James, William, 391–392, 717–718
- **54** Freud, 418–421, 659, 708–711, 724–725, 752–754, 766, 789–790
- **59** Proust, 355–356
- **60** Woolf, 92

1c. The distinction between love and desire: the generous and acquisitive aims

- **4** Euripides, 613–614
- **6** Plato, 20, 23–24, 115–129, 153–155, 164–165
- **7** Aristotle, 89–90
- **8** Aristotle, 365, 406–411 passim, 414–417 passim, 420 passim, 421–423
- **11** Lucretius, 55
- **11** Epictetus, 192–198
- **11** Plotinus, 405–411
- **16** Augustine, 11–16, 437–438, 744–745
- **17** Aquinas, 120–122, 615–616, 724–725, 726–727, 731–732, 733–737, 738–741, 742–743, 749–750
- **19** Dante, 63–64
- **21** Hobbes, 61
- **23** Montaigne, 135–136
- **31** Molière, 109–110
- **35** Rousseau, 345–346
- **51** Tolstoy, 525–526
- **54** Freud, 420–421, 617–618, 673–674, 679, 783

1d. The aims and objects of love

Old Testament: *Song of Solomon*
Apocrypha: *Wisdom of Solomon,* 8:1–3 / *Ecclesiasticus,* 4:11–19; 9:8
New Testament: *Colossians,* 3:1–2 / *I Timothy,* 6:10–11 / *I John,* 2:15–16; 4:20–21
- **5** Herodotus, 196–197
- **6** Plato, 18–24, 120, 126–129, 161–167, 368–375
- **8** Aristotle, 407–409, 418–419 passim, 421–423 passim, 423–424, 425–426, 636
- **11** Epictetus, 158–160
- **11** Plotinus, 322–327, 405–411, 545–546, 624, 654, 676–677

16 Augustine, 26–30, 102–112, 401–402, 437–438, 705–706, 709–713, 715, 716, 716–717
17 Aquinas, 311–314, 615–616, 726–727, 737–740, 745, 747–748
18 Aquinas, 80–81, 485–486, 487, 489–490, 501–527 passim
19 Dante, 67–68, 123–124
21 Hobbes, 61–62
23 Montaigne, 231–233
24 Shakespeare, 294
27 Cervantes, 448
28 Spinoza, 648, 690, 694
29 Milton, 243–244
30 Pascal, 230
33 Locke, 384
39 Kant, 326–327, 476–483
45 Goethe, 123–132
51 Tolstoy, 5–6, 113–115, 249–250, 560–561, 659, 660
52 Dostoevsky, 28–29, 56–57, 86–88, 127–128 passim
53 James, William, 204–211
54 Freud, 418–420, 775, 783
59 Proust, 316–320

1e. The intensity and power of love: its increase or decrease; its constructive or destructive force

Old Testament: *II Samuel*, 11–12 / *Song of Solomon*, 8:6–7
3 Homer, 206–208, 238–240, 263–265, 271–273
4 Aeschylus, 83
4 Sophocles, 168, 216–233
4 Euripides, 296–315, 359–360, 376–378, 438, 613–614
4 Aristophanes, 781, 824–845
5 Herodotus, 311–312
5 Thucydides, 523–524
6 Plato, 124–129, 149–173, 417–418
11 Lucretius, 1, 55–57
11 Plotinus, 489
12 Virgil, 4–5, 24–26, 76–78, 97–99, 136–153
16 Augustine, 16, 26–28, 51–54, 102–112
17 Aquinas, 120–121, 731–732, 734–735, 740–744, 745–747
18 Aquinas, 536–558
19 Dante, 6–7, 63–64, 128–133
19 Chaucer, 177, 179–180, 181–182, 188–189, 210–211, 222–231, 289
23 Montaigne, 93–95, 456–458, 473–474
24 Shakespeare, 237, 239, 264, 271–272, 293–300, 352–375, 511–514
25 Shakespeare, 1–28, 119–120, 128, 205–243, 311–350, 466–468, 588–609 passim
27 Cervantes, 139–162
28 Spinoza, 671–672
29 Milton, 269–273
31 Molière, 11–17, 26, 202–208, 265–266
31 Racine, 287–323 passim, 335–336, 339–342, 344–345, 347–348, 357–359

35 Rousseau, 345–346
43 Nietzsche, 539
45 Goethe, 55–57, 110–112, 123–132
45 Balzac, 263–269 passim, 348–356 passim
46 Austen, 127–128, 166–169, 175–176
46 Eliot, George, 294–310 esp 295–299, 333–342, 405–406, 428–429, 479, 512, 519
47 Dickens, 110–112, 130–132, 257, 370–371, 372–374
51 Tolstoy, 116–117, 262–271, 316, 327, 377, 541–542, 557, 560–561, 616–618
52 Dostoevsky, 175–176, 209–211
52 Ibsen, 464–465, 469–474, 542–544
54 Freud, 708–712, 791
58 Huizinga, 288
59 Proust, 283–408 esp 286–288, 309, 312–321, 336–369, 383–386, 389–391, 395–396, 400–401
59 Mann, 500–502
60 Woolf, 23–24, 51–52
60 Kafka, 137–138
60 O'Neill, 222–225, 249–254
60 Fitzgerald, 356–358
60 Faulkner, 389–392

1f. The intensity of hate: envy and jealousy

Old Testament: *Genesis*, 4:1–9; 37 / *II Samuel*, 13:15–39 / *Esther*, 3:2–5; 5:9–14
New Testament: *I John*, 2:9–11; 3:12–15
4 Euripides, 277–295
5 Herodotus, 100–101
6 Plato, 205, 237
8 Aristotle, 628
17 Aquinas, 746–747
21 Machiavelli, 26–30
21 Hobbes, 141
24 Shakespeare, 73–74, 105–148
25 Shakespeare, 205–243, 380–381, 393–420, 469–470
29 Milton, 95, 357–358
31 Molière, 126–127
31 Racine, 349–367
45 Balzac, 215–369 passim esp 222–225, 227–229, 243–244, 248–252, 344–346, 349–356
46 Austen, 163–164
46 Eliot, George, 378–379, 382, 401–402, 402–403, 405–406
47 Dickens, 335–336, 337–342, 394–399
48 Melville, 74–75, 82–83
48 Twain, 315–316, 317–319
49 Darwin, 312
51 Tolstoy, 183–186, 188–190
52 Dostoevsky, 144–149
52 Ibsen, 511–521 esp 518–521, 553–554
53 James, William, 717–720
54 Freud, 328, 677–678, 764–765, 787–788, 790–791
57 Veblen, 43–44
59 Proust, 345–346
59 Cather, 452–454
60 Woolf, 92

60 Lawrence, 148–157
60 O'Neill, 205–288 passim esp 221–225, 240–254

2. **The kinds of love**

6 Plato, 153–155, 165–167
11 Plotinus, 405–411, 676–677
16 Augustine, 437–438, 744–745
17 Aquinas, 121–122, 435–436, 733–737, 738–739
18 Aquinas, 482–483
19 Dante, 67
21 Hobbes, 63
23 Montaigne, 135–136, 466–467
29 Milton, 243–245
35 Rousseau, 345–346
49 Darwin, 289–290, 305–309
51 Tolstoy, 276–277, 520–521
52 Dostoevsky, 29
54 Freud, 673, 681–682, 783

2a. **Erotic love as distinct from lust or sexual desire**

Old Testament: *Genesis,* 39:6–20 / *Leviticus,* 18 / *Numbers,* 25:1–9 / *II Samuel,* 11; 13:1–14 / *Proverbs,* 5:1–20; 6:20–35; 7; 23:26–35 / *Ezekiel,* 23
Apocrypha: *Judith,* 12:11–20; 16:7–9 / *Ecclesiasticus,* 9:3–9; 47:19–20 / *Susanna*
New Testament: *Matthew,* 5:27–32 / *I Corinthians,* 6:9–7:11 / *I Thessalonians,* 4:4–5 / *James,* 1:13–16 / *I John,* 2:15–17
3 Homer, 378–380
4 Aeschylus, 1–12, 62–63, 83, 86–87
4 Euripides, 466–468
5 Herodotus, 311–312
6 Plato, 117–122, 153–155, 417–418, 474, 476, 735–738
11 Lucretius, 55–56, 57
11 Plotinus, 405–407
12 Virgil, 97–99
14 Tacitus, 107–108, 137
16 Augustine, 8–9, 11–13, 16–17, 51–54, 447–449, 454, 747–749
17 Aquinas, 517–519, 733–744
18 Aquinas, 453–454
19 Dante, 6–7, 14, 78–79, 99–102
19 Chaucer, 224–228, 310–317, 318–323, 368–371, 467
20 Calvin, 452
22 Rabelais, 106–107, 164–166, 188–193
23 Montaigne, 91–95, 439–440, 447–476
24 Shakespeare, 170–198
25 Shakespeare, 37, 55, 103–141, 174–204, 274, 441–443
28 Spinoza, 655, 683
29 Milton, 243–246, 269–272
30 Pascal, 253–255
35 Montesquieu, 103–104
35 Rousseau, 345–346, 348
37 Gibbon, 92
41 Boswell, 301

45 Goethe, 30–31
45 Balzac, 170–178 passim, 214–215
49 Darwin, 371–372
51 Tolstoy, 111–118, 122, 318–341, 476–480
52 Dostoevsky, 21, 41–42, 48–86
54 Freud, 399–411, 418–421, 569–585, 615–618, 681–683, 693–695, 854–863
58 Weber, 223–226
58 Huizinga, 288–293
59 Proust, 283–408
59 Joyce, 647–648

2a(1) **The sexual instinct: its relation to other instincts**

6 Plato, 157–159, 165, 476
8 Aristotle, 106–108
11 Lucretius, 55
19 Chaucer, 380
23 Montaigne, 456–458, 466–467
26 Harvey, 346–347, 349–350, 402, 405–406, 476–477
35 Rousseau, 345–346
53 James, William, 734–735
54 Freud, 402, 414–418, 574–576, 580, 587–588, 590–593, 615–616, 618–619, 651–662, 708–709, 710–712, 846–851
58 Weber, 223–226
58 Huizinga, 290–291, 293

2a(2) **Infantile sexuality: polymorphous perversity**

54 Freud, 15–18, 113–114, 119–120, 530–531, 572–576, 578–585, 847–848, 855–861

2a(3) **Object-fixations, identifications, and transferences: sublimation**

11 Lucretius, 55
13 Plutarch, 66
23 Montaigne, 57–58, 231–233
24 Shakespeare, 87–88
28 Spinoza, 634–636
53 James, William, 734–735
54 Freud, 16–20, 399–411, 551–589, 594–597, 599–600, 616–622, 627–630, 634, 678–681, 691–692, 693–694, 703–706, 832–834, 847–849, 856–863

2a(4) **The perversion, degradation, or pathology of love: infantile and adult love**

Old Testament: *Genesis,* 19:4–13; 38:6–10 / *Leviticus,* 18; 20:13–16 / *Judges,* 19:22–30
New Testament: *Romans,* 1:24–27
6 Plato, 170–171, 735–736
8 Aristotle, 399 passim
12 Virgil, 175
19 Dante, 18–21, 78–79
23 Montaigne, 91–95, 468–470
25 Shakespeare, 421–448
28 Spinoza, 671–672
29 Milton, 125–130
31 Molière, 108–136 passim esp 116–121
31 Racine, 334–336, 344–345
34 Voltaire, 235–236

35 Montesquieu, 117, 219–221
38 Gibbon, 93–94
43 Kierkegaard, 441–442
45 Goethe, 157–159
45 Balzac, 212–213, 239–241
51 Tolstoy, 271, 292–296, 305–307, 357–358, 520
52 Dostoevsky, 41–42, 48–86, 99–105, 209–211, 339
52 Ibsen, 572–574
53 James, William, 804–805
54 Freud, 18, 84–86, 90–96, 97–106, 111–118, 409–410, 415–418, 547–549, 569–573, 583–591, 593–599, 611, 619–622, 659, 680, 718, 724–728, 733–735, 847–850, 859, 861–862
59 Pirandello, 251–252
59 Proust, 394–400
59 Mann, 487–512 passim esp 488–489, 493–499, 500–502
59 Joyce, 570–576
60 Lawrence, 148–152
60 Eliot, T. S., 172

2b. **Friendly, tender, or altruistic love: fraternal love**

Old Testament: *Leviticus,* 19:17–18,33–34 / *Deuteronomy,* 10:18–19 / *I Samuel,* 18:1–4; 19:1–7; 20 / *II Samuel,* 1 / *Psalms,* 133 / *Proverbs,* 17:17–18; 18:19,24
Apocrypha: *Ecclesiasticus,* 6:1,13–17, 7:18–19; 27:16–21; 29:10,15; 37:1–2,6; 40:23–24
New Testament: *Matthew,* 5:21–26 / *I Thessalonians,* 4:9–10 / *I Peter,* 3:8 / *II Peter,* 1:5–7 / *I John,* 3:11–17
3 Homer, 41–42, 71, 189–206, 221–233, 238–240, 273–278
4 Sophocles, 184
4 Euripides, 593–594
6 Plato, 14–25, 124–129
8 Aristotle, 406–426
11 Epictetus, 158–160
12 Virgil, 238–245
13 Plutarch, 156–158, 233
16 Augustine, 26–28
18 Aquinas, 482–558 passim
19 Dante, 2–3, 60–64, 67, 83–86
19 Chaucer, 286–309
23 Montaigne, 134–140, 514–515
24 Shakespeare, 333, 407–408
25 Shakespeare, 223, 345, 379, 559, 586–604
28 Spinoza, 665–671
39 Kant, 326, 375–376
43 Nietzsche, 478, 488, 501
45 Balzac, 241–244
46 Austen, 109
47 Dickens, 263–264
48 Melville, 23–24
51 Tolstoy, 28–31, 69, 127–128, 183–186, 222–223, 327–333, 334–341 passim, 465, 597–598, 617–618, 625–626
52 Dostoevsky, 188–197, 294–311

54 Freud, 783
58 Weber, 209–210
58 Huizinga, 265
59 James, Henry, 9–10

2b(1) **The relation between love and friendship**

6 Plato, 14–25, 115–118
8 Aristotle, 407–408, 409, 411, 419–420 passim, 425–426
11 Epictetus, 158–160
16 Augustine, 26–28
17 Aquinas, 736–737, 738–739, 740–743
18 Aquinas, 482–483
23 Montaigne, 134–140, 514–515
41 Boswell, 257, 392
51 Tolstoy, 339–341, 373–374, 555
54 Freud, 693–694, 783

2b(2) **Self-love in relation to the love of others: vanity and self-interest**

Apocrypha: *Ecclesiasticus,* 14:5–7
New Testament: *Matthew,* 5:38–47 / *Luke,* 6:27–35 / *Romans,* 13:9
4 Euripides, 325–326
6 Plato, 689
8 Aristotle, 414, 419–420, 421–424, 425, 458, 615
16 Augustine, 108–110, 455
17 Aquinas, 738–739, 741–742, 747, 762–763, 797
18 Aquinas, 148–149, 175–176, 482–483, 503–504, 506, 509–510, 511–520
19 Dante, 67
20 Calvin, 102, 190–191
23 Erasmus, 8–9, 19–20
23 Montaigne, 528–531
24 Shakespeare, 145
30 Pascal, 191–192, 253–254, 256–257, 259
31 Molière, 108–136 passim
33 Locke, 26
35 Rousseau, 330–331, 343–345
39 Kant, 297–314, 321–327
40 Federalist, 212
40 Mill, 367–368, 453
41 Boswell, 169–170, 310–311
43 Hegel, 137
43 Nietzsche, 537
44 Tocqueville, 271–272, 282–284, 289
45 Balzac, 186
46 Austen, 35–36, 166
46 Eliot, George, 401–402, 560–561, 572
47 Dickens, 118, 247–248
49 Darwin, 308–309, 310, 316–317
51 Tolstoy, 146–147, 267–268, 545–547, 651–652
52 Ibsen, 469–474, 526–561 passim esp 535–537
53 James, William, 204–211
54 Freud, 399–411, 528, 616–618, 677–678
58 Weber, 101
59 James, Henry, 13
60 Woolf, 18–20, 22–23

2b(3) The types of friendship: friendships based on utility, pleasure, or virtue

Apocrypha: *Ecclesiasticus,* 6:1-17; 12:8-9; 37:1-9
4 Euripides, 266-268, 560-570, 610-611
6 Plato, 14-25, 299
8 Aristotle, 407-411, 414-417, 420, 423, 424-426, 428, 626-627
11 Epictetus, 158-160, 180-181, 211
16 Augustine, 27-28, 30-31
17 Aquinas, 636, 736-737, 738-739
18 Aquinas, 482-483, 485, 486-487
23 Montaigne, 134-140
24 Shakespeare, 239, 587
25 Shakespeare, 393-420
28 Spinoza, 679-680
31 Molière, 197-200
34 Swift, 165-166
37 Gibbon, 92
39 Kant, 262-263
41 Boswell, 193, 423
45 Balzac, 196-197, 213-214, 215-219 passim
46 Austen, 9, 11, 15-17, 168-169
46 Eliot, George, 312, 564-568
47 Dickens, 248
51 Tolstoy, 28-29, 137-140 passim, 322, 329-332 passim, 617
59 Proust, 281-283, 333-334, 391-392
59 Cather, 441-442, 458-459
60 Woolf, 20-21
60 Fitzgerald, 317

2b(4) Patterns of love and friendship in the family

Old Testament: *Genesis,* 4:1-16; 16; 21:9-21; 22:1-19; 24; 25:21-34; 27; 29:21-30; 32-34; 37; 42-48; 50:15-23 / *Ruth,* 1:3-18 / *I Samuel,* 1:1-8; 18-31 / *II Samuel,* 13:1-20; 14; 18:33 / *Proverbs,* 10:1; 15:20 / *Micah,* 7:5-6
Apocrypha: *Tobit* passim
New Testament: *Matthew,* 10:21,35-37; 12:46-50; 19:29 / *Luke,* 8:19-21; 12:51-53; 14:26; 15:11-32
3 Homer, 263-265, 271-273, 294-306, 315-324, 415-416, 436-457, 460-461, 467, 524-528, 536-538
4 Aeschylus, 37-39, 75-89
4 Sophocles, 133-158, 159-174, 195-215, 216-233
4 Euripides, 277-295, 316-333, 347-362, 374-375, 379-381, 438-439, 465-468, 499-501, 521, 533-554, 555-584, 585-605, 606-633
5 Herodotus, 8-10, 89, 114-115, 311-312
6 Plato, 360-365
8 Aristotle, 410, 411-414 passim, 417-418, 453-455
12 Virgil, 154-156, 191-192, 274, 277-278, 279-280
13 Plutarch, 62-63, 71-72, 139-140, 189-191, 286-287, 654-655, 727, 740-741, 807

14 Tacitus, 115, 128-131
16 Augustine, 23-24, 83-90
18 Aquinas, 516-519
19 Dante, 108-112 passim
19 Chaucer, 405-418
20 Calvin, 182-183
21 Hobbes, 155
22 Rabelais, 81-83, 243-244
23 Montaigne, 119-120, 135-136, 224, 400-403, 451-476
24 Shakespeare, 23-26, 322-323, 492-496
25 Shakespeare, 60-62, 244-283, 355-356, 387-389
29 Milton, 168-169
34 Swift, 165-166
35 Montesquieu, 140
35 Rousseau, 350, 368, 387-388
41 Boswell, 57-58, 424-425
43 Hegel, 61, 138-139, 222-223, 305-306
44 Tocqueville, 316-317
46 Austen, 3, 39
46 Eliot, George, 206-209, 248-249, 252-255
47 Dickens, 35-39 passim, 112-113, 303-311
48 Twain, 336
51 Tolstoy, 25-31, 37-47, 55-59, 119-131, 179-180, 192-193, 203, 210-211, 252-254, 270-274, 276-277, 305-310, 406-410, 412-414, 416-417, 614-618, 650-674
52 Dostoevsky, 105-114, 123-127, 156-158, 298-311
52 Ibsen, 439-474 esp 469-474, 484-493, 522-561
53 James, William, 189, 735-736
54 Freud, 240-248, 528-530, 581-583, 783-784, 856-861
59 Chekhov, 195-225 passim
59 Proust, 301-306
59 Cather, 414, 459
59 Joyce, 529-536
60 Woolf, 1-105 passim esp 18-21, 33-36
60 Kafka, 121-122

2b(5) Friendship as a habitual association

43 Nietzsche, 476
52 Ibsen, 458-459
59 James, Henry, 10-11
60 Woolf, 10

2c. Romantic, chivalric, and courtly love: the idealization and supremacy of the beloved

6 Plato, 15
11 Lucretius, 56-57
19 Dante, 6-7, 47, 76, 83-86
19 Chaucer, 177-273, 286-309, 347-349, 388-392
23 Montaigne, 134-140, 458-460, 468-473
24 Shakespeare, 199-228, 229-253, 254-284, 285-319, 352-375, 503-531, 564-566, 597-626
25 Shakespeare, 1-28, 34-35, 103-141, 142-173, 453-454, 537-538, 606
27 Cervantes, 1-502

28 Spinoza, 640-641
31 Molière, 13-16, 35-36, 75-81, 115-121, 140-141, 142-143, 201-202, 209-210, 228-229, 245-250
31 Racine, 287-323 passim, 330-332, 338-342, 361
35 Montesquieu, 244
43 Hegel, 342-343
43 Kierkegaard, 417-418
45 Balzac, 178, 179-180, 189, 190, 206-211, 227-230, 272
46 Austen, 31-32, 53-54, 106-107, 174
46 Eliot, George, 206-207, 222-223, 231-232, 247, 258, 267-268, 270-271, 280, 281-282, 329-332, 345-346, 366, 373-374, 425-426, 446-449, 458-462, 569, 576-577, 594-595
47 Dickens, 107-108, 323-324
51 Tolstoy, 35-36, 49, 165-168, 183-193 passim, 249-250, 251-254, 262-271, 296-302, 316, 318-340, 373-374, 443-444, 522-527, 539-545, 635-644, 652-654
54 Freud, 410, 682-683, 694-695
57 Veblen, 61-63
58 Huizinga, 275-278, 288-301
59 Chekhov, 212-215
59 Cather, 421-424 passim, 433-434, 437-439 passim, 455-456, 463-464, 465-466 passim
59 Joyce, 553-554, 558-559, 638-642
60 Woolf, 25-26, 50-51
60 Lawrence, 150
60 Fitzgerald, 329-332, 365-367

2d. **Conjugal love: its sexual, fraternal, and romantic components**

Old Testament: *Genesis*, 2:23-24; 24:67 / *II Samuel*, 11; 13:1-20 / *Proverbs*, 5; 6:20-7:27 / *Song of Solomon*
Apocrypha: *Tobit*, 6:10-17 / *Ecclesiasticus*, 7:19,26; 25:1
New Testament: *Matthew*, 19:4-6 / *Mark*, 10:6-9 / *I Corinthians*, 7:1-15,32-34 / *Ephesians*, 5:22-33 / *Colossians*, 3:18-19 / *I Peter*, 3:1-7
3 Homer, 167-171, 527-531
4 Aeschylus, 62-63, 83, 86-87
4 Sophocles, 216-233
4 Euripides, 277-295, 296-315, 316-333, 359-360, 372-373, 407-433, 434-449, 466-468
4 Aristophanes, 824-845, 846-866
5 Herodotus, 197, 311-312
6 Plato, 152-153, 361-363
8 Aristotle, 414
11 Lucretius, 57-58
11 Plotinus, 405-406
12 Virgil, 76-78, 136-145
13 Plutarch, 39-40, 62-63, 756-779
14 Tacitus, 107-110, 121
16 Augustine, 11-13, 52-53, 84-85, 447-454, 470-471
17 Aquinas, 489-490, 517-519
18 Aquinas, 318-321, 518-519

19 Dante, 78
19 Chaucer, 310-317, 379-388, 388-392, 405-418, 418-431, 439, 467
20 Calvin, 184-186
21 Hobbes, 272
22 Rabelais, 106-108, 109-126, 144-146, 186-188, 197-198
23 Montaigne, 135-136, 400-403, 447-476, 514-515
24 Shakespeare, 31-32, 152-153, 157-158, 564-566, 618, 625
25 Shakespeare, 73-102, 205-243, 449-488
27 Cervantes, 139-162, 321-322
28 Spinoza, 683
29 Milton, 162-163, 168-169, 233, 252-253, 293-294
31 Molière, 209
37 Gibbon, 92-93, 649-652
39 Kant, 419-420
41 Boswell, 107, 194, 291, 294-295
43 Hegel, 61-63, 137-138
43 Kierkegaard, 439-441
44 Tocqueville, 320-322
45 Goethe, 125-132
45 Balzac, 263-269 passim, 272, 329
46 Eliot, George, 213-246 passim, 268, 274-275, 560-561
51 Tolstoy, 177-179, 245-249, 269, 301-302, 660-661, 669-672
52 Dostoevsky, 22-26, 41
52 Ibsen, 439-469 passim, 470-471, 473-474, 481-482, 504-505, 565-568, 571-574
54 Freud, 404-406, 694-695
60 Woolf, 62-63, 86-87 passim, 88, 99-100 passim
60 Eliot, T. S., 172
60 Fitzgerald, 305-312
60 Faulkner, 389-392
60 Brecht, 409-410

3. **The morality of love**

3a. **Friendship and love in relation to virtue and happiness**

4 Sophocles, 184
4 Euripides, 358-361, 613-614
6 Plato, 19-24, 164-167, 299, 485, 804, 805
7 Aristotle, 162
8 Aristotle, 406, 407, 408-409, 410-411, 414-415 passim, 418-426, 627
11 Epictetus, 158-160
13 Plutarch, 156-158, 233
16 Augustine, 26-28, 47-54 passim, 712-713
17 Aquinas, 636, 737
18 Aquinas, 485-489, 536-537
19 Dante, 13-14, 63-64, 67-68
19 Chaucer, 200
23 Erasmus, 7-8
23 Montaigne, 134-140, 473-474, 520-521
24 Shakespeare, 268-272
25 Shakespeare, 49-50, 393-420, 607-609
28 Spinoza, 679-681

31 Molière, 1–44 passim
34 Swift, 165–166
35 Rousseau, 343–345
41 Boswell, 423
45 Goethe, 125–128
48 Melville, 23–24
49 Darwin, 312–314, 592–593
51 Tolstoy, 15–16, 127–128, 183–186, 311–313, 327–329, 377, 476–480, 525–526
52 Dostoevsky, 29, 61–62, 166
54 Freud, 774–775, 782–783, 792–796
58 Huizinga, 288–301 passim
59 James, Henry, 27–28
59 Conrad, 187

3b. **The demands of love and the restraints of virtue: moderation in love; the order of loves**

4 Aeschylus, 1–12, 62–63, 83, 86–87
4 Euripides, 296–315, 466–468, 613–614
6 Plato, 165–167, 333–334, 687, 735–738
8 Aristotle, 532
11 Epictetus, 110–112, 151–153, 211
11 Plotinus, 324–325, 405–411
13 Plutarch, 39–40, 66, 550–551, 740–741
16 Augustine, 15–16, 51–54, 401, 437–438, 712
17 Aquinas, 735–736, 740–741, 743–744
18 Aquinas, 80–81, 119–120, 486–487, 503–504, 510–527, 602–603, 629
19 Dante, 6–7, 65, 67–68, 90–91
23 Montaigne, 141–142, 391–392, 439–440, 447–476
28 Spinoza, 683
29 Milton, 185, 243–245
43 Hegel, 107–108
51 Tolstoy, 122, 318–340, 476–480, 660–661
54 Freud, 624–625
58 Weber, 223–226
58 Huizinga, 290–293

3c. **The conflict of love and duty: the difference between the loyalties of love and the obligations of justice**

Old Testament: *Genesis*, 22:1–19 / *Leviticus*, 19:17–18 / *Deuteronomy*, 13:6–11; 21:18–21 / *Judges*, 11:28–40 / *II Samuel*, 11–13 / *Proverbs*, 25:21
New Testament: *Matthew*, 5:38–48 / *Romans*, 12:17–21 / *I Peter*, 3:8–18
3 Homer, 74–76
4 Aeschylus, 56
4 Sophocles, 159–174, 234–254
4 Euripides, 296–315, 560–570, 606–633
4 Aristophanes, 824–845
5 Herodotus, 139, 197, 223
6 Plato, 191–199
8 Aristotle, 373–374 passim, 410–412, 413, 414–419
11 Lucretius, 56
11 Aurelius, 273
12 Virgil, 144–145
13 Plutarch, 77–79, 189–191, 196–198, 482, 491–492, 654–655, 756–779

14 Tacitus, 248
18 Aquinas, 78–79, 501–527, 536–558, 592–598
19 Dante, 57, 64
23 Montaigne, 135–139
24 Shakespeare, 268–272, 583–584
25 Shakespeare, 311–350
27 Cervantes, 125–126
29 Milton, 358
31 Racine, 294–323 passim
35 Rousseau, 373
39 Kant, 259, 371–372, 375–376
40 Mill, 466–467
41 Boswell, 2–3, 392
43 Kierkegaard, 431, 445–446
46 Austen, 176–177
46 Eliot, George, 353–354, 379–382, 402–403, 427–429, 430–432, 523–524
48 Twain, 306–308 passim, 360–362
51 Tolstoy, 271, 291–292, 301–302, 365–366, 520, 545–547
54 Freud, 452, 573, 757–759, 783–784, 785–786, 799–800, 801
59 Chekhov, 198

3d. **The heroism of friendship and the sacrifices of love**

Old Testament: *Judges*, 11:28–40 / *Ruth* / *I Samuel*, 20; 23:15–18
3 Homer, 189–206, 221–223
4 Aeschylus, 38–39, 40–53
4 Sophocles, 138–140, 159–174, 192, 216–233
4 Euripides, 316–333, 337–338, 339–341, 359–360, 521, 544–546, 560–570, 573–574, 606–633
5 Herodotus, 73
6 Plato, 152–153
8 Aristotle, 410–411, 417–419, 422–423
12 Virgil, 238–245
13 Plutarch, 12, 156–158, 233, 238–239
14 Tacitus, 183
19 Dante, 41–42
23 Montaigne, 400–403
24 Shakespeare, 23–26, 406–433
25 Shakespeare, 311–350, 599–600
29 Milton, 267–269, 358–359
43 Kierkegaard, 425–427
46 Eliot, George, 551–552
48 Twain, 363–395 passim
51 Tolstoy, 127–128, 135–137, 185–186, 291–292, 545–547, 615–616
52 Dostoevsky, 100–103, 127–128, 384–385
52 Ibsen, 519–521
58 Huizinga, 274–275
59 James, Henry, 8–9

4. **The social or political force of love, sympathy, or friendship**

4 Aristophanes, 824–845
5 Herodotus, 31–32, 189
5 Thucydides, 395–399, 523–524, 534
6 Plato, 154, 360–365
8 Aristotle, 406, 411–414, 420–423, 458, 478

13 Plutarch, 21-24, 32-48, 835
16 Augustine, 597-598
19 Dante, 16, 40-43, 67
19 Chaucer, 211, 231
21 Machiavelli, 24
23 Montaigne, 138-139, 437-438, 528-531
28 Spinoza, 663, 665-671 passim, 680-681, 682
35 Montesquieu, 15-16, 18-19
35 Rousseau, 330-331, 372-377, 437-438
39 Kant, 269
40 Federalist, 69-70
40 Mill, 424-425, 428, 459-461
41 Boswell, 169-170
43 Hegel, 179-180
49 Darwin, 308-310, 592
51 Tolstoy, 135-137, 146-147, 214-216, 379-388, 513-521, 527-532
53 James, William, 717-718
54 Freud, 672-695, 758-759, 781-791
58 Huizinga, 288-301 passim

4a. **Love between equals and unequals, like and unlike: the fraternity of citizenship**

4 Sophocles, 126
5 Herodotus, 258
5 Thucydides, 395-399 esp 396
6 Plato, 19-21, 360-365, 707-708
8 Aristotle, 406-407, 410-419, 495-496
11 Epictetus, 113-114, 158-160
13 Plutarch, 20-21, 623
14 Tacitus, 121-122
16 Augustine, 590-591
18 Aquinas, 516-517
19 Dante, 51-52
28 Spinoza, 665-671
33 Locke, 26
34 Swift, 165-166
35 Montesquieu, 19
35 Rousseau, 372-377
40 Mill, 459-461
44 Tocqueville, 303-304, 307
46 Austen, 16-17, 21-24, 25-28, 56, 164-168
49 Darwin, 317
51 Tolstoy, 242-243, 270, 278-279, 311-313, 314-316, 330-332, 513-521, 527-532, 617, 621-626, 631-633, 652-654, 669-672
52 Dostoevsky, 173-178
54 Freud, 674-675, 687
59 Proust, 316-320

4b. **The dependence of the state on friendship and patriotism: comparison of love and justice in relation to the common good**

3 Homer, 143
4 Sophocles, 161, 234-254
4 Euripides, 544-546
5 Herodotus, 225-226, 258
5 Thucydides, 397-398, 402-404
6 Plato, 308-309
8 Aristotle, 406, 411-414, 420-423, 456-458, 478, 495-496
11 Lucretius, 71

13 Plutarch, 32-48, 467-469, 784-785
18 Aquinas, 246-247, 511-512, 516-517, 570-584
23 Montaigne, 136, 423-424
24 Shakespeare, 328
25 Shakespeare, 388
35 Montesquieu, xxii, 15-16
35 Rousseau, 372-377
39 Kant, 269
40 Federalist, 62
40 Mill, 343, 424-425, 428
43 Hegel, 86
43 Nietzsche, 521-522
44 Tocqueville, 4, 46-47, 82-83, 196-197, 306, 330-331, 334, 406
51 Tolstoy, 214-216, 475-476
58 Weber, 124, 131-134
58 Huizinga, 287-288
59 Joyce, 535-536, 629-630

4c. **The brotherhood of man and the world community**

Old Testament: *Genesis*, 4:1-15 / *Exodus*, 23:9 / *Leviticus*, 19:17-18,33-34; 24:22 / *I Kings*, 8:41-43 / *Psalms*, 22:27-31; 68:29-35; 103:19-22; 145:11-13 / *Isaiah*, 2:1-4 / *Jeremiah*, 16:19-21 / *Ezekiel*, 37:26-28 / *Micah*, 4:1-4
New Testament: *Matthew*, 23:8-9; 25:34-40 / *Mark*, 12:31-33 / *John*, 15:9-17 / *Acts*, 17:22-34 / *Romans*, 8:14-19; 12; 13:8-10 / *Galatians*, 5:13-14 / *Ephesians*, 2:13-22; 4:1-16 / *Colossians*, 3:9-17 / *I Thessalonians*, 4:9-10 / *I John*, 4:7-5:2
5 Herodotus, 31-32
11 Epictetus, 108-109, 113, 140-141, 155-156, 192-198
11 Aurelius, 247-249, 263, 287
12 Virgil, 87-88
16 Augustine, 412, 583-584
18 Aquinas, 514-517
23 Montaigne, 513-514
28 Spinoza, 682
35 Rousseau, 369, 437
39 Kant, 449-458, 586-587
49 Darwin, 317
50 Marx-Engels, 428
51 Tolstoy, 69, 198-203 passim, 244-245, 466
52 Dostoevsky, 127-128, 171-178 esp 174-175
54 Freud, 674, 691-692, 755-761, 785-788

5. **Divine love**

5a. **God as the primary object of love**

Old Testament: *Deuteronomy*, 6:4-9
New Testament: *Matthew*, 6:33
11 Epictetus, 149, 230
16 Augustine, 1, 26-30, 92-93, 102, 129, 401-402, 437, 476, 744-745
17 Aquinas, 313-314, 615, 621-622
18 Aquinas, 340-341, 490, 511-512, 522-523

19 Dante, 63-64, 67-68, 83-86, 90-91, 95, 123-124
23 Erasmus, 41
28 Spinoza, 690, 694
39 Kant, 325-327
51 Tolstoy, 373-377 passim, 525-526
52 Dostoevsky, 133-144 passim

5a(1) Man's love of God in this life: respect for the moral law

Old Testament: *Exodus*, 20:5-6 / *Deuteronomy*, 5:9-10; 6; 7:9-11; 11:1,13,22; 30:6,15-20 / *Joshua*, 22:1-6 / *Psalms* passim / *Isaiah*, 29:8-9
Apocrypha: *Ecclesiasticus*, 2; 34:16
New Testament: *Matthew*, 22:36-38 / *Mark*, 12:30-32 / *Luke*, 10:25-28 / *John*, 14:15,21,23-24 / *Acts*, 20:22-24; 21:7-15 / *Romans*, 5:5 / *I Corinthians*, 8:1-3 / *Ephesians*, 3:14-21 / *I John*, 2:5,12-17; 4:19-5:3
11 Epictetus, 115, 149, 192-198, 230
16 Augustine, 21-22, 63-64, 92, 102-112, 350-351, 593, 646-647, 709-710, 711-712, 712-713, 715-716
17 Aquinas, 324-325
18 Aquinas, 74-75, 85-86, 482-483, 491-500, 520-527 esp 523-524, 629-632
19 Dante, 83-86, 103-104, 123-124
19 Chaucer, 273
21 Hobbes, 240
28 Bacon, 80-81
28 Descartes, 314-315
28 Spinoza, 681
29 Milton, 178-179
30 Pascal, 78-80, 245-247, 255-259, 266
39 Kant, 321-329 esp 326-327, 375, 504-505, 593, 611
43 Hegel, 325-326
43 Kierkegaard, 432
43 Nietzsche, 485
51 Tolstoy, 525-526, 608
52 Dostoevsky, 133-144 passim
58 Huizinga, 326-327

5a(2) Beatitude as the fruition of love

16 Augustine, 85-86, 691-696, 716
17 Aquinas, 322-325, 639-640
18 Aquinas, 376, 495-496, 498-499, 519-520, 528-529, 629-630, 1037-1040, 1042-1066
19 Dante, 63-64, 90-133
28 Spinoza, 681, 692-697
29 Milton, 66
39 Kant, 346-347

5b. Charity, or supernatural love, compared with natural love

New Testament: *I Corinthians*, 13
16 Augustine, 63-64, 102-112, 142-143, 476, 744-745
17 Aquinas, 310-314, 734-736
18 Aquinas, 340-341, 347-349, 490-491, 506-507, 511-512, 538-539
19 Dante, 63-64, 83-86, 99-102
21 Hobbes, 240
28 Bacon, 2-4
29 Milton, 331-332
30 Pascal, 326-327
41 Boswell, 392
43 Nietzsche, 488
51 Tolstoy, 214-218, 465, 617
52 Dostoevsky, 127-128 passim
54 Freud, 691-692, 786

5b(1) The precepts of charity: the law of love

Old Testament: *Leviticus*, 19:17-18,33-34 / *Deuteronomy*, 10:12,18-19; 11:1,13,22; 13:3-4; 24:19-22; 30:6,16 / *Proverbs*, 10:12; 25:21-22
Apocrypha: *Ecclesiasticus*, 4:1-10; 28:1-8; 29
New Testament: *Matthew*, 5:20-26,38-48; 22:34-40 / *Mark*, 12:28-34 / *Luke*, 6:27-38; 10:25-37 / *John*, 13:34-17:26 passim / *Romans*, 12:9-21; 13:8-10 / *II Corinthians*, 2:4-11; 6; 8:7-8 / *Galatians*, 5 / *Ephesians*, 4:1-2,13-16,32: 5:1-2 / *Philippians*, 1:1-11; 2:1-2 / *Colossians*, 3:12-15 / *Hebrews*, 10:24-25; 13:1-3 / *I John* / *II John*
16 Augustine, 350-351, 657-661, 709-715
18 Aquinas, 72-73, 211-212, 245-247, 321-337, 501-527, 592-598, 630-632
19 Dante, 58, 103-104
19 Chaucer, 282, 349-350
20 Calvin, 92-93, 188-189
24 Shakespeare, 427
29 Milton, 331-332
30 Pascal, 91-94, 293-295 passim
33 Locke, 1-2
34 Voltaire, 194-195
44 Tocqueville, 307
49 Darwin, 312
51 Tolstoy, 214-215, 375-376, 377, 525-526
52 Dostoevsky, 27-29, 39-40, 87-88, 131-144 passim, 153-178 passim
54 Freud, 786
57 Veblen, 140-141
58 Weber, 215-216
60 Woolf, 3-4

5b(2) The theological virtue of charity: its relation to the other virtues

16 Augustine, 102-103, 350-351, 646-647, 716-717
17 Aquinas, 309-310, 509-510, 735-736
18 Aquinas, 43-44, 60-63, 72-75, 80-81, 350, 404-407, 482-605, 629-630
19 Dante, 63-64, 93, 117, 123-124
20 Calvin, 190-193, 260
21 Hobbes, 240
23 Erasmus, 29
29 Milton, 331-332
30 Pascal, 326-327

33 Locke, 1–2
43 Nietzsche, 512
51 Tolstoy, 214–218

5c. **God's love of Himself and of creatures**
   Old Testament: *Deuteronomy*, 7:6–15; 10:15, 18 / *Psalms* passim / *Song of Solomon* / *Isaiah*, 43; 63:7–9 / *Jeremiah*, 13:11; 31 / *Ezekiel*, 16 / *Hosea* / *Jonah*, 4
   Apocrypha: *Wisdom of Solomon*, 11:22–26; 12:13–16; 16:20–29 / *Ecclesiasticus*, 11:14–17; 16:11–17:32; 33:10–15
   New Testament: *Matthew*, 6:25–34; 7:7–11; 10:29–31 / *Luke*, 11:1–13; 12:6–7,22–28 / *John*, 3:16–21; 13:31–17:26 / *Romans*, 8:29–39 / *Ephesians*, 3:14–20; 5:1–2 / *Titus*, 3:3–7 / *I John*, 3:1–2,16; 4:7–5:5 / *Revelation*, 3:19–21

16 Augustine, 140–141, 308–309, 646–647, 661–662, 685–688, 713–714
17 Aquinas, 30, 109–110, 111–112, 119–124, 197–200, 375–377, 494–495
18 Aquinas, 338–378, 482–484, 490–491
19 Dante, 48, 58, 93, 98–99, 106, 114, 123–124, 127–128, 132–133
19 Chaucer, 210–211, 273
20 Calvin, 90–91
28 Spinoza, 691, 694
29 Milton, 136–143, 161–162
39 Kant, 592
43 Kierkegaard, 414
51 Tolstoy, 271–272
52 Dostoevsky, 161, 197–200 passim
55 Barth, 474–475

交叉索引

以下是与其他章的交叉索引：

The basic psychological terms in the analysis of love, *see* DESIRE 3c; EMOTION 1, 2–2c; PLEASURE AND PAIN 7a.

The comparison of love and knowledge, *see* KNOWLEDGE 4d.

The objects of love, *see* BEAUTY 3; DESIRE 1, 2b; GOD 3c; GOOD AND EVIL 1a, 3c; TRUTH 8e; WILL 7d.

Sexual instincts, sexual love, and their normal or abnormal development, *see* DESIRE 4b–4d; EMOTION 1c, 3c–3c(3); HABIT 3–3a; PLEASURE AND PAIN 4b, 7b, 8b–8c; TEMPERANCE 2, 6a–6b.

Conjugal love and its components, *see* FAMILY 7a.

Moral problems raised by love, *see* DUTY 8; JUSTICE 3; OPPOSITION 4d; PLEASURE AND PAIN 8b; SIN 2b; TEMPERANCE 6a–6b; VIRTUE AND VICE 6e.

The role of friendship in the life of the individual, the family, and the state, *see* FAMILY 7c; HAPPINESS 2b(5); STATE 3e; VIRTUE AND VICE 6e.

The brotherhood of man and the world community, *see* CITIZEN 8; MAN 11b; STATE 1pf; WAR AND PEACE 11d.

Man's love of God, or charity, as a theological virtue, *see* DESIRE 7b; GOD 3c; VIRTUE AND VICE 8d(3), 8f; WILL 7d; the fruition of this love in eternal beatitude, *see* HAPPINESS 7c–7c(2); IMMORTALITY 5f.

God's love of Himself and of His creatures, *see* GOD 5h; GOOD AND EVIL 2a.

扩展书目

下面列出的文著没有包括在本套伟大著作丛书中，但它们与本章的大观念及主题相关。

书目分成两组：

Ⅰ．伟大著作丛书中收入了其部分著作的作者。作者大致按年代顺序排列。

Ⅱ．未收入伟大著作丛书的作者。我们先把作者划归为古代、近代等，在一个时代范围内再按西文字母顺序排序。

在《论题集》第二卷后面，附有扩展阅读总目，在那里可以查到这里所列著作的作者全名、完整书名、出版日期等全部信息。

I.

Plutarch. "On Envy and Hate," "How to Tell a Flatterer from a Friend," "On Brotherly Love," "Dialogue on Love," in *Moralia*
Augustine. *Of Continence*
——. *Of Marriage and Concupiscence*
Thomas Aquinas. *Quaestiones Disputatae, De Caritate*
——. *Summa Theologica*, PART II–II, QQ 106–107, 114–119, 151–154
——. *Two Precepts of Charity*
Dante. *The Convivio (The Banquet)*

———. *La Vita Nuova (The New Life)*
Bacon, F. "Of Love," "Of Friendship," "Of Followers and Friends," in *Essayes*
Pascal. *Discours sur les passions de l'amour*
Molière. *Le misanthrope (The Man-Hater)*
Racine. *Andromache*
Hume. *A Treatise of Human Nature*, BK II, PART II
Voltaire. "Charity," "Friendship," "Love," "Love of God," "Love (Socratic Love)," in *A Philosophical Dictionary*
Rousseau. *Julie*
Smith, A. *The Theory of Moral Sentiments*
Kierkegaard. *Either/Or*
———. *Stages on Life's Way*
———. *Works of Love*
Goethe. *Elective Affinities*
———. *The Sorrows of Young Werther*
Balzac. *At the Sign of the Cat and Racket*
Dickens. *David Copperfield*
Tolstoy. *Anna Karenina*
———. *The Law of Love and the Law of Violence*
———. *On Life*
Ibsen. *John Gabriel Borkman*
———. *Peer Gynt*
Freud. *"Civilized" Sexual Morality and Modern Nervousness*
———. *Contributions to the Psychology of Love*
———. *Three Contributions to the Theory of Sex*
James, H. *The Golden Bowl*
———. *The Portrait of a Lady*
Shaw. *Caesar and Cleopatra*
———. *Man and Superman*
Chekhov. *The Sea-Gull*
Proust. *Remembrance of Things Past*
Cather. *My Ántonia*
Lawrence, D. H. *Sons and Lovers*
———. *Women in Love*
Fitzgerald. *The Last Tycoon*
———. *Tender Is the Night*
Faulkner. *Light in August*
Hemingway. *A Farewell to Arms*

II.
THE ANCIENT WORLD (TO 500 A.D.)

Catullus. *The Poems*
Cicero. *Laelius de Amicitia (Of Friendship)*
Horace. *Odes and Epodes*
Ovid. *Amores*
———. *The Art of Love*

THE MIDDLE AGES TO THE RENAISSANCE (TO 1500)

Abelard. *Letters*
Albo. *Book of Principles (Sefer ha-Ikkarim)*, BK III, CH 35
André le Chapelain. *The Art of Courtly Love*
Anonymous. *Amis and Amiloun*
———. *Aucassin and Nicolette*
———. *Sir Gawain and the Green Knight*
———. *The Song of Roland*
———. *Tristan and Iseult*
———. *Valentine and Orson*
Apuleius. *The Golden Ass*

Bernard of Clairvaux. *On Loving God*, CH 7
Boccaccio. *The Decameron*
———. *Il Filocolo*
Chrétien de Troyes. *Arthurian Romances*
Francis of Assisi. *The Little Flowers of St. Francis*, CH 21-22
Gower. *Confessio Amantis*
Guillaume de Lorris and Jean de Meun. *The Romance of the Rose*
Petrarch. *Sonnets*
———. *The Triumph of Love*
Pico della Mirandola, G. *A Platonick Discourse upon Love*
Thomas à Kempis. *The Imitation of Christ*, BK II; BK III, CH 5-10
Villon. *The Debate of the Heart and Body of Villon*

THE MODERN WORLD (1500 AND LATER)

Abe Kōbō. *The Woman in the Dunes*
Ariosto. *Orlando Furioso*
Beattie, A. *Chilly Scenes of Winter*
Bowen. *The Death of the Heart*
———. *The Heat of the Day*
Bradley, F. H. *Aphorisms*
———. *Collected Essays*, VOL I (3)
———. *Ethical Studies*, VII
Brontë, C. *Jane Eyre*
Brontë, E. *Wuthering Heights*
Browning, E. B. *Sonnets from the Portuguese*
Burton. *The Anatomy of Melancholy*, PART III, SECT I-III
Byron. *Don Juan*
Carew. *A Rapture*
Cary. *A Fearful Joy*
Castiglione. *The Book of the Courtier*
Congreve. *The Way of the World*
Corneille. *La Place Royale*
Crashaw. *The Flaming Heart*
D'Arcy. *The Mind and Heart of Love*
Dickinson, E. *Collected Poems*
Donne. *Songs and Sonnets*
Dryden. *All for Love*
Edwards, R. *Damon and Pithias*
Ellis. *Studies in the Psychology of Sex*
Emerson. "Love," in *Essays*, I
Fielding. *Tom Jones*
Flaubert. *Madame Bovary*
García Lorca. *Blood Wedding*
García Márquez. *Love in the Time of Cholera*
Gide. *Strait Is the Gate*
Gourmont. *The Natural Philosophy of Love*
Hardy, T. *Far from the Madding Crowd*
Harris, J. R. *Boanerges*
Hartmann, E. *Philosophy of the Unconscious*, (C) XIII (3)
Hawthorne. *The Blithedale Romance*
Hurd. *Letters on Chivalry and Romance*
John of the Cross. *The Living Flame of Love*
Keats. "The Eve of St. Agnes"
Kundera. *The Joke*
———. *The Unbearable Lightness of Being*

La Fayette. *The Princess of Cleves*
Lewis, C. S. *The Allegory of Love*
Malebranche. *The Search After Truth*, BK IV, CH 5-13
Manzoni. *The Betrothed*
Marvell. "To His Coy Mistress"
Menninger. *Love Against Hate*
Meredith. *Modern Love*
Michelangelo. *Sonnets*
Nabokov. *Lolita*
Neruda. *Twenty Love Poems and a Song of Despair*
Nygren. *Agape and Eros*
Patmore. *Mystical Poems of Nuptial Love*
Peirce, C. S. *Collected Papers*, VOL VI, par 287-317
Poe. "The Fall of the House of Usher"
Richardson, S. *Pamela*
Rossetti. *The House of Life*
Rostand. *Cyrano de Bergerac*
Rougemont. *Love in the Western World*
Santayana. *Interpretations of Poetry and Religion*, CH 5
——. *Reason in Society*, CH 1, 7
Scheler. *The Nature of Sympathy*
Schlegel, F. *Lucinde*
Schleiermacher. *Soliloquies*

Schopenhauer. *The World as Will and Idea*, VOL III, SUP, CH 44
Scruton. *Sexual Desire*
Sidgwick, H. *The Methods of Ethics*, BK I, CH 7; BK III, CH 4
Sidney, P. *Astrophel and Stella*
Spenser. *Epithalamion*
——. *The Faerie Queene*, BK IV
——. *An Hymne of Heavenly Love*
Stendhal. *The Charterhouse of Parma*
——. *Love*
——. *The Red and the Black*
Stephen, L. *The Science of Ethics*
Stevenson. *Virginibus Puerisque*
Synge. *Deirdre of the Sorrows*
Taylor, J. *A Discourse of the Nature, Offices and Measures of Friendship*
——. "The Marriage-Ring," in *Twenty-Five Sermons*
Tillich. *Love, Power, and Justice*
Tirso de Molina. *The Love Rogue*
Turgenev. *Liza*
Tyler. *Dinner at the Homesick Restaurant*
Wedekind. *Pandora's Box*
Wilde. *The Importance of Being Earnest*
Williams, T. *A Streetcar Named Desire*

51

人 Man

总　论

无论把人作为人类研究的对象是否合适,唯有在这门研究中,认知者和被认知者是合二而一的,这门科学的对象就是科学研究者自己的性质。如果我们想到人们对"认识你自己"这句古代律令作出的种种回应,那么心理学的历史或许比起任何其他学科都更为久远。不过按照更严格的概念,科学需要有比个人洞见或自我省觉更多的东西。必须建立适于所有人的概念、原理和分析,而内省的方法能否满足这一目的,这点遭到质疑。心理学家应该用什么方法,这在一定程度上取决于研究的确切对象和范围。若按照内容和方法的不同来定义心理学,那么有几种学科似乎采用心理学这个名号,在西方思想中也各自有其源流传统。

有种意见认为,心理学始于柏拉图的对话和亚里士多德的论文《论灵魂》。正像亚氏论文标题所指,也正如"心理学"一词的希腊词根所暗含的,这门学问的对象是灵魂而不是人。后来,康德建议说,人类学是人的科学的更适合的名字。希腊对灵魂的研究超出了人,而扩展到所有生灵。这是因为"灵魂在某种意义上是所有动物生命的原则",亚里士多德写道,"关于灵魂的知识很显然对于一般真理的深入认识,尤其对我们理解自然,贡献良多"。

不过,对于希腊人来说,心理学主要关注对人的研究。对人类灵魂的组成部分或机能的分析就是对人类自然属性——人拥有的能力,以及为人类特有的行为或功能——的分析。推进这一分析的方法大部分与希腊哲学家研究物理学时使用的方法相同。"对灵魂的研究,"亚里士多德写道,"属于自然科学。"心理学家的定义与物理学家们相近,就是给出"因为这个或那个原因,或者朝向这个或那个目的,这个或那个身体(或身体的一部分,或身体的机能)运动的某种样式"。只不过,在研究人类灵魂时,心理学家可使用不适于其他事物的方法。人类理智可以检省自身。心智因此可以对无法用其他方式观察到的心智现象有所了解。

当传统推进到更晚时,心理学的对象在某种意义上变得狭隘了,这时心智研究取代了对人的研究。这种狭隘化是逐渐发生的。虽然笛卡尔把灵魂与心智或理智视为一体,但他不仅考察思想和知识,也考察激情和意志。与笛卡尔的身体灵魂观不同,霍布斯和斯宾诺莎给情感与给理念和理性以同样多的关注。但到了洛克、贝克莱和休谟,他们越来越注重对意识内容和理解活动进行分析,把知识和理解完完全全看作思考或认知的一种功能。如果说在早期,心理学也常用到对人类和其他动物行为的观察,在他们这里,心理学知识似乎主要来自内省。

威廉·詹姆士的《心理学原理》和弗洛伊德的著作标志着这门学科向更宽泛概念的回归。根据詹姆士,"最好……让这门学科和它的对象一样含混点……如果这么做可以让我们对近在眼前的要务多些了解的话"。如果心理学"考虑到这样的事实,即心智存在于环境之中,环境作用于心智,心智也反作用于环境",同时"把心智放在它所有具体的关系中间来认识,那么它就远远地比老旧的'理性心理学'更加丰富。'理性心理学'仅仅把灵魂看作是外在的存在,自身自足,只是悬空考虑其本质和属性"。詹姆士继续说,"这样我也就能很自由地借助动物学或者纯粹的神经生理学,只要它们对我们的目的有所助益"。

尽管在詹姆士和弗洛伊德那里,心理学的范围扩展并未超出阿奎那论人与论人类行为和激情的论文所涉及的主题范围,不过,他们回归到把人作为整体来研究上来的做法与对一种新方法的兴趣或者说新方法的创造相伴随,这种方法就是实验和医疗法。"作为一个科学家,"弗洛伊德说道,"心理分析师的特征在于他所使用的方法,而不是他所考察的对象。"那些以实验研究为科学与哲学分界线的人们,就把心理学的诞生定在这些新方法最初运用之时。他们认为,詹姆士和弗洛伊德之前的绝大多数心理学著作都是思辨的哲学著作。

关于心理学的结论是否可靠的争论,有时表现为不同方法之间的冲突,它们都宣称自己是达到真理的唯一道路;有时,方法之争则让位于对象之争,如在康德那里就是如此。康德认可实验心理学的可能性,但它只限定在对现象界的思想与感知过程的探究,因为对于这些对象,"在思想的运行中我们可以让这些观察提供帮助",由此"从思想自身"绅绎出"自然律"来。但是,他继续说,"它绝对不可能发现超出任何可能经验的属性"。

所谓"理性心理学"的目标在康德看来是不可能的,这目标就是关于灵魂本身的实存或实体的知识。他说:"获得关于超出经验限度的经验对象的确定知识"是不可能的。由此可见,康德对理性心理学的批评与他对关于上帝存在和意志自由的形而上学的批判建立在同样的原则基础之上。

这些原则又建基于关于人类的能力,比如感性、知性和理性,以及它们在经验和知识建构中的作用的精细理论之上。但康德并不把他自己关于能力的理论看作心理学。另一方面,洛克和休谟学者则想要把他们的心理学——当然主要的关注点就是,心智的内容如何获得和形成——作为评断其他所有知识合法性的基础。他们并不质疑心理学本身的可靠性。他们好像假定了,自我认知有超越所有其他学问的独特优势。

心理学的范围和可靠性等问题,在某种意义上与**知识**、**心智**与**灵魂**三章比与本章关联更为紧密。在这里所讨论的关系,仅仅局限于它们与人类本性这一主要问题之间的关联。不仅仅心理学传统,而且整个西方思想传统似乎都因人类本质的问题而形成分野。

这个问题可以从许多角度来提。人是理性的动物吗?而且这一定义是否暗示了只有人是有理性的?它是否意味着人有自由意志,而且只有人有自由意志?就像生命体和无生命体之间的区别,或者植物与动物之间的区分一样,这个问题也可以从种的差异与程度的差异等不同方面提出。人与其他动物有本质的或者种上的区别吗?还是所有动物都有着同样的根本属性?还是人与其他动物有着同样属性,而其区别表现在程度上?

有些人,譬如达尔文,就认为"人和很高级的动物的心智差别当然只是程度而非种属上的差别。我们已经看到,"他这样写道,"感知与直觉,不同的情感与能力,譬如爱、记忆、专注、好奇、模仿、理性等等人类自夸者,在低等动物身上也可以发现其雏形,甚至有时是很完善的表现。它们也能在遗传中进化,拿家狗和狼或豺作比我们就可以看到这点。如果说,某些高级的大脑机能,如一般概念的建构、自我意识等等,绝对仅只为人所有,这点能否被证明非常值得怀疑,那么这些质素仅只是其他高度发达的理智能力偶然引致的结果,这就不无可能;而高度发达的理智能力本身则又是持续使用一种完善的语言带来的结果"。这个观点明显站在这一立场,即人与其他动物的区别,正如一种动物之有别于另一种动物。

站在相反立场上的人认为人与其他动物之间是种属差异,但关于种属差异的确切本性,他们并不总有一致的意见。不过在很大程度上,他们把理性仅仅归于人类,而用"兽类的"(brute)一词指明,所有其他动物都完全缺乏理性,无论它们的智力多么敏锐或者它们的本能反应看上去有多么聪明。弥尔顿就是其中一例,他和其他许多人一样,把人描述成

> ……这样一种造物,不像其他造物那样面朝下行走,充满兽性,
> 而是被赋予圣洁的理性,可以直立行走
> 面朝前方,视界清明
> 统治万物,自知自尊,
> 并因此慨然以应天命

那些认为在人类和其他动物之间存在种属差别的人,也会倾向于认为,人类社会和人类语言跟蜂巢蚁窝,跟叽喳的鸟叫、丛林动物的呼吼或者鹦鹉学舌等有根本不同,因为它们是人类理性的结果或显现。和达尔文不同,他们之中有些人认为,人类语言不是人类和其他动物存在显性种类差别的原因,而是人类在种属方面真正特殊之处——即独有他拥有理性——的结果。人类能够做某些其他动物不能做的事,这个事实对他们来说意味着,人类拥有其他动物完全

没有的某些能力。因此,类人猿不可能把"石头改造成工具"或者"从事形而上学思辨,或者解决一个数学问题,或者思考上帝,或者面对大自然雄浑景观心生敬意",达尔文对这点的承认在他们看来是表明了,猿猴完全缺乏人类的理性或者智力,无论它的动物性理智是多么敏锐。但是,同意人类与野兽存在根本区别的人,在对人类理性的评价方面不尽一致;他们也并不全部认为,自由意志自然而然与理性相伴相生。

比如,洛克以这样的评论开始了他的《人类理解论》:"理解力将人置于其他可感知的生物之上。"人和其他动物一样有感知、记忆和想象能力,但是,他说,"野兽无法抽象……抽象能力在它们那里一点都没有"。拥有"一般观念"的能力"是区分人和兽的分水岭,是动物能力不可能达到的完善性的所在"。但是,洛克否认人具有在不同可能性之间进行自由选择意义上的自由意志。与洛克相反,卢梭宣称,"每个动物都有观念……在这方面,人和兽只有程度上的差别……因此,理解力并不像自由行动这种人类属性一样,构成人和兽之间的特殊差别……正是在对这一自由的自省自觉上,表现出人类灵魂的精神特质"。

詹姆士同意洛克的观点,认为"兽类可能既不能具有能抽象的能力,也不会通过相似性进行联想的能力",不过,詹姆士认为是后面提到的这种联想能力构成人兽之间的根本区别。他断言:"我们或许可以认为这一点已然得到证明:人类心智和兽类心智之间最根本的区别在于兽类缺乏通过相似性进行联想的能力。"詹姆士列举了"人是唯一的理性动物之外其他典型的人类殊异特点"。他说,人们又被称作"会笑的动物"和"会说话的动物",但詹姆士认为,和人类理性一样,这些都是"人类通过相似性进行观

念联想这一无与伦比的能力的结果"。

对詹姆士来说,理性和语言是人类特殊禀赋的后果,而对亚当·斯密来说则是原因。"以物易物、交易、交换的倾向",斯密写道,"是人共有的能力,而在其他动物身上未有发现"。在他看来,这是"理性和语言能力的必然结果",是人类所特有的。霍布斯,如我们刚刚看到的,却持有另一个立场,他从语言能力——这个没有其他动物具有的能力——的角度来揭示人类的理性能力。托克维尔评论道,"尽管人在很多方面和动物相似,有个特点为人类所特有:人完善自己,而动物不能"。

对人和其他动物差别的讨论不仅是哲学家和社会理论家的领地,也是小说家的地盘,他们常常不那么轻易地去颂扬人类,认为他们在动物之上。在斯威夫特的《格列佛游记》中,半人半马的怪兽批评人类缺乏理性和德行,而在《白鲸》里,麦尔维尔描述了鲸鱼是如何比人类崇高得多。《动物农场》中奥威尔拿人跟猪和羊——现在这些政治象征仍然流行——作比,对亚里士多德的观点"人是政治动物"给出了新解。当然,文学作品中最让人震撼的人和动物之间的比拟出现在卡夫卡的《变形记》中,其中的第一行就告诉读者,主人公已经变成了一只甲虫——在卡夫卡看来那是低等生存的象征。

尽管理论和解释中有种种说法,洛克、卢梭、詹姆士、斯密,可能还有霍布斯等等这些学者好像都同意人和兽有种属上的区别。就这一点而言,他们甚至和柏拉图、亚里士多德、奥古斯丁、阿奎那、笛卡尔、斯宾诺莎、康德和黑格尔等学者一致,尽管后面这类学者认为心智、理性或智力是人所具有的特殊能力,而他们则肯定不这么认为。因此,根本立场的对立并不在于是否否认关于理性的某一特定理论,而是在否认人所拥有的任何能力或禀赋能允许我们把人称作"理性的"而把其他动物称作"兽性的"。

这些立场尖锐对立。但有些学者关注的只是人类文明中的某些特征,譬如艺术和科学,或者律法、政府和宗教,对他们来说,这种对立是可以避免的。譬如,J. S. 穆勒在讨论正义感时,发现它根源于这样一种自然冲动,即"对任何已造成和在形成的对我们自己或我们同情的人的伤害的憎恶、反抗或报复",而这一冲动"存在于所有动物本性之中"。人类有别于其他动物,他写道,"首先,在于他能同情,对所有人类甚至所有具有感知的生物的同情,而不仅是对其子女的同情,或者像某些较高贵的动物那样,对某些善待他们的更高级动物的同情。其次,在于人有更发达的智力,这使他的情感更为广阔,无论这情感是自我评价还是同情外物。由于他具有优越的智力,即使不论他的同情更为广阔,人还能够理解在他和他作为其中一分子的人类社会之间结成的利益共同体"。

这类观点好像并没有解决如下问题,即这种典型的人类进步说是否表明人拥有让他"种属上有别(于他物)"的特别能力。虽然承认人的行为或技能与其他动物有显著差别,但这种观点并没有排除这种可能性,即这种技能可能仅仅表明能力在程度上有较大差别,而有种属差异的表象。

我们已经看到,人兽问题没法和关于人的所谓"高级能力"的争论分开。除了认为人是纯粹灵的存在、只是暂居于或只是使用肉体这一观点之外,没有哪种关于人类本性的理论怀疑,人作为活的有机体,和动植物共有某些基于肉身的能力或机能。盖伦称为"自然能力"的植物性机能对人就像对所有其他的生命体样式一样,是不可或缺的。与此相似,感知和欲望或欲求的能力显然在人和在其他动物中一样存在。对那些只去观察人和动物外在行为的观察者来说,当外物刺激其感觉器官时,人和高级动物的反应会表现出相似的身体运动,仅只因为它们的骨骼结构和运动器官不同而有所不同。它们因为内在情感波动而表现出的外在表征也着实接近,足以证明人和其他动物应对恐惧和愤怒情感的方法也都相似。

对于所有这些,伟大著作传统似乎少有争议。但当考察到这些外在运动的内在意义时,困难就出现了。人和动物有相似的感觉器官和触、尝、嗅、听、看等诸种能力。但是就通过感官增长知识的方式而言,人类与动物一样吗?记忆和想象能力是否会像对人一样拓展动物的理解范围?这些能力对感知当下对象物的影响在人和动物那儿一样吗?

这些问题仅仅靠对外在行为的观察无法给予回答。我们似乎需要把人类的经验和动物的经验加以比较,而这一点无法做到。如果认知或思考是人独有的能力,上述问题就变得更为困难了,因为如果在所有人类经验中都含有理解或理性这种特有因素,而动物经验中却完全没有,那么动物和人的感官感知、想象力甚至情感就可能是无法通约的。

在古代和中世纪,感知能力,包括较为低级的记忆和想象力,常常和另一种能力区分开来,这种能力有"理智""理性""心智"等不同叫法。柏拉图、亚里士多德、普罗提诺、卢克莱修、奥古斯丁和阿奎那对"理智"或"心智"自身及其与感知和想象的关系的定义不同,但他们都没有质疑它作为一个独立能力的存在。感知能力的领地不会扩展到观念或理智对象,在他们看来,感性记忆或想象也不同于理性思想。

古代和中世纪传统似乎从不质疑人有截然不同的两种认识能力,不仅如此,而且人们普遍认为其他动物只有感知能力,只是程度或强或弱而已。只有人既能感知也能理解;只有人既理解特殊也理解一般;只有人能思考既无法感知甚至严格说来无法想象的对象,如原子和上帝、无限和永恒,或者理智本身。断言理性和感性之间有本质区别,似乎跟断言人和兽之间有本质区别密不可分。

对这两个断言的怀疑或否定,在近代得到了广泛认同。不过,尽管这两个断言看似密不可分,它们并不总是被一起否定。譬如,蒙田不怀疑人有理性,反过来他怀疑其他动物是否真的没有理性。他通过比较人和动物的表现,以外在的证据来考虑这一问题。理性的光芒似乎在人和动物那里都闪闪发光。

他重复了许多从普鲁塔克、普林尼和克吕西波那里传来的故事,这些故事被认为揭示了动物和人类智力的比较。一个故事是关于猎狗,它顺着味道,跟到一个三岔路口。在闻过第一和第二个路口,发现没有气味后,它会毫不犹豫选第三条路。蒙田认为,这是一种三段论法,好像狗如此这般推理了一番:"我跟着主人到了这个路口;他必定沿着这三条路中的一条前进;不是这条,也不是那条;因此他必然走第三条。"

值得注意的是,阿奎那也说了完全一样的故事,然而他要说明的是,这种动物推理的表象可以解释成本能决定的行为。"在非理性动物的举止中,"他写道,"我们看到某些理智的印迹,好像有至高无上的艺术注定了它们自然倾向于以最为有序的方式行动。有些动物被看成是明智或者理智的,是因为上述缘故,而不是因为它们的理性或在事物之间进行过任何选择。"他断言"本性相同的动物都以同一方式行事,这个事实清楚表明",动物的这类行为不是理性的产物。

和蒙田不同,马基雅维里似乎认为,人兽相似之处不在同有理性,而在于同样缺乏理性。激情控制行动。智能在很大程度上表现为被激情驱使去追求目的时的狡计或诡诈。在社会丛林中人往往不是靠强力而是靠欺骗取得成功,这并不意味着人因此在本质上比野兽较少兽性。他或许比狐狸还要狡猾,不过若非掌握武器,他比狮子要弱小。"被迫而又心照不宣地像野兽一样行动"的君主,马基雅维里评论道,"必须既是狮子又是狐狸,因为狮子不能保护自己遭蛇袭击,狐狸不能让自己免受豺狼进攻"。

不过,近代对古代和中世纪观点的反驳大部分采取这样的形式,即否认理性和感知是截然有别的能力。在这种观点的代表性的表述中,这一否定是跟霍布斯、贝克莱、洛克等人对抽象观念的否定一齐出现的。他们的立场是,只是因为使用能指向普遍者的通名,所以人显得具有抽象或一般观念。**普遍与特殊**章对此有更充分的讨论。

根据霍布斯,语言是人和兽的所有其他差别的本根。感知和想象"人兽共有"。任何动物,只要它有记忆和想象力,就能够进行推理或者说具有"连贯的思想"。但是,霍布斯所谓"由语言因致的理解"则为人所独有。"借助语言和方法,人和兽都具有的能力"可能被提升到如此高度,使人和所有其他生物区分开来。霍布斯的这一观点似乎意味着,他认为人类之优越于兽类,仅只是在程度上。但另一方面,他又举出只为人类生活独有的建制,如宗教、法律和科学,这又暗示了种属上的差别。

和霍布斯相似,贝克莱认为,人类使用通名,但是并没有一般观念或抽象观念。但是比起霍布斯,他好像很不愿意承认人显而易见的优越性,即使是就人通过语言能力获得的成就而言。他这样回应洛克说,如果"兽类不能进行抽象"这个事实"被当作动物的特质,我恐怕很多被认为是人类特质的东西也都可以算在动物的特质里"。休谟比贝克莱和霍布斯走得更远。休谟同意他们的观点,认为人类没有超出感知和想象的其他能力,所以并不具有什么动物不具有的能力,而且,只有他明白说出了此中暗含的结论。

"无论人还是动物,"他写道,"都通过经验学到许多东西,并且推断同样的事件总会伴随同样的原因而来。"这种推断,无论在动物还是人那里,都不是"建立在什么论证或推理过程之上"。它们是习俗和本能作用的结果。"假使这一点就人而言存在疑问,人们似乎承认,就兽类而言则毫无问题;然而,这一结论既然在兽类那里牢牢确立,通过类比原则,我们可以强烈地设想这应当得到普遍接受,没有任何例外或者保留。"

但是,如果人类和动物推理这个表象的基础是习俗和本能,休谟说道,我们或许可以追问:"人类的推理能力大大超乎动物,此人又大大超乎彼人,这如何会发生呢?"他似乎完全用同一因素的程度有所不同来回答这个问题。智商较高和智商较低的人之间的差别,跟人和其他动物之间的差别类型一模一样。

达尔文后来罗列了人类心智的一系列性质,他的目的也是要用它们作为证据,来证明与休谟相同的观点。但对那些认为只有人类拥有超出和高于所有感官能力的理智或者理性能力的人来说,这些证据仍然不足以得出结论。就像在猎狗的例子中阿奎那和蒙田对其行为给出的解释不同一样,观察到的事实一致,可能那些对人类和动物理智抱有对立理论的人会做出完全相反的解释。

通过人自身思考的内省体验获得的内在证据，是否能解决这一争议呢？正如笛卡尔看到的，对这一证据的解释同样建立在人和兽的同与异的预设基础之上。

"我们无法不每时每刻在内心体验我们之所想，"他写道，"而且，谁都不能从野兽能完全无思无虑地做出所有同样的举动这个事实推断出人并不思想；除非他只是硬行地把思想赋予动物，从而事先就说服了自己去相信他的行为和动物的行为完全一样，否则，他就只能固执地重复这些话：'人类和动物按同一方式行动'，乃至于尽管他明明白白看到动物不在思想，尽管他无法不具有内在的意识，他也宁愿认为自己不在思想，而不改变自己的看法，即他的行为方式和动物无异。"

另一方面，笛卡尔继续道，那些认为"思想与身体运动不可分离"的人，会更有理由得出结论，认为在人类和动物是一回事，因为它们也能内在地注意到所有身体运动，和我们一样；他们还会加上一句，"仅仅程度或大或小的差异并不造成本质差异"，尽管他们可能认为兽类比人类的理性要少，他们仍会推定，但我们的心智完全是同一种类。

感知和理性的问题，在**心灵**、**感觉**章，以及**观念**章和**普遍与特殊**章——在那里讨论抽象观念或普遍概念这一问题——中讨论得更为充分。对灵魂的一般讨论以及人类灵魂的特别讨论主要见**灵魂**章，以及**意态**章。但跟感知和理智问题一样，灵魂与人类本性问题的关系值得在这里简要评论。

问题不在人是否有灵魂，而在是否只有人有灵魂；理性的灵魂；无论就其整体或部分而言非物质的灵魂；能把实存与肉体区分开来的灵魂；不朽的灵魂。如果像亚里士多德那样视灵魂为所有活的有机体的生命原则，那么有灵魂便不能把人和动植物区别开来。往前推进一步，如果理性灵魂基于某些能力的差别，如智识和意志的差别，有别于感知的灵魂和植物性的灵魂，恰如人之有别于野蛮的动物和植物，那么"只有人有理性灵魂"似乎就没有为"只有人是理性的"这一观点增添任何东西。

但是，如果通过理性，人类灵魂推衍出一种高于人的非物质的或属灵的样式，那么人类拥有这样的灵魂就把他和所有其他事物区分开来，其差距甚至大过人类特殊的理性能力使他与兽类区相分离的跨度。卢克莱修的观念从相反方向阐明了这个区别。他不否认人有灵魂。不过，和其他也有灵魂的生命体不同，人的灵魂包括一个特殊部分，卢克莱修称之为"心智"或"理智"。按照他的描述，它是"为生命也为理解指明方向的力量"，它"是人的组成部分，完完全全就像人有手有脚还有明视的眼睛"。

人因为拥有这种特殊能力，所以卓然独立。但对卢克莱修来说，除了原子和虚空，无物存在。由此，"心智……必须有肉体之特征"，它由微粒构成，这种"微粒非常圆润，而且实在非常小，最小的冲击都可以……使它运动"。在物质构造上，人与其他合成物没有任何根本方面的差异。而且，他的灵魂的物质性意味着它像所有合成物一样有朽。

在与卢克莱修正相反对的另一端，笛卡尔把人看成两种实体的结合。"我有一个身体，"他写道，"我和它非常紧密地结合一处，但因为，一方面，我就自己是一个思考着而无广延的事物而言，有一个清晰的自我观念，另一方面，我有清楚的身体的观念，它仅只是一个有广延而不思考的事物，因此，确定无疑的是，

51. 人

这个我(也就是我因此而是我之所是的灵魂),可以完全地绝对地与我的身体分离,可以没有身体而独存。"不过,"疼痛、饥饿、口渴等感受"使得笛卡尔加上一句:"我不是寄居于身体,像领航员居于船上,而是……我和它紧紧联在一起,如此致密,可以说我好像和它合为一体。"

只有人有双重本性,因此是复合物。笛卡尔似乎这么认为,其他生命体只是身体,有着复杂机器的结构,像它们一样运转。如果就像"人造出来的……机器人或能动的机器一样",有"这样一种机器,它有猴子或者某些其他没有理性的动物的器官和外形,我们就没有任何……办法确定,它们和这些动物不是具有相同的本性"。

是否该把其他动物看作机器,或者,因为它们有生命、感知和想象,是否应认为它们具有灵魂,这些对笛卡尔来说并无所谓。他写道:"我既没否认兽类有世俗所谓的生命,也没否认它有寄居肉体的灵魂,或者机体的感知。"他否认的是思想;只是这一个因素使得机器没法模仿人类的语言和行动。也只是这一因素要求人的灵魂,不同于兽类的灵魂,是脱离肉体的实体。

根据笛卡尔,与感知和激情不同,思想和意志行为不可能是身体器官的功能。"即使我假定",他写道,狗和猿猴"会思考","也不会就此推出没有和肉体相分离的人类心智,相反,得出的结论应该是其他动物也有脱离开肉体的心智"。因此,笛卡尔强调人的独特性时,他肯定的不仅仅是,只有人有理性和自由意志。他肯定的是,在万物之中,只有人"由肉体和灵魂组成"——这灵魂不是寄居肉体的灵魂,而是精神实体。与此相对,天使完全是精神。

"人类是神兽之间的中道",普罗提诺的这个评论,若对其意义略加改动,适用于笛卡尔的观点。但关于人的构成还有些其他概念,尽管这些概念保留着人的双重本性的意思,但并不认为人是两个截然分开的实体的结合。

譬如,斯宾诺莎就把人放在自然秩序的特殊位置,他认为只有人能分有神圣意识。他写道:"人类心智是上帝无限理智的一部分。"相反,人的肉体,"就上帝作为广延物而言,是对上帝本质给出确然和确定的表达的一种样式"。这样,尽管人由"心智和肉体组成",但对斯宾诺莎来说,人类本性中的两重性是同一实体的两个方面,而不是两重实体。

还有另外一种观点认为人类具有某种非物质性。在亚里士多德的理论中,灵魂不是自存的实体,而是有机生命体的实体形式。对任何种类的灵魂都是如此,无论是植物的、动物的、还是人的灵魂。但是,当亚里士多德列举出生命体所有的不同能力如吸收营养、欲望、感知、运动和思考能力等等时,他把"思考能力,即心智"只赋予人,或者"可能的跟人类相似或高于人类的其他等级"。不仅如此,而且在灵魂的各个部分或各种能力中,在亚里士多德看来,思考是"所有灵魂倾向均与身体有关"这一原则"最有可能的例外"。

除思考之外,"似乎没有其他情况,"他说,"灵魂可以在作用或被作用时不涉及身体。"如果说,感知能力即寓于身体器官之中,除非作为身体功能否则无法行为,那么理智是非物质的。它没有身体器官,可与眼睛作为视觉器官、大脑作为记忆和想象的器官相比拟。理解行为不是物质实体的功能。

根据这一理论,人从整体上说是单一实体,由相互关联的存在的本原即质料和形式或身体和灵魂组成。但是人之有别于所有其他同是合成的物质实体,就在于他有区别于质料的能力和行为样式。在此后阿奎那对这一理论的发展中,理智的非物质性成为基础,他拿它来论证,当作为合成物的人类实体因死亡而解体时,人的理性灵魂可以脱离质料而存在。

如**不朽**和**灵魂**二章所提示的,这不是灵魂不朽的唯一论据。但是,我们这里关注的不是各种论据及其特点,只是这样一个事实,即某些关于人的构成的观念认为,人有某种高于理性能力的东西,这就是独属于他的精神性的不朽的生命。

人类的未来和过去为人当下的生活增色,并且改变着他看待他在万物结构中所处位置的视角。不朽确保了对死亡的救赎以及对生死流变的超脱。由于灵魂不朽,人既属于时间也属于永恒。他不只是宇宙中的一个瞬间角色。人不再认为自己将完全化为尘土,于是人具有了另一种地位和尊严。

人的过去或源起问题,对于人类今天的地位也许有更为重大的意义。古代诗歌和历史包含了很多人神本为亲属的神话。英雄们追踪族谱至远古神灵。通过他们或者通过宗族祖先,人把自己视为圣者之后,跟不朽的神灵更为亲近,比跟所有其他尘世事物更为亲近。

在《人类的起源》中,达尔文描画了人类源起的不同图景。两个论点确定了它的大概框架。第一,前已陈述,人属于动物王国,人与其他动物除了程度差别无差异。不仅在解剖学、生理学和胚胎方面有证据表明人和猿猴的亲缘关系,根据达尔文,人的行为和智识也表明,人并不拥有专属于人的、在动物生命的高级形式中毫无踪迹可寻的能力。

第二个论点是,人类在地球上的源起,是由一个祖先种属通过自然变异而来,恰如其他动植物的新种是由一个共同祖先变异承继而来。这种物种起源理论在**进化**章讨论。这一理论应用于人类这一种属时,意味着人猿同祖共宗,也意味着不仅人类的祖先形式,而且变异链条中所谓"缺失的链环"这一居中类型,都已消失。

上述两个论点在逻辑上相互依赖。如果人与其他动物并非仅仅在程度上有别,那么,人猿同祖共宗并由猿进化而来的论点就不可能正确。反之,如果达尔文的人类源起理论是对的,人兽存在种属的差异就不会正确。但是,尽管其中一个观点的正确性暗示着另一观点的正确性,反之亦然,人和其他动物的差别问题在逻辑上优先于人类源起问题,原因仅仅在于,解决前一个问题有更多的证据。前一个问题就要求我们对今天的人类和现存的其他种属进行比较考察;而后一个问题则要求我们搜集和阐释历史证据,这些证据则可能牵涉到"缺失链环假设"。

必须要补充的是,就第一个问题而言,如果证据更倾向于确证种属的差异,这并不必然推出对生物进化的否认,尽管这肯定会挑战关于进化如何发生的达尔文理论。除了达尔文假说,另一假说是突变理论,根据这一理论,低等样态的生命可能会突然形成新的生命形式,它不仅更为高级,而且在种属上截然有别。

按照犹太－基督教的观念,人是一种特殊的被造物,他的特殊之处尤其表现于"上帝按自己的形象造人"这一点上。基督教神学的这一观念也许和某些突变类型的生物进化论能够共处,但无论如何,在达尔文的人类起源论与犹太－基督教观念之间,似乎有着回避不掉的矛盾。

既然上帝本质上是完美的理智和精神性的存在,根据阿奎那,人"因为他的理智本性而被认为是上帝的影像或形象"。所有被造物都"与上帝有某些相似",但只是在人那里,这种相似是形象的相似。人的有限性、不完美和肉身存在使得这种形象只是遥遥地相似;但是,根据神学家们的观点,正是这种相似把人和所有其他世间生命分开,而使他位于天使之列。

但人离天使并不比他离野兽更近。他之因肉体而与天使分离,恰如因理性而区别于野兽。他在当下的生命之中也并不拥有脱离肉体的精神性存在和不朽灵魂。对人的界定包含三个否定——不是天使、不是野兽、不是灵魂。此外,基督教神学家根据人的过往还加上了第四点。人类是亚当后人,但是他不再有亚当堕落前曾经拥有的品质。

人堕落而失去恩宠的学说在**罪**章中讨论。这里我们关心的只是它对人类当下本性的理解意味着什么:他不仅仅没有了因为亚当食言而失去的作为特殊赐物的生命和知识,而且因亚当的罪而受到永久的伤害。虚弱、无知、恶毒、肉欲,阿奎那称,"是我们第一个祖先的罪而给整个人类本性刻下的四个伤害"。此世之人不仅不能承继亚当的赐物,而且,根据阿奎那,由于失去恩宠,他还要承受"朝向德性的自然倾向"减少之折磨。

对人的世界还有其他区分,但没有像伊甸园和其后世界的区分这么判然。如柏拉图重述的那样,古代神话说到黄金时代,人们那时生活在神祇直接的恩典之下,这种神话也暗示出跟眼前的实际完全不同的人类境遇,但这并不意味着人类天性本身在从黄金时代向当下转变时是堕落。近代对生活在自然状态下和生活在公民社会中的人的区分只考虑到了人类生活的外在环境,而没有根据其灵魂的两种情况来区分。史前人类和有历史记载后的人类,或者原始人和文明人这些两分法可能更不是判然的区分,因为它们更多针对的是在同样的外部条件下的层级或程度。

这些考虑把我们带到了人类思考自身的又一领地。如果前面说的是人如何有别于宇宙中的其他万物,这里的问题是人如何有别于人。如果人作为个体并不平等,那么个体差异在多大程度上是生而就有的不平等的天赋的结果,又在多大程度上是生命历程中个人求索的结果?

人与人之间的差别,无论是先天或后天而来,其本身可能成为把人分为正常人和非正常人的凭据。根据这一区分,有些人弱智或疯癫,他们有别于健全和理智清明的人。从道德和政治的角度看,这或许是所有分类中最具根本性的。但是必须承认,传统的男女之分、成人与耄耋之别,似乎曾对确定政治地位和道德责任有更大影响。

人与人之间区分的另一理论似乎对人类社会理论和文明史有着重大影响,这就是人群的区分。有时人群的形成是以使他们各个有别的身体和智力特征为依据——无论这些特征被认为是由遗传的种族基因生物性地决定,还是由于环境的影响;有时人群的形成依据的是文化传统和观念。这两套标准似乎见之于传统的对希腊与蛮族、基督徒与异教徒、欧洲人和亚洲人这些对立范畴的讨论中。但是,只有在 20 世纪,人类内部的种族差异才在人类学中以科学态度应对,譬如在杜布赞斯基《遗传学和物种起源》一书中处理的就是这一问题。

也只有在 20 世纪,性别问题——作为人之一种的男人与女人的问题——才走上前台。从荷马到 19 世纪末叶整个的文化传统中,"男人"(man)一词都被用来指称所有人,而绝非仅指男性。除了古代的柏拉图和 19 世纪的穆勒是可能例外之外,几乎所有的大思想家,从亚里士多德到尼采,都认为男性优越于女性。尼采这一点上最为明确。对他来说,否认男女之间的对立和敌对性的紧张,并梦想他们有同样的权利、同样的教育、同样的权限和义务,这是"头脑肤浅的标志"。即使在 20 世纪早期,凡勃伦在描述美国社会妇女地位时仍说:"干点儿杂活……颇合乎女人的身份"。

妇女选举权运动——穆勒是这一运动的先驱——在 20 世纪的第一个 25 年取得了成功,但直到第三个 25 年女权运动才爆发。不过,在此之前,我们在萧伯纳的《圣女贞德》前言中就看到对这一运动信条的出色预言。要想真正理解圣女贞德,他写道,必须抛掉"性别偏见和其中的浪漫想法",而把"妇女"看作"是人类中的女性部分"。

人对自身追问的最根本的问题,恰恰由于追问它们,就已经得到了部分答案。这个答案或许是,人是万物的尺度:他自足,或至少配得上他占据的位置和他在宇宙结构中的角色。这个答案或许是,人不是上帝,不能俯视自然的其他部分,他甚至不能安然自适于时空之中,他只是有限的、有所依赖的造物,明白自己的不足,他是个孤独的流浪者,寻觅着某种超越他自身、超越此世的东西。无论是否有现成的答案,人追问着自己是什么、从哪里来、到哪里去,这种追问代表了人类本性的两面——人类的知识和人类的无知,人类的伟大和人类的卑微。

人,帕斯卡写道,"和无限相比是空无,和空无相比是无限,是空无和万物的中道。因为他离终极理解无限遥远,万物的终极和源起毫无希望地向他隐藏,成为无法破解的秘密;他同样无法看透他从其中而来的空无,以及他将被吞噬于其中的无限"。

"人,"帕斯卡继续说道,"必须不能认为他是兽类或者天使,或者认为他对二者都无认知;他必须认知二者。"他的痛苦和伟大正在于对二者的认知之中。"人知道他是痛苦的。他之所以痛苦,因为他本已如此;但他又确实是伟大的,因为他知道这一点。"

分 类 主 题

1. 人的界定:关于人类天性的特性和特质的概念
   1a. 概念一:人从根本上有别于,或者说在种属上不同于野兽:唯有人有理性和自由
   1b. 概念二:人之有别于野兽,在于这些能力或特性,譬如抽象能力或关联式思考、语言和法律、艺术和科学
   1c. 概念三:人是动物,只在智力以及其他动物拥有的其他特点方面有程度差异
2. 人关于人的认知
   2a. 当下的自我意识:人类内在地或通过内省认知自身
   2b. 关于人类天性的学问:人类学和心理学;人种志和人种学;理性心理学和经验心理学;实验心理学和临床心理学
      (1) 关于人的科学的对象、范围和研究方法
      (2) 心理学的方法和合法性
      (3) 心理学和生理学的关系:对人类行为中机体因素的研究
      (4) 心理学在科学序列中的位置:对人的研究作为其他研究的先决条件

3. 人的构成

　　3a. 人作为质料和精神、肉体和灵魂、广延与思想的结合或连接

　　　　（1）人作为纯粹精神：驱使肉体的灵魂或意识

　　　　（2）人的精神性受限于他非质料的能力或功能,譬如理性和意志

　　3b. 人与上帝或神灵、或者与天使或精神实体之间的对比

　　3c. 人作为质料的组合或者原子的排列

4. 从官能、能力和功能角度分析人类天性；心灵结构中的本我、自我和超我

　　4a. 人的植物性能力：植物和动物相近功能的对比

　　4b. 人的感知和欲望能力：其他动物的相似功能之间的对比

　　4c. 人的理性能力：其他动物的相似能力问题

　　4d. 关于官能的一般理论：对官能心理学的批判

5. 人的能力和功能的序列与和谐：人类天性中的背反；人类的较高和较低天性

　　5a. 人类能力之间的协同或冲突

　　5b. 能力缺陷或冲突带来的紊乱：弱智、神经官能症、精神错乱、癫狂

6. 男性和女性的不同特征及差异

　　6a. 人类不平等的原因和范围：能力、倾向、脾气、惯习的差异

　　6b. 男性和女性之间的平等或不平等

　　6c. 人生岁月：孩童、青春、成熟、老朽；代际冲突

7. 人型的团体性变异：种族差异

　　7a. 种族类型的生物方面

　　7b. 环境因素对人类特征的影响：天气和地理作为种族或国家差异的决定因子

　　7c. 人与人之间的文化、人种和国家差异

8. 人的起源或谱系

　　8a. 人类作为神子或神的造物

　　8b. 人作为上帝特别的创造物

　　8c. 人作动物生命其他形式的自然变异

9. 人的两种境遇

　　9a. 黄金时代的神话传说：克洛诺斯时代和宙斯时代

　　9b. 基督教关于伊甸园和人类此世历史的说教

　　　　（1）人类活在伊甸园：亚当的超自然能力

　　　　（2）人类活在此世：人的堕落；遭败坏或受残损的人类天性

　　　　（3）基督教关于在此世人类生命分阶段的观念：律法与恩宠

10. 人关于自我及其在世界中所处位置的观念

　　10a. 人对他与神灵或上帝关系的理解

　　10b. 人作为衡量万物的尺度

　　10c. 人作为宇宙整体(universe)不可割离的一部分：人在宇宙结构(cosmos)中的位置

　　10d. 人的有限性和不自足：人的依赖感以及归制于外物的感受

　　10e. 人自身与其他被造物以及宇宙整体的对比

11. 关于人的神学概念

11a. 人按照上帝的影像被创造

11b. 神的父性；人人皆兄弟

11c. 道成肉身：基督本质是人

12. 人作为嘲笑和讽刺对象：滑稽剧和讽刺剧

13. 人的伟大和卑微

[王昆 译]

索引

本索引相继列出本系列的卷号〔黑体〕、作者、该卷的页码。所引圣经依据詹姆士御制版，先后列出卷、章、行。缩略语 esp 提醒读者所涉参考材料中有一处或多处与本论题关系特别紧密；passim 表示所涉文著与本论题是断续而非全部相关。若所涉文著整体与本论题相关，页码就包括整体文著。关于如何使用《论题集》的一般指南请参见导论。

1. **Definitions of man: conceptions of the properties and qualities of human nature**

    4 Euripides, 349–350
    6 Plato, 270, 649–650, 704, 723
    7 Aristotle, 182, 185, 499, 659–660
    8 Aristotle, 178, 182, 184–185, 201–202, 244–245, 268, 314, 397, 446, 537, 539, 682
    11 Epictetus, 121
    11 Aurelius, 246, 249, 254, 265, 272, 287
    11 Plotinus, 319
    13 Plutarch, 512
    16 Augustine, 259
    17 Aquinas, 378–440
    21 Machiavelli, 24, 25–26 passim
    21 Hobbes, 47, 79, 84–86
    22 Rabelais, 65
    23 Montaigne, 255–273, 505
    25 Shakespeare, 43
    26 Harvey, 454
    28 Descartes, 275–278 passim
    28 Spinoza, 610–612, 663, 667–668, 681–684
    29 Milton, 354–355
    30 Pascal, 195–204, 236, 240–243
    33 Locke, 273–274, 304, 326–328, 344
    35 Montesquieu, 1–2
    35 Rousseau, 329–348 passim
    36 Smith, 166, 384–385
    39 Kant, 284–285, 316–317, 348, 372, 400–402, 587–588
    40 Federalist, 38–41 passim, 50, 65, 160, 163
    40 Mill, 273, 459–464
    41 Boswell, 403
    43 Hegel, 126, 186–187
    45 Goethe, xxi, 107
    48 Melville, 52–53, 194, 212–213, 214–215
    49 Darwin, 286–287, 310–314
    51 Tolstoy, 689
    52 Dostoevsky, 56–57
    53 James, William, 712–737 passim, 826–827
    54 Freud, 684–686, 883

    8 Aristotle, 114, 164, 343, 347–348, 357, 395, 432, 448
    11 Epictetus, 115, 126–127, 137–138, 201–211, 215–216
    11 Aurelius, 261, 270–271, 273, 276–277
    11 Plotinus, 399–400, 639–640
    16 Augustine, 152–153, 706–707
    17 Aquinas, 105–107, 308–309, 368–369, 463–464, 510–513, 609–611, 672, 673–674, 682, 687–688
    18 Aquinas, 350–351
    19 Dante, 99
    20 Calvin, 117–118
    23 Montaigne, 224
    28 Descartes, 280, 283–284, 315–319, 452, 502
    28 Spinoza, 648–649
    29 Milton, 227–229, 320–321
    30 Pascal, 233–234, 243
    33 Locke, 36–38, 221–222, 274–276, 295–296
    35 Rousseau, 357–358
    39 Kant, 291–293, 378, 420–421
    40 Mill, 294–297
    43 Hegel, 17, 25, 48–49, 51, 120, 121, 162–163, 175–176
    44 Tocqueville, 294
    49 Darwin, 319, 331–332
    51 Tolstoy, 689–690

1a. **The conception of man as essentially distinct, or differing in kind, from brute animals: man's specific rationality and freedom**

    Apocrypha: *Ecclesiasticus*, 17:1–9
    6 Plato, 44–45
    7 Aristotle, 499, 645, 659–660, 695

1b. **The conception of man as distinguished from brutes by such powers or properties as abstraction or relational thought, language and law, art and science**

    4 Aeschylus, 45–46
    6 Plato, 35, 534–536
    7 Aristotle, 384
    8 Aristotle, 9, 133–134, 186–187, 217–219, 328, 342–343, 414
    11 Epictetus, 102, 227–229
    11 Aurelius, 248
    21 Hobbes, 52, 53, 54, 59, 100
    23 Montaigne, 255–257, 258–259
    28 Descartes, 452
    29 Milton, 240–242, 259
    33 Locke, 93, 144–146, 251–252, 278
    33 Berkeley, 407–408
    33 Hume, 452
    35 Rousseau, 341
    36 Smith, 7–9
    39 Kant, 316–317, 479, 602

43 Hegel, 73-74, 125, 140
49 Darwin, 278-279, 294-304, 320, 349, 591-593
50 Marx, 85, 86
52 Dostoevsky, 128-129, 175
53 James, William, 85, 677, 678-686, 691, 704-706
54 Freud, 385, 429, 616, 778
58 Frazer, 36-37
58 Lévi-Strauss, 515-517
60 Kafka, 127, 134-136

1c. **The conception of man as an animal, differing only in degree of intelligence and of other qualities possessed by other animals**

21 Hobbes, 53-54, 64
23 Montaigne, 247-248, 255-273
28 Bacon, 163-164
33 Locke, 271-272, 370-371
33 Hume, 487-488
35 Rousseau, 334-338, 348-349
39 Kant, 199-200
40 Mill, 448-449, 469
49 Darwin, 286-319
56 Waddington, 735, 740-742, 745-746
60 Orwell, 520-524 esp 523-524
60 Beckett, 572-573

2. **Man's knowledge of man**

2a. **Immediate self-consciousness: man's intimate or introspective knowledge of himself**

6 Plato, 7, 8, 116
7 Aristotle, 661, 662
8 Aristotle, 424
11 Epictetus, 99
11 Aurelius, 286
16 Augustine, 90
17 Aquinas, 465-467, 468
20 Calvin, 101-103
23 Montaigne, 54, 122-123, 217-221, 360, 362-363, 429-430, 563-565
27 Cervantes, 392
28 Bacon, 54, 88-89
28 Descartes, 275-276, 303-307, 433, 450, 502
28 Spinoza, 616-617
33 Locke, 121-123 esp 122-123, 175-176, 208, 212-213, 222
33 Hume, 454, 472-474
39 Kant, 32, 55-56, 99-101, 121-123, 307-310
40 Mill, 303
43 Hegel, 13, 14, 22, 120-121, 272, 294-295, 322
43 Nietzsche, 541
51 Tolstoy, 688-689, 693-694
53 James, William, 121, 122-126, 191-197, 233
54 Freud, 429-430, 451
55 Whitehead, 205-207
55 Russell, 247, 257-258
56 Schrödinger, 503-504
56 Waddington, 742-747
58 Weber, 117

59 James, Henry, 1-28 passim
59 Joyce, 572-576

2b. **The sciences of human nature: anthropology and psychology; ethnography and ethnology; rational and empirical psychology; experimental and clinical psychology**

7 Aristotle, 631-632
23 Montaigne, 301-309 passim
33 Hume, 479-480
39 Kant, 1-4, 253-254, 388, 599-600
43 Hegel, 15
53 James, William, 1-4
54 Freud, 431, 451-453, 864-868
55 Wittgenstein, 440
56 Bohr, 347-348
57 Veblen, 90-91
58 Lévi-Strauss, 405-427, 495, 509-510, 510-527

2b(1) **The subject matter, scope, and methods of the science of man**

7 Aristotle, 631-632
28 Bacon, 49-50, 54
33 Hume, 451-455
35 Rousseau, 329-331
39 Kant, 388, 599-600
53 James, William, 3-4, 120-121, 129, 236, 825
54 Freud, 428-429, 452-454, 467, 550, 664-665
58 Lévi-Strauss, 405-427 esp 405-421, 491-510, 510-527

2b(2) **The methods and validity of psychology**

7 Aristotle, 645
8 Aristotle, 347
17 Aquinas, 464-468
21 Hobbes, 47
33 Hume, 487
39 Kant, 126, 294
43 Nietzsche, 474
52 Dostoevsky, 404-405
53 James, William, 17-18, 56-66, 121-129, 235-236, 259
54 Freud, 13-14, 548-550, 639, 661-662, 706-707
55 Bergson, 75-78
56 Bohr, 347-348
58 Lévi-Strauss, 463-464

2b(3) **The relation of psychology to physiology: the study of organic factors in human behavior**

6 Plato, 474-475
7 Aristotle, 330, 642-643, 665, 696-701, 702-706 passim
8 Aristotle, 175-176, 237, 239
9 Hippocrates, 329-339
11 Lucretius, 31-39
17 Aquinas, 394-396, 449-451, 459-460, 798
26 Harvey, 296, 321-322
28 Bacon, 48-50
28 Descartes, 325
28 Spinoza, 614-615, 685-686, 696

39 Kant, 538–539
53 James, William, 56, 66–71 passim
54 Freud, 154–155, 451–452, 605–606, 872
55 Whitehead, 205–207
56 Planck, 89–90
56 Heisenberg, 419–420

2b(4) **The place of psychology in the order of sciences: the study of man as prerequisite for other studies**

6 Plato, 240–242, 629
8 Aristotle, 595
23 Montaigne, 299–300
28 Descartes, 303–307
30 Pascal, 200
33 Locke, 87, 93–95
33 Hume, 453–454
39 Kant, 331–332, 511–512
43 Hegel, 12–13, 17
54 Freud, 868, 874, 883

3. **The constitution of man**

3a. **Man as a unity or a conjunction of matter and spirit, body and soul, extension and thought**

Old Testament: *Genesis*, 2:7
New Testament: *Romans*, 7:14–23; 8:4–13 / *I Corinthians*, 15:36–49
6 Plato, 93, 338–339, 686–687
7 Aristotle, 559, 569–570, 640, 641, 642–644
8 Aristotle, 448
11 Epictetus, 227–228
11 Aurelius, 250–251, 268, 293
11 Plotinus, 301–306, 339, 459–462, 507–508
13 Plutarch, 29
16 Augustine, 339–345 passim, 433–435, 436–437
17 Aquinas, 378–399, 604–607, 632–634
18 Aquinas, 951–958
20 Calvin, 73–74
23 Montaigne, 351, 473–474, 581–587
28 Descartes, 303–307, 356, 359, 378–382, 450–451, 457–458
28 Spinoza, 610–612, 630–632
33 Locke, 113, 220–222, 224, 225–226, 227–228
33 Hume, 472–473
39 Kant, 557–558
43 Hegel, 25, 119
53 James, William, 84–93, 116–119, 139–140, 208, 221–226

3a(1) **Man as a pure spirit: a soul or mind using a body**

6 Plato, 124–126, 179–180, 231–234, 250
11 Plotinus, 302–304, 402–403, 501, 639–640
12 Virgil, 192–193
16 Augustine, 422–423, 425–426
17 Aquinas, 162–163, 381–382, 385–388, 393–394, 396–397
18 Aquinas, 951–953
28 Descartes, 345–346, 361–362, 381–382
33 Locke, 220–222
33 Berkeley, 413, 430, 440–441
37 Gibbon, 186
43 Hegel, 22
48 Melville, 17
53 James, William, 220–226

3a(2) **Man's spirituality as limited to his immaterial powers or functions, such as reason and will**

7 Aristotle, 638, 661–662
17 Aquinas, 31–32, 379–380, 382–384, 403–404, 413–427, 428, 431–442, 451–453, 461–462

3b. **Comparisons of man with God or the gods, or with angels or spiritual substances**

Old Testament: *Job*, 4:16–21 / *Psalms*, 8:5
New Testament: *Hebrews*, 2:7
6 Plato, 476
11 Epictetus, 149
16 Augustine, 45, 131, 151, 332, 412, 415, 487, 710, 713–714
17 Aquinas, 168–169, 269–338, 384–385, 545–553 passim, 561–562, 571–573, 597–599
18 Aquinas, 11–12, 742–743
19 Dante, 127–128
21 Hobbes, 183–184
29 Milton, 160–161, 183–186, 293–294
33 Locke, 143, 207–208
33 Berkeley, 428
39 Kant, 33, 350–351
45 Goethe, 2–3, 4–5 passim

3c. **Man as an organization of matter or as a collocation of atoms**

6 Plato, 567–568
7 Aristotle, 633–641
9 Galen, 358–360
11 Lucretius, 31–40, 51–52, 53–54
11 Plotinus, 383, 501–510
17 Aquinas, 378–379, 442–443, 447–449
21 Hobbes, 80, 251
28 Descartes, 452
33 Locke, 313–315, 350, 351–352, 353
33 Berkeley, 431
39 Kant, 575–582
53 James, William, 95–119

4. **The analysis of human nature into its faculties, powers, or functions: the id, ego, and super-ego in the structure of the psyche**

6 Plato, 350–353
7 Aristotle, 642–668
17 Aquinas, 399–440
28 Descartes, 322–329 passim
39 Kant, 465–467, 475
49 Darwin, 287–302 passim
54 Freud, 501–504, 531–532, 701–708, 715–716, 721–722, 830–840
55 Bergson, 75–77

4a. **Man's vegetative powers: comparison with similar functions in plants and animals**

- 6 Plato, 469–471
- 7 Aristotle, 417–420, 645–647
- 8 Aristotle, 271, 275–276, 281–282, 347–348
- 9 Galen, 327–449
- 11 Plotinus, 402–403
- 16 Augustine, 454
- 17 Aquinas, 407–410, 516–519, 601–603, 604–608, 692
- 18 Aquinas, 959–963
- 19 Dante, 77
- 22 Rabelais, 143–144
- 26 Harvey, 427–428
- 28 Bacon, 158
- 59 Conrad, 169

4b. **Man's sensitive and appetitive powers: comparison with similar functions in other animals**

- 6 Plato, 319–320, 466–467, 620–622
- 7 Aristotle, 643, 647–661, 673–689
- 8 Aristotle, 59–64, 235–239, 294, 357, 364–365
- 11 Lucretius, 49–51
- 11 Aurelius, 248
- 11 Plotinus, 459, 476–477, 478–479, 480–482, 516
- 16 Augustine, 302–303
- 17 Aquinas, 380–381, 391–393, 407–409, 410–413, 427–431, 486–487, 511, 722–723
- 18 Aquinas, 953–955
- 19 Chaucer, 467
- 21 Hobbes, 49–54, 61, 64
- 23 Montaigne, 325–333, 466–467
- 26 Harvey, 347
- 28 Bacon, 157, 173
- 28 Descartes, 241–242, 283
- 28 Spinoza, 649
- 29 Milton, 240–242
- 33 Locke, 42–43, 140–143, 144–145
- 33 Hume, 487–488
- 34 Swift, 147–148
- 35 Rousseau, 337–338, 348–349
- 39 Kant, 386, 479
- 43 Hegel, 140
- 44 Tocqueville, 32–33, 121–123
- 48 Melville, 151–152, 177–178, 179–180
- 49 Darwin, 261–262, 287–291, 294, 301–302, 304–313, 568–571
- 51 Tolstoy, 689–690
- 53 James, William, 198–199, 702, 704–706, 712–737
- 54 Freud, 400–401, 412–421, 569–585, 639–663, 708–712, 720–721, 737–738, 782, 840–853
- 60 Kafka, 121–122

4c. **Man's rational powers: the problem of similar powers in other animals**

- 6 Plato, 352–353, 653
- 7 Aristotle, 571–572, 573, 659–664
- 8 Aristotle, 9, 114, 186–187, 217–219, 348, 387–388, 431–434 passim, 446, 537, 539
- 11 Epictetus, 104–106, 141–142, 173, 218–220
- 11 Aurelius, 261, 270, 273, 276–277, 286
- 11 Plotinus, 523–524
- 16 Augustine, 259, 706–707
- 17 Aquinas, 14–15, 413–427, 431–480, 511, 687–688
- 18 Aquinas, 8–10
- 19 Dante, 67–68
- 21 Hobbes, 53, 100
- 23 Montaigne, 73, 224
- 28 Descartes, 265, 280, 283–284, 435
- 29 Milton, 228
- 30 Pascal, 233–234, 236, 357–358
- 33 Locke, 119–120, 131, 143–147, 179–180, 371–372
- 35 Rousseau, 337–338
- 36 Smith, 7–9
- 39 Kant, 164–165, 264–265, 271, 281–282, 303, 474–475, 522, 568–575
- 40 Mill, 294–297
- 43 Hegel, 272
- 49 Darwin, 278, 292–294, 296–300, 312–313
- 50 Marx, 85
- 53 James, William, 85, 184–187, 664–693
- 54 Freud, 363–364, 367, 377–379, 384–385
- 55 James, William, 37

4d. **The general theory of faculties: the critique of faculty psychology**

- 7 Aristotle, 643–645, 647–648, 664–665
- 9 Galen, 347–348, 351
- 17 Aquinas, 399–407, 438
- 18 Aquinas, 5–6, 7–8, 22–23
- 28 Bacon, 49–50
- 28 Descartes, 240–242, 315–319, 324–325, 327–328
- 28 Spinoza, 625–628
- 33 Locke, 95–96, 181–183
- 39 Kant, 461–475
- 53 James, William, 1–2, 17–18
- 55 Wittgenstein, 413

5. **The order and harmony of man's powers and functions: contradictions in human nature; the higher and lower nature of man**

New Testament: *Romans*, 5–8 / *Galatians*, 4–5 / *James*, 4:1–3
- 6 Plato, 421–427, 431–434
- 8 Aristotle, 343
- 11 Epictetus, 192–198
- 11 Aurelius, 246–247, 251, 257, 275–276
- 11 Plotinus, 475
- 16 Augustine, 416–417
- 17 Aquinas, 507–508, 672–673, 684, 688–689
- 18 Aquinas, 178–179, 212–213
- 21 Hobbes, 85–86
- 23 Montaigne, 157–158, 367–368, 422
- 25 Shakespeare, 121, 303–304
- 28 Bacon, 20
- 30 Pascal, 193–194, 265

34 Diderot, 273–274
35 Montesquieu, 1–2
39 Kant, 282–283, 292–293, 385–386
40 Mill, 448–450
43 Hegel, 51, 322–324
46 Eliot, George, 273–275
49 Darwin, 304–305, 316–317
51 Tolstoy, 304–305
53 James, William, 188–191
54 Freud, 377–382, 590, 592–593, 615–616, 689–690, 699, 746–747, 830–832, 834
59 Shaw, 45–46
59 Conrad, 158–159

5a. Cooperation or conflict among man's powers

New Testament: *Mark,* 9:43–47 / *Romans,* 7:18–23 / *Galatians,* 5:16–26
6 Plato, 128, 338–339, 346–355, 425–427, 649–650
7 Aristotle, 662–668
8 Aristotle, 347–348, 387, 419–420, 448
11 Epictetus, 100–104, 167–168, 179–180
11 Aurelius, 265, 270, 276
11 Plotinus, 619
16 Augustine, 70–71, 73–76, 422, 436–443, 586–590, 710–711
17 Aquinas, 430–431, 443–444, 486–487, 783–784
18 Aquinas, 145–147, 530–531
19 Dante, 48–49
21 Hobbes, 279
23 Montaigne, 52–53, 91–95, 199–202, 314–316, 385–388, 446–447
24 Shakespeare, 320–351, 408
28 Bacon, 78
28 Descartes, 301–303, 315–319, 381–382
28 Spinoza, 630–632, 676–677
29 Milton, 244–245
30 Pascal, 242
37 Gibbon, 192
39 Kant, 390–394, 509
40 Mill, 448–450
41 Boswell, 135
45 Goethe, 1–3, 10
49 Darwin, 311–314
51 Tolstoy, 235–238, 554–555, 577–578, 605, 630–631
52 Dostoevsky, 41–42, 99–105, 171–172
53 James, William, 199–204, 717–718, 734–735, 799–800
54 Freud, 379–380, 407–408, 589–591, 702, 704, 708–712 passim, 715–716, 720–722, 787–788, 790–791, 797–799, 837–839

5b. Abnormalities due to defect or conflict of powers: feeblemindedness, neuroses, insanity, madness

4 Aeschylus, 88–89
4 Sophocles, 175–194
4 Euripides, 555–584
5 Herodotus, 96–98
6 Plato, 416–417, 474, 712

8 Aristotle, 395, 399, 400
11 Epictetus, 146–147
11 Aurelius, 245
12 Virgil, 204–206
17 Aquinas, 590–591, 650, 664–665, 727–728, 742
21 Hobbes, 66–67, 68, 69
23 Erasmus, 16–17
23 Montaigne, 57–58, 81–82, 205–206, 275–276, 356
24 Shakespeare, 105–148
25 Shakespeare, 59–62, 70, 272, 276–277, 306–307, 308
27 Cervantes, 1–3, 247–252
33 Locke, 146
41 Boswell, 13–14, 214
43 Kierkegaard, 447
45 Goethe, 54–57
47 Dickens, 329–331
48 Melville, 76–77, 83–84, 143–146, 236, 240–241
51 Tolstoy, 510, 515–517, 524–527, 616–617
52 Dostoevsky, 22–23, 352–364, 381–386
53 James, William, 23–26, 32–34, 35–37, 132–137, 241–258, 799–807, 818–819
54 Freud, 7–8, 52–53, 81–86, 97–106, 111–115, 176, 380–382, 558, 585–623, 690–691, 713–715, 722–723, 728–731 passim, 746–748, 830–832, 872
56 Bohr, 339–340
60 O'Neill, 265–288
60 Faulkner, 391–392

6. The distinctive characteristics of men and women and their differences

4 Aeschylus, 28
4 Euripides, 535
4 Aristophanes, 824–845, 858–860, 867–886
6 Plato, 157–158, 174–175
7 Aristotle, 586
8 Aristotle, 64–65, 133–134, 266–269, 317, 325–326, 445
11 Epictetus, 115
16 Augustine, 678–679
17 Aquinas, 488–491, 496–498
19 Chaucer, 379–392
22 Rabelais, 164–165, 191–193, 195–196
23 Montaigne, 135–136, 228–231, 447–476 passim
25 Shakespeare, 48, 214–215, 236–237, 589
27 Cervantes, 143
29 Milton, 162–163, 242–245, 361–362
31 Molière, 3, 19–22, 39, 48
35 Montesquieu, 116
41 Boswell, 165, 537
43 Hegel, 62–63
43 Nietzsche, 518–521
44 Tocqueville, 319–325 passim
46 Austen, 36, 120–121, 157
46 Eliot, George, 211–212, 229–231, 242–243, 244, 317–318, 330, 387, 396, 555
47 Dickens, 229

48 Twain, 294–295
49 Darwin, 372–373, 383–384, 562–567, 584–585
51 Tolstoy, 263–264, 488, 639
53 James, William, 691–692, 720
54 Freud, 405–406, 705–706, 785, 853–864
57 Veblen, 6–7, 61–63, 72, 75–78, 105–106, 136–137, 142–143, 144–145, 148–151
59 James, Henry, 13–14
59 Shaw, 38, 44–46, 86–87
60 Woolf, 1–105 passim esp 18–21, 24–25, 42–56, 74–77

6a. The cause and range of human inequalities: differences in ability, inclination, temperament, habit

Apocrypha: *Ecclesiasticus*, 33:10–15; 38:24–34
New Testament: *Romans*, 12:3–8 / *I Corinthians*, 12 / *II Timothy*, 2:20–21
3 Homer, 376
4 Sophocles, 191
4 Euripides, 455–456, 522
5 Thucydides, 370, 383–384
6 Plato, 274–275, 316–320, 339–341, 421, 605–608, 699–700
7 Aristotle, 14–15, 691
8 Aristotle, 107, 308–311, 359–361 passim, 447–449, 481–483, 486–487, 610, 612, 616–617, 638–639
9 Hippocrates, 19–24, 26–28, 28–38
11 Epictetus, 171–172, 192–194
11 Plotinus, 310–311, 558
17 Aquinas, 459–460, 512–513
19 Dante, 100
19 Chaucer, 391–392, 408–409
20 Calvin, 127–150
21 Hobbes, 60–61, 67–68, 84, 94
23 Montaigne, 113–114, 167–168, 319–320, 350–352, 357, 409–410, 534–535, 556–557
24 Shakespeare, 406–407, 437–438, 451–452, 453–454, 492, 514–515, 570–571, 587, 617
25 Shakespeare, 59, 105, 106–107, 295–296
28 Bacon, 76–78, 111–112
28 Descartes, 296
33 Locke, 36, 144
33 Hume, 480
34 Diderot, 257–260
35 Montesquieu, 52, 102–104
35 Rousseau, 323–366, 387–390, 411–412
36 Smith, 62–63, 382–385
39 Kant, 525–532, 586–587
40 Mill, 346–348, 384–387, 472–473
41 Boswell, 8, 124–125, 283, 413
43 Hegel, 71, 173–175, 234, 263–264
43 Nietzsche, 536, 540, 541
45 Goethe, 9–10
46 Austen, 9, 25–29
47 Dickens, 5–6, 96, 217–218
48 Melville, 34, 37–38, 51–55, 73–80, 196–199
49 Darwin, 266–271
50 Marx, 25
51 Tolstoy, 215, 349, 480–482, 632–633

52 Dostoevsky, 1–431
53 James, William, 201–202, 274–275, 315, 484–496, 686–690, 691, 692–693, 759–760, 798–801, 826–827, 856–858
54 Freud, 594–595, 600, 744–745, 758–759, 775–776
57 Veblen, 45–47
58 Weber, 109–110
59 Shaw, 37–38
59 Cather, 461–464
60 Woolf, 2–3, 16–17

6b. The equality or inequality of men and women

Old Testament: *Genesis*, 2:18–25
New Testament: *I Corinthians*, 11:1–16 / *Ephesians*, 5:22–33 / *I Timothy*, 2:9–15 / *I Peter*, 3:1–7
4 Euripides, 284–285, 445–446, 613–614
4 Aristophanes, 824–845, 858–860, 867–886
5 Herodotus, 56, 275
6 Plato, 174–175, 357–360, 711, 721–722
8 Aristotle, 133–134, 317, 413, 414, 453–454
13 Plutarch, 62–63
14 Tacitus, 53
16 Augustine, 678–679
17 Aquinas, 488–491, 520
19 Chaucer, 379–392, 429
20 Calvin, 223
21 Hobbes, 109–110
23 Erasmus, 7
23 Montaigne, 228–231
24 Shakespeare, 152–153
25 Shakespeare, 146, 274, 463
29 Milton, 158–159, 242–245, 293–294
31 Racine, 295–297
33 Locke, 43
34 Swift, 29–31, 98–99
35 Montesquieu, 50, 116, 189–190
35 Rousseau, 367–368
37 Gibbon, 92–93
39 Kant, 419–420
40 Mill, 311–312, 317, 387–389
41 Boswell, 312, 391–392
43 Hegel, 137–138
43 Nietzsche, 518–521
44 Tocqueville, 317–325 esp 323–325
45 Goethe, 48
46 Eliot, George, 225–226, 232–233
49 Darwin, 584–585
51 Tolstoy, 263–264, 488, 660–661
52 Ibsen, 471–474
57 Veblen, 2–3, 6–7, 10, 23–24, 29–32, 34–35, 149–151, 158–159
57 Tawney, 209
58 Lévi-Strauss, 411–412, 429–431, 435
59 Shaw, 35–37, 44–45
60 Woolf, 24, 43
60 Hemingway, 454–455

6c. The ages of man: infancy, youth, maturity, senescence; generational conflict

Old Testament: *Genesis,* 18:9–15 / *Job,* 32:6–9 / *Proverbs,* 20:29
Apocrypha, *Ecclesiasticus,* 14:17–18
New Testament: *John,* 21:18 / *I Corinthians,* 13:11
- 3 Homer, 284–286, 290–306
- 4 Sophocles, 151, 166–168
- 4 Euripides, 325–326
- 4 Aristophanes, 662–663
- 6 Plato, 166, 295–297, 380–381, 471–472, 659, 723
- 7 Aristotle, 164, 638
- 8 Aristotle, 23, 42–43, 106–108, 111, 114, 218, 321, 322, 324, 325–327, 340, 366, 602, 636–638
- 9 Hippocrates, 144, 274–275, 282, 332–334
- 16 Augustine, 2–5, 10–11, 646–647
- 17 Aquinas, 796–797
- 19 Chaucer, 317–318
- 21 Hobbes, 78
- 22 Rabelais, 14–19
- 23 Erasmus, 4–5 passim, 11–12, 13
- 23 Montaigne, 97–98, 117–118, 125, 126–127, 197–198, 226–230, 379–380, 435–436, 447–449, 474–475, 579
- 24 Shakespeare, 12–13, 66, 486–487, 608–609
- 25 Shakespeare, 244–283
- 31 Molière, 156–157
- 33 Locke, 36–42 passim
- 34 Swift, 127–128
- 35 Rousseau, 336
- 36 Smith, 347–348
- 41 Boswell, 55–56, 126, 146, 407–408
- 43 Hegel, 213–216
- 43 Kierkegaard, 406
- 44 Tocqueville, 355–356
- 45 Goethe, xix, 89–91
- 46 Eliot, George, 241
- 47 Dickens, 76, 185–186, 194–195
- 49 Darwin, 562–563
- 51 Tolstoy, 168–169, 206–207, 305–310 passim, 391–394, 400–401, 659–660
- 52 Dostoevsky, 7–9, 123–133, 285–311
- 52 Ibsen, 562–597 esp 575, 585–586, 592, 595–596
- 53 James, William, 431–433, 711–717
- 54 Freud, 15–16, 17–18, 119–122 passim, 191–193, 238–246 passim, 495–496, 528–531, 579–584, 612–614, 641–643, 685–686, 693, 704–706, 738–740, 743–744, 746–747, 751–753, 855–863, 869–870
- 55 Dewey, 107–108, 118–119
- 55 Barth, 537
- 56 Hardy, 365
- 59 Chekhov, 197–198, 199, 203–205
- 59 Cather, 414–420, 461–464
- 60 Woolf, 29–30
- 60 Fitzgerald, 359
- 60 Hemingway, 468–469

7. Group variations in human type: racial differences

7a. Biological aspects of racial type

- 5 Herodotus, 69, 128
- 8 Aristotle, 110
- 9 Hippocrates, 28–31, 33–38
- 24 Shakespeare, 188–189
- 35 Montesquieu, 102–104
- 38 Gibbon, 49
- 43 Hegel, 374–375
- 44 Tocqueville, 11–12
- 48 Melville, 188–189
- 49 Darwin, 342–359, 573–576, 578–589, 591
- 56 Dobzhansky, 538–546
- 58 Lévi-Strauss, 513–514

7b. The influence of environmental factors on human characteristics: climate and geography as determinants of racial or national differences

- 5 Herodotus, 91
- 6 Plato, 696
- 8 Aristotle, 531–532
- 9 Hippocrates, 19–24, 30–32
- 11 Lucretius, 89
- 23 Montaigne, 319–320
- 35 Montesquieu, 102–108, 111, 116–120, 122–124 passim, 125–129, 153–154, 190
- 35 Rousseau, 415–417
- 37 Gibbon, 87–88, 409–412
- 38 Gibbon, 220–223 passim, 341–342
- 43 Hegel, 199–211, 248–249, 265–266
- 44 Tocqueville, 9–11
- 49 Darwin, 268–269, 343–344, 356–358
- 55 Dewey, 108–109
- 55 Whitehead, 233
- 56 Dobzhansky, 539–540
- 57 Veblen, 79–83, 92–93
- 58 Lévi-Strauss, 497–500
- 59 Chekhov, 200–201

7c. Cultural, ethnic, and national differences among men

Old Testament: *Genesis,* 15; 17:1–18:19 / *Exodus,* 34:1–17 / *Leviticus,* 26 / *Deuteronomy,* 7:1–8; 14:1–2; 28:1–10,58–65 / *Judges,* 14–16 / *Ruth* / *I Kings,* 8:38–43,51–53 / *Esther* / *Ezekiel,* 37:21–22
Apocrypha: *Rest of Esther* / *II Maccabees,* 6:1–11; 11:22–26
New Testament: *Acts,* 15:1–29 / *Romans,* 2:9–29 / *I Corinthians,* 1:22–24; 12:13 / *Galatians,* 4:21–31 / *Ephesians,* 2:11–22
- 4 Euripides, 277–295, 434–449, 585–605
- 5 Herodotus, 1–314
- 5 Thucydides, 350, 366, 395–397
- 6 Plato, 367–368, 645–647
- 8 Aristotle, 448–449
- 9 Hippocrates, 31–32, 36–37
- 13 Plutarch, 99, 303–310

14 Tacitus, 295-296
16 Augustine, 165-177, 249, 496-502
18 Aquinas, 242-244, 270-321
19 Chaucer, 344-346
23 Erasmus, 19-20
23 Montaigne, 98-102, 143-149
24 Shakespeare, 409-411, 418-420
28 Descartes, 270
35 Montesquieu, 102-108, 110, 116-120, 135-146 passim
35 Rousseau, 402-403
37 Gibbon, 179-183, 207-208
38 Gibbon, 32-34, 35-36, 222-226, 300, 336-339 passim, 508-509
40 Mill, 300-302, 307-308
43 Hegel, 116, 159-393
43 Nietzsche, 484-485, 507-509, 521-524
44 Tocqueville, 14, 83-87, 148-149, 161-165, 166-168, 388
45 Balzac, 183, 271-272
47 Dickens, 154-155
48 Melville, 11-12, 23-28, 38-40, 217-219
49 Darwin, 571-577
51 Tolstoy, 309, 358-365, 497-499, 515-521, 575-577, 624-626
52 Dostoevsky, 129-131
55 Whitehead, 137-138
57 Veblen, 73-74, 83, 90-95, 105-106, 137-138
57 Tawney, 179-186
58 Weber, 131-134 passim, 140-141
58 Lévi-Strauss, 431-432, 436-439, 447-455, 500
59 Conrad, 158-159, 161-163
60 Fitzgerald, 301

8. The origin or genealogy of man

8a. The race of men as descendants or products of the gods

5 Herodotus, 79-80
6 Plato, 43-45, 452-454, 466-467
11 Epictetus, 104-105, 113-114, 116, 176, 192-193
11 Plotinus, 339
13 Plutarch, 553-554
16 Augustine, 209
48 Melville, 214-215

8b. God's special creation of man

Old Testament: *Genesis,* 2:7,18,21-23 / *Job,* 10:8-12 / *Psalms,* 8:4-6; 119:73 / *Isaiah,* 29:15-16; 43:7; 45:12
Apocrypha: *Ecclesiasticus,* 33:10-13 / *II Maccabees,* 7:23,28
New Testament: *Acts,* 17:24-29
16 Augustine, 371, 410-412, 414, 430-432, 661-662
17 Aquinas, 368-369, 383-384, 480-491, 600-604
19 Dante, 106
20 Calvin, 103
21 Hobbes, 176, 251

28 Bacon, 54
28 Descartes, 280, 313-314
29 Milton, 228-229
31 Molière, 123-124
33 Locke, 26, 36-37
49 Darwin, 590
52 Dostoevsky, 126-127

8c. Man as a natural variation from other forms of animal life

35 Rousseau, 334
39 Kant, 578-580
49 Darwin, 253-287, 331-341, 590-591, 596-597
51 Tolstoy, 689-690
53 James, William, 51-52
54 Freud, 509-510
56 Waddington, 740-742
58 Lévi-Strauss, 513-514

9. The two conditions of man

9a. The myth of a golden age: the age of Kronos and the age of Zeus

4 Aeschylus, 40-53
6 Plato, 92, 444-446, 478-485, 586-589, 681
12 Virgil, 10-11, 29-30, 223-224
13 Plutarch, 59-60
19 Dante, 18, 82
23 Erasmus, 14
25 Shakespeare, 532-533
27 Cervantes, 31
33 Hume, 499-500
43 Hegel, 197
55 Barth, 497-498
57 Veblen, 92
60 Eliot, T. S., 167-176 esp 174-175

9b. The Christian doctrine of Eden and of the history of man in the world

9b(1) The condition of man in Eden: the preternatural powers of Adam

Old Testament: *Genesis,* 2:7-25
Apocrypha: *Ecclesiasticus,* 17:1-15
16 Augustine, 382, 412, 442-446, 454-455
17 Aquinas, 501-527
18 Aquinas, 200-201, 410-411
19 Dante, 81-82
19 Chaucer, 351
20 Calvin, 103
21 Hobbes, 191-192
28 Bacon, 17-18
28 Spinoza, 679
29 Milton, 107, 136-143, 153-164, 165-169, 175-187, 217-246, 247-269
30 Pascal, 272
43 Hegel, 187-188

9b(2) The condition of man in the world: fallen man; corrupted or wounded human nature

Old Testament: *Genesis,* 3; 6:5-13 / *Job,*

14-15 passim; 25:4-6 / *Psalms*, 8; 39:5-6,11; 51:2-5; 53:1-3; 90:1-10 / *Ecclesiastes/ Jeremiah*, 17:9
Apocrypha: *Wisdom of Solomon*, 1:13-16; 2:1-12,23-24
New Testament: *Matthew*, 15:10-20 / *John*, 8:3-8 / *Romans*, 1:18-32; 3:9-23; 5:12-21; 7:14-24; 8:20-23 / *Galatians*, 5:19-21 / *Ephesians*, 2:1-5 / *I John*, 2:15-17
16 Augustine, 416-417, 419-420, 421-422, 433, 434-435, 444, 446-454, 644, 683-685
17 Aquinas, 692-693
18 Aquinas, 162-174, 178-179, 180-182, 212-213, 338-347 passim, 760, 784-786
19 Dante, 47, 65, 98-99, 106
19 Chaucer, 448-449, 452, 470-471
20 Calvin, 9, 101-150 esp 101-107, 200, 236-237, 284-286
21 Hobbes, 250-251, 253-255 passim
23 Erasmus, 23
23 Montaigne, 279
29 Milton, 93-333
30 Pascal, 245-247, 248-253
34 Voltaire, 196
41 Boswell, 482
43 Hegel, 122
50 Marx, 354
51 Tolstoy, 275
52 Dostoevsky, 130-131, 173-177
55 Barth, 485, 493-495, 500, 506-507
59 Pirandello, 251-252
60 Beckett, 529-582 esp 550-551, 535

9b(3) **The Christian view of the stages of human life in the world: law and grace**

New Testament: *Matthew*, 5:17-44 /*John*, 1:17 / *Acts*, 10 / *Romans*, 2-8 / *II Corinthians*, 3 / *Galatians* / *Ephesians*, 2:14-15; 4:17-24 / *Philippians*, 3:8-10 / *Colossians*, 2-3 / *Hebrews* / *I Peter*, 1:1-2:10
16 Augustine, 157-158, 365-366, 456-574, 602, 646-647, 753-754
17 Aquinas, 276-277
18 Aquinas, 239-245, 321-330
29 Milton, 136-144, 306-333
52 Dostoevsky, 133-144 passim
55 Barth, 451-456 esp 454-456

9c. **Secular conceptions of the stages of human life: man in a state of nature and in society; prehistoric and historic man; primitive and civilized man**

3 Homer, 386-387
4 Aeschylus, 42-43, 45-46
5 Thucydides, 349-354
6 Plato, 157-159, 311, 663-667
11 Lucretius, 70-76
14 Tacitus, 51
21 Hobbes, 84-86, 94, 267-268
23 Montaigne, 143-149, 481-485
24 Shakespeare, 597-626

25 Shakespeare, 465-466
28 Spinoza, 669-670
33 Locke, 16, 25-28, 29, 46, 53-54
35 Montesquieu, 2-3
35 Rousseau, 329-366, 387-394
36 Smith, 6-7, 347-349
37 Gibbon, 86-96 passim, 409-414 passim, 632-634
38 Gibbon, 86-87
39 Kant, 405-406, 408-409, 412-414, 433-434, 435-436, 450-451
40 Federalist, 164
41 Boswell, 204-205, 221, 311, 408, 510
43 Hegel, 68, 69-70, 83, 141, 178-179, 187-190, 206-209, 247-248, 253, 256-257, 275-276
43 Kierkegaard, 444-445
44 Tocqueville, 11-12, 167-178
48 Melville, 6-15, 137-138
49 Darwin, 13, 314-316, 317, 320-330 passim
50 Marx-Engels, 421
54 Freud, 755-766 passim, 776-782, 788-789
57 Veblen, 1-9 passim, 82-83, 92-95, 122
58 Huizinga, 262-263
58 Lévi-Strauss, 406-407, 447-455
59 Conrad, 158-159, 161-163

10. **Man's conception of himself and his place in the world**

10a. **Man's understanding of his relation to the gods or God**

Old Testament
New Testament
3 Homer, 1-306, 307-541
4 Aeschylus, 1-2, 21-22, 26-39, 40-53, 54-74, 75-89, 90-103
4 Sophocles, 133-158, 159-174, 175-194, 216-233, 239-240
4 Euripides, 296-315, 347-362, 363-382, 383-406, 407-433, 447-449, 450-471, 472-493, 555-584, 585-605
4 Aristophanes, 703-704, 788-789, 793-797, 887-905
5 Herodotus, 7-10, 20-22, 217, 279-280
5 Thucydides, 506
6 Plato, 94, 191-199, 314, 320-324, 447-477 passim, 478-485, 682-683, 686-689 passim, 757-771
7 Aristotle, 501
8 Aristotle, 410-411
11 Lucretius, 22-23, 41-42, 60-62, 77-78
11 Epictetus, 104-106, 114, 116-117, 214-215
11 Aurelius, 242-244, 255, 258, 263, 291, 292-293
11 Plotinus, 391-392
12 Virgil, 81-321
13 Plutarch, 50-51
14 Tacitus, 59-60, 189-190
16 Augustine, 1-159 passim, 165-696, 704-717, 719-720

17 Aquinas, 36–37, 128–130, 132–143, 436–438, 592–595, 609–826
18 Aquinas, 1–378
19 Dante, 90–91
19 Chaucer, 218, 243–244, 273, 290–291, 326–338, 343–346, 350–361, 395, 440, 450–455, 470–471
20 Calvin, 1–100 passim esp 1–2
21 Machiavelli, 35
21 Hobbes, 54, 78–83, 113, 159–164, 260
22 Rabelais, 265
23 Montaigne, 149–150, 248–334
25 Shakespeare, 53–54, 433–434, 481–482
28 Descartes, 307–315 passim, 315–319, 348, 349, 368, 439–440, 452–453, 455
28 Spinoza, 599, 600, 603–606
29 Milton, 137–138, 161–162, 186–187, 347–348, 394–395
30 Pascal, 78–80, 243–270
33 Berkeley, 444
33 Hume, 485–487
35 Rousseau, 435–439
37 Gibbon, 292–296
38 Gibbon, 259–260
39 Kant, 278–279, 325–328, 334–335, 345, 502–503, 594
40 Mill, 296
41 Boswell, 394, 481–482
43 Hegel, 165–167, 235–236, 248–249, 259–260, 279–281, 284–287, 308–309, 321–325, 341–342, 360–361, 371–372
45 Goethe, 1–3
48 Melville, 17–23, 235–236
49 Darwin, 302–303
51 Tolstoy, 196–198, 216–218, 608, 631, 675–676, 684
52 Dostoevsky, 68–70, 127–144 passim, 153–178, 185–188, 193–194, 328–329, 352–362 passim
53 James, William, 203–204
54 Freud, 246–247, 771, 793
55 Barth, 455–456, 464–467, 477–478, 500–501, 507
58 Weber, 183–192
59 Joyce, 650–655
60 Eliot, T. S., 174–175

10b. Man as the measure of all things

6 Plato, 85–86, 517–532, 683
7 Aristotle, 528–531, 580, 590–592
21 Hobbes, 50
43 Hegel, 296–297
44 Tocqueville, 332
55 Whitehead, 201–204

10c. Man as an integral part of the universe: his station in the cosmos

6 Plato, 767–768
11 Epictetus, 112–113, 177–178, 201–211
11 Aurelius, 242, 243, 244, 251, 253, 255, 262–263, 265, 272, 276–277, 281
11 Plotinus, 393–394

28 Spinoza, 600–601, 607–611, 681, 684
56 Eddington, 254
58 Frazer, 38–39
59 Joyce, 522–523

10d. The finiteness and insufficiency of man: his sense of being dependent and ordered to something beyond himself

Old Testament: *Genesis*, 1:26–30; 3:16–24 / *Job*, 4:17–21; 9; 12–14; 25 / *Psalms*, 39:4; 103:14–16; 119–120; 139:1–16; 144:3–4 / *Proverbs*, 20:24 / *Jeremiah*, 17:5–8
Apocrypha: *Wisdom of Solomon*, 9:14–17 / *Ecclesiasticus*, 18:7–11; 33:10–15
New Testament: *Romans*, 14:7–9 / *I Corinthians*, 2–3 / *James*, 4:13–16
4 Euripides, 330, 349–350, 355–356, 530–531
5 Herodotus, 46, 103–104, 252
6 Plato, 721
11 Epictetus, 219–222
11 Aurelius, 245, 247, 256, 258, 267, 294
13 Plutarch, 225, 229, 370–371, 739–740
14 Tacitus, 91, 232–233
16 Augustine, 1, 28–30, 61, 85–86, 92, 100–103, 579–585
17 Aquinas, 57–58, 617–618, 621–622, 638–639, 640–641
19 Dante, 9, 58, 98–99
23 Montaigne, 189–190, 248–334
28 Spinoza, 656–658, 659–660
29 Milton, 66–67, 339–378
30 Pascal, 181–184, 213–216
33 Locke, 128, 165, 207–208
35 Rousseau, 366
43 Hegel, 114, 168–177, 206–208
44 Tocqueville, 287–288, 294–296
45 Goethe, xxi–xxii
51 Tolstoy, 243–250, 303–305, 646–647, 650, 671–672, 692–694
55 Barth, 481–483, 484–486, 491–492, 500, 505, 506–508, 509–510
59 Conrad, 168, 180–181, 182–183, 185–186
60 Woolf, 45

10e. Man's comparison of himself with other creatures and with the universe as a whole

6 Plato, 447–455, 618–619
8 Aristotle, 390
11 Epictetus, 135
11 Aurelius, 249
11 Plotinus, 373
15 Kepler, 915–916
19 Chaucer, 179–180, 326–338
22 Rabelais, 135–139
23 Montaigne, 254–255, 299–300
25 Shakespeare, 262–263, 264–266, 308–309, 422, 427, 543
28 Bacon, 50–51
29 Milton, 161–168, 237–244
30 Pascal, 181–184
33 Locke, 271–272
34 Swift, 3–42, 45–87

39 Kant, 271–273, 274–277, 583, 584–587, 591–592
45 Goethe, 153
48 Melville, 1–260
51 Tolstoy, 217–218
52 Dostoevsky, 123–133 passim
53 James, William, 655–659
54 Freud, 562–563

11. The theological conception of man

11a. Man as made in the image of God

Old Testament: *Genesis*, 1:26–27; 9:6
Apocrypha: *Ecclesiasticus*, 17:1–3
New Testament: *I Corinthians*, 15:49 / *II Corinthians*, 3:18
16 Augustine, 151, 390–392, 412–413
17 Aquinas, 14–15, 189–190, 306–307, 368–369, 492–501, 609
19 Dante, 95
20 Calvin, 74–79, 218–219
28 Bacon, 41
28 Descartes, 440
29 Milton, 158, 228
30 Pascal, 249–251
45 Goethe, 4–5
55 Barth, 533–534

11b. The fatherhood of God and the brotherhood of man

Old Testament: *Genesis*, 4:1–15 / *Leviticus*, 19:11,13–18,33–34 / *Deuteronomy*, 10:17–19 / *Isaiah*, 2:1–4; 45:11–13; 63:15–16 / *Micah*, 4:1–5
Apocrypha: *Ecclesiasticus*, 13:15–17
New Testament: *Matthew*, 12:46–50; 25:34–40 / *Mark*, 12:31–33 / *Luke*, 10:27 / *John*, 15:12–17 / *Acts*, 17:22–34 / *Romans*, 8:14–19; 12; 14:10–13 / *Galatians*, 3:26–28 / *Ephesians*, 2:13–22; 4:1–6,25; 5:1–2 / *Colossians*, 3:9–14 / *I John*, 2:9–11; 3:1–2,10–18; 4:7–11,20–21; 5:1–2
11 Epictetus, 108–109, 113, 176
11 Aurelius, 246, 263
16 Augustine, 709–710, 713
18 Aquinas, 501–527, 531–532, 597–598, 629–630
43 Hegel, 326–327, 329–330
51 Tolstoy, 213–218, 525–526
52 Dostoevsky, 153–178 passim
53 James, William, 887
54 Freud, 674

11c. God incarnate in human form: the human nature of Christ

New Testament, *Matthew*, 1:18–25; 11:18–19; 13:54–56; 16:13–17; 17:1–9; 22:41–46; 26:63–66; 27:26–54 / *Luke*, 1–2; 5:18–26; 23:24–47; 24:2–7,36–43 / *John*, 1:1–18; 1:30–34; 5:16–47; 8:12–28; 10:22–38; 14; 19:25–34; 20:24–21:14 / *Romans*, 1:3–4; / *Galatians*, 4:4 / *Philippians*, 2:5–8 /

Colossians, 1:12–20 / *I Timothy*, 3:16 / *Hebrews*, 1:1–6; 2:14–18; 4:14–15 / *I John*, 1:1–4; 2:18–29
16 Augustine, 60, 64, 111–112, 113–114, 342–343, 362, 364, 646–647, 707–708
17 Aquinas, 277–278
18 Aquinas, 701–846, 939–941
19 Dante, 85–86, 88–89
20 Calvin, 43, 215–234 esp 220–224, 394–396
21 Hobbes, 182
29 Milton, 1–7, 10–13, 136–144, 327–329
30 Pascal, 262, 268–270, 325
37 Gibbon, 308
38 Gibbon, 134–161
43 Hegel, 324–325
52 Dostoevsky, 133–144
55 Barth, 456, 457–458, 504–505, 510, 527–529

12. Man as an object of laughter and ridicule: comedy and satire

4 Aristophanes, 651–672, 673–696, 697–721, 722–747, 748–769, 770–797, 798–823, 824–845, 846–866, 867–886, 887–905
6 Plato, 629–630
11 Lucretius, 55–57
19 Chaucer, 309–317, 318–323
21 Machiavelli, 24, 25–26
21 Hobbes, 63
22 Rabelais, 1–312
23 Erasmus, 1–22
23 Montaigne, 54–57 passim, 57–58, 96–97, 186–187, 205–206, 248–335, 340–341, 367–368, 429–436, 466–468, 521–524
24 Shakespeare, 149–169, 199–228, 254–284, 352–375, 503–531, 597–626
25 Shakespeare, 1–28, 73–102, 183, 263
34 Swift, 3–184
34 Voltaire, 191–249 passim
43 Nietzsche, 543
45 Goethe, xviii, 19–21, 39–40, 73
47 Dickens, 259

13. The grandeur and misery of man

Old Testament: *Genesis*, 11:1–9 / *I Chronicles*, 29:15 / *Job* / *Psalms*, 8:4–8; 49:12–14 / *Ecclesiastes* passim / *Isaiah*, 40:6–8
Apocrypha: *Wisdom of Solomon*, 9:1–3,13–16 / *Ecclesiasticus*, 10:9–11; 14:17–19; 17:1–4,30–32; 40:1–11
New Testament: *Romans*, 7:21–25
4 Sophocles, 128, 151, 163, 217–218
4 Aristophanes, 781
5 Herodotus, 224–225, 252
6 Plato, 476
11 Lucretius, 15–16, 30–31
11 Epictetus, 102–103, 115–117, 184–189
11 Plotinus, 398–399
16 Augustine, 396–397, 419–420, 579–585, 593, 598–599, 646, 683–688
19 Chaucer, 290–291, 350–361
20 Calvin, 93
23 Erasmus, 12–13, 22–23

23 Montaigne, 189–190
24 Shakespeare, 320–351
25 Shakespeare, 29–72, 103–141, 244–283, 393–420, 572
28 Bacon, 49
29 Milton, 309–310, 343, 354–355
30 Pascal, 195–204, 209–210, 236, 240–243, 245–247, 249–251, 264–270, 301
34 Voltaire, 226, 234–243
35 Rousseau, 363–366
37 Gibbon, 633–634
39 Kant, 300, 321–329, 345–347, 360–361, 584–586, 587–588, 591–592
41 Boswell, 94–95, 102–103, 312, 362–363, 401, 540–542
43 Hegel, 117–118, 124, 171–177, 297–298
43 Nietzsche, 474–481 passim, 543–544
44 Tocqueville, 261
45 Goethe, xv–162
48 Melville, 34, 55–56, 66–67
49 Darwin, 597
51 Tolstoy, 1–696
54 Freud, 654, 767–802
58 Huizinga, 245–258
59 Conrad, 183–184
60 Eliot, T. S., 175–176
60 Fitzgerald, 372–378
60 Brecht, 438–440
60 Beckett, 538–544, 551–553, 560–563, 570–581

交叉索引

以下是与其他章的交叉索引：

The difference between men and other animals, see ANIMAL 1c–1c(2), 13; KNOWLEDGE 7d; MEMORY AND IMAGINATION 1, 6b; MIND 3a–3b; SENSE 2c; WILL 6c.

The science of psychology and its relation to other sciences, see KNOWLEDGE 5e; LIFE AND DEATH 6c; MIND 6; SOUL 5a–5b.

Matter and spirit in the constitution of man, see ELEMENT 5e; MATTER 2e, 3a, 4c–4d; MIND 2a–2e; ONE AND MANY 3b(4); SOUL 3a–3d.

Comparisons of human with angelic nature, see ANGEL 4; SOUL 4d(2).

The analysis of human faculties or powers, see ANIMAL 1c(1)–1c(2), 8d; DESIRE 3b–3b(2); EMOTION 1, 1c; HABIT 3; MEMORY AND IMAGINATION 1–1a, 1c, 5; MIND 1a–1g(3); SENSE 1a–1d; SOUL 2c(1)–2c(3), 4a; WILL 3a, 9a.

Harmony and conflict in human nature, and human abnormality, see EMOTION 3a, 3c; MEDICINE 6a–6c(2); MIND 8–8c; ONE AND MANY 3b(5); OPPOSITION 4–4e; WILL 9b.

The human life cycle, see LIFE AND DEATH 6b–6c.

Human immaturity or childhood, see FAMILY 6c, 6e; MIND 4b.

The relation of men and women in the domestic community, and the role of women in society, see EDUCATION 1b; FAMILY 5a–5c; WAR AND PEACE 5a.

Individual and racial differences, see ANIMAL 10; EVOLUTION 1b, 2d(3), 4c; MEMORY AND IMAGINATION 4b; MIND 4a.

The ultimate origin of man, see EVOLUTION 6a–6c.

The myth of a golden age, see LABOR 1a; PROGRESS 1c; TIME 8b; the distinction between prehistoric and historic man, and the progress of historic man, see ART 12; EVOLUTION 6c; TIME 8a.

Man in a state of nature and in a state of civil society, see LAW 4b; LIBERTY 1b; NATURE 2b; STATE 3c; man as a social animal, see FAMILY 1; STATE 3b(1).

The condition of Adam before and after original sin, and the condition of the human race as a result of Adam's sin, see GOD 9c; HAPPINESS 7a; JUSTICE 1b; SIN 3–3c; VIRTUE AND VICE 8a–8b; WILL 7e(1).

Theological doctrines concerning man's life on earth and his immortal destiny, see HISTORY 5a; IMMORTALITY 5d–5g; PUNISHMENT 5d; SIN 6c–6e.

The teaching of Christian theology concerning Christ, see GOD 9b–9b(3); ONE AND MANY 6c; PROPHECY 4c; RELIGION 3b; SIN 3d.

Man's understanding of himself, his place in the world, and his relation to God or the gods, see DESIRE 7b; GOD 3–3f; WORLD 2.

The tragedy or comedy of human life, see HAPPINESS 4b; POETRY 4b.

扩展书目

下面列出的文著没有包括在本套伟大著作丛书中,但它们与本章的大观念及主题相关。书目分成两组:

Ⅰ. 伟大著作丛书中收入了其部分著作的作者。作者大致按年代顺序排列。

Ⅱ. 未收入伟大著作丛书的作者。我们先把作者划归为古代、近代等,在一个时代范围内再按西文字母顺序排序。

在《论题集》第二卷后面,附有扩展阅读总目,在那里可以查到这里所列著作的作者全名、完整书名、出版日期等全部信息。

I.

Plutarch. "Beasts Are Rational," in *Moralia*
Augustine. *On Nature and Grace*
Thomas Aquinas. *Summa Theologica*, PART II-II, QQ 161-165
——. *Truth*, Q 18
Dante. *The Convivio (The Banquet)*, FOURTH TREATISE, CH 23-28
Hobbes. *The Elements of Law, Natural and Politic*
——. *The Whole Art of Rhetoric*, BK II, CH 14-19
Bacon, F. "Of Nature in Men," "Of Youth and Age," in *Essayes*
Molière. *Le misanthrope (The Man-Hater)*
Voltaire. *The Huron, or Pupil of Nature (L'ingénue)*
——. "Contradictions," "Man, Woman," in *A Philosophical Dictionary*
Kant. *Anthropology*
Mill, J. S. *A System of Logic*, BK VI, CH 3-4
Kierkegaard. *Concluding Unscientific Postscript*
——. *Either/Or*
——. *The Sickness unto Death*
Twain. *What Is Man?*
Ibsen. *John Gabriel Borkman*
Freud. *An Outline of Psychoanalysis*
Frazer. *Man, God, and Immortality*, PART I-II
Shaw. *Back to Methuselah*
Dewey. *Freedom and Culture*, CH 2
——. *Human Nature and Conduct*
Russell. *What I Believe*, CH 1
Huizinga. *Homo Ludens*
Cather. *O Pioneers!*
Eliot, T. S. *Four Quartets*
——. "The Love Song of J. Alfred Prufrock"
Wittgenstein. *Remarks on the Philosophy of Psychology*
Faulkner. *As I Lay Dying*
——. *Light in August*
Dobzhansky. *The Biology of Ultimate Concern*
Waddington. *The Ethical Animal*
Beckett. *Endgame*
Lévi-Strauss. *The Raw and the Cooked*
——. *Totemism*

II.

THE ANCIENT WORLD (TO 500 A.D.)

Cicero. *De Finibus (On the Ends of Good and Evil)*, IV-V
Horace. *Satires*
Lucian. *Charon*
——. *Dialogues of the Dead*
Sextus Empiricus. *Against the Logicians*, BK I (Concerning Man)
Theophrastus. *The Characters*

THE MIDDLE AGES TO THE RENAISSANCE (TO 1500)

Abelard. *Ethics (Scito Teipsum)*
Albo. *Book of Principles (Sefer ha-Ikkarim)*, BK III, CH 1-7
Boethius. *Contra Eutychen (A Treatise Against Eutyches and Nestorius)*
Bonaventura. *Breviloquium*, PART II (9-11), IV
Erigena. *De Divisione Naturae*, BK IV
Ibn Gabirol. *The Improvement of the Moral Qualities*
Nicholas of Cusa. *De Docta Ignorantia*, BK III
Petrarch. *On His Own Ignorance*
Pico della Mirandola, G. *Oration on the Dignity of Man*

THE MODERN WORLD (1500 AND LATER)

Adler, M. J. *The Difference of Man and the Difference It Makes*
Auden. *The Age of Anxiety*
Barrow, J. D. and Tipler. *The Anthropic Cosmological Principle*
Beard, M. *Woman as Force in History*
Beauvoir. *The Second Sex*
Benedict. *Patterns of Culture*
Bennett. *The Old Wives' Tale*
Bentham. *An Introduction to the Principles of Morals and Legislation*, CH 7
Boas. *Anthropology and Modern Life*
——. *The Mind of Primitive Man*
Boros. *Angels and Men*
Bowen. *The Death of the Heart*
Brentano. *Psychology from an Empirical Standpoint*
Bronowski. *The Ascent of Man*
Brooks, G. *A Street in Bronzeville*
Buber. *I and Thou*
Buffon. "On Man," in *Natural History*
Camus. *The Stranger*
Cassirer. *An Essay on Man*
Chesterton. *The Everlasting Man*

Cohen, M. R. *Reason and Nature*, BK II, CH 4
Comte. *System of Positive Polity*, VOL IV, *Theory of the Future of Man*, CH I, 3-4
Darwin, C. G. *The Next Million Years*
Defoe. *Robinson Crusoe*
Dickinson, E. *Collected Poems*
Dubos. *So Human an Animal*
Eiseley. *The Immense Journey*
Ellison. *Invisible Man*
Ferguson. *An Essay on the History of Civil Society*, PART I, SECT I-IV
Fichte, J. G. *Addresses to the German Nation*, IV-VIII
———. *The Dignity of Man*
Fletcher. *The Making of Sociology*
France. *Penguin Island*
Friedell. *A Cultural History of the Modern Age*
Fromm. *The Anatomy of Human Destructiveness*
Galton. *Inquiries into Human Faculty and Its Development*
Gaylin. *Adam and Eve and Pinocchio*
Gilder. *Men and Marriage*
Gogol. *The Overcoat*
Goldsmith. *The Deserted Village*
Haldane, J. S. *The Sciences and Philosophy*, LECT VI-X
Hamilton, E. *The Greek Way*
———. *The Roman Way*
Harris, M. *Cultural Anthropology*
Hartley. *Observations on Man, His Frame, His Duty and His Expectations*
Hašek. *The Good Soldier Svejk*
Hazlitt. *Principles of Human Action*
Helvétius. *A Treatise on Man*
Horney. *The Neurotic Personality of Our Time*
Hurston. *Their Eyes Were Watching God*
Huxley, J. S. *Evolution, the Modern Synthesis*, CH 10
Huxley, T. H. *Man's Place in Nature*
———. *Method and Results*, VII
Ionesco. *The Rhinoceros*
Jaspers. *Man in the Modern Age*
Jung. *Psychological Types*
———. *Two Essays on Analytical Psychology*
Kames. *Sketches of the History of Man*
Keith. *A New Theory of Human Evolution*
La Mettrie. *Man a Machine*
Le Bon. *The Crowd*
———. *The Psychology of Peoples*
Lewis, C. I. *Our Social Inheritance*
Lewis, C. S. *The Abolition of Man*
Lotze. *Microcosmos*, BK IV, CH 4-5; BK VI, CH 2, 4-5
Lubac. *Surnaturel*
Luther. *The Magnificat*
———. *A Treatise on Christian Liberty*

McGoldrick, Anderson, and Walsh. *Women in Families*
Malamud. *The Fixer*
Maritain. *Ransoming the Time*, CH I
Marvell. "Dialogue Between the Soul and the Body"
Maslow. *Motivation and Personality*
Mayr. *Toward a New Philosophy of Biology*
Mead, M. *Coming of Age in Samoa*
Meredith. *Earth and Man*
Miller, A. *Death of a Salesman*
Morrison. *Song of Solomon*
Mumford. *The Condition of Man*
———. *The Culture of Cities*
Neruda. *The Heights of Macchu Picchu*
Niebuhr. *The Nature and Destiny of Man*
Omar Khayyam. *The Rubáiyát of Omar Khayyám*
Parfit. *Reasons and Persons*
Paz. *The Labyrinth of Solitude*
Peirce, C. S. *Collected Papers*, VOL VI, par 238-271
Petrie. *Social Life in Ancient Egypt*
Pope, A. *An Essay on Man*
Porter. *Ship of Fools*
Pound, E. *Cantos*
Radcliffe-Brown. *Structure and Function in Primitive Society*
Richardson, D. *Pilgrimage*
Riesman. *The Lonely Crowd*
Rilke. *Duino Elegies*
Royce. *The World and the Individual*, SERIES II (6-7)
Santayana. *Reason in Common Sense*, CH 12
Sartre. *Being and Nothingness*
———. *Existentialism*
Schleiermacher. *The Christian Faith*, par 60-61
Schopenhauer. *On Human Nature*
———. *The World as Will and Idea*, VOL I, BK IV; VOL III, SUP, CH 31-32
Shelley, M. *Frankenstein*
Skinner. *Science and Human Behavior*
Spearman. *The Abilities of Man*
Stepansky. *In Freud's Shadow*
Stewart. *Elements of the Philosophy of the Human Mind*, PART III, CH 2
———. *Philosophy of the Active and Moral Powers of Man*
Stowe. *Uncle Tom's Cabin*
Taylor, C. *Sources of the Self*
Teilhard de Chardin. *The Phenomenon of Man*
Unamuno. *The Tragic Sense of Life*
Vives. *A Fable About Man*
Walker. *The Color Purple*
Weiss. *Nature and Man*
Weizsäcker. *The History of Nature*
Wiener. *Cybernetics*
Wright, R. *Native Son*
Wundt. *Outlines of Psychology*, (20-21)

52

数　学　Mathematics

总　论

我们必须注意区分两类问题，一类是数学自身（或者说是数学内部）的问题，另一类则是关于数学的真理性问题。事实上，不管是哪种科学，无论是物理学、逻辑或者形而上学，情况都会跟数学一样，也就是说，如果我们所要考察的，是科学家在他自己那个领域里关于某个具体主题的言论或者文章，这是一回事，但如果我们所考察的是关于这门科学本身的讨论，包括其范围、分支、统一性、对象、方法以及它与其他学科之间的关系，那就完全又是另外一回事情了。在量这一章节中，我们处理的就是算术、几何以及其他数学分支内部的课题；而在本篇中，我们所主要关心的，则会是数学科学本身的特性。

对于某一门科学而言，对它的本性所做的反思，有时由这门科学的专家做出：在前言中，或者在一些零散的评注中，会对他们参与其中的科学事业发表评论。而有的时候，这种反思却是由另外一些人做出：他们虽然不认为自己在那门科学里有特出的能力，但是认为自己有能力对人类心智的进程、对知识或者科学的一般本性发表意见。事实上，给出这样一种评论的，通常会是那些认为自己有当然的权利把全部实在和全部知识，都纳入自己的研究范围之内的哲学家。当然，这个人，可能既是数学家也是哲学家，如柏拉图、笛卡尔、帕斯卡和怀特海。

具体到数学这一个领域来说，科学内部的话语与关于科学本身的话语之间的不同，其实是很触目的。另外，还存在着这样的一种强烈的对比：在数学问题的解决上，数学家们的意见是如此一致，而在那些什么是数学等关于数学的基本问题上，各种评论者的意见却又是如此的分歧；事实上，这种对比甚至会强烈到这种程度，以至于任何一个人，用不着给他任何事先的提示，他也会被这种对比所震撼。不过，说到分歧，这里也许有一个重要的例外，那就是数学概念的准确性、论证过程的严格性，以及它的真理的确定性，这正是数学被普遍尊重的原因。就算是那些诋毁数学的人——比如斯威夫特和贝克莱，尽管他们会质疑数学的功用，但也承认它的准确与壮丽；或者，尽管他们会质疑运用数学结论的方法，但是仍然会承认它在智性上的严谨。它的"论证的清晰和确定性"，贝克莱写道，"是在别处难以看到的"。

也许正是因为对于数学思想的品质有如此普遍一致的观点，数学才会在每一个时代都被看成是确定而准确的知识的典型。有时它不仅被看成其他科学的典范，还会被看成纯粹科学的方法本身，甚至就是普遍科学本身。有的时候，人们认为，它之所以能享有这种卓然的状态，不过是因为它的对象具有有限的或特殊的性质；或者，人们把它与另外一些学科比较，认为后者虽然使用了不同的方法，但是所处理的问题却更为基本，而且与数学相比也并非更不科学。无论如何，数学的结论一直标榜着理性真理，数学的方法一直都是冷静思考的代表，而数学知识也一直都是人类心智所具有的力量的象征：正是这种力量，让我们离开可感的殊相和偶然事件,上升到具有普遍性和必然性的关系之中。

不仅数学家和哲学家对数学有这种看法,伦理学家和政治家也同样如此。亚历山大·汉穆勒顿这样写道:"几何学探索的对象完全抽离于那些鼓荡着、促动着人类心中的难驯激情的种种追求,而且,这种抽离使人类不仅轻而易举地就把这门科学中相对较为简单的定理接受下来,而且甚至连那些深奥的悖论,人类也可以毫无困难地接受它们,这些悖论,不管看起来是多么容易得到证明,全都与人们在没有哲学的帮助下自然产生的想法相背离……相反,在伦理学和政治学中,人类就要难以驯服得多。"汉穆勒顿还指出,这不仅仅是因为人们对这两门科学所研究的问题有深切的利益关系。他写道:"我们不能欺骗自己说,伦理和政治学的原理一般而言,拥有跟数学原理同等程度的确定性。"

对数学的赞赏之情,经常会从那种因为其范例式的美德而产生的热情,以及那种从其智性上的美而获得的愉悦上延伸开去,延伸到承认它对整个思想史的影响力。不过,也正是在这里,意见分歧开始出现了。

在古代世界中,对于数学之于哲学的其他部分的重要性问题,柏拉图和亚里士多德代表着两种对立的想法。对于那些柏拉图主义者,亚里士多德是这么说的:"尽管他们也说,应该抱着一种为了[哲学]以外的事情去研究数学的态度,但是[在他们那里]数学最终还是变成了与哲学同一的东西。"他看不太惯那些"除非讲课的人使用数学的语言,否则就对所讲的东西听而不闻"的科学研究者。在亚里士多德看来,这些人的错误在于,他们以为"应该在所有的情况下都去要求那种属于数学的精微的准确性"。他指出,"[数学的方法]不是自然科学的方法"。

在现代世界中,那些既是数学家又是哲学家的思想者,比如笛卡尔和怀特海,所代表的是一种向着柏拉图观点的回归;康德则坚持认为,如果一个哲学家试图在他自己的探索中遵循数学的方法,那他就陷入了非常严重的歧途——在这一点上,他的立场甚至比亚里士多德还要强。怀特海指控亚里士多德把数学从"哲学发展的构成性因素"的崇高地位上拉下来——而这种降格,一直延续到17世纪,笛卡尔等人才使数学重拾它在柏拉图那里所具有的重要性。

怀特海试图约束自己对数学的热情。他承认说,他不会"走得那么远,远到认为如果一个人在建构思想史的时候不去对数学史上各相继时期中的种种观念做深入的研究,那他的做法就像在《哈姆雷特》中忽略了哈姆雷特。那确实是一种过分的主张。不过,上面这种[研究思想史的]做法,无疑可以等同于在《哈姆雷特》中把奥菲莉亚给去掉。这个类比简直严丝合缝。因为对于《哈姆雷特》这出剧来说,奥菲莉亚还颇为重要。她不仅非常迷人,同时还有一点疯狂。让我们承认:对于数学的追求,本身就可以认作是人类精神的一种神圣的疯狂,是远离琐细事件之驱策的一片世外桃源"。

对于康德来说,疯狂之处却不在数学探索本身,而是在于哲学家的这样一种幻觉:他能以[与数学]同样的方式获得进展。康德写道:"数学科学为纯粹理性如何能够在没有经验的帮助下成功地对其领域进行扩展呈现出一个最为光辉的范例。这种范例总是具有传染性,特别是在所涉及的官能是同一个的时候,于是,非常自然地,人们会自欺欺人地认为,在别的情况下,他们也能获得与这一情况下同样的成功。"非常自然地,期待会升高,人们会认为数学的方法"在量的领域之外也会获得同样的成功"。但是,对于那些理解了自己的任务的哲学家来说,康德认为,在把数学的方法应用到其他领域的时候,不应该受到那种自信的感染,也就是"那些掌握了数学这门艺术的人……就其获得这样的成功的能力……方面的自信"。

康德认为,"数学的准确性依赖于定义、公理以及证明……所有这些,没有一个能按照数学家对它们的理解而在哲学的领域中达成或者被哲学家所模仿",原因在于,按照康德的理解,数学家的定义和论证,其有效性最终依赖于这样一个事实,即他们能够构造出他们所运用的概念。这里的关键不是数学对象的来源,即并非在于数学不是从经验而是从理性那里获得的对象,而是在于数学获得其对象的方式,即数学是通过构造而从理性中获得其对象的;比如,如果我们举一个例子来说的话,当欧几里得开始其论证的时候,他其实是构造了一个与其定义对应的三角形。

因此,康德坚持道,"在哲学中我们绝不应该模仿数学而从定义开始,除非是作为一种试验性的举措……在哲学中,事实上,我们应该让那种获得了其全部明确性的定义成为我们工作的结论而不是开端";而在数学中,情况却是相反的,除非我们能够构造出与我们的定义相应的对象,我们是无法开始工作的。"正因为如此",康德总结说,"夸张它自己那种教义论断的品格,特别是在纯粹理性的领域中,然后还用数学的头衔和丝带装点自己,这些,跟哲学的本性都是不合的"。

这种关于数学的意见分歧,在很大程度上能够代表那种关于科学的本性或者其知识对象的本性的哲学性争论。当数学家介入到这种争论中的时候,他们所扮演的,实际上已经是哲学家的角色,因为数学自己并不关心这一类的问题。不过,也有一些关于数学的问题,看起来要求我们对这一学科本身做一种切近的研究,甚至要求我们对它的主题以及操作方式有一种熟练的掌握。我是指那些相关于数学的范围、分支,以及关于这些分支间的相互关系与统一性的问题。在这些问题上,数学家们不只是跟哲学家有意见上的分歧,甚至在他们自己中间也是这样,甚至连到底怎么才算是有做数学家的能力这样的问题,分歧也同样存在。

这样的一些争议性问题,通常会牵涉到对于数学史的不同理解。不过,在数学起源的问题上,并无分歧。

关于数学起源的古代观点,也就是希罗多德、柏拉图以及亚里士多德关于数学特别是几何学起源于埃及的观点,之所以与我们的讨论相关,是因为它提出了数学起源时所处的社会环境问题。比如,希罗多德似乎想说,几何学是作为丈量土地的辅助手段出现的。"几何"(geometry)这个词的意思其实是土地—测量。"从这种实践活动中,"他说,"几何学第一次在埃及为人所知,然后又传入希腊。"另一方面,亚里士多德把那些"不以功利为目的"的技艺与有用的技艺区分开来,认为前者"最初出现在人们获得闲暇的地方。这就是为什么数学这种技艺会出现在埃及的原因,因为在那里,神职人员是可以有休闲时间的"。

希腊的数学发展很早就把纯粹的算术、几何科学与它们在测量领域中的那些实际应用分开。希腊人认为数学本质上是理论的而非应用的或者生产性的活动。他们也把它与对可感世界的经验探索区分开来。因为算术考虑的是数而不是被数的东西,而几何学所考虑的是图形而不是自然的形状、面积或者体积。因此，柏拉图才会说，当音乐和天文学考虑的是数的比率和几何位形而不是听觉上的和谐或者天体的运动时，它们其实是属于数学的。

受到格劳孔对数学艺术的用益方面的兴趣的刺激，苏格拉底彻底排除了数学的功用性，认为它与哲学家没有任何关系。只有当算术以及它的姐妹学科完全忽略掉可感物的世界之后，他才认为它们是值得推荐的。他解释说，"那些不得不从变化的海洋中把自己提升出来而去把握那真实的存在的哲学家们……之所以必须是算术学家"，是因为算术能产生一种"非常伟大，非常具有提升性的效果"，它会迫使"灵魂对抽象的数进行推理"，还会抗拒"那种把可感可触的对象引入论证的做法"。同样，只有当几何学把自己与"关于永恒的知识"而不是土地上的距离联系起来的时候，它"才会把灵魂引向真理，并创造出哲学精神"。天文学家，跟几何学家一样，"应该在他的问题中把天空放在一边，如果他要以正确的方式进入他所研究的主题的话"，同时，跟天文学家一样，研究音乐的人如果去比较那些"只能被听到的声音和谐和音"并因此不能触及"数所具有的自然的和谐"的话，他的努力也只会白费。

数学所具有的非经验或者说非实验性的品性基本上没有什么争论。很少有人提出，数学知识的增长依赖于观察方法的改进。不过，关于数学与物理学的关系——这实际上提出了纯数学与应用数学关系的全部问题——或者关于数学物理学与实验物理学的关系问题，却存在着大量的争论，特别是到了近代以后。

比如，培根所采纳的就是古代那种把数学分成纯粹数学和混合数学的观点，其中，前者是"与物质以及物理公理完全抽离的"。尽管在他眼中，数学对物理学来说是一种有用的工具——"当把数学应用到物理学上时自然探索才会做到最好"——但他同时强调物理学的首要地位，强调它那种实验科学的本性。他说，当逻辑学和数学试图主宰物理学而不是为它服务的时候，物理学就被前两者所败坏了。"数学和逻辑学本该成为物理学的侍女，然而她们试图要在物理学面前吹嘘自己的确定性，甚至要试着去主宰后者，这确实是一种乖异的宿命"。

休谟确实承认数学具有一种确定性和清晰性，但是在他看来，数学所具有的那种确定和清晰是无法扩展到数学物理学身上的。他认为，"即使是最为完美的自然哲学也只能稍微延宕一下我们的无知……几何学也是一样，当它被用于自然哲学的研究时，它也从来不能用其理应被赞美的精确推理来弥补这种缺陷，或者把我们引向关于终极原因的知识"。休谟继续说道："混合的数学的每一个部分，都是基于这样一个前提，即某些法则是在自然运转中已经建立起来的；而抽象推理的用途，只是在于辅助经验来发现这些法则，或者在具体的事例中利用任意精确度的距离或者数量来确定这些法则的影响。"数学，在与物理学混合之后，就只能保持在从属的地位上——最多只能在表述和发现自然法则时作为一个辅助工具。

不过，17世纪的那些伟大的数学家和物理学家看法似乎不同。伽利略、笛卡尔和牛顿都倾向于把数学分析当作物理学中不可缺少的一部分。既然世界的结构是数学的，那么自然科学也应该是数学的。笛卡尔说，几何学是"这样一种科学，它所提供的，是一种关于所有物体的测量的普遍知识"。如果我们还要保留古代那种对几何学和力学的区分，那么，这样一种区分只能建立在这样一个前提上,即,"几何学是精准的,而力学则不是"——实际上,我们对这些学科的称呼恰恰"确认了"这种区分。

牛顿也在他的《自然哲学的数学原理》的前言中写道:"几何学是建立在力学实践的基础上的,它只不过是普遍力学的那个精准地提供和展示测量艺术的部分而已。"那种被称为"理性力学"的东西,是绝对不能与那种不完善也不准确的测量手艺混淆在一起的;所以,也不能把几何学与力学之间的区别理解成是精准程度上的差别:前者准确无比而后者达不到这种精准程度。"不过,由于测量手艺主要是运用在运动物体上,所以,当我们说到几何的时候通常指的是这些物体的大小,而说到力学的时候,所指的则是它们的运动"。

牛顿自己并不遵守上述区分。他的目标,是要把所有的自然现象都归于"数学的法则"之下,同时尽力地去培植数学以便使它与自然哲学联系起来。"我提供这部著作,是把它当成哲学的数学原理,因为哲学全部的重担就在于此——从运动现象去探索自然中的力,并且通过这些力来演示其他现象"。他很遗憾自己没能把全部自然现象都"通过同样的推理从力学原理中"推导出来。

约瑟夫·傅立叶甚至走得更远。他说:"数学分析的范围就像自然本身那样宽广无边。"数学分析"与可感知的现象之间有着必然的关系"。通过掌握"这些现象的律则",数学"用同样的语言对它们进行的解释,就好像是证实了宇宙全部计划的统一性和简单性,同时也使主宰着自然中全部原因的不可变易的秩序更加显明"。笛卡尔和牛顿也说过或是暗示过这点。不过,更进一步,从他自己建立热的数学理论的经验出发,傅立叶得出这样一个结论:"对自然所做的深入研究,是数学发现最丰沃的源泉。"数学本身会从它与物理学的联合中受益;当物理学的探究扩大了物理学所要分析和用公式表述的对象范围的时候,数学也增加了自己在分析方面的能力,也让自己的表述公式获得了更大的一般性。

数学与物理学的关系在**天文学与宇宙论**、**力学**还有**物理学**中有所讨论。至于数学物理学,则必须从这样的一种眼光去考察,即,数学和物理学是两门分立的学科,在方法与对象上都各不相同。另外,尽管有些主要的数学贡献出现在那些物理学或者自然哲学的伟大著作中(例如,阿基米德、开普勒、牛顿、彭加勒、爱因斯坦、玻尔以及海森堡),但是,更多的基本公式还是出现在纯粹的数学著作中:欧几里得的《几何原本》、尼柯马库斯的《算术引论》、笛卡尔的《几何学》、帕斯卡的数学论文、怀特海的《数学导论》以及 G. H. 哈迪的《数学家的申辩》。属于后一群体的其他作者,我们把他们的著作列在了补充读物中。比如,关于数学在近代所获得的伟大进步,代表这些成就的数学家有:卡尔·弗里德利希·高斯、N. I. 罗巴切夫斯基、威廉·卢万·汉穆勒顿、伯纳德·黎曼、乔治·布尔、里查德·戴德金、朱塞佩·皮亚诺、哥特洛布·弗雷格、格奥尔格·康托、大卫·希尔伯特,以及库尔特·哥德尔。

在补充读物中列出的数学著作主要是 19 世纪的数学论文和专著,它们与上述伟大的数学著作同样伟大。探究两者之间的关系,既自然又合理。但既然在探究中我们直接面对的主要问题就是近代数学与古代数学之间的关系,那么我们不妨考察本系列中的数学著作,因为它们能够代表数学科学传统中的连续和断裂。

伽利略和牛顿是欧几里得和阿基米德的门徒。笛卡尔却是伟大的创新者。

对于他自己背离古人以及背离他所察觉的他那一时代的数学现状，他是有充分的自觉的。不过在他自己看来，他的那些数学发现具有如此明显的真理性和力量，使他无法不去相信，古人一定已经对它们略有所知。

他写道："我一点都不怀疑，之前时代的那些伟大智者一定对此已经有了某种认知，甚至可以说，自然会引导他们达到这些知识。我们有充分的证据表明，古代的几何学家们已经利用了某种特定的分析方法，而且，已经把这种方法扩展到了对所有问题的解决上。他们只不过是不愿意向后人透露这个秘密而已。当今兴盛的一种算术理论，也就是被称作代数的理论，它对数字问题的处理实际上就是用来表现古人在图形方面所取得的成就的。"他宣称："这两种方法是从这里所讨论的学科的内在原理中自然生发出来的结果，除此之外再无别的可能。"

笛卡尔并不认为他所获得的成就只是在于，通过对已经被建立起来的结论或者原理做进一步的发现而推进了数学。甚至把他的成就说成是通过把代数学方法运用到解析几何学问题上而创立了一门新的数学分支，也不会让笛卡尔满意。在笛卡尔看来，他的工作其实是对数学所有既有分支的一种统一，并形成了一种单一的、普遍适用的分析方法。事实上，他的方法是对数学的整个品格的一次革命，也为这一学科在他之后的那种具有现代特征的发展奠定了基础。他写道："老实说，我确信，这是一种比其他所有通过人类之力而传给我们的知识都更为有力的知识工具，因为它是其他所有工具的源头。"

罗素说直到19世纪之前都没有真正的纯数学，即使对此不同意，我们也能看到，人类在那个世纪所获得的数学成就是对笛卡尔革命的继承和实行。如果一个人能够理解笛卡尔的普遍数学跟古人开创的那种相互分离的几何学与算术之间的差别，如果他能够理解笛卡尔的方程理论与欧几里得的比例理论之间的差别，如果他能够理解用字母代替数字的代数符号体系是如何把算术以及几何学从确定的数量中解放出来的，那他就能够看到存在于近代数学与古代数学之间的深刻断裂。尤其是在19和20世纪的时候，进行了对纯数学和应用数学之间差别的全面讨论。但是，正如哈迪所指出的，这一区分对"它们各自的用途几乎没有影响"。

近代数学和古代数学之间还有别的一些不同导致了二者之间的断裂。比如，处理无限的方式，微积分的发明，以及函数论。不过，对于理解数学的本性、对象以及方法来说，最重要的是看到存在于现代数学与古代数学之间的不连续性。这种在数学本性问题上面的根本的不一致，不是产生于哲学家关于如何定义数学的争论之中，而是一个从现代和古代数学家的实际工作中产生出来的问题。

斯威夫特在他的《书的战争》（古书与现代书）中，只看到了两个时代的伟大诗人和哲学家之间的对抗。而事实上，古代与现代的数学著作之间的对抗可能同样具有戏剧性。在这类事情上总是存在一种自然的倾向，用那种偏向现代一方的眼光看待整个对抗。也不能就说这种偏向全无道理，因为在某些特定的知识领域中，新的工具的不断完善，以及对新的事实的发现，确实是对后来者有利的。但是，当争论进入到关于数学的本性层面时，上面所说的这种优势是否还能通行无阻，就是一个问题了。

如果我们充分地、公正地去发掘古代与近代的数学经典著作之间的差别，我们就会发现,也许根本不可能分辨出真理到底属于哪一方。也无法对到底哪一种关于数学的观念会更加富于成果做出判断,因为这两种数学也许就是不可通约的,无论是从目的、方法,还是从衡量成就的标准来说都是如此。

有一个例子可以很好地说明这种不可通约性。正如我们可以从尼柯马库斯的《算术引论》中看到的那样,在古代的数学观念中,数只有有限的几种类型。尽管我们可以脱离任何被计数的东西而对数本身进行处理,但一个数总是被数的东西的数量。所以它总是正整数。而且,除了1这个"所有数的自然起点"之外,它还总包含着一组个体。

而对数所做的分类,则是根据它的组成方式以及它的各每个组成部分的组成方式进行的。数首先被分成奇、偶。"所谓偶数,就是可以被分成两个相等的部分而中间没有分隔这两个部分的单元的数。而奇数则是那种由于上面提到的单元而不能被分成两个相等的部分的数"。

按照尼柯马库斯的观点,偶数这个类又可以被继续细分成偶数乘偶数、奇数乘偶数以及偶数乘奇数。而奇数则可以被分为质数(素数)、非质数(合数),以及本身是合数但相对来说是素数的数。量说明了这样分类的数所具有的特性。事实上,在这样的观点下,数还可以被进一步分为超冗、不足以及完全数;另外,根据一个数与它的各部分之间的关系而对它的各个部分进行分类。

最后,数是通过其几何性质而被思考的,通过把它的各单元呈现在空间中——一维、二维和三维空间——来观察它的性质。所以会有线数、平面数和立方数。在平面数中,还会有三角、正方、五边、六边形数等等。

从尼柯马库斯的视角来看,加、减、乘、除这些算术运算所做的是在生成一个数,或者把一个数拆分成它的各部分。虽然加法和乘法可以在任意两个数之间进行,它们的逆运算却不一定可以。一个较小的数是不能减去一个较大的数的,因为减法是从一个整体中抽取出它的一部分,而剩余正的差。同样,既然除法是把一个数分解成几个部分,一个数就不能被一个比它大的数除。因为大数不是小数的部分。

简单来说,后来的负数和分数在尼柯马库斯关于数的理论中是没有任何位置的。尼柯马库斯不会不考虑运算的结果就在任意方向上进行算术运算。如果一个运算的结果没有他所要求的那种数学实在性,他就不会进行这个运算。他不觉得减法和除法不能像加法和乘法那样对任意两个数成立——比如,小数不能减大数,或者,使用一个除分子会产生余数的分母——有什么矛盾或者不妥。相反,让他觉得不妥的,是违反这些运算的恰当意义而去进行运算,由此产生负数或分数的结果——对于他来说,这些根本就不是数,也就是说,根本不能被用来数任何实在的东西。

如果尼柯马库斯理解了一个平方数的性质,他就能理解什么是平方根。但是,他不会认为开方这个运算可以被应用到非平方数上。因此,另外一种现代数即无理数不会出现在尼柯马库斯的数组中,因为无理数是从对那些非平方数开方而获得的;同样,虚数也就不能出现,因为后者是对负数开方而得到的。

当我们以代数学的方式进行算术运算时,也就是说,把未知数和定数放在一起进行运算时,对方程的求解需要使用一些尼柯马库斯根本不会承认是数的项——负数、分数(有理数和无理数)、虚数以及复数(由实部和虚部所组成的数)。笛卡尔却不觉得这些新奇的数有任何不妥。让他感到不妥的倒是不能无限制地运用基本的算术运算。事实上，如果基本算术运算不能以一种无限制的方式进行，整个代数学就是不可能的。而如果代数学是不可能的，那么就不能通过除去全部定量而形成纯形式化的方程结构的办法，来进行一般性的分析。而同样变成不可能的，还有在笛卡尔看来是统一数学的本质所在的东西，即以代数的方式表象集合运算，以及以几何的方式来进行绝大部分的代数运算。

另外，除非数的数量与线上的点的数量同样多，否则就无法用代数的公式或者方程来表示几何曲线。对于尼柯马库斯来说，没有分数和无理数的数列既不连续也不稠密。也就是说，数的数量要少于线上的点的数量。而且，如果不能运用0，负数以及分数——对于尼柯马库斯来说这些都不是数——笛卡尔也无法构造出一个坐标系来对方程进行几何表示，因为在这样一个坐标系中，平面上的所有点都要各自对应于一个不同的数对。

笛卡尔对几何与代数的结合——在他看来这极大地增加了这两种工具各自的威力——实际上违背了古代对连续量与非连续量的区分，也就是说，在大小（比如线和平面）和多少（即数）之间的区分。比如，欧几里得总是把无理数（不可通约数）当成是大小之间的关系来处理，从来不会把它处理成多少或者数。对于他来说，有些特定的几何关系是不能以数的方式表达的。算术和几何不是同一级别更不是同一范围的科学。算术是更为简单也更为初等的科学，而且是几何的前提。

还可以用笛卡尔的其他创新来说明古代的跟现代的几何与算术之间的断裂——比如，对无限量和无限数的处理，函数论，以及微积分方法。不过，我们不必列举那么多例子也能猜想有些问题是没有答案的。比如，正确的是尼柯马库斯还是笛卡尔，或者，现代的创新到底是对数学科学或者数学艺术的推进还是破坏。

这样的一些问题，不同于某个数学命题或者某个数学证明的正确与否。根据欧几里得所给出的定义、公理以及前设，他理论中的某个定理不是对的就是错的。欧几里得为这个命题所给出的证明同样或者成立或者有误。这样的规则，对于笛卡尔来说也同样适用。可是，我们想要确定笛卡尔和欧几里得对于整个数学事业的观念孰是孰非，这就像是要我们在两个完全不同的世界中做出选择，这样的一种选择，要依据那些并不归属于数学的原则和目标来进行决定。

现代数学可能在对物理学的应用，特别是对变量的分析和计算上更为有用。它可能拥有一种特殊的优雅和简单，以及更大的统一性甚至体系上的严格性。它为之所付出的代价可能是丧失了某种可理解性。古代数学因着古代数学家对数学对象必须具有直接可识别的实在性的坚持而具有这种可理解性。古代的数学家，从来没有对他们的数学做出像罗素对现代数学所做的那种极端评论：这是一种"我们永远也不会知道我们所谈论的到底是什么，也永远不会知道我们所说的到底是对还是错"的科学。尽管现代数学已经证明自己要比古代数学更为有用，但正是哈迪这位现代的数学家，给这种有用性打了折扣。他是这么写的："如果有用的知识……是能够对人类现今或不久的将来的物质上的舒适做出贡献的知识——单纯智力上的满足其实与此无关——那么就有一大堆高等数学是无用的。现代的几何学、算术、数论、函数论、集合论、相对论和量子力学，如果面对上面那种检测标准，它们的表现可以说是一样的差。"至于那些伟大的现代数学家，哈代的主张是，"没有他们，世界还是一样的幸福"。

数学对象的实在性问题，部分属于数学家的问题，部分则属于哲学家的问题。而看起来，属于数学家的那个部分，实际上是一个证明他所定义的对象确实存在的问题。要论证这一点，可以以欧几里得的《几何原本》为例。

按照欧几里得对这一科学的说明，有三个基本的原则：定义、前设以及公理或者说通用观念。之所以把公理称作"通用观念"，是因为它们是被数学的其他分支共同承认的真理。而这些常识之所以会被称作"公理"，则是因为它们的真理性据说是自明的。相反，所谓前设，是那些为几何学独有的东西，因为它们是作为构造的规则而被写出的。它们的功能，则是指出某些操作是被假定为可能的，比如，画出一条直线或者一个圆，或者，从空间的某个位置移动一个图形而不改变它的形状或者大小。

欧几里得的定义包括对直线和圆的定义。因此，他最先提出的两个前设，就是要求我们假定空间具有这样的一种性质：被定义的几何对象可以在这个空间中如其被定义的那样存在；或者，换种说法，对应于这些定义的对象具有几何实在性。不过，有很多定义——关于三角形，等边三角形或者平行四边形的定义——欧几里得并没有提出相应的前设来让我们承认这些对象的几何实在性。因此，在他给出论证来证明这些图形的性质时，他认为有必要首先证明这些图形确实是可以被构造出来的。而如果没有这种构造以及对于这种构造的证明，所有的定义只是在表述一种可能性，我们还不知道在欧几里得所设定的空间中确实有几何实体与这些定义相对应。

在他最先的构造中，欧几里得所能使用的东西只有这些图形本身的定义、他的公理以及那些让他能够使用某些机械装置——直尺和圆规——的前设。而这些机械装置，其实就是他那些前设的对应物。直尺对应于在任意两点之间可以画出一条直线的前设，而圆规则对应着关于圆的前设，即圆可以用一个平面上的任意一点和它的半径来描述。比如当欧几里得在第一卷的第一个命题中示范等边三角形的构造时，他也就论证了这一图形的几何实在性，或者换种说法，证明了这个图形在他所假设的那个空间中的实在性。

对于这个证明以及一系列类似的证明，是可以提出很多疑问的。比如，既然这些前设是假定的，那么关于它的真理性就可以提出疑问，而且可以去证明或者证伪这个前设。这种类型的质疑把我们引向了非欧几何的发展。在好几个世纪证明平行前设的尝试失败了之后，像罗巴切夫斯基和黎曼这样的几何学家就开始为平行线提出一些其他的前设条件，结果获得了另外一些几何图形的性质。

比如，在欧几里得的三角形中，内角和等于两个直角之和，而在非欧三角形中，内角和会大于或者小于两个直角之和。对于这一现象，有一种解释认为，几何学所得到的结论，其真理性完全基于一种随意的假设。而另外一种解释则认为，不同版本的平行线前设实际上是标志着我们选择了不同类型的空间去构造几何图形；对于每一个既定的空间，只有一组关于在这一空间中构造起来的图形的几何性质的真理存在。

20世纪的数学家们所争论一个的主要问题是，我们的几何学知识——无论是欧氏几何还是非欧几何——到底具有一种什么样的特点,而且,这里的一个特别的关注点就是几何学的公理。一方面,彭加勒曾宣称,"几何学公理……既不是先天直觉的综合,也不是经验事实。它们是一些惯例。我们在所有可能的惯例中所作的选择是受到实验事实的指导的。不过,尽管如此,它们仍然是自由的,而唯一能够对它形成限制的,只是避免出现矛盾的需要;因此,对于这样的一些前设来说,即使那些我们用来对其决定取舍的实验事实仅仅是近似的,它们本身仍然是严格为真的。换句话说,几何学的公理——我说的不是算术的公理——只是一些伪装起来的定义而已。那么,我们又该如何去看待下面这个问题:欧几里得几何是真理吗?这个问题其实是无意义的。因为我们也可以用同样的问题去问公制系统是否是真理,以及,旧的重量单位和长度单位是否是错的。或者,笛卡尔坐标系和极坐标系到底哪一个才是对的。一种几何学不会比另一种几何学更真,它只会比另一个更方便。欧几里得几何现在是,而且以后还会是最方便的一种几何学"。

但是在另一方面,我们发现哈迪这样说:"纯粹的几何科学是存在的,在其中,有很多种几何学,射影几何、欧氏几何、非欧几何等等。每一种这样的几何学都是一个模型,是一种观念模式,而对它们的评定,必须从它们自身那种特殊模式所包含的兴趣以及美来进行。它们是一种地图或者说图景,是很多人共同努力的产物。对于数学实在来说,它们都是不完善的、部分的复制品——虽然在其自身的范围内它们是确切的。不过,对于我们来说,现在最重要的却是这样一点,即存在着这样一种东西,对于它来说,任何一种纯粹的几何学都不能成为它的图景,这种东西就是物理世界中的时-空实在。"

另外一类典型的问题则是对几何学证明的逻辑条件——而不是几何学条件——的思考。帕斯卡认为,几何学方法是人所能够获得的最完美的方法,因为它"既不是对所有的东西给出定义或者给出证明,也不是完全不去证明或者给出定义,而是让自己保持在一种中间的位置上:它不去定义那些对于人来说是清楚的事情,而对于所有其他的事情,它则要给出定义,同时,对于那些人已经知道的事情,它也不会去给出证明,但它会去证明其余的所有事情"。这样一种方法,它的应用范围看起来并不限于几何学所关心的那些主题,至少,对于笛卡尔和斯宾诺莎来说,这看起来可以成为证明任何理论真理的方法。笛卡尔"用几何学的方式来证明上帝的存在以及心灵和肉体之间的分别"。而正如斯宾诺莎在他著作的书名页上所标明的,他的整个《伦理学》都是按照"几何学的秩序"建立起来的。

也许可以提出这样的疑问:笛卡尔为他的定义以及公理所添加的那些前设,或者,斯宾诺莎从卷2命题13开始引入的那些前设,它们与几何学中的前设起的作用是否相同;也就是说,它们是否还是作为构造活动的规则在起作用?同样,我们还可以问这样的问题:当斯宾诺莎在卷一中不借助任何前设就推进其推理的时候,他是否还在遵循着几何学的方法?不过,更概括的质疑与检验标准有关,即,我们以什么样的标准来检验那些初始命题的一致性和充分性,也就是说,我们以什么样的标准来检验定义、公理和前设的一致性和充分性?它们是后面给出的所有证明的基础。对于这样一个问题的探讨,需要我们去考察证明的整个程序,而现代的数理逻辑论正是从这一考察中发端,挑战传统亚里士多德逻辑学的普适性以及充分性，并且提出数学与逻辑是两个不可分割的东西。它们从本质上说应该属于同一学科。

我们在**假设**、**逻辑**和**推理**这些章节中讨论了由数理逻辑或者数学逻辑学所提出的问题。而在这里，我们必须讨论另外一个主要是哲学家们而不是数学家所感兴趣的问题。这个问题与数学的对象有关。它考虑的主要是数学对象的实在性或者说它实存的方式，而这样的一个问题，是不能通过对某种被构造物的数学证明来回答的。

比如说，当欧几里得去构造一个等边三角形的时候，他以这种方式建立起的这样一种图形，是不可能被完美地画在纸上的。尽管有各种前设来保证我们可以去使用直尺和圆规，但这并不能消除这些机械工具在其使用中所存在的不完善性和不准确性。当几何学家要去证明一个关于三角形的性质时，这个三角形必须是完美的，而这样的一个三角形却不可能被真正地画到纸上。而这样一来，就出现了一个关于这种理想的、完美的图形的实在性，或者说，关于它的实存的哲学问题。事实上，对于纯粹的数——即那种独立于任何被计了数的东西的数——来说，也存在着相同的问题。

数学的对象是否是一种纯粹的智性存在，跟那个由物质性的东西所组成的可感世界是相互分离的？还是说，它们其实是一种理念性的存在者？——这不是说它们存在于我们的心智之外，而是说，它们是存在于我们心智之中的理念，而不是某种可知觉的殊相。正如我们在存在、形式、理念这几章中能看到的，对于这些问题，柏拉图和亚里士多德看起来有不同的答案。而且，即使对于那些认为数学对象仅仅存在于我们的心智之中的人来说，他们的想法也还存在着更进一步的差别。

比如，亚里士多德、阿奎那、洛克和威廉·詹姆士会认为，数学对象是通过对感觉或者想象的殊相进行抽象而形成的共相。"数学物"，阿奎那写道，比如说数或者图形，"并不是作为分离的存在者而独自存在的"。如果抛开被计数的东西或者物理性的结构，"只有当它是抽离于运动和物质的"时候，数和图形"在我们的理性中才有独立的实存"。另一方面，霍布斯、贝克莱和休谟却拒绝承认有这种抽象的理念或者作为共相的概念存在。休谟这样说道："如果让一个人尝试去想象一个三角形，而这个三角形既不能是等腰三角形，也不能是不等腰三角形，它的各边还不能有任何具体的长度或者比例；那他很快就会意识到经院哲学中关于抽象和一般理念的所有想法的荒诞性。"

不过，尽管有着种种差别，但是在我们这个由伟大的典籍所形成的传统中，似乎所有人都同意这样一点：数学的真理是理性的而非经验的；或者用康德和詹姆士的话来说，都是先天而非后天的。不过这种共识对不同的人有着不同的含义。有些人认为数学真理与其他科学中的真理并无不同，而另一些人却认为，正是因为数学真理与实事或者实存无关，因而与其他科学相比，它的真理才会具有一种独特的地位。

对于柏拉图来说，所有的科学都是关于纯粹可理解的对象的知识。而对于这样的对象，数学科学关于它们的知识，相比辩证法而言是要来得低劣，"因为它们的起点是假设，而［得到的结论］又不能上达至原理"。这些学科的研究者，柏拉图写道："在他们各自的学科分支中事先认定了奇数、偶数、图形、角的三种类型以及类似的各种东西；这些是他们的假设，是被他们以及所有人都认作是已经知道了的东西，所以他们也就不会屈尊去为他们自己或者别人给这些东西提供任何的说明；他们所做的只是以此为起点，通过一种一致的方式不断前进，直到达到他们的结论。"

而对于亚里士多德来说，数学与物理学或者形而上学的不同，正在于它的对象所具有的那种特殊品格。物理学与形而上学所处理的都是外在于心智的本体，而数学所处理的对象却是各种抽象。尽管图形或者数跟物质性的本体"在事实上是不能分离的"，"但是通过抽象活动，它却可以和任何一类具体的物体相互分离"。这当然不是说，比如，物理的东西就没有可感知的图形。这只是强调说，当几何学家在处理图形的时候，他们不是把它作为可感知的东西，而是作为可理解的，也就是从具体事物中抽象出来的东西来处理的。不过，尽管如此，在应用于实在的时候，数学真理一点不比物理学或者形而上学的真理差。这三门科学的另一个共同点就是它们都是通过理性而不是实验来形成证明。同时，这三门科学也都是通过归纳法来获得它们的原理，虽然其中唯独形而上学能够得到所有科学的第一原理。

对于康德来说，"数学认知是一种通过构造观念而进行的认知"。为了说明这一点，他举了一个构造三角形的例子："我是通过向我自己呈现一个与这一观念对应的对象而构造出一个三角形的；或者单靠想象（纯粹直观），或者是靠画在一张纸上（经验直观）；而无论是哪种情况，都完全是先天的而没有借助任何经验……我们所唯一关注的只是对这一观念的构造行为，至于那些对它有所决定的不同形态——比如，尺寸、各边的长短或者各个角的大小——我们则不加以注意。"这样的一种直观，它所具有的先天性——数学真理的先天性正是以这种直观所具有的先天性为基础的——并不意味着数学与经验之间是脱节的。按照康德的看法，算术和几何学跟物理学是类似的；它们是关于经验和自然的科学，但是正如（纯粹的而不是经验的）物理学一样，它们都是先天科学。由于康德认为经验本身就是通过知觉的先天形式所组建的，所以他就可以把数学对于所有可能经验而言所具有的那种正确性归结于"对于现象的纯粹形式——时间与空间——的先天直观"。

罗素拒绝同意这种"康德式的观点，即（认为）数学推理并非是严格的形式性推理，而总是运用了直观，也就是说，运用了关于时空的先天知识"。"多亏了符号逻辑的进步……康德哲学的这一部分，"罗素认为，"现在可以最后而且是不可逆转地推翻掉了"。而在康德之前，莱布尼茨曾经宣扬过一种"一般性的学说，即所有的数学都是一种从逻辑原理进行的演绎"。但是，按照罗素的说法，莱布尼茨并没有能把他的这种认知具体化，而这部分因为他"相信欧几里得的几何学具有一种逻辑的必然性"。在罗素看来，康德的错误也正是肇因于此。"欧几里得的命题……并非纯粹从逻辑的原理而来；而且，正是对于这一事实的认知"，他写道："把康德引向了他在知识论上所作的创新。但是自从非欧几何发展起来之后，我们已经能够看到，纯数学并不在乎欧氏几何的公理以及命题到底是否对于真实的空间成立。"

罗素的观点是，"所有的数学都可以从10条演绎原理加上10条另外的关于逻辑本性的一般前提（比如：蕴含是一种关系）中严格地和形式地推演出来"。在他看来，"所有的数学都是符号逻辑这一事实"是"我们这个时代最伟大的发现之一；而我们一旦确立了这一事实，那么数学其余的原理就可以通过对符号逻辑自身的分析得出"。尽管除了罗素自己的《数学原理》或者他与怀特海合写的《数学之原理》之外,这种关于数学的观点并没有在细节上完全地展开或者说实现出来,但是这种把数学看成一种类似于(如果不是完全等同于)逻辑学的纯粹形式的科学的看法,确实可以在那些伟大的典籍中找到一些先声。对于詹姆士、洛克以及休谟来说,数学只是一门关于理念间关系的科学,而不是关于实存的。"至于数学判断,"詹姆士写道,"它们都是'理性的命题'……因为它们所表达的就是一种通过比较而获得的结果,除此之外再无其他。数学科学所处理的,只是类似与等同,而不是共存和后继。"不过,与休谟不同的是,詹姆士跟洛克都认为除了关于数与量的科学之外,还存在着别的科学也能够为它们的结论提供具有确定性的证明。

前面的这些讨论,为我们提示出哲学家们在数学的对象、它的真理的条件以及它与别的科学之间的关系这些问题上的某些不同。而这些意见上的不一致,并不具有那种古代观点对抗近代观点的形式,这跟我们在关于这门科学的本性问题上所看到的那种古今对立是不一样的。这两种对立之间并不具有平行的关系。

相反,近代的哲学家,特别是贝克莱、休谟和康德,他们对无限量这一观念的反对意见,似乎更接近于古代而非现代数学思想的要义。尽管他们所提出的理由并非来自那些被柏拉图或者亚里士多德所使用的原理,但是,跟古代人一样,他们似乎强调一种对于数学对象之可理解性,而这一点,看起来恰恰是被那种由笛卡尔开始的数学进展所牺牲掉了。

直到1930年代哥德尔的工作出来之前,那种所有的数学真理都能(按照罗素和怀特海的说法)"严格而且形式地演绎出来"的观点,一直都被数学家们广泛接受。而哥德尔所提出的问题是,举例来说,算术是否是一个一致的逻辑的系统。有没有可能证明我们不可能同时推导出两个互相之间不兼容的算术命题呢?对于这个问题,哥德尔的回答是否定的:这并非不可能。因为他发现,在一个像算术系统这么丰富的逻辑系统中,不可判定的命题可能出现。在这个系统中既不能找到对这个命题的证明,也不能找到对它的否命题的证明。另外,对于任何一个系统来说,那个断言这个系统本身的一致性的命题一定是不可判定的。

换句话说,哥德尔让我们看到,在算术系统自身的形式结构中找不到一个能够证明这个系统的内在一致性的证明。对于这个问题,即算术系统的一致性问题,一个可能的解决办法是把它提交给某个更高的系统——某种后-算术系统。不过,接下来人们还是无法利用这个后-算术系统本身的语言来判定这个后-算术系统自己的一致性问题;同时,如果人们继续使用前面的办法把这个后-算术系统的一致性问题再提交给一个更高的系统,那么他就会发现自己已经陷入了一种无穷倒退之中。

现在,很多的数学家已经接受了这样一个事实,即,存在着不能通过形式方法证明的数学真理。这就摧毁了罗素和怀特海在他们那本《数学原理》中所提出的纲要——一个在20世纪初,被希尔伯特、皮亚诺、弗雷格等数学家和逻辑学家们共用的纲要。事实上,哥德尔的贡献就在于他给这种关于数学严格性的过分主张泄了泄气;不过,尽管如此,他的工作并未触动关于数学的这样一个事实,即纯数学所具有的那种逻辑严格性,是我们在非数学的、纯粹经验的科学中无法看到的。

分 类 主 题

1. 数学科学的艺术：它的各个分支或者部门；数学的起源和发展
    1a. 数学与物理学以及形而上学的区别；它与逻辑学的关系
    1b. 数学对辩证法以及哲学的帮助：它在理论教育中的地位
    1c. 数学知识的确定性与准确性：数学的真理；算术与几何学的先天基础
    1d. 关于普遍数学的理想：对算术和几何的统一
2. 数学的对象：理念或者抽象；数、图形、外延、关系、序、
    2a. 对数学对象的把握：通过直观、想象、构造；时间和空间的形式
    2b. 数学对象的存在：它们实在的、理念的或者心智的实存
    2c. 量的各种类别：大小和多少；连续和离散的量；无理数的问题
3. 数学的方法：数学思想的模型
    3a. 数学论证的条件和品格：对定义、前设、公理、假设、定理以及证明的运用
    3b. 构造所扮演的角色：它在证明、数学实存以及数学探索领域的范围方面的影响
    3c. 分析与综合：函数和变量
    3d. 符号与公式：一般性的获得
4. 数学中运用的技术
    4a. 算术和代数演算：代数形式
    4b. 几何学中的操作
    4c. 对比例和方程的运用
    4d. 穷竭法：极限理论和微积分
5. 运用数学到物理现象上：数学的功用
    5a. 测量的艺术
    5b. 数学物理学：自然的数学结构
    5c. 纯数学与应用数学之间的区分

[陆丁 译]

索引

本索引相继列出本系列的卷号〔黑体〕、作者、该卷的页码。所引圣经依据詹姆士御制版，先后列出卷、章、行。缩略语 esp 提醒读者所涉参考材料中有一处或多处与本论题关系特别紧密；passim 表示所涉文著与本论题是断续而非全部相关。若所涉文著整体与本论题相关，页码就包括整体文著。关于如何使用《论题集》的一般指南请参见导论。

1. The art and science of mathematics: its branches or divisions; the origin and development of mathematics

5 Herodotus, 70
6 Plato, 254, 451
7 Aristotle, 119
10 Nicomachus, 619–620
11 Plotinus, 558–559
15 Copernicus, 510
16 Augustine, 736–737
21 Hobbes, 268, 269
28 Bacon, 46
28 Descartes, 228–229
33 Locke, 363
33 Hume, 458
38 Gibbon, 299
39 Kant, 17–18, 68–69, 553
43 Hegel, 126–127, 230
55 Whitehead, 144–153
56 Poincaré, 1–5
56 Whitehead, 126–127, 137–138, 151, 152–154, 156–159, 163–164, 167, 178–179, 183–185
56 Hardy, 380–381

1a. The distinction of mathematics from physics and metaphysics: its relation to logic

6 Plato, 386–388, 391–398
7 Aristotle, 270, 508, 522, 547–548, 589–590, 592–593, 632
8 Aristotle, 391
15 Ptolemy, 5–6
17 Aquinas, 238–239
18 Aquinas, 424–425
21 Hobbes, 58, 59, 72, 267
26 Galileo, 190
28 Descartes, 227–229, 234–235, 296, 354–355
30 Pascal, 445
32 Newton, 1–2
33 Locke, 322–323, 360–362 passim
36 Smith, 376–378
39 Kant, 5–9, 17–19, 243–248, 311–313
53 James, William, 867–870
55 Bergson, 85
55 Russell, 289–290
56 Einstein, 195–196
56 Hardy, 377–378

1b. The service of mathematics to dialectic and philosophy: its place in liberal education

6 Plato, 391–398, 633–635, 728–730
7 Aristotle, 396–399, 428–429, 503–506, 510, 622–623, 624–626
10 Nicomachus, 599–601
11 Plotinus, 311
15 Copernicus, 510
16 Augustine, 726–727
21 Hobbes, 56–57
22 Rabelais, 27
28 Bacon, 46
28 Descartes, 224–225, 251, 270–272
30 Pascal, 171–172
39 Kant, 15–16, 46, 215
53 James, William, 882–883
56 Whitehead, 151–152

1c. The certainty and exactitude of mathematical knowledge: truth in mathematics; the *a priori* foundations of arithmetic and geometry

6 Plato, 633–634
7 Aristotle, 119, 513, 609–610
10 Nicomachus, 599–602
21 Hobbes, 59
28 Bacon, 1–106
28 Descartes, 224–225, 227–229, 267, 319–321, 354–355
30 Pascal, 430–434, 442–446
33 Locke, 317–319 passim, 325–326
33 Berkeley, 436
33 Hume, 470–471, 508–509
39 Kant, 5–8, 31, 46, 68–69, 211–218, 312, 399
40 Federalist, 103–104
40 Mill, 283–284, 445
53 James, William, 175–176, 879–882
55 Whitehead, 145
55 Russell, 266–271 passim
55 Wittgenstein, 437–438
56 Poincaré, xv–xvi, 1–4, 14–15, 21–26
56 Whitehead, 129–130
56 Einstein, 195–196

1d. The ideal of a universal mathesis: the unification of arithmetic and geometry

6 Plato, 180–182
7 Aristotle, 9, 103, 513
10 Euclid, 30–40, 81–98

10 Nicomachus, 619-629
21 Hobbes, 58
28 Descartes, 223-262, 270-272, 523-581
30 Pascal, 447-456
39 Kant, 68-69
55 Bergson, 85
56 Whitehead, 128-129, 146-147, 151-155, 183-185

2. **The objects of mathematics: ideas or abstractions; number, figure, extension, relation, order**

6 Plato, 387
7 Aristotle, 9-11
10 Euclid, 1-2
10 Nicomachus, 599-600
17 Aquinas, 33-34, 167-168
28 Descartes, 230-232, 252-255, 443, 532-534
33 Berkeley, 436-439
39 Kant, 62
53 James, William, 874-878
55 Whitehead, 144-153 passim
56 Poincaré, 17-19
56 Whitehead, 125-127, 183-185 passim

2a. **The apprehension of mathematical objects: by intuition, imagination, construction; the forms of time and space**

6 Plato, 180-183, 387, 393-394
7 Aristotle, 111, 577, 694
17 Aquinas, 451-453
28 Descartes, 250-255, 322, 454
33 Locke, 99, 149, 165-167
33 Berkeley, 415
33 Hume, 505, 506-507
39 Kant, 16, 24-25, 35-36, 55-56, 87, 110, 211-212, 551-553
53 James, William, 302-304, 549-552, 869-870
55 Russell, 268-271
56 Poincaré, 1-10 esp 4-5, 7-8, 15-21
56 Einstein, 195-196

2b. **The being of mathematical objects: their real, ideal, or mental existence**

6 Plato, 228-230, 242-243, 391-398, 541, 809-810
7 Aristotle, 197, 282, 397, 503-504, 505-506, 508, 509-511, 514-515, 516, 520-521, 551, 559, 560, 587, 588, 606-610, 611-618, 619-626
10 Euclid, 2
16 Augustine, 96
17 Aquinas, 25, 46-47, 49
18 Aquinas, 976-980
28 Descartes, 252-254, 302, 319, 322, 395-396, 443
30 Pascal, 373
33 Locke, 113, 324-325
33 Berkeley, 408-409, 436-438
33 Hume, 506-507
39 Kant, 24-33, 87, 91, 94-95, 211-213, 551-553

53 James, William, 874-878, 880-881
55 Whitehead, 148-149
55 Wittgenstein, 423
56 Einstein, 195-196
56 Hardy, 376

2c. **Kinds of quantity: magnitude and multitude; continuous and discrete quantities; the problem of the irrational**

6 Plato, 499-500, 515
7 Aristotle, 8, 9, 15-16, 307-308, 312-315, 411-413, 439, 520, 536, 537, 568, 578, 597-598
10 Euclid, 81, 127, 191-300
10 Archimedes, 527
11 Plotinus, 565-566, 601-602, 603
17 Aquinas, 32-33, 47-48, 169-170, 224-225, 262-263, 278-279
18 Aquinas, 754-755
26 Galileo, 139-153 passim, 201-202
28 Spinoza, 594-595
30 Pascal, 434-439
32 Newton, 25, 31-32
33 Locke, 164
39 Kant, 66-72, 135-137, 161-163
51 Tolstoy, 469
56 Poincaré, 5-10
56 Whitehead, 141-142, 185-186

3. **Method in mathematics: the model of mathematical thought**

6 Plato, 179-183, 387
7 Aristotle, 104-105, 277
10 Archimedes, 569-592
28 Bacon, 65
28 Descartes, 262, 354-355, 523-581
30 Pascal, 430-434, 451-452, 458-459, 464-466
32 Newton, 168-170
33 Locke, 311, 340-341, 358-360 passim, 362-363
33 Berkeley, 408, 410
33 Hume, 470-471
39 Kant, 211-218, 302-303
42 Lavoisier, 2
51 Tolstoy, 695
53 James, William, 175-176
56 Whitehead, 125-127, 137-141, 143-144, 152-153, 163-164

3a. **The conditions and character of demonstration in mathematics: the use of definitions, postulates, axioms, hypotheses, theorems, proofs**

6 Plato, 183
7 Aristotle, 68, 101-102, 106-107, 116-117, 126, 143, 194-195, 236, 514-515
8 Aristotle, 283-284
10 Euclid, 1-396
10 Archimedes, 404, 484, 569-570, 571-572
17 Aquinas, 460-461
21 Hobbes, 58
26 Galileo, 252

28 Descartes, 250–262, 271, 276–277, 354, 532, 544
30 Pascal, 365–366, 373, 451–452, 458–459, 464–466
32 Huygens, 551–552
33 Locke, 166, 308–309, 311, 340–341, 358–360 passim
33 Berkeley, 409
33 Hume, 470–471
39 Kant, 17–18, 68–69, 91, 211–218
53 James, William, 869–870, 874–878
55 Whitehead, 146, 147–148
56 Poincaré, xv–xvi, 10–15
56 Whitehead, 145–146, 163, 184–185
56 Hardy, 369–373 esp 372

3b. The role of construction: its bearing on proof, mathematical existence, and the scope of mathematical inquiry

6 Plato, 180–182
7 Aristotle, 371
10 Euclid, 2–3
21 Hobbes, 267
28 Descartes, 250–261, 559–560
39 Kant, 31, 68–69, 211–215, 551–553
56 Poincaré, 4–5
56 Hardy, 374

3c. Analysis and synthesis: function and variable

10 Archimedes, 434–435, 437–443, 569–570, 572
28 Descartes, 242–245, 247–249, 253–262, 523–581
32 Newton, 543
33 Locke, 363
56 Whitehead, 126–131, 140–141, 160–165, 181–183

3d. Symbols and formulas: the attainment of generality

7 Aristotle, 105
10 Nicomachus, 620
21 Hobbes, 56
28 Descartes, 250–262, 271, 523–526, 542
33 Locke, 318–319
33 Berkeley, 436–437
39 Kant, 68–69
56 Poincaré, 6–8 passim
56 Whitehead, 126–131, 137–145 esp 137–141, 143–144, 152–153
56 Hardy, 372–373

4. Mathematical techniques

4a. The arithmetic and algebraic processes: algebraic form

7 Aristotle, 222
10 Euclid, 127–190
10 Archimedes, 448–451, 520–526
10 Nicomachus, 602–609
28 Descartes, 255–257, 258–261, 523–524
30 Pascal, 447–473, 474–487 passim

33 Berkeley, 436–437
39 Kant, 17–18, 68–69
53 James, William, 874–876
55 Whitehead, 149–150
55 Wittgenstein, 357–358
56 Whitehead, 126–131, 139–141, 143–145, 147–151

4b. The operations of geometry

6 Plato, 180–183, 387
10 Euclid, 1–80, 99–126, 301–396
10 Archimedes, 403–446, 447–451, 452–481, 482–501, 527–537, 561–568
26 Galileo, 149–150
28 Descartes, 255–257, 258–261, 523–524, 525–526, 532–536
32 Newton, 50–75
39 Kant, 551–552
53 James, William, 876–878
56 Poincaré, 10–26
56 Whitehead, 151–155 passim

4c. The use of proportions and equations

8 Aristotle, 351–352, 378–379
10 Euclid, 81–126, 134–136, 137–140, 145–146, 150–161, 163–170, 174–180, 181–183, 188–190, 195–198, 199, 201–202, 320–321, 327–332, 335–336, 338–368
10 Archimedes, 459–460
10 Nicomachus, 609–619, 629–636
15 Kepler, 1012–1014
28 Descartes, 230–232, 250–251, 258–262, 523–581
51 Tolstoy, 590
56 Whitehead, 126–131 esp 127, 139–141

4d. The method of exhaustion: the theory of limits and the calculus

10 Euclid, 191–192, 339–340, 351–359, 367–368
10 Archimedes, 411–414, 424–427, 459–460, 470–471, 473–479, 492–495, 496–500, 503–504, 527–537, 569–592 passim
15 Kepler, 973–975, 979–983
26 Galileo, 193–194, 205, 224
30 Pascal, 395
32 Newton, 25–32, 168–170
51 Tolstoy, 695
56 Whitehead, 163–165, 173–175, 178–183

5. The applications of mathematics to physical phenomena: the utility of mathematics

6 Plato, 403, 424–425, 453–454, 691–692
7 Aristotle, 104, 108, 333, 477–478, 480–481
8 Aristotle, 247–248
10 Archimedes, 502–519, 538–560
13 Plutarch, 252–255
15 Kepler, 964–965
16 Augustine, 34–36
21 Hobbes, 268
26 Galileo, 178–260
28 Descartes, 395–396, 550–559

32 Newton, 7-8, 15-16, 269-372
32 Huygens, 551-619
33 Hume, 460
34 Swift, 94-103
37 Gibbon, 661-662
51 Tolstoy, 694-695
53 James, William, 348-359
55 Whitehead, 144-153, 161, 163-165, 207
56 Whitehead, 125-126, 128-137 passim, 158-159, 171-172, 185-186
56 Bohr, 305, 309-310, 314, 320-321
56 Hardy, 365-366, 368-369, 375-376, 378-380
56 Heisenberg, 395-397, 442, 443-444

5a. **The art of measurement**

4 Aristophanes, 785-786
5 Herodotus, 139
6 Plato, 431, 594-595, 691-692, 695-697
7 Aristotle, 300, 303, 330-333, 579-580
10 Euclid, 81-98
10 Archimedes, 520-526
15 Ptolemy, 14-28, 38-39, 143-144, 165-176, 233-258
15 Copernicus, 532-556, 558-559, 586-621, 705-725
17 Aquinas, 348-349
26 Gilbert, 85-89, 92-95
26 Galileo, 136-137, 148-149, 164-166, 207-208
26 Harvey, 286-288
28 Bacon, 175-188
28 Descartes, 253-255
30 Pascal, 382-389
32 Newton, 20-22, 211-219, 239-246
32 Huygens, 554-557
33 Locke, 167
39 Kant, 497-498
42 Lavoisier, 14, 33-36, 41-44, 87-90, 91-95, 96-103

56 Planck, 113
56 Whitehead, 185-186
56 Einstein, 196-198, 202-205, 219-220
56 Bohr, 345-348
56 Schrödinger, 474-475
58 Lévi-Strauss, 427-429

5b. **Mathematical physics: the mathematical structure of nature**

6 Plato, 448-450, 453-454, 458-460
7 Aristotle, 104, 108, 270, 390-391, 510, 516, 603-604
10 Nicomachus, 600, 601-602
15 Kepler, 863-872, 1023-1080 passim
21 Hobbes, 72, 268
26 Galileo, 131-132, 245
28 Bacon, 46, 140
28 Descartes, 229, 267
30 Pascal, 195
32 Newton, 111, 371-372
33 Hume, 460
42 Faraday, 739
53 James, William, 348-359, 876, 882-884
56 Poincaré, 40-46
56 Whitehead, 126, 132-137, 158-159, 171-172, 185-186
56 Einstein, 195-196, 210-211, 221-223
56 Eddington, 265, 284-294 passim
56 Bohr, 305, 328, 330
56 Hardy, 373
56 Heisenberg, 395-397, 405-406
56 Schrödinger, 475, 489

5c. **The distinction between pure and applied mathematics**

56 Whitehead, 131, 133
56 Hardy, 376-377

交叉索引

以下是与其他章的交叉索引：

The relation of mathematics to other arts and sciences, *see* ASTRONOMY AND COSMOLOGY 2c; MECHANICS 3; METAPHYSICS 3b; PHILOSOPHY 1b; PHYSICS 1b, 3; SCIENCE 5c; SIGN AND SYMBOL 4e.

Necessity in mathematical truth, and the *a priori* foundations of arithmetic and geometry in the transcendental forms of space and time, *see* NECESSITY AND CONTINGENCY 4d; SENSE 1c; SPACE 4a; TIME 6c.

The character and existence of mathematical objects, *see* BEING 7d(3); QUANTITY 1; SPACE 5.

The mental processes that apprehend mathematical objects, *see* IDEA 1a, 2f-2g; KNOWLEDGE 6a(3), 6c(4); MEMORY AND IMAGINATION 1a, 6c(2)-6d; REASONING 6b; SENSE 5a; UNIVERSAL AND PARTICULAR 2b.

The specific objects of mathematical inquiry, such as numbers and figures, ratios and proportions, continuous and discontinuous quantities, finite and infinite quantities, *see* INFINITY 3a-3c; QUANTITY 1b-4c, 7; RELATION 1d, 5a(3); SPACE 3a-3d, 5.

The general theory of mathematical method or logic, *see* DEFINITION 6a; HYPOTHESIS 3; JUDGMENT 8b-8c; LOGIC 3, 5a; REASONING 6b; TRUTH 4c.

The particular techniques of arithmetic, geometry, algebra, and calculus, *see* MECHANICS 3b-3d; QUANTITY 1b, 6b; RELATION 5a(3); SPACE 3d.

Applied mathematics or mathematical physics, and the role of measurement, *see* ASTRONOMY AND COSMOLOGY 2C; MECHANICS 3-3a, 8b; PHYSICS 3, 4d; QUANTITY 3d(1), 6-6a, 6c; SCIENCE 5C; SPACE 3a-3d.

扩展书目

下面列出的文著没有包括在本套伟大著作丛书中，但它们与本章的大观念及主题相关。书目分成两组：

Ⅰ．伟大著作丛书中收入了其部分著作的作者。作者大致按年代顺序排列。

Ⅱ．未收入伟大著作丛书的作者。我们先把作者划归为古代、近代等，在一个时代范围内再按西文字母顺序排序。

在《论题集》第二卷后面，附有扩展阅读总目，在那里可以查到这里所列著作的作者全名、完整书名、出版日期等全部信息。

I.

Thomas Aquinas. *On the Trinity of Boethius*, QQ 5-6
Hobbes. *Six Lessons to the Savilian Professors of Mathematics*
Newton. *The Method of Fluxions and Infinite Series*
———. *Universal Arithmetic*
Berkeley. *A Defence of Free Thinking in Mathematics*
Voltaire. "Geometry," in *A Philosophical Dictionary*
Kant. *Prolegomena to Any Future Metaphysic*, par 6-13
Mill, J. S. *An Examination of Sir William Hamilton's Philosophy*, CH 27
———. *A System of Logic*, BK I, CH 5
Hegel. *The Phenomenology of Spirit*, INTRO
Poincaré. *Science and Method*, BK I, CH 2-3; BK II, CH 3
———. *The Value of Science*, PART I, CH I; PART II
Dewey. *Logic, the Theory of Inquiry*, CH 20
Whitehead. *A Treatise on Universal Algebra*
Whitehead and Russell. *Principia Mathematica*
Russell. *Introduction to Mathematical Philosophy*, CH 18
———. *Mysticism and Logic*, CH 4-5
———. *Philosophical Essays*, CH 3
———. *The Principles of Mathematics*, CH 1
Hardy, G. H. *A Course of Pure Mathematics*
Wittgenstein. *Remarks on the Foundations of Mathematics*

II.

THE ANCIENT WORLD (TO 500 A.D.)

Apollonius. *Conics*

THE MIDDLE AGES TO THE RENAISSANCE (TO 1500)

Bacon, R. *Opus Majus*, PART IV
Oresme. *Treatise on the Breadth of Forms*

THE MODERN WORLD (1500 AND LATER)

Adler, I. *The New Mathematics*
Barrow, I. *Lectiones Mathematicae*
———. *Thirteen Geometrical Lectures*
Barrow, J. D. *The World Within the World*
Bell. *The Development of Mathematics*
Bonola. *Non-Euclidean Geometry*
Boole. *A Treatise on Differential Equations*
———. *A Treatise on the Calculus of Finite Differences*
Buchanan. *Poetry and Mathematics*
Burnside. *Theory of Groups of Finite Order*
Campbell, N. R. *What Is Science?*, CH 6-7
Cantor. *Contributions to the Founding of the Theory of Transfinite Numbers*
Carnap. *Foundations of Logic and Mathematics*
Carnot. *Réflexions sur la métaphysique du calcul infinitésimal*
Carroll. *Euclid and His Modern Rivals*
Cassirer. *The Philosophy of Symbolic Forms*
———. *Substance and Function*, PART I, CH 2-3; SUP VI
Clifford. *On the Canonical Form and Dissection of a Riemann's Surface*
———. *Preliminary Sketch of Biquaternions*
Cohen, M. R. *Reason and Nature*, BK II, CH I
Comte. *The Philosophy of Mathematics*
———. *The Positive Philosophy*, BK I
Courant and Robbins. *What Is Mathematics?*
Davis, P. and Hersh. *Descartes' Dream: The World According to Mathematics*
———. *The Mathematical Experience*
Dedekind. *Essays on the Theory of Numbers*
De Morgan. *On the Study and Difficulties of Mathematics*
Ekeland. *Mathematics and the Unexpected*
Euler. *Elements of Algebra*
Frege. *The Basic Laws of Arithmetic*
———. *The Foundations of Arithmetic*
Gauss. *Disquisitiones Arithmeticae*
———. *General Investigations of Curved Surfaces*
Gibbs. *The Collected Works*
Gilson. *The Unity of Philosophical Experience*, CH 5
Gödel. *The Consistency of the Axiom of Choice and of the Generalized Continuum-Hypothesis with the Axioms of Set Theory*
Hamilton, W. R. *Lectures on Quaternions*
Hilbert. *The Foundations of Geometry*

Hilbert and Ackermann. *Grundzüge der theoretischen Logik*
Hobson, E. W. *The Theory of Functions of a Real Variable and the Theory of Fourier's Series*
Hoffman. *Archimedes' Revenge*
Hogben. *Mathematics for the Million*
Huntington. *The Continuum, and Other Types of Serial Order*
——. *The Fundamental Propositions of Algebra*
Jevons. *On Geometrical Reasoning*
Jourdain. *The Nature of Mathematics*
Kasner and Newman. *Mathematics and the Imagination*
Kitcher. *The Nature of Mathematical Knowledge*
Klein. *Elementary Mathematics from an Advanced Standpoint*
——. *Famous Problems of Elementary Geometry*
Kline. *Mathematical Thought from Ancient to Modern Times*
Lakatos. *Proofs and Refutations: The Logic of Mathematical Discovery*
Leibniz. *The Early Mathematical Manuscripts*
Lewis, G. N. *The Anatomy of Science*, ESSAY I–II
Lobachevski. *Geometrical Researches on the Theory of Parallels*
Maritain. *An Introduction to Philosophy*, PART II (3)
——. *Theonas, Conversations of a Sage*, VI
Nicod. *Foundations of Geometry and Induction*
Peacock, G. *A Treatise on Algebra*
Peano. *Arithmetica generale e algebra elementare*
——. *Formulaire de mathématique*
——. *The Principles of Arithmetic*
Peirce, B. *An Elementary Treatise on Curves, Functions, and Forces*
Peirce, C. S. *Collected Papers*, VOL III, par 553–562, 609–645
Penrose. *The Emperor's New Mind*
Riemann. *Über die Hypothesen welche der Geometrie zu Grunde liegen (The Hypotheses of Geometry)*
Rozenfeld. *A History of Non-Euclidean Geometry*
Saccheri. *Euclides Vindicatus (Euclid Vindicated)*
Schopenhauer. *The World as Will and Idea*, VOL II, SUP, CH 13
Sondheimer and Rogerson. *Numbers and Infinity*
Taylor, A. E. *Philosophical Studies*, CH 3
Temple. *One Hundred Years of Mathematics*
Veblen, O. and Lennes, N. J. *Introduction to Infinitesimal Analysis*
Veblen, O. and Young, J. W. *Projective Geometry*
Weyl. *The Philosophy of Mathematics and Natural Science*
Whewell. *The Philosophy of the Inductive Sciences*, VOL I, BK II, CH 11–12, 14
Wolff. *Breakthroughs in Mathematics*
Young, J. W. *Lectures on Fundamental Concepts of Algebra and Geometry*

53

物　质 Matter

总　论

"在我们走出教堂后",博斯韦尔在他的《萨缪尔·约翰逊生平》中说,"我们站在一起谈论了一会儿贝克莱主教证明物质的非存在,并且宇宙中的万物皆为观念的精巧诡辩。我说道,尽管我们都坦然知道他的学说不真,但却万无办法驳倒它。我永远也不会忘记约翰逊对此回应的敏捷,他抬腿奋力踢向一块大石头,直到他被弹回,'如此,吾驳之'。"

但是,贝克莱的论证预计到了约翰逊博士式的反驳,他说:"我并不对我们或由感官或由反省可以把握的任何事物的存在持异议。我用眼睛看见的和用手感觉的事物的确存在,真实地存在,对此,我没有哪怕一点疑问。唯一的东西其存在我要否认的是哲学家们所称的物质或实体。这种否认对其余人毫发无损,我敢说,他们是永远不会觉得缺了什么的。"

然而,其余的人的确需要被教导才理解当他们使用"物质"这个词时,他们谈论着无物。他们或许出于无心养成的习惯就假定他们指的是世界上存在的最明显的东西——结实、厚重、具体的东西,而那些可触、可见、可动并且动着的事物是由它构成的。贝克莱会质问人们,他们是如何知道这种东西存在的。它本身并不是可感知的。

我们感知到诸多性质——颜色、形状、温度、质地、大小或广延,但是这些,贝克莱论辩道,只有它们被感知时才存在。即使这些可感性质中的某些有时被称为"第一"性质的,诸如形状、大小或重量,被认为是尽管未被实际感觉也是属于物体的,那么它们也不是物质,而只是物质的属性。物质本身是不可感知的。那些断定它存在的人把它设定为是他们所感知的性质的基层(substratum)或支撑。

于是,问题在于这样的一个基层是不是一个必要的假说。贝克莱并不拒绝不能被直接感觉的东西(beings)的存在。他肯定人类精神或心灵——包括在他的心灵之外的人类心灵——的存在,肯定上帝的精神性存在。这些都必须被推断为存在的,以便解释关于我们的感觉经验以及我们自己在进行思想、想象和意志活动时的经验之现象。另外,如果物质或物质性存在对于解释现象是必要的,贝克莱也不会拒绝肯定它的基于推断的存在,即使它无法被直接感知。

于是,他的论证首先就涉及对洛克关于第一和第二性质的区分的拒绝。假定一般都同意颜色、声音和气味除了在感知心灵中的存在外并不实际存在,那么他也拒绝可感知的形状、大小或运动可以以其他方式存在。"已被证明这些东西中没有一样是可能以存在于感知它们的精神或心灵之外的方式存在的,因此,我们不再有任何理由去设定物质的存在。"

物质作为我们感知到的性质的基层或支持也无必要。这是贝克莱论证的第二个要点。"即使我们对唯物主义者承认有外在物体,他们自己也仍承认并不更知道我们的观念是如何产生的;因为他们自己也不能理解物体是以什么方式作用于精神的,或者物体究竟是如何可能在心灵中印上观念的。所以,我们心灵中观念或感觉的产生显然不能成为我们为何要设定物质或实体的理由,因为做或不做这个设定,这一点都仍然是同样不可解释的。"

罗素认为贝克莱的论证是谬误的。"但是,不管有效还是无效,"他写道,"这个论证一直都以这样或那样的形式被提出;而且许多哲学家,或许是大多数,都主张除了心灵以及心灵中的观念外,没有什么东西是实在的。这样的哲学家被称为'唯心论者'。但他们需要解释物质时,他们或是像贝克莱,说物质不过是观念的集合,或是像莱布尼兹,说表面上看起来像是物质的其实只是程度不等的初级心灵的集合。"

贝克莱反对物质的论证——这个论证占据了他的《人类知识原理》的大部分篇幅——当被用于反对关于物质的不同理论时可能就不再那么有力了。贝克莱似乎是把他对唯物主义的攻击看作是对处于怀疑论、无神论和非宗教的根源的一个错误的反驳。而且,他认为唯物主义也为科学制造了难题。但是,所有对物质的肯定都可以被笼络在同一种意义上的唯物主义下吗?亚里士多德、普罗提诺、笛卡尔、斯宾诺莎和洛克与卢克莱修、霍布斯或许马克思是同样意义上的唯物主义者吗?物体被认为是唯一实在的存在,或者,除了物体之外,还有非物质实体或精神性东西也被认为是存在的,这些说法就没有任何差别?

关于物质是如何被构想的想法之间就没有差别了?物质或是被设想为本身自存的实体,能够离开除了广延和运动——它们属于构成物质的最本质的东西——外的任何性质而存在;或是被设想为物体构成的一个因素,即潜能的因素,这个因素,正如稍后会解释的那样,除了在使其现实化的形式中存在外没有其他的存在。注意到神学家如奥古斯丁和阿奎那似乎是认为一个关于物质的正确观点会支持宗教的真理以反对唯物主义的谬误的,那么怀疑论、无神论和非宗教都是与对物质的肯定相联系的吗?

简而言之,贝克莱对物质的断然拒绝所面对的似乎是三种不同的立场。直接对立的立场似乎是对物体之外的任何东西,或是任何不能还原为物质的属性和功能的东西的拒绝。**元素**一章中讨论的卢克莱修的原子论可以看作是这种观点的代表,尽管恩格斯会坚持唯物主义可以是辩证的,而不是原子论的或机械论的。

在这两个极端之间,似乎还有两种中间立场,它们的相似之处在于它们都既肯定物质的也肯定非物质的存在。尽管它们同样都断定精神实体的存在,但它们当然可以以不同的方式规定这些非物质事物的本性以及它们与物质领域的关系。但是,作为物质理论,它们的主要差别在于它们设想物体、物质实体或实体的物体样式的存在之方式。

譬如,在笛卡尔和洛克的观念中,给予可感物体以实在性的是物质。我们没有"其他关于物质的观念或概念",洛克写道,"除了它是那些作用于我们感官的可感性质存在于其中的某种东西"。可感物体的整个实体由物质构成。它们的所有性质都来自物质的本质或本性。但是在亚里士多德和普罗提诺的观念中,如果物体只由物质构成的话,那么物体就根本就不会存在,因为物质只是具有存在的能力(潜能),而不是什么本身就是实在的东西。可感物体的存在及其所有属性都来自物质所具有的形式,物质正因为具有形式而使其潜能现实化。完全缺乏形式的物质并不是贝克莱所称的无物,但它是如此接近无物,以至于普罗提诺说它"更可信的应被称为非是……仅是向往实体存在的一点渴望而已"。

这些关于物质或有形实体的理论相

互之间的对立似乎不比合起来与贝克莱学说之间的对立小,尽管中间的两种立场各自偏向两个极端。

在卢克莱修和霍布斯的彻底唯物论中的物质观念以及笛卡尔、斯宾诺莎和洛克的观点中,物质观念看起来相当一致。在前者看来,只有物体存在;而在后者看来,物体并不构成存在的全部,但物质却是物体的整个实体。物体和心灵或者物质和精神分离成为不同的实体或实体的样式,这使得物质在一个不承认其他实在存在的世界中成为同种类型的东西。再者,原子论可能是与这两种理论共同的,至少就其主张我们感知的复合物体是由微小和不可感的粒子构成的这一点来说是这样的。不同于卢克莱修,洛克或许不会坚持粒子的绝对不可分性,或坚持非被创造的原子或物质的永恒性;但是,他与霍布斯和牛顿一样,把感觉经验所熟悉物体向下分割为部分,这些部分是我们不能感知的但作为物质的单位却在某种方式上比由它们构成的复合物体更实在。

"如果我们具有足够敏锐的感觉去鉴别物体的微小粒子,以及物体的可感性质所依赖的真正构成的话,"洛克写道,"我一点也不怀疑这将在我们之内产生相当不同的观念;而且现在是金子所具有的黄色将会消失,取而代之的是我们应该会看到由部分构成的具有一定大小和形状的令人赞叹的织物。"

在另一个极端,比起笛卡尔、斯宾诺莎和洛克的理论与卢克莱修和霍布斯的唯物论之间所具有的共同点来,贝克莱对物质的完全否认与亚里士多德、普罗提诺、奥古斯丁以及阿奎那的观点之间的共同点就更少。它们看起来是相当接近的,因为一方主张物质几乎是非存在,而另一方主张物质根本就是无物。但是,当贝克莱否认物质有任何作用的时候,亚里士多德和其他采用他的观点的人却断定物质在物理事物的构成中是一个不可缺少的因素。他们并不质疑物体的实在性以及它们脱离心灵的存在。在这两点上,它们全然如同唯物论者那样与贝克莱相对立。尽管如此,他们在一个方面还是更靠近贝克莱而不是另外的极端。贝克莱拒绝了物质的存在,而他们则拒绝了物质的实体性。当贝克莱说物质没有存在时,他们就说它具有最低程度的存在——几乎处于不存在的边缘。

尽管有上面提及的所有差别,物质观念仍然具有某种贯穿整个伟大著作传统的恒定意义。

它通常是与量的观念相关联的,尤其是与基本量,如时间、空间和质量。有时,据说物质的本质就是广延,有时又说物体,不是物质本身,具有三维性,但是不管是哪种情形,那个是或其中有物质的东西必然占据空间。

关于占据的方式通常也有共识。两个物体或两个分别量的物质不能在同时占据相同的空间。一个物体在不可分割的意义上或许不是不可入的,但只要它仍然保持一个整体状态,那么,它就会对其他趋于进入它所占据的位置的物体提供阻力。

怀特海正是基于物质对特定空间和时间的占据来规定物质的。依照他的观点,物质,或物质的、有形的东西,具有"在空间和时间中,或者,如果你使用更现代的观念,在空时中,占据单纯位置的性质……这个特征,对于空间和时间都是相同的,就是可以在一个完全确定的意义上说物质的东西是在空间的此处和时间中的此时,或空时中的此此,而在解释这个意义时并不需要涉及空时的其他区域。"

物质和量还有另外一个关联。对于那些问是什么使两件其他方面看起来完全一样的东西成为数目上的两件，或者对于两件其他所有方面都相似的东西的数目差别究竟牵扯到什么这个问题，通常的回答是借助于物质。物质在传统上被说成是"个体化原则"。譬如阿奎那就主张天使不同于物理实体，天使作为不同个体的差别就不能只是数目上的差别，因为他们是非物质的，所以他们不同就只能是种或类型上的不同。他写道："有些东西在种上一致，但在数上有别，这样的东西是在形式上一致，但在物质上相区别。因此，如果天使不是由物质和形式构成的，那么，可见两个天使具有相同的种是不可能的；正如不可能有好几个白性，或好几个人性一样，因为白性是不能有好几个的，除非是在好几个实体中。"

物质与个体差别相关联的方式可以以艺术作品为例。两个钱币，用同样的物质并使用同一模子铸造的，可以在其他任何可察别的方面都无不同，唯一区别在于它们是同一类型的两个钱币。它们的两性似乎是以某种方式与它们是由分别量的物质构成的这一事实相关联的。但是，或许可以问，两个单位的物质何以在其他方面皆无不同而仍然具有为二的分别呢？对这个困难问题的一个回答是它们的分别处在它们各自占据的不同位置。在柏拉图关于分有同一形式的多个殊相之起源的理论中，位置的差异似乎就起着物质在亚里士多德和阿奎那那儿所起的作用。

形式一章所讨论的柏拉图关于容纳者的学说，就是以有时把容纳者理解为空间，有时又理解为物质的方式被解释的。容纳者，据《蒂迈欧篇》中所讲，是这样的东西，她在接受所有事物的同时又从不偏离她自己的本性，并且绝不会以任何方式、在任何时候采纳进入她的任何事物的形式。这个，按照普罗提诺的说法，意味着她的唯一形式是一个不可屈服的无形式。

但是，普罗提诺在把柏拉图关于容纳者和形式的学说与亚里士多德关于潜能和现实的理论相结合后却主张是物质而不是空间才是"所有生成的容纳者和抚育者"。他说"容纳者和抚育者"是比"母亲"一词更好的对物质的描述，因为"母亲"一词是"被这样一些人使用的，他们认为母亲作为物质（质料）对于子女而言只是容器而已，并不给予子女任何东西"。依他自己的观点，物质不只是空间或接受者。他愿意承认物质与"母性的相似性"，但仅限于"物质是不育的，不是完全的雌性，是作为接受者的雌性，而不是孕育者的雌性"。

传统上，普遍与特殊的区别被理解为可理解的与可感觉之间的区别。这表明了物质或物质的东西所具有的另一传统意义。可感觉的领域是物体的领域，但是，原子，作为基本物体却又通常被称为物质的"不可感粒子"。然而这个可以被理解为不是说特定的物质质量或集块是本身绝对不可触或不可称量的，而只是因为我们感官的局限，它对于我们而言是不可感知的。按照这个解释，似乎可以说所有物体性存在都是可感的存在。

但是，如果我们追问关于物质本身而不是或大或小的物体的可感性的话，引起的问题就更难解决。依照一种物质理论，缺乏形式的物质正如它是不可理解的一样是不可感的。然而，不是物质的形式，也就是不在物质中的形式，也同样是既不可感也不可理解的。但按相反的看法，它们比起现身于物质中的形式来说却是更可完全理解的。那么，本身是不可感的物质是如何使该物质所具有的形式，亦即物质化的形式，成为可感的呢？

那种并不认为物质是与形式相对的

协伴原则的物质理论所面对的似乎是不同形态的可感性问题。据说我们在物体中感觉到的某些性质是实际的在物体中的,不管我们感觉或不感觉它们——譬如大小、形状、重量和运动这些性质。其他的可感性质,如颜色、气味、温度或声音,被认为是物质粒子的运动作用于动物感觉器官所引起的效果。这一在洛克所谓的"第一性质与第二性质"之间的区别——也出现在卢克莱修和笛卡尔中——会在**性质**章和**感觉**章中更充分地考虑,在此我们要注意的是缺乏某些可感性质的物质是如何导致这些性质产生的问题。

对于卢克莱修来说,这个问题的特别困难之处在于具有感性的动物本身就只不过是一个物质系统这一事实。这些动物的所有能力和行动都被理解为运动中的物质的功能。那么,在有机体之中的运动物质是如何产生并不属于有机体之外的运动物质的某些性质的呢?对于洛克来说,这个问题还引起另一类困难。第二性质,如颜色、声音、气味,只存在于心灵内的感觉中。在有形实体或物体中,这些性质,他写道,"只不过是这些实体所具有的使我们的感官在我们之内产生某些观念的能力;这些观念并不在事物本身之中,这些事物只具有作为这些观念的原因所具有的性质,别无其他"。尽管它们源自运动粒子对身体感官的作用,但它们根本就不属于物质世界,而只属于精神领域。那么,物质的运动是如何导致只存在于心灵的直接领域之内的效果的呢?

这些问题指出了物质作为知识的对象、条件或原因所引起的问题。它们也表明问题的性质是如何随着关于物质的观念的不同而变化的,这些关于物质的观念既关涉物质本身,也涉及它与心灵的关系。还有其他一些问题是那些把理性或理智与感性能力相分别的关于心灵的理论要面对的。

在这种理论中,物质与心灵关系问题的考虑超出了关于感觉起源的问题。它把感觉和意象以某种方式作为活物质的功能——各个感官以及大脑的作用。但是因为感觉和意象是有形器官的作用,所以它们就具有所有物质性东西所具有的相同的局限。正如物质被说成是导致个体性或数目分别的原因一样,物质也据说是使感觉和意象成为"心灵的个别意向"——即能够只表象个别对象,而不是一般类型或类——的原因。因此,这类理论要面对感觉和意象与"心灵的一般意向"——即一般概念或抽象观念——的关系问题。

还需提及物质的另一个传统意义。物理或力学科学关心的是变化或运动。它们不关心一般的可变性,而只关心发生在物质事物上的那类可变性。物质事物是从来不会被认为是不可动或不可变的。

关于物质本身是否可变的问题对于不同的物质理论家具有不同的意义。按照物质和形式共同构成了变化实体的变化原则的理论(在**变化**章中讨论),变化的既非物质也非形式,而是由物质和形式构成的实体。那些认为物理世界的运动既无开始也无终结的人把一种类似的永恒性赋予物质,把它理解为不可灭的。那些认为上帝能够消灭任何他创造的东西的神学家们就不主张物质是不可摧毁的,但他们仍然赋予物质在上帝的计划中的永久的持续性。譬如阿奎那在他关于世界末日的论著中就描述了最后的毁灭之大火,这场大火清洗了物质世界却仍然让物质以划归为元素和天体的形式存在。"世界将被更新,"他说,"从而抛尽所有腐朽并永远归于静止。"因此,没有什么东西可以成为"更新的对象,除非它是不腐朽的对象",诸如"天体、元素和人"。

在其他关于物质的理论中,运动作为物体的内在性质似乎也同样是与物质本身是不可变的或不可摧毁的这一观念相容的。这种不可摧毁性可以在原子的绝对不可摧毁性的意义上被设想,如在卢克莱修和牛顿那儿;或者,如在斯宾诺莎那儿,它可以由上帝的非被创造的和永恒的本性所确立。"物体一词,"斯宾诺莎写道,"我理解为就上帝被看作是广延的事物而言,是在确定和特定的方式上表达上帝本质的一种样式。"

在力学科学的近代发展中,物质守恒定律似乎是同一洞见的另一表达。"我们可以把它作为无可争辩的公理,"拉瓦锡写道,"即在所有人工和自然的操作中,无物被创造;同样数量的物质存在于实验之前和之后。"表面看起来是一个物体的毁灭只不过是它的物质被转换为另一个物理状态而不会有质量的损失,除非有能量上等值的增加。物质和能量的总量在所有物理变化中保持恒常。

但是,尽管变化或运动似乎是物质世界固有的,物质的不可变性以及物体的可变性在不同的物质理论下的理解却不同。亚里士多德物理学和笛卡尔物理学的差别可以经由关于运动的对立定义,或经由关于因果性的不同观念得以表达,但上述这些差别如果离开了这些理论关于物质本性的看法的差异就不能被充分理解。

当物质是一个实在的实体,其本性是广延并且其主要性质是位置运动,那么物理学的原理就是机械论的。力学定律,以时间、空间和质量作为其基本变量,一直到19世纪中叶对于物理学都是合适的。在那个时候,经由法拉第和麦克斯韦的工作,力场的概念进入物理学。被考虑的第一个场是电磁场,而电子被认为是电磁场的源。从电子中产生,这个场又接着影响其他电子的运动并致使由此产生的场在空间和时间中变化。如同电子一样,所有带电粒子都会生成电磁场。还有影响亚原子粒子的行为的其他场以及由所有有质量的对象所产生的引力场。在近代物理学中,在引入场的概念之前,物质事物中的变化要么是物体的位置运动,要么是其构成部分运动的结果。运动在其大小和方向上是由施加于其上的力——此力是一个物体经由所生成的场作用于另一物体的——以及另一物体的阻力所决定的。运动本身是完全实在的,就像物质一样;而物理学需要的唯一类型的原因是动力因,即一个物体对另一个物体以场为中介的推或拉。

享有这种观念的物理学家未必在这种观念的机械论表述上意见一致,笛卡尔和牛顿的意见就不一致。他们可能是也可能不是原子论者。他们或许像卢克莱修那样认为位置运动是永恒粒子的绝对内禀的属性;或者,像笛卡尔和牛顿,他们会认为上帝在创世时才首先把运动赋予物质。他们或许会认为随后的运动就都来自由此开始的连续的因果链条。但当物质是物体构成的唯一因素,而且一个物体与另一个物体的差别只在于其量的规定,那么,这对于物理理论的后果似乎就是一种或另一种形式的机械论表述。

当物质只不过是物体变化的潜能,而且当何为物体以及物体是如何变化的这些问题都不能只诉诸物质来解说的时候,物理理论似乎就会以不同于机械论的方式被构造。它的概念和原理与生物学的那些相类似。它就会在惯性或有生命物体的运动中找到自然倾向或欲望,找到目的或最终因。

居于亚里士多德物理学中心的是他的关于四因(在**原因**章中讨论)的理论以及关于四种类型的变化的理论(在**变化**

章中讨论)。但甚至更加基本的是他对运动的定义,即运动是潜能作为潜能的现实化。在运动是如此规定的情况下,物理学的原理就必须包括亚里士多德以物质和形式的方式所理解的潜能和现实这对关联因素。

依据亚里士多德,把物质从一个事物中移走,那么你就把物理变化的能力从该事物中移走了。移走形式,那么你就移走了该事物的存在,因为没有什么东西可以存在而不在某些方面是现实和特定的。当一个事物发生物理变化时,它失去某些特定的特征但获得了另外的特征。它所获得的规定性是它以前缺乏的,但同时它又必须已经具备获得这些规定性的能力。亚里士多德说,一个事物"能够既是又不是",他又说:"这种能力即在于每个事物中的物质。"于是,一个存在的事物的物质被设想为是具有某种形式(即那些该事物具有现实的规定性的方面),但又缺乏它能够具有的某些形式(即那些该事物的那些既未定又潜在的方面)。

正如在**艺术**章中指出的,亚里士多德经常用艺术制作作为他的物质和形式理论的一个简单示例。当一个人开始制作一张床时,他选择可以以某种方式被塑造的材料,譬如木头。同样一块木头也可能会被做成一把椅子或桌子。对于这些结构上的诸种可能的规定性而言,木头本身是未定但又是可规定的。

在艺术家(工匠)完成制作之前,这块木头相对于一张床或一把椅子或一张桌子的形式而言,就处于既匮乏又潜在的状态之中。艺术家实施的转变就在于他把材料中的针对某些形式或规定性的潜能现实化了,而这些现实或规定性是该材料目前缺乏的。当床做好后,这块现在现实地具有床的形式的木头仍具备重新做成椅子或桌子的潜能。

当经历这些人工变化时,这块木头自始至终都保持是木头,而当它经历燃烧这样的自然变化时它就不再是了。这表明尽管那个艺术家可以把这块木头叫做物质或材料,但它不是物质,而是一个实体,一个由物质和形式构成的事物,因为当木头经火而化为灰烬时,那个曾经具有木头形式的物质又具有了另外的形式。

在分析偶性变化时,如艺术制作的例子所表明的,把一个复合的实体,如木头或铁或青铜,看作物质性原则是足够的。但在分析实体变化时,即当在复合实体产生或消失的过程中物质本身从一种类型的物质变为另一种类型时,物质性原则就必须是纯物质——即完全缺乏形式的物质。如果一个整个实体可以被看作是偶性变化(在性质、量或位置的变化)的物质或基层的话,那么实体变化的基层,或亚里士多德所谓的"生成和消亡"的基层,就必须是处于绝对未定和纯粹潜能状态的物质。

把这个终极的基层称作"居下的本性"(underlying nature),亚里士多德说它是基于类比的科学知识的对象。就像青铜之于塑像,木头之于床,物质和在接受任何形式之前的无形式之于任何有形式的东西那样,这个居下的本性之于实体,即现实存在的东西,也是这样的关系。

亚里士多德关于物质的规定,即物质为"每个事物的首要基层,由此基层而使该事物成其为它所是的,并且该基层仍在结果中保持"不仅意味着物质是一个物理学家必须以类比(即与形成实体的物质如木头和青铜相比较)的方式把握的对象,而且也意味着物质根据定义就是既不可理解的又非存在的。亚里士多德所谓的"首要基层"后来被普罗提诺称作"元初物质",被奥古斯丁称作"无形式的物质"，而被阿奎那称作"元物质。"因为他们都一致认为无形式的东西缺乏任何的规定和现实性，他们否认它可以自己存在或可能成为知识的对象，不管是感觉还是理性的对象。

奥古斯丁和阿奎那走得更远。他们甚至否认即使是上帝的全能也没有能力创造无形式的物质。他们谈论物质时不把它说成是被造的，而是说成是共同被造的，即在他被造的瞬间就是与它必须采纳的形式相统一的，这样它才能存在。上帝"从绝对的虚无中造出无形式的物质，而从这个无形式的物质中造出世界的形式"，奥古斯丁写道。但上帝"同时创造两者，因此在没有任何时间间隔的情况下物质就被赋予了形式"。

在亚里士多德的物理学和形而上学传统——尤其是由阿奎那发展的传统——中，物质和形式成为基本的分析术语，经常会拥有远离它们在用于分析变化时所具有的原始意义。元（无形式的）物质作为实体变化的基层的观念引出进一步的称谓：把偶性变化所基于的具有形式的物质称为"第二物质"。这个又继而被称为"特定物质"，当把它作为个别实体的物质考虑时，它被看作是对个体性的规定具有划定性的。

"物质是两重的，"阿奎那写道，"共同的和特定或个别的；共同的，如肉和骨；个别的，如这些肉或这些骨。"当理智形成不同类型的物理实体的概念时，它"将个别的可感物质，而不是将共同的可感物质"抽象掉。譬如，在规定人的本性时，阿奎那说，我们将"这些肉和这些骨——它们并不属于种本身，而是属于个体的"抽象掉；但是我们并没有把人，由身体和灵魂构成，是肉和骨的事物这个事实抽象掉。

说人是由身体和灵魂构成的，这表明共同物质进入了人作为物理实体的定义。这类定义对物理学是合适的，但是，数学和形而上学的定义区别于这种类型的定义，而把从物质的抽象推进的更远。在数学中，阿奎那声称，理智"不仅把个别的可感物质，而且也把共同的可感物质"抽象掉。在设想数和图形时，理智并没有把整个物质抽象掉，而是只抽象掉了个别的可理解物质。共同的可理解物质，即实体作为量的主词，是所有数学概念所基于的。"但是一些事物，"阿奎那坚持，"甚至能够将共同的可理解物质也抽象掉，如存在、单一、潜能、现实等，所有这些都是没有物质也能够存在的。"这样的抽象是形而上学概念的特点。因此，阿奎那就是基于抽象的三个层级来区分物理学、数学和形而上学这三门思辨科学的，各自都以各自学科的概念所要抽象掉的物质类型为分别。

存在于不同形式下的物理物质不被认为是具有不同类型的——除了一个例外。对于亚里士多德和阿奎那来说，这个唯一的例外就是：地上的和天上的物体的物质具有不同的类型。

亚里士多德以他可获取的观察为基础进行推理，主张天体是永恒的——"不经受增加或减少，而是既不老，也不变，也不被变。"它们在其他方面都不变，但它们仍然经受位置运动。因为它们是永恒的，所以它们的物质和运动都必须不同于地上的可朽物体。"所有会变化的事物都有物质，"亚里士多德写道，"但有不同类型的物质；关于那些不可生成的但在空间中可运动的永恒事物也有物质——然而不是为了生成的物质，而是为了从一个位置移向另一个位置的运动的物质。"这种从位置到位置的运动——不同于地上的运动——是圆周运动；它具有无终结这个合适的特性。

开普勒挑战这种关于天上和地上物

质或运动是截然不同的理论,并且,就如**天文学和宇宙学**章所表明的那样,他这样做不仅推进了哥白尼体系,而且也为牛顿提出适用于宇宙中的所有物质的运动定律铺平了道路。因为它们的物质是相同的,开普勒坚持,所以运用与解释地球上物体运动的原则相同的原则解释天体运动是可能的。

当代宇宙学提出了宇宙能够无限的持续扩张的可能性。人们或许会问,那么物质的最终状态会是什么样的呢?直到最近,人们还在想象最终状态可能是一些物质对象,如质子和电子,以及一些无质量的对象,如中微子和电磁辐射。然而,一些当代的理论提出质子会衰变为其他粒子,而这些粒子又会衰变为无质量的对象和电子。一些宇宙学提出了循环性理论,宇宙在膨胀和收缩间交替。一个引人入胜的问题是我们现在的宇宙是否还会包含它的先祖的任何痕迹。

分 类 主 题

1. 物质作为变化之一个原则的观念以及物质作为变化事物之为变化事物的一个构成成分的观念:容纳者或基层
    1a. 物质与变化的分析:首要与次要物质;匮乏与形式;分有与容纳者
    1b. 物质之于变化的类型:实体与偶性变化;地上与天上的运动
    1c. 物质与个别和普遍的区分:特定物质与共同物质;可感物质与可理解物质
2. 物质作为广延、作为物体实体或作为实体的样式的观念:原子与复合物体
    2a. 物质的性质:关于物质构成的假说;物质的波动与粒子性质
    2b. 质量与能量的等价
    2c. 物体的运动
    2d. 物质作为可感性质的支撑
    2e. 物体与心灵或物质与精神的分裂
3. 物质的存在
    3a. 物质作为唯一的存在:唯物主义,原子论
    3b. 物质作为最不完美程度的存在或实在
    3c. 物质作为心灵的虚构
    3d. 上帝与物质的关系:物质及其运动的创造
4. 物质作为知识之一对象或条件
    4a. 物质的可知性:经由感官,经由理性
    4b. 物质在几门学科的概念和定义中的作用:物理学、数学和形而上学中抽象的程度
    4c. 感觉、想象和记忆的物质条件
    4d. 思想的物质条件:物质与心灵的存在和行为的关系
5. 物质之于善与恶
6. 对于唯物主义及其后果的批判

[孙永平 译]

索引

本索引相继列出本系列的卷号〔黑体〕、作者、该卷的页码。所引圣经依据詹姆士御制版，先后列出卷、章、行。缩略语 esp 提醒读者所涉参考材料中有一处或多处与本论题关系特别紧密；passim 表示所涉文著与本论题是断续而非全部相关。若所涉文著整体与本论题相关，页码就包括整体文著。关于如何使用《论题集》的一般指南请参见导论。

1. **The conception of matter as a principle of change and as one constituent of the being of changing things: the receptacle or substratum**

    6 Plato, 455–458
    7 Aristotle, 262–268, 505–508, 534–535, 551–552, 555–570
    11 Aurelius, 293
    11 Plotinus, 334–335, 416–425, 595–599
    17 Aquinas, 31–32, 107–108, 662–663
    18 Aquinas, 15–18
    33 Locke, 295
    39 Kant, 72–76, 565
    56 Heisenberg, 403–404

1a. **Matter and the analysis of change: prime and secondary matter; privation and form; participation and the receptacle**

    6 Plato, 455–458
    7 Aristotle, 262–268, 269–270, 271, 275–280, 288–289, 290–291, 297, 324–325, 360–362, 393, 403–404, 409–441, 512, 535, 549, 574–575, 594, 598–601
    8 Aristotle, 269–271
    11 Aurelius, 266
    11 Plotinus, 362–363, 622–623
    15 Kepler, 1078
    16 Augustine, 126–127, 129–130
    17 Aquinas, 25, 38–39, 163–164, 249–250, 399–401, 443–444, 489–491, 534–536, 564–568, 720–721
    18 Aquinas, 49–50, 498–499
    26 Harvey, 407–409, 412–415, 494–496
    33 Berkeley, 415
    39 Kant, 74–76, 100–101

1b. **Matter in relation to the kinds of change: substantial and accidental change; terrestrial and celestial motion**

    7 Aristotle, 304–307, 359–364, 369–375, 402, 403, 409–441, 555, 576, 596–597, 598–601, 636–637
    11 Plotinus, 337–339, 408–409
    15 Ptolemy, 5–6, 8, 10–11
    15 Copernicus, 517–518, 519–520
    15 Kepler, 888–890, 929–930
    17 Aquinas, 261–262, 343–347
    18 Aquinas, 5–6
    26 Gilbert, 110

    55 James, William, 18–20
    56 Eddington, 269–270
    56 Schrödinger, 487–490, 499–500

1c. **Matter and the distinction between individual and universal: signate and common matter; sensible and intelligible matter**

    8 Aristotle, 517, 518, 521–522, 558–561, 578, 599–601, 618–619
    11 Aurelius, 293
    11 Plotinus, 595–596
    17 Aquinas, 15–16, 84–85, 162–163, 257–258, 273–274, 292, 382–383, 384–385, 388–391, 604–607
    18 Aquinas, 711–712, 713–714

2. **The conception of matter as extension, as a bodily substance, or as a mode of substance: atoms and compound bodies**

    11 Lucretius, 3–7
    11 Plotinus, 357–358, 367, 416–417, 422–425
    28 Descartes, 250–255, 356, 379–380
    28 Spinoza, 594–595
    32 Newton, 537, 541
    33 Locke, 150–154 passim, 204–214 passim
    33 Berkeley, 414–416 passim, 430–431
    39 Kant, 99–100, 580
    42 Lavoisier, 3–4
    42 Faraday, 758–763
    53 James, William, 882–884
    55 Whitehead, 156–162
    56 Schrödinger, 470–471, 488–490, 491–493

2a. **The properties of matter: hypotheses concerning its constitution; the wave and particle properties of matter**

    7 Aristotle, 410–413, 423–425
    9 Galen, 358–360
    11 Lucretius, 3–13, 19–27
    15 Kepler, 936–937
    21 Hobbes, 271–272
    26 Gilbert, 29–30
    26 Galileo, 178–196 passim
    28 Bacon, 155
    28 Descartes, 306
    28 Spinoza, 594–595
    32 Newton, 5, 270–271, 281–282, 479–485, 531–543
    32 Huygens, 566–569

33 Locke, 129–131, 134–138 passim, 152–154, 200, 204–212 passim, 239, 269, 273
33 Berkeley, 414–416, 421–422
39 Kant, 137–140
42 Lavoisier, 9–10, 12–13, 16
42 Faraday, 181–184, 294–298, 512–540
43 Hegel, 167
53 James, William, 68
55 Whitehead, 152–153
56 Planck, 87, 97, 105–106
56 Bohr, 315–317, 321–326, 331–332
56 Heisenberg, 394–396, 398–400, 402–408, 435–442
56 Schrödinger, 491–493
56 Waddington, 700–703

2b. The equivalence of mass and energy

55 Whitehead, 196–200
56 Einstein, 207–209
56 Eddington, 281–283
56 Bohr, 348
56 Heisenberg, 404, 406–407, 424–425, 439–440
56 Schrödinger, 487–488, 496–497

2c. The motions of bodies

7 Aristotle, 292–297
11 Lucretius, 13–19
17 Aquinas, 585–587
21 Hobbes, 50
26 Galileo, 157–171, 197–260
28 Bacon, 162–168, 179–188
28 Descartes, 278–284, 340–341, 457
28 Spinoza, 612–614
32 Newton, 1–372
33 Locke, 178–179, 211–212
51 Tolstoy, 694–695
56 Einstein, 197–198, 209–210
56 Bohr, 308–309, 317–320, 329, 331–332, 342–344
56 Heisenberg, 393–395, 407
56 Schrödinger, 472–475

2d. Matter as the support of sensible qualities

7 Aristotle, 680, 683–684
11 Lucretius, 20–21
11 Plotinus, 355–358, 415–425, 505–506
21 Hobbes, 49, 57
28 Bacon, 170–173
28 Descartes, 455–456
33 Locke, 134–138 passim, 204–205
33 Berkeley, 414–417, 419, 422, 427
33 Hume, 505–506
39 Kant, 15, 100
53 James, William, 331, 503
55 James, William, 19–20
55 Whitehead, 160–161
55 Russell, 247–253

2e. The diremption of body and mind, or matter and spirit

11 Plotinus, 301–306, 611–612, 613–615

17 Aquinas, 393–394
20 Calvin, 77–78
28 Bacon, 48–50
28 Descartes, 275–276, 303–307, 322–329, 359, 379–381, 450–451, 457–458, 474
28 Spinoza, 607–609, 610–612, 630–632, 685–686
33 Locke, 205, 227–228, 322, 351–354 passim
53 James, William, 84–93, 115–119, 139–140, 221–226
55 Whitehead, 172, 201–207, 226–227
56 Planck, 88–90
56 Heisenberg, 409–410, 435

3. The existence of matter

3a. Matter as the sole existent: materialism, atomism

7 Aristotle, 394, 410–413, 423–425, 501–503, 506–507, 606
11 Lucretius, 2–9
11 Aurelius, 281
11 Plotinus, 352, 354–355, 501–503, 577–581
16 Augustine, 54–55, 56–57
17 Aquinas, 256–257, 378–379
21 Hobbes, 269–272
43 Nietzsche, 469
53 James, William, 95–98, 671, 882–884
55 James, William, 4, 20–23
55 Whitehead, 158–159, 170, 172–173, 182–185, 189–200
56 Einstein, 237–238
56 Heisenberg, 402–408 passim, 428
58 Huizinga, 302–303

3b. Matter as the most imperfect grade of being or reality

6 Plato, 423–424
11 Aurelius, 279
11 Plotinus, 353–354, 359–360, 362–363, 418–422
17 Aquinas, 20–21, 93–94, 528–529

3c. Matter as a fiction of the mind

33 Berkeley, 413–431 passim, 439–440
33 Hume, 506
39 Kant, 85–91
41 Boswell, 134
55 James, William, 19–20
55 Russell, 244–246, 253–256

3d. The relation of God to matter: the creation of matter and its motions

Old Testament: *Genesis*, 1–2
6 Plato, 448–449, 450–451, 466
7 Aristotle, 606
11 Lucretius, 60–61
16 Augustine, 114–115, 130, 132–135, 138–139, 156, 157, 387–388
17 Aquinas, 93–94, 99, 239–240, 242–244, 250–252, 256–257, 341–342, 343–349,

382-383, 484-488, 491, 538-540, 565-566, 598-599
18 Aquinas, 182-184
19 Dante, 99, 106, 127
19 Chaucer, 308
28 Bacon, 17
28 Descartes, 278-280
28 Spinoza, 609
29 Milton, 150-151, 185-186, 187-188, 218-231
32 Newton, 541-543
33 Locke, 351-354
33 Berkeley, 426-428 passim, 430-431
43 Hegel, 163
55 James, William, 21-23
55 Heidegger, 305-306
56 Bohr, 344-345

4. Matter as an object or condition of knowledge

4a. The knowability of matter: by sense, by reason

6 Plato, 228-229
7 Aristotle, 563-564, 661-662
11 Lucretius, 16-17
11 Plotinus, 356, 357-358
16 Augustine, 126-127
17 Aquinas, 269-270, 295, 440-464, 465-466
28 Bacon, 114-115
28 Descartes, 301-307 passim, 322-329 passim
33 Locke, 208-212, 313-317 passim, 320-322 passim, 335-336
33 Berkeley, 416-417, 423
33 Hume, 506
39 Kant, 186
43 Hegel, 26
53 James, William, 140-145, 502-503 passim
55 James, William, 19-20
55 Russell, 243-256
56 Bohr, 315-316
56 Waddington, 700-703

4b. The role of matter in the concepts and definitions of the several sciences: the grades of abstraction in physics, mathematics, and metaphysics

7 Aristotle, 270-271, 493-494, 547-548, 558-561, 563-564, 565-568, 569-570, 585-586, 609, 632
15 Ptolemy, 5
17 Aquinas, 3-4, 16, 270-272, 381-382
18 Aquinas, 424-425
28 Bacon, 43-44, 111, 140
28 Descartes, 241, 395-396
33 Berkeley, 436-439
55 Whitehead, 156-162, 183-185

4c. The material conditions of sensation, imagination, and memory

7 Aristotle, 632, 656, 661, 696
11 Lucretius, 24-26, 43-45, 49-52

17 Aquinas, 379-381, 394-396, 410-411, 447-449, 450-451
21 Hobbes, 49-51, 62, 172, 258
28 Descartes, 240-247 passim
28 Spinoza, 614-616
32 Newton, 518-519
33 Locke, 127, 133, 142, 143, 234, 249
33 Berkeley, 417-418
42 Lavoisier, 14
49 Darwin, 85-87, 568-569
53 James, William, 2-3, 13-19, 26-42, 49-50, 98-106 passim, 348-359, 367-373, 427-433, 455-457, 459-479 passim, 497-501, 520-521
54 Freud, 351-352, 646-648
55 Whitehead, 160-161
56 Schrödinger, 471-472

4d. The material conditions of thought: the relation of matter to the existence and acts of the mind

7 Aristotle, 638, 661-662, 663-664
11 Lucretius, 31-32, 51-52
11 Plotinus, 505
17 Aquinas, 14-15, 76-77, 289-290, 385-399, 416-417, 440-473, 598-599
18 Aquinas, 1025-1032
21 Hobbes, 52, 54
28 Descartes, 240-242, 277
39 Kant, 23-24, 34, 36, 45-46, 48-49, 63-64, 69-72, 81-83, 85-91, 95, 115, 117-119, 173-174, 281-282, 349-350, 542-543, 570-572, 604
49 Darwin, 288
53 James, William, xiii-xiv, 8-67, 69-73, 84-93, 116-119, 151-153, 291-295, 367-373, 455-456, 690, 758-759, 827-835, 856-858
54 Freud, 367, 382, 384-385, 431

5. Matter in relation to good and evil

6 Plato, 224-226, 231-234, 452-453, 474, 587-589
7 Aristotle, 267-268
11 Epictetus, 108-109
11 Aurelius, 245-246
11 Plotinus, 329-336, 360, 562, 651-652
16 Augustine, 40-41, 54-57, 61-63, 387-388
19 Dante, 91
38 Gibbon, 330

6. Criticisms of materialism and its consequences

6 Plato, 567-568
7 Aristotle, 633-641
8 Aristotle, 163-164
9 Galen, 358-360, 385, 392-397
11 Plotinus, 382-383, 383, 504-505
17 Aquinas, 440-442
26 Harvey, 355, 495-496
33 Berkeley, 419, 422, 429-430, 431, 441
39 Kant, 558-559, 582
44 Tocqueville, 292-293

51 Tolstoy, 469–472, 589–590, 609, 678, 689–690
53 James, William, 84–119, 291–295, 655–656, 745, 823–525
54 Freud, 882–884
55 James, William, 20–23
55 Whitehead, 143, 153, 159, 172–173, 183–185, 186–189, 189–196, 197, 226–227
56 Heisenberg, 428–434
58 Huizinga, 302–303

交叉索引

以下是与其他章的交叉索引：

Matter as a principle of change, see ART 2b; BEING 7b(5); CHANGE 2a; FORM 1d(1)–1d(2).

The distinction between celestial and terrestrial matter, see ASTRONOMY AND COSMOLOGY 6a; BEING 7b(3); CHANGE 7c(4); WORLD 6a.

Matter as potentiality in relation to form as actuality, and physical substances as composite of matter and form, see BEING 7b(2), 7c(3); FORM 2c(1)–2c(3); INFINITY 4c; MAN 3a; MIND 2b; ONE AND MANY 3b(4); SOUL 3c.

Matter as the source of numerical diversity or the principle of individuality in material things, see SAME AND OTHER 1a; UNIVERSAL AND PARTICULAR 3.

Matter or extension as a substance, or as a mode of substance, see BEING 7b(4); FORM 2d; MAN 3a; MIND 2d; SOUL 3c.

Atomism as a theory of matter and as a materialistic philosophy of nature, see ELEMENT 5–5g; MIND 2e.

Materialism as a philosophy of nature, society, and history, see ELEMENT 5; HISTORY 4a(2); MAN 3c; WILL 5c.

Matter in relation to mind, or body in relation to soul, see MAN 3a; MIND 2a–2e; SOUL 3c, 3e.

Immaterial substances, spirits, or beings that exist apart from matter, see ANGEL 2, 3b; BEING 7b(2); ETERNITY 4a; FORM 2a, 2d; GOD 4c; MAN 3a(1); MIND 2a; SOUL 3a–3c.

Theological problems of matter, its creation and conservation, see GOD 7a; WORLD 4e–4e(1).

Physical properties of matter or bodies and the laws of their motion, see ASTRONOMY AND COSMOLOGY 6c(3); MECHANICS 4a, 5a–5f(2), 6a–6g; QUANTITY 5d–5e; SPACE 1a–1d; and the infinity of matter or of an infinite body, see INFINITY 4a–4b.

The wave-particle duality of light and matter, see ELEMENT 6; MECHANICS 8b.

Mass, energy, and gravitation, see ASTRONOMY AND COSMOLOGY 3b; MECHANICS 6–6g, 7a(5); SPACE 2c.

Matter as an object of knowledge, see KNOWLEDGE 5a(2).

Matter in relation to sensation and to sensible qualities, see ELEMENT 5d; MECHANICS 4b; QUALITY 1; SENSE 3c(3).

Matter in relation to thought, abstract ideas, or definitions, see DEFINITION 6a; FORM 3c; IDEA 2g; MEMORY AND IMAGINATION 6c(1); MIND 1a(2); SENSE 5a; UNIVERSAL AND PARTICULAR 4c.

扩展书目

下面列出的文著没有包括在本套伟大著作丛书中，但它们与本章的大观念及主题相关。

书目分成两组：

Ⅰ. 伟大著作丛书中收入了其部分著作的作者。作者大致按年代顺序排列。

Ⅱ. 未收入伟大著作丛书的作者。我们先把作者划归为古代、近代等，在一个时代范围内再按西文字母顺序排序。

在《论题集》第二卷后面，附有扩展阅读总目，在那里可以查到这里所列著作的作者全名、完整书名、出版日期等全部信息。

I.

Thomas Aquinas. *De Natura Materiae*
——. *On Being and Essence*
——. *On the Power of God*, Q 4
Hobbes. *Concerning Body*, PART II, CH 8
Descartes. *The Principles of Philosophy*, PARTS I, II, III, IV
Berkeley. *Three Dialogues Between Hylas and Philonous*
Voltaire. "Matter," in *A Philosophical Dictionary*
Kant. *Metaphysical Foundations of Natural Science*
Mill, J. S. *An Examination of Sir William Hamilton's Philosophy*, CH 12–13

Engels. *Ludwig Feuerbach and the Outcome of Classical German Philosophy*
Planck. *Das Prinzip der Erhaltung der Energie*
Bergson. *Matter and Memory*, CH 4
Whitehead. *An Enquiry Concerning the Principles of Natural Knowledge*, CH 15
Russell. *The Analysis of Matter*, CH 1-14
——. *Mysticism and Logic*, CH 7
——. *The Principles of Mathematics*, CH 53
Bohr. *Atomic Physics and Human Knowledge*

II.

THE ANCIENT WORLD (TO 500 A.D.)

Epicurus. *Letter to Herodotus*

THE MIDDLE AGES TO THE RENAISSANCE (TO 1500)

Crescas. *Or Adonai*, PROPOSITIONS 10-12, 16, 19-24
Erigena. *De Divisione Naturae*

THE MODERN WORLD (1500 AND LATER)

Barrow, J. D. *The World Within the World*
Broad. *The Mind and Its Place in Nature*, CH 4
Büchner. *Force and Matter*
Cassirer. *Substance and Function*, SUP IV
Chaisson. *Universe: An Evolutionary Approach to Astronomy*
Descoqs. *Essai critique sur l'hylémorphisme*
Digby. *The Nature of Bodies*
Emsley. *The Elements*
Feynman. *QED: The Strange Theory of Light and Matter*
Forward and Davis. *Mirror Matter: Pioneering Antimatter Physics*
Gregory. *Inventing Reality: Physics as a Language*
Hawking. *A Brief History of Time*
Helmholtz. *Popular Lectures on Scientific Subjects*, VII
Holbach. *The System of Nature*
John of Saint Thomas. *Cursus Philosophicus Thomisticus, Philosophia Naturalis*, PART I, QQ 2-3, 9, 11
Koninck. *Réflexions sur le problème de l'indéterminisme*
Lange. *The History of Materialism*
Leibniz. *New Essays Concerning Human Understanding*, APPENDIX, CH I
Lenin. *Materialism and Empiriocriticism*
Lewis, G. N. *The Anatomy of Science*, ESSAY IV
Lotze. *Metaphysics*, BK II, CH 5-6
Mach. "On the Principle of the Conservation of Energy," in *Popular Scientific Lectures*
McTaggart. *The Nature of Existence*, CH 34
Malebranche. *The Search After Truth*, BK III (II), CH 8 (2)
Maxwell. *Matter and Motion*
Meyerson. *Identity and Reality*, CH 4-5, 7-8
Pagels. *The Cosmic Code*
Pais. *Inward Bound: Of Matter and Forces in the Physical World*
Pearson. *The Grammar of Science*, CH 8
Peirce, C. S. *Collected Papers*, VOL VI, par 238-286
Plekhanov. *Essays in the History of Materialism*
——. *In Defense of Materialism*
Popper. *Quantum Theory and the Schism in Physics*
Priestley, J. and Price, R. *A Free Discussion of Materialism and Philosophical Necessity*
Santayana. *The Realm of Matter*, CH 2-3, 10
——. *Scepticism and Animal Faith*, CH 19-20
Schopenhauer. *The World as Will and Idea*, VOL III, SUP, CH 24
Stout. *Mind and Matter*
Suárez. *Disputationes Metaphysicae*, V (3), X (3), XII (3), XIII-XV, XVI (1), XXVI (2), XXVII, XXX (4), XXXI (8, 10, 13), XXXIV (5-6), XXXV (3, 6), XXXVI
Toulmin and Goodfield. *The Architecture of Matter*
Trefil. *The Moment of Creation*
Weyl. *Space—Time—Matter*

54

力 学 Mechanics

总 论

力学，作为物理科学的一个分支，本不应该属于基本术语。但"力学"的含义并不止于此。在西方传统思想中，它代表着整个机械论的自然哲学，意味着一套基本原理，人们曾经一度认为，一切物理科学都可以统一在它之下。

力学的原理不仅应用于静力学和动力学（分别讨论静止或运动物体的作用和反作用）中，而且在声学、光学、热学、电磁学中也有应用。它们还拓展到了天文学，形成了所谓的"天体力学"。人们认为力学支配着不可见的粒子或波，以及日常经验到的熟悉物体。在它所涵盖的各种现象中，力学似乎与物理学同外延。在自然科学史上，这至少是它在一个阶段的包含范围。

机械自然观并不令人满意，这使得我们这个时代的科学家们认为"新物理学"取代"经典力学"是科学的一大进步。这种变化的思想意义堪与17世纪早期的科学革命相媲美，那时，建立在伽利略、惠更斯和牛顿的成就基础上的新的自然科学，取代了统治着传统自然哲学的亚里士多德的物理学。于是，爱因斯坦所说的"机械自然观的兴衰"似乎恰当地描述了科学史中的三个阶段，只是在其中的一个阶段，力学似乎统治了整个物理学。

因此，为了理解力学的重要性，我们需要了解这一历史。其他章节，比如**天文学和宇宙论**、**机遇**、**元素**、**物质**、**物理学**、**空间**和**时间**——也许还有**原因**和**假说**——都讲了相关的内容，特别是关于亚里士多德的物理学（既不是实验的，也不是数学的）和近代物理学（既是实验的，也是数学的）的区别的那些部分。本章主要讨论近代物理学，即从伽利略、惠更斯和牛顿一直到法拉第的那部分历史。这并不是故事的结束，但在法拉第那里，麦克斯韦和爱因斯坦的出现已经是顺理成章，就像伽利略的出发点是亚里士多德的学说。虽然没有讲述整个经历，但这些伟大著作已经足够好地说明了相关问题。完整的讲述只能参见各个领域的众多辅助性的科学经典，比如我们参考书目中所列出的那些著作。

现在一般认为，物理学既是实验的，又是数学的。没有人会对统一的物理科学产生怀疑，也没有人会否定追求自然定律统一性的理想。但问题是，那种统一性是否可以通过力学而得到；物理学是应当用纯数学公式来解释它的全部实验发现，还是应当试图对那些数学公式作出力学解释。

这里所涉及的并不只是科学方法的问题。它关乎自然科学的最终目的和实现这一目的所运用的各种概念。科学家所做的工作只是用最简洁和最普遍的数学关系来描述自然现象吗？还是他应当超出描述，对现象的原因进行解释？

我们应当进行描述还是给出解释，这似乎超出了物理学是否应当是力学这个问题。即使认为给出解释是更可取的，就必然意味着物理解释必须运用力学原理和概念吗？应当说，亚里士多德的物理学所给出的回答是否定的。他在其物理著作中提出了一种较少用力学来解释现象的自然哲学，正如他试图较少用数学来解释现象一样。

亚里士多德的物理学兼具这两个特征并非偶然，这似乎得到了近代物理学史上持反对意见的人的印证。当17世纪的物理学家试图用数学术语来表述自然现象时，他用力学术语来解释它们（如果他真的试图进行解释的话）。笛卡尔写道："自然定律是力学定律。"惠更斯在其《论光》一书的开篇，就把光学称为一门"把几何学应用于物质"的科学。但他同时表示，应当通过研究已知真理的"起源和原因"来推进这门数理科学，从而提出"更好的、更令人满意的解释"。他认为，只有"用力学运动来设想一切自然现象的原因"，才能获得这样的解释。他宣称，"我们必须这样做，否则就无法理解物理学中任何东西"。

伽利略和牛顿并没有无条件地赞成惠更斯的观点，即数学物理学家的本职工作就是探究原因。但他们也认为，如果某种解释是用数学形式的自然定律给出来的，那么就需要用力学假说来说明原因。我们暂且不去讨论探究原因是否属于物理学，而先来考察一下对某种事物给出力学解释涉及什么，以及为什么在数学形式的自然定律的因果解释中需要力学解释。

力学理论的本质似乎包含两个要素，它们都是无法通过实验研究而提出的基本哲学观念。第一个要素是一味强调动力因，而把其他类型的原因，特别是目的因和形式因从力学解释中排除出去。正如**原因**一章所指出的，动力因存在于一种事物对另一事物的作用，但并不是两种事物之间的任何作用都是力学的。根据这一学说，只有当一个运动物体通过撞击作用于另一物体，或者一个物体对另一物体施加力使之运动或改变其动量或方向时，动力因才是力学的。

那种不是通过物体之间的撞击而起作用的力的概念引起了超距作用的问题，我们不久就会谈到它。

第二个要素是一味强调量，而完全不涉及质或事物的其他属性。颇具悖论意味的是，这一点有时通过第一性与第二性的质之间的区分来表达。但正如**量**和**性质**两章所指出的，第一性的质都是量。洛克认为它们是"坚实性、广延、形状、运动或静止、数量"，牛顿认为是"广延、硬度、不可入性、运动性和惯性"，而伽利略、笛卡尔等人则列举出了不同的东西，但结论依然是，物体唯一具有力学意义的属性是那些可测量的量。例如，像颜色和音调等第二性的质只有通过还原到具有一定速度、大小或其他量的属性的微粒或波的位置运动，才属于物理世界。

我们在这里无需关注第二性的质的实在性，或者如何来解释它们在经验中的呈现。这些问题留待**性质**和**感觉**等章节讨论。无论如何，机械论哲学从物理世界中排除了那些无法还原为物质的量（或质量）、运动、力以及像时间和空间（或距离）这样的紧密相关的量。

力学理论的这两个要素显然彼此相关，因为力学解释所强调的原因是运动的量或力的大小。而且，只涉及量和可量化的原因的力学解释，可以很好地说明数学物理学家作为自然定律而提出的那些数学关系。毕竟，这些数学定律描述了通过实验来测量的那些物理量之间的关系。

作为一种哲学理论，机械自然观的出现早于近代物理学。卢克莱修所阐述的原子论的宇宙观念，包含了机械论的两个基本要素——关于第一性和第二性的质的学说，以及一切自然现象都是由动力因引起的。

关于机械论的争论由来已久。亚里士多德在批评希腊原子论者德谟克利特和留基伯时，拒绝了机械论的两个要素。在阐述他本人的物理理论时，他提出了一种不同的观点。他赋予了物理实在以质和量的变化。他用四种而不是一种原因来解释变化。他在解释位置运动时并没有排除力学原因，恰恰相反，他关于位置运动的理论似乎要比近代的理论更加机械：前者认为，运动物体在整个运动过程中必须被一个动因直接作用的理论；后者则认为，一个物体的匀速直线运动不需要有什么原因，需要解释的只是物体运动方向或速率的变化。

近代的创新并不是机械论这一哲学学说，而是把力学解释引入了实验物理学和数学物理学，以及关于力学解释是否有用的争论。近代物理学中机械自然观的兴衰与实验发现和数学表述密切相关。它不是关于力学概念是否是终极真理这一哲学争论层面上的成功与失败。这些力学概念之所以被拒斥，并不是为了回到物理理论中相反的概念，比如亚里士多德的那些概念，而是因为（就像爱因斯坦所说的那样），"科学并没有成功地实现力学理想，如今已经没有物理学家相信它能够实现"。

斯威夫特所想象的亚里士多德和17世纪物理学家之间的一场对话颇具前瞻性。根据斯威夫特的说法，当亚里士多德面对笛卡尔和伽桑狄时，他"坦率地承认了自己在自然哲学方面的错误，因为和所有人一样，他所提出的许多说法也只是基于猜测；他发现对伊壁鸠鲁大加赞赏的伽桑狄的学说，以及笛卡尔所提出的涡旋也同样被推翻了。他还预言引力也有同样的命运，关于这一点，现在的学者都已经承认。他说，新的自然体系只不过是一种新的时尚而已，它随着时代的不同而不同；那些佯称从数学原理证明它们的人，只会昙花一现，当一切搞清楚之后就会销声匿迹"。

伽利略和笛卡尔重新表述了源于古代原子论的哲学学说，但他们都强调了它对于对自然的实验研究的用处。伽利略的表述出现在他对热的本性及其成因的讨论中。在《试金者》一书中，他试图说明为什么"运动是热的成因"。为此，他认为有必要质疑一个"背离真理的"流行的观念，即认为"物质中存在着一种真实固有的偶性、倾向或质，我们通过它来感觉到热"。他否认热是物体固有的质，原因与反对其他质具有物理实在性一样。他宣称："我不认为外界物体中存在着某种东西可以使我们感受到味道、气味和声音，实际存在的只有大小、形状、量以及或快或慢的运动；如果我们没有耳朵、舌头和鼻子，那么形状、量和运动仍会存在，但气味、味道和声音就只是一些无意义的语词而已。"

在对物理研究的力学构想中，笛卡尔对这一学说的描述也许更为大胆。他写道："颜色、气味、味道等诸如此类的东西只是存在于我们思想中的感觉。"它们不同于物体的真实属性，就像"疼痛不同于引起疼痛的东西的形状和运动"。像"重力、硬度、发热的能力、吸引和净化的能力"等真实的物理属性"仅仅取决于物体是否运动，以及物体各部分的状态"。

作为哲学学说，机械观并不必然与原子论相关联。笛卡尔既反对亚里士多德，也反对原子论。而在机械论的一个基本要素方面，作为原子论者的牛顿既不赞同笛卡尔，也不赞同希腊的原子论者。古代的原子论者认为，一个微粒对另一个微粒的碰撞是导致后者运动变化的原因。笛卡尔也认为，一个物体的运动是另一个物体的运动发生变化的原因，并用实际的物体运动来解释引力。

牛顿拒绝笛卡尔把物质涡旋看作引力成因的力学假说，并因此把笛卡尔和亚里士多德归于一类。他说："假说，无论是形而上学的还是物理的，无论是隐秘的质还是力学的质，在实验哲学中都没有立足之地。"

在牛顿看来，引力是两个物体之间的一种吸引力，它不需要其中某一个物体运动或与另一个物体接触。牛顿承认，他的理论导致了超距作用问题。在大多数情况下，他对这个问题避而不谈，反正数学结果并不会受影响。但在其《光学》所附的《疑问集》中，他暗示解决问题的出路在于以太假说，即引力通过以太这种连续介质来起作用。在后来的物理学家看来，牛顿假说的力学色彩并不逊于笛卡尔。我们无法通过哲学理由来判断其中哪一种假说更可取。

但牛顿与笛卡尔的争论并不是一个哲学问题，而是哪一种力学概念能够最好地符合牛顿所提出的自然的普遍定律。这些数学定律不仅成功地解释了天地的运动，而且与观察到的现象相符合，实现了用最一般的形式进行精确描述的科学理想。于是，牛顿对笛卡尔的胜利是数学物理学和实验物理学的胜利，而不是哲学的胜利。

蒲柏的诗句

自然和自然律隐没在黑暗中：
神说，让牛顿去吧！
万物遂成光明。

表现了那场胜利，欢呼牛顿物理学的数学和力学原理把自然解释得如此成功。牛顿对宇宙的描述对思想和科学的统治长达一个多世纪。洛克称牛顿为"无与伦比的牛顿先生"，称其著作为"无与伦比的著作"；休谟称牛顿为一个"通过最简洁的推理……确定了支配行星运动的定律和力"的哲学家；即使是反对牛顿时空观和引力理论的贝克莱，也对他不得不"反对一个如此伟大的权威"感到后悔，而正是这个"受到全世界仰慕的人"写出了一部"把力学应用于自然的著作"。

牛顿的成就在于，他以一种特殊的方式，把此前卓越的科学工作综合到了一起，并批判了所有那些被认为徒劳无益的做法。如此纷繁复杂的现象竟能通过牛顿那样简洁的理论用数学组织起来，这不能不给人留下深刻印象。同样令人惊讶的是牛顿定律的预言能力和牛顿力学的解释能力，这还不算后者在机械工程和发明各种机械钟方面所取得的技术成果。无论牛顿力学——随着新发现的不断增多而变得越来越复杂——中隐含着什么样的困难，在以后的两个多世纪里，牛顿理论的成功使力学在科学中一直占据着统治地位。

怀特海写道，在牛顿1687年出版《自然哲学的数学原理》和拉格朗日1787年出版《分析力学》之间的一百年里，"对一切自然过程作出力学解释最终成了一个科学教条"。在接下来的一个世纪里，这个教条从物理学和化学逐渐拓展到整个自然科学领域，不仅进入了生物学和心理学，甚至还进入了经济学和社会学领域。当时涌现出了这样一些著作，如《生活的机械观》《人类行为的机制》《社会静力学》《社会动力学》等等。19世纪末，威廉·詹姆士注意到力学观念获得了全面胜利。他写道："一旦某种力学解释的可能性被建立起来，力学科学就将立即占据统治地位。"

詹姆士不无沮丧地见证了力学教条的说服力与成功。他说："现代的力学——物理学哲学由于包罗了天体的演化、能量的守恒、热和气体的运动论等等而使我们如此骄傲。它的出发点是，唯一真实的东西是初始物质的碰撞和运动,唯一的定律是由排列改变所导致的运动变化。"他又说:"这种哲学所要达到的理想是一种数学的宇宙公式,假如在某一时刻所有的排列和运动都是已知的,那么就可以纯粹通过几何、算术和逻辑推理而计算出未来任一时刻的排列和运动。"

事实上,拉普拉斯已经设想了一位极快的计算者,只要给定宇宙在一个时刻的全部状态,就可以对整个未来"一目了然"。詹姆士引用亥姆霍兹的话说,物理科学的所有问题就是"把自然现象还原到强度完全取决于距离的吸引力与排斥力。这个问题能否得到解决决定了我们能否彻底理解自然"。

詹姆士承认,"一旦我们把世界看成由如此之少而又如此简洁的现象所组成,物体没有属性而只有数和运动,那么这个世界对我们来说就变得越来越有秩序和理性,每一个特征都可以通过演绎而必然过渡到另一个特征"。但他同时认为,这也是"一个理性原料最少的世界"。他抱怨说:"丰富多彩的事实和关系被一举清除了。然而这种理性在形式上是如此完备,以至于在许多人看来,这弥补了损失,使思想家接受了一个毫无意义的宇宙,其中一切事物和人们所钟爱的质……都只不过是我们的幻觉,宇宙的毫无意义会使它们如同过眼烟云。"

19世纪末20世纪初,机械论教条开始出现重大变化。到了19世纪中叶,麦克斯韦和法拉第的工作把力场的概念引进了物理学。他们发现,所有带电粒子都通过一种长程力场发生相互作用。(这也隐含在牛顿物理学中,在那里,物质微粒以引力场为媒介发生相互作用。)

然而,在场论的初创阶段,机械论仍然是场的一个特征,因为场被认为是一种被称为以太的神秘介质的扰动。人们用力学来描述这种以太,尽管随着描述的深入,它的力学性质变得越来越怪异。

然而,虽然人们做了各种各样的努力,但仍然没有在实验中直接探测到以太。1905年,爱因斯坦在其狭义相对论的论文中抛弃了以太概念,他说:"事实证明,引入一种'发光以太'是多余的,因为这里所提出的观点无需一种绝对静止的空间。"他指的是一种绝对静止的参照系。虽然爱因斯坦的许多同时代人一开始都不接受他对以太的否定,但相对论的成功最终使得大多数物理学家相信,以太概念的确是多余的。在某种意义上,以太是古典机械论的最后一座堡垒。

爱因斯坦也引用亥姆霍兹的话说,物理学"将随着自然现象完全被还原为简单的力而告终"。"亥姆霍兹所表述的这种机械观在那个时代扮演着非常重要的角色";但他又说:"在一个20世纪的物理学家看来,它显得无趣而幼稚。"对以太的抛弃是应用奥卡姆原则的一个极好的例子,也就是说,除非迫不得已,我们不应假想任何东西真实存在来解释观察到的现象。

爱因斯坦考察了物理学家为了构造一种关于光、引力和电的机械论而不得不提出的种种假设。他说:"所有这些数量如此众多而又相互独立的假设不得不人为地引入,这足以动摇物理学家对于机械观的信念……在20世纪以前通过力学来理解自然现象的整个过程中,人为地引入像电流、磁流、光微粒或以太这样的实体是有必要的。"在爱因斯坦看来,"以某种简单方式构造以太的尝试是徒劳无益的",但更重要的是,这种失败"暗示,问题出在可以用力学来解释自然中的一切现象这条基本假设上"。

这是否意味着,当代的物理学家已经找到了解释自然的另一种更好的方式呢?是否存在着一种解释现象的非力学的方式，它能够与实验物理学的数学定理相符合？抛弃力学是否意味着放弃解释自然的所有努力？

爱丁顿给出了一种回答。他写道："从19世纪到现在，物理学发生的最大变化之一就是，我们对科学解释的理想发生了变化。维多利亚时代的科学家所自豪的是，他们能够通过构造模型来解释事物；他所说的模型是指，由工程师所熟悉的杠杆、齿轮、喷筒和其他器械所组成的东西。宇宙的构建所使用的是类似于机械那样的东西……如果有谁能用嵌齿轮构造出引力，他就将成为维多利亚时代的英雄。"然而爱丁顿又说，今天，"我们并不希望工程师用他们的材料来为我们构建这个世界，我们希望数学家用他们的材料来构建世界"。

我们也许会求助于数学家用他们的术语来构建这个世界，但在西方思想传统中，也许除了毕达哥拉斯主义者，用数学来表述的自然定律并不被当成对某种现象或作用的解释。于是，"我们对科学解释的理想"在19世纪和20世纪发生的变化，不可能是用数学解释代替了力学解释。从力学到数学的转变其实是从作为科学理想的解释转变为对这样一些定律的陈述，这些定律虽然具有最大的普遍性，却仍然是纯描述的。爱丁顿所说的用数学材料构建世界似乎与伽利略在四百年前所说的话的意思相同，他说自然这部大书"是用数学语言写成的"，材料是"三角形、圆和其他几何图形"。伽利略给开普勒写信说，没有它们的帮助，自然"就不可能得到理解"。

然而，对自然的数学理解是否就是对它的一种因果解释？伽利略比爱丁顿说得更直接：至少是在表明原因的意义上，数学物理学家的工作并不是解释。他在一段经常被引用和讨论的话中，列举了哲学家关于"天然运动为什么会加速"的三种观点。他说，有些人"通过中心的吸引来解释，有些人通过物体非常小的部分之间的排斥来解释，还有些人则将它归结于周围介质的某种压力，物体在这种压力的作用下从一处跑到另一处。所有这些臆想以及其他类似的观点都应当被考察，但这样做其实并不值得"。

也许哲学家可以去考察它们，但在"那些把数学证明应用于自然现象的科学中"，围绕它们进行争论并不值得。伽利略制定了数学物理学的任务，规定自己"只去研究和证明加速运动的某些性质（无论这种加速的原因是什么）"。值得注意的是，在伽利略所提出的这三种关于原因的观点中，预示了牛顿引力的第一种观点和概括了亚里士多德理论的第三种观点都被抛弃了。

牛顿后来写道："我所说的引力也许是通过推力或某种不为我所知的方法起作用的。我在这里用这个词只是指物体彼此趋向所凭借的一般意义上的力，无论其原因可能是什么。"众所周知，他在《光学》中也声称："物体通过引力、磁力和电力的吸引发生相互作用，但这些吸引是如何可能起作用的，我在这里不予考虑。"

牛顿对原因和解释的态度似乎与伽利略一致。伽利略把关于原因的说法斥之为"臆想"，牛顿似乎也同样坚决地排斥它们，称之为"假说"。他曾宣称，"假说在实验哲学中不予考虑"；在另一处，他在讨论了"用力学来解释一切现象"的前人的做法之后说："自然哲学的主要任务就是从现象出发进行论证，而不杜撰假说。"

牛顿声称，无论方法是数学的还是实验的，物理学家的任务就是"从现象中总结出若干条一般的运动定律，然后告诉我们一切有形物体的性质和作用是如何从这些显然的原理中导出的。[这]将是哲学的一大进步,尽管那些定律的原因尚不为人所知。因此,我毫不犹豫地提出上面所提到的那些普遍的运动定律,而把它们的原因留待后人研究"。

《光学》中的这段话所提到的若干条运动定律是牛顿另一部伟大著作《自然哲学的数学原理》的基础。它的标题暗示,其作者把自己严格限制在数学物理的范围之内,关于这一点,牛顿和伽利略的看法一致。他将不去定义"力的种类或物理性质",而将仅仅研究"它们的量和数学比例"。在《原理》结尾的"总释"部分,牛顿再次否认我们能够了解引力的成因。他说:"引力的确存在着,并且按照我们已经阐明的定律在起作用,它足以解释天体及海洋的种种运动,这就够了。"牛顿承认他"没能从现象中发现引力的成因",他只是不断重复着他的态度:"我不杜撰假说。"

既然牛顿持这种态度,他的名字又如何与物理学中机械观的胜利联系在一起呢?为什么像爱因斯坦这样一些科学家,会把牛顿物理学等同于经典力学?如果像牛顿或伽利略这样的数学物理学家不去猜测或断定原因,他又如何可能被指对现象进行力学解释,而把一种力学的宇宙观强加于人类呢?

就牛顿而言,这些问题的部分答案也许可以在他本人的著作中找到。他似乎并不认为对引力成因的探究是误入歧途,或是与科学无关。他指出:"我们在研究引力作用的原因之前,必须从自然现象中了解什么物体相互吸引,什么是引力的定律和性质。"这种说法并没有拒绝对原因的考察,而是把它留待以后去研究。在另一处,牛顿甚至告诉了我们推迟研究的一个原因。他说:"在数学中,我们要研究在既定条件下力的大小和比例;然后,当我们进入物理学时,通过把那些比例与自然现象进行比较,也许就可以认识吸引物体的性质。在做了这些准备工作之后,我们关于力的种类、原因和比例就更有把握了。"

牛顿的这些说法并没有提供全部答案。要想知道另一部分答案,也许是更重要的部分,我们就必须考察 17 世纪物理科学的实际发展。这一发展过程——主要是伽利略、惠更斯和牛顿的发现和表述——导致了科学家无法回避的危机,这就是引力和光的传播的成因。于是我们就可以理解,为什么牛顿不可能放弃对原因的探索,以及为什么他会在《光学》后的《疑问集》中提出一种力学假说,以解释引力如何通过很大的距离进行作用,并且捍卫他本人关于光的力学理论,反对惠更斯同样是力学但与之迥异的假说。

或许可以说,虽然伽利略的立场开创了近代的数学物理学,但正是由于对原因的忧虑,或者说这种关切的不可避免,才使科学获得了重大进展。关于原因的思考似乎一次又一次地为新发现提供了契机。虽然原因没有被找到,但新的假说提出来了,当人们应用它们时,又导致了更为广泛和普遍的结果,这些结果以更具包容性的统一定律的形式表现了出来。我们发现,这不仅发生在对引力和光的研究中,而且发生在对热和电的研究中。例如,法拉第提出物理力线以及用相邻微粒的作用来解释电的吸引与排斥,启发麦克斯韦提出了电磁场理论。麦克斯韦的场方程,以及法拉第对电吸引与引力吸引之间关系的思考,促使当代物理学试图构造一种囊括一切物理现象的统一场论。

20 世纪的物理学也许会重新具有它在近代早期的那种纯数学特征。但在最近为普通人写的任何物理学导论中都可以看到,要想理解统一物理现象的数学定律在17世纪和20世纪之间的差别,就必须强调力学概念对科学发现和思想的影响。只要我们追溯历史,就会发现数学洞见和力学假说之间的相互影响是多么巨大。

在傅立叶讲述的"理性力学"的历史中,"阿基米德的发现"成为科学的起点。他说:"这位伟大的几何学家解释了描述固体平衡和流体的数学原理。大约1800年之后,动力学理论的创始人伽利略才发现了物体的运动定律。"如果力学被狭窄地视为考察无生命物体的位置运动的科学,那么静力学和动力学作为力学的两个部分就密切相关。可以认为,物体的静止或平衡是运动的极限情况,前者是静力学的对象,后者则要用到动力学原理。

在从阿基米德到伽利略的1800年里,力学几乎没有取得什么进步。根据伽利略的说法,阿基米德通过"严格的证明"建立了静力学的所有本质要素;"杠杆定律以及大多数其他力学器械的定律,仅仅依赖于阿基米德论平衡的著作中的一条定理"。后来,帕斯卡拓展了静力学,他在其《论流体的平衡》一书中说:"一个盛满水的容器就是一条新的力学原理,这个新的机械可以任意增加我们的力量。"换句话说,帕斯卡进一步拓展了这些概念,这可见于他对空气压力的处理。但是在伽利略的时代,尽管阿基米德已经提供了数学物理的一个值得仿效的模型,但在伽利略以前,力学几乎可以说毫无进展。

在斯台文等前人的帮助下,伽利略创立了动力学。也许有人会奇怪,为什么在阿基米德之后,伽利略的原理和方法没有得到应用呢?答案也许与亚里士多德的物理学有关。他提出了关于四元素及其天然运动的学说,每一种元素都有其天然处所,这大概是从火的上升、石块的下落,气泡在水中上升等现象总结出来的。这样一种学说将妨碍人们把运动定律应用于一切物体。亚里士多德的物理学既处理量,又处理质,其一般特征阻碍了把数学应用到对位置运动的研究中。

亚里士多德的力学要求,要想使物体保持匀速运动,就必须施加一个力,惯性定律并不存在。亚里士多德提出这一说法是很可理解的。当一个物体受到摩擦时,我们要求用一个相反的力来使物体运动。设想一个无摩擦的理想世界需要想象力的极大飞跃。

这就是伽利略和牛顿所跨出的一大步。在一个无摩擦的世界里,物体将永远保持它的运动,直到有一个相反的力介入为止。力与加速度成正比,而不是与速度成正比。

伽利略的目标是找到用数学表达的运动定律。他对霍布斯说,出于对主张地球运动的新天文学的兴趣,他认真研究了地球的运动。他希望精确地描述在儿童的玩耍中看到的那种运动——石块的下落和投掷,前者是自由下落的天然运动,后者是抛射体的受迫运动。显然,自由落体是在作加速运动。虽然作为数学物理学家的伽利略不去讨论情况为什么是如此,但他并不满足于这些。他希望了解这种加速度的性质。速度的增加与下落时间和距离是什么关系?速度增加多少?增加多快?在下落过程中的任一点,物体的速度是多少?类似地,当伽利略研究抛射体时,他不仅想知道它的路径是曲线,而且希望知道抛射体的路径到底是一条什么曲线。

伽利略成功地回答了所有这些问题,而没有在时空哲学上纠缠。他也没有因为这些运动涉及与力有关的问题而偏离他"通过数学方法证明一切"的目标。他用数学证明把观察与实验结合在了一起,并用实验确定了哪些数学结论可以应用于自然——哪些原理既可以通过实验证实,又可以用数学推导出来。

然而,伽利略有一条原理似乎超出了日常经验,无法得到实验确证。在解释斜面实验时,伽利略表达了一种洞见,后来被牛顿表述为第一运动定律即"惯性定律"。这条定律说,"每一个物体都保持其静止状态或匀速直线运动状态,除非受到外力的作用而改变其原有的状态"。虽然牛顿说自己的方法是"从实验和观察中归纳出一般性的结论",但惯性定律似乎是一个例外。正如休谟所说,很难说除非受到外力的作用,"我们经验中发现的静止或运动的物体会永远保持目前的状态"。

"除非"所引入的条件导致了彭加勒的问题:"有没有实验是关于不受力物体的?"如果没有,那么也许詹姆士说的就是对的,即"力学的基本定律绝非经验到的东西,而是必须通过忽略某些一直存在的条件而脱离经验"。根据爱因斯坦的说法,由于"[它所要求的]理想实验永远也不可能做出来",惯性定律"只有通过与观察一致的思辨"才能导出。

无论如何,第一运动定律开创了物理学的一个新局面。就位置运动而言,亚里士多德及其追随者寻找使运动物体运动或使静止物体静止的原因,而在伽利略和牛顿看来,匀速运动天然就会继续下去而不需要原因。只有运动的速度或方向变化才需要有一个原因,比如作用于物体的力。

这种变革的彻底性也许可见于它对天体力学的影响,天体力学又促成了一种把天的运动和地的运动完全统一起来的动力学。牛顿通过其数学天才完成了这一切,但其基础却是由伽利略建立的。伽利略把抛射体的曲线运动分解成直线运动和引力所引起的偏转运动。这种力的合成——有时被称为"平行四边形法则"——解释了为什么抛射体的路径是一条抛物线。开普勒所研究的行星轨道是另一种圆锥曲线——椭圆。但开普勒不知道牛顿第一定律,他诉诸太阳发射出来的一种力来对行星轨道的成因做出物理解释,这种力使得行星能够沿着其轨道运动;而伽利略的追随者则将诉诸"使行星的运动方向偏折,沿着弯曲轨道运动的正常的力"。他所寻找的这种力把行星拉离直线轨道,向内偏向太阳。

这就是牛顿所做的工作。当牛顿听说这个问题时,他直接走进了书房。他几年前就已经解决了这个问题。他发现,根据把行星引向太阳的力的定律,行星的轨道必定是椭圆,开普勒的纯描述性的定律中所概括的其他现象也都可以得到解释。

这样一来,伽利略的地的动力学也就成了天的动力学。天与地之间的传统区分被一笔勾销了。牛顿甚至走得更远。他通过数学推理证明,使行星围绕太阳、月球围绕地球做曲线运动的力,与使苹果下落、石块有重量的力是同一种力。他在其著名的平方反比律中概括了这一切:"每一个物质粒子都吸引另一个物质粒子,引力的大小与每一个粒子的质量成正比,与它们之间距离的平方成反比。"

相应地,世界变成了一群物质微粒在绝对空间中运动,每一个微粒都有位置和确定的速度。微粒的速度引起了位置的变化,力引起了速度的变化,力的大小则由位置决定。根据牛顿运动定律以及这个简洁的引力定律,牛顿能够通过数学演绎来解释月球的摄动、地球的扁圆、二分点进动、太阳和月球的潮汐以及彗星的路径等等。

但牛顿的引力定律果真像它初看起来那样简洁吗？它的数学含义很简单，它在各种现象上的成功运用也显示了它极广的适用范围。然而，当我们问及它的物理含义时，就会碰到关于这种吸引力的本性以及它是如何作用的困难问题。把它称为"引力"，或者指出这是一种人人都可以经验到的熟悉的力，并没有真正回答问题。

伽利略不会去回答这个问题。其《关于两大世界体系的对话》中的一个角色辛普里丘称，那种人人都知道的原因显然就是引力。对此，另一个角色萨尔维阿蒂回答说："你应当说人人都知道它被称为引力。我质疑你的不是名字，而是事物的本质。"他得出结论说，这是一种不可定义的东西。

惠更斯期望用关于物体撞击的熟悉的力学术语来解释自然现象，他还有其他反对意见。他在给莱布尼茨的信中谈起牛顿："我对他建立在引力定律上的任何理论都不满意。在我看来，引力定律是荒谬绝伦的。"惠更斯所说的是牛顿本人无法回避的一个问题，那就是超距作用问题，即引力能够瞬时传到很远的地方，对遥远的某个位置发生作用，但在沿途却不会留下什么影响。牛顿意识到了这种力的奇特之处。在致本特利的一封信中，他也表达了与惠更斯同样的看法。他说："认为那种引力是物体固有的、内在的和本质的力，从而一个物体可以通过真空对远处的另一物体发生作用，而不需要任何媒介来传递它们的作用和力，在我看来是如此荒谬，以至于我认为任何一个在哲学上有足够思考能力的人都不会相信它。"

不仅从常识上看，超距作用显得荒谬，而且类似的哲学也认识到了这一点。

阿奎那说："除非通过一种介质，没有什么动因能够发生超距作用，无论它有多么强大。"康德视牛顿的物理学为一种理性的自然科学，他把"未经接触就可以发生作用的引力"称为"我们无权假定的荒诞不经的幻想"。牛顿如何才能避免这种荒谬性，同时又不违背其数学物理的方法规则——不杜撰假说呢？

牛顿的两难状态也许可以这样来表述：引力的平方反比律要么被当成纯粹数学的定律，因此也就是纯描述的、简洁而普遍的命题；要么就必须通过关于引力如何作用的因果解释来赋予其物理意义。对于前者，牛顿可以避免构造假说，但这样一来，他用来表述数学定律的概念的物理意义就不明确了；对于后者，他可以通过他的定律中的"引力"和"力"等术语来解释由此产生的力学问题，但却超出了数学物理的范围而构造了力学假说。

牛顿似乎在其《自然哲学的数学原理》中采取了前者，在《光学》中采取了后者。在《光学》中，他提出了一种以太介质假说来解释引力。他说："这种介质在太阳、恒星、行星和彗星这些致密物体的内部，要远比在它们之间空虚的宇宙空间中稀薄得多，并且从这些天体一直到距离很远的地方，这种介质会变得越来越稠密，由此引起这些巨大物体相互吸引，并使物体的各部分吸向各自……虽然这种稠密性的增加在很远的地方非常缓慢，但如果这种介质的弹性力足够大，那么它就足以把物体从介质的较为稠密的部分推向较为稀薄的部分，我们把这种力称为引力。"

正如麦克斯韦所指出的，如果"（以太中）压力的减小与同致密物体的距离成反比"，那么这一假说就符合引力定律。在麦克斯韦看来，牛顿意识到，必须"对这种介质中压力的不等做出解释；由于他无法做到这一点，引力成因就成了一个悬而未决的问题……自牛顿时代以来，这个问题几乎没有什么进展"。

以太介质的力学性质问题也以另一种形式出现在光学领域中。在这里，这个问题由于两种关于光的理论——牛顿的微粒说和惠更斯的波动说——之间的对立而变得复杂了。每种理论都包含了一种力学假说：一个是关于光微粒的运动的假说，另一个是关于光脉冲像波一样在介质中传播的假说。两种理论都涉及微粒的运动。在解释船桨为什么在水中看上去是弯曲的时，两者都诉诸折射介质中的微粒对光微粒或光波的作用。

这两种理论都是用数学形式表达的，而且都可以演绎出一些关于量的结论，比如入射角与反射角相等，光线的折射服从正弦定律，以及光速有限等等。虽然惠更斯的著作更容易解释在"源自冰岛的某种晶体"——冰晶石——中发现的一种奇特的双折射现象，但两者似乎都可以同样成功地解释已知的反射和折射事实以及关于色散的新事实。

至少有一个世纪，这两种对立的理论就像托勒密和哥白尼这两种对立理论一样，能够同样成功地解释相关现象。后来的一些发现，比如托马斯·杨和菲涅尔所做的实验，倾向于肯定光的波动说。而到了现在，光被认为既可以表现出粒子性，又可以表现出波动性，这取决于如何进行观察。在这种意义上，光既不是粒子，也不是波。爱丁顿发明了"波粒"一词来表示现代辐射理论中粒子和波的互补。

托勒密体系和哥白尼体系的对立曾被认为是对同一现象所作的不同数学描述，而光的微粒说与波动说之间的对立从一开始就是用不同的力学假说来解释现象。这个问题不仅涉及哪种理论更适合解释光的直线传播以及在各种介质中的不同行为，而且也涉及背后的力学概念。正如超距作用的引力引出了一个用牛顿的以太无法解决的力学问题，光以波动的形式在其中传播的惠更斯的以太也引出了一些力学问题，如果得不到解决，力学无疑会为此而蒙羞。

牛顿和惠更斯对假说和力学解释的态度各不相同。正如我们已经看到的，惠更斯在其著作的开篇就表达了"探究原因"并"通过力学运动"来表明它们的意图。牛顿则在其著作的开篇重申了他对假说的拒绝。他写道："在本书中，我不是要通过假说来解释光的性质，而是要通过实验提出这些性质并证明它们。"然而，牛顿对于棱镜把白光分解成七色的解释似乎要求为每一种颜色都假设一种光微粒，而且，尽管所有的光微粒在聚合成白光时都有同样的速度，但不同颜色微粒的反射性却各不相同，也就是说，折射的玻璃介质微粒对它们的作用有所不同。

也许只有在牛顿为"假说"一词人为限定的含义上，这些假设才可以不被称为假说。无论如何，惠更斯理论的存在使牛顿不得不卷入一场关于假说的争论。在《光学》后面的《疑问集》中，他敏锐地做了讨论，显示了其天才的另一面。

惠更斯的波动说从一开始就需要假说。他写道："我们无法设想，光会不存在于某种物质的运动。"他明确拒绝了以下观念，即光线存在于"源自[发光]物体的物质的传输，就像一颗炮弹或一支箭穿过空气一样"，因为"光线能够没有阻碍地彼此通过"。在他看来，光与声的类似之处暗示了"光的传播方式"，声波的力学被他扩展到光。

惠更斯认为："我们知道，通过不可见也不可触的空气，声音从空气的一个部分传递到另一个部分,从声源那里扩展开来。这种运动沿各个方向的传播相同,将会形成越来越大的球面来刺激我们的耳朵。现在,光从发光体进入我们的眼睛,无疑也是通过两者之间的某种物质的运动……如果光的传播需要时间……那么这种对介质造成压迫的运动就是连续的。因此,就像声音那样,光通过球面波传播。根据它与一个石块入水时所形成的东西的相似性,我把光的运动称为波。"

然而,惠更斯知道,光与声音的类比并不尽如人意。他说:"假如我们考察光的传播物质是什么,就会发现它与传播声音的东西不一样……这可以通过不让一个真空的玻璃容器中的发声物体发出声音而得到证明。"在一个没有空气的瓶子里,闹钟不会发出声音,但瓶子里无论是否有空气都同样透明。因为当"空气从容器中抽去时,光仍然会像以前那样通过它"。由于波只能是某种东西的波,光波不可能是空气波,所以它必定是另一种物质的波,惠更斯说:"我把它称为以太波。"

以太这种弥漫在整个宇宙中的透明介质,正是爱因斯坦所说的假想的物理实体家族中的"麻烦的孩子"。为了赋予光以力学的解释,惠更斯假设了以太,它反过来又要求对其自身的奇特性质作出力学解释。惠更斯没有回避这个问题,但最终没能彻底解决。

惠更斯说,假定"有若干同样尺寸的球,均由某种非常坚硬的物质构成。把它们排成一直线,使其相互接触。当我们用另一个同样的球撞击第一个球时,我们将会发现,该运动一瞬间就能传到最后一个球,使之离开原有的行列,而其他球所受到的扰动并不明显"。这种在以太中发生的运动可以解释"光的极大速度",不过"这种运动不是瞬时的",正如光的运动也不是瞬时的一样。

惠更斯接着说:"现在,把这种运动应用于发光体,我们只能认为以太微粒是一种坚硬无比,而又有着极大弹性的物质。"惠更斯没有再继续走下去。他说,"这里没有必要考察这种硬度或弹性的成因……虽然我们将不考虑弹性的真正成因,但我们发现有许多物体都拥有这一性质;于是假定它也存在于像以太微粒这样几乎看不到的物质中并没有什么奇怪的。"

然而,惠更斯没有预料到的困难使他的以太不仅显得奇怪,而且在力学上几乎是不可能的。惠更斯曾经认为,光波在以太中的传播就像声波在空气中传播一样是纵向的,即微粒振动的方向与波的传播方向相同。但是到了19世纪,人们发现光的极化现象不能用微粒说解释,而只能用波动说解释(这使天平决定性地偏向了后者)。人们还发现,波动说只能依靠一个假设来解释极化,那就是产生光波的以太微粒的运动不是纵向的,而是横向的,即微粒振动的方向垂直于波的传播方向。

正如菲涅尔所指出的:"横向振动的假设与弹性流体的振动性质相抵触。"就像声音通过空气介质传播一样,弹性流体中的振动是纵向传播的。如果要求以太微粒横向振动,那么它的性质就会大大改变。它不再类似于空气,而必须被设想成一种果冻状的东西。

惠更斯没有完成的任务——对他的光以太作出力学解释——后来变得愈加困难。根据爱因斯坦的说法,在努力构建"一种果冻状的力学物质的以太的过程中,物理学家"不得不提出如此众多"人为的、不自然的假说",以至于最终不得不放弃力学解释。

牛顿对光的波动说有两条反对意

见,其中第二条似乎对惠更斯的以太构成了巨大的挑战。

牛顿的第一条反对意见是,波动说与光的直线传播不相容。他指出:"如果光存在于瞬时的或需要一段时间传播的压力或运动,那么它就会形成阴影;因为压力或运动不可能越过在运动过程中的障碍,在流体中沿直线传播,而是会发生偏折,沿各个方向分散到没有障碍的静止介质中去……声音赖以存在的空气的振动显然会发生偏折,即使不像水波这样明显。"

19世纪时,人们发现了光的偏折现象,使这种反对意见不再站得住脚。但牛顿还提出了另一条反对意见,当他提出它两个世纪以后,光的极化现象要求以太必须具有果冻状的密度,这使得这条意见变得很有力。这第二条反驳并不是说波动说不足以解释相关现象,而是指出了它与天体力学的不一致。

光在星际空间中传播,行星也是如此。牛顿的天文学极为精确地解释了行星的运动,它依赖于介质中没有阻力这一假设。他写道:"为了给行星和彗星规则而永恒的运动扫清道路,我们必须把天上的一切物质清空,也许只有……我们前面描述的那样一种极为稀薄的以太介质除外。"这里他谈到了他为了解释引力而特别提出的以太。他认为,以太的阻力"小到可以忽略不计"。"在这种以太介质中,行星和彗星以及一切巨大的天体可以比在任何流体中更加自由地运动,它填满了所有空间,没有留下任何孔隙"。这样一种"致密的流体……只会阻碍和干扰那些巨大天体的运动,使大自然停滞下来"。由于它"阻碍了自然的进程",而且"没有任何存在的证据",牛顿得出结论说:"它应当被抛弃。"

接下来的结论就是顺理成章的:"如果它被抛弃,那么光存在于压力或运动,并且在这样一种介质中传播的假说就站不住脚了。"牛顿得出这样的结论似乎是有道理的,因为无论以太的密度多么小,以太在光的波动说中的应用都会涉及以太微粒与物质微粒之间的相互作用。如果没有这种相互作用,光进入玻璃或水等介质时速度的改变就无法解释了。由于在牛顿的宇宙中,地的物质与天的物质没有区别,所以牛顿不可能接受一种与玻璃或水发生相互作用,却与行星物质不发生作用的以太。

牛顿的这个反驳指出了两种以太的不一致:一种是光的波动说所要求的以太,另一种是天体自由的运动所要求的以太。这个反驳似乎没有得到回答,而是随着波动说的节节胜利而被搁置起来了。后来,测定以太漂移的著名的迈克尔逊-莫雷实验重新使人注意到了牛顿对以太的深刻怀疑。不过这时,物理学家准备放弃的已经不只是以太,而且还有对引力和光的力学解释。

在力学教条盛行以前,力学解释在其他物理领域发挥了作用。对热现象和电磁现象的研究和解释都是在它的启发下进行的。这些主题的历史以诸多假说为标记。每当物理学家尝试用力学来解释一个新现象时,就把新的东西加了进去。

这些假设的热流、磁流和电流都是不可观察的,也都没有重量。用牛顿的话来说,它们是"隐秘的"(不过需要指出的是,它们与牛顿用来解释引力或惠更斯用来解释光的以太同样隐秘)。事实上,这些新东西中的每一种都很像气体以太或流体以太,因为就像引力以太或光学以太那样,它们也是在超距作用和接触作用对立的背景下被设想出来的。在对热、磁和电进行力学解释的过程中,它们的出现似乎是不可避免的。

拉瓦锡写道："如果不被当成一种真实物质或非常精细的流体的效应，热现象就很难理解……因此，我们通过'热质'一词识别出了热的成因，或者说产生热的极为精细的弹性流体。"拉瓦锡称自己"无法判定光是否是热的变体，或者热是否是光的变体"。但是通过观察到的现象，他并没有把类似于以太那样的性质赋予热质。他说："这种精细物质能够穿透一切已知物质的孔隙，因为没有容器是它不能透过的。"

虽然热质说能够实现既定的目的，但后来还是被热的分子运动论取代了，后者可以与气体的分子理论或动能理论结合起来。爱因斯坦写道："物质的动能理论是受到机械观直接影响的最伟大的成就之一。"傅立叶在《热的解析理论》一书——他在其中考察了牛顿及其后继者在力学解释方面所取得的成功——中宣称："无论力学理论的范围有多大，它们并不适用于热现象。这些现象有一种无法用运动和平衡原理来解释的特殊秩序。"

同样，拉瓦锡不仅预见到了热的力学理论，而且预见到有可能对现象进行一种纯数学的处理。他写道："我们不必假设[热质]是一种真实的物质，只要把它当成把物质微粒彼此分开的斥因就足够了，而不用管它到底是什么，我们可以用一种抽象的、数学的方式来研究它的现象。"

后一种说法恰恰就是傅立叶要做的工作，但对前一种说法，即用微粒的相互排斥来解释热，傅立叶并没有兴趣。就像牛顿拒绝考虑引力的成因一样，他说，"我们不知道热的成因，但它却服从简单的、恒常不变的定律，我们可以通过观察发现它们。"

在另一个地方，他写道："关于热的本性，我们可以提出各种各样的假设，但它所服从的数学定律却独立于一切假说。"因此，对于那些"不是由机械的力，而是由热产生的各种现象"，傅立叶的目标就是"把物理问题还原为纯粹的分析问题"，"用微分方程来表达热传播最一般的条件"。他提到了笛卡尔对他的影响，因为笛卡尔是"第一个把解析方程引入曲线和曲面研究中的"数学家，但"解析方程并不限于描述图形以及理性力学的对象的那些性质"。他认为，这些方程"遍及一切现象，从这个意义上讲，数学分析的范围和自然本身一样广"。

这种主张认为，自然的数学特征支持和捍卫了一种纯数学的物理学。如果傅立叶关于原因和假说的主张使人想起了牛顿对数学的态度，那么他对纯数学分析的信念又让人想起了伽利略。傅立叶对原因从未有过兴趣，他一向认为，力学对他所研究的对象是无能为力的，也是毫无干系的，在这一点上，他与伽利略相仿而与牛顿不同。他对数学分析的信任——单凭数学分析本身就可以做出物理发现——不仅复兴了伽利略的精神，而且也启发麦克斯韦从电的力学理论转向了数学理论。

事实证明，傅立叶的某些数学成就，比如他的维度理论，对麦克斯韦是有帮助的。也许更重要的是，麦克斯韦关于电磁波传播的预言（后被赫兹证实）是数学分析的结果。既然事实表明，数学与实验能够如此卓有成效地结合起来，而无需力学假说的任何帮助，麦克斯韦不再尝试为他的电磁场方程提出一种力学。他认为，只要他的场论能够描述现象的数学结构，这已经足够令人满意了。

在傅立叶与麦克斯韦之间还有法拉第。法拉第是科学史上最伟大的实验家之一，后来麦克斯韦为他的发现提出了数学结构。麦克斯韦把傅立叶的方法应用于电和磁，便是得益于法拉第的工作。他思考了电力与引力的关系，希望能够提出一种用一组数学定律统一所有物理现象的场论，在这方面他超越了麦克斯韦。

法拉第并不认为实验与思辨之间有什么不相容。他说："作为一个实验工作者，我感到必须让实验引导我们发现它所证实的思想。如果得到正确解释，实验就像分析一样，必定会通向严格的真理。实验可以帮助我们发现新的思想和自然力的条件。"事实证明，法拉第的信念是有道理的。他的实验不仅发现了为数众多的新事实，而且由此激发出来的思想也改变了关于电和磁甚至是整个物理学的思维方式。

吉尔伯特大胆地设想地球是一个磁体，使磁不再只是自然界中的一种偶然现象。然而，直到法拉第在《论一切物质的磁性条件》这本备忘录中提到他所发现的抗磁性，没有一个人敢说，"一切物质都会受到磁力的作用，就像会受到引力、电力、化学力或内聚力作用那样"。关于电，他通过自己的实验研究预言，"任何依赖于无机物质的力量的现象可能都从属于它"。

这些说法暗示了法拉第的研究主题，即自然力的可转化性和统一性。电力和磁力都遵循着与引力定律同样简洁的平方反比律，这似乎给了他启发。某些力遵循着同样的定律，或者它们的作用可以用同样的方程来描述，这一事实本身并不会揭示出这些力中是否有一种是基本的力，或者是否所有的力都来源于某种基本的力，但它却会提出问题供实验来解答。

吉尔伯特把磁和电进行了比较，却无法把它们相互转化。在法拉第以前，奥斯特第一次发现了它们之间的转化。他发现，电流具有磁效应。法拉第成功地发现了相反的效应，即磁能产生电。他在对一种放电的鱼进行评论时表达了他对这种可转化性的兴趣。他写道："塞贝克告诉了我们看到如何把热变成电……珀耳帖则向我们显示了如何把电变成热……奥斯特表明了如何把电力转变为磁力，我很高兴把这些关系再推进一步，那就是把磁力转变为电力。因此，自然已经赋予了鱼能够把神经系统的力转化为电力的器官，既然我们的能力远远超过了鱼，也许我们能够把电力重新转化为神经系统的力。"

法拉第还证明了自然中的另一种可转化性。由他论文的标题——《论光的磁化、磁力线以及电流对光的作用》——就可以看出他的发现。在他看来，这些论文"第一次确立了光和电磁力之间的直接关系和相互依存性"。他作了如下总结，这是他所有研究和思考的核心主题。

他写道："于是，我们把关于一切自然力都彼此相关，并且具有同一起源的事实和思考大大推进了一步。就我们目前的知识而言，要想用精确的术语来表达我们的期待显然是太困难了；我曾经说过，在这些实验中，自然中的一种力量是与其余直接相关的，但我其实应当说，这种伟大的力量的另一种形式是与其他形式直接相关的。"

在这种"伟大力量"的各种形式中，有一种形式仍然有待于同光、热、电和磁等"其他形式"联系起来，这就是引力。法拉第最后的思考就是用他的"力线"，即后来所谓的"力场"概念来统一自然力。

在正统的原子论的影响下，最早的电磁理论把它们设想为通过发出的电素和磁素而发生作用。例如，牛顿就思考过"磁体的磁素为何如此稀薄和精细，以至于即使通过一个玻璃盘,力量都不会受到阻碍或减小;然而它又如此强大,以至于能够使磁针越过玻璃"。当电传导后来被发现时,类比于热质作为导热流体,磁素为磁流所取代。但是当法拉第发现,电流和磁流可以相互感应时,他对导线周围的非导电绝缘介质发生了兴趣。他强烈反对任何涉及超距作用的理论,所以他主张感应通过相邻微粒的作用而发生。为了支持这个论证,他通过实验表明了电感应可以"转弯"。

法拉第根据对磁现象的研究提出了"力线"的概念,他认为,存在着"一个被力线包围的力量中心,磁体内部的力以及这种力对远处磁体的输运和作用就是由这些物理的力线实现的"。他说,"关于[磁]作用的所有实验事实,即所有不是假说性的东西,似乎都可以用这种'力线概念'很好地描述出来";他还说,"无论我们用什么概念来表示力量,它最终都应当包括电力,因为二者密切相关,应当用一种描述来表达"。

这使得法拉第提出了电力线和磁力线这些物理实在。他对自然统一性的兴趣促使他开始思考引力。他承认,"对引力而言,一种独立的或物理的力线的观念尚未获得实验证据的支持;就我们目前所知,引力线只是一种用来表示施力方向的理想的线"。不过,也许是受到了牛顿的激励,法拉第继续着他的实验研究。牛顿曾多次提到"引力、磁力和电力的吸引",他还给本特利写过一封信,本特利认为,这封信表明牛顿"确信物理的引力线存在"。

在一篇名为《论引力与电的可能关系》的研究报告的开篇,法拉第重新阐述了他研究的中心主题。"我一直相信,自然界中的所有力量都是相互依存的,有着同一来源,或者是同一种基本力量的不同表现,这使我常常希望通过实验来确立引力和电之间的关联,从而通过同一种关系把引力与磁、化学力和热等众多不同的现象联系在一起"。他告诉我们,很不幸,他的实验"只得出了否定的结果",但这并没有动摇他"对于引力和磁相关的强烈信念"。

虽然法拉第没能证明"这种关系存在",但他所遗留下来的同时包含引力和电力的场论问题,却成了20世纪物理学的遗产。尽管法拉第用力线的统一性这种力学的方式来思考这个问题,认为力线中相邻的微粒会发生相互作用,但那些把问题从他那里继承下来的人却不再关心"力线"的物理实在性,及其在物体的作用和反作用中的力学基础。在普遍的麦克斯韦场方程的激励下,他们继续寻找一种对自然结构的纯数学描述。

在20世纪的物理学家看来,也许数学最终成功地完成了从牛顿到法拉第的力学一直许诺却没有做成的工作。如果自然的统一性可以用一组定律来表述,那么根据爱因斯坦的看法,它们将是一种与力学定律极为不同的定律。他写道,它们将是"表示场结构的定律",形式与"在所有现代物理学方程中"出现的麦克斯韦方程的形式一致。

爱因斯坦之所以说,"麦克斯韦方程是结构定律",它提供了"自然定律的一种新的模式",是想强调麦克斯韦理论的非力学特征。他写道:"在麦克斯韦的理论中不存在物质性的动因,而牛顿的引力定律却把一个物体的运动与对远处物体的作用瞬时联系了起来。"麦克斯韦方程"把正在发生的事件与即将发生的事件联系了起来"。在爱因斯坦看来,就像描述"电磁场变化的方程一样,我们的新的引力定律也将是描述引力场变化的结构定律"。

爱因斯坦有一种说法似乎包含了

"结构定律"与力学定律的主要区别。他说:"至于力学定律,一切空间都是这些定律的背景,而不仅仅是物质或变化呈现于其中的一些点。"物质与空间的这种对比使我们想起了物理学与几何学之间的差异。爱因斯坦不断地提到这些空间结构中的"变化",也让我们想起,电场和引力场都不是纯几何的,它们也是物理的。

虽然新物理学的结构定律也许在形式上是几何的,但如果谈及物理含义,它们有可能完全避开与物质和运动相联系的力学观念吗?至少有一位20世纪的物理学家似乎认为,力学仍会继续存在下去。在描述了几何学逐渐"吞噬整个力学"的过程之后,爱丁顿指出,"力学在变为几何学的过程中依然是力学。力学与几何学的区分已经不复存在,两者已经水乳交融",所以"除了那种力学的几何化,还有一种几何的力学化"。

我们还有一些问题需要解决。力学的历史是否就是它的兴衰史?或者是它在既是数学的又是实验的物理学的各个阶段所扮演的不同角色——有时是统治性的,有时是从属的?有时明显一些,有时隐蔽一些?力学概念的地位和特征是否随着描述现象的数学定律的形式变化而变化?物理学能否完全摆脱力学的理论而存在?没有力学因果概念的介入,一种纯粹的数学物理学能否卓有成效地应用于机械工程中?

在讨论这些问题时,我们有必要考察一下海森堡在对量子理论的哥本哈根诠释中所提出的悖论。海森堡写道:"物理学中的任何实验,无论是指日常生活现象还是指原子现象,都需要用经典物理学来描述。经典物理学的概念构成了我们描述实验安排和结果的语言。我们不能也不应当用其他语言来替换这些概念。这些概念的运用受到了测不准关系的限制。在应用它们时,我们必须牢记经典概念的应用范围是有限的,但我们不能也不应当试图改善它们。"

无论对上述问题怎样回答,情况都不能令人满意。要么实验的物理学是纯数学的,对原因不予考虑;而如果物理学不是力学的,不涉及对原因的探寻,那么物理学也不可能是实验的和数学的。

普通人可能会认为这有些不可思议。他惊讶于物理学家对物质及其运动的掌握,他天真地猜想,这一切都依赖于对原因的科学认识,而物理学家却一直都在苦恼,他们仍然不清楚原因是什么。力学解释不时都会被给予,但它们所诉诸的各种各样的"力"却只能通过它们的现象来理解,这些力只不过是数学定律的简洁表达形式而已。但在名义上,它们仍然是原因。这些难以捉摸的潜藏着的原因令人恼火,但却刺激了科学的发展(既有实验方面的,也有数学方面的)。

有些哲学家认为,问题的线索也许在于"潜藏的"一词。原因存在着,我们可以通过控制它们来制造机器和炸弹,但我们无法凭借感官在因果事件中把握它们,或者觉察到它们的内在运作。如果原因无法观察到就意味着它们是隐秘的,那么一切原因都是隐秘的——尤其是存在于物体相互撞击的力学原因。在物理学家试图通过假设力学介质来解释一个物体对另一物体的直接作用的时代,洛克和休谟等哲学家怀疑,这种因果作用是否比亚里士多德的原因更少隐秘性(牛顿曾经说亚里士多德的原因是隐秘的)。

洛克认为:"运动从一个物体传到另一个物体,就像我们的心灵如何运作,或者如何通过思想使我们的身体停止下来一样难以捉摸和无法想象……通过推力而使运动增加就更难理解了。根据日常经验,推力或思想能够引起运动,这是很清楚的,但我们几乎无法理解这是如何可能的,我们对两者都一无所知。"洛克认为,我们永远也"不会理解引起我们平日里所看到的现象的效力和运作方式"。如果科学知识是关于原因的知识,那么"无论我们对物理事物提出多少有用的、实验的哲学,科学知识也将超出我们能力所及"。

当我们试图发现正在运作的动力因时,我们看到了什么?休谟回答说,我们只看到了一个事件接着另一个事件发生。"一个球的碰撞紧跟着另一个球的运动。这就是我们的外感官所接受的全部现象"。我们也不能对撞击瞬间所发生的事情形成任何"内在印象"。他写道,"我们不清楚物体相互作用的方式是什么",我们将永远如此,因为"它们的力或能量是完全无法理解的"。

正如**原因**一章所表明的,亚里士多德对此持相反的看法。动力因也许是不可觉察的,但却并非不可理解。就感官而言,原因或许都是隐秘的,但它们对理智来说并不是模糊不清的。亚里士多德也许会坚持说,如果把动力因从其他原因——质料因、形式因、目的因——中孤立出来,那么动力因的作用就不可能得到理解。在他看来,一门纯粹的力学物理学除动力因之外,排除了一切不是量的属性和一切原因,它恰恰通过其自身的基本哲学信条否定了它自己。只有通过一种不同的形而上学,即通过质料和形式、潜能和现实来设想物理实体,才能造就一种能够处理原因和解释现象的物理学。但从现代的观点来看,这样一种亚里士多德的物理学因其他理由而遭到拒绝。它不是实验的,无法实际应用。它也不是数学的,不能用少数简洁而普遍的定律来理解一切自然现象。

力学的真正革命始于20世纪早期量子理论的发现。在爱因斯坦1905年完成的三篇开创性的论文中,包括那篇关于相对论的论文在内,唯一被爱因斯坦称为革命性的,就是那篇首次提出光量子概念的论文。狭义相对论的论文中不合常理之处正是光的传播与众不同的结果。

例如,没有物体能够运动得比光还快。这意味着由场的传播所引起的一个物体对另一个物体的影响不可能瞬时发生。在这个意义上,物体之间可以瞬时发生作用的超距作用并不存在。过去所发生的作用总是要花一定的时间才能传到我们这里。这些作用可以在真空中传播,这不是一个悖论,而是被看成一个事实。

而从经典物理学的观点来看,量子力学是真正革命性的。所谓的"旧量子论"始于玻尔的工作,他试图解释原子受激时所发出的光谱。玻尔想象电子沿着固定的轨道围绕原子核旋转。他认为,当一个电子向原子核作量子跃迁时,就会发出光。这个理论是经典力学(的轨道)和量子效应的杂拌,它无法解释原子光谱的细节。

20世纪20年代中期,"旧量子论"被量子力学取代,这是海森堡、薛定谔、泡利和狄拉克等人所做的工作。严格说来,量子力学中不存在轨道的概念,其基本的量是波函数。利用它,我们可以计算出在某一时刻一个电子位于空间中某一点的概率。牛顿和爱因斯坦的经典轨道是电子最可能被找到的空间位置。

爱因斯坦等人认为这种理论令人困惑,这与其说是因为量子力学是概率性的,不如说是因为它拒斥了经典理论中的客观实在性。例如,根据量子力学的正统诠释,电子既没有位置,也没有动量,而只有表现出位置和动量的潜能,至于具体怎么表现,则依赖于如何用实验仪器来观察。(这与光的波粒二象性类似。)

海森堡的测不准原理指出,我们不可能通过实验对位置和动量进行精确测量。爱因斯坦认为,量子理论无法对亚原子粒子给出一种完整的客观解释,这是理论的一个缺点。在他看来,这意味着它至多是一种过渡性的理论。不过,他也接受那些已经得到实验证实的预言。

如今,大多数物理学家都认为,经典力学的客观实在性并不适用于亚原子现象。然而,经典世界和量子世界的界限在哪里,这仍然是一个令人困惑的问题。有些物理学家认为并不存在什么经典世界,而另一些物理学家,比如说玻尔,则认为必定存在着一个经典世界,我们能够用经典术语来描述我们关于指针和米尺的实验。

虽然这些问题远未得到解决,但事实证明,量子理论具有强大的预言和解释能力,它仍然是业已发现的最伟大的科学理论。

分 类 主 题

1. 力学的基础
    1a. 物质、质量和原子:物体的第一性质
    1b. 运动定律:惯性;力的测量;作用和反作用
    1c. 空间、时间和运动
        (1)笛卡尔坐标和伽利略坐标
        (2)匀速直线运动对时空概念的影响:狭义相对论和洛伦兹变换
        (3)曲线运动和旋转运动对时空概念的影响:广义相对论和高斯坐标
2. 力学的逻辑与方法
    2a. 经验、实验和归纳在力学中的角色
    2b. 假说在力学中的应用
    2c. 力学中的因果理论
3. 数学在力学中的应用:力学的进展对数学发现的依赖
    3a. 数与连续统:测量理论;欧几里得连续统和非欧几里得连续统
    3b. 圆锥曲线的几何学:行星与抛射体的运动
    3c. 代数与解析几何:对力学问题的符号表述
    3d. 微积分:对不规则面积和可变运动的测量
4. 力学的地位、范围和理想:它与自然哲学和其他科学的关系
    4a. 地的力学和天的力学:有限物体的力学和原子或基本粒子的力学
    4b. 用量和运动解释质和质的变化
    4c. 机械自然观和有机自然观
5. 力学的基本现象和问题:静力学和动力学
    5a. 简单机械:天平和杠杆
    5b. 流体的平衡和运动:浮力、气体的重量和压力、真空的影响
    5c. 压力、张力和弹性:物质的强度
    5d. 运动、虚空和六质:阻力和摩擦

5e. 直线运动

(1) 匀速运动：它的原因和定律

(2) 加速运动：自由落体

5f. 围绕一个中心的运动：行星、抛射体、摆

(1) 对轨道、力、速度、时间和周期的测定

(2) 对运动的扰动：两体问题和三体问题

6. 力学的基本概念

6a. 引力中心的测定：一个或多个物体

6b. 重量和特殊的引力

6c. 速度、加速度和动量：角的或直线的，平均或瞬时的

6d. 万有引力理论

(1) 惯性质量和引力质量的等效

(2) 质量与引力的关系：空间的曲率

(3) 超距作用：力场和力的介质

6e. 力场：统一场论的理想

6f. 平行四边形法则：力的合成与速度合成

6g. 功和能：守恒；永恒运动；与质量的关系；最小作用量原理

7. 力学原理扩展到其他现象

7a. 光：微粒说与波动说

(1) 反射定律与折射定律

(2) 颜色的产生

(3) 光速

(4) 光的介质：以太

(5) 光线在引力场中的偏折

(6) 多普勒效应

7b. 声：对声学现象的力学解释

7c. 热的理论

(1) 对热现象的描述：热量假说

(2) 对热量的测量和数学分析

7d. 磁：地球作为一个大磁体

(1) 磁现象：磁耦合、向磁极性、磁差、磁倾角

(2) 磁力和磁场

7e. 电：点静力学和电动力学

(1) 电的来源：电的不同种类的关系

(2) 电与物质：传导、绝缘、感应、电化学分解

(3) 电与磁的关系：电磁场

(4) 电与热和光的关系：温差电

(5) 电量的测量

8. 量子力学

8a. 电磁辐射以不可分的量子产生：对原子结构的量子力学解释；定态

8b. 对量子关系的数学表述：对应、概率函数、矩阵、波动力学、光与物质的波粒二象性
8c. 关于量子现象的认识的局限：观察者与实验现象的相互作用；测不准原理或不确定原理。
8d. 对量子现象的诠释：互补性；量子力学中的存在性与因果性问题；量子理论作为一种对实在的解释的充分性
8e. 量子力学与相对论和其他实验科学的关系

[张卜天 译]

索引

本索引相继列出本系列的卷号〔黑体〕、作者、该卷的页码。所引圣经依据詹姆士御制版，先后列出卷、章、行。缩略语 esp 提醒读者所涉参考材料中有一处或多处与本论题关系特别紧密; passim 表示所涉文著与本论题是断续而非全部相关。若所涉文著整体与本论题相关，页码就包括整体文著。关于如何使用《论题集》的一般指南请参见导论。

1. **The foundations of mechanics**

1a. **Matter, mass, and atoms: the primary qualities of bodies**

   7 Aristotle, 394, 410–413, 423–425
   9 Galen, 359–360
 11 Lucretius, 2–5, 7–9, 19–22
 17 Aquinas, 585–587
 21 Hobbes, 172, 269
 26 Gilbert, 29–34
 26 Galileo, 134–153 passim
 28 Bacon, 114–115
 28 Descartes, 304
 32 Newton, 270–271, 281–282, 479–485, 528, 531–543
 32 Huygens, 558–560, 601–603
 33 Locke, 129–131, 134–138 passim, 150–154 passim, 209–212, 295
 33 Berkeley, 414–416 passim, 422
 42 Lavoisier, 3–4, 9–15 passim, 16
 42 Faraday, 758–763
 53 James, William, 68
 54 Freud, 400–401
 55 Whitehead, 156–161, 197–200
 56 Poincaré, 28–32
 56 Planck, 97
 56 Einstein, 207–210
 56 Heisenberg, 438–440

1b. **The laws of motion: inertia; the measure of force; action and reaction**

   7 Aristotle, 354
   8 Aristotle, 233–235, 243–244
 11 Lucretius, 18
 15 Kepler, 894–895, 905–906
 21 Hobbes, 50
 26 Galileo, 209–210, 224–225
 28 Bacon, 162–168 passim, 179–188
 32 Newton, 5, 14–24, 246, 541–542
 33 Locke, 178–179
 33 Berkeley, 434
 33 Hume, 475–476
 51 Tolstoy, 695
 55 Whitehead, 157–158
 56 Poincaré, 26–28
 56 Whitehead, 133–134, 166
 56 Einstein, 198, 207–209, 213–215
 56 Bohr, 308, 317–320, 331–332, 342–344

 56 Heisenberg, 407, 425–426

1c. **Space, time, and motion**

   7 Aristotle, 312–325
 26 Galileo, 201–202
 28 Bacon, 176–179
 30 Pascal, 434–439
 32 Newton, 8–13, 542–543
 33 Berkeley, 434–436
 39 Kant, 24–29, 74–76, 160–163
 51 Tolstoy, 469

1c(1) **Cartesian and Galilean coordinates**

 56 Einstein, 196–199

1c(2) **The effect of uniform rectilinear motion on the concepts of space and time: the special theory of relativity and the Lorentz transformation**

 56 Poincaré, 32–35
 56 Einstein, 198–213, 215–216, 221–222, 223–224, 229–230
 56 Heisenberg, 422–425, 430, 440–442, 444–445

1c(3) **The effect of nonlinear and rotary motion on the concepts of space and time: the general theory of relativity and Gaussian coordinates**

 55 Whitehead, 191–196, 198–200
 56 Poincaré, 22–23, 32–35
 56 Planck, 84–85
 56 Einstein, 212–228, 231–235
 56 Bohr, 348–349
 56 Heisenberg, 425–428, 445–446

2. **The logic and method of mechanics**

 26 Galileo, 200
 28 Bacon, 105–106, 116–117, 120–121, 127, 132, 137–195, 210–214
 28 Descartes, 234–235
 30 Pascal, 355–358 passim, 365–366
 32 Newton, 270–271, 531
 32 Huygens, 551–552
 33 Locke, 321–323 passim
 33 Hume, 459–460
 39 Kant, 17–18, 69–72
 42 Faraday, 666–667
 49 Darwin, 239
 53 James, William, 882–884

54 Freud, 412
56 Bohr, 305-314 passim, 332-333, 337-355 passim
56 Heisenberg, 392-402

2a. **The role of experience, experiment, and induction in mechanics**

26 Gilbert, 1, 6-7
26 Galileo, 207-208
28 Bacon, 33-34, 42
28 Descartes, 285-286
32 Newton, 130-131, 271, 371-372, 543
33 Locke, 317, 360-362
33 Berkeley, 424, 433-434
33 Hume, 460
39 Kant, 6, 227
42 Lavoisier, 1-2
42 Faraday, 348, 515, 567, 682-684
53 James, William, 864
56 Poincaré, 26-32, 39-40, 64-70
56 Einstein, 231-232
56 Bohr, 340-352 passim

2b. **The use of hypotheses in mechanics**

26 Galileo, 240-241
30 Pascal, 367-370
32 Newton, 528, 543
33 Locke, 362
33 Berkeley, 433
39 Kant, 227
42 Faraday, 375, 685-686
49 Darwin, 239
56 Poincaré, xvi, 32-35 passim, 40-52, 64-70
56 Einstein, 231-232
56 Schrödinger, 502

2c. **Theories of causality in mechanics**

11 Lucretius, 66
28 Descartes, 283
32 Newton, 7-8, 369-372, 528-529, 531, 541-542
32 Huygens, 553-554
33 Locke, 321
33 Berkeley, 422-423 passim, 424-426
33 Hume, 459-460, 474, 475, 478
53 James, William, 885-886
56 Poincaré, 62-70
56 Planck, 102-109
56 Bohr, 314-316, 337-338, 341

3. **The use of mathematics in mechanics: the dependence of progress in mechanics on mathematical discovery**

7 Aristotle, 104, 108
10 Archimedes, 502-519, 538-560, 569-592
13 Plutarch, 252-255
26 Galileo, 131-132, 178-260
28 Bacon, 46
28 Descartes, 395-396
32 Newton, 32-50, 76-157, 159-267, 269
33 Hume, 460
42 Faraday, 739

55 Whitehead, 150
56 Whitehead, 126, 128-137 passim esp 130-131, 185-186
56 Bohr, 305, 309-310, 314, 320-321
56 Heisenberg, 395-397, 415

3a. **Number and the continuum: the theory of measurement; Euclidean and non-Euclidean continua**

10 Euclid, 81-98, 191-193, 195-198
10 Archimedes, 448-451, 458-460
26 Galileo, 197-200, 205-206
28 Descartes, 253-255, 523-524
32 Newton, 25
51 Tolstoy, 469
55 Whitehead, 144
56 Poincaré, 10-15, 21-25
56 Whitehead, 185-186
56 Einstein, 196-197, 203-205, 210-211, 217-223
59 Eddington, 264, 266, 286-287, 293

3b. **The geometry of conics: the motion of planets and projectiles**

10 Archimedes, 527-537
15 Kepler, 975-979
26 Galileo, 191-195, 238-240
28 Descartes, 526-542
32 Newton, 42-75, 286, 337-338
32 Huygens, 583-598, 607-611
39 Kant, 551-552
56 Whitehead, 134, 158-159

3c. **Algebra and analytic geometry: the symbolic formulation of mechanical problems**

28 Descartes, 252-255, 523-581
32 Newton, 57-58
55 Whitehead, 149-150

3d. **Calculus: the measurement of irregular areas and variable motions**

10 Archimedes, 527-537
15 Kepler, 973-975, 979-983
26 Galileo, 205, 224
30 Pascal, 434-435
32 Newton, 25-32, 168-170
56 Whitehead, 179-180

4. **The place, scope, and ideal of the science of mechanics: its relation to the philosophy of nature and other sciences**

21 Hobbes, 72
28 Bacon, 16, 33-34, 118
28 Descartes, 230, 283
32 Newton, 1-2
33 Hume, 454
34 Swift, 94-103
39 Kant, 69-72, 563-564
53 James, William, 882-886, 889-890
55 Whitehead, 156-170 passim, 182, 189-196
56 Whitehead, 126, 135-136
56 Heisenberg, 415

4a. Terrestrial and celestial mechanics: the mechanics of finite bodies and of atoms or elementary particles

8 Aristotle, 234-235
15 Kepler, 888-905 passim, 929-933, 940-941, 959-960
26 Galileo, 245
28 Bacon, 138-139, 165-166, 178, 186
32 Newton, 281-282, 539-542
51 Tolstoy, 694-696
56 Whitehead, 158-159
56 Bohr, 307, 308-309, 317-320, 329
56 Heisenberg, 393-395

4b. The explanation of qualities and qualitative change in terms of quantity and motion

7 Aristotle, 680
9 Galen, 347-349
11 Lucretius, 20-21, 24-28
21 Hobbes, 49
28 Descartes, 457
32 Newton, 431-455
33 Locke, 134-138, 200, 206-207, 239, 311-312, 316, 322
33 Berkeley, 432-433
55 Whitehead, 156-157, 160-161
56 Whitehead, 135-136

4c. The mechanistic versus the organismic account of nature

6 Plato, 240-242
7 Aristotle, 680
8 Aristotle, 163-164, 236-239, 243-252, 275, 282
9 Galen, 358-406
11 Lucretius, 31-40, 68-69
21 Hobbes, 47
26 Harvey, 355, 495-496
28 Descartes, 280-284
32 Newton, 428, 518-519
33 Locke, 140, 143, 145-146, 321
35 Rousseau, 337-338
39 Kant, 571-572, 575-582
42 Faraday, 348, 448-449
51 Tolstoy, 689-690
53 James, William, 5-6, 9-17, 44-52, 68-71, 95-98
54 Freud, 412-414, 651-657, 659-661
55 Whitehead, 152-153, 159, 170, 171-177, 183-185, 189, 196-200, 205-209, 226-227
56 Bohr, 333
56 Heisenberg, 418-419, 437-438
56 Schrödinger, 500-502
56 Waddington, 699-703

5. The basic phenomena and problems of mechanics: statics and dynamics

5a. Simple machines: the balance and the lever

7 Aristotle, 339
10 Archimedes, 502-503
13 Plutarch, 252
15 Kepler, 933-934
26 Galileo, 178-180, 258
30 Pascal, 390-394
32 Newton, 15-16, 23-24
50 Marx, 181
56 Schrödinger, 501-502
56 Waddington, 703

5b. The equilibrium and motion of fluids: buoyancy, the weight and pressure of gases, the effects of a vacuum

7 Aristotle, 404-405
9 Galen, 382, 392-397, 444-447
10 Archimedes, 538-560
26 Galileo, 135-138
28 Bacon, 180
30 Pascal, 359-365, 382-389, 390-429
32 Newton, 194-203, 226-231, 259-267, 356-357
42 Lavoisier, 10-12, 15-16
56 Planck, 103
56 Whitehead, 128-129

5c. Stress, strain, and elasticity: the strength of materials

26 Galileo, 131-139, 178-196 passim
28 Bacon, 180, 187
32 Newton, 21-22, 540-541
32 Huygens, 558-559
33 Locke, 209-211
42 Lavoisier, 14-15, 96-99

5d. Motion, void, and medium: resistance and friction

6 Plato, 460
7 Aristotle, 292-297, 392-393
11 Lucretius, 5-6, 13-14, 16-17
15 Kepler, 857
18 Aquinas, 985-989
26 Gilbert, 110
26 Galileo, 134-135, 157-171, 241-243
28 Bacon, 140, 167, 187
32 Newton, 159-267 passim esp 211-219, 281, 284-285
33 Locke, 153, 168
39 Kant, 71-72
56 Schrödinger, 501-502

5e. Rectilinear motion

7 Aristotle, 309-310, 348-349
26 Galileo, 157-171, 197-237
32 Newton, 14, 81-88, 159-189 passim

5e(1) Uniform motion: its causes and laws

26 Galileo, 197-200
32 Newton, 5-6, 14, 18-19, 159-160, 165-167, 183-184
55 Bergson, 71-72
55 Whitehead, 157-158
56 Einstein, 199-200, 205-207

5e(2) Accelerated motion: free fall

7 Aristotle, 295
15 Ptolemy, 10–11
26 Galileo, 157–171, 200–237
28 Bacon, 166, 181
32 Newton, 19, 81–88, 160–165, 170–179, 184–189, 219–246, 247–259
56 Einstein, 213–215, 235

5f. Motion about a center: planets, projectiles, pendulum

7 Aristotle, 348–355, 359–360, 362, 377–384, 603–605, 636–637
15 Copernicus, 505–838
15 Kepler, 895–905 passim, 913, 914–915, 918–928 passim, 933–946, 965–966, 1015–1023
26 Galileo, 240
28 Bacon, 177–178
32 Newton, 6–7, 19–20, 25–35, 101, 259–267, 272–275
56 Whitehead, 134, 158–159
56 Einstein, 217–219
56 Heisenberg, 393

5f(1) Determination of orbit, force, speed, time, and period

11 Lucretius, 66–67
15 Kepler, 905–907, 968–985
26 Galileo, 166–168, 171–172, 203–205, 238–260
28 Bacon, 186
32 Newton, 19–22, 32–50, 76–81, 88–92, 105–111, 161–165, 173–183, 189–194, 203–219, 276–279, 291–294, 333–368
33 Locke, 159
33 Berkeley, 434
56 Whitehead, 134
56 Einstein, 225, 232
56 Bohr, 308–309, 329
56 Heisenberg, 393–395

5f(2) Perturbation of motion: the two and three body problems

15 Kepler, 920–921, 922–926, 957–959
26 Gilbert, 54, 55–56
32 Newton, 92–101, 111–131, 279, 285–287, 294–333
42 Faraday, 725

6. Basic concepts of mechanics

6a. Center of gravity: its determination for one or several bodies

10 Archimedes, 502–519, 578–579, 580–582
28 Descartes, 457
30 Pascal, 393–394
32 Newton, 18–19
56 Poincaré, 28–32

6b. Weight and specific gravity

6 Plato, 462–463
7 Aristotle, 360–361, 364–365, 399–402
11 Lucretius, 5–6, 16
15 Copernicus, 521
21 Hobbes, 271
26 Gilbert, 115–116
26 Galileo, 158, 160–164 passim
28 Bacon, 163, 172
28 Descartes, 457–458
32 Newton, 203–204, 279–281, 282–283, 291–294 passim
42 Lavoisier, 88–89
42 Faraday, 540
56 Poincaré, 28–32
56 Whitehead, 132–133

6c. Velocity, acceleration, and momentum: angular or rectilinear, average or instantaneous

7 Aristotle, 295, 309–310, 312–315, 330–333
26 Galileo, 200–207, 224–225, 243–249
28 Bacon, 177–178
32 Newton, 7–8, 14, 16–17, 20–22, 28–29, 31–32, 33
56 Poincaré, 26–32
56 Einstein, 199–200, 205–209, 235
56 Bohr, 317–320, 342–344

6d. Theories of universal gravitation

7 Aristotle, 333, 353–354
15 Kepler, 938–939, 969–971
17 Aquinas, 541–542
26 Gilbert, 26–40 passim
32 Newton, 5–8, 11–13, 37–38, 281, 371–372
42 Faraday, 422–440, 554–563, 578–582, 725–726, 727
54 Freud, 400–401
56 Einstein, 213–215, 224–225
56 Eddington, 261–262, 288

6d(1) The equivalence of inertial and gravitational mass

56 Whitehead, 133–134
56 Einstein, 213–215, 241–243
56 Bohr, 348–349
56 Heisenberg, 425–426

6d(2) The relation of mass and gravitational force: the curvature of space

26 Gilbert, 51–52
28 Bacon, 170–173
28 Descartes, 457–458
32 Newton, 130–152, 276–282, 531–543
33 Berkeley, 433
42 Faraday, 758–763
55 Whitehead, 193–194
56 Poincaré, 28–32
56 Whitehead, 130–131
56 Einstein, 213–215, 224–225, 241–243
56 Eddington, 264–295 passim

6d(3) Action-at-a-distance: the field and medium of force

7 Aristotle, 354
15 Kepler, 897-905, 906
26 Gilbert, 10, 26-40, 42-43, 51, 54-55, 102-104
28 Bacon, 168-169, 176-177
28 Descartes, 237
32 Newton, 6-8, 507-516, 520-522, 531-542 passim
33 Hume, 475
42 Faraday, 349-350, 359-362, 371-373, 421-422, 429-432, 436-440, 556, 593-594, 724-727, 740, 748-750
55 Whitehead, 154-155, 182
56 Poincaré, 68-69
56 Einstein, 208-210, 213-214, 216-217, 224-225, 232-234, 238-243
56 Heisenberg, 415-416, 421-422, 440
58 Frazer, 15-18, 25-30

6e. Fields of force: the ideal of a unified field theory

55 Whitehead, 164-165
56 Whitehead, 136-137, 148

6f. The parallelogram law: the composition of forces and the composition of velocities

15 Kepler, 969-970
26 Galileo, 224-225, 243-249 passim
32 Newton, 15-16
42 Faraday, 599-600, 696-701
53 James, William, 105
55 James, William, 14
55 Whitehead, 183-184
56 Poincaré, 35-39, 62-64
56 Planck, 77, 80-84, 85, 86, 114-115
56 Einstein, 207-209
56 Bohr, 305-306, 308, 324, 331-332, 342-344
56 Heisenberg, 424-425
56 Schrödinger, 496-497

6g. Work and energy: their conservation; perpetual motion; their relation to mass; the principle of least action

28 Descartes, 249
30 Pascal, 392-394
32 Newton, 15-16, 23-24
42 Faraday, 490-492, 745-748
56 Einstein, 213-214, 216-217, 224-225, 238-243
56 Bohr, 326-327, 331
56 Heisenberg, 415-416, 435, 440-442

7. The extension of mechanical principles to other phenomena

7a. Light: the corpuscular and the wave theory

7 Aristotle, 649-650
11 Plotinus, 492-498
15 Kepler, 896, 901-903
17 Aquinas, 283-284, 349-354
18 Aquinas, 1025-1032
26 Gilbert, 43
28 Bacon, 167, 185
28 Descartes, 278-279
32 Newton, 152-157, 377-544
32 Huygens, 551-619
33 Locke, 261, 311-312
42 Faraday, 503-515
55 Whitehead, 160-161, 221-222
55 Russell, 250
56 Poincaré, 60-64
56 Planck, 87-88
56 Bohr, 305-306, 308, 315, 329-330, 331-332, 337-339
56 Heisenberg, 392-393

7a(1) The laws of reflection and refraction

6 Plato, 454-455
7 Aristotle, 476-482
11 Lucretius, 46
18 Aquinas, 972-974
28 Descartes, 234-235
32 Newton, 152-153, 154-157, 379-423, 485-495, 522-530 passim
32 Huygens, 563-619
56 Planck, 115

7a(2) The production of colors

6 Plato, 465
11 Lucretius, 24-25
28 Bacon, 154
32 Newton, 379-506 passim
48 Melville, 89
55 Russell, 243-244, 252

7a(3) The speed of light

11 Lucretius, 46-47, 82
26 Galileo, 148-149
28 Bacon, 178
32 Newton, 379, 488-492
32 Huygens, 554-557, 570-575
55 Whitehead, 191
56 Einstein, 199-202, 203-205, 217
56 Heisenberg, 421-423

7a(4) The medium of light: the ether

7 Aristotle, 676-678, 684-685
11 Lucretius, 65
30 Pascal, 366-367
32 Newton, 520-522, 525-529
32 Huygens, 553-560
55 Whitehead, 182, 190-191
56 Poincaré, 48-49, 87
56 Einstein, 239-240
56 Heisenberg, 421-423

7a(5) The bending of light rays in a gravitational field

56 Einstein, 216-217, 225, 232-233
56 Eddington, 260-261

7a(6) The Doppler effect

56 Einstein, 209, 233-234, 235
56 Eddington, 259-260, 279

7b. Sound: the mechanical explanation of acoustic phenomena

6 Plato, 471
7 Aristotle, 650–652
8 Aristotle, 328–330
11 Lucretius, 49–50
11 Plotinus, 495–496
26 Galileo, 172–177
28 Bacon, 178, 185
28 Descartes, 247
32 Newton, 247–259 passim
32 Huygens, 554–558 passim
42 Faraday, 393–394
55 Whitehead, 160–161
56 Planck, 80

7c. The theory of heat

7c(1) The description of the phenomena of heat: the hypothesis of caloric

6 Plato, 533
7 Aristotle, 380
11 Lucretius, 78–80, 86–87
28 Bacon, 140–153, 161, 168, 184–185, 190–192
32 Newton, 516–518, 520
39 Kant, 545–546
42 Lavoisier, 9–16
42 Faraday, 720, 721–723, 765–766
56 Bohr, 305, 306
56 Heisenberg, 417
56 Schrödinger, 497, 498

7c(2) The measurement and the mathematical analysis of the quantities of heat

42 Lavoisier, 14, 33–36, 99–103
56 Poincaré, 37–39
56 Planck, 77–78, 79, 80–84, 85
56 Bohr, 329, 337
56 Heisenberg, 392

7d. Magnetism: the great magnet of the earth

9 Galen, 367–370
11 Lucretius, 87–89
26 Gilbert, 23–25, 106–121
28 Bacon, 166–167, 176, 183
34 Swift, 100–102
42 Faraday, 194–202, 605–665
56 Einstein, 213

7d(1) Magnetic phenomena: coition, verticity, variation, dip

6 Plato, 144
15 Kepler, 897–898, 935–936
26 Gilbert, 3–105 passim
28 Bacon, 155, 163, 174
42 Faraday, 515–577, 581–665, 763–774

7d(2) Magnetic force and magnetic fields

15 Kepler, 941–942
26 Gilbert, 26–43, 45–47, 102–105
28 Bacon, 169

32 Newton, 202–203, 281
42 Faraday, 206–209, 436–440, 598–605, 666–703, 724–732, 738–756
48 Melville, 233–235
56 Bohr, 327
56 Schrödinger, 472–473

7e. Electricity: electrostatics and electrodynamics

26 Gilbert, 26–34
32 Newton, 372, 531, 542
42 Faraday, 422–436
56 Poincaré, 62–70
56 Whitehead, 131–132
56 Einstein, 206–207, 217

7e(1) The source of electricity: the relation of the kinds of electricity

42 Faraday, 177–181, 185–224, 294–330, 341–348, 440–447, 449–502, 732–738
49 Darwin, 89

7e(2) Electricity and matter: conduction, insulation, induction, electrochemical decomposition

28 Bacon, 181
42 Faraday, 173–177, 181–185, 217–221, 227–253, 269–340, 348–422, 430–440, 449–492, 732–738, 756–763
56 Planck, 79, 80

7e(3) The relation of electricity and magnetism: the electromagnetic field

26 Gilbert, 26–34
32 Newton, 282
42 Faraday, 177–210, 215–217, 428–429, 436–440, 523–527, 566–575, 593–594, 667–696, 703–721, 724–727
55 Whitehead, 182
56 Poincaré, 60–64, 68–69
56 Whitehead, 131–132
56 Einstein, 208–210, 213, 239–240
56 Bohr, 305–306
56 Heisenberg, 415–416

7e(4) The relation of electricity to heat and light: thermoelectricity

32 Newton, 516–517
42 Faraday, 312–313, 384–414, 469–477, 488–490, 503–515
56 Whitehead, 131–132

7e(5) The measurement of electric quantities

42 Faraday, 185–187, 224–226, 274–279, 285–298, 352–359, 373–375, 676–681, 686–696

8. Quantum mechanics

8a. Electromagnetic radiation as produced in indivisible quanta: the quantum-mechanical explanation of atomic structure; stationary states

55 Whitehead, 152–153, 196–200
56 Planck, 82–84
56 Bohr, 306–314, 320, 321–327, 329–330, 337–339
56 Heisenberg, 392–393, 436–437
56 Schrödinger, 487–490, 502

8b. **The mathematical expression of quantum relations: correspondence, probability functions, matrices, wave mechanics, the wave-particle duality of light and matter**

55 Whitehead, 152–153, 199
56 Planck, 84, 87–88, 105–106
56 Eddington, 289–294
56 Bohr, 309–310, 313–314, 315–317, 320–324, 325–326, 329–332, 339–340
56 Heisenberg, 394–397, 397–398, 433–434, 440–441

8c. **Limitations on the knowledge of quantum phenomena: the interaction of the observer and experimental phenomena; the principle of uncertainty or indeterminacy**

56 Planck, 105–107
56 Eddington, 289–294
56 Bohr, 317–320, 323–325, 332–333, 340–341, 343–352

56 Heisenberg, 396, 397–402 passim, 410, 428–434 passim, 440, 446–449

8d. **The interpretation of quantum phenomena: complementarity; the problems of being and causation in quantum mechanics; the sufficiency of quantum theory as an explanation of reality**

55 Whitehead, 198–200
56 Planck, 84, 105–106
56 Einstein, 243
56 Bohr, 315, 322–323, 332–333, 340–344, 347, 350–352
56 Heisenberg, 396–402, 413–414, 428–434, 446–449
56 Waddington, 743–744

8e. **The relation of quantum mechanics to the theory of relativity and to other empirical sciences**

55 Whitehead, 198–200
56 Planck, 85
56 Einstein, 243
56 Eddington, 261, 284–295 passim
56 Bohr, 332–333, 341, 348–349, 353–354
56 Heisenberg, 415–421 passim, 427–428, 437–438, 440–442

交叉索引

以下是与其他章的交叉索引：

The basic concepts and laws of mechanics, see CHANGE 7d; QUANTITY 5a–5e; SPACE 2a; TIME 1.

The role of experiment, induction, and hypotheses in physical science, see EXPERIENCE 5a–5c; HYPOTHESIS 4b–4d; INDUCTION 5; LOGIC 5b; PHYSICS 4a–4d; REASONING 6b; SCIENCE 5a–5e.

The physicist's treatment of causes, see CAUSE 2, 5b, 6; NATURE 3c(3); PHYSICS 2b; SCIENCE 4c.

Applied mathematics or mathematical physics, see ASTRONOMY AND COSMOLOGY 2c; MATHEMATICS 5b; PHYSICS 1b, 3; SCIENCE 5c; SPACE 3–3d.

Mathematical ideas or operations applied in mechanics, see MATHEMATICS 4a–4d; QUANTITY 3d(1), 4c, 6b.

The relation of mechanics to the philosophy of nature and to other natural sciences, see NATURE 4b; PHILOSOPHY 1c; PHYSICS 2; SCIENCE 1c.

The problem of qualitative change, see CHANGE 6a–6b; QUALITY 3a, 3c; QUANTITY 1a.

Mechanism as a philosophy of nature, man, and history, see ANIMAL 1e; ELEMENT 5d–5f; HISTORY 4a(2); MAN 3c; MIND 2e; WILL 5c; WORLD 1a.

Motion and its laws, see ASTRONOMY AND COSMOLOGY 6c–6c(3); CHANGE 7–7d; INFINITY 3e; MATTER 2c.

The void and action-at-a-distance, see ASTRONOMY AND COSMOLOGY 3b; ELEMENT 5b; SPACE 2b(2)–2c.

Mass and weight, see MATTER 2b; QUANTITY 5d; velocity, acceleration, and momentum, see QUANTITY 5c.

Force, see QUANTITY 5e; the composition of forces, see OPPOSITION 3d.

The special and general theories of relativity and the relation of time and space, see PHYSICS 4d; RELATION 6a; SCIENCE 4d; SPACE 1c; TIME 5a.

The curvature of space, see SPACE 2b(1).

The nature of elementary particles, see ELEMENT 6; INFINITY 4b.

The wave-particle duality of light and matter, see ELEMENT 6; MATTER 2a.

Quantum mechanics, see CHANCE 3; PHYSICS 6.

扩展书目

下面列出的文著没有包括在本套伟大著作丛书中,但它们与本章的大观念及主题相关。

书目分成两组:

Ⅰ.伟大著作丛书中收入了其部分著作的作者。作者大致按年代顺序排列。

Ⅱ.未收入伟大著作丛书的作者。我们先把作者划归为古代、近代等,在一个时代范围内再按西文字母顺序排序。

在《论题集》第二卷后面,附有扩展阅读总目,在那里可以查到这里所列著作的作者全名、完整书名、出版日期等全部信息。

I.

Kepler. *Dioptrik*
Hobbes. *Concerning Body*, PART IV, CH 30
———. *Dialogus Physicus*
———. *Examinatio et Emendatio Mathematicae Hodiernae*
Descartes. *The Principles of Philosophy*, PARTS II, III, IV
Huygens. *Force centrifuge*
———. *L'horloge à pendule*
———. *Percussion*
———. *Question de l'existence et de la perceptibilité du mouvement absolu*
———. *Sur la cause de la pesanteur*
———. *Travaux divers de statique et de dynamique de 1659 à 1666*
Berkeley. *De Motu*
Voltaire. *Letters on the English*, XIV–XVII
Kant. *Metaphysical Foundations of Natural Science*
Faraday. *Various Forces of Matter*
Hegel. *Science of Logic*, VOL II, SECT II, CH I
Goethe. *Beiträge zur Optik*
———. *Theory of Colours*
Poincaré. *New Methods of Celestial Mechanics*
———. *Science and Method*, BK III
Planck. *Das Prinzip der Erhaltung der Energie*
———. "The Place of Modern Physics in the Mechanical View of Nature," in *A Survey of Physical Theory*
———. *Treatise on Thermodynamics*
Bergson. *Creative Evolution*, CH 1, 4
———. *Time and Free Will*
———. *Two Sources of Morality and Religion*, CH 4
Russell. *The Principles of Mathematics*, CH 54, 56–59
Einstein. *The Meaning of Relativity*
———. *Sidelights on Relativity*
Eddington. *Space, Time, and Gravitation*
Heisenberg. *The Physical Principles of the Quantum Theory*
Schrödinger. *Collected Papers on Wave Mechanics*
———. *Four Lectures on Wave Mechanics*

II.

THE ANCIENT WORLD (TO 500 A.D.)

Epicurus. *Letter to Pythocles*

THE MIDDLE AGES TO THE RENAISSANCE (TO 1500)

Bacon, R. *Opus Majus*, PART V
Nicholas of Cusa. *The Layman*, BK IV

THE MODERN WORLD (1500 AND LATER)

Ball. *A Treatise on the Theory of Screws*
Boltzmann. *Principe der Mechanik*
Boyle. *A Defence of the Doctrine Touching the Spring and Weight of the Air*
———. *New Experiments Physico-Mechanical*
Bridgman. *The Logic of Modern Physics*, CH 3
Broglie. *An Introduction to the Study of Wave Mechanics*
Carnot. *Principes fondamentaux de l'équilibre et du mouvement*
Cassirer. *Substance and Function*, PART I, CH 4; SUP VII
Clifford. *The Common Sense of the Exact Sciences*, CH V
Cohen, M. R. *Reason and Nature*, BK II, CH 2–3
Curie. *Traité de radioactivité*
D'Alembert. *Traité de dynamique*
Darwin, C. G. *The New Conceptions of Matter*
Dirac. *The Development of Quantum Theory*
———. *The Principles of Quantum Mechanics*
Duhem. *Études sur Léonard de Vinci*
———. *The Evolution of Mechanics*
———. *Les origines de la statique*
Ekeland. *Mathematics and the Unexpected*
Enriques. *Problems of Science*, CH 5–6
Euler. *Mechanik*
Feynman. *QED: The Strange Theory of Light and Matter*
Fourier, J. *The Analytical Theory of Heat*
Franklin, B. *Experiments and Observations on Electricity*
Fresnel. *Théorie de la lumière*
Galvani. *Commentary on the Effects of Electricity on Muscular Motion*
Gibbs. *The Collected Works*
Gregory. *Inventing Reality: Physics as a Language*
Hamilton, W. R. *Dynamics*
Heaviside. *Electromagnetic Theory*
Helmholtz. *Popular Lectures on Scientific Subjects*, VII
Hertz. *The Principles of Mechanics*
Hoffmann. *The Strange Story of the Quantum*

Kelvin. *Lectures on Molecular Dynamics and the Wave Theory of Light*
——. *Popular Lectures and Addresses*
Lagrange. *Mécanique analytique*
Laplace. *Celestial Mechanics*
Leibniz. *Discourse on Metaphysics*, XV–XXII
——. *New Essays Concerning Human Understanding*, APPENDIX, CH 4–5
——. *Philosophical Works*, CH 20 (*On Nature in Itself*)
Mach. *History and Root of the Principle of the Conservation of Energy*
——. "On the Principle of the Conservation of Energy," in *Popular Scientific Lectures*
——. *The Science of Mechanics*
Maxwell. *Matter and Motion*
——. *Theory of Heat*.
——. *A Treatise on Electricity and Magnetism*
Meyerson. *Identity and Reality*, CH 2–3, 10
Nicolson, M. *Newton Demands the Muse*
Pagels. *The Cosmic Code*
Painlevé. *Les axiomes de la mécanique*
Pearson. *The Grammar of Science*
Peat. *Superstrings*
Peirce, C. S. *Collected Papers*, VOL VI, par 35–87
Penrose. *The Emperor's New Mind*

Popper. *Quantum Theory and the Schism in Physics*
Priestley, J. *Experiments and Observations on Different Kinds of Air*
——. *Experiments and Observations Relating to Various Branches of Natural Philosophy*
Rayleigh. *The Theory of Sound*
Rumford. *An Experimental Inquiry Concerning the Source of Heat*
Rutherford. *Radio-active Substances and Their Radiations*
Santayana. *Reason in Science*, CH 3
Stallo. *Concepts and Theories of Modern Physics*, CH 2–6, 9–12
Thomson, W. and Tait, P. G. *Treatise on Natural Philosophy*
Tyndall. *Light and Electricity*
Whewell. *The Philosophy of the Inductive Sciences*, VOL I, BK III, CH 5–10
Whittaker, E. T. *A History of the Theories of Aether and Electricity*
——. *A Treatise on the Analytical Dynamics of Particles and Rigid Bodies*
Wiener. *Cybernetics*
Young, T. *Miscellaneous Works*, VOL I, NUMBER III, VII, IX–X, XVII–XVIII

图书在版编目（CIP）数据

西方大观念/陈嘉映主编. --2 版. --北京：华夏出版社有限公司，2023.3（2023.7重印）

ISBN 978-7-5222-0410-9

Ⅰ.①西… Ⅱ.①陈… Ⅲ.①观念－西方国家 Ⅳ.①B036

中国版本图书馆 CIP 数据核字（2022）第 166741 号

The Syntopicon: An Index to the Great Ideas of Western Civilization
© 2007 Encyclopædia Britannica, Inc.
Encyclopædia Britannica, Britannica, Syntopicon, Great Books of the Western World and the Thistle logo are registered trademarks of Encyclopædia Britannica, Inc.
All rights reserved. No part of this work may be reproduced or utilized in any form or by any means, electronic or mechanical, including photocopying, recording or by any information storage and retrieval system, without permission in writing from the publisher.

北京市版权局著作权合同登记号：图字 01-2005-3381 号

西方大观念（两卷本）

主　　编	陈嘉映
责任编辑	王霄翎
责任印制	刘　洋

出版发行	华夏出版社有限公司
经　　销	新华书店
印　　刷	北京汇林印务有限公司
装　　订	北京汇林印务有限公司
版　　次	2023 年 3 月北京第 2 版 2023 年 7 月北京第 2 次印刷
开　　本	787×1092　1/16
印　　张	120.5
字　　数	2500 千字
定　　价	398.00 元（全两卷）

华夏出版社有限公司　北京市东直门外香河园北里 4 号（邮编:100028）
网址：www.hxph.com.cn　　　　电话：(010)64663331(转)
若发现本版图书有印装质量问题，请与我社营销中心联系调换。

#		#	
1	THE SYNTOPICON I 论题集 I	13	PLUTARCH 普鲁塔克
2	THE SYNTOPICON II 论题集 II	14	TACITUS 克耐留·塔西伦
3	HOMER 荷马	15	PTOLEMY 托勒密
4	AESCHYLUS 埃斯库罗斯		COPERNICUS 尼科洛·哥白尼
	SOPHOCLES 索福克勒斯		KEPLER 约翰斯·开普勒
	EURIPIDES 欧里庇得斯	16	AUGUSTINE 圣奥古斯丁
	ARISTOPHANES 阿里斯托芬	17	THOMAS AQUINAS I 圣托马斯·阿奎那
5	HERODOTUS 希罗多德	18	THOMAS AQUINAS II 圣托马斯·阿奎那
	THUCYDIDES 修昔底德	19	DANTE 但丁·阿里基耶里
6	PLATO 柏拉图		CHAUCER 乔弗雷·乔叟
7	ARISTOTLE I 亚里士多德	20	CALVIN 约翰·加尔文
8	ARISTOTLE II 亚里士多德	21	MACHIAVELLI 尼科洛·马基雅维里
9	HIPPOCRATES 希波克拉底		HOBBES 托马斯·霍布斯
	GALEN 盖伦	22	RABELAIS 弗朗索瓦·拉伯雷
10	EUCLID 欧几里得	23	ERASMUS 德西德里·伊拉斯谟
	ARCHIMEDES 阿基米德		MONTAIGNE 米歇尔·蒙田
	NICOMACHUS 尼各马可	24	SHAKESPEARE I 威廉·莎士比亚
11	LUCRETIUS 卢克莱修	25	SHAKESPEARE II 威廉·莎士比亚
	EPICTETUS 爱比克泰德	26	GILBERT 威廉·吉尔伯特
	MARCUS AURELIUS 马可·奥勒留		GALILEO 伽里略·伽里莱
	PLOTINUS 普罗提诺		HARVEY 威廉·哈维
12	VIRGIL 维吉尔	27	CERVANTES 米格尔·德·塞万提斯
		28	FRANCIS BACON 弗兰西斯·培根
			DESCARTES 雷内·笛卡尔
			SPINOZA 本尼狄克·斯宾诺莎
		29	MILTON 约翰·弥尔顿
		30	PASCAL 布莱斯·帕斯卡
		31	MOLIÈRE 莫里哀
			RACINE 让·拉辛

**GREAT BOOKS
OF THE
WESTERN WORLD
西方世界的伟大著作**

100 B.C.	B.C. A.D.	A.D. 100	A.D. 200	A.D. 300	A.D. 400
		PLUTARCH 普鲁塔克	PLOTINUS 普罗提诺		
		TACITUS 克耐留·塔西佗			AUGUSTINE 圣奥古斯丁
		EPICTETUS 爱比克泰德			
		NICOMACHUS 尼各马可			
LUCRETIUS 卢克莱修	Birth and death of Jesus Christ 基督诞生及受难	PTOLEMY 托勒密			
VIRGIL 维吉尔		MARCUS AURELIUS 马可·奥勒留			Books replace scrolls 纸版图书诞生
		GALEN 盖伦			
	Julius Caesar assassinated 恺撒遇刺	Hadrian's wall constructed 哈德良长城建成			

	1600	1700	1800	
	DESCARTES 雷内·笛卡尔	MONTESQUIEU 巴隆·德·孟德斯鸠		
	MILTON 约翰·弥尔顿	VOLTAIRE 伏尔泰	French Revolution 法国大革命	
	MOLIÈRE 莫里哀	HUME 大卫·休谟		
	PASCAL 布莱斯·帕斯卡	ROUSSEAU 让·雅克·卢梭		
	HUYGENS 克里斯蒂安·惠更斯	DIDEROT 丹尼·狄德罗		
Church bans Galileo's teaching of Copernican doctrine 教堂审判伽里略因其宣传哥白尼学说		ADAM SMITH 亚当·斯密		
		KANT 依曼努尔·康德		
		GIBBON 爱德华·吉本		
米歇尔·蒙田	LOCKE 约翰·洛克	BOSWELL 詹姆士·博斯韦尔		
·吉尔伯特	SPINOZA 本尼狄克·斯宾诺莎	JEFFERSON 杰斐逊		
ES 米格尔·德·塞万提斯	RACINE 让·拉辛	LAVOISIER 安托万·洛朗·拉瓦锡		
弗兰西斯·培根	NEWTON 伊萨克·牛顿	JOHN JAY 约翰·杰伊		
EO 伽里略·伽里莱	SWIFT 约纳森·斯威夫特	GOETHE 约翰·沃尔夫冈·冯·歌德		
PEARE 威廉·莎士比亚	BERKELEY 乔治·贝克莱	MADISON 詹姆斯·麦迪逊		
LER 约翰斯·开普勒		HAMILTON 亚历山大·汉密尔顿		
RVEY 威廉·哈维	Industrial Revolution begins 工业革命的开始			
HOBBES 托马斯·霍布斯				

Encyclopædia Britannica

The Syntopicon
An Index to the Great Ideas of Western Civilization

西方大观念

陈嘉映 ◎ 主编

第二卷

华夏出版社
HUAXIA PUBLISHING HOUSE

目 录

1 天使 *Angel* （张晓林 译）
 总论 ·· 1
 分类主题 ······································· 9
 相关参考 ····································· 11

2 动物 *Animal* （陈蓉霞 译）
 总论 ·· 16
 分类主题 ····································· 25
 相关参考 ····································· 27

3 贵族制 *Aristocracy* （沈默 译）
 总论 ·· 37
 分类主题 ····································· 45
 相关参考 ····································· 47

4 艺术 *Art* （翁海贞、陈焰 译）
 总论 ·· 51
 分类主题 ····································· 59
 相关参考 ····································· 61

5 天文学和宇宙论 *Astronomy and Cosmology*
      （张卜天 译）
 总论 ·· 69
 分类主题 ····································· 79
 相关参考 ····································· 81

6 美 *Beauty* （俞哲 译）
 总论 ·· 88
 分类主题 ····································· 94
 相关参考 ····································· 95

7 存在 *Being* （赵千帆、曾静 译，孙周兴 校）
 总论 ·· 99
 分类主题 ··································· 109
 相关参考 ··································· 111

8 原因 *Cause* （陆丁 译）
 总论 ·· 120
 分类主题 ··································· 131
 相关参考 ··································· 133

9 机会 *Chance* （孙善春 译）
 总论 ·· 140
 分类主题 ··································· 148
 相关参考 ··································· 149

10 变化 *Change* （陈虎平 译）
 总论 ·· 153
 分类主题 ··································· 161
 相关参考 ··································· 163

11 公民 *Citizen* （童世骏 译）
 总论 ·· 170
 分类主题 ··································· 178
 相关参考 ··································· 179

12 宪法 *Constitution* （邓正来 译）
 总论 ·· 183
 分类主题 ··································· 192
 相关参考 ··································· 194

13 勇敢 *Courage* （王晓丰 译）
 总论 ·· 199
 分类主题 ··································· 207
 相关参考 ··································· 208

14 习俗与约定 *Custom and Convention*
      （户晓辉 译）
 总论 ·· 212
 分类主题 ··································· 220
 相关参考 ··································· 222

15 定义 *Definition* （贾可春 译）
 总论 ·· 228
 分类主题 ··································· 237
 相关参考 ··································· 239

16 民主制 *Democracy* （陈德中 译）
 总论 ·· 243
 分类主题 ··································· 251
 相关参考 ··································· 253

17 欲望 Desire （王宇光 译）	26 家庭 Family （陈少明、刘玉宇 译）
总论 ·················· 259	总论 ·················· 390
分类主题 ·············· 266	分类主题 ·············· 400
相关参考 ·············· 268	相关参考 ·············· 402
18 辩证法 Dialectic （潘卫红 译）	27 命运 Fate （陈嘉映 译）
总论 ·················· 275	总论 ·················· 412
分类主题 ·············· 282	分类主题 ·············· 418
相关参考 ·············· 283	相关参考 ·············· 419
19 责任 Duty （何怀宏 译）	28 形式 Form （朱国华 译）
总论 ·················· 286	总论 ·················· 422
分类主题 ·············· 293	分类主题 ·············· 432
相关参考 ·············· 295	相关参考 ·············· 433
20 教育 Education （韩水法 译）	29 上帝 God （张晓林 译）
总论 ·················· 300	总论 ·················· 437
分类主题 ·············· 308	分类主题 ·············· 454
相关参考 ·············· 309	相关参考 ·············· 457
21 元素 Element （王宇光 译）	30 善与恶 Good and Evil （刘静 译）
总论 ·················· 318	总论 ·················· 476
分类主题 ·············· 324	分类主题 ·············· 486
相关参考 ·············· 326	相关参考 ·············· 488
22 情感 Emotion （刘畅 译）	31 政府 Government （周濂 译）
总论 ·················· 330	总论 ·················· 498
分类主题 ·············· 339	分类主题 ·············· 506
相关参考 ·············· 341	相关参考 ·············· 508
23 永恒 Eternity （李静韬 译）	32 习惯 Habit （杨玉成 译）
总论 ·················· 348	总论 ·················· 518
分类主题 ·············· 356	分类主题 ·············· 526
相关参考 ·············· 357	相关参考 ·············· 528
24 进化 Evolution （陈嘉映 译）	33 幸福 Happiness （丁三东 译）
总论 ·················· 360	总论 ·················· 533
分类主题 ·············· 369	分类主题 ·············· 544
相关参考 ·············· 371	相关参考 ·············· 546
25 经验 Experience （刘畅 译）	34 历史 History （陈立胜 译）
总论 ·················· 376	总论 ·················· 553
分类主题 ·············· 384	分类主题 ·············· 560
相关参考 ·············· 385	相关参考 ·············· 562

目录

35 荣誉 Honor （葛海滨 译）
　　总论 ·········· 567
　　分类主题 ·········· 575
　　相关参考 ·········· 577

36 假说 Hypothesis （江怡 译）
　　总论 ·········· 584
　　分类主题 ·········· 592
　　相关参考 ·········· 593

37 观念 Idea （杨玉成 译）
　　总论 ·········· 596
　　分类主题 ·········· 604
　　相关参考 ·········· 606

38 不朽 Immortality （张晓林 译）
　　总论 ·········· 613
　　分类主题 ·········· 623
　　相关参考 ·········· 625

39 归纳 Induction （贾可春 译）
　　总论 ·········· 630
　　分类主题 ·········· 637
　　相关参考 ·········· 638

40 无限 Infinity （王师、何宝军、禤庆文 译）
　　总论 ·········· 640
　　分类主题 ·········· 648
　　相关参考 ·········· 650

41 判断 Judgment （江怡 译）
　　总论 ·········· 655
　　分类主题 ·········· 662
　　相关参考 ·········· 664

42 正义 Justice （邓正来 译）
　　总论 ·········· 668
　　分类主题 ·········· 677
　　相关参考 ·········· 679

43 知识 Knowledge （郁振华 译）
　　总论 ·········· 689
　　分类主题 ·········· 697
　　相关参考 ·········· 700

44 劳动 Labor （郇建立 译）
　　总论 ·········· 714
　　分类主题 ·········· 723
　　相关参考 ·········· 725

45 语言 Language （陈嘉映 译）
　　总论 ·········· 732
　　分类主题 ·········· 740
　　相关参考 ·········· 742

46 法律 Law （邓正来 译）
　　总论 ·········· 749
　　分类主题 ·········· 758
　　相关参考 ·········· 761

47 自由 Liberty （刘擎 译）
　　总论 ·········· 771
　　分类主题 ·········· 780
　　相关参考 ·········· 782

48 生命与死亡 Life and Death （李静韬 译）
　　总论 ·········· 789
　　分类主题 ·········· 798
　　相关参考 ·········· 799

49 逻辑学 Logic （徐敏、张秋成 译）
　　总论 ·········· 806
　　分类主题 ·········· 813
　　相关参考 ·········· 815

50 爱 Love （刘静 译）
　　总论 ·········· 819
　　分类主题 ·········· 828
　　相关参考 ·········· 830

51 人 Man （王昆 译）
　　总论 ·········· 842
　　分类主题 ·········· 852
　　相关参考 ·········· 855

52 数学 Mathematics （陆丁 译）
　　总论 ·········· 869
　　分类主题 ·········· 882
　　相关参考 ·········· 883

53 物质 Matter （孙永平 译）
总论 …………………………………… 889
分类主题 ……………………………… 897
相关参考 ……………………………… 898

54 力学 Mechanics （张卜天 译）
总论 …………………………………… 903
分类主题 ……………………………… 921
相关参考 ……………………………… 924

55 医学 Medicine （张大庆 译）
总论 …………………………………… 933
分类主题 ……………………………… 940
相关参考 ……………………………… 942

56 记忆与想象 Memory and Imagination
（范连义 译）
总论 …………………………………… 948
分类主题 ……………………………… 957
相关参考 ……………………………… 959

57 形而上学 Metaphysics （韩东晖 译）
总论 …………………………………… 967
分类主题 ……………………………… 975
相关参考 ……………………………… 976

58 心灵 Mind （程炼 译）
总论 …………………………………… 979
分类主题 ……………………………… 987
相关参考 ……………………………… 990

59 君主制 Monarchy （王昆 译）
总论 …………………………………… 1001
分类主题 ……………………………… 1008
相关参考 ……………………………… 1010

60 自然 Nature （高士明 译）
总论 …………………………………… 1016
分类主题 ……………………………… 1024
相关参考 ……………………………… 1025

61 必然性与偶然性 Necessity and Contingency
（葛来福 译）
总论 …………………………………… 1033

分类主题 ……………………………… 1041
相关参考 ……………………………… 1043

62 寡头制 Oligarchy （周濂 译）
总论 …………………………………… 1048
分类主题 ……………………………… 1054
相关参考 ……………………………… 1056

63 一与多 One and Many （李国山 译）
总论 …………………………………… 1059
分类主题 ……………………………… 1066
相关参考 ……………………………… 1068

64 意见 Opinion （文学锋、徐敏 译）
总论 …………………………………… 1074
分类主题 ……………………………… 1082
相关参考 ……………………………… 1084

65 对立 Opposition （鲍永玲、潘德荣 译）
总论 …………………………………… 1090
分类主题 ……………………………… 1097
相关参考 ……………………………… 1099

66 哲学 Philosophy （陈嘉映 译）
总论 …………………………………… 1105
分类主题 ……………………………… 1114
相关参考 ……………………………… 1115

67 物理学 Physics （程炼 译）
总论 …………………………………… 1122
分类主题 ……………………………… 1130
相关参考 ……………………………… 1131

68 快乐和痛苦 Pleasure and Pain
（何怀宏 译）
总论 …………………………………… 1136
分类主题 ……………………………… 1143
相关参考 ……………………………… 1145

69 诗 Poetry （陈岸瑛 译）
总论 …………………………………… 1152
分类主题 ……………………………… 1162
相关参考 ……………………………… 1164

目 录

70 原则 Principle （倪梁康 译）
  总论 ·················· 1170
  分类主题 ············· 1179
  相关参考 ············· 1180

71 进步 Progress （杨海燕 译）
  总论 ·················· 1184
  分类主题 ············· 1192
  相关参考 ············· 1193

72 预言 Prophecy （葛海滨 译）
  总论 ·················· 1199
  分类主题 ············· 1205
  相关参考 ············· 1207

73 审慎 Prudence （李旭 译）
  总论 ·················· 1212
  分类主题 ············· 1219
  相关参考 ············· 1221

74 惩罚 Punishment （张国栋 译）
  总论 ·················· 1225
  分类主题 ············· 1234
  相关参考 ············· 1236

75 性质 Quality （王晓丰 译）
  总论 ·················· 1244
  分类主题 ············· 1251
  相关参考 ············· 1252

76 量 Quantity （张卜天 译）
  总论 ·················· 1255
  分类主题 ············· 1261
  相关参考 ············· 1263

77 推理 Reasoning （陆丁 译）
  总论 ·················· 1268
  分类主题 ············· 1278
  相关参考 ············· 1280

78 关系 Relation （刘畅 译）
  总论 ·················· 1287
  分类主题 ············· 1295
  相关参考 ············· 1296

79 宗教 Religion （高健群 译）
  总论 ·················· 1302
  分类主题 ············· 1313
  相关参考 ············· 1315

80 革命 Revolution （张国栋 译）
  总论 ·················· 1330
  分类主题 ············· 1339
  相关参考 ············· 1340

81 修辞学 Rhetoric （李旭 译）
  总论 ·················· 1346
  分类主题 ············· 1356
  相关参考 ············· 1357

82 同与异 Same and Other （王庆节 译）
  总论 ·················· 1362
  分类主题 ············· 1371
  相关参考 ············· 1373

83 科学 Science （陈嘉映、孙永平 译）
  总论 ·················· 1378
  分类主题 ············· 1386
  相关参考 ············· 1388

84 感觉 Sense （贾可春 译）
  总论 ·················· 1397
  分类主题 ············· 1405
  相关参考 ············· 1407

85 记号与符号 Sign and Symbol （李国山 译）
  总论 ·················· 1414
  分类主题 ············· 1423
  相关参考 ············· 1425

86 罪 Sin （吴天岳、卢汶 译）
  总论 ·················· 1432
  分类主题 ············· 1440
  相关参考 ············· 1441

87 奴隶制 Slavery （左高山 译）
  总论 ·················· 1448
  分类主题 ············· 1457
  相关参考 ············· 1459

88 灵魂 *Soul* （张晓林 译）	
总论 ································· 1464	
分类主题 ························· 1472	
相关参考 ························· 1473	

89 空间 *Space* （吴国盛 译）
 总论 ································· 1479
 分类主题 ························· 1487
 相关参考 ························· 1488

90 国家 *State* （周濂 译）
 总论 ································· 1493
 分类主题 ························· 1503
 相关参考 ························· 1506

91 节制 *Temperance* （葛海滨、王苏娜 译）
 总论 ································· 1520
 分类主题 ························· 1528
 相关参考 ························· 1529

92 神学 *Theology* （徐志跃 译）
 总论 ································· 1533
 分类主题 ························· 1542
 相关参考 ························· 1543

93 时间 *Time* （吴国盛 译）
 总论 ································· 1547
 分类主题 ························· 1556
 相关参考 ························· 1558

94 真理 *Truth* （徐志跃 译）
 总论 ································· 1564
 分类主题 ························· 1572
 相关参考 ························· 1574

95 暴政与专制 *Tyranny and Despotism*
        （何子建 译）
 总论 ································· 1583
 分类主题 ························· 1591
 相关参考 ························· 1592

96 普遍与特殊 *Universal and Particular*
        （杜世洪 译）
 总论 ································· 1598
 分类主题 ························· 1606
 相关参考 ························· 1608

97 美德与邪恶 *Virtue and Vice* （何怀宏 译）
 总论 ································· 1613
 分类主题 ························· 1622
 相关参考 ························· 1624

98 战争与和平 *War and Peace* （赵楚 译）
 总论 ································· 1636
 分类主题 ························· 1648
 相关参考 ························· 1649

99 财富 *Wealth* （王昆 译）
 总论 ································· 1658
 分类主题 ························· 1670
 相关参考 ························· 1673

100 意志 *Will* （李旭 译）
 总论 ································· 1686
 分类主题 ························· 1699
 相关参考 ························· 1701

101 智慧 *Wisdom* （丁三东 译）
 总论 ································· 1710
 分类主题 ························· 1718
 相关参考 ························· 1719

102 世界 *World* （杜世洪 译）
 总论 ································· 1723
 分类主题 ························· 1736
 相关参考 ························· 1737

附录
扩展阅读总目
Bibliography of Additional Readings ······ 1743
术语索引
Inventory of Terms ································· 1833
西方世界的伟大著作书目（60 卷）
Contents of Great Books of the Western World
··· 1879

西方大观念

55 医学 – 102 世界

The Great Ideas

Chapters 55 - 102: Medicine to World

55

医　学　Medicine

总　论

医学是一种技艺的名称，一门或一组科学的名称，它也是一种职业的名称，其成员需勤学苦练，最后精通那些科学并富于那门技艺的实践经验。由此派生开来，医学也成了药物、体疗或医生所开具的其他各种疗法的名字。现今一般称为"医学"的艺术、实践和职业，其英语古名为 physic，这个古名提示出该词希腊词根所含的意义，即医生与物理学家一样，也是自然的研习者。

"医学"还有另一种历史用法，这种用法提示出医学在西方传统中的范围与联系。大学最初在中世纪的体制下形成时，体现在大学构架上的基本的知识划分，反映了学识的不同用途以及学识的题材的差异。医学、法学和神学三个学院不仅把他们的学生约束在不同的知识分支内，而且也训练学生对他们的知识做出各有区别的应用。

医学院讲授各门自然科学，尤其是那些后来被称为"生物科学"的学科，正如法学院讲授各门道德科学及其更晚近的支派，即现在统称为"社会科学"的学问。医学博士探究涉及人与自然关系的知识，而法学博士探究涉及人与人关系的知识，神学博士则探究涉及人与上帝关系的知识。

doctor 一词，最初指的是有能力教导他人、使其在上述三大知识领域中的一方面从事活动的人，这个字后来被普遍用来称呼开业医师而不是教师，而且主要是称呼在几大学问领域之一从事业务的人，这可谓一个奇怪的偶然。也许，医学不配承当对它的开业者学识的这种含蓄的强调，但在作为一种最古老职业的意义上，这称呼确有几分真理，此处指的是医学由这样一群人组成，他们不仅在相关科学和技艺上分享同样的训教，而且也采用同一种行为准则并承担服务于他们同胞的责任。

希波克拉底的誓言说，"谨以医神阿波罗、阿斯克来皮斯、健康之神……以及男女诸神的名义宣誓"，这是最早有明文表述的职业理想。在归于希波克拉底名下的文集中，《论法规》清楚地表达了"誓言"中所暗示的观点，即那些决心投身于医疗服务的人，既需要满足知识的条件也需要满足道德的条件。只有那些已经符合学习医学的所有要求并通过努力实践而获得真正医学知识的人，才能"不仅在名义上而且在实质上被尊称为医生"。

在《圣经》中也可看到同样高标准的医学概念。我们在"德训篇"（Ecclesiasticus）中看到："应尊敬医生，因为他是非有不可的，因为他是上主造的。所有的治疗都来自上主，君王对医生也应送礼。医生的学识使他昂首人间，像大人物一样备受赞扬。上主使大地生长药材，智者绝不憎厌它们。……至高者赐给人学识，是为让人称赞他的奇工妙化。医生用药物治病，减少人的痛苦；他们之中的药剂师用药材配制香甜的合剂和治疗疾病的膏药。医生的工作没有止境，直到医好世上所有的人。"

伟大著作中有五位作者：希波克拉底、盖伦、吉尔伯特、哈维和弗洛伊德属于医界人士。他们都是医学史上的重要人物。他们既是开业医生,也对有关健康与疾病的科学做出了贡献。另有三位作者在其他领域的工作之外也曾研习医学。哥白尼在帕多瓦研究医学并在医疗实践上投入过相当的时间;洛克做过沙夫茨伯里伯爵的私人医生;威廉·詹姆士曾在哈佛花费多年时间学习生物科学并获得医学学位。还有拉伯雷,他不仅研究医学及开业行医,而且编辑了希波克拉底的《箴言》和盖伦论医术的小品文。他的医学知识和他对当时医疗实践的观察,在他对解剖和生理学细节以及摄生法和身体锻炼的喜剧夸张中随处可见。

在伟大著作中,讨论医学的并不限于医学教授和开业医生。蒙田对医疗诊断、查明病因的可能性以及所谓的验方都多有疑虑。病人的无知使得医生把成功归于自己,而将失败归咎为命运不佳。

蒙田有一大特点,他发现医生们意见分歧便喜不自胜。他列举了"一个医学古代争论的例子":"希洛菲利提出疾病的起因在体液;埃拉西斯拉特认为在动脉中的血液;阿斯克雷比亚德主张是流入毛孔的不可见的原子;阿尔克马翁则相信是我们身体能量的充沛或缺乏;迪奥克勒斯认为是身体各要素的不平衡和我们呼吸空气的质量;斯特拉托认为是由于我们摄入的食物是否充足、粗粝或腐败;希波克拉底提出疾病的起因在灵气。"蒙田补充说:"若我们算错太阳的高度或在天文计算上有些疏忽,这都没有太大的危险,但在医学上,当我们身体存亡攸关的时候,让我们自己听任如此之多相互矛盾的空谈的摆布和鼓动是不明智的。"莫里哀以类似的方式写道,医生做什么事都不存坏心:"他会怀着世界上最大的善意,结果你的性命,他杀死你的时候所做的事情,对他的老婆孩子也一样做过,而且要是时机凑巧,他也会给自己来上一下的。"

这样的评论与医学史的关系更大,而不太关系到医学科学和技艺中恒久存在的问题,从希波克拉底到弗洛伊德,人们关于问题本身达成的共识始终超过关于解决这些问题的理论。在这套伟大著作中的一些历史著述具有同样的历史意义,它们显示了当时观察者对疾病现象的描述,如肆虐雅典、罗马和伦敦的瘟疫,或者折磨著名人物的病痛。诗歌如同史书和传记一样也记载了历史。托尔斯泰、托马斯·曼和普鲁斯特的小说,莎士比亚和莫里哀的戏剧,塞万提斯和乔叟的故事集,希腊悲剧以及荷马史诗都在疾病观念、医学职业和医生的社会认可诸方面为那些常存的和变化的要素提供了证据。

医学史是自然科学史的一个缩影。希波克拉底学派的研究开创了经验研究的特殊方法,例如系统收集和比较观察资料,详细记录个体病案。医学理论的基本概念反映了关于自然的哲学和关于人的哲学。有关疾病原因观点的冲突集中了重大的生物学问题,例如在与阿斯克雷比亚德和埃拉西斯拉特的论战中,盖伦捍卫据他认为是希波克拉底和亚里士多德所持有的自然有机观,反对机械论和原子论。

进而,医学提供了一些理论与实践相互依赖的最明确的例证,因为治疗艺术的准则就是让理论去发挥作用并检验之;而且随着该理论被累积的经验和个案的完善或改进,归纳的洞察将导致新的理论概括。正如哈维的工作所显示,生物科学既是医学知识的源泉也是它的反映。医学也为培根和笛卡尔提供了如何把根据他们提出的新方法获得的知识付诸使用的最佳例证。

对他们来说,医学比工程和机械装置的发明有着更丰富的内涵,它代表了服务于人类的知识。笛卡尔写道,科学将结出技术的硕果,"人们渴望如此,不仅仅是为了发明无穷无尽的技艺和手艺……主要还是因为它能帮助我们维持健康,而健康毫无疑问是最大的福祉和生命中所有其他福祉的基础……的确,当下流行的医药效果显著的很少;但是,我可以毫无诋毁之意地说,我确信任何人,包括那些从事医学研究的人,都不得不承认人们已知的一切与需要知道的相比,几乎是一无所知"。

其后的医学史似乎证明了笛卡尔的预言,这段时期的若干重大文献列在"进一步阅读物"中琴纳,比沙,魏尔啸,贝尔纳和科赫的名下。但医疗实践的主要问题并没有因为我们对特定疾病原因的知识急剧增加或因为我们有了大量经过充分验证的有效药物,而得到很大改变或减少,这似乎也是实情。

医学是一种什么样的技艺?医生在何种程度上将让自然按其常理发展?医生把普render规则应用到特殊病例的时候受到哪些限制或应施加何种谨慎?是由治疗整体病人的全科医生,还是由治疗特定器官疾病的专科医生提供健康服务更好?医生与病人的关系本身何以也是一种治疗因素并且是医生其他方面技术效果的基础?在疾病初起和痊愈的时候心身在何种程度上相互作用?——这些都是希波克拉底与盖伦能与奥斯勒和弗洛伊德像同时代人一样地讨论的医学问题。

艺术那章中提出简单生产性技艺与合作性技艺之间的区别,根据这一区分,医学与农业、教学联在一起,这些技艺仅仅有助于一种自然结果的发生,它们与若没有匠人的工作便绝无效果的技艺不同。无需农民的帮助,植物也可生长和繁殖。无需教师的指点,头脑也能发现一些真理。无需医生的照料,动物和人也能维持和恢复他们的健康。但是,没有制鞋匠和泥瓦匠,鞋子和房屋就不能被制造出来。

医术不能像制鞋匠产生鞋子或雕塑家制作雕像那样生产健康。后面这类技术仿效自然,其方式是把潜藏在质料之中却不会自发展现的形式或功能实现出来。像医学这样的一门技艺,则似乎是通过与自然过程的合作来仿效自然。它遵循自然本身的途径,通过与自然合作,使一种自然的结果更确定地出现,而假如没有医术努力克服偶然因素的话,这结果的出现原不是那么有把握的。

苏格拉底用助产学的隐喻来描述他自己教学方法的特征,表达了他对医生技艺的理解,正如经历分娩的是母亲,在学习过程中起主要作用的是学生。教师如同助产士,仅仅协助自然的过程,如果没有这种帮助,自然分娩过程可能更疼痛也可能失败。阿奎那写道:"教师如同医生治疗那样,仅仅带来外部的帮助,就像内在特性是治疗的主要动因一样,智慧的内在光芒也是知识的主要动因。"

他继续说道:"在病人身上,健康有时是借助一种外在的原理即医术而取得的;有时则是借助内在的原理,例如他是被自然力治愈的时候……就像自然通过改变、通过消化、通过排除致病的物质来治疗病人,医术也是这样……外部的原理——医术,并不起首要的作用,而是帮助作为首要药剂的内部原理来发挥作用,即为内部原理提供工具和辅助,使内部原理发挥作用。因此,医生的作用是增强自然之功,借用了自然为其自身目的而提供的食物和药物。"

原始部落的医疗实践似乎采取的是相反观点:治疗艺术是颠覆自然的一个过程。如同列维-斯特劳斯所描述的,部落的巫医或萨满从如下的信仰出发:

"病人已丢失他的魂魄,或更确切地说,丢失了共同构成他的生命力的几个具体魂魄之一。"在冥思中,萨满"游历到超自然世界以便抓住已被恶灵俘获的魂魄;通过让魂魄回到它的拥有者,而获得治愈的效果"。萨满教由"一组稀奇古怪的表意动作、魔术和经验知识"构成,按列维－斯特劳斯的说法,它通常使治疗艺术看上去像戏剧艺术。

医术从属于自然,这似乎是整个希波克拉底医学结构的基石。这一点表现在希波克拉底把重点放在调理病人的摄生法,特别是饮食成分、身体锻炼和一般生活环境方面。即使在急性病的治疗中,希波克拉底也是首先求助于摄生法,开列出替换饮食或特殊的饮食事项。

医药或药物执行的是辅助功能。外科手术总是最后的退路,主要用于损伤的治疗,而不用于能通过摄生法和药物治疗的疾病。在外科中存在着暴力元素,因此,在一种理应与自然合作而不是对自然进行操作的技艺中,它被置于最末的位置。在药物中,大麦茶(一种特殊的大麦水的制剂)一类被认为更可取,因为它们是从类似于正常营养成分的特性中获得其功效的。

根据希波克拉底的观点,摄生法的调理不仅是治疗中的主要因素,而且也是医学的最初原则。在《论古代医学》中,他指出:"如果人们有病时,他们健康时食用和饮用的相同食物和其他摄生法原则仍然适用并且如果再无他物可作为替代的话,医学的艺术就不会被发明,也不会被作为研究的主题(因为没有需要)……假如人们宜于采用像牛、马及所有其他动物一样的饮食方式,那么现在人在健康时所享用的食物也是不会被发现的……那么,一个被称为医生的人,一个被允许成为这门技艺的执业者的人,一个找到了适合于病人的摄生法和饮食的人,他心中岂会更有其他的目标,除了一开始就为全人类找到和准备我们现在享用的这种食物,来代替前人原始野蛮的生活方式。"

在盖伦的思想中,医学与自然的关系同一的观念似乎是基本的。他重新阐述一种洞见,认为治疗艺术的要义是模仿自然本身赋予健康和治疗疾病的能力,并将这说法归功于希波克拉底。受到他批评的医学教条是基于伊壁鸠鲁的原子论。他们把身体看作一具复杂的机械。当它出故障时,需要机械工和机械维修去修理它。与之相反,对盖伦来说,生命体是一个有机整体,不是原子的集合或各部件连接而成的系统。

盖伦写道:"自然不是后于微粒存在,而是远先于它们存在。因此,是大自然组装了植物和动物的躯体,这是她通过她本身具有的某些能力做到的——一方面,把相合的东西吸引和同化,另一方面,把异质的排除。进而,自然巧妙地在发生阶段使万物成形,在出生后又用她的别种本领来供养它们。"

根据盖伦的观点,自然不是通过施加部分对部分的外在影响,而是通过它执行自然功能和产生自然效应的能力或力量来发挥作用的。盖伦反机械论的争论导致他修改了通常的表述。希波克拉底把自然看作医术应遵循的模式,而盖伦则称自然是艺术家,以便使他的观点与所有机械论的概念形成鲜明的对比。他宣称:"他们不但不钦佩自然的鬼斧神工,甚至到了嘲笑自然的地步,认为自然造化万物是无目的的!"盖伦主张,自然根据它自己的力量和需要而发挥作用。它看来是有智慧并有目的地工作,不是盲目的和随机的。因此,真正的医术借用来自"自然之艺术"的方法。

把自然看作艺术家,这个概念既可

以从隐喻的意义也可以从字面的意义上理解,但对它操纵着医疗实践的那种深刻认识却始终如一。医生是自然的仆人而不是主宰。亚里士多德的目的因学说——概括成一句盖伦多次重复的格言"自然不做无用功"——为生理学以及医疗艺术研究的规则确立了原理。无论是由于他自己观察的失误还是由于未能应用他自己的原理,盖伦把一个可以追溯到对目的因有密切关注而导致的伟大发现的机会留给了哈维。由于一直敏锐地注意着结构与功能之间的关系,始终追问身体器官工作的目的,哈维证实了血液循环的事实,并因此为心脏的结构、运动以及它与肺的关系找到了原因。

某一原理也可能被应用过度。例如,蒙田通过绝对相信自然的应付能力,表达他对医学理论和医生治疗的不信任。药物,尤其是泻药,是对自然的暴行。"我们通过正面攻击疾病而干扰并激起了它。我们通过我们的生活方式才能一点一点地削弱它和结束它。药物和疾病之间的激烈斗争总是损害我们,由于战斗发生在我们体内,而且药物是个不值得信赖的助手,它本质上就是健康的敌人,总是通过干扰破坏才能作用于体质……让我们听凭事物自行发展好了:统辖着跳蚤和鼹鼠的同样的事物法则也能统辖人类,只要他们接受统治的耐心也像跳蚤和鼹鼠的一样大。"

既然自然本来就能做得更好,所以不需要任何医疗技术。"我们应当让疾病畅行无阻……我发现疾病在我这个给它们放行的人身上并不会停留太久;一些疾病被认为是很棘手和顽固的,我已经通过让它们自己衰落来摆脱之,无需帮助或医术,且逆医学的原则而行。让我们给自然一个机会,她会比我们做得更好"。莫里哀似乎有同样的想法。Béralde 在《疑病者》(The Would-be Invalid)中建议他患有疑病症的兄弟,当生病时,我们最好不做什么,"就静静地待着,当我们让自然自行其是时,她自己能从混乱中恢复过来。是我们的焦虑和不耐心搅乱了一切;大多数人死于他们的治疗,而不是他们的疾病"。上面这种观点认为自然是一个不会出错的艺术家,另一相反的极端是允许对身体这架机器进行各种拨弄和敲敲打打,而希波克拉底的理论似乎处于两种极端观点的中间位置。

希波克拉底写道:"医术由三部分组成,疾病、病人和医生。医生是医术的仆人,病人必须与医生合作与疾病斗争。"至于疾病,医生必须"考虑两个特殊目标……有益和不伤害"。

这个著名论断表明医生应当具备的两种知识。他应当知道各种疾病,以至于他能根据它们的特殊原因、症状和每种疾病的典型过程来分类疾病。这种知识是医生诊断病人病症的基础。这反过来又决定了他对疾病发展阶段的预后判断,即从其爆发再经过各种危机或转折点一直到出现后果或结局。医生为每个病例所开的任何治疗的效果都取决于他诊断的准确性和预后的确定性。

但是个体病例几乎很少是完全一样的。因此,即便医生具有治疗类似病例的许多经验而熟悉该病的一般特征,医生也必须了解作为个体的病人,他生活的所有相关情况以及在这种疾病情况下的特殊特征。在希波克拉底选集的《预后》和《论流行病》中似乎结合了这两种知识。这两本著作列举了可借以辨认疾病和判断预后的那些症状。它们也举出了个案的病史,从中可以得出上述的普遍原则。

因此,看来医学实践需要的不仅仅是关于健康和疾病的一般科学知识,不仅仅是一般的医术规则。它还需要那种只能从实际实践中获得的经验。没有经验的谨慎保证，一般规则就可能被误用，因为，在医学里与在法律中一样，没有适合于所有个案的通用的一般规则。希波克拉底的著名箴言表达了医疗实践的风险观："生命短促，医术长存；机会瞬逝；经验常谬，判断实难。医生不仅自己要准备正确行事，而且还要取得病人、助手和外部环境的合作。"

说服病人合作是处理医生与其病人关系的第一要旨。柏拉图通过比较治疗奴隶和治疗自由人的医生的实践，对比了医生与病人之间正确和错误的关系。他说："给奴隶看病的医生开处方仅仅是根据经验的提示，好似他有确切的知识，当他像个暴君似的给出医嘱以后，便匆忙离去，带着同样自负的态度诊治患病的其他仆人……但另一些作为自由人的医生，照顾和医治的是自由人；他的询问追溯到很久以前，探究到疾病的性质；他与病人和朋友讨论，在从病人那里获得信息的同时，尽其所能指导病人，直到获得病人的信赖，他才会为病人开处方；最后，当他已使病人越来越接受他的劝说并把病人引向健康之路时，他才尝试做出治疗。"

在精神疾病的治疗中，如弗洛伊德指出，建立和管理良好的医患关系本身就是心理疗法的一个主要因素。他写道："首先必须对心理问题有极大兴趣以及对病人的同情。它需要病人的充分同意和专注，但最要紧的是他们的信任，因为精神分析通常涉及最深层和最隐秘的心理过程。"由于病人的恐惧、焦虑或性格气质可以影响器官病变的过程，病人对医生的信任，甚至更一般地，他对医生性格的情绪反应，在成功治疗躯体疾病以及精神或功能性障碍中起着重要作用。

希波克拉底建议医生培养判断预后的能力，不仅为了指导他自己的行动，而且也是为了病人的缘故。"在患者面前，通过预见和预言现况、过去和未来，解释病人遗漏并为之愧疚的事，人们将更愿意相信他了解病人的情况；以至于人们更有信心把自己交到这个医生手里"。

围绕医患关系伦理学的问题中，有一些似乎是20世纪的医疗实践独有的。患致命疾病的病人的死亡权利成为一个足以衡量医学技术进步程度的重要问题；如果不是医生现在能够维持病人的生命远远超过自然的预期，这个问题绝不会出现。根据韦伯的观点，医学陷入困境的原因是，它既想最大限度地维持生命又想最大限度地减少痛苦。韦伯写道："即便病人恳求我们放弃他的生命，医生仍动用他的手段维持患致命疾病的病人的生命，这种做法不无疑问……生命是否以及何时是值得存在的——医学没有问这个问题。"

医患关系提出了如何组织诊疗的问题，在古代和现代就此都有两种对立的答案。希罗多德报道了埃及的高度的医疗分科。他写道："医生们按不同的分类从事医疗实践，每个医生治疗专一的疾病，不及于其他，因此这个国家充满了开业医生，一些人专治眼病，另一些人专治手病，还有专治牙病和专治肠病的，还有一些则负责治疗不限于一个部位的疾病。"接下来的段落开始讨论葬礼，这件事固然不能被看作表达了希罗多德对待分科的态度，但他对埃及行医情况的评论的确也暗含与希腊医学的对比。

在希波克拉底誓言中的一句话——"我将不给膀胱结石患者行刀割之术，而将之留给专门从事这一工作的开业医生去做"——表明在希腊医学组织化中存在某种专业的分工。但是除了外科的特殊任务和技术之外,希波克拉底关于医生工作的概念偏重于全科诊疗而不是分科诊疗。被治疗的应当是人而不是疾病,为了治好他,医生必须将人作为一个整体对待,不只是关注发生在局部器官或躯体部分的疾病。希波克拉底收集病史的原则要求考察个人生活的背景,他的过去,他的职业,他的脾气,"病人的习惯、摄生法和消遣;他的谈话、举止、缄默、思想、睡眠或失眠,有时他的梦境是什么,何时发生;他随手掇拾或涂鸦之物,他的眼泪。"希波克拉底说,"我们必须〔通过这些表现以及症状〕形成我们的判断"。

盖伦也捍卫全科诊疗的原则,反对分科,这是盖伦与他的对手争论的一部分内容。对盖伦来说,治疗患病部分的时候把它当作好像是能从整个人的生命统一体中分离出来似的,这乃是医学理论中的原子论和机械论反映在医疗实践上的可悲后果之一。

这一问题在医学史上被反复争论过,每一方都强调自己论点的有利方面。例如,蒙田通过与其他行业中专业化的优点进行类比,为分科专家辩护:"有做马甲的和做马裤的来为我们做衣服,并因而提供了更好的服务,因为每个人只做他自己的专长,比样样都做的裁缝有更严格的要求和专门的技术;在烹调这件事上,大人物们发现让做汤的厨子和烘烤的厨子各司其职比较可取……因此,在治疗的问题上,埃及人是对的,他们拒绝全科诊疗,对医疗职业进行分科。"随着弗洛伊德的影响和更进一步意识到许多躯体疾病的心理起因,一个新的因素进入这场论争。它倾向于支持全科医生,由于他熟悉作为一个人的病人,他可以比分科专家更好地发现隐藏的心理学原因。

疾病的概念通常是由健康的概念所决定的。以偏离正常来判断和测量异常。希波克拉底采用人在健康状况下的外表形象作为标准,来辨别疾病的可见征象。他说,医生"应当首先观察病人的面容,是否看似健康人的面容,或者更好的是,是否自然正常,因为这种面容是最好的,而与此相反的面容则是最糟的"。看到病人像健康身体的正常姿态那样倚躺在那里,医生也应注意观察。"看到整个身体以一种松弛状态躺着"是一种较有利的征象,病人"仰面朝天,脖颈、双手和双腿伸开"则是不利的征象。

医学史,尤其是当我们考虑到医学的科学和理论方面,而不那么多地考虑医学的技艺与实践的话,可以表述为疾病分类的不断细化和疾病特定原因的不断发现,这些原因既有内部的也有外部的,既有倾向性原因也有激发原因。但是,根据病原学和参照疾病进程的典型图景分析疾病,仍不能回答一个普遍的问题:就丧失健康的意义而言,何为疾病的本质?

除了疾病的原因和症状、模式和形式而外,疾病是什么?这是在伟大著作传统中一个值得思考的重要问题。所给的答案有某种一致性,尽管表达它们的词语各异。

例如,古代医学理论的体液论假说设想健康是身体的生理元素处在适当的比例和平衡时的一种状态,健康的时候身体内的各部分或各种力量之间和谐地运行。由于健康是身体的和谐与秩序正常,那么疾病则由不平衡和不和谐构成——某种过剩或不足所引起的元素之间的失衡,或者相互冲突的身体过程引起的障碍。

在《蒂迈欧篇》中,柏拉图首先以四种物理元素阐述了这一理论。"有四种构成身体的自然元素,土、火、水、气,这些元素的非自然增多或不足,或其中任何一种从自己的正常位置变到另一位置……就会产生障碍和疾病"。他进而考虑了由于四体液——血液、黏液、黑胆汁和黄胆汁的过多或缺乏导致的各种疾病。

体液论假说是希波克拉底和盖伦与柏拉图和亚里士多德都赞同的一种理论,它在医学史上经历了多次改头换面。四元素或四体液后来被其他的生理因子取代,例如激素或内分泌,或现代生物化学元素。但是,在这些变化的表述中永恒不变的是健康作为一种平衡的概念以及疾病是由于障碍和失调导致的健康丧失的概念。

这种健康与疾病的广义概念似乎可应用到精神和躯体疾病。不仅在柏拉图和弗洛伊德之间关于精神障碍的身体原因和躯体疾病的心理原因的讨论中存在着基本的延续;而且弗洛伊德学说对神经症人格——它是作为精神病标志的精神分裂或称"人格分裂"的一种温和形式——中的冲突和分裂的强调,也诉诸和谐作为健康的原理。在现代精神病学语言中,将"完整人格"或"完全平衡和适应良好的个体"定义为精神健康的标准或理想状态。

不同种类和不同程度的精神疾病,特别是那些似乎完全是功能性而不是器质性的疾病,代表的都是反常,虽然这些反常的原因、症状和趋势各不相同,它们通常都有某些心理构造上的过剩或不足,或有人性中不能解决的冲突。在精神疾病的治疗中,弗洛伊德的精神分析法把心理治疗放置在医疗实践的主流传统之中,因为它不仅极力主张病人应当帮助治疗自己,还指向冲突的解决、恢复和谐亦即健康。

分 类 主 题

1. 医学职业,它的目的与职责:医患关系;医生在社会中的地位;医学伦理学
2. 医术
    2a. 医术的科学基础:医学中庸医与医家之间的对比
    2b. 治疗中医术与自然的关系:模仿与合作
    2c. 医学与其他技艺和职业的比较:魔术;萨满
3. 医疗实践
    3a. 在医疗实践中医术规则应用于特殊病例
    3b. 全科诊疗与专业化:治疗整个人还是孤立的部分
    3c. 诊断与预后:症状的解释;病史
    3d. 预防和治疗的因素
        (1) 摄生法的调理:气候、饮食、锻炼、职业、日常活动
        (2) 医药:药物,特殊疗法
        (3) 外科
4. 健康的概念:正常的平衡或和谐
5. 疾病理论
    5a. 疾病的性质
    5b. 疾病的分类
    5c. 疾病的进程:发作、极期、后效

5d. 疾病的原因:内部与外部因素
    (1) 体液假说:气质因素
    (2) 躯体疾病的心理病源学说:忧郁症

5e. 疾病的道德和政治模型

6. 精神疾病或障碍

  6a. 神志健全与精神错乱之间的区别:精神健康的概念和疯癫的特性

  6b. 精神疾病的分类

  6c. 精神障碍的病变和原因
    (1) 精神疾病的躯体起因
    (2) 精神疾病的功能起因

  6d. 功能性障碍的治疗:作为医学的一个分支的心理治疗

7. 历史与小说中有关疾病及其治疗的记载:流行病、鼠疫、各种瘟疫

[张大庆 译]

索引

本索引相继列出本系列的卷号〔黑体〕、作者、该卷的页码。所引圣经依据詹姆士御制版，先后列出卷、章、行。缩略语 esp 提醒读者所涉参考材料中有一处或多处与本论题关系特别紧密；passim 表示所涉文著与本论题是断续而非全部相关。若所涉文著整体与本论题相关，页码就包括整体文著。关于如何使用《论题集》的一般指南请参见导论。

1. **The profession of medicine, its aims and obligations: the relation of physician to patient; the place of the physician in society; medical ethics**

    Apocrypha: *Ecclesiasticus*, 38:1-15
    5 Herodotus, 117-118
    6 Plato, 7, 10-11, 22-23, 261, 268-270, 303-304, 335-338, 745
    8 Aristotle, 479, 485-486
    9 Hippocrates, xiii, 55-56, 96-97, 273, 303-304
    9 Galen, 371, 432-433
    12 Virgil, 308
    19 Chaucer, 281
    22 Rabelais, 232-233, 234
    23 Montaigne, 407-421
    26 Harvey, 267-268
    27 Cervantes, 406-407
    28 Bacon, 52-53
    31 Molière, 122-123, 244, 255-274 passim
    35 Montesquieu, 266
    41 Boswell, 13, 261
    45 Goethe, 21, 98
    46 Eliot, George, 245-246, 260-262, 269-270, 271-273, 288-289
    47 Dickens, 30-31
    51 Tolstoy, 225-227, 307, 374, 464
    52 Dostoevsky, 373-376
    54 Freud, 64, 71-72, 78-81, 125-127, 623-625, 866
    58 Weber, 116
    59 Shaw, 55

2. **The art of medicine**

2a. **The scientific foundations of the art of medicine: the contrast between the empiric and the artist in medicine**

    6 Plato, 280-281, 287-288, 337
    7 Aristotle, 499, 673, 726
    8 Aristotle, 358, 435, 536
    9 Hippocrates, 1-5, 13-17, 102, 123, 147, 197-198
    9 Galen, 364-367, 398-414
    17 Aquinas, 595-597
    23 Montaigne, 419-420, 567
    26 Harvey, 289-292
    28 Bacon, 50-51, 52, 53, 56-57, 114-115
    28 Descartes, 285, 290-291
    31 Molière, 256-274 passim
    46 Eliot, George, 280-281
    54 Freud, 123-125, 128-130, 549-550, 606, 871

2b. **The relation of art to nature in healing: imitation and cooperation**

    6 Plato, 155-156, 475
    7 Aristotle, 269-270, 277
    9 Hippocrates, 13-14, 156-159, 201-204, 276
    18 Aquinas, 12-13
    23 Montaigne, 107, 410-411
    26 Harvey, 305, 438
    28 Bacon, 53
    31 Molière, 256-257
    51 Tolstoy, 372-373
    54 Freud, 746
    58 Frazer, 10-11, 27-29

2c. **The comparison of medicine with other arts and professions: the practice of magic; shamanism**

    6 Plato, 136-137, 260-262, 289, 298-299, 515-517, 599-602, 803-804
    7 Aristotle, 189, 267, 268-269, 555
    8 Aristotle, 161-162, 342, 347, 390, 435-436
    9 Hippocrates, 1
    11 Plotinus, 562
    13 Plutarch, 726
    16 Augustine, 733
    17 Aquinas, 679
    22 Rabelais, 186
    23 Montaigne, 492-493
    28 Bacon, 5-6, 77-78
    36 Smith, 51
    46 Eliot, George, 277
    57 Veblen, 154-156
    58 Frazer, 9-11, 25-30, 48
    58 Lévi-Strauss, 455-473, 487-488

3. **The practice of medicine**

3a. **The application of rules of art to particular cases in medical practice**

    6 Plato, 599, 600, 684-685
    8 Aristotle, 596
    9 Hippocrates, 7-8, 18-19, 123

11 Epictetus, 149-150
28 Bacon, 52-53
39 Kant, 60
54 Freud, 32

3b. General and specialized practice: treating the whole man or the isolated part

5 Herodotus, 65
6 Plato, 2-3
9 Hippocrates, 13-14, 102
23 Montaigne, 415-416
41 Boswell, 350
51 Tolstoy, 372-373
52 Dostoevsky, 356-357
54 Freud, 451-452

3c. Diagnosis and prognosis: the interpretation of symptoms; case histories

Old Testament: *Leviticus,* 13-14
5 Herodotus, 44-45
5 Thucydides, 399-400
8 Aristotle, 130
9 Hippocrates, 26-28, 39-53, 78-83, 102-117, 123-132, 150-152, 154, 160-161, 197-198, 207-209, 224, 232-233, 256-263 passim, 274, 276-279 passim, 284-300 passim
17 Aquinas, 67-68
22 Rabelais, 197
23 Montaigne, 412, 414-415, 575-576
28 Bacon, 49-50
31 Molière, 250-251, 262-264
34 Swift, 114, 156-157
46 Eliot, George, 326-327, 403-404, 416-417
51 Tolstoy, 524-525
52 Ibsen, 457-458, 488-489
54 Freud, 1-2, 31, 38-40, 50, 54-56, 60-62, 87-90, 124, 128-129, 151, 550-557, 605-607, 872-873

3d. The factors in prevention and therapy

3d(1) Control of regimen: climate, diet, exercise, occupation, daily routine

Apocrypha: *Ecclesiasticus,* 31:19-22; 37:29-31
5 Herodotus, 64
6 Plato, 50, 334-337
8 Aristotle, 114, 129, 535, 541, 544
9 Hippocrates, 8-11, 18-29, 30-31, 34-36, 54-90, 93-94, 97-98, 117-118, 162-163, 184, 231-232, 233-235, 251, 274-275, 278-279, 279-281, 289-290, 338-339
9 Galen, 398-406
13 Plutarch, 34, 40-42, 583-584
19 Chaucer, 361
22 Rabelais, 26-29, 68-69, 134-135, 152-153, 188-191
23 Montaigne, 119-120, 416-417, 567, 570-571
28 Bacon, 47, 53-54, 201, 211-212
31 Molière, 263-264
35 Rousseau, 335
36 Smith, 329-330

41 Boswell, 171
46 Eliot, George, 338-340
49 Darwin, 356-357
50 Marx, 324-325
51 Tolstoy, 215

3d(2) Medication: drugs, specifics

3 Homer, 42-43, 138-139
5 Herodotus, 143, 157
8 Aristotle, 129, 131
9 Hippocrates, 54-55, 56-60, 67-71, 81-82, 88-90, 238-239, 305-306, 308-314, 316-321
9 Galen, 365-367, 371-372
22 Rabelais, 96, 124-125, 225, 226, 246-247, 310-311
23 Montaigne, 411-412
25 Shakespeare, 147-148, 149-150
26 Gilbert, 19-21, 35
26 Harvey, 297
28 Bacon, 26, 53
31 Molière, 226-227, 258-260
34 Swift, 108-109, 161-162
41 Boswell, 257
46 Eliot, George, 413-415
51 Tolstoy, 38

3d(3) Surgery

6 Plato, 601-602
8 Aristotle, 157
9 Hippocrates, 88-89, 140-272, 314-315, 322-325
23 Montaigne, 415
26 Harvey, 376-377, 438
35 Rousseau, 336-337
51 Tolstoy, 464-465

4. The concept of health: normal balance or harmony

6 Plato, 155-157, 282-283, 334-337, 355, 472, 474-475, 690
7 Aristotle, 637
8 Aristotle, 45-46, 176, 177-179, 602
9 Hippocrates, 8-13
11 Lucretius, 36
16 Augustine, 687
18 Aquinas, 2-5, 6-7, 8-9, 15-18, 22-23
22 Rabelais, 137-139
23 Montaigne, 274-276
26 Harvey, 493
28 Bacon, 50-51, 72
35 Rousseau, 336
54 Freud, 635

5. The theory of disease

5a. The nature of disease

6 Plato, 472-474
7 Aristotle, 329-330
8 Aristotle, 326
9 Hippocrates, 8-13
9 Galen, 406-408, 434-436
11 Plotinus, 378

18 Aquinas, 105-106, 966-967
23 Montaigne, 572-573
29 Milton, 309-311
51 Tolstoy, 372
53 James, William, 799-807
58 Lévi-Strauss, 459-461

5b. **The classification of diseases**

6 Plato, 472-474
8 Aristotle, 127-131
9 Hippocrates, 19-22, 102-103, 279-282
9 Galen, 403-405
34 Swift, 155-157
54 Freud, 87

5c. **The disease process: onset, crisis, aftereffects**

5 Thucydides, 399-400
9 Hippocrates, 46-50, 73, 78-83, 91-132, 144-145, 181, 242-243, 274, 277-278, 284-388
11 Lucretius, 36, 89-90
48 Melville, 217-219
49 Darwin, 256
58 Lévi-Strauss, 464-473
59 Mann, 505-507

5d. **The causes of disease: internal and external factors**

Old Testament: *Numbers*, 12:10-15 / *Deuteronomy*, 28:21-22,27-28,35,58-62 / *II Chronicles*, 26:18-21
Apocrypha: *II Maccabees*, 9
New Testament: *Matthew*, 17:14-18
5 Herodotus, 38, 135
6 Plato, 434-435, 472-474
7 Aristotle, 488
8 Aristotle, 46, 107, 127-131 passim, 132, 176, 178-179, 199, 206-207, 317-318
9 Hippocrates, 8-16, 18-28, 61-63, 97-98, 117-118, 279-281, 289-290, 326-339
9 Galen, 398-414
11 Lucretius, 85-86, 89
11 Plotinus, 378
18 Aquinas, 168-169, 173-174, 181-184
23 Montaigne, 413-414
26 Harvey, 296, 407, 433
28 Bacon, 49-50
34 Swift, 155-157, 161-162
35 Rousseau, 336-337, 364
36 Smith, 40
38 Gibbon, 70-71
46 Austen, 42-43
49 Darwin, 256, 351-355
50 Marx, 115, 118-124, 194-195, 236-237, 324-330 passim
53 James, William, 69, 895
54 Freud, 604-605
58 Frazer, 29-30
58 Huizinga, 316-317

5d(1) **The humoral hypothesis: temperamental dispositions**

6 Plato, 472-474
8 Aristotle, 206-207
9 Hippocrates, 8-14, 16-17, 26-28, 326-339
9 Galen, 398-414
13 Plutarch, 542
17 Aquinas, 604-607, 815-816
18 Aquinas, 958-959
19 Chaucer, 166-167
26 Harvey, 435
28 Bacon, 52, 77
34 Swift, 163

5d(2) **The psychogenesis of bodily disorders: hypochondria**

6 Plato, 474-475
9 Hippocrates, 129, 131
11 Lucretius, 32
17 Aquinas, 743-744
23 Montaigne, 91-97, 274-275, 373-374
26 Harvey, 296, 321-322
31 Molière, 226-274 passim esp 226-228
47 Dickens, 128-129
51 Tolstoy, 301-302 passim, 567-568, 617
53 James, William, 132-135
54 Freud, 1-6, 25-59, 82-83, 88-89, 90, 403, 572, 718-719, 728-729
59 Proust, 365-366
60 Lawrence, 152-154

5e. **The moral and political analogues of disease**

Old Testament: *Isaiah*, 1:4-6 / *Jeremiah*, 8:21-22; 30:12-17
4 Sophocles, 111-132
6 Plato, 268, 345, 354-355, 409, 435, 556-558, 684-685, 690-691
8 Aristotle, 401
11 Aurelius, 255
13 Plutarch, 605
14 Tacitus, 57-58
16 Augustine, 708
18 Aquinas, 115-116, 120-122, 147-148, 168, 170-171, 193-194
21 Hobbes, 148-153
23 Montaigne, 370-371, 547-548
34 Swift, 112-113
35 Rousseau, 368-369, 419
36 Smith, 329-330
40 Federalist, 122-123
47 Dickens, 290-297 passim esp 290, 296
52 Ibsen, 514

6. **Mental disease or disorder: its causes and cure**

6a. **The distinction between sanity and insanity: the concept of mental health and the nature of madness**

7 Aristotle, 330
8 Aristotle, 399 passim
9 Hippocrates, 336-337
11 Epictetus, 146-147
17 Aquinas, 650, 727-728, 742, 824-826
21 Hobbes, 66-67

55. Medicine

22 Rabelais, 201
23 Erasmus, 16–17
23 Montaigne, 205–206, 275–276
28 Descartes, 381–382
33 Locke, 248
33 Hume, 455
40 Mill, 299–300
41 Boswell, 13–14, 354–355
48 Melville, 240–241
51 Tolstoy, 525
52 Dostoevsky, 373–376
53 James, William, 241–258, 749–750, 799–807
54 Freud, 18–19, 86, 102–106, 174–176, 289, 399, 440–442, 624–625, 633–635 esp 635, 760, 830–832
58 Lévi-Strauss, 461–463
59 Shaw, 39–40

6b. The classification of mental diseases

6 Plato, 474
8 Aristotle, 399 passim
9 Hippocrates, 336–337
21 Hobbes, 67, 68
53 James, William, 241
54 Freud, 60–61, 87, 403, 451, 568, 605–606, 620

6c. The process and causes of mental disorder

New Testament: *Mark,* 9:17–29
4 Aeschylus, 88–89
4 Sophocles, 175–179
4 Euripides, 277–295, 472–493, 524–529, 555–562
5 Herodotus, 95–98, 199–201
7 Aristotle, 704
8 Aristotle, 399 passim
9 Hippocrates, 329–330, 336–337
17 Aquinas, 590–591, 664–665, 742, 785–786, 824–826
21 Hobbes, 68–71
24 Shakespeare, 370–371
25 Shakespeare, 42, 55–56, 59–60, 61, 264–266, 272, 274–277, 306–307
27 Cervantes, 1–502
28 Descartes, 301
33 Locke, 146
37 Gibbon, 598
41 Boswell, 127, 214
46 Eliot, George, 526
48 Melville, 76–77, 83–85, 144–145
51 Tolstoy, 616–617
52 Dostoevsky, 4–5, 65–66, 352–364 passim, 381–382, 393–394
53 James, William, 132–138, 244–252, 258, 533–538, 753–754, 828–829
54 Freud, 1–19, 25–106, 110–118, 402–404, 440–443, 451–452, 546–623, 641, 648–650, 690–691, 695–696, 712–715, 716–717, 720–752, 774, 798–799, 830–832, 866–867
60 Lawrence, 149–152

6c(1) Somatic origins of mental disease

5 Herodotus, 96
6 Plato, 474
9 Hippocrates, 329–339
11 Lucretius, 35
17 Aquinas, 449–450
26 Harvey, 347
28 Spinoza, 670–672
49 Darwin, 318
51 Tolstoy, 524–527
53 James, William, 2–3, 23–26, 35–37, 40–41
54 Freud, 90–97, 111–115, 604–606, 744–745, 773

6c(2) Functional origins of mental disease

54 Freud, 1–20, 25–106, 364–365, 380–382, 406–410, 425–427, 434–436, 546–623, 690–691, 699, 720–752

6d. The treatment of functional disorders: psychotherapy as a branch of medicine

11 Lucretius, 30–31, 77
17 Aquinas, 786–789
22 Rabelais, 188–191
23 Montaigne, 92–94, 442–447
25 Shakespeare, 306–307, 308
28 Bacon, 77–78
41 Boswell, 284, 297–298
48 Melville, 221–222
51 Tolstoy, 614, 616–618
52 Dostoevsky, 22–25
53 James, William, 132, 135
54 Freud, 1–20, 26, 30–81, 106–111, 123–127, 449–452, 545–550, 560–561, 563–566, 623–638, 748, 864–873
58 Lévi-Strauss, 463–473

7. The historical and fictional record on disease and its treatment: epidemics, plagues, pestilences

3 Homer, 42–43
5 Herodotus, 117–118, 135
5 Thucydides, 399–401, 438
6 Plato, 335–336
8 Aristotle, 128, 484
9 Hippocrates, 91–132, 326–329, 338–339
11 Lucretius, 36–37, 89–91
13 Plutarch, 26–27, 138–140, 179–180, 212, 386, 575–576, 812
14 Tacitus, 239, 292–293
21 Hobbes, 69–71
22 Rabelais, 124
23 Montaigne, 407–410, 413–414, 572–581 passim
28 Bacon, 50–53
31 Molière, 255–274
34 Voltaire, 227
35 Montesquieu, 106–107
35 Rousseau, 336, 364
37 Gibbon, 114
38 Gibbon, 70–71, 298–300, 355
41 Boswell, 13–14

46 Eliot, George, 244–245, 271, 326–328, 412–420
51 Tolstoy, 225–227
54 Freud, 6, 550–551
56 Dobzhansky, 631–632
57 Veblen, 30
58 Huizinga, 316–317
59 Mann, 499–500, 506–507

交叉索引

以下是与其他章的交叉索引：

Learned professions or professional education, see EDUCATION 5a, 6; LAW 9; RHETORIC 6.

The general theory of art underlying the consideration of medicine as an art, see ART 3, 9a; EXPERIENCE 3a; KNOWLEDGE 8a.

The theory of signs involved in the interpretation of symptoms, see LANGUAGE 10; SIGN AND SYMBOL 4e; medical diagnosis and prognosis, see HYPOTHESIS 4b, 4d.

Health and disease, see LIFE AND DEATH 5a, 5c.

Mental disease and the methods of psychopathology, see EMOTION 3a, 3c–3d; MAN 5b; MEMORY AND IMAGINATION 2e(3)–2e(4), 5c; MIND 2c(2), 8a–8c; WILL 9b.

The comparison of mental health or sanity with happiness, see HAPPINESS 2a, 2b(1); JUSTICE 1b.

The practice of magic, see NATURE 3c(4); RELIGION 6a; SCIENCE 7a.

扩展书目

下面列出的文著没有包括在本套伟大著作丛书中，但它们与本章的大观念及主题相关。

书目分成两组：

Ⅰ．伟大著作丛书中收入了其部分著作的作者。作者大致按年代顺序排列。

Ⅱ．未收入伟大著作丛书的作者。我们先把作者划归为古代、近代等，在一个时代范围内再按西文字母顺序排序。

在《论题集》第二卷后面，附有扩展阅读总目，在那里可以查到这里所列著作的作者全名、完整书名、出版日期等全部信息。

I.

Galen. *On Medical Experience*
Plutarch. "Advice About Keeping Well," in *Moralia*
Bacon, F. "Regimen of Health," in *Essayes*
Molière. *Le médecin malgré lui (The Mock-Doctor)*
Voltaire. "Physicians," in *A Philosophical Dictionary*
Dostoevsky. *The Idiot*
Freud. *The Dynamics of the Transference*
———. *The Employment of Dream-Interpretation in Psycho-Analysis*
———. *An Outline of Psychoanalysis*
———. *Recommendations for Physicians on the Psycho-Analytic Method of Treatment*
Shaw. *Doctors' Delusions*
Chekhov. *Ward No. 6*
Russell. *Religion and Science*, CH 4
Mann. *The Magic Mountain*

II.

THE ANCIENT WORLD (TO 500 A.D.)

Celsus. *De Medicina (On Medicine)*

THE MIDDLE AGES TO THE RENAISSANCE (TO 1500)

Avicenna. *The Canon of Medicine*, BK 1
Bacon, R. *On the Errors of Physicians*
Bartholomaeus Anglicus. *On Medicine*
Boccaccio. *The Decameron*, PROEM
Maimonides. *Regimen Sanitatis*

THE MODERN WORLD (1500 AND LATER)

Bernard. *Introduction to Experimental Medicine*
Bichat. *General Anatomy, Applied to Physiology and Medicine*
Blank. *Rationing Medicine*
Buchanan. *The Doctrine of Signatures*, CH 3–6
Burton. *The Anatomy of Melancholy*
Camus. *The Plague*
Cannon. *The Wisdom of the Body*
Crookshank. *Individual Diagnosis*
Fearing. *The Hospital*
Flexner. *Medical Education in the United States and Canada*
Gibson. *The Physician's Art*
Holmes, O. W. *Currents and Counter-Currents in Medical Science*
Horney. *New Ways in Psychoanalysis*
Janet, P. M. *The Major Symptoms of Hysteria*
Jenner. *An Inquiry into the Causes and Effects of the Variolae Vaccinae*
Jennett. *High Technology Medicine*
Jones. *The Life and Work of Sigmund Freud*
King, L. S. *Medical Thinking*
Koch. *The Aetiology of Tuberculosis*

Lewis, S. *Arrowsmith*
McNeill. *Plagues and Peoples*
Osler. *Aequanimitas*
Paracelsus. *The Diseases That Deprive Man of His Reason*
———. *On the Miners' Sickness and Other Miners' Diseases*
———. *Seven Defensiones*
Plath. *The Bell Jar*
Ramazzini. *De Morbis Artificum (The Diseases of Workers)*
Romains. *Doctor Knock*
Stanway. *Alternative Medicine*
Stepansky. *In Freud's Shadow*
Szasz. *The Manufacture of Madness*
Vesalius. *The Epitome*
Virchow. *Cellular Pathology*
Zilboorg. *History of Medical Psychology*
———. *The Medical Man and the Witch During the Renaissance*

56

记忆与想象　Memory and Imagination

总　论

与人类和动物生命的其他方面相比,西方传统思维对记忆和想象的争论较少。诚然,如下面将展现,在记忆和想象上也存在一些难点和有争议的学说。但这些困难和理论基本上是在人们共有或至少大部分人共有的基本见解的框架内产生的。在这里,我们开始正题前至少无须讨论有关言辞的含糊不清。与许多传统上承载大观念的词汇不同,"记忆"和"想象"的核心意义几乎在每个人的话语中都始终如一。

一般认为,记忆和想象依赖于人们的感知或以前的经验。除虚幻的记忆外,我们不会记忆生活中不曾感知过的外物,也不会记忆我们不曾经验过的内在事件,如情感或欲望。想象则并不以同样的方式受限于以前的经验,因为我们能够想象出我们从未感知甚至无法感知的事物。

然而,尽管有时想象超越感知,但它仍依赖先前的经验作为其构建成形的材料。人可以想象出一座金色的山或一头紫色的牛,即使它们从未向感知呈现过。但是,如休谟所说,一种熟悉的颜色和一种熟悉的形状能够结合,在于人们曾分别获得它们的意象。

休谟写道:"当我们想象一座金色的山,我们只是把两个以前获得的观念——金子和山,结合起来。……心智的所有这类创造力和我们能够对感觉和经验所提供的材料加以组合、调换、增减的能力并无二致。"一个完全生活在灰色世界里的先天色盲不会想象出一座金山或一头紫色的牛,尽管他可能想象出同样并不真实的事物。

由于对感知的依赖,人们通常认为记忆和想象同外部感知能力同属于一类能力。然而,不是所有作者都认为感知是同一类的。他们把感知分为外部感知如视觉、听觉、触觉与内部感知如记忆和想象。有人,如霍布斯,认为想象"只是衰退的感知能力",用"记忆"来"表达这种衰退,表明这种感知在逐渐消失、老去,成为历史"。

意象,不论是记忆中的意象抑或凭空的想象,都是人们感官材料的重塑或重现。与它的起源——感觉和感知相比,它或许不太生动,轮廓不太清晰,细节不太详尽。但在一个重要方面,意象与原本的感知印象并无区别。而在这个方面,观念或概念却与感知印象明显不同,有些人认为:观念和概念具有某种普遍性和抽象性,而感觉和感官意象不具有这些性质。贝克莱和休谟等人把感觉或意象称为"观念",他们根本否认有抽象观念或普遍概念存在,然而,这恰恰是因为他们也同意,感知印象或感官意象的内容和含义永远是特殊的。

对于观念的争论主要是由一词多义所引起的文字上的混乱所引起的,这会在**观念**章中讨论。这些争论似乎并不影响人们对意象的性质以及意象在记忆和想象中所起作用的理解。如威廉·詹姆士所指,在讨论以某种方式与抽象或共同含义相联系的"混合的"或"一般的"意象时,"混合的事物像清晰的事物一样特别,清晰和模糊意象的一般特征都取决于人对其典型作用的感觉"。他称这种作用为"神秘的有利因素,被理解了的含义",但他否认共同或抽象意象的可能性,不论那些根本就不是意象的观念究竟是什么。无疑,那些否认一切抽象或共同事物存在的人认为:思维内容基本上是以人的感觉为根据的,不论人是在感知、回想、想象或思考。

关于思维本质的争论似乎并不影响记忆或想象的概念。因为两者都不会与感知能力相混淆,所以两者也都不会与理性的思考相混淆。问题在于,人的思维能力是独立于感知能力(包括记忆和想象),还是应把理解看作是一种在判断、推理以及感知、记忆和想象中起作用的唯一能力。

关于想象和记忆对人类知识的特殊贡献,罗素做了一个重要的评论:"记忆的本质,不在于它是由意象组成,而在于思维中直接出现一个过去认识的物体。"没有这种记忆意象,"我们不会知道曾经有过去,也不能理解'过去的经历'这个词,正如一个先天的盲人不能理解'光明'这个词一样。因此,一定有对记忆的直觉判断"。罗素称这种判断为显而易见:"我们所有关于过去的知识最终要取决于它们。"

这个问题以及一些相关话题在**心灵**章中讨论。这些话题我们这里大概都可以忽略不谈,但有一点必须提到。感觉被认为是动物和人类共有的——它属于所有拥有感觉器官或某些感受器的生物。是否所有动物,甚至那些感官最不发达的动物,也拥有记忆和想象力,可能会引起争论;但没有人会怀疑具备中枢神经系统和脑结构的高级动物像人一样,不仅能够感知,而且能够回想和想象。

此外,人们一致认为,记忆和想象需要身体器官,虽然两者的功能在人脑中的位置分配是一个现代生理而不是远古生理学研究的内容。对神经学的现代研究使人对此能够有更清楚的了解。但在人类与其他动物记忆和想象的差异是否比身体上的差异更大这一问题上,人们得出了相反的答案。有人断言只有人类拥有推理能力,有人否认人类拥有其他动物在一定程度上不具有的理解或思考的能力。

然而,如果只考虑人类,记忆和想象的特征则很明显。被记忆或想象的物体不需要像被感知的物体那样完全地呈现给感觉器官。被想象的物体不需要像被回想的物体那样一定在过去出现过,也不需要在时间和空间上有明确的位置。它不需要真正的存在。与那些不存在就不能被了解的物体不同,它或许只是一个可能。记忆的东西已不再存在,想象的东西则可能从不曾存在而且永远不会存在。

因此,就像小说家亨利·詹姆士、詹姆士·乔伊斯和弗吉尼亚·沃尔夫生动描述的那样,记忆和想象很大程度上扩大了人类体验的世界。回忆既是普鲁斯特的《追忆逝水年华》这本书的形式,也是它的主题。他写道:"试图捕捉过去是一种徒劳的努力。""我们思维的所有努力都是无效的。过去隐藏在实有领域之外的某处,在思维能力不能及的某种物质客体中……我们对此一无所知。我们能否在自己死去之前发现此物体,就要看运气了。"对普鲁斯特笔下的叙述者来说,这种运气是以一种感官联想的形式出现的。在品尝孩童时期常吃的小蛋糕之后,他的记忆从潜意识中闪现出来,似乎他此前曾被麻醉了。"在什么都不存在的很远的过去,"普鲁斯特写道,"在人死之后,在事物破碎散去之后,唯独味觉和嗅觉,虽然更脆弱,却更持久,不那么坚固，却更无休止，更忠实地长时间保持在那里。像灵魂一样在其他一切废墟中记忆着，等待着；毫不畏惧地在它们微小得几乎感觉不到的精髓的点滴中承担着记忆的巨大结构。"

尽管普鲁斯特认为回忆过去困难重重，他仍然会同意，没有记忆和想象，人将生活在一个有限的狭小现实中，没有过去和未来，错失无限多的可能性，局限在碰巧发生的单一现实之中。没有记忆和想象，人不可能成为诗人或历史学家；除非他拥有一种不依赖感官体验的天使般的思维能力。如果记忆和想象不扩大他的感官范围的话，他所有科学的工作都将受阻。

在虔诚的神秘主义中，想象试图超越感官体验。赫伊津哈写道，尽管是徒劳的，但神秘主义仍然"尝试通过赋予不可言状的物体以形状和肖像来表达它"。例如，"神秘主义的想象找到一种给人十分深刻印象的概念来强化表现沙漠的意象，那就是，表面积的无限延伸；找到一种概念来表达深渊，那就是深度的无限加深。眩晕感则被加到对无限空间的感觉之上"。赫伊津哈评论说："不借助意象而获得'空无之状'，即仅仅面对一切意象的缺失，是毫无希望的努力，这只有上帝办得到。"

心理学上对记忆的分析通常把它分成许多不同的行为和阶段。回忆需要预设具备要被回忆的素材。艾宾浩斯做过一个别出心裁的实验——利用对无意义音节的记忆分离影响记忆的因素，由威廉·詹姆士报道的这个实验似乎显示，回忆受最初联想的力量影响。但回忆也受学习和回忆之间的时间间隔的影响。遗忘的数量似乎与两个不同因素有着密切的关系：需要对之进行回忆的材料的性质和时间间隔的长短。

艾宾浩斯的实验发现，遗忘总是不完全的。从这个事实可以看到，存记〔Retention〕与回忆〔Recall〕是不同的。存在于回忆阈限之下的材料依然被存记，它通过对似乎已被遗忘的材料的重新学习产生影响而表明它的存在。

如奥古斯丁所说，如果似乎已被遗忘的事情仍然保存在记忆中，那么没有什么能够被彻底遗忘。他考虑到人类为了回想一个已经遗忘的名字所做的努力。他问道："我们怎能回想起一个名字，如果我们不把它从记忆中找出来？即使我们由于他人提示认出了它，我们仍然是通过自己的记忆才做得到，因为我们并不是把它当作一个新知识去接受它，而是承认它就是那个名字，因为现在我们能够想起它了。"奥古斯丁争辩说："如果这个名字从我们的思维中完全去除了，那么，即使我们受到提示也不能回想起它，因为我们没有完全遗忘我们已经忘记的记忆中的事物。如果我们完全遗忘了它，我们甚至不能去寻求我们遗失了什么。"

弗洛伊德从另一个观点考查遗忘。他自一开始就把心理分析法叫做"谈话疗法"。"谈话疗法"就是努力帮人找回记忆。我们抛到脑后的事情，他说，"由于受阻不为我们所意识，受某种力量的作用而保持无意识的状态。"他称之为"抑制"。弗洛伊德说，有时"当一个与个人其他的欲望截然相反的愿望被激发，且这个愿望不能与病人本人的道德、审美及这个人的主张相一致时，'抑制'便会发生。这种内在斗争的结果就是对一种思想的抑制，这个思想本身作为这种不一致愿望的载体被呈现给意识。这种思想从意识中被抑制下去，被遗忘了"。

根据这一观点，事情的"忘到脑后"是因为回想它们会令人不悦，为了避免冲突，人们抑制它。他们虽然不能被有

56. 记忆与想象

意识地回忆起来,但并没有被遗忘。也不能说它们处在回忆的阈限之下,如果这说的是:我们对它们的回忆随着时间推移变得非常微弱以致任何努力都不能回忆起它们。相反,当回忆的情感障碍被去除之后,它们可能会被非常生动地回忆起来。弗洛伊德把他的"不合意的忘却"学说运用于下述日常现象中,如忘记一个熟悉的名字,抑制与早期生活中的情感创伤相联系的记忆。

记忆不仅与存记不同,与识别也不同。众所周知"似曾相识"的幻觉,对一个地方或一个场景有极其熟悉的经验,而穷尽个人的记忆,这个地方或场景并不曾见到过。相反,普通的识别取决于对正在被识别物体先前的熟知,即"认出"。许多研究者指出,识别可能伴随也可能不伴随着对先前情形的回忆。这一事实标志着回忆和识别作为记忆行为的分离。记忆是通过对意象的回忆而想起它,而识别是在于一察觉到便想起。然而,两者都取决于存记——这似乎是记忆的最基本的行为。

关于存记,有两个要研究的主要问题贯穿于整个传统。第一个问题是:通常被称为"观念的联想"究竟是什么。从亚里士多德、霍布斯、休谟到詹姆士和弗洛伊德,有过多种多样关于联想规律的阐述,各种各样关于这些阐述对思维意味着什么的解释。例如,艾宾浩斯利用无意义的音节去衡量联想存记的影响,在这里,联想是由一系列重复的声音所形成。为了避免普通话语中的有意义的联系对联想记忆产生影响,所有的意义都被去除了。一对或一系列无意义音节的重复代表的是由接连不断或前后相连产生的联想。根据大多数的作者,所体验的元素也通过其他方式联系起来,比如它们在任何重要方面的相似或相对。

并不是联想本身被回想起来。确切地说,记忆似乎是通过对体验的一部分与另一部分的联想而运作的,人们的某一体验总会唤起与之相连的其他体验。记忆似乎通过激发已经形成并存记下来的联系而发生。近代以来,人们区分控制联想和随意联想,这种区别表明,有两种方法可以使联想发生——一种是通过对过去的有目的的追寻,另一种是通过看似偶然的联系,一件事唤起了另一件事。古人对追忆往事和幻想做了类似的区分。前一个过程与通过一系列相关事物一步步进行的推理活动相类似,后者更像是白日梦或自发的胡思乱想。

或许第二个问题可以被称为存记本身的神秘性。在描述可以容纳无数现在不在脑海中却可被忆起的事物的记忆的包容力时,古人把记忆叫做"意象的仓库"。每一种可以感知的事物都可以被"储存在记忆的大容器中"。奥古斯丁说:"我可以自言自语说'假如这件事或那件事能够发生!'或者'上帝不会让这件事或那件事发生!'我一说出口,我所说的所有事物的意象就从那同一个巨大的记忆仓库中涌现出来。事实上,如果没有那些意象,我甚至根本无法提及它们……那些事物本身不会渗入到记忆中。很简单,记忆以惊人的速度追逐它们的意象,并把他们储存在它绝妙的相互隔开的系统里。当我们回想这些事物时,它们随时会以一种绝妙的方式再现出来。"

当我们问把记忆隐喻为仓库真正意味着什么时,记忆的奥妙便上升为一种神秘。当那些意象确实不在脑海的时候,他们到底在哪里?如果一个意象本身是个意识行为,我们藉此捕捉到了那些并不立时呈现在我们感官中的事物,那么,当意象在不被回想、想象或其他形式的了解的时候,它们在意识之外是如何存在的？它们能重返意识，这似乎表明，它们已被存记。但存记在哪里？怎样存记的？这些问题是人类意象储存库中的隐喻之物所能解释的。

普通仓库不要求它所储存的物体在两次取用之间的期间从根本上改变形态。记忆则要求。詹姆士似乎认为，存记的本质和原因只能以通过被他称为"生理存记"的神经组织的存记能力来解释。然而另一些人认为，这样把思维问题转换到物质问题，并不使问题变得更简单，甚至可能变得更加复杂。不论是谁的观点，无疑问的似乎是，大脑的改变通常与记忆和想象行为，特别是和存记和回忆，有着因果联系。例如，阿奎那说，想象和记忆可能因"身体器官的损伤或倦怠而受到阻碍"。这一观察通过近年来对记忆缺失及失语症的脑病理学研究已经扩充了百倍。

詹姆士认为存记是以脑中的路径为基础，回忆是对这些路径进行追溯的结果。这种方法往往强调记忆与习惯之间的相似之处。他的学说（将在**习惯**章中讨论），认为物质的——当然是有生命的物质的——可塑性是学习或习惯形成的基础，而物质的，特别是大脑中神经物质的惯性或存记性解释了习惯在不被利用时继续存在的原因，这几乎像要把习惯和记忆等同起来。如同能够背诵青年时代记住的一首诗一样，人虽然多年没再滑冰，可依然知道如何滑冰，这是旧习惯在起作用。

不是所有习惯和记忆的概念都允许两者的融合——即使是它们作为同一现象的两个相关方面非常相似。例如阿奎那把记忆限定为一种知识的行为。通常称为"从记忆中背诵"的行为对他来说不是一种记忆行为，虽然背诵若与第一次学会这首诗歌的时间、地点、场合的知识相伴的话它也许涉及记忆。这种知识可能是记忆，但背诵本身则像滑冰一样都不是记忆，它们都只是技术技能的习惯运用。

有鉴于此，阿奎那提出一个问题：重新思考一个现在回忆起来的以前已学会的几何证明是否是一种记忆行为？证明知识在不被利用的期间里被思维能力所存记，他称之为智力习惯或知识习惯。但是，对这种被存记知识的记忆，或这种智力习惯的激活，也可以叫做记忆行为吗？阿奎那的回答是"否"。原因是，在重做一道以前做过的几何题目时，不需要对过去的参考。但是，如果一个人在第一次解题时就利用了回忆，就是另外一回事了。即便如此，阿奎那认为，"在记忆的观念中，如果我们把记忆中的物体看作过去的事物，那么，记忆便不是智力行为，而只是一种敏感（sensitive）行为"。据说，智力只是在对习惯所存记的事实进行回想时才发生记忆，"把过去的事情理解为此时此地的事物"时，则不会。

人们还以另一种方式对记忆进行考察，这种方式与科学或哲学上的思辨真理有关。问题之一便是这种真理的来源。人们通常把记忆看作对过去的细节的知识的回忆。传统观点如亚里士多德认为，我们称之为记忆的东西来自感知能力，而"体验，引起对全体事物的归纳和领悟的广泛的体验，是从人们对同一事物频繁重复的记忆中发展出来的"。——归纳出来的经验导致推理和对世界的理解。但是，我们也在伟大著作的传统中发现了一个更激进的或许不那么熟悉的观念——人的知识主要是源于记忆。

这就是柏拉图的回忆学说的主旨，认为所有学习都是对已经存在于精神中的知识的一种回想。所有教学都是通过

56. 记忆与想象

提问帮助学习者对他没有意识到的已知事物进行回忆，通过提问使他觉察到潜在的知识。

在《美诺篇》中，美诺问苏格拉底："你说我们所谓的学习不是学习而只是一个回忆过程，这是什么意思？"苏格拉底以如下的方式来说明他是什么意思。他叫来一个少年奴隶，让他解一道几何题，这个少年看来对这道题的答案一无所知，苏格拉底不断向他提问，没有一次给他答案，而是让这个少年自己去发现解决的办法。美诺向苏格拉底保证，那少年从未学过几何学。既然没有谁告诉这少年答案，那么他一定一直知道答案，只是需要一些提醒来让他回想他所知道的。苏格拉底所提示的说明是：那少年的灵魂一直拥有这个知识，它是从这个少年的前生带来的。

苏格拉底在叫来这个少年做证明之前，已经提出了这个假设。"灵魂是不死的，它已经重生过许多次，它看到过所有的存在之物，……它对它们都有所了解；它能够想起它曾知道的所有关于美德以及其他的一切事物，这并不奇怪。由于人的本性在本质上是相通的，而灵魂已经了解了所有事物，那么对于灵魂来说，从一个共同的记忆中取出——或者像人们所说的学会——其余的一切，并没有什么困难，如果那个人努力尝试且神志清醒的话。因为所有探究和学习都是记忆。"

奥古斯丁似乎持相似的观点，尽管关于灵魂以及关于灵魂内在具有的知识从何处起源，他的看法与柏拉图不同。他检查自己的记忆，发现其中似乎包含许多不是来自感觉经验的东西。他说，某些用他所明白的单词所指的事物"并不是通过我的任何身体感官获得的。除了在我的心智中，我在别处无法看到它们。储存在我记忆中的不是它们的意象，而是它们本身。但若它们能够告诉我，它们就必须自己来告诉我它们是怎样进入我的心智的，因为我能查遍我的感官，查遍身体上通向心智的这些门户，却找不到这些事实能通过何种感官进入心智"。如果说学习的种子在灵魂被创造时已经在灵魂里了，那么记忆就可以从这些"萌芽理性"中获取知识的全部果实。

回忆学说既改变了学习的含义，也改变了记忆的含义。若说学习在于回想起并非此生所获得的知识，那么，记忆行为就不像通常所想的那样是对先前在生活中通过学习所获得的知识的回忆。为了理解一个在其中熟悉的意义受到如此大的改变的学说，或许有必要去理解它所试图要解决的问题。

只对于那些把特殊感官意象和普通观念或抽象概念完全区分开来的人，才出现我们所谈的问题。霍布斯、贝克莱、休谟这些人，否认普遍或抽象是思维内容中的一部分。对他们来说，不存在感官印象之外的思维内容，所以也不存在这部分内容怎么起源的问题。原始印象是外部产生的，思维内容的所有其他部分所有的印象和记忆以及他们的构建……洛克称之为"复杂观念"的东西，都是从原始感官的印象中自然产生的。

相反，那些认为观念或概念不是任何一种意象的人，不可避免遇到如下难题：思维是如何获得其观念的？一种解决方法是，把观念视作某种智性世界的客体，赋予观念以存在，同时赋予心灵以某种通过直接理解把握这类对象的能力，就像人的感觉能直接感觉到感性客体那样。但不管观念是否存在在心灵之外，只要它们不能凭直觉直接获得，那么，心灵借以理解可知对象的观念的源头是什么呢？

对于这个问题,回忆学说是一个答案。另一个答案是有亚里士多德阐述的抽象观念学说。类似地,洛克和詹姆士似乎也承认抽象与其他精神内容的区别,但他们似乎认为,从具体感觉和想象材料中抽象出普通观念或普通概念并不需要特殊的力量。然而阿奎那认为人脑中必定有一种取决于观念和概念的假定"积极智能",人通过"积极智能"来理解事实上它感知不到或想象不出的事物。

这些学说在**观念**章和**心灵**章中讨论。但是,正如柏拉图的回忆学说与记忆的讨论有关一样,假设积极智能的抽象观念学说也与想象的讨论有关。

亚里士多德写道:"想象与感知和不着边际的思考都不同,虽然撇开知觉或没有知觉的判断我们就无法理解想象。显而易见,想象与作为判断的思考不是一回事。因为我们什么时候愿意什么时候就可以想象,想象存在于我们自己的力量之中(例如,我们可以回忆出一个图片,正如利用精神意象帮助回忆一样)。但形成看法时,我们并不是自由的;我们必须从虚假和真实中做出选择。"

要点并不在于意象不会是虚假的。它们经常是虚假的,而(根据亚里士多德)感觉则从来不虚假。要点在于,我们在做出虚假的想象时同时还含着一个判断,即事情真的是我们想象的那样。如果想象不伴随着判断,那么就不会出现真实或虚假的问题。因为在纯想象中我们不关心事情的实际存在方式,而是关心其可能的存在方式,即想象中的,而非实际上的。"每个人都知道想象一件事与相信其存在是不同的",詹姆士说。

亚里士多德把想象看作一种活动,它取决于以前的感知行为。他认为想象"不能离开感觉而存在"。这一点,他与其他心理学家并没有不同。但他也认为,在他看来与想象截然不同的理性思考不能离开想象而存在。"在思考中,精神意象似乎就是感知的内容……那就是精神从不离开意象而思考的原因。"

亚里士多德在这里说的不仅仅是人脑的特殊能力或人的智力能从意象中提取普遍形式——阿奎那称之为"明白易懂的种类"(从意象的可感性而言),或是幻象。亚里士多德进一步强调说,理解行为总是伴随着想象活动。依赖于抽象概念的思考发生时也要依赖意象的存在。"思考的能力,"亚里士多德说,"是在意象中对形式进行思考。"或者,阿奎那表述说,"要使智能真正地去理解,必须要有想象的行为,不只是在获取新知识时需要想象,在使用已有的知识时也需要想象……为了感知存于个体中的共同本质,必须求助于幻象"。想象与智能的合作已经显现出来,而且,事实是,"当想象行为由于身体器官的损害而受到阻碍时……我们发现,即使一个人拥有对事物的先前知识,他对事物的真正理解也会受阻"。

相反,奥古斯丁提到一些事物,它们"不需要意象,在思维中就可以被认出"。例如,当我们思考数字时,"并不是它们的意象"储存在我们记忆中,"而是它们本身"。无意象思考——抽象地不利用意象的思考——似乎特别存在于数学、形而上学、神学这一类学科中,在那里,可理解的事物也许不可以想象。这些学科的特别对象似乎要求科学家不运用想象,或者,如阿奎那所说,"要超越他的想象"。

即使在物理学中,这也许也是真实的。根据卢克莱修,人们可以对原子进行思考,但不能感知它,也不能想象出它的模样。如果我们需要意象来思考它们,我们必须运用隐喻进行想象。把原子比喻为我们所能想象出来的最小的颗粒——不能想象更小的东西了！如果我们能想象出无形体的存在，即没有意象又没有幻象的存在，那么一定存在无意象的思维，针对这种反对意见，阿奎那回答说：我们是"通过与拥有幻象的可感知的事物做比较"做出想象的。

亚里士多德认为思考的运用总是依赖于想象的运用（尽管思考不能降低为想象），这种学说并不意味着想象总伴随抽象或理性的思维。通常，人类思考和认知是一项把感觉与智能、推理与想象相联系的工作。但有时，在没有判断和推理的情况下，人类的想象也十分活跃。根据亚里士多德，无理性的动物"由于没有思维"，她们的行为主要受制于它们的想象。但是，当人的想象代替思维时，则是"由于冲动、生病或睡眠使得他们的头脑暂时失灵"。

做梦似乎是一个想象和理智判断或理智约束相分离的一个明显的例子。很久以来人们就怀疑动物也做梦，但它们能否区分梦和非梦时的感知我们可能永远无法回答。哲学家们和心理学家们一直在问他们自己，是否有方法能够确定清醒思维和梦中幻觉的不同。

例如，笛卡尔问："我们怎样知道梦中的思维不及清醒时的思维真实，既然我们经常发现后者并不比前者更生动鲜活？"在他看来，似乎"没有特定迹象能使我们清楚地把清醒与睡眠区分开来"。甚至在他写下这些文字时，他也几乎可以说服自己，他是在做梦。然而，他确实找到合适的标志来将梦与清醒区别开来。"我们的记忆，"他说，"绝不能把我们的梦一个一个地连接起来，或把它们与我们生命的整个过程连接起来，因为这种连接是我们清醒时发生的事。"

阿奎那找到了其他不同的证据。当一个人熟睡时，他根本不做梦，因为他的想象、感觉和思维都处于休眠状态。但是，随着他渐渐从睡眠转向清醒，他的各种能力又开始活跃起来。这些能力不只是想象，还有理智。进而"一个人可能判断出他所见到的是一个梦，可以识别出事物及它们的意象。尽管如此，常识仍然被部分中止，因此，即使它将一些意象与事实区分开来，在某些特殊方面，它仍然受到蒙蔽。即使当人睡着时，他的感官和想象也许在某种程度上是自由的，同理，他智能的判断也可能不受约束，虽然并不完全自由。因此，如果人在睡眠时进行演绎推理，那么，当他醒来时，他总能从中认出某些方面的不足。"

除真实与虚假及事实与幻想的问题之外，梦的本质和起因是西方传统思想中永久的话题。人们由于对梦的起因做出不同的假设，所以对它们内容的解释也不尽相同。

当人们假设梦是神的启示或神的来访时，它成为占卜或预言的媒介——一种预言未来，或大体知道神的打算的方法，或对某个特殊人物的指引。在古代史诗巨著，或《旧约全书》中，梦，就像神谕，被解释为超自然的征兆和符号，作为预言的主要来源之一。亚里士多德不大相信梦的实现和不实现，"因为巧合不依照任何普通或一般规律发生"。他认为预言性的梦只是巧合，"许多梦没有实现"并不奇怪。根据"某些低级动物也做梦"这个事实，他认为"或许可以归纳为：梦不是神带来的，也不是以揭示未来为目的而设置的"。

相反，亚里士多德提出了梦的起源的自然原因。对感官的轻微刺激唤醒了梦的过程，决定了它的内容。"做梦的人以为自己被雪和闪电袭击了，事实是他们的耳朵接收到轻微的铃声……或者他们以为从火中穿过，感到酷热，而事实是只有轻微的温暖刺激身体的某些部位。"卢克莱修同样用自然原因解释梦，但他认为梦的内容与人在清醒时所经历的主导生活的事件有关。

在梦中，卢克莱修写道，我们发现

我们每个人在我们的清醒时光里
所具有的那些欲望。
律师在法庭上申辩或起草案件，
将军发动战争，水手
与风暴——他们的原始敌人斗争。

即使对于动物，这也是事实：
某天，事实是你将看到一匹纯种马，
睡在一个畜棚里，突然变得不安，
它的呼吸越来越快，它的两侧
一起一伏，就好像它要经过终点柱，
或起跑闸打开时即将出发。猎犬
在睡梦中颤动，或尽力跑，
伸舌头，或吸空气，似乎它们嗅到了
它们的猎物的香味。

在伟大著作的传统中，现代作家同他们的先辈一样，认为感觉和记忆是梦的内容和起源的自然原因。但是，除了白日梦和清醒时的胡思乱想，他们甚至不认为做梦完全是欲望的产物。如果弗洛伊德在这一点上的真知灼见被所有收集在其巨著《梦的解析》中的事实支持的话，这一迟到的发现也许被认为比其学说本身更加卓越。

弗洛伊德学说并非简单地说梦的内容由欲望决定。当俄狄浦斯把他的恐惧告诉伊俄卡斯忒，说在他娶她为妻时，他已无意地娶了自己的母亲。她告诉他不要害怕，因为"在此之前许多人在梦中也有过这样的恐惧"。如果真是这样，那么这种梦就不需要弗洛伊德的解析。如果有人为弗洛伊德所谓的"恋母情结"所折磨，包括被压抑的乱伦的欲望，那么这些欲望在梦中的表达将不会是想象着它们实际上已经实现了。

相反，弗洛伊德的梦的象征主义学说认为"记忆中的梦根本不是事实，而是一个扭曲了的替代物"。在他所谓的"显而易见的梦的内容"——也就是梦中的实际意象之下，存在着"潜在的梦中思维"。这些思维在实际的梦中遭到了扭曲。这种扭曲"是由人们对无意识的不可接受的渴望冲动的约束引起。从社会、美学和道德上讲这些冲动都具有反叛性。这些事情都是我们平时不敢想或想起来感到恶心的事情"。因此，做梦人平常所不承认的被压抑的欲望或渴望，爱与憎，在梦中以改变的形式出现。梦中的意象在弗洛伊德看来似乎是一种语言。在这种语言中，被压抑的思想和情感用一种特别的象征手法来表达，而道德的约束不允许我们在有意识的思想中或社会谈话中表达这些东西。

由于普通语言包含一贯认同的象征，因此，弗洛伊德发现，精神病患者以及正常人梦中某些意象的一次次重现使得这些意象具有它们传统象征的特点。"被象征性地表现在梦中的事物的数量"，根据弗洛伊德，"并不多"。他说，"它们是人的整个身体，父母，孩子，兄弟姐妹，出生，死亡，赤裸……以及另外一个。也就是说，唯一典型并频繁发生的作为一个整体的人的形体象征是'房子'……墙光滑时，房子指一个男人；墙上有可被抓住的架子、阳台时，房子指一个女人。父母在梦中以皇帝皇后、国王王后或其他高贵的人物出现……孩子们和兄弟们则得不到这种善待，他们以小动物或虫子来象征。出生几乎始终由水来表现。我们用乘火车远行或旅游来象征死亡。衣服和制服代表赤裸"。弗洛伊德所说的"另外一个"经常在梦中出现，那就是性器官和性行为。他说，与其他所有事物相反，"这些是由特别丰富的象征手法表现的……在梦中，压倒多数的象征是性象征"。

弗洛伊德指出,为什么把梦象征看作一种普通语言的词汇是错误的。"它们的内容不是为了告诉任何人任何事;它们不是一种交流的方式;相反,对它们来说,不被人理解很重要。"从这种象征中得到它们的秘密是一个惊人的成就。

弗洛伊德引用了亚里士多德的评论,即"最有技巧的梦的解析者是那个拥有发现相同之处的能力的人"。这似乎预见到了弗洛伊德所发现的梦的象征意义。但弗洛伊德以这种方式发现的治疗性用途使精神分析法成为他的所有前辈根本预料不到的一件事。

分 类 主 题

1. 人和动物的记忆和想象的能力
   1a. 记忆想象与感知的关系:可能经验在直觉、重现和识别形成中的优先地位
   1b. 记忆和想象生理学:与它们的相关人体器官
   1c. 记忆和想象的区别与联系:它们之间的相互依存
   1d. 记忆和想象对情感和意志的影响:一种自动的趋势
2. 记忆活动的机能/功能
   2a. 存记:影响记忆强弱的因素
   2b. 回想:影响充分回忆和容易回忆的因素
   2c. 观念的联想:控制联想和自由联想,回想与幻想
   2d. 识别:有记忆的识别和无记忆的识别
   2e. 正常记忆的有效范围和分布区域:记忆失败或缺陷及其影响
      (1)随时间流逝而产生的遗忘
      (2)对不愉快之事的失忆:冲突和抑制
      (3)记忆器官的损伤:记忆缺失和失语
      (4)虚假记忆:记忆幻觉,"似乎见到过"的现象
3. 记忆之为一种知识行为和知识来源
   3a. 所有学习都是回想的过程:内在的观念或新生的推理
   3b. 感觉(敏感,sensitive)回忆和智力回忆:过去的知识和知识习惯
   3c. 科学家对记忆的运用:对照回忆(collated memory)之为归纳经验来源
   3d. 诗歌与历史中的记忆:历史依赖人类的记忆
4. 记忆的作用:时间的连接
   4a. 个人生活中的记忆:个性的统一和延续
   4b. 群体,民族生活中的记忆:本能,传统和传说
5. 想象或幻想的功能/活动范围:意象的本质和意象的种类
   5a. 重现想象和创造想象的区别;模型想象(representative imagination)和想象的构造
   5b. 与观念或概念相区别的意象:与抽象、一般的概念相比,具体个别的意象
   5c. 想象病理学:幻觉,持续的意象
6. 想象在思维和知识获得中的作用
   6a. 作为知识的想象:它与可能经验或事实经验之间的关系
   6b. 智力对人类想象的影响:动物的想象思考
   6c. 理性思考的知识对想象的依赖

(1)对印象的观念抽象：意象之为思考的条件

    (2)想象图式之为协调观念理解和直觉感受的手段：统觉的超验统一

  6d. 想象的范围：无意象的思考，纯理论科学中超越想象的必要

7. 想象与艺术

  7a. 艺术创造与艺术欣赏中的想象运用

  7b. 诗歌中的想象与真实；诗歌和历史中的可能与大概

8. 梦的本质与原因

  8a. 梦之由神而发：梦的预兆，梦的解释

  8b. 知觉和记忆在睡梦中的作用

  8c. 欲望在白日梦或幻想中的表现

  8d. 梦的象征意义

    (1)梦的明示与隐含的内容：白天的工作

    (2)梦中某些特定象征的反复出现：梦的语言

  8e. 梦的分析作为揭示受抑制的潜意识的手段

[范连义 译]

索引

本索引相继列出本系列的卷号〔黑体〕、作者、该卷的页码。所引圣经依据詹姆士御制版，先后列出卷、章、行。缩略语 esp 提醒读者所涉参考材料中有一处或多处与本论题关系特别紧密；passim 表示所涉文著与本论题是断续而非全部相关。若所涉文著整体与本论题相关，页码就包括整体文著。关于如何使用《论题集》的一般指南请参见导论。

1. The faculties of memory and imagination in brutes and men

6 Plato, 538–541
7 Aristotle, 690–692
11 Plotinus, 462–466
16 Augustine, 93–102
21 Hobbes, 50
28 Bacon, 55
28 Spinoza, 615, 616
33 Locke, 141–143
39 Kant, 58
49 Darwin, 291–292, 412, 480–481
53 James, William, 421–433, 484–501
54 Freud, 352

1a. The relation of memory and imagination to sense: the *a priori* grounds of possible experience in the synthesis of intuition, reproduction, and recognition

6 Plato, 523–524
7 Aristotle, 136, 660–661
8 Aristotle, 237
11 Plotinus, 465, 470–471, 498–501
17 Aquinas, 411–413
21 Hobbes, 49–50, 52, 258
26 Harvey, 332–335
28 Descartes, 241–242, 356
28 Spinoza, 625, 692
33 Locke, 98–99, 118–119, 128, 148, 213–214, 355–356
33 Berkeley, 418–419, 420
33 Hume, 455–457, 477–478
39 Kant, 48–55, 61–64, 85–89 passim, 115, 552–553
53 James, William, 324, 422–424, 453–456, 480, 483–484, 497–501
54 Freud, 700–701

1b. The physiology of memory and imagination: their bodily organs

7 Aristotle, 703–706
17 Aquinas, 447–450
21 Hobbes, 172
28 Descartes, 322–323, 434–435
28 Spinoza, 614–616
33 Locke, 227–228, 249
53 James, William, 13, 15–17, 32–37, 70–71, 367–373
54 Freud, 646–647

1c. The distinction and connection of memory and imagination: their interdependence

7 Aristotle, 690–692
11 Plotinus, 464–466
16 Augustine, 97
17 Aquinas, 496–498
21 Hobbes, 50
28 Descartes, 232
28 Spinoza, 616
33 Locke, 142–143
33 Hume, 466–467
39 Kant, 194–195
53 James, William, 424–427

1d. The influence of memory and imagination on the emotions and will: voluntary movement

3 Homer, 300
8 Aristotle, 235–237, 239, 613–614
11 Lucretius, 53
12 Virgil, 91–93
16 Augustine, 100
17 Aquinas, 430–431, 690–692
18 Aquinas, 782–783
21 Hobbes, 61
23 Montaigne, 91–95
25 Shakespeare, 225–227, 289
27 Cervantes, 64–66
28 Bacon, 67
28 Spinoza, 634–649 passim, 660–662
33 Locke, 248–251
35 Rousseau, 345–346
43 Nietzsche, 497–498
53 James, William, 704–705, 759–760, 767–792
54 Freud, 353, 363–364, 377–378
59 Proust, 383–386

2. The activity of memory

6 Plato, 538–541
7 Aristotle, 690–695
11 Plotinus, 499–501
16 Augustine, 93–102
21 Hobbes, 53
28 Spinoza, 616
33 Locke, 141–143, 175
53 James, William, 421–451
54 Freud, 527

2a. Retention: factors influencing its strength

- 6 Plato, 446
- 7 Aristotle, 691
- 11 Plotinus, 470–471
- 16 Augustine, 93–94
- 18 Aquinas, 8–9
- 28 Bacon, 61–62
- 33 Locke, 234
- 53 James, William, 421–424, 427–441, 448–450
- 54 Freud, 27–28, 145, 155–157, 769–770

2b. Recollection: factors influencing ease and adequacy of recall

- 6 Plato, 165–166, 621
- 7 Aristotle, 692–695
- 16 Augustine, 97–102
- 28 Bacon, 59, 156–157
- 28 Descartes, 434–435
- 28 Spinoza, 690
- 33 Locke, 118–119
- 51 Tolstoy, 422
- 53 James, William, 163, 382–385, 427–431, 433–434, 438–440
- 54 Freud, 32–33, 156–157, 485–486, 488–489
- 55 Russell, 257
- 55 Wittgenstein, 356–357
- 59 Cather, 463–464

2c. The association of ideas: controlled and free association; reminiscence and reverie

- 7 Aristotle, 693–695
- 21 Hobbes, 52–53, 67
- 24 Shakespeare, 349–350
- 27 Cervantes, 1–3, 56–59
- 28 Descartes, 369
- 28 Spinoza, 634–636
- 33 Locke, 248–251
- 33 Hume, 457–458
- 39 Kant, 51, 493
- 46 Austen, 110
- 49 Darwin, 292–293
- 51 Tolstoy, 82, 146–148, 293–295, 443–444, 464–465, 608
- 53 James, William, 360–395
- 54 Freud, 65–67, 74–79, 347–350, 375–376, 486–489
- 55 Bergson, 75–77
- 59 Proust, 294–297, 383–386
- 60 Woolf, 79–80, 85–86 passim
- 60 Fitzgerald, 347, 378–379

2d. Recognition with or without recall

- 6 Plato, 538–541
- 16 Augustine, 98–99
- 33 Locke, 118–119
- 53 James, William, 163, 384, 440–441
- 54 Freud, 33, 79
- 55 Wittgenstein, 401–402
- 59 James, Henry, 2–3

2e. The scope and range of normal memory: failure or defect of memory and its causes

- 3 Homer, 385–386
- 6 Plato, 138–141
- 11 Plotinus, 465
- 16 Augustine, 93–102
- 19 Dante, 90, 133
- 23 Montaigne, 62–63, 356–357, 507–508
- 33 Locke, 141–142, 254–255
- 51 Tolstoy, 129–130
- 52 Ibsen, 571–573
- 53 James, William, 216, 240–258, 443–450
- 54 Freud, 155–156, 453–456, 526–527

2e(1) Forgetting as a function of the time elapsed

- 16 Augustine, 95–96
- 18 Aquinas, 1076–1077
- 21 Hobbes, 50
- 23 Montaigne, 445
- 33 Locke, 142
- 53 James, William, 438
- 55 Dewey, 110
- 59 James, Henry, 2–4
- 60 Orwell, 518–519

2e(2) The obliviscence of the disagreeable: conflict and repression

- 23 Montaigne, 217–220
- 43 Nietzsche, 480–481
- 47 Dickens, 543
- 51 Tolstoy, 200, 355–356, 616–617, 630
- 52 Ibsen, 588–589
- 54 Freud, 6–8, 13, 65–66, 82, 343–345, 378–380, 422–425, 464–467, 472–475, 566–567, 720
- 58 Weber, 183
- 60 Kafka, 117–118
- 60 Lawrence, 152

2e(3) Organic lesions: amnesia and the aphasias

- 7 Aristotle, 695
- 17 Aquinas, 449–450
- 49 Darwin, 299
- 53 James, William, 25–26, 32–34, 35–37, 241–258, 448, 490–493 passim
- 54 Freud, 561–562

2e(4) False memories: illusions of memory; déjà vu

- 7 Aristotle, 692
- 48 Twain, 271
- 51 Tolstoy, 293–295, 393
- 53 James, William, 241, 442
- 54 Freud, 597–599
- 55 Russell, 279

3. Remembering as an act of knowledge and as a source of knowledge

- 6 Plato, 124–126, 228–230
- 7 Aristotle, 499
- 11 Plotinus, 466–475
- 16 Augustine, 721–722, 724

17 Aquinas, 419–421, 443–444
18 Aquinas, 896–897
21 Hobbes, 53
28 Bacon, 61–62
28 Descartes, 239–240, 321
33 Locke, 141, 308–309
53 James, William, 396–397, 424–427, 450–451
54 Freud, 484–486

3a. Reminiscence as the process of all learning: innate ideas or seminal reasons

6 Plato, 179–183, 228–230, 515–517
7 Aristotle, 136, 511
9 Galen, 359–360
11 Epictetus, 141
11 Plotinus, 308–309, 468–469
16 Augustine, 316–317, 707
17 Aquinas, 295, 300–301, 311, 444–446, 447–449, 595–597
23 Montaigne, 304–305
26 Harvey, 333–334
28 Descartes, 227, 230–231, 235, 303–307 passim, 309, 314, 346, 441, 450–451
28 Spinoza, 692
33 Locke, 90–91, 95–121 passim, 121, 122, 139
33 Hume, 457
39 Kant, 113–115, 352–353
53 James, William, 851–862
55 Russell, 279–280

3b. Sensitive and intellectual memory: knowledge of the past and the habit of knowledge

6 Plato, 538–544
7 Aristotle, 174, 662, 692
16 Augustine, 695
17 Aquinas, 419–421
18 Aquinas, 14–15
21 Hobbes, 60, 65
28 Descartes, 239–240
28 Spinoza, 692
33 Locke, 308–309, 357, 366–367
53 James, William, 424–427
55 Wittgenstein, 439

3c. The scientist's use of memory: collated memories as the source of generalized experience

7 Aristotle, 499–500
26 Gilbert, 1–2
26 Harvey, 332–335
28 Bacon, 105–106, 107–136
28 Descartes, 232–234 passim, 255–257
30 Pascal, 355–358
53 James, William, 385, 677–678

3d. Memory as the muse of poetry and history: the dependence of history on the memory of men

3 Homer, 307, 382–383
5 Thucydides, 353–354
6 Plato, 443–444
12 Virgil, 212
13 Plutarch, 128–129
14 Tacitus, 66
19 Dante, 2
21 Hobbes, 71
23 Montaigne, 95–96, 239–240, 345–346
28 Bacon, 13–14, 34, 38–39
37 Gibbon, 354, 413
38 Gibbon, 337, 501–503
41 Boswell, 3–4
43 Hegel, 159–160, 189–190, 252–253
45 Goethe, xv
51 Tolstoy, 134
58 Huizinga, 344–345

4. The contribution of memory: the binding of time

4a. Memory in the life of the individual: personal identity and continuity

6 Plato, 138–140
8 Aristotle, 636, 637
11 Lucretius, 38, 39–40
11 Plotinus, 462–466 passim
12 Virgil, 192–193
16 Augustine, 117–125
18 Aquinas, 997–998
19 Dante, 85–89 passim
23 Montaigne, 276–277, 356–357
28 Descartes, 329
33 Locke, 222–227
37 Gibbon, 544–545
46 Austen, 137–138
46 Eliot, George, 495–496
47 Dickens, 15, 78–79, 83–84, 337–342
48 Melville, 12–13
49 Darwin, 297
52 Dostoevsky, 430–431
53 James, William, 213–259, 396–397, 412–413
54 Freud, 760, 769–770
55 James, William, 19–20
55 Bergson, 72–73
59 Proust, 294–297
59 Cather, 464–465
60 Kafka, 127
60 Fitzgerald, 341–342
60 Beckett, 532–533, 553–555, 559–560, 576–581

4b. Memory in the life of the group, race, or nation: instinct, legend, and tradition

Old Testament: *Exodus,* 12:14–20; 13:1–16 / *Numbers,* 15:38–41 / *Deuteronomy,* 4:32–40; 6; 8:2–6; 16:1–12 / *Joshua,* 3:14–4:9 / *Esther,* 9:25–32
Apocrypha: *I Maccabees,* 14:16–49
New Testament: *Mark,* 14:3–9 / *I Corinthians,* 11:23–25
6 Plato, 716, 717–718
12 Virgil, 121–123
20 Calvin, 25–26
24 Shakespeare, 556
30 Pascal, 286
37 Gibbon, 88, 97–98, 398, 627

38 Gibbon, 527-528
40 Mill, 424-425
43 Hegel, 117, 195-199, 242-243, 276, 279-281
44 Tocqueville, 106-107
49 Darwin, 318, 570-571
53 James, William, 717-719, 722-725, 853-858
54 Freud, 509-513, 686-689, 692-693, 706-708, 763, 795-796, 800
60 Orwell, 518-519

5. **The activity of imagination, fancy, or fantasy: the nature and variety of images**

6 Plato, 577, 623-624
7 Aristotle, 659-661, 666
11 Plotinus, 466
17 Aquinas, 58-59
19 Dante, 66
21 Hobbes, 49-52, 172, 262
24 Shakespeare, 370-371
28 Descartes, 305, 322-323
28 Spinoza, 622
29 Milton, 177
33 Locke, 147-149, 154, 160-162 passim, 165, 168-169, 303, 324
33 Berkeley, 406-407, 414
33 Hume, 455-456
39 Kant, 528-529
43 Hegel, 231-232, 268-269
47 Dickens, 235-237, 281, 311, 323-324, 345-346
48 Twain, 274-275, 372-386 passim
49 Darwin, 292
51 Tolstoy, 105-106, 294-295, 523-524, 601-602
53 James, William, 480-501
54 Freud, 597-599
58 Huizinga, 258-259, 275-276, 278, 300
59 Shaw, 40

5a. **The distinction between reproductive and creative imagination: the representative image and the imaginative construct**

11 Lucretius, 51
17 Aquinas, 447-449
28 Bacon, 112-113
28 Descartes, 302, 308-309
28 Spinoza, 627
33 Locke, 201
33 Berkeley, 413
33 Hume, 466-467
39 Kant, 89, 173-174, 211-212, 493-495
54 Freud, 270-271
55 Wittgenstein, 412

5b. **The image distinguished from the idea or concept: the concrete and particular as contrasted with the abstract and universal**

6 Plato, 108-111, 113-114, 534-536, 809-810
7 Aristotle, 111, 120, 136, 508, 518, 648
16 Augustine, 95-96

17 Aquinas, 289-290, 380-381, 430-431, 440-442, 447-450, 451-455, 461-462
18 Aquinas, 896-897
28 Descartes, 306-307, 324-325, 362-363, 437-438
28 Spinoza, 623-624, 625-626
33 Locke, 244-245, 277-278
33 Berkeley, 405-410 passim, 417-418, 430, 440-441
35 Rousseau, 341-342
39 Kant, 15-16, 23-24, 34, 542-543, 570-572
43 Hegel, 161, 242-243, 268-269
53 James, William, 305-311, 480-484
54 Freud, 442-443
53 James, William, 44-46, 50-51
55 Bergson, 74-75
55 Whitehead, 143-144
58 Huizinga, 328-337

5c. **The pathology of imagination: hallucinations, persistent imagery**

6 Plato, 520-522
7 Aristotle, 704
13 Plutarch, 816-817
17 Aquinas, 102, 570-571
18 Aquinas, 21-22
21 Hobbes, 51-52, 258
23 Montaigne, 91-95
25 Shakespeare, 290-291, 298-299
27 Cervantes, 4-5, 21-25, 49-52, 158-160, 338-342
28 Descartes, 244-245, 301-303
28 Spinoza, 671-672
31 Molière, 128, 226-274
41 Boswell, 13, 114-115
45 Goethe, 54-57
47 Dickens, 329-331
48 Melville, 91-92, 144-145
48 Twain, 281
51 Tolstoy, 109-110, 524-527, 616-617
52 Dostoevsky, 352-364
52 Ibsen, 514
53 James, William, 490-493, 506-507, 515-520, 527-538, 662-663, 842-844
54 Freud, 3, 86, 102-106, 115-117, 176, 354-355, 551-552, 597-600
59 Shaw, 39-42, 43-44
59 Mann, 472-473
60 Woolf, 90, 101
60 Lawrence, 158-160

6. **The role of imagination in thinking and knowing**

6a. **Imagination as knowledge: its relation to possible and actual experience**

6 Plato, 575-577
7 Aristotle, 659-661
17 Aquinas, 250-252
21 Hobbes, 50-54
28 Bacon, 55

    28 Descartes, 250, 305–307
    28 Spinoza, 618, 621–622, 623–624, 658–659
    39 Kant, 72–88, 227–230
    53 James, William, 285–287, 617–625
    55 Wittgenstein, 381–382
    60 Woolf, 97–99 passim

6b. **The effect of intellect on human imagination: the imaginative thinking of animals**

    7 Aristotle, 666–667
    17 Aquinas, 442–443, 451–453, 690–692
    21 Hobbes, 52
    23 Montaigne, 270–271
    28 Descartes, 322–323
    33 Locke, 145–146
    39 Kant, 479
    49 Darwin, 292–294, 296–297
    53 James, William, 665–666, 678–686

6c. **The dependence of rational thought and knowledge on imagination**

    6 Plato, 333, 383–398
    7 Aristotle, 632
    17 Aquinas, 380–381, 459–460, 469–471, 473–475, 477–478
    18 Aquinas, 15–18
    21 Hobbes, 66–67
    28 Descartes, 232, 235, 236, 252–253, 305, 362–363
    39 Kant, 14–108
    53 James, William, 158–161, 301–302, 328–331, 677–678
    54 Freud, 442–443

6c(1) **The abstraction of ideas from images: the image as a condition of thought**

    7 Aristotle, 194–195, 663–664
    17 Aquinas, 289–290, 383–384, 385–388, 417–418, 447–451, 461–462, 748–749
    28 Descartes, 277
    33 Locke, 98–99, 145, 147, 339
    33 Berkeley, 408–409, 431–432
    33 Hume, 505, 506–507
    35 Rousseau, 341–342
    43 Hegel, 268–269
    53 James, William, 305–308, 330–331
    55 Whitehead, 162–163
    57 Veblen, 63–64
    58 Huizinga, 313

6c(2) **The schema of the imagination as mediating between concepts of the understanding and the sensory manifold of intuition: the transcendental unity of apperception**

    39 Kant, 14–108, 319–320
    53 James, William, 232–235 passim
    55 Bergson, 74–75
    58 Weber, 111–113

6d. **The limits of imagination: imageless thought; the necessity of going beyond imagination in the speculative sciences**

    6 Plato, 167, 388–398, 595
    7 Aristotle, 690
    11 Lucretius, 4–5, 16–17, 19
    16 Augustine, 375, 706
    17 Aquinas, 8–9, 52–53, 378–381, 464–480, 496–498
    21 Hobbes, 78–79, 80, 162
    28 Bacon, 110–111
    28 Descartes, 228–229, 252–253, 270–271, 298, 301–303, 305, 315, 322–323, 443
    28 Spinoza, 590–591 passim, 594–595, 603–606 passim
    30 Pascal, 171–172
    33 Locke, 127, 160, 165, 169–173, 237–238, 252, 270–271, 370–371
    33 Berkeley, 405–410, 440–441 passim
    39 Kant, 1, 15–16, 17–20, 85–93, 497–502, 506–511, 578, 603
    42 Lavoisier, 10
    43 Hegel, 271–272
    53 James, William, 158–161, 549–550
    54 Freud, 661–662, 769–770
    56 Eddington, 264–270
    56 Bohr, 323, 332–333, 346–347, 351
    58 Huizinga, 337–339

7. **Imagination and the fine arts**

7a. **The use of imagination in the production and appreciation of works of art**

    8 Aristotle, 162
    21 Hobbes, 262
    24 Shakespeare, 532, 543
    27 Cervantes, 338–342
    28 Descartes, 302
    39 Kant, 482–483, 491, 498–502, 506–511, 523–524, 525–532
    43 Hegel, 279–281
    45 Balzac, 264–267
    47 Dickens, 98
    50 Marx, 85
    54 Freud, 600–601, 692–693
    59 Pirandello, 271–272

7b. **The fantastic and the realistic in poetry: the probable and the possible in poetry and history**

    5 Herodotus, 73
    6 Plato, 142–148, 320–324, 427–434, 561, 577–579
    8 Aristotle, 685–686, 689, 696–698
    13 Plutarch, 1, 189
    19 Dante, 30–32, 35–36, 102
    19 Chaucer, 349
    23 Montaigne, 95–96
    27 Cervantes, 217–228, 251–252, 255–259, 283–284
    28 Bacon, 38–39
    28 Descartes, 267
    37 Gibbon, 471
    41 Boswell, 446–447
    48 Melville, 92–93

59 Pirandello, 243-276 passim

8. **The nature and causes of dreaming**

   6 Plato, 454, 520-521
   7 Aristotle, 702-706
  11 Lucretius, 51-52
  16 Augustine, 103
  17 Aquinas, 450-451
  19 Chaucer, 256
  21 Hobbes, 50-51
  23 Montaigne, 330, 577
  24 Shakespeare, 291, 369-370
  28 Descartes, 277-278
  29 Milton, 177-178
  41 Boswell, 443
  43 Hegel, 231-232
  48 Melville, 58-59
  53 James, William, 643
  54 Freud, 11-13, 135-387, 476-544, 807-818, 820-822
  55 Russell, 247, 248

8a. **Dreams as divinely inspired: their prophetic portent; divination through the medium of dreams**

  Old Testament: *Genesis,* 28:10-22; 31:10-13,24; 37:1-11; 40-41 / *Deuteronomy,* 13:1-5 / *I Kings,* 3:5-15 / *Job,* 33:14-16 / *Jeremiah,* 23:25-32 / *Daniel,* 2; 4:4-37; 7-8; 10-12 / *Joel,* 2:28-29
  Apocrypha: *Rest of Esther,* 10-11 / *Wisdom of Solomon,* 17; 18:13-19 / *Ecclesiasticus,* 34:1-7 / *II Maccabees,* 15:11-16
  New Testament: *Matthew,* 1:20-21; 2:19-23
   3 Homer, 13-14
   4 Aeschylus, 45-46
   4 Sophocles, 124
   4 Euripides, 585-586, 602-603
   5 Herodotus, 8-10, 25-31, 78-79, 103-104, 116, 218-220
   6 Plato, 466-467
   7 Aristotle, 707-709
  12 Virgil, 122-123, 217-218
  13 Plutarch, 98-99, 174, 185-186, 239-240, 268, 483, 514-515, 532, 534-535, 601-604, 721-722
  14 Tacitus, 101, 176
  16 Augustine, 23
  17 Aquinas, 463-464
  18 Aquinas, 750-751
  19 Dante, 41-42, 55-56
  19 Chaucer, 266-267, 272, 363-364
  21 Hobbes, 165-166, 176-177, 186
  22 Rabelais, 150-156
  24 Shakespeare, 578-579
  25 Shakespeare, 481-482
  28 Bacon, 54-55
  29 Milton, 238-243
  37 Gibbon, 294-296
  48 Twain, 305-306
  54 Freud, 137-138, 178-179
  59 Shaw, 122-129

8b. **The role of sensation and memory in the dreams of sleep**

   7 Aristotle, 702-706
  11 Lucretius, 54-55
  21 Hobbes, 50-51
  23 Montaigne, 91-92
  25 Shakespeare, 306-307
  29 Milton, 169-170
  33 Locke, 125
  43 Nietzsche, 498
  51 Tolstoy, 147-148, 481-482
  54 Freud, 139-155, 173-174, 189-190, 205-237, 250-251, 297-298, 351-356, 478-483, 497-499, 526-527
  55 Wittgenstein, 415
  59 Proust, 405-407

8c. **The expression of desire in daydreaming or fantasy**

   6 Plato, 361
  21 Hobbes, 69
  23 Montaigne, 61-62, 92, 217, 446-447
  24 Shakespeare, 349-350
  27 Cervantes, 21, 56-59, 158-160
  30 Pascal, 186-189
  45 Goethe, 134-135
  47 Dickens, 107-108, 148-150, 384-385
  51 Tolstoy, 125, 146-148, 497-499, 601-602, 615-617
  54 Freud, 115-116, 333, 483, 599
  58 Huizinga, 258-259, 275-276, 278, 300
  59 Mann, 510-511
  59 Joyce, 550-551

8d. **The symbolism of dreams**

8d(1) **The manifest and latent content of dreams: the dreamwork**

   3 Homer, 496-497
   4 Aeschylus, 14-15, 82
   5 Herodotus, 28-29, 47
   6 Plato, 213, 221-222
  13 Plutarch, 329, 398-399, 548-549, 702-703, 727
  19 Dante, 69, 80
  19 Chaucer, 266-267, 268-269
  24 Shakespeare, 36-37, 114-117, 291
  25 Shakespeare, 488
  29 Milton, 176-178
  43 Hegel, 279-281
  47 Dickens, 91-93
  48 Twain, 303-306
  51 Tolstoy, 249-250, 481-482, 673-674
  54 Freud, 178-205, 252-340, 356-373 passim, 489-504, 513-526, 532-544, 809-810, 812-814, 816-818
  59 Mann, 507-508

8d(2) **The recurrent use of specific symbols in dreams: the dream-language**

54 Freud, 173-174, 178-179, 230-231, 265-272, 277-298, 504-513, 516-518, 523-526, 815-817

8e. **Dream-analysis as uncovering the repressed unconscious**

54 Freud, 11-13, 178-205, 319-320, 340-387, 483-494, 501-504, 519-524 passim, 531-532, 538-539, 808-813

交叉索引

以下是与其他章的交叉索引：

Memory and imagination in relation to the faculties of sense and understanding, desire and will, see DESIRE 5a; IDEA 1c, 2e-2f; SENSE 3b(2), 3d(2).

The distinction between image and idea, see IDEA 2f-2g; MIND 1a(1); REASONING 1c; SIGN AND SYMBOL 1b, 2b; SENSE 1d, 5a; UNIVERSAL AND PARTICULAR 4d.

The association of ideas; reverie or daydreaming, see DESIRE 5a; IDEA 5e; MIND 1d(2), 7b; RELATION 4f.

Memory as knowledge of the past, see KNOWLEDGE 6b(2); TIME 6e; TRUTH 3a(2).

The distinction between memory and intellectual habit, see HABIT 1, 5d; MIND 4c.

The doctrine of reminiscence as the identification of learning with remembering, or the doctrine of innate ideas, see IDEA 2b; KNOWLEDGE 6c(3); MIND 4d(2); TIME 6c.

The role of memory in science, history, and poetry, see EXPERIENCE 2a-2b; HISTORY 1; INDUCTION 2; POETRY 2.

Personal identity, see SAME AND OTHER 1b; SOUL 1d.

Racial memory in relation to instinct and tradition, see HABIT 3e; LANGUAGE 3c; POETRY 3.

Imagination in thinking and knowing, see MIND 1a(2); REASONING 1c.

Universal concepts as abstracted from sensory images, see IDEA 2g; SENSE 5a; UNIVERSAL AND PARTICULAR 4c.

The transcendental unity of apperception, to which memory or imagination contributes, see KNOWLEDGE 6b(4); ONE AND MANY 4b; SENSE 1c, 3c(5).

The imagination as a factor in art, see ART 5; POETRY 3; the probable and the possible in poetry, see POETRY 8a(2).

The causes and meaning of dreams, see DESIRE 5a, 6c; LANGUAGE 10; PROPHECY 3c; SIGN AND SYMBOL 6a; conflict, censorship, and repression in the Freudian interpretation of dreams, see DESIRE 4a-4d, 6b.

The psychopathology of memory and imagination, see DESIRE 5a-5b; EMOTION 3a-3b; MAN 5b; MIND 8b; SENSE 4d(2); TRUTH 3a(2).

扩展书目

下面列出的文著没有包括在本套伟大著作丛书中，但它们与本章的大观念及主题相关。

书目分成两组：

Ⅰ. 伟大著作丛书中收入了其部分著作的作者。作者大致按年代顺序排列。

Ⅱ. 未收入伟大著作丛书的作者。我们先把作者划归为古代、近代等，在一个时代范围内再按西文字母顺序排序。

在《论题集》第二卷后面，附有扩展阅读总目，在那里可以查到这里所列著作的作者全名、完整书名、出版日期等全部信息。

I.

Hobbes. *The Elements of Law, Natural and Politic*, PART I, CH 3

Hume. *A Treatise of Human Nature*, BK I, PART I, SECT III; PART III, SECT V-VII

Voltaire. "Imagination," in *A Philosophical Dictionary*

Freud. *Leonardo da Vinci*

——. *The Psychopathology of Everyday Life*, CH 1-7

——. *Wit and Its Relation to the Unconscious*

Bergson. *Dreams*

——. *Matter and Memory*

——. *Mind-Energy*, CH 4-5

Proust. *Remembrance of Things Past*

Russell. *The Analysis of Mind*, LECT 8-9

Joyce. *Finnegans Wake*

——. *Ulysses*

Woolf. *Jacob's Room*

O'Neill. *The Iceman Cometh*

II.
THE ANCIENT WORLD (TO 500 A.D.)
Cicero. *Academics*, II

THE MIDDLE AGES TO THE RENAISSANCE (TO 1500)
Albertus Magnus. *De Memoria et Reminiscentia*

THE MODERN WORLD (1500 AND LATER)
Bain. *The Senses and the Intellect*
Bettelheim. *The Uses of Enchantment*
Blake. *Songs of Experience*
———. *Songs of Innocence*
Bolles. *Remembering and Forgetting*
Borges. "Funes the Memorious"
Bradley, F. H. *Collected Essays*, VOL I (13, 18)
———. *Essays on Truth and Reality*, CH 3, 12-13
Broad. *The Mind and Its Place in Nature*, CH 5
Bronowski. *The Origins of Knowledge and Imagination*
Brown. *Lectures on the Philosophy of the Human Mind*, VOL II, in part
Bruner. *Actual Minds, Possible Worlds*
Butler, S. *Unconscious Memory*
Calvino. *If on a Winter's Night a Traveler*
Carroll. *Alice's Adventures in Wonderland*
———. *Through the Looking-Glass*
Coleridge. *Biographia Literaria*, CH 13
De Quincey. *Confessions of an English Opium-Eater*
Ebbinghaus. *Memory*
Emerson. *Natural History of Intellect*
Fuentes. *The Death of Artemio Cruz*
Galton. *Inquiries into Human Faculty and Its Development*
Hamilton, W. *Lectures on Metaphysics and Logic*, VOL I (30-33)
Hartley. *Observations on Man, His Frame, His Duty and His Expectations*, VOL I, INTRO; PROPOSITION 8-14, 79-94
Hering. *Memory*
Hodgson. *The Metaphysic of Experience*, VOL I, CH 2 (3-4, 6), 3 (3-4), 7 (5), 8 (4); VOL III, CH I (C), 2, 3 (5), 4 (3), 5
Jones. *On the Nightmare*
Jung. *Instinct and the Unconscious*
Keats. "The Eve of St. Agnes"
———. "Ode to a Nightingale"
———. "Sleep and Poetry"
Lamb. "Dream-Children," in *The Essays of Elia*
Leibniz. *Monadology*, par 26-28
———. *New Essays Concerning Human Understanding*, BK II
Lewis, C. I. *Our Social Inheritance*
Lowes. *The Road to Xanadu*
Malebranche. *The Search After Truth*, BK II
Mill, J. *Analysis of the Phenomena of the Human Mind*, CH 7, 10
Morton. *Frames of Mind*
Peirce, C. S. *Collected Papers*, VOL VI, par 494-504
Pico della Mirandola, G. F. *On the Imagination*
Powell. *A Dance to the Music of Time*
Reid, T. *Essays on the Intellectual Powers of Man*, III
Ribot. *Diseases of Memory*
———. *Essay on the Creative Imagination*
Romanes. *Mental Evolution in Animals*
Santayana. *Scepticism and Animal Faith*, CH 17
———. *Soliloquies in England and Later Soliloquies*, CH 29
Schwartz. *In Dreams Begin Responsibilities*
Spencer. *The Principles of Psychology*, VOL I, PART II, CH 5-8; PART IV, CH 6; VOL II, PART IX, CH 3
Stevens. *The Necessary Angel*
Stevenson. "A Chapter on Dreams," in *Across the Plains*
Stout. *Analytic Psychology*, CH II
Taine. *On Intelligence*
Titchener. *Lectures on the Experimental Psychology of the Thought-Processes*
Tyndall. *Scientific Use of the Imagination*
Wertheimer. *Productive Thinking*
Woodworth. *Psychological Issues*, CH 4, 7

57

形而上学　Metaphysics

总　论

在本章中,如在**数学**章中一样,我们必须要区分两种争论,一是关于我们正在讨论的科学的争论,二是这种科学内部的争论。不过,在这里,由于许多模糊不清的地方,情形复杂起来。在西方思想的传统中,无论数学的主题如何界定,抑或何种科学观念盛行,人们从未拒绝将科学之名赋予数学。但是,至少在近现代,关于形而上学的争论却时常这样开始:当谈及形而上学的探究或思辨时,人们质疑我们是否有权把"科学"一词用于形而上学。这一质疑通常包含着如下看法:形而上学不可能被视为一套有效的知识,因为它所选择去探索的特殊对象是不为科学探究所接受的。

如果实验方式是科学知识的必要条件,那么当然可以由此得出,不能进行实验甚至连不那么严格的经验研究类型都不能进行的学科,不可能被称为科学。但根据这个标准,数学也要被排除在外。然而,数学与形而上学似乎也不是荣辱与共的。

例如,休谟承认数学而拒斥形而上学。我们如果相信这些原则,那我们在各个图书馆浏览图书时,将有多大的破坏呢?"持一书在手,例如神学书或经院形而上学书,则可以问,书中包含数和量方面的任何抽象推理吗?没有。书中包含关于事实和实存的任何经验的推理吗?没有。如是,则可以付之一炬,因其所能包含者无他,唯诡辩与幻想而已。"

康德也不曾断言实验或经验性研究对于有效且确定的知识是不可或缺的。相反,对康德来说,与"经验的"相对之"纯粹的"物理学,就其具有包含先天知识的优越地位而言,与数学如出一辙。二者在科学这一术语的最高意义上皆是科学,因为它们都包含有效的先天综合判断。因此,康德并没有把形而上学排除在科学的行列之外,因为他认为,"形而上学,根据其恰当的目的,仅由先天综合命题构成"。令形而上学遭受挫折、使之沦落为康德所谓"辩证幻相"而非有效科学的,既非形而上学的方法,亦非其命题的形式,而似乎是其对象的特征。

也许可以设想,采取相反观点的人,即认为形而上学是科学,甚至可能是最高科学,会在界定其对象或其探究的范围上达成一致。但事情看起来并非如此,就跟说所有批评形而上学的人都以同样的方式设想其主题一样不合事实。

康德按照他对中世纪经院哲学关于形而上学的传统观念的理解,且认为这一观念在笛卡尔、莱布尼茨和沃尔夫的著作中延续着,他说,"形而上学的正确的探究对象只有三个宏大的理念:上帝、自由和不朽"。当休谟提及"经院形而上学",并把"上帝"与之联系起来,以表示自然神学或神圣神学的时候,他似乎至少也是部分地这样想的。不过,我们发现,威廉·詹姆士说,"休谟骨子里是和托马斯·阿奎那一样的形而上学家",因为他致力于这样的思辨:直接经验的相异要素是否具有联系,是否具有同一性。在这里,问题似乎不是关于上帝、自由和不死,而是关于作为一切可感性质之基础的持久实体的实存,或是经验中的现象序列背后的实在的确定秩序。詹姆士认为："关于事物之间的相互作用和影响的问题全都是形而上学问题,那些不愿意彻底探究它们的人根本不可能去讨论之。"

在《心理学原理》的序言中,詹姆士声明,他的计划是要把他的探究限制在通过自然科学的经验方法能够认识的领域之内。心理学与物理学一样,必须假定某些事实材料。他说,对这些假定的讨论"被称为形而上学,而在本书的范围之外……由心理学假定的那些事实材料,正如物理学和其他自然科学所假定的材料一样,有时必须被仔细地考察。考察它们的努力显然完全就是形而上学;但是,只有形而上学明确意识到它的巨大范围和限度,才能适当地完成其任务"。言外之意似乎并非形而上学是不可能的,而是说,按照詹姆士对形而上学的构想,形而上学尚未以成熟或令人满意的展开方式存在着。他写道,"唯有意识到其任务之分量的形而上学",才有成功的希望。"这也许要等几个世纪吧。"

詹姆士虽不可能完全预见在20世纪以形而上学的名义而发生的种种背离,但他对柏格森采取的方向确实抱有同情之理解。柏格森认为,"科学与形而上学……在直观中相冥契。……直观会让更多的科学进入形而上学,更多的形而上学进入科学"。但是,我们也发现,柏格森说"实证科学之开展需凭借符号",而"形而上学……则是有权放弃符号的科学"。

在本系列包括20世纪哲学贡献的那一卷中,收录了两篇关于形而上学的论文,分别为柏格森和海德格尔所著。在海德格尔的论文中,我们发现了关于这一主题的完全不同的思路。海德格尔把形而上学界定为关于"是什么"(what-is)的真理的历史。"如果存在问题本身确实是形而上学的无所不包的问题,那么,无(Nothing)的问题也表明它是跨越整个形而上学领域的问题。"他又补充道:"因为形而上学的真理深不可测,以至于总有最深刻的错误的潜在危险。因此,任何科学性的学科都没有希望与形而上学的严肃性并驾齐驱。哲学永远不可能根据科学理念的尺寸来度量。"

20世纪的物理学家和数学家也敢于投身到形而上学的讨论中。普朗克评论道:"形而上学的实在在空间上并非处于经验中被给予的东西之后,而是完全位于其中。……关键在于,感觉世界并非可设想为实存的唯一的世界,尚有另一个世界存在。诚然,这另一个世界并不直接为我们所知,但科学的劳作却反复地、极其清晰地显示出其存在的迹象。"普朗克主张,"科学家已经了解,他们的研究起点并不仅仅在于感官的知觉,没有一小部分形而上学,科学也不可能存在"。

数学家G. H.哈迪首先区分了物理学的实在和数学的实在。然后他主张:"对数学的实在做出令人信服的解释的人,会解决非常多的形而上学难题。如果还能把物理学的实在纳入其解释中,会把那些难题全部解决。"

在罗素看来:"形而上学家绝大部分野心勃勃的伟大尝试,都是由这样的尝试推进的:证明现实世界的如此这般的明显特征都是自相矛盾的,因此不可能是实在的。但是,近现代思想的整个趋向,却是越来越处于这样的方向之上,即表明上述所设想的矛盾实为虚幻,从对必定存在什么的考察出发,能够先天证明的东西微乎其微。"

形而上学要求成为最高的人类科学,不管这是对是错,那些赋予了这一学科以地位的伟大著作形成了传统,如果不注意到这一传统中的其他名字,我们就不可能完整地考察有关形而上学对象的问题。希腊人开启了这样一种学科的观念:它应当是卓越的,因为它研究的是第一原理和最高原因。它不仅探索关于终极实在的智慧,而且为其他一切科学奠定基础。但是,希腊人并没有关于这种学科的单一名称,而且即便在他们使用的不同名称中,也没有"形而上学"一名。

亚里士多德的《形而上学》是书名中这个词的第一部巨著,但他从未用这个词表示他试图界定和建立的那种科学。一开篇,亚里士多德就以智慧的名义谈及这种科学,因为"所有的人都主张,研究最初原因和本原才可称为智慧"。还有其他的理论科学,如物理学和数学,它们也探究原因,考究原理,但达不到最高原因或第一原理,也不把万事万物最普遍的方面作为其探究的对象。

亚里士多德说,虽然"物理学也是智慧之一种,却不是首要的一种";在另外的地方,他说,"物理学和数学必定要归入智慧的部分之类"。物理学只研究运动中的物质,"而数学考察抽象物"——即除了作为抽象出来的东西而外,不可能离开质料和运动存在的东西。"如果有某种永恒的、不动的、与质料相分离的东西,显然,关于它的知识属于理论科学,不过不属于物理学和数学,而是属于优先于二者的科学。"这种科学便是智慧的最高部分。

亚里士多德赋予人类智慧的这种最高形式或理论科学的最高科学以两种名称。他的命名既根据这种科学与其他所有学科的关系所占据的地位,也依照唯有这种科学所探究的那种实体。如果"除了被自然所形成的实体之外再无其他,那么自然科学(即物理学)就将是第一科学,但是,如果存在着不动的实体,那么关于它的科学就必定是在先的,也必定是第一哲学"。不过,这一最高科学在"第一哲学"之外也堪称"神学"。亚里士多德说,有"三种哲学,即数学、物理学和可称为神学的哲学,因为如果显然神无处不在,那么它就在一种东西当中存在",这种东西就是永恒的、不动的、非物质的东西。

在希腊人关于诸科学之次序的设想中,这种最高的思辨学科还有另一个名字。柏拉图把"辩证法"这个名称赋予对第一原理和最可知的实在之知识的探索。在**辩证法**章中我们已经看到,亚里士多德把辩证法家与哲学家对立起来,认为二者关心的分别是意见和知识;但柏拉图却认为辩证法家是卓越的哲学家。不仅辩证法属于知识而非意见的领域,而且在知识的领域中,数学的地位较低,而辩证法的高居上位。数学科学建立在假设的基础上,却并未也不可能确立这些假设。而辩证法则只将假设用作"通往一个高于假设的世界的跳板和出发点,以便超越这些假设,上升到关于整体的第一原理;而且……在这过程中不靠使用任何感性事物,而只使用理念,从一个理念到另一个理念,并且最后归结到理念"。

尽管在存在与生成、理性与感觉、可知与可感等方面,柏拉图和亚里士多德有相应的差异,但比较柏拉图称之为"辩证法"的知识和亚里士多德称之为"第一哲学"或"神学"的知识,也并非不可能。

例如,二者都是从第一原理出发,确立较低的科学基础。按照柏拉图的看法,在其下降的路径中,辩证法把理性之光投射在对那些假设的理解上,而这些假设正是数学的原理。尽管亚里士多德认为,数学有赖于公理即自明的真理,但他也说,"考察数学的原理,也必定是第一哲学的分内工作",因为数学家只是在特殊的运用中使用数学,却从不探究其一般的真理。而且,数学对象如何存在的问题,也是第一哲学家的问题,而不是数学家的。

在《智者篇》中,柏拉图列举了智者与辩证法家或哲学家的区别,分析了这样一些词项:存在与非存在、真与假、同与异、一与多、动与静。在哲学家关于终极实在的知识中,这些似乎是基本概念,但在亚里士多德的《形而上学》中,这些也是基本概念。在中世纪,"形而上学"一般取代了"辩证法"而成为第一哲学的名字,那些所谓的先验词项(如存在、本质、异、一、真、善)被视为基本的形而上学概念,它们作为抽象物所具有的特征有助于把形而上学的本性刻画为科学。

"形而上学"一词最终作为名称而被使用,大概是亚历山大里亚图书馆员们给亚里士多德讨论第一哲学问题的著作所起的名字。这个词是"论物理学诸篇之后的著作"的简称。普罗提诺用过这个词,并将其与"辩证法"的柏拉图式的含义联系在一起。他说,在对形而上学家的训练中,辩证法是最终的研究。

按照普罗提诺的观点,辩证法"是方法,或训练,它能带来力量,使人说出关于事物本性和关系的最终真理:它们是什么,如何与他物相区分,它们共有的性质是什么,它们各自属于什么种类,要与存在相区别的非存在有多少种"。但是,普罗提诺主张,我们一定不要以为辩证法"仅仅是形而上学家的工具"。它超越了形而上学,如同洞见或冥思的智慧超越了推理和证明一样。"它把由前提和结论编织而成、被称为推理技艺的一切东西都留给了另一种科学。"

伟大的基督教神学家自然而然地思考了普罗提诺提出的这个问题:是否存在比形而上学更高的科学或知识形式。他们的答案有些部分类似于普罗提诺的答案,有些部分并不相同。普罗提诺把辩证法说成是"哲学中最珍贵的部分",因为它超越了推理和论证,并达到了对实在的那种无法形诸言辞的直接领悟,而神学家则承认神秘知识的至高地位,因为这种知识在今生今世预示着上帝的洞见在来生的样子。不过,与普罗提诺不同的是,他们认为无论现在还是将来,这种知识都不是自然的智慧;毋宁说,这是超自然的知识,是神对具有冥思智慧者的恩赐,而这样的人凭借自己独立的力量不可能获取这样的知识。

形而上学的科学次于超自然的和非科学的(即非推论、非分析、非证明的)知识,这在关于**神学**和**智慧**这两章中已经考察过。而形而上学的另一种次要地位,虽在那两章里也讨论过,但在这里也必须提到。这就是形而上学居于神学的次要地位。形而上学和神学也许都可视为科学,即致力于推理和论证,并试图从原理出发证明结论。不过,前者仅仅是运用理性原理的人的科学,而后者则是阿奎那所称的"神圣学说",旨在表明其原理乃是宗教信仰的约条。

在人类科学的等级中,形而上学仍然是至高无上的,即第一哲学。仅在与神学相比较时,它才处于次要地位,因为神学有赖于神启,而且得享信仰的确定性,摆脱了理性的不安全感。尽管形而上学和神学在原理上不同,在方法上也有些许差异,但二者在主题上却完全别无二致。例如,二者都研究上帝,研究非物质的、不可朽灭的存在者的实在。是故阿奎那一定要面对这样的反对意见:除了形而上学之外,没有其他任何知识的必要了,因为"凡存在的一切,皆在哲学的科学中得以研究,即便是上帝本身,也在被称为神学或被亚里士多德称为神圣科学的那一部分哲学中得到了研究"。阿奎那为神圣的神学给出了两个理由,对此作答。

他说,"对人的拯救来说,超出人类理性的某些真理应当通过神启让人知道",这是必要的。"甚至就人类理性能够发现的那些关于上帝的真理而言,应通过神启教诲人类,这也是必要的;因为人类理性能够发现的关于上帝的真理只会被少数人知道,而且要历经漫长岁月,亦不免许多错误。"而且,阿奎那继续说,"就这些真理能够通过自然的理性为我们所知晓而言,我们可以通过哲学的科学习得它们,而就这些真理亦在启示范围内而言,我们却不可以通过另一种科学而获致",至于何以如此,却是没有理由的。"因此,包含在神圣学说中的神学在种类上区别于作为哲学之一部分的神学。"

这两种神学传统上被区别为自然神学和神圣神学。弗兰西斯·培根把科学分为"神学和哲学"的时候,他补充说,"在前者中我们不把自然神学包括在内"。自然神学是哲学的神圣部分,但显然区别于神圣神学或培根所称的"天启神学"。

这一区分,无论在语言上如何表述,都引起了两个问题。其一涉及自然神学与神圣神学的关系,特别是涉及自然神学的范围,以及它独立于神圣神学的所具有的明确特征。在这个问题上,在诸如奥古斯丁与阿奎那之间、培根与笛卡尔之间似乎有重要的差异。我们已经说过,这里所涉及的各种问题都留待在**神学**章中讨论。其二直接与形而上学本身相关,即形而上学与自然神学在主题和范围上是否一致,抑或自然神学只是形而上学的一部分。

亚里士多德似乎回答了这个问题:他主张在表示思辨知识的最高部类时,"第一哲学"与"神学"是可以互换的。他表示这一科学是对非物质的、不可朽灭的实体之实存和本性的探究,就此而言,他对形而上学对象的界定似乎证明了"神学"一名的正当性。

笛卡尔也根据作为各自对象的实体的非物质性和物质性,把形而上学与物理学分开,甚至似乎更为明确地赋予整个形而上学以神学特征。在《第一哲学沉思录》的序言中,笛卡尔说,他关心的是讨论"上帝和人的灵魂",正如他对索邦神学院的神圣神学教授们所解释的那样,这是因为"我一直认为关于上帝和灵魂的两个问题,乃是应由哲学论证而非神学论证去证明的主要问题"。

尽管康德在上帝存在和灵魂不朽上面增加了人的意志自由问题,他对形而上学思辨的对象的界定同样使形而上学成为对物理学领域之外的对象的探究,并将其与神学的传统主题联系起来——至少是在这样的意义上:在这里理性试图证明的命题,正是宗教信仰的主旨。在《纯粹理性批判》第一版序言中,康德评论道,当理性"发现自身被强迫而求助于超出了经验领域的原理时",它"陷入了混乱和矛盾。……这些无休止的争吵的战场,就叫作形而上学"。

如果不存在任何非物质的东西,如果除了感觉经验中的变幻不定的东西,再无其他存在物,或者,倘若尽管非物质的东西存在,但却不可能为理性通过思辨科学的方式而认识,那么,是否由此得出,形而上学也必定(至少作为思辨科学)是被否定的存在呢?答案似乎是清楚的。如果一种科学被承认的对象并不存在,或者如果这些对象不能通过那种科学打算采取的方法被认识,那么,由于它要求成为有效的科学,驳斥质疑者,所以为之辩护似乎就困难起来了。因此,关于形而上学的有效性的争论似乎就转向了这样的问题：适才提到的两个"如果"是真是假。

但是，如果自然神学并未穷尽全部形而上学——这就是说，如果形而上学认为其对象并不是非物质的，并且如果形而上学探究的是其对象的本性而非其存在——这个问题就不可能如此解决。亚里士多德对第一哲学的主题的界定似乎包含了对形而上学的另一种构想，这种构想可以与将形而上学视为神学的构想非常一致，但它赋予形而上学的问题却是在物理事物的范围内解决的问题。

亚里士多德写道："有一种科学探索的是作为存在的存在，以及因其自身的本性而属于存在的诸属性。"对第一哲学的这种界定看起来将其与数学和物理学截然区分开来，如同与从非物质和不可朽灭的实体方面的另一种界定截然区别开来一样。亚里士多德认为，其他各种科学并不普遍地研究"作为存在的存在"。任何东西，"就其具有存在而言"所具有的性质，"就其作为存在而言所具有的相反者，不是其他任何科学所探索的工作；因为我们交与物理学去研究的，并非作为存在的东西，而是作为分有运动的东西"；而数学关心的是事物的属性，就这些属性是"定量的和连续的"而言。这些科学"切取出某类特殊的存在或种，并对之进行考察，而不是关于单纯的或作为存在的存在……同样，这些科学也没有说明其所研究的种到底存在还是不存在，因为揭示事物的是什么和说明它是否存在属于同一种思想进程"。

唯有第一哲学"不探究特殊的主题，就这些主题每一个都有这种或那种属性而言，而去沉思存在，就每一种特殊的事物都存在而言"。这样，第一哲学的主题就包括一切实存着的实存事物，所包含的不仅是实存的东西如何实存（即存在的性质）的问题，而且也包括当我们能够质疑某些特定事物的实存的时候，这些事物事实上是否实存的问题。无论何种适用于作为存在的一切事物的真理（如同一事物不可能在同一时间、同一方面既存在又不存在），它们都属于第一哲学，即便在亚里士多德指出过的如下情形中也是如此：矛盾律也可以作为证明原则属于逻辑。

这一对第一哲学的更宽泛的设想表明——而如果将第一哲学限制在自然神学当中则无从说明——为什么在亚里士多德《形而上学》的核心几卷里所考察的是可感的、物理的实体，是它们作为实体的本性，以及实体与偶性、形式与质料、潜能与现实之间的区分（它们构成了流变的实体的复合本性），还有这些实存物因其具有存在而具有的性质，即它们的统一性和可分性、同与异。

亚里士多德并未探究这种实体是否存在。他似乎认为它们的存在是无可置疑的，因为他频繁地说物理事物是"容易识别的实体"。不过，除了"可感实体如何存在"的问题之外，尚有这样的问题："除可感实体之外是否存在实体……在可感实体之外是否存在有能力单独存在的实体，如果是的话，为什么存在，如何存在呢"。后面这些问题导向了《形而上学》的结尾诸卷，其中探究了不可感的、非物质的、不动的实体的存在。如果亚里士多德的神学自此开始，那么神学只是更大的科学的一部分（也许是最高的一部分），而这种科学的对象不是存在的特殊领域，而是存在的全部。

在反对把形而上学等同于神学的路向上，霍布斯和培根比亚里士多德走得更远。在亚里士多德似乎承认神学主题是第一哲学的一部分的地方，他们都将其完全排除在外。

在霍布斯本人的科学分类中,他并未使用"形而上学"一词,他只把这个词用作贬义词,指的是他所批评的经院哲学学说。他自己的分类将自然哲学这一分支成为第一哲学,自然哲学先于数学和机械科学。后两种科学研究的是确定的量和运动,而在它们之前的科学则研究"不确定的量和运动"。不确定的量和运动"是哲学的原理或首要基础",研究它们的科学被称为"第一哲学"。

培根区分了第一哲学与形而上学、形而上学与自然神学。他说,第一哲学是"各种科学的共同母体"。它关心的是"公理,却不是任何科学特有的,而是许多科学共同的";它也关心"事物的偶然的或先验的条件,如少与多,同与异,可能与不可能,实存物与非实存物,等等"。自然神学是哲学的神圣部分,因为它探究"神、统一性、善、天使和精神",是独立于自然哲学的其他部分的。

培根写道:"但要认定形而上学的适当职责,是通过对比性质而与第一哲学和自然神学区别开来的,我们就必须注意到,由于物理学涉及的是完全属于物质的可运动的事物,因此形而上学涉及的是更抽象、更确定的事物;同时还要注意到,物理学只假设存在、运动和自然的必然性,而形而上学还要假定心灵和观念。……我们把自然哲学划分为对原因的考察和结果的生产,并把对原因的考察归于理论,复又将其划分为物理的和形而上学的,所以,从它们分别探究的原因的本性出发,就必然能够得出它们的真正区别。"根据培根的观点,物理学探究致动因和质料因,而形而上学则探究形式因和目的因;而且,由于机械学是物理理论的实际应用,因此培根所称的"魔术",就是与关于诸形式的形而上学理论相对应的实际学说。

就要求成为最高的人类科学的主题和问题而言,无论如何命名,关于它们的一致或不一致,与关于我们所研究的学科的地位和发展的一致或不一致,似乎并不完全吻合。

例如,在柏拉图的作为探究型相的辩证法和培根的涉及形式因的形而上学概念之间,似乎有某种相似性,培根本人就已注意到这种相似性。不过,就在柏拉图似乎认为那种辩证法存在、被教授和被学习的地方,培根的判断却是:形而上学的这一部分,如果不是研究目的因的部分,就是尚未得到发展的,因为正确的方法并未得到使用。

再者,亚里士多德把形而上学设想为关于第一公理、普遍原则的理论,这些公理和原则适用于一切实存和存在的先验性质,这种设想似乎与培根的第一哲学有某种相似性。但是,培根所写的,似乎是亚里士多德的《形而上学》并未写出的,至少似乎是后者未曾成功地建立起这样的科学:培根认为它在很大程度上处于有缺陷的、未曾发展起来的状况中,而亚里士多德则可能认为成功了。

如果我们转向自然神学,或者将其作为形而上学的一部分(如亚里士多德),或者认为它独立于形而上学(如培根),或者认为它等同于形而上学(如笛卡尔),那么,我们也会发现同样的情形。如果不考虑自然神学探究对象上的某种语词的和实在的区分,那么亚里士多德、培根和笛卡尔都会认为,在由质料和变化构成的可感世界之外,存在物的实存是能够被证明的,并且关于它们本性的某些东西也是能够被认识的——不管它们是不是非物质的实体、精神、智能,抑或上帝、天使和灵魂。

虽有语词和思想上的某些改变,但柏拉图与普罗提诺,奥古斯丁与阿奎那,斯宾诺莎和洛克,都能够被增加到这个阵营当中。他们在"神学"的如下含义上都是神学家：神学意指一种关于真实存在者的理性知识，但这种存在者却不是可感的、物质的、易变的或有限的，这种知识也不带有宗教信仰，而是或借助直观者借助证明。例如，斯宾诺莎并未使用过"形而上学"一词，但他认为，"人的心灵具有关于神的永恒无限本质的充分知识"。尽管洛克在贬义上使用过"形而上学"一词，而且他在《人类理智论》中的目的也是要防止人类的探究超出人的能力，但他还是把较大的确定性归于我们关于上帝和灵魂的知识，而不是我们关于物体的知识，且发现我们对精神的思辨中的困难并不比我们对物质的思辨中的更多。

"在自身中我们既然确乎实验过并且发现了自己有知识和自愿运动的能力，亦同我们确乎实验过并且发现了外部事物中各固体部分的粘合或分离（即物体的广延和运动）一样，因此，我们不但应当相信物体的概念，而且亦应当相信非物质的精神概念。因此，我们不但应当相信物体的存在，亦应当相信精神的存在……不过复杂的物体观念和非物质的精神的观念，这两种观念不论哪一种是最明显的，而我们依然明白看到，形成它们的那些简单的观念，仍是从感觉或反省来的；至于别的一切实体观念当然也是由此来的，甚至上帝自身的观念亦不能例外。"

我们已经看到，休谟和康德都否定了形而上学（就它等同于传统自然哲学而言）作为有效的理论科学的地位。对他们来说，形而上学无力在物理学和数学之外取得这样的地位。此外，休谟也否认了关于自然秩序中的原因和实体的形而上学思辨的有效性。休谟只想把形而上学问题从值得思考的问题范围中清除出去，而康德和他不一样，他并不拒斥形而上学问题，而是给出了另一套表述和解决它们的方法。他希望借此完成一项改革，而不是取消形而上学的探究。

康德认为，为了实践理性而不是理论理性，上帝、自由和不死，这三者的存在都必须得到确证，因为它们是"我们意志的必然对象的不可或缺的条件……这就是说，是纯粹理性的实践运用的条件"。但是，他补充说，"且不说其现实性，即便是可能性，我们也不可能确证我们知道和理解它们"。

而且，康德重新定义了形而上学，使之意味着"由纯粹概念构成的先天知识的任何体系"，他不仅把形而上学特征赋予了他论述道德和伦理的主要论著，而且认识到从《纯粹理性批判》中产生真正的形而上学的可能性。一旦"独断论的形而上学"被清除，"也就是说，一旦清除了这样的假定——无需事先进行对纯粹理性的批判即可在形而上学中有所收获的可能性——那么，系统的形而上学就将按照纯粹理性批判而展开，以此形式将形而上学遗赠后人，未必是很困难的"。

康德的先验哲学，特别是他所谓的"纯粹理性的建筑术"，在一定意义上意味着形而上学已然开始了。如果不考虑方法和结论，仅就主题而言，则类似于关于普遍原理和存在的先验性质的传统探究。当然，自然神学的对象则因其超出了理性能力以思辨方式所能认识的范围，被排除掉了。

对康德来说，作为可能之科学的形而上学"不过是*纯粹理性给予我们的一切的财产目录，当然经过了系统的整理*……"他在《纯粹理性批判》第一部序言中说，"我希望这样的纯粹思辨理性的体系，能够以《自然的形而上学》为题发表"。而在《纯粹理性批判》的最后几页中，他批评了自然神学领域中的一切思辨努力,他再次证实,"纯粹理性的思辨的和实践的运用"是要构成"自然的形而上学和伦理的形而上学"。他说,前者是"以更有限的意义上通常所称的形而上学"。二者一起"适当地构成了知识的那一部类,此部类可命名为哲学,就哲学这个词最真实的意义而言。它所求索的道路是科学的道路,一旦发现了这条道路,就永远不会失去,也永远不会误入歧途"。

关于形而上学的争论能够与形而上学的争论(即在形而上学思想领域内部的争论)区别开来。在本章中,我们把注意力完全限定在前者之上,不过,倘若不研究(至少也得是面对)本身就是形而上学问题的那些问题,要想判断关于形而上学的范围、方法和有效性的问题,是不大可能的,更不用说解决它们了。

摆脱这一困境的唯一方式是这样一种设想:心理学(对心灵诸能力的分析)或认识论(关于有效知识的标准的理论)能够在对形而上学讨论的任何考察之前,就预先确定如下一点:要讨论的问题是否在这样的问题范围之内,即这些问题涉及的是人类心灵有能力去发现且确证其答案的东西。但是,如果这一设想自己就站不住脚,或者因为在心理学和认识论被视为第一哲学时本身却预设了形而上学或隐藏了形而上学的预设,而站不住脚,那么,除了直接根据形而上学的成果去判断形而上学之外,别无他途。

在这种情况下,本章所考察的问题亦需要对如下章节中的形而上学讨论加以考察:**上帝、天使、观念、灵魂、不死、意志**诸章(它们与自然神学问题关系尤大);而与形而上学其他部分或问题相关的是:**存在、原因、形式、物质、一与多、关系、同与异**等章。

分 类 主 题

1. 最高人类科学的概念:辩证法;第一哲学;形而上学;自然神学;先验哲学
2. 对最高人类科学的分析:辩证法、形而上学或先验知识的特征
   2a. 最高科学的独特对象或问题
   2b. 最高科学的概念、抽象或原理的本性
   2c. 形而上学的方法:经验方法与先验方法的区别
   2d. 自然形而上学与道德形而上学的区别:对上帝、自由、不死这三个形而上学问题的思辨考察与实践解决之间的区分
3. 形而上学与其他学科的关系
   3a. 形而上学与神学的关系
   3b. 形而上学与数学、物理学、自然哲学、心理学以及经验科学的关系
   3c. 形而上学与逻辑学和辩证法的关系
4. 对形而上学的批判与改造
   4a. 把形而上学作为独断论或诡辩而取消或讽刺
   4b. 形而上学的重建:作为形而上学之准备的批判哲学

[韩东晖 译]

索引

本索引相继列出本系列的卷号〔黑体〕、作者、该卷的页码。所引圣经依据詹姆士御制版，先后列出卷、章、行。缩略语 esp 提醒读者所涉参考材料中有一处或多处与本论题关系特别紧密；passim 表示所涉文著与本论题是断续而非全部相关。若所涉文著整体与本论题相关，页码就包括整体文著。关于如何使用《论题集》的一般指南请参见导论。

1. **Conceptions of the highest human science: dialectic, first philosophy, metaphysics, natural theology, transcendental philosophy**

    6 Plato, 167, 486–511, 561–574, 585, 633–635
    7 Aristotle, 499–501, 511–512, 522–525, 587–590, 592–593
    8 Aristotle, 390
    11 Plotinus, 310–312
    17 Aquinas, 7–8
    21 Hobbes, 269–272
    28 Bacon, 40–48, 140
    28 Descartes, 275–278
    28 Spinoza, 692–697
    33 Hume, 451–455 passim
    39 Kant, 115–117, 120, 172–174, 243–250, 365–366, 551–552
    43 Hegel, 171–172
    51 Tolstoy, 197
    53 James, William, 95
    54 Freud, 874
    55 Bergson, 71–89 passim esp 72
    55 Whitehead, 209–217
    55 Heidegger, 299, 307–310

2. **The analysis of the highest human science: the character of dialectical, metaphysical, or transcendental knowledge**

    2a. **The distinctive objects or problems of the supreme science**

    6 Plato, 7–13, 368–373, 396–398, 476, 634–635
    7 Aristotle, 271, 390, 499–532, 547–551, 587–593
    10 Nicomachus, 599–601
    17 Aquinas, 24–25, 47–48
    28 Bacon, 42–46
    28 Descartes, 301–307
    28 Spinoza, 624–625
    33 Hume, 509
    39 Kant, 6, 19, 388, 603–607
    51 Tolstoy, 694
    53 James, William, 89–90, 258–259
    55 Bergson, 84–89
    55 Whitehead, 209–217
    55 Heidegger, 305–306

    2b. **The nature of the concepts, abstractions, or principles of the highest science**

    6 Plato, 383–398, 564–574, 809–810
    7 Aristotle, 176–177, 537–538, 589, 599–601
    17 Aquinas, 46–47, 66–67, 96–97, 260–261, 451–453
    18 Aquinas, 36–37
    21 Hobbes, 269–272
    28 Descartes, 354–355
    28 Spinoza, 622
    33 Berkeley, 405–406
    39 Kant, 6, 215–216, 245–249, 270, 467–468
    53 James, William, 884–886
    55 James, William, 44–48
    55 Bergson, 71–89 passim
    55 Whitehead, 209–217
    55 Heidegger, 299–310 passim esp 306–307

    2c. **The method of metaphysics: the distinction between empirical and transcendental methods**

    6 Plato, 134, 139–140, 396–398, 491, 551–579, 580–608, 610–613
    7 Aristotle, 525, 573–574, 590, 592, 631
    28 Bacon, 44–45
    28 Descartes, 227–229, 270–271, 354–355, 356–357, 432–433, 463–464, 465–466, 468–470, 471–472
    28 Spinoza, 624, 692–693
    39 Kant, 121, 249–250, 277–279, 298–332, 349–351
    55 James, William, 9–11
    55 Bergson, 71–89 passim
    55 Whitehead, 200–205
    55 Russell, 268–271

    2d. **The distinction between a metaphysic of nature and a metaphysic of morals: the difference between the speculative treatment and the practical resolution of the metaphysical problems of God, freedom, and immortality**

    39 Kant, 33, 124–128, 143–145, 152–153, 164–177, 177–179, 200–209, 234–240, 241–242, 246–250, 253, 263–264, 277–287, 291–293, 301–302, 307–314, 331–337, 340–342, 344–349, 353–354, 386–388, 390–391, 568–570, 588–613 passim

3. **Metaphysics in relation to other disciplines**

    3a. **The relation of metaphysics to theology**

57. Metaphysics

16 Augustine, 311-321
17 Aquinas, 3-10, 60-62, 175-178, 209-213, 253-255, 446-447
18 Aquinas, 392-394, 598-603 passim
21 Hobbes, 163, 165, 269-271
23 Montaigne, 195
28 Bacon, 4, 15-16, 39-40, 41, 95-101
28 Descartes, 295-297, 351-352, 509-510
30 Pascal, 266
37 Gibbon, 307-310 passim, esp 308-309, 670
39 Kant, 177-192, 238-240, 346-347, 351-352, 600-601, 604-606, 607-609
43 Hegel, 165-166, 327-328
55 Whitehead, 217-220
55 Heidegger, 305-306

3b. The relation of metaphysics to mathematics, physics or natural philosophy, psychology, and the empirical sciences

6 Plato, 634-635
7 Aristotle, 275, 510, 513-516, 587-588, 598, 603, 632
10 Nicomachus, 600-601
15 Ptolemy, 5-6
18 Aquinas, 36-37, 598-599
21 Hobbes, 72
28 Bacon, 140
36 Smith, 376-378
39 Kant, 17-19, 211-218, 245-246, 295, 311-313, 330-332
40 Mill, 445
55 James, William, 57
55 Bergson, 76-78, 86-89
55 Whitehead, 155-156, 200-205
55 Heidegger, 299-300, 306
56 Planck, 97-99
56 Hardy, 376

3c. The relation of metaphysics to logic and dialectic

7 Aristotle, 237, 515, 524-525, 589-590

28 Bacon, 43-46
35 Rousseau, 341-342
39 Kant, 36-37
43 Hegel, 190-191
53 James, William, 881-886
55 Russell, 289-290

4. The criticism and reformation of metaphysics

4a. The dismissal or satirization of metaphysics as dogmatism or sophistry

21 Hobbes, 52, 54, 56, 59-60, 71, 267-272, 274
23 Erasmus, 25
23 Montaigne, 280-286, 298-304
28 Bacon, 57-58, 60, 113-114, 117
33 Locke, 291-292, 293-295
33 Berkeley, 409-410, 431-432, 441
33 Hume, 478
34 Voltaire, 191-192
38 Gibbon, 526-527
39 Kant, 1-4, 109, 120-121, 129-130, 187-188, 192
43 Nietzsche, 463, 465-471 passim
45 Goethe, 46
48 Melville, 72-73, 158
53 James, William, 227, 235
55 James, William, 11-12, 46-50, 50-57
55 Russell, 287-291 passim

4b. Reconstructions of metaphysics: critical philosophy as a propaedeutic to metaphysics

21 Hobbes, 269
28 Descartes, 270-272, 301-303, 493-503
33 Berkeley, 405-412 passim, 439-440
33 Hume, 453-455, 503-504
39 Kant, 1-13, 15-16, 19-22, 101-102, 133-134, 146-149, 157, 196-197, 292-293, 296, 307, 567-568
55 James, William, 18-26 esp 18-23
55 Bergson, 71-89 passim esp 78

交叉索引

以下是与其他章的交叉索引：

The highest human science, see DIALECTIC 2a, 4; PHILOSOPHY 2b; SCIENCE 1a(2); THEOLOGY 3a; WISDOM 1a.

The objects, problems, and concepts of metaphysics, see BEING 2, 3, 4-4a, 7a-7b, 7c, 7d, 7e, 8a-8b; CAUSE 5a, 5d; GOD 2b-2c, 6b; GOOD AND EVIL 1a-1b; IDEA 1f; IMMORTALITY 2; KNOWLEDGE 6a(1), 6a(4); LIBERTY 4a; MATTER 4b; MIND 10f; NECESSITY AND CONTINGENCY 1, 2a-2b; ONE AND MANY 1-1b; RELATION 3; SAME AND OTHER 1, 2c, 2e; SOUL 4b; TRUTH 1b-1c.

The nature of metaphysical concepts or abstractions, see BEING 1; DEFINITION 6a; IDEA 1d, 2g, 4b(4); MEMORY AND IMAGINATION 6d; SIGN AND SYMBOL 3d.

The method or character of metaphysical thought, see KNOWLEDGE 6c(4); LOGIC 5d; PHILOSOPHY 3a-3b; REASONING 6a; TRUTH 4c.

The relation of metaphysics to theology, see KNOWLEDGE 6c(5); THEOLOGY 2, 3a, 4a; WISDOM 1a, 1c.

The relation of metaphysics to mathematics and physics, see MATHEMATICS 1a; NATURE 4b; PHILOSOPHY 2b; PHYSICS 1a; SCIENCE 1a(2).

Principles common to metaphysics and logic, see LOGIC 1; PRINCIPLE 1c; and for the statement of the law of contradiction, see OPPOSITION 2a; TRUTH 3c.

Criticisms of metaphysics, and the substitution of psychology or epistemology for metaphysics as the first philosophy, see DIALECTIC 2c, 3c, 6; KNOWLEDGE 5d-5e; MAN 2b(4); PHILOSOPHY 3d, 6b; SOUL 5a; THEOLOGY 5.

A metaphysic of morals, and the solution therein of the problems of God, freedom, and immortality, see GOD 2d; IMMORTALITY 3a; NECESSITY AND CONTINGENCY 4b; PHILOSOPHY 2a; WILL 5b(4).

扩展书目

下面列出的文著没有包括在本套伟大著作丛书中，但它们与本章的大观念及主题相关。

书目分成两组：

Ⅰ．伟大著作丛书中收入了其部分著作的作者。作者大致按年代顺序排列。

Ⅱ．未收入伟大著作丛书的作者。我们先把作者划归为古代、近代等，在一个时代范围内再按西文字母顺序排序。

在《论题集》第二卷后面，附有扩展阅读总目，在那里可以查到这里所列著作的作者全名、完整书名、出版日期等全部信息。

I.

Thomas Aquinas. *On the Trinity of Boethius*, QQ 5-6
Hume. *A Treatise of Human Nature*, BK I, PART IV, SECT III-IV
Voltaire. "Metaphysics," in *A Philosophical Dictionary*
Kant. *De Mundi Sensibilis (Inaugural Dissertation)*, SECT V
——. *Metaphysical Foundations of Natural Science*
——. *Prolegomena to Any Future Metaphysic*, par 1-5, 40-60; SCHOLIA
Hegel. *Science of Logic*, VOL I, BK I
James, W. *Some Problems of Philosophy*, CH 2-3
Bergson. *The Creative Mind*, CH 6
Whitehead. *Process and Reality*, PART I, CH 3 (2); PART II, CH 9 (4)
Russell. *An Inquiry into Meaning and Truth*, CH 25
——. *Mysticism and Logic*, CH 5
Heidegger. *Essays in Metaphysics: Identity and Difference*
——. *An Introduction to Metaphysics*
——. *Kant and the Problem of Metaphysics*
——. *The Question of Being*
——. *What Is a Thing?*
——. *What Is Philosophy?*

II.

THE MIDDLE AGES TO THE RENAISSANCE (TO 1500)
Bonaventura. *The Mind's Road to God*
Maimonides. *The Guide of the Perplexed*, PART I, CH 33-36

THE MODERN WORLD (1500 AND LATER)
Carnap. *Philosophy and Logical Syntax*, 1
——. *The Unity of Science*
Collingwood. *An Essay on Metaphysics*
Comte. *The Positive Philosophy*, INTRO
Gilson. *The Unity of Philosophical Experience*, CH 12
Körner. *Metaphysics: Its Structure and Function*
Lazerowitz. *The Structure of Metaphysics*
Leibniz. *Philosophical Works*, CH II (*On the Reform of Metaphysics and on the Notion of Substance*)
Lotze. *Metaphysics*, INTRO
Malebranche. *Dialogues on Metaphysics*
Maritain. *The Degrees of Knowledge*, INTRO; CH 4
——. *A Preface to Metaphysics*, LECT II-III
Peirce, C. S. *Collected Papers*, VOL VI, par 318-394
Peters, J. A. J. *Metaphysics: A Systematic Survey*
Popper. *The Open Universe*
——. *Quantum Theory and the Schism in Physics*
——. *Realism and the Aim of Science*
Quinton. *The Nature of Things*
Santayana. *Dialogues in Limbo*, CH 10
Schopenhauer. *The World as Will and Idea*, VOL II, SUP, CH 17
Suárez. *Disputationes Metaphysicae*, esp 1
Taylor, A. E. *Elements of Metaphysics*
Whittaker, T. *Prolegomena to a New Metaphysic*

58

心 灵 Mind

总 论

在伟大著作的传统中,"心灵"这个词没有"理性""理智""知性"或"灵魂"用得频繁。还有一些别的词,像"智能"、"意识",甚至"精神"或"心神",常常带有"心灵"这个词的某部分意义。某些作家将"心灵"用作这些词中的这个或那个的同义词,给予它的意义是其他作家专用"理性"或"知性"来表达的。某些人讨论心灵而不涉及灵魂,某些人将心灵等同于灵魂或精神,而某些人把心灵设想为只是灵魂或精神的一部分。

为了将落在所有这些术语共同的意义范围内的所有讨论参照、装配在单独一章中,我们必须采纳某个覆盖性的语词。我们之选择"心灵",部分地是因为它现在的流行,部分地是因为一个事实,即,对于在这一章中并列的那些相互冲突的理论而言,"心灵"这个词比其他词稍微中立一些、因此更少引起偏见。

"理性"和"理智"这样的词常常比"心灵"蕴含着一个更为明确的区分,即感觉与思想之功能或官能的区分。例如,在洛克和休谟的著作中,想象和记忆是归属于知性的,而在亚里士多德和阿奎那的分析语汇里,想象和记忆属于感觉,不属于理性或智识。同样,"灵魂"或"精神"这样的词的意思常常是一种实体性的和非物质的存在模式。而"心灵"则可能有在活机体中发现的一种官能或一种能力的意思。

采用"心灵"这个词纯粹是为了方便。它不是循环辩论,也不裁决任何议题。这里所讨论的问题与在论**灵魂、感觉、记忆**与**想象**的诸章中考察的问题之间的关系,即使用"理性"或"智识"代替"心灵",也依旧保持不变。对这些关系的不同表述,并不受所使用的语词的影响,但是受到不同的关于何为心灵的理论的影响,无论给心灵一个什么样的名字。

在我们考察关于人类心灵的多种不同见解(主题第一部分列举了七种心灵观)之前,检查一下"心灵"在这里代表的所有这些语词的内涵或多或少所共有的意义元素,是有益的。即使在这里我们也必须避免在是否心灵是人类特有的问题上陷入循环。其他动物也许有心灵。根据一个理论,心灵也许是物质的一个普遍属性。根据另一个理论,也许存在超人类的心灵或智能,或一个绝对的心灵、一个超级的智能。

因为宇宙中有心灵,要是其他一切保持不变而将心灵除去,宇宙就有缺,那么,宇宙到底包含什么东西呢?在回答这个问题时我们被迫要提及的事实,给了我们某个关于"心灵"及其所有同义词共同的意义元素的提示。

首先是思想或思维之事实。如果世上没有任何思想的证据,心灵就将没有丁点或者任何意义了。整个传统中对这个事实的承认,说明了多种不同的心灵理论的发展。没有任何伟大的作家否认思想的现象,不管他们每个人可能是多么不同地描述或解释这个现象;因此,无人不持有某个心灵观。

可以假设,"思想"或"思维"这类词,由于其含糊性,不可能帮助我们定义心灵的领域。但是,无论思维与感觉的关系怎样，思维似乎——对几乎所有的观察者来说——比单单接受来自外部的印象要包含更多的东西。这似乎是两派人的观点，一派把思维作为感觉的后果，另一派认为思维是独立于感觉的。对两派而言，思维都超出了感觉，或者作为感觉材料的精细化，或者作为对完全超出感觉范围之外的对象的领会。就这个洞见是正确的来说，在论**观念**、**判断**和**推理**诸章中讨论的思想的要素或方面，明显地与这一章里讨论的种种心灵理论相关。

第二个事实似乎是所有心灵观共有的根源，它就是知识或致知（knowing）之事实。这一点也许会受到质疑，其根据是，如果有感觉而无任何形式的思想、判断或推理，那么至少存在一种根本性的知识——一个东西关于另一个对象的某种程度的意识或觉察。即使我们承认这个反驳的要点，真与假的区分，以及知识、错误和无知的区别，或者知识、信念和意见的差别，也并不适用于完全脱离思想的感觉上，这似乎仍然是对的。论**知识**的一章介绍了对这些区分或差别的表述。任何与它们有关的对知识的理解，似乎蕴含了心灵，基于相同的理由蕴含了思想。

罗素写道："知晓自身之外的事物的能力，是一个心灵的主要特性……正是这个特性构成了心灵知道事物的能力。如果我们说被知的事物必须在心灵之中，那么我们要么在不适当地限制心灵的致知力量，要么我们说的只是一个重言式。"当"我们用'在心灵之中'和用'在心灵之前'意指相同的东西，即如果我们的意思是仅仅被心灵领会"的时候，这种复述的意义就变得明显了。

在自我知识的事实中心灵有进一步的含义。感觉可以是对一个对象的觉察，在这个程度上它也许是一种致知，但是，感觉能够感觉或意识到它们自身，是从未被观察到的。例如，看看感觉的定义或感觉和感觉对象的理论。这些定义和理论必须被看作是反思性思想的作品；它们不是感觉的产物。

思想似乎不仅是反思性的，而且是反身的（reflexive），就是说，能够考察自身，能够定义思维的性质和发展心灵理论。关于思想——其反身性——的这个事实，似乎也是"心灵"的所有意义中的一个共同元素。它有时候被称作"理智的反身性"，或被称作"知性的反身力量"，或被称作"知性反思其自身行动的能力"或"自我意识"。无论怎么说，一个没有自我意识或自我知识的世界，是一个传统心灵观可能不会从中产生出来的世界。

第三个事实是目标或意向的事实，用关于目标的预先知识计划一个行为过程，或用其他任何方式达到一个欲求和预见的目标的事实。像在感性的情况中一样，欲望的现象，没有进一步限制的话，并不显示心灵的领域。根据自然欲望的理论，例如，即使无生命的、无感觉的东西的自然倾向也是欲望的表达。但是，目标或意向的事实并不是在欲望的这个意义上，在这里被当作是心灵的证据。

毋宁说，正是在生物行为的层面上，目标似乎要求一个因素，这个因素超出了被限制于当下现象的感觉之外。这个因素不可能在激情中找到，激情与感觉有同样的限制，因为，除非它们受到阻止，否则它们倾向于情感上的立即释放。该因素，被行为到未来目的的导向所要求，要么是"心灵"的所有意义所共有的一个元素，要么至少是一个与心灵相关联的元素。

它有时候被称为意志的官能——理性的欲望或理智的爱好。有时候它被当作意愿的动作，与思维一起，是心灵或知性的两个主要活动之一;有时候,有目的性被看作是心理的真正本质。与心灵的这个方面相关的考察在**意志**那一章里讨论。将意志理解为理智的爱好,不仅在阿奎那那里而且在加尔文那里被发现。两人都将人类的这两个官能看作是结合的——一个是推理或知性的力量,另一个是意向和选择的力量。

这三个或四个事实——思想、知识或自我知识以及目标——似乎是所有心灵理论所共有的。除此之外,它们似乎是对心灵观的发展提出了要求的事实。它们在极大程度上并没有在伟大著作的传统中受到质疑;但它们并非总是被同样地看待。它们并不总是以相同的方式相互联系以及与别的相关考察相联系。种种相互冲突的关于人类心灵的见解肇始于这些在诠释和分析上的差异。

关于人类心灵是什么、它有什么样的结构、它包含哪些部分、属于哪个整体,理论之间的冲突并不包含这个主题上的全部争议。所有的心灵理论仍有足够多的共同之处,让某些别的问题得到表述。

人类心灵是如何运作的?它如何从事它做的任何工作、有什么内在的优点和缺点?心灵与物质、与身体器官、与物质条件的关系是怎样的?心灵是人类和动物共同拥有的,还是动物中无论什么被称为心灵,总是与人类心灵截然不同的?在人类和整个物质生命的世界之外,还存在多个心灵或一个心灵吗?

这样的问题构成了这一章的主要题目。其他在这里出现的题目,如心灵的道德和政治方面,留给讨论道德和政治思想的大观念的其他章节。其他还有一些题目,像精神错乱问题——丧心病狂——在这里是明显有关的,尽管对精神病理学的更一般的考察属于别处,如在**医学**那章里。

在我们这里主要关切的问题的争论中,被采纳的立场的可理解性,在某个程度上依赖于滋生这些立场的相互分歧的心灵观。因此,似乎有必要考察出现在伟大著作中的七个心灵观念。即使不可能追溯到每一个观念对于这个大争论话题的可能含意,这将至少为读者的进一步探索提供一个广义的语境。

当然,七个是分析时的一个虚构。从一个观点看,有更多——或许在伟大的作者中,有更多的思想家,他们详述了这个主题。从另一个观点看,可能比七个还少,因为,当根据某些基本差别来划分时,这些理论中的一些好像是某一个学说的变种而已。

"在灵魂中被称作心灵的东西,"亚里士多德写道,"是灵魂据以思维和判断之物。"对他也对柏拉图而言,人类的理智或理性,是人类灵魂的一部分或力量,有别于其他部分或官能,如感觉和想象、欲望和激情。尽管由于具有这个部分或力量,人类灵魂有别于其他生物的灵魂,人类灵魂并因此被亚里士多德称为"理性的灵魂",但是,这些作家并没有将心灵与灵魂等同起来。因为灵魂是生命以及一切生机活动的原理,所以心灵是知识和思维、考虑、决定等活动的从属原理。

在这个理论的一般框架内,柏拉图和亚里士多德之间、他们与赞同他们观点的人们之间,存在许多差别。这些差别不仅关于包括理智作为一部分的灵魂,而且关于理智自身的力量或活动。例如,亚里士多德首创的、心灵作为一种主动的与一种被动的力量的区分,更明确地被阿奎那表述在他的主动理智和潜在理智的理论中。

阿奎那写道,人类理智"在于达到可理解事物的潜能,并且像哲学家说的那样,起先像一块没有写字的干净板子。

这从一个事实中就可以弄清楚,那就是,我们起先只是有理解的潜能,然后我们实际可以理解了。所以很明显,就我们而言,理解在某种程度上是被动的"。但是,事物的形式或阿奎那称为的事物的"可理解样式"（intelligible species）,并不是像它们存在于质料事物中那样实际地可理解的。他因此论证说,除了"能接纳这些样式的能力（由于它有达到这些样式的潜能,所以被称为可能的理智）"之外,还必须有另一种理智的能力,他称之为主动的或"能动"理智。他说,如果不通过某个行动中的事物或已经是实际的事物,"任何东西都不可能把潜能变成行动"。"因此我们必须在理智上指派某个力量,通过将这些样式从质料情形中抽离出来,使得事物实际可理解。这就是设定一个能动理智的必要性"。

阿奎那将主动的与可能的理智的区分更明确地表述为不同的力量,对于分析亚里士多德区分的被动或可能理智的三种状态,有进一步的后果。接纳可理解样式的理智的能力,也可能完全只具有抵达这些样式的潜能,如当它尚未达到理解某些事物时的那样。或者,当它以前已经获取对某些事物的理解、但当下实际上没有从事于理解它们时,它可以被描述为习惯性地拥有这些可理解样式。在第三种情况下,潜在的理智也可以是现实的或在活动的,无论它是实际地演练其理解习惯、还是第一次实际地理解某个事物。

在这个传统的心灵理论中,心理活动领域里也做出了许多其他区分,但没有一个区分被认为是要求把心灵分成两种不同的力量,甚至也没有要求分清同一种力量的几种状态。正如柏拉图将直觉或对可理解对象的直接领会看作是智能的一个活动,同一个智能能够对它能沉思的观念进行推理,所以,亚里士多德和阿奎那将三种不同的活动指派给理智的力量,它领会可理解对象,不是靠直觉,而只是作为主动理智从质料中抽出形式的结果。

一旦对被抽象样式的接纳把可能理智现实化了,它就能以三种方式行动。它能够用概念表达印刻在它之上的样式。理智的这第一个行动就是概念化。它的第二和第三个行动——判断行动和推理行动——在于从概念形成命题,了解一个命题在推理或证明中如何从其他命题导出。

不像阿奎那分别指派给现实和可能理智的抽象和概念化,判断和推理根据他的观点并不要求不同的力量。被阿奎那称为"思辨的"和"实践的"两种思想或推理也不需要不同的力量。他认为,思辨和实践理智"不是不同的力量",因为他们只是在目的上有别。思辨理智"将它领会的东西不是导引到操作上,而是导引到唯独考察真理";实践理智"将它领会的东西导引到操作"或行动。但是,对于理智的本性作为一种领会力而言,"它是否导向操作,是偶然的"。

前面的区别不是所有的,或者以相同的方式,被柏拉图、亚里士多德以及其他像普罗提诺、奥古斯丁或阿奎那这些作者做出的,这些人立场一致地将心灵视为只是人类灵魂的一个部分。卢克莱修在这一点上与他们站在一起,尽管他在心灵与物质的问题上急剧地与他们相左。心灵对卢克莱修而言只是"给灵魂以指导的力","主拥有对身体的一切的统治"。心灵只是灵魂的思维和决策部分。但柏拉图、亚里士多德以及他们的追随者,在感觉或映象与普遍观念或抽象概念之间,做了种类上的区分。感觉与理智对他们而言是致知的不同官能,有不同的知识对象。对卢克莱修来说,另一方面,思维不过是感觉接收的映象的重写。至少在这一方面,卢克莱修更密切地与在霍布斯、洛克和休谟那里发现的心灵理论相联系。

在对心灵的考察中,在某一点上的一致似乎在每个地方都伴随着在另一点上的分歧。洛克不同意卢克莱修或霍布斯关于灵魂的物质性的看法;尽管他同意贝克莱,认为心灵是精神实体,但关于一般概念是从特定感觉印象抽象出来的看法,他并不同意贝克莱,同意霍布斯和休谟要更多一些。柏拉图和亚里士多德同意感觉与理智或理性是十分不同的,但他们在这些官能的关系上看法不一,特别是,多大程度上心灵可以独立于感觉和想象而活动,他们对这个问题看法不一。奥古斯丁似乎同意柏拉图的回忆说,把它作为对感觉如何将它已经拥有的观念主动地召回到心灵中的说明。阿奎那采纳亚里士多德的抽象说,把它作为一个对感觉的作用的完全相反的说明,感觉的作用在于提供心灵工作于其上以获得概念的材料。但是,奥古斯丁和阿奎那在另一点上走到一起,而在此处他们与亚里士多德和柏拉图分道扬镳。奥古斯丁和阿奎那将理智与作为灵魂的分离官能的意志精确地区分开来,而柏拉图和亚里士多德把思维和意愿(或者致知和爱慕)只是看作是心理生活的不同方面。

关于我们现在必须恰如其分地加以考察的其他心灵理论,同样的情况也盛行着。例如,笛卡尔,在心灵或理性与感觉或想象的关系上,与柏拉图和奥古斯丁相像,而在这一点上我们已经看到,柏拉图和奥古斯丁一起与亚里士多德和阿奎那相左。但是,笛卡尔在把思维和意愿当作心灵的行为而不是属于完全分离的官能时,他也更接近亚里士多德和柏拉图,而在这一方面亚里士多德和柏拉图,与奥古斯丁和阿奎那相左。

这些一致和差异,出现在笛卡尔与目前所有被提及的其他作者的一个基本对立的语境中。不像他们所有人,笛卡尔将人类心灵等同于人类的理性灵魂。在人类的双重本性中,他说,"有些活动我们称为有形的,如数量、形状、运动以及所有那些离开空间中的广延就无法被思考的东西;它们存在于其中的实体被称为身体……此外,还有其他的活动,我们称为思维活动,如理解、意愿、想象、感受,等等,它们全都落在思想、知觉或意识的描述之下。它们栖居于其中的实体,我们称为一个思维的东西或心灵,或我们喜爱的任何名字,只要我们别将它与有形的实体混为一谈,因为思维活动与有形活动毫不沾亲带故,而思想作为前一类活动的共同本性,完全不同于广延,描述后一类活动的共同术语"。笛卡尔否认畜生具有思想,但他说"即使我承认思想存在于它们之中,这也绝推不出人类心灵不能与身体区分开来,但反过来,在其他动物中也有一个与它们的身体不同的心灵"。

根据笛卡尔,人性的这两个部件每一个都是实体——一个思维的实体和一个广延的实体。笛卡尔互换地使用"理性的灵魂"和"心灵"这两个短语。理性或理智——思维的能力——不是灵魂的一个力量。思维也不是灵魂有时候做有时候不做的一个行动。心灵是灵魂自身的真正本质,就像广延是身体的本质一样。正如身体如果实际没有三维就不可能存在那样,心灵没有思维也不可能存在。

尽管字面上翻成英语"I think, therefore I am"(我思故我在),笛卡尔的 *Cogito, ergo sum* 也能用 "Thinking is; therefore, the mind is"(思维存在;因此,心灵存在),或者用更严格等价的陈述"The mind exists; therefore, there is thinking"（心灵存在；因此，思维存在）来叙述。恰好是这种心灵的存在与思维活动的相等,遭到洛克的挑战。"我们通过经验确定地知道,"洛克写道,"我们有时思维,并从此得出这个不谬的结果,即我们身上有某个东西具有思维的力量;但是,不管那个实体是否永久思维,我们并不能进一步比经验告诉我们的担保更多……我承认一个醒着的人的灵魂绝不会没有思想,因为这是醒着的条件。但是,是否无梦之眠不是整个人(心灵和身体)的一个感触,也许值得一个醒着的人思考……在我看来,每一个昏昏欲睡的打盹,动摇着他们的学说,他们说灵魂总是在思维。"

这个分歧引人注目的地方是,洛克和笛卡尔都同意把人看作是两个不同实体的联合体——物质实体或身体与精神实体、心灵或灵魂的联合体。然而,并不令人吃惊,贝克莱应该持有笛卡尔式的观点,反对洛克。按照观念的演替考察时间的流动,贝克莱断言"灵魂总在思维是一个平淡无奇的结论"。他谨慎地加上一句:"试图从其思维中抽象出一个灵魂的存在,不是一件轻松事。"他可能会说这是不可能的,因为,既然他认为身体并不存在,人只是由心灵或灵魂构成的,那么他不必踌躇就可以断言,心灵如果不停止存在就不可能停止思维。按照威廉·詹姆士的看法,贝克莱和笛卡尔"都不能随意把这些现象当作它们像是的东西,也不能随意认为心灵还有身体可以睡觉"。

尽管有这些差别,笛卡尔、洛克和贝克莱似乎对心灵领域之内的活动范围取得一致意见。心灵在笛卡尔看来是一个思维的实体,然而它也感觉和想象、受害于激情以及演示意志的行为。笛卡尔按照行为来说,洛克按照力量来说。心灵有许多截然不同的力量,洛克将所有认知官能(不仅仅是抽象思想和推理的力量,还有感觉和想象的力量)以及像选择和意愿这样的自愿官能都包括在这些力量之中。贝克莱也收罗了整个范围内的心理现象——感觉、想象、记忆、激情、推理和选择。

休谟接受了一个相似的观点,尽管在他的情况下必须加上一个基本的限定。他并不将心灵看作是一个灵魂或一个精神或任何他种实体。他甚至在处理经验流中从一个时刻到另一个时刻心灵的连续性或同一性的观念时,还有某些困难。然而,他说:"不可怀疑的是,心灵被赋予了几种力量和官能,这些力量彼此各不相同……这种区分显然有许多,如意志与知性的区分、想象与激情的区分,它们在每个人类创造物的理解范围之内。"我们可能不能够说心灵是什么、它如何存在;但休谟认为"如果我们不能跨出这种心理的地理学,或者走出对心灵的不同部分和力量的描绘,那么能走这么远至少是一个满足"。

笛卡尔的心灵理论在另一个方向上,似乎是一个违背洛克采取的方向的起点。斯宾诺莎同意心灵是一个思考的东西。他同意人是一个单个身体与一个单个心灵联合构成的。但在实体的意义上他与笛卡尔不同。依其真正本性,实体是无限的;因为它是无限的,所以只可能有一个实体,就是上帝。有限的个体事物,无论是身体还是心灵,并不作为实体而存在,而是作为神性的模式。

"人类心灵是上帝的无限理智的一部分,因此,"斯宾诺莎宣称,"当我们说人类心灵知觉到这个或那个事物时,我们说的不过是上帝具有这个或那个观念。"斯宾诺莎将爱和欲望以及知觉和想象包括在心灵的情感中,甚至称它们为"思想的模式"。然而,他补充说,离开了被爱或被欲望的事物的观念,这些都不存在,"可是,尽管其他任何思维模式都不存在,这个观念却可以存在"。

在这里讨论的七种心灵观里剩下的三种之中,两种与已经提到的理论有某些相似之处。柏格森的心灵观似乎没有被提到的七个中的任何一个所覆盖。对他来说,心灵是持续地处于流的状态中。他写道:"根本不存在每个时刻都不变化的心灵状态,无论它是多么简单。"

黑格尔将人类心灵视为绝对心灵或精神的一个阶段或辩证运动,这堪与斯宾诺莎将人类心灵视为上帝的无限理智的一部分比肩。黑格尔式的心灵理论,在《精神现象学》和《精神哲学》这些著作中发展出来,反映在他的《历史哲学》和《法哲学》之中。因此,对他的心灵观的表达出现在**历史**和**国家**那些章节中,也出现在这里。

将詹姆士的观点与洛克和休谟的联系起来,似乎有相近的道理。詹姆士愿意设定一个灵魂,它"以某种神秘的方式被大脑状态所影响,并以其自身的感触对这些大脑状态做出回应",他接着说,"然而,赤裸裸的现象,这种在心理这边与整个大脑过程并置的、立即被知的东西,就是意识的状态,不是灵魂本身"。

灵魂是什么以及它是否存在,属于形而上学问题。就心理观察和分析而言,心灵的现象是在思想或意识流中发现的。心灵的状态就是意识的状态。詹姆士用"感受"或"思想"这些词来涵盖每一种类型的心理运作、每一个心理状态、每一种形式的意识,包括感觉和情感、欲求和希望以及概念化和推理。

洛克和休谟根据不同类型的心理运作区分心灵的力量。詹姆士宁愿倾向于根据不同类型的心理内容按照心灵的多种状态来分析心灵。但他也着重强调思想的连续流动中意识的种种元素的动态相互联系。

弗洛伊德也提出了对不同类型的心理内容的分析,并伴之以一种关于心灵的不同层面或精神结构的理论。例如,他认为"我们具有两种无意识———一种是潜伏的但能够成为有意识的,另一种是压抑的并且无法以寻常的方式变成有意识的……潜伏的并在描述的而非动态意义上无意识的东西,我们称之为前意识;无意识这个术语我们留给受压抑的动态的无意识的东西,这样我们就有了三个术语,意识、潜意识和无意识。"

像詹姆士一样,弗洛伊德关心种种心理运作或内容的动态互动。此外,他们之间还有进一步的相似点。詹姆士说:"对未来目的的追求和手段的选择是……心理性在呈现的标志和标准……唯独那些为一个目的而做的并显示了对手段的选择的行动,才能被称为心灵的毋庸置疑的表达。"弗洛伊德在同一方向上走得更远。他将"广义的精神能量"等同为他称为的"利比多",他的意思是,心灵就其最原始的形式而言完全具有欲求或寻求的方面。心灵的自我表达借助于"两种根本不同的本能,在字义最广的意义上的性本能,以及其目的是破坏的侵略本能"。

最后,有一种理论说心灵既不是灵魂的官能之一,也不是一个思维的实体;也不是一个有多种力量的灵魂或精神。"我们的一切知识,"康德写道:"始于经验,自此进入到知性,终结于理性,超出理性之外,不可能在人类心灵中发现任何更高级的东西来阐述直观材料并使其受制于思想的最高统一。"这三种官能对康德来说有截然不同的功能。感性官能是直观的一个官能。知性的官能是判断和科学知识的官能。理性的官能,当恰当地运用时,在思想领域里执行一项批判和调节功能,但是,当超出其能力范围运用时,它将把思想引入黑暗的胡同或辩证的挫败之中。

心灵不是这些官能中的一个,它也不是这些官能的存在场所。在康德看来,心灵的观念似乎主要在一个集体的意义上有所指。它代表认知官能三方的统一和秩序。感受和意志的官能——康德将它们加进他列举的"高级官能"中——属于"先验自我",但它们并不落在作为先验结构的一部分的心灵之中。康德关于理性的思辨和实践使用的区分,以及他关于道德和审美判断的区分,涉及心灵——或其官能三巨头——与其他官能的不同关系。

前面对人类心灵观的鸟瞰,给出了如何回答其他关于心灵的问题的某些提示。

例如,就心灵与物质的关系来说,笛卡尔、斯宾诺莎、洛克和詹姆士的理论似乎肯定实体的二元性,或实体模式的二元性,或至少肯定了物理的和心理的领域的二元性。他们面临着一个问题,就是两者之间的关系——它们的相互独立或相互作用的问题。

"心理的和物理的事件,"詹姆士写道,"在各个方面被承认呈现了存在的整个领域里的最强差异。分裂两者的鸿沟,比任何我们所知的间隔,更不容易被心灵填补。那么,为什么不称之为一个绝对的沟壑,"他问,"并且说这两个世界不仅是不同的,而且是独立的呢?"

詹姆士认为,迫切需要这种心灵和身体完全独立的理论,"是一种在当前的心理学中无法辩护的莽撞"。他偏向一方作用于另一方的常识理论。但更早将身体和心灵视为不同实体的作家,在设想它们的互动时发现了严重的困难。"我们的心灵用思想来移动或停止身体,我们每时每刻发现它们是怎样做的,何以如此",根据洛克,是"朦胧晦涩的和不可思议的"。根据休谟,"自然中没有任何原则比灵魂与身体的联合更为神秘"。他将这种联合的一个后果解释为,"一个设想的精神实体,在一个物质实体上取得影响,以至于最精微的思想能够驱动最粗鄙的物质。如果一个隐秘的希望使我们能够移去大山或控制行星的轨道;这个神通广大的权威",休谟认为,"就不会更非凡了,也不会更超出我们的理解"。

贝克莱否认身体存在,他仍然论证,即使身体存在,它们也不可能对心灵施加任何影响。"尽管我们把外部身体给了唯物主义者,"他说,"他们扪心自问,仍不知道我们的观念是如何产生的;因为他们承认不能理解身体怎样才能作用在精神上,或者身体何以可能将任何观念烙在心灵中。因此,很明显,我们心灵中观念或感觉的产生,绝不是我们为何假设物质或有形实体的理由,因为有没有这个假设,观念的产生都被承认还是同样难以解释的"。

像贝克莱一样否认物质存在,或者像卢克莱修或霍布斯一样否认非物质事物存在的人们,都面临着他们自身的问题。贝克莱必须解释心灵对身体的知觉,或者为什么心灵思考物质。卢克莱修必须把知觉、思想和选择解释为运动中的物质粒子的功能。

心灵到物质的还原提出了一个导向相反方向的问题。为什么不可以这样假设呢:思想和感受出现在这样的宇宙中,无论在哪里,物质是——一个心灵原子,这个心灵原则与每个物质原子密不可分地结合在一起的,就像詹姆士考察和批评的"心灵—材料"或"心灵—尘埃"理论所说的那样?仍有另一种对心灵与物质的关系的表述,在亚里士多德和阿奎那的理论中可以找到,根据两人的看法,理性的灵魂是"一个机体的实质形式",但理智——灵魂的力量之一——决不与物质联合。心灵被看作是非物质的，因为理解或思想不需要一个身体器官。

根据阿奎那，天使的理智是"一种既非一个有形器官的、又不以任何方式与有形物质相关的认知力"。人类心灵不是如此完全地与物质相分离，因为，尽管人的理智"不是一个器官的行为，然而它是灵魂的一个力量，灵魂是身体的形式"。在所有身体形式中，唯独人类灵魂具备"有形物质无论如何不占一份的运作和力量"的特性。但阿奎那也认为，"身体对于理智的行为是必需的，不是作为其行为器官，而是在对象一边"——感觉官能产生的幻觉或影像。他以下述方式考虑这种依赖性。"理智要实际地理解……需要想象力的行动以及其他力量的行动"，它们是身体器官的行动。"当想象力的行动被有形器官的一个损害所阻碍时，如在狂怒的情况下，或者当记忆的行动被阻碍时，如在嗜眠症的情况下，我们看到，甚至一个人实际地理解他以前知道的事物时也受到阻碍"。

身体与心灵的问题在**物质**一章中更充分地讨论了。心灵理论中涉及的其他问题，也同样出现在其他章节以及这一章中，例如动物和人类中的心灵问题（在**动物**和**人**两章里）；优于人心的心灵的存在问题（在**天使**和**上帝**两章里）；人类心灵中观念的起源问题（在**观念**和**记忆与想象**的章节里）。然而，应该注意，关于人类心灵性质的一致或分歧，并不总是决定有关其他问题的一致或分歧。

洛克和笛卡尔共享心灵是精神实体的观点，但他们在关于先天观念或原则的问题上意见不一。当洛克说心灵是一种白板，"没有观念就没有一切特性。它如何被装备布置呢？"他问："心灵从哪里得到理性和知识的所有这些材料呢？对于这我回答是一个词，来自经验。我们的一切知识建立在经验上；知识最终从经验中得出。我们或者对外部可感对象所使用的观察，或者对我们自己心灵的内部运作所使用的观察，给我们的理解提供了思维的一切原料。"

但是，洛克并不接受亚里士多德在感觉官能与理性官能之间做出的明确区分，他也发现没有必要采纳亚里士多德的主动理智的想法，去解释心灵如何从感觉知觉的殊相中抽象出一般观念。只要他的理论将感觉的力量赋予心灵，洛克与贝克莱和休谟的关系就比亚里士多德更加亲密；然而，在抽象观念或人与畜生的区别的问题上，他与他们的对立，跟他们与亚里士多德的对立，是一样尖锐的。

这几个观察可以当作许多杂乱地交叉在一起的思想线索的一个样品，这些线索形成了传统上对心灵讨论的复杂模式。很少有什么例外，几乎对作者和主题的任何选择都会提供相似的例子。这个事实，与另一个事实，即这一章的几乎每个主要议题都引起对其他大观念的讨论，这两个事实一起，有助于将论心灵这一章变成透视整个思想世界的一种焦点。这应该如此，不令人惊奇，因为，根据任何一个理论，心灵是观念的处所，或者像亚里士多德所说的那样，是"形式的形式"（the form of forms）。

分 类 主 题

1. 种种不同的人类心灵观
   1a. 心灵作为理智或理性，灵魂或人性的一部分，与感觉和想象不同
      （1）感觉和理解的行为，与感觉和理性的对象之区别

        (2)理智与感觉的合作：思想对想象的依赖以及理性对想象的指引
        (3)理智的运行：理解、判断和推理的行为
        (4)主动的和可能的理智在力量和功能上的不同
    1b. 心灵等同于思维实体
        (1)作为思维实体的心灵与感觉和想象的关系
        (2)思维和意愿作为思维实体的行为
    1c. 心灵上帝品质的一个特定模式，就是思想
        (1)作为一种思想模式的人类心灵的起源
        (2)作为一种思想模式的人类心灵的属性
    1d. 心灵作为灵魂或精神，具有执行所有认知和自愿功能的力量
        (1)心灵的简单观念的起源：感觉与反思
        (2)知性的活动与观念相关：复杂观念的形成
    1e. 心灵作为认知官能三方：知性、判断力和理性
        (1)知性与感觉或直觉的关系：它在自然领域中的运用；与规律的相符
        (2)判断力与快乐或不快的关系：它在艺术领域中的运用；审美的终极性
        (3)理性与欲望或意志的关系：它在自由领域中的运用；至善
    1f. 心灵作为智能或自我意识，知道其自身是普遍的：理智与意志的统一
    1g. 心灵作为心理过程的全体、作为有意义的或有目标的行为的原则
        (1)思想、意识或经验流的本性：种种心理运作
        (2)心灵的剖析图(topography)
        (3)注意力的统一和意识的统一：心灵的选择性
2. 人类心灵与物质或身体的关系
    2a. 心灵的非物质性：心灵作为一个非物质的原则、一个精神实体，或作为一个无需身体器官而活动的无形体力量
    2b. 理智或理性的潜能与物质或自然的潜能的比较
    2c. 心灵与身体的互动
        (1)心理活动的生理条件
        (2)心理活动对身体状态的影响
    2d. 心身并行论
    2e. 心灵到物质的还原：对其过程、对心灵与灵魂的区别以及心灵与身体的区别的原子解释
3. 动物的和人的心灵
    3a. 心灵、理性或知性作为人性的一个特殊属性：人类理性与动物智能和本能的比较
    3b. 心理性作为人与动物的一个共同属性：人类智能和动物智能在程度或质量上的差别
    3c. 心灵或智能的进化
4. 人类心灵的种种状态
    4a. 智能的个体差异：理解能力的程度
    4b. 儿童的心理性
    4c. 可能理智的状态：其潜能、习惯和现实性

58. 心　灵

　　4d. 心灵先于经验的条件
　　　　（1）心灵是完全潜在的：心灵作为白板
　　　　（2）心灵天生拥有观念：本能的确定
　　　　（3）心灵的先验或先天形式和范畴
　　4e. 灵魂与身体分离时人类心灵的境况
　　4f. 人类理智的超自然状态：无知的状态；至福；基督的人类理智
5. 人类心灵的弱点和局限
　　5a. 人类心灵的可错性：错误的原因
　　5b. 心灵的天然局限：不可知的事物；超出其力量的对象；理性对其自身局限或边界的批判性确定
　　5c. 人类心灵借助神的恩典的提升：信仰与超自然天赋
6. 心灵的反身性：心灵关于自身及其行为的知识
7. 意识的本性和阶段：无意识的领域
　　7a. 自我意识的本性
　　7b. 意识的程度或状态：醒、梦、眠
　　7c. 心灵的意识、前意识和无意识活动
8. 心灵的病态：理性的丧失或中止
　　8a. 心智健全与失心发疯的区别：神志清醒或明悟的标准
　　8b. 心理病态的原因：机体的和功能的因素
　　8c. 心灵特有的变态：系统性的错觉
9. 道德和政治秩序中的心灵
　　9a. 思辨的与实践的理智或理性的区别：知识、信念和行动的领域
　　9b. 理性与意志、欲望和情感的关系
　　9c. 理性管理人类举动：理性作为美德或义务的原则
　　9d. 理性作为自由意志的原则：合理性作为道德和政治自由的来源
　　9e. 理性作为人类社会的构成因素：政府和法律的权威性
　　9f. 理性的生活，或心灵的生活，作为人类的天职：理性作为一切人类工作的原则
10. 人类之外的心灵的存在
　　10a. 自然秩序中的内在理性
　　10b. 理性（nous）或理智原则：它与唯一（the One）和与世界－灵魂的关系
　　10c. 纯粹智能的领域：天使的理智
　　10d. 活动的或可能的理智的统一或分离存在
　　10e. 心灵作为上帝的一个直接的无限的模式
　　10f. 绝对心灵：其展现的时刻
　　　　（1）在世界史中心灵或精神的开显
　　　　（2）心灵在国家中的具体客观化
　　10g. 神的理智：它与神的存在和神的意志的关系

[程炼　译]

索引

本索引相继列出本系列的卷号〔黑体〕、作者、该卷的页码。所引圣经依据詹姆士御制版，先后列出卷、章、行。缩略语 esp 提醒读者所涉参考材料中有一处或多处与本论题关系特别紧密；passim 表示所涉文著与本论题是断续而非全部相关。若所涉文著整体与本论题相关，页码就包括整体文著。关于如何使用《论题集》的一般指南请参见导论。

1. **Diverse conceptions of the human mind**

1a. Mind as intellect or reason, a part or power of the soul or human nature, distinct from sense and imagination

  6 Plato, 386-388, 392-393, 421
  7 Aristotle, 659-664
 11 Lucretius, 31-32
 11 Plotinus, 526-527
 16 Augustine, 93-102
 17 Aquinas, 413-427
 20 Calvin, 78
 39 Kant, 248-250

1a(1) The difference between the acts of sensing and understanding, and the objects of sense and reason

  6 Plato, 224-225, 383-398, 457-458, 565-569, 634-635
  7 Aristotle, 120, 159-160, 499-500, 518, 559, 648
 11 Lucretius, 45-49
 11 Epictetus, 104-105
 11 Plotinus, 303-304, 461-462, 498-499
 16 Augustine, 316-317
 17 Aquinas, 52-53, 105-106, 295-297, 388-391, 418-420, 440-443, 447-455, 461-462, 748-749
 18 Aquinas, 896-897
 55 Russell, 243-256
 55 Wittgenstein, 415-417

1a(2) The cooperation of intellect and sense: the dependence of thought upon imagination and the direction of imagination by reason

  6 Plato, 228-230, 333, 535-536, 809-810
  7 Aristotle, 136-137, 632, 663-664, 683
 17 Aquinas, 380-381, 417-418, 430-431, 443-446, 459-460, 469-472, 486-487
 18 Aquinas, 8-10
 55 Wittgenstein, 419-439

1a(3) The functioning of intellect: the acts of understanding, judgment, and reasoning

  6 Plato, 392-394, 537-538
  7 Aristotle, 39, 550, 577-578, 636-637, 662-663
 11 Lucretius, 48-49

 11 Plotinus, 412-413
 16 Augustine, 153-154, 733-734
 17 Aquinas, 81-82, 301-303, 306-307, 421-424, 434-435, 440-480, 612-613, 636-637, 683-684
 18 Aquinas, 205-206, 417, 613-614, 773-774
 20 Calvin, 115-120
 28 Bacon, 59-61
 55 Bergson, 84
 55 Wittgenstein, 376-382, 393-395

1a(4) The distinction of the active and the possible intellect in power and function

  7 Aristotle, 661-662
 17 Aquinas, 287-288, 289-290, 414-419, 465-466
 18 Aquinas, 10, 82-83, 765-767, 776-777
 28 Spinoza, 600-601

1b. Mind as identical with thinking substance

 28 Descartes, 275-276, 324, 359, 361-362, 378-382, 434, 474, 475-476, 487, 502
 33 Locke, 123-127
 33 Berkeley, 432, 440-441
 53 James, William, 130-131, 221-226
 55 Whitehead, 201, 202-203

1b(1) The relation of the mind as thinking substance to sense and imagination

 28 Descartes, 236, 240, 242, 250-255, 277, 303-307, 322-329, 356, 362-363, 441, 444, 455-456
 33 Berkeley, 440
 55 Wittgenstein, 373-374

1b(2) Thinking and willing as the acts of the thinking substance

 28 Descartes, 225-227, 239-240, 307-319, 388
 33 Berkeley, 418, 440

1c. Mind as a particular mode of that attribute of God which is thought

 28 Spinoza, 600-601, 608, 611-612, 616, 630

1c(1) The origin of the human mind as a mode of thought

 28 Spinoza, 607-628

1c(2) The properties of the human mind as a mode of thought

28 Spinoza, 614–616, 621–622, 625–628, 630, 632, 633–635

1d. Mind as soul or spirit, having the power to perform all cognitive and voluntary functions

20 Calvin, 10
33 Locke, 123, 138–141, 143–147, 179–180
33 Berkeley, 414, 418, 430
39 Kant, 194–195
53 James, William, 118–119, 221–226

1d(1) The origin of the mind's simple ideas: sensation and reflection

33 Locke, 121–123, 127, 128–129, 131–133, 173–174, 176, 178–179, 200, 204, 212–214, 216
33 Berkeley, 413
33 Hume, 455–456

1d(2) The activity of the understanding in relating ideas: the formation of complex ideas

33 Locke, 128, 147–149, 154, 160–162, 165, 166, 168–169, 174, 201, 202–203, 238, 263–268, 271, 274–283, 303, 324
33 Hume, 457, 466
39 Kant, 101–102

1e. Mind as a triad of cognitive faculties: understanding, judgment, reason

39 Kant, 15–16, 34–41, 51–52, 59–64, 89–94, 108–113, 119, 129–130, 166–171, 173–174, 193–200, 329, 349–350, 461–475, 570–572, 604

1e(1) The relation of understanding to sense or intuition: its application in the realm of nature; conformity to law

39 Kant, 14–108, 109–112, 115, 164–171, 281–282, 292–293, 296, 301–302, 383, 385, 461–475, 482–483, 492, 550–551, 562–563, 609–610

1e(2) The relation of judgment to pleasure and displeasure: its application in the realm of art; aesthetic finality

39 Kant, 101–107, 461–475, 480–482, 486–491, 493–495, 497–501, 542–544, 546–548, 558, 559–560, 562–564, 567–568, 597–599
57 Veblen, 31–32
58 Huizinga, 357–360

1e(3) The relation of reason to desire or will: its application in the realm of freedom; the *summum bonum*

39 Kant, 164–171, 234–240, 264–265, 271, 275, 279, 281–283, 284–285, 303–304, 307–314, 319–321, 327–329, 337–355, 386–387, 388, 461–475, 483–484, 587–588, 594–595, 604–606

1f. Mind as intelligence or self-consciousness, knowing itself as universal: the unity of intellect and will

20 Calvin, 101–103
43 Hegel, 12–14, 15, 17, 22, 120
53 James, William, 235–238
56 Waddington, 745–746

1g. Mind as the totality of mental processes and as the principle of meaningful or purposive behavior

20 Calvin, 78–79
53 James, William, 1–9
54 Freud, 428–430, 467–468
55 James, William, 35–40
55 Whitehead, 206–207

1g(1) The nature of the stream of thought, consciousness, or experience: the variety of mental operations

46 Eliot, George, 352–353
53 James, William, 43–44, 51–52, 90–93, 140–184, 300–311, 313–314, 315–319, 323–327, 381–385, 421–427, 452–457, 502–505, 664–666, 851–862
54 Freud, 180–181, 337, 348, 363–364, 375–385 esp 375–376, 646–648, 700–701, 837–838
55 Bergson, 72–80
55 Wittgenstein, 354–355, 374–378, 387–388, 434–437
56 Waddington, 744–745

1g(2) The topography of mind

53 James, William, 9–15, 17–49
54 Freud, 351–353, 382, 430–432, 701–703, 836, 839

1g(3) The unity of attention and of consciousness: the selectivity of mind

53 James, William, 184–187, 260–286, 445–446, 606–610, 692–693, 773–774, 862–863
54 Freud, 375, 698–699

2. The human mind in relation to matter or body

2a. The immateriality of mind: mind as an immaterial principle, a spiritual substance, or as an incorporeal power functioning without a bodily organ

6 Plato, 124–126, 223–225, 231–234
7 Aristotle, 638, 643–644, 661–662
8 Aristotle, 277
11 Plotinus, 504–506, 507–508
16 Augustine, 315–316
17 Aquinas, 14–15, 379–380, 382–384, 414, 416–418, 775–777
28 Descartes, 242, 277, 283–284, 303–307, 322–329, 340–341, 345–346, 433–434, 435
33 Locke, 205, 208–209, 211–212, 223–224
33 Berkeley, 441

37 Gibbon, 186
43 Hegel, 25
53 James, William, 221-223
55 Whitehead, 201, 202-203
56 Planck, 88
56 Heisenberg, 409-410
56 Schrödinger, 503-504

2b. **The potentiality of intellect or reason compared with the potentiality of matter or nature**

7 Aristotle, 571, 573, 662
17 Aquinas, 31-32, 76-77, 82-83, 270-272, 289, 300-301, 457-458, 720-721
18 Aquinas, 26-27
55 Russell, 245

2c. **The interaction of mind and body**

6 Plato, 474-476
11 Lucretius, 31-39
11 Plotinus, 302-304
28 Bacon, 48-50
28 Descartes, 284, 285, 325, 433-434
28 Spinoza, 685-686
39 Kant, 538-539
49 Darwin, 281-282
53 James, William, 8-52, 84-94, 116-119, 208, 288-289, 450-451, 742-755, 758-759, 827-835
54 Freud, 402-404, 412-414, 451-452, 605-606, 639-640, 646-651, 700-703, 829
56 Planck, 88-90
58 Lévi-Strauss, 464-473

2c(1) **The physiological conditions of mental activity**

7 Aristotle, 330, 702-706
9 Hippocrates, 336-337
11 Lucretius, 51-52
17 Aquinas, 449-450
28 Descartes, 241-242
28 Spinoza, 614-615, 618, 696
33 Berkeley, 416-417
49 Darwin, 288
53 James, William, 9-73, 152-153, 166-167, 367-373, 413-420, 427-430, 455-456, 497-501, 520-521, 533-538, 690-691
54 Freud, 351-352, 378-382, 586
55 Whitehead, 172-173, 205-207
55 Wittgenstein, 350-357
56 Planck, 88
56 Waddington, 742-744

2c(2) **The influence of mental activity on bodily states**

6 Plato, 474-475
8 Aristotle, 237, 239
11 Lucretius, 31-32
17 Aquinas, 106-107
23 Montaigne, 91-95, 373-374
26 Harvey, 296, 321-322
33 Locke, 354

33 Hume, 472-473, 475-476
51 Tolstoy, 350-354, 567-568, 617, 618
53 James, William, 64-67, 132-134, 694-699, 767-794, 827-835, 841-848
54 Freud, 1-6, 25-59, 403, 572, 718-719, 728-729, 852
55 Whitehead, 172-173
56 Planck, 88
58 Lévi-Strauss, 464-473
60 Lawrence, 152-154

2d. **The parallelism of mind and body**

28 Spinoza, 614-618, 630-632, 633-635, 686
53 James, William, 84-90, 116-119
56 Planck, 88-90

2e. **The reduction of mind to matter: the atomic explanation of its processes, and of the difference between mind and soul, and between mind and body**

6 Plato, 567-568
7 Aristotle, 633-641 passim
11 Lucretius, 26-27, 51-52, 53-54
11 Plotinus, 382-383, 383, 504-506
17 Aquinas, 447-449
21 Hobbes, 49, 52
28 Descartes, 450-452, 487
33 Locke, 313-315, 350, 351-352, 353
33 Berkeley, 431
53 James, William, 95-107, 115-118
55 Whitehead, 172-173, 202-203
56 Heisenberg, 419-420
56 Waddington, 743-745

3. **Mind in animals and in men**

3a. **Mind, reason, or understanding as a specific property of human nature: comparison of human reason with animal intelligence and instinct**

4 Sophocles, 163
6 Plato, 452-454
7 Aristotle, 499, 644, 659-660, 695
8 Aristotle, 9, 347-348, 397, 423-424, 433, 537
11 Epictetus, 104-106, 108-109, 220
11 Aurelius, 261, 270
11 Plotinus, 303-306, 399-400, 402-403, 523-524, 639-641
16 Augustine, 302-303, 390-391, 687
17 Aquinas, 105-106, 394-396, 418-419, 421-422, 463-464, 486-487, 510-511, 589-590, 609-610, 664-665, 672, 673-674, 687-688
18 Aquinas, 8-9, 350-351, 951-953
19 Dante, 77
21 Hobbes, 59, 100
26 Harvey, 454
28 Descartes, 265, 280, 297, 382
28 Spinoza, 649
29 Milton, 240-241
30 Pascal, 233-234, 236, 357-358
33 Locke, 36-37, 144-146, 223

34 Swift, 151-152, 159-160
35 Montesquieu, 1-2
35 Rousseau, 336, 341
39 Kant, 199-200, 264-265, 316-317, 584-585, 587-588, 602
40 Mill, 294-295
43 Hegel, 87, 140, 175-176, 323
49 Darwin, 319, 331-332
51 Tolstoy, 689-690
53 James, William, 85, 678-686, 691
54 Freud, 429

3b. Mentality as a common property of men and animals: the differences between human and animal intelligence in degree or quality

8 Aristotle, 114, 138, 218
11 Lucretius, 71-72
21 Hobbes, 52, 53, 54, 64, 79
23 Montaigne, 255-273
28 Bacon, 163-164
28 Descartes, 452
29 Milton, 240
33 Locke, 221-222, 271-272 esp 272, 273-274, 370-371
33 Hume, 487-488
40 Mill, 448-449, 469
49 Darwin, 287-303
51 Tolstoy, 689-690
53 James, William, 47-51 passim, 85, 676-677, 704-706, 873
54 Freud, 385
56 Planck, 88-89
56 Waddington, 745-746

3c. The evolution of mind or intelligence

35 Rousseau, 337-342, 348-349
49 Darwin, 281, 286-288, 299, 320-330 esp 320-321
53 James, William, 51-52, 95-98, 851-861 esp 857-858, 890-897
54 Freud, 413, 591-592, 647-648, 707-708
56 Waddington, 745-747

4. The various states of the human mind

4a. Individual differences in intelligence: degrees of capacity for understanding

3 Homer, 376
6 Plato, 358-360, 373-375, 383, 401, 513, 540-541
7 Aristotle, 122
16 Augustine, 33
17 Aquinas, 473-475, 595-597
21 Hobbes, 60-61, 66-67, 67-68, 84, 154
23 Montaigne, 113-114, 124-125, 191, 280-281, 359-360
30 Pascal, 171-172
33 Locke, 144
34 Diderot, 257-260
36 Smith, 8
39 Kant, 525-532, 586-587
40 Federalist, 234

40 Mill, 297-299, 385
41 Boswell, 283
43 Hegel, 63, 138, 173-175
43 Kierkegaard, 447
43 Nietzsche, 477, 505, 526
49 Darwin, 566-567
51 Tolstoy, 263
53 James, William, 315, 431-432, 678, 686-690, 691-693
59 Mann, 475-477
60 Woolf, 16-17

4b. The mentality of children

6 Plato, 320-321
7 Aristotle, 330
8 Aristotle, 340, 366, 391
16 Augustine, 2-5
21 Hobbes, 60
23 Montaigne, 125
33 Locke, 36-38, 95-103, 121-123, 126-127, 138-139, 145
33 Hume, 463
53 James, William, 413, 456-457
54 Freud, 241, 379-380, 526-527, 768
56 Planck, 95-96
60 Woolf, 29-30, 58-59

4c. The states of the possible intellect: its potentiality, habits, and actuality

7 Aristotle, 330, 647-648
17 Aquinas, 108-109, 417-418, 419-421, 423-424, 425-426, 449-450
28 Spinoza, 600-601

4d. The condition of the mind prior to experience

4d(1) The mind as completely potential: the mind as a *tabula rasa*

7 Aristotle, 662
17 Aquinas, 414-416, 447-449
18 Aquinas, 763-764
30 Pascal, 231
33 Locke, 95-127
33 Hume, 455-457
53 James, William, 852-861

4d(2) The innate endowment of the mind with ideas: instinctive determinations

6 Plato, 124-126, 179-183, 228-230
7 Aristotle, 97, 136, 511
11 Epictetus, 120, 141
11 Plotinus, 308-309, 468-469
16 Augustine, 93, 95-96, 98-102
17 Aquinas, 443-444
26 Harvey, 333-335
28 Descartes, 227, 235, 277, 303-315, 346, 441-450
28 Spinoza, 692
33 Locke, 90-91, 95-121, 123-127
33 Hume, 457
39 Kant, 58-59, 113-118, 352-353, 551-552

53 James, William, 49-50
54 Freud, 512-513, 688-689, 707-708
56 Poincaré, 4

4d(3) The transcendental or *a priori* forms and categories of the mind

39 Kant, 14-108, 307-308
53 James, William, 628-631, 851-852, 859-882, 886-889 esp 889

4e. The condition of the human mind when the soul is separate from the body

6 Plato, 223-225, 246-247, 440-441
11 Aurelius, 250-251
11 Plotinus, 458-459, 462-469
12 Virgil, 192-193
16 Augustine, 695
17 Aquinas, 406-407, 473-480
19 Dante, 77-78
28 Spinoza, 692
41 Boswell, 192-193

4f. Supernatural states of the human intellect: the state of innocence; beatitude; the human intellect of Christ

Old Testament: *Genesis*, 3:4-7,22
New Testament: *II Corinthians*, 12:1-4
16 Augustine, 367-368, 691-693
17 Aquinas, 446-447, 501-506, 522-523
18 Aquinas, 739-740, 741-742, 763-779, 1025-1037
19 Dante, 106-107, 109, 117, 132-133
20 Calvin, 220-224

5. The weakness and limits of the human mind

5a. The fallibility of the human mind: the causes of error

6 Plato, 388-389, 536-544, 557-558
7 Aristotle, 87-89, 109-111, 528-529, 577-578, 590-591, 648-649, 660-661
11 Lucretius, 47-49
11 Aurelius, 268
16 Augustine, 375, 592, 751
17 Aquinas, 102-103, 450-453, 458-459, 505-506
19 Dante, 106-107
20 Calvin, 44, 121-122, 150
21 Hobbes, 58-60
23 Montaigne, 311-316, 327-333, 560-561
24 Shakespeare, 136
26 Harvey, 268
28 Bacon, 11-15 passim, 60-61, 107-136 passim
28 Descartes, 235, 244-245, 301-307, 309, 326-329, 367, 441-442
28 Spinoza, 615, 617-619, 623-624, 625-628
29 Milton, 236
30 Pascal, 186-189, 236
33 Locke, 194-197, 248-251, 290-291, 300, 377-378, 388-394
33 Berkeley, 405

33 Hume, 469
39 Kant, 1, 108, 109, 129-173, 193, 200-209, 229, 233-234
40 Mill, 274-293
53 James, William, 122-125, 241, 361, 460-469, 508-520, 610-625
54 Freud, 210, 337, 379, 453-476, 819
55 Russell, 280-287

5b. The natural limits of the mind: the unknowable; objects which transcend its powers; reason's critical determination of its own limits or boundaries

Old Testament: *Exodus*, 33:12-33 / *Job*, 11:7-9; 28:12-21; 37:14-23; 38:1-42:6 / *Psalms*, 139:1-6 / *Ecclesiastes*, 3:11; 6:11-12; 8:7,16-17; 11:2-6 / *Isaiah*, 55:8-9
Apocrypha: *Wisdom of Solomon*, 9:9-18 / *Ecclesiasticus*, 18:4-7; 24:27-29
New Testament: *Mark*, 13:31-37 / *Romans*, 11:33-34 / *James*, 4:13-15
4 Euripides, 425
6 Plato, 489-491
7 Aristotle, 501, 511
8 Aristotle, 168
11 Lucretius, 48-49
16 Augustine, 371, 400
17 Aquinas, 53-54, 59-61, 250-255, 270-272, 460-464, 468-473, 501-504, 597-598
18 Aquinas, 216-217, 359-360
19 Dante, 9, 47
20 Calvin, 15-16
21 Hobbes, 54, 78-79
23 Montaigne, 132-134, 252-255, 311-313, 539-545
26 Harvey, 273, 492
28 Bacon, 2-4, 107, 108, 109, 110-111, 149
28 Descartes, 312-313, 315-319, 322-329 passim, 338, 349-352, 485
29 Milton, 219-220, 234-235
30 Pascal, 181-184, 205-217
33 Locke, 93-95, 122, 143, 160, 207-208, 270-271, 305, 313-323, 331-336, 360-362 passim, 364, 383
33 Berkeley, 428, 432
33 Hume, 460, 461, 475, 477, 482-483, 487, 503-509
37 Gibbon, 308
39 Kant, 1-250, 260-261, 283-287, 331-332, 335-337, 354-355, 547, 551-552, 564, 574-577, 579, 581, 584, 599-600, 603-604
45 Goethe, 1, 4
48 Melville, 151-152, 169-171, 227
51 Tolstoy, 693-694
52 Dostoevsky, 126-127
53 James, William, 262-269, 400
54 Freud, 430
55 Wittgenstein, 435-436
56 Planck, 108
56 Bohr, 332-333, 352

5c. **The elevation of the human mind by divine grace: faith and the supernatural gifts**

Old Testament: *Genesis*, 15; 17:1–19:23; 22:9–18 / *Exodus*, 19; 24; 31:1–11 / *Numbers*, 12 / *Joshua*, 5:13–6:5 / *Judges*, 6:11–24 / *I Kings*, 3:5–15; 4:29–34; 9:1–9; 19 / *I Chronicles*, 17 / *Isaiah*, 6 / *Ezekiel*, 1; 10 / *Daniel*, 1; 7–12

New Testament: *Matthew*, 17:1–9 / *Luke*, 2:25–35 / *John*, 1:1–18 / *Acts*, 2:1–21; 9:1–8; 10:44–47 / *I Corinthians*, 2:6–16; 14 / *II Corinthians*, 12:1–9 / *Revelation*

- 16 Augustine, 1, 45–47, 85–86, 110–111, 350–351, 375, 758, 770–771
- 17 Aquinas, 3–4, 11–12, 50–62, 175–178, 446–447, 540–541
- 18 Aquinas, 87–101, 338–339, 416–426, 598–603
- 19 Dante, 107
- 20 Calvin, 273–275
- 23 Montaigne, 249–250, 252–253, 279–280, 307–308, 332–334
- 28 Bacon, 17, 19, 41, 54, 55, 95–97
- 28 Descartes, 351–352, 394–395
- 29 Milton, 331–332
- 30 Pascal, 245–251, 345
- 41 Boswell, 394, 395
- 51 Tolstoy, 50, 196–198
- 52 Dostoevsky, 197–200

6. **The reflexivity of mind: the mind's knowledge of itself and its acts**

- 6 Plato, 8–9
- 7 Aristotle, 602–603, 662
- 11 Epictetus, 119
- 11 Aurelius, 286
- 11 Plotinus, 444–445, 526–530
- 16 Augustine, 390
- 17 Aquinas, 95–96, 292, 453–455, 464–468, 471–472, 475
- 28 Descartes, 303–307
- 28 Spinoza, 618–619
- 33 Locke, 121–123, 131, 138, 155–156, 185
- 33 Hume, 453–455
- 39 Kant, 15–16, 31–32, 49–51, 55–56, 99–101, 120–129, 200–204, 307–310, 337
- 43 Hegel, 171–172, 272
- 53 James, William, 121, 122–126, 177–178, 222–224
- 54 Freud, 180–181, 408–409, 429–430
- 55 Russell, 247, 257–258
- 55 Wittgenstein, 365, 383–385, 417–419, 435
- 56 Planck, 89, 90–91

7. **The nature and phases of consciousness: the realm of the unconscious**

- 53 James, William, 43–44, 90–93, 98–115, 146–167
- 54 Freud, 197–198, 382–385, 428–443, 531–532, 566–567, 646–647, 697–702, 834–838
- 55 Whitehead, 205–207
- 60 Lawrence, 158–160

7a. **The nature of self-consciousness**

- 28 Descartes, 275–276, 303–305
- 33 Locke, 222–227
- 39 Kant, 121–123
- 43 Hegel, 50–52
- 49 Darwin, 297
- 53 James, William, 147–149, 188–197, 204–259, 471–472, 685–686
- 54 Freud, 767–768
- 55 Bergson, 72–80
- 55 Wittgenstein, 383–385
- 56 Schrödinger, 502–504
- 56 Waddington, 742–747
- 60 Woolf, 31–33 passim

7b. **The degrees or states of consciousness: waking, dreaming, sleeping**

- 6 Plato, 416
- 7 Aristotle, 698, 699, 702–703, 704–705, 706
- 11 Lucretius, 53–55
- 17 Aquinas, 450–451, 463–464
- 21 Hobbes, 50–51
- 23 Montaigne, 216–220, 330
- 28 Descartes, 277–278, 301–302, 329
- 29 Milton, 176–178
- 33 Locke, 123–126, 175–176
- 43 Hegel, 231–232
- 48 Melville, 12–13, 72–73, 91–92, 194
- 48 Twain, 303–306
- 51 Tolstoy, 147–148, 481–482, 601–602
- 52 Dostoevsky, 352–362
- 53 James, William, 98–103, 107–114, 130–139, 154, 261–262, 643, 836–850
- 54 Freud, 137–176 passim, 234–235, 314–320, 332–340, 352–357, 358–359, 366–370, 373–377, 477–483, 485–486, 518–519, 535, 537–539, 617, 811–812
- 55 Russell, 247, 248
- 60 Lawrence, 158–161

7c. **The conscious, preconscious, and unconscious activities of mind**

- 53 James, William, 8–9, 74–78, 107–114, 295–298
- 54 Freud, 110, 352–353, 367, 369–370, 377–385 passim, 422–425, 430–443, 452, 453–476 passim, 484–491, 499–504, 512, 537–539, 558–568, 703
- 55 Whitehead, 202–203
- 56 Planck, 89
- 58 Lévi-Strauss, 413–417, 464–473

8. **The pathology of mind: the loss or abeyance of reason**

- 4 Aeschylus, 88–89
- 4 Sophocles, 175–194
- 4 Euripides, 472–493, 524–529, 555–562
- 8 Aristotle, 399 passim
- 12 Virgil, 204–206

17 Aquinas, 727-728
18 Aquinas, 131-132
19 Dante, 38
25 Shakespeare, 59-62, 70, 261, 264-266, 272, 274-276, 306-307
28 Spinoza, 671-672
47 Dickens, 329-331
48 Melville, 91-92, 189-190
51 Tolstoy, 513-515, 524-527
53 James, William, 241-258
54 Freud, 86, 90, 174-176, 830-831
59 Conrad, 167-169, 173-175, 180-181, 182-183
60 Lawrence, 158-161
60 O'Neill, 265-288

8a. The distinction between sanity and madness: the criterion of lucidity or insight

5 Herodotus, 96-98
17 Aquinas, 664-665
21 Hobbes, 67
23 Erasmus, 16-17
23 Montaigne, 205-206, 275-276
24 Shakespeare, 370-371
25 Shakespeare, 42, 276-277
33 Locke, 248
40 Mill, 299-300
41 Boswell, 111, 354-355
48 Melville, 1-260
52 Dostoevsky, 373-376, 381-382
53 James, William, 241-244, 749-750, 799-806
54 Freud, 399, 440-442, 812
58 Lévi-Strauss, 461-463
59 Shaw, 39-42, 42-44

8b. The causes of mental pathology: organic and functional factors

5 Herodotus, 86, 199, 201
6 Plato, 474
7 Aristotle, 15, 704
9 Hippocrates, 326-339
17 Aquinas, 650, 742, 785-786, 824-826
21 Hobbes, 68-71
26 Harvey, 347
37 Gibbon, 598
44 Tocqueville, 289
48 Melville, 83-84
51 Tolstoy, 616-617
52 Dostoevsky, 4-5, 23, 393-394
53 James, William, 25-26, 32-37, 533-538
54 Freud, 81-87, 97-106, 176, 380-382, 547-549, 616-623 passim, 627, 690-691, 866-867, 872
59 Mann, 501-502
60 Lawrence, 148-152

8c. The abnormality peculiar to mind: systematic delusion

27 Cervantes, 1-502
33 Locke, 146
41 Boswell, 13-14
48 Melville, 144-146

51 Tolstoy, 391-394, 515-517
52 Dostoevsky, 352-362 passim
53 James, William, 242-244, 527-528, 818-819
54 Freud, 102-106, 408, 547-550, 620-622, 774
60 Faulkner, 389-392

9. Mind in the moral and political order

9a. The distinction between the speculative and practical intellect or reason: the spheres of knowledge, belief, and action

7 Aristotle, 663-664
8 Aristotle, 387-394 passim, 538
17 Aquinas, 424-426, 626-627
18 Aquinas, 39-40, 223-224, 418-419, 425, 600-601, 780-781
28 Bacon, 16-17, 42, 65-66, 86, 137-138
28 Descartes, 352
30 Pascal, 221-225
33 Locke, 356, 364-365
33 Hume, 507-508
39 Kant, 190-191, 240-243, 253-255, 260-261, 264, 283-287, 291-297, 307-314, 319-321, 329-337, 343, 388, 461-475, 596-598, 599-607
40 Mill, 346-347
43 Hegel, 6-7, 119
44 Tocqueville, 157-159, 227-229
51 Tolstoy, 361-365
53 James, William, 655-661 passim, 729-730
55 James, William, 42-43
55 Russell, 255-260

9b. The relation of reason to will, desire, and emotion

4 Euripides, 301-302
6 Plato, 128-129, 230-234, 275-280, 346-355, 466-467
7 Aristotle, 573, 665-666
8 Aristotle, 236-237, 348, 352, 387-388, 539
11 Epictetus, 102-103, 151-153, 160-162
16 Augustine, 73-75
17 Aquinas, 298-299, 307-308, 414, 428, 430-440, 496-500, 657-658, 662-663, 667, 672, 681, 682, 684-685, 686-693, 704-708, 734, 749, 815, 824-825
18 Aquinas, 10, 32-33, 131-137, 145-148
19 Dante, 67-68
20 Calvin, 78-79, 109-111, 120-121
21 Hobbes, 64, 141, 279
23 Montaigne, 214-216, 241-245, 273-279 passim, 528-537
24 Shakespeare, 408
25 Shakespeare, 114, 608
28 Bacon, 55, 66-67, 78
28 Spinoza, 625, 663, 681
29 Milton, 243-245
30 Pascal, 242, 243
33 Locke, 392
35 Rousseau, 343-345
39 Kant, 282-283, 284-285, 303-304, 314, 385-386

43 Hegel, 18, 32
45 Goethe, 1-6, 9-10, 39, 153-154
45 Balzac, 185
52 Dostoevsky, 53-65
53 James, William, 796, 816-819
54 Freud, 590-593 passim, 702, 704, 706-707, 715-716, 720-722, 837-839, 843-846

9c. **Reason as regulating human conduct: reason as the principle of virtue or duty**

6 Plato, 59-64, 128-129, 346-355, 643, 650, 669-670
8 Aristotle, 343, 351-352, 389, 419, 422, 432, 539
11 Epictetus, 167-168, 215-216, 222-224
11 Aurelius, 239-294
13 Plutarch, 121-122, 197-198, 620-648
16 Augustine, 589-590
17 Aquinas, 125, 727, 812-813
18 Aquinas, 31-32, 63-64, 205-206
19 Dante, 45-89
19 Chaucer, 349-350
21 Hobbes, 91-92
23 Montaigne, 71-72, 530-531
25 Shakespeare, 113-114, 212
28 Bacon, 26, 27
28 Spinoza, 662, 664, 676, 677-678, 686-692
30 Pascal, 219-220
33 Locke, 189-192
34 Swift, 159-160, 165
39 Kant, 253-287, 297-314, 321-329, 386, 390-391, 392-393, 571-572, 586-587, 605-606
40 Mill, 276
43 Hegel, 177-179, 297-298, 375-376
49 Darwin, 304-305, 310-312, 592-593
53 James, William, 202, 816-819
54 Freud, 625

9d. **Reason as the principle of free will: rationality as the source of moral and political freedom**

6 Plato, 230-234, 347-348, 425-427, 528-531, 754
8 Aristotle, 355-358, 387-388
11 Epictetus, 132-133, 201-211
11 Aurelius, 243, 244-245, 262-263, 269
11 Plotinus, 660-661
17 Aquinas, 308-309, 436-439, 673-674, 676-677, 686-687
18 Aquinas, 151-152
19 Dante, 65
28 Spinoza, 678-681, 697
29 Milton, 254-255, 321, 394-395
33 Locke, 36-38, 180-181
39 Kant, 237, 280, 282-285, 291, 296, 302, 307-311
43 Hegel, 12-13, 19, 30, 165, 167-168, 175-176, 383-384
51 Tolstoy, 688-690
55 Dewey, 115-116

9e. **Reason as formative of human society: the authority of government and law**

6 Plato, 295-441, 640-799
8 Aristotle, 382, 446, 527-548
11 Aurelius, 246, 249, 276-277
18 Aquinas, 205-206, 236
21 Hobbes, 86-87, 132
28 Spinoza, 667-670, 680-681, 682-683
33 Locke, 25-28
35 Montesquieu, 1-2
35 Rousseau, 393, 400
39 Kant, 389, 397-399
40 Mill, 327-332 passim
43 Hegel, 6-7, 68, 74, 85-86, 93-94, 127-128, 146, 148, 177-186, 330, 372, 375-376, 387-388
49 Darwin, 318
54 Freud, 880

9f. **The life of reason, or the life of the mind, as man's highest vocation: reason as the principle of all human work**

6 Plato, 167, 388-401, 528-531, 609-639, 690, 808-809
7 Aristotle, 499-501, 602-603
8 Aristotle, 344, 431-434
11 Lucretius, 15-16, 30-31, 58-59, 72
11 Epictetus, 141-142, 149-152, 175-176, 179-180, 184-189, 212-219
11 Aurelius, 244-245, 247-249, 255, 282
11 Plotinus, 313-315, 437-438
16 Augustine, 592-593
17 Aquinas, 469-471, 624-629, 718
18 Aquinas, 79-80
19 Chaucer, 280
20 Calvin, 115-120
23 Montaigne, 272-278
25 Shakespeare, 434-435
28 Bacon, 18, 27, 69-76
28 Descartes, 265-266, 273-274
28 Spinoza, 665, 681, 682, 692-696
30 Pascal, 233-234
33 Hume, 452-453
34 Swift, 94-99
37 Gibbon, 645
39 Kant, 256-257, 268-270, 337-338, 591-592, 596-597
40 Mill, 448-450, 451
54 Freud, 779-780

10. **The existence of mind apart from man**

10a. **The indwelling reason in the order of nature**

11 Aurelius, 239-294
56 Planck, 115-116

10b. ***Nous* or the intellectual principle: its relation to the One and to the world-soul**

6 Plato, 93, 101-102, 455-456, 567-569, 618-619
7 Aristotle, 281, 334, 506, 507

11 Plotinus, 369-370, 435-444, 474, 518-563, 592-593, 644-650, 656-659, 668-669
12 Virgil, 89
43 Hegel, 164-165

10c. The realm of the pure intelligences: the angelic intellect

7 Aristotle, 603-605
11 Plotinus, 408-409
15 Kepler, 890-895, 897, 914, 930, 932-933, 1080-1085
16 Augustine, 131, 350-351, 661-662
17 Aquinas, 269-275, 284-288, 289-290, 292-294, 297-298, 334-335, 384-385, 465-466, 467-468
18 Aquinas, 11-13
19 Dante, 91, 100, 126-127, 127-128
29 Milton, 185-186
33 Locke, 320, 321-322

10d. The unity and separate existence of the active or the possible intellect

7 Aristotle, 662
17 Aquinas, 388-391, 417-419, 444-446, 595-597
18 Aquinas, 9-10

10e. Mind as an immediate infinite mode of God

28 Spinoza, 594, 598-599, 600-601, 608-609, 610-611

10f. Absolute mind: the moments of its manifestations

43 Hegel, 19, 86, 87, 137, 145, 163, 166-167, 185-186, 187, 195-197, 198-199
55 James, William, 4-5, 15-17, 31-33, 57-64 passim esp 61, 61-62, 63-64

10f(1) The unfolding of mind or spirit in world history

43 Hegel, 114-118, 159-393

10f(2) The concrete objectification of mind in the state

43 Hegel, 60-61, 83-86, 88-93, 95, 101, 145, 146, 148, 177-184

10g. The divine intellect: its relation to the divine being and the divine will

7 Aristotle, 605
11 Plotinus, 369-370
16 Augustine, 144, 386, 407-409
17 Aquinas, 14-15, 75-79, 82-83, 97-98, 108-109, 110-112, 291, 457-458, 467-468, 496-500, 540-541, 705
18 Aquinas, 741-742
19 Dante, 109
20 Calvin, 10-11
28 Descartes, 454
28 Spinoza, 596-597, 601-603, 607-608
39 Kant, 303-304, 612

交叉索引

以下是与其他章的交叉索引:

Reason or intellect as a faculty distinct from sense, imagination, and will, see BEING 8a-8b; IDEA 2b; KNOWLEDGE 6c(3); MAN 1a, 4b-4c; MEMORY AND IMAGINATION 5b, 6b-6c; SENSE 1a-1d; SOUL 2c(2)-2c(3); WILL 1, 5a(1).

The various intellectual powers and acts, see EXPERIENCE 2b; IDEA 1b, 2g; JUDGMENT 1; MEMORY AND IMAGINATION 6c(1); SENSE 5a; UNIVERSAL AND PARTICULAR 2b, 4c-4d.

The human mind as a thinking substance, see BEING 7b(4); FORM 2d; IDEA 2b; MAN 3a(1); SOUL 1c.

The human mind as a finite mode of an attribute of God, see BEING 7b(4); IDEA 1e; MAN 3a; NATURE 1b.

The human mind as soul or spirit performing all psychological functions, see IDEA 1c, 2c-2f; MAN 3a; ONE AND MANY 4a; SENSE 1d, 5a.

The human mind as a triad of cognitive faculties, see IDEA 1d, 2b; JUDGMENT 1-4, 8d; KNOWLEDGE 6b(4); MEMORY AND IMAGINATION 6c(2); ONE AND MANY 4b; PRINCIPLE 2b(3); SENSE 3c(5); SOUL 1d; WILL 5a(4).

Transcendental or *a priori* forms and categories, see EXPERIENCE 2c-2d; QUALITY 1; QUANTITY 1; RELATION 4c; SENSE 1c; SPACE 4a; TIME 6c.

The human mind as self-consciousness, see HISTORY 4a(3); IDEA 1f; SOUL 1d.

The mind as consciousness or as a psychic structure including conscious and unconscious processes, see DESIRE 2a, 5a-5c; EXPERIENCE 1, 2a; MAN 4; ONE AND MANY 4a; SOUL 2b; WILL 3b.

The relation of body and mind, or matter and spirit, see ELEMENT 5d; MAN 3a-3a(2), 3c; MATTER 4c-4d; SOUL 3c-3d; the condition of the human mind when the soul is separated from the body, see SOUL 4d-4d(4).

Real and intentional existence, or being in nature and being in mind, see BEING 7d, 7d(2); FORM 2a; IDEA 6a-6b; KNOWLEDGE 1.

The difference between change in matter and change in mind, see CHANGE 6d.

Human and animal mentality, *see* ANIMAL 1C, 1C(2); EVOLUTION 6b(3); LANGUAGE 1; MAN 1a–1c; SENSE 2c.

The relation of reason and instinct, *see* HABIT 3c; OPPOSITION 4a.

The mind's knowledge of itself in relation to the nature and method of psychology, *see* IDEA 2d; KNOWLEDGE 5a(6); MAN 2a–2b(4); SOUL 5a–5b.

The weakness and limits of the human mind, *see* KNOWLEDGE 5a–5e; TRUTH 3d–3d(1), 7a.

The training of mind, habits of mind, intellectual virtues, and supernatural gifts, *see* EDUCATION 5a–5f; GOD 6c(2); HABIT 5c–5d; KNOWLEDGE 6c(5); PRUDENCE 1; RELIGION 1a; SCIENCE 1a(1); VIRTUE AND VICE 2a(2), 8e; WISDOM 1c, 2a.

Sleep and dreams, *see* DESIRE 5a; LIFE AND DEATH 5b; MEMORY AND IMAGINATION 8a–8e; SIGN AND SYMBOL 6a.

The repressed unconscious, *see* DESIRE 3b(2), 6c; MEMORY AND IMAGINATION 2e(2); OPPOSITION 4c; SIGN AND SYMBOL 6a.

Psychopathology and the causes and cures of mental disorder, *see* EMOTION 3c–3d; MAN 5b; MEDICINE 6a–6d; MEMORY AND IMAGINATION 5c.

The speculative and practical intellect, or the pure and practical reason, *see* JUDGMENT 2; KNOWLEDGE 6e(1); PHILOSOPHY 2a; PRUDENCE 2a–2b; SCIENCE 3a; TRUTH 2c; WISDOM 1b; the bearing of this distinction, and the bearing of reason's relation to will and desire, on the differentiation of knowledge, belief, and opinion, *see* DESIRE 5b; EMOTION 3b; GOD 2d; IMMORTALITY 3a; KNOWLEDGE 4b; METAPHYSICS 2d; OPINION 2a–2b; WILL 3b–3b(1), 3b(3), 5b(4).

The moral and political aspects of mind, *see* DESIRE 6a; EMOTION 4a–4a(2); LAW 1b; LIBERTY 3b; SLAVERY 7; STATE 1a; TYRANNY AND DESPOTISM 5d; VIRTUE AND VICE 5b.

The existence of mind, reason, or intellect apart from man, *see* ANGEL 2, 3d; GOD 5f; IDEA 1e; NATURE 3a; SOUL 1a; WILL 4a; WORLD 6c.

扩展书目

下面列出的文著没有包括在本套伟大著作丛书中，但它们与本章的大观念及主题相关。

书目分成两组：

Ⅰ．伟大著作丛书中收入了其部分著作的作者。作者大致按年代顺序排列。

Ⅱ．未收入伟大著作丛书的作者。我们先把作者划归为古代、近代等，在一个时代范围内再按西文字母顺序排序。

在《论题集》第二卷后面，附有扩展阅读总目，在那里可以查到这里所列著作的作者全名、完整书名、出版日期等全部信息。

I.

Plutarch. "Beasts Are Rational," in *Moralia*
Augustine. *On the Trinity*, BK X
Thomas Aquinas. *On Spiritual Creatures*, AA 9–10
———. *Quaestiones Disputatae, De Anima*, AA 3–5
———. *Summa Contra Gentiles*, BK II, CH 73–78
———. *Truth*, QQ 10, 15
———. *The Unicity of the Intellect*, III–VII
Dante. *The Convivio (The Banquet)*, THIRD TREATISE, CH 2, 3 (3), 4 (II)
Descartes. *The Principles of Philosophy*, PART I, IV
Hume. *A Treatise of Human Nature*, BK I, PART III, SECT XVI
Voltaire. "Wit," "Spirit," "Intellect," "Mind (Limits of Human)," in *A Philosophical Dictionary*
Kant. *De Mundi Sensibilis (Inaugural Dissertation)*
Hegel. *The Phenomenology of Spirit*, V
———. *The Philosophy of Mind*, SECT I
Bergson. *Creative Evolution*, CH 3–4
———. *Matter and Memory*, CH 3
———. *Mind-Energy*, CH 1, 7
Dewey. *Experience and Nature*, CH 2, 6–8
Whitehead. *The Function of Reason*

Russell. *The Analysis of Mind*
———. *Human Knowledge, Its Scope and Limits*, PART I, CH 6; PART II, CH 7
Wittgenstein. *Remarks on the Philosophy of Psychology*
Lévi-Strauss. *The Savage Mind*

II.

THE MIDDLE AGES TO THE RENAISSANCE (TO 1500)

Albertus Magnus. *On the Intellect and the Intelligible*
Bonaventura. *The Mind's Road to God*
Duns Scotus. *Opus Oxoniense*, BK I, DIST 2, Q 3
Ficino. *Five Questions Concerning the Mind*
Maimonides. *The Guide of the Perplexed*, PART I, CH 31–32; PART II, CH 37
Peter Lombard. *The Four Books of Sentences*, BK I, DIST 3
Petrarch. *On His Own Ignorance*

THE MODERN WORLD (1500 AND LATER)

Adler, M. J. *Intellect: Mind over Matter*
———. *Some Questions About Language*

Bain. *The Senses and the Intellect*
Bettelheim. *The Uses of Enchantment*
Blanshard. *The Nature of Thought*
Bosanquet. *Three Chapters on the Nature of Mind*
Brentano. *Psychology from an Empirical Standpoint*
Broad. *The Mind and Its Place in Nature*, CH 3, 7-10, 13-14
Brown. *Lectures on the Philosophy of the Human Mind*
Bruner. *Actual Minds, Possible Worlds*
Burton. *The Anatomy of Melancholy*, PART I, SECT I, MEMB II, SUB-SECT 9-11
Churchland. *Neurophilosophy*
Clifford. "Body and Mind," in *Lectures and Essays*
Coleridge. *Biographia Literaria*, CH 5-8
Collingwood. *Speculum Mentis*
Dennett. *Brainstorms*
Ducasse. *Nature, Mind, and Death*
Franklin, J. *Molecules of the Mind*
Gardner. *The Mind's New Science*
Gilson. *History of Christian Philosophy in the Middle Ages*
Green. *Prolegomena to Ethics*, BK II, CH 2
Harth. *Windows on the Mind*
Hartmann, E. *Philosophy of the Unconscious*
Holt. *The Concept of Consciousness*
———. *The Freudian Wish*
Jaki. *Brain, Mind, and Computers*
Janet, P. M. *The Major Symptoms of Hysteria*
John of Saint Thomas. *Cursus Philosophicus Thomisticus, Philosophia Naturalis*, PART IV, QQ 9-11
Johnson-Laird. *The Computer and the Mind*
Jung. *Instinct and the Unconscious*
———. *Mind and the Earth*
———. *Two Essays on Analytical Psychology*
Langer. *Mind: An Essay on Human Feeling*
Lashley. *Brain Mechanisms and Intelligence*
Leibniz. *Monadology*
———. *New Essays Concerning Human Understanding*
Lessing, D. *The Golden Notebook*
Lewis, C. I. *Mind and the World Order*
Lewis, G. N. *The Anatomy of Science*, ESSAY VIII

Lotze. *Metaphysics*, BK III, CH 5
———. *Microcosmos*, BK V
Malebranche. *The Search After Truth*, BK I, CH 1 (I); BK III (I), CH 1-4
Maritain. *Réflexions sur l'intelligence et sur la vie propre*
———. *Theonas: Conversations of a Sage*, I, III
Mill, J. *Analysis of the Phenomena of the Human Mind*, CH 16
Morgan, C. L. *Animal Life and Intelligence*
Morton. *Frames of Mind*
Paracelsus. *The Diseases That Deprive Man of His Reason*
Parfit. *Reasons and Persons*
Peirce, C. S. *Collected Papers*, VOL VI, par 238-286
Penfield. *The Mystery of the Mind*
Penrose. *The Emperor's New Mind*
Percy. *Lost in the Cosmos: The Last Self-Help Book*
Piéron. *Thought and the Brain*
Plath. *The Bell Jar*
Poe. "The Imp of the Perverse"
Reid, T. *Essays on the Intellectual Powers of Man*, I, CH 5-8
Romanes. *Animal Intelligence*
Ryle. *The Concept of Mind*
Santayana. *The Realm of Spirit*
———. *Reason in Common Sense*, CH 5-6
Schopenhauer. *The World as Will and Idea*, VOL I, BK I; VOL II, SUP, CH 15; VOL III, SUP, CH 22
Searle. *Minds, Brains, and Science*
Sherrington. *The Brain and Its Mechanism*
Smith, P. and Jones, O. R. *The Philosophy of Mind*
Spearman. *The Abilities of Man*
Stewart. *Elements of the Philosophy of the Human Mind*
Stout. *Mind and Matter*
Suárez. *Disputationes Metaphysicae*, XXX (14-15), XXXV, XLIV (4)
Szasz. *The Manufacture of Madness*
Taine. *On Intelligence*
Woodbridge. *Nature and Mind*
———. *The Realm of Mind*
Wundt. *Outlines of Psychology*, (15-17, 22)
Yerkes, R. M. and A. W. *The Great Apes*

君主制　Monarchy

总　论

在传统分辨开来的所有政体形式中,君主制最容易定义和确认。正如其字面所指,这是由一人统治的政体。无论此人被称为国王还是君主,是恺撒还是沙皇,这无关紧要。所有这些称号中,"国王"最为常见;因此,君主制也常常被叫做王制,或者作为王权政体形式来讨论。

如果说君主制是借由"一统"原则来进行定义,其他政体形式,譬如贵族制、寡头制和民主制,则以少数人或多数人统治为特征。但是数量标准本身显然还不够。在那些把贵族制和寡头制区别对待的人们看来,少数统治者被挑选出来,依据的是他们德行的卓绝还是财富的优势,这点事关重大。和君主制一样,僭政也可能是一人统治的政体。那些想用"君主"或"国王"一词来歌功颂德的人,对无法区分国王和僭主的界定不会满意。

有人——譬如,亚里士多德——指出,君主制的颠倒或者"变异,就是僭政;因为二者都是一人统治。但是",他补充道,"它们之间的区别也最大;僭主是为私己的好处,而国王则是为臣民"。无论亚里士多德还是柏拉图都说,僭政是最败坏的政体,而和它正相对立的君主制是最优良的政体。但是,尽管他们都认为,僭政总是最败坏的政体形式,至少亚里士多德并不认为君主制总是——在任何条件下——最优良的政体。

如果考虑到其他观点,就有更复杂者出现。**公民**章、**宪法**章、**政府**章讨论用不同习语表达出来的绝对政府和有限政府之间的根本对立:王权政体和政党政治(political)政体、专制和宪政、人治和法治。这些对立和君主制理论相互牵连,当然跟那些倾向于把君主制等同于绝对统治、认为王政和专政密不可分的君主制概念更是如此。

当然,"专政"一词有时在纯描述的意义上使用,而少有贬义。在描述的意义上,它是指家主对稚童和奴隶的绝对统治,而后者则不能在对其自身的管制中置喙。亚里士多德有时以专政为政治共同体中王权统治的特征,以指明它与父亲或主人的绝对统治之间的相似。当他说"父亲对稚童的统治是王权式统治"时,他做的是同一比较,只是倒了个儿。

"专政"带贬义,可能是就这样的情形而言,在其中成人像稚童一样被统治,或者自由人像奴隶一样被统治。因此,对君主制来说重大的问题是,在此意义上的王权政体是专政吗?它就是专政,还是仅仅在某种情况之下是专政?还有,假设王权政体是专政,它是僭政吗?君主制是否在原则上就危害民众自由?对于所有这些问题,都可以在政治理论经典作品中发现相互反对的回答。黑格尔说,"总体的公共自由和等级制的君主制相互确保",而卢梭、J. S. 穆勒则把公民自由与共和制或者代议制政府视为一体。

这一核心问题因为"专制"的多义而变得复杂(见**暴政与专制**章),不同著者使用"君主制"时含义的分歧使这个问题更加复杂。甚至同一个著者,也在好几个意义上使用该词。譬如,在某处卢梭说"任何合法政体都是共和制",在另一处说"君主制政体总是比共和制政体卑下"。但是,他又把君主制或王权统治也看成是合法政体的形式之一。卢梭认为,"手中集中了一切政治权力"的国王,只有"依据法律"才"有权运用权力"。他不仅把国王和僭主,也把国王和暴君区别开来。

为了避免这里遇到的可能只是用语上的困难,康德建议用"独裁者"(autocrat)一词来指称"全权者"或者"独占统治权"者。相反,"君主"则指称国王或行政总管(有时称作"总统"[president]),他们"只是代表着统治权"或者"本身即为统治者"的人民。

一些政治理论家把绝对君主制和有限(或立宪)君主制区分开来。这反过来提出了定义和评价中的新问题。

绝对政府总是君主制的形式吗,因此绝对政府和绝对君主制可以等同对待?霍布斯认为,政府恰恰就其本性而言必须是绝对的,但他却把贵族制、民主制与君主制都看成是绝对政体的形式。不仅如此,而且,正如卢梭指出的,"罗马帝国同时有八帝在位,如果没有这点,倒可以说帝国正在四分五裂"。政府的绝对性并没有因为常常有两个或更多恺撒共同执政而削弱。三巨头时期也是绝对专政。

因此,绝对政体原则看来可以和君主制原则分离开来。但君主制作为政体形式与绝对统治可以分离开来吗?

这里的问题并不在于,在共和制政府中,可能由一人把持主要行政机构,在这一意义上存在着君主制原则。在与多人执政相对立的一人执政问题上,汉弥尔顿和麦迪逊(还有杰斐逊)也认同这一点——都明显倾向于政府行政部门的一统原则。"政府的能量,"根据《联邦党人文集》,"不仅需要权力的某种持续,而且要求行政执于一人之手。"良好行政必备的性质,如"决断、灵活、隐秘和迅捷,"汉穆勒顿说,"在一人行动时表现得常常比多人行动时优秀得多,而且人数越多,这些品性越近消失。"

但是,《联邦党人文集》的作者们,还有杰斐逊,也都同样决绝地坚持,赋予美国总统的权力与大英帝国君主享有的权力有着类型而非数量上的区别。对他们来说,在政体的精神特质上,君主制和共和制就根本对立。君主制——不仅绝对君主制,甚至有限君主制——究其本性就内含着专制。

在韦伯看来,"议会认可的君主,以及根据确定规则选举出的总统,可以赋予各胜选党派的政府行动以形式上的'合法性'。不过,除了有这种合法性,君主还有选举总统没有的一项功能:议会认可的君主可以为政治家们的争权夺利划界,因为国家中的最高位置已经被一劳永逸地占据"。对韦伯来说,"这个本质上负向的功能……在实践中却最为重要"。

如果说美国宪法没有设置宪政中的君主位置,即使它给一人提供行政首脑之位,这样看来,立宪君主制必定仍然有某种别的原则,使它与共和制区分开来。或许是依王位而下的层级制,或许是国王与国家某种象征意义上的合而为一。但君主政体中,无论它如何被削弱,只要没有成为纯粹的完全的立宪政府,国王就仍保有一定的专制权力——一个不受法律监督的统治者方可行使的绝对权力。

亚里士多德的观念与此相似。在罗列了五种王制类型之后,他把其中一种与其他类型区分开来——在这种形式之下,一人"有权处置万物……这种形式与家政对应。如果说家政管理是对家庭进行王权统治,那么王权统治就是对一个城邦或国邦进行家政管理"。而其他形式都是这种或那种依照法律的王制。关于这些形式——斯巴达政体显然是其中的典范——亚里士多德说,"所谓依照法律的有限君主制或王制,……不是一种独立的政体形式,因为在所有政体譬如民主制或贵族制中,也有终身执掌权柄者,常常一个人被置于整个国家的行政之上"。

无论有还是没有至高无上的命令者或者行政首脑,无论此人是选举产生还是世袭职位,如果被称作"国王"之人臣服于法律,如果国家中的其他人不是他的臣民,而是和他并立的公民,这就不纯然是王权政体。因为略微不同的原因,霍布斯同意这样的观点,即只有绝对君主制才是君主制。如果国王权力受限制,他说,那么统治权总是"在有权力限制国王权力的集团之手;因此这一政体就不是君主制,它要么是民主制要么是贵族制;就像斯巴达古时候一样,在那里国王有领导军队的特权,而统治权都在长老会"。霍布斯用一个民族对另一民族的管制——母邦之于殖民地,征服者之于附庸国——来描述他所谓的绝对君主制。这意味着在君主制问题和帝国问题之间有着非同寻常的相似性。

只有绝对君主制才是真正的君主制,如果这一点能成为广泛共识,君主制议题也就能方便地转译成人治和法治的基本对立问题。但这样的共识似未达成,结果就是君主制问题变得愈加扑朔迷离。

譬如,柏拉图在《政治家篇》中就根据成法区分出三种政体形式,其中一种即君主制。君主制之所以优越于贵族制和民主制,显然并不是因为法律至高无上这一原则,而只是因为一人政府似乎比少数人或多数人政府效率更高;就像僭政是最败坏的政体形式,因为在破坏或推翻法律方面,一人也能比众人走得更远,后者"既不能行大善也不能做大恶"。

但所有这些政体形式,无论好者坏者,更好者或更坏者,都被柏拉图拿来与一种政体形式相比较,他说,这种政体形式"优越于所有政体,它之于国邦好比上帝之于大众"。它似乎在类型上是君主制,但是,尽管它不像僭政毫无法度,却也完全超出了对成文法或习惯法统治的需要。"所有政体中最优良者,"柏拉图写道,"不应由法律来统治,而是由被认为同时占有智慧和王权的一人来统治。"无论这种政体脱离了神权统治或者"哲学家王"的出现是否可能存在,这一点依然成立,即柏拉图好像从两条截然有别的路向来看待君主制——一条路向是把君主制看成绝对统治,另一条是把君主制看成合法的有限政府形式。

孟德斯鸠把君主制和绝对政体完全分离开来。同时,他把君主制与共和制——无论贵族制还是民主制——区分开来。根据孟德斯鸠,君主制与共和制一样是法制政体,也和共和制一样对立于专制或者绝对政体。君主制和共和制是两种主要的立宪政体类型,就像贵族制和民主制是两种主要共和政体类型一样。

亚里士多德认为立宪君主制不是独立的政体类型,而孟德斯鸠则坚持,绝对君主制配不上"君主制"的称谓,相反,它应被称作"专制"。他批评亚里士多德的王制五分法,说:"在列举君主制国家时,他(亚里士多德)把波斯帝国和斯巴达王国归入其中。但这不是很显然吗,"他问,"其中一个是专制国家,而另一个是共和国?"由于孟德斯鸠自己的君主制观念不仅包括国王,而且包括拥有中低阶权力的贵族群体,所以他认为在古代世界可以发现君主制的观点不正确。

立宪君主制恰是专制的对立面,在这点上黑格尔同意孟德斯鸠,但在把君主制和立宪政体等而视之这一方向上,黑格尔比孟德斯鸠走得远很多。对他来说,立宪君主制是最为真实的政体形式。"国家发展到立宪君主制是现代世界的功绩。"他认为,孟德斯鸠认识到古代世界仅仅知道父权制的君主制,一种从家政向仍以家庭模式组织的更大共同体的过渡,这是对的。但是根据黑格尔,孟德斯鸠对贵族功能的强调,表明他本人并没有理解"被卷进客观宪政"的君主制类型,以及君主制中"君主是有机发展的国家的绝对顶峰",而仅只是认识到"封建君主制,在其中,宪法中确定的关系具体化为私人产权以及个人和法人的优先权"。

但是,可以追问的是,黑格尔的立宪君主制理论能避免共和主义者提出的问题吗?他们认为君主制要么与某种绝对主义牵扯不清,要么与绝对主义完全脱离干系,从而也就失去了它作为政体形式之一的特质。尽管黑格尔接受立宪政体和专制之间的传统区分,但他似乎认为国家对自己内部臣民的统治权一样绝对——一点也不比对涉外事务的统治权更少。王权是国家对国务绝对统治权的人格化。国家的绝对权力只有在拥有对一切事务最终决定权的人格化的君主那里才成为现实。

"人民的统治,"黑格尔说,"是模糊的观念,因为其奠基于'人民'这一含糊概念。如果没有君主,没有对整体的表达——这是君主必然的、直接的伴生物,人民只是无形式的乌合之众,而不再是国家。"这样黑格尔抛弃了民众统治(对卢梭、康德、联邦党人来说,这是共和政体的本质),因为它与"充分发展的国家理念"相抵触。因此在黑格尔立宪君主制理论与共和主义立宪政府理论之间,就产生了深刻的对立。尽管这一事态不能用人治对法治来描述,与共和制对立的君主制仍然体现着政体中绝对主义的原则。

还有一种类型的政体,这种政体既不是纯粹的共和制,也不是绝对的君主制。中世纪著作家们所谓"混合政体",既不是黑格尔意义上的立宪君主制,也不是亚里士多德用此术语所指之意。中世纪的混合政制结合了两种截然不同的政府原则——王权政治原则,根据这一原则,绝对权力归属于位格化了的个人统治者,以及政党政治原则,根据这一原则,法律的至高无上体现了人民的统治,人民有权力直接或通过其代理人制定法律。

混合政体概念——既是王权政体也是政党政治政体——看似自我矛盾。在亚里士多德看来,法律的至高无上(宪政政体的本质)与统治者的至高无上(王权政体的本质)的结合似乎不可能。从霍布斯"统治权不可分割"的理论看,混合政制好像也不可能。尽管理论上不可能,但是混合政制作为史实而存在于典型的中世纪城邦之中,它们的特征来自它们在其中得以发展的封建制条件。

混合政体将这些原则混为一体,历史上存在这样的事实,这难道不是对这些原则的不相容性的批驳吗?答案或许是这样的,就跟油和水的混合一样,王权政体与政党政治政体只能作为一种不稳定均衡之下的混合而存在。混合政体在封建制条件下形成,随着近代民族国家的兴起以及这些封建制条件的消失,混合政体也趋消融。起初,绝对王权有取而代之之势。之后,在保守与革命较量的过程中,随着对王权限制的增多,混合政体向君主立宪或共和政体转变。

这些历史发展似乎表明,混合政体中的原则在事实上最终也不可调和,正如它们在理论上不可调和一样。

孟德斯鸠评论说,古人"关于君主制没有一个清晰的概念",这可以被解释为,他们没有混合政体的概念。在历史的偶然把它变成现实之前,人们不大会想到既是王权政体又是政党政治政体。根据阿奎那的描述,这一政体"部分是王制,因为有一人在万民之上;部分是贵族制,因为有一定数量的人执掌权柄;部分是民主制,亦即人民统治,因为统治者可以由人民选举,人民有选举统治者的权利"。尽管这一中世纪对混合政体的描述孟德斯鸠没有采信,但中世纪王国特有的特征似乎决定了他的君主制理论。

黑格尔看到——前文已有引述——孟德斯鸠关于君主制的理论仅只针对封建王国,似乎就是此意。还有一个事实从另外的角度确证了这点:孟德斯鸠认为君主制的典范是17世纪的英国政体,他说,它"伪装在君主制之下,叫它共和国或许也合情合理";洛克关于他那个时代的英国政体的概念也能说明这一点。

政体形式,洛克说,"取决于至高无上的权力即立法权的分配"。当立法权置于一人之手时,这就是君主制政体。但是,根据洛克,"在所有温和君主制和秩序井然的政体之中……立法权和行政权都分置不同人之手"。

洛克这里所谓"温和君主制"(意指英国政体)似乎就是混合政体,早些时候约翰·福蒂斯丘称这种政体是"政党政治王国",亨利·德布拉克顿称之为"王权/政党政治政体"。立法权在人民或其代理人手中。如果立法权为国王独有,他作为统治者拥有此权力,而不仅仅是人民的代表(representative)——或者用阿奎那的术语,人民的代理人(viceger-ent)——这一政体就是绝对君主政体形式。如果国王仅只是代表,则是共和政体。

在混合政体中,国王作为统治者的特征取决于他与本国法律的特定关系。一种情况,他超越法律,有某种不受法律约束的权力;另一种情况,他所有的权力都受此一事实的约束,即他不能凭其自身的权力或权威而有能力制定法律。当一个民族享有自由且有能力制定自己的法律时,阿奎那写道,"习俗所传达的整个民族的共识对某一特定现象的解释力,比无权制定法律的统治者的权威要强得多,除非统治者能代表此一民族"。不过,阿奎那又说,统治者在"法律强制力之外,因为,实在地说,没有人能被自己强制;如果没有统治者的权威,法律就没有强制力"。

法律的强制力来自作为行政者而非立法者的统治者。洛克承认国王享有部分立法权,但把他的基本职能看作是行政权——且独属于他。洛克从王室特权的角度定义这一绝对的行政权,他说,这"仅在不可逆料和无法确定的事件发生、特定的无法变通的法律不能安全导引的情况下,为公共利益而向王室提供的权力"。他继续说,特权就是"根据公共利益而自行其是"的权力,"不必墨守法律,有时甚至背叛法律"。

这样,洛克就给我们展示了一幅混合政体的图景,其中国王的统治权被限定为行使政府行政职能时绝对特权的运用。在行政领域,王权是绝对的,但他的统治权不是绝对的;因为在立法领域,他要么悄然无声,谨守古老典制,要么和其他人一样,仅只是人民的一个代理人。

允许国王享有特权的范围取决于由法律明确规范的事务的范围。政府成立之初,法律条目很少,"政务几乎全依仗特权处置",洛克深谙此理。他认为,"当人们说，人民借由法律明确规定而享有部分权力，这是对特权的蚕食时，他们关于政府的这一观点是非常错误的。这样做，人民并没有从国王手中夺走原本应当属于他的任何东西，而只是宣布，如果他把这权力另作他用，他们就不再授予曾不确然地留在他或他先人手中以为人民谋利益的权力"。

这里，我们看到，在构建混合政体的不可调和的原则的结合中，国王主权与人民主权之间有着冲突的种子。当国王把持特权，想要维持甚至扩展权力时，王权和政党政治政体就会向绝对君主制转变。当人民握有统治权，想要抵制国王僭越、护卫立法权力时，混合政体就会朝着另一方向趋于消解。经过有限或立宪君主制等不同阶段，国王的主权渐渐弱化，而向共和政体转化，事实正是如此。

如果国王的特权包括了召集议会，那么除非革命别无解决之道，因为正如洛克所看到的，"在具有此种特权的行政权与惟依赖国王的意愿方能集会的立法权之间，尘世之中不可能有调解者"。

在讨论君主制时，就跟讨论民主制或其他政体形式一样，在西方思想的不同时期，基本的术语和问题其含义并不一致。智识传统中的连续讨论，只有在参照其作者熟知和关切的不同历史体制方才适宜，在政治理论领域尤其如此。古代人与现代人都有关于君主制相较于其他政体形式的特点的争论，而他们谈到的君主制这种政府建制差别极大，殊不亚于民主宪政的古代形式和现代形式之间的差别。

在古代世界，纯粹的王权政体和纯粹的政党政治政体之间非此即彼的选择是君主制含义和评价的基础。现代世界继承了中世纪的封建制度遗产，混合政体或者君主立宪制被认为是提供了第三种选择。因此，可能作为为绝对政体或绝对国家正名的必然推论而对君主制赞赏有加，像霍布斯和黑格尔；可能一方面对君主制赞赏有加，另一方面攻击绝对权力或专政，像洛克和孟德斯鸠；也可能为了保卫共和制原则，而攻击君主制，无论是绝对君主制还是有限君主制，如在卢梭和联邦党人那里就是如此。

这并不是说在古代和现代的讨论中没有连续。在君主论观念中，似乎总有两个同时存在的要点——单一首脑而政制一统，以及绝对权力的合法性。就政制一统论，柏拉图的观点——君主制是几种具有同等正当性的政体形式中最有效率者，好像和共和宪政中集中行政的现代观点相佐证。这也体现在孟德斯鸠和卢梭关于君主制政府更能开疆拓土并施以管制的推理中。就绝对权力论，古代和现代关于人治、法治的讨论也有某种延续。不过，在反对赋予某一个人统治权方面，古代和现代之间的相似性，似乎多过现代为君主制的辩护和古代关于王权政体的思辨之间的相似性。

尽管霍布斯和黑格尔的说法不同，但为绝对政体必要性的辩护显得特别现代。在特定情势之中，一个拥有优越智慧者以绝对方式管制智慧卑下者，这是合理的，就像父亲管制稚童，或神祇管制众生；这绝不仅仅是古人的观点。要点毋宁说是，恰恰是政体和国家的本性要求有绝对权力的一个存贮之所。霍布斯并没有问，执掌权杖者是否因为其个人优越于臣民而得享君主之位。黑格尔明确批驳任何关于君主特性的考虑。无论霍布斯还是黑格尔，都没有为国王的神圣权力或者他们的神圣委派辩护；不过黑格尔确实坚持，确立了王位之至高无上的政体本身，不是某种人造之物，而是"神圣和永恒的，高举于被造物的领地之上"。

59. 君主制

国王因为神圣权力而拥有绝对力量,这又是现代特有的关于绝对君权的一个论断。莎士比亚笔下的查理二世说到,"不是浊水就可洗去王位神圣的香气。上帝挑选的代理人不能被世俗之人废黜"。根据神权理论,国王是上帝委任的牧师,而不是如阿奎那认为的那样,是人民的代理人。王权神权理论似乎并非中世纪的信条。它出现在威廉·巴克莱和罗伯特·费尔玛等后来者的小册子中,对后者洛克还曾做过回应。

这一分歧涉及了解释圣令(Holy Writ)的争论双方。基督教国王被施以涂油礼,这一仪式所以重要,据说是因为古代希伯来已有此惯例。但希伯来国王源起的故事也有相反的解释。

在摩西和亚伦之后,以色列人第一次把他们的事务交由法官管理,"以色列没有王,各人均行在自己看来正当之事"。不久,他们去找他们的法官撒母耳,说:"给我们一个国王,让他裁断我们,就像所有国家一样。"这惹恼了撒母耳。撒母耳向上帝祷告,上帝对撒母耳说:"倾听民众对你说的一切;因为他们没有拒绝你,但他们拒绝了我,认为我不应该统治他们。"然后上帝描述了在拥有绝对权力的世俗统治者治下将遭受的苦难——这是他们想要一个国王,而不是上帝和上帝的律法(通过士师来实施)而应得的惩罚。

古希腊与古罗马的伟大诗歌和历史著作似乎表明,国王之神圣不是现代观念。对帝王和国王的神化当然是司空见惯之举。但国王神圣性的假设并不意指神授或者神选,古代世界的统治者也不能证明他们的绝对权力作为神授之权,并因此获得合法性。

而且,在柏拉图和亚里士多德政治理论中,在比较王权统治与神权政体相似之处时二者(其实)朝着相反的方向发展。根据他们的观点,绝对政体的正当依赖于统治者和被统治者之间极端的不平等。如果神祇统治世上众生,就像柏拉图《政治家篇》中转述的神话一样,那么他会绝对地统治他们,依靠他自己的智慧决定一切,而不借助成文法律和既定习俗。如果真有似神之人,或者如果真正的哲学家成了王,他也有资格做绝对的君主。对待似神之人仅仅如同一公民,如同"在德行和政治能量上远逊于他的众生",亚里士多德说,这是不公正的。同样,与同胞相比没有太多优越的人像国王一样统治他们,而不是仅仅作为一个公民,仅仅在某段时间被授权从事公共事务,这也不公正。

亚里士多德时不时说到王权政体是一种神圣的政体,但除非一人与他人相比好比神之于人,否则他并不认为其存在具有合法性。尽管有些历史上存在的王制,亚里士多德把它们归入绝对君主制,但没有一个是具有神性的王权政体。好像对亚里士多德来说,跟对柏拉图来说一样,那仍然只是纯粹假想的建构。

真正的王权政体不是源起于神而是父权制。它是一种适合于村落共同体而非城邦国家的政体形式。王权式政体形式在乡村盛行,因为它是家庭的自然延伸。亚里士多德说,这就是为什么"希腊的城邦起初由国王统治,因为希腊人在归并之前就在王权的统治之下,而蛮人至今仍是这样"。

亚里士多德认为绝对或专政政体有益于卑下的亚洲人,而不适于雅典城邦的自由民,这在孟德斯鸠和穆勒看来或许是反动的立场。这些绝对君主制的现代反对者们并没有断言,宪政政体无条件地优越于专政主义。对于特定的人,在特定的条件之下,自我管制或许是不可能或无好处的。"一个蛮族,"穆勒写道,"尽管在一定程度上感知到文明社会的好处,但或许无法实践文明社会要求的自制:他们的情绪过于猛烈,或者他们个人的荣耀过于强烈,以至无法绕过个人冲突,而让他们把实际的或人们认为的错误交付法律处置。这种情况下,文明化了的政体尽管对他们确有好处,但仍需要相当程度的专制;在这一政体中蛮族自己无法施控,反而要对蛮族的行动进行强力限制。"孟德斯鸠似乎更进一步,他认为不同民族——很大程度上是受他们生活之所气候的影响——有享自由或受奴役的天然倾向。在他看来,亚细亚民族中有一种特质,注定了他们将永远生活在专政之下。

相反,穆勒认为绝对政体的合法性是有条件的,条件就是:专政仅仅只是为暂时的目的。它必须不是仅仅想要维持秩序,而是要使人民逐步为自我管制做好准备。"绳索只能在作为教人逐渐学会自己走路的工具时才被允许使用",他说。当他们到达能管制自己的发展阶段时,专制统治者必须要么逊位,要么被推翻。

在穆勒与亚里士多德和柏拉图之间,还有更深的对立,这事关王权政体和政党政治政体讨论的最核心。亚里士多德和柏拉图都说过,如果至高无上或似神者存在,那么,即使对文明的希腊人,王权政体也优越于最好的共和政体。他们把王权政体称作神圣的政体形式,只是意味着它是理想,即使它永不能实现。而穆勒最明确地否定这点。

"如果保证有一个好的专制者,专制君主制会是最好的政体形式,"他写道,"我认为这是关于什么是好政府的一个极端概念,且最为有害。"这里的要害不在是否能发现好的专制者——似神的统治者或哲学家王,而是在于,被"这个有超人智能者"统治的人就必然全然是无为的。"他们的无为就暗含在绝对权力观念之中……在这种政体中,"穆勒问,"会发现一种什么样的人类?"人必须实际介入到自我管制之中,以从政治婴儿期进入到成熟期。因此,只要有可能出现,代议制或宪政政体都要优越于绝对君主制。

分 类 主 题

1. 君主制的定义和王制的类型划分
   1a. 王权政制和公民政制的区别
      (1)绝对统治或个人统治 vs 宪政或法律统治
      (2)绝对政府理论:绝对权力的本质;君主的权利与义务;绝对政府中统治者与被统治者的极端不平等
   1b. 绝对君主制的变体:君主制原则的其他体现
      (1)君主制与其他政制形式的结合:混合政体
      (2)立宪或有限君主制
      (3)共和政制的执行部门中的君主制原则
2. 王权理论
   2a. 国王的神圣性
   2b. 神权政制与最好的人的统治之比较:哲学家王
   2c. 国王的神圣化:国王的权力神授理论
   2d. 体现王权的个性的神话:王权的作用和君主制的重负。

3. 君主权力的运用和滥用

 3a. 好的国王和仁慈的独裁者之于臣民:君主的教育

 3b. 个人独裁者绝对权力的运用:王政与僭政

4. 君主政体与其他政体形式的比较

 4a. 王权的父权特质:家庭或氏族中的绝对统治,以及国家中的家长制

 4b. 君主制与独裁、僭政的区分

 4c. 君主国与共和国在统一、财富和殖民范围上的差别

 4d. 为君主制或王权辩护

  (1)绝对政制的必要性

  (2)君主制作为几种好的政体形式中之最善或最有效率者

  (3)偏好混合政体:为王权特权作为其领域中的绝对者辩护

 4e. 对君主制或绝对政体的攻击

  (1)君主制中家长制或暴政特征:拒斥仁慈独裁者;宪政的优越性

  (2)绝对统治或仁慈独裁者之庇佑不能自治者

  (3)绝对君主制的不合法:悖逆民众治理原则

  (4)混合政体中王权作为特权的不合法:立宪君主制中王权作为特权的局限

5. 对殖民地、附庸国和臣服地人民的绝对统治

 5a. 帝国政治的合理性:征服者的权力;帝国的统一和文明化之功绩

 5b. 帝国主义的不公正:剥削和独裁

6. 君主制的历史:其源起和演进

[王昆 译]

索引

本索引相继列出本系列的卷号〔黑体〕、作者、该卷的页码。所引圣经依据詹姆士御制版，先后列出卷、章、行。缩略语 esp 提醒读者所涉参考材料中有一处或多处与本论题关系特别紧密；passim 表示所涉文著与本论题是断续而非全部相关。若所涉文著整体与本论题相关，页码就包括整体文著。关于如何使用《论题集》的一般指南请参见导论。

1. The definition of monarchy and the classification of the types of kingship

    6 Plato, 598–604
    8 Aristotle, 483–484
    21 Machiavelli, 14–16
    21 Hobbes, 106–107
    35 Montesquieu, 7, 75–76
    37 Gibbon, 24
    43 Hegel, 95
    58 Weber, 173–174

1a. The distinction between royal and political government

1a(1) Absolute or personal rule contrasted with constitutional government or rule by law

    4 Euripides, 352–353
    5 Herodotus, 107, 233
    6 Plato, 670–676, 680–682, 805
    8 Aristotle, 448, 449, 453–454, 484–487
    13 Plutarch, 638–639
    14 Tacitus, 51, 61–62
    18 Aquinas, 233–234
    21 Hobbes, 131–132
    33 Locke, 44–46, 55–58
    35 Montesquieu, 8, 29–31, 36–37, 54
    35 Rousseau, 323–324, 358
    37 Gibbon, 24–28 passim, 51
    38 Gibbon, 73–75
    39 Kant, 547
    40 Mill, 267–268, 339–340
    41 Boswell, 195
    43 Hegel, 150, 223–225, 277, 319–320
    58 Weber, 173

1a(2) The theory of absolute government: the nature of absolute power; the rights and duties of the monarch; the radical inequality between ruler and ruled in absolute government

    5 Herodotus, 195–196
    6 Plato, 679–680
    8 Aristotle, 447–448, 453–455 passim, 482–487
    21 Hobbes, 47–283
    24 Shakespeare, 342–344
    30 Pascal, 231–232
    33 Locke, 28–30, 55–58

    35 Montesquieu, 12–13, 15, 26–31, 33–34, 39–40, 137
    35 Rousseau, 388–389
    37 Gibbon, 27, 50, 153–155 passim
    38 Gibbon, 173, 219–220, 317
    39 Kant, 438
    40 Mill, 341–344 passim
    41 Boswell, 120
    48 Melville, 66–67
    58 Weber, 164–165
    59 Shaw, 94–95

1b. Modifications of absolute monarchy: other embodiments of the monarchical principle

1b(1) The combination of monarchy with other forms of government: the mixed regime

    4 Aeschylus, 5
    6 Plato, 671–672, 699–700
    8 Aristotle, 461, 466–467, 469–470
    13 Plutarch, 34–35
    14 Tacitus, 72
    17 Aquinas, 430–431
    18 Aquinas, 229–230, 307–309
    21 Machiavelli, 27
    21 Hobbes, 103–104, 151–152
    33 Locke, 55, 59–60, 62–64, 74–76
    35 Montesquieu, 7–8, 75–78
    35 Rousseau, 414–415
    38 Gibbon, 81, 217–219
    40 Federalist, 70, 213
    40 Mill, 351
    41 Boswell, 178, 390
    43 Hegel, 363–364, 379

1b(2) Constitutional or limited monarchy

    6 Plato, 598–604, 667
    8 Aristotle, 483, 484, 485, 515–516
    21 Hobbes, 106–107
    33 Locke, 46
    37 Gibbon, 622–623
    39 Kant, 439–440
    43 Hegel, 94–95, 100, 149–150
    58 Weber, 165, 180–181

1b(3) The monarchical principle in the executive branch of republican government

    35 Montesquieu, 72
    40 Federalist, 118–119, 203–205

59. Monarchy

40 Mill, 356–357, 409–413 passim
44 Tocqueville, 61–63
58 Weber, 81–83, 85–86

1c. The principle of succession in monarchies

Old Testament: *I Kings*
Apocrypha: *I Maccabees*, 9:28–30
5 Herodotus, 167–168, 194–195, 196–199, 214, 252–253
13 Plutarch, 49–52, 363–366, 480–482
14 Tacitus, 98, 193–194
20 Calvin, 375–377
21 Hobbes, 106, 107, 108–109
24 Shakespeare, 13–14, 43–44, 70–71, 534–537
30 Pascal, 229–230
31 Racine, 337, 338–342
35 Montesquieu, 28, 222
35 Rousseau, 413–414
37 Gibbon, 30, 61, 68–69
38 Gibbon, 204–205, 212–213, 223
43 Hegel, 98–99, 100

2. The theory of royalty

2a. The divinity of kings

Apocrypha: *Wisdom of Solomon*, 14:16–21
4 Aeschylus, 21–22
12 Virgil, 12–14, 27–28, 88, 194, 219
13 Plutarch, 28–29, 50–52
14 Tacitus, 73
20 Calvin, 231–233
24 Shakespeare, 343–344
37 Gibbon, 28
58 Weber, 180

2b. The analogy between divine government and rule by the best man: the philosopher king

6 Plato, 310–401, 586–590, 679–681
8 Aristotle, 482, 486–487, 537
13 Plutarch, 47–48, 59–60, 605, 784–785
23 Erasmus, 10
28 Bacon, 20–21, 74–75
33 Locke, 63–64
34 Swift, 28–29
37 Gibbon, 338–339

2c. The divine institution of kings: the theory of the divine right of kings

Old Testament: *Deuteronomy*, 17:14–20 / *I Samuel*, 9:15–10:13; 12:12–14; 16:1–13; 24:4–10; 26:7–12 / *II Samuel*, 5:12; 7:11–16; 12:7; 23:1 / *II Kings*, 9:1–7,12 / *I Chronicles*, 28:1–10 / *Isaiah*, 45:1–6
Apocrypha: *Ecclesiasticus*, 47:11
13 Plutarch, 50–51
20 Calvin, 429–430
21 Hobbes, 111–112, 225
24 Shakespeare, 338, 342–344
33 Locke, 51
37 Gibbon, 292–293
38 Gibbon, 209

43 Hegel, 97
51 Tolstoy, 680
58 Weber, 172–173

2d. The myth of the royal personage: the attributes of royalty and the burdens of monarchy

Apocrypha: *Wisdom of Solomon*, 7:1–6 / *Ecclesiasticus*, 11:5
3 Homer, 33–34
4 Sophocles, 119
4 Euripides, 612
5 Herodotus, 7–8, 85–86, 281–282
6 Plato, 669–674
8 Aristotle, 413, 517–518
11 Aurelius, 239–242
13 Plutarch, 540–576 passim, 661, 678, 732, 835, 847
14 Tacitus, 73–74, 193
21 Machiavelli, 1
22 Rabelais, 58–59
23 Erasmus, 31–32
23 Montaigne, 167–172, 368–370, 485–488
24 Shakespeare, 81–82, 320–351, 427, 453, 482–483, 494, 499
25 Shakespeare, 53, 244–283, 289, 311–350
26 Harvey, 267
28 Bacon, 1–2, 20–25, 205–207
29 Milton, 120–121
30 Pascal, 196–199, 228
31 Racine, 294–298, 303–305, 320–321
33 Locke, 72
35 Montesquieu, 15, 26–29, 39, 42, 43, 94–95
35 Rousseau, 358–359
36 Smith, 400
37 Gibbon, 154–155, 156–157, 547, 572
38 Gibbon, 39–40, 194, 297, 317–321
40 Federalist, 203
40 Mill, 341–342, 363
41 Boswell, 125, 251
43 Hegel, 99
45 Goethe, 24, 64–66, 140–141
48 Melville, 58, 66–68
48 Twain, 302–303
51 Tolstoy, 1–2, 87, 135–137, 147–150, 157–161, 230–234, 342–346, 348–349, 382–388, 405–406, 444–450, 456–459, 465–468, 497–499, 518, 536–537
58 Huizinga, 248–250, 259–266 passim, 283–284, 301
59 Shaw, 75–85 passim

3. The use and abuse of monarchical power

3a. The good king and the benevolent despot in the service of their subjects: the education of the prince

Old Testament: *Exodus*, 18:21–26 / *I Samuel*, 15:10–35 / *I Kings*, 4:29–34; 11:26–40; 14:1–20 / *II Chronicles*, 1:7–12 / *Psalms*, 72 / *Proverbs*, 8:15–16; 16:10–15; 20:26,28; 25:2–5; 29:2,4,12,14 / *Ecclesiastes*, 10:16–17

Apocrypha: *Ecclesiasticus,* 10:1-4,14 / *I Maccabees,* 14
3 Homer, 97-100
4 Aeschylus, 21
4 Sophocles, 111-112, 161, 166-167
4 Euripides, 351
6 Plato, 316-356, 383-401, 598-608, 806
8 Aristotle, 413, 483-485
11 Aurelius, 239-242
13 Plutarch, 32-48, 64-77, 80-81, 129-141, 542-544, 782-788
14 Tacitus, 125-126, 215, 290
19 Dante, 53-54, 57, 61
21 Hobbes, 153-159
22 Rabelais, 26-30
23 Montaigne, 172-173, 427-429, 478-481
24 Shakespeare, 434-466, 467-502, 533, 552-554
25 Shakespeare, 303-304
27 Cervantes, 406-410, 414-420, 424-428
28 Bacon, 20-25, 94
31 Molière, 105-106
33 Locke, 48-51 passim, 62-64
34 Swift, 112-113
35 Montesquieu, 93-95
35 Rousseau, 412-414
37 Gibbon, 31-32, 85-86, 260, 284, 288-289, 338-340, 343-344, 448-449, 577-580, 638-646 passim
38 Gibbon, 102-104, 176, 504-505
40 Mill, 342-344, 351-354
43 Hegel, 150, 223, 256
44 Tocqueville, 3-4

3b. The exploitation of absolute power for personal aggrandizement: the strategies of princes and tyrants

Old Testament: *I Samuel,* 8:11-18 / *II Samuel,* 11:6-12:13 / *I Kings,* 12:1-15; 21 / *Isaiah,* 1:23; 3:14-15; 10:1-3 / *Jeremiah,* 22:1-23:2 / *Daniel,* 3:1-12 / *Micah,* 3:1-3; 7:3-4
Apocrypha: *Judith,* 2:1-12 / *I Maccabees,* 1:41-64; 10:22-46
4 Euripides, 610-611
5 Herodotus, 35-37
6 Plato, 301-304, 311-313, 811-813
8 Aristotle, 412, 495, 512-518
13 Plutarch, 319, 482-484, 742-743
14 Tacitus, 1-5, 197
18 Aquinas, 307-309
19 Dante, 34-35, 51-52, 70-71, 115
20 Calvin, 370-392, 407-423, 427-432
21 Machiavelli, 1-37
21 Hobbes, 76
23 Erasmus, 31-32
23 Montaigne, 105-110
24 Shakespeare, 1-32, 33-68, 69-104, 105-148, 320-351, 376-405, 459-460, 496
25 Shakespeare, 284-310
33 Locke, 50-51, 57, 62-64, 71-72, 73
34 Swift, 37
35 Rousseau, 357, 412-413, 415-416
37 Gibbon, 38, 42-43, 60, 70-71
38 Gibbon, 113-114, 173-174
40 Declaration of Independence, 1-3
40 Federalist, 35
43 Hegel, 318-320
48 Twain, 335-336
51 Tolstoy, 9-10
60 Brecht, 410-412

4. Comparison of monarchy with other forms of government

5 Herodotus, 107-108
6 Plato, 401-421, 598-604
8 Aristotle, 412-413, 476-477, 484-485, 486-487, 488, 491 passim
21 Hobbes, 104-108, 273
33 Locke, 55
35 Montesquieu, 4-16, 25-26, 30-43, 58-61, 96-102 passim
35 Rousseau, 359, 409-410
39 Kant, 450
40 Federalist, 48, 83, 125 passim, 207-210 passim, 252-253
40 Mill, 346, 363-364, 366-367
43 Hegel, 94-95, 97-98, 181-183
44 Tocqueville, 61-62

4a. The patriarchical character of kingship: absolute rule in the family or tribe, and paternalism in the state

6 Plato, 581, 664-666
8 Aristotle, 413, 445, 453-454, 476
16 Augustine, 588-592
21 Hobbes, 109-111
28 Bacon, 207-209
33 Locke, 25, 36-42, 43-44, 48-49, 50-51, 63, 64-65
35 Montesquieu, 118, 140
35 Rousseau, 367-368
37 Gibbon, 412-413
43 Hegel, 138, 179-180
54 Freud, 686-687
58 Weber, 170, 197-198

4b. The line which divides monarchy from despotism and tyranny

6 Plato, 590, 598-604
8 Aristotle, 412, 476-477, 483, 495, 512-513, 515-518
13 Plutarch, 30, 783
14 Tacitus, 193-194
18 Aquinas, 229-230
21 Hobbes, 150-151
28 Bacon, 27
30 Pascal, 174
33 Locke, 28, 49, 73-81
35 Montesquieu, 7-9, 12-13, 25-29, 53, 60-61
35 Rousseau, 412-413, 419
37 Gibbon, 32-33
43 Hegel, 100
58 Weber, 172-173

4c. The differences between kingdoms and republics with respect to unity, wealth, and extent of territory

35 Montesquieu, 44–46, 50, 56–57, 75–76, 125, 147
35 Rousseau, 415–417
40 Federalist, 47–48, 60–61, 157
40 Mill, 330, 346, 350–355 passim
44 Tocqueville, 80–83

4d. The defense of monarchy or royal rule

4d(1) The necessity for absolute government

3 Homer, 16
8 Aristotle, 481
21 Hobbes, 97–107, 112, 113–115, 130–132, 148–153, 280–281
37 Gibbon, 68–69
39 Kant, 439–440
40 Federalist, 174
52 Dostoevsky, 137

4d(2) Monarchy as the best or most efficient of the several good forms of government

5 Herodotus, 108
6 Plato, 602–604, 679–680
8 Aristotle, 482–483, 484–485
17 Aquinas, 530
18 Aquinas, 307–309
21 Hobbes, 105–106, 129–130, 158
35 Montesquieu, 25
35 Rousseau, 412–414
38 Gibbon, 74–75, 81
40 Mill, 341–344
41 Boswell, 120, 255
43 Hegel, 98–99, 101–102, 104, 149, 181–183, 392

4d(3) The preference for the mixed regime: defense of royal prerogatives as absolute in their sphere

6 Plato, 671–672
14 Tacitus, 72
18 Aquinas, 229–230
21 Hobbes, 228
33 Locke, 59–60, 62–64
35 Montesquieu, 69–75, 142–146
35 Rousseau, 414–415
40 Mill, 353–354
41 Boswell, 178
58 Weber, 180–181

4e. The attack on monarchy or absolute government

4e(1) The paternalistic or despotic character of monarchy: the rejection of benevolent despotism; the advantages of constitutional safeguards

4 Euripides, 352–353
6 Plato, 671–674, 681–682, 754
8 Aristotle, 382, 484–486
20 Calvin, 370–392, 407–423
33 Locke, 44–46, 63
35 Montesquieu, 69–84
35 Rousseau, 408, 412–414
37 Gibbon, 32–34, 68–69, 522–523
39 Kant, 450
40 Federalist, 153–156
40 Mill, 348–349
43 Hegel, 151–152
44 Tocqueville, 368–374

4e(2) The justification of absolute rule or benevolent despotism for peoples incapable of self-government

14 Tacitus, 290
33 Locke, 48–50
35 Montesquieu, 110–111, 122–123, 124
35 Rousseau, 324, 402–403
40 Federalist, 47
40 Mill, 329, 338–341, 351–353, 436–442 passim, esp 436–437
43 Hegel, 207–209, 318–319

4e(3) The illegitimacy of absolute monarchy: the violation of the principle of popular sovereignty

20 Calvin, 381–392
33 Locke, 44–46, 48–51 passim, 55–58 passim, 65, 71–72
35 Rousseau, 356–359, 387–391
39 Kant, 137, 439–441, 450–452
40 Declaration of Independence, 1–3
43 Hegel, 97–98
58 Weber, 172–173

4e(4) The illegality of royal usurpations of power in a mixed regime: the limitations of royal prerogative in a constitutional monarchy

8 Aristotle, 515
33 Locke, 50–51 passim, 62–64, 70–71
35 Montesquieu, 7–9
35 Rousseau, 418–419, 424
37 Gibbon, 24–28
38 Gibbon, 74
39 Kant, 445
40 Declaration of Independence, 1–3
40 Federalist, 157, 252–253
43 Hegel, 100

5. The absolute government of colonies, dependencies, or conquered peoples

Old Testament: *Joshua,* 9 / *I Kings,* 9:20–23 / *II Kings,* 23:30–35; 24:12–16; 25:5–30
Apocrypha: *I Maccabees,* 1:41–64; 8:1–13 / *II Maccabees,* 5:11–7:42
5 Herodotus, 16–20, 30–31, 37–40, 109–111, 186–191
5 Thucydides, 353, 403–404, 425–428, 504–507, 579–580
6 Plato, 698
8 Aristotle, 528–529

13 Plutarch, 47–48
14 Tacitus, 122, 149, 162–163
21 Machiavelli, 3–14, 30–31
21 Hobbes, 107, 119, 126–127
22 Rabelais, 131–133
33 Locke, 65–70 passim
34 Swift, 102–103
35 Montesquieu, 83–84, 170–171
35 Rousseau, 380
36 Smith, 268–313, 323
37 Gibbon, 14–15, 245–246, 518–519
38 Gibbon, 216
43 Hegel, 316–317

36 Smith, 283–286
37 Gibbon, 23, 33–34, 631–633
38 Gibbon, 420, 505
39 Kant, 413, 454–455
40 Declaration of Independence, 1–3
40 Mill, 436–442 passim
41 Boswell, 179
43 Hegel, 150
50 Marx, 372–374, 379–383 passim
59 Conrad, 135–189 passim esp 139, 141, 156, 162, 168–169, 173–175, 177–178

5a. **The justification of imperial rule: the rights of the conqueror; the unifying and civilizing achievements of empire**

4 Aeschylus, 22
5 Thucydides, 358–360, 367–369, 402–404, 530–532
12 Virgil, 10–11, 195, 233–234
13 Plutarch, 302–313
14 Tacitus, 106, 139–140, 191–192, 286–287, 290, 301
16 Augustine, 259–261
21 Hobbes, 110–111, 279–281
35 Montesquieu, 63
37 Gibbon, 12–24, 255, 608–609, 638–639
40 Mill, 353–354
43 Hegel, 116, 254–264
51 Tolstoy, 466, 498–499
59 Conrad, 135–189 passim esp 136, 141, 151, 156, 168–169

5b. **The injustice of imperialism: exploitation and despotism**

5 Thucydides, 424–429, 504–507, 529–533
8 Aristotle, 538
13 Plutarch, 409–410, 480–499
14 Tacitus, 39–40, 82–83, 122, 149
16 Augustine, 237–238
23 Montaigne, 481–485
33 Locke, 65–70
34 Swift, 182–183
35 Montesquieu, 62–63, 109–110
35 Rousseau, 355, 389–390

6. **The history of monarchy: its origin and developments**

Old Testament: *I Samuel*, 8–31 / *II Samuel* / *I Kings* / *II Kings*
5 Herodotus, 23–24, 152–153
5 Thucydides, 391
6 Plato, 672–674
8 Aristotle, 466–468, 469–470, 512–515, 553–554, 558–560
13 Plutarch, 20–28, 32–48, 77–86, 480–499, 600–603, 657–663
14 Tacitus, 1–2
19 Dante, 96–97
21 Hobbes, 150–151, 275–278
24 Shakespeare, 1–32, 33–68, 69–104, 105–148, 320–351, 376–405, 434–466, 467–502, 532–567
25 Shakespeare, 549–585
33 Locke, 48–51
34 Voltaire, 241–242, 249
35 Montesquieu, 69–78, 269–315
37 Gibbon, 1–671 passim
38 Gibbon, 1–598 passim
40 Federalist, 92, 252–253
40 Mill, 267–269, 340–341
43 Hegel, 276–279, 310–312, 319–320, 343–348, 363–367, 377–381
44 Tocqueville, 1–2, 367–368
50 Marx, 356
51 Tolstoy, 675–683
58 Frazer, 6–7, 31–32
58 Weber, 85–86, 173–174
58 Huizinga, 282–285

交叉索引

以下是与其他章的交叉索引：

The distinction between royal and political government, *see* CITIZEN 2b; CONSTITUTION 1; GOVERNMENT 1b; LAW 7a; SLAVERY 6b; TYRANNY AND DESPOTISM 5.

The mixed regime and its distinction from the mixed constitution, *see* CONSTITUTION 3a, 5b; DEMOCRACY 3b; GOVERNMENT 2b.

Monarchy in relation to other forms of government, *see* ARISTOCRACY 2a; DEMOCRACY 3c; GOVERNMENT 2–2e; OLIGARCHY 2; STATE 6a; TYRANNY AND DESPOTISM 2a, 4a; the comparison of monarchy with domestic or despotic government, *see* FAMILY 2b; GOVERNMENT 1b; TYRANNY AND DESPOTISM 4b.

Government in relation to the wealth and territorial extent of the state, *see* STATE 4a–4c; WEALTH 9f.

The royal prerogative, *see* GOVERNMENT 3e; LAW 7e.

The legitimacy or justice of absolute monarchy, and the doctrine of natural rights and popular sovereignty, see Constitution 3b; Democracy 4b; Government 1g(1)–1g(3); Justice 9c–9d; Law 6b, 7b; Liberty 1d, 1g; State 2c; Tyranny and Despotism 5a–5c.

The justification of absolute rule when it takes the form of a benevolent despotism, see Democracy 4d; Government 2c; Progress 4b; Slavery 6b–6c; Tyranny and Despotism 4b.

Imperialism as a form of absolute rule, see Government 5b; Liberty 6c; Revolution 7; Slavery 6d; State 10b; Tyranny and Despotism 6.

扩展书目

下面列出的文著没有包括在本套伟大著作丛书中，但它们与本章的大观念及主题相关。

书目分成两组：

Ⅰ．伟大著作丛书中收入了其部分著作的作者。作者大致按年代顺序排列。

Ⅱ．未收入伟大著作丛书的作者。我们先把作者划归为古代、近代等，在一个时代范围内再按西文字母顺序排序。

在《论题集》第二卷后面，附有扩展阅读总目，在那里可以看到这里所列著作的作者全名、完整书名、出版日期等全部信息。

I.

Plutarch. "On Monarchy, Democracy, and Oligarchy," in *Moralia*
Thomas Aquinas. *On Kingship*
Dante. *On World-Government (De Monarchia)*
Hobbes. *Behemoth*
Erasmus. *The Education of a Christian Prince*
Bacon, F. "Of the True Greatness of Kingdoms and Estates," in *Essayes*
Spinoza. *Tractatus Politicus (Political Treatise)*, CH 6–7
Milton. *Defence of the People of England*
———. *The Tenure of Kings and Magistrates*
Berkeley. *Passive Obedience*
Voltaire. "King," in *A Philosophical Dictionary*

II.

THE ANCIENT WORLD (TO 500 A.D.)

Demosthenes. *De Corona (On the Crown)*
———. *Philippics*

THE MIDDLE AGES TO THE RENAISSANCE (TO 1500)

Bracton. *De Legibus et Consuetudinibus Angliae (On the Laws and Customs of England)*
Fortescue. *Governance of England*
Marsilius of Padua. *Defensor Pacis*
Wycliffe. *Tractatus de Officio Regis*

THE MODERN WORLD (1500 AND LATER)

Bagehot. *The English Constitution*
Barrow, I. *A Treatise of the Pope's Supremacy*
Bellarmine. *The Treatise on Civil Government (De Laicis)*
Bodin. *The Six Bookes of a Commonweale*
Bossuet. *Politique tirée des propres paroles de l'Écriture Sainte*
Burke. *Reflections on the Revolution in France*
Campanella. *A Discourse Touching the Spanish Monarchy*
Carlyle, A. J. *Political Liberty*
Castiglione. *The Book of the Courtier*
Clarendon. *History of the Rebellion*
Corneille. *Cinna*
Figgis. *Theory of the Divine Right of Kings*
Filmer. *The Anarchy of a Limited or Mixed Monarchy*
———. *Patriarcha*
Hocart. *Kingship*
Hooker. *Of the Laws of Ecclesiastical Polity*
Hudson. *The Divine Right of Government*
James I. *An Apologie for the Oath of Allegiance*
———. *A Defence of the Right of Kings, Against Cardinall Perron*
———. *A Premonition to All Christian Monarches, Free Princes and States*
———. *The Trew Law of Free Monarchies*
Maistre. *The Pope*
Mariana. *The King and the Education of the King*
Marlowe. *Edward the Second*
Mattingly. *Catherine of Aragon*
Myers. *Medieval Kingship*
Paine. *Common Sense*, II
———. *Rights of Man*, PART 1
Powicke. *King Henry III and the Lord Edward*
Prynne. *The Soveraigne Power of Parliaments and Kingdomes*
Pushkin. *Boris Godunov*
Sévigné. *Letters*
Sidney, A. *Discourses Concerning Government*
Wedgwood. *William the Silent*
Yourcenar. *Memoirs of Hadrian*

自 然 Nature

总 论

"自然"是这么一个词,它通过凭借暗示或对比与之形成关联的其他术语来获得意义。不过,它不像必然与偶然、一与多、普遍与特殊、战争与和平那样属于一对固定术语。要是把事物分为自然与人为,或者自然与习俗,那么自然的对立面并不就是自然的丧失或者损害,而是新因素的增加,使自然发生转变。另一方面,非自然似乎只是自然的偏转、背离,有时则是对自然的僭越。

绝大多数与自然相对的词表现的都是人或神的活动或存在。如**医学**章所示,盖伦把大自然看作艺术家。哈维后来发展了这种理论。但除了这两个例外,传统的艺术理论都认为艺术不是大自然的作品,而是人类的创造。关于艺术理论,尤其是在艺术对大自然的模仿方面,尽管众多伟大著作存在其他分歧,但它们好像有种共同的看法:艺术作品之有别于自然造物,在于这一事实,在艺术作品中人为自然增添了什么。若人留下的世界和他发现的世界一模一样,那这个世界就没有艺术,或者任何人为的印迹在其中。

曾有古代著者将自然与习俗做比较,也有现代著者将处于自然状态下的人类生活区别于处于文明社会的人类生活;他们似乎都在暗示,没有人为之物,就谈不上什么习俗或政治。在这方面,洛克似乎是个例外。他认为既有文明或政治社会,也有自然社会。"人类按照理性原则共同生活,不存在有权威对人们加以裁判的共同尊长",这就是自然社会。与霍布斯、康德或黑格尔不同,洛克并不认为自然状态必然是战争状态。但洛克与其他人在此处的分歧并不影响这样的观点,即文明社会的政治制度是人自身发明的产物。

在一些群居昆虫中,或许存在自然组织,如蜂巢和蚁穴。甚至有可能如洛克设想的那样,在自然状态中,"按照理性原则共同生活的人类"就构成了社会。但在这两种情形之下社会都没有最终形成我们所谓的"国家"。国家因为政治组织的许多特征而各个有别。从这个意义上说,国家或政治共同体是习俗形成而非自然而然;其制度是人为创设的。

认识到国家在某种程度上是习俗的产物,并不必然意味着同意关于国家起源的社会契约论。例如,亚里士多德认为国家是自然的——他说国家是"自然的产物"——但他并不认为政治共同体的自然性等同于蜂巢的自然性。在他看来,人类应该形成政治共同体,这是人的自然欲望的结果;人是政治的动物,他的天性中就内在地包含着这样的倾向。但是,政治共同体采取什么形式,这至少部分取决于人们特定的自愿安排。人类订立的法律是习俗性的,所以因地制宜、时移事易的制度也是如此。

社会或国家在哪些方面是自然的,在哪些方面不是自然的,这些思考所激起的政治理论问题,在其他章节如**家庭**和**国家**中有讨论。自然这个观念中牵涉到的其他基本对立的概念的情况也大抵如此。例如,艺术与自然的关系问题,见**艺术**章;就天性与教养的区别提出的问题,在**习惯**章中有所虑及,等等。在这里,我们关心的不是"自然"的不同概念引起的理论后果,而是自然本身在不同语境中使用时的不同含义。

自然有多种含义,但它们有一个共同点:自然是人类活动和创造未曾改变或增益之状态。天性与教养的区别就证实了这一点。人的活动是其他事物也是自身天性(nature)的变化之源。人与生俱来的天性在生命历程中将发生转变:获得知识,养成习惯(又叫"第二天性"),变化本能。这些变化的加总就是天性外的教养。

这些变化如果从集体的角度来看,就会形成文化或文明的概念——又是与自然相对的两个词。在卢梭和其他人的著作中,我们看到了这样的感受,人类拿自然生活为代价换来文明生活,这是损失,而非收获。回归自然的理想不仅仅是回归土地,或者逃离城市前往乡村。这种理想最极端的形式是呼吁人脱卸所有巧技和自负——他一向以为自己通过它们改善了自然天性——卢梭说:"否弃进步,从而否弃罪恶。"

但有人或许会问,人类创造的整个世界为何就不像天生可供人类使用的材料那么自然,即不像外部自然所提供的资源和人类与生俱来的四肢五体那么自然?如果人本身就是自然实体,如果所有人类活动在某种意义上都决定于人类天性,那为何艺术和科学作品、政治制度的演进、人类通过教育和经历获得的教养以及人类社会的其他特征,为何所有这些就不像坠落的石头、繁茂的森林或蜂巢那般自然呢?简言之,为何自然造物与人类造物有此反差?

这个问题所指正是对自然的传统讨论中的一个基本话题。那些认同这种反差合理性的人,从人类天性中有非常特殊之处为其重要性做辩护。如果人类完全是基于本能的生物——如果人所做的每件事情都由本性来决定,以致他无法做出选择,也不可能偏离可能的自然进程——那么人类世界就好像消失在其他自然之中。只有假定人类究其天性是理性和自由的,人类的作品,这些理性的产物或自由选择的结果,似乎才会跟所有其他自然物或自然因的结果形成鲜明反差。

在理性和自由这两个要素中,通常最为强调的是自由。自然原因所决定者,与人类自身自由选择所决定者判然有别。人们往往认为,自然法则表现了自然本身内在的理性,不过它们也表现出自然运行中的单调一致。关于自然的格言,如"大自然从不做徒劳无益之事""自然厌恶虚空"或"自然无飞跃",常常被解释成对大自然永恒活动方式的描述。亚里士多德区分自然发生的事情与偶然发生的事情,这一区分所根据的道理就是,基于事物自然本质所发生的事情是成规有常的。始终如一的事情或通常发生的事情是自然的。

因此,有人将人类理性与人类自由联系起来,并进而将人类自由选择产生的结果与其他所有依照自然发生的事物区别开来;哪怕自然结构中就包含某种合理性,这个假定好像也不会影响持有上述观点的人。在这方面,古希腊对自然与习俗差异的理解便是显证。波斯的法律不同于希腊的法律,城邦的政治制度不同于荷马时代的政治制度,城市之间的风俗和制度也彼此有异。与诸如此类的习俗不同,"自然之物恒久不变",亚里士多德写道,"在任何地方都有同样的力量,火在这里也好在波斯也好都同样燃烧。"习俗可变,而自然则始终如一。习俗的可变性也似乎进一步说明了,它们是自由或选择的产物。

蜂巢和人类城市的差别在于:前者完

全是自然的创造物,是完全由蜜蜂本能决定的社会组织,因此,无论在什么地方,蜜蜂都按照相同的方式筑巢;而人类城市超出了人的自然欲望,这些政治动物在不同的地方联合起来时,他们会形成不同的管制形式和不同的法律类型。蜘蛛结网和河狸筑堤跟布匹或房舍这些人的创造物之间的反差与此相同。与基于本能的事物的始终如一相反,理性产物的可变性暗示了理性运转中有选择性这一要素。

因此,试图将自然与人为区分开来的对自然的理解看来取决于对人的理解。关于人与其他动物的差异,尤其有关人类自由(见人和意志两章)的争论,与产生于人类活动和创造的事物的自然性问题直接相关。

例如,斯宾诺莎认为人类活动不能摆脱自然界普遍存在的必然性的统治,从而排除了能将人类作用的影响区别于其他影响的所有理据。人没有行使选择的自由,也没有任何其他方式为自然秩序或进程引入新的原则。霍布斯和洛克都否定自由意志,但无论在思想还是行动领域,他们都把人的意识或者社会制度的发明与没有人类发明创制时发生的事情区分开来。在洛克看来,简单观念与复杂观念的区别似乎正对应于古人对自然与艺术所做的区别。

与斯宾诺莎截然相反,康德将自然规律和自由秩序分离,就像在笛卡尔主义者那里物质与精神世界那样判然分明。自然世界是感知对象的体系或秩序,是"所有现象的总和——只要它们……自始至终都相互联系"。对康德而言,这意味着两种绝对相互关联的事物。自然是理论科学的对象,也是时间、空间和因果律所在的领域。就像斯宾诺莎一样,康德将自然秩序等同于因果必然性。但是,与斯宾诺莎不同,康德将人类的道德和政治生活置于一个不受时间、空间和因果律局限的秩序之中。这种自由王国是道德或实用科学的领地。自然科学或理论科学无法扩展到康德所说的"超感性的"或"本体的"秩序——这些事物所在的世界在感知和经验的范围之外。

斯宾诺莎将所有事件归于自然秩序,康德则将自然王国与自由王国断然分开,除此之外,还有第三种选择。它表现为亚里士多德或阿奎那对自然与自愿(voluntary)的区分。自愿在一种意义上是自然的,在另一种意义上却不是。说它是自然的,因为在动物和人类行动范围内发生的事情,其产生的原因和造成惰性物体活动的原因一样自然。根据阿奎那的观点,自愿行为产生于"内在的原则",就像一块石头的坠落产生于"石头本身的运动规则"一样。但促成自愿行为的因素中有一个是"关于目的因的知识",即知道追求的对象。因此,自愿范畴等同于自觉欲望的范畴,即等同于一种由已知对象激起的欲望,不管人是通过感知还是理性认识到这个对象。自然行为在如下意义上不同于自愿行为:自然行为是与自然欲望一致的行动,是与身体或机体的自然本性所生的倾向一致的行为,而并不伴随有对它正向之运动的目标的意识。

亚里士多德对自然运动和受迫运动的区分(伽利略和其他物理学家采用了这一区分),好像挑明了"自然"一词在这里的双重含义。伽利略把自由落体的运动视为自然,与抛射物体的运动相反。在前一个例子中,受引力作用而向地面坠落是重物的本性;而在后一个例子中,当子弹从枪里射出时,除了引力的作用外,还对子弹施加了另一种运动——这种运动并非产生于物体的本性,而是由其他物体引起。根据这种区分,自愿运动是自然的,不是受迫的。事实上,人在外力逼迫下采取违背其意志的行动就是受到了强迫,在这种意义上,有时强迫被视为与自愿而非自然相对立。如果某人是按照自己的意愿行事,那么他的行动既是自愿的,也是自然的,亦即不受外力的强迫。

自愿与自由还有另一个区别必须要考虑到。动物感知到某些对象而产生欲望,由此做出行动,这种行动是自愿的。然而,根据亚里士多德和阿奎那的理论,只有人能在各种欲望对象或达到目的的手段之间做出自由选择。自愿行动的结果与其他自然事件不同,只是因为在决定自愿行动时知识参与了进来。不过,人的自由选择最后到底选择的是什么,这既不是人的天性决定的,也不是人的知识决定的。因此,由于人的选择才使存在的那种事物,不管它是什么,都与完全由自然决定而存在的所有事物有别。

关于自然、自愿、自由的关系,还有一个问题与此相关。斯宾诺莎从自然秩序中不仅排除了自由选择,还排除了终极因的作用。目标或目的不是自然原则。另一方面,亚里士多德则认为,终极因在自然的任何部分都在起着作用。他在惯性物体中发现了终极因,它自然地趋向于某一结果,他在动物和人类行动中也发现了终极因,在其中终极因或终极目的可能是有意识的欲望的对象。

就追寻原因而言,自然不仅对物理学家是个问题,对生物学家和心理学家也同样如此。只在一种意义上能说终极因只出现在人类活动之中,即发生变化的不是终极目标,而只是通往更远的所欲目的的手段。在这里,既有外部的终极因,也有内在于变化本身的终极因。培根说,终极因"与人类本性的关系比它与宇宙体系的关系密切",或许就是在这个含义上而言。然而培根远远没有否认万物秩序中存在终极因,他只是把对终极因的探索交给形而上学(作为自然哲学的一个分支),而不是物理学。在他看来,肯定终极因的存在并不意味着在事物本性中发现了目的,它意味的是询问上帝的谋划和意旨。

到目前为止,我们都是从自然与人类作品相对立的角度探讨自然。我们还将从神学层面上继续探讨。在这方面,根据一种传统观点,自然事物并非对立于上帝的作品,它们恰恰就是上帝的作品。"那些据说是自然创造的事物,"柏拉图写道,"都是神明的艺术之作。"那些认为宇宙是上帝创造、只有上帝本身不是被造物的人,会用"自然"合指被造物的世界整体,同时又分别指称因上帝而获存在的每一类事物。

基督教神学对超自然和自然的区别有许多解释,而把所有事物分为非造物和造物,是这些解释之中最基本的。根据这种解释,自然不只包括物理世界和可感知的事物。它还包括精神性的被造物——天使和灵魂。非物质的存在并不比肉体更具有超自然性。它们也是被造的自然物。只有上帝不是被造物。

那些不相信或否认创造论的人,有的在更窄的意义上、有的在更宽的意义上使用"自然"一词。例如,希腊哲学家们似乎将自然限定在物质世界,即限定在物质的、可感知的和变化的事物领域之内。变化是希腊词 phūsis 含义中的要点,natura 正是这个词在拉丁语中的对应物。在希腊科学家看来,对自然的研究作为物理学家的使命就是研究变化的原则、原因和因素。

那些被认为不为变化所及的事物,如数学研究的对象、自存的理念或分立的形式;或者那些被视为永恒的不变的事物,如非物质的实体或者理智,都不属于物理学或自然科学领域。根据亚里士多德对学科的分类,这些存在物是数学和形而上学或神学的研究对象。因为对他而言，任何可感和可变的事物都同时是物质的，自然领域不多不少只包括整个物质世界，无论是地上还是天上的。

当斯宾诺莎将自然等同于上帝的无限的、永恒的实体时，自然获得了更为宽泛的含义。斯宾诺莎说："没有上帝，任何实体既不存在也无法被设想……凡存在，都在上帝之中存在，没有上帝无物存在也无法设想任何事物。"所有有限的事物都是神圣实体的样式，更确切地说，它们都是上帝的属性，譬如广延和思想。因此，自然就是有限事物——物质和非物质——的整体。但自然甚至超出了这个整体，因为上帝的无限本质大于其各部分之和。

为了清楚地说明这一点，斯宾诺莎区分出了能动的自然和被动的自然〔natura naturans et natura naturata〕。"我们用'能动的自然'指的是那种存在于自身且通过自身被设想，或者是这样的实体属性，它表现出的是永恒和无限的本质，也就是指被看作自由因（free cause）的上帝。但是，用到'被动的自然'，我理解的是遵循上帝的本性的必然性或上帝的任何一种属性的必然性的任何事物，这些事物应被认为存在于上帝之中，没有上帝就无法存在也无法被设想。"

从时间而非永恒的方面来看，自然秩序（即 natura naturata）同时是事物的秩序和观念的秩序。"观念的秩序和连接与事物的秩序和连接完全同一，"斯宾诺莎写道，"无论我们是从广延还是从思想或者其他任何存在方式来思考自然，我们发现的都是完全同一的秩序，或者说完全同一的原因的连接。"

或许除了斯多葛派，比如马可·奥勒留和爱比克泰德，只有斯宾诺莎的自然概念这样包罗万象。斯多葛派也认为，自然就是宇宙体系，人是宇宙结构的一部分，上帝或神灵内在于自然之中，作为理性原则操控万物。但是，虽然有的提到了上帝和创世，有的没有提到，笛卡尔和休谟这样的思想家都倾向于把自然等同于运动的物体或可变可感的事物的世界，而不是全体有限事物。

对笛卡尔来说，自然不包括思想或思维实体领域，尽管它们和物体一样，都是依赖于神的有限创造物。对休谟而言，自然似乎存在于经验之外——从某种角度说，是表象之下的现实。虽然斯宾诺莎认为，作为自然的一部分，观念体系和运动物体体系完全同一，休谟却说，"在自然进程与我们观念的接续之间存在先定的和谐"。

休谟在关于我们自身观念连接的知识与事实或实存的知识之间做出区分，这个区分似乎进一步暗示了，当我们断言某事是事实时，自然就是已知的现实（不管多么不充分）。在此我们认识到自然的另一种含义，它由另一对基本对立的概念来界定，这次是真实与理念或者想象的对立。正是在这个意义上，中世纪的作家将 entia naturae，即自然的或真实的存在，与 entia rationis，即存在于思想中的事物对立起来。

就像其他有关自然的大多数对立概念一样，这二者的区分也没有得到普遍接受。我们已经看到，康德根本不认为自然是独立于我们的经验或知识的实在，而恰恰把自然领域等同于所有可能的经验。"我们有两个词，"康德写道，"世界和自然，二者基本可以互换。前者指所有现象的数学总和及它们的综合的总和……当把世界看作运动着的整体，当我们的注意力不是指向空间和时间上的集合……而是指向各种现象存在的整体时，世界就被叫做'自然'。"

根据截然不同的分析原则，贝克莱把那些"非由人类意志制造或依赖于人类意志"的观念或感觉也当作自然物。自然物并不独立于思想而存在,但与想象的事物不同,自然物是这样的观念,它们不受制于我们的意志或人类意识本身的建构活动。这些观念是上帝直接创造,放置在我们的意识之中。

关于是否"自然物的产生与自然无关"的问题,贝克莱回答说:"如果自然指的是,根据某种确定和普适的规律,在我们意识中留下烙印的一系列明显的作用或感觉,那么很清楚,这种意义上的自然绝对无法产生任何东西。但是,如果自然既不同于自然规律,不同于可感知的事物,也不同于上帝,那么,我必须承认,那个词对我而言就是空洞的声音,不包含任何可理解的意义。这样,自然就是空虚的幻想,是那些对上帝的万能与无限完美没有正当观念的异教徒的臆造。"

贝克莱的观点代表了在一个极端难解的神学问题上的极端立场。根据他的观点,上帝不仅是造物主或第一因,而且也是自然进程中出现的万事万物的唯一原因。自然因是不存在的,自然没有创造力。万物要么是上帝的作品,要么是人的作品——没有什么是自然的作品。

仍然是关于这个问题,还有一个极端观点,它坚决否认的不是上帝的创造,而是神圣的因果性在对自然产生影响中扮演的角色。它把因果性完全归入自然因的效能(efficacy)之中。卢克莱修当然是既否认世界的被创造,也否认诸神对自然进程的干预。然而,笛卡尔等其他人似乎认为,一旦上帝创造出物质世界,一旦他将质料注入实体,给予它们原动力,此后它们就只需按照上帝为它们设立的自然律运动即可。对于自然过程中发生的一切,拥有按照这些规律发生作用的自然因就足够了。

关于这个问题,还有第三种立场,它在上帝创造自然与大自然创造各种后果,如物体的自然运动或动物的繁殖之间做了区分。然而,尽管这种观点将产生自然后果的效能归于自然动因或第二因,它仍然认为,自然因是上帝之手的辅助,只有上帝之手才是万物其所是以及如此发生的首要的或者说主要的原因。阿奎那似乎认为,上帝只是在最初创造万物时单独行动,而在保持被创造的自然以及它们的因果互动时,上帝却通过第二因或自然因来产生作用。

"有些人这么理解上帝对事物的作用,"阿奎那写道,"任何被创造的力对事物都没有任何作用,只有上帝才是任何被作用的事物的直接动因。例如,不是火焰而是存在于火中的上帝散发热量,诸如此类。但这是不可能的。首先因为,这从被造物那里剥夺了因果秩序,这将暗示造物者缺乏力量……其次因为,如果事物本身不产生任何东西,那么,事物身上显而易见的活动力就成了(上帝)毫无目的地赋予事物的力量,……因此我们必须认识到,神在万物之中发生作用的方式是,让万物也有它自身的作用。"

换言之,根据阿奎那,"上帝是万物各有自身作用的原因"。而且,"上帝不仅使事物各自发生作用……而且它还赋予被造物以形式,并维持其存在"。说到万物的存在,阿奎那认为,上帝"确立万物的秩序,让它们互相依赖,以此它们得以保存自己的存在,但上帝仍然是他们得以保存的最主要原因"。

关于自然本身,这一神学学说提出了两类问题。第一类涉及自然因的效能,科学家用它来解释自然现象足矣,然而它们自身还不足以解释自然因的效能是怎么产生的。第二类则是关于自然与超自然的区别,这次不是从造物与非造物的角度,而是从自然发生(甚至是偶然发生)的事物和由于神干预自然过程而发生的事物的对比的角度来考察。

例如,神迹是超自然的而非自然的事件。它们并非产生于自然因,亦非偶然发生。神学家把神迹归因于神圣因果律,但不是按照强迫力作用于自然的方式发生的。阿奎那解释说:"'神迹'一词来源于崇拜,当结果显明而原因却隐而不现时,就会产生崇拜……因此'神迹'又被看作充满惊奇的存在;换言之,它拥有让所有人都无法理解的原因。这个原因就是上帝。因此,神超出我们所知的原因而做的事就被称为'神迹'。"

神奇之事就是自然力量无法完成的事物。"说一件事超出自然能力之外",阿奎那写道,"这不仅是由于这件事情确实发生了,而且也由于事情发生的方式和秩序",而且"超出自然力量越多,神迹就越大"。阿奎那将神迹分为三个等级。

他说,第一种神迹超越自然,"是由于这个行迹本身,例如,就像两个物体占据同一个地方,或者太阳后退,或者人的肉体发光。这样的事情大自然绝对做不到;它们是最高一级的神迹。第二种,事件不是在行迹方面超越自然力量,而是在行迹发生的处所,如死者复活、盲人复明,等等。因为大自然能给予生命,但无法给予死者以生命;它能给予光明,但不能将光明带给盲人。这是第二等级的神迹。第三种,是事件在行动的限度和顺序上超出自然力量,如上帝突然让一个高烧的人退烧,没有治疗,也没有常见的自然过程……这是最低等级的神迹"。

根据阿奎那,尽管"按照超越自然力的方式,这三种神迹都还可再分为许多层级",但没有一种神迹能在完成不可能之事的意义上僭越自然秩序。不可能之事会毁灭自然,与此不同,罕见之事可能在自然的一般框架内由于上帝力量的引导而出现。

和这种观点相对,休谟认为,"神迹违反了自然律"。根据他的观点,既然固定的不可移易的经验确立了这些规律,就此而论,就任何经验论据所能达到的充分程度而论,驳斥神迹的证据是足够充分的。他问道:"所有人都必定会死;铅块自身必定不能悬在空中;火会烧毁木头,而水又能灭火?为什么这些事情不只是'非常可能'?岂不只是因为,这些事情与自然法则相合,若要不让这些事情发生,就必须违背这些规律,换言之,就必须出现神迹?"

休谟继续写道:"如果一件事情在普通的自然进程中发生,那么无论如何它也配不上神迹的尊号,……因此,与每一个神迹事件相对,必定存在某种始终一贯的经验,否则这一事件就不配如此称号。然而,既然始终一贯的经验就是证据,就此而论,我们在这里就有了驳斥任何神迹存在的直接而完备的证据;除非出现更有力的反证,否则这样的证据就无法驳倒,也就无法证明神迹的可信。"

休谟并不认为,神迹能违背我们对自然秩序的一贯经验而被证明。不过他还认为,那些尝试"借助人类理性的原则"来为神迹辩护的人"既是基督教的危险朋友也或许是乔装打扮的敌人,……基督教不仅从诞生之日起就伴有神迹,"他断称,"而且直至今日,没有神迹,基督教也无法让任何有理性者相信。仅仅理性不足以让我们确信基督教的可靠性;任何因信仰而赞成基督教的人,都是意识到了不断有神迹在自己身上显现……这才会让他坚定不移地相信这些与习俗和经验正好反对的事。"

Nature 还有另外一种传统含义,在前文中已屡屡暗示,也应该被注意到。到目前为止,我们明确考察的各种含义都有一点共性,就是它们都理所当然地写作 Nature,N 都是大写,且都是单数。而

60. 自　然

当我们说每一物都有它自己的本质（nature），而世界也包含有大量多元和极其杂多的本质（natures）时，说到的就是这个词的另一种含义了。

在这种意义上我们说到某些事物的本质，而这些事物本来是与自然（Nature）或自然的（natural）对照而言的，如艺术和风俗。于是，我们会说到上帝的本质以及自由的本质、艺术的本质、理性的本质、观念的本质、国家的本质、风俗习惯的本质。当然，这也暗含这样一种理论：就算它们是并不完全自然的事物，它们仍有自然的基础，如艺术、国家或习俗。然而，此中似乎又包含另一层意思。

短语 nature of（"……的本质"）在伟大著作中出现的频率几乎和 is 相当，它和任何与自然（Nature）或自然的（natural）相关的明确理论都没什么关联。绝大多数时候，讨论某事物的本质就是在讨论它是什么。说明事物的本质就是给它下定义；如果因为某种原因无法给出严格的定义，那么试图说明事物的本质也就是尝试说清楚这个事物或这类事物的特征所在，以区别于所有其他事物或所有其他种类的事物。

亚里士多德在罗列 nature 一词的含义时，把"本质"当作它的第五个含义。前四个含义都是把自然之物区别于人为或者永恒之物，并且暗示出，自然或物质事物本身就有内在的变化原则，它包含质料和潜能。而 nature 的第五个含义则是"自然物体的实质"（the essence），亚里士多德继续道，这暗示了自然对象既包含质料也包含形式。"将 nature 的这层意思加以延伸，这样每种普遍实质都可称为本质，因为事物的本质就是一类实质。"这是 nature 的第六种也是最常见的含义，根据这个意思，事物的本质或实质就是定义的对象。

是否每个事物个体都具有自己独特的本质，即使它无法被界定？或者，一种本质或本性是否可以为若干个体所共有，且正因如此，它们可以被归类，而这些类又被分成若干种属？比如说，约翰和詹姆士除了有同属于人类的共性之外，是否还具有各自的本质，还是说他们作为人的本质会使得他们拥有更多种属而非各自的特性，也就是说是由为所有人类所特有而且为所有动物所共有的种属特性所决定？

有关个体本质、特有本质和普遍本质的问题进一步引出了在**进化**章中所讨论的定义和分类问题。这些问题还引出了有关人所界定和归类的"类"是否实存的问题。它们只是洛克所谓的"名义本质"吗，还是说我们的定义指称着实存的本质，换言之，指称真实存在的事物本质？真实世界是否如威廉·詹姆士所言，只是在逻辑的手上玩得转的世界？自然是由各种层级的本质或不同类属组成，还是万物的连续统一体，它们都有同样的本质，只是在个体之间有别或基于偶然有别而非本质上彼此不同？这些问题在**动物**章、**定义**章、**进化**章、**生命与死亡**章、**同与异**章中也有讨论。

20 世纪，怀特海提出了他所谓的"自然有机论"（organic theory of nature）。这一学说"大声疾呼将有机体概念作为自然的基础"，他解释这一点说，"全部要点……就是从早前比较简单的有机体向复杂有机体的进化"。对怀特海来说，科学现在"表现出一种新视界，它既非纯粹的物理学，亦非纯粹的生物学。它逐渐变成对有机体的研究。生物学是对较大的有机体的研究，而物理学是对较小的有机体的研究……生物学研究的有机体包括了物理学研究的较小的有机体，作为自身的组成要素"。在怀特海的有机论自然观中，机械论和生机论之间的古老问题变得无关紧要了。

分 类 主 题

1. Nature 的概念

    1a. Nature 作为事物特性和行为的内在来源

    （1）作为本性的本质和个性本质的区别：种属特征和个体的偶性的事件

    （2）本质或本性与质料和形式的关联

    1b. Nature 作为宇宙或万物的整体：上帝与自然的同一性；natura naturans 和 natura naturata 的区别

    1c. Nature 作为感知对象的复合体：普遍法则决定下的事物

2. nature 或 natural 的对立面

    2a. 自然与艺术：对自然的模仿；与自然合作

    2b. 自然和习俗：自然状态和社会状态

    2c. 天性和教养：先天或天生与后天习得；习惯作为第二天性

    2d. 自然运动和强迫运动

    2e. 自然与非自然或畸形：正常和反常

    2f. 自然秩序和自由秩序：现象世界和本体世界；自然与精神的背反

3. 自然秩序

    3a. 自然法则和自然律：自然的合理性；熵

    3b. 自然秩序的接续和层级

    3c. 自然和因果律

    （1）规范事件和偶然事件的区别：自然的始终如一

    （2）自然的确定性之区别于自发或自由

    （3）自然中的目的论：终极因的作用

    （4）神的因果律与自然进程：保存自然；天意；神迹和巫术

4. 对 nature 和 natural 的认知

    4a. 本质或实质作为定义的对象

    4b. 自然与多种学科：理论科学与实践科学；自然哲学或科学、数学和形而上学

    4c. 作为历史研究对象的自然

5. 自然：作为正确或好的标准

    5a. 人类天性与人之善

    5b. 自然倾向和自然需要之于财产和财富

    5c. 国家和政治义务的自然性

    5d. 自然作为创造或判断中美的准则

6. 宗教、神学和诗歌中的自然

    6a. 对自然的人格化或崇拜

    6b. 人类生活中的天性与恩宠

[高士明 译]

索引

本索引相继列出本系列的卷号〔黑体〕、作者、该卷的页码。所引圣经依据詹姆士御制版，先后列出卷、章、行。缩略语 esp 提醒读者所涉参考材料中有一处或多处与本论题关系特别紧密；passim 表示所涉文著与本论题是断续而非全部相关。若所涉文著整体与本论题相关，页码就包括整体文著。关于如何使用《论题集》的一般指南请参见导论。

1. **Conceptions of nature**

1a. **Nature as the intrinsic source of a thing's properties and behavior**

    7 Aristotle, 259, 268–270, 534–535, 540, 645–646
    9 Galen, 347, 358–360
    17 Aquinas, 106–107, 162–163, 203–204, 311, 587–588
    18 Aquinas, 710–711, 808–809
    26 Harvey, 384–390 passim, 428
    28 Descartes, 284, 309, 316, 319, 325–326, 352–353
    33 Locke, 287–288
    39 Kant, 133
    43 Hegel, 172
    49 Darwin, 9–10 passim

1a(1) **The distinction between essential and individual nature: generic or specific properties, and individual, contingent accidents**

    7 Aristotle, 100–101, 123–124, 182, 517–518, 536–537, 538–539, 547, 558–564, 581, 587–588
    8 Aristotle, 7, 320–321
    17 Aquinas, 16, 39–40, 71–72, 203–204, 604–607, 619–620
    18 Aquinas, 2–4, 12–13, 182–184, 711–712, 966
    33 Locke, 255–260, 277–278
    35 Rousseau, 341–342
    49 Darwin, 28–29
    56 Dobzhansky, 518

1a(2) **Nature or essence in relation to matter and form**

    7 Aristotle, 270–271, 276, 277–278, 513, 535, 547–548, 555–561, 564–570, 585–586, 592, 599, 632, 645–646
    8 Aristotle, 163–164
    9 Galen, 351–352, 385–389
    11 Aurelius, 266
    11 Plotinus, 454–456
    17 Aquinas, 106–109, 163–164, 249–250, 611–612
    18 Aquinas, 182–184, 959–963
    28 Bacon, 137–138
    39 Kant, 186

1b. **Nature as the universe or the totality of things: the identification of God and nature; the distinction between *natura naturans* and *natura naturata***

    11 Lucretius, 6–7, 13–14
    11 Epictetus, 114
    11 Aurelius, 242–243, 252, 258, 262–263, 265, 266, 276, 293
    11 Plotinus, 395–396, 435–438, 487–488
    28 Descartes, 325
    28 Spinoza, 589, 590–591, 592, 593–596, 599–601, 607–609, 610–611, 656–658, 659, 681
    39 Kant, 564–565, 566, 580
    43 Hegel, 231–232, 259–260
    44 Tocqueville, 240
    48 Melville, 72–73
    51 Tolstoy, 216–218, 608, 631
    55 Whitehead, 179–180

1c. **Nature as the complex of the objects of sense: the realm of things existing under the determination of universal laws**

    39 Kant, 25–26, 29–33, 49–51, 88–91, 109–110, 195, 200–209, 281–282, 285, 387, 550–551, 562–563, 574–577
    55 Whitehead, 154–156, 169

2. **The antitheses of nature or the natural**

2a. **Nature and art: the imitation of nature; cooperation with nature**

    4 Aeschylus, 45–46
    4 Sophocles, 163
    6 Plato, 320–334, 427–434, 478, 561, 577–578, 660–662
    7 Aristotle, 270–271, 437, 555–558, 568, 592, 599, 642
    8 Aristotle, 388, 545–546, 654–655, 682, 695–696
    9 Hippocrates, 153, 156–159
    9 Galen, 393–395
    11 Lucretius, 75–76
    11 Aurelius, 245, 287
    11 Plotinus, 483–484, 550–551
    12 Virgil, 27–79
    16 Augustine, 733

17 Aquinas, 106–107, 242–244, 486–487, 493, 528–529, 534–536
18 Aquinas, 956–958
19 Dante, 14, 56–57
21 Hobbes, 47, 262
23 Montaigne, 571–573
25 Shakespeare, 49, 508
26 Harvey, 400–401, 443–444
27 Cervantes, 300
28 Bacon, 34, 114–115, 173–174
28 Descartes, 302
33 Locke, 280
34 Diderot, 288–294 passim
39 Kant, 188–189, 495–496, 525–528
43 Hegel, 172, 282–284
45 Goethe, xviii
49 Darwin, 41, 87
50 Marx, 85–88
54 Freud, 778–779
58 Frazer, 11–13, 21–25
59 Pirandello, 255–256, 258–261, 269–271
59 Proust, 303–305, 369–372

2b. Nature and convention: the state of nature and the state of society

6 Plato, 85–114, 271–272, 273–274, 311–313, 760
7 Aristotle, 238
8 Aristotle, 382–383, 448–449
11 Lucretius, 15–16, 70–71
16 Augustine, 586–587, 730–732
18 Aquinas, 227–228, 229–230, 237–238
21 Hobbes, 84–96, 99–101, 131, 136–137, 138, 159, 272
23 Montaigne, 144–145, 153–154, 460–467, 551–552
24 Shakespeare, 597–626
25 Shakespeare, 247–248, 393–420
28 Bacon, 94–95
28 Spinoza, 669–670
30 Pascal, 189–190
33 Locke, 16, 25–54 passim, 55–57, 228–229
35 Montesquieu, 52, 119–120, 215–217, 219–221
35 Rousseau, 387–394
38 Gibbon, 86–87
39 Kant, 222, 402, 405–406, 450–451, 452
40 Mill, 327–332 passim
41 Boswell, 194, 311, 363–364
43 Hegel, 27–28, 68, 69–70, 126, 148, 178–179
43 Nietzsche, 495–496
52 Ibsen, 489–490
54 Freud, 452, 573, 776–802, 853
58 Lévi-Strauss, 444–446
59 Conrad, 159
59 Chekhov, 200–201, 213–214
60 O'Neill, 202, 268–271

2c. Nature and nurture: the innate or native and the acquired; habit as second nature

6 Plato, 319–339, 368–401, 605–608
7 Aristotle, 13–14, 92–93

8 Aristotle, 348–349, 360, 394, 537, 541
9 Hippocrates, 30
11 Lucretius, 33–34
17 Aquinas, 394–396, 436–438, 759–760
18 Aquinas, 2–6, 12–13, 63–64, 168
21 Hobbes, 60, 61, 66, 68
23 Montaigne, 257–259
25 Shakespeare, 466
28 Bacon, 79
28 Descartes, 325–326
33 Locke, 95–121 passim
33 Hume, 487–488
34 Diderot, 294–297
35 Rousseau, 329–366
36 Smith, 8
40 Mill, 293–302 passim
43 Hegel, 298
49 Darwin, 65–69, 119, 131–134, 287–288, 304
53 James, William, 49–50, 78–79, 691, 704–737 passim, 890–897
54 Freud, 530–531, 573, 588–589, 591–592, 594–595
56 Dobzhansky, 522–523
57 Veblen, 45–46

2d. Natural and violent motion

6 Plato, 463–464
7 Aristotle, 287, 294, 311–312, 338–340, 359–361, 366–369, 370, 386, 391–393, 434–435
11 Lucretius, 14–15, 18
11 Plotinus, 610
15 Ptolemy, 86
15 Copernicus, 517–520
15 Kepler, 929–930
17 Aquinas, 104–105, 541–542, 644–646, 647–649, 799–800
18 Aquinas, 938–939, 1017–1020
21 Hobbes, 50, 271
26 Gilbert, 109, 110
26 Galileo, 157–158, 200, 238
28 Bacon, 115, 164–168, 179–188
34 Voltaire, 197–198

2e. The natural and the unnatural or monstrous: the normal and the abnormal

Old Testament: *Genesis,* 18:16–19:38 / *Leviticus,* 18; 20:10–24
Apocrypha: *Wisdom of Solomon,* 14:22–27
New Testament: *Romans,* 1:24–27 / *I Corinthians,* 5:1–5
4 Sophocles, 129–130
5 Herodotus, 122, 281
6 Plato, 645–646, 735–738
8 Aristotle, 47, 308–315
11 Lucretius, 69–70
16 Augustine, 683–684
22 Rabelais, 8–9, 191–193, 273–274
23 Montaigne, 384–385
24 Shakespeare, 103–104, 105, 107–108, 578–579

25 Shakespeare, 55, 108–109, 244–283, 294, 421–423
26 Harvey, 305
28 Bacon, 159
31 Racine, 364–365
33 Locke, 273–276, 326–328
34 Swift, 155–157
35 Montesquieu, 87–88
49 Darwin, 24
53 James, William, 241–258
54 Freud, 570–572, 830–831
56 Dobzhansky, 526–527, 536–537
58 Huizinga, 253
60 Kafka, 111–139 passim esp 128–130, 137
60 Orwell, 520–524

43 Hegel, 163–166
43 Nietzsche, 473–474
49 Darwin, 71, 91–92, 97–98, 243
51 Tolstoy, 469–470, 693–696
53 James, William, 862–866, 873, 882–886, 889–890
55 James, William, 12
55 Whitehead, 136–137, 150, 179
55 Russell, 262–263
56 Poincaré, 42–43
56 Planck, 113–116
56 Bohr, 314–316
56 Heisenberg, 399–401
56 Schrödinger, 471–472, 475, 485–486, 495–498, 498–502
56 Waddington, 746–747
58 Frazer, 32–33

2f. The order of nature and the order of freedom: the phenomenal and the noumenal worlds; the antithesis of nature and spirit

11 Lucretius, 18–19
28 Spinoza, 601–603
39 Kant, 93–99, 101–107, 133, 164–170, 271, 281–282, 283–287, 292–293, 296, 301–302, 307–314, 327–329, 331–337, 386–387, 463–467, 570–572, 587–588, 609–610
43 Hegel, 6–7, 68, 98, 119, 145, 177–179, 186–187, 213–216, 217–219, 265–269, 271–272, 284–287
51 Tolstoy, 689–690, 693–694
55 Barth, 496

3. The order of nature

3a. The maxims and laws of nature: the rationality of nature; entropy

6 Plato, 455, 567–569
7 Aristotle, 276–277, 438, 502
8 Aristotle, 161–162, 255, 285–286, 450
9 Galen, 358–360
11 Lucretius, 3–4, 28–29
11 Aurelius, 252–253, 259, 269, 281
11 Plotinus, 435–443, 473
15 Copernicus, 526–529
15 Kepler, 1023–1080
17 Aquinas, 12–14, 111–112, 394–396
19 Dante, 100
23 Montaigne, 259
26 Gilbert, 12, 110
26 Galileo, 135–136
26 Harvey, 302–304, 426–429, 447, 453–454
28 Bacon, 139, 175
28 Descartes, 279–280
28 Spinoza, 601–603, 629
30 Pascal, 359–365, 382–389, 405–415, 425–429
32 Newton, 270–271, 409, 528–529, 540, 542–543
33 Locke, 322–323
33 Berkeley, 442–443
33 Hume, 468–469
39 Kant, 467–468, 558, 559, 583–584
42 Lavoisier, 41
42 Faraday, 490–492 passim, 747

3b. Continuity and hierarchy in the order of nature

6 Plato, 447–458, 618–619
7 Aristotle, 20, 359–360, 383–384, 505–506, 508–511, 641, 643, 666, 696–697
8 Aristotle, 114–115, 168–169, 218, 272–274
11 Lucretius, 26, 68–69
11 Epictetus, 137
11 Aurelius, 257, 276–277
11 Plotinus, 349, 398–399
16 Augustine, 586–592
17 Aquinas, 257–258, 260–261, 367–368, 391–393, 394–396, 403, 552–562
20 Calvin, 374
26 Harvey, 277–278, 336
28 Bacon, 162–164, 168–169, 173–174
29 Milton, 185–186
33 Locke, 271–272
39 Kant, 193–200, 578–580
49 Darwin, 55–62, 63–64, 179–180, 228–229, 238–243, 340–341
53 James, William, 51–52, 95–98
54 Freud, 651–654
55 James, William, 28–29
55 Whitehead, 136–144, 179–180, 182, 185–188
56 Dobzhansky, 517–519, 666–669
56 Waddington, 737–741
58 Frazer, 25–30

3c. Nature and causality

6 Plato, 615–619, 764–765
7 Aristotle, 268–278, 334–336, 413–416, 436–439
8 Aristotle, 161–165
11 Plotinus, 382
17 Aquinas, 12–14
21 Hobbes, 113
28 Bacon, 43–46, 137–139, 149, 157–158
28 Spinoza, 603–606, 629
32 Newton, 270
33 Hume, 470
35 Montesquieu, 1
39 Kant, 140–143, 187–189, 467–470, 557–558, 562–564, 568, 581–582

49 Darwin, 284-285
51 Tolstoy, 344, 563, 678, 679, 693
53 James, William, 856-858
56 Bohr, 314-316

3c(1) **The distinction between the regular and the chance event: the uniformity of nature**

7 Aristotle, 48, 119, 129, 272-275, 381, 434, 549, 593
8 Aristotle, 612
11 Aurelius, 264, 267, 278, 283-284
11 Plotinus, 484-489
17 Aquinas, 297-298, 528-529, 531-532, 592-593, 594-595
26 Harvey, 412-413
28 Bacon, 161
33 Locke, 279
33 Berkeley, 442-443
33 Hume, 478-482, 491
39 Kant, 558, 566
51 Tolstoy, 646-647
55 James, William, 23-25
55 Whitehead, 140, 233
55 Russell, 261-262
56 Whitehead, 165-167, 171-172
57 Veblen, 116-123
58 Frazer, 32-33, 38-40

3c(2) **The determinations of nature distinguished from the voluntary or free**

6 Plato, 240-242
7 Aristotle, 571-572, 573, 574
8 Aristotle, 612-613
17 Aquinas, 111-112, 128-130, 218-219, 306-307, 407-409, 436-438, 610-611, 613-614, 644-646, 655-656, 660, 662-663, 676-677, 692-693, 717
18 Aquinas, 5-6, 10, 113-114
19 Dante, 67-68, 90-91
21 Hobbes, 61
26 Harvey, 456-458 passim
28 Spinoza, 675
34 Diderot, 294
35 Rousseau, 337-338
39 Kant, 164-171, 264-265, 275, 276-277, 279-287, 296, 319-321, 331-337, 463-467, 571-572
43 Hegel, 178-179, 248-249
51 Tolstoy, 688-694
53 James, William, 84-94, 291-295, 704-706, 820-825
54 Freud, 453-467

3c(3) **Teleology in nature: the operation of final causes**

6 Plato, 447-448
7 Aristotle, 270-271, 275-278, 493-494, 506, 512-513, 514-515, 605-606, 652, 667-668 passim, 698
8 Aristotle, 161-162, 164-165, 170-229 passim, 249, 255, 257-260 passim, 283, 285-286, 320-321, 330-331

9 Galen, 347-449
11 Lucretius, 52-53, 59-60
11 Aurelius, 255
11 Plotinus, 342-343, 554-555
15 Kepler, 857-860, 863-887 passim, 915-916, 925-928, 932-933
16 Augustine, 687-688
17 Aquinas, 25-26, 241, 340-341, 407-409, 486-487, 488-489, 528-534, 610-611, 614, 615
20 Calvin, 83-84
26 Harvey, 271-273, 309, 355, 401, 418, 439-440, 442-443, 447, 461, 462
28 Bacon, 43, 45-46
28 Spinoza, 603-606
32 Newton, 528-529
33 Locke, 124-125
33 Hume, 469, 501
34 Voltaire, 191-192
39 Kant, 127-128, 205-209, 467-470, 473-474, 550-613
43 Hegel, 168
49 Darwin, 40-42, 60-61, 95-97, 593
51 Tolstoy, 650
53 James, William, 4-6, 671
54 Freud, 651-654
55 James, William, 30
56 Planck, 115-116
56 Dobzhansky, 590-591
56 Waddington, 703-704, 723-735 esp 723-727, 730-735, 744-745
57 Veblen, 118-121

3c(4) **Divine causality in relation to the course of nature: the preservation of nature; providence; miracles and magic**

Old Testament: *Genesis*, 1-2; 7-8; 11:1-9; 17:15-21 / *Exodus*, 3-4; 7-12; 14:19-31; 16:1-17:7 / *Numbers*, 16-17; 20:1-13; 21:4-9; 22:21-34 / *Joshua*, 3; 6:1-20; 10:12-14 / *I Kings*, 17-19 / *Nehemiah*, 9 / *Job*, 36:24-42:2 / *Psalms*, 8; 18:6-17; 19:1-6; 65; 78; 89:8-12; 104; 106-107; 136; 147:7-20 / *Amos*, 8:8-12 / *Jonah*
Apocrypha: *Ecclesiasticus*, 43
New Testament: *Matthew*, 1:18-25; 6:25-34; 8-9; 14:14-36; 15:30-39 / *Luke*, 1:5-66; 5:4-15 / *John*, 2:1-11; 9:1-34; 11:1-45 / *Acts*, 3:1-16
6 Plato, 757-771 passim
7 Aristotle, 438, 645
9 Hippocrates, 35-36, 326-339
11 Lucretius, 17, 29, 60-62, 73-74, 77-78, 81
11 Epictetus, 104-105, 115, 181, 184-189
11 Aurelius, 292
15 Kepler, 1049-1050, 1061
16 Augustine, 386-387, 398-399, 586-590, 634-641
17 Aquinas, 12-14, 34-38, 82-83, 111-113, 127-133, 238-255, 279-280, 310-311, 313-314, 378-379, 480-491, 504-505, 528-608, 665-666

18 Aquinas, 369–370, 978–980, 1016–1025
19 Dante, 91–92, 106, 125
19 Chaucer, 308–309
20 Calvin, 2–4, 4–5, 8–16, 24, 50, 71–72, 80–96 passim, 297–298
21 Hobbes, 51–52, 160, 183–187 passim, 188–191, 241–242
23 Erasmus, 18–19
26 Harvey, 406–407, 416, 426–429, 443, 490–493
28 Bacon, 2, 4
28 Descartes, 316, 440–441
28 Spinoza, 596–597, 599–600, 601–606, 656–658
29 Milton, 354–355
30 Pascal, 284–290, 328–341
32 Newton, 369–371, 542–543
33 Locke, 371
33 Berkeley, 417–419 passim, 422–423, 424–428 passim, 429, 431, 442–444
33 Hume, 474–475, 488–503 passim
37 Gibbon, 189–191, 206, 292–296, 409, 465–467
39 Kant, 187–190, 239–240, 334–335, 560–562, 572–578, 581–582, 588–592
41 Boswell, 126
43 Hegel, 259–260, 384
49 Darwin, 239, 243
51 Tolstoy, 675–677, 684
52 Dostoevsky, 179–185 passim
55 Whitehead, 217–220
56 Bohr, 344–345
57 Veblen, 118, 140–141
58 Frazer, 7–30, 38–40
58 Weber, 115–116
59 Shaw, 67–68

4. Knowledge of nature or the natural

4a. Nature or essence as an object of definition

6 Plato, 104–105, 763, 809–810
7 Aristotle, 122–128, 131–133, 493–494, 513, 514–515, 552–555, 558–562, 563–564, 566–568, 569–570, 631–632, 642–645 passim
8 Aristotle, 163–164, 165–167
17 Aquinas, 17–18, 84–85, 102–103, 163–164, 461–462
18 Aquinas, 402–403
21 Hobbes, 270–271
28 Descartes, 236
28 Spinoza, 590–591, 607
33 Locke, 204–206, 240–243, 246–247, 257–260, 268–283, 287–290, 295–297, 331–336 passim
33 Berkeley, 432–433
53 James, William, 185, 669–671
58 Huizinga, 334–335

4b. Nature in relation to diverse types of science: the theoretical and the practical sciences; natural philosophy or science, mathematics, and metaphysics

6 Plato, 447–477
7 Aristotle, 259–260, 270–271, 278, 334, 337, 389–390, 397, 510, 547–548, 560, 589–590, 592–593
8 Aristotle, 161–165, 168–170
15 Ptolemy, 5–6
16 Augustine, 312–317, 389–390
17 Aquinas, 3–4, 90–91, 450–453
21 Hobbes, 268
26 Harvey, 331–332
28 Bacon, 40, 42, 43, 114–115
28 Descartes, 285–286, 290–291
28 Spinoza, 603–606
32 Newton, 270–271
33 Locke, 270–271, 360–362, 394–395
33 Berkeley, 418–419, 424–426, 432–434
33 Hume, 478–480
36 Smith, 376–378
39 Kant, 5–13, 15–16, 190–191, 291–292, 297, 300, 307–314, 329–337, 461–475, 578, 596–598
43 Hegel, 384
46 Eliot, George, 284
51 Tolstoy, 694
53 James, William, 862–866, 882–886
55 Whitehead, 171–177
55 Wittgenstein, 439
56 Whitehead, 129–130
56 Waddington, 697–699
58 Weber, 115

4c. Nature as an object of history

16 Augustine, 732–733
21 Hobbes, 71
26 Harvey, 338, 473
28 Bacon, 32–34
35 Rousseau, 333–334
43 Hegel, 162–171, 199–211
48 Melville, 137–139, 150–154, 165–168, 207–211
49 Darwin, 152–166
56 Dobzhansky, 595–596

5. Nature or the natural as the standard of the right and the good

5a. Human nature in relation to the good for man

5 Thucydides, 368, 461–462, 504–507
6 Plato, 155–157, 282–284, 309–310, 350–355, 410, 421–425, 474–476
7 Aristotle, 329–330, 499–501 passim
8 Aristotle, 343, 360, 431–432 passim, 446, 537
11 Lucretius, 15–16, 42–43, 72
11 Epictetus, 110–112, 114–115, 165–169, 175–176, 217–222
11 Aurelius, 245, 247, 251, 253, 254, 256–257, 268, 270, 275–276, 279–280
16 Augustine, 21, 443–446, 575–582
17 Aquinas, 609–643, 662–663

18 Aquinas, 24-25, 63-64, 106-107, 178-184, 208-209, 220-226
19 Dante, 13-14, 67-68
22 Rabelais, 65
23 Erasmus, 13-16
23 Montaigne, 124-125, 466-467, 545-547, 550-554, 572-573, 581-587
25 Shakespeare, 115
28 Bacon, 70-71
28 Spinoza, 663-665, 696-697
33 Locke, 90, 191-193, 230-231
35 Rousseau, 329-366, 367-385 passim
39 Kant, 253-254, 327-329
40 Mill, 448-455, 464-465
41 Boswell, 413
43 Nietzsche, 467-468
44 Tocqueville, 294
49 Darwin, 310-319, 592
50 Marx, 301
54 Freud, 623-625, 758-759, 785-789 esp 786-787, 800-801

5b. Natural inclinations and natural needs with respect to property and wealth

4 Euripides, 421-422, 538-539
6 Plato, 409-410
8 Aristotle, 446-453, 536-537
13 Plutarch, 285
14 Tacitus, 31
17 Aquinas, 615-616
18 Aquinas, 224-225
23 Montaigne, 531-532
25 Shakespeare, 261
28 Spinoza, 684
31 Molière, 146
33 Locke, 30-36 passim
35 Montesquieu, 44
35 Rousseau, 352, 363-366, 393-394
36 Smith, 7-9, 31-42 passim, 48-58, 72, 80-81, 166-167, 183-184, 429
41 Boswell, 124-125
44 Tocqueville, 285-287
50 Marx, 71-72, 251-255
54 Freud, 787-788
57 Veblen, 29-79 esp 42-47
57 Tawney, 193-194
57 Keynes, 310

5c. The naturalness of the state and political obligation

6 Plato, 316-319
8 Aristotle, 382, 445-446, 447-449, 475-476, 511-512, 530, 537
11 Aurelius, 249, 265, 277-278, 281, 287
18 Aquinas, 227-228
21 Hobbes, 100, 101, 164
28 Bacon, 94-95
28 Spinoza, 667-670
33 Locke, 42-53
35 Montesquieu, 1-2, 3, 39
35 Rousseau, 329-366, 368-369, 387-400, 419
39 Kant, 433-434, 435-436, 437

40 Declaration of Independence, 1
40 Mill, 327-328
43 Hegel, 98
54 Freud, 780

5d. The natural as providing a canon of beauty for production or judgment

6 Plato, 427-431, 660-661
8 Aristotle, 168-169, 654-655, 685, 695-696
19 Dante, 56-57
27 Cervantes, 217-222, 224-228, 256-259
30 Pascal, 176
39 Kant, 476-479, 494-495, 502-503, 521-524, 546, 557-558
48 Melville, 171-172, 207-208
49 Darwin, 576-577
57 Veblen, 31-32, 56-61
59 Mann, 494-496

6. Nature in religion, theology, and poetry

6a. The personification or worship of nature

Old Testament: *Deuteronomy*, 4:16-19; *II Kings*, 23:4-5,11 / *Jeremiah*, 8:1-2
Apocrypha: *Wisdom of Solomon*, 13:1-9
New Testament: *Romans*, 1:23-25
5 Herodotus, 31
7 Aristotle, 604-605
11 Lucretius, 1, 22-23
16 Augustine, 233-234
25 Shakespeare, 253, 262-263
37 Gibbon, 81, 93
39 Kant, 504-505
43 Hegel, 206-207, 231-232, 240, 257-258, 265-269, 279-281, 284-287
45 Goethe, 1-3, 9-10, 63-64
48 Melville, 227-230
50 Marx, 35
54 Freud, 876-877
55 Whitehead, 174-177
57 Veblen, 5-6, 116-125
58 Frazer, 12-14, 40-62 passim
58 Huizinga, 340
59 Conrad, 156-157, 185-186
59 Mann, 497-498
60 Eliot, T. S., 167-168

6b. Nature and grace in human life

New Testament: *John*, 1:12-13; 3; 6:22-27 / *Romans* / *I Corinthians*, 2-3; 12; 15:42-50 / *II Corinthians*, 5:14-17 / *Galatians*, 5:3-4,19-26 / *Ephesians* / *Colossians* / *James*, 4:1-10 / *I John* passim
16 Augustine, 65-66, 456-458, 500, 646
17 Aquinas, 7-8, 11-12, 51-52, 60-62, 317-325, 501-523
18 Aquinas, 65-66, 87-96, 158, 338-378, 392-394, 720-721, 745-763, 771-772, 858-864
19 Dante, 83-85, 98-99, 131-132
21 Hobbes, 192-193, 250-251, 253-254

23 Montaigne, 252-255, 307-308
28 Descartes, 351-352
29 Milton, 133, 136-144 esp 138, 299, 304-305, 347
30 Pascal, 248-250, 263-264, 290-291, 295, 296-297
39 Kant, 238
43 Hegel, 376
52 Dostoevsky, 133-144 passim
55 Barth, 542
59 Joyce, 609

交叉索引

以下是与其他章的交叉索引:

The conception of the nature of a thing as its essence, see BEING 8c-8e; DEFINITION 1a; FORM 2c(2), 3c; IDEA 4b(3); ONE AND MANY 3b-3b(1); SAME AND OTHER 3a-3a(1).

The conception of nature as the totality of things or as the whole of sensible reality, see EXPERIENCE 1; GOD 11; ONE AND MANY 1b; WORLD 3-3b.

The distinction between nature and art, see ART 2a-2c, 9a.

The distinction between the natural and the conventional in language, law, and justice, see CUSTOM AND CONVENTION 1; JUSTICE 6b, 10a; LANGUAGE 2a-2b; LAW 2, 4f; SIGN AND SYMBOL 1a-1f; SLAVERY 2, 3.

The distinction between the state of nature and the state of civil society, and the problem of the naturalness of the family and the state, see FAMILY 1; LAW 4b; LIBERTY 1b; NECESSITY AND CONTINGENCY 5b-5d; STATE 1-1a, 3b-3c; WAR AND PEACE 1.

The distinction between nature and nurture, see ANIMAL 10; EVOLUTION 2d(3); HABIT 1, 3d.

Natural and violent motion, see CHANGE 7b; MECHANICS 5e(2)-5f.

The distinction between the natural, the voluntary, and the free, see CAUSE 3; LIBERTY 4b; WILL 3a(1)-3a(2), 6c.

The distinction between the natural and the supernatural, see GOD 6b-6c(4), 10; HABIT 5e(1)-5e(3); HAPPINESS 7c; KNOWLEDGE 6c(5); RELIGION 6f; THEOLOGY 2; VIRTUE AND VICE 2b, 8d-8e; WISDOM 1a, 1c.

The rationality or order of nature, see MIND 10a; RELATION 5b; WORLD 6c.

Continuity or hierarchy in the order of nature, see ANIMAL 1b-1c; EVOLUTION 3a, 3c; LIFE AND DEATH 2, 3a; MAN 1a, 1c; WORLD 6b.

The reign of causality and the uniformity of nature, see CHANCE 2a; FATE 5; NECESSITY AND CONTINGENCY 3c; WILL 5c.

Final causes in nature, see CAUSE 6.

Divine causality in relation to the order of nature, see CAUSE 7b-7d; GOD 7e.

Nature in relation to the various sciences, see METAPHYSICS 2a, 3b; PHILOSOPHY 2a-2b; PHYSICS 1-1b; SCIENCE 3a; TRUTH 2c.

The nature of man as a standard in ethics, economics, and politics, see CITIZEN 8; DEMOCRACY 4b; DESIRE 3a; GOOD AND EVIL 3a; GOVERNMENT 2c-2d; NECESSITY AND CONTINGENCY 5e; SLAVERY 2d, 3d; STATE 3b(1); WEALTH 10b.

The theological discussion of nature and grace in human life, see GOD 7d; HABIT 5e(1); HAPPINESS 7a; MAN 9b(1)-9b(2); SIN 3a, 3c, 7; VIRTUE AND VICE 8b.

The practice of magic, see MEDICINE 2c; RELIGION 6a; SCIENCE 7a.

扩展书目

下面列出的文著没有包括在本套伟大著作丛书中,但它们与本章的大观念及主题相关。

书目分成两组:

Ⅰ.伟大著作丛书中收入了其部分著作的作者。作者大致按年代顺序排列。

Ⅱ.未收入伟大著作丛书的作者。我们先把作者划归为古代、近代等,在一个时代范围内再按西文字母顺序排序。

在《论题集》第二卷后面,附有扩展阅读总目,在那里可以查到这里所列著作的作者全名、完整书名、出版日期等全部信息。

I.

Epictetus. *The Enchiridion (The Manual)*
Augustine. *On Nature and Grace*
Thomas Aquinas. *Summa Contra Gentiles*, BK III, CH 99–103
Voltaire. *The Ignorant Philosopher*, CH 36
———. "Nature," in *A Philosophical Dictionary*
———. *The Study of Nature*
Rousseau. *Julie*
Kant. *Prolegomena to Any Future Metaphysic*, par 14–39
Mill, J. S. *A System of Logic*, BK III, CH 12–14, 22, 24
———. "Nature," in *Three Essays on Religion*
Hegel. *The Phenomenology of Spirit*, V, A (a)
Nietzsche. *The Will to Power*, BK III (2)
Goethe. *Zur Natur- und Wissenschaftslehre*
Engels. *Dialectics of Nature*
Tolstoy. *The Cossacks*
Planck. *The Philosophy of Physics*, CH 2
———. "The Unity of the Physical Universe," in *A Survey of Physical Theory*
Bergson. *Creative Evolution*, CH 3
Dewey. *Experience and Nature*, CH 3–7, 9
———. "Nature and Its Good, a Conversation," in *The Influence of Darwin on Philosophy*
Chekhov. *The Cherry Orchard*
Whitehead. *Adventures of Ideas*, CH 7–8
———. *The Concept of Nature*, CH 1–2
———. *Modes of Thought*, LECT VII–VIII
———. *Process and Reality*, PART II, CH 3–4
Russell. *Philosophical Essays*, CH 2
Eddington. *The Nature of the Physical World*, CH 13

II.

THE ANCIENT WORLD (TO 500 A.D.)

Epicurus. *Letter to Herodotus*

THE MIDDLE AGES TO THE RENAISSANCE (TO 1500)

Erigena. *De Divisione Naturae*
Maimonides. *The Guide of the Perplexed*, PART II, CH 17, 19–20

THE MODERN WORLD (1500 AND LATER)

Boyle. *A Free Inquiry into the Vulgarly Received Notion of Nature*
Bradley, F. H. *Appearance and Reality*, BK I, CH 11–12; BK II, CH 13–15, 22
Bridgman. *The Logic of Modern Physics*, CH 4
Bruno. *De la causa, principio, e uno*
Butler, J. *The Analogy of Religion*
Carson. *The Sea Around Us*
Cassirer. *The Myth of the State*, PART II (9)
———. *Substance and Function*, PART II, CH 6
Chateaubriand. *René*
Collingwood. *The Idea of Nature*
Emerson. *Nature*
Henderson. *The Order of Nature*
Huysmans. *Against Nature*
Kelsen. *Society and Nature*
Leibniz. *Philosophical Works*, CH 4 (Extract from a Letter to Bayle)
Lévy-Bruhl. *Primitives and the Supernatural*
Lotze. *Logic*, BK II, CH 8
———. *Metaphysics*, BK II, CH 7–8
———. *Microcosmos*, BK I, CH 1–2; BK IV, CH 1–3
Lovejoy. *The Great Chain of Being*, CH 10
Maritain. *The Degrees of Knowledge*, CH 3
Peirce, C. S. *Collected Papers*, VOL VI, par 88–101, 395–427
Royce. *The World and the Individual*, SERIES II (5)
Santayana. *The Genteel Tradition at Bay*, CH 2–3
———. *Reason in Common Sense*, CH 3–5
———. *Scepticism and Animal Faith*, CH 22
Schopenhauer. *The World as Will and Idea*, VOL III, SUP, CH 23
Sherrington. *Man on His Nature*, I–II, XII
Thoreau. *Walden*
———. *A Week on the Concord and Merrimack Rivers*
Trefil. *The Unexpected Vista*
Tyndall. *The Belfast Address*
Ward. *Naturalism and Agnosticism*
Weizsäcker. *The History of Nature*
———. *The Unity of Nature*
Whewell. *The Philosophy of the Inductive Sciences*, VOL I, BK X, CH 3
Woodbridge. *An Essay on Nature*
Wordsworth. *Michael*
———. *The Prelude*
———. "Tintern Abbey"

61

必然性与偶然性 Necessity and Contingency

总　论

我们可以用熟悉的一定(must)和也许(may)两词来替换必然性(necessity)和偶然性(contingency)，这一事实让我们得以知道它们的基本意思。"有某个东西是一定存在的吗？"与"某个东西的存在是有必然性的吗？"问的是同一个问题。"所有这类东西是也许存在或是也许不存在，还是它们被划分为一定存在的东西和也许或也许不存在的东西？"跟"一切都是偶然存在的，还是说，一些东西必然地存在，一些东西偶然地存在？"意思是相同的。

必然性和偶然性的对立所牵涉的那些大问题，还不仅仅是与关于存在的问题相关联。它们也涉及因和果、判断和推理、事端或事件、人的行动和决定、人类历史和社会制度。在某一种情况下，问题都是这样表述的：自然或历史中发生的一切都是必然地发生的吗？一切都是偶然的吗？还是说，某些事件是必然的，其他都是偶然的？因与果之间的关系是必然联系，还是说某些原因偶然地造成它们的结果？

是否有某些命题，心灵因其真理是必然的而一定断言它们？或者，是否所有命题也许为真或也许不为真，因而我们对它们的断言或否认，取决于这些命题本身之外的因素？在推理中，是否结论总是因必然性而从前提中得出？是否所有从其前提中必然得出的命题都必然为真，还是某些是必然真理，某些是偶然真理？

人的所有行为都是必然如此的，还是某些行动取决于他们的意志的运用，并在此意义上他们是自由的？人的自由只是在于一个人的行动免受强迫或约束这类外部必然性的限制；还是说，人的自由在于一个人有能力自由地而不是必然地选择他所选择的？意志的每一个行为都是必然地被决定的，还是意志的某些行为是自由选择的行为？

某些人类制度，诸如国家和家庭，是必然的吗？人是被强迫过社会生活，还是他们能够选择孤独的生活？如果家庭和政治社会是必然的，它们的组织方式也是必然的吗？还是说，家庭中的一夫一妻制和国家中的君主制这样的事物是偶然的？像战争、奴役、贫困和犯罪这样的事物是人类社会的必然特点，还是说它们是偶然的从而能够得到矫正的环境的产物？

这些问题指出了论题的范围，涉及必然性和偶然性而出现的问题都在其中。它们也指明，与必然性和偶然性相关的其他观念是多种多样的，以至于无法列举所有那些讨论了必然性和偶然性的某个方面的其他章节。这一章对其他章节而言，是作为一种对必然性和偶然性的主题的概述。它将传统上以该主题占据人类心灵的题目、问题或论题合并到一起。

需要特别提醒，有两章在某个意义上涉及与必然性和偶然性概念密不可分的观念，它们是**命运和机遇**。尽管它们像必然性对偶然性一样是相互对立的，但是，它们并不涵盖这个对立的每一运用。它们主要涉及变化领域里的、自然事件或历史事件的因果性之中的必然性和偶然性。它们并不涉及至少并不直接涉及存在中的、思想或知识中的、人类行为和社会制度中的必然性和偶然性。

必然与偶然在四个领域引发了很多基本问题,这四个领域是存在、变化、思想、行动,不过,必然与偶然在这四个领域中似乎并不是以正好相同的方式相对立。

例如,在人类行动领域里,霍布斯、洛克和休谟这些作家以自由的观念代替的偶然性,作为必然性的对立面。必然性的意思因此发生了变化。根据这些作者的看法,自由不是意味着所有必然性的消失,而是意味着只是以强迫方式出现的外部必然性的消失。他们认为,内部的必然性与完整的自由是十分相容的。

因此,休谟将自由与必然性之间的推想的冲突斥为无根据的。他写道:"我们只能用自由指一种根据意志的决定行动或不行动的力量;那就是,如果我们选择静止,我们可以;如果我们选择运动,我们也可以。现在,这种假言的自由被普遍承认是属于每个并非陷囹圄和戴枷锁的人的……自由,当与必然性而非限制相对立时,与机运是一码事;而机运被普遍认为是子虚乌有的。"

洛克类似地将自由定义为一个人的能力,"去做或不做任何特定行为,依据其做或不做都有心灵中的实际偏好,这也就是说,根据他本人的意愿"。他补充说,自由在此意义上,不属于其行为被行为的原因必然化了的意志,而是属于一个人,他不是处在以强制形式出现的外部必然性之下,去做违反他意志的事或不做他愿意做的事。

霍布斯似乎在同一条思路上走得更远。霍布斯认为自由只被行动的外部障碍所摧毁,他在某个意义上使用"必然性",使之与自由相一致或与自由密不可分。"人们自愿做的行动,"他说,"因为它们发自他们的意愿,发自自由;可是,因为人的意志的每个行为,以及每个欲望和爱好,都发自某个原因,该原因又在一条连续的链条(其最初的环节在上帝、所有原因的第一因手中)上发自另一个原因,所以,它们发自必然性。"

如果霍布斯的"外部障碍"的意思代表自由的取消,其他人称之为"强迫"或"限制",那么"必然性"至少有一个意思是与自由对立的。亚里士多德列举了"必然"的种种意思,其中之一是"强迫或强制的东西,即阻止或趋向于阻碍的东西,违背冲动或目的、……或违背符合目的与符合推理的运动的东西"。正是在一个相关的意义上柏拉图将必然性与智能对立起来。对他而言,必然性代表那些自然中的抵抗性因素,人或神的心灵必须克服这些因素或劝其让道,如果理性或目的要在事物的产生中取得胜利的话。在这个意义上,必然性像机运一样,是与目的相对立的。盲目的必然性和盲目的机运两者都排除了终极原因的运作;两者都排除了自然事件之朝向目的的可能性。

我们似乎已经发现在一个观点上的几乎普遍的共识,即在一个意义上必然性与自由相冲突。但这个共识并不影响到是否自由超出免于外部强制的问题。有些哲学家,像阿奎那,认为人的意志在其就"特定偶然手段"而言的选择行为中是自由的。阿奎那同意,被称为"强制的必然性"的东西,是"完全与意志不一致的"。同一个行为不可能是绝对受强制的和自愿的。但问题是,意志的行为是否必然地为在意志自身领域之内的运行的原因所决定的。

阿奎那命名了两种必然性模式,它

们运行在意志的领域之内并限制其自由。一个是自然的必然性,即意志应该欲求一个终极目的,如完全的善或幸福。如果一个人欲求某个对象作为他的生活的终极目标,那么他就不可能欲求任何异于或逊于能够满足他所有自然欲望之物的东西。另一个是与那些手段的使用相关的必然性,而那些手段对于达到被寻求目的是绝对不可或缺的条件。这可以是一种绝对的或一种有条件的必然性。当目的本身是必然之时(如幸福),无论何种必然的手段就绝对地使意志成为必然。当某个目的不是必然但已被自由地采取之时(如某个目的地),并且当只有一个手段是可用之时(如一种运输方式),那么选择该手段就变成必然的。但这种必然性是有条件的,因为其有效性只是依赖于我们继续拥有该目的这个条件——我们可以在任何时候像采取它一样自由地放弃它。

根据阿奎那的看法,这遗留了许多无法被必然化的意志之行为:有些行动中不存在任何手段和给定目的之间的必然联系,有些行动中一个给定手段的必然性只是由于某个目的被寻求。如果这个目的无需被寻求,那么意志是自由地不选择达到它的手段;而如果当目的是必然被寻求之时其他手段是可用的,那么意志是自由地选择一个而不是另一个手段。

根据这种理论,自由在于内部和外部必然性的消失。此外,就选择的自由依赖于手段和目的的偶然联系或者依赖于目的的偶然性(即条件性)而言,自由似乎积极地与偶然性相关。另一方面,相信意志决不受内部必然性影响的人们坚持认为,选择的行为,即使就偶然手段而言,总是由原因引起的。如果由原因引起等价与被决定——这似乎是霍布斯、洛克和休谟的观点——那么无论我们是否知道什么原因引起一个特定选择,我们的意志是如此地被决定的,搞得我们不可能做出其他选择。

意志自由与决定其行为的原因的关系的问题,在**意志**一章中考察。前面的讨论在这里足以完成昭示必然性的意义的任务。如果现在我们从人类行动转到生成、变化或运动的领域,我们就会碰到必然性与因果性之间的最一般形式的关系问题。

在自然领域,必然性以外的东西被说成"机运"和"偶然性"。他们的实质取决于因果性理论。根据一种见解,每一个结果都是必然地被它的原因决定的,每个原因都必然地产生某些结果。给定过去的事件延伸到现在的因果链条,一切未来事件都是必然地被决定的。没有任何发生的事情能够以另外的样子发生。没有任何事情偶然地或碰巧发生。因而,这种因果性理论,是一种变化领域里的普遍必然性或绝对决定论的学说。

加尔文在这一点上继承了奥古斯丁的衣钵。他说,奥古斯丁"任何地方都教导说,如果任何事物都靠的是运气,那么世界的运动就是任意的……他也排除了依赖于人类意志的偶然性……主张……除了上帝的意志外再无他因可寻"。

"在自然中,"斯宾诺莎写道,"没有任何偶然的东西,所有事物都是出自神性之必然性而被决定存在和以某种方式行动的。"尽管存在和发生的事情都不是偶然的,"上帝因其自身本性的必然性而单独存在,因其自身本性的必然性而单独行动"。因此,神的必然性是不同于其他所有源自神性的事物的必然性的。一个是自由或自我决定的必然性,一个是强制或被另一个决定的必然性。"那个东西被称为自由,"斯宾诺莎说,"它由于自身本性的必然性而单独存在,注定只据它自身而行动。这个东西,另一方面,被称为是必然的,或宁愿说是被迫使的,它被另一个东西决定去存在,以及以一个固定的和规定的方式去行动"。

休谟说"世上不存在任何像机遇这样的东西",这似乎与斯宾诺莎对偶然性的否定相一致。但休谟似乎也否认我们能知觉到原因与结果之间的必然联系。这并不是说事件无缘无故地发生,而是说"我们对任何事件的真正原因的无知,对知性有同样的影响",就好像没有任何事情是必然地被其原因所必然决定。

休谟认为:"我们永远不能够发现任何力量或必然联系,发现任何性质,它将结果约束到原因上并且致使一个成为另一个的绝对可靠的后果……一个事件跟随另一个事件;但我们绝不可能观察到他们之间的任何纽带。他们似乎是结合的(conjoined),但不是联系的(connected)……因此,我们的必然性和因果性的观念,完全来自自然的运行中可观察到的一致性,在那里相似的对象恒常地结合在一起,心灵被习惯决定去从一个的出现推出另一个。这两个境况构成我们赋予事物的那种必然性的全部。在相似对象的恒常结合和从一个到另一个的后果式的推理之外,我们没有任何关于必然性或联系的想法。"

但是,在自然秩序中特定的事件是必然地被决定的,还是偶然地发生的,这个问题依然存在。我们可能对真正必然性无知的事实,像休谟似乎承认的那样,并不意味着它们的不存在。我们说太阳明天会升起只是很可能的,可能反映了我们关于原因的不充足的知识,而不反映自然秩序中的一种真正的不确定性。另一方面,像休谟那样说自然之中无机运,可能只是意味着"任何东西的存在都是有其存在的原因的",而不是说无论什么事情发生,它是必然地被其原因决定的。

如同在**机遇**章中指出的那样,这里我们必须区分两种事物:一种是绝对地非原因引起的——自发的或碰巧发生的事物,另一种是偶然地由原因引起的,或者依赖于一组独立原因的巧合的事物。一个给定条件可能对于产生某个结果是必要的,例如,氧气对于燃烧是必要的。但它本身不足以产生该结果。如果"任何东西的存在都是有其存在的原因的"这个准则要求原因足以产生结果,那么这个准则就等价于充足理由原则了。任何时候两个或更多的原因(它们中的任何一个都是必要的),分开时都不是充分的,那么结果的存在就依赖于它们的结合;而如果要求的原因的结合本身不是必然地被引起的,那么结果就是偶然的。

当没有参照我们对原因的知识或无知时,关于自然中的偶然性的问题就似乎被更明确地陈述出来。在这个问题上,亚里士多德和斯宾诺莎的相互对立,似乎比休谟与他们任何一位的对立更为清楚。

如果事情并不必然发生,根据亚里士多德的看法,"一个事件的发生和不发生可能同样容易;因为'碰巧'这个词的意思,就现在或将来的时间而言,是说实在是如此构成的,以至于它可以朝着两个对立方向的任何一个发展"。例如,"一场海战明天一定要么发生,要么不发生,但它明天发生并非是必然的,它明天不发生也非必然的,然而它明天要么发生要么不发生,却是必然的"。尽管亚里士多德认为"在这些情况下两个命题之一一定为真,另一个一定为假",他也坚持认为"我们不可能确定地说这个或那个为假,而必须任其不确定"。

就关于未来特定事件的命题而言,亚里士多德的观点是,我们的判断不可能要么为真要么为假,并不是因为我们的知识不充分,而是因为未来的特定事项本身总是偶然的。存在于过去或现在的事物或原因的本性中,没有任何东西必然地决定它们要发生。它们将要发生,仅当独立的原因刚好巧合。既然这些原因是独立的——不是依它们的本性被决定结合的——巧合就是一种机运,而不是必然。

这种变化领域里的偶然性理论——涉及对偶然事件的真实存在的断言——给关心上帝的知识和意志的神学家们提出了问题。任何事物都不违反上帝的意志而发生,这个事实意味着无论什么发生都是必然发生的吗?阿奎那回答说,"上帝愿意某些事情必然被做,某些事情偶然被做……因此,他给某些结果配备不可能不济的必然原因;给其他结果配备有缺陷的和偶然的原因,它们导致偶然的结果……它们偶然地发生正是上帝的意志"。

同样,在阿奎那看来,上帝总能准确知道一切,这与某些事物现实的偶然性也并不相互抵触。他解释说,"无论谁只据一个偶然结果的原因知道这个结果,他只有关于它的一个猜测性的知识。"但"上帝知道一切偶然事物,不仅是据其原因,而且据每一个事物本身实际所是……因此,很明显,偶然事物不谬地为上帝所知,是由于它们服从于它们在上帝眼里的呈现性(presentiality);但是,与其自有原因相关,它们是未来偶然事物"。

这就关系到人类与上帝对未来偶然事物的理解上的区别。阿奎那声称,"归结为时间上的现实性的事物,我们是在时间上相继地知道它们,而上帝是跨时间永恒地知道它们。它们从何而来对我们是不可能确定的,因为我们知道未来偶然事物仅是偶然的未来;但它们对于上帝是确定的,上帝的知性是跨时间永恒的。正如一个走在路上的人看不到跟着他的人,而从高处看到整条路的人立马看到所有走在路上的人"。阿奎那接着说,"因此,我们所知道的事情,甚至如其所是,一定是必然的;因为其自身为未来偶然之物者,是不能为我们所知的。但为上帝所知之物,根据它们服从于上帝的知识之道,一定是必然的……但并非绝对地据其确切原因来考察"。因此,这并不得出一个结论,即被上帝知道的一切一定必然存在;因为这个陈述,根据阿奎那,"可以指事物,或者指说法。如果它指事物,它就是分开的并且为假;因为其意思是,上帝知道的一切是必然的。如果理解为说法,它就是复合的并且为真,因为其意思是,'被上帝知道的事物存在'这个命题,是必然的"。

就人类知识而言,阿奎那在回答人类是否有关于偶然事物的科学的或确定的知识这个问题时,做出了另一个区分。如果像阿奎那似乎认为的那样,知识的对象是必然的而非偶然的事物,那么偶然性的领域就属于意见、猜想或概然。就自然的特定事件是偶然的而言,它们不可能是科学知识的对象。但是,根据阿奎那,"既然每个偶然事物之中都有某个必然的东西,偶然事物可以用两个方式看待:要么看作是偶然的,要么看作是包含某些必然性因素;例如,苏格拉底奔跑,本身是偶然的;但是,奔跑与运动的关系是必然的,因为,如果苏格拉底奔跑那么他运动,这是必然的"。

苏格拉底也许跑也许不跑,这个偶然性并不改变如果他跑那么他一定运动这个假言的必然性。自然科学在关心偶然事物时,只是涉及这样的假言必然性。不像物理学,其他科学也许涉及绝对必然的事物。数学对象属于这一类,这似乎是威廉·詹姆士和康德、休谟和笛卡尔、柏拉图和亚里士多德都承认的观点。

但是在数学的必然性是属于实在还是只有理想的存在,即它们存在于人类心灵之外还是之中的问题上,他们的看法不一。这个议题与另一个牵涉必然性和偶然性的重大议题有关,那就是,是否任何实在都是必然的存在。

像我们已经看到的那样,在人类行为和自然事件领域里讨论必然性和偶然性的人,因为他们按照不同的因果性理论设想自由和机运,似乎对这些事情做出了不同的解释。然而,就真实存在而言,即使在不同意独有上帝是一个必然存在的东西(因为他们认为,作为上帝存在的必然后果,这个世界的存在也是被决定的)的人们之间,似乎也有一个对这些事情的共同理解。

在前面的讨论中,偶然性的一个意义已经反复出现。偶然的东西是可以是别的样子的东西。"不可能是别的样子的东西是必然的,"亚里士多德写道,"从'必然的'这个意思可以导出它的其他意思。"这个洞见有时用这样的陈述表达:必然性的反面是不可能的东西,而偶然的东西——既非必然也非不可能——包括相反的可能性。

在逻辑分析中,人们所称的"必然性的模态"归结到某类判断上,这类判断的对立判断是自相矛盾的,例如,如果命题"整体不是大于其任何部分"代表一个不可能的判断,那么对立命题"整体是大于其任何部分"就代表一个必然判断。相形之下,如休谟指出的那样,"太阳明天将不升起,较之它将升起的断言,并不是一个更少可理喻性的命题,也不蕴含更多的矛盾"。这两个命题代表相反的可能性。无论哪一个证明为真,事件总可能是别的样子。

在逻辑分析中,必然的东西有两个对立面这个事实似乎引起某些复杂性,一方面是不可能的东西,另一方面是可能的或偶然的东西。这一点的澄清,是通过一个认知,即可能的东西是不可能的东西的反面,也是必然的东西的反面。在"可能的"仅仅排除不可能的东西的意义上,必然的东西当然是可能的,因为必然的东西不可能是不可能的。但在"可能的"蕴含相反的可能性的意义上,可能的东西排除了必然的东西,也排除了不可能的东西。

根据亚里士多德,"从命题'它也许存在'可以推出它不是不可能的,从这还推出它不是必然的;因此,它引出一定必然存在的东西无需存在;而这是荒谬的。但此外,命题'它将存在是必然的'不能从命题'它也许存在'中推出,命题'它将不存在是必然的'也不能从中推出。因为命题'它也许存在'蕴含着一个双重可能性,而如果前两个命题中的任何一个为真,这个双重可能性就消失了。因为,如果一个事物也许存在,它也也许不存在,但如果它将存在或它将不存在是必然的,两个可能性之一将被排除掉了。因此,情况依旧是,命题'它将不存在不是必然的'是从命题'它也许存在'中得出的。因为对于某个一定必须存在的东西,情况也是如此"。

我们可以说,它也许存在和它也许不存在,是一回事;但我们不能说,它也许存在和它一定存在两者是一回事,也不能说,它也许不存在和它不可能存在是一回事。像亚里士多德追溯"存在"(to be)的这些模式的意义那样,我们看到,也许存在蕴含也许不存在,与一定存在相矛盾;类似地,也许不存在蕴含也许存在,与不可能存在相矛盾。

当我们从对命题或判断的分析转到对是或存在的考察时,情况就更简单了。既然不可能的东西就是不可能存在的东西,存在着的无论什么东西,要么是必然的,要么是可能的。这里必然的和可能的通常被理解为是相互排除的。必然的东西是不可能不存在的东西,而可能的东西是可能不存在的东西。

把对这些事情的共同理解放在一边,在那些伟大著作的作者之间,对于分析和证明必然的存在物,有着基本的分歧。

例如,亚里士多德倾向于将可能的东西等同于可毁灭的东西——等同于既产生又死去的东西。相形之下,那些不受制于产生和毁灭的东西是必然的。亚里士多德认为,天上物体的质料就实质变化的潜力而言,不同于地上物体的质料,他似乎将天体看作是必然的存在物,在总是存在的意义上是永恒的,即使位置上是可变的,例如服从局部运动。这个地球上的变动不居的事物在存在上全都是偶然的,因为它们的质料所倾向的可变性包括了产生和死亡。

这种按照物质的潜力对必然性和偶然性的分析,导致了另一种关于必然存在的观念——关于一个完全不变的存在物的观念,此物是必然存在的,因为它完全没有质料,并且由于它只由形式组成,是完全现实的。无论亚里士多德是否认为存在第一推动者之外的实体(因为它们是非物质的存在物),他只将纯粹的现实性赋予那个作为不受推动的推动者的必然存在物。

阿奎那似乎采纳了亚里士多德关于"必然存在物"的两个含义。他认为天体和天使在它们不变动的意义上是具有必然性的。但是,在他的观点中,它们的不变性受限于这样的事实:它们本质上是不灭的——天体不灭是由于它们的质料;天使不灭是由于它们是简单实体,不是由质料和形式构成的。既然它们是创造物,它们不可能完全不变。阿奎那写道,"一切创造物,在存在之前,都是可能的"——在这个意义上讲他们的存在是偶然的而非必然的。"如同创造者有能力在它们本身存在之前制造它们那样,"阿奎那接着说,"创造者也同样有能力在它们存在时让它们荡然无存。"而且,在它们存在的每一刻,它们的偶然存在依赖于上帝的力量。阿奎那说,上帝"通过不断地给予它们以存在"来保持它们的存在,因为"如果他从它们那里撤掉动作,一切事物都将归于虚无。"

因而在"必然存在物"的严格意义上,除了不被创造的存在者上帝之外,任何创造物都不真正是一个必然的存在物——因为只在上帝之中存在等同于本质。只有一个其本质就是存在的东西,才不可能不存在;只有这样一个东西,在它是纯粹现实的这个意义上,才是必然的。所有被创造物一定是偶然的,因为如果在它们的情况下存在属于它们的本性,那么上帝不可能通过创造它们的本性来创造他们,并且当它们存在时,要维持它们的存在,上帝的力量也不是必需的。

阿奎那按照本质和存在的同一来定义上帝的必然性,笛卡尔和斯宾诺莎倾向于认为上帝是必然的,理由是,上帝的本质使得他的存在导源于他的本质。这个差异可能影响到上帝是不由原因引起的或上帝是自因的(self-caused)这个说法的意思。阿奎那写道,"如果其存在是有原因的,那么任何东西都不可能成为其存在的充分原因"。根据笛卡尔,说上帝是"他自身存在的原因⋯⋯只是意味着上帝的永不枯竭的力量是为什么它不需要任何原因的原因或理由"。

笛卡尔的观点似乎是,其存在是被其自身本性或本质决定、在此意义上是自因的东西,由于其存在并非由本身之外的任何东西所引起,也是无原因的。

他写道,"存在涉及一个无限的东西的本质,正如内角和等于两直角涉及一个三角形的本质一样"。但是,尽管这表明了上帝的存在源自其本质的想法,笛卡尔也说"在上帝那里存在与本质不可分开"。

对笛卡尔而言,同样对阿奎那而言,基本的一点仍然是,其存在不依赖于任何外部原因的东西,必然地存在。此外,笛卡尔将一个独立东西的必然存在与该物的无限或完满本性联系起来。一个被设想为无限或完满的东西不可能被设想为缺少存在。他说,"可能或偶然存在的想法,只属于一个有限事物的观念"。

像笛卡尔一样,斯宾诺莎将上帝看作是唯一的无限和不变的存在者,作为"一个其本质包括了存在的东西",它是必然存在的。但与笛卡尔不同,斯宾诺莎也将必然性在另一个意义上赋予上帝创造的每个有限的和可变的东西;因为按照他的观点,上帝不仅必然存在,而且根据自身本性的必然性行动,上帝也将作为他行动的后果而出现的任何东西必然化了。这个世界之外的任何其他世界都是不可能的。斯宾诺莎写道,"事物不可能被上帝以其他方式创造,也不可能以它们业已被创造的秩序以外的秩序被创造"。此外,因为存在于上帝力量之中的无论任何东西都"必然源自上帝的力量,并因此必然地存在",所以,这个世界要不存在,是不可能的。这个特定世界的存在与上帝的存在不可分割,正像上帝的存在与他自身的本质或本性不可分割一样。

在西方思想的传统中,或许没有任何神学议题在深刻性上可与下面的问题相比,它将上帝意志的自由与上帝根据其本性行动的必然性对立起来;它结果将其他世界的可能性(或即使根本没有任何世界的可能性),与如果上帝存在那么这个特定世界不可避免出现之必然性对立起来。

在这两点上,阿奎那都站在另一边,例如,他论证说,"因为上帝之善是完满的,并且由于任何别的东西都不能给他增一分完满,上帝之善可以无需他物而存在,所以,可以推出他意愿他之外的东西不是绝对必然的"。至于这个世界的特定面貌,阿奎那说,"因为上帝的行动不是出自自然的必然性",也不是出自一个"自然地或依必然性被决定"到存在的事物上的意志,那么可以推出,"现在的事件过程绝不是上帝出于任何必然性产生的,以至于其他事情不可能发生……为此,我们简直必须说上帝可以做他已经做了的事情之外的事情"。其他世界,甚至比这个世界更好的世界,是可能的,因为"上帝能够制造其他事物,或者能够给现在的创造加进某个东西,于是就会有另一个更好的宇宙"。

基督教神学家也不承认上帝的本性服从于任何必然性。奥古斯丁写道:"如果我们要说上帝万寿无疆和先知一切是必然的,那么我们也并不将上帝的生命或上帝的先见之明置于必然性之下;同样,当我们说他不可能死掉或犯错误时,他的力量也不缩水——因为他死掉或犯错误是如此地不可能,以至于如果这些对于他是可能的,他的力量就变小了。非常确切,他正确地被称作全能的,尽管他既不能够死掉也不能够犯错误。因为,他被称为全能,是根据他做他意愿的事情,不是根据他受害于他不意愿的事情。因为,如果这发生在他身上,他就绝不可能是全能的。为此,基于他是全能之缘故,他不可能做某些事情。"

上帝作为一个必然存在物的观念,或者更严格地说,在上帝具有一个包含存在的本性的意义上,上帝作为唯一必然存在物的观念,引起了另一个传统问题。关于对上帝存在的所谓"本体论的"或先天的论证的对立观点,形成了这个问题。

笛卡尔和斯宾诺莎,像安瑟姆以及他们之前其他人一样,论证说既然上帝不可能被设想为不存在,那么事实上上帝不存在就是不可能的。反对这种推理的人们并不否认,视上帝仅为可能而非必然(即要想存在需要一个外在于他的原因),是莫名其妙的或自相矛盾的。例如,康德承认,存在必须被包含在上帝作为一实在的存在体(*ens realissimum*)的观念中——最真实和完满的存在物。但他否认如此设想的对象的真实存在是被这个观念本身的逻辑必然性所蕴含的。

这相当于说,一个我们不可能设想为不存在的存在物,它的不存在是可能的。阿奎那说即使每个人都将"上帝"这个词理解为某个不能设想有比之更伟大的东西,并因此是一个必然存在的东西,这仍推不出"他理解这个词指的东西实际存在不是仅仅心目中存在",当阿奎那如是说时,他似乎提出了同样的批评观点。

用最一般的形式来说,这个问题是,不可能被人类心灵设想的东西是否在现实中是不可能的;或者说,逻辑上必然的或思想中必然的东西,在事实上或存在上是否是必然的。无论这个问题如何解决,必须注意的是,在上帝存在的所谓的后天证明中或者从某些结果的存在到它们的原因的存在的论证中,一个推理模式取决于偶然与必然存在的区分。

如果偶然东西存在(从物理事物的易变性和可毁灭性中看出他们的存在是明显的),并且如果每个偶然的东西依定义是不能导致自身存在的,并且如果一个偶然东西不可能导致另一个的存在,并且如果每一个存在的东西都一定有其存在的原因,要么在自身中,要么在别的东西中;那么从所有这些前提似乎推出一个必然东西存在。

这里从前提到结论的推导可以具有逻辑必然性,但是,结论是否必然为真,取决于前提的真。这反过来取决于对何谓一个东西在存在上是偶然或必然的理解。它也取决于这个推理是否避开了康德对所有关于一个必然东西存在的后天论证的批评,即这样的推理总是隐含地包括了本体论论证,因而是无效的。

分 类 主 题

1. 必然性和可能性的意义:可能的对象与不可能的东西
2. 必然的和偶然的存在
    2a. 独立和无条件作为必然存在:非由原因引起的或自因的;本质与存在的同一
    2b. 对一个必然东西的存在的论证:逻辑的和本体论的必然性的问题
    2c. 变动性与存在上的必然性的关系
    2d. 就属性、偶质和模式而言的必然事物和偶然事物
3. 变化领域里的必然性和偶然性:变化与决定论
    3a. 本质原因与偶质原因的区分:偶然结果;偶然性与机运
    3b. 偶然事件的必然性:绝对的与假设的或条件的必然性;依直接或质料因与终极的或形式因的必然化
    3c. 偶然性在现象秩序中的依据:真实不确定对照不可确定性

4. 思想领域中的必然性和偶然性

    4a. 作为知识领域的必然,作为意见对象的偶然:确定性、怀疑和概率;必然真理

    4b. 作为信念原因的实践必然性

    4c. 关于未来偶然事物的判断的真值

    4d. 数学必然性:数学对象和数学推理中的必然性

    4e. 逻辑分析中的必然性和偶然性

        (1)命题或判断的模态性:模态对立

        (2)推理中的模态性:推理的逻辑必然性;前提和结论的必然性和偶然性

5. 人类生活和社会中的必然性和偶然性

    5a. 人类行为中的自由和必然性:自愿的与强迫的行为

        (1)意志的必然化:其自由的范围

        (2)表达必然和偶然义务的定言命令和假言命令

        (3)作为知识或对必然性的接受的人类自由

    5b. 家庭和国家的必然性:它们的形式和制度的偶然性

    5c. 与法律中的自然和约定相关的必然性和偶然性

    5d. 奴役、贫困、战争或犯罪的必然性或不可避免性

    5e. 经济的必然性或奢侈

    5f. 历史中的必然性和偶然性

[葛来福 译]

索引

本索引相继列出本系列的卷号〔黑体〕、作者、该卷的页码。所引圣经依据詹姆士御制版，先后列出卷、章、行。缩略语 esp 提醒读者所涉参考材料中有一处或多处与本论题关系特别紧密；passim 表示所涉文著与本论题是断续而非全部相关。若所涉文著整体与本论题相关，页码就包括整体文著。关于如何使用《论题集》的一般指南请参见导论。

1. **The meaning of necessity and contingency: the possible and the impossible**

   6 Plato, 103-104
   7 Aristotle, 33-35, 48-49, 372-375, 535-536, 541, 572-573
   8 Aristotle, 234-235, 639-640
   11 Plotinus, 512-514
   17 Aquinas, 83, 110-111, 137-138, 145-147, 218-219, 221-222, 250-252, 431-432, 463, 629-630
   18 Aquinas, 883-884
   28 Spinoza, 589, 601, 658
   33 Hume, 469-478
   39 Kant, 85-88, 90-91, 95, 107, 129-145, 186, 550-578
   55 James, William, 38-39, 56, 60
   55 Wittgenstein, 358-359

2. **Necessary and contingent being or existence**

2a. **The independent or unconditioned as the necessarily existent: the uncaused or self-caused; the identity of essence and existence**

   Old Testament: *Exodus*, 3:13-14
   6 Plato, 762-765
   7 Aristotle, 281, 340-346, 536, 601-603
   11 Lucretius, 7-8
   11 Plotinus, 662-671
   16 Augustine, 3-4, 61-63, 320, 714
   17 Aquinas, 16-17, 19, 20-23, 29-30, 41-42, 49-50, 73-74, 158-160
   18 Aquinas, 218, 724
   28 Descartes, 307-315, 334-341, 356, 443-444
   28 Spinoza, 589, 593-594, 596-597, 599, 603
   39 Kant, 140-145, 164-167, 177-182, 291-292, 587
   43 Hegel, 163, 168

2b. **The argument for the existence of a necessary being: the problem of logical and ontological necessity**

   6 Plato, 758-765
   7 Aristotle, 334-346, 575-577
   16 Augustine, 54-57, 316-317, 706-707
   17 Aquinas, 10-14, 34-35, 112-113, 339-343, 534-537
   28 Descartes, 275-277, 310-313, 319-322, 352-353, 357-358, 384-388

   28 Spinoza, 590-593, 597-598
   30 Pascal, 256
   33 Locke, 349-352
   33 Berkeley, 417-419, 442
   33 Hume, 497-503
   39 Kant, 85-93, 152-153, 177-192, 205, 310-311, 334-337, 568-570, 600-603, 606-609
   55 James, William, 23-26

2c. **Mutability in relation to necessity in being**

   7 Aristotle, 334-346, 360-362, 375-376, 439-441, 586, 603
   11 Plotinus, 664-665
   16 Augustine, 28-30, 131, 405-407
   17 Aquinas, 44-45, 274-275, 345-347
   18 Aquinas, 1017-1020
   19 Dante, 106
   28 Descartes, 339-340
   28 Spinoza, 592-593, 599-600, 601-603, 607
   39 Kant, 74-76
   55 James, William, 60-61

2d. **The necessary and contingent with respect to properties, accidents, and modes**

   6 Plato, 244-246
   7 Aristotle, 100-101, 178-179, 182, 261, 547, 548-549, 561-562, 586, 593, 625-626 esp 626
   11 Lucretius, 7
   17 Aquinas, 18-19, 39-40, 286-287, 399-401, 404-405, 619-620
   18 Aquinas, 711-712
   28 Bacon, 161, 164-169
   28 Descartes, 378, 457
   28 Spinoza, 592, 596, 597
   33 Locke, 268-283, 315-317, 332-336 passim, 360-361
   39 Kant, 131, 566, 580
   53 James, William, 668-671
   55 James, William, 18-20

3. **Necessity and contingency in the realm of change: chance and determinism**

   4 Aeschylus, 46
   6 Plato, 438-439, 587-589
   7 Aristotle, 28-29, 129, 157-158, 401, 434-435, 555, 573
   8 Aristotle, 612
   11 Lucretius, 18-19, 64

11 Aurelius, 278
11 Plotinus, 382-386, 457-458, 485
17 Aquinas, 86-88, 116, 128-130, 131-132, 147, 528-529, 533-534
28 Descartes, 279-280
28 Spinoza, 589, 596, 603, 611-613, 629, 659, 681
33 Berkeley, 433
33 Hume, 469-470
35 Montesquieu, 1
39 Kant, 72-85, 171-172, 331-333
43 Hegel, 167-199
44 Tocqueville, 265-266
53 James, William, 823-825
55 Whitehead, 172-173

3a. **The distinction between the essential and the accidental cause: the contingent effect; contingency and chance**

6 Plato, 455-456, 465-466
7 Aristotle, 263-264, 271-275, 535-536, 593
11 Aurelius, 242-243
17 Aquinas, 49, 128-130, 297-298, 531-532, 591-593, 594-595
39 Kant, 311-314, 550-551, 553-555
43 Hegel, 10-11
56 Poincaré, 34-35
57 Veblen, 116-123
58 Frazer, 24

3b. **The necessity of contingent events: absolute and hypothetical or conditional necessity; necessitation by efficient or material and final or formal causes**

7 Aristotle, 277-278, 439-441, 529, 556, 591, 667-668, 698
8 Aristotle, 161-165, 170-171, 191, 320-321, 331
16 Augustine, 687
17 Aquinas, 110-111, 114-115
28 Bacon, 45-46
28 Spinoza, 596-597, 598-600, 601-603
39 Kant, 262-279, 491-492, 581-582, 584
43 Hegel, 164-165
51 Tolstoy, 563, 650, 679

3c. **The grounds of contingency in the phenomenal order: real indeterminacy versus indeterminability**

7 Aristotle, 28-29, 272-275
17 Aquinas, 131-132, 463
21 Hobbes, 272
28 Spinoza, 618-619, 629, 630-632
33 Hume, 480-481, 484
39 Kant, 164-172, 387
43 Hegel, 111
49 Darwin, 37, 593
51 Tolstoy, 646-647
55 Whitehead, 198-200
56 Planck, 103-109
56 Bohr, 317-320, 323-325, 332-333, 340-344, 348-350, 352

56 Heisenberg, 398-400, 428-434 passim, 447-449
56 Waddington, 743-744

4. **Necessity and contingency in the realm of thought**

4a. **The necessary as the domain of knowledge, the contingent as the object of opinion: certainty, doubt, and probability; necessary truths**

6 Plato, 384-388
7 Aristotle, 8-9, 97-99, 100-104, 119, 121-122, 563-564, 577-578
8 Aristotle, 358, 388
17 Aquinas, 86-88, 110-111, 256-257, 422-423, 432-433
18 Aquinas, 223-224
28 Descartes, 224-225, 243-244, 301-303, 321-322, 350-351
28 Spinoza, 623-624
33 Locke, 315-317 esp 316, 322-323, 332-336 passim, 349, 360-361, 365, 371-372, 378-379
33 Hume, 458, 462, 508-509 passim
39 Kant, 1-4, 194, 240-243
51 Tolstoy, 365
53 James, William, 851-890
55 Barth, 505-506

4b. **Practical necessity as a cause of belief**

28 Descartes, 272-274, 352
30 Pascal, 205-217
33 Hume, 507-508
39 Kant, 124-128, 236-243 esp 239-240, 279-287, 314-321, 344-349, 351-352, 588-607, 608-611
53 James, William, 223-225, 653

4c. **The truth of judgments concerning future contingents**

7 Aristotle, 28-29
17 Aquinas, 86-88, 297-298, 463-464
19 Dante, 111
19 Chaucer, 243-244
29 Milton, 137-138
44 Tocqueville, 294-296
46 Eliot, George, 233
51 Tolstoy, 441-442, 584-585, 685
59 Cather, 428-429

4d. **Mathematical necessity: necessity in the objects of mathematics and in mathematical reasoning**

7 Aristotle, 277
28 Descartes, 225, 271
33 Locke, 317-319, 325, 338
33 Hume, 458
39 Kant, 15-16, 17-18, 68-69, 211-218, 398-399 esp 399
53 James, William, 874-878
55 Russell, 268-271

4e. Necessity and contingency in logical analysis

4e(1) The modality of propositions or judgments: modal opposition

    7 Aristotle, 32–35, 40
   39 Kant, 14–15, 39–41

4e(2) Modality in reasoning: the logical necessity of inference; the necessity and contingency of premises and conclusions

    7 Aristotle, 45–57
    8 Aristotle, 596–597
   11 Epictetus, 106–107
   16 Augustine, 733–735
   17 Aquinas, 675–677
   21 Hobbes, 65–71
   39 Kant, 110–111, 194

5. Necessity and contingency in human life and society

5a. Liberty and necessity in human conduct: the voluntary and the compulsory

    3 Homer, 1–306
    4 Aeschylus, 55–56
    5 Thucydides, 506
    6 Plato, 56, 59–64, 439–441
    8 Aristotle, 355–359, 596–597, 611–613
   11 Lucretius, 18–19
   11 Aurelius, 239–294
   11 Plotinus, 385–386
   14 Tacitus, 91
   16 Augustine, 70–71, 250–259, 582–583, 731–732
   17 Aquinas, 132–141, 436–438, 644–666
   19 Dante, 65, 100
   19 Chaucer, 243–244, 308–309
   21 Hobbes, 59, 86, 112–113, 163–164
   23 Montaigne, 257–259
   25 Shakespeare, 249
   28 Spinoza, 629, 659
   29 Milton, 137–138
   30 Pascal, 331–332
   33 Locke, 180–184, 193, 198–199
   33 Hume, 478–487
   35 Rousseau, 337–338
   39 Kant, 133, 190, 234–235, 279–287, 292–293, 307–314, 400–402
   41 Boswell, 392–393
   43 Hegel, 37, 44–45, 122, 131–132, 165, 167–199
   48 Melville, 1–260
   51 Tolstoy, 221, 275–276, 303–304, 343, 688–694
   53 James, William, 84–94, 796–798, 820–827
   54 Freud, 453–476 passim, esp 454, 486–488 esp 486–487
   59 Mann, 500–502

5a(1) The necessitation of the will: the range of its freedom

    8 Aristotle, 359–361
   11 Epictetus, 99–231
   11 Aurelius, 239–294
   16 Augustine, 258–259, 400
   17 Aquinas, 117–118, 311–312, 431–433, 438, 613–614, 642–643, 674–677, 690
   19 Dante, 67–68
   20 Calvin, 85–86, 127–150 esp 127–128
   28 Descartes, 358, 367, 441–442, 454
   28 Spinoza, 596–597, 601, 625–628
   34 Voltaire, 294
   39 Kant, 164–165, 234–236, 259–260, 264–267, 268, 286–287, 296, 325–326
   43 Hegel, 14–17, 134
   53 James, William, 291–295, 821–822

5a(2) Categorical and hypothetical imperatives as expressing necessary and contingent obligations

   39 Kant, 253–287, 297–314, 386–387, 390–391, 392–393, 397–398, 571–572, 595, 605–606
   43 Hegel, 48–50, 133
   43 Nietzsche, 495–496
   55 Barth, 495–497

5a(3) Human freedom as knowledge or acceptance of necessity

   11 Epictetus, 112–113, 201–211, 212–215
   28 Spinoza, 687–688
   43 Hegel, 14–17, 58, 136, 146
   43 Nietzsche, 467–468

5b. The necessity of family and state: the contingency of their forms and institutions

    6 Plato, 311–312
    8 Aristotle, 445–446
   11 Lucretius, 71
   16 Augustine, 589–592
   17 Aquinas, 488–489, 516–517
   18 Aquinas, 318–321
   21 Hobbes, 84–87, 91, 96, 99–101
   23 Montaigne, 505
   28 Spinoza, 663, 681–684
   29 Milton, 240–241
   30 Pascal, 228
   33 Locke, 16, 28, 36–43, 53–54
   35 Montesquieu, 2–3, 187–188
   35 Rousseau, 387–392
   39 Kant, 433–434
   40 Declaration of Independence, 1
   40 Mill, 327–332 passim, 460–461
   41 Boswell, 120
   43 Hegel, 88–93, 139, 147–148, 180–183, 277
   49 Darwin, 579–581
   50 Marx-Engels, 427–428
   54 Freud, 781–782

5c. Necessity and contingency in relation to the natural and conventional in law

    8 Aristotle, 382
   16 Augustine, 21

1046 西方大观念 The Great Ideas

18 Aquinas, 224-226, 227-228, 229-231, 238-239, 247-248
21 Hobbes, 115, 131, 136-137
28 Spinoza, 669-670
33 Locke, 27-28, 55-56
35 Montesquieu, 1, 219-221
35 Rousseau, 399
40 Mill, 470-471
43 Hegel, 74, 142
44 Tocqueville, 103-104

23 Montaigne, 161, 172-173, 531-532
25 Shakespeare, 261
28 Spinoza, 684
30 Pascal, 91-94
31 Molière, 146
33 Locke, 30-36
35 Montesquieu, 44
35 Rousseau, 352-353, 364, 365-366, 393-394
36 Smith, 31-42 passim, 80-81, 85, 183-184, 429
37 Gibbon, 22
41 Boswell, 124-125, 389-390
43 Hegel, 70, 71, 140
44 Tocqueville, 285-287
45 Balzac, 203, 332-333
46 Eliot, George, 481-487
50 Marx, 16-17, 81, 218-219, 253-254, 261-262, 280-283, 292-296
57 Veblen, 29-79 esp 42, 43-47, 50-79
57 Tawney, 193-194
60 Fitzgerald, 312-313

5d. **The necessity or inevitability of slavery, poverty, war, or crime**

4 Aristophanes, 893-896
5 Thucydides, 427-428, 436-437
6 Plato, 640-641
8 Aristotle, 447-449
16 Augustine, 212, 583-584, 590
17 Aquinas, 512-513
21 Machiavelli, 21, 32
21 Hobbes, 76, 94
22 Rabelais, 30-41
29 Milton, 307-318
33 Locke, 25-30, 65
34 Swift, 154-155
35 Montesquieu, 61-62, 109-111
35 Rousseau, 356-358, 389-390
36 Smith, 347
39 Kant, 457-458, 586-587
40 Federalist, 33-44, 85-89, 96, 110, 132-135
40 Mill, 339-340
43 Hegel, 113
50 Marx, 303-307, 315-321
50 Marx-Engels, 419-420, 425, 428
54 Freud, 755-757, 766, 787-788
60 Brecht, 397-398, 425-427

5f. **Necessity and contingency in history**

5 Herodotus, 21-22, 291
6 Plato, 679
13 Plutarch, 18, 20, 195-213, 698-699
14 Tacitus, 91
16 Augustine, 188-189, 248, 250, 259-274, 456-457, 537-538
19 Dante, 9
21 Machiavelli, 35-36
38 Gibbon, 590
43 Hegel, 114-118, 163-211, 254-255, 290-291, 298-299, 300-301, 302, 318-319, 392-393
44 Tocqueville, 265-266
50 Marx, 6, 7, 10-11, 378
50 Marx-Engels, 421-422
51 Tolstoy, 342-344, 389-391, 469-472, 563-587, 588-590, 609-613, 618-621, 626-630, 645-650, 675-696
54 Freud, 882-884
55 Barth, 492-495

5e. **Economic necessities or luxuries**

6 Plato, 316-319, 409-410
7 Aristotle, 164-165
8 Aristotle, 451-452, 536
13 Plutarch, 36-37, 285, 291-292
14 Tacitus, 31
17 Aquinas, 615-616

交叉索引

以下是与其他章的交叉索引:

The distinction between necessary and contingent being, see BEING 7a, 7b(3); CHANGE 15c; ETERNITY 3, 4b; GOD 2b, 4a; the application of this distinction to properties, accidents, and modes, see BEING 7b(5)-7b(6), 8c-8e; NATURE 1a(1).

The distinction between necessity and contingency in the realm of change, see CAUSE 1-1a; CHANCE 1a, 2a; FATE 3; NATURE 3c(1).

The distinction between knowledge and opinion, and the difference between certainty and probability, see CHANCE 4; JUDGMENT 3, 9; KNOWLEDGE 4b, 6d(1)-6d(2); OPINION 1, 3b; TRUTH 2e; WILL 3b(1).

The moral certainty of the things in which it is practically necessary to believe, see GOD 2d; IMMORTALITY 3a; METAPHYSICS 2d; WILL 5b(4).

The truth of propositions about future contingents, see TIME 6f; TRUTH 3b(2).

Necessity and contingency in logical analysis, mathematical reasoning, and science, see

CHANCE 3; JUDGMENT 6c; MATHEMATICS 1c; MECHANICS 8b; OPPOSITION 1d(2); PRINCIPLE 2b(2), 5; REASONING 3d; TRUTH 3b(3)–3c, 7a.

The opposition between necessity and liberty in the sphere of human life and history, see CAUSE 3; FATE 2–3, 5–6; HISTORY 4a(1); LIBERTY 1c, 4a; NATURE 2f, 3c(2); PRUDENCE 4a; WEALTH 11; WILL 5a(1)–5a(4), 5c, 6a, 7b.

Divine providence in relation to human freedom, see FATE 4; GOD 7b; HISTORY 5a; LIBERTY 5a–5b; WILL 7c.

The necessary and contingent, or the natural and the conventional, in the family and the state, and also in language and law, see CUSTOM AND CONVENTION 1; FAMILY 1; JUSTICE 10a; LAW 4f, 5e; NATURE 2b, 5c; PUNISHMENT 4c; STATE 3b–3c.

The inevitability or necessity of certain social institutions or phenomena, such as slavery, poverty, or war, see LAW 4h; NATURE 5b; OPPOSITION 5c; SLAVERY 2, 3; WAR AND PEACE 7; WEALTH 9g, 10b.

The distinction of the necessary, the possible, and the probable in poetry, see POETRY 8a(2).

扩展书目

下面列出的文著没有包括在本套伟大著作丛书中，但它们与本章的大观念及主题相关。

书目分成两组：

Ⅰ．伟大著作丛书中收入了其部分著作的作者。作者大致按年代顺序排列。

Ⅱ．未收入伟大著作丛书的作者。我们先把作者划归为古代、近代等，在一个时代范围内再按西文字母顺序排序。

在《论题集》第二卷后面，附有扩展阅读总目，在那里可以查到这里所列著作的作者全名、完整书名、出版日期等全部信息。

I.

Thomas Aquinas. *Summa Contra Gentiles,* BK II, CH 29–31; BK III, CH 64–83
Hume. *A Treatise of Human Nature,* BK I, PART III, SECT XIV; BK II, PART III, SECT I
Voltaire. "Necessary-Necessity," "Power-Omnipotence," in *A Philosophical Dictionary*
Kant. *Introduction to Logic,* IX
Mill, J. S. *A System of Logic,* BK III, CH 17; BK VI, CH 2
Hegel. *Science of Logic,* VOL I, BK II, SECT III, CH 2
James, W. "The Dilemma of Determinism," in *The Will to Believe*
Bergson. *Time and Free Will*
Dewey. *The Quest for Certainty*
Heisenberg. *The Physical Principles of the Quantum Theory*

II.

THE ANCIENT WORLD (TO 500 A.D.)

Cicero. *De Fato (On Fate)*
Epicurus. *Letter to Menoeceus*

THE MIDDLE AGES TO THE RENAISSANCE (TO 1500)

Anselm of Canterbury. *De Potestate et Impotentia*
Maimonides. *The Guide of the Perplexed,* PART II, CH 21

THE MODERN WORLD (1500 AND LATER)

Blanshard. *The Nature of Thought,* CH 28–32
Boutroux. *The Contingency of the Laws of Nature*
Bradley, F. H. *Ethical Studies,* I
———. *The Principles of Logic,* BK I, CH 7
Bridgman. *The Logic of Modern Physics,* CH 4
Butler, J. *The Analogy of Religion,* PART I, CH 6
Godwin. *An Enquiry Concerning Political Justice,* BK IV, CH 5–6
Hartshorne. *The Divine Relativity*
Koninck. *Réflexions sur le problème de l'indéterminisme*
Kripke. *Naming and Necessity*
Laplace. *A Philosophical Essay on Probabilities*
Leibniz. *Monadology,* par 33–37
———. *Philosophical Works,* CH 28 (*Letter on Necessity and Contingency*), 34 (*The Principles of Nature and of Grace*)
Maritain. *Scholasticism and Politics,* CH V
Monod. *Chance and Necessity*
Peirce, C. S. *Collected Papers,* VOL VI, par 35–65
Popper. *The Open Universe*
Priestley, J. and Price, R. *A Free Discussion of Materialism and Philosophical Necessity*
Reid, T. *Essays on the Intellectual Powers of Man,* VI, CH 5–6
Schopenhauer. *On the Fourfold Root of the Principle of Sufficient Reason*
Suárez. *Disputationes Metaphysicae,* XIX, XXVIII–XXIX, XXXI (14)
Weiss. *Nature and Man,* CH I
Whewell. *On the Philosophy of Discovery,* CH 29

寡头制　Oligarchy

总　论

在政治理论的伟大作品中,"寡头制"这个词通常和"独裁制""民主制"并列为政府形式的传统名目。根据这些词的古希腊词根,"寡头制"指的是少数人的统治,"独裁制"指的是一个人的统治,而"民主制"指的是人民的统治或者多数人的统治。不过当我们进一步考察寡头制和民主制在古希腊政治生活中的现实冲突时,这些词义多少会有一些改变。其中包含的矛盾不仅是少数人与多数人之间的对立,还有富人和劳力者之间的对立。这些派别对政治权力的争夺主导了伯里克利时代前后长达一个多世纪的希腊历史,这一事实证明了亚里士多德的判断,即寡头制和民主制是两个主要冲突的政府形式。

我们不会用这种方式来描述我们这个时代的政治斗争。我们也不会把寡头制说成是当今世界的一个主要政府形式。取而代之的是,我们倾向于根据民主与专政或专制的冲突来思考问题。即使当我们深入检讨当前论题的背景时,我们也更倾向于把极权政府和宪政政府之间或者是君主制和共和制之间的古老争斗作为当代独裁政府和法治政府冲突的历史参照物。除了寡头制以外,其他那些政治理论的传统术语在考察当代问题时似乎或多或少仍具有一定的生命力。尽管寡头制很少出现在我们谙熟的日常表达和思维过程中,但是它与我们时代的真实问题也许要比看起来更有关联。

的确,在宪政框架内寡头原则和民主原则是政策与立法的两个对立源头。现代共和国一如古代共和国,人们根据所属的经济派别被区分为不同的政治派别。寡头制和民主制的古代含义,尤其是对修昔底德和亚里士多德这些把富人和穷人视为宪政权力之主要角力者的观察家来说,表明了政治问题与经济问题的合流。

亚里士多德说,寡头制和民主制之间的差异不可能只是通过区分少数人和多数人得到很好的定义,除非少数人同时也是富人、多数人同时也是穷人。关键不在于少数人是否比多数人更有智慧,也不在于少数人执政是否会比多数人执政更有效率。上述论题在政治思想史上曾被广泛讨论,但是它们更适用于探讨贵族制和民主制的冲突而非寡头制和民主制的斗争。

发生在寡头者和民主主义者之间的历史斗争——不管它被描述成富人与穷人,贵族与资产阶级,有土地的上等人与农民,有产者与工人还是精英与大众的斗争——都是关于富人的政治特权、财产权以及保护特殊利益的斗争。在经典的伟大著作中,马克思和恩格斯或许是最早把这种斗争命名为"阶级斗争"的作者,但是在如此众多认识到富人与穷人经济上的对立会导致国内基本政治斗争的政治学和经济学作者序列中,他们不过是最近的两个。"任何城邦,不管多小,"苏格拉底说,"在事实上都会分裂成两个,一个是穷人的城邦,另一个是富人的城邦:它们彼此之间相互斗争。"

寡头制并不总是被定义为富人的统

治,它也并不总是被理解成宪政民主的对立面。比如说,在《政治家篇》中,柏拉图第一次把政府的形式区分为"君主制,少数人的统治,以及多数人的统治",然后把"少数人的统治又区分为贵族统治——这是一个非常好听的名称,以及寡头制"。在这里贵族统治和寡头制被视为对立的,一种乃是少数人根据法律所进行的统治,另一种则是由少数人统治的无法律政府。在这两种情形下,少数人都是富人,所以富人统治是寡头制和贵族统治的共同特征。

一些政治理论家在讨论寡头制时根本就不诉诸财富问题。霍布斯根据掌握主权权力的人数来区分政府形式,如果掌握在不止一个人手中,那么它就是被一些人或者所有人所掌握。他把政府的形式称之为君主制(一人),贵族制(少数人)以及民主制(所有人)。"在史书上和政治书里还有其他一些政府的名称",他补充道,比如"专制和寡头制。但是它们不是其他形式的政府,而是某些相同形式的贬义词。那些不满意君主制的人就称之为专制,不喜欢贵族制的就称之为寡头制"。与霍布斯一样,洛克和卢梭在区分政府形式时除了数目之外也没有其他标准,洛克称少数人统治的政府为"寡头制",而卢梭则称之为"贵族制"。

如果按照如此简略的方式进行概括,那么君主制、贵族制或寡头制、民主制之间的选择似乎就只是基于方便或效率的考虑而无关乎正义。不管寡头制是一种内在就是好的抑或内在就是坏的政府形式,它之所以成为问题只是当其他一些因素被考虑进来的时候;比如说,当贵族制和寡头制之间的区分转变为这些少数人是有德性的或是有财产的,或者在比较寡头制和民主制时重点不在人数上而是在财富与自由的原则上。

不过,人数这个标准在比较(各种政府形式)时似乎并非完全无关。"寡头制与民主制,"亚里士多德写道,"仅仅根据财富和自由这两个特征并不能得到充分的区分。"尽管"在民主制和寡头制之间的真正差异是贫穷和富裕"。并且尽管"只要人们是基于他们的财富来统治,则无论这些人是少数还是多数,它都是寡头制"。亚里士多德似乎并不认为我们能够无视他所说的"在任何地方富人都是少数而穷人都是多数这个偶然事实"所蕴含的政治意义。

在考虑贵族制和寡头制的时候,主要的问题似乎不是原则问题而是事实问题。柏拉图在《理想国》中以及亚里士多德在《政治学》中都把贵族制定义为由少数最优秀的人或者最有德性的人统治的政府。他们把贵族制排列在由最睿智的人——哲学王所统治的理想政府或者亚里士多德所谓的"神圣的政府类型"之后。在这个脉络里面,寡头制乃是贵族制的堕落,正如专制代表了君主制的腐化。

柏拉图认为,"当财富和富人在城邦中受尊崇的时候",以及当法律"将一定数量的金钱作为公民资格的认证标准"以及不允许"任何财产数量跌落至标准线以下者参与政府公职"的时候,寡头制就开始兴盛了。但是根据苏格拉底的观点,财富并不意味着人们有资格统治,而德性与智慧可以。"想想看可能发生的情形,"他说,"如果根据他们的财富来选择领航者的话,那么穷人就会被禁止掌舵,即使他是一个很棒的领航者。"阿德曼图斯对此深表赞同,这种情形若是发生在政府,就像发生在航海过程中,其可能的结果就是船毁人亡。

尽管在原则上贵族制优越于寡头制是没有问题的,但是贵族制的批评者质疑说,在历史上那些由少数人把持政治权力的城邦究竟有哪一个不在事实上就是寡头制的。少数人的权力直接基于财富之上也许并不总是事实。特权阶级或许是一些军阀或者世袭贵族。可是这些区分几乎很少不与土地的控制或者其他形式的财富相匹配，所以寡头制因素至少是在间接地发挥作用。

认为贵族制不过是改头换面的寡头制的批评意见将在**贵族制**的章中进行探讨。争点似乎在于，除了崇高的德性或才能之外，没有其他东西可以证成少数人与多数人在政治上的不平等。寡头制的意义在结果上被扩展成任何政府但凡是由少数人掌权或者拥有特权就不能得到证成，不管它是用财富或是其他名目的卓越来替代德性或才能。当作如是解时，"寡头制"这个词就更接近于"极权制"这样的贬义词。

在描述不同形式的民主制时，亚里士多德观察到它们的共同原则是所有满足法律规定最低资格限定的人都分享这个政府。"对任何阶级的绝对排斥，"他说道，"都是通向寡头制的一个步骤。"J. S. 穆勒在评论19世纪英格兰宪政改革时所完成的脱离寡头制的步骤时也是同样的意思。

"就在不久以前的时代，"穆勒写道，"上流社会和富裕阶级完全把持了政府。……反对这些影响的投票……几乎肯定就是一张好的投票，因为它是一张反对寡头制擅权独断的票。"但是即使上等阶级不再是国家的主人，即使选举权已经扩展到中间阶级，弱形式的寡头制却仍旧存在。"选民们正在成为寡头"——因为大多数的人口仍旧没有投票权。"眼下的投票者，"穆勒继续道，"以及任何根据《改革法案》可能会增加的投票者们都是中间阶级，他们的阶级利益更接近于土地主或者大工业家，而与工人阶级大相径庭。即使投票权拓展至所有技术工人，他们的阶级利益仍将可能迥异于非技术工人的利益。"

根据穆勒的观点，只要在人民内部还存在任何未经证成的阶级歧视，寡头制就仍然存在。在他看来，寡头制并不局限于以贫富差异为基础的歧视，正如他在评论工人阶级内部不同团体之间的特殊利益，或者作为一个整体的工人阶级与更低的中间阶级之间的关系时所明确表示的那样。他在论及性别政治歧视的时候把这个观点表述得更为浅白。假定普选权被拓展到所有男人，他写道："假定此前名不副实的普选权，以及现在的愚不可及的所谓男人投票权，都成了法律，这些投票者仍旧拥有与妇女截然不同的阶级利益。"

穆勒此处所批评的代议制政府中存在的寡头制缺点看起来几乎没有或者压根儿就没有经济的阶级划分上的基础。在政府中排斥任何阶级的声音都会导致这个政府相对于那个被排斥阶级而言成为寡头制。这个被排斥的阶级可能并非少数派。这样想来，寡头制就不再意味着富人的统治或者少数人的统治。

当寡头制的意义以这种方式被普遍化之后，关于寡头制的讨论似乎就预示了现代民主的典型概念。正如在**民主制**那章中所暗示的，现代民主制度的识别特征就是普选制。根据这个判准，古代世界中的民主主义者和寡头者的斗争就转变成为两种形式的寡头制的斗争——一个是富裕的少数掌握政治权利，一个是贫穷的多数掌握政治权利，但是没有一个政治共同体的成员涵盖了所有人民的正常成年人。

古代的政治理论设想的是一个复合制度——某种结合了寡头制和民主制原则的制度——而现代的民主概念似乎不可能包含寡头制。与之相反，一些现代作者（其中声名显赫的有盖塔诺·莫斯卡,罗伯特·米歇尔斯,威尔弗雷多·帕累托)似乎坚持认为寡头制存在于所有形式的政府之中,而在代议制民主中尤为流行,其政府的真实运作——有效的权力——是掌握在官僚或者精英阶层的手里,不管他们是由大众选举的还是自我任命的。但是这个矛盾可能更多是出于语义的而非现实的,如果一方面"寡头制"这个词意指对普选权或公民资格某种程度的限制,另一方面"寡头制"这个词应用于任何并非全体人民都直接参与所有政府事务、结果只能是少部分人管理国家的情形之中。如果是在后一层意义上,则寡头制原则似乎并非与代议制民主不相符合。那些在这个意义上使用这个词汇的人仅仅是在提请注意代议制政府的一个不可避免的特征。代议制民主可能也有贵族制的特征,如果它遵守以下原则,即那些在德性和才能上最适合担任公职的人也应该通过所有公民同胞的普选产生出来。

托克维尔似乎表达了同样的观点,当他如是说的时候:"我们现代人是相互矛盾的两种激情的猎物:他们感受到被领导的需要,同时又渴望着自由。由于无法清除这两种相互矛盾的直觉,他们试图同时满足这二者。根据他们的想象政府应该是一元的,提供保护的以及全能的,但同时又是被人民选举产生的……在这个制度中,公民放弃了他们如此之久的依附状态以便选择他们的主人,然后重新回到这种依附状态。"

关于寡头制这些方面问题的更详细讨论要参见**贵族制**和**民主制**等章。本章主要关注的是源于相互对立的经济阶级的国内政治论题,主要是那种把人们区分为依靠自己劳动过活,以及依靠自己的财产和他人的劳动过活的极端分类。正是闲暇人群和劳动人群之间的极端区分才构成了古代世界中寡头制和民主制的冲突。

在公民资格意味着更积极和更频繁地参与政府事务的时代——公民资格的含义不同于现代的投票制度和代议制度,寡头制的古代辩护者会认为,只有富人才有担负公民资格的闲暇条件。寡头制可以在下述基础上得到更进一步的辩护,在许多希腊城邦国家中,公职或者是无偿服务或者是薪酬菲薄。只有那些拥有相当财富的人才承担得起公职。

亚里士多德权衡支持和反对寡头制的论据。例如,就闲暇这个论点而言,他主张"无论是在位还是下野,没有什么比最高阶层应当拥有闲暇更为必要的"。"即使为了获得闲暇而不得不去关心财富"。他认为,"最高长官,比如君主和将军,可以被买断"。这就"显然是一件坏事"。"允许这种荒谬事情发生的法律是把财富置于德性之上。"

亚里士多德似乎认为民主制和寡头制的主张乃是相互补充的半真理,"争论的双方,"他说,"都只说出了有限的和部分的正义,却以为他们自己说出了绝对的正义。"根据政治正义的充分概念,不平等地对待平等的人是不正义的,一如平等地对待不平等的人也是不正义的。寡头制违反的是第一个原则,而民主制违反的是第二个原则。"民主制起源于这样一个观念,那些在任一方面平等的人在所有方面也都平等,因为人是生而自由的,所以他们就要主张绝对的平等。寡头制则建立在这个观念上,那些在某一方面不平等的人在所有方面都不会平等。也就是说,因为在财产上的不平等,他们就假定他们自己是绝对的不平等。"

这两种政府形式都拥有"某一类型的正义,但是,按照绝对的标准来衡量,它们都是错的。因此,无论何时只要它们在政府内部没有获得它们预想的权力,二者就会煽动革命……在寡头们看来大众造反是因为他们认为自己遭到了不公正的对待,因为……他们是平等的但却没有享有平等;而在民主派看来,显要人物的反动是因为他们自认与大众是不平等的,但却只平等地享有一切"。

寡头制战胜民主制,民主制复又颠覆寡头制,如此冤冤相报的永恒革命在古希腊城邦政府的变迁史上似乎无可避免,如何才能摆脱这个情境?亚里士多德描述了各种形式的寡头制和民主制,但似乎没有一种形式可以根除革命的肇因。当豪门在试图维护其家族立场时诉诸更为极端的寡头制形式,这个趋势最终会导致某种类型的专制政府,亚里士多德称之为"王朝",或者权力世家的法外统治。

为了建立一个稳定的政府,它既不轻易发动反政府的革命,也不会导致一个——无论是大众的还是少数有权者的——法外统治,亚里士多德提出一个结合了民主制与寡头制的正义因素的混合制度。但是亚里士多德认为这个混合制度在实践操作中是不可行的,除非中间阶级"比另外两个阶级都要庞大和强大……最好的财富状态是公民拥有适度和充足的财产;如果一部分人占有大多数财产,而其余人一无所有,就会导致极端的民主制或者纯粹的寡头制;专制制度也可能产生自这两种极端状态……这些思考将帮助我们理解为什么大多数政府要么是民主制要么是寡头制。其理由正在于中间阶级在他们中间占据少数,无论哪一派别,富人也好普通人也罢,只要逾越了中道和主流,就会按照他们的方向来拖拽制度,由此导致寡头制或者民主制"。

就下述观点而言,即把特权赋予有产者并无正义可言,亚里士多德关于寡头制的立场似乎是开放的。首先,亚里士多德承认在原则上财富不平等者在分配政治权力时也应该是不平等的乃是部分正义的,就此言他似乎是在强调财富的拥有者有资格获得特殊的政治地位;其次,在他对理想政治体的构想中,亚里士多德也支持把工人阶级排除出公民。"公民必不能过匠人和商人的生活,因为这些生活是不光彩的并有损德性的。公民也不能做农夫,因为闲暇对于德性的培养和政治责任的担当都是必要的。"所有这些阶层的人都是城邦存在的必要条件,但是他们都不能成为政治成员意义上的组成部分。"最好的国家形式将不会认可他们为公民",尽管会视它们为必要的组成部分,"奴隶伺候满足人们的需要,匠人和劳动者服务整个共同体"。

在修昔底德《伯罗奔尼撒战争史》中一些谈及国内事务以及战争与和平诸问题的伟大演讲中,辞藻斐然地论证了实情中的对立双方。在与赫摩克拉特斯在叙拉古人集会前的辩论中,阿特纳哥拉斯答复那些持"民主制既不智慧也不公平,财产拥有者才最适合成为统治者"论点的人,他说:"我的看法刚好相反,首先,'demos'(或人民)这个词包括全体国民,而寡头制只包括部分国民;其次,即使我们承认最好的财产护卫人是富人,最好的顾问是贤明人士,但是他们都不能像多数人那样善于倾听并做出决定;所有这些有才能的人,无论是作为个人还是作为集体,在民主制中都有其公正的一席之地。但是寡头制治会让多数人分担危险,而寡头制者不仅不满足于拥有绝大多数的权益,甚至要独占全部。"

在现代政治思想中,关于寡头制的讨论发生在两个层面。在宪政原则层面上,争论的是关于投票权、代表制以及公职资格等问题。此处的争点集中在共和政府或者民选政府之根本大法的正义问题上。此外也有探讨有产者或者财富集团对真实的政府运作施加影响的途径。这里的问题不再是宪法或者法律的正义问题，而是财富之能施于正义天平的分量。

在对寡头制作现代辩护的各种名著中，没有哪一个如埃德蒙·柏克的演讲那么坦诚而有力，尤其是在与查尔斯·詹姆士·福克斯主张投票权改革的提议相辩驳的时候，柏克论证了德性代表制的原则。他声称，如果因为工人阶级的经济条件得到改善——碰巧他们的才能和教育水平也非常优秀——因此能够对全体的共同善进行审议，就把投票权扩展到工人阶级是不必要的。

联邦党人似乎持相反的论点。在反思同时代的英国代议制体系之后，他们发现，对于英格兰和苏格兰的 800 万人民来说，"下院的议员总数是 558 人"。但是，他们接着指出："其中的九分之一是由 364 人选出的，还有一半是由 5723 人选出的。"他们认为，"不能设想，这样选出的甚至不是生活在一般人民中间的半数议员，会在保护人民防备政府侵犯方面或者在立法会议上对了解人民的情况和利益方面有所贡献。相反，他们臭名昭著，经常作为行政长官的代理人和工具，而不是作为公众权利的保护人和拥护者"。尽管如此，他们并没有把这种代表的寡头制斥为与议会政府的德性完全敌对。他们声称，"可以非常肯定的是，不仅在所有这些情况下一部分宝贵的自由得到了保全，而且大不列颠法典的缺点中只有很小一部分可以归咎于立法机关对人民的情况一无所知"。

一些美国的宪政主义者也许受到了柏克从贵族制的优点出发对寡头制所做辩护的影响，但他们是以更为直接的寡头制术语来阐述自己的立场的。在主张国家应该由有产者来统治的论点基础上，他们支持投票税条款以及担任公职的财产资格认证。更进一步的，那些在经济上不独立的人就没有实践其政治自由的资格。"凌驾于一个人生存之上的权力，"汉穆勒顿称，"就等于凌驾于他的意志之上的权力。"

在面对这些由宪法惯例的根基处所产生的论题时，麦迪逊评论说："各党派最常见和最持久的源泉一直都是各种不同的和不平等的财产分配。那些有产者和无产者在社会中的利益是截然不同的。"他倡导代议制——或者他所说的"共和制"——的政府制度以避免希腊城邦国家直接民主或纯粹民主所滥觞的党派主义。

"那些支持此类政府的理论家们，"麦迪逊写道，"错误地认为只要人们在政治权利上实现了全然的平等，同时也就会在财产、观念和激情实现全然的平等和一致。"随着代表制的分量愈重，纯粹数量上的权力可能会与其他因素的权力达成均衡状态，这样就会防止"不讲正义和图谋私利的大多数实现他们隐秘的愿望。……对纸币、对取消债务、对平均分配财产或者对任何其他不适当的或邪恶的目的的渴望，比较容易传遍联邦的某一成员，而不容易传遍整个联邦"。

在另外一篇文章中，联邦党人回答了该制度乃是寡头制的指控，因为"众议院……将由最不同情人民群众而且多半旨在野心勃勃地为抬高少数人的地位而牺牲多数人的那个阶级的公民来选举"。联邦党人认为，这个指控尽管"对准的是伪装的寡头制"，但在原则上却是"从根本上摧毁共和政体"。

宪法上所规定的选举办法旨在"保证统治者具最高的智慧去明辨洞识以及最完善的德性去诉求推动社会的共同善……谁是联邦众议员的选举人呢？不论贫富、有无知识、出身名门或出身微贱全部一视同仁。……谁是公众选举的对象呢？凡是其功绩能赢得国家的尊重和信任的公民都是这种对象。财富、门第、宗教信仰或职业都不得限制人民的判断或者使人民的愿望受到挫折"。

美国宪法在其最初版本中是否是一个寡头制的文献，对此一直聚讼纷纭。联邦党人究竟是支持一种保护财产权的制度设计还是反对寡头制而支持人权也一直都是争论不休的话题。凡此种种也正表明联邦党人在立场上的暧昧不清。但是就寡头制对于政府的影响而言——有产阶级为着他们的特殊利益而施加政治影响——现代政治名著的作者们的意见确实越来越清晰了。

这个观点最为极端的表述当然是在《共产党宣言》中。在这本著作中，政府，事实上是国家自身，被认为是经济压迫者用来反对被压迫者的工具。根据马克思和恩格斯的观点，当资产阶级"在现代代议制国家中克服了它自身的排他性"时，资产阶级革命也就走到了最后一步。在资产阶级国家中，立法机关不过是把这一个阶级的意志制定成全体人的法律。在完成无产阶级专政这个短期目标之后，共产主义革命的另一个目标就是彻底摧毁国家这个历史形态，在其中"政治权力……仅仅是一个阶级用来压迫其他阶级的组织化力量"。

尽管在意图上没有马克思这么激进，但是亚当·斯密和 J. S. 穆勒在批评寡头制对现代议会政府的影响时的措辞并不逊色。斯密发现，"我们很少听说企业主的联合，尽管经常听说工人们的联盟。但是不管谁只要想象一下，就会发现，说企业主很少联盟的观点是多么地无视事实。在任何地方企业主总是结成某种心照不宣但却坚定不移、攻守一致的同盟，为的是不把工人的工资提高到他们应得的水平之上……企业主如此频繁地加入各种特殊的联盟就是为了把工人的报酬降到低于应得的水平"。此外，相互对立的党派并没有平等的机会参与立法："无论何时立法机关试图调整企业主和工人之间的分歧，企业主总是他们的顾问。"

几乎一个世纪之后，穆勒写下了极其类似的一段评论："法律坚持不懈的企图就是为了压低工资……"他质问道，"在任何问题上，议会可曾在某一时刻关注过工人问题？……举例来说，在罢工问题上，我怀疑在上、下议会中的领袖中有哪个人并非无条件地相信事情的理由无条件地在雇主这边，而工人的意见简直是荒谬可笑的"。根据穆勒的观点，疗治这种不平等的药方，不在于共产主义，而在于对普选制进行宪政改革，不再把工人阶级"排除出所有直接参与政府的机会"。

分 类 主 题

1. 寡头制：寡头制的原则和类型
2. 寡头制与君主制、贵族制和民主制的关系
3. 寡头政体的不稳定性
    3a. 寡头制可能产生的革命性变化：转向专制或者民主
    3b. 寡头制反革命的保守性
4. 为寡头制辩护：财产的政治权利与特权
5. 对寡头制和金钱政治权力的攻击

5a. 反对把财产作为公民资格或者公职的特权基础
　　5b. 寡头者的特点：富人；资本家
　　5c. 作为政治工具的经济地位和权力：寡头制与阶级斗争的关系
6. 对寡头制的历史观察：寡头制的兴盛与衰落

[周濂 译]

索引

本索引相继列出本系列的卷号〔黑体〕、作者、该卷的页码。所引圣经依据詹姆士御制版，先后列出卷、章、行。缩略语 esp 提醒读者所涉参考材料中有一处或多处与本论题关系特别紧密；passim 表示所涉文著与本论题是断续而非全部相关。若所涉文著整体与本论题相关，页码就包括整体文著。关于如何使用《论题集》的一般指南请参见导论。

1. **The oligarchic constitution: the principles and types of oligarchy**

    5 Herodotus, 107–108
    5 Thucydides, 579–581
    6 Plato, 405–408
    8 Aristotle, 461, 488–494, 502, 519, 524–526, 566
    21 Machiavelli, 14–15
    35 Montesquieu, 52
    36 Smith, 185–187
    40 Federalist, 176–179
    43 Hegel, 294

2. **The relation of oligarchy to monarchy, aristocracy, and democracy**

    5 Herodotus, 107–108
    5 Thucydides, 520, 575–576, 587
    6 Plato, 402, 598–604, 680
    8 Aristotle, 412, 413, 461, 469–470, 475, 476–483, 488–494, 498–502, 508, 524–526, 608
    18 Aquinas, 229–230
    21 Hobbes, 104–105, 273
    33 Locke, 55
    35 Rousseau, 419
    36 Smith, 347–349
    39 Kant, 450
    40 Federalist, 181, 228–229
    40 Mill, 363–364, 393–395

3. **The instability of oligarchic government**

3a. **The revolutionary changes to which oligarchy is subject: the change to despotism or democracy**

    5 Thucydides, 436–438, 569–585 esp 582, 587–590
    6 Plato, 408–409
    8 Aristotle, 470, 484–485, 492, 496, 507–508, 518–519, 568–572
    13 Plutarch, 68–71, 444–445, 521, 581–582, 657–663, 708
    14 Tacitus, 224–225
    21 Hobbes, 149–152
    35 Montesquieu, 51–52
    43 Hegel, 318–319
    50 Marx, 377–378
    50 Marx-Engels, 421–425, 429

3b. **The preservation of oligarchies against revolution**

    5 Thucydides, 463–465, 482–483, 580, 582–583, 587–589
    8 Aristotle, 470, 496–498, 509–512
    13 Plutarch, 35, 117–121, 176–184, 674–681
    36 Smith, 268–269
    50 Marx, 305
    50 Marx-Engels, 432

4. **The defense of oligarchy: the political rights and privileges of property**

    5 Thucydides, 590
    6 Plato, 695, 699–700
    8 Aristotle, 475, 478–479, 480–483, 493–494, 495–497, 502–503
    13 Plutarch, 34–35, 70–71, 176–184
    14 Tacitus, 32, 35
    21 Machiavelli, 8
    33 Locke, 44, 46, 53–54, 56–58
    35 Montesquieu, 25, 45–46, 71–72
    35 Rousseau, 377, 412
    36 Smith, 347–349
    38 Gibbon, 81–82, 94
    39 Kant, 436–437
    40 Federalist, 50, 113–114, 186, 194–195
    40 Mill, 366, 383–387
    43 Hegel, 106, 152
    58 Weber, 84, 141–142
    60 Orwell, 488

5. **The attack on oligarchy and on the political power of wealth**

    5 Thucydides, 519–520, 575–576
    6 Plato, 342–344, 733–734
    8 Aristotle, 495–496, 497, 502, 503, 511–512
    13 Plutarch, 34–37, 180
    20 Calvin, 370–392
    21 Hobbes, 140
    35 Montesquieu, 23–25
    35 Rousseau, 353–358 passim
    37 Gibbon, 501
    39 Kant, 441–443
    40 Federalist, 176–179
    50 Marx-Engels, 415–434
    58 Weber, 97

5a. **The objection to property as a basis for**

privilege with regard to citizenship or public office

 5 Thucydides, 520
 6 Plato, 405–407
 8 Aristotle, 477–481 passim
13 Plutarch, 36
35 Rousseau, 421
39 Kant, 445
40 Federalist, 125–126, 165
40 Mill, 369–370, 398, 419
43 Hegel, 107, 379
50 Marx, 137–141, 364–368
50 Marx-Engels, 425, 428–429
57 Tawney, 191–216

5b. **The character of the oligarch: the man of property; the capitalist**

 4 Aristophanes, 732–733
 5 Herodotus, 221–222
 5 Thucydides, 587
 6 Plato, 407–408, 751
 8 Aristotle, 463, 638
13 Plutarch, 218, 223–224, 287, 292, 361, 419–420, 439
14 Tacitus, 57–58
31 Molière, 197–200, 206–208
34 Swift, 158
35 Montesquieu, 146
36 Smith, 124–125, 199
37 Gibbon, 497–501 passim
40 Mill, 345–346
41 Boswell, 194–195
43 Hegel, 310
44 Tocqueville, 91, 299–300, 341
46 Eliot, George, 276
47 Dickens, 125–129, 200–203, 282, 352
48 Twain, 314
50 Marx, 72, 112, 292–295
50 Marx-Engels, 420
57 Veblen, 22–23, 97–103
58 Weber, 95–98, 204
60 Orwell, 499

5c. **Economic status and power as a political instrument: oligarchy in relation to the class war**

Apocrypha: *Ecclesiasticus,* 13:18–24
 4 Aristophanes, 889–890
 5 Herodotus, 202–203
 5 Thucydides, 428, 434–438, 502–504, 575–576, 577, 579–583, 587–590
 6 Plato, 682, 733–734
 8 Aristotle, 462, 489, 490, 492–493, 509, 521–522, 568–572
13 Plutarch, 68–71, 87
24 Shakespeare, 56–64
25 Shakespeare, 351–353
36 Smith, 32–33, 61–64, 70, 322–323, 388–390
37 Gibbon, 144
40 Federalist, 49–51, 171–172
40 Mill, 393–395, 398
41 Boswell, 251, 255
43 Hegel, 278, 304–305, 312–314, 387–388
44 Tocqueville, 91
50 Marx, 137–143, 241–244, 283–285, 364–368, 372–383
50 Marx-Engels, 415–434
57 Tawney, 186–255 passim esp 219, 237–239
58 Weber, 135–136, 138–142

6. **Historical observations of oligarchy: the rise and fall of oligarchies**

 5 Herodotus, 243
 5 Thucydides, 458–459, 463–465, 564–593
 6 Plato, 800
 8 Aristotle, 468–469, 470, 505–506, 553–555
13 Plutarch, 34–37, 75–76, 102–121, 166–174, 176–184, 354–368, 604–619, 648–656, 657–663, 674–689
14 Tacitus, 97
35 Montesquieu, 77–83
35 Rousseau, 429–431
36 Smith, 185–203
38 Gibbon, 73, 570–572, 574–582
40 Mill, 346, 353, 367
43 Hegel, 291–292, 295–296, 311
44 Tocqueville, 1–2
50 Marx, 354–377
50 Marx-Engels, 415–416, 419–422, 429–433 passim
57 Veblen, 32–33
58 Weber, 160–161

交叉索引

以下是与其他章的交叉索引：

Constitutional government, *see* CONSTITUTION 1–3b; LAW 7a; MONARCHY 1a–1a(1).

The relation of oligarchy to aristocracy and democracy, *see* ARISTOCRACY 2d; DEMOCRACY 2b, 3a–3b; GOVERNMENT 2a, 2c.

The mixed constitution as a compromise between democracy and oligarchy, *see* ARISTOCRACY 2b; CONSTITUTION 5b; DEMOCRACY 3a; GOVERNMENT 2b.

The tyrannical and despotic extremes of oligarchy, *see* TYRANNY AND DESPOTISM 2b.

The revolutions generated by oligarchy, *see* ARISTOCRACY 3; REVOLUTION 3c(2).

Property rights, *see* DEMOCRACY 4a(2); JUSTICE 8a; LABOR 7b; WEALTH 7a.

Economic and political justice in the conflict between democracy and oligarchy concerning the qualifications for citizenship and the extension of suffrage, *see* CITIZEN 2c–3;

CONSTITUTION 5a; DEMOCRACY 4a(2); JUSTICE 9e; LABOR 7d, 7f; LIBERTY 2d; SLAVERY 5a–5b; WEALTH 9h, 12.

Capitalism and class war, see DEMOCRACY 4a(1)–4a(2); LABOR 7c–7c(3); OPPOSITION 5b; REVOLUTION 4a, 5a–5c; WAR AND PEACE 2c; WEALTH 6a, 9h.

扩展书目

下面列出的文著没有包括在本套伟大著作丛书中,但它们与本章的大观念及主题相关。

书目分成两组:

Ⅰ. 伟大著作丛书中收入了其部分著作的作者。作者大致按年代顺序排列。

Ⅱ. 未收入伟大著作丛书的作者。我们先把作者划归为古代、近代等,在一个时代范围内再按西文字母顺序排序。

在《论题集》第二卷后面,附有扩展阅读总目,在那里可以查到这里所列著作的作者全名、完整书名、出版日期等全部信息。

I.

Plutarch. "On Monarchy, Democracy, and Oligarchy," in *Moralia*
Dante. *The Convivio (The Banquet)*, FOURTH TREATISE, CH 10–14
Veblen, T. *The Theory of Business Enterprise*
——. *The Vested Interests and the Common Man*
Tawney. *Equality*
Orwell. *1984*

II.

THE MODERN WORLD (1500 AND LATER)

Adams, B. *The Theory of Social Revolutions*
Adams, J. *A Defense of the Constitutions of Government of the United States of America*
Beard, C. A. *An Economic Interpretation of the Constitution of the United States*
——. *Economic Origins of Jeffersonian Democracy*
Brinton. *The Anatomy of Revolution*, CH II, VII
Bryce. *Modern Democracies*, PART III, CH 74–75
Burke. *An Appeal from the New to the Old Whigs*
——. *Letter to Sir Hercules Langrishe*
——. *On the Reform of the Representation in the House of Commons*
——. *Thoughts on the Cause of the Present Discontents*
Burnham. *The Machiavellians*
Hammer. *The USSR: The Politics of Oligarchy*
Hillyard and Percy-Smith. *The Coercive State*
Michels. *Political Parties*
Mosca. *The Ruling Class*
Pareto. *The Mind and Society*, VOL III, CH II

63

一与多　One and Many

总　论

在《实用主义》和其未写完的遗著《哲学的某些问题》中,威廉·詹姆士把一与多这个问题用作对哲学头脑进行的关键性检验之一。在那份著名的学说或"主义"对照表中,他将一元主义同理性主义和唯心主义一起归在"柔性的"一栏内,而在"刚性的"一栏内他放进了这些"主义"的对立面——多元主义、经验主义和唯物主义。可是,正如他本人所持的一些理论所表明的,像一元主义和多元主义这样一些"主义"往往会把问题弄得过于简单。

例如,强调世界的一性(oneness)的人可能也承认其多性(manyness),并认识到,它既是一个一元宇宙(a universe)又在某种意义上是一个多元宇宙(a pluriverse)。有些像布拉德雷这样的哲学家会对上述观点做些限定,将统一体视作终极实在,而把多元体看成现象或幻象。把事物的多样性当作基本事实的人也会在事物的秩序和关联中找到某种统一性。像詹姆士本人这样的哲学家会坚持认为,这种关联乃是实在的各个相对独立的部分之间的一种松散的联结,而不是在一个固定整体(詹姆士称之为"铁板一块的宇宙")中每一部分都对每一其他部分有所渗透。

在詹姆士关于一与多问题的考虑中,可能还有另一种过度的简单化。他所关注的似乎主要(如果不是仅仅)是将铁板一块的宇宙和经联结而成的宇宙这两者当作实在结构的观念。但是,正如古代的某些伟大著作所指明的,这只是关于一与多的诸多问题中的一个。或许应该这么说:并非存在着关于一与多的多个问题,而是存在着一个拥有多个方面或多种应用的问题,因为在每个关于这一问题的陈述中都至少存在着这种主题的单一性:一和多是对立的,一不是一个多,多不是一个一。然而,即便这种说法也不十分准确,因为,正如苏格拉底在《斐利布篇》告诉普洛塔库斯的,也可以说一是一个多,多是一个一。他说,这些都是"美妙的命题",妙就妙在"谁无论肯定了这一个或那一个,都很容易受到攻击"。

在西方思想传统的这一有记载的早期发展阶段,柏拉图的对话录尽管十分透彻地探讨了关于一与多的诸多问题,却并不声称这些问题是才被发现或发明出来的。即使在那个时候,它们已然很古老了。它们似乎就悬浮于思想的氛围之中,常常会让那些未先清除它们的模糊性就企图弄清任何事物真相的人大伤脑筋。

苏格拉底谈到"关于一与多的那些普通的、得到公认的悖论……每个人此时都同意将其作为幼稚的、浅显的并有害于思想真实进程的东西加以摈弃"。除去这些悖论,还有一些真正让人困惑的东西。普洛塔库斯恳求苏格拉底就"其他一些与这一主题相关的奇妙之事"给他提供指导,苏格拉底此前似乎暗示,这些奇妙之事"尚未为人所周知"。

苏格拉底一开始要他把注意力不要集中在这个人或这头牛的统一性,而是关注于 在其中称呼"人是一,或者牛是一,或者美的一,或者善的一"的那种感觉上。他说，必须首先问，这样一些统一体是否存在；接着再问，在假定这些实体总是同一的而且既不生成也不毁灭的情况下，它们中的每一个如何独自地为其所是，不是仅仅为一而是这个一；最后问，这样一些实体如何能被当作是在这个由生生灭灭的事物构成的世界中扩散和增生的。这最后一个问题似乎是最难回答的，因为它追问的是同一个东西在它于一和多中生成时的存在。

普洛塔库斯急于要理清这些问题。苏格拉底乐意接下这项任务，他称之为"一场伟大而混杂的战斗，各种论点在其中针锋相对"。他迫不及待地要让普洛塔库斯和在座的其他年轻人知道，对于刚进入这一探讨的新手来说，前方布满了理智的陷阱。他告诉他们："一经思想，一与多就变成同一的了……它们在所说到的每一个词中相偕而来……它们之间的这种统一永远不会停止，而且并不是此刻才开始的，而是……思想本身的一个一直保留着的性质，永远不会变老。"

他解释说，这就是为什么"一个年轻人在初涉这些奥妙时会欣喜异常，并以为他发现了一座智慧的宝藏；在这种最初的快乐热情的驱使下，他想尽一切办法企图弄个究竟，忽而把多拢成一，把它们捏在一起，忽而又将它们拆分开来；他一开始自个儿苦思冥想，到后来又去烦扰周围的人，不管他们是比他大，比他小，还是一样大——逮着谁是谁；亲爹亲娘也不放过；谁长着耳朵，谁就免不了听他的聒噪，就连他的小狗也不能幸免；要是能有个翻译的话，他甚至要拉上一个外邦人谈谈。"

无论关于一与多的讨论是充满着恼人的诡辩还是作为一座真正智慧的宝藏——就其本身而言以及就其与存在与生成、可理解者与可感知者、确定者与无限者、同一物与他者、共相与殊相、整体与部分、简单物与复合物、不可分者与连续者的关系而言——这种讨论对于古人而言都似乎是避不开的。在柏拉图的对话和亚里士多德的论著（尤其是他的《形而上学》）中，一与多是和哲学思想的基本术语联系在一起的。

在柏拉图看来，一与多的区分进入了对几乎每一对象的分析——比如，快乐或美德或知识。任何一种东西，无论就其存在或生成，还是就其确定的同一性或不确定的他性和变化而论，都必须既作为一个一又作为一个多加以讨论。柏拉图的辩证运动可以是从一到多或者从多到一；也可以处在这样的层次，在那里，多作为一个居间阶段，分析必须通过它从无限进到一。苏格拉底说，那些一下子从统一体进到无限的人并未认识到"论辩的起码技艺与真正的辩证法之间的区别"。

在亚里士多德看来，关注于"作为存在的存在以及属于作为存在的东西的属性"的第一哲学或形而上学，同样也探究统一。统一是存在的第一个性质。一或统一的意义就像"存在"的意义一样，是多种多样的。如果在本质的存在和偶然的存在之间有着区别，那么，在本质的统一和偶然的统一之间也有着相应的区别。如果自然物和人造物在实体或存在方面有差别，那么它们在统一方面也必定有差别。亚里士多德说："存在和统一是同一的，而且在下述意义上就是同一个东西：它们相互包含，就像原理和原因一样。"离开存在，统一就什么也不是了，而除非它在某种统一意义上是一，任何东西也都不可能存在，这种统一的意义是由事物存在的方式决定的。亚里士多德对任何论题所做的分析，都是参照某一组对立物进行的，因此总要诉诸于一和多。他说:"所有对立物都可还原为存在和非存在以及统一性和多样性,例如,静止属于统一性而运动属于多样性。……而且任何别的东西均可还原为统一性和多样性。……因为所有事物要么是对立物要么是对立物的复合体,而统一性和多样性是所有对立的原理。"

在西方思想发展的每一时期,涉及一与多的那些问题总是不断出现。例如,关于在知者和被知者的关系中是否存在不可还原的二元性的问题,或者关于在认知行为中知者和被知者是否相同一的问题,这些问题不仅普罗提诺和亚里士多德讨论过,霍布斯和詹姆士也同样讨论过。关于国家——作为以某种方式为一种共同生活统一起来的人群——是否具备或是否应当具备像家庭一样的统一程度的问题,不仅柏拉图和亚里士多德讨论过,洛克和黑格尔也同样讨论过。

早期关于君权的不可分割性的争论后来成为联邦政府的中心议题,联邦主义者提出的解决办法是合众为一。关于作为知识之对象的简单物与复合物,或者整体与部分的问题,或者,关于时间、空间或物质的统一性和可分性的问题,在近代也像在古代一样受到探究者和分析家的关注。

但是,也存在这样一些问题,只有古人以非同寻常的思辨热情加以探讨。和前面提到的那些处理统一性和多样性对立的具体应用的问题不同,这些问题是关于一本身的——它是什么,它是否存在,它是否与存在相同一,它本身就是一个实体还是作为所有事物的实体?

古代对于这些问题的持续探讨似乎表明了爱利亚学派的巴门尼德对古代思想产生的巨大影响。柏拉图对话《智者篇》和《政治家篇》中的"爱利亚客人"是他的理论代言人。苏格拉底在《斐利布篇》中当作不再值得认真探讨而加以抛弃的那些悖论和谜团或许就来自巴门尼德,或者他的学生芝诺。一部名为《巴门尼德篇》的对话,由于巴门尼德本人参与讨论,从而通篇展示了爱利亚学派的论证:"一切是一。"其间充斥着各种奇妙的论证,它们有的企图维护由多构成的实在,有的企图将这一立场引向荒谬。

当苏格拉底就芝诺悖论责问芝诺时,后者回答说他的著述"是想保护巴门尼德的论证免受那些嘲弄他的人的攻击,这些人试图指出他们认为会由肯定一导致许多可笑而矛盾的结论"。在论及主多派时,芝诺说他"满怀兴趣地回击他们的攻击,指责他们说,他们关于多的存在的假设,如果贯彻下去,要比关于一的存在的假设更为可笑"。

亚里士多德也谈到爱利亚学派的论证。在《物理学》中,他先说关于存在是否为一的探究不能对关于自然的研究有什么贡献。随后他又加上这样的断言:这种探究无论如何都"像是在驳斥别的出于论证的目的而被坚持的立场……或者像是在反驳纯粹找茬儿的论证"。他说,这种描述"既适用于墨利索斯也适用于巴门尼德:他们的前提是错的,他们的结论并不能由之推出……一旦接受一个荒谬的命题,其余的就跟着来了——这是再简单不过的过程"。亚里士多德在《形而上学》中关于巴门尼德和芝诺的论述看来不再存有同情,尽管这种论述默认爱利亚学派的沉思可能同变化及自然原理的研究无关,却与关于存在的研究有关联。不管怎么说,柏拉图和亚里士多德均认为值得探讨的许多涉及一与多的问题似乎都和由巴门尼德及其学派提出的这些难题有某种联系。

那些不否认存在的统一性或多样性

的人倾向于把实在的一性或多性当成关于实在的首要事实。乍看来，这似乎并不重要，但是，如果考察一下由这种差异导致的两种不同的世界观，便可发现，就这一点发生的分歧改变了对所有别的东西的看法。夸大一或夸大多的哲学家们所看到的是极为不同的宇宙，这种不同远远大于从一架望远镜的两端观测同一对象时所看到的景观的不同。这还不是全部。几乎所有别的基本构想——关于上帝和人的、关于心灵和知识的、关于物质和运动的、关于原因和必然性的——也都要发生改变。

例如，斯宾诺莎批评这样一些人，他们将属于无限存在（只可能有唯一一个这样的存在）的性质归之于有限事物（必然有许多这样的事物）。这个人、这块石头或者任何类似的单个事物不是实体，不具有自在自为的能力；它只是由"神的属性的某种变体构成的"，而神是唯一的无限实体，任何别的事物都是"既存在于其中又在其中被设想的"。在斯宾诺莎看来，假定有限的多是实体的人"未能遵循哲学研究的正当次序"。

他们从最少实在性的感性对象开始，最后才进到神性的自然，即无限的一，而这个无限的一"应当首先加以研究，因为它在知识的次序和事物的次序中是第一位的"。斯宾诺莎接着说："于是便发生了这样的事儿：当人们在研究自然对象时，他们考虑最多的就是神性的自然，而当他们随后开始思考神时，他们最少能够想及的就是那些他们先前将关于自然事物的知识建立于其上的幻象，因为这些幻象丝毫无助于关于神性自然的知识。"

斯宾诺莎首先将实体定义为存在于自身中并通过自身被设想的东西，将神定义为绝对无限的存在，"亦即，实体由无限多属性构成"，基于此，斯宾诺莎证明，不可能有两个或更多的实体具备相同的本质或属性，实体必然是无限的，因此不可能有多于一个的实体存在。由于将"每一事物要么在其自身之内，要么在另一事物之内"视为公理，所以，斯宾诺莎由此推论说，如果有什么东西存在的话，那么神（实体）一定必然存在——作为只存在于自身中的存在，并且作为任何别的事物以神的属性的一种方式或状态融于其中的有限存在。

由此似乎还可以引出一些别的结论。那个唯一的无限实体是不可分的：它不是一个由可以独立存在的部分构成的整体，如同一个量的整体的组成部分在这个量被分割之后似乎能够继续存在。此外，在斯宾诺莎看来，神"乃是所有事物的内在的而非外在施加的原因"。神并不是像一样东西作用于另一样东西那样（当两者都是独立存在时）对它们起作用，而是作为所有事物都存在于其中的那个存在。并不像别的神学家似乎认为的那样，神是以一个原因存在于一个依赖于它的结果中的方式呈现于世界之中的。宁可说，整个世界是作为一个结果存在于神之中的，这个结果绝不可能同原因的存在分割开来，像一个复合体的某个方面可从中分割出来的那样。

在斯宾诺莎看来，存在的统一体和总体既可称之为"无限的实体"或"神"，也可称之为"自然"。他在**自然**一章中做出的能动的自然和被动的自然的区分，似乎容许他区别开无限或永恒的东西与有限或暂时的东西——亦即一与多——而不意味着神和世界之间的真正分离。由于神内在于世界，又由于神不仅必然存在而且出于自身本性的必然而行为，所以可以推知（正像**必然性与偶然性**章所表明的），自然的每一有限而短暂的方面都必然是被决定的。没有什么是偶然的。任何事物都只能是其所是。

对一吸收并从属于多居于首位的原则的这一检验,被用来说明这样一种观点,也就是说,以一为首远不止于一种强调,它也显示出几乎每一个根本性的问题都受此影响。它展现出詹姆士在谈到铁板一块的宇宙时所意指的一幅画面,尽管他本人通常看来更多地将黑格尔的绝对而不是斯宾诺莎的神置于心中。

亚里士多德提出了相反的学说。像斯宾诺莎一样,他也用"实体"这个术语。也像斯宾诺莎一样,他把实体定义为在自身内存在的东西,而不是在另一事物内存在的偶性(例如,一种性质),如,玫瑰花中的红。但是,在他看来,实体并不必然是无限的,也不是不可分的。一朵玫瑰或一个人就是一个实体。每一具有某种自然统一性的物理事物都是一个实体。

每一样东西都是一个有限的整体,抑或说,每一样东西都在不同的意义上是一个整体。就其具有本质的统一而言,它是一个由质料和形式构成的整体。按亚里士多德的观点,形式和质料在定义的表述中分别由种和属差来代表。就其由质料构成而言,它也具备一个量的整体的统一性,依靠这种统一性,它作为一个事物移动或者占据一个独特的地点。由于量的统一体包含连续性,而连续性意味着可分性,所以,惟当一个实体不被分解为其量上的各部分,它才是一,正如惟当其质料和形式没有被分离开,它在本质上才是一。

一个实体是单个的,并不是因为它绝对不可分——不像卢克莱修的原子,它们是绝对不可分的,因为它是简单的而非复合的。毋宁说,一个实体的个体性首先在于它被以如下方式同其他实体分离开来:它可以毁灭而不必然摧毁其他实体,或者它们可以毁灭而它不被摧毁;其次在于这样的事实:尽管它可分成部分,但在这些部分没有分离时,它是一个整体。不过,作为实体的一要比事物的单纯集合更多统一性。

按照亚里士多德在自然实体的统一性和人工事物的统一性之间所做的区别,一个人和一台机器的区别在于,一个人不是由实体构成的(尽管一个生命体的各部分在这个生命体被肢解或者同它分离时会作为实体存在),而一台由金属零件组成的机器只不过是以某种方式组合在一起的许多单个实体。因此,所谓人的统一性看来也不是一回事儿,笛卡尔把灵魂和身体设想为两个实体,而亚里士多德并不将它们视作判然分明的实体,却是合在一起构成单个实体的形式和质料。

总之,统一性本质上属于单个的自然实体。由于每一单个实体必然是一个多中的一个一,所以,亚里士多德不像斯宾诺莎那样,在不肯定实体的多样性的情况下就不能肯定实体的统一性。由于世界自身不是一个实体,而只是实体的聚合,所以,世界主要地是一个多,而不是一个一。它所拥有的统一性得自作为其组成部分的实体的次序和相互关联,而这种次序和相互关联又主要得自判然有别的实体之间因果地相互作用的方式。

在亚里士多德看来,由于因果性包括偶然和机会,所以,就实体的生成和运动而言,它们相互间的因果依存并不将它们联系成一个坚固的整体。再借用詹姆士的说法:既因果地又偶然地相互关联的大量单个实体构成了一个松散关联的世界、一个经联结而成的宇宙。

如果仍假定由单个有限实体构成的多样性乃是神所创造的世界的基本特征,那么作为一个整体的世界与神的关系就会赋予世界以更大的统一性。基督教创世学说赋予世界的统一性可以说比任何人工艺术作品都多，这取决于神的计划的无限高超的智慧以一种无限大的完满性来安排分离的自然事物，而这种完满性是人在将事物联结起来或让它们服从自己的目的时所能实现的完满性无法比拟的。可是，如果按神学家的说法，上帝在创世时并非创造一个实体，而是创造了许多实体，通过它们相互联系的模式而组成一个单个的整体。那么，在某种意义上，这个世界就比作为它的组成部分的每个实体拥有较少的统一性。

对阿奎那来说，某一类实体会比另一类实体拥有更大的统一性。非物质实体比物质实体拥有更大的统一性；神比任何有限实体拥有更大的统一性，因为每一有限实体都是由质料和形式、或者本质和偶性、或者至少是由本质和存在构成的，而神的无限存在是绝对简单的。神性没有质料，没有偶性；其属性就是其本质，而其本质就是其存在。

这种关于神性的基本观点对于有关神及世界与神的关系的构想是关键性的。在基督教神学的构成中，神的绝对简单性似乎把所有一切均排除在外，只有涉及三位一体问题的一种解答是个例外。根据奥古斯丁在批判阿里乌教派时所持的立场（这一立场表达于尼西亚信经中，后又被加尔文重申），神不是三种实体的三位一体，而是三个位格的三位一体——位格是一种实体之内的几个方面或关系。构成世界的事物的多样性让世界完全处在神性实体之外。神的简单存在仅作为因而内在，它超越于被创世界的复杂整体。

此外，在像奥古斯丁和阿奎那这样的神学家看来，这种超越性似乎进一步暗示着存在领域内的一种基本的二元性。神和世界是二，而不是一。无限存在绝对先于并独立于有限存在。一可以没有多而存在。尽管当多确实存在时被说成是参与存在，但它们并未进入一的存在或者以任何方式分享它。不仅它们所拥有的存在是与神的存在相分离的，就连它们存在的样式也只是比照着神性存在的。

主张每一事物都有自身的存在，而且如阿奎那所言，"存在只在类比的意义上才是所有事物共有的"，这样就仿佛在现实的结构中将多样性摆在了统一性之上，而且使世界最终的多样性既不会受到它是作为一被创造的这一事实的影响，也不会受到它与一个超验的一相关联这一事实的影响。

在伟大著作的传统中，一与多的问题常常是在不以实体为中枢概念的情况下表达出来的。

这一问题出现在柏拉图关于存在与生成的考察中。它有时出现在他对可理解的相与可感的事物之间——亦即普遍的理念与通过模仿或分有的方式而同它们相类似的殊相之间——的关系的探讨中。它甚至贯穿于关于理念领域本身的探讨，因为一的理念乃是许多理念中的一个，而这许多理念中的每一个仍在某种意义上是一。

一与多的问题出现在休谟关于每一经验单元与每一别的单元之间的绝对区分的探讨中，与之伴随的是他的怀疑主义，即我们是否有能力找到任何可将这些单元连成一个真实统一体的关联性。它出现在康德关于统觉的先验统一的理论中，这种理论将感觉杂多划归为一种次序的统一；也出现在黑格尔关于绝对理念的理论中，这一理念在其自身中包含着所有多样性，这些多样性随着绝对理念在自然或历史过程中的呈现而展露无遗。

63. 一与多

用一套术语取代另一套术语似乎并不会改变根本的问题。这种代换也并不能让才智之士免于在主一派与主多派之间做出选择,除非折中地认为一与多是相互依存的。不过,在伟大著作的传统中,普罗提诺的《九章集》却发展出了一种关于太一的理论,这种理论将太一置于存在之上,并视之为不可知的事物,这似乎一下子改变了所有传统用于分析这一问题的术语。

巴门尼德所说的一毕竟就是存在,而将存在与一相等同就提出了关于多的实在性的问题。但是,普罗提诺却认为:"存在着一个超越存在的原理,这便是太一。我们一直寻求在万事俱备的情况下确立其本质。紧随太一而来的是这种原理,它既是存在也是理智一原理。第三个原理是灵魂。"这便是普罗提诺所称的三个实体。他在他归之于柏拉图的《巴门尼德篇》的一种学说中找到了类似于他的三位一体的东西。在那篇对话中,他发现了如下的三元区分:"首要的一,一个绝对纯粹的统一体;次等的一,一个一一多;三等的一,一个一和多。"

普罗提诺认为,太一不只是超越存在,它还超越理智。认知或思考活动要求有个对象。知者和被知者之间的关系包含着一种二元性,这种二元性破坏了太一的绝对简单性。就连太一的那种只认知自身的彻底自省性也被排除了。在普罗提诺看来,超本质的东西也是超认知的。他说:"处在存在之上的东西也处在理智活动之上,它不知道自身,这在它并不是一种缺陷,因为它作为纯粹的统一体,并不包含任何需要它去探究的东西。"复杂性始于理智一原理去认知超越者的努力。"它按其本质认知超越者,但是,尽管它竭力将这一在先者作为纯粹统一体来把握,可它只是在不断积聚印象,如此一来,这一对象对它就变成复杂的了。……理智一原理是在复多性中确立下来的。"

既然理智一原理和灵魂也属于全体,那么太一不是其全部的这个全体是什么呢?普罗提诺的回答是,"太一是所有事物,而不是其中之一。所有事物的源泉并不是所有事物。……这恰恰是因为在太一中不存在一个所有事物都由之而出的东西"。超越者作为其源泉的那一总体中的任何别的东西均源自它。

普罗提诺宣称:"太一不寻求任何东西,不拥有任何东西,不缺少任何东西,它是完满的,而且,按我们的比喻说法,它已开始流溢,它的充溢产生了新的东西。这种产物又反过来求助于它的产生者并充满起来,变成了它的沉思者,因而是一个理智一原理。……它同时既是理智一原理又是存在,而且,在依靠这种凝视获得同太一的相似性之后,它又重复太一的动作倾泻出巨大的力量。这第二种溢流物就是相或理念,它再现着神圣的理智,正如神圣的理智再现其本身的在先者,太一。由本质(作为存在的理智一原理)流溢出的这种积极的力量就是灵魂。灵魂是作为不动的理智一原理的理念和动作而产生的。……它通过凝视其源泉而充实起来,但是它通过采取另一种向下的运动而产生其影像。灵魂的这种影像就是感性和自然,亦即无理性的原理。"

普罗提诺这样写道:"没有什么东西是和它的在先者完全割裂开来的。因此,人类灵魂似乎会降达无理性的次序。"在这种连续不断的流溢中,"所有不是太一的东西都依靠太一得以保存,并从太一那里得到其特有本性"。除了太一之外,每一样东西都是一个一一多。"假如它没有获得这种与由复多性组成相一致的统一性,我们就不能肯定其存在。"只有超越者才是"真实存在的一,完完全全、真真正正的一，而由太一流溢而出的东西是这样一个总体，它分有统一体，它的每一个成员都同样地既是所有又是一。"

如果说理性无法完全把握超越的太一的话，那或许是因为推理理性本身乃是一个复多的事物。要把握超越者的难以言表的统一性，需要一个总括万象的眼界。但是，这种统一体的神秘性并不限于超越的太一。数学家也和哲学家一样，会面对这种神秘性。它不仅向普罗提诺发起了挑战，也向尼柯马库斯和欧几里得发起挑战。

尼柯马库斯写道："占有一个点的位置并拥有一个点的特征的统一体将是区间和数目的起始，但它本身不是一个区间或一个数目。"那么，何为统一体或单元呢？欧几里得以如下定义做出了回答："一个单元就是每一存在着的事物据以被称为一的东西。"统一体不仅是存在的尺度，也是数的尺度；因为，依欧几里得之见，"一个数乃是由单元构成的复合体"。在数学中，也像在形而上学或神学中一样，统一体与数的关系乃是一与多问题的核心。

洛克认为："数适用于人、天使、行为和思想，适用于每一个实际存在的或可以设想的事物。"在他看来，统一体或一，不仅是所有观念中最简单的，而且也是最普遍存在的。"我们的感官所作用于的每一对象，我们的理解中的每一观念，我们心灵的每一次思想，均载带着这一观念。因此，就其与所有其他事物符合一致而言，它乃是我们所拥有的最普遍的观念。"

分 类 主 题

1. 先验的一：绝对者；存在、自然、宇宙的统一
   1a. 一与多的关系：多由一流溢而出
   1b. 神与世界的统一或二元区分：神的内在性与超越性
   1c. 联系共相与殊相看一与多：抽象的共相与具体的共相
2. 统一的诸模式：对比数字的统一，本质的统一和神性的统一
   2a. 数字的统一或同一性：一这个数
   2b. 不可分者或简单物的统一：个体事物、点、原子、质
   2c. 由部分构成的整体的复杂统一性：不可分者与未分者的区别
3. 整体或复杂统一体的种类
   3a. 量的整体：物质或运动中的一性
      （1）一个量的整体的连续性
      （2）一个运动的统一性与可分性
      （3）物质的统一性与可分性
      （4）时空的统一性与可分性
   3b. 自然的或本质的整体：一种存在或一种自然的一性
      （1）本质的统一与偶然的统一之间的区分
      （2）自然物的统一与人造物的一之比较
      （3）一个实体的统一性与一种实质的形式的统一性
      （4）人作为由身体和灵魂、物质和精神、广延和思想构成的复合体的统一性
      （5）个人或自我的统一性：人的各种力量的次序；分裂的人格

4. 心灵领域的统一性：思想或知识中的统一性

   4a. 心灵或理智、认知能力或意识的统一性

   4b. 感觉经验的统一性：注意的统一；统觉的先验统一

   4c. 思考或理解中的统一：复杂观念与定义的统一；词项、判断与三段论的统一

   4d. 科学的统一：特殊科学的统一

   4e. 作为知识之对象的一与多或简单与复杂：整体与部分的习得次序

   4f. 知者与被知者、主体与客体的统一

5. 道德和政治事务的统一

   5a. 美德的统一和多项美德

   5b. 终极目的的统一：中介目的或手段的多样性

   5c. 伦理领域中主观愿望与客观道德的统一

   5d. 家的统一和国的统一：政治或社会联合的限度

   5e. 主权国家的统一：它的可分性或不可分性；联邦的问题

6. 超自然的次序的统一

   6a. 神的统一性和简单性

   6b. 三位一体的统一性

   6c. 道成肉身的统一性

[李国山 译]

索引

本索引相继列出本系列的卷号〔黑体〕、作者、该卷的页码。所引圣经依据詹姆士御制版，先后列出卷、章、行。缩略语 esp 提醒读者所涉参考材料中有一处或多处与本论题关系特别紧密；passim 表示所涉文著与本论题是断续而非全部相关。若所涉文著整体与本论题相关，页码就包括整体文著。关于如何使用《论题集》的一般指南请参见导论。

1. **The transcendental one: the Absolute; the unity of being, of nature, of the universe**

    6 Plato, 491–511
    7 Aristotle, 235, 259–262, 367–370, 409–410, 423–424, 501–502, 504–507, 517, 519–520, 522–524, 527, 559–560, 580, 588, 605–606, 620, 642
    11 Lucretius, 28–29
    11 Aurelius, 251, 252, 262–263, 276–277, 281, 293
    11 Plotinus, 349, 532–537, 541–549, 615–616, 620–626
    17 Aquinas, 258–259, 500–501, 530
    21 Hobbes, 172
    28 Spinoza, 589–606, 629
    33 Locke, 154, 165
    39 Kant, 44–45, 550–551, 564–565
    55 James, William, 27–34 passim esp 31–33, 50–51, 57–64 passim esp 61–64
    55 Whitehead, 179
    56 Poincaré, 42–43

1a. **The relation of the one and the many: emanation of the many from the one**

    6 Plato, 486–511, 561–574
    7 Aristotle, 505–506, 583–584, 619, 622
    11 Plotinus, 349, 373–374, 425–426, 444–445, 449–451, 471–473, 512–517, 519–525, 537–539, 549–550, 554–555, 581–586, 613–614
    17 Aquinas, 98, 167–175, 238–250, 256–259, 404–405, 460–461, 688–689
    20 Calvin, 377
    28 Spinoza, 589–596, 598–600
    39 Kant, 43–44, 74–76, 173–177
    55 James, William, 27–34, 57–64
    55 Barth, 516–517
    56 Heisenberg, 403–404
    56 Schrödinger, 503–504

1b. **The unity or duality of God and the world: the immanence and transcendence of God**

    8 Aristotle, 234–235
    11 Epictetus, 114
    11 Aurelius, 265
    16 Augustine, 1–2, 92–93, 127–128, 237, 308, 413–414
    17 Aquinas, 30, 34–38, 107–108, 238–240, 277–278, 480–481, 528–545
    19 Dante, 90–91, 92, 114, 126–127
    20 Calvin, 1–18, 51–53
    28 Descartes, 278–280, 336–338, 384–385
    28 Spinoza, 589–606
    29 Milton, 185–186
    32 Newton, 370–371
    33 Locke, 271–272
    33 Berkeley, 442–443
    33 Hume, 475
    39 Kant, 342, 351–352, 566, 580, 592
    43 Hegel, 163, 231–232, 239–240, 250, 259–260
    44 Tocqueville, 240
    51 Tolstoy, 608, 631
    52 Dostoevsky, 160–161
    55 Barth, 471–472, 536–539, 546
    56 Schrödinger, 503

1c. **The one and the many in relation to the universal and the particular: the abstract and the concrete universal**

    6 Plato, 32–33, 174–175, 383–388, 486–489, 610–613
    7 Aristotle, 5, 105–106, 116, 117, 369, 505–506, 520, 534, 537, 558–559, 563–564, 578–580, 618–619
    17 Aquinas, 15–16, 49, 80–81, 170–171, 257–258, 399–401, 418–419, 500–501, 662–663, 688–689
    21 Hobbes, 55
    26 Harvey, 332–333
    28 Spinoza, 621–622
    33 Locke, 145, 251–252, 254–256 passim, 277–278
    33 Berkeley, 406–410
    33 Hume, 507
    39 Kant, 197–198, 211–213
    43 Hegel, 13–14, 18, 67–68, 116–118, 164–165, 184–185
    53 James, William, 308–311
    55 James, William, 35, 44–50, 50–57 passim
    55 Whitehead, 144–153 passim
    56 Schrödinger, 503–504

2. **The modes of unity: comparison of numerical, essential, and divine unity**

    7 Aristotle, 260, 504–505, 536–537
    11 Plotinus, 515–516

17 Aquinas, 492
18 Aquinas, 719–720, 806–809
28 Descartes, 450–451
53 James, William, 215–216
55 James, William, 28–33

2a. Numerical unity or identity: the number one

6 Plato, 392–394
7 Aristotle, 8–9, 303–304, 520, 537, 604, 611–618, 620
10 Nicomachus, 609
11 Plotinus, 541, 586–589, 626–637
17 Aquinas, 45–49, 167–170
26 Galileo, 146–147
33 Locke, 113, 218–228, 307
33 Berkeley, 415
39 Kant, 99–101

2b. The unity of the indivisible or the simple: the individual thing, the point, the atom, the quality

6 Plato, 506–507
7 Aristotle, 285–286, 297–298, 411–413, 534
10 Nicomachus, 620
11 Lucretius, 7–8
17 Aquinas, 35–36, 40–41, 49–50, 270–272, 279–282, 460–461
18 Aquinas, 978–980
28 Descartes, 242–243
28 Spinoza, 593–595
32 Newton, 541
33 Locke, 127–128, 263
39 Kant, 120–133, 137–140, 158–159
55 Bergson, 80–82
55 Whitehead, 183–185

2c. The complex unity of a whole composed of parts: the distinction between the indivisible and the undivided

6 Plato, 495–497, 505–506, 566
7 Aristotle, 204–206, 285, 289, 536–537
11 Lucretius, 9
11 Plotinus, 517
17 Aquinas, 204–205, 455–457
18 Aquinas, 953–955
20 Calvin, 343–344
26 Galileo, 145–146, 150–151
32 Newton, 270–271
33 Locke, 201, 266
43 Hegel, 149
53 James, William, 104–106
55 James, William, 30–31
55 Bergson, 72–84
55 Whitehead, 179–180, 184–186, 192–193, 198–200

3. Kinds of wholes or complex unities

7 Aristotle, 545, 578–580
11 Plotinus, 449–450
17 Aquinas, 35–36, 397–399
18 Aquinas, 955–956
39 Kant, 161–163

3a. Quantitative wholes: oneness in matter or motion

7 Aristotle, 9, 420–421, 426–428, 541
17 Aquinas, 47–48, 604–607
28 Descartes, 340–341
28 Spinoza, 607, 613–614
39 Kant, 129–159

3a(1) The continuity of a quantitative whole

7 Aristotle, 260, 284–286, 307–308, 312, 315, 535, 598, 662–663
10 Archimedes, 527
17 Aquinas, 32–33, 350–351, 397–399
26 Galileo, 139–153 passim
39 Kant, 69–72
55 James, William, 28–29
58 Frazer, 25–30

3a(2) The unity and divisibility of a motion

7 Aristotle, 308–310, 312–325, 347–352, 536, 541, 578
8 Aristotle, 428–429
11 Plotinus, 429–432
17 Aquinas, 32–33
26 Galileo, 201–202
28 Bacon, 173–174
30 Pascal, 434–439 passim
32 Newton, 31
39 Kant, 26–27, 74–76
51 Tolstoy, 469
55 Bergson, 72–84

3a(3) The unity and divisibility of matter

6 Plato, 456–457
7 Aristotle, 284–286, 411–413, 423–428, 683–684
9 Galen, 358–360
11 Plotinus, 354–355
17 Aquinas, 99, 258–259, 270–272
18 Aquinas, 951–953
26 Galileo, 147–148
33 Locke, 170, 212, 237
33 Berkeley, 421–422
39 Kant, 137–140
40 Federalist, 103
42 Faraday, 758–763
55 Whitehead, 196–200, 207–209
56 Heisenberg, 436–440

3a(4) The unity and divisibility of time and space

6 Plato, 450–451
7 Aristotle, 312–325 passim, 439
11 Plotinus, 429–435
16 Augustine, 117–126
28 Descartes, 439
30 Pascal, 434–439 passim
33 Locke, 151, 164
33 Berkeley, 432
39 Kant, 24–26, 130–133, 160–163
53 James, William, 398–399, 420, 547–548, 631
55 Whitehead, 192–194

3b. Natural or essential wholes: the oneness of a being or a nature

7 Aristotle, 536-537
9 Galen, 393-396
17 Aquinas, 35-36, 71-72
28 Descartes, 450-451
33 Locke, 268-271, 334-335
55 Whitehead, 184-186
56 Waddington, 715-723 passim

3b(1) The distinction between essential and accidental unity

7 Aristotle, 536-537, 552-555, 561-562
17 Aquinas, 45-46, 603-604, 740-741
18 Aquinas, 710-711, 716-718
33 Locke, 268-271

3b(2) The comparison of the unity of natural things with man-made compositions or aggregations: artificial wholes

17 Aquinas, 688-689
18 Aquinas, 953-955
39 Kant, 557-558

3b(3) The unity of a substance and of substantial form

7 Aristotle, 288, 369, 565-566, 569-570, 641-644
17 Aquinas, 15-16, 163-164, 365-367
18 Aquinas, 728-729, 806-809
28 Descartes, 378-381
28 Spinoza, 590-595
33 Locke, 204-205, 213-214, 219-221, 273, 334-335
39 Kant, 15, 63-64, 74-76, 81-83, 91-93, 95, 131, 137-140, 162-163, 556-558, 559, 575-576
55 Whitehead, 160-161, 194

3b(4) The unity of man as composite of body and soul, matter and spirit, extension and thought

6 Plato, 231-234, 686-687
7 Aristotle, 559, 567, 569-570, 606, 632, 640, 641-644
11 Lucretius, 31-32, 34-35
11 Epictetus, 227-229
11 Aurelius, 276
11 Plotinus, 301-306, 459-462, 501, 507-508, 639-641
16 Augustine, 339-345 passim, 422-423, 425-426, 433-437
17 Aquinas, 379-382, 385-399, 600-607, 632-634
18 Aquinas, 715-716, 728-729, 951-955, 968-992
20 Calvin, 73-78
23 Montaigne, 351, 473-474, 583-587
28 Descartes, 275-276, 303-307, 324-325, 345-346, 359, 361-362, 396, 450-451, 457-458
28 Spinoza, 611-612, 630-632, 685-686
30 Pascal, 262
33 Locke, 220-222, 224
33 Hume, 472-473
43 Hegel, 25, 119
53 James, William, 1-4, 84-93, 116-119, 139-140, 222-223
55 Whitehead, 205-207
58 Frazer, 40-62

3b(5) The unity of the human person or the self: the order of man's powers; the split personality

New Testament: *Romans*, 6:12-14; 7-8; 13:13-14
6 Plato, 165-166, 346-355
7 Aristotle, 662-667
11 Epictetus, 112-113, 192-198
11 Aurelius, 265, 268, 270
11 Plotinus, 475
16 Augustine, 70-71, 73-75
17 Aquinas, 399-407, 492-523
18 Aquinas, 145-147, 162-174, 530-533, 816-818, 893-895
23 Montaigne, 157-158, 199-202, 313-316, 367-368, 429-430
28 Descartes, 315-319
33 Locke, 123-124, 126, 218-228
39 Kant, 120-129, 200-204, 584-585
45 Goethe, 9-10
51 Tolstoy, 554-555
53 James, William, 130-139 passim, 147-149, 154-155, 188-259
54 Freud, 6-9, 81-83, 430, 589-593, 615-616, 633-635, 640, 689-690, 701-707, 712-716, 721-722, 767-768, 830-840, 843-845
56 Schrödinger, 503-504

4. Unity in the realm of mind: unity in thought or knowledge

4a. The unity of mind or intellect, the cognitive faculties, or consciousness

7 Aristotle, 636, 656-662
11 Plotinus, 398-399
17 Aquinas, 388-391, 417-419, 469-471
18 Aquinas, 9-10
39 Kant, 55-56, 99-101, 110-112, 121-124, 126-128, 185, 193-200, 329, 463-475, 570-572
43 Hegel, 115
53 James, William, 154-157, 159-161
55 Whitehead, 205-207

4b. The unity of sense-experience: the unity of attention; the transcendental unity of apperception

6 Plato, 534-535
7 Aristotle, 654-659, 685-689
17 Aquinas, 410-413
19 Dante, 48-49
33 Berkeley, 432
39 Kant, 48-59

48 Melville, 151
53 James, William, 232–238, 261–269, 315–318, 469–471, 502–503, 570–572
55 Bergson, 72–80
55 Whitehead, 178–179
55 Heidegger, 301–302

4c. **Unity in thinking or understanding: the unity of complex ideas and definitions; the unity of the term, the judgment, and the syllogism**

6 Plato, 32–33, 174–179, 514–515, 534–536, 545–547
7 Aristotle, 6, 7, 26, 27–28, 31–32, 115–116, 126, 128, 133, 152, 171, 177, 194, 196, 202–206, 208, 552–555, 558–562, 565–566, 569–570, 644–645, 662–663
8 Aristotle, 166–167
17 Aquinas, 301, 457, 460–461
28 Bacon, 59
33 Locke, 147, 148, 201, 214, 263–268, 276–278 passim
33 Berkeley, 413
39 Kant, 44–45, 107, 193–200, 550–551
43 Hegel, 231
53 James, William, 178–184, 213–214
55 James, William, 28

4d. **The unity of science: the unity of particular sciences**

6 Plato, 10–11, 397–398
7 Aristotle, 103, 104, 119, 121, 155, 234, 513–516, 522–525, 547–548, 587–590, 592–593
11 Plotinus, 444
17 Aquinas, 4–5
18 Aquinas, 40–41
21 Hobbes, 71, 72
28 Bacon, 13, 15–16, 44–45
28 Descartes, 223–224
39 Kant, 193–200, 560–561
51 Tolstoy, 197
56 Poincaré, 49–52
56 Whitehead, 152–154, 158

4e. **The one and the many, or the simple and the complex, as objects of knowledge: the order of learning with respect to wholes and parts**

6 Plato, 231–232, 368–373, 486–511, 537, 594–595
7 Aristotle, 136–137, 186–187, 259, 565, 594–596, 657, 662–663
8 Aristotle, 161
11 Plotinus, 466–467
17 Aquinas, 57–59, 79–81, 210–213, 455–457
28 Bacon, 105–106, 108–109, 137–139, 157–158, 162–164
28 Descartes, 236–237, 240–247, 270–272
33 Locke, 277–278, 334–335
33 Hume, 454–455
39 Kant, 49–51, 110–111, 193–200, 294
53 James, William, 315–319, 327–331, 452–453, 547–548, 551–552

55 Wittgenstein, 328–329

4f. **The unity of knower and known, or of subject and object**

6 Plato, 809–810
7 Aristotle, 152, 605, 639–641, 657–658, 661–662, 664, 685, 691–692
11 Plotinus, 443–444, 532, 546–547
16 Augustine, 95–99
17 Aquinas, 76–77, 80–81, 153–154, 595–597
39 Kant, 23–24, 52–53, 88–91
43 Hegel, 19–20, 58–59
53 James, William, 142–143, 147, 176–178, 232–238, 309–311
55 James, William, 31–33
55 Bergson, 71–72
55 Whitehead, 206–207
56 Bohr, 327, 332–333, 347–348, 352–353
56 Heisenberg, 400–402, 420

5. **Unity in moral and political matters**

5a. **The unity of virtue and the many virtues**

6 Plato, 32–37, 48–50, 58–64, 174–190, 605–607, 795–797
8 Aristotle, 377–378, 394
11 Plotinus, 310
18 Aquinas, 49–50, 56–58, 70–75, 485–489
28 Bacon, 80–81
30 Pascal, 175
39 Kant, 377

5b. **The unity of the last end: the plurality of intermediate ends or means**

7 Aristotle, 666
8 Aristotle, 339–341
11 Aurelius, 257, 263
11 Plotinus, 315–320
16 Augustine, 317–318
17 Aquinas, 613–615
18 Aquinas, 390–409
39 Kant, 234–240, 266–267, 271–279, 286–287, 307, 317, 327–329, 337–355, 594–597
40 Mill, 448, 461–463
55 Barth, 495–497, 507–508

5c. **The unity of subjective will and objective morality in the ethical realm**

43 Hegel, 14, 20–21, 56–57, 60, 67–68, 84–86, 116–118, 137, 140
43 Nietzsche, 498–499
55 Barth, 497–499

5d. **The unity of the family and the unity of the state: the limits of political or social unification**

6 Plato, 356–365, 605–608
8 Aristotle, 420–421, 445–446, 455–461, 530, 532–533
16 Augustine, 412, 589–592
21 Hobbes, 99–101, 111, 121
33 Locke, 42–43

35 Montesquieu, 3, 64–65, 140
35 Rousseau, 367–369, 392–393, 425–427
40 Federalist, 30–32, 60–62
40 Mill, 352–353, 460–461
43 Hegel, 61, 64, 66–67, 88–93, 147, 177–186, 221–223, 233–234, 248–249
44 Tocqueville, 362–381
50 Marx-Engels, 421, 427–428
54 Freud, 785–788, 799–800
58 Weber, 130–135

18 Aquinas, 724
19 Dante, 128, 133
20 Calvin, 52–54
28 Descartes, 276, 307–315
28 Spinoza, 589–606
33 Locke, 116, 213, 271
37 Gibbon, 307
38 Gibbon, 229–230
39 Kant, 192, 205
43 Hegel, 341–342

5e. **The unity of sovereignty: its divisibility or indivisibility; the problem of federal union**

20 Calvin, 370–392
21 Hobbes, 97–98, 100–105, 151–152
35 Montesquieu, 58–60
35 Rousseau, 395–396, 406–410, 422
39 Kant, 437, 439–441, 455–456
40 Constitution of the U.S., 11–20
40 Federalist, 29–62 passim, 71–78 passim, 105–107, 126–128, 146–147, 242–244
40 Mill, 428–433
43 Hegel, 95–96, 98–99, 110–111, 363–364, 377–378
44 Tocqueville, 28–87, 70–72, 136, 191–211
57 Tawney, 197–199

6b. **The unity of the Trinity**

New Testament: *John*, 1:1–5
16 Augustine, 144, 363–364, 380–381, 388–392, 705–706
17 Aquinas, 153–175, 210–213, 224–230
18 Aquinas, 807–809
19 Dante, 121–122
19 Chaucer, 273, 452
20 Calvin, 42–61, 226–230
21 Hobbes, 207–208
28 Bacon, 100
29 Milton, 1, 329–331
37 Gibbon, 307–313
43 Hegel, 324–325

6. **Unity in the supernatural order**

6a. **The unity and simplicity of God**

Old Testament: *Deuteronomy*, 5:6–10; 6:4 / *Isaiah*, 45:5–6
Apocrypha: *II Maccabees*, 1:24–25
New Testament: *Mark*, 12:29–34 / *I Corinthians*, 8:1–6; 12:1–13
7 Aristotle, 353–355, 603
11 Plotinus, 671–678
16 Augustine, 3–4, 54–55, 61–63, 316–317
17 Aquinas, 14, 29–32, 46–50, 62–63, 73–76, 153–154, 213–214, 694

6c. **The unity of the Incarnation**

New Testament: *John*, 1:9–14; 14:10–11 / *Philippians*, 2:5–7 / *Colossians*, 2:9
16 Augustine, 342–345, 368–370
18 Aquinas, 701–846 esp 709–723, 1045–1046
19 Dante, 91
20 Calvin, 44–46, 215–220, 224–230
30 Pascal, 262
37 Gibbon, 308
38 Gibbon, 134–138 esp 136, 140, 145, 150–151
43 Hegel, 324–325
55 Barth, 528

交叉索引

以下是与其他章的交叉索引：
One and many in relation to the order of being, nature, or reality, see BEING 2–2b; GOD 5d–5e; NATURE 1b; OPPOSITION 2b, 2e; RELATION 3; WORLD 3a–3b.
Problems closely related to that of the one and the many, see RELATION 1d; SAME AND OTHER 2b, 2e; UNIVERSAL AND PARTICULAR 1.
The dialectical significance of the one and the many, see DIALECTIC 3a, 3d; OPPOSITION 2b.
Numerical unity or identity, or the unity of the individual or the indivisible, see ELEMENT 5–5a; INFINITY 4b; MATHEMATICS 2c; QUANTITY 2, 6a; SAME AND OTHER 1a–1b.
The unity and divisibility of matter, motion, time, and space, see CHANGE 5b; ELEMENT 5a, 6; INFINITY 4b; MECHANICS 8a; QUANTITY 2; SPACE 3a; TIME 1.
Essential and accidental unity, see SAME AND OTHER 3a.
The unity of substantial form, see FORM 2c(3).
The unity of man, or unity in the human personality, see EVOLUTION 3a; MAN 3a, 5–5a; OPPOSITION 4–4b, 4d; SOUL 4a.
Unity in the faculties or operations of thought or knowledge, see DEFINITION 1d; MEMORY AND IMAGINATION 6c(2); MIND 1g(3); SAME AND OTHER 4c; SENSE 3c(5).
The one and the many, or the simple and the complex, as objects of knowledge and in relation to the order of learning, see IDEA 5d; KNOWLEDGE 5b.

The unity and diversity of knower and known, see KNOWLEDGE 1; SAME AND OTHER 4a.
The unity of virtue and the plurality of virtues, see COURAGE 4; PRUDENCE 3b; TEMPERANCE 1a; VIRTUE AND VICE 1b, 3b.
The order of means and ends, see GOOD AND EVIL 5c; PRINCIPLE 4a; RELATION 5a(2).
Unity as an aesthetic or an artistic principle, see ART 7b; BEAUTY 1c; POETRY 8a(1).
The unity of the family and the state, and the process and limits of social unification, see CITIZEN 8; FAMILY 2a; GOVERNMENT 1b; STATE 1b, 10a–10f; WAR AND PEACE 11a, 11d.
The divisibility or indivisibility of sovereignty, see GOVERNMENT 1g, 5d; STATE 9d.
The uniqueness and simplicity of God, and of the mysteries of the Trinity and the Incarnation, see GOD 4b, 9a–9b; MAN 11c; RELATION 2.

扩展书目

下面列出的文著没有包括在本套伟大著作丛书中,但它们与本章的大观念及主题相关。

书目分成两组:

Ⅰ.伟大著作丛书中收入了其部分著作的作者。作者大致按年代顺序排列。

Ⅱ.未收入伟大著作丛书的作者。我们先把作者划归为古代、近代等,在一个时代范围内再按西文字母顺序排序。

在《论题集》第二卷后面,附有扩展阅读总目,在那里可以查到这里所列著作的作者全名、完整书名、出版日期等全部信息。

I.

Thomas Aquinas. *On the Trinity of Boethius*, Q 4
Dante. *On World-Government (De Monarchia)*, BK I, CH 14–15
Descartes. *The Principles of Philosophy*, PART I
Hegel. *The Phenomenology of Spirit*
——. *Science of Logic*, VOL I, BK I, SECT I, CH 3(B); BK II, SECT II, CH 3(A)
James, W. *Memories and Studies*, CH 8
——. *A Pluralistic Universe*
——. *Some Problems of Philosophy*, CH 7–8
Russell. *The Principles of Mathematics*, CH 16–17

II.

THE ANCIENT WORLD (TO 500 A.D.)

Proclus. *The Elements of Theology*, (A, H)
Sextus Empiricus. *Against the Physicists*, BK I (Concerning Whole and Part)

THE MIDDLE AGES TO THE RENAISSANCE (TO 1500)

Albo. *Book of Principles (Sefer ha-Ikkarim)*, BK II, CH 8, 10–13
Erigena. *De Divisione Naturae*
Pico della Mirandola, G. *Of Being and Unity*

THE MODERN WORLD (1500 AND LATER)

Adams, H. *Mont-Saint-Michel and Chartres*
Blood. *Pluriverse*
Bradley, F. H. *Appearance and Reality*
——. *The Principles of Logic*, Terminal Essays, IV–V
Broad. *The Mind and Its Place in Nature*, CH I
Bruno. *De la causa, principio, e uno*
Gilson. *History of Christian Philosophy in the Middle Ages*
John of Saint Thomas. *Cursus Philosophicus Thomisticus, Ars Logica*, PART II, Q 27; *Philosophia Naturalis*, PART III, Q 9
Leibniz. *Monadology*, par 1–9, 56–90
Lotze. *Metaphysics*, BK I, CH 6
——. *Outlines of Metaphysic*, DIV I, esp CH 3, 5; DIV II
McTaggart. *The Nature of Existence*, BK III
Meyerson. *Identity and Reality*
Peirce, C. S. *Collected Papers*, VOL VI, par 373–383
Royce. *The World and the Individual*, SERIES I (4, 9–10); Supplementary Essay
Schopenhauer. *The World as Will and Idea*, VOL I, BK IV (56)
Suárez. *Disputationes Metaphysicae*, III–VI, XV (10), XXX (10), XXXIV, XLIV (11), XLVI (1), XLVII (11, 14–15, 17)
——. *On the Various Kinds of Distinctions (Disputationes Metaphysicae, VII)*

64

意 见 Opinion

总 论

　　高贵的智马们代表着理性。它们是理性动物,根本不知道什么叫罪恶。正如其创造者斯威夫特所言,"它们的至理格言就是培养理性,并完全由理性支配。同时它们的理性也不像我们的理性那样,可以引起争论。在我们这儿,人们可以就一个问题的两面似是而非地辩论一番。但是,它们的理性却会使你马上信服,因为它并不受感情、利益的蒙蔽和歪曲,所以它必然会令人信服。"

　　当格列佛船长发现人类和这些高贵的马的最大区别在于,智马的完美理性能使它们从变化无常的意见中超拔出来,他说:"我记得,我好不容易才让我的马主人理解什么是意见,好不容易才让它们知道观点其实是可争论的,因为理性只是教导我们去肯定或者否定我们认为是确实的事情;我们既不能肯定也不能否定我们一无所知的事物。所以,对它们而言,争议、争吵、争执和所谓错误中的教训都是闻所未闻的罪恶。"

　　在人类那里,不是"意见"而是"知识"这个词的意思引起了麻烦。如果人类对知识毫无概念,就像"智马"似乎对意见毫无概念一样,那么他们就会发现自己在许多关于意见的事务上众说纷纭。不过,大概关于意见自身的本性却不会引起争议。在西方思想传统中,关于意见的最大争论就是它与知识到底有何不同,这种不同既可以是它们各自对象的不同,也可以是知道和臆测这两种运思方式的不同。

　　只有当人们提出还可以获得比意见更好的东西时,意见的特性才成为问题。也许存在某种东西,它与意见之间的关系就像确定性与概然性、事实与猜想、充分知识与不充分的知识、证实与劝说之间的关系一样。关于意见本性的分歧主要源于与其相对的那个词的意思。如果知识被看作是与意见相对的那个词,那么少数被公认为知识的特征将帮助我们揭示意见的特点。某些从不用于知识的东西似乎被广泛用于意见。

　　一般认为,一个意见既可能真也可能假。但我们从不说知识是假的。尽管不是所有作者,对许多作者来说,怀疑和信念是我们在持有意见时的伴随属性,但知识却没有这些属性。我们可以同时臆测和怀疑某件事,但却不可能同时知道和怀疑它。就意见而言,信念可以战胜怀疑,但有很多事情我们的大脑需要依赖真的判断才能确信它们,这时仅仅依靠信念行为就不够了。

　　信念意味着一种赞同的意愿,这种赞同也可以合理地收回,在这个意义上,信念与意见相容而与知识相悖。我们可以合理地主张一个意见的反面,但知识的反面一定是错误的,因而是站不住脚的。公理与假设之间的传统区别体现了知识与意见的不同。如果一个命题是公理,那么它的反面一定是假的。但如果某个东西是作为假设被接受的,那么其反面也可以作为假设,它可能由那些不愿接受正面假设的人所假定。罗素声称:"我们所坚信的是,如果一个东西既不是知识也不是谬误⋯⋯那么我们称它为大概成立的意见。这样,那些通常被看作是知识的东西其实大部分都是概然性或多或少的意见。"

知识与意见的这最后一点比较似乎有其政治意义。人们习惯上认为政治领域比科学领域充满更多的争议。不仅如此，他们还对科学争论与政治争论采取不同的态度。这多半是因为一个是发生于知识领域而另一个是发生于意见领域的缘故。人们有表达他们自己意见的权利，包括坚持己见的权利，尽管他人有完全不同的意见也是如此。在众人之中固执己见的权利这一观念似乎源于意见的本性，这也是意见与知识的分别所在。而在那些被认为是知识性而不是意见性的事务上，争议当然也会发生，但结果无外乎是，只要重新检查事实，讲道理的人都会在争论的观点上达成一致。

诉诸多数人的意见来解决的分歧是意见的分歧而不是知识的分歧。有时意见之间的冲突不能通过其他办法解决，出于实际考虑，接受多数人的意见就是必要的。少数服从多数原则引起了大量问题，许多巨著都反对这一理论，而大部分反对者都把该理论的应用限制在意见领域。数学和其他理论科学上引起争论的问题，如果有的话也很少是通过投票的方式加以解决的。数字的多少似乎特别能衡量各种意见的价值大小。托克维尔告诉我们："在不违反信仰的所有事务上，我们必须服从多数。"

因此，关于意见的传统思考自然地划分为两个主要方向上的讨论。第一个方向是关于知识与意见的区别的理论问题，它涉及诸如怀疑、信念、信仰、确信和概然性这些相关术语。第二个方向大都假定了知识与意见之间的区别，它考虑的是意见领域内的决定与责任问题，包括良心的自由问题、思想与表达自由问题、多数与少数问题，以及在良心难题上的个人判断问题。

知识和意见的不同有时用其对象的不同来区分，有时用知道和臆测这两种运思方式的不同来分别。当然，这两种区分方式是互补的——意见的对象决定了其相应的运思方式。同一位作者通常从这两个方面来看待知识和意见的不同。但并非所有的巨著在讨论这个问题时都使用"知识"和"意见"来标识它们的基本对立。

例如，洛克说："在真假方面，心灵有两种能力。第一是知识，通过知识可以确定无疑地认识任何观念间的一致和不同。第二是判断，就是在心里把不同观念放在一起或分开它们，但它不能认识到不同观念间的一致和不同，而只是假定它们。"判断的能力属于"信念、赞成或意见，就是在并无确定知识告诉我们一个命题为真时，通过那些说服我们接受它的论证或证明，来承认或接受它为真"。

就像证实和确定性分别相对于劝说和概然性一样，对洛克而言，知道或认识与判断或假定是相对的。其他人，比如休谟，倾向于使用信念而非意见这个词来作为知识的对立面。或者，像斯宾诺莎那样，把伴随想象的意见指派给不具有充分知识的领域，以作为充分知识的对立面。但这些用词上的差异似乎不能掩盖的事实是，这些作者所做的区分如果并非相同，至少也是非常类似的。

在知识和意见的对象之间也存在着某种平行或类似的陈述。可知的东西似乎有着必然不变性、普遍性和明晰性。而那些偶然可变的或含混的东西通常被看作是意见的对象。

例如，柏拉图说，那些由理智所领会的东西"永远是那样的，没有变化"，而"那些缺少理性、完全凭感觉、由意见形成的东西总是在变化和消亡的过程当中,它们从未真正存在"。正如悟性和理性划分出知识领域,其对象是永恒存在的理性形式,想象和感知划分出意见领域,其对象是不断形成和消亡的感性事物。

按照亚里士多德的说法,科学的对象是本质的和必然的,而意见的对象则是非本质的和偶然的。感性事物无论在多大程度上涉及各种偶然属性,它们都属于意见,而事物的理性本质则属于科学,因为它们是普遍的,对大家来说是公共的存在。到目前为止,关于知识和意见的对象,柏拉图和亚里士多德的陈述似乎是一致的,但他们接下来的分析就有所区别了。

对亚里士多德来说,关于物理世界中的变化事物,既可以有科学知识,也可以有大概成立的意见,因为这些事物既是可理解的也是可感知的,它们既具有必然性的一面,也具有偶然性的一面。但对柏拉图而言,不断形成和变化的领域绝对属于意见,就像永恒存在的领域绝对属于知识一样。这样,亚里士多德列举的科学除了数学和神学之外,还包括物理学,而根据柏拉图的看法,对物理世界的研究并不产生科学,它们只是"似乎可能的故事",就像他在《蒂迈欧篇》中所说的那样——即,由大概成立的意见构成的似乎合理的组合。

初看起来,休谟似乎提出了一种更接近于柏拉图的观点。他写道:"人类理性和研究的全部对象可以自然地划分为两类,即:观念的关系和实际的事情。"第一类对象可以证明为确实的知识,例如数学科学。实际的事情,包括关于任何事物的真实存在问题,或者一物与另一物的因果联系问题,都是不能证明的,它们是信念或意见的对象。

因此,休谟也许像柏拉图一样,把知识和意见或科学和信念的对象,看作是分属两个截然不同领域的东西。他们甚至同意,物理学不能划为科学,尽管它建立起来的合理性可以很好地指导我们的行动。不过,休谟与柏拉图的一致还有一点需要做出限制:对柏拉图而言,观念王国具有实在性,变化着的事物是其影像,而对休谟来说,观念根本就没有实在性。它们只是大脑中的存在,是大脑从感觉存在的印象中获得的。

休谟与亚里士多德之间也可以做一个平行的比较。至少二者都把意见与偶然性联系起来(而它们是可以没有联系的)。如果一个命题的反面不是不可能的,或者不会导致自相矛盾,那么这个命题和它的反面都是意见性的事物。用亚里士多德的话来说,这个标准排除了所有自明的和可证明的命题。这样的命题对休谟和亚里士多德而言,都表达了知识而非意见。然而,亚里士多德似乎并不像休谟那样认为,即使非物质性的东西其真实存在也是不可证明的,亚氏也不认为原因与结果之间的必然联系是无法发现的。

这样的例子还可以扩展到其他作者的类似言论,这些作者包括洛克、斯宾诺莎、康德、威廉·詹姆士——事实上,几乎每一位作者都会用具有不同特点的对象来区分知识和意见。在西方思想传统中,关于知识和意见的对象的主要争论,都发生在究竟把哪些东西或实在归为各自的对象,以及由此对这种区分的应用。一位作者当作知识的东西,另一位作者根据显然相同的标准却称作意见。在这样的背景下,"意见"这个词就产生了令人生疑的结果。一个怀疑论者从不否认人们对一个给定的议题可以形成意见,他所否认的是,意见这样的话题能成为确定无疑的知识性事务。

怀疑论者的极端主张是,一切都是

意见性的事务。在最极端时候，他们会说没有什么东西是有真假的，尽管亚里士多德和其他人论证说这样的怀疑主义是自我颠覆的，因为如果"没有什么是有真假的"这个命题是假的，那么它就无关痛痒，而如果这个命题是真的，它就是自相矛盾的。但"一切都是意见性的事务"这个命题本身可以是一个意见，其反面也只是一个意见。

蒙田在《为雷蒙·塞蓬德辩护》中采取的立场并不是一种权宜的怀疑主义，以发现确定性知识的基础，它毋宁是一种坚定的怀疑主义。它把人类的所有判断都降低到意见层次，这些意见具有相同的合理性，人类要么只能以不充分的根据采纳意见，要么完全悬置问题不作判断，而要想比这做得更好是没有希望的。按照蒙田的看法，没有什么公理是能获得人类普遍认同的，没有什么证明能够无需假定初始的前提。除非人们用需要论证的东西来证明其自身（beg the question），他们无法避免推理中的无穷倒退。没有什么命题人们会总是同意或不改变想法。错觉和幻觉的存在表明感觉是完全不可靠的，正如存在错误的判断和推理表明理性是有缺陷的。

蒙田写道："我们在对事物的判断上是多么反复无常！我们多少次改变想法！我今天所持有和相信的东西是我完全相信的……没有什么真理比今天这个让我更强烈地信奉和坚持它，我真的完全属于它了。然而，我刚刚信奉为真的东西后来我又认为它是假的，并且这样的事难道不正是并非一次，而是成百上千次，每天都在同样的条件下，以同样的方式发生在我身上吗？我们必须吸取自身的教训变得聪明起来。如果我发现自己已经常在这样的幌子下背叛自己，如果我发现我的检验手段通常是假的，我的衡量标准是不一致和不正确的，那么凭什么说我这一次就比其他时候更有把握呢？……我们应该记住，无论我们接受什么看法，我们都会用这般充满矛盾和被欺骗的手段接受虚假的事物。"

蒙田把宗教信仰排除在具有不确定性的所有信念和意见之外，它们是可以运用人类的感性和理性独立获得的。尽管我们必须"使我们的信仰与我们所具有的所有理性共存"，我们也必须"总是有这样的保留，而不能认为信仰是依赖于我们的，或认为通过我们自身的努力或论证能获得如此超凡入圣的知识"。按照蒙田的观点，只有当信仰是"通过一种特别的灌输"进入我们的大脑时，信仰与普通信念才是有区别的。

一个人的信仰对另一个人而言可能仅仅只是意见性的事务。这一点似乎是所有区分宗教信仰与世俗信念者所普遍认同的。宗教信仰与世俗信念的区别并不在于它们的对象不同，而是在于它们导致信念的原因不同。

那些区分知识和意见的人还承认，即使关于同样的对象，如果心灵对其判断的方式不同，其结果既可能产生知识，也可能产生意见。根据亚里士多德的看法，同一个人关于同样的对象不可能同时既知道又臆测。例如，某个给定的个体无法同时在知识和意见这两种意义上对一个几何命题持之为真。但这并不妨碍他原来仅仅根据他老师的权威接受该命题为真，后来又通过学习其为真的理由进而知道了他原来仅仅是臆测的东西。同样，两个个体可能以不同的方式断定同一个真命题，一个是作为知识，而另一个是作为意见。

关于知道和臆测运思方式的不同，传统的解释包括两个相互有关的论点。柏拉图和亚里士多德都强调的一点是，人类在知道时不仅仅是断定某个东西为真,而且还要有充足的理由说明为何如此断定。正确的意见,它的真并不比知识的真少些什么。正如柏拉图在《美诺篇》和《泰阿泰德篇》中所论述的,不同之处在于,仅仅拥有正确意见的人不能解释为什么他的断定是真的。他不能给出其为真的原因,也不能借由它与其他真之间的联系来证明它。一个意见为真这一事实并不能阻碍人们推翻或放弃它,因为缺少充足的理由,它在面对攻击时就是不可靠的。没有理由支持的意见不仅是不牢靠的,而且在只有知识是可学习和传授的意义上,它也是不可传授的。仅仅具有正确意见的人不能令人满意地解释,为何他如此这般认为,从而无法帮助其他人理解其意见的正确性。

关于真的知识的二元论,罗素写道:"我们既可以相信假的东西,也可以相信真的东西。我们知道,在许多问题上人们持有相互不同和并不相容的意见:因此某些信念必定是错的。而错误的信念经常会像真的信念一样强烈,这就产生了一个难题,即这些错误的信念如何从真的信念中区分出来。在给定的情况下,我们如何知道我们的信念不是错的?这是最困难的问题之一,不可能有完全令人满意的答案。"

关于形成意见时的心灵活动,另一个特点似乎可以从前面的结论得出。如果理由并不决定心灵是这样认为而不是那样认为,那么判断的原因到底是什么呢?如果思考之下的对象并不强迫心灵以某种方式去认为,那么心灵对提出的东西进行赞同或反对时,到底是什么在驱使着它呢?对这样的问题,传统的答案似乎是愿望或欲求,无论它是体现意志的自由选择行为,还是由感情力量驱动而成的倾向。

帕斯卡关于这一点也有论述,他发现人类得出他们所认为的结论有两种方式。更自然的一种"是悟性的方式,这是对于那些只是同意已被证明的真理的人而言的;但更通常的……是意志的方式,因为所有人几乎都是由倾向而不是由证明导致相信的。"霍布斯也以类似的方式区分知识与意见或信念,知识依赖于定义和证明,而信念或意见是通过一种意志行为,而不是作为推理的结果被心灵接受的。

根据阿奎那的看法,在所有理性能够进行判断的事务上,理性的赞成是不会受意志的命令支配的。他说,如果"理性所领会的东西,比如基本原理,是自然获得赞同的,我们没有力量赞成或反对它,因而,确切地说,它不受我们命令的支配。但有些我们所领会的东西没有使理智能确信到如此程度,以至于完全没有赞成或反对的余地,或至少因为这样那样的原因延缓赞成或反对。对这样的东西,我们有能力赞成或反对它,因而它受我们命令的支配。"知识似乎是由这样的判断构成的,我们的心灵仅仅是受所考虑的事务本身所驱使而赞成它们,而所有那些我们可以依这样或那样的方式自由定夺的都是意见性的事务。

尽管笛卡尔、洛克和休谟在他们的分析中用词不同,他们似乎也同意,当心灵被认识到的观念间的联系驱使而赞同时,它就知道了,这种知道超越了怀疑和错误的可能。但心灵如果不具有这样直觉的或理性的根据,而是关于并不显然的东西形成了一个判断,那么结果就是意见,它只能大概被接受,伴随着怀疑,而且是可错的。

对笛卡尔而言,是自由行使的意志驱使心灵做出这样易错的判断。如果心灵只是根据对象本身而不是受意志驱使去做判断,那么它自然就不会错了。对休谟而言,心灵可以自由想象它喜欢的东西,但信念是由情绪或出于本能的感觉决定的,"它既不依赖于意志,也不是随意被支配的"。于是,有些人将意见与自由意志联系起来,而有些人则否认信念是自愿形成的,关于这样的问题会在**意志**这章中讨论。上述分歧似乎不影响人们普遍赞同如下观点,即意见并不是由心灵所考虑的对象本身引起的行为,而是由其他原因引起的。

知识和意见的这个区分穷竭地划分了所有心灵行为吗?正如我们所已经看到的,蒙田似乎拒绝用知识和意见作为这种划分的选项,而是代之以超自然信仰和普通信念。另一方面,阿奎那接受知识和意见作为对心灵的自然操作层面的穷竭划分,而把宗教信仰作为超自然层面的选项。

他把信仰称作科学和意见之间的中间物或中介物,因为他认为信仰具有某些二者都有的特点。他说:"相信是在意志支配下的理智赞成行为。"在这一点上,信仰与意见相似。信仰行为也是由于意志而不是由于对象的理性证据。信仰是"不能直接看见的事物的证据"。信仰也与科学相似,因为信仰的肯定是确定而不受怀疑的,而这正是知识的特点。按照阿奎那的看法,信仰比自然知识有更多的确信,因为,作为理智的美德,"科学、智慧和悟性……是以理性的自然之光为基础的,它们达不到上帝之言的确信,而信仰正是建立在上帝之言的基础上"。信仰与知识的不同之处就在于,信仰的对象超出了智力理解的范围。这就是为什么信仰要求心灵用意志驱使理智赞同,而普通意见则根据个人的意愿接受。阿奎那把信仰归于上帝。他写道:"信仰的主要行为就是赞成,它源于上帝,信仰在上帝的恩典下推动人类的内心前进。"

正如对科学的怀疑主义者把所有的人类判断都还原为意见,对宗教的怀疑主义者把所有的信念都归于自然原因。如果弗洛伊德是正确的,即所有信念都是愿想的产物,那么就很难把宗教与迷信或偏见分开,甚或很难把科学与宗教分开。

詹姆士发现了人们相信科学以及相信宗教的意愿所在。他用情感和欲望解释信念。他写道:"意愿和信念意味着对象和自身之间的某种关系,它们是同一种心理现象的两个名字。"除了那些只涉及观念联系的必然真理,心灵在思考实在时可以对不同理论进行自由选择,不但在科学领域如此,在宗教领域也是如此。相信就是把实在归于一个理论。对詹姆士而言,尽管相信的意愿不是完全独立于客观标准的,它也主要不是由客观标准决定的。

他说:"下面这样的理论将会被广泛相信,它除了给我们提供能解释我们感觉经验的对象,还提供那些最有趣、最迫切地诉诸我们审美、情感和活动需要的东西……迄今为止,所谓'科学的'概念比那些仅仅是情感的概念更加满足了纯粹理智的需要。但……它们使情感和活动需要受到了冷漠。信念的完美对象是上帝或'世界之魂',他同时以乐观和说教的方式表现(假如这样的结合是可能的),此外,他如此明确地被我们持有,以至于他向我们显示了为何他向我们传递感觉经验的方式恰如它们到来的那样。"

意见提出了关于自由的道德、政治以及心理问题。其中之一就是讨论自由的问题。这个问题的有些方面属于其他章节,如**科学**章中关于科学研究的自由问题,**艺术**和**诗歌**章中关于艺术或诗歌表达的自由问题,**宗教**章中关于良心与崇拜的自由问题,**教育**章中关于教学的自由问题,以及**自由**章中关于思想与言论自由的一般问题。而与所有这些问题有关的共同之处似乎都是由意见的本性决定的,特别是它与知识的区别。

没有一本赞成表达自由的书——无论是弥尔顿的《论出版自由》,洛克的《一封关于宽容的信》,还是约翰·穆勒的《论自由》——为如下权利辩护,即可以散布那些知道为错误或虚假的东西。他们都赞成,一个声称有言论权利的人在道德上要受如下义务的约束:只说那些对他而言至少看上去为真的东西。他们也不像柏拉图和霍布斯一样建议,可以通过压制真理来进行政治审查以巩固国家安全。在谈到君王应该"判断什么意见和教义是引起反对的,什么是有利于和平的",霍布斯说:"尽管在关于教义的事务上,我们仅仅只需要考虑真理,但它与和平对相同事务的规定不能出现不一致。因为,与和平不一致的教义,与可以违背自然律的和平与和谐相比,就不再是真的了。"

因为区别于意见的知识具有无可争议的真理性,自由或审查问题就不能用知识来表达。但有些人认为是知识的东西其他人会认为是意见。因此,在没有什么命题或教义是免于争论的、没有什么人类判断能保证不矛盾的假定下,自由表达问题就可以应用于人类思想的全部范围。但这样的假定并不会消除知识与意见的区别,也不是藐视矛盾律而把对同一问题的两个相反的回答当作事实上是同样真的。

怀特海写道:"在形式逻辑中,矛盾就是失败的标志;但在真实的知识进化中,它却标志着通向胜利之途的第一步。这是我们尽量宽容各种不同意见的一大理由。"因而怀特海是赞同穆勒的,即为了追求真理,这样的宽容是必要的。

根据穆勒的观点,"假定除一人之外的全体人类持有一种意见,而只有一人持有相反的意见,那么人类要使那一人沉默并不比那一人(假如他有这样的能力)使人类沉默更为正当。……迫使一个意见缄默的特殊罪恶就在于,它是对整个人类的掠夺,对后代和对现存的一代都是如此,对于不同意那个意见的人比对持有那个意见的人的掠夺甚至更大。假如那意见是对的,那么他们就被剥夺了以错误换真理的机会;假如那意见是错的,那么他们就失去了几乎同样大的利益,那就是从真理与错误的冲突中产生出来的对于真理更加清楚的认识和更加生动的印象。"

穆勒提出了四个不同的理由,以认识"意见自由和表达意见的自由对于人类精神福祉(人类一切其他福祉都有赖于它)的必要性……第一,任何被迫缄默下去的意见,无论我们能否确知,它都可能是真的。否认这一点,就是假定我们自己是不可错的。第二,即使被迫缄默的意见是个错误,它也可能,而且通常总是,包含部分真理;而且……只有借助敌对意见的冲突才能使留下的真理有补足的机会。第三,即使公认的意见不仅是真的,而且是全部真理,除非它去遭受而且实际遭受到猛烈而认真的争论,否则多数接受者持有这个意见就像持有一个偏见一样,对于它的理性根据就很少领会和感受。不仅如此,还有第四,教义本身的意义也会处于丧失或减弱的危险之中"。

我们的目的并不是想无限延续争论,也不是想让所有教义都永远停留在可争议的意见这个层次。穆勒写道:"随着人类的进步,不再引起争议或怀疑的教义在数量上会不断增加;而且,人类的福祉差不多可以用已经达到无可争辩程度的真理的数量和重要性来衡量。许多问题上的严重争论一个接着一个终止,这是意见固化过程中的必然事件之一。这种固化在真的意见方面是有益的,但在意见出错时也是同样危险和有害的。"

当穆勒赞成思想和讨论自由时,似乎是以这样的假设作为基础的,即一切事务的公共辩论除了避免暴力这个微小限制,是不受约束地进行的,其最终目的是把真的意见从假的意见中分开,并通过澄清意见以及修正错误,发现使意见转化为知识的理由。穆勒所提倡的一切事务只要还有任何不同意见就要付诸公共辩论,其目的并不是要倍增意见,而是要增进知识,并不是要助长怀疑主义,而是要鼓舞对真理的探索。

穆勒的基本原则,就像洛克的一样,是由政治标准与逻辑标准的分离构成的。在逻辑上,争论双方的立场区别可能一个是知道,而另一个是臆测,或者一个持有真的意见,而另一个持有假的意见,甚或一个享有上帝赐予的超自然信仰,而另一个则缺少这样的指引。但在政治上考虑,双方却代表着意见的冲突,每一方都有同样的利益怀疑真理在自己手上。假如政治干预其中,那么在这样一个武力本不适用的领域,它就会变成一个不是由理性而是由武力决定的争论问题。

洛克写道:"法律要做的事并不是提供真的意见,而是保障国家和每个个人的财产和人身安全。这是理当如此的。因为只要让真理自行其是,它一定能运行得很好……真理不是靠法律教诲的,也不需要靠武力进入人们的头脑。而谬误倒的确是借助外部援助才占上风的。但如果真理不是以自己的光芒来开辟通往悟性之路,那么它就只能是弱者,因为任何外来的暴力都可以强加于它。"

那些主张国家审查制度是正当的人,无论被禁止的事务是思辨的还是实际的,无论它是道德的、政治的还是神学的,似乎把维护公共利益的权力过分扩大了,从而可能超越界线而导致暴力的直接危险。或者,他们假定了拥有充分智慧的统治者可以毫无过失地辨别真假。那些就审查制度在宗教与国家之间作出区分的人,则倾向于在信仰和道德问题上限制使用与教会有关的权力,他们假定宗教拥有超自然的指引以决定何者为真或可靠。

在意见性事务上的少数服从多数原则似乎与少数人的声音也应该倾听的原则相悖。通过投票来解决意见分歧等于把决定性的权力给了数量,这可能会让人以为它就像用武力解决争论一样是不合法的。但当立法和行动是必要的时候,争论就必须终止以使问题得到解决。

思辨问题可以通过知识而非意见来回答,因而关于它取得一致是可能的。只要理性还在反对理性,那么就要允许讨论继续下去,这似乎是为真理之目的而服务的。但如果讨论的目的是为了确定行动,而且讨论的主题是严格的意见性事务,在这样的问题上认死理的人可能永远都不会赞同,那么诉诸理性之外的其他原则就是必要的。

传统的政治理论似乎只提供了两种解决办法。一个原则是听从单个人的意见来决定——这个人可能是绝对君主或是选出的官长——无论他是否具有与其责任相称的智慧。另一个原则就是接受多数人的意见。按照亚里士多德的看法,除了绝对君主制,这第二个原则运行于每一种政体。他说,不仅在民主政治里"多数是最高统治,在寡头政治中也是由多数统治,事实上每一种政体都是如此"。"任何对参与政府的多数人有利的意见都应当具有权威性",这是一切宪法政体的特点。

以这种方式考虑,少数服从多数原

则并没有回答如下问题,即多数究竟是许多人中的多数还是少部分人中的多数。应该是大众中的多数,还是应该根据某种贵族统治的标准,是比多数人更聪明、更内行或更有德行的少数人中的多数?对某些问题而言,亚里士多德暗示,群众是比即便最内行的个人都更好的法官。"如果人民没有彻底堕落,尽管作为个体他们可能是更逊色的法官,但作为一个整体,他们和那些拥有专门知识的人一样优秀,甚至更好"。

反对数量越多就越胜任的论断,以及融合二者之长的可能性,会在**民主**和**贵族制**这两章中讨论。少数服从多数原则的问题,还会作为代议制理论的一个要素出现在这些章节之中,尤其是穆勒考虑的问题——代表应该行使他自己的判断,还是根据其选民中的多数人意见行动。

穆勒试图把那些应该提交代表会议并由多数决定的问题,同那些应该由专家解决的问题分开。但即使在那些交由人民代表商议的事务上,穆勒也提倡以复数投票和少数派代表这样的平衡来抵消纯粹数量的优势,以防止仅仅是数量成为解决政治分歧和确定行动的决定性力量。

这种对少数服从多数原则的限制,对那些像卢梭一样认为"公意得自票数计算"的人而言,似乎并无必要。卢梭所说的不但适用于任何个人意见,也适用于少数派的意见,即,当一个相反的意见占上风时,它就证明了少数派"以为是公意的意见其实并非如此"。关于多大的多数才应是决定性的,他认为"讨论的问题越严肃重大,通过的意见就越应该接近全体一致……涉及的事情越需要迅速解决,所规定的双方票额差数就越可以缩小"。

根据卢梭的看法,只有一种政治决定要求全体通过,那就是着手缔结社会契约、建立平民政府的决定,在这样的政府下,只要"公意的本质仍然在于多数",个人自由就得以延续。当少数服从多数原则毫无异议地被接受时,每个个体都同意以公意代替他自己的特殊意见。

分 类 主 题

1. 知识与意见在对象上的不同:存在与变化;普遍与特殊;必然与偶然
2. 知道和臆测的行为与来源的不同
   - 2a. 情感在意见形成中的影响:愿想,合理化,偏见
   - 2b. 意志作为意见行为中赞同的原因
   - 2c. 涉及意见性事务的推理和论证:论证的比较与劝说,原则与假定,公理与假设
   - 2d. 理性,经验和作为意见来源的权威
3. 意见、知识和真理
   - 3a. 知识的真与正确意见的真:获得方式、可靠性以及可传授性的不同
   - 3b. 确实与概然,充分知识与不充分的知识:确信程度;赞同方式
   - 3c. 把人类知识还原为意见的怀疑论
4. 意见、信念和真理
   - 4a. 超自然信仰或宗教信仰与科学和意见的比较
   - 4b. 对没有基础或保证的迷信或教条式信念的批评
5. 意见领域中的自由
   - 5a. 表达意见的权利与义务

5b. 讨论自由的优点与缺点：新闻自由的地位和作用
6. 道德领域的自由
　　6a. 作为意见性事务的善与恶：作为反映流行意见的习惯与风俗的道德标准
　　6b. 道德原则应用于特殊场合的不精确性
7. 公共意见的社会和政治意义
　　7a. 多数人意见的价值：由专家决定的事务与由多数人意见决定的事务的区别
　　7b. 少数服从多数原则，它的价值与危险：避免错误的数量优势

［文学锋、徐敏　译］

索引

本索引相继列出本系列的卷号〔黑体〕、作者、该卷的页码。所引圣经依据詹姆士御制版，先后列出卷、章、行。缩略语 esp 提醒读者所涉参考材料中有一处或多处与本论题关系特别紧密；passim 表示所涉文著与本论题是断续而非全部相关。若所涉文著整体与本论题相关，页码就包括整体文著。关于如何使用《论题集》的一般指南请参见导论。

---

1. **The different objects of knowledge and opinion: being and becoming; universal and particular; the necessary and the contingent**

    6 Plato, 113-114, 368-373, 383-398, 532-536, 559-561
    7 Aristotle, 97-98, 121-122, 169
    8 Aristotle, 343-344, 357-358, 392, 396-398 passim, 652-653
    11 Plotinus, 561
    17 Aquinas, 422-423, 463-464
    28 Descartes, 223-227, 230-232, 319, 455-456
    28 Spinoza, 610-611, 622-624
    33 Locke, 371-372
    33 Hume, 458-462
    39 Kant, 240-243, 601, 603-604
    43 Hegel, 1-8, 48-49

---

2. **The difference between the acts and sources of knowing and opining**

    6 Plato, 182-183, 370-373, 450, 457, 536-549, 575-577
    7 Aristotle, 666-667
    8 Aristotle, 395-398, 593-675
    16 Augustine, 392-393
    17 Aquinas, 422-423, 436-438
    18 Aquinas, 14-15, 391-392
    21 Hobbes, 65-66
    28 Descartes, 265, 350-351, 393
    29 Milton, 406
    33 Locke, 119-120, 364-365
    34 Swift, 165
    39 Kant, 194, 202-203
    54 Freud, 882

2a. **The influence of the emotions on the formation of opinion: wishful thinking, rationalization, prejudice**

    5 Thucydides, 402-404, 427-428, 474, 506, 507
    8 Aristotle, 401-402, 485-486, 593-594, 622-636, 659-660, 668-670
    11 Lucretius, 56-57
    16 Augustine, 759-760
    18 Aquinas, 145-148
    19 Dante, 107
    21 Hobbes, 57-58, 128, 129
    22 Rabelais, 154-156, 159-163

---

23 Montaigne, 250-252, 312-316, 328-330, 445-447, 488-492, 533-534
24 Shakespeare, 425-426, 583-586
26 Harvey, 268
28 Bacon, 16, 27, 79-80, 90, 109, 111
28 Spinoza, 603-606, 642, 645-646
30 Pascal, 186-189, 191-193
33 Locke, 195-196, 248-251, 384-388, 392
33 Berkeley, 427
33 Hume, 453, 491-492
37 Gibbon, 296
39 Kant, 221-222
40 Federalist, 29-30, 118, 162
44 Tocqueville, 179-180
46 Austen, 44-45, 53-55, 62, 74-75, 127, 157
46 Eliot, George, 521-522, 553-554
47 Dickens, 154-155
48 Melville, 196-199
48 Twain, 280
51 Tolstoy, 134, 238, 358-365, 505-511, 645-646, 686-687
53 James, William, 652-659
54 Freud, 125-126, 682, 760-761, 819
57 Veblen, 48-70 passim
58 Weber, 183
59 Joyce, 625-630

2b. **The will as cause of assent in acts of opinion**

    8 Aristotle, 357-358
    17 Aquinas, 690
    18 Aquinas, 382-384, 398-399
    28 Descartes, 315-319
    28 Spinoza, 625-628
    30 Pascal, 191, 439-442
    53 James, William, 636, 660-661

2c. **Reasoning and argument concerning matters of opinion: comparison of demonstration and persuasion, principles and assumptions, axioms and postulates**

    6 Plato, 187-189, 383-398
    7 Aristotle, 111, 143-223, 227-253
    8 Aristotle, 389, 396-398, 593-675
    11 Epictetus, 141-142
    17 Aquinas, 56-57, 253-255, 432-433, 560-561
    18 Aquinas, 765-766
    21 Hobbes, 65
    28 Bacon, 56-59, 61, 65
    28 Descartes, 272-275

32 Huygens, 551–552
33 Locke, 3–4, 365–366, 378–380
33 Hume, 458–463, 469–470, 508–509
39 Kant, 215–218, 376, 600–603
40 Mill, 274–293 passim
41 Boswell, 299
48 Melville, 169–171
51 Tolstoy, 661–662, 668–669
55 Barth, 496–497
59 Joyce, 560–561

2d. **Reason, experience, and authority as sources of opinion**

6 Plato, 517–518, 522–523, 525–527
7 Aristotle, 143
8 Aristotle, 340, 433–434
17 Aquinas, 3–4, 7–8
18 Aquinas, 409
21 Hobbes, 56, 58–61, 78, 128–129, 282
23 Montaigne, 118–119, 300–301, 568
26 Harvey, 279–280, 306, 319, 364–365
28 Bacon, 12–15, 47–48
28 Descartes, 394
30 Pascal, 220–221, 355–358
33 Locke, 366–371, 380–388, 394
33 Berkeley, 410–411
33 Hume, 458–470, 488–497, 499
39 Kant, 15–16, 146–149, 260–261
40 Mill, 269–270, 275–277, 283–288
44 Tocqueville, 229–231
51 Tolstoy, 170–171, 260
54 Freud, 125
55 James, William, 13
55 Wittgenstein, 398–399
58 Huizinga, 340–341

3. **Opinion, knowledge, and truth**

3a. **The truth of knowledge and of right opinion: their difference with respect to manner of acquisition, stability, and teachability**

6 Plato, 163, 527, 536–549, 564, 622–626
7 Aristotle, 8–9, 102–104, 563–564, 577–578
8 Aristotle, 339–340, 349, 357–358, 388, 390–393, 594
17 Aquinas, 99–100
18 Aquinas, 19–21, 383–384
28 Descartes, 267, 273, 287–288
28 Spinoza, 622–623
39 Kant, 240–243
40 Mill, 283–288
43 Hegel, 119
55 Russell, 284–287

3b. **Certain and probable, adequate and inadequate knowledge: degrees of certitude; modes of assent**

6 Plato, 383–398, 633–635
7 Aristotle, 28–29, 48, 91, 97–99, 524–525
8 Aristotle, 388, 596–597
9 Hippocrates, 304
11 Aurelius, 250

15 Copernicus, 505–506
16 Augustine, 40–41, 313, 390, 592
17 Aquinas, 86–88, 297–298, 305–306
18 Aquinas, 382–384
20 Calvin, 264–270
26 Harvey, 333
28 Descartes, 275–277, 298, 300–308, 321–329 passim, 356–357, 378–379
28 Spinoza, 618–624, 635–636
30 Pascal, 213–217
33 Locke, 93–95, 307, 312, 324–326, 331–336, 356–357, 360–363 passim, 364–371
33 Hume, 488–491
36 Smith, 376–377
39 Kant, 1–4, 14–15, 39–41, 211–218, 228, 230–233, 600–603
43 Hegel, 19–20, 134–135
54 Freud, 463, 661–662
55 James, William, 46–50
55 Russell, 284–287 passim
55 Wittgenstein, 417–419
55 Barth, 505–506
56 Poincaré, 52–60
56 Planck, 92–93
59 Joyce, 650–656

3c. **The skeptical reduction of human judgments to opinion**

6 Plato, 86, 107–109, 236–238, 400, 517–532 passim
7 Aristotle, 99, 528–531, 590–592
11 Lucretius, 48
11 Epictetus, 155–157
17 Aquinas, 440–442
23 Erasmus, 20–21
23 Montaigne, 132–134, 248–334, 358–359, 540–545
28 Bacon, 115–116
28 Descartes, 270, 498–499
30 Pascal, 238–239
33 Berkeley, 405, 429–430
33 Hume, 460–466, 477, 503–509
39 Kant, 224–227, 311–313
40 Mill, 274–293 passim
41 Boswell, 121
43 Nietzsche, 506–509
50 Marx-Engels, 428
54 Freud, 881–882

4. **Opinion, belief, and faith**

6 Plato, 256, 447
7 Aristotle, 660
16 Augustine, 45–47, 663–664, 737–738
17 Aquinas, 7–8
18 Aquinas, 83–84, 381–383, 402–403, 464–465, 747–748
20 Calvin, 257–258
21 Hobbes, 65–66, 165–166, 238, 241–242
23 Montaigne, 149–150, 191, 249–250, 279–280, 307–308, 311–313
28 Bacon, 95–96
28 Descartes, 295, 351–352

33 Locke, 380-384
33 Hume, 466-467
39 Kant, 240-243, 353-354, 601-609
43 Hegel, 58-59, 371-372
48 Melville, 223-224
52 Dostoevsky, 11-12

4a. Comparison of supernatural or religious faith with science and opinion

16 Augustine, 1, 663-664, 719-720
17 Aquinas, 5-7, 61-62, 175-178, 446-447
18 Aquinas, 380-381, 393-394, 398-399, 422-424
19 Dante, 91-92 passim
20 Calvin, 20-21, 262-264
21 Hobbes, 65-66, 163, 267
28 Bacon, 2-4, 41, 55, 96-97
30 Pascal, 221-225, 248-250, 342-343, 440
33 Locke, 340, 357, 371
37 Gibbon, 308-309
39 Kant, 604-606
43 Hegel, 164-167
51 Tolstoy, 196-198
55 James, William, 3-4
55 Whitehead, 220-226
55 Barth, 524-525
56 Planck, 109-117
58 Weber, 226-231
59 Shaw, 54, 59-60

4b. Criticism of superstitious or dogmatic belief as opinion without foundation or warrant

5 Thucydides, 353-354
16 Augustine, 25-26, 57-59, 165-696 passim esp 250-255, 728-731
17 Aquinas, 589-590, 592-593, 660-662
20 Calvin, 5-7, 13-16, 256-257, 259-261, 414-415, 440-441
21 Hobbes, 51-52, 56, 68-69, 79-84, 151, 165-166, 172-177, 192-195, 247-267, 269-271, 272, 274
23 Montaigne, 132-134, 542-543
26 Harvey, 331-332
28 Bacon, 114, 124
33 Locke, 4-5, 119-120, 390-394 passim
33 Berkeley, 423, 437-438
33 Hume, 499-500
37 Gibbon, 189-191, 200-201, 308-309, 465-467
38 Gibbon, 333-334
39 Kant, 129-130, 187-188, 218-222
40 Mill, 278
43 Hegel, 88-90, 147-148
43 Nietzsche, 463
50 Marx, 36
54 Freud, 874-875, 877-880, 883-884
55 Barth, 510-511
56 Planck, 109-110
56 Heisenberg, 455-456
58 Huizinga, 307-318 passim
59 Shaw, 55

5. Freedom in the sphere of opinion

5a. Rights and duties with respect to the expression of opinion

4 Sophocles, 164-167
5 Thucydides, 402
6 Plato, 200-212, 789-790
11 Aurelius, 239
13 Plutarch, 632, 636-637
14 Tacitus, 21
19 Chaucer, 214
23 Montaigne, 54-55, 281-282, 422-429
24 Shakespeare, 467-468
29 Milton, 381-412
33 Locke, 1-22, 367-368
35 Montesquieu, 89-90
40 Federalist, 29-31
40 Mill, 274-293, 302-312 passim, 370-389 passim, 392-399 passim, 401-406 passim
41 Boswell, 300-301, 402
43 Hegel, 108-111, 152
51 Tolstoy, 307-309

5b. Advantages and disadvantages of freedom of discussion: the role of a free press

5 Herodotus, 216-218
5 Thucydides, 397, 425, 427
6 Plato, 601-602
14 Tacitus, 57, 72-73
21 Hobbes, 102-103, 114-115, 129-130, 149-151, 155-156
23 Montaigne, 310-311, 364-367
28 Bacon, 118-119
28 Descartes, 284-285, 509-510
29 Milton, 381-412
33 Locke, 18-21
35 Montesquieu, 89-90
37 Gibbon, 669-670
38 Gibbon, 161-162, 334-335
39 Kant, 220-221, 223
40 Federalist, 49-53 passim
40 Mill, 274-275, 293-294, 318-319, 361-362, 410-412
41 Boswell, 221-224, 512
43 Hegel, 88-93 passim, 108
44 Tocqueville, 92-96, 97-100, 132-133, 277-279, 378-379, 395
51 Tolstoy, 384-388
54 Freud, 757
58 Weber, 164-165

6. Opinion in the realm of morals

6a. Good and evil as matters of opinion: moral standards as customs or conventions reflecting prevalent opinion

4 Aristophanes, 711-714
5 Herodotus, 97-98
6 Plato, 193-194, 215, 271-274, 311-312, 525-528, 531-532, 759-760
8 Aristotle, 344, 382

11 Epictetus, 169
16 Augustine, 20–21, 744
21 Hobbes, 78, 96, 140, 149
23 Montaigne, 69–73, 78, 100–102, 153–154, 184, 318–324
25 Shakespeare, 114, 274–275
28 Bacon, 94
28 Descartes, 272–275 passim
28 Spinoza, 605–606, 633, 645–646, 657, 660, 663, 665, 677–678
30 Pascal, 349–350
31 Molière, 47–60
33 Locke, 105–106, 111, 230–231, 303–304, 317–319, 325–326
35 Rousseau, 362, 434–435
36 Smith, 388–390
39 Kant, 263, 270–271, 278, 320–321, 330–331, 387–388, 397–398
40 Mill, 269–270, 296, 300, 307–312, 457–461, 471–476
43 Hegel, 48–49, 51–56, 119
44 Tocqueville, 335–336
47 Dickens, 75
49 Darwin, 305, 317
51 Tolstoy, 214–215, 304–305, 645–649
52 Dostoevsky, 35–36
53 James, William, 190–191, 886–887
57 Veblen, 112–116
58 Weber, 102–107
60 Faulkner, 390–391

6b. **The inexactitude of moral principles as applied to particular cases**

8 Aristotle, 339–340, 349, 354–357, 389, 395–398
17 Aquinas, 651–655
18 Aquinas, 209–210, 223–224
24 Shakespeare, 11–12
28 Bacon, 94–95
28 Descartes, 352, 463
30 Pascal, 27–44
39 Kant, 278–279, 357–360, 398–399
40 Mill, 456–457
41 Boswell, 219
43 Hegel, 77–79, 144
53 James, William, 887–888

7. **The social and political significance of public opinion**

7a. **The value of the majority opinion: the distinction between matters to be determined by the expert or by a consensus**

5 Herodotus, 107–108

5 Thucydides, 520
6 Plato, 29, 43–45, 213–219, 258, 286–287, 377–379, 598–599, 653–662
8 Aristotle, 420–421, 479–480, 484, 486
13 Plutarch, 792–802
14 Tacitus, 238
19 Chaucer, 349–350
21 Hobbes, 58, 78
23 Montaigne, 343–344
24 Shakespeare, 568–569
30 Pascal, 231, 232
33 Locke, 76
35 Montesquieu, 84, 85
35 Rousseau, 371–372, 396, 425–428
40 Federalist, 98, 192–193, 205, 214–215
40 Mill, 274–302, 330, 332, 343–344, 350–351, 355–409, 410–412, 422–423, 425, 437–442 passim esp 439
41 Boswell, 86
43 Hegel, 104–107, 152, 288–289
43 Nietzsche, 500, 501–502
44 Tocqueville, 230–231, 346–347
51 Tolstoy, 482–484, 503–511
57 Veblen, 57–58, 82
57 Keynes, 339–342
58 Weber, 89–91, 134

7b. **Majority rule, its merits and dangers: protections against the false weight of numbers**

4 Euripides, 352–353
4 Aristophanes, 673–696, 729–730
5 Herodotus, 180
5 Thucydides, 425, 515–516, 520
6 Plato, 409–413
8 Aristotle, 470, 476–477, 481–483, 491, 496, 498–499, 511–512, 520–522
13 Plutarch, 34–35, 648–649
21 Hobbes, 152
23 Montaigne, 187–188
25 Shakespeare, 351–353, 361–362, 383–384
30 Pascal, 227, 345
33 Locke, 46–47
35 Montesquieu, 4–6, 35–36, 51–52, 71, 73
35 Rousseau, 369, 391, 411
37 Gibbon, 91
40 Articles of Confederation, 5–6
40 Federalist, 47, 49–53, 82–83, 120, 181, 189, 232
40 Mill, 268–271, 307–312, 350–355 passim, 355–392, 401–409
41 Boswell, 261
43 Hegel, 107–108, 180, 183
43 Nietzsche, 502–503
44 Tocqueville, 65–69, 98–99, 128–144

交叉索引

以下是与其他章的交叉索引：

The distinction between knowledge and opinion in terms of their objects, see BEING 8e; KNOWLEDGE 4b; NECESSITY AND CONTINGENCY 4a; PRINCIPLE 3c(2); TIME 6f; TRUTH 3b(2); this distinction in terms of psychological causes, see CUSTOM AND CONVENTION 9a; DESIRE 5b; EMOTION 3b; WILL 3b(1).

The logic of argumentation in the sphere of opinion, see DIALECTIC 2b-2b(2); REASONING 4d-4f, 5c-5d; RHETORIC 4c-4c(3).

Opinion in relation to truth and falsity, to certainty and probability, and to adequate and inadequate knowledge, see JUDGMENT 9; KNOWLEDGE 6d(1)-6d(3); NECESSITY AND CONTINGENCY 4a; TRUTH 2e.

The skeptical position that everything is a matter of opinion, see CUSTOM AND CONVENTION 9b; KNOWLEDGE 5c; PRINCIPLE 5; RELATION 6b; TRUTH 7a-7b; UNIVERSAL AND PARTICULAR 7a.

The skepticism that treats philosophy as opinion in contrast to science, see METAPHYSICS 4a; PHILOSOPHY 6b; SCIENCE 7a; another variety of skepticism that treats all moral or aesthetic judgments as matters of opinion, see BEAUTY 5; CUSTOM AND CONVENTION 5a; GOOD AND EVIL 6d; RELATION 6c; UNIVERSAL AND PARTICULAR 7b.

The application of moral principles or legal rules to particular cases, see JUSTICE 10d; LAW 5g; REASONING 5e-5e(3); UNIVERSAL AND PARTICULAR 6c.

Supernatural faith distinguished from both science and opinion, see GOD 6c-6c(2); KNOWLEDGE 6c(5); RELIGION 1a; THEOLOGY 2, 4b; TRUTH 4a; WILL 3b(3).

Religious faith as ordinary belief or as the result of the will to believe, see GOD 13; RELIGION 6f; SCIENCE 7a; THEOLOGY 5; WILL 3b(1), 3b(3).

Freedom in the sphere of opinion, see KNOWLEDGE 9b; LIBERTY 2a; PROGRESS 6e; TRUTH 8d.

Majority opinion, the principle of majority rule, and the role of minority opinions, see ARISTOCRACY 6; CONSTITUTION 9-9a; DEMOCRACY 2a, 3b, 5b(1); GOVERNMENT 1h; STATE 8d(3); TYRANNY AND DESPOTISM 2c.

扩展书目

下面列出的文著没有包括在本套伟大著作丛书中，但它们与本章的大观念及主题相关。

书目分成两组：

Ⅰ. 伟大著作丛书中收入了其部分著作的作者。作者大致按年代顺序排列。

Ⅱ. 未收入伟大著作丛书的作者。我们先把作者划归为古代、近代等，在一个时代范围内再按西文字母顺序排序。

在《论题集》第二卷后面，附有扩展阅读总目，在那里可以查到这里所列著作的作者全名、完整书名、出版日期等全部信息。

I.

Augustine. *On Faith in Things Unseen*
——. *On the Profit of Believing*
Bacon, F. *Of the Colours of Good and Evil*
Locke. *Conduct of the Understanding*
Hume. *A Treatise of Human Nature,* BK I, PART IV, SECT I-IV
Voltaire. "Opinion," "Sect," in *A Philosophical Dictionary*
Kant. *Introduction to Logic,* IX
Mill, J. S. *A System of Logic,* BK III, CH 25
James, W. *The Will to Believe*
Veblen, T. *The Vested Interests and the Common Man,* CH 1
Russell. *The Analysis of Mind,* LECT 12

II.

THE ANCIENT WORLD (TO 500 A.D.)

Sextus Empiricus. *Outlines of Pyrrhonism,* BK I-II

THE MIDDLE AGES TO THE RENAISSANCE (TO 1500)

Nicholas of Cusa. *De Docta Ignorantia*

THE MODERN WORLD (1500 AND LATER)

Balfour. *The Foundations of Belief*
Beattie, J. *An Essay on the Nature and Immutability of Truth*
Bradley, F. H. *Essays on Truth and Reality,* CH 2
Browne. *Pseudodoxia Epidemica (Vulgar Errors)*
Clifford. "The Ethics of Belief," in *Lectures and Essays*
De Morgan. *A Budget of Paradoxes*

Dicey. *Lectures on the Relation Between Law and Public Opinion*
Gill. *The Necessity of Belief*
Glanvill. *Scepsis Scientifica*
Hazlitt. *Table Talk*, VII
Hodder. *The Adversaries of the Sceptic*
Kirk. *Ignorance, Faith and Conformity*
Laird. *Knowledge, Belief, and Opinion*
Lippmann. *Public Opinion*
Morley. *On Compromise*
Newman. *An Essay in Aid of a Grammar of Assent*

——. "Private Judgment," in *Essays and Sketches*
Peirce, C. S. *Collected Papers*, VOL V, par 358–410
Price. *Belief*
Reid, T. *Essays on the Active Powers of the Human Mind*, III, PART II, CH 8
Sanderson. *De Obligatione Conscientiae (On the Obligations of Conscience)*
Taylor, J. *Ductor Dubitantium*
Venn. *On Some of the Characteristics of Belief, Scientific and Religious*

65

对　立　Opposition

总　论

在日常言语的词汇中,某些词几乎被运用于每一次交谈中。它们指示的观念与人类思想是如此息息相关,以至于人们经常不加分析地使用它们。"是"(is)这个词就是其中一个,它表示存在(being)或者生存(existence)的观念。"否"(not)和词组"不是……就是"(either…or)也有着同样的特性,它们被合用在一起时,表示"对立"的观念。红的性质不同于热的性质,但这种否定关系自身并不使它们对立,因为有些事物可以是既红又热的。只有当一种事物"要么"具有一种性质,"要么"具有另一种性质,而不是两者皆具时,这些性质才能被称为是相对立的。对立不惟是"区分",而且是相互排斥。

对立,看上去就与那些表示它的常见的词一样普遍。它尽管不属那些重要的观念之一,但它却出现在以对立形式出现的其他所有基本概念之中,如好和坏,生和死,战争与和平,共相和殊相,快乐与痛苦,必然与偶然,同与异,一和多,美德和罪恶。这些概念中的每一个似乎都包含着它的对立面,并且从它的对立面那里获得意义。在这个重要观念的清单上有另一些词,尽管没有在同一章节中成对出现,也仍然是对立于一个他者,如:艺术对自然,运气对命运,自由对奴役,时间对永恒,知识对意见,质料对形式,民主对极权及另一些相似的政体形式。还有一些词,如果不提及它们的对立面就无法进行讨论,尽管我们还不能够清晰地列出它们,例如:存在和非存在,真和假,爱和恨,公正和不公正,富裕和贫穷。

除了在某些情况下——比如我们还没有众所周知的熟悉名称来描述这些对立——会有所不便,上述列举也许可以扩展乃至包括每一个基本概念。另外,在一些事例中,例如在论述诗歌、历史和科学,或者论述物理学、数学和形而上学时,"对立"所包括的似乎多于一对语词。

在伟大著作的传统中,我们不仅发现一种思想和另一种思想的对立,而且发现在这些思想的引导下,几乎在对每一个基本主题的讨论中,都有着对立的观点、互相冲突的理论或教义。我们发现,人们在相反的意义上使用同一个词,去证实和否定同样的命题。我们发现了人们以推理对抗推理,而从显然相反的原理中却得出了相同的结论,或者,从显然相同的前提中推出对立的结论。

尽管对立似乎是内在于观念王国和思想生活之中的,但"对立"的观念在许多典籍中却没有得到清晰明确的解释。这并不是说,人们在考虑其他的问题时,"对立"的意义和影响未被注意到,恰恰相反,在所有讨论自然和人类行为,或者制度和社会历史的章节中,有证据表明,诗人和历史学家、科学家们和哲学家们已普遍认识到,对立以其充满活力的冲突之方式标志了现象的特征。势不两立的对立之事实不仅用于对事物存在方式的描述,而且也为心理学家、伦理学家、经济学家和政治家们提出了所要解决的难题。

对自然及人类和社会的研究已揭示了对立乃变化的根源。例如,古代物理学家以对立的性质来解释元素或者整体气质。据亚里士多德,对立处身于自然的最高原则——即变化——之中。卢克莱修的宇宙论则将对立面的冲突视为天地万物的生长和衰亡的原则,毁灭与创造对抗,生命与死亡搏斗:

> 那些引起死亡的运动也不能永远
> 胜利。或者把世界的生命永远葬埋
> 但那些使万物产生和长大的运动
> 也不能把创造了的东西永远保住。
> 从亘古开始的本原之间的战争
> 就这样胜负不定地永远进行着。

现代力学致力于物体冲击力中的作用和反作用,以及产生出对立结果的诸力之消解。进化理论描述出一个生命有机体竞相为生存而斗争的世界,有机体和有机体相竞争,或者是为了继续生存或再生产的手段而与不利的环境相抗争。

这些在思想领域本身中普遍存在的冲突之表达,或是作为人们思考自然和社会时的基础观念,都没有改变这样一种观点:只有在逻辑学或形而上学中,才能从特定的主观的东西中抽象出"对立",并使对立成为思想的客体。尽管如此,也并不是所有重要的思辨性著作都建立起一个清晰明确的对立理论——对它进行分类,分析其结构,把它作为存在、心灵或者精神的普遍原则加以系统表达。

有四位作者特别地将对立视为主要论题,尽管他们未超出其他某些概念——诸如存在、关系、一和多、同一和他者或同一性与差异性——之语境范围。他们是柏拉图、亚里士多德、康德和黑格尔。毫不惊奇,在**辩证法**一章中这些作者也是最重要的理论形态。他们在辩证法的本质或意义方面的分歧,正好对应于这里他们在"对立"上的理论冲突。

在《普罗泰戈拉篇》中,苏格拉底为了论证美德的整体性运用了一个原则,即"任何事物都有一个对立面,此外没有其他的对立面"。如果智慧是愚蠢的对立面,并且如果愚蠢似乎也是节制的对立面,那么要么智慧和节制是同样的,要么一个事物就可能有更多的对立面。普罗泰戈拉勉强同意了第一种说法。他显然很不情愿重新开启关于成对的对立面之话题,但这个问题由其他人重新提起了。它是在对立理论中最重要的问题之一,关系到对立的不同种类之区分。

在划分和定义的逻辑过程中,这个问题能最简单明了地得到陈述。假设对立总是成对出现,任何类都能被划分为两个子类,它们不仅互相排斥,而且穷竭了被划分类的可能性,这种划分法就被称为"二分法"。许多柏拉图对话——最明显的是智者和政治家——都是以二分式划分方法为建立定义之技巧的典型。这些政治家或智者们的特点,是在对被定义的对象做出重重划分之后,达到两个子类间已不留任何其他开放的可能性——即要么是一个,要么是另一个——最终使被定义对象在分类网络中被理解。

在《智者篇》中,划分方法作为给"智者"下定义所使用方法的预备,首先得到了运用。它在这里给我们提供了一个二分法的范例。所有技艺首先被划分为两类,即生产的技艺和获取的技艺。获取的技艺又被划分为那些通过自愿交换和通过暴力得到财物的技艺。这种暴力的技艺,依据选择公开或隐秘的攻击方式,可分为争战和猎取。猎取分为猎取无生命的东西和猎取有生命的东西。猎取有生命的东西,可分为猎取浮游水中的动物或者猎取走兽。猎取浮游动物,可被分为猎取有翼的动物和猎取水生动物。猎取水生的动物，又分类为捕鱼的不同方法。再继续划分下去，直到钓鱼的技艺可被定义为一种获得性技艺，即一种暴力形式的猎取形式，以其对象的特性——一种生活在水中而非空中的动物，以及捕获它们的方法——钓或倒钩，而非网或鱼篮，而区别于其他猎取形式。

亚里士多德反对把这种划分过程作为定义事物的方法。他说："这些作者提议借助二分式的划分来作出对动物生命的最基本形式的定义。但是这种方法经常有困难，并且通常是不易操作的。"一方面，它倾向于任意地建立或是割断自然群体间的联系。例如，鸟类和水中动物的分类，或者某些鸟类和鱼类以及某些鸟类和陆生动物的分类。"如果这些自然群体不被分割的话，二分方法根本不能使用，因为它必然需要这样的分割和错位。"

亚里士多德也注意到这一事实，即二分方法为了穷尽这种划分——划分为两个并且仅仅只有两个子类——经常使用否定性的词。但是这个由否定式描述构成的类，却不能够再进一步地被划分。"比如对于无羽毛或者无足的动物，不可能有一个像对于有羽毛和有足的动物那样特殊的否定形式。"亚里士多德说，"借助二分式划分法来达到动物生命的最终的独特形态"，是不可能的。因此，他提出用属加种差来进行定义的方法。按照这种方法，在生物学分类中把一个属划分为多于两个的种是可能的。为了避免划分为两个和只有两个种，必须具有一些肯定的特性，使每个种和其他与之同属的种区别开来。

作为下定义的非此即彼的方法，二分法和属加种差法都在**定义**一章中讨论过了。在这里，我们关注的是由于对一个纲或类进行穷竭划分而产生的对立的数量问题。例如，有多少种颜色？假如原色超过两种，那么似乎每种原色会有超过一个的对立面，因为同一客体在同一时间和同一方面不可能既红又黄、既红又绿、既绿又黄。不过，亚里士多德似乎将对立的观念限制在成对的对立性质上。他认为，"红色、黄色以及诸如此类的颜色，尽管性质多样，却不是对立"。如果他已经熟知了颜色的光谱系列，无论他把不把它们当作对持的东西，都会这样猜测。

要为红色找到一个单一的对立面，使用否定词"非红色"是必要的。然而，在他称这个否定词为"非限定"的时候，另一个被亚里士多德所认识到的困难随之出现了，这个问题康德在讨论否定的无限性时也曾阐述过。"非红色"包括了不是红色的其他更多的颜色，例如绿色和黄色。它包括了宇宙中任何非红色的东西，它们或是有色的或是无色的，诸如幸福、原子或是诗歌等等。

完美的二分法能够通过使用肯定和否定的词作为对立面或者通过如亚里士多德有时称呼的"对立语词"——如人和非人，或者公正和非公正——来达到。但是这些随后被划分的类就是绝对模糊的了。它是宇宙，任何事物，无限的东西。而且，必须要在"公正"和"非公正"（not-just）之对立与"公正"和"不公正"（unjust）之对立中做出区分。"不公正"之于"公正"，与其说是矛盾（contradictory），不如说是对持（contrary），因为这些对持仅仅运用于人类、法律或者行为。只有某些种类的事物要么是公正的，要么是不公正的，那也就是为什么要说矛盾总是在一个属或者一个限定的类内的对立。与此相反，"非公正"与"公正"是矛盾的，而非对持的，因为这些对立适用于宇宙中任一事物。每一事物，要么是适用于公正和不公正，要么两者都不适用，而两者都不适用的事物也就是非公正的。

为了把矛盾（双方都是具有肯定意义的词）和对持（其中一个是肯定的，另一个是否定的词）区分开来，亚里士多德区分了两种对持。一方面，是像奇数和偶数这样的对立面穷尽地分割了一个有限的类（如整数）；另一方面，像白和黑这样的对立则表现了一个明暗度的连续系列之极限，在这一序列中任何层次的明暗度都可以被看作是极限，与更暗者或是更亮者相对立。

按照亚里士多德的观点，还有另一些种类的对立组，如"两倍"和"一半"这些词具有着互相指涉的特性，或者如"盲"和"视力"这些词是同样主体的对立状态。在这后一个例子中，对立面中的一个理所当然地属于某种事物，而另一个就代表了那种天然特质或品性的丧失，它也因此被称为"缺失"。

在考虑对立这些多样的模式时，亚里士多德提出了"对立"语词的四重分类：相关的对立，像"二倍"和"一半"；对持的对立，像奇数和偶数，白和黑，公正和不公正；占有和匮乏之间的对立，像视力和盲眼；肯定和否定的对立，像人和非人，或者公正和非公正。他讨论了每种对立的具体特征，但认为只有"对持的对立"需要进一步划分。

某些对持的东西，像奇数和偶数，尽管双方使用的一直都是肯定的语词，仍然穷竭了一个有限的类，就像肯定和否定的对立穷尽了无限者一样。它们不允许居间词语的存在，由此区别于像白和黑这样的对立。白和黑是一个连续序列的极限，因此它们允许渐次于它们中的无限数量的居间者的存在。仅仅是在程度上不同的事物，相似于在一个连续序列中找到位置的对立面；不同类的事物，则相似于那种不可能存在任何居间项的对立面。

在分类中有一个重要问题尤其与生命有机体相关：在一个单一的属内渐变的多样的物种，是种类上不同，还是仅仅程度上不同。答案似乎依赖于这许多物种是同一关系还是和其他物种是对立关系。就像**进化**一章所显示的，"种"这个词的基本含义随着拒绝或接受"居间形式"的可能性而发生变更。当一个类被划分为不带居间项的对立时，这个"属"可能仅仅只有两个种，例如把动物划分为野兽和人类这样的。当一个属被划分为多于两个的子类时（如将脊椎动物划分为鱼类、两栖动物、爬行动物、鸟类及哺乳动物），它似乎仿效了使"种"好似一个连续序列中的点，并且允许居间类型存在的可能性。

按照达尔文的物种观念，它们的对立总倾向于采取较后产生的形式。另一方面，亚里士多德似乎是在两种不同的、对应于这两种对立——有居间项和无居间项——的意义上使用"种"这个词的。他写道，"一个事物在种上别于他物，必然是一个对立者"。然而，尽管对立者"总是完全的不同"，但"对立具有所谓几种含义"的事实仍使他注意到，"它们的完善模式将呼应于那些和对持相关的对立面的多种模式"。

命题或者判断的对当逻辑关系（logical opposition）部分地依赖于语词或者概念的对立。如果相反的东西被用来说明同一个论述的主体（也就是说，如果同一个数既被称为奇数又被称为偶数，或者同一个行为既被称为懦弱的又被称为勇敢的，或者同一种动物既被称为鸟又被称为哺乳动物），这就形成了一对相反的陈述，它们不可能同时为真。不过它似乎也不要求两个陈述中必有一个为真，而是两者也皆可为假。在上述例子中,这个数也许是分数,而既非奇数又非偶数;这个行为也许是鲁莽的,既非勇敢又非懦弱的;这种动物也许是爬行动物,既非鸟类又非哺乳动物。

对立陈述的特征——它们不可能同时为真与可能同时为假密切相关——按照亚里士多德的观点,在那些有着同样主词,并且不包含对立的词作谓词的命题中,也可能被发现。命题"所有人是白的"和"没有人是白的"不能同时为真,但是它们可以同时为假。这两个可以当作所有全称肯定和全称否定对立之典型的对立的陈述,并非由于相反的谓词,而是取决于"所有都是"和"无一是"的对立含义。

保留的是命题之语词的常项,改变的仅仅是命题的质和量,据此,亚里士多德在成对的陈述中建立起另外两种典型的对立模式。当两个陈述都是特称的或是有限定的,而一个是肯定的而另一个是否定的,则二者不能同时为假,然而可以同时为真。例如"一些人是白的"和"一些人不是白的",这组对立亚里士多德称为"次级对立"。当一个陈述是全称肯定的,而另一个是特称否定的——或者当一个是全称否定的,另一个是特称肯定的——按照亚里士多德的观点,这两个命题就是矛盾命题。矛盾命题是对立最完美的类型,因为矛盾陈述在质和量上都是对立的。一组矛盾命题不能同时为真,也不能同时为假。一个必然为真,另一个就为假,例如,要么"所有人是白的"必然为真,要么"一些人不是白的"必然为真。

对立陈述的形式框架,传统上称为"对当方阵",它似乎穷竭了一切可能性。此外,它还表明每一个陈述都可能有两个对立面,即一个矛盾命题加上一个对立命题或者一个次对立命题。例如,"所有人是白的"与"一些人不是白的"相矛盾,而和"没有人是白的"仅仅以对持的方式对立。"对持"是对立的稍弱的形式,因为它借助于第三个陈述,即"一些人是白的和一些人不是白的"的真,来避免两难推理。而由矛盾命题产生的两难推理,就不能用这种方法来避免。

"上帝存在"和"上帝不存在",或者"世界有一个开端"和"世界没有一个开端",这些命题构成了似乎无法避免的矛盾。因此,在面对西方思想传统中这些重要的论战时,认识到这一点就显得很重要,即这些人们已经在基本论题中采用了的对立观点是否为真正的矛盾,需要每个人都采取一定的立场,或者它们又是否仅仅只是相反的观点而已。在后一种选择中,理论的前后矛盾使我们不能同时赞同论辩的双方,不过它也不需要我们两者都赞同,因为永远不可能穷尽相反的原则。例如"凡物皆变易"和"无物改变"这样极端的观点,二者不可能同时为真。真理也许存在于这样的信念之中,即所有的变化都包含着某些永恒的要素;或许它也存在于这样的理论之中,即生成的王国缺乏永恒,而存在的领域却无变化。

"一个命题应当避免自相矛盾"之原则,通常被视为逻辑思考的规律或是思想的法则。但是,就像罗素指出的,"矛盾律是关于事物的,而不仅仅是关于思想的。并且即使相信了矛盾律是一种思想,矛盾律自身却不是一种思想,而是与世界上的事物之事实相关"。

在这些重要著作的传统中,根本性的论战之一所关注的是对立自身。矛盾律是判断和推理之真实性的最终检验吗?那些不可证明的命题或公理的真实性也是由它们的矛盾命题的自相矛盾来证明吗?例如,"整体大于部分"这个命题的真实性是否必须要由它的矛盾陈述"整体不大于部分"的不可能来证明,而在这个理论中的后一陈述之所以不可能,乃因为它是自相矛盾的吗?如果一个结论被似乎必然为真的命题所证明,那么与之相悖的结论一定是假的吗——或者说,至少不能被那些也是必然为真的命题所证明?

在这些问题上,康德和亚里士多德似乎是正相反对的。按照亚里士多德的观点,没有真理是必然的或者不证自明的,除非它们的矛盾命题是自相矛盾的。而康德则区分了分析命题和综合命题(在**判断**一章中予以讨论),并由此将矛盾律限制到仅为分析判断真实性的标准。他写道:"在一个分析判断中,无论是否定的还是肯定的,它的真实性总是能由矛盾律所判定。"尽管我们已不得不承认这一点,康德仍继续写道,"矛盾律是所有分析知识之普遍和完全充足的原则,但决不能允许它扩展成为真理的充足标准,而超越了它的权限和效用"。在"我们综合的知识那一部分,我们无疑必须极为当心,不要触犯这个不容违抗的原则,但是我们也不应指望,它能对我们认识这类知识的真理有任何助益"。

康德解释说,其原因在于,"形成一个分析判断,当我断言它的一些东西时仍然是停留于一个给定的观念之内的。假如我断言某物是肯定的,我仅仅在断言这个概念本已包含的东西。假如它是否定的,我也仅仅是从它那里排除了它的对立面"。例如,如果"整体"这个概念本已包含了"比部分大"的含义,否定"整体比部分大"就会导致自相矛盾。

康德声称,"在形成一个综合判断时,却恰恰相反,我必须超越一个给定的概念,以便把某些完全不同于它所包含的东西结合在一起。在这里,我们既没有同一关系也没有矛盾关系,这个判断自身中没有任何东西能让我们借以发现它的真或假"。比如"任何事物发生都有原因"这个判断,根据康德,这样的综合判断,其真理性就如同分析判断的真理性一样是必然的和先天的。但是,矛盾律不能给它提供根据或有效性。

对亚里士多德来说,恰恰相反,那些其必然性不是来源于矛盾律的命题,属于意见的领域而不是知识的王国。它们仅仅被称为可能,而不是真或假的。在知识的国度,为自相矛盾的结论建立有效的论证是不可能的。因为如果一个必然为真而另一个为假,一个就能被有效地论证,而另一个完全不可能被论证。但是,在意见范围,辩证的对立是可能的。因为一个可能性陈述的矛盾命题自身也是可能的,任何一个辩证论题的对立双方都可以建立起可能的论证。

对康德来说,辩证论题不是存在于一个对立的可能性之冲突中。辩证对立绝不是以可能的推理去抵消可能的推理,而是存在于显示为矛盾命题的证明中。例如,在《纯粹理性批判》用于阐述先验辩证法的部分,康德提出了看上去像是对矛盾命题进行论证的对立证明,比如正题"世界在时间上有一个开端"和它的反题"世界没有开端",或者正题"有一个绝对必然的存在"和反题"绝没有一个绝对必然的存在"。这是被康德称为"先验辩证法的二律背反"四大论题中的两组论题。

这些论题,亚里士多德也许会赞同康德,即它们不属于意见世界或是可能世界,但是康德却不会同意亚里士多德将这些论题归属于科学或是某种知识的领域。例如,世界之开端或永恒的问题,此一问题在亚里士多德的《物理学》中讨论过,并且,似乎他已经借助运动既无开始又无终点的论证解决了这一问题。"必然的存在(being)之存在(existence)"

则是一个亚里士多德在其《形而上学》中探讨过的问题，并且似乎是他也有能力加以论证解决的问题。因此，于他而言，对于这两个问题都能给出科学的回答。但是，对康德来说，在上述两例中，反题或矛盾命题的论证都和对正题的论证一样有力。因此，既然我们知道一组矛盾命题双方都不能得到有效论证，我们就必须作出这样的结论，即先前的证明不过是虚假的论证，或者如康德所说，是"幻象"。他称这些论证为"辩证的"，称这些他们试图解决的论题为"二律背反"，其确切的原因，是康德认为这些推理超出了科学思考的界限，并且，这些论题是理性永远无法解决的问题。

与肯定或否定超出经验的材料的结论相关，二律背反可以被解释为，要么显示了相矛盾的论点是同等地合理，要么显示了它们是同等地谬误。对这两种解释，康德和亚里士多德在把矛盾律运用于互相冲突的论点和结论（当然，除了那些仅仅是可能的）上时，看上去是正相反的。他们之间的不同正对应于他们的科学和辩证法观念的不同，以及他们关于有效知识的界域和条件之理论上的不同。

康德和亚里士多德之间的对立展示的也许并不只是二者择一，黑格尔的辩证过程的理论似乎提供了第三种选择。亚里士多德似乎认为所有的矛盾都必须以有利于对立面中的一方的方式加以解决，而康德似乎认为某些矛盾根本不可能解决的地方，黑格尔提出了对所有矛盾的解决方法，不是在它们之间做一选择，而是借助于一个综合体系来统一对立面并调和它们之间的差异。

按照亚里士多德的观点，在存在与思想中，对立都是排他的。一个事物在同一时间不可能既存在又不存在，它也不可能从任何一个特殊的方面来说，它同时既是又不是某一类事物。对立，只有在与时间进程相关系并且处于变化过程之中，如当一个事物由存在变为非存在，或是放弃一种特性以采纳它的对立面的时候，才能被认识。

对亚里士多德来说，在生成和存在（或是在变化和完成的现实）之间的差异，像是一个包括而另一个排除了对立面。除非当一个对立面生成时，而另一对立面消失，变化是不可能出现的。但是，对立的东西不可能与完成了的现实共存。只要实在（reality）由共存的现实组成，它就受到矛盾律——作为存在的原则——的限制而不会有矛盾存在。因此，所有的可能性不可能同时被认识，因为就像莱布尼茨所陈述的原则一样，所有的可能性并非"可共存的"。

按照黑格尔的观点，实在的每一个有限阶段——除了绝对观念自身之外的任何事物——都有和它自己一样真实的矛盾与它共存。矛盾指涉一个他者并且彼此需要一个他者，几乎就像相互关联的对立一样。任何不完全和不完备的事物，都预设了某些不完全和不完备的东西从对立的方面存在。因此，它们之间的对立可以借助一个囊括了二者并把它们统一在一起而相互补充的综合体系来超越。

例如，存在的概念和非存在相对立。对立双方既排斥又指涉了一个他者。它们在某种意义上甚至是与他者同一的，即存在的概念包含了非存在的概念，相反地，非存在的概念也包含了存在的概念的这个范围之内。除了绝对者，任何事物都存在又不存在，不存在又存在。把对立的概念同时运用到同一事物时产生的明显矛盾，借助于第三个概念"生成"，即存在和非存在的综合，而得以克服。存在和非存在统一于生成之中。

对海德格尔而言,却并非如此:非存在或"无(Nothing)是存在之整体的否定……但是在这一点上,我们将无带入了否定的更高概念之中,因而也就带入了被否定的东西的更高概念之中。但是按照'逻辑的'首要和不可置疑的教导,否定是一种特殊的理性行为。那么,在我们探究无时……我们能够让理性退场吗?"如果我们必须这样做,就仅仅是因为无的现实性比理性的否定行为更是源初性和基础性的。

由此,海德格尔和黑格尔所采取的立场,是与那种视存在和非存在为不可调和或可调和的对立面观点相反的。一个更为包摄大全(whole)的对立面的统一体(涵括了对立双方,使对立面调和),是正题、反题和合题之黑格尔式辩证法的典范。就像一个矛盾命题的合题面对着它自己的对立面,又需要一个更高的合题去超越它已经产生的矛盾一样,这种运动重复了它自身。因此,在现实中或思想中的任何对立,都是向绝对观念——那时所有的矛盾都被解决了——之现实化运动的一个阶段而已。

在黑格尔《历史哲学》和《法哲学》的国家发展理论中,辩证进程在发展的每一阶段都被举例说明了。互相依存的对立面——社会中对立的阶级或力量,对立的政治体制或原则——的冲突,要求一种统一而非排除对立面的解决方法。

例如,就劳动的分工而言,黑格尔写道:"如果人们在劳动和满足需要上依赖于互利性关系之中,主观的利己心转化为对其他一切人的需要得到满足是有帮助的东西。这便是说,在辩证的发展中,主观的利己心转变成为普遍物而转化为特殊物的中介。其结果,每个人在为自己获利、生产和享受的同时,也正是为了其他一切人的享受而生产和获利。"由此,在每个个体的特殊利益和所有人的普遍利益之间的对立,就被劳动分工的社会组织中的进展所超越了。

按照黑格尔的观点,世界历史的每一阶段,都是"世界精神的理念中一个必要环节的显现"。但是,世界精神自身就是一种综合,是对冲突着的对立面——多样性的民族精神——的解决。这种多样性的民族精神"完全受制于它们的特殊利益,在它们彼此互利的关系中,其行为和命运是这些有限的精神之辩证法,从中产生出了普遍精神,世界精神,它摆脱了所有的限制,以产生自己作为其自身的正义之运用(它的正义是所有正义中的最高正义),在作为世界的正义法庭的世界历史中超越这些有限精神"。

分 类 主 题

1. 逻辑学中的对立
    1a. 术语中的诸种对立:相关,对持,缺失,否定
    1b. 对对持的分析:可以成为对持的语词种类;在极端间有居中者和没有居中者存在的对持
    1c. 作为逻辑划分之原则的对立的穷竭性
        (1)二分法:肯定词和否定词
        (2)属加种差式划分:种的对持
    1d. 命题或判断的对立:
        (1)对当方阵:矛盾,对持,次对持

（2）模态对立：必然性和偶然性

 1e. 推理和证明中的对立：辩证的论证之冲突；先验辩证法的二律背反

2. 对立的形而上学意义

 2a. 作为有限的共存之对立：作为存在原则的非矛盾性；补偿性原则

 2b. 存在、心灵或精神领域内的对立：一和多；正题、反题、合题的辩证法三段论

 2c. 作为存在之对立面的非存在

 2d. 世界之中和与上帝相关联的善和恶的对立

 2e. 神性的自然中对立面的调和：绝对观念中所有对立的综合

3. 物质自然界中的对立

 3a. 作为变化之原理的对持

 3b. 在元素和气质理论中质的对立

 3c. 运动和静止的对立，以及相反运动的对立

 3d. 物理力量和它的释放之间的对立

 3e. 为生存而斗争：物种间的竞争

4. 心理和道德秩序中的对立和冲突

 4a. 理性和激情之冲突

 4b. 互相冲突着的激情、气质、本能或习性

 4c. 作为压抑之原因和神经紊乱之因素冲突

 4d. 爱和忠诚、欲望和义务之间的冲突

 4e. 人类生活中的冲突：人们对立的类型和生活方式

5. 社会和历史中的冲突

 5a. 商业竞争和政治派系间的较量

 5b. 阶级斗争：富人和穷人，有产者和无产者，资本家和工人，生产者和消费者之间的对立

 5c. 内乱和国家间战争的不可避免性：平息争端的手段

 5d. 作为进步之生产性原则或源泉的对立或斗争

[鲍永玲、潘德荣 译]

索引

本索引相继列出本系列的卷号〔黑体〕、作者、该卷的页码。所引圣经依据詹姆士御制版，先后列出卷、章、行。缩略语 esp 提醒读者所涉参考材料中有一处或多处与本论题关系特别紧密；passim 表示所涉文著与本论题是断续而非全部相关。若所涉文著整体与本论题相关，页码就包括整体文著。关于如何使用《论题集》的一般指南请参见导论。

1. Opposition in logic

1a. Kinds of opposition among terms: correlation, contrariety, privation, negation

6 Plato, 49–50, 242–245
7 Aristotle, 16–19, 70–71, 159–160, 173, 187–188, 201–202, 523–524, 539, 582
17 Aquinas, 103–104, 699–700
21 Hobbes, 57
55 Heidegger, 304–305

1b. The analysis of contrariety: the kinds of terms which can be contrary; contrariety with and without intermediates between extremes

6 Plato, 21–22, 83–84, 163, 350–351
7 Aristotle, 8, 10, 15, 17, 19, 158–159, 201, 531–532
8 Aristotle, 407
11 Plotinus, 606–607
17 Aquinas, 721–722
22 Rabelais, 12–13
46 Eliot, George, 373–374

1c. The exclusiveness of opposites as a principle of logical division

1c(1) Dichotomous division: positive and negative terms

6 Plato, 134, 552–561, 577–608 esp 595, 610–613
7 Aristotle, 64–65, 125
8 Aristotle, 165–167
39 Kant, 43–44

1c(2) Division of a genus by differentia: the contrariety of species

6 Plato, 548–549
7 Aristotle, 5, 7–8, 132–133, 171–172, 177, 178, 196–199, 261–262, 539, 546, 561–562, 568–570, 585–586
8 Aristotle, 165–168
11 Plotinus, 598–600, 605
17 Aquinas, 17–18, 257–258, 381–382, 611–612, 697–702, 746, 774–775
18 Aquinas, 15–18, 54–55, 115–118, 479–480, 710–711
39 Kant, 193–200
53 James, William, 344–345

56 Dobzhansky, 667–668, 669–672

1d. The opposition of propositions or judgments

1d(1) The square of opposition: contradictories, contraries, subcontraries

7 Aristotle, 19, 26, 29–31
18 Aquinas, 68–69
39 Kant, 64–65, 156–157, 174
55 James, William, 17–18
55 Russell, 270
55 Barth, 513–514

1d(2) Modal opposition: the necessary and the contingent

7 Aristotle, 32–35
28 Descartes, 244
39 Kant, 39–41, 193–200
53 James, William, 861

1e. Opposition in reasoning and proof: the conflict of dialectical arguments; the antinomies of a transcendental dialectic

6 Plato, 65–84, 226–227, 350–351, 491–511, 558, 571–574
7 Aristotle, 84–85, 148, 234
8 Aristotle, 645, 647–648
17 Aquinas, 477–478
18 Aquinas, 765–766
23 Montaigne, 489–491
28 Descartes, 224
33 Locke, 369
33 Hume, 488–491
39 Kant, 120–173, 174–177, 187–192, 200–209, 219–220, 231–232, 260–261, 283–284, 291–292, 296, 302, 331–337, 340–342, 540–542, 562–578
40 Mill, 274–293 passim
54 Freud, 545
55 James, William, 2–4, 40–41, 54–57, 62–63
55 Whitehead, 204, 220–225

2. The metaphysical significance of opposition

2a. Opposition as limiting coexistence: noncontradiction as a principle of being; the principle of complementarity

6 Plato, 244–246, 504

7 Aristotle, 34–35, 515, 524–532, 577, 587, 590–592
17 Aquinas, 613–614
18 Aquinas, 221–223
28 Spinoza, 632, 633
33 Locke, 316–317
39 Kant, 99–101, 179–182
46 Austen, 90–92
53 James, William, 302
55 Heidegger, 300–301
56 Bohr, 315, 340–341, 347, 351–352
56 Heisenberg, 396, 447–449

2b. **Opposites in the realm of being, mind, or spirit: the one and the many; the dialectical triad of thesis, antithesis, and synthesis**

6 Plato, 368–373, 392–394, 486–511, 534–536, 561–577, 615–617
7 Aristotle, 34–35, 522–524, 581–586, 589, 619, 620
11 Plotinus, 395–397, 425–435, 443–445, 518–563, 626–627, 671–672
17 Aquinas, 47–48
28 Descartes, 275–278, 303–307, 324, 356, 359, 378–381, 457–458
39 Kant, 7–8, 173–177
43 Hegel, 18, 43, 116–118, 163, 296–297, 303–304, 354–355
43 Kierkegaard, 413–423
43 Nietzsche, 465–466
53 James, William, 238
55 Bergson, 78–79, 82–84

2c. **Nonbeing as the opposite of being**

6 Plato, 507–511, 561–577
7 Aristotle, 268, 522
11 Plotinus, 352–360, 415–417
16 Augustine, 397
17 Aquinas, 68–70, 83, 96, 537
55 Whitehead, 212
55 Heidegger, 300–307, 308–309

2d. **The opposition of good and evil in the world and in relation to God**

6 Plato, 322, 530–531
7 Aristotle, 503
11 Epictetus, 112–113, 122–123, 127–130
11 Plotinus, 329–336, 389–391, 392–394
16 Augustine, 31–32, 41, 55–57, 59–63, 384–385, 397–420
17 Aquinas, 259–268, 780–781
18 Aquinas, 137–138
19 Dante, 54–55, 126
20 Calvin, 120–123
21 Hobbes, 160–161
29 Milton, 33–56, 188–195, 262–264
37 Gibbon, 81
39 Kant, 316–317
43 Hegel, 250–251
45 Goethe, 152–159
48 Melville, 1–260

52 Dostoevsky, 126–133, 322–323, 357–361
55 Whitehead, 220
59 Joyce, 570–572

2e. **The reconciliation of opposites in the divine nature: the synthesis of all contraries in the Absolute**

17 Aquinas, 14–20
19 Dante, 133
28 Spinoza, 594–595, 607–608
43 Hegel, 163–166, 259, 324–325
55 Russell, 287–289

3. **Opposition in the realm of physical nature**

3a. **The contraries as principles of change**

6 Plato, 165–166, 226–228, 243–246, 519–520, 762–764
7 Aristotle, 8–9, 18–19, 263–268, 297, 306–307, 316–317, 361, 364, 368, 399–405, 413–423, 428–433, 512, 531, 569, 584, 596, 598–599, 646, 710–711
8 Aristotle, 264
10 Nicomachus, 627–628
11 Plotinus, 608–609
13 Plutarch, 482
17 Aquinas, 305–306, 322–323, 699–700, 724–725
26 Harvey, 408
28 Spinoza, 665–668
39 Kant, 27, 76–83, 91–93
43 Hegel, 186
56 Heisenberg, 403–404

3b. **Contrariety of quality in the theory of the elements or humors**

6 Plato, 155–157, 462–464
7 Aristotle, 428–431, 435–436, 507, 674–689 passim
8 Aristotle, 177–179, 306–308
9 Hippocrates, 8–14
9 Galen, 398–414
11 Lucretius, 64
17 Aquinas, 345–347, 484–485
26 Harvey, 435
28 Bacon, 114–115

3c. **The opposition of motion and rest, and of contrary motions**

6 Plato, 350–351, 453, 460, 567–574, 587–589 esp 587
7 Aristotle, 21, 310–312, 362
9 Galen, 347–348
11 Plotinus, 610–611
15 Copernicus, 517–520
17 Aquinas, 104–105, 283–284, 371, 644–646, 799–800
21 Hobbes, 50
28 Bacon, 163
28 Spinoza, 612–613
32 Newton, 5, 14

65. Opposition

3d. The opposition of physical forces and its resolution

10 Archimedes, 502–504
15 Kepler, 696–972
18 Aquinas, 985–989
26 Gilbert, 11–12, 38–39, 52–54, 59, 65–67
26 Galileo, 209–210, 224–225, 243–249 passim
32 Newton, 15–16, 111–130
42 Lavoisier, 9–12
42 Faraday, 599–600, 696–701, 725
56 Poincaré, 28–32 passim

3e. The struggle for existence: the competition of species

5 Herodotus, 112–113
6 Plato, 44–45
8 Aristotle, 134–136
34 Swift, 79–80
35 Rousseau, 334–337, 348–349
36 Smith, 39
44 Tocqueville, 169–178
49 Darwin, 32–39 esp 32–33, 49–53, 182, 233–234, 596
54 Freud, 791
56 Dobzhansky, 590–611 passim

4. Opposition or conflict in the psychological and moral order

4a. The conflict of reason and the passions

6 Plato, 120, 128–129, 224–226, 346–355, 416, 425–427, 735–738
7 Aristotle, 666
8 Aristotle, 239, 348, 395–406
11 Epictetus, 151–153
11 Aurelius, 243–246, 255–256, 268–269
12 Virgil, 136–153
16 Augustine, 51–54, 70–75, 433–437, 442–444
17 Aquinas, 430–431, 507–508, 658–659, 664–665, 690–692, 767–769, 824–825
18 Aquinas, 56–57, 144–152, 160–161, 627–628
19 Dante, 2–3, 6–7
21 Hobbes, 58, 141
23 Montaigne, 67–68, 91–95, 205–206, 241–245, 313–316, 391–395, 528–538
24 Shakespeare, 408
25 Shakespeare, 49, 113–115, 212, 264–266
28 Bacon, 55, 67
28 Spinoza, 676–681, 684, 686–692
29 Milton, 243–246, 321
30 Pascal, 242–243
33 Locke, 192, 392
39 Kant, 282–283, 303–304
43 Hegel, 331–332, 340–341
45 Goethe, 39–41, 46–51
45 Balzac, 185, 202, 282–283
46 Eliot, George, 553–554
52 Dostoevsky, 53–65
53 James, William, 799–808, 816–819
54 Freud, 702, 715–716, 800–801, 838–839, 843–845

59 Pirandello, 271
59 Joyce, 598–601

4b. Conflicting emotions, humors, instincts, or habits

8 Aristotle, 351–355, 623–636 passim
11 Lucretius, 55
16 Augustine, 436–443
17 Aquinas, 724–725, 758–759, 774–777
18 Aquinas, 19–21, 105–107
22 Rabelais, 8
23 Montaigne, 157–158
24 Shakespeare, 304
28 Spinoza, 635–636, 645–646, 658–663, 683
43 Hegel, 122
44 Tocqueville, 288–289
45 Goethe, 1, 9–10, 13–17
46 Austen, 191
46 Eliot, George, 300, 474–475, 576–577
47 Dickens, 336–337
49 Darwin, 311–314, 318–319
50 Marx, 293–294
51 Tolstoy, 235–238, 292–296, 560–562
52 Dostoevsky, 99–105, 209–211
53 James, William, 704–706, 717–718, 734–735
54 Freud, 414–421, 590–593, 615–616, 640, 651–654, 659, 677–678, 708–712, 789–791, 846–851
59 Proust, 336–369 passim, 389–390
60 Woolf, 3, 51–52, 81–85

4c. Conflict as the cause of repression and as a factor in neurotic disorders

54 Freud, 6–9, 81–84, 117, 377–382, 406–407, 422–427, 566–569, 589–591, 593–594, 611–624, 633–635, 690–691, 712–715 passim, 718–754
60 Kafka, 117–119
60 Lawrence, 148–153

4d. The conflict of loves and loyalties, desires and duties

Old Testament: *Genesis*, 22:1–12 / *Judges*, 11:30–40 / *Ruth*, 1 / *II Samuel*, 11–13 / *I Kings*, 11:1–13
Apocrypha: *Susanna*, 19–24
New Testament: *Matthew*, 10:34–37 / *Romans*, 6:12–14; 7–8; 13:13–14 / *Galatians*, 5:16–26 / *James*, 1:12–17; 4:1–2
3 Homer, 74–76
4 Aeschylus, 38–39, 56, 86–87
4 Sophocles, 159–174, 234–254
4 Euripides, 552–554
4 Aristophanes, 824–845
5 Herodotus, 197, 201–202, 223
6 Plato, 153–157
11 Epictetus, 211
11 Plotinus, 405–406
12 Virgil, 144–145
13 Plutarch, 77–79, 152, 196–198
18 Aquinas, 499–500
19 Dante, 57

19 Chaucer, 232-252, 439-448
21 Hobbes, 240, 245-246
23 Montaigne, 422-429, 509-512
24 Shakespeare, 238, 239, 268-272, 285-319, 348-349, 583-584
25 Shakespeare, 103-141, 210-211, 289, 311-350, 377-379
27 Cervantes, 139-162
29 Milton, 358
30 Pascal, 193
31 Molière, 22-27, 30-33, 37-40, 126-127, 141-180 passim esp 168-171, 202-208, 230-253 passim
31 Racine, 294-323 passim, 329-367
44 Tocqueville, 290-291, 311-312
45 Balzac, 278-279, 283-284
46 Austen, 21-24, 53-55, 60-61, 164-168, 177-180
46 Eliot, George, 218-219, 259, 353-354, 379-382, 427-429, 430-432, 481, 523-524
47 Dickens, 110-112, 121-125, 370-372
48 Melville, 244-245
48 Twain, 306-308 passim, 360-362
49 Darwin, 310-314, 318-319
51 Tolstoy, 273-274, 301-302, 327-329, 490-493, 520-521
52 Dostoevsky, 295-297, 420-423
52 Ibsen, 439-474 esp 469-474, 475-521 passim, 548-561 passim esp 548-554
53 James, William, 199-201, 293, 791-798
54 Freud, 467-476 passim, 694-695, 757-759, 764-766, 780-781, 783-789, 792-802 passim
59 Shaw, 112-113
59 Chekhov, 195-225 passim esp 204, 208
59 Pirandello, 245-254
60 Kafka, 132-133
60 Brecht, 415-420

4e. **Conflict in human life: opposed types of men and modes of life**

Old Testament: *Genesis*, 4:1-8
Apocrypha: *Ecclesiasticus*, 33:10-15
New Testament: *Matthew*, 5-7; 25 / *Mark*, 4:1-20 / *Ephesians* / *I Thessalonians*, 3:11-4:12 / *II Timothy*, 3 / *I Peter*, 2:1-5:11
4 Euripides, 296-315, 391-392
4 Aristophanes, 711-714
5 Herodotus, 232-233, 264
5 Thucydides, 366-367
6 Plato, 223-225, 340-341, 401-427, 528-531, 605-639, 690
8 Aristotle, 340-341, 350, 431-434, 636-639
9 Hippocrates, 28-38
11 Lucretius, 15-16, 30-31, 39-43, 72
11 Epictetus, 102, 141-142, 179-180, 184-189, 222-224
11 Plotinus, 310-311, 558-559
13 Plutarch, 254-256
16 Augustine, 746
17 Aquinas, 512-513, 655-656, 815-816

18 Aquinas, 506, 531-532, 570-584, 606-607, 1063-1064
19 Chaucer, 277-286
20 Calvin, 389-391
21 Machiavelli, 25
21 Hobbes, 84, 279
22 Rabelais, 62-63, 189-191
23 Erasmus, 11-12
23 Montaigne, 98-101, 106-108, 143-147, 190-191, 199-202, 318-320, 321-324, 447-449, 534-535, 567-568
24 Shakespeare, 254-256, 406-466, 467-502, 506-507, 569-572, 603, 617
25 Shakespeare, 8-11, 29-72, 103-141, 208-213, 311-350, 395-396, 413-415
27 Cervantes, 1-502
28 Bacon, 18, 69-77, 109, 111-112
28 Spinoza, 629-684 passim
30 Pascal, 195-204
31 Molière, 51-60, 61-106 passim, 188-190, 227-228
34 Diderot, 255-256
35 Rousseau, 416-417
37 Gibbon, 191-194, 409-410, 593-599, 632-633
40 Mill, 290-291, 293-302, 346-348
43 Hegel, 51, 141, 201-203, 337-338
43 Nietzsche, 467
44 Tocqueville, 350-352, 381
45 Goethe, xviii-1, 3-4, 70-71
46 Austen, 24-29, 67-68, 83-84, 113
46 Eliot, George, 206-209, 224-225, 228-229, 234-235, 262-264, 294-299, 378-379, 399-400, 410-411, 417-419
47 Dickens, 160-162, 187-189, 229-232, 264-267, 407-408
48 Melville, 1-260
48 Twain, 315-316
50 Marx-Engels, 415-434
51 Tolstoy, 131-135, 238-243, 260-262, 358-365, 403-406, 426-430, 480-482, 515-521, 577-578
52 Dostoevsky, 1-42, 153-178, 352-362
53 James, William, 199-204
54 Freud, 246-247, 501-504, 697-717, 771-802, 830-853
55 James, William, 2-3
56 Heisenberg, 449-456 passim
57 Veblen, 37-38, 103-107, 128-131, 134-139, 146
57 Tawney, 194-195
58 Weber, 213-231
59 Shaw, 53
59 Proust, 321-332
59 Cather, 439-440, 443-444, 448-450 passim
59 Mann, 511-512
59 Joyce, 624-630
60 Woolf, 11-12
60 Lawrence, 148-157
60 Fitzgerald, 322-323, 354-380 passim

5. **Conflict in society and history**

5a. **Competition in commerce and the rivalry of factions in politics**

    5 Thucydides, 434–438, 458–459, 502–504, 564–593
    8 Aristotle, 420–421, 511–512
    13 Plutarch, 68, 126, 482
    14 Tacitus, 97, 224–225
    21 Hobbes, 121, 148–151
    23 Montaigne, 96–97
    24 Shakespeare, 1–148, 434–502
    25 Shakespeare, 108–109
    35 Montesquieu, 142–143
    36 Smith, 26–31, 58–71, 216–226, 253–255, 302, 470
    37 Gibbon, 652–655
    38 Gibbon, 572
    40 Federalist, 42–43, 49–51, 185–187
    40 Mill, 312–313, 366–370, 376
    43 Hegel, 105–106, 291–292
    44 Tocqueville, 59, 88–91, 97–99, 212, 266–268
    46 Eliot, George, 286, 287–291, 442–444
    50 Marx, 130, 171–176, 308–311, 316–317, 371–377, 379–383
    57 Veblen, 110
    58 Weber, 84–87, 91–100, 142–143, 164–165, 170, 179–181
    60 Orwell, 492–496, 498

5b. **The class war: the opposition of the rich and the poor, the propertied and the propertyless, capital and labor, producers and consumers**

    4 Euripides, 351–352
    5 Thucydides, 463–465, 467, 482–483, 520, 524–525, 533, 564–593
    6 Plato, 343, 405–416
    8 Aristotle, 461–463, 465, 478–479, 489–491, 495–497, 506–508, 519, 553–555
    13 Plutarch, 36–37, 68–71, 117–121, 176–184, 648–656, 674–689
    21 Machiavelli, 14
    25 Shakespeare, 351–353
    34 Swift, 154–155
    34 Diderot, 270–271
    35 Montesquieu, 77–83
    35 Rousseau, 381–382, 429
    36 Smith, 32–33, 70–71, 268–269, 313–323, 347–349
    37 Gibbon, 144, 501–502
    38 Gibbon, 574–582
    40 Federalist, 113–115
    40 Mill, 345–346, 369–370
    43 Hegel, 144, 263, 304–305, 313–314, 355–357, 379

    44 Tocqueville, 101–103, 302, 312–313
    46 Eliot, George, 230, 389–391
    50 Marx, 6–11, 63, 111–146, 209–215, 262, 282–286, 294–295, 354–368
    50 Marx-Engels, 415–434
    52 Dostoevsky, 173–174
    54 Freud, 882
    57 Veblen, 1–9, 13–15, 101–103, 126–127
    57 Tawney, 186–255 passim esp 192–199, 207–208, 211–212, 217–218, 219–220, 234–235, 237–239
    58 Weber, 129–130, 135–138, 182–183
    58 Huizinga, 283–286, 297
    59 Cather, 444
    60 Orwell, 478–481, 488–490, 522–524

5c. **The inevitability of civil strife and war between states: the means of settling disputes**

    4 Aristophanes, 748–769
    5 Thucydides, 384–386, 436–438, 518–520
    6 Plato, 640–641, 732
    8 Aristotle, 531, 535, 538
    21 Machiavelli, 21, 32
    21 Hobbes, 84–86, 114
    34 Swift, 76–78
    35 Montesquieu, 61–62
    35 Rousseau, 355
    39 Kant, 452–458
    40 Federalist, 33–53 passim, 110, 132–135
    43 Hegel, 295–296
    44 Tocqueville, 84–85, 201–208, 360
    51 Tolstoy, 342–344
    54 Freud, 755–757, 766, 787–788

5d. **Opposition or strife as a productive principle or source of progress**

    16 Augustine, 165–696
    21 Hobbes, 100
    35 Rousseau, 338–339
    36 Smith, 191–194
    37 Gibbon, 633
    40 Mill, 387
    43 Hegel, 111, 186–187, 196–197, 290–291, 296–298, 340–341, 354–355, 367–368
    44 Tocqueville, 55–56
    46 Eliot, George, 419–420, 465–468
    49 Darwin, 320–323, 328, 350–351
    50 Marx, 377–378
    50 Marx-Engels, 419–425
    54 Freud, 654, 882–884
    55 Dewey, 99–101
    55 Whitehead, 221–223
    57 Veblen, 92–95
    58 Weber, 193
    60 Brecht, 397–398

交叉索引

以下是与其他章的交叉索引：

The opposition of terms and propositions, or opposition in reasoning and argument, see DIALECTIC 3b-3d; IDEA 4c; JUDGMENT 7a; NECESSITY AND CONTINGENCY 4e(1); REASONING 5c; SAME AND OTHER 3a(2).

The distinction between dichotomous division and the differentiation of a genus as methods of definition, see DEFINITION 2a-2b.

The law of contradiction as a principle of thought and of being, see LOGIC 1a; METAPHYSICS 3c; PRINCIPLE 1c; TRUTH 3c.

Opposition in dialectic, see DIALECTIC 3a-3d.

The opposition of being and nonbeing, one and many, same and other, see BEING 1; DIALECTIC 3a; ONE AND MANY 1a, 1c; SAME AND OTHER 2c, 2e; UNIVERSAL AND PARTICULAR 1.

The theory of synthesis or the reconciliation of opposites, see DIALECTIC 3d; HISTORY 4a(3); IDEA 1f; LIBERTY 6a; MIND 1f, 10f–10f(2); PROGRESS 1a; STATE 2a(3).

Opposition in nature, see CHANGE 2b, 4; ELEMENT 3b; EVOLUTION 4a; MECHANICS 6f; NATURE 2–2f; QUALITY 4a–4b.

Conflict in human nature and the life of man, see DESIRE 3d, 4a; DUTY 6, 8; EMOTION 4a; LOVE 3c; MAN 5–5a; MIND 9b; ONE AND MANY 3b(5).

Conflict in society and history, see DEMOCRACY 5b(4); LABOR 7c–7c(1); NECESSITY AND CONTINGENCY 5d; PROGRESS 1a; REVOLUTION 5a; STATE 5d–5d(2); WAR AND PEACE 2c, 7; WEALTH 4f.

扩展书目

下面列出的文著没有包括在本套伟大著作丛书中，但它们与本章的大观念及主题相关。

书目分成两组：

Ⅰ．伟大著作丛书中收入了其部分著作的作者。作者大致按年代顺序排列。

Ⅱ．未收入伟大著作丛书的作者。我们先把作者划归为古代、近代等，在一个时代范围内再按西文字母顺序排序。

在《论题集》第二卷后面，附有扩展阅读总目，在那里可以查到这里所列著作的作者全名、完整书名、出版日期等全部信息。

I.

Kant. *Prolegomena to Any Future Metaphysic,* par 2 (b, c)
Hegel. *Logic,* CH 8, par 115–122
———. *Science of Logic,* VOL I, BK II, SECT I, CH 2
Marx. *The Poverty of Philosophy*
Dewey. *Logic, the Theory of Inquiry,* CH 10
Russell. *An Inquiry into Meaning and Truth,* CH 20
———. *Introduction to Mathematical Philosophy,* CH 14
Hemingway. *The Old Man and the Sea*

II.

THE MIDDLE AGES TO THE RENAISSANCE (TO 1500)
Erigena. *De Divisione Naturae,* BK I
Nicholas of Cusa. *De Docta Ignorantia*

THE MODERN WORLD (1500 AND LATER)
Beattie, A. *Falling in Place*
Bosanquet. *Logic,* VOL I, CH 7
———. *Science and Philosophy,* 5
Bradley, F. H. *Appearance and Reality*
———. *Essays on Truth and Reality,* CH 7–9
Cohen, M. R. *Reason and Nature,* BK I, CH 4 (5)
Coombs and Avrunin. *The Structure of Conflict*
Croce. *Logic as the Science of Pure Concept,* PART I, SECT I (6)
Emerson. "Compensation," in *Essays,* I
Fichte, J. G. *The Science of Knowledge,* PART III
Frost. "The Road Not Taken"
Hamilton, W. *Lectures on Metaphysics and Logic,* VOL II (14)
Hardy, T. *Far from the Madding Crowd*
John of Saint Thomas. *Cursus Philosophicus Thomisticus, Ars Logica,* PART I, Q 7
Lotze. *Logic,* BK I, CH 2 (c)
Ogden. *Opposition*
Peirce, C. S. *Collected Papers,* VOL I, par 322–336, 457–461
Poe. "The Imp of the Perverse"
Proudhon. *Philosophy of Misery*
Royce. *The Principles of Logic*
Sheldon. *Strife of Systems and Productive Duality*
Suárez. *Disputationes Metaphysicae,* IV (6), VI (9–10), XXVI (7), XLII (6), XLV

哲　学　Philosophy

总　论

谈论任何一个大观念，无论是哲学家还是什么人来谈，都会遇到很多困难。而涉及人们在传统上是怎样讨论哲学本身的，这些困难就来得更加严重。"哲学"这个词的描述意义变化多端，有时指学问的这一部分，有时指那一部分，有时甚至是指心智的某种态度或者某种生活方式。"哲学"这个词不仅其描述意义变化多端，而且其褒贬意味也常常变化。用到"哲学"这个词，人们很少不是在对哲学方法和哲学业绩加以赞扬或轻贬，对哲学家的天职和性情加以赞扬或轻贬。

"哲学"一词的描述意义延伸甚广，在一端它涵盖所有科学知识的分支，这时哲学是对照诗、历史、宗教而言的，在另一端哲学主要是和科学对照使用的，这时哲学和诗、宗教联系在一起，被视作见地、思辨和信仰的作品，而不是科学工作。

说到"哲学"的评价意义，它有时是在赞颂对真理的爱和探求，赞颂追求智慧，甚至获得智慧。在另一个极端，哲学被贬为空洞的学问，无益的争论，以及基于无根据的看法所形成的教条态度。一时，哲学家名声很是好听，和智术师的可疑名声恰成对比；另一时，"哲学家"这个名称差不多恰恰带着和"智术师"相同的恶味。在社会的实际事务中，哲学常被视为无用，最多只是装饰，与此鲜明对照，说到理想国，则惟当哲学家成立国王，或国王成了哲学家，这理想国才能成为现实。

"哲学"和"哲学家"的这些意义变迁见证着西方思想史上的多次危机。它们也反映出我们西方文化的发展，反映出各个主要时代的特征。

例如，古代的伟大著作看来从未提示过科学和哲学的分野。某一特定部分的知识，如物理学或数学，不加区别地被视作一门科学，或哲学的一个分支。知识的王座是智慧，要求得智慧，求学者就要沿着知识的阶梯层级而进，直至于最高的科学或曰第一哲学。配得上智慧美名的那种知识应该怎样命名、怎样定义，亚里士多德和柏拉图也许各有主张，但那是哲学探索或曰科学工作的终极目标，两人则无异议。

关于柏拉图和亚里士多德之间的差别，在**辩证法**与**形而上学**两章中有所讨论——前一章将知识的最高形式称作是辩证法，后一章则将各门科学的总和称作是神学；尽管如此，他们的这些差别却没有影响到他们一致认为，哲学家是拥有知识而非发表意见的人，他的最终目标是智慧。

若说科学和哲学在古代也有点儿区别，那看来会是苏格拉底提示的一种区别：他说哲学是对智慧的爱，言下之意，那是对智慧的追求而不是获取。除非你实实在在有某一门特殊科学方面的知识，例如数学知识，否则不会有人叫你数学家，但一个人被叫作哲学家，并不在于他已经十分智慧，而在于他在努力变得智慧。若撇开这一点不论，那么，希腊人一直倾向于把哲学和以某种方式产生思辨智慧和实践智慧的基础科学视作一事。

若把人的林林总总的学问、艺术、本领放到一起来考虑,我们可以看到,古代人针对哲学区分出来的有诗、历史、具体生产的技艺。柏拉图和亚里士多德在这里也不是以同样的方式来做出区分的。在《理想国》里,柏拉图拿诗人和哲人相比,对诗人颇不以为然。诗人是仿制品的模仿者,在意象和看法的层面上打转,哲人则高居于想象之上,达乎理念的层面,而惟理念才是知识的真实对象。而亚里士多德的《诗学》看来对诗人颇表赞赏,他说诗比历史更富哲学,因为诗涉及的是普遍的东西而不是特殊的东西。不过,在诗和哲学的关系这一点上,两人的态度有时又像是反过来的,因为柏拉图认为神话和诗为哲学提供了材料,可以被提炼为哲学洞见,而对于亚里士多德来说,感官经验才是知识的源泉,通过归纳逐步形成哲学知识的原理或公理。这样的区别不影响两个人一致认为哲学家是最为优越的。

哲学体现了人的禀赋的最高发挥,胜于诗和历史,更胜于所有能运用于生产的知识。在这一点上,亚里士多德和柏拉图看来并无二致,尽管亚里士多德把哲学生活区别于政治生活,并且把最完美的幸福赋予哲学家的沉思活动,而柏拉图则在哲学家见识了真理本身的光芒之后把他带回到洞穴之中,从而能把他的智慧用于实践,治理他那些不那么幸运的同胞,——至少《理想国》是这么说的。

对于罗马作家,哲学的实践看来更重于哲学学说的内容。罗马皇帝奥勒留问道:"什么东西能造就男子汉?"他自答道:"哲学,只有哲学。"哲学使得内在的自我"水火不伤,超乎苦乐,行而有义"。哲学使得内在的自我"直面来临的一切,安之若素,……最终愉悦地面对死亡,所谓死亡,无非是组成生命体的诸多元素重归于离散。"对于奥勒留,他的皇宫像是继母,他为之履行义务,而哲学才是亲生母亲,给予他安慰与扶助。他告诉自己要"时常回到哲学,在那里休养",惟如此,"你才能忍受宫廷里的种种,宫廷也才能忍受你"。

斯多葛学派把哲学理解为道德规范,一种泰然任之的态度。"斯多葛"意谓坚忍。今天我们仍会对经受不幸的人说"像哲学家那样看开点儿"。"哲学"的这层意思就是这样来的。哲学提供的只是心灵的平静,而非俗世的财富和外在的权力。伊壁鸠鲁说:"哲学不曾许人以任何身外之物。"要获得哲学所许诺的内在力量,人必得下定决心,收心绝欲,罔顾幸运携带的浮财。

伊壁鸠鲁问:"你仍像你现在这样行事,你竟以为自己会成为哲学家吗?像你现在这样狂饮暴食,像你一如既往那样发怒发愁毫无节制?"他自答:"不,你必得起早贪黑,辛勤劳作,战胜心中的欲念,……你好生反省过自己的毛病,再到我们这里来……如果你愿为心灵的平静,为自由和安宁付出这许多。"别梦想"先成为哲学家,然后去当税吏,然后去当演说家,然后成为恺撒手下的一名总督。这些位置和哲学家不相容……你要么潜心于你内在的自我,要么忙于外务;作一个哲学家,还是做个庸人,两者之间你只能选择其一"。

伊壁鸠鲁派与斯多亚派对哲学的理解看来并无二致。卢克莱修这样赞扬伊壁鸠鲁:"茫茫黑夜,你第一个起身,点燃火把,把幸福之光洒向我们的生命,……你的理性,你神圣的明觉开始宣告,告知我们,万事如其所是,我们心中的所有恐惧,消散于无形。"

不过,在卢克莱修那里,哲学带我们进入这样的境界,不只是靠节制激情、漫灭贪欲,更主要的在于哲学提供了世界构造和事物原因的真理。固然,哲学的心灵"高居于恬静的峰巅,城垣环绕,固若金汤,聆听智者的教诲,下顾芸芸众生,茫然奔走,不识正道何在"。但还不止于此。哲学还为人类的疾患提供更为奥妙的解药,那就是"解开捆缚人们的宗教链锁,让人的精神获得自由"。

世人惧怕众神的雷电,惧怕他们干预自然和人生的进程,惧怕来世的惩罚。在伊壁鸠鲁用灵魂的德性以及万物由原子决定的学说来教导世人之前,"人的生命……被阴沉的宗教压迫,卑微地匍匐在地上爬行"。他的教导告诉我们,"什么能够而什么不能够"让心智摆脱宗教带来的恐惧。"唯有通过系统的沉思,洞见自然的本质,……心灵的黑暗才会被驱散。"

除了卢克莱修,古代人在理解哲学对心智和生活的贡献之时,哲学对宗教的胜利似乎并不占据中心位置。在异教世界里,人们要么把宗教信仰和哲学合在一起作为对诸神的崇奉,柏拉图在《法律篇》中好像就是这个意思;要么,宗教信仰被视作愚民的迷信,与有教养阶层的见识聪明正相对照。在吉本笔下,宗教和哲学的断裂并不是智识范围内的分野,而是体现着社会的阶级分化——一边是受过教育的,一边是没受过教育的;或者,说的若是古代世界,那就在于是否学习过哲学。

然而到了中世纪,要考虑哲学的性质和价值,哲学和宗教的区别看来是个关键。无论基督教传统的伟大著作,还是伊斯兰文化经典和犹太文化经典,看来对这个区别都十分关注。奥古斯丁、阿奎那、阿维森纳、阿维罗伊、迈蒙尼德,概不能外,只不过他们可能各自以颇不相同的方式来解答哲学对宗教与神学的关系。在这三大宗教中,世俗学问和神圣经典各有源头,泾渭分明,世俗学问来自人类理性的努力,神圣经典则来自上帝向信徒启示的道言。即使哲学被视作世俗学问的最高成就,备受推崇,若和宗教教诲相比,哲学通常被看作低下一等。

更有一些信徒,包括朴实的信众、极端的虔信者、神秘主义者,对理性的自诩深怀反感,若有哲学家声称在上帝本身所启示的真理而外还有任何值得求取的知识,那不过是这些哲学家的虚矫而已。基督教作家德尔图良、彼得·迷米念、克莱尔沃的圣贝尔纳等人都表达过这样的立场。在阿拉伯传统中,则有安萨里所著的《毁灭哲学》。阿维罗伊对安萨里做出回应,写作了《"毁灭"的毁灭》。阿维罗伊肯定了哲学的优越地位,强健而精致的心智喜好哲学,理性不足而只能依赖看法和想象的民众则耽于宗教。

奥古斯丁和阿奎那则避开这两种极端。他们并不轻忽哲学,把它当作无用的学问或意在颠覆信仰智慧的危险愚念。但他们也不承认哲学足以达到对上帝的认识——神圣本性的奥秘、神意、救赎人类的神恩,皆非哲学所能认识。

奥古斯丁引用了圣保罗的警告:"你要当心,不要被人用哲学和矫情妄语败坏,那些东西都出自人的传统,俗世的生蛮,而不是出自基督。"引用之后,奥古斯丁为他对柏拉图哲学的推崇加以辩护,在他看来,柏拉图哲学与基督教信仰最为接近。辩护所据的理由是,使徒也曾对异教徒说过,"关于上帝所能知的,他们也知,因为上帝把所能知展示给他们了"。不过,他加上说:"基督徒即使不知道他们的著作……也并不因此不知道那是唯一无上的真善上帝给予我们这样的本性,让我们依上帝的形象做成,给予我们这样的教诲,让我们借以了解神圣上帝并了解自己,给予我们这样的神恩,让我们因渴慕神圣上帝而获福祉。"

可见,在奥古斯丁看来,知识、爱情、行动,在其主要方面,都不是非有哲学不可。但奥古斯丁并不因此主张弃绝哲学。他说道,"如果那些被称作哲学家的人,尤其是那些柏拉图主义者,说出了某种真理,其所言与我们的信仰相谐,我们不仅无须惊疑退缩,反倒应当取之为我所用,不让它留在那些无权占有这真理的人手中",甚至就像埃及人劫夺犹太人的财物以归己有那样。

关于信仰和理性的关系,阿奎那和奥古斯丁的理解不尽相同,不过,他们两个看来都认为当信仰需要得到理解的时候,哲学可以充当神学的婢女。阿奎那好像并不觉得这意味着哲学丧失尊严,甚至并不意味着哲学不具有一定程度的自治。相反,他对他所称的"独一无二的哲学家"亚里士多德的证明方法推崇备至,乃至他的《神学大全》是用这样一个问题开始的:"在哲学的诸门学科之外,是否还需要有另外的学说呢?"

他回答说:"为了使人类得救,必须知道某些超出理性之外的上帝启示的真理。即使说到那些人能够用理性来讨论的关乎上帝的真理,人也必须得到神圣启示的教诲。因为关乎上帝的真理,凡可通过理性所知的,就只有少数人才能懂得,并且要经过长时间的努力,其间又杂有很多错误;然而,人类整体上的得救依赖于上帝,依赖于关于上帝之真理的知识,……因此,除了理性所研究的哲学科学而外,还必须有一种借助启示的神圣科学。"这种神圣科学指的是神学,并非作为哲学的一部分的神学,而是其远离来自信仰而非来自理性的神学。

阿奎那写道:"没有什么道理表明哲学诸学科所探讨的事物,不能够由另一学科来探讨,哲学了解这些事物靠的是自然理性之光,而它们同样可以由通过神圣启示之光得到了解。"按照这种看法,神圣神学所处理的有些内容,如三位一体的奥秘,是哲学无法恰当加以探讨的,因为它们超出了理性证明的范围;但关于自然、人和上帝的另一些事情则既可以是哲学的任务也可以是神学的任务,哲学家和神学家分别在不同的光照之中考察它们。尽管一条道路由理性照耀而另一条道路由信仰照耀,但一种真理不可能和另一种真理相冲突,就此而言,哲学和神学之间并无冲突。

有少数近代哲学家如培根、洛克,似乎同意中世纪神学家的看法,认为哲学附属于神学。不过大多数近代哲学家坚决主张哲学的完全自治,从笛卡尔、斯宾诺莎、康德、黑格尔的著作中,我们可以看到这一倾向越来越明显。

以黑格尔为例。他提到,有人认为哲学够不着宗教真理,有人则认为哲学自应避开宗教真理,更有一种用心险恶的说法,"怀疑哲学在宗教真理面前难免良心不安"。黑格尔对这些说法予以反驳,他说道:"真相与此大异其趣,事实上,哲学近来曾不得不为捍卫宗教而奋起反对若干神学体系。"

形而上学、神学、宗教三章会从方方面面讨论哲学和神学的关系问题以及神学和信仰的关系问题。我们现代人来考虑哲学,更突出的问题则是哲学和科学的关系。

要讨论哲学和科学的关系,当然必须先对两者做一区分,然而,这一区分无论就思想还是就语词来说,都是后来才出现的新问题。我们已看到,在整个古代传统和中世纪传统中,哲学和科学几乎完全是一回事。"科学"这个词的意思本来就是知识,与看法相区别,就此而言,哲学探索的结果就是科学,哲学整体则划分成一些科学学科。也许,如某些古代著述所提示的,在哲学的层面之下外还有某些科学,其目的是有助于有用的生产活动,而不是思辨智慧或实践智慧;也许,如某些基督教神学家所主张的,另有一种神圣科学,它所提供的智慧比所有哲学学科所提供的更为优越。这些可说是哲学等同于科学这一看法的例外,但这些例外反倒确证了,在古代和中世纪,人们的确认为哲学具有科学性质,哲学是由科学所组成的,虽然也许在哲学之外还有少数几门科学。

"科学"和"哲学"的这种用法一直传入近代。例如,霍布斯在对知识类型做分类的时候,所用的标题就是"科学,或曰关于后承的知识,亦称作哲学"。培根提议"把科学划分为神学和哲学"。在笛卡尔那里,"科学"和"哲学"这两个词是交换使用的。他说:"在哲学的不同分支中,我年轻时候在某种意义上学习了逻辑;那是通过数学、几何分析和代数这三个哲学分支学习的,在这三种技术或曰科学看来像是能够对我心中所设想的计划有所贡献。"在作为《哲学原理》的序言的那封信里,他把"哲学整体"比作"一棵大树,树根是形而上学,树干是物理学,从树干生出的各个分支是所有其他科学。所有其他科学可以归为三种主要的科学:医学、力学、道德学"。

晚至18世纪末,休谟仍把"哲学"这个词视作各门特殊科学的总名。对休谟来说,哲学不仅涵盖数学和心理学这类非实验的科学,而且也涵盖对自然现象的实验研究。不过哲学不包括下面的几类。一是神圣事物或神学,其"最重要的最坚实的基础在于信仰和神圣启示";一是形而上学,那"无非是些诡辩和幻觉";此外还有"历史学、纪年学、地理学、星相学",这些科学探索的是特殊事实而不是一般事实。

并非只有我们今天称之为哲学的著述这样使用这些语词。我们今天视作近代科学基础的那些著作的作者如伽利略、牛顿、惠更斯、拉瓦锡、法拉第等人也把自己叫作哲学家,把他们所从事的科学如数学、力学、物理学、化学视作自然哲学的某一部分或某一方面。不过他们把自己的工作叫作"实验哲学",从而表明他们意识到自己与古代和中世纪科学家(他们也把自己称作哲学家)有很大不同。

"实验哲学"这个短语道出了18世纪以来的作家们普遍是怎么理解哲学和科学的根本区别的。把"实验"这个词应用于哲学,标志着研究方法甚至研究对象的一种根本区别,因为有些对象只能通过实验和经验得到了解。看起来康德是第一个(至少从这套"西方伟大著作"看来是这样)鲜明区分两类研究的人,无论研究自然还是心灵,一类是采用他所谓的"经验方法",另一类是采用与之相对的"理性方法"。康德仍然把两类研究都称作"科学",不过他似乎把"哲学"限制于后一类,即纯粹的、先天的、理性的科学。

我们还应注意到康德的两点新意。虽然他把数学也视作理性的学科,但他把数学完全排除在哲学之外,并且批评有些哲学家努力仿效数学思想,对他们受到数学的这类误导不以为然。虽然康德有时在狭义上使用"形而上学"一词,用它专指对纯粹理性本身的考察,但他也说到,"形而上学这个名称可以用于全部的纯粹哲学……不包括以经验方式和数学方式对理性的运用"。哲学只有两个对象,一个是自然,一个是自由,前者是事物之所是,后者是事物之所应是;据此,康德把哲学区分为对纯粹理性的思辨运用和实践运用,分别形成自然形而上学和道德形而上学。康德写道:"所以,形而上学,即自然形而上学和道德形而上学,尤其是对我们冒进的理性的批判,作为形而上学的导论和准备,合在一起构成了真正意义上可称为哲学的领域。哲学的目的是智慧，通往这个目的的道路是科学。"

康德对语词的新用法明明白白地宣告了哲学与数学及实验科学的分离。此前的近代作者则只是对此有所提示。但"科学"一词康德仍然既用于哲学也用于经验科学。最后一步是在十九世纪迈出的，到了那时，"科学"一词只用来指数学以及只能通过实验或经验获得的关于自然、人和社会的知识。例如，威廉·詹姆士强调，他将把心理学作为一门自然科学来研究，为此目的，他将努力把能够通过经验研究的问题和那些属于哲学思辨的问题分离开来。对弗洛伊德来说，这种分离已经是个既成事实，现在不再有无法由科学解决而必须留给哲学去解决的问题。

在弗洛伊德看来，"我们不能承认科学构成了人类智性活动的一个领域而宗教和哲学构成了至少价值相当的另一些活动领域，不能承认科学无权去干预那两个领域的活动"。相反，弗洛伊德认为，科学研究有正当的权利把"人类活动的全部领域都视作应由它来照管的领域"，有正当权利对哲学的不科学的表述提出批评。哲学的问题在于"它总像是把自己当作科学那样来从事……但它和科学是分开的，因为它死抱着一种幻想，似乎它能提供宇宙的完整而一致的画面"。正是这种幻想一直遭到科学的抨击，因为，在弗洛伊德看来，"随着我们的知识的每一个新进展，这幅画面必然会一次次四分五裂"。

等科学和哲学终于分道扬镳，我们就可以合乎情理地问到那些关于哲学的典型的近代问题了。哲学和科学是什么关系？哲学是由可确证的知识构成的吗，就像在自然科学和社会科学中所获得的知识那样？若不是，那么什么是哲学真理的标准？它是由定义和公设组成并由此可通过严格证明获得结论的那样一类知识吗，就像在数学中那样，尤其是像在近代数学构造中那样？若不是，那它岂不必须被视作看法或思辨而不是任何严格意义上的知识？反过来，若哲学思想可以比作数学，我们又看到不同的哲学采用形形色色的不同定义和公设，这岂不意味着哲学是一堆互相竞争的"体系"而非哲学家们在其中合作工作的一个单一学科，像科学家共同体和数学家共同体那样？

无论以上问题得到怎样的回答，我们还面临另一些问题。哲学是否依其研究对象的区别而划分为不同分支，像在自然科学中那样？抑或哲学应当被视作和形而上学是一回事？如果在形而上学之外还有一种自然哲学，那么，既然看起来自然科学和自然哲学都研究同样的对象，自然哲学的原理和结论和自然科学的研究结果是什么关系？与此相似，如果心理学是哲学的一个分支，那它与实验心理学及临床心理学是什么关系？经验性质的各门社会科学关注的是描述人类活动和社会体制，而不是对之加以评判、调整，那么，道德哲学和政治哲学与这些社会科学是什么关系？经济学是一门科学抑或是道德哲学的一个分支？如果它两者都是，那么这两者是什么关系？

哲学，特别是其各理论分支，如果不同于科学，不能被用来控制物质自然，不能被用来进行物质生产，无论生产的是桥梁还是炸弹，那它有什么用？哲学无法宣称它取得过所有哲学家一致承认的任何一项进步，反而不得不承认大多数哲学问题看来永远争论不休，每个以往的世纪如此，今天仍然如此，这和诸种科学的连续不断的越来越快的进步形成鲜明的对照。那么，从今天回顾哲学的漫长历史，我们最后要问:哲学到底要有何作为?

本书其他诸章将讨论这些问题中的某一些问题,以及某一些回答。**科学**一章比较经验研究和哲学思考,把它们视作不同类型的科学;**物理学**一章讨论自然哲学和自然科学的区别与联系;**人**一章讨论哲学心理学和科学心理学的区别;**原理**一章讨论定义、假说、公设或公理在哲学和科学的基础及方法中所起的作用;**知识**一章讨论哲学在道德领域所具有的实践用途和科学在生产技术领域的用途;**进步**一章把真理的积累视作用来衡量哲学进步和科学进步的标准。

这里我们必须强调,对这些问题的上述回答倾向于使哲学从属于科学,而这种倾向完全来自对知识本性、真理标准、人类心智的能力——尤其是理性力量的近代看法。甚至早在"科学"和"哲学"这两个词大致可互相换用的时候,那些近代作家的著作中已经表现出了这样一种倾向。无论他们把所谈论的东西叫作哲学还是科学,反正他们关于其本性、目标、方法的议论到头来等于只承认数学和经验科学具有知识身份,而哲学思辨则被降低为只具有看法身份。

培根坚决主张真正的知识给予我们控制自然的力量,能够增进生产,这种主张看来就起到了这样的作用,至少对传统哲学中不符合这个标准的那部分肯定起到了这种作用。休谟坚决主张,在关乎事实的一切事情上都应采用实验性的推理,这种主张不仅排除了形而上学,而且排除了所有非实验性的科学或自然哲学。他们,此外还有霍布斯、笛卡尔、斯宾诺莎等哲学家,建议对哲学方法进行改造,哲学中不能成为实验科学的或不能成为准数学思想系统的部分看来经过这些改造都将被排除掉。

在近代的哲学改造者中,康德是个例外。他希望借助他的批判方法把哲学树立在科学之上,独立于科学而存在;同时建立一种形而上学,它不模仿数学,而且,就理性成就的广度而言,数学不足与之相俦。但即使康德似乎也流露出看待哲学的一种典型的近代态度。他把自己要在哲学上造就的智性革命比作哥白尼在天文学中的革命,他提出这个比喻,是因为他希望确保(为哲学确保稳固的地基从而能不断发展,)哲学能享有可与数学和经验科学相媲美的牢靠稳固和发展进步。另一位德国哲学家海德格尔像康德一样把哲学等同于形而上学。他甚至走得更远,他说道:"哲学在形而上学中来到它自身并为自己设定明确的任务。"

亚当·斯密写道:"随着社会的进步,哲学或思辨像其他所有行业一样逐渐变成一个特定阶层的公民的主要职业或唯一职业。又像其他所有行业一样,它被划分为相当数量的不同分支,其中每一个都为一群特殊的哲学家提供了工作;在哲学行业也像在其他所有行业一样,这种分工改善了技能,节省了时间。每个从业者都在自己的特殊分支成为更专的专家,大家合在一起完成了更多的工作,使得科学的总量大大增加。"

尽管亚当·斯密用到了"哲学"这个词,但看来他更多是在描述科学研究的分工和科学家的专业化。尽管哲学也有分支,尽管大哲学家也讨论哲学各部分的区别和层级,但他们自己的工作却展示了与专业化相反的精神。实际上,用以衡量一个哲学家是否伟大的尺度就是其思想的宏富,课题范围的宽阔,以及他所探讨的问题的广度。

亚里士多德、培根、霍布斯、康德等哲学家对哲学的分门别类表现了很大兴趣,他们主要关心的看来是区分哲学思考的不同对象,以便区分哪些概念或原理适合于哪些特定对象。这个或那个哲学家视作哲学主要部门的课题、科学或学科本书另有篇章讨论,如**逻辑、形而上学、神学、辩证法、数学、物理学、人**等章。但此外有一组科学或学科在别的章里没有讨论,必须在这里简短地说一说。这组学科传统上位于哲学家的探讨范围之内,但有时候会扩展开来,成为某位哲学家的整个关注。普通人有时会说到他有一种生活哲学,这时他所说的"哲学"接近于我们要讨论的这组学科———一种广泛的同时又是个人的对人类境况的看法,这种总看法中包含着一种感觉,应当由哪些价值来指导自己的行为。

这里所说的这组学科传统上叫作伦理学和政治学,或道德哲学。苏格拉底从其前辈的探索转向这类课题,一般认为他由此成就了哲学上第一次大改造。苏格拉底在他的审判辩护中说:"我不想说研究自然哲学的人有什么不对,但简单的事实是,雅典人哪,我和物理学的思辨毫无关系。"他接着告诉他的法官他"将永不会停止实践哲学、教授哲学"———责备人们"低估了最有价值的事情,过于看重不那么要紧的事情",努力使他们不要那么在意自己的身体和财产,"而是应首要关心怎样使灵魂得到最大限度的改善"。即使能换取他的生命,他也不会放弃哲学。他说道,"我无法缄口不言,每天讨论德性……是人最大的善",因为"不经反省的生活是不值得的生活"。

怎么看待伦理学和政治学以及它们和哲学其他分支的关系,看来依赖于是否接受用来划分哲学各部门的一个基本原则。例如,亚里士多德和康德把哲学科学划分为理论的或思辨的和实践的或道德的,划分的根据在于他们认为前者考虑事情是怎样的(事物的性质和原因),后者考虑的是事物应当是怎样的(在生活行为和社会建制中的目标选择,以及目的和手段)。这样来看待实践之事,实践科学就是伦理学和政治学,并由此连带上经济学和法学。换一种说法来表示这种划分,实践哲学就是由道德哲学、权利哲学和法哲学组成。这几个部分都被看作是规范性的、规定性的或规制性的学科,用来决定善恶对错,在人类自由活动的领域里指导人的行为。

霍布斯采纳另一种原则。他把自然哲学(包括第一哲学)与公民哲学(civil philosophy)或曰政治体理论区分开来。但他把伦理学和诗学置于自然哲学之内,把它们视作人性理论研究的一部分。他似乎不在意理论之事和实践之事的区别,甚至可说暗中否认了这一区别,因为霍布斯会拒绝承认这一区别所赖的基础———自然的必然性和人的自由。必然性统治着人的身体活动,也统治着政治体的活动,一如其统治着物理学家所研究的物体,因此,伦理学、政治学和物理学都同样是关于被决定的后果的科学。

培根则似乎另有主张。他把自然哲学与人的哲学和公民哲学区分开来,然后把自然哲学分成思辨的和实践的,前者包括物理学和形而上学这两个主要分支,后者则包括力学和魔术这两个主要分支。心理学、逻辑和伦理学属于人的哲学,政治学和法学则属于公民哲学。在自然哲学领域,思辨和实践的区别看来对培根极为重要,可是在人的哲学和公民哲学这一领域,他似乎没有应用这一区别。其中的理由看来在于培根用"实践"这个词来意指从关于原因的知识生产出结果来,而不是指人通过选择而导致的行为。因此,培根所谓的实践科学相当于亚里士多德所理解的技艺或生产科学,即制造的领域或最广义的诗学,而不是相当于亚里士多德所说的实践活动,即行为的领域而非制造的领域,实践智慧(prudence)的领域而非技艺的领域。

这些话题会在**艺术**和**诗**两章里讨论。

科学与艺术的关系问题，如果用培根的用语来重述，就成为理论与实践（即生产）的关系问题。但就亚里士多德、阿奎那和康德等人来说，哲学的思辨分支和实践分支的关系问题远远有别于怎样把关于存在或自然的知识与关于应去追求之事或应去成就之事的知识联系起来。在霍布斯那里，问题又转向一个不同的方向，他要考虑的是物理学对心理学、伦理学和政治学有何种作用。

到了20世纪，我们见到对哲学的另一些看法，既有一种把哲学视作远高于实证科学，又有一种把哲学视作经验科学的婢女。一方面，詹姆士授予哲学一种荣耀，他认为在常识的基本范畴中包含着根本的智慧，而正是哲学通过反省和分析揭示出这种智慧。他写道："我们思考事物的最根本的方式，是远古的祖先的发现，是那些经过了后来世世代代的经验仍得以保存下来的发现。它们在人类心智发展中形成了一个各种力量相均衡的大平台，即常识的平台。"

另一方面，罗素和维特根斯坦利用他们所掌握的数理逻辑来轻忽哲学，甚至嘲笑哲学。维特根斯坦写道："哲学的成果是揭示出这样那样的十足的胡话，揭示我们的理解撞上了语言的界限撞出的肿块。"在他看来，"哲学问题具有这样的形式：我不知往何处去"。他认为"哲学只是把一切摆到那里，不解释也不推论"。

罗素不认为有任何"智慧的特殊来源，只能由哲学汲取而不能由科学汲取"。因此，对他来说，哲学和科学本质上并无区别。"哲学所获得的成果和科学所获得的成果并没有什么根本区别。"不过，他也承认，"哲学有一个本质特点使它异于科学，那就是批判。哲学批判地考察科学和日常生活中所采纳的原理。"然而，他又补充一句说："哲学的价值实际上大致要在它的不确定性中寻找。"

说到近代哲学，怀特海没几句好话。在他眼里，"近代哲学已遭毁灭。它以复杂的方式摇摆在三个极端之间。一个极端是二元论者，他们把物质和心智当作同样基本的东西接受下来，此外是两种一元论者，一种把心智放到物质里面，一种把物质放到心智里面。由于赋予17世纪的科学图景以某种错位的具体性，导致了一种内在的混乱，而上面三个极端靠着用抽象性来变些戏法将永远无法克服这种内在的混乱"。

怀特海提到的这三个极端在古代和中世纪也曾存在。柏拉图是二元论者，德谟克利特是唯物主义者，普罗提诺是唯灵论者；要是用怀特海自己发明的"错位具体性"这个重要短语来说，亚里士多德和阿奎那这两位哲学家是两个犯下"错位具体性"佯谬的经典例子。因此，不可避免的结论会是，几乎没有例外，怀特海之前的哲学史是一部智性失败的可悲历史。

哲学受到的最糟糕的评价大概来自尼采，略早于20世纪的开端。在《善恶的彼岸》里有一章谈论"哲学家的偏见"，尼采在那里把他典型的虚无主义指向了哲学，"说到哲学家，人们有几分不信任，有几分嘲弄，这倒不是因为人们一而再再而三地发现哲学家那么无知，……而是因为哲学家根本上就表现出不够诚实，而只要稍稍触及真诚问题，哲学家就叫嚷着宣称自己的德性"。尼采对真理取虚无怀疑的态度，考虑到这一点，他对哲学的真理追求所表现出来的轻蔑也该一样延伸到科学的研究。

根据上面所说的这些看法，对事物本性的思辨又该如何影响人类生存及人类社会的理论呢？又该怎样影响人们努力借以过上良好生活、组织良好社会的实践原则呢？物理学和形而上学的真理，或在这些领域的主要哲学问题，与心理学、伦理学、政治学的真理和问题有什么关系？或者，像詹姆士那样提问，任何人，只要有人生哲学，不也必然有一种形而上学，至少在默会的意义上如此？

在西方文化的诸伟大时期，哲学受到程度不等的崇敬，崇敬的程度依赖于对上面这些问题的回答。哲学不同于超自然的宗教，也不同于经验科学，哲学，尤其在与这二者分开的时候，并不许诺永恒的拯救或尘世的繁荣。哲学的用处必须在宗教和科学之外另做评估——哲学从它诞生之初，本质上就在于爱智慧，并因爱智慧而探求一种既应是思辨的同时又应是实践的人类智慧。

分 类 主 题

1. 哲学的定义和范围
    1a. 哲学和神学、宗教的关系
    1b. 哲学和数学的关系
    1c. 哲学和实验科学或曰经验科学的关系
    1d. 哲学和神话、诗、历史的关系
2. 哲学的各门类
    2a. 理论哲学或思辨哲学和实践哲学或道德哲学的区分；自然哲学和公民哲学的区分
    2b. 思辨哲学的分支：自然哲学各门类
    2c. 实践哲学或道德哲学的性质与分支：经济学、伦理学、政治学、法学、诗学、艺术理论
3. 哲学方法
    3a. 哲学的经验基础和常识基础
    3b. 哲学家对第一原理及定义的诉求
    3c. 哲学思考的方式：归纳、直觉、定义、证明、推理、分析、综合
    3d. 哲学的方法论改造：语言在哲学中的作用
4. 哲学的用处
    4a. 对哲学的目标、功能、价值的各种看法
    4b. 哲学的生活方式：沉思与幸福
    4c. 哲学之为道德纪律：哲学的慰藉作用
    4d. 哲学的社会作用：哲学家和政治家；哲学王
5. 哲学家的性格和训练：哲学家之难能可贵
6. 对哲学家和哲学的赞扬或贬抑
    6a. 哲学家之为科学家或智慧者：爱真理，探求真理
    6b. 哲学家各持己见：智术师行当，教条主义，空洞争论，永无定论
    6c. 哲学家之为理性人：理性的限度；理性由经验或信仰补充
    6d. 哲学家之为理论家或玄学家：对实践的轻忽；从人间事务和市场抽身隐退
7. 对哲学历史的观察：哲学家的生活和哲学家的思想

[陈嘉映 译]

66. Philosophy

索引

本索引相继列出本系列的卷号〔黑体〕、作者、该卷的页码。所引圣经依据詹姆士御制版，先后列出卷、章、行。缩略语 esp 提醒读者所涉参考材料中有一处或多处与本论题关系特别紧密；passim 表示所涉文著与本论题是断续而非全部相关。若所涉文著整体与本论题相关，页码就包括整体文著。关于如何使用《论题集》的一般指南请参见导论。

1. **The definition and scope of philosophy**

    6 Plato, 74–76, 383–398, 633–635
    7 Aristotle, 499–550, 587–590, 592–593
    11 Epictetus, 141–142, 149–151
    16 Augustine, 18
    21 Hobbes, 267–272
    28 Bacon, 39–46, 48–49, 126
    28 Descartes, 223–227
    33 Hume, 451–455, 508–509
    39 Kant, 1–13, 211–218, 243–250, 365–366
    43 Hegel, 1–8, 119–120
    43 Nietzsche, 503–505
    54 Freud, 874
    55 James, William, 1–9 esp 7–9, 26–27
    55 Russell, 290–294
    55 Heidegger, 307

1a. **The relation of philosophy to theology or religion**

    6 Plato, 797–798
    7 Aristotle, 501
    11 Lucretius, 1–2, 30–31, 58–59
    13 Plutarch, 435
    16 Augustine, 311–321, 560, 737–738
    17 Aquinas, 3–10, 112–113, 209–213, 446–447
    18 Aquinas, 110–111, 469–470, 598–603
    20 Calvin, 13–14, 77–78, 118
    21 Hobbes, 65–66, 137, 163, 247, 269–271
    23 Montaigne, 195, 249–250, 252–253, 279–280, 311–313
    28 Bacon, 4, 12–13, 16, 39–48, 55, 95–101, 114, 124
    28 Descartes, 295–297, 351–352, 388–391, 394–395, 509–510
    30 Pascal, 205–210, 218–220, 266
    33 Hume, 497–503
    37 Gibbon, 12–13, 159, 186, 307–309, 670
    39 Kant, 177–192, 236–240, 346–347, 349–353, 588–613
    40 Mill, 455
    43 Hegel, 164–166, 185, 327–328
    43 Kierkegaard, 413, 430
    54 Freud, 875
    55 James, William, 3–4, 15–18, 57–64
    55 Barth, 508–509

1b. **The relation of philosophy to mathematics**

    6 Plato, 633–635, 728–730
    7 Aristotle, 270–271, 510, 547–548, 589–590
    8 Aristotle, 391
    10 Nicomachus, 599–601
    21 Hobbes, 58, 268–269
    28 Bacon, 120
    28 Descartes, 227–229, 251, 270–271
    32 Newton, 1–2
    33 Hume, 470–471
    39 Kant, 15–19, 211–218, 551–552
    55 Wittgenstein, 343
    56 Whitehead, 151–152

1c. **The relation of philosophy to experimental or empirical science**

    6 Plato, 240–242, 391–398
    7 Aristotle, 411
    9 Hippocrates, 13–14
    28 Bacon, 42–43, 46–47, 105–106, 111, 113–115, 140
    28 Descartes, 267
    32 Newton, 371–372, 542–543
    39 Kant, 5–13, 387, 561–562, 578
    43 Hegel, 190–191
    43 Nietzsche, 503–505
    51 Tolstoy, 694
    53 James, William, 882–886 passim
    54 Freud, 873–875
    55 Bergson, 86–89
    55 Whitehead, 189–196, 200–209, 226–227
    55 Russell, 290, 291–292
    56 Heisenberg, 408–415 passim
    56 Waddington, 737–738

1d. **The relation of philosophy to myth, poetry, and history**

    6 Plato, 57, 138–140, 142–148, 319–334, 586–589
    23 Montaigne, 95–96
    28 Bacon, 38–39
    33 Hume, 452–453, 479
    37 Gibbon, 345–346
    43 Hegel, 10–12, 162–199
    51 Tolstoy, 690
    54 Freud, 239–240, 246–248 passim
    58 Huizinga, 339

2. **The divisions of philosophy**

2a. **The distinction between theoretical or speculative and practical or moral philosophy: the distinction between natural and civil philosophy**

7 Aristotle, 149, 499–501, 512, 527–528, 547
8 Aristotle, 162, 343–344, 349–351, 358, 387–391, 393–394
11 Epictetus, 123–124, 171–172
15 Ptolemy, 5–6
17 Aquinas, 90–91, 424–425, 450–451
18 Aquinas, 39–40, 223–224, 772–773, 780–781
21 Hobbes, 72
28 Bacon, 16–17, 40, 42, 55, 65–66
28 Descartes, 352, 432–433, 463
33 Locke, 94–95, 103–105
33 Hume, 451–455
39 Kant, 5–13, 190–191, 234–235, 253, 260–261, 291–297, 307–314, 319–321, 329–337, 388, 461–475, 596–598
40 Mill, 445
43 Hegel, 119

2b. **The branches of speculative philosophy: the divisions of natural philosophy**

6 Plato, 388–398, 634–635
7 Aristotle, 270–271, 275, 523, 547–548, 592–593, 598
11 Plotinus, 311–312
16 Augustine, 314–315, 389–390
17 Aquinas, 3–4, 451–453
28 Bacon, 39–48, 55–61
28 Descartes, 223–225, 227–229, 270–272
33 Locke, 394–395
33 Berkeley, 432
36 Smith, 376–378
39 Kant, 1–13, 34–37, 253, 463–467, 476–479, 488–495
55 Bergson, 76–78

2c. **The nature and branches of practical or moral philosophy: economics, ethics, politics, jurisprudence; poetics or the theory of art**

6 Plato, 427–434, 604–608
8 Aristotle, 339–340, 343–344, 434–436, 487–488, 681–699
16 Augustine, 317–318
19 Dante, 68
21 Hobbes, 95–96, 128–129, 164
28 Bacon, 81–95
33 Locke, 303–304, 317–319, 325–326, 360, 394–395
33 Hume, 508–509
35 Rousseau, 329–334
38 Gibbon, 75–80
39 Kant, 264, 271, 283–287, 291–296, 307–321, 327, 329–337, 366–368, 370–372, 374, 383, 388, 390–391, 398–399, 463–467, 523–524, 596–598
40 Mill, 445–447 passim
43 Hegel, 1–8
43 Nietzsche, 494–498

50 Marx, 6–11, 178–179, 265–266
51 Tolstoy, 680–684
54 Freud, 800–801
55 Dewey, 100–101

3. **The method of philosophy**

3a. **The foundations of philosophy in experience and common sense**

7 Aristotle, 64, 111, 120, 136–137, 259, 397, 411, 499–500, 673–674
11 Lucretius, 6–7, 10
21 Hobbes, 267
26 Harvey, 331–335
28 Bacon, 16, 57–58, 108
28 Descartes, 277, 301–303
33 Hume, 508
39 Kant, 263, 271, 281–282, 329–330, 387–388, 562–563, 604
40 Mill, 445–446
43 Nietzsche, 466–467
53 James, William, 655–659
55 James, William, 2–4, 9–18 esp 10–11, 35–41 esp 38–39
55 Bergson, 76–78

3b. **The philosopher's appeal to first principles and to definitions**

6 Plato, 383–398
7 Aristotle, 97–137, 143, 513, 515, 589–592, 643–645
8 Aristotle, 340, 389–390, 392–393
17 Aquinas, 4
21 Hobbes, 56, 269
28 Descartes, 243, 275–278, 295–298, 356–357, 432–433
30 Pascal, 430–434
39 Kant, 179–182, 215–217
40 Federalist, 103–104
43 Hegel, 9–10
55 Bergson, 76–78
55 Whitehead, 202

3c. **The processes of philosophical thought: induction, intuition, definition, demonstration, reasoning, analysis, and synthesis**

6 Plato, 50–52, 65–84, 134, 139–140, 179–183, 383–398, 486–511, 525–526, 570–574, 580–613
7 Aristotle, 97–137, 211, 259–260, 275–278, 397, 515–516, 522–525, 547, 589, 610, 631–633
8 Aristotle, 388
11 Plotinus, 583–584
16 Augustine, 312–318 passim
17 Aquinas, 11–12, 175–178
21 Hobbes, 58–60, 65
22 Rabelais, 101–106
28 Bacon, 56–59, 105–195
28 Descartes, 223–249, 345–346, 354–355
30 Pascal, 442–443
32 Newton, 270–271

33 Locke, 93–94, 120
33 Hume, 453–455, 457, 503–504
35 Rousseau, 341–342
39 Kant, 1–13, 16, 109–112, 119, 193–200, 211–218
40 Mill, 274–293 passim
43 Nietzsche, 465–466
53 James, William, 674–675
55 James, William, 39–41
55 Bergson, 72, 75, 76–78, 79, 82–84, 84–89
55 Russell, 260–268 esp 265

3d. The methodological reformation of philosophy: the role of language in philosophy

28 Bacon, 11–17 esp 12–13, 30, 40, 47–48, 65, 105–195
28 Descartes, 223–249, 265–291, 295–297, 356–360, 393, 463–464, 493–503
33 Locke, 358–363
33 Berkeley, 405–412, 439–440
33 Hume, 471
39 Kant, 1–13, 19–22, 133–134, 146–149, 157, 196–197, 218–227, 248–250, 292–296, 311–313, 331–332, 492, 567–568
43 Nietzsche, 472–473
54 Freud, 875
55 Russell, 290–291
55 Wittgenstein, 339–340, 342–344, 386, 400–401, 410–440
56 Heisenberg, 411–412

4. The uses of philosophy

4a. Diverse conceptions of the aim, function, and value of philosophy

6 Plato, 233–234, 369, 529–530
7 Aristotle, 500–501
8 Aristotle, 431–432
11 Epictetus, 150–152
11 Aurelius, 247
30 Pascal, 232
33 Berkeley, 405
33 Hume, 451–452
39 Kant, 234–240
43 Nietzsche, 509–510
44 Tocqueville, 227–229
55 James, William, 1–9
55 Bergson, 84–89
55 Whitehead, 131, 143–144, 176, 202
55 Russell, 287–294 passim

4b. The philosophic mode of life: contemplation and happiness

6 Plato, 122–128, 167, 200–212, 368–401, 609–639
7 Aristotle, 602–603
8 Aristotle, 344, 431–434, 527–530
11 Lucretius, 15–16, 77
11 Epictetus, 102–103, 114–115, 124–125, 145–146, 170–171, 175–176, 179–180
11 Aurelius, 246–248, 255–256, 282
11 Plotinus, 315–320

12 Virgil, 51
16 Augustine, 315–316, 350
17 Aquinas, 57–58, 150–151, 625–627
18 Aquinas, 79–80
19 Chaucer, 280
23 Montaigne, 158–163, 272–286, 546–547, 550–554, 581–587
28 Bacon, 69–76
28 Descartes, 265–266, 273–274
28 Spinoza, 681, 685–697
39 Kant, 591–592
40 Mill, 451
43 Hegel, 392–393
43 Nietzsche, 466–467
55 Russell, 292–294

4c. Philosophy as a moral discipline: the consolation of philosophy

6 Plato, 69–71, 183–184, 222–226, 231–234, 476, 528–531
11 Lucretius, 33–34, 39–43, 58–59
11 Epictetus, 99–231
11 Aurelius, 239–294
16 Augustine, 313–314, 317–318
23 Montaigne, 84–91, 122–127, 281–283, 323–324, 573–574
28 Bacon, 26
28 Spinoza, 678–681, 692–697
33 Hume, 463–464
35 Rousseau, 373–374
37 Gibbon, 644–646
39 Kant, 261
43 Hegel, 321
55 Russell, 292

4d. The social role of philosophy: the philosopher and the statesman; the philosopher king

6 Plato, 83, 207–208, 272–273, 291–292, 368–383, 390–391, 398–401, 528–531, 598–608
8 Aristotle, 390–391, 434–436
11 Lucretius, 72
13 Plutarch, 32–48, 64–77, 122–123, 156–158, 543–544, 571–572, 717, 782–788
14 Tacitus, 153–155, 172–173
22 Rabelais, 127–131
23 Erasmus, 10
23 Montaigne, 110–115
28 Bacon, 20–26
35 Montesquieu, 202–203
37 Gibbon, 32, 284, 338–339, 669
38 Gibbon, 40–41, 76–77
39 Kant, 360–361
43 Hegel, 296–298, 387–388
58 Weber, 87–88

5. The character and training of the philosopher: the difficulty of being a philosopher

6 Plato, 125–126, 163–172, 200–212, 273, 368–401, 491
7 Aristotle, 500–501
8 Aristotle, 431–432

11 Epictetus, 107–108, 127–130, 137–139, 149–151, 181–182, 217–219
11 Aurelius, 255–256
11 Plotinus, 310–312, 558–559
23 Montaigne, 113–114, 123–124, 493
26 Harvey, 268, 331–332
28 Bacon, 26–27
28 Descartes, 265–291
31 Molière, 189–193
34 Diderot, 302
37 Gibbon, 31–32, 644–646
38 Gibbon, 526–527
43 Kierkegaard, 404
43 Nietzsche, 466, 474–475, 481–482, 505–507, 508–511, 542–543
45 Goethe, 4–5, 19–21
55 James, William, 2–4
60 Woolf, 21–22

6. Praise and dispraise of the philosopher and his work

6a. The philosopher as a man of science or wisdom: the love and search for truth

6 Plato, 200–212, 222–224, 280–294, 319–320 368–401, 569–571
7 Aristotle, 499–501
8 Aristotle, 390, 528
9 Galen, 433
11 Lucretius, 30, 58–59
11 Epictetus, 158–160, 162–164, 174–175, 183–189, 215–217
11 Plotinus, 310–312, 558–559
16 Augustine, 313–314, 318–319
23 Montaigne, 123–124, 488–492
26 Harvey, 268
28 Bacon, 1–28
28 Descartes, 274–275, 284–291
33 Hume, 452–455
43 Nietzsche, 503–505, 509–510
58 Weber, 114–115

6b. The philosopher as a man of opinion: sophistry and dogmatism, idle disputation, perpetual controversy

4 Aristophanes, 697–721
6 Plato, 42–43, 65–84, 271–273, 300–301, 551–579
8 Aristotle, 417, 435–436
9 Galen, 362–363, 367–373, 413–414
11 Epictetus, 122–124, 153–157, 167–168, 183–184
13 Plutarch, 287–288, 566–567
21 Hobbes, 57, 59–60, 71, 267–274
22 Rabelais, 18–24, 197–200
23 Erasmus, 25
23 Montaigne, 110–115, 127–130, 280–334, 560–562
28 Bacon, 1–28, 57–58, 66–67, 112–114, 117
28 Descartes, 267–268, 288
30 Pascal, 231

33 Locke, 89, 284–285, 291–295, 323, 341, 347–348
33 Berkeley, 409–410, 430–432, 441
33 Hume, 478
38 Gibbon, 299, 526–527
39 Kant, 36–37, 120–121, 187–188, 221–222, 260–261, 607–608
43 Hegel, 2–4
43 Nietzsche, 463
45 Goethe, 20
53 James, William, 227
54 Freud, 874–875

6c. The philosopher as a man of reason: the limits of reason; its supplementation by experience or faith

15 Ptolemy, 5–6
16 Augustine, 33–35, 45–47, 575–582
17 Aquinas, 3–4, 11–12, 60–61, 175–178, 253–255
19 Dante, 47, 121
23 Erasmus, 3–4
23 Montaigne, 248–334
28 Bacon, 2–4, 96–97
28 Descartes, 235–236
30 Pascal, 205–217 passim, 217–219, 221–225, 248–251, 272–273, 277, 440
33 Berkeley, 405
33 Hume, 451–455 passim, 460, 503–504, 508
37 Gibbon, 186, 200–201, 308–309
39 Kant, 129–173, 219–220, 227–235, 285–287, 296, 337–355, 551–552, 570–572, 588–607
45 Goethe, 1–3, 4–6
51 Tolstoy, 242–243
52 Dostoevsky, 352–362
55 James, William, 15–18
55 Whitehead, 142–144, 202

6d. The philosopher as a man of theory or vision: neglect of the practical; withdrawal from the affairs of men and the marketplace

6 Plato, 200–212, 375–376
8 Aristotle, 351, 453
11 Epictetus, 120–121, 123–124, 184–189, 201–211, 222–224
13 Plutarch, 130, 255
23 Erasmus, 9–10, 12, 16
23 Montaigne, 117–127, 368, 522–524, 581–587
28 Bacon, 2–17, 73–74
33 Berkeley, 431–432
33 Hume, 451–452
36 Smith, 376–378
39 Kant, 187–188
40 Mill, 346–347
43 Hegel, 5–6
43 Nietzsche, 466, 502–503, 508–509
48 Melville, 72–73
50 Marx-Engels, 430–432
51 Tolstoy, 361–365
53 James, William, 271
54 Freud, 722
55 James, William, 5–6

7. **Observations on the history of philosophy: the lives of the philosophers in relation to their thought**

 6 Plato, 54–55, 564–568, 800–814
 7 Aristotle, 253, 259–268, 501–512, 606, 633–641
 8 Aristotle, 341–342
 9 Galen, 432–433
 11 Lucretius, 30
 11 Epictetus, 142–143, 167–168, 183–189
 13 Plutarch, 65, 252–255, 381, 420, 705, 720
 16 Augustine, 311–321, 575–579
 17 Aquinas, 239–240, 342–347, 385–388, 391–393, 440–449, 453–455, 469–471
 21 Hobbes, 164, 267–269, 274
 23 Montaigne, 118–119
 26 Harvey, 279–280
 28 Bacon, 1–101, 109–128
 28 Descartes, 265–291, 504–519
 30 Pascal, 355–358
 33 Locke, 260–261, 293–295, 373
 33 Berkeley, 409–410, 429–430
 33 Hume, 451–509
 35 Montesquieu, 169, 202–203
 35 Rousseau, 329–334, 373–374
 36 Smith, 6, 376–380
 37 Gibbon, 23–24, 31–32, 159, 186, 204–206, 364, 644–646, 668–671
 38 Gibbon, 299, 326–327, 522–528
 39 Kant, 1–8, 100–102, 224–227, 248–250, 311–313, 339
 40 Mill, 274–293 passim
 43 Hegel, 2–6, 164–165, 229, 241–242, 296–298, 362–363
 43 Nietzsche, 463–474 passim
 44 Tocqueville, 228
 50 Marx, 25, 190, 301, 305–306
 53 James, William, 221–239, 305–312, 627–635, 879–882
 55 James, William, 5–8, 10–11
 55 Bergson, 86–88
 55 Whitehead, 137–138, 148–151, 163, 200–205, 209
 55 Russell, 265–266, 268–270
 55 Barth, 493–495, 542
 56 Waddington, 724–725
 60 Beckett, 550–551

交叉索引

以下是与其他章的交叉索引：

The nature of philosophical science, *see* SCIENCE 1a, 1c.
Various conceptions of the highest philosophical knowledge, *see* DIALECTIC 2a; KNOWLEDGE 6c(4); METAPHYSICS 1; WISDOM 1a.
The relation of philosophy to theology and religion, *see* RELIGION 6g; SCIENCE 2a; THEOLOGY 2, 4a; TRUTH 4a.
The relation of philosophy to mathematics, *see* MATHEMATICS 1a–1b; PHYSICS 1b.
The relation of the philosophical to the experimental and empirical sciences, *see* PHYSICS 2–2b; PROGRESS 6b; SCIENCE 1c.
Comparisons of philosophy, poetry, and history, *see* HISTORY 1; POETRY 5b; SCIENCE 2b.
The distinction between theoretical and practical philosophy, *see* JUDGMENT 2; KNOWLEDGE 6e(1); MIND 9a; PRUDENCE 2a; SCIENCE 3a; THEOLOGY 3b, 4d; TRUTH 2c; WISDOM 1b.
The branches of speculative or natural philosophy and their relation to one another, *see* DIALECTIC 4; LOGIC 1; MAN 2b, 2b(4); MATHEMATICS 1a; METAPHYSICS 3a–3c; PHYSICS 1–1a; SCIENCE 1a(2); THEOLOGY 3a; TRUTH 4c.
The branches of practical, moral, or civil philosophy, *see* KNOWLEDGE 6e(2), 8a–8c; LOGIC 5e; POETRY 8; SCIENCE 3a; STATE 8d; WEALTH 9.
The method of philosophy, *see* DEFINITION 6a–6c; EXPERIENCE 2c, 4a–4b; INDUCTION 1a, 3; KNOWLEDGE 6c(4); LOGIC 5d; METAPHYSICS 2c, 4b; PRINCIPLE 3–4; REASONING 6a, 6c–6d.
The uses of philosophy in the conduct of life and the organization of society, *see* HAPPINESS 2b(7); WISDOM 1b, 2c.
The philosopher as a man of wisdom or as seeking wisdom, *see* TRUTH 8e; WISDOM 3.
The comparison of philosophical with supernatural wisdom, *see* THEOLOGY 2; WISDOM 1d.
The association or contrast of the philosopher with the sophist, the rhetorician, or the dogmatist, *see* DIALECTIC 6; METAPHYSICS 4a; OPINION 4b; RHETORIC 1a; WISDOM 3.
The comparison of progress in philosophy and science, *see* PROGRESS 6b–6c.

扩展书目

下面列出的文著没有包括在本套伟大著作丛书中，但它们与本章的大观念及主题相关。
书目分成两组：

Ⅰ. 伟大著作丛书中收入了其部分著作的作者。作者大致按年代顺序排列。

Ⅱ. 未收入伟大著作丛书的作者。我们先把作者划归为古代、近代等，在一个时代范围内再按西文字母顺序排序。

在《论题集》第二卷后面，附有扩展阅读总目，在那里可以查到这里所列著作的作者全名、完整书名、出版日期等全部信息。

I.

Augustine. *Divine Providence and the Problem of Evil,* BK II, CH XVIII
———. *The Soliloquies,* BK I, CH 7
Thomas Aquinas. *On the Trinity of Boethius,* QQ 2, 5–6
Dante. *The Convivio (The Banquet),* SECOND TREATISE, CH 12–16; THIRD TREATISE, CH 11–15; FOURTH TREATISE, CH 1
Hobbes. *Concerning Body,* PART I, CH 1
Descartes. *The Principles of Philosophy,* PREF
Voltaire. "Philosopher," "Sophist," "Philosophy," in *A Philosophical Dictionary*
Gibbon. *An Essay on the Study of Literature,* XLIV–LV
Kant. *Introduction to Logic,* III–IV, X
Hegel. *Lectures on the History of Philosophy*
———. *The Phenomenology of Spirit,* PREF
———. *The Philosophy of Mind,* SECT III, SUBSECT C
Nietzsche. *Ecce Homo*
———. *Thus Spoke Zarathustra*
———. *Twilight of the Idols*
———. *The Will to Power,* BK II (2–3)
Engels. *Herr Eugen Dühring's Revolution in Science,* PART I
James, W. *A Pluralistic Universe,* LECT I
———. *Some Problems of Philosophy,* CH 1
Veblen, T. *The Place of Science in Modern Civilization*
Dewey. *The Quest for Certainty,* CH 11
———. *Reconstruction in Philosophy,* CH 1
Dewey et al. "The Need for a Recovery of Philosophy," in *Creative Intelligence*
Whitehead. *Adventures of Ideas,* CH 9–10
———. *Process and Reality,* PART I
Russell. *Mysticism and Logic,* CH 6
Heidegger. *Kant and the Problem of Metaphysics*
———. *What Is Philosophy?*
Heisenberg. *Philosophical Problems of Quantum Physics*
Waddington. *The Scientific Attitude*

II.

THE ANCIENT WORLD (TO 500 A.D.)

Cicero. *De Oratore (On Oratory),* III, CH XV–XVI
Diogenes. *Lives of Eminent Philosophers*
Philostratus. *Lives of the Sophists*
Tertullian. *Apology*
———. *On Idolatry*
Xenophon. *In Defense of Socrates*

THE MIDDLE AGES TO THE RENAISSANCE (TO 1500)

Abelard. *Ethics (Scito Teipsum)*
Al-Ghazzali. *The Destruction of Philosophy*
Averroës. *The Incoherence of the Incoherence (The Destruction of the "Destruction")*
Bacon, R. *Opus Majus,* PART II
Boethius. *De Fide Catholica (On the Catholic Faith)*
Duns Scotus. *Oxford Commentary,* BK I, DIST 3, Q 4
John of Salisbury. *The Metalogicon*
Judah ha-Levi. *Book of Kuzari*
Thomas à Kempis. *The Imitation of Christ,* BK I, CH 1–5; BK III, CH 43–45

THE MODERN WORLD (1500 AND LATER)

Adler, M. J. *The Conditions of Philosophy*
Austin, J. L. *Philosophical Papers*
Balfour. *A Defence of Philosophic Doubt*
Beard, C. A. *The Economic Basis of Politics*
Bosanquet. *Science and Philosophy,* I
Burrell. *Analogy and Philosophical Language*
Carnap. *Philosophy and Logical Syntax*
Cohen, M. R. *Reason and Nature,* BK III, CH 5
Coleridge. *Biographia Literaria,* CH 9
Comte. *The Positive Philosophy,* INTRO, CH 1
Croce. *Politics and Morals*
Farrer. *Finite and Infinite*
Flew. *God and Philosophy*
Gilson. *Christianisme et philosophie*
———. *History of Philosophy and Philosophical Education*
———. *The Unity of Philosophical Experience*
Glanvill. *Scepsis Scientifica*
Haldane, J. S. *The Sciences and Philosophy,* LECT X–XI
Hamilton, W. *Discussions on Philosophy and Literature, Education and University Reform*
———. *Lectures on Metaphysics and Logic,* VOL I (1–7)
Heine. *Religion and Philosophy in Germany*
Jaspers. *The Perennial Scope of Philosophy*
Kuhns. *Structures of Experience*
Langer. *Philosophy in a New Key: A Study in the Symbolism of Reason, Rite, and Art*
Lotze. *Outlines of Encyclopedia of Philosophy,* SECT I–II

Maritain. *De la philosophie chrétienne*
———. *The Degrees of Knowledge,* CH 1
———. *Scholasticism and Politics,* CH 2
———. *Science and Wisdom,* in part
Mueller. *Dialectic: A Way into and Within Philosophy*
Oakeshott. *Experience and Its Modes*
Peirce, C. S. *Collected Papers,* VOL I
Polanyi, M. *Personal Knowledge*

Rescher. *Dialectics*
Santayana. *Soliloquies in England and Later Soliloquies,* CH 48
Sidgwick, H. *Philosophy, Its Scope and Relations*
Tennant. *Philosophy of the Sciences*
Waismann. *Principles of Linguistic Philosophy*
Whewell. *The Philosophy of the Inductive Sciences,* VOL I, BK 1, CH 2

物理学　Physics

总　论

关于物理学这门学科，看来有一件事是被认作理所当然的。物理学研究的对象是变动不居的事物或运动的物质构成的可感世界。由于这就是前苏格拉底哲学家们关心和研究的对象，从泰勒斯、阿那克西曼德、阿那克西美尼到赫拉克利特和德谟克利特，一概都被称为物理学家。正是继承了他们的传统以及对他们的观点做出批判性的评论，公元前4世纪的亚里士多德写成第一部名为《物理学》的伟大著作。

亚里士多德的老师柏拉图在这个意义上不是一位物理学家。在《理想国》里，在柏拉图对作为国家管理者早期教育一部分的文理科所做的说明中，他列举了四门数学学科，即算学、几何学、音乐、天文学。所有四门都是严格的数学学科，不是经验科学。然而，在一篇对话《蒂迈欧篇》中，柏拉图关心一个像是物理学的问题——宇宙的形成及其结构。而即使在这里他的思想过程仍是倚重于数学概念和构造。他将他发展出来的精细理论仅仅视为一个可能的理论，旨在对现象提供数学解释来拯救现象。这样，柏拉图比亚里士多德更可谓数学物理的先驱——是托勒密、哥白尼、开普勒的先驱，伽利略、牛顿、惠更斯的先驱。

无论如何，不管是否与数学混在一起，一门科学如果不研究、观察和测量可感觉的或可用工具侦测的现象，那么它就不是现代意义上的物理科学。如果它不关心变化的现象，那么它就不具有一门物理或自然科学的特点。拉丁词 *natura* 与希腊词 *phüsis* 是同义的，两者在其基本意义上，都指变化。

柏拉图和亚里士多德谈到的早期希腊物理学家开启了对变化的研究，对于自然现象的潜在原理的终极起源以及自然现象的原因，他们的研究是用思辨而不是用经验探索的方式进行的。这些早期研究通过思辨来探索自然现象所依赖的原理的终极起源以及自然现象的原因，而不是通过经验探索的方式进行的。既然他们并不从事经验的研究，他们在近代被称为哲学家而不是科学家，因为在近代，科学的标志已经成为从事经验研究，而哲学的标志则是思辨。但是，关于他们的物理学家头衔似乎没有什么争论。他们对这个头衔的无可争辩的权利并不是得自他们使用的方法，而是得自他们研究的对象——变化。自然的领域就是变化的领域。

正是基于这个理由，亚里士多德在其《物理学》的开篇考察他的前辈的理论时，将巴门尼德与其他所有人分开。巴门尼德关于存在的统一性的断言，导致他否认变化或运动的真实性，因而不可能被看作是一个物理理论。正好相反，根据亚里士多德的看法，巴门尼德的断言是对物理学这门学科的完全否定。无论物理学家们之间在其他观点上有什么争论，他们至少必须全体一致地站在反巴门尼德的立场上。亚里士多德甚至似乎不认为一本物理学的书是反驳巴门尼德的恰当场合。该反驳论证属于哲学的另一个部分。变化的真实性在他看来是足够明显的，让物理学家确信他们有可加以研究的主题。

变化正是赫拉克利特（一位前苏格拉底时期的反巴门尼德者）视为根本性的东西，赫拉克利特还更进一步坚称，实在中的一切，像火一样，处在永不停息的流动中。20世纪的物理学家海森堡宣称，"近代物理学在某些方面极其接近赫拉克利特的学说。如果我们用'能量'这个词来替换'火'，从我们近代的观点看，我们几乎能逐字逐句重复他的话。能量事实上是构成所有基本粒子、所有原子因而所有事物的实体，而能量是运动的东西"。

早期物理学家到底是科学家还是哲学家？这个问题唤起我们对研究自然现象的不同方法的注意。关于物理学的主题的一致看法因此可能只是在非常一般的意义上才行得通。如果我们根据所使用的方法更加具体地定义物理探究的对象，似乎就有了两种物理学，不是一种———一种哲学的物理学和一种科学的物理学，一种自然哲学和一种自然科学，或者用康德的话讲，一种理性的或纯粹的物理学和一种经验的或实验的物理学。

尽管牛顿可能称其工作为自然哲学，但他同时也称之为实验哲学，以便将之与更早的不做实验的自然哲学家的工作区分开来。然而，牛顿物理学与亚里士多德物理学的区别，似乎比方法上的分野要更大。牛顿与亚里士多德试图解决的问题还提示主题上的差别。不过，这个差别还是落在最宽泛意义上必须被看作是物理学领域的范围之内。尽管两者差别很大，他们都是物理学家，尽管他们不是同样的意义上的哲学家或科学家。

物理学的不同定义还有其他来源。物理学与其他学科的关系问题——无论是与其他哲学分支还是与其他经验研究领域的关系问题——引起了物理学的对象和范围的问题。例如，亚里士多德、弗朗西斯·培根、笛卡尔和康德，对物理学与数学和形而上学的关系，似乎并没有共同的理解。结果他们对物理学的看法也就不同了。

在经验研究的层次上，物理学有时被看作只是自然科学之一，有时被看作是自然科学的整个群体。在后一种情况下，它包括天文学、力学、光学、声学、热力学、磁学以及电学这些领域；有时候化学、生物学甚至心理学也被包括在物理或自然科学名下，在最广泛的意义上与社会科学相对照。针对化学来把物理学领域划分开来，抑或针对生物学和心理学，抑或针对社会研究，这些不同的界线显然会使我们对物理学领域的理解也有所不同。

把其他这些科学和物理学分离开，并不一定意味着自然或自然科学是不连续的。例如，生物学家和心理学家考察生命的物理基础和心理现象的物理条件或关联。混合科学，如生物物理学和心理物理学，已经发展起来。要理解经济和政治生活的物理基础，必须诉诸运动物质的规律和对空间和时间的考察，在这个意义上，即使社会研究也利用物理学。

天文学与宇宙论、**力学**等其他几章涉及特定的物理科学。**力学**试图涵盖力学的各种分支以及相关研究领域，诸如动力学、光学、热理论、磁学、电学，尤其侧重于伽利略、牛顿、惠更斯、吉尔伯特和法拉第在这些分支中的工作。力学及其分支或隶属学科的基本概念也在该章中处理。还有其他章节涉及一些基本术语，这些术语表达了哲学物理学或科学物理学的更大领域中的概念或问题，如**原因**、**变化**、**元素**、**无限**、**物质**、**原则**、**量**、**空间和时间**等章——更不用提**自然**和**世界**等章了，它们表达的是最广泛意义上物理学家所研究的实在。

因此，我们这里的讨论可以局限在本书中提出的一些问题上，涉及物理学的观念、其主题和方法、物理学与其他科学或哲学其他部分的关系。它将引出这样一些问题，在研究实在或事物本性的科学中，物理学是否是至高无上的，在另一个极端，物理学是否可能成其为一门科学，是否可能有关于运动物体的科学知识，或在整个变化和生成的领域是否可能有科学知识。

哲学的物理学和科学的物理学的区分问题，看起来也许只是哲学与科学的广义区分的一个特例。但它比这要多。正是这里的情况可用来检验哲学和科学的广义区分，因为在这里哲学家和科学家双方都主张他们在解释相同的主题，或至少在处理同样普遍的现象领域。

数学和形而上学以不同的方式影响哲学与科学的区分。例如，如果我们把实验或经验研究当作科学区别于哲学的特点，那么数学似乎像哲学而不是像科学。按照任何对数学知识的本性的理解，数学永远不可能分成可被描述为经验的和理性的两个种类。形而上学知识的可能性可能受到挑战，但任何人都不曾提出一种实验形而上学来挑战哲学家的形而上学。

但是，物理学似乎既允许用实验方式来做又允许用哲学方式来做。它们是否应被认为是相互冲突的，依赖于它们是在用不同方法处理相同的问题，抑或它们体现了劳动分工。按照后一种观点，每一方根据自己的方法处理不同的问题，两者是互补的而不是互斥的。在传统中，心理学是另一个似乎得到双重对待的主题，可以分为哲学心理学和实验心理学。它引起了类似于刚才提及的问题。这些将在**人**一章中考察。

如同**哲学**章和**科学**章两章指出的那样，对哲学和科学的区别和关系的讨论，因两个术语的双重使用而复杂化了。例如，"科学"这个词，贯穿这个传统的大部分阶段，既被用于哲学的科学，又被用于实验的科学。同样，直到19世纪，哲学家之名，既被冠在做实验的人身上，也被冠在不做实验的人身上。"科学家"在现代意义上的用法是19世纪才引进的。

因此，我们必须做出某种约定，例如，当语境显示"科学"和"哲学"两词是用作反义词而不是同义词时，"科学"指的将是实验的而"哲学"指的是非实验的处理模式；除非我们约定了这类理解，从而解决了上面提到的那些字面上的含糊不清，否则说到科学物理学和哲学物理学的时候就无法避免混淆。物理学家们自己用"实验家"和"理论家"做出这个区分。这个学科现在是如此复杂，以至于没有单独一人是两方面活动的大师。据说恩里克·费米是在理论上和实验上工作得同样优秀的最后一人。

除此之外，要往下进行，我们有必要假定读者已经了解了**哲学**和**科学**两章，它们将为这里讨论的某些事情提供背景。否则，对自然哲学和自然科学的考察容易变成对哲学和科学的一般讨论。

实验物理学的伟大著作看来有三个共同特点。首先的也是理所当然的，它们坚持实验要么是科学表述的不可或缺的来源，要么是科学表述的最终检验；第二，既是为了表述自然的规律也是为了证明基本规律的后承或推论，它们对数学的依赖与对实验的依赖一样多；第三，尽管实验和观察随着科学的发展成倍增加，它们仍寻求将所有自然现象置于最小数量的概括之下，这些概括在数学陈述上具有极度的简单性。

在第二和第三点上，牛顿的宣示似乎最为明确。他说，"自然喜爱简单性，不爱多余原因的夸耀"。因此，牛顿致力于运动规律的最简单陈述,他寻求给予这些规律一种普遍性,而这种普遍性要求这些规律能涵盖每种类型的自然现象。在《自然哲学的数学原理》第三编的开场白中,他解释说,在前两编中他已经"奠定了哲学的原理;这些原理不是哲学的而是数学的;即,在哲学探究中我们可以将我们的推理建立于其上的原理。这些原理是某些运动和力的定律和条件"。就是从这些原理出发,他现在将要去"证明世界体系的构架"。

在这部著作第一版的前言中,牛顿是这样描述第三编的,在这一编中,他从"天体现象中推导出使物体趋向于太阳和几个行星的重力。然后从这些力出发,通过其他也是数学的命题",他继续道,"我演绎出行星、彗星、月球、海洋的运动"。但是,他并没有认为他的著作已经达成了物理学的目标——用几个简单的数学公式统括所有自然现象。

他对失败的承认也可以被理解为一个预言,即基于数学原理的实验物理学有一天能取得何种成就。"我希望我们能够用同一类推理推导出其余自然现象,"他写道,"因为许多理由诱导我猜想,所有这些现象可能都依赖于某些力,通过这些力,物体粒子借助某些迄今未知的原因,要么相互被推到一起,凝聚成规则的形状,要么互相排斥,渐行渐远。"牛顿的这些话可以被看作是构成了现代基本物理学的一种"终极梦想"。爱因斯坦徒劳地花了近40年的工夫试图提出一种统一场理论——一个将用单独一组方程把电磁力和引力统一起来的理论。他的后继者已经认识到,没有量子理论,这样的统一是不可能的。此外,电磁力和引力只是需要统一的四种力中的两种。人们也必须把导致许多核粒子不稳定的核力和弱力包括进来。有些物理学家相信,这种统一的"万物论"(theories of eve-rything)现在有了苗头了。

在牛顿和爱因斯坦之间,傅立叶也对物理学作为一门科学的理想做了陈述,他既认为这门科学的原则是简单的,又认为它们的应用范围是普遍的。他写道,牛顿和伽利略的继承者们"已经扩展了他们的理论,并给予它们令人赞赏的完美;他们教育我们,最决然不同的现象都服从少量的普遍规律,这些规律被复制在所有的自然行为中。人们认识到,相同的原理控制了星球的一切运动、星球的形状、星球的不均匀的步调、海洋的平静和呼啸、空气和发声物体的和谐震动、光的传播、毛细管作用、流体的波动,总之,控制了一切自然力的最复杂的效应"。傅立叶的结论是:"牛顿的思想就这样已被确证。"这里他指的是牛顿对几何学的赞扬:几何学的荣耀在于,它提供给物理学使用的少许几个数学原理,"能够产生出如此多的成就"。

就实验这一面说,关于实验服务于何种目的,物理科学的伟大著作似乎包含有不同的观念,不过,说到自然科学依赖于实验这一点,大家的认识是相当一致的。例如,在磁学领域,吉尔伯特说道,很多作者著述说"琥珀和黑玉吸引碎屑,……但他们从来没有提供来自实验的证明……这些作者只是在说空话……这样的哲学不结果实"。他对这类作者不屑一顾,认为他们都是非科学的。真空、流体平衡和空气重量这些富有成效的实验使帕斯卡总结说,除非人们能够做出和重复"给我们提供关于自然的知识的实验",否则自然的奥秘就仍然隐藏着。

拉瓦锡写道:"我们永远只应该沿着实验和观察的自然之路来探索真理。"法拉第自述是"一位实验主义者",他说他觉得"只有实验才能引导我进入任何可能由它给予支持的思路"。他认为电科学发展"所处的状态要求在其每一个部分都从事实验研究,这不仅仅是为了发现新的效应",而且最终是为了"更精确地确定自然中最神奇、最普遍的力量的首要行动原理"。

不同领域的物理研究必然会采用不同的实验方法。牛顿用镜子和棱镜做的光学实验适合于光现象,如同伽利略的斜面实验、帕斯卡的流体平衡实验、法拉第的感应线圈实验分别适合于动力学、流体静力学和电学现象一样。使用的材料、设计的装置或仪器、受控制的或与无关环境隔离开来的因素、记录结果用的测量单位,自然随着被观察的现象而变化。然而,有一件事是物理科学的伟大著作中描述的种种实验所共有的。它们全都包含一个人工物理系统的构造,这比不受控制的或未经篡改的自然允许更精确和更精细的观察。

自然的研究者无论如何必须观察,不管他是哲学家还是科学家。说哲学物理学是非实验的,对亚里士多德而言,并不意味着无需观察或来自经验的归纳,自然知识就是可能的。但是,实验家们坚持区分两种观察,一种是人们在日常经验过程中通常做出的,另一种涉及人们特意加以设计的实验,对这些实验的结果进行观察,除此之外还加以测量,是一种特殊的经验。

这个区分点似乎在伽利略《关于两门新科学的对话》中的一段话中被醒目地勾画出来。对话中的人物之一辛普里丘宣称"日常经验表明光的传播是即刻完成的"。他解释说"当我们看见一个炮兵队在很远处开火时,闪光未经时间的流逝就到达我们的眼睛;但声音仅在显而易见的间隔之后才到达我们的耳朵"。萨格雷多回答说,这点熟悉的经验只允许他推出"声音在到达耳朵时走得比光慢"。他说,这并不告诉我们"光的到来

是否是即刻的,或者尽管极端迅捷它是否仍要花时间"。日常经验不足以决定在这两个选择中哪个是正确的。要测量光的速度,必须构造一个实验。实际上,伽利略用相互隔开很远的灯笼做了这样一个实验。不过,光速太快了(大于每秒186 000英里),他用这样一个简陋的系统无法发现任何结果。

求助于实验、通过观察和测量来发现日常经验无法提供的答案,并没有穷尽实验的用处。除了仅仅用于"新效应的发现"之外,伟大的实验物理学家们指出了实验可派上的至少三种用场。

牛顿写道,在自然哲学和数学中,"分析的方法应该总是先于合成的方法"或先于综合。在物理学中,分析方法"在于做实验和观察,在于用归纳法从它们中得出结论"。相比之下,综合方法始于被设定的原则,从那里出发"解释现象……和提供解释"。

这里实验执行的是一个检验的而不是归纳的功能。像惠更斯评论的那样,物理学中的证明不具有数学证明的确定性,但作为从被设定原则中演绎出的结论经实验确证的结果,它能有一个极高的或然性——"常常和完全的证明差不多"。这发生"在被设定的原则证明了的事情完好地对应于实验带来的被观察现象之时,尤其在这些现象数量很大之时"。单独一个判决性实验,如果在设计时是如此完美以至于所有相关因素都已得到控制,就使得重复做那些确立结论的实验无甚必要。

为了确定对均衡加速运动的某个数学定义是否描述了"人们实际在落体情况下碰到的"加速度,伽利略测量一个球滚下一个斜面时的速度,在这个时候,他描绘了实验的第三个用场。对话中的人物似乎满足于某个数学推理,它表明速度随着时间单元的流逝而不是随着被穿

越的空间间隔而增加。但是,辛普里丘要求用实验来证明这里的数学结论具有物理实在性,意思是说它的确能够描述可观察的现象,这时,萨尔维阿蒂回应说,这个要求"是非常有道理的,因为这在有些科学中是惯常的做法,或近乎惯常的做法,——这是指那些把数学证明运用于自然现象的科学",并且,在这些科学中,"原理一旦被恰当选择的实验所确立,就成为整个上层建筑的基础"。这里,实验并不认证结论。它建立原理,不是通过归纳的概括,而是通过实际测量与数学期望值的比较。

缺乏实验但不乏来自经验的归纳,缺乏测量但不乏对观察的借助,亚里士多德的《物理学》——以及与之一起的这些物理学的论述,如他的著作《论天》和《论产生和毁灭》——代表了一种自然哲学。按照"科学"这个术语在亚里士多德那里的意思,这些论述讲述的是科学,但它们也构成了哲学的一部分,与数学有别,与亚里士多德视为第一哲学或哲学的最高部分即形而上学的科学有别。

亚里士多德将理论科学或思辨哲学划分为物理学、数学和形而上学三部分,引起了一个涉及他卷帙浩繁的生物学著作的问题,或许也涉及他的《论灵魂》。这些著作是算作物理科学还是算作自然哲学部分?亚里士多德区分了生物和非生物的形式和属性,这个事实似乎并不影响对这个问题的回答。依据他的物理探究的标准——即物理探究研究那些离开物质和运动就既不存在也不可能被设想的东西,以及物理学关心每种类型的变化——所有这些著作都属于物理学领域。因此,即使涉及感觉、记忆和梦这样明显的心理学研究,也配得上传统上将它们拢在一起的标题——《物理学短论》。

对于所有这些更专门化的对自然现象的考察,《物理学》似乎起一个一般导论的作用,它本身也是对自然哲学领域中的最根本科学的阐明。它试图定义变化,陈述每种类型的变化之下的原理。它试图对各种变化进行分类,将单单生成(coming to be)和消亡(passing away)与在一个特殊方面的生成(或性质、数量和位置上的变化)区别开来,亚里士多德常常称后者为"运动",以别于"变易"或"产生"(generation)。它从事对变化或运动的条件或原因的分析、区分偶然发生与必然发生的事情、分辨自然的与非自然的或猛烈的运动、处理推动者与被动物之间的关系、处理运动的连续性和可分性、考察作为运动条件或方面的位置和时间、询问物体的和变化的无限性、询问运动的永恒性或变易的整个秩序、运动事物的自然世界。

这样,亚里士多德的物理学,不仅在方法上,而且在其试图回答的问题上和在其诉诸的原理上,似乎与实验主义者的物理学形成鲜明的对照。给出变化的一般定义、陈述在每个类型的变化中起作用的原理和原因,这些努力可能与寻求有最大一般性的公式以涵盖所有自然现象是相符的。但是,在牛顿和傅立叶因此希望将自然的多样性简约为最简单的术语——几个运动定律统括整个自然框架——的地方,亚里士多德正相反,他坚持运动类型、质料种类和变化原因的一种不可还原的多样性。

此外,亚里士多德诉诸的原理不是数学的。他批判了柏拉图《蒂迈欧篇》中关于变易的讨论,理由是,这个讨论试图在对变化的分析中用数学术语代替物理术语。"物体包含表面和体积、线和点",他写道,"这些是数学中的事情";但数学家并不关心这些作为物体属性的东西,而是只关心,至少在思想上,与物质和运动相分离的事情。有些科学代表数学和物理学的混合,如光学和和声学,但这些混合科学——后来被称为"数学物理"的等价物——的存在,在亚里士多德看来,意味着而不是否定纯粹物理科学与纯粹数学的分离。

牛顿(他的物理学既是数学的又是实验的,我们可以把他看作这一类型物理学的模范)去到数学中寻找自然哲学的原理,而亚里士多德似乎认为物理学有其自己固有的原理。如果要寻找对这些原理的任何更为深刻的理解,它不是在数学中被发现,而是在形而上学或亚里士多德所称的"第一哲学"中被发现。

例如,亚里士多德提出质料、形式、缺失(privation)作为基本的物理学原理。按照这些他就能够陈述他的见解,即所有变化涉及一个基项(substratum)(或发生变化的那个东西)和反项(contraries)(或变化自其发生的那个东西和变化朝其发生的那个东西)。但是,依照作为存在模式的潜在性和现实性对质料和形式进行分析,以及依照存在和非存在对形式和缺失进行考察,却属于形而上学而不属于物理学。

此外,亚里士多德作为物理学家,讨论了运动的物体,以及讨论了物体的产生与它们的改变、增损或位移之间的区别。但他把进一步的课题留给了形而上学——留给了跟在几种论物理学的著作之后的著作(即形而上学),在那里他讨论了物体之为由质料和形式构成的实体,区分了实体与偶性(accident),这一区分说明了实质变化和偶性变化之间的区别(即一边是产生和毁灭,另一边是质、量或位置的变化)。

尽管对亚里士多德来说,物理学在主题上既与数学分离也与形而上学分离,但是,物理学就其原理的建立以及阐明而言,依赖于形而上学,却不依赖于数学。正是在这个意义上形而上学在逻辑上先于物理学。但也在某个意义上哲学物理学逻辑地先于实验自然科学。实验主义者使用物理的而非数学的原理,在同样的意义上他可能不得不从一种自然哲学中得出这些原理。例如,伽利略在他的《关于两门新科学的对话》的第三第四天研究了自然的和剧烈的运动(即自由落体运动和射弹运动)的属性。确立这个区别的真实性以及定义自然和非自然类型运动的问题,似乎是哲学分析的事儿,不是实验研究的事儿。

关于物理学与数学的分离,培根和康德似乎同意亚里士多德。理性的物理学(或与经验物理学相对照的纯粹物理学),根据康德的看法,"与数学是完全分离的"。不要把它与"通常被称为的一般物理学(*physica generalis*)"混淆了,后者"是数学而不是一门自然哲学"。培根认为古人的自然哲学在亚里士多德学派中被逻辑败坏了,在柏拉图学派中被数学败坏了。他在批判古人的自然哲学时说,数学将会"了结自然哲学而不是产生或创造它"。他补充说:"我们倒可以从纯粹的和不掺杂的自然哲学中希求更好的结果。"

培根在别的地方评述说:"当数学应用到物理学时,对自然的研究进行得最好。"他并不否认"数学的伟大用途",但他坚持认为数学应该被视为自然哲学的"一个附加物或辅助物",而不是它的主子。他写著作反对"那些让自己的科学把持物理学"的数学家。

但是,亚里士多德、培根和康德对于物理学与数学的关系的看法无论有多大程度的一致,他们关于物理学的范围和主题的理论似乎是有分歧的。对培根而言,物理学只是自然哲学的理论部分之一,其他的是形而上学。两者都是关于自然或物理世界的科学,尽管一个研究质料的和直接的原因,另一个研究形式的和终极的原因。而且,两种研究都能够通过实验进行,并且通过运用关于原因的知识来产生某些结果,(在力学中以及在培根所称的"魔术"中)能够结出实际的果实。

对康德来说,理论知识是理性的和先天的,不是经验的和后天的,理论知识的整体是关于自然的形而上学,它的一部分是理性的物理学,另一部分是理性的心理学。他写道:"关于有形自然界的形而上学被称为物理学,或者,由于它必须只包含关于自然的先天知识的原理,被称为理性的物理学。"在这里,物理学和形而上学并不具有不同的对象,这与亚里士多德不同,康德将物理学看作是关于自然的纯粹先天知识,与亚里士多德将之视为归纳的和经验的(尽管非实验的),似乎相去甚远。

像 G. H. 哈迪这样一位 20 世纪的数学家,对数学和物理学的领域的看法根本不同。他写道:"数学家的立场和物理学家的立场,可能比通常设想的差别要小,……在我看来最重要的是,数学家与实在的接触要更加直接一些。这也许看起来像一个悖论,因为是物理学家与常常被描述为'真实'的事情打交道,但是,一点反思就足以表明,物理学家的实在,无论它可能是什么,几乎或根本不具有常识本能地归于实在的那些特点。一把椅子也许是一堆旋转的电子,也许是上帝心中的一个观念:这两种对椅子的说法可能各有其长处,但要说合乎常识的见解,哪一个说法都隔着十万八千里……我们不能说知道物理学的主题是什么,但这并不一定有碍于我们大致理解物理学家正在试图做什么。很清楚,他在试图将他面前的一堆不连贯的朴素事实与某种由抽象关系构成的确定有序的图式对应起来,而他只能从数学那里借来这种图式。"

这些涉及物理学与数学及形而上学的关系的问题,对于自然的实验研究以及自然的哲学研究,都有意义。例如,休谟贬斥形而上学探究是不能产生知识的,数学知识则被限定在理想实体的领域,而自然科学则由对事实问题进行的实验推理构成,如果遵循休谟采纳的立场,那么,自然科学就成为唯一关于实在的知识。即使休谟将实验推理的结论看作是充其量很可能的,情况依旧是,物理学不能回答的有关自然的问题,在科学上就是不可能回答的。

这个结果与霍布斯达到的如出一辙。霍布斯把物理学变成关于实在的根本科学,其根据是,除了运动物体之外什么都不存在。简言之,对物理学首要性的断定,也许要么由于否认非物质的对象能为我们所知,要么由于否认这些对象真正存在。完全相反的观点是,只有非物质的和永恒的东西才是科学所能知晓的,生成、消亡、永远在经历变化的可感觉的事物世界,属于概率和意见的领域,不是知识的领域。

在柏拉图看来,数学和辩证法分别可以是科学和智慧,因为它们研究可理解的、永恒不变的实在。而物理学家试图为之提供说明的变易全都是些变动不居的可感现象,他们所能提供的说明无过于"提出了一些很有可能的事情,一些最有可能的事情"。在这些问题上,蒂迈欧说:"我们应该接受一个可能的故事,不做进一步追究。"在长篇谈论了物理的事情之后,蒂迈欧为他只能猜测性地说明自然现象表示歉意,他说"人们有时可以把关于永恒事物的沉思放在一边,为了放松一下而去思考只有或然性的关于变易的真理;他为此得到快乐,而这种快乐不会让人事后懊悔,这可确实是一种明智合度的消遣"。

这种看法拿物理学的或然性与数学的确定性比照,从而来贬低物理学,因此,它比休谟走得更远。这种看法与休谟不同,它赞扬数学和辩证法,并不只是因为它们具有确定性,更是因为它们是关于实在而不是关于现象的知识。

此外,不像柏拉图,休谟并不认为物理学的或然性减损了它的功用,——机器的发明和物理学在技术上的应用使人类扩大了对自然的统治。说到这些功用,培根比休谟更是张大其词。在传统的对物理学的尊严和价值的讨论中,柏拉图与培根所代表的态度看来有霄壤之别,这有点儿像说到物理学的主题和方法,亚里士多德与牛顿的理论看来有霄壤之别。

1920年代由海森堡、薛定谔、狄拉克、玻尔等人发明的量子理论,把许多物理学家引导到一种他们认为曾经是哲学家的阵地的形而上学争论中。有时人们说,爱因斯坦拒绝量子力学是因为它依赖于概率:"上帝不拿世界掷骰子。"爱因斯坦的关切要更加深刻许多。他认为量子力学的哥本哈根解释放弃了客观的外部世界。体现在海森堡的不确定性原理中的这种知识的局限,在他看来是一个短期状态,更好的理论被发明之时,就会被一扫而空。

在这些问题上,爱因斯坦和玻尔陷入到一场持续了30年之久的论战中。玻尔发现量子理论中知识的局限完全是可接受的,并且实际上与别的领域里的局限性是相容的,这些领域也有他称为"互补"的方面。他给出了一个例子,"'思想'与'情感',在说明有意识的生活的多样性和范围时,是同样不可或缺的。"这两人惺惺相惜,自留己见。其间,量子理论已经证明是迄今表述出来的最有效的科学理论。

分 类 主 题

1. 物理学作为关于变易和关于自然秩序或变化的一般理论:哲学物理学、自然哲学、纯粹物理学或理性物理学
    1a. 自然哲学与形而上学和辩证法的关系
    1b. 自然哲学与数学的关系:自然哲学中的数学方法和数学原理
2. 实验物理学与经验自然科学:实验的与哲学的物理学的关系
    2a. 从自然哲学中的推导出定义、区分和原理:科学家的形而上学
    2b. 哲学的和经验的物理学中对原因的处理:描述与解释,理论与预言
3. 数学物理:观察和测量与数学表述的关系
4. 自然研究中的实验方法
    4a. 简单观察与实验的区分:创造理想的或隔离的物理系统的技术
    4b. 实验的发现:来自实验的归纳概括;实验中理论或假说的作用
    4c. 实验检验和证实:判决性实验
    4d. 实验测量:观察与现象的关系;数学公式的应用
5. 物理学的功用:机器的发明;工程的技巧;对自然的掌握
6. 物理学中的革命史:狭义和广义相对论;量子力学

[程炼 译]

索引

本索引相继列出本系列的卷号〔黑体〕、作者、该卷的页码。所引圣经依据詹姆士御制版，先后列出卷、章、行。缩略语 esp 提醒读者所涉参考材料中有一处或多处与本论题关系特别紧密；passim 表示所涉文著与本论题是断续而非全部相关。若所涉文著整体与本论题相关，页码就包括整体文著。关于如何使用《论题集》的一般指南请参见导论。

1. Physics as the general theory of becoming and the order of nature or change: philosophical physics, the philosophy of nature, pure or rational physics

 6 Plato, 447–477
 7 Aristotle, 259–260, 268, 270–271, 275–278, 337, 359, 362, 390, 547–548, 589–590, 592–593
 8 Aristotle, 161–165
 15 Ptolemy, 5–6
 16 Augustine, 312–313
 17 Aquinas, 3–4
 21 Hobbes, 271
 28 Bacon, 40
 28 Descartes, 285–286
 33 Locke, 394
 33 Berkeley, 432–436
 39 Kant, 5–13
 53 James, William, 882–886

1a. The relation of the philosophy of nature to metaphysics and dialectic

 6 Plato, 240–242, 385–388
 7 Aristotle, 259–260, 268, 282, 334, 507–508, 560, 589, 632
 15 Ptolemy, 5–6
 17 Aquinas, 451–453
 21 Hobbes, 72
 28 Bacon, 33–34, 42–43
 39 Kant, 351–352, 561–562,
 51 Tolstoy, 693–694
 53 James, William, 862–866

1b. The relation of the philosophy of nature to mathematics: mathematical method and mathematical principles in natural philosophy

 6 Plato, 391–398, 449–450, 458–460
 7 Aristotle, 270–271, 277, 390–391, 510, 513, 589–590, 603–604, 609–610
 10 Nicomachus, 600
 17 Aquinas, 32–33
 21 Hobbes, 72, 268
 26 Galileo, 252
 28 Descartes, 229, 395–396
 32 Newton, 1–2
 39 Kant, 5–13, 17–19, 211–218
 55 Whitehead, 148–153

 56 Whitehead, 135–136, 185–186
 56 Hardy, 377–378

2. Experimental physics and the empirical natural sciences: the relation of experimental and philosophical physics

 7 Aristotle, 397, 411
 8 Aristotle, 162
 26 Gilbert, 1
 26 Galileo, 202–203
 28 Bacon, 30–31, 42–43, 46–47, 105–106, 111, 113–115, 120, 126, 128–129, 137–140
 28 Descartes, 285–286
 32 Newton, 270–271, 542–543
 33 Locke, 320–323, 360–362 passim
 33 Berkeley, 424
 33 Hume, 459–460, 508–509
 36 Smith, 377
 39 Kant, 5–13, 253
 42 Lavoisier, 1–2
 53 James, William, xiii–xiv, 883
 54 Freud, 545, 873–875
 56 Waddington, 697–699

2a. The derivation of definitions, distinctions, and principles from the philosophy of nature: the metaphysics of the scientist

 7 Aristotle, 397, 673
 9 Hippocrates, 1–2
 26 Gilbert, 104–105, 109
 26 Galileo, 135–136, 197, 200
 30 Pascal, 366–368
 32 Newton, 270–271, 369–372, 540, 541–542
 32 Huygens, 553–554
 39 Kant, 387
 42 Lavoisier, 41
 42 Faraday, 490–492, 732, 745
 43 Nietzsche, 470
 53 James, William, 84–119, 889–890
 54 Freud, 400–401, 412
 55 Bergson, 85–89
 55 Whitehead, 155–156
 56 Planck, 97–99
 56 Bohr, 349
 56 Heisenberg, 411–421 passim, 428–434 passim, 443–447

2b.	**The treatment of causes in philosophical and empirical physics: description and explanation, theory and prediction** 6 Plato, 240-246, 383-398, 455 7 Aristotle, 97-137 passim, 271, 275-278, 499-500, 514-515, 565, 569 8 Aristotle, 165, 255 11 Lucretius, 66 15 Kepler, 959-960 17 Aquinas, 175-178, 297-298 26 Gilbert, 6-7 26 Harvey, 319, 335-336 28 Bacon, 42, 45-46, 110-111, 127, 137 28 Descartes, 237, 357, 441 28 Spinoza, 603-606 32 Newton, 7-8, 270, 371-372 33 Locke, 322-323 33 Berkeley, 418-419, 422-423, 424-426 passim, 432-434 passim 33 Hume, 454-455, 460, 475-476, 477, 480-481 39 Kant, 46-47, 311-314, 557-558, 564, 581-582 49 Darwin, 239-240 51 Tolstoy, 344, 470, 563, 650, 694-696 53 James, William, 89-90, 882-884, 885-886 56 Planck, 102-109 56 Bohr, 337-338, 341, 351 56 Heisenberg, 413-414
3.	**Mathematical physics: observation and measurement in relation to mathematical formulations** 7 Aristotle, 104, 108, 333 8 Aristotle, 247-248 10 Archimedes, 538-560, 569-592 13 Plutarch, 252-255 15 Kepler, 964-965 16 Augustine, 34-36 18 Aquinas, 424-425 21 Hobbes, 268 26 Galileo, 245 28 Bacon, 46, 140 28 Descartes, 267 32 Newton, 7-8 33 Hume, 460 34 Swift, 94-103 39 Kant, 551-552 42 Lavoisier, 33-36, 41-44, 96-103 42 Faraday, 739 51 Tolstoy, 469 53 James, William, 348-359 55 Whitehead, 148-153, 161, 163-165, 207 56 Poincaré, xv-xvi, 40-46 56 Planck, 103-104 56 Whitehead, 126, 132-137, 171-172, 185-186 56 Einstein, 195-197, 210-211, 219-220, 221-223 56 Eddington, 265, 284-294 passim 56 Bohr, 305, 314, 339-340 56 Heisenberg, 395-397, 442, 443-444 56 Schrödinger, 489
4.	**The experimental method in the study of nature**
4a.	**The distinction between simple observation and experimentation: the art of creating ideal or isolated physical systems** 26 Galileo, 166-167 53 James, William, 126-127 54 Freud, 815 55 Whitehead, 157, 189-191
4b.	**Experimental discovery: inductive generalization from experiment; the role of theory or hypothesis in experimentation** 9 Hippocrates, 1-5 26 Gilbert, 1, 27-28 26 Galileo, 131-138, 157-171 passim, 203-205, 207-208 26 Harvey, 273, 331-333 28 Bacon, 56-59, 105-136, 140-148 28 Descartes, 285-286 30 Pascal, 359-365, 390-403 passim 32 Newton, 386-404, 424-440, 450-453, 457-478, 496-516 32 Huygens, 551-552 33 Locke, 281-282 42 Lavoisier, 2, 10-12, 17-20 esp 17, 22-24, 29-33 42 Faraday, 173-181, 185-208, 227-238, 255-259, 270-274, 279-285, 682-683, 759 49 Darwin, 136-139 passim 53 James, William, 126-127, 265-268, 341-344, 348-357 passim, 385 55 Whitehead, 155-156 56 Poincaré, 64-70 56 Einstein, 231-232 56 Eddington, 253, 260-261 56 Heisenberg, 394
4c.	**Experimental testing and verification: the crucial experiment** 9 Galen, 360-367, 416-417, 427-432 19 Dante, 91-92 26 Galileo, 148-149, 207-208 26 Harvey, 268-273, 286-304, 311-312 28 Bacon, 164-168 28 Descartes, 285-286, 290 30 Pascal, 368-370, 382-389, 404-405, 425-429 32 Newton, 408-410, 412-416, 453-455 33 Locke, 362 42 Lavoisier, 32-33 42 Faraday, 208-224, 242-243, 285-291, 296-297, 348, 738-740 49 Darwin, 12 53 James, William, 882-884 54 Freud, 815, 818-819 56 Poincaré, 40-42, 64-70
4d.	**Experimental measurement: the relation between the observer and the phenomena; the application of mathematical formulas**

26 Gilbert, 85–89, 92–93
26 Galileo, 136–137, 164–166
26 Harvey, 286–288
32 Newton, 20–22, 211–219, 239–246
42 Lavoisier, 33–36, 87–90, 91–95, 96–103
42 Faraday, 224–226, 274–279, 352–359, 373–375, 676–681, 686–701
53 James, William, 56–66, 341–344, 348–359
56 Poincaré, 59–60
56 Planck, 90, 106–107, 113–115
56 Eddington, 264, 266, 283–284, 286–287
56 Bohr, 314–316, 317–320, 332–333, 340–341, 343–350
56 Heisenberg, 397–402, 410, 431–432, 446–447

5. **The utility of physics: the invention of machines; the techniques of engineering; the mastery of nature**

13 Plutarch, 252–255
26 Gilbert, 75, 100–101
26 Galileo, 191–193
28 Bacon, 34, 120, 134–135, 170, 175–194, 210–214

28 Descartes, 284–291
32 Newton, 412–423
34 Swift, 99–112
37 Gibbon, 661–663
38 Gibbon, 291–292, 509–510
42 Lavoisier, 41–44
42 Faraday, 341–348
50 Marx, 170, 180–188
54 Freud, 778–779
55 James, William, 39–40
55 Whitehead, 181
56 Whitehead, 130–133
56 Heisenberg, 449–456 passim

6. **The history of the revolution in physics: the special and general theories of relativity; quantum mechanics**

55 Whitehead, 143, 152–153, 163–165, 189–200, 207–209
56 Eddington, 261–262
56 Bohr, 328–331, 337–355
56 Heisenberg, 391–402, 415–418, 421–434, 442–449 passim
56 Schrödinger, 487–490

交叉索引

以下是与其他章的交叉索引：

The distinction between philosophy and science, relevant to the difference between a philosophical and an experimental physics, see KNOWLEDGE 6c(4); PHILOSOPHY 1c; SCIENCE 1c.

The relation of physics as a philosophy of nature to mathematics and to metaphysics, see MATHEMATICS 1a; MATTER 4b; METAPHYSICS 3b; NATURE 4b; PHILOSOPHY 2b; SCIENCE 1a(2).

The relation of mathematics to experimental physics, and the nature of mathematical physics, see ASTRONOMY AND COSMOLOGY 2c; MATHEMATICS 5b; MECHANICS 3, 8b; SCIENCE 5c; SPACE 3b–3d.

The treatment of causes in philosophical and scientific physics, see ASTRONOMY AND COSMOLOGY 3a–3b; CAUSE 5b; SCIENCE 4c; other treatments of problems or concepts fundamental to physics, see CHANCE 1a–1b; CHANGE 2–2b, 5a–5b, 6a–6b, 7a–7d; ELEMENT 3–3d, 5; INFINITY 3d–3e, 4a–4b; MATTER 1–1b, 2a–2c; MECHANICS 1a–1c, 6a–6g; NATURE 3a–3c(3); QUANTITY 5a–5e; SPACE 1–2c, 3b; TIME 1.

The logic of the experimental method in the study of nature, see INDUCTION 5; LOGIC 5b; MECHANICS 2a; REASONING 6c; the theory of experimentation and the use of hypotheses and measurements, see ASTRONOMY AND COSMOLOGY 2a–2b; EXPERIENCE 5a–5c; HYPOTHESIS 4–4d; MATHEMATICS 5a; MECHANICS 2b, 3a; QUANTITY 6–6c; SCIENCE 5a–5b, 5d–5e.

The utility of physics or natural science generally, see KNOWLEDGE 8a; SCIENCE 1b(1).

The various branches of physics, see ASTRONOMY AND COSMOLOGY 6a–7f; MECHANICS 1b, 5a–5f(2), 6a–6g, 7a, 7b–7c, 7d, 7e, 8a–8e.

The distinction between physics and biology or psychology, see ANIMAL 4a; CHANGE 6c–6d, 9a–9b, 10a–10b; LIFE AND DEATH 2; MECHANICS 4b–4c; MIND 2e; psychophysics, see SENSE 3c(2).

The relation between the observer and the experimental phenomena, see MECHANICS 8c.

The special and general theories of relativity, see MECHANICS 1c(2)–1c(3), 8e; SCIENCE 4d; SPACE 1c.

Quantum mechanics, see CHANCE 3; MECHANICS 8a–8e.

扩展书目

下面列出的文著没有包括在本套伟大著作丛书中，但它们与本章的大观念及主题相关。书目分成两组：

Ⅰ. 伟大著作丛书中收入了其部分著作的作者。作者大致按年代顺序排列。

Ⅱ. 未收入伟大著作丛书的作者。我们先把作者划归为古代、近代等，在一个时代范围内再按西文字母顺序排序。

在《论题集》第二卷后面，附有扩展阅读总目，在那里可以查到这里所列著作的作者全名、完整书名、出版日期等全部信息。

I.

Thomas Aquinas. *On the Trinity of Boethius,* QQ 5-6
Hobbes. *Concerning Body,* PART IV, CH 27
Newton. *Letters on Natural Philosophy*
Voltaire. *Letters on the English,* XIV-XVII
Kant. *Metaphysical Foundations of Natural Science*
——. *Prolegomena to Any Future Metaphysic,* par 14-39
Hegel. *Science of Logic,* VOL II, SECT II, CH 2
Poincaré. *The Value of Science,* PART II
Planck. *The Philosophy of Physics,* CH I
——. *A Survey of Physical Theory*
Whitehead. *The Concept of Nature,* CH 9
——. *The Principle of Relativity*
Russell. *The Analysis of Matter,* CH 1-26, 37
——. *Human Knowledge, Its Scope and Limits,* PART I, CH 3; PART II, CH 4
——. *Our Knowledge of the External World,* III-IV
Einstein. *The Meaning of Relativity*
——. *On the Method of Theoretical Physics*
——. *Sidelights on Relativity*
Einstein and Infeld. *The Evolution of Physics*
Eddington. *The Mathematical Theory of Relativity*
——. *The Philosophy of Physical Science*
Heisenberg. *The Physical Principles of the Quantum Theory*
——. *Physics and Beyond*

II.

THE MODERN WORLD (1500 AND LATER)

Barrow and Tipler. *The Anthropic Cosmological Principle*
Black. *Experiments upon Magnesia Alba, Quicklime, and Some Other Alcaline Substances*
Boyle. *Experiments, Notes, etc. About the Mechanical Origine or Production of Divers Particular Qualities*
——. *New Experiments Physico-Mechanical*
——. *The Origin of Forms and Qualities, According to the Corpuscular Philosophy*
——. *The Sceptical Chymist*
Bridgman. *The Logic of Modern Physics*
Broad. *Perception, Physics, and Reality*
Campbell, N. R. *Physics; the Elements*
Carnap. *Philosophy and Logical Syntax,* III (5-9)
——. *The Unity of Science*
Cassirer. *Substance and Function,* PART I, CH 4; SUP VII
Cavendish. *Electrical Researches*
——. *Experiments of Factitious Air*
——. *Experiments on Air*
Chaisson. *Universe: An Evolutionary Approach to Astronomy*
Clifford. *The Common Sense of the Exact Sciences,* CH 2, 5
Cohen, M. R. *Reason and Nature,* BK II, CH 2
Comte. *The Positive Philosophy,* BK III-IV
Dalton. *A New System of Chemical Philosophy*
Davy. *Elements of Chemical Philosophy*
Duhem. *The Aim and Structure of Physical Theory*
Ellul. *The Technological System*
Fourier, J. *The Analytical Theory of Heat*
Frank, P. *Between Physics and Philosophy*
Gilson. *The Unity of Philosophical Experience,* CH 9
Gregory. *Inventing Reality: Physics as a Language*
Helmholtz. *Popular Lectures on Scientific Subjects,* I
Hempel. *Philosophy of Natural Science*
Herschel. *Familiar Lectures on Scientific Subjects,* VI-VIII, XIII
——. *A Preliminary Discourse on the Study of Natural Philosophy*
Hoffmann. *The Strange Story of the Quantum*
Jaki. *Miracles and Physics*
Lorentz. *Lectures on Theoretical Physics*
——. *Problems of Modern Physics*
Maritain. *The Degrees of Knowledge,* CH 3
——. *An Introduction to Philosophy,* PART II (3)
——. *Science and Wisdom,* in part
Maxwell. *Matter and Motion*
Mendeleyev. *The Principles of Chemistry*
Meyerson. *Identity and Reality*
Miyamoto. *Plasma Physics for Nuclear Fusion*
Ostwald. *Natural Philosophy*
Pagels. *The Cosmic Code*
Pais. *Inward Bound: Of Matter and Forces in the Physical World*
Pauli. *Theory of Relativity*
Popper. *The Logic of Scientific Discovery*
——. *The Open Universe*
——. *Quantum Theory and the Schism in Physics*
Priestley, J. *Experiments and Observations on Different Kinds of Air*

Riezler. *Physics and Reality*
Santayana. *The Realm of Matter,* CH 1
Schlick. *Philosophy of Nature*
Suárez. *Disputationes Metaphysicae,* 1 (4), XV (11)
Thomson, W. and Tait, P. G. *Elements of Natural Philosophy*
——. *Treatise on Natural Philosophy*
Trefil. *Physics as a Liberal Art*
——. *The Unexpected Vista*

Tyndall. *On the Study of Physics*
Watson, W. H. *On Understanding Physics*
Weizsäcker. *The Unity of Nature*
Weyl. *The Philosophy of Mathematics and Natural Science*
——. *Space—Time—Matter*
Whewell. *The Philosophy of the Inductive Sciences,* VOL I, BK V–VI
Young, T. *Natural Philosophy*

68

快乐和痛苦　Pleasure and Pain

总　论

关于快乐和痛苦,洛克写道:"像其他简单观念一样,它们不能被描述,也不能被定义;了解它们的方法是……只能依靠体验。"快乐和痛苦是既为动物所具有也被人类所享有或遭受的基本体验,这既被诗人所证实也被生理学家所证实,还得到了经济学家和神学家、历史学家和道德家的证实。然而在西方思想传统中,没有几个伟大的作者满足于把快乐和痛苦的属性或含义单独留给体验直觉。

定义存在争议。在快乐和痛苦的产生条件、产生它们的原因和它们产生的结果、它们与感觉、欲望和情绪、思想、暴力以及行为的关系等方面,心理学家们不能一致。道德家争论的是快乐是否是惟一的善和痛苦是否是惟一的恶,快乐是否只是处在其他善之中、自身评定依据其在善尺度上的价值的一种善,快乐和痛苦是否是既不好也不坏,是否有些快乐是好的,有些是坏的,或者全部快乐在本质上就恶。

不仅在善恶的理论上快乐和痛苦是基本术语,而且在美和真理的理论中也是。它们受到这些重大主题的所有难题的影响;同时,它们受到德性、恶和惩罚的概念引起的困难的影响。它们进入了快乐和痛苦的传统思考中。

"快乐"和"痛苦"等词的传统用法的复杂并不只是由于已经给出的那些定义的多样性。其他词经常代替它们,有时候是作为同义词,有时候则表达它们含义的一部分或一个方面。比如,洛克用"快乐"或"高兴"(delight),"痛苦"或"不安"(uneasiness),他观察到"无论我们是否一方面把它叫作满足、高兴、快乐、幸福等等,或者在另一面叫作不安、烦恼、痛苦、折磨、苦闷、苦难等等,它们都是同一种事物,不同只是在程度上。"另外有作者用"欢乐"和"悲痛"或"忧伤"作为"快乐"和"痛苦"的同义词。

尽管弗洛伊德有时用"不快乐"(Unlust)去表示与快乐相对而又不同于痛苦(Schmerz)的状态,而"快乐"和"痛苦"在含义上却与"令人愉快的"和"令人不愉快的"联系紧密。令人愉快的经常被称作"适意的""可享受的"或"令人满意的"。在莎士比亚的话语体系里,"喜欢"和"不喜欢"是作为"愉悦"和"不悦"的等量词使用的。一个对某事物不悦的人说该事物"它不让我喜欢"。

快乐和痛苦是什么的问题逻辑上似乎先于对它们与善恶、幸福和不幸、德性和义务等的关系的伦理考虑。但是在伟大著作的传统里,关于快乐和痛苦的心理学问题经常在伦理或政治的论著中被提出,有的时候与修辞学的讨论相关。快乐是什么,它是怎样产生以及它所产生的结果很少与快乐应该被追求还是避免,是否有些快乐更值得追求,以及快乐是否是善的惟一标准等问题分开考虑。有时候,像马可·奥勒留和爱比克泰德,不对伦理观点——快乐和痛苦在某种意义上是既不好也不坏的——做出关于这些体验的本质和起源的任何心理学的说明。比较经常地是,就像在柏拉图的《理想国》或者是亚里士多德的《尼柯马库斯伦理学》，或者是在霍布斯、斯宾诺莎、洛克和 J. S. 穆勒的著作中，心理学的论述是植根在伦理学或政治学的语境中的。

甚至卢克莱修和威廉·詹姆士似乎也不完全例外。詹姆士的关于快乐感伴随未受阻碍的行为，而痛苦则伴生于受阻碍之行为的理论似乎是一个纯粹的心理学观察，詹姆士的理论与这样一种伦理考虑很容易区分：行为在伦理学意义上是善还是恶与对快乐和痛苦的产生没有什么影响。然而，詹姆士的这一观察作为反对那些把快乐当作行为的唯一动机或目的而被他称为"快乐论哲学家"的基础。他认为，这些哲学家把对快乐本身的追求和伴随着别的东西（可能是活动目的）的实现所产生的快乐混淆了。

"一个快乐的行为，"他写道，"和一个追求一种快乐的行为在它们自身是两个完全不同的概念，尽管每当一种快乐被刻意追求时二者就结合起来……因为实现活动所产生的快乐有时会变成自身被追求的快乐，但不能由此推出快乐在任何地方和任何时候都必须被追求。"也可以这样推想"因为没有蒸汽机出海不需要耗煤，同时因为有些蒸汽机可能偶尔出海去试验它们的煤，所以没有蒸汽机为了除煤耗之外的任何其他动机而出海"。

这类心理学经验的观点和亚里士多德的好的快乐与坏的快乐之理论有明显的联系，也与洛克和穆勒的快乐是唯一的善或欲望的唯一目的的观点有关。他们甚至揭示了一种心理学家关于快乐和痛苦的伦理紧张。关于詹姆士"一般说来，快乐和有益体验相关联，而痛苦则和有害的体验相关联"的观察，可以得出相同的意见。

根据不同原子结构的感觉器官的作用，卢克莱修似乎给出了一个纯粹心理学意义上的快乐和痛苦的解释：

令人愉悦的事物都具有一些四大元素的光滑在里面，另一方面，任何看似有害的、令人厌恶的东西，像它深处中心那样，呈现着粗糙事物的表象。处在中间的绝不是绝对光滑的，更不是钩或倒钩状，而是能引起我们感觉的微凸的小的刺状物。

但卢克莱修所要指明的不但是痛苦的基础在于事物的原子本性，而且还有所有有感觉的事物都自然地倾向于把痛苦作为一种噬扰的恶加以避免。"咆哮，狂吠，尖叫，自然造出这些是为哪般？／只因为身体要摆脱痛苦，／心灵要驱除恐惧、享受愉悦。"

卢克莱修没有给出心灵快乐的心理学解释就把它们放在肉体快乐之上，因为肉体快乐过后似乎必定跟着肉体的痛苦，甚至必定混合着痛苦——他在责难爱情时明确表达了这种看法。所以，自然的首要公理不是追求快乐，而是避开痛苦；若说寻求快乐，所寻求的应是不含杂质的纯洁快乐，知识和真理的快乐。卢克莱修像柏拉图和穆勒一样，区分不同品质的快乐（肉体快乐和心灵快乐，复合快乐和单纯快乐），这种区分不可避免地会同时具有伦理学意义和心理学意义。

假如说在这些经典著作中有那么一些关于快乐和痛苦的、纯粹心理学方面的不牵涉任何伦理学考虑的理论，那很可能就在弗洛伊德那里。据他所说，快乐原则自动调节精神系统的运作。"我们的整个心灵行为，"他写道，"是依据在取得快乐和避开痛苦的基础上的。"尽管对他来说，快乐和痛苦是精神生活的首要构成要素，但他依然承认它们在心理分析中所呈现的困难。"我们都想知道，"他写道，"产生快乐和痛苦的条件是什么，但这也正是我们的失误之处。我们可能只是敢于说快乐以某种方式和精神系统的兴奋量的减轻、减少、消失相关；而痛苦则包含着兴奋量的升高。如果考虑到人所能具有的大多数强烈的快乐，比如性爱行为过程中产生的快乐，在这一点上就更加毫无疑问。"

然而对弗洛伊德来说，快乐原则并不是心理生活的唯一调节者。除了以满足和快乐为目标的性本能外，还有"臣服于必要性"的自我本能(ego-insticts)，"在必要性的影响下，这些本能很快会学会取代快乐本能原则，对之加以修正。对它们来说几乎避开痛苦和获得快乐同样重要；自我知道它必定不可避免地不会被立即满足，而必须延迟，知道要经受一定的痛苦，要放弃来自某些来源的快乐。经过这番训练之后，自我变得'合乎情理'了，不再被快乐原则所控制，而是服从现实原则；现实原则归根结底也是寻求快乐——尽管是一种被推延和缩减过的快乐，同时也由于它合乎现实而保证能够实现的快乐"。

对快乐和现实冲突性的认识，附带着对快乐原则的弱化和重新定向，弗洛伊德并不把这种认识扩展为一种伦理准则。然而，这的确与伦理学家比如以义务对抗快乐的康德理论有着很大的相似性；同时也与亚里士多德和阿奎那的教义相似。他们通过对这些情感做出理性和习惯上的修正，来把德性当作某种快乐的先行以及某种痛苦的忍受。

假如快乐和痛苦的感觉像对颜色和声音那样是简单感觉的话，他们就会给心理学家在生理学上提出一个与在视觉和听觉领域出现的问题一样的问题。现代生理学研究声称他们已经发现了适应个别差异的，和压力、热和冷的特殊的感觉器官一起构成肉体知觉系统的痛苦神经终端。但是是否存在接受痛苦刺激的特殊细胞或者肉体痛苦是否产生于过于强烈的压力和神经终端，似乎并没有证据证明有对快乐敏感的器官，比如像视网膜对光敏感那样。快乐感，似乎不应该被理解为一种感觉。这为传统的观察所证实，任何一类感觉，包括痛苦都可能是愉快的。

不像快乐那样，即使痛苦是一种有着自己的感觉器官的一种特殊的感觉，但其他所有的感觉类型——视觉的、听觉的、嗅觉的等等——却依然可能有痛苦或不愉快的属性。这种情况似乎属于传统意义上的经验。比如洛克说"高兴或不适，它们中的任何一个都侵入到几乎我们所有的感觉和反应的意念里：我们的外部感官所具有的感觉几乎没有哪样不能产生快乐和痛苦"。这样理解的话，快乐和痛苦——或者愉悦的和不悦的——就不是相对的感觉和反应，像热和冷那样，而只是可以被作用的行为所具有的相反的属性罢了。但也不一定具有快乐和痛苦。就心理学家所说的"情调"或"情质"来说，有些感觉可能是中立的。

被称作"肉体上的"或"感觉上的"快乐和痛苦应该是感觉上的，因为它是感觉的一个属性，应该是肉体上的，因为感觉与肉体感官有关联。但是在几乎所有关于快乐和痛苦的著名讨论中，其他类型的快乐和痛苦也被认可：理性快乐，学习的快乐和痛苦，在以思想也包括以知觉来欣享美时的美感，以及与知觉上的痛苦有很大不同的失败的痛苦和丧失的痛苦。人类所经受的伟大的诗篇中所出现得比较频繁是一种精神上的折磨而不是肉体的。

为了能涵盖这些另类的快乐和痛苦，我们必须超越知觉来考虑传统上与快乐和痛苦的心理学分析相关的另外一些词。一个是情感，另一个是欲望，这后一个广义地被理解为既包括知觉的也包括理性的——既包括激情也包括愿望。

68. 快乐和痛苦

比如阿奎那把喜悦和悲痛当作在满足或挫败的景况中表现出的特殊的情感。所以,同样,愿望作为一种欲望,当它的目标达到时,带着成就感,就会处在喜悦状态。

在虚构作品类的伟大著作中,快乐和痛苦是和情感、欲望,特别是和爱交织在一起的,通常的公式是把痛苦和失恋相连,而把快乐和有情人终成眷属相联系。这个公式在普鲁斯特(Proust)著作中变得更为复杂。斯万对奥黛特的爱只是在他占有她的时候才是快乐的,更重要的是,只是在他占有对她的思念的时候才是快乐的。普鲁斯特想让我们相信,只有这种我们深爱的人的思念,对于斯万的喜忧不定的爱而言,当奥黛特不在的时候是最强烈的。

作为欲望的条件,快乐和痛苦(或者喜悦和悲痛)是既可以像其他情感、肉体状态那样是激情,或者也可以作为愿望的行为,以及根据阿奎那所说的,是一种精神状态。但是快乐和痛苦似乎表现的是欲望的满足或挫败而不是对象的渴求或躲避。因获得了所欲望的客观对象比如食物和饮料或知识等而快乐,比如,可能伴随着吃与喝的快乐感觉,不等于在欲望快乐本身。

阿奎那谈论对快乐的渴求和对痛苦的躲避,也谈到满足欲望和未满足欲望所带来的快乐和痛苦。因为相同的词几乎总是被用来表达两种含义,所以除非是语境或特别提到作者是把快乐当作欲望的对象或确定它带着对某种欲望的满足,无论这种欲望是对快乐还是对其他的对象的,快乐和不快乐的两种不同的含义就很容易被忽视。就像已经引过的一段詹姆士的文字所指出的那样,当我们看得比较全面时,快乐的两种意义的区别与认为快乐是唯一的善的或认为快乐不是唯一善的人们的争论有重要的关系。

在痛苦的两种意义之间通常确定了的区别——痛苦知觉和丧失或损害的痛苦——和为大多数作家所公认的知觉快乐和满足或占有所具有的快乐之间的区别是相似的。柏拉图的挠痒所带来的快乐的例子似乎同时抓住了两种含义,另外,它也表明了肉体快乐可能是肉欲对象或者是肉欲的满足感。相反,精神快乐是理性欲望的满足,就像在对真理知识或美的沉思那样。

当亚里士多德把节制定义为对肉体快乐适度的追求,而把勇敢定义为对痛苦及对它的躲避适当控制,他把快乐和痛苦作为客观的。但他也认为实现行为的都是快乐,而不管它是属于知觉和肉体或是属于思想和精神。"离开行为,"他写道,"快乐就无法产生,任何行为都是由快乐伴随完成的。"快乐的这种意义似乎和作为满足感的快乐相近,假如不是一样的话,至少在这种满足感是实现了行为的情况下。有多少行为就能有多少快乐;快乐的性质是被它所伴随的行为所决定的。

尽管穆勒把快乐和免除痛苦称作是"最终的欲望对象",他承认很多其他的欲望对象,而当人们达成目标时会得到快乐或满足感。他写道,人类"除了那些卑贱者,是不能有任何快乐的"的假设是错误的。正是因为"人类有比动物欲望更高的能力",他们才会有并不卑贱的快乐和满足感的源泉。这里上面所提到的快乐的两种含义似乎都被包括了。在指明"金钱,在许多情况下是因其自身之故并且本质上被欲求的",穆勒说一个欲望对象,像健康、知识、权力,或者荣誉,都不是快乐,然而,通过被欲求,当得到时却可以成为快乐(或者说是满足感)的源泉。像其他的欲望对象那样,知觉或肉体的快乐也可能成为满足感的源泉。

在讨论快乐和幸福的关系时,快乐的这两种含义尤其需要被清楚地区分开。如果幸福像亚里士多德和穆勒说的,在于所有的欲望都得到满足,那么幸福生活就可以根据幸福的人所拥有的善——欲望满足的对象被描述,或是依据伴随善的获取所产生的快乐也即是欲望满足的快乐被描述。也就是快乐是欲望的满足。如果快乐在另一种意义上,特别是感觉或肉体快乐的意义上,仅仅是一般欲望的对象,那么快乐的不足和缺乏就会像失去健康或财产一样削弱一个人的幸福。但是快乐的寻求在这种意义上不等同于幸福的寻求。包含了每一种肉体快乐并解除了每种肉体痛苦的生活如果缺少其他的人的一般欲求,会被不合乎幸福的不满所损害。

桑丘·潘莎在和唐吉诃德谈到他要治理的那个岛时说:"如果我是国王,我将做我喜欢的事情,做我喜欢的事情,我将会满足;当你满足的时候,就不欲求更多东西了。"看起来,在这里桑丘把幸福设想为在满足意义上的快乐的总和。——一切欲望在拥有了它所欲求的对象后就停止了。

约翰逊博士似乎使快乐和幸福对立起来。包斯威尔问他是否戒酒会是"生活的一大损失"。"它一定是快乐的减少,"约翰逊回答说,"但我不是说幸福的减少。"然而,包斯威尔问道:"如果我们能够总是拥有快乐,难道我们不是幸福的吗?"约翰逊做出否定的回答并解释说:"当我们说到快乐时,我们指的是感官享乐。当一个男人说他和一个女人过得快乐,他不是指交谈快乐,而是某种不同性质的东西。哲学家告诉你快乐和幸福正相反对。"

最后这个提法似乎并不是下述哲学家的立场,这些哲学家把幸福作为最高的善或者是人类奋斗的终极目的。亚里士多德和穆勒都把快乐的生活(兽性的或猪一般的),和一种需要使用人类独有的更高能力的生活区分开来。在这个意义上,也许快乐的生活可以被视为和约翰逊(以及亚里士多德和穆勒)称作的"理性生活"相反或对立的。但是快乐本身远不是和幸福敌对的,它不是表现了与幸福同一的满足的状态,就是人所欲求的东西,从而是幸福生活的组分。

在用幸福或善来定义快乐的方向上,霍布斯和洛克似乎走得更远。"快乐,"霍布斯写道,"在其中善呈现出来并被感觉到,而恶则在不快乐中呈现并被感觉到。"类似地,洛克说"仅仅涉及快乐或痛苦时事物才是善或恶的。我们把善称作是那种倾向于造成或促进快乐,或减少我们痛苦的东西……反之,我们把恶命名为倾向于造成或增加痛苦,或减少我们快乐的东西"。至于幸福,按照洛克的说法,它是"我们能达到的极限快乐,而不幸则是极限的痛苦;可以被称作是幸福的东西中最低程度的是从所有的痛苦中解脱,即是当下的快乐,没有它任何人都不会满意"。

在哪一种表述的意义上,洛克用幸福来定义快乐?看起来它不是感觉的快乐,甚至不是作为欲望对象的快乐。因为看起来他说"让某个人把满足置于感觉的快乐,另一个人把满足置于知识的愉悦;他们每个人虽然不能够拥有但却承认存在着被别人追求的更大幸福,他们都不会把其他人的愉悦作为自己幸福的部分,他们的欲求不会有什么变动,但是他们即使没有享受他人的乐趣自己也是满足的"。然而,他把幸福理解为存在于伴随着欲求物之占有的快乐或满足之中,这种理解导致他去批评"陈腐的哲学家们",他们"徒劳地探究至善是否在于财富,或身体上的愉悦,或美德,或沉思;

他们也许很理性地互相争论最美味的是苹果、李子或坚果，在争论中划分成了不同的派别。因为好味道不依赖于事物本身，而在于它们是否合于这种或那种特别的口味，而口味有很多的种类；同样，最大的幸福在于具有那种产生最大快乐的东西……这些东西对于不同的人们是不同的。"

洛克和穆勒观点的不同似乎不在于对快乐——作为欲求的对象或满足——和幸福之间是什么关系的观点不同，而在于洛克认为幸福的度仅仅被快乐的量大小所决定，反之穆勒坚持快乐质的不同，以及把快乐按质的高等低等排序的可能性。结果，穆勒可以说洛克看来不会赞同"做一个不满足的人比做一个满足的猪好；做一个不满足的苏格拉底比做一个满足的傻瓜好"。

洛克否认对于所有的人幸福是相同的，很明显这与亚里士多德的观点是截然相反的。这也卷入了关于快乐的论争。显然像霍布斯和穆勒一样，对洛克来说，善和快乐是不可分离的。能满足欲望的就不可能是恶。按洛克的观点，关于是否一个满足具有和另一个一样的善好，唯一有关的是满足的数量；或者按穆勒的观点，一种快乐是否可能比另一种更好，只要某人欲求快乐，或者欲求了当拥有时会产生满足的事物，快乐就绝不会是恶。

但是，对亚里士多德来说，欲望自身就可能是善的或者恶的，结果就有善的快乐和恶的快乐，同样快乐在质上和善的等级上也不同。"既然活动在关系到善和恶上有区别，某些就值得选择，另一些则需避开，再有些是中性的，所以"亚里士多德写道："快乐也是这样；因为相应于每种活动都有一个适合的快乐。适合于一个值得选择的活动的快乐是善，而适合于不值得选择的活动的快乐就是恶；正如为了高贵对象的倾向值得赞美，那些为了低贱对象的受到责备。"

按照亚里士多德的评判，德性是快乐和痛苦的尺度，而非快乐和痛苦是善恶的尺度。苦乐是好生活和坏生活都具有的要素，但是只有有德性的人爱好的快乐以及他欣然接受的痛苦才被称作善。那就是为什么"在教育青年时，我们用使他们快乐或痛苦的方式来矫正他们……因为爱好我们应该爱好的并且憎恨我们应该憎恨的，对德性或性格很有影响"。德性只被那些能以正当方式感受快乐的人拥有。

尼采认为快乐和痛苦没有或差不多没有伦理意义。"无论是快乐主义、悲观主义、功利主义或是幸福说：所有这些思维模式"——可以在亚里士多德、霍布斯、洛克和穆勒的学说里找得到的——"按照快乐和痛苦来评定事物的价值"应被视作"可笑的，尽管也带一点儿怜悯"。尼采又说，"有比快乐、痛苦和怜悯更高的问题；每一种仅仅局限于它们的哲学都是幼稚的"。

幸福章和**责任**章讲道，有些伦理学家把责任而不是把德性视作正确行动的根源。他们认为任何事物的善好都在于它合乎道德法则，在他们看来，把快乐和幸福作为最终善和行动规则的多种理论之间没有什么不同。

康德对责任概念做出的最雄辩的颂词是，责任"不含任何诱惑或伪饰"。康德说，理性"绝不可以被变弄得去"认为"一个仅仅为了享乐而生活的人……即使他在享乐之时也有利于别人"，他的现实生存具有任何内在价值。康德承认"生活快乐的最大总量，若把持久和数量都考虑在内"，似乎合于"真实善好之名，甚至合于最高善好之名"，但他加上说："理性却同样直面反对这一点。"从义务出发，必然与快乐的诱惑或任何功利计算截然对立，无论后者采取的是达至幸福还是增大生活满足的方式。

按照斯多葛派如马可·奥勒留的观点，"快乐既不是善的也不是有用的"，痛苦也不是恶，因为当我们"被外在的东西弄痛的时候"，我们应该记住"不是这个外在的东西引起了我们的疼痛，而是我们自己判断它痛"。快乐和痛苦无关道德，像死和生，名誉和不名誉一样，痛苦和快乐"同样地发生在善人和恶人身上"，因此"既不使我们变得更好，也不使我们变得更坏……也不使我们变得善或恶"。

亚里士多德和柏拉图同样观察到善人和恶人都感到快乐，但他们并没有得出快乐与道德不相关的结论。正如我们前面看到的，他们认为存在着善的快乐和恶的快乐。柏拉图用快乐和理性来表示几种根本上不同的善。理性总是正确的和善的，但是类似意见可以是正确或错误的一样，存在着正确和错误的快乐，善的和恶的快乐。此外，智性或知识表现了一种清晰的本质上可以测量的善，而快乐像财富一样，是模糊的善。快乐需要某种像理性这种在它之外的东西去测量它和限制它的量。

在《斐利布篇》中，苏格拉底提出，如果理性被允许在快乐之中选择，它将选择那些精神活动中和它联结的东西，而非总是与痛苦混合的肉体上的快乐。只要快乐属于改变和变动的领域，它就像意见一样，低于知识和理性，而知识和理性是从永恒存在的领域获得它们的善性的。然而柏拉图似乎并不认为知识和理性是唯一的善。对于那些认为知识和理性是唯一的善的人，就像对于那些认为快乐是唯一的善的人，柏拉图反对他们的论证似乎都是坚定不移的。

每种单一的生活方式——快乐的生活或者理性的生活——都是有缺陷的。只有混合了快乐和理性的生活才是完善的生活。正如亚里士多德的幸福生活包含了每一种善；对于亚里士多德和柏拉图来说，困难似乎在于找到一个原则，用这个原则来决定那些需要被结合起来的多种善之间的混合、顺序和比例。

在这儿已经涉及的有关快乐和痛苦的道德议题将更广泛地在**善与恶**章、**美德与邪恶**章、**节制**章、**罪**章以及**幸福**章、**责任**章等处讨论。另外还有些议题将完全放别处讨论，如快乐在美的感知和品味判断中的角色（**美**章），痛苦在人的治理中所扮演的角色（**惩罚**章）。

有两个涉及快乐和痛苦的特别问题仍然要简单地提一下。第一个有关禁欲主义和纵欲乃至放荡之间的对照。

在西方思想和文化的传统中，在古代和现代世界中，有两种人相互对立，一种人崇拜快乐，即使只是把它当作酒神的狂欢节上被称颂的小神来崇拜，另一种人弃绝快乐，同样也弃绝世俗、肉欲、邪恶，甚至不惜荼毒自己的身体，用痛苦来使自己变得贞洁。在这两种极端形式中这些对比的态度产生了传统的纷争：娱乐在人类生活和国家中的地位如何。快乐是否在减轻工作的痛苦中起着必要和恰当的作用？或者它总是一种放纵而给恶打开了后门？看戏剧、听音乐和诗歌，公众节日，游戏和运动，应该被国家提倡还是禁止？

人类对种种娱乐和解闷的热望，激发了帕斯卡，"人类的心灵是多么的空虚，充满了猥亵的念头"！实际上"人在追逐球或野兔上花费他们的时间"，"这甚至是国王的快乐"，而这表明了人类试图通过玩乐和快乐逃避的苦恼有多深。"如果人类可以是幸福的，"帕斯卡说，"他就更多地宁愿保持这种幸福的状态，更少地想要转变。"但是"人是如此可悲，即使没有任何引起厌倦的原因，他也会对他所处的那个状况厌倦；他是如此没定性，以至于即使有一千条理由厌倦，最微不足道的事情，像玩弹子球或击球，也足够使他愉快了"。

亚里士多德认为人沉湎于消遣娱乐是出于另一种理由。他们"需要放松，因为他们不能持续不断地工作"，"娱乐是一种放松"。但是"幸福不在娱乐中。如果幸福在娱乐中，那会是很奇怪的，"亚里士多德说，"如果目的是娱乐，就会面临这样的困境：所有的生活目的都是为了使自己快活。"的确，在两者都具有目的这一本质之点上，"快乐的娱乐活动"和幸福相似，因为我们从事有趣的活动"不是为了什么别的东西"，然而我们从事严肃的工作是为了某种在它之外的目的。但是在亚里士多德的观念中，"一个有德性的生活要求有所作为的努力"，既然"认为幸福的生活是有德性的"，就可以推出"严肃的事情比有趣的事情更好，比那些与娱乐关联的事情更好"。

这些关涉到工作和玩乐、痛苦和快乐的思考，把我们导向上面谈到过的两个问题中的第二个：有关在求知的生活中的快乐和痛苦。这儿似乎没有根本的争论，因为传统观点在谈及所有人在知性活动中找到的快乐上论调几乎一致，而痛苦则是在追求真理的过程中无人可以避免的。伟大著作向读者提出的问题倒是实践过程中的个人问题，需要由每个人在自己的生活中去解决。无论学习过程在一开始是多么痛苦，我们的心智恰恰是在这个过程中学会怎样学习，于是这种痛苦会渐渐减少、消失；但若谁根本不肯承受最初的痛苦，那么，他们就不会接受伟大著者的邀请，也无法获得他们所承诺的来自学习的快乐。

分 类 主 题

1. 快乐和痛苦的本性
2. 快乐和痛苦的原因
3. 快乐和痛苦的影响和产物
4. 快乐和痛苦的种类：不同质的快乐
   4a. 在情绪领域内的快乐和不快乐：喜悦和悲伤，高兴和悲痛
   4b. 感官快乐：知觉的情感属性
   4c. 理智快乐：反思和沉思上的快乐
      （1）自然或艺术美中的快乐：无利益诉求的快乐
      （2）学习和知识上的快乐和痛苦
   4d. 玩乐和解闷的快乐
   4e. 痛苦的种类：感官的痛苦和缺失或被剥夺的痛苦
5. 快乐的量：快乐的度量；快乐的限制
6. 快乐和善
   6a. 作为唯一善的快乐或作为其他事物中善性之度量的快乐
   6b. 作为多种善之一的快乐：快乐作为欲望的对象
   6c. 好的快乐和坏的快乐：较高级的快乐和较低级的快乐
   6d. 伴随于善之获得的快乐：欲望的满足

6e. 作为本质上恶的或与道德无关的快乐
7. 快乐和幸福：它们的区别和联系
    7a. 和爱与友谊相关的快乐和痛苦
    7b. 相对于其他生活类型（譬如禁欲生活）的快乐生活
8. 快乐原则
    8a. 与德性快乐相关的快乐和痛苦：放纵的抑制和勇气的坚韧
    8b. 快乐和责任或正当的义务的冲突：快乐原则和现实原则
    8c. 快乐和痛苦方面的扭曲和堕落：虐待和受虐
9. 法律对快乐的规治
10. 快乐和痛苦的社会效用
    10a. 家庭和学校在精神和道德教育方面对快乐和痛苦的应用
    10b. 政治家和雄辩家在说服和管理方面对快乐和痛苦的使用

［何怀宏 译］

索引

本索引相继列出本系列的卷号〔黑体〕、作者、该卷的页码。所引圣经依据詹姆士御制版，先后列出卷、章、行。缩略语 esp 提醒读者所涉参考材料中有一处或多处与本论题关系特别紧密；passim 表示所涉文著与本论题是断续而非全部相关。若所涉文著整体与本论题相关，页码就包括整体文著。关于如何使用《论题集》的一般指南请参见导论。

1. **The nature of pleasure and pain**

   6 Plato, 221, 609–639, 748
   8 Aristotle, 399, 403–406, 426–430 esp 428–429, 613
   11 Aurelius, 266, 272–273
   11 Plotinus, 475–476
   16 Augustine, 68–69, 446–447
   17 Aquinas, 263–264, 752–759, 772–780
   23 Montaigne, 574–575
   28 Spinoza, 650–651
   33 Locke, 131–132
   39 Kant, 293, 385–386
   53 James, William, 829–830
   54 Freud, 663
   55 Wittgenstein, 365–373, 381

2. **The causes of pleasure and pain**

   6 Plato, 422–425, 463–464, 619–633
   7 Aristotle, 330
   8 Aristotle, 398–399, 404, 612–615
   11 Lucretius, 33
   11 Aurelius, 273–274
   16 Augustine, 16–17, 96–97
   17 Aquinas, 759–765, 770–771, 780–783, 786–789
   18 Aquinas, 897–900
   21 Hobbes, 62
   28 Spinoza, 633–649 passim
   29 Milton, 171–173
   33 Locke, 135, 176, 197–198
   38 Gibbon, 234
   39 Kant, 314–318, 470–471
   48 Melville, 25
   53 James, William, 812
   54 Freud, 403–404, 413, 422, 639–640, 648–649, 701, 753–754, 772–773
   58 Huizinga, 245–255

3. **The effects or concomitants of pleasure and pain**

   6 Plato, 474, 628, 637
   7 Aristotle, 644
   8 Aristotle, 365–366, 400, 421
   17 Aquinas, 761–762, 765–768, 783–789
   19 Dante, 67
   22 Rabelais, 8
   28 Spinoza, 650–656
   33 Locke, 186, 192–194
   39 Kant, 375, 385–386
   43 Hegel, 231
   49 Darwin, 308–309
   53 James, William, 94, 526–527, 725–726, 808–814
   54 Freud, 377–380, 402–404, 419–427, 639–663, 701, 711–712, 737–741, 753, 843–846
   60 Lawrence, 152–154

4. **The kinds of pleasure and pain: different qualities of pleasure**

   6 Plato, 220–221, 277–280, 409–410, 421–425, 609–610
   8 Aristotle, 364–365, 404–406, 427–430, 613–615
   11 Lucretius, 31
   17 Aquinas, 619–620, 754–758, 772–780
   21 Hobbes, 62
   23 Montaigne, 473–474, 581–587
   29 Milton, 17–21, 205–206
   30 Pascal, 441–442
   33 Locke, 176–178, 192–193
   40 Mill, 447–450
   50 Marx, 292–295
   51 Tolstoy, 577–578, 630–631
   53 James, William, 754–758, 812–813

4a. **The pleasant and unpleasant in the sphere of emotion: joy and sorrow, delight and grief**

   6 Plato, 628–630
   7 Aristotle, 175
   8 Aristotle, 363–366, 399, 400, 419–420, 613–614, 623–636
   11 Aurelius, 243
   11 Plotinus, 480–482
   13 Plutarch, 184
   16 Augustine, 27, 102
   17 Aquinas, 752–792, 822–823
   21 Hobbes, 63
   27 Cervantes, 261
   31 Racine, 288, 314–315, 332–336, 366
   33 Locke, 176–178, 187–188
   41 Boswell, 103
   43 Kierkegaard, 408, 450–453
   46 Austen, 3, 157, 171–172
   46 Eliot, George, 427
   47 Dickens, 331–332
   52 Ibsen, 580–582

53 James, William, 197, 730
54 Freud, 418-421, 422-425, 641-643,
   720-721, 736-740, 752-754, 843-846
55 Wittgenstein, 416-417
58 Huizinga, 245, 247-248, 255
59 James, Henry, 26-28
59 Pirandello, 271
59 Proust, 306-312, 353-356
59 Cather, 425-426, 452-454, 464-465
60 Woolf, 75-78
60 Faulkner, 389

4b. **Sensuous pleasure: the affective quality of sensations**

6 Plato, 295-296, 463-464, 474, 619-620, 627-628
7 Aristotle, 644, 652, 658, 679-682
8 Aristotle, 268, 340-341, 364-365, 404-406, 429-431
11 Lucretius, 20-21, 46-47, 50-51, 55
17 Aquinas, 486-487, 619-620
19 Chaucer, 379-381
25 Shakespeare, 320-321
28 Descartes, 323-324
33 Locke, 188-189
39 Kant, 477-478
41 Boswell, 409
45 Goethe, 46-51, 136
48 Melville, 190-191
53 James, William, 650-651, 755-756
54 Freud, 15-16, 119-120, 403, 574-576, 578-579, 648, 701, 737, 847-849

4c. **Intellectual pleasure: the pleasures of reflection and contemplation**

6 Plato, 167, 420-425, 620-621
7 Aristotle, 499, 602-603
8 Aristotle, 429-434
11 Lucretius, 15-16, 77
11 Epictetus, 175-176
11 Aurelius, 246-247, 255-256
11 Plotinus, 318-319, 652-653
16 Augustine, 85-86
17 Aquinas, 625-626, 629-631, 770-771, 775-777, 788-789
18 Aquinas, 614-616, 1014-1016
19 Dante, 83-86, 132-133
23 Montaigne, 122-124
28 Bacon, 27
28 Spinoza, 647, 649-650, 694-695
29 Milton, 21-25
33 Locke, 176
37 Gibbon, 645
39 Kant, 551-552, 586-587
45 Goethe, 11, 39
53 James, William, 755-758
54 Freud, 773-774

4c(1) **Pleasure in the beauty of nature or art: disinterested pleasure**

6 Plato, 266-267, 630-631, 653-656
8 Aristotle, 168-169, 364, 404, 543-546, 682

11 Aurelius, 245
17 Aquinas, 25-26, 737, 764-765
19 Dante, 56-57
24 Shakespeare, 431
27 Cervantes, 217-218
29 Milton, 337-338
39 Kant, 471-473, 476-483, 485-486, 495-496, 516-518, 525-527, 534-539
43 Hegel, 282-284
45 Goethe, 124, 152
49 Darwin, 95, 301-302, 568-571, 577
51 Tolstoy, 235-238 passim, esp 237-238, 450-451, 497-498
54 Freud, 600-601, 756, 775
57 Veblen, 53-70
58 Huizinga, 297-301 passim
59 James, Henry, 1
59 Proust, 294-297, 300-301, 303-305, 313-314, 385-389
59 Cather, 438

4c(2) **The pleasure and pain of learning and knowledge**

4 Aeschylus, 55-56
6 Plato, 515-517
8 Aristotle, 168-169, 429, 543
11 Lucretius, 13, 43
11 Epictetus, 145-146, 190-192
16 Augustine, 5-9
17 Aquinas, 759-761, 767, 783-784
19 Dante, 95
19 Chaucer, 280
21 Hobbes, 79-80
22 Rabelais, 26-27, 29-30
23 Montaigne, 123-126, 162-163, 285-287
24 Shakespeare, 255
26 Harvey, 331-332
27 Cervantes, 171-172
28 Bacon, 3-4, 6-7
28 Spinoza, 647, 649
33 Locke, 87, 188-189, 250
33 Hume, 453
34 Voltaire, 240
38 Gibbon, 523-527 passim
39 Kant, 532
40 Mill, 451
41 Boswell, 15, 135-136
45 Goethe, 1-5
53 James, William, 524-525, 729-730
54 Freud, 779-780
56 Hardy, 381-382
59 James, Henry, 27-28
59 Cather, 436-437

4d. **The pleasures of play and diversion**

3 Homer, 278-290, 373-384
4 Euripides, 472-475, 477, 636-637, 640-643
5 Herodotus, 86
6 Plato, 149-173, 644-663
8 Aristotle, 375, 405-406, 431, 541, 544-546, 614-615
13 Plutarch, 572

16 Augustine, 17
19 Chaucer, 285
22 Rabelais, 1-3, 7-8, 97-99
23 Erasmus, 17-18
23 Montaigne, 582-584
27 Cervantes, 221-222
30 Pascal, 195-204
36 Smith, 388-390
37 Gibbon, 502-503, 583-584
39 Kant, 537-539
41 Boswell, 287, 309
43 Hegel, 309-310
44 Tocqueville, 328
48 Twain, 332-333, 363-395 passim
51 Tolstoy, 16-18, 37, 254-260, 278-287, 296-298, 303-305
52 Dostoevsky, 231-246
53 James, William, 727-729
54 Freud, 641-643, 651
55 Wittgenstein, 333-334
57 Veblen, 17, 107-117, 124-126, 159-160, 167
58 Huizinga, 259, 276-278, 350-351
59 Cather, 415-416

4e. **The kinds of pain: the pain of sense and the pain of loss or deprivation**

3 Homer, 221-223, 238-240, 271-273, 300-306
4 Aeschylus, 58-59
4 Sophocles, 196-198
4 Euripides, 291-292, 329-331, 451-453
6 Plato, 619-633
8 Aristotle, 404-406, 430
11 Lucretius, 35-36
12 Virgil, 85-86, 117-118, 246, 274-275, 277-278
16 Augustine, 446-447
17 Aquinas, 337, 772-780
18 Aquinas, 792-793, 1068-1070
19 Dante, 4-5, 6-7, 17-18, 74-75
19 Chaucer, 252-273
21 Hobbes, 195
24 Shakespeare, 285-319, 323, 325-326, 331, 343-344
25 Shakespeare, 32, 211, 344-345
28 Spinoza, 647-648
29 Milton, 94-95, 122-125, 204-205, 352-353
33 Locke, 176-178
43 Hegel, 258-259
51 Tolstoy, 109-110, 551-554, 614-618
52 Dostoevsky, 167-171, 177-178, 416-417
54 Freud, 736-740, 743-744, 752-754
58 Weber, 183-186
59 James, Henry, 23-28
59 Cather, 464-465
59 Joyce, 542-548, 587-593

5. **The quantity of pleasure: the weighing of pleasures; the limits of pleasure**

6 Plato, 225-226, 618, 625-631
8 Aristotle, 364-365 passim, 427, 452
11 Lucretius, 41, 76

17 Aquinas, 755-757, 759-760, 766-767, 782-783, 785-786
18 Aquinas, 528-529, 1037-1039
23 Montaigne, 169-170, 367-368
33 Locke, 188
39 Kant, 584-585
40 Mill, 448-450
51 Tolstoy, 660-661
54 Freud, 639-663, 771-776

6. **Pleasure and the good**

6a. **Pleasure as the only good or as the measure of goodness in all other things**

6 Plato, 57-62, 275-280, 609-639
8 Aristotle, 404-405, 426-427
11 Plotinus, 378-379
16 Augustine, 269, 361-362
17 Aquinas, 770-771
23 Erasmus, 4
23 Montaigne, 84
28 Bacon, 71-72
28 Spinoza, 660, 684
31 Molière, 108-136
33 Locke, 185-190, 229
39 Kant, 298-300, 478-479
40 Mill, 445-476
53 James, William, 808-814
54 Freud, 418-420, 574, 592-593, 772

6b. **Pleasure as one good among many: pleasure as one object of desire**

6 Plato, 275-280, 609-639
7 Aristotle, 172-173, 359, 403-406, 426-427
16 Augustine, 575-582 passim
17 Aquinas, 27-28, 614-615
19 Dante, 84-85
23 Montaigne, 160-163, 570-571
40 Mill, 461-464
41 Boswell, 404
49 Darwin, 316-317
53 James, William, 808-814

6c. **Good and bad pleasures: higher and lower pleasures**

6 Plato, 227-280, 409-410, 421-427, 635-639, 698-690
8 Aristotle, 364-366, 398-399, 428, 430, 543
11 Plotinus, 651
16 Augustine, 53-54, 68-70
17 Aquinas, 768-771
23 Montaigne, 84, 466-467
28 Bacon, 73-74
28 Spinoza, 648-649
39 Kant, 298-300
40 Mill, 461-464
57 Veblen, 38
59 Joyce, 570-576

6d. **Pleasure as the accompaniment of goods possessed: the satisfaction of desire**

6 Plato, 275-278, 423-424

8 Aristotle, 344, 403-405, 427-430
16 Augustine, 47, 705
17 Aquinas, 629-631, 666-669, 751-752, 768-772
18 Aquinas, 527-533
19 Dante, 93
21 Hobbes, 76
39 Kant, 341-342
44 Tocqueville, 285-287
49 Darwin, 308
53 James, William, 725-726, 812-813
54 Freud, 377, 412-413, 711-712
57 Veblen, 13-15

6e. **Pleasure as intrinsically evil or morally indifferent**

6 Plato, 60-61, 224-226, 233-234
8 Aristotle, 404-405, 426-427
11 Epictetus, 142, 192-198
11 Aurelius, 243-244, 260, 268-269, 272-273, 276, 285
16 Augustine, 336-337, 438-440
17 Aquinas, 768-769, 790-792
23 Montaigne, 72-75, 78, 205-208, 473-474, 585-586
28 Spinoza, 671
37 Gibbon, 192-193
39 Kant, 238, 256-257, 262-263, 297-318, 325-327, 338-355
41 Boswell, 393

7. **Pleasure and happiness: their distinction and relation**

4 Sophocles, 172
6 Plato, 275-284, 635-639, 657-658
8 Aristotle, 344-345, 423-424, 430-431, 545, 600-601
11 Epictetus, 153-155
11 Plotinus, 313-314, 315-317, 320
17 Aquinas, 151-152, 625-626, 629-631, 642-643, 770-771
18 Aquinas, 176-178, 966-967, 1048-1066
19 Dante, 67, 69-79, 83-86
19 Chaucer, 373-378
22 Rabelais, 60-66
23 Erasmus, 7
23 Montaigne, 241-245, 276-278, 435-436, 447-449, 570-573
28 Bacon, 71-72
30 Pascal, 195-204
33 Locke, 188-190, 192-193
39 Kant, 298-300, 314-318, 478-479
40 Mill, 447-457, 461-464
41 Boswell, 378
43 Hegel, 122
45 Goethe, 18
51 Tolstoy, 577-578, 605
52 Dostoevsky, 1-7, 57-61
54 Freud, 771-776

7a. **Pleasure and pain in relation to love and friendship**

3 Homer, 221-223, 263-265, 300-306, 472
4 Euripides, 371-373, 379-382
6 Plato, 120-122
8 Aristotle, 373-374 passim, 407-410, 414, 419-421 passim, 423-425, 428, 626-627
11 Lucretius, 54-57
11 Epictetus, 158-160, 211
12 Virgil, 143-153, 205-206, 312-313
16 Augustine, 15-16, 582, 583-584
17 Aquinas, 636, 760-764, 782-783, 786-787, 788
18 Aquinas, 527-530, 534-535
19 Dante, 6-7, 67-68
19 Chaucer, 177-273, 286-309
23 Montaigne, 439-441, 468-469, 473-475
24 Shakespeare, 242, 285-319, 353-355, 524-525, 582-583
25 Shakespeare, 51, 126, 128-129, 267, 314-315, 393-420, 586-609 passim
27 Cervantes, 83-101
28 Spinoza, 636-638, 640-644
29 Milton, 243-245
31 Racine, 283-323
34 Diderot, 271-274
35 Rousseau, 345-346
43 Nietzsche, 483-484
46 Austen, 108-109
46 Eliot, George, 294-310 esp 295-299, 321, 345-346, 405-406, 461-462, 502-505, 535-536, 559-560
49 Darwin, 308-313
51 Tolstoy, 30-31, 140-142, 167, 203, 276-277, 323-324, 340-341, 615
52 Dostoevsky, 34-39, 61-62, 73-74, 133-144, 209-210, 339, 420-427
54 Freud, 418-421, 782-783
59 Proust, 306-312, 397-399
59 Cather, 421-424, 438-439, 464-466
60 Fitzgerald, 365-367

7b. **The life of pleasure contrasted with other modes of life: the ascetic life**

Old Testament: *Numbers,* 6:1-5 / *Ecclesiastes,* 2:1-11; 5:18-20 / *Isaiah,* 5:11-12; 22:12-13
Apocrypha: *Wisdom of Solomon,* 2 / *Ecclesiasticus,* 18:30-32; 19:1-2; 23:5-6
New Testament: *Luke,* 1:13-17; 16:19-25 / *Romans,* 1:18-32; 8:1-13; 13:13-14 / *I Corinthians,* 5:9-13; 6:13-7:9 / *Galatians,* 5:16-25 / *Colossians,* 3:5-8 / *I Thessalonians,* 4:3-7 / *I Timothy,* 4:1-10 / *II Timothy,* 3 / *James,* 4:1-6 / *I Peter,* 4:1-5
4 Euripides, 328
4 Aristophanes, 781-782, 893-896
6 Plato, 223-225, 635-639, 656-658, 801
8 Aristotle, 340-341, 434
11 Lucretius, 15-16
11 Epictetus, 184-189, 212-215, 217-219
11 Aurelius, 248, 255-256
11 Plotinus, 315-320
13 Plutarch, 732-733, 747, 755-758, 780

16 Augustine, 11–13, 76, 176–177
17 Aquinas, 614–615
18 Aquinas, 607, 652–657
19 Dante, 83–86
19 Chaucer, 379–381
21 Hobbes, 155–156
22 Rabelais, 46–49, 65–66, 126
23 Montaigne, 199–202, 447–449
24 Shakespeare, 254–256, 435–436
28 Bacon, 69–74
29 Milton, 21–25
34 Diderot, 302
37 Gibbon, 192–193, 593–599
40 Mill, 296, 448–449
45 Balzac, 218
51 Tolstoy, 273–274, 321–322, 329–333
52 Dostoevsky, 1–431
54 Freud, 624–625, 772–774
58 Weber, 183–184, 194–195, 212–231 esp 212–216
58 Huizinga, 320–324
59 Joyce, 599–601

8. The discipline of pleasure

8a. Pleasure and pain in relation to virtue: the restraints of temperance and the endurance of courage

Old Testament: *Proverbs*, 7:6–27
3 Homer, 307–541
4 Sophocles, 234–254
6 Plato, 120–122, 275–285, 347–348, 644–645, 653, 657–658, 669–670, 689–690
8 Aristotle, 340–341, 344, 349–350, 354–355, 359, 361–366, 373–374, 398–404, 426, 430–431, 545
11 Epictetus, 183, 192–198
11 Aurelius, 243–244, 246–247, 257, 265, 275
13 Plutarch, 139–140
17 Aquinas, 762–763, 768–769, 771–772, 777–778, 790–791
18 Aquinas, 47–48, 53–54, 57–58, 134–136, 453–454, 562–570
19 Dante, 6–10, 65, 69–79, 83–86
21 Hobbes, 163–164
22 Rabelais, 234–240
23 Montaigne, 199–202, 241–245, 391–392, 394–395, 407–409, 435–436, 447–449, 516–517, 581–587
28 Spinoza, 671–681
33 Locke, 186, 193–194
35 Rousseau, 343–345
37 Gibbon, 596–597
40 Mill, 461–464
43 Nietzsche, 539
49 Darwin, 315–317
51 Tolstoy, 122, 201, 248–250, 321–322, 369, 481–482
54 Freud, 793–794
58 Huizinga, 274–275
59 Joyce, 598–601

8b. The conflict between pleasure and duty, or the obligations of justice: the pleasure principle and the reality principle

Old Testament: *Proverbs*, 5:1–13; 6:23–35; 23:20–21, 29–35
Apocrypha: *Ecclesiasticus*, 18:30–32; 19:1–5; 31:12–31
4 Euripides, 301–302
6 Plato, 311–315, 748
11 Epictetus, 102, 141–142, 167–168
11 Aurelius, 259, 268, 272
20 Calvin, 362–370
30 Pascal, 64–67
39 Kant, 234–240, 253–287, 291–361, 365–379, 387–388, 478–479, 584–588, 591–592, 594–596
40 Mill, 452–456 passim, 457–461 passim, 464–476 passim
45 Goethe, 39–41
49 Darwin, 208–314 passim
54 Freud, 452, 599, 624–625, 768, 784, 799–800, 837–839

8c. Perversions or degradations in the sphere of pleasure and pain: sadism and masochism

Old Testament: *Genesis*, 19:4–11
New Testament: *Romans*, 1:26–32
4 Euripides, 472–493
6 Plato, 645–646, 735–738
8 Aristotle, 399–400
13 Plutarch, 783–784
14 Tacitus, 86, 107, 145–147, 166, 265
16 Augustine, 747–749
17 Aquinas, 757–758
19 Dante, 13–14, 18–21, 22–23
23 Montaigne, 72–75, 141–142, 206
25 Shakespeare, 606
28 Spinoza, 655
29 Milton, 269–272
37 Gibbon, 38, 60, 138–139, 389
38 Gibbon, 169, 174–175
43 Nietzsche, 515, 516–517
44 Tocqueville, 388
51 Tolstoy, 188–190, 271–273, 505–511
52 Dostoevsky, 4–5, 127–133, 321–325
53 James, William, 718–720
54 Freud, 415–418, 570–572, 577–579 passim, 790–791, 847–850 passim
58 Huizinga, 252–253, 285–286
59 Cather, 417–418
60 Lawrence, 150–152
60 Beckett, 538–544, 551–553

9. The regulation of pleasures by law

Old Testament: *Deuteronomy*, 5:18,21; 21:18–21
4 Euripides, 472–493
6 Plato, 283–285, 326–328, 432–434, 643–663, 675–676, 713–716, 718–720, 731–738
8 Aristotle, 465–466, 541
13 Plutarch, 32–48, 61–62

14 Tacitus, 31, 57-58
18 Aquinas, 255-257
19 Dante, 65
23 Montaigne, 172-173
25 Shakespeare, 174-204
28 Bacon, 54
29 Milton, 390, 393-395
33 Locke, 8
35 Montesquieu, 44-50, 105-106
35 Rousseau, 434-435
36 Smith, 168-169
37 Gibbon, 100-101, 484
38 Gibbon, 93-94
40 Mill, 302-312, 314-316
41 Boswell, 301

10. The social utility of pleasure and pain

10a. The employment of pleasure and pain by parent or teacher in moral and mental training

Old Testament: *Proverbs,* 13:24; 19:18; 23:13-14
Apocrypha: *Ecclesiasticus,* 30:1-12
4 Aristophanes, 717-720
6 Plato, 46, 653-663, 713-716
8 Aristotle, 350, 434
16 Augustine, 5-8, 590-591

18 Aquinas, 226-227
22 Rabelais, 26-30
23 Montaigne, 63-64, 123-126, 225-226
28 Spinoza, 653
39 Kant, 357-360
41 Boswell, 191, 199-200
51 Tolstoy, 47-48, 306
53 James, William, 290-291
54 Freud, 759, 876

10b. The use of pleasure and pain by orator or statesman in persuasion and government

6 Plato, 45, 640-652
8 Aristotle, 434, 623-636
13 Plutarch, 125-130, 578-579
14 Tacitus, 269-270
18 Aquinas, 250-251
21 Hobbes, 82, 145-147
23 Montaigne, 215-216, 221-223
28 Bacon, 23-26
30 Pascal, 440-442
37 Gibbon, 139-140
39 Kant, 535
51 Tolstoy, 245
59 Joyce, 576-591 passim
60 Orwell, 504-506

交叉索引

以下是与其他章的交叉索引：

The relation of pleasure and pain to sensation and emotion, see EMOTION 1a; SENSE 3c(2).
The relation of intellectual pleasure to beauty and truth, see BEAUTY 4; EDUCATION 5e; KNOWLEDGE 8b(4).
The kinds of pain, see PUNISHMENT 1a.
The aspect of infinity in the desire for pleasure, see DESIRE 7a(1).
The problem of pleasure and pain in relation to good and evil, see GOOD AND EVIL 3d, 4a, 4c.
Pleasure as an object of desire and as the satisfaction of desire, see DESIRE 2b, 2d.
Pleasure in relation to happiness, see HAPPINESS 2b(2).
Pleasure and pain in relation to moral virtue, see COURAGE 1, 3; PUNISHMENT 3a; TEMPERANCE 1, 2; VIRTUE AND VICE 5a.
The extremes of asceticism and pleasure-seeking, see TEMPERANCE 6a-6b.
The conflict between duty and pleasure, see DUTY 8.
The distinction between an ethics of duty and an ethics of happiness, see DUTY 2; HAPPINESS 3.
Pleasure and pain in relation to friendship and love, see LOVE 1b, 2b(3).
Pleasure in relation to law, see TEMPERANCE 5c.
The role of pleasure and pain in moral training, see PUNISHMENT 3a; VIRTUE AND VICE 4d(2).

扩展书目

下面列出的文著没有包括在本套伟大著作丛书中，但它们与本章的大观念及主题相关。书目分成两组：

Ⅰ．伟大著作丛书中收入了其部分著作的作者。作者大致按年代顺序排列。

Ⅱ．未收入伟大著作丛书的作者。我们先把作者划归为古代、近代等，在一个时代范围内再按西文字母顺序排序。

在《论题集》第二卷后面，附有扩展阅读总目，在那里可以查到这里所列著作的作者全名、完整书名、出版日期等全部信息。

I.
Descartes. *The Passions of the Soul*
Hume. *An Inquiry Concerning the Principles of Morals*
Mill, J. S. *An Examination of Sir William Hamilton's Philosophy*, CH 25
Freud. *Mourning and Melancholia*
———. *Wit and Its Relation to the Unconscious*, CH 1-5
Proust. *Remembrance of Things Past*
Huizinga. *Homo Ludens*
Eliot, T. S. "The Love Song of J. Alfred Prufrock"
Fitzgerald. *This Side of Paradise*
Hemingway. *The Sun Also Rises*

II.
THE ANCIENT WORLD (TO 500 A.D.)
Cicero. *De Finibus (On the Ends of Good and Evil)*, I-II
———. *Tusculan Disputations*, II
Epicurus. *Letter to Menoeceus*
Tertullian. *De Spectaculis*

THE MODERN WORLD (1500 AND LATER)
Avebury. *The Pleasures of Life*
Bain. *The Emotions and the Will*
Beebe-Center. *The Psychology of Pleasantness and Unpleasantness*
Bentham. *An Introduction to the Principles of Morals and Legislation*, CH 1-5
Bradley, F. H. *Collected Essays*, VOL I (14)
———. *Ethical Studies*, III
Campbell, H. J. *The Pleasure Areas*
Coleridge. *The Pains of Sleep*
Cowan. *Pleasure and Pain*
De Quincey. *Confessions of an English Opium-Eater*
Ellis. *Studies in the Psychology of Sex*, VOL I, PART II
Emerson. "Compensation," in *Essays*, I
Franklin, B. *A Dissertation on Liberty and Necessity, Pleasure and Pain*
Green. *Prolegomena to Ethics*, BK III, CH 4(a)
Hamilton, W. *Lectures on Metaphysics and Logic*, VOL I (41-46)
Hartmann, E. *Philosophy of the Unconscious*, III
Hinton. *The Mystery of Pain*
Hutcheson. *An Essay on the Nature and Conduct of the Passions and Affections*
Lamb. *Hospita on the Immoderate Indulgences of the Pleasures of the Palate*
Leibniz. *New Essays Concerning Human Understanding*, BK II, CH 20
Leopardi. *Essays, Dialogues, and Thoughts*
Lewis, C. S. *The Problem of Pain*
Malebranche. *The Search After Truth*, BK IV, CH 5-13
Mill, J. *Analysis of the Phenomena of the Human Mind*, CH 17-23
Miller, H. *Tropic of Cancer*
Moore. *Ethics*, CH 1-2
———. *Principia Ethica*, CH 2-3
More, T. *Utopia*, BK II
Powys. *In Defence of Sensuality*
Ribot. *The Psychology of the Emotions*
Sartre. *Nausea*
Schaper, ed. *Pleasure, Preference and Value*
Schopenhauer. "On the Sufferings of the World," "On the Vanity of Existence," in *Studies in Pessimism*
Sidgwick, H. *The Methods of Ethics*, BK I, CH 4; BK II, CH 1-6; BK III, CH 14; BK IV
Spencer. *The Principles of Ethics*, PART I, CH 7
Titchener. *Lectures on the Elementary Psychology of Feeling and Attention*, II-IV, VIII
Whewell. *The Elements of Morality*, BK II, CH 25
Wundt. *Outlines of Psychology*, (7)

69

诗 Poetry

总 论

与其他领域中流行的对待过去的态度相比，大诗人对前辈的态度明显有所不同。哲学家和科学家常常确信自己能比前辈做得更好。大部分的诗人，却只想做得和前辈一样。维吉尔景仰荷马；但丁赞赏维吉尔；弥尔顿称颂埃斯库罗斯、索福克勒斯和欧里庇德斯是"无与伦比的三大悲剧诗人"；塞万提斯礼赞古代诗人——由此可见，在诗作上不存在古今之争。

当代的小说、戏剧家，特别是那些自诩在诗的形式和题材上有所创新的作家，或许是些例外。但是，即使是那些玩新风格的"摩登"型作家，也只是把他们的创新当作是既往文学的一个发展阶段，或者是与以往作家的一次伟大对话。T. S. 艾略特在《传统与个人天才》一文中指出，作家在写作时"不仅应与同时代的人休戚相关，还应感觉到，自荷马以来的整个欧洲文学以及他所在的国家的全部文学，与他的写作同时存在，构成了一个共时的序列"。

艾略特所述的是以荷马为开端的一个序列，而亚里士多德的《诗学》却独一无二，享有奠定诗的科学的殊荣。不仅如此，在长达 2000 多年的时间里，《诗学》还赢得了诗人们的广泛赞许，甚至被奉之为创作的准绳。

《诗学》并非无源之水。在柏拉图对诗的分类中，在阿里斯托芬对埃斯库罗斯和欧里庇德斯的批判性选择中，当然，还有在荷马以及伟大的悲剧、喜剧诗人的原初性创造中，都可以找到它的源头。也不是说亚里士多德的诗歌理论没有遇到一点反对意见，但是那些对亚里士多德的规则或"三一律"持异议的小说家和诗人，他们对亚里士多德的基本洞见更多采取一种接受而不是拒绝的态度。创造性天才的原创性不应受到艺术规则的束缚，也不必对任何既有的批评标准做出解释——这类见解当然会在亚里士多德那里获得同情的理解，因为亚里士多德本人正是从希腊天才的创作中总结出诗的规则以及评判优劣的标准。

后世诗人对《诗学》的异议，为肯定创造性天才的首要地位留出了余地。那些违背了亚里士多德的规则却又创作出伟大诗篇的人，成了例外的天才。而在缺乏创造新形式的天才的地方，对规则的违背通常以混乱告终。不过，亚里士多德的原则不仅在诗人的创造性作品中得到了运用和检验。在后世诗人对诗的本性及目的的评论中，也能见出他的影响。从但丁、乔叟、莎士比亚、弥尔顿、歌德到梅尔维尔的作品，从贺拉斯、德米特里厄斯、乔万尼·薄伽丘、尼古拉斯·布瓦洛、约翰·德莱顿到亚历山大·蒲柏的批评，《诗学》中的概念和区分一再地回响。

苏格拉底曾抱怨诗人没有智慧。苏格拉底向诗人问诗，诗人被问得张口结舌。最后，只得求助于神秘的灵感或不可思议的天才。在《申辩篇》中，苏格拉底对审判他的人说，"当时在场的诗人，没有一个人能谈清楚自己到底在做什么"。多亏有了亚里士多德，后世的诗人才能更好地分析谈论他们自己的艺术。

如果我们离开诗人，或更准确地说离开他们的作品，转向对诗性的分析——诗人或其他人做出的分析——我们就会发现一大堆问题。关于什么是诗，诗的目标是什么，历来没有统一的、和谐的答案。博斯韦尔在向约翰逊博士询问什么是诗时，即隐隐指向了这类问题。约翰逊回答说，"什么不是诗要好回答得多，我们都知道什么是光，却很难说出光是什么"。远在约翰逊之前，古人对于如何定义诗和诗的目标就已经莫衷一是了。

比如说，关于诗人是否有义务像哲学家或科学家那样说出真理，是否有必要说出同一种真理，柏拉图和亚里士多德的观点看起来就是对立的。诗的技艺究竟表现为对语言的运用，还是首要的是虚构的技艺，亚里士多德的《诗学》和贺拉斯的《诗艺》做出了相反的回答，由此奠定了西方思想传统讨论诗的两个相反的出发点。

就这两个问题中的后一个问题而言，有人或许会怀疑，我们面临的分歧是否具有非此即彼的性质。亚里士多德在《修辞学》中对诗的讨论，全然不同于《诗学》中提出的诗歌理论，这一事实或许表明，关于诗的看法也可以不是相互矛盾，而仅仅是有所不同。除非是亚里士多德无意中犯了自相矛盾的错误，否则的话，对诗的修辞学考虑便只是对诗的另一种理解而已。

在《学术的进展》一书中，弗朗西斯·培根记录了对诗的这些不同理解，在他的时代，这些理解已成为传统。此外，他也并没有把这些不同当成大是大非、非此即彼的问题。他写道，诗可以"具有两种意思：或就言辞而论，或就题材而论"。在第一种意义上，诗仅仅是指一种风格特征，它属于说话的艺术，与眼下（讨论的话题）无关。在第二种意义上，诗（如前所述）是求知的一个重要层面，无论采用诗的风格还是散文的风格，诗不是别的什么，它仅仅是虚构的历史"。

当培根说作为一种文学风格、作为与散文不同的用韵文书写的诗"与眼下无关"时，他并非全然放弃了这一概念，而仅仅是将它推延到书中论语法和修辞的那一部分。与眼下所讨论的求知类型有关的，是诗的另一种可能，也即作为"虚构的历史"的诗。正如亚里士多德的《修辞学》并没有推翻《诗学》对诗的本性的理解，培根也并没有在这两个概念间废此存彼，尽管他也看到适用于这二者的原则和考量方式是如此之不同。

对诗的本性的这两种看法，并不总是受到如此（宽容）的对待。有时候，其中一种被当作是首要的甚至是唯一的研究进路，于是就会挑起真实的争端——无论对于那些持极端观点的人，还是对于那些持两可立场的人，都是如此。制造这一争端的，似乎是把诗主要视为一种风格的亚历山德里亚和罗马的批评家们。而现代批评，特别是19世纪以来的现代批评，在把诗理解为韵文这一点上走得更远。

威廉·华兹华斯在《抒情歌谣集》的序言中对诗艺的讨论，主要是从语言方面立论的。他将诗定义为"心平气和时回忆的情绪"，显示出他对诗甚至叙事诗的抒情层面的强调。爱伦·坡写的《诗的原则》，马修·阿诺德写的《批评文集》，几乎只与抒情诗、只与有别于散文的韵文诗有关。诗人越来越倾向于成为韵文作家，正因为如此，才显得自由诗运动是诗界中的一场大革命。在《卡拉马佐夫兄弟》中，斯梅尔佳科夫说"诗是垃圾"。玛丽娅不赞同这一说法，因为她非常喜欢诗歌，斯梅尔佳科夫补充道："只要是诗，就是地道的垃圾。你自己想想，有谁会押着韵说话?"

正如"艺术"这个词在通行的用法中仅指绘画和雕塑,其兄弟概念"诗"的意义也变狭窄了。当代读者习惯于把诗看作是抒情诗和韵文诗,如果他们知道"诗"在古希腊可涵盖一切艺术或人类活动形式,一定会感到惊讶。在雪莱看来,法律制度、市民社会乃至教育领域无不有诗意,沃尔特·惠特曼则把美国称为"最伟大的诗篇"。

以上这些读者,如果见到有人把用散文写的小说和戏剧称为诗,也同样会感到吃惊。然而,在经典作家群中,像塞万提斯和梅尔维尔这样的小说家都将自己称为诗人。经典著作首先把诗看作是叙事而不是抒情,看作是故事而不是歌。

不过这并不意味着它们排除了对诗的另一种理解。柏拉图注意到,"音律和节奏天生能产生一种愉快的影响,假如把音乐附加的色彩剥离掉,以朴素的散文加以叙述,诗人讲的故事会显得多么苍白"。但是无论对亚里士多德还是对柏拉图,无论是用散文还是用韵文,诗人都是讲故事的人。在《老实人》中,伏尔泰借一位有学识有品位的男人之口说,大诗人从不"让作品中的任何一个人物显得像诗人";他必须"通晓自己的语言,用一种纯净的方式来说它,持续不断地保持着和谐,永远不要为了押韵而牺牲意义"。

亚里士多德没有忽视语言的机制。在《修辞学》的第三卷中,他对各种创作中的风格问题进行了探讨,并将诗体写作从散文体写作中区分出来;而在《诗学》中,他也用了好几章来讨论风格。不过在后一例中,他在讨论诗的语言风格时并没有针对一切类型的创作,而仅仅是针对戏剧和史诗。除了偶尔提及"酒神颂歌",他并没有把抒情诗单独当作一类诗来讨论。在他看来,唱段和戏景对戏剧仅仅起装饰作用。在《诗学》中,他注重的不是语言的机制或诗人的感伤,而是情节的编制,人物(性格)的发展以及人物的言辞和思想——一言以蔽之,他更注重诗的题材,而不是诗人的情感以及表现这一情感的口才。

亚里士多德将情节视为"悲剧的灵魂",甚至视为一切叙事性诗歌的第一原则。因此,他坚持"诗人或'制作者'应该更多地是情节的制作者,而不是韵文的制作者"。所以很自然,将诗的技艺和韵文的写作技巧混为一谈(这种混淆在他那个时代和在我们这个时代都是极常见的)会遭到他的批评。他写道:"即使有人用韵文撰写医学或自然科学论著,人们仍然习惯于称其为诗人。然而,除了格律之外,荷马和恩培多克勒的作品并无其他相似之处。因此,称前者是诗人是合适的,至于后者,与其称他为诗人,倒不如称他为自然哲学家。"正如培根后来说的那样,"真实的叙述可能会用韵文来传达,虚构则可能用散文",亚里士多德也说,"诗人和哲学家的区别,倒不在于一个用韵文写作,一个用散文写作。希罗多德的作品可以被改写成韵文,但仍然是一种历史,用不用格律都不会改变这一点"。

称自己为诗人的作家们普遍承认,散文和韵文之间的区别或许会影响写作的风格,却不会改变讲故事的实质。在《梅里白》的序言中,店主人要求乔叟放弃韵脚,"用散文来讲故事——你或许不太拿手——有益而通俗的娱乐或教导便尽在其中"。塞万提斯把《堂吉诃德的历史》归入史诗,声称"用韵文和散文都可以写史诗"。

塞万提斯的小说标题用了"历史"这个字眼,这意味着他选择了诗的第二个含义,也即更多考虑诗的题材而不是语言风格。大诗人认识到,作为一个叙事者,他的作品更像是历史,但他也知道,诗人所讲的故事,用培根的话来说,只是"想象的历史"。梅尔维尔的《白鲸》一书从头至尾都在讲有关捕鲸的"历史的或非历史的单纯事实",唯恐有人会"嘲讽《白鲸》是天方夜谭,或更糟糕、更恶劣地把它贬为一个面目可憎、无法容忍的寓言故事"。在关于利维坦的尾巴的一章中,他说,"其他诗人用婉转的歌喉歌颂过羚羊温柔的眼神或鸟儿可爱的、永不停止扇动的翅膀;而我却要赞颂一条不那么神圣的尾巴"。

将诗理解为虚构的、想象的历史,似乎直接关系到诗人是否有义务说出真理的问题。我们有必要来考量诗与历史和哲学相比较的其他方面。因为,我们眼下考察的这个诗歌理论上的争论,是由将知识的标准推广于诗人的创作而引起的。

培根和亚里士多德一样,否认(知识)的标准可以适用于(诗歌)。尽管他把诗歌看作是"求知的一部分",却坚持认为诗只受"词语标准"的限制;"在所有其他方面",诗"完全受想象力的节制,只与想象力有关;既然诗与物质规律无关,便可以尽情打断自然的联系,或在联系中断处找到联系"。另一方面,康德像柏拉图那样根据诗贡献于知识的程度对诗进行裁决。康德认为,诗与想象力有关,它服务于知性,因为它"就像在做严肃的知性思考那样,做了一个想象力的自由游戏"。

康德继续说道,尽管"诗人只承诺自己是在做一个完全轻松的观念游戏,但看起来促进知性的事业也仿佛是诗人的意愿之一"。"感性和知性相辅相成、缺一不可,匆促结合到一起却是勉强的,容易造成彼此间的伤害",而诗人却在一定意义上促成了"感性和知性这两种思维机能的结合与和解"。在康德看来,因此诗人是在"做一件值得严肃对待的事情,也即,凭借游戏为知性提供粮食,凭借想象力为知性概念灌注生命"。

然而康德和柏拉图对诗人的判断不尽相同。康德认为,"诗人的承诺"是"低调"的,"观念的游戏是他向人们承诺的一切",但诗人是值得赞美的,因为他所做的远比他所承诺的要多。相反,柏拉图似乎认为诗人承诺的多,而做到的少。他似乎把诗人看作是哲学家的竞争者而不是协作者。诗人之所以会失败,是因为他企图在想象力的层面上完成哲学家在理性层面上所做的工作,却不会像哲学家做得那么好。

诗人和哲学家都在从事模仿——在柏拉图看来,一切的知识都是模仿——但哲学家的概念模仿的是实在的理念,诗人(塑造)的形象却在模仿感性的外观,感性外观本身是对理念或永恒形式的模仿。因此,不管模仿得多么准确和真实,诗都是次一级的知识。用柏拉图的话来说,它处在意见的层次上,与幻想和信念同属一类。无论怎样,我们都应该像对待其他那些自称为知识或正确意见的事物那样,用同一个是非标准来衡量它。柏拉图写道,"模仿,不应该由快感或错误的意见来衡量……应该采取真理的标准而不是其他什么标准"。因此,对诗的称职衡量应该"做到三件事:首先,他必须知道模仿的是什么;其次,他必须知道模仿得是否真实;第三,他必须知道模仿所采用的词语、音律和节奏是否得当"。

诗与真的争端在柏拉图和亚里士多德之间达到了白热化,主要的原因在于,亚里士多德认为诗是一种模仿,而知识却不包括任何模仿的因素。既然诗不是一种知识,就无法用同一个标准来衡量这二者。亚里士多德坚持认为,"诗的标准和政治的标准是不同的"，也和"医学或其他分支科学"不同。"倘若诗人试图正确地模仿什么，结果却因表现力不够而遭致失败"，那么这是诗艺本身的错误。但是，倘若他以一种"不正确的方式"描写了事物，比如，马的两条右腿同时举步，由此导致了生理学上的错误，那么在亚里士多德看来，"他所犯的错误就不在于诗艺本身"。诗人的责任并不在于细节上的正确无误，而在于让整个的故事听起来可信。亚里士多德的观点概括在他关于或然性和可能性的著名法则中。他说，"就诗的目标而言，一件不可能发生但却可信的事，比一件可能发生但却不可信的事更为可取"。

这一争论关系到诗人可提供什么样的真理，与此有关的另一争论，则关系到作诗的目的：教诲，娱乐，还是寓教于乐。这牵涉到一个道德问题，诗对人的性格或德性究竟有多大影响；还牵涉到一个政治问题，城邦有无管戒诗的权力，诗人有无逃避这一审查的权力。所以毫不奇怪，柏拉图按照他对诗的理解，会在《理想国》中将诗人从他心目中的理想城邦驱逐出去；或者，他会在《法律篇》中就诗的内容定下种种戒条。

弥尔顿和J. S. 穆勒这些人站在完全相反的立场上攻击审查原则，这些原则不仅施行于诗，也施行于其他的社会交往形式。不过，历来为诗所做的辩护，作为对柏拉图的回应，常表现为称赞诗既能为人带来欢乐，也能为人带来道德教益，如菲利普·锡德尼和雪莱笔下的同名文章，乔叟、蒙田和塞万提斯的有关著述。另一些人，如亚当·斯密，则取消了诗是否具有道德教育意义这个问题，他们认为剧院是重塑人的正当的、合法的甚至是必要的手段，以此来回应奥古斯丁对异教诗歌和戏剧表演的控诉和批评。

这些争论部分地牵涉到其他章节所讨论的话题。**艺术**和**自由**两章讨论了审查问题；**艺术**一章讨论了一般性的模仿问题，既针对实用艺术，也针对美的艺术。在这里我们集中讨论模仿理论中涉及诗歌本性的部分。我们注意到柏拉图和亚里士多德思考"模仿"的角度有所不同，但这似乎并不妨碍他们把这个概念用到美的艺术并特别是诗上去。哈姆雷特对演员说，"要把镜子对准自然"，此语道出了表演的目的；用亚里士多德的话，也可以说它是包括诗、雕塑、绘画、音乐和舞蹈在内的全部艺术的目的，这些艺术通过模仿给人带来快乐和教益。

就美的艺术而言，诗与其他艺术的区分，通常被看作模仿媒介的不同。在亚里士多德看来，诗是通过语言媒介来模仿的；绘画和雕塑通过线、面、色和形；音乐则通过节奏与和声。亚里士多德说，"以行动中的人为模仿对象"，这一定义究竟只适用于诗还是适用于一切美的艺术，这是一个仁者见仁、智者见智的问题。一些注释者似乎认为，以人的行动为模仿对象，仅仅适用于诗，音乐和雕塑则具有不同的模仿对象和模仿媒介。另一些注释者则认为，以人的行动为模仿对象，适用于所有的艺术。

但是，这并不构成一个争点。这是因为，仅仅是模仿对象或模仿媒介的不同，还不足以显出诗与诗的区别，诗与诗的区别更多是在风格上。亚里士多德写道："使用同样的媒介，面对同样的对象，诗人可以通过叙事来模仿——他既可以像荷马那样以别人的口吻叙述，也可以原原本本以自己的口吻叙述——或者也可以将所有的角色活灵活现地表现在我们面前。"

柏拉图所做的区分也是这样，他指出，荷马类型的诗既有诗人的叙述，也有角色之间的对话。他将舞台表演称之为单纯模仿，是因为作者从不直接说话，而是完全通过角色的行动和对话来讲述一个故事；区别于模仿型的诗，叙事诗可以同时采取以上两种讲故事的方式，在一些极端例子中，甚至可以完全不用对话。

所有的故事都是叙事，而所有的诗都是模仿，既然如此，像柏拉图那样把诗的两大类型称为"叙事"和"模仿"，或如亚里士多德那样称之为"叙事的"和"戏剧的"，就难免令人有些困惑。与此类似，培根也会谈到"叙事的""戏剧的"或"再现的"诗。他将叙事的诗定义为"对历史如此精确的模仿，如果不是时常超越可能性的话，看起来简直令人信以为真"，将戏剧的诗定义为"某种可见的历史，使过去了的历史宛如浮现在眼前"。

柏拉图和亚里士多德用以分类的另一些术语，看起来克服了语言上的障碍。以荷马为代表的讲故事的风格，或者采用不夹杂对话的直接叙事，或者两者兼而有之，属于史诗类型。仅仅采用对话的，则属于戏剧类型。

"史诗"和"戏剧"这两个术语，也有它们自己的难处。当代读者理解起来尤其困难，除非能唤起对某些东西的回忆。第一，史诗和戏剧都可以用散文写，也可以用韵文写；第二，舞台再现的技艺，只是戏剧诗人的辅助手段。剧本写作完全独立于其演出，正如亚里士多德所说，"视觉效果更加依赖于舞台机械师的技艺而不是诗人的技艺"；第三，戏剧区别于史诗之处，并不在于是否采用非直接叙事或对话。

就最后一点而言，亚里士多德注意到，史诗所包含的所有因素都可以在戏剧中找到，除情节、人物、思想和言词之外，戏剧还可以缀之以歌曲和场景。更为重要的是，亚里士多德还根据时间、地点和行动的统一性来区分这两者。由于根本不需受时间和地点限制，史诗叙事就有可能拥有更复杂的情节结构，用亚里士多德的话来说，甚至可能有"好几条情节线"。

除情节结构更为复杂之外，"史诗"这个词还意味着一种更高尚的人物和行动。在《伊利亚特》《奥德赛》或《埃涅阿斯纪》这类史诗中，小丑或福斯塔夫这类（喜剧）人物绝无可能是主角。核心人物往往体现了某个民族或某个种族所敬重的全部美德和美好品质：阿基里斯的力量，尤利西斯的狡猾，埃涅阿斯的责任感。惟其如此，像《堂吉诃德》那样的讽刺性史诗才能在核心处是反讽的；书名中的那位堂吉诃德，读过去的史诗发了疯，竟想在一个不容忍史诗行为的时代复兴骑士精神。在《失乐园》中，史诗主角是撒旦，这不是没有争议的。正是因为我们对史诗中的人物和行动怀有一种更高层次的期待，这部作品才会引发出有趣的争论。

理解了两种主要叙事类型之间的区别，我们就能明白，为什么要把塞万提斯、梅尔维尔、托尔斯泰和陀思妥耶夫斯基所写的伟大小说归入史诗，而至少像塞万提斯和梅尔维尔这样的作者，对此是深信不疑的。歌德的《浮士德》，虽然从风格上来说是戏剧性的，但如果考虑到它在情节上的宏伟——时间上的跨度，以及空间上的包罗万象，"上至天国，下至人间和地狱"——那么，即使和荷马、维吉尔、但丁和弥尔顿的作品相比，它从结构和安排上所体现出来的史诗性也是毫不逊色的。一条白鲸的故事，也可以因其宏大而成为史诗性的，只要讲故事的人，比如说梅尔维尔，使它"囊括整个科学领域，各时代的鲸鱼，人，乳齿象，过去，现在，未来，地球上循环往复的皇朝更迭，全宇宙无一遗漏"。

对诗的另一种传统划分,是把诗分为悲剧和喜剧。关于这一区分有形形色色的说法。有人从诗人为主角准备的悲惨或幸福的结局来看待这一区分。弥尔顿说,悲剧被公认为是"所有诗中最庄严、最道德和最有益的"。与此类似,马可·奥勒留赞美悲剧,是因为它"能提醒人们注意降临到他们身上的事情,并使人意识到,这些事情的发生是自然的"。他并不承认喜剧具有同样的价值,不过他对古老形式的喜剧怀有一定程度的好感,这些喜剧"能提醒人们谨防傲慢"。

在亚里士多德看来,"喜剧表现了比现实生活中更差的人,悲剧表现了比现实生活中更好的人"。他将悲剧所模仿的行为说成是严肃的,并补充说,悲剧"通过(唤起)怜悯和恐惧适当地净化了这些情感"。亚里士多德没有说喜剧是否能唤起和净化某类情绪,他允诺要详细谈谈喜剧,但这一愿望没能在《诗学》中实现。不过,单就如何理解"悲剧净化"(tragic catharsis)的意思,可争论的问题就够多了。

奥古斯丁问:"为什么人们在目睹悲剧和舞台上的苦难时,会从悲哀中感受到愉快,而一旦让他们遭受同样的命运,就会苦不堪言?……经历的苦难越多,就越容易被舞台上的苦难打动。然而,如果是他自己遭受了苦难,我们称之为悲惨;如果是去同情别人的苦难,我们便称之为怜悯。问题是,对于舞台上想象的场景,我们能真实感受到的又是哪一种怜悯呢?"

博斯韦尔请约翰逊博士解释,亚里士多德为何将悲剧的目的定义为情感的净化。约翰逊回答他说,"为什么?先生,你可以考虑一下净化一词的原始意义。它的意思是从身体里排掉不干净的东西。人的心灵也会遭受同样的玷污。情感是人类行动的伟大动力;但它们混杂不纯,以至于需要通过恐惧和怜悯的手段加以净化和提炼。比如说,野心是一种高贵的情感;但如果我们在舞台上看到,一个野心膨胀的人通过不正当的手段往上爬,最后遭到了惩罚,我们就会因这类情感的致命后果感到恐惧。同样,在一定程度上愤恨是必须的;但如果我们看到它走得过远,就会转而对施暴对象产生怜悯,并学会节制这一情感"。约翰逊的解释看起来比弥尔顿的更准确。弥尔顿认为,悲剧对情感的净化,就是"通过阅读或观看模仿得惟妙惟肖的情感,激起一种快感,这种快感可以调和、节制情感以达到合适的分寸"。

悲剧和喜剧的区别,是否在于主角的高贵和低俗;是否在于悲剧的主角是高傲的,喜剧的主角是智慧的;是否在于悲剧的主题和情感是严肃的,喜剧的主题和情感是轻松的,这些都有其可争议之处。然而不管怎样,看起来很清楚的是,将诗划分为悲剧和喜剧,与将诗划分为史诗和戏剧,是交叠的。亚里士多德注意到,索福克勒斯的戏剧和荷马的《伊利亚特》都是悲剧,尽管从风格上来说一个是戏剧的,一个是史诗的;然而从另一个角度来看,索福克勒斯与阿里斯托芬一个写悲剧,一个写喜剧,但这二者都是戏剧家,可以相提并论之。在经典著作中,有悲剧史诗,也有喜剧史诗,如乔叟的《特罗洛斯》与《克莉西达》,拉伯雷的《高康大与庞大固埃》,塞万提斯的《堂吉诃德》;恰如有悲剧戏剧,也有喜剧戏剧。由此观之,可见喜剧的本质更多是对话,而不是行动。

在柏拉图的《会饮篇》中,苏格拉底在酒阑人散的次日清晨有一场谈话,关于这场谈话,亚理斯脱顿所能记起的要旨,是苏格拉底如何成功逼迫阿里斯托芬和阿伽通"承认喜剧天才与悲剧天才是相通的,真正的悲剧艺术家也同时是喜剧艺术家。两人不得不同意苏格拉底的说法,却已经昏昏欲睡,很难跟着论证走了"。实际上,他们所认同的观点从来就没有被充分澄清过。皮兰德娄对喜剧的评价——"喜剧家的职业是高贵"——也同样适用于悲剧。

对于苏格拉底这番议论,有一种解释认为,在经典著作中很难找到印证他观点的例子,或许唯有莎士比亚的戏剧是个例外。就戏剧诗而言,莎士比亚的戏剧似乎表现出同等程度的悲剧天才和喜剧天才。就史诗而言,只有一部失传的荷马史诗——《马尔癸忒斯》可属此列,亚里士多德提到它时曾说,"它和喜剧的关系,就像《伊利亚特》《奥德赛》之于悲剧"。

另一种解释则认为,苏格拉底洞察到,伟大的悲剧在整体视野上与伟大的喜剧是同等的。同一部诗,既可以是悲剧,也可以是喜剧,这是因为诗人洞穿了事物的本质,揭开了世界可怕而荒谬的真相。就此而言,《莫比·迪克》既可以说是悲剧,也可以说是喜剧。梅尔维尔写道,"尽管从作品的很多方面来看,世界的可见部分似乎充满了爱,不可见的部分充满了恐惧";但他同时也指出,"还存在某些古怪的时机与场合……这时人把整个宇宙当成一个巨大的现实的玩笑"。

在诗的科学中,某些原则和规则看起来适用于诗的所有主要类型,其他规则只适合于史诗或戏剧、悲剧或喜剧。亚里士多德暗示说,最具普遍性的规则不仅适用于长诗,也适用于酒神颂歌。假如真的是这样,这些规则也就可以推广到其他类型的抒情诗上去,比如,莎士比亚和弥尔顿的十四行诗,弥尔顿的颂歌和挽歌。然而,亚里士多德用于分析诗的两大原则性要素——情节和人物——至少从表面上看起来,仅仅适用于长或短的叙事诗。这两个要素以何种形式呈现在抒情诗的结构中,抒情诗的形式与内容是否需要属于自己的分析方法,这些都是诗歌理论中最难的问题。

我们已看到,在经典著作的传统中,叙事诗的基本创作原则看起来是得到普遍认可的。这些原则的目标在于引导艺术家追求卓越,因此它们也是批评的基本原则。诗的科学直接提供了创作的工具和批评的准绳。

类似于情节结构规则这类简单的规则,为我们提供了一个例证。结构完整的情节必须包括开头、中间和结尾。它必须遵守特定的统一性(如果不是时间和地点的统一,至少也是行动的统一)。据说,"发现"和"命运的突转"可以最好地制造特殊效果。不管讲述的事件是可能还是不可能,至少诗人应该让它们可信或逼真。这一规则由亚里士多德制定,塞万提斯、拉辛等人都曾加以讨论。它提供了一个标准,可以判别作诗的技巧是否成熟,还为诗人获得这一技巧指明了方向。在《费德儿》的序言中,拉辛讨论了亚里士多德的戏剧创作规则,并认为希腊悲剧是"一所道德学校,其道德教育意义,殊不亚于哲学家的学园"。

在经典著作中,当作家超出了亚里士多德的规则时,他们通常会立即让读者意识到这一点,有时还会抱之以歉意。在《冬天的故事》中,莎士比亚引入"时间"这一角色,为违背亚里士多德三一律的时间跳跃做解释:

> 切莫责难我逝去匆忙
> 只因颠覆规则是我权能
> 十六载春秋尽数省略
> 人事变故有几多空缺

在另一个极端上,马克·吐温声称他在《哈克贝里·芬历险记》的开头违背了所有这些规则:"那些试图在这段叙述中找出动机的人会遭起诉;那些试图从中找出道德意义的人会被流放;那些试图从中找出情节的人会被枪毙。"

当然,人们也可以认为,大诗人凭灵感、凭神圣的疯狂而不是凭规则而创作;人们也可以认同《仲夏夜之梦》中忒修斯所说的话,"疯子、恋人以及诗人,都是想象的产儿……诗人的眼睛在神奇的狂放的一转中,便能从天上看到地下,从地下看到天上;想象会把不知名的事物用一种形式呈现出来,诗人的笔使它们具有如实的形象,空虚的无物也会有了居处和名字"。然而,不管天才是否需要规则的引导或规范,只要存在着诗的艺术,就会像别的艺术一样有规则可循。

关键的问题在于,谁更有优先性,是创造才能还是批评才能?亚里士多德关于情节优先的原则,得自伟大的古典诗歌吗?他发现这些诗遵循着这一原则吗?这一原则树立起评判优劣的确定无疑的标准吗?抑或从另一方面来看,一些现代小说强调人物(性格)的发展而不是将人物卷入其中的行动,从而违背了这一规则,那么它们还可以被看作是具有一种无可挑剔的伟大性吗?从另一个方面来看,可能性和必然性的规则也许是不可违背的。即便是最具原创性的天才,在讲好一个故事时也不能不照顾诗的真实,这一真实是根据他所造人物的必然性,以及人物所处情境的可能性得出的。

就语言方面来看,诗歌理论似乎从修辞的艺术中受益匪浅。修辞学和诗学的关系,隐喻和比拟等修辞手法的本质,挑选合适的字词或发明新的词语,这些都是这里以及本书**修辞学**章要讨论的话题。亚里士多德在他的《修辞学》和《诗学》中处理了这些问题,为这两大学科之间的传统关联奠定了基础。比如,这两部著作都讨论了各种类型的隐喻,以及它们如何使言辞简洁而又意蕴丰富。

这又会牵涉到亚里士多德关于风格的总的座右铭:"明晰而不流于平淡。"他说,"最明晰的风格,是只使用通行的和恰当的词语",但为了避免平白,必须混之以崇高的措辞——"运用不常见的词以超出常态……为使措辞明晰而不落俗套,没有什么比加长、缩短和改变词语更有效了……不常见的词语能使风格突出……但迄今为止最伟大的事情,是对隐喻的需求。唯有这个无法与人共享,这是天才的标志,因为,好的隐喻离不开能发现事物共同点的眼睛"。

帕斯卡发现,运用那些一旦更改就会使文章大为逊色的词语,可以获得一种特定的完美,这一发现看起来部分支持了亚里士多德关于风格的理论。就此而论,散文有别于诗歌,并不在于散文缺乏固定的节拍,而在于散文的语言太平白,太不突出。关于风格的这一标准,不仅仅适用于诗,既然历史和哲学都既可以用散文也可以用韵文来写,那么它们也就既可以写得诗意,也可以写得散文化。

约翰逊博士有一个观点,认为诗不可译,"除了最初用来写诗的语言外,诗之美在其他任何语言中都无法存留"。这一观点可以最大程度地泛化。人们可以从它推出,即使是在同一种语言中,诗都不可能翻译为其他的语言形式。在这个绝对的意义上,一句用英文写的诗,当无法用另一个英文表达式完全替代时,它就是不可译的。我们似乎难以不加减损地重述一些话,比如莎士比亚的 Life is a tale told by an idiot, full of sound and fury, signifying nothing(生活就是白痴讲的故事,充满了喧闹和混乱,毫无意义),再如霍布斯的 Life in a state of nature is solitary, poor, nasty, brutish, and short(生活从本性上来说在自然的状态下是孤独的、可怜的、污秽的、野蛮的和短暂的)。正由于诗不可译,约翰逊相信"正是诗人在保护语言,因为,如果我们能从翻译中获得一切的话,我们就不会费劲去学习一门语言"。在这个意义上,约翰逊会同意雪莱的说法:"诗人是这个世界未经公认的立法者。"

列维-斯特劳斯重复了约翰逊的观点,他写道,"诗是一种不可翻译的言语,一旦翻译就会被严重地扭曲;但是,即使是最糟糕的翻译,也依然会保留神话的神话价值"。

亚里士多德风格理论的另一部分是关于隐喻的。威廉·詹姆士似乎把它转化为诗性思维与哲学思维——或他所谓"最辉煌、最具分析性"的智性类型——之间的一个一般区别。诗性思维倾向于挖掘类比所具有的深意,却不深究该类比成立的依据。在詹姆士看来,这解释了"莎士比亚思维中的跳跃",这种跳跃"因出乎意料而给读者带来震惊,殊不亚于因恰如其分而给读者带来欣喜"。詹姆士摘引了荷马的一个段落,其隐喻之丰富,深广而不可测度,他因此说,"一个能即兴从事如此生动之类比的人,或许会被指责为不关心类比成立的依据"。我们很少发现两种类型的智性能结合到一起——詹姆士认为,柏拉图是少数的例外之一,"其奇特之处(反过来)证明了这一规律"。

在思想和知识的层面上,而不是在语言的层面上,诗就其传统而言与哲学、历史是对立的。在本书**历史**一章中,我们可看到像希罗多德、修昔底德以及普鲁塔克这些历史学家,都更强调(二者的)差异而不是共同点;历史学家是事实的报告者,诗人是故事或虚构作品的创造者。前者以展示证据和理性见长;后者以故事的内在可信度见长。霍布斯说,"在一部好的诗歌作品中,不管它是史诗还是戏剧……判断和幻想都是需要的,但幻想的成分应该更突出些;在一部好的历史作品中,判断应该更突出,因为历史的好坏在于方法,在于真理……幻想除了装点风格之外,在此一无所用"。

培根在诗和历史之间建立了亲密的联系,他认为这二者都关系到"处在特定时空环境中的个体",唯一的区别在于,前者凭借想象,而后者凭借记忆。另一方面,亚里士多德发现诗和哲学有更多的相同点,至少诗不像历史,诗"所叙述的事带有普遍性"。所谓有普遍性的事,是指"按照或然律或必然律,特定类型的人在特定的情境下会说些什么和做些什么"。即使诗人"偶尔处理一个历史的题材,他也并不更少是诗人;因为那些真实发生的事件,没有任何道理不遵循或然律或可能律,正因为如此,他便是诗人或创作者"。在这个意义上,历史学家也可以转变为诗人。修昔底德在谈到他的历史著作中记载的讲话时说,他习惯于"根据自己的理解,让讲话者在不同的情境下讲不同的话,当然,要尽可能符合他们原话的总体意思"。

一些伟大的诗作,如著名的《神曲》《失乐园》和《浮士德》,常常出于其他原因被冠之以哲学之名:或者因为人物的讲话受信条的支配而增加了分量,或者因为诗人自己表达了某种信条;这些信条,既不是从某一段讲话中,也不是通过论证,而是从整部诗的象征意义中反映出来的。依据这一标准,卢克莱修的《物性论》是一部哲学著作,而不是一部哲理诗。整部著作贯彻始终的是论证而不是叙事;它的目标不是用寓言去陈述真理,而是用字面意义去陈述真理。培根将寓言诗定义为"将智性的东西呈现于感官"。这一定义似乎既勾勒出了哲学的诗性层面,也勾勒出了一种独特类型的哲理诗。

不过,亚里士多德关于诗与哲学相似的观点也是站得住脚的。所有的诗,尤其是所有伟大的叙事诗、伟大的史诗和戏剧以及伟大的小说和戏剧表演,无不与有关人类行动的永恒问题有关,与有关人类思想的常青主题有关。不过,并不是因为有这些道德的或形而上学的内容,就使得诗比历史更加靠近哲学。诗人处理这些题材的方式,才是真正的原因。通过故事中的人物和事件,诗人赋予普遍性以具体的形式。正因为这些人和事是想象出来的,而不是真实的个例,诗人才不去理会抽象的普遍性。亚里士多德说,"诗人的任务在于描述那种会发生也即可能的事,而不在于描述已经发生的事"。

类似乔叟和塞万提斯那样的诗人,虽然坚持自己的任务在于寓教于乐,但他们并没有假定一个训导者或传教士的角色。诗人之教导,非为教条,而为经验之谈。诗人为心智提供了可供推究反省的材料和情境。作为一种艺术性的模仿,诗或许比它所呈现的经验更优秀。诗诞生于诗人的头脑,从一出生就饱含着思想。因此,它完全可以像一位教师那样去改进经验。

分　类　主　题

1. 诗的本性:其区别于其他艺术之处

　　1a. 诗的模仿论:模仿的乐趣

　　2b. 诗和其他艺术中的模仿对象、媒介和风格

2. 诗的起源和发展:神话题材和传说题材

3. 诗人的灵感和天才:经验和想象力的作用;诗歌传统的影响

4. 诗的主要类型:其优劣之比较

　　4a. 史诗和戏剧

　　4b. 悲剧和喜剧:剧场

5. 诗与知识的关系

　　5a. 诗的目的在于寓教于乐:诗人作为教师的自满或欺骗

　　5b. 诗与历史和哲学相比较:对诗人的责难和诗人的辩护

6. 诗和情感

　　6a. 诗中的情感表达

　　6b. 诗对情感的唤起和净化:怜悯和恐惧的净化

7. 诗歌叙事的要素

　　7a. 情节:其首要性;其结构

　　7b. 人物(性格)的作用:它和情节的关系

　　7c. 作为诗歌要素的思想和言词

　　7d. 戏剧中的场景和歌曲

8. 诗的科学:技艺规则以及批评的原则

　　8a. 针对叙事结构的批评标准和技艺规则

　　　　(1) 诗的统一性:史诗的统一性和戏剧的统一性之比较

　　　　(2) 诗的真理:逼真或可信;可能性、或然性和必然性

(3)发现和突转对于情节发展的意义
　8b. 针对诗歌语言的批评标准和技艺规则：散文和韵文的区别；风格优劣的尺度
　8c. 对诗和神话的解释
9. 诗的道德和政治意义
　9a. 诗对心智和性格的影响：诗的教育作用
　9b. 关于诗歌审查的争论

[陈岸瑛　译]

索引

本索引相继列出本系列的卷号〔黑体〕、作者、该卷的页码。所引圣经依据詹姆士御制版，先后列出卷、章、行。缩略语 esp 提醒读者所涉参考材料中有一处或多处与本论题关系特别紧密；passim 表示所涉文著与本论题是断续而非全部相关。若所涉文著整体与本论题相关，页码就包括整体文著。关于如何使用《论题集》的一般指南请参见导论。

1. The nature of poetry: its distinction from other arts

6 Plato, 142–148
8 Aristotle, 681–699
11 Plotinus, 310–311
23 Montaigne, 525
25 Shakespeare, 594
27 Cervantes, 299–301
28 Bacon, 38–39, 55
30 Pascal, 176
39 Kant, 524, 532–536
41 Boswell, 254
44 Tocqueville, 258
45 Goethe, xviii, 130–132
54 Freud, 643

1a. The theory of poetry as imitation: the enjoyment of imitation

4 Aristophanes, 601–602
6 Plato, 105, 320–334, 427–434, 654, 660–662
8 Aristotle, 696–698
11 Lucretius, 76
17 Aquinas, 764–765
27 Cervantes, xv
30 Pascal, 176
54 Freud, 643

1b. The object, medium, and manner of imitation in poetry and other arts

6 Plato, 654–662, 726–728
8 Aristotle, 545–546, 681–682
11 Aurelius, 287
21 Hobbes, 262
24 Shakespeare, 532
25 Shakespeare, 393–394
28 Bacon, 38–39
34 Swift, 169
39 Kant, 527–528, 557–558
41 Boswell, 196–197
48 Melville, 207–208
54 Freud, 265
58 Huizinga, 275–276, 361–386
59 Pirandello, 255–256, 258–261, 269–271

2. The origin and development of poetry: the materials of myth and legend

3 Homer, 1, 307
4 Aristophanes, 682

5 Herodotus, 5
6 Plato, 324–328
8 Aristotle, 682–684, 687–688
11 Aurelius, 286–287
12 Virgil, 14–16, 81
13 Plutarch, 128–129
16 Augustine, 544–545
19 Dante, 132–133
22 Rabelais, 190–191
23 Montaigne, 403–405
29 Milton, 247–248, 337–338
37 Gibbon, 23–24, 94, 158–159, 476–477, 544–545, 627
38 Gibbon, 225, 325–328, 522–528
43 Hegel, 241–242, 252–253, 279–281
48 Melville, xv–xx
49 Darwin, 569–571
54 Freud, 483, 692–693
58 Lévi-Strauss, 473–486
59 Mann, 497–498

3. The inspiration or genius of the poet: the role of experience and imagination; the influence of the poetic tradition

3 Homer, 22
4 Aristophanes, 683, 702–703, 791, 847, 889–890
6 Plato, 144–145, 160–161, 166–167, 202, 684
8 Aristotle, 653–654, 682–683
11 Lucretius, 13
19 Dante, 5, 40, 45, 72–74, 79, 82, 90, 91, 102, 118–119
19 Chaucer, 190
22 Rabelais, 2–3
23 Montaigne, 107, 206, 236–237, 349, 555
24 Shakespeare, 370–371
25 Shakespeare, 601–602
27 Cervantes, xiii–xvi
28 Bacon, 55
29 Milton, 93–94, 135–136, 217–218
34 Diderot, 297–300
37 Gibbon, 345, 476–477
38 Gibbon, 527–528, 573–574
39 Kant, 525–532, 542–543
41 Boswell, 455
43 Kierkegaard, 407
44 Tocqueville, 258–261
45 Goethe, xv–xix, 74
46 Eliot, George, 309

48 Twain, 313–314
53 James, William, 686–688, 863
54 Freud, 181, 239–240, 383, 600–601
58 Huizinga, 294–296, 361–381 passim
59 Pirandello, 254–255, 271–272
59 Mann, 472–477, 495–496, 510–511
59 Joyce, 554, 608–612 passim, 614–616, 638–642, 656–659

4. **The major kinds of poetry: their comparative excellence**

4a. Epic and dramatic poetry

6 Plato, 328–331
8 Aristotle, 681–682, 683–684, 695–696, 698–699
27 Cervantes, 219
28 Bacon, 39
44 Tocqueville, 260–261
52 Dostoevsky, 133–134
54 Freud, 692
55 Whitehead, 139–140
59 Joyce, 636–637

4b. Tragedy and comedy: the theater

6 Plato, 173, 281–282, 329, 431, 629–630, 655, 727–728
8 Aristotle, 681–699
11 Epictetus, 126–127
11 Aurelius, 286–287
19 Dante, 128–129
19 Chaucer, 272–273
27 Cervantes, 283–284
29 Milton, 337–338
31 Molière, 55–56
31 Racine, 328
41 Boswell, 308
43 Hegel, 278–279
43 Kierkegaard, 436–437
44 Tocqueville, 262–264
48 Melville, 52–53, 66–67
54 Freud, 246–248, 581–582
58 Huizinga, 289–290

5. **Poetry in relation to knowledge**

6 Plato, 138–140, 142–148, 383
8 Aristotle, 682, 696–697
16 Augustine, 7–8, 16–17
18 Aquinas, 267–268
19 Dante, 1–2, 112
23 Montaigne, 298–299
28 Bacon, 38–39
28 Descartes, 267
38 Gibbon, 300
39 Kant, 528–530, 532
55 Whitehead, 171–177

5a. The aim of poetry to instruct as well as to delight: the pretensions or deceptions of the poet as teacher

4 Aristophanes, 659–660, 662, 706, 798–823

6 Plato, 140, 281–282, 320–339, 427–434, 653–663
8 Aristotle, 544–546, 547–548
11 Lucretius, 43
13 Plutarch, 33–34, 121–122
16 Augustine, 544–545
19 Chaucer, 471
22 Rabelais, 168–169
27 Cervantes, xiii–xix
29 Milton, 337–338
37 Gibbon, 494–495
38 Gibbon, 40–41
39 Kant, 534–539
44 Tocqueville, 258–264
45 Goethe, xvii–xix
52 Dostoevsky, 133–134
56 Waddington, 725–726
57 Keynes, 444–446

5b. Poetry contrasted with history and philosophy: the dispraise and defense of the poet

4 Aristophanes, 823
5 Herodotus, 72–73, 127
6 Plato, 19–20, 57, 122–123, 140, 280–282, 320–333, 684
8 Aristotle, 686
11 Plotinus, 301–302
13 Plutarch, 140
16 Augustine, 244–245
21 Hobbes, 67
23 Erasmus, 24–25
23 Montaigne, 116, 234–241 passim
24 Shakespeare, 451
27 Cervantes, 255–259
28 Bacon, 32, 38–39
30 Pascal, 173–174, 177
33 Hume, 452–453
37 Gibbon, 88, 186, 345–346
41 Boswell, 120, 307
43 Hegel, 159, 274
53 James, William, 686–689
55 Heidegger, 310
58 Huizinga, 248–249
59 Shaw, 60–62

6. **Poetry and emotion**

6a. The expression of emotion in poetry

Old Testament: *Exodus,* 15:1–21 / *II Samuel,* 1:17–27 / *Psalms* passim / *Lamentations*
Apocrypha: *Judith,* 16 / *Song of Three Children,* 28–68
New Testament: *Luke,* 1:42–55, 67–79
6 Plato, 654
8 Aristotle, 544–546, 659–660, 671
12 Virgil, 91–93
23 Montaigne, 441–442, 451
25 Shakespeare, 597–599
29 Milton, 17–25
34 Diderot, 292–294
41 Boswell, 53
54 Freud, 246–248, 773–774

58. Huizinga, 255-257, 288-293
59. Joyce, 636-637

6b. The arousal and purgation of the emotions by poetry: the catharsis of pity and fear

3. Homer, 313-314, 382-383
5. Herodotus, 189
6. Plato, 145, 325-326, 431-434, 628-630
8. Aristotle, 547-548, 687-689, 690, 691-692
16. Augustine, 8-9, 16-17, 105-106
19. Dante, 47
23. Montaigne, 156
24. Shakespeare, 245
25. Shakespeare, 46
28. Bacon, 78
37. Gibbon, 94
39. Kant, 509
41. Boswell, 308
43. Kierkegaard, 446-447
49. Darwin, 570-571
54. Freud, 239-240, 246-247, 581-582, 762
58. Huizinga, 258-259, 264-265
59. Pirandello, 266-268, 275-276
59. Joyce, 630-631, 642-643
60. Woolf, 59-62 passim

7. The elements of poetic narrative

4. Aristophanes, 759-760, 811-823
8. Aristotle, 684-685, 687
29. Milton, 337-338

7a. Plot: its primacy; its construction

6. Plato, 221-222
8. Aristotle, 684, 685-691, 695-696
29. Milton, 338

7b. The role of character: its relation to plot

8. Aristotle, 681-682, 684-685, 687-688, 689
11. Epictetus, 125-127
11. Plotinus, 396-397
41. Boswell, 157-158
54. Freud, 247-248
59. Shaw, 61-62
59. Pirandello, 241-276 passim

7c. Thought and diction as elements of poetry

6. Plato, 52-57
8. Aristotle, 681, 684-685, 691-695, 697-698
19. Chaucer, 202, 284-285
25. Shakespeare, 45
28. Bacon, 63
29. Milton, 59-60
53. James, William, 687-688
54. Freud, 458-459
59. Pirandello, 261-262

7d. Spectacle and song in drama

6. Plato, 331-333
8. Aristotle, 681, 685, 691
31. Molière, 211-212, 244-247
34. Voltaire, 227-229, 237
43. Hegel, 279-281

48. Twain, 327-329, 332-335
59. Pirandello, 241-276
59. Mann, 502-505

8. The science of poetics: rules of art and principles of criticism

4. Aristophanes, 811-823
6. Plato, 142-148, 654-662
8. Aristotle, 681-699
31. Racine, 284-285, 327-328
34. Voltaire, 230
38. Gibbon, 300, 526
39. Kant, 513-514, 524-527
43. Hegel, 193-194

8a. Critical standards and artistic rules with respect to narrative structure

4. Aristophanes, 759-760
8. Aristotle, 685-691
30. Pascal, 176
31. Molière, 55-60
31. Racine, 283-285
38. Gibbon, 300
41. Boswell, 513
46. Eliot, George, 269

8a(1) The poetic unities: comparison of epic and dramatic unity

6. Plato, 133
8. Aristotle, 685-686, 695, 699
25. Shakespeare, 505
27. Cervantes, 220-221
31. Racine, 283-284

8a(2) Poetic truth: verisimilitude or plausibility; the possible, the probable, and the necessary

5. Herodotus, 72
6. Plato, 142-148, 320-324, 427-434
8. Aristotle, 686-687, 696-698
13. Plutarch, 189
19. Dante, 31-32, 36, 86, 90
19. Chaucer, 202
25. Shakespeare, 49
27. Cervantes, 218-221, 224-226, 251-252, 453-455
28. Bacon, 38-39
28. Descartes, 267
31. Molière, 257-258
31. Racine, 327-328
34. Voltaire, 239
37. Gibbon, 345, 471
41. Boswell, 282, 446-447
43. Kierkegaard, 436-453
44. Tocqueville, 259-261, 262-264
45. Goethe, 99
59. Shaw, 46-49, 60-65 passim
59. Pirandello, 244, 266-268

8a(3) The significance of recognitions and reversals in the development of plot

8. Aristotle, 686-687, 688-690
19. Chaucer, 351

54 Freud, 246
59 Shaw, 63

8b. **Critical standards and artistic rules with respect to the language of poetry: the distinction between prose and verse; the measure of excellence in style**

4 Aristophanes, 718, 791, 811–823
6 Plato, 52–57
8 Aristotle, 653–667, 681, 694–695, 697–698
16 Augustine, 124–125, 384–385, 719, 771–782 passim
19 Dante, 35, 79, 86
19 Chaucer, 404–405, 438–439, 467–468, 469–470
23 Montaigne, 236–237, 349–350, 463–465, 497–498
25 Shakespeare, 589, 597–598, 606
27 Cervantes, xiii-xvi, 299–301
29 Milton, 59–61, 65–66
30 Pascal, 174, 175–177
31 Molière, 192
37 Gibbon, 494–495
38 Gibbon, 327
39 Kant, 513–514
41 Boswell, 59–61, 167–170 passim, 202, 381–382
43 Nietzsche, 476–477, 525–526
44 Tocqueville, 252–253
54 Freud, 277
58 Huizinga, 361–381 passim
59 Joyce, 560–561

8c. **The interpretation of poetry and myth**

New Testament: *Matthew*, 13:3–50; 21:28–44 / *Luke*, 16:1–13
6 Plato, 52–57, 142–148
8 Aristotle, 697–698
16 Augustine, 721–723, 725–727, 742, 750–758
17 Aquinas, 8–10
19 Dante, 88
22 Rabelais, 1–3, 66–67
23 Montaigne, 156, 325, 403–405
31 Racine, 327–328
37 Gibbon, 346
43 Hegel, 279–281
43 Kierkegaard, 436–453
51 Tolstoy, 534
54 Freud, 246–248, 509–513 passim, 816
55 James, William, 57–64
55 Whitehead, 139–140, 173–177
55 Barth, 467–472, 542–544
58 Frazer, 1–6, 41–47, 62–69
58 Weber, 114–115
58 Huizinga, 290–293, 300–301, 333
58 Lévi-Strauss, 473–486, 517
59 Pirandello, 242

9. **The moral and political significance of poetry**

9a. **The influence of poetry on mind and character: its role in education**

4 Aristophanes, 697–721, 738–739, 798–823, 852–855
6 Plato, 46, 280–282, 320–339, 344, 427–434, 653–663, 675–676
8 Aristotle, 544–548
11 Aurelius, 239
13 Plutarch, 43, 76
14 Tacitus, 146
16 Augustine, 9, 16–17, 185–186, 191–195, 244–245
19 Dante, 73, 91, 112
19 Chaucer, 325, 349
22 Rabelais, 146–150
23 Montaigne, 131–132
27 Cervantes, 1–3, 15–18, 217–222, 224–228, 300–301, 380–381
28 Bacon, 79–80
29 Milton, 385–386
30 Pascal, 173–174
31 Molière, 47–60, 183–187
33 Hume, 451
36 Smith, 390
37 Gibbon, 629
38 Gibbon, 300
39 Kant, 521–523, 586–587
41 Boswell, 259
43 Hegel, 282–284, 292–293
43 Nietzsche, 525–526
44 Tocqueville, 251–255, 258–261
51 Tolstoy, 324–325
54 Freud, 582
58 Weber, 87–88, 134
58 Huizinga, 293
59 Cather, 436–437

9b. **The issue concerning the censorship of poetry**

4 Aristophanes, 659–660
5 Herodotus, 172–173
6 Plato, 320–334, 344, 432–434, 719–721, 724–725, 732, 782–783
8 Aristotle, 541, 542–543, 544–548
13 Plutarch, 43, 76
14 Tacitus, 56–57, 72–73, 152–153
16 Augustine, 192, 193–194, 194–195, 321
23 Montaigne, 231–232
27 Cervantes, 136–138, 219–223
29 Milton, 384–389, 393–394
34 Swift, xvii
35 Montesquieu, 90
38 Gibbon, 300
40 Mill, 274–293 passim
44 Tocqueville, 264
60 Orwell, 505–506

交叉索引

以下是与其他章的交叉索引：

The comparison of poetry with history, philosophy, and science, see HISTORY 1; KNOWLEDGE 4c; PHILOSOPHY 1d; SCIENCE 2b; TRUTH 4b.

The fine arts in general, see ART 7a.

Standards of critical judgment with respect to the beauty or excellence of works of fine art, see ART 7b; BEAUTY 2, 5.

The theory of art as imitation, and related doctrines, see ART 3; FORM 1d(1).

The elements of inspiration, emotion, and tradition in the formation of poetry, see ART 8; MEMORY AND IMAGINATION 3d.

The role of experience and imagination in the life of the poet, see EXPERIENCE 3a; MEMORY AND IMAGINATION 7a–7b.

The distinction between tragedy and comedy, see HAPPINESS 4b.

The theory of emotional purgation, see ART 8; DESIRE 4d.

The place of poetics among the sciences, see PHILOSOPHY 2c.

Poetic truth and probability, see MEMORY AND IMAGINATION 7b; TRUTH 4b.

Style, see LANGUAGE 9; RHETORIC 2–2b.

The interpretation of poetry and myth, see LANGUAGE 12; RHETORIC 2d; SIGN AND SYMBOL 4d.

The role of poetry and other fine arts in education, see ART 10a; EDUCATION 4d; VIRTUE AND VICE 4d(4).

Censorship, or the political regulation of artistic expression, see ART 10b; EDUCATION 8c; EMOTION 5e; LIBERTY 2a.

扩展书目

下面列出的文著没有包括在本套伟大著作丛书中，但它们与本章的大观念及主题相关。

书目分成两组：

Ⅰ. 伟大著作丛书中收入了其部分著作的作者。作者大致按年代顺序排列。

Ⅱ. 未收入伟大著作丛书的作者。我们先把作者划归为古代、近代等，在一个时代范围内再按西文字母顺序排序。

在《论题集》第二卷后面，附有扩展阅读总目，在那里可以查到这里所列著作的作者全名、完整书名、出版日期等全部信息。

I.

Plutarch. "How the Young Man Should Study Poetry," in *Moralia*
Augustine. *On Music*
Dante. *Epistle to Can Grande della Scala*
——. *Literature in the Vernacular*
Hume. *Of the Standard of Taste*
——. *Of Tragedy*
Voltaire. *Letters on the English*, XVIII–XX
——. "Art of Poetry," "Poets," in *A Philosophical Dictionary*
Smith, A. "Of the Affinity Between Music, Dancing, and Poetry"
Gibbon. *An Essay on the Study of Literature*, I–XLIII
Mill, J. S. "Thoughts on Poetry and Its Varieties," in *Dissertations and Discussions*
Kierkegaard. *Either/Or*
——. *The Point of View*
Nietzsche. *The Birth of Tragedy*
Goethe. *Conversations with Eckermann*
——. *Poetry and Truth*
Dickens. *David Copperfield*
Tolstoy. *What Is Art?*
Freud. *Wit and Its Relation to the Unconscious*, CH 5–7
James, H. *The Art of the Novel*
Shaw. *Dramatic Opinions and Essays*
Bergson. *Laughter*
Chekhov. *Letters on the Short Story, the Drama and Other Literary Topics*
Eliot, T. S. *The Sacred Wood*
——. "The Function of Criticism," "Rhetoric and Poetic Drama," "A Dialogue on Dramatic Poetry," in *Selected Essays*
——. *The Use of Poetry and the Use of Criticism*

II.

THE ANCIENT WORLD (TO 500 A.D.)

Apuleius. *The Golden Ass*
Demetrius. *On Style*
Horace. *The Art of Poetry*
Longinus. *On the Sublime*

THE MIDDLE AGES TO THE RENAISSANCE (TO 1500)

Boccaccio. *On Poetry*

69. Poetry

THE MODERN WORLD (1500 AND LATER)
Abercrombie. *The Theory of Poetry*
Arnold. *Essays in Criticism*
———. *On Translating Homer*
Auerbach. *Mimesis*
Babbitt. *The New Laokoön*
Birkerts. *The Electric Life: Essays on Modern Poetry*
Blair. *Lectures on Rhetoric and Belles Lettres*
Bloom. *Poetry and Repression*
Boileau-Despréaux. *The Art of Poetry*
Borges. "The Aleph"
——— "The Library of Babel"
Bradley, A. C. *Shakespearean Tragedy*
Brooks, C. *The Well Wrought Urn*
Buchanan. *Poetry and Mathematics*
Burke. *Hints for an Essay on the Drama*
———. *A Philosophical Enquiry into the Origin of Our Ideas of the Sublime and Beautiful*, PART V
Carlyle, T. *On Heroes, Hero-Worship and the Heroic in History*, LECT III
Cassirer. *The Myth of the State*, PART I
Chapman. *A Glance Toward Shakespeare*
———. *Greek Genius*
Claudel. *Poetic Art*
Coleridge. *Biographia Literaria*, CH 4, 14–20
Corneille. *Examens*
———. *Trois discours sur l'art dramatique*
Croce. *Aesthetic as Science of Expression*
———. *The Defense of Poetry*
De Quincey. *The Literature of Knowledge and the Literature of Power*
Dilthey. *Das Erlebnis und die Dichtung*
Dryden. *A Discourse Concerning . . . Satire*
———. *An Essay of Dramatic Poesy*
———. *Of Heroic Plays*
Emerson. "The Poet," in *Essays*, II
Empson. *Seven Types of Ambiguity*
Forster. *Aspects of the Novel*
Frye. *Anatomy of Criticism*
Giraudoux. *Amphitryon 38*
Gray, C. *The History of Music*
Gray, T. *The Progress of Poesy*
Harris, J. *Three Treatises*
———. *Upon the Rise and Progress of Criticism*
Hazlitt. *My First Acquaintance with Poets*
———. *The Spirit of the Age*
Housman. *The Name and Nature of Poetry*
Hunt. *Imagination and Fancy*
Johnson, S. *Lives of the English Poets*
Jung. *On the Relations of Analytical Psychology to Poetic Art*
Kallen. *The Book of Job as Greek Tragedy*
Kames. *Elements of Criticism*
Keats. *The Fall of Hyperion: A Dream*

———. *Hyperion*
———. "Ode to a Nightingale"
———. "Sleep and Poetry"
Kuhns. *Structures of Experience*
Lambert. *Music Ho!*
Leavis. *The Great Tradition*
Lessing, G. E. *Laocoön*
Lowes. *The Road to Xanadu*
Marinetti. *The Manifestoes of Futurism*
Maritain. *Art and Scholasticism* (Frontiers of Poetry)
Meredith. *An Essay on Comedy and the Uses of the Comic Spirit*
Muir. *The Structure of the Novel*
Nicolson, M. *Newton Demands the Muse*
Pater. *The Renaissance*
Peacock, T. L. *Four Ages of Poetry*
Poe. *The Poetic Principle*
Pope, A. *An Essay on Criticism*
Ransom. *The World's Body*
Read. *Form in Modern Poetry*
Richards. *Principles of Literary Criticism*
———. *Science and Poetry*
Robinson, P. *Opera & Ideas*
Routh. *God, Man, and Epic Poetry*
Santayana. *Interpretations of Poetry and Religion*, CH 2, 7, 10
———. *The Realm of Truth*, CH 7
———. *Reason in Art*, CH 6
———. *Soliloquies in England and Later Soliloquies*, CH 32–33, 37
Sartre. *What Is Literature?*
Schiller. *On Simple and Sentimental Poetry*
———. *The Stage as a Moral Institution*
Schlegel, A. W. *Lectures on Dramatic Art and Literature*
Schopenhauer. *The World as Will and Idea*, VOL III, SUP, CH 37
Shelley, P. B. *A Defense of Poetry*
Sidney, P. *An Apology for Poetry*
Snow. *The Realists* [Essays on Great Novelists]
Stevens. *Notes Toward a Supreme Fiction*
Tate. *Reactionary Essays on Poetry and Ideas*
Trilling. *The Liberal Imagination*
———. *Matthew Arnold*
Valéry. *Introduction à la poétique*
———. *Variety*
Van Doren. *The Noble Voice*
Vico. *The New Science*, BK II–III
Wilde. *The Artist as Critic*
Wilson, W. *Mere Literature*
Wordsworth. *Preface to the Lyrical Ballads*
Yeats. *Autobiography*
———. *Letters on Poetry*
———. *Mythologies*

原　则　Principle

总　论

在伟大著作的传统中,对原则[由于 principle 这个词具有三种最基本的含义,因此在下面会根据不同的语境而将它分别译作原则/原理/本原。但一般情况下笼统地译作"原则"。——译者]的思考是通过三种方式进行的;这个词的最常见意义出现在我们谈及道德原则、行为原则或政治原则的时候。在这种用法中,这个词的含义看起来是双重的。我们把原则看作是操行的准则,而且我们把它们看作是度量和评判人的行为和政治事件的标准。这两个概念中的任何一个都把某个特定的普遍性归因于原则。唯有作为适用于无限多的特殊情况的准则,才有可能将任何一个我们为了判定实际问题或权衡一个所做行为的价值而需诉诸的原则一再地诉诸其他的境况。罗素写道:"在我们对普遍原则的所有认识中,实际上我们首先知道的是对这个原则的特殊应用,而后我们知道,这种特殊性是无关紧要的,而且在这里有一种普遍性是可以同样真实地被确定的。"

除了这种普遍性特征之外,原则似乎还具有这样一种性质:它是其他事物的基础或本原。在法学中对原则的寻找,就在于尝试发现这种为数不多的、大都是基础性的规则,从它们之中可以产生出更多详细的法律准则。一个国家的建立提供了为其特殊法律奠基的原则,并且确立了衡量这些法律之合法性的标准。对政府的评判既要根据它们是否尝试去诉诸这些原则,也要根据它们是否将这些原则成功地应用到实践之中。如果将一个政府说成是无原则的,那么这就不只是在指责它的特殊行为是错误的,而且还在控告这个政府没有提供作为其行为基础的统一政策。

原则的这个意义可概括为导出一系列结果的本源。从展示原则的理念看,这意义看起来要比原则之为普遍者这个意义更加突出。就其拉丁文的词源和希腊文的同义源头来看,"原则"是指一个开端或一个基础。有时它指的是绝对原初的东西,即在任何其他事物之前的东西;有时它指的是相对原初的东西,即它优先于某些东西,但还有其他东西先于它本身。由于这种在先性可以是绝对的,也可以是相对的——即不加限定的第一,或只是在一个特定视角中的第一——,因而"第一原则"的传统说法并非是一种像"第一的第一"或"开端的开端"那样的赘言。

如果存在着绝对第一的开端,即在它们之前不可能有任何其他东西,那么它们就可以合法地被称作"第一原则",从而有别于那些只是在一个特定意义上在先产生的原则。只有在第一原则存在的情况下,才能够避免在对起源的寻找中的无穷回退。例如,在一门科学的基础上确立的命题可以构建这门科学的原则,但这些原则也可能依次地起源于一些在先的科学。唯有一门先于或独立于所有其他科学的科学所具有的原则,才有可能是真正的第一原则。

上述例子将我们导向原则的另一个含义,也是为大众所熟知的含义。这是人们在谈论与结论相关的原理(principle)时所涉及的意义,或者是在谈论作为一门科学之基础的原理时所涉及的意义。

属于思想领域的原理的在先性并不必定是时间上的在先性。原理可以是在学习的次序中的第一,也可以不是第一。但如果它们不是在时间次序上的第一,它们就必须是在逻辑次序上的第一,即作为前提而在逻辑上先于一个结论,或者作为在欧几里得的《几何原本》中他所说的原理——他的定义、假设和公理——而在逻辑上先于所有他在这个意义上所演证的定理。

或许可以探问:在作为前提和结论而相互关联的各个命题之间,一个命题对于其他命题的逻辑在先性是否就足以使这个在先的命题成为一个原理。如果一个命题被用作推论的前提,但它缺乏普遍性,那么它是否还可以是一个原理呢?例如,特殊命题"这个瓶子里装的是毒药"是一个构成实际结论"它装的东西不应被吞食"之基础的原理吗?

亚里士多德对此的回答是肯定的。他坚持认为,在实际思考的次序中,我们既不会仔细地思考那个需要寻找的结果,也不会仔细思考对手段的选择所依赖的特殊事实。他写道:"结果不可能是一个深思熟虑的主题,而只能是手段;特殊的事实也绝不可能是一个深思熟虑的主题,例如,这是否是面包,或它是否已经像要求的那样被烤制,这些都是感知的事情。"因此,被感知的特殊事物作为原理而与所有实际命题的最大总和一同起作用,这个总和就意味着:结果应当所是的那个东西。如果把领会"第一原理"的能力称作"直觉理性",亚里士多德会说,"与实际推论相关的直觉理性把握到最终的和可变的事实,也就是第二前提。就这些可变的事实而言,出发点是为了领会结果,因为普遍的事物是从特殊的事物中伸展出来的;所以我们必定具有对它们的感知,而这种感知就是直觉理性"。

感知,至少是感性感知的形式,似乎只是我们领会作为实际推论中的原理的特殊事实的两种方式中的一种。与亚里士多德一样,阿奎那将"这是面包或铁"的判断作为一个例子用于"通过感官而产生的事实",它们是"在对建议的商讨中被认可的……原理"。但在特殊行为中所内含的道德性质看起来却并不能仅仅通过感官而被感知到;而这种特殊的道德判断也与道德推论密切相关。亚里士多德提出,习性(即道德习性或德性)是这些判断的直接来源,它们可以被称作"对特殊事物的感知",即使它们不单单是感性的感知。

亚里士多德解释说:"我们看见第一原理的方式有三种,有些是借助于归纳,有些是借助于感知,有些是借助于习性。"通过归纳,我们看见普遍真理;通过感官感知,我们看见感性的特殊事物;而通过习性,我们看见道德的特殊事物。因此亚里士多德强调:"任何一个能够聪明地听从关于什么是高尚和正义的训诫的人,并且普遍地说,任何一个能够聪明地听从关于政治学说之主题的人,都必定已经受到过良好习性方面的教育。就此事实而论,如果对他来说出发点足够清楚的话,他在开始时就无需其他的理由;对于已经受过教育的人来说,他已经有了或可以轻易获得这个出发点。"

康德在更为有限的意义上使用"原理"一词。他将原理的地位保留给了普遍命题,这些命题在推论中被用作大前提。无论是在理论学说还是在实践学说中,原理所表达的都是对普遍的和必然的关系的理性理解。

康德还在其他方面上有别于亚里士多德。康德区分两种命题,一种是一般的普遍命题，它们仅仅在推论中被用作大前提；另一种是被他归为"先天综合判断"一类的命题。他把前者看作仅仅在一种相对意义上的原理，把后者视为唯一绝对意义上的原理。康德也区分知性的原理和理性的原理，前者在他看来是"构建经验的"，后者则应当以一种被他称作"调整的"（regulative）方式而非以构建的（constitutive）方式被运用。理性的原理决定着思想超出经验之外的方向和目标。但这些关于原理的本性和种类的区分并不影响那个为人们所通常认可的原理观：与从何而来问题有关的原理，即在学习的时间次序、知识发展中的原理；或者是与在何之上问题有关的原理，即在逻辑次序、知识静止中的原理。

在本书中所讨论的原则的第三个和相对不熟悉的意义并不涉及人的道德决定、政治活动或科学结论。问题讨论所涉及的是远离人的实在。唯当人们试图去发现质料的元素或试图去发现运动的原因时，他们才会试图去发现存在与变化的本原（principle）。由此而产生的与实在的原则相关的难题是在**存在**、**原因**、**形式**、**物质**和**自然**这些章节中得到讨论。

在"principle"一词中始终含有一个"原"（beginning 开端）的含义，它的每个特殊意义都应当蕴涵这样一种在先性。正如我们已经观察到的那样，原则/原理/本原既可以是时间上的在先，也可以是逻辑上的在先。但万物的本原或变化的本原通常并不被看作是以这两种方式在先的。从它们之中，亚里士多德指出了另一种在先性——自然中的在先性——以此来说明那些构建一个事物之自然本原的首要地位。在他看来，例如质料和形式就是一个物理实体的本原。由于一个由质料和形式组合的实体在其质料和形式的共存（coexist）之前不能实存（exist），因此质料和形式并不先于一个它们所组合的实体。它们对实体的在先性仅仅在于这样一个事实：具有组合实体之自然的东西，乃是由作为其自然成分的质料与形式的联合而形成的。由于实体是这种自然结果，质料和形式可以恰当地被称作实体的自然本原。

这种对原则/原理/本原的思考方式立即使人联想到在本原、元素与原因之间的一个紧密联系；并且也指明了在这个章节和**原因**和**元素**两章之间的关联。进入到一个可分离的整体中的最终各个部分可以是这个整体的本原，也可以是它的元素。在亚里士多德的理论中，一个实体的形式或质料可以不仅仅是它的本原之一，而且也是它的原因——一个质料因或一个形式因。在伟大著作的作家中，似乎只有亚里士多德和阿奎那仔细研究过这三个术语之间的关系。他们提供实例来说明同一个事物既是本原，也是元素和原因，同样也提供实例来说明一个本原既不是一个原因，也不是一个元素，即是说，原则是缺失（privation）。在人的操行领域中，一个结果既是一个本原，也是一个最终因，但不是一个元素。最后的结果既是最高因，也是第一本原——即便是最后达到，仍然在意向中是第一。

随原则问题被提出的总体语境的不同，关于这个理念的传统争议也各有区别。例如，关于在实在次序中的原则的主要论争要高于在它们的数量和次序方面的论争。

亚里士多德反驳那种认为有无限多原则的看法，认为它与原则本身的真正概念不相符。在他对运动和变化的分析中，他试图证明，原则若多于三个是没有必要的，而少于三个也不行。正如**变化**

70. 原　　则

一章所解释的那样,它们是质料、形式和缺失。就作为一个整体的万物原则而论,普罗提诺也列举出三个原则,并且试图证明这是不可增加也不可减少的。但与亚里士多德把变化的三个原则视为并列的做法相反,普罗提诺将宇宙的原则纳入到一个第一、第二和第三的绝对次序之中。

普罗提诺写道:"我们无须再去看任何其他的原则。这个——太一和至善——就是我们的第一,接下来是精神原则,即原初的思想者,再接下来是灵魂。这便是自然中的次序。精神领域不允许比这更多,也不允许比这更少。那些认为数量要少于这些的人必须或是把精神原则与灵魂等同为一,或是把精神原则与太一等同为一……通过创造心智这个至上者来增加本原,将会产生出理性原则,而它重又会在灵魂中产生出一个独特的行为力量,作为在灵魂和至上者心智之间的中介者,这就必定否认了从精神向灵魂的路径,灵魂就不会再从精神原则中而是从一个中介者那里获得其理性……因此,我们必须确认不会有比这三个更多的本原。"

在普罗提诺所思考的这三个本原的意义上,它们不仅仅是在实在次序中的原则,而且本身就是最终的实在等级或实在模式。同样,对于柏拉图来说,灵魂不只是宇宙中生命与思想的原则,而且它在存在的领域中也具有自己的实存。而在亚里士多德看来则恰恰相反,变化的原则并不具有在其自身中的实存和其自身的实存。质料、形式和缺失不是实体,而是实体的方面。它们体现在每个变化的实体中以及每个变化中,但它们仅仅是多变的存在的原则,它们不是多变的存在本身。

卢克莱修认定有两个原则是自然的基本法则。第一原则是:无物会生于虚无而成为存在,第二原则是:无物会不断地完全缩小为虚无。这里所使用的"原则"一词,意义明显不同于普罗提诺所说的太一、柏拉图所说的灵魂、亚里士多德所说的质料,或卢克莱修称之为"第一开端"的原则。这里所涉及的不是一个存在物或某些实在存在的一个方面,这里所涉及的更多是一个法则——对一个支配一切存在和发生的普遍必然之条件的陈述。它在这个意义上就是传统地被称作"矛盾律"——同一个东西在同一关联和同一时间里不可能既是又不是——的命题,也就是亚里士多德所说的既是存在的第一原则也是思维的第一原则的东西。

矛盾律以及与之相关的同一律和排中律概念作为思维原则提出了关于普遍的逻辑原理的问题——它们究竟是公理,还是假设,它们究竟更多地是论理和演证的法则,还是本身就是可以从结论中得出的前提。如果例如矛盾律仅仅是思维的法则,它禁止心智肯定并否定同一个命题,那么它就不是一个知识的原则,也就是说,它不像几何学的定义和公理那样作为在定理演证中的前提而起作用。从它之中无法得出任何一个关于事物之自然的结论。但如果除了是思维的法则以外,它还是一个规定着关于实存的大多数基本事实的形而上学公理,那么它就与几何学中的公理一样,可以是在形而上学中的结论的来源。

在第二点上,洛克似乎明确地有别于亚里士多德和阿奎那。他否认同一律和矛盾律是富有成效的知识原则。他写道,"这些受到赞美的箴理(maxims)并不是我们所有其他知识的原则和基础",而且也不曾是——他补充说——"任何一门已经建立起来的科学的基础。我知道,经院学者们曾大肆地讨论各种科学以及它们所依据的箴理,并且将这些讨论加以宣扬；但不幸的是，我从未遇到过这样一些科学，更没有遇到过一种科学是建立在'是者是'和'同一个事物不可能既是又不是'这两条箴理上的"。

柏格森强调，科学中的原则的存在并不就意味着形而上学原则的存在："如果可以将所有可能经验都纳入到……我们的理智所具有的固定的和业已形成的构架中，那么这乃是因为……我们理智本身在构建自然，并在自然中像在镜子中一样发现自己。因此科学是可能的，它的一切成效都归功于其相对性，而形而上学则是不可能的，因为它只是拿着事物的幻象来对科学在各个关系上所认真实施的概念排列工作进行拙劣的模仿，除此之外，它找不到其他事情可做。"

现在我们应当思考关于是公理还是假设的难题——科学的原则究竟是自明的真理，还是仅仅是临时的假设。无论如何，那些想要承认公理存在的人并不都认为这种真理与实在有关。例如休谟便将公理的内容限定为对我们自己的观念之间关系的知识。它们不是关于实在存在或实际事情的真理。

洛克也认为，只有对观念之间的一致与争执的感知才具有自明性。他写道，除了我们自己和上帝之外，"所有其他事物的实在存在都不是一种演证的知识，更不是一种自明的知识；因而就此而论，它们不是箴理"。然而洛克并不认为我们对上帝存在的演证知识要倚赖于我们对自己存在的直觉知识；除了对我们自己存在的直接的和无证明的知识之外，他也认为，通过我们的感官，我们具有对其他事物之存在的一种同样直接的知识。这种对特殊存在的直觉的和感性的知识是与公理的真理一样直接的——这是一种直接的认识，或一种不带证明、不诉诸任何在先命题的认识。因此，洛克并不否认我们知道某些关于实在的直接真理，而只是否认这些真理仅仅是由关于特殊存在的命题所组成。所以，公理——或洛克所说的"箴理"——始终是普遍命题，它们所表达的自明真理并不适用于实在。

威廉·詹姆士——在一种不同于洛克的意义上——使用"直觉的"一词来描述一些命题的特征，这些命题所陈述的是心智"在它的某些观念概念之间发现的""必然的和永恒的关系"。因此，直觉命题之于他，就像箴理之于洛克；而与洛克一样，詹姆士也否认这些理性的公理会对实在有效。他说："我们只能假定性地确定实在事物的直觉真理——即假设实在事物的实存与直觉命题的观念主体精确地相一致……洛克的直觉命题留给我们关于外部实在之思考的最佳遗产。我们始终需要'走向我们的感官'，去发现什么是实在。"

詹姆士继续说："因而对直觉主义立场的辩护是一场无益的胜利。我们心智的真正结构所紧抓住的那些永恒真理本身并不必然依据心智以外的存在，它们也不像康德后来所佯称的那样具有一种对所有可能经验的立法特征。从根本上说，它们只有作为主观事实才是有趣的。它们在心智中等待，构建出一个美丽的观念网；而我们最多只能说：我们希望发现的外部实在就是可以被这个网所罩住的实在，以至于观念的和实在的可以达到一致。"

这个观点似乎与柏拉图、亚里士多德、阿奎那、弗朗西斯·培根、笛卡尔、斯宾诺莎和康德所持的观点大相径庭。尽管他们在知识原则方面还远未达成一致，但他们并没有将那些他们称作公理、自明性、直觉判断或先天综合判断的命题限定在心智对它自己的各个观念之间关系的感知上。他们所说的既是物理学

70. 原　则

和形而上学中的也是数学和逻辑学中的自明性或直接真理。无论这些命题是来自经验的归纳，还是心智的天生财富，无论它们是对智慧存在的直觉领会，还是具有一个超越论起源的先天判断，它们都被看作是对人的心智以外的经验世界或事物的自然和实存的描述。

就知识次序中的原则而言，看起来存在着两种程度的怀疑论。完全的怀疑论就在于否认任何意义上的原则。这也就等于要否认任何对人所坚持的意见而言的开端或基础。似乎没有人会走得这么远。

与知识奠基或意见奠基相关的争议因而并不发生在那些肯定原则和否定原则的人之间，而是发生在对什么才是出发点的不同见解之间。例如，有人常常会说，感觉是原则或所有人学习的开端。主张这种观点的有两种人：一种人认为我们所有的观念或概念都是从感官提供的材料中抽象出来的；另一种人将心智的所有其他内容——它的回忆和想象、它的复合组成——都看作是根据简单印象原本地从感觉接受过来的。

概念作为有别于感性感知的东西常常被两种人看作是知识的原则：一种人认为，概念是通过抽象而从感觉材料中产生出来的，另一种人认为，概念是第一性的原则，即是说，它们不会起源于任何在先的领会。这两种见解都认为，观念或概念是简单的，心智的更为复杂的行为是从它们之中发展出来的，正如判断行为和论理行为，就此而论，它们是作为原则起作用的。正如在语言的层面上，语词是所有符号言说的原则，它们构成语句和篇章；正如在逻辑的次序中，术语被说成是命题和推演的原则；与此相同，概念是判断和论理的原则。例如，欧几里得的定义规定了点、线、三角形等等的概念，它们成为他的定理和演证的基础。

对作为知识原则的感觉或概念做一个共同的特征描述似乎很简单：在它们之前不再有基础的东西来构成它们。另一个特征描述是：它们是不带有知识行为或意见行为本身的知识原则或意见原则。提出这一观点的是所有那些坚持认为只有命题——无论是意见的陈述还是知识的陈述——才可以有真假的人。

表达心智的简单领会的术语——心智的感觉或心智的概念——不可能有真假，因为与那些由术语所组成的命题不同，它们并不声言任何东西。如果感觉和概念不可能在命题和判断之真假的意义上有真假，那是因为它们缺乏知识或意见的特有性质。与此相反，命题或判断——它们被设想为是原则，或者作为公理，或者作为假设——可以被加工为对知识或意见本身的表达，只是不再作为知识或意见的出发点或起源。

前面提到的两种程度的怀疑论仅仅专注于那些本身能够被看作是知识或意见并因此而可以有真假的知识原则。

我们已经谈及这样一些人的怀疑论，他们在承认一些命题真理可以为心智所直接认知的同时却仍然否认这种自明真理所描述的是实在。这或许会或许不会伴随着对公理的进一步轻视，因为这些真理更多是分析命题，并因此而是不重要的、无教益的或重言式的。

判断一章所思考的是围绕在缺损地使用类似"重言式"或"真实性"这些语词来指明自明的真理时所产生的难题。尽管与"真实性"一词的不当联结绝不会创造出这个称号可以真实适用的真理，一个真理的尊严却会因为它不允许被看作是一个实在陈述而受到影响。此外，某个程度的怀疑论便是从这种不允许中得出结论。休谟举例说明了这一点。他认为自明的真理只有在数学中才是可能的,数学并不处理实际的事情,但处理我们自己的观念之间的联系。与此相一致,他否认对自然的研究具有那种他在数学学科中所发现的确然的或演证的特征。由于物理学关系到实在存在,没有一个公理或自明的真理能够做到这一点,因此,在休谟看来,物理学无法演证它的结论,但却必须将它的结论提升为或然性。

一种更为彻底的怀疑论似乎坚持认为:人们所拥有的所有公理知识都不是绝对的。这一点表现在蒙田的立场上。没有一个真理是自明的。没有一个人的命令是为人所普遍认可的;没有一个人会如此地从属于心智的自然,以至于所有人都必须赞同它。蒙田几乎认为,没有公理,这就是公理;即便有的话,他说:"也许在世上有一个事物……也许所有人都普遍赞同地相信它。但我们还未能看到有任何一个命题不在或不会在我们之中引起争论和争议,这个事实非常确切地表明:我们的自然判断并没有非常清晰地把捉到它所把捉的东西。"

如果有人反驳说:若没有这些原则,科学也就没有出发点或基础,那么蒙田看起来会接受这个结论。他并不回避理性的无穷回退。他写道:"没有一个理由可以在不借助其他理由的情况下得到确定,于是我们无限地回退下去。"对那些说无法与否认原则的人讨论的人,他回应说:"除非有神性显示给他们,否则对他们来说不可能存在第一原则;余下的一切——开端、中间和结尾——都虚无缥缈,如梦如烟。"

无论如何,倘若为实践目的而需要在某处创造一个开端,蒙田建议:这种创造可以通过做公认的事而后使他人承认我们预设这样一种方式来完成。他写道:"在公认的基础上去建构你要建构的东西是非常容易的……以此途径我们觉得自己的理由极为坚实,而且我们很容易说服人。因为先哲们已经事先在我们的信念中占有并赢得了必要的空间,而后便可如其所愿地做出结论,就像几何学家用他们的公理所做的一样。我们把赞成和同意借贷给他们,从而使他们有财力来对我们呼来唤去,随心所欲地摆弄我们。"

如果论理可以建基于其上或结论可以得取于其中的那些最佳原则更多地是假定、假设或假言,而不是公理,那么任何事物都是意见和或然性的事情;没有什么东西可以具有知识确然性。作为**知识**与**意见**两章中的内容,一种关于区分知识与意见的理论将知识看作是一个不倚赖于我们的愿望或意欲的心智行为,并把意见视为一种根据自己的意愿来接受或拒绝的判断。据此,假定或假设完全就是意见的代表,而公理所表达的则是知识的真正本质。假定或假设任何事物都是使它得到承认——根据自己的意愿!一个假设既不强迫人同意也不强迫人去排除使其对立面得到承认的可能性。有假定的地方就可能有争论。但声称某个东西为公理,这就是命令人们赞同,理由是它的对立面可以直接地被认知为不可能。如果对一个命题的认同或拒绝能够以某种方式提供选择,那么这个命题就不能被视作公理。

对于亚里士多德来说,那个能够借助于一些理由而从两方面展开争论的领域,就属于他所说的"辩证"(dialectic);然而他所说的"科学"(science),则是一个通过依据自明真理进行的演证而排除了争论的领域。一个是或然性和意见的领域,另一个是确然性和知识的领域。相反的假定是辩证论辩的出发点,而科学则以公理为开端。这些公理可以是第一原则,亚里士多德和培根将它称之为"共识"(common notions),因为它们对于不同的科学来说是共同的;或者它们可以是特殊地对于一个单个主体的事情而言的公理。

柏拉图是在极为不同的意义上使用"辩证"一词。他把辩证称作最高的科学。由于数学学科发端于假设,假设需要进一步的支撑,因而——柏拉图意义上的——辩证便上升为所有科学的第一原则。在这个对科学的等级排序中,柏拉图的辩证、亚里士多德的形而上学和培根的第一哲学,似乎都分别占据了同样是第一的位置,并且行使同样的功能,因为它们是思索或考虑绝对第一原则或最普遍原则的学科。对于培根,一如对于阿奎那,唯一最高的科学是神圣的神学,它的原则是超自然信仰的章程,而不是理性的公理。

这些事情在论述**辩证法**、**形而上学**和**神学**等章中得到了更为充分的讨论;与不同种类的原则或不同科学的原则相关的问题是在**假说**与**逻辑**中被思考的。此外,**归纳**一章既讨论公理的归纳性起源,也讨论培根与亚里士多德在这一问题上的争执,即,最高公理或第一原则究竟是从经验的特殊事物中被直接觉察到的,还是只有通过普遍化的中介层次才被达及的。

由于公理是不可演证的,它们也就不能出自论理,因为论理乃是从任何先于结论本身的真理中得出的结论。亚里士多德和阿奎那都把公理的不可演证性看作是它们的优点而非过失,因为倘若它们是可演证的,那么它们就不可能是原则或演证的出发点。如果没有公理,那么任何事物都不能被演证,因为每个事物都依次需要在一个无限后退的过程中得到证明。

对于怀疑论者蒙田的古代副本,亚里士多德曾回应说,除非矛盾律是一个不容置疑的公理,否则任何论理形式甚至源自假定的或然性论理都是不可能的。作为所有争执之基础的原则,其本身不可能是争执的对象。对于那些带着怀疑意向坚持认为任何东西在得到认可之前都要得到演证的人,亚里士多德提出一种对矛盾律的直接辩护:他要求发问者试一下,究竟能否做到既否认了这个自明原则同时又不把自己弄到荒谬的地步。

那些承认公理存在的人都普遍同意这一点,即公理是不可演证的真理,但有些人,如笛卡尔和康德,却不同意这样的观点,即公理是来自经验的归纳。这里似乎有一个抉择:公理要么就是知性的天生财富,要么就是不倚赖于经验的纯粹理性的超越论先天原则。然而洛克否认天生的观念和原则或任何先于经验的东西,他不同意将他称作自明箴理的东西看作是来自经验的归纳。它们更多是对那些我们通过经验所获得的诸观念之间的一致与争执的直接感知。

阿奎那也像洛克一样否认天生的观念,并坚持把感性经验视为所有人类知识的源泉。他赞同把第一原则看作是心智的一种自然习性——即他称之为"理解"的知性能力,它相当于亚里士多德所说的"直觉理性"。正如**习惯**章所表明的那样,公理被称为"自然的"真理,不是在天生的、本能的或天赋的意义上,而只是在下述意义上,即如果人的理性以自然的或正常的方式起作用,它就会达到对这些真理的认知。此外,阿奎那与洛克一样,他们似乎都认为,一旦知道了公理的术语,它们的真理就会被人类知性感知到,但阿奎那并不会赞同洛克的这个想法,即这种真理因此仅仅适用于我们自己的观念之间的关系。

在阿奎那看来,通过自然习性来拥有原则的理论与自然法理论在语词上的(verbal)联系更多。有关"自然法"(natural law)这个用语的各种不同含义,在**法律**一章中得到了区分。我们在这里涉及被康德和阿奎那视之为道德法则的东西,它们的律令是人的操行的基本原则。他们两人都把自然法或道德法的律令说成是人的实践理性的第一原则。

对于阿奎那来说,这些律令在实践真理和道德科学的次序中是首要的,恰如形而上学的第一原则在思辨真理和理论科学的次序中是首要的一样。他写道:"自然法的律令之于实践理性所是,就像演证的第一原则之于思辨理性之所是,因为两者都是自明的原则。"正如"同一个事物在同一个时间不能既被肯定又被否定"的命题是思辨理性的第一原则,"自然法的第一律令行善避恶"是实践理性的第一原则。

对于康德来说,纯粹实践理性的原则与纯粹思辨理性的原则行使着类似的功能,前者先天地为自由领域立法,后者先天地为自然或经验的领域立法。在这两种原则之间有一种平行关系,当康德认为:一门自然的形而上学和一门道德的形而上学是建基于纯粹理性的超越论原则之思辨应用和实践应用之上的学科,他考虑的似乎就是这个平行关系。

我们在进行与理论知识的公理相关的思考时所遇到的同类基本难题,也出现在与道德知识的第一原则相关的思考中。例如,阿奎那和康德在关于我们如何拥有这些原则的方式上产生分歧。在康德看来,道德原则与自然原则一样,都属于纯粹理性本身的超越论结构。在阿奎那看来,如前所述,我们知道自然法之律令的方式是与我们知道思辨理性之公理方式相同的。正如一旦我们理解了"是"和"不"的含义也就知道了矛盾律的真理一样,一旦我们理解了"寻"和"善"的含义也就知道了自然法的第一命令——"寻善"。我们对这些真理的把握是借助于我们心智的自然习性,它在自然法的案例中是以良知的专名被给予的。

正如我们发现某种针对矛盾律和其他公理的怀疑论一样,我们也发现针对自然法或针对不容置疑的和普遍认可的道德原则的怀疑。蒙田曾谈及,有人认为有一些法则是"稳固的、恒久的和不变的,他们把这些称作自然法则,这些法则由于它们的存在条件而在人种上打下烙印",对此他声言,"他们确定无疑地坚持有自然法则,而自然法则的唯一可能的凭证就是普遍的承认";他接着说,"让他们指给我看看,哪一项法则具有这样的性质呢"。

怀疑论的结果在这里与在前面是相同的。没有第一原则,道德科学要么是完全失败,要么就还原为一个建基于一系列假定或同类东西之上的信念系统。在前一种情况中,道德判断所表达的不是知识,而是意见。正如 J. S. 穆勒所观察到的那样,功利论者不得不在撇开其他所有差异的情况下赞同康德所说:如果存在着一门伦理的科学,那么"道德就必须是从原则中推演出来的",并且最终是从一个第一原则中推演出来的,因为"如果这里有几个原则,那么在它们之中就应当有一个确定的先后次序"。

穆勒关于道德第一原则的自明性——道德第一原则在他那里被表述为一个对人的操行的最终结论的陈述——所说的话,与亚里士多德关于矛盾律的自明性所说的话几近类似。穆勒写道:"最终结论的问题是无须直接验证的。不能借助于论理来验证,这是所有第一原则的共同点:既包括我们的知识的第一前提也包括我们的操行的第一前提。"

70. 原　则

分 类 主 题

1. 在实在次序中的原则
   1a. 原则、元素和原因的区别
   1b. 存在、数和实在次序中的原则之种类
   1c. 对思维原则的形而上学指明
2. 在知识次序中的原则之种类
   2a. 简单领会中的知识本原
      (1) 作为原则的感觉或观念
      (2) 作为原则的定义
      (3) 作为定义原则的不可定义者
   2b. 作为原则的命题或判断
      (1) 感觉的直接真理：对现象的直接感性知识；明见的特殊事实
      (2) 理解的直接真理：公理或自明真理；作为原则的先天判断
      (3) 构建的和调整的原则：理性的箴理
3. 哲学、科学、辩证中的第一原理或公理
   3a. 原则与演证
      (1) 公理的不可演证性：心智的自然习性
      (2) 对公理的间接辩护
      (3) 演证对公理的倚赖：对同一原则（同一律）和矛盾原则（矛盾律）的批判运用
   3b. 原则与归纳：作为来自经验的直觉归纳的公理；归纳普遍化的舞台
   3c. 在与公设、假设或假定的关系中的公理
      (1) 在普遍的第一原则或共识与问题或科学的一个特殊主题的原则之间的区别
      (2) 在公理与假定、假设与原理之间的区别，作为知识与意见或科学与辩证之间区别的基础
      (3) 根据科学原则的特征对科学的区分与排序
4. 在实践次序中的第一原则：行为或道德的原则；实践理性的原则
   4a. 作为原则的结论，作为第一原则的最终结论：在实践次序中作为原则的正当欲求
   4b. 自然道德律与绝然律令
5. 对第一原理或公理的怀疑否认：否认有任何一个命题会得到人的普遍认同

[倪梁康　译]

索引

本索引相继列出本系列的卷号〔黑体〕、作者、该卷的页码。所引圣经依据詹姆士御制版，先后列出卷、章、行。缩略语 esp 提醒读者所涉参考材料中有一处或多处与本论题关系特别紧密；passim 表示所涉文著与本论题是断续而非全部相关。若所涉文著整体与本论题相关，页码就包括整体文著。关于如何使用《论题集》的一般指南请参见导论。

1. Principles in the order of reality

1a. The differentiation of principle, element, and cause

 7 Aristotle, 429, 517, 533-534, 565-566, 598-601
 17 Aquinas, 180-181, 543-544
 42 Lavoisier, 3-4
 55 James, William, 50-51

1b. The being, number, and kinds of principles in the order of reality

 6 Plato, 240-246, 455-458, 564-574, 610-613, 615-617
 7 Aristotle, 259-268, 281, 318-319, 359-360, 393-396, 501-514, 516-522, 534-535, 550-626, 634-635
 9 Galen, 350-351
 11 Lucretius, 3-4, 6-7
 11 Plotinus, 369-370, 508, 519-520, 537-539, 564-611
 17 Aquinas, 12-14, 18-19, 84-85, 143-144, 153-157, 225-227, 264-268, 378-379, 404-405, 442-443, 587-588
 28 Descartes, 285-286
 32 Newton, 1-2, 14, 541-542
 39 Kant, 66-93, 108-112, 467-470, 565, 575-578
 53 James, William, 882-884

1c. The metaphysical significance of the principles of thought

 7 Aristotle, 34-35, 515, 524-525
 28 Descartes, 356-358
 28 Spinoza, 610-611, 620-622
 33 Locke, 339-342
 39 Kant, 15-16, 59-107, 600-601
 53 James, William, 302, 671-672, 862-866, 873-874, 881-886
 55 Bergson, 85-89

2. The kinds of principles in the order of knowledge

2a. The origin of knowledge in simple apprehensions

2a(1) Sensations or ideas as principles

 6 Plato, 228-230, 392-393, 517-536
 7 Aristotle, 111
 11 Lucretius, 47-49
 17 Aquinas, 60-61, 105-106, 450-451, 680-681
 26 Harvey, 332-335
 33 Locke, 121-123, 127-128, 148-149, 160-162, 173-174, 202-203, 252
 33 Berkeley, 405-412
 33 Hume, 455-457, 471
 39 Kant, 14-22, 66-72, 101-107
 53 James, William, 452-459

2a(2) Definitions as principles

 6 Plato, 134, 174-179, 544-549, 809-810
 7 Aristotle, 97-137, 214-215, 515, 532, 610, 631-632
 17 Aquinas, 303-304
 21 Hobbes, 56, 58-59, 269
 30 Pascal, 430-431
 33 Locke, 288-289, 303-304
 39 Kant, 215-217
 43 Hegel, 9-10
 54 Freud, 412
 56 Poincaré, 39-40

2a(3) Indefinables as principles of definition

 6 Plato, 544-547
 7 Aristotle, 513
 30 Pascal, 431-434, 442-443
 33 Locke, 133, 147-148, 262-263
 41 Boswell, 82

2b. Propositions or judgments as principles

2b(1) Immediate truths of perception: direct sensitive knowledge of appearances; evident particular facts

 7 Aristotle, 115-116, 136-137, 397, 511, 530, 591
 8 Aristotle, 340, 397
 11 Lucretius, 48-49
 17 Aquinas, 680-681
 26 Harvey, 332-335
 28 Descartes, 455-456
 33 Locke, 98-102, 307, 309, 337-338, 342, 354-358
 33 Hume, 465-466
 39 Kant, 66-72
 53 James, William, 867-868

55 Whitehead, 167-170
56 Planck, 93-96

2b(2) Immediate truths of understanding: axioms or self-evident truths; *a priori* judgments as principles

7 Aristotle, 99-100, 109, 128, 515
17 Aquinas, 10-11, 612-613
18 Aquinas, 36-37, 221-224, 417
28 Bacon, 61
28 Descartes, 226, 227, 230-231, 235, 275-276, 321-322, 349, 351
30 Pascal, 171-172
33 Locke, 95-121, 310-311, 337-344, 349, 358-360, 363, 378-379, 390-392
39 Kant, 31, 64-93, 211-218, 225-227, 295, 329-330
40 Federalist, 103-104
40 Mill, 445-447
43 Nietzsche, 490-494
53 James, William, 319-320, 869-879
55 Russell, 264-265, 278-279
58 Weber, 116-118

2b(3) Constitutive and regulative principles: the maxims of reason

39 Kant, 72-74, 109-112, 199-209, 349-355, 550-551, 562, 570-572, 578
55 Dewey, 100-101
60 Orwell, 487-488

3. First principles or axioms in philosophy, science, dialectic

3a. Principles and demonstration

3a(1) The indemonstrability of axioms: natural habits of the mind

7 Aristotle, 85, 99-100, 525
8 Aristotle, 388, 389
17 Aquinas, 98, 102-103
18 Aquinas, 19-21, 36-37
33 Locke, 97-98, 119-120, 354-357
39 Kant, 66-72, 211-218
40 Mill, 445-447, 461, 465
53 James, William, 851-890
56 Poincaré, 4
56 Einstein, 195-196

3a(2) The indirect defense of axioms

7 Aristotle, 525-532, 590-592

3a(3) The dependence of demonstration on axioms: the critical application of the principles of identity and contradiction

6 Plato, 72-73, 350-351
7 Aristotle, 97-100, 103, 105-106, 111-116, 214-215, 530
8 Aristotle, 389
17 Aquinas, 194-195, 443-444, 458-459, 612-613
28 Bacon, 56-59

28 Descartes, 270-271, 308, 321-322
28 Spinoza, 620-625
33 Locke, 337-344
39 Kant, 17-18, 64-65, 68-69, 174, 211-218
40 Federalist, 103-104
55 Whitehead, 146
55 Russell, 264-265, 270

3b. Principles and induction: axioms as intuitive inductions from experience; stages of inductive generalization

7 Aristotle, 90, 136-137
8 Aristotle, 388
26 Harvey, 334
28 Bacon, 56-59, 96-97, 105-195
28 Descartes, 393
33 Hume, 451, 460
39 Kant, 66-72
43 Hegel, 384

3c. Axioms in relation to postulates, hypotheses, or assumptions

3c(1) The distinction between first principles in general, or common notions, and the principles of a particular subject matter or science

6 Plato, 383-388
7 Aristotle, 104-106, 120-121, 397
8 Aristotle, 597-598
28 Bacon, 40-48
33 Berkeley, 436
56 Poincaré, 14-15

3c(2) The difference between axioms and assumptions, hypotheses and principles, as a basis for the distinction between knowledge and opinion, or science and dialectic

6 Plato, 396-398
7 Aristotle, 97-99, 214-215, 336
8 Aristotle, 597-598
17 Aquinas, 56-57, 432-433
18 Aquinas, 83-84, 765-766
21 Hobbes, 65
23 Montaigne, 301
28 Bacon, 56-59
28 Descartes, 224-225
32 Huygens, 551-552
33 Locke, 371-372
39 Kant, 240-243, 600-604
55 Whitehead, 158

3c(3) The distinction and order of the sciences according to the character of their principles

6 Plato, 386-388, 391-398
7 Aristotle, 547, 589-590, 592, 609
8 Aristotle, 343-344
17 Aquinas, 4, 5-6
21 Hobbes, 71
28 Bacon, 39-41
28 Descartes, 224-225, 302, 532
33 Hume, 458
39 Kant, 15-19, 215-217, 351-352, 388

- 53 James, William, 884–886
- 54 Freud, 400–401
- 55 Bergson, 85–89
- 58 Weber, 116–118

4. **First principles in the practical order: the principles of action or morality; the principles of the practical reason**
   - 6 Plato, 262–263
   - 8 Aristotle, 339–340 passim, 389 passim, 392–393
   - 11 Epictetus, 120–121, 167–168
   - 11 Aurelius, 270
   - 16 Augustine, 317–318, 575–599 passim
   - 18 Aquinas, 209–210
   - 21 Hobbes, 86–96, 140, 153–154
   - 28 Spinoza, 663
   - 33 Locke, 103–121
   - 35 Rousseau, 330–331
   - 39 Kant, 190, 234–240, 253–287, 291–361, 365–366, 369–373, 383–394
   - 40 Mill, 445–476
   - 49 Darwin, 316–317, 592
   - 53 James, William, 886–888
   - 54 Freud, 592–593, 639–640, 662–663, 772
   - 55 Whitehead, 140
   - 55 Barth, 499–500
   - 57 Tawney, 180–181
   - 58 Weber, 97

4a. **Ends as principles, and last ends as first principles: right appetite as a principle in the practical order**
   - 6 Plato, 280, 383–398
   - 7 Aristotle, 514–515, 555, 575–576, 605–606
   - 8 Aristotle, 161–162, 235–236, 339–340, 358–359, 387–388, 391–392, 397, 430–434, 602–607
   - 11 Epictetus, 177–179
   - 16 Augustine, 705
   - 17 Aquinas, 106–107, 109–110, 112–113, 147–149, 311, 431–433, 609–615, 656, 667–668, 670–672, 674–675, 678, 682–683, 685–686, 770–772
   - 18 Aquinas, 31–32, 38–40, 43, 44–45, 72–73, 524–525, 617–618
   - 21 Hobbes, 76, 272
   - 28 Spinoza, 603–606, 656–658
   - 33 Locke, 191–192, 194
   - 39 Kant, 234–240, 257, 260, 266–267, 271–279, 318–321, 327–329, 338–355, 478–479, 584–588, 591–592, 594–595
   - 40 Mill, 456–457, 461–464, 475
   - 51 Tolstoy, 586–587
   - 55 Barth, 495–497, 539

4b. **The natural moral law and the categorical imperative**
   - 11 Aurelius, 247–248, 249, 268
   - 17 Aquinas, 425–426
   - 18 Aquinas, 208–209, 220–228
   - 21 Hobbes, 86–87, 95–96
   - 28 Bacon, 96
   - 35 Rousseau, 343–345
   - 39 Kant, 190, 253–254, 260–261, 268–270, 273–287 esp 277–279, 282–287, 297–314 esp 307–314, 321–329, 390–393, 400–402, 604–606
   - 40 Mill, 458–459, 469–470
   - 43 Hegel, 19, 49–50, 133
   - 49 Darwin, 304
   - 55 Barth, 495–497

5. **The skeptical denial of first principles or axioms: the denial that any propositions elicit the universal assent of mankind**
   - 6 Plato, 532
   - 7 Aristotle, 99, 528–531, 590–592
   - 11 Epictetus, 155
   - 16 Augustine, 592
   - 23 Montaigne, 300–301, 311–312, 321–324
   - 28 Bacon, 57–58
   - 33 Berkeley, 405
   - 33 Hume, 503–509
   - 39 Kant, 224–227, 294–295
   - 56 Planck, 92–93

交叉索引

以下是与其他章的交叉索引：

Principle in relation to element and cause, see ELEMENT 2.

The laws of identity and contradiction as both logical and metaphysical principles, see LOGIC 1a; METAPHYSICS 3c; OPPOSITION 2a; TRUTH 3c; the treatment of contraries as principles, see CHANGE 2b; DIALECTIC 3d; OPPOSITION 2b, 3a.

Sensations, ideas, and definitions as principles of knowledge, see DEFINITION 1c, 5; IDEA 1c, 2f; KNOWLEDGE 3; MEMORY AND IMAGINATION 1a; SENSE 5a.

Evident or self-evident truths, or immediate as opposed to demonstrated propositions, see JUDGMENT 8a; KNOWLEDGE 6c(2); SENSE 4b; TRUTH 3b(3).

The distinction between analytic and synthetic judgments *a priori*, and between constitutive and regulative principles, see IDEA 1d; JUDGMENT 8b–8d; REASONING 5b(3).

Axiomatic knowledge as a natural habit of the mind and as one of the intellectual virtues, see HABIT 5c; VIRTUE AND VICE 2a(2).

The dependence of demonstration on axioms or self-evident truths, *see* INFINITY 2c; REASONING 5b(1); TRUTH 7a.

The nature of *reductio ad absurdum* arguments in defense of axioms, *see* REASONING 4d.

Induction as the source of axioms, *see* INDUCTION 3.

The distinction between axioms and postulates, hypotheses, or assumptions, and the bearing of this distinction on the difference between knowledge and opinion, or science and dialectic, *see* DIALECTIC 2a(2), 4; HYPOTHESIS 3-4; KNOWLEDGE 4b; MATHEMATICS 3a; OPINION 2c; SCIENCE 4a; TRUTH 4c; WILL 3b(1).

The principles of the several theoretical sciences, *see* ASTRONOMY AND COSMOLOGY 2b; DEFINITION 6a; LOGIC 1a; MATHEMATICS 3a; MECHANICS 2b, 7-7e(5), 8c; METAPHYSICS 2b, 3c; PHILOSOPHY 3b; PHYSICS 1b, 2a; SCIENCE 4d; TRUTH 4c.

Ends as principles in the practical order or in moral and political science, *see* GOOD AND EVIL 5c; GOVERNMENT 1c; HAPPINESS 3; MIND 9a; NECESSITY AND CONTINGENCY 5a(2); ONE AND MANY 5b; RELATION 5a(2); TRUTH 2c.

The natural moral law or the categorical imperative as the first principle of the practical reason, *see* DUTY 5; LAW 4b-4c; MIND 9a; NECESSITY AND CONTINGENCY 5a(2); PRUDENCE 2c, 3a; WILL 8d.

The skepticism that results from denying first principles or axioms, *see* OPINION 3c; TRUTH 7a.

扩展书目

下面列出的文著没有包括在本套伟大著作丛书中,但它们与本章的大观念及主题相关。书目分成两组:

Ⅰ. 伟大著作丛书中收入了其部分著作的作者。作者大致按年代顺序排列。

Ⅱ. 未收入伟大著作丛书的作者。我们先把作者划归为古代、近代等,在一个时代范围内再按西文字母顺序排序。

在《论题集》第二卷后面,附有扩展阅读总目,在那里可以查到这里所列著作的作者全名、完整书名、出版日期等全部信息。

I.

Augustine. *Answer to Skeptics*
Thomas Aquinas. *Super Boethium de Hebdomadibus*
Descartes. *The Principles of Philosophy*, PREF
Mill, J. S. *A System of Logic*, BK II, CH 6
Hegel. *Science of Logic*, VOL I, BK II, SECT I, CH 2
Dewey. *Logic, the Theory of Inquiry*, CH 17
Russell. *Human Knowledge, Its Scope and Limits*, PART VI

II.

THE ANCIENT WORLD (TO 500 A.D.)

Sextus Empiricus. *Outlines of Pyrrhonism*

THE MIDDLE AGES TO THE RENAISSANCE (TO 1500)

Duns Scotus. *Tractatus de Primo Principio (A Tract Concerning the First Principle)*

THE MODERN WORLD (1500 AND LATER)

Arnauld. *Logic*, CH 6-7
Bosanquet. *Logic*, VOL II, CH 7
Bradley, F. H. *The Principles of Logic*, BK I, CH 5
Bruno. *De la causa, principio, e uno*
Hamilton, W. *Lectures on Metaphysics and Logic*, VOL II (5-6)
Helmholtz. *Popular Lectures on Scientific Subjects*, II
Johnson, W. E. *Logic*, PART I, CH 14
Leibniz. *Discourse on Metaphysics*, XXVI
———. *Monadology*, par 31-37
———. *New Essays Concerning Human Understanding*, BK IV, CH 7-8
Lotze. *Logic*, BK III, CH 5
Needham, R. *Against the Tranquility of Axioms*
Newman. *An Essay in Aid of a Grammar of Assent*, CH 4
Reid, T. *Essays on the Intellectual Powers of Man*, I, CH 2; VI, CH 4-7
Santayana. *The Realm of Truth*, CH 1
Schopenhauer. *On the Fourfold Root of the Principle of Sufficient Reason*
Whewell. *On the Philosophy of Discovery*, CH 28
———. *The Philosophy of the Inductive Sciences*, VOL I, BK I, CH 4, 6

71

进 步 Progress

总　论

　　进步的观念,如同与它有着某种亲缘关系的进化的观念一样,似乎也是一个典型的现代观念。在古代和中世纪思想中可以找到它的前身,有时这些前身是以隐含地拒斥进步观念的形式出现的。但是,从对它明确的阐述和强调以及从它所具有的重要性来看,进步与进化一样,几乎完全是现代的一个新观念。它不仅仅在现代讨论中更为引人注目,还影响了很多其他观念的意义,从而赋予了现代思想以某种颇具特色的色彩或倾向。

　　进化的观念影响了我们对自然和人的理解。不过,进化论本身曾受到进步观念的影响。在达尔文之前至少两个世纪,进步就是一个主题了。既然如此,那么它的重要性并不取决于生物进化论。相反的关系似乎是成立的。进化的观念之所以具有某些道德的、社会的甚至宇宙论的重要性,是因为它隐含了如下意义:生命世界中的普遍运动是从较低形式向较高形式的进步,或许宇宙中的普遍运动都是如此。

　　达尔文认为"冯·贝尔比其他人更好地定义了有机体等级中的前进或者进步,即按照生命体的各个器官的分化和特化程度来定义"。对此,达尔文又附加了一个条件:必须在有机体达到成熟时才能对其加以判断。达尔文写道:"当有机体慢慢变得适应于多样化的生命线路之时,它们的器官会由于生理活动的分工带来的好处而变得越来越分化和特化,以期实现各种各样的功能。同一个器官似乎经常首先为了一个目的而被改变,然后过了很长时间又为了某个另外的、截然不同的目的而被改变。这样,所有的器官变得越来越复杂了……依据这一观点,如果我们求助于地质学证据,有机体似乎在整体上以缓慢和不间断的步伐在世界中前进。在脊椎动物领域,有机体以人类为顶点。"

　　考虑到退化的证据,以及不仅高等形式而且低等形式的种类都在增加这一证据,生物进化是否在严格意义上具有单一或者一致的方向,这一点尚有争论。但是达尔文似乎认为,由于"自然选择只是通过和为了每个生命的好处才起作用,所有肉体和精神的禀赋都将会朝着完善的方向进步"。无论证据是什么样的,对进化的流行看法都蕴涵着进步,即逐渐而稳步的趋向于完善,当被赫伯特·斯宾塞这样的作家把进化论应用于人类社会或文明时尤其如此。

　　据瓦丁顿所言,"存在真正的进化性进步"。他认为,"进化所带来的变化,总会是……一种改进",而且正是这样的改进,被"我们十分正当地称为进化性进步"。20世纪的另外一些科学家,尤其是斯蒂芬·杰伊·古尔德,断然否认这一点。对他们来说,进化的事实与任何形式的人类进步都完全不相关。

　　除了进化观念对人类世界的这一应用之外,进步似乎是现代历史哲学的中心论题。在某些人的脑海中,历史哲学与进步理论的联系如此紧密,以至于历史哲学本身被视作是一个现代产物。从关于历史的趋势的现代著述中,似乎可以为上述观点找到某些根据,诸如维科、玛丽-让·孔多塞、康德、皮埃尔-约瑟夫·普鲁东、奥古斯都·孔德、J. S. 穆勒、黑格尔、马克思等人的著作就是如此,而在古代著述中则找不到相应的观点。

这些作者并非都以同样的方式定义或者解释进步,他们也并不都认可一个不可违反并且不可抗拒的进步的规律。这一规律具有神命(divine ordinance)的特征,取代或者转变了关于天意(providence)的不太乐观的看法。但是在很大程度上,这些现代人是乐观主义者。他们或者相信人类具有可完善性,以及相信他达到完美的途径是有效的,即通过自己的努力自由地接近理想的实现;或者,在历史的力量中——不管是在世界精神的展现还是物质(即经济)条件的压力之中——他们看到从文明的低级阶段向高级阶段的必然发展,这一发展依从冲突及其消解的辩证模式,每一消解都必然上升到一个更高的水平。

与期望所有事物持续改善或者不可逆转地上升到新高度的乐观主义相反,悲观主义的观点既否认进步是规律,也否认进步是历史的希望。它宁愿相信上升的每个事物必定下落。如**历史**一章所指出的,兴起与衰落循环往复的理论——甚至黄金时代已去、永不再来、事物总是越变越糟的观念——在古代世界比现代世界更为盛行。

历史哲学领域中的乐观主义在现代也是有例外的,比较突出的是奥斯瓦尔德·斯宾格勒和程度相对较轻的阿诺德·汤因比。但是,现代悲观主义似乎从未达到过《传道书》中的传道者反复重申的那些话语的那种强度,诸如"日光之下,并无新事","都是虚空,都是捕风"。关于文明循环的现代理论似乎也不像古代的那样极端,即使是在维科那里也是如此。在卢克莱修关于宇宙循环的图景中,整个世界在裂解为原子粉末的过程中获得重生。希罗多德观察到,在城邦的生命中,繁荣"从未在一个地方持续太久",他对这一观察所表达出的抑郁不能释怀。世界的永恒对亚里士多德意味着:"或许,每一技艺和每一学科通常都是尽情发展,然后再次毁灭。"

将进步与明确的历史哲学的相关之处留给**历史**章加以讨论,这里,我们将讨论出现在下述领域中的对进步的思考:经济学、政治理论、哲学史,以及包括人文和科学的整个思想传统。

在上述最后那个关联中,伟大著作扮演了双重角色。依据不同的解释,伟大著作为西方思想传统是否进步了这一问题的正反两种答案都提供了主要的证据。不管伟大著作的读者对这一问题持有何种想法,它们的作者们在阅读了其前辈的著作之后,提出了自己对于这一思想传统的解释。在很多情形下,尤其是在现代作者中,他们的出发点,甚至他们对自身贡献的原创性及价值的看法,都源自对这一传统缺乏进步所怀有的忧虑,为此他们提供新的方法加以补救。

在我们开始讨论经济的、政治的或是思想的进步之前,对进步的事实和进步的观念加以区分似乎是有益的。当人们研究进步的事实时,他们回望过去,从那里找到支持或反对"在某个方面变得更好了"这一断言的证据。这涉及两件事情:研究已经发生的变化,以及依据某种评价标准来判断变化是朝着更好的方向的。但是,当人们持有进步的观念时,他们从过去和现在出发,然后展望未来。他们将过去仅仅视作预言的基础,现在则是制订计划去实现他们的预言或希望的契机。进步的事实属于对成就的记录,而进步的观念设定了要去完成的目标。

这一区分似乎体现在古代和现代对进步的思考的差异之中。古人在某些个案中观察到进步的事实，而几乎从不认为这是普遍发生的。例如修昔底德在其《伯罗奔尼撒战争史》的开篇中，对希腊现代城邦的力量和财富与"古时的衰弱"进行了对比。"那时没有商业，没有陆地或海洋交通的自由；他们仅仅出于生活必需而利用其领土，缺乏资本，从不垦殖土地（因为他们不知道侵略者何时会来，将其抢掠干净，而且当侵略者真的到来时，他们也没有屏障可以抵御）。认为维持日常生活的必需品能够在此处获得也可以在彼处获得，从而对转移自己的居所不太在意。因此，他们既不修建大型城市，也不成就任何其他形式的伟业。"

但是，修昔底德似乎没有从这些观察中引出任何一般性的进步观念。他没有具体地设想过一个在战争之能力和财富之丰裕上可以超过伯里克利时代的未来，就像伯里克利时代使得古代相形见绌一样。他没有这样的推断，认为不管什么因素推动过去进步到现在，它会继续运作而产生相似的结果。几乎可以这样说，他根本没有考虑过未来，至少可以肯定他不认为未来是充满希望的。他写道："关于过去的知识有助于对未来的解释，在人类事务的进程中，即使未来不是过去的反映也必定与它相似。"

与此相反，亚当·斯密对经济进步的思考代表了现代对未来的重视。从某种意义上来说，修昔底德和斯密皆以同样的方式衡量经济的进步，尽管一个人写的是城邦的财富，另一个人写的是国家的财富。修昔底德和斯密两人均以下列条件来判定经济的进步：财富的增加、资本储备的增长、商业的扩展、更大的财富所带来的更大的战争或和平的能力。但是，遵循弗朗西斯·培根的精神，斯密致力于分析繁荣的原因，以图让它们为更大的进步效力。他是进步的鼓吹者，而不只是一个仅仅见证日益精细的劳动分工和机器数量的增长对生产率带来有益影响的历史学家。

现代国家的富足与原始部落的悲惨的贫困甚至与古代城邦有限的财富构成了对比，去发现上述原因如何运作带来现代国家的富足，也就是要知道如何制定政策，以进一步地扩展国家的财富。对斯密来说，研究经济得以进步的手段和方法，有助于确定什么样的政策最有可能保障未来取得更大幅度的进步。

马克思似乎以一种不同的标准来衡量经济进步。从古代的奴隶制经济转换到封建农奴制，再转换到他所谓的工业无产阶级的"工资奴隶制"，这一过程或许伴随着更高的生产率和股本的更大积累。但是对他来说这些相继的生产体系的核心问题在于它们对劳动的地位和状况的影响。《共产党宣言》注意到以下方面：在资本主义制度中，名义上自由的工人的境况比他的那些身为奴隶的前辈们更为糟糕。但是，如果经济进步被理解为劳动者从其压迫者那里彻底得到解放的途径，而这一途径又是历史决定的，那么资本主义既代表了相对于封建主义的改进，又代表了朝共产主义前进的一个阶段。

每一个相继的经济革命带领人类进一步走近理想的或是无阶级的经济制度的目标。资本主义创造了无产阶级，而这一革命阶级将是资本主义自身的掘墓人。资产阶级推翻了有土地的贵族，从而为无产阶级专政铺平了道路，而无产阶级专政又转为实现完美的共产主义民主扫清了障碍。

这里我们不关注这一历史及预言的细节，而只关注它所包含的进步理论。首先，它似乎为进步设定了一个终极目标,同时它又使进步成为对马克思而言（如同对黑格尔而言）的"历史辩证法"的必要特征。那些认为进步的不可避免性应使进步与历史本身一样无限伸展的人,在辩证唯物主义的这一主张中会发现某种不一致性,就如同在黑格尔关于绝对精神通过必然的辩证阶段最终在德意志国家得以完全实现这一观念中也能发现这种不一致性一样。进步能是历史的内在法则,同时又能在时间终结之前达成它的目标吗？

对这个问题的某些回答,或许能在与历史辩证法相随的进步理论的第二个方面中找到。相继的历史阶段所代表的进步在于人类制度的质量,而不在于人的本性。如果达到了更多的经济公平或是更大的政治自由,这不是因为人类的后世子孙生来就具有更倾向于善或美德的本性,而是因为更好的制度从历史力量的冲突中演化出来了。更进一步,依据马克思所认为的,人的本性只有一部分是生来就决定了的,另一部分则仍旧留待他所生活的社会和经济环境——他生活于其中的生产方式——来决定。因此,尽管制度的进步能达到它的历史目标,并建立理想的经济制度,但人自身仍可能要在剩余的时间中获得进一步的改善,而此时人性就能够在理想的环境中得以发展了。

在对进步的典型的现代讨论中,我们已经注意到了两大问题。进步的目标一定能够实现还是说它的目标是一个能逐渐接近但永远不会实现的理想？进步是通过人类制度的改善还是通过人类本性的改进而达到的？

第二个问题对第一个问题来说至关重要,对那些认为人能够无限完善化的人来说尤其如此。它也与进化论者的问题相关:是否更高形式的生命会在地球上从人类中进化出来,或者未来就属于人性在生物学或文化上的向前发展？达尔文不愿意承认"人类单凭自身力量能够不断完善",但是他的确坚持人类"远比其他动物有能力改善得更多和更快"。

另一方面,卢梭宣称"自我改善的能力"是人与畜生之间"无可争议"的一个区别。但是他同时认为这一能力不仅是人类进步的原因,而且也是人类衰落的原因。他写道:"一个几个月大的畜生,就已经是它的整个生命所能是的了；而它那个物种,在千年之后,仍与千年之初时完全一样……畜生既无所得,因而也无所失,仍旧保持着本能的力量。而人,由于年老或不测,会丧失他的可完善性使他能够赢得的所有东西,因此跌落到比畜生还要低下的地位。"按照弗雷泽所说的,"知识的进展是一个朝着总在后退的目标的无穷无尽的行进"。

另一个与进步有关的问题还需要加以说明,那就是关于历史中的自由或必然的问题。进步的不可避免性是事物的本性使然呢？还是说只有当人类在为了改善自身或其生活状况的努力中明智地计划并很好地选择之时,进步才会发生？

在《关于普遍历史的观念》以及《进步的原则》中,康德在人类改善的潜能中,找到了进步的可能性。他将这一可能性的实现看作是自由的结果,而不是历史必然性的展现。政治进步或许有一个终极目标——世界共和国或者国家的联邦。但是,按照康德在《法的科学》中的结论,这是一个不可实现的理念,只能对"推进向永久和平的不断逼近"这一规范性目标有所帮助。黑格尔关于国家的理念在历史中逐步实现的理论,似乎代表了关于这两个问题的相反的立场。进步是一种历史必然性,并且它会达到一个历史的顶点。对托克维尔来说,民主社会向着社会地位的普遍平等的进步,是由神命注定的。

古代人和现代人关于政治进步问题的差别，似乎与我们所观察到的修昔底德和斯密关于财富问题的差别是一样的。古人主张现在比过去更优越，甚至还追溯了从原始状态向文明状态前进的各个阶段。但是，他们没有将观察到的运动扩展到未来。现代人把未来看作是一种完成，没有它，当前的政治活动就会是无方向的。

对亚里士多德来说，譬如，国家是社会生活发展的最后阶段，而这一发展是从家庭开始的。"当数个家庭联合起来并且这一联合追求比提供日常所需更多的东西时，就形成了最初的社会即村落。"反过来，村落或者部落共同体又成为形成更大的或更为真正的政治共同体的单位。"当数个村落结成一个单一而完全的共同体，并且这一共同体足够大以至于几乎或完全自足时，国家就形成了。"

亚里士多德不只是将这一发展视作从更小更弱的社会到更大更有力量的社会的进步，而且也将其视作朝向人的政治本性的实现的进展。由最年长的人施行的绝对或专制的统治对家庭来说是自然的，这种统治方式仍在部落中持续。"这是为什么希腊诸城邦最初是由国王统治的原因，因为希腊人在聚集起来之前就是在王室统治之下的，就像野蛮人仍旧所是的那样。"直到家庭或部落形式的政府由政治的或宪政的政府所取代，直到国王和臣民由政治家和公民所取代，国家或者政治共同体才得以完全实现。

但是亚里士多德不认为他所描述的发展能够持续到未来。康德能够设想一个世界国家，将其当作人类政治统一的进步应该趋向的终极形态，而亚里士多德并没有想象一个比城邦更大的政治实体。尽管亚里士多德承认新的制度曾被发明、老的制度曾被完善，但是与穆勒不同，他的政治理论似乎并不以对更多进步所做的投入来衡量最好的现行制度的善。

在考虑好的政府形式的标准时，穆勒批评了那些把秩序的维持或现行制度的维护与对进步的培育相分离的人。他写道："进步包含秩序，但是秩序并不包含进步。"秩序"不是一个要与进步相妥协的附加的目的，而是进步的组成部分和手段。如果某一方面的收获是由同一或另一方面的更大的损失换来的，那么就不存在进步。这样理解的话，政府优异的全部就在于是否有助于进步"。

穆勒还说，进步不能定义一个好政府，除非我们不仅把进步这个词理解为"向前运动的观念"，而是"同样理解为对后退的阻止。相同的社会原因……是社会进步所需要的，在防止社会倒退时也同样需要。即使没有改善可以期许，生活也得是抵抗退化的诸多原因而进行的无休止的斗争，甚至现在就是这样的。古代人所理解的政治全在于此……尽管我们不再持有这一观点。尽管当代的大多数人都信奉一个相反的信条，即相信事物在整体上是倾向于改善的，但是我们不应该忘记，人类事务中始终存在着恶化的持续不断的潮流"。

对穆勒来说，理想上最好的政体是建立在民主原则之上的代议制政府。通过政治权利的公正分配和自由的充分给予，在"增进人民自身的美德和智力"方面，它比其他形式的政府都做得更好。这是政治进步的最终目的。低劣的政府形式，比如专制君主制，或许对尚未适于自我统治的人民来说是有道理的，但这只在它们也为进步效力时才是如此，也就是说，"只在它们推动那些共同体经过中间阶段时才是如此,而这些阶段是他们能够适应最好形式的政府之前所必须越过的"。

因此,整个关于好政府的理论对穆勒来说就是一个关于进步的理论,其中我们必须"不仅仅要考虑社会要走的下一步,而且要考虑它还要走的所有步骤;既包括能被预见到的那些步骤,也包括当下处于视野之外的太远的和不确定的一系列步骤"。我们必须依据政府的理想形式来判断不同的政府形式的优点,"如果实现其有益倾向的必要的条件都具备,政府的理想形式将比所有其他形式更有利于以及更能促进所有形式和程度的改善,而不仅仅是某一方面的改善"。

在人文、科学或者一般文化的领域,现代对进步的强调似乎比在经济和政治领域甚至还要显著。一门科学缺乏进步被认为是这门科学还没有建立在正确的基础之上,或者是尚未找到发现真理的正确方法。在某一特定领域缺乏共识是这些缺陷的主要症状。但是韦伯认为,尽管"科学工作被绑在了进步之途上,在艺术领域却没有同样意义上的进步"。列维—施特劳斯走得更远,他说,"原始人民不是落后的或发展迟缓的人民,实际上,他们在这个或那个领域所拥有的发明或行动的天才可能会把文明人的成就都远远甩在后面"。

哲学"在多个世纪以来是被曾经生活过的最优秀的头脑来耕耘的,尽管如此,哲学中却没有一件事情是没有争议的,从而没有一件事情是确定无疑的",这一事实导致笛卡尔提出了他的新方法。他希望这会确保哲学的进步,并且这一进步可以与他所认为的他的新方法在数学中达成的进步一样。培根的《新工具》似乎致力于同一目的,即促进所

那些领域的知识的逐步增长,而这些领域,依据《学术的进展》一书对科学现状的罗列,自古以来没有或者鲜有进步。同样,洛克、休谟、康德坚持对人类心灵的研究应该先于所有其他的研究,以免人类对超过他们认识能力的事情做毫无成效的争论。由此,他们希望鼓励在那些能够进步的领域中进行研究。

就进步方面对不同学科或科目所进行的比较,导致了对落在后面的那些学科的谴责。17世纪科学的巨大进展使得对哲学尤其是形而上学的抱怨加剧了。最初在数学中、后来在物理学中取得的进步,对康德来说意味着这些学科都找到了各自学科的"可靠的道路"。比较而言,形而上学甚至还没有起步。100年之后,威廉·詹姆士仍旧这样说,与自然科学知识的进步相比较,形而上学是属于未来的。

对培根来说,任何学术领域已经达到完全成熟这一观念是那些哲学家们的自诩,他们图谋"获得他们在自己的行当中已臻完美的名声",灌输"凡是尚未被发明和理解的东西今后也决不会被发明和理解这一信念"。只要这样的信念盛行,学术就会丧失活力。"显然,科学的进展以及采纳任何新的尝试或起点的最大障碍,就在于人的绝望,及其关于不可能性的观念。"

然而,在古人那里是看不到他们自诩他们的人文和科学已臻完善的证据的,而且他们也没有为缺少进步而烦恼。对他们来说,众说纷纭似乎也并不意味着某种不健康的状况,一定需要新的和特殊的方法加以治疗。

"对真理的探索从一方面来说是艰难的,而从另一方面来说又是容易的,"亚里士多德写道,"这一观点由下述事实加以表明:没有一个个人能够充分地获

得真理,在另一方面,我们在集体上并没有失败,而是每一个人都就事物的本性说出了一些真理。尽管作为个体我们对真理贡献很少或是没有贡献,但通过大家的联合,数量相当可观的真理就汇集起来了。"亚里士多德还以采纳以下策略的方式利用了思想传统,即"援引那些"对我们所考察的问题"发表过任何意见的前辈们的观点做参考,以便于我们吸取他们的提议中的正确的东西,并且避免他们的错误"。

但是,依照现代人的观点,如果不加批判地接受思想传统,同时对古人权威怀有不适当的尊崇,那么思想传统也会是学术进步的最大障碍。帕斯卡说,"古代在今天所享有的尊崇在那些它应当具有最少优势的问题上已经达到了这样的极端,以至于一个人不再能够提出创新而不招致危险"。霍布斯、培根、笛卡尔和哈维也同样如此抱怨。培根认为,"对古代的尊崇以及那些被认为哲学造诣很高的人的权威,延缓了人们在科学领域的进步,而且几乎迷惑住了他们"。

哈维赞同培根的意见,哲学家或科学家不应当"如此宣誓效忠他们的女主人——古代,以至于他们公开地甚至在大庭广众之下拒绝或遗弃他们的朋友——真理"。比起培根来,哈维对古代成就的评价要高得多。他写道,"古代哲学家们——他们的勤奋甚至连我们都要敬佩——以一种不同的方式来工作,通过孜孜不倦的劳作和多种多样的实验以探寻事物的本性,给我们带来了指引我们研究的无可置疑的光明。可以这么说,我们在哲学中拥有的几乎所有重要的或可信的事情,都是通过古希腊的勤奋传递给我们的"。

不过,哈维对古人的倾慕并没有使他在他们的成就之上停步不前。他认为,"当我们从古人的发现并且相信(由于懒惰我们倾向于此)再也没有什么东西有待发现之时",那么,"我们就丢掉了我们自己的聪明才智的锐气,而且他们传递给我们的明灯就会熄灭"。他接着说,"没有一个明白人会认为所有真理都被古人独占了,除非他对解剖学(此处暂且略去其他学科)近来的很多出色发现完全不知晓"。

在哈维自己的解剖学研究中,他对前人(不管是古代的还是晚近的)的工作所采取的态度,与亚里士多德表达出来的对他的科学先辈的态度非常类似。哈维宣称,"当我们开始讨论心脏和动脉的运动、机能和用途时,我们必须首先叙述其他人在其著述中对这些问题是怎么考虑的,普通人和传统又是如何认为的。这样做是为了通过解剖、多重的经验和精确的观察去确认其中真的东西,并且纠正错误的东西"。这种态度正是培根所明确谴责的。

在那些为了有所发现就首先要对"其他人在这一主题上所说的东西有一个完整的描述"的人当中,培根看不到真正的科学方法,而只是意见的培植。依笛卡尔的判断,以这种方式开端的人难有进步。他说,尤其是亚里士多德的追随者,"如果他们对自然的知识与亚里士多德的同样多,就会认为自己很幸福了,即使这是以他们再也不能获得更多为条件的。他们就像常春藤一样,从不尝试爬得高过给予它支持的树木,甚至经常在到达顶端时又垂下来了。在我看来,这些人同样也再次下降了——也就是说,他们这样做比完全放弃研究还要无知。因为,如果不满足于仅仅知道他们的作者已经清楚解释的东西,他们就会希望额外地在他那里找到许多他未置一词的难题的答案,而关于这些问题他可能根本就没有想法"。

帕斯卡采纳了一个更为温和的观

点。他认为,我们能够从对古人的有限尊重中获益。"就像他们仅把那些留传给他们的发现作为做出新发现的手段而加以利用,并且这种幸运的胆识打开了通向伟大事物的道路一样,"他建议说,"我们也要接受他们为我们发现的东西,追随他们的榜样,将这些发现作为我们研究的手段而不是目的,从而我们就通过仿效他们而试图超越他们。与古人对待他们前人所具有的谨慎相比,我们以更多的谨慎来对待古人,以至于对他们怀有不可亵渎的尊敬,还有什么比这更为错误的吗?他们之所以会引起我们这样的尊敬,却恰恰是由于他们对他们的具有同样优势的前辈并不抱有同等的尊敬。"

现代作者们似乎通过以下类比来设想思想进步的规律,即个体的智力与种族的智力之间的类比。阿奎那仅仅说,"人类理性逐渐从不完善进步到完善似乎是很自然的",而帕斯卡以过去时态补充了以下表述:因此早先的哲学家们的不完善的教诲"后来都被那些接替他们的人完善化了"。他概括了这一洞见,并且赋予它以未来的意义。"不仅仅是每个人在科学中日益进步,而且随着宇宙变老所有人结合在一起做出了持续不断的进步,因为在每个特定的人不同的年龄段发生的事情,在人类接替的世代中也同样发生了。所以,人类在如此众多的世纪中的整个演替,应当被视作一直存在并且持续学习的同一个人。"

在这一点上,帕斯卡用他的隐喻逆转了今人和古人的关系。"既然老年是一生中离童年最遥远的时候,谁不会想到在这个普遍人(universal man)身上的老年不应当在离其出生最近的时间里寻找,而应该在离其出生最远的时间里寻找?那些我们称作古人的确实在所有事情上都是新手,实际上属于人类的童年,而且因为我们为他们的知识增添了其后世纪的经验,所以,从我们自己身上可以发现我们在别人那里所尊崇的古老。"

如弗雷泽所认为的,"思想的进步,在艺术和科学的发展以及更加自由的观点的传播中显露自身,它不能与工业或经济的进步相脱离,而工业或经济的进步又从征服和帝国中获得巨大的推动力"。

不管是由于偶然还是借用,进步赋予现代以优越性这一典型的现代观点,在霍布斯和培根那里以类似的语言也得到了表达。霍布斯写道,"尽管我崇敬古时的那些人,他们或者明白地写出了真理,或者使我们置身于发现真理的一条更好的路上,但对于古代本身我不认为有什么亏欠。因为如果我们要尊敬老年,那么现在才是最古老的"。培根写道,"古代,如我们所称呼它的,是世界的年轻阶段。只有那些世界是古老时的时代才是古代,而不是我们通常通过向后计算的方式而谈论的古代。因此,现在是真正的古代"。

为了在所有心智问题中,确保一个可靠的而不是华而不实的进步,培根建议避免两个极端:对古老和新颖的迷恋,因为"古老嫉妒新的改进,而新颖不满足于只添加新的东西而不对原有的带来损害"。既然"古代值得人们暂时伫立其上,环顾四周来看哪一条才是最好的道路",那么过去的伟大著作能够为进步奠定基础,不过只有以恰当的方式阅读它们时才可以。培根宣称,"因此,让伟大的作者们获得他们所应得的,但是不要欺骗时间。时间是作者们的作者,而且是真理之父母"。

分类主题

1. 历史哲学中的进步观念

    1a. 进步理论中的天意和必然性：精神或物质的辩证发展；作为进步之源泉的冲突

    1b. 乐观主义或社会向善论：关于人类可完善性的学说

    1c. 怀疑主义或悲观主义对进步的拒斥：过去是黄金时代；历史的循环运动；文化的退化

2. 生物进化论中的进步观念

3. 经济的进步

    3a. 财富的增长：劳动分工作为进步中的一个因素

    3b. 劳动地位和条件的改善：革命和改革的目标

    3c. 通过科学和发明，人类对自然力的逐渐征服

4. 政治中的进步

    4a. 政治制度的发明和改善：与进步相关的政治秩序的维持

    4b. 国家的理念的逐步实现

    4c. 政治自由的增长：公民身份和公民权利的获得；朝向社会地位的平等的进步

5. 反对社会进步的力量：对变化或新事物的情感上的反对；政治保守主义

6. 思想或文化的进步：其源泉和障碍；文化进步与生物进化的类比

    6a. 人文学科的进步

    6b. 哲学和各门科学的进步

    6c. 思想传统的利用和批判：从谬误中筛选出真理；对过去的权威性的反对

    6d. 学术进步的计划以及人文和科学领域中的方法的改进

    6e. 表达和讨论的自由对于真理的逐渐发现不可或缺

［杨海燕　译］

71. Progress 1193

索引

本索引相继列出本系列的卷号〔黑体〕、作者、该卷的页码。所引圣经依据詹姆士御制版，先后列出卷、章、行。缩略语 esp 提醒读者所涉参考材料中有一处或多处与本论题关系特别紧密；passim 表示所涉文著与本论题是断续而非全部相关。若所涉文著整体与本论题相关，页码就包括整体文著。关于如何使用《论题集》的一般指南请参见导论。

1. **The idea of progress in the philosophy of history**

1a. Providence and necessity in the theory of progress: the dialectical development of Spirit or matter; conflict as a source of progress

   6 Plato, 44-45
   16 Augustine, 157-158, 358, 456-574, 695-696
   35 Rousseau, 338-339
   40 Mill, 376, 387
   43 Hegel, 20-21, 114-118, 163-199, 213-216, 392-393
   49 Darwin, 321, 328, 596
   50 Marx, 6-7, 10-11
   50 Marx-Engels, 419-425
   51 Tolstoy, 645-650, 676-677, 679-680
   54 Freud, 882-883

1b. Optimism or meliorism: the doctrine of human perfectibility

   20 Calvin, 335-337
   34 Voltaire, 191-192
   35 Rousseau, 338
   37 Gibbon, 633-634
   39 Kant, 586-587
   40 Mill, 460-461
   43 Hegel, 115, 186-187
   43 Nietzsche, 486, 512
   44 Tocqueville, 196-197, 240-241
   49 Darwin, 294-295, 317-319, 328-330, 596-597
   54 Freud, 654, 781, 801-802
   55 James, William, 5-6, 25-26, 60-61
   55 Barth, 498
   57 Keynes, 342-343, 456-457
   60 Kafka, 140-141

1c. Skeptical or pessimistic denials of progress: the golden age as past; the cyclical motion of history; the degeneration of cultures

   Old Testament: *Ecclesiastes*, 1:1-15
   6 Plato, 443-446, 479-485, 586-589, 681
   11 Lucretius, 76
   11 Aurelius, 244, 264, 278, 283-284
   12 Virgil, 223-224
   13 Plutarch, 372
   14 Tacitus, 57-58
   16 Augustine, 404-405
   23 Montaigne, 155-156
   25 Shakespeare, 595
   27 Cervantes, 31
   34 Swift, 79-80, 118-121
   34 Voltaire, 224-225, 234-237
   35 Rousseau, 329-334, 342-345, 347-348, 362-366
   37 Gibbon, 32-33
   40 Federalist, 41
   40 Mill, 335-336
   43 Hegel, 192-193
   44 Tocqueville, 4-6, 247-248
   45 Goethe, xxi
   48 Melville, 196
   54 Freud, 776-777
   55 James, William, 6-8
   56 Planck, 101-102
   57 Veblen, 73-75, 82-83, 92-95
   58 Frazer, 37-38
   58 Huizinga, 254-258
   58 Lévi-Strauss, 447-455
   59 Conrad, 168-169

2. **The idea of progress in the theory of biological evolution**

   35 Rousseau, 334
   45 Goethe, 110
   49 Darwin, 1-3, 41-42, 60-62, 63-64, 96-103, 176-178, 243, 294-295, 340-341
   53 James, William, 95
   54 Freud, 651-654, 768-769
   56 Dobzhansky, 590-591
   56 Waddington, 738-741
   57 Veblen, 79-81

3. **Economic progress**

3a. The increase of opulence: the division of labor as a factor in progress

   4 Aristophanes, 887-905
   5 Thucydides, 352
   33 Locke, 34-35
   34 Swift, 154-155
   35 Rousseau, 352-353, 365-366
   36 Smith, 3-7, 34-35, 43-44, 63, 81, 85-86, 119, 160-170, 183, 213-214, 326-331
   37 Gibbon, 23, 642, 655-658
   39 Kant, 253
   40 Federalist, 56

40 Mill, 452
43 Hegel, 70–71, 278–279
44 Tocqueville, 148–149, 211–215
45 Balzac, 362–363
50 Marx, 16, 31–37, 157–180, 218–219, 308–311
50 Marx-Engels, 421
57 Veblen, 1–9 passim, 29–79 esp 31–34
57 Keynes, 280
58 Frazer, 32

3b. **The improvement of the status and conditions of labor: the goals of revolution and reform**

8 Aristotle, 554–555
13 Plutarch, 36–37, 68–70, 671–689
14 Tacitus, 132
35 Montesquieu, 111
36 Smith, 31–42, 58–71, 185–196, 224–225
37 Gibbon, 16–17, 144
40 Mill, 339–340
46 Eliot, George, 216–217, 387, 420–421
50 Marx, 8–9, 111–146, 209–215, 231–248, 295, 367–368, 377–378
50 Marx-Engels, 415–416, 423–425, 432–434
51 Tolstoy, 211–213
54 Freud, 787–788, 883–884
55 Whitehead, 229–231
57 Veblen, 43–47, 143–148
57 Tawney, 194–195
60 Orwell, 478–481

3c. **Man's progressive conquest of the forces of nature through science and invention**

4 Aeschylus, 45–46
4 Sophocles, 163
11 Lucretius, 74–75
12 Virgil, 30
26 Gilbert, 100–101
28 Bacon, 107, 120, 133, 169–170, 188–194, 210–214
28 Descartes, 284–291
34 Swift, 106–107
35 Montesquieu, 126, 191
35 Rousseau, 348–353, 365–366
36 Smith, 5–7
43 Hegel, 204–205, 257–258, 282–283
44 Tocqueville, 244–251, 298
46 Eliot, George, 467–468
50 Marx, 86, 170, 180–188, 253–255, 299
54 Freud, 778–779
55 Dewey, 106
55 Whitehead, 181
56 Whitehead, 130–133
56 Heisenberg, 449–456 passim
57 Veblen, 67–69, 93–95
58 Frazer, 66–67
58 Weber, 153–155

4. **Progress in politics**

4a. **The invention and improvement of political institutions: the maintenance of political order in relation to progress**

5 Thucydides, 366–367
6 Plato, 316–318, 344, 663–666
8 Aristotle, 445–446, 464–465, 533–534, 553–584
11 Lucretius, 71, 72–73
12 Virgil, 87–88
13 Plutarch, 32–48, 64–77
18 Aquinas, 236
21 Machiavelli, 36–37
21 Hobbes, 164
35 Montesquieu, 16–17, 75, 170
35 Rousseau, 323–325, 354–355, 356, 367–385, 391–392, 400–406, 423–424
38 Gibbon, 71–80, 202
39 Kant, 450–452, 456–458
40 Federalist, 47–49, 62, 117–125, 153–165 passim, 165–167, 193–194
40 Mill, 272, 289, 300–302, 327–336, 350–355 passim, 370–380
41 Boswell, 172, 204–205
43 Hegel, 151, 213–216, 272–273, 337, 355–357
44 Tocqueville, 55–57, 161–165
51 Tolstoy, 238–243
54 Freud, 780–781
58 Frazer, 31–32
58 Weber, 153–155, 161

4b. **The progressive realization of the idea of the state**

43 Hegel, 83, 86, 88–93, 114–118, 123–124, 145, 148, 178–186, 188–191, 242–243

4c. **The growth of political freedom: the achievement of citizenship and civil rights; progress toward an equality of conditions**

5 Herodotus, 171–175
5 Thucydides, 396–397
8 Aristotle, 470–471, 505–506, 571–572
12 Virgil, 193–195, 231–234
13 Plutarch, 9
14 Tacitus, 51–52, 106
33 Locke, 46, 47–51, 63–64
35 Montesquieu, 75–78
36 Smith, 191–194, 302–304
37 Gibbon, 14, 15, 521–523
38 Gibbon, 403–404
40 Federalist, 47, 92–94, 252
40 Mill, 267–268, 328–332, 367, 381–382, 394–396
43 Hegel, 291–292, 363–368
44 Tocqueville, ix–x, 1–6, 157–165, 400–406
50 Marx-Engels, 423–425
51 Tolstoy, 10
57 Veblen, 149–151
57 Tawney, 199

5. **Forces operating against social progress: emotional opposition to change or novelty; political conservatism**

   4 Aristophanes, 770–797, 879–881
   6 Plato, 654–655, 678–679, 717–718
   13 Plutarch, 648–656
   14 Tacitus, 151–152
   18 Aquinas, 236–237
   19 Dante, 108–111
   21 Machiavelli, 9
   23 Montaigne, 101–105, 172–173, 321–322, 358–359, 505–508, 547–548
   28 Bacon, 90, 109–110, 124–125, 205–207
   30 Pascal, 225–226, 230–231
   33 Locke, 61–62, 76–77
   35 Montesquieu, 104, 137–140
   35 Rousseau, 324, 419–420, 437–438
   36 Smith, 31–42, 46, 109–110, 124–125, 225–226
   40 Federalist, 62
   40 Mill, 293–302 passim, 335–336, 344, 346–348, 357, 377–378
   41 Boswell, 189–190
   43 Hegel, 117, 149, 248, 271–272, 297–298, 320–321, 373–375
   44 Tocqueville, 21–22, 171–178
   45 Balzac, 192–193
   46 Eliot, George, 410–411, 412–418
   47 Dickens, 52–62 passim esp 52–54, 60, 263, 374–376
   48 Twain, 280
   50 Marx, 174, 234–236, 239–240
   50 Marx-Engels, 426–428, 429–433
   51 Tolstoy, 303–305, 403, 666–669
   53 James, William, 79
   54 Freud, 759–761, 776–777, 780–781, 783–791, 799–802
   55 Whitehead, 220–234
   56 Heisenberg, 455–456
   57 Veblen, 82–89, 159–160
   58 Weber, 161–162
   60 Faulkner, 387–388

6. **Intellectual or cultural progress: its sources and impediments; the analogy of cultural progress to biological evolution**

   9 Galen, 432–433
   21 Hobbes, 274
   22 Rabelais, 81–82
   23 Montaigne, 311
   26 Galileo, 166, 203
   26 Harvey, 268, 285
   28 Bacon, 1–101, 121–122, 134–135, 203–207
   28 Descartes, 269–270
   29 Milton, 384
   30 Pascal, 355–358
   33 Locke, 293–294 passim
   35 Rousseau, 336–337, 348–353, 362–363
   37 Gibbon, 88–90, 601, 627–630
   38 Gibbon, 225, 298–300, 451–453, 522–528
   39 Kant, 222

   40 Mill, 274–302, 336–341
   41 Boswell, 307, 380–381
   43 Hegel, 81, 159–393
   49 Darwin, 320–330
   51 Tolstoy, 695–696
   54 Freud, 776–780, 781, 801–802
   55 James, William, 35–36, 52
   55 Whitehead, 226–234
   56 Waddington, 698–699, 740–742
   57 Veblen, 82–83
   58 Huizinga, 298
   59 Shaw, 54–55
   60 Woolf, 21

6a. **Progress in the arts**

   5 Herodotus, 49–50
   5 Thucydides, 350–351
   6 Plato, 601–603
   7 Aristotle, 253, 500
   8 Aristotle, 653–654, 682–684
   9 Hippocrates, 1–3
   11 Lucretius, 63, 71–73, 74–77
   13 Plutarch, 252–255
   16 Augustine, 686–687
   21 Hobbes, 267–269 passim
   28 Bacon, 121–122
   28 Descartes, 285
   34 Swift, 103–115
   35 Rousseau, 339–342, 346–347
   36 Smith, 346–347
   37 Gibbon, 18–24, 237–238, 633–634
   38 Gibbon, 291–292
   39 Kant, 586–587
   41 Boswell, 70–71
   43 Hegel, 261–262, 264–265, 267, 282–284, 292–293, 343, 355–356, 368–370
   44 Tocqueville, 242–251
   49 Darwin, 278–279, 329–330, 349
   50 Marx, 86
   54 Freud, 778–779
   58 Weber, 113
   58 Huizinga, 361–362, 381–386

6b. **Progress in philosophy and in the sciences**

   6 Plato, 601–603
   9 Galen, 402
   11 Lucretius, 30, 58–59, 77
   16 Augustine, 686–687
   21 Hobbes, 267–269
   23 Montaigne, 316–320
   26 Harvey, 336–337, 433
   28 Bacon, 14–15, 30–31, 32, 33, 34, 51–53, 116–130
   28 Descartes, 227–229, 265–291
   33 Locke, 88–89
   33 Berkeley, 409–410
   33 Hume, 454–455, 471
   35 Rousseau, 337–342
   36 Smith, 376–378
   37 Gibbon, 148, 158–159
   38 Gibbon, 298–300, 326–327, 509–510
   39 Kant, 1–2, 5–8, 248–250, 336–337, 339

40 Mill, 287-288, 445-447
42 Faraday, 299
43 Hegel, 142, 194, 228-230, 241
46 Eliot, George, 260-262, 271-273, 280-281, 308-309
48 Melville, 65-126
51 Tolstoy, 469, 563, 694-696
53 James, William, 125-127
54 Freud, 123-127, 137-139, 777, 880-881
55 Whitehead, 135-234 passim esp 135-144
56 Planck, 97-99
56 Whitehead, 130-135, 137-138, 152-154, 156-159, 178-179
56 Eddington, 295
56 Schrödinger, 469-470
56 Waddington, 698-699
58 Weber, 113

6c. **The use and criticism of the intellectual tradition: the sifting of truth from error; the reaction against the authority of the past**

5 Thucydides, 353-354
6 Plato, 240-242, 564-569
7 Aristotle, 259-268, 397, 501-512, 513-522, 525-532, 533-547, 587-589, 590-592, 606, 607-626, 633-641
8 Aristotle, 341-342
9 Hippocrates, 7-8
9 Galen, 371, 374-378, 399-400, 413-414
15 Copernicus, 508
15 Kepler, 846-850, 1009-1010
16 Augustine, 311-374 passim, 575-582, 737-738
17 Aquinas, 239-240, 342-347, 385-388, 391-393, 417-418, 440-442, 444-446, 447-449, 453-455, 469-471
18 Aquinas, 385-387
19 Dante, 4-6, 72-74
20 Calvin, 399-400
21 Hobbes, 56, 58-61 passim, 71, 114-115, 150-151, 247-248, 267-274, 282-283
23 Montaigne, 118-119, 300-302, 316-318
26 Gilbert, 2, 3-7, 34-36, 60-61, 84, 107-110, 113-115
26 Galileo, 157-160
26 Harvey, 267-269, 279-280, 306, 331-332, 364-365, 377, 457
28 Bacon, 14-15, 27-28, 47-48, 64, 112, 121, 126
28 Descartes, 266-268, 270-272, 273-274, 284-291, 504-519 passim
29 Milton, 381-412
30 Pascal, 355-358
33 Locke, 119-120, 373
33 Berkeley, 404, 411-412
34 Voltaire, 237-240
36 Smith, 376-378

37 Gibbon, 23-24
38 Gibbon, 298-300, 522-528
39 Kant, 220-221, 513-514
40 Mill, 274-293
41 Boswell, 129
42 Lavoisier, 3
42 Faraday, 240
43 Hegel, 281, 379, 384-385
44 Tocqueville, 228
46 Eliot, George, 301-302, 430
50 Marx-Engels, 428
51 Tolstoy, 675-696
53 James, William, 221-239, 305-312, 627-635, 879-882
54 Freud, 879-880
55 James, William, 47-48
55 Dewey, 99-101
55 Whitehead, 135-144, 153-162, 170-180, 189-190, 200-209 passim, 220-226
55 Barth, 488-490, 502-504, 509, 517-533
56 Hardy, 367-368
56 Waddington, 698-699
58 Frazer, 38-40, 69-71

6d. **Plans for the advancement of learning and the improvement of method in the arts and sciences**

8 Aristotle, 161-165
9 Hippocrates, 303-304
9 Galen, 433
26 Harvey, 331-337
28 Bacon, 1-101, 105-195, 199-214
28 Descartes, 223-262, 265-291, 272, 523-581
30 Pascal, 430-434, 442-443
33 Locke, 328, 358-363
33 Berkeley, 411-412, 439-440
34 Swift, 106-115
36 Smith, 372-400
39 Kant, 1-4, 5-13, 15-16, 19-22
42 Lavoisier, 6-7
55 Dewey, 99-125
55 Whitehead, 228-229

6e. **Freedom of expression and discussion as indispensable to the progressive discovery of the truth**

11 Aurelius, 240
28 Descartes, 509
29 Milton, 381-412
33 Locke, 15, 319
33 Hume, 497
37 Gibbon, 668-671
39 Kant, 223
40 Mill, 274-293, 297-299
44 Tocqueville, 92-96
55 Dewey, 114-116
58 Weber, 164-165

交叉索引

以下是与其他章的交叉索引：

The philosophy of history, see DIALECTIC 2d; HISTORY 4a(2)–4a(3), 4b.

The consideration of fate, fortune, and freedom in relation to progress, see CHANCE 2b; FATE 3; HISTORY 4a(1); LIBERTY 4a; NECESSITY AND CONTINGENCY 3.

The religious aspects of optimism and pessimism, see GOD 7h, 8e, 9f; HISTORY 5a; PROPHECY 4c–4d.

The notion of progress in the theory of biological evolution, see EVOLUTION 3d.

The myth of a golden age, see LABOR 1a; MAN 9a; TIME 8b.

Economic progress, see LABOR 4a, 5a–5d, 7c(2), 7f; LIBERTY 6b; REVOLUTION 4a, 5c; SLAVERY 3c, 5b; WEALTH 9b, 12.

Political progress, see CONSTITUTION 10; DEMOCRACY 4d, 7; GOVERNMENT 6; LIBERTY 6a–6c; MONARCHY 4e(2); SLAVERY 5b; STATE 2a(3); TYRANNY AND DESPOTISM 8.

The distinction between utopian and practical ideals as goals of political progress, see CITIZEN 8; STATE 6, 10f; WAR AND PEACE 11d.

Attitudes toward change that have a bearing on progress, see CHANGE 12b; CUSTOM AND CONVENTION 8; TIME 7.

Evidence of progress in the arts and sciences, and the comparative progress of different fields of learning, see ART 12; KNOWLEDGE 10; PHILOSOPHY 7.

The conditions of intellectual progress, see KNOWLEDGE 9b; LANGUAGE 6; OPINION 5b; SCIENCE 6a–6b; SIGN AND SYMBOL 4c; TRUTH 6, 8d.

The notion of cultural progress or social Darwinism, see EVOLUTION 7.

Progress toward equality of conditions, see DEMOCRACY 8.

扩展书目

下面列出的文著没有包括在本套伟大著作丛书中，但它们与本章的大观念及主题相关。

书目分成两组：

Ⅰ．伟大著作丛书中收入了其部分著作的作者。作者大致按年代顺序排列。

Ⅱ．未收入伟大著作丛书的作者。我们先把作者划归为古代、近代等，在一个时代范围内再按西文字母顺序排序。

在《论题集》第二卷后面，附有扩展阅读总目，在那里可以查到这里所列著作的作者全名、完整书名、出版日期等全部信息。

I.

Hume. *Of the Rise and Progress of the Arts and Sciences*
Swift. *The Battle of the Books*
Voltaire. "Optimism," in *A Philosophical Dictionary*
Diderot. *Discours Préliminaire (to Encyclopédie)*
Rousseau. *A Discourse on the Arts and Sciences*
Kant. *The Idea of a Universal History on a Cosmo-Political Plan*
——. *The Principle of Progress*
Mill, J. S. "Civilization," in *Dissertations and Discussions*
Hegel. *The Phenomenology of Spirit*, VI, B (II)
Twain. *A Connecticut Yankee in King Arthur's Court*
Shaw. *Back to Methuselah*
——. *Doctors' Delusions*
Russell. *Proposed Roads to Freedom*, CH 4–8

II.

THE MODERN WORLD (1500 AND LATER)

Adams, R. M. *The Evolution of Urban Society*
Bagehot. *Physics and Politics*
Bellamy. *Looking Backward*
Bury. *The Idea of Progress*
Butler, S. *Erewhon*
Calvino. *Invisible Cities*
Comte. *The Positive Philosophy*, BK VI
——. *System of Positive Polity*, VOL III, *Social Dynamics*
Condorcet. *Sketch for a Historical Picture of the Progress of the Human Mind*
Darwin, C. G. *The Next Million Years*
Dawson. *Progress and Religion*
Ellul. *The Technological System*
Ferguson. *An Essay on the History of Civil Society*, PART III
George. *Progress and Poverty*
Hamilton, E. *The Greek Way*

———. *The Roman Way*
Herder. *Outlines of a Philosophy of the History of Man*
Huxley, T. H. *Methods and Results*, I–II
Kuhn. *The Structure of Scientific Revolutions*
Lessing, G. E. *The Education of the Human Race*
———. *Nathan the Wise*
Lotze. *Microcosmos*, BK VIII
MacIver. *Society; Its Structure and Changes*
Maine. *Ancient Law*
———. *Popular Government*, III
Malthus. *An Essay on the Principle of Population*, BK III
Maritain. *Scholasticism and Politics*, CH 9
———. *Theonas, Conversations of a Sage*, VII–VIII, X
———. *True Humanism*
Morris. *News from Nowhere*
Mumford. *The City in History*

Newman. *Callista*
———. *An Essay on the Development of Christian Doctrine*
Proudhon. *Philosophy of Misery*
Renan. *The Future of Science*
Schopenhauer. *Studies in Pessimism*
Scott. *Waverley*
Simon. *Community of the Free*, CH 3
Sorel. *The Illusions of Progress*
Spencer. *Progress: Its Law and Cause*
Spengler. *The Decline of the West*
Sumner. *The Absurd Effort to Make the World Over*
Tennyson. *In Memoriam*
———. "Locksley Hall"
Toynbee, A. J. *A Study of History*
Vico. *The New Science*
Wells. *The Time Machine*
———. *The World of William Clissold*

72

预　言　Prophecy

总　论

在西方传统中,预言者这个名字在相当长的时期里都代表了一种科学家、哲学家、政治家甚至是圣人都不具备的显赫和尊严。古代非基督教世界中的占卜者和先知以及以色列的上帝的预言者都宣称他们的预言不是出于人的智慧,他们掌握的真理也并非来自求问和思索。他们的预言也非关事物的本质。预言者声称他知道普通人以常人之力不能知道的事情。他具有特殊的禀赋。他受到过天启。他得到了上帝的教诲,或者因为某种缘由获准知道诸神的秘密。他的知识不仅其来源是超自然的,其处理的事物也是超自然的。

预言不仅仅是对未来的预测。它向人们展示命运之神秘藏的对人们的安排,它预示神意的差遣。大多数时候,对未来的预测都具有很深的道德上的意义,它表达了诸神对个人或国家的喜爱或不悦,或显示上帝对遵守和违背他的戒律的人的分明赏罚。预言者预见到的不仅仅是未来,他向人们揭示根据他们自身的价值能期望什么、必须对什么心存畏惧,他们这样做的时候依据上帝的眼光,而非常人的眼光。

对预言的理解似乎也被牵扯到伟大著作中提出的关于预言者的一些关键的问题之中。例如,区分预言者的真假就不能只靠判断他做出的预言的真假,而要进一步考虑他所称的特殊来源的知识,或者超自然的力量所激发的灵感对梦、幻觉、预兆和奇迹的理解能力是否属实。假的预言者和出了错的科学家或哲学家不一样,后者只是犯了错误的凡人罢了。假的预言者要么是欺骗别人的骗子,要么是被他自己的那一套东西欺骗了的可怜虫。

同样,关于异教徒对神谕以及各种试图窥探神的秘密的占卜的崇拜,基督教神学家持有批判态度,他们似乎暗示罗马和希腊的占卜者和先知与希伯来的预言者不同,前者没有预言的禀赋。对预言或对上天安排的预测,人们是接受还是排斥,似乎和整个宗教信仰系统是分不开的。在这一方面,预言和奇迹是一样的。没有信仰,两者都不可信。霍布斯说:"一个预言者要为人所知,必须要同时具有这两个特点,而不能只居其一。首先他要创造奇迹;其次不能传播已被广为接受的宗教之外的任何宗教。"在霍布斯看来,已被人广为接受的宗教是人们接受预言者和感受奇迹的一个必要的条件。

因此,有关的预言的问题可能发生在单一的宗教群体中,也可能和不同的宗教群体之间的差别相关,犹太教和基督教对《旧约》中救世预言的对立的阐释所代表的宗教群体就是我们这里所说的不同的宗教群体的一个例子。因此,任何一种宗教的信仰者和非信仰者之间都会产生问题。否定上帝或神灵的存在,或否定代表人类世俗事物的神媒的存在的人,还有那些否定天启的可信性的人,只会认为预言者是被误导的人或是误导他人的人,而那些接受预言的人是容易上当受骗的人,或是迷信的人。在非基督教的传统中,如亚里士多德这样的哲学家,对占卜持批评的态度,而像修昔底德这样的历史学家对神谕也充满怀疑，而他们并没有怀疑任何宗教信仰，自己也不是无神论者。

一些拒绝接受宗教预言的人并不认为需要完全遏制人们想窥探未来的自然欲望。但是宗教预言的世俗替代品似乎改变了预言的意义。科学对世界未来或者地球上生命的预测（例如卢克莱修或达尔文的著作中的推测）可能会伴随着一些属于大自然的道德品质的特性，但通常这些预测都表明了大自然对人类利益的极端漠然态度。科学的预言几乎从不被人们看作是人们理应得到的承诺或威胁。

同样，历史学家变成的预言者或者研究历史的哲学家如斯宾格勒，他们预言了衰退和灭亡，却并不像《旧约》中的那些预言者们一样力劝人们去避免灾难。另外一些人，如黑格尔和马克思，他们预见了事物发展不可避免都要走向的终极方向，但也并没有像《新约》中预言基督将第二次降临的预言一样要求人们为之做好准备。在这个意义上，预示必然事件的终将实现的俗世预言，就像非基督教世界中的命运之神的安排。它们至多也不过给人留有一点儿幻觉，好让人能进行自由选择。相比之下，犹太教和基督教的预言将人作为一种负责任的主动者（agent），即使他们知道上帝的某种意愿，仍旧可以选择自己趋恶或者向善。据神学家的看法，神意或者命运并不剥夺人的自由，也不妨碍人们预知神的安排。

我们将在另外的章节单独讨论这些问题，俗世预言将在**历史**和**进步**两章中讨论，预知和自由的问题则将在**命运**和**必然性与偶然性**两章中论及。

在基督教诞生前的古典世界中，似乎并非只有神特别选定的人才能进行预言。神自己也将未来预示给人们。人们想知道未来的时候，他们就亲自或者派使者到德尔斐的神庙，去问那里的主持女神——皮提亚。德尔斐大概是最具有代表性的预言之所。这些预言之所都把预见的能力留在诸神的手中，就像希罗多德和修昔底德书中的很多轶事都表明的那样，只有皮提亚自己才明明白白地知道她自己发出的神谕到底是什么意思。

解读神谕的工作则是要人来完成的。和希伯来的预言者不同，非基督教的预言者似乎是一个有能力洞悉神灵秘密的人——这种能力可能来自神授——但神并没有把一切都给他讲得明明白白，因此他给别人的建议也不是一点儿错误都没有。柏拉图说："没有人能以常人之力获得预言性的真理和灵感。"在希腊神话中，女预言者卡桑德拉可能是唯一对未来具有准确的预测能力的凡人。在欧里庇得斯的《特洛伊妇女》、莎士比亚的《特罗洛斯与克莉西达》中都有她的身影，但对她最著名的描绘是在埃斯库罗斯的《阿伽门农》中。但是，因为她轻蔑地拒绝了阿波罗的求婚，所以被阿波罗赋予了可怕的命运：永远不会有人相信她。

很多希腊诗人和历史学家的著作中似乎都表明神不愿意让人对未来的一切知道得过于清楚，有时神甚至会有意误导人们，或至少允许人们被误导。在埃斯库罗斯的《被缚的普罗米修斯》中，普罗米修斯称因为他将属于神的礼物"偷来送给了人"，他"被……用不可打开的锁链绑了起来"。他给人类带来了火和工艺；他"让凡人类不再能预见自己的沦亡"；他给人类带来了医药。他自己列举的最后一项，在某种意义上也是最重要的一项，他把预知未来的能力这一神圣的礼物赐给了人类。

普罗米修斯说："是我制定了各种占

卜的方式,并且是我首先规定了什么梦可以变成现实;我把各种难以解释的预兆的意义告诉人们。是我说明了大路和弯尾巴的鸟的飞翔方式所预兆的意义,其中哪些是好兆头或幸运的……是我使人们看明白天黑之前天上的火烧云所预示的意义。"歌队问道,"朝生夕死"的人们是否可以通过智慧超越"宙斯严格的法律"为他们短暂的生命设定的界限?人们通过占卜的技艺获得的预知未来的智慧,是否能给予他们力量来抗拒诸神的意志或与之抗争?

普罗米修斯自己就是这个问题的答案。他对宙斯施加的力量,也就是宙斯试图通过贿赂、恐吓以及给他造成巨大痛苦来夺取的力量,是他所拥有的对科罗诺斯之子的命运的预知能力。普罗米修斯说,宙斯的任何恐吓都不能使他泄露这个秘密,因为"我的预知能力,什么都不会出乎我的意料……他对我所能做的一切都不能使我泄露命运之神将推翻他的安排"。

在《高尔吉亚篇》中,苏格拉底讲的一个神话中似乎包含了埃斯库罗斯讲过的一个传奇的后续故事。这个神话似乎也确认了预知的能力是神所特有的,人不应该有这样的能力,以防他们变得太像神。在这个神话中,为了防止人们逃避神的裁判,宙斯说:"首先,我要剥夺人预知死亡的能力,普罗米修斯已经接到了我剥夺他们的这种能力的命令。"

神谕对未来的预示从来都不是特别清楚,所以人从来也不能像神那样在行动的时候明确知道未来将会发生什么,有的时候神谕似乎不仅力图使未来变得模糊不清,甚至会故意将人们引向歧途。希罗多德讲过这么一个故事,米太亚德听了地府女神的女祭师提摩的建议,做错了事,给自己带来巨大的痛苦。当帕罗斯人派人去德尔斐去问提摩是否应该为此受到惩罚,皮提亚禁止他们那样做,她说:"提摩没有错,米太亚德注定要有一个悲惨的结局;她被派去引诱他自取灭亡。"

修昔底德也讲过一个故事,库伦去德尔斐求神谕,神谕告诉他在宙斯的盛节的时候夺取雅典卫城。结果他遭到了惨败,原因很明显,如修昔底德所说的:"神谕所指的盛节到底是在阿提卡举行的还是在其他地方举行的,他从来都没有考虑过,神谕也没有明确指出。"

但是,对于去德尔斐求神谕指引而又灾难临头的人们来说,他们后来大难临头大多是因为他们对众所周知晦涩难解的神谕的错解。这样的事在希罗多德和修昔底德的书中随处可见,此外,还有相当多的时候,一份神谕可以有两种相互矛盾的解释,而其中之一肯定是错的。尽管如此,希罗多德称自己不愿意"说预言中没有真理",他肯定也不愿意质疑"那些意思明确的预言"。他举了一个意思明确的预言的例子,然后接着说:"我看了这个预言并意识到巴基斯的意思是多么明显之后,我就不会再冒险说任何怀疑预言的话,也不会去赞同任何对预言提出非难的人。"

修昔底德的观点似乎完全相反。他举了一个例子,说那不过是"人们所相信的预言与事实偶尔相合"而已。在米洛斯大会上,他在雅典人的发言中加入了这样的话,警告人们不要"如一般市井鄙夫,每当临危无望之时,则放弃以凡人之力尚可以奏效的举措,转而寄望于预言与神谕,或其他将尚抱一丝希望的人引至毁灭的法术"。

预言的可信度的问题,以及人们对预言的信仰或轻信并不只限于神谕,也包括梦和幻象,以及各种各样的预兆和奇迹。希罗多德讲叙的两个关于克洛伊索斯的故事表明，梦也和神谕一样可能模棱两可，也一样容易被错解。克洛伊索斯梦到他的儿子阿提斯会遭铁制武器之击而死。后来，当阿提斯想和阿德拉斯托斯去猎野猪的时候，他对克洛伊索斯说，那个梦并没有警告他不要去参加这次活动，因为野猪没有可以用来攻击人的双手，也不能使用铁制武器。但在打猎的时候，阿提斯被阿德拉斯托斯投向野猪的标枪刺中而死。

另外一次，克洛伊索斯去德尔斐去求神谕，问他的王国能延续多久。皮提亚回答道，他的王国会一直延续下去，直到"骡子成为美地亚的国王"。因为"对他来说骡子永远不可能成为美地亚的国王"，所以这个神谕不仅让他感到极为高兴，而且给了他很强的自信心去和居鲁士率领的美地亚人以及波斯人展开战争。这场战争最后以他的惨败和被俘为结束，但他却没有权力抱怨，因为据希罗多德说，"他错解了神谕中骡子的意思。居鲁士就是所说的骡子，因为居鲁士的父亲和母亲不是同一个种族的人"——他的母亲是美地亚的公主，父亲则是波斯的臣民。

古人对这些不同形式的占卜或预测的态度似乎并非是始终一致、恒定不变的。希罗多德记叙了薛西斯曾有一次"蔑视预兆"，反其道而行之，坚决执行了自己的计划。还有一次出现了月食，这被认为是一个好兆头，薛西斯非常高兴，"得到了这样的指示，在前进的路上心花怒放"。再有，当薛西斯向阿尔塔巴努斯汇报他从梦中得到的有关他与希腊之间的战争的建议时，阿尔塔巴努斯嘲笑他说："孩子，这种事情就是真的，也没有什么神圣的……人都是日有所思夜有所梦。"但是，阿尔塔巴努斯自己后来也做了和薛西斯做过的同样的梦，而且，这个梦除了给了他同样的建议之外，还对他进行威吓，阿尔塔巴努斯改变了自己关于梦的看法，进而也改变了对远征希腊的态度。

亚里士多德说过，"至于在睡觉的时候发生的预兆，据说是基于梦的，我们对之既不能不屑一顾，也不能对之深信不疑"。尽管如此，他自己似乎得出结论说，大多数所谓的有预言性质的梦都"不过是与实际情况偶然相合罢了"；而且"梦并非来自上帝，也并非为了这个目的而设"，也就是说，梦并非为了预示未来而设。在他看来，梦并非来自神明，证据之一就是做梦的人"并非最杰出最有智慧的人，而只是一些最普通的人"。"平庸之辈也有预见未来的能力和鲜活的梦境，这就意味着梦并非来源于神明。"

基督教的神学家将预言和占卜区别对待，他们将后者看作是某种臆断或是不虔诚的行为。虽然他们批判的目标似乎专指占星术，但对地象和天象的解释也难逃他们的责难。奥古斯丁提到过星象学家的"疯狂的、亵渎的仪式"以及"他们僭称的预测未来的能力"，阿奎那也说明了星象学家如何完全不依靠任何真正的预言的能力，而只根据一般的方法就能对未来进行预测。

霍布斯在考查真宗教和伪宗教之间的区别的时候，比神学家更加严厉地指责了"无数其他迷信的占卜方式"，例如"德尔斐、提洛岛、阿姆蒙和其他有名的神谕"，或者"假装能和死者交流的女巫，也就是被称作通灵术的巫术、魔术、妖术，都只不过是招摇撞骗和合伙欺诈而已"。或者，总的来说，是依靠预兆、奇迹和梦境进行的预测。

霍布斯称为迷信的东西并不仅限于基督教诞生之前的古代世界，这一点从莎士比亚的《麦克白》中可以看得很清楚。该剧中的女巫和预兆都很像《裘力斯·恺撒》中的占卜者和奇迹,而且麦克白对"除非勃南的森林会向邓西嫩移动"的误解也如同克洛伊索斯对"骡子成为美地亚的国王"误解一样是致命的。

在另一方面,对超自然的预知的信仰在非基督教和基督教文化传统中似乎是平行发展的。在《奥德赛》和《埃涅阿斯纪》中,死者的灵魂能够告诉来地府的人尘世中将会发生什么。他们的预言明白而准确。蒙在巨人眼前的纱帘被揭开了。那些被诅咒和被祝福的灵魂也将未来将发生的事情预先告诉了但丁,虽然他们没有像《失乐园》中大天使米迦勒告诉亚当整个人类的未来历史那样讲述得那么详细,但却丝毫不乏准确。

但在世人预知未来的问题上,希伯来的预言家似乎有些与众不同。和非基督教的占卜者或预言者不同,他们探求未来的目的不在于帮助人们预知运道的转变或命运的安排。他们不需要使用什么手段或工具来探知神的秘密。上帝直接将旨意传达给他们,并通过他们将旨意转达给他的选民。和神谕不同的是,他们的预言性的篇章都清楚明白。至少,那些预言的目的似乎是要向人们展示,而不是隐藏上帝对这些事情的安排,因为上帝自己希望人们能够预知神意。

非基督教的占卜者可能会声称自己在解释卦象的时候具有神赐予的灵感,而希伯来的预言者的预言能力来自另外一种超自然的灵感。他们是上帝的媒介,上帝通过他们来说话。他们将上帝传达给他们的话传达给众人,只有在这个意义上,他们才是解释者。

上帝传达给人的信息很少只是预告未来将会发生的事情。其中经常会包含对犹太人如何行动的指示——告诉他们如何行动才能到达迦南福地,或是如何重建神庙。当预言是关于劫难而不是希望的时候,比如耶路撒冷的毁灭、巴比伦的陷落或是以色列的分裂,那么预言中就会有另一种形式的教诲——被犹太人所抛弃的戒律给予他们的教训,他们也因此得到预言者所预见到的惩罚。

希伯来预言的主要目的似乎并不是单纯的对未来的预测。就像亚伯拉罕、以撒、约伯与上帝订下的契约给犹太民族赋予了一种特殊的使命;就像上帝通过摩西传给他们的戒律将他们与异邦人区分开来,并指给他们正义和神圣的道路;上帝的旨意通过预言者来提醒他的选民们契约和戒律的意义,并揭示他们的最终目的是建立自己的国家。

预言者不仅预言未来,也言及现在和过去。他们是上帝指派的宗师,地位不亚于犹太民族的祖先和摩西。他们的地位可能不及摩西(摩西自己有时也被认为是预言者),因为上帝和他们交谈的方式不一样。正如霍布斯所说,"上帝自己曾明言他和其他预言者只在梦和幻觉中交谈,但对他的仆人摩西,则像一个人对他的朋友交谈一样",也就是说,面对面地交谈。

简而言之,希伯来预言在内容上是上帝自己对他的选民的启示的延续。在奥古斯丁看来,作为传达上帝教诲媒介的预言者和仅仅是为人之师的非基督教哲学家之间的区别,清楚地表现在预言者之间的一致性以及他们对摩西和希伯来人的祖先的延续上;而即使在非基督教的最优秀的宗师中,奥古斯丁看到的也只有分歧和争执。在这些人中,假的宗师或预言者似乎得到了和真的宗师或预言者同样的认可和追随。

奥古斯丁在书中说:"但那个国家、那个民族、那个城市、那个共和国,那些受上帝的神谕所托的以色列人,绝没有把假预言者和真预言者混同起来,对他们一视同仁;他们完全一致地认同、推崇他们的圣书的真正作者。这些人是他们的哲学家，这些人是他们的智者、教士、预言者，是教给他们诚实和虔诚的宗师。无论是谁，只要他是睿智的，并按这些人的要求去生活，那么他就不是按人的要求生活，而是按对他们说话的上帝的要求生活。"

霍布斯还认为《旧约》中的预言者不仅仅是预知未来的人。他在书中说："在《圣经》中，预言者这个名词有的时候指的是代言人；也就是说，指的是那些代表上帝对人说话或代表人同上帝说话的人；有的时候指的是预言者，或说是预言未来将发生的事的人。"霍布斯认为，预言者除了是上帝指派的宗师，他们还具有政治上的作用。他们制约着国王的权力，或试图去唤醒他们的正义和慈悲的良知。"在整个犹大王国以及以色列的王权历史中，总有预言者能够对国王起到制约作用，使他们不能超越宗教，而且有的时候也能够使国家免于失误。"

几个世纪之后，韦伯在一篇名为《世界宗教的社会心理学》的文章里，从世俗的角度为我们提供了一种对宗教预言的看法。他在书中说："预言为宗教提供了基础，这种基础可能有两种类型：'典范型'的预言和'使者型'的预言。"前者"通过典范者的生活为我们指出了通往救赎的道路"；而后者"以神的名义向整个世界提出它的要求"。

从世俗的角度来看霍布斯所说的预言者，似乎也在为他们在犹太人的神权群体中的政治角色增添了一些光彩。在比较了犹太国家和其他僧侣制国家之后，J. S. 穆勒指出，"和其他国家不同，塑造这些国家的国王和僧侣的性格的因素不是唯一的。他们的宗教……养育了一个无比珍贵的未经组织的机构——预言者阶层（如果可以用这个词的话）。在这种普遍但并非总是有效的保护之下，预言者因为他们的神圣的特点，在国家中形成了一种力量，他们不仅常常能够比肩于国王和僧侣，而且在地球的那个小小的角落里，这种对抗的影响一直是不断进步的保障"。

就像《旧约》中有一种对预言的教义一样，对《福音书》的信仰也包括了基督教教义所特有的对预言的信仰。例如，基督将再次降临的预言，基督再临时的最终审判以及最终将清洗这个世界的预言，以及在对灵魂的最终审判之后，人类的身体复活，然后一场大火将最终清洗整个世界的预言。

阿奎那讨论了预示这些事情即将出现的各种先兆。他也提出了这样一个问题，即人能否准确地知道世界末日和人类的复活的时间。在这个问题上他和奥古斯丁"这个时间是不为人所知"的看法相同。这个问题靠自然的理性是计算不出来的，神也未曾有任何垂示。《马太福音》中说："但那日子、那时辰，没有人知道，连天上的天使也不知道。"据圣保罗的记载，当众使徒问起基督他何时再临的时候，基督回答说："父凭自己的权柄所定的时候、日期，不是你们可以知道的。"

阿奎那接着说，基督拒绝告诉使徒们的，"他不会去告诉别人。因此迄今为止所有对前述的时刻的预测都已被证为不实；正如奥古斯丁所说，因为一些人说，从我们的主升天到他的再临将会有400年，而有的人说是500年，也有人说是1000年。计算这些年限的人的错误是很明显的，现在还在进行这种计算的人也会同样犯这样明显的错误"。

犹太—基督教的传统中最伟大预言可能要算是将出现一个救世主或救世时代的救世预言了。预言中的弥赛亚或称救世主将出生在大卫家，并将成为犹太人的王，这个预言在整个《旧约》的《但以理书》《耶利米书》《以赛亚书》《以西结书》中反复出现,虽然清晰程度和形象上略有不同。

以赛亚说:"主自己将给你们一个兆头,必有童女怀孕生子,给他起名叫以马内利,……"他接着说,"因为一婴孩为我们降生,有一子赐给我们,政权必担在他的肩头上。他名称为奇妙、策士、全能的神、永在的父、和平的君。他的政权与平安必增加无穷。他必在大卫的宝座上治理他的国,以公平正义使国坚定稳固,从今直到永远"。耶利米对他的人民说:"日子将到,我要给大卫兴起一个公义的苗裔,他必掌王权,行事有智慧,在地上施行公平和公义,在他的日子,犹大(Judah)必得救,以色列也安然居住。"

在《旧约》中,犹太教和基督教信仰之间有两个比较大的问题是和这个救世预言相关的。其一是两者对预言中的事件的对立的解释——在救世时代来临的时候,犹太人的王国将在世上创立,并将永享正义和光荣,或是上帝唯一的儿子将以人身降临于世上,来拯救整个人类。另外一个问题是两者对于这个预言——无论哪种解释——是否实现了的不同回答。

预言者预言了基督的降临,而且他们的预言已经实现了,这当然是基督教的看法。但除此之外,基督教的护教者和神学家似乎也被解释为预示了基督教出现的希伯来预言的实现作为检验这些真理的一个来源。

据帕斯卡所言,耶稣基督和穆罕默德之间的区别在于,"穆罕默德没有被预言;耶稣基督是被预言了的。我看到许多对立的宗教,除了一种,其余都是伪宗教,这些宗教都强迫人们相信它,并恐吓不信仰这种宗教的人。我因此不信这些宗教。每个人都可以这么说;每个人都可以称自己是预言者。但我看到基督教中的预言都实现了,这是谁都做不到的"。

在另外的地方,帕斯卡也称"预言是耶稣基督最有力的证据……如果一个人根据同样的方式和时间独自编写了一本关于耶稣基督的预言的书,而且耶稣基督都一一实现了这些预言,这个事实就会有无可比拟的力量。但其实还不仅于此。在4000年连续不断的历史中,很多人最终都毫无例外地、一个接一个地预言同样的事件"。

几个世纪之前,奥古斯丁也表达过同样的意思。整个希伯来民族被选择来完成这个预言的功能——"有时通过那些理解他们的话的意思的人,有时也通过不能理解他们的话的人",预示"从基督降临到现在为止发生的一切事,以及未来将要发生的一切事"。不仅那些意义明确的"用语言表达的预言",而且包括所有仪式和庆典,所有的职位和机构,先基督教而产生的犹太教,都表明而且预先告知人们"对于我们这些永生相信耶稣基督的人来说,那些事情,我们相信已经实现,或者眼见正在实现,或者确信终将实现"。

分 类 主 题

1. 预言的本质和力量
   1a. 作为对命运的解读、对运道的预知和对未来的把握的预言
   1b. 作为受超自然力量启发的对神意的预见的预言
   1c. 作为天意的工具的预言:作为道德宗师和政治改革者的预言者

2. 预言的功用：具备先知能力

 2a. 冥世幽灵所具备的预知能力

 2b. 预言的政治职位：教士、占卜者、神谕

 2c. 希伯来人对预言能力的观念：法律和预言者；作为预言者的基督

3. 预言的类型和占卜工具

 3a. 神谕的确立：对神谕或预言的解释

 3b. 预兆和奇迹：天象和地象；印证了预言的表征

 3c. 梦、幻象、天谴

 3d. 上帝直接告诉人们的预言

4. 预言特例

 4a. 神约和迦南福地

 4b. 耶路撒冷的毁灭，以及以色列的分裂；以色列的复兴和神庙的重建

 4c. 救世主的降临：希伯来和基督教对救世预言的解释

 4d. 主的第二次降临：最终审判日、世界末日和千禧年

 4e. 作为世俗预言的对未来的预测

5. 对预言的批评和否定：真假预言之间的区别；被当作不敬或迷信的星象学和占卜术

[葛海滨 译]

索引

本索引相继列出本系列的卷号〔黑体〕、作者、该卷的页码。所引圣经依据詹姆士御制版，先后列出卷、章、行。缩略语 esp 提醒读者所涉参考材料中有一处或多处与本论题关系特别紧密；passim 表示所涉文著与本论题是断续而非全部相关。若所涉文著整体与本论题相关，页码就包括整体文著。关于如何使用《论题集》的一般指南请参见导论。

1. The nature and power of prophecy

1a. Prophecy as the reading of fate, the foretelling of fortune, the beholding of the future

- **3** Homer, 205-206, 222-223, 492
- **4** Aeschylus, 41, 50-51
- **4** Sophocles, 184-185, 218
- **4** Euripides, 469-471, 602-603
- **5** Herodotus, 201-202, 248, 270-271, 273, 276-277
- **6** Plato, 123, 210-211
- **8** Aristotle, 620
- **12** Virgil, 10-11, 86-88, 231-234
- **13** Plutarch, 20, 679-680
- **20** Calvin, 85-86
- **21** Hobbes, 183
- **25** Shakespeare, 285-287, 300-302
- **45** Goethe, 107-108
- **48** Melville, 226
- **48** Twain, 276

1b. Prophecy as supernaturally inspired foresight into the course of providence

Old Testament: *Exodus,* 4:10-17 / *Numbers,* 11:16-17, 24-30; 22:35-23:26 passim / *I Samuel,* 28:15-20 / *II Samuel,* 7:4-16 / *I Kings,* 14:1-16; 16:1-4; 17:13-16; 19:15-18; 20:13-14,22,28,35-42; 21:17-24,28-29 / *II Kings,* 1-2; 8:1,7-15; 9:30-10:17; 19:1-7,20-21,28-33,37; 20:1-6,14-19; 22:14-20 / *I Chronicles,* 17:7-15 / *II Chronicles,* 18:4-16,31-34; 20:14-16,37; 21:12-20; 34:22-28 / *Isaiah / Jeremiah* passim, 7:25-26 / *Ezekiel,* 1-39 passim / *Daniel,* 4:4-8,24-37; 5:25-31; 7-8; 9:20-27; 11-12 / *Joel,* 2-3 / *Amos / Jonah,* 3 / *Micah / Nahum / Habakkuk / Zephaniah / Haggai,* 2 / *Zechariah / Malachi*
Apocrypha: *Ecclesiasticus,* 48:22-25
New Testament: *Luke,* 1:67-79 / *John,* 1:6-8,15-27

- **6** Plato, 467
- **7** Aristotle, 708
- **16** Augustine, 365-366, 376-377
- **20** Calvin, 22-27, 210-211
- **21** Hobbes, 176-177, 183-186
- **29** Milton, 299-333
- **37** Gibbon, 189

1c. Prophecy as the instrument of providence: prophets as moral teachers and political reformers

Old Testament: *Exodus,* 3:6-15, 7-12 passim; 24; 31:18; 34:1-4 / *Deuteronomy,* 4:14-29; 7-11 passim; 18:15-19; 28-30 / *Joshua,* 23-24 / *I Samuel,* 2:27-36; 8:10-18, 10:1-8; 12:6-25; 13:11-14 / *II Samuel,* 12:1-14 / *I Kings,* 17-19; 22:1-23 / *II Kings,* 5:1-19; 9:1-10; 19:1-7,20-37; 20; 17:9-14,23 / *I Chronicles,* 17:3-15; 21:9-13,18-19 / *II Chronicles,* 15:1-8; 21:12-15; 28:8-15; 34:22-33 / *Ezra,* 9:10-11 / *Isaiah* passim, 6:1-13, 56:1 / *Jeremiah / Ezekiel,* 1-39 / *Hosea / Joel / Amos / Jonah,* 3 / *Micah / Nahum / Habakkuk / Zephaniah / Haggai / Zechariah,* 1:1-6; 7:8-14 / *Malachi*
New Testament: *Luke,* 11:48-50 / *Acts,* 9:3-16; 26:13-18 / *I Corinthians,* 14

- **16** Augustine, 512-537
- **18** Aquinas, 845-846
- **20** Calvin, 349-350
- **21** Hobbes, 160, 182-183, 188-189
- **29** Milton, 313-315
- **38** Gibbon, 229-233, 306
- **48** Melville, 22-23
- **58** Weber, 185, 191, 214-216

1d. The religious significance of the fulfillment of prophecy

New Testament: *Matthew / Mark,* 1:1-8 / *Luke,* 4:16-21 / *John,* 1:19-27, 7:25-52; 12:37-41 / *Acts,* 2:1-36; 3:12-26; 8:26-40; 13:16-52; 15:13-21; 28:16-29 / *Romans,* 9-11 / *Hebrews*

- **16** Augustine, 371-374, 479-480, 482-484, 506-510, 513-514, 542-543, 565-574, 594, 602, 628-632, 662-663
- **20** Calvin, 208-220
- **21** Hobbes, 160, 165-167, 187, 244, 248, 251-252
- **29** Milton, 1, 139, 313-317, 324, 326
- **30** Pascal, 273-276, 278-279, 282-283, 289-291, 293, 295, 297-299, 319, 322, 323, 333-335
- **33** Hume, 497
- **37** Gibbon, 181, 297
- **52** Dostoevsky, 133-144

2. **The vocation of prophecy: the possession of foreknowledge**

2a. **The foreknowledge possessed by the spirits in the afterworld**
   Old Testament: *I Samuel*, 28:6-20
   3 Homer, 149, 404-405, 408, 409
   4 Aeschylus, 21-22
   4 Sophocles, 253
   12 Virgil, 193-196
   19 Dante, 7-8, 12-13, 18-19, 31, 59, 62, 70-71, 75-76, 88, 100-102, 111-112, 117-118, 124-125, 129

2b. **The political office of prophecy: priests, soothsayers, oracles**
   3 Homer, 2-3
   4 Sophocles, 115-118, 152-155, 170-171, 241-242, 252
   4 Euripides, 543-545
   5 Herodotus, 13, 135-136, 150-153, 167-168, 171-172, 177, 194-195, 197-198, 241-242, 246, 284-285
   5 Thucydides, 355
   6 Plato, 345-346, 597-598
   8 Aristotle, 620
   12 Virgil, 127-130
   13 Plutarch, 52, 399, 541-542, 552, 594
   14 Tacitus, 91, 103-104
   19 Chaucer, 248
   21 Hobbes, 185-188, 199-204
   24 Shakespeare, 569
   25 Shakespeare, 312-313
   35 Rousseau, 401-402
   37 Gibbon, 457-458
   40 Mill, 341
   43 Hegel, 228
   58 Weber, 184

2c. **The Hebraic conception of the prophetic vocation: the law and the prophets; Christ as prophet**
   Old Testament: *Exodus*, 3:1-4:17; 20:18-21; 24:1-2,9-18; 33:9-11,17-23 / *Numbers*, 12:1-9 / *Deuteronomy*, 13:1-11 / *Joshua*, 3:7-8 / *Judges*, 4 / *I Samuel*, 8:10-18,22; 10:1-13,24 / *I Kings*, 17-18; 19:16-21; 20; 37-42; 21:17-24; 22:14-22 / *II Kings*, 1-2; 3:9-20; 4-6; 8:1-15; 9:1-10; 20 / *II Chronicles*, 18:4-26; 34:14-28; 36:15-16 / *Isaiah*, 6:8-12; 8:11-18; 20; 21-35; 49:1-12; 61:1-3 / *Jeremiah*, 1; 6:27; 18:18-23; 20; 26; 28; 36-38; 42:1-43:3 / *Ezekiel*, 2:1-5:4; 12; 33:30-33 / *Daniel*, 2; 4-6 / *Amos*, 7:14-17 / *Jonah*
   Apocrypha: *Ecclesiasticus*, 39:1-11; 45-49
   New Testament: *Matthew*, 5:17-18; 10; 11:20-24; 12:36-45; 13:53-57; 19:27-30; 23-25 / *Luke*, 16:14-16 / *John*, 1:15-27; 8:52-53 / *Acts*, 3:22-26

   16 Augustine, 309, 512-514
   18 Aquinas, 750-751
   20 Calvin, 23-27, 193-194, 230-231, 394
   21 Hobbes, 69-70, 169-170, 182-188, 201, 269
   29 Milton, 321-325
   40 Mill, 341
   54 Freud, 793

3. **The varieties of prophecy and the instruments of divination**

3a. **The institution of oracles: the interpretation of oracular or prophetic utterances**
   4 Aeschylus, 34-35, 79, 90
   4 Sophocles, 111-128, 138-139
   4 Euripides, 602-603
   4 Aristophanes, 836-837, 887-888
   5 Herodotus, 10, 11, 14-15, 20-22, 60-61, 70-71, 77, 101-103, 151-153, 178-180, 189, 199-202, 239-240, 255, 263, 295-298, 308
   5 Thucydides, 380, 392, 442-443
   6 Plato, 201-203
   11 Epictetus, 115-117, 165-166
   12 Virgil, 102, 122-123, 175-177, 198-199
   13 Plutarch, 268, 363-367, 698-699
   14 Tacitus, 37, 214-215
   16 Augustine, 549-550
   21 Hobbes, 81-82
   25 Shakespeare, 488, 495-497
   30 Pascal, 298-301
   37 Gibbon, 121
   43 Hegel, 266-267, 280-281, 289

3b. **Omens and portents: celestial and terrestrial signs; signs as confirmations of prophecy**
   Old Testament: *Genesis*, 9:8-17; *Exodus*, 4:1-9; 29-31; 7:8-13; 17:2-7; 33:9-10; 34:29-30 / *Numbers*, 9:15-23; 12 / *Judges*, 6:17-22, 36-40 / *I Samuel*, 10:2-16 / *I Kings*, 1:1-6; 17:12-24; 18:16-39 / *II Kings*, 1:8-17; 2:9-15,19-22; 5:1-19 / *Isaiah*, 38:1-8 / *Jeremiah*, 1:11-16; 13:1-11; 18:1-10; 24 / *Ezekiel*, 37:1-19 / *Daniel*, 5 / *Amos*, 7:1-9
   New Testament: *Matthew*, 16:1-4; 24 / *Mark*, 13:4-30 / *Luke* / *John*, 2:18-22 / *I Corinthians*, 1:22-24

   3 Homer, 18-19, 142-143, 318-319, 449, 456, 500
   4 Aeschylus, 14-15, 45-46, 55
   4 Sophocles, 154-155, 225
   4 Aristophanes, 781
   5 Herodotus, 12, 17, 18, 39-40, 106, 124-125, 190, 200-201, 204, 212-213, 223-227, 248, 266, 285-286, 289-290, 313-314
   8 Aristotle, 47
   11 Lucretius, 81
   11 Plotinus, 346-347, 384-385
   12 Virgil, 103-105, 115, 131-132, 179-180, 198, 229, 304
   13 Plutarch, 19-20, 82, 94, 103-104, 123-124,

72. Prophecy

141–142, 198–207, 259–260, 339, 371–372, 404–405, 429–430, 435, 568, 575–576, 615, 789–790, 818, 822, 866–867, 871
14 Tacitus, 95–96, 124, 141, 144, 149, 168–169, 212–213, 235
16 Augustine, 57–59, 250–258, 310–311
20 Calvin, 24, 32–33, 82
21 Hobbes, 81–82
22 Rabelais, 146–150, 175–178, 268–269, 277–279
23 Montaigne, 264
24 Shakespeare, 103–104, 334, 572–574
25 Shakespeare, 249, 294
31 Molière, 134–135, 138
33 Locke, 388
37 Gibbon, 547, 571, 614
38 Gibbon, 232
43 Hegel, 279–281
45 Goethe, 67
48 Melville, 108
51 Tolstoy, 298–300, 340–341, 377–379
54 Freud, 467
58 Frazer, 24–25
60 Eliot, T. S., 176

3c. Dreams, visions, visitations

Old Testament: *Genesis*, 16:7–13; 18:1–15; 19:12–22; 20:3–7; 22:11–19; 28:10–22; 32:24–32; 35:9–13; 37:1–11; 40–41 / *Numbers*, 22:15–35 / *Deuteronomy*, 13:1–5 / *Judges*, 6:11–23; 7:13–15; 13 / *I Kings*, 3:5–15 / *I Chronicles*, 21:15–20,28–30 / *Job*, 33:14–16 / *Isaiah*, 6 / *Jeremiah* / *Ezekiel*, 1–3; 8–11; 37:1–11; 40–48 / *Daniel*, 2; 4; 7–12 passim / *Joel*, 2:28–29 / *Zechariah*, 1:7–6:15
Apocrypha: *Rest of Esther*, 10:4–11:12 / *Wisdom of Solomon*, 18:14–19 / *Ecclesiasticus*, 34:1–7 / *Bel and Dragon*, 33–39
New Testament: *Matthew*, 1:20–25; 2:12–13, 19–23; 17:1–8; 28:1–7 / *Luke*, 1:11–38; 2:8; 24:1–10 / *Acts*, 10 / *II Corinthians*, 12:1–4 / *Revelation*
3 Homer, 348–350, 496–497
4 Aeschylus, 14–15, 47–48, 66–70, 82
4 Sophocles, 200–201, 202–203
4 Euripides, 367–369, 495, 585–586
4 Aristophanes, 691
5 Herodotus, 8–10, 25–31, 47, 78–79, 116, 155, 218–220
6 Plato, 213
7 Aristotle, 707–709
12 Virgil, 149–150, 204–208, 216–217
13 Plutarch, 98–99, 185–186, 239–240, 398–399, 473, 483, 514–515, 534–535, 548–549, 601–604, 721–722, 816–817
14 Tacitus, 101, 112–113, 293–294
16 Augustine, 23
17 Aquinas, 463–464
19 Dante, 42, 55–56, 69, 80
19 Chaucer, 266–267, 268–269, 363–365
21 Hobbes, 51–52, 184–187, 281–282

22 Rabelais, 150–156, 278
24 Shakespeare, 36–37, 40–41, 291, 578–579, 591
25 Shakespeare, 29–31, 299, 481–482
29 Milton, 176–178, 185–186, 238–239, 303–333
37 Gibbon, 294–296
45 Goethe, 153
48 Twain, 305–306
51 Tolstoy, 561–562
54 Freud, 11, 137–138, 178, 179, 477
59 Shaw, 39–42, 73, 97–98

3d. Prophecy by the direct word of God

Old Testament: *Genesis*, 2:16–17; 3:8–19; 4:6–15; 7:1–4; 9:1–17; 12:1–8; 13:14–18; 15; 17; 26:1–5,24; 35:9–13 / *Exodus*, 3:4–22; 7–12; 19:3–20:22; 32:9–14,30–34; 33:1–34:27 / *Numbers*, 14:11–12,20–35 / *Deuteronomy*, 4:10–15,36; 5; 31:14–21 / *Joshua*, 1:1–9; 6:1–5 / *I Samuel*, 3; 16:1–13 / *I Kings*, 19:9–18 / *Isaiah*, 6; 48:2–5 / *Jeremiah*, 1 / *Ezekiel*, 1–39 / *Hosea*, 1–3 / *Amos*, 7–9
New Testament: *Acts*, 26:13–18
16 Augustine, 376
20 Calvin, 17
21 Hobbes, 165–166
29 Milton, 321–322, 323–325
52 Dostoevsky, 133–144

4. Particular prophecies

4a. The Convenant and the Promised Land

Old Testament: *Genesis*, 12:1–7; 15; 17–18; 22:1–19; 35:9–13 / *Exodus*, 2:23–3:22; 6:2–8; 19:4–6; 20:1–17; 33:1–3 / *Leviticus*, 26:40–45 / *Numbers*, 32; 34:1–12 / *Deuteronomy*, 1:7–8,19–31; 4:12–13,23–40; 5; 6:1–3,10–11,18–19; 8:7–10,18–20; 9:1–6,23–29; 11; 26:1–11; 27–32; 34:1–4 / *Judges*, 2:1–6 / *I Chronicles*, 16:13–22 / *Nehemiah* / *Psalms*, 78:1–7,52–55; 105:6–44; 132 / *Isaiah*, 54:1–10; 61:7–9 / *Jeremiah*, 11:1–10; 31:31–34; 34:12–18 / *Ezekiel*, 16:60–63; 37:26–28 / *Hosea*, 6:4–7
Apocrypha: *Ecclesiasticus*, 44:19–23
New Testament: *Luke*, 1:71–75 / *Acts* / *Romans*, 9:1–9; 11:25–27 / *Galatians*, 3:13–18; 4:22–31 / *Hebrews*, 8:6–9:28; 10:14–17
16 Augustine, 494–508, 662–663
20 Calvin, 197–215 passim esp 200–203, 208–209, 213–214
21 Hobbes, 177–180
29 Milton, 321–325
30 Pascal, 296–297

4b. The destruction of Jerusalem and the dispersion of Israel: the restoration of Israel and the rebuilding of the Temple

Old Testament: *Leviticus*, 26:27–39 / *Deuteronomy*, 4:25–31; 28:15–30:10;

31:16-18 / *II Kings*, 17; 20:12-21; 21:10-15; 22; 12-20; 24:1-4,10-20; 25 / *II Chronicles*, 7:19-22; 34:21-33; 36:15-23 / *Psalms*, 78:58-72; 79 / *Isaiah*, 1-10; 14:1-3; 22; 28; 32; 36-37; 39; 42-43; 49; 51-52; 60-63 / *Jeremiah*, 1-45 passim; 49-52 passim / *Lamentations* / *Ezekiel*, 4-7; 9; 11-24; 28:20-26; 33-48 / *Hosea*, 2; 3:4-5; 5-11 / *Joel*, 2-3 / *Amos* / *Obadiah* / *Micah* / *Nahum* / *Habakkuk* / *Zephaniah* / *Zechariah*
Apocrypha: *Ecclesiasticus*, 49:4-50:2 / *Baruch*, 5
New Testament: *Mark*, 13:1-2 / *Luke*, 21:5-6; 19:41-44
16 Augustine, 522-523, 567
20 Calvin, 25, 206-207
21 Hobbes, 179, 244
30 Pascal, 304-315

4c. The coming of a Messiah: Hebraic and Christian readings of messianic prophecy

Old Testament: *Genesis*, 3:15; 49:10-12,22-26 / *Numbers*, 24:15-25 / *Deuteronomy*, 18:15-19 / *Job*, 19:25-27 / *Psalms*, 6-7; 16:10; 21-22; 40:1-8; 45:7; 50:1-3; 68; 72; 85; 89:19-29,36-37; 110; 39:1-8; 44:7; 49 / *Isaiah*, 7:10-16; 9:6-7; 11:1-5; 22:20-25; 28:16-29; 32; 40:1-11; 41:2-3,8-14,25; 42:1-7; 49:1-13,22-23; 52-55; 59-66; 41:2-3,8-14,25; 42:1-7; 45; 46; 11-12; 59-66 passim / *Jeremiah*, 23:5-6; 30:7-9; 31:31-33; 33:10 / *Ezekiel*, 17:22-24; 34; 37:21-26 / *Daniel*, 2:44; 7:13-14; 9:24-27 / *Hosea*, 1:11; 14:5-7 / *Micah*, 5:2-5; / *Zechariah*, 3:8-9; 6:12-14; 9:9-11 / *Malachi*, 3:1-3; 4:5
Apocrypha: *Wisdom of Solomon*, 2:12-22
New Testament: *Matthew*, 3:1-12 / *Luke*, 2:25-34; 3:1-6 / *John*, 1:19-25,40-45; 7:26-31 / *Acts*, 2:29-36; 3:18-26
16 Augustine, 371-374, 479-480, 482-484, 512-537, 552-553, 556-558, 565, 567
18 Aquinas, 327-329
20 Calvin, 47-48, 145-146, 151-163 esp 162-163, 193-215, 230-234
21 Hobbes, 179, 187, 204-207, 243
29 Milton, 12-13, 325-326
30 Pascal, 280, 282-285, 293-294, 300-322
37 Gibbon, 206, 207, 308
55 Barth, 474-475

4d. The second coming of the Lord: the Day of Judgment, the end of the world, and the millennium

Old Testament: *Job* / *Psalms*, 50; 72; 96:10-13; 97-98 / *Ecclesiastes*, 3:16-17; 11:9-10 / *Isaiah*, 2-4; 11; 24; 26:1-28:15; 30; 34-35; 65:17-25; 66 / *Daniel*, 7:21-27; 11-12 / *Joel*, 1:14-2:11 / *Micah* / *Zephaniah* / *Zechariah* / *Malachi*, 3-4
Apocrypha: *Tobit*, 13:9-14:15 / *Judith*, 16:17

New Testament: *Matthew*, 11:20-24; 12:34-36; 13:24-50; 24-25 / *Mark*, 13:4-37 / *Luke*, 17:20-37; 19:11-28; 21 / *John*, 12:48 / *Acts*, 1:9-11 / *I Corinthians*, 15:23-28 / *I Thessalonians*, 1:9-10; 4:12-5:11 / *II Thessalonians*, 1-2 / *II Timothy*, 3 / *Hebrews*, 9:26-28 / *II Peter* / *I John*, 2:18-29 / *Jude*, 14-25 / *Revelation*
16 Augustine, 572-573, 600-632, 708
18 Aquinas, 922-926, 945-946, 1000-1004, 1016-1017
19 Dante, 8, 114-115
20 Calvin, 246-247, 283
21 Hobbes, 244, 248, 251-252, 254
29 Milton, 4-5, 13, 141-143, 300-301, 329, 331
37 Gibbon, 187-188
38 Gibbon, 233-234
52 Dostoevsky, 133-144
55 Barth, 476-477, 497-499, 549-550

4e. Predictions of the future as secular prophecies

44 Tocqueville, ix, 178, 187-191, 218
56 Eddington, 294-295

5. The criticism and rejection of prophecy: the distinction between true and false prophecy; the condemnation of astrology and divination as impiety or superstition

Old Testament: *Deuteronomy*, 13:1-5; 18:15-22 / *I Kings*, 13:11-34; 18:17-40; 22:5-25 / *II Chronicles*, 18 / *Isaiah*, 8:18-22; 30:9-11; 41:21-29; 47:12-13 / *Jeremiah*, 2:8; 5:12-14,31; 14:13-16; 23:9-40; 27:9-18; 28; 29:8-9,29-32; 36-38 / *Ezekiel*, 13; 22:23-31 / *Daniel*, 2:1-23; 4:1-27; 5:5-17 / *Micah*, 3:5-12
New Testament: *Matthew*, 7:15-23; 13:54-57; 23:29-39 / *Mark*, 6:1-5 / *II Peter*, 2:1-3 / *I John*, 4:1-6
3 Homer, 142-143, 318-319
4 Aeschylus, 56, 67-68
4 Sophocles, 121
4 Euripides, 419, 592, 621-622
4 Aristophanes, 674-677, 688-691, 763-766, 784-785
5 Herodotus, 10, 86, 116, 273
6 Plato, 466-467
7 Aristotle, 707-709
11 Lucretius, 2-3
11 Epictetus, 136-137
13 Plutarch, 123-124, 138, 816-817
14 Tacitus, 91, 121, 195
16 Augustine, 57-59, 250-255, 310-311, 563, 594-597, 728-731
17 Aquinas, 589-592, 660-662
19 Dante, 24-26
19 Chaucer, 256
20 Calvin, 25-26, 402-403
21 Hobbes, 81-82, 165-167, 186-188
22 Rabelais, 66-67, 158-171, 173-175, 215-219
23 Montaigne, 65-67, 146, 149-150, 325
25 Shakespeare, 249

27 Cervantes, 447
28 Bacon, 54–55
30 Pascal, 203–204, 330–331
33 Hume, 492–493

37 Gibbon, 121, 225
43 Hegel, 279–281, 289
48 Melville, 143–145
54 Freud, 387, 822–825

交叉索引

以下是与其他章的交叉索引：

Man's knowledge of the future by natural or supernatural means, see FATE 5–6; KNOWLEDGE 5a(5); NECESSITY AND CONTINGENCY 4c; TIME 6f; TRUTH 3b(2).

The religious significance of prophecy and its fulfillment, see RELIGION 1b(3).

The interpretation of oracles, omens, portents, and visions, see LANGUAGE 10; MEMORY AND IMAGINATION 8a; SIGN AND SYMBOL 5b.

Dreams and their meaning, see LANGUAGE 10; MEMORY AND IMAGINATION 8d–8d(2); SIGN AND SYMBOL 6a.

The religious dogmas related to particular prophecies in Judaism and Christianity, see GOD 7h, 8b, 8e, 9f; WORLD 8.

The coming of a messiah, see GOD 8e.

The second coming of Christ, the Last Judgment, and the end of the world, see GOD 7h, 9f; WORLD 8.

扩展书目

下面列出的文著没有包括在本套伟大著作丛书中，但它们与本章的大观念及主题相关。

书目分成两组：

Ⅰ．伟大著作丛书中收入了其部分著作的作者。作者大致按年代顺序排列。

Ⅱ．未收入伟大著作丛书的作者。我们先把作者划归为古代、近代等，在一个时代范围内再按西文字母顺序排序。

在《论题集》第二卷后面，附有扩展阅读总目，在那里可以查到这里所列著作的作者全名、完整书名、出版日期等全部信息。

I.

Plutarch. "The Oracles at Delphi No Longer Given in Verse," "The Obsolescence of Oracles," in *Moralia*
Augustine. *The Literal Meaning of Genesis*, BK XII, CH 9
———. *On the Spirit and the Letter*
Thomas Aquinas. *Summa Theologica*, PART II-II, QQ 171–175
———. *Truth*, Q 12
Bacon, F. "Of Prophecies," in *Essayes*
Spinoza. *Tractatus Theologico-Politicus (Theological-Political Treatise)*, CH 1–3, 11
Newton. *Daniel and the Apocalypse*
Voltaire. "Prophecies," "Prophets," in *A Philosophical Dictionary*
Kierkegaard. *Of the Difference Between a Genius and an Apostle*
Frazer. *Psyche's Task*

II.

THE ANCIENT WORLD (TO 500 A.D.)

Cicero. *De Divinatione (On Divination)*
Tertullian. *The Prescription Against Heretics*

THE MIDDLE AGES TO THE RENAISSANCE (TO 1500)

Maimonides. *Eight Chapters on Ethics*, CH 7
———. *The Guide of the Perplexed*, PART II, CH 32–47
Sa'adia ben Joseph. *The Book of Beliefs and Opinions*, TREATISES III, VIII

THE MODERN WORLD (1500 AND LATER)

Bright, J. *Covenant and Promise*
Brueggemann. *The Prophetic Imagination*
Calderón. *Life Is a Dream*
Comte. *System of Positive Polity*, VOL IV, *Theory of the Future of Man*
Fontenelle. *Histoire des oracles*
Leibniz. *New Essays Concerning Human Understanding*, BK IV, CH 19
Lods. *The Prophets and the Rise of Judaism*
Newman. *Lectures on the Prophetical Office of the Church*
Paine. *The Age of Reason*, PART 1
Popper. *The Open Society and Its Enemies*
———. *The Poverty of Historicism*
Smith, W. R. *The Prophets of Israel and Their Place in History*
Taylor, J. *A Discourse of the Liberty of Prophesying*
Yeats. *A Vision*

审 慎 Prudence

总 论

在属于理智的诸品质和德性中,审慎看来更多地与行动而不是与知识相关。当我们把一个人称为科学家或艺术家,或者称赞他的理解力的清晰时,只是意味着他有一种确定的知识。我们佩服他的心智,但未必佩服他这个人。我们甚至可能不知道他是一个什么样的人或者他过的是一种什么样的生活。我们的语言中没有一个像"科学家"或"艺术家"这样的名称来刻画那些拥有审慎的人,这一点很重要。我们必须用形容词来谈及一个审慎的人,这看来暗示了审慎是属于整个人的,而不只是属于心智。

审慎看来差不多既是一种智力品质又是一种道德品质。如果我们不知道一个人的生活方式,就很难称他为审慎。他的举止适度与否相比他的头脑是否训练有素对我们判断一个人的审慎更为关键。他受教育的程度和他的学识的深度可能对我们的判断毫无影响,但我们会考虑他是否从经验中学得了一切而变得足够成熟,以及他是否从经验中确实有所得而变得明智了。

这些考察不仅表达了"审慎"这个词的通常意义,而且给出了这个词在伟大著作中所代表的观念的概要性指向。像心智或性格的其他基本特征一样,在诗人和史家那里对审慎的思考以箴言和事例的方式被表达出来。对这个术语的定义或对它与其他基本观念——如德性与幸福,欲望与职责——的关系的分析,则必须求之于道德与政治理论或神学理论的巨著。

然而即便在那些地方,审慎的概念也是被使用得多,被解释得少。柏拉图、亚里士多德、阿奎那、霍布斯和康德看来是例外,在他们之中也只有亚里士多德和阿奎那做出了详尽的分析——亚里士多德在他的《尼柯马库斯伦理学》中论理智德性的那一卷,阿奎那在他的《神学大全》中论习惯的一节,在论审慎的一节中则更为详尽。

就知识这个词的通常含义而言,审慎并非知识——它是经验的结晶和理性的拥有,不像科学或艺术一样能够在命题中得到表述。这一点霍布斯似乎说得很清楚,"如果一个人有一些想法,有一个意图在贯彻中,概览着大量事物,观察它们如何能有利于意图的实现或者它们可能有助于什么样的意图;如果他的考察不是那么稀松平常,那么他的这种才智就叫做审慎,它依赖于大量的经验,对类似事情以及它们此前的结果的记忆"。

科学能达到某种确定性,然而审慎之判断照霍布斯看来却都是不确定的,"因为要根据经验考虑并记住所有会改变结果的情境,那是不可能的"。看来是经验与科学之间的对照使得霍布斯区别开了审慎与智慧。"正如经验的丰富是审慎,科学的博通则是智慧。因为虽然我们通常对二者都冠以智慧之名,拉丁语却总是在审慎(*prudentia*)与智慧(*sapientia*)之间做出区分,把前者归于经验,后者归于科学。"

希腊人也有两个词——*phronesis* 和 *sophia*——两个词在英语中有时都被译成智慧(wisdom)。但是亚里士多德和霍布斯一样坚持在两种智慧间作出区分,一种是思辨科学或哲学的最终成果,一种属于道德和政治行动的领域。为了保留这两个词在亚里士多德那里的意味——*phronesis* 和 *sophia* 有某些共同之处,都与"智慧"之名里面包含的颂扬相称——他的翻译者通常把这两个词译成短语"实践智慧"或"政治智慧"(*phronesis*),和"思辨智慧"或"哲学智慧"(*sophia*)。另一方面,阿奎那的英译者却通常用"prudence"来译他的 *prudentia*,用"wisdom"来译他的 *sapientia*。

"审慎"和"实践智慧"是否能用作同义词,这也许不只是一个词义等值的问题,因为关于智慧的整一性在理论上有一种根本的争议,在这个问题上柏拉图既不同于亚里士多德也不同于阿奎那。那种否认智慧可以划分为思辨的和实践的观点,和那种认为一个人可能在某方面智慧在另一方面却并非如此的观点,由之出发在知识和美德的关系这个问题上可能会得到不同回答。用阿奎那的语言来说,一个人可能通过科学和理解获得了智慧但却并不具备一个审慎之人所具备的道德品质。

"实践智慧异于科学知识,这是显然的",亚里士多德断言。这一点可以通过如下事实得以确证,他补充道,"尽管年轻人可以成为几何学家和数学家以及在类似的事情上很聪明,但一般认为找不到一个年轻人具备实践智慧。原因是这种智慧不只与普遍有关,也与凭经验才能熟悉的特殊有关,但是年轻人没有经验,因为是年岁给予经验"。

霍布斯与亚里士多德看来一致同意经验对审慎或实践智慧的增进是重要的,就因为"它是实践的而实践与特殊相关"。但是虽然两人都同意这一点说明了审慎与科学知识的区分——后者与事物的本性而非行动相关,但亚里士多德还进一步提出了一个实践智慧与技艺相区分的问题。

艺人在制作某物的时候也与特殊的东西打交道。在这个意义上,技艺也是实践的。但是,在亚里士多德看来,"生产的"这个词必须和"实践的"区别开来用以显示作(making)和做(doing)之间的区别——这两种人类活动虽然在与科学知识对照时有些相似,但却代表了知识的不同运用。艺人所拥有的知识可以进一步被形式化为一系列规则。一个人可以通过按照规则进行训练而获得一门技艺的技能。一个人在他的审慎中所知道的东西通过准则或规则被传达的可能性看来要小得多。他所知道的是怎样深思熟虑或者算计好将要做的事情。

这一点,在亚里士多德看来把审慎与其他所有德性划分开来了。审慎是一种心智品质这一点似乎得自以下事实——它包含深思熟虑,一种属于意见范围的关于同类事物的可变的和偶然的特殊情况的考虑。审慎也是一种道德品质,是品格的一个方面,这似乎只是来自亚里士多德的断言——审慎所考虑的手段并非用于随便哪种目的的,而只是关于"那些总的来说有利于善好的生活"的。

审慎并非总是被刻画为心智在考虑行动的各种方针时的技巧,也并不总是被认为是毫无保留地值得称赞的和可钦佩的——与德性和善好的生活不可分的。

例如,它有时被等同为预见、为关于未来的推测。这么来想,审慎需要理性力量似乎不如它之需要记忆和想象力以便把过去的经验投及将来。在这个意义上,亚里士多德承认可以说"甚至某些低等动物也有实践智慧,也就是说,可以发现它们也有与它们自己的生命相关的预见力"。

通过把审慎等同为预见，霍布斯认为完美的审慎只属于上帝。当事件与期待相合时，预言就是审慎的了。然而人的预见是可能犯错的，"它只是假定。因为预见将要来的事情，那是神机，只属于事情由其意志而来者"。阿奎那给出了一个不同的理由，他说"审慎或预见可以恰如其分地归于上帝"。因为朝着它们的最终目的安排事物是"审慎的主要成分，另外两个部分，即，对过去的记忆，对现在的理解——都被导向这个最终目的；因此我们拢集对过去的记忆和对现在的理解以预备将来"。

审慎有时被刻画为既非心智的德性甚至亦非预见力，而是一种性情特征，一种感情的性向。人们把它与那些害怕冒险或不愿抓住机会的人身上的胆怯或谨慎联系起来。弗朗西斯·培根看来是在这个意义上把审慎与富于憧憬对立起来，"它与后者有原则性的不同，在所有人类事务中总预见到最坏的"。过虑之人的谨慎可能让思想和恐惧卷在一起去了。哈姆雷特想得太多，在每一个行动中都考虑了太多方面。他的行动"因为思想的苍白筹划而病弱了"，他是犹豫不决的。他悲叹他的误用理性。"现在我明明有理由、有决心、有力量、有方法，可以动手干我所要干的事，可是我还是在大言不惭地说：'这件事需要做。'可是始终不曾在行动上表现出来；我不知道这是因为像鹿豕一般的健忘呢，还是因为三分怯懦一分智慧的过于审慎的顾虑。"

当审慎被看作过度的谨慎时，它的反面通常被刻画为鲁莽、轻率、冲动。修昔底德在尼西阿斯和阿尔西比亚德这两个人物身上描画了这些对立面。他们在西西里远征这个问题上面对雅典公民大会的演讲不仅呈现了支持和反对这一计划的相反理由，也呈现了两种相反的性格类型。两方面都是不幸：尼西阿斯，这位远征军过分谨慎的领导，因为他一再迟延的战术而吃了一个并非不可避免的败仗，而阿尔西比亚德呢，一旦行动的时机成熟，迅速抓住就能成功时，不惮于变节叛国。

亚里士多德和阿奎那会利用这些事实来反对那种在他们看来把审慎之人当作冲动的人的反面的误解。在他们眼里，审慎之人并不会站在不适当的谨慎这另一个极端。在他们的德性之为过与不及的极端之间的中道的理论中，审慎像勇气或温和一样，代表了不多不少之间的中道。正如怯懦和蛮勇是两种相反的缺陷，是担心得过多和过少——它们都是勇敢之中道的对立面，勇敢里面包含的是适度的担心——因此过度的谨慎和冲动作为缺陷既是彼此的反面又是审慎的反面。

然而，审慎抑或不审慎都不只是性情的事情。人们可能在性格倾向上很不一样，但在亚里士多德和阿奎那看来，这不能与德性和缺陷混淆起来。一个人可能天性上比另一个人多虑或者少虑，但是撇开这些感情禀赋的差异，两种人都可以通过养成以恰当的理由控制恐惧的习惯而变得勇敢。因此，一个人也可能天性上比另一个人更冲动些或顾虑更多些，但是通过学习充分地征求意见以及行动之前仔细地考虑，两个人都可以达到审慎，同时又能够养成以决断和坚持把思想变成行动的习惯。如果不能满足审慎的这些条件，两种人都可能发展出不审慎的缺陷，变得像哈姆雷特或尼西阿斯那样优柔寡断，或者像阿尔西比亚德那样缺乏咨询的耐心，容易受不良的劝导，缺乏细心的考虑和周全的判断。

审慎作为谨慎的极端，无论是出于性情还是习惯，这一观念并非对亚里士多德把审慎当作美德的理论的唯一挑战。另一些道德家,特别是那些在德性观上整个地取不同看法的人,并不认为审慎是彻底值得尊敬的。即便他们不指责审慎是不情愿尽量迅速果断的行动,他们看来也赋予了审慎的顾虑以冷酷自私的算计这一令人反感的内涵。

这一暗示出现在 J. S. 穆勒所做的对我们自己负责和对他人负责这一比较中,他评论道"对自己负责这一说法,当它不只是意味着审慎时,所说的是自尊和自我发展",这似乎暗示了审慎还称不上正当合理的自利,而是有点太自私了,对这种正当合理的自利的违背包括"违反对他人的责任,而这些人是个体为其之故必须关心自己的"。

康德比穆勒说得更清楚,把审慎与权宜自利连在一起,并把它与在道德律的绝对命令下按照职责而行动区分开来。审慎只有在和假言(hypothetical)命令相关时才有意义,这种假言命令"表达了作为增进幸福之手段的行动之实践必要性"。假如一个人寻求他个体的幸福,那么"选择达到他的最大福利的途径的技巧就可以叫做审慎"。因此,"关于选择达到幸福的手段的命令,也就是审慎的准则,总是假言的;行动并没有受到绝对的命令,而只是达到另一个目标的途径",或者,像康德在别处说的一样,"自爱(审慎)的准则只是劝导;道德律则是命令"。他进一步宣称,"义务这种东西本身对所有人都是清楚明白的,但是那种能够带来真实持久的利益的东西——例如将对整个人的存在有益的东西——则总是笼罩着一种看不透的迷糊,因而为了使建立在生活之上的实践规则适应于生活的目的,需要很多的审慎,甚至破例也是可以容忍的"。

按照康德那种功用的和道德的行动命令之间的区分,按照它们指向福利和幸福或义务和法则之间的不同,审慎只是实用的。它不属于道德。审慎的功用命令更像技艺的技术性命令,后者也是有条件的,关心达到一个目的的特定手段——在这里是通过技巧作出东西。"如果给幸福一个确定的理解同样的容易的话,那么审慎的诫命就会和技巧的诫命相当。"

正如康德所看到的,"审慎的理性在道德哲学中的唯一工作是把所有我们的爱好所朝向的目的归拢到一个终极目的——那就是幸福,并且显明达到这个目的的各种手段之间的一致。相应地,在这个范围内,理性并不能提供比我们自由行动的实用法则更多的东西,因为我们向着感觉设立的目标的导向不足以赋予我们纯粹的和先天地决定的法则"。因而审慎的准则"只是被理性用来作为参议,通过平衡的方式来抵制相反方针的诱惑"。

这场在康德和亚里士多德(或阿奎那)之间的关于审慎的争论看来是他们之间关于道德的根本原则这一更大的争论的一部分,后者在**责任**和**幸福**两章中有讨论。在康德看来,亚里士多德和阿奎那正如穆勒一样都是实用主义甚于道德主义。在他们都视幸福为人类行为的首要原则并且所关心的是安排各种手段以达到这一目的而言,他们都是功利主义者。既然对手段的考虑必定包含对何种选择更有利的权衡,审慎对于追求幸福就成为不可缺少的。选择最好的手段只是相对选择恰当的目的而言才是第二位的。

康德承认那些为幸福而活的人需要很多的审慎以便让实践的规则适应可变的环境并在运用它们时做出恰当的应变。但是对根据道德律而活的人而言这些都不需要。"道德律从每个人那里要求最严格的服从,因而要判断什么应该去做并不困难；而最普通的未经检验的理解，如果没有世俗的审慎，就不能恰当地运用它。""私人幸福的原则"是"道德的原则直接的对立面"，这在康德看来和审慎值得追问的价值相比是自明的，"因为当一个人不得不对自己说：我是一个一钱不值的家伙，虽然我的钱包是鼓鼓的；和当他自诩地说：我是一个审慎的人，因为我丰富了我的财产。在这两种情况下一个人肯定有一个不同的标准"。

康德并没有把他对审慎之为实用的或实践的而非道德的这一批评限定在审慎为他所谓"私人的幸福"服务这一事实上。它也可以服务于公共的福利。"一部历史是由功业写成的，"他写道，"当它教人审慎，也就是说告诉世界如何更好地谋利益时。"但是他也在世故的与私人的审慎之间做了区分。"前者是一个人影响他人以便使用他们为自己的目标服务的能力。后者是把这些目标合在一起以助成他自己的长久利益的睿智。"不管怎样，瞄着个体幸福的审慎是第一位的，因为"当一个人只是在前一种意义上审慎，而在后一种意义上却并非如此，我们就最好说他是精明的和世故的，但是整个看来，却是不审慎的"。

那些认为幸福是道德哲学的第一原则的人仍然可能在这一点上同意康德，即善于对别人施加影响以便利用别人达到自己的目的的人与其说是审慎不如说是精明或者世故。例如霍布斯就说如果你允许审慎"使用不公正或不诚实的手段……你所拥有的就是叫做狡诈的邪恶的智慧"。当亚里士多德坚持"如果不是好人就不可能在实践上明智"时，他走得更远，或者正如阿奎那所指出的一样，"除非他具备道德上的德性，否则他就不可能拥有审慎；因为审慎是对将要做的事情的正确推理，道德德性使人正确地倾向于这一目的"。

在亚里士多德看来，"能够做有利于我们为自己设立的目标的事情"，那是精明。"如果这个目标是高贵的，这种精明也就是值得称道的，但是如果这种目标是坏的，这种精明也就只是滑头罢了。"因而审慎之人有某种精明，但是精明之人如果只是滑头的话就不能称为有实践的明哲。根据这个标准，精明的贼计划并完成了一次成功的偷盗，奸诈的商人见利忘义而把如何让他的利润最大化盘算得好好的，或者马基雅维里的君主运用诡计赢得或保持了他的权力，这些展示的都不是审慎而是它的冒充货。在某些不混杂诡诈的情况下，精明机巧可能与审慎相似。一些人具备阿奎那视为技艺（或技术）上而非道德上的审慎。那些"战争或航海事务中的好参谋被说成是审慎的军官或舵手，但并非完全的审慎。只有那些在生活的各个方面都能够提供好参谋的人才是完全审慎的"。

审慎与道德德性在亚里士多德和阿奎那那里是一种交互作用的关系。对于它们的形成和坚持道德德性依赖于审慎就像审慎依赖于道德德性，其程度是一样的。"德性让我们追求正确的目的，"亚里士多德写道，"而实践智慧则让我们采取正确的手段。"手段的正确需要它们不仅适合于一个目的，而且目的本身是正确的。除非选择正确的手段，否则也达不到正确的目的。因而，没有什么心智在考虑和选择手段的时候的技巧是真正属于审慎的理智德性，除非一个学会了周密计划的人也学会了通过道德德性为正确的目的而选择爱好什么，无论这个目的是幸福也好，还是社会共同的善也好。

另一方面，道德的德性有赖于审慎是因为在亚里士多德看来它们是通过做出正确的选择而形成的。他对道德德性的定义把审慎确定为一个不可缺少的因素了。既然构成德性的极端之间的中道在大多数情况下是主观的或与个体有关的,它不能被客观的尺度所裁定。理性必须通过对相关情况的审慎考虑裁定它。

对亚里士多德而言,审慎与道德德性的相互依赖看来是这一洞见的基础——一个人不可能具备一种道德德性而不具备全体。在这一基础上,亚里士多德说,我们能够"驳斥那种认为德性能够彼此独立地存在的论点"。因为没有一种道德德性能够离开实践智慧而存在,所以伴随着审慎,所有德性都必须呈现出来。

阿奎那提到过另一种道德德性不可缺少的理智德性,即对实践问题和理论问题中一样存在的首要原则的理解力。实践理性的首要原则(即自然法的准则)既构成道德德性的基础又构成审慎的基础。正如在理论问题中合理的推理"从自明的原理出发……审慎也从将要做的事情的正确理由出发"。然而,尽管审慎和道德德性都有赖于它,阿奎那却并没有把理解力包括在他的四主德范围之内——正如他也没有把技艺、科学和智慧包括在内一样,主德的意义在于对善好的生活而言是不可缺少的德性。

这些问题,特别是诸德性的相互关联和主要德性的理论,在**美德与邪恶**章里面被讨论过。在这一章里和在**智慧**那章里,道德德性和理智德性的相对价值的问题也被考虑过,在"论智慧"中,审慎和智慧——或者说实践智慧和思辨智慧——对幸福的贡献被特地比较过。

这儿,仍然需要考虑苏格拉底关于知识和德性的关系的理解,因为在他的理论与此前提到的有关审慎与道德德性之间关系的看法之间有一种争议。

在《美诺篇》中,苏格拉底论证道,一个人总是追求或选择他知道或认为是好的东西。那些选择对自己有害的事物的人并不是明知故为,而只是由于错误地把事实上有害的东西认作了有益的或好的。除了这样的错误,"没有人",苏格拉底说道,"追求或选择任何坏的东西"。除了错误或无知外,从来没有人自愿地选择坏的东西。因此,如果德性"在于想要追求好东西,并且有力量获得它们",那么看来可以得出这样的结论:关于善好的知识与它的实践密切相关。

随后,苏格拉底提出,"如果有任何一种善不同于知识,德性或许就是那种善;但是如果知识包含所有的善,那么我们认为德性就是知识的想法是正确的"。为了检验这一假设,他继续考察各种各样的事情,不管它们是否与德性是一样的,它们在对人们有利这一点上与德性是相似的。这些事情中的任何一个,比如勇敢或节制,看来都不有益于人们,除非伴随着,在英语翻译中,有时被称作"智慧"有时被称作"审慎"的东西。

苏格拉底指出,"灵魂追求的每一件事情,当在智慧"——或审慎——"的指导下时就有一个快乐的结局,但是在愚笨"——或不审慎——"的指导下情况完全相反"。"既然如此",他说,"德性是灵魂的一种品质,并且如果它总是必然有益的,那么德性必须是智慧或审慎,因为灵魂的任何事情本身都不会是有益的或有害的,但是当审慎或不审慎"——智慧或愚笨——"附加到它们上面,它们就都成为有益的或有害的了"。从这一点,苏格拉底说,我们能得出结论"审慎是德性,要么是整个德性,要么至少是德性的某个部分"——或者,像有时被翻译成的那样,"德性要么整个地是智慧,要么部分地是智慧"。

按照他自己的所有的道德德性依赖

于实践智慧的观点,亚里士多德批评了苏格拉底的立场。"苏格拉底一方面是在正确的轨道上,而另一方面他又偏离了这一轨道。在认为所有德性是实践智慧的诸形式这一点上他是错误的,但是说它们暗含实践智慧,他是对的……苏格拉底认为德性是规则或理性原则……而我们认为它们包括一种理性原则。"相似地,在考虑是否可能存在没有理智德性的道德德性这个问题方面,阿奎那写道:"虽然德性并非像苏格拉底认为的那样即是正确的理性,然而它不仅依据正确的理性,就它使一个人倾向于做与正确的理性一致的事情而言——就像柏拉图主义者主张的那样;而且它也需要与正确的理性合作,就像亚里士多德所宣称的。"

阿奎那进一步解释了"每一德性都是一种审慎"这个观点,他把它归于苏格拉底,它意味着"一个人拥有知识的人不会犯罪,每一个犯罪的人都是因为无知而这么做"。他说,这"以一个错误的假设为基础,因为欲望的机能不是盲目地遵从理性,而是带着一种反抗的力量"。尽管如此,"只要一个人拥有知识,他就不会犯罪,在苏格拉底的这一说法中包含有某些真理,如果这种知识包括在个体选择行为中运用理性的话"。

那些批评苏格拉底的这一观点的人是否准确地理解了他的意图并公正地陈述了他的论点是解释的问题,它与在这件事情中真理在何处这个问题一样地困难。当苏格拉底说假如一个人知道善本身,他将做善的事情时,这里面暗含了一种什么样的知识呢——普遍的善的知识或在一种特殊情况下什么是善的知识?还是两种善的知识都一样容易或确定地导向善的或德性的行为?

不管除了知识外一个善的意志或正当的欲望是否关键,都可以认为要把道德原则——以普遍的善为目标——运用于具体的情况需要审慎。"不存在这样的道德体系",穆勒写道,"在它下面不出现毫不含糊的义务冲突的情况。这些是既存在于伦理理论中也存在于个人行为的良心导向中真正的困难和棘手的结。根据个体的智能或德性,它们在实践上或多或少地被克服"。穆勒似乎暗示了审慎和德性两者在特殊层面上对善的行为都是必要的,因而如果没有它们,在道德原则中表达的那种知识并不必然使一个人很好地行动。

尼采以一种相反的风格论及审慎。"所有那些专注于个人的道德家,为了促进他们所谓的他的'幸福'",他们在危险中的自我保护只不过是"与危险的程度相关的行为规则",并且只是"诡计和审慎的行动,古代的家用药物和老妇女智慧的隐蔽气味依附其上……所有这些,从理智的观点来看,是没有价值的并且与创建'科学'无关的,更不用说'智慧'了,相反,不如一而再,再而三地说,审慎、审慎、审慎与愚蠢、愚蠢、愚蠢混合在一起"。

必须提及另一个解释的问题。它与亚里士多德对审慎的各种类型的论述相关。

"政治智慧和实践智慧在心灵中处于同一个层次。"他写道,"但是它们的本质不一样。在与城邦相关的智慧中,起主导作用的实践智慧是立法智慧,而与之相关的普遍之下的特殊则以'政治智慧'这个普通名称为大家所知……实践智慧也特别地被等同为它的与个人相关的那种形式,这就是在通常的'实践智慧'这个名称下为人所知的。关于其他种类的实践智慧,一个叫做家政的,另一个叫做立法的,第三个叫政治;关于最后一个,一部分被叫做议事的智慧,另一部分叫做审判的智慧"。

这意味着心智在决定达到目的的最佳手段方面的技巧是根据目的的不同——个人的幸福还是一个社会共同的善——而不同吗？进一步说，它意味着，管理家务所需要的审慎不同于与政治事务有关的审慎？在国家中，统治者（君主或政治家）的审慎不同于被统治者（臣民或公民）的审慎，因为一方在法律的一般层面运作，另一方在遵从法律的特殊行为层面？在法学领域，或者说法律的审慎中，立法者或法律制订者的审慎不同于运用法律的法官的审慎吗？

在他的《审慎专论》中，阿奎那明确地回答了这些问题。他区分了私人的、家庭的和政治的审慎，并且在政治范围里特别强调他所谓的"统治的审慎"，这种审慎但丁称作"王者的审慎"，它使君主与普通的人分开来。另一方面，霍布斯宣称"管理好一个家庭和一个王国，不是不同程度的审慎，而是不同的事情；只是画一幅小画，还是画一幅同生活一样大或比生活更大的画，是不同程度的艺术"。

这个问题与政体问题紧密相关。如果只有很少一些人天生地适合学到统治的或立法的特殊类型的审慎，由少数人或一个人统治的政府不会就自然是最好的吗？然而，如果在一个共和国，公民轮流地统治和被统治，为了这两项任务，每个公民不应该都必须具备审慎吗，而不管它是一样的还是不同的？最终，如果民主理论是，所有的人都能够成为公民——或许，虽然并不是所有的人对于最高的公共职务都是合格的，政治审慎难道不是必须被认为对所有人都是可达到的吗？

那些称职的最高地方行政长官是有一种特殊类型的统治的审慎呢；还是只不过在更高程度上拥有管理私人生活和他们的家庭企业的同一种审慎；或是，像霍布斯表明的那样，有其他的能力，借以把同样的审慎运用于不同的事情？这个问题仍然悬而未决。

分类主题

1. 审慎的性质：作为实践智慧，作为思虑的心智的一种品质或德性
2. 审慎在心智德性中的位置
   2a. 实践的或政治的智慧不同于思辨的或哲学的智慧
   2b. 审慎不同于技艺：行动或做对比于生产或做
   2c. 审慎与直觉理性的关系或审慎与对自然法则的理解的关系：对具体情况的道德觉察
3. 审慎和道德德性的相互依赖：思虑、意志和情感在人类行为中所扮演的角色
   3a. 道德德性确定目的，审慎为目的选择正确的手段：正当的欲望作为实践的真理的标准
   3b. 审慎作为道德德性的形成和保持的一个因素：对相对的或主观的中道的决定
   3c. 狡猾或精明作为审慎的假冒货：权变的滥用
   3d. 审慎、节制和温和
   3e. 不审慎的缺陷：鲁莽和过分的谨慎
4. 审慎的范围
   4a. 审慎局限于我们的力量之内的事情

4b. 审慎限于手段的考虑而非目的的考虑
5. 审慎的判断的性质
    5a. 审慎选择的条件：咨询、思虑、判断
    5b. 在可选择的事情中实践理性的行为：决定和命令，导向实行或运用
    5c. 审慎的准则
6. 审慎与社会共同的善之关系
    6a. 政治审慎：君主或政治家的审慎，臣民或公民的审慎
    6b. 法学上的审慎：法律制定和案件判决中的审慎

[李旭 译]

73. Prudence

索引

本索引相继列出本系列的卷号〔黑体〕、作者、该卷的页码。所引圣经依据詹姆士御制版，先后列出卷、章、行。缩略语 esp 提醒读者所涉参考材料中有一处或多处与本论题关系特别紧密；passim 表示所涉文著与本论题是断续而非全部相关。若所涉文著整体与本论题相关，页码就包括整体文著。关于如何使用《论题集》的一般指南请参见导论。

1. The nature of prudence: as practical wisdom, as a virtue or quality of the deliberative mind

Apocrypha: *Ecclesiasticus*, 34:9–10
5 Thucydides, 383–384
6 Plato, 188–189
8 Aristotle, 389, 390, 609
11 Epictetus, 215–217
11 Aurelius, 243–244, 255–256, 258, 274
18 Aquinas, 42–44
19 Chaucer, 349–350
20 Calvin, 89–90
21 Hobbes, 53–54, 67–68
23 Montaigne, 563
28 Bacon, 81–95
39 Kant, 266, 267, 361
53 James, William, 13–15
55 Dewey, 115–116

2. The place of prudence among the virtues of the mind

2a. Practical or political wisdom distinguished from speculative or philosophical wisdom

6 Plato, 581–582
8 Aristotle, 344, 387–388, 390–391, 393–394, 615
17 Aquinas, 6–7
18 Aquinas, 79–80
21 Hobbes, 60–61, 84, 267
23 Montaigne, 368
28 Bacon, 16–17, 55
28 Descartes, 268
33 Locke, 94–95
33 Hume, 451–453
39 Kant, 60, 190–191, 260–261, 271, 291–296, 319–321, 329–330, 388, 390–391
40 Mill, 346–347
43 Hegel, 4–7
55 Barth, 490–492
58 Huizinga, 339

2b. Prudence distinguished from art: action or doing contrasted with production or making

6 Plato, 5–6, 633–635
8 Aristotle, 388–389
17 Aquinas, 768–769
18 Aquinas, 38–39, 42–43, 70–72
28 Bacon, 42

39 Kant, 515, 523–524

2c. The relation of prudence to intuitive reason or to the understanding of the natural law: the moral perception of particulars

8 Aristotle, 343–344, 358–359, 389, 392–393, 397
18 Aquinas, 31–32, 38–40
58 Huizinga, 342–344

3. The interdependence of prudence and the moral virtues: the parts played by deliberation, will, and emotion in human conduct

3 Homer, 307–541
4 Aeschylus, 40–53
4 Sophocles, 234–254
4 Euripides, 301–302
5 Thucydides, 370
6 Plato, 48–50, 58–64, 174–176, 183–184
8 Aristotle, 349, 351–352 passim, 393–394, 402–403
11 Aurelius, 243
18 Aquinas, 44–45, 54–59
23 Montaigne, 67–68, 199–202
25 Shakespeare, 59
28 Bacon, 86–95
28 Descartes, 272–275
33 Locke, 189–192
39 Kant, 260, 266–267, 305–307, 318, 339, 341–342
43 Hegel, 44, 171–173
49 Darwin, 310–313
51 Tolstoy, 211–213
53 James, William, 794–808

3a. Moral virtue as determining the end for which prudence makes a right choice of means: right desire as the standard of practical truth

8 Aristotle, 349, 387–388, 389, 391–392, 394, 536
13 Plutarch, 121–122
17 Aquinas, 576
18 Aquinas, 31–33, 39–40, 44–45, 70–73, 617–618
23 Montaigne, 107
39 Kant, 235, 256, 259–260, 271–279, 357–360
40 Mill, 456–457
43 Hegel, 51–56

55 Barth, 495–497
58 Weber, 103–106

3b. **Prudence as a factor in the formation and maintenance of moral virtue: the determination of the relative or subjective mean**

6 Plato, 61–62, 226, 439, 643
8 Aristotle, 352, 354–355, 385, 389, 391–392
11 Epictetus, 176–177
11 Aurelius, 260
16 Augustine, 336–337
18 Aquinas, 39–40, 42–43, 44
27 Cervantes, 305–306
28 Descartes, 272–275
30 Pascal, 235, 238
39 Kant, 305–307, 365, 376–377, 387–388
43 Hegel, 51–56

3c. **Shrewdness or cleverness as the counterfeit of prudence: the abuses of casuistry**

5 Herodotus, 95–96, 279–280
5 Thucydides, 575, 584–585
8 Aristotle, 393–394, 403
18 Aquinas, 219–220
21 Machiavelli, 25
25 Shakespeare, 212–213
30 Pascal, 27–127
31 Molière, 96–97
38 Gibbon, 532–533
43 Nietzsche, 512
45 Balzac, 222
46 Eliot, George, 480
47 Dickens, 381–382
51 Tolstoy, 204–206, 228–230, 476–480
57 Veblen, 115–116

3d. **Prudence, continence, and temperance**

6 Plato, 59–62
8 Aristotle, 366, 389, 391–392, 395–398, 399–400, 401–403
16 Augustine, 580
18 Aquinas, 43–44
20 Calvin, 184–186
23 Montaigne, 352–354
29 Milton, 310–311
45 Balzac, 219

3e. **The vices of imprudence: precipitance and undue caution**

Old Testament: *Genesis*, 25:29–34 / *Proverbs*, 7:6–27; 14:16; 29:11 / *Ecclesiastes*, 5:2–3
Apocrypha: *Ecclesiasticus*, 4:29; 6:7–8; 8:19; 21:25–26; 28:11
New Testament: *Matthew*, 13:19–23
3 Homer, 393–394, 423–426
4 Aeschylus, 13–25, 26–39, 43–45, 51–53
4 Sophocles, 111–132, 159–174, 175–194, 195–215, 234–254
4 Euripides, 261–276, 353, 472–493, 538–539
5 Herodotus, 94, 97, 216–218, 225
5 Thucydides, 370, 393, 402–404, 449, 507
6 Plato, 62–64

8 Aristotle, 399–400, 402, 636–638
12 Virgil, 210–211
13 Plutarch, 232–233, 244–245, 423–438, 690–691
14 Tacitus, 205–206, 252
18 Aquinas, 334–336
19 Dante, 33–34
19 Chaucer, 214, 361–368, 468–469
21 Hobbes, 77, 79
23 Erasmus, 11–12
23 Montaigne, 78–79, 213–214
24 Shakespeare, 304–306, 437–440, 443–444, 451–452
25 Shakespeare, 29–72, 124–125, 205–243, 244–283, 393–420, 551
27 Cervantes, 9–11, 134–135, 301–306, 345–346
28 Bacon, 125
30 Pascal, 203
46 Eliot, George, 311–314
48 Melville, 91–92
51 Tolstoy, 15–18, 139, 321–322, 328–333, 336–337, 569–570, 596, 603–604
52 Dostoevsky, 286
53 James, William, 799–807
60 Brecht, 420–423

4. **The sphere of prudence**

4a. **The confinement of prudence to the things within our power**

8 Aristotle, 357–359
11 Epictetus, 99–100, 117–118, 127–130, 134–135, 140–141, 167–168, 181, 201–211
11 Aurelius, 244, 265, 271, 285, 291
17 Aquinas, 675–677
21 Machiavelli, 35
23 Montaigne, 151–152, 177–180, 494–495
28 Bacon, 76–78
33 Locke, 190–192
39 Kant, 266–267, 318–321
53 James, William, 199–201
55 Barth, 490–495

4b. **The restriction of prudence to the consideration of means rather than ends**

8 Aristotle, 385, 389
17 Aquinas, 678, 682–683
18 Aquinas, 44
39 Kant, 266–267
55 Barth, 518
57 Tawney, 196–199

5. **The nature of a prudent judgment**

5a. **The conditions of prudent choice: counsel, deliberation, judgment**

Old Testament: *Proverbs*, 11:14; 13:10,16; 15:22; 20:5, 18
Apocrypha: *Ecclesiasticus* passim
4 Aeschylus, 4–7
4 Sophocles, 166–168

73. Prudence

    4 Euripides, 538–539, 541–542, 611
    5 Herodotus, 219, 258, 269–270
    5 Thucydides, 397, 427
    6 Plato, 337–338, 439–441
    8 Aristotle, 340, 357–359, 390, 391–393
  11 Aurelius, 250
  13 Plutarch, 197–198
  14 Tacitus, 234
  17 Aquinas, 436–439, 672–673, 674–675, 677–681, 808
  18 Aquinas, 38–39, 40–41
  19 Chaucer, 184, 349–350
  21 Hobbes, 64, 65, 66–68
  23 Montaigne, 433–434, 563–566
  25 Shakespeare, 113–115
  30 Pascal, 238
  33 Locke, 190, 193, 196–197
  33 Hume, 465
  39 Kant, 318–321, 357–360
  40 Federalist, 32
  40 Mill, 276–277, 456–457
  43 Hegel, 77–78
  53 James, William, 794–798
  54 Freud, 624–625
  55 Barth, 493–495

5b. The acts of the practical reason in matters open to choice: decision and command, leading to execution or use

    7 Aristotle, 665–666
    8 Aristotle, 357–359, 387–388, 393–394, 395–396, 403
  17 Aquinas, 127–128, 686–693
  18 Aquinas, 40–41, 56–57
  39 Kant, 260, 265–267, 314–321
  43 Hegel, 22
  51 Tolstoy, 411–412, 459–461, 488–489, 584–585, 586–587
  53 James, William, 794–798

5c. The maxims of prudence

Old Testament: *Proverbs / Ecclesiastes*
Apocrypha: *Ecclesiasticus*, 1–43 passim
New Testament: *Matthew*, 6:19–34 / *Luke*, 12:13–32 / *I Corinthians*, 7:29–35
    4 Aeschylus, 33–34, 50, 51–53
    4 Sophocles, 196–200, 206–208
    5 Thucydides, 507
  19 Chaucer, 185–186, 188, 229–230
  23 Montaigne, 105–110
  24 Shakespeare, 535–536
  25 Shakespeare, 35
  27 Cervantes, 391–393
  28 Bacon, 81–95
  28 Descartes, 272–275
  28 Spinoza, 672
  40 Mill, 345, 410
  43 Nietzsche, 490–494
  58 Huizinga, 341–342

6. Prudence in relation to the common good of the community

6a. Political prudence: the prudence of the prince or statesman, of the subject or citizen

Old Testament: *Genesis*, 41:33–41 / *I Kings*, 3:16–28 / *Proverbs*, 29:12; 31:4–5
Apocrypha: *Ecclesiasticus*, 10:1–3
    3 Homer, 1–10, 97–100
    4 Aeschylus, 4–7, 13–25
    4 Sophocles, 111–118, 159–160, 166–168, 234–254
    4 Euripides, 261–276, 348–354, 477, 567, 606–633
    4 Aristophanes, 659–660, 673–696, 810–811, 821–823
    5 Herodotus, 41, 216–218, 225–226
    5 Thucydides, 365–367, 389–391, 436–438, 451, 474, 483–485, 511–516, 569–570
    6 Plato, 604–608, 669–670, 754, 813–814
    8 Aristotle, 434–436, 473–475, 479–480, 498–499, 509–518, 528–530
  11 Epictetus, 172–173
  11 Aurelius, 246, 249, 265, 277–278, 287
  12 Virgil, 283–286
  13 Plutarch, 129–141, 540–576, 604–605, 689–691, 824–826
  14 Tacitus, 193, 211–212
  19 Dante, 106–107
  20 Calvin, 186–187
  21 Machiavelli, 1–37
  23 Montaigne, 105–110, 422–429, 530–531, 533–534
  24 Shakespeare, 453, 472–474, 576, 587
  25 Shakespeare, 318, 351–392
  28 Bacon, 4–6, 20–26, 74, 81–82, 94–95
  33 Locke, 61–62
  34 Swift, 28–29, 112–115
  35 Rousseau, 368, 373–374
  36 Smith, 124–125
  37 Gibbon, 1–2, 50, 331–332, 609–610
  40 Federalist, 130–132, 190–191
  40 Mill, 334
  41 Boswell, 255–256
  43 Hegel, 149, 287–288
  51 Tolstoy, 9–10, 65–66, 421–426, 440–442
  58 Weber, 101–107

6b. Jurisprudence: prudence in the determination of laws and the adjudication of cases

    4 Aeschylus, 95–100
    4 Aristophanes, 722–747
    5 Herodotus, 32
    6 Plato, 200–212, 544, 599–603, 744, 784, 792
    8 Aristotle, 385–386, 464, 480, 484, 593
  13 Plutarch, 70–71
  14 Tacitus, 61–62
  16 Augustine, 582–583
  18 Aquinas, 209–210, 223–224, 226–227, 227–229, 235, 236–237, 238–239, 309–316
  21 Hobbes, 123, 134–136
  22 Rabelais, 85–92
  23 Montaigne, 323, 559–560
  24 Shakespeare, 425–430

25 Shakespeare, 178-184
27 Cervantes, 401-404, 415-420, 424-425
30 Pascal, 27-62, 90-99, 102-117
34 Swift, 152-154
35 Montesquieu, 33-35, 214-215
37 Gibbon, 244-245, 343
38 Gibbon, 75-78

39 Kant, 397, 399-400
40 Federalist, 198-200, 231-232
43 Hegel, 74, 77-78, 142
48 Melville, 181-182
52 Dostoevsky, 365-420
58 Huizinga, 342-343

交叉索引

以下是与其他章的交叉索引：

The distinction between prudence and wisdom, or between practical and speculative wisdom, see KNOWLEDGE 6e(1); MIND 9a; PHILOSOPHY 2a; WISDOM 1b.

The relation of prudence to the other intellectual virtues, see ART 1; HABIT 5d; KNOWLEDGE 6e(2), 8b(3); LAW 4a; SCIENCE 1a(1); VIRTUE AND VICE 2a(2); WISDOM 2a.

The relation of prudence to the moral virtues, see COURAGE 4; KNOWLEDGE 8b(1); PRINCIPLE 4a; TEMPERANCE 1b; TRUTH 2c; VIRTUE AND VICE 1c, 3b, 5b.

The relevance of freedom and of the distinction between means and ends to the operations of prudence, see GOOD AND EVIL 5c; NECESSITY AND CONTINGENCY 5a(1)-5a(2); WILL 2c(1)-2c(3), 5b(2).

The elements that enter into prudent judgment, see EXPERIENCE 6a; JUDGMENT 3; OPINION 6b; REASONING 5e(3); WILL 2c(3), 5b(2).

The prudence of the statesman or citizen, and of the legislator or jurist, see CITIZEN 5; GOVERNMENT 3d; LAW 5d, 5g; MONARCHY 3a; STATE 8d-8d(3).

扩展书目

下面列出的文著没有包括在本套伟大著作丛书中，但它们与本章的大观念及主题相关。书目分成两组：

Ⅰ．伟大著作丛书中收入了其部分著作的作者。作者大致按年代顺序排列。

Ⅱ．未收入伟大著作丛书的作者。我们先把作者划归为古代、近代等，在一个时代范围内再按西文字母顺序排序。

在《论题集》第二卷后面，附有扩展阅读总目，在那里可以查到这里所列著作的作者全名、完整书名、出版日期等全部信息。

I.

Augustine. *On the Morals of the Catholic Church*, CH I, XXIV
Thomas Aquinas. *Summa Theologica*, PART II-II, QQ 47-56, 155-156
Bacon, F. "Of Counsel," in *Essayes*
Smith, A. *The Theory of Moral Sentiments*, PART VI, SECT I
Kant. *Lectures on Ethics*
Mill, J. S. *A System of Logic*, BK VI, CH 12
Dewey. *The Study of Ethics*, CH 5-6

II.

THE ANCIENT WORLD (TO 500 A.D.)

Horace. *Epistles*

THE MODERN WORLD (1500 AND LATER)

Adler, M. J. *Art and Prudence*, PART III, CH 12
Bentham. *An Introduction to the Principles of Morals and Legislation*
Bonar. *The Intellectual Virtues*
Butler, J. *Fifteen Sermons upon Human Nature*

Chesterfield. *Letters to His Son*
Emerson. *The Conduct of Life*
Gracián y Morales. *The Art of Worldly Wisdom*
Hodgson. *The Theory of Practice*
Huxley, A. L. *Ends and Means*
Johnson, S. *History of Rasselas*
Jonsen and Toulmin. *The Abuse of Casuistry: A History of Moral Reasoning*
Lecky. *The Map of Life*, CH 6, 8-9, 11
Lycan. *Judgement and Justification*
Maurice. *The Conscience*
Sanderson. *De Obligatione Conscientiae (On the Obligations of Conscience)*
Santayana. *Reason in Common Sense*, CH 9
Scott. *Rob Roy*
Shaftesbury. *Characteristics of Men, Manners, Opinions, Times*, TREATISE IV
Sidgwick, H. *The Methods of Ethics*, BK II
Spencer. *The Principles of Ethics*, PART I, CH 1, 13
Stephen, L. *The Science of Ethics*, CH 6 (4), 9 (5)
Taylor, J. *Ductor Dubitantium*
Tillich. *Morality and Beyond*

74

惩　罚　Punishment

总　论

关于惩罚的难题可划分为许多问题：惩罚的根基在哪里？惩罚应该服务于何种目的？或者，其原则或理由应该是什么？谁具有行使惩罚的权威并且这种权威应在什么条件下被使用？哪些人应该受到惩罚而哪些人又应该得到豁免？惩罚的形式或种类有哪几种？它们是在原则上应受到谴责，还是由于其结果而应受到谴责呢？在惩罚的严厉程度与罪行(offense)的严重性之间应否存在一种适当的比例？个人能够进行自我惩罚吗？人们愿意接受惩罚吗？

虽然这些问题的侧重点不同，但是它们适用于三大类型的过失，人们依据这三类过失来分别讨论惩罚的本质与必要性、惩罚的正义与惩罚的功效。在传统上，惩罚是就（品德上的）恶行、（法律上的）罪行与（宗教上的）罪过这三种关系来考虑的。根据上述不同类型的过失，惩罚者可以是犯错者本人或其家庭，可以是他的国家，也可以是他的教会或者上帝。

对于这些惩罚问题，用来划分它们的不同区域的界线，并不在所有的案例中都能显而易见。因为，当某些行为同时触犯道德律、民事法和神律，它们将使当事人也同时遭受不同来源的惩罚。在某些情况下，那些应当用惩罚来纠正的错误或伤害并不属于上述任何一种过失，例如战争行为或造反行为。当惩罚手段被一个国家用来对付另一个国家中部分或所有民众时，或者，当某一政府对其辖下的参与叛乱的成员进行制裁时，惩罚理论是否能保持一致有时候是值得怀疑的。

在本章中，我们将在其最广义的概念上来处理惩罚问题，大多数时候我们仅仅考虑上述问题而不涉及罪孽、罪行以及恶行之间的区别，或者说，不涉及神界惩罚与人间惩罚这两者的差别，或国家惩罚与家庭惩罚之间的差别（即，牵涉到法律强制执行的惩罚与作为教育或培训手段的惩罚）。这些更为具体的话题属于其他的章节：例如，影响性格形成的惩罚属于**教育**和**美德与邪恶**两章；由父母实施的惩罚属于**家庭**章；神的恩赐与惩罚则属于**不朽**与**罪**两章。

当然，任何关于惩罚之讨论所赖以进行的基本观念都是**正义**与**法律**两章的主题。另一章节**快乐与痛苦**章——则与关于惩罚本质的问题有着特殊的关联。关于惩罚本质，在西方思想的传统中似乎不存在着意见殊异的观点。惩罚仍通常被认为是一种施加痛苦的东西，尽管某些作者将惩罚分为两种，也就是说，他们依据被施加的痛苦是感觉上的疼痛还是因剥夺或缺失而产生的心理上的痛楚来划分为肉体惩罚与精神惩罚。举个例子来说，囚禁总是带来失去某种东西——失去了自由——的痛苦，但它仍然可能伴随着肉体上的劳苦或甚至折磨。按照某些神学家的说法，对受到诅咒的人的折磨既是肉体上的又是精神上的——既有炼狱的煎熬又有灵魂由于失去上帝之爱及感召而承受的剧痛。

如果人们对于惩罚的本质没有任何争议的话，就惩罚目的而言，对立的情况就会十分普遍。为什么人们应当受到惩罚,这正是在道德和政治思想领域以及心理学和神学中最具争议的问题之一。

在那些伟大著作的传统中,主要的对立发生在两类人之间。一部分人认为惩罚只需要内在的正义;而另一部分人则认为,如果不考虑惩罚的效用和便利,惩罚无法被证明是正当的。尽管20多个世纪过去了,这种争辩仍然在进行着。在实践中的惩罚——不论是符合法律的还是不受制于法律的——一般倾向于严厉甚至常常是残忍或野蛮的。赫伊津哈写到中世纪时说:"在那个时候,人们确信公义是绝对确定无疑的。无论在什么角落,正义都应当追究不正义,一追到底。必须以极端的方式要求不正义给予补偿和赔偿,它们具有报复(revenge)的性质……罪犯理应受到惩罚,这一点没有片刻是值得质疑的。大众的正义感总是认可最严酷的制裁。观众们欣赏拷打与死刑,犹如欣赏集市中的娱乐一般。"

直至到18世纪的切萨雷·贝卡里亚和19世纪的杰里米·边沁,有关惩罚的讨论才引致在刑法典的精神上以及条文上的重大改革。尽管理论不一定马上在实践中体现出来,延续数世纪的争论中的对立观点从不缺乏在刑事机构和惩罚手段上的实践意义。不过,该问题的理论意义总是在当时就很明白。与惩罚相比,正义和法律虽然是更基本和更全面的观念,但是这一有关惩罚的问题——惩罚的目的问题——却能批判地检验任何关于法律和正义的理论的意义。

或许这个问题并不能通过"目的"一词来清晰地阐释。使用该词来进行解释有可能产生疑问,因为在争论中的基本命题之一似乎是:在某些意义上,比如为惩罚自身之外的某些目标服务,或者在将来产生某些令人期待的结果,惩罚没有任何目的。这就是康德和黑格尔所共同主张的惩罚理论:惩罚应当是纯粹的报复。

根据这种观点,惩罚在过失者身上产生的效果,或者,在那些其行为受到已施加的或威胁要施加的惩罚影响的人身上产生的效果,都不能被考虑在内。除了保持正义的平衡之外,没有任何事情是应当去追求。而正义的平衡是通过使用相应尺度的惩罚去适当地补偿每一个过失来实现的。倘若考虑其他人而不考虑过失者的话,报复就不是纯粹的报复了。对违法者的惩罚可以缓解受害者的心理感觉,甚至满足复仇的愿望,这一点不应成为任何事物的动力。惩罚的瑰丽奇观应该产生的唯一快乐,应该满足的唯一期望,是看见道德律的高高在上。在道德律下,我们进行惩罚的理由仅仅是因为我们有这样做的义务。

康德严厉地批评所有引导惩罚去服务正义以外的东西的理论,并将它们归为功利主义。在这里,正义以外的东西指的是,诸如改造罪犯,威慑他人,增进社会福利,或者平复复仇渴望。康德说道:"司法的惩罚决不能仅仅作为促进另一种善的手段,不论这种善是关于罪犯本人还是市民社会。司法的惩罚在任何情况下只能因为那个被给予惩罚的个人的确从事了犯罪才能被施用……刑法是一种绝对命令;诅咒那些为了一点好处而匍匐在如毒蛇般盘旋的功利主义脚下的人,那点好处指的是他可以逃脱惩罚正义对他的起诉或者甚至逃脱应有尺度的惩罚。"

到底应当用什么来决定惩罚的方式和尺度呢?康德回答道:"唯有平等原则。通过该原则,正义天平不会偏倚于任何一方。换言之,任何人强加于他人身上的不合理的罪恶将被同样地反施于施暴者本人……这就是一报还一报的法则(ius talionis);我们也可以正确地理解它是唯一的一个可以明确地对一项正义制裁进行定性定量的原则。所有其他的准则都是摇摆不定的;由于这些准则牵涉到别的考虑,因此它们不包含一种与纯粹严格的正义裁决相一致的原则。"

报应惩罚(retributive)或报复似乎表达了交换活动中的正义或公平原则。"以命偿命,以眼还眼,以牙还牙,以烙还烙,以伤还伤,以打还打"这一摩西律法,在其他主张恶有恶报的段落中出现过。所谓恶有恶报,是指实施伤害的一方应该遭受财产上的损失或损害。然而,这一律法也同时伴随着这样的律令:对犯错者施与死刑而非让其偷生的。

耶稣在山顶布道时宣讲:"你们已经听说过,上帝曾说过以眼还眼,以牙还牙。但是我要对你们说,你们应该抵抗的不是罪恶;相反,有人打你右脸,连左脸也转过来给他打。而且,如果有人想要告你,想拿走你的内衣,那么连外衣也由他拿去。"这段文字有时被认为是指一切惩罚是素朴的复仇,而代替那冤冤相报的是基督徒应该爱和宽恕他的敌人。在《战争与和平》中,玛丽公主对安德烈王子说:"如果你认为有人对你做了错事,忘记和宽恕他吧!我们没有权利去惩罚。"

然而,当对作恶者的惩罚成为是关于国家而不是个人的问题时,基督徒的惩罚观也许并不与上述完全一致。圣保罗说道:"复仇不是你自己的事情,因为它已经是被写下来了;主说,复仇是我的事情,我将会去报复。""个人不需要自己去报仇,因为上帝会惩罚那些坏人;惩罚者不仅有上帝,而且有俗世国家的统治者,他是保护你们的善之上帝的臣子。"圣保罗接着说:"但是,假如你犯了恶,你会害怕;因为他手中并不是一把空洞的剑;因为他是上帝的臣子,一个将愤怒施加在作恶者身上的复仇者。"

以命偿命似乎是在希腊和圣经传统中以牙还牙的象征表述。埃斯库罗斯的《奠酒者》中的合唱队解释道:"公正精神高呼并且喊出赎罪二字——血债要用血来偿。"与这一警告并行的是圣马太的话:"那些用剑的人终将被剑毁灭。"但是,诚如亚里士多德指出,朴素的互惠并不决定报应的方式,这一点类似阿奎那对《旧约》中以怨报怨的评述。"人们甚至希望铁面无私的法官——拉达曼迪斯——的正义指的是,人要承担自己行为的后果,公正之正义也将被实现。"然而,亚里士多德接着指出:"在许多例子中,互惠与矫正正义并不一致。例如,假如当官的伤了人,当官的不该受到伤害来作为报应;但是假如平民伤了官,平民不仅该受到伤害的报应,而且还要遭受额外的惩罚。"只有报复是按照一定比例而不是基于严格的平等回报,互惠的概念才包含报复的意思。

作为报应的惩罚似乎与复仇无法分离。不过,根据卢克莱修,对于那些主张原初自由服从于文明生活规范的人们而言,他们的行为将被一种以等价报应来替代无尽头复仇的欲念所驱动。按卢克莱修的话来说,古代的国王们

> 厌恶他们之间的世仇,厌烦不断累积之暴力的无度滥用。
> 在那里,无论谁,一旦他成为法官,他就会用复仇之方式来执行法律。
> 这种复仇比任何体面的法律所施加的复仇要多得多。
> 因此,彻底厌倦暴力的人们都十分希望接受和服从法律规范。

黑格尔试图澄清他所认为的一种流行误见,即,将报应与报复混淆一起。他写道,"在那种社会条件下,当既无法官又无法律的时候,惩罚总是以复仇的形

式来实施；复仇仍然是有缺陷的，因为它是一种主观意志的行为"。报应该被反对，这是可以理解的。这是因为"报应看上去好比复仇一样，像是不道德的，并因此报应被认为个人化的行为。然而，报应不是个人化的行为，而是实现报应自身的概念。'如《圣经》写道：主说，复仇是我的专有'……美惠三女神睡着了，但是罪行却唤醒了她们去复仇。由此，在这种意义上，正是这一罪行本身报复了罪行自身"。

在黑格尔看来，这种报应与报复既相一致又相区别的表面矛盾是能够被解决的。一方面，既可以说"就报应在被理解为是一种'对伤害的伤害'而言，铲除罪行即是报应"。另一方面，又可以说"在公正是当下的这一范围而言，铲除罪行在原则上就是复仇。就复仇是一种报应而言，在内容上复仇是正义的"。要求这一冲突必须被解决，"就是要求一种作为惩罚而非作为复仇的正义"。

黑格尔的解答似乎是通过对特殊与一般的区分来进行的。"当抵制罪行的权利以一种复仇形式出现时，这一权利只是潜在地正当的，并不是具有正当形式的正当，也就是说，没有任何复仇行为被证明是正当的。现在出现在台上的不是受害者个人，而是受害者'全体'。并且，这一全体在法庭上是具有严格的现实性。受害者全体接管了对罪行的追究和报复。因此，这种追究不再是一种主观的、偶然的、复仇式的报应，它反而转变为一种公正与自身的真正一致，即，它变成了惩罚。"

在这种惩罚的观念上，像康德那样，黑格尔谴责了一切关于惩罚的功利主义目的。他说，那些关于惩罚的误解来自一种推测，即，无论是罪行还是对罪行的废除，都是"不合格的罪恶"。这一推测似乎使得"去期望一种罪恶仅仅因为'另一种罪恶早已存在'这一说法变得十分不合理。在各式各样的惩罚理论中，赋予惩罚这一种罪恶表面特征正是某些人的基本假设，这些假设把惩罚看作是一种预防、一种阻止、一种威慑、一种矫正，等等。并且，根据这些理论，一切假设从惩罚中导致的东西都被肤浅地描述为一种善。可是……在以上争论中的这一种观点是错误的，并需要对其矫正。假如你接受那种对惩罚的肤浅态度，你就会无视矫正错误的客观方法"。

问题似乎是在于正义与权宜策略之间的冲突。伴随这一冲突的是，功利主义者把报应等同于复仇，并且要求惩罚要去服务某些善或要去缓和某些恶。可是有时候问题却是，正义与权宜策略是否相容。

根据修昔底德的记载，在对于马梯廉人处置的争论中，克里昂号召雅典人不要对造反的臣民施予任何同情。克里昂说，"他们的罪行不是非自愿的，而是恶意的和蓄意的"，由此他们应受到惩罚。"如果你依照我的建议，你将对马梯廉人做出公正权宜的行为……因为，假如他们的造反是正确的话，那么在你的统治中你必定犯了错。然而，倘如你决意去进行统治，不管你的管治是对是错，你必须要执行你的原则并根据你的利益要求来惩罚马梯廉人。"

狄奥多托斯反对将马梯廉人判处死刑的政策。他的理由是，这不是一个正义问题而是一个权宜策略问题。他说道，"我们不是站在一个正义法庭面前，而是处于一个政治联盟当中；况且问题并不是关于正义，而是关于如何使得马梯廉人对雅典人有用……我认为，对维护我们的帝国而言，自愿去容忍不正义比起将这些人处死要远远有用得多。尽管将他们处死合乎正义，但留住其性命同样符合我们的利益。对于克里昂这种观点——在惩罚中对正义和权宜策略这二者的要求都能同时得到满足——没有任何事实证实了这种结合的可能性。"

在《功利主义》讨论正义的章节中，J. S. 穆勒似乎将正义放在权宜策略之上，但是他也似乎把报应还原为复仇并宣称后者是正义的。"正义感"包含着"一个要素——惩罚的欲望"。穆勒将正义感等同于"报复或复仇的自然情感"。他说道，报应或"以恶还恶"之回赠"变得与正义感联系密切并且通常蕴含在后者之中"。他补充道，"给予每个人应得的东西"的原则，"即，善有善报恶有恶惩，这一原则不仅包含正义的观念之中，这正如我们定义正义那样；而且它是那种强烈正义感的正确目标。这一种强烈情感，在人们的评价中，将正义置于简单的权宜之上"。

其他学者似乎认为，惩罚的功用与其报应的正义并非不能相容。例如，伟大神学家们考虑到两种惩罚的区别。这两种惩罚分别是，对地狱中被诅咒者万劫不复的惩罚，以及对赎罪中忏悔者净化性质的惩罚。这些神学家从来没有证实，神的正义不可以同时包括绝对的报应与带有治疗和报应性质的惩罚。对于他们来说，纯粹的报应惩罚似乎是正义的。可是他们不认为，惩罚能够仅仅通过其功用——即通过它所获得的善——而无需牵涉到以恶还恶的报复来证明自身是正当的。

人类奴隶制度的存在是对亚当原罪的一种正义的惩罚，还有，"上帝知晓如何对各种各样的罪行给予恰当的惩罚"。从这些谚语的内容当中，奥古斯丁观察到，"我们不仅不能伤害任何人，而且还要约束他不去犯罪或者惩罚他的罪过，以至于受到惩罚的人可以从其经验中得到教益或者使得别人从他的例子中得到

警醒"。在这里，似乎没有这样一种想法，那就是，报应拒斥惩罚的改良功能和遏制功能。阿奎那甚至更为明确地将惩罚的治疗功用和遏制功用与通过给予平等报应来维护正义秩序这一惩罚功能结合在一起。

根据奥古斯丁，上帝一想到正义就会想到惩罚。"正义秩序从属于宇宙秩序，这要求罪人应得到制裁。"但是，正义的报应不是惩罚的唯一理由。有时候，理由是"为了受惩者的好"，有时候理由是"为了他人能得到改正"。这些惩罚的理由既适用于人法也适用于神律。"一个小偷被吊死，这不是为了让该小偷实现自我改正，而是为了他人的利益，这些人至少可能出于对惩罚恐惧而被遏制去作恶"。惩罚是人类法律的正当效果，这不仅是因为正义需要惩罚，而且是因为"法律利用人们对惩罚的恐惧去确保人们服从法律"。

在讨论摩西律法对罪行惩罚的制裁严厉度与罪行严重性两者之间的比例时，阿奎那解释道，除了正义的原因外（即，如果其他方面都一样，更严重的罪行应受到更严厉的惩罚），还有出于矫正的目的（"因为除非受到严酷的惩罚，人们不容易根除其恶习"）和出于预防的目的（"因为人们不容易被遏制不去犯罪，除非他们将遭受严酷的惩罚"）。三个惩罚的理由在此被一一列举。不过，以阿奎那的观点看来，报应更为首要，它是一个不可或缺的理由，因为除了出于履行正义这一理由外，惩罚无法被证明是正当的。

康德和黑格尔认为报应或报复是惩罚的唯一根基，即报应或报复不仅仅是惩罚的首要理由或者是必不可少的理由。这一种观点在彻底功利主义惩罚理论中碰到了它的真正对手，而这些功利

主义惩罚理论则可以在柏拉图、霍布斯、洛克以及卢梭的著作中找到。

在《普罗泰戈拉篇》中，普罗泰戈拉在为德性是可以被教育的观点辩护时，他坚称："没有人会出于某人做了恶这一理由去惩罚这个作奸犯科者——只有出于野兽无理性的暴怒才会以这样的方式行为。然而，渴望实施理性惩罚的人不会因为一个过去不可挽回的过错而去进行报复。他关心的是将来，并且期望被惩罚的人以及目睹惩罚的人或许因此被威慑而不去作恶。他是出于预防的目的而去惩罚，因此这清楚地意味着德性是能够被教导的。"

柏拉图自己似乎接受普罗泰戈拉的观点。在《法律篇》中——在那里，他提出了关于刑法典的详细条款，而在伟大著作传统中，只有霍布斯的提议能与之并驾齐驱——柏拉图说道，人们受到惩罚，并不是"由于他犯了错，因为已经发生的事情是无法被纠正；而是为了使得受惩者与目击者也许在将来彻底痛恨不正义，或至少大大减少作恶的可能"。不过，他继续说道，法律"应当以惩罚的正当尺度为目标，并且在一切情况下以施予应得的惩罚为目的"。但柏拉图关于死刑的论述似乎反过来又对这一说法加以平衡。在关于死刑的论述中，柏拉图认为死刑只能实施在无可救药的人身上，这些人无法从惩罚中得到教益，并且对他们的处决"将成为其他人作恶的前车之鉴"。

在柏拉图惩罚理论中，应得概念求诉于正义观念，但它并没有暗示着任何关于报应与改正之间的分离。在《高尔吉亚篇》中，苏格拉底宣称道，"遭受惩罚是当你做错事而被正确纠正的另一个名称"。一个逃脱惩罚的过失者要承受着比那个得到惩罚的罪犯要严重得多的罪恶，因为那个"得到惩罚并遭受报应的人在公正地受苦"。因此，正义又在这个人的灵魂中得到恢复。如同医生为治疗身体开出正确处方一样，法官为治疗灵魂开出公正惩罚这剂良药。那些做了不正义之事而又逃脱了惩罚的罪人们则"不能从不正义中解救出来"。

公正惩罚是应得的，这一事实似乎不是人们为什么该受到惩罚的理由。当苏格拉底考虑上帝或人类在此世或来世中所执行的惩罚，他将其论证总结如下："执行惩罚的合适机构是带有两重性的，被公正地惩罚的人或者应该变好并从中获益，或者应成为同辈们的前车之鉴。在这种前车之鉴中，同辈们可以观察到前者的痛苦、恐惧以及改正。经过上帝和人类惩罚而得到改进的人，就是那些其罪行可以得到矫正的人；并且，在此世与来世中，这些人通过痛楚和受苦而得到改进。"

如同柏拉图那样，霍布斯认为惩罚的理由在于未来而不是在于过去——在于它能够产生一定效果的功用，而不是在于它有效的报复。他把惩罚描述为一种自然法，也就是，"在复仇（即，以恶还恶的报应）中，人们看到的不是过去罪恶的严重性，而是伴随复仇而来的善的重要性。由此，除了为了改造犯人或者为了指引他人，我们被禁止实施基于其他意图的惩罚"。他把出于其他意图的惩罚称之为"敌意的行为"。

在《君主论》一书中，马基雅维里将这种遏制罪行的观点提到一个更高层次："在篡国的时候，篡位者应当仔细地检查所有他必须要实施的伤害，并且要一下子实施这些伤害以至不会日而复始地重复它们……如果篡国者由于胆怯或恶毒建议而不这样做的话，他将总是被迫整天持刀在手，他既不能信赖其臣民，臣民也不敢归附于他。"

霍布斯认为，在保障罪犯改过自新

和遏制犯罪中,惩罚之主要目的是维护公共和平。"惩罚是一种由公共权威实施的罪恶",它实施在那些逾越法律的人们身上,这是"为了人们的意志也许由此更好地倾向于服从法律"。不带有制裁的法律"不是法律,而是空话"。它无法实现法律的目的,即一种与惩罚目的毫无相异的目的。最严重的犯罪——那些被最严酷的制裁所遏止的犯罪——不是那些针对个人的罪行而是"对公众构成最大危害"的罪行。

洛克也从自然法中引申出一种对逾越法律的人们进行惩罚的权利,"为了约束和预防类似的侵犯"。对此,他补充道,"每一个违法行为都会得到相应程度的惩罚,而且如此严厉的惩罚使得违法成为犯罪者一项坏交易,使得他悔改,并使得他人害怕去做类似的行为"。这种惩罚理论不仅适用于处于自然状态中的人们,而且还可以应用于生活在市民社会的民众。

尽管卢梭把精明的政治家描绘为一个懂得如何通过惩罚犯罪来遏止犯罪,但他更强调另一个惩罚动机——对罪犯的改造。"不存在不能变好的作恶者。国家没有权力去将一个其生存并不会给他人带来危害的人判处死刑,即使是为了杀一儆百也不行。"或者,如《卡拉马佐夫兄弟》一书中的费丘科维奇对陪审团进行陈词所说的那样:"俄罗斯的法庭不仅为惩罚而存在,而且还为罪犯的救赎而设立。让别的国家考虑报应和相关的法律条文吧,我们要紧紧抓住的是法律精神和法律意义——即,对迷失者进行拯救和改造。"

关于惩罚理由或惩罚目的这一重大争论似乎影响着绝大部分的其他问题,即,由人们提来出的、涉及对过失进行惩罚的问题——比如,过失是一种宗教上的罪过,还是一种法律上的罪行,抑或是一种不道德的行为?谁来施加痛苦?上帝,国家,自然还是个人本身呢?反过来说似乎也正确。这些其他问题提出了难题或争论,这些难题或争论检验着那些相互冲突的理论。这里的难题或争论指的是:惩罚应当是一种"绝无仅有的"公正报复,抑或惩罚只能根据其产生的后果才能证明自身是正当的,抑或某种程度上惩罚是公正应得与保障好结果这二者的一种结合。

例如,当惩罚原则仅仅是报应原则并且惩罚目的是改造和遏制时,究竟惩罚的不同方式和手段是如何被决定以及如何被分派到不同的过失行为上,这一问题似乎不能以同样的方式来回答。根据报应原则,罪行的严重性似乎是惩罚严厉度的唯一决定因素。惩罚应当与罪行相符合,而不是与能够从惩罚中受益的罪犯之本性相吻合。

例如,康德与黑格尔不认为死刑的合理性在于罪犯的可救治性或不可救治性。他们也不认为夺去罪犯生命是应当被一种欲望所驱动,这种欲望就是想使社会将来免受该罪犯的蹂躏。阿奎那与洛克似乎也抱有此种观点。倘若罪犯夺走别人的生命或者犯了同样严重程度的伤害,那么他应当得到相应程度的报复作为偿还,这一点是足够的。

黑格尔写道,"罪犯的行为不仅牵涉到犯罪概念,而且还牵涉到个人意志的抽象理性。这里的犯罪概念指的是,那种在犯罪中不论个人是否情愿的理性,那种国家不得不去维护的东西"。他论证道,"正因如此,惩罚被认为包含罪犯的权利,并因而通过被惩罚,罪犯被看作是一个理性的存在。除非罪犯所受到惩罚的概念和方式是来自他自身的行为,不然他不会得到这种被尊重的权利。假如罪犯被当作一头不得不变得无危害的有害动物来看待,或者该罪犯被人们以遏阻或改造他的行为这一观念来对待,那么他仍然难以获得上述的尊重"。

在这些基础上,黑格尔批评了贝卡里亚对死刑的无条件的反对。此外,贝卡里亚认为"不能假定社会契约已包含个人欣然允许自己被处决"。对于这一理论,黑格尔也进行了驳斥。卢梭的主张则一百八十度相反。他为死刑辩护,其理由是,为了使我们自己不成为刺客的牺牲品"我们同意,如果自己成为刺客,就该认死"。卢梭力图将这一同意纳入到社会契约之中,他认为:"我们所考虑的只是保障(我们自己的生命),而不是认为任何缔约方期望自己被吊死。"

黑格尔对贝卡里亚和卢梭的观点都表示不同意。在黑格尔看来,国家不是建立在社会契约之上,并且否认"国家的基本实质(涉及)对作为个体之公众成员的生命与财产的无条件保护和保障"。他坚称,"相反的是,国家是那个更高的实体",即"那个可以有权利对这类个体生命和其财产提出各种要求,并且甚至可以强迫后者做出牺牲的实体"。

因此,根据黑格尔,不能够否定国家具有行使死刑这一权利。黑格尔承认,"贝卡里亚的规定是相当正确的,即,人们应该同意被惩罚"。但是他又补充道,"罪犯早已通过他的犯罪行为表示了他的同意,即同意接受惩罚。犯罪的性质,正如个人的私人意愿一样,要求由罪犯引起的伤害应当被根除"。他接着说,"不管怎样,贝卡里亚致力于废除死刑的做法也带来好处"。黑格尔认为,正是由于约瑟夫二世和拿破仑废除死刑的努力,"我们开始发现哪些罪行应得到死刑的惩罚而哪些罪行不应该判处死刑。结果,死刑开始变得不常见了,如同事实上与这项最极端惩罚相关的案例也变得并不多见了"。

当惩罚的唯一目的是社会的福利和个体的改善——不管这些个人是事实上还是潜在的违法者——的时候,对死刑的态度和对其他所有惩罚的态度是有区别的。于是,惩罚的方式和程度必须要由对它们所带来效果的考虑来决定,正如手段应该由对可以预见后果的考虑来决定一样。孟德斯鸠完全是根据遏阻犯罪的成功程度来讨论不同法律系统中的刑法。尽管他似乎并不认为惩罚能够改善个人的品质,他相信在刑罚与罪行二者之间的一定均衡比例或许有助于降低罪行的范围和罪行的严重性。他说道,"在俄罗斯,对于抢劫犯的惩罚与杀人犯的惩罚是一样的,于是,行劫者就干脆杀人"。

一般来说,孟德斯鸠反对过分严厉的惩罚,尤其是那些残忍且罕见的惩罚。他的反对更多的是出于保护自由和公众道德,而不是出于这类惩罚是不正义这一理由。对涉及惩罚功效的惩罚严厉度,霍布斯、洛克以及卢梭也进行相似的讨论。如同孟德斯鸠那样,他们同样面对一个难题:相同方式或程度的惩罚对于实现改善和遏阻罪行这一目的可能有着不一样的效果。举个例子来说,在潜在的违法者身上,严厉的惩戒可能会比温和的惩罚有着更大的遏阻功效;但是,前者可能使得罪犯们变得麻木不仁而不是使得他们改过自新。

无论在远古、中世纪还是现代,总是存在着残酷且不寻常的惩罚。正如历史学家赫伊津哈所指出那样,"中世纪只知道两个极端:彻底的酷惩与彻底的仁慈"。在《圣女贞德》一书的序言中,萧伯纳要我们留意这样一个事实:"绞刑、车裂和四马分尸等刑罚,其细节不堪描述,但这些刑罚最近才被禁止,以至于现在活着的人里就有曾被判处这类刑罚的。我们现在仍然鞭打犯人并且还喧嚷要对他们施行更多的鞭打。我们的监狱,尤其是模范监狱,给受害者造成那么多的苦难、人格丧失、生命的有意浪费和剥夺,而就我所能见,并未引起比中世纪对异教徒施用火刑所引起的更多的内疚。就此而言,旧时的那些暴行,哪怕其中最耸人听闻最让人恐惧的,还不至于如此。中世纪人从对火刑、车裂和绞刑中得到乐趣,而我们甚至没有这样的借口,甚至不能说我们从我们的监狱里得到了什么乐趣。"

在那些试图将报应和惩罚功效结合起来的例子中,在决定惩罚的原则之间的冲突似乎更为明显。例如,如果死刑是凶手的公正应得,那么死刑应否基于报应的理由而得以应用,即使个别谋杀者可以通过较温和的方式得到改造?如果酷刑作为威慑被证实是高效的,那么,为了减少犯罪量,这些酷刑应否应用于那些轻罪的案例——即应得到程度较轻报复的罪行?

在人与人、人与国家以及人与上帝的关系中,谁具有执行惩罚的权威而谁又应该服从惩罚?对于这一问题的讨论,大体上似乎存在着一致的意见。惩罚似乎作为法律实施的不可或缺部分附加在法律之中,这样使得具有设立他人行为规范的权威者,无论他是谁,也具有了对于违规行为实施惩罚的权威。惩罚是法律的一种必要约束力的论点,这一论点明显为那些主张报应性惩罚观的人们与那些主张功利主义惩罚观的人们所共同分享。然而,至少除了在法律目的与实施就是共同的善或公众福利这一层面外,该论点似乎无法同时相同程度地与上述这两种主张相吻合。

此外,违法者的道德责任感是对其罪行进行正当惩罚的一个不可缺少的条件,这一点似乎是得到普遍认可的。除非罪孽深重的行为或违法行为是出于自愿的,除非它是故意的而非意外的——或者说,假如该行为是出于疏忽,它也能够归因于一种判断的有心之失——否则,这种行为并没有过错可言,而且该行为者也是没有罪过可言。可是,虽然那些主张惩罚是报应性的人们和那些主张惩罚是改善性的或遏阻性的人们好像都同意责任感是先决前提这一原则,但是该原则似乎不能同样程度地与这两种理论相一致——至少除了在极端惩罚可能会遏制那些远离受罚者责任感的他人去从事犯罪这一层面外。

责任感问题也引起了别的难题,例如,关于个人同一性的形而上学问题。对于这个同一性问题,洛克的立场是:除非人类个体是一个连续的存在,否则他不能因为他先前的行为而受到随之而来的惩罚。此外,责任感问题也引起自由意志与因果性的问题。对于后者,休谟的观点似乎是:除非人类行为受制于因果必然性,否则人类不能因他的行为受到谴责或"成为惩罚或复仇的对象"。

最后,责任感问题还引起另一个惩罚问题,即自然需要惩罚并且自然本身为了满足这一需要而对罪行施以制裁的问题。美德就是对美德自身的回报,邪恶就是对邪恶自身的惩罚。这一句脍炙人口的谚语,有时候被解读为美德是本质的善以及邪恶是本质的恶;有时候意味着美德与邪恶分别通过其自然后果给它们的主人带来了好处或者带来了伤害。这一观点在狄更斯的《小杜丽》一书中十分明显。恶棍里戈从监狱逃了出来,这并没有使他的邪恶行径得到改造,而小杜丽的父亲被关在债务监狱里(如同狄更斯自己父亲那样),小杜丽的责任感却使她能在父亲身边度过她的整个童年。

又如,奥古斯丁声称,根据他犯的罪

孽,上帝公正地惩罚了他,对于"每一个灵魂,罪孽都给罪孽带来对它自己的惩罚";康德把法律惩罚与自然惩罚区分开来,"在后者之中,作为邪恶的罪行惩罚了自身,而且该罪行并不同样地在属于立法者审判管辖范围内出现"。霍布斯的理论则似乎代表着另一种解释:"疾病是对酗酒的自然惩罚……敌人的暴力是对不正义的自然惩罚……压迫是对懦弱的自然惩罚。"在由任何某一行为所引发的后果链中,人类认识到痛苦是"对那些作为源头的、恶多善少的行为的一种自然惩罚"。

然而根据弗洛伊德,为自然所决定的,即为心理学意义上所决定的,是要求受到惩罚的欲望而不是惩罚自身。正是由于真实的罪过或者想象出来的罪过,个体惩罚自己或寻求受到惩罚。弗洛伊德写道,"无意识地要求受到惩罚在每一种精神病中扮演了一定角色"。它好像是良心的一分子那样行为,就像良心延伸到无意识的领域;而且,它一定与良心有着同样的起源;也就是说,它将与一种积极谴责相对应,而这种积极谴责已经内在化并且被超我所掌握。只要这些言论没有前后不一致的话,我们应该有足够理由……称它为"一种无意识的罪恶感"。

无论弗洛伊德理论在心理学上的有效性如何,该理论不能解决关于惩罚正当性或惩罚功效性这类道德问题。它也不能降低出于其他动机而自愿服从惩罚的可能性。苏格拉底在《克力同篇》中解释道;为了维护法律,苏格拉底拒绝逃避他认为他不该得的死刑,尽管在处理他的案件中法律被人们不公正地运用,但该法律就自身而言仍然是公正的。亨利·大卫·梭罗、莫罕达斯·卡拉姆昌德·甘地和马丁·路德·金等人拒绝服从那些他们良心无法赞同的法律,但是他们不反抗因违背法律而对他们进行惩罚的国家指令。在一个不公正的社会中,对于他们而言,坐牢是革命的必要实践,这种革命是由公民不服从而引发的。

分 类 主 题

1. 关于惩罚的一般理论
    1a. 惩罚的本质:感觉的痛楚和损失的痛楚;监禁的效果
    1b. 惩罚的报应目的:以牙还牙;报复与复仇;纠正错误
    1c. 出于改造过失者目的的惩罚
    1d. 惩罚的预防作用:对坏事的遏制
2. 作为一种正义惩罚条件的个人责任:集体责任的难题
    2a. 与责任和惩罚相关的自由意志:与罪行与过错有关的自愿;意外、疏忽与故意
    2b. 与责任有关的心智健全、成熟和道德力
3. 与美德和罪恶有关的惩罚
    3a. 作为形成道德品质要素的报酬和惩罚
    3b. 罪恶的自我惩罚
    3c. 内疚、悔改以及惩罚的道德需要
4. 罪行与惩罚:作为一种政治工具的惩罚
    4a. 对于违法行为的惩罚,惩罚作为一种必要法律制裁
    4b. 适用于全国的惩罚形式

74. 惩 罚

　　(1) 死刑
　　(2) 驱逐出境或者放逐：关押或监禁
　　(3) 劳改或奴役
　　(4) 残酷的或异常的惩罚：折磨与压迫
4c. 法律惩罚的正义性：由实证法所决定的惩罚惯例
4d. 惩罚的严酷等级：罪罚相应
5. 关于宗教罪过的惩罚
　5a. 诅咒的起源与实现
　5b. 罪过的代价：对原罪的惩罚
　5c. 懊悔的痛苦与良心的折磨：赎罪
　5d. 神圣惩罚的模式：今生与来世，瞬间与永恒
　5e. 神圣惩罚的正义
　　(1) 关于地狱或冥府中万劫不复之受难的正当性
　　(2) 在涤罪中赎罪的必要性
6. 关于惩罚的病态动机：异常的罪过感或内疚感；要求实施惩罚或承受惩罚的反常欲望

[张国栋 译]

索引

本索引相继列出本系列的卷号〔黑体〕、作者、该卷的页码。所引圣经依据詹姆士御制版，先后列出卷、章、行。缩略语 esp 提醒读者所涉参考材料中有一处或多处与本论题关系特别紧密；passim 表示所涉文著与本论题是断续而非全部相关。若所涉文著整体与本论题相关，页码就包括整体文著。关于如何使用《论题集》的一般指南请参见导论。

1. **The general theory of punishment**

1a. **The nature of punishment: the pain of sense and the pain of loss; the effects of incarceration**

    3 Homer, 417
  11 Lucretius, 41–42
  12 Virgil, 189–190
  16 Augustine, 588–589
  17 Aquinas, 792, 816–817
  18 Aquinas, 186–187
  19 Dante, 6–7, 74–75
  21 Hobbes, 145–147
  23 Montaigne, 142
  33 Locke, 26–28
  39 Kant, 306, 446
  43 Hegel, 38–39
  47 Dickens, 1–4, 49–50, 214–215, 374, 383–384
  55 James, William, 6

1b. **The retributive purpose of punishment: the *lex talionis*; retaliation and revenge; the righting of a wrong**

Old Testament: *Genesis*, 9:6; 34 / *Exodus*, 21:12–34 / *Leviticus*, 19:18; 24:16–21 / *Numbers*, 35:10–34 / *Deuteronomy*, 19:11–13,21; 32:35,41–43 / *Judges*, 16:21–30 / *Psalms*, 58; 79:10–12 / *Proverbs*, 6:34–35; 20:22; 24:29 / *Isaiah*, 59:17–19 / *Jeremiah*, 9:1–11; 46:10; 50:13,28 / *Ezekiel*, 25 / *Nahum*, 1:2–3

Apocrypha: *Judith*, 2:1–12 / *Ecclesiasticus*, 5:1–7; 39:28–30 / *I Maccabees*, 2:67–68; 9:33–42 / *II Maccabees*, 6:14–15

New Testament: *Matthew*, 5:38–48 / *Luke*, 17:3–4 / *Romans*, 3:5–6; 12:17–21 / *Hebrews*, 10:29–30

    3 Homer, 327–328, 506–524
    4 Aeschylus, 73–89, 90–103 esp 96–97
    4 Sophocles, 175–194, 195–215
    4 Euripides, 277–295, 450–471, 494–514, 523–524, 555–584
    5 Herodotus, 29–30, 91, 99–100, 116–117, 177, 218, 237–239, 278–279, 305
    5 Thucydides, 556–557
    8 Aristotle, 379–380
  16 Augustine, 446–447
  17 Aquinas, 266, 818

  18 Aquinas, 334–336
  19 Dante, 24–25, 35–36, 57
  19 Chaucer, 318–322
  20 Calvin, 91–92, 425–426
  23 Montaigne, 375
  24 Shakespeare, 74–76, 78–79, 108, 170–198, 419, 425–429
  25 Shakespeare, 54, 60–62, 216, 226–227, 238–243, 419–420
  27 Cervantes, 77–82
  31 Molière, 125–127
  31 Racine, 354, 358–359
  33 Locke, 26–28
  35 Montesquieu, 43
  35 Rousseau, 351
  37 Gibbon, 617
  38 Gibbon, 91–93, 224–225
  40 Mill, 469–470, 472, 474
  43 Hegel, 76, 130
  45 Balzac, 174–178, 215–369 passim esp 222–225, 227–229, 243–244, 337–338, 344–346, 352–362
  48 Melville, 73–76
  48 Twain, 331–332
  51 Tolstoy, 505–511
  52 Dostoevsky, 417–418
  58 Huizinga, 251–253, 343–344

1c. **Punishment for the sake of reforming the wrongdoer**

Old Testament: *Job*, 5:17–18 / *Proverbs*, 3:11–12; 13:24; 17:10; 19:18,25; 20:30; 23:13–14 / *Jeremiah*, 5:3 / *Zephaniah*, 3:1–13 / *Malachi*, 3

Apocrypha: *Judith*, 8:25–27 / *Wisdom of Solomon*, 12; 16:2–12 / *Ecclesiasticus*, 30:1–2,12–13; 22:6 / *Baruch*, 4

New Testament: *Hebrews*, 12:5–11

    4 Aristophanes, 504–506
    6 Plato, 45, 267–270, 293–294, 426–427, 485
  16 Augustine, 590–591
  18 Aquinas, 158–159, 309–316, 550–558
  21 Hobbes, 94, 157–158
  33 Locke, 1–2
  35 Montesquieu, 39–40
  39 Kant, 446–447
  40 Mill, 302–312, 471–472
  41 Boswell, 7–8, 199–200
  52 Dostoevsky, 31–34, 413–420

1d. The preventive use of punishment: the deterrence of wrongdoing

Old Testament: *Deuteronomy,* 13:10-11
New Testament: *I Corinthians,* 10:5-11
4 Aeschylus, 90-103
4 Sophocles, 196-198
4 Euripides, 280-281, 563-565
5 Thucydides, 400-401
6 Plato, 45, 743-744, 747
8 Aristotle, 434-435
14 Tacitus, 49-50, 57, 151-152
18 Aquinas, 186-188
21 Hobbes, 140, 143
25 Shakespeare, 177-184
28 Spinoza, 678
33 Locke, 65
35 Montesquieu, 37-40
35 Rousseau, 371
37 Gibbon, 175, 199
40 Mill, 271-272, 313-316, 334-335
41 Boswell, 301, 344
43 Hegel, 38-39, 143
49 Darwin, 314
52 Dostoevsky, 417-420
54 Freud, 787

2. Personal responsibility as a condition of just punishment: the problem of collective responsibility

Old Testament: *Numbers,* 14:18 / *II Samuel,* 21:1-9 / *II Kings,* 14:5-6 / *Jeremiah,* 31:29-30 / *Ezekiel,* 18
Apocrypha: *Baruch,* 3:7-8
New Testament: *Romans,* 5:12-19 / *I Corinthians,* 15:21-22
4 Aeschylus, 26-39, 54-103
4 Sophocles, 111-174, 195-215
4 Euripides, 533-554, 555-584
5 Herodotus, 306-307
6 Plato, 746-751, 785-786
8 Aristotle, 359-361
16 Augustine, 421-422
18 Aquinas, 162-167
19 Dante, 67-68
20 Calvin, 174-175
21 Hobbes, 118
24 Shakespeare, 553
29 Milton, 141-143
30 Pascal, 249
33 Locke, 225-226
33 Hume, 485
37 Gibbon, 451
39 Kant, 169-170
40 Federalist, 202-203
40 Mill, 471-472
43 Hegel, 44-45, 48-49
51 Tolstoy, 606-607
52 Dostoevsky, 176-177

2a. Free will in relation to responsibility and punishment: voluntariness in relation to guilt or fault; the accidental, the negligent, and the intentional

New Testament: *I Timothy,* 1:12-13
4 Aeschylus, 71-73, 88-89, 97-100
4 Sophocles, 129-130, 147-148, 225-226
4 Euripides, 530-531
5 Herodotus, 8, 10
6 Plato, 204, 688-689, 746-751
8 Aristotle, 355-357, 359-361, 383-384, 386-387, 399-400
11 Epictetus, 117-118
11 Aurelius, 248-249, 292
16 Augustine, 443-447 passim
17 Aquinas, 335-336, 718
18 Aquinas, 129-130, 142-144, 152-156, 159-167, 173
19 Dante, 13-14, 34-35, 65, 94-95
20 Calvin, 100, 109-128, 138-150
21 Hobbes, 139-140
29 Milton, 137-138, 180, 347-348
33 Locke, 193, 227
39 Kant, 169, 391-392
40 Mill, 474
43 Hegel, 44-45, 129-132, 172-174
46 Eliot, George, 551-552, 565, 593
51 Tolstoy, 686-687

2b. Sanity, maturity, and moral competence in relation to responsibility

16 Augustine, 646-647
19 Dante, 42
21 Hobbes, 132, 142
25 Shakespeare, 70
33 Locke, 36-38
39 Kant, 169-170
40 Mill, 302-312
43 Hegel, 48-49
51 Tolstoy, 690
52 Dostoevsky, 364, 420
54 Freud, 241

3. Punishment in relation to virtue and vice

3a. Rewards and punishments as factors in the formation of moral character

Old Testament: *Proverbs,* 23:13-14
Apocrypha: *Ecclesiasticus,* 30:1-13
4 Aeschylus, 99
4 Aristophanes, 717-720
6 Plato, 283-285, 313, 556-557
8 Aristotle, 434-435
13 Plutarch, 41-42
16 Augustine, 5-8
18 Aquinas, 226-227
23 Montaigne, 126
28 Spinoza, 653
33 Locke, 105 passim, 107-108
33 Hume, 485
34 Swift, 28
35 Montesquieu, 37-38, 139
40 Mill, 306-307, 458, 464

41 Boswell, 199-200
54 Freud, 758-759, 792-795, 876
59 Joyce, 537-541

3b. Vice its own punishment

Apocrypha: *Ecclesiasticus*, 14:5-10
6 Plato, 262-267, 417-418, 436-441, 689-690
11 Epictetus, 126, 140-141, 194-196, 215-217
11 Aurelius, 244, 274, 276
16 Augustine, 21-22
18 Aquinas, 178-185
21 Hobbes, 163-164
23 Montaigne, 430
31 Racine, 352-367
39 Kant, 374
52 Dostoevsky, 398
53 James, William, 83
54 Freud, 793-794

3c. Guilt, repentance, and the moral need for punishment

Old Testament: *Leviticus*, 26:40-43 / *I Kings*, 8:46-51 / *Psalms*, 6; 32; 38; 51; 102; 130; 143
Apocrypha: *Wisdom of Solomon*, 12:10
New Testament: *Luke*, 16:27-31
5 Herodotus, 9-10
6 Plato, 267-270, 293-294
14 Tacitus, 255
16 Augustine, 397-398
18 Aquinas, 550-558
20 Calvin, 156-163, 280-317, 337-340, 433-438
23 Montaigne, 429-436 passim
25 Shakespeare, 184, 481
29 Milton, 339-378
31 Racine, 352-367
35 Rousseau, 372
37 Gibbon, 54-55
40 Mill, 458-459
52 Dostoevsky, 53-57, 386-391, 398-403, 423-427 passim
54 Freud, 792-793, 795-798
58 Huizinga, 251-253

4. Crime and punishment: punishment as a political instrument

5 Herodotus, 191
5 Thucydides, 424-428
6 Plato, 743-757
8 Aristotle, 379-380, 501, 525-526, 576-577, 579-580, 615-617, 619
13 Plutarch, 710-712
14 Tacitus, 151-152
18 Aquinas, 553-555
20 Calvin, 183-193
21 Machiavelli, 14
21 Hobbes, 138-148, 281
24 Shakespeare, 49-50
33 Locke, 3-6, 14-15, 65
34 Voltaire, 233-234
35 Montesquieu, 37-43, 85-92
35 Rousseau, 351, 398-399

37 Gibbon, 198-200, 215-216, 225-229, 387-388
38 Gibbon, 91-94
39 Kant, 446-448
40 Mill, 304-305, 313
43 Hegel, 37-41, 75-76, 143
44 Tocqueville, 54-55
51 Tolstoy, 223-232, 547-551
52 Dostoevsky, 31-34

4a. Punishment for lawbreaking as a necessary sanction of law

4 Aeschylus, 86-87
4 Sophocles, 166-167
5 Herodotus, 164
6 Plato, 747, 757, 769-770, 792-793
8 Aristotle, 434-435, 525-526
16 Augustine, 582-583
18 Aquinas, 233-234, 309-316
21 Hobbes, 131, 145-148, 157-158
24 Shakespeare, 44, 539-541
27 Cervantes, 77-82
28 Spinoza, 673
33 Locke, 3, 25, 44, 53-54, 229-231
33 Hume, 485
35 Rousseau, 398-399
39 Kant, 446
40 Federalist, 65, 78
40 Mill, 302-303, 329-330, 467-468, 471-472
43 Hegel, 76, 129
43 Nietzsche, 501
44 Tocqueville, 47
52 Dostoevsky, 365-420

4b. The forms of punishment available to the state

6 Plato, 209-210, 771-784 passim, 784-786
8 Aristotle, 576-577 passim, 578-580 passim
16 Augustine, 643-644
18 Aquinas, 309-316
21 Hobbes, 146-147
24 Shakespeare, 429
33 Locke, 25, 230
34 Swift, 28-29, 35-37
35 Montesquieu, 37-38
38 Gibbon, 91-94
39 Kant, 446-449
40 Federalist, 65
43 Hegel, 225-227
44 Tocqueville, 18-19
50 Marx, 364-367

4b(1) The death penalty

Old Testament: *Genesis*, 9:6 / *Exodus*, 21:12-29; 22:18-20 / *Leviticus*, 20:9-18,27; 24:16-21 / *Numbers*, 35:16-31 / *Deuteronomy*, 19:11-13; 21:18-23; 22:21-27 / *I Kings*, 21:10-13 / *Esther*, 4:11-5:2; 7:7-10
Apocrypha: *II Maccabees*, 13:5-8
4 Euripides, 564-565
5 Herodotus, 87, 135-136, 149
5 Thucydides, 424-429

74. Punishment

6 Plato, 743–744, 784, 791
13 Plutarch, 54–55, 70
16 Augustine, 179–180
18 Aquinas, 187–188, 259–261, 309–316, 504–505, 993–994
20 Calvin, 182–183
21 Hobbes, 146
23 Montaigne, 79–80, 245–247
24 Shakespeare, 334–335, 540–541
25 Shakespeare, 182–183, 371–373, 406–408, 558–559
30 Pascal, 108–109
33 Locke, 27–28, 30
34 Swift, 122–123
35 Montesquieu, 39–40, 86–91 passim
35 Rousseau, 398–399
37 Gibbon, 175–176, 216–219
38 Gibbon, 91–92, 95–96
39 Kant, 446–449
43 Hegel, 39
44 Tocqueville, 325
48 Twain, 332
51 Tolstoy, 547–551
58 Huizinga, 246
59 Shaw, 49–53, 114–120
60 Brecht, 418–420
60 Orwell, 504–506

4b(2) Exile or ostracism: imprisonment or incarceration

4 Euripides, 280–281
6 Plato, 607, 690–691, 743–744, 769–770
8 Aristotle, 482–483, 562–563
13 Plutarch, 97–101, 107, 160, 162–171, 179–184, 265–266, 428–429
14 Tacitus, 152–153
18 Aquinas, 309–316, 1078–1081
19 Dante, 111–112
19 Chaucer, 289–291
21 Hobbes, 146–147
24 Shakespeare, 242, 245–246, 324–325
25 Shakespeare, 375–377
35 Montesquieu, 222–223, 263
38 Gibbon, 93
39 Kant, 450
44 Tocqueville, 130
47 Dickens, 1–4, 28–39 passim esp 31–32, 34–35, 44–45, 113–118

4b(3) Enforced labor or enslavement

5 Herodotus, 78
14 Tacitus, 132
29 Milton, 339–378
35 Montesquieu, 109, 110
39 Kant, 445–446
41 Boswell, 385
50 Marx, 364–366
51 Tolstoy, 606–607

4b(4) Cruel and unusual punishments: torture and oppression

Old Testament: *Deuteronomy*, 25:1–3, 5–12

3 Homer, 517–518
5 Herodotus, 28, 92–93, 159
13 Plutarch, 384–385, 851–852
21 Hobbes, 90
23 Montaigne, 52, 215–216, 378–379, 389–390
24 Shakespeare, 392–394
25 Shakespeare, 267–269
34 Swift, 35–37
34 Voltaire, 193
35 Montesquieu, 42, 90, 212–213, 239, 240
37 Gibbon, 212, 232, 389, 604, 651
38 Gibbon, 91–92, 94, 167, 193, 501–503
43 Hegel, 377
51 Tolstoy, 429, 505–511
52 Dostoevsky, 128–131
58 Huizinga, 246, 251–253
59 Shaw, 52–53, 111

4c. The justice of legal punishment: the conventionality of the punishments determined by positive law

4 Aeschylus, 38–39
4 Sophocles, 159–174
4 Euripides, 552–554
6 Plato, 213–219, 267–270, 743–757
8 Aristotle, 379–380
11 Plotinus, 457–458
18 Aquinas, 334–336
21 Hobbes, 101, 140–141, 145
23 Montaigne, 562–563
24 Shakespeare, 498–499
25 Shakespeare, 178–179
27 Cervantes, 77–82
28 Spinoza, 669–670
33 Locke, 16, 65
35 Montesquieu, 49–50, 267–268
35 Rousseau, 398–399
39 Kant, 433–434, 446, 448
40 Mill, 271–272, 302–312, 467–470
43 Hegel, 37–39, 142–143
47 Dickens, 28–29
52 Dostoevsky, 365–420
59 Shaw, 37–38, 49–53, 118–119, 121–124
60 Orwell, 504–506

4d. Grades of severity in punishment: making the punishment fit the crime

6 Plato, 209–210, 754–756, 769–771, 782
8 Aristotle, 379–380, 619
14 Tacitus, 57, 152–153
16 Augustine, 643–644
18 Aquinas, 309–316
19 Dante, 6, 9, 14–16, 17–18, 35–36, 57–58, 60–62, 69–70
21 Hobbes, 145, 157–158
25 Shakespeare, 372–373
34 Swift, 28
34 Voltaire, 245
35 Montesquieu, 37–43, 85–91, 264–266
35 Rousseau, 371
38 Gibbon, 83, 91–94

39 Kant, 446-448
40 Federalist, 221-222
40 Mill, 472
43 Hegel, 75-76
57 Veblen, 49
58 Huizinga, 246, 251-253
58 Lévi-Strauss, 458-459
59 Shaw, 52-53

5. **The punishment for sin**

5a. **The origin and fulfillment of curses**

Old Testament: *Genesis*, 4:8-16; 9:21-27 / *Numbers*, 22-24 / *Deuteronomy*, 27:15-26; 28:15-68; 29:18-29 / *II Samuel*, 16:5-13 / *II Kings*, 2:23-24; 9:10,30-37 / *II Chronicles*, 21:12-20; 36 / *Zechariah*, 5:1-4 / *Malachi*, 2

Apocrypha: *Ecclesiasticus*, 41:8-10

New Testament: *Galatians*, 3:10-14

4 Aeschylus, 26-39, 54-74, 75-103
4 Sophocles, 111-158
5 Thucydides, 380
18 Aquinas, 504-505
20 Calvin, 239
24 Shakespeare, 107-108, 126-127, 136-138, 342-343, 583
29 Milton, 297-298, 302-305, 309-310
31 Molière, 260-261
60 O'Neill, 198-204, 263-265, 273-275, 286-288

5b. **The wages of sin: the punishment of original sin**

Old Testament: *Genesis*, 3:9-24

Apocrypha: *Wisdom of Solomon*, 2:23-24

New Testament: *Romans*, 5:12-21; 6:23; 7 / *I Corinthians*, 15:21-22 / *Ephesians*, 2:1-5

16 Augustine, 415-422, 428-432, 444-455, 476, 590, 599, 644
17 Aquinas, 692-693
18 Aquinas, 162-174, 178-204, 499-500
19 Dante, 98-99
20 Calvin, 104-134, 162, 167, 192-193, 239-243, 248-250, 267, 310
21 Hobbes, 112
29 Milton, 141-143, 264-298, 308-327
30 Pascal, 245-253
31 Molière, 138-139

5c. **The pain of remorse and the torment of conscience: the atonement for sin**

Old Testament: *Leviticus*, 16:29-34 / *II Samuel*, 12:9-23 / *I Kings*, 8:31-50 / *II Chronicles*, 6:24-42; 7:12-14; 33:12-19 / *Psalms*, 32; 51; 102:1-12 / *Daniel*, 9:3-20 / *Joel*, 1:1-2:17 / *Jonah*, 3

Apocrypha: *Wisdom of Solomon*, 5:1-13; 17 / *Ecclesiasticus*, 14:1-2 / *I Maccabees*, 6:1-15

New Testament: *Matthew*, 3:1-12; 11:20-21; 27:3-5 / *Luke*, 7:36-50; 14:11-21 /

John, 8:1-11 / *II Corinthians*, 7:8-12 / *James*, 4:8-10
4 Aeschylus, 88-89
4 Sophocles, 173-174, 183-184
4 Euripides, 444-445, 530-532, 555-562, 597-598
11 Lucretius, 73
14 Tacitus, 87
16 Augustine, 11, 15-17, 28, 438-440
18 Aquinas, 191-192, 1073-1074
19 Dante, 38-39, 47, 49-50, 55-81, 83-86
20 Calvin, 281-282, 283-284, 287-289, 303-306
23 Montaigne, 61, 214-216
24 Shakespeare, 114-117, 145, 351
25 Shakespeare, 46, 53-56, 238-243, 291-292, 296-299, 306-307, 479
28 Spinoza, 674
29 Milton, 153-154, 270-273, 350-353
34 Diderot, 263-264
37 Gibbon, 54-55, 199, 452
39 Kant, 306-307, 333, 379, 593
43 Hegel, 376-377
43 Kierkegaard, 444
45 Goethe, 46, 153-154
46 Eliot, George, 497-498
47 Dickens, 163
48 Twain, 361-362
49 Darwin, 312-314
51 Tolstoy, 321, 606-607
52 Dostoevsky, 25-26, 31-34, 49, 166-171, 192-196, 413-417
54 Freud, 581, 797-798, 831
59 Joyce, 580, 585-586, 587-588, 591-598
60 O'Neill, 264-288 esp 271-275, 283-288

5d. **The modes of divine punishment: here and hereafter, temporal and eternal**

Old Testament: *Genesis*, 3:9-19; 4:8-15; 6-8; 18:20-19:29 / *Exodus*, 7-12; 22:22-24; 32 / *Leviticus*, 10:1-3; 18:24-30; 26 / *Numbers*, 12-14; 15:30-31; 16; 21:5-9; 25 / *Deuteronomy*, 27-30 passim; 32 / *Joshua*, 7 / *Judges* / *I Samuel*, 15 / *II Samuel*, 6:6-8; 24 / *I Kings*, 9:6-9; 11:9-13,29-39; 13; 14:7-17; 16:1-7,18-19; 21:19-29 / *II Kings*, 5:20-27; 9:1-10:11; 17:6-18:12 / *I Chronicles*, 10:13-14; 13:9-11; 21 / *II Chronicles*, 6:24-42; 12; 21:12-20; 26:16-21; 36 / *Ezra* / *Job* / *Psalms*, 9:16-17; 11; 18; 21:8-12; 34; 37; 78-79 passim; 89:28-33; 94; 112 / *Isaiah*, 1; 2:5-3:26; 5; 9:13-10:27; 13-24; 28-32; 33:7-14; 34; 42:13-25; 47; 63:1-6; 65-66 / *Jeremiah*, 1; 4-9; 11; 13:9-14:12; 15:1-9; 16; 17:27-19:13; 21-29; 34; 44; 46-52 / *Lamentations* / *Ezekiel*, 5-7; 9; 11; 13-18; 20-39 / *Daniel*, 4; 5:17-30 / *Hosea*, 4-13 / *Joel* passim / *Amos* / *Obadiah* / *Micah* passim / *Nahum* / *Habakkuk* / *Zephaniah* / *Zechariah*, 7:8-14; 11:1-9,17; 12-14 / *Malachi*, 2

Apocrypha: *Wisdom of Solomon*, 12:1-8;

16-19 / *Ecclesiasticus*, 7:16-17; 21:9-10 / *I Maccabees*, 6:1-16 / *II Maccabees*
New Testament: *Matthew*, 10:14-15,28; 11:20-24; 13:41-42,49-50; 24:41-46 / *Mark*, 9:42-48 / *Luke*, 16:19-26 / *Acts*, 12:20-23; 13:4-12 / *II Thessalonians*, 1:7-9 / *Hebrews*, 10:26-31 / *II Peter*, 2 / *Jude*, 5-16 / *Revelation*, 9; 14:9-11; 20:9-10,12-15
3 Homer, 1-7, 423-426
4 Aeschylus, 13-25, 40-53, 57-58, 83, 90-103
4 Sophocles, 111-114, 175-194
4 Euripides, 472-493
5 Herodotus, 103, 159, 173-174, 199, 203, 211-213, 308
6 Plato, 246-247, 313-314, 806
11 Lucretius, 41-42
11 Plotinus, 462
12 Virgil, 181-189
16 Augustine, 387-388, 415-437 esp 415-422, 428-432, 600-696, 709
17 Aquinas, 333-338, 581-582, 692-693
18 Aquinas, 178-192, 556-557, 897-900, 932-935, 992-996, 1016-1085
19 Dante, 1-133
19 Chaucer, 351-361, 373-378
20 Calvin, 96-98, 174-175, 182-183, 204-205, 237-243, 310-317, 425-426
21 Hobbes, 191-198, 244, 253-258
22 Rabelais, 119-122
29 Milton, 309-310, 339-378
30 Pascal, 205-209
31 Molière, 138-139
31 Racine, 356-357, 359-360
33 Locke, 198, 230
33 Hume, 500, 503
34 Voltaire, 225
37 Gibbon, 187-189
38 Gibbon, 233-234
41 Boswell, 363, 482
48 Melville, 18-23
52 Dostoevsky, 11, 193-194
58 Huizinga, 336
59 Joyce, 578-598 passim esp 587-590

5e. **The justice of divine punishment**

Old Testament: *Ezra*, 9:10-15 / *Job* / *Psalms*, 28:3-4 / *Proverbs*, 11:31; 24:12 / *Isaiah*, 59:16-19; 65:6-7
Apocrypha: *Wisdom of Solomon*, 12; 14:27-31; 14:18-16:1; 19:4,13 / *Ecclesiasticus*, 11:26 / *II Maccabees*, 4:38; 7:36-38; 9
New Testament: *Romans*, 2:5-11; 3:5-6 / *II Corinthians*, 5:10 / *Hebrews*, 2:1-4
4 Aeschylus, 83
4 Sophocles, 234-254
4 Euripides, 515-532
5 Herodotus, 237-239
6 Plato, 125-126, 292-293, 436-441
11 Plotinus, 457-458
16 Augustine, 415, 421-422, 446-447, 479, 644-645, 714

17 Aquinas, 126-127, 819-820
18 Aquinas, 465-474, 997-1016
19 Dante, 3, 4, 16-17, 23, 37, 71, 97, 108
20 Calvin, 3-4, 11-12, 240-243, 291-294
21 Hobbes, 160-161
25 Shakespeare, 263, 270-271, 502-503
29 Milton, 137-139, 277-279, 354-355, 364-365
33 Locke, 194
41 Boswell, 482, 539-540
52 Dostoevsky, 352-362
52 Ibsen, 593-594
54 Freud, 878
55 Barth, 487

5e(1) **The justification of eternal suffering in hell or hades**

Old Testament: *Psalms*, 21:8-12 / *Isaiah*, 14:4-23; 33:10-14
Apocrypha: *Judith*, 16:17 / *Wisdom of Solomon*, 4:16-5:14 / *Ecclesiasticus*, 7:16-17
New Testament: *Matthew*, 11:20-24; 13:41-42,49-50; 25:41-46 / *Mark*, 9:42-48; 16:16 / *Luke*, 16:19-26 / *James*, 5:1-6 / *Jude*, 6-13 / *Revelation*, 9; 19:17-21; 20:9-10,12
4 Aristophanes, 800-801
6 Plato, 249-250, 437-438, 767-768
16 Augustine, 415-416, 599, 643-644, 650-653
18 Aquinas, 1040-1042, 1066-1085
19 Dante, 1-44
21 Hobbes, 254
24 Shakespeare, 115
41 Boswell, 363, 514-515
52 Dostoevsky, 177-178, 352-362
59 Shaw, 125
59 Joyce, 582-585

5e(2) **The necessity of expiation in purgatory**

Apocrypha: *II Maccabees*, 12:43-45
16 Augustine, 626-627, 644-645, 651-653
18 Aquinas, 886-887, 891-893, 1066
19 Dante, 45-89
20 Calvin, 320-324
21 Hobbes, 251, 255-258
41 Boswell, 173

6. **Pathological motivations with respect to punishment: abnormal sense of sin or guilt; perverse desires to inflict or suffer punishment**

5 Herodotus, 95-97
8 Aristotle, 373, 419-420
14 Tacitus, 14-15, 168
24 Shakespeare, 170-198
25 Shakespeare, 306-308
37 Gibbon, 55, 216, 389
47 Dickens, 394-397
51 Tolstoy, 174, 183-186, 188-190, 271-274, 349-350, 505-511

52 Dostoevsky, 128–131, 332–335, 340–344 passim
52 Ibsen, 588–589, 593–597
54 Freud, 204, 328, 712–715, 730–731, 743–744, 831–832, 851–852
58 Huizinga, 251–253
59 Shaw, 126
59 Cather, 417–418
59 Joyce, 542–548
60 Lawrence, 150–152
60 O'Neill, 207–213, 232–233, 243–246, 252–254, 256–258, 273–275, 277–282, 287–288

交叉索引

以下是与其他章的交叉索引：

The distinction between the pain of sense and the pain of loss, see PLEASURE AND PAIN 4e.

The justice or utility of punishment, see JUSTICE 10c; LAW 6e(2).

Responsibility as a condition of just punishment, see LIBERTY 3c; SIN 6a–6b; VIRTUE AND VICE 5c; WILL 5b(4).

Rewards and punishments as factors in moral training, see EDUCATION 4; FAMILY 6d; PLEASURE AND PAIN 8a, 10a; VIRTUE AND VICE 4d(2).

Punishment as a sanction of law, see LAW 6a; the general theory of crime and its punishment, see JUSTICE 10c; LAW 6e–6e(3).

The penal use of labor, see LABOR 1c; SLAVERY 3a.

The sacramental aspect of the punishment of sin, see SIN 4e.

The nature and justice of divine punishment, see GOD 1c, 5i; HAPPINESS 7c(3); IMMORTALITY 5d–5e; JUSTICE 11a; SIN 6c–6e.

The sense of sin and of repentance, and the desire or need for punishment, see PLEASURE AND PAIN 8c; SIN 5.

Torture and oppression, see LABOR 7c; LIBERTY 6b; REVOLUTION 4a; SLAVERY 6–6d.

扩展书目

下面列出的文著没有包括在本套伟大著作丛书中，但它们与本章的大观念及主题相关。

书目分成两组：

Ⅰ．伟大著作丛书中收入了其部分著作的作者。作者大致按年代顺序排列。

Ⅱ．未收入伟大著作丛书的作者。我们先把作者划归为古代、近代等，在一个时代范围内再按西文字母顺序排序。

在《论题集》第二卷后面，附有扩展阅读总目，在那里可以查到这里所列著作的作者全名、完整书名、出版日期等全部信息。

I.

Thomas Aquinas. *Quaestiones Disputatae, De Malo*, Q 5
——. *Summa Contra Gentiles*, BK III, CH 139–145
Voltaire. "Crimes or Offences," "Criminal," in *A Philosophical Dictionary*
Smith, A. *The Theory of Moral Sentiments*, PART II, SECT I
Kant. *Lectures on Ethics*, in part
Beaumont and Tocqueville. *On the Penitentiary System in the United States and Its Application in France*
Eliot, G. *Adam Bede*
Dickens. *Nicholas Nickleby*
——. *Oliver Twist*
Melville. "Bartleby the Scrivener"
——. *Billy Budd, Foretopman*
Tolstoy. *Anna Karenina*
——. *Resurrection*
Dostoevsky. *Crime and Punishment*
——. *The House of the Dead*
Ibsen. *Ghosts*
Freud. *Totem and Taboo*
Shaw. *Crude Criminology*
Pirandello. *The Outcast*
O'Neill. *The Emperor Jones*
Brecht. *The Threepenny Opera*
Orwell. *1984*

II.

THE MIDDLE AGES TO THE RENAISSANCE (TO 1500)

Anselm of Canterbury. *Cur Deus Homo?*
Bonaventura. *Breviloquium*, PART VII
Sa'adia ben Joseph. *The Book of Beliefs and Opinions*, TREATISE IX

THE MODERN WORLD (1500 AND LATER)

Anderson. *Winterset*
Beccaria. *Crimes and Punishments*
Bentham. *An Introduction to the Principles of Morals and Legislation*, CH 12–17
——. *The Rationale of Punishment*

―――. *The Rationale of Reward*
―――. *The Theory of Legislation*
Berns. *For Capital Punishment: Crime and the Morality of the Death Penalty*
Bradley, F. H. *Collected Essays*, VOL I (7)
Browning, R. *The Ring and the Book*
Burgess. *A Clockwork Orange*
Butler, J. *The Analogy of Religion*, PART I, CH 2–5
Butler, S. *Erewhon*
Coleridge. *The Rime of the Ancient Mariner*
cummings, e. e. *The Enormous Room*
Defoe. *Moll Flanders*
Ewing. *The Morality of Punishment*
Fielding. *Jonathan Wild*
Godwin. *An Enquiry Concerning Political Justice*, BK VII, CH I
Green. *The Principles of Political Obligation*, (K)
Hardy, T. *The Return of the Native*
Hawthorne. *The Scarlet Letter*
Howard. *The State of the Prisons*
Hugo. *Les Misérables*
Jackson, S. "The Lottery"
Kundera. *The Joke*
Malinowski. *Crime and Custom in Savage Society*
Marin. *Inside Justice*
Miller, A. *The Crucible*
More, T. *Utopia*, BK I
Poe. "The Pit and the Pendulum"
Ross. *The Right and the Good*, II (I)
Saleilles. *The Individualization of Punishment*
Sartre. *No Exit*
Solzhenitsyn. *The Gulag Archipelago*
Wharton. *Ethan Frome*
Wilde. *De Profundis*
Wright, R. *Native Son*

75

性 质 Quality

总 论

有时候有人说，人们认为他们用来描述现实或自己经验的基本范畴，其实只反映了他们语言的习惯用法。有人主张，实体和属性——以及属性中的质和量——碰巧成了西方思想中的基本范畴，只是因为西方文化使用的语系都有一个语法结构，即区分名词和形容词，以及不同种类的形容词。例如，亚里士多德的范畴表据说只是基于希腊语法对语词的一种分类。当他说基本谓词代表了实体、性质、数量、关系等时，他认识的其实是"男人"和"白"，或"白"和"六英尺高"以及"两倍"之间的语法差异。现实的特征、存在的种类或经验的模式，有人主张，最后不是由此被描述的。

经典著作传统中，广泛流行另一种解释。即便人们对基本范畴意见不一，然而他们都不把基本范畴看作源于约定或语言学用法。例如，康德就不同意亚里士多德的范畴表。他使实体成了关系的一种样式，而非与性质、数量以及关系相配对。他称他的范畴表是先验的，意在说明它们不是从经验得来，而是作为思想的先验形式，决定了所有可能经验的结构。与之相对，亚里士多德的范畴得自经验。他认为，它们表示存在的基本样式，因而是思想领会现实所用的基本概念。尽管有这么多分歧，康德和亚里士多德却都认为，范畴指示的是现实的——而非字面的——不同。即便像休谟那样，怀疑我们能知道实体存在的人，或者像贝克莱那样，怀疑质和量这一区分有效性的人，在这点上似乎也持同样观点。

某种意义上，没有人怀疑质的存在，正如他们不怀疑实体（物质或非物质的持存之物，质被认为蕴于其中）的存在一样。谁都会承认有热和冷，有亮和暗，有湿和干，有软和硬。但是承认这些并不等于排除了许多关于质的基本问题。许多分歧恰是围绕质而来的。

性质是属性吗？也就是说，它们仅仅作为修饰词存在，仅仅作为属于其他某物而存在？抑或它们独立自存？如果性质是属性，那么它们属于远离我们经验的事物，或者只属于被经验之物，不能独立自存？现实中的事物有特定的属性，从而使我们能经验到其他特征，但我们事后才把这些特征归属于事物本身？

事物所有的属性，不管有没有在我们经验中，都要被设想为性质？如果那样的话，存在不同种类的性质吗？或者，质仅仅是一种属性？若是如此，质是如何与其他种类的属性相连的？例如，质是与量截然不同还是依赖于量，可归约为量，受量影响？

这些问题看起来在某些方面是相互关联的，这才会使得这些提出来的争论彼此难解难分。此外，如果注意到它们的前提和影响的话，那么将会看到，不进入其他章节考虑的问题，比如**存在**一章讨论的实体与偶性观念，比如**经验**和**感觉**这两章的经验理论和各种各样的感觉、知觉以及感觉对象的论述，当然，还有一些与**量**那章紧密相关的重要主题，则这些问题不可能讨论清楚。

斯宾诺莎这样区分实体和样式：在

自身内和在他物中。他以公理的形式阐述道:"任何事物要么在自身内,要么在他物中。"不管性质是不是实体的样式,显而易见,斯宾诺莎不会把它们叫作实体。在自身内,不属于任何事物的质的观念似乎是自相矛盾的。正如笛卡尔指出的,断言"存在真正的偶性"——他以此意指存在脱离实体的质或量——就是否认实体和偶性之间的区分。"实体",他写道,"绝不可能离开偶性的样子来设想,也不能从它们那里获得现实性";然而"偶性无现实性可谈,现实性也不是从实体观念来的"。

任何人,只要承认实体和偶性之分,就会把性质设想成偶性或属性,也就是设想成存在于它们有资格存在的事物中。斯宾诺莎、笛卡尔、洛克还有亚里士多德设想的实体并不一样,用来命名内在于实体典型特征的词也不都是"偶性"。例如,洛克用了"性质"一词,斯宾诺莎用了"样式",笛卡尔和亚里士多德用的是"偶性",不过它们大同小异。至于实体这个词,洛克用的意思更接近于亚里士多德用的"物质"一词意思;当洛克试图把光秃秃的实体设想成"我不知之物"的基础时,他把这种深层的质定义为维系质的东西。脱离了质,实体就没有确定特征。

然而,这种理论上的差异没有触动这个大家都同意的看法:不管是在现实还是在经验中,性质都不能自由流动——因为没有任何依托。尽管贝克莱否定物质,否定物体脱离感知也存在,然而性质在他那里也没有变成实体,因为作为感知的性质是作为感知的物体之性质,而两者都只在感知者那里才存在。

相反的观点——性质独立自存——在经典著作的传统中似乎并没有获得清楚或明白的说明。它可能隐含在休谟《人性论》中的经验概念里,比起《人类理解研究》,在《人性论》中这一概念有更充分的发展。在那里,他似乎认为:经验的每个组成都有同样的现实性;每个组成独立自存,彼此没有任何可感的依赖;每个组成只以暂时现象的面目存在。按这种观点,持存的实体不可能有。另外,称经验的这些组成为性质或任何其他东西,都是合理的。经验只能被描述为质和关系,或描述为通过前后相继和接触而相互联系的性质。

经验是个连续流,其中无物常驻。这个观念看来是任何否认实体存在,但赞同性质具有独立现实性的理论之基础。柏拉图归之于赫拉克利特或他门徒的性质理论就说明了这一点。"他们的第一原理是,"苏格拉底告诉泰阿泰德说,"一切都在运动,我们现在谈的属性也被认为是这样的,只有运动存在,运动有两种形式,一种主动,另一种被动,两者都不可胜数。由它们的纠结和擦碰产生了一种后代,其数无限,也有两种形式:感觉和感觉对象。"

例如,"当眼睛跟与眼睛适合的物体相遇并且产生与眼睛同源的影像后……视力从眼睛流出来,影像从物体继续前进,然后两者结合产生了颜色……这对所有可感物体,硬的,暖的等都成立,这些可感物体同样不应被看作具有任何绝对的存在,而应看作都是在相互作用中由运动所产生……因为作用者只有和被作用者结合才存在,而被作用者同样只有和作用者结合才存在……基于这些考虑,"苏格拉底说,"可以得出一个总的结论:没有独立自存的事物,任何事物都在变化,都处于关系中。"

苏格拉底解释说,对那些主张万物皆流的人来说,性质不仅仅是运动的产物,性质本身就处于运动之中——"不仅仅白会变成不白,而且影像本身也在流动或变化,在变成其他颜色。"苏格拉底认为,没有必要浪费口舌去驳斥这种学说,因为它根本含糊不清,更关键的是,由于它否认语词有时有不变的意义,结果它不能说出任何确定的事物,这样,它压根儿站不住脚。

亚里士多德对"公开宣称的赫拉克利特主义者的最极端观点"持的也是这种看法。不过,他进一步评论道,"不同的时间中,感觉不会对同一种性质有不同感觉,而只会对性质所属之物有不同感觉。我的意思是,比如同一种酒如果酒本身或饮酒者身体变化了,那就可能时而甜,时而不甜;但至少,当甜作为甜存在时,决不会有所改变了"。甜的东西,或者因为自己变了,或者因为我们变了,可能变成酸,但甜本身决不会变成酸。

一种性质不会变成另一种性质,然而正处于变化的实体会从一种性质变成另一种性质,在亚里士多德看来,这一点把性质和实体区分开来了。"实体最根本的标志",他写道,"看来是那样:尽管在数性上是一,而且常如不变,但它可能有对反性质……这样,虽然同一种颜色不可能既是白又是黑……但是同一个人可以有时白有时黑,有时暖有时冷,有时好有时坏",性质不会变化,但正在变化的实体会从一种性质变到相反性质。(性质的变化或改变与实体经历的其他类型的变化,这两者间的差异是什么,我们在**变化**一章做了讨论。)

亚里士多德暗示了实体和性质之间的另一个区分标志。他说,两种性质会成对反,像热和冷,白和黑,好和坏,但实体不会像这样构成对反。一种性质可以有相反性质,同样也可以有相关物。例如,如果知识是心灵的一种性质,那么已知对象就是它的相关物,而无知则是知识的相反性质。某些情况下,对反的性

质可能是一系列连续的中间性质的极端或界限,如白和黑是各种居中灰色的极端。某些情况下,对反性质没有中间性质,比如知识和无知就是这样。(谈论性质时最频繁征引的相反性质和相关性质,我们在**对立**一章做了讨论。)

在亚里士多德看来,实体和性质还有一个区分标志,那就是,性质会有一定程度的变化,而实体不会。"一个人不可能比另一个人更是人,"他写道,"但一个白的东西可能比其他某个白的东西更白或更黑……进一步,同样的性质据说在不同的时间里在一个物体中保持的程度不同。一个白的物体据说有时候会比它以前白,一个暖的物体据说有时候会比以前热,有的时候会比以前冷。"

这种观察提出了许多问题。一种性质有时发生的度上的变化,隐含了:性质本身发生变化跟实体在质上发生变化是一样的?尽管有一定程度的变化,但它们仍是同一种性质?性质发生的这种变化,比如在强烈度上的增加或减弱,是一种量上的变化?进一步,白色的东西会变白或变黑,这一事实意味着:一种性质甚至可以跟一个物体一样包含一定的数量?阿奎那通过区分他所称的物体的"实量"(dimensive quantity)和性质的"虚量"(virtual quantity),为我们提供了一个答案。"虚量"是非数量性质可占有的程度和强度——比如,美德和习惯之类的个人品质,或颜色和质感之类的身体性质。

但是,这里似乎还有一个非常困难的问题需要回答。性质没变成实体,怎么能拥有量的属性?按亚里士多德和阿奎那都接受的原理——偶性只存在于实体中——那么一种偶性(数量)怎么能存在于另一种(性质)中?威廉·詹姆士主张的观点——强烈度的变化引起色调的变化,同样引起颜色上的差异——可以

解决这个问题,或者更确切地说,会通过否认亚里士多德的论点:一种颜色尽管深浅会有变化但仍可以是同一种颜色,而将这个问题作为假问题弃之一旁。

不管怎么说,这个问题不只是发生在性质头上。亚里士多德指出,主动和被动也有程度变化。性质也不是因其有对立面而与其他任何东西区别开来。相关的两样事物也可以互相对立,就像主动与被动恰成对反一样。另外,并非所有事物都会有程度上的变化。亚里士多德视作性质之一的形状,像三角形和正方形,就不可能以这种方式变化。考虑到这个问题的各个方面,亚里士多德得出结论说,只有一种典型特征既将性质和实体也将性质和其他任何东西区分开来。性质是我们说事物像或不像、近似或不近似的基础,正如数量是我们说事物相等或不相等的基础一样。

质和量之间其他的差别,尤其是那些与质转化为量相关的差别,我们在**量**章做了讨论。这里我们把前面所说的质和量的差别应用到形状或形相上,可能会有启发意义。形状或形相是质和量的一种有趣的混合。它是一种量化的性质或质化的量,或者像阿奎那说的,"是一种关于量的质,因为形状的本质在于固定量的边界"。这一点,我们在形状和量一样不会有程度上的变化这一事实中,看得一清二楚。但是,我们也可以在欧几里得以不同的方式处理三角形全等和相似的问题上看到这一点。

除了性质是独立自存还是附属于实体这个问题外,绝大多数关于性质的问题看来都涉及它和量的区别与联系。正如我们说过的,关于某一质的程度或数量的问题,牵涉到量的观念。有一点甚至更清楚:问质和量如何联系,就等于在问质和量谁先谁后。我们能说量是事物更基本的属性,因而它们总是以某种方式先于质或是质的基础?抑或相反?或者,从某些方面来说性质优先,从另些方面来说数量优先?

亚里士多德的元素理论看来赋予了质以有形事物领域中的至上地位。物质的四元素,其特征是联合两组相反性质:热和冷,干和湿。与之相反,卢克莱修的原子论似乎使量,(如大小和重量)成为物质的首要属性。牛顿列举的他所称的"万物——其中当然包括最小的粒子——的普遍性质",包括"广延性、硬性、不可入性、流动性和惯性"。如**量**章所说明的,牛顿称这些为"普遍"性质的那个理由看起来只够称它们是"量"而非质。不管怎么样,和古代原子论者的观点一样,牛顿的观点似乎是与基本和相反性质这一理论对立的。

但是亚里士多德自己似乎也持一种使量优先于质的观点。考虑到白这种性质存在于一个物体中的方式,他说,白是凭借物体延伸的表面而存在于物体中。如果表面或广延被解释为一种物理数量,那么我们似乎可以得出这样的结论:这种量是一个物体拥有可见性质以及或许其他性质的基础。例如,阿奎那就说,"量是质变的直接原因",而且,"量在可感性质之前就已存在于实体中"。

这后一个命题可解释成意指,在实体的属性中,量普遍优先于质。或者也可以理解成意指:量只优先于可感性质,然后只在物体的物理属性中占有优先地位。具体这两个解释中选择哪个,部分地取决于是否所有的性质都可感。

按亚里士多德和阿奎那的说法,似乎所有的性质都不可感,因而量并不优先于实体偶性中每种性质。自然的性质,阿奎那写道,"可以存在于理智部分或身体及其力量中"。当然,内在于人性中理智部分的性质是不可感的;而亚里士多德和阿奎那列举的四种性质，前两种也不可感。

他们列举的性质中，人的性质——人的习惯或性情，例如知识和美德，或者美丽和健康——是第一种。人和其他动物赖以发展其天性的力量或天赋能力是第二类性质中一种；例如，动物具有的灵敏感觉，人具有的理性能力，都是这些物种特有的性质，所以有时被叫做"特性"。这种第二类的质似乎不限于生物。无生命物体的特性中也有某些基本的活动或作用能力。第三种和第四种质不同于前面两种，因为它们都是可感的，也就是说，能直接影响感觉，因而它们有时被叫作"起影响作用的性质"。在这些质里，第三种性质——形状或形相——已经论述过了。第四种性质——颜色，声音，质感，气味，味道以及热和冷之类的热性质——比起形状或形相来，更被看作能产生重要影响或更可感的质。

亚里士多德把某些性质，如热和冷，硬和软看作起影响作用的性质，也看作性向或能力，这一事实不一定使他自己的四种区分失效。他对属于截然不同两类性质的同种属性所做区分似乎隐含了：我们可以根据两种观点来看这个问题。例如，基本性质是起影响作用或可感的性质，但它们也是元素的主动的性质或能力，即特性。

鉴于这种对质的分类，事情似乎不是：量优先于实体所有的性质属性。基于生物是灵魂和肉体的复合物这一构想，作为重要力量的品质通常被看作一物由于拥有灵魂而拥有的特性。人的道德和精神品质似乎提供了另外一个质的例子，其中的质要么优先于数量，要么至少独立于量。即便是无生命的物体，某些基本特性或力量也可能是完全属于性质而非属于量。实体中，量优先于质——或者质凭借量内在于实体——这种看法可能只适用于可感性质，比如像涉及表面的颜色。

西方思想传统中争论的一个重大问题就与我们的知觉或与性质的知识相关。如果某些不能直接感受的典型特征可称为"性质"，那么，这两个问题：我们怎么知道那些性质，我们怎么知道任何其他我们无法感觉的事物，就无法区分了。例如，我们也许能从某物行为上的可感证据推断那些性质是习惯或力量，甚至反过来，我们能从一物的特有性质推断出该物的本性或本质。对于可感性质，问题似乎不是我们怎么知道它们——因为事实上，所谓它们是可感的，指的就是它们可通过感官来认识。问题毋宁说指向可感性质的存在——客观性或主观性——样式问题。

笛卡尔和洛克，跟伽利略一样，对第一性质和第二性质这一区分中做了很多讨论——在考虑实体与其属性之关系时，怀特海对这种区分提出过质疑。洛克先区分了事物的性质和我们头脑中的观念，然后开始讨论这个问题。"一个雪球"，他写道，有"在我们心中产生白、冷和圆的观念的能力。在我们心中产生这些观念的能力，因之存在于雪球中，我称之为性质；因之是感觉，我称之为观念；这些观念，如果我有时把它们说成是在事物本身中，那么它们其实指的是物体中使我们产生如许观念的性质"。

物体的第一性质是完全不能与物体分离的东西——例如，"感官在那些大到足够被知觉的物质粒子中就能不断发现它，而心灵也发现它与每个小到不能被我们感官单独知觉到的物质粒子不可分离"。洛克举的物体的这些"原初或第一性质——我们可以观察到它们使我们产生简单观念，即坚实，广延，形状，运动或静止以及数目"——与牛顿列举的可感物以及它们"最小的粒子"或原子的普遍性质非常相近。

与之相对,第二性质,例如颜色、声音、滋味等"不是对象本身所有,而是通过物体的第一性质,即它们不可感部分的大小、形状、质感以及运动,使我们产生各种各样感觉的能力……由此",洛克宣布说,"我认为我们很容易得出这个结论:物体第一性质的观念与第一性的质相似,而且它们的原型确实存在于物体本身,但是由这些第二性质在我们心中产生的观念和第二性质完全不同。物体本身不存在和我们观念相像的东西。这些性质,在我们用它们来称呼的物体里面,只是一种在我们心中产生那些感觉的能力;观念中的甜、蓝或暖,只是我们如此称呼的物体中不可感部分的某些大小、形状以及运动"。

洛克认为,痛的感觉证实了这种洞见。钢片凭其物理特性能使我们感觉痛,但它本身并没有痛这一属性,同样,它除了通过第一性质作用于我们感官产生那些观念外,本身没有任何与在我们身上产生的蓝或冷观念相应的东西。然而洛克主张:我们关于性质的所有简单观念——不仅包括第一性质,也包括第二性质——"与事物的实在一致"。他用一致(agreement)一词,不是意指复制意义上的相似;由此他认为,他能毫不犹豫地否定对颜色或味道的感觉与物体的第二性质之间有什么相似之处,尽管他说,"如果糖在我们身上产生我们所说的白和甜,那么我们确信,糖有一种能力,能在我们头脑中产生这些观念,否则这些观念就不可能由糖产生"。

然而,洛克的观点有时被人做截然相反的理解。早期思想家没有说到第一和第二性质,他们只把洛克称为第一性质的典型特征归于物体,却不认为他所称的第二性质存在。第二性质不是事物的性质,而是感觉或意象的性质。例如笛卡尔就说,"各种各样以不同形式运动的物体,其本性或本质就是长、宽、高……而颜色、气味、味道以及其余所有这类类别的性质,仅存在于我思想中,它们和物体之间的差异,不比钢片的形状和钢片运动所引起的疼痛之间的差异来的小"。

类似地,当霍布斯也把各种各样的可感性质看作我们身上的感觉——感官的外表或幻想。所有"这些被称为可感的性质都存在于产生这些性质的对象中,它们只不过是物质的许多运动……一边是客体,一边是幻想"。按霍布斯的观点,"用我们之外物体之偶性的名字来命名我们自己身体之偶性,就像他们确实说过的那样,颜色在物体上,声音在空气中等等,实在谬不可恕"。

笛卡尔和霍布斯归之于物体的属性或偶性,似乎是量而非质。与之相应,洛克把第一和第二性质都归属于物体,而霍布斯和笛卡尔似乎主张,物体之间的差别是量上的,质或量的差别只出现在感官或思想领域。卢克莱修阐述了德谟克利特和伊壁鸠鲁的原子论,说最初的开端或原子,其典型特征是:大小、重量、形状及运动时,看来持的完全就是这种观点。"基本元素,"他写道,"根本没有颜色。"它们不只是没有颜色,它们同样也"不暖不热又不冷;/当它们运动时,它们无声无息/它们不留下一丝气味"。这些由原子打在动物器官引起的性质,乃是感觉的性质,而非事物的性质。

对这种理论——不管是洛克的还是笛卡尔、霍布斯和卢克莱修的论述中——的批评,似乎本身以两种形式展现。例如,亚里士多德就批评德谟克利特和原子论者以不同的方式对待可感性质与可感数量。按他自己的感觉对象理论,有些性质,像颜色、声音、气味和味道——洛克称为第二性质,其他人光叫作"性质"——是特殊感官,例如视觉、听觉、嗅觉、味觉等的专有对象。与这些"专有可感物"——每一可感物为且只为一种感官知觉——相对,还有"共同可感物",如大小和形状、数字、运动和静止等,它们可被许多感官共同知觉,比如,形状既是可见的又是可感的,运动既可看见又可听到。物体的此类可感属性,洛克称为"第一性的质",而亚里士多德至少跟霍布斯或卢克莱修一样,视作量而非质。阿奎那提出他的观点时写道,"共同可感物都可归结为量"。

亚里士多德的批评要点看起来是,原子论者"把专有可感物(proper sensibles)归结为共同可感物(common sensibles),德谟克利特就是这么处理白和黑的;因为他断言,后者是一种粗糙模式而前者是种光滑模式——尽管他把味道归结为原子的模式"。原子论者有时会犯相反的错误:"感官的所有对象都是可触及的"。但是在亚里士多德看来,不管在哪种情况下,他们都没有理由赋予某些可感性质——不管是可触性质还是共同的可感性质——以他们认为其他可感特征,像颜色、声音和气味等所没有的一种客观实在性。

亚里士多德的感觉和可感物理论我们在**感觉**章有更充分的讨论。按这种理论,作为物体的属性,可感性质至少和量一样都是现实或实际存在的。这是亚里士多德之所以没有区分质(专有可感物)和量(共同可感物)原因。正如物体实际上有我们知觉到它有的那种形状,物体实际上也有我们知觉到它有的那种颜色,当然这里的前提是,我们的知觉在两种情况下都是精确的。亚里士多德认为,如果感官根本上容易犯错,那么,比起共同可感物领域,我们在专有可感物领域犯错的可能性要小,例如,放在水里的直棒看起来是弯的,但用手一摸就知道是直的。

贝克莱和休谟走的是与此完全相反的道路。亚里士多德批评原子论者把量(或者说共同可感物)看作客观物,把质(或者说专有可感物)看作主观物,而贝克莱批评洛克把第一性质和第二性质区别对待。亚里士多德自己的理论假定一切感官对象具有脱离知觉的现实性,并赋予它们以同样的现实性,而贝克莱则使第一性质的现实性和第二性质一样,依赖于被感知。

"有些人,"贝克莱写道,"区分第一性质和第二性质。前者他们意指广延、样式、运动、静止、坚实性和不可入性及数目;后者他们意指所有其他的可感性质,像颜色、声音、味道等等。他们公认,我们拥有的关于它们的观念和任何不依赖于我们而存在或未被知觉的事物不相似,但是他们要我们关于第一性质的观念成为不依赖于心灵而存在的事物的模式或意象,这些模式或意象在他们称为物质的未知实体中。"

由此贝克莱论证说,所谓的第一性质,不管是在现实中还是在思想中都不能和第二性质分离,因而它们和第二性质一样,只存在于心灵中。"简言之,让任何人考虑这些被认为显然证明了颜色和味道只存在于心灵中的证明,他就会发现,它们可同样用于证明广延、式样和运动也是同样的事物。"他认为,他自己的论证"清楚地说明了,根本上,任何颜色或广延,或任何其他不管什么可感性质,不可能存在于没有心灵的不会思考的主体中,或者说明了,事实上不可能有任何像外部客体之类的东西"。

休谟坦言采纳了贝克莱的推理。"近代思想家普遍承认,"他写道,"物体所有的可感性质,比如硬、软、热、冷、白、黑等,都只是第二性的质,都不存在于对象本身,都只是心灵的知觉,不存在任何它们所表示的外部原型或模式。如果承认了关于第二性质的这种说法,那么关于广延和凝固性这些所谓的第一性质也必定是这样……广延的观念完全是从视觉和触觉这两个感官得来的;而如果所有被感官感知的性质都在心中,都不在对象里,那么对广延我们也可以得出同样的结论……我们不可能逃出这个结论,我们唯有断言那些第一性质的观念也是通过抽象得来的,但这个观点,如果我们仔细考察的话,会发现它是含糊不清的,甚至是荒谬的。"

然而,关于可感性质的一个基本问题,可能始终未受这场历史悠久而歧见百出的争论所影响。没有人否认可感性质是人类经验的基本组成。"它们是主观自然之原始、内在的,或先天的特性",詹姆士宣布说,这一点"必须为所有学派(不管他们事实上是怎么不同)所承认……关于感觉与实在的关系的两种假说,无论我们基于哪一种,上面所说的这一点都将成立:现实经感觉的点化而有了生命"。

分类主题

1. 性质的本性和存在:性质与实体或物质的关系;性质的先验范畴
2. 性质的种类

    2a. 可感或不可感性质:习惯,性情,力量或能力,以及起影响作用的性质;根本和偶然性质

    2b. 第一和第二性质:专有和共同可感物之间的相关差别

3. 性质与数量

    3a. 性质和数量之间的差别:它与第一和第二性质之间差别的关系

    3b. 质化的形状或数量

    3c. 性质的程度或数量:强度和规模;质变的数量条件

    3d. 质或量的优先性与形式、物质或实体的关系

4. 质与质之间的关系

    4a. 包含相关物的质

    4b. 质的对立物:有或没有中间程度

    4c. 事物与质相关的相似性:质里面的相似和不相似

5. 质变:变化的分析

6. 作为知识的对象的质

    6a. 与定义或抽象相关的质

    6b. 质的感知

    6c. 感觉性质的客观性:第一和第二性质客观性的比较

[王晓丰 译]

索引

本索引相继列出本系列的卷号〔黑体〕、作者、该卷的页码。所引圣经依据詹姆士御制版，先后列出卷、章、行。缩略语 esp 提醒读者所涉参考材料中有一处或多处与本论题关系特别紧密；passim 表示所涉文著与本论题是断续而非全部相关。若所涉文著整体与本论题相关，页码就包括整体文著。关于如何使用《论题集》的一般指南请参见导论。

1. **The nature and existence of qualities: the relation of quality to substance or matter; the transcendental categories of quality**

    6 Plato, 462–466
    7 Aristotle, 7–8, 13–16, 113–114, 541–542, 600–601
    11 Lucretius, 20–21
    11 Plotinus, 333, 355, 364, 417–418, 482–483, 569–572, 580–581, 589–590, 597–598, 605–607
    16 Augustine, 380–381
    17 Aquinas, 351–352, 436–438, 451–453, 588–589
    18 Aquinas, 21
    21 Hobbes, 172
    28 Descartes, 326, 390–391
    33 Locke, 133–138, 152, 204–205, 241–243, 268–270, 316
    33 Berkeley, 403–444
    33 Hume, 505–506
    39 Kant, 29–33
    53 James, William, 546–547
    55 James, William, 18–20
    55 Whitehead, 160–161
    55 Russell, 247–253, 272–274

2. **The kinds of quality**

2a. **Sensible and nonsensible qualities: habits, dispositions, powers or capacities, and affective qualities; essential and accidental qualities**

    7 Aristotle, 13–15, 543–544
    11 Plotinus, 570–572, 603–606
    18 Aquinas, 2–6
    33 Locke, 178–180, 214, 245–246

2b. **Primary and secondary qualities: the related distinction of proper and common sensibles**

    6 Plato, 464–465
    7 Aristotle, 648–649, 657, 673–674
    9 Galen, 351–352
    11 Lucretius, 49–51
    17 Aquinas, 410–413
    18 Aquinas, 1032–1034
    28 Descartes, 388–391
    32 Newton, 270–271
    33 Locke, 131, 200, 238, 245–246, 263, 315–316, 322
    33 Berkeley, 414–416
    53 James, William, 503, 651
    55 Whitehead, 160–161

3. **Quality and quantity**

3a. **The distinction between quality and quantity: its relation to the distinction between secondary and primary qualities**

    7 Aristotle, 614
    11 Lucretius, 32–33, 49–51
    11 Plotinus, 358, 505–506
    21 Hobbes, 49
    28 Descartes, 241
    33 Locke, 134, 206, 311–312, 316
    33 Berkeley, 417–418, 427, 432–433
    39 Kant, 66–72, 211–213
    43 Hegel, 126–127
    50 Marx, 149
    56 Whitehead, 135–136

3b. **Shape or figure as qualified quantity**

    7 Aristotle, 15, 16, 541
    10 Nicomachus, 619–629
    11 Plotinus, 602–603
    17 Aquinas, 31
    18 Aquinas, 710–711
    28 Descartes, 523–581
    30 Pascal, 455–456
    39 Kant, 212
    53 James, William, 548–552

3c. **The degrees or amounts of a quality: intensity and extensity; the quantitative conditions of variation in quality**

    6 Plato, 615–616
    7 Aristotle, 8, 15–16, 166, 297, 531, 584–585, 589
    8 Aristotle, 114, 173–174, 427
    11 Lucretius, 51
    16 Augustine, 380–381
    17 Aquinas, 35–36, 224–225, 721–722
    18 Aquinas, 6–7, 15–22, 412–413, 491–498, 754–755
    26 Galileo, 200–202, 205
    28 Bacon, 145–148
    32 Newton, 431–443, 458–460, 466–467, 472–474, 482–485
    33 Locke, 165–166, 169, 311–312

39 Kant, 68–72
42 Lavoisier, 99–103
42 Faraday, 319–320
53 James, William, 319–322, 540–547
54 Freud, 403–404

3d. The priority of quality or quantity in relation to form, matter, or substance

7 Aristotle, 260, 683–684, 688–689
11 Plotinus, 358, 505–506, 603
17 Aquinas, 451–453
18 Aquinas, 976–978
28 Descartes, 240–241, 388–391
33 Locke, 178, 206
33 Berkeley, 414–416
39 Kant, 41–45
43 Hegel, 29
55 James, William, 18–20

4. The relation of qualities to one another

4a. Qualities which imply correlatives

7 Aristotle, 11, 16, 329–330

4b. The contrariety of qualities: with or without intermediate degrees

6 Plato, 226–227, 243–244
7 Aristotle, 8–9, 15, 17, 428–431, 504, 539, 619
8 Aristotle, 376
9 Hippocrates, 8–13
9 Galen, 398–414 passim
11 Plotinus, 605–607
19 Chaucer, 184
48 Melville, 25
53 James, William, 327–328, 363–364

4c. The similarity of things with respect to quality: likeness and unlikeness in quality

6 Plato, 493–494
7 Aristotle, 10–11, 538–539, 581
8 Aristotle, 7
11 Plotinus, 307, 516–517
17 Aquinas, 22–23, 738–739
18 Aquinas, 885–886, 1025–1032
20 Calvin, 326–327, 330–331
39 Kant, 602–603
53 James, William, 344–348, 378–379
57 Veblen, 45–47, 53–54
58 Huizinga, 329–331

5. Change of quality: the analysis of alteration

6 Plato, 226–227, 509–510, 533–534
7 Aristotle, 20–21, 198, 325, 328–330, 346, 409–410, 416–417, 544, 647–648, 685
8 Aristotle, 235–237, 264
9 Galen, 347–352, 424–426
11 Lucretius, 9–13, 62–64
11 Plotinus, 417–418
17 Aquinas, 262–263
18 Aquinas, 15–18, 971–972
28 Bacon, 114–115, 139–140

32 Newton, 541
33 Locke, 178, 203, 217
33 Berkeley, 417–419
42 Lavoisier, 103
53 James, William, 68

6. Qualities as objects of knowledge

6a. Quality in relation to definition or abstraction

7 Aristotle, 177–178, 196–199, 541
11 Plotinus, 363–364, 569–572, 603–606
17 Aquinas, 774–775
33 Locke, 145, 147, 260–263
33 Berkeley, 414–416, 432
33 Hume, 505
39 Kant, 73–74
53 James, William, 185, 305–308, 329–331, 668–673

6b. The perception of qualities

6 Plato, 177, 462–466, 519–522, 533
7 Aristotle, 12–13, 647–659, 661, 664, 673–689, 703–704
11 Lucretius, 5, 43–46, 48, 87
17 Aquinas, 410–411
18 Aquinas, 971–974
21 Hobbes, 49
28 Descartes, 240–241, 326
32 Newton, 428
33 Locke, 93, 127–128, 138–140 passim, 270–271
39 Kant, 15, 23–24, 29–33
48 Melville, 89
53 James, William, 98–105, 327–341, 452–471, 502–505, 520–521, 526–527, 540–635
54 Freud, 384–385
55 Whitehead, 160–161, 167–170

6c. The objectivity of sense-qualities: the comparative objectivity of primary and secondary qualities

6 Plato, 462–466
7 Aristotle, 530, 683–684
9 Galen, 348
11 Lucretius, 24–26
21 Hobbes, 57, 62, 258, 262
28 Descartes, 241, 388–391, 437, 454–457
32 Newton, 270–271, 428
33 Locke, 134–138, 205–208, 238–239, 245–246, 311–312, 314, 322, 324, 355–357
33 Berkeley, 413–431
33 Hume, 504–506
39 Kant, 15, 23–24, 29–33, 69–72, 385
50 Marx, 31
53 James, William, 127–128, 150–151, 176–177, 457–479, 650–651, 851–852
55 Whitehead, 160–161, 168–169, 177–179, 203–204, 206–207
55 Russell, 243–256
55 Wittgenstein, 365–366

交叉索引

以下是与其他章的交叉索引：

The existence of qualities and their relation to substance, matter, or experience, *see* BEING 7b, 7b(5)–7b(6); EXPERIENCE 1; MATTER 2d; ONE AND MANY 2b.

The categories as transcendental concepts of the understanding, *see* FORM 1c; JUDGMENT 8c–8d; MEMORY AND IMAGINATION 6c(2); MIND 1e(1); PRINCIPLE 2b(3).

Nonsensible qualities, such as habits, dispositions, and powers, *see* BEING 7c(2); HABIT 1; LIFE AND DEATH 2; MAN 4d; NATURE 1a(1); SOUL 2a, 2c.

Essential and accidental qualities, *see* BEING 8d–8e; NECESSITY AND CONTINGENCY 3a; ONE AND MANY 3b(1); SAME AND OTHER 3a–3a(3).

The distinction between proper and common sensibles, and the related distinction between primary and secondary qualities, *see* SENSE 3c(2)–3c(4).

The relation of quantity to quality, *see* MECHANICS 4b; QUANTITY 1a.

The variation of qualities in degree or intensity, *see* SAME AND OTHER 3c; SENSE 3c(2).

The contrariety and correlation of qualities, *see* OPPOSITION 1a–1b.

Similarity as likeness in quality, *see* SAME AND OTHER 3c.

The distinction of alteration, or change in quality, from other kinds of change, *see* CHANGE 6, 9.

Sensitive knowledge and its bearing on the objectivity of sensible qualities, *see* KNOWLEDGE 6b(1); SENSE 4–4c.

扩展书目

下面列出的文著没有包括在本套伟大著作丛书中，但它们与本章的大观念及主题相关。

书目分成两组：

Ⅰ．伟大著作丛书中收入了其部分著作的作者。作者大致按年代顺序排列。

Ⅱ．未收入伟大著作丛书的作者。我们先把作者划归为古代、近代等，在一个时代范围内再按西文字母顺序排序。

在《论题集》第二卷后面，附有扩展阅读总目，在那里可以查到这里所列著作的作者全名、完整书名、出版日期等全部信息。

I.

Berkeley. *Three Dialogues Between Hylas and Philonous*
Kant. *Introduction to Logic*, VIII
——. *Metaphysical Foundations of Natural Science*, DIV II
Hegel. *Logic*, CH 7, par 91–98
Bergson. *Matter and Memory*, CH 2, 4
Whitehead. *The Concept of Nature*, CH 2
——. *Process and Reality*, PART III, CH 1–2

II.

THE MIDDLE AGES TO THE RENAISSANCE (TO 1500)
Oresme. *Treatise on the Breadth of Forms*

THE MODERN WORLD (1500 AND LATER)
Boring. *The Physical Dimensions of Consciousness*, CH 6
Boyle. *The Origin of Forms and Qualities, According to the Corpuscular Philosophy*
Bradley, F. H. *Appearance and Reality*, BK I, CH 1, 3
Hamilton, W. *Lectures on Metaphysics and Logic*, VOL I (24)
Husserl. *Ideas: General Introduction to Pure Phenomenology*, par 15, 40–41, 52, 124, 129, 133
John of Saint Thomas. *Cursus Philosophicus Thomisticus, Philosophia Naturalis*, PART III, Q 10
Johnson, W. E. *Logic*, PART II, CH 7
Leibniz. *New Essays Concerning Human Understanding*, BK II, CH 8
Peirce, C. S. *Collected Papers*, VOL I, par 300–321, 422–426
Suárez. *Disputationes Metaphysicae*, XIV, XVI, XVIII (3–6), XXXIX, XL (2), XLII–XLVI, LIII
Wilson, J. C. *Statement and Inference*, PART V (6, 12)

量 Quantity

总 论

正如在**性质**一章中所表明的,对这一基本概念的传统思考包含了关于质和量的关系,以及二者在事物性质中的优先性等问题。根据某种元素理论,对事物起决定作用的似乎是质的差别而不是量的差别。某些类型的质被认为是物体所固有的,而不需要依赖于量的方面。但是,即使说有的话,也很少有人主张质相对于量拥有普遍的优先地位。

在西方思想传统中,相反的观点——即量是首要的——似乎也时有出现,至少就物质领域而言是如此。持这种观点的人认为,物体只具有量的属性,颜色、气味、味道、结构等可感的质离开了经验就不是实在的,有时可以这样来表述:红和蓝,热和冷,甜和酸,这些都是感觉的质,而不是物体的质。

那些认为物体不依赖于感知而存在的人,同样倾向于认为,物体可以在完全没有质的情况下存在,但永远不可能没有量。物质的概念与量的概念似乎是不可分割地联系在一起的。说物质不以某种量存在,就像经验没有任何质的差别一样不可想象。霍布斯说,"当量只是对物质的限定的时候,似乎有一些物质能够不具有确定的量;也就是说,对物体来说,我们用量所表达的,是一个物体比另一个物体大或小"。

在指的是量的地方使用"质"这个词,只是把这一点稍微模糊了一些。牛顿提到"广延、硬度、不可入性、运动性和惯性"是"物体的质",它们"应被看作一切物体的普遍性质"。继牛顿之后,洛克又将"坚实性、广延、形状、运动或静止、数量"等简单观念称为"物体原初的或第一性的质"。他说,即使物体被分割到"其各个部分无法被感觉到,它也必然保留着所有那些质。因为分割……永远也不能使任何物体失去坚实性、广延、形状或者运动,而只是把一块物质分成两块或者更多块"。

虽然洛克用"质"来表示即使物体在不被感知甚或不可感知的情况下仍旧属于物体的那些属性,但他似乎也承认,像数目、广延和形状这些传统的数学对象,通常被看作量而不是质。他写道,"人们往往想当然地认为,只有数学才具有证明的确定性。但在我看来,这种通过直觉而得到的结论并不是数目、广延和形状的专利,我们也许正是由于缺乏合适的方法和应用……才会认为证明无法在知识的其他领域中起作用"。然而,他又补充说,"在其他一些简单观念中,其样式和差别通过程度而不是通过量来表示和计算,我们无法对它们的差别做出细微和精确的区分,从而可以感知或者找到办法来测量出它们正好相等"。

牛顿也暗示,他所谓的"普遍的质"就是量。他指的是这样一些属性,它们"既不容许程度的加强,也不容许程度的减弱"。根据古代的一种观点,质与量之间的一种差别就在于,质容许程度变化,而量不容许程度变化。亚里士多德说,一个物体可以比另一个物体在更大或更小的程度上是白的或热的,但是"一个物体不能比另一个物体在更大的程度上是两尺。数也是类似的:'三'个东西是三个,并不比'五'个东西是五个程度更大……在我们已经提到的那些量中,也没有哪种类型的量能够有程度上的变化"。

即使我们承认,除了在"质"指属性这种意义上,牛顿和洛克所说的"质"并不是质,他们所列举的物体的普遍属性或基本属性仍然是有问题的。除了广延、硬度、不可入性、运动或静止、形状和数目等列举出来的项目以外,还有没有其他的呢?这些是物体的量的全部,还是一些基本量,从中可以衍生出其他量?它们全都属于同一类吗?是否某些比其他的更基本?

例如,笛卡尔似乎就把广延当作物体的一个基本属性。他写道:"我注意到,物体除了是一个具有长、宽、高的东西,容许各种形状和运动之外,根本没有什么东西属于物体的本性或本质。我还发现,物体的形状和运动只是样式,没有什么力量能够使它们离开物体而存在……最后,我发现重力、硬度、给予热的能力、吸引的能力、净化的能力,以及我们在物体中经验到的所有其他的质,都仅仅取决于物体是否在运动,以及物体各个部分的形态和位置。"

随着运动和形状成为广延的样式,物体的其他属性成为物体运动或形态的结果,广延的三个维度(或空间量)几乎与物体合而为一了。在讨论"物体有广延"时,笛卡尔指出,尽管"广延的含义与物体的含义并不完全相同,但我们并非在想象中构造出物体和广延两种观念,而是构造出一个有广延的物体的形象;从物体的角度看,情况就像我已经说过的:物体是有广延的,或者更确切地说就是,有广延的东西是有广延的"。

但笛卡尔又说,当我们考虑"广延不是物体"时,"'广延'一词的含义就有所不同了。当我们赋予它这个含义的时候,在想象中并没有什么特定概念与之相对应"。它成了一个全然抽象的东西,也许适合作为几何学的研究对象;但那样一来,它将被视为一种抽象,而没有独立的实在性。

阿奎那区分了物理的量与数学的量,或者物体固有的量与从中抽象出来的量。"量,比如数、维度和形状,可以脱离可感的质来思考,这就是将它们从可感物质中抽象出来。然而,如果不理解受量支配的实体,就无法对它们进行思考"——这个实体也就是有形实体或物质实体。如同一个物体,数学的体也有三个维度,但正如阿奎那所指出的,这个三维的对象缺少质料,因而不能占据空间或者填充某个位置。然而,在阿奎那看来,这三个空间维度不是物理或数学意义上的物体的唯一基本的量,数目和形状也同样是基本的。

卢克莱修在描述原子的性质时,列举了另一组量。按照他的说法,原子的大小、重量和形状各有不同。这些属性中的每一个都是独立的量,不能够还原为其他属性。此外,原子还有一种属性,牛顿称之为"不可入性",洛克则称之为"坚实性"。然而,尽管原子的尺寸和重量可能是不同的,形状或形态可能是有差异的,但它们的硬度却是相同的,由于不存在虚空和孔道,它们是绝对不可分的。

要想对数学的量和物理的量做出区分,并且对各种量进行列举或排序,我们就必须先考虑两个问题。什么是量?量的类型或样式有哪些?

像量和质这样一些术语似乎是无法定义的。量也许是指数学中的那个基本概念,然而在几何或算术的那些伟大著作中,既没有关于量的定义,也没有关于量值(magnitude)、图形和数这样一些术语的定义。在亚里士多德的范畴理论中,如果说定义一个概念就是给出它的属加种差的话,那么像实体、量、质、关系等这样一些最高的属,在严格的意义上就是不可定义的。

康德同样认为这些概念不可定义,但他的范畴理论与亚里士多德的非常不同。从**性质**一章中我们可以看到,对康德来说,它们是知性的一些先验概念。他用量、质、关系和模态来表示范畴的四个主要类集。在范畴表中,他在量这个范畴下列出了单一性、多元性和整体性三个概念,与此相对应,他在判断表中把判断分为全称的、特称的和单称的。所有这些关于量的思考都属于康德所谓的"先验逻辑"。就康德在数学和物理的意义上对量进行思考而言,康德是联系空间和时间的先验形式来讨论的。按照他的说法,这些先验形式是几何和算术——关于量值和数的科学——的先验基础。但康德并没有在任何这些联系中给出量及其主要样式以及量值和数的定义。

根据亚里士多德的观点,量虽然不可定义,却可以通过某些与众不同的标记刻画出来。正如我们已经看到的,在质容许程度变化的地方,量却不容许这种变化。几乎每一种质都有其反面,但像广度或数目这样一些量,却没有量与之相反。亚里士多德认为,一些明显表示量的术语,如"大"和"小",同样可以相反,就像热与冷相反,白与黑相反一样。但他指出,这些术语对量的表述只是相对的,而不是绝对的。当对物体的大小进行比较时,一个物体既可以比另一个大,又可以比另一个小,但两个大小不等的物体各自的大小并不是彼此相反的。

然而,这两个特征(没有反面,没有程度的变化)并不能充当亚里士多德所说的量的与众不同的标记。它们既适用于像树或人这样的实体,也适用于形状和数目。这一事实可能与数学对象是否可能独立存在的问题有关,就像实体是否可能独立存在一样,但至少在亚里士多德看来,量并不是实体。物理的量是物体的属性,数学对象是从可感物质中抽象出来的量。

亚里士多德把量视为实体的一个属性,他说,"量最独特的标记就是相等与不等"。事物只有从量的方面进行比较时才能说是相等或不等的;反之亦然,事物无论在哪个方面被判定为相等或者不等时,它在那个方面就是从量上来确定的。

普罗提诺问道:"相等和不等是量的特征这种说法在多大程度上是真实的?"他认为,三角形和其他图形既可以说相似,也可以说相等,这是有重要意义的。普罗提诺又说,"当然,也许'相似'在此处的含义不同于提到质时所理解的含义";或者,另一种可能是,"只有在量有[质的]差别时才可以用相似对量进行断言"。无论如何,不管是否使用相等或相似这些概念,对比似乎都会产生对量的数学处理很基本的关系。

欧几里得没有定义量值本身,而是定义了量值彼此之间的关系。他在《几何原本》第五卷中给出的前四个定义说明了这一点。"1. 当一个较小的量值能量尽一个较大的量值时,我们把较小量值称为较大量值的一部分。2. 当一个较大的量值能被较小的量值量尽的时候,我们把较大的量值称为较小量值的倍量。3. 两个同类量值彼此之间的一种大小关系叫做比。4. 当一个量值几倍以后能大于另一量值时,则说这两个量值彼此之间有一个比。"

阿基米德也通过量值之间的可比性表达了他对各种类型的量值——他并没有对这些类型加以定义——的理解。假如任何给定的量值几倍以后能够超过任何同类型的量值,如果量值几倍以后能够互相超过,他就可以断定它们是同一类型的。结果,一个不可分的点和一个有限的或可分的量值,如一条线,不是同一类型的,因为它们之间不能有一个比。同样,一条线的长度,一个面的面积,一个体的体积也不是同一类型的量值。由于它们相互之间没有比,所以它们在量上是不可比较的。

强调比对定义数学研究的对象是有意义的。在那些伟大著作中,数学家和哲学家似乎都认为,算术和几何的对象是量的两个主要种类——数和量值。这既是欧几里得、尼柯马库斯、笛卡尔和伽利略的观点,也是柏拉图、亚里士多德、阿奎那、培根、休谟和康德的看法。但考虑到19世纪以来数学的发展,罗素和怀特海等人认为这种传统观点把数学的范围狭窄化了,因此不同意这种看法。

为了恰当地表达数学的普遍性,他们有时主张,数学不仅是关于量的科学而且也是关于关系和次序的科学。由于那些伟大的数学著作主要从量的相互关系和次序的方面处理量,这个更加宽泛的概念看上去不仅符合旧的传统,而且也符合数学新近的发展。因此,至于是否存在一个关于数学主题的定义,可能取决于产生这个关系和次序体系的那些基本术语本质上是否量的。对于这个问题,传统的回答似乎是,数学家研究的不是任何其他种类的关系,而只是量之间的关系。

量的种类问题似乎需要诉诸可公度原则才能得到解决。例如,伽利略发现有限量与无限量不能以任何方式进行比较,就暗示了它们之间绝对的差异性。但他又说,"'更大''更小''相等'这些属性,无论是在无限量之间的比较中,还是在无限量与有限量的比较中都不存在"。如果量的概念必然要求两个相同类型的量相等或不等,那么要么无限量不是量,要么每一个无限量都属于它的一个同类。

数学家用不可公度原则来区别同属不同种的量。例如,分属于线、面、体的一维、二维、三维的量,就是不可公度的量值。一年的天数与无限时间里的年数是不可公度的数量(multitude)。

作为量的两个样式,量值与数量之间的区分似乎基于连续性和不连续性原则。然而,至少在量值用数来测量的意义上,可以提出量值与数是否可以公度的问题。不过,我们似乎有必要先对量值和数量的基本差别进行考察,然后再给出答案。

如果量值和数量,或者说连续量和不连续量,不是量的基本种类,那么会怎样?例如,阿奎那提出,量的两种基本类型是实量和虚量。阿奎那写道,"实量或者说有体积的量只能在有形的东西中找到,因此在上帝那里并不存在。还有一种虚量,它是依据某种性质或形式的完善程度来衡量的"。根据阿奎那的说法,奥古斯丁正是在后一种意义上写下了这些话:"在伟大的东西当中,而不是在体积当中,更大就意味着更好。"

正如实量之间可能是不可公度的,虚量之间也是如此,上帝的无限完美使他与有限的造物不可公度。但实量与虚量之间既谈不上可公度,也谈不上不可共度。比较实量和虚量的标准代表着完全不同的可公度原则。欧几里得的这一陈述——"那些以同一标准测量的量值是可公度的,那些没有共同标准的量值是不可公度的",不能推广到实量和虚量,因为当我们从物体的量值转向一个事物的完善程度时,"标准"的含义会发生变化。

阿奎那在实量和虚量之间所做的区

分,与他在两种类型的数之间所做的区分是平行的,因为二者都依赖于物质的量和形式的量之间的区别。他写道:"有两种划分:一种划分是物质的,是对连续的分割,由此产生出量的一个种类——数。这种意义上的数只能在具有量的物质的东西中发现;另一种划分是形式的,是由对立的或者不同的形式产生的,由此产生出数量——它不属于一个属,而是有一种超越的意义,即存在被划分成一与多。只有这种类型的数量才能在非物质的东西中找到。"根据文中给出的例子,这就是三位一体中位格的数目那种数量。

物理的量和数学的量似乎可以归于量值和数量这两个主要类别。亚里士多德写道,"量或者是分散的,或者是连续的。分散的量可见于数和言语,连续的量可见于线、面、体,除此之外还有时间和处所"。尼柯马库斯是通过实例来说明这两种量。他说,"统一而连续的量"可见于"一个动物、宇宙、一棵树等等,它们被恰当地称为'量值'";不连续的量指的是"许多东西,被称为'数量',比如一个畜群、一个民族、一个歌队等等"。

这种区分所依据的原则似乎是是否拥有共同的界限。以亚里士多德所举的"言语"为例,一个书写下来的词所包含的字母,或者一个声音的表达所包含的音节,构成的是一个数量,而不是一个连续体或量值,"因为每一个音节都是单独的和与其他音节截然分开的,所以不存在音节相连的共同界限"。在亚里士多德看来,在为一条线的各部分的结合或连接找到共同界限的过程中,量值的连续性可以很容易看到。他说,"在线的情形中,这个共同的界限就是点;在面的情况下就是线……同样,对于体的各个部分,你也可以找到一个共同的界限,那就是一条线或一个面"。

普罗提诺接受了这个区分原则,他主张,"数和量值应被看作唯一真实的量"。所有其他的量,比如空间、时间或运动,都只是一种相对意义上的量,也就是说,仅在它们能够以数来测量或者含有量值的情况下才是量。伽利略提出了另一种困难。他认为,亚里士多德派的概念把量值说成是连续量,这暗含了它们的无限可分性,这意味着"每一个量值都可以分成许多量值",而"连续的东西不可能由不可分的部分组成"。伽利略承认,不能"由不可分的量构成连续量",因为"一个不可分量加到另一个上不能产生出一个可分量,否则将会使不可分的成为可分的"。假设一条线由奇数个不可分点所组成,由于这样一条线原则上能够被分成相等的两部分,所以我们是在做一件不可能的事情,即"分割恰好位于这条线中央位置的那个不可分的点"。

对于这样的反驳,伽利略回答说,"一个可分的量值不可能从两个、十个、一百个或一千个不可分的量值产生出来,而是要求有无限数目的这种不可分的量值……"他说,"我很愿意承认逍遥学派的观点,即一个连续量只能分成可以进一步分割的部分,于是,不论分割和再分割进行到什么程度,都永远达不到终点;但我并不确定,他们是否会向我承认,他们的这些分割不可能有一个最终的分割,因为无论到什么时候,总还可以进行下一次分割;最终的那次分割,是将一个连续量分解成无限数目的不可分量的分割"。

这些不可分的单元——无限数目的它们构成了一个连续的有限量——是否能够恰当地称为量,这依然是个问题。至少它们不是量值,正如欧几里得把点定义为"没有部分的东西",或者尼柯马库斯认为"点是维度的开始,但它本身却不属于维度"。如果除位置以外,一个点还有大小或广延,那么一条有限的线就不可能包含无限数目的点。

量的两种主要划分——量值和数中的每一种都可以进一步细分。相等与不等的关系,或者这些比例之间的比例,可以出现在不同类型的量之间——例如不同的平面图形。但是,那些伟大的数学著作还提出了量的研究中的其他一些问题,它们与量的比和比例无关。对线和形的分类使人们发现了属于每一类型的性质。由于具有相同的性质,同一类型的所有线和形都具有类似的性质,但在量上并不相等。除了逐渐揭示垂线、平行线等直线的性质,以及圆和椭圆、抛物线和双曲线等曲线的性质以外,几何学家还定义了直线与曲线的不同类型的关系,比如切线、割线、渐近线等等。

由于存在着各种类型的线和图形,既有面也有体,所以也存在着各种类型的数。欧几里得和尼柯马库斯把奇数分为素数与合数。素数是那些只能被自身和1除尽的数,比如5和7。合数是那些除自身和1以外,还有其他因数的数,比如9和15。合数还可进一步分为两种:一种是单纯的二级合数,另一种是"本身是二级合数,但却是互素的。"尼柯马库斯以9和25为例来说明后者。他写道,"它们每一个都是二级合数,但只有1是公因子,它们的因数没有公分母,因为前者的因数3不是后者的因数,而后者的因数5也不是前者的因数"。

尼柯马库斯还把偶数分为偶数乘偶数(如64,它可以被分为两个相等的部分,每一半还可以继续平分,直到不能再分为止)、偶数乘奇数(如6,10,14,18,它们可以被分为两个相等的部分,但每一半却不能继续平分)以及奇数乘偶数(如24,28,40,它们可以被分为两个相等的部分,每一半还可以继续平分,也许还可以再等分,但不能这样分割到1)。根据另一种分类原则,偶数被分为盈数、亏数和完全数。盈数的因数加在一起大于那个数,亏数的因数加在一起小于那个数;但是,尼柯马库斯写道,当"把一个数与所有允许出现的因数的和进行比较、当它的值既不超过它们也不被它们超过"时,这个数就是一个完全数,它"等于它的各个部分之和";比如6就是一个完全数。"因为6有因数3,2和1,这些因数加在一起等于原来的数6。"在尼柯马库斯的时代,人们只发现了四个完全数,即6,28,496,8128。在那以后又发现了七个完全数。

数又被进一步分为线数、面数和体数。根据形态,面数又被分为三角形数、正方形数、五边形数等等。尼柯马库斯或帕斯卡对图形数的分析为算术与几何建立了一个桥梁,另一个桥梁则沿着相反的方向,那就是笛卡尔的解析几何对几何轨迹的代数表达。

在算术与几何的转换的两个方向中,不连续量和连续量似乎具有某些共同的性质,至少是通过类比的方式。例如,欧几里得提出把数的比作为检验量值是否可公度的标准。他写道,"可公度的量值彼此之间有一个数对另一个数的比"。除了无穷数,所有的数都是可公度的,于是便给出了判定两个量值是否可公度的标准。

在把维度概念引入图形数的讨论时,尼柯马库斯注意到,"数学思辨总是相互关联,一方能够通过另一方得到说明"。尽管通过维度进行区分的线数、面数、体数"与量值联系得更加紧密……但这些思想的萌芽是作为几何学之母和比几何学更加基本的科学而带进算术的"。这种转换似乎在任何方面都很成功。唯一的非维度数1在几何中找到了它的对应——点,而点是有位置而没有大小的。

当各种量值被转换成数的时候,量值的多样性似乎被消除了,因为它们的数值测量标准没有相应的差异。虽然它们所测量的那些量值作为量值是不可比较的,但那些数看上去却是可公度的。正如笛卡尔指出的,有必要将量值的每一种次序看作一个独立的维度。

笛卡尔写道,"我所理解的维度,是指测量一个对象所依据的样式和方位。于是,不仅长、宽、深是维度,重量也是一个维度,因为物体有多重可以根据它来测量。速度也是运动的一个维度,还有许多其他类似的例子。对于将整体分为具有相同性质的许多部分的那个划分,不管它存在于事物真实的秩序当中,还是仅为理智的作品,都给了我们那个维度,我们可以根据它把数应用于物体"。

我们可以通过选择钟表、尺子和天平作为物理量的基本测量工具来说明维度理论。它们代表了力学基本方程中的三个维度[量纲]——时间、距离和质量。关于对量的测量的详细讨论可参见怀特海的《数学导论》。

其他维度在电学或热力学中也有介绍。例如,在提出热理论的过程中,傅立叶列举了五个量,为了用数来表达,它们需要五种不同的单位,"即长度单位、时间单位、温度单位、重量单位以及用来量热的单位。"他还说,"每一个未确定的量值或常数都有一个固有维度,如果没有相同的维度指数,同一个方程的诸项不能进行比较"。

对基本物理量的定义、测量方法,相互之间的关系等问题的更加详尽的讨论,参见**力学**章。关于作为量或物理维度的时间和空间,分别在专门的章节讨论。

分 类 主 题

1. 量的本性与存在性:它与物质、实体和物体的关系;量的先验范畴
   1a. 量与质的关系:质还原为量
   2b. 量与量的关系:相等与比例
2. 量的种类:连续的与非连续的
3. 几何量值:维度关系
   3a. 直线:它们的长度和关系;角、垂线、平行线
   3b. 曲线:种类、数量与度数
      (1)圆
      (2)椭圆
      (3)抛物线
      (4)双曲线
   3c. 直线与曲线的关系:切线、割线、渐近线
   3d. 面
      (1)面积的测量和变换
      (2)面与线和体的关系
   3e. 体:规则的和不规则的
      (1)体积的测定

（2）体与体的关系：内切球和外接球；旋转体
4. 离散的量：数与数的分类
　　4a. 数的种类：奇数—偶数、正方形数—三角形数、素数—合数
　　4b. 数与数的关系：倍数与分数；数列
　　4c. 作为连续统的数列：正数和负数；虚数
5. 物理的量
　　5a. 空间：图形与距离的母质
　　5b. 时间：运动的数
　　5c. 运动的量：动量、速率、加速度
　　5d. 质量：与重量的关系
　　5e. 力：计量以及对其效应的测量
6. 对量的测量：量值与数量的关系；测量的单位
　　6a. 可公度量值和不可公度量值
　　6b. 测量的数学过程：叠加、叠合；比与比例；参数与坐标
　　6c. 测量的物理过程：实验与观察；钟表、尺子和天平
7. 无限量：实无限与潜无限；数学的无限大和无限小，物理的无限大和无限小

[张卜天　译]

76. Quantity

索引

本索引相继列出本系列的卷号〔黑体〕、作者、该卷的页码。所引圣经依据詹姆士御制版，先后列出卷、章、行。缩略语 esp 提醒读者所涉参考材料中有一处或多处与本论题关系特别紧密；passim 表示所涉文著与本论题是断续而非全部相关。若所涉文著整体与本论题相关，页码就包括整体文著。关于如何使用《论题集》的一般指南请参见导论。

1. **The nature and existence of quantity: its relation to matter, substance, and body; the transcendental categories of quantity**

    6 Plato, 616
    7 Aristotle, 8–11, 262, 270, 503–504, 508–511, 516, 520–521, 541, 568, 600–601, 607–610, 638–639
    11 Plotinus, 355–358, 422–424, 565–566, 589, 600–603
    17 Aquinas, 31, 35–36, 46–47, 451–453
    18 Aquinas, 951–953, 963–964, 978–980
    21 Hobbes, 269–272
    28 Descartes, 251–252
    33 Locke, 134
    39 Kant, 15, 41–45, 74–76, 137–140
    55 Whitehead, 144–153

1a. **The relation between quantity and quality: reducibility of quality to quantity**

    6 Plato, 458–460, 462–465
    7 Aristotle, 411, 578–580, 614, 683–684, 687–689
    10 Euclid, 127
    11 Lucretius, 20–21, 24–26, 43–46, 49–51
    11 Plotinus, 358, 505–506
    17 Aquinas, 224–225, 410–411
    18 Aquinas, 2–4, 15–19, 491–498
    21 Hobbes, 172
    28 Descartes, 241, 388–391, 454–455, 457
    32 Newton, 450–453
    33 Locke, 134–138, 200, 206–207, 311–312, 316
    33 Berkeley, 414–416, 427
    33 Hume, 505
    39 Kant, 23–24, 68–72, 211–213
    43 Hegel, 126–127
    53 James, William, 319–322, 346–348
    54 Freud, 403–404
    56 Whitehead, 135–136, 185–186

1b. **The relation of quantities: equality and proportion**

    6 Plato, 228–229, 494, 500–502, 508, 518–519
    7 Aristotle, 542, 583–584, 620
    8 Aristotle, 351–352, 378–381 passim
    10 Euclid, 2, 4, 6–7, 16–17, 81–98, 117, 191–300
    10 Archimedes, 484, 527
    10 Nicomachus, 609–619, 629–636

    11 Plotinus, 603
    15 Kepler, 1012–1014, 1078–1080
    17 Aquinas, 68–70, 224–225
    26 Galileo, 142–145
    28 Descartes, 523–526, 560–569
    32 Newton, 25, 159
    39 Kant, 497–498
    50 Marx, 19–25
    53 James, William, 551, 874–878

2. **The kinds of quantity: continuous and discontinuous**

    6 Plato, 499–500
    7 Aristotle, 9, 307–308, 312–315, 411–413, 519–520, 536–537, 578, 597–598
    10 Euclid, 191–192
    10 Archimedes, 404
    11 Plotinus, 446–447
    17 Aquinas, 32–34, 47–48
    18 Aquinas, 491–492, 754–755
    26 Galileo, 139–153 passim
    28 Descartes, 254–255
    32 Newton, 31–32
    33 Berkeley, 437–439
    33 Hume, 506–507
    39 Kant, 66–72, 135–140
    51 Tolstoy, 469
    56 Poincaré, 5–10
    56 Einstein, 219–221

3. **The magnitudes of geometry: the relations of dimensionality**

    7 Aristotle, 9, 359, 378, 608
    10 Euclid, 1, 301
    10 Nicomachus, 620
    11 Plotinus, 601–603
    15 Kepler, 865
    17 Aquinas, 460–461
    28 Descartes, 251–254, 276–277, 442–443
    33 Locke, 149
    39 Kant, 25
    53 James, William, 876–878
    56 Whitehead, 153–154, 168–169, 183–185
    56 Einstein, 195–197, 210–211, 219–221, 226–228, 231

3a. **Straight lines: their length and their relations; angles, perpendiculars, parallels**

    7 Aristotle, 101–102, 203

10 Euclid, 1-21, 73-74, 99, 100-112, 124-125, 191-300 passim, 301, 302-319, 321-323, 332-334, 372-381
10 Archimedes, 405
15 Ptolemy, 26-28
15 Copernicus, 543-545
32 Newton, 53-54, 67, 71-72
39 Kant, 110, 212
56 Poincaré, 10-15
56 Whitehead, 153-154, 167-172 passim, 183-184
56 Einstein, 203-205

3b. Curved lines: their kinds, number, and degree

10 Archimedes, 404, 490-501
28 Descartes, 526-560, 569-581
32 Newton, 50-78, 102-105, 189-190, 338-339
56 Whitehead, 156-160

3b(1) Circles

7 Aristotle, 477, 480-481
10 Euclid, 1, 41-80, 125-126, 339-340
10 Archimedes, 405-408, 447-451, 485-488
15 Ptolemy, 26-28
15 Copernicus, 545-556
26 Galileo, 155-156
32 Newton, 138
56 Whitehead, 156-160 passim, 169-171

3b(2) Ellipses

10 Archimedes, 459-467
15 Kepler, 975-984
28 Descartes, 536-541
32 Newton, 50-75, 78-81
32 Huygens, 604-606
56 Whitehead, 156-160 passim

3b(3) Parabolas

10 Archimedes, 458-459, 528-529, 531-536, 537, 571-572
26 Galileo, 193-195, 238-239
28 Descartes, 536-538
32 Newton, 45, 50-76
56 Whitehead, 156-160 passim

3b(4) Hyperbolas

10 Archimedes, 464-465
28 Descartes, 534-540
32 Newton, 50-75
56 Whitehead, 156-160 passim

3c. The relations of straight and curved lines: tangents, secants, asymptotes

10 Euclid, 41-80, 338-339, 362-363, 375-381
10 Archimedes, 405, 418-419, 448-451, 485-488, 490-495, 561-568
15 Ptolemy, 14-24, 26-28
15 Copernicus, 532-542
15 Kepler, 973-975
26 Galileo, 149-150, 229-230
28 Descartes, 526-559
32 Newton, 27, 29-30, 50-75

56 Whitehead, 179-180

3d. Surfaces

7 Aristotle, 378
10 Euclid, 1, 301
10 Archimedes, 404
10 Nicomachus, 620-621

3d(1) The measurement and transformation of areas

6 Plato, 180-182
7 Aristotle, 236
10 Euclid, 21-41, 99-100, 109-123, 197-198, 200-203, 206-207, 209-211, 235, 242, 338-340, 369-373
10 Archimedes, 406-414, 419-420, 422-425, 427-432, 437, 441-446, 495-501, 535-537, 562-564
26 Galileo, 153-154, 193-194, 239-240
32 Newton, 25-28, 64-65, 140-142

3d(2) The relations of surfaces to lines and solids

7 Aristotle, 510
10 Euclid, 301-314, 319-320, 336-337
10 Archimedes, 455, 464-468, 538
26 Galileo, 142-143

3e. Solids: regular and irregular

10 Euclid, 301-302, 381-396
10 Archimedes, 452-455
10 Nicomachus, 620, 624
15 Kepler, 863-868, 1011-1012

3e(1) The determination of volume

10 Euclid, 320-321, 323-332, 334-337, 341-362, 367-368
10 Archimedes, 421-429, 433-446, 464, 468-481, 572-576, 579-580, 583-592
26 Galileo, 154-155

3e(2) The relations of solids: inscribed and circumscribed spheres; solids of revolution

7 Aristotle, 378
10 Euclid, 301, 302, 363-367, 381-393
10 Archimedes, 419-424, 427-431, 452-455, 468-469
30 Pascal, 395
32 Huygens, 603-604

4. Discrete quantities: number and numbering

6 Plato, 496
7 Aristotle, 9, 285-286, 300, 568, 581, 584, 611-626
10 Archimedes, 520-526
10 Nicomachus, 599-602
11 Plotinus, 541-542, 565-566, 626-637
16 Augustine, 736-737
17 Aquinas, 169-170
30 Pascal, 455-456
33 Locke, 165-167
53 James, William, 874-876
55 Whitehead, 144

55 Wittgenstein, 333–334
56 Whitehead, 141–145

4a. The kinds of numbers: odd-even, square-triangular, prime-composite

6 Plato, 244, 515
7 Aristotle, 131
10 Euclid, 127–128, 139–144, 154–155, 157–176, 182–190, 213–214
10 Nicomachus, 602–609, 619–629
26 Galileo, 144
30 Pascal, 470–473
56 Hardy, 374

4b. The relations of numbers to one another: multiples and fractions; series of numbers

7 Aristotle, 542
10 Euclid, 127–183
10 Archimedes, 455–456, 488–489, 520–526
10 Nicomachus, 609–619, 629–636
30 Pascal, 447–454, 456–460, 468–473, 477–478, 484–486
39 Kant, 212–213
55 Heidegger, 309
56 Whitehead, 141–143, 172–178

4c. The number series as a continuum: positive and negative numbers; imaginary numbers

10 Euclid, 81, 127
28 Descartes, 523–581
32 Newton, 168–169
56 Poincaré, 5–10
56 Whitehead, 141–151

5. Physical quantities

5a. Space: the matrix of figures and distances

6 Plato, 456–458
7 Aristotle, 287–297
11 Lucretius, 6–7, 13–14
28 Descartes, 250–255
30 Pascal, 370, 372–373, 434–439
32 Newton, 8–13
33 Berkeley, 434–436
39 Kant, 23–26, 28–33
53 James, William, 399, 548–552, 626
55 Whitehead, 191–196
56 Poincaré, 10–26
56 Einstein, 196–198, 203–205, 210–211, 219–223, 226–228
56 Eddington, 286–287

5b. Time: the number of motion

6 Plato, 450–451, 504–505
7 Aristotle, 297–304, 439, 694–695
11 Aurelius, 260
11 Plotinus, 425–435, 573
15 Kepler, 905–907, 979–985
16 Augustine, 116–125, 378
17 Aquinas, 32–33, 40–41, 43–46, 283–284
18 Aquinas, 366–367
26 Galileo, 201–202

28 Bacon, 177–179
30 Pascal, 432–433
32 Newton, 8–13, 32–35, 42, 272–275
33 Locke, 155–165
33 Berkeley, 431–432
39 Kant, 26–33, 72–76, 130–133
53 James, William, 398–408
55 Whitehead, 191–196
56 Whitehead, 165–166, 186
56 Einstein, 197, 200–202, 203–205, 210–211

5c. The quantity of motion: momentum, velocity, acceleration

7 Aristotle, 295, 309, 312–315, 330–333, 348–352
11 Lucretius, 19
11 Plotinus, 573
17 Aquinas, 144–145
26 Galileo, 166–168, 197, 200–207, 209–210, 224–225, 243–249
28 Bacon, 163, 179–188
32 Newton, 5, 14, 31–33, 540–541
32 Huygens, 558–563 passim
33 Locke, 174
33 Hume, 460
56 Poincaré, 28–32
56 Whitehead, 136–137
56 Einstein, 199–200, 205–209, 213–215, 235
56 Bohr, 317–320, 342–344

5d. Mass: its relation to weight

6 Plato, 462–463
7 Aristotle, 296–297, 364–365, 392–393, 399–401
11 Lucretius, 16–17, 19
11 Plotinus, 366–367
15 Kepler, 970
26 Galileo, 158
28 Bacon, 163, 166, 171–172
32 Newton, 203–204, 279–283, 291–294
42 Faraday, 540
55 Whitehead, 158–161
56 Poincaré, 28–32
56 Einstein, 213–215

5e. Force: its measure and the measure of its effect

7 Aristotle, 333, 353–354, 392–393
8 Aristotle, 234
15 Kepler, 938–939, 969–971
17 Aquinas, 541–542
18 Aquinas, 985–989
26 Gilbert, 26–40 passim, 54–55
28 Descartes, 457–458
32 Newton, 5–8, 11–24, 28–29, 32–50, 131–152, 276–284 esp 281, 371–372, 531, 541–542
42 Faraday, 422–440, 554–563, 578–581, 725–726
56 Poincaré, 28–32
56 Einstein, 207–209

6. **The measurements of quantities: the relation of magnitudes and multitudes; the units of measurement**

　　7 Aristotle, 300, 303, 579–580
　　8 Aristotle, 380–381
　　11 Plotinus, 565–566
　　17 Aquinas, 348–349
　　28 Bacon, 176–179
　　28 Descartes, 253–255
　　33 Locke, 167
　　36 Smith, 16
　　39 Kant, 497–498
　　42 Faraday, 728–729
　　50 Marx, 44
　　53 James, William, 346–347, 400–408, 567–570
　　56 Whitehead, 185–186
　　56 Eddington, 264, 286–287

6a. **Commensurable and incommensurable magnitudes**

　　6 Plato, 515, 729
　　7 Aristotle, 58, 330–333
　　10 Euclid, 191–300
　　10 Archimedes, 503–504
　　15 Kepler, 1012
　　56 Poincaré, 5–10
　　56 Whitehead, 141–142

6b. **Mathematical procedures in measurement: superposition, congruence; ratio and proportion; parameters and coordinates**

　　10 Euclid, 81–100, 102–105, 128–130, 146–149, 193–195
　　10 Archimedes, 502–509, 538–542
　　15 Ptolemy, 14–24, 26–28
　　15 Copernicus, 532–556
　　26 Galileo, 178–179
　　28 Descartes, 560–569
　　32 Newton, 76–81
　　56 Whitehead, 146–147, 154–155
　　56 Schrödinger, 471

6c. **Physical procedures in measurement: experiment and observation; clocks, rules, balances**

　　6 Herodotus, 70, 139
　　5 Thucydides, 421
　　15 Ptolemy, 24–26, 34–39, 77–86, 104–107, 143–144, 165–176

　　15 Copernicus, 558–559, 567–576, 586–589, 646–652, 672–674, 705–714
　　26 Gilbert, 85–89, 92–95
　　26 Galileo, 136–137, 148–149, 164–166, 207–208
　　26 Harvey, 286–288
　　28 Bacon, 170, 175–188 passim
　　30 Pascal, 382–389
　　32 Newton, 211–219, 239–246, 333–337
　　32 Huygens, 554–557
　　33 Locke, 158–159
　　42 Lavoisier, 14, 22–24, 33–36, 41–44, 87–103
　　42 Faraday, 185–187, 224–226, 274–279, 352–359, 373–375, 676–681, 686–696
　　53 James, William, 56–57, 348–355
　　56 Whitehead, 167–169, 185–186
　　56 Einstein, 196–197, 200–202, 203–205, 217–219
　　56 Eddington, 256–257, 286–287, 293
　　56 Bohr, 328, 345–348

7. **Infinite quantity: the actual infinite and the potentially infinite quantity; the mathematical and physical infinite of the great and the small**

　　6 Plato, 495–497
　　7 Aristotle, 260, 280–286, 362–367, 414, 574, 594–595, 603
　　10 Euclid, 183–184, 191–192
　　10 Archimedes, 520–526, 569–592
　　10 Nicomachus, 600
　　11 Lucretius, 8–9, 13–15
　　11 Plotinus, 626–627, 635–636
　　16 Augustine, 377, 408–409
　　17 Aquinas, 31–34
　　18 Aquinas, 769–771
　　26 Galileo, 139–153
　　28 Descartes, 338
　　28 Spinoza, 594–595
　　30 Pascal, 213–214, 434–439
　　32 Newton, 25–32, 168–169, 370
　　33 Locke, 149, 160–163, 167–174, 237–238
　　33 Berkeley, 437–439
　　39 Kant, 135–137, 158–163, 498–501
　　40 Federalist, 103
　　43 Hegel, 123
　　51 Tolstoy, 695
　　56 Whitehead, 141–143

交叉索引

以下是与其他章的交叉索引：

The existence of quantities and their relation to matter, substance, and body, *see* BEING 7b, 7b(5)–7b(6); MATTER 2a; QUALITY 3d.

The categories as transcendental concepts of the understanding, *see* FORM 1c; JUDGMENT 8c–8d; MEMORY AND IMAGINATION 6c(1); MIND 1e(1); PRINCIPLE 2b(3).

The relation between quantity and quality, *see* MECHANICS 4b; QUALITY 3a.

Equality and inequality as the basic relation between quantities, *see* SAME AND OTHER 3d.

The general theory of ratios and proportions, *see* MATHEMATICS 4c; RELATION 5a(3); SAME AND OTHER 3b.

The division of quantities into magnitudes and multitudes, or continuous and discontinuous quantities, *see* INFINITY 3; MATHEMATICS 2C; ONE AND MANY 3a(2)-3a(4).
The conception of space and time as magnitudes, *see* MECHANICS 3a; SPACE 1a-1b; TIME 1.
Magnitudes and numbers as the objects of geometry and arithmetic, *see* MATHEMATICS 2; ONE AND MANY 2a; SPACE 3b-3c; TIME 6c.
Physical quantities, such as space, time, motion, mass, and force, *see* ASTRONOMY AND COSMOLOGY 5; CHANGE 5a-5b; MECHANICS 5d-5e(2), 6b-6g; SPACE 3d; TIME 4.
The general theory of measurement, *see* MATHEMATICS 5a; MECHANICS 3a; PHYSICS 4d.
Infinite quantity, *see* INFINITY 1b, 3-3e; SPACE 3a; TIME 2b.
Series of numbers, *see* RELATION 5a(3).

扩展书目

下面列出的文著没有包括在本套伟大著作丛书中，但它们与本章的大观念及主题相关。

书目分成两组：

Ⅰ．伟大著作丛书中收入了其部分著作的作者。作者大致按年代顺序排列。

Ⅱ．未收入伟大著作丛书的作者。我们先把作者划归为古代、近代等，在一个时代范围内再按西文字母顺序排序。

在《论题集》第二卷后面，附有扩展阅读总目，在那里可以查到这里所列著作的作者全名、完整书名、出版日期等全部信息。

I.

Augustine. *On Music*
Hobbes. *Concerning Body*, PART II, CH 12, 14; PART III, CH 17-20, 23-24
Descartes. *The Principles of Philosophy*, PART II
Newton. *The Method of Fluxions and Infinite Series*
——. *Universal Arithmetic*
Berkeley. *A Defence of Free Thinking in Mathematics*
Voltaire. "Number," "Numbering," in *A Philosophical Dictionary*
Kant. *Metaphysical Foundations of Natural Science*, DIV I
Hegel. *Science of Logic*, VOL I, BK I, SECT II-III
Whitehead. *An Enquiry Concerning the Principles of Natural Knowledge*, CH 9-12
——. *The Principle of Relativity*, CH 3
——. *Process and Reality*, PART IV
Whitehead and Russell. *Principia Mathematica*, PART III, SECT A, B; PART VI
Russell. *Introduction to Mathematical Philosophy*, CH 1-2, 7-8, 10-11
——. *Our Knowledge of the External World*, V
——. *The Principles of Mathematics*, CH 11-12, 14-15, 19-22, 29-36
Eddington. *The Nature of the Physical World*, CH 12

II.

THE ANCIENT WORLD (TO 500 A.D.)

Sextus Empiricus. *Against the Physicists*, BK II, CH 4

THE MIDDLE AGES TO THE RENAISSANCE (TO 1500)

Oresme. *Treatise on the Breadth of Forms*

THE MODERN WORLD (1500 AND LATER)

Bosanquet. *Logic*, VOL I, CH 3-4
Campbell, N. R. *Physics; the Elements*, PART II
Cassirer. *Substance and Function*, PART I, CH 2; SUP I
Clifford. *The Common Sense of the Exact Sciences*, CH 1, 3
Dedekind. *Essays on the Theory of Numbers*
Dickson. *Introduction to the Theory of Numbers*
Frege. *The Foundations of Arithmetic*
Gauss. *General Investigations of Curved Surfaces*
Haldane, J. B. S. "On Being the Right Size," in *Possible Worlds and Other Papers*
Helmholtz. *Counting and Measuring*
Jevons. *On a General System of Numerically Definite Reasoning*
Johnson, W. E. *Logic*, PART II, CH 7
Leibniz. *New Essays Concerning Human Understanding*, BK II, CH 16
Lewis, G. N. *The Anatomy of Science*, ESSAY I
Mendelson. *Number Systems and the Foundations of Analysis*
Nagel. *On the Logic of Measurement*
Peirce, C. S. *Collected Papers*, VOL III, par 252-288, 554-562
Reid, T. *An Essay on Quantity*
Riemann. *Über die Hypothesen welche der Geometrie zu Grunde liegen* (*The Hypotheses of Geometry*)
Sondheimer and Rogerson. *Numbers and Infinity*
Suárez. *Disputationes Metaphysicae*, IV (9), XIII (14), XIV, XVI, XVIII (3-6), XXVIII (1), XXXIX-XLI
Tarski. *Introduction to Logic*, PART II
Whewell. *The Philosophy of the Inductive Sciences*, VOL I, BK II, CH 9-10

77

推 理 Reasoning

总 论

在西方思想传统中,有一些基本观念会在讨论中反复出现——在这些讨论中,那些观念会以某种特定的简略表达形式出现。这样的一种结果也许得归结于教科书所具有的影响力,因为这些教科书可以说是一本抄一本,然后就这样一代又一代地把一些上口的行话这么传送了下去。尽管在大多数情况下,那些伟大著作本身可能是原创性的,但是在这样的一种传递过程中,它们的那些洞见却可能会受到过分地简化或者歪曲。

比如,当我们试图说明定义是由种加属差来构成的时候,我们就会举出"无羽的两足动物"和"理性的动物"这样的例子,这两个都是人的定义,它们既指出了人所属的类,同时又指出了它与同类中其他成员之间的属性差异。像"整体大于部分"或者"二加二等于四"这样的陈述,则代表了那些通常被认为是无须证明就可以接受的公理——或者至少是无论是否可以得到证明都可被接受的真命题。在推理这个领域中,有一个众所周知的地标:"人都是有死的,苏格拉底是人,所以苏格拉底是有死的。"而这样的一个命题序列,哪怕是那些从来没听说过三段论,对演绎与归纳的区别也一无所知的人,如果你逼着他讲讲什么是推理,让他给推理举个例子的话,他也会把这个推理拿出来当例子。

而这个例子,虽然陈旧不堪而且也远说不上是推理的完美的范本,但是也确实能够让我们对推理所具有的那种通常来说不会产生什么争论的本性获得某种洞察。

"所以"这个词,就是那个把第三个命题和前两个命题联结在一起的连词,指示出了一种关系,而这种关系,有时候也会被称为原因与结果之间的关系,比如在亚里士多德那里。不过,在霍布斯那里,这种关系则被称为前件(antecedent)和后承(consequent)。这就是说,前提(也就是"所以"之前的那两个命题)是结论的肇因(cause)。我们之所以知道苏格拉底是有死的,是因为我们知道苏格拉底是一个人而人都是有死的。而前提之被视作原因,其意义则在于它是我们为什么认定结论为真的理由(reason)。

同时,结论也可以被说成是"从前提而来",或者,前提则可以被说成是蕴涵(imply)结论或者产生(yield)结论。如果前提为真,那么结论的真就可以被推(inferred)出来或者被证明。而无论这里推理行为是被叫作"证明"还是"推论"(inference),看起来前提与结论之间的关系都是一样的。事实上,这两个词之间的意义差别,主要是在方向上。当我们说"证明"一个结论的时候,我们的眼睛瞄着的是它的前提,并把后者当成是前者之真的基础;而当我们说"推出"一个结论的时候,我们瞄着的却是这个结论本身,是把它当成某种可以从前提中引申出来的东西来看待。

而"如果"和"那么"这两个词则表示推理是心智的一种运动,一种从一个命题到另一个命题的运动。有的时候,推论是没有中介的,比如我们论证说如果人都是有死的那么肯定有一些有死者是人。在这里,整个推理只出现了两个命题,而结论只不过是把前提倒转过来再说了一遍而已。而另外一些人则否认有这种所谓的直接推理(因为一个命题和它的倒转形式只是对同一事实的两种不同表述而已),他们坚持认为,无论是隐是显,推理总是要包含至少3个命题。无论如何,单单一个命题,像"苏格拉底是人",或者甚至一组由"且"(and)而不是"如果……那么"联结在一起的命题——比如"苏格拉底是人且苏格拉底是有死的"——都无法表达出我们通常观念中所认为的那种推理。相反,在"如果苏格拉底是人,那么苏格拉底是有死的"这个命题序列中,却确实出现了那种作为命题间运动的推理,尽管这个序列省略了一个使得它能够成为有效推理的必要命题,即"人都是有死的"。

这样一来,我们所熟悉的那种语法上的分别,也就是词(或者词组)、句子和段落这样的分别,看起来跟逻辑学家所做的那种分别,也就是项、命题和三段论这样的分别之间,就不能形成一种完美的对应了。不过,至少这样的类比还是可以说明某些事情的。就像是说,单单一个词或者词组,比如"人"或者"理性动物",是永远也无法表达一个命题的——它只能用来表达一个项;同样,一个简单句也只能表达一个命题而不能表达出一个三段论;而一个复合句,也就是那种由好几个简单句构成的句子,则只有在它的语言结构以某种方式指示出它的这些成分句形成了某种一个跟随一个的序列的时候,或者当它们之间是以下面这种方式联系在一起的,即一个的真以另一个的真为肇因,它才表达出一个三段论。

观念一章(也许还有**定义**一章)所处理的,是心智的一种特定的内容或者动作——不管说是认识、概念、形象还是抽象,在语言中的表达都是词或者词组,而它们在逻辑中的代表则是项。而**判断**章(也许还有**原理**章)所处理的,则是那些需要句子来做它们的表达式的心智动作或者内容,这些动作和内容,它们在逻辑中的代表是命题。在这一章中,我们要考虑的心智活动,它们所牵扯到的,就不只是两个或者更多的观念,而是两个或者更多的判断,而且这些判断之间还是以一种特定的方式关联着的,即我们的心智可以从一个转移到另一个上去。

在推理这个领域中一直以来就有一个大的议题,即那种被亚里士多德称为"三段论"的逻辑结构,是否能够代表所有种种不同形式的可以被称为推理的心智活动。比如,休谟就曾经建议说,动物在进行推理的时候就没有用到三段论,至于笛卡尔和洛克,看起来他们认为,思维的最高形式,比如说那些出现在数学和哲学中的思维,是不能被化约成三段论的——除非是通过强力手段也许可以化约。

当我们把推理与心智的其他行为放在一起相互比较的时候就会发现,我们实际上所面对的是一个在类型上不同的问题。推理既不同于概念(或者说"对……有概念"),也不同于判断(或者说,以一种被中世纪作家称为"组合与分拆"的方式把观念与观念联系在一起)。没有人会否认说,推理不是一种思维,也没有人会否认说除了推理思维别无其他的思维形式,因为通常都会承认,"存念"(conceiving)和判断确实都是一种思维,或者说,是思想的一种状态。而推理只不过是思想的这样一种特殊状态而已:它是一个过程,是一步一步地从一个命题过渡到下一个命题的过程。

推理这种思维形式与其他的思想状态之间的比较产生了这样一个问题:如果不以理性的方式思考,我们的心智是否可能学到任何东西?依靠洞见、本能、归纳或者直觉而不靠推理我们能否获得某种知识？有没有那种根本不能为推理所知，只能靠某种别的思想状态来达到的真理？这样的一些问题，又接着引发了另外一个问题，即那些不是由推理所构成的思想状态的优先性或者优越性的问题。我们在**归纳**章中所讨论的那个理论为这个问题指示了一个解决：归纳先于推理，因为证明必须依靠一个一般性的起点，而这个起点却要依靠那种直觉性的一般化（行为）来提供。不过，我们在这一章中所要考虑的问题，却超出了归纳与演绎之间的关系，而是要在最一般的层面上去考虑直觉与理性之间的关系。

对于普罗提诺来说，任何形式的思维，也就是说，不只是推理，都有缺陷或者弱点。如果在有智力的存在者这个范围内来考虑的话，人所占据是一个最低的位置，而之所以如此，就是因为它拥有理性。不过，就算是最纯粹的智性，也就是那种纯粹靠直觉来获得知识的智性，跟那个唯一者比起来等级也还是要低，因为在思想中，无论是再简单的动作，都要涉及主体与客体的某种二元性。而那唯一者，按照普罗提诺，它不仅超越存在而且同样超越思想。"高级的存在"，他说，"就是高超的认识者"。唯一者"没有对智力活动的需求，因为他永远是自足的"。

其他作者走得却没这么远。不过，基督教的神学家们确实把人类的心智与天使的智力以及上帝的心智做过比较，他们的结论是后者更为高超，也就是说，高于需要推理的心智。和普罗提诺不一样的是，他们并不认为超越性的存在也超越思想本身——至少在他们讨论神圣观念的时候肯定是这样。不过，一种既非瞬间视觉亦非直接直觉的思维，肯定要牵涉到那种包含着思维过程的心智活动，而这，则跟变化与运动多少有点相近。基督教的神学家们认为，这样的一种思想状态是不可能发生在那些不变的存在身上的，比如上帝和天使。

按照阿奎那的想法，人类理智之对真理的逐渐接近，是"通过某种运动、某种推演性话语的理智操作……而从一个已知进展到另一个。不过，如果人是从某个已知的原理而直接认识到它的所有后承结论，那么在人类的理智中就没有话语状态的存在必要了。这实际上就是天使的状态，因为他们自然地存在于真理之中并因此而知，无论什么东西，只是能为他们所知的，他们都是立刻就能看到"。

而这，阿奎那说，就是为什么天使"被成为智性的（intellectual）存在者"而人则被称为"理性的（rational）存在者"的原因。人类对推理的依赖，暴露出"他们在智性之光上的羸弱。因为，如果他们拥有了圆满的智性之光，就像天使那样，那么，在对原则的第一次把握的同时，他们就应该能够立刻掌握到它们的全部内涵，因为他们应该已经立刻认识到所有能从它们所推理出的结论"。

天使拥有的这种直觉型的理解在上帝那里可以说有更为完美的体现。按照阿奎那的说法，"在神知中是没有推演的"——既没有承接，也没有从一个思想到另一个思想的转换，也没有那种借助推理而达成的从原理到结论从已知到未知的推进。神知，阿奎那解释说，是某种通过一次看就可以掌握全部的看，在这种看中，"上帝在一中看到了所有，而这一就是他自己"，因此，"也就一起看到了所有，而不是通过那种一个接一个的方式"。除了通过某种超自然之光而分有上帝的视觉之外，人类所有的自然层面上的思想都是推演性的。哪怕是观念和判断,它们也是推演性的,因为前者需要抽象或者定义,而后者则需要对概念进行组合与分割。不过,尽管人类的思想总是推演性的,但是,按照阿奎那的观点,它却并非总是会牵涉到推理这种运动,也就是说,并不总是会包含着从一个思想到另一个思想的转换。"推理",他说道,"与理解"——即我们据以确认或者否认某一个命题的判断——"的差别,正是运动与静止的区别,或者获取与占有之间的区别"。

笛卡尔用"直觉"这个词来称呼那种我们由之而直接知道而且确知某个真理的方式。他区分直觉与演绎的根据,是在于这样一个事实,即在后者的观念中包含着一种运动或者承接的观念,而在前者中则没有……第一原理是单独由直觉给出的,而那些比较远的结论则只是通过演绎才能够成形。不过,尽管演绎是直觉的补充,而且笛卡尔说在他看来这是"从其他已经确知的事实推论出结论的必要步骤",但是在任何一个阶段,推理过程都不可能独立于直觉而存在。

按照笛卡尔的观点,直觉不仅是第一原理的根据,或者推理的最终前提,它还在推理的每一步中为推理提供凭据。他要我们"考虑这样一个过程:2 加 2 等于 3 加 1。现在,我们不仅需要直觉地看出 2 加 2 的结果是 4,以及 3 加 1 的结果是 4,而且还要看出上面的第三个命题是这两个命题的必然结论"。

按照笛卡尔的观点,不仅对前提的知识需要直觉,而且当我们从这些前提中引出结论的时候也需要让它自己"受到直觉的影响",如果是这样,如果推论活动是立足于那种关于结论如何逻辑地跟随前提的直觉,那么,演绎或者推理又是如何补充直觉的呢?对于这个问题,笛卡尔的回答是,尽管心智"在整个过程中能够对每一个步骤都有一种清晰的把握",但是它却不能在一个直觉中把一个推理长链条中的所有关节都把握住。只有一步一步地来,我们才能够"知道,在一个长链条中,它的最后一环确实是与它的第一个环节联结在一起的。尽管我们不是在一个同一的查看动作中就把所有那些构成着联结的中间环节都收入掌握,但是,我们所需要的只是记得,我们确实已经一步接一步地把它们都逐个地审查过了"。

和笛卡尔一样,洛克也把直觉和推理,或者,直觉性的知识与证明性的知识看成是形成对比的两方。"心智有时候靠它们自己就可以不依赖中介地认识到两个观念之间的一致或者不一致,不需要任何其他东西的介入:而这",洛克说道,"我们可以称之为直觉性的知识……当心智不能以这种方式把它的观念带到一起的时候,也就是说,当它除非依赖某种中介就不能对它的观念进行比较……从而认识到它们的一致或者不一致的时候,它就会欣然接受其他观念的介入……以便能够发现它所探索的那种一致或者不一致;而这,我们称之为推理"。

同样,跟笛卡尔类似,洛克问道:"我们为什么需要理性?"在他想来,理性对于"增益我们的知识,以及规整我们之间的意见以达成一致,都是必要的……在这方面感觉和直觉虽然也能起到这种作用,但却很是微弱。对于我们的知识来说,其中的绝大部分,所依赖的都是演绎和经由中间环节而达到的观念;而且我们还会遇到这样的情况——我们会欣然用一致取代知识,会在并不确定一个命题是否为真的时候认其为真,而在这种情况下,我们就不得不去发现、检讨以及比较它们的根据所具备的概率。"不过,尽管理性确实能够增益我们的知识,使我们的知识超出直觉的范围,但是,按照洛克的观点,只有当"推理活动中的每一个步骤……都拥有直觉上的确定性时",理性才能生产出具有确定性的知识,而且,"要让任何(一个观念序列)成为一个证明,就必须保证作为中间环节的那些观念之间具有一种直接的一致性,只有这样,我们要去考察的那两个观念,也就是观念序列中的第一个观念和最后一个观念之间的一致性或者不一致性,才能够被确定出来"。

按照这种对于理性的理解,除非我们从直觉中获得某种知识,否则不可能获得任何的证明或者明证,这也就是说,不可能有任何的推论或者证明。在这一点上,洛克和笛卡尔看起来跟阿奎那和亚里士多德的观点是一样的,就是说,无论是叫做公理、直接命题、第一原理还是叫自明的论题,总之证明要依赖于那些不能获得证明的真理。一方面,在洛克和笛卡尔而言,他们会强调说出现在推理过程中的那些处于前提与结论之间的逻辑联结本身是不可证明的,而且必须通过直觉才能够认识。另一方面,在阿奎那和亚里士多德那里,他们则反复申说结论的真理性是隐含在前提的真理性之中的,这样一来,看起来是由推论所获得的那种从已知到未知的进展,实际上却只是对某种潜在的已知的获取而已。不过,尽管如此,他们跟洛克和笛卡尔不一样的是,他们认为推理确实对知识有扩展的作用——虽说它并不是第一位(initial)的知识发现方法。

不过,看起来休谟对这个问题却有某种相反的看法。如果知识论所考虑的对象是事实而不是我们的观念之间的联系,那么,那种联系起前提与结论的推论就完全是无效的。按照休谟的看法,我们对这些事实的相信,是由心智的一种运作而来的,而心智的这种运作是"自然本能的一种……对于这种本能,没有任何一种推理或者思想进程能够产生或者阻止"。而他所谓的"实验理性"或者"与事实相关的理性",是建基于"一种类比之上,这种类比会让我们产生一种预期,一种从我们所观察到的同类事件的过程而产生的对此次事件的预期"。

而且,不只是人,连动物也是以这种方式进行推理的。不过,休谟认为,"动物的推论活动不可能在任何一种论证或者推理活动上找到其基础,也就是说,像'类似的对象总是有类似的事件相跟随'这样的结论,是不可能通过任何的推理或者论证来得出的……实验理性本身,就是那种我们和动物共同拥有而且是全部生命活动的根基的东西,只不过是一种本能或者说机械性的力量,以我们不察觉的方式在我们之中运转;而且,它的主要的运转方式并不受任何此类关系或者观念——比如说,我们的智力官能的恰当对象——比较的指导"。

前面所给出的种种考虑让我们看到,在关于推理所承担的角色方面,存在着多种不同的理论,而这些理论,又各自以各种关于动物、人、天使以及上帝所具有的知识的本性以及类型的理论为根源。不同的理论,有的在人类的知识和意见之间做出了区分,有的则区分了我们对于不同对象的不同的认识方法,有的则区分了理论知识和实践知识兴趣,同样,有的理论则为推理的本性给出了不同的陈述。

比如,亚里士多德在科学推理与辩证或者修辞性推理之间做出的区分,就是以它理解中的具有确定性的知识对象与只具有概然性的知识对象之间的区别为基准的。他说,这两种知识对象之间的区别使得"无论是从数学家那里接受一个概然性的推理,还是像一个修辞学家要求一种科学证明都成为一种愚蠢的举动"。而休谟在先天推理和后天推理之间的区分——即在由原理出发的推理和由经验出发的推理之间的区分——则依赖于他对什么样的质料必须被提交给经验的理解,以及经验如何生成信念的方式的理解。至于阿奎那在"由它"论证(demonstration propter quid,根据原因而进行的论证)和"因为"论证(demonstration quia,根据结果进行的论证)之间的区别——也就是说,一个是从某个东西的原因来证明到底什么东西存在,另一个则是从它的结果来证明它确实存在——则依赖于他对作为理性知识的对象的本质与存在之间的区分。

如果从相反的方向来举例的话,可以看看洛克。洛克的那种理论,也就是数学和道德科学可以使用同样类型的论证,看起来是建立在他的那种观点,也就是所有的知识都是由观念的比较而来的基础上的。与之相比,另外的一些理论则认为不同的学科会有不同类型的推理(特别是数学与道德科学,或者形而上学与自然科学),而这样的一种想法,看起来则是从一种与洛克完全相反的观点,即在不同的探索领域中,知识的对象和条件都是不同的而来的。

有的时候,尽管对不同的推理类型之间的区分是以同样的考虑为基础的,但是这个区别本身在不同的作者手中却是会有不同的术语来表达。看起来,原因在推理中所承担的角色是阿奎那在先天推理和后天推理——或者,从原因而进行的推理和从结果而进行的推理——做出区分的基础。"论证可以用两种方式进行",他写道,"一种通过原因进行的,称为先天论证,这是通过绝对的在先的东西进行的论证。另外一种则是通过结果,称为后天论证,这种论证是从那些只是相对于我们而言才是在先的东西所进行的论证。"而笛卡尔看起来也做出了类似的区分,虽然他用的是不同的术语。"证明的方法有两种,"他说,"一种是分析的,另一种是综合的。分析的方法可以让我们看到系统地发现一个事物的真正方法,就好像是从原因获得结果……而综合的方法则使用的一种相反的程序,它的求索方法就好像是从结果到原因。"因为,无论是数学还是形而上学推理,笛卡尔更喜欢的都是分析方法而不是综合方法。

按照牛顿的观点,分析的方法,无论是在自然科学还是在数学中,都是由结果到原因的,而综合的方法则是从原因到结果。牛顿把分析与综合的区分跟归纳推理和演绎推理的区分联系在一起。而这种按是从原因到结果还是从结果到原因的区别来区分归纳和演绎的方式,看起来也能跟阿奎那所做的那种"因为"论证(即只是证明某种东西存在的推理)与"由它"推理(即那种证明什么存在的推理——对它的本性与属性的证明)之间的区分联系在一起。按照阿奎那的观点,对上帝存在的证明,是一种"因为"论证,而它也是一种后天论证,或者是从结果到原因的论证。不过,他却不愿意把这种论证称为"归纳"。在至少一个段落中,看起来他是把归纳看成是我们可以由之而获得对于上帝存在的知识的方法。"从自然的事物中,"他写道,"人并不能从对理性的论证中知道非自然的事物,但是通过理性的归纳我们却可以知道某种超出自然之上的知识,因为自然和超自然的事物之间是有某种相似性的。"

不过,"归纳"这个词的这个意义,跟亚里士多德所说的那种跟推理对立的归纳是很像的,而跟那种根据归纳三段论和演绎三段论中的词项顺序而做出的归纳推理与演绎推理之间的区别里面的"归纳"不太像。在普通的演绎三段论中,两个端项的联系是由中项建立的(比如,"苏格拉底"和"有死"之间的联系是由"是人"建立起来的)。但是,按照亚里士多德的说法,从"归纳而来的三段论",是"通过另外一个端项建立起一个端项和中项之间的联系,比如,B是A和C之间的中项,那么这个三段论就是通过C来证明A属于B"。以C为起点(具体的例子是,长寿的动物,比如人、马、骡子),我们可以从这样一个事实即上述长寿的动物都是无胆汁的而归纳地论证出一个B(无胆汁)和A(长寿)之间的一般联系。亚里士多德补充道,这样的一种推理要成立,必须要满足这样的一个条件,即C可以被看成是"全部由个体组成的;因为归纳是通过对所有事例的枚举而进行的"。

关于定义的不同理论,也影响到了定义在关于推理的不同理论中所能够获得的位置。举例而言,霍布斯把推理看成是一种用名称进行的计算,而这种计算则完全依赖于对名称的意义是如何决定的。他认为,当我们对词语而不是数字所进行加法或者减法的时候,这种加减运算实际上等同于"逐次考虑各个部分的名称最后达到整体的名称;或者,从整体以及某一个部分的名称出发达到另一个部分的名称"。而这,"只不过就是对约定好的通名序列进行计算(也就是加和减)"。至于亚里士多德,他关于定义的理论认为定义陈述的是事物的本质,而不仅仅是词语的意义,同时,他则认为一个定义也许是可以看成是"一个给出了本质的论证的结论",以及"一个对本质的不可论证的陈述"。在后者那里,定义所起的作用实际上相当于论证中的原理。

按照威廉·詹姆士的看法,推理,跟定义一样,是"心智的一种选择性活动",它是为个体的利益或者目的而服务的。"我的思维",他说,"开始是、最后是、一直都是以我的行动作为目的的……推理永远都是为了主体的利益而服务的,是为了获得某种特定的结论,或者是为了满足某种特定的好奇心"。在推理中,上面所说的那种利益到底是实践性的还是思辨性的,并没有什么分别。推理的进行还是一样,只不过,"如果动机是理论性的,那么"构成问题的解的部分就会被称为"理由","而如果是实践性的,则会被称为'方法'"。

而像亚里士多德或者阿奎那这样的作者,他们却把思辨和实践看成是两种虽然相互联系但却完全不同的思想秩序或者知识秩序;在他们看来,实践推理是有它自己的三段论形式的。在他们看来,实践里面的思虑跟理论证明并不相同。理论推理所获得的结论是对某个东西或真或假的断定,而实践里面的思虑所得到的结论却是对某个事情或好或恶的判断,这种判断是决定我们是否要去做那件事的依据。按照亚里士多德的看法,实践推理这样一种其结论最终会到导向行动的思维活动,它的三段论是由一个普适的前提和一个具体的前提组成的。在这种三段论中,大前提是对事实的某种具体认识。以亚里士多德自己所给出的实践三段论为例,大前提是这样一个规则:所有甜的东西都应该尝尝;而小前提则是这样一个认识,即这个具体的东西是甜的。这样的两个前提把我们引向一个实践的结论,即这个具体的东西应该尝尝。

不过,不是所有的实践推理都是以在具体的情况中达到决策或者推进行动为目的的。那些规范着决策与行动的规则自己就可能也是实践推理的结果。按照阿奎那的观点,那种从更为一般的原理——也就是法律或者道德的教训——

中获得（行动与决策的）一般规则的过程，所牵涉的是一种与理论或者思辨思维不同的思维形式。他在他关于法律的论文中指出，对于实践性的规则，我们可以仅仅通过对那些普遍适用的原理做出某些具体的决策就把它们表述出来，而不用把这些实践规则从那些普适原理中演绎出来。"有两种方法可以让我们从自然律中引申出某种东西来，"他写道，"一是把自然律作为前提而把我们所引申出来的东西作为这一前提的结论；第二种则是通过确定出某种具有一般性的东西。前一种方法就好像是在思辨科学中那样从原理中以论证的方式导出结论；而后者则就像在艺术活动中那样，一种一般的形式被具体化到细节上去。"在法律领域中，思维的这两种形式，看起来只有第二种才是与思辨秩序相对的，独属于实践活动的形式。

当我们从知识、意见、行动或者不同的学科和科学的角度来讨论推理的时候，通常都是预设了一种关于推理形式的理论，而且，这里的形式，指的是那种无论推理所涉及的主题如何都不会改变的形式。要想看清楚这一事实，最好的证据就是三本关于的推理的伟大著作之间的组织顺序。亚里士多德的《后分析篇》处理的是科学中的论证。他的《论题篇》处理的概然论证或者说意见领域中的推理。而这两本书之前，则是以纯粹形式性的结构来处理三段论的各种形态的《前分析篇》。在稍晚一些的传统中，这种出现在《前分析篇》与《后分析篇》中的对问题的区分，又以对"形式"逻辑和"实质"逻辑的划分这样一种形式重新出现。

对推理的形式分析，它的中心问题是在于推理的说服力（cogency）。它考虑的不是出现在一个推理里面的前提或者结论的真与假，完全相反，对于一个推理本身而言，它的真假是建立在推理是否有效这个问题上的，而后者则完全是一个纯逻辑的考虑。如果一个推理它的结构从形式上是有效的，那么，从一个假的前提出发，我们也可以"真的"得到一个结论，无论这个结论本身是真还是假——而所谓"形式上有效"，则是指前提的形式与结论形式之间有一种逻辑上被允许的关系。这样一来，逻辑问题实际上就是对命题间的形式关系进行判定的问题——去判断是否从某些特定的命题可以有效地推论出另外一些命题，而不用去管这些命题的内容或者事实上的真假。

亚里士多德对三段论的定义是"这样的一种话语，在其中有某些东西得到了陈述，而另外一些则必然地跟随着这些陈述"。他说，"我把那种仅凭已经得到陈述了东西就可以说明那些必然跟随着它的东西的三段论称为完美的三段论；而一个三段论，如果它还需要另外一些虽然是已经设定好的项的必然后承担却尚未得到明确表达的命题作为前提，那它就不是完美的"。亚里士多德用 S 和 P 分别代表三段论的结论中的主词和述词，用 M 来表示中项即那个出现在所有的前提中却不出现在结论中的词项，那么所谓的完美的三段论就可以用这样的形式表示："所有的 M 是 P，所有的 S 是 M，所以所有的 S 是 P。"

在上面这个形式中，第一个命题，也就是那个包含着结论中的述词的那个命题，叫作大前提。而第二个命题，也就是包含着结论中的主词的那个命题，叫作小前提。结论的主词被称为小项，述词则被称为大项目。亚里士多德按照中项的位置把三段论分成三种格，或者叫形式类型；在第一种格中，中项是大前提的主词和小前提的述词，在第二种格中，中项同时是大前提和小前提的主词,在第三种格中,中项则同时是大、小前提的述词。然后,按照前提到底是全称命题还是特称命题("所有 M 是 P"还是"有些 M 是 P"),他又进一步把每一种格区分为不同的论式,也就是形式上正确的推论模式。

比如,无论是在哪一格里,都没有任何一种论式它的两个前提会都是特称命题或者都是否定命题。如果两个前提都是特称命题,那么我们就从中不能得到任何结论,比如从"有些毒药是液体"和"有些液体对于生命来说是不可缺少的"就得不到任何结论;我们从两个否定的陈述中也不能得出什么结论,比如"没有三角形是平行四边形"和"没有菱形是平行四边形"。在第一格中,小前提可以是特称命题,但必须是肯定句,而大前提可以是否定句但必须是全称的。在这一格中,下面这种前提组合是得不出结论的:"有些图形不是方形"跟"所有的方形都是平行四边形",或者"所有的素数都是奇数"跟"有些奇数是平方数"。在第二格中,必须有一个前提是否定句。在这一格里是没可能从两个肯定句中得到任何结论的,比如从这样两个肯定句中——所有的鱼都会游泳,所有的鲸鱼都会游泳。而在第三格的情况下,从两个全称前提中只能得到一个特称的结论。从"没有人是智慧的"和"所有人都是有死的",我们只能得到这样的结论即"有些有死者不是智慧的"。

从这些例子中我们就可以看到,亚里士多德关于三段论的规则,实际上是一些关于前提的量与质的规则,而这些规则的目的则是保证每个格中的推论都能成为有效推论。而且,正如第三格那种只有特称命题成为有效结论的规则那样,在所有的格中,这些规则也能够决定从具有某种量和质的前提出发所能得到的结论的特征。如果一个前提是否定陈述,那么结论必然也是否定陈述。如果一个前提是特称的,那么结论也必然是特称的。

看起来,无论是在哪一个格中,在所有这些关于有效推论论式的规则中,都有一个普适的原理作为它们的基础。"如果一个东西成为另一个东西的述词",亚里士多德说道,"那么所有能够被这一述词所述谓的东西也能够被它的主词所述谓。"事实上,我们看一下这个原则的否定方面就会发现这是一个非常明显的事情。如果一个东西不能被某个述词所述谓,那它也就不能被这个述词的主语所述谓。在形式逻辑的传统中,这个原理有时候会以类的方式得到表述,而不是像上面那样用主词——述词这样的方式。如果用那种方式,这个原理就可以说成是:如果一个类被蕴涵在另一个类中,而后者又被蕴涵在第三个类中,那么第一个类也被蕴涵在第三个类中;另外,如果一个类和另一个类没有交集,那么被第一个类所蕴涵的类和第二个类也没有交集。

传统上,三段论的这个原理被称为 dictum de omni et nullo(关于全称否定的原理)。所谓 dictum de omni,康德在《逻辑导论》中称之为"肯定三段论的最高原则",而他对这个原则的表述则是这样的:"对于一个概念而言,对它的所有全称肯定也适用于所有被它包含的概念。"至于 dictum de nullo,按照康德的陈述,则是这样的:"对于一个概念而言,对它的所有全称否定,也同样适用于所有被它所包含的概念。"而且,看起来,康德认为这两个原则还服从于另外一个更为一般的原理,即:"一个事物的属性的属性是这个事物本身的属性",以及,"与某个事物的属性矛盾的,也与这个事物本身矛盾"。

詹姆士也尝试着要为 dictum de omni et nullo 给出一个更为一般的表述。这种思维规律,他说,只不过是"我们心智中的比较功能的一个结果而已,这种比较的功能,是通过(对概念做)一些幸运的变形以便能够同时把握到一个数量大于 2 的概念序列"。按照詹姆士的所说,这种被他称为"中介比较原理"(principle of mediate comparison)的原理,要比三段论的原理更为广泛。它适用于任何一种相互联系的概念序列——它可以适用于数学中量的相等或者不等关系,以及述谓逻辑或者类逻辑中的主词和述词之间的关系。

詹姆士这种中介比较的原理本身,所依赖的是一种在数理逻辑或者关系逻辑中被称为关系的"传递性"的性质。比如,"大于"这种关系就是一种满足传递性的关系;因为如果一个东西大于另一个,而第二个又大于第三个,那么第一个也大于第三个。如果按照数理逻辑的说法,那么三段论的原理就只是传递性在蕴涵关系中的一个具体体现而已;因为,如果 P 蕴涵 Q,而且 Q 蕴涵 R,那么 P 蕴涵 R。

詹姆士是认识到了这一点的,因为他写道:"中介述词或者归类的原理,只不过是把省略中间项公理(axiom of skipped intermediaries)应用到了一个相互接续的述词序列上而已。它所传达的事实是,在一个序列中,考虑一个项跟它之后的任意一个项,如果前者跟任意一个中间项目都有某种关系,那么它跟后者也有这种关系;换句话说,任何一个东西,如果它有一个属性,那么它也就有这个属性的所有属性;或者,说得再简单一点,任何东西如果属于一个类那它也属于这个类所属的任意一个类。"跟"等于的中介原理(即'与跟自己相等的东西相等的,也跟自己相等')一样,按照詹姆士的观点,述词或者归类的中介原理也是下面这一法则的特殊情况,即"省略掉中间项不会改变关系。这一省略中间项的公理,或者关系传递的公理,看起来是整个人类思维中最广泛也最深刻的法则"。

詹姆士的这种努力,即要表述出一种能够规范所有三段论规则,并且把这些规则变成是某种推理规律或者思维法则的特殊情况的努力,代表了一种对三段论的特定的批评。比如,以笛卡尔要我们考虑的情况为例,即"2 + 2 等于 4,3 + 1 也等于 4,那么 2 + 2 等于 3 + 1",问题是,这样的情况是否可以归约为三段论的那种主词—述词的形式?还是说,像这样的情况,必须使用某种更为一般的、关于"传递关系"原理?显然,这个例子让我们看到了在主词—述词逻辑和关系或者数理逻辑之间的基本争议。彭加勒告诉我们,在算术中,"人们不可能只靠直接的直觉就能获得一般的真理;哪怕是证明再简单的定理,人们也得利用递归来进行推理,因为这是唯一一个能让我们从有穷达到无穷的工具"。

对于传统的三段论理论的另外一种批评则承认三段论是所有推理的形式,但是对于传统三段论中那种,按照康德的说法,"错误的精细",也就是按照格和论式来对三段论进行分类的做法,持有不同意见。不过,康德并不是要放弃对三段论所做的所有区分。相反,他会说"三段论,和所有的判断一样,分成三种类型,而它们之间的区别是在于它们所表现出的那种知性里面的知识关系的差别,也就是说,直言的、假言的以及选言的"。至于假言和选言判断到底是三段论种的某种独立类型,还是说只是某种特殊情况所以不应该认为它们有自己的原理否则就是同样犯了"错误的精细",

这个问题我们放在**假说**章去讨论。

在所有对传统三段论的批评中,最严厉的是这样的一种观点,它要么认为三段论根本在推理中就毫无用处,要么就是认为演绎三段论最多对争论或者争辩有用,在探索和发现中则毫无作为,因为对于探索和研究而言,只有归纳推理才是建设性的和能结出果实的。按照 J. S. 穆勒的观点,从三段论的结论中人们所能够获得的只是人们从前提中已经知道的东西;相反,通过归纳推理,穆勒认为——在这一点上他与弗朗西斯·培根是一样的——人类的心智能够超出前提所蕴涵的东西从而真正的发现新的真理。

另外,看起来笛卡尔的意见是"三段论形式在认识关于的对象的真理时毫无助益"。而洛克则对这一点做了延展。尽管他承认"所有正确的推理形式都可以归约为(亚里士多德的)三段论",他却不认为它们对于"那些愿意发现真理并且想要以最好的方式运用自己的理性来获得知识的人来说是引导这些人进入真理的最好办法……三段论的规则",他写道:"它们的目的并不是要为心智提供一些中介性的观念以便与那些较为疏远的观念建立联系。这样的一种推理并不能让我们发现新的证明,相反,这是一种让我们能够控制和安排我们已有的旧证明的艺术。欧几里得第一卷中的第 47 个命题是真的;但是,我认为,要发现它,靠的却不是任何一种我们共有的逻辑中的规则。一个人只有首先知道,然后他才能以三段论的方式进行证明。所以三段论是在知识之后才出现的,而在这个意义上,人们实在也对它没有什么用处……三段论,最多也就只是一种把我们已经获得的那一点知识保护起来的技艺,而不能为它增加什么。"

这可能是因为对三段论的批评者把三段论本来就没有说要做的事情强加在它的头上而导致的后果。比如,以亚里士多德为例,他看起来就是把三段论当成是阐述一个论证而非发现一个论证的方法,而且是把它当成检验某个推理的有效性的方法,而不是学习关于事物的真理的方法。"所有通过论证而给出或者接受到的指导,"他写道,"都是从事先已经存在的知识出发的。这一点,如果我们对所有类型的指导做一个通盘的考察,就会变得很明显。所有的数学科学,以及所有其他的思辨学科,它们的知识都是通过这种方式获得的,同样,这一点对于两种形式的辩证推理,即三段论式的推理以及归纳推理,也是成立的。事实上,对于后两者而言,它们都是利用旧有的知识来产生新的知识。对于三段论而言,它预设了听众会接受它的前提,而对于归纳推理来说,它则是把隐含在我们已经清楚地知道的关于个体的知识中的共相显示了出来。"

分 类 主 题

1. 对推理的定义或者描述:思维过程
    1a. 人类推理与动物推理的对比
    1b. 演绎推理与直接直觉的对比
    1c. 感觉、记忆以及想象在推理中的作用:认知推论,理性的回忆,图形的勘照
2. 推理的规则:三段论理论
    2a. 三段论的结构:它的格与式

77. 推　理

　　（1）前提的数量以及词项的数量：推理中的中项

　　（2）肯定、否定以及中项的分布：前提的量与质

　2b. 三段论的种类：直言、假言、选言

　2c. 三段论的连接：连锁推理（sorites），前三段论，后三段论

3. 真理和推理的说服力

　3a. 形式和实质真理：逻辑有效性与事实真理的区别

　3b. 推理中之说服力的匮乏：无效三段论；形式谬误

　3c. 推理中之真理的缺乏：诡辩三段论；实质谬误

　3d. 推理中的必然性与偶然性：逻辑必然性；确定性和概然性

4. 推理、推论或者论证的类型

　4a. 直接推论：它与有中介的推论或推理的关系

　4b. 推理的方向与运用：证明与推论的区别；论证与发现的区别

　4c. 归纳推理与演绎推理

　4d. 直接与间接论证：归谬法证明；从理想情况或者不可能的情况开始的论证

　4e. 反驳：证伪

　4f. 通过类比而进行的推理：从相似性进行的论证

5. 推理与知识、意见和行动之间的关系

　5a. 事实与得到理由支持的事实：单纯的信念与基于理性根据的信念之间的区别

　5b. 科学推理：关于论证的理论

　　（1）作为论证基础的不可论证物

　　（2）作为推理方法的定义：作为推理的终点或者目标的定义

　　（3）先天和后天推理：从原因出发或者从结果出发；从原理出发或者从经验出发；分析和综合

　　（4）原因在论证和科学推理中的作用

　　（5）论证与本质和存在的关系："由它论证"和"因为论证"

　5c. 辩证推理：理性论证的对立面

　5d. 修辞推理：说服的理性基础

　5e. 实践推理

　　（1）实践三段论的形式

　　（2）法律思维中的演绎和决策

　　（3）慎思：面对不同方法时的选择；决策

6. 不同学科中的推理的特性

　6a. 形而上学和神学中的证明

　6b. 数学中的论证：分析与综合；数学归纳或者递归推理

　6c. 自然哲学与自然科学中的归纳和演绎推论

　6d. 道德科学中的归纳和论证

［陆丁　译］

索引

本索引相继列出本系列的卷号〔黑体〕、作者、该卷的页码。所引圣经依据詹姆士御制版，先后列出卷、章、行。缩略语 esp 提醒读者所涉参考材料中有一处或多处与本论题关系特别紧密；passim 表示所涉文著与本论题是断续而非全部相关。若所涉文著整体与本论题相关，页码就包括整体文著。关于如何使用《论题集》的一般指南请参见导论。

1. **Definitions or descriptions of reasoning: the process of thought**

   6 Plato, 244–245, 383–398, 537–538, 570–577, 594–595
   7 Aristotle, 143, 227–228
   11 Epictetus, 106–107
   11 Plotinus, 472–473
   17 Aquinas, 421–424, 443–444
   18 Aquinas, 391–392, 417
   21 Hobbes, 58
   28 Descartes, 229–234, 237–247, 250–251
   33 Locke, 371–380
   35 Rousseau, 337–342
   39 Kant, 34–35, 108–209, 224–227, 570–572
   49 Darwin, 292–293
   53 James, William, 146–187, 360–362, 664–693
   54 Freud, 363–364, 384–385, 700–701
   55 James, William, 40–41
   55 Whitehead, 147–148

1a. **Human reasoning compared with the reasoning of animals**

   7 Aristotle, 695
   11 Aurelius, 276–277
   17 Aquinas, 411–413, 510–511, 673–674
   18 Aquinas, 8–9
   21 Hobbes, 52, 57, 59, 100
   23 Montaigne, 255–264
   28 Descartes, 283–284, 382
   29 Milton, 227–229, 240–242
   33 Locke, 145–146, 221–222
   33 Berkeley, 407–408
   33 Hume, 487–488
   34 Swift, 151–152
   35 Rousseau, 337–338, 341–342
   39 Kant, 199–200
   49 Darwin, 292–297, 400
   53 James, William, 665–666, 676–677, 679–686

1b. **Discursive reasoning contrasted with immediate intuition**

   6 Plato, 386–388, 809–810
   7 Aristotle, 605
   11 Plotinus, 458–459, 466–467, 527, 542–543, 546–549
   16 Augustine, 346–347, 375, 392–393, 691
   17 Aquinas, 81–82, 301–303, 457–458, 683–684
   28 Bacon, 149

   28 Descartes, 239–240, 349
   28 Spinoza, 622, 693
   29 Milton, 185–186
   30 Pascal, 171–173, 222–224
   33 Locke, 119–120, 309, 349, 378–379
   39 Kant, 33, 350–351, 572–574
   55 Bergson, 72–84
   55 Dewey, 116–117
   56 Poincaré, 4

1c. **The role of sense, memory, and imagination in reasoning: perceptual inference, rational reminiscence, the collation of images**

   6 Plato, 179–183, 228–230, 383–398
   7 Aristotle, 136–137, 632, 663–664, 673–674, 695
   11 Lucretius, 47–51
   16 Augustine, 93, 95–96, 98–102
   17 Aquinas, 430–431
   21 Hobbes, 52–54, 60
   26 Harvey, 332–335
   28 Descartes, 240, 242, 250–255, 455–456
   35 Rousseau, 341–342
   39 Kant, 23–24, 34, 54–64
   53 James, William, 381–385, 525–526, 667–674, 676–686
   55 Wittgenstein, 439

2. **The rules of reasoning: the theory of the syllogism**

   7 Aristotle, 39–93
   16 Augustine, 733–735
   21 Hobbes, 56–60
   28 Bacon, 56–58, 107–108, 157–161
   28 Descartes, 223–262
   30 Pascal, 430–434
   33 Locke, 372–377
   39 Kant, 59–108, 110–112, 601–602
   53 James, William, 868–873, 878–879
   55 Russell, 265

2a. **The structure of a syllogism: its figures and moods**

   7 Aristotle, 39–60
   28 Bacon, 59–60
   33 Locke, 373–375, 377
   39 Kant, 110–111
   55 Russell, 267

2a(1) The number of premises and the number of terms: the middle term in reasoning

7 Aristotle, 58–59, 65
28 Bacon, 59–60
33 Locke, 374–375
39 Kant, 110–112, 118
53 James, William, 667–668
55 Wittgenstein, 377

2a(2) Affirmation, negation, and the distribution of the middle term: the quantity and the quality of the premises

7 Aristotle, 40–45, 58, 59–60, 65–66, 108–109
33 Locke, 377
39 Kant, 39–41
55 Wittgenstein, 396–397

2b. The kinds of syllogism: categorical, hypothetical, disjunctive, modal

7 Aristotle, 57–58, 60–63, 68–69
39 Kant, 110–111, 175

2c. The connection of syllogisms: sorites, pro-syllogisms and episyllogisms

7 Aristotle, 59, 118
33 Locke, 373–374
39 Kant, 111–112, 115–119
53 James, William, 872–873

3. The truth and cogency of reasoning

3a. Formal and material truth: logical validity distinguished from factual truth

7 Aristotle, 72–77, 106–107
9 Galen, 372–373
11 Epictetus, 106–107
16 Augustine, 733–735
28 Bacon, 57–58
28 Descartes, 238–239
39 Kant, 36–37, 180–182
41 Boswell, 134
53 James, William, 879–885

3b. Lack of cogency in reasoning: invalid syllogisms; formal fallacies

7 Aristotle, 85–89
8 Aristotle, 649–651
16 Augustine, 733–735
28 Descartes, 352–353
39 Kant, 109, 133
53 James, William, 108, 227–228
55 Whitehead, 156, 159

3c. Lack of truth in reasoning: sophistical arguments; material fallacies

6 Plato, 65–84, 237–238
7 Aristotle, 66, 87, 109–111, 143, 218, 220–221, 227–253
16 Augustine, 733–734
21 Hobbes, 58–60
28 Bacon, 60–61, 109–116
30 Pascal, 367–368
33 Locke, 123, 146
33 Hume, 484, 509
39 Kant, 120–121
55 Russell, 280–287

3d. Necessity and contingency in reasoning: logical necessity; certainty and probability

7 Aristotle, 45–57, 98–99, 103, 143, 157, 277
8 Aristotle, 339–340, 596–597, 652–653
15 Copernicus, 505–506
17 Aquinas, 56–57, 238–239, 432–433, 675–677
18 Aquinas, 223–224, 409
21 Hobbes, 65–71
28 Descartes, 224–225, 270–272
32 Huygens, 551–552
33 Locke, 365, 366–371 passim
33 Hume, 458, 469–470, 489–490
35 Rousseau, 348
39 Kant, 194
53 James, William, 878–884
56 Poincaré, 52–60

4. The types of reasoning, inference, or argument

4a. Immediate inference: its relation to mediated inference or reasoning

6 Plato, 196
7 Aristotle, 30–31, 39–40, 79–81, 89
39 Kant, 17–18, 109–111

4b. The direction and uses of reasoning: the distinction between proof and inference, and between demonstration and discovery

6 Plato, 383–388
7 Aristotle, 143–144, 234–237
8 Aristotle, 340
10 Archimedes, 569–570
21 Hobbes, 267
28 Bacon, 56–58, 105–106, 107–136
28 Descartes, 250, 270–272
30 Pascal, 177–178
33 Locke, 340–341, 376–377
39 Kant, 119, 193–200, 294, 570–572
53 James, William, 381–385
55 Bergson, 79
55 Wittgenstein, 389–390

4c. Inductive and deductive reasoning

7 Aristotle, 90, 97, 111, 148, 152
8 Aristotle, 596–598, 640–645
28 Bacon, 57–58, 107–136
28 Descartes, 232–234, 239–240, 245–246, 285–286, 393
32 Newton, 271, 543
33 Locke, 360–362
33 Hume, 458, 479
39 Kant, 45–46, 195–197
42 Faraday, 567
53 James, William, 674–675
55 Whitehead, 155–156

55 Russell, 260-264

4d. Direct and indirect argumentation: proof by *reductio ad absurdum*; argument from the impossible or ideal case

7 Aristotle, 57-58, 62-63, 81-84, 86-87, 118-119, 525

4e. Refutation: disproof

6 Plato, 558
7 Aristotle, 87, 91, 228-237
8 Aristotle, 644-653
9 Galen, 367-373
28 Descartes, 434

4f. Reasoning by analogy: arguments from similarity

6 Plato, 350, 383-391
7 Aristotle, 90-91, 152-153
8 Aristotle, 597, 640-641
18 Aquinas, 938-939
33 Locke, 370-371
33 Berkeley, 433
33 Hume, 487, 502
39 Kant, 547-548, 600-603
53 James, William, 677-678, 686-690
55 Barth, 543-544

5. Reasoning in relation to knowledge, opinion, and action

5a. The fact and the reasoned fact: mere belief distinguished from belief on rational grounds

6 Plato, 188-189, 370-373
7 Aristotle, 103, 107-108, 122-123
8 Aristotle, 388
18 Aquinas, 765-766
33 Hume, 458-469
34 Swift, 165
39 Kant, 228, 240-243, 601-607
40 Mill, 283-288
43 Hegel, 163-166
53 James, William, 689-690
55 Russell, 284-285

5b. Scientific reasoning: the theory of demonstration

6 Plato, 174-190, 386-388, 486-511 esp 491, 610-613
7 Aristotle, 97-137, 563-564
8 Aristotle, 388, 389
21 Hobbes, 58, 60, 65
26 Harvey, 332-337
28 Bacon, 42, 56-59, 105-106, 107-136
28 Descartes, 223-249, 284-291
30 Pascal, 365-366, 368-369, 430-434, 442-443
32 Newton, 270-271
33 Locke, 309-312, 340-341, 360-362, 371-376, 378-379
33 Hume, 458
39 Kant, 1-13, 211-218, 463-467, 542-543
40 Mill, 445

53 James, William, 674-675, 862-865
58 Lévi-Strauss, 443

5b(1) The indemonstrable as a basis for demonstration

7 Aristotle, 39, 99-100, 105-106, 111-116, 511, 515, 525
8 Aristotle, 283-284, 389
17 Aquinas, 102-103, 612-613
18 Aquinas, 221-223
26 Harvey, 333-334
28 Bacon, 97
28 Descartes, 224-225, 302, 349, 450
33 Locke, 310-311, 313
39 Kant, 307-310
40 Federalist, 103-104
40 Mill, 461-462, 475
41 Boswell, 82
55 Russell, 264-268

5b(2) Definitions used as means in reasoning: definitions as the end of reasoning

7 Aristotle, 68, 104, 105, 121-122, 123-128, 209-210, 214-215, 525-527, 590, 631-632
8 Aristotle, 161-165
17 Aquinas, 11-12, 17-18, 458-459
21 Hobbes, 56-60
30 Pascal, 430-434
33 Locke, 303-304
33 Hume, 484
39 Kant, 211-218
51 Tolstoy, 690
54 Freud, 412

5b(3) *A priori* and *a posteriori* reasoning: from causes or from effects; from principles or from experience; analysis and synthesis

6 Plato, 242-243
7 Aristotle, 259, 411, 552
8 Aristotle, 340, 391
9 Galen, 367-371
17 Aquinas, 680
26 Harvey, 332-335
28 Bacon, 128
28 Descartes, 227-230, 354-355
33 Locke, 360-362
33 Berkeley, 417
33 Hume, 458, 464-466, 497-503
39 Kant, 14-20, 34-36, 135-173, 192, 193-200, 211-218, 253-254, 262-287, 307-308, 309, 329-330
40 Mill, 445-446
43 Hegel, 190-191
53 James, William, 91-94
55 Whitehead, 145-146
55 Russell, 265-271, 275-277
56 Einstein, 231-232
56 Bohr, 337, 354
56 Heisenberg, 412-414

5b(4) The role of causes in demonstration and scientific reasoning

6 Plato, 455
7 Aristotle, 128–136, 275, 514–515, 565, 569
8 Aristotle, 161–165, 343–344
17 Aquinas, 84–85, 112–113, 238–239
26 Galileo, 202–203
26 Harvey, 319, 335–336, 393
28 Bacon, 45–47, 110–111
28 Descartes, 285–286, 290, 334–338, 346–348
28 Spinoza, 590–591, 603–606, 656–657
32 Newton, 371–372, 541–542
33 Hume, 477, 509
39 Kant, 46–47, 164–171, 310–311, 574, 578
42 Lavoisier, 9–10
49 Darwin, 239–240
50 Marx, 10–11
53 James, William, 668–671

5b(5) Demonstration in relation to essence and existence: demonstrations *propter quid* and *quia*

7 Aristotle, 547
17 Aquinas, 16–17, 253–255
19 Dante, 47
21 Hobbes, 78–80
28 Descartes, 307–315, 322–329, 336, 442–444, 487
33 Locke, 173, 240–241, 325
33 Hume, 458–463
39 Kant, 85–88, 182

5c. Dialectical reasoning: the opposition of rational arguments

6 Plato, 65–84, 242–243, 383–398, 491–511, 525–526
7 Aristotle, 39, 143–223, 236–237, 589
11 Epictetus, 107–108
17 Aquinas, 436–438
18 Aquinas, 765–766
22 Rabelais, 101–106
28 Bacon, 47–48
33 Locke, 369
33 Hume, 488–491
39 Kant, 108, 120–173, 174–177, 187–192, 200–209, 331–337, 340–342, 540–546, 562–578
54 Freud, 545
55 James, William, 39–41, 54–57
55 Barth, 512–514

5d. Rhetorical reasoning: the rational grounds of persuasion

6 Plato, 50–52, 57, 115–141, 252–294, 558–561
7 Aristotle, 92–93
8 Aristotle, 339–340, 593–622, 639–653, 669–670, 672–675
9 Galen, 374–376
11 Epictetus, 103–104
16 Augustine, 735–736, 761
21 Hobbes, 127
23 Montaigne, 488–492
28 Bacon, 66–67
30 Pascal, 440–442
33 Locke, 299–300

40 Mill, 284
58 Huizinga, 340–341

5e. Practical reasoning

7 Aristotle, 162–166, 555
8 Aristotle, 236, 339–340, 426
11 Epictetus, 167–168
21 Hobbes, 53–54, 66–68, 78
28 Bacon, 57–58
30 Pascal, 27–80, 90–127
39 Kant, 190–191, 253–255, 264–265, 271, 277–279, 283–287, 291–297, 298–300, 307–321, 329–337, 338–343, 349–350, 390–391, 596–598
40 Mill, 456–457
53 James, William, 381–385

5e(1) The form of the practical syllogism

8 Aristotle, 236, 391–392, 396–398
17 Aquinas, 461–462
18 Aquinas, 141, 145–147

5e(2) Deduction and determination in legal thought

8 Aristotle, 382–383, 385–386, 484
18 Aquinas, 227–228, 229–230
21 Hobbes, 86–87, 91–96, 130–136, 164
28 Bacon, 94–95
35 Montesquieu, 214
39 Kant, 149–150
43 Hegel, 75, 77–79, 142, 143

5e(3) Deliberation: the choice of alternative means; decision

8 Aristotle, 357–359, 387–388, 389 passim, 390–392, 393–394
11 Aurelius, 250
17 Aquinas, 114–115, 672–684, 808
20 Calvin, 89–90
21 Hobbes, 64–65
24 Shakespeare, 416–418
28 Bacon, 81–95
28 Descartes, 272–274
33 Locke, 190, 191–192, 194–199
39 Kant, 60, 169–170, 266–267, 327–329, 398–399
40 Mill, 276–277, 294–295
53 James, William, 794–798

6. The character of reasoning in the various disciplines

6a. Proof in metaphysics and theology

6 Plato, 486–511, 570
7 Aristotle, 573–574, 589, 592
17 Aquinas, 3–10, 11–12, 175–178, 253–255
18 Aquinas, 399–400
20 Calvin, 22–27
21 Hobbes, 163, 165
28 Bacon, 95–101
28 Descartes, 295–297
28 Spinoza, 592–593

33 Hume, 451–452
37 Gibbon, 308
39 Kant, 85–88, 179–182, 190–200, 211–218, 351–352, 365–366, 600–603
55 Russell, 278–279
55 Barth, 489–490

6b. **Demonstration in mathematics: analysis and synthesis; mathematical induction or recursive reasoning**

6 Plato, 180–183, 392–395, 397
7 Aristotle, 104–105, 106–107, 111, 194–195, 277, 514–515, 577, 589–590, 609–610
10 Archimedes, 569–570
21 Hobbes, 58
28 Descartes, 223–262, 270–271, 354–355, 523–581
30 Pascal, 171–173, 430–434
32 Newton, 1
33 Locke, 166, 308–309, 311, 317–319, 362–363
33 Berkeley, 409
33 Hume, 470–471
39 Kant, 17–18, 68–69, 211–218, 551–553
53 James, William, 874–878
56 Poincaré, 1–5
56 Whitehead, 184–185
56 Einstein, 195–196

6c. **Inductive and deductive inference in the philosophy of nature and the natural sciences**

7 Aristotle, 275–278, 379, 397
9 Hippocrates, 1–5
9 Galen, 415–417
17 Aquinas, 3–4
26 Galileo, 207–208
26 Harvey, 280, 285, 332–335, 336
28 Bacon, 16, 42, 56–59, 105–195
28 Descartes, 284–291
30 Pascal, 365–371
32 Newton, 371–372, 543
33 Locke, 123, 321–323, 360–362
33 Berkeley, 434
33 Hume, 454–455, 460
39 Kant, 578–582
50 Marx, 6
51 Tolstoy, 469
53 James, William, 126–127 passim, 295, 674–675, 862–865, 882–884 passim
54 Freud, 400–401, 483–485, 502–503, 879
56 Dobzhansky, 518–519

6d. **Induction and demonstration in the moral sciences**

8 Aristotle, 339–340, 395
21 Hobbes, 130–136, 153–154
33 Locke, 103–105, 303–304, 317–319, 325, 360
33 Hume, 465, 509
39 Kant, 265–266, 307–310, 317–318, 320–321, 372, 376, 397, 398–399
40 Federalist, 103–104, 257–258
40 Mill, 445–447
43 Hegel, 77–78
53 James, William, 886–888

交叉索引

以下是与其他章的交叉索引:

Human and animal intelligence, see ANIMAL 1c(2); LANGUAGE 1; MAN 1a–1c; MEMORY AND IMAGINATION 6b; MIND 3a–3b.

The distinction between the intuitive and the discursive or rational, see KNOWLEDGE 6c(1).

The consideration of suprarational knowledge, see EXPERIENCE 7; GOD 6c(3)–6c(4); HAPPINESS 7c(1).

The distinction and relation between reasoning and other acts of the mind, see DEFINITION 5; IDEA 5a–5b, 5e; INDUCTION 1a; JUDGMENT 1, 7c; KNOWLEDGE 6c(2); MEMORY AND IMAGINATION 6c; SENSE 1c–1d.

The theory of the syllogism, see HYPOTHESIS 5; IDEA 5a–5b; JUDGMENT 7c; LOGIC 1a; OPPOSITION 1d(1); UNIVERSAL AND PARTICULAR 5d.

Truth and falsity, necessity and contingency, and certainty and probability in reasoning, see NECESSITY AND CONTINGENCY 4a, 4e(2); OPPOSITION 1d(2); SIGN AND SYMBOL 4e; TRUTH 3b(3).

Immediate inference, see JUDGMENT 7b.

The distinction between inductive and deductive reasoning, and *a priori* and *a posteriori* reasoning, see EXPERIENCE 2d; INDUCTION 1b; SCIENCE 5d.

The elements of scientific reasoning, see BEING 8d, 8f; CAUSE 5b; DEFINITION 5; INFINITY 2c; PHILOSOPHY 3c; PRINCIPLE 3a(2)–3a(3); SCIENCE 5d–5e.

The analysis of dialectical and rhetorical reasoning, see DIALECTIC 2b, 2c(2), 3b–3c; OPINION 2c; OPPOSITION 1e; RHETORIC 4c, 4c(2).

The study of practical reasoning, see GOOD AND EVIL 5c; JUDGMENT 2; KNOWLEDGE 6e(1)–6e(2); LAW 5g; LIBERTY 3c; LOGIC 5e; OPINION 6b; PRINCIPLE 4–4b; PRUDENCE 5a, 6b.

The character of reasoning in the various disciplines, see BEING 8f; GOD 2b–2c; IMMORTALITY

2; Logic 5a, 5c, 5e; Mathematics 3a, 3c; Mechanics 2; Medicine 3c; Metaphysics 2c; Philosophy 3c; Theology 4c; Will 5c.

The rationality of the universe, see Mind 10a; Nature 3a; World 6c.

扩展书目

下面列出的文著没有包括在本套伟大著作丛书中,但它们与本章的大观念及主题相关。

书目分成两组:

Ⅰ. 伟大著作丛书中收入了其部分著作的作者。作者大致按年代顺序排列。

Ⅱ. 未收入伟大著作丛书的作者。我们先把作者划归为古代、近代等,在一个时代范围内再按西文字母顺序排序。

在《论题集》第二卷后面,附有扩展阅读总目,在那里可以查到这里所列著作的作者全名、完整书名、出版日期等全部信息。

I.

Thomas Aquinas. *De Fallaciis*
Hobbes. *The Art of Sophistry*
——. *Concerning Body*, part i, ch 4
——. *Six Lessons to the Savilian Professors of Mathematics*, ii-v
Spinoza. *Of the Improvement of the Understanding*
Locke. *Conduct of the Understanding*
Kant. *Introduction to Logic*, xi
Mill, J. S. *A System of Logic*, bk ii, v
Faraday. *Observations on the Education of the Judgment*
Hegel. *Science of Logic*, vol ii, sect i, ch 3
James, W. "The Sentiment of Rationality," in *The Will to Believe*
Dewey. *Essays in Experimental Logic*, ii-vi
——. *How We Think*
Dewey et al. *Studies in Logical Theory*, i-iv
Whitehead and Russell. *Principia Mathematica*, part i, sect a
Russell. *An Inquiry into Meaning and Truth*, ch 24
——. *Introduction to Mathematical Philosophy*, ch 14
Keynes, J. M. *A Treatise on Probability*, part ii, ch 12-14

II.

THE ANCIENT WORLD (TO 500 A.D.)

Quintilian. *Institutio Oratoria (Institutes of Oratory)*, bk v, ch 10-14; bk vii, ch 8
Sextus Empiricus. *Against the Logicians*, bk ii, ch 3-6
——. *Outlines of Pyrrhonism*, bk i-ii

THE MIDDLE AGES TO THE RENAISSANCE (TO 1500)

John XXI. *Summulae Logicales (Logical Treatises)*

THE MODERN WORLD (1500 AND LATER)

Arnauld. *Logic*, part iii-iv
Bentham. *The Book of Fallacies*
——. *Rationale of Judicial Evidence*
Boole. *An Investigation of the Laws of Thought*
Bosanquet. *Implication and Linear Inference*
——. *Logic*, vol ii, ch 1-2, 6-7
Bradley, F. H. *Appearance and Reality*, bk ii, ch 15
——. *Collected Essays*, vol i (12)
——. *Essays on Truth and Reality*, ch 12
——. *The Principles of Logic*, bk ii-iii; Terminal Essays, i
Brown. *Lectures on the Philosophy of the Human Mind*, vol ii, in part
Clifford. *Seeing and Thinking*
Cournot. *An Essay on the Foundations of Our Knowledge*
De Morgan. *A Budget of Paradoxes*
——. *Formal Logic*, ch 5-6
Euler. *Letters to a German Princess*
Gardner. *The Mind's New Science*
Hamilton, W. *Lectures on Metaphysics and Logic*, vol ii (15-23)
Jaspers. *Reason and Anti-Reason in Our Time*
——. *Reason and Existenz*
Jevons. *The Principles of Science*, ch 4, 6-7, 11
——. *The Substitution of Similars*
John of Saint Thomas. *Cursus Philosophicus Thomisticus, Ars Logica*, part i, qq 6, 8; part ii, qq 24-25
Johnson, W. E. *Logic*, part i, ch 14; part ii, ch 1-6
Johnson-Laird. *The Computer and the Mind*
Jonsen and Toulmin. *The Abuse of Casuistry: A History of Moral Reasoning*
Leibniz. *New Essays Concerning Human Understanding*, bk ii, ch 19
Lewis, G. C. *A Treatise on the Methods of Observation and Reasoning in Politics*
Lòtze. *Logic*, bk i, ch 3; bk ii, ch 4-7
——. *Outlines of Logic*, div i, ch 3
Maine de Biran. *The Influence of Habit on the Faculty of Thinking*
Mansel. *Prolegomena Logica. An Inquiry into the Psychological Character of Logical Processes*
Oakeshott. *Rationalism in Politics*
Pareto. *The Mind and Society*, vol i-iii
Parfit. *Reasons and Persons*
Peirce, C. S. *Collected Papers*, vol ii, par 435-618; vol iv, par 21-79; vol v, par 151-212
Poundstone. *Labyrinths of Reason*

Reid, T. *Essays on the Intellectual Powers of Man,* VII
Santayana. *Scepticism and Animal Faith,* CH 13
Schopenhauer. *The World as Will and Idea,* VOL II, SUP, CH 10
Searle. *Minds, Brains, and Science*
Sidgwick, A. *Fallacies*
———. *The Use of Words in Reasoning*
Sigwart. *Logic,* PART I, CH 3; PART III, CH 3-4
Suárez. *Disputationes Metaphysicae,* XIX (5-6), XXIX, XXX (2, 8)
Taine. *On Intelligence*
Venn. *Symbolic Logic*
Whately. *Elements of Logic,* BK I, CH 3; BK IV
Whewell. *The Philosophy of the Inductive Sciences,* VOL I, BK I; VOL II, BK XI, XIII
Wilson, J. C. *Statement and Inference,* PART I, III

关 系 Relation

总 论

像"数量"和"性质"一样,"关系"也被普遍认为是一个基本词项或基本范畴。但关系的含义,像数量和性质的含义一样,同样是无法定义的。关系概念本身可能就是不可定义概念的原型。如罗素指出的,不使用关系的概念,简直就不能说出关系是什么。

任何本质上是关系性的词项似乎也是无法定义的。不对照与这一词项相互关联的词项,就无法表述这一词项的含义。反过来,这一词项的关联词项的含义,也必须借助这个词项作为它的关联性词项才能说明。所以,要说明一对关联性词项中任何一个的含义,就必须用到另一个。部分,是整体的一部分;整体,是各部分的整体。类似地,"父母"的含义包含着"子女"的概念,"子女"的含义也包含着"父母"的概念。

柏拉图借助关联性词项的这一令人费解的特征来分析所有预设了"更多-更少"的关联关系的比较级概念。他写道:"像'更热''更冷'这样的比较级,都应归属于无穷大概念"。它们既不能量度,也无法定义。像"多"与"少"、"大"与"小"这样的词项,虽然看起来像量词,但是依据亚里士多德的分析,实际上"并非量词,而是关系词,因为事物不可能绝对的大或者小,它们之所以被形容为大或者小,毋宁说是比较的结果"。

就"数量"和"性质"而言,古代人问的是它们如何存在。这一问题的解答,大概要么是"数量"和"性质"本身就独立存在,要么是它们作为石头、树这样的实体的属性而存在。但就关系而言,要问的似乎是关系是否存在,而非关系怎样存在了。

我们或许会觉得,假定一种关系不能脱离表达这种关系的词项而单独存在,就意味着,如果表达关系的词项存在,这一关系也就存在。不过,古代人大概并不认为关系具有独立于关联性词项之实在性之外的实在性。令人寻味的是,柏拉图和亚里士多德所讨论的与其说是各类关系,不如说是表达这些关系的关系性词项。在大多数情况下,他们是通过一对指称具有特定关系事物的语词来指称这一关系的。

因此,在《范畴篇》中,亚里士多德举了"双倍"与"一半"、"主人"与"奴隶"、"更大"与"更小"以及"知识"与"所知"作为关联性词项的例子。"任何一个关系性词项,"他说,"都有一个与它相对的关联性词项。"有些情况下,为了表明给定的词项是关系性词项,不仅要在选词上反复推敲,甚至必须发明新词,因为要表明一词项是关系性词项,就必须正确地指称它的关联性词项。洛克说:"像'妻子'一样,'小老婆'这个词无疑也是关系性的名词,但是,它并没有关联性词项。人们不希望语言中有这样的现象发生,因为没有相应的关联性词项,也就无法明确标示出相互解说、相辅相成、相互关联的事物之间所存在的关系。"

亚里士多德认为,有些情况下"关联性词项之间看起来并不具有交互性"可能只是我们没有谨慎措词的结果。要把"舵"这个词用作关系性词项,我们就不能把它的关联性词项称为"船",因为"有的船没有舵"。既然没有现成的词,亚里士多德认为"造一个像'有舵的东西'(ruddered)这样的新词来指称'舵'(rudder)的关联性词项,可以让表达更加精确"。类似地,"奴隶"作为一个关联性词项,其关联性词项肯定不能理解为"人",而只能理解为作为"主人"的人。

根据亚里士多德的看法,一对由交互关联的词项指称的事物肯定同时存在。没有人被称作"奴隶",也就没有人会被称作"主人";没有更小的事物同时存在,也就不能说某物更大。亚里士多德认为关联性词项的这一"同时性"或曰"共存性"原则也可能存在例外——比如"知识"与"可以知道的"这一对关联性词项。因为在他看来,可知之物可能在任何人对它具备知识之前就已经存在了。但这一例外可能要归结为对于关联项的指称不当。如果我们把"所知道的"而非"可以知道的"作为"知识"的关联性词项,那么"知识"与它的关联性词项就可说是必然共存了,因为除非一个人事实上同时知道了这一对象,否则一个对象无法成为"所知"。

关于相互关联的事物的共存性,仍然存在一个问题,即它们之间的关系的存在。一种数量或性质作为一种属性,可以说存在于它以某种方式说明的事物之中。用亚里士多德的话来讲,数量、性质是天然地存在于实体之中的偶性,因此,只要具有这一数量或性质的实体存在,这一数量或性质也就存在。但是,一种关系似乎不会存在于一个实体之中。它不可能是单独一样东西的属性。关系以某种方式存在于两个东西之间,但不存其中任何一个之中,因为假使关系单单属于其中的一个,那么,即使另一个不存在,关系也照样可以存在。于是问题就在于,关系是真实存在,还是只存在于对事物进行比较或认为它们具有这类关系的人的心里。

"关系性词项肯定不是一种实体或一件实在的东西,"亚里士多德写道,"这表现在:关系性词项本身并不存在真正意义上的产生、毁灭或运动。数量,会有增减;性质,会有更改;位置,会有变动。但关系却不会有真正意义上的变化,因为,一样东西不必发生任何变化就可以变得更大、更小或相等——只要与之比较的另一样东西在量上有了变化。"

普罗提诺同样质疑关系的实在性。"关系——比如'左'与'右'的关系,或者'双倍'与'一半'的关系——到底有没有任何的现实性?……抛开我们对于并置关系的观念,'相互关联'的含义又可能是什么?'更大'可能指完全不同的量,'不同'可能指一切种类的对象。比较是我们做出的,而并不存在于事物本身。"谈到某些特定的空间及时间关系,他认为"左和右存在于我们的观念,而非事物自身。之前和之后指的只是两样东西,而这两样东西间的关系同样是我们做出来的"。

不过普罗提诺要说的还不是"我们所说的'关系'其实并无任何含义,而只是空洞的语词",或者"我们提到的任何关系都不可能存在"。认识到他称之为"关系的这一难解的特征"之后,他仍然愿意承认关系具有实在性——"只要关系的现实性源自关系本身,而非任何他物"。他认为,一个量是另一量的两倍这一事实完全可以独立于我们的语言和思想而存在——它是超出这两个量的一切其他属性之外的一个附加事实。"在我们对于关系进行表述的各种场合,"普罗提诺断言,"对象彼此之间的关系都是超出对象本身而存在的;我们把它们的关系作为已经存在的东西来感知,我们对于关系的知识指向的是某种已经摆在那里、待了解的东西——这是关系具有实在性的一个明证。"

于是,问题似乎就变成了具有独立实在性的关系与只存在于心灵中的关系间的区别。"有人说关系不是实在,只是观念。但是,"阿奎那宣称,"这种说法的错误是显而易见的,因为事实上,事物本身的确存在着彼此间的秩序和关系。"不过,也并非一切关系都是实在的。"仅是由于智性的作用才得以理解的事物所导致的关系,只是一种逻辑上的关系,只有理性才会把这种关系视为两个智性对象之间的一种存在。"例如,"一个事物与其自身的关系不是一种真正的关系,"因为"理性只是通过把同一事物重复理解两次,把它当成两个事物,从而相应地去理解一事物与其自身的某种关系……那些由理性的行为得出的关系,比如属与种,也是如此。"

另一方面,阿奎那提道:"另有一些关系对于关系两端的对象而言都具有实在性,这是由于彼此间存在着这类关系的两个对象同时具有某种实在性。数量引起的关系——如大与小、双倍与一半——显然都属于这一类,因为数量同样存在于关系两端的对象中。"

实在的关系与逻辑的关系的区分还涉及一种中间类型:这种类型的关系半是逻辑的、半是实在的。这是因为,根据阿奎那的分析,"有些关系可能在这一端是一实体,而在另一端却只是一观念。只要关系的两端不处于同一系统中,这种情形就会出现……上帝处在创造物的整体系统之外,一切创造物却皆由上帝决定,而非相反。由此可见,一切创造物都与上帝的实在有关系,然而在上帝中却并没有与创造物的实在关系,仅是因为创造物具有与上帝的关系,上帝才在观念的意义上具有与创造物的关系"。

在《卡尔米德篇》中,苏格拉底对于反身关系或曰事物与其自身的关系的合理性提出了质疑。也有人怀疑半实在、半逻辑的关系是否存在,也即,有无可能此物与彼物相关,而彼物却与此物无关。但在西方思想的传统中,更为重要的问题似乎是:是否存在既实在、又逻辑的关系,换句话说,是否存在既存在于自然又存在于心灵的关系;以及,一种关系——不管它是实在的,还是逻辑的——是会融入事物的真实本性中去,还是仅仅停留在事物外部,从而不会使这一关系中事物的特征发生任何变化。

正如**判断**、**推理**及**逻辑学**三章中表明的,在某些关于命题及推理的典型现代理论中,"关系"有取代"谓词"的趋势。当今名为"关系逻辑"(relational logic)的逻辑与"主-谓词逻辑"针锋相对。关系本身——并不涉及关系性词项的性质——成为逻辑研究的首要对象。这一派理论家认为,比如,命题"约翰打詹姆士"具有"aRb"或者"R(a,b)"的形式,而命题"约翰跟詹姆士去学校"则具有"R(a,b,c,)"的形式。头一个是二元关系,后一个是三元关系。罗素指出,关系并不总像通常假定的那样只涉及两个词项。"有些关系需要三个词项,有些需要四个,以至更多。"

对关系分类所要参照的因素,不仅可以是关系性词项的数目,也可以是关系性词项的对称性、传递性、反身性等等形式特性。比如,父母与子女的关系是不对称的。不能说,如果 A 是 B 的父/母,B 也是 A 的父/母。不过兄弟的关系却是对称的。对称关系的表述可逆。如果说 A 是 B 的兄弟,那么也同样可以说 B 是 A 的兄弟。

关系的类型并不因关系性词项之特性的不同而不同。不等的数量不对称地相关,相等的数量对称地相关。"在……

的右边"是不对称的空间关系,"在……的旁边"是对称的空间关系;时间上,"与……同时"是对称关系,"在……之前"是不对称关系。类似地,传递性和非传递性关系的区分也适用于各种关系性词项。父与子的关系或者"与……相邻"的空间关系是非传递性的,因为如果 A 是 B 的父亲,B 又是 C 的父亲,那么 A 就不是 C 的父亲。

而"在……右侧"的空间关系是传递性的,因为如果 A 在 B 右侧,B 又在 C 右侧,那么 A 同样在 C 右侧。现代的命题分析作为一种关系性的构造,区分的是关系的类型,而非关系性词项的类型,这一点早在洛克对判断的分析中就表现了出来。洛克认为,判断是一种比较行为,关注的是观念之间的关系,而非观念本身。洛克对判断的分析和现代命题分析都导出了关于推理的理论,其理论基础是对称关系的可转换性、某些关系的传递性及另一些关系的非传递性。如**推理**一章表明的,威廉·詹姆士对"间接比较原则"(principle of mediate comparison)的讨论就涉及"传递性"这一因素。他将之表达为"比多的多,也就比少的多"这一公式。他解释道:"这一公式适用于一切可能情况。比如,比早的还早,也就比晚的早;比差的还差,也就比好的差,等等等等。形式上,我们可以将之写做 a < b < c < d……可以去除这一序列中的任意中间项,而其余项无须做任何改变。"

詹姆士接下来提出了他视为最为基本的思维原则——"同质相关项"序列的法则是"去除中间项,其余项之间的关系不变"。"传递性"这一因素则呈现在詹姆士关于关系是否具有可替换性(transferable)的思考中。他写道:"在同质序列中,中间项去除和关系替换的各种情形都会出现,但并非所有同质序列都允许去除中间项——这取决于这是一个什么样的序列,以及序列中项与项之间是什么样的关系。不要说,这只是语词搭配的问题,因为语言在某些情况下允许我们跳过中间项替换一种关系的名称,有些情况下则不允许。比如,无论是对直系的后代,还是对隔代的后代,'先辈'总是'先辈',但是,隔代的先辈就不能称为'父辈'。有些关系本质上具有可替换性,有些不具有。例如,前提的关系本质上可替换。前提的前提同样是后果的前提——'原因的原因是后果的原因'。另一方面,否定与挫败的关系就不是可替换的:打败打败了另一个人的人,并不就是打败了被这个人打败的人。任何字词上的改变都无法取消这两种情形的本质差别。"

上面引自詹姆士的段落反映出关系的逻辑演算理论的基本要义。他本人并没有展开来论述这一理论。在乔治·布尔、路易·古度拉特、奥古斯特·德·摩根、威廉·斯坦利·杰冯斯、查尔斯·桑德斯·皮尔士、F. H. 布拉德雷、乔西亚·罗伊斯(所有著作目录收入"进一步阅读"中)、罗素和怀特海的著作中,可以看到这一理论的相关细节。那么,关系逻辑比传统上称之为"亚里士多德式的"主-谓词逻辑更具普遍性,还是相反?

现代学者认定关系逻辑更具普遍性。例如,罗伊斯把"假设"(assumption)定义为一个为另一个包含的两个集合之间不对称的、传递性的关系。他宣称,"整个传统'三段论'都可表达为对于假设关系之传递性的一种注释和相对简单的运用"。在罗伊斯看来,詹姆士的去除中间项原理是向正确方向迈出的一步,但没有达到完全的普遍性。

正像罗伊斯的传统三段论的摒弃那样,罗素以同样的方式摒弃了传统命题理论。他写道:传统逻辑"认为仅存在一种形式的简单命题(即不表达两个及两个以上命题间关系的命题),这种形式就是:谓词归属于主词"。因此,"这一逻辑根本不可能呈现出关系的本质所有类型的关系——这一逻辑断言——都必须还原为有显著关联的词项的属性"。而罗素认定,事实上恰恰相反,"表达两事物间特定关系的命题有着与主-谓词命题截然不同的形式"这一点,他认为,可以在关于不对称关系的命题中清楚地看到。如果一个命题表达的是 A 和 B 因对称性的等同关系而相关,那么,这一命题可以解说为:A 和 B 具有同一属性。"但涉及'之前'与'之后'、'更大'与'更小'这样的不对称关系",根据罗素的观点"就明显不可能把这类关系还原为属性"。因此,命题的关系理论涵括了主-谓词理论作为它的一个特例。

对主-谓词逻辑的可能辩护大概不会是简单地反其道而行之,声称关系逻辑也可以视作主-谓词逻辑的一个特例,而应是坚持两种逻辑在原则上根本不同——一种从属于自然哲学和形而上学,以"实体"为其基本概念;而另一种从属于经验科学和现代数学,在那里"关系"概念取代了"实体"的地位。无论站在辩论的哪一方来看,关系逻辑与主-谓词逻辑的差别都是毋庸置疑的,所体现出的现代思想与古代思想间的差别,也是两个思想体系间最显著的差别之一。

现代思想不光是在逻辑学中更关注关系而非相关的事物——即更关注剥离了关系性词项的关系本身,而非相互关联的词项,同样的趋势也表现在现代科学、代数、微积分——尤其是关于方程、函数、集合及数列的理论中。在恩斯特·卡西尔看来,现代物理学上重大的观念革命即是这一趋势的表现:函数取代了物质,函数关系和数阶系统(systems of order)取代了实体间的因果相互作用。显然,这一系列的替换是与逻辑学上的转向同步进行的——从关注充当主词和谓词的相关词项,到撇开相关词项之间的不同,关注关系本身。

在伟大著作的传统中,这一观念革命大概肇始于休谟与康德对于实体概念遥相响应的批判。休谟把经验视为一系列相关事件的联结。按照他的讲法,"只有三种联结原则……即相似原则、时空邻近原则和因果原则"。正是这些关系编织出经验的机理。而既然经验就是在此意义上的一种联结,那么,无论是否存在恒久不变的事物或实体,我们的经验都不会因此而改变。

"自然已经在特定观念之间建立了联结",休谟写道,因此"每当一个观念出现在我们的思维之中,它马上就会引出与它相关联的其他观念"。我们的所有事实知识都取决于观念的联系或者经验要素间的相似关系、邻近关系或因果关系;所有非事实知识同样以观念间的关系为对象,只是在这些关系中,观念间并不依靠因果性连接,也不具有特定的时空联系。因此,无论哪一种情况,自然或知识的基本构件都并非事物或事物的性质(或者说实体及其属性),而是各种类型的关系。

康德从判断的量、质、关系和模态这四个角度对判断进行了分类。在"关系"这一条目下,他把判断区分为直言判断、假言判断和选言判断三类,其区分标准是:"1,谓词对主词的关系;2,原因对后果的关系;3,分作若干分支的知识的关系,以及所有这些知识分支彼此之间的关系。"这些关系,他写道,"就是判断中的所有思维关系"。

康德把知性的纯粹概念称为"范畴",并指出,这一名词是借用亚里士多德的说法。康德同样列出了一张与判断表相对应的范畴表,这是因为,他解释道,"赋予同一判断中诸种表象以统一性的机能,也以类似的方式赋予同一直觉中诸种表象之纯粹综合以统一性,这一机能在普遍的意义上可以称为知性的纯粹概念"。康德的"范畴"与亚里士多德的"范畴"不同,是由实体到关系之转向的一个明显例证。

亚里士多德的基础范畴是"实体",其余范畴只是指称实体的各种偶性,其中"关系"范畴又似乎是最无关于事物本性的一个。相反,康德把"关系"列为四大类范畴中的一类,而把实体性(subsistence)与偶在性(inherence)(或实体与偶性)同因果性与依赖性(或原因与后果)及互动性(community)(或能动者与受动者间的交互作用)并列,置于"关系"的题下。也就是说,被康德视为一种先验范畴的,并非实体,而是实体与偶性的关系。

有关实体与关系的问题也可以从另外一种形式来讨论:关系是存在于事物的自然本性之中,从属于事物的本质,还是仅仅存在于事物之间的联系当中?假如是后一种可能性,还可以再问:事物之间的关系究竟是附加在事物的外部,还是源自事物的内部,同时影响到相关事物的本性?

依据基督教三位一体的教义,上帝之中存在着实在的关系,每一关系既与其他关系具有实在的区分,又同时与神的本质同一。这些关系即是三位一体的位格。阿奎那把这些关系称之为"父性(paternity)、子性(filiation)、父子共发性(spiration)和圣灵所发性(procession)"——圣父与圣子的关系以及圣灵与圣父、圣子二者的关系。他写道:"神之中的关系并非主体中的一种偶性,而就是神的本体自身;它是实体性的,因为神的本体就是实体性的。因此,正如神性是神,神的父性也就是圣父,也就是神的一个位格。因此,神的位格指的就是作为实体的一种关系。"

既然三位一体中的位格是同一实体,那么位格间实在区分的原则就必定要去其他地方寻找了。笛卡尔一方面认定"从神的本体的角度寻找位格间的实在性的区分"是不可能的,另一方面并不排除"从位格间相互关系的角度"对位格作出区分的可能性。阿奎那认为"神的位格间存在着两条区分的原则……起源和关系",但又认为"与其说三个位格或实体(hypostases)是通过起源区分,不如说是通过关系区分"。做这种修正的一个原因是,"如果关系是一种偶性,那么它预设主体间的区分;但如果关系是一种实体,那么它不是预设而是导致区分"。

于是,可以引出这样的结论:除了在上帝中,关系都不是实体。例如,亚里士多德对于物质实体的理论认为,构成一物体的质料和形式是统一的,而非相关的。尽管,他也把质料和形式视作组成复合性实体的两个具有实在性差别的要素——正如有些情况下他也说:本质(essence)和存在(existence)是除上帝以外在一切事物的存在中具有实在性差别的要素——但是,所谓质料与形式间的实在性差别,既不意味着它们如三位一体的位格那样属于实体也不意味着它们是关系,或者处于某种关系中。如果说,实在性的关系——相对逻辑性的关系而言——只存在于必须在一定意义上可作为真正的实体的事物之间,那么,既然质料与形式这两个要素必须合二为一才能使一实体存在,二者之间也就不可能有任何实在性的关系。

基于多多少少不同的理由,洛克把

关系排除在了他称之为"实体的复合观念"的构造之外。在他看来，一切复合观念"要么是模态，要么是实体，要么是关系"。实体的复合观念是"对于可感性质的简单观念的集合。这些可感性质……统一在我们称之为'马'或'石头'的各类事物之中。不过，由于我们无法设想这些可感性质单独存在，或者一个存在于另一个之中，所以我们设想它们存在于某种共同的主体之中，并为这种主体支撑。我们以'实体'来称呼这一主体，不过，对于我们设定为支撑物的这个东西，我们显然不可能有任何清晰的或界限分明的观念"。

对于可感性质的各种简单观念，与对于支撑这些可感性质的基质（substratum）的不够分明的概念一起，构成了对于特定实体的复合观念。根据洛克的理论，这些简单观念是复合在一起而非关联在一起的。关系本身是一个复合观念，存在于"对两个观念的思考和比较"中。两个相关的观念既可以是简单观念，也可以复合观念，但关系只存在于观念之间，而非观念之中——关系肯定不可能存在于简单观念之中，也同样不可能存在于对模态或实体的复合观念之中，因为复合观念是简单观念的组合，而非简单观念的关系。

自然，对于关系本身的复合观念例外。对于关系的复合观念由多个界限分明的观念以及对于这些观念之间关系的观念组成。洛克写道：对于观念之间的关系的观念"产生于一个观念与另一观念的比较之中……由于任何观念——不管它是简单观念还是复合观念——都有可能在特定的场合下由心灵放在一起加以比较……所以，我们的任何观念都可能成为关系的基础"。不过——洛克随即补充道——"前提是，关系中的两个观念或两个事物要么确实是各自独立的，要么就是被视为彼此间界限分明的，另外，还必须有对它们进行比较的理由或周边环境。"

洛克的关系理论不仅是把关系排除在实体的内部构造之外，而且还把关系视为根本上外在于相关事物本质的东西。他说："两个人，对于相互关联也就是说放在一起比较的事物有着全然不同的观念，却仍可能对于事物之间的关系有着完全一致的观念。"关系并不受相关联的事物的影响，反过来，事物也不受其关系的影响，这是因为"事物的真实存在并不包含关系，关系是某种外在于事物、附加在事物之上的东西"。

贝克莱和休谟同样持关系完全外在于事物的观点。"关系与相关的观念或事物无关，"贝克莱写道，"因为有可能我们感知到事物，却并不同时感知到事物间的关系。"在休谟看来，"一切事件都是完全松散的和独立的。一事件随另一事件而来，但我们从来观察不到它们之间的联系。它们相互对接，但不相互结合"。在知性可及的范围内，一事件的本质中没有任何东西必然地导致心灵想到另一事件，因为即使不把这一事件理解为与另一事件内在相关或相互结合的，我们同样可以理解这一事件本身。

西方思想传统中，对关系内在还是外在的讨论与人们对自然之秩序或世界之结构的观念有着深层次的联系。**机会**一章中谈到的詹姆士对于"封闭宇宙"和"多元宇宙"的区分不仅预设了因果性问题上的不同观点，而且预设了关系内在还是外在这一课题上的不同立场。詹姆士在对于黑格尔和布拉德雷的批评中表明了这一点。

部分与整体的关系，以及一有机整体的结构中各部分之间的关系，大概是内在关系的最佳范例。每一部分，不管是就它的存在（being）还是就它的本质

（nature）来讲，都是由它所属的整体的存在和本质以及组成这一整体的其他各部分所决定的。这一点可以在斯宾诺莎关于上帝或自然的理论中看到：上帝和自然是同一个并且是唯一一个实体，一切事物都存在于其中，并且都要借助它才能得到理解。一切事物都被锁定在一个内在关系的系统中——无限整体规定各个有限部分的所是，以及各有限部分之间的关系。

关系似乎也是秩序的原则。至少可以说，伟大著作中出现的关于秩序的各种思想都与关系的观念以及各种关系类型的观念有关。

例如，事物是由因果性联系在一起，还是作为存在物的阶梯系统中或低级或高级的等级相联系，抑或是作为涵盖一切的整体中的各部分相联系？对于这一问题的理解不同，同样意味着对于宇宙或自然的秩序的理解不同。而如我们已经看到的，把事物间的关系理解为实在关系还是逻辑关系，理解为内在于相关事物还是外在于相关事物，同样会在每一种对于自然秩序的理解方式中造成更进一步的差异。

类似地，关系同样包含在心理秩序、政治秩序以及道德秩序的概念中，比如灵魂中各部分间的秩序、各个国家阶层或国家职能间的秩序、不同的善之间的秩序、手段与目的的秩序不同的责任之间以及不同的爱之间的秩序。把宇宙视作由内在相关的各部分共同组成的整体还是视作不同的整体之间的外在拼合，会影响到自然中每一事物的地位；同样，把国家视作一个有机整体，还是视作一个建立在个体间自由联合之基础上的政治共同体，也会影响到社会中每一个体的地位。

自然、**世界**、**灵魂**、**国家**、**善与恶**及**美**

等诸章中，也有对各种类型的秩序的讨论。某些特定类型的关系也会在关于构成这些关系的词项的章节中加以讨论——原因与后果的关系在**原因**章中，空间关系与时间关系在**空间**与**时间**章中，种属关系在**进化**和**观念**两章中，等同与不等同的关系在**量**章中，以及相似与不相似的关系在**性质**章中。

最后一种类型的关系不仅涉及事物间性质上的相似（likeness），而且涉及事物在一切方面上的相同（sameness）或相像（similitude）；**同与异**章对这一类型的关系有更加详尽的讨论。类比理论（theory of analogy）也会在**同与异**章中加以介绍。这一理论涉及一种特殊的关系——作为比值之比的比例。也就是说，在类比或求比例的过程中，关系本身成为这一特殊关系的相关项；作为求比的结果，这一关系被表达为一种相像（或同一或相似）。

最后，关系的观念还应包含着"绝对性事物"与"相对性事物"的对立。在普朗克看来，"一切相对性的事物都预设了绝对性的事物的存在……'一切都是相对的'这一以讹传讹的说法既是误导性的，又是欠考虑的。相对论同样以某种绝对性的事物为基础，即时空连续统矩阵的决定作用。而尤具挑战性的工作是去察明：一事物之被称作相对性的事物，到底是由哪种绝对性的事物最终决定的"。

任何恒久的不随时间、空间、环境的改变而改变的价值都是绝对的；任何随着时间、空间、环境的改变而改变的价值都是相对的。就事物本身来讨论事物，叫做对这一事物的绝对性的讨论；参照其他事物来讨论事物，叫做对这一事物的相对性的讨论。

作为对这一含义的扩展，相对主义倾向于认为大多数以至所有事物的所是都取决于看法,也就是说,取决于事物与人的关系,与这一类人以至这一个人的关系。绝对主义则走向相反的极端,倾向于认为一事物的所是与人对这一事物的看法无关。由于这两个倾向间的对立,衍生出一系列为我们所熟知的与真、善、美的概念相关联的课题,这些课题我们将在相关主题的章节中加以讨论。

分类主题

1. 关系概论

    1a. 关系的性质和存在:真实关系和逻辑关系或观念关系的区别

    1b. 关系对事物的性质和存在的影响:内在关系和外在关系

    1c. 关联词的同时存在

    1d. 关系的关系一体性或实体性:相似或成比例(proportionality)的概念和使用

2. 上帝之中的秩序和关系:神的位格和构成人的三位一体的关系

3. 上帝与世界的关系:神的普存和先验

4. 思想或知识中的秩序关系

    4a. 相关词项的可定义性或不可定义性

    4b. 作为关系的一种表达式的命题或判断:推理中的关系

    4c. 关系的先验范畴

    4d. 作为知识对象的关系:关系的观念(idea)

    4e. 关系构想之间的关系

    4f. 思维、记忆、睡梦中的思想联结的关系类型

5. 作为关系体系或关联物体系的秩序

    5a. 秩序(关系)的性质和类型:包含和排除、接连发生和同时存在

    (1) 先发性、后发性和同时性

    (2) 事物或目的和方法的秩序:爱的秩序

    (3) 量的关系:比例的类型和数的系列

    (4) 种类的关系:层级;种与属

    5b. 宇宙或自然的秩序;存在的层级

    5c. 作为美的原则的秩序

6. 对绝对和相对形式(状态)的思考

    6a. 关于时间、空间和运动的相对和绝对

    6b. 关于真的绝对和相对

    6c. 关于善或美的相对和绝对

[刘畅 译]

索引

本索引相继列出本系列的卷号〔黑体〕、作者、该卷的页码。所引圣经依据詹姆士御制版，先后列出卷、章、行。缩略语 esp 提醒读者所涉参考材料中有一处或多处与本论题关系特别紧密；passim 表示所涉文著与本论题是断续而非全部相关。若所涉文著整体与本论题相关，页码就包括整体文著。关于如何使用《论题集》的一般指南请参见导论。

1. The general theory of relation

1a. The nature and being of relations: the distinction between real and logical or ideal relations

    6 Plato, 8–9, 372–373, 448–449, 489, 570–574
    7 Aristotle, 11–13, 542–543
    11 Plotinus, 566–569
    17 Aquinas, 68–70, 224–225
    28 Descartes, 230
    33 Locke, 214–217
    39 Kant, 99–108
    53 James, William, 157–159, 458–459, 549–550, 865–866, 879–886
    55 James, William, 51
    55 Whitehead, 145, 146–148, 165–170
    55 Russell, 270–271, 282
    58 Huizinga, 329

1b. The effect of relations on the nature and being of things: internal and external relations

    6 Plato, 521–522
    7 Aristotle, 13, 596–597, 620
    17 Aquinas, 167–168
    18 Aquinas, 718
    20 Calvin, 326–327, 330–331
    28 Spinoza, 589–590
    33 Locke, 334–335
    39 Kant, 99–101
    53 James, William, 142, 450–459, 550–551, 644–645, 660, 669
    55 Whitehead, 184–186, 194

1c. The coexistence of correlatives

    6 Plato, 8–9, 267–268, 351–352, 520
    7 Aristotle, 11–13, 17, 187
    9 Galen, 351
    11 Plotinus, 567–568
    17 Aquinas, 68–70
    33 Locke, 215
    39 Kant, 83–84

1d. Relational unity or identity of relation: the notion and use of analogy or proportionality

    6 Plato, 448
    7 Aristotle, 135, 172, 189, 537, 573–574, 599–601 passim, 664

    8 Aristotle, 7, 114, 167–168, 169, 378–381 passim, 640–641, 657, 662–663, 665, 693
    10 Euclid, 81–98
    10 Nicomachus, 629
    15 Kepler, 1078–1080
    17 Aquinas, 22–23, 50–51, 66–68, 72–73, 98, 182–183, 240–241, 713–714
    18 Aquinas, 885–886, 1025–1032
    22 Rabelais, 12–13
    26 Harvey, 336
    28 Bacon, 157–158
    33 Locke, 228
    33 Hume, 487
    39 Kant, 72–74, 601–603
    49 Darwin, 212–213
    53 James, William, 688–689 passim

2. Order and relation in God: the divine processions and the relations constituting the Trinity of persons

    16 Augustine, 364, 380–381
    17 Aquinas, 14–20, 49–50, 157–161, 165–217 passim, 222–223, 224–230
    19 Dante, 121–122
    19 Chaucer, 452
    20 Calvin, 43–61, 226–230
    21 Hobbes, 207–208, 259
    28 Descartes, 319–322, 357, 385–387, 443–444, 458
    28 Spinoza, 589–590, 592–593, 596–599, 600, 601–603
    29 Milton, 136–144
    37 Gibbon, 307, 310–313
    38 Gibbon, 422
    43 Hegel, 324–325

3. The relation of God to the world: divine immanence and transcendence

    16 Augustine, 1–2, 33, 54–55, 56–57, 92–93, 127–128, 308, 407–408, 413–414, 588–589, 707
    17 Aquinas, 19–20, 28–29, 34–38, 107–108, 238–239, 244, 277–278, 279–280, 529–530, 534–537
    18 Aquinas, 511
    19 Dante, 114, 126–127
    20 Calvin, 8–16, 42–43, 51–53, 61–63, 71–72, 80–96 passim
    26 Harvey, 428

28 Descartes, 276, 384–385, 440
28 Spinoza, 589–606, 607–611
29 Milton, 306
32 Newton, 370–371
33 Locke, 165
33 Berkeley, 442–443
33 Hume, 475
39 Kant, 334–335, 580, 592
43 Hegel, 231–232, 341–342, 371–372
55 James, William, 4–5, 15–16, 23–25
55 Barth, 471–472, 536–539, 546

4. Relation in the order of thought or knowledge

4a. The definability or indefinability of relative terms

6 Plato, 615–616
7 Aristotle, 11–12, 168, 173, 174, 195, 196, 198–199, 200–201, 203–204, 238–239, 250
17 Aquinas, 238–239
58 Lévi-Strauss, 444–446

4b. The proposition or judgment as a statement of relation: relation in reasoning

33 Locke, 307–308, 360
33 Hume, 458
39 Kant, 39–41, 51–52
53 James, William, 174–176, 213–214 esp 214, 302–304, 638, 639, 869–874 passim, esp 870–871, 878–879, 889
55 Russell, 282–284

4c. The transcendental categories of relation

39 Kant, 41–45, 61–64

4d. Relations as objects of knowledge: ideas of relation

6 Plato, 242–245, 392–393
7 Aristotle, 11–13
17 Aquinas, 68–70
33 Locke, 147, 214–233, 238–239, 313–324, 325, 335–336, 357–358, 377
33 Hume, 508–509
35 Rousseau, 349
39 Kant, 24–33, 64, 119–120
53 James, William, 157–161, 301–304, 319–327, 411–413, 457–459, 549–552
54 Freud, 700–701
55 James, William, 43–44
55 Russell, 272–276
56 Poincaré, 17–19, 46–48
58 Lévi-Strauss, 418–420

4e. The relations between ideas

33 Locke, 144–145, 179, 313–323 passim, 328–329, 337–338, 360
33 Berkeley, 430
33 Hume, 462
39 Kant, 41–45, 61–64
53 James, William, 167–176, 300–301, 319–320, 867–879

55 James, William, 44
58 Huizinga, 328–334

4f. The types of relationship underlying the association of ideas in thought, memory, and dreams

7 Aristotle, 692–694
21 Hobbes, 52
28 Spinoza, 615–616
33 Locke, 248–251
33 Hume, 457–458, 467–469
39 Kant, 51
53 James, William, 360–364, 367–370, 378–387, 677–678 passim
54 Freud, 74–75, 76, 265–272 passim, 348–349, 352, 486–489
55 James, William, 43–44
55 Wittgenstein, 439
58 Huizinga, 328–334, 339–346 passim

5. Order as a system of relationships or related things

5a. The nature and types of order: inclusion and exclusion; succession and coexistence; priority, posteriority, and simultaneity

6 Plato, 594–595, 615–617
7 Aristotle, 19–20, 35, 119, 129–131, 194–196 passim, 199, 326–327, 539–540, 575–577, 598, 608–609
8 Aristotle, 283–284
10 Nicomachus, 601
16 Augustine, 138–139
17 Aquinas, 59, 97, 504–505
18 Aquinas, 2–4
20 Calvin, 370–392
26 Harvey, 445, 447
28 Descartes, 454
33 Locke, 155–157
39 Kant, 72–85
51 Tolstoy, 691–693
53 James, William, 319–322 passim, 346, 399, 547–549, 571–573
55 Barth, 501–502
58 Weber, 144

5a(1) The order of the causes or of cause and effect

6 Plato, 124, 195, 455, 465–466, 762–763
7 Aristotle, 129–131, 134–136, 275–278, 326–329, 334–335, 366, 421–423, 512–513, 533–534, 600, 601–605
8 Aristotle, 161–165, 170, 235
11 Plotinus, 638
15 Kepler, 854, 959–960
16 Augustine, 662, 685–686
17 Aquinas, 12–14, 21–22, 24–26, 84–85, 106–107, 111–113, 128–130, 135–137, 194–195, 239–240, 242–244, 245–247, 250–252, 341–342, 378–379, 434–435, 583, 585–588, 610–611
18 Aquinas, 356–357, 385–387, 810–811,

816-818, 858-859, 862-863, 874, 876-877, 927-928, 939-942
19 Dante, 92
21 Hobbes, 78, 79-80
26 Harvey, 416, 426-429, 442-443
28 Descartes, 307-315, 336-338, 346-349, 357-358, 384-387, 438, 439
28 Spinoza, 589-590, 601-603, 612-613, 630-632
33 Locke, 178-179, 203, 217
33 Berkeley, 417-419 passim
33 Hume, 457-484 passim, 497-503
39 Kant, 76-83, 95, 140-145, 311-314, 334-337, 577-578
49 Darwin, 9-10, 285
51 Tolstoy, 405, 675-696
54 Freud, 588-589
56 Planck, 102

5a(2) **The order of goods or of means and ends: the order of loves**

Old Testament: *I Kings,* 3:5-14
New Testament: *Philippians,* 3:7-16
5 Herodotus, 6-8
6 Plato, 23, 69-71, 165-167, 183-184, 262-264, 310, 421-427, 635-639, 643-644, 656-658, 687-688, 689-690
7 Aristotle, 89-90, 162-166
8 Aristotle, 339-343, 354, 403-406, 430-432, 480-481, 527, 536, 538
11 Aurelius, 257
11 Plotinus, 313-320, 378-379
13 Plutarch, 74-75
16 Augustine, 13-15, 317-318, 383-384, 401, 476, 575-579, 585-593, 705-706, 709-710, 713-714
17 Aquinas, 27-29, 609-643, 712-715
19 Dante, 67, 123-124
19 Chaucer, 349-350
21 Hobbes, 155
28 Bacon, 91-92
28 Spinoza, 603-606, 656-658
30 Pascal, 326-327
33 Locke, 191-192, 198
39 Kant, 238-239, 256, 266-267, 271-279, 316-317, 327-329, 478-479, 584-587, 588, 594-595
40 Mill, 445-447, 448-450, 461-463
43 Hegel, 46, 102, 282-283, 370
52 Dostoevsky, 171-173
53 James, William, 199-204
55 Dewey, 105
55 Barth, 507-508, 539
57 Tawney, 189-191, 253-255
58 Weber, 103-106

5a(3) **The order of quantities: the types of proportion; series of numbers**

7 Aristotle, 330-333, 541, 542-543, 579-580, 583, 584, 611-618 passim
8 Aristotle, 378-381 passim
10 Euclid, 81-98, 117
10 Nicomachus, 609-619, 629-636
17 Aquinas, 68-70
28 Descartes, 523-581 esp 523-526
32 Newton, 31-32
35 Rousseau, 407-408 passim
39 Kant, 497-498
50 Marx, 19-25
53 James, William, 551
56 Whitehead, 172-178

5a(4) **The order of kinds: hierarchy; species and genus**

6 Plato, 582-583
7 Aristotle, 6-7, 20, 196, 545, 558-561, 569-570, 585-586
8 Aristotle, 165-168
11 Plotinus, 449-450
17 Aquinas, 17-18, 93-94, 170-171, 257-258, 270-272, 384-385, 457, 471-472, 698-699, 774-775
18 Aquinas, 22-23, 54-55, 117-118, 710-711
20 Calvin, 355-361
33 Locke, 255-256, 277-278, 279-280
35 Rousseau, 341-342
39 Kant, 193-200
49 Darwin, 30-31, 64, 207-208, 210-211, 241-242
53 James, William, 870-871
55 Whitehead, 214-217
56 Dobzhansky, 667-668

5b. **The order of the universe or of nature: the hierarchy of beings**

4 Aristophanes, 781
6 Plato, 155-157, 446-477, 618-619
7 Aristotle, 275-278, 359-360, 382-384, 392, 430-433, 436-441, 505-506, 508-511, 605-606
8 Aristotle, 114-115, 164, 211, 218, 272
11 Lucretius, 6-7, 19, 26, 28-30, 68-69
11 Epictetus, 137
11 Aurelius, 248-249, 252-253, 255, 257, 258, 262-263, 276-277, 281
11 Plotinus, 346-347, 349, 352, 471, 524-526, 562-563
15 Kepler, 1023-1080
16 Augustine, 61-63, 386-387, 397-399, 585-592
17 Aquinas, 12-14, 26-27, 124-125, 256-259, 260-261, 269-270, 295, 316-317, 339-377, 385-388, 396, 528-608
18 Aquinas, 15-18, 1016-1025
19 Dante, 91, 102, 106, 127
19 Chaucer, 210-211, 231, 308
20 Calvin, 374
25 Shakespeare, 108-109
26 Harvey, 426-429
28 Bacon, 149, 159, 179-188
28 Descartes, 278-280
28 Spinoza, 603-606, 608-609, 629, 659
29 Milton, 184-186, 232-236, 239-240
32 Newton, 269-372

33 Locke, 271-272, 321-322, 370-371
33 Berkeley, 418-419 passim
33 Hume, 486
35 Montesquieu, 1-2
39 Kant, 93-99, 133, 187-189, 199-200, 220, 307-314, 467-470, 578-580
43 Hegel, 166-168
49 Darwin, 55-62, 63-64, 96-98, 179-180, 228-229, 238-239, 241
53 James, William, 95-98, 641-643, 873, 882-886
55 Whitehead, 136-137, 179-180
56 Whitehead, 126
56 Dobzhansky, 517-519, 666-669
58 Huizinga, 266-267

5c. Order as a principle of beauty

6 Plato, 333-334, 342, 474-475
7 Aristotle, 329-330
8 Aristotle, 512, 685
10 Nicomachus, 602
11 Plotinus, 322-323, 649
16 Augustine, 30
17 Aquinas, 25-26
33 Locke, 148
39 Kant, 488-489, 544-545, 557-558
49 Darwin, 301-302
53 James, William, 865
58 Huizinga, 357

6. The absolute and the relative modes of consideration

6 Plato, 242-244
7 Aristotle, 10, 161-162, 178-179, 194-195, 200-201, 229-230, 248-249, 394-395
17 Aquinas, 31-32, 46-47, 63-64, 167-168, 493-494, 618-619, 649-650, 688-689
18 Aquinas, 6-7, 808-809
28 Spinoza, 592
39 Kant, 130-133, 202-203

6a. Absolute and relative with respect to space, time, motion

6 Plato, 350-351
7 Aristotle, 402-403
15 Copernicus, 514-515
15 Kepler, 1015
16 Augustine, 118-121
28 Bacon, 165-166
32 Newton, 8-13, 19, 111-114
33 Locke, 149-150, 154, 163-164, 217-218
33 Berkeley, 431-432, 434-436
53 James, William, 408-411, 511-512, 565, 612-624, 783-785
55 Whitehead, 191-196
56 Poincaré, 21-26, 32-35 passim
56 Planck, 84-85
56 Einstein, 196-225 passim esp 196-199, 200-205, 217-219, 221-223
56 Eddington, 279-280, 283-284, 286-287

56 Bohr, 348-349
56 Heisenberg, 422-424, 425-428

6b. Absolute and relative with respect to truth

6 Plato, 86, 517-532
7 Aristotle, 528-531, 580, 590-592
8 Aristotle, 651
11 Lucretius, 48-49
11 Epictetus, 155-157
16 Augustine, 592
17 Aquinas, 10-11, 453-455
21 Hobbes, 56, 65
23 Montaigne, 250-252, 281-286, 299-302, 311-312, 358-359
28 Bacon, 13, 57-58
28 Descartes, 223-225, 230-232, 270
30 Pascal, 238-239
39 Kant, 194, 218-222, 224-227, 240-243
40 Mill, 275-283 passim
50 Marx-Engels, 427, 428
53 James, William, 639-646
54 Freud, 880, 881-882
55 James, William, 46-50, 50-57
55 Bergson, 71-72
55 Barth, 519, 520-521

6c. Absolute and relative with respect to goodness or beauty

6 Plato, 86, 383-386, 531-532, 630-631, 636-639
7 Aristotle, 162-166
8 Aristotle, 339, 340, 341-342, 359, 378-381, 382-383, 430, 449, 527, 536-537, 604-607
11 Aurelius, 250
11 Plotinus, 600-601
16 Augustine, 20-21, 744-746
17 Aquinas, 23-24, 47-48, 151, 339-340, 615-636 passim, 652-653, 694-696
18 Aquinas, 213-214, 223-224, 377-378, 531, 620-621
21 Hobbes, 61-62, 65, 272
23 Montaigne, 69-73, 78, 270-271
24 Shakespeare, 431
28 Bacon, 70-74
28 Spinoza, 605-606, 657-658
30 Pascal, 29-44
33 Locke, 90, 105-107, 111, 192-193, 230-231
35 Rousseau, 362
39 Kant, 377, 387-388, 397-398, 471-473, 476-495, 513-517, 525, 540-542
40 Mill, 471-476
43 Hegel, 297-298
48 Melville, 187-188
49 Darwin, 95, 302, 314-315, 577
51 Tolstoy, 611, 645-646
54 Freud, 757-759, 792
55 Whitehead, 227
55 Barth, 493-495
57 Veblen, 53-70

交叉索引

以下是与其他章的交叉索引：

Identity as a logical rather than a real relation, see SAME AND OTHER 1, 2d.
The relation between creatures and God as partly real and partly logical, see GOD 5e; ONE AND MANY 1b; WORLD 3b.
Correlative terms, see OPPOSITION 1a; QUALITY 4a.
Proportionality or analogical similitude, see SAME AND OTHER 3b.
The applications of analogy and proportion in metaphysics and mathematics, see IDEA 4b(4); MATHEMATICS 4c; QUANTITY 1b; SIGN AND SYMBOL 3d, 5f.
Indefinable terms, see DEFINITION 1c; PRINCIPLE 2a(3).
A relational theory of judgment and reasoning, see IDEA 5b; JUDGMENT 5c, 6d, 7c; REASONING 2.
The categories as the transcendental concepts of the understanding, see FORM 1c; JUDGMENT 8c-8d; MEMORY AND IMAGINATION 6c(2); MIND 4d(3); PRINCIPLE 2b(3).
The relations between ideas as objects of knowledge, see IDEA 1a; KNOWLEDGE 6a(3).
The association of ideas, see IDEA 5e; MEMORY AND IMAGINATION 2c; MIND 1g(1); SENSE 3d(1).
The prior, the posterior, and the simultaneous, see TIME 5a-5d.
The order of causes, see CAUSE 1b.
The order of goods, or of means and ends, see GOOD AND EVIL 5b-5c.
Series of numbers, see QUANTITY 4b.
The relation of quantities and the relation of qualities, see QUALITY 4c; QUANTITY 1b; SAME AND OTHER 3c-3d.
The order of kinds, see ANIMAL 2a; EVOLUTION 1b; IDEA 4b(3); OPPOSITION 1c(2); SAME AND OTHER 3a(1)-3a(3); UNIVERSAL AND PARTICULAR 5b.
Order in the soul, the state, and the universe or nature, see MAN 5-5a; NATURE 3a-3b; ONE AND MANY 3b(5); SOUL 2b; STATE 5a-5c, 6a-6b; WORLD 1a-1b, 6a-6c.
The doctrine of the Trinity as concerned with order and relation in God, see GOD 9a.
The absolute and the relative in space, time, and motion, see CHANGE 7c(3); MECHANICS 1c(2)-1c(3); SPACE 1c, 2a; TIME 1.
The absolute and the relative in truth, goodness, and beauty, see BEAUTY 5; CUSTOM AND CONVENTION 9a-9b; GOOD AND EVIL 6d; OPINION 3c, 6a; PRINCIPLE 5; TRUTH 7-7b; UNIVERSAL AND PARTICULAR 7a-7c.

扩展书目

下面列出的文著没有包括在本套伟大著作丛书中，但它们与本章的大观念及主题相关。

书目分成两组：

Ⅰ．伟大著作丛书中收入了其部分著作的作者。作者大致按年代顺序排列。

Ⅱ．未收入伟大著作丛书的作者。我们先把作者划归为古代、近代等，在一个时代范围内再按西文字母顺序排序。

在《论题集》第二卷后面，附有扩展阅读总目，在那里可以查到这里所列著作的作者全名、完整书名、出版日期等全部信息。

I.

Hume. *A Treatise of Human Nature*, BK I, PART I, SECT V
Kant. *Metaphysical Foundations of Natural Science*, DIV III
Mill, J. S. *An Examination of Sir William Hamilton's Philosophy*, CH 4-7
Hegel. *Science of Logic*, VOL I, BK II, SECT II, CH 3; SECT III, CH 1, 3
James, W. *Essays in Radical Empiricism*
———. *The Meaning of Truth*, CH 11, 13
———. *Some Problems of Philosophy*, CH 9
Whitehead and Russell. *Principia Mathematica*, PART I, SECT C, D; PART II, SECT B, C, D, E; PART IV-V
Russell. *Introduction to Mathematical Philosophy*, CH 4-6
———. *Our Knowledge of the External World*, V
———. *The Principles of Mathematics*, CH 9, 24-31

II.

THE MIDDLE AGES TO THE RENAISSANCE (TO 1500)

Duns Scotus. *Tractatus de Primo Principio* (*A Tract Concerning the First Principle*), CH 1-2
John XXI. *Summulae Logicales* (*Logical Treatises*)

THE MODERN WORLD (1500 AND LATER)

Blanshard. *The Nature of Thought*, CH 31-32
Boole. *An Investigation of the Laws of Thought*
Bradley, F. H. *Appearance and Reality*, BK I, CH 3; BK II, CH 26
——. *Collected Essays*, VOL II (31)
Cassirer. *Substance and Function*, PART I; PART II, CH 7-8; SUP II-III
Couturat. *The Algebra of Logic*
De Morgan. *Formal Logic*, CH 3-5
Jevons. *Pure Logic*, CH 1-2, 4
John of Saint Thomas. *Cursus Philosophicus Thomisticus, Ars Logica*, PART II, Q 17
Johnson, W. E. *Logic*, PART I, CH 12-13
Leibniz. *New Essays Concerning Human Understanding*, BK II, CH 25, 28, 30
——. *Philosophical Works*, CH 12 (*A New System of the Interaction of Substances*), 13 (*Reply of M. Foucher Concerning the Interaction of Substances*)
Lotze. *Metaphysics*, BK III, CH 3
Moore. *Philosophical Studies*, CH 9
Peirce, C. S. *Collected Papers*, VOL III, par 45-149, 214-251; VOL VI, par 318-324, 386-392
Royce. *The Principles of Logic*
Suárez. *Disputationes Metaphysicae*, X (1), XXVIII (3), XXXII (2), XXXIX, XLVII, XLVIII (1-4), L (4), LIII-LIV
Tarski. *Introduction to Logic*, V
Woodworth. *Psychological Issues*, CH 5-6

宗 教　Religion

总　论

　　对立双方没有任何共同基础的时候，争论是徒劳的——甚至更糟，简直是不智。否认理性的能力的彻底的怀疑论者，与诉诸理性能力的哲学家或科学家之间，就没有任何共同基础存在。那些拒绝自相矛盾的人，和那些认为对同一个问题既回答说是又回答说不是并没有任何不妥的人之间，可以不用争论。他们之间有共同的问题，但是每一方采取的立场都使得对方无话可说。

　　缺乏判断对立观点的共同标准使得双方趋向于放弃彼此间的沟通。在科学和哲学中，人处于这种困境是例外；但涉及宗教的基本问题时，这似乎是典型的情境。在所有最富争议的主题中，宗教问题似乎是最不可能通过争议解决的。人类之间没有任何区分像有信仰的人和他们所谓的无信仰的人之间，犹太人和非犹太的异教徒之间，或者基督徒和非基督徒之间的隔阂那样不可逾越——那种出现在哲学家或科学家之间的区分更是无法与之相比的。信仰和缺乏信仰，或者信仰间的差异，似乎使得某些问题重要得不可估量。

　　关于宗教本身的定义问题，最深层的争论出现在这两种人之间，有些人在上帝的启示和权威的超自然基础上构想这个问题，另一些人认为宗教在某些人类倾向中有一个纯粹自然的起源，因而宗教与哲学和科学无异，都是文化的一个要素。

　　后一种观点是人类学的基础。人类学是20世纪成熟起来的一种科学。列维－施特劳斯写道："人类学的任务，是揭示不同类型的宗教和不同类型的社会组织间的关联……神话，仪式和宗教领域似乎……对社会结构的研究来说是最富成果的领域之一。"弗雷泽承认定义宗教的困难，宣称宗教普遍地包括"一种对高于人类的力量的信仰，和一种抚慰或者取悦这些力量的尝试"。这个定义的两方面都假设"自然的进程在某种程度上是灵活的或者可变的，我们可以劝说或者劝诱那些控制着这一进程的强大的存在为我们的利益，使事件之流偏离那些它们可能溢出的渠道"。在这种意义上，弗雷泽和列维－施特劳斯都认为宗教密切地与巫术相关——以及可能出自巫术。作为科学家，他们对超自然的关注仅在于它如何作用于社会结构。

　　有些人根据其信仰宣称其宗教是超自然的，只有对于这些人来说，宗教才是超自然的。那些否认宗教是超自然的人可以为他们自己的想法提供很多的理由，并且可以尝试通过很多方法去解释信仰是怎么发生的。他们都同意，认为信仰是上帝的礼物而非人类自身相信的意愿，是一种错觉。对有信仰的人来说，这仅仅意味着他的批评缺乏信仰的天赋或者甚至连拥有这种天赋的愿望都没有。

　　很多的推论伴随这个关于宗教含义的不可争论的差异而来。宗教对于有信仰的人来说通常意味的远不只是对一个教条的接受。它意味着虔诚和崇拜的行为，对祷告的依赖，共享圣礼，参与某些仪式，献祭和斋戒的履行。它意味着诚服于上帝的权柄，遵从他的戒律，哀求和获得他的恩典的帮助,借此过一种与他相称的生活。巴特宣称,"关于上帝的宗教和思想从来都不意味着同一件事"。他还坚持"所谓的'宗教经验'是神圣者的一种完全地派生的,次等的,碎片式的形式。即使最高级和最纯粹的例子,它都只是形式而非内容"。

当宗教被构想为仅仅是人们所接受的一组信仰时,它就被限制为生活的一个部分。它可以也可以不涉及行动以及思想,但它不是完整生活的架构。它不赋予生活的其他部分以意义。当一个人想避免伪善时,它并不要求内在的虔诚和外在的行为来构成他信仰的实践。

在这套书里,我们可以找到关于宗教完全对立的观点,一边是在奥古斯丁、阿奎那,加尔文和克尔凯郭尔的作品中,另一边是在尼采,韦伯和凡勃伦的作品中。第一组作者是有强烈的宗教信仰的人;第二组作者,没有强烈的宗教信仰,他们作为宗教的圈外人、作为宗教的社会意义或文化意义的研究者,来讨论宗教。

　　根据这种将宗教定义为超自然或自然的不同,人们似乎对宗教信仰、启示、奇迹和预言持有无法沟通的不同观点。但是那些同意宗教不是人为的,它在某种形式上需要神圣的权威和感召的人也并不都有相同的信仰,以相同的方式崇拜,或者遵照相同的礼仪。因此这个问题在不同信仰的人中——根据不同的宗教团体的规则生活的人——几乎与在信教的人和不信教的人之间一样困难。

在西方传统中,宗教的多元必然对那些,其信仰排斥可以有几个同样为真的宗教的可能性的信教者,提出一个何者为真和何者为假的问题。"偶像崇拜的"和"迷信的","异端的"和"分裂论的"这样一些贬称从关于宗教和诸宗教的争论中获得它们特别的意义。吉本指出,"异教徒"这个词意味着偶像崇拜或者对虚假的诸神的崇拜。他说:"拉丁基督徒将这个词用在他们不共戴天的敌人,伊斯兰教徒身上。"根据吉本所说,伊斯兰教徒同样认为"所有那些除了他们自己以外的都是偶像崇拜和多神教"。这种偶像崇拜和迷信的指责也发生在犹太教徒与基督教徒、新教徒和天主教徒的冲突中,通常被不忠或者异端和分裂之类的指责所反驳。

在带有政治宽容和信仰自由议题的教会和国家的一般问题之外,宗教真正的含义以其最尖锐的形式提出了宽容问题。这不是个关于政治权利和自由的问题,而是关于一个人的宗教信仰和行为中对错的问题。在这种程度上,一个宗教的教友们认为他们自己相信上帝向他们启示的东西,保守其为神圣戒律规定的宗教实践,对他们来说,要接受相反的信仰和实践是一种可能的真实的选择,似乎在良心上是无法接受的。

不同信仰的人之间的冲突,就像在他们将信仰作为神圣启发的理解中一样,某种程度上超越任何人类的决断,诉诸上帝自己的判断。有任何宗教信仰的人和那些将这种信仰视为一种纯粹的人类偏见的人之间的论争,似乎更少会被对话的普通过程动摇决心。

如果这些观察都是正确且公正的,那么这一章的材料就不能仅仅根据著作中能找到的不同观点的内容辩证地收集——或者作为对立的观点或者作为统一的观点。在这一章中,可能会像在那些处理与宗教相关事情——诸如**上帝、不朽、罪和神学**——的章节中一样,必须将一部分的注意力放在观点的作者身上,甚至在某些情形下必须注意观点出自的群体或者文化。不过,不必像要知道一个写有关德行东西的人本身是否有道德那样,去知道一个写有关宗教事情的人本身是否是信教的,以及进一步了解他在何种意义上认为自己是信教的,以及他信奉的是何种宗教。

圣与俗的区分,宗教的与世俗的区分像适用于其他事情一样也适用于书籍。在伟大著作的传统中,只有一本书是被认定为神圣的。伟大著作的作者中没有人认为《可兰经》是神圣的经文,尽管作为历史学家的吉本报告了《可兰经》中的伊斯兰教信仰。穆斯林相信《可兰经》是真主向他唯一的先知启示的言语,就如犹太人相信旧约是神圣的启示的作品,就如基督徒将新约旧约作为圣经信仰一样。

但是,尽管圣经是西方传统上的神圣书籍,它也没有被所有述及它的人如此阅读。一位历史学家或哲学家,尽管本人不是犹太教徒或基督徒,没有相关信仰,但仍可能承认他人的信仰。他将圣经当作一组对西方文化有着不可比拟影响力的人类作品来阅读。无论这些作品作为智慧,历史,宣教或者诗歌的价值有多大,它们都不会赢得一种特殊的阅读,除非它们作为上帝的话而非人的话,才能从所有其他的作品中脱颖而出。因此关于圣经解释的争论可能开始于双方都避开了事情中的重要问题。圣经是神圣的经典,抑或在本质上与荷马史诗和希腊智者的箴言无异?

这两种阅读《圣经》的方式是不可比较的。如果《圣经》不是神圣的,那么就可能期待一种批判的阅读去揭露其中的矛盾,它说的很多事情都可能在事实上或者原则上被质疑。但是,如果它是神圣启示的宝库,那么即使它是人记录的,它也有凌驾于质疑之上的权威,尽管并不是无需解释的。

洛克说,有一种命题直逼"我们建立在赤裸裸见证之上的最高限度的共同承认,无论这种命题所涉的事情与平常的经验、事情的一般进程是否相符合。如此这般的理由是因为,见证是关于这样一个既不能欺骗又不能被欺骗的见证,是关于上帝本身的见证。这给它带来一种超越怀疑的确信,超越例外的明证。这被赋予一个特别的名字,启示;我们对它的赞同叫做信仰:像我们的知识本身一样绝对地决定我们的意志,完美地排除所有的动摇;我们可能怀疑我们自己的存在,就像我们可能怀疑是否任何来自上帝的启示都是真的一样。所以信仰是关于赞同和担保的一个固定的、可靠的准则,不给怀疑或犹豫留任何的余地。只是我们必须肯定这是一个神圣的启示以及我们对它的理解正确"。

洛克似乎为他的"对于启示的赤裸的见证是最高的确定性"的说法加了两个限制。第一个是关于我们在接受某种东西作为启示时没有出错的确信。第二个是关于我们对我们认为是上帝的话的理解的正确性。

对于第一点,霍布斯说:"信念是上帝的礼物,是人类无法通过奖励的允诺或者痛苦的威胁来赋予或者取走的东西。"他还说信念"仅仅依赖得自理性或者人们已经相信的某些东西的论点的确定性或者或然性"。对霍布斯来说,信念不是"来自超自然的感召或灌输",而是"来自教育、训练、修正和其他自然的方式,由此,上帝在他认为合适的时间,于其选民中做这些"。信念的对象不是上帝,而是那些上帝指派来指导我们的人;霍布斯区分了信念和信仰,他说,信仰超越信念,将他们所说的作为真理来接受。"因此",霍布斯写道,"当我们相信圣经是上帝的话,我们没有来自上帝本身的直接启示时,我们应信仰、信念和信赖教会,我们接受和默许教会的话。"

同样是第一点，阿奎那给出了另一个回答。他区分了信仰对象的质料和形式。如在科学对象中一样，在信仰对象中有"已知的……和是物质对象的，可以这么说"，以及"借此它为人所知的，是客体的形式层面。因此，在几何学中，结论是质料上已知的，而科学的形式方面则由证明的方式组成，通过这些，结论成为可知的。"相应地，如果在信仰中，我们思考对象的形式，它就只能是第一真理。因为我们所说的信仰不同于任何东西，除了因为它是由上帝启示的以外。信仰的要点可以从圣经的内容中得出，但是圣经是上帝启示的真理，这一点必须通过信仰的行动来被首先接受。阿奎那似乎通过说正是信仰本身，使得我们肯定，我们通过信仰接受的命题是神圣启示，来对付洛克的论点。

对加尔文来说，信条"为我们提供一条完全且细节的道路完成对信仰的概括，除了源自上帝无误的话语之外不包括任何东西"。对克尔凯郭尔来说，信仰是"人最高的激情。每一代可能都会有很多人甚至达不到它，但没有人走得更远"。在萧伯纳的《圣女贞德》中，大主教说一个神迹是"一个创造信仰的事件……骗局行骗。一个编织信仰的事件不会行骗：因此它不是个骗局，而是一个神迹"。

对于洛克所说的另一点，关于我们对圣经解释的正确性，洛克自己说"尽管文本中所说的每样东西都是绝对无误地真，然而读者可能在理解时犯错，不，不是可能，而是别无选择地必然在理解时犯错。也不必惊讶，当上帝的意志套上言语的外衣时，则很有可能，怀疑和不确定不可避免地参与到那种传达中。"从中，他总结出因为"自然宗教的规则是明了的，对全体人类来说是非常易于理解且极少引起争议的；由书本和语言传达给我们的其他启示真理容易沾染伴随言语而来的一般的和自然的含混，我想这将使我们在观察前者时更加谨慎和勤勉，在对后者施加我们自己的观点和解释时少一些专横、绝对和傲慢"。

奥古斯丁也知道《圣经》很难解释且依于不同的解释，但他与洛克关注事实强加在宗教人身上的任务或者责任不同。"不要让人在进一步激怒我了，"奥古斯丁写道，"说什么，'摩西不是你所说的那样。他是我所说的那样。'如果有人问我，'你怎么知道摩西就意味着他的那些言语，那些以你的解释来理解的言语？'镇定地听这个问题是我的责任……但如果有人说'摩西不是你说的那样，而是我说的那样，'而又不否认他的解释和我的解释都是与真理相符合的，那么，哦！穷人的生命，哦！我的上帝，在你的怀抱中没有矛盾，我恳求你用忍耐的雨水灌溉我的心灵，让我能够耐心地忍受这种人。他们如此说话，不是因为他们是上帝的子民或者因为他们已经在摩西——您的仆人——的心中看到他们的解释是正确的，而仅仅因为他们是骄傲的。他们并不知道他的心意，但是他们爱他们自己的意见，不是因为它们是真的，而是因为它们是他们自己的。"

面对多种解释，奥古斯丁说，"从摩西所写的话中可以析取出如此之多的意义，无一不可被接受为真，这时，若鲁莽地断言其中只有某一种意义才是他心想的那种意义，你难道看不出这是多么愚蠢吗？……如果我是摩西，您把写作创世纪的任务交付给我，我就会希望您给我这样的写作技巧，给我这样的运用语言的力量，可以使即使是那些至今不能理解上帝如何创造的人，不会因为我的话超出了他们的理解而拒斥它，而且那些能够理解上帝如何创造的人，能在您仆人的只言片语中找到他们通过自己的推理所得到的所有真结论"。奥古斯丁认为,那些渴求的"不是空虚而是真理"的人尊重上帝启示的人类散播者,通过相信在上帝的启发下写出的这些话语,向我们显示"任何意义都散发着真理完全的光,使我们能够收获最大的益处"。

"基于这个原因,尽管我听人们说,'摩西的意思是这样'或者'摩西的意思是那样,'"奥古斯丁断言,"我认为这样说更加是真正地宗教的,'如果两个都是真的,为什么他不应该两个意思都有?如果有其他人在相同的话语里看出了第三种意思,或者第四种,或者更多种真的含义,为什么我们不应该相信摩西看到了它所有?只有一个上帝,促成摩西去写圣经,以最适合最大多数人心智的方式去写,让他们都能从中看到真理,尽管每种情形下看到的不是相同的真理。'"

奥古斯丁的立场将信仰结合进《圣经》的真理之中,这是《圣经》即是上帝的话语这一信仰的一个结果,解释的范围在决定那个真理是什么,诉诸的是对理性的心智来说为真的一般标准。在注释奥古斯丁对《创世纪》的某些篇章的解释过程中,阿奎那概括了他遵循的奥古斯丁的两个原则。"第一个是,坚持圣经的真理不动摇。第二个是,既然圣经可以在多种意义上被解释:一个人应该在这样的原则下坚持一个特殊的解释,如果它被确定地证明为假,随时准备放弃它,以免圣经被不信的人嘲笑,成为他们相信的障碍。"

《圣经》是不是神圣的作品,这一点影响它被阅读的方式,所以,宗教作品和世俗作品的区别看来与那些伟大著作如何论及宗教是有关系的。

在异教传统中,例如,希罗多德在他的《历史》一书中记录并讨论了大量不同的宗教教条和实践,作为他访问和调查的人群的特征。没有迹象显示希罗多德在判断这些不同的宗教的真伪,通过参考他们的合理性,或者从确信他自己出身的那个宗教出发去反对所有其他的宗教。大部分时候,他写到宗教,而不是以宗教态度来写,那些他表达自己观点的段落可能是例外,他在那些段落里谈到显露出神的意志的神谕、预兆、凶兆等等,这些将在**预言**一章中讨论。

相反,埃斯库罗斯的悲剧,特别是俄瑞斯忒斯三部曲,就是宗教诗,与但丁的《神曲》和弥尔顿的《失乐园》类似。这些都不是关于宗教的,某种意义上,卢克莱修的伟大诗篇《物性论》是关于宗教的——一个非宗教的人对宗教的强烈抨击;同样激烈,但更加野性的,是尼采在近代对犹太教和基督教的攻击。"宗教的神经症迄今为止,无论出现在地球上的哪一个地方,"尼采宣称,"我们都发现它与三个危险的与饮食相关的生活方式的规定相联系:独居,斋戒,禁欲。"卢克莱修拒绝他那个时代流行的宗教,只因为它们使人类背负上对神、死亡和来世的恐惧的负担。

可能有人会想卢克莱修的目的是净化宗教,他希望消除"与神不相称的想法"和"与他们的平静的迥异",使人们可以"安详地走向他们的圣坛"。但即使是一个这样认为的人,也仍然可以在卢克莱修和埃斯库罗斯或者但丁等诗人间找到明显的差异,这种诗人是作为一个宗教群体的成员,从他们所坚持的宗教信仰出发而写作的。

两类作品可能在同一作者那里找到。以霍布斯为例,在考察宗教信仰现象时,他似乎公开地接受宗教和迷信间的区分标准。"对一种看不见的力量的恐惧,由心智想象出来的,"他说,"或者从公众认同的传说中想象出来的,"是宗教;当它们是"不被认同的,就是迷信"。作为观察者,他还写道,他说"这种对看不见的东西的恐惧,是每个人自己称作宗教的东西的自然的萌芽;在那些东西中,崇拜或者害怕那个力量而非他们所为的,是迷信"。从他列举的"自然的萌芽"出发,"宗教,"他说,"由于一些人的不同的想象、判断和激情成长为如此不同的仪式,以至于一个人所采用的对另一个人来说绝大部分是荒谬的。"

然而,霍布斯也以宗教方式写作,当他从自己的特殊真理的立场出发探讨所有其他宗教的时候。"这些宗教的自然的萌芽,"他指出,"从两类人那里接受栽培。一类人根据他们自己的创造,滋养它们,安排它们。另一类则根据上帝的诫命和指示来行事……前一种是所有城邦的建立者和异教徒律法的给予者。后者是亚伯拉罕、摩西和受上帝恩宠的我们的救世主,通过他们,上帝国的律法施予我们。"

作为基督徒,霍布斯比较了罗马人的国家宗教和犹太人的神圣宗教。罗马人,他写道,毫不犹豫地容忍罗马城内的任何宗教,除非那个宗教里有什么与他们的公民政府不相一致的地方;我们也没有读到在那里有任何宗教被禁止,除了犹太人的宗教,犹太人(作为特殊的上帝之国)认为承认对任何人类的王或无论什么国的诚服都是非法的。因此你可以看到异教徒的宗教是如何地作为他们政策的一个部分。

"然而上帝自己",霍布斯继续写道,"通过超自然的启示,培养宗教;他也为自己建立了一个特殊的国,颁布律法,不仅仅有关于对待他的行为的,而且有关于对待彼此的行为的;因此在上帝国里,政策和公民法,都是宗教的一部分;在那里,没有世俗的和灵性的统治的分别。"

还是作为一个有基督教信念的人,霍布斯将对基督教教导的信仰归因于那个信念。"人们相信任何基督教教义的理由都是不同的,"他写道,"因为信念是上帝的礼物,他以最适合每个人的方式给予他。我们的信仰最普遍直接的原因,关于基督教信念的任何一点,是我们相信圣经是上帝的话语。"但当霍布斯继续说到"信念唯一的关键,圣经使其成为拯救的必要的,是这个,耶稣是救世主基督"时,他成了神学家,基督教群体中的其他神学家可能在教义的这一点或其他点上无法赞同他。

我们在奥古斯丁或阿奎那和霍布斯或洛克之间所发现的分歧,以及《神曲》和《失乐园》相对照所显现出来的教义上的不同,都代表着天主教和基督新教的分野。但是这种神学争执并不会抹去所有宣称为基督徒的人在宗教信仰上的某种共同的原则。最重要的是,他们不触动对宗教本身的信仰,认为宗教超越所有仅出自人类的教导,认为宗教所提供的准则来自上帝自己,用以指导和帮助人走向拯救。

这个信仰——即使是除了信仰一个上帝创造了宇宙,按他的形象创造了人之外再无其他——似乎是犹太教徒和基督徒共同分享的。它标志着古代多神教的宗教作品和那些从摩西五经和福音书中得到灵感的作品之间的差异。如帕斯卡所说,它造成这个问题,那些写自己本身信仰的或者寻求宗教的人,和那些写宗教但既不信仰也不寻求之的人之间,在平等地对待所有的宗教,或者以相同的世俗公正对待所有的宗教这一点上对立。

作为一个基督教的护教者写作,帕斯卡写道:对敌人来说,有宗教荣耀的人是如此的不可理喻;他们对它的反对是如此地没有威胁,以至于甚至可以相反地为建立它的真理服务。因为基督教信仰主要是认定这两个事实,自然地堕落和基督的拯救,现在我主张如果这些人不能用他们行为的神圣性来为证明拯救的真理服务,那么他们至少令人赞赏地通过如此非自然的情感显示了自然的堕落。

帕斯卡补充说:"让他们至少成为诚实的人,如果他们不能成为基督徒……让他们意识到有两种人,一种可以称为理智的:他们或者认识上帝并因而全心全意服侍上帝,或者因为不认识上帝而全心全意追寻他。但是对那些活着既不认识他,也不追寻他的人,他们断定他们自己如此不配他们自己的关心,以至于他们也不配其他人的关心;要做到不轻视他们,甚至于任凭他们留在自己的愚昧之中,这需要他们所轻视的宗教拿出所有的慈悲来。"

帕斯卡认为,其他宗教的实际存在帮助证明了基督宗教的真理。"我应该同等地拒斥穆罕默德的宗教,中国的宗教,古罗马人的宗教和埃及人的宗教,只因为一个原因,它们中没有一个比另一个有更多真理的迹象,也没有任何必然说服我的东西,理性不能倾向一个而非另一个。"至于犹太教,对帕斯卡来说是基督教的神意所授的历史基础和预言似的先驱。

除了这些比较的判断,帕斯卡将真理的某些特殊的迹象归因于基督宗教。他写道:"任何一个宗教,如果它的信仰不是崇拜作为万事万物起源的唯一的上帝,它的道德不是去爱作为万事万物的目标的唯一的上帝……那它就是虚假的。真正的宗教一定以有义务爱上帝为一个特征。这是非常公义的,然而没有其他宗教要求这一点;我们的宗教却这样做了。它必须意识到人类的贪欲和软弱;我们的宗教正是这样的。它必须对此做出补救;其中之一是祈祷。没有其他宗教期望上帝给予去爱他和追随他[的力量]……我们必须只爱唯一的上帝是一件如此显然的事情,以至于它不需要神迹去证明。"帕斯卡还解释了基督的话,"尽管你们不相信我,至少相信这些事迹"意味着神迹是一个宗教最强有力的证据。他写道:"神迹为有关的怀疑提供测试,犹太人和野蛮人之间的,犹太人和基督徒之间的,天主教徒与异端之间的,被诽谤者与诽谤者之间的,两次审判之间的。"

以理性的立场批判神迹的证据之后,休谟似乎赞同"基督宗教不仅是从一开始就伴随着神迹,甚至到今天如果没有神迹,也不可能被任何一个理性的人信仰"。但他的意思好像是对神迹的信仰本身就是信念的神迹。"只有理性,"他说,"是不足以让我们确信"基督宗教的真实性的;"那被信念打动去赞同它的人,知道发生在自己身上的一个持续的神迹,推翻了所有他理解的原则,给他决心去相信与习俗和经验最矛盾的东西。"

哲学家和神学家在另一个问题上也不一致。休谟说:"我们最神圣的宗教建立在信仰而非理性之上"——这可以进一步申引为:通过信仰来牢守宗教要求我们放弃理性——奥古斯丁和阿奎那认为信仰和理性之间不可能有任何冲突,尽管信仰所宣称的真理比理性所能证明的要多;理性能给信仰的支持绝不会降低信仰的价值。

霍布斯同意这一点,至少,他承认,若让宗教变成对不可能之事或矛盾之事的信仰,那只会使超自然宗教蒙羞。他说,启示不能包含"任何违反自然理性的东西"。但对休谟来说,超自然宗教和自然宗教之间的差异,开启了必须无理性和反理性地相信的东西和作为对证据的一个理性解释的结果去相信的东西之间的对比。就像哲学一样，自然宗教"无非是哲学的一种，永不能带我们超越经验的一般过程，或者给我们不同于那些由对日常生活的反思提供的行为举止的准则"。

马克思和弗洛伊德等人认为，宗教是一种社会欺骗或者是对某种神经质需要的反应，他们不仅认为西方的传统宗教是谎言或者某种比谎言更糟的东西，而且还倾向于拒斥自然宗教。科学是足够的——对真理的寻求，对生命行为，对社会财富来说。歌德有诗云：

> 有科学和艺术的人，
> 也有宗教；
> 没有科学和艺术的人，
> 让他成为宗教的吧！

在注释歌德这些诗行时，弗洛伊德说，"一方面，这些话将宗教与人类的两个最高的成就相比较，另一方面，它们宣称，关于在生命中的价值，它们可以相互代表或者代替"。在这个意义上，弗洛伊德认为普通人的宗教是正当的——"唯一一个应该叫宗教这个名字的宗教。"如果一个人没有科学或者艺术傍身，他必须有宗教，因为"正如我们发现的那样，生活对我们来说太艰难了"，"如果没有可以缓和的补救手段，我们活不下去"。

这正是弗洛伊德质疑的神学家和哲学家的宗教。他批评哲学家试图"用一个非人格化的、模糊的、抽象的原则去替代从而保留宗教的上帝"；他挑战神学家们的立场，他认为神学家们在这个立场上坚持"科学将宗教作为一个研究主题是一种傲慢"。他们否认科学有任何能力去"参与对宗教的判断……如果我们不会被这种粗暴的驳回阻止，"弗洛伊德宣称，"而去调查宗教基于何种立场，宣称其在人类关怀中的特别位置，我们得到的答案，如果确实我们很荣幸有一个答案，是宗教不能被人类的标准衡量，因为它的神圣的起源，以及其通过人类心智无法掌握的一种灵向我们启示。一定有人会想，"他继续道，"没有什么比这个论证更容易驳倒的了；这是一个明显的预期理由（petitio principii），一种'对问题的回避'。被怀疑的要点是，是否存在圣灵和启示；说这个问题不能问，因为神不能被怀疑，肯定不是最后的回答。"

马克思对神学家们采取了类似的观点。他认为，神学家们以与古典经济学家近乎相同的方式回避问题，对古典经济学家来说"只有两种制度，人为的和自然的。封建制度是人为的制度，资产阶级制度是自然的制度。在这点上，"马克思说，"他们与设定宗教的两个种类的神学家类似。除了他们自己的宗教之外的每个宗教都是人的发明，它们自己的宗教则是从上帝发散出来的。"马克思认为，宗教在阻止革命方面扮演了一个很重要的角色，而革命正是他认为工人逃脱压迫的唯一出路。"宗教，"马克思说，"是大众的鸦片。"

柏拉图批判那些认为"所有宗教是言词和幻想编织出来的虚构物"的人。就好像他脑海中已经有马克思和弗洛伊德似的，在《法律篇》中，雅典的异邦人用自然和人为间的区分来进行关于宗教的讨论，并提到有人"说神不是自然存在的，而是人为的，由法律而来的，因地而异，根据那些制定它们的人的协议"。他们跟那些坚持"光荣的是一个自然的东西，和另一个由法律而来的东西，以及正义的原则根本不是自然存在的"的人是同一批人。

在柏拉图看来，城邦的正义及其法

律不仅必须建立在自然而非人为的基础上,而且必须建立在宗教和对神的正确信仰的基础之上。雅典的异邦人答复那些认为"基于神存在的假定之上的立法是可怕的"的人,说"……证明有神存在,他们是善的且比人类更加重视正义是一件绝无小后果的事情"。他给的理由是,"依照法律相信有神存在的人,不会去故意地做任何不神圣的举动,或者说一句非法的话,但那些做过或说过的人一定预设了以下三件事中的一件——或者是神不存在,这是第一种可能性,或者第二,如果他们存在,他们也不关心人,或者第三,他们很容易满足且很容易被献祭和祈祷改变初衷"。这就是为什么对神的存在的证明"是我们所有法律的最好、最高贵的序幕"的原因。

卢梭的立法者,像柏拉图的一样,也关注宗教在国家的基础和生活方面扮演一个怎样的角色。但"哪个宗教"的问题立刻出现在卢梭面前,这个问题不会出现在柏拉图面前,他能在政治哲学家的领域内平等地对待神的本质和城邦的本质。但对卢梭来说,生活在一个基督教的文明中,政治哲学家不可能在不遭遇神学家的情况下处理宗教主题。因此,他发现,区别如基督教的启示宗教和公民的自然或者民间宗教是必要的。

卢梭说,基督教,"不是今天的基督教,是福音书时候的基督教,两者完全不同",是人的宗教而非公民的宗教。"它非但不会将公民的心向国家凝结,反而有使他们脱离所有尘世的东西的效果。我不知道有比这更抵触社会精神的事情了。我们被告知真正的基督徒群体会形成可以想象地最完美的社会。我看这个假设中最大的困难是:一个真正的基督徒的社会不是一个人的社会……基督徒的国也不是此世的国。"

卢梭继续说,国家需要的是"一个纯粹的公民信仰宣言,统治者应该决定它的条款,不完全作为宗教教条,而是作为社会情操,没有这种情操一个人不可能成为一个好的公民或者一个虔诚的主体"。接着,他列举了所谓"公民宗教的教条",它们"应该是简洁地、简单地使用确切的用语,没有解释或者注释",诸如"一个强大的、智慧的、仁慈的上帝的存在,拥有远见和深谋,生命的开始,正义的幸福,邪恶的惩罚,社会契约和法律的圣洁"。

孟德斯鸠采取全然相反的观点。"关于真正的宗教,"他写道,"我从来不假装使它的利益服从某些政治性的利益,而是宁肯去联合它们……基督宗教,规定人们必须彼此相爱,将毫无疑问地使每个被祝福的国家拥有最好的文明,最好的政治法律;因为这些,仅次于这个宗教,是人们能给予或者获得的最大的善。"孟德斯鸠应对"真正的基督徒不可能组成一个持久的政府"这个论点时说,人们越"相信他们亏欠宗教,他们就会越觉得亏欠他们的国家。深深地铭刻在心的基督教原则,比起君主制虚伪的荣耀,共和制人们的美德,或者民主国家的奴性的惧怕,要强大得多得多"。

任何对宗教的政治重要性的考虑都会引起关于教会和国家关系的争论,主要有三种立场:一种是提倡教会和国家的整合,一种是提倡一种附属关系,或者是国家对教会的,或者是教会对国家的,一种是强调各自的自主性作为相互关系的基础,或者支持分离,甚至走得更远,支持彻底地决裂。

旧约时代的神权政治国家代表了第一种立场的犹太版本,可以从祭司职位由国王来承担这个事实看出。霍布斯用几乎类似的词来定义基督教联邦(commonwealth)。它被称为一个"教会"还是一个"国家"是无关紧要的,因为它是"一群认信基督宗教的人,团结在君王四周"。霍布斯论证,"世上没有诸如所有的基督徒都一定要服从的普世教会,因为世上没有所有其他联邦都要从属于之的权力。几个公国和国家的领土上都有基督徒;但是他们中的每一个都从属于那个联邦,他自己是其中的一员;因此不能听从任何其他人的命令。于是一个教会,如此这般的一个能命令,能判断、赦免、判罪或做任何其他的事情的教会,与一个由基督徒组成的市民联邦是同一回事;它被称为一个市民国家,因为它的臣民是人;被称为一个教会,因为它的臣民是基督徒"。

根据霍布斯,"世俗的和属灵的统治不过是被带入这世界的两个词,使人们看到重影,误解他们的合法的君主……因此此世没有其他的统治,既不是国家的,也不是宗教的,而是世俗的"。奥古斯丁和罗杰·培根(Roger Bacon)等人赞同霍布斯对统治的联合和对教会与国家的整合的观点,将国王放在教士的位置上,使最高的主教,既属灵地管理又世俗地管理,成为唯一的地上的王。吉尔松(Étienne Gilson)总结他们的观点时说,对他们来说"教会的定义包含国家",教会有包含"世俗的和属灵的领域"的普世性。

阿奎那的立场在关于法律的论述中有所说明,他在文中宣称,没有市民法是正当的或应当遵守的,如果它所要求的与神圣法相抵触的话。这种说法在他的小册子《论王权》中阐述的更加明确。"合乎道德地生活,并不是聚集起来的群众的最终极的终点,通过道德的生活去达到上帝的领地才是。此外,如果通过人类本性的力量可以到达这个终点,那么一个国王的义务就不得不包含对朝向这个终点的人的指导。"但是,阿奎那坚持,人们通过神圣的而非人的权力,达到这个终点,因此神圣的而非人的统治被需要去指导人们到达他们的终点。"因此,为了属灵的东西能从尘世的东西中区分出来,这个王国的神职不能委托给世俗的王,而应该给教士,最高级的应该给主教,圣彼得的继承者,教皇,罗马教皇,给那些基督徒人民的王们应该像服从我们的主耶稣基督本身那样服从的人。因为那些适合于处理中级终点的人应该服从那个适合处理终极终点的人,并为他的规则所指导。"

最后这段陈述显示,阿奎那与奥古斯丁和罗杰·培根不同,他分配给国家一种辅助的统治,给国王一种次等的权限。阿奎那的对手通常被认为是帕多瓦的马西利乌斯,他的《和平的保卫者》将教会与国家分离,但教士次于国王,在某种意义上,对应于阿威罗伊式的神学从属于哲学。但丁认为教会和国家都是独特的,他既不赞同得到世俗的和属灵的统治间的关系,也不赞同获得公民的和教会的统治间的关系。

阿奎那主张只有人的灵性终点才是终极的,所有世俗的终点都是中介的,但丁坚持人类有两个终极目标。"人类存在有双重目的,"他在《论世界帝国》中说,"因为他独自在带有堕落性和非堕落性的存在中,他独自在属于两种终极秩序的存在中———种是他的目标是作为堕落的存在,另一种是非堕落的。"人有两种至福,或者两种幸福——一种是地上的完美,存在于遍及整个人类智性力量的时间里的完全的实现中,一种是天上的完美,存在于上帝的视野中。"这两种福佑的状态,"但丁说,"像两种不同的目标,人们必须通过不同的方式去达到。我们遵从哲学教导,将之应用到我们的道德和智性能力,就可以达到第一个;我们遵从那些超越人类理性的属灵的教导,根据我们的神学能力、信仰、希望和慈悲,去达到第二个。"

根据这种人的两个终点的理论,以及理性和信仰的不同范畴的理论,或者一边是哲学和公民法,另一边是宗教和神圣法,但丁明确地表达了他的国家与教会分立的学说。他写道,"由于人类的两重终点,人的缰绳掌握在一个双面马夫手中:一面是至高的主教,用启示带领人类走向永恒的生命,另一面是君主,用哲学教育带领人类走向世俗的幸福"。教会和国家在某种意义上就像太阳和月亮一样相关联,国家从教会中得到某种光亮,即使是关于它自己权限内的事情;但根据但丁,国家在理性上有它自己的光源。他认为,"严格地说,世俗权力从灵性权力中获得的不是它的存在,它的力量或者权威,甚至是它的功能;它获得的是恩典之光,由天上的上帝和地上的教皇的祝福所发出的,照耀在其上的,使其可以更加有效地运作的光"。

所有这些关于教会和国家关系应该如何的中世纪理论——可能除了帕多瓦的马西利乌斯的理论以外——都设想宗教有一种超自然的来源,教会有一种超自然的基础,都是为了指导人类达到超自然的终点而建立的。这些理论根据它们对人类的地上的或者世俗的利益,理性的力量,法律的权限的不同观点而彼此不同。吉尔松认为,它们的差异验证了这个原则,"一个人构想国家和教会关系的方式,构想哲学和神学关系的方式,以及构想自然与恩典关系的方式,必然是相关联的"。

中世纪关于教会和国家的理论经过某些修正后,还在当代继续。但当代关于这个问题的典型看法,以一种对宗教本身的不同观点开始。它的中世纪原型可以在马西利乌斯的唯理论中找到。在世俗国家中,教会是一个纯粹的人类机构,宗教被哲学保卫,因为其对公民社会的和睦的贡献——或者,可能被世俗运动的倡导者谴责为"大众的鸦片"。宗教宽容的原则不仅包括宗教宽容,而且包括对宗教多元的宽容和对通常的对所有宗教的完全拒斥的宽容。

洛克在《论宽容》中写道,"在所有必要的事情中,我最推崇,完全区分公民政府的事情和宗教的事情,以及设定两者之间的公正的界限……国家对我来说,只是一个人们为了获取、保护和提升自己的公民利益而组成的社会"。教会是"一个自发的人类社会,人们自愿结合到一起,为了以他们认为上帝可以接受,对他们灵魂的救赎有效的方式,进行对上帝的公开崇拜"。

洛克的国家和教会分离的学说反映在《美国宪法》中。该宪法宣称"国会将不会制定任何,尊敬一个宗教的建立,或者禁止其自由运作的法律",这是杰斐逊的措辞。J. S. 穆勒在他对"守安息日立法"的抨击中采取了同样的原则。他认为,这些法律超出了公民政府的权力。它们代表了一种"对个体的合法自由的非法干涉……那种认为别人有信教的责任的观念",在穆勒看来是"以往发生过的所有宗教迫害的基础"。另一方面,黑格尔坚持,"国家必须要求所有的公民属于一个教会",但他又指出,"一个教会是所有能被说出来的教会,因为既然一个人信仰的内容依赖私人的观念,那国家就不能干涉它"。

托克维尔在考察初期的美国时,称赞了教会和国家的分离。"当宗教把它的势力建立在所有人都一心向往的永生愿望上时,它便可以获得普遍性。但是,只要它与一个政府结成联盟,它就必然采取只适用于某些民族的准则。"在欧洲,政治与宗教的联盟阻止"人们的精神追随它的倾向"并驱使人的精神"超越它必须自然地保有的那些限制"。在美国，宗教"将它自己限制在其自己的资源里，没有人可以剥夺；它只在一定范围内运行，但它在弥漫，无需努力地控制着那里"。

因此人们在教会和国家的重大问题上所采取的立场，部分地决定于他们所采取的不同的宗教概念。这对于关于宗教自由，关于对待异端和分裂，关于宗教教育，传教的呼唤和异教徒的皈依的对立意见同样为真。在宗教的讨论中，可能多于任何其他地方，最初的赞成或反对似乎决定了所有其他的肯定或否定。

分 类 主 题

1. 作为宗教基础的信仰：宗教起源的其他说明
   1a. 信仰的本质，起因和条件：它的特殊对象
   1b. 宗教信仰的来源
      （1）启示：上帝的话语和神圣权威；以启示的名义拒绝宗教
      （2）作为神圣证明的神迹和征兆
      （3）先知的见证：上帝选定的
2. 宗教的德行和实践：虔诚作为对上帝的正义
   2a. 祷告和祈求：它们的功效
   2b. 礼拜与崇拜：宗教的礼节和仪式
   2c. 圣礼的本质，制度和功用
   2d. 献祭和赎罪
   2e. 禁食和施舍
   2f. 净化仪式：通过洗礼和苦行免除罪；重生的概念
   2g. 宗教的虚伪：亵渎和渎神
3. 宗教生活：宗教机构和宗教群体
   3a. 宗教群体的犹太概念：托拉和犹太教堂
   3b. 教会的基督教概念：基督的神秘身体的教义
   3c. 宗教的社会组织：宗教职业
      （1）教士组织和其他的教会机构
      （2）教会管理和层级
      （3）教会组织的维持：什一税，奉献，国家补助
   3d. 修道生活：苦行的训练
4. 教会和国家：宗教和社会中世俗因素的关系
   4a. 宗教涉及政府的组成：神权政治的国家
   4b. 宗教对国家的服务和国家对宗教的政治支持
5. 宗教的传播
   5a. 宣讲的功用
   5b. 宗教皈依
   5c. 宗教教育
6. 宗教中的真理与谎言
   6a. 对偶像崇拜、巫术、妖术或者魔法的宗教非难；对迷信的谴责

6b. 宗教的护教学：对信仰的辩护

6c. 一个宗教的统一和传统

(1) 宗教中教条的地位：正统和异端；对异端的处理

(2) 源自信仰和实践差异的宗派和分裂

6d. 世界宗教：不同信仰的人们间的关系；有信仰者对待无信仰者的态度

6e. 宗教自由：道德心的自由；宗教宽容

6f. 对宗教超自然基础的拒斥：对特殊的信仰和实践的批判；宗教的心理起源

6g. 宗教与艺术和科学的关系：世俗化的冲击

6h. 作为神话的宗教：既不真也不假

7. 关于宗教信仰，制度和论争的历史和文学观察

[高健群 译]

79. Religion

索引

本索引相继列出本系列的卷号〔黑体〕、作者、该卷的页码。所引圣经依据詹姆士御制版，先后列出卷、章、行。缩略语 esp 提醒读者所涉参考材料中有一处或多处与本论题关系特别紧密；passim 表示所涉文著与本论题是断续而非全部相关。若所涉文著整体与本论题相关，页码就包括整体文著。关于如何使用《论题集》的一般指南请参见导论。

1. Faith as the foundation of religion: other accounts of the origin of religion

Old Testament: *Genesis*, 15:1–6
New Testament: *Mark*, 16:16–18 / *John*, 3:14–18; 5:24; 11:25–26; 14:1–14 / *Acts*, 16:25–33 / *Romans* / *II Corinthians*, 4:13–18; 5:6–8 / *Galatians* / *Philippians*, 3:8–9 / *Colossians*, 1:21–23; 2:5–7,12 / *Hebrews* / *James* / *I Peter*, 1:7–9; 2:6–7 / *I John*, 3:23; 5
- **16** Augustine, 375
- **18** Aquinas, 62–63, 73–75, 380–416
- **19** Dante, 121
- **20** Calvin, 4–5, 445
- **23** Montaigne, 249–256, 333–334
- **28** Bacon, 95–96
- **30** Pascal, 219–220, 224
- **39** Kant, 344–349
- **41** Boswell, 395
- **43** Hegel, 371–372
- **44** Tocqueville, 155–156
- **52** Dostoevsky, 133–144 passim
- **55** Whitehead, 224–225
- **55** Barth, 459–460
- **59** Shaw, 79–80

1a. The nature, cause, and conditions of faith: its specific objects

New Testament: *Mark*, 9:13–29; 11:20–24 / *Luke*, 8:4–15 / *John*, 1:6–18; 6:28–29; 12:44–46; 14:1,7–11; 20:24–31 / *Romans* / *I Corinthians*, 2:4–10 / *II Corinthians*, 4:1–6 / *Galatians*, 3 / *Hebrews* / *James*, 2 esp 2:17–26 / *I John*, 2:23–24; 4:1–3
- **16** Augustine, 17–19, 23–24, 42–43, 66–77, 85–86, 636–637
- **17** Aquinas, 3–10, 11–12
- **18** Aquinas, 61–62, 83–84, 332–333, 359–360, 380–426
- **19** Dante, 120–122
- **20** Calvin, 80, 93–94, 129–132, 253–279, 282–283
- **21** Hobbes, 66, 78–80, 83–84, 149, 240–246
- **23** Montaigne, 149–150, 249–250, 307–308
- **28** Bacon, 95–97
- **28** Descartes, 351–352, 510
- **30** Pascal, 217–218, 221–225, 243–244, 277, 284–286, 327

- **35** Montesquieu, 208–209
- **39** Kant, 179, 242–243, 320–321, 344–348, 353–354, 604–606, 607–609
- **41** Boswell, 394–395
- **43** Hegel, 248–249, 284–287, 325–326
- **43** Kierkegaard, 403–404, 405–436 passim esp 407–408, 409–410, 413–423, 424–425, 430–431, 452–453, 454–455
- **43** Nietzsche, 483
- **44** Tocqueville, 238
- **45** Goethe, 41–42
- **49** Darwin, 302–303, 593
- **51** Tolstoy, 196–198
- **52** Dostoevsky, 11–15, 22–26, 27–29, 68–70, 153–178, 180–185, 327–329, 352–362
- **53** James, William, 652–659 passim, 661
- **55** James, William, 62–63
- **55** Barth, 456, 467–469, 482–487, 496–497, 504, 511, 526–527, 530–531, 538–539
- **56** Planck, 109–110, 112–113
- **59** Shaw, 41–42, 96
- **59** Joyce, 621

1b. The sources of religious belief

1b(1) Revelation: the word of God and divine authority; the denial of religion in the name of revelation

Old Testament: *Genesis*, 12:1–9; 13:14–17; 15; 17–18; 22:1–18; 26:1–6,23–24; 32:23–32; 35:1–15; 46:1–4 / *Exodus*, 3–4; 6:1–8; 7:1–5; 19–20; 24; 33–34 / *Numbers*, 12; 14:20–25 / *Deuteronomy*, 4:10–15; 5; 29:29; 31:14–21 / *Joshua*, 1:1–9 / *I Samuel*, 3 / *I Kings*, 3:5–15; 9:1–9; 19:9–18 / *Job*, 33:14–17; 38:1–42:5 / *Psalms*, 119:103–105,130–133 / *Isaiah*, 6; 48:3–8 / *Jeremiah*, 1; 26:1–6 / *Ezekiel*, 1–3; 8–12 / *Amos*, 7 / *Zechariah*, 1–6
Apocrypha: *Ecclesiasticus*, 17:6–14
New Testament: *Matthew*, 3:16–17; 7:28–29; 10:1–20; 11:25–27; 13:10–23; 21:23–27; 28:18–20 / *Mark*, 9:3–7 / *Luke*, 2:25–26; 10:21–22; 12:1–3 / *John*, 3:2,9–12; 4:41–42; 5:31–47; 9:35–38; 10:26–27; 12:28–30; 17:6–8 / *Acts*, 22:6–16 / *Romans*, 1:16–20; 15:4 / *I Corinthians*, 2:9–10; 12:1–7; 15:1–2 / *Galatians*, 1:11–17 / *Ephesians*, 1:3–9 /

II Timothy, 3:14-16 / *I Peter*, 1:10-12 / *II Peter*, 1:16-25
16 Augustine, 45-47, 80-82, 146, 358, 375-377, 725
17 Aquinas, 61-62, 175-178, 253-255
18 Aquinas, 210-212, 240-245, 267-268, 385-387, 399-400
19 Dante, 83-89 passim, 123
20 Calvin, ix, 1-100 esp 16-39, 50, 118-120, 129-134, 141, 193-215, 255-279 esp 271-276, 306, 395-397
21 Hobbes, 165-167, 181-188, 241-242
23 Montaigne, 279-280, 313
28 Bacon, 2-4, 19, 38, 98-100
28 Descartes, 295, 394-395
29 Milton, 238-239
30 Pascal, 147, 163-166, 272-273, 355, 440
33 Locke, 291, 340, 371, 384-388
37 Gibbon, 179, 186-187, 307-308
38 Gibbon, 227-228, 231
41 Boswell, 394
43 Hegel, 165-166
43 Nietzsche, 485
51 Tolstoy, 50
52 Dostoevsky, 133-144, 158-161
55 Barth, 454, 457-464 esp 461-462, 469-470, 481-489, 504-505, 510, 514, 515, 519-522, 528-529, 537-539, 540-545
59 Shaw, 58-59, 69-74

1b(2) Miracles and signs as divine confirmation

Old Testament: *Genesis*, 15 / *Exodus*, 4:1-9; 7-12; 14; 16:1-17:7; 19:1-20:22; 33:8-10; 34:10,29-35 / *Numbers*, 11:24-25; 12; 16-17 / *Deuteronomy*, 4:10-15,36; 5 / *Joshua*, 3:7-4:24 / *Judges*, 6:11-24,36-40 / *I Samuel*, 12:15-19 / *I Kings*, 17:18 / *II Kings*, 1-2; 5; 6:25-7:20; 20:1-11 / *Isaiah*, 38 / *Daniel*, 2:1-5:31; 6:18-28
Apocrypha: *Wisdom of Solomon* / *Bel and Dragon*, 31-42 / *II Maccabees*, 9
New Testament: *Matthew*, 8:1-17,23-34; 9:1-8,18-34; 12:22-29; 14:13-33; 15:22-39; 17:1-8,14-20; 21:17-22 / *Mark*, 1:23-2:12; 5; 7:24-8:26; 10:46-52; 16:16-18 / *Luke*, 1:5-66; 4:31-5:26; 7:1-23; 17:11-19 / *John*, 2:1-11,22; 4:46-54; 5:1-9; 9; 11:1-48; 20:1 / *Acts*, 2:1-22; 3:2-16; 5:1-24; 12:5-11; 14:7-10; 19:11-20 / *Hebrews*, 2:3-4
16 Augustine, 353-355, 357-358, 360-361, 663-675
18 Aquinas, 398-399
19 Chaucer, 329-330, 344-346
20 Calvin, 24, 297-298
21 Hobbes, 166-167, 188-191
28 Bacon, 19, 33, 201-203
29 Milton, 323-324
30 Pascal, 221, 277, 328-341
33 Locke, 388
33 Berkeley, 425
33 Hume, 488-489, 495-497

37 Gibbon, 189-190, 294-296, 445-446, 465-467
38 Gibbon, 232, 398-399
41 Boswell, 126
51 Tolstoy, 219-220
52 Dostoevsky, 11-12, 179-188, 197-200
55 Barth, 476-477
56 Planck, 109-110
59 Shaw, 67-68, 79-81

1b(3) The testimony of prophets: the anointed of God

Old Testament: *Exodus*, 4:10-16; 6:28-7:2 / *Leviticus* passim / *Numbers* passim / *Deuteronomy* passim / *Joshua*, 1; 3:7-4:14; 23-24 / *Judges*, 6:7-10 / *I Samuel*, 2:27-36; 7-13 passim; 15-16; 28:7-20 / *II Samuel*, 7:4-17; 12:1-14 / *I Kings*, 14:1-18; 18; 20; 21:17-22:38 / *II Kings*, 1-2; 3:10-27; 6-9; 19:1-7,20-34; 20; 21:10-16; 22:8-20 / *I Chronicles*, 17:3-15; 21:9-26 / *II Chronicles*, 15:1-15; 18; 20:14-27; 21:12-19; 25:5-16; 28:1-15; 34:14-33; 36:14-21 / *Isaiah* passim / *Jeremiah* passim / *Ezekiel* passim / *Daniel*, 5; 6:18-28; 7-12 passim / *Hosea* passim / *Joel* passim / *Amos* passim / *Obadiah* / *Jonah* / *Micah* passim / *Nahum* / *Habakkuk* / *Zephaniah* / *Haggai* / *Zechariah* passim
New Testament: *Matthew* / *Mark*, 1:1-8; 6:4-6; 16:15-16 / *Luke*, 1:67-79; 4:16-21; 4:24; 11:48-50 / *John*, 1:6-8; 1:45; 4:43-44; 5:39; 7:37-52; 12:37-41 / *Acts* passim / *Romans*, 10:12-11:36 / *I Corinthians*, 3-5; 14 / *Hebrews*, 1:1-2; 5:5-10; 8:4-12 / *I John*, 5:9-13
16 Augustine, 309, 479-480, 482-484, 506-510, 512-537, 549-550, 552-553, 556-558, 567, 629-632
20 Calvin, 32-33, 193-194
21 Hobbes, 137-138, 160, 176-177, 182-188
29 Milton, 313-315, 324, 326
30 Pascal, 273-276, 283-284, 290-301 passim, 301-319, 320-321, 333-334
37 Gibbon, 187-188
43 Kierkegaard, 405
48 Melville, 18-23
58 Weber, 214-216

2. The virtue and practice of religion: piety as justice to God

Old Testament: *Genesis*, 28:18-22 / *Exodus* passim / *Leviticus*, 18:1-5; 26 / *Numbers* passim / *Deuteronomy*, 4:1-40; 5-6; 8-11; 28-32 / *Joshua*, 22:1-6; 24:14-28 / *I Kings*, 8:57-61 / *I Chronicles*, 22:12-13 / *Psalms* passim / *Ecclesiastes*, 12:13 / *Isaiah*, 1-3; 9-10; 29-30; 37:21-36; 42; 44; 48; 58; 64:1-7 / *Jeremiah*, 1-44 passim / *Ezekiel*, 5-8; 11-16 passim; 20; 23-24 / *Hosea* passim / *Amos* passim / *Micah*, 6:8 / *Zephaniah* / *Zechariah* passim / *Malachi*

Apocrypha: *Wisdom of Solomon* passim / *Ecclesiasticus,* 2:15-18; 35 / *Baruch,* 4:1-3
New Testament: *Matthew,* 22:21,34-40 / *Luke,* 4:6-8; 10:25-27; 17:7-10 / *John,* 4:21-24 / *Romans,* 3:19-28; 4:1-8; 8:1-17 / *Galatians,* 5:1-5

- 3 Homer, 1-12, 324-325
- 4 Aeschylus, 1-12, 58, 62-63
- 4 Sophocles, 159-174, 253
- 4 Euripides, 296-315, 383-406, 421-423 passim, 472-493
- 5 Herodotus, 201-202
- 6 Plato, 191-199, 200-212 passim, 682-683, 769-771
- 11 Epictetus, 115, 149, 197-198
- 11 Aurelius, 275-276, 279
- 16 Augustine, 175-176, 348-374, 593-594, 598, 709-710, 712-713, 719-720
- 18 Aquinas, 51-52, 245-337, 650-700
- 19 Dante, 92-94, 95-96
- 19 Chaucer, 450-455
- 20 Calvin, 90-96, 170-171, 172-173, 288-289, 333-337
- 21 Hobbes, 161-163
- 23 Montaigne, 249-253
- 29 Milton, 33-56, 66, 368-370, 402
- 30 Pascal, 256-257, 258-259
- 33 Locke, 1-22 passim
- 33 Berkeley, 444
- 37 Gibbon, 81-82, 180-182, 291-292
- 38 Gibbon, 232-233, 259-260
- 39 Kant, 325-327, 368, 504-505, 611
- 40 Mill, 290-292
- 43 Hegel, 183-184, 247-248, 307-309, 330
- 43 Kierkegaard, 416-417
- 43 Nietzsche, 487-488
- 44 Tocqueville, 283-284, 291-294, 388-389
- 46 Eliot, George, 205-206, 215, 288-289, 495-496
- 48 Melville, 18-23
- 51 Tolstoy, 122, 218-220, 271-274
- 52 Dostoevsky, 25-26, 39-40, 153-178
- 53 James, William, 203-204
- 55 Barth, 469-470, 529-532
- 58 Frazer, 33-34
- 58 Weber, 102-103, 193-195, 201-211 passim
- 58 Lévi-Strauss, 486-490
- 59 Shaw, 50-51
- 59 Joyce, 598-601

2a. Prayer and supplication: their efficacy

Old Testament: *Genesis,* 18:20-33; 24:10-27; 32:9-12 / *Exodus,* 2:23-25; 3:7-10; 32:30-33; 33:12-23 / *Numbers,* 11:1-2,10-34; 14:11-20 / *Deuteronomy,* 9:18-20,25-29 / *Joshua,* 10:12-14 / *Judges,* 15:18-19; 16:27-30 / *I Samuel,* 1; 12:19-25 / *II Samuel,* 7:18-29; 22:4-20; 24:10-25 / *I Kings,* 3:5-15; 8; 18:36-39 / *II Kings,* 4:32-35; 19:14-20:11 / *I Chronicles,* 17:16-27; 21:8-27 / *II Chronicles,* 6:14-42; 7:12-22; 14:10-13; 16:12; 20:1-25; 32:19-24; 33:11-13,18-19 / *Ezra,* 9:5-15 / *Nehemiah,* 1:4-11 / *Job,* 8:5-6; 9:13-16; 10; 16:17-22; 33:26-28 / *Psalms* passim / *Isaiah,* 1:15; 37:14-38; 55:6-7 / *Jeremiah,* 14:11-15:1; 32:16-44; 42:1-6,20 / *Lamentations,* 3:8,44,55-57 / *Daniel,* 9 / *Joel,* 2:32 / *Jonah,* 2; 4:1-4 / *Micah,* 3:1-4 / *Zechariah,* 7; 8:20-23; 10:1-2

Apocrypha: *Tobit,* 3; 12:8; 13 / *Judith,* 4:9-15; 8:14-17,31; 9 / *Rest of Esther,* 13:8-14:19 / *Wisdom of Solomon,* 9 / *Ecclesiasticus,* 34:24-26; 35:13-17; 38:9-14; 39:5-6; 51 / *Baruch,* 2:14-19; 3:1-8 / *Song of Three Children,* 10-27 / *Susanna,* 42-44 / *I Maccabees,* 4:8-11 / *II Maccabees,* 23-30; 3:14-36; 12:39-45; 15:21-29

New Testament: *Matthew,* 6:5-15; 7:7-11; 18:19-20; 21:17-22; 26:36-45 / *Luke,* 11:1-13; 18:1-14 / *John,* 14:13-16; 16:23-26; 17 / *Acts,* 4:23-33; 9:36-41; 10:1-4 / *Romans,* 8:26-27; 10:12-13 / *I Corinthians,* 14:13-16 / *Colossians,* 4:2-3 / *I Timothy,* 2:1-8 / *James,* 4:3; 5:13-18 / *I John,* 3:22; 5:13-16

- 3 Homer, 1-3, 101-102, 193-194, 358-359, 500
- 4 Aeschylus, 1-12, 15, 18-20, 26-29
- 4 Sophocles, 113-114
- 4 Aristophanes, 851-852
- 5 Herodotus, 20-21, 226, 239-240
- 6 Plato, 447, 759
- 11 Aurelius, 279
- 11 Plotinus, 378, 483, 489-490
- 12 Virgil, 121, 141-142, 218, 230, 249, 295-296
- 13 Plutarch, 104, 107
- 16 Augustine, 43-44, 89-92, 103, 112-114
- 18 Aquinas, 823-827, 901-902, 917-922
- 19 Dante, 50-51, 58, 61, 130, 132-133
- 19 Chaucer, 300-302
- 20 Calvin, 50, 323-324
- 21 Hobbes, 163
- 23 Erasmus, 41
- 23 Montaigne, 192-194, 195-196
- 25 Shakespeare, 53-54
- 29 Milton, 298-300
- 37 Gibbon, 82, 466-467
- 41 Boswell, 52-53, 224
- 45 Goethe, 43-44
- 48 Twain, 273
- 51 Tolstoy, 281-282, 435-436, 553-554
- 52 Dostoevsky, 175
- 59 Shaw, 87-88
- 60 Brecht, 442-443

2b. Worship and adoration: the rituals and ceremonials of religion

Old Testament: *Genesis,* 12:7-8; 17:7-14,23-27; 28:18-22 / *Exodus* 15:1-21; 23:10-19; 24-31; 35-40 / *Leviticus* / *Numbers,* 5:5-9:14; 15; 18-19; 28-29 / *Deuteronomy,* 5:6-15; 12; 14; 15:19-17:1; 26; 32 passim / *Joshua,* 5:2-9; 22:9-34

/ *Judges,* 11:30-40 / *I Samuel,* 2:1-10 / *II Samuel,* 6:1-15; 22 / *I Kings,* 8 / *II Kings,* 17:36 / *I Chronicles,* 15:25-16:36; 17:16-27; 29:10-22 / *II Chronicles,* 5:1-7:9; 15:1-15; 30; 35:1-19 / *Ezra,* 1-8 passim / *Nehemiah,* 9 / *Esther,* 9:20-32 / *Psalms* passim / *Song of Solomon* / *Isaiah,* 1:10-18; 2:2-3; 25-26; 29:18-19; 40:9-31; 56:1-7; 58 / *Jeremiah,* 17:21-27 / *Amos,* 5:21-24 / *Micah,* 6:6-8 / *Zechariah,* 14:16-21

Apocrypha: *Judith,* 16 / *Rest of Esther,* 13:14; 16:20-22 / *Ecclesiasticus,* 35:1-7; 39:15-35; 47:8-10; 50-51 / *Song of Three Children,* 28-68 / *I Maccabees,* 2:14-48; 4:52-59 / *II Maccabees,* 15:1-5

New Testament: *Matthew,* 12:1-12 / *John,* 4:19-26; 7:22-23 / *Acts,* 15:1-29 / *Romans,* 2:25-29; 4:8-12; 14 / *Galatians,* 5:1-11

3 Homer, 20-21, 292, 425
4 Sophocles, 140, 189-194
4 Euripides, 379-381, 384, 463-464, 472-493
4 Aristophanes, 655-656, 804-806
5 Herodotus, 31, 40-41, 45, 56-64, 95, 129-130, 138, 142, 155-156
6 Plato, 345-346, 718-719, 731-732
11 Lucretius, 23, 73
12 Virgil, 154-156
13 Plutarch, 49-61 passim, 214, 424
14 Tacitus, 282-283
16 Augustine, 44, 82-83, 306-309, 348-350, 350-351
18 Aquinas, 247-248, 253-255, 265-304, 839-854, 900-917
20 Calvin, 3-4, 37, 39-41, 155-156, 162-163, 179-182, 210, 364, 412-414, 421
21 Hobbes, 161-163, 180, 226-227, 261-262
23 Montaigne, 340-341
28 Bacon, 55, 101
29 Milton, 178-179, 229-231
30 Pascal, 62-64
33 Locke, 10-15
33 Hume, 468
35 Montesquieu, 211
37 Gibbon, 59-60, 180-182, 184-185, 208-211 passim, 349-350, 353, 356-357, 457-467, 547, 583-584
38 Gibbon, 195-198, 207-208, 226-227
39 Kant, 504-505, 509-510
43 Hegel, 236-237, 239-240, 252, 258-259, 267-268, 307-309
44 Tocqueville, 237-239
48 Melville, 24
51 Tolstoy, 373-377
52 Dostoevsky, 137-138, 179
55 Whitehead, 225-226
57 Veblen, 51-53, 127-128, 130, 137-138
58 Huizinga, 245-246, 262, 307-308, 310-311

2c. The nature, institution, and uses of the sacraments

New Testament: *Matthew,* 3; 26:26-29; 28:19 / *Mark,* 14:22-24; 16:16 / *Luke,* 22:14-20 / *John,* 1:25-27,33; 3:3-7; 6 / *Acts,* 2:37-42; 8:12-17,26-40; 19:1-7 / *Romans,* 6:3-4 / *I Corinthians,* 1:12-17; 11:23-30 / *Ephesians,* 4:5; 5:21-33 / *James,* 5:14-16 / *I Peter,* 3:18-22

16 Augustine, 149-150, 418, 500-501, 649, 654-655, 744, 776
18 Aquinas, 283-292, 298-299; 332-333, 387-388, 400-401, 847-884, 978-980
19 Dante, 56, 79-89
19 Chaucer, 378, 379-380, 470-471
20 Calvin, 52, 198-199, 297-308, 331-334, 345, 416-417
21 Hobbes, 206-207, 211-212, 249-250, 263-264
28 Descartes, 388-391
30 Pascal, 71-80, 128-137, 343, 344, 348-349
33 Locke, 391-392
37 Gibbon, 297
38 Gibbon, 334
41 Boswell, 481
43 Hegel, 352-353, 358
43 Nietzsche, 496
51 Tolstoy, 43-44, 476-478
52 Dostoevsky, 23, 84-85
55 James, William, 18-19
55 Barth, 483, 527-529
58 Weber, 207-208
59 Joyce, 604, 653

2d. Sacrifices and propitiations

Old Testament: *Genesis,* 4:1-16; 15:6-17; 22 / *Exodus,* 8:1,25-29; 10:3-11,24-26; 12:1-13:16; 20:24-26; 22:29-30; 24:5-8; 29-30 / *Leviticus,* 1-10; 12; 14:1-32; 16-17; 19:5-7; 21-23; 27 / *Numbers,* 3:12-13; 5-9; 15-16; 18:1-19:6; 28-29; 31:25-54 / *Deuteronomy,* 12; 14:22-29; 15:19-21; 16:1-17; 21:1-9; 26:10-15 / *Joshua,* 8:30-31; 22:9-12,21-29 / *Judges,* 6:19-21,25-28; 11:28-40; 13:15-23 / *I Samuel,* 1:11,19-28; 2:12-17,27-29; 6:13-15; 7:8-10; 13:5-14; 15:1-23 / *I Kings,* 8:62-64; 18:16-39 / *II Kings,* 16:12-16 / *I Chronicles,* 29:1-9,14,20-21 / *II Chronicles,* 7:1-7; 29:20-35; 35:1-19 / *Nehemiah,* 10:29-39 / *Psalms,* 50; 51:16-19 / *Proverbs,* 3:9-10 / *Isaiah,* 1:11-17; 43:23-24 / *Jeremiah,* 7:21-23 / *Ezekiel,* 43:18-27; 44:7,30; 45:13-46:24 / *Hosea,* 8:11-9:4 / *Joel,* 2:12-14 / *Amos,* 4:4-5; 5:21-27 / *Micah,* 6:6-8 / *Malachi,* 1:7-14; 3:3-10

Apocrypha: *Judith,* 16:16-19 / *Ecclesiasticus,* 34:18-20; 35:1-12 / *Song of Three Children,* 14-17 / *Daniel,* 3:37-40 / *Bel and Dragon,* 1-22 / *I Maccabees,* 4:49-56 / *II Maccabees,* 1:18-36; 2:9-11; 3:31-35

New Testament: *Matthew,* 12:7 / *Mark,* 12:32-33,41-44 / *Romans,* 5:7-11; 12:1 / *II Corinthians,* 5:14-21 / *Hebrews,* 5:1-3; 7:26-27; 8:3-4; 9:1-10:22; 13:9-16

3 Homer, 20–22, 72–73, 83, 149–153, 324, 394–395, 425
4 Aeschylus, 18–20, 54–56
4 Sophocles, 200–201
4 Euripides, 338–341, 501–502, 544–545, 585–605, 606–633
4 Aristophanes, 762–763, 903–905
5 Herodotus, 57–58, 134, 142, 157, 235, 282
6 Plato, 198, 484–485, 683, 712, 768–769, 770–771, 791–792
11 Lucretius, 2
12 Virgil, 102, 127–130, 137–138, 172, 302–303
13 Plutarch, 1–15 passim, 94, 142–143, 239–240, 273
14 Tacitus, 168
16 Augustine, 350–353, 359–363, 364
18 Aquinas, 269–270, 272–276, 283–292, 299–300, 396–397, 862–863, 900–917 passim
19 Dante, 95–96
20 Calvin, 311–312, 318–319
21 Hobbes, 197–198, 204
23 Erasmus, 21–22
23 Montaigne, 290–292
33 Locke, 12–13
37 Gibbon, 121, 349–350, 463
38 Gibbon, 226–227
41 Boswell, 482
43 Kierkegaard, 405–410, 425–427
43 Nietzsche, 486
45 Goethe, 113–114
55 Barth, 470
58 Huizinga, 327–328, 331

2e. Fasting and almsgiving

Old Testament: *Leviticus*, 25:35–37 / *Deuteronomy*, 15:7–11; 24:17–22; 26:12–13 / *II Samuel*, 12:15–23 / *Ezra*, 8:21–23 / *Esther*, 4:1–3,15–17 / *Job*, 29:11–16; 31:16–22 / *Psalms*, 41:1–3; 69:10–11 / *Proverbs*, 14:21,31; 21:13; 29:7 / *Isaiah*, 58:3–12 / *Ezekiel*, 18:4–21 / *Daniel*, 10:2–3 / *Zechariah*, 7
Apocrypha: *Tobit*, 1:16–17; 2; 4:7–11,16–17; 12:8–10 / *Ecclesiasticus*, 4:1–8; 7:10,32–33; 12:1–7; 29:1–2,8–13,20
New Testament: *Matthew*, 5:42; 6:1–4,16–18; 9:14–15; 19:16–22 / *Luke*, 3:11; 14:12–14; 18:11–12,18–23; 21:1–4 / *Acts*, 10:1–4 / *II Corinthians*, 8–9 / *I Timothy*, 6:17–19
5 Herodotus, 156–157
16 Augustine, 649–650, 657–659
18 Aquinas, 540–550, 665–673, 910–912
20 Calvin, 288–289, 351, 356–358, 368–370, 417–418, 438–441
30 Pascal, 91–94
31 Molière, 124
37 Gibbon, 197, 198, 596–597
38 Gibbon, 233
48 Melville, 38–40
57 Veblen, 130
58 Frazer, 14–16

2f. Purificatory rites: the remission of sin by baptism and penance; the concept of regeneration

Old Testament: *Exodus*, 30:17–21 / *Leviticus*, 4–6; 7:1–7; 9; 11–17 / *Numbers*, 5:5–31; 6:9–12; 8:5–7; 19; 31:19–24 / *Deuteronomy*, 21:1–9; 23:9–11 / *II Chronicles*, 29–30 / *Psalms*, 51:1–2,7–10
Apocrypha: *I Maccabees*, 4:38–61 / *II Maccabees*, 1:18–36
New Testament: *Matthew*, 3; 15:1–20; 23:25–26 / *John*, 1:25–33; 3:5,22–27; 13:1–15 / *Acts*, 2:37–41; 8:12–17,20–22, 35–38; 13:23–24; 19:1–5 / *Romans*, 6
3 Homer, 72, 296, 332, 523–524
4 Aeschylus, 94, 96
4 Sophocles, 183–184
5 Herodotus, 8, 56–57
5 Thucydides, 442–443
9 Hippocrates, 326–329
12 Virgil, 180
16 Augustine, 6–7, 366–368
18 Aquinas, 283–292, 362–363, 436–437
20 Calvin, 234–253, 280–317, 318–324, 337–340, 346, 400, 417, 435–437, 447
21 Hobbes, 211–212
23 Erasmus, 18
29 Milton, 328–329
30 Pascal, 71–80
38 Gibbon, 384–385
43 Hegel, 352–354
55 Barth, 488
58 Weber, 188–190, 202
59 Joyce, 586, 593–598, 648–649

2g. Religious hypocrisy: profanations and sacrileges

Old Testament: *Exodus*, 20:1–10,24–26; 19:10–13,21–24 / *Leviticus*, 7:18–21; 10; 17:1–9; 19:5–8,12; 20:2–3; 21–22; 24:10–16 / *Numbers*, 15:32–36 / *Deuteronomy*, 5:6–14; 23:1–4 / *I Samuel*, 2:12–7:17 passim; 21:1–6 / *II Samuel*, 6:6–7 / *I Kings*, 21:9–13 / *I Chronicles*, 13:9–10; 15:12–13 / *II Chronicles*, 26:16–21; 36:14–21 / *Nehemiah*, 13 / *Job*, 1:9–11; 2:9–10 / *Psalms*, 74:1–10,18 / *Isaiah* passim / *Jeremiah* passim / *Ezekiel* passim / *Daniel*, 5:2–4,23; 11:30–31 / *Hosea* passim / *Amos*, 2:6–8 / *Malachi*
Apocrypha: *Wisdom of Solomon*, 1:6–7; 14:22–31 / *Ecclesiasticus*, 23:7–15 / *I Maccabees* passim / *II Maccabees* passim
New Testament: *Matthew*, 5:34–35; 9:2–6; 12:1–15; 21:12–13; 26:63–67 / *John*, 2:13–16; 10:33–36 / *Acts*, 8:9–24 / *I Corinthians*, 11:17–34 / *Revelation*, 13:1–6; 16:8–11
4 Aeschylus, 5–6, 9–11, 20–22, 57–58, 62, 64–65
4 Sophocles, 123, 159–174, 185, 192–194, 200–201, 253

4 Euripides, 472-493
4 Aristophanes, 720-721, 855-857, 896-898
5 Herodotus, 4, 36, 70-71, 78, 92-93, 95, 200, 203
5 Thucydides, 380, 471-472
6 Plato, 321-324, 719, 743-744
12 Virgil, 124-125
13 Plutarch, 54-55, 162-165, 185-186, 483, 580-581, 729-731
18 Aquinas, 444-452
19 Dante, 23-24
20 Calvin, 7, 176-179, 261-262, 291-294, 341-346, 364, 386-387, 411-415, 427, 440-441, 453
21 Hobbes, 90, 163
23 Erasmus, 25-34 passim
29 Milton, 349
30 Pascal, 94-97
31 Molière, 61-106 passim esp 67-70, 96, 100-106, 113, 135-138
35 Montesquieu, 85-86
37 Gibbon, 180, 353, 357-358
40 Mill, 307-309
45 Balzac, 237-238
46 Eliot, George, 496-497, 549-550, 555-556
48 Twain, 325-326
52 Dostoevsky, 68-70
58 Huizinga, 290, 293, 295-296, 307-318, 319-321, 376-377
59 Joyce, 573-576

3. **The religious life: religious offices and the religious community**

3a. **The Jewish conception of the religious community: the Torah and the Temple**

Old Testament: *Genesis,* 13:14-17; 15; 17; 18:17-19; 22:15-18; 26:1-6; 27:22-29; 28; 32:24-28; 48-49 / *Exodus* passim / *Leviticus* passim / *Numbers* passim / *Deuteronomy* passim / *Joshua,* 1:8-15; 3-4; 22:1-6; 24:14-28 / *I Samuel,* 8 / *II Samuel,* 6-7 / *I Kings,* 5:1-9:9 / *II Kings,* 17; 25:8-15 / *I Chronicles,* 13; 15-17; 22:1-29:10 / *II Chronicles,* 2-7; 24:4-14; 29-31; 34:1-35:19; 36:14-21 / *Ezra* passim / *Nehemiah,* 1:5-9; 8-9 / *Esther,* 3:8-4:17; 7-9 / *Psalms* passim / *Proverbs,* 6:23 / *Isaiah* passim / *Jeremiah* passim / *Lamentations,* 2:7 / *Ezekiel* passim / *Hosea* passim / *Amos* passim / *Jonah,* 2:4 / *Micah,* 4:1-2 / *Habakkuk,* 2:20 / *Zephaniah* passim / *Haggai* / *Zechariah* passim / *Malachi* passim
Apocrypha: *Tobit,* 14:4-9 / *Judith,* 4-5; 7:19-10:10; 13-16 / *Ecclesiasticus,* 17:11-21; 19:20,24; 39:1-11; 42:1-2; 44:19-45:5; 49:12-50:21 / *I Maccabees,* 1-9 passim / *II Maccabees* passim
14 Tacitus, 295-296, 297-298
16 Augustine, 249, 494-495, 496-502, 522-523

18 Aquinas, 242-244, 276-283, 292-298, 304-321
20 Calvin, 24-27, 170-171, 213-214, 329-330, 342, 344-346
21 Hobbes, 137-138, 177-180, 182-186, 199-204
29 Milton, 321-325, 326-327
30 Pascal, 280-282, 284-290, 304-308
37 Gibbon, 179-183, 208, 352-354
43 Hegel, 259-261, 340-341
43 Nietzsche, 485, 499

3b. **The Christian conception of the church: the doctrine of the mystical body of Christ**

Old Testament: *Song of Solomon*
New Testament: *Matthew,* 4:18-22; 9:35-10:42; 13; 16:18-19,24; 18:15-20; 20:25-28; 25; 28:16-20 / *Mark,* 10:42-45; 12:28-34 / *Luke,* 6:27-38; 10:16,25-37; 12:11-12; 22:24-30 / *John,* 4:34-38; 10; 13:31-17:26; 20:20-23; 21:15-17 / *Acts* passim / *Romans* / *I Corinthians* / *II Corinthians* passim / *Galatians,* 1:1-2:9; 3-4; 5:14; 5:22-6:2 / *Ephesians* / *Philippians,* 1:27-2:4 / *Colossians* / *I Thessalonians,* 4:9-10 / *Hebrews,* 3:5-6; 13:1-3 / *James,* 2:8-17 / *I Peter,* 2:1-10 / *I John* / *II John*
16 Augustine, 186-187, 374-696, 709, 753
18 Aquinas, 276-283, 625-700, 756-763, 910-914, 1042-1049
19 Dante, 36-37, 86-89, 119-122, 124-125, 129-132
20 Calvin, 213-214, 232, 256-261, 301-303, 326-455 passim esp 331-332, 389
21 Hobbes, 198-199, 204-207, 247-249, 275-278
23 Erasmus, 40
30 Pascal, 256-258, 342, 343-349
33 Locke, 4-5
43 Hegel, 325-329
43 Kierkegaard, 432-433
52 Dostoevsky, 135-141
54 Freud, 674, 691-692
55 Barth, 470-471, 480-481, 490, 516-517, 518-523, 531, 533-534
58 Weber, 182, 193, 202-204, 207-211
59 Shaw, 53-55

3c. **The social institutions of religion: religious vocations**

20 Calvin, 351-354, 359-360, 448-455
55 Barth, 505-506, 510
58 Huizinga, 278-280, 308, 318-324
59 Joyce, 603-606

3c(1) **The institution of the priesthood and other ecclesiastical offices**

Old Testament: *Genesis,* 14:18-20 / *Exodus,* 28-29; 30:17-21,30; 39; 40:12-15 / *Leviticus* passim / *Numbers,* 1:49-54; 3-5; 6:10-11,16-27; 8; 10:1-10; 15:24-28;

16:1–19:7; 20:23–29; 25:6–13; 27:18–23; 35:24–28,32 / *Deuteronomy*, 10:8–9; 12:18–19; 17:8–13; 18:5–7; 20:1–4; 26:1–4; 33:8–11 / *Joshua*, 3:3,6–17; 4:1–18; 6:1–20 / *I Samuel*, 2:12–17,27–36; 4:10–18; 21:1–9; 22:9–21 / *II Samuel*, 15:24–29 / *I Kings*, 8:1–11; 12:30–32; 13:33–34 / *II Kings*, 12:4–10; 16:10–16; 17:26–28,32; 22:3–14; 23:4–9,20 / *I Chronicles*, 15:11–27; 16:4–6,37–42; 23–26 / *II Chronicles*, 5; 8:14–15; 11:13–15; 13:9–12; 19:8–11; 23:1–24:16; 29–31; 34:8–15; 35:1–9 / *Ezra*, 1:1–5; 2; 6–12 passim / *Nehemiah*, 8; 10:37–39; 12:26–47; 13:4–11,28–31 / *Isaiah*, 61:6 / *Jeremiah*, 2:8; 6:13; 23:1–4,11; 33:18–22 / *Ezekiel*, 34; 44:9–31; 45:4–5; 48:10–11 / *Hosea*, 4:4–10 / *Zechariah*, 3; 6:9–13 / *Malachi*, 1:6–2:9

Apocrypha: *Ecclesiasticus*, 45; 50 / *I Maccabees*, 4:42–53 / *II Maccabees*, 1:19–32; 3 passim; 4:7–29

New Testament: *Matthew*, 12:3–5; 26:57–65 / *John*, 18:19–24 / *Acts*, 1:15–26; 6:1–8; 14:22–23; 23:1–5 / *I Timothy*, 3; 5:17–22 / *II Timothy*, 1–3 / *Titus*, 1 / *Hebrews*, 2:17–3:2; 4:14–5:10; 6:18–9:28; 10:11–12,19–22 / *I Peter*, 5

5 Herodotus, 60–61, 135–136, 211, 295–296, 308
6 Plato, 597–598, 700–701, 787
8 Aristotle, 526, 533
12 Virgil, 103–105, 175–176, 223
13 Plutarch, 53–56
14 Tacitus, 67–68
16 Augustine, 514, 518–522
18 Aquinas, 299–300, 389–390, 633–650, 663–665, 695–696, 827–833, 870–879
19 Chaucer, 372–373
20 Calvin, 234, 302–308, 328–330, 347–361, 366–370, 396–397, 441–444, 448–455
21 Hobbes, 177–180, 207–240, 272–274
22 Rabelais, 119–122 passim, 186–188, 195–196
35 Montesquieu, 209–210
37 Gibbon, 82, 300–301, 457–458
41 Boswell, 196, 218–220, 313–316, 466–467
43 Hegel, 235–239
44 Tocqueville, 239
46 Eliot, George, 286–288, 437–438, 446, 448
52 Dostoevsky, 133–144, 179–188 passim
55 Barth, 481–489 esp 485–486, 505–516 esp 514–516
57 Veblen, 51, 53, 77, 130–133, 144–145
58 Frazer, 1–2, 6–7, 35
58 Weber, 209
58 Huizinga, 326
59 Shaw, 50–53
59 Joyce, 602–606, 619

3c(2) **Ecclesiastical government and hierarchy**

Old Testament: *Leviticus*, 21:10–15 / *Numbers*, 3:5–10 / *I Chronicles*, 23–24

New Testament: *Matthew*, 16:18–19; 20:25–28 / *Mark*, 10:42–44 / *Luke*, 22:24–30 / *Acts*, 1:21–26; 6:1–6; 13:1–3; 15:1–30 / *I Timothy*, 3 / *Titus* / *Hebrews*, 1:1–8; 4:14–5:10; 6:19–10:21

18 Aquinas, 389–390
19 Dante, 34–35
20 Calvin, 214–215, 299, 340–346, 355–361, 362–370, 370–444
21 Machiavelli, 16–17
21 Hobbes, 178–180, 207–240, 248–249, 266, 273, 275–278
22 Rabelais, 288–297
23 Erasmus, 32–34
30 Pascal, 344–345
33 Locke, 4–6, 7–8
35 Rousseau, 436
37 Gibbon, 194–197, 299–300, 302–303, 304, 642–643
38 Gibbon, 214–215, 517, 567–569, 582–586 passim, 589
41 Boswell, 173
43 Hegel, 235–239, 328–329
58 Weber, 198–199, 207–211
59 Shaw, 54, 104–120

3c(3) **The support of ecclesiastical institutions: tithes, contributions, state subsidy**

Old Testament: *Exodus*, 22:29–30; 25:1–9; 29:27–34; 30:11–16; 35:4–36:7 / *Leviticus*, 7:6–15,30–36; 10:12–20; 23 passim; 24:5–9; 27 / *Numbers*, 5:9–10; 7 passim; 18:8–32; 31:25–54; 35:1–8 / *Deuteronomy*, 14:22–29; 18:1–8; 26:1–16 / *Joshua*, 21 / *I Samuel*, 2:13–17 / *II Kings*, 12; 22:3–7 / *II Chronicles*, 24:4–14; 31:3–12; 34:8–13 / *Ezra*, 8:24–30 / *Nehemiah*, 10:32–39 / *Proverbs*, 3:9–10 / *Ezekiel*, 44:27–31; 45:1–6; 48:8–21

Apocrypha: *Tobit*, 1:6–8 / *Ecclesiasticus*, 35:8–11; 45:20–22

New Testament: *I Corinthians*, 9:13–14; 16:1–2 / *II Corinthians*, 8:1–9:15 / *Philippians*, 4:10–19 / *Hebrews*, 7:1–10

8 Aristotle, 534
18 Aquinas, 647–649, 669–673
19 Chaucer, 372–373, 393–404
20 Calvin, 318–320, 368–370
21 Hobbes, 223–224
22 Rabelais, 99–100
23 Erasmus, 34
24 Shakespeare, 533
35 Montesquieu, 210–211, 298–302
36 Smith, 64–65, 385–400
37 Gibbon, 82, 197–198, 301–302, 392–393, 597
38 Gibbon, 417
41 Boswell, 219, 342
57 Veblen, 50–53, 128–130
58 Weber, 201

3d. **The monastic life: the disciplines of asceticism**

Old Testament: *Numbers,* 6:1-21 / *Judges,* 13:2-25 / *I Samuel,* 1:9-12,19-28
New Testament: *Matthew,* 3:1-4; 19:10-12,21 / *Luke,* 1:13-15, 12:22-36 / *I Corinthians,* 7:25-40
16 Augustine, 176-177
18 Aquinas, 66-67, 633-634, 636-639, 646-647, 649-700, 1006-1007
19 Dante, 92-94, 103-104, 104-105
19 Chaucer, 278-279, 392-393, 393-404
20 Calvin, 184-185, 235-253, 365, 442-455
22 Rabelais, 32-35, 46-54, 60-67, 156-158, 168-173, 191, 253-355
23 Erasmus, 28-31
24 Shakespeare, 353
29 Milton, 24-25
30 Pascal, 265
34 Voltaire, 236
35 Montesquieu, 105
37 Gibbon, 191-193, 533, 593-599
41 Boswell, 283
43 Hegel, 235-236, 247-248, 353-354, 361-362
43 Kierkegaard, 420, 444-445
51 Tolstoy, 273-274
52 Dostoevsky, 39-40, 87-88, 89-90, 171-173, 179-188 passim
58 Weber, 183-184, 212-231 esp 212-216
58 Huizinga, 281-282
59 Joyce, 599-601

4. **Church and state: the relation between religion and secular factors in society**

Old Testament: *II Samuel,* 7 / *I Kings,* 5-6; 8 / *I Chronicles,* 17 / *II Chronicles,* 1-7; 19:11 / *Ezra*
New Testament: *Matthew,* 17:24-27; 22:15-22 / *Luke,* 20:19-26 / *Romans,* 13:1-7 / *I Peter,* 2:13-17
8 Aristotle, 412
11 Epictetus, 135
14 Tacitus, 59-60
16 Augustine, 248-249, 264, 272, 374-375, 456-574, 589-590, 591-592
18 Aquinas, 434-435
19 Dante, 43-44, 65-66, 86-88
20 Calvin, 382, 384-388, 428-432, 435
21 Hobbes, 151, 155-156, 159-172, 177-191, 193, 198-258
24 Shakespeare, 5-6, 14-16, 376-405, 489-490
25 Shakespeare, 549-585
29 Milton, 68, 69, 329-331, 386-388
33 Locke, 2-21
35 Montesquieu, 144-145, 196-197, 200-215, 217-219, 284-285, 298-308
35 Rousseau, 327, 435-439
36 Smith, 390-397
37 Gibbon, 299-304 passim, 390-393 passim, 443-446, 452-453, 623-624, 642-643
38 Gibbon, 138-140, 145-150 passim, 199-202, 204-207, 212-213, 214-215, 320-321, 360-361, 416-418, 557-563, 567-569, 582-589

39 Kant, 442, 444
41 Boswell, 314-315
43 Hegel, 88-93, 147-148, 183-185, 201-202, 215-216, 326-327, 329, 335-336, 345-346, 350-352, 357-358, 367-368, 373-376
43 Nietzsche, 488-489
44 Tocqueville, 150-157 passim esp 154-156, 238-240, 369
45 Goethe, 148-149
52 Dostoevsky, 30-34, 139-141
57 Veblen, 128-129, 134-139
57 Tawney, 182-186
58 Weber, 190, 200-201, 217-221
58 Huizinga, 318-324
59 Shaw, 55, 73-74, 94-96, 105, 118-119
59 Joyce, 531-536

4a. **Religion in relation to forms of government: the theocratic state**

Old Testament: *Numbers,* 27:12-23 / *I Samuel,* 8; 12:12-14,17-19
6 Plato, 597-598
8 Aristotle, 525, 535, 536
18 Aquinas, 304-321
21 Machiavelli, 16-17
21 Hobbes, 82-83, 111-112, 177-180, 199-204
33 Locke, 14-15
35 Montesquieu, 138-140, 201-202
35 Rousseau, 435-439
38 Gibbon, 288, 557-563 passim, 586-589
43 Hegel, 117, 217-218, 227-228, 335-336
43 Nietzsche, 488-489
44 Tocqueville, 15-21, 152-157, 235-240
52 Dostoevsky, 30-34
55 Barth, 508-509, 535-536
58 Lévi-Strauss, 508-509
59 Shaw, 58-59

4b. **The service of religion to the state and the political support of religion by the state**

6 Plato, 718-720
8 Aristotle, 517
12 Virgil, 302-303
13 Plutarch, 49-61, 92, 114-116, 659-660
16 Augustine, 165-169, 186, 598
18 Aquinas, 665-666, 675-679
24 Shakespeare, 470, 487-488
29 Milton, 397
33 Locke, 6-7, 9-10, 20-21
35 Montesquieu, 7-8, 134, 200-208, 212-215
35 Rousseau, 435-439
36 Smith, 385-388
37 Gibbon, 13, 229-230, 289-294, 328-330, 348-361, 382-383, 457-460 passim, 601
38 Gibbon, 147-148, 204-207, 352-353, 381-383
40 Articles of Confederation, 5
40 Mill, 279, 341
41 Boswell, 314-315
43 Hegel, 330
44 Tocqueville, 5-6, 21, 150-157, 228-229, 235-240, 291-294

51 Tolstoy, 304, 534
52 Dostoevsky, 30–34, 133–144
58 Weber, 87, 206, 219–220
58 Huizinga, 318–324 passim

5. The dissemination of religion

5a. The function of preaching

Old Testament: *Isaiah* / *Jeremiah* / *Hosea* / *Joel* / *Amos* / *Obadiah* / *Jonah* / *Micah* / *Nahum* / *Habakkuk* / *Zephaniah* / *Malachi*
New Testament: *Matthew* passim / *Mark* passim / *Luke* passim / *John* passim / *Acts* passim, esp 13:38; 14:12–15; 18:24–28; 20:16–21; 26:16–18 / *Romans*, 1:9–15; 10:8,11–21 / *I Corinthians*, 2:1–5; 9 / *II Corinthians*, 3–4 / *Galatians*, 1:1–2:9 / *Ephesians*, 3 / *Colossians*, 1:23–29 / *I Timothy* / *II Timothy*, 1:8–11 / *Titus*, 1:7–3:11
16 Augustine, 42–45, 759–784
18 Aquinas, 436–437, 678–679
19 Dante, 127–128
19 Chaucer, 282
20 Calvin, 34–35, 328–330, 332–333, 348–350, 351–354, 424–425
21 Hobbes, 207–211, 215–216, 219–221, 224–225, 241–242
33 Locke, 7–8
36 Smith, 385–386
37 Gibbon, 303–304, 529–530
43 Hegel, 361–362
43 Kierkegaard, 411–413
48 Melville, 30–36
51 Tolstoy, 244–245
52 Dostoevsky, 158–161
55 Barth, 479–490 esp 486–487, 506–516 esp 510–514
58 Huizinga, 246–247, 301
59 Joyce, 576–591 passim

5b. Religious conversion

Old Testament: *Ruth*, 1:1–18 / *II Kings*, 5:1–15 / *Daniel*, 2–4
Apocrypha: *Bel and Dragon*
New Testament: *Matthew*, 18:2–3 / *Mark*, 2:3–12; 4:11–12 / *Luke*, 17:11–19; 18:35–43 / *John*, 3:1–21; 4; 6:5–14; 9 / *Acts* passim / *I Corinthians*, 14:20–25 / *Galatians*, 1:13–19 / *James*, 5:19–20
16 Augustine, 1–90
17 Aquinas, 318–319
18 Aquinas, 432–434, 436–437
19 Chaucer, 448–455
20 Calvin, 129–134, 282–283
28 Bacon, 41
30 Pascal, 205–209
33 Locke, 1–2, 3–4, 7–8, 13–16
37 Gibbon, 200–206, 296–299, 599–602
38 Gibbon, 152–161 passim, 234–245, 285–287, 345–347

41 Boswell, 174, 372, 394–395, 536
51 Tolstoy, 194–203, 216–218, 476–480
52 Dostoevsky, 161–171

5c. Religious education

Old Testament: *Exodus*, 12:24–27 / *Deuteronomy*, 4:1–5,9–10,14; 6:1,6–9,20–25; 17:9–10; 31:9–13 / *Joshua*, 8:30–35 / *II Chronicles*, 17:7–9; 34:29–30 / *Nehemiah*, 8 / *Psalms*, 78:1–4 / *Ezekiel*, 44:21–23
Apocrypha: *Ecclesiasticus*
New Testament: *Matthew*, 5–7; 10:1–31; 13:1–23 / *Mark*, 4:1–25 / *Luke*, 6:12–49 / *Ephesians*, 4:11–15 / *I Timothy*, 4:6–13 / *Titus*, 1:7–3:11
6 Plato, 757–771, 797–798
16 Augustine, 701–784
17 Aquinas, 1
18 Aquinas, 455–456, 618–619
20 Calvin, vii–xii, 18–20, 328–330, 358–359
21 Hobbes, 123, 154–156, 211, 269, 278
22 Rabelais, 82–83
33 Locke, 7–8, 18
36 Smith, 385–400, 401
37 Gibbon, 355, 601
40 Mill, 437–438
41 Boswell, 151
52 Dostoevsky, 158–161
57 Veblen, 153–156, 159
58 Weber, 227

6. Truth and falsity in religion

6a. The religious condemnation of idolatry, magic, sorcery, or witchcraft; denunciations of superstition

Old Testament: *Exodus*, 20:1–5,22–23; 32; 34:11–17 / *Leviticus*, 20:1–6,27; 26:1,28–30 / *Numbers*, 25:1–5,16–18 / *Deuteronomy*, 4:14–28; 5:6–9; 8:19–20; 9:15–21; 12:2–3; 12:29–13:18; 16:21–17:7; 18:9–14,20; 28:14–68; 29:16–29; 30:15–20; 31:16–21 / *Joshua*, 22–23; 24:14–25 / *Judges*, 2:10–23; 6:24–32 / *I Samuel*, 7:3–4 / *I Kings*, 3:1–4; 11–16; 18:16–40; 20:22–28; 21:25–29 / *II Kings* passim / *II Chronicles*, 15:8–16; 21:5–20; 28:1–5,22–25; 33:1–13; 36:11–21 / *Psalms*, 106; 115:1–8; 135:15–18 / *Isaiah*, 2:5–21; 10:10–11; 30–31; 40:18–20; 44:9–20; 57:3–8 / *Jeremiah* passim / *Ezekiel* passim / *Daniel*, 3; 6 / *Hosea* passim / *Amos*, 2:4–16; 4:1–5; 5 / *Nahum* passim / *Habakkuk*, 2:18–19 / *Zephaniah* passim
Apocrypha: *Judith*, 5:23–6:4; 8:16–18 / *Rest of Esther*, 14:6–10 / *Wisdom of Solomon*, 12–15 / *Ecclesiasticus*, 34:1–7 / *Baruch*, 6 / *Bel and Dragon* / *I Maccabees*, 1:41–2:28 / *II Maccabees*, 6–7
New Testament: *Matthew*, 23:1–33 / *Acts*, 7:39–44; 8:9–24; 12:21–23; 14:7–18; 15:20,28–29; 17:16–31 / *Romans*, 1:18–32 /

I Corinthians, 8 / *II Corinthians*, 6:14-17 / *Philippians*, 3:18-19 / *I John*, 5:20-21
5 Herodotus, 95
6 Plato, 769-771
13 Plutarch, 104-105, 123-124, 575-576
16 Augustine, 165-374, 540-541, 543-544, 546-547, 728-731
19 Dante, 1-2, 8-9, 23-26, 34-35, 48, 65-66, 101-102, 104, 117-118, 124-125
20 Calvin, 4, 5-7, 13-16, 38-41, 82, 172-174, 323-324, 344-345, 404, 414-415, 440-441
21 Hobbes, 51-52, 78-83 passim, 247-267
23 Erasmus, 18-19
23 Montaigne, 65-67, 142-143, 192-196, 286-298 passim, 540-544
28 Bacon, 110
29 Milton, 1-7, 100-107, 349-350, 358-359, 364-366
30 Pascal, 71-80, 87-88, 94-97
33 Locke, 13-15
33 Berkeley, 431
37 Gibbon, 184-185, 457, 458-459, 460-463, 600-601
38 Gibbon, 195-202 passim, 207-208, 229-230, 328-334 passim
41 Boswell, 173-174, 301
43 Hegel, 206-207
48 Twain, 271, 276
55 Barth, 455, 470, 539
56 Planck, 111-112
56 Waddington, 725-727
58 Frazer, 7-30, 32-40, 48-62, 66-69
58 Weber, 190, 222
58 Huizinga, 307-318 passim, 325, 328, 345-346
59 Shaw, 79-80, 89-92, 101-103

6b. Religious apologetics: the defense of faith

13 Plutarch, 191-192
16 Augustine, 44-47, 165-696, 759-762
17 Aquinas, 7-8, 175-178
18 Aquinas, 399-400
20 Calvin, 18-20, 256-279
23 Montaigne, 248-334
27 Cervantes, 141-142
28 Bacon, 41
28 Descartes, 295-297
30 Pascal, 212-217, 245-280, 328-342
33 Hume, 499-500
35 Montesquieu, 200-201
37 Gibbon, 206, 348
43 Hegel, 327-328
55 Whitehead, 224
55 Barth, 478-486 esp 483-484, 488-490, 494-495, 502-504, 517-533
58 Weber, 228

6c. The unity and tradition of a religion

6c(1) The role of dogma in religion: orthodoxy and heresy; the treatment of heretics

New Testament: *Acts*, 4:1-22; 5:14-42; 6:7-8:3; 9:1-25; 13:43-50; 15:1-31; 17:5-14; 18:12-16; 21-26 passim / *Galatians*, 1:6-9; 5:19-20 / *Titus*, 3:10-11 / *I John*, 3:18-19; 4:1-6
16 Augustine, 19-23, 34-43 passim, 64, 482-483, 570-571
17 Aquinas, 172-173
18 Aquinas, 388-389, 395-396, 412, 429-431, 432-434, 438-442
19 Dante, 10-13, 86-87
20 Calvin, xi, 19-20, 27-29, 39, 44-45, 54-61, 76-77, 104-105, 138-150, 191-193, 194-195, 218-220, 226-231, 243, 246-247, 256-257, 259-261, 275-278, 286, 295-317, 318-324, 332-333, 338, 341-346, 362-455 esp 401-407, 437, 440-444
21 Hobbes, 212-215, 238-240, 248, 273
23 Erasmus, 27-28, 38
23 Montaigne, 134, 248-249, 290
28 Bacon, 27
29 Milton, 386
30 Pascal, 1-7, 117-166, 323-324, 342-343, 347
33 Locke, 1-2, 6, 21-22
34 Voltaire, 198-199
37 Gibbon, 182-184, 198-200, 305-313, 438-443, 541, 601-605
38 Gibbon, 134-151, 198-202, 328-335, 421-423
41 Boswell, 221-224 passim
43 Hegel, 332-333
45 Goethe, 66
52 Dostoevsky, 134-141
55 Barth, 510-511, 516-533, 542-544
56 Planck, 112
58 Huizinga, 326-327, 345-346
59 Shaw, 50-52, 89-120 esp 104-120

6c(2) Sects and schisms arising from divergences of belief and practice

5 Herodotus, 52
16 Augustine, 34-43 passim
18 Aquinas, 574-577
19 Dante, 35-36
20 Calvin, 34-35, 37, 38-41, 341-346, 397-400
21 Hobbes, 229
25 Shakespeare, 581
29 Milton, 404-405, 406, 409-410
30 Pascal, 7-13
33 Locke, 251, 386-387
36 Smith, 387-388
37 Gibbon, 181-184, 305-328, 391-392, 438-441, 541, 601-608
38 Gibbon, 134-161, 195-202, 306-307, 328-335, 421-424, 462-464, 510-522, 529-534, 544-545, 583-586
41 Boswell, 114, 536-537
43 Hegel, 202, 369-377
43 Nietzsche, 484-485
44 Tocqueville, 15-18
46 Eliot, George, 286
55 Barth, 461-462, 482, 488-490, 518, 526-531
57 Veblen, 133-134

58 Weber, 193, 202-204, 207-211
59 Shaw, 109

6d. **The world religions: the relation between people of diverse faiths: the attitude of the faithful toward infidels**

Apocrypha: *I Maccabees,* 1-2 / *II Maccabees,* 6-7
New Testament: *Acts* / *Romans,* 8:35-36 / *I Corinthians,* 4:9-13 / *II Corinthians,* 1:5-8; 12:9-10 / *Galatians,* 1:13-24; 2:1-5 / *I Thessalonians,* 2:14-16
5 Herodotus, 97-98, 137, 138
14 Tacitus, 168
16 Augustine, 165-374, 594-597, 737-738
18 Aquinas, 401, 426-437, 443-444
19 Dante, 4-6, 114-116
19 Chaucer, 326-338, 344-346
21 Hobbes, 246
23 Montaigne, 71
24 Shakespeare, 406-433
28 Bacon, 96, 209
29 Milton, 368-369
30 Pascal, 277-301 passim
31 Molière, 138-139
33 Locke, 6, 13
34 Diderot, 286-288
35 Montesquieu, 169, 212-214
36 Smith, 385-386, 387-388
37 Gibbon, 12, 206-234, 290-291, 328-330, 348-361 passim, 457-464 passim
38 Gibbon, 148-149, 237-243, 285-288, 323, 377-380, 383-384, 386-387, 401
40 Federalist, 50
40 Mill, 270-271, 307-309, 311-312
41 Boswell, 173-174, 285, 299, 347, 431, 436-438, 512
43 Hegel, 342
48 Melville, 24, 38-41
54 Freud, 676, 788
58 Weber, 140, 181-200
59 Shaw, 93-94
60 Brecht, 413-414

6e. **Religious liberty: freedom of conscience; religious toleration**

Old Testament: *Daniel,* 6
Apocrypha: *Rest of Esther,* 16
18 Aquinas, 433-434, 435-437, 440-441
20 Calvin, 407-410
21 Hobbes, 102-103, 149, 163, 209-211
23 Montaigne, 194-195, 364-367
29 Milton, 68
33 Locke, 1-22
35 Montesquieu, 144-145, 211-213, 218-219
35 Rousseau, 439
37 Gibbon, 12-14, 231, 290-291, 383, 390-391, 464, 642, 643
38 Gibbon, 333-335
39 Kant, 444
40 Constitution of the U.S., 16, 17

40 Mill, 270-271, 274-293 passim, 307-309, 310-312
41 Boswell, 221-224, 421, 445
43 Hegel, 375-376
44 Tocqueville, 15-17
52 Dostoevsky, 133-144 passim
56 Planck, 112
59 Shaw, 53-57 passim, 95-96, 102-103, 109, 112-113

6f. **The rejection of supernatural foundations for religion: the criticism of particular beliefs and practices; the psychogenesis of religion**

11 Lucretius, 17, 35-43, 60-62, 73-74, 77-78, 81
21 Hobbes, 69-71, 78-80, 165-166, 172, 188-198, 236-238, 247-278 passim
23 Montaigne, 296-297
31 Molière, 123-124
33 Hume, 488-497
37 Gibbon, 189-190, 200-201, 294-297, 345-347 passim, 465-467, 599
38 Gibbon, 334, 476-477
43 Hegel, 231-232, 257-258, 267-268, 370-371, 377
43 Nietzsche, 483-489
49 Darwin, 302-303
50 Marx, 31, 35
52 Dostoevsky, 23, 129-131, 135-136, 352-356 passim
54 Freud, 138, 692-693, 707, 763, 767-772, 774, 793, 875-879
55 James, William, 7
56 Planck, 111
58 Huizinga, 312-313
59 Joyce, 648-649, 650-656

6g. **The relation of religion to the arts and sciences: the impact of secularization**

6 Plato, 729-730
11 Lucretius, 1-3, 30-31, 58-60
13 Plutarch, 435
16 Augustine, 311-321, 562-563, 592, 727-738
17 Aquinas, 60-62, 253-255, 446-447
18 Aquinas, 338-339, 380-384, 393-394, 409
21 Hobbes, 165, 274
23 Montaigne, 132-134, 195, 249-250, 252-253
28 Bacon, 2-4, 17-20, 33, 39-42, 114, 119-120, 124
28 Descartes, 295, 351-352, 388-391, 509-510
30 Pascal, 163-166, 212-213, 218-220, 221-225, 248-250, 272-273, 355-356, 365-366
33 Locke, 380-384, 385, 387-388
33 Hume, 497, 498, 499-500
36 Smith, 375-376, 377-378
37 Gibbon, 159, 204-206, 307-309, 670
38 Gibbon, 335
39 Kant, 346-347
40 Mill, 455
41 Boswell, 102
43 Hegel, 165-167, 384
44 Tocqueville, 156-157

49 Darwin, 239, 593
50 Marx, 305-306
51 Tolstoy, 248-249, 675-677, 684, 696
52 Dostoevsky, 91
54 Freud, 874-881
55 James, William, 3-4
55 Whitehead, 135, 138-144, 170, 173-174, 220-226
55 Barth, 508-509, 535-536
56 Planck, 91-92, 109-117
56 Heisenberg, 409-410, 432-433, 452-453
56 Waddington, 703-704
58 Frazer, 32-33, 69-70
58 Weber, 115-116, 118-119, 122-123, 181-182, 221-223, 226-231
59 Shaw, 42-43, 53-54

6h. **Religion as myth: neither true nor false**
58 Lévi-Strauss, 473-486

7. **Observations in history and literature concerning religious beliefs, institutions, and controversies**

5 Herodotus, 5-6, 8, 39, 49-50, 52, 56-64, 66, 75, 76, 77, 80-85, 97-98, 99-100, 126-127, 136, 137, 140-141, 156-157, 183-184, 242-243, 308
5 Thucydides, 471-472
6 Plato, 204-205
13 Plutarch, 1-15 passim, 25-26, 49-61 passim, 68, 110, 114-116, 247-249, 271-273, 365-366, 541
14 Tacitus, 59, 62, 140-141, 148-149, 168, 214-215, 293-294, 295-296
16 Augustine, 165-374, 569-570
18 Aquinas, 244-245, 292-298 passim, 298-304
20 Calvin, 233-234
21 Hobbes, 79-84, 207-240, 258-267
23 Erasmus, 25-34
23 Montaigne, 286-298
25 Shakespeare, 549-585
30 Pascal, 1-167
33 Locke, 114
34 Voltaire, 219
35 Montesquieu, 196-197, 208-211 passim
35 Rousseau, 435-439
36 Smith, 385-400
37 Gibbon, 12-14, 80-83, 98, 179-234, 289-330, 344-361, 382-383, 387-388, 390-393, 438-453, 457-467, 529-532, 541-542, 582-584, 593-608, 611-615, 622-624, 642-644
38 Gibbon, 9-10, 49-50, 109-11, 124-133, 134-161, 195-220, 226-310, 320-321, 323-324, 328-335, 345-347, 351-367, 371-372, 377-441, 451-453 passim, 460-464, 476-477, 480-481, 510-522, 529-537, 538-556, 557-572, 582-589
40 Mill, 278-281, 285-286, 307-309
41 Boswell, 314-315, 436-438
43 Hegel, 227-228, 239-240, 245-248, 249-252, 260, 265-266, 284-287, 307-310, 321-337, 341-343, 351-356, 358-363, 370-377, 380-383
43 Nietzsche, 486-487
44 Tocqueville, 236-239, 287-288
48 Twain, 273, 325-326
50 Marx, 358
55 Whitehead, 201, 220-226
55 Barth, 499-500, 508-510, 516-518, 522-523
57 Veblen, 50-53, 123-139
58 Frazer, 38-40
58 Weber, 105-106, 121-123, 181-200, 200-231
58 Huizinga, 246-247, 262, 301-346
58 Lévi-Strauss, 455-464
59 Shaw, 35-129
59 Joyce, 531-536

交叉索引

以下是与其他章的交叉索引:

The nature and causes of faith, see COURAGE 5; DIALECTIC 2d(1); EMOTION 2d; GOD 6c(2); KNOWLEDGE 6c(5); OPINION 4a; TRUTH 4a; WILL 3b(3).
The relation of religious faith to theology, see THEOLOGY 2, 4b, 5.
Divine revelation and the problem of interpreting the Word of God, see GOD 2a, 6c(1); LANGUAGE 12; RHETORIC 2d; SIGN AND SYMBOL 5e; THEOLOGY 4b.
Religious significance of miracles, omens, portents, and prophecies, see GOD 7e; MEMORY AND IMAGINATION 8a; NATURE 3c(4); PROPHECY 1d, 3a-3b; SIGN AND SYMBOL 5b.
Religion as a virtue and the virtues of the religious life, see GOD 3c-3e; JUSTICE 11b; TEMPERANCE 6a; VIRTUE AND VICE 8b, 8f-8g; the related doctrines of grace and the theological virtues, see GOD 7d; HABIT 5e(1)-5e(3); LIBERTY 5c; LOVE 5b-5b(2); NATURE 6b; SIN 7; VIRTUE AND VICE 8b, 8d-8e; WILL 7e(2).
The theory of religious sacraments, see GOD 9e; SIGN AND SYMBOL 5c.
The comparison of ecclesiastical and civil government, and of the religious with other communities, see GOVERNMENT 1b; STATE 1d.
The Jewish and Christian conceptions of the religious community, see GOD 8a-8d, 9d.
The problem of church and state, see HISTORY 5b; STATE 2g.
Religious education, see EDUCATION 2, 7-7b; GOD 6c(1).

Truth and falsity, and orthodoxy and heresy in religion, see GOD 10, 12-14; LIBERTY 2b; OPINION 4b; PROPHECY 5; THEOLOGY 4c, 4e.
The relation of religion to science and philosophy, see PHILOSOPHY 1a; SCIENCE 2a; TRUTH 4a.
Secular forces and beliefs, see FATE 5; MAN 9c; PROPHECY 4e; WEALTH 10e(3).
Superstition, see OPINION 4b; SCIENCE 7a.
The practice of magic, see MEDICINE 2c; NATURE 3c(4); SCIENCE 7a.

扩展书目

下面列出的文著没有包括在本套伟大著作丛书中，但它们与本章的大观念及主题相关。

书目分成两组：

Ⅰ. 伟大著作丛书中收入了其部分著作的作者。作者大致按年代顺序排列。

Ⅱ. 未收入伟大著作丛书的作者。我们先把作者划归为古代、近代等，在一个时代范围内再按西文字母顺序排序。

在《论题集》第二卷后面，附有扩展阅读总目，在那里可以查到这里所列著作的作者全名、完整书名、出版日期等全部信息。

I.

Plutarch. "Superstition," "Isis and Osiris," in *Moralia*
Augustine. *De Fide et Symbolo*
——. *De Vera Religione*
——. *The Harmony of the Gospels*
Thomas Aquinas. *Contra Impugnantes Dei Cultum et Religionem*
——. *Contra Pestiferam Doctrinam Retrahentium Homines a Religionis Ingressu*
——. *De Perfectione Vitae Spiritualis*
——. *On Kingship*
——. *On the Trinity of Boethius*, Q 3
——. *Summa Contra Gentiles*, BK III, CH 99-103; BK IV, CH 56-95
——. *Summa Theologica*, PART II-II, QQ 81-105, 178; PART III, QQ 66-90; SUPPL, QQ 1-68
Dante. *On World-Government (De Monarchia)*, BK III
Bacon, F. "Of Unity in Religion," "Of Superstition," in *Essayes*
Spinoza. *Tractatus Theologico-Politicus (Theological-Political Treatise)*, CH 5-10
Milton. *The Reason of Church Government Urged Against Prelaty*
Locke. *A Discourse of Miracles*
——. *The Reasonableness of Christianity*
——. *A Second Vindication of the Reasonableness of Christianity*
Hume. *Dialogues Concerning Natural Religion*
——. *The Natural History of Religion*
Swift. *An Argument to Prove That the Abolishing of Christianity in England May . . . Be Attended with Some Inconveniences*
——. *A Tale of a Tub*
Voltaire. *Letters on the English*, I-VII
——. "Baptism," "Blasphemy," "Christianity," "Church," "Clerk-Clergy," "Confession," "Dogmas," "Eucharist," "Expiation," "Heresy," "Jews," "Martyrs," "Mass," "Messiah," "Miracles," "Religion," "Superstition," in *A Philosophical Dictionary*

Gibbon. *An Essay on the Study of Literature*, LVI-LXXVII
Kant. *Lectures on Ethics*, in part
——. *Religion Within the Limits of Reason Alone*
Jefferson. *Democracy*, CH 6
Mill, J. S. "The Utility of Religion," "Theism," in *Three Essays on Religion*
Hegel. *Lectures on the Philosophy of Religion*
——. *The Phenomenology of Spirit*, VII
——. *The Philosophy of Mind*, SECT III, SUB-SECT B
——. *The Positivity of the Christian Religion*
——. *The Spirit of Christianity*
Kierkegaard. *Attack upon "Christendom"*
Nietzsche. *The Will to Power*, BK II (I)
Eliot, G. *Romola*
Tolstoy. *The Gospel in Brief*
——. *What Men Live By*
Ibsen. *Emperor and Galilean*
James, W. *The Varieties of Religious Experience*
Freud. *The Future of an Illusion*
——. *Moses and Monotheism*
——. *Totem and Taboo*
Bergson. *Two Sources of Morality and Religion*
Dewey. *A Common Faith*
Whitehead. *Religion in the Making*
Weber. *The Protestant Ethic and the Spirit of Capitalism*, CH 1
Russell. *Mysticism and Logic*, CH 3
——. *Philosophical Essays*, CH 2
——. *Religion and Science*
Tawney. *Religion and the Rise of Capitalism*
Eddington. *Science and the Unseen World*
Kafka. *The Castle*
Barth, K. *Dogmatics in Outline*
——. *Epistle to the Romans*
——. *The Knowledge of God and the Service of God*
Eliot, T. S. *After Strange Gods*
——. "Ash Wednesday"
——. "Religion and Literature," in *Essays, Ancient and Modern*
——. *The Idea of a Christian Society*

———. *Murder in the Cathedral*
Brecht. *The Life of Galileo*

II.
THE ANCIENT WORLD (TO 500 A.D.)

Athanasius. *Select Treatises . . . Controversy with the Arians*
Cicero. *De Natura Deorum (On the Nature of the Gods)*
Eusebius Pamphili. *The Ecclesiastical History*
Hesiod. *Theogony*
———. *Works and Days*
John Chrysostom. *On the Priesthood*
Lactantius. *The Divine Institutes*
Lucian. *Alexander the False Prophet*
———. *Dead Come to Life, or The Fisherman*
———. *Dialogues of the Gods*
———. *Icaromenippus, or The Sky-Man*
———. *Of Sacrifices*
———. *Philosophies for Sale*
Tertullian. *Apology*, CH 7–50
———. *The Prescription Against Heretics*

THE MIDDLE AGES TO THE RENAISSANCE (TO 1500)

Albo. *Book of Principles (Sefer ha-Ikkarim)*, BK I, CH 1–26
Anonymous. *The Cloud of Unknowing*
Anselm of Canterbury. *Cur Deus Homo?*
———. *Proslogium*
Bacon, R. *Opus Majus,* PART VII
Bede. *The Ecclesiastical History of the English Nation*
Boethius. *De Fide Catholica (On the Catholic Faith)*
Bonaventura. *Breviloquium,* PART V–VI
Eckhart. *Tractates,* VII
Gregory of Tours. *History of the Franks*
Langland. *Piers Plowman*
Maimonides. *Mishneh Torah*
Theologia Germanica
Thomas à Kempis. *The Imitation of Christ,* BK I, CH 15–25; BK IV

THE MODERN WORLD (1500 AND LATER)

Adler, M. J. *Truth in Religion*
Ariosto. *Orlando Furioso*
Arnold. *Empedocles on Etna*
———. *Literature and Dogma*
Auden. *The Age of Anxiety*
Bayle. *Historical and Critical Dictionary*
Blake. *The Book of Thel*
———. *The Everlasting Gospel*
———. *The Marriage of Heaven and Hell*
Boehme. *De Electione Gratiae (On the Election of Grace)*
———. *Of the Supersensual Life*
———. *The Way from Darkness to True Illumination*
———. *The Way to Christ*
Böll. *The Clown*
Browne. *Religio Medici*
Buber. *Eclipse of God*
———. *Hasidism and Modern Man*
———. *Jewish Mysticism and the Legends of Baalshem*
———. *Tales of the Hasidim*
Butler, J. *The Analogy of Religion*
Caird. *An Introduction to the Philosophy of Religion*
Calderón. *The Prodigious Magician*
Campbell, J. *The Inner Reaches of Outer Space*
Cassirer. *The Philosophy of Symbolic Forms*
Chesterton. *Heretics*
———. *Orthodoxy*
Claudel. *The Tidings Brought to Mary*
Clifford. "The Ethics of Religion," "The Influence upon Morality of a Decline in Religious Belief," in *Lectures and Essays*
Comte. *The Catechism of Positive Religion*
———. *System of Positive Polity,* VOL I, *General View of Positivism,* CH 6; VOL II, *Social Statics,* CH I
Corneille. *Polyeuctus*
Cox. *Many Mansions*
———. *The Secular City*
Dawson. *Enquiries into Religion and Culture*
———. *Religion and the Modern State*
Defoe. *The Shortest Way with the Dissenters*
Dewart. *The Future of Belief*
Dryden. *Absalom and Achitophel*
Durkheim. *The Elementary Forms of the Religious Life*
Edwards, J. *A Treatise Concerning Religious Affections*
Eliade. *A History of Religious Ideas*
———. *Images and Symbols*
Fechner. *Religion of a Scientist*
Feuerbach. *The Essence of Christianity*
Flaubert. *The Temptation of Saint Anthony*
Francis of Sales. *Introduction to the Devout Life*
———. *Treatise on the Love of God*
Frank, E. *Philosophical Understanding and Religious Truth*
Ghelderode. *Chronicles of Hell*
Gilson. *Reason and Revelation in the Middle Ages*
Greene. *The Power and the Glory*
Guyau. *The Non-Religion of the Future*
Haldane, J. S. *The Sciences and Philosophy,* LECT XVII, XIX
Hardy, T. *Jude the Obscure*
Harrison, J. E. *Ancient Art and Ritual*
Heine. *Religion and Philosophy in Germany*
Hendel. *Civilization and Religion*
Herbert of Cherbury. *De Religione Laici (Of a Layman's Religion)*
Hesse. *Siddhartha*
Hirsch, S. R. *The Nineteen Letters on Judaism*
Holbach. *The System of Nature*
Hügel. *Essays and Addresses on the Philosophy of Religion*
Huxley, J. S. *Religion Without Revelation*
Ignatius of Loyola. *Spiritual Exercises*
Jaki. *Miracles and Physics*
John of the Cross. *Ascent of Mount Carmel*
———. *Spiritual Canticle*
Jung. *Psychology and Religion*

Kingsley. *Westward Ho!*
Kristensen. *The Meaning of Religion*
Lagerkvist. *Barabbas*
Leeuw. *Sacred and Profane Beauty: The Holy in Art*
Lessing, G. E. *Nathan the Wise*
Lewis, C. S. *Mere Christianity*
Lotze. *Microcosmos*, BK VIII, CH 4
———. *Outlines of Encyclopedia of Philosophy*, SECT III
———. *Outlines of the Philosophy of Religion*
Luther. *The Babylonian Captivity*
———. *Table Talk*
———. *A Treatise on Christian Liberty*
Mansel. *The Limits of Religious Thought*
Maritain. *Ransoming the Time*, CH 4–6, 8
———. *Religion and Culture*
———. *Scholasticism and Politics*, CH VIII–IX
———. *The Things That Are Not Caesar's*, I–III
Martineau. *A Study of Religion, Its Sources and Contents*
Melanchthon. *Loci Communes*
Merton. *The Seven Storey Mountain*
Miller, A. *The Crucible*
Naipaul. *Among the Believers: An Islamic Journey*
Newman. *Apologia Pro Vita Sua*
———. *Callista*
———. *An Essay in Aid of a Grammar of Assent*
———. *An Essay on the Development of Christian Doctrine*
———. "An Internal Argument for Christianity," in *Essays and Sketches*
O'Connor. *The Violent Bear It Away*
———. *Wise Blood*
O'Flaherty. *Other Peoples' Myths*
Paley. *A View of the Evidences of Christianity*
Pater. *Marius the Epicurean*
Péguy. *Basic Verities* (Abandonment; Sleep; A Vision of Prayer)
———. *Men and Saints* (Hope)
Peirce, C. S. *Collected Papers*, VOL VI, par 428–451
Pelikan. *The Christian Tradition: A History of the Development of Doctrine*
Penn. *Primitive Christianity Revived*
Peters, F. E. *Children of Abraham: Judaism, Christianity, Islam*
Pirenne. *Mohammed and Charlemagne*
Price. *Belief*
Reade. *The Cloister and the Hearth*
Renan. *Caliban*
———. *The Life of Jesus*
Santayana. *The Idea of Christ in the Gospels*
———. *Interpretations of Poetry and Religion*, CH 3–4, 9
———. *Reason in Religion*
Sartre. *No Exit*
Schleiermacher. *The Christian Faith*, par 1–31, 113–163
———. *On Religion*
———. *Soliloquies*
Shelley, P. B. *Preface to Alastor*
Singer. *The Family Moskat*
Sturzo. *Church and State*
———. *The Inner Laws of Society*, CH 4–5
Suárez. *De Religione*
Tasso. *Jerusalem Delivered*
Taylor, A. E. *The Faith of a Moralist*, SERIES II
Tennyson. "Locksley Hall"
Teresa of Avila. *Book of the Foundations*
———. *Interior Castle*
———. *The Way of Perfection*
Tillich. *The Courage to Be*
———. *What Is Religion?*
Toynbee, A. J. *Civilization on Trial*, CH 12
Weil. *Waiting on God*
Whewell. *The Elements of Morality*, BK III; BK V, CH 16–17
Woolman. *Journal*
Zwingli. *Commentary on True and False Religion*

革 命 Revolution

总 论

"叛乱""起义""造反"或"内战",这些词通常被用作"革命"的同义词,它们大多都含有暴力和使用军事力量的意思。绝大多数轻易出现在脑海里的、在西方历史中出现的那些伟大革命——诸如,那些在古代城邦和帝国中发生的革命、15世纪的德国农民起义、17世纪的英国由克伦威尔领导的造反、18世纪的美洲革命与法国革命、20世纪的俄国革命和西班牙革命——无一不是流血事件。然而,无论在政治理论中还是在历史事实上,革命并不总是牵涉到使用军事武装或者求助于暴力。

修昔底德描述了古希腊城邦政体中民主制与寡头制交替更迭时所发生的暴力革命与非暴力革命。英国资产阶级革命通过内战,成功地将一个斯图亚特王朝的国王送上了断头台;紧随其后的发生在1688年的"不流血的革命",却根本没有通过任何战争而把另一个国王从其王位上拉了下来。19世纪中叶,一些发生在欧洲国家中的革命遇到了阻碍与斗争。但是另一些革命却使政府发生了根本性的改变。这种改变是通过正当的法律程序以及政治权力分配的和平转换而达到的,例如由英国"三个改革法案"来完成的革命与通过美国"宪法修正案"实现的革命。

革命可能会牵涉到对法律公然违抗的行为,但是革命家们仍以非暴力的方式来进行革命。例如,甘地在印度领导民众通过公民不服从的方式来反抗英国统治。无论怎样,使用军事力量并不是革命暴动的唯一途径。根据亚里士多德,"革命通过两种手段来实现,它们分别是武力与欺骗"。虽然欺骗不是物理上的暴力,但是它的确对那些受了骗的人们的意志实施了暴力行为。在某些使用欺骗的例子中,亚里士多德观察到,"公民们被欺骗去默许对政府进行改造的要求,之后他们被强制不去服从其自身的意志"。在其他例子中,公民可能在后来受到了劝导,他们对政府的忠诚和善意最终赢得了胜利。但是,正如马基雅维里后期对于这两种摄取权力之手段的考量所指出的那样,在武力与欺骗之间的选择是一个策略选择(expediency)问题而非是一个原则问题。他建议说,欺骗可用作武力手段的替代,而以武力为后盾,以备欺骗的狡计失败。不过,这些手段都运用了战争的策略。

《联邦党人文集》的作者们反对武力和欺骗手段,他们甚至反对公民采用不服从方式,后一种方式超出了法律管辖范围或者违反了法律。他们构想着一个关于建立革命程序的可能性,该革命程序同时是和平的与合法的 。正是因为他们认为美国宪法通过宪法修正为实现政治改革提供了机会,所以他们捍卫以下这一条款:这一条款保障"该联邦中每一个州都是共和制政府",并允诺每一个州,只要它向联邦政府提出申请,联邦政府即应保护它免受"州内暴力的侵犯"。有人批评这一条款,认为这样的保证可能会引起"对每个州内政的一种过度干涉"。面对这种反对意见,汉密尔顿回应说:"它不会对由大多数人以合法和平方式进行的国家宪法改革构成妨碍。这种修正宪法的权利是不可削弱的。上述的保证只能用来反对由暴力来实施的变革。而为了防止这类灾难发生,无论何种应对措施都不算过分。"

在另一篇《联邦党人文集》的文章中,麦迪逊考虑了一种反叛的可能性,即"一种遍布全国的、虽不具有宪法赋予的权利但却优于一切使用武力的反叛"。他认为这种反叛超出了"人们补救的范围"。如果宪法可以"减少那种没有任何制度能够治愈的灾难的危险",那么这样就足够了。"无论是遍布全国的灾难,还是波及大部分地区的灾难;无论是源于政府的不满这种严重原因的灾难,还是来自某些暴民暴乱蔓延的灾难",在汉密尔顿看来,"都不遵循任何有关预测的一般规律"。他估计,"没有一种政府形式能够一直避免或者控制"这种革命。然而,他补充道,"哪里的人民掌握了政府的全部权力,哪里就有更少的借口对局部的或者偶然的国家动乱采用暴力手段来进行纠正"。

当亚里士多德把革命作为一种非暴力事件进行考虑时,他没有想到宪法修正这种严格现代意义的方法。他提出,政治的变化可能是意外的而非有计划行动的结果。他写道,"政治革命"有时候"起源于国家组成部分的不平衡增长……这种不平衡有时可能是来自意外,比如在塔仑坦,众多贵族在紧跟随波斯战争之后的一场与阿皮几亚人的战争中被杀,结果使得当时的立宪政府转变成了一个民主政府"。或者说,"当富人大量增多或者财富大幅上升,政府形式将会转变为寡头制或者家族制"。

另一方面,对于霍布斯与洛克这类作者而言,革命就是意味战争并且革命无法与暴力分离。那些"否认国家权威"的人——根据霍布斯,人们假若离开了国家,他们将生活在战争状态之中——通过断绝他们与国家主权的从属关系,"又重新回到了通常被称为造反的战争状态……因为造反就是复活了的战争"。在蚂蚁和蜜蜂的社会里,从来没有任何造反对它们社会的和平构成威胁。与蚂蚁和蜜蜂不同,"在人群中,很多人认为他们自己更聪明,更有能力去管理民众,更优秀于他人。这些人努力地进行改革与创新。可是由于一些人朝着这种方向努力,而另一些人朝着那种方向奋斗,因此他们把国家引入了纷争与内战之中"。

洛克的原则似乎是,"无论谁,一旦使用了他没有权利去那样行使的暴力——就像每一个在社会中从事没有法律支持的行为的人——他就把他自身置于一种与被施暴的对象的战争状态之中"。在人们进入了社会"并引入了法律去保护他们的财产、和平与统一"之后,"一旦他们再次使用武力去反对法律,他们就是造反——也就是说,将社会带回战争状态之中——并且他们就是名副其实的造反者"。

阿奎那似乎也将革命(他称之为"暴乱")与战争和冲突这两者联系在一起,尽管他认为前者与战争和冲突存在着两点不同:"第一,由于战争和冲突指的是对其中一方的实际侵犯,而叛乱可能被认为指的是实际侵犯或者为实施该侵犯的准备……第二,叛乱不同于战争,因为战争,确切地说,是被用来对付外部的敌人,似乎是在一个民族与另一个民族之间发生的争斗;而暴动,准确而言,是在一个民族中相互反对的人们之中进行的,比如国内一部分人对另一部分人引发骚乱而产生的。"

虽然"革命"一词可以在两种意义上使用,但是对革命之原因与防范的传统讨论,关于革命策略和手段的理论,以及造反权利这一重要话题,仿佛都在思考诉诸武力去实现目的,或者至少思考用武力实现目的所存在的威胁。关于革命与进化这二者差异这一普遍的概念似乎已暗示了以上这一点。

革命与演变之间的对比,仿佛可以解释说明为什么关于暴力、混乱或者分裂的解释影响了改良这一概念的原因。"演变"一词通常强调逐渐的变化,并且这种变化只朝向一个方向,一个大体上在已发生了的变化基础上累进发展的方向,而不再是别的方向。革命是突然发生的。革命可以发生在任何方向,它可以违背潮流或者顺应潮流。类似于在物理运动中,作用与反作用可以处于同等和相反的方向,在社会变迁当中,革命和反革命也可以朝向相反的方向。无论革命颠倒了变化的方向,还是参与了对前进十分缓慢的事物的一场激进改革,在任何一种情况中,革命似乎更多地涉及推翻既已建立的秩序,而非促进该秩序的潜在趋势。

在这种意义上,革命者是激进的。当他期待使用武力去实现的激进改变,在他的反对者看来,只是对先前状态的回归而不是与进步或演变相一致,在这一意义上,他也可以是一个反动分子。可是不管革命者是反动的或是改革的,他们永不保守。如果业已建立的秩序不轻易屈从于革命者或革命党派所寻求的激进改变,或者如果这种秩序坚持抵抗的话,它必须被迫做出让步。革命者可能不情愿使用暴力,但是他决不会将暴力完全抛弃。

这一点似乎与马克思和恩格斯将《共产党宣言》中的方案想象为一种革命方案的情景一样。然而,他们关于革命阶级或者革命党派的概念并不仅限于对资产阶级进行反抗的无产者。他们还将这一概念推广到资产阶级的范围,这些革命的资产阶级不是指那些在当代世界中被业已确立的资本主义秩序变得保守或反动的资产阶级,而是指那些在18世纪中推翻土地贵族的资产阶级。

他们写道,"资产阶级在历史上扮演过最重要的革命角色……比如法国革命支持资产阶级财产所有权而废除了封建财产所有权"。还有,例如"当基督教思想在18世纪让位于理性思想时,封建社会与革命的资产阶级进行殊死搏斗"。法国革命代表的不是有产阶级和无产阶级之间的斗争,而是两个有产阶级——资产阶级和特权阶级——之间的斗争。对马克思而言,这一点似乎明显地体现在一个事实之中。这一事实是,"在革命的最初风暴中,法国资产阶级敢于从工人手中夺走刚刚获得的结社权利"。

正如《共产党宣言》,美国独立宣言也是一项革命的文宣。它的署名人准备使用武力去推翻那业已存在的秩序。在他们眼中,这一秩序已经在殖民地产生了深重的不公平与不公正。可是在马克思的观点中,殖民地的革命不同于法国革命。即使殖民地的革命既有经济的动机又有政治的动机,可是它是政治的而非经济的革命。政治革命和经济革命之间的区别似乎是为现代所特有的。

古人们——以修昔底德、柏拉图、亚里士多德为例——并不是不承认"阶级战争",后者对于马克思而言是至关重要的。他们观察(正如在**寡头制**一章中提到的那样)富人和穷人之间为争夺国家控制权而进行的斗争。他们知道,在困扰希腊城邦的频繁的暴力革命中,互为对手的是寡头政治执政者与民主人士,也就是说,互为对手的是那些拥有大量财产的富人与那些拥有一丁点儿财产或者甚至没有财产的穷人。

在斯巴达的奴隶起义是一场奴隶反

对奴隶主的特殊革命。在大多数情况下,斗争发生在属于不同经济阶级的自由人之间。寡头政治家与民主人士在社会中煽动革命,它们寻求宪法的改变而不是经济制度本身的改变。在这种意义上来说,虽然宪法的改变会产生经济和政治的双重影响,但是这些革命仍然是政治的革命。亚里士多德记述道,"在一些人的观念中,对财产的规范是一切问题的要点,所有革命都取决于这一要点"。

亚里士多德愿意承认"财产的平等"可以"阻止市民的争执",可是他并不认为经济的不公平是革命的唯一原因,或者说,经济的公平是革命的唯一治愈方法。他写道,"人类的贪婪是无法满足的;以前,两个银币是足够的报酬;可是现在,当这个数额已经变得习以为常,人们总是想要得到更多,毫无止境;因为贪欲的本性是不可满足的,而大多数人生来只是为了使它得到满足"。在亚里士多德看来,"改革伊始并不是要平均财产,而是要训练高贵的本性不要过分贪婪,并且阻止下层的人得到更多;也就是说,他们必须被控制,而不是被粗暴地对待"。这种形式的改革几乎不能治愈奴隶制度的罪恶。要治愈这一罪恶,需要的是一场可以导致人们政治地位平等的革命,而不是一场导致人们财产平等的革命。

如果说,在古代中奴隶的造反曾经成功地废除了奴隶制度,那么在现代的视角中,经济和政治的革命将从根本上改变生产方式。在这一意义上,亚当·斯密所描述的从农业经济过渡到制造业经济的那一变化——严格来说——是一种经济革命,虽然在这里使用的"革命"一词是由马克思并非由斯密来推广散布的。当由工厂中机器来实现的大量生产取代由工人在家中使用自己的工具来实现的生产模式时,革命在我们对于"工业革命"一词的通常理解中得到了例证。这里的"工业革命"指的是,对基于手工制造业之上的经济的一种根本改变。

马克思写道:"在手工制造业中,生产方式的革命始于劳动力;在现代工业中,它始于生产工具。我们的第一项调查便是,生产工具如何从用具变为机器,或者是,什么是机器和手工工具的区别?"但是,对马克思而言,经济革命的意义并不仅仅局限于在生产的物理条件上的根本改变。物理条件的根本改变必然涉及另一些同样根本的变化。后者指的是各个经济阶级之间的社会关系的变化,以及他们所拥有的政治权利的变化。在《共产党宣言》中,"现代资产阶级"被认为是"一个自身长期发展的产物,一个在生产方式和交换方式中的一系列革命的产物"。反过来说,资产阶级"如果不去不断地改革生产工具,并由此改革生产关系,以及改革整个社会关系,它就无法存在"。

在马克思和恩格斯看来,"资产阶级发展的每一个步骤都伴随着该阶级相应的政治地位的提升。资产阶级作为一个在封建贵族统治下的被压迫阶级……一个在中世纪公社中的武装的自治团体……一个在后来完全制造业时期,为半封建君主政治或者绝对君主政治服务的贵族抗衡者……它最终为自己赢得了自现代工业和世界市场建立以来,它在现代代议制政府中的全部的政治统治"。

对于经济革命是否在社会和政治的方面上要求暴力这一问题上,《共产党宣言》的作者们似乎毫不含糊——至少关于共产主义运动是非常明确的。由于"共产主义革命是与传统财产关系的最彻底分裂",并且它牵涉到"与传统观念最彻底的分裂"，我们几乎不能设想它的出现不伴随公开的战争，它的暴力程度至少不亚于此前资产阶级反抗封建贵族的斗争。"无产阶级在今天与资产阶级面对面地对立，只有无产阶级是真正的革命阶级。"在这个革命阶级的发展中，马克思和恩格斯看到了一种转变，即"从蔓延于现存社会的或多或少有所掩饰的内战发展到这一战争以公开革命的形式爆发出来，发展到用暴力推翻资产阶级，从而为无产阶级统治奠定基础"。

正是在对暴力的使用上，《共产党宣言》区分开了共产主义和社会主义，特别是将共产主义与"乌托邦"式的社会主义区分开来。社会主义者"拒绝所有的政治行为，尤其是所有的一切革命行为；他们希望用和平的方法实现他们的目的，竭力通过进行注定必然失败的小试验，通过例子的作用来为新的社会福音铺平道路……因此，他们尽力并始终如一地去阻止社会斗争，调和阶级敌对状态"。与之相反的是，共产主义者的策略处处支持"每一个针对业已存在的社会秩序和政治秩序的革命运动……共产主义者不屑于隐藏他们自己的观点和目标。他们公开地宣称道，他们的目标只有通过暴力推翻一切现存的社会状况才能得到实现"。

虽然社会主义革命在根本上是经济的，它无可避免地会产生政治的效果。根据马克思和恩格斯，"政治权力就是一个阶级镇压另一个阶级的有组织的力量"。这一观点也适用于无产阶级取得了的权力。然而，他们似乎也认为无产阶级专政只是共产主义革命中的暂时阶段。"如果在无产者与资产阶级的竞争之中，无产者迫于环境的压力而将自己组织成为一个阶级；如果无产阶级通过革命使自己成为统治阶级，并通过武力扫除旧的生产关系，那么，在这些情况下，这一革命清除了阶级敌对以及阶级通常之所以存在的条件，并因此阻止自身成为一个至高无上的阶级。"共产主义运动将无经济阶级的社会作为其目标，国家随之发生了转型。在这种情况下，共产主义运动似乎把共产主义革命看作是对任何进一步革命的可能性或需要的根除，无论这些革命是和平的还是暴力的，是发生在经济上的还是发生在政治上的。

随着无政治阶级与无经济阶级的社会出现，为什么大革命会反而变得稀少呢？在讨论这个问题的时候，托克维尔问道："社会的平等状况会惯常且永远地促使人们走向革命吗？它会包含一些阻止社会稳定的让人烦恼的原则吗？……"虽然托克维尔告诉我们他并不这样认为时，但他也害怕将来的民主社会"会由于过于一成不变的相同的制度、偏见和道德规范而终结，人类因此止步不前，自掘坟墓"。

经济理论和历史革命构成了共产主义的基础。除了由这前二者引起的讨论之外，还存在另一个有争议的问题：无经济阶级的社会是否意味着国家的衰亡，或者至少是意味着某些政治制度的改变，诸如革命将不再是可能或者必要。甚至对这一问题的一个假定性的考虑似乎也要求人们注意政治革命发生的各种各样方式。随着"无阶级社会"的到来，至少在理论上，一个统治阶级取代另一个统治阶级的革命根本没有机会发生。然而，即是在这样的社会中，我们仍然可以想象，用一个统治者取代另一个统治者——即通过使用老套的刺杀或者篡位的方式——同样可以达到宫廷政变的效果。

不过，亚里士多德认为，所有涉及将一种政府形式改变为另一种政府形式的革命,同样也牵涉到一个统治阶级替代另一个统治阶级。他区别了两种类型的革命。一种是影响宪法的革命,尤其"在人们寻求从一种现存的制度转变为另一种制度的时候,例如,从民主政治转变为寡头政治,或者从寡头政治转变为民主政治";另一种是不影响宪法的革命,特别是当人们"不扰乱政府的形式,不论它是寡头政治、君主政体或者任何其他一种政体,只是试图将行政权夺取到自己手中"的时候。在这两种类型的革命之外,亚里士多德又增加了第三种类型的革命,也就是,一种"只是针对于某一部分宪法的革命,诸如建立或推翻某一特定的政府职能的革命;例如,在斯巴达,据说来山得曾试图推翻君主政体,国王帕萨尼亚斯则曾试图推翻民选长官制"。

可以想象的是,任何这些政治变化可以不伴随暴力。在现代立宪国家中,宪法修正或者合法的改革可以扩展公民权,宪法的基本原则可以通过这些方式来修改。政府的结构,无论是它的职能还是它的组织,都可以用一些和平的公民投票方法来进行改变。正如联邦党人所指出的,投票提供了一种"对在普选制宪法或代议制宪法中出现的行政过失进行补救的天然疗法",即换执政官。可是,在古代城邦时期中的政府的改变,即便是宪法上的改变,对亚里士多德而言,是具有双重意义的革命。一种意义是,这样的改变牵涉到暴力,或者牵涉到对暴力的威胁。另一种意义是,这样的改变是彻底的政策转变。对于古代共和制中的宪法改变是正确的东西,不论是在古代还是在现代,对于君主制或僭主制中的宪法改变同样是正确的。

当绝对权力集中在一个人的手中,他的臣民们必定没有通过换国王的法律手段来平息他们的不满,即使臣民们只是为了自治而非为了彻底推翻君主制。马基雅维里关于君主提防篡位者和叛乱者夺权的建议,似乎是在武力与欺骗通常被用来改换统治者或改换统治方式者这一背景下写下来的。武力与欺骗这些手段与当权的君主为了维护自身统治地位所必须使用的手段毫无差别。

马基雅维里写道:"有两种竞争的手段,一种是通过法律,另一种是通过武力;第一种手段是人类特有的,第二种是动物特有的;不过,由于第一种经常不是充分的手段,所以必须要求助于第二种手段。因此,君主必须要懂得如何同样利用野兽的手段和人类的手段……假如君主被迫采用野兽的手段却不失明智,他应该同时成为狐狸和狮子,因为狮子不知绕过陷阱而狐狸无法抵抗豺狼。"根据马基雅维里,从上面可以推导出这样的结论:君主很少能够是,尽管他应该一直努力表现出自己是,"仁慈的、忠贞的、有人情味的、有宗教信仰的、正直的……君主尤其是新君主是无法察觉到一切使人们赢得尊重的东西,他为了维护国家而被迫去背叛忠诚、友谊、人性以及宗教"。

希罗多德描述了关于东方专制统治的故事,塔西佗和吉本记载了关于恺撒的故事,而莎士比亚历史戏剧也叙述关于英国君主专制的历史,所有这些记述似乎表明,王位的更替很少不是经过流血来实现的。亚里士多德提出了"独裁者用来维护其权力的一门艺术",但马基雅维里关于君主的法则并不是对这一观点的更进一步扩展。即使亚里士多德提议道,作为替代武力的方式,独裁者可以尝试变得仁慈点,但他还是加上了马基雅维里的建议,即,独裁者至少应当"行动起来看上去"像一个好的国王。

亚里士多德写道,独裁者"应该杀掉那些过于高尚的人。他必须把那些精神领袖弄死……他必须防备任何可能激励他的臣民之勇气和信心的东西。他必须禁止文艺集会或其他的讨论聚会，而且他必须想方设法去阻止人们互相获取信息"。亚里士多德在列举了许多他称之为"波斯人与野蛮人的奇计阴谋"的类似实践后，他总结说，假如想去保持其手上的权力，"对于独裁者来说任何邪恶的手段都不为过分"。

暴政与专制章对上述问题有着更为充分的讨论。在我们当前关于革命类型的考察中，我们必须注意另一种政治的变动，一种往往涉及内战性质的大范围动乱的变动。这一变动指的是被统治的民众反对他们的帝国统治者的造反。与那些企图推翻政府或者改变统治阶级或统治者的国内起义不同，这些造反的战争试图使一类人从另一类的奴役中解放出来，或者试图以牺牲帝国利益为代价来促进殖民地的独立。

另一种叛乱的目的仍然是促使国家自身的解体。对社会契约否定将导致国家向无政府状态倒退，卢梭在理论上对此的处理，并没有在我们的头脑中勾起任何相关历史事件的回忆；不过，为数不多"退出联邦的战争"的历史事件无疑佐证了这一点。这些事件的目的是通过切断那类似契约性质的联合纽带来分解联邦。

以上三种内战之间的区别在理论上也许是清晰的，但是这些区别很难运用到历史案例之中。《独立宣言》正式首肯了那一种叛乱——殖民地的造反还是退出联邦？1775年在这些美国政治作者中所流行的理论建议到，13个殖民地宣布一种在英王名义下的邦联中进行政府自治。在这种理论中，《独立宣言》所陈述的原则是否也适用于南方诸州从美利坚联邦退出的事件，正如它适用于美利坚诸州对大不列颠或英联邦的反叛？这一原则有时候"对于一类民众来说是必要的，尤其是那些要解开将他们与其他民众联系起来的政治纽带，并且假设他们在人间政权中也同样享有自然法和自然界神律所赋予的独立平等地位的人们"。当然，1776年独立革命战争与1861年南北战争之间的比较牵涉到史实的问题；然而，关于原则的问题则引出了一整个大问题，即，革命是一个关于权力的问题还是一个关于权利的问题。

革命的权利似乎不是古代政治理论考虑的中心。古代关于革命的讨论看起来更集中在革命的原因、手段以及对革命的预防。这并不意味着古人们将革命完全看作是为牟取权力的斗争。相反，亚里士多德宣称，"革命冲动的一般的且主要的原因"是"那种追求平等的欲望，这种欲望产生于人们认为他们与别的比他们富有的人一样平等的时候；或者也可以是那种追求不平等和优越的欲望，这种欲望产生于人们认为自己是优等的从而认为自己所拥有的不是更多而是跟那些低等的人一样多或者比后者更少的时候——这些想法可能是正当的也可能是不正当的"。

不过，在亚里士多德《政治学》第五卷中关于革命的精致论文中，他讨论了那些源自真实的或虚构的不公正的类似的革命。他考察的对象似乎是，"什么类型的破坏适用于个别特殊的国家？这些国家通常从什么样变过来以及变成什么样？还有，对于破坏的预防一般的国家采取什么样的措施，而特殊的国家有采取什么措施？以及，通过何种手段可以使得每一个国家能得到最好的保存"——而不是革命如何才能是正当的，或者为什么造反是一种叛国罪或者是一种专制下的傻念头。后面这些问题似乎在现代政治理论中变得引人注目，虽然它们在中世纪的教义中也是相当地突出。

例如，阿奎那认为，暴乱是"一种特殊的罪恶"，因为它是"妨碍一种特殊的善,即一类人的团结与和平"。不过,在反抗暴政之起义的例子中,尽管起义卷入了内战,阿奎那还是首肯了这类起义。因为在他眼中,"一个专制政府是不正义的,因为它不是为公益所引导,而是为统治者私利所指挥……不存在扰乱这类政府的暴动,除非是独裁者的统治确实被过分地扰乱,以至于随之产生的骚乱给人民带来的伤害远比政府给他们带来的伤害要严重得多"。阿奎那写道:"事实上,独裁者才是暴乱的罪魁祸首,因为他鼓励了他的臣民去骚乱和造反,他原本可以更牢固地管理他的臣民。"

抱着"政府的灭亡是一种对于全人类的善"这一想法,洛克以同样的心情和更好的表述问道:"人们应当一直面对着独裁者无尽的个人意志,还是统治者应当在某些时候容易受到反抗,尤其是当统治者过度地滥用他们的权力并且用它来破坏而不是保护其人民的财产?"由于"武力只是用来反抗不正义且不合法的暴力",洛克论证道,当一个国王逾越了他的权威和特权并且非法地使用其权力,这个国王可能会遭到反抗。由于这样的国王"罢免他自己而且将自己置身于一场与他的民众的战争中,是什么阻止民众对已经不是国王的他进行起诉,如同民众会对那些将自己置身于一场与民众的战争中的人进行起诉那样呢"?

那种反抗独裁者或者反对变得暴君似专制的国王的权利可能导致弑君行为,不过在洛克看来,对这种行为的惩罚好像与对其他罪行的惩罚没有什么区别。"那个可能会去反抗的人必须被允许对抗";此外,洛克继续说道,"当他占了上风时,他具有一种权力去惩罚侵犯者,惩罚对和平的破坏以及一切随之而来的罪恶"。卢梭甚至更不会犹豫去赦免诛弑暴君的行为。卢梭写道:"政府的契约如此彻底地被专制毁灭,以至于专制者只是在他仍保持最强者地位时才是统治者;一旦他能够被驱逐,他就没有权利去抱怨暴力。以苏丹的死或者苏丹的废位为结束的民众起义是一种合法的行为,该行为与苏丹在其废位前对其臣民的生命与财富的处理同样地合法。武力可以来维持他的统治,武力同样也可以推翻他的统治。"

在20世纪中的俄国革命年代,奥威尔的《动物农场》是对从事崇高目的的革命如何令人遗憾地流产的尖酸讽刺。在《动物农场》中,故事始于一头老野猪上校的梦想,这种梦想就是动物们起来造反反抗其人类主人;在故事的结尾处,上校在他的梦中所勾画的每一个希望者都变了质。在关于猪类中的拿破仑的章节里,我们发现斯大林被完美地描绘出来。

在洛克的观点看来,那些宣称"当他们的自由或财产受到不合法攻击他们可以无需服从,告诉人们这一点是可能引起内战或内乱……可能也会基于同样的理由而宣称,人们可能不反抗强盗与海盗,因为那样可能引起混乱和流血"。洛克不认为反抗不正义的权利意味着政府将"由于每一个在公共事务上小小不善管理"而被推翻。他写道:"统治上的大错误、众多错误且不合时机的法律以及一切人类过失的事故,将由没有参与造反和谋杀的人们来承担。但是,假如辱骂、推诿以及诡计,这些所有趋向同样方式的行为之长链,能够使这一点显而易见的话……那么人们应当揭竿而起并且致力将统治交给那些能够向其做出保证的人手中,后者保证坚守政府最初确立时所追求的目的。"

因此,对于那些声称洛克的革命原则为混乱提供了永久的基础的人,洛克回应道,革命不会施行,除非"麻烦变得如此巨大以至于大多数人感觉到它、厌倦它并且发现必须对其改正"。只有在大多数人觉得"他们的法律,以及他们的财产自由和生命处于危险时,或者甚至他们的宗教也处于危险时",并因此想使用他们的自然权利去反抗——如果必要的话他们也会使用武力去反抗——那些侵犯他们的非法武力的情况下,造反才会出现。然而严格地来说,不是人们去叛乱,而是人们制止独裁者的暴乱。

《独立宣言》似乎把洛克所称述的反抗权利更明确地看作是一种造反的权利,它明显地从其他自然权利——生命的权利、自由的权利与追求幸福的权利——中推导出来这种权利。它向这些权利保证"政府是在人民中建立起来的"以至于"无论当何种政府形式成为这些目标的妨碍时,去改变或者去推翻旧政府并建立新政府这都是人民的权利"。《独立宣言》承认,"建立年份久远的政府不应该因为轻微的暂时的原因而有所改变";杰斐逊关于革命必然性的观点在一封他给麦迪逊的著名信件中反复出现过:"我认为偶尔的小叛乱是一件好事,而且,如同暴风雨在自然界中是必要的一样,叛乱在政治世界中也是必要的。"

霍布斯、康德、黑格尔似乎站在反对以上这些革命的观点和原则的立场,尽管在每一个例子中他们都为否定反抗或造反的权利提出了限制。例如,霍布斯认为,除非出于自我保护的目的,人们不具有改变政府形式的权利或者反抗政府统治形式的权利。霍布斯说,一旦人们立约去建立一个联邦,他们就受到约束,即,要去支持他们所创建之政权的行为和裁决;他们"不能在他们之中制定新的契约,不能不经过该政权的同意……而去遵守其他契约……从属于君主的人们不能在君主离开人世之前脱离君主政体并且返回到彼此纷争不和之民众的混乱之中"。

此外,根据霍布斯,"按照这种制度,由于每一个国民都是该被创建政权的一切行为与裁决的创始者,这推导出,无论该政权做了什么,这些行为不可能伤害其任何一个国民;它也不应该被任何一个国民指责是不正义的"。不过,"每个国民在一切事情上都是自由的,这里所讲的权利不会因为契约而被改变",正如人们"为了抵抗别人对他侵犯"或者为了获得"食物空气药品或人们若没有则无法活命的东西"而保护自身的权利。

康德不接受将造反看作是一种关于权利的问题,除非反抗被要求去实现在公共权利范围之外的道德义务。"(在所有不违反道德的事情上)服从拥有在高于你的权力的权威是以一种绝对命令。"因此虽然一个司法机构"可能被严重的缺陷和庸俗的错误玷污,抵制它仍然是绝对不允许和应受到惩罚的"。

在康德的观点看来,由于公共权利是建立在"通过法律将所有个体意志联合起来的统治意志"的制度之上。康德论证道,"允许人民对这种统治的具有反抗的权利,并且对它的权力进行限制,这本身就是一种矛盾"。值得记住的是,对于康德来说,政府唯一合法的形式是共和体形式,后者建立在大众统治的基础之上。康德不考虑对缺乏一切司法权威之独裁者或专制权力的反抗。

类似的证明在黑格尔关于被征服民众的叛乱与在组织完善国家中的革命之区别的论述也出现过。只有后一种行为才是一种犯罪,因为只有后者的情况对应于国家的观念——对黑格尔来说,国家的观念只有在君主立宪制中才能得到完全的实现,它从来不会在专制或者暴政中出现。他说道:"在一个被征服省份中的造反不同于在一个组织完善国家中的起义。被征服者并不是反对他们的君主,而且他们没有犯反对国家的罪行,因为他们与其统治者的联系不是在国家观念中的那种联系,也不是在宪法内在必然性中的那种联系。在这种情况中,只存在着契约不存在政治的纽带。"

那些不满革命或者否定革命的权利根基的人们,根据以上关于他们立场的辩护,可能并不完全反对那些明显认为造反有理是可以被证明的人们。对于后一种人的立场同样也可能有各种辩护。例如,阿奎那论证只有反抗专制而非反对一切政府或统治者的叛乱是正当的。《独立宣言》的署名者提到一种改变或废除"一切政府形式"的权利,但是《联邦党人文集》的作者们似乎并不同样愿意去承认一种推翻美国宪法的权利。

分类主题

1. 革命的本质
    1a. 关于用来完成社会、政治或者经济变更的暴力与和平手段之问题
    1b. 关于谋反(treason)或暴乱(sedition)的定义;作为谋反之同谋者的革命家
    1c. 革命与反革命;有别于国家之间的战争之国内冲突
2. 政治革命的本质
    2a. 政府或宪法的变更
    2b. 个人持有权力的变动:废位、行刺与篡夺
    2c. 国家或帝国疆域的变更:分解、脱离、解放与自由
3. 政治革命的过程
    3a. 政治革命的目的:夺取权力;实现自由、正义与平等
    3b. 维持权力的方法:僭主、专制以及极权主义国家对革命进行镇压和彻底扑灭
    3c. 在不同政体中革命的原因和后果
        (1)在君主政体中的革命
        (2)在共和政体中的革命:精英统治,寡头政治与民主政治
        (3)反抗僭主政治和专制政治的叛乱(rebellion)
4. 经济革命的本质
    4a. 被压迫或被剥削人们生存状况的变化:奴隶、农奴和无产阶级的解放
    4b. 经济秩序的变动:对生产和分配系统调整或废除
5. 经济革命的策略
    5a. 作为一种阶级斗争之表达的革命:富人与穷人之间,贵族与平民之间,以及资本家与工人之间
    5b. 革命阶级的组织:在不同经济系统中作为革命阶级的中产阶级和无产阶级
    5c. 作为经济革命目标的无阶级社会:国家的转变
6. 革命的正义
    6a. 叛乱的权利:证明公民的不服从或暴力造反是正当的环境条件
    6b. 取消社会契约或从联邦中退出的权利
7. 帝国与革命:殖民地叛乱的正当性与对帝国主义的维护

[张国栋 译]

索引

本索引相继列出本系列的卷号〔黑体〕、作者、该卷的页码。所引圣经依据詹姆士御制版，先后列出卷、章、行。缩略语 esp 提醒读者所涉参考材料中有一处或多处与本论题关系特别紧密；passim 表示所涉文著与本论题是断续而非全部相关。若所涉文著整体与本论题相关，页码就包括整体文著。关于如何使用《论题集》的一般指南请参见导论。

1. **The nature of revolution**

1a. **The issue concerning violent and peaceful means for accomplishing social, political, or economic change**

   5 Thucydides, 436–438
   6 Plato, 200–212
   8 Aristotle, 504, 506
   13 Plutarch, 387–388, 660–661
   18 Aquinas, 236–237
   19 Dante, 35–36
   21 Machiavelli, 9
   21 Hobbes, 154
   23 Montaigne, 358–359, 505–508
   28 Descartes, 269–270
   33 Locke, 72–73
   35 Rousseau, 361–362
   37 Gibbon, 292
   39 Kant, 439–441
   40 Declaration of Independence, 3
   40 Federalist, 29, 78–79
   40 Mill, 344
   43 Hegel, 151, 387–388
   44 Tocqueville, 117, 343–349, 408–411
   50 Marx-Engels, 432–434
   51 Tolstoy, 244–245
   58 Weber, 104

1b. **The definition of treason or sedition: the revolutionist as a treasonable conspirator**

   5 Herodotus, 186
   5 Thucydides, 381–384, 532–534, 574–576, 579–581
   13 Plutarch, 155–174, 193–195, 708–713, 802–824
   18 Aquinas, 583–584
   21 Hobbes, 121–122
   23 Montaigne, 88–90
   24 Shakespeare, 39–40, 59, 342–343, 466, 470, 537, 540–541, 568–596
   33 Locke, 77–78
   34 Swift, 33–38, 114–115
   35 Rousseau, 398
   37 Gibbon, 251, 525–526
   38 Gibbon, 587–588
   39 Kant, 439–441
   40 Constitution of the U.S., 15–16
   40 Federalist, 208

   44 Tocqueville, 334
   45 Goethe, 65, 137–138
   51 Tolstoy, 338, 505–511, 668–669
   59 Shaw, 92
   60 Orwell, 488–491, 494–496, 500, 502–504

1c. **Revolution and counterrevolution: civil strife distinguished from war between states**

   5 Herodotus, 102–107, 172–174
   5 Thucydides, 434–438, 577, 579–583
   6 Plato, 641–643
   8 Aristotle, 505–506, 558–561, 566–572
   13 Plutarch, 875
   16 Augustine, 583–584
   21 Machiavelli, 26
   22 Rabelais, 54
   23 Montaigne, 547–548
   24 Shakespeare, 11–16, 33–68, 69–104, 105–148, 434–435
   33 Locke, 76–81
   38 Gibbon, 594–585
   40 Declaration of Independence, 1–3
   40 Federalist, 66–68, 96–98, 99–101
   43 Hegel, 314–315
   44 Tocqueville, 360
   50 Marx-Engels, 424

2. **The nature of political revolutions**

2a. **Change in the form of government or constitution**

   Old Testament: *I Samuel,* 8
   5 Herodotus, 14, 107–108
   5 Thucydides, 391, 579–583, 585–586, 587–589, 590
   6 Plato, 403–404, 408–409
   8 Aristotle, 470, 502–503, 504, 506, 518–519, 553–572
   13 Plutarch, 32–35, 68–71, 195–213, 354–368, 499–538, 577–604, 620–648, 657–663, 781–802
   21 Machiavelli, 36–37
   21 Hobbes, 150–151
   23 Montaigne, 505–508
   33 Locke, 59, 73–81
   35 Montesquieu, 51–53, 76–78
   35 Rousseau, 418–420
   37 Gibbon, 24–28, 50–51, 153–156, 622–623

38 Gibbon, 73–74, 202, 217–219, 561–565, 574–582
39 Kant, 438–441, 450–452
40 Declaration of Independence, 1
40 Federalist, 62, 143–144, 159–162
40 Mill, 327–332, 350–353
43 Hegel, 149, 213–216, 312, 318–319, 378–379
51 Tolstoy, 238–243

2b. **Change in the persons holding power: deposition, assassination, usurpation**

Old Testament: *Judges,* 9 / *II Samuel,* 15–18 / *I Kings,* 16:8–20 / *II Kings,* 8:7–15; 9:1–10:11; 11:1–16 / *II Chronicles,* 23
4 Aeschylus, 42–43
4 Aristophanes, 867–886
5 Herodotus, 2–3, 12–13, 84–86, 120, 171–172, 182
5 Thucydides, 523–524
8 Aristotle, 513–514
13 Plutarch, 77–81, 344–354, 369–374, 382–387, 440–445, 460–470, 499–538, 577–604, 708–713, 749–755, 802–824, 859–876
14 Tacitus, 102–103, 112–113, 169–176, 189–266
16 Augustine, 216–218
21 Machiavelli, 12–14
21 Hobbes, 152
24 Shakespeare, 13–14, 35–36, 43–44, 47–51, 69–104, 105–148, 320–351, 434–466, 467–502, 568–596
25 Shakespeare, 284–310, 534
33 Locke, 70–71
35 Rousseau, 419, 424, 432–433, 438
37 Gibbon, 33–49, 56–61, 69–79, 111–113, 114–115, 159–178, 386–387, 436–438, 515–518
38 Gibbon, 113–117, 161–194 passim, esp 166–167, 472–476
39 Kant, 440–441
40 Federalist, 78–79, 93–94, 96–98, 108–109, 146, 157
44 Tocqueville, 399
58 Weber, 87, 91–92

2c. **Change in the extent of the state or empire: dissolution, secession, liberation, federation**

Old Testament: *Judges,* 3:14–4:24; 6; 10:1–11:33; 13:1–5,24–25; 14–16 / *II Chronicles,* 10–11 / *Jeremiah,* 41
Apocrypha: *I Maccabees,* 1–9 passim / *II Maccabees,* 6–13 passim
5 Herodotus, 121–123, 160–185 passim, 186–191
5 Thucydides, 349–593
13 Plutarch, 20–28, 480–499
14 Tacitus, 18–20, 54–56, 76–77, 116–117, 149–151, 269–277, 283–292, 297–302
21 Hobbes, 152–153
33 Locke, 51–52, 73–74

35 Rousseau, 403–404
37 Gibbon, 144–146, 521
38 Gibbon, 218–219, 439–451, 577
40 Declaration of Independence, 1–3
40 Articles of Confederation, 5–9
40 Federalist, 62–68
40 Mill, 428–430

3. **The process of political revolution**

3a. **The aims of political revolution: the seizure of power; the attainment of liberty, justice, equality**

4 Aristophanes, 832–834, 870–871
5 Herodotus, 29–30
6 Plato, 813–814
8 Aristotle, 461–463, 468–469, 502–506, 518–519
13 Plutarch, 195–213, 233–237, 648–656, 657–663, 671–689, 781–824
14 Tacitus, 6–7, 10–11, 82–83, 89, 104, 149, 191, 195, 198–199, 215–216, 233–235, 269–270, 290
21 Machiavelli, 36–37
21 Hobbes, 114–115
24 Shakespeare, 568–596
33 Locke, 18–21, 63–64
35 Rousseau, 402
37 Gibbon, 29, 35, 44–47, 48–49, 73
38 Gibbon, 574–575
40 Declaration of Independence, 1–3
40 Federalist, 147–148
40 Mill, 267–268
43 Hegel, 317–319
44 Tocqueville, 373–374, 401
51 Tolstoy, 9–10, 680–684
52 Dostoevsky, 137, 139–141
57 Tawney, 185–186

3b. **Ways of retaining power: the suppression and subversion of revolutions by tyrants, despots, and totalitarian states**

Old Testament: *Exodus,* 1:7–22
Apocrypha: *I Maccabees,* 1:41–64; 10:22–46
4 Aristophanes, 732–733
5 Herodotus, 21, 35–36, 123, 243
5 Thucydides, 425–428
6 Plato, 806–807, 811–813
8 Aristotle, 461–463, 482–483, 509–512, 515–518, 523–524
13 Plutarch, 27–28, 119–121, 124–130, 176–184, 482–484, 648–656, 681–689, 708–713, 809–811
14 Tacitus, 6–15, 21–22, 32–33, 68–69, 155–156, 170–176, 196–198, 200–201, 209–210, 280–281
21 Machiavelli, 3–5, 8, 9–10, 14–16, 22–31
22 Rabelais, 131–133
23 Montaigne, 105–110, 364–367
24 Shakespeare, 96–97, 340
27 Cervantes, 46
28 Bacon, 78

33 Locke, 19, 75
34 Swift, 102-103
35 Rousseau, 372-377, 432-433
37 Gibbon, 14-18, 42-43, 501-503, 522-523, 525-526
40 Constitution of the U.S., 16
40 Federalist, 49-51 passim, 90-91, 141-142, 152-153, 174
40 Mill, 366, 425-426
43 Hegel, 278-279, 293
44 Tocqueville, 281
51 Tolstoy, 668-669
58 Weber, 162
60 Orwell, 488-490, 501-502, 504-506, 519-524 passim

3c. The causes and effects of revolution under different forms of government

5 Thucydides, 427-428
6 Plato, 401-416, 801
8 Aristotle, 462, 502-519
14 Tacitus, 224-225, 261-262
21 Hobbes, 102-104, 116, 121-122, 148-153, 240
25 Shakespeare, 109
28 Bacon, 78
35 Montesquieu, 51-54
35 Rousseau, 404, 418-420
36 Smith, 302-303, 346
37 Gibbon, 436
38 Gibbon, 559-560
40 Declaration of Independence, 1-3
40 Mill, 321
43 Hegel, 387-388
50 Marx-Engels, 423-425

3c(1) Revolution in monarchies

5 Herodotus, 84, 107-108, 138
6 Plato, 667-672
8 Aristotle, 512-516
13 Plutarch, 482-485
14 Tacitus, 190-191, 193-194, 195-198, 209-212
21 Machiavelli, 7-8, 14-16
21 Hobbes, 150-151, 153-156
24 Shakespeare, 1-32, 33-68, 69-104, 105-148, 459-460, 461-462, 487-489
33 Locke, 71-81
34 Voltaire, 241-242
35 Montesquieu, 53-54, 56-57, 212
37 Gibbon, 68-69
41 Boswell, 120
44 Tocqueville, 48, 322-323
51 Tolstoy, 238-243, 260-262
58 Weber, 172-173

3c(2) Revolution in republics: aristocracies, oligarchies, and democracies

5 Thucydides, 434-438, 459, 463-465, 466-469, 482-483, 502-504, 519-520, 533, 574-590
6 Plato, 402-413, 744

8 Aristotle, 470, 482-483, 492, 504, 505-512, 523-524, 553-572
13 Plutarch, 13-14, 35, 47-48, 61-64, 68-70, 75-76, 117-121, 176-184, 361-368, 444-445, 588-589, 648-656, 657-663, 671-689
14 Tacitus, 1-2
35 Montesquieu, 6-7, 10-11, 21-22, 23-25, 51-53, 64, 91-92, 114-115
35 Rousseau, 411
40 Federalist, 47-53, 70-78, 90-91, 95, 99-101, 141-142, 181-182, 184, 194-195
40 Mill, 329-330, 366-367
43 Hegel, 295-296, 378-379
44 Tocqueville, 245, 272, 380, 405-406
50 Marx-Engels, 429-430, 432

3c(3) Rebellion against tyranny and despotism

Old Testament: *I Kings,* 12:1-25 / *II Chronicles,* 10
Apocrypha: *I Maccabees,* 1:1-2:44 / *II Maccabees,* 6:1-11; 8:1-4
5 Herodotus, 170-172, 178-180
5 Thucydides, 523-524
6 Plato, 411-420
8 Aristotle, 512-518, 558-561
14 Tacitus, 1-4, 169-176, 202-205, 234-235
21 Hobbes, 273
24 Shakespeare, 146, 568-596
25 Shakespeare, 303-304
35 Montesquieu, 25-26, 28-29, 54
35 Rousseau, 361-362
37 Gibbon, 29-31, 42-44, 56-59, 63-54, 68, 71-76, 126-127, 652-655
38 Gibbon, 113-115, 166-167, 464-466
40 Declaration of Independence, 1-3
40 Mill, 274, 343-344
60 Orwell, 482-484

4. The nature of economic revolutions

4a. Change in the condition of the oppressed or exploited: the emancipation of slaves, serfs, proletariat

Old Testament: *Exodus,* 1-14 / *Jeremiah,* 34:8-17
5 Thucydides, 467
8 Aristotle, 465
13 Plutarch, 68-70, 657-689
14 Tacitus, 70, 132
25 Shakespeare, 351-353
35 Montesquieu, 112-113
36 Smith, 185-196
37 Gibbon, 16-17, 144
38 Gibbon, 82
40 Constitution of the U.S., 18
40 Federalist, 137
40 Mill, 332, 339-340
43 Hegel, 313-314
44 Tocqueville, 186-191, 339
50 Marx, 7, 131-146, 231-248, 364-368
50 Marx-Engels, 415-417, 422-425
51 Tolstoy, 211-213, 216

52 Dostoevsky, 173
54 Freud, 883–884
60 Orwell, 478–481

4b. Change in the economic order: modification or overthrow of a system of production and distribution

    4 Aristophanes, 867–886, 887–905
    5 Thucydides, 350–351
    6 Plato, 316–319, 405–408
    8 Aristotle, 458–463
    13 Plutarch, 36
    34 Swift, 104–106
    36 Smith, 31–42, 185–196
    38 Gibbon, 452–453
    40 Federalist, 135
    43 Hegel, 355–357
    44 Tocqueville, 343–346
    50 Marx, 80–81, 153, 157–188, 205–250, 290, 308–311, 351, 354–378
    50 Marx-Engels, 416, 419–422, 425–427, 428–429
    54 Freud, 787–788
    57 Tawney, 181, 196–197
    60 Orwell, 478–479, 482–484

5. The strategy of economic revolution

5a. Revolution as an expression of the class struggle: rich and poor, nobles and commons, owners and workers

    5 Herodotus, 202–203, 243
    5 Thucydides, 434–438, 463–465, 482–483, 524–525, 564–593
    6 Plato, 343
    8 Aristotle, 461–463, 505–506, 508, 519, 553, 554–555
    13 Plutarch, 68–70, 124–130, 176–184, 648–656, 657–663, 671–689, 708–713
    24 Shakespeare, 57–59
    25 Shakespeare, 351
    38 Gibbon, 574–582
    43 Hegel, 291–292
    44 Tocqueville, 187–188, 302, 312–313
    50 Marx, 8–9, 131–146, 209–210, 294–295
    50 Marx-Engels, 415–434
    51 Tolstoy, 410–421
    57 Tawney, 181–182
    58 Weber, 138

5b. The organization of a revolutionary class: the bourgeoisie and the proletariat as revolutionary classes in relation to different economic systems

    50 Marx, 9, 354–378
    50 Marx-Engels, 416, 419–425
    57 Tawney, 194–195
    60 Orwell, 478–479, 481–482

5c. The classless society as the goal of economic revolution: the transformation of the state

    50 Marx, 9

50 Marx-Engels, 416, 429
56 Bohr, 345–348
60 Orwell, 479–481

6. The justice of revolution

6a. The right of rebellion: the circumstances justifying civil disobedience or violent insurrection

    4 Sophocles, 159–174
    4 Aristophanes, 824–845
    5 Herodotus, 103–107
    6 Plato, 216–219
    13 Plutarch, 678
    14 Tacitus, 6–7, 10–11, 174, 198–199, 234, 290
    18 Aquinas, 584
    21 Hobbes, 101–102, 104, 115–116
    23 Montaigne, 101–105
    24 Shakespeare, 459–460, 487–489, 574–576, 581
    25 Shakespeare, 303–306
    33 Locke, 16–17, 60–61, 64, 71–81
    35 Rousseau, 361–362
    37 Gibbon, 71–74
    38 Gibbon, 166–167
    40 Declaration of Independence, 1–3
    40 Federalist, 47, 62, 92–94
    41 Boswell, 120, 195
    43 Hegel, 363–364
    51 Tolstoy, 680–684
    60 Orwell, 478–479

6b. The right to abrogate the social contract or to secede from a federation

    5 Thucydides, 358–360, 418–419
    6 Plato, 216–219
    21 Hobbes, 91–92
    33 Locke, 46–47 passim, 51–53 passim, 73–74, 81
    35 Rousseau, 358–359, 374
    40 Declaration of Independence, 1–3
    40 Articles of Confederation, 9
    40 Constitution of the U.S., 18–19
    40 Federalist, 84–85, 143–144
    43 Hegel, 150
    44 Tocqueville, 193–194, 201–202, 205–206

7. Empire and revolution: the justification of colonial rebellion and the defense of imperialism

    5 Herodotus, 23–31, 160–213 esp 191, 308–310
    5 Thucydides, 358–360, 368, 402–404, 418–419, 425–428, 468–469, 504–507, 530–531, 564–593 passim
    8 Aristotle, 504–506, 528–529, 538
    13 Plutarch, 302–313 passim
    14 Tacitus, 17, 149, 269–270, 290, 301
    16 Augustine, 214–216, 230–231, 238
    21 Hobbes, 110–111, 279–281
    24 Shakespeare, 1–32, 33–68, 69–104, 532–567 esp 534–537, 567

25 Shakespeare, 463–464
33 Locke, 66, 69, 70
34 Swift, 182–183
35 Montesquieu, 62–63
35 Rousseau, 355
36 Smith, 286–313
37 Gibbon, 21–23, 144–146, 255, 420–422, 449–451, 477–491, 521–523
38 Gibbon, 51–54, 216–217, 285, 464–466
39 Kant, 413, 454–455, 456–457
40 Declaration of Independence, 1–3
40 Mill, 339–340, 433–442
41 Boswell, 179
43 Hegel, 254–255, 344–346
50 Marx, 379–383 passim
51 Tolstoy, 466, 498–499

交叉索引

以下是与其他章的交叉索引：

Revolution as civil war, *see* OPPOSITION 5c; WAR AND PEACE 2a–2c.

The process of political change by violent or peaceful means, *see* CONSTITUTION 7–7a, 8–8b; GOVERNMENT 6; LAW 7d; LIBERTY 6b–6c; MONARCHY 5a–5b; PROGRESS 4a; SLAVERY 6c–6d; STATE 3g; TYRANNY AND DESPOTISM 1c, 6–8.

The cause and prevention of revolution under different forms of government, *see* ARISTOCRACY 3; CONSTITUTION 7, 7b; DEMOCRACY 7a; OLIGARCHY 3a–3b; TYRANNY AND DESPOTISM 8.

Economic change and economic revolution, *see* HISTORY 4a(2); LABOR 7c(3); LIBERTY 6b; OPPOSITION 5b; PROGRESS 3b; SLAVERY 3c; STATE 5d(2)–5e; WAR AND PEACE 2c; WEALTH 9h.

The right of rebellion or the right of secession, *see* JUSTICE 10b; LAW 6c; LIBERTY 6b; TYRANNY AND DESPOTISM 3.

Anarchy and the condemnation of the rebel as an anarchist, *see* GOVERNMENT 1a; LIBERTY 1b; TYRANNY AND DESPOTISM 3.

Totalitarianism, *see* TYRANNY AND DESPOTISM 1, 2c.

扩展书目

下面列出的文著没有包括在本套伟大著作丛书中，但它们与本章的大观念及主题相关。

书目分成两组：

Ⅰ．伟大著作丛书中收入了其部分著作的作者。作者大致按年代顺序排列。

Ⅱ．未收入伟大著作丛书的作者。我们先把作者划归为古代、近代等，在一个时代范围内再按西文字母顺序排序。

在《论题集》第二卷后面，附有扩展阅读总目，在那里可以查到这里所列著作的作者全名、完整书名、出版日期等全部信息。

I.

Machiavelli. *The Discourses,* BK III, CH 1–8
——. *Florentine History*
Hobbes. *The Elements of Law, Natural and Politic,* PART II, CH 8
——. *Philosophical Rudiments Concerning Government and Society,* CH 12
Bacon, F. "Of Seditions and Troubles," "Of Factions," in *Essayes*
Hume. *Of Passive Obedience*
Mill, J. S. "A Few Observations on the French Revolution," "Vindication of the French Revolution of February 1848," in *Dissertations and Discussions*
——. *Thoughts on Parliamentary Reform*
Tocqueville. *L'ancien régime*
Dickens. *A Tale of Two Cities*
Marx. *The Civil War in France*
——. *The Eighteenth Brumaire of Louis Bonaparte*
Engels. *Germany: Revolution and Counter-Revolution*
——. *The Peasant War in Germany*
Marx and Engels. *The German Ideology,* PART I
Dostoevsky. *The House of the Dead*
——. *The Possessed*
James, H. *The Princess Casamassima*
Shaw. *The Revolutionist's Handbook*
Orwell. *Homage to Catalonia*

II.

THE ANCIENT WORLD (TO 500 A.D.)

Appian. *The Civil Wars*
Polybius. *Histories,* BKS I, II, VI
Sallust. *The War with Catiline*

THE MODERN WORLD (1500 AND LATER)

Andreyev. *The Seven Who Were Hanged*
Atwood. *The Handmaid's Tale*
Bakunin. *God and the State*
Bentham. *A Fragment on Government,* CH 1 (22–29)
Berdyaev. *Christianity and the Class War*
Billington. *Fire in the Minds of Men*

80. Revolution

Bodin. *The Six Bookes of a Commonweale*, BK IV
Brinton. *The Anatomy of Revolution*
Broch. *The Sleepwalkers*
Burke. *A Letter to a Noble Lord*
——. *Reflections on the Revolution in France*
——. *Thoughts on the Prospect of a Regicide Peace*
Byron. *Prometheus*
Carlyle, T. *The French Revolution*
Cohen, C. *Civil Disobedience*
Coster. *Tyl Ulenspiegel*
Digges. *The Unlawfulness of Subjects*
Godwin. *An Enquiry Concerning Political Justice*, BK IV, CH 2
Gorky. *Forty Years—The Life of Clim Samghin*, VOL II, *The Magnet*; VOL III, *Other Fires*; VOL IV, *The Specter*
——. *Mother*
Hooker. *Of the Laws of Ecclesiastical Polity*
Hugo. *Ninety-Three*
Laski. *Reflections on the Revolution of Our Time*
Lawrence, T. E. *Seven Pillars of Wisdom*
Lenin. *The State and Revolution*
——. *Toward the Seizure of Power*
Luther. *Address to the German Nobility*
——. *Against the Robbing and Murdering Hordes of Peasants*
——. *Whether Soldiers, Too, Can Be Saved*
Malraux. *Man's Fate*
Maritain. "On the Purification of Means," in *Freedom in the Modern World*
——. *Theonas, Conversations of a Sage*, IX
Naipaul. *Guerrillas*
Ortega y Gasset. *The Revolt of the Masses*
——. *Toward a Philosophy of History*
Paine. *Common Sense*
Pasternak. *Doctor Zhivago*
Proudhon. *De la justice dans la révolution et dans l'église*
——. *General Idea of the Revolution in the Nineteenth Century*
Ritchie. *Natural Rights*, PART II, CH 11
Shelley, P. B. *Prometheus Unbound*
Sorel. *Reflections on Violence*
Spenser. *The Faerie Queene*, BK I
Thoreau. *Civil Disobedience*
Toynbee, A. *Lectures on the Industrial Revolution*
Trotsky. *The History of the Russian Revolution*
——. *Literature and Revolution*
Vargas Llosa. *Conversation in the Cathedral*
Wilson, E. *To the Finland Station*
Yeats. "Easter, 1916"

修辞学　Rhetoric

总　论

修辞学传统上被认为是人文学科或自由艺术(liberal arts)的一种。很长时期,人文学科分作七门,三门低级学科(the trivium)和四门高级学科(the quadrivium),修辞学与语法、逻辑同属前一类,而不是与算数和几何这两门数学艺术以及天文学和音乐归为后一类。这个分类似乎暗示着修辞学像语法一样,与语言或说话有关,以及像逻辑一样,与思维,与推理或论证有关。但是如果语法是准确地写或说的艺术,逻辑是准确地思维的艺术,那么修辞学既不能在语言方面也不能在思维方面有什么作用,它对其他艺术能有何增益就值得怀疑了。

逻辑本身不足以确保词语适当地用来表达思想,语法也不能保证句法完美无瑕的话语就能符合合理性的要求。所以,语法和逻辑看起来不能挑战彼此的效用,当二者合起来时,它们对修辞的效用看来是一个挑战。

遭遇这个挑战的方式不仅仅取决于修辞学的定义,也取决于它被赋予的价值。在巨著丛书传统中,修辞学既被称赞为一个有用的、受过自由教育的人们应该具备的训练,又被谴责为正派的人不应向其屈尊的不诚实的伎俩。像"诡辩的"和"辩证的"这些词,"带修辞色彩的"这个称号,不管是传统上还是当今,都带有贬义,这三个词有时甚至在意思上趋于合一,同样表达对骗术的谴责。然而在这三个词中,只有"诡辩的"一词暗含不加限制的指责。

我们不讲好的诡辩和坏的诡辩,但是辩证法除了有诽谤者,也有辩护者,甚至那些指责修辞是一门妖言惑众的艺术或者是讨好的一种形式的人,如柏拉图,也区分真的和假的修辞,一种作为值得赞美的追求与辩证法相关联,另一种作为与美德相分离的职业,与诡辩术同类。根据弗兰西斯·培根的观点,修辞的主要目的是辅佐理性,"不是压制理性"。修辞学或许会被误用,但是逻辑也有它的滥用。照培根的看法,"如果逻辑不能被指责为诡辩,道德不能被指责为恶习,修辞也不能被指责为对比它们更坏的部分的粉饰"。

修辞学的目标和范围有宽泛的和狭义的。宽泛的观点,我们随后将考虑,往往把诗学以及任何话语中的雄辩术一起并入修辞学。狭义的观点倾向于把修辞学限定为实践事务范围内的说服艺术。修辞技巧包括使别人拥护某种信念,形成某些意见,做出讲话者或作者希望他们采取的判断。通常,行动而非说服,是修辞的终极目标。修辞的规则被认为是不仅给予一种力量改变人们的心灵从而得出某些结论,而且,通过让他们心服,使得他们按某种方式行动或不行动。

如此看来,修辞学的范围限于道德和政治问题。人们在行动之前商讨的事情,他们对之做出道德判断或政治决定的事情,构成了演说的主题,或霍布斯叫做"劝勉和劝谏"的东西,即"那种伴随有强烈渴望得到采纳的迹象的建议"。

在狭义的概念中,修辞学似乎局限于讲演术。当苏格拉底与斐德罗以及高尔吉亚讨论修辞的时候,苏格拉底所关心的似乎是演说术和演说者。高尔吉亚是一个修辞学老师,他赞扬演说者有力量说服"法庭上的法官,或委员会中的元老,或不管公民大会还是其他任何公共集会中的公民"。鉴于此,苏格拉底问他是否接受修辞学作为"说服的艺匠"这一定义。当高尔吉亚承认"说服是修辞学的主要目的"时,苏格拉底继续问是否修辞学是"唯一的带来说服的艺术,或者其他的艺术有同样的效果?什么都教的他说服过人们相信他所教的吗?抑或没有?"如果是,"那么不仅修辞学,能算术也是一个说服的艺匠"。

高尔吉亚提醒苏格拉底他原来关于演说者的观点,"修辞学是在法庭以及其他集会当中的……关于公正与不公正的说服艺术"。但是苏格拉底仍不认为修辞学已经满意地被严格定义了。他引入了知识与信念或意见之间的区分,然后使得高尔吉亚同意尽管除了真实的知识外不可能还有虚假的知识,但是信念和意见可以或真或假。所以说服可能是两种中的一种——"一种是无知识的信念的来源,而另一种是知识的来源。"

高尔吉亚愿意把修辞限制为说服形式,"它仅仅给予信念",对此,苏格拉底又加上了一个断然的否定陈述,"修辞学家并不就事情的公正和不公正教导法庭或其他集会,只是创造关于它们的信念"。如果一个集会希望学习与医药或造船有关的事情,它会请教一个医生或造船家,而不是演说家。但是高尔吉亚说,"当不得不在这些事情上做出决定的时候,修辞学家是建议者,修辞学家是赢得他们的目标的人"。他提醒苏格拉底在港口、码头和城墙的建造中,是特米斯托克利和伯里克利的演讲,而非建筑师的建议决定了雅典人的集会,以此证实他以上的观点。

以进一步解释的形式,高尔吉亚讲述了这样的情况:他成功地使病人们做了他们根据医生的建议不会去做的事。"仅仅通过使用修辞,我已经说服了这个病人为我去做他为医生不会做的事",他说。相似地,在一场公职的竞争中,一个修辞学家和任何一位其他的教授之间,"修辞学家比任何其他人都有力量使自己得选,因为他能就任何主题比其他人更有说服力地对多数人讲话。这就是修辞艺术的本性和力量"!

通过把它和辩证法对照,亚里士多德对修辞的功能似乎有不同的想法。他说"修辞学和辩证法都不是对某一独立学科的科学研究,两者都有提供论证的功能"。两者都与缺乏科学证明的论证有关,也就是说,与意见有关,站在问题的不同方面会有不同的可能性。

虽然对亚里士多德来说修辞学是辩证法的对应物,因为两者都涉及对任何一个主题的论证,但他对这两个学科的区分似乎表明,修辞学限于考虑通常意义上的公共演说中的演说术。修辞学家关心的是说服听众,而不是像辩证法家关心的是进行辩论,在其中两个人或许是私下交锋。另外,说服是直接为了从观众得到确定的反应——不仅仅是同意,而且是行动,或者采取行动的决定,以及被感情的力量或狂热鼓胀着的有实践意义的支持。

照亚里士多德看来,修辞学的分支由演说的种类决定,而演说的种类又由演说所面向的观众类型决定。"在组成演说的三个因素——演说者、主题和演说面向的人中,"亚里士多德说,"听众是最重要的一个因素,他决定演讲的目的和对象。"听众必须或者是判断者,对过去或将来的事情做出决定,或者是观察者。一个集会的成员决定将来的事情,一个陪审员决定过去的事情,而那些仅仅判定演说者之技巧的人是观察者。

从这里可得出演说术有三个分支：(1)政治的；(2)法庭的；(3)展示的仪式性演说——或者，像它们有时被命名的，议事的、庭辩的和夸示性的。政治演说鼓动我们去做或者不去做某件事情……庭辩的演说或者攻击某人或者为某人辩护……夸示的仪式性演说或者表扬或者指责某人。这三种修辞关涉三种不同的时态。政治演说者关心将来，他尽力在事情今后要做还是不要做上面说服人们。处于法律案件中的当事人关心过去，就过去做过的事，一个人控告另一个人，另一个人为自己辩护。确切地说，仪式性演说者关心现在，因为所有人都根据当时存在的事情的状态来提出赞扬或批评，虽然他们也常常发现回忆过去和猜测未来是有用的。

"修辞有三种看得见的不同的目的，对应它三种不同的类型。政治演说者意在确证已提议的行动计划的利弊……法律案件当事人意在确证某一行为的公正或不公正。那些对一个人进行赞扬或攻击者意在证明他该得如此荣誉或者相反。"

这一与演说或公共演讲有关的修辞学概念回答了这样一个问题：作为话语艺术的修辞学对语法和逻辑有何增益。演说不只是观念的交流、论证的罗列、证据的安排，它的范围更广。不管是书面的还是口头的，话语既影响心智又影响情感，并且使人既在心智上同意又乐于去行动。

贝克莱评论道："通过言语交流观点并非像通常所认为的那样是语言主要和唯一的目的。语言有其他的目的，比如唤起激情，激励或推延一个行动，使心灵处于某种特殊的倾向中——与这些相比前者在许多情况下很少有用，有时完全被忽略了……我恳请读者反思一下自己，看看是不是在听或读一段话时常常发生恐惧、爱、憎恶、羡慕、蔑视诸如此类的激情，由于对某些词语的领悟而立刻在头脑里产生，之间没有任何观念的串入。"

在承担说服纽约人们批准联邦宪法这一演说任务时，《联邦党人文集》的作者意识到在这个问题的争论中，"一股愤怒和致命的激情的洪流将释放出来"。他们认识到为采纳某些政治原则或结论而论证不像教几何学，几何学的对象是"从这些激起和煽动人类心中难以驾驭的激情的追求中彻底抽离出来的"。

汉密尔顿在文件的开头就立刻承认，"提交给我们商讨的计划影响了太多的特殊利益，革新了太多的地方习俗，这还不包括讨论中各种与它的价值无关的对象，以及各种无益于发现真理的观点、激情和偏见"。然而，他还是尽量说服他的听众仅仅根据论证的价值判断这个问题。

他说，宪法的反对者们，"或许是被诚实的意图所驱使的"。反对可能"来自诸多源头——被事先形成的嫉妒和恐惧引入迷途的心灵诚实的错误，它们如果不值得尊重，至少无可指摘。给判断带来错误的偏见的原因如此之多、如此之有力，以致我们在许多情形下看到，在对社会头等重要的问题上，明智和善良的人们既有站在正确一边的，也有站在错误一边的"。

汉密尔顿告诉他的听众，认识这一点，就是要警惕着"反对所有、不管从哪一角度、用任何明显的事实之外得来的印象，……影响你的决定的企图"。他希望听众把他看作除了他的论据的价值什么都不依靠的人。他写道："我坦诚地向你们承认我的信念，我别无隐瞒地在你们面前罗列我的信念得以确立的理由……我的动机必定始终存放在我的胸中。我的论证将对所有人公开,并且可以被所有人评判,它们至少应该在这样一种不会使真理的理想蒙羞的精神中提供出来。"

在此,我们能察觉修辞艺术的另一个因素。演说者不仅关心他的论证的力量和他希望通过论证激起的听众的激情,而且还关心他在听众身上是否造成了这样的印象——他是一个有着好的品格和诚实的意向的人,忠实于真理,而且首先忠实于他的听众们最佳的利益。

修昔底德所记载的伟大演讲——或许经过润色,如果说不是杜撰出来的话——典型地说明了演说者在这方面的努力,莎士比亚为他的人物所写的演说词也一样,在这些演说词中,《裘力斯·恺撒》中的布鲁图斯和安东尼的演说属于最优秀也最为人所知的演说之列。《共产党宣言》也说明了这一点,这个宣言被那些不信任作者的人谴责为"宣传资料",但对那些信任作者的人来说,他是强大的并有说服力的演说。巨著丛书中伟大演说的例子比比皆是,比如乔伊斯《一个青年艺术家的画像》里地狱之火的布道和康拉德《黑暗的心脏》里的演讲——叙述者认为这个演讲给了他"被一种威严的仁慈所统治的无边的异域的观念,它使我充满了宗教狂热般的兴奋。这是语词——燃烧着的高贵的语词——的雄辩所具有的无羁的力量"。

不是所有演说的例子都具有康拉德的叙述者所讲的那种高贵性。在奥威尔的《动物农场》中,斯贵勒是把注意力从拿破仑的暴政和其他的猪那里转移开的大师:"当他正在争论某个难题的时候,他有从一边跳到另一边的方法,并且会摇着他那很有说服力的尾巴。别人说斯贵勒能把黑的变成白的。"斯贵勒不只是个极权主义宣传家,他典型地说明了奥威尔总的观点,像他在别处写到的,"政治的语言……设计得使谎言听起来充满真理,谋杀犯值得尊敬,把坚实的外表赋予纯粹像风一样的东西"。

把庭辩演说者所用的证人和证据与他所称的严格的说服艺术的手段——亦即修辞艺术固有的手段——区分开来,亚里士多德把后者分成上面已经提到的三种因素。他说,说服取决于"讲话者个人的品格……使听众处于某种心境……以及演讲本身的语言所提供的证明或表面的证明。当讲话是为了使我们认为他可信时,说服的成功由讲话者的个人品格决定……其次,当讲话激起听众的感情时,说服通过听者得以实现……再者,当我们通过适合于讨论中的事情的有说服力的论证证明了一个事实或看似的事实时,说服从讲话本身获得效果"。

以上这些是影响说服的三种技术手段,亚里士多德由此得出结论说,修辞技巧必定存在于这些能力中:"(1)逻辑推理;(2)理解人类各种各样的性格和善好;(3)理解情感……知道它们的缘由和激发它们的方式。"所以,修辞艺术不只包括语法和逻辑的训练,它需要研究伦理学和心理学——特别是关于人类性格类型的知识和关于激情的知识。

对演说情境的同样的考虑似乎使得苏格拉底告诉斐德罗,色拉叙马库斯或任何其他教修辞学的人应该"给灵魂的本性一个确切的描述",应该解释"它起作用或使它起作用的样式"。他进一步说道,修辞学家"已经把演讲和人、它们的性质和倾向分门别类,并且使它们相互适合",他将能够"告诉他的安排的理由,表明为什么一个灵魂被论证的一种特殊形式所说服,而另一种则不行"。

关于修辞学的这个事实——即它必须使演说不仅与主题相宜,还要与人相宜——似乎导致苏格拉底把演说定义为

"对灵魂施魔法的艺术"。他告诉斐德罗，它不限于法庭和公众集会。这门艺术的善与恶取决于它是否需要演说者知道他所讲事情的真相——而不只是他演讲所针对的人的本性。苏格拉底说，为了通过真理的近似物在多数人的心中唤起对可能性的想象，知道真理是必要的。"知道真理的人总是最能知道如何发现真理的近似物。"这样的人不仅能够愉悦并说服听众，而且，他或许"能够讲合神意的东西"。

那么，关于修辞学的争论——至少就这一争论涉及它作为一门技艺是否与美德一致的问题而言——似乎激发了快乐和真理的混合。假设是为了说服一类特定听众，这个问题是，是否演说者不一定得在取悦他们和告诉他们真相之间两者择一。修辞艺术倾向于既说服好人又说服坏人吗？演说者的技巧由说服的成功衡量，而不考虑他所说服的听众的品格和他不得不使用的手段？演说者的善好以及他的演讲的善好，既取决于他道德上的德性又取决于修辞技巧？

一种修辞学的观念似乎把说服等同于取悦，与真理相分离。例如，帕斯卡在他的随笔《论几何证明》中谈到"两种方法，一种是让人信服，一种是取悦"。为了说服一个人，他写道，"一个人必须考虑他与之打交道的那个人，他的精神和内心，他接受的原则，他喜爱的事物"。帕斯卡认为，根据这些考虑，"说服的艺术更多地在于取悦而不是让人信服，在一定程度上，比起理性，人们确实更多地受一时的兴致支配"。他不怀疑，"关于取悦，有同论证一样可靠的规则"，他似乎也不因为修辞是这样一门艺术而谴责它，只不过当他说"取悦是无比地更为困难、更为微妙、更为有用、更值得赞美"时，笔端是带着反讽的。

在洛克看来，修辞学无疑是"错误和欺骗的有力工具"；在柏拉图看来，修辞学根本不是艺术，不过是讨好的一种形式。正如烹饪术尽力满足的是人们的味觉嗜好而不关心什么对身体有益，照柏拉图看来，修辞学的目的是使人高兴而不关心什么对灵魂或国家有益。烹饪术和修辞学是医学和政治学这样的真正的艺术的赝品或假冒货，医学和政治学以善好而不是愉悦为目的。苏格拉底告诉卡里克勒斯，"这就是我称作讨好的那种事情，不管涉及的是身体还是灵魂，它时时刻刻带着取悦人的眼光，一点儿也不考虑善恶"。

苏格拉底然后问卡里克勒斯是否弄得清修辞学家是"以最好的东西为目的……然后寻求通过演讲来提升公民"，还是所有的修辞学家"在卑躬屈膝地取悦他们，在想着自己的利益时忘掉了公共的善，像玩弄孩子一样玩弄人民，一个劲地逗他们乐，而从不考虑他们是否因此而变得更好还是更坏"。

当卡里克勒斯回答说他认为"有人在他们的讲话中对公众有一种真正的关心"，苏格拉底说他"乐意承认修辞有两种：一种只是讨好和不体面的慷慨陈词，另一种是高贵的，意在培养与提升公民的灵魂，努力讲说最好的东西而不管是否受听众欢迎"。他问卡里克勒斯，但是，"你知道这样一种修辞吗，或者如果你知道，你能指出任何一个这样的修辞学家吗，他是谁？"

苏格拉底或许不是在问一个修辞学的问题，他也许是在修辞学的辩护者面前提出一个严重的两难选择：演说者要么坚持真理追求善好，即便这样一个心智的高标准因为冒犯听众而使得他说服听众的努力受挫；要么把说服作为他的目的，让其他的一切从属于修辞手段以成功地说服任何一种听众。

培根站出来辩护，把这个两难当作

不真实的东西加以拒斥。他写道:"修辞的职责和功能是把推理应用到想象中以更好地改变意志。"他承认修辞不是受真理而是受其他考虑所控制的。尽管"逻辑处理推理的严格和真实",尽管"逻辑的论据和证明超然地并且一样地指向所有人……修辞的论据和说服却应该根据听众的不同而不同"。

然而,培根认为"柏拉图把修辞看作一门放纵享乐的艺术,把它与那种做出有害健康的食物并且通过各种讨好口味的调料助长不健康的烹饪术相类比,这其中有极大的不公正,虽然这是从对他那个时代的修辞家正当的憎恨中生发出来的。因为我们看到,演说熟谙于为善好的东西增色胜过为邪恶的东西粉饰;因为没有人仅会诚实地说而不这样做和想。修昔底德非常出色地在克里昂身上发现,由于他在状况的起因方面惯于瞄着坏的一面,所以他一直以来都在猛烈抨击雄辩和好的演说,因为知道没有人能光明正大地说及肮脏卑鄙的经历"。

亚里士多德对修辞学的辩护似乎暗含在这个评论中,"它的功能不只是成功地达到说服,而是发现每一种情况的周边条件所允许的接近成功的途径"。正如对他来说,诡辩家不同于辩证法家并不在于论证或辩论的技巧,而在于道德意图或对真理的尊重,所以,"修辞学家"的名称可以用于两种人。修辞学可以指"演说者关于他的技艺的知识或他的道德意图"。因为缺少各自独立的名称,诚实的和诡辩的演说者都被称作也可宣称为"修辞学家",正是这一点使问题变得混乱。

在伟大著作的传统中,亚里士多德的《修辞学》的地位可与在**诗**章中已经提到的他的《诗学》毫无争议据有的地位相比。它似乎是第一本也是标准的一本关于演说的论著。它把修辞分成三个部分——第一部分与选题有关;第二部分与演讲的顺序或安排有关;第三部分与表达问题有关。对演说者的用语和演说风格的分析属于最后一部分;把演说的结构分成诸如开场白、陈述、论证和尾声这些环节属于第二部分;对说服手段的考虑在选题的名下,属于第一部分。

如我们已提到的,照亚里士多德看来,说服的艺术手段有三重——情感、性格和论证。演说者必须考虑如何激发和利用他的听众的激情,还要考量在表露自己的感情方面要走多远。他必须考虑他正在吁求的听众的道德品格,并且在这一联系中他必须在一种讨人喜欢的氛围中尝试展示他自己的道德品格。最后,他必须知道修辞论证的各种类型和来源——不仅要知道哪些类型的论证可用于哪一特定的目的,而且也要知道怎样最有说服力地利用每个论证。在这最后一个方面,亚里士多德对修辞的论证和修辞的归纳做了区分——对他所谓的"修辞推论"的使用与对例子的使用相反——他把这个区分与他在《论题篇》中论述过的辩证论证和归纳之间的不同联系起来。

西塞罗和昆体良或许在某些方面延伸了亚里士多德的分析,但是他们和现代作者如乔治·坎贝尔和理查德·魏特利都没有远离亚里士多德为讨论演说术建立的框架。甚至那些反对亚里士多德在逻辑、自然哲学和形而上学中的权威的人都通过沿袭他对演说的态度而给他以赞扬(如霍布斯),或赞许他对修辞学的贡献(如培根)。培根发现在已被人们接受的传统中,这门科学没有严重的缺陷,其他科学很少有这种情况。他称修辞学为"一门优秀的科学,并且得到过非常好的研究",关于后来的作家"在他们的修辞学著作中超越他们自身"的原因,他把"效法亚里士多德"放在首位。

然而,根据别的标准来衡量,亚里士多德的《修辞学》可能会被评判为有缺陷。因为他几乎排他地把注意力限制在演说术上,亚里士多德的讨论使得更广的意义上的修辞几乎没有被触及。当然,把修辞限制于演说的主题不是没有得到解释。"每一门其他的艺术,"亚里士多德写道,"都能就它自己的特定主题进行指导和说服,例如,医药学关于什么是健康的和不健康的,几何学关于空间的性质,算术关于数量,其他的科学和艺术也是这样。但是修辞学,"他说,"我们把它看作这样一种力量,它考察几乎每一种用在我们面前的主题上的说服手段。"

最后一个陈述似乎会赋予修辞学完全的普遍性。然而,亚里士多德限制它的意义。他说,"人们没有注意到,越是正确地处理他们的特定主题,他们离纯粹的修辞越远"。就知道好的论证和怎么使用它们而言,医生和数学家不要借助修辞。修辞艺术仅仅在处理那类不落入已有的艺术和科学的主题或系统的题目时才是必要的。此类题目正是演说者必须处理的。亚里士多德概要地写道,"修辞学的职责是处理这些事情:我们在商讨它们的时候没有哪门艺术的指导,也没有系统的指导,那些听我们讲话的人又不能马上理解一个复杂的论证或跟上一长串的推理"。这就是他对那些赋予修辞学"一个更宽泛而不严格属于它的主题"的人的回答。

但是亚里士多德对他之所以限定修辞学的解释本身仅限于它的一个主要部分,即论证的结构。数学家、医生和哲学家对其艺术或科学的主题的掌握需要论证的相关原则和方法,与它们相比,只有演说者需要独特的修辞艺术给他提供从中可以抽取例子和修辞推论的话题,并且给他使用这些论证的技巧。但不是只有演说者才必须考虑听众的性格和情感,才必须考虑以最好的方式组织一篇精雕细刻的讲话的各个部分。首先,在表达思想尤其是与别人交流时,不只是演说者面对有效使用语言的问题,所有这些要考虑的因素和问题对演说者与教师是共同的。这些要考虑的因素和问题不仅是试图说服听众去行动的公众演说者所必须面对的,而且是任何人必须面对的——例如,诗人、哲学家或科学家——只要他想尽可能有效地写下他想说的东西,无论这东西是什么。

在某一门特定艺术或科学中的能力或许使他能够胜任于他这个特殊主题领域里的论证,但看来不会使他在其他方面的考虑和问题中也胜任,这些考虑和问题是他试图交流他的知识或思想时所面对的。那么,这就有了关于修辞艺术的更宽泛概念的可能性——一门不仅关系到行动领域内的说服力而且关系到思想表达上的雄辩或有效的艺术。

我们发现这种修辞观反映在乔叟的《坎特伯雷故事》里。在他的开场白中,弗兰克林说,"我恳求你们/原谅我的粗野的言辞",他解释道,因为,

我担心,他们从未教过我修辞,
所以,我所说的浅显又不加修饰。
我没有在帕尔那索斯山上睡过觉,确实没有。
也没有研究过马尔库斯·图利乌斯·西塞罗。

当骑士想描述喀娜茜的美时,他也为自己英语的贫乏道歉:

讲出她的美对我来说太难,
超出了我的舌头所能歌唱;
这么高难的事情我不敢当。
对此我的英语也不够,

> 它要一个修辞学家来研究,
> 要有一位披上这种艺术的诗人,
> 来优美地描述她的每一个部分。

虽然亚里士多德的《修辞学》为了阐述演说的规则,在其中的绝大部分忽略了广义的修辞概念,然而他的论著的第三卷,论及用语的部分,暗示了风格问题是演说和诗歌以及其他类型的话语也要共同面对的。

康德看来坚持这种广义的修辞概念,他说,"讲话的艺术是修辞和诗"。在西方思想传统中,当这两门艺术与任何特殊主题分离时,它们往往趋向同一。如在**诗**章中所表明的,诗像修辞一样有广义和狭义之分。狭义上它是叙述艺术,正如修辞狭义上是演说艺术。根据培根的观点,在另一种意义上诗能够被理解为与词语有关而不是与事物有关的一门艺术。"在这个意义上,"他写道,"它只是一种风格特征,属于言辞艺术。"

在这个意义上,诗的艺术与修辞艺术几乎不可区分。组成一个好的演讲包含的问题与写一首好诗(或培根所说的"捏造的历史")包含的问题是不一样的。但是当诗和修辞各自脱离此类问题而变成写好或讲好任何事情的艺术时,那么在变得同话语本身一样普遍的过程中,它们往往变成了同样的一门艺术——一门风格或表达的艺术,一门宣讲或教授关于任何事物的真理的艺术,关于这些事物的真理,人们寻求交流。

尼采详述了古代对风格的掌握。"在那个时代,"他写道,"写作风格的规则与讲话风格的规则是一样的,这些规则部分地取决于耳和喉令人惊奇的发展和精致化的需要,部分取决于古代人肺部的强度、韧性和力量……诸如德谟斯提尼或西塞罗出现的时代,一口气两升两降,这些对古代的人来说是乐事,他们从自己的学校知道如何评价他们身上的美德,知道这样一个时代的表达风格之稀少和困难——我们确乎与这样一个壮丽的时代不配,我们现代人,我们这些在任何方面都气短的人!"在尼采看来,古人"在修辞方面每个人本身都是业余爱好者,因而也是鉴赏家,是批评家——所以他们把他们的演说家推到了极致"。

在伟大著作的传统中,没有一本为一般而言的修辞学所写的书,像亚里士多德的《修辞学》在演说术的有限范围内为这门艺术所做的那样。但是奥古斯丁的论著《论基督教教义》对修辞做了一般的分析,在某种程度上可与亚里士多德对演说的分析相比。在这本著作中,奥古斯丁把他自己的作为演说者的专业训练与他阅读、解释和阐述《圣经》的问题关联起来。在他看来,他探讨《圣经》,因此探讨对最基本的真理的教授,这一事实使他高出演说者的有限关怀;但是他把自己限制于《圣经》这一事实也阻碍了他以彻底的普遍性阐明他的解释和说明规则,而为了成为一门普遍的修辞艺术的规则,它们是不得不具备这种普遍性的。

在《论基督教教义》第四卷的开头,奥古斯丁宣称在先前几卷中已经考虑过"勘定《圣经》正确意思的方法",他现在将考虑"意思勘定后被知晓的方法"。他否认任何"放弃修辞规则"的意图,他希望仅仅"站在真理的一边从事它"。在这一卷的结尾,他试图显示《圣经》本身以及圣西比利安和圣安布罗斯这样神圣的人在注解《圣经》的时候如何使用了修辞艺术。

奥古斯丁写道,"既要教导正确的东西,又要驳斥错误的东西,这是《圣经》解释者和教授者的职责;在履行这项职责中要让敌人和解,唤醒心不在焉的人,告诉无知者什么正在发生以及什么在将来是可能的。但如果他的听者是友好的、注意力集中的和乐于学习的，不管他发现他们如此还是他自己使得他们如此，剩下的目标就要以情况需要的任何方式去推行"。这样，普通修辞的第一条规则看来应该是在演讲所面向的人中创造一个可接受的心智框架。这点实现后，教授者必须在头脑中继续各种抉择。

"如果听者需要教导,"奥古斯丁写道,"则论述的内容必须通过叙述的方式使之很好地被了解。另一方面,澄清疑点需要推理和出示证据。然而,如果听者需要被激发而不是被教导,以便他们能够勤于去做他们已知的,则言辞需更大的气势。这里,恳求和谴责,劝勉和责备,以及所有其他激发情感的手段都是必要的。"

在《圣经》和它伟大的注释者那里，奥古斯丁发现"智慧不以雄辩为目的，然而雄辩也不在智慧面前退缩"。他也找到了西塞罗曾经区分过的三种风格的例子——那些"能用柔和的风格说小事，用节制的风格说中等的事情，用庄严的风格说大事"者的雄辩。奥古斯丁把这三种风格与西塞罗已经分派的雄辩术的三种目的——教导、娱乐和鼓动联系起来。他说柔和的风格应该用来"给以教导"，节制的风格用来"给以娱乐"，庄严的风格用来"动摇心智"。

"在优雅和美丽，不，在壮丽辉煌方面，"加尔文写道，"某些先知的风格并没有被异教徒作家的雄辩超过。"在他看来，他们的写作"远远高于人类所能及。那些觉得他们的作品枯燥乏味的人必定毫无趣味"。

历史、科学和哲学的巨著为普通的修辞分析提供了额外的材料。它们至少给我们提供了例子的启发，即便它们不像奥古斯丁在《圣经》注释中那样给我们规则的指导。像希罗多德、修昔底德、塔西佗和吉本这样的历史学家，他们在历史写作中展示了风格的多样性。这种多样性不仅在于语言使用的语法层面，更在于布局和论证的逻辑层面。修辞原则控制了语言和构篇彼此相适合的方式以及与历史学家的意图——也就是他希望在他的读者身上产生的影响——相适合的方式。

欧几里得写《几何原本》的方式是一种展示的风格，不仅有逻辑的特征还有修辞的特征。在它的修辞的（如果不是它的严格的逻辑的）形式中，这种方式可用于其他的主题。这在斯宾诺莎的《伦理学》和牛顿的《自然哲学的数学原理》对这种方式的采用中可以见到。柏拉图似乎是为写哲学而发明的对话形式使它本身在修辞上不仅对其他的哲学家有吸引力，而且对伽利略这样的科学家写作他的《关于两门新科学的对话》也有吸引力。如果《神学大全》或《纯粹理性批判》这两部著作其学说与它们非常特殊的风格相分离，它们很可能不会对读者有同样的影响。正如它们被写出来的样子，它们对不同的读者有不同的影响，就如但丁、弥尔顿、梅尔维尔、陀思妥耶夫斯基、亚当·斯密和马克思的风格有不同的影响一样。

某些说明方法或许比其他的更适合特定的主题。培根说,"数学的和政治的表达风格之间有很大的不同"。但是在每一个主题或学问领域里，都有一个在交流思想的过程中如何使语言最有效地给人启发或使人信服的共同问题。这个问题不仅出现在组织一整篇话语中，也出现在写一个单一的句子中。

词语的选择和新词语的构造，讲话中形象的创造和使用——通过它们可以实现话语的省略或铺张以及使想象变得鲜活——这是一些风格的考虑,对此亚里士多德讨论过(在他的《修辞学》和《诗学》里),奥古斯丁在他对《圣经》的分析中也阐述过。它们要求普通修辞的规则建立在像帕斯卡的洞见"不同排列的词语有不同的意思,不同排列的意思有不同的效果"一样普通的原则上。

这个评论包含了对更早提出的问题的进一步回答,即为什么在语法和逻辑技能之上还需要修辞艺术。就演说而言,通过指出那些处理激情和道德品质的修辞规则问题已经得到了回答。但是对更普通的与所有话语有关的修辞来说,这个问题必须根据帕斯卡的评论所要求的那种风格类型的规则来回答。

如果从来就只有一种说话方式语法上和逻辑上正确,那么语法的和逻辑的标准就会足以规整合理的话语了。但是如果总是有几种说话方式,每一种都满足语法和逻辑规则,然而在人们头脑中留下的印象不同,那么就需要语法和逻辑之外的标准来决定我们选择使用哪种。

这样的判断标准必须把激情和想象考虑在内,但是它们也首先要依赖心智本身自然地起作用的方式。向心灵呈现同一真理有几种方式——通常用这几种方式心灵能够解释同样的陈述——这一事实决定了普通修辞的范围,以及修辞规则与语法和逻辑规则的关系。

然而,一些伟大作者似乎怀疑修辞在科学和哲学中的价值。例如,洛克承认"在我们寻求愉悦和快乐而不是知识和进步的言谈中,这类装饰"——比如"语言中的比喻和影射"——"很少被当作错误",但是,他又说"如果我们如其所是地谈论事物,除了秩序和清晰,我们必须承认所有的修辞手法、所有雄辩术发明出来的词语的矫揉造作的和比喻的用法,只是为了滋长错误的观念,鼓动激情,因而确实是十足的欺骗……在关系到真理和知识的地方,它们只能被认为是一个巨大的过错,要么属于语言要么属于使用语言的人"。

笛卡尔也宣称"那些有最强的推理能力和为了使思想清楚易懂最娴熟地安排他们的想法的人有最强的说服力量,即使他仅能讲下等不列颠语并且从未学过修辞"。然而,通过把辩证法和修辞学等同起来并承认它"可能的用途……以便有时用来更容易地向别人解释我们已经确知的真理",他多少有点缓和了这种激烈的态度。

柏拉图在大部分地方倾向于从相反的方向让辩证法和修辞学保持为分开的两极。但是如果作为假修辞学的对立物有一门真正的修辞学,一门关于知识和真理而不仅是意见和愉悦的修辞学,他似乎愿意承认修辞学与辩证法是同伴,把它看作教授真理的助手,如果不是发现真理的助手的话。修辞学与辩证法在教学法上的一样有用表现在苏格拉底和斐德罗考察完关于爱的演说词,苏格拉底给斐德罗做的总结中。

"直到一个人知道他正在写的或说的各种细节的真理,"苏格拉底说,"并且能够如其所是地定义它们,在定义好它们之后能够分离它们直到不再能被分离为止;直到以相似的方式他能辨认灵魂的性情,发现适合不同性情的话语的不同样式,并且以这样的方式——即言辞的简单形式面向更简单的性情,复杂的和复合的形式面向更复杂的性情——安排和处理它们,直到所有这些他都成功地达到,他才能根据艺术的规则处理论证……不管是为了教学还是为了说服。"

分 类 主 题

1. 修辞学的性质和范围：
   1a. 修辞学与辩证法以及诡辩术的区别：修辞学家与哲学家
   1b. 修辞学与语法、逻辑和心理学的关系
   1c. 修辞学与统治艺术的关系：演说者和政治家
2. 修辞在说明的、思辨的和诗的话语中的功能
   2a. 修辞手法：比喻；话语的扩充与收缩
   2b. 风格优秀的标准
   2c. 在历史、科学、哲学与神学中的说明方法
   2d. 解释原则：意义的样式
3. 与行动范围内的说服有关的修辞的作用：演说术分析
   3a. 演说术的种类：议事的、庭辩的、夸示的
   3b. 演说的结构：各部分的顺序
   3c. 说服的用语：演说风格
4. 说服的手段：艺术的与非艺术的手段之间的区别
   4a. 演说者对性格和听众类型的考虑：他自己性格的重要性
   4b. 演说者对情感的处理：他的情感表现；听众的激发
   4c. 修辞论证：说服和证明的区别
      (1) 修辞归纳法：例子的使用
      (2) 修辞论证：修辞推论的使用
      (3) 作为前提之来源的话题或套话：演说者关于各种主题的知识
5. 对演说术和演说者的评价：对以成功说服为目的的修辞手段的辩护
   5a. 演说术的意图与对真实的苛求
   5b. 演说者对公正、法律和善好的关心：演说者道德上的德性
6. 演说者的教育：修辞学校
7. 演说术的历史：在各种社会条件下和不同政体中它的重要性
8. 演说优秀的例子

[李旭 译]

索引

本索引相继列出本系列的卷号〔黑体〕、作者、该卷的页码。所引圣经依据詹姆士御制版，先后列出卷、章、行。缩略语 esp 提醒读者所涉参考材料中有一处或多处与本论题关系特别紧密；passim 表示所涉文著与本论题是断续而非全部相关。若所涉文著整体与本论题相关，页码就包括整体文著。关于如何使用《论题集》的一般指南请参见导论。

1. **The nature and scope of rhetoric**

   6 Plato, 136–141, 260–262
   8 Aristotle, 593–675
   11 Epictetus, 158–160
   16 Augustine, 759–762
   21 Hobbes, 72
   23 Montaigne, 187–188
   28 Bacon, 66–67
   30 Pascal, 439–446
   33 Locke, 299–300
   39 Kant, 532

1a. **The distinction of rhetoric from dialectic and sophistry: the rhetorician and the philosopher**

   6 Plato, 39–42, 65–84, 131–141, 200–201, 203–205, 252–294, 528–530, 555–556, 634–635
   8 Aristotle, 593–598
   11 Aurelius, 239
   16 Augustine, 18, 37, 761–762, 768–769
   22 Rabelais, 101–106
   23 Erasmus, 24
   23 Montaigne, 488–492
   28 Descartes, 238–239
   40 Mill, 292–293

1b. **The relation of rhetoric to grammar, logic, and psychology**

   6 Plato, 131–141
   8 Aristotle, 653–667
   16 Augustine, 735–736
   21 Hobbes, 55, 67
   23 Montaigne, 127–130
   28 Bacon, 31, 56–67 passim
   28 Descartes, 267

1c. **The relation of rhetoric to the arts of government: the orator and the statesman**

   4 Euripides, 570–572
   5 Thucydides, 425, 427
   6 Plato, 200–212, 254–256, 604–605, 684–686
   8 Aristotle, 435–436, 491 passim, 506, 593–594, 598–608, 622–623
   13 Plutarch, 129–130, 604–605, 691–723, 724–725
   14 Tacitus, 126, 290
   17 Aquinas, 652–653

   21 Hobbes, 127–128, 129
   25 Shakespeare, 374
   28 Bacon, 25, 78
   35 Rousseau, 369
   37 Gibbon, 384–385
   40 Federalist, 29–30
   40 Mill, 361–362
   43 Hegel, 159–160
   44 Tocqueville, 267–268

2. **The function of rhetoric in expository, speculative, and poetic discourse**

   6 Plato, 129–141
   8 Aristotle, 597–598, 599, 653–667, 684–685, 691–692
   16 Augustine, 719, 759–784
   19 Chaucer, 404–405
   28 Bacon, 11–12, 38–39, 62–69, 114
   33 Locke, 299–300
   39 Kant, 524, 532
   41 Boswell, 180

2a. **The devices of rhetoric: figures of speech; the extension and contraction of discourse**

   7 Aristotle, 213
   8 Aristotle, 653–667, 693
   13 Plutarch, 42–43, 803
   16 Augustine, 384–385, 751–752, 758, 762–766
   19 Chaucer, 347–349, 469–470
   21 Hobbes, 282
   22 Rabelais, 77–78
   23 Montaigne, 164–165, 236–237
   25 Shakespeare, 598
   27 Cervantes, xiii–xvi passim
   28 Bacon, 24, 39, 68
   33 Locke, 299–300
   41 Boswell, 353–354
   46 Eliot, George, 328
   47 Dickens, 61
   49 Darwin, 40
   51 Tolstoy, 534
   53 James, William, 687–688
   58 Huizinga, 290–293
   59 Proust, 289

2b. **The canon of excellence in style**

   4 Aristophanes, 702, 705–706, 759–760, 811–823, 848–849
   6 Plato, 52–57, 328–331

8 Aristotle, 653-667, 694-695
13 Plutarch, 279, 606
16 Augustine, 124-125, 735-736, 769-770
19 Chaucer, 202-203, 404-405, 438-439, 467-468
20 Calvin, 22-24
21 Hobbes, 67
23 Montaigne, 156, 188-189, 234-241 passim, 349-350, 463-465, 497-498, 524-525, 545-546
25 Shakespeare, 589, 597-598
27 Cervantes, 218-219, 299-301
28 Bacon, 11-12, 63, 64-66
29 Milton, 59-61
30 Pascal, 174, 175-177
37 Gibbon, 494-495
38 Gibbon, 300, 327, 522-523 passim
39 Kant, 513-514, 524
41 Boswell, 59-61, 167-168, 381-382, 454
43 Nietzsche, 525
58 Huizinga, 361-381

2c. Methods of exposition in history, science, philosophy, and theology

5 Thucydides, 354
6 Plato, 50-52, 132-140, 590-591
8 Aristotle, 161-165 passim, 599
11 Epictetus, 191-192
16 Augustine, 725-727, 742, 744-746, 759-784 passim
17 Aquinas, 1
20 Calvin, vii-xii, 169
21 Hobbes, 57-58
23 Erasmus, 29-31
23 Montaigne, 238-241, 490-491, 498
26 Gilbert, 2
26 Harvey, 336-337
28 Bacon, 12, 65
30 Pascal, 327-328
35 Montesquieu, 266
35 Rousseau, 401-402
37 Gibbon, 213
38 Gibbon, 40, 186, 526
39 Kant, 2-4, 294, 376
41 Boswell, 217
42 Lavoisier, 2
43 Kierkegaard, 411-413
44 Tocqueville, 7
53 James, William, 121-122
54 Freud, 662
55 Heidegger, 307-308
55 Barth, 467-472, 480-489, 510-514
56 Poincaré, 61-62
58 Weber, 212

2d. Principles of interpretation: the modes of meaning

6 Plato, 52-57
8 Aristotle, 696-698
11 Epictetus, 115-117
16 Augustine, 42-43, 45-46, 135-137, 139-140, 153-154, 427, 479-482, 482-484, 487, 513-514, 563-565, 621, 704-758
17 Aquinas, 8-10
19 Dante, 11, 54
20 Calvin, 405-407, 450-451
22 Rabelais, 1-3
28 Bacon, 39, 99
30 Pascal, 163-164, 273-276, 290-301
37 Gibbon, 346
39 Kant, 339
40 Mill, 290
54 Freud, 816
55 Barth, 542-544
58 Lévi-Strauss, 473-486

3. The role of rhetoric as concerned with persuasion in the sphere of action: the analysis of oratory

6 Plato, 131-138, 252-294
8 Aristotle, 565-566, 593-675
13 Plutarch, 129-130
16 Augustine, 768-770
23 Montaigne, 187-188
29 Milton, 261-262
39 Kant, 535
40 Declaration of Independence, 1, 3
40 Federalist, 181
43 Hegel, 159-160
50 Marx-Engels, 429-433 passim
51 Tolstoy, 482-484, 572-573
52 Dostoevsky, 386-417

3a. The kinds of oratory: deliberative, forensic, epideictic

8 Aristotle, 593-594, 598-622, 639, 667-669 passim, 670-673 passim
11 Epictetus, 190-192
16 Augustine, 771-772
21 Hobbes, 67
28 Bacon, 38
37 Gibbon, 343

3b. The structure of an oration: the order of its parts

6 Plato, 132-135
8 Aristotle, 653, 667-675
23 Montaigne, 508-509
28 Bacon, 58-59

3c. The use of language for persuasion: oratorical style

6 Plato, 50-52, 57, 200
8 Aristotle, 653-667
11 Lucretius, 13, 43
11 Epictetus, 190-192
13 Plutarch, 42-43, 279-281, 692-695, 706, 713-715
16 Augustine, 767-769, 771-782
21 Hobbes, 282
24 Shakespeare, 384
33 Berkeley, 410-411
37 Gibbon, 206, 343, 529

40 Federalist, 29–30
41 Boswell, 130–131, 475
51 Tolstoy, 65–66, 194–198 passim, 302, 347–348, 402–403
52 Dostoevsky, 386–387, 404–406
60 Orwell, 488

4. **The means of persuasion: the distinction between artistic and inartistic means**

6 Plato, 131–138
8 Aristotle, 595, 619–623, 659–660
16 Augustine, 676–677
23 Erasmus, 2
45 Goethe, 3

4a. **The orator's consideration of character and of the types of audience: the significance of his own character**

3 Homer, 33–34
5 Thucydides, 358–360, 370, 478–479, 484, 504–507, 512–513
6 Plato, 136–137
8 Aristotle, 608–611, 636–639, 643, 668–669, 671, 673
13 Plutarch, 129–130
14 Tacitus, 11, 12–13
16 Augustine, 762, 782–783
23 Montaigne, 385–386
25 Shakespeare, 351–353, 366–367
29 Milton, 381–383
30 Pascal, 441–442
40 Mill, 349
41 Boswell, 374
44 Tocqueville, 261–262
48 Melville, 18–23, 73–76
48 Twain, 331–332
51 Tolstoy, 536–537, 622

4b. **The orator's treatment of emotion: his display of emotion; the arousal of his audience**

4 Aristophanes, 657–660
5 Thucydides, 557, 584–585
6 Plato, 145, 169–170, 208–209
8 Aristotle, 622–636, 659–660, 671, 674
11 Epictetus, 190–192
12 Virgil, 84
13 Plutarch, 427, 672, 682–684, 692–695, 719–720
14 Tacitus, 198–199
16 Augustine, 735–736, 759–760, 780
21 Hobbes, 127–128, 129
23 Erasmus, 29, 30
23 Montaigne, 446
24 Shakespeare, 580–587
28 Bacon, 66–67
30 Pascal, 174
33 Hume, 492
40 Federalist, 29–30
40 Mill, 292–293
51 Tolstoy, 497–499, 622
58 Huizinga, 246–247

4c. **Rhetorical argument: the distinction between persuasion and demonstration**

6 Plato, 137–138, 254–256, 558–561
7 Aristotle, 97, 528
8 Aristotle, 593–622, 639–653, 669–670, 672–675
9 Galen, 375–376
11 Epictetus, 103–104
17 Aquinas, 651–652
21 Hobbes, 127, 128
23 Montaigne, 489–492, 495–497
28 Bacon, 66–67
30 Pascal, 440–442
40 Federalist, 62
40 Mill, 284
51 Tolstoy, 243

4c(1) **Rhetorical induction: the use of examples**

7 Aristotle, 90–91, 212
8 Aristotle, 596–597, 640–641, 646–647
11 Epictetus, 107–108
39 Kant, 376
58 Huizinga, 340–341

4c(2) **Rhetorical proof: the use of enthymemes**

7 Aristotle, 92–93
8 Aristotle, 594, 596–598, 641–653
11 Epictetus, 107–108
39 Kant, 376

4c(3) **The topics or commonplaces which are the source of premises: the orator's knowledge of various subject matters**

6 Plato, 131–141, 253–262
8 Aristotle, 597–662, 639–640, 643–653
28 Bacon, 58–59, 83–85

5. **The evaluation of oratory and the orator: the justification of rhetorical means by the end of success in persuasion**

4 Euripides, 352, 570–572
4 Aristophanes, 673–696, 697–721
5 Thucydides, 395–396, 425–427
6 Plato, 74–75, 136–141, 252–294
8 Aristotle, 593–595
11 Epictetus, 160–162
16 Augustine, 24, 759–762, 768–769, 779–782
23 Erasmus, 2
23 Montaigne, 127–128, 187–189
30 Pascal, 439–446
39 Kant, 535
41 Boswell, 475
43 Hegel, 296–297
44 Tocqueville, 261–262

5a. **The purpose of oratory and the exigencies of truth**

5 Thucydides, 584–585
6 Plato, 131–138, 161, 200, 252–294, 634–635
8 Aristotle, 594
11 Epictetus, 162–164

16 Augustine, 9-10, 37, 761-762, 767-769, 782-783
21 Hobbes, 282
28 Bacon, 12
29 Milton, 113-116
40 Federalist, 100
43 Kierkegaard, 404

5b. **The orator's concern with justice, law, and the good: the moral virtue of the orator**

5 Thucydides, 395-399, 424-428, 429-434, 468-469
6 Plato, 208-209, 252-294
8 Aristotle, 593-594, 598-623
13 Plutarch, 129-130, 604-605, 628, 643-644, 696-697, 724-725
14 Tacitus, 101-102
16 Augustine, 771-772, 780
21 Hobbes, 77, 106
24 Shakespeare, 583-586
28 Bacon, 66-69
29 Milton, 382-383
40 Federalist, 29-30
40 Mill, 292-293, 361-362

6. **The education of the orator: the schools of rhetoric**

7 Aristotle, 253
8 Aristotle, 593-675
13 Plutarch, 124-125, 692-696
16 Augustine, 17-18, 41-42, 760-762
28 Bacon, 11-12, 31
36 Smith, 380
37 Gibbon, 389-390, 669-670

7. **The history of oratory: its importance under various social conditions and in different forms of government**

4 Aristophanes, 686-687
6 Plato, 200-212, 285-294, 413-416
7 Aristotle, 253

8 Aristotle, 491, 653-654
13 Plutarch, 13-14, 287-288, 628, 671-685, 691-723, 724-725
14 Tacitus, 126
23 Montaigne, 187-188
28 Bacon, 11-12
35 Montesquieu, 89-90
37 Gibbon, 23-24, 303-304, 364
38 Gibbon, 327
40 Federalist, 181
40 Mill, 284, 375-377
44 Tocqueville, 267-268

8. **Examples of excellence in oratory**

3 Homer, 2-6, 14-20, 101-110, 135-138, 145, 234-238
4 Aristophanes, 657-662
5 Herodotus, 214-220, 269-270, 286-287
5 Thucydides, 357-360, 365-371, 378-380, 384-386, 389-390, 402-404, 411-412, 418-420, 424-429, 449, 451-452, 461-463, 469-470, 478-479, 511-516, 518-520, 529-534, 555-557, 559-560
6 Plato, 115-141, 169-172, 200-212
12 Virgil, 282-286
13 Plutarch, 179-184, 226-227, 643-644
14 Tacitus, 26-27, 56, 198-199, 211-212, 241-242
16 Augustine, 762-766, 773-779
24 Shakespeare, 146, 555-556, 583-586
28 Bacon, 23-26, 69
29 Milton, 111-121, 189-195, 205-207, 381-412
37 Gibbon, 64, 269-270, 384-385, 427
38 Gibbon, 381, 574-575
48 Melville, 18-23
51 Tolstoy, 149-150, 380-381, 466-467, 497-499, 566
52 Dostoevsky, 156-178, 386-417
59 Joyce, 576-591 passim

交叉索引

以下是与其他章的交叉索引：

The liberal arts, see ART 4; EDUCATION 5b; and for the relation of rhetoric to such liberal arts as grammar and logic, see LANGUAGE 1a-1b, 8; LOGIC 4b.

The role of rhetoric in philosophy, and its relation to dialectic and sophistry, see DIALECTIC 5; PHILOSOPHY 6b; TRUTH 4d.

Oratory in the sphere of politics, see DEMOCRACY 7a; EMOTION 5d; LANGUAGE 5a; STATE 8d (2); TRUTH 8b.

The broad conception of rhetoric as the art of achieving eloquence and effectiveness in discourse, and as concerned with problems of style and principles of interpretation, see LANGUAGE 3a, 6, 12; POETRY 8b-8c; SIGN AND SYMBOL 4c-4d.

The narrow conception of rhetoric as the art of oratory, and as concerned with means of persuasion, see EMOTION 5d; HONOR 3a-3b; INDUCTION 4b; REASONING 5d; TRUTH 4d.

扩展书目

下面列出的文著没有包括在本套伟大著作丛书中,但它们与本章的大观念及主题相关。书目分成两组:

Ⅰ. 伟大著作丛书中收入了其部分著作的作者。作者大致按年代顺序排列。

Ⅱ. 未收入伟大著作丛书的作者。我们先把作者划归为古代、近代等,在一个时代范围内再按西文字母顺序排序。

在《论题集》第二卷后面,附有扩展阅读总目,在那里可以查到这里所列著作的作者全名、完整书名、出版日期等全部信息。

I.

Plutarch. "Lives of the Ten Orators," in *Moralia*
Tacitus. *A Dialogue on Oratory*
Augustine. *Divine Providence and the Problem of Evil*
———. *The Harmony of the Gospels*
Hobbes. *The Whole Art of Rhetoric*
Voltaire. "Style," in *A Philosophical Dictionary*
Orwell. *Homage to Catalonia*
———. "Politics and the English Language"

II.

THE ANCIENT WORLD (TO 500 A.D.)

Cicero. *Brutus*
———. *De Oratore (On Oratory)*
———. *Orations*
Demetrius. *On Style*
Demosthenes. *Philippics*
Isocrates. *Aegineticus*
———. *Against the Sophists*
———. *Antidosis*
———. *Panegyricus*
Longinus. *On the Sublime*
Quintilian. *Institutio Oratoria (Institutes of Oratory)*, BK II–VI, VIII, X–XII

THE MIDDLE AGES TO THE RENAISSANCE (TO 1500)

Alcuin. *Rhetoric*

THE MODERN WORLD (1500 AND LATER)

Bentham. *The Book of Fallacies*
Blair. *Lectures on Rhetoric and Belles Lettres*
Brunetière. *An Apology for Rhetoric*
Buchanan. *The Doctrine of Signatures*
———. *Symbolic Distance*
Buffon. *Discours sur le style*
Campbell, G. *Philosophy of Rhetoric*
Carlyle, T. "Stump-Orator," in *Latter-Day Pamphlets*
Croce. *Aesthetic as Science of Expression*
———. "On Telling the Truth," in *The Conduct of Life*
De Quincey. *Rhetoric*
Emerson. "Eloquence," in *Society and Solitude*
Fénelon. *Dialogues on Eloquence*
Harris, J. *Hermes, or A Philosophical Inquiry Concerning Universal Grammar*
La Bruyère. "Of the Works of the Mind," in *The Characters*
Lewes. *The Principles of Success in Literature*
Pater. *Essay on Style*
Richards. *Interpretation in Teaching*
———. *The Philosophy of Rhetoric*
Schopenhauer. "The Art of Controversy," in *Complete Essays*
———. *The World as Will and Idea*, VOL II, SUP, CH II
Trilling. *Matthew Arnold*
Vickers, B. *In Defense of Rhetoric*
Whately. *Elements of Rhetoric*
Wilson, T. *Arte of Rhetorique*

82

同与异　Same and Other

总　论

哲学的运思涉及存在与统一，而在此哲学运思的层面上，有着同一性与殊异性，亦即相同性与异它性、相似性与差别性的问题。例如帕罗丁就说，除了"存在""运动"和"静止"之外，"我们还应该再加上'同一'和'差异'这两个，这样，我们一共就有了五个种畴"（genera）。

在亚里士多德的观念里，诸如"存在""一""同"这样的名称比"实体""量""质""关系"等等他称之为最高种畴的名称具有更大的普遍性。后者标明为范畴和类别，有某些特定的东西落入这些范畴和类别，而其他的东西则不。并非每一个东西都是一实体或者数量。相反，在亚里士多德看来，任何一种东西，都可以被说成是在某种意义上的存在物，它是某种统一体，和自身相同，而且，它与整个宇宙中的其他事物相比，在有些方面是相同的，在其他方面则是相异的。

数量之间的基本关系，即相等性，就在于它们之间的相同。而质的基本关系则在于之间的相似性，或者说，尽管有某种程度上的或密度上的差异，例如，同一种色彩有浅红与深红，它们还是相同的。关系这一观念自身似乎和同一的观念一样基本，因为在比较中，一个东西只有在和其他事物的关系中才可以被说成是相同的或者不同的。但是，似乎说这一关系可能是相同的或者相似的也是真的，因为比例或类比的本质就在于第一个物与第二个物的关系相应于第三个物与第四个物的关系。这两个关系的相同与否就是比较的对象。

这样的考量有时被带有某种贬义地说成是"形上学的"。形上学的讨论或放纵于"恶性抽象"或沉溺于无意义的东西，但即便是那些要剔除形上学讨论的人，也不能轻易地避开诸如同和异的观念。不仅仅日常说话，而且科学话语，都总会经常不断地像使用"是""否"或者"一""多"那样使用"相同"和"异己"这样的词汇。因此，那些对理论化持批判态度的人或者那些想要让说话自身免于"过于形上学"的人仍免不了有义务要说明事物的同一与差异是什么意思以及当出现同一和差异时，我们如何知道它们。

作为一种批判手段，语义学当前十分流行。它捍卫话语，使其免遭语义含混与毫无意义之害，也许还可戳穿形上学的鬼把戏。但是，倘若语义学不去说明同一个词如何能有不同的意义，或者同一个意义如何能被不同的词所表达，那么，语义学自身在其语词与语义的分析中是走不了几步远的。而离开了关于"同"与"异"的理论，就不太可能有什么合宜的说明。

威廉·詹姆士说："相同性的意义乃我们运思的胫腱和脊梁。"他在这里是"仅仅从心灵结构的角度，而不是从宇宙的角度"来谈相同性的意义。詹姆士继续说道，"……无论在事物间是否有真正的相同，或者心灵关于这种相同的假设是否真假，心灵总是在不停地使用着相同性这个观念，一旦失去了这一观念，心灵就会拥有一种与之所有的不同的结构……离开了心理学意义上的同一性，相同性就永远只是从外间世界强加于我们,我们也完全不可能是智慧之物。另一方面,有了这一心理学意义上的相同性,外间世界也许就成了一道不间断的流动,而我们应当感到有重复的经验"。

詹姆士区分了同一性的三种原理。依据心理学法则,我们感到后来的经验与先前的相同。此外,詹姆士还指出有存在论原理,这一原理宣称"任何实在的事物都是其所是,即 a 是 a, b 是 b"。而逻辑学原理则说"凡对某个论断的主词曾经为真的对此主词永远为真"。詹姆士似乎将"存在论的法则视为同语反复的陈词",而将逻辑学与心理学的原理视为其隐含着的、不那么明显的直接的延伸。洛克似乎持某种相反的观点。他发现所有观念间的同一性具有自明性,而要把捉事物间实在的同一性则相当困难。

依照洛克,同一律以及其相伴随的矛盾律是由下面的命题来表达的:"凡是,是"和"对于同一事物,不可能既是又不是"。"简短地说来,这两个一般性命题的恰恰只能是:相同的是相同的,相同的不是不同的。"而且洛克接着说:"心灵,无需借助于对这两个一般性命题中任何一个的反思或证明,就可以如此清晰地觉察与如此确定地知道,'白的观念是白的观念,不是蓝的观念',以及,'当白的观念存在于心中时,它在那儿并且它没有不在那儿',还有,关于这些公理的考量并没有为其知识的明证性和确定性增添任何东西……至于这一命题'一个圆是一个圆'是否像那包含有更一般的术语'凡是,是'的命题一样,是一自明的命题,我诉诸每个人自己的心灵。"

但是,在洛克看来,实在的同一性,不像观念那样,是和自己比较。实在的同一性要求我们去考察一个"存在在任何确定时间与地点的"事物,"去拿它和存在于另一时间中的自身做比较……因此,当我们追问一个事物是否相同,这总是在说,那存在于某时某地的某物,在那一刻是确实的,是和自身而不是和其他什么相同。由此推出,一个事物不可能有两个存在的开端,两个事物也不可能有同一个开端,同样的两个事物不可能同时在同一个地方存在,或者同一个事物,在不同的地方同时存在。所以,那曾经有着同一个开端的就是相同的事物,那在时空中具有不同开端的就不是同一事物,而是有分别的"。简言之,洛克认为,一个事物穿越时间的流逝而保持为同一的,或者保留其同一性,仅当那使其"在任一名称下成为个别事物的存在,那曾经持留的存在,在同一名称下保留其为相同的个体"。

洛克毫无困难地将对实在的同一性的理解运用到物质的原子上。物质的原子,在某一给定时刻"作为是其所是而非其他……是相同的,而且,只要它继续存在,只要它还将是相同的,而非其他,物质原子就一定继续相同。同样,假如两个或者更多的原子共同进入同一个物质,它们中的每一个都将依照前述的法则保持为相同的;并且,当它们一起共同存在时,由相同原子组成的物质,不管其部位是如何混杂殊异,一定是相同的物质或相同的物体"。洛克继续说:"假如其中的一个原子离开,或者加进了一个新的原子,它就不再是相同的物质或相同的物体。"

对洛克来说,解决生物体的同一性问题就不是那么轻而易举的了。洛克说:"生命物的同一性不在于相同粒子的物质,而在于其他东西。因为在生命体中,物体中的部分的变异并不改变其同一性。一棵橡树,从植株长成大树,再被砍伐，还是同一棵橡树。一头小马驹，长成一匹骏马，尽管有时胖些，有时瘦些，但始终是同一匹马。在这两种情况下，它们的组成部分都发生着明显的变化，在其中的任何一个中，物体的质素都的确不尽相同。"

我们即将看到，生命物真正的同一性问题或者生命物在时间与变化中的连续性问题仅仅是一个更大问题中的一个特殊情形，这个更大的问题就是：有没有任何东西在宇宙万物之流中持留片刻？但假如问题的答案倾向于说有持留的实体，或者说事物尽管有这个方面那个方面的变化，还是会以某种方式持续地保留，那么，洛克关于生命物的观点就还成立，因为，生命物的同一性似乎不取决于构成其组成成分的物质粒子的连续性或恒常性。

对于生命物，我们也许可以提出一个著名的关于烟斗的难题：当烟斗的斗被损坏了，换上一个新的斗，它是否在任何意义上还是同一个烟斗？再加上一个新烟嘴？但在洛克看来，关于生命物，可以找到统一性的原理。洛克说，植物，"只要它以一种类乎持续的、有机组合的、适合于其同类植物的方式参与着同一个生命，即使这一生命更新了其组成成分的关键物质要素，它还继续是那相同的植物"。

洛克认为这一原理也适用于动物和人。"在野兽那里情况并没有什么不同。所有的人都可以因此看出，究竟是什么构成了一个动物并使之继续为同一个动物？在机器里我们可以发现某些相似的情况，这也许有助于描画这一点。例如，什么是一只表？显然，它只是朝着某个特定目标的、由部件构成而成的合宜的组织体。一旦有足够的动力，它就可以去获得这一目标。假如我们设想这一机器为一持续着的机体，所有其组成的部件都曾被修理、增添或者减少，都在一共同的生活历程中，经历那些无关紧要的部分的不断的增加和删减，那么，我们就应当有某种十分类似于动物机体的东西……这里，也同样显出同一个人的同一性之所在，即仅在于通过那不断流动的物质粒子，持续的、有机的组合为同一个有机身体的方式参加到那相同的、延续着的生命之中。"

然而，关于人的情况，洛克认为，我们必须面对一个额外的人格同一性的问题。一个人从这个时刻到那个时刻，睡着的时候和醒着的时候，忆起过去或者丧失记忆，究竟什么使这个人保持为同一个人？洛克坚持说，正是在自我的同一性的基础上，建立起什么是正确的以及奖与罚的正当性，但是，自我的延续性又建立在什么之上呢？洛克的回答似乎是这样的：因为一个生命有机体的同一性贯穿着同一个生活，正是相同的意识活动的延续"使得一个人是以及不断是他自身"，并建立起他的人格的同一性。

洛克写道："同一个人就是对属于他的现在和过去的行为都有意识……正因如此，这个当下思着的东西的意识活动才能够加入自身。这样也就造就了同一个人，一个和他自身而不是和其他什么东西相同的人……假如同一个苏格拉底，醒着和睡着的时候，并不分享同一个意识，那么，醒着的苏格拉底和睡着的苏格拉底，就不是同一个人。为了睡着的苏格拉底的所思所想，或者为了醒着的苏格拉底从未想过的事情去惩罚醒着的苏格拉底，那绝不会是正当的，就像因为一对孪生兄弟，他们的外貌如此相像，难以分别，所以，为了孪生哥哥的所作所为要去惩罚那对哥哥作为毫不知情的孪生弟弟。"

詹姆士也将人格的同一性的感觉归

结到意识活动的连续性上,但是,对他来说,如何说明这一连续性依然是个问题。他认为,"在时刻不停的意识流中,连接性使我们将那些由于不相似性而可能分离开来的东西统一在一起;相似性使我们将那些由于不连续性而可能分别开来的东西统一在一起……因此,我们的关于人格同一性的感觉恰恰是和任何一种对众现象中的相同性的知觉一样的。这一结论抑或从对相比较的现象的基本面的类似中得出,或者从心灵中出现的这些相比较的现象的连续性中得出"。

在詹姆士看来,某些感觉(尤其是肉体感觉)的连续体的众部分间的相似性就构成了我们所感觉到的、真正的和可验证的"人格统一性",伴随着这种相似性,我们还体验到事物的众多不同的方面。在主观的意识之"流"中,再没有什么其他的同一性了……它的部分彼此区别,但尽管各个不同,它们以上述的两种方式扭结在一起。一旦任何一种扭结消失了,统一的意义也就失去了。假如一个人在某个正常的日子醒来发现自己不能回忆起任何过去的经验,结果他必须要去查看自传……他感觉到并且说他变了一个人。他丧失了他过去的我,给了他自己一个新的名字,他没法将他的现在与过去的时光同一起来。这样的情形在精神病理学中并不鲜见。

在经典文献的传统中,关于人格的同一性问题还有其他的解决方案。例如,康德就认为,"在我们的经验中,所有可能的现象纷至沓来",而"统觉的先验统一"乃是"在其中依据法则建构对所有这些表象进行连接"的必要条件。康德写道,"心智借助于(意识)功能的同一性使得杂多综合地统一在某种知识中。假如在对杂多的认知过程中,心智不能意识到这种功能的同一性,那么,意识的统一就会成为不可能。因此,关于一个人的自我的同一性的原始的和必须的意识,同时也就是对那同样必须的统一活动的意识,这一统一活动依据概念对所有现象进行综合"。

当康德从先验自我的角度来思考自我的经验同一性之际,其他持有这种或那种关于心灵(魂)理论的哲学家们,在关于有机生命体或者人格的同一性的问题上,似乎并没有提出什么特别的精妙之处。他们将心灵(魂)或者视为不灭的实体,或者视为不变的原理。由于这些理论涉及了这个问题,所以就被归属到**心灵**章。这里我们考察同和异的观念,是就它们适用于宇宙万物的意义上而言的。因此,我们必须面临有关两个事物如何能够相同的所有问题,而不仅仅是自我的相同性的问题或者一个事物如何与自身同一的问题。

"同一的"这个词有时作为"相同的"同义词来使用,例如当我们说两个事物在某个特定的方面是同一的时候。但是,倘若没有"在某个特定的方面"这一制限,我们几乎不说两个事物是同一的,因为如果它们可能被在任何方面区别开来,它们就是两个,而不是一个,因此也就不是同一的。这似乎就是莱布尼茨的不可辨识物的同一性原理的意义,而所有将同一性理解为单一数目和单一存在的自我相同性的人对此都表赞成。事物的繁多涉及数的歧多,而众多存在物中的每一个都是一个他物。至少在这个意义上,传统的关于"同和异"的讨论有与在**一与多**章里所讨论的内容合二为一的倾向。

在柏拉图和亚里士多德那里,这两个对子——"一和多"与"同和异"之间的关系似乎更为切近。在比较两个事物之际,亚里士多德似乎将相同性作为单一性的一种。他指出两个事物可能有多种方式成为"单一而又相同"。关于"相同",亚里士多德说:"这是存在物的统一,或者是多个存在物的统一,或者是一个物但被当作多个物时的统一。"亚里士多德说,相同、相似与相等是说"一",而相异、不似与不相等则是在说"多"。

亚里士多德所列举的关于"同一"的类别似乎平行于他所列举的"相似"的类别,因为一物可以由于本质而为一物,或者由于偶然而为一物,所以,当两个事物相同时,可以是出于本质,也可以是出于偶然。"有些事物为一是因为数目,另一些是因为类,还有一些是因为种,更有一些是因为类似。"亚里士多德的这一论断和另一论断遥相呼应。"差异"适用于那些尽管有异但在某些方面还是相同的东西上。他们之间的差异或者仅仅在数目上,或者由于类,或者由于种,或者由于类似。

正如在**关系**章中所指出的那样,我们会在传统上把那些真实存在于事物之中的关系与心灵的关系区分开来,和那些仅仅发生在思想中的逻辑关系区分开来。这一区别似乎将一切存在于两个事物之间的相似性关系与自我相同性或同一性分离开来。阿奎那说过,"'相同'这一术语所指称的关系,只有当其绝对地涉及相同的事物,才是一个逻辑的关系,这是因为,这样的关系仅仅能够在某种特定的位序中存在。理性将这一位序认定为任何事物对于自身的位序。但是,当事物的相同不是数目上的而是种或属的层面上时,情况就不同了"。

尽管如此,相同性的所有其他关系似乎都建立在同一性之上,因为所有缺乏同一性的事物或理念之间都无法进行比较。那些从"万物皆流"的立场出发来否认同一性的人,取消了所有进一步讨论相同性的可能性。柏拉图认为赫拉克利特提出了"宇宙流变"的理论,这一理论不允许任何事物的持驻或者同一事物的持留。宣称自己是赫拉克利特主义者的克拉特鲁甚至走得更远。按照亚里士多德的说法,他"批评赫拉克利特的关于不可能两次踏入同一条河流的说法,因为他认为人甚至不可能一次踏入同一条河流"。

休谟说,"人只是一堆不同的知觉的聚合或集合,这些知觉在瞬息间前后相续,形成感知的流溢与运动"。当休谟这样说时,他不仅仅否弃了人格的同一性,还肯定了在分别的各个知觉之间的某种特定的殊异性——似乎在它们之间毫无关联。每一个分别的知觉 对于休谟而言都是一个分别的存在,而相反的观点则认为,那些具有某些持续存在的事物和那些如亚里士多德所说的实体那样经历着多方面的变异的事物,"仍然会保持为数目上的单一和相同"。

维特根斯坦说,"在事物与它自身的同一性中,我们似乎有一个关于同一性的不可能错误的范式",但对此,他接着又说,"一个事物与自身相同",这是"一个再好不过的无用命题的例子!它还连接着某种想象的游戏。这就好似在想象中我们将一物放入它自己的影子,然后看其是否符合"。

任何一个事物如何能够从此刻到彼刻仍是相同的?这是从时间和变化的角度提出的问题。而两个事物如何能够在所有的方面都合一和相同?这个问题的提出源于下面的简单事实:在进行比较的这一刻,它们是两个东西。倘若它们仅仅对于进行比较的心灵来说是相同的,那么,它们之间的相同性就只会是一种逻辑的而非一种实际的关系。当两个事物在事实上成为相同的,这似乎就意味着,尽管它们在数目上为二,但它们在某些方面是合一的。按照黑格尔的说法，在殊异中有同一，或者按阿奎那的说法，仅当一个真正的共同体存在时，某些单一的东西才会据此对两样东西来说是共同的。

两个事物的相同性问题可以借助于霍布斯、贝克莱、休谟称之为共名或通名的意义来表述。这些哲学家否认诸如像"人""树""石"这样的词表达了抽象的和普通的观念。通过这样的否定，他们似乎想说，这些共名指称了两个或者更多的个体中共同的东西，无论这些个体是事物、知觉还是观念。但像亚里士多德、阿奎那和洛克等人，则将通名或者共名用来指称抽象的理念。他们似乎想说，这样的观念本身指明，在事实中，两个或者更多的事物共有某种东西。还有另外一种观点认为，除了所有个别事物之外，真正普通的东西作为心智概念的对象存在。

假如我们选择这最后一种立场，那么，像两个人这样的两个个体，就只有当它们在某种程度上，如同普罗提诺所建议的那样，同那分离的人的"型相"相类似时，才会被认为是相似的。两个人之间的共同的东西就在于那第三个和分离的实在。关于这一实在，普罗提诺说，它"通过多样性表现出来"，就好似"同一个印章的多个印迹……"。但正如我们在柏拉图的关于名称的对话《巴门尼德篇》中所观察到的那样，假如需要一个分离的、大写的人的观念来说明两个个体如何能够作为人而相似，那么，就仍然需要另一个观念来说明每个个体的人与那个大写的人的观念之间的相似性。

另一方面，两个个体间的真正的相同性，或者两个个体所隶属的那个作为类的实在，持存于个体之中，在其对相同本性、质素或者其他属性的共同拥有之中。这一观点似乎导致上面已经暗示出的困难，也就是说，理解这一观点的困难

在于，相互区别的存在物如何可能有某种共同的东西，亦即，他们如何能够在数目上为二，但在本性上则为一？假如约翰与詹姆士，因为他们分有着共同的人性，所以作为人而相似，那么，我们能够说他们中的每一个都具有他自己的人性吗？假如他们的本性与属性像他们的存在一样也是个体性的，那么，两个事物如何能够在任何意义上真正的相同？难道说类型或普通的东西，或者那些被认为是多样性事物中的共同的东西和作为其相同的渊源的东西，一定不会仅仅在语词的普遍性意义中存在吗？或者一定不会在心灵的抽象概念中存在吗？或者一定不会在那分离的"型相"中存在吗？但是倘若如此，当我们说两个个体真正地是在某些方面相似或者相同时，这一对我们再熟悉不过的论断的真理性究竟何在？

这些问题表明，关于相同与殊异的传统讨论不仅会涉及"一"和"多"的理论，而且至少在某些方面还涉及"个别"与"普遍"的疑难。正如在**普遍与特殊**章中所指明的那样，传统持有的关于"普遍事物"多种立场对两个或多个事物之间的相同性如何存在这一问题提供了不同的解答。认知中的相似性因素（意象、观念与其对象之间的相同的本性）与爱恋中的相似性功能（吸引或排斥，爱屋及乌）也将对差异物中的相同性的思考延伸到在其他章节里涉及的问题上。在这里，我们必须关注相同性意义本身，因为这一意义会受到关于相同性与相似性之间的区别的影响，受到列举不同种类和程度的相似性的影响，以及受到在殊异性与差异性这些观念中的相对立意义的范围的影响。

在讨论如何进行区别和比较之际，詹姆士在我们经验的简单和复杂组成之

间划出了一道明显的界限。他似乎认为,简单的印象,或者是绝对的相同或者是绝对的不同。在这里不可能有相似或简单程度的差别。他写道:"两个相似事物,所以相似完全是因为它们在某一属性或者某几种属性上的绝对的同一性。同时,它们在其存在的其他方面则绝对的不同一。但这些也许只对复合事物而言是对的,当涉及简单印象时,上述的观点就站不住了。"对于简单印象而言,除了它们之间的在数目上的不同或相异之外,在质上则不是相同就是相异。复合的事物间也许或多或少地相同,它们根据其简单方面的相同或不同而在相似和相异的程度上区别开来。

詹姆士说,"复合事物中的相似性乃部分的相同性"詹姆士还给出了如下的描述,"月亮与煤气灯相似,它也和一个足球相似,而煤气灯与足球之间则毫无相似之处……月亮和煤气灯在光亮的方面相似,除此之外则无,而月亮和足球则在球形方面相似,除此之外亦无。足球与煤气灯则毫无相似之处,它们之间没有共同点,没有相同的属性"。

其他的学者似乎也同意这种对相同和相似、殊异和差别之间所做的区别。相似和差别乃是将相同与殊异的因素集合起来,从而导致相像的程度。例如,阿奎那就说,"我们寻求差别,但在那里我们也发现相似。出于这一缘故,有关别的事物一定在某些方面是组合而成的,因为它们在某些方面相互区别而在另一些方面则彼此相似。在这一意义上,尽管一切有所区别的事物都是殊异的,但所有殊异的事物并不都是有差别的……因为简单的事物出于其自身就是殊异的,它们并不由于他们的组成成分而彼此差别开来。例如一个人和一头驴子由于之间有理性和无理性而有差别,但我们不能说他们本身由于进一步的差别再有区别"。

在人和驴子之间所涉及的理性方面的特定差别,以及他们之间所涉及的动物性方面的属类相同性,就使得他们具有相似性。假如他们完全不同,即没有任何相同之处,就不能说他们是有差别的,这就好像说他们除了在数目方面以外,其他都是相同的,他们就不会被称为是相似的一样。亚里士多德写道:"殊异和相同因此是相对立的。但差别性与殊异性是不同的。因为那殊异者和那与殊异者有异的东西并不需要在某个特定的方面成为异它的……而那有差别者则是与某个个别的事物在某个个别的方面有差别,这样就一定会有某种同一的东西,由于这种同一,有差别者产生差别。"

但是,在一些基本术语达成同意的情形下,关于两个事物是否能够完全地不同似乎很难达成一致。既然它们是两个东西,就不可能在所有的方面都相同,至少在数目上就不一样。然而,它们是完全不可比较的吗?当詹姆士评价说足球与煤气灯之间"毫无共同点,没有同一属性"时,他对上述问题的回答似乎是肯定的。但他似乎也坚持没有任何两个事物是绝对地不可比较的立场。例如人和驴子,他们之间的差别或相似不是作为相同的种中的不同的属,而是涉及他们是否"有思想力的"或者是否"存在着的"。詹姆士写道,即便是香烟的烟雾和一元美钞的价值都是可比较的,它们至少都是"可消失的"或"令人快乐的"。煤气灯与足球似乎也会是可比较的,它们都"存在"或者"有用",或者甚至可以说"都是物体"。

所有的事物在某种程度上都是可比较的。这样,问题就出来了:它们是否在种上都是相同的?例如,所有三维的物体都可以说属于"体"的种,不管它们在同一种类的"属"或"亚种"方面是如何地

82. 同与异

有差别。康德通过确定终极的同质性原则来回答这一问题。依据这一原则,"没有什么具有不同源初性的和第一的种畴,好像它可以孤立地,相互分离地存在。所有殊异的种畴都只是某种终极的和一般的种相的分岔而已"。康德陈述了关于"杂多"或者"特殊"的相互关联性原理。依照这条原理,"每一个种相都需要属相,接着是亚属。因为甚至没有一个亚属能够离开一个区域而存在……因此,对最极端的广袤的理性思考就要求任何一个属相或者亚属就其本身而言,都不应当被视为最低的"。

亚里士多德关于种属的理论似乎与康德在上述两点上持完全相反的立场。对亚里士多德而言,没有单个的、统揽一切的种相,而是存在有一系列相互殊异但终极的种畴,譬如实体、量、质等等。存在着一个有限的,而不是无限的属相上的多样性。那最低等的属相仅仅可以进一步地分化为彼此区分的类别。因为属于同一属相中的个体会在偶然的方面而不是在本质的方面相互区别。例如,在"人"这个属相内,白人和红人区别的方式与约翰和詹姆士的区别方式是相同的。这和在"动物"这一种相之下"人"和"驴子"之间的属相区别是不同的。此外,康德还坚持作为延续性的第三条原则,依照这一原则,在两个属相之间,总还保留有诸可能的中间属相,它们既区别于第一个属相,也区别于第二个属相,而且,这种区别小于它们之间的相互差别。对比康德,亚里士多德似乎并没有在一个单个的种相内的相反属相之间找到什么可能的中间物。对于亚里士多德来说,属相的秩序是一不连贯的序列,就像那整数的序列一样,在相邻的成员之间不允许出现分数。

在亚里士多德看来,一个动物的蓝颜色具有异质性,一个属于"实体"的种,另一个则属于"量"的种。难道说亚里士多德的这一立场意味着像在种上绝对殊异的事物是绝对不可比较的吗?在某个地方他说,种上殊异的事物仍然可以通过类比而相同,"通过类比而为一的事物并不根本就是种上的一"。在另一个地方,他给我们举出了一个(在心灵与手之间的)关于类比的相似性的例子,"因为手乃所有工具的工具,所以,心灵就是所有形式的形式,是可感事物的形式的感觉"。

心灵和手属于相同的种,即它们都是实体或者都是相同的实体人的部分。倘若就这一类而言,上面的例子有点不妥的话,我们就有必要引进自然的种畴与逻辑的种畴的区别。按照这一区别,一个物质的和一个精神的实体都可以被称为逻辑分类的"实体",但它们就其本性而言不属于相同的种。在这一意义上,阿奎那将一几何学的固体与一物理学的物体都指定为相同的逻辑的种相"体"。但是,他将它们视为异质的。笛卡尔将有广袤的和思想着的实体都称为"实体",但就其本性而言,笛卡尔坚持它们之间具有根本的殊异性。

然而,不难发现更简单的例子。按照亚里士多德的说法,一个人与一个数分属不同的种畴。一个是实体,另一个是量。但是这个人和他的儿子的关系则可能像"一"这个数和任何其他整数之间的关系。在这两种情形下,相同的关系在于其优先性。由于这种优先性,这个人对他的儿子与"一"这个数对其他的数就分别构成为创造者或者始源。这样,我们这里看见两个异质的事物,实体与量,却由于类似成为相同的,每一个与另一个都处在一种相同的关系中,正因如此,它们两者都可类比地被称为"始源"或"创造者"。

亚里士多德还指出了关于异质事物

获得相似性的一种特别的模式。在所有的那些论述中,亚里士多德说像"存在"这样的概念可以被用来称谓所有范畴或种相的事物。正如詹姆士所认为的那样,任意的两个事物都可以,或者作为"可思考的对象",或者作为"存在物"而进行比较,亚里士多德也认为,所有事物,尽管多么不同,但至少在"存在"层面上是相像的,即具有某种存在的模式。但"存在"这个词不能被等同于康德的所谓单一的最高的种相。尽管亚里士多德同意康德的说法,认为每一个种都必须能够划分为属,但他并不认为"存在"可以通过属差来分别。

关于亚里士多德的宇宙间万物"存在"这样的术语的称谓理论,必须注意两个要点。

第一,亚里士多德一再宣称,我们不可以在实体、量、质等相同的意义上去说"存在"。因此,当说到所有异质的事物都是"存在物"时,这并不能意味着它们作为存在物都是相同的。这里的要点似乎就在于它们在某种程度上在某时某刻既相同又相异。正如亚里士多德在《物理学》中所举的例子那样,听觉和味觉可以同时是灵敏的,尽管听觉的灵敏与味觉的灵敏是完全不同的,这就像听和尝两者之间有着质的差异一样。因此,一个人与一个数都可以存在,但它们存在的模式有异,一个是实体,另一个是量。假若"相似性"这个词不应当用来指称相分离的相同性与差异性因素的联合,而是应当用来指称那不可分离的两个事物的融合而成为那有所殊异的相同性,那么,殊异的事物就应当被称为"相似"的存在,而不是相同的存在。

第二,亚里士多德并没有将这种异质事物间的相似性等同于异质事物经由类比而可能得到的相同性。"存在"并非一个关系名称,因此我们不可能像对"始源""创生者"那样,对其类比性加以称谓。可以被类比性加以称谓的名称,例如"父亲"和"一"可以被称为"始源",或许可以指称相似性(在异质的相同性的意义上),而不是在某个特定方面的单纯的相同性。在"父亲"与数目"一"之间的类比性的相似性出于一种创生关系,这种创生关系似乎是两种情况下的相同关系(父亲与其儿子和数目"一"与其他的数),而不是简单的相同性关系,因为它依照关系物的不同,一种是实体,而另一种则是量,在种类上绝对地区别开来。但在亚里士多德的分析中,这并不推论出,因为有些类比性的称谓指称殊异性的而不是单纯的相同性,所有的称谓都是如此,或者说,因为有些殊异的相同性碰巧是类比性的(即在某种关系上相同),在所有的情况下都是如此。

我们所以对亚里士多德关于上述两点的区分有兴趣,还在于阿奎那在某种理论中将它们结合起来。按照阿奎那的理论,当存在与其他名称(它们不是种畴,但在所有的种畴之上)被用来称谓异质的事物时,它们一定是在类比性地称谓它们。阿奎那说,在所有事物中发现的存在,"对所有的事物来说,仅仅是因为某种类似才具有共同性",而不是"因为其具有相同属相的或种类的形式性"。这可以在"上帝的造物的相似性"中很容易地见到。这种相似性"完全是因为类比,只有上帝才是本质的存在,其他的事物都只是分有的存在"。

亚里士多德说,"事物因为类比而为一并不同属一种"。这句话在阿奎那那里变成了下面的命题:那些并不同属一种但在某种程度上相似的事物,其所以为一完全是因为类比。在亚里士多德那里,有类比而来的相同性似乎既不是单纯的相同性也非殊异的相同性(即相似性)。殊异的相同性可以是也可以不是类比性的,也就是说,这是某种两个异质事物在存在上的或者在某种相互之间关系上的相似性。而对阿奎那来说,一方面,当异质的事物在任一方面相同时,它们的殊异的相同性就总是类比性的;而每当两个事物间的相似真正成为类比性的时候,它又总是相似性的,即是一种殊异而非单纯的相同性。阿奎那认为,在存在上的相似性,足以提供给我们某种相似性的最好例证,它同时既是类比性的又是殊异性的相同。

阿奎那将他的关于存在的类比理论运用到重大的传统问题上,这是对所有关于相似的理论的检验。这个问题就是关于上帝与所造物之间的相似性问题,或者说关于有限与无限存在之间的相似性问题。阿奎那反对那最早由迈蒙尼德给出的回答。这一回答后来出现在斯宾诺莎的表述中。阿奎那说道,在关于上帝和人的所有比较中,"上帝的本质和我们之间,除了名字之外,没有一丝一毫的相像"。另一方面,有些人认为,不管什么名字,只要同时使用在上帝和所造物之上(譬如"存在""善""一"),就简单地是在相同的意义上的使用。阿奎那也反对这种观点。他似乎采取中间的立场。按照阿奎那的想法,那适当地同时使用在上帝和所造物身上的名称,是对它们有所述说,但这种述说,既非模棱多义的,又非明确单义的,而是类比性的。

关于明确单义性的名称,模棱多义性的名称和类比性的名称这三重区别,特别是当其涉及上帝的名称,是在**记号与符号**章中讨论的。在人的关于存在于所有事物中的相同性与殊异性的思索中,关于上帝与所造物之间的相似性的难题,有三条基本的思路。第一,我们可以说,无限性的与有限性的存在之间有着终极性的殊异,而且即使在存在上也没有任何相似性;第二,我们还可以说,它们是同质性的,也就是说,如果就其存在而言,它们具有同种事物的相同性;第三,或者我们还可以说,无论这种相似性是否总是具有类比的性质,它仅仅是在殊异性的相同性意义上的相似。

分 类 主 题

1. 同一性原理:事物与自身的关系
   1a. 数或者存在的单一性:数的分殊或异它
   1b. 变动但又持存的个体的同一性:人格的同一性;自我的连续性;对存在域的同一性的否定
2. 在数的方面殊异的事物的相同性
   2a. 相同性的存在或者相似性:类或普遍物的实在性
   2b. 相同性与一体性之间的关系:作为对一的分有的相同性
   2c. 相同性、相似性与其相对立殊异性、差别性之间的区别:相同性与殊异性的组成;相像与差别;家族相似的相似性
   2d. 事物由于其殊异性与差别性的区别:实在的与逻辑的区别
   2e. 异它性的限界:终极殊异性的不可能性
3. 相同性和异它性或殊异性的模式
   3a. 本质的与偶然的相同性或差别性
   (1)属的与种的相同性:自然的与逻辑的种畴

(2) 种内的属的异它性：相反事物的殊异性

(3) 种的异它性或者异质性

3b. 关系的相同性：类比的相同性或比例的相似性

3c. 质的相同性或相像性：同质的程度的变化

3d. 量的相同性或相等性：相等的种类

4. 知识位序上的相同性与殊异性

 4a. 知者与被知者之间的相像性或相同性：知识作为介入的模仿，意向性或者表象

 4b. 在定义中的差别性的作用：差别的殊异性

 4c. 语词意义上的或术语指称上的相同性与殊异性：多义模棱性与明确单义性

5. 在爱情与友情中的相爱性原理

6. 上帝与所造物的相似性：相似性的程度与特质；上帝在所造物中的痕迹或者意象

[王庆节 译]

82. Same and Other   1373

索引

本索引相继列出本系列的卷号〔黑体〕、作者、该卷的页码。所引圣经依据詹姆士御制版，先后列出卷、章、行。缩略语 esp 提醒读者所涉参考材料中有一处或多处与本论题关系特别紧密；passim 表示所涉文著与本论题是断续而非全部相关。若所涉文著整体与本论题相关，页码就包括整体文著。关于如何使用《论题集》的一般指南请参见导论。

1. **The principle of identity: the relation of a thing to itself**

    6 Plato, 571–574
    7 Aristotle, 146, 206–208, 528–530
    17 Aquinas, 157–158, 160, 213–214
    33 Locke, 113, 218–219, 307, 337–338, 345–346
    53 James, William, 299–301
    55 Bergson, 72

1a. **Oneness in number or being: numerical diversity or otherness**

    6 Plato, 561–574
    7 Aristotle, 440–441, 519–520, 569–570, 604
    10 Nicomachus, 626
    11 Plotinus, 515–516, 586–589, 627–628, 631–635, 671–672
    17 Aquinas, 29–30, 46–47, 530, 688–689
    20 Calvin, 377
    39 Kant, 100, 102, 105–106
    55 James, William, 28–34

1b. **The identity of the changing yet enduring individual: personal identity, the continuity of self; the denial of identity in the realm of change**

    6 Plato, 113–114, 517–534
    7 Aristotle, 6–9, 259–268, 299, 529–530, 591
    10 Nicomachus, 599
    11 Aurelius, 260
    18 Aquinas, 951–956 passim
    23 Montaigne, 429
    33 Locke, 123–124, 218–228
    39 Kant, 49–51, 74–76, 120–129, 200–204
    43 Hegel, 25
    49 Darwin, 297
    53 James, William, 147–149, 154–157, 191–192, 194–196, 213–259
    55 James, William, 19–20
    55 Bergson, 71, 72–84
    55 Whitehead, 192–196, 205–207
    55 Wittgenstein, 362, 382–384
    58 Frazer, 25–30, 40–62
    59 Pirandello, 270–271
    60 Fitzgerald, 341–342
    60 Beckett, 553–555, 559–560, 563–565, 576–581

2. **The sameness of things numerically diverse**

2a. **The being of sameness or similitude: the reality of kinds or universals**

    6 Plato, 87–89, 240–246, 427–429, 457, 486–511, 535–536
    7 Aristotle, 116, 505–506, 508–511, 516, 521, 556–557, 562–563, 564, 586, 610–611, 618–619
    17 Aquinas, 99, 440–443, 446–447, 451–453, 455–457, 748–749
    21 Hobbes, 55–56, 59
    28 Spinoza, 621–622
    33 Locke, 274–283, 323
    33 Berkeley, 405–410 passim
    33 Hume, 507
    53 James, William, 305–314
    55 James, William, 38
    55 Russell, 271–277 passim
    56 Dobzhansky, 545–546, 666–672
    58 Huizinga, 329–330

2b. **The relation between sameness and unity: sameness as a participation in the one**

    6 Plato, 493, 498–499
    7 Aristotle, 536–537, 538–539
    10 Nicomachus, 626, 627–628

2c. **The distinction between sameness and similarity and their opposites, diversity and difference: the composition of sameness and diversity; degrees of likeness and difference; the similarity of family resemblances**

    6 Plato, 49
    7 Aristotle, 330–333, 581
    17 Aquinas, 19–20, 22–23, 46–47, 66–67, 295–297
    18 Aquinas, 885–886
    53 James, William, 319–322, 344–348
    55 Wittgenstein, 333–335, 379–380

2d. **The distinction of things in terms of their diversities and differences: real and logical distinctions**

    6 Plato, 595
    7 Aristotle, 152, 581
    8 Aristotle, 165–168
    17 Aquinas, 68–70, 80–81, 167–168, 171–175, 214–215, 256–258, 270–272, 391–393, 401–403

28 Descartes, 340–341, 345–346, 378–382, 450–451
33 Locke, 270–274, 279–280
39 Kant, 99–108
49 Darwin, 25–29
53 James, William, 315–336, 550–551, 867–874, 878, 880
58 Weber, 190–191

2e. **The limits of otherness: the impossibility of utter diversity**

7 Aristotle, 517–518
17 Aquinas, 17–18, 480–481
23 Montaigne, 561–562
28 Spinoza, 589–590, 632
39 Kant, 107, 197–198
53 James, William, 320–322, 344–345

3. **The modes of sameness and otherness or diversity**

3a. **Essential sameness or difference and accidental sameness or difference**

6 Plato, 358–360
7 Aristotle, 192, 194–196, 198–200, 208, 538–539, 561–562
8 Aristotle, 7, 320–321
17 Aquinas, 16, 162–163, 399–401, 688–689, 779–780
18 Aquinas, 713–714, 807–808
28 Descartes, 362, 378–382, 457–458
28 Spinoza, 590
33 Locke, 257–258, 268–283 passim, 296–297, 331–332
39 Kant, 193–200
55 Bergson, 71
55 Whitehead, 207–209

3a(1) **Specific and generic sameness: natural and logical genera**

7 Aristotle, 308, 330–333, 517–518, 536–537, 539
8 Aristotle, 161, 165–168
11 Lucretius, 28–29
17 Aquinas, 93–94, 163–164, 170–171, 270–272, 345–347, 403, 418–419, 457–458, 493
18 Aquinas, 54–55, 1025–1032
28 Bacon, 158–159
33 Locke, 255–260, 263
35 Rousseau, 341–342
49 Darwin, 28–29, 207–208, 332, 347
53 James, William, 870–871
55 James, William, 29–30

3a(2) **The otherness of species in a genus: the diversity of contraries**

7 Aristotle, 303–304, 539, 581–582, 585–586
8 Aristotle, 165–168
11 Plotinus, 605–607
17 Aquinas, 273–274, 723–724
18 Aquinas, 22–23, 117–118

49 Darwin, 30–31, 241–242
56 Dobzhansky, 669–672

3a(3) **Generic otherness or heterogeneity**

7 Aristotle, 149–152 passim, 330–333, 517–518
17 Aquinas, 17–18, 471–472
39 Kant, 197–198

3b. **Relational sameness: sameness by analogy or proportional similitude**

6 Plato, 448
7 Aristotle, 189, 573–574, 599–601 passim
8 Aristotle, 114, 169, 378–379, 640–641, 657, 662–666
10 Euclid, 81–98
10 Nicomachus, 629
15 Kepler, 1078–1080 passim
17 Aquinas, 77–78, 492, 713–714
22 Rabelais, 12–13
26 Harvey, 336, 469–470
28 Bacon, 157–158
28 Descartes, 384–387
33 Locke, 228
33 Hume, 487
39 Kant, 72–74, 601–603
49 Darwin, 212–213
53 James, William, 549–550
55 James, William, 28–29
55 Barth, 543–544
56 Whitehead, 168–169
58 Huizinga, 329–330

3c. **Sameness in quality, or likeness: variations in degree of the same quality**

7 Aristotle, 8, 15–16, 166, 297
8 Aristotle, 173–174
11 Plotinus, 307
16 Augustine, 380–381
18 Aquinas, 15–19
28 Bacon, 145–148
28 Spinoza, 649
33 Locke, 311–312
39 Kant, 602
44 Tocqueville, 332
46 Austen, 8–9
53 James, William, 319–322, 346–348
57 Veblen, 45–47
58 Frazer, 8–25
58 Huizinga, 329–330

3d. **Sameness in quantity, or equality: kinds of equality**

6 Plato, 228–229, 494, 500–502, 508, 510–511
7 Aristotle, 583
8 Aristotle, 378–381
10 Euclid, 2, 4, 6–7, 16–17
10 Nicomachus, 609–610
11 Plotinus, 603
15 Kepler, 1012–1014
17 Aquinas, 224–225
18 Aquinas, 368–369

50 Marx, 19–25
53 James, William, 874–875
57 Veblen, 11

4. **Sameness and diversity in the order of knowledge**

4a. **Likeness or sameness between knower and known: knowledge as involving imitation, intentionality, or representation**

6 Plato, 124–126, 231–232, 383–398, 427–431, 538–541
7 Aristotle, 605, 639–641, 659, 661–662, 663, 664, 691–692
11 Lucretius, 43–44, 51–52
11 Plotinus, 438–439, 527–529, 532–535, 539–540, 561, 656–659
16 Augustine, 95, 97, 316
17 Aquinas, 51–52, 58–59, 76–77, 79–80, 91–94 passim, 185–187, 289–290, 291, 301, 460–461, 465–466, 740–741
28 Descartes, 310–311, 325, 334–335, 357–358
28 Spinoza, 609, 611–612
33 Locke, 238, 239, 245–246, 323–326
33 Berkeley, 413–431, 440–441
33 Hume, 504
39 Kant, 12, 15–16, 23–24, 34–35, 55–56, 88–91, 115, 550–551
43 Hegel, 58–59
53 James, William, 126–129, 142–143, 307–311 esp 307, 309, 325–327
55 James, William, 28
55 Bergson, 71–72
56 Bohr, 347–348, 352–353
58 Frazer, 12–25
60 Woolf, 25–26

4b. **The role of differentiation in definition: the diversity of differences**

6 Plato, 134, 548–549, 551–579, 580–608, 610–613
7 Aristotle, 144–145, 196–199, 208–209, 558–562
11 Plotinus, 598–600, 603–605
17 Aquinas, 401–403
18 Aquinas, 2–4
33 Locke, 256–257, 268–283 passim
39 Kant, 193–200, 215–216
49 Darwin, 30–31
53 James, William, 669–671
55 Bergson, 75–77

4c. **Sameness and diversity in the meaning of words or the significance of terms: the univocal and the equivocal**

6 Plato, 65–84, 809–810
7 Aristotle, 5, 152, 202, 215, 227, 251, 260–262, 331–332, 508–509, 522, 553, 567, 589, 599–601, 658

8 Aristotle, 172–174
17 Aquinas, 62–75, 98, 165–167
18 Aquinas, 54–55
21 Hobbes, 57–58
28 Bacon, 60, 112–113
28 Spinoza, 621–622
33 Locke, 152, 234–236, 276, 285–291, 292–293, 300–301
33 Hume, 478
39 Kant, 315–316, 547–548
53 James, William, 332–334, 689, 875–876
54 Freud, 517–518
55 Wittgenstein, 317–440 passim

5. **The principle of likeness in love and friendship**

6 Plato, 19–21, 167, 285–286
8 Aristotle, 406–407, 408, 410–412, 418–419, 615
11 Epictetus, 158–160
17 Aquinas, 156, 731–732, 738–739, 740–741
18 Aquinas, 511
23 Montaigne, 135
28 Spinoza, 639–640, 644, 647–648, 665–671
46 Eliot, George, 295–296
49 Darwin, 317
51 Tolstoy, 242–243, 311–313, 314–316, 631–633, 669–672
54 Freud, 404–406, 677–684, 685–686
59 Proust, 316–320
59 Joyce, 570–571
60 Woolf, 24–26

6. **Similitude between God and creatures: the degree and character of the similitude; traces or images of God in creatures**

Old Testament: *Genesis*, 1:26–27 / *Job*, 12:7–9
Apocrypha: *Wisdom of Solomon*, 2:23; 13:1–5 / *Ecclesiasticus*, 42:15–43:33
New Testament: *I Corinthians*, 11:7; 15:49 / *II Corinthians*, 3:18 / *Colossians*, 3:9–10 / *I John* passim, / *II John*
15 Kepler, 853–854, 1080–1085 passim
16 Augustine, 32, 151, 389–392, 412–413
17 Aquinas, 14–16, 22–23, 28–29, 34–35, 63–68, 151–152, 153–154, 240–241, 306–307, 401, 487–488, 492–501, 530–531
18 Aquinas, 730–731, 1025–1032
19 Dante, 91, 92, 106
20 Calvin, 74–77
25 Shakespeare, 43
28 Bacon, 41
28 Descartes, 314, 316–317, 440, 454
28 Spinoza, 597–597
29 Milton, 220–221
30 Pascal, 246–247, 249–251
43 Hegel, 286–287, 324–325, 329
48 Melville, 52–53
52 Dostoevsky, 160

交叉索引

以下是与其他章的交叉索引：

The principle of identity and its significance for being, change, and thought, see BEING 2b, 7b(5); CHANGE 2; LOGIC 1a; ONE AND MANY 2a; PRINCIPLE 1c, 3a(3); RELATION 1a.

Personal identity and the identity of a state, see SOUL 1d; STATE 3g.

Sameness or similarity, and the reality of kinds or universals, see FORM 2a; IDEA 1a, 6b; ONE AND MANY 1c; UNIVERSAL AND PARTICULAR 2a-2c.

The analysis of essential and accidental sameness, specific and generic sameness, and otherness in species or in genus, see EVOLUTION 1b; IDEA 4b(3); NATURE 1a(1); ONE AND MANY 3b(1); OPPOSITION 1c(2); QUALITY 2a; RELATION 5a(4); UNIVERSAL AND PARTICULAR 5b.

Similitude between heterogeneous things, and the signification of such similitude, see BEING 1; SIGN AND SYMBOL 3d.

The distinction between univocal, equivocal, and analogical terms, see IDEA 4b(4); SIGN AND SYMBOL 3b-3d.

Sameness by analogy or relation, see REASONING 4f; RELATION 1d, 5a(3).

Sameness in quality and quantity, see QUALITY 3c, 4c; QUANTITY 1b.

Similitude in the relation of knower and known, of lover and loved, and in imitation, see ART 3; FORM 1d(1); KNOWLEDGE 1, 4d; LOVE 4a; NATURE 2a; ONE AND MANY 4f.

Similarity in the association of ideas, see IDEA 5e; MEMORY AND IMAGINATION 2c; RELATION 4f; SENSE 3d(1).

Definition as constituted by the statement of genus and difference, see DEFINITION 2b; NATURE 4a; OPPOSITION 1c(2).

The similitude between God and His creatures, and for its bearing on the significance of the names we apply to God, see GOD 3f, 6a-6b; MAN 11a; NATURE 1b; ONE AND MANY 1b; SIGN AND SYMBOL 5f; WORLD 3a-3b.

扩展书目

下面列出的文著没有包括在本套伟大著作丛书中，但它们与本章的大观念及主题相关。

书目分成两组：

Ⅰ. 伟大著作丛书中收入了其部分著作的作者。作者大致按年代顺序排列。

Ⅱ. 未收入伟大著作丛书的作者。我们先把作者划归为古代、近代等，在一个时代范围内再按西文字母顺序排序。

在《论题集》第二卷后面，附有扩展阅读总目，在那里可以查到这里所列著作的作者全名、完整书名、出版日期等全部信息。

I.

Thomas Aquinas. *On Being and Essence*, CH 2
Hobbes. *Concerning Body*, PART II, CH 11, 13
Descartes. *The Principles of Philosophy*, PART I
Hume. *A Treatise of Human Nature*, BK I, PART IV, SECT VI
Voltaire. "Identity," in *A Philosophical Dictionary*
Mill, J. S. *A System of Logic*, BK III, CH 20
Whitehead. *The Concept of Nature*, CH 6
Russell. *Human Knowledge, Its Scope and Limits*, PART VI, CH 3
Heidegger. *Essays in Metaphysics: Identity and Difference*

II.

THE MIDDLE AGES TO THE RENAISSANCE (TO 1500)

Cajetan. *De Nominum Analogia*

THE MODERN WORLD (1500 AND LATER)

Borges. "The Circular Ruins"
——. "Tlön, Uqbar, Orbis Tertius"
Bosanquet. *Logic*, VOL II, CH 3
Bradley, F. H. *The Principles of Logic*, BK II, PART I, CH 6; Terminal Essays, IV
Garrigou-Lagrange. *God, His Existence and Nature*, PART II, APPENDIX 2
Jevons. *The Substitution of Similars*
John of Saint Thomas. *Cursus Philosophicus Thomisticus, Ars Logica*, PART II, Q 2 (3); Q 13 (2-5); Q 14 (2-3)
Leibniz. *New Essays Concerning Human Understanding*, BK II, CH 27
Lotze. *Logic*, BK I, CH 2 (A)
McTaggart. *The Nature of Existence*, CH 7-10
Maritain. *The Degrees of Knowledge*, CH 4
——. *A Preface to Metaphysics*, LECT V
Penido. *Le rôle de l'analogie en théologie dogmatique*

Santayana. *The Realm of Matter,* CH 8–9

Suárez. *Disputationes Metaphysicae,* IV–VI, XV (10), XXVIII (3), XXX (10), XXXII (2), XXXIII (2), XXXIV, XXXIX (3), XLIV (11), XLVI (1), XLVII (11, 14–15, 17)

———. *On the Various Kinds of Distinctions (Disputationes Metaphysicae,* VII)

Whewell. *The Philosophy of the Inductive Sciences,* VOL I, BK VIII

科 学 Science

总 论

在我们的时代,科学、哲学和宗教已经成为三种相当不同的理智事业。它们各有吸引人之处,其理由不只是它们能够回答基本的问题,而且也因为它们对人类生活和文化做出了贡献。在其他时期,哲学和宗教争夺着主导地位,虽然,如**哲学**章表明的,有些哲学家和神学家辩争说,理性和信仰是完全相容的,从而试图消除这种冲突。不管怎么说,在19世纪之前,如果有什么争执,争执总是在哲学和宗教之间。科学还没有足够明确地与哲学区分开来,不至于让这个局面变得更复杂。

当科学与哲学还不曾有那么鲜明的区别的时候,人们还不是面对三个分别争夺他们的理智忠诚的主张。近代科学作为在方法和主题上与传统哲学相当不同的东西实际上可能最早出现于17世纪,但直到康德这两大类学科才明显地分开。直到那时,两大学科才各自获得明确的界定,其中一类被等同于历来所称作的"哲学",而另一类则逐渐采纳"科学"这个名称,把自己视作一项相当不同的事业。

康德将经验科学与理性科学相区分。这个区分与他之前的其他人在实验哲学和抽象哲学之间所做的区分大致对应。后来人们区分实验或归纳科学与哲学或演绎科学,这个区分也与康德的区分相对应。但康德似乎并没有仔细思考过科学和哲学之间的冲突,也就是对自然的实验研究和形而上学之间的冲突,或者——在康德看来是一回事——在经验物理学和理性物理学之间的冲突。

休谟只愿意承认数学拥有理性科学的地位,它能够确定无疑地证明它的结论。他坚持认为,在关于自然的研究中只有实验推理,它只能得到或然的结论。但他提出这些关键见解并不是为了把科学区分于哲学。若说传统形而上学应该遭到拒斥,那并非因为它是哲学而不是科学,而是因为它以错误的方法处理事实问题,从而导致了哲学或科学的某种失败。

然而,在19世纪,奥古斯特·孔德以实证哲学为名目阐述了一种学说,明确声称只有实证科学——以经验方法对自然、精神或社会现象所做的研究——才值得被称为褒义上的"科学"。与此相反,哲学只是思辨,宗教则是迷信。对实证主义者来说,"思辨"仅仅是个比"迷信"稍微少一点恶毒的词。迷信意味着非理性的信念,思辨则是一种徒劳的尝试,想要借助理性深入到现象背后去发现终极原因或终极实体。这类尝试所得到的无非是些猜测或臆想,绝不可能得到知识或科学——这两个名称对实证主义者来说是一回事。尽管哲学表面上摆出了逻辑和系统,但它不可能产生具有科学的可靠性和客观性的结论,因为它试图要做的事情超出了对现象进行探索或描述,也因为它无论做什么都不借助研究或实验。

来自孔德以及其他很多源头的类似观点汇集起来,形成了在今日世界普遍流行的以实证主义为名的态度。实证主义现有的各个变种看来都有这样的共同点:将科学等同于事实的知识,并将这类知识局限于经由经验获得及验证的结论。凡是不符合这种科学观念的,要么像数学或逻辑,是纯粹形式的学科,要么像哲学和宗教,只是猜想、看法或信念——仅仅是个人的、主观的甚至是随意的。

在这套伟大著作中,给我们提供实证主义宣言并将科学与哲学或宗教对立起来的作者是弗洛伊德。无独有偶,他正好是心理学领域的一个科学家,因为在曾是哲学的分支而现在主张自己是实证科学的种种学科之中,心理学是一个后来者。不仅是后来的,而且是最后的,因为根据弗洛伊德,"研究人的社会行为的社会学无非是应用心理学而已。严格地说,实际上只有两门科学——心理学,包括纯粹心理学和应用心理学,以及自然科学"。

在他的《心理分析新导论》中,弗洛伊德以他所谓的"科学世界观"的论述作为结束。要言之,他认为,科学世界观"断定,关于宇宙的知识我们没有其他来源,除了对仔细验证过的观察进行的理智操作,这也就是人们实际上所说的研究,没有知识可以得自启示、直觉或灵感"。这一提法有着重大的蕴含,弗洛伊德非常明确地把这些蕴含说了出来。他写道:"不得主张科学仅是人类理智活动的一个领域,仿佛此外还有宗教和哲学,它们至少具有相同的价值;不得主张科学不应干涉其他这两个领域,它们同样是在探求真理,而每个人都可以自由选择他从哪个领域来获取他的信念,在哪个领域中放置他的信念。"

他继续写道:"这样一种态度被认为是特别值得尊敬的、宽容的、开明的,摆脱了狭隘偏见的。不幸的是,这是站不住脚的;这种态度有着一种完全非科学的世界观所具有的一切有害的品质,在现实中也会成为与后者一样的东西。基本的事实是,真理不能是宽容的,不能允许妥协或限制;科学研究把人类活动的全部领域当作自己的领域,对任何试图侵占其领域的任何部分的势力都要采取不妥协的批判态度。"

说到科学对人和社会的主宰所遇到的威胁,"只有宗教是真正严重的敌人"。哲学,弗洛伊德认为,"对人类的绝大多数没有直接的影响",而"宗教则是一股巨大的力量,是施加在人类最强烈的情感之上的力量"。的确,宗教为人类提供的东西比人类有可能从科学中获得的"远更为美好,更为使人慰藉,使人崇高",它只须同时又说,"事实是,我不能给予你人们通常所称的真理;要获得真理,你必须求助科学",那么,宗教和科学就可以相容。

但是弗洛伊德认为,宗教不可能这么说而同时不丧失它"对大众的所有影响",而在另一方面,科学也根本不能出让它关于自己是到达真理的惟一途径的主张。科学"以感知为基础获得它的结论,科学方法仔细检验感官知觉是否可信",并"为自己提供用日常手段不能获得的新的感知",然后"通过有意加以变更的实验条件把这些新经验的决定因素隔离出来";由于采用了这样的方法,所以唯有科学才能"达到与实在的一致"。我们称之为真理的,正是"这种与外部实在世界的一致";因而,如果"宗教声称它能取代科学的位置,声称因为它是仁慈的崇高的所以它也必定是真的,这类声言实际上是一种僭越,为了人人的利益,必须抵制这种僭越"。爱因斯坦在一本题为《宇宙宗教》的小册子中,对于科学与宗教的关系似乎表现出一种更为温和的态度。他在别处还写道:"科学没有宗教是跛的,宗教没有科学是盲的。"

在弗洛伊德看来,哲学似乎并不提

供科学真理之侧的一个真正选择。在他看来，哲学不像宗教，它并不必然反对科学；有时它甚至表现得"就像一门科学"，而且在一定程度上还"使用相同的方法"。但哲学沉迷于"一种幻觉，仿佛它能产生一个关于宇宙的整体的融贯的图景"，这时它就与科学分道扬镳了，并且就必须被看作是知识厅堂中的一个仿冒者。

"哲学所试图构建的图景，"弗洛伊德说，"必定随着我们知识的每个新进展而破碎。"哲学本身并非知识，而只是意见或思辨，它并不比宗教更能成为科学的替代者。哲学和宗教两者一起都在弗洛伊德的禁令之下。如果他所称的"我们对未来的最好希望"，亦即，"理智——科学精神、理性——有一天会在人类心灵中建立起它的专制"，哲学和宗教两者将一起被逐出人类文化之外。

威廉·詹姆士差不多与弗洛伊德是同时代人，他也在科学与哲学之间划出了一条截然的界线。詹姆士写作《心理学原理》的时候，自然科学的尤其是生理学的实验方法刚被引入到关于心理现象的研究中。他努力界定心理学作为一门自然科学的范围，从而把真正应该由科学家来考虑的问题从那些属于哲学家的问题分离开来。但是与弗洛伊德不同，詹姆士似乎并不认为哲学家是在做徒劳的努力，试图解决那些要么是不可解决的问题，要么是那些最好留给科学去发现解决之道的问题。

对于詹姆士来说，科学与哲学的区别看来不仅仅在于它们所使用的方法，尽管经验方法或实验方法与科学家能够解决的问题以及能够达到的结论的确有一定的关联。但科学家的问题与结论本身就有不同于哲学家的问题或结论的特点。

据詹姆士，科学家尽可能精确和全面地描述现象，但这丝毫不意味着其描述是终极的或整体的。科学家认识到他的描述是尝试性的或不完全的，始终服从于新资料的发现或对证据的更精致的呈现。尤其是，他承认他只是描述，而不是在解释——不是在揭示那个给予现象以最深的可理解性的终极实在，或是在认定原因——那些显示事物为什么这样发生而不仅是如何发生的原因。

在《心理学原理》的序中，詹姆士说他"贯穿全书都坚持自然科学的观点……此书设定思想或情感存在着，它们是知识的载体，并从而主张，心理学意在确定各种思想或情感与大脑的特定状况具有何种经验关联，一旦做到这一点，心理学就不能再往前走了——也就是说，她作为自然科学就不能走得更远了。如果她走得更远，她就成为形而上学。所有想把我们的在现象层面上给予的思想解释为更深层次实体的产物的企图……都是形而上学的"。

詹姆士承认，这种科学的观点"绝不是终极的观点……心理学所据的资料，正如物理学所据的资料一样，到时候必须加以彻查。清晰而全面的彻查它们的努力就是形而上学"。詹姆士并不隐示形而上学不能"良好完成她的任务"，但他认为，如果她把自己搅进一门自然科学，就会把形而上学和科学这两样好东西都败坏了。

他说，科学和形而上学应该保持分离，尽管科学在积累"大量描述性细节"时会碰到那些"只有担当得起其使命的形而上学才能处理的探究。这或许是数个世纪后的事情，而与此同时，一门科学健康的最好标志是展现她的这个看来未完成的前沿"。

詹姆士关于形而上学及其未来的观念与关于这一主题的其他传统见解相

异，这种差异在**形而上学**那章中讨论。这里应当注意的是，詹姆士的科学概念很广，它既包括经验自然科学，也包括他所谓的"纯粹科学或先天科学，即分类学、逻辑学、数学"。然而在他看来，形而上学并不代表与科学对立的哲学，因为它的目的是终极的实在或作为根据的原因。例如，他拒斥关于灵魂的理论，并非因为他知道它为假，而是他认为它在"一门满足于可验证定律的心理学中"没有位置，而且这门心理学"始终是实证主义的和非形而上学的"。

詹姆士在《实用主义》中并不接受在19世纪和我们今天盛行的实证主义观点。他将科学限制于经验知识之中，并将哲学排除于经验知识之外。在讨论自由意志的可能性时，他说，"心理学将是心理学和科学，不管自由意志在这个世界中是真还是假，科学仍一如既往从事着这个世界中的科学工作，而且也只从事这种工作。然而，科学必须时常提醒自己，她的目的不是仅有的目的，齐一的因果秩序是她所要运用的，因而她有权加以设定，但是这个齐一的因果秩序可能是包裹在一个更广大的秩序之中的，而对这个更广大的秩序她根本就没有任何发言权"。

这套伟大著作中的20世纪作者以各种方式讨论了科学、哲学和宗教几大领域的区分和关联问题：尤其应提到的是怀特海的《科学与近代世界》，普朗克的《科学自传》，罗素的《哲学问题》，韦伯的《科学作为志业》的论文，以及海森堡的《物理学和哲学》。

近代早期的科学家和哲学家没有在科学与哲学之间划出一条明确的界线，而且那时也没有形成实证主义学说的任何明确表述，但他们大多数认为，自然科学以实验为其方法，以阐述一般法则为其目标，这些法则描述现象、与现象对应。他们并非各个都把原因排除在自然科学的考虑之外，也不一定像詹姆士那样苛刻，只重描述或对应而排除解释。再者，尽管近代作者几乎普遍强调自然科学的实验特征，这也不意味着他们把科学完全等同于实验学科。

例如，数学通常被看作是一门科学，尽管它是非实验的。对于洛克和休谟，如同对于笛卡尔，比起实验物理学的尝试性假说和或然性结论，数学展现的特征——原理的自明，证明的确定性——使它更真正值得科学的尊称。其他一些学科更多与数学参照而不是与物理学参照才被称作"科学"。例如，笛卡尔似乎就认为形而上学肯定能成为像数学那样的科学。洛克主张，从公理出发的证明不限于关于量的科学。关于道德事务的推理也能达到同等的清晰性和确定性，因此，伦理学并不比数学较少科学性。

霍布斯似乎对政治学也采取类似的观点，尽管在此要注意到，他不同于笛卡尔和洛克，也不同于培根、休谟和其他人，他并不由于物理学需要实验证据而把物理学与数学加以区别。对他来说，所有科学都是"从一个断定到另一个断定的后果的证明"，尽管"其内容各自不同"。一个人是不是某一领域的科学家，其"确定无误的"标志是他能够"清楚明白地向别人证明该领域的真理"。

而且，霍布斯似乎认为，几何学的构造适合于所有科学，亦即，一门科学必须从定义开始。他说："几何学从确定语词的意义入手；几何学家把确定意义叫作'定义'。"科学没有定义就寸步难行。霍布斯称："在科学进路中，使用语言的第一步是对名称加以正确定义；而错误的定义或全无定义，则是滥用的第一步，所有错误的学说和无意义的学说都是从此迈步的。"

弗洛伊德表达了相反的看法,对于晚近的科学家,尤其是对于实验科学家或经验方法论者来说,弗洛伊德的看法更有代表性。他写道:"常有人辩护一种观点,认为科学应当建基于清楚鲜明的概念之上。"然而,"实际上没有任何一门科学,包括最精确的科学,是从这样的定义开始的"。弗洛伊德认为:"科学的真实开端倒不如说是对现象进行描述,然后进行分类,把现象联系起来。即使在描述阶段,我们也不可能不把某些抽象观念应用到手头的材料上,这些观念来历庞杂,但肯定不是新经验生出来的果实。……它们起初必定有某种程度的不确定性;它们的内容根本谈不上有明确的界定。它们在很长时间里就是这样的,而我们则通过反复用它们来指称观察材料逐步理解了它们的意义。我们看似从这些观察材料细绎出我们的抽象观念,其实倒是这些观察材料顺从于这些观念。"

据弗洛伊德,科学的定义或曰基本概念根本上是"根据习惯而来",但他加上说:它们之为科学概念,"全在于它们不是被任意选定的,而是由它们与经验材料的重要关系决定的……只有在对相关领域进行了透彻研究之后,我们才能够越来越清晰地表述支撑这一领域的科学概念……的确,到这时候,我们也许可以用定义把它们固定下来。但科学的进步仍然要求这些定义具有一定弹性"。数学概念或定义也许不是这样,但弗洛伊德指出,物理学的实例表明"即使那些以定义形式牢牢确立的'基本概念'也经常改变其内容"。

除了霍布斯,近代作者大概只承认数学和形而上学可以从定义演绎出科学结论,无需求助于实验,他们通常不会把这一点扩展到物理学上。**科学**章表明,从根本上把关于自然的研究分成哲学物理学和科学物理学,近代以来,等同于把自然哲学从实验性质的自然科学中分出来。我们现在则要回过头来看一看"科学"的一种意义,在这种意义上,物理学是和数学以及形而上学联在一起的,在这里,形而上学是理论哲学的一个分支或思辨科学中的一门。人们认为这三个学科都是以同样方式工作的:从原理出发证明其结论。原理则是通过对经验进行归纳获得的。这里的经验指的是日常感官经验,而不是在实验室条件下人工制造出来的特殊经验。不过,应当看到,晚近以来,即使那些在上述意义上使用"科学"一词来讨论数学和形而上学的作者也认为物理学是另一回事。他们也认为物理学要成为科学就必须是实验的。

近代物理学日益成为科学的典范,与之相应,"科学"这个词的意义也逐渐反转了。它用于实验研究,至少是用于经验研究,于是,形而上学或伦理学这类非实验的学科若自称为"科学"就会受到质疑。其他学科凭借模仿物理学而确立自身为科学。例如马克思把自己的工作视作经济科学,于是他做出努力来解释为什么它不是实验的却仍然能够是科学的。

他说道:"物理学家在两种情况下观察物理现象,一种情况是这些现象以最典型的形式发生,最少受到干扰,一种情况是,只要可能,他就做实验,这时,实验条件须保证现象是在最正常的情况下产生的。"若说经济学不可能从事严格意义上的实验,经济学家至少可以努力观察"最为典型的"现象,从而具有科学性。马克思认为,英国提供了"资本主义生产方式以及按照这一方式进行生产和交换"的最典型的实例。因此,为了具备科学性,他在发展其理论观念的时候,使用英国"作为主要的样板"。

近代物理学——无论叫作自然科学还是自然哲学——的实验性质在**物理学**一章中讨论。把建构或采用实验抑或把实验之外的经验当作科学表述的来源或测试,这一区别在**经验**一章中讨论,在**假说**和**归纳**两章中也有所讨论。而我们在这里应加以注意的则是,无论归纳和演绎之分,还是假说和公理之分,都不能确切无疑地划一条界线,把科学与哲学区别开来。

例如,亚里士多德和培根都认为无论是形而上学或者第一哲学还是物理学或者自然哲学,其公理都来自归纳。他们两个的归纳理论也许不同,不过,其中也只有一点与怎样区分哲学和科学有关,那就是,亚里士多德认为归纳是日常感官经验的直觉概括,培根则认为归纳是从实验推引出来的。

与此相似,科学家和哲学家对假说的看法也有不同,区别似乎并不在于假说在推理论证中扮演了不同角色,而在于假说与实验是否有一种特别的关系,在于是否用假说指导实验,以及是否用实验来验证假说。

所以,实验似乎是从方法上把科学区别开来的标志。这一点还有一层延伸的意义:严格意义上的实验指的是在实验室里借助仪器设备在受控条件下进行的实验,有些专题研究不可能进行这样的实验,但科学家仍由于采用与实验相类似的方法而有别于哲学家。科学家做调查,做研究,他们所做的观察不止于平常人在日常生活中所观察到的东西。

牛顿《光学》开篇的那段话大概就含有这样的意思,他说:"这本书所要做的不是用假说来说明光的性质,而是用理性和实验来提出它们、证明它们。"法拉第说到自己时也是这个意思:"我是一个实验家,我觉得必须让实验来把我领上无论什么思路,也只有实验有可能证明这些思路有道理;我相信实验就像分析一样,只要解释得对头,就一定能够引向严格的真理;我相信实验天然更能够提示新思路,提示新的自然力量的状态。"

拉瓦锡为自己设立了一条准则:"如果一个结论不是从观察和实验必然得出的直接结果,就不要做出这个结论。"吉尔伯特批评那些谈论磁性而没有实验证据的作者——这些哲学家本人并不是调查者,对所谈之事没有第一手的亲知。哈维在讨论心脏和血管的活动时,提到"俗见与传统一向所持的看法",他说,要把真理和错误看法分开,就需要"进行解剖,反复实验,精确观察"。

像 J. 傅立叶那样的科学家,虽然把物理理论理解作某种类型的应用数学,但他仍说:"从此以后,没有什么重大的进步不是基于实验的……因为,数学分析尽管能够从一般的简单的现象那里演绎出自然法则,但把这些法则特殊地应用于复杂事物则要求长期系统的准确观察。"伽利略像傅立叶一样,在研究自然的时候也把数学和实验结合在一起。要检验互竞的假说或对运动定律的不同数学表述,如果必要,他愿意引进实验,不过,他似乎表现出更偏爱纯数学物理的严格性。

伽利略的《关于两门新科学的对话》中的第四天讨论弹道的抛物线轨迹,在这一章中,对话的一方萨格雷多(Sagredo)说:"只有在数学里才会出现的那种严格证明的力量给我带来巨大的惊奇和喜悦。"他加上说,由此获得的理解"远远优于从他人的证词所得到的单纯信息,甚至优于由反复实验所得到的信息"。对话的另一方萨尔维阿蒂(Salviati)表示同意,他说道:"通过发现一个事实的原因而获得的关于这个事实的知识,让我们的心智能够理解和确定很多其他事实,而无需再依赖于实验。眼下这个例子就是这样。作者仅靠论证就确切证明了仰角45°时炮弹的射程最远。他同时也证明了也许从来没有人靠经验观察到的事情,那就是,仰角若以同等数量高于或低于45°,炮弹的射程将是相同的。"

认为科学——无论所谈的是数学还是其他领域——在于从公理出发为结论提供严格证明,这种观念似乎为古代和近代所共有。在笛卡尔和斯宾诺莎那里,在霍布斯和洛克那里,同样也在柏拉图和亚里士多德那里,我们都能找到这种观念。笛卡尔认为,"科学整体上是真的、清楚的认识"。他也许会加上说:"一向以来,只有数学家才能成功地提供证明,这是说,成功地给出明白而确定的推理。"不过,他还是希望能够依照数学的模式把形而上学做成一门科学。

笛卡尔在讨论自然研究的时候对上述科学观念做了一些限制。这时他有点儿偏向实验主义。他说道:"我们的知识越进步,实验就变得越发重要。"他谈到某些特定的结果"可以通过多种不同方式从原理演绎出来",碰到这种情况,要发现结果真正依赖于哪些原理就会有困难,他认为,要克服这类困难,就"需要找到一些实验,用这个方法来解释或用那个方法来解释,实验的结果就会有所不同"。

另一方面,认为科学是建基于实验的知识,或至少是建基于广义的观察的知识,这种观念似乎也不只是近代的,同样也为古代所有。亚里士多德批评他的有些前辈物理学家说,他们"对观察的解释与观察本身不符"。他说:"在关于自然的知识中",对原理的检验"是对每一个事实的确切无瑕的感觉证据"。他正是根据这一点赞扬德谟克里特的方法是科学的。

亚里士多德写道:"缺乏经验使得我们减低了全面地看待公认事实的能力。因此,那些熟悉自然及其现象的人越来越善于表述作为其理论基础的原理,使之能够包容广泛而协调的各种发展;而另一些人因为耽于抽象的讨论而忽视事实,他们很容易基于少量观察就形成一些教条。在讨论眼前这个课题的时候,互竞的处理方式提供了恰当的例证,可以表明在研究工作中采用'科学方法'或'辩证方法'会有多么大的区别。因为,柏拉图主义者是这样论证的:原子式的构造必定存在,否则'基本三角形'就会多于一种,而德谟克里特看来接受的是适合于讨论这个主题的论证,即来自自然科学的论证。"

在很多段落里,亚里士多德因为某种天文学假说不能对观察提供说明而加以拒斥,或者在众多假说中偏爱一种,因为唯独它看来合乎可感现象。同样,在他的生物学著作中,他也用经验来检验理论。例如在讨论蜜蜂繁殖的时候,他说,我们若要在这类事情上习得真理,"就一定要归功于观察而非理论,若归功于理论,那这些理论所认定的东西必须合于观察到的事实"。在《论动物的运动》这篇论文中,他呼吁我们"更多注重可感世界中的具体存在,因为我们寻求一般理论的时候要始终想到它们,我们相信,一般理论应当与它们和谐一致"。

但另一方面,亚里士多德也把科学定义为从自明原理出发确定无疑地证明普遍的、必然的结论。他写道:"科学知识是关于普遍、必然之事的判断;是从诸第一原理出发……证明的结论(因为科学知识涉及的是对理性根据的理解)。"他在这里强调的是关于原因的知识,是结论的确定性和必然性,这样的结论是从真公理出发经由证明获得的。

按照这些标准,就亚里士多德对三门哲学科学的理解来说,形而上学和数学是科学知识的最佳典范。物理学作为关于自然的普遍哲学也是这种意义上的知识;但各门特殊自然科学,如天文学、动物学,它们的性质更多是经验的而不是哲学的。至少,它们是从原理出发进行证明与借助观察来验证假说这两种东西的混合。就它们是经验的而言,这些学科的表述会保留某种不确定性和尝试性,在亚里士多德看来,纯粹的哲学科学好像不是这样的。

我们甚至可以说,依赖于经验研究的自然知识根本不是严格意义上的科学。洛克看来就是这么说的。他写道:"无论人类怎样努力,使得探讨物理世界的实验哲学变得有用并不断进步,真正的科学仍非我们所及。"洛克认为,"我们关于物体的知识只能依靠经验才能改善",这时他加上说:"我不否认,谁更经常从事合理的实验,比起全然不知这些实验的人,他就能更深入地了解物体的本性,对那些尚不了解的本性也会猜得更加准确。然而,如前所言,这些仍是判断和看法,不是知识和确定的东西。我们只是通过经验和历史的途径获得知识、改进知识,这种方式……使我怀疑我们是否能够使自然哲学成为科学。"

究竟对自然的实验研究才是科学知识(就其目标、方法和结论的性质而言)抑或哲学学科才是更完美的科学甚至唯一的科学?无论怎样,有一点看来是肯定的:科学的这两种含义——或者用当今的说法来表示,科学和哲学——各有各的价值。

哲学性质的科学可以分成理论的和实践的,前者旨在智慧,后者旨在行动,但说到有助于生产,则不是这类科学的长处。实践学科传统上也视作道德哲学的分支,例如伦理学、政治学、经济学,它们有助于指导个人行为或社会事务,因此可说是有用的知识;诗学也许可以指导诗歌美术的生产;但看来没有任何一门哲学学科或哲学分支能够提供对物质的掌握或对自然的控制。没有一门可以应用于有用的技艺。

艺术、**知识**和**哲学**等章指出,培根的看法似乎相反。他所谓的"实践"学科指的是生产性学科而非道德学科或社会学科,在这种意义上他把自然哲学分成思辨的和实践的两支。他把力学视作物理学在实用目的上的应用,形而上学也有对应的生产性部分,他称之为"魔术"。

培根批评那些认为"对真理的沉思比任何实用或求效更为高尚可敬"的人,与之相对,他认为"科学真正的、合法的目标在于赋予人类以新发明与新财富"。不过,培根强调应用的意图并不只在这一点上。他还认为科学真理可通过生产效用得到检验。他写道:"在实践中最有用的理论是最正确的理论。"

如果培根所说的"自然哲学"指的是实验意义上的而非哲学意义上的科学,那么他强调科学应具有生产效用的立场与传统看法并不相悖。在自然研究的每一部门他都强调实验,这个事实提示,他所说的自然哲学的确是这个意思。机器与发明,以及控制自然的力量,培根对这些都一视同仁加以强调,这也提示,技术是任何采用实验方法的科学的另一面相。

看来是培根和笛卡尔最早认识到以实验为来源的知识按其本性就必定会有技术应用。培根把仪器视作从事科学必备的工具,它们体现了控制自然的技术,丝毫不亚于渴望科学产生出来的机器和发明创造。所以,实验科学既被视作技术的创造物,也被视作技术的创造者。柏拉图在他的《理想国》里设计了一个社会,除非由哲学家的科学来统治,它就实现不了;同样,培根的《新大西岛》预言了一个文明,而实验主义和技术如今已经把它实现。

20世纪的科学观引进了美学方面的考虑,这是令人惊奇的。很多现代物理学家,尤其爱因斯坦,引起人们对理论表述中的简明、美、优雅等美学标准的重视。爱因斯坦早期提出的一些理论曾受到一些似乎可靠的实验结果的挑战,这些实验结果如果是真的,就得用某些颇不优雅的理论来解释它们。爱因斯坦拒斥这些实验结果。后来表明,通常是实验弄错了,而理论是正确的。一开始,美学标准是主观的,然而科学家们后来逐渐共同认为某些理论真是优雅的。

优雅的理论也是真理论,亦即是符合事实的理论;这似乎是大自然的一个深层事实,至少就我们所能感知的大自然来说是这样。必须符合事实这一要求把科学的美学和艺术家的美学区别开来。一件美的艺术作品并不在任何显而易见的意义上是对一个问题的解决。它单单就是美。然而,在科学的最高层面上,同样的感受性启发着科学,一如它启发艺术。

海森堡写道:"科学和艺术这两项活动相去并不很远。一个又一个世纪,科学和艺术联手塑造了一种人类语言,凭借这种语言,我们能够谈论更为遥远的那部分现实;科学概念的融贯一致,艺术风格的千变万化,它们就是这种语言的不同语词或不同词组。"

分 类 主 题

1. 科学概念

 1a. 科学作为哲学的一个学科:确定的知识或完善的知识

  (1)科学的智性品德:科学与理解和智慧的联系

  (2)哲学科学的划分和等级

 1b. 科学作为实验探索学科,作为实验知识的组织:科学精神

  (1)科学的效用:实验知识应用于控制自然;机器和发明

  (2)科学对人类生活的作用:技术的经济后果和社会后果

 1c. 科学与哲学的分合:实验科学与哲学科学的区分及联系,或经验科学与理性科学的区分及联系;经验科学的限度

2. 科学与其他种类知识的关系

 2a. 科学与宗教的关系:把神学视作科学的看法

 2b. 科学与诗歌及历史的比较

3. 科学与行为和生产的关系

 3a. 理论科学和实践科学的区分:伦理学、政治学、经济学、法学,它们作为科学的品格

 3b. 纯科学与应用科学的区分:科学与实用技艺的关系

4. 科学知识的性质

 4a. 科学的原则:事实,定义,公理,假说,统一理论

 4b. 科学的目标:本质性和必然性;可感和可测量;抽象和普遍

 4c. 原因在科学中的角色:解释和描述作为科学探索的目标

 4d. 科学表述的普遍性:自然的普遍法则;相对性原理

 4e. 科学结论的确定性与或然性或终极性和尝试性

5. 科学方法

　　5a. 经验扮演的角色:观察与实验

　　5b. 解释的技术与发现的技术:确定事实

　　5c. 科学对数学的使用:计算与测量

　　5d. 自然哲学和自然科学中的归纳与演绎

　　5e. 使用假说和构建模型:预测与验证

6. 科学的发展

　　6a. 科学进步的技术条件:科学工具和科学仪器的发明

　　6b. 科学在社会中的位置:有利于科学进步的社会条件

7. 对科学的评价

　　7a. 与看法、迷信、魔术对比赞扬科学

　　7b. 对科学和科学家的讽刺:科学的弱点

　　7c. 科学的良善用途与邪恶用途:科学的局限性

[陈嘉映、孙永平 译]

索引

本索引相继列出本系列的卷号〔黑体〕、作者、该卷的页码。所引圣经依据詹姆士御制版，先后列出卷、章、行。缩略语 esp 提醒读者所涉参考材料中有一处或多处与本论题关系特别紧密；passim 表示所涉文著与本论题是断续而非全部相关。若所涉文著整体与本论题相关，页码就包括整体文著。关于如何使用《论题集》的一般指南请参见导论。

1. Conceptions of science

1a. Science as a philosophical discipline: certain or perfect knowledge

    6 Plato, 391–398, 570–574
    7 Aristotle, 97–99, 275, 500–502, 511–512
    8 Aristotle, 388, 389
    18 Aquinas, 36–37
    21 Hobbes, 60, 71
    28 Descartes, 224–227, 301–303
    28 Spinoza, 692–694
    33 Locke, 321, 322–323
    33 Hume, 458
    39 Kant, 1–13, 211–218, 243–250, 365–366
    55 Heidegger, 299–300

1a(1) The intellectual virtue of science: its relation to understanding and wisdom

    8 Aristotle, 387–393
    18 Aquinas, 36–37, 68–69, 79–80
    28 Descartes, 223–224
    28 Spinoza, 621–623
    55 Heidegger, 306

1a(2) The division and hierarchy of the philosophical sciences

    6 Plato, 391–398, 634–635
    7 Aristotle, 119, 270–271, 513–516, 522–525, 547–548, 587–588, 589–590, 592–593, 632
    10 Nicomachus, 600–601
    11 Plotinus, 310–312
    16 Augustine, 389–390
    17 Aquinas, 451–453
    18 Aquinas, 23–24, 40–41
    21 Hobbes, 71, 72, 268
    27 Cervantes, 307–308
    28 Bacon, 40–48, 120, 140
    28 Descartes, 223–225, 227–229, 267–268, 270–272
    32 Newton, 1
    33 Locke, 394–395
    36 Smith, 376–378
    39 Kant, 15–16, 17–19, 253, 351–352
    55 Heidegger, 299

1b. Science as the discipline of experimental inquiry and the organization of experimental knowledge: the scientific spirit

    15 Ptolemy, 5–6
    26 Gilbert, 1–2
    26 Galileo, 207–208
    26 Harvey, 267–268, 331–337
    28 Bacon, 13, 42, 57–58, 105–195 passim
    28 Descartes, 284–291 passim
    30 Pascal, 356–357, 361
    32 Newton, 371–372, 379, 542, 543
    32 Huygens, 553
    33 Hume, 465, 466, 503–509 passim
    39 Kant, 5–6, 146–149, 248–250, 567–568
    42 Lavoisier, 1–2, 6–7
    42 Faraday, 348, 567, 759
    43 Hegel, 384
    53 James, William, 89–90, 882–884
    54 Freud, 818–819, 874, 879–882
    55 Whitehead, 200–205
    56 Whitehead, 130–133, 158
    56 Heisenberg, 408
    56 Waddington, 697–699
    58 Weber, 115

1b(1) The utility of science: the applications of experimental knowledge in the mastery of nature; machinery and inventions

    10 Nicomachus, 600–601
    12 Virgil, 30
    13 Plutarch, 252–255
    26 Gilbert, 75, 85–89, 100–101
    26 Galileo, 154–155, 191–193
    26 Harvey, 305
    28 Bacon, 14–15, 34, 56, 120, 169–170, 175–194 passim, 210–214
    28 Descartes, 285
    32 Newton, 412–423
    36 Smith, 6, 346–347
    37 Gibbon, 661–663
    38 Gibbon, 291–292
    42 Lavoisier, 41–44
    42 Faraday, 341–348
    43 Hegel, 282–283
    44 Tocqueville, 244–251
    46 Eliot, George, 464
    49 Darwin, 19
    50 Marx, 170, 180–188
    54 Freud, 802
    55 James, William, 39–40
    55 Whitehead, 181
    56 Planck, 100–102

56 Heisenberg, 449–450, 452–453

1b(2) The effects of science on human life: the economic and social implications of technology

    4 Aeschylus, 45–46
    28 Bacon, 120, 133, 134–135, 188–194
    28 Descartes, 290–291
    33 Hume, 452–453
    34 Swift, 106–107
    35 Rousseau, 363–366
    38 Gibbon, 509–510
    39 Kant, 586–587
    43 Hegel, 365
    50 Marx, 170, 176–178, 180–250, 299–301
    50 Marx-Engels, 421–423
    54 Freud, 777–779, 882–883
    55 Dewey, 121
    56 Planck, 100–102
    56 Heisenberg, 449–456
    58 Weber, 153–155

1c. The issue concerning science and philosophy: the distinction and relation between experimental and philosophical science, or between empirical and rational science; the limitations of empirical science

    6 Plato, 391–398
    7 Aristotle, 397, 411
    8 Aristotle, 161–165, 168–169
    26 Gilbert, 27
    26 Harvey, 331–337
    28 Bacon, 43, 48–49, 105–106, 107–136
    28 Descartes, 285–286, 511
    32 Newton, 542–543
    33 Locke, 360–362
    33 Hume, 458–466 passim, 508–509
    36 Smith, 377
    39 Kant, 5–13, 93–94, 253, 277–279, 331–332, 463–467, 561–562
    43 Hegel, 190–192
    43 Nietzsche, 503–505
    51 Tolstoy, 197, 694
    53 James, William, xiii–xiv, 882–886 passim
    54 Freud, 722, 874–875
    55 James, William, 57
    55 Bergson, 85–89
    55 Whitehead, 135–234 passim
    55 Russell, 290, 291–292
    55 Heidegger, 299–300, 307
    56 Planck, 92–102 passim
    56 Eddington, 273
    56 Heisenberg, 397–398, 408–415 passim, 453–454
    56 Waddington, 697–699, 737–738

2. The relation of science to other kinds of knowledge

2a. The relation between science and religion: the conception of sacred theology as a science

    6 Plato, 797–798
    7 Aristotle, 501

    11 Lucretius, 1–3, 30–31
    13 Plutarch, 435
    16 Augustine, 34–36, 311–321, 560, 562–563, 739
    17 Aquinas, 3–10, 60–62, 175–178, 209–213, 253–255, 446–447
    18 Aquinas, 392–394, 469–470, 598–603
    21 Hobbes, 65–66, 83, 137, 163, 165, 260, 269–271, 274
    23 Montaigne, 195, 249–250, 252–253, 279–280, 311–313
    28 Bacon, 19–20, 39–40, 41, 55, 95–101, 119–120
    28 Descartes, 295–297, 351–352, 388–391, 394–395, 509–510
    30 Pascal, 205–210, 218–220, 221–225, 266, 272–273
    32 Newton, 543–544
    33 Hume, 497
    36 Smith, 377–378
    37 Gibbon, 12–13, 186, 200–201, 204–205, 307–309, 670
    39 Kant, 177–192, 236–240, 560–561, 591–592, 600–601, 607–609
    43 Hegel, 164–166, 327–328
    49 Darwin, 239, 593
    50 Marx, 305–306
    51 Tolstoy, 248–249, 675–677, 684
    52 Dostoevsky, 91–92, 165–166
    54 Freud, 874–881
    55 James, William, 15, 23–25
    55 Whitehead, 138–144, 170, 220–226
    56 Planck, 91–92, 109–117
    56 Heisenberg, 408–410, 432–433, 452–453
    56 Waddington, 703–704
    58 Weber, 115–116, 118–119, 121–122, 226–231
    58 Lévi-Strauss, 470–473
    59 Shaw, 42–43

2b. The comparison of science with poetry and history

    6 Plato, 57, 138–140, 142–148, 427–434
    23 Montaigne, 299
    28 Bacon, 38–39
    28 Descartes, 267
    33 Hume, 479
    37 Gibbon, 345–346
    39 Kant, 526–527
    43 Hegel, 163–164
    51 Tolstoy, 469–470, 563, 690, 694–696
    53 James, William, 687, 863
    54 Freud, 239–240, 246–248, 796
    55 Whitehead, 139–140, 171–172, 173–177

3. The relation of science to action and production

    6 Plato, 369, 401
    7 Aristotle, 555
    28 Bacon, 137–140
    33 Hume, 452–453
    39 Kant, 266–267, 390, 391

40 Mill, 346-347
50 Marx, 190
56 Waddington, 697-698

3a. **The distinction between theoretical and practical science: the character of ethics, politics, economics, and jurisprudence as sciences**

6 Plato, 7-8, 581, 604-608
7 Aristotle, 514-515, 527-528, 592
8 Aristotle, 162, 339-340, 343-344, 349, 350-351, 358, 435-436, 487-488
15 Ptolemy, 5-6
16 Augustine, 314-315, 317-318
17 Aquinas, 5-6, 90-91, 424-425, 450-451
18 Aquinas, 39-40, 223-224, 780-781
21 Hobbes, 60-61, 95-96, 164
28 Bacon, 16-17, 46-47, 55, 86
28 Descartes, 268, 272-273, 352, 388, 432-433
33 Locke, 103-104, 303-304, 317-319, 325-326
33 Hume, 451-453
34 Swift, 78
35 Rousseau, 329-334
38 Gibbon, 75-80 passim
39 Kant, 5-13, 190-191, 234-235, 253-254, 260-261, 264, 271, 283-284, 291-297, 314-321, 329-330, 360-361, 388, 397, 398-399, 461-475, 596-598
40 Federalist, 47, 103-104, 119-120
40 Mill, 283-284, 445-447 passim
43 Hegel, 5-6, 9-12, 119, 123, 140
50 Marx, 6-11 passim
51 Tolstoy, 361-365, 680-681
53 James, William, 865-866
54 Freud, 800-801
57 Keynes, 280

3b. **The distinction between pure and applied science: the relation of science to the useful arts**

6 Plato, 261-262, 581-582
7 Aristotle, 499-500, 555-556, 571-572, 573, 605
8 Aristotle, 388-389
9 Hippocrates, 1-17, 304
9 Galen, 406-407
12 Virgil, 27-79 passim
13 Plutarch, 252-255
18 Aquinas, 37-38
26 Harvey, 305
28 Bacon, 5-6, 48-49, 50-51, 121-122, 137-140, 175-195 passim, 210-214
28 Descartes, 290-291
32 Huygens, 551-552
33 Locke, 361-362
33 Hume, 452-453
34 Swift, 106-112
36 Smith, 6
39 Kant, 60, 266-267, 551-556
40 Mill, 369
44 Tocqueville, 244-248
54 Freud, 123-125
55 James, William, 39-40
55 Whitehead, 181

56 Planck, 100-101
56 Hardy, 375
56 Heisenberg, 449-450
56 Waddington, 697-698
57 Veblen, 163

4. **The nature of scientific knowledge**

4a. **The principles of science: facts, definitions, axioms, hypotheses, unifying theories**

6 Plato, 383-388, 391-398
7 Aristotle, 63-64, 97-122, 136-137, 194-195, 335-336, 397, 411, 500, 513-515, 524-532, 547-548, 589-592, 610, 631-632, 673
8 Aristotle, 389
10 Euclid, 1-2
16 Augustine, 312-319 passim
17 Aquinas, 102-103, 175-178
18 Aquinas, 221-223, 383-384
21 Hobbes, 56, 58-61
26 Galileo, 197, 200
26 Harvey, 334
28 Bacon, 56-59, 113-114, 120-121, 127-128, 137-139
28 Descartes, 226-227, 235, 237, 275-278, 301-303, 308, 309, 315, 321-322, 351, 356-357
28 Spinoza, 621-622
30 Pascal, 171-172, 430-434 passim
32 Newton, 1-2, 5-24
32 Huygens, 553, 600-601
33 Locke, 337-344, 358-360, 362
39 Kant, 68-69, 179-182, 215-216, 293-294, 302-303, 457
40 Mill, 461-464 passim
53 James, William, 862-864 passim
54 Freud, 412
55 Bergson, 85-89
55 Whitehead, 135-136
56 Poincaré, xv-xvi, 28-32, 49-52
56 Whitehead, 145-146
56 Eddington, 261, 284-295
56 Bohr, 349
56 Heisenberg, 454-455
58 Weber, 116-118

4b. **The objects of science: the essential and necessary; the sensible and measurable; the abstract and universal**

6 Plato, 383-398, 633-635
7 Aristotle, 100-104, 119-120, 121-123, 499-501, 514-516, 547-549, 593
8 Aristotle, 161-169
10 Nicomachus, 599-600
28 Bacon, 137-153
28 Descartes, 224-225, 252-254, 271
32 Newton, 1-2, 270-271
33 Locke, 268-283 passim, 311-312
33 Berkeley, 433
33 Hume, 458, 508-509
39 Kant, 46-47, 550-551, 603-604
53 James, William, 647-648, 876, 882-884

54 Freud, 879
55 James, William, 12, 45-46
55 Bergson, 72, 75-77, 85-89
55 Whitehead, 135-136, 143-144, 207-209
55 Heidegger, 299-300
56 Planck, 77, 94
56 Whitehead, 126
56 Einstein, 207
56 Bohr, 346-348
56 Heisenberg, 400-402

4c. The role of cause in science: explanation and description as aims of scientific inquiry

6 Plato, 240-246, 455
7 Aristotle, 97-137 passim, 271, 499-500, 565-566, 568-569
8 Aristotle, 161-165, 255
9 Galen, 351
11 Lucretius, 66, 85
15 Kepler, 958-960
17 Aquinas, 112-113
18 Aquinas, 424-425
26 Gilbert, 5-7 passim
26 Galileo, 202-203
26 Harvey, 319, 335-336, 393
28 Bacon, 43, 45-47, 110-111, 127, 132, 137
28 Descartes, 237, 285-286, 290, 310-313, 384-388
28 Spinoza, 589, 590-591, 656-658
32 Newton, 7-8, 270, 541-542, 543-544
32 Huygens, 553
33 Locke, 315-317, 322-323
33 Berkeley, 418-419, 422-423 passim, 424-426
33 Hume, 458-459, 460, 475-476, 477, 480-482, 487, 509
39 Kant, 46-47, 285-286, 311-314, 557-558
42 Lavoisier, 9-10
49 Darwin, 239-240
51 Tolstoy, 344, 470, 650, 694-696
53 James, William, 745, 885-886
56 Planck, 102-109
56 Bohr, 314-316, 337-338, 341, 351

4d. The generality of scientific formulations: universal laws of nature; the principle of relativity

6 Plato, 391-398
7 Aristotle, 100-102, 107-109, 116-118, 120, 563-564
17 Aquinas, 440-442
26 Galileo, 197
26 Harvey, 332-334
28 Bacon, 108, 127-128, 138-139, 161
28 Descartes, 393
28 Spinoza, 629
30 Pascal, 358
32 Newton, 270-271, 281-282, 371-372
32 Huygens, 551-552
33 Locke, 308-309, 316, 323, 331-336 passim, 360-362 passim
33 Berkeley, 408, 409, 433-434 passim, 438

33 Hume, 454-455, 460
39 Kant, 195-200, 211-218, 562-563, 564, 581-582
42 Faraday, 299, 306, 503, 563, 578, 763
49 Darwin, 98
51 Tolstoy, 469-470, 693-696
53 James, William, 861-886 passim
55 Whitehead, 136-137, 186, 201-202
55 Russell, 261-262
56 Poincaré, 46-52
56 Planck, 77, 78, 84-85, 113-116
56 Whitehead, 126
56 Einstein, 198-199, 199-200, 207, 212-213, 215-216, 223-224, 239-240, 241
56 Eddington, 279-280, 283-284, 286-287
56 Bohr, 332-333
56 Heisenberg, 391, 422-428
56 Schrödinger, 471-472, 475

4e. The certitude and probability or the finality and tentativeness of scientific conclusions: the adequacy of scientific theories

6 Plato, 397-398, 447
7 Aristotle, 48, 97-99, 102-103, 121-122, 384
8 Aristotle, 339-340, 349
15 Ptolemy, 83, 429
15 Copernicus, 505-506
15 Kepler, 888-890, 929
17 Aquinas, 297-298, 458-459, 463-464
18 Aquinas, 409
21 Hobbes, 65
26 Galileo, 202-203
28 Bacon, 14-15, 47-48, 150-153
28 Descartes, 223-247 passim, 271-272, 275-278, 356-357
28 Spinoza, 620-625
29 Milton, 233-234
30 Pascal, 357-358, 365-366, 430-434
32 Newton, 543
33 Locke, 309-312 passim, 316, 332-336 passim, 360-363 passim
33 Berkeley, 424
33 Hume, 454, 487, 508-509
39 Kant, 129-130, 133-134, 218-222, 227-230, 248-250, 603
40 Mill, 277, 283-284
42 Lavoisier, 32-33
42 Faraday, 682-683, 758-759
49 Darwin, 590
53 James, William, 647-648, 655-659 passim, 863-866
54 Freud, 463, 484-485, 546, 661-662, 818-819
55 Whitehead, 146, 189, 199, 200-209, 220-223
56 Poincaré, 28-32, 39-40, 46-52, 52-60, 64-70 passim
56 Planck, 86-88, 92-94, 96-97, 99-100, 113
56 Eddington, 285
56 Bohr, 352
56 Heisenberg, 416-418
56 Dobzhansky, 575, 590
56 Waddington, 745-747

5. Scientific method

5a. The role of experience: observation and experiment

6 Plato, 386-388, 391-398
7 Aristotle, 63-64, 111, 120, 136-137, 259, 361-362, 499-500
8 Aristotle, 35, 435-436
9 Galen, 360-367
17 Aquinas, 444-446
19 Dante, 91-92
21 Hobbes, 267
23 Montaigne, 325-326, 419-420
26 Gilbert, 6-7
26 Galileo, 203-205, 207-208
26 Harvey, 267-274, 285, 286-304, 320, 322-323, 331-335, 411
28 Bacon, 43-44, 105-195
28 Descartes, 234-235, 244-245, 250, 268, 280-283, 284-291, 301-303
30 Pascal, 355-358
32 Newton, 270-271
33 Locke, 317, 360-363
33 Berkeley, 418, 433
33 Hume, 459-460, 479
39 Kant, 227, 562-563
40 Mill, 463
42 Faraday, 293, 375, 450
49 Darwin, 14-18 passim, 136-139 passim
53 James, William, 56-66, 122-127, 265-268, 341-344, 352-355 passim
54 Freud, 488, 545, 815
55 James, William, 10-11
55 Whitehead, 146, 189-191
56 Poincaré, 40-42
56 Planck, 99-100
56 Einstein, 231-232
56 Eddington, 260-261
56 Heisenberg, 397-402, 435
56 Dobzhansky, 518-519
56 Waddington, 716-718
58 Weber, 115
58 Lévi-Strauss, 503-507

5b. Techniques of exploration and discovery: the ascertainment of fact

9 Galen, 360-367
26 Galileo, 131-138, 148-149, 157-177
26 Harvey, 273, 280, 331-333, 335-336
28 Bacon, 13-14, 30-31, 56-60, 114, 116-117, 120-121, 126-129, 137-138, 140, 176-177
30 Pascal, 356-365, 382-389, 390-403 passim
32 Newton, 386-455, 457-470, 496-516
33 Locke, 281-282
39 Kant, 387
42 Lavoisier, 10-12, 17-20, 22-24, 29-33
42 Faraday, 515, 567
49 Darwin, 136-139 passim
53 James, William, 385, 677
56 Bohr, 345-348
56 Schrödinger, 470

56 Dobzhansky, 559
58 Lévi-Strauss, 406-413 passim

5c. The use of mathematics in science: calculation and measurement

6 Plato, 391-398, 453-454
7 Aristotle, 477-478, 480-481
16 Augustine, 34-36
18 Aquinas, 424-425
21 Hobbes, 58
26 Galileo, 136-137, 164-166, 178-260
28 Bacon, 46, 175-188
32 Newton, 1-372
33 Hume, 460
42 Lavoisier, 33-36, 41-44, 96-103
42 Faraday, 274-279, 352-359, 676-681, 686-701
51 Tolstoy, 469, 589-590
53 James, William, 348-359
55 Whitehead, 148-153, 161
56 Poincaré, 28-32 passim, 59-60
56 Planck, 111
56 Whitehead, 126, 128-137 passim, 158-159, 171-172, 185-186
56 Einstein, 210-211, 219-220, 221-223
56 Bohr, 305, 309-310, 314
56 Heisenberg, 395-397
58 Lévi-Strauss, 427-429, 491-510 passim

5d. Induction and deduction in the philosophy of nature and natural science

7 Aristotle, 90, 97, 99, 111, 148, 211-212, 259, 335-336, 610
8 Aristotle, 596-598, 640-645
9 Hippocrates, 1-5
17 Aquinas, 175-178
26 Galileo, 207-208
26 Harvey, 332-334
28 Bacon, 57-58, 96-97, 105-195
28 Descartes, 232-234, 239-240, 245
30 Pascal, 365-371
32 Newton, 271, 543
32 Huygens, 551-552
33 Berkeley, 434
33 Hume, 458, 479, 487
39 Kant, 195-197
40 Mill, 475
53 James, William, 674-675
55 Whitehead, 155-156
55 Russell, 261-264
56 Planck, 95
56 Einstein, 231-232

5e. The use of hypotheses and constructed models: prediction and verification

6 Plato, 242-243, 386-388, 397-398
7 Aristotle, 379, 601-602, 603-605
9 Hippocrates, 1-2
15 Ptolemy, 429
15 Copernicus, 505-506, 507-508
15 Kepler, 852-853, 888-890, 911, 929, 964
26 Gilbert, 119

26 Harvey, 285, 286–304
28 Descartes, 285–286, 289–290
32 Newton, 371–372, 543
32 Huygens, 551–553
33 Locke, 362
33 Berkeley, 433
39 Kant, 457
42 Faraday, 666–667, 685–686, 758–763 esp 758–759
49 Darwin, 239
51 Tolstoy, 694–696
53 James, William, 647–648, 863–865
54 Freud, 400–401, 483–485 passim, 502–503, 840
55 Dewey, 124
56 Poincaré, xv–xvi, 40–42, 64–70
56 Eddington, 253, 262–263, 274–276
56 Bohr, 315–316
56 Dobzhansky, 576–577, 580–581
56 Waddington, 697–698
58 Lévi-Strauss, 491–510 passim

6. **The development of the sciences**

10 Archimedes, 520, 527
15 Ptolemy, 77–83, 109–112, 223–232, 272–273
15 Copernicus, 505–509, 515, 517–520
15 Kepler, 845–850, 857–863, 907–910, 1009–1010
23 Montaigne, 316–318
28 Bacon, 14–15, 29–32, 48–49, 51–53, 116–130
28 Descartes, 265–291
32 Newton, 1–2, 266–267
32 Huygens, 552–553
36 Smith, 376–378
37 Gibbon, 148
38 Gibbon, 298–300, 325–328
42 Lavoisier, 3–4
42 Faraday, 732
43 Hegel, 228–230
53 James, William, 125–127
54 Freud, 137–139, 550–551, 880–881
55 Whitehead, 135–234 passim
56 Whitehead, 126, 130–137, 152–154, 156–159, 178–179
56 Schrödinger, 484–485, 487
56 Waddington, 724–727

6a. **The technical conditions of scientific progress: the invention of scientific instruments or apparatus**

15 Ptolemy, 24–26, 143–144, 166–167
15 Copernicus, 558–559, 586–589, 705–706
15 Kepler, 908
28 Bacon, 169–170, 176, 210–214
32 Newton, 412–423
32 Huygens, 599–600
42 Lavoisier, 87–133 passim
42 Faraday, 185–187, 224–226, 373–375, 676–681, 686–701
46 Eliot, George, 271–273, 280–281
50 Marx, 170, 187–188

55 Whitehead, 189–191
56 Bohr, 328
56 Heisenberg, 439, 449–450
56 Schrödinger, 485–486
56 Dobzhansky, 530, 554–555
58 Weber, 113–114

6b. **The place of science in society: the social conditions favorable to the advancement of science**

6 Plato, 395, 601–602
7 Aristotle, 500
21 Hobbes, 267
28 Bacon, 7, 14–15, 29–32, 54, 117
33 Hume, 497
37 Gibbon, 158–159, 669–671
38 Gibbon, 327–328 passim, 522–523
40 Mill, 274–293 passim
43 Hegel, 92–93, 110
44 Tocqueville, 242–248
53 James, William, 866
54 Freud, 581
55 Dewey, 121–122
55 Whitehead, 135–144, 220–234
56 Eddington, 295
56 Heisenberg, 391, 432–433, 449–456 passim
56 Waddington, 698–699, 735–736
57 Veblen, 161–163
58 Weber, 108–123 passim esp 114–118, 120–121

7. **The evaluation of science**

7a. **The praise of science by comparison with opinion, superstition, magic**

6 Plato, 370–373
7 Aristotle, 121–122
11 Lucretius, 15–16, 43, 58–59, 77–78
15 Copernicus, 510
15 Kepler, 847
17 Aquinas, 422–423
18 Aquinas, 382–384
21 Hobbes, 56
28 Bacon, 14–15, 110–111, 113–116, 124, 133, 199–214
28 Descartes, 284–291
30 Pascal, 380–381
33 Locke, 89
33 Hume, 453–454
37 Gibbon, 159
39 Kant, 146–149, 218–227
42 Faraday, 442
43 Hegel, 384
49 Darwin, 85
53 James, William, 865–866, 882–883
54 Freud, 873–884 passim
55 James, William, 3–4
56 Waddington, 698–699
58 Frazer, 32–33, 69–71
58 Lévi-Strauss, 486

7b. **The satirization of science and scientists: the foibles of science**

　　4 Aristophanes, 699–704
　　19 Chaucer, 455–465
　　23 Erasmus, 13–14
　　23 Montaigne, 298–302
　　31 Molière, 255–274 passim esp 256–258, 261–274
　　33 Berkeley, 409–410
　　34 Swift, 103–115, 118–119
　　45 Goethe, 4–5
　　48 Melville, 59–65, 226–227
　　51 Tolstoy, 689–690
　　53 James, William, 358–359, 866
　　55 Dewey, 123–124
　　55 Whitehead, 173–177
　　56 Planck, 82
　　58 Weber, 115–116, 229
　　59 Shaw, 42–43
　　59 Conrad, 141

7c. **The use of science for good or evil: the limitations of science**

　　55 Bergson, 85–89
　　55 Whitehead, 143
　　56 Poincaré, 47
　　56 Planck, 100–102
　　56 Hardy, 380, 383
　　56 Heisenberg, 391, 449–456
　　56 Waddington, 735–736, 745–747

交叉索引

以下是与其他章的交叉索引：

The philosophical sciences, *see* DEFINITION 6a; MATHEMATICS 1–1b; METAPHYSICS 1, 3b; PHILOSOPHY 1, 2b; PHYSICS 1–1a; THEOLOGY 3a.

Science as one of the intellectual virtues, *see* VIRTUE AND VICE 2a(2); WISDOM 2a.

The conception and spirit of science as experimental inquiry, *see* EXPERIENCE 3b; HYPOTHESIS 4a–4d; KNOWLEDGE 5c; OPINION 4a; PHYSICS 2; the discussion of particular experimental or empirical sciences, *see* ASTRONOMY AND COSMOLOGY 1; MAN 2b; MECHANICS 4–4a, 7–7e(5), 8a–8e; MEDICINE 2a; PHYSICS 2; SOUL 5b.

The relation of science to philosophy, *see* DEFINITION 6b; METAPHYSICS 3b; NATURE 4b; PHILOSOPHY 1c; PHYSICS 2, 2b; PROGRESS 6b; TRUTH 4c.

The relation of science to religion, *see* PHILOSOPHY 1a; RELIGION 6g; TRUTH 4a; the conception of sacred theology as a science, *see* THEOLOGY 4a–4d.

The comparison of science or philosophy with poetry and history, *see* HISTORY 1; PHILOSOPHY 1d; POETRY 5, 5b.

The distinction between theoretical and practical science, *see* JUDGMENT 2; KNOWLEDGE 6e(1); MIND 9a; PHILOSOPHY 2a; PRUDENCE 2a; THEOLOGY 3b, 4d; TRUTH 2c; WISDOM 1b.

The practical or moral sciences, *see* KNOWLEDGE 6e(2), 8b–8c; LOGIC 5e; PHILOSOPHY 2c; STATE 8d; WEALTH 9.

The relation of science to art, and the technological applications of scientific knowledge, *see* ART 6a, 6c; EXPERIENCE 3; KNOWLEDGE 6e(2), 8a; LABOR 1e; PHYSICS 5; PROGRESS 3c.

The nature and objects of scientific knowledge, *see* ASTRONOMY AND COSMOLOGY 1, 3a–3b; CAUSE 5a–5b; HYPOTHESIS 4a–4b; KNOWLEDGE 5c; MECHANICS 4; PHYSICS 2a–2b; PRINCIPLE 3c(1)–3c(3); TRUTH 4c; UNIVERSAL AND PARTICULAR 4f.

Scientific method, *see* ART 6b; ASTRONOMY AND COSMOLOGY 2a–2c; DEFINITION 4; EXPERIENCE 5–5c; HYPOTHESIS 4d; INDUCTION 1b; LOGIC 5b; MATHEMATICS 5–5b; MECHANICS 2–3; PHYSICS 3, 4a–4d; REASONING 4c, 5b–5b(4); RHETORIC 2c.

The effects of science on human life, *see* STATE 7b; WEALTH 3a.

Social conditions favorable to the advancement of science, *see* KNOWLEDGE 10; OPINION 5b; PROGRESS 6d–6e; TRUTH 8d.

Science as a factor distinguishing men from brutes, *see* MAN 1b.

Uncertainty, indeterminability, and other limitations of empirical science, *see* MECHANICS 8c; NECESSITY AND CONTINGENCY 3c.

The special and general theories of relativity, and the relation of time and space, *see* MECHANICS 1c(2)–1c(3), 8e; PHYSICS 6; SPACE 1c.

扩展书目

下面列出的文著没有包括在本套伟大著作丛书中，但它们与本章的大观念及主题相关。

书目分成两组：

Ⅰ. 伟大著作丛书中收入了其部分著作的作者。作者大致按年代顺序排列。

Ⅱ. 未收入伟大著作丛书的作者。我们先把作者划归为古代、近代等，在一个时代范围内再按西文字母顺序排序。

在《论题集》第二卷后面，附有扩展阅读总目，在那里可以查到这里所列著作的作者全名、完整书名、出版日期等全部信息。

I.

Thomas Aquinas. *On the Trinity of Boethius*, QQ 5-6
Hume. *Of the Rise and Progress of the Arts and Sciences*
Kant. *Metaphysical Foundations of Natural Science*
Mill, J. S. *A System of Logic*, BK III, CH I
Faraday. *Observations on the Education of the Judgment*
Nietzsche. *The Will to Power*, BK III (I)
Engels. *Herr Eugen Dühring's Revolution in Science*, PART I
Poincaré. *The Value of Science*, PART III
Veblen, T. *The Place of Science in Modern Civilization*
Planck. *The Philosophy of Physics*, CH 3
Dewey. *Freedom and Culture*, CH 6
——. *Logic, the Theory of Inquiry*, CH 19, 21, 23-24
——. *Reconstruction in Philosophy*, CH 3
Dewey and Bentley. *Knowing and the Known*
Whitehead. *Adventures of Ideas*, CH 9-10
——. *An Enquiry Concerning the Principles of Natural Knowledge*, CH 3
——. *The Organization of Thought*, CH 6-7
Russell. *The Analysis of Matter*, CH 15-26
——. *Human Knowledge, Its Scope and Limits*, PART I, III-IV, VI
——. *Religion and Science*, CH 9
——. *The Scientific Outlook*, CH 1-3, 6-11
——. *Skeptical Essays*, III
Einstein. *Sidelights on Relativity*
Bohr. *Atomic Physics and Human Knowledge*
Brecht. *The Life of Galileo*
Dobzhansky. *The Biology of Ultimate Concern*
Heisenberg. *Philosophical Problems of Quantum Physics*
Waddington. *Biology for the Modern World*
——. *The Scientific Attitude*

II.

THE ANCIENT WORLD (TO 500 A.D.)

Sextus Empiricus. *Against the Ethicists*
——. *Against the Logicians*
——. *Against the Physicists*

THE MIDDLE AGES TO THE RENAISSANCE (TO 1500)

Bacon, R. *Opus Majus*, PART VI

THE MODERN WORLD (1500 AND LATER)

Adler, M. J. *The Conditions of Philosophy*
Ampère. *Essai sur la philosophie des sciences*
Barrow and Tipler. *The Anthropic Cosmological Principle*
Bernal. *Science in History*
Bosanquet. *Science and Philosophy*, I
Bridgman. *The Logic of Modern Physics*, CH 1-2
Campanella. *The Defense of Galileo*
Campbell, N. R. *What Is Science?*
Carnap. *Philosophy and Logical Syntax*, III (5-9)
——. *The Unity of Science*
Cassirer. *Substance and Function*
Clifford. *The Common Sense of the Exact Sciences*
——. "On the Aims and Instruments of Scientific Thought," "The Philosophy of the Pure Sciences," in *Lectures and Essays*
Cohen, M. R. *Reason and Nature*, BK I, CH 3 (1-2)
Comte. *The Positive Philosophy*, INTRO
Conant. *On Understanding Science*
Cournot. *An Essay on the Foundations of Our Knowledge*
Cowley. *To the Royal Society*
Ellul. *The Technological System*
Glanvill. *Scepsis Scientifica*
Haldane, J. S. *The Sciences and Philosophy*, LECT I-XIV
Helmholtz. *Popular Lectures on Scientific Subjects*, I, VIII
Hempel. *Aspects of Scientific Explanation*
——. *Philosophy of Natural Science*
Huxley, J. S. *Science and Social Needs*
Huxley, T. H. *Method and Results*, I-II
Jaki. *The Road of Science and the Ways to God*
Jeffreys. *Scientific Inference*
Jevons. *The Principles of Science*, BK III-IV, VI
Kuhn. *The Structure of Scientific Revolutions*
Lewis, G. N. *The Anatomy of Science*, ESSAY I, VII
Mach. *The Analysis of Sensations*
Maritain. *The Degrees of Knowledge*, CH I
——. *Scholasticism and Politics*, CH 2
——. *Science and Wisdom*, in part
Mayr. *The Growth of Biological Thought*
——. *Toward a New Philosophy of Biology*
Meyerson. *De l'explication dans les sciences*
Nagel. *The Structure of Science*
Northrop. *Science and First Principles*

Oppenheimer, J. R. *Science and the Common Understanding*
Pearson. *The Grammar of Science*
Peirce, C. S. *Collected Papers,* VOL I, par 43-283
Popper. *Conjectures and Refutations*
——. *The Logic of Scientific Discovery*
——. *Objective Knowledge*
——. *Realism and the Aim of Science*
Poundstone. *Labyrinths of Reason*
Renan. *The Future of Science*
Rescher. *The Limits of Science*
Santayana. *Reason in Science,* CH 1, 11
Sarton. *The Life of Science*
——. *The Study of the History of Science*
Schopenhauer. *The World as Will and Idea,* VOL II, SUP, CH 12
Searle. *Minds, Brains, and Science*
Shelley, M. *Frankenstein*
Tennant. *Philosophy of the Sciences*
Thompson, W. R. *Science and Common Sense*
Toulmin. *The Return to Cosmology*
Trefil. *The Unexpected Vista*
Weizsäcker. *The Unity of Nature*
Whewell. *On the Philosophy of Discovery,* CH 1-18
——. *The Philosophy of the Inductive Sciences,* VOL II, BK XI, CH 8

感 觉 Sense

总 论

感觉的性质起初似乎与感觉的存在一样明显。在伟大著作传统中,可能有关于感觉在植物与动物身上存在的争论,而且可能有关于比感觉更高的官能在人类身上存在的争论。但是没有谁否认人及其他动物天生具有感觉的力量。

这种力量的范围是可以怀疑的,但不可以怀疑这样的事实,即动物和人在清醒状态下经历着各种感觉或者说通过他们的感官感知着。根据亚里士多德,睡眠只能发生在有生命物中,它们拥有感官知觉的力量。"假如有一种动物天生没有感官知觉,那么这种动物既不可能有睡眠,也不可能有清醒,因为这两种状态都是感官知觉的基本官能的两种状态。"

可感物的存在好像也未受到否定或反驳,而可感物就是引起感觉且能被感觉到的某种外部事物。纯粹可知性实在的存在,在西方思想的各个时期都成了争论的对象;而纯粹可知性实在是由非物质事物组成的世界,它们无法被感觉。可感世界有时被看作唯一的实在;与纯粹可知性存在物的实在性相比,有时它仅仅被看作表面的或者说现象。当事物未被感知时它们是否拥有可感的性质?对于这个问题,人们的看法也有不同。但是,显然除了在贝克莱和休谟那里以外,由物质事物组成的可感世界的存在几乎并未遭到否定或严肃的怀疑。

在很大程度上,上面所揭示的争论与问题在其他地方也得到了讨论。**动物**一章思考了植物的感受性。那章以及**人**、**观念**及**心灵**等章中,也思考了感觉官能与理性或者说智力的更高级官能之间的区别。结合它们与感觉及感官知觉的关系,**记忆与想象**章讨论了这两种功能。在**存在**、**形式**、**观念**章及**物质**等章中,讨论了可感物和可知的实在之间的区别。这些话题中的一些必然会在这里再次出现,尤其是当它们与本章主要问题出现关联时。本章的主要问题包括感觉的性质、感觉力量的分析,以及来自感觉的知识的特征。

正如我们已经发现的那样,关于感觉的性质问题,起初似乎不会出现任何困难。在整个传统中,很多研究者设想,物质及可感物都有感受性。动物拥有感觉器官,这些器官对物理刺激作出反应。物体或者直接作用于感觉器官,这就像在触觉和味觉的情况中一样;或者通过中间媒介施加它们的影响,而施加的方式似乎就是物体的作用和反作用,这就像在视觉、听觉和嗅觉的情况中一样。

那些在生物有机体和无生命物体之间作出区分的人,倾向于把感受性看成生命物质的一种性质。但是对于所有作出这种区分的人,并不能因此得出这样的结论:需要用物质因素以外的东西来解释感觉。恰恰相反,一些作者似乎认为,就像力学规律轻易地解释了所有可感的变化一样,物质的运动同样轻易地解释了感觉。

例如,卢克莱修认为,生命事物是由身体和灵魂构成的;而且,灵魂或者说心灵不同于身体之处仅仅在于规模、质地的优良性以及它由之组成的物质微粒的运动性上。当外部物体冲击感觉器官而导致身体和灵魂的微粒一起运动时,感觉就产生了。"当我们看白色事物时,我们的眼睛接受一种冲击;而从黑色事物中,我们则接受一个完全不同的冲击。"类似地,"声音是听得见的,因为它的物体进入了耳朵,打击了感官。响声和话声本质上是物体,因为它们带着冲力撞击了感官"。

或者就像在触觉中一样,外部物体自身打击感官,并导致了动物身上的这些物体运动,而这些运动就是感觉;或者根据卢克莱修的看法,微小的摹本或影像(像所有事物一样,它们是由原子组成的)飞离远处物体的表面,通过我们的感官的微孔进入身体,并在我们身上引起视觉、听觉或味觉。无论在哪一种情况下,感觉都属于物体的反应;而且对卢克莱修来说,想象、记忆,甚至还有思想,都是发生在心灵原子中的作为打击结果的运动,或者说,在某种程度上就是关于感觉的更进一步的物体性反应。

霍布斯写道:"感觉的原因是外部物体或者说对象,它挤压与每种感觉相应的器官。这些挤压或是直接的,就像在味觉和触觉中一样;或是间接的,就像在视觉、听觉和嗅觉中一样。这种压力通过神经和身体的其他纤维与细胞膜等中介物质,继续向内进入大脑和心脏,并在那里产生了一种抵抗力或者说反作用力,也可以说是心脏解救自身的努力。而心脏的这种努力因为是指向外部的,似乎是某种来自外部的物质。这种似是而非的表面现象或者说幻觉,就是人们所说的感觉。"

当对象在我们身上引起某些向外投射于其上的感觉时,它似乎是有色的、热的或甜的;而这些感觉是对象所产生的那些向内运动的反应或者说反作用。但霍布斯说,这些可感性质在对象上"只是数目一定的几种物质运动,而对象通过这些运动以不同方式挤压我们的器官。在我们身上被挤压的东西也只是不同方式的运动,这是因为运动只产生运动"。

上述理论把感觉还原为物体的运动,它的说服力似乎来自这样的一些事实:只有物体是可感的;感觉器官只是物体的部分;为了让感觉发生,感觉器官必须由某种物理的接触所激活。某些像笛卡尔这样的作者,承认这种理论适用于动物,但并不认为它适用于人;或者说,就人而言,他们在思想和感觉之间进行了区分。他们认为感觉及其附属的记忆与想象功能都可以还原为肉体的运动,但他们拒绝相信,没有非物质的灵魂的活动,外部的感觉印象和内部的想象能够单独产生知识。

对于动物,笛卡尔宣称,"我们根本不能把知识归属于它们,它们只有一种纯属肉体性的想象"。与此相对照,"据说我们借以认识事物的那种力量是纯粹精神性的;它和身体各部分的区分,就像血液和骨头或者手和眼的区分一样明显"。在人及动物身上,外部感官,"就其作为身体的一部分而言,……是仅仅通过被动的方式而感知的。这种感知的方式,就如同蜡从印章中接受印记一样"。幻觉或想象也是"身体的一个真正部分",而"记忆至少是肉体的,它类似于兽类的记忆,且在任何方面都与想象毫无差别"。

根据笛卡尔的看法,只有当知性或心灵"打算考察能够适用身体的东西"时,这些肉体性功能对于它才是有用的。但是假如它只处理其中没有肉体或类似肉体的物质,这些肉体官能就不能帮助它。因此对于笛卡尔来说,"心灵能够独立于大脑而行动,因为在纯粹的思想中大脑确实是不起作用的,其仅有的作用就是想象和感知"。

对于类似威廉·詹姆士那样的其他一些人,感觉和思想之间的区分,就它们与物质的关系而言,似乎是相当站不住脚的。他反对人们视感觉意识为"某种几乎没有认识能力的、人们无需过分好奇的准物质事物",而认为理性意识"恰恰是其反面,且其神秘性不可言说"。在詹姆士看来,我们只有通过经验的方式才能把意识与大脑的活动联系起来;而且我们应该承认,"目前尚未出现任何些许的关于它的解释"。不管意识或者知识可能属于哪一类,大脑确实会产生知识性意识,这是一个重新出现的秘密。正如领悟复杂体系的思想包含着这个秘密一样,只领悟感官性质的感觉也包含着该秘密。

仍有其他一些像普罗提诺和亚里士多德那样的人,他们认为意识物质的秘密并不必然与生命物质的秘密不同,因为假如存在某种与营养和生成或感觉和想象有关的某神秘事物,那么它就是同一种东西,即物质原理和非物质原理的统一体,或者说心灵和身体的统一体。

"假如灵魂是一个肉体性存在体",普罗提诺写道,"就不可能有感官知觉,不可能有精神行为,不可能有知识……假如就像人们要求我们所相信的那样,有感觉的东西是一个物质存在体,那么感觉就只能类似于一枚指环在蜡上所造成的印记。"知觉不是被动接受的印象。根据普罗提诺的看法,知觉是意识行为,"此行为由知觉出现于其中的生命物质的特征和本性所决定……在我们通过视觉所获得的任何一种知觉中,对象是在视觉所在的那个方向上被把握的……因为心灵是向外看的。这就足以证明它不曾携有并且当前也未携有任何印记,而且它不是通过自己所获得的某些标记看对象,这里所说的标记类似于指环在蜡上作出的印记。假如正当它往外看时,它已经通过自身所带的印记看对象而拥有了对象的图象,它就根本无需向外看"。

根据亚里士多德的观点,"人们首先识别了两个典型的标志,并用于区分自身内有灵魂的东西和自身内没有灵魂的东西。这就是自我运动和感觉"。他似乎用自我运动意指在植物身上所发现的诸如营养和生长这样的事物,也额外包括动物局部运动的能力。自我运动和感觉都需要灵魂和身体。他写道:"除了自我维持生命的事物,没有什么东西可以自然成长或腐败;而除了在自身内拥有灵魂的事物,没有什么东西可以自我维持生命。"因此,"除了自身内拥有灵魂的事物,同样没有什么东西能够有感觉"。但是"对感官知觉的运用并不专属于灵魂或身体"。单独的感觉"不是灵魂的属性",一个无灵魂的身体也不拥有"知觉的潜在性"。

但是,亚里士多德问道:灵魂的所有属性都是"由身体和灵魂构成的复合体的属性,还是在这些属性中有某种属性是专属于灵魂的?……假如我们考虑其中的绝大部分属性,似乎找不到这样的情况,即在离开身体时灵魂可以作出行为或被施以行为。比如说,愤怒、勇气、胃欲及通常的感觉都无法离开身体。思维似乎是最可能的例外,但是假如可以证明它是一种想象的形式,或者可以证明思维不可能离开想象,那么它也需要一个身体作为自身存在的条件"。

通过作出三种区分,阿奎那试图回答亚里士多德的问题。他把感觉和想象置于植物功能和理性思想的中间。阿奎那说,思想的力量或者说"理智的力量""并不属于肉体器官,这与看的行为属于眼睛的行为不同。这是因为理解不可能像看的行为那样通过肉体器官来实施"。

灵魂的这种"运作远远超越了肉体的本性,以至于它甚至不可能由任何肉体器官来实施"。那些处于另一极端的"灵魂的运作……是借助肉体的属性由肉体器官来实施的"。因为消化是一种自我运动,所以它既需要灵魂也需要身体。但是根据亚里士多德的看法,消化包含了"热的行为";在这种意义上,消化是一种肉体行为。在这两个极端中间,阿奎那放置了感觉和想象,它们是通过肉体器官而非肉体属性而得以实施的。

通过在自然永恒和精神永恒(即物理变化和精神变化)之间作出区分,他进一步解释了这一点。"自然永恒的产生形式在于,引起永恒的事物依据自身的自然存在,融入获得永恒的事物;这就像热融入被加热的事物。"植物活动仅仅在其所涉及的必不可少的器官中包含着自然永恒;由于它们仅仅出现于生命物质或有灵魂的物质上,因而依然是精神活动。

相反,"精神永恒的产生形式在于,引起永恒的事物依据存在的精神样式,融入获得永恒的事物;这就像热的形式融入了眼睛,而眼睛却并不因此变成有色的"。尽管某些感觉就像热和冷那样,需要一种关于感觉器官的自然永恒,然而所有感觉必然都包含一种精神永恒,它能使感觉器官实施其适当的认知行为,就像眼睛知道颜色却并不变得有颜色一样。"要不然,"阿奎那说,"假如单单自然永恒对于感觉行为就是足够的,那么所有自然物体都将可以感觉了,当它们经历变化时。"

关于感觉性质的这些不同观点似乎与关于感受能力的不同观点相对应。人们似乎并不怀疑感觉的功能在某种程度上就是领会和认识。但是对于这个问题即感觉(包括记忆和想象)是否是唯一的认识能力,本系列丛书似乎给出了各种各样的回答。

不同的答案看起来都是相互关联的。它们不仅对于身体和灵魂提出了相互冲突的观点,而且对于人和其他动物的区分也提出了相反的理论。那些认为物质运动足以解释认识和思维现象的人,倾向于把感性知觉理解为心灵的主要功能,并且认为记忆和想象以及推理或思想,都是同一种通常能力在先从外部刺激源接受印象之后所发生的运动。由于其他动物拥有感觉,并且表明它们身上的知觉拥有记忆和想象的结果,那些持这种观点的人也倾向于认为动物有思想,并认为人类仅仅在程度上有别于它们。

相反的观点认为,认识行为包含着非物质的起源或者说原因,就是说除了身体之外还有灵魂。持这种观点的人倾向于把感觉的各种功能与诸如概念、判断和推理之类的各种思想活动区分开来。他们也认为,尽管人和其他动物一样拥有感官知觉、记忆和想象,但人单独拥有更高级的能力。因此,当感觉和人身上的理性之间的区别也被设想为种类的差别时,人和野兽之间的区别可以设想为类型的区别而非程度的区别。感觉和思想之间的基本关系并未因此被否定,但是为了超越对特殊事实的领会而达到关于一般事物的知识,或者说为了从想象上升到抽象思想,一种不同的能力被肯定为必要的。

作为认识能力的感觉和理性之间的区别,有时通过其对象的差别被陈述。两者在对象上的差别,表现为特殊事实与一般事物、成为与是、物质与非物质的差别。有时,也用需要身体器官的肉体力量与专属于灵魂的精神力量之间的差别来表述它们之间的区别。有时,也用被视为直观的感觉与被视为论证的理性之间的对照来表述它们之间的区别。在这种对照中,一个是直接注视它的对象,另一个形成关于对象的概念、判断和结论;在后一种情况下,这些对象或者是由感官直接看到的,或者根本不可能被直观地领会。

上述概括的例外情况几乎与已提及的那些观点的例证在数量上是一样地多。然而,正是这种错综复杂的相互一致与相互分歧的方式,将代表这种讨论的复杂性。各式各样的感觉理论都蕴含着关于自然与人以及关于心灵与知识的不同观点,这种错综复杂的模式也将代表着这种蕴含方式的复杂性。通过首先领会某些在绝大多数观点上似乎相左的理论,然后考虑在这点或那点上似乎一致但却包含两个极端的其他理论,这种错综复杂性将稍后阐明。

在与感官活动相联系的物质和精神这个问题上,我们已经发现了霍布斯和阿奎那之间的对立。像卢克莱修一样,霍布斯不仅把所有精神现象看成物体运动的表现,而且也把思想还原为意象系列或者说意象串。意象反过来又可以还原为它们源自其中的感觉。

霍布斯写道:"正像我们先前没有感觉,我们现在也没有想象一样,同样地,我们先前在感觉中绝对没有类似物,我们现在也没有从一个想象到另一个想象的变化。"在使用了"思想"这个词来代表获得感觉的意象之后,霍布斯接着说:"除了感觉、思想以及思想系列之外,人的心灵没有其他的运动,尽管借助于言语以及方法的帮助,同样的能力可以得到某种程度的提高,以至于能将人和所有其他生物区别开来。"

人们单单通过使用语词就对想象的运用造成了这种结果。"我们通常把想象称为理解";而且根据霍布斯,想象"是人和兽类共同拥有的"。类似地,仅仅通过通名拥有一般意义这一事实,人类话语就被赋予抽象思想的外表;这是因为霍布斯否定了抽象观念。与感觉完全一样,思想和意象也是特殊的,因为"世界中除了名称以外不存在一般事物"。

贝克莱和休谟似乎与霍布斯一样认为,人没有抽象观念或者说一般概念。他们三人都认为,思想的所有运作都仅仅是原先的感觉印象的精致化。他们还一致认为,除了仅仅使用语言之外,任何特殊力量都没有把人和其他动物区分开来。

贝克莱使用"观念"这个词来代表感官印象,即"实际印在感觉器官上的观念";而且他用这个词来代表"因为关注心灵的情感与运作而被感知到的任何东西"。除了这两者之外,他还补充了第三种东西即"借助于记忆和想象而形成的观念"。这种观念"或是复合性的,或是起划分作用的,或是只代表那些最早以前述方式所感知到的观念的"。第一种和第三种东西之间的唯一区别,在于"感觉观念比想象观念更强有力、更活动、更清晰"。但是我们的感觉观念与想象观念并未包括我们能够想到的所有对象。因此,他承认我们有可能拥有一些概念;而借着这些概念,我们理解像"精神"或"灵魂"这样指称一个实体且我们又无法形成其观念的词的意义。

休谟把"心灵的所有知觉"分为"两类或者说两种,而两者的区别在于各自不同程度的力量与活泼性。力量较弱且活泼性较差的观念被称作思想或观念"。另一种他称为"印象",指的是"我们所有更活泼的知觉"。印象是所有其他观念的来源,心灵的创造性力量只是"对感官提供给我们的材料进行组合、移换、增加或减少的能力";而每一个简单观念都"复制于类似的印象"。

然而,尽管在将所有思想都还原为

基本的感官知觉以及获得性的记忆和想象这个问题上，贝克莱和休谟似乎与霍布斯是一致的，但是休谟并未试图通过物质运动来解释思想。贝克莱甚至更极端地持有不同的看法。他否认物质或物体存在；而且，他同样把感官知觉看成像思想其余部分一样，都是纯粹精神性的。灵魂被动地直接从上帝那里接受原初的印象，并且主动地形成它能够从这些印象中获得的观念。

那些在某种意义上设想人由身体与灵魂组成的人，并非全都能在涉及思想其余部分的感觉的功能问题上达成一致。比如，洛克使用"理解"来涵盖各类精神活动。精神活动始自对简单感觉观念以及简单反省观念的被动接受。这里所说的简单感觉观念是指当周围的物体确实以不同方式影响我们的感官时在我们身上所产生的印象，而简单反省观念则来自对我们自己的精神运作的意识。但是精神活动也包括通过组合简单观念来构造复杂观念，甚至包括我们借以形成抽象观念的行为；而按照洛克的看法，当我们这样做时，我们就把自己同野兽区别开来了。

所有这些活动都既需要灵魂，也需要身体。在某种程度上，一切都是对被动接受的原始感觉的再加工。在这最后一点上，洛克的观点与霍布斯、贝克莱和休谟都是一致的，尽管在抽象观念以及身灵理论方面他与他们之间存在着差别。恰恰是在与霍布斯、贝克莱和休谟一致的地方，洛克与笛卡尔之间似乎存在着分歧。

对于笛卡尔来说，思维是纯粹精神实体即理性灵魂的活动，它是人的双重本性所特有的；而人和兽类共同拥有的感觉和想象，则是纯粹肉体的功能。在人身上，灵魂或思维实体在感觉或幻觉的影响下可以形成某些关于它的观念，即那些相对于身体的观念。但是关于其他观念，例如我们所拥有的那些几何图形的观念，笛卡尔说他不能承认，它们"曾在某个时候通过感官进入我们的心灵"。他反对把"观念"这个词用来代表"意象"或者他所谓的"在肉体想象中即处于大脑某个部位中的图像"。他批评那些"从未把自己的心灵提升到感觉事物之上"的人，指责他们"除了通过想象以外不思考任何事物"；而且他们的做法导致了这样的结果，即任何东西"如果不能被想象，在他们看来似乎根本不在理智中"。

笛卡尔反对洛克与霍布斯或贝克莱一致赞同的这条基本原理，即"凡理解中的东西首先都出现于感觉中"。他提供了关于上帝的及灵魂的观念，并把它们作为明显的反例；这些观念清晰地出现于心灵中，但却并非起源于感觉或幻觉。他补充道："那些希望利用他们的想象来理解这些观念的人，就等于希望利用他们的眼睛去听声音或闻气味。"

由于在感觉能力与理解或理性能力之间作出了鲜明的区分，笛卡尔似乎和柏拉图、亚里士多德、阿奎那、斯宾诺莎以及康德站到了同一立场上。然而，对于笛卡尔，正如对于柏拉图一样，处于自身对象范围内的理智类似于处于自身对象范围内的感觉，因为每一个都能直观地把握自身的适当对象；而对于康德，正如对于亚里士多德一样，仅仅感觉自身就是一种直观的能力。根据柏拉图、笛卡尔和斯宾诺莎，我们借以领会可知对象的观念，并不获自感觉或想象。另一方面，根据亚里士多德和阿奎那，理智从关于感觉的特殊事实中抽象其所有观念或者说一般概念。

在这方面，亚里士多德和阿奎那似乎与洛克相一致，尽管这种一致必须受到如下说法的限定:为了获得抽象观念,洛克认为无需一种特殊的能力。另一方面,柏拉图、亚里士多德、阿奎那和笛卡尔似乎都一致认为,理解与其对象一样是非物质的。根据他们的看法,与离不开身体器官的感觉不同,理性思想或是一种专属于灵魂自身的活动,或是专属于灵魂的一种力量的活动。如果是后者,与视觉力量体现于眼睛中、记忆和想象力量体现于大脑中不同,这种力量并不体现于一种器官中。

詹姆士否认这一点。他主张,各种形式的意识在某种程度上都是大脑的功能。然而他也坚持认为,知觉和概念是性质根本不同的意识形式。就此而言,与上述提及的那些作者一样,詹姆士同样在思想的感性阶段和理性阶段之间作出了同样鲜明的分割。他把感觉、知觉、记忆和想象放在一边,而把概念、判断和推理放在另一边。但是对他来说,这并非力量的官能之间的划分,而仅为同一种心灵所能完成的不能功能之间的划分。

在传统的关于感觉的讨论中,问题的某些要点并未受到刚刚所考虑的那些基本问题的影响。比如,绝大多数作者都倾向于在特殊的外感觉和几种内感觉之间作出某种区分。那些特殊的外感觉是指诸如视觉、听觉、触觉和味觉之类的感觉,而内感觉就是阿奎那所列举的那些鉴别、记忆和想象,以及各种判断或者说认识的力量。然而,并非所有那些把记忆和想象视为因感官知觉而引起的活动的人,都把它们称为"内感觉"。并非所有人都认识到了一种截然不同的判断或者说认识的力量,甚至当他们认识到由动物和人所完成的且带有感性质料的一种对特殊事实的思考时。并非所有那些讨论差别和比较并对来自这些特殊感觉的印象进行检验或组合的人,都把这些功能归于亚里士多德首次称之为"鉴别"的那种特殊官能。

同一种分析的观点常常通过不同的方式确立。就像在**性质**章中所揭示的那样,亚里士多德和阿奎那在真正的可感物和通常的可感物之间所作出的区分,似乎对应于洛克所说的"第二性"的和"第一性"的质之间的区别。前一种区分是依据这样的情况:可感物的性质是如同颜色和味道那样仅仅属于单一感官,还是如同形状和运动那样可以由两种或更多的感官所感知。洛克和其他一些人把所谓的"第二性质"完全当作主观的,并认为它们仅仅出现于感觉有机体的经验中,而在可感物中并无任何实在性。但在洛克等人坚持这种观点的地方,亚里士多德却采取了相反的观点。

根据亚里士多德,当可感物未被实际看到或闻到时,它潜在地拥有颜色或味道;这就如同,当视觉或味觉没有实际地看或闻时,对于这些性质而言,它也处于一种潜在状态。但是当可感物被实际感觉时,亚里士多德说:"可感对象的现实性和感觉能力的现实性是同一个现实性。当事物被实际看到时,它就是有颜色的,尽管当它仅仅能够被如此看到时,它只是潜在地拥有颜色。"他写道:"早期的自然研究者错误地认为,没有视觉就没有白或黑,没有味觉就没有味道。他们的这个陈述,部分说来是正确的,部分说来是错误的:'感觉'和'可感对象'是模糊的术语,也就是说,它们可能或者指示潜在性,或者指示现实性。对于后者,这个陈述是真的;而对于前者,这个陈述是假的。"

同一种分析观点(它由不同作者以不同方式提出)的另外一个例子,涉及感觉与知觉之间的区分。根据罗素以及20世纪的许多其他哲学家,必须在感觉材料和物理对象之间作出鲜明的区分;后者就是感官知觉的对象,但并非任何这个或那个特殊感觉的对象。"假如物理的太阳在最近的八分钟内已经不再存在,这对我们称之为'看太阳'的感觉材料并无任何影响";而且罗素还补充说,这就证明了"区分感觉材料和物理对象的必要性"。当十个人都围绕同一张餐桌坐着时,所有人都可以感知到同一张桌子,以及这张桌子上的所有物理对象;但是,"感觉材料对于每一个单独的人来说,都只属于他自己"。

根据詹姆士,"知觉包含了感觉作为自己的一部分;而在成年人的生活中,如果知觉不同时出现,则感觉绝不会出现"。它们之间的区别在于,感觉的功能"仅仅在于亲知事实",而"知觉的功能……是形成关于事实的知识,而且这种知识允许拥有无穷程度的复杂性"。听到一种声音就是拥有一种感觉。但正如詹姆士指出的,当我们"听见一种声音,并说出'马车!'"时,知觉才会发生。

但是詹姆士并不认为,当我们这样描述知觉时,它就如同某些其他心理学家所暗示的那样,成了一种类型的推理。他承认:"假如,一个当前的标记对我们的心灵来说每次都暗示一个没有出现的实在物,我们就在作出一个推论;而且假如,我们每次都在作出一个推论,我们就在推理;那么,知觉毫无疑问是推理。这仅当人们在其中对于任何尚未意识到的部分并未发现其他可能时才是这样。"人们在知觉中并未有意识地作出任何推论;而且詹姆士认为,"把知觉称为无意识的推理,或者是一种无用的比喻,或者是一种确实给人误导的对两种不同事物的混淆"。按照他的看法,"知觉不同于感觉的地方,[仅仅]在于它对与感觉对象相关联的其他事实的意识"。对他来说,"知觉和推理是那种更深类型的方法的两个并列变种,这种方法在心理学上作为观念联想而为人所知"。

詹姆士当作感觉对象的东西,就是亚里士多德所说的为一种或多种特殊感官所感觉的性质;它或是严格意义上可感物,或是通常的可感物。詹姆士当作知觉对象的东西,亚里士多德称之为"感觉的偶然对象",因为严格说来它根本不能由某些外感觉或单独或联合地去感知。当我们把"我们看到的白色对象"称为第阿雷斯之子或一个人时,我们就拥有了偶然可感物或者说附带感知对象的一个例子,因为相对于我们用眼睛看到的"那片直接可见的白色,'成为第阿雷斯之子'是附带的"。

感觉和知觉之间的这种区分,似乎与感觉的可错性这个问题有关联。这里,同一种观点似乎又通过不同方式得以确立。比如说,亚里士多德认为,尽管在领会自身的真正对象或者说适当性质时,每种感觉通常都是不可错的,但在知觉复杂事物时,错误的发生是可能的;这种复杂事物严格说来并不是感觉的对象。他写道:"尽管'我们面前有白色事物'这个知觉不可能出错,但是'白色事物是这样那样的事物'这个知觉却可能是错误的。"普朗克指出,"当一个人碰巧被幻景所欺骗时,过错不在他所拥有的……实际出现的视觉意象,而在于他从给定的感性材料中作出错误结论的那些推论。感性印象总是一个给定的事实,因而也是无可置疑的。个人所加于其上的结论,纯属另外一种东西"。

卢克莱修同样认为,感觉自身绝不可能被欺骗,但所有被归之于感觉的错误都是错误推论或判断的结果,而这种推论或判断是理性根据感觉所提供的证据而作出的。这好像也是笛卡尔的看法;他认为,"任何直接经验都不可能在某个时候欺骗理智,假如它将自己的注意力准确地限定在呈现给它的对象上……因而,假如一个人因为猜疑而试图让自己相信他所看到的事物是黄色的，那么他的这个思想将是复合的，并且部分地由他的想象所呈现给他的东西所组成，部分地由他自己单独假定的东西所组成。他所假定的东西是：这种颜色看起来是黄色的，但这不是因为他的眼睛的毛病，而是因为他所看见的这些事物确实是黄色的。……只有当我们所相信的那些事物是我们通过某种方式复合而成的，我们才有可能弄错"。笛卡尔认为，"任何错误都不可能存在于"感觉自身中，而只存在于我们在感觉基础上"习惯去发表的关于外部事物"的那些判断中。

人们在感觉基础上所作出的最根本的判断是，外部世界存在着；也就是说，它是与我们自身结构无关的实在。笛卡尔从感觉证据出发，论证了一个物质世界的独立存在。尽管贝克莱相反地认为，除了作为知觉对象以外，物体并不存在，但是他把感觉印象当作一个外部原因即上帝的行为，并且我们似乎无法对感觉印象施加控制，而上帝则使用它们作为指导我们的记号。

洛克解释说，感性知识告诉我们"实际呈现给我们的感官的事物的存在"。我们可以直观地知道我们自己的存在，并通过论证的方式知道上帝的存在；但是，"我们只能通过感觉拥有关于任何其他事物的存在的知识"。而且尽管他补充道，"我们通过自己的感官所拥有的关于外部事物存在的信息……并不完全像我们的直观知识或理性的演绎那样地确定……然而它依然有把握配享知识的名称"。

怀特海同意洛克的看法。"并没有一个为我的感觉而存在的物的世界，以及为你的感觉而存在的另一个物的世界；只有一个世界，我们两人都存在于其中。"对于罗素来说，常识"毫不犹豫地"断言了一个独立于个体感觉印象的世界的存在。每当我们中的任何人说我们正在感知这个或那个物理对象时，我们就同时断言了那个物理对象确实存在于一个独立于我们的感官的世界中。罗素写道："对于不同的人，我们需要同一个对象……但是对于每一个个人来说，感觉材料都是私有的；当下呈现给一个人的视觉的东西，并没有当下呈现给另外一个人的视觉。"

最根本的怀疑论反对这样的观点。由于感觉使我们经受错觉和幻觉，感觉的真实性受到人们的怀疑。与此相比，最根本的怀疑论走得更远。休谟问道："通过何种论证可以证明心灵的知觉必定由外部对象引起……而且它们不能或者从心灵自身的力量或者从某种可见的或未知的精神的暗示中产生？"

他补充说："感官知觉是否由类似于它们的外部对象产生，是一个事实问题。如何裁定这个问题？就如同所有其他类似性质的问题一样，想必是通过经验来裁定。但是在这里，经验是——而且必定是——完全沉默的。除了知觉以外，心灵绝不拥有任何呈现于它的事物，因而也不可能获得任何关于它们与对象之间的联系的经验。因此，假定这样一种联系，是没有任何推理的基础的。"假如休谟的怀疑论是没有根据的，那么它就是因为没有在感觉和知觉之间作出区分而产生的。

分 类 主 题

1. 感觉的性质

   1a. 与知性的或理性的力量相区别的感觉的力量

1b. 和成为与是、特殊与一般相关联的感觉与智力

1c. 在知觉或直观和判断或推理之间的区分：先验的直观形式

1d. 作为心灵或知性的首要功能的感性知觉：感觉作为被接收的印象；感觉与反省、观念与概念以及知觉与概念之间的区分

2. 与生命的等级相关的感受性

 2a. 动物与植物在感受性上的差异

 2b. 动物界感受性的程度：几种感觉的发展顺序

 2c. 人与动物的感受性的比较

3. 感觉的力量的分析：感觉的器官及活动

 3a. 感觉的解剖学与生理学：特殊的感觉器官、神经与大脑

 3b. 外感觉与内感觉之间的区分

  (1) 外感觉的列举：它们的关系与顺序

  (2) 内感觉的列举：它们对外感觉的依赖

 3c. 外感觉的活动

  (1) 外感觉的功能：感觉的性质与起源

  (2) 感觉的属性：深度、广度、情感特性，精神物理学的法则

  (3) 感觉或感官性质的分类：真正的或通常的可感物；第一性质和第二性质

  (4) 感觉和知觉之间的区分：偶然的可感物；复杂的实体观念

  (5) 感觉与注意：预觉与统觉；统觉的先验统一性

 3d. 内感觉的活动

  (1) 通常的感觉的功能：区别、比较、联结、检验或知觉

  (2) 记忆与想象作为内部的感觉力量

  (3) 估价或认识的力量：对有害事物及有益事物的直觉的认识

 3e. 感觉与情感、意志和运动的关系：感觉欲望的概念

4. 感性知识的特点

 4a. 感性知识与其他形式的知识的比较

 4b. 感官知觉的对象：明显的特殊事实；知觉判断与经验判断

 4c. 感觉与可感物的关系：感官性质的主观性或客观性

 4d. 感性知识的限度、准确性及可靠性：感觉的可错性

  (1) 对感觉材料的错误解释：关于建立在感觉基础上的判断的问题

  (2) 感官知觉中的错误：幻觉与错觉

5. 感觉对科学知识或哲学知识的贡献

 5a. 感觉作为观念的起源与原因：记忆或回忆的作用；复杂观念的构造；普遍概念的抽象

 5b. 感觉经验作为归纳的源泉

 5c. 知性或理性为了获取关于特殊事物的知识对感觉的依赖：诉诸感觉的证实

6. 感觉在对美的知觉中的作用：相对于感觉的美的及合意的事物；可感的及可知的美

[贾可春 译]

索引

本索引相继列出本系列的卷号〔黑体〕、作者、该卷的页码。所引圣经依据詹姆士御制版，先后列出卷、章、行。缩略语 esp 提醒读者所涉参考材料中有一处或多处与本论题关系特别紧密；passim 表示所涉文著与本论题是断续而非全部相关。若所涉文著整体与本论题相关，页码就包括整体文著。关于如何使用《论题集》的一般指南请参见导论。

1. The nature of sense

1a. The power of sense as distinct from the power of understanding or reason

- **6** Plato, 224–225, 231–232, 386–388, 392–393, 534–536
- **7** Aristotle, 647–648
- **11** Plotinus, 498–499, 526–527
- **16** Augustine, 93–96, 390–391
- **17** Aquinas, 380–381, 407–409
- **18** Aquinas, 8–9
- **28** Descartes, 240–247, 324–325
- **39** Kant, 14, 23–24, 37–39, 385
- **53** James, William, 450–451, 469

1b. Sense and intellect in relation to becoming and being, particulars and universals

- **6** Plato, 126, 231–232, 383–398, 447, 457–458, 565–569
- **7** Aristotle, 98, 111, 120, 194–195, 505, 518, 559
- **8** Aristotle, 391, 397
- **11** Plotinus, 559–560, 579–580
- **16** Augustine, 63
- **17** Aquinas, 105–106, 288, 295–297, 382–383, 388–391, 461–462, 748–749
- **26** Harvey, 332–333
- **28** Descartes, 250–255 passim, 277, 305–307, 322, 362–363, 445
- **35** Rousseau, 341–342
- **44** Tocqueville, 232–234
- **53** James, William, 307–311

1c. The distinction between perception or intuition and judgment or reasoning: the transcendental forms of intuition

- **39** Kant, 23–41, 45–46, 47–48, 53–54, 58–64, 66, 112–113, 199, 282, 307–308, 461–475, 482–483, 570–572
- **53** James, William, 629–631
- **55** James, William, 48–50
- **58** Weber, 111–113

1d. Sense perception as a primary function of the mind or understanding: sensations as received impressions; the distinction between sensation and reflection, ideas and notions, percepts and concepts

- **11** Lucretius, 33, 51–52
- **21** Hobbes, 52, 258
- **33** Locke, 98–99, 121–128, 133, 134, 138–141 passim, 175, 201, 204, 205, 208, 212, 261–262, 311–312, 324
- **33** Berkeley, 413, 417–419 passim, 440–441 passim
- **33** Hume, 455–457 passim
- **39** Kant, 115
- **53** James, William, 144–145, 313–314, 452–457
- **55** James, William, 41–42
- **55** Bergson, 72–80
- **55** Whitehead, 167–170
- **55** Wittgenstein, 419–430

2. Sensitivity in relation to the grades of life

2a. The differentiation of animals from plants in terms of sensitivity

- **7** Aristotle, 640–641, 697
- **8** Aristotle, 271, 272, 281–282, 321
- **9** Galen, 347
- **11** Aurelius, 276–277
- **16** Augustine, 302–303
- **26** Harvey, 369–370
- **49** Darwin, 114–115
- **54** Freud, 429
- **56** Planck, 88–89

2b. The degrees of sensitivity in the animal kingdom: the genetic order of the several senses

- **7** Aristotle, 666, 667–668, 673–674
- **8** Aristotle, 115, 181–188 passim, 222–223, 321–324
- **11** Lucretius, 50–51
- **17** Aquinas, 106–107
- **28** Descartes, 283
- **49** Darwin, 261–262, 432–434 passim, 447–448 passim, 456, 480–482 passim, 553–554, 595–596
- **53** James, William, 27–42 passim

2c. Comparisons of human and animal sensitivity

- **7** Aristotle, 652, 653, 681–683
- **8** Aristotle, 323–324, 364–365
- **17** Aquinas, 430–431, 486–487
- **23** Montaigne, 326–327, 330–331
- **28** Bacon, 173
- **28** Descartes, 382

33 Locke, 140-141
35 Rousseau, 337-338
48 Melville, 151-152
49 Darwin, 301-302, 568-570
53 James, William, 19-42 passim
60 Kafka, 121-122

3. **The analysis of the power of sense: its organs and activities**

3a. **The anatomy and physiology of the senses: the special sense organs, nerves, brain**

6 Plato, 454-455
7 Aristotle, 651, 656-657, 658, 674-683 passim, 715-716
8 Aristotle, 25, 50, 59-62, 171, 179, 182-183, 185-188, 193-194, 212, 285
9 Hippocrates, 337-338
11 Lucretius, 33, 46
11 Plotinus, 461-462
17 Aquinas, 394-396
21 Hobbes, 49, 50-51
26 Harvey, 456-458
28 Bacon, 157
28 Descartes, 241-242, 435
32 Newton, 384-385
33 Locke, 135
48 Melville, 151-152
49 Darwin, 85-87, 259-261, 397-398
53 James, William, 8-52, 151, 497-501, 533-538 passim, 546-547, 562-563, 575-584
54 Freud, 351-352, 367, 647-648
55 Wittgenstein, 350-351, 429-430
56 Planck, 87
56 Bohr, 333
56 Schrödinger, 471-472
56 Waddington, 744-745

3b. **The distinction between the exterior and interior senses**

7 Aristotle, 136, 657-659, 660, 663-664, 697-698
11 Plotinus, 465
17 Aquinas, 411-413, 430-431, 773
21 Hobbes, 258
23 Erasmus, 40-41
26 Harvey, 457
39 Kant, 24, 26-29
54 Freud, 367, 384-385

3b(1) **Enumeration of the exterior senses: their relation and order**

7 Aristotle, 649-659, 673-689
8 Aristotle, 59-62
9 Hippocrates, 337
11 Lucretius, 24
17 Aquinas, 410-411, 486-487
18 Aquinas, 972-974
33 Locke, 128-129, 139-140
33 Berkeley, 420-421
53 James, William, 62-63, 650-651
56 Planck, 94

3b(2) **Enumeration of the interior senses: their dependence on the exterior senses**

7 Aristotle, 136, 449, 660-661, 666, 690-692
11 Plotinus, 470-471, 498-501
16 Augustine, 93-95
17 Aquinas, 411-413
21 Hobbes, 54
26 Harvey, 334
28 Spinoza, 614-616
33 Locke, 118-119, 141-145
39 Kant, 41-42, 54-55

3c. **The activity of the exterior senses**

3c(1) **The functions of the exterior senses: the nature and origin of sensations**

6 Plato, 453-454, 463-465, 518-522
7 Aristotle, 14, 149, 423, 647-648, 673-689 passim
8 Aristotle, 183, 222-223, 322-324
11 Lucretius, 26-27, 43-46, 49-52
11 Plotinus, 303-304, 462-464, 478-479, 492-499
17 Aquinas, 403-404, 410-411
18 Aquinas, 893-897
21 Hobbes, 62
26 Harvey, 456-457 passim
28 Descartes, 389, 454-455
28 Spinoza, 611-614
32 Newton, 428, 434-435, 442-443, 518-519, 522
33 Locke, 121, 127, 134-138 passim, 239, 261, 263-264, 322
33 Berkeley, 416-417, 423-424
35 Montesquieu, 102-103
39 Kant, 518
42 Lavoisier, 14
53 James, William, 98-103, 108, 149-151, 184-185, 193-194, 422, 452-457, 470-471, 472-479, 520-521, 547-627
54 Freud, 412-413, 701

3c(2) **The attributes of sensation: intensity, extensity, affective tone; the psychophysical law**

7 Aristotle, 330, 651, 652, 658, 668
8 Aristotle, 429
11 Lucretius, 20-21, 50-51
11 Plotinus, 556-557
17 Aquinas, 755-757
21 Hobbes, 62
33 Locke, 311-312
33 Berkeley, 419
33 Hume, 455
35 Montesquieu, 103
39 Kant, 69-72, 477-478
40 Mill, 450
49 Darwin, 569
53 James, William, 275-276, 319-321, 348-359, 498-501 passim; 526-527, 540-547, 552-554, 563-566, 651, 829-830
54 Freud, 403-404, 701

3c(3) The classification of sensations or sense-qualities: proper and common sensibles; primary and secondary qualities

    6 Plato, 462–463, 464–465
    7 Aristotle, 428–431, 654, 676–683
    9 Galen, 352
    11 Lucretius, 20–21, 24–26
    17 Aquinas, 410–411
    21 Hobbes, 49
    28 Descartes, 457
    32 Newton, 270–271, 428
    33 Locke, 131, 134–138, 200, 205–208, 238, 263, 315–316
    33 Berkeley, 414–416, 417–418
    33 Hume, 505
    39 Kant, 29–33
    53 James, William, 185, 502–503, 569–570, 572, 627, 650–651
    55 Wittgenstein, 429

3c(4) The distinction between sensation and perception: the accidental sensible; complex ideas of substance

    7 Aristotle, 673–674, 685
    18 Aquinas, 1032–1034
    33 Locke, 139–140
    33 Berkeley, 420–421, 442
    53 James, William, 452–453, 502–505, 526–527

3c(5) Sensation and attention: preperception and apperception; the transcendental unity of apperception

    7 Aristotle, 685–689
    19 Dante, 48–49
    39 Kant, 14–108
    48 Melville, 151
    51 Tolstoy, 605
    53 James, William, 184–185, 232–235, 262–291 esp 262–268, 295–297, 328–329, 469, 522–525, 562, 620–621
    55 Whitehead, 167–170

3d. The activity of the interior senses

3d(1) The functions of the common sense: discrimination, comparison, association, collation or perception

    7 Aristotle, 657, 658–659, 697–698
    11 Plotinus, 450, 504–505
    17 Aquinas, 467–468
    21 Hobbes, 52
    26 Harvey, 457–458
    33 Locke, 143–145
    39 Kant, 14, 51, 54–64, 528–529
    53 James, William, 313–341, 344–346, 360–399, 411–420, 506–507, 525–526, 547–552, 561–575, 584–589, 867–868
    55 Wittgenstein, 324–326

3d(2) Memory and imagination as interior powers of sense

    6 Plato, 523–524
    7 Aristotle, 499, 690–695
    8 Aristotle, 237
    11 Plotinus, 464–466
    16 Augustine, 93–95
    18 Aquinas, 8–9
    21 Hobbes, 50–52, 262
    28 Bacon, 55
    28 Descartes, 242
    28 Spinoza, 614–616
    33 Locke, 141, 142
    39 Kant, 41–42, 493
    53 James, William, 13–15, 145, 421–431 passim, 480–501 esp 497–501
    54 Freud, 352

3d(3) The estimative or cogitative power: instinctive recognition of the harmful and beneficial

    8 Aristotle, 136–138 passim
    17 Aquinas, 394–396, 429–431, 436–438
    23 Montaigne, 327
    28 Descartes, 326
    33 Locke, 104, 141, 145–146
    45 Balzac, 211, 276
    48 Melville, 144
    49 Darwin, 121, 122, 290–291, 292
    53 James, William, 708–709, 720–725 passim
    54 Freud, 607–609, 612–614, 640–641, 720–721, 737, 751–752, 845–846
    59 James, Henry, 5–7, 14

3e. The relation of sense to emotion, will, and movement: the conception of a sensitive appetite

    6 Plato, 128–129, 350–353 esp 352, 466–467, 712
    7 Aristotle, 330, 644, 704
    8 Aristotle, 235–237, 364–365, 398, 399–400
    11 Epictetus, 160–161
    11 Plotinus, 464–465, 476
    16 Augustine, 11
    17 Aquinas, 428–431, 432–433, 619–620, 690–692, 720–826 passim
    18 Aquinas, 32–34
    20 Calvin, 78–79
    21 Hobbes, 61, 62, 64
    23 Montaigne, 328–330
    25 Shakespeare, 55
    28 Spinoza, 633
    39 Kant, 259, 265, 270, 284–285, 298–300, 341–342, 385–386
    53 James, William, 13–15, 521–522, 694–699, 738–759, 767–794, 808–810, 812–813, 827–835
    54 Freud, 351–352, 363–364, 412–413, 419–420, 648
    55 Wittgenstein, 410–411

4. The character of sensitive knowledge

    6 Plato, 383–398, 517–536
    7 Aristotle, 528–529, 530, 591
    11 Plotinus, 301–304, 461–463, 492–498

16 Augustine, 732
17 Aquinas, 53–54, 80–81
28 Descartes, 241–242, 322–329
28 Spinoza, 611–614
33 Locke, 312, 313, 354–358
33 Berkeley, 440–442 passim
39 Kant, 30–31, 58–59
53 James, William, 157–168, 453–479

4a. Comparison of sensitive with other forms of knowledge

6 Plato, 383–398
7 Aristotle, 647–648
8 Aristotle, 340
11 Plotinus, 539–541, 605
16 Augustine, 19
17 Aquinas, 68–70, 453–455
26 Harvey, 332–333
28 Descartes, 309–310, 322–329, 362–363, 455–456
33 Locke, 252, 357–358
33 Berkeley, 416, 418
39 Kant, 34, 199, 542–543, 570–572
53 James, William, 144–145, 311–312, 450–451, 453–459
56 Whitehead, 126, 135–136

4b. The object of sense perception: the evident particular fact; judgments of perception and judgments of experience

6 Plato, 383–388, 517–536
7 Aristotle, 264, 397, 530, 648
8 Aristotle, 391
11 Plotinus, 498–499
16 Augustine, 28–29
17 Aquinas, 84–86, 306–307, 458–459
21 Hobbes, 49
26 Harvey, 332–333
28 Descartes, 306–307, 455–456
33 Locke, 312, 316, 354–358
39 Kant, 16–17, 108
53 James, William, 150–151, 453–457, 472–479, 569–570, 606–610, 867–868
54 Freud, 430
55 Whitehead, 167–170, 179–180
55 Russell, 243–253
55 Wittgenstein, 419–439

4c. The relation of sense and the sensible: the subjectivity or objectivity of sense-qualities

6 Plato, 517–520
7 Aristotle, 12–13, 328, 329–330, 647–648, 655–656, 657–659, 661, 664, 673–689
8 Aristotle, 429
9 Galen, 348
11 Lucretius, 24–26
18 Aquinas, 971–972
21 Hobbes, 57
28 Descartes, 388–391, 454–455, 457
33 Locke, 133–138 passim, 200, 205–208, 214, 239, 245–246
33 Berkeley, 413–431, 432–433

33 Hume, 504–506
39 Kant, 29–33, 88–89, 101–102, 115
53 James, William, 98–105, 150–151, 176–177, 459–479
55 Whitehead, 160–161, 168–169, 177–179, 203–204, 206–207
55 Russell, 243–253 passim
55 Wittgenstein, 364–373
56 Planck, 87, 94
56 Whitehead, 126
56 Bohr, 319–320, 332–333
56 Heisenberg, 400–402

4d. The limit, accuracy, and reliability of sensitive knowledge: the fallibility of the senses

6 Plato, 224–225, 386–398
7 Aristotle, 182, 530, 648–649, 680
11 Lucretius, 46–49
11 Plotinus, 367–369, 539–540
17 Aquinas, 102
23 Montaigne, 325–333
26 Harvey, 322–323
28 Bacon, 107, 109, 111, 169–173
28 Descartes, 235, 301–303, 309–310, 322–329, 432–433
28 Spinoza, 617–619, 622
29 Milton, 187
30 Pascal, 188–189
33 Locke, 206–208, 238, 245–246, 312, 355–357
33 Berkeley, 405, 415–416, 420, 429–430, 432
33 Hume, 461
39 Kant, 27–33, 337
49 Darwin, 96
53 James, William, 125–126, 400–405, 460–471, 544–545, 589–625
55 James, William, 51–52
56 Planck, 93–94

4d(1) The erroneous interpretation of sense-data: the problem of judgments based on sensation

6 Plato, 431, 538–541
7 Aristotle, 415, 528–529, 591, 680
11 Lucretius, 46–48
17 Aquinas, 102
28 Bacon, 58
28 Descartes, 244–245
33 Locke, 247–248
39 Kant, 108
41 Boswell, 13
53 James, William, 460–469, 568–570, 589–595, 617–625
55 Wittgenstein, 381, 419–430

4d(2) Error in sense perception: illusions and hallucinations

6 Plato, 520–522
7 Aristotle, 702–706
11 Lucretius, 51
13 Plutarch, 816–817
17 Aquinas, 571
21 Hobbes, 50–52, 172, 258
27 Cervantes, 56–59

28 Bacon, 213
28 Descartes, 301, 327-328
31 Molière, 128
47 Dickens, 329-331
48 Twain, 271, 281
53 James, William, 132-139, 248-249, 462-469, 475-477, 508-520, 521-522, 527-538, 601-606, 610-625, 780-785, 786-787, 842-847
54 Freud, 3, 31-38 passim, 102-106, 148-150, 337, 354-355
56 Planck, 94
59 Mann, 472-473
60 Woolf, 101
60 Lawrence, 158-160

5. **The contribution of the senses to scientific or philosophical knowledge**

6 Plato, 383-398
7 Aristotle, 108, 259, 397, 673-674
9 Hippocrates, 1-5
17 Aquinas, 447-451, 465-466, 477-478
18 Aquinas, 778-779
21 Hobbes, 60
23 Montaigne, 300-302
26 Gilbert, 6-7
26 Galileo, 131-138 passim
26 Harvey, 267-268, 322-323, 331-335, 411
28 Bacon, 16, 50-51, 57, 114, 126-128, 169-175
28 Descartes, 232-234, 250-255, 285-286, 301-302, 323-329
32 Newton, 543
33 Locke, 127, 204, 211-214, 304-305, 317, 321-323 passim, 360-362, 370-371
33 Berkeley, 424, 433
33 Hume, 458-466 passim, 477, 479, 501-502
39 Kant, 5-13, 15-16, 46, 66-67, 68-69, 86-87, 94-95, 211-218, 253, 254, 295, 312, 329-330, 331-332
40 Mill, 445-447 passim
42 Lavoisier, 1-2, 6-7
43 Hegel, 162-199
43 Nietzsche, 470
53 James, William, 647-648, 851-884
54 Freud, 400-401, 412, 815, 879
56 Poincaré, 15-21, 25-26
56 Whitehead, 126, 184-185
56 Einstein, 235-243

5a. **Sensation as the source or occasion of ideas: the role of memory or reminiscence; the construction of complex ideas; the abstraction of universal concepts**

6 Plato, 228-230, 392-393, 455
7 Aristotle, 120, 136-137, 632, 663-664, 690-691
17 Aquinas, 380-381, 416-419, 442-443, 447-449, 451-453
21 Hobbes, 52, 54, 262
26 Harvey, 332-335
28 Descartes, 277
33 Locke, 93-395 passim

33 Berkeley, 405-409 passim
33 Hume, 455-457, 471
39 Kant, 45-46, 281-282
43 Nietzsche, 470
53 James, William, 171-175, 327-331, 405-407, 480-484, 540-635
54 Freud, 442-443, 700-701
55 James, William, 35-38
55 Bergson, 72-80
55 Russell, 278-279
55 Wittgenstein, 415-416
56 Planck, 77

5b. **Sense-experience as the origin of inductions**

7 Aristotle, 64, 111, 136-137, 499-500, 631-632
8 Aristotle, 343-344, 392-393
26 Harvey, 322-323, 324
28 Bacon, 43-44, 108, 169-175
28 Descartes, 232-234, 250, 393
28 Spinoza, 621-622
33 Berkeley, 433-434
35 Rousseau, 341-342
42 Faraday, 567
53 James, William, 862-865
55 Whitehead, 154-156
55 Russell, 260-264
56 Poincaré, 15-21
56 Planck, 94-96

5c. **The dependence of understanding or reason upon sense for knowledge of particulars: verification by appeal to the senses**

7 Aristotle, 267, 361, 397, 411
8 Aristotle, 355, 426
11 Lucretius, 6-7, 48-49
16 Augustine, 317
17 Aquinas, 84-85, 175-178, 295-297, 449-451, 461-462
21 Hobbes, 249-250
23 Montaigne, 300-302
26 Harvey, 331-335
28 Bacon, 57-58, 111, 116-117, 137-195 passim
28 Descartes, 301-303, 455-456
33 Locke, 362
33 Hume, 488-489, 509
39 Kant, 85-93, 114-115, 146-149, 153, 231, 337
40 Mill, 461
41 Boswell, 129
42 Faraday, 682-683
53 James, William, 647-648, 863-865, 881
55 James, William, 42-43
56 Planck, 93-94

6. **The role of sense in the perception of beauty: the beautiful and the pleasing to sense; sensible and intelligible beauty**

6 Plato, 167, 370-373, 385-386
8 Aristotle, 429-430, 685
11 Epictetus, 227-229

1412　西方大观念 The Great Ideas

11 Plotinus, 322-327, 550-558, 652-655
16 Augustine, 705
17 Aquinas, 25-26, 737
18 Aquinas, 608-609, 1020-1023
25 Shakespeare, 594
26 Galileo, 175-176
27 Cervantes, 448
39 Kant, 476-479, 482-483, 492-495, 501-502, 506-511, 537-539
43 Hegel, 231, 281-282
45 Goethe, 152
48 Melville, 190-191
49 Darwin, 95, 301-302
53 James, William, 755-758
54 Freud, 775
58 Huizinga, 365
59 Mann, 494-496
59 Joyce, 635-636

交叉索引

以下是与其他章的交叉索引：

The distinction between sense and reason or intellect, and the distinction between the sensible and the intelligible, see BEING 7e, 8a-8b; EXPERIENCE 4a; FORM 1d-1d(3), 3a; IDEA 1b-1c, 2c-2g; KNOWLEDGE 6a(1), 6a(4); MEMORY AND IMAGINATION 1a, 5b, 6c(1), 6d; MIND 1a, 1d, 1g; UNIVERSAL AND PARTICULAR 4d.

The difference between animal and human faculties, see ANIMAL 1c(2); EVOLUTION 6b(3); MAN 1a-1c; SOUL 2c(2)-2c(3).

The intuitive character of sense perception contrasted with the discursive nature of judgment and reasoning, see INDUCTION 1a; KNOWLEDGE 6b(4), 6c(1); PRINCIPLE 2b(1); REASONING 1b.

The theory of space and time as transcendental forms of intuition, see FORM 1c; MATHEMATICS 1c; MEMORY AND IMAGINATION 6c(2); MIND 1e(1), 4d(3); SPACE 4a; TIME 6c.

The differentiation of plant, animal, and human life with respect to sensitivity, see ANIMAL 1a(1), 1b, 1c(1); LIFE AND DEATH 3a-3b; MAN 4b; SOUL 2c(1)-2c(2).

The nervous system, see ANIMAL 5g.

Memory and imagination as interior powers of sense and as dependent on the exterior senses, see MEMORY AND IMAGINATION 1a, 1c.

The estimative power, see HABIT 3b.

The pleasantness and unpleasantness of sensations, see PLEASURE AND PAIN 4b, 4e; PUNISHMENT 1a.

The variation of sense-qualities in degree or intensity, see QUALITY 3c; SAME AND OTHER 3c.

The distinction between proper and common sensibles, or between primary and secondary qualities, see QUALITY 2b.

The objectivity or subjectivity of these qualities, see QUALITY 6c.

The distinction between sensation and perception, and the problem of sensitive knowledge of substances as opposed to qualities, see BEING 8c; IDEA 2f; KNOWLEDGE 6b(1); MEMORY AND IMAGINATION 1a; MIND 1d(1); PRINCIPLE 2a(1).

The transcendental unity of apperception, see MEMORY AND IMAGINATION 6c(2); ONE AND MANY 4b.

The relation of sense to emotion and will, and the distinction between the sensitive and the rational appetite, see DESIRE 3b(1); EMOTION 1; GOOD AND EVIL 4a; MEMORY AND IMAGINATION 1d; WILL 2b(2).

The comparison of sensitive with other forms of knowledge, see KNOWLEDGE 6b(1)-6b(3).

Truth and falsity in sensation and sense perception, see MEMORY AND IMAGINATION 2e(4), 5c; PRINCIPLE 2b(1); TRUTH 3a(1)-3a(2).

The contribution of sense to thought, and the role of sense in theories of reminiscence, induction, and abstraction, see EXPERIENCE 3b, 4b; IDEA 2b, 2f-2g; INDUCTION 2; MEMORY AND IMAGINATION 3a, 3c, 6c-6d; MIND 1a(2); REASONING 1c; UNIVERSAL AND PARTICULAR 4c.

The role of sense in the perception of beauty, see BEAUTY 4-5; PLEASURE AND PAIN 4c(1).

扩展书目

下面列出的文著没有包括在本套伟大著作丛书中，但它们与本章的大观念及主题相关。

书目分成两组：

Ⅰ. 伟大著作丛书中收入了其部分著作的作者。作者大致按年代顺序排列。

Ⅱ. 未收入伟大著作丛书的作者。我们先把作者划归为古代、近代等，在一个时代范围内再按西文字母顺序排序。

在《论题集》第二卷后面，附有扩展阅读总目，在那里可以查到这里所列著作的作者全名、完整书名、出版日期等全部信息。

I.

Augustine. *Answer to Skeptics*
Thomas Aquinas. *Quaestiones Disputatae, De Anima*, A 13
Hobbes. *Concerning Body*, PART IV, CH 25, 29
Descartes. *The Principles of Philosophy*, PARTS I, II, IV
Berkeley. *An Essay Towards a New Theory of Vision*
——. *Three Dialogues Between Hylas and Philonous*
Hume. *A Treatise of Human Nature*, BK I, PART III
Voltaire. "Sensation," in *A Philosophical Dictionary*
Kant. *De Mundi Sensibilis (Inaugural Dissertation)*
Hegel. *The Phenomenology of Spirit*, I–III
James, W. *Some Problems of Philosophy*, CH 4–6
Bergson. *Matter and Memory*, CH 4
Dewey. "Appearing and Appearance," "A Naturalistic Theory of Sense Perception," "Perception and Organic Action," in *Philosophy and Civilization*
Whitehead. *Process and Reality*, PART III
Russell. *The Analysis of Matter*, CH 15–26
——. *The Analysis of Mind*, LECT 7–8
——. *Mysticism and Logic*, CH 8
——. *Our Knowledge of the External World*, III–IV

II.

THE ANCIENT WORLD (TO 500 A.D.)

Cicero. *Academics*
Epicurus. *Letter to Herodotus*
Sextus Empiricus. *Outlines of Pyrrhonism*
Theophrastus. *On the Senses*

THE MIDDLE AGES TO THE RENAISSANCE (TO 1500)

Albertus Magnus. *De Sensu et Sensato*
Bacon, R. *Opus Majus*, PART V

THE MODERN WORLD (1500 AND LATER)

Adrian. *The Basis of Sensation*
Ayer. *The Problem of Knowledge*
Bain. *The Senses and the Intellect*
Blanshard. *The Nature of Thought*, CH 1–6
Boring. *The Physical Dimensions of Consciousness*, CH 2–8
Bradley, F. H. *Appearance and Reality*, BK I, CH 1, 5
Broad. *The Mind and Its Place in Nature*, CH 4
——. *Perception, Physics, and Reality*, CH 4
——. *Scientific Thought*, PART II
Brown. *Lectures on the Philosophy of the Human Mind*, VOLS I–II, in part
Condillac. *Treatise on the Sensations*
Galton. *Inquiries into Human Faculty and Its Development*
Hamilton, W. *Lectures on Metaphysics and Logic*, VOL I (21–28)
Hartmann, E. *Philosophy of the Unconscious*
Hartshorne. *The Philosophy and Psychology of Sensation*
Helmholtz. *On the Sensation of Tone*
——. *Popular Lectures on Scientific Subjects*, VI
——. *Treatise on Physiological Optics*
Herschel. *Familiar Lectures on Scientific Subjects*, IX
John of Saint Thomas. *Cursus Philosophicus Thomisticus, Philosophia Naturalis*, PART IV, QQ 4–8
Koehler. *Gestalt Psychology*, CH 5
Koffka. *Principles of Gestalt-Psychology*
Leibniz. *Monadology*, par 10–18
——. *New Essays Concerning Human Understanding*, BK II, CH 2–9
Lotze. *Metaphysics*, BK III, CH 2
Lovejoy. *The Revolt Against Dualism*
Mach. *The Analysis of Sensations*
McTaggart. *The Nature of Existence*, CH 35
Malebranche. *Dialogues on Metaphysics*, IV–V
——. *The Search After Truth*, BK I, CH 5–9, 10 (2, 4–6), 12–15, 17–20
Merleau-Ponty. *Phenomenology of Perception*
Mill, J. *Analysis of the Phenomena of the Human Mind*, CH 1
Moore. *Philosophical Studies*, CH 2, 5, 7
Powys. *In Defence of Sensuality*
Price. *Perception*
Reid, T. *Essays on the Intellectual Powers of Man*, II
——. *An Inquiry into the Human Mind*
Schopenhauer. *The World as Will and Idea*, VOL II, SUP, CH 1–4
Smith, P. and Jones, O. R. *The Philosophy of Mind*
Whewell. *On the Philosophy of Discovery*, CH 19–21
Woodworth. *Psychological Issues*, CH 5
Wundt. *Outlines of Psychology*, (6, 8–11)
——. *Principles of Physiological Psychology*, PART I

85

记号与符号 Sign and Symbol

总 论

　　记号指示某种东西。符号代表或替代另一个东西。有时,人们之所以区分记号与符号,依赖于所要强调的是被意指的被指向的东西还是强调起到替代者作用的东西。

　　不过,"记号"与"符号"还是经常被互换使用。音乐或数学的标志法有时被称作"记号",有时被称作"符号";尽管像怀特海这样的数学家在谈及"数学的符号系统"时偏向于后一用法。语词及其他用以表达意义的惯用标志法既指示又代表某种别的东西。只是在某些特定情形下,这两种功用之一才起主导作用,如路标指明要去的方向,而纸币则替代贵金属,代表其价值。

　　记号与符号的共同之点,在整个西方思想传统中,似乎并没有什么不一致的看法。奥古斯丁认为,"记号就是这样一种东西,除了给我们的感官造成的印象之外,它还使某种别的东西作为其自身的结果进入我们的心灵"。从奥古斯丁的这个看法直到弗洛伊德对梦的象征表示、症状、病态行为的分析,一部部伟大著作均将词或符号视作某种关系中的一个项,这种关系是一种意义关系,或者如弗洛伊德所言,是一种"意义、意向和倾向"关系。传统上所讨论的基本问题涉及意义自身的性质,以及意义的各种模式,这些模式随作为记号的事物的类型及它们所指示的事物的类型的变化而变化。

　　就那些起象征作用的事物而言,首要的是区分开自然记号与约定记号。奥古斯丁率先提出了一种三分法。有些事物只是事物,完全不是记号。有些事物如"亚伯拉罕奉献的那头替代他的儿子的公羊"不仅是事物,"也是其他事物的记号"。另有一些事物,如语词,"只用作记号"。奥古斯丁补充说,语词不仅仅是记号。他写道:"每一记号也是一事物,因为不是一个事物的东西什么也不是。"

　　自然记号与约定记号之间的区分处在这种三分法之内。奥古斯丁说:"自然记号是这样一些事物,除开将它们用作记号的任何意向或愿望外,它们还引向关于别的东西的知识,比如,表明有火存在的烟。因为这种情况的出现并不是因为任何使之成为一个记号的意图。宁可说,我们是通过经验而得知下面有火的,即便看到的只有烟。由一只动物留下的足印属于这类记号。"

　　奥古斯丁似乎是在作为原因与结果相关联的事物中发现了自然记号。相反,贝克莱则倾向于用记号与所标记事物之间的关系取代因果关系。他写道:"我看见的火并不是我接近它会感到的灼痛的原因,而是对我发出警示的标志。同样,我听到的声音也不是周遭事物的某次运动或碰撞的结果,而是其记号。"

　　于是,每一自然事物或事件均会成为别的东西的记号,从而整个自然便构成了一个巨大的符号系统或语言,神借之向我们透露他的计划。亚里士多德倾向于从相反的方向将自然记号限定为这样一些事物,它们容许按照我们的知识和经验就别的事物做必然的或者或然的推论。他将一名妇女正分泌乳汁这一事实视作她新近生了一个孩子这件事的一个无误的记号;而一个人呼吸急促这一事实是他发烧这件事的一个或然的和可驳斥的记号。

无论如何,只要记号满足奥古斯丁所给出的如下标准,它们一般会被视为自然的:它们不是人们为进行指示的目的而有意设计出来的。他这样写道:"相反,约定记号则是这样一些东西,有生命的存在物相互交换它们,以便尽可能地表达他们心中的情感、他们的知觉或者他们的思想。"奥古斯丁接着说,在约定记号中词语占据着主要的位置,因为所有可以姿势或以旗帜或号角声这些非言语符号表达的东西也都可以用词语表达出来,而许多以词语轻易地表达出的思想则不那么容易以其他方式表达。

本书**语言**一章讨论了一种假说,认为存在一种由所有人共有并由完全适用于它们所命名的对象的词语所组成的言语形式。除了这种假说,还没有人提出,词语绝不是约定记号。正如亚里士多德所言:"没有什么东西天然就是一个名词或一个名称——仅当它成为一个符号时,它才是这么一种东西。"可听到的声音或可看见的标记,只有经过人类的制度或习俗,方才变成某种符号。

然而,依亚里士多德之见,并非人和其他动物用于表达其情感或欲望的所有可听见的声音都要被当成词语。"野兽发出的那些不怎么清晰的声音是有意义的,但其中没有哪一种声音构成一个名词。"一只动物用于呼唤另一只动物或者表达恐惧或愤怒的叫声也不是严格的约定记号;因为,正像奥古斯丁指出的,它们乃是本能的表达方式,因此是自然的而非约定的。它们并非出于自愿而确立下来的。

根据约定的和自然的这一古老的区分(亦即在随时间和地点的不同而不同的东西与无处不在并总保持同一的东西之间的区分)没有人会质疑为某一人群、某一文化或某一历史时期所特有的词语及其他所有非言语符号的约定性。词语乃是约定记号这一事实引出了关于它们的意义的核心问题。不同语言中的完全没有相似性的词语可以拥有同样的意义,而不同语言中的相同的声音或标记则可以意指完全不同的事物。由于构成口头的和书面的词语的声音或标记并不自然地拥有意义,那么,这样一些约定记号又是从哪里获得所拥有的意义的呢?

由亚里士多德、洛克和其他一些哲学家提出的惯常回答是:词语从人们用它们表达的观念、思想或情感中获得它们的意义。亚里士多德写道:"口头词语乃是内心经验的符号,而书面词语乃是口头词语的符号。正如所有人并不拥有同样的书写方式一样,所有人也并不拥有同样的说话声音,但是,这些声音所直接体现的内心经验则对所有人都是一样的,正如我们的经验作为其影像的那些事物是相同的一样。"

洛克说,除了可以发出清晰的声音之外,人还必须"能把这些声音作为内在观念的记号来使用,并把它们作为我们内心观念的标记确定下来,借此可让它们为他人所知"。于是,词语便被人用作"他们的观念的记号,这样使用它们并不是依据存在于特定的清晰声音与某些观念间的自然关联,因为那样的话,所有人便只能共有一种语言了;宁可说,所依据的乃是一种主动的强加,借此这样一个词语便被任意地弄成了这样一个观念的标记。这么一来,词语就被用作了观念的可感标记,而它们所代表的观念就是它们的真正的直接的意义"。

洛克继续往下探讨。不仅词语的直接意义就在于它们所代表的观念,而且在他看来,词语"不可能是别的任何东西的记号"。不过,他也考虑到了如下事实:由于人们"不愿被视作只是在谈论他们自己所想象的东西,而是也在谈论实际的事物……所以他们经常假定他们的词语也代表由事物构成的实在"。尽管如此,洛克仍然认为,"每当我们用词语代表除了我们心中的观念之外的任何东西时","模糊和混乱"便进入了词语的意义中。

但是,尽管一个词的意义可能来自它们所指示的那个观念,可因此而获得意义的这个词按人们的通常用法似乎是用作某个真实事物的名称或标志的。它指称不同于人心中的观念或概念的某种东西。洛克本人就谈到过"名称对事物的应用",而且,在他对专有名词与普通名词之区分的考察中,他想要指出的是,尽管它们在意义上是不同的(亦即它们指示的是同不同类型的观念),可二者均指称同类的实在——个体存在物。亚里士多德及其他一些著作家依据自然次序及我们就事物形成的概念区分开不同的事物,他们倾向于一并采纳关于词的意义的这两种观点。词语既指示其意义由它们表达出来的那些观念,又指示它们所命名的那些真实事物。如果我们暂且撇开这种可能性,即有些词只指示观念而另一些词则既指示观念又指示事物,那么便可提出如下两个问题:有没有只指示事物的词? 当一个词同时指示一个观念和一个事物时,被指示的这两样东西是什么关系? 也就是说,当一个词同时拥有这两类意义时,它们是如何相互关联的?

阿奎那是这样回答第二个问题的:由于"词乃是观念的记号,而观念是事物的复制品,所以词显然是通过理智的构想活动在事物的表示中起作用的"。观念可以是词所指示的直接的或最接近的对象,但是通过它们词最终指示的是真实事物,而这些事物本身又是观念的对象。按照这一理论,一个观念可以既是由一个词指示的对象又是该词借以指示我们对之拥有这种观念的事物的中介。阿奎那似乎认为,总是需要观念作为词指示事物的中介。他说:"只有当我们能够理解一个事物的时候,我们才能赋予它以名称。"因此,词不可能直接地,亦即不以观念为中介,去指示事物。

在20世纪,一种相反的关于词如何获得意义的理论被归在了维特根斯坦名下。一再有人指出他持有如下观点:为确定一个词的意义,我们必须留意"它在语言中的用法"。于是便引出这样一个问题:一个词的用法本身是否并非是由赋予该词以意义的那个观念所决定的? 而关于词如何获得其意义的传统观点所主张的正是观念赋予词以意义。

这种传统观点给记号理论造成了一系列的后果,并引出了一系列的问题。奥古斯丁的论断"每一记号也是一事物"在用到碰巧也是记号的可感事物上时和在用到只能作为记号存在的心灵事物(概念或观念)上时会有不同的意义。对这一差异的理解有助于说明口头记号与心灵记号之间的关系,它们通过这种关系进行指示或者从这种关系中获取意义。

一方面,词一开始只是无意义的标记和声音,只在人们用它们表达思想或情感时才获得意义;而另一方面,观念和影像则当即便具有意义,尽管它们生自心灵。它们可当成是自然记号,因为进行指示似乎是它们的本性。它们并未获取意义。它们甚至并不拥有意义,一如作为火的自然记号的烟具有一种虽是作为烟的本性的后果却不同于这种本性的意义。一个观念就是一种意义,就是心灵的一种意向,就是有时所称作的对所思考的对象的指称。当"火"这个词指代该词通常被用于称呼的那种自然现象时，关于火的观念就是这个词的意义；而且就像亚里士多德指出的，不同语言中的约定记号[例如，英语中的"fire"和德语中的"Feuer"]具有同样的意义，因为对于以各种不同方式说话的人来说，关于火的观念是一样的，被经验到、被思及的自然现象也是一样的。

在由伟大著作铸就的传统中，许多作者都是以不同的方式承认如下这个事实的：观念或心灵影像本身就是意义或意向，亦即被思及的事物的符号。在《克拉底鲁篇》中，苏格拉底提出，记号应该同它们所指示的事物相类似。他认为，有些约定记号在这一点上比其他约定记号要好。他暗示，所有词语在这方面都比心灵影像要差，后者依其本性就是模仿或相似于它们的对象的。

在亚里士多德看来，记忆活动需要某种记忆影像，这种影像就是关于被记住的事物的"某种类似于一种印象或图像的东西"。他争辩说，假如这种记忆影像并不是通过它与曾被经验到的某物的相似性作为那个不在场的事物的记号起作用的，那么记忆就不成其为记忆了，因为这样的话，记忆就成了执有当下在场的记忆影像本身，而不是执有它所代表的不在场的那个事物。

或许，在所有这些作者中阿奎那最为清晰地探讨了依其本性就是意义或心灵之意向的影像和观念。他将它们称作"心灵词语"，这似乎意味着，在他看来，它们像物理的可感词语一样也是记号；不过，加上"心灵的"这个限定，也道出了它们的区别。他写道："口中发出的无意义的声音不能被称作一个词语，因为外在的口头声音之所以被称作一个词语是因为这样的事实：它指示心灵中的那个内在概念。由此而得的首要结论是，心灵的内在概念被称作一个词语。"他补充道，"当心灵致力于实际地考虑它惯常知道的东西时"，心灵词语或概念足够了，因为这个时候"人是在跟自己说话"。但是，和能直接相互传达概念的天使们不同，人则需要以外在的言说为中介才能使概念为他人所知。他们必须使用可感的物理记号去交流思想。

洛克没有将观念视作心灵词语，但他确实将观念等同于了意义，并视之为记号。他说，给一个词下定义就是想让人知道"它所代表的意义或观念"。他否认一般和共相属于事物的真实存在，认为它们"只涉及记号，无论是词语还是观念。当词语用作一般观念的记号时……它们是一般的，而当观念作为许多特殊事物的代表确立下来时，它们是一致的；但是普遍性并不属于事物本身，这些事物的存在都是特殊的，即便这些词和观念在意义上是一般的"。

洛克所论及的这个基本问题在**普遍与特殊**一章中讨论。洛克的解答似乎包含着对抽象观念的肯定，这类观念在意义上是一般的或普遍的，而普通名词正是通过它们而获得了不同于专有名词的那种意义。"观念变成一般的，是通过将它们自身同时空背景以及任何别的可确定自身为某个特殊存在的观念分离开来。"在洛克看来，像"人"或"猫"这样的普遍名词是"通过被弄成一般观念的记号"而具有一般意义的。罗素认为，专有名词和普通名词在意义上的区分最好用限定摹状词和非限定摹状词来表达，例如，美国第一任总统（乔治·华盛顿）和一种家养的猫科动物（猫）。

对于"一般词语具有的是什么类型的意义？"这一问题，洛克做出了这样的回答："显然，它们并不只指示某个特殊人物，因为那样的话，它们就不成其为一般术语了，而只是专有名词；从另一方面看,它们也显然并不指示一种复多;因为若这样的话,man 和 men 就指示同样的东西了……"于是,洛克宣称:"一般词语所指示的乃是一类事物,而其中的每一个一般词语是通过作为心灵中的一个抽象观念的记号而进行指示的。"

由此似乎可以推出,像霍布斯和贝克莱这样一些否认抽象观念或一般概念存在的人就必须提供一种对普遍名词或一般名词之意义的不同解释。霍布斯写道,"世界上不存在任何除了名称之外的普遍的东西",一个名称是普遍的,仅当它"被加给许多在某种属性或别的偶性方面具有相似性的事物时,专有名称只能让心灵意识到一个事物,而共相则可以让人想到那许多事物中的任何一个"。

基于类似的理由,贝克莱也对洛克关于词语如何获取一般意义的理论发起了批判。他本人的理论是,词语成为一般的,"不是因为被弄成某个抽象的一般观念的记号,而是因为被弄成多个特殊观念的记号,它将其中的每一观念都一视同仁地呈现给心灵"。他在另一处这样说道:"一个就其自身而言是特殊的记号会由于被弄去代表所有其他同类的特殊观念而变成一般的。"他本人并未解释,我们是如何获得"同类的"这一观念的,或者一个特殊观念如何能够代表其他特殊观念所从属的类型。但是他拒绝洛克的解释,因为它涉及既一般又抽象的观念。

在贝克莱看来,导致洛克接受抽象观念的是他在企图解释一般名称的意义。贝克莱这样写道:"倘若没有言语或普遍记号这样的东西,便不会有任何关于抽象的思想。"人们不仅错误地假定"每一名称均具有或应当具有,一种准确而固定的意义,从而倾向于认为存在着某些抽象的、确定的观念,它们构成每一一般名称的真实的、直接的意义";他们还假定"一般名称正是借助于这些抽象观念才得以指示任何特殊事物"。贝克莱的结论是:"事实上,并不存在任何附加给一般名称的某种准确而确定的意义。"洛克会说一个普通名词是通过指示一个本身具有一般意义的观念而获得其一般意义的,而贝克莱则反复重申,一个一般名词是从"大量特殊观念"中获得其意义的,它一视同仁地指示所有这些观念。

词与观念的关系还在记号理论中引起了其他一些问题,这些问题在人文科学传统中具有特别的重要性。其中有一个问题在前文已提到过。这便是:是否有些词由于只指示观念而不同于其余那些指示观念并通过观念指示事物的词?这让人联想起关于这样一些词的另一个类似的问题,这些词由于只指示词而与那些作为事物的名称的词形成对照。

在《论教师》这本小册子中,奥古斯丁指出,像"名词"和"形容词"这样一些指示不同类型的词,一如像"人"和"石头"这样一些词指示不同种类的事物。此外,在"人是一个名词"这个句子中,"人"这个词指示作为被指称对象的自身;而在"人是一种动物"这个句子中,"人"这个词则指示某类生命体。因此,同一个词可以既指示自身又指示与自身不同的某种东西。

奥古斯丁注意到的这些词义差别后来在关于词的第一次加与和第二次加与的传统区分中表达了出来。一个词在第一次加与中被使用是指它被用于指示非词的事物,例如,"人"这个词指称一个人时。一个词在第二次加与中被使用是指它被应用于词不是事物,例如,当"名词"这个词被用来谈论"人"时,或者,当"人"这个词在句子"人是一个名词"中,被用来指称它自身时。

一个类似的区分是在以第一意向和以第二意向使用的词之间的区分。当"人"这个词被用于指示某类生命体时，它就是以第一意向被使用的，因为它指示一个实在，而不是一个观念。当一个词指示一个观念而不是一个事物时，它就被说成是以第二意向被使用的。例如，在"人是一个种"这个句子中，"种"这个词指示一种逻辑归类，从而是在第二意向中的；而且，"人"这个词还因为指称被命名为一个种的那个观念而是在第二意向中的。

在有些情形下，一个观念可能并不指示事物，而只指示其他观念，例如属和种这样一些逻辑观念。因此，与"人"和"石头"这些词不同，"属"和"种"这些词只能在第二意向中被使用。人这个观念被称为"心灵的第二意向"，因为其首要功能是指示有生命的事物。只是在次要的意义上它才指示作为一个能被考虑的它自身。相反，种这个观念之所以被称为"第二意向的"是因为它的唯一功能就是去指示同其他观念处于某种关系中的那些观念。

霍布斯简要地概括出了上述大部分论点。他指出，有些词"是被设想的事物的名称"，而"其他词则是想象物自身的名称，亦即是我们对物所见到、所记住的所有事物形成的那些观念或心灵影像的名称。还有其他一些词是名称的名称……像'普遍的''复数的''单数的'就是名称的名称"。阿奎那说，我们应用于特殊的种和属（如"人"和"动物"）上的名称"指示共同本性本身，而不指示这些共同本性的意向，它们是由属或种这样的术语指示的"。

意义类型方面的另一个传统区分是内在命名与外在命名之间的区分。一个名称被说成是内在命名，是指它被应用于一个事物，以便指示它的本质或者它的内在属性和特征，例如，我们称一事物为"动物"，或者是"理性的""白的"或"方的"。一个名称被说成是外在命名，是指它被应用于一个事物，仅仅是为了指示这一事物与别的事物所处的某种关系，例如，我们称阳光是"健康的"，因为它有助于造就健康的机体，或者，我们把一些动物名称，如"猪"或"狐狸"，用在人身上，因为我们认为这些人具有与这些动物的某些类似的特征。同样一个词可在不同的关联背景中既用作内在命名又用作外在命名。当把"健康的"一词用于生命体时，它意指一种内在性质，而当把它用于阳光时，它则意指一种与机体健康的因果关系；"猪"这个词在被用于那种四足哺乳动物时，指的是一类动物，而在被用于人时，则仅指同这种动物在某些特征上的类似性。

同一个词的这种双重用法例示着传统上被称作"歧义言语"或者名称的歧义使用的东西。有些著作家倾向于将歧义性等同于模糊性，依据的是，二者都涉及同一个词的意义多样性。另一些作者似乎认为一个词被模糊地使用，只是指其使用者没确定他要表达的是这个词的哪一种意义；但是他们坚持认为，一个词可以被不含模糊地歧义地使用，只要它的使用者指明他此时是在这种意义上使用的，彼时是在另一种意义上使用它的。

亚里士多德说，"当两个事物尽管拥有同一名称，而对应于这一名称的定义却各不相同时"，这两个事物就是被歧义地命名的；"而另一方面，当两个事物都拥有这个名称并且与该名称相应的定义也是共同的时，这两个事物就被说成是被无歧义地命名的"。当我们称一个人和一头猪是"动物"时，我们是在无歧义地使用这个词，因为我们在两个情形下都是在以同样的定义或意义使用它；但是，当我们称一头猪和一个人为"猪"时，我们是在歧义地使用这个词，因为我们是在以不同的意义使用它，在一种情形下是用它指示具有一头猪的本性，而在另一情形下是用它指示在某些方面像是一头猪。

亚里士多德区分开了多种类型的歧义性，前面已提到其中的两个。用"健康的"一词去描述一只动物和阳光是这样一类歧义性，在这里同一个词被用于命名一种内在特征，也被用于命名造就这一特征的一种原因；在同一类型的其他事例中，它可同时被用于命名这种本性或特征以及由之引起的结果而非导致它的原因。将一个人和一头猪都说成"猪"，表现的是歧义性的隐喻类型，在这里同一个词既被用于命名一个事物的本性，又被用于命名另一事物，这一事物具有不同的本性，只是具备某种与那一本性的相似性。

隐喻又可区分为不同的类型。有些隐喻基于两个事物在某个偶然方面的直接相似性，例如，一个人的吃相像一头猪。亚里士多德说，有些隐喻基于类比或比例关系，例如，我们称一位国王为"他的臣民的父亲"。在这里，隐喻是建立在国王与他的臣民的关系同父亲与他的子女的关系之间的类似性上的。"父亲"这个名称是隐喻地被使用的，是指它被按照这种比例关系从一个物项转用到另一个处在某种可比位置上的物项上去了。

按亚里士多德的划分，第三类隐喻就是把一个词时而在更一般的意义上使用，时而又在更特殊的意义上使用，或者，时而在更宽泛的意义上时而又在更狭窄的意义上使用它。在《尼柯马库斯伦理学》中，他举了一个与此相关的例子。他既探讨一般的正义，又探讨特殊的正义，用"正义"一词狭义地指示某种特殊的美德，广义地意指所有就其社会层面而言的美德。他写道，"正义"一词有这么一种含义，它据之指示的"不是美德的部分而是美德的全部"；"这种形式的正义乃是完整的美德，尽管不是从绝对的意义上说的，而只是就它与我们的邻人的关系而言的"。"非正义"一词也相应地在一种宽泛的意义上被使用。不过，却存在着"另一种作为宽泛意义上的非正义之一部分的非正义"。亚里士多德说："这种特殊的非正义分享第一种意义上的非正义的名称和本性，因为它的定义在同一个属之内。"亚里士多德在《修辞学》和《诗学》中也探讨了这种类型的歧义性，探讨的内容涵盖如下三种可能性：由一个属的名称转为它的一个种的名称，由一个种的名称转为它的属的名称以及由一个种的名称转为同属的另一个种的名称。

按亚里士多德本人的隐喻定义，即"隐喻就是把一个本属于另一事物的名称赋予一事物"，我们可以质疑上述类型的歧义性到底能否正当地归为隐喻性的。在由"正义"一词的时而在一般的意义上时而又在特殊的意义上的用法所例示的那类歧义性中，这一名称似乎并不在更多的意义上属于那个属而不是那个种，反之亦然。相反，当"父亲"一词被赋予一位和他的臣民处在某种关系中的国王时，这种用法是隐喻式的，因为"父亲"这个称号属于某种别的事物，亦即一个作为先辈的人。

同样的论点也可依据内在命名与外在命名做出来。当"正义"一词既被用作美德的整体（从社会的角度看的）又被用作某种特殊美德的名称时，这个词在两种情形下均为内在命名。在所有别的歧义性类型中，有歧义的词都是时而作为内在命名时而作为外在命名被使用的。例如，"猪"这个词在被用于那类动物时是一个内在命名,而在它被用于一个人以指示与这一名称所属于的那类动物的某种相似性时,它就是一个外在命名。这同样适用于将一只动物和阳光说成是"健康的"的情形。

在所有这些歧义性的情形中,同一个词的两种意义均不是完全分明的。相反,两种含义有某种共同的东西。其中的一个意义似乎是从另一个中派生出来的,一个似乎是次要的(通常是包含于外在命名中的那一个)而另一个似乎是首要的。传统上被称作的"由于机会的歧义性"(与之相对的是由于意向的歧义性)乃是这样一个极端情形,在这里,同一个词被以两种完全有别的意义去使用,没有任何共同的意义要素。例如,"钢笔"一词被用来指一支书写工具和用于关动物的一道围栏。这么一来,由于意向的歧义性(在这里一个词的不同意义拥有某种共同的东西)似乎我成了由于机会的歧义性(在这里不同的意义不拥有任何共同要素)与无歧义的用法(在这里词在每一次被使用时都具有相同的意义)之间的中介者。

在《物理学》中,亚里士多德似乎还发现了另一类歧义性。他写道:"一支钢笔、一瓶酒和一个音阶的最高音调之间没有任何可公度的东西。我们不能说其中的任何一样东西是否比另一样东西更尖……因为将'尖的'(sharp)这个术语同时用在它们上面是充满歧义的。"这种情况似乎并不是由于机会的歧义性,因为"尖的"一词在应用于这三个会影响触觉、味觉和听觉的对象时似乎拥有某种共同的意义;它和所有其他由于意向的歧义性也不同,因为"尖的"一词的这三种意义中没有哪一种似乎是首要的,其他两种意义是由它派生而来的。此外,在所有这三种意义上,"尖的"一词都是作为内在命名被使用的。

在《形而上学》中,亚里士多德也考虑像"存在"或"一"这样一些词在被应用于像实体、数量等等这样一些不同类的事物上时所具有的那种特定类型的意义。他称这些词是模糊的或歧义的,将它们同用于述说一只动物及其他要么引起健康要么作为健康的结果的东西的"健康的"一词相比较。然而,可以提出质疑说,"存在"一词引起歧义的方式是否与"健康的"引起歧义的方式相同,因为它总是含有内在命名的意义,而从不会含有外在命名的意义。用于述说不同种类事物的"存在"似乎更像用于述说不同的可感性质的"尖的"一词——具有一种在某种程度上维持不变却又在每一情形下随所应用对象的不同而表现出多样化的意义。

关于无歧义的和有歧义的记号的这些考虑,连同关于模糊性及内在的和外在的命名的探讨,一起表明了:伟大的古典著作在多大程度上、以何种方式预示了在我们时代被称作"语义学"的那种分析。本书的**语言**一章给出了进一步的证据表明如下事实:当代语义学做出的许多论点和区分在人文科学传统中都有悠久的历史。此外,正如**语言**一章所表明的,当代语义学甚至无法声称它在致力于让人们从词的暴政中解放出来或者作为一种批判工具用于戳穿形而上学的"恶性抽象"时,有什么新颖之处。霍布斯和洛克在消除某些理论系统时,通常并不是因为它们是虚假的,而毋宁是因为他们认为对这些理论的陈述包含着太多无意义的词。

在由伟大著作铸就的传统中,对词语及其意义类型的分析似乎还受到了别的一些旨趣的促动。例如,无歧义记号与有歧义记号之间的区分被考虑到,除了是想提出补救措施以保障言谈少些模糊性之外,还同关于定义与证明的逻辑问题有关联。它还被同有关人们用于上帝的名称的意义的神学问题以及人们阐释《圣经》经义的方式关联起来。

本书的**同与异**一章讨论了上帝的名称问题,依据的是存在于一个无限的存在与有限的造物之间的那种相似性。就像同与异章所表明的,阿奎那持这样的立场:上帝和造物既不在任何方面是相同的,又并非在所有方面都如此不同以至完全不可比。尽管在他看来一个无限的存在和一个有限的存在是不可公度的,可它们也还有某种相似性——并非一种无条件的同一性,而是这样一种相似性,可将之描述为一种内在多样化的同一性。

阿奎那因此主张,没有任何名称可以无歧义地应用于上帝和造物,因为"没有任何名称在同样的意义上属于造物又属于上帝"。他接着说,"名称也不能在纯粹有歧义的意义上应用于上帝和造物",因为那样的话便会推出"由造物完全不可能知道或证明任何关于上帝的事情",而这一假定是阿奎那所否定的。在完全无歧义的和纯粹有歧义的这两个极端之间,他在他称之为"比拟的"意义类型那儿找到了一个中间地带。他说,一个比拟名称的意义"不是单一的,像在无歧义的名称那儿一样;然而它也不是完全多样的,像在有歧义的名称那儿一样"。

他用"纯粹歧义性"意指的似乎就是早先一些作者所称的"由于机会的歧义性",而他用"比拟的"意指的东西似乎对应于他们所称的"由于意向的歧义性"。他写道:"无歧义的名称绝对地具有同样的意义,有歧义的名称绝对地具有多样的意义;而在比拟中,一个以一种意义使用的名称必须被放在以别的意义使用的同一个名称的定义中;例如,用于实体的'存在'被放在了用于偶然事物的'存在'的定义中;用于动物的'健康的'被放在了用于尿和医术的'健康的'的定义中。"

可是,正如我们已看到的,存在着许多类由于意向的歧义性——基于原因和结果的归属性歧义性,如"健康的"一词;涉及宽泛的和狭窄的意义的歧义性,如"正义"一词;由称一个人为"猪"所例示的那类隐喻,以及基于类比的那类隐喻,如,我们说一位国王是他的臣民的"父亲";以及最后,我们在应用于一种音调、一种味道和一种触觉上的"尖的"(sharp)一词中所发现的那种特殊类型的歧义性。

如果阿奎那将他称作"比拟的"那一种意义放在由于意向的歧义性这个一般领域中的话,我们就可以质问:上帝的各种不同名称是否全都以同一种方式是比拟的?答案似乎是否定的,因为他区分出了那些在用于述说上帝时只具有隐喻性含义的名称,如"发怒的"或"嫉妒的";而且他否认这样一些人的意见,他们说上帝只是在归属性的含义上才被称为"善的",亦即将他视作造物中的善的原因。相反,他却认为,像"善的"和"明智的"这样一些词,尤其是"存在"这个名称,在既应用于上帝又应用于造物时,要作为内在命名加以解释。

对于阿奎那而言(也像对于亚里士多德一样),这似乎就将由"sharp"一词所展示的那种意义类型而不是包含于"健康的"一词的纯粹归属性歧义性中的意义类型,弄成了"存在"的意义的模型——不管"存在"是用于述说实体和偶然事物,还是用于述说上帝和造物。这一点似乎并不会受到如下事实的影响:阿奎那称这类意义为"比拟的",而亚里士多德总是认为"存在"是歧义的。亚里士多德从未将任何类型的歧义性当成比拟的,除非是这样一种隐喻,它形成于将一个物项的名称按一种比例转给另一个处在同样或类似关系中的物项。

文字的言语和图像的或隐喻的言语之间的区分对于神学家用于阐释上帝的语言的规则似乎是头等重要的。就像本书**宗教**一章所表现的,奥古斯丁坚持认为,《圣经》语言必须在许多意义上进行读解。阿奎那将一种基本的字面含义同三种类型的精神意义区分开来。"词据以指示事物的那种意义属于第一含义,亦即历史的或字面的含义。由词所指示的事物本身据之也拥有一种意义的那种意义被称作精神含义,它基于字面含义并预先假定它的存在。"阿奎那将精神含义划分为讽喻的、道德的和比拟的这样三类。

读者若要把握各种精神意义,就必须认识到,在《圣经》中"神圣事物是借助于可感事物被隐喻地描述出来的"。在圣礼的象征表示中,物质事物用作内在的、精神性的恩典的外在的、可见的记号,同样,"在《圣经》中,精神性的真理是依托物质事物的类似性被恰当地教授的"。

于是,像阿奎那这样一个神学家便证明了隐喻不仅在《圣经》中而且在神学中都是"既必要又有益的",而在他看来,诗人使用隐喻只是为了愉悦。哲学家和科学家却经常持相反的观点——隐喻只能用在诗歌中,在解释知识时应避免使用隐喻。

亚里士多德说,在诗歌创作中,"对隐喻的驾驭乃是天才的标志",但是,他为构造科学定义和证明所制订的所有规则都要求避免隐喻和其他形式的歧义性。所以,霍布斯也猛烈抨击隐喻和修辞手法,指出导致科学中的谬误的主要原因之一是"使用隐喻、转义和其他修辞手法,而不使用正规的词句。因为,尽管在日常谈话中说'这条路到哪哪哪儿''常言说这个那个'(而路是不能到哪儿去的,常言也不会开口说话)是可以的,但是,在推想和寻求真理的过程中,这样说就是不容许的了"。

达尔文期待着这一天的到来:"那时,博物学家们所使用的姻系关系、家属关系、形态学、类群、适应习性、退化的和发育不全的器官等这样一些术语,将不再是隐喻式的,而是意义清楚的。"相反,弗洛伊德则意识到象征表示普遍存在于人的所有工作中,不管是处在正常状态还是神经错乱状态,不管是梦还是醒。于是,他似乎甘于接受科学话语中不可避免的隐喻表达。他写道,我们在描画某些心理过程时所遇到的困难"源自我们不得不使用科学的术语,亦即为心理学所特有的隐喻表达,去实施操作……否则的话,我们就无法描述相应的过程,甚至事实上无法注意到它们。如果我们可以用生理学或化学的术语取代心理学术语,我们的描述带有的缺陷就会消失。当然,这样一些术语也是一种隐喻式的语言,只不过我们熟悉它们的时间更久一些,或许也更简单一些"。

分 类 主 题

1. 记号理论
   1a. 自然记号与约定记号的区分
   1b. 心灵的意向:作为自然记号的观念和影像
   1c. 符号化地起作用的自然物:自然之书

    1d. 人类语言的约定标记法：人对词语的需求

    1e. 非词语符号的发明和使用：钱币、头衔、图章、仪式、礼节

    1f. 自然记号在约定记号中作为意义的来源：被视作词语指示事物借助的中介

2. 意义的类型

    2a. 词语的第一次加与和第二次加与：指示事物的名称和指示名称的名称

    2b. 名称的第一意向和第二意向：指示事物的词语和指示观念的词语

    2c. 内在命名和外在命名：依据事物本性的命名和参照关系的命名

    2d. 专有名称和普通名称

    2e. 抽象名称和具体名称

3. 人类话语中的意义类型

    3a. 字面模糊性：意义的不确定性或多样性

    3b. 非歧义言语与歧义性言语的区分

    3c. 歧义性的类型

        (1) 同一个词的字面用法与比喻用法：由类比或比例以及其他相似性而来的隐喻

        (2) 同一个词的一般性用法与特指性用法：词的宽泛意义与狭义意义

        (3) 同一个词用于指示一种特征及其原因或结果

    3d. 述说不同类事物的名称的意义：作为无歧义名称与有歧义名称之中介的比拟名称

4. 意义在科学、哲学和诗歌中的确定

    4a. 无歧义意义与定义的关系

    4b. 证明对无歧义术语的依赖：由于歧义性的形式谬误

    4c. 语义分析的性质与用途：模糊性的校正；意义的澄清与准确化

    4d. 符号、隐喻和神话在科学、哲学与诗歌中的运用

    4e. 记号在推理中的运用：必然的记号与或然的记号；数学符号的使用；医学中对症状的解释

5. 神学和宗教中的象征表示

    5a. 作为神性之记号的自然物

    5b. 超自然记号：预兆、不祥之兆、天祸、梦、奇迹

    5c. 圣礼及仪式行为的象征表示

    5d. 神学中的影像及数学的象征表示

    5e. 上帝的诸名称：用于指示神性的词的用法

6. 精神分析中的象征表示

    6a. 梦的象征表示：梦的隐含内容与显现内容

    6b. 貌似正常的行为的象征表示：遗忘、口误、错误

    6c. 焦虑、迷狂及其他神经症的象征表示

[李国山 译]

索引

本索引相继列出本系列的卷号〔黑体〕、作者、该卷的页码。所引圣经依据詹姆士御制版，先后列出卷、章、行。缩略语 esp 提醒读者所涉参考材料中有一处或多处与本论题关系特别紧密；passim 表示所涉文著与本论题是断续而非全部相关。若所涉文著整体与本论题相关，页码就包括整体文著。关于如何使用《论题集》的一般指南请参见导论。

1. The theory of signs

1a. The distinction between natural and conventional signs

  5 Herodotus, 49
  6 Plato, 85–114
  7 Aristotle, 25
  10 Nicomachus, 620
  16 Augustine, 704–705, 717–718
  18 Aquinas, 849–850
  28 Descartes, 283–284
  35 Rousseau, 341
  58 Lévi-Strauss, 444–446

1b. The intentions of the mind: ideas and images as natural signs

  7 Aristotle, 664, 691–692
  16 Augustine, 707–708
  17 Aquinas, 62–63, 75–77, 185–187, 197–199, 549–550
  18 Aquinas, 215–216
  28 Descartes, 307–315 passim, 356, 358
  28 Spinoza, 607, 608
  33 Locke, 238, 244, 245–246, 312, 295
  33 Berkeley, 415–416, 420–421, 425–426
  53 James, William, 161–176, 478, 502–503, 553–558, 606–610, 620–621
  55 Wittgenstein, 331

1c. The things of nature functioning symbolically: the book of nature

  4 Aeschylus, 45–46
  7 Aristotle, 92–93
  15 Kepler, 853–856
  17 Aquinas, 298–299
  18 Aquinas, 778–779, 848
  24 Shakespeare, 103–104, 450, 468–469
  25 Shakespeare, 249
  30 Pascal, 203–204
  33 Berkeley, 434, 442–444 passim
  43 Hegel, 213, 266, 279–281
  45 Goethe, 63–64
  48 Melville, 1–2, 72–76, 83–84, 86–89, 126–127, 146–147, 205–206
  59 Cather, 444
  59 Joyce, 611–612, 642–643

1d. The conventional notations of human language: man's need for words

Old Testament: *Genesis,* 11:1–9
  5 Herodotus, 171
  6 Plato, 138–139, 612–613
  11 Lucretius, 71–72
  14 Tacitus, 103
  16 Augustine, 96, 152, 358, 717–718, 730–731
  17 Aquinas, 549–550
  21 Hobbes, 54–56
  28 Bacon, 62–63
  28 Descartes, 283–284
  33 Locke, 174–175, 201–202, 251–253, 265–266, 280–283, 298
  33 Berkeley, 436–437
  34 Swift, 111
  35 Rousseau, 339–342
  43 Hegel, 229
  44 Tocqueville, 255–258
  49 Darwin, 298–299
  53 James, William, 683–685
  54 Freud, 516
  55 Wittgenstein, 317–321
  58 Lévi-Strauss, 443–446
  60 Orwell, 484–485

1e. The invention and use of nonverbal symbols: money, titles, seals, ceremonies, courtesies

  3 Homer, 14–15, 230–233
  4 Aeschylus, 30–33
  4 Euripides, 546–547
  5 Herodotus, 146–147, 264, 306
  8 Aristotle, 380–381, 601–602
  11 Plotinus, 554
  16 Augustine, 731
  17 Aquinas, 615–617
  18 Aquinas, 858–859
  20 Calvin, 364
  21 Hobbes, 73–75
  22 Rabelais, 11–14, 101–106
  23 Montaigne, 255–257
  24 Shakespeare, 394, 417–418, 420–421, 494, 554
  25 Shakespeare, 508–509
  31 Molière, 216–219
  33 Locke, 35–36
  35 Montesquieu, 174–175
  36 Smith, 11–14

37 Gibbon, 154-155, 240-244
38 Gibbon, 75, 317-319
40 Mill, 462
43 Hegel, 29-30, 62, 126-127, 128
44 Tocqueville, 379
50 Marx, 40-45, 58-60
51 Tolstoy, 232-233
52 Dostoevsky, 179
54 Freud, 4, 815
57 Veblen, 20-21, 25
58 Huizinga, 251, 259-261, 293-294, 342, 360
58 Lévi-Strauss, 464-473
60 Orwell, 486-487, 491, 507-508, 514-515

1f. **Natural signs as the source of meaning in conventional signs: thought as the medium through which words signify things**

6 Plato, 104-114, 809-810
7 Aristotle, 674
16 Augustine, 718
17 Aquinas, 65-66, 153-154, 453-455
18 Aquinas, 215-216
33 Locke, 253-254, 257-258, 266-267
33 Berkeley, 410
53 James, William, 18
55 Wittgenstein, 317-410 esp 345-346, 364, 386, 413-415, 430-435
56 Planck, 112

2. **The modes of signification**

2a. **The first and second imposition of words: names signifying things and names signifying names**

21 Hobbes, 57, 270
55 Wittgenstein, 319-321

2b. **The first and second intention of names: words signifying things and words signifying ideas**

17 Aquinas, 163-164, 170-171, 453-455
21 Hobbes, 57-58
33 Locke, 252-254 passim, 257, 273, 282, 305
42 Lavoisier, 4
53 James, William, 127-128

2c. **Intrinsic and extrinsic denominations: the naming of things according to their natures or by reference to their relations**

Old Testament: *Genesis*, 2:19-20
6 Plato, 85-114
7 Aristotle, 149, 150-151
17 Aquinas, 63-65, 68-71, 162-163, 188-189
33 Locke, 214-217, 252, 268-283 passim
33 Berkeley, 409
52 Ibsen, 492
55 James, William, 11
55 Wittgenstein, 323, 326-328, 330
58 Lévi-Strauss, 427

2d. **Proper and common names**

7 Aristotle, 246, 560

17 Aquinas, 73-74, 181-183, 185-188, 555-558
19 Chaucer, 449-450
21 Hobbes, 55
33 Locke, 145, 254-256, 257
33 Berkeley, 407-408
35 Rousseau, 341-342
53 James, William, 310-311, 447-448
55 Wittgenstein, 323-325, 327-328, 336

2e. **Abstract and concrete names**

7 Aristotle, 66
17 Aquinas, 16, 71-72, 178-179, 205-209
21 Hobbes, 57
53 James, William, 304-308, 689
54 Freud, 516
55 James, William, 44-46, 48-50
55 Wittgenstein, 331-332

3. **The patterns of meaning in human discourse**

3a. **Verbal ambiguity: indefiniteness or multiplicity of meaning**

4 Aristophanes, 689-691, 784-785, 814
5 Herodotus, 11, 21-22
6 Plato, 65-84, 132-133, 138-141, 297-300, 478, 609-610
7 Aristotle, 149-152, 154-155, 215, 217, 251, 510, 525, 567, 658
8 Aristotle, 172-174, 456-457, 657-658
18 Aquinas, 848-849
23 Montaigne, 294, 560-562
24 Shakespeare, 205, 230, 297-298, 328
28 Bacon, 60, 109-110, 112-113
28 Descartes, 434
28 Spinoza, 624-625
33 Locke, 155, 234-236, 276, 282-283, 285-291, 292-293, 300-301, 348
33 Hume, 470-471, 478
35 Montesquieu, 89
39 Kant, 113
40 Federalist, 120
44 Tocqueville, 257-258
53 James, William, 549-550
54 Freud, 277-278, 540
55 Wittgenstein, 317-440 passim esp 360-362, 407-410
56 Heisenberg, 442-443
56 Dobzhansky, 674
60 Beckett, 550-551

3b. **The distinction between univocal and equivocal speech**

7 Aristotle, 5, 202, 589
17 Aquinas, 66-67, 72-73, 165-167
33 Locke, 288-289, 343-344
39 Kant, 400
53 James, William, 875-876
55 Wittgenstein, 411-412

3c. **The types of equivocation**

3c(1) **The same word used literally and figura-**

tively: metaphors derived from analogies or proportions and from other kinds of similitude

   7 Aristotle, 192–193
   8 Aristotle, 655, 657, 662–666, 693
  16 Augustine, 42–43, 513–514, 722, 742–758
  17 Aquinas, 63–64, 67–68, 185–187, 349–350
  18 Aquinas, 756–757
  21 Hobbes, 176–177, 193–195
  23 Montaigne, 463–465
  26 Harvey, 267
  28 Bacon, 65
  33 Locke, 252
  33 Berkeley, 441
  37 Gibbon, 775
  39 Kant, 547–548
  53 James, William, 380–381
  56 Eddington, 264

3c(2) **The same word used with varying degrees of generality and specificity: the broad and narrow meaning of a word**

   8 Aristotle, 376–378
  16 Augustine, 754–756
  17 Aquinas, 154–155, 358–359
  18 Aquinas, 1–2, 650–651
  36 Smith, 139
  40 Mill, 447
  44 Tocqueville, 257–258
  54 Freud, 509
  56 Dobzhansky, 523

3c(3) **The same word used to signify an attribute and its cause or effect**

   7 Aristotle, 149, 522, 589
  17 Aquinas, 67–68, 72–73, 98, 713–714
  18 Aquinas, 847–848

3d. **The significance of names predicated of heterogeneous things: the analogical as intermediate between the univocal and the equivocal**

   7 Aristotle, 25–26, 149–152 passim, 260–262, 522, 536–538, 550–551, 578–579, 580, 599–601
   8 Aristotle, 341
  17 Aquinas, 22–23, 66–68
  18 Aquinas, 54–55
  33 Locke, 152
  39 Kant, 181–182
  55 James, William, 53–54

4. **The determination of meaning in science, philosophy, and poetry**

4a. **The relation between univocal meaning and definition**

   6 Plato, 552
   7 Aristotle, 7, 192–193, 202–203, 215
   8 Aristotle, 165–167
  17 Aquinas, 62–63

  21 Hobbes, 56
  30 Pascal, 430–434
  33 Locke, 302
  49 Darwin, 247

4b. **The dependence of demonstration on univocal terms: formal fallacies due to equivocation**

   7 Aristotle, 105–106, 228–229, 525
   8 Aristotle, 650
  11 Epictetus, 106–107
  17 Aquinas, 66–67
  33 Locke, 297–298, 301–306 passim
  33 Hume, 478

4c. **The nature and utility of semantic analysis: the rectification of ambiguity; the clarification and precision of meanings**

   6 Plato, 52–57, 68, 107–114
   7 Aristotle, 11–12, 15, 149–152, 154–155, 184–185, 243–247, 371–372, 533–547, 574–575
   8 Aristotle, 376
   9 Galen, 347
  11 Epictetus, 115–116
  16 Augustine, 739–758
  17 Aquinas, 153–237 passim
  21 Hobbes, 54–60, 269–272
  30 Pascal, 1–14, 430–434
  33 Locke, 267–268, 288–289, 300–306 passim
  33 Hume, 484
  35 Rousseau, 419
  39 Kant, 546–547
  40 Mill, 465–469 passim
  41 Boswell, 81–82
  42 Lavoisier, 4–5
  53 James, William, 121–122
  56 Heisenberg, 443–447, 454–455

4d. **The use of symbols, metaphors, and myths in science, philosophy, and poetry**

   6 Plato, 44–45, 124–129, 157–159, 246–250, 292–294, 437–441, 444–446, 478, 542–544, 565, 586–589
   8 Aristotle, 655–656, 662–666
  17 Aquinas, 8–9, 71–72, 349–351
  26 Harvey, 336–337
  42 Faraday, 666–667
  49 Darwin, 40, 242
  54 Freud, 510 passim, 566–567
  55 Bergson, 72, 75–78, 84–89
  56 Planck, 103–104
  56 Eddington, 257–259, 263–264, 264–270, 276
  56 Bohr, 346–347
  58 Huizinga, 290–293, 333–334, 379–380, 385–386
  58 Lévi-Strauss, 468–469
  59 Mann, 497–498
  59 Joyce, 656–659 passim
  60 Woolf, 63–72 passim
  60 Eliot, T. S., 168–176

4e. The use of signs in reasoning: necessary and probable signs; the use of mathematical symbols; the interpretation of symptoms in medicine

- 7 Aristotle, 92–93
- 8 Aristotle, 596–597, 652–653
- 9 Hippocrates, 39–53, 78–83, 96–97, 102, 197–198, 227, 232–233, 256–263 passim, 274, 276–279 passim, 284–302 passim
- 21 Hobbes, 53
- 23 Montaigne, 414–415, 575–576
- 28 Bacon, 49–50, 77–78
- 34 Swift, 112–113, 114
- 54 Freud, 31, 38–40, 54–55, 60–62 passim, 87–90, 550–557 esp 556, 593, 605–607 passim
- 55 Whitehead, 147–150
- 56 Poincaré, 6–8 passim
- 56 Whitehead, 126–127, 137–141, 143–146

5. Symbolism in theology and religion

5a. Natural things as signs of divinity

Old Testament: *Genesis,* 9:8–17 / *Job,* 37–41 / *Psalms,* 8; 19:1–4
Apocrypha: *Wisdom of Solomon,* 13:1–5 / *Ecclesiasticus,* 42:15–43:33
New Testament: *Romans,* 1:18–20
- 11 Lucretius, 22–23, 60
- 11 Epictetus, 115–117, 167
- 15 Kepler, 853–854, 1049–1050, 1080–1085 passim
- 16 Augustine, 388–392, 500
- 17 Aquinas, 14–15, 52–53, 256–257, 339–340, 528–529
- 18 Aquinas, 778–779, 1032–1034
- 19 Dante, 126
- 21 Hobbes, 78–79, 81
- 23 Montaigne, 252–253
- 26 Harvey, 490–494
- 28 Bacon, 2–4, 38, 41
- 29 Milton, 234–235
- 30 Pascal, 301–317
- 33 Berkeley, 418–419, 442–444 passim
- 39 Kant, 187–190
- 43 Hegel, 240, 248–249, 265–269, 281–282, 284–287
- 45 Goethe, 41–42
- 58 Huizinga, 307

5b. Supernatural signs: omens, portents, visitations, dreams, miracles

Old Testament: *Genesis,* 4:1–16; 28:10–22; 37:1–11; 40–41 / *Exodus,* 3:1–4:9; 7–17 passim / *Numbers,* 9:15–23; 11–12; 16–17; 20:1–13; 22 / *Deuteronomy,* 4:9–14,32–39; 6:20–25; 13:1–5; 28:1–29:9 / *Joshua,* 3–4; 5:13–6:20 / *Judges,* 6:11–24,36–40; 13 / *Samuel,* 10:1–16; 12:12–20 / *I Kings,* 13:4–6; 17; 18:16–39 / *II Kings,* 1–6 passim; 13:20–21; 20:1–11 / *Job,* 4:13–21 / *Psalms,*

105 / *Isaiah,* 6; 7:10–16; 38:1–8 / *Ezekiel* passim, / *Daniel,* 2–12 passim / *Hosea,* 1–3 / *Amos,* 7–8 / *Jonah* / *Zechariah,* 1–6
Apocrypha: *Rest of Esther,* 10–11 / *Bel and Dragon,* 30–42 / *II Maccabees,* 15:11–17
New Testament: *Matthew* passim / *Mark* passim / *Luke* passim / *John* passim / *Acts* passim / *Revelation*
- 3 Homer, 1–3, 13–14, 18–19, 142–143, 318–319, 348–350, 504–505
- 4 Aeschylus, 45–46, 55, 82
- 4 Sophocles, 154–156, 170–171, 200–201
- 4 Euripides, 585–586, 602–603
- 5 Herodotus, 8, 12, 18, 60–61, 79, 95, 116, 135, 150, 155, 190, 200–201, 204, 238–239, 266, 267, 270–271, 283, 313–314
- 6 Plato, 467
- 7 Aristotle, 707–709
- 11 Lucretius, 73–74, 77–78, 81
- 11 Epictetus, 116–117
- 12 Virgil, 103–105, 115–116, 121, 179–180, 217–218, 229
- 13 Plutarch, 82, 198, 239–240, 268, 371–372, 568, 698–699, 818, 822
- 14 Tacitus, 79, 124, 168–169, 212–213, 228, 235, 293–294
- 16 Augustine, 353–354, 357–358, 359–362, 666–675
- 17 Aquinas, 538, 544, 567–568
- 19 Dante, 55–56
- 20 Calvin, 24, 37–39, 50, 82, 297–298
- 21 Hobbes, 51–52, 80, 81–82, 165–167, 177, 183–187, 188–191
- 24 Shakespeare, 572–573
- 25 Shakespeare, 30–31, 482
- 27 Cervantes, 447
- 28 Bacon, 54, 55, 202–203
- 29 Milton, 303–307
- 30 Pascal, 328–341 passim
- 33 Locke, 388
- 33 Berkeley, 425
- 33 Hume, 491–497
- 37 Gibbon, 180, 189–190, 206, 294–296, 445–446, 465–467, 605
- 38 Gibbon, 232, 398–399
- 41 Boswell, 126
- 45 Goethe, 1–3
- 48 Twain, 270, 288–289, 291–292
- 54 Freud, 138, 477
- 55 Barth, 476–477
- 56 Planck, 109–110
- 58 Frazer, 8–30, 32–40, 64–69
- 58 Huizinga, 314
- 59 Shaw, 39–42, 67–68, 73, 79–80, 97–98, 122–129

5c. The symbolism of the sacraments and of sacramental or ritualistic acts

Old Testament: *Genesis,* 17:9–14 / *Exodus,* 12:1–13:16; 24:5–8; 31:13–17 / *Leviticus* passim / *Numbers,* 15:37–41; 16:37–40 /

Deuteronomy, 6:5-9; 16:1-17 / *Joshua,* 4:1-9 / *Esther,* 9:20-32
Apocrypha: *II Maccabees,* 1:18-22
New Testament: *Matthew,* 26:26-28 / *John,* 3:3-7; 6:30-59 / *I Corinthians,* 10:16-17; 11:23-27
16 Augustine, 351-353, 362, 649, 654-655, 776
18 Aquinas, 265-304, 847-884
20 Calvin, 198-199, 298, 309, 331-334, 345, 354, 360-361, 416-417
21 Hobbes, 180, 206-207, 211-212, 249-250
30 Pascal, 71-80, 128-137, 343
31 Molière, 216-219
33 Hume, 468
38 Gibbon, 334
43 Hegel, 352-353, 358-359
51 Tolstoy, 198-203, 248-249
55 James, William, 18-19
55 Barth, 483, 527-529
57 Veblen, 137-138, 155-158
58 Frazer, 2-3, 35-36, 56-62
58 Weber, 187, 207-208
58 Huizinga, 307-308, 327, 331
58 Lévi-Strauss, 464-473, 486-490
59 Joyce, 604, 638-642 passim, 648-649

5d. **The symbolism of images and numbers in theology**

New Testament: *Revelation*
15 Kepler, 853-854, 1049-1050
16 Augustine, 393-394, 408-409, 474-475, 605-607, 695-696, 726-727, 756
18 Aquinas, 1054-1055
19 Dante, 1-161
20 Calvin, 31-41
51 Tolstoy, 377-378
56 Planck, 111-113
58 Huizinga, 307-318 passim, 331-332
60 Eliot, T. S., 174-175

5e. **The interpretation of the word of God**

Old Testament: *Daniel,* 5:5-28
New Testament: *Matthew,* 13, 18:23-35; 19:3-9; 20:1-16; 21:28-45; 22:1-14; 25:1-30 / *Mark,* 2:23-28; 12:1-12,18-27 / *Luke,* 6:39-49; 12:16-21,36-48; 14:15-33; 15-16; 18:1-8; 19:11-27; 20:9-19 / *John,* 5:38-39 / *Acts,* 7; 13:16-36 / *Romans,* 4; 9-11 passim; 15:1-4 / *Galatians,* 3-4 passim / *I Peter,* 1:10-16
4 Aeschylus, 47-48
4 Sophocles, 117-118
4 Aristophanes, 674-677, 764-766
5 Herodotus, 295-296
6 Plato, 201-203
16 Augustine, 18-19, 45-46, 135-137, 139-159, 427, 457-458, 479-482, 482-484, 487, 506-507, 563-564, 600-632, 704-758
17 Aquinas, 8-10, 14-15, 339-377 passim
20 Calvin, ix, 16-39, 208-215, 393-400, 405-407
21 Hobbes, 165-188, 191-199, 215-216, 247-258
25 Shakespeare, 488
28 Bacon, 17-20, 98-100
30 Pascal, 163-164, 273-277, 290-301
33 Locke, 291, 294
40 Mill, 290
45 Goethe, 12
52 Dostoevsky, 135-141, 158-161
55 Barth, 457-464, 464-470, 483-487, 519-522, 523-525, 542-544
60 Beckett, 530-532

5f. **The names of God: the use of words to signify the divine nature**

Old Testament: *Exodus,* 3:13-14; 6:2-3; 15:3; 20:7; 34:5-7,14 / *Isaiah,* 41:4; 47:4; 54:5 / *Jeremiah,* 50:34 / *Amos,* 4:13
New Testament: *Revelation,* 1:8
4 Aeschylus, 55-56
5 Herodotus, 49-50, 80, 134
6 Plato, 91, 93-97
16 Augustine, 706
17 Aquinas, 16, 20-21, 22-23, 24-25, 62-75, 677-678
19 Dante, 124
20 Calvin, 47-48
21 Hobbes, 78-79, 162-163, 172-173
23 Montaigne, 279
26 Harvey, 443
28 Spinoza, 596-597
32 Newton, 370-371
33 Locke, 152
35 Rousseau, 435
51 Tolstoy, 248
58 Huizinga, 337-338
60 Beckett, 529-582 passim

6. **Symbolism in psychological analysis**

54 Freud, 9-14, 123-124, 279-291, 504-513, 815-816

6a. **The symbolism of dreams: their latent and manifest content**

3 Homer, 496-497
4 Aeschylus, 14-15
4 Euripides, 585-586
5 Herodotus, 25, 28-29, 47, 78, 218-220
6 Plato, 221-223
7 Aristotle, 707-709
13 Plutarch, 329, 398-399, 548-549, 702-703, 727
19 Dante, 69
19 Chaucer, 256, 266-267, 268-269, 362-364
24 Shakespeare, 36-37, 114-115, 291
25 Shakespeare, 481-482
29 Milton, 176-178
47 Dickens, 91-93
48 Twain, 305-306
51 Tolstoy, 249-250, 561-562, 673-674
54 Freud, 11-13, 173-174, 178-205, 230-231,

           252–340, 356–373 passim, 476–478,
           489–494, 504–526, 539–544, 808–817
       59 Proust, 405–407
       59 Mann, 507–508

6b. **The symbolism of apparently normal acts: forgetting, verbal slips, errors**

       54 Freud, 13, 453–476, 546–547, 852

6c. **The symbolism of anxieties, obsessions, and other neurotic manifestations**

        4 Euripides, 555–562
       11 Lucretius, 41–42
       25 Shakespeare, 306–307
       44 Tocqueville, 288–289
       54 Freud, 1–5, 8–9, 25–26, 31–38, 43–49, 54–59, 83–85, 116–118, 200, 425–427, 440–442, 550–557, 558–562, 568–569, 571–572, 593–594, 596–597, 609–615, 718–747, 841–843

交叉索引

以下是与其他章的交叉索引：

The theory of language, and the distinction between the natural and the conventional in language, see CUSTOM AND CONVENTION 1; LANGUAGE 1–3C.

Ideas as intentions of the mind, see IDEA 6a; MIND 1d(1)–1d(2), 4d(2).

The treatment of things or events in nature as signs or symbols, see LANGUAGE 10; MEDICINE 3C.

The distinction between first and second intentions, see IDEA 3a.

The distinction between proper and common names and between abstract and concrete names, see IDEA 4b(1)–4b(2); UNIVERSAL AND PARTICULAR 2C, 5a.

Verbal ambiguity, and the distinction between univocal and equivocal speech, see IDEA 4b(4); LANGUAGE 5–5C.

Analogical names, or ways in which names can signify commonness in heterogeneous things, see BEING 1; IDEA 4b(4); RELATION 1d; SAME AND OTHER 3a(3)–3b, 4C.

The relation of the univocal and the equivocal to definition and demonstration, see DEFINITION 3; LANGUAGE 1a, 7; REASONING 3b.

Logical considerations in the use of language, see LANGUAGE 6–7; LOGIC 3, 4a.

The language of poetry, and problems of style in the exposition of knowledge, see LANGUAGE 9; POETRY 8b; RHETORIC 2C.

The role of signs in divination and prophecy, see LANGUAGE 10; PROPHECY 3b–3C.

The sacraments, see GOD 9e; RELIGION 2C.

The names of God and the interpretation of Sacred Scripture, see GOD 6a; LANGUAGE 12; THEOLOGY 4b.

The symbolism of dreams, see LANGUAGE 10; MEMORY AND IMAGINATION 8d(1)–8e; PROPHECY 3C.

Neuroses and neurotic behavior in relation to the interpretation of psychological signs, see DESIRE 4a–4d; EMOTION 3a–3c(4); MEMORY AND IMAGINATION 2e(2); OPPOSITION 4C.

Interpretation in history, poetry, and myth, see HISTORY 3b; POETRY 8c.

Mathematical symbols, see MATHEMATICS 3d.

扩展书目

下面列出的文著没有包括在本套伟大著作丛书中，但它们与本章的大观念及主题相关。

书目分成两组：

Ⅰ．伟大著作丛书中收入了其部分著作的作者。作者大致按年代顺序排列。

Ⅱ．未收入伟大著作丛书的作者。我们先把作者划归为古代、近代等，在一个时代范围内再按西文字母顺序排序。

在《论题集》第二卷后面，附有扩展阅读总目，在那里可以查到这里所列著作的作者全名、完整书名、出版日期等全部信息。

I.

Augustine. *Concerning the Teacher*
——. *The Harmony of the Gospels*
Thomas Aquinas. *Summa Contra Gentiles*, BK I, CH 22–25

——. *Truth*, Q 4
Dante. *The Convivio (The Banquet)*, SECOND TREATISE, CH 1, 14–16
——. *Epistle to Can Grande della Scala*
Hobbes. *Concerning Body*, PART I, CH 2

Voltaire. "Allegories," "Figure in Theology," in *A Philosophical Dictionary*
Mill, J. S. *A System of Logic*, BK I
Freud. *A Connection Between a Symbol and a Symptom*
——. *The Psychopathology of Everyday Life*, CH 8-12
——. *A Review of "The Antithetical Sense of Primal Words"*
Dewey. *Essays in Experimental Logic*, IV
——. *Experience and Nature*, CH 5
——. *Logic, the Theory of Inquiry*, CH 18
Dewey and Bentley. *Knowing and the Known*
Whitehead. *An Enquiry Concerning the Principles of Natural Knowledge*, CH I
——. *Process and Reality*, PART II, CH 8
——. *Symbolism, Its Meaning and Effects*
Whitehead and Russell. *Principia Mathematica*, INTRODUCTION, CH 3
Russell. *The Analysis of Mind*, LECT 10
——. *An Inquiry into Meaning and Truth*, CH 1-6, 13-15, 22
——. *The Principles of Mathematics*, CH 4-8, 27
Eddington. *The Nature of the Physical World*, CH 12
Wittgenstein. *Preliminary Studies for the 'Philosophical Investigations'*
——. *Tractatus Logico-Philosophicus*

II.
THE ANCIENT WORLD (TO 500 A.D.)

Philodemus. *On Methods of Inference*
Quintilian. *Institutio Oratoria (Institutes of Oratory)*, BK VII, CH 9
Sextus Empiricus. *Against the Logicians*, BK II, CH 2

THE MIDDLE AGES TO THE RENAISSANCE (TO 1500)

Bonaventura. *Breviloquium*, PROLOGUE
——. *The Mind's Road to God*
Cajetan. *De Nominum Analogia*
Duns Scotus. *Opus Oxoniense*, BK IV
Maimonides. *The Guide of the Perplexed*, PART I, CH 1-30, 37-45, 61-64
Nicholas of Cusa. *De Docta Ignorantia*, BK I, CH 12
Ockham. *Studies and Selections, Logic*, CH 11-12
Thomas of Erfurt. *Grammatica Speculativa*

THE MODERN WORLD (1500 AND LATER)

Adler, M. J. *Some Questions About Language*
Arnauld. *Logic*, PART I, CH 11, 15
Ayer. *Thinking and Meaning*
Bettelheim. *The Uses of Enchantment*
Boehme. *The Signature of All Things*
Buchanan. *The Doctrine of Signatures*, CH 1-2, 5-6
Carnap. *Foundations of Logic and Mathematics*
——. *Introduction to Semantics*
——. *Meaning and Necessity*
Cassirer. *An Essay on Man*
——. *Language and Myth*
——. *The Myth of the State*, PART I (1-3)
——. *The Philosophy of Symbolic Forms*
Chomsky. *Aspects of the Theory of Syntax*
Cohen, M. R. *A Preface to Logic*, II-IV
Condillac. *An Essay on the Origin of Human Knowledge*, PART II
Cooper. *Symbolism, the Universal Language*
Eaton. *Symbolism and Truth*
Eliade. *Images and Symbols*
Emerson. *Nature*
Harris, J. *Hermes, or A Philosophical Inquiry Concerning Universal Grammar*
John of Saint Thomas. *Cursus Philosophicus Thomisticus, Ars Logica*, PART I, QQ 1-3; PART II, QQ 21-22
Johnson, W. E. *Logic*, PART I, CH 6-8; PART II, CH 3
Jung et al. *Man and His Symbols*
Langer. *Philosophy in a New Key: A Study in the Symbolism of Reason, Rite, and Art*
Leibniz. *Characteristica*
——. *New Essays Concerning Human Understanding*, BK III
Maritain. *The Degrees of Knowledge*, CH 2
——. *Ransoming the Time*, CH 9
Ogden and Richards. *The Meaning of Meaning*
Peirce, C. S. *Collected Papers*, VOL II, par 219-444; VOL V, par 388-410
Penido. *Le rôle de l'analogie en théologie dogmatique*
Reid, T. *Essays on the Intellectual Powers of Man*, I, CH 1; VI, CH 5
Richards. *Mencius on the Mind*
Royce. *The World and the Individual*, SERIES I (7); Supplementary Essay (2)
Santayana. *Scepticism and Animal Faith*, CH 18
Saussure. *Course in General Linguistics*
Suárez. *Disputationes Metaphysicae*, XXVIII (3), XXX (13), XXXII (2), XXXIX (3)
Venn. *Symbolic Logic*
Weiss. *Beyond All Appearances*
Welby-Gregory. *Significs and Language*
——. *What Is Meaning?*
Wilson, J. C. *Statement and Inference*, PART II (18)

86

罪 Sin

总 论

撒旦的罪和亚当的罪列于基督教最伟大的神秘之中。撒旦乃天使中之至高者,上帝的灵性造物中的第一位。在本性的完满上他仅次于上帝。亚当则是由超自然的恩典和恩惠所创造,根据那协调着他各种官能和本性各要素的原初的公义,他不朽的身体完全对应他的灵性,他对一切事物的欲求顺从于他的理性,而他的理性则转向上帝。

那唯一潜伏于撒旦或是亚当中的恶看起来寄居于对无限存在、力量或是知识的匮乏。但这对他们而言并非道德的恶,也不是罪或是导向罪的趋势。因此,如果上帝自己不曾预定他们犯罪,他们犯罪的唯一原因一定是他们自己在善与恶之间的自由选择。如果上帝明确地预定他们犯罪,那他们看起来就无须担负责任,因而也就没有了罪。如果他们没有被预定为恶,——也就是说,如果除了有限存在这一弱点,他们并没有明确的瑕疵——那么,在他们身上矛盾又是如何发生的呢?正是这矛盾开启了善恶间的自由选择,并且驱使着他们违背自身秉性远离善而朝向恶。

在弥尔顿的《失乐园》中,上帝如此谈到亚当:"我造他公义正直,足以站立,却自由地堕落。"在撒旦和堕落的天使们那里,如同在亚当那里一样,上帝看到:

他们因此曾经归属正派,
他们正是如此受造,也就不能控诉
他们的创造者,他们的造化,或是他们的
　命运;
仿佛预定(predestination)否决了
他们的意愿,全由绝对的律令
或是至高的预知所安排;是他们自己宣判
　了
他们自身的反叛,而不是我:即使我预知,
预知对他们的过犯毫无影响,
它同样在未被预知时显现无疑。

然而亚当和撒旦却有所不同。堕落的天使们"因自我的暗示而落,自我诱惑、腐化"。那已经犯罪的撒旦成了人的诱惑者。"人堕落时先被那一个欺骗,因而人将寻求恩典,而那一个则不然。"

当撒旦接近伊甸园要将他的意愿加之于人时,他思量起自己的境况。他并不否认自己的罪,他也不为之懊悔,他看起来并没有完全了解自己的罪。因此弥尔顿让他说道:

啊!你披覆着超绝的荣耀
独领这一疆土仿佛神一般
在这新世界;在你的视线里众星辰
掩藏着他们被削弱的头颅;向你、我大喊,
以并不友好的声调,并直呼尔名
啊,太阳,告诉你,我如此憎恶你的光束
那让我回忆起从何等状态
我堕落,它曾经如此荣耀地位居你所辖之
　上;
直至自负和更糟的野心将我倾覆
在天堂中作战,对抗那无可匹敌的君王;
啊,何苦呢!他不该得如此回报
从我这里,他创造我使我曾经
在如此明亮的光辉中,并且他满怀善意
不曾斥责何人;他的差事并不烦难。
什么会比给他赞美所需更少,
这最轻易达成的回报,并且向他感激,
多么应当啊!然而所有他的善却向我显

86. 罪

现为灾祸
精心策划的恶意；被抬举如此之高，
我却不屑于俯首，而思虑着再高一步
将使我位居最高者，并在顷刻间销尽
那无限感激所组成的庞大债务，
如此繁重难担，一直在偿还，一直在亏欠
……
啊，如果他强大的神意派定
我为低微的天使，我那时将
欣然而立；不再有无尽的期盼激发
野心。但为何不如此呢？其他的有能者
也会如此强大而胸怀壮志，我尽管卑微
也会被拽入他的阵营；但其他同样强大的
    有能者
却不落，而是屹立坚韧，无论内在的
还是外在的诸种诱惑，都能整装以待。
你曾有同样的自由意愿和能力站住吗？
你有：你有谁，又有什么可以控诉，
除了平等地派给众生的上天的自由之爱？
让他的爱受诅咒吧，既然爱和恨
对我都一样，关涉永恒的灾祸。
而且你也当受诅咒；因为违抗他的意愿，
    你的意愿
自由地选择了它现在理当为之痛悔的一
    切。
我，悲惨如是！我该向哪条路逃离
无尽的震怒，无尽的绝望？
我逃离的路是地狱，而我自己正是地狱；
而在那最低的深渊还有更低的一层
在大张其口威胁着要将我吞噬
相对它，我所承受的地狱就是天堂。
哦，那最后就怜悯吧，难道没有余地
留给懊悔，留给宽恕吗？
留下的只有屈从；而那个词
蔑视阻止我，而且我害怕在
地下的精灵中蒙羞，我曾经诱惑他们
以其他的诺言，其他的海口
而不是去屈从，夸口我能够征服
那全能者。

在撒旦接近夏娃之前，亚当就已经提醒夏娃他们有服从的义务，他指出上帝所要求

我们的差使只是去遵守
这一条，这轻易的要求，在所有
乐园里生长美味果实的树中
如此繁多的树中，不要去品尝那唯一的
知识树，它种植在生命树旁。
死亡如此贴近生命成长，在死亡之前
毫无疑问是某种可怕的东西；因为你确实
    知道
上帝已经宣告品尝那树就是死亡，
这是我们服从的唯一印记，它留存于
如此众多的权力和统治之中
那是授予我们的，还有交付我们统辖
其他一切生物，它们占据
大地、天空和海洋。那么让我们不要以为
    难以服从
这一个轻易的禁令，我们歆享了
如此广大的自由许可，胜过其他一切，还
    有自由选择
在各色欢愉之中不受限定。

叛离的诱惑最初在梦里动摇了夏娃，在梦中，一个天使的幻象谈到那被禁制的果实

……似乎只适合
众神，但也能从人中造出神；
那为何不从人造神，既然善，能更好地
交流，更加繁茂地生长，
而创作者不受损害，反而更被拥戴？

"在这里，幸福的造物"，这个异象向夏娃说道，

你可能更幸福，却未必更有价值：
尝尝这个，然后从此置身众神行列
你自己就是女神，不再为大地所限
而是时而在空中，如此轻小，时而
升到天堂，以你的能力，亲见
众神在彼处的生活，而你也能如此。

随后，当撒旦伪装成蛇向夏娃说话时，他以同样的理论述道，正像他尝了那果实就能像人一样说话，夏娃和亚当如

果也分享那果实,他们"将会如众神一样,像他们一样了解善恶"。夏娃听从了诱惑,但在弥尔顿所讲述的故事中,亚当尽管确切地知道他行为的恶,还是在反叛中加入了夏娃。这不是出于对众神的嫉妒,而是出于对夏娃的爱,情愿去死,因为不愿没有她而生。

情愿"为了她遭受神圣的不悦,或是死亡……"

>……他无所顾忌地吃了
>这有违他的良知,并非受骗,
>而是天真地被女性的魅力征服。
>大地的脏腑为之战栗,像是
>又在阵痛,自然发出第二次呻吟,
>天色低沉,雷声阵阵,悲伤的泪滴
>哀哭已经铸成的致死的罪
>原罪

在诗人对《创世记》第三章的扩写中,犹太—基督教罪的观念的基本要素明白无误地得以强化:那动摇了撒旦和夏娃的自负和嫉妒,那源自亚当目无遵纪地爱夏娃胜过爱上帝的不服从。在《神曲》这另一部关于罪和救赎的伟大诗篇中,亚当在乐园中对但丁说道:"品尝那树上果实的行为自身并非如此漫长的流放的原因,而是那逾越界限的行为。"此前,贝阿特丽丝解释了为什么,为了将人从罪中救赎,上帝的言取了人的本性,"那使其背离自身创造主的本性"。她告诉但丁,"这本性,曾经如此与它的创造主相连,曾经在他受造时单纯美好;但正是由着人的本性自身,它被绝罚出乐园,因为它从真理的道路转向了自己的生活"。人从他的高贵中堕落"只是由于罪,罪剥夺了他的特权,使其不再肖似至高的善,因此他很少被那神圣的光照亮;他的尊严,他再不能回复,除非那过错所倾空的,他能够用正义的惩戒所充满,以此对抗邪恶的欢愉"。

乔伊斯《一个青年艺术家的画像》中的布道者也注意到"罪……是双重的大恶。它是对我们朽坏的本性冲动的认同,对我们低劣的本能、对那粗鄙的野兽般的东西的认同;同时它也意味着背离我们高贵本性的忠告,背离一切纯净和神圣,背离神圣上帝自身。因这一缘由,致死的罪在地狱中以两种不同形式的刑罚加以惩戒:躯体的和灵性的"。

在异教的和基督教的罪的理解中,人的自负和他对神圣律令的不服从通常都和罪这一观念紧密相连。希腊悲剧中的英雄,展示着自负的悲剧性错误的同时,似乎遗忘了,尽管他们与诸神作战,他们只是人,受律法管辖,一旦违抗即是灾难。在《伊里亚特》中,腓尼克斯告诫阿喀琉斯要戒除自负,"压制你盛大的怒气。你不应当有一颗不知怜悯的心。那些不朽者是可以被感动的。他们的德行、名誉和力量远胜我们,但是用牺牲和奉献以求亲近,借助于祭酒和美味,当任何人犯错越界时,人们都可以在哀求中使不朽者回心转意"。

在自负和不服从中我们发现了位于罪的核心的爱的深层紊乱。自负乃是自爱逾越了自我所应得的限度。反叛,正如弥尔顿笔下的亚当,可能是由逾越了爱的对象价值的爱所推动的。那价值的尺度,或是对自我或对他人的爱的限度,乃是由至高的善所设定。至高的善安排所有其他的善,也应当根据我们的爱中善的比例安排我们的爱。

这看来正是《神曲》的核心洞见。这在《炼狱篇》中扼要地陈述出来,在那里维吉尔解释爱如何成为德性和罪的根基。"无论造物主还是造物,"他对但丁说,"都不能离爱而存在,或是出于自然,或是来自心灵,这点你了解。出于自然的总是不会讹误,而另一个则可能因对象的恶,或是用力不足或是太过而入歧途。当它指向首要的善,而在次要的善前遵循相应尺度,它就不能成为罪恶快感的根源。当它错误地转向恶,或是对善太过狂热,抑或热情不足,这都是造物在对抗造物主。因此你当理解在你之中,爱既是一切德性,也是一切当被惩戒的行为的种子。"

陀思妥耶夫斯基给我们提供了对爱和罪的关系更进一步的思考。在《卡拉马佐夫兄弟》中,佐西马神甫将爱的匮乏视为惩罚,如同罪的实体一样。对那些问"什么是地狱"的人,佐西马神甫回答道:"我认为那就是不能够去爱的苦痛……他们在物质的层面谈论地狱之火,我不想进入对这一费解之谜的讨论,我回避它。但我想如果真有物质之火,他们会为此而高兴的,因为,我可以想象,在物质的折磨中,他们更重的精神的折磨可以被遗忘片刻……是啊,有这样的人在地狱中仍然骄傲狂暴,毫不在意绝对真理的理解和沉思。也有那些胆怯的,将自己完全地交给撒旦和他自负的灵魂。对这样的,地狱是自愿所得,也是始终支配着他们的。他们被自己的选择折磨着。因为他们在诅咒上帝和生活的时候,他们已经诅咒了自己。"

要避免罪,唯一正面的律令,在佐西马神甫看来,就是依循上帝的爱去爱。"甚至在一个人的罪中爱他,"他建议,"因为那近乎神圣之爱,乃是世上最高的爱……不要让人们的罪使你自己行动时不知所措,不要畏惧它会磨灭你的工作,妨碍你工作的完成。只有一条获救的途径,你应当担当起来,让你自己为所有人的罪承担责任;那就是真理,朋友们,你们知道一旦你为所有事承担责任,也为所有人,你将能即刻了解它确实如此,你将为每个人和所有事而受责难。但是,如果将你自己的懒惰和虚弱推扨给其他人,你们最终就分享了撒旦的自负而且

低声对抗上帝。关于撒旦的自负,我想到的是这一点,这对我们世上的人是难以理解的,但也因此而很容易堕入错误之中而分有它,甚至同时还想象着我们在做什么伟大美好的事情。"

在导致罪的爱的紊乱中,人为了罪自身而享用罪,而不服从的行为也因为被禁止而给人快感。在这当中仍然有着设想自我为自己立法的自负。在《忏悔录》这一最为直接地涉及自己罪孽的著作中,奥古斯丁反思其年少时偷梨,正如他所说,不是源自任何欲望"去通过偷盗享用我所垂涎的东西,而只是去享受偷窃自身和那罪自身。……如果我还是16岁的男孩时在那一夜所犯下的偷窃罪行是一件活物,我能够和他说话,我要问问我在其中所爱的是什么,令我如此羞耻"。他并不需要那些梨,他说:"我摘下这些果子,即刻就将他们随手扔掉,我在其中所品尝到的只是我自己的罪,我津津乐道享用过的罪。即使这些梨中某一个的一部分曾经划过我的唇,也不过是些添滋加味的罪。"

他一再地追问自己是什么在那次偷窃中吸引了他,他在那孩子气的偷盗行为中享受到的是什么。既然他不能违背上帝的律法,他想知道:"我所享受的难道是假装如此行事,好像一个囚徒故意犯错,却在某种力量脆弱的幻影支配下不再畏惧惩罚,由此给自己创造自由的幻象?这是一个逃离主人追逐阴影的奴隶!多么离奇啊!这对生活的拙劣模仿!这深渊般的死亡!我难道享受做错事不是为了其他缘由而只是因为它是错的?"

在异教和基督教的罪的观念中,最基本的含义似乎都依赖于人和诸神或是上帝的关系,无论是从律法还是从爱的角度来考虑。邪恶的行为可以视为对抗本性或是理性的行为。罪恶的行为则可

以视为对人的法律的破坏，损害了国家或其成员的福祉。二者都可能包含责任和过错的观念。二者都可能包含恶和恶行。但是除非这一行为侵越了上帝的律法，它就不是有罪的。那被侵越的神圣律法可以是上帝灌注于人理性中的自然律，但这一行为只有当做这事的人背离上帝转向对其他东西的崇拜或热爱时，它才是有罪的。

至少在有宗教信仰者借以区分圣徒和罪人、区分上帝眼中的义人和恶人的意义上，不信上帝，不信神法和神罚，也就是不信罪。"只存在两种人，"帕斯卡写道，"相信自己是罪人的义人；剩下的则是相信自己是义人的罪人。"

那些抛弃罪的宗教含义的人并不否认罪感的广泛存在，他们也不否认许多人为他们所认为的在上帝眼中为恶的过失而懊悔自责；但是，同弗洛伊德一样，他们用自然原因来解释这种罪过感。他们认为那被良知折磨着的人因有关他的罪过真实性质的错觉而受苦。当罪感剧烈活动时，而且当它明显地没有通过人的性格和品行得到解释时，罪过感，依据弗洛伊德的理论，就呈现出病理学扭曲的特征，而成为神经官能症症状的一部分。在此，成问题的不是受折磨者的真诚，而只是折磨的真正原因。

"当一个人问罪过感如何产生，"弗洛伊德说，"他将得到某种人们无从争辩的答案：当人们做了某些他们认为的坏事时，他们感觉到罪过（虔敬的人称为'有罪的'）。但紧接着他就发现这个答案告诉他的是如此之少"。什么可以用来解释一个人对自己好与坏所做出的判断呢？弗洛伊德的答案是："那所谓坏的东西，首先是这样的：它能够让一个人受到失去爱的威胁，而出于对这一损失的担心，他一定会断绝对这东西的念头。这也正是为什么一个人实际做了坏事和只是打算去做坏事并没有太大差别的原因。"

根据弗洛伊德的理论，父亲的外在权威和通过父亲实现的社会的外在权威，"随着超我的发展而内在化了。良知的表达也随之被提升到一个新的境界；严格地说，在此之前，人们不应该把他们叫做良知和罪过感……在这一发展的第二阶段，良知展现出在第一阶段所欠缺的一种特性……也就是，一个人越是正直，他的良知也就越是严厉和越有疑心，以至于到了极致。正是那些将圣洁推行最远的人以最深的罪过感痛斥自己……相对严厉并且警醒着的良知乃是有德行的人的确切标记，尽管圣徒们可能宣称自己是罪人，从满足本能的诱惑这一角度看，他们并没有全然弄错，他们特别易于遭受这些诱惑。因为，如我们所知，诱惑在持续性的缺乏中反而会增长，而如果它不时得到满足，它反而会（无论如何）暂时地消退"。

弗洛伊德将他对罪过感起源的理论（首先出于"对权威的畏惧"，随后出于"对超我的畏惧"）推广到罪的宗教意义。"以色列的子民们，"他写道，"相信自己是上帝最宠爱的孩子，即使当这伟大的父亲将天罚一次次加给他们，这也从未动摇他们这一信念或是使他们怀疑他的权能和他的正义。他们反而进一步将先知带到世上来向他们自己宣告他们的罪孽，从他们的罪过感中，他们构造出了他们虔敬宗教中最为严厉的诫命。"

一般而言，弗洛伊德认为，伟大的宗教"从未忽视罪过感在文明中所扮演的角色。更进一步，他们进而宣称……要将人类从他们称为罪的这一罪过感中救赎。从这一救赎在基督教中被实现的方式中——从那将所有人共同罪过全部加诸自身的那个人的献祭牺牲中，我们已经就原初的罪过感得以实现的场合得出结论"。这里提到的结论在弗洛伊德专注于对宗教和罪的思考的《幻想的未来》和《图腾与禁忌》两部著作中得到了发挥。在后一部书中，弗洛伊德告诉我们，他第一次"对那作为宗教和道德的终极起源的全人类的罪过感可能在人类历史开端时通过俄狄浦斯情结而获得表示了怀疑"。

其他作者从律法而不是心理学的角度探究罪的问题，他们或者在罪行（crime）和罪之间不做区分，或者做出这一区分而不涉及上帝。举例而言，斯宾诺莎在解释"赞许和责难，功德和罪行"的含义前，预先讨论了"人的自然状态和文明状态"的区别。在自然状态中，他写道，没有人"受任何律法的约束，而只是听从他自己。因此罪在自然状态中是不可设想的，而只能在文明状态中，在那里，罪由对何谓善何谓恶的一致认定所决定，在那里，每一个人都受约束而服从国家。因此，罪就是不服从，它只由国家的律法惩戒"。

尽管霍布斯不把罪行和罪相等同，但他对二者的区分并不奠基于市民法和神圣律法的对立，除非后者被等同于自然法。"罪行即是罪，"他写道，"在于（以行为或言辞）违犯了法律所禁止的，或是忽略了法律所要求的。因此所有的罪行都是罪，但并非所有罪都是罪行。打算去偷窃或是杀人是罪，尽管它从未见诸言语或是事实，因为看着人的思想的上帝能够对其指控；但除非它出现在做过的事、说过的话中，它就不能叫做罪行，通过这些言行，这一意向才能够由人间的法官加以论辩。"

霍布斯继续道："从罪和法律的联系中，以及罪行和市民法的联系中，首先可以推导出，法律终结的地方罪也终结。但因为自然法是永恒的，背弃契约，忘恩负义，傲慢自大，所有这一切背离道德性的事情一直都是罪。其次，市民法终结时，罪行也终结。因为除了自然法，就没有别的法存在了，也就没有地方可以控诉了。每个人都是自己的法官，也只被他自己的良知指控，靠着他自己意向的正直而清白。因此当他的意向正直时，他的所为就不是罪。否则，他所犯的就是罪，但不是罪行。"

对罪的更加严格的宗教思考则在帕斯卡的评述中找到例证，"所有上帝不许可的都被禁止"，而"罪在上帝一般性的宣告中被禁止：他不容许罪"。任何上帝所不许可的，"我们应该都看作罪"，因为"那乃是一切善和一切正义的上帝意愿的缺席，使得它变成不义的和错误的"。

以一个神学家对此类事物的精确性，阿奎那定义了作为恶的一个特定类型的罪。"恶，"他写道，"比罪涵盖更广，正如善之于正当。……在那些意愿所做的事情中，最近的准则是人的理性，最终的准则则是永恒律法。因此当人的行为倾向那依据理性的秩序和永恒律法的目的时，那行为就是正当的；但当行为背离了这一正当性，它就被说成是罪。"在其他地方他写道，"一切受造物的意愿只有当它遵循神圣的意愿时，才拥有行为的正当性……因此只有在神圣意愿中才没有罪，而在一切受造物的意愿中，从其本性考虑，就会有罪的存在"。

对罪的神学探讨涵盖了广泛的话题和问题，既意义深远也精微深妙。例如原罪的教义，所提出的问题不仅涉及亚当的罪过的原因和特性，而且也与永远地施加给亚当的子孙的惩戒相关，还涉及人在什么条件下能够从罪的桎梏、从原初的和现行的或是个人的罪中恢复过来。

这些看起来显示出基督教有关亚当的罪应当由它的后辈子孙所受的惩罚来偿付的教义，相似于犹太教关于以色列子民对他们先辈甚至传递到第三第四代的罪责的集体责任的教义。但是,更加根本的是他们间的不同点而不是相似性。

首先,后代子孙所承受的父辈的罪乃是个人的罪,这些人的本性已经倾向罪,而亚当的本性,在堕落之前则不是如此。第二点,这里的惩戒不是施加给全人类,而只是选民,并且以暂时性的灾祸的形式,而不是人性自身的败坏。

而且,希伯来先知以西结质疑集体责任的正当性。他问道:

在以色列地区内,你们有这样流行的俗话说:"祖先吃了酸葡萄,而子孙的牙酸倒。"这话有什么意思?

我指着我的生命起誓——吾主上主的断语——在以色列决不能再容许这俗话流行。……

谁犯罪,谁就该丧亡;儿子不承担父亲的罪过,父亲不承担儿子的罪过;义人的正义归于义人自己,而恶人的邪恶也归于恶人自己。

若恶人悔改,远离所犯的罪,遵守我的法度,遵行我的法律和正义,必得生存,不致丧亡。

他所行的一切邪恶必被遗忘,它必因所行的正义而得生存。

我岂能喜欢恶人的丧亡?——吾主上主的断语——我岂不喜欢他离开旧道而得生存?

若义人离弃了正义而行恶,一如恶人所惯行的丑恶,他岂能生存?他行过的正义必被遗忘,因为他背心违约,犯了罪过,必要丧亡。

依据基督教教诲,个体为其在自己一生中所犯的罪而接受个别惩罚的正义并不适用于所有人都应为亚当的罪所偿付的责罚。"故此,就如罪借着一人进入了世界,"圣保罗向罗马人写道:

死亡借着罪恶也进入了世界;这样死亡就殃及了众人,因为众人都犯了罪:

没有法律之前,罪已经在世界上,但因没有法律,罪本不应算为罪。

但从亚当起,直到摩西,死亡却做了网,连那些没有像亚当一样违法犯罪的人,也属他权下。这亚当正是那未来亚当的预像。

但恩宠决不是过犯所能比的,因为如果因一人的过犯大众都死了,那么天主的恩宠和那因耶稣基督一人所施与的恩惠,更要丰富地洋溢到大众身上。

这恩惠的效果,也不是那因一人犯罪的结果所能比的,因为审判固然是由于一人的过犯而来,被判定罪。但恩宠却使人在犯了许多过犯之后,得以成义。

如果因一人的过犯,死亡就因那一人做了王,这么,那些丰富地蒙受了恩宠和正义恩惠的人,更要藉着耶稣基督义人在生命中为王了。

这样看来:就如因一人的过犯,众人都被定了罪;同样,也因一人的正义行为,众人都获得了正义和生命。

正如因一人的悖逆,大众都成了罪人;同样,因一人的服从,大众都成了义人。

基督教的原罪教义因此显然和基督教有关对神圣拯救者的需求的教义紧密地联系在一起——上帝自身成了人来将人从罪的腐坏中救赎,而通过他所建立的圣事,提供了疗治性恩典的手段和为原罪和个人自己的罪痛悔并且摆脱的手段。

对圣事的理解,与原罪和人的堕落本性相关的恩典理论,有关恩典和善事的问题,或是上帝的赦免和人的功德,神圣性和救赎的实现问题,地狱的永劫不复和炼狱的补赎性惩戒的区分,——所有这些基本神学问题都包含在对罪及其当下的和永恒的后果的思考之中。

上述问题中的一部分在**人,天使,不**

朽和**惩罚**等章节中讨论了。其他一些内容,诸如根据属灵的和肉身的,致死的和可恕的区别来对罪进行分类,以及根据严重性的程度来列数致死的和可恕的罪的各种类别,这些是道德神学的问题。尽管他们主要内容与本章相关,但他们也牵涉到对德性和邪恶的分类,特别是有关神学德性的理论;在神学德性中,特别与作为神圣性本原的圣爱(charity)相关,正如自负作为罪的本原。

在所有对罪的思考的各要点中,对原初的罪和后天获取的罪的区分可能是其中最重要的,这不仅是因为承继的罪被视为其他诸罪在先的原因,而且因为被罪朽坏的人性被视为堕落到低于一个纯粹的自然人的完美,同时也低于亚当受造时受恩宠的状态。因为亚当获得了使他优于自然人的恩惠——不朽、天赋知识和免于讹误的自由、对肉欲的豁免权、免除劳作和奴役,因此亚当的子嗣,被逐出伊甸,有着根深蒂固的缺陷,这缺陷使他们不能达成善举或是实现与他们的人性相应的目标。

在基督教神学家中,加尔文对玷污了亚当子孙堕落了的本性的原罪的后果,采取了最为极端的观点。在亚当运用它的自由意愿违抗上帝之前,亚当能够在善恶间自由选择并且拥有为自己的救赎自由工作的力量。但在亚当堕落之后,被逐出伊甸园的人类丧失了选择的自由。"当意愿被束缚为罪的奴隶,它就不再能向着善运动,更不用说坚定地追求善。"只有通过作为上帝恩典馈赠的信仰,而不是通过自愿的善的工作,灵魂才能被拯救。加尔文批评"哲学家们的重大无知",他们认为自由选择内在于人性之中,而没有意识到人堕落后的本性的缺陷首先就在于这一馈赠的丧失。因此,加尔文甚至比奥古斯丁还要更反裴拉基派。

在一些神学家看来,既没有恩典的馈赠也没有罪的损伤的纯粹的自然人从来就不存在。人的这一神秘本性,他所拥有的逸出自己堕落本性中被削弱的力量的热切渴望,正是帕斯卡在他所有对"人的伟大和不幸"的观察中所沉思的——他认为只有基督教才能解释这一"令人惊异的矛盾"。关于人现在所处的状态,他写道,"他们仍然留存着微弱的对他们先前状态的幸福的本能反应;但他们陷入了已经成为他们第二本性的自己的盲目和贪欲所成的邪恶之中"。

"作为原初公义的效果,"阿奎那写道,"理性拥有对灵魂较低部分的完美控制,而理性则在它对上帝的顺从中由上帝完善。现在这一原初的公义因我们父辈的罪而丧失了……以至于所有灵魂的能力虽然还如其所是,却没有了他们藉以本然地导向德性所应有的秩序。这一欠缺被称为本性的伤痕……就理性被褫夺了它指向真理的秩序而言,存在着无知的伤痕;就意愿被褫夺了它指向善的秩序而言,存在着恶意的伤痕;就易怒者被褫夺了成为热诚者的秩序而言,存在着软弱的伤痕;就贪欲者被褫夺了在理性的节制下成为可爱者的秩序而言,存在着肉欲的伤痕。相应的,这些就是作为我们原初父母的罪的后果而加给人的本性的四种伤痕。"

阿奎那否弃了"人性所有的善都被罪毁坏"了的假设,他论证道,罪所削减的是"对德性的自然倾向,而这是与人作为理性的存在这一事实相适宜的"。但是"罪并不能全然消解人是理性的存在这一事实,否则人就再不能犯罪了"。

其他一些神学家采取了比阿奎那和奥古斯丁更极端的观点。他们将人性的败坏而不是人性的弱点作为原罪的后果。"根据加尔文的理论,"穆勒写道,"人的一大冒犯就是自我意愿(self-will)。"根据"不是责任就是罪"这一格言,人别无选择。"人性彻底地被腐化了,"穆勒继续道,"任何人不可能得到救赎,除非人性在他内心中被消灭。"但是按照奥古斯丁和阿奎那的观点,原罪并未完全夺走个人建立自身价值的能力,尽管它使人需要上帝的帮助来配得上救赎。在认为人只能被上帝的恩典拯救这一极端和设想人能够靠自身的善行的功德赢得救赎着另一极端之间,奥古斯丁和阿奎那力图采取中间立场,根据这一观点,没有善行的恩典和没有恩典的善行都毫无助益。

分类主题

1. 罪的本性:违犯神圣律法;人和上帝关系的紊乱
2. 罪的类别和等级
   2a. 原罪和现行的罪的区分
   2b. 属灵的罪和肉身的罪的区分
   2c. 致死的罪和可恕的罪的区分
      (1) 致死的罪的分类和次序
      (2) 可恕的罪的分类和次序
3. 原罪学说
   3a. 亚当罪前的处境:他的超自然的恩典状态;他的非自然的禀赋
   3b. 亚当的罪
   3c. 亚当的罪所导致的堕落了的人的本性
   3d. 救赎与新生:为补赎原罪而需求上帝与人之间的中保
   3e. 罪的免除:洗礼;未洗礼者的状态
4. 现行的或个人的罪
   4a. 原罪和现行的罪的联系
   4b. 现行的罪的原因与场合:诱惑
   4c. 自负作为罪的本原:傲慢这一悲剧性缺陷
   4d. 现行的罪的后果:圣爱和恩典的丧失
   4e. 罪的预防、净化和宽恕:以圣事纯化;补赎的圣事;痛悔、告解、赦罪;绝罚
5. 良心的懊悔和罪过感:罪感的心理发生学和病理表现
6. 罪过和罪的惩戒
   6a. 人的自有与因罪而来的责任和罪过的联系:神圣预定或拣选
   6b. 罪的集体责任:父辈的罪
   6c. 罪的现世惩戒:神降灾祸;肉体的屈辱
   6d. 罪的永恒惩戒:不知悔改者在地狱中的永劫不复
   6e. 炼狱的净化性惩戒
7. 恩典和善行与罪的救赎的联系:唯因信成义

[吴天岳、卢汶 译]

索引

本索引相继列出本系列的卷号〔黑体〕、作者、该卷的页码。所引圣经依据詹姆士御制版，先后列出卷、章、行。缩略语 esp 提醒读者所涉参考材料中有一处或多处与本论题关系特别紧密；passim 表示所涉文著与本论题是断续而非全部相关。若所涉文著整体与本论题相关，页码就包括整体文著。关于如何使用《论题集》的一般指南请参见导论。

1. **The nature of sin: violation of divine law; disorder in man's relation to God**

    Old Testament: *Genesis,* 2:15–17; 3 / *Psalms,* 36:1–4 / *Isaiah,* 59:2
    New Testament: *Matthew,* 4:1–11 / *Romans,* 7:7–11 / *I John,* 3:4–8
    4 Aeschylus, 40–53, 96–97
    4 Sophocles, 159–174, 175–194
    4 Euripides, 296–297, 464–465, 472–493 esp 491–492, 624–625
    11 Aurelius, 275–276
    16 Augustine, 21–22, 63, 398, 434–436
    17 Aquinas, 325–333, 717
    18 Aquinas, 105–111, 128–137, 761–763
    19 Dante, 13–14, 67–68, 83–86
    20 Calvin, 120–123, 124–134, 134–138, 157–163, 236–237, 304–305, 362–370, 411–415
    28 Bacon, 100
    28 Spinoza, 669–660
    29 Milton, 93–333
    30 Pascal, 24–26, 45, 294–295
    33 Locke, 229–230
    34 Voltaire, 226
    40 Mill, 296
    43 Kierkegaard, 427
    46 Eliot, George, 398
    48 Melville, 18–23
    52 Dostoevsky, 173
    55 Barth, 451–455, 485
    59 Joyce, 587–589

2. **The kinds and degrees of sin**

    Old Testament: *Exodus,* 20:1–17
    New Testament: *I Corinthians,* 8:10–12 / *Galatians,* 5:19–21
    11 Aurelius, 275–276
    16 Augustine, 13–15, 21–22
    18 Aquinas, 111–128, 253–258
    19 Dante, 13–14, 45–89
    19 Chaucer, 470–471
    20 Calvin, 171–193, 303–304, 411–412, 433–435
    21 Hobbes, 257–258
    23 Erasmus, 3
    30 Pascal, 27–127
    41 Boswell, 196

2a. **The distinction between original and actual sin**

    16 Augustine, 433, 434–435
    18 Aquinas, 163–164, 168, 706–707
    20 Calvin, 105–107, 192–193, 310

2b. **The distinction between spiritual and carnal sin**

    Old Testament: *Deuteronomy,* 5:6–21
    New Testament: *Luke,* 4:1–13
    16 Augustine, 21–22, 35, 103–110 esp 107, 433–435, 740–741
    17 Aquinas, 326–327
    18 Aquinas, 112–113, 123
    19 Dante, 6

2c. **The distinction between mortal and venial sin**

    New Testament: *Matthew,* 12:31–32 / *I John,* 5:16–17
    16 Augustine, 651–652
    18 Aquinas, 115–116, 131, 134–137, 151–152, 192–198, 199, 661–662
    19 Dante, 11, 13–14, 67
    30 Pascal, 66
    51 Tolstoy, 477

2c(1) **The classification and order of mortal sins**

    Old Testament: *Exodus,* 20:1–17 / *Deuteronomy,* 5:6–21
    18 Aquinas, 64–65, 426–454, 474–480, 558–592, 603–605
    19 Chaucer, 373–375, 401–402
    20 Calvin, 183–193, 291–292
    30 Pascal, 118–119
    31 Molière, 108–109
    58 Huizinga, 253–254, 335–336
    59 Joyce, 572–576

2c(2) **The classification and order of venial sins**

    18 Aquinas, 199–200
    20 Calvin, 192–193
    30 Pascal, 67, 118–119
    59 Joyce, 596–597

3. **The doctrine of original sin**

    Old Testament: *Genesis,* 2:16–17; 3
    New Testament: *Romans,* 5
    16 Augustine, 412, 415–422, 433, 442–448, 644

18 Aquinas, 162-174
19 Dante, 98-99
20 Calvin, 101-107, 124-134 esp 133-134, 149-150, 284-286
28 Bacon, 17-18
29 Milton, 93-333, 394-395
30 Pascal, 248-251, 251-253
40 Mill, 296
43 Hegel, 122, 322-324
50 Marx, 354
54 Freud, 763

3a. **The condition of Adam before sin: his supernatural state of grace; his preternatural gifts**

Old Testament: *Genesis*, 1:27-29; 2:7-8, 15-25
Apocrypha: *Ecclesiasticus*, 17:1-15
16 Augustine, 382, 412-413, 415, 425-426, 442-455 passim
17 Aquinas, 501-527
18 Aquinas, 200-201, 339-342, 347, 704-706
19 Dante, 81-82, 106-107
19 Chaucer, 351
20 Calvin, 74-77, 218-219
21 Hobbes, 191, 192
29 Milton, 136-143, 153-164, 165-169, 175-187, 218-219, 228-229, 232-246, 251-257
43 Hegel, 187-188
59 Joyce, 581

3b. **The sin of Adam**

Old Testament: *Genesis*, 3
Apocrypha: 2:23-24
New Testament: *Romans*, 5:12
16 Augustine, 421-422, 443-447
18 Aquinas, 167
19 Dante, 98-99
19 Chaucer, 373-374
20 Calvin, 103-107, 133-134
21 Hobbes, 112
28 Spinoza, 679
29 Milton, 94-95, 163-164, 261-269
30 Pascal, 82
59 Joyce, 581-582

3c. **The nature of fallen man in consequence of Adam's sin**

Old Testament: *Genesis*, 3:9-24; 6:5-13 / *Job*, 15:14-16; 25:4-6 / *Psalms*, 14:1-3; 53:1-3 / *Ecclesiastes*, 7:20,27-29; 9:3
New Testament: *Romans*, 3:9-5:21; 7; 8:20-21 / *Galatians*, 2:16; 3; 4:1-7; 5:19-21 / *Ephesians*, 2:1-5
16 Augustine, 6-7, 415-422, 428-437, 446-455, 646, 683-684
17 Aquinas, 692-693
18 Aquinas, 162-174, 178-184, 212-213, 760, 784-796
19 Dante, 47, 57
19 Chaucer, 373-378
20 Calvin, 1-2, 73-79, 101-150 esp 124-134, 200, 236-237, 284-287

21 Hobbes, 112, 192
22 Rabelais, 81
23 Montaigne, 273-274, 278-280
28 Bacon, 195
29 Milton, 139-140, 141-142, 264-273, 274-298, 302-303, 304-305
30 Pascal, 245-247, 248-253
34 Voltaire, 196
43 Hegel, 322-323
51 Tolstoy, 275
55 Barth, 493-495, 500
59 Joyce, 582
60 Beckett, 530-532

3d. **Salvation and new birth: the need for a mediator between God and man to atone for original sin**

New Testament: *Matthew*, 26:26-28 / *Mark*, 2:3-11 / *Luke*, 19:1-10; 24:44-47 / *John*, 3:16-17; 10:9-18 / *Acts*, 3:19-26; 4:10-12; 5:30-31; 10:37-43; 13:32-39 / *Romans*, 3:20-26; 5-6; 8:1-11,31-39; 9:29-10:21 / *I Corinthians*, 15:1-4, 12-23 / *II Corinthians*, 5:14-21 / *Galatians*, 1:3-4; 2:16-21; 3:19-27 / *Ephesians*, 1:5-7, 12-14; 2 / *Colossians*, 1:12-14, 19-24; 2:11-15 / *I Timothy*, 2:5-7 / *Hebrews*, 2:9-18; 5; 7:1-10:22 / *I Peter*, 1:18-21 / *I John*, 2:1-2
16 Augustine, 64, 342-345, 363-366, 375-376, 428-432, 526-527, 708-709, 714-715
17 Aquinas, 642
18 Aquinas, 701-709, 729-730, 829-830
20 Calvin, 124-125, 128-134, 150-163, 197-253 esp 215-250, 270, 272-275, 308-317, 319-320
21 Hobbes, 197-198, 204
29 Milton, 4-5, 10-12, 93-333
30 Pascal, 264-267, 270-272, 300-301, 324-325
41 Boswell, 482
43 Hegel, 352-354
52 Dostoevsky, 133-144 passim
55 Barth, 456, 457-458, 463, 472-478, 485, 504-505
58 Weber, 184-185, 214-216
59 Joyce, 581-582
60 Eliot, T. S., 174-175

3e. **The remission of sin: baptism; the state of the unbaptized**

New Testament: *Matthew*, 3:11-17 / *John*, 3:5 / *Acts*, 2:38-41, 10:43-48; 19:1-5 / *Romans*, 5-6; 8:1-11; 9:29-10:10 / *Galatians*, 3:19-27 / *Ephesians*, 2 / *Colossians*, 2:8-15 / *Titus*, 3:5-7
16 Augustine, 6-7, 15, 418
18 Aquinas, 360-370, 883-884, 889-893
19 Dante, 4-6, 52-53, 114
20 Calvin, 52, 198-199, 298, 309, 346, 417, 424-429, 447
21 Hobbes, 206-207, 211-212
37 Gibbon, 297-298
58 Weber, 202

59 Joyce, 648-649

4. **Actual or personal sin**

4a. **The relation of original sin to actual sin**

New Testament: *Romans,* 5:12-21
16 Augustine, 433, 434-435
17 Aquinas, 583
18 Aquinas, 163-164, 203-204
20 Calvin, 103-134 esp 105-107
29 Milton, 141-143, 269-271
59 Joyce, 586-587

4b. **The causes and occasions of actual sin: temptation**

Old Testament: *Job,* 31 / *Proverbs,* 1:10-19; 10-19 passim; 30:8-9 / *Isaiah,* 5:11-12
Apocrypha: *Wisdom of Solomon,* 2; 14:22-29 / *Ecclesiasticus,* 8:2; 10:9; 12:13-14; 23:1-6, 13, 16, 18; 26:29; 31:5-11,25-31
New Testament: *Matthew,* 15:10-20 / *Mark,* 4:1-20; 7:14-23 / *Romans,* 1:18-32 / *I Corinthians,* 8:9-13 / *Galatians,* 5:16-21 / *Colossians,* 3:5-7 / *I Timothy,* 6:9-10 / *James,* 2; 4:1-6 / *I Peter,* 5:8-9 / *II Peter,* 2:10-22
16 Augustine, 12-16, 55-56, 103-111, 176-183, 434-437, 476, 582-583
17 Aquinas, 263, 331-333, 488-489, 581-585, 614-615, 802-803
18 Aquinas, 137-178
19 Dante, 1-44 passim, 45-89 passim
19 Chaucer, 373-378, 393-397, 470-471
20 Calvin, 68-70, 96-100
21 Hobbes, 138-139
24 Shakespeare, 66-67
25 Shakespeare, 183-184, 187-188, 421-423, 573
29 Milton, 175-177, 356-358
30 Pascal, 19-26, 29-61, 66-70, 91-111 passim
45 Goethe, xxi-xxii
52 Dostoevsky, 68-70
59 Pirandello, 251-252
59 Joyce, 570-576 esp 574-575, 593-594, 601

4c. **Pride as the principle of sin: the tragic fault of *hubris***

Old Testament: *Psalms,* 10:1-6; 12:1-5 / *Proverbs,* 16:18-19; 21:4 / *Isaiah,* 2:11-17; 10:12-15; 14:4-22; 16:6-7 / *Jeremiah,* 48:26,29-31 / *Ezekiel,* 16:49-50 / *Daniel,* 5:18-20
Apocrypha: *Ecclesiasticus,* 10:7-18; 11:30-31; 13:1
New Testament: *Luke,* 18:10-14
3 Homer, 1-12, 97-111
4 Aeschylus, 13-25, 30-33, 40-53, 64-65
4 Sophocles, 111-132, 160-161, 175-194
5 Herodotus, 217
16 Augustine, 108-110, 399, 455
18 Aquinas, 148-149, 175-176
19 Dante, 31, 56-60
19 Chaucer, 351-361
20 Calvin, 9-10, 102, 103-104, 334-335
25 Shakespeare, 117-118, 572
29 Milton, 93-110, 111-113, 117-119, 153-155, 188-195, 249-251
30 Pascal, 245-247
34 Swift, 183-184
52 Dostoevsky, 136-141, 176
55 Barth, 452-453, 499-500
58 Huizinga, 253-254
59 Shaw, 99, 102-103
59 Joyce, 573-574

4d. **The consequences of actual sin: the loss of charity and grace**

Apocrypha: *Ecclesiasticus,* 21:2-3
New Testament: 27:3-5 / *Romans,* 1:16-32; 7:5-13
16 Augustine, 438-442, 588-589
17 Aquinas, 334-337
18 Aquinas, 178-192, 225-226, 338-347 passim, 499-500
19 Dante, 1-44, 58-59
20 Calvin, 157
29 Milton, 299-333
30 Pascal, 19-26, 28-31, 36-61
47 Dickens, 394-399 passim
59 Joyce, 580

4e. **The prevention, purging, and forgiveness of sin: purification by sacrifice; the sacrament of penance; contrition, confession, and absolution; excommunication**

Old Testament: *Exodus,* 29:36-37; 30:10-16 / *Leviticus* passim / *Numbers,* 5:5-9; 6:9-12; 15:22-29; 19:1-10 / *Deuteronomy,* 21:1-9 / *I Kings,* 8:31-50 / *II Chronicles,* 6:24-42; 7:12-14; 29:21 / *Psalms,* 32:1-5, 10; 51; 69:5-13 / *Isaiah,* 1:16-20; 58:1-7 / *Ezekiel,* 43:18-27 / *Daniel,* 9:3-20 / *Joel,* 1:8-15; 2:12-17 / *Jonah,* 3 / *Micah,* 6:6-8
Apocrypha: *Ecclesiasticus,* 17:24-26; 28:2-5; 34:18-19,25-26
New Testament: *Matthew,* 3:1-12 / *Luke,* 7:35-50; 13:1-5; 15 / *Acts,* 8:9-24 / *Romans,* 2:4-6 / *I Corinthians,* 6:9-11 / *Hebrews,* 5:1-10; 7:20-10:18 / *James,* 4:8-10 / *Revelation,* 3:1-6, 19
3 Homer, 106-107
4 Aeschylus, 88-89, 90-103
4 Euripides, 469-471
16 Augustine, 34, 82
18 Aquinas, 191-192, 272-276, 855-884
19 Dante, 34-35, 48, 50-51, 55-56, 73
19 Chaucer, 372-373
20 Calvin, 95-96, 157, 280-324 esp 289, 297-308, 318-324, 336-340, 372-373, 400, 433-438
23 Erasmus, 18-19, 39
23 Montaigne, 429-436
25 Shakespeare, 56, 503-504
27 Cervantes, 500-502

29 Milton, 298-300, 350-351
30 Pascal, 28, 62-64, 132, 344, 348-349
31 Molière, 63-65, 90, 132-134
37 Gibbon, 199, 452
38 Gibbon, 384-385
43 Hegel, 371
48 Melville, 21-23
51 Tolstoy, 476-478
52 Dostoevsky, 23-26, 68-70, 175-177
55 Barth, 477, 488-489, 501-502
58 Frazer, 15-16
58 Weber, 185
58 Huizinga, 252, 337
59 Shaw, 53, 116-118
59 Joyce, 586, 593-598, 600-601
60 O'Neill, 283-288

5. **The remorse of conscience and feelings of guilt: the psychogenesis and pathological expression of the sense of sin**

Old Testament: *Psalms*, 37 / *Joel*, 2:12-13
Apocrypha, *Wisdom of Solomon*, 5:1-13; 17 / *Ecclesiasticus*, 14:1-2 / *Maccabees*, 6:1-15
New Testament: *Matthew*, 27:3-5 / *Luke*, 15:11-32 / *John*, 8:1-9 / *II Corinthians*, 7:8-12
4 Sophocles, 171-174
4 Euripides, 444-445, 469, 530-532, 555-562
5 Herodotus, 9-10
8 Aristotle, 419-420
14 Tacitus, 87
16 Augustine, 15-16, 34, 438-440
18 Aquinas, 997-1000
19 Dante, 39, 83-86
19 Chaucer, 371
20 Calvin, 90, 156-157, 264-270, 281-282, 283-284, 287-289, 295-296, 303-306, 408-410
23 Montaigne, 61, 214-216
24 Shakespeare, 114-115, 145, 396-397, 412
25 Shakespeare, 46, 53-54, 291-292, 296-297, 298-299, 306-307, 479
28 Spinoza, 674
29 Milton, 37-38
33 Locke, 106
39 Kant, 306-307, 333-334, 374-379
40 Mill, 458-459
43 Hegel, 322, 376
45 Goethe, 43-44, 46, 53-54, 54-57
46 Eliot, George, 497-498
47 Dickens, 24-25
48 Twain, 361-362
49 Darwin, 312-314
51 Tolstoy, 248-250, 320-323, 370-372, 406-410, 505-511 passim, 549-551
52 Dostoevsky, 99-114 passim, 164-171, 227-228, 332-335, 352-362, 420-427
54 Freud, 582, 690-691, 703, 706-707, 712-715, 792-799, 852
58 Huizinga, 251-253
59 Shaw, 119-120, 126
59 Joyce, 580, 585-586, 587-588, 591-598

60 O'Neill, 264-288 esp 271-275, 283-288

6. **Guilt and the punishment of sin**

6a. **Man's freedom in relation to responsibility and guilt for sin: divine predestination or election**

Old Testament: *Deuteronomy*, 30:15-20 / *Psalms*, 81:11-12 / *Isaiah*, 6:8-10
Apocrypha: *Ecclesiasticus*, 15:11-20
New Testament: *Matthew*, 13:13-15 / *John*, 10:26-29; 12:37-40; 13:18-27 / *Acts*, 4:27-28 / *Romans*, 1:16-32; 9:9-24; 11 passim / *Ephesians*, 1:3-12 / *II Thessalonians*, 2:11-14
3 Homer, 73
4 Aeschylus, 75-89, 90-103
4 Sophocles, 111-132, 133-158
4 Euripides, 450-471, 555-584
11 Aurelius, 243-244
16 Augustine, 256-259, 401, 456-457, 661-662, 694-695
17 Aquinas, 116-117, 128-130, 134-135, 142-143, 323-324
18 Aquinas, 123-124, 128-137, 150-151, 152-162
19 Dante, 65, 67-68, 90-91, 94-95, 115-116
20 Calvin, 88-91, 96-100, 109-128 esp 122-123, 218, 247-248, 284-286
28 Descartes, 315-319 passim
29 Milton, 93-333, 340-341, 347-348
30 Pascal, 155-157, 158-159
33 Hume, 485-487
39 Kant, 594
51 Tolstoy, 689
52 Dostoevsky, 127-141
54 Freud, 581-582
55 Barth, 466, 503-504, 531
58 Weber, 231
59 Joyce, 578-579

6b. **Collective responsibility for sin: the sins of the fathers**

Old Testament: 20:5-6; 34:6-7 / *II Samuel*, 21:1-9 / *II Kings*, 14:1-6 / *Psalms*, 109:1-16 / *Jeremiah*, 31:29-30 / *Ezekiel*, 18
Apocrypha: *Wisdom of Solomon*, 3:11-13 / *Ecclesiasticus*, 41:5-7 / *Baruch*, 3:7-8
New Testament: *Romans*, 5:12-19
4 Aeschylus, 26-39, 54-74, 75-89, 90-103
4 Sophocles, 111-132, 133-158, 159-174, 195-215
4 Euripides, 533-554, 555-584
5 Herodotus, 237-239
5 Thucydides, 380
16 Augustine, 416-417, 433, 500-501
18 Aquinas, 162-167, 191-192
20 Calvin, 174-175
24 Shakespeare, 554
29 Milton, 141-142
51 Tolstoy, 606-607
52 Dostoevsky, 128, 156-157, 328-329

60 O'Neill, 198–204, 263–265, 273–275, 286–288

6c. **The temporal punishment of sin: divine scourges; the mortification of the flesh**

Old Testament: *Genesis*, 3:9–19; 4:8–15; 6:1–7, 11–13; 18:20–19:29 / *Exodus*, 7–12; 14; 22:18–20,22–24; 32 / *Leviticus*, 10:1–3; 18:24–30; 20; 24:10–23; 26 / *Numbers*, 12; 14; 15:32–36; 16; 21:5–9; 25 / *Deuteronomy*, 4:20–31; 11:16–17; 28:15–68; 29:16–29 / *Joshua*, 5:6; 7 / *Judges*, 9 / *I Samuel*, 3:11–15; 5; 15; 28:3–20 / *II Samuel*, 6:6–8; 12; 21:1; 24 / *I Kings*, 8:31–53; 9:6–9; 11; 13; 14:7–16; 16:1–13; 21:18–24 / *II Kings*, 5:20–27; 9:1–10:11; 17:6–18:12 / *I Chronicles*, 10; 13:9–11; 21 / *II Chronicles*, 6:24–42; 12; 21:12–20; 26:16–21; 36 / *Job* passim / *Psalms*, 11; 21; 37; 89:28–33; 94 / *Proverbs*, 1:20–33; 2:10–22; 3:33–35; 5:3–14,21–23; 10–30 passim / *Ecclesiastes*, 8:11–13 / *Isaiah* passim / *Jeremiah* passim / *Lamentations* passim / *Ezekiel*, 3–39 passim / *Daniel*, 4; 5:17–30; 9:3–20 / *Hosea* passim / *Joel* passim / *Amos* passim / *Obadiah* / *Jonah*, 3 / *Micah* passim / *Nahum* passim / *Habakkuk* passim / *Zephaniah* passim / *Zechariah*, 9:3–6; 11:1–9

Apocrypha: *Tobit*, 3:1–6 / *Judith*, 5:17–18; 8:18–25; 9; 11:9–19 / *Wisdom of Solomon*, 1:12–16; 3:9–19; 5:17–6:9; 10:1–8; 11:9–20; 12; 14:7–31; 15:18–16:19; 17; 18:10–19:22 / *Ecclesiasticus*, 10:13–16; 16:6–13; 23:18–26; 27:25–28:6; 39:27–30 / *Baruch*, 1–5 passim / *I Maccabees*, 2:62–63; 6:1–16 / *II Maccabees*, 6:12–17; 7:31–38; 9; 12:40–42

New Testament: *Acts*, 12:20–23; 13:4–12 / *Revelation*, 8–9; 11; 16–18

4 Aeschylus, 13–25, 26–39, 40–53, 54–74, 75–89, 90–103
4 Sophocles, 111–132, 133–158, 159–174, 175–194
4 Euripides, 450–471, 472–493, 555–584
5 Herodotus, 70–71, 95, 103, 159, 199, 201–202, 246–247, 283
13 Plutarch, 107
16 Augustine, 590, 644–646
18 Aquinas, 188
19 Dante, 50–51, 111–112, 113, 124–125
19 Chaucer, 353–360, 373–378
20 Calvin, 135–136, 267, 288–289, 310–317, 438–439
21 Hobbes, 160–161, 163–164
28 Bacon, 204–205
29 Milton, 354–355, 364–365, 376
31 Molière, 87–89
33 Locke, 1–2, 5–6, 14–15
35 Montesquieu, 85–86
37 Gibbon, 188, 198–200, 302–303
38 Gibbon, 93–94 passim
41 Boswell, 314–315
47 Dickens, 403
48 Melville, 18–23
52 Dostoevsky, 32–34
58 Huizinga, 254–255

6d. **The eternal punishment of sin: the everlasting perdition of the unrepentant in hell**

Old Testament: *Psalms*, 9:16–17 / *Proverbs*, 7:6–27 / *Isaiah*, 33:10–14

Apocrypha: *Judith*, 16:17 / *Wisdom of Solomon*, 4:16–20; 5:1–14 / *Ecclesiasticus*, 7:16–17

New Testament: *Matthew*, 5:29–30; 11:20–24; 25:31–46 / *Mark*, 9:42–49 / *Luke*, 16:19–26 / *II Thessalonians*, 1:7–9 / *Hebrews*, 10:26–31 / *James*, 5:1–6 / *Jude*, 6–13 / *Revelation*, 2:20–23; 14:9–11; 19:17–20:15; 21:8

3 Homer, 417
4 Aristophanes, 800–801
11 Lucretius, 41–42
16 Augustine, 415–416, 421, 446–447, 599, 614–615, 632–661
17 Aquinas, 42–43
18 Aquinas, 187–189, 897–900, 1066–1085
19 Dante, 1–44
19 Chaucer, 393–397
20 Calvin, 204–205, 240–243
21 Hobbes, 193–195, 253–255
22 Rabelais, 119–122
29 Milton, 93–125, 152–155
41 Boswell, 363
52 Dostoevsky, 10–11, 177–178
58 Huizinga, 336
59 Shaw, 125
59 Joyce, 578–580, 582–585

6e. **The purifying punishments of purgatory**

Apocrypha: *II Maccabees*, 12:43–46
12 Virgil, 192–193
16 Augustine, 626–628, 644–645
18 Aquinas, 886–887, 891–893
19 Dante, 45–89
20 Calvin, 320–324
21 Hobbes, 244, 250–251, 255–258
38 Gibbon, 234, 520
41 Boswell, 173
52 Dostoevsky, 357–358

7. **Grace and good works in relation to salvation from sin: justification by faith alone**

Old Testament: *I Kings*, 8:33–39,46–50 / *II Chronicles*, 6:20–30,36–39 / *Psalms*, 32:1–5; 51; 78:38; 103:1–13; 130 / *Hosea*, 14:1–7 / *Micah*, 7:18–20

Apocrypha: *Ecclesiasticus*, 16:11–14; 18:11–14

New Testament: *Matthew*, 6:12, 14–15; 9:2–6; 18:21–35 / *Luke*, 1:77–78; 6:36–37; 7:37–50 / *John*, 3:16–17 / *Acts*, 15:1–11 / *Romans*, 3–8, 9:15–18; 9:30–10:21; 11:5–32 / *II Corinthians*, 5:15–6:2 / *Galatians*, 2:16–21; 3:13–14 / *Ephesians*, 1:1–10; 2:4–9 / *Titus*,

2:11-14; 3:3-8 / *Hebrews*, 8:1-10:22 / *James*, 1:22-27; 2:14-26 / *II Peter*, 1:3-11 / *I John*, 3:1-10
- 16 Augustine, 15, 433, 446-447, 450, 455, 579-582, 644, 646-647, 694-695
- 17 Aquinas, 318-321
- 18 Aquinas, 64-65, 344-347, 352-353
- 19 Dante, 1-3, 4-5, 10-12, 30, 45-89, 126-127, 131-132
- 19 Chaucer, 452, 470-471
- 20 Calvin, 128-134, 146-150, 167-171, 194-196, 247-250, 270-271, 290-291, 308-324, 336-340, 438-441, 445-455
- 24 Shakespeare, 554
- 29 Milton, 66, 136-144, 274-276, 297-298, 328-332
- 30 Pascal, 1-13, 15, 19-26, 29-34, 65, 78-80, 155-157, 158-159
- 38 Gibbon, 233-234
- 43 Hegel, 371
- 43 Kierkegaard, 410-411, 422-423, 427-429
- 47 Dickens, 163
- 52 Dostoevsky, 171-177, 188-200
- 53 James, William, 200
- 55 James, William, 60-63
- 55 Barth, 451-456 esp 452-454, 473-474, 486, 489-490, 501-502, 503-504, 513, 526-527, 529-532
- 59 Shaw, 125
- 59 Joyce, 573-575, 597-598

交叉索引

以下是与其他章的交叉索引：

The meaning of sin, and the difference between sin and crime or vice, see LAW 3a-3b, 6e-6e(3); PUNISHMENT 3b, 5b; RELIGION 2; VIRTUE AND VICE 1, 8a-8b.

The doctrine of original sin, see ANGEL 5a; GOOD AND EVIL 3f; MAN 9b-9b(2); VIRTUE AND VICE 8a; WILL 7e(1); the conditions of man's atonement for and remission from original sin, see GOD 9c, 9e; RELIGION 2c.

Religious rebirth or regeneration, see RELIGION 2f.

The causes and consequences of actual or personal sin, see GOOD AND EVIL 3f; VIRTUE AND VICE 8b; WILL 8b(1).

Man's salvation from sin, and the issue of grace and good works, see GOD 7d; LIBERTY 5c; NATURE 6b; PUNISHMENT 5c; VIRTUE AND VICE 8b.

Sanctity and heroic virtue, see PLEASURE AND PAIN 7b; RELIGION 3d; TEMPERANCE 6a; VIRTUE AND VICE 8f-8g.

Man's freedom and responsibility for sin in relation to divine predestination, see FATE 4; GOD 7f; LIBERTY 5a-5b; PUNISHMENT 2a; WILL 5b(4), 7e(2).

The divine punishment of sin, both temporal and eternal, see ETERNITY 4d; GOD 5i; HAPPINESS 7c(3); IMMORTALITY 5d-5e; PUNISHMENT 2, 5d-5e(2); VIRTUE AND VICE 8c.

Sin in relation to duty, honor, conscience, and abnormal feelings of guilt, see DUTY 4-4b; HONOR 2a; PUNISHMENT 5c, 6.

扩展书目

下面列出的文著没有包括在本套伟大著作丛书中，但它们与本章的大观念及主题相关。书目分成两组：

Ⅰ. 伟大著作丛书中收入了其部分著作的作者。作者大致按年代顺序排列。

Ⅱ. 未收入伟大著作丛书的作者。我们先把作者划归为古代、近代等，在一个时代范围内再按西文字母顺序排序。

在《论题集》第二卷后面，附有扩展阅读总目，在那里可以查到这里所列著作的作者全名、完整书名、出版日期等全部信息。

I.

Plutarch. "On Love of Wealth," in *Moralia*
Augustine. *Against Two Letters of the Pelagians*, BK IV, CH 7
——. *Of Marriage and Concupiscence*, BK II (XXIV)
——. *On Baptism, Against the Donatists*
——. *On Free Will*, BK III, CH 14
——. *On the Grace of Christ and on Original Sin*
——. *On the Merits and Remissions of Sins*
——. *Reply to Faustus*, BK XXII
Thomas Aquinas. *Quaestiones Disputatae, De Malo*, QQ 2-5, 7-15
——. *Summa Contra Gentiles*, BK III, CH 139-162; BK IV, CH 50-52
——. *Summa Theologica*, PART II-II, QQ 161-165
——. *Truth*, Q 17
Calvin. *Commentaries on the Epistle of Paul the Apostle to the Romans*, CH 5 (12)

Hobbes. *The Elements of Law, Natural and Politic,* PART I, CH 7
——. *Philosophical Rudiments Concerning Government and Society,* CH 14
Bacon, F. "Of Envy," in *Essayes*
Spinoza. *Correspondence,* XIX, XXI
Voltaire. "Conscience," "Original Sin," in *A Philosophical Dictionary*
Kierkegaard. *The Concept of Dread*
——. *The Sickness unto Death,* SECT II
Nietzsche. *On the Genealogy of Morals,* II
Ibsen. *Ghosts*
James, W. *The Varieties of Religious Experience,* LECT VI–VII
Freud. *The Future of an Illusion*
——. *Totem and Taboo*

II.

THE ANCIENT WORLD (TO 500 A.D.)

Pirke Aboth (Sayings of the Fathers), CH 4 (5)

THE MIDDLE AGES TO THE RENAISSANCE (TO 1500)

Abelard. *Ethics (Scito Teipsum)*
Albertus Magnus. *Summa Theologiae,* PART I, Q 26, MEMB I, ART 2 (2)
Albo. *Book of Principles (Sefer ha-Ikkarim),* BK IV, CH 5–6
Anselm of Canterbury. *Cur Deus Homo?*
——. *De Conceptu Virginali et Originali Peccato*
Bacon, R. *Opus Majus,* PART VII
Benedict of Nursia. *The Rule*
Bonaventura. *Breviloquium,* PART III, V
Francis of Assisi. *The Rules*
Gregory the Great. *Morals,* BK XXXI
Langland. *Piers Plowman*
Maimonides. *The Guide of the Perplexed,* PART III, CH 40–41
Sa'adia ben Joseph. *The Book of Beliefs and Opinions,* TREATISES IV–V
Thomas à Kempis. *The Imitation of Christ,* BK I

THE MODERN WORLD (1500 AND LATER)

Baudelaire. *Flowers of Evil*
Baxter. *The Saints' Everlasting Rest*
Bossuet. *Traité de la concupiscence*
Bunyan. *The Pilgrim's Progress*
Clarke, J. *An Inquiry into the Cause and Origin of Evil*
Coleridge. *The Rime of the Ancient Mariner*
Edwards, J. *Original Sin*
Flaubert. *The Temptation of Saint Anthony*
Greene. *Brighton Rock*
Hardy, T. *The Mayor of Casterbridge*
Hawthorne. *The Scarlet Letter*
Ignatius of Loyola. *Spiritual Exercises*
Law. *A Serious Call to a Devout and Holy Life*
Leibniz. *Discourse on Metaphysics,* XXX–XXXII
Lewis, C. S. *Perelandra*
——. *The Screwtape Letters*
Luther. *The Schmalkald Articles,* PART III
——. *Table Talk*
——. *A Treatise on Christian Liberty*
Malebranche. *The Search After Truth,* BK II (I), CH 7 (5)
Marlowe. *The Tragical History of Doctor Faustus*
Moravia. *The Woman of Rome*
Newman. *Lectures on the Doctrine of Justification*
Niebuhr. *The Nature and Destiny of Man,* VOL I
O'Connor. *Wise Blood*
Péguy. *Men and Saints* (Mortal Sin and Leprosy)
Royce. *Studies of Good and Evil*
Sartre. *No Exit*
Schopenhauer. *The World as Will and Idea,* VOL I, BK IV (65)
Suárez. *Disputationes Metaphysicae,* XI (1–3), XIX (7)
Taylor, J. *Of Holy Dying*
——. *Of Holy Living*
Tennant. *The Concept of Sin*
Tsanoff. *The Nature of Evil*
Whewell. *The Elements of Morality,* BK II, CH 13–17

87

奴隶制 Slavery

总 论

就正义诸原则似已达成实质性共识的道德学家和政治哲学家们,在奴隶制是否正义这一问题上则有明显分歧。在奴隶制这一术语的两种意义上,人们都近乎一致对之加以谴责,这种一致使得奴隶制是否正义问题上的分歧更为醒目。

正如在**暴政与专制**这一章中所表明的,生活于专制统治之下的人们的生存状况一般被视作一种奴隶状态,它不仅包括政治自由的丧失,也包括遭受的其他虐待或伤害。可能除霍布斯——他说道,独裁仅仅是为君主制所"厌恶的"——之外,从柏拉图、亚里士多德到卢梭、黑格尔和穆勒,在论述奴隶制时,没有哪位伟大著作的作者不将其视作对统治权的滥用——非正义、无法无天、非正当性。对他们而言,独裁的罪恶在于,它奴役那些本应自由的人,他们应当自己治理自己,或至少应当为了他们自身的利益而被统治,而不应受一个为了一己私利而利用他们的统治者的剥削。

某些作者,如孟德斯鸠,倾向于区别专制与暴政,但却很少看到被征服与奴役状态之间的差异,而是将两者都视作退步。然而,孟德斯鸠——以及亚里士多德——同样认为,对人类的某些种族而言,被征服或奴役可能被证明是正当的。此后,穆勒提出一种可堪比照的观点认为,在政治发展的某一阶段,对某个正准备获得公民权的人而言,被征服在一段时间内可能是必要的。此处隐含着在政治状态中的两种基本区分——奴役与被征服、被征服与公民身份,这两种基本区分在**公民**一章做了充分的阐述。这些区分中的第一种涉及处于暴政和处于仁慈的专制状态之下的人们之间的差别,第二种则涉及处于独裁统治和处于宪政统治之下的人们之间的差别。

"奴隶制"一词的另一种意义似乎常常在罪恶的意蕴上被使用。此含义见诸奥古斯丁所说的,人之所以成为欲望的奴隶,乃是原罪的一个结果;同时也见诸斯宾诺莎就人的奴役所作的阐述——为激情暴虐所奴役的人们的生存状态——相较于处在理性统治之下的人的自由。奴隶制的此种意义在其他几章,如**情感**与**自由**两章中亦有论及。

激情暴虐导致的奴役状态是一种任何人都可能遭遇的无序状态,它根源于所有人共有的人性中的一个弱点。类似地,处于暴政统治之下的人民整体的奴役状态是一种对该共同体的所有成员,而不仅仅是某些成员的统治权滥用。但是,无论奴隶制何时得到辩护,它都只是在一个共同体内被某些人而非所有人证明是正当的;或者,即便被某一群体证明是正当的,但也并非意味着全人类,而仅仅是某些人在某些条件下证明为正当的。因此,就奴隶制而言,正义的基本问题在于,是否某些人应当是奴隶,或者所有人都应当自由,而非是否所有人都应当是奴隶,或者所有人都应当自由。

某一共同体内某些人的奴役状态和对某一群体的奴役之间的区分,似乎涉及经济奴役与政治奴役之间的区别。根据"经济"一词的古老含义,经济奴隶是指家庭或家族的奴隶。亚里士多德写道,"一个完整的家庭,由奴隶和自由人组成",一个家庭的成员是"主人和奴隶、丈夫和妻子、父亲和孩子"。

一般地,对亚里士多德和其他思想家而言,动产奴隶与自由人之间的区分表明的是经济的而非政治的地位差别。这一点似乎可由下述事实说明:在某些类型的寡头制政体下,自由人被排除在公民资格享有者之外而并不因此变成奴隶。但在所有古代共和国中,无论是民主制的还是寡头制的,动产奴隶都无权获得公民资格。

虽然主人与奴隶之间的关系在本质上是经济的而非政治的,但在国家中,一些人除了作为他人的仆人外,并无任何其他职责。在此意义上,此种奴隶制包含一种政治的维度。亚里士多德认为,他们为国家所必需,但并非如公民一般是国家的一部分。他说:"这些必需的人,或者是满足个人需要的奴隶,或者是作为该共同体的仆人的技工或劳力。"

经济奴隶制的标志似乎是人们所做工作的种类和他们劳动的条件,而政治奴隶制则似乎取决于人们所过生活的种类和他们在社会中生活的状况。经济奴隶通过他的工作服务于主人,政治奴隶则生活于暴君的统治之下。在亚里士多德看来,只有那些在经济上独立、有东西可失去的人才可能免受暴君的奴役。"如果能够逃脱它,没有哪个自由人愿忍受此种统治。"他写道,野蛮人"天生就是奴隶",他们并不反抗暴政。在一些人生而自由的地方,也存在妇女与奴隶之间的自然区分。"但是,在野蛮人中,"在亚里士多德看来,"妇女与奴隶之间并无差别,因为他们中并不存在自然的统治者:他们是一个奴隶的共同体,男人和女人的共同体。"凡勃论在《有闲阶级论》一书中,对奴隶制做出了一种纯经济学的解释:"有理由相信,所有权制度始于对人——主要是妇女——的所有权。获得此类财产的动机显然是:(1)一种支配与强迫他人的倾向;(2)这些人的效用作为所有者具备的权威的证明;(3)他们的服务的效用。"

经济奴隶制——可以包括马克思所称的无产阶级工资奴隶,以及动产奴隶和其他农奴制形式——与受到暴君奴役的人所处政治状况之间的差异,似乎并不影响该正义问题。如霍布斯、洛克认为,战争中的失败者必须为通过屈服于奴隶制而被容许生存支付代价,但他们似乎并不关注这是一种以一个主人的私人性占有形式存在的奴役,还是征服国对某一群体人民的征服。又如亚里士多德和孟德斯鸠认为,一些人或者一些种族生来具有奴性,但他们似乎也没有为政治奴役提供理由——不同于他们为证明经济性奴役为正当所提供的理由。

影响关于奴隶制的正义问题的似乎是自然奴隶与由武力或法律所导致的奴隶之间的差别。这是两类人之间的差别,一类人生来就是奴隶(不仅仅是奴隶出身和转变为奴隶),一类人生来具有一种适合于自由的天性,但被贬为奴隶——或者是因为在他之前的父母是奴隶,或者是因为他被卖身为奴,或者是因为这样或那样的原因,他丧失了与生俱来的自由。

如果没有人生来便是奴隶,那么,正义仅有的问题关涉的是证明将自由人变为奴隶为正当的诸条件。即便存在自然奴隶,这些条件可能仍是仅有的问题,因为把那些生而为奴者当作奴隶对待不可能是非正义的,这并不更甚于把动物当作牲畜对待。

在上述两种情形中,可能需要考虑应当怎样对待奴隶或动物这一问题。"给予奴隶的正当待遇,"柏拉图在《法律篇》中断言,"是恰当地对他们实施行为,如若可能,甚至给予他们比给予我们同类更多的正义。"在柏拉图看来,正义也要求,如果一个奴隶或一只动物受到了任何损害,其主人应当就该损害做出赔偿。

我们已经注意到,对于自然奴隶,其主要问题在于一个事实。这一存有争议的事实关涉人的平等与不平等。所有人的平等基于他们对人性的共同拥有,在此之内,是不是一些人在利用理性方面,或者在过一种理性生活的能力方面生来就比其他人差呢?此种较差的状态是否会妨害他们指引他们自己的生活,或甚至阻碍他们自己所做的工作达致人的权力的自然实现这一目的呢?若如是,这类人由比他们强的人指引,经由服务他们并由此参与比他们强的人能够达致的更大的幸福,不是能够从中获益更大吗?

对于这些事实问题,亚里士多德在详尽阐述他的自然奴隶理论时似乎已经做出了肯定回答。如果事实确乎如此,那将不会出现正义问题,因为亚里士多德可能会说,"在现实中,天生的奴隶与天生的主人拥有相同的利益"。正是依据在主人与奴隶的关系中——当两者天生相互关联时——固有的正义,亚里士多德才能批判奴隶制的所有传统形式的非正义性。但是,正如亚里士多德自己所意识到的,我们必须面对此一事实问题。

亚里士多德问道:"存在想成为一个天生的奴隶的人吗?对他而言,这样一种生存状态是合宜、正当的吗?或者,所有奴隶制都是对自然的一种违犯吗?"亚里士多德承认,"其他人断言,一个主人对奴隶的统治违背自然,奴隶与自由人之间的差别的存在依据仅仅是法律,而非自然,此种统治乃是对自然的一种干涉,因而是不正当的"。他自己也质疑将战俘变为奴隶的正当性,因为那可能亵渎那些居于较高等级的人——他们不幸地被抓住或卖掉——的天性,但他认为,这种存在于男人与女人之间的相同差别——男人天生地位较高,而女人则较低;一种统治,而另一种被统治——能延伸至全人类。

"存在此一差别之处,"亚里士多德解释道,"正如存在于灵魂与躯体,或者男人与动物之间⋯⋯其中较低的类别天生是奴隶,对他们而言,与对所有处于较低等级的人一样,处于一个主人的统治之下可能会更好,因为他可能并因此是另一个人的人,从而参与一项能被充分理解的理性原则,但并不存在他生来便是一个奴隶这样一项原则。而较低等的动物甚至不能领会一项原则,它们只是服从其本能。确实,对奴隶和驯服的动物的利用并无非常不同,因为两者都以其身体满足生活的需要⋯⋯如果人与人之间的差别只在于他们身体的外形方面,以及上帝为人们制定的规约,那么,所有人都将承认,较低阶级应当是较高阶级的奴隶。而如果身体方面的此一差别是真实的,那么一种应当存在于灵魂之中的类似差别又正当多少⋯⋯显然,一些人生而自由,而其他人则生来是奴隶,对后者而言,奴隶制既是合宜的又是正当的。"

根据自然奴隶制理论,奴隶有一个主人与主人有一个奴隶一样好。此种利益的互惠并不发生在法律的或传统的奴隶制中。在这两类奴隶制中,奴隶是一件财产,一件物品。无论是依据自然还是依据制度,一个奴隶都不拥有他自己,他是另一个人的人。"他可能被称作另一个人的人,"亚里士多德说道,"作为一个人,他同时也是一件财产。"这意味着奴隶——包括他自己和他所拥有的——

完全属于其主人吗？在他是一项财产的意义上，他似乎属于他的主人，但并非全部——包括他自身和他所拥有的——在他是一个人的意义上。亚里士多德在说"奴隶是主人的一部分，是他的身架的一个活的但独立的部分"时并未引入此一限定条件，然而，他补充道："在主人与奴隶之间的关系合乎自然之处，他们是朋友，并拥有一种共同的利益，在它仅仅基于暴力与法律之处，相反的情形则是真实的。"

亚里士多德仔细考虑了自然奴隶与个人财产的其他形式——无论是家畜、役畜，还是在家庭中用于生产目的的无生命器具——之间的差别。他问道，奴隶拥有任何"超出且高于仅仅作为器具和仅仅具有辅助性品质"这种能在工具和动物中发现的优长吗？他们拥有德行吗？如果这样，那么"他们将在哪一方面区别于自由人"？

亚里士多德说道："既然他们是人，从而共享理性原则，那么说他们毫无德行似乎便是荒谬的。"——由此，他回答了上述问题——但由于他们中的这种理性原则是微弱的，而且仅仅存在于执行决定——而非做出决定或理解决定做出的目的——的能力之中。奴隶至多仅仅具备一种获得他所需德行的能力，此种德行如"使他避免因懦弱或缺乏自制力而未能履行其义务"。

更确切地说，这是因为奴隶只具备有限的能力和德行——这是他所必需的，也因为他通过拥有一个主人而获益。亚里士多德认为，奴隶比从奴役状态中解放出来的工匠更好。因为"奴隶参与其主人的生活，工匠与其雇主则是较不密切地联系着的，且仅仅达致与其成为一个奴隶相称的优秀程度。熟练的机械工处于一种专门且独立的奴隶状态，但依自然而存在的奴隶，如鞋匠或其他工匠则并非如此"。

工匠"独立的奴隶制"使得他在被利用的方式上更像一只动物或一件无生命的工具。因为在亚里士多德看来，他是一件生产工具，而自然奴隶经由不成为一种生产工具，而成为一种行动工具，参与其主人的生活。奴隶所从事的工作使得主人生活得更好——达致政治或沉思生活的幸福——以及，因为"生活是行动，而非生产⋯⋯奴隶是一个行动的仆人"。如果奴隶拥有他自身的特质，即追求人类幸福的能力，那么，他将不会生来便是一个奴隶，也不会被限于服务于他人的幸福这一优长。

亚里士多德说"奴隶和野蛮的动物不能构成国家"，因为"国家的存在，并非为了生活，而是为了达致良善的生活"，而奴隶"在幸福或一种拥有选择自由的生活中并不享有份额⋯⋯没人会在幸福中分配给一个奴隶一定份额，"亚里士多德在其他地方说道，"除非他在人类生活中也分配给奴隶一定份额。"然充其量，那一份额只可能来自主人的一部分，且增进主人的幸福。虽然，"在此范围内，天生的奴隶与天生的主人在现实中拥有相同的利益"，但是，对于奴隶所受的统治，"其行使主要是为了主人的利益"。

亚里士多德关于自然奴隶制的学说为一些人所反对，他们断言，所有人在他们共有的人性上基本平等，此外，他们坚持认为，作为个人，人们在天赋或能力上的不平等，不应当影响他们的地位，或者决定他们的待遇。在此基础上，罗马的斯多葛学派学者和基督教的神学家们——以及一些近代思想家，如卢梭、康德、黑格尔和穆勒——似乎承认，人生来自由。康德认为，自由属于"每一个人是由于其人性如此。确实，存在一种属于每一个人的与生俱来的平等，它存在于他独立于他人束缚的权利之中……存在于依据权利，他应当成为自己的主人"。"所有人都被认为拥有一种获得平等待遇的权利"，这似乎源自穆勒的一项原则——"一个人的幸福，在程度上被认为是平等的（尽管因种类不同而存在差异），而且此种平等确实与其他人拥有的一样多。"在他们的自由之中，"每个人对幸福的平等要求"包含"对达致幸福的所有方式的平等主张"。

虽然一些神学家们，如奥古斯丁和阿奎那否认奴隶制乃是依据自然而建立，但他们似乎并不认为它违背自然法或上帝的意志。一些存在以两种方式与自然法相一致，阿奎那说："首先，因为自然倾向于那里……第二，因为自然并不要求与之相对的存在。"正如我们所能说的，在第二种意义上，裸体是人的天性，"因为自然并未给予他们衣服，但技艺发明了它们"，所以，我们可以说，所有人生而自由，因为奴隶制并非依据自然而建立，"而是为了人类生活的利益而由人类理性创立"。

奴隶制度，即一个人属于另一个人并供其使用，似乎是由于人趋向堕落的本性所致，作为原罪应受惩罚的后果之一。如果一个人仍处于一种无知状态，那么他可以为了另一个人的利益而统治后者，但没人会是奴隶——他为了主人的利益而被使用——的主人。因为"每一个人都应属于他自己，屈服于另一个人乃是一件极严重的事情"。阿奎那接着说："此种统治必定隐含了一种加诸从属者之上的痛苦。"奴隶制的此一痛苦似乎反过来又隐含了一种与亚里士多德相对的观点，他认为，奴隶制符合某些天性，同时也是为了奴隶的利益。

"根据自然，当上帝最初创造我们时，"奥古斯丁写道，"没人是人的奴隶或罪的奴隶。"这两种奴隶制都是"由罪而非自然产生的"。它们都是对罪的惩罚。虽然在奥古斯丁看来，其中一种似乎比另一种更为严重。他说道，"成为一个人的奴隶乃是一件比成为一种欲望的奴隶更为幸福的事情，因为正是此种欲望的统治……以最残忍的统治彻底糟蹋了人们的心灵。此外，当人们在一种和平状态中服从于另一个人时，卑贱的地位给仆人带来的利与尊贵的地位给其主人造成的伤害是一样的"。

按照孟德斯鸠的观点，气候，而非罪，才是奴隶制的成因，同时也在某种程度上为其存在提供了辩解。虽然他认为，"奴隶制国家在本性上就是坏的，对主人与奴隶皆无用处"。与在他之前的希波克拉底一样，孟德斯鸠认为，亚洲人由于他们的身体状况而陷入被奴役的境地。"在亚洲的君主统治时期，"他写道，"存在一种他们始终无以摆脱的奴性的精神状态。"在亚洲的专制统治之下，所有人都生活在政治奴役的状态中，在那里，国内奴隶制比在任何其他地方都更可容忍。在那些国家中，"过度的炎热使得身体衰弱，也使人们如此怠惰而气馁，以致除了对体罚的畏惧外，再没有什么能迫使他们履行任何耗时费力的义务：奴隶制……更能与理性相调和"。

孟德斯鸠似乎有所保留地接受了亚里士多德的学说。"亚里士多德竭力证明存在自然奴隶，但他所说的远不足以证明这一点。如果存在任何此种情形，我相信，他们是我一直在谈论的那些人。"奴隶制既是自然的，又是非自然的。"因为所有人生而平等，"孟德斯鸠断言，"奴隶制必须被视为非自然的，尽管在一些国家中它建立在自然理性的基础之上……自然奴隶制由此将被限制于世界上一些特定的地区。"但在论证欧洲人"使黑人成为奴隶"的权利时，他以一种含糊其辞的评述作结，即"对我们而言，不可能假定这些生物是人,因为假若承认他们是人,一种疑虑——我们自己并非基督徒——将随之产生"。

论及19世纪中期美国的状况时,托克维尔比较了土著印第安人和输入的非洲黑人的地位。"印第安人如他们所过的生活一般在隔离状态下死去,但黑人的命运却在某种意义上与欧洲人的命运相关联。这两个种族相互分离而未融合,对他们而言,完全分离与完全融合一样困难。"他进而说道,"对美国未来产生威胁的最难应付的罪恶是黑人在他们国土上的存在"。而20世纪在种族融合方面的艰难努力是否能够最终消除种族隔离这一罪恶现象仍有待观察。

黑格尔关于欧洲人对非洲黑人的奴役的评论有所不同。"这可能是坏的,"他写道,"但他们在其自己国土上的境况甚至更坏,因为在那里奴隶制近乎绝对地存在着。"虽然黑格尔认为黑人天生被奴役,但他认为"该'自然状态'本身乃是一种绝对的、彻头彻尾的非正义"。然而,要消除此种非正义殊非易事。为了自由,"人必须是深思熟虑的,"黑格尔写道,"因此,逐步废除奴隶制比骤然地消除它更明智,也更公平合理。"

托克维尔在古代奴隶制和近代奴隶制之间做了区分。该区分乃是基于这一事实"在古代,奴隶与其主人属于同一种族,主人通常在教育与教化方面优于奴隶⋯⋯在近代,奴隶与其主人的区别不仅体现在自由的缺乏,也体现在他的出身。你可以使黑人自由,但你不能阻止他们面对欧洲人而不感到他们是异族人"。

与黑格尔类似,穆勒也将奴隶制视作某些人从野蛮状态向政治生活升华过程中的一个阶段,他同时坚持认为,向自由的过渡必须逐步实现。他说道:"一件所谓的真正的奴隶财产,是一种尚未学会自助的存在。毫无疑问,他正处于一种超越野蛮人的阶段,尚未接受有待获得的政治生活的初步教育,他却已经学会了服从。但他所服从的仅仅是一种直接的命令。天生的奴隶的特质是不能使他们的行为合乎一项规则,或者一部法律,⋯⋯他们必须被教会自治,而在它的初始阶段,这意味着依照一般性指示行事的能力。"正如黑格尔和穆勒所主张的,为将人作为奴隶进行统治的非正义性所做的偏袒性辩护这一点恰恰为卢梭所反对。

在卢梭看来,一些人生来是奴隶这一观念,无论是在亚洲还是在欧洲,似乎都是错误的。此种观念源于这一事实:那些因武力而被贬为奴隶的人已将其本性贬为奴性。他说,亚里士多德"犯了'倒果为因'的错误。没什么能比每个在奴隶制之下出生的人生来应受奴役更确切。奴隶在他们的锁链中失去了一切,甚至包括逃脱它们的念头⋯⋯而如果存在天生的奴隶,那是因为已经存在违背自然的奴隶。武力创造了第一个奴隶,而他们的懦弱使这种状态持久化"。

他认为那是诡辩术,对哲学家而言,"将一种奴役的自然倾向归因于一个人是因为,在他们的观察中,奴隶被认为有耐力忍受枷锁;他们未能考虑到,拥有自由与无罪和拥有美德一样,而价值仅仅为那些拥有它们的人所知晓,当他们被剥夺自我时也就被剥夺了对自由的追求"。

作为一种社会制度或法律制度的奴隶制问题,似乎不能由这些人所抱持的自然奴隶观解决。亚里士多德认为,只有自然奴隶才被证明是正当的,一些批评"声称在他们自己的案件中存在非正义、不得当,但他们并不为其在上述案件中对他人的行为感到羞愧,他们只是要求对他们自己正义的统治",他写道,"但是,在其他人关注的方面,他们对此毫不关心。此种行为是不合理的,除非一方天生是奴隶,另一方不是。"而这不能由征服决定。因此,亚里士多德质疑"在战争中获得的一切被认为是属于征服者"这一惯例,或者"因为一个人拥有实施暴力的权力,同时在体力上占据优势,由此另一个人应当是他的奴隶和臣民"这一原则。那些"假定符合战争惯例的奴隶制可由法律赋予正当性"的人将面临亚里士多德提出的这一问题:"要是战争的起因是非正义的,又会怎样呢?"

霍布斯和洛克似乎持相反观点。人在自然状态中是自由的,虽然他们实际所能享有的自由至多只以他们有能力获得者为限。然而,他们在权力方面天生的不平等并未确立这样一项自然权利——强者一方可以奴役弱者一方。霍布斯将支配或者他所称的"专制统治"的权利不仅建立于在战争中取胜这一基础上,也建立于一个战败者自愿达成契约这一基础上,"战败者为了避免当时在死亡边缘的挣扎……只要能够容许他保全生命和身体的自由,战胜者将由此拥有任意使用他的权力"。只有"在达成这一契约之后,战败者才是一个仆人,而非在此之前……因此,并非胜利,而是战败者自己的契约,赋予了战胜者统治战败者的权力"。当霍布斯说"仆人"时,他意指动产奴隶,这似乎体现在他的这段论述中:"仆人的主人同样是仆人所拥有的一切的主人,换言之,包括他的财产、他的劳动、他的仆人以及他的孩子,通常只要主人认为合适,便可以要求使用它们。"

洛克不同意霍布斯所主张的"一个人为了避免死亡,能够通过签订一项成为一个奴隶的契约,赋予另一个人奴役他的权力"。"一个人对他自己的生命并不拥有权力,"他写道,"不能通过协议,或者他自己的同意,使自己成为任何人的奴隶……任何人都不能赋予别人比他自己所拥有的更多的权力,并且,他不能夺去他自己的生命,不能赋予另一种超越它的权力。"正如在古犹太人中,人们为了偿还一笔债务,可以出售自己去提供暂时的服务。但这只是一种苦役,而非奴隶制,"被出售的人并非处于一种绝对的、恣意的、专制的权力之下,因为其主人在任何时候都不拥有杀害他的权力,在某一时刻,其主人将被迫让他从其服务中解放出来"。阿奎那赞同这样一种观点,没有哪个犹太人"能够绝对地拥有一个犹太人作为其奴隶,而只能是在一种有限的意义上,在一段时间内将其作为一个给钱就什么都愿干的人。而在这方面,法律允许一个人出于贫困所迫,可以出卖他的儿子或女儿"。

对洛克而言,绝对的奴隶制"除了是一个合法的征服和被征服者之间一种持续存在的战争状态之外,什么都不是"。他认为,杀害一个暴力侵犯者是合法的,"因为对于那样一种危险而言,他只是使自己面临由任何一个人引入的一种战争状态,并在其中扮演侵犯者角色"。但是,一个已经放弃他的生命的人也必定放弃他的自由。由此,奴隶是那样一些人,"他们在一场正义的战争中被俘虏,根据自然权利,服从他们主人绝对的统治和专断的权力"。相较于有限的奴役状态——一个人可以签订工资协议,绝对奴隶制"仅仅是——当侵犯者将自己置入一种与他人交战的状态时,放弃对自己生命的利用的后果"。

与洛克、霍布斯以及亚里士多德相反,卢梭否认在奴隶制中存在任何正义——无论根据自然,根据契约或协议,还是根据战争的权利。霍布斯认为,"一个奴隶的孩子一来到这个世界便是一个奴隶",在卢梭看来,这是说"一个人一来到这个世界就不应当是一个人"。卢梭坚持认为奴隶制"违背天性",同时他也坚持认为,它"不能获得任何权利或法律的授权"。一个人不能以卖身为奴的方式放弃他的自由,因为"放弃自由便是放弃成为一个人"。

在康德看来,"经由一项协议,一方为了他方利益放弃他的全部自由,从而停止作为一个人并因此不负义务——甚至包括遵守一项协议的义务,这是自相矛盾的,因此,它本身是无约束力的,也是无效的"。黑格尔同样认为,这样一种协议是无效,并坚持认为"奴隶拥有解放自己的绝对权利",但他又补充说,"如果一个人是奴隶,他自己的意志应对他受奴役的状态负责……故而奴隶制的不公正并不能单纯地归因于受奴役者或征服者,而应归因于这些奴隶和被征服者自己"。

对于雨果·格劳秀斯和其他作者而言,他们"在战争中发现所谓的奴役权的另一个起源"——在"战胜者拥有……杀害战败者的权力,后者得以其自由为代价,赎回其生命"的基础上——卢梭认为,他们的理由令人质疑。他说:"征服的权利,除最强者的权利之外,并无其他根据。如果战争并未赋予征服者屠杀被征服人民的权利,那么,奴役他们的权利便不能建立在一项并不存在的权利之上。"

由于卢梭否认胜利赋予战胜者一种杀害那些已经放下武器者的权利,故而他认为让这些俘虏"以自由的代价赎回生命是不公平的,对此,战胜者并不拥有权利……无论我们从哪一方面看待该问题",他得出如下结论:"奴役权是无法律约束力的、无效的,这不仅因为它不合法,也因为它荒谬、毫无意义。奴隶和权利两个词语相互抵触、相互排斥。"

在近代和古代时期,在新世界中的欧洲殖民地里——如果不是在欧洲本身——奴隶劳动成为某一类型经济的典型特征,并决定着生产方式,这一点在农业和采矿业中表现得尤为明显。作为动产,奴隶像其他财产一样被买卖。奴隶对其主人而言,在交易和生产过程中可能是利润的一种来源。奴隶的非法贸易取决于原始取得,这或者通过战争掠夺,或者通过奴隶贸易这一活动,在此过程中,奴隶像动物一样被猎取,在运输过程中被系上锁链,然后因出售而被奴役。

在古代世界,个别的奴隶主曾释放他们的奴隶,甚至在近代封建制度下,一些大地主,如《战争与和平》中的安德烈王子就曾释放农奴。亚里士多德谈到,在他所处的时代,有些人反对奴隶制;此外,罗马的斯多葛学派学者们竭力改善奴隶的状况,并合法地保护他们免遭虐待。但在与这些废奴主义者相应的古典作家中,以及他们在18和19世纪所做的斗争中,似乎并不存在相应的政党或积极的政治运动。然而,即便在那时,这些废奴主义者们亦被贬低为激进的少数群体,认为他们对人的权利过分感伤,但却未曾顾及财产权利。那些愿意宣布骇人的非洲奴隶贸易为非法的人比将人作为动产对待——一旦他们被占有——的人不那么令人愤怒。

例如,麦迪逊曾论及将影响美国的奴隶进口的禁止奴隶贸易问题,而宪法迟至1808年才涉及该问题,认为它是"一种支持人性的伟大观点,在20年内可能将永远废止,而在这些州的内部,这项非法买卖已被如此长久而声势浩大地斥责为一种野蛮的近代制度"。但在另一篇文章中,《联邦党人文集》的作者们就南方维护宪法所规定的代表分配方式的理由提出了他们自己的看法,"通过将全部自由人,包括那些有义务服务一定年限的人，而排除未被课税的印第安人——占所有其他人的五分之三的数量相加决定"。他们并不反对这一观点，即黑奴是五分之二的财产和五分之三的人。但承认他们自己能够理性地——虽然"似乎在某些阶段受到些许限制"，诉诸一项他们自己赞同的原则，即"就建立政府的目的而言，对财产的保护绝不亚于对人的保护"。

在18世纪，甚至存在支持奴隶贸易的人。博斯韦尔报道了一项由约翰逊博士提出的赞同赋予一个黑奴自由的理由，该奴隶在一家苏格兰法院前主张他的自由的理由，在博斯韦尔看来，约翰逊博士的理由概而言之便是："没有人天生便是另一个人的财产，因此，他生而自由。自然的权利必须在它们能被正当地去除之前以某种方式被剥夺，……而若无证据证明此种剥夺是可以的，那么毫无疑问，正义的法院将宣判他自由。"博斯韦尔承认，约翰逊在这一手边的特定案件中可能是正确的，但他反对约翰逊对奴隶制和奴隶贸易的大致看法。

博斯韦尔写道："废除一种身份，在所有时期都已获得上帝的批准，人们也一直如此坚持着。奴隶制对我们同类国民中的一个人数无法计算的阶级而言不啻为一场浩劫，对非洲的野蛮人而言也是极其残酷的。而经由此一废除，他们中的一部分得以从他们本国的屠杀或无法忍受的奴役中解救出来，并被引入一种更加幸福的生活状态，特别是在现在，他们到达西印度群岛的通道和待遇都已得到人道的控制。"

除正义问题之外，亚当·斯密、马克思等经济学家们对奴隶劳动的生产率问题提出了质疑。机器的改进"在所有方面是最少被期待的"，斯密写道，当业主"雇用奴隶作为他们的工人时，我相信，所有时代和国家的经历表明，奴隶所做的工作，虽然看似仅仅耗费他们的生活费用，但最终将是所有方式中最昂贵的。一个不能获得任何财产的人，不可能拥有任何利益，他只会尽可能地多吃，尽可能地少劳动"。他解释了在希腊和罗马缺乏机器的改进可归因于此一事实："奴隶……极少创新性，对机器所做的最重要的改进，或者对劳动的安排和分配，促进并减轻了劳动，而这些都是自由人的发现。"

马克思同样断言，"由奴隶劳动所进行的生产"是"一个昂贵的过程……该原则普遍应用于这种生产方式"："使用最粗陋、最笨重的工具，而它们由于极度庞大而难以被破坏。在接近国内战争的时期，那些与墨西哥湾毗邻的蓄奴州曾依照古代中国的式样建造过一种犁，它像一头猪或一只鼹鼠一样翻整土地而不留下犁沟，这是唯一能够被发现的。"

但是，马克思并未将其关于奴隶制的判断局限于效率标准，同样地，他也未将其关于奴役状况的考量局限于它更为显性的形式——动产奴隶制和封建农奴制。对他而言，所有通过劳动者所拥有的生产工具对劳动者的利用都包含剥削，它的区别仅仅体现在该所有者通过财产权或工资支付的形式，从他所拥有的劳动者中获得的一种剩余价值的程度上。

在马克思看来，"在社会的各种经济形式之间——例如，基于奴隶劳动和工资劳动的社会——的基本差别仅仅在于，在每一情形中，从实际生产者的劳动中攫取剩余价值的模式"。因为由一个奴隶生产的所有价值，超过了维持其生活所需的费用，从而使他的所有者获利。因此，在"剩余劳动期间，劳动力的用益权为资本家创造了一种价值，但并未花费他相等的东西……在此意义上，正是剩余劳动能被称为无偿劳动"。——无论它是动产奴隶还是工资奴隶的劳动。

因为劳动者被迫在开放市场中出售他的劳动力以维持生活,马克思认为,劳动者所谓的"自由"乃是一种伪善的虚构。"他据以向资本家出售其劳动力的合同白纸黑字地证明了这一点,"马克思写道,"他自由地出售他自己并以签订廉价的出售协议告终,结果却发现他并非一个'自由雇员',因为他自由出售其劳动力的时间便是他被迫出售它的时间。"

其他作者持这样一种观点:在动产奴隶和为工资而工作的人之间存在一种基本的道德差异。例如,霍布斯认为,在"像动物一样被买卖的奴隶"和"主人对其服务不拥有比他们之间签订的协议中所包含的更进一步的权利"的仆人之间,仅仅存在如下共同点——"他们都按照另一个人的命令从事劳动"。阿奎那、洛克和康德以一种略微不同的术语,在自由仆人或工资工人和奴隶之间做了一种类似区分。黑格尔将其要点概括为两种情形之间的差别,即将"我特别的身体和精神技能的产物"让与他人,以及将"在我的工作中被具体化的所有时间"让与他人。在后一种情形中,"我将使我自身成为另一个人的财产"。

在与道格拉斯的争论中,林肯坚持认为,政治自由是存在于北方的白人奴隶和南方的黑人奴隶之间的差别。无产阶级赢得的结社和罢工的合法权利,与马克思认为的单纯依靠个人劳务取得工资者和被约束的奴隶的法律权利之间似乎存在一种差别。直到加诸奴隶的锁链被破除,否则他不会处于为政治权利和特权而斗争的自由工人的地位。公民权通常并不扩展到劳动阶级,但它从未被赋予奴隶。

分 类 主 题

1. 关系学的一般原理
   1a. 关系的性质和存在:真实和逻辑/理想关系的区别
   1b. 关系对事物存在和事物性质的影响:内部关系和外部关系
   1c. 相关事物的共存
   1d. 关系的统一或一致:相似或相称的概念及其使用
2. 体现于神的秩序和关系:关于神的演化和构成Trinity(圣父、圣灵、圣体的关系)
3. 神与世界的关系:神的内在语言超然
4. 思维或关系结构中的关系
   4a. 关系项的可定义性和不可定义性
   4b. 命题或判断之为关系陈述:推理中的关系
   4c. 关系的先验范畴
   4d. 关系之为知识客体:关系的概念
   4e. 关系概念之间的关系
   4f. 构成思维联想、记忆联想和梦的联想的关系类型
5. 级序(order)之为关系体系或关联之物
   5a. 级序的性质和类型:包含与排斥、连续与共存、之前之后和同时
      1. 原因之间或原因结果之间的关系
      2. 物物之间或手段与目的之间的关系

3. 量与量之间的关系：大小比例的关系；级数
 4. 类与类之间的关系：等级关系；种类与属类的关系
5b. 宇宙或自然的关系：存在之物的层级关系
5c. 级序关系之为美的原则
6. 思考的相对绝对形式
 6a. 空间、时间运动的相对绝对性
 6b. 真理的相对绝对性
 6c. 善或美的相对绝对性

[左高山 译]

索引

本索引相继列出本系列的卷号〔黑体〕、作者、该卷的页码。所引圣经依据詹姆士御制版，先后列出卷、章、行。缩略语 esp 提醒读者所涉参考材料中有一处或多处与本论题关系特别紧密；passim 表示所涉文著与本论题是断续而非全部相关。若所涉文著整体与本论题相关，页码就包括整体文著。关于如何使用《论题集》的一般指南请参见导论。

1. **The nature of enslavement: the relation of master and slave**

    Apocrypha: *Ecclesiasticus*, 33:24–31
    New Testament: *Ephesians*, 6:5–9 / *Titus*, 2:9–10 / *I Peter*, 2:18–25
    3 Homer, 436–446, 522–523
    4 Aeschylus, 66
    4 Sophocles, 191
    4 Euripides, 609–610
    5 Herodotus, 223
    6 Plato, 709–710
    8 Aristotle, 446–449, 476
    11 Epictetus, 119
    13 Plutarch, 185–186, 287
    14 Tacitus, 151–152
    17 Aquinas, 124–125, 488–489
    18 Aquinas, 434–435
    21 Hobbes, 261–262
    33 Locke, 29–30
    34 Voltaire, 222
    35 Montesquieu, 109, 111–112
    35 Rousseau, 389–390
    39 Kant, 445–446
    43 Hegel, 207–209
    47 Dickens, 167
    50 Marx, 128–129
    51 Tolstoy, 277–287 passim
    58 Weber, 175, 179
    60 Lawrence, 148–157
    60 Orwell, 478–479
    60 Beckett, 538–544, 551–553

2. **The theory of natural slavery and the natural slave**

    6 Plato, 709–710
    8 Aristotle, 446–449
    16 Augustine, 590
    18 Aquinas, 224–225
    21 Hobbes, 94
    35 Montesquieu, 109–111
    35 Rousseau, 388
    39 Kant, 445
    41 Boswell, 363–364
    43 Hegel, 27–28
    44 Tocqueville, 233

2a. **Characteristics of the natural slave: individual and racial differences in relation to slavery**

    5 Herodotus, 124
    6 Plato, 709–710
    8 Aristotle, 445, 448, 454–455, 477–478, 531–532, 534
    9 Hippocrates, 31–32
    35 Montesquieu, 122, 123, 124
    35 Rousseau, 347
    40 Federalist, 170–171
    40 Mill, 340
    43 Hegel, 207–209
    50 Marx, 95
    51 Tolstoy, 215

2b. **The conception of the natural slave as the property or instrument of his master**

    6 Plato, 772–773
    8 Aristotle, 413, 447
    17 Aquinas, 512–513
    39 Kant, 445–446
    40 Federalist, 170–171
    43 Hegel, 207–209

2c. **Slavery in relation to natural or to divine law**

    Old Testament: *Genesis*, 9:25
    New Testament: *Colossians*, 3:22–4:1 / *I Timothy*, 6:1–3 / *Philemon*
    16 Augustine, 590
    17 Aquinas, 512–513
    18 Aquinas, 224–225
    21 Hobbes, 94
    29 Milton, 321
    33 Locke, 65
    35 Montesquieu, 109–111
    35 Rousseau, 357–358, 368, 389
    39 Kant, 401–402
    41 Boswell, 363–364
    48 Melville, 2

2d. **Criticisms of the doctrine of natural slavery**

    8 Aristotle, 448–449
    11 Epictetus, 113
    17 Aquinas, 512–513
    21 Hobbes, 94
    33 Locke, 36

35 Montesquieu, 110-111
35 Rousseau, 347, 356-358, 388-390
39 Kant, 401-402, 421-422
40 Mill, 316
41 Boswell, 363-364
43 Hegel, 27-28, 126, 167-168
44 Tocqueville, 15
50 Marx, 25

3. **Slavery as a social institution: the conventionality of slavery**

    8 Aristotle, 448-449
    13 Plutarch, 46-47
    18 Aquinas, 318-321
    33 Locke, 29-30
    35 Montesquieu, 109-115
    35 Rousseau, 387-390, 422
    36 Smith, 39, 268-269, 334-335
    37 Gibbon, 16-17
    39 Kant, 445-447, 454-455
    40 Mill, 332
    43 Hegel, 167-168, 289-290
    44 Tocqueville, 166-168, 197-198
    50 Marx, 113-114, 361

3a. **The acquisition of slaves: conquest, purchase, indenture, forfeiture**

    Old Testament: *Leviticus,* 25:39-55 / *Deuteronomy,* 15:12-17 / *Nehemiah,* 5:1-12
    3 Homer, 453-455
    4 Sophocles, 220
    4 Euripides, 434-436
    6 Plato, 772-773, 780
    8 Aristotle, 448-449, 538
    18 Aquinas, 318-321
    21 Hobbes, 110-111
    33 Locke, 30, 43
    35 Montesquieu, 109-111
    35 Rousseau, 389-390
    37 Gibbon, 510-511, 620
    38 Gibbon, 45, 551-552
    39 Kant, 454-455
    40 Federalist, 137
    43 Hegel, 293
    50 Marx, 128-129, 364-366, 376-377
    57 Veblen, 10

3b. **Laws regulating slavery: the rights and duties of master and slave**

    Old Testament: *Exodus,* 21:1-11,20-21,26-27 / *Leviticus,* 19:20-22
    New Testament: *Ephesians,* 6:5-9
    6 Plato, 757, 772-773, 783
    8 Aristotle, 449, 474
    13 Plutarch, 62
    14 Tacitus, 121-122, 133
    18 Aquinas, 318-321
    33 Locke, 43
    35 Montesquieu, 112-115
    36 Smith, 284-285
    40 Constitution of the U.S., 16
    40 Federalist, 137, 170-171
    44 Tocqueville, 308-309
    48 Twain, 280, 392
    51 Tolstoy, 216

3c. **The emancipation or manumission of slaves: the rebellion of slaves**

    Old Testament: *Exodus,* 1-14; 21:2-4 / *Deuteronomy,* 23:15-16; 26:5-9 / *II Chronicles,* 28:8-15 / *Jeremiah,* 34:8-17
    5 Herodotus, 118-119
    5 Thucydides, 467
    8 Aristotle, 465, 518
    11 Epictetus, 202-203
    14 Tacitus, 70, 132
    18 Aquinas, 318-321
    35 Montesquieu, 112-113, 114-115
    37 Gibbon, 16-17, 144, 628
    38 Gibbon, 82
    40 Constitution of the U.S., 18
    40 Mill, 340
    43 Hegel, 289
    44 Tocqueville, 185-191
    48 Twain, 287-288, 306-307, 393-395
    50 Marx, 145-146
    51 Tolstoy, 410-421

3d. **Criticisms of the institution of slavery: the injustice of slavery; its transgression of inalienable human rights**

    8 Aristotle, 448-449
    11 Epictetus, 113
    13 Plutarch, 46-47, 185-186
    21 Hobbes, 94
    33 Locke, 25-30
    34 Voltaire, 222
    35 Montesquieu, 109-110
    35 Rousseau, 357-358, 389-390
    36 Smith, 187-188, 334-335
    39 Kant, 401-402
    40 Federalist, 170-171
    40 Mill, 316
    43 Hegel, 27-28, 126, 167-168
    44 Tocqueville, 166-168, 178-191 passim
    48 Twain, 306-308, 348
    49 Darwin, 315
    50 Marx, 25, 113-114, 376-377

4. **The forms of economic slavery**

4a. **Chattel slavery: slaves of the household and slaves of the state**

    Old Testament: *Exodus,* 1:8-14; 21:1-11
    6 Plato, 16-18
    8 Aristotle, 446-447, 463
    18 Aquinas, 318-321
    21 Hobbes, 261-262
    35 Montesquieu, 111-112
    36 Smith, 268-269, 284-285
    37 Gibbon, 147, 498-500 passim
    40 Federalist, 170-171
    44 Tocqueville, 180-191

50 Marx, 95
57 Veblen, 23, 76

4b. Serfdom or peonage

35 Montesquieu, 96–97
36 Smith, 185–192
37 Gibbon, 628
38 Gibbon, 452–453
40 Mill, 351–352
43 Hegel, 367–368
50 Marx, 34, 79–80, 113–115, 266, 355–364 passim
51 Tolstoy, 211–213, 410–421, 654–655
58 Weber, 128

4c. Wage slavery: the exploitation of the laborer

36 Smith, 23–24, 31–42 passim
50 Marx, 82–84, 88–89, 104–105, 111–146 passim, 161–163, 173–180 passim, 192–248 passim, 251–253, 262–275, 282–286, 302–368, 369–371
50 Marx-Engels, 422–423, 424–425, 426
57 Tawney, 220, 236–237

5. The political aspect of economic slavery

5a. The disfranchisement of chattel slaves and serfs: their exclusion from the body politic or political community

5 Thucydides, 467
8 Aristotle, 474, 492, 533, 553–555
33 Locke, 43
35 Montesquieu, 114–115
35 Rousseau, 429
37 Gibbon, 16, 17
38 Gibbon, 82
40 Federalist, 170–171
43 Hegel, 289

5b. The political deprivations of the laboring classes or wage slaves: the struggle for enfranchisement; the issue between oligarchy and democracy with respect to suffrage

6 Plato, 740–741
8 Aristotle, 464, 469–470, 475, 477–481 passim, 495–496, 502–519, 553–555
13 Plutarch, 68–71, 674–689
36 Smith, 31–42, 189
40 Federalist, 178
40 Mill, 345–346, 383–384, 392–399 passim, 419
43 Hegel, 387–388
44 Tocqueville, 180
50 Marx, 137–141, 283–286, 364–368
50 Marx-Engels, 415, 429

6. Political enslavement or subjection

6a. Slavery as the condition of men living under tyrannical government

4 Euripides, 352–353
5 Herodotus, 238

6 Plato, 413–416
8 Aristotle, 483, 516–517
9 Hippocrates, 31–32
14 Tacitus, 1, 3
18 Aquinas, 307–309
21 Hobbes, 150–151
33 Locke, 28–29, 45–46
35 Montesquieu, 12–13, 15, 33–34
35 Rousseau, 356–358, 360, 361
37 Gibbon, 33–34, 51
38 Gibbon, 161–162, 320–321
40 Mill, 342–344
43 Hegel, 233–234, 320–321
60 Orwell, 513–518

6b. Subjection as the condition of men living under benevolent despotism or paternalistic government

13 Plutarch, 21–27
17 Aquinas, 488–489
28 Bacon, 27
33 Locke, 41–42
35 Rousseau, 357
37 Gibbon, 255
39 Kant, 439
40 Mill, 271–272, 273
43 Hegel, 138, 179–180
44 Tocqueville, 375–381
52 Dostoevsky, 133–144 passim

6c. The transition from subjection to citizenship: the conditions fitting men for self-government

5 Herodotus, 120, 171–175, 187
8 Aristotle, 470–471, 484–485, 496–497, 498, 505–506, 522–523, 553–558
14 Tacitus, 106–107
33 Locke, 47–51, 63–64
35 Montesquieu, 118, 122–125
35 Rousseau, 402–403, 411
37 Gibbon, 513, 521–523, 624
38 Gibbon, 562–565
39 Kant, 436–437
40 Mill, 267–268, 328–331, 339–340, 350–355
43 Hegel, 287
44 Tocqueville, 178–180

6d. The imperialistic subjection or enslavement of conquered peoples or colonial dependencies

Old Testament: *I Kings,* 9:20–23
Apocrypha: *I Maccabees,* 1:41–64 / *II Maccabees,* 5:21–7:42
5 Herodotus, 16–20, 30–31, 35–36, 37–40, 46–48, 139–159, 184–191
5 Thucydides, 367–369, 406–407, 424–434, 461–463, 468–469, 504–508, 529, 559
8 Aristotle, 448–449, 528–529, 538
12 Virgil, 233–234
14 Tacitus, 76, 117, 149, 286–287, 290
16 Augustine, 259–261, 593–594
21 Machiavelli, 3–8

21 Hobbes, 110-111, 280-281
24 Shakespeare, 1-32, 33-68, 532-567
33 Locke, 66
34 Swift, 182-183
35 Montesquieu, 62-63, 83-84
35 Rousseau, 389-390
36 Smith, 278-279, 282, 283-284
37 Gibbon, 14-16, 420, 550-551, 608-609
38 Gibbon, 51-53 passim, 443
39 Kant, 413, 454-455
40 Declaration of Independence, 1-3
40 Mill, 436-442 passim
43 Hegel, 316-317
50 Marx, 372-374, 379-383 passim
58 Weber, 128
59 Conrad, 144-145

7. **The analogy of tyranny and slavery in the relations between passions and reason or will: human bondage**

New Testament: *John,* 8:31-36 / *Romans,* 6:16-23; 7:14-8:21 / *Galatians,* 4:1-5:1

6 Plato, 120, 275-276, 296, 347-348, 416-418, 419-421, 425-427, 528-529
8 Aristotle, 448
11 Epictetus, 129, 201-211, 212-213
16 Augustine, 231, 646-647
18 Aquinas, 112-113
20 Calvin, 112-113, 127-128
25 Shakespeare, 49
29 Milton, 200
31 Racine, 329-367 passim
34 Swift, 135-184
35 Rousseau, 393
39 Kant, 586-587
43 Hegel, 245-246
43 Nietzsche, 534, 543
45 Balzac, 169-370 passim esp 181, 199-202, 212-213, 214-215, 230-233, 291-298, 314-317, 322-325, 331-332, 339-340, 369-370
47 Dickens, 413
52 Dostoevsky, 171-172
54 Freud, 715-716, 838-839

交叉索引

以下是与其他章的交叉索引：

The theory of natural slavery, see JUSTICE 6, 6c; LAW 4h; LIBERTY 1a; WILL 7a.

The institution of slavery, see JUSTICE 6c; LABOR 1f, 5a-5c, 7c(1); PROGRESS 3b; PUNISHMENT 4b(3); STATE 5a, 5c; TYRANNY AND DESPOTISM 4b; WEALTH 7b(1).

Slave rebellions and the emancipation of slaves, see LIBERTY 6b; PROGRESS 3b; REVOLUTION 4a.

Forms of economic slavery or servitude in relation to different systems of production, see JUSTICE 8c(1); LABOR 1f, 5a-5c; WEALTH 6a, 7b(1).

The political aspects of economic slavery or servitude, see CITIZEN 2c; CONSTITUTION 5a; DEMOCRACY 4a(1)-4a(2); LABOR 7d, 7f; LIBERTY 2d; OLIGARCHY 4, 5a.

The differentiation of citizenship, subjection, and slavery as three conditions of men under political rule, see CITIZEN 2b; LIBERTY 1f; TYRANNY AND DESPOTISM 5a-5b; the change from subjection to citizenship, see DEMOCRACY 4d; MONARCHY 4e(2); TYRANNY AND DESPOTISM 4b.

Imperialism and the government of colonial dependencies and conquered peoples, see GOVERNMENT 5b; LIBERTY 6c; MONARCHY 5-5b; STATE 10b; TYRANNY AND DESPOTISM 6.

The slavery of men in bondage to their passions, see LIBERTY 3a; SIN 5; TYRANNY AND DESPOTISM 5d.

扩展书目

下面列出的文著没有包括在本套伟大著作丛书中，但它们与本章的大观念及主题相关。

书目分成两组：

Ⅰ.伟大著作丛书中收入了其部分著作的作者。作者大致按年代顺序排列。

Ⅱ.未收入伟大著作丛书的作者。我们先把作者划归为古代、近代等，在一个时代范围内再按西文字母顺序排序。

在《论题集》第二卷后面，附有扩展阅读总目，在那里可以查到这里所列著作的作者全名、完整书名、出版日期等全部信息。

I.

Hobbes. *The Elements of Law, Natural and Politic,* PART II, CH 3

———. *Philosophical Rudiments Concerning Government and Society,* CH 8

Voltaire. "Master," "Slaves," in *A Philosophical Dictionary*
Hegel. *The Phenomenology of Spirit,* IV (A)
Melville. "Benito Cereno"
Dostoevsky. *Poor Folk*

Mann. *Joseph and His Brothers*
——. *Joseph in Egypt*
——. *Young Joseph*

II.

THE ANCIENT WORLD (TO 500 A.D.)

Seneca. *De Beneficiis (On Benefits)*, BK III, CH 18-25

THE MIDDLE AGES TO THE RENAISSANCE (TO 1500)

Grotius. *The Rights of War and Peace*, BK II, CH 5; BK III, CH 7

THE MODERN WORLD (1500 AND LATER)

Berdyayev. *Slavery and Freedom*
Bodin. *The Six Bookes of a Commonweale*, BK I, CH 5
Channing. *Slavery*
Comte. *The Positive Philosophy*, BK VI, CH 6-12
——. *System of Positive Polity*, VOL III, *Social Dynamics*
Davis, D. B. *The Problem of Slavery in Western Culture*
Franklin, B. *Essay on the African Slave Trade*
Gogol. *Dead Souls*
Hobhouse. *Morals in Evolution*, PART I, CH 7
Kohler. *Philosophy of Law*, CH 6 (12)
Maritain. *Freedom in the Modern World*
Sawyer. *Slavery in the Twentieth Century*
Solzhenitsyn. *The Cancer Ward*
——. *The First Circle*
——. *The Gulag Archipelago*
——. *One Day in the Life of Ivan Denisovich*
Stowe. *Uncle Tom's Cabin*
Thoreau. *Civil Disobedience*
Vinogradoff. *The Growth of the Manor*
Whewell. *The Elements of Morality*, BK II, CH 24

88

灵 魂 Soul

总 论

在诗的语言和哲学家的谈论中,肉体和灵魂是相关的术语,每一个都影响着另一个的意义。在日常说话中,它们被一起使用。然而,那些不知道或否认具有灵魂这一点包含着形而上学和神学意义的人,仍然在与肉体截然不同的意义上使用"灵魂"这个词,即使仅仅用来指精神的模糊表现形式,他们谈到的感情和同情看起来毕竟与物质世界是异质的。

传统灵魂理论几乎无例外地涉及灵魂和肉体的区别及关系。贝克莱提出了一个主要的反对观点。由于否认物质的实在,他设想灵魂存在而且是独立存在。灵魂或精神不同于神,因为精神的有限存在形式不同于其无限存在形式。贝克莱说,有些东西"认识和知觉",并"执行不同的功能,如意愿、想象、记忆","我称作心灵、精神、灵魂或自我"。因此,贝克莱谈到他自己或其他人时不说有灵魂,而说是灵魂。

另一例持主要的反对观点的是卢克莱修。卢克莱修并不像贝克莱否定肉体那样否定灵魂。他也不否认灵魂给肉体增加了一些东西,造成了生物与无生命物的区别。相反,他声称心灵是人的"一个部分/属于人的构造,完全相同于/他的手、脚和用于观看的眼睛"。与心灵不同,灵魂还是生物的部分,"心灵和精神紧密相连,/构成一个个体",但是,心灵仿佛整个身体的君王和首领,"精神的其余部分散布全身/服从于心灵,/受心灵驱动,唯心灵之命是从"。

但是,当卢克莱修提到心灵和灵魂作为身体的部分时,他的意思无非是说就像手和眼是身体的一部分。"心灵和精神的本性/必定是物质的",他写道,正如肉和骨由原子的微粒组成,心灵也由"细小、光滑、圆形的微粒"组成,灵魂的成分是"极微小的种子,/它们精细地散布在肌、肉和血脉里"。

除了这些例外,关于灵魂的传统讨论认为灵魂以某种方式与肉体结合构成一个整体,其中灵魂是它的非物质的原理或部分。即使如笛卡尔那样把灵魂定义为非物质的实体并能够独立存在的人,也并不真的认为人类灵魂完全独立于人类身体。那些把神看作是纯粹精神存在,把天使看作是非物质实体的神学家,也不把灵魂归之于神和天使。

弗雷泽在《金枝》中所描述的原始部落民,相信"灵魂可以暂时离开肉体而不会引起肉体死亡"。这种"外在灵魂"的观念有它的利与弊。人们认为某些部落的巫师把他们的灵魂藏在他们的身体之外——有时藏在树上,有时藏在动物身上——因为他们担心有人会夺去他们的魔力。但是,正如弗雷泽所说,"灵魂的这种暂时的离开常常被认为伴随着极大的危险",因为灵魂虽然离开了肉体,但它仍然通过一种交感魔力与肉体结合着。"只要他称作他的生命或灵魂的这个东西不受伤害,这人就安然无恙;如果它受到伤害,他就痛苦;如果它被毁了,他就会死。"

正因为神和天使没有身体,所以,它们也没有灵魂。是否所有有身体之物也都有灵魂,这是另一个问题,回答也多种多样,但是,不容置疑的是,那些如柏拉图和普罗提诺那样说到有世界灵魂或宇宙灵魂的人,确信灵魂是身体的共本原或补充。同样的观点也出现在诸天体理论中,这个理论认为诸天体是有活力的,因此具有灵魂。

蒂迈欧曾向苏格拉底讲述创造的故事,他说:"用可能性的语言,我们可以说,神意赋予世界灵魂和理智,世界遂成为有生命的造物。"蒂迈欧解释说,神"给了(这世界)一个平滑的身体,每个方向都有一个表面,与中心等距,它完善无缺,从诸完善体中形成。神在中心安置了灵魂,使它弥漫身体各处,并从外面把整个身体包围起来"。

在把灵魂的活力与天然磁石的磁力做了比较后,吉尔伯特说:"这一显著的性质是同一种性质,古人认为它就是存在于诸天、诸地、诸星和太阳、月亮中的灵魂……古代哲学家……都在寻求世界的某种普遍灵魂,并宣称整个世界都赋有灵魂。亚里士多德认为,并非宇宙是有生命的,只是诸天有生命……"吉尔伯特写道:"就我们来说,我们相信整个世界是有生命的,所有的星球和这个荣耀的地球,都有生命,我们认为它们从一开始就注定了受它们自己的灵魂支配……如果否认它们具有这个高贵的灵魂,同时却允许蠕虫、蚂蚁、蝙鱼、植物、羊肚菌等有灵魂,那么,所有星球的状况就是可怜的,地球的命运就是悲惨的,因为那样一来,蠕虫、蝙鱼、昆虫等就是本性更美、更完善的东西,既然没有什么优越、珍贵、重要的东西不具有灵魂,那么,星球和地球也该具有灵魂。"

在是否地球、诸天体或整个世界赋有生命、理智和灵魂这个问题上,开普勒不同于吉尔伯特,奥古斯丁不同于柏拉图和普罗提诺,阿奎那不同于亚里士多德。尽管如此,多方的争执却表明传统的灵魂观念一方面与生命、心灵相联系,另一方面与有生命的或有机的物体相联系,这些物体显示出某些性质和运动的趋向。

这些传统的联系引出关于灵魂的主要争论。以某种方式与身体结合的灵魂是作为一个非物质的实体或原理存在吗?是以身体和灵魂组合在一起构成两个不同的实体或实在这样的方式,作为一个整体的相关部分结合在身体中吗?或者,灵魂是一个有机体的实体形式,因此,形式和质料一起构成一个单一的、有生命的复合实体吗?如果是后者,那么,按照亚里士多德的观点,灵魂和身体的统一(结合),就像"蜡和模印"的统一。

围绕上述每一灵魂及其与身体或物质的关系概念,出现了许多进一步的问题,这些问题都与灵魂离开身体的存在有关。灵魂在被结合进身体之前存在吗?灵魂在统一体解体之后还存在吗?如果它独立于或离开身体而存在,那么,它怎样存在?对于像卢克莱修那样设想灵魂本身在躯体内由物质粒子构成的人来说,这样的问题可能没有多大意义。对于像柏拉图和笛卡尔那样认为灵魂是非物质的实在,有其独立存在的人来说,这些问题可以即刻获得答案,即灵魂具有独立存在的能力。只有当灵魂被设想为一种形式,与质料一道构成有生命物的实体时,回答在植物、动物或人死后,即当这种复合实体腐朽以后,灵魂是否继续存在的问题才既是有意义的也是困难的。

如果独立的灵魂在它以某种方式与之结合在一起的身体死亡之后停止存在,那么,它和身体一样是有死的。传统的人格不朽理论——如柏拉图式的关于灵魂转世轮回的神话,基督教关于不朽灵魂的教义,特别是灵魂被造是为了与身体结合,但注定在与身体分离后继续存在的教义——包括能够自存的灵魂概念。关于这些原理的争论,在论"不朽"的章节讨论。这里我们只着重考察从各种灵魂理论中,怎样必然地引出关于不朽的不同含义。

还有一些关于灵魂的争论,出现在其他相关的章节中,如灵魂是否只在生物中发现,或只在动物而不在植物中发现,又或唯独在人类身上发现等等问题,在**生命与死亡**、**心灵**诸章均有讨论。不论哪种意义上的灵魂概念,如果它是生命的原理或原因,那么,有生命物和无生命物之间的区别就等于有灵魂之物和无灵魂之物间的区别。此外,如果植物具有的生命类型基本上不同于动物生命,动物具有的生命类型又不同于人类生命,那么,灵魂的类型也应当根据生命的形态或作为原理的生命力的类型加以区分。

但是,有些作者倾向于把"灵魂"等同于"心灵"或"理性"。当(如笛卡尔)把灵魂等同于理性灵魂或思维实体,那么,通常认为它为人类所独有。在这种情况下,人们就不认为灵魂必须去解释植物和动物生命现象,至少,灵魂绝不意味着非物质的或形式的原理;换言之,灵魂绝非超出身体器官部分的复杂的相互作用之外的东西。其他如洛克那样不仅根据理性思维,而且根据感觉、想象和记忆来理解灵魂或理性的作者,可能拒绝承认植物有灵魂或心灵,但不排除动物。

笛卡尔注意到"灵魂"一词传统用法上的这些歧义。他写道:可能因为"初民没有把我们身上使我们获得营养、生长和履行所有我们与动物相同的活动的原理……同我们身上使我们思维的原理区别开,他们就用了一个词灵魂来称谓两者;然后,由于认识到营养和思维的不同,他们就称思维的原理为心灵,并相信它是灵魂的主要部分。而我,由于认识到使我们生长的原理完全不同于使我们思维的原理,我就宣称当灵魂一词用于称谓两者时,它就是模棱两可的;而且,当灵魂被认为意指人的主要现实或主要本质时,我断言它必须被理解为仅适用于使我们思维的原理,我用心灵一词称谓它以尽可能经常地避免歧义;因为我认为心灵并非灵魂的部分,而是思维的那个灵魂的整体"。

在另一处,他用"灵魂"一词指"被称作动物精气的微细的流",它充满无理性的动物的器官,表现它们生命力的特殊类型。我们能够认识到,除了器官的安排和心脏纯化血液的搏动所产生的动物精气的不断流出外,它们身上没有运动的原理。不要把这种意义上的灵魂混同于"人类灵魂的非物质的精神本性"。它是"某种物质的、微细的东西,构造完美,散布到身体的表面各处,而且是所有感觉、想象和思维的原理。因此,有三类存在:身体,微细物质或灵魂,心灵或精神"。

在《论灵魂》一文的开篇,亚里士多德说:"获得任何关于灵魂的确切知识,是世上最难的事之一。"困难似乎在于如下两方面:灵魂是什么,以及它是否存在。这两个问题是分不开的。即使卢克莱修,虽认为灵魂本性上是物质的,也没有声称通过直接的观察了解它的存在。它不像身体本身或身体的其他部分是可感的东西。它的存在必须经过推论。正如不可观察的原子的存在是为了说明所有自然物的构成和运动而作出的推论,灵魂的存在也是为了说明生物的构成和运动而作出的推论。那些认为灵魂具有非物质性——无论是实体、原理或形式——的人,在证明灵魂的存在和描述它的本性时,将会面临更大的困难。必须承认,通过观察和经验不可能发现作为某种非物质存在的灵魂。对这个问题的各种有代表性的传统解答包括:关于灵魂自己存在的反思知识,关于建立在观察事实之上的推论知识,关于灵魂的本性和命运的各种宗教信条,关于灵魂存在的基于实践而非理论的假设等等。

并非所有作者都同意亚里士多德关于灵魂是难于了解的东西的观点,和康德关于我们绝不可能达到灵魂存在的可靠的理论结论的观点。例如,笛卡尔说,如果"任何凭借我所说的理性没有充分相信神的存在和灵魂的存在的人,我希望他们知道,其他那些他们可能认为自己更确定的东西(如具有一个身体,有星球和地球存在等等),其实是不那么确定的"。

先于这段话的关于灵魂存在的论证是著名的我思故我在——"我思维,因此,我存在"。正是在对其他所有事物之存在的怀疑中,从他不能怀疑他正在怀疑,因此正在思维这个事实中,笛卡尔使他自己确信他自己的存在,或更确切说,作为一个思维实体的他自己的存在。"我知道,"他写道,"我是一个实体,这个实体全部的本质或本性就是思维,它的存在不需要任何场所,它也不依赖于任何物质事物;以至于这个'我',或换个说法,这个我因它而成我所是的灵魂,完全不同于身体,甚至比后者更容易了解;即使身体不在了,灵魂也不会停止是其所是。"

洛克似乎同意"如果我怀疑所有其他事物,那么,那种完全的怀疑使我知觉到我自己的存在,而且不容我怀疑……我有某种正在怀疑的东西存在的知觉",他继续说:"有我称之为怀疑的那种思维存在的知觉。然后,经验使我们确信,我们有关于我们自己存在的直觉知识,而且有关于一个内在的、确实可靠的我们是知觉的直觉知识。"

但是,洛克并未从思维实体存在的命题转而主张一个精神实体、一个作为非物质实体的灵魂的存在。他写道:"我们有物质和思维的概念,也许我们将永远不能知道任何纯粹的物质实体是否思维;我们不可能离开启示,单凭沉思我们自己的概念去发现,是否全能者不曾把一种理解和思维能力给予一些得到恰当安排的物质系统,或者给得到如此安排的物质加入或安置了一个非物质的思维实体:至于我们的诸观念,从我们了解到相信神能够(如果他高兴)给物质外加一种思维能力,与了解和相信他应当给它外加另一个具有思维能力的实体,其间相去并不更远。"

但是,对洛克而言,我们的灵魂观念与我们的物体观念同样清楚明白。"我们的物体观念",他说:"是一个有广延的、坚固的、能够被刺激传递运动的实体;而我们的灵魂观念,作为非物质的精神,属于思维的实体,具有以意愿或思想引起物体运动的能力……我知道,那些思想沉浸于物质,心灵如此屈从于他们的感官以致很少沉思感官之外的任何东西的人,倾向于说他们不能理解一个思维的东西;也许这是真的,但是,我断定,当他们对它进行深思熟虑时,他们并不更能理解一个有广延的事物。"在另一处,他又说:"如果这个非物质的精神观念可能包含着一些不易解释的困难,那么,与我们不得不否认或怀疑物体的存在相比,我们并不因此更有理由否认或怀疑这种精神的存在,因为物体观念受一些极难对付的、也许不可能为我们所解释和理解的困难所牵累。"

贝克莱不同于洛克,不仅主张我们全然没有物质观念,而且认为,如果我们把"观念"一词用于感官印象或由之获得的影像,那么,我们就可能没有灵魂或精神实体的观念。但是,他认为我们能形成他称作灵魂的"观念"的东西,在这个观念之下,"精神"一词的意义被理解为意指那"思维、意欲或知觉的东西"。进一步说,他之不同于洛克,还在于他倾向于赞同笛卡尔,断言精神实体、思维实体的存在是无可否认的思维本身存在的必然结果。

对笛卡尔和贝克莱两人来说，可以从我们关于灵魂的存在及本性的知识中，直接推出灵魂不朽的结论。贝克莱写道："灵魂是不可分的、非物质的、无广延的，因此是不可朽坏的。至为清楚的是，我们在自然物体中随时可见的运动、变化、腐朽和分解，无论如何也不能影响一个活动的、单一而非合成的实体；因此，自然力不能分解这样一个存在，换言之，'人的灵魂本性不朽'。"

柏拉图《斐多篇》关于灵魂在进入一个特定的身体之前本来就存在的论证，以及关于它在离开这个身体之后和进入另一个身体之前继续存在的论证，简言之，关于灵魂不朽的论证，似乎来自一个略微不同的原理。不仅灵魂是单一而非复合因此是不可分解的，而且我们所有关于绝对概念的知识也需要我们假定除了身体的感官之外，还有唯一能够解释变化事物的知识原理。此外，苏格拉底主张，认识者必定相似于被认识者。如果是灵魂认识不变的永恒本质，那么，它也必定如永恒本质那样是不变的和永恒的。苏格拉底说，当灵魂用"身体作为知觉工具"时，它"才被身体拖入可变的事物领域……但是，当恢复到自身时，她沉思反省，然后进入其他世界，纯粹、永恒、不朽、不变（她和它们同类）的领域"。

康德反对从我们的思维或知识本性出发进行的关于人类灵魂存在和不朽的任何论证，他认为前提并不保证结论的正当性。他要求揭露他称作"理性心理学谬误推论"中的错误。我思故我在中的"我"，或许是我们所有判断的必要逻辑主词，但它并不给我们提供一个具有单一、精神、永恒和不朽等等性质且真实存在的实体的直觉知识。

康德写道："在我们思维时，这个我是我们的思维内在于其中的主体，也不可能被用来确定任何其他事物。因此，每个人都被迫把自己看作实体，都把思维看作他的存在的事件。"但是，他继续说："尽管我存在于所有的思维中，但是，没有丝毫的直觉联系到由之可以把它从其他直觉对象区分开来的那个'我存在于所有的思维中'的表象……因此，结果就是，在先验心理学的第一个演绎中，理性仅仅通过把不变的逻辑主体描述为关于真实主体的知识，就给我们强加了一个所谓的知识，并且，这个所谓的知识还内在于这个主体中。但是，我们没有也不可能有任何关于这个主体的知识……尽管如此，灵魂是一个实体的命题，可以有理由被允许继续有效，只要我们认识到这个概念在任何理性心理学的一般推论方面，如关于在所有变化甚至死亡中灵魂永久存在的推论，对我们丝毫无所帮助或教导，认识到因此它仅意味着一个观念实体而非真实的实体。"

同样，关于灵魂的单一性，康德也断言，统觉或思维的这个绝对但仅仅是逻辑的统一，也被错误地改变成了一个真实的实体的绝对统一。他宣称，我是一个单一实体的命题，"全然没有教给我们关于我自身作为经验对象的任何东西"。它唯一的价值是使我们能够"把灵魂和所有的物质相区别，并因此使它免除物质始终不能摆脱的朽坏"。

至此，理性心理学能够"防止我们的思维本身陷入唯物主义的危险"。作为一个非物质的单一实体的灵魂概念因此可以正常地发挥作用，但是，当我们把它看作好像具有直觉内容时——如他所说，当我们把"思想变为事物"时，我们就是在用知识的假象自欺。康德并不否认"我"在概念上是实体的或在概念上是单一的。他说，虽然这些命题是"不容置疑地真的"命题,"然而,关于灵魂我们真正希望知道的,在那种方式下变成我们无法知道的,因为,所有这些谓词都与无根据的直觉有关,都不包括对于经验对象的推论,因此是完全空洞的"。

在康德看来,灵魂的存在与不朽,是实践理性的公设或要求。"从纯粹理论的观点获得任何关于被视为一个不朽灵魂的精神实体的证明,是绝对不可能的,"但是,如果这样一个对象必须被看作是先天的,以便"纯粹实践理性把它用作义务的要求",那么,它就成了康德所称的"信仰之事"。对他来说,理性需要不朽作为在实践上实现道德法则和灵魂趋于意志的至善之永无止境的过程的必要条件。

威廉·詹姆士甚至怀疑灵魂的这种实践论证。他认为,单一实体的这种不朽,并不保证"我们想望的一种不朽"。和洛克一样,对他来说,人的人格的统一和道德责任,似乎也不需要一个实体性的灵魂。作为一个经验主义或科学的心理学家,他觉得他有"完全放弃世界灵魂的自由",因为他发现这个概念在解释意识经验的事实方面丝毫无用。在他的著述中,他告诉那些"在这个观念中找到任何安慰的人",他们"完全有继续相信它的自由,因为我们的推理尚未证明灵魂的不存在,它们只证明了对于科学目的来说,灵魂是多余的东西"。

詹姆士"实体性的灵魂什么也没有说明,什么也没有保证"的结论,以及康德和洛克的论证,也许并不适用于被认作生命原理而非思维主体的灵魂,或不适用于被认作有机体的形式的灵魂而非与身体相连或以某种方式被束缚在身体中的精神存在。正因为这个不同的观念确认了灵魂作为绝对实体之外的某种东西的实在性,正因为它适用于植物、动物以及人类,因此,对这个不同的灵魂观念似乎需要作出另外的批评。

我们译作"灵魂"的希腊和拉丁词——psyche 和 anima——似乎以生命为其本意。在《克拉底鲁篇》,苏格拉底指出:"那些最早使用灵魂(psyche)这个词的人想要表达的是,当灵魂在身体中时,它是生命之源,提供呼吸和再生的动力。"其他对话用具有自动能力表达希腊的生物概念,并把这种能力的源头归于灵魂。例如,在《斐多篇》,苏格拉底问道:"使身体活起来的内在性质是什么?"对这个问题,克贝答之以"灵魂",并同意苏格拉底进一步的说明:"无论灵魂占据哪个身体,她都给身体带来生命。"在《法律篇》,由于克列尼亚斯把自动能力等同于生命,雅典的外乡人说服他同意了凡有生命或自动能力的东西也有灵魂的命题。

对此,亚里士多德也深表赞同。他说,"有灵魂在其中的东西,不同于无灵魂的东西,因为前者表现出生命";他接着补充说,"有生命可能意味着有思维或知觉或局部的运动,或在营养和生长意义上的运动",这样一来,我们必须"把植物也看作有生命的"和有灵魂的。但亚里士多德走得更远。在把灵魂定义为生命的原因,根据植物、动物和人类活动所显示的生命力把灵魂区分为三类——植物的、感觉的、理性的——之后,他用他的物质实体的一般理论精确地说明了灵魂是什么,以及它与身体有怎样的关系。

在他看来,物质实体是形式和质料两个原理的复合物。"所谓的质料是潜能,所谓的形式是现实。"例如人工作品,木料是具有某种潜在形状的质料,某种功能是椅子的现实或形式。在自然事物的例子中,规定物体"基本所是"的是它的形式,或如亚里士多德有时所说的,是"可定义的本质"。

如果生物基本上不同于无生命物，如亚里士多德所假定的，那么，规定它们的本质的形式必定不同于无生命本体的形式。亚里士多德正是用"灵魂"一词意指形式方面的这个不同。灵魂是每一种生物的实体形式，或"生命潜在于其中的自然物的第一级现实"。

他这里所说的第一级现实，仅仅是为了区分有活力的或有灵魂的和作为生命力的功能构成生命的各种行为。如果斧子和眼睛有灵魂，在它的实际的砍和看的活动之外，它还包括砍和看的能力。如果营养和思维活动"是相应于砍和看的活动的现实，那么，灵魂就是相应于视力和工具意义上的现实……正如瞳孔加视力构成眼睛，灵魂加身体构成动物"。

亚里士多德说，毫无疑问，作为生命实体的形式或现实的灵魂概念，"必然导致灵魂和它的身体不可分或至少它的某些部分和身体不可分的观点——因为，灵魂的某些部分的实现，无非是它们身体的某些部分的实现"。柏拉图认为灵魂先于身体而存在，亚里士多德则认为灵魂和身体在有机体产生时同时存在。柏拉图认为灵魂具有独立的存在形态，有其不同于身体的特点，亚里士多德则说，"灵魂不可能没有身体。然而它不可能是身体；它不是身体，但它是与身体相关的某种东西。所以说，灵魂在身体中，是一种限定的身体，"是"某些具有灵化潜能的东西的现实性或可定义的本质"。

在灵魂问题上，阿奎那是亚里士多德主义者，加尔文是柏拉图主义者："人具有身体和灵魂；灵魂意味着虽然被造但不朽的本质，那是他的更高贵的部分。有时他被称作精神……当单独用到精神时，它相当于灵魂。"

从这些关于灵魂的互相冲突的概念，进一步的结论随之而来。在《蒂迈欧篇》，柏拉图提出，与动物和人的灵魂相反，只有最低级的灵魂——植物灵魂——有死。亚里士多德似乎认为每一级的灵魂都有死。如果有例外的话，那也只是人类灵魂，因为它包含着理性思维能力。他写道：心灵或思维能力"似乎是完全不同类的灵魂，就像不朽之物之不同于有死之物"。

关键在于，是否思维不像所有其他心理能力，是灵魂的独有活动。"一般而论，似乎不存在这种情况，即灵魂不需要身体而能起作用或被作用……思维极有可能是个例外；但是，"亚里士多德补充说，"如果灵魂也是一种想象，或者它至少依赖于想象，那么，它就非常需要一个身体作为它的存在条件。如果灵魂具有任何独特的作用或被作用的方式，灵魂就有可能独立存在；如果没有，它就不可能独立存在。"

灵魂具有任何独特的作用或被作用的方式吗？亚里士多德似乎肯定地回答了这个问题，因为他说："就它知道实在能够和它们的质料分离而言，心灵的能力也是如此。"根据一种解释，这意味着心灵或理智在作用形态上是非物质的，正如它的一些对象在存在形态上是非物质的一样。进一步的推论是，能够离开身体起作用的东西，也能够离开身体而存在。但是，亚里士多德"从现存状态获得自由的心灵……是不朽的和永恒的"进一步陈述，唯独适用于理智呢还是一般也适用于理性灵魂？对于这一点，解释者们众说纷纭。以阿奎那为例，由于接受亚里士多德的灵魂概念，认为灵魂是形式，是有机体的生命现实，他似乎认为，理性灵魂的不朽，能够从它独有的理智能力特点得到证明。

一种把灵魂视为单一和非物质实体或视为有独立于身体的存在的灵魂理论，更容易与基督教关于人类灵魂的特殊创造和它在死后的个别存在的信仰相协调。但是,阿奎那反对这样的理论,理由是,那样一来人将会是两个实体或两个存在而不是一个;或者,如果同意这样的理论,人类的人格就被等同于灵魂,人将会是一个使用肉体的灵魂,而非具有复合本性的统一实体。根据阿奎那的意见,认为两者作为质料和形式相互关联的身体和灵魂学说,维护了人的统一,与人类在其中通过其感官学习、体验感情和在思维中依赖形象的方式相符。

但是,尽管阿奎那承认人不可能无形象地思维,他仍与洛克相反,坚持认为,思维活动就其包含抽象概念而言,不可能由物质来进行。使物质能够思维甚至超出了神的能力。与营养和感觉不同,理解不是也不可能是"身体的行为,或任何物质力的行为"。

理智由之抽象和构想一般概念的理性活动不可能由大脑的运动得到说明的理论,将在**普遍与特殊**章进一步讨论,这里我们只关注对于阿奎那来说,人类以之进行思维的概念是普遍的这个事实,意味着它们是抽象于物质的;而且,它们抽象于物质这个事实,意味着理性的各种作用必须也是非物质的——即不是身体的器官如大脑的作用。阿奎那在这些前提之上,又补充了一个进一步的原理,即事物的作用形态表明它的存在形态。根据这些前提,他结论道:既然理智有"离开身体的独立作用",那么,因为它的理解能力而被称作理性的人类灵魂,就可能有离开身体的自存。因此,它是"某种非物质的和持存的事物"。

然而在阿奎那看来,虽然人类灵魂有可能独立持存,形体化即成为物质实体的形式仍然属于它的本性。他写道:"灵魂作为人类本性的部分,仅当与身体统一时,才有它的自然本性的完成。因此,没有身体,灵魂将不适合被造。"此外,如果人类的整个本性都是灵魂——这个灵魂"把身体当作工具使用,或如水手使用船"——那么,末日审判后身体的复活就没有必要了。在阿奎那看来,基督教关于复活的身体的信条,更恰当地符合于"如形式之于物质般地与身体结合的"灵魂概念。因为,如他在另一处所说:"如果灵魂与身体的结合是自然的,那么,它没有身体就是不自然的;既然它没有身体,它的自然的完美就被剥夺了。"

在对身体和灵魂的关系的看法中,有一种关于灵魂本性的相反理论,提出了对于身体之作用的反对意见。在《斐多篇》,苏格拉底把身体描述为灵魂的囚笼,或更糟,描述为灵魂受感官和激情的不洁污染的根源。他说,"在此生中,当我们尽可能不与身体交流往来,不沉溺于身体的自然,我们就最接近知识"。但是,完全的净化需要"灵魂与身体的分离……灵魂从身体束缚中的解放"。那就是为什么苏格拉底在饮鸩前对聚集在他牢房里的朋友们说,"真正的哲学家始终寻求解放灵魂","永远在从事死亡训练"的原因。

普罗提诺也认为灵魂在身体中是堕落。但大部分基督教神学家持有相反的观点。例如,阿奎那就批评奥利金"灵魂因罪而在肉体中受罚"的观点。对他来说,在灵魂与肉体的结合中,丝毫不存在"应受惩罚或折磨的本性"。虽然《圣经》说"易堕落的身体拖累着灵魂,尘世的寓所挤迫着心灵",但奥古斯丁解释说,这话意味着并非肉体本身邪恶,而是当"肉体贪欲违背精神时,人被罪所累"。

根据奥古斯丁的观点,"因此没有必要因为我们的罪和堕落,就说肉体的本性有缺陷,并由此指责创造者的不公,因为,就它自己的类和等级来说,肉体是善的"。人是身体和灵魂两者,人类本性是具有肉体和精神之物,而且,奥古斯丁继续说:"赞美灵魂本性具有主要的善,谴责肉体似乎它本性是恶的人,他对于灵魂的爱和对于肉体的恨,肯定是耽于肉体的。"

分 类 主 题

1. 灵魂概念
   1a. 作为宇宙秩序原理的灵魂:世界灵魂及其与理智原理的关系;诸天体的灵魂
   1b. 作为生物自动或生命原理的灵魂:作为有机体形式的灵魂
   1c. 作为有思维和无思维的存在之区分原理的灵魂:灵魂和心灵或理智的统一和区别
   1d. 作为人格统一原理的灵魂:关于自我的学说;经验和先验自我
2. 灵魂的能力分析
   2a. 灵魂和它的能力或作用的区别
   2b. 灵魂各部分之间的顺序、结合和相互依赖:心灵结构中的本我、自我和超我
   2c. 灵魂的种类和生命的形态:植物生长灵魂、感觉灵魂、理性灵魂及其特殊能力
      (1)植物生长能力:植物灵魂特有的能力
      (2)感觉能力:动物灵魂特有的能力
      (3)理性能力:人类灵魂特有的能力
3. 灵魂的非物质性
   3a. 作为非物质原理、形式或实体的灵魂
   3b. 与植物和动物灵魂的物质性相比较的人类灵魂的非物质性:作为非物质能力的理智
   3c. 灵魂和身体的关系:形式和质料原理的关系或精神和物质实体的关系
   3d. 灵魂作为非物质原理、形式或实体的否定:关于灵魂的原子论
   3e. 作为幽灵、鬼魂或精灵的无实体的灵魂的显形
4. 灵魂的本质
   4a. 人类灵魂的单一性和多样性:植物生长和动物感觉能力的人类形态
   4b. 关于人类灵魂的自我—实体或不朽的问题:它的存在或独立于身体的存在能力
   4c. 人类灵魂的起源:它的独立创造;它从世界灵魂的流出或派生
   4d. 离开身体的灵魂的生命
      (1)转世或永恒轮回的学说
      (2)与人分离的灵魂和天使的比较:外在灵魂
      (3)灵魂对于它的身体的需要:身体为了灵魂的完善而复活的教义
      (4)身体对于灵魂的污染:灵魂从身体解脱的净化
5. 我们关于灵魂及其能力的知识
   5a. 灵魂通过反思它的作用而获得的关于自身的知识:作为先验或本体之物;理性心理学的谬误
   5b. 经验心理学的灵魂概念:关于灵魂的经验知识

[张晓林 译]

索引

本索引相继列出本系列的卷号〔黑体〕、作者、该卷的页码。所引圣经依据詹姆士御制版，先后列出卷、章、行。缩略语 esp 提醒读者所涉参考材料中有一处或多处与本论题关系特别紧密；passim 表示所涉文著与本论题是断续而非全部相关。若所涉文著整体与本论题相关，页码就包括整体文著。关于如何使用《论题集》的一般指南请参见导论。

1. Conceptions of soul

1a. Soul as the ordering principle of the universe: the world soul and its relation to the intellectual principle; the souls of the heavenly bodies

 6 Plato, 204-205, 447-455, 618-619, 757-765, 797-798
 7 Aristotle, 383-384, 641
 11 Aurelius, 252, 265, 270-271, 281, 293
 11 Plotinus, 338-339, 342-345, 350-352, 383-384, 408-409, 437-438, 521-523, 559, 563
 15 Kepler, 890-895, 896-897, 932-933, 959-960, 1080-1085
 16 Augustine, 235-237, 295-296, 423
 17 Aquinas, 19-20, 104-105
 20 Calvin, 10-11
 26 Gilbert, 104-105
 26 Harvey, 426-429
 32 Newton, 542-543
 51 Tolstoy, 216-218, 608
 53 James, William, 658-659

1b. Soul as the principle of self-motion or life in living things: soul as the form of an organic body

 6 Plato, 93, 763-764
 7 Aristotle, 559, 631-668
 8 Aristotle, 163-164, 274-276, 278, 279, 281-282
 9 Galen, 347
 11 Aurelius, 276-277
 11 Plotinus, 301-306 passim, 349, 453-454, 482-483, 518-519
 16 Augustine, 634
 17 Aquinas, 106-107, 365-367, 368-369, 378-399
 18 Aquinas, 483-484, 737-739
 19 Dante, 92
 21 Hobbes, 47, 251
 26 Harvey, 384-390 passim, 488-496 passim
 55 Wittgenstein, 412
 57 Veblen, 5-6
 58 Frazer, 40-62

1c. Soul as the principle of distinction between thinking and nonthinking beings: the identity or distinction between soul and mind or intellect

 7 Aristotle, 636-637
 11 Lucretius, 31-35
 28 Descartes, 275-276, 297, 303-307, 345-346, 361-362, 378-382 passim, 445-446, 450-452, 475-476
 33 Locke, 208, 211-212
 33 Berkeley, 418, 430, 440-441 passim
 44 Tocqueville, 294
 53 James, William, 139-140

1d. Soul as the principle of personal identity: the doctrine of the self; the empirical and the transcendental ego

 33 Locke, 113, 220-221, 222-228
 33 Berkeley, 440
 39 Kant, 49-51, 200-204
 43 Hegel, 25
 53 James, William, 188-197, 213-240
 55 James, William, 19-20
 56 Schrödinger, 503-504

2. The analysis of the powers of the soul

2a. The distinction between the soul and its powers or acts

 7 Aristotle, 642, 643-644, 664-665
 11 Plotinus, 412-413, 478-479
 17 Aquinas, 399-401
 18 Aquinas, 7-8, 172-173, 741-742, 893-895
 19 Dante, 48-49
 28 Descartes, 242, 434-435
 33 Locke, 123-127, 176, 179-180
 53 James, William, 130-131

2b. The order, connection, and interdependence of the parts of the soul: the id, ego, and superego in the structure of the psyche

 6 Plato, 128-129, 316-356
 7 Aristotle, 641, 662-668
 8 Aristotle, 239, 347-348, 387-388
 11 Plotinus, 474-475
 17 Aquinas, 403-406, 657-659, 783-784
 18 Aquinas, 794-795
 21 Hobbes, 151
 23 Erasmus, 40-41
 26 Harvey, 444-445

54 Freud, 701-708, 712-717, 721-722, 830-840

2c. **The kinds of soul and the modes of life: vegetative, sensitive, and rational souls and their special powers**

    6 Plato, 350-353, 421-427
    7 Aristotle, 631-632, 640-641, 643-645
    8 Aristotle, 164
    11 Lucretius, 33-34
    11 Aurelius, 248
    11 Plotinus, 343-344, 459, 473, 480-482, 525-526, 531-532
    16 Augustine, 302-303, 307-308
    17 Aquinas, 361-362, 365-367, 399-440, 692-693
    18 Aquinas, 350-351
    19 Dante, 77
    20 Calvin, 109-110
    26 Harvey, 369-370, 386-388, 397-398, 445, 447
    28 Descartes, 433
    29 Milton, 185-186
    33 Locke, 140-141, 220
    39 Kant, 465-467

2c(1) **The vegetative powers: the powers proper to the plant soul**

    6 Plato, 469-470
    7 Aristotle, 417-420, 643, 645-647
    9 Galen, 347-449
    11 Plotinus, 402-403, 477-478, 479-480
    17 Aquinas, 407-410, 604-607
    18 Aquinas, 959-963
    20 Calvin, 73-74
    26 Harvey, 418-419, 427-428
    28 Descartes, 304-305

2c(2) **The sensitive powers: the powers proper to the animal soul**

    6 Plato, 466-467
    7 Aristotle, 641, 644, 647-661, 664-668, 687-688
    8 Aristotle, 196, 238-239
    11 Plotinus, 461-462, 476-477
    17 Aquinas, 380-381, 410-413, 427-431
    28 Descartes, 241-242, 280, 283-284, 382, 452
    33 Locke, 138-143 passim, 220

2c(3) **The rational powers: the powers proper to the human soul**

    6 Plato, 386-388, 389-390, 535-536
    7 Aristotle, 571-572, 573, 659-664
    8 Aristotle, 347-348, 387-388
    9 Galen, 359-360
    11 Epictetus, 160-162
    11 Aurelius, 257, 286
    11 Plotinus, 512, 523-524
    16 Augustine, 412-413
    17 Aquinas, 394-396, 413-428, 431-440
    18 Aquinas, 9-10
    19 Dante, 67-68
    20 Calvin, 77-78, 115-118

26 Harvey, 427-428
28 Bacon, 55
28 Descartes, 297, 308-309, 315-319
29 Milton, 177
33 Locke, 131, 143-147, 178-183 passim, 211-212, 364-365, 371-372
39 Kant, 41-42, 474-475, 522, 568-575
43 Hegel, 175-176
49 Darwin, 278
54 Freud, 384-385

3. **The immateriality of the soul**

3a. **The soul as an immaterial principle, form, or substance**

    6 Plato, 124-126, 223-225, 231-234, 435-436, 761-765
    7 Aristotle, 632, 642-644
    11 Plotinus, 446-448, 453-454, 516-517, 611-612, 613-614, 617-620
    17 Aquinas, 378-379, 381-383
    28 Descartes, 304-306, 312-329 passim, 396, 435, 487, 502
    33 Locke, 205, 208, 313-315
    33 Berkeley, 442
    37 Gibbon, 186
    39 Kant, 120-129
    53 James, William, 220-223

3b. **The immateriality of the human soul in comparison with the materiality of the plant and animal soul: the intellect as an incorporeal power**

    7 Aristotle, 638, 662
    8 Aristotle, 277
    11 Plotinus, 505-506
    17 Aquinas, 14-15, 436-438, 440-443, 444-446, 447-449
    26 Harvey, 494
    28 Descartes, 284

3c. **The relation of soul and body: the relation of formal and material principles, or of spiritual and corporeal substances**

    6 Plato, 2-3, 93, 220-251, 474-475, 761-765
    7 Aristotle, 569-570, 632, 642-644, 645-646, 714-716 passim, 720-721
    8 Aristotle, 163-164, 195-196, 238-239, 448
    11 Lucretius, 31-40
    11 Aurelius, 245-246
    11 Plotinus, 301-306, 414-415, 446-517, 611-614, 617-620, 639-640
    12 Virgil, 192-193
    15 Kepler, 893
    16 Augustine, 578, 633-634, 663
    17 Aquinas, 275-276, 385-399, 430-431, 444-446, 565-566, 632-634
    18 Aquinas, 710-711, 715-716, 740-741, 742-743, 808-809, 935-937, 1025-1032
    19 Dante, 77-78
    20 Calvin, 73-74, 77-79, 224-225
    23 Montaigne, 304

26 Harvey, 431–434
28 Bacon, 49–50
28 Descartes, 298–299, 322–329, 345–346, 356, 359, 378–382, 433–434, 445–446, 450–452, 457–458, 474, 502
28 Spinoza, 611–612, 685–686
33 Locke, 123–124, 178–179, 208–212
33 Berkeley, 416–417
33 Hume, 472–473, 476
39 Kant, 557–558
43 Hegel, 25, 119
48 Melville, 17
53 James, William, 1–4, 118–119

3d. **The denial of soul as an immaterial principle, form, or substance: the atomic theory of the soul**

6 Plato, 235–236, 238–240
7 Aristotle, 633–641
11 Lucretius, 53–54
11 Plotinus, 383, 501–510
16 Augustine, 315–316
17 Aquinas, 378–379, 442–443
21 Hobbes, 176, 250–251, 269–271
23 Montaigne, 304–307
28 Descartes, 452
33 Locke, 313–315, 351–352, 353
33 Berkeley, 431, 440
39 Kant, 600
43 Nietzsche, 469–470
51 Tolstoy, 689–690
53 James, William, 95–119
58 Frazer, 40–41

3e. **The corporeal or phenomenal manifestation of disembodied souls as ghosts, wraiths, or spirits**

Old Testament: *I Samuel,* 28:8–19
3 Homer, 274–275, 406–418, 531–535
4 Aeschylus, 19–22, 91–92
5 Herodotus, 126–127
11 Lucretius, 2
11 Plotinus, 510
12 Virgil, 118, 171, 174–196
13 Plutarch, 781–782, 816–817
17 Aquinas, 479–480
18 Aquinas, 887–889
19 Dante, 92–93
21 Hobbes, 51–52, 80, 258, 274
24 Shakespeare, 144–145, 591
25 Shakespeare, 30–31, 36–37, 55–56, 298, 481–482
31 Molière, 128, 134–135
41 Boswell, 95, 114–115, 193, 394, 412, 472
54 Freud, 763–764

4. **The being of the soul**

4a. **The unity or plurality of the human soul: the human mode of the vegetative and sensitive powers**

7 Aristotle, 641, 643–644

11 Plotinus, 450, 459, 510, 515–516
17 Aquinas, 385–393
18 Aquinas, 953–955
19 Dante, 92
20 Calvin, 77–78
56 Schrödinger, 503–504
58 Frazer, 52–53, 55–56

4b. **The issue concerning the self-subsistence or immortality of the human soul: its existence or capacity for existence in separation from the human body**

6 Plato, 124, 179–183, 211–212, 220–251, 793
7 Aristotle, 632, 662
8 Aristotle, 277
11 Lucretius, 34, 35–43
11 Aurelius, 244, 245, 256
11 Plotinus, 473–474, 501–510
13 Plutarch, 29
16 Augustine, 288, 371, 415–416
17 Aquinas, 379–380, 383–384
18 Aquinas, 182–184
19 Dante, 77–78
20 Calvin, 10–11, 73–74, 240–243
21 Hobbes, 192–193, 253–255
23 Montaigne, 304–309
28 Descartes, 295–297 passim, 298–299, 353
28 Spinoza, 692, 693–694
29 Milton, 290–292
30 Pascal, 206–210, 271
33 Berkeley, 441
37 Gibbon, 186–187
39 Kant, 120–129, 218–223, 234–240, 344, 348–351, 606–607
43 Hegel, 269–270
43 Nietzsche, 485–486
48 Melville, 16–17
49 Darwin, 593
53 James, William, 224–225
58 Frazer, 40–69

4c. **The origin of the human soul: its separate creation; its emanation or derivation from the world soul**

Old Testament: *Isaiah,* 42:5 / *Zechariah,* 12:1
Apocrypha: *Wisdom of Solomon,* 15:11
New Testament: *I Corinthians,* 15:45
6 Plato, 452–454, 618–619
11 Lucretius, 38
11 Aurelius, 293
11 Plotinus, 370–371, 373–374, 402–404, 446–453, 454–459, 512–517, 613–614, 617–620
16 Augustine, 412–413
17 Aquinas, 383–384, 480–484, 600–604
18 Aquinas, 742–743
19 Dante, 65
20 Calvin, 74–77, 105
21 Hobbes, 176, 251
28 Bacon, 54
28 Descartes, 280
28 Spinoza, 600–601

37 Gibbon, 186
38 Gibbon, 640

4d. The life of the soul apart from the body

4d(1) The doctrine of transmigration or perpetual reincarnation

5 Herodotus, 75
6 Plato, 179–183, 226–234, 246–250, 437–441, 767–768
7 Aristotle, 635
11 Lucretius, 38–39
11 Aurelius, 250–251
11 Plotinus, 305, 393, 396–397, 402–403, 456–457, 468–469, 473–474, 640–641
12 Virgil, 191–193
16 Augustine, 370–371, 410–412, 690–691
18 Aquinas, 943–944, 951–953
19 Dante, 94
23 Montaigne, 289–290, 308–309
33 Locke, 220, 223–224, 227–228
43 Hegel, 195–196
44 Tocqueville, 293
51 Tolstoy, 295
55 James, William 19–20

4d(2) Comparison of separated souls with men and angels: the external soul

New Testament: *Luke,* 20:34–36
11 Plotinus, 458–459
16 Augustine, 643, 691
17 Aquinas, 406–407, 473–480
18 Aquinas, 81–87, 887–889, 893–900
41 Boswell, 192–193, 363
52 Dostoevsky, 24
58 Frazer, 40–69

4d(3) The need of the soul for its body: the dogma of the body's resurrection for the soul's perfection

16 Augustine, 369–370, 422–427, 434–435, 689–690, 710–711
17 Aquinas, 162–163, 473–475, 632–635
18 Aquinas, 935–939, 956–957, 966–967, 1037–1039
19 Dante, 8, 107
20 Calvin, 200, 205–206, 243–246
23 Erasmus, 40
23 Montaigne, 351
55 Barth, 477
58 Frazer, 56–62

4d(4) The contamination of the soul by the body: the purification of the soul by release from the body

6 Plato, 305–310, 315–320, 325–326, 328–329, 330–331, 332–333, 335–336, 378–379, 385–386, 414–415, 466, 510–511, 518–519, 523–524, 654–656, 675–678
11 Epictetus, 108–109
11 Plotinus, 305–310, 315–320, 325–326, 328–329, 330–331, 332–333, 335–336, 378–379, 385–386, 414–415, 466, 510–511, 518–519, 523–524, 654–656, 675–678
16 Augustine, 434–435, 436–437, 580–582
17 Aquinas, 473–475
20 Calvin, 73–74

5. Our knowledge of the soul and its powers

5a. The soul's knowledge of itself by reflection on its acts: the soul as a transcendental or noumenal object; the paralogisms of rational psychology

6 Plato, 220–251
7 Aristotle, 631–632
11 Epictetus, 99
16 Augustine, 390–393
17 Aquinas, 464–468
23 Montaigne, 301–309 passim
28 Descartes, 275–278 passim, 295–297, 303–307, 322–329, 433
28 Spinoza, 616–617
33 Locke, 121–123, 175, 185, 208–212
33 Hume, 453–455
39 Kant, 32, 55–56, 99–101, 120–129, 200–209 passim, 218–223, 234–240, 271, 281–282, 291–293, 307–310, 311–314, 337
43 Hegel, 14, 22, 124–125, 271–272
53 James, William, 122–126, 177–178, 191–197, 232–238
54 Freud, 429–430
59 Joyce, 572–576, 577–578, 580, 591–598 passim

5b. The concept of the soul in empirical psychology: experimental knowledge of the soul

43 Nietzsche, 483
53 James, William, 1–4, 126–127, 221–226
54 Freud, 428–429, 431, 434, 549–550, 830–831 passim

交叉索引

以下是与其他章的交叉索引:

The notion of a world soul and the theory that the heavenly bodies have souls, *see* ASTRONOMY AND COSMOLOGY 6b; WORLD 1a.

The soul as the principle of life, *see* ANIMAL 1a; LIFE AND DEATH 1–2.

The soul as identical with mind or intellect and as the principle of thought, *see* MIND 1b–1d, 1f.

Personal identity, *see* ONE AND MANY 3b(5); SAME AND OTHER 1b.

88. Soul

The parts or powers of the soul, and the several kinds of soul, see ANIMAL 1–1c(2); LIFE AND DEATH 3–3b; MAN 1–1c, 4–5a; SENSE 1a, 2a–2c.

The specific powers of the soul and their relation to one another, see DESIRE 3–3d, 5–6c; EMOTION 1–1a, 2–2c, 4a; MEMORY AND IMAGINATION 1–1d; MIND 1a–1a(4), 1e–1f, 1g(2); ONE AND MANY 3b(5), 4a; OPPOSITION 4a; SENSE 1a–1d, 3–3e; WILL 1–3b.

The immateriality of the soul and its relation to the body, see ANIMAL 1e; BEING 7b(2), 7b(4); ELEMENT 5d–5e; FORM 2c–2c(1), 2d; LIFE AND DEATH 2; MAN 3a–3c; MATTER 2e, 3a, 4c–4d; MECHANICS 4c; MIND 2a–2e; ONE AND MANY 3b(4).

The immortality of the soul, see IMMORTALITY 2–3b; METAPHYSICS 2d.

The transmigration of souls, see IMMORTALITY 5a.

The soul in separation from the body, see ANGEL 4; IMMORTALITY 5b; MAN 3b; MIND 4e; the doctrine of the resurrection of the body, see GOD 7g, 9c; IMMORTALITY 5g.

The spiritual dignity of human nature that requires all men to be treated as ends, see JUSTICE 6, 6c; LIBERTY 1a; SLAVERY 2d, 3d; WILL 7a.

Psychology as the science of the soul or of man, see KNOWLEDGE 5a(6); MAN 2a–2b(4); MIND 6; the distinction between rational and empirical, or philosophical and scientific psychology, see PHYSICS 2; SCIENCE 1c.

扩展书目

下面列出的文著没有包括在本套伟大著作丛书中，但它们与本章的大观念及主题相关。

书目分成两组：

Ⅰ. 伟大著作丛书中收入了其部分著作的作者。作者大致按年代顺序排列。

Ⅱ. 未收入伟大著作丛书的作者。我们先把作者划归为古代、近代等，在一个时代范围内再按西文字母顺序排序。

在《论题集》第二卷后面，附有扩展阅读总目，在那里可以查到这里所列著作的作者全名、完整书名、出版日期等全部信息。

I.

Augustine. *The Magnitude of the Soul*
——. *On the Immortality of the Soul*
——. *The Soul and Its Origin*
Thomas Aquinas. *On Being and Essence*, CH 4
——. *On Spiritual Creatures*, A 11
——. *Quaestiones Disputatae, De Anima*, AA 1–2, 6–15, 17–21
——. *Summa Contra Gentiles*, BK II, CH 56–90; BK IV, CH 79–95
——. *Truth*, Q 19
——. *The Unicity of the Intellect*, 11
Dante. *The Convivio (The Banquet)*, THIRD TREATISE, CH 5–8
Hobbes. *Concerning Body*, PART II, CH 11
Descartes. *The Principles of Philosophy*, PARTS I, IV
Berkeley. *Three Dialogues Between Hylas and Philonous*
Hume. *Of Suicide*
——. *Of the Immortality of the Soul*
——. *A Treatise of Human Nature*, BK I, PART IV, SECT V–VI
Voltaire. "Soul," in *A Philosophical Dictionary*
Kant. *Prolegomena to Any Future Metaphysic*, par 46–49
Bergson. *Matter and Memory*, CH 4
——. *Mind-Energy*, CH 2
Whitehead. *Adventures of Ideas*, CH 2
——. *Religion in the Making*, CH 3
Russell. *Religion and Science*, CH 5

II.

THE ANCIENT WORLD (TO 500 A.D.)

Epicurus. *Letter to Herodotus*
Gregory of Nyssa. *On the Soul and the Resurrection*
Proclus. *The Elements of Theology*, (N)
Tertullian. *A Treatise on the Soul*

THE MIDDLE AGES TO THE RENAISSANCE (TO 1500)

Albertus Magnus. *De Natura et Origine Animae*
——. *On the Intellect and the Intelligible*, TREATISE I–II
Sa'adia ben Joseph. *The Book of Beliefs and Opinions*, TREATISES VI–VII

THE MODERN WORLD (1500 AND LATER)

Bain. *Mind and Body*
Bradley, F. H. *Appearance and Reality*, BK I, CH 9–10; BK II, CH 23
——. *Collected Essays*, VOL 1 (20)
Burton. *The Anatomy of Melancholy*, PART I, SECT I, MEMB II, SUB-SECT 5–11
Clifford. "Body and Mind," in *Lectures and Essays*
Dickinson, E. *Collected Poems*
Driesch. *Mind and Body*
Emerson. "The Over-Soul," in *Essays*, 1
Gilson. *History of Christian Philosophy in the Middle Ages*
Helvétius. *Traité de l'esprit*
——. *A Treatise on Man*
John of Saint Thomas. *Cursus Philosophicus*

Thomisticus, *Philosophia Naturalis,* PART IV, QQ 1-12
John of the Cross. *Dark Night of the Soul*
———. *The Living Flame of Love*
———. *Spiritual Canticle*
Jung. *Modern Man in Search of a Soul*
———. *Psychology and Religion*
La Mettrie. *Historie naturelle de l'âme*
———. *Man a Machine*
Leibniz. *Discourse on Metaphysics,* XXXIII-XXXIV
———. *Monadology,* par 19-28
———. *New Essays Concerning Human Understanding,* BK IV, CH 9
———. *Philosophical Works,* CH 12 (*A New System of the Interaction of Substances*), 13 (*The Reply of M. Foucher Concerning the Interaction of Substances*), 23 (*Considerations on the Doctrines of a Universal Spirit*), 34 (*The Principles of Nature and of Grace*)

Lotze. *Metaphysics,* BK III, CH I
———. *Microcosmos,* BK II-III
———. *Outlines of Psychology*
Malebranche. *Dialogues on Metaphysics,* I
———. *The Search After Truth,* BK I, CH 10 (1, 3)
Marvell. "Dialogue Between the Soul and the Body"
Melanchthon. *Commentarius de Anima*
Percy. *Lost in the Cosmos: The Last Self-Help Book*
Ryle. *The Concept of Mind*
Santayana. *The Realm of Matter,* CH 8-9
———. *The Realm of Spirit,* CH 1-3
———. *Scepticism and Animal Faith,* CH 24, 26
Suárez. *Disputationes Metaphysicae,* XIII (14), XXXIV (5)
Yeats. "A Dialogue of Self and Soul"

89

空 间 Space

总 论

在我们日常观察的层次上,空间和时间似乎是物理事物显著、共同和相互联结的属性。我们通过事物在空间中的位置来区别彼此,正如我们用事件发生的日期来标志事件一样。我们对一件事物的界定通常借助于何处和何时,因为人们一般认为,两个物体不可能在同一时间占据同一位置,而且同一时间两个不同的处所不可能被同一物体所占据。按照神学家阿奎那的说法,空间和时间的这些限制甚至对无身体的东西如天使也适用。

他写道:"在一个相当不同的意义上,一个天使和一个物体被说成处在一个处所。"尽管一个物体处在一个包容着它的处所,"一个天使却被认为通过运用天使力而位于一个有形的处所,不是被包容,而是以某种方式包容着它"。不过,他紧接着说,在一个给定的时间,一个天使"并不是到处都在,也不在好几个处所,而是只在一个处所"。天使的非肉身也不允许超过一个天使在同一时间位于同一处所。按照天使位于一个处所的方式——通过天使力的作用——"在一个处所只能有一个天使",阿奎那声称,就像同一时间同一处所只能有一个物体一样。

在空间中的场所或位置以及空间关系,诸如更高更低、更近更远,是如此地熟悉和易于理解,以致它们提供了参考术语,人们借此隐喻地谈论道德等级和精神距离。比如,但丁的整个《神曲》包含着一个空间隐喻,通过地下和天上的不同处所,它给出了罪恶的等级和幸福的程度。

随着但丁在天堂里由天层登上天层,他在月球天遇见了皮卡尔达·多那蒂。她向他解释说,这个"看来如此低下"的处所是分派给那些违反了自己的某些信誓的人。但丁奇怪为什么她和其他人并不"期望一个更高的处所,以便看到更多"。皮卡达回答说:"兄弟,仁爱的德性安定了我们的意愿,使我们只想着我们已有的东西,而不激励我们对其他东西的渴望……所以,正像我们在这王国中,从这层安置到那层,既令整个王国喜悦,又令国王欢欣,正是这位国王用他的意愿产生我们的意愿,他的意愿就是我们的安宁。"

皮卡尔达的这段话使但丁认识到"何以天上处处是天堂,即使至善的恩泽并非以一种方式降临"。在上帝之爱和光的播撒中至福的这些不同方式,由天球来代表:从近地的月球天直到水晶天——这是物理宇宙的最边缘,但丁说它"正是圣灵之所在"。

当考虑到物理空间的整体或宇宙的范围时,牛顿和但丁一样设想上帝的永恒和遍在,就像它以某种方式包围着所有的空间和时间。牛顿在《原理》的结尾写道:上帝"不是绵延或空间","但他持续并且在场……通过永在和无处不在,他建立了绵延和空间"。在《光学》的总结性疑问中,牛顿似乎把无限空间看成是神性的感觉器官,在其中一切事物立即呈现给上帝,而上帝"在一切的处所,比起我们用我们的意志来移动我们自己的身体的部分,他更有能力用他的意志来移动在他无边、均一的感官之内的物体,从而构成并重构宇宙的各部分"。

不过,物理学家在面对空间的神秘性时并不一定要变成神学家。即使不提它的三维与作为第四维的时间在现代的复杂关系,空间的物理概念分析起来也有困难。

在西方思想传统中,空间的相互冲突的各种定义似乎来自被规定的客体中一个基本的区别——或者它是物体的一个不可分离的性质,也许甚至可以等同为未赋形的物质;或者它是一个与物体相分离的实在,可以运动并有着自身的存在。有时,这一区别被表示为"处所"或"广延"这个词的含义,与"空间"的含义之间的区别。它似乎也与充实空间与空虚空间(即虚空或真空)之争有关。它还与亚里士多德关于空间与处所之区分,与牛顿关于绝对空间与相对空间的区分有些关系。

物理学理论中空间的易争议的特征,可以通过这些对立面的含义以及它们所引出的问题而被看出。此外,物理学理论还面临着超距作用问题(即物理作用是通过真空还是通过以太媒介),空间的无限性问题(或者有界宇宙还是无界宇宙的问题),以及一个物理空间与多个几何空间的区分。

空间初看起来容易被理解,也容易被测量,但经此考察变成了如此微妙以致几乎要消失了的一个客体。理性发现很难准确地说空间本身是什么,它与物质和运动如何相关联。甚至日常感觉中熟悉的空间似乎也有它的迷惑之处。像詹姆士这样的心理学家参与研究了不同的接触场、视觉场和听觉统合场如何构成我们经验中单一的空间,在涉及我们如何学习感知位置和方向的空间多样性时,他不可能回避与习得性空间—知觉相对立的先天性问题。

柏拉图的空间理论在《蒂迈欧篇》中提出,作为蒂迈欧关于宇宙的产生与构建所讲述的一个"或然故事"的一部分。按照他的观点,有生有灭的可感事物是照着永恒形式仿造的。在永恒的范本和它们在变化世界中的复本之外,蒂迈欧发现有必要添加一个第三要素,以解释物理元素和它们的产生。他说,这个要素"难以解释,也看不清楚……它是一切产生的接受器和某种意义上的护理者"。与永恒地变来变去的元素不同,接受器"从不离弃她自身的本性,从不以任何方式采取类似进入她之中的任何事物的形式……进入和离开她的诸形式是真实存在的相似物,它们以一种奇妙和无法说明的方式模仿它们的范本"。

蒂迈欧区别了三种本原,一种是在产生过程中来来去去的东西,一种是产生在其中发生的东西,一种是被产生的东西所模仿从而是它的根源的东西。他把接受器或"接受的本原比作母亲,把根源比作父亲,而居间的自然比作孩子",并且补充说:"如果模仿就是采纳各种各样的形式,那么模仿在其中得以成形的物质就没有适当地被准备,除非它是无形式的,并且绝不会带有这些形式的任何印记,它只能从外面接受这些形式。……因此,接受所有的形式的东西应该不具任何形式……所有被创造的、可视的以及任何可感意义上的东西的母亲和接受器,不被称作土或气或火或水,或它们的混合物,或导出这些东西的任何元素,而是一个不可视、无形式的存在者,它接受一切事物,并且以某种神秘的方式带有可理解性,但又是极度不可理解的。"

这个第三要素蒂迈欧有时称作"物质"和"接受器",他有时也称做"空间"。

当物质和空间在一个形式的接受器概念之下相互等同时,它们拥有绝对无形式的和不为感官所感知的特征。它们也不像形式那样真正地为理性所理解。蒂迈欧说:"空间这个永恒的第三本原,不容许毁灭,而是提供一切被创造事物的家,它在没有感官帮助的情况下被一种似是而非的理性所理解,几乎不是真实的;提到它我们就像在梦里,我们说,一切存在者都必须处在某些处所,占据一个空间,既不在天上也不在地下的东西是不存在的。"

这个空间概念的准确含义很难确定。它在普罗提诺的如下命题"空间是一个容器,一个物体的容器;它是由分离的各部分所组成的事物的家"中找到了回响吗?但他又说,空间"在严格意义上是未赋形体的,并且自身不是物体","物体不是一个虚空",但"虚空必定是物体所处的地方",看起来暗含着空间本质上是虚空的意思。《蒂迈欧篇》中的命题"不可能有虚空这样的东西",也许只适用于被创造的天和地的充实空间。它不会被说成,当空间被等同于创造之前的接受器的无形物质时,它就是虚空?

这引起了更多的问题。接受器是空间还是物质?在阿奎那评论奥古斯丁对《创世记1:2》中"大地是空虚的"一句的读解中,《蒂迈欧篇》中的空间概念被正确地解释了吗?奥古斯丁主张,通过这一句中的"大地"一词,无形的物质被理解。阿奎那写道,由于它的无形,"大地被说成是空虚的,或不可视且无形状"。他又补充说,"这就是为什么柏拉图说物质是处所的原因"。

不管这些问题如何被解答,有一件事情看来是清楚的。起接受器作用的空间,只能被等同于缺乏形式的物质,而不能等同于三维物体的物质。笛卡尔看来对空间与物质的关系有不同的设想。对他来说,空间不是一个包含在可感事物的原初制作中的先行原则,而是——作为物体的广延——与它们不可分离的存在。它是标志着物质性实体之本质的一种属性,正如思维标志了心灵或灵魂的本质。笛卡尔写道,"通过广延我们理解了有着长宽高的任何什么东西,而不去追问它究竟是一个真实的物体或者只是空间。"不过,他接着说"所谓广延,我们在这里不是指任何与广延客体自身相区别和相分离的东西"。

笛卡尔考虑如下三个命题的重要性:"广延占据处所,物体拥有广延,而广延不是物体。"他认为,第一个命题意思就是"有广延者占据处所"。第二个命题似乎意味着"广延的含义不与物体的含义相等同",但笛卡尔坚持说,"在我们的想象中,我们并不构造两个有区别的观念,一个是物体,另一个是广延,相反,只有一个单一的广延物体的图像;从事物的角度看,也与我刚才所说的完全一样:物体是广延的,或者说,广延者是广延的"。最后,在命题"广延不是物体"中,照笛卡尔的意思,"广延"一词表达了一个纯粹抽象的概念——自身没有任何可感实在的无。至于说到它的存在,被看作是广延的东西不可能与物体相分离。笛卡尔断言,那些不这么想的人会陷入"如下的矛盾之中:同一事物在同一时间既是物体又不是物体"。

在他的《哲学原理》中,观点被总结如下:"物质或物体的普遍本质,不在于硬度、重量或颜色,而只在于这样的事实:它是一个在长宽高上延展的实体。"但是,我们也许要问,一个物体的维度与空间相同吗?笛卡尔回答说,"构成一个物体之本质的同一广延,也构成了空间的本质……不仅充满了物体的空间如此,被称为真空的空间亦如此"。

如果真有真空或空的空间，广延将会与物体相分离。这被笛卡尔断然拒绝。"在这个词的哲学意义上考虑一个真空，即一个不存在实体的空间，很显然，这样的东西不可能存在，因为空间的广延或内在处所与物体的广延并没有不同。"笛卡尔继续说，就是"我们取这个词的日常含义，我们也不是指绝对没有东西的一个处所或空间，而只是这样的一个处所，在那里没有我们希望找到的东西而已"。

《原理》中提出的这些观点，巩固了三维空间或广延与《规则》中出现的物体的等同。在《方法谈》中，通过诉诸"一个连续的物体或一个在长宽高上不确定延展的空间"这种"几何学家的对象"，这种等同似乎被进一步确认。不过，笛卡尔并不否定作为物体之广延的空间与作为一个物体与它物体相比较而言所占据之位置的处所之间的区别。他说，按照通常的用法，"处所"一词表示"借此一个物体被说成是在这里或那里"。他反对像亚里士多德这些人的如下观点，即用"处所"指一个物体的包围着的界面。他争辩说，位移运动或处所的变化不是一个物体所围界面的变化，而是它的相对位置的变化。

空间观念的最革命性的变化发生在20世纪爱因斯坦对赫尔曼·明可夫斯基四维空间的采纳上。爱因斯坦写道："当非数学家听说'四维'事物的时候，他们被一种神秘的震颤、被一种与神奇之思所唤醒的差不多的感觉所抓住。可是，没有什么比我们居住的世界是一个四维空—时连续统这样的陈述更平凡的话了……被明可夫斯基简称为'世界'的物理现象之世界，在空—时的意义上自然是四维的。因为它由一个个的事件所组成，每一个都由四个数字来描述，即三个空间坐标 x，y，z 和一个时间坐标 t。"爱因斯坦还补充说，"以四维的模式来对待世界，对于相对论来说是自然的，因为按照这种理论，时间被剥夺了它的独立性"。

亚里士多德试图去规定的是处所而不是空间，而处所的意思是一个物体的围面，而不是它在空间中的位置。他拒绝了处所是大小之广延的概念，他认为，如果这样的话就会将它等同于物质，处所从属于物体，但不是物质或物质的属性，而是它的边界。亚里士多德写道，它是"不动的内面……一种界面，事物的一种容器"。这个界面由包围着的物体或诸物体在一个物体的表面自己构建出来。亚里士多德写道，"如果一个物体外面有其他物体包围着它，那它在处所中，否则就不在处所中"。

这个处所概念的后果是，首先，否定了虚空意义上的空间，因为处所总是"与包围或限定着它的事物相对应"；其次，否定了任何无限的处所，因为那样的话就预设了一个现实的无限物体——对亚里士多德来说，这是不可能的；第三，得出了如下结论：整个宇宙自身没有处所，因为作为世界边界的最外层天之外不可能有任何包围着的物体来界定宇宙。

亚里士多德解释说，他所谓的"天"是指"整体的最外层"，这个整体"包括了所有可感知的自然物体"。爱因斯坦在他讨论"一个'有限'但'无界'的宇宙的可能性"时所使用的这两个词，可能适用于亚里士多德的世界概念——在物质上有限，但无界，即外面没有任何东西来规定或界定它的边界。

亚里士多德的世界观似乎与古代原子论者的世界观直接相反。对原子论者来说，物质的整体是不连续的，以单个的单元或原子存在，每一个原子是充实的——也就是，一个内部无真空的、绝对连续的物质单元——但它们之间是虚空或空的空间。对亚里士多德来说,物质世界作为整体是一个充实体,即连续的物体而不是真空。所以,如果"空间"不是指处所而是指真空——物体之间或之中非物体的间隔——的话,那么就没有空间。亚里士多德考虑到了德谟克利特关于没有真空位移运动将不可能的论证,但他认为"运动并不必然要求有真空"。

追随德谟克利特,卢克莱修给出了安置真空或空的空间的另一种理由。由于不可分的简单物体或原子在于它们绝对的坚固性——它们中没有真空——所以混合物体的可分性来自它们由原子和真空所组成。卢克莱修写道,"空间只要是空的,此时我们称之为虚空,物体就不在那里;而只要物体有其处所,那里就绝不会有虚空。因此,第一物体是坚硬且不含虚空的……如果这里空无一物,那整体就会是坚硬的;除非……确定的物体充塞着所有它们所占据的处所,那整个宇宙就不是空虚的空间"。

与之相反,亚里士多德把物质的可分性看作基于它的连续性。按照他的观点,由虚空来将原子彼此隔绝,这样由原子组成的复合物体并不是可分的,而是已经现实地分开了;相反,被卢克莱修由于它的连续性而看成不可分的东西——无虚空的原子——对亚里士多德而言是可分的。当然,称一个原子是可分的,这是否定了它是原子的,或用卢克莱修的话说,是否定了它是一个不可切割的"坚硬个体"。

这样看来,关于空间和处所的相互对立的理论与关于物质或物体的相互对立的理论直接相联系。空间作为空的间隔或坚实物体之间的虚空的理论赞同原子论,而处所作为"包容物体与被包含物体相接触的内界面"的理论则赞同作为一个物质充实体的世界理论。

原子论与充实论在与空间相关的另一个基本方面也相冲突。按照亚里士多德,一个真正无限物体的不可能性,使得最大的处所是有限的。按照卢克莱修,无限数目的原子要求一个无限的空间。要问"我们已经发现的虚空或场所或空间受到限制,还是向无边界、不可估量的深处伸展",卢克莱修回答说,"整个宇宙在任何一个方向上都没有限制"。他的论据与亚里士多德关于"无边界的宇宙"的论据看来相似。他写道,由于"在整体之外不可能没有任何东西,它就没有边界或界限"。但是,亚里士多德的意思似乎是,宇宙没有处所是因为一切处所都在它里面,而卢克莱修的意思似乎是,空虚空间在所有方向上无限伸展。

现代原子论者像牛顿和洛克所接受的空间理论,与如下的物质观相一致:物质以不连续的单元存在,彼此被空的间隔所分开。比如,牛顿区分绝对空间和相对空间,便承认了一个相对于物体的空间,但也确认了一个绝对独立的、与物质或物体相分离的空间。他写道:"绝对空间不与外在事物相关联,因其本性总是保持相似和不运动。相对空间是绝对空间的某种可运动的维度或测量,我们的感官根据它相对诸物体的位置而确定它,并且通常被认为是不运动的空间。"至于说到与空间相区别的处所,牛顿主张,它是"物体所占据的空间的一个部分,并且依照空间的情况,或者是绝对的,或者是相对的"。在反对亚里士多德的观点方面,他补充说,处所"不是位置,也不是物体的外表面。因为相同固体的处所总是相同的,但它们的表面因其不同的外形,总是不相同的"。

洛克也区分了空间和处所,一个在于"任何两个物体或两点之间的距离关系",另一个在于"任何事物与任何两点或更多点之间的距离关系,这些点彼此之间保持相同的距离,也就是处于静止"。基于这个处所概念,他明显同意亚里士多德,主张"我不可能拥有宇宙的处所的观念,尽管我们可以拥有它的所有部分的处所的观念"。但他接着说,宇宙之外是"一个匀质的空间或延展,心灵在其中找不到多样性或痕迹"。

这似乎表示洛克的空间观念,像卢克莱修的一样,认可一个无限的虚空。他写道:"那些宣称没有物质空间不可能存在的人,必定把物体搞成无限大。"进一步,"那些怀疑或反对真空的人,因而也承认他们拥有清楚的真空和充实体的观念,亦即,他们拥有一个缺乏坚硬性的广延观念,尽管他们否定它的存在,否则他们就是无的放矢的怀疑。那些在称呼广延、物体时如此变更这些词的含义,从而把物体的整个本质搞成只是纯粹广延的人,必定在他们谈论真空时出现荒谬,因为广延不可能没有广延:因为真空不管我们确认它还是否定它,都指示着无物体的空间,没有人能够否定它的存在是可能的,它不会把物体搞成无限,也不会降低上帝的威能而将物体的任何一个微粒消灭掉"。

正由于他认为没有人能够断言一个无限的物体,也由于他把空间看成是一个虚空,与物体相区别,洛克发现有必要断言空间的无限性。他说,"我要问一下,如果上帝把一个人置于有形存在物的最外边,他是否不可能由他的身体伸出他的手。如果他能够,那么他就是把他的胳膊放到了此前是无物体的空间里"。进一步,如果"物质的任何微粒向空的空间运动不是不可能的,那么,一个物体向虚空空间运动的同样的可能性、物体超出最外边界的可能性,以及进入散布在物体之间的空的空间的可能性,就会总是保持其明显性和显著性……所以,无论心灵自身被任何思想置于或者是所有物体之中或者是远离所有物体,那么它在这个均一的空间观念里,不可能找到任何边界、任何终点,因此,我们必须说它是实无限的"。

否定物质之存在的人也否定纯粹的空间——缺失物质而存在的空间——这也许看起来有点悖理。贝克莱写道:"当我说纯粹或空虚的空间时,我并没有假定'空间'一词代表了一个有别于物体或运动的观念,或不借物体或运动而可理解的观念。"他指出,它的意思只是,当空间相对空虚的时候,一个物体给予另一个运动中的物体的阻力是缺失的。但这种情况总是相对的。贝克莱说,"依照阻力更小或更大,空间更纯粹或更不纯粹"。只有当所有物体除了他本身外都被消灭,才会有绝对纯粹的空间。贝克莱总结说,"如果他本身也被消灭,那就不可能有任何运动,从而也不可能有空间"。

关于空间的所有这些矛盾,都进入了康德第一个宇宙论二律背反的命题之中,其中的正题世界在空间上是有限的,以及反题世界在空间上是无限的,看起来同样的能够被证明——也同样地能够被反证!两者均违反了我们的经验概念。

康德写道,如果空间"是无限和无界的,它对于每一可能的经验概念来说太大了。如果它是有限和有界的,你完全有权利问什么东西规定这个界限。空的空间不是一个相对于事物的独立者,并且不可能是一个决定性的条件,也不是构成可能经验之部分的一个经验条件——如何可能有绝对虚空的经验呢?但是,为了在一个经验综合中造成一个绝对的总体,总是要求无条件者应该是一个经验概念。于是,一个有限的世界对你的概念来说太小了"。

不过,空间本身对康德来说"不是一个由外部经验导出的经验概念"。毋宁说,它"是先天的构成一切外部直观之基础的一个必要表象",如康德在他的《导论》中所解释的,它把几何学建成为一个先天的科学。"空间不是别的,而是一切外在感觉现象的形式;它是我们可感觉性的主观条件,没有它,任何外部直观对我们都不可能……在空间中被看到的都不是物自体","空间也不是被假定因自身而属于自身的事物的形式"。我们在空间中感知到的外在客体"只是我们感觉的表象,即空间形式"。

至于考虑到空间经验,威廉·詹姆士似乎取一个相反的观点。他说,时间和空间的关系"是从外部留下的印记",并且"将它们自身的复本印在内部"。对于康德的如下理论,即空间是"心灵的内在源泉造就出的一个特质,以包装感觉,如果感觉被原始的给出,则不是空间的",詹姆士回答说,他不可能找到"心灵造就或创造空间的任何内省经验"。

他给出了另外两个不同的观点:"或者(1)并不存在任何感觉的空间特质,而空间只是一个序列符号;或者(2)在某些特定的感觉中存在一个即时给定的延展的特质。"对詹姆士而言,第二点似乎最适于解释我们空间感觉的发展,并且他不认为它与先天的或非经验的几何特征相矛盾,几何学的必然真理诉诸理想客体,而不是物理空间中的经验事物。

数学一章中提到了多种不同几何的公设与欧氏空间非欧空间之多样性的关系,诸如平面、球面和伪球面的公设。正如不同的平行公设为几何建构选择了不同的空间,像欧几里得关于所有直角均相等的公设,似乎假定了空间的均一性,这种均一性允许几何图形在移动中不发生改变。詹姆士评论说,"如果空间中的移动歪曲或放大图形,那么全等性等关系就会不得不以一个补充的位置条件来表述"。

面对纯粹数学空间的多样性,物理学家考虑的问题是——正如爱因斯坦所说的——哪一个几何学"对应于'真实的'客体"或者现实世界的真理。爱因斯坦写道:"按照广义相对论,空间的几何性质不是独立的,而是由物质决定。"这就是说,我们关于物质分布的假定决定了世界空间的特征。

基于世界并非处处被物质占据——在它的无限空间中"物质的平均密度必然会是零"——这个假定,爱因斯坦说我们可以想象"一个准欧几里得宇宙",它类似"一个面,在其个别部分有不规则的弯曲,但任何一处都没有可觉察的偏离一个平面:有点类似起波纹的湖面"。但是,如果"物质的平均密度……不等于零,尽管这个差会是很小,那么宇宙就不可能是准欧几里得的"。如果物质均匀分布的话,它将会是球面的(或椭面);爱因斯坦总结说,"由于实际上物质的具体分布并不是均匀的,实际宇宙会在个别部分偏离球面,亦即,宇宙将是准球面的。但它将必然是有限的"。

宇宙的实际空间的本性由它其中的物质密度确定。目前,我们还不能肯定。不过,理论上的成见偏好一个性质基本上是欧几里得的但又是封闭的宇宙。实验与这一可能性并非不一致。

在定义真空为"一个缺失为感官所熟知的所有物体的空间"之后,帕斯卡坚持,"在空无与空间之间的差别,跟空虚空间与物质物体之间的差别一样",所以,"空虚空间拥有物质与空无的平均数"。托里拆利的实验对他来说是反对亚里士多德信徒的完备证据,实验颠覆了"自然厌恶真空"这个信念。

吉尔伯特对磁感应的观察，牛顿对光、热以及引力牵引力之传递的观察，以及法拉第对电现象的观察，似乎都承认了超距作用或通过真空作用的可能性。但是，所谓的物理真空究竟是绝对的虚空，还只是缺失"为感官所熟知的所有物体"，这个问题没有解决。当代量子理论确证了帕斯卡"自然界不存在真空这回事"的观点，如果真空的意思是指一个缺乏物质的空间的话。

牛顿问道："难道温暖房间中的热不是通过比空气更细微的媒介（它在空气之后继续保持在真空中）的振动在真空中传递的吗？难道这个媒介不正是光借以折射和反射的同一媒介，以及光借助这个媒介的振动而把热传到物体上吗？……难道这个媒介不是远比空气更稀薄、更精微但也更有弹性和更活跃吗？它难道不是很容易渗透到所有物体？通过它的弹性力它不是扩散到所有的天际吗？"

惠更斯也诉诸一个以太物质作为传播光的媒介。他写道："人们会看到它与提供声音传播的不是同样的东西……它不是同样的空气，光在其中传播的是另一种物质；因为如果空气从导管中移去，光并没有停止穿越它，跟之前一样。"没有这种以太媒介，物体对另一个物体的作用——引力的、磁力的、电力的——就会通过一个绝对虚空的超距作用，但是它似乎拥有相反的性质。它不只是比空气更"精微"，而且就像牛顿所说的，它也许"比水银或金更致密"，因为"行星和彗星以及一切粗重物体的运动未受阻挡，在这个以太媒介中受到的阻力比在任何流体中都小，而且以太充分充满了所有的空间，未留下任何孔隙"。在另一处，他又问道："在几乎缺失物质的处所有些什么？在哪里太阳和行星相互吸引而无致密物质位居其间？"

不管是否把以太看成是一个物理假设，如下问题依然存在：物理作用能够通过真空超距的发生呢，还是必须使用充满着空间的、法拉第称为"物理力线"的东西。法拉第认为，在电和磁的情况下，证据都支持后者。他引用了牛顿给本特利的一封信来表明，牛顿是"引力的物理力线的一个毫不犹豫的相信者"。

在这封牛顿身后被发现的信中，他说："认为引力对物质应该是固有的、内在的和本质的，以至一个物体可以通过真空超距作用于另一个物体之上，而无须任何别的媒介来把它们的作用和力由一个传到另一个，这个想法对我来说是如此巨大的一个谬误，以至于我相信，任何一个在哲学事务中拥有思考能力的人，都不可能陷于这个错误之中。"

随着以太的废除，爱因斯坦也废除了牛顿的绝对空间和绝对时间概念。隐含在牛顿方案中的假定是，同时性是绝对的。牛顿主张，对任何两个观察者同时的两个事件，对所有的观察者，不论运动与否，都是同时的。

爱因斯坦还论证说，这里忽略了光速的有限性以及同时性得以测定的实际方式的有限性。如果这些有限性被正确地考虑进来，那么相互运动的观察者不再会在事件的同时性问题上达成一致。这导致了空间和时间的相对性。运动着的时钟走得更慢，运动着的尺子收缩。这些效应在实验室的实验里很常规地被观察到。

89. 空　间

分 类 主 题

1. 空间、处所和物质
   1a. 空间或广延作为物体的本质或属性：空间、接受器和生成
   1b. 处所作为物体的封套或容器：处所作为空间的一部分或作为空间中的相对位置
   1c. 物体的三维：纯粹空间或纯粹物质的不确定的维度
   1d. 空间之物体占据的排他性：不可入性
2. 空间、虚空和运动
   2a. 空间或处所在位移运动中的角色：恰当处所理论；绝对和相对空间
   2b. 虚空或真空问题
      （1）空虚或充实空间的区分
      （2）虚空或真空对于运动和区分的不可或缺性：原子中的虚空的缺失
      （3）赞同充实体而拒绝虚空或真空
   2c. 空间作为物理作用的媒介：以太与超距作用；引力、辐射和电现象
3. 空间、量与关系
   3a. 空间的有限或无限：空间的连续性与可分性
   3b. 物理空间与数学空间的关系：可感的与观念的空间
   3c. 几何空间，其类别与性质：空间关系与构形
   3d. 空间、距离和大小的测量：三角法；视差的运用
4. 空间与图形的知识
   4a. 空间作为神性的感官，以及空间作为先验直观形式：几何学的先天基础
   4b. 关于空间感知觉的先天说与习得说之争
   4c. 空间感知觉：视觉、听觉和触觉空间的区别；透视与空间错觉
5. 几何客体的存在模式：它们的抽象特征；它们与可理解事物的关系
6. 处所、位置和空间的精神含义

［吴国盛 译］

索引

本索引相继列出本系列的卷号〔黑体〕、作者、该卷的页码。所引圣经依据詹姆士御制版，先后列出卷、章、行。缩略语 esp 提醒读者所涉参考材料中有一处或多处与本论题关系特别紧密；passim 表示所涉文著与本论题是断续而非全部相关。若所涉文著整体与本论题相关，页码就包括整体文著。关于如何使用《论题集》的一般指南请参见导论。

1. Space, place, and bodies

1a. Space or extension as the essence or property of bodies: space, the receptacle, and becoming

  6 Plato, 455–458
  7 Aristotle, 288, 290–291
 11 Plotinus, 420–421
 21 Hobbes, 270–271
 28 Descartes, 251–254, 356, 380
 33 Locke, 150–154, 269
 39 Kant, 28–33
 55 Whitehead, 158–159
 56 Einstein, 235–236

1b. Place as the envelope or container of bodies: place as a part of space or as relative position in space; space as a measure of magnitude

  7 Aristotle, 287–292, 366
 11 Plotinus, 459–460, 572–573
 17 Aquinas, 35–36, 269–270, 278–280, 348–349
 18 Aquinas, 984–985
 21 Hobbes, 172, 270–271
 28 Descartes, 248
 30 Pascal, 375–376
 32 Newton, 9, 10–11
 33 Locke, 149–150, 163–164
 53 James, William, 139–140, 626
 55 Whitehead, 162–170
 56 Einstein, 235–236
 56 Eddington, 287–289
 56 Heisenberg, 405

1c. The dimensionality of bodies: the indeterminate dimensions of pure space or prime matter; coordinate systems; relation of time and space

  6 Plato, 455–458
  7 Aristotle, 359, 551
 10 Nicomachus, 620
 11 Plotinus, 352–360
 16 Augustine, 126–127
 17 Aquinas, 343–345
 18 Aquinas, 951–953, 963–964
 21 Hobbes, 269
 28 Descartes, 319
 33 Locke, 162–164 passim
 55 Whitehead, 191–196, 211–212
 55 Russell, 289–290

 56 Poincaré, 20–21, 25–26
 56 Einstein, 196–198, 203–205, 210–211, 217–219, 220–223, 231, 235–243
 56 Eddington, 287–289
 56 Heisenberg, 422–424, 425–428

1d. The exclusiveness of bodily occupation of space: impenetrability

  7 Aristotle, 293
 18 Aquinas, 976–983
 26 Galileo, 156–157
 28 Bacon, 179–180
 28 Descartes, 304
 30 Pascal, 370
 32 Newton, 270
 33 Locke, 129–131, 338
 42 Faraday, 762–763

2. Space, void, and motion

2a. Absolute and relative space: the role of space or place in local motion; the theory of proper places

  6 Plato, 460, 762
  7 Aristotle, 283–284, 287, 288, 290, 292, 294, 312–325 passim, 359–361, 367–369, 370, 376–377, 395–396, 399, 401–404, 541, 595–596, 635
 10 Nicomachus, 620
 11 Lucretius, 18
 11 Plotinus, 429–431
 15 Ptolemy, 10–11
 15 Copernicus, 517–518, 519–520
 15 Kepler, 931–932
 17 Aquinas, 280–284
 18 Aquinas, 984–989
 19 Dante, 90–91
 21 Hobbes, 50, 61
 26 Gilbert, 110
 26 Galileo, 162, 164, 197–260
 28 Bacon, 163, 166, 179–180, 181
 32 Newton, 5–24, 25–267 passim
 33 Locke, 163–164
 33 Berkeley, 434–436
 39 Kant, 29
 51 Tolstoy, 469
 55 Bergson, 71, 80–82
 55 Whitehead, 191–196, 199–200
 56 Poincaré, 26

56 Planck, 84-85
56 Einstein, 197-225 passim esp 197-199, 203-205, 217-219
56 Eddington, 279-280, 283-284

2b. The issue of the void or vacuum

2b(1) The distinction between empty and filled space: the curvature of space

7 Aristotle, 292-297
11 Lucretius, 7-8
11 Plotinus, 459-460
17 Aquinas, 250-252
18 Aquinas, 976-978
28 Spinoza, 595
30 Pascal, 359-361, 363-365, 370, 373-376
33 Locke, 129-131, 152-154, 168
33 Berkeley, 435-436
39 Kant, 71-72, 84
56 Einstein, 225-228, 235-243
56 Eddington, 264-295 passim

2b(2) The indispensability of void or vacuum for motion and division: the absence of void in indivisible atoms

7 Aristotle, 292-295, 400-401, 423-424
11 Lucretius, 5-6, 15
26 Galileo, 138-141, 151-153, 156-160
28 Spinoza, 595
30 Pascal, 359-381, 405-415
32 Newton, 281, 541
33 Locke, 153
42 Faraday, 758-763

2b(3) The denial of void or vacuum in favor of a plenum

6 Plato, 470-471
7 Aristotle, 292-297, 370, 393, 396
9 Galen, 392-394
17 Aquinas, 250-252
28 Bacon, 187
28 Spinoza, 595
30 Pascal, 376, 379-380
39 Kant, 71-72
42 Faraday, 762-763
56 Einstein, 235-243

2c. Space as a medium of physical action: the ether and action-at-a-distance; the phenomena of gravitation, radiation, and electricity

7 Aristotle, 354, 393, 649-651
11 Lucretius, 87-88
15 Kepler, 897-905, 922
17 Aquinas, 34-35
26 Gilbert, 26-40, 43, 45-47, 51, 54-55, 102-104
28 Bacon, 167, 168-169, 176-177, 183
28 Descartes, 237
30 Pascal, 366-367
32 Newton, 6-8, 130-131, 371-372, 516, 520-522, 525-529, 531-542 passim
32 Huygens, 553-560

33 Berkeley, 432-434 passim
33 Hume, 475
39 Kant, 8, 227
42 Lavoisier, 9
42 Faraday, 349-350, 359-362, 371-373, 421-422, 429-432, 436-440, 556, 593-594, 724-727, 732, 748-750
55 Whitehead, 154-155, 156-157, 182, 190-191
56 Poincaré, 48-49
56 Whitehead, 130-131
56 Einstein, 208-210, 213-215, 216-217, 224-225, 235-243
56 Eddington, 278-281
56 Heisenberg, 415-416, 421-423
58 Frazer, 15-18, 25-30

3. Space, quantity, and relation

3a. The finitude or infinity of space: the continuity and divisibility of space; space as finite yet unbounded

7 Aristotle, 9, 370, 595-596
10 Archimedes, 520-526 passim
11 Lucretius, 13-14, 16, 28
15 Copernicus, 516-517
15 Kepler, 882-886
16 Augustine, 377
17 Aquinas, 37-38, 250-252
18 Aquinas, 985-989
21 Hobbes, 54
28 Bacon, 110-111
28 Descartes, 338
30 Pascal, 434-439
32 Newton, 8-11
33 Locke, 152-153, 160, 162-164 passim, 167-174 passim
33 Berkeley, 436
39 Kant, 135-137, 152, 160-163
51 Tolstoy, 693-694 passim
53 James, William, 631
55 Whitehead, 165-166
55 Russell, 289
56 Poincaré, 7, 9-10
56 Whitehead, 161-165
56 Einstein, 225-228, 234-243
56 Eddington, 265-269, 278-279, 282
56 Heisenberg, 426-428

3b. The relation of physical and mathematical space: sensible and ideal space

7 Aristotle, 296
18 Aquinas, 978-980
28 Descartes, 250-255, 395-396
30 Pascal, 373-374
32 Newton, 8-13
33 Locke, 160
33 Berkeley, 437-438
39 Kant, 161-163, 574-575
55 Whitehead, 145
56 Poincaré, 5-10 passim, 15-21
56 Whitehead, 184-185

56 Einstein, 195-198, 210-211, 217-223, 226-228, 238
56 Eddington, 287-288
56 Heisenberg, 426, 445-446

3c. **Geometric space, its kinds and properties: spatial relationships and configurations**

7 Aristotle, 359
10 Euclid, 1, 4, 6-7, 16-17, 18-19, 191-192
10 Archimedes, 527
10 Nicomachus, 620
11 Plotinus, 601-603
15 Kepler, 865
17 Aquinas, 460-461
28 Descartes, 250-255, 276-277, 454-455
33 Locke, 149
33 Berkeley, 437-439
39 Kant, 24-26
52 Dostoevsky, 126-127
53 James, William, 550-551, 876-878
55 Whitehead, 145-146
56 Poincaré, 10-21
56 Whitehead, 153-154, 168-169, 184-185
56 Einstein, 219-223, 226-228
56 Eddington, 264-269 passim, 287-288

3d. **The measurement of spaces, distances, and sizes: coordinate systems; trigonometry; the use of parallax**

15 Ptolemy, 165-176, 270
15 Copernicus, 521-529, 705-714
15 Kepler, 861-863, 868-887, 1016-1018
28 Bacon, 170
28 Descartes, 253-255
32 Newton, 333-337
53 James, William, 551-673
55 Whitehead, 150
56 Whitehead, 128-129, 151-155, 159-160, 167-172
56 Einstein, 196-198, 203-205, 210-211, 217-223, 226-228
56 Eddington, 277-278, 286-287

4. **The knowledge of space and figures**

4a. **Space as the divine sensorium and space as a transcendental form of intuition: the *a priori* foundations of geometry**

32 Newton, 370-371, 529, 542-543
39 Kant, 23-26, 31, 55-56, 68-69, 86, 87, 94-95, 99-101, 110, 131, 135, 153-155, 211-218, 312-313, 551-553
53 James, William, 629-631, 876-878
56 Poincaré, 14-15
56 Heisenberg, 412-413

4b. **The controversy concerning innate and acquired space perception**

39 Kant, 23-24, 25-26, 307-308
53 James, William, 474-475, 627-635, 860-861
56 Poincaré, 15-21

4c. **The perception of space: differences between visual, auditory, and tactual space; perspective and spatial illusions**

7 Aristotle, 683, 694
11 Lucretius, 19, 46-48
11 Plotinus, 367-369
33 Locke, 149
33 Berkeley, 420-421
53 James, William, 318, 400, 406, 410, 471-479 esp 474-477, 540-635
55 James, William, 37-38
55 Bergson, 71, 80-82
55 Whitehead, 179
55 Russell, 250-251, 289-290
56 Poincaré, 15-21, 25-26

5. **The mode of existence of geometric objects: their character as abstractions; their relation to intelligible matter**

6 Plato, 387, 394, 809-810
7 Aristotle, 111, 197, 270, 390, 516, 520-521, 559, 560, 589, 607-610, 616-618, 622-623 passim
10 Nicomachus, 599-600
17 Aquinas, 25, 49, 238-239
18 Aquinas, 978-980
28 Descartes, 250-255, 302, 319, 322, 395-396, 443-444
33 Locke, 324-325
33 Berkeley, 408-409, 415-416, 438
33 Hume, 458, 505, 506-507
39 Kant, 16, 17-18, 35-36, 46, 62, 87, 91
53 James, William, 876-878, 880-881
55 Whitehead, 166
56 Whitehead, 183-185 passim
56 Hardy, 377

6. **The spiritual significance of place, space, position, and distance**

7 Aristotle, 361, 375-376, 384-385
15 Copernicus, 526-528
15 Kepler, 853-854, 857-860, 1080-1085
16 Augustine, 62-63
17 Aquinas, 14-15, 316-317, 523-527
19 Dante, 11, 48-49, 71-72, 94, 126-127, 128-132
29 Milton, 129-133, 234-235
30 Pascal, 211
39 Kant, 360-361
46 Eliot, George, 251-252
47 Dickens, 34-35, 84
54 Freud, 562
59 Cather, 444, 464

交叉索引

以下是与其他章的交叉索引：

The theory of the receptacle, *see* FORM 1d(1); MATTER 1; WORLD 4b.

Extension as a property of bodies, *see* BEING 7b(4); FORM 2d; MATTER 2a.

The doctrine of prime matter, *see* BEING 7c(3); CHANGE 2a; FORM 2c(3); INFINITY 4c; MATTER 1a.

The role of space or place in local motion, *see* CHANGE 7a; MECHANICS 1c(1)–1c(3); RELATION 6a.

The measurement of space, *see* MATHEMATICS 5a; MECHANICS 3a; QUANTITY 6b–6c.

Space as a transcendental form of intuition and its relation to the foundations of geometry, *see* FORM 1c; MATHEMATICS 1c; MEMORY AND IMAGINATION 6c(2); MIND 1e(1), 4d(3); TIME 6c.

Space perception, *see* QUALITY 2b; SENSE 3c(3).

The mode of being possessed by the objects of geometry, *see* BEING 7d(3); IDEA 2g; MATHEMATICS 2a–2b; MATTER 1c.

The void or vacuum, and its relation to action-at-a-distance, *see* ASTRONOMY AND COSMOLOGY 3b; CHANGE 7a; ELEMENT 5b; MECHANICS 5d, 6d(3).

Relativity and the relation of time and space, *see* MECHANICS 1c(2)–1c(3); PHYSICS 6; SCIENCE 4d; TIME 5a.

The curvature of space, *see* MECHANICS 6d(2).

The infinity or continuity of space, *see* INFINITY 3d; MATHEMATICS 2c; ONE AND MANY 3a(4); QUANTITY 2, 5a.

Astronomical space and the size of the universe, *see* ASTRONOMY AND COSMOLOGY 7e, 11; WORLD 6a, 7.

Geometric space, spatial relationships and configurations, *see* QUALITY 3b; QUANTITY 3–3e(2).

Space as finite yet unbounded, *see* ASTRONOMY AND COSMOLOGY 11c; INFINITY 3d; WORLD 7.

Coordinates and coordinate systems, *see* QUANTITY 6b.

The relation of spiritual being or action to place or space, *see* ANGEL 3f; ASTRONOMY AND COSMOLOGY 4; GOD 7g; IMMORTALITY 5g; SOUL 3e, 4d(3).

扩展书目

下面列出的文著没有包括在本套伟大著作丛书中，但它们与本章的大观念及主题相关。

书目分成两组：

Ⅰ．伟大著作丛书中收入了其部分著作的作者。作者大致按年代顺序排列。

Ⅱ．未收入伟大著作丛书的作者。我们先把作者划归为古代、近代等，在一个时代范围内再按西文字母顺序排序。

在《论题集》第二卷后面，附有扩展阅读总目，在那里可以查到这里所列著作的作者全名、完整书名、出版日期等全部信息。

I.

Hobbes. *Concerning Body*, PART II, CH 7
Descartes. *The Principles of Philosophy*, PART II
Berkeley. *An Essay Towards a New Theory of Vision*
——. *Siris*
Hume. *A Treatise of Human Nature*, BK I, PART II
Voltaire. "Space," in *A Philosophical Dictionary*
Kant. *De Mundi Sensibilis (Inaugural Dissertation)*
——. *Metaphysical Foundations of Natural Science*
——. *On the First Grounds of the Distinction of Regions in Space*
James, W. *Collected Essays and Reviews*, XXI
Poincaré. *Science and Method*, BK II, CH I
——. *The Value of Science*, PART I, CH 3–4
Bergson. *Time and Free Will*
Whitehead. *The Concept of Nature*, CH 5–6
——. *An Enquiry Concerning the Principles of Natural Knowledge*, CH 14
——. *The Organization of Thought*, CH 8
Russell. *The Analysis of Matter*, CH 28–29, 32, 36
——. *An Essay on the Foundations of Geometry*
——. *Human Knowledge, Its Scope and Limits*, PART III, CH 6; PART IV, CH 6–7
——. *The Principles of Mathematics*, CH 44–52
Einstein. *The Meaning of Relativity*
——. *Sidelights on Relativity*
Eddington. *Space, Time, and Gravitation*

II.

THE ANCIENT WORLD (TO 500 A.D.)

Sextus Empiricus. *Against the Physicists,* BK II, CH 1
———. *Outlines of Pyrrhonism,* BK III, CH 1-20

THE MODERN WORLD (1500 AND LATER)

Alexander, S. *Space, Time, and Deity*
Boring. *The Physical Dimensions of Consciousness,* CH 4
Bradley, F. H. *Appearance and Reality,* BK I, CH 4; BK II, CH 18
Cassirer. *Substance and Function,* PART I, CH 3; SUP IV-V
Clifford. *The Common Sense of the Exact Sciences,* CH 2, 4
D'Alembert. *Traité de dynamique*
Dirac. *General Theory of Relativity*
Hawking. *A Brief History of Time*
Helmholtz. *Popular Lectures on Scientific Subjects,* II
Hilbert. *The Foundations of Geometry*
Hodgson. *Time and Space*
Leibniz. *Correspondence with Clarke*
———. *New Essays Concerning Human Understanding,* BK II, CH 13
Lewis, G. N. *The Anatomy of Science,* ESSAY II
Lotze. *Metaphysics,* BK II, CH 1-2; BK III, CH 4
Mach. *Space and Geometry in the Light of Physiological, Psychological and Physical Inquiry*
Riemann. *Über die Hypothesen welche der Geometrie zu Grunde liegen (The Hypotheses of Geometry)*
Santayana. *The Realm of Matter,* CH 4
Stallo. *Concepts and Theories of Modern Physics,* CH 13-15
Suárez. *Disputationes Metaphysicae,* XXX (7), XXXIX, XL (7), LI-LIII
Sullivan. *Black Holes*
Weyl. *Space—Time—Matter*
Whewell. *The Philosophy of the Inductive Sciences,* VOL I, BK II, CH 2-6
Young, J. W. *Lectures on Fundamental Concepts of Algebra and Geometry,* LECT XVI-XVII

国　家　State

总　论

人类和其他动物一样地群居吗？抑或有别于其他的社会动物，人类仅仅是政治的动物？人类是按照他自己的本性去配制国家，还是在仿效天使，试图合乎"空中之城"——一个理性的模型或者一个乌托邦的幻象？根据对上述问题的不同回答方式，西方思想传统发展出不同的国家理论。

但是人类的社会观或国家观不仅受到人类对其社会本性的观点的影响。人类的国家观还受到他对自己在自然界的位置以及人与上帝的关系的理解的影响。有一种观点认为国家是为了服务于人类而设计的；另一种观点则认为人类是国家的产物，而国家则是上帝的造物；还有一种观点认为，人类看起来就像索福克勒斯戏剧里的安提格涅那样在服务于国家和服务于上帝之间左右为难。

假使人类会接受某物比他更为高级，那他也只会承认自己的低级是相对于上帝或者国家而言。在西方思想的传统中，上帝观和国家观相互竞争意图获得最大限度的关注是一个意义重大且易于理解的事实。"主权"这个字眼蕴含着"绝对的超越性"的含义，其兼具政治与宗教的意义更进一步彰显出这种对立性。这立刻就引申出教会与国家、精神力量与世俗力量，上帝之城和人类之城的所有论题。

即使没有神圣的光环，在许多作者的观念里，通过和个人的比较，国家也被假设为尘世中最伟大的生命体的组成部分。对柏拉图来说，国家是人类心灵的副本，并且大上许多倍。对亚里士多德来说，国家就像一个有机的整体，个人从属于这个整体，就好比他的胳膊或者大腿作为一个有机体的部分属于他。对霍布斯来说，国家是一个政治体——利维坦使它的成员们都相形见绌。对卢梭而言国家是一个整体人格，拥有比个体意志更加完善的公意——它一贯正确或者几乎是一贯正确的。当这些国家形象累积到它的最高理想——根据黑格尔的观点，国家成为上帝在俗世的形象或者绝对精神的体现时——国家的伟大性就到了无以复加的程度。

当赫伊津哈提到"中世纪的政治思想充满着社会结构是建基于独一无二的秩序之上的观念精华"，并且每一种这样的秩序都"表达出一种神圣的制度——一种源自上帝意志的造物的有机主义组成部分，由它建构起一个真实的实体，并在根本上与天使的等级制一样令人肃然起敬"时，他就指出了国家的这些特征。

这些概念第一次出现的段落是在国家理论的最著名文本中。在《理想国》中，苏格拉底提出："我们探讨正义和不正义的本性，首先是在它们发生在国家身上，其次是在个体身上，从较伟大者到较不伟大者，然后相互比较之。"在根据国家的组成阶级以及他们的功能或彼此之关系去考察过国家的结构之后，苏格拉底把问题转回到个体。他说，我们也许可以假定"在他的心灵中有在国家那里同样可以找到的三个原则"；在另一处他补充道："似乎有多少类型的心灵就有多少类型的国家。"

尽管柏拉图把国家之中的社会阶级与心灵的组成成分相比较,但是亚里士多德却是把国家与个人的关系与身体与各器官的关系相比较。"国家就其本性显然就是优先于家庭和个人的,"亚里士多德说,"既然整体必然地优先于部分;举例来说,如果整个身体都被摧毁了,那么就不会再有脚或者手,除非是在一种可疑的意义上……国家是自然的产物并且优先于个人的证据在于,个人,当其是孤立的时候,就不是自我圆满的;因此他就像是部分之于整体。"

国家的比喻在霍布斯这里发生了截然不同的转折。国家不再是自然的产物而成了人为的制品。"自然(这个曾经由上帝制造并主宰着世界的作品)",霍布斯说道,"实乃人类的作品,就如在许多其他的事物那样,这件作品同样也是模仿,人类是能够制造的动物。"人类制造的机器——"引擎推动它们运行,就像钟表中的发条和齿轮(使钟表走动一样)"——在霍布斯看来就是有着"人为的生命"。而"作品进一步发展,模仿自然最杰出和理性的作品——人类。如此这般创造出来的作品就是称之为共同体或者国家(在拉丁文中称作城邦)的大利维坦,它不过是一件人造的人格,尽管它所致力的保护和防御,其结构和力量都远胜自然;在其中主权是人造的灵魂,如同赋予整个身体以生命和运动"。

霍布斯也曾提及芸芸众生"统一成一个人",作为"伟大的利维坦的诞生,或者说得更恭敬一些,是我们所归属的那终有一死的神的诞生,也即在不朽的上帝之下的我们的和平与防护"。利维坦既是神圣的又是属人的,因为"它集结了大多数人类的力量,以同意的名义统一在一个人格之下,无论它是自然的或是公民的",根据霍布斯的观点,它都是"人类力量的最伟大者"。

卢梭对于通过个体结社形成的"道德的和集体的存在"有各种各样不同的命名。"这一公共人格,"他说,"以前称为城邦,现在则称为共和国或者政治体;当它是被动时,它的成员就称它为国家;当它是主动时,就称它为主权者;而以之和它的同类相比较时,则称它为政权。"但是卢梭最为关注的似乎是国家的人格;它是集体人格,有着道德质量和理性能力。他反复把国家指称为"一个理性的存在"以及"一个其生命在于成员的统一的道德人"。

这些对比和比喻有许多都在黑格尔的国家理论中再次出现。但是对黑格尔来说它们不再是修辞,而就是字面定义的组成部分。黑格尔说:"国家是一个有机体。"作为一个有机的整体,没有哪个部分会拥有单独的生命。正如"在物理有机体的生命所遇见的情况一样",他写到,"生命存在于每一个细胞中"并且"一旦与生命体分离,每个细胞都将死亡。这和每个单一阶级、权力以及联合体的理想状态是一样的,一旦它有存活和独立的冲动(就会死亡)。它与整体的关系就好像胃之于有机体的关系。胃固然也可以主张自己的独立性,但与此同时,它的独立性又是可以置之不理的,它实际上被牺牲和吸收进了有机体的整体"。

但是国家不仅仅是活生生的生命体。黑格尔说:"思想和意识在本质上属于成熟的国家……正如精神高于自然,国家也高于物理的生命。人类因此必须像崇敬地上的神圣之物一样去崇敬国家,并认识到如果理解自然尚且有困难,那么理解国家就更是困难无比。"此番言论似乎意味着黑格尔已经超越比喻进入到下定义。"上帝在世上的足迹,就是国家之所是,"他宣称,"国家的基础就是按其意志实现自身的理性的力量。这样去思考国家的理念,我们就不能把目光仅仅局限于特定国家或者特殊制度。而必须就其自身思考(国家)这个理念,思考这个真实的上帝本身。"

对于那些主张国家是有限的反对者,黑格尔这样回答他们:"认为地上的精神也即国家只是有限的精神,乃是一面之词,因为现实的没有不合乎理性的。当然,一个坏的国家是尘世的、有限的和无。但是合乎理性的国家自身是无限的。"一如黑格尔在《历史哲学》导论中的那句言简意赅的表述:"国家是神圣理念在地上的存在。"

国家的神圣观念在政治理论中引发的主要论题是关于国家的起源及其服务的目的,这两个问题都蕴涵在个人与国家的关系这个问题之中。这一问题又和**公民**一章以及任何探讨共同善或普遍福利的问题有关。国家究竟是为人类而造还是人类为国家而生,国家究竟是在个体生命的每一阶段使个体处于附属地位还是只在那些公共福祉优先于私人利益的地方(使个体处于附属地位),这些问题可用来严格检验不同的国家理论的实践意义。那些关注家庭和国家的关系的问题——比如在**家庭**章中从国内的共同体的观点出发探讨——则把焦点集中在政治共同体的本性和起源上。

"共同体"这个词和它的近义词"社会"似乎在意义上要比"国家"更具包容性。家庭和国家都是共同体——诸个体为了共同的目标并在共同生活中相互分享而组成的联合体。"国家"这个词习惯上只用于发达的政治社会——无论是城邦-国家,封建国家或者民族国家;"社会"这个词通常涵盖的是部落共同体,村落,或者任何政治上处于初级阶段、尚带有某些大家庭特征的共同体。此外在国家内部,至少是在其现代形式内部,多数组织化的群体都称得上是"社会"——如经济公司或者其他的联合体,不管是宗教的、教育的、职业的还是娱乐的;而比任何特殊的政治共同体更为完备的共同体就是上帝与人类之城,在奥古斯丁的观念中,它们既不同于教会也不同于国家。

随着我们这个时代的社会科学的兴起,社会逐渐被视为比国家更加普遍的观念。但是在伟大著作中,特别是在政治理论的传统中,国家似乎被认为是人类社会的典型。所有其他形式的联合体,绝大多数都是就它们与国家的关系被加以讨论,它们要么被视为国家发展之前的原始形式,要么被当作国家内部的附属组织,或者在某些时候,比如在教会这个个案上,会视之为独立但对等的共同体。

普遍意义上的社会本性以及不同类型的社会组织和发展的问题在大观念中不会被触及,除了它们在家庭、教会和国家的体现——这三种共同体被认为是有代表性的或者是基本的。因此就不会为社会或者共同体专辟章节。对现代社会学来说是一个统一的主题在这里却被区分为一组彼此相关但又独立的观念——国内的共同体是在**家庭**章中被解决,宗教共同体则在**宗教**章中讨论,各种形式的经济组织则在**劳动**章和**财富**章中被讨论。在本章中,我们将把注意力集中在特定的政治共同体,包括它的本性以及和其他共同体或者社会群体的关系。

从政治学的术语思考问题,国家的问题似乎和政府的问题密不可分。尽管国家的观念和政府的观念也许可以在下述意义上得到区分:前者指称作为整体的政治共同体,而后者指称根据统治者与被统治的关系所建立的成员组织。更进一步的,随着政府形式的改变国家可能在某一意义上仍旧保持同一,而在另一意义上则发生了改变。

有一些作者,如亚里士多德和黑格尔倾向于把国家等同于政府。比如,亚里士多德就说过"国家的同一性主要在于其制度的同一性"。而其他一些作者如洛克和卢梭则似乎认为政府只是国家的一部分,它是市民社会或者政治共同体的主要制度,但严格说来仍旧只是确保实现国家目的的一种手段。对洛克来说政府首先是立法的权力,对卢梭来说政府是"最重要的行政机构,是行政权力的合法实践",但是对二者来说政府都只是代表性的实体——是作为整体的政治体的一个器官。

不过就这些伟大的政治理论家区分国际关系问题、国家内部组织的问题以及国家与其成员的关系问题而言,他们同样也倾向于区分国家与政府。比如说,黑格尔之区分外在主权者和内在主权者,就是把作为整体的共同体理解成与其他共同体相关的主权国家,以及把国家理解成与其成员相关的主权政府。

诸如此类的主权问题,或者更为普遍的国家之间的关系,既属于本章的内容也属于**战争与和平**章的内容;但是政府理论的问题绝大多数都已经在其他地方有过探讨——如在**政府**章以及**宪法**章中,并且在所有这些章节中都处理过政府的各种特殊形式。而其他一些政府的问题,比如与国家的本性、权力及其限度相关的问题则在**正义**章和**法律**章中解决。

人类在政治上相互联合在某种方式上是合乎本性的观点已经得到了普遍的承认,即使是那些认为国家是人为或者习惯产物的人亦如此。没有人会持以下两种极端观点中的任何一种:作为纯自愿联合体的国家根本没有任何基于人性和需求的基础;或者,国家就像蜂巢和蚂蚁,纯粹是本能的产物。

在指出"人天生就是政治的动物"之后,亚里士多德接着评论道:"人类要比蜜蜂或者其他群居动物更加是政治动物。"不过亚里士多德所指出的人与其他社会化动物之间的差别也许会让人类成为唯一的政治动物。这一差别在于以下事实,人类是"唯一拥有语言天赋的动物",可以与同类就"方便与不便,以及诸如正义和不正义"进行交流。根据亚里士多德的观点,人类联合体的特点在于它们是基于共同的方便感和正义感建立起来的。他写道:"正义是人类在国家中的纽带。"

霍布斯同样区分了人类社会和动物社会,但似乎解释有所不同,"蜜蜂和蚂蚁彼此之间社会化地生活,"他写道,"它们只受特定的判断和欲望的指使;没有语言可以向同类表达自己认为什么样才对公共利益有利。"在探讨"为什么人类不能同样如此"时——也即,没有法律和政府仍能社会化地生活——霍布斯提供了大量的解释,最后一个是"这些动物之间的协同一致是自然而然的;而人类之间的协议则是根据习俗而来,习俗是人为的;因此,如果在习俗之外还需要某种其他东西来使他们的协议巩固而持久就不足为奇了;这种使得人们畏惧并指导其行动以谋求共同利益的东西就是公共权力"。

尽管由于霍布斯把国家视为契约的产物因此称之为人为的,但他并没有否认驱使人们创造共同体的自然必然性。人类离开"一切人反对一切人"的自然状态去寻求获得自我保障,或至少是享有公民和平的安全以及免于暴力恐惧的自由。

对人类而言,当"他们在没有使其畏惧的公共权力的条件下生活"时,"置身于叫做战争的状态之中"也许再自然不过,但是根据霍布斯的观点,人类寻求和平同样是件再自然不过的事情。"促使人们寻找和平的激情在于:对死亡的恐惧;对舒适生活所必需的事物的欲望,以及通过自己的勤劳获得这一切的希望。于是理智便提示出可以使人达成协议的便易的和平条件。"就人类的需要和激情对国家的需求,以及人类理性对于建构国家的某些自然法的认识而言,国家是合乎人的本性的。

国家天然就是必要的,不是作为本能反应的结果,而是作为实现其目的的理性决策手段而言。如果国家所服务的目的不是自然的结果,或者如果理性能够设计出任何其他手段来实现这个目标,那么国家就将是纯粹习俗性的——因此也就是非必要的。根据霍布斯的观点,"人类之所以让自己受到束缚(即生活在国家之中),其终极原因、目的或企图是想以此来保全自己并因此得到更为满意的生活"。

在这一主要问题上,亚里士多德对于国家起源的解释看起来是一样的。尽管他没有把国家的形成归结为契约,也没有把恐惧作为先导的动机,但是他之所以主张国家是自然的,的确只是因为国家作为获取人类自然寻求之目的的手段是不可或缺的。亚里士多德认为,家庭是自然的,因为它对于种族的永续和"人类日常需求的满足"是必要的。当人们的目的是"日常所许的满足之外的东西时,村落这一第一级的社会就形成了"——通常而言这也是家庭的联合体。而"当不同的村落联合成为一个完整的共同体时,并且足够大到几近或者相当自我完满的时候,国家就出现了,它产生于生活的最低需求,为了美好生活的目的而继续存在。因此,如果社会的早期形式是自然的,那么国家也是自然的"。

这似乎在暗示如果人们不是天然地被驱使去寻找比家庭或者部落共同体所能提供的更好生活——换言之,如果家庭和村落能够满足人们对于社会的所有自然需求,更大的共同体,也即国家,就既不是自然的也不是必要的。人天生就是政治的动物因此也就不意味着人总是而且无处不在国家之中。

亚里士多德把那些离开社会生活的人、那些自然的遗弃者——"那些被荷马称作'没有族裔、没有法律和没有心灵的人'"——描写成"战争的爱好者"。他把国家理解成更为原始的社会生活形式的后继者,每一类型的共同体前后相继地"根据什么是好的观念来建立,因为人类总是为了获得他们认为是好的东西而行动"。由于他认为国家"旨在获得比其他类型的共同体要更加好的东西,而且是最高级的好东西",所以他赞扬那个"首先创建国家的人"是"最伟大的施惠者"。

对亚里士多德而言,说国家如同家庭一样是自然的,与说国家是协议的产物也即人们的自愿联合,似乎并没有什么不一致的地方。而在霍布斯这里,说国家是"每个人和每个人之间的协定"的产物,与根据促使人们加入契约的动力来理解国家的自然性,彼此之间似乎也不存在任何不一致的地方。同样的双重表述也出现在洛克、卢梭和康德关于国家起源的论述之中。契约论提出的论题由此转变成为对原初契约的解释——这种原初契约是否具有法律意义以及它究竟赋予了什么样的义务和限制。

比如说,霍布斯认为原初契约创造了国家以及拥有绝对权力的主权者,而洛克则似乎把多数统治视为原初契约的合法后果。根据洛克的观点,上帝"把人类设计成为社会化的动物,人类倾向于而且必然要与他的同类拥有同胞关系"。洛克说,即使是"男人与女人之间组成的……最初的社会形态也是自愿契约的产物"。在洛克看来,政治社会到底是从家庭(他视之为事件发展的自然过程)扩展而来还是独立个体的自愿结社,其间并无分别。

上述任何一种情况里面,除非"每个人通过和其他人之间的同意而建立一个由单一政府统治的政治体,他使自己对这个社会的每一成员都负有义务,并且有义务服从大多数的决定……这一点只能是通过一致同意联合成为一个政治社会才能做到,而这种同意完全可以作为个人之间在加入或者建立一个国家时所签订的或者需要签定的合约形式存在。因此,开始组织并实际组成任何政治社会的,不过是一些能够服从大多数而进行结合并组成这种社会的自由人的同意"。否则与家庭社会有别的政治社会都不会产生。

如果真是"这样,而且只有这样,才会或才能创立世界上任何合法的政府"。对洛克来说以下论点似乎同样是再明确不过:"虽然有些人认为绝对君主制是世界上的唯一政体,但其实它与公民社会格格不入,因此也就根本不可能是公民政府的一种形式。"

虽然卢梭说家庭作为所有社会中的最古老形式,是"唯一自然的社会",但是他却补充了限定语,即惟当孩子们需要家庭作为庇护所的时候家庭才是自然的。如果家庭成员此后仍旧保持统一,那么"这种统一就已不再是自然的,而是自愿的行为;并且家庭之能继续维持下去全靠协约的作用"。根据同样的标准,公民社会也能被视为自然的,至少根据卢梭本人的假设,"他们在自然状态中遇到的自我保存的障碍"要远大于孤立个人或家庭保护自己的力量,因此"人类种群如果不改变它的生存样态就将消亡"。

更进一步,卢梭明确否定了从自然状态到公民社会的转变可以被处理成历史事实。这是一种假设,"用来解释事情的本性,而不是用来确证它们的真实起源"。社会契约,卢梭有时候称之为"第一协约",由此就是国家的法理起源而非历史起源。他这样系统地阐明协约,"每一个人都把自己的人格以及所有的权力共同交由至高无上的公意来指导,并且,在我们的联合能力中,我们把每个成员都视作整体不可分割的一部分"。

尽管"公意的所有属性"也许都"存在于多数人那里",因此公意有可能通过多数投票被发现,但是卢梭仍旧要求通过全体一致的同意来建立主权政治体,因为全体一致的同意有权利也有权力强迫"拒绝服从公意的任何人"。卢梭指出:"多数表决的规则,其本身就是一种约定的确立,并且假定至少是有过一次全体一致的同意。"在这个意义上卢梭同意洛克关于建立市民社会的原初契约和普遍认可的法律重要性;而且正如洛克认为绝对君主制与国家的本性是不一致的,卢梭也交换使用"共和国"和"政治体"这两个词,他写道:"政府要成其为合法的,就不能与主权者相混淆,而只能是主权者的执行人。"

但是卢梭把政府等同于行政机构,而不是如洛克那样首先等同于立法机构。卢梭因此也否认原初契约在建立政府的同时也建立了政治体本身——"主权者拥有除立法的权力之外的任何强力"。结果,卢梭和洛克就在探讨政府解体与社会解体或政治体的消亡之差异上分道扬镳。卢梭认为没有什么法律是不可废止的,甚至"不排斥社会契约自身,因为如果全体公民大会一致同意取消契约,那么契约之被合法地取消就是不容置疑的。"

根据康德的观点,"国家是许多人依据法律组织起来的联合体"。——它是

90. 国 家

自然状态的对立面,"在自然状态中没有分配的正义"。康德说,人们不得不做的事是"接受一条原则:必须要离开自然状态(在自然状态中每个人都根据他自己的偏好生活),并且建立一个所有人都不得不进行互惠沟通的联合体的原则"是人们不可推卸的责任。

康德称这一原则为"公共权利的假设",它迫使"所有人都加入到公民社会状态的关系中"。国家因此既是必然的又是自愿的;因为尽管他说"那种人们根据它来把自己组成一个国家的法规被称作原初契约,"可是他也补充道:"这么称呼它之所以合适,只是因为它能提出一种观念的外在模式,通过此观念可以使组织这个国家的程序合法化,并且也许易于为人们所理解。"

黑格尔反对所有这些原初契约的观念,他在批评康德把婚姻处理成为契约概念时说:"把国家的本质建立在契约关系的基础之上离真理同样的遥远,不管把国家视为所有人与所有人的契约,还是所有人和君主以及政府的契约。"根据黑格尔的观点,契约属于"关于一般的私人财产的关系"的领域。因此"让这种契约关系掺入到个人与国家的关系在宪法和公共生活中造成了最大的混乱"。

黑格尔解释说,契约"源自一个人的任意意志,在这一点婚姻与契约相同。但是国家的情况完全不同;个体的任意意志并不能使他与国家分离,因为我们一出生就已经是国家的公民。人的理性目的就是在国家中生活,如果没有国家,理性会立刻要求建立一个。加入国家或者离开国家必须得到国家的许可;因此就没有以个体的任意意志为基础的事情,而国家也不能建立在契约之上,因为契约是以任意性为预设前提的。主张国家的基础是所有成员选择的结果,那是错误的。说每个个体都绝对必然地成为公民要更加地接近真理"。

黑格尔不探讨所有有关历史起源的问题,因为无论普遍或特殊它们都"不关注国家理念本身"。就国家理念自身而言,它的先行者已被建立。家庭和市民社会是国家理念发展过程中更早的——在逻辑上——时刻。黑格尔写道:"市民社会是介于家庭和国家之间的不同(状态),即使它的形成在时间上要晚于国家。"社会契约的理论只能应用于他所谓的"市民社会",黑格尔的市民社会意指现代的国家观念"作为一个统一体仅只是一种合伙关系……"黑格尔继续说道:"许多现代的宪法学者都不能对国家提出除此之外的任何其他理论。在市民社会里每个成员都以自身为目的",并且,"除了和其他人签订契约,他不能达到他的全部目的,因此,其他人都是特定成员达成目的的手段"。

在另一处,黑格尔把市民社会描写成为取得自私目的的完全独立无依的系统,"个人的生活、幸福以及法律地位是和所有人的生活、幸福以及权利交织在一起的"。而在另一处,他观察到只有当国家与市民社会相混淆的时候,只有当"它的特定目的在于保证和保护财产和个人自由时","如此这般的个体利益才会成为这些人结合的最终目的"。由此"得出的结论是,国家的成员资格是某种选择的结果。但是国家和个人的关系却完全不是这样。由于国家是客观化的精神,所以个人本身只有成为国家成员才拥有客观性、真正的个体性以及伦理生活"。

根据黑格尔的观点,国家的统一体和市民社会的统一体不同,它"就其自身就是一个绝对不变的目的,在国家内部自由得到了它至高无上的权利……这最终的目的拥有相对于个体而言至高的权利,而后者的至高责任就是成为这个国家的成员"。

把国家理解成为服务于个体自利的工具似乎并不是社会契约论的必然结论。康德如是宣称:"国家的福利是它自身最高的善。"这里的国家福利并不仅仅理解成为"国家公民的个人富裕和幸福;因为——正如卢梭所断言的——这个目的也许在自然状态里要更加的意见一致和更期望得到"。康德和洛克都强调社会契约,但是康德将共和国本身的安全视为最高的法,而洛克则把人民的安全视为最高的法。

"人们加入社会的理由是保障他们的财产",洛克这样写道。个人财产在自然状态并不安全;为了避免这种不安全,"人们统一组成社会,这样他们就可能用全社会的统一力量去维护和保障他们的财产。"当洛克说市民社会的主要目的是"财产保障"时,他并不仅仅指经济财产,而是指所有他认为人们拥有自然权利的东西——"他的生命,自由和财产"。他写道,"如果不是为了保护他们的生命,自由和财产,而且通过公开的权利和财产规则来保护他们的和平与安宁,人们将不会离开自然状态"。

就洛克的"财产"概念而言,他的立场很像霍布斯关于人们建立国家的目的的论述,"为了大家和平生活并且彼此保护对方",使"他们脱离悲惨的战争状态",因为在战争状态中生活"孤独脆弱、贫穷、肮脏、野蛮和短暂"。

看起来卢梭的财产概念有所不同,他主张"社会契约的基础是财产;它的首要条件是每个人应当确保和平地拥有他的所有物"。卢梭问道,当把"财产"局限在经济财产时,"难道社会所有的好处不都是为了富人和有权势的人吗"? 他认为,社会"为富人的巨大财产提供了强有力的保护,几乎没有留给穷人拥有他亲手建造的村舍的所有权"。托尼同意卢梭的观点,指出在18世纪,"没有人忘记以财产权之名反对工厂立法,反对房屋改革,以及反对干涉售卖伪劣货品,甚至反对对私人宅舍进行强制清洁"。

亚当·斯密说:"就其创建目的而言,公民政府是为了保障财产,但它实际上就是为了保护富人反对穷人,或者保护那些有一些财产的人来反对那些根本没有财产的人而建立的。"托尼的观点以及亚当·斯密的说法似乎一起预见了马克思主义的国家观,即把国家视为财产权的庇护和阶级压迫的工具。如果保护财产和维持经济不平等是国家的唯一目的,那么根据马克思和恩格斯的观点,阶级斗争的最终结果将导致无阶级社会的产生,而随之而来的则是他们所说的"国家的消亡"——从功能的丧失直至萎缩。

但即便是在无阶级的社会里,国家仍可能没有停止发挥作用,只要它的目的不仅仅是为了保护个人的财富,而是整体的幸福生活。不过这样一来我们就要面对另外一个问题——个人的幸福是否是国家的目的。比如柏拉图的回答似乎就是否定的。

在《普罗泰戈拉篇》中,"自我保护的欲望让人们集结成为城邦"。这是文明起源之普罗米修斯传说中的一部分。正如埃斯库罗斯所说——卢克莱修关于早期历史也有类似的解释——这个故事暗示人们立约共同生活是为了避免暴力并享受更好的生活——这是市民社会或者文明的成果。

但是在《理想国》中,苏格拉底说,在建构理想的国家时,其目的"不是为了某一特定阶级的幸福,而是整体的最大程度的幸福"。对于阿德曼图斯提出人们生活在这样的国家中可能会很悲惨的反对意见,苏格拉底回答说我们必须要考虑是否"我们应该关注个体的最大幸福，或者，是否能把这个幸福原则不放在国家里作为一个整体来考虑"。后来苏格拉底提醒格劳孔——此人想知道护卫官（统治）阶层的成员是否将会不够幸福——我们"在建构国家的时候根据的是整体的最大幸福而不是任何特定阶级的最大幸福"。

亚里士多德批评苏格拉底剥夺了护卫官的幸福，并说道"立法者应该让整个国家都幸福"。根据他的观点，"整体不可能都幸福，除非其部分的大多数，或者全部，或者部分是幸福的。就此而言，幸福不像数目上的偶数原则，偶数只能存在于整体之中，而不在于各个部分中"。当亚里士多德断言说"国家的存在是为了美好的生活"，他似乎想到的是个体的幸福，因为他把奴隶和野兽排除出国家成员，因为它们不能"分享幸福或者过一种自由选择的生活"。

但是亚里士多德似乎也赋予国家优先于个体的地位。"即使对于个体和国家来说目的是一样的，"亚里士多德写道，"国家的目的看起来也要更加的伟大和完整，不管是要获得还是保持它。"在他那里似乎并不认为以下观点存在不一致处："最优秀的政府形式是这样的，在其中每个人，不管他是谁，都能有最好的行为和最幸福的生活。"

黑格尔也不愿承认这里存在着悖论。市民社会的完美实现而不是国家的完美实现似乎更有助于"自利目的的实现"，比如个体的幸福。但黑格尔也说"国家的目的是为了公民的幸福"这是"完全正确的"，"如果所有人在国家中都处境不佳，如果他们的目的都得不到满足，如果他们发现如此这般的国家并不是实现其目的的手段，那国家的根基是不牢靠的"。

此前关于政治社会的本性、起源和目的的考察引进了许多在西方思想传统中出现过的国家观念。它们同样关注国家内部的社会阶级分层，关注政治家和国王的责任，以及管理国家事务的原则——统治者的艺术或者科学。最后，它们还提示出国家之间的关系以及不同历史阶段的国家形式。

所有在自然状态和市民社会之间作出某种区分的现代作者似乎都同意独立国家或者主权国家之间的关系是一种自然状态。通过把自然状态等同于战争状态，霍布斯评论道："尽管就具体的个人来说，历史上从未出现过人人相互为战的时候，可是所有时代中，国王以及主权权威者"却是"始终处在格斗的状态和姿势……这也就是战争的姿势"。

同样的，对于"哪里存在或者曾经存在过自然状态？"这个问题，洛克的回答是："世界上所有的国王和独立政府的统治者都处在自然状态中。"因为"政治体之间"保持着"一种自然状态"，根据卢梭的观点，它们感受到"那些迫使人们离弃自然状态的所有不便"。同样的，孟德斯鸠指出"那些彼此之间不按照市民法相处的国王们是不自由的；他们受暴力的统治；他们或者一直暴力统治别人或者一直被别人暴力统治"。

根据康德的观点，"国家，就其相互之间的外在关系，如同无法无天的野蛮人一样，天生就处在无法治的状态，"康德继续补充道，"这种自然状态就是一种战争状态"。同样的，黑格尔写道："由于一个国家的主权就是它与其他国家的关系的原则，在这个意义上国家和其他国家之间就是一种自然状态。"

任何关注国家起源的理论，都可能被问及为什么政治社会不能被拓展至包括所有人类。比如说，按照亚里士多德的观点，如果国家是村庄的联合体，而村庄又是家庭的联合体，为什么政治社会的更进一步拓展不能导致一个国家的联合体？

这个问题不只是一个地理的限度或者人口范围的问题。现代民族国家尽管通常要比古代的城邦国家大，但仍旧维持着单个国家的规模以及与其他国家同样的外部关系。即使像罗马这样的城邦国家那般拓展，在其帝国疆域达到最大限度时，也不能作为世界国家原则的范本，除非人类的政治统一被认为是要依靠专制统治的征服和维持才能获得。

尽管亚里士多德把国家的形成描写成为村落的联合，但是他并不认为国家之间的联合可以组成更大规模的共同体。他的理由也许是，国家的本质在于它的自我圆满。因此，"一个国家人口的最佳限度可以用一种简单的观点来给出，那就是可以满足人生目的的最大数目"；国土的疆域不应扩展到大于能够使人口"最彻底自我满足"的程度。

与此相反，现代人则提议通过整合个别的政治单位来扩展政治共同体。比如孟德斯鸠就曾建议通过加入"联邦共和国"的方式，大量的小国家就能获得那些仅靠其自身力量无法提供的安全。"如果一个共和国太小，"他写道，"就会被外国势力毁灭；如果太大，则会因为内部的不完善而腐蚀。"他认为，一个联邦共和国"拥有共和制的所有内在的优点，同时兼具君主制政府的外部实力……"孟德斯鸠继续道，"这种政府形式是由各种小国家一致同意成为其成员，并签订契约而组成的大国家。这是由各种社会集结组成的一种新的国家形式，能够通过更进一步的联合而提升实力，直到有足够的力量来为全体提供安全保护。"

使卢梭提出比孟德斯鸠设想中——包括欧洲诸国在内的联合体——还要庞大的联合体的理由不是出于抵御外部侵略的安全考虑，而是内部的和平。但卢梭并不打算超越欧洲建立一个包括所有国家在内的世界国家。他把"世界上的伟大城市"视为比拥有市民法的政治社会更小的单位，因为他把这类城市说成是"其公意总是合乎自然法的政治体"。

美国联邦党人中的任何人，包括汉密尔顿、麦迪逊以及杰伊，在18世纪的晚期，都未能想象到联邦统一原则的无限扩展。他们心满意足于论证美利坚合众国这一规模的统一体的可能性，反对那些援引"孟德斯鸠关于立约的疆域可达至共和制政府的必要性的观察"。

在我们这个时代之前，似乎只有康德一人思考过通过联邦统一建立一个世界国家的可能性。他说，"世界主义的理念"是"一个普遍的国家联合，这种联合类似于一个民族成为一个国家"。理性的假定迫使人们离开自然状态并建立同样也适用于国家的市民联合。"国家之间的自然状态，好比个人之间的自然状态"，康德写道："同样是一种为了进入法律状态而有责任离开的状态。"但是在康德看来这个理念是不切合实际的——仍旧是因为此前所说的关于疆域和人口的限制所导致的对政府的限制。

"由于这样一个国家联合体在领土上过于广泛，它的任何政府，以及相应的对它的子民的保护，最终都是不可能的。"康德因此提出了一个替代方案——"永久的国家代表大会"，但是它——作为"一个自愿的国家联合体……它随时都会解体"——只是一种纯粹的联盟或者同盟，而不是"像美利坚合众国那样以一部政治宪法为基础并因此不会解体的"联邦统一体。

康德提案的进一步暗示，以及它的替代方案和黑格尔的反对意见**在战争与和平章**中有讨论。这里更加合适的做法似乎是就出现在早期大观念传统中的世界国家的视野给出一个结论。世界国家不是被理解成为世界范围的联邦统一体,而是一种普遍的或者没有边界的共同体,在其中所有人都是公民,就好像大家都是同一个人类手足之情。

"如果我们的理智部分是一样的,"富于哲学气质的罗马皇帝马可·奥勒留说:"那么就我们是理性的存在者而言,我们的理性也是一样的;如果这样,那么要求我们去做什么不去做什么的理性也是一样的;如果这样,就存在一部共同的法律;如果这样,我们就是公民同胞;如果这样,我们就是某种政治共同体的成员;如果这样,在某种意义上这个世界就是一个国家。"

几个世纪以后,但丁在《论帝制》的第一部书中重提这个古代的世界国家观念。因为"权威的多元化就会导致无序",所以权威必须是单一的;由此但丁论证说:"世界政府是必要的……为了世界的幸福着想。"它必须理解成"在所有都一致的基础上治理人类"。通过"共同的法律,使全人类走向和平"。

无政府的哲学理论主张人类可以无须政府和强制性的暴力就能和平共处、和谐生活。人们无须国家使用强制性的暴力以及相应的法律来维持秩序就能够和平共处。韦伯引用列夫·托洛茨基的话"每个国家都建立在暴力之上"。韦伯宣称,没有暴力的使用国家就不会存在,并且"将会出现可以称之为'无政府'的状态,在这个词的特定意义上"。这个想法使得韦伯把国家定义为"在给定的领土内(成功地)宣称垄断物理性强力的合法使用的人类共同体"。所有其他人使用强力,因其不合法和未授权,所以就是暴力。

韦伯补充注释说:"'领土'是国家的一个特征。"它对于国家定义的意义在于,在一个给定的领土内,国家是最具组织性的共同体。在这个领土里面,家庭、公司以及其他组织和联合体都是国家的成员,可是国家却不是任何其他组织化共同体的成员,除非是像联合国这样的组织,但联合国本身不是一个国家因为它没有垄断合法的强力。

如果一个联邦制的世界政府得以存在,那么它将是一个世界国家因为他将垄断合法的强力;并且因为这样,在它统治的全球疆域内,各民族国家将成为它的成员,世界国家将只有对内的主权者而没有对外的主权者,就像组成美利坚合众国各州之间的关系那样。

分 类 主 题

1. 人类社会的本性
   1a. 人类群居和动物群居之间的对比:人类社会和动物社会
   1b. 家庭和国家在起源、结构和政府组织等方面的对比:家族制社会和父权制社会
   1c. 处于家庭和国家之间的联合体:村庄或者部落共同体;作为家庭和国家中间阶段的市民社会
   1d. 家庭和国家以外的其他社会群体:宗教的、慈善的、教育的以及经济的组织;公司
2. 国家的一般理论
   2a. 国家和政治共同体的定义:它的形式和目的
      (1)国家和心灵的对比:有生命的组织体的国家概念:政治体

(2)作为一个集体人格的国家
　　　(3)历史进程中的国家的逐步实现:作为神圣观念在地上存在的国家;民族精神
　2b. 作为社会的部分或者整体的国家
　2c. 国家主权的起源或原则:国王的主权;人民主权
　2d. 国家的经济部分:根据经济体系对国家所做的区分
　2e. 国家的政治结构:根据政府形式所做的界定
　2f. 国家的首要性或者个体的首要性:国家的福祉及其成员的幸福
　2g. 教会与国家:上帝之城和人类之城的关系
3. 国家的起源、维持和解体
　3a. 国家经由其他共同体的发展
　3b. 作为自然的或习俗的或者两者兼而有之的国家
　　　(1)天生就是政治动物的人类:人类对市民社会的需求
　　　(2)自然法以及国家的形成
　3c. 人类在自然状态和市民社会状态中的条件:战争状态和自然状态的关系
　3d. 作为市民社会或者国家起源的社会契约:作为国家政府或者宪法基础的普遍同意
　3e. 作为国家内部人们之间纽带的爱和正义:友谊与爱国主义
　3f. 作为社会黏合力之原因的恐惧和依赖:保护和安全
　3g. 国家的同一和延续:政治体或市民社会的解体
4. 社会的物理基础:国家的地理及生理条件
　4a. 国家领土范围:其重要性及和不同政府形式的关系
　4b. 气候和地理对于政治制度和政治经济的影响
　4c. 人口的规模、差异性和分布:人口涨落的原因和后果
5. 国家的社会结构和分层
　5a. 统治阶级和被统治阶级、公民和外籍居民之间的区分
　5b. 作为国家成员的家庭:它的自主性和从属性
　5c. 从劳动分工或者出身差别所产生的阶级或者亚群体:社会等级及其肇因
　5d. 国家内部的阶级矛盾
　　　(1)社会群体的对立:对民族、种族和宗教少数派的处理
　　　(2)经济利益和政治派别的冲突:阶级战争
　5e. 无阶级的社会
6. 理想化的或者最好的社会:理想化的社会和历史上真实的或者可行的最好社会之间的对比
　6a. 理想化国家的政治制度
　6b. 理想化国家的社会和经济安排
7. 影响国家质素的各种因素
　7a. 财富和政治福利
　7b. 政治生活中艺术和科学的重要性
　7c. 国家对宗教与道德的关注:美德的培育
　7d. 国家的教育任务:受过教育的公民理智

8. 政治家、国王或者皇帝的作用

  8a. 政治家、国王或皇帝的责任和义务：政治家或者国王与他所代表或者统治的人民的关系

  8b. 作为好的政治家或者国王的必要素质或美德

  8c. 政治家或皇帝的教育或训练

  8d. 治理术：统治的艺术或科学；政治理性

    （1）军事艺术的运用

    （2）修辞术的场合及使用：宣传

    （3）服务于国家的专家的角色和作用

  8e. 参与政治生活的好处和坏处

9. 国家之间的关系

  9a. 国家之间的商业和贸易：商业对手和贸易协定；自由贸易和关税

  9b. 国家之间的社会和文化障碍：不同习俗和观念之间的敌对冲突

  9c. 国家之间的荣誉和正义

  9d. 独立国家的主权：国家内部和外部的主权区别；内部主权和外部主权

  9e. 国家之间的战争与和平

    （1）国家的军事问题：征服或者防御的准备

    （2）国家之间的协议：结盟，同盟，联盟或者霸权

  9f. 殖民主义和帝国主义：帝国的经济和政治因素

10. 国家的历史形式：不同国家类型的兴衰

  10a. 城邦国家

  10b. 帝国

  10c. 封建国家

  10d. 民族国家

  10e. 联邦国家：联盟或者联邦统一体

  10f. 世界国家的理想

[周濂 译]

索引

本索引相继列出本系列的卷号〔黑体〕、作者、该卷的页码。所引圣经依据詹姆士御制版，先后列出卷、章、行。缩略语 esp 提醒读者所涉参考材料中有一处或多处与本论题关系特别紧密；passim 表示所涉文著与本论题是断续而非全部相关。若所涉文著整体与本论题相关，页码就包括整体文著。关于如何使用《论题集》的一般指南请参见导论。

1. **The nature of human society**

   6 Plato, 664–666
   8 Aristotle, 473, 475–476
   11 Aurelius, 242, 257, 272, 277–278
   16 Augustine, 199–201, 414–415, 582, 588–592
   18 Aquinas, 233
   21 Hobbes, 99–101
   28 Spinoza, 667–670
   33 Locke, 42–46
   35 Rousseau, 369–370
   39 Kant, 433–434
   40 Mill, 460
   54 Freud, 664–696
   58 Lévi-Strauss, 429–432, 435–439, 439–446 passim, 491–510, 520–521

   1a. **Comparison of human and animal gregariousness: human and animal societies**

   8 Aristotle, 8–9, 136, 149–153, 446
   11 Aurelius, 276–277
   12 Virgil, 69–71
   21 Hobbes, 100
   23 Montaigne, 269
   33 Locke, 42–43
   34 Swift, 135–184
   35 Montesquieu, 1–2
   40 Mill, 469
   48 Melville, 174–175
   49 Darwin, 304–310
   51 Tolstoy, 499–500, 683–684
   54 Freud, 684–686, 791–792

   1b. **Comparison of the family and the state in origin, structure, and government: matriarchal or patriarchal societies**

   6 Plato, 360–365, 666
   8 Aristotle, 382, 413, 453–454, 455–456, 476, 484
   16 Augustine, 586
   18 Aquinas, 207
   21 Hobbes, 67–68, 86, 109–111, 121
   33 Locke, 36–46, 63, 64–65 passim
   35 Montesquieu, 118, 140
   35 Rousseau, 357, 367–368, 387–388
   38 Gibbon, 82–83
   43 Hegel, 105, 139, 179–180, 221–223, 260, 305–307
   44 Tocqueville, 315–316

   54 Freud, 686–689, 781–782
   58 Weber, 170, 197–198

   1c. **Associations intermediate between the family and the state: the village or tribal community; civil society as the stage between family and state**

   5 Herodotus, 154–158
   5 Thucydides, 391
   6 Plato, 664–666
   8 Aristotle, 445–446
   33 Locke, 48–51
   35 Rousseau, 411
   36 Smith, 347–349
   37 Gibbon, 91, 412–413
   38 Gibbon, 33–34
   39 Kant, 452
   40 Mill, 352–353
   43 Hegel, 66–83, 138, 144, 203–204, 249–250, 275–276, 304–305
   44 Tocqueville, 29–34
   46 Eliot, George, 247–248
   49 Darwin, 581
   50 Marx, 174–175
   54 Freud, 686–687
   57 Veblen, 1–9 passim
   58 Frazer, 31–32
   58 Lévi-Strauss, 409–410, 411–412, 415–416, 422–424, 436–439, 448–455

   1d. **Social groups other than the family or the state: religious, charitable, educational, and economic organizations; the corporation**

   5 Herodotus, 56–57
   13 Plutarch, 58
   19 Dante, 103–106
   21 Hobbes, 117–122, 198
   34 Swift, 106
   35 Montesquieu, 149, 199–200
   35 Rousseau, 369–370
   36 Smith, 32–33, 59–64, 385–388
   37 Gibbon, 191–200, 299–304, 668–670
   39 Kant, 442
   43 Hegel, 82–83, 100–101, 105–107, 145, 150–151, 355–357, 361–362
   44 Tocqueville, 96–100, 275–281, 325–326, 372–373
   51 Tolstoy, 198–203
   54 Freud, 674–676

55 Dewey, 113
57 Veblen, 143
57 Tawney, 244-245
58 Weber, 91-100, 142-143, 196-197, 202-207 passim
58 Huizinga, 278-280

2. **The general theory of the state**

2a. Definitions of the state or political community: its form and purpose

6 Plato, 301-319, 363-365
8 Aristotle, 445, 446, 459, 473, 475-476, 477-478
16 Augustine, 231, 593-598
18 Aquinas, 206-207, 230-231, 252-253
21 Hobbes, 99-104
25 Shakespeare, 108-109
33 Locke, 46-47, 53-54, 55-58 passim, 75-76
35 Montesquieu, 69
35 Rousseau, 370, 380-382, 395, 396-398
39 Kant, 408-409
40 Federalist, 132
43 Hegel, 83-84, 86, 88-93, 147-148, 177-186, 242
55 Barth, 533
57 Tawney, 183-186
58 Weber 79-80, 130-133, 217-218

2a(1) Comparison of the state and the soul: the conception of the state as a living organism; the body politic

6 Plato, 316-356, 401-416
8 Aristotle, 447-448, 454, 474
13 Plutarch, 177, 605, 648-649
21 Hobbes, 47, 116, 117, 122-124, 148-153
23 Montaigne, 547-548
25 Shakespeare, 352-353
33 Locke, 74
34 Swift, 112-115
35 Rousseau, 419-420
43 Hegel, 146, 147, 149, 196-197, 233-234, 321

2a(2) The state as a corporate person

21 Hobbes, 97, 101-102, 104, 117-120, 122
33 Locke, 46-47
35 Rousseau, 392-393, 406-409 passim
43 Hegel, 58-118, 153-154

2a(3) The progressive realization of the state as the process of history: the state as the divine idea as it exists on earth; the national spirit

43 Hegel, 83-86, 88-93, 114-118, 123-124, 145, 148, 177-186, 188-190, 203-216, 242-243, 271-273, 281-282, 287-288, 304-305, 373-376

2b. The state as a part or the whole of society

8 Aristotle, 412, 532-533
16 Augustine, 591-592
17 Aquinas, 719-720
18 Aquinas, 434-435

33 Locke, 57-58
37 Gibbon, 299
40 Mill, 272-273, 302-312
43 Hegel, 147-148, 181-182, 183-184, 185-186
58 Weber, 131-134

2c. The source or principle of the state's sovereignty: the sovereignty of the prince; the sovereignty of the people

Old Testament: *I Samuel*, 8
8 Aristotle, 472
13 Plutarch, 678
14 Tacitus, 197
18 Aquinas, 207, 235
21 Hobbes, 100-105, 109, 117, 149-150
33 Locke, 55-56, 59, 63, 66-67, 70-71
35 Rousseau, 392-393, 399-400
39 Kant, 436, 439-441, 448, 450, 451
40 Constitution of the U.S., 11
40 Federalist, 84-85, 126-128, 252
40 Mill, 267-269, 355
43 Hegel, 95, 96-98, 110, 149, 377-378, 388-389
44 Tocqueville, 27-48 passim, 88, 208-210
51 Tolstoy, 680-684 passim
58 Weber, 81-82, 172-173

2d. The economic aspect of the state: differentiation of states according to their economic systems

5 Thucydides, 352
6 Plato, 316-319, 341, 692-697
8 Aristotle, 458-463, 466, 511-512, 522-523, 532-534
13 Plutarch, 32-48, 64-77, 671-689
21 Hobbes, 124-126, 156-157
33 Locke, 33, 34-35, 52-53
35 Montesquieu, 29-30, 109, 110-112, 151-153, 174, 183-184
35 Rousseau, 377-385
36 Smith, 183-202, 204-337
37 Gibbon, 21-22
40 Federalist, 53-60 passim, 79-80, 112-114
44 Tocqueville, 23-25, 276, 296-300, 371-372
50 Marx, 163, 171-176, 275-278 passim
54 Freud, 882-884
57 Tawney, 179-186, 213-216
58 Weber, 125-130, 135-136, 148-151

2e. The political structure of the state: its determination by the form of government

6 Plato, 401-416, 598-604
8 Aristotle, 445, 473, 475, 486-487, 488-491, 495-497, 600, 608
14 Tacitus, 72
21 Hobbes, 101, 104-105, 117-124, 228
33 Locke, 55
35 Montesquieu, 2-4
35 Rousseau, 359, 406-409, 423-424
39 Kant, 436, 450-452
40 Mill, 327-332
43 Hegel, 94-95, 149, 180-183, 388-389

44 Tocqueville, 28-55
58 Weber, 159-161

2f. **The primacy of the state or the human person: the welfare of the state and the happiness of its members**

4 Aeschylus, 26-39
4 Sophocles, 159-174, 234-254
4 Euripides, 543-545, 606-633
5 Thucydides, 397-398, 402-404
6 Plato, 213-219, 342, 600-601, 754
8 Aristotle, 446, 473-476, 527-530, 536-537
11 Epictetus, 140-141
11 Aurelius, 257, 277-278
13 Plutarch, 44-45, 51-52, 699-700
16 Augustine, 199-201, 593-594
17 Aquinas, 313-314, 718-719
18 Aquinas, 213-214, 221-223, 239-240
21 Hobbes, 113-115
23 Montaigne, 102-105 passim, 422-429, 528-531
28 Bacon, 71-76 passim
33 Locke, 46-47
35 Montesquieu, 69, 221-222
35 Rousseau, 392-394, 396-399
39 Kant, 272-273
40 Declaration of Independence, 1
40 Federalist, 147-148
40 Mill, 267-274, 293-323, 453-454, 460-461, 464-476 passim
43 Hegel, 68, 84, 86-87, 88-93, 102, 114, 127-128, 139-140, 143, 145-146, 171, 173, 177-179, 315-317
44 Tocqueville, 46, 154, 271-275, 279-281, 282-284, 349, 375, 407-408
51 Tolstoy, 238-243, 260-262, 505-511, 513-521, 527-532, 537-538
54 Freud, 757
55 Barth, 497-499
57 Veblen, 95-96
57 Tawney, 198-199
57 Keynes, 455-456
58 Weber, 153-155, 174-179
59 Shaw, 93-94

2g. **Church and state: the relation of the city of God to the city of man**

Old Testament: *I Samuel*, 8; 10:18-19; 12:12-14,17-19; 13 / *Psalms*, 2; 48:1-8 / *Daniel*, 2:44; 4
Apocrypha: *Wisdom of Solomon*, 6:1-4
New Testament: *Matthew*, 17:24-27; 22:15-22 / *Romans*, 13:1-8 / *I Peter*, 2:13-17
6 Plato, 757-761, 769-771
8 Aristotle, 412, 517, 525, 526, 533
11 Epictetus, 130, 135-136
12 Virgil, 318
13 Plutarch, 114-116, 142-143
14 Tacitus, 59-60
16 Augustine, 21, 165-696 passim
18 Aquinas, 434-436, 440-441, 443-444
19 Dante, 43-44, 51-52, 61, 87-88, 96-97
20 Calvin, 382, 384-388, 428-432, 435
21 Machiavelli, 16-17
21 Hobbes, 80-81, 111-112, 155-156, 163, 165-246, 248-249, 251-252, 266, 273-274, 275-278
24 Shakespeare, 376-405, 487-488, 489-490
25 Shakespeare, 568-573
29 Milton, 68, 69, 329-331, 386-388
33 Locke, 2-21
35 Montesquieu, 85-86, 134, 144-145, 196-197, 200-215, 218-219, 284-285, 298-308
35 Rousseau, 327, 435-439
36 Smith, 64-65, 385-400, 401
37 Gibbon, 13, 197, 229-230, 289-294, 299-304, 328-330, 349-351, 382-383, 390-393 passim, 443-446, 451-453, 457-460 passim, 623-624, 642-643
38 Gibbon, 147-148, 199-202, 204-207, 212-213, 214-215, 352-353, 360-361, 381-383, 417-418, 557-562, 567-569, 582-589
39 Kant, 442, 444
40 Mill, 279, 290-291, 341
41 Boswell, 314-315, 445
43 Hegel, 88-93, 147-148, 183-185, 215-216, 227-228, 259-260, 328-329, 330, 335-336, 340-341, 345-346, 351-352, 357-358, 367-368, 373-376
43 Nietzsche, 488-489
44 Tocqueville, 5-6, 15-21, 150-157, 228-229, 235-240, 367
45 Goethe, 148-149
51 Tolstoy, 374-377, 435-436
52 Dostoevsky, 30-34, 133-144 passim
55 Barth, 452-454 esp 454, 533-550
57 Tawney, 182-183
58 Weber, 87, 190, 200-201, 206, 217-221
59 Shaw, 92, 94-96, 105
59 Joyce, 531-536

3. **The origin, preservation, and dissolution of the state**

3a. **The development of the state from other communities**

5 Thucydides, 391
6 Plato, 666
8 Aristotle, 445-446
33 Locke, 46-53
43 Hegel, 66-67, 116
44 Tocqueville, 14-21 esp 19-20

3b. **The state as natural or conventional or both**

6 Plato, 663-666
8 Aristotle, 445-446
11 Aurelius, 249, 281
18 Aquinas, 229-230
21 Hobbes, 47
23 Montaigne, 505
28 Spinoza, 669-670
30 Pascal, 227-228

33 Locke, 28, 44, 46–53
35 Rousseau, 387–392, 399, 423
39 Kant, 412–413, 435–436
43 Hegel, 71, 171
54 Freud, 780

3b(1) Man as by nature a political animal: the human need for civil society

6 Plato, 316
8 Aristotle, 446, 475–476
11 Epictetus, 121
11 Aurelius, 251, 265, 275, 276–277, 287, 293
16 Augustine, 582
17 Aquinas, 512–513
18 Aquinas, 221–223
21 Hobbes, 84–86, 279
26 Harvey, 454
28 Spinoza, 663
33 Locke, 28, 42
34 Swift, 159–163
35 Rousseau, 330–331, 362, 387–388
40 Federalist, 65
43 Hegel, 68–70
43 Nietzsche, 535, 537–538
49 Darwin, 310, 321
54 Freud, 684, 787
58 Lévi-Strauss, 455–464

3b(2) Natural law and the formation of the state

21 Hobbes, 86–87, 91–96
28 Spinoza, 669–670
33 Locke, 25–54 passim, 56
35 Montesquieu, 1–2
35 Rousseau, 329–334
40 Declaration of Independence, 1
40 Federalist, 143

3c. The condition of man in the state of nature and in the state of civil society: the state of war in relation to the state of nature

6 Plato, 44–45
8 Aristotle, 446
14 Tacitus, 51
16 Augustine, 586–587
21 Hobbes, 84–87, 90, 94, 96
23 Montaigne, 144–145
28 Bacon, 20
33 Locke, 25–29, 53–54, 56–57
35 Rousseau, 329–334, 342–345, 362–366
38 Gibbon, 86–87, 237
39 Kant, 405–406, 435–436
41 Boswell, 204–205
43 Hegel, 68, 69–70, 179
44 Tocqueville, 11–12
57 Veblen, 2–9 esp 8–9, 92–93, 94–95, 103–107
58 Frazer, 31–32
59 Conrad, 159, 161–163

3d. The social contract as the origin of civil society or the state: universal consent as the basis of the constitution or government of the state

6 Plato, 216–219, 311

11 Lucretius, 74
16 Augustine, 597–598
18 Aquinas, 309–316
21 Hobbes, 100–102, 113
28 Spinoza, 669–670
33 Locke, 44–53, 65, 69, 73–81 passim
35 Montesquieu, 58–60
35 Rousseau, 353–355, 358, 387–394, 423–424
39 Kant, 435–436, 437, 450–452
40 Federalist, 84–85
40 Mill, 302–303
43 Hegel, 33, 84–85, 127–128
44 Tocqueville, 17
57 Tawney, 183–186

3e. Love and justice as the bond of men in states: friendship and patriotism

4 Euripides, 538–539, 545
5 Thucydides, 397–398, 534
6 Plato, 308–309, 346–356, 360–365
8 Aristotle, 411–414 passim, 420–421, 446, 457
13 Plutarch, 20–21, 238–239
14 Tacitus, 284–285
16 Augustine, 597–598
19 Dante, 40–44, 63–64
28 Spinoza, 682
33 Locke, 49, 104
34 Swift, 165–166
35 Montesquieu, 18–19
35 Rousseau, 373–374
40 Federalist, 62, 69–70
40 Mill, 424–425, 428, 464–476 passim
43 Hegel, 87–88, 318–319
44 Tocqueville, 4, 46–47, 82–83, 121–123, 196–197, 306, 330–331, 334, 406
49 Darwin, 310
51 Tolstoy, 384–388, 475–476
54 Freud, 672–678, 685–686, 707
58 Weber, 124, 131–134
58 Huizinga, 274, 287–288
59 Shaw, 89
59 Joyce, 535–536, 629–630

3f. Fear and dependence as the cause of social cohesion: protection and security

4 Aeschylus, 99
4 Sophocles, 161
5 Thucydides, 402–404
6 Plato, 44–45
8 Aristotle, 477–478, 510
21 Machiavelli, 15, 24
21 Hobbes, 84–87, 90, 99–101, 109, 116
33 Locke, 53–54
35 Rousseau, 374–375, 381–382, 398
36 Smith, 347–349
40 Federalist, 65
40 Mill, 422
43 Hegel, 300, 304–305, 306–307, 348–350, 363–364
49 Darwin, 321
52 Dostoevsky, 133–144 passim

3g.	The identity and continuity of a state: the dissolution of the body politic or civil society

8 Aristotle, 473
14 Tacitus, 212
21 Hobbes, 148-153, 154, 280-281
23 Montaigne, 506-508
33 Locke, 65, 73-81 passim
35 Rousseau, 418-420
39 Kant, 450-451
40 Federalist, 142-143
43 Hegel, 93-94, 115-116
43 Nietzsche, 532, 535-536
44 Tocqueville, 13-22, 191-211
58 Weber, 125

4. The physical foundations of society: the geographic and biologic conditions of the state

4a. The territorial extent of the state: its importance relative to different forms of government

6 Plato, 343-344
8 Aristotle, 500, 522-523, 530-531
13 Plutarch, 58
16 Augustine, 212
33 Locke, 33
35 Montesquieu, 56-57, 58-59
35 Rousseau, 323, 403-404, 412, 413
37 Gibbon, 1, 8-11, 33-34
40 Federalist, 31, 41-42, 47-48, 51-53, 59-62 passim, 192-193, 253-254
40 Mill, 330, 432
43 Hegel, 256, 289-290
44 Tocqueville, 39-40, 80-83, 145-146, 160-161, 195, 216-218

4b. The influence of climate and geography on political institutions and political economy

5 Thucydides, 349
6 Plato, 677
8 Aristotle, 468, 505, 530-532, 535
9 Hippocrates, 31-32
13 Plutarch, 96
35 Montesquieu, 102-108, 116-120, 122-134
35 Rousseau, 415-417
36 Smith, 9-11
37 Gibbon, 87-91, 236-237, 567, 655-657
38 Gibbon, 220-225 passim, 341-343 passim, 427-428
40 Federalist, 46-47, 55-56, 88-89
40 Mill, 424-428 passim
43 Hegel, 81, 199-211, 257, 262-263, 265-266
44 Tocqueville, 9-11, 146-148, 160-161, 184-185
49 Darwin, 323
50 Marx, 253-255

4c. The size, diversity, and distribution of populations: the causes and effects of their increase or decrease

5 Thucydides, 391-392, 399-401
6 Plato, 663-667, 693
8 Aristotle, 460-461, 466, 504-505, 530, 531
23 Montaigne, 370-371
33 Locke, 61-62
35 Montesquieu, 187-200
35 Rousseau, 404, 407-408, 417-418
36 Smith, 38-39, 80-81, 183-185
37 Gibbon, 17-18, 88, 90, 239, 486
38 Gibbon, 108-109, 221
40 Federalist, 52-53, 170-172 passim
40 Mill, 424-428 passim
41 Boswell, 172, 373-374
44 Tocqueville, 146-148, 168-178, 183-184, 198-201, 217-218
49 Darwin, 275-277, 323-327, 383-384, 391-394
50 Marx, 249-250, 317-319, 348-350, 360-364
58 Weber, 131-134

5. The social structure or stratification of the state

5a. The political distinction between ruling and subject classes, and between citizens and denizens

4 Sophocles, 191-192
4 Aristophanes, 810-811
6 Plato, 339-350
8 Aristotle, 454, 459-460, 471-475 passim, 489-491, 532-533
13 Plutarch, 46-47, 62
14 Tacitus, 106-107
18 Aquinas, 306-307, 316-318
21 Hobbes, 108-109
33 Locke, 53
35 Montesquieu, 112, 114-115
35 Rousseau, 392, 427, 428-430
37 Gibbon, 16-17
38 Gibbon, 81-82
39 Kant, 436-437
40 Federalist, 138-139
40 Mill, 345-346, 366-370, 380-389 passim
60 Orwell, 499

5b. The family as a member of the state: its autonomy and its subordination

4 Sophocles, 159-174
4 Euripides, 628-629
4 Aristophanes, 876-877
5 Herodotus, 223
6 Plato, 360-365, 707-708, 775-781
8 Aristotle, 455-457, 465-466
13 Plutarch, 21-26, 39-41, 62-64
14 Tacitus, 32, 51-52, 162
16 Augustine, 590-591
18 Aquinas, 306-307, 318-321
21 Hobbes, 121, 155
33 Locke, 43, 67-68, 69
34 Swift, 29- 1   7
35 Montesquieu, 22-23, 140, 189, 192-199
35 Rousseau 376-377

39 Kant, 420–421
41 Boswell, 280–281, 304
43 Hegel, 63, 64, 65–66, 80, 144
44 Tocqueville, 314–325 passim
50 Marx, 241
50 Marx-Engels, 427–428

5c. **The classes or subgroups arising from the division of labor or distinctions of birth: the social hierarchy and its causes**

5 Herodotus, 84–85
6 Plato, 316–350, 358–360, 413, 480–481, 740–741, 774–775
8 Aristotle, 459–460, 463, 464, 473–475, 488–491, 496–497, 532–534, 555–556
13 Plutarch, 9, 20–21
19 Dante, 110–111
19 Chaucer, 277–286
23 Montaigne, 172–173, 452–453
24 Shakespeare, 56–64
27 Cervantes, 266–267
31 Molière, 206–208
34 Swift, 158
34 Diderot, 270–271
35 Montesquieu, 11–12, 151–152, 184
35 Rousseau, 381–382
36 Smith, 7–9, 56–71 passim, 190–191, 338–347 passim
37 Gibbon, 242, 497–501 passim
38 Gibbon, 81, 317–318, 452–456, 571–572
39 Kant, 444–445
40 Federalist, 113–114, 114–115
40 Mill, 270, 385, 392–399 passim
41 Boswell, 124–126, 127, 140–141, 247
43 Hegel, 71–72, 105–107, 141, 233–235, 263–264
44 Tocqueville, 107–108, 212–213, 299–300, 301–304, 371–372
46 Austen, 13–15
50 Marx, 95–96, 164–180, 218–219, 239–240, 317–321, 355–364, 366, 368–369
50 Marx-Engels, 419–420, 422–424, 430
51 Tolstoy, 1–11, 204–206, 281–284, 384–388, 403–405, 503–505
57 Veblen, 1–7, 86–87, 101–103, 134–139
57 Tawney, 192–196, 211–212
58 Weber, 85–86, 88, 135–136, 138–142, 161, 200, 205–207
58 Huizinga, 265, 266–270, 297
59 Shaw, 38–39, 71
59 Proust, 369–382 passim
59 Cather, 413, 454–455
60 Orwell, 481–482, 485–488 passim

5d. **The conflict of classes within the state**

5d(1) **The opposition of social groups: the treatment of national, racial, and religious minorities**

6 Plato, 678–679, 742, 790
8 Aristotle, 475, 504–505
13 Plutarch, 21–27, 49–61
19 Chaucer, 344–346, 450–455
24 Shakespeare, 410–411
33 Locke, 1–22
35 Rousseau, 428
37 Gibbon, 83, 206–234, 348–361, 390–391, 607–608
38 Gibbon, 285–288
40 Federalist, 170–172
40 Mill, 270–271, 278–282, 307–312 passim, 424–428
43 Hegel, 90, 305
43 Nietzsche, 526–530
44 Tocqueville, 22, 165–191, 345–346
47 Dickens, 154–155
58 Weber, 131–134, 182–183
59 Conrad, 139, 144–145
60 Fitzgerald, 301

5d(2) **The clash of economic interests and political factions: the class war**

4 Euripides, 350
5 Herodotus, 202–203
5 Thucydides, 434–438, 463–469, 564–593
6 Plato, 343, 695
8 Aristotle, 461–463 passim, 488–491, 495–497, 503–511, 524–525, 553–572 passim
13 Plutarch, 68–71, 75–76, 176–177, 179–184, 648–656, 657–663, 671–689, 708–713
14 Tacitus, 224–225
19 Dante, 35–36
21 Machiavelli, 14
21 Hobbes, 121–122
24 Shakespeare, 56–64
25 Shakespeare, 351–354
34 Swift, 21–23, 80, 154–155
35 Rousseau, 375, 381–382, 429–431
36 Smith, 32–33, 124–125, 191–193, 196–200, 302–303, 347–349, 470
37 Gibbon, 144
38 Gibbon, 574–582, 588–589, 594
40 Federalist, 49–53, 164–165, 185–186
40 Mill, 289–290, 345–346, 366–370, 387
43 Hegel, 79, 291–292, 312–315, 355–357, 379
44 Tocqueville, 67–68, 88–91, 101–103, 125, 274, 302
46 Eliot, George, 230
50 Marx, 6–7, 9, 63, 113, 127–146, 275, 295, 317, 355–368 passim, 377–378
50 Marx-Engels, 415–434
51 Tolstoy, 410–421
54 Freud, 787, 882, 884
57 Tawney, 186–255 passim esp 194–199, 207–208, 219–220, 234–235, 237–239
58 Weber, 129–130, 135–138
58 Huizinga, 297
60 Orwell, 478–479, 492–496

5e. **The classless society**

50 Marx, 9
50 Marx-Engels, 416, 429
60 Orwell, 479–481

6. **The ideal or best state: the contrast between the ideal state and the best that is historically real or practicable**

    5 Thucydides, 395-399
    6 Plato, 295-441, 442-443, 598-604, 640-799
    8 Aristotle, 455-465, 487-488, 493, 527-548
    13 Plutarch, 48, 49-64
    21 Hobbes, 164
    23 Montaigne, 505-508
    28 Bacon, 94-95, 199-214
    35 Rousseau, 402-403
    39 Kant, 114, 455-458
    40 Federalist, 117-125 passim, 132, 257
    40 Mill, 327-355, 368
    43 Hegel, 180-183
    43 Nietzsche, 508
    44 Tocqueville, 161-165
    50 Marx-Engels, 432-433
    55 Barth, 453, 498
    60 Orwell, 520

6a. **The political institutions of the ideal state**

    4 Aristophanes, 867-886
    6 Plato, 316-350, 598-604, 640-799
    8 Aristotle, 456, 459-460, 461, 463-465, 495-496
    13 Plutarch, 34-35, 45-46
    18 Aquinas, 307-309
    35 Rousseau, 323-325, 410-411
    39 Kant, 450-451
    40 Mill, 338, 341-350, 369-389
    43 Hegel, 67-68, 264-265, 318-319

6b. **The social and economic arrangements of the ideal state**

    4 Aristophanes, 770-797, 887-905
    6 Plato, 339-344, 356-365, 401, 481-485, 640-799
    8 Aristotle, 455-465, 532-536
    13 Plutarch, 36-47
    25 Shakespeare, 533
    50 Marx, 377-378
    50 Marx-Engels, 425-429
    54 Freud, 787-788, 883-884
    57 Tawney, 213-216
    60 Orwell, 480-481

7. **Factors affecting the quality of states**

7a. **Wealth and political welfare**

    4 Aristophanes, 629-642
    5 Thucydides, 350-352, 397
    6 Plato, 339-344, 405-408, 687-688, 694-695, 733
    8 Aristotle, 462-463, 532-533
    13 Plutarch, 36-37, 180, 291-292
    14 Tacitus, 31, 57-58
    16 Augustine, 184-186
    34 Swift, 73-76
    35 Montesquieu, 23-25, 44-48, 146-147
    35 Rousseau, 327-328, 365-366, 377-385, 415-417
    36 Smith, 31-36, 38-41
    37 Gibbon, 22-23, 88-89, 456-457, 498-501
    40 Federalist, 79-80
    41 Boswell, 210-211
    44 Tocqueville, 107-113, 211-215
    45 Balzac, 357-358
    49 Darwin, 324
    50 Marx, 319-321
    57 Veblen, 81-89
    57 Keynes, 454-457
    58 Weber, 171-172

7b. **The importance of the arts and sciences in political life**

    4 Aristophanes, 662, 784-786, 798-823
    6 Plato, 320-339, 344-345, 388-401, 427-441, 604-608, 653-663, 675-676, 713-730
    8 Aristotle, 542-548
    13 Plutarch, 43-44
    16 Augustine, 191-195, 244-245, 731
    28 Bacon, 210-214
    34 Swift, 104-107
    35 Montesquieu, 17-18, 191
    36 Smith, 379-381
    37 Gibbon, 23-24
    38 Gibbon, 298-300, 326-328, 527-528
    39 Kant, 586-587
    43 Hegel, 194, 228-229, 368-369
    43 Nietzsche, 522-531 passim
    44 Tocqueville, 25-26, 242-255
    54 Freud, 778-779

7c. **The state's concern with religion and morals: the cultivation of the virtues**

    5 Herodotus, 294
    5 Thucydides, 370
    6 Plato, 206-207, 287-290, 316-356, 669-670, 682-683, 731-732, 735-738, 757-771, 794-799
    8 Aristotle, 378, 434, 462, 512, 527-530, 536-548
    13 Plutarch, 32-48, 49-77, 247-248
    16 Augustine, 165-274
    18 Aquinas, 213-215, 226-227, 231-233
    19 Dante, 109-111
    33 Locke, 15, 105
    35 Montesquieu, 9-11, 21-23, 135-142, 200-208
    35 Rousseau, 372-377, 435-439
    36 Smith, 379, 388-390
    37 Gibbon, 100-101, 291-292, 601
    40 Mill, 302-323 passim, 332-341 passim
    43 Hegel, 240-241, 367-368
    44 Tocqueville, 152-157 passim
    49 Darwin, 325-327
    52 Dostoevsky, 30-34, 133-144 passim, 171-178 passim
    58 Weber, 219-220

7d. The educational task of the state: the trained intelligence of the citizens

- 4 Aristophanes, 815-816
- 6 Plato, 43-47, 213-219, 316-356, 380-381, 640-663, 675-676, 713-731, 732-735
- 8 Aristotle, 339, 434-436, 462, 474-475, 536-548, 572
- 13 Plutarch, 39-45, 64-77 passim
- 21 Hobbes, 150-151, 153-155
- 22 Rabelais, 81-83
- 23 Montaigne, 114-115
- 28 Bacon, 23
- 29 Milton, 384-385
- 33 Hume, 453
- 34 Swift, 76-80
- 35 Montesquieu, 13-18
- 35 Rousseau, 372-377
- 36 Smith, 340-343, 383-385
- 37 Gibbon, 6, 669-670
- 40 Mill, 283, 317-323, 332-341 passim, 349-350, 381-387 passim, 418, 424
- 43 Hegel, 68, 136, 144, 152, 287-288
- 44 Tocqueville, 3, 20, 142-143, 159, 318
- 50 Marx, 237-240
- 57 Tawney, 236-237
- 58 Weber, 134-135
- 60 Orwell, 486-488

8. The functions of the statesman, king, or prince

8a. The duties and responsibilities of the statesman, king, or prince: the relation of the statesman or king to the people he represents or rules

Old Testament: *Deuteronomy,* 17:14-20 / *I Samuel,* 8:11-18 / *I Kings,* 3:7-9 / *Psalms,* 72 / *Proverbs,* 16:12-15 / *Isaiah,* 22:20-22 / *Jeremiah* 23:3-6

- 4 Aeschylus, 5-7
- 4 Sophocles, 119-120, 161
- 4 Euripides, 351
- 4 Aristophanes, 673-696
- 5 Thucydides, 402-404, 427
- 6 Plato, 301-306, 339-341, 390-391, 697-705 passim, 794-799, 806-807, 814
- 8 Aristotle, 474-475, 476, 525-526, 528-529, 537-538
- 13 Plutarch, 51-52, 276-290, 455-456, 620-648
- 14 Tacitus, 61-62
- 16 Augustine, 582-583, 590-591
- 19 Dante, 65-66
- 21 Machiavelli, 21-30
- 21 Hobbes, 153-159
- 23 Montaigne, 80-81, 355
- 24 Shakespeare, 494-496, 552-553
- 25 Shakespeare, 366-369
- 27 Cervantes, 401-410, 414-420, 424-428
- 28 Bacon, 74-75
- 31 Racine, 294-323 passim
- 33 Locke, 44-46, 62-64
- 35 Montesquieu, 94-95
- 35 Rousseau, 372-373, 412-414
- 37 Gibbon, 243-245, 288-289, 437-438, 577-578, 639-644 passim
- 38 Gibbon, 95, 320-321, 563-564, 586-587
- 39 Kant, 444-445
- 40 Constitution of the U.S., 11-16 passim
- 40 Federalist, 76, 113-114, 168-169 passim, 174-179, 212-215
- 40 Mill, 341-344, 398-399, 401-406 passim, 410-411
- 43 Hegel, 102, 106-107, 151
- 44 Tocqueville, 60-63
- 46 Eliot, George, 423-424
- 51 Tolstoy, 465-467
- 58 Weber, 82-89
- 58 Huizinga, 301

8b. The qualities or virtues necessary for the good statesman or king

Old Testament: *Genesis,* 41:33, 39-40 / *Exodus,* 18:21-26 / *I Samuel,* 15:10-35 / *I Kings,* 3:5-28; 4:29-34 / *Psalms,* 72 / *Proverbs,* 8:15-16; 20:26-28; 25:2-5; 28:15-16; 31:4-5 / *Ecclesiastes,* 10:16-17
Apocrypha: *Wisdom of Solomon,* 1:1; 6; 9 / *Ecclesiasticus,* 10:1-3 / *I Maccabees,* 14

- 4 Aeschylus, 19-20, 22
- 4 Sophocles, 166-168
- 4 Aristophanes, 673-696, 757-758, 870-871
- 5 Herodotus, 164-165
- 5 Thucydides, 383-384, 513-514
- 6 Plato, 285-292, 319-320, 368-383, 442, 604-608, 679-682, 796, 801-802, 804-805
- 8 Aristotle, 454-455, 466-467, 469-470, 473-475, 480-483, 486-487, 511, 528-529
- 11 Aurelius, 239-242, 246, 261-262
- 13 Plutarch, 49-61, 121-141, 193-195, 262-292, 423-430, 604-619, 620-648, 661, 781-802
- 14 Tacitus, 215
- 19 Dante, 34-35, 53-54, 106-107, 113-116
- 21 Machiavelli, 22-26
- 22 Rabelais, 132-133
- 23 Erasmus, 9-10, 10-11
- 23 Montaigne, 422-429, 478-480, 494-495
- 24 Shakespeare, 327-331, 453-454, 533
- 25 Shakespeare, 174-177, 303-306, 351-392
- 27 Cervantes, 390-396
- 28 Bacon, 1-2, 20-25
- 29 Milton, 69
- 33 Locke, 48-51
- 34 Swift, 28-29
- 35 Montesquieu, 262
- 37 Gibbon, 61-64 passim, 74, 142, 255-257 passim, 338-344, 430, 448-449
- 38 Gibbon, 67-68, 103-104, 504-505, 577-579
- 40 Federalist, 32-33, 206, 223
- 40 Mill, 336-338 passim, 353-354, 363-366
- 41 Boswell, 178
- 43 Hegel, 101, 292-293, 298-299

43 Nietzsche, 522
44 Tocqueville, 101-107
46 Eliot, George, 226-227
51 Tolstoy, 611, 645-646
58 Weber, 79-108 passim esp 79-80, 83-84, 100-101
59 Shaw, 77-85

8c. The education or training of the statesman or prince

6 Plato, 320-341, 383-401, 672-676
8 Aristotle, 435-436, 537-538
11 Aurelius, 239-242
13 Plutarch, 122-123, 156-158, 542-544, 781-788
14 Tacitus, 153-155
21 Machiavelli, 1-37
21 Hobbes, 47
22 Rabelais, 18-19, 26-30
24 Shakespeare, 436-437
28 Bacon, 23
34 Swift, 73-76
37 Gibbon, 62, 245, 260, 275-276, 284, 534
38 Gibbon, 15, 508-509
40 Federalist, 175-176, 190
40 Mill, 407-408, 415-417 passim
43 Hegel, 149, 150, 223-224
58 Weber, 85-88, 168-170

8d. Statecraft: the art or science of governing; political prudence

4 Aristophanes, 673-696 esp 675-677, 824-845, 867-886
6 Plato, 75-76, 188-190, 383-401, 580-608 esp 585, 604-608
8 Aristotle, 390, 470-471, 487-488
11 Aurelius, 240
13 Plutarch, 30, 80-82, 121-141, 155-174 passim, 262-276, 482, 604-605, 625-627, 689-691
18 Aquinas, 306-307
21 Machiavelli, 1-37
21 Hobbes, 128-129, 158
28 Bacon, 4-7, 81-95 passim
34 Swift, 78, 112-115, 157-158
35 Montesquieu, 137-139
37 Gibbon, 142-144, 155, 288-289
40 Mill, 356-359
47 Dickens, 52-62, 206-207, 261-263
51 Tolstoy, 238-243, 260-262
58 Weber, 79-108 passim, 130, 143-170
59 Shaw, 58-59

8d(1) The employment of the military arts

4 Aeschylus, 22-25, 26-27
5 Herodotus, 46-48, 141, 225-226, 257-258, 260-287 passim
5 Thucydides, 371-372, 384-386, 389-391, 517-520, 528, 564-593 passim
8 Aristotle, 511, 533
13 Plutarch, 130-154, 332-354, 389-399, 400-421, 499-538, 577-604, 748-779

21 Machiavelli, 3-14 passim, 16, 17-22, 30-31, 37
21 Hobbes, 159
23 Montaigne, 368-370
35 Montesquieu, 31-32, 74
36 Smith, 343-347
37 Gibbon, 42-43, 63-64, 86, 168-171, 245-248, 365-378, 563-567
38 Gibbon, 126-131, 311-312, 509
39 Kant, 453-454
40 Federalist, 99-100, 221
43 Hegel, 298-299
51 Tolstoy, 81-93, 153-155, 342-355, 389-391, 404, 430-432, 444-450, 533-537, 563-575, 626-630
58 Weber, 157-159, 175-179

8d(2) The occasions and uses of rhetoric: propaganda

3 Homer, 18-20
4 Euripides, 570-572
4 Aristophanes, 757-758
5 Thucydides, 384-386, 395-399, 427, 511-516, 559-560
6 Plato, 288-292
8 Aristotle, 593-594, 598-608, 622-623, 672-673
13 Plutarch, 129-130, 691-723
14 Tacitus, 12-13, 126, 290
21 Hobbes, 127-129
23 Montaigne, 187-188
24 Shakespeare, 583-586
25 Shakespeare, 374
28 Bacon, 23-26
35 Montesquieu, 89-90
37 Gibbon, 343, 384-385
40 Federalist, 29-30
40 Mill, 361-362
41 Boswell, 374
43 Hegel, 159-160, 289-290
60 Orwell, 495-496, 499, 500, 509, 513-515, 517-518

8d(3) The role or function of experts in the service of the state

6 Plato, 43, 369-370, 373-375, 598-608
8 Aristotle, 479-480
40 Federalist, 115
40 Mill, 320-323, 355-362, 363-366
43 Hegel, 104, 142, 223-225
58 Weber, 85-88, 145-148, 152-157, 161-162, 163-170

8e. The advantages and disadvantages of participation in political life

5 Herodotus, 23
6 Plato, 207-208, 305-306, 379-380, 390-391
8 Aristotle, 431-432, 446, 475-476, 527-530
11 Lucretius, 30-31
11 Epictetus, 118-119, 184-189
13 Plutarch, 50-52
21 Hobbes, 84-87, 104

23 Montaigne, 158-163, 422-429, 528-539
24 Shakespeare, 603-604
25 Shakespeare, 409-416
28 Spinoza, 680-681
33 Locke, 44-46
35 Rousseau, 359-366, 391-394
40 Federalist, 164
40 Mill, 460-461
51 Tolstoy, 206-207
54 Freud, 780-781, 788-789

9. The relation of states to one another

9a. Commerce and trade between states: commercial rivalries and trade agreements; free trade and tariffs

4 Aristophanes, 663-667
5 Herodotus, 158
6 Plato, 788-789
8 Aristotle, 451, 531
21 Hobbes, 119-120, 124
35 Montesquieu, 98-99, 146-150, 152-173, 177-181
36 Smith, 194-196, 204-215, 221-223, 226-229, 234-239, 262-264, 287-299
37 Gibbon, 656-658
38 Gibbon, 314-315, 355, 427
40 Federalist, 35-36, 42-43, 53-56 passim, 80-81
43 Hegel, 257
44 Tocqueville, 194-196, 205-206, 211-215, 393
50 Marx, 66-68, 221-223, 372-375 passim
50 Marx-Engels, 420
57 Keynes, 430-439, 456
58 Weber, 125-127

9b. Social and cultural barriers between states: the antagonism of diverse customs and ideas

4 Euripides, 352-354
5 Herodotus, 2, 12-13, 137-138, 216, 232-233, 253-254, 298-302, 308-310
5 Thucydides, 350, 366, 589-590
6 Plato, 582-583
8 Aristotle, 531-532
9 Hippocrates, 36-37
13 Plutarch, 99, 254-256, 287-288, 303-310
16 Augustine, 583-584
23 Montaigne, 143-149
35 Rousseau, 355
40 Federalist, 55-56
40 Mill, 436-439
43 Hegel, 294-295
44 Tocqueville, 168-178, 218
50 Marx-Engels, 428
51 Tolstoy, 170-171, 362-363
54 Freud, 755-757, 761, 788

9c. Honor and justice among states

Old Testament: *II Samuel*, 10
4 Aeschylus, 10-11
5 Herodotus, 1-2, 177-180, 237-239

5 Thucydides, 355, 378-380, 386, 426-428, 429-434, 468-469, 504-508
6 Plato, 367-368
8 Aristotle, 432, 528-529
21 Hobbes, 159
22 Rabelais, 54-56
23 Montaigne, 428-429
25 Shakespeare, 114-115
34 Swift, 76-78
35 Montesquieu, 61-65
35 Rousseau, 369
37 Gibbon, 535-536
39 Kant, 452-455
40 Federalist, 63, 190-191, 235
40 Mill, 434-435 passim
43 Hegel, 114
48 Melville, 181-182
51 Tolstoy, 232-233
60 Orwell, 521-524

9d. The sovereignty of independent states: the distinction between the sovereignty of the state at home and abroad; internal and external sovereignty

25 Shakespeare, 463-464
33 Locke, 58-59
35 Montesquieu, 223-224
35 Rousseau, 392-393, 406-409
39 Kant, 452-458
40 Declaration of Independence, 3
40 Federalist, 105-107, 126-128
40 Mill, 428-433
43 Hegel, 95-98, 110-111, 112-113
44 Tocqueville, 56-57
57 Tawney, 197-199
58 Weber, 125

9e. War and peace between states

9e(1). The military problem of the state: preparation for conquest or defense

5 Herodotus, 144-148, 158-159, 206-208, 214-314 passim
5 Thucydides, 349-386 passim, 389, 402-404, 469-471, 529-534
6 Plato, 366-368, 677-678, 732-735, 784-786
8 Aristotle, 432, 462-463, 490, 524-525, 531, 535, 600
13 Plutarch, 41-45, 59-60, 88-102
14 Tacitus, 253-254, 269-278, 283-292, 297-302
21 Machiavelli, 17-22, 30-31, 34-35
22 Rabelais, 127-130
23 Montaigne, 339-340
24 Shakespeare, 532-567
35 Montesquieu, 58-62, 100-101
35 Rousseau, 389-390
36 Smith, 210-213, 338-347, 384-385
37 Gibbon, 4-8, 245-248, 495-497, 558-560
38 Gibbon, 321-325
39 Kant, 452-458 passim

40 Federalist, 35-37, 44-47, 53-56 passim, 85-101, 110-111, 132-136 passim
40 Mill, 425-426, 435
43 Hegel, 112, 113, 148, 256, 314-318
44 Tocqueville, 114-116, 349-360, 395
51 Tolstoy, 308-309, 344-355, 588-589
58 Weber, 123-125, 128-130
60 Orwell, 493-494

9e(2) Treaties between states: alliances, leagues, confederacies, or hegemonies

Old Testament: *Joshua*, 9
Apocrypha: *I Maccabees*, 8
4 Aristophanes, 652-654, 840-845
5 Herodotus, 6, 144-146, 239-242, 243-245, 286-287, 289-290
5 Thucydides, 353, 356-360, 366-371, 373-374, 394-395, 418-420, 461-462, 468-469, 476-477, 486-496, 502-504, 529-534, 568, 572, 578-579
8 Aristotle, 478
13 Plutarch, 21-24, 427-428
21 Machiavelli, 32
21 Hobbes, 121
22 Rabelais, 36-38
24 Shakespeare, 33-34, 563-567
35 Montesquieu, 58-60
37 Gibbon, 150-152, 378-381
38 Gibbon, 48-49, 428
40 Articles of Confederation, 5-9
40 Federalist, 38, 44, 64-65, 66-68 passim, 71-78 passim, 195-198
43 Hegel, 113, 145, 153, 380-381, 382-383
44 Tocqueville, 117-119
51 Tolstoy, 85-86, 346-355
59 Shaw, 83

9f. Colonization and imperialism: the economic and political factors in empire

4 Aristophanes, 732-733, 757-758
5 Herodotus, 22-23, 150-152, 193-194, 215-216
5 Thucydides, 359-360, 368, 417-446 passim, 504-508, 511-516, 529, 530-531
6 Plato, 677-686
8 Aristotle, 528-529
14 Tacitus, 290
16 Augustine, 212, 214-216, 583-584
21 Machiavelli, 3-8
21 Hobbes, 119, 126-127
22 Rabelais, 131-133
23 Montaigne, 481-485
33 Locke, 65-70 passim
34 Swift, 23-25
34 Voltaire, 218
35 Montesquieu, 61-68, 83-84, 170-173
35 Rousseau, 389-390, 394, 403-404
36 Smith, 268-313, 323
37 Gibbon, 134-135, 420, 522-523
39 Kant, 413, 456-457
40 Declaration of Independence, 1-3
40 Federalist, 35-36

40 Mill, 433-442
43 Hegel, 144-145, 314-318
44 Tocqueville, 14-18, 216-218
50 Marx, 372-374, 379-383
58 Weber, 124-130
59 Conrad, 135-189 passim esp 136, 141, 151, 162, 168-169, 173-175, 177-178

10. Historic formations of the state: the rise and decline of different types of states

10a. The city-state

5 Herodotus, 11-15
5 Thucydides, 349-353, 391-392, 395-399, 509-510
6 Plato, 663-677 passim
8 Aristotle, 465-471, 553-572
13 Plutarch, 9, 13-14, 32-48, 64-77, 303-308
19 Dante, 62-63, 109-111
35 Montesquieu, 10
37 Gibbon, 64-68 passim, 567, 630-631
38 Gibbon, 427-428, 562-565
40 Federalist, 71-73
43 Hegel, 253, 289-290, 291-298, 299-301

10b. The imperial state

4 Aeschylus, 13-25
5 Herodotus, 16-20, 109-111
5 Thucydides, 371-373
12 Virgil, 87-88, 195, 231-234
13 Plutarch, 121-141, 155-174, 359-360, 423-438, 480-538, 540-576, 577-604, 859-869
14 Tacitus, 1-2, 106
16 Augustine, 229-249, 259-274
19 Dante, 96-97
25 Shakespeare, 311-350
35 Montesquieu, 65-68
36 Smith, 343-345
37 Gibbon, 1-671
38 Gibbon, 1-598
40 Federalist, 73-75
40 Mill, 433-442
43 Hegel, 255-273, 298-299, 302-321, 330-333, 341-346
58 Weber, 124-130, 151-152

10c. The feudal state

35 Montesquieu, 269-315 passim
36 Smith, 185-194
37 Gibbon, 619-624 passim
38 Gibbon, 217-220, 403-404, 452-453, 570-571
40 Federalist, 70, 148
40 Mill, 351-352
43 Hegel, 336, 347-350
44 Tocqueville, 1-2, 301-302, 333-334
50 Marx-Engels, 419-420
55 Whitehead, 141-142
58 Weber, 81
58 Huizinga, 266-268
59 Shaw, 94-95

10d. The national state

36 Smith, 191–194
39 Kant, 435
40 Federalist, 117–132 passim
40 Mill, 424–428
43 Hegel, 22, 66–67, 110–111, 112–113, 115–118, 185–186, 363–367
43 Nietzsche, 508, 521–524
44 Tocqueville, 368–374
50 Marx-Engels, 421
54 Freud, 755–757
57 Tawney, 183–186, 197–199
58 Weber, 81–89, 130–135
59 Shaw, 95–96

10e. The federal state: confederacies and federal unions

13 Plutarch, 658–666, 834
35 Montesquieu, 58–60

37 Gibbon, 103
38 Gibbon, 218–219
40 Articles of Confederation, 5–9
40 Constitution of the U.S., 11–20
40 Mill, 428–433
43 Nietzsche, 530–531
44 Tocqueville, 28–87, 191–208
58 Weber, 152

10f. The ideal of a world state

11 Epictetus, 192–193
11 Aurelius, 247–249
16 Augustine, 583–584
23 Montaigne, 513–514
39 Kant, 455–456, 457–458
43 Hegel, 113
51 Tolstoy, 244–245
52 Dostoevsky, 165–166, 174–175
58 Lévi-Strauss, 526

交叉索引

以下是与其他章的交叉索引:

Comparisons of human and animal societies, see ANIMAL 1d; LANGUAGE 1; MIND 9e.

The relation between the family and the state, see EDUCATION 8a; FAMILY 2a–2c; GOVERNMENT 1b; MONARCHY 4a; ONE AND MANY 5d; TYRANNY AND DESPOTISM 4b.

The analogies of the state as a soul, as a corporate person, and as the historical embodiment of the divine idea, see HISTORY 4a(3); LAW 7f; PROGRESS 4b.

The various economic systems involved in the organization of states, see LABOR 5–5d; WEALTH 6a.

The political institutions of the state, the nature of government, the branches of government, and the forms of government, see ARISTOCRACY 1–2e; CONSTITUTION 1–3b, 5–5b; DEMOCRACY 1–4d; GOVERNMENT 1–1a, 2–2d, 3–3e(2); JUSTICE 9c; LAW 7a; MONARCHY 1–1b(2), 4–4e(4); OLIGARCHY 1–2, 4–5; TYRANNY AND DESPOTISM 1–5.

The relation between church and state, and between the city of God and the city of man, see CITIZEN 7; HISTORY 5b; RELIGION 4–4b.

The natural and the conventional in the formation of the political community, and the contrast between the state of nature and the state of civil society, see CUSTOM AND CONVENTION 1; GOVERNMENT 1a, 5; LAW 4b; LIBERTY 1b; NATURE 2b, 5c; WAR AND PEACE 1.

The social contract in relation to the idea of a constitution, see CONSTITUTION 6.

The identity and continuity of the state, see REVOLUTION 2a, 2c, 6b.

The physical foundations of society, and its geographic or territorial conditions, see DEMOCRACY 5a; HISTORY 4a(2); MAN 7b; MONARCHY 4c.

The motives or impulses underlying political association, see EMOTION 5a; GOVERNMENT 1c; JUSTICE 9b; LOVE 4–4b; WEALTH 7a.

The individual and the common good in the relation of man to the state, see CITIZEN 1; DUTY 10; GOOD AND EVIL 5d; HAPPINESS 5–5b; LAW 1a; LIBERTY 1e; WEALTH 9c.

The political classification of men as citizens, subjects, and slaves, see CITIZEN 2b; DEMOCRACY 4a–4a(1); JUSTICE 9d; LABOR 7d; LIBERTY 1f; SLAVERY 5a–6c; TYRANNY AND DESPOTISM 5–5b.

The formation of economic or social classes within the state, see ARISTOCRACY 1; DEMOCRACY 2b, 5b(4); LABOR 1f, 4b; OLIGARCHY 1, 4; OPPOSITION 4e, 5a; SLAVERY 3–3b, 4a–4c.

The conflict of classes within the state, especially class war and the classless society, see DEMOCRACY 5b(4); LABOR 7c–7c(3); OLIGARCHY 5c; OPPOSITION 5b; REVOLUTION 5a–5c; WAR AND PEACE 2c; WEALTH 9h.

The ideal state or the excellence of states, see ARISTOCRACY 6; CITIZEN 5–6; DEMOCRACY 4–4d, 6; GOVERNMENT 2e; LIBERTY 1h; MONARCHY 4d(2)–4d(3); PROGRESS 4a; RELIGION 4b; SCIENCE 1b(2); VIRTUE AND VICE 7a–7c; WEALTH 9f.

The responsibilities, qualities, and virtues of the statesman or prince, see ARISTOCRACY 5;

CITIZEN 3-6; CONSTITUTION 9a; DEMOCRACY 5b; DUTY 10; EDUCATION 8d; MONARCHY 3a; VIRTUE AND VICE 7d.

The art or science of politics and the elements of statecraft, see ART 9c-9d; EMOTION 5d; KNOWLEDGE 8c; OPINION 7a; PHILOSOPHY 2c; RHETORIC 1c; SCIENCE 3a; WAR AND PEACE 10a.

The relation of states to one another, politically and economically, in war and peace, see CUSTOM AND CONVENTION 7b; GOVERNMENT 5-5a; JUSTICE 9f; WAR AND PEACE 3a, 10g, 11c; WEALTH 4g.

The relation of an imperial state to colonies or subject peoples, see DEMOCRACY 7b; GOVERNMENT 5b; LIBERTY 6c; MONARCHY 5-5b; SLAVERY 6d; TYRANNY AND DESPOTISM 6.

Sovereignty as it applies to the state in its external relations with other states, and as it applies to a state or its government in relation to its own people, see DEMOCRACY 4b; GOVERNMENT 1d, 1g-1g(3), 5; LAW 6b; LIBERTY 1b; MONARCHY 1a(2), 4e(3); ONE AND MANY 5e; TYRANNY AND DESPOTISM 5c.

Confederacies and federal unions, see GOVERNMENT 5d; ONE AND MANY 5d-5e; REVOLUTION 6b.

The possibility of a world state, see CITIZEN 8; LOVE 4c; WAR AND PEACE 11d.

扩展书目

下面列出的文著没有包括在本套伟大著作丛书中,但它们与本章的大观念及主题相关。

书目分成两组:

Ⅰ.伟大著作丛书中收入了其部分著作的作者。作者大致按年代顺序排列。

Ⅱ.未收入伟大著作丛书的作者。我们先把作者划归为古代、近代等,在一个时代范围内再按西文字母顺序排序。

在《论题集》第二卷后面,附有扩展阅读总目,在那里可以查到这里所列著作的作者全名、完整书名、出版日期等全部信息。

I.

Tacitus. *Germania*
Dante. *The Convivio (The Banquet)*, FOURTH TREATISE, CH 4-10
———. *On World-Government (De Monarchia)*
Hobbes. *The Elements of Law, Natural and Politic*
———. *Philosophical Rudiments Concerning Government and Society*, CH 1, 5
Bacon, F. "Of Faction," in *Essayes*
Spinoza. *Tractatus Theologico-Politicus (Theological-Political Treatise)*, CH 16-19
Voltaire. "States-Governments," in *A Philosophical Dictionary*
Montesquieu. *Considerations on the Causes of the Greatness of the Romans and Their Decline*
Nietzsche. *The Will to Power*, BK III (3)
Engels. *The Origin of the Family, Private Property and the State*
Ibsen. *Emperor and Galilean*
James, H. *The Princess Casamassima*
Shaw. *Caesar and Cleopatra*
Conrad. *The Secret Agent*
Veblen, T. *The Vested Interests and the Common Man*, CH 6
Dewey. *The Public and Its Problems*
———. *Reconstruction in Philosophy*, CH 8
Dewey and Tufts. *Ethics*, PART III, CH 20-21
Pirandello. *The Old and the Young*
Eliot, T. S. *The Idea of a Christian Society*
Heisenberg. *Philosophical Problems of Quantum Physics*
Orwell. "Politics and the English Language"
———. *1984*

II.

THE ANCIENT WORLD (TO 500 A.D.)

Livy. *History of Rome*
Lucian. *True History*

THE MIDDLE AGES TO THE RENAISSANCE (TO 1500)

Anonymous. *Njalssaga*
———. *The Saga of the Volsungs*
John of Salisbury. *The Statesman's Book*
Marsilius of Padua. *Defensor Pacis*

THE MODERN WORLD (1500 AND LATER)

Achebe. *A Man of the People*
Adams, H. *History of the United States*
Adams, R. M. *The Evolution of Urban Society*
Adler, M. J. *The Common Sense of Politics*
———. *A Vision of the Future*, CH 5
Aksyonov. *The Burn*
Althusius. *Politics*
Ariès and Duby. *A History of Private Life*
Aron. *Peace and War*
Bagehot. *Physics and Politics*
Baldwin. *The Fire Next Time*
Belloc. *The Servile State*
Bentham. *A Fragment on Government*, CH 1 (1-21, 36-48)
———. *The Theory of Legislation*
Billington. *Fire in the Minds of Men*

90. State

Blasco-Ibáñez. *The Four Horsemen of the Apocalypse*
Bloch. *Feudal Society*
Bodin. *The Six Bookes of a Commonweale*
Borgese. *Common Cause*
Borgese et al. *Preliminary Draft of a World Constitution*
Bosanquet. *The Philosophical Theory of the State*
Burckhardt. *Force and Freedom*, CH 2-3
Burlamaqui. *The Principles of Natural and Politic Law*
Butler, S. *Erewhon*
Calhoun. *A Discourse on the Constitution and Government of the United States*
——. *A Disquisition on Government*
Campanella. *The City of the Sun*
Cassirer. *The Myth of the State*, PART II
Cohen, M. R. *Reason and Nature*, BK III, CH 3
Comte. *System of Positive Polity*, VOL II, *Social Statics*, CH 5
Cox. *The Secular City*
Croce. *Politics and Morals*
Defoe. *Robinson Crusoe*
Djilas. *The Unperfect Society*
Duguit. *Law in the Modern State*
Ewing. *The Individual, the State and World Government*
Fichte, J. G. *Addresses to the German Nation*, IV-VIII
——. *The Science of Rights*
Freeman. *History of Federal Government in Greece and Italy*
Godwin. *An Enquiry Concerning Political Justice*
Grant. *From Alexander to Cleopatra*
Green. *The Principles of Political Obligation*, (G)
Grote. *A History of Greece*
Guizot. *General History of Civilization in Europe*
Hamilton, E. *The Greek Way*
——. *The Roman Way*
Hauptmann. *The Island of the Great Mother*
Hawthorne. *The Blithedale Romance*
Hayek. *The Constitution of Liberty*
Hayes. *The Historical Evolution of Modern Nationalism*
Hitler. *Mein Kampf*
Hobhouse. *The Metaphysical Theory of the State*
Hocking. *Man and the State*
Hooker. *Of the Laws of Ecclesiastical Polity*
Hsiao. *Political Pluralism*
Huxley, A. L. *Brave New World*
Jackson, B. *The International Share-out*
——. *The Rich Nations and the Poor Nations*
Jones, A. H. M. *Athenian Democracy*
Jouvenel. *Sovereignty*
Kelsen. *General Theory of Law and State*
Kohn. *The Idea of Nationalism*
Kropotkin. *Mutual Aid, a Factor of Evolution*

——. *The State, Its Historic Role*
Laski. *The State in Theory and Practice*
Le Bon. *The Crowd*
LeGoff. *Medieval Civilization, 400-1500*
Lenin. *The State and Revolution*
Lessing, D. *The Golden Notebook*
Lotze. *Microcosmos*, BK VIII, CH 5
Luther. *Secular Authority*
Mannheim. *Ideology and Utopia*
Maritain. *Man and the State*
——. *Ransoming the Time*, CH 2
——. *The Things That Are Not Caesar's*, I-III
Merriam. *Systematic Politics*
Mommsen. *The History of Rome*
More, T. *Utopia*
Morgan, L. H. *Ancient Society*
Mumford. *The City in History*
——. *The Culture of Cities*
Newman. *A Letter to the Duke of Norfolk*
Nicolson, H. *The Congress of Vienna*
——. *Diaries and Letters*
Nozick. *Anarchy, State, and Utopia*
Oppenheimer, F. *The State*
Pareto. *The Mind and Society*, VOL IV
Penn. *An Essay Towards the Present and Future Peace of Europe*
Petrie. *Social Life in Ancient Egypt*
Pirenne. *Mohammed and Charlemagne*
Plekhanov. *The Development of the Monist View of History*
Popper. *The Open Society and Its Enemies*
Ruskin. *Munera Pulveris*
Santayana. *Reason in Society*, CH 8
Silone. *Bread and Wine*
Solzhenitsyn. *The First Circle*
——. *The Gulag Archipelago*
——. *One Day in the Life of Ivan Denisovich*
Sorel. *Reflections on Violence*
Southern. *The Making of the Middle Ages*
Spencer. *The Man Versus the State*
Sturzo. *Church and State*
——. *The Inner Laws of Society*
Taylor, A. J. P. *The Course of German History*
Thoreau. *Civil Disobedience*
Tönnies. *Fundamental Concepts of Sociology*
Toynbee, A. J. *Civilization on Trial*, CH 5, 7
Treitschke. *Politics*
Vargas Llosa. *Conversation in the Cathedral*
——. *The Time of the Hero*
——. *The War of the End of the World*
Vincent. *Theories of the State*
Wallas. *The Great Society*
Whewell. *The Elements of Morality*, BK II, CH 20; BK V, CH 1-6, 10-17
Wilson, W. *The State*
Young, G. M. *Victorian England*
Zinoviev. *The Radiant Future*

节　制　Temperance

总　论

历史上的杰出人物，以及传说和小说中的主人公，大多是些感情激切、雄心勃勃、顾盼自雄的人物。他们几乎个个都是欲壑难填，不知节制。这些人从不会压抑自己的爱憎，对权力和享乐的追求也不知倦止。他们或许会在某一方面有所收束，但这也只是为了在其他方面愈发变本加厉。无论在任何事情上，他们对诸如"凡事不可太过"一类的古训都只会充耳不闻。

不只阿喀琉斯对自己的怒火不知克制，奥德修斯也是一样，尽管他精明老练，但一旦事关荣名和好奇，他同样也没有表现出丝毫的自我约束。所有希腊悲剧中的主人公无一不是恣意妄为的人物，他们都以某种特有的形式来表现他们的狂妄或自傲。比起索福克勒斯的剧作来，欧里匹得斯的悲剧更加鲜明地体现这一点，我们从美迪亚无边的仇恨或是希波吕托斯的力行禁欲中可以看得很清楚。其中特别要提到《酒神巴克斯之女伴》，因为这部悲剧更是直接将恣意妄为作为主题，来表现酒神精神的尊崇者和清教徒及倡导禁酒者之间的道德冲突。喜剧和悲剧一样，都来源于恣意妄为的精神。无论是塞万提斯、莫里哀、乔叟、莎士比亚、伏尔泰，还是巴尔扎克、乔治·爱略特、简·奥斯汀，或是詹姆士·乔伊斯、普鲁斯特，在他们笔下，相爱的人们表现出来的那种夸张的感情会使我们会心而笑，而他们过度的放纵则令我们眉头一蹙，同样，约翰·福斯塔夫爵士、庞大固埃和巴汝奇的放纵也会使我们为之捧腹，这些都正说明了这一点。

许多历史名著都提供了进一步的证明。这些著作中所记述的极端残酷和放纵使那些虚构的故事相形之下显得苍白无力，若不是以事实呈现在人们的面前，那些极端的残酷和放纵会使人们觉得实在难以想象，进而会使人怀疑它的可信性。在塔西佗、吉本和赫伊津哈的著作中，关于人类的骄奢淫逸、凶残暴虐的描写连篇累牍，人们巧尽心思来翻新花样，无所不用其极，为的是满足自己因为过分的放纵而厌倦了寻常欢乐的胃口。

历史学家们看到的，并不仅限于少数像希罗多德笔下的东方国家的暴君，或是罗马帝国的历代帝王及其皇家扈从这样荒淫无度的人物。在他们的笔下，同样有横行无忌、骄骞不法的征远戍边的军人和啸聚启衅的顽民。他们也同样记述了一些整体沉湎于奢靡生活或是整体缺乏基本公共道德的民族。古代社会中少有的几个例外，如斯巴达人的谨严苛峻，或早期日耳曼人的纯洁整肃，反倒折射出大多数古代社会生活的放纵无章。

自制是维多利亚女王时代的英国极力推崇的社会规范，虽然进一步强调自制可能会使这种规范过逾其当，但达尔文仍旧认为，无论是在公共生活还是私人生活中，更高程度的自制是现代社会的典型特征。在他看来，节制是文明社会独有的优点。他在书中写道："不知节制之最甚者，是对野蛮行径不加谴责。"

达尔文认为，节制和谨慎同样都是"所谓的自尊自重的品德，这些品德对部落利益的影响虽然不甚明显,但确实存在",而且这种影响"虽然在文明国家里备受推崇,但却从来没有受到过野蛮民族的重视"。达尔文在提到"文明国家"的时候,实际上指的是现代社会,这一点从他谈及希腊和罗马社会的纵欲问题的时候就可以看出来。此外,他还曾说过,"对鄙陋行为的憎恶……非常有助于纯洁人心,这种品行是现代社会的一种品德,只属于……文明的生活",这进一步证实了我们的推测。

达尔文拿现代社会的文化和古代社会的文化来比较是否妥当我们姑且不论,这里值得引起我们的注意和怀疑的是,在性欲的问题上,他将节制和贞洁统一起来,至少是将节制和克制或者毋宁说是禁欲统一起来的倾向。在当今的社会中,人们说到品行的时候,一般只限于其贞洁的含义,就像我们用"品行端正的女人"的来指一个贞洁的女人,用"品行不端的女人"来指一个不贞洁的女人。但是随处可见的贪食、酗酒、贪婪或利欲熏心的人时刻提醒我们,人类的不知节制远不只限于性这一方面。如果我们考虑到人类的不知节制所表现出来的各种形式,达尔文暗示的人类从放纵到自制的生活的进步就显得有些子虚乌有了。

此外,达尔文似乎还根据文明达到的水平或程度来对节制和勇气加以区分。在他看来,勇气和节制的不同,前者是原始社会和文明社会都需要的,因为勇气不仅关乎个人利益,也同样关乎社会利益。他说,"一个怯懦的人对部落来说一无足用,他也不会忠于他的部落。勇敢的品质在任何地方都是人们最为推崇的"。弗洛伊德在比较这两种品质的时候,提出了不同的看法。尽管他也在很大程度上是从性本能的角度中来考虑节制或自制,但他似乎认为,无论是原始社会还是文明社会,只要这个社会是有组织的,它就会要求个人有一定程度的自制,这样才能维护群体的共同利益。节制和勇气一样都是部落或国家需要的。

弗洛伊德在书中写道:"人类通过牺牲其原始冲动给他们带来的满足,在生存的压力下逐步缔建文明,这个过程在很大程度上是不断更新的,因为新生的个体不断加入到群体之中,他们同样要牺牲自己的本能欲望来换取集体的利益。性欲是这种被牺牲掉的几种最重要的本能欲望之一;这些本能的欲望被升华了,换句话说,性的精力不再被用于性交,而是转而被用于其他的非关性爱的、对社会更为有利的用途。"

社会依赖于个体的节制,但并不一定能够强求个体节制。作家 J. S. 穆勒就曾经质疑社会是否有权强制推行禁止奢靡的法律,尤其是节食、禁酒等方面的法律,他的预设似乎是一个不知节制的人伤害的只是他自己——这是他作为自由的个体固有的权利,而一个不公正的人则可能会伤害到他人。这个问题我们稍后再详细讨论,此前先让我们来探讨节制的本质,以及节制与公正、勇敢、智慧或谨慎等其他品德之间的关系。

如果诗人和史学家只是记述人类放纵的程度和范围,那么道德学家则一致地倾向于推重自制和节欲。几乎所有的道德理论,无论是基于法律或义务,还是基于幸福或品德发展进来的,也无论是着眼于先天原则,还是着眼于经验性的效用主义标准,无不力荐人们通过理性来节制欲望,也无一不谴责沉溺于感官享受、放任自流、无度的欲求或恣意纵情。

那些提倡弥尔顿所说的"节制所教导的毋过度的法则"的人,并不见得总使用"节制"这个词,也不见得总是认为节制在严格意义上包含着德性。但对其他的一些作家来说，节制和德性几乎可以说是一回事。他们认为节制的本质就是适可而止，而注重德性的生活才是合理的生活。这样的生活需要由理性来节制激情，并对追求享乐的欲望加以限制。

例如，弗洛伊德的现实原则理论就似乎反映了节制的传统含义。一个受享乐原则控制的人在性格上是幼稚的。他指出："从享乐原则到现实原则的过渡，是个人发展中非常重要的进步之一。"当"一个人明白他不可能总能随时能获得满足，明白他对满足不能急于求成，要学会忍受一定程度的痛苦，并全然放弃某些享乐"的时候，他"才变得'理智'起来，才不再受享乐原则的控制，转而遵循现实原则"，所追求的享受是"延迟了的、打了折扣的，但由于对事实的了解、由于与现实相符而确定能得到实现"。

同样，斯宾诺莎所谓的人类的枷锁源于其被激情所主宰，而其自由却源于理性的支配的说法，可以看作是对节制的不言之言。笛卡尔的格言"人总应力图战胜自己而非战胜命运，改变自己的欲望而非改变世界的秩序"也用不同的方式表达了同样的见解，即心灵的宁静源于自制。尽管康德认为节制并不值得"无条件地被冠以善名"，但他的确同意"情感和激情上的裁制，以及自制和审慎，不仅广有裨益，甚至可以是一个人内在价值的组成部分"。

尼采是唯一反对任何形式的自制的人。在《论道德的谱系》一书中，他对西方文化中的禁欲精神大加挞伐。在《超越善恶的彼岸》一书中，他更是拿各种形式的节制取笑，"斯多葛派提倡并身体力行面对激情所演出的荒唐保持矜持的漠然和冷淡；斯宾诺莎天真地倡导对感情进行分析和活体解剖，以便毁掉感情，不再有哭泣也不再有欢笑；亚里士多德式的道德观主张为了感情能得到满足须得将它压抑到无害的中庸之度"；无论哪一种，尼采把所有的这些学说都称为"胆小鬼的道德"。

蒙田更是推举节制，甚至超过德性，他将其作为一种追求任何形式的善甚至是追求德性本身的途径。他在《论节制》一文中写道，如果没有节制，"如果我们的欲望过于激切、过于强烈，那么我们就可能败坏本身善而美的事物，也可能会通过某种使美德转成邪恶的方式来追求美德"。蒙田反对"那些认为德性再美也不为过的人"。相反，他认为"人既可能过度地热爱美德，在正义的事上又行为过当……我喜欢知节制而明裁量的性情。不知节制，即使其所求为善，总让我感到震悚，甚至若受冒犯，让我无法赞一词"。

对道德是这样，对智慧和哲学也是如此。他引用过柏拉图的话，大意是说，我们需要清醒的智慧，不要逾越本心而聪明过了头。至于哲学，我们不能"一头扎进去，陷入无用的研究……知道适度，哲学就是令人愉快的，也会给我们带来好处"。简而言之，"没有哪种快慰无论怎么都好，即使过度不知节制也可免于指责"。

蒙田认为，节制非但不会减少生活中的快乐，反而会对其有所增进。他赞同柏拉图《法律篇》一书中的论述："节制的生活，在任何事情上都是平和的，其中没有大痛苦，也没有大快乐；而不知节制的生活……则有强烈的痛苦和快乐，有激切的、难以按捺的欲望和颠三倒四的爱恋；在节制的生活中，快乐要多于痛苦，而在不知节制的生活中，无论是在程度上，还是在频度上，痛苦都要远远多于快乐。"蒙田在别处表示，如果看不到这一点，就会认为哪个政府若"限制贪杯者

91. 节 制

不让他直至酩酊烂醉、限制贪食者不让他直至积食不化、限制纵欲者不让他直至齿摇发脱,那它就是快乐的敌人"。但是,出于对知节制明裁量的性情的喜爱,蒙田一次又一次地建议我们要避免对任何事情过分狂热,哪怕是对节制本身。"凡事不可太过"的古训不仅适用于美德,也同样适用于美德试图规制的对享乐的追求。

亚里士多德认为,所有美德都源自一种不溢不损的中庸状态,蒙田在谈到这一点的时候,似乎将自制和保持这种中庸状态等同起来,这样一来,自制就成了包括节制在内的所有美德的一部分。因此,一个勇敢的人既不胆小怕事,也不过分莽撞,而是在危险和痛苦之间自有裁量。由此来说,一个人不会过于勇敢,只可能过于胆大,那其实也就是愚顽莽撞。

但是,我们几乎可以认为,如果自制成了所有美德的一部分,那么节制和勇气等一些品德之间的区别就不很明显了。虽然阿奎那认为,节制和勇气因其所面向的对象不同,它们之间的区别还是很明显的,但他也承认这两种重要的品德"都可以表示品德的某些基本形态",进而可以在某种意义上"互相渗透"。他把节制定义为"心灵的一种特质,它可以检束任何情感或行为,使之不逾常制",而坚韧则是"这样一种性格特质,它强化人的心灵,使之受理性的规制,使之不为激情所摆布,且对任何应分之事不辞其劳"。基于这种看法,阿奎那认为我们可以明白为什么在某种意义上,节制和坚韧其实是同一种品质。

一个能遏制肌肤享乐(the pleasure of touch)欲望的人,在面临危险的时候,也不太会逞性妄为,"在这个意义上,坚韧就被认为是节制"。一个在面临生命危险的时候仍能坚强屹立的人,在面对享乐的诱惑的时候,也更能不为所动,因此,"节制就是勇敢"。这样一来,只要能引人"凡事守中庸之道",节制就渗透到其他的品德之中,这就像坚韧之所以渗透到节制中,是因为它使人在面对"享乐的诱惑"以及对痛苦的畏惧的时候变得更加坚强。

一些关于品德的基本理论,例如如何辨识各种品德之间的区别和联系等问题,我们将在**美德与邪恶**一章中讨论;和节制相关的一些特殊的品德我们则将在**勇敢**、**正义**和**审慎**等各章中分别进行讨论。这里我们先需悉心考查柏拉图、亚里士多德以及阿奎那在定义节制的时候,是如何举例说明品德的一般概念的,他们又为什么认为节制并非品德的全部,而只是几种主要品德之中比较特殊的一种。

尽管柏拉图和亚里士多德对品德的看法不尽相同,尽管他们在分析诸如正义、智慧等品德的时候,以及他们在描述各种品德之间的关系时候也是彼此异路,但他们在对待节制的态度上,却有多处奇然相合。

在《高尔吉亚篇》中,卡利克勒断言,只有那些无法满足自己的享乐欲望的人才会提倡节制,才会说不知节制是卑劣的。他问道,但"对一个无人能禁阻他,能自由享受每一种好东西的人来说,还有什么比节制更卑劣和罪恶呢"?他进而下结论说,"如果有条件做到,那么,奢华、不知节制和放浪不羁,就是美德和幸福"。

作为回应,苏格拉底试图这样说服卡利克勒,人应当选择"一种有序的、充裕的、衣食无忧(能满足每日所需)的生活,而不是不知节制、不知餍足的生活",他把不知节制的人比作"一个遍体都是窟窿的容器,因为你永远也装不满它"。借助完整无缺的容器和有窟窿的容器的比喻,苏格拉底表明,有节制的人能够满足自己有限的欲望,而无节制的人因为有无穷的欲望,则永远也不能停下他们追求享乐的脚步。"如果要他停下片刻,那对他来说将是莫大的痛苦。这两种人的生活就是如此不同,"他接着说,"现在你还会说,生活无节制的人比有节制的人要快乐吗?"

卡利克勒说,他并没有被说服,但后来苏格拉底使他不得不承认,在所有的事情上——无论是在家中,还是在船上,无论是在身体上,还是心灵上——有序都是好的,无序都是坏的。他接着指出,有序是身体健康的原则,也是心灵有节制的原则。就是在这种意义上,苏格拉底在《理想国》中将节制定义为"对某些享乐和欲望的整饬或控制"。他解释道,在人类的心灵中,"有一种较好的原则,也有一种较坏的原则;如果好的原则控制了坏的原则,那么就可以说,这个人是他自己的主宰"。

"节制"和"自制"这两个词几乎可以互换;它们的意思都是指"好的部分控制了坏的部分"。正如一个勇敢的人,"无论在快乐中,还是在痛苦中,他的感情都受理性的支配,都知道他应该惧怕什么,不应该惧怕什么",所以,一个有节制的人,"其作为统治原则的理性以及感情和欲望这两个臣属都一致同意理性应该支配一切"。

亚里士多德差不多也是比照快乐和痛苦来定义节制和勇敢的。"一个戒绝了肉体享乐并以此为乐的人,就是节制的人,而一个因戒绝肉体享乐而烦恼不安的人,就是自我放纵的人;一个在面临丑恶的事物的时候能坚持自己的立场并以此为乐或至少不以此为痛的人,就是勇敢的人,而一个为此感到痛苦的人,就是懦夫。"和柏拉图一样,亚里士多德认为这些品德都来源于理性统治的原则。就享乐和痛苦、愤怒或其他情感而言,是理性,或者更准确地说,是理性的优点之———审慎,决定了介于过度和缺乏之间的中庸状态是什么样子的。

和弗洛伊德一样,亚里士多德也认为自我放纵是幼稚或孩子气的。孩子们"完全受欲望的支配,在他们身上,追求快乐的欲望是最强烈的"。如果这种欲望不能得到理性的约束的话,"它就会极度膨胀;因为在一个毫无理性的人身上,追求享乐的欲望是永远无法满足的,哪怕它尝试过所有能给他带来满足感的东西"。弗洛伊德的说法是享乐原则须受控于现实原则,说到这一点,亚里士多德是这样说的,"就像孩子必须在监护人的监护下生活一样,欲望的因素也必须遵从于理性的原则。在一个节制的人身上,欲望因素和理性因素必须是和谐的"。

据亚里士多德所言,节制并不牵涉所有的享乐,而只是牵涉"触觉和味觉,这些是我们和其他动物共有的享乐,因此这些享乐就显得更有奴性和动物性"。自我放纵须受谴责,"这是因为它并不使我们更像人,而是使我们更像动物"。以此等事为乐,爱之胜过其他一切,是动物性的表现。

忍受痛苦是勇敢最本质的特征,很自然地,它也是节制的一部分。一个不知节制的人"在不能得到给他带来快乐的事物的时候,会感到异常的痛苦",而一个节制的人"在缺乏能给他带来快乐的事物的时候,或是对戒绝享乐,并不会感到痛苦"。但如同过度放纵一样,完全禁欲并不是节制。"节制的人采取的是中庸的态度"处于那些欲壑难填的人,以及那些"缺乏应有的享乐和快慰的人"之间。亚里士多德认为,那种对享乐一概漠然的态度也是非人性的。

在阿奎那看来,理性对肉体欲望的约束,"并不是要减少感官的快乐,而是防止人过度地追求感官快乐,陷入贪恋无度的境地"。他接着解释道,"我这里所说的过度,指的是超出理性的约束。一个自制的人,如果饮食适量,他所得的快乐并不比暴饮暴食的人少,但他的欲望较少沉溺在这类快乐之中"。虽然阿奎那在讨论"诸如食欲和性欲"等口腹之欲和体肤之欲的时候,与亚里士多德一致,把节制严格地限定适度,但他把节制与那些约束其他享乐的品德也联系在一起。

举例来说,人人都喜欢金钱,但人不应为金钱所累。挥霍无度的人和吝啬鬼都是不节制的人。在人与友情之乐的关系中,友爱、亲切和温和代表了节制;而亚里士多德称为 eutrapelia(欢快)的那种品质,同样也被阿奎那归为在消遣、运动和游戏等享乐上的适度,而与之相对的过度或缺乏,则可以被称作"哗众取宠"和"呆板鲁钝"。甚至求知的快乐也可能会不知节制,因此,按阿奎那的意思,对知识过度的渴望,超过正常的限度且出于不正当的原因,便堕入好奇这一罪过。

禁欲和坚忍的含义似乎和节制的观念紧密相关。这几个词经常是通用的。但按照上文所说的理论,品德是介于过度和匮乏这两个极端之间的中庸状态,节制要求人们适度享乐,而并非对其全然禁绝。这就提出了这样一个问题,即宗教生活中的禁欲,是否因其过分远离常人的享乐而和理性的原则相悖。在心理分析学家看来,宗教的禁欲是病态的自我克制,在哲学家看来,那是对天性的违背,而在基督教神学家的眼中,那种节制却是英雄式的壮举,它使品德达到了超越自然的圆满状态。

在阿奎那看来,在宗教生活中,人"全力接近神圣",那么,对于"力求达到神的高度"的人来说,节制是使人趋于完美的品德。"只要身体允许",节制"就会无视身体的需求"。对那些"已经接近神圣的人来说,节制的最完美的状态"是"忘记一切尘世的欲望"。

因为"性的交合会阻碍人全心全意地尽忠于上帝",而且"它会使人弃绝尽忠于上帝的美好愿望",所以在阿奎那看来,完全禁欲的独身生活,以及修道院生活的自甘清贫,"是达到宗教的圆满所必需的"。

奥古斯丁在《忏悔录》中说,每当"我想到自己被剥夺妇人之爱,便觉得那将令人无法隐忍。你仁慈地赐予我们一种疗治此病的良方,但我对之却未与一顾,因为我自己从来没有尝试过。我以为人要靠自己的力量来禁绝自己的欲望,而我知道我没有这种力量。我真愚蠢,竟不知道没有人可以做自己的主人,除非那是上帝的恩赐,正如你的《圣经》上告诉我们的那样"。

尽管为了准备结婚,他离开了自己的情妇,但他发现自己"是淫欲的奴隶,而并非真正热爱婚姻"。他记述了自己经过种种努力,最后终于走上了节制的道路,并且"看到禁欲之神那安详、圣洁的快乐中呈现出的贞洁之美";他接着写道,与之同行的,"是无数的少男少女,众多的青年,还有其他的老老少少,其中有贞静的寡妇,也有年老的处女。那一行中还有禁欲女神自己,她并非膝下荒凉,而是儿女众多,给他们带来快乐的,就是你,啊,上帝,她的神侣"。

但坚忍还有另外一层意思,那些把节制当作人的与生俱来的品质的哲学家就是根据这层意思谴责坚忍的。亚里士多德谴责坚忍的原因和他不赞同禁欲的原因是不同的。禁欲——至少在自然的意义上来说——是对享乐采取了不节制的否定态度。而坚忍之所以和节制对立,则因为它只代表理性对放荡的欲望或享乐所引发的行为的禁绝,而不是享乐本身习惯成自然而变得中和。亚里士多德在这里特别强调了习惯性,他因此进而坚持节制和坚忍之间是有区别的。

他写道:"我们把纵欲和耽溺归为一类,把坚忍和节制归为一类,因为它们在某种意义上和各与同一类的快乐与痛苦相关;但是,虽然它们和同样的对象相关,其相关的方式并不相同。"区别在于,当一个人的理性克服了他过分的享乐欲望,在这种特定情境中他就是以坚忍的方式行事,但当他的欲望将理性扔到一边的时候,他的行为就会丧失坚忍;而一个不仅是在行为上节制,而且具备节制的性情的人,会习惯成自然地中正平和,行事合乎理性。

因此,节制的人不需要坚忍。不坚忍的人和不节制的人也不能混为一谈,因为不节制的人并不信服他们的欲望是过甚其当的。而一个坚忍的人,如果他行事违背理性,他自己心里是清楚的。在涉及肉体享乐的事情上,虽然坚忍的人和节制的人都从不做出任何违背理性的原则的事情,但亚里士多德认为,前者有不良的欲望,后者则无之。加尔文认为亚里士多德对"不坚忍和不节制的区分非常犀利",他对之也颇为赞同,他接着解释道,"丧失了坚忍",人的欲望就会迷住他的双目,"使他看不到自己的荒唐行为中的罪过,而这在其他类似的情况下,他是会看得很清楚的"。

坚忍的人并非唯一徒具节制其表而无其实的人。亚里士多德称,有些人天性平和——"生来便有自制的禀赋"。因此,在他看来,这些人所具备的节制,不是通过良好的行为养成的良好习惯,而只是天生地具备能控制自己的欲望的能力,或者是因为他们节制的天性没有被强烈的欲望所淹没。这种表面上的自我控制不值得受到称颂;而那些强压着某些欲望以便在其他欲望上变本加厉的人,也一样不值得称颂。节衣缩食以广聚财帛的吝啬鬼根本算不上是节制的人。

吉本写到罗马皇帝朱利安的时候,说他"很少记起亚里士多德的至理名言,即真正的美德是相对立的两种恶之间的一种中庸状态"。朱利安走上了另一个极端,他对奢华生活极端鄙视,他席地而睡,鹑衣垢面,完全不顾体面,然而,他的不知节制似乎不仅限于这些极端的做法。尽管他在饮食等事情上确实是知节有制,但在另外的一些事情上却过甚其当,例如,他对国事过度投入,日日操劳无度。吉本写道,他"认为自己生命中的每一时刻若不是用于增加公众的利益,或自己心智的进步,便是浪费。他对时间如此贪婪,似乎是想使他短暂的在位时间变得更长些"。

人们有时也赞扬某个特定方面的节制,把它视作与某个特殊的、局部的目的相关的美德。在讨论国家财富的时候,亚当·斯密认为挥霍是一种严重的罪恶,而节俭则是必需的美德。他写道:"资本因节俭而增加,因挥霍和浪费而减少……资本增长的直接原因是节俭,而非勤奋……节俭的人一年的积攒下来的财富,不仅可在当年或来年用来雇用更多的人手,并且就像济贫工场的创立者一样,他仿佛就此设立了一笔基金,可以在将来一直养活同样数量的人手。"

资本金因挥霍而减少。斯密称:"不知量入为出的人,他的资本将逐渐减少……因为他不断缩减雇用劳动力所需的资金……因此他势必要减少将给他的投资带来回报的那部分劳动力,这最终将

91. 节 制

减少整个国家的土地和人力的产出……如果不用勤劳的人应得的面包来喂养挥霍的人,也就是说,如果不能补少数人之奢以多数人之俭,那么不仅挥霍的人自己将沦为乞丐,整个国家都会因之陷入贫穷。"

斯密把所有挥霍的人都叫作"公众的敌人,而所有节俭的人都是公众的恩人",从增加财富的角度来看,这种说法也许是对的。然而,马克思提出了这样一个问题,即资本家的节俭或吝啬是否代表了他们自身的一种美德。他嘲笑那种将资本与节欲混为一谈的古典的或被他称为"庸俗"的经济学理论,而且,他把斯密"勤劳增益了由节约积累起来的财富"这句话里的节约理解为尽最大可能地将剩余价值或剩余产品重新转化为资本。

对马克思来说,这个问题不但是一个经济问题,而且还是一个道德问题,一个心理问题。在他的描述中,资本家承受着"积聚财富的热情与享受快乐的欲望之间的浮士德式的矛盾"。资本家的节俭,或是对某些享乐的戒绝,几乎不能被看作是真正的节制;因为,在马克思看来,资本家就像是一个"牺牲了肉体享乐来满足其金钱欲望"的守财奴。他在别处也曾说过:"对财富的贪得无厌……是资本家和吝啬鬼共同的特点;但吝啬鬼是走火入魔的资本家,而资本家则是比较理性的吝啬鬼。"

在马克思看来,资本家甚至不能过分夸耀其个人生活的节俭。"和吝啬鬼不同的是,资本家发家致富,除了靠勤劳和节俭,更靠压榨他人的劳动,并且剥夺劳动者应有的一切生活享受。"不劳而获的资本家所表现出来的这种不知节制,包括超过需要的消费,甚至是对奢华商品的喜爱,凡勃伦称之为炫耀性浪费。

这些政治经济学方面的探讨很自然地把我们带回到前文提出的关于节制对社会的重要性的问题,或者说是个人的不知节制对公共福利的影响的问题。

节制与正义之间的关系是什么?亚里士多德认为一般意义上的正义涵盖了所有其他道德品质的社会因素,这一的观念中包含对这个问题的回答。只要一个人的勇气或节制能对他人或公共利益造成影响,正义就要求他节制并且勇敢。他说,法律可以名正言顺地要求我们如"勇敢的人的那样行事(例如,不擅离岗位、不临阵脱逃、不放弃武器)和节制的人那样行事(例如,不通奸、不纵欲)"。

虽然阿奎那同意亚里士多德有关一般意义上的正义的说法,但他认为,国家制定的成文法律在规范或推行诸如节制等高尚行为的时候,必须有一个限度。因为这种法律是"为广大民众所制定的,而大部分人在道德上并非尽善尽美……虽然品德高尚的人力图远离罪恶,但俗世的法律并不禁止所有的罪恶,而只是禁止那些比较严重的、大多数人都可以避免的罪恶,特别是那些会对他人造成伤害的罪恶,如果不对这些罪恶加以禁止,人类社会将难以维系"。这倒不是因为有些行为不能由法律来禁止,而是因为俗世的法律并不要求人们在各方面都必须节制,而只是要求人们实行那些"对公众利益来说是必需的行为"。

这个原则虽然清楚,但在涉及如何规范诸如酗酒、奢靡、通奸等一些类型的行为的时候,问题仍旧非常复杂。

孟德斯鸠论述了在尤里安法律体系下,实施"由罗马皇帝下达的对不贞洁的妇女的惩罚"是如何困难。他也探讨了不同形式的政府颁行的厉行节俭和避免浪费的禁奢法令的利弊;例如,在威尼斯,富裕阶层"受到法律的约束,必须适可而止",因此他们"形成了节俭的习惯,除了妓女,没人能使他们花一分钱"。至于酗酒,他似乎认为这个问题因气候而异,伊斯兰教的禁酒法令"就不适用于气候寒冷的国家,因为寒冷的气候似乎使得人人都必须大量饮酒,这与个别人的酗酒完全是两码事……德国人饮酒是习俗使然,而西班牙人饮酒则是个人的选择"。

反对通过立法禁止酒精饮料的理由很多,而且各不相同。有些人坚持节制的要旨在于适可而止而非全然禁欲,对他们来说,"节制法"不仅立意有误,这个名称也不对。另外一些人,如威廉·詹姆士,认为"醉酒……就像滴酒不沾的禁酒主义者所说的那样,是人类本性中最深层的活动之一。如果没有了酒,人类历史中一半的诗歌和悲剧将不复存在"。还有一些人,如穆勒,则认为这些禁止奢靡的法律从根本上就是错误的,因为这些法律试图约束的消费行为实属私人事务。

穆勒认为,如果一个人的不知节制伤害到的只是他自己,他可以受到道德上的谴责,但不应遭到法律的惩罚。穆勒说,一个人如果"因为不知节制或挥霍浪费而无力偿还债务",或者不能养活他的家人,"那么他应得到公正的惩罚;但这种惩罚是因为他没有承担他对家庭和债主负有的责任,而不是因为他的挥霍浪费"。他又说:"人不应该仅仅因为喝醉了酒就受到惩罚;但士兵或警察在值勤时喝醉酒则必须受到惩罚。简单来说,只要对他人或公众造成了确定的伤害,或对其存在确定伤害的可能性,这就不再是一个个人自由的问题,而变成了道德和法律的问题。"

分 类 主 题

1. 节制的本质
   1a. 节制与广义的美德的关联,以及与勇敢和正义这些美德的关联
   1b. 节制与知识和审慎的关联,达成节制之道
   1c. 节制和坚忍:节制的伪造品
2. 不节制的多种样式:与纵欲、俭吝(abstemiousness)、残忍、好奇和过度的欲望相关的罪恶
3. 与责任或快乐相联系的节制
4. 节制的培养:节制之品格的训练
5. 节制的社会因素
   5a. 统治者和公民的节制:危害公共利益的不节制行为
   5b. 民族的节制:奢侈的嗜好;群体的不节制
   5c. 关于节制的法律:法律可以规范节制的程度
6. 节制和不节制的极端
   6a. 禁欲主义:英雄式的节制
   6b. 酒神精神:对快乐的祭仪

[葛海滨、王苏娜 译]

索引

本索引相继列出本系列的卷号〔黑体〕、作者、该卷的页码。所引圣经依据詹姆士御制版，先后列出卷、章、行。缩略语 esp 提醒读者所涉参考材料中有一处或多处与本论题关系特别紧密；passim 表示所涉文著与本论题是断续而非全部相关。若所涉文著整体与本论题相关，页码就包括整体文著。关于如何使用《论题集》的一般指南请参见导论。

1. **The nature of temperance**

   6 Plato, 1–13, 275–284, 627–628
   8 Aristotle, 364–366, 404
   11 Epictetus, 149–151, 212–215
   11 Aurelius, 268
   16 Augustine, 580
   17 Aquinas, 768–769
   18 Aquinas, 650–651
   23 Montaigne, 531–532
   29 Milton, 310–311
   39 Kant, 256
   49 Darwin, 313–314

1a. **The relation of temperance to virtue generally, and to the virtues of courage and justice**

   4 Euripides, 613–614
   5 Thucydides, 370
   6 Plato, 1–13, 284–285, 346–355, 407–408, 673–674, 689–690
   7 Aristotle, 164, 204
   8 Aristotle, 348, 349–350, 351–352, 354, 365–366, 422, 608–609
   11 Aurelius, 246–247, 256
   11 Plotinus, 307–308
   17 Aquinas, 309–310, 777–778
   18 Aquinas, 49–59, 70–73, 75–76, 78–79, 1058–1061
   25 Shakespeare, 183–184
   28 Bacon, 72, 80–81
   29 Milton, 40–44, 351–352, 390
   39 Kant, 378–379
   49 Darwin, 315–316
   58 Huizinga, 288

1b. **The relation of temperance to knowledge and prudence: the determination of the mean of temperance**

   Apocrypha, *Wisdom of Solomon*, 8:5–7
   6 Plato, 1–13 esp 7, 61–62, 183–184, 338–339, 557
   8 Aristotle, 349, 351–355, 385, 387, 394, 401–403, 434
   11 Plotinus, 309–310
   18 Aquinas, 39–40, 42–43, 65–66, 67–68
   20 Calvin, 435–438
   30 Pascal, 238
   31 Molière, 99
   36 Smith, 388–389

   39 Kant, 376–377
   41 Boswell, 309, 404–405
   46 Eliot, George, 520

1c. **Temperance and continence: the counterfeits of temperance**

   6 Plato, 59–60, 225–226
   8 Aristotle, 348, 391–392, 395–399, 400–403
   16 Augustine, 51–52, 76
   17 Aquinas, 517–519
   18 Aquinas, 43–44, 63–64, 145–148, 746–747, 1053–1055
   20 Calvin, 184–186, 453–454
   21 Hobbes, 272
   23 Montaigne, 140–142, 436
   31 Molière, 158–160
   46 Eliot, George, 367–368
   59 Chekhov, 206–207

2. **The varieties of intemperance: the related vices of sensuality, abstemiousness, cruelty, curiosity, inordinate desire**

   Old Testament: *Ecclesiastes*, 5:10–6:12 / *Isaiah*, 3:16–17; 5:11–14,22–23; 28:7–8 / *Habakkuk*, 2:4–5,15–17
   Apocrypha: *Ecclesiasticus*, 14:5–10; 26:8; 31:25–31
   New Testament: *Romans*, 1:18–32 / *Galatians*, 5:16–21 / *Colossians*, 3:5,8 / *James*, 4:1–6 / *I Peter*, 4:1–5 / *II Peter*, 2:9–22
   3 Homer, 316–317, 388–392
   4 Aeschylus, 1–12, 33–35
   4 Euripides, 277–295, 296–315, 468–469, 472–493
   4 Aristophanes, 711–714
   5 Herodotus, 2–3, 95–98
   6 Plato, 120, 153–155, 276–277, 474, 751
   8 Aristotle, 352–354, 398–399, 401–402, 452
   11 Lucretius, 55–56
   11 Epictetus, 151–153, 215–217
   11 Aurelius, 243
   13 Plutarch, 419–420, 783–784
   14 Tacitus, 86
   16 Augustine, 21–22, 51–54, 102–109, 749
   18 Aquinas, 123, 143–144, 149–150, 603–605
   19 Dante, 6–9, 69–81
   19 Chaucer, 373–378
   20 Calvin, 188–189, 362–370, 428–432, 441–442, 452

22 Rabelais, 186–193
23 Erasmus, 7, 17–18, 22–23
23 Montaigne, 202–206, 285–286, 310–311, 391–395, 581–582
24 Shakespeare, 385–386, 448–449, 456
25 Shakespeare, 37, 238–243, 311–350
27 Cervantes, 139–162
29 Milton, 125–130, 243–245, 269–272
31 Molière, 108–136, 143–145, 155
34 Voltaire, 235–236
34 Diderot, 271
35 Montesquieu, 117
36 Smith, 388–390
37 Gibbon, 70–71, 90, 389
38 Gibbon, 169
40 Mill, 303–307 passim
43 Hegel, 341–342
45 Goethe, 22–26, 30–57, 134–153
45 Balzac, 172–176, 181, 214–215, 230–233, 236–241, 291–298, 314–317, 339–340, 369–370
46 Eliot, George, 311–314, 323–324
47 Dickens, 179, 244
48 Twain, 277–278, 281, 330–331
49 Darwin, 315–316
50 Marx, 72, 293–294
51 Tolstoy, 248–250, 321–322
52 Dostoevsky, 4–5, 53–65, 128–131, 200–246, 387–388
52 Ibsen, 439–442, 500
53 James, William, 800–805
57 Veblen, 30–32, 38
59 Conrad, 173, 174–175
59 Pirandello, 251
59 Proust, 283–286
59 Joyce, 565–576 passim esp 570–576
60 Orwell, 512–513

3. **Temperance in relation to duty or happiness**

Old Testament: *Proverbs*, 5; 6:23–35; 7; 23:20–21,27–35 / *Jeremiah*, 35
Apocrypha: *Ecclesiasticus*, 18:30–32; 19:1–3; 31:12–31; 37:26–31
New Testament: *I Corinthians*, 6:9–10 / *Titus*, 1:5–9; 2 passim / *James*, 1:12–15; 4:1–10 / *II Peter*, 2:9–22
4 Euripides, 296–315
6 Plato, 156–157, 275–284, 416–427 passim, 689–690
8 Aristotle, 432–434 passim, 460
11 Lucretius, 15–16, 76
16 Augustine, 51–52, 102–109, 580–582
18 Aquinas, 253–255
21 Hobbes, 163–164
23 Erasmus, 22–23
23 Montaigne, 124, 423–424
37 Gibbon, 192
39 Kant, 366–367
43 Nietzsche, 499–500
51 Tolstoy, 605
54 Freud, 599, 772–773, 793–794, 800–801

4. **The cultivation of temperance: the training of a temperate character**

Apocrypha: *Ecclesiasticus* passim
New Testament: *Romans*, 6:12–13; 13:13–14 / *I Corinthians*, 5:9–13; 7:1–9; 9:24–27 / *Colossians*, 3:2–8 / *I Thessalonians*, 4:3–5; 5:5–8 / *I Timothy*, 6:8–11 / *II Timothy*, 2:22 / *Titus*, 2 / *James*, 4:5–10 / *I John*, 2:15–17
4 Aristophanes, 815–816
6 Plato, 326–339 passim, 605–608, 645–663 passim, 672–674, 712
8 Aristotle, 107, 348–351, 434–435, 465–466, 541, 545–546
11 Epictetus, 165–167, 168–169, 176–177, 196–199
13 Plutarch, 38–45
16 Augustine, 76
18 Aquinas, 226–227
19 Dante, 65
23 Montaigne, 122–127 passim, 577–578
28 Bacon, 69–70, 78, 79–80
29 Milton, 385
37 Gibbon, 32, 338–339
39 Kant, 356–360
40 Mill, 305–307
51 Tolstoy, 248–250, 577–578
54 Freud, 407, 573, 592–593, 870

5. **The social aspects of temperance**

5a. **The temperance of rulers and citizens: intemperate conduct as inimical to the common good**

Old Testament: *Leviticus*, 10:8–11 / *Deuteronomy*, 21:18–21 / *Proverbs*, 31: 4–5 / *Ecclesiastes*, 10:16–17 / *Isaiah*, 28:1–9; 56:9–12
Apocrypha: *Ecclesiasticus*, 47:19–21
New Testament: *I Timothy*, 3:1–13
4 Sophocles, 189
4 Euripides, 357–358, 538–539
4 Aristophanes, 711–714, 830–831
5 Herodotus, 95–98, 222, 311–312
5 Thucydides, 513
6 Plato, 326–339, 346–355, 416–418, 605–608, 669–671, 672–676, 679, 733, 806–807
8 Aristotle, 454–455, 474–475, 539
11 Epictetus, 173
11 Aurelius, 241
13 Plutarch, 32–48, 549–551, 621–622, 661, 699–700
14 Tacitus, 166, 230–231
19 Dante, 23–24, 69–71
20 Calvin, 362–370
22 Rabelais, 133–140
23 Montaigne, 478–480
24 Shakespeare, 129–130, 453–454, 495–496, 499
25 Shakespeare, 133–134, 178, 184, 192, 303–304, 421–425

35 Montesquieu, 8–9, 10–11, 37–38,
   51–53, 94–95
36 Smith, 164–167, 388–389
37 Gibbon, 35–39 passim, 55–56, 138–140
   passim, 256–257, 338–340, 448–449
40 Federalist, 29–30, 190, 192
40 Mill, 302–312 passim
41 Boswell, 393
49 Darwin, 325–327 passim

5b. The temperance of a people: luxurious indulgences; the intemperance of the mob

Old Testament: *Numbers*, 11 / *Isaiah*,
   3:16–26 / *Ezekiel*, 7:17–27 / *Amos*, 6
4 Euripides, 567, 571–572
5 Thucydides, 400–401, 436–438
6 Plato, 318–319, 342, 408–411
8 Aristotle, 465–466
13 Plutarch, 61–64, 648–649
14 Tacitus, 197–199, 204, 210–212, 213–214,
   222, 238–239, 264–265, 277
16 Augustine, 184–186
20 Calvin, 368–370
23 Montaigne, 108–109
24 Shakespeare, 56–64, 473–474
25 Shakespeare, 351–353
35 Montesquieu, 10, 118
37 Gibbon, 92, 216, 509–510
38 Gibbon, 397–398, 551–552
40 Mill, 329
43 Hegel, 207–209
44 Tocqueville, 277, 285–287
45 Balzac, 203, 221–222, 332–333
46 Eliot, George, 481–487
52 Dostoevsky, 171–173
53 James, William, 719–720
54 Freud, 666–668 passim, 670–671
57 Veblen, 29–79 esp 42–47, 50–79
57 Tawney, 189–199 passim esp 193–194,
   234–235
57 Keynes, 338–339, 443–446
58 Huizinga, 253–254
60 Fitzgerald, 312–313

5c. Laws concerning temperance: the extent to which the sphere of temperance can be regulated by law

Old Testament: *Leviticus*, 18:22–23 /
   Deuteronomy, 21:18–21
6 Plato, 348, 643–663, 675–676, 708–709, 712,
   713–716, 718–720
8 Aristotle, 348–349 passim, 377, 434–435
13 Plutarch, 32–48, 361
14 Tacitus, 31, 57–58
18 Aquinas, 231–233, 252–259, 263–264
23 Montaigne, 172–173
25 Shakespeare, 190
29 Milton, 393–395
35 Montesquieu, 44–48, 49–50, 87–88,
   105–106
35 Rousseau, 434–435
36 Smith, 168–169, 236–237

37 Gibbon, 100–101
38 Gibbon, 93–94
39 Kant, 389
40 Constitution of the U.S., 19, 20
40 Mill, 309–310, 314–316
41 Boswell, 301
58 Huizinga, 247

6. The extremes of temperance and intemperance

6a. Asceticism: heroic temperance

Old Testament: *Genesis*, 39:7–21 / *Numbers*,
   6:1–21 / *Judges*, 13: 1–7 / *I Kings*, 19:4–8
New Testament: *Matthew*, 4:1–11 / *Luke*,
   1:5–17 / *I Corinthians*, 7:36–38; 9:24–27 /
   I Timothy, 4:1–10
4 Euripides, 296–315
6 Plato, 737–738
11 Epictetus, 179–180
11 Plotinus, 309, 319, 325–326
16 Augustine, 176–177, 710–711
18 Aquinas, 66–67, 630–632, 650–656,
   658–660, 1055–1058
19 Chaucer, 450–455
20 Calvin, 442–455
22 Rabelais, 152
23 Montaigne, 74–75, 162, 205–206, 391–392,
   394–395
24 Shakespeare, 254–256, 353
27 Cervantes, 92–104
29 Milton, 35–56
30 Pascal, 64–65
35 Montesquieu, 210
37 Gibbon, 191–193, 338–340 passim, 593–599
39 Kant, 327
41 Boswell, 283
43 Hegel, 235–236, 361–362
43 Kierkegaard, 420–421, 421–422
43 Nietzsche, 484
52 Dostoevsky, 89–91
58 Weber, 171–172, 177–178, 183–184,
   194–195, 212–231 esp 212–216
58 Huizinga, 275, 320–324, 336

6b. The Dionysiac spirit: the cult of pleasure

Old Testament: *Ecclesiastes*, 8:15
Apocrypha: *Wisdom of Solomon*, 2
3 Homer, 399–404
4 Euripides, 328, 472–493, 636–637, 641–642
4 Aristophanes, 655–656
5 Herodotus, 77
6 Plato, 801
8 Aristotle, 340, 366
13 Plutarch, 161–162, 572, 748–779
14 Tacitus, 103, 107, 108, 145, 166
22 Rabelais, 7–8, 60–66
24 Shakespeare, 435–436, 448–449, 486–487
31 Molière, 108–136 passim esp 116–121
37 Gibbon, 60, 649–650
38 Gibbon, 174–175
39 Kant, 387–388

40 Mill, 447–449
45 Goethe, 46–51
51 Tolstoy, 321–322

52 Dostoevsky, 48–86 passim
58 Weber, 187

交叉索引

以下是与其他章的交叉索引：

The nature of temperance, see DESIRE 6a; EMOTION 4b(1); MIND 9b–9c; PLEASURE AND PAIN 8a; VIRTUE AND VICE 1, 1c, 5a–5c.

Temperance in relation to knowledge and to other virtues, see COURAGE 4; PRUDENCE 3b, 3d; VIRTUE AND VICE 1b–1c, 2a(1), 3a–3b.

Continence, see DESIRE 5c; EMOTION 4b(1); PRUDENCE 3d; VIRTUE AND VICE 1e.

Extreme forms of intemperance, see DESIRE 7a–7a(3); INFINITY 6a; SIN 4c; WEALTH 10c, 10e(3).

The relation of temperance to duty and happiness, see HAPPINESS 2b(3); VIRTUE AND VICE 1d, 6a.

The training of a temperate character, see EDUCATION 4a–4d; PUNISHMENT 3a; VIRTUE AND VICE 4a–4d(4).

The regulation of temperance, see LAW 6d; PLEASURE AND PAIN 9; VIRTUE AND VICE 4d(3).

Asceticism and self-denial, see DESIRE 6b; PLEASURE AND PAIN 7b; RELIGION 3d; VIRTUE AND VICE 8f–8g; WEALTH 10e(2).

The Dionysiac or Bacchic spirit, see PLEASURE AND PAIN 4d, 7b.

扩展书目

下面列出的文著没有包括在本套伟大著作丛书中，但它们与本章的大观念及主题相关。

书目分成两组：

Ⅰ．伟大著作丛书中收入了其部分著作的作者。作者大致按年代顺序排列。

Ⅱ．未收入伟大著作丛书的作者。我们先把作者划归为古代、近代等，在一个时代范围内再按西文字母顺序排序。

在《论题集》第二卷后面，附有扩展阅读总目，在那里可以查到这里所列著作的作者全名、完整书名、出版日期等全部信息。

I.

Plutarch. "On Being a Busybody," in *Moralia*
Augustine. *Of Continence*
Thomas Aquinas. *Summa Theologica*, PART II–II, QQ 141–170
Smith, A. *The Theory of Moral Sentiments*, PART VI, SECT III
Nietzsche. *On the Genealogy of Morals*, III
———. *Thus Spoke Zarathustra*
Weber. *The Protestant Ethic and the Spirit of Capitalism*, CH 4–5
Huizinga. *In the Shadow of Tomorrow*
O'Neill. *Long Day's Journey into Night*

II.

THE ANCIENT WORLD (TO 500 A.D.)
Cicero. *De Officiis (On Duties)*
Horace. *Satires*, BK II (2)

THE MIDDLE AGES TO THE RENAISSANCE (TO 1500)
Bernard of Clairvaux. *On Consideration*

THE MODERN WORLD (1500 AND LATER)
Bossuet. *Traité de la concupiscence*
Butler, J. *Fifteen Sermons upon Human Nature*
Franklin, B. *Poor Richard's Almanack*
Green. *Prolegomena to Ethics*, BK III, CH 5
Hesse. *Siddhartha*
Hildebrand. *In Defense of Purity*
Mandeville. *The Fable of the Bees*
More, H. *An Account of Virtue (Enchiridion Ethicum)*, BK II, CH 7, 9; BK III, CH 8
Spenser. *The Faerie Queene*, BK II
West, N. *The Day of the Locust*

92

神　学　Theology

总　论

　　神学处理的问题,对于所有其他人类知识来说,具有关键性意义,对此,人们鲜有争议。即使有些人否认神学是或可能是一门科学,他们或许也愿意退一步说,真要是如此,神学配得其传统称号:"科学的皇后。"

　　历来有人说,神学中的最重大问题是难以回答的。也总有人说,神学争论或争议是空洞无益的,因为议题不能通过辩驳来解决。但是,很少有人会声称或暗示,假如我们能够知道,哪怕知道得很少,有关超自然的存在及其与可见自然世界的关系这样的问题的答案,我们的看法会依然如故,我们的行动会毫不影响。对柏拉图来说,这是何等重要,他不禁问道:"如果被要求去证明诸神的存在,谁还能心如止水?"

　　关于神学的主要争论——这里说的不是神学内部的主要争论——牵涉到"知识"和"科学"这样的用词。因为,神学这一学科,无论是方法还是结论,似乎都不得不逾越经验,并将理性推向(甚至超越)其权力的极限。在许多人的头脑中,尤其是当今,神学与宗教相系,是与科学作对的,或者说,即使不与科学作对,那它也是与科学全然不同而与科学相距遥远。有些人把科学之经验方法局限于对可观察现象的探究,持这种科学观的人也许会同意把神学归到哲学去,但是否如此,取决于他们的哲学观。

　　本书的**科学**和**哲学**两章表明,在西方传统相当长的历史中,科学和哲学是一回事。各不相同的科学被视为哲学的分支。但我们发现,在18世纪,有了经验科学和理性科学或哲学科学的区分;而在我们的时代,那些把哲学视为纯粹思辨或者意见的人将哲学与实验学科相对照,而后者被认为是唯一确定的知识体系,即,科学。

　　因此,神学是否是科学这一问题包含一系列可选择的回答。鲜有人建议,神学是一门经验的或实验的科学。有的人认为,神学既然是哲学的一部分,当然可以将神学作为科学来对待;但也有人可能就因为神学属于哲学而否认神学的科学冠冕。第三种思路认为,神学分离于哲学,神学作为科学有其不同于哲学科学的特点,这就类似于哲学科学不同于实验学科。按此第三种思路,神学与宗教或宗教信仰的关联似乎决定了神学的特点。

　　休谟在《人类理解论》的结论部分想到的似乎就是这第三种思路。"神性或神学,因其证明上帝的存在和灵魂的不死性,它在理性中有其根基,只要它被经验所支持。但是,其最佳和最坚固的根基是信仰或神启。"就其原则来自宗教信仰而言,神学似乎并不完全符合休谟对科学的两分法,即一类包括"涉及数量或数字的抽象推理",另一类包括"涉及事实和存在的实验推理"。

　　休谟说他会把"任何一部不包含这两类推理之一的神学或经院形而上学著作"付之一炬,因为它们将"只能包含诡辩和幻想",这时,他不太可能是在谴责他自己描绘为主要基于信仰或神启的神学,尽管这种神学可以同时基于某些来自经验的推理。

论到神学的本质和范围,及其原则和方法,要么延及作为哲学分支的神学,要么延及时常被称为"教义学"的神学。后者阐述和解释宗教信仰的教义。再则,区分两种神学的那些人提出了有关两者相互关系的问题。如此,他们也就进入更大的问题,即信仰与理性的关系,以及理性在一个基于信仰的神学中所能担当的有限作用。

许多作家以不同方式论述上述区分本身,全然属于哲学的、不依赖任何宗教信仰的神学通常被称为"自然神学"。而"神圣神学"被用来指教义体系,其根本原则来自宗教信条。在犹太教、基督教和伊斯兰教神学,这些信条的最终来源是在《旧约》《新约》或《可兰经》等圣书中揭示的真理。信条是经由解释从圣书中提炼出来的。

比如,培根把"神性哲学或自然神学"定义为"有关上帝的知识或知识原理,这种知识可以经由凝望上帝的造物获得;这种知识可以就对象而言被真正称为神性的,就状态而言被称为自然的。这种知识的限制范围在于,它是用来征服无神论的,而不是用来缕述宗教的"。相反,"启示神学"或"神圣神学(我们的习语称之为神性之学)只基于上帝的言和谕,而不基于自然的状态"。

康德做了类似的区分。他说,神学要么只基于"理性(*theologia rationalis*,理性神学),要么基于启示(*theologia revelata*,启示神学)"。但是,对康德来说,"自然神学"只用来指称理性神学中的一种。另一种理性神学是"超验神学",与前一种神学的不同在于使用理性的方法。他还区分了思辨神学和实践神学。尽管两者都被归于理性领域,但一个是纯粹理论理性的工作,另一个是纯粹实践理性的工作。

在《神学大全》的开篇第一题上,阿奎那试图解释,为什么"除了由理性建立的哲学科学之外,还应该有一门经由启示习得的神圣科学"。有人会反对说,"不需要再进一步的知识",因为哲学科学能够抵达甚至是有关上帝本身的知识,对此,阿奎那答道,"那些可以通过哲学科学学到的知识,只要它们能够被自然理性所知晓,那就根本没有理由认为,它们不能被另一门科学传授给我们,尽管这门科学属于启示的领地"。尽管可能处理相同的对象,"诸般科学依然可以按照知识获得的不同的手段加以区分……因此包括在神圣教义内的神学在种类上不同于作为哲学之一部分的神学"。

在另一处,阿奎那提到哲学家认为能加以证明的神学结论——"上帝的存在,以及其他可以通过自然理性知晓的有关上帝的类似真理"。他就此说,这些结论"不是信条,而是信条的序曲",他还补充说,"尽管如此,没有什么东西能够阻碍一个不懂证明的人把某些东西接纳为信仰要义,也许那些东西本身是可以被科学地知晓和证明的"。但是,这些同时属于理性和信仰的命题,仅仅是神圣教义的一部分。况且,还有只属于信仰的命题。

阿奎那写道,"自然理性无法抵达三位一体的知识"。上帝的三一本质不能从哲学上证明;此教义也不能由人的理智充分把握。但丁在《炼狱》学到,"谁希望我们的理性可以涵盖三位中的一个实质所掌握的无限过程,谁就是蠢货"。

有关世界起源的命题是理性不能予以证明的教义的另一个例子,尽管不是同样意义上的一个神学奥秘。阿奎那宣布,"世界不是始终存在的,对此我们只能靠信仰坚持;这也是不能通过演绎证明的;这是我们上面说到过的有关三一的奥秘"。我们看到在圣书上写着:"起初,上帝造天地","在这样的言语中,世界的新生得到表达",因此,"世界的新生只经由启示"。

涉及诸如此类单单属于信仰的要事,阿奎那这样的神学家警告人们,不要误用理性。"如果任何人在证明属于信仰的东西上用力,提出不切题的论证,他就会被不信者嘲笑;因为,他们假设我们基于这样的论证,并且还假设,我们相信他们的说明。故此,我们必须不试图确立属于信仰的东西,除非经由权威"和只"对承认该权威的人言述"。对那些不承认经书权威的人,涉及信仰所独有的命题时,理性最多只能说:"要证明信仰所教导我们的,并非不可能。"阿奎那指出,"尽管权威基于人的理性的论证是最弱的,但是,权威基于神性启示的论证是最强的"。

上述内容也启发我们去理解蒙田对塞邦《自然神学》一书的辩护。按蒙田的理解,塞邦尽管取书名《自然神学》,但是,"他通过人的理性和自然理性所承担的工作是要针对无神论者来建立和证明基督信仰的所有信条"。他的对手在他的著作中指责的是,"基督徒试图借着他们的属人理性来支持他们的信条,伤害了自身,因为信条只经由信仰和神性恩典的具体启示才得把握"。

蒙田同意,"唯独信仰活泼地和确然地拥抱我们宗教中的高深奥秘"。但他还认为,"把上帝已经给予我们的自然的、属人的工具与我们的信仰的侍奉相调适,是非常好的和值得称赞的事业"。他还说,"这种运用是最值得称道的,对于基督徒来说,最有价值的事业或人生规划也就莫过于以其所有的研究和思想将这些工具用来美化、延伸和扩大他的信仰的真理——那是毫无疑问的"。

蒙田在其"为塞邦辩护"中,表面上接受了一种自然神学概念,但这种自然神学概念似乎并不能与神圣神学区分开来,因为在一定程度上,这种自然神学的所有原则是信仰的规条。与塞邦相当不同的是,蒙田本人并不认为,上帝之存在或灵魂的不死性是可以用理性证明的。蒙田观察到,"那些对我们的灵魂之不死性这一最正当和清晰的说服力最为固执的人……还是没有达到目标,并且会自己觉得,要靠他们的人的力量来证明灵魂不死性,有点无能为力……让我们坦然承认,唯有上帝自身告诉我们这一点,信仰亦复如此;要作为自然的教导和我们的理性的教导,则不然"。

按照蒙田的看法,尽管对上帝之存在的否认仿佛是"不自然和邪恶的命题,也是很难和不容易在人的心灵中确立起来的",但他认为,要确切无疑地确立上帝存在的命题,想必也超逾了人的力量。因为,"不论我们把什么吸收进我们的理智,我们应该记住,我们常常在那里吸收进错误的事情,并且借着同样的工具,而那些工具常常是自相矛盾和欺骗人的"。

就此而言,蒙田不同于阿奎那这样的神学家(阿奎那把某些真理归属于自然神学,认为它们是能够被不借助信仰而为理性证明的),也不同于笛卡尔、斯宾诺莎和洛克那样的哲学家。这些哲学家坚持,与我们能够知道的绝大多数事物相比,我们可以更为确然地靠理性知道上帝,甚至(按照斯宾诺莎)是更为恰当地知道。笛卡尔写道:"我总是想到,有关上帝和灵魂的两个问题,是那些应该被哲学论证而不是被神学论证来证明的问题中的首要问题。因为,对我们有信仰的人来说,要接受灵魂并不随肉身的朽坏而消亡和上帝存在这样的事实,靠信心是相当足够的,但是,要说服那些没有此等宗教信仰的人来说,显然不是总是可能的……除非我们从一开始就靠着自然理性来证明这两个事实。"

看起来,笛卡尔将"神学"一词保留给神圣神学来使用。另一些人(比如培根)称之为"自然神学"的内容,笛卡尔简单地作为哲学,或作为他所称的"形而上学"的一个分支,予以处理。《第一哲学沉思》题献给"巴黎的神圣神学院的院长和博士们",笛卡尔在此书中写道:"我已经注意到,你们和所有其他神学家一起,不仅肯定地说,上帝的存在可以用自然理性来证明,而且还肯定地说,这可以从《圣经》中推断出来,比起我们拥有的其他事物的知识,对上帝的知识还清楚得多,并且,作为事实,掌握这等知识何其容易,以致不懂这知识的人应该为他们的无知而受到惩罚。"

不过,笛卡尔愿意承认单纯哲学家的上帝知识是有局限的。当他开始追问"对上帝的认识何以会比对此世事物的认识更容易和更确然"的时候,不论"我在我的理性中找到的确实性和明证"有多么强劲,他说,他还是不能说服自己,"所有世人都能理解它们……世界上适合形而上学沉思的人并不像能够解解几何题的人那么多。"

某人引用阿奎那来批评他,他后来回应道:"我和所有神学家一起,承认上帝是不能被人的头脑把握的,而且还承认,上帝不能被那些用头脑试图立即在他的整体性中把握他的人所确切地知晓……假如我说过上帝能够被清楚和确切地知晓,那我也将此理解为只应用于我们的这种有限的知(cognition),这种认识是与我们头脑的微小的能力成比例的。"

至此我们已经考察了,在基督教传统下,那些留意于信仰与理性(或启示与证明)之差异的作者对自然神学和神圣神学的区分——或者说哲学与神学的区分。在异教古典时代,似乎没有与神圣神学对等的学问。吉本告诉我们,"罗马世界盛行的各种模式的崇拜全被人们认为是同等真的……人们的迷信没有遭到神学憎恶的触犯;也并没有被一系列的思辨系统所限制"。他说,"是荷马的优雅神化,而不是说理,给予了古代世界的多神论以美丽的和几乎是有规则的形式"。

有关希腊哲学家,吉本论道,"他们默想神性本质,作为一种非常好奇的和重要的沉思",但是,只有斯多葛派学者和柏拉图主义者"力图调和理性和虔敬之间不和谐的利益"。柏拉图在《理想国》中批评诗人的不虔敬,在《法律篇》中对虔敬做出理性的捍卫,并伴随着对于诸神存在的一种证明,这些或许可以被视为宗教语境下的古代神学话语的例子。从相当不同的视角出发的另一个例子是西塞罗的《论神性》,该著被吉本认为是哲学家对多神论之本质内涵的看法的最佳指南。

但是,西塞罗和柏拉图都不把神学作为一门学科。古代哲学家把神学视为沉思学科中最高级的,也是这么来从事神学工作的,不过,这样的神学的推进似乎与流行宗教信仰不相干,也不顾及流行宗教信仰的利益。亚里士多德拒绝考虑"赫西俄德流派和所有只考虑对自身有倡导力的神学家"。他提到诸神的传奇:"在非常遥远的过去,我们的祖先已经……把这些传奇以神话的形式……传给他们的后代,因为神话形式易于使大众信服,有助于教会他们法律和功用策略。"但是,最高级的科学,亚里士多德有时候称之为"第一哲学",还被称为"神学",它对待的是非物质的和不可感的,不被推动的和永恒的。他写道,我们可以叫它"神学,因为显见的是,假如神性者会在某处呈现,那它必然呈现于此类永恒事物"。他在另一处说,"有三种理论科学——物理学,数学,神学……其中最后一门是最好的,因为它研究现存事物中的最高者"。

亚里士多德认为神学是一门神性科学,对此,他在《形而上学》开篇处给出了另一个理由:这不是说神学是神启的,而是说,由于以神性为对象,神学是"最适合让神拥有的科学……这种科学,要么唯独神能拥有,要么神比其他任何心智更适合拥有"。亚里士多德的这部著作试图发展的就是这门科学,它的书名是后人给起的,之所以赋予这个书名,是因为该书的思辨有关非物质和不可感的实体。亚里士多德称之为"神学"的,如我们看到的,笛卡尔称之为"形而上学",以便与基于启示的神学相区分。

异教哲学家的神学与犹太教或基督教思想家的神学是否可共度?这是一个深深涉及理性与信仰之关系的问题,尤其是当犹太教或基督教思想家试图成为纯粹哲学神学家或自然神学家的时候。因为,即使当理性试图独立于信仰而推进,一个共同体的宗教信仰也会在哲学家使用的概念上着上颜色并定义他努力要解决的问题。证明第一推动者存在是一回事,用理性知晓在泰初创造天地的上帝之本质和存在,则是另一回事——那是亚伯拉罕、以撒和雅各的上帝,基督徒的上帝,帕斯卡把这个上帝与哲学家的上帝加以区分。

作为神学家的奥古斯丁针对哲学家涉足神性问题的理论说明过他的态度。他说:"我无意去拒斥所有哲学家的空洞的神学意见,但要拒斥其中这样一种意见,这种意见虽然同意有一个神性本质,同意这一神性本质关涉到人类事务,然而却否认,要获得死后的和今生的有福生活,只要对唯一的永不改变的上帝进行崇拜就足够了。"既然"被柏拉图定义为智者的人,模仿、知晓和热爱这一上帝,因在他的赐福中跟随他而变得有福,那么,为什么还要与其他哲学家讨论?很明显,没有比柏拉图主义者更接近上帝的"。

根据奥古斯丁,柏拉图"理应比其他所有非基督教哲学家更受推崇";在他的追随者当中,恰恰是那些表现出"对他理解得最敏锐的人……他们接受这样的上帝观念,承认在他那里,存在的缘由,理智的终极理由,据以规范整个人生的目的,都得以找到"。在他的思想中,柏拉图表达的洞见和《圣经》的智慧之间存在着平行,这种平行让人无比惊讶,以致奥古斯丁几乎倾向于相信,"柏拉图对那些著述并非一无所知"。但他并不认为有必要去确定柏拉图是否熟悉摩西和众先知的作品,因为,某些启示给希伯来人的基本真理通过自然和理性之光是为非基督徒所知的。使徒书中说过:"被知晓为上帝的那位已经在他们中间被显现,因为上帝已经将它向他们显现。"

故此,奥古斯丁从柏拉图那里吸取任何与基督信仰相一致的真理,因为他感到这么做是有道理的。更多援用亚里士多德的阿奎那则是这样解释的:"在那些问题上,神圣教义利用了哲学家的权威,因为在那里,他们能够凭自然理性知晓真理。"他补充说,神圣神学之使用哲学家的学说,"并不是说我们的神学仿佛是需要这些学说才站得住脚,而只是为了使得神学的教导更清楚"。正是在此意义上,阿奎那称哲学为神学的婢女。

对于哲学与神学的关系,其他作者似乎有不同见解。蒙田就认为,如果"神圣教义把自己和其他学说分开得更远一些,就像皇后之于情妇",岂不更好?他引用了圣约翰·克里索斯托姆,其大意是说哲学"已经很长时期作为无用的婢女而在神圣学院消失了"。霍布斯则走得更远。他把神学描述为亚里士多德的形而上学与《圣经》的混合,并宣称,"经院神学家把亚里士多德的哲学和学说带进宗教",导致"许多矛盾和悖理,使得神职人员落入无知和诚心欺骗的名声,而又使得民众反抗神职人员"。

不过,黑格尔,至少在其思想成型时期,则拒绝接受有关基督教神学依赖异教哲学的常见批评。他写道:"教会和公会议的教父们宪章教义;但是,此教义宪章中的主要元素则得自于先前的哲学发展。"此确定的教义是"通过哲学工具"被引入基督宗教的……"因此,说这些学说是外在于基督教并与基督教无关,是没有充足根据的。这是对事物源自何处这一问题的全然漠视";黑格尔强调,仅有的问题在于:"'是否是出于自身和为了自身而成为真的?'许多人认为,通过宣称该学说是新柏拉图式的,他们就是根据事实本身(ipso facto)将之从基督教中除去。一个基督教教义是否准确地在《圣经》中是如此这般的……并不是唯一的问题。字句叫人死,精义叫人活。"

与神圣神学相比,自然神学的主题和论题范围似乎极为狭窄。至多,它仅仅是哲学的一部分,有些作者视之为只不过是形而上学的一部分。

例如,康德把形而上学一分为三——神学、宇宙论和心理学。这是按照他的形而上学概念,即,"它的恰当的探问对象只有三个大观念:上帝、自由和不死性"。神学作为超验沉思的一个分支,主要关心上帝实存问题。同样地,亚里士多德的形而上学探问不只包括他的神学。他的神学只是在他讨论了可感实体的本质和存在之后才开始,主要见之于《形而上学》第十二卷,在那里,他考虑了非物质实体以及上帝这一纯粹现实存在的实存和特性。

笛卡尔的神学概念似乎更宽,因为他把灵魂的不死性以及上帝的实存和本质视为典型的神学问题,即使这些问题在形而上学中被讨论而且用的是哲学家的方法,也仍是神学问题。因为这两大问题关心灵性存在物,所以,亚当·斯密将之一同归结到"灵学"(pheumatics 或 pheumatology),并等同于形而上学——哲学的这一部分"在欧洲的大学最受重视,那里,哲学的讲授是附属于神学的"。只有培根似乎把自然神学全然与形而上学分开,因为在他看来,形而上学和物理学是自然哲学的一部分,而不是神性哲学的一部分。不过,尽管他会让自然神学局限于可以从自然引申出的对上帝的认识,但他对于从自然导出"任何有关信仰的真理性或说服力"的企图,一概予以排斥,他承认,自然神学以及神性神学可以把"天使和灵的本质"处理为"既不是不可测知的,又不是禁止的"。

按照培根的论述,神圣神学或他所称的"神论"的主题是更为广泛的。他首先把神学主题分为"信仰问题"和"敬拜问题";又进一步分为"神论四分支:信心、礼(manners)、仪(liturgy)、管理"。信心问题包含"有关上帝的本质、上帝的属性和上帝的成果的学说"。在"仪轨"这一目下,培根列举了神法以及因罪犯法的研究;"仪"则关注宗教的诸般圣礼和仪式;"管理"则是教会的组织、行政事务和依法治理。

正如书名标示的,阿奎那的《神学大全》力求确立全部神学知识。除了神圣教义所特有的议题和问题之外,《大全》中处理的主题似乎代表了人类探问的整个范围——几乎与自然科学和哲学的范围一样广阔,既是思辨的,又是道德的。

阿奎那对《大全》的百科全书性质做了解释,他指出,要以上帝作为神学的主题,就意味着神圣学说处理"从上帝一面来看的所有事物,要么是因为它们就是上帝自身的,要么因为它们涉及作为它们的开端和终结的上帝"。在包括如此广泛的多样的主题时,神学的统一性在于单一的形式性(formality),在此形式性之下来考虑所有主题,而那个形式性是神启的。那就是为什么"那些属于不同的哲学科学主题的对象也可以由这门单独的神圣科学从某一个侧面来看,也就是说,只要它们能够被归入启示"。

譬如,在《论人》的序中,阿奎那写道:"神学家看人的本质联系到灵魂;但不联系到肉身,不过,只要肉身与灵魂相关联,肉身就也要一并考虑。"这一强调说法源自基督信仰中有关把人同时视为肉身和灵魂的规定。类似地,就与道德事务的关联而言,阿奎那也做了说明,神学家"所考虑的人的行为是就人是否因此被引向幸福而言的",他也考察了因为人的行为会被从"罪"的角度归"罪"的环境,"对这些事情的这种思虑属于神学家"。不过,只有在"罪"被视为"冒犯上帝"的情况下,才属于神学家的事情,如果只是违背理性的行为,那就属于道德哲学家思虑的事情。

从前述看来,神圣神学既是思辨的又是实践的(道德的)。它处理神性事物的本质和人的行为,但对后者仅限于让上帝做主或上帝作为终极的行为。阿奎那写道:"在哲学科学中,有些是思辨性的,有些是实践性的,而神圣学说包括两者。"

康德的思辨神学和道德神学的区分,即便是在哲学科学层面上进行的,但看起来却是基于不同的原则。对阿奎那来说,神学的思辨部分和实践部分各自处理不同的问题,譬如,上帝、三一论、创造和天使为一端,至福、美德、神法、罪、恩宠和圣礼则为另一端。但对于康德来说,思辨神学和道德神学都处理上帝的实存问题。两者的不同仅仅根据在解决此问题上理论理性和实践理性的从事方式。

康德写道:"理性仅仅借助于思辨而企图建立一种神学的所有努力都是毫无结果的。"结果,"理性神学,除非建立在道德法则基础上,就是不可能存在的"。纯粹实践理性的假定——不死性,自由意志和上帝实存——"全都从道德原则推出,可是,道德原则不是假定,而是法则,借此法则,理性直接地决定意志。"作为必要的条件,道德法则涉及"至善的实存",这就反过来涉及"至高的独立的善(即上帝实存)的设定"。

根据康德,至高的存在者是"为着思辨理性的,一个纯粹的理想,不过,是一个无懈可击的理想——这一概念使得人的认知体系完全,并为之加冕,但是,此概念的客观实在,纯粹理性既不能加以证明也不能加以否证"。道德神学补救的正是这一缺陷。他说:"假如我们想要在我们自身面前确立一个终极目的以符合道德法则,我们必须假设一个道德的此世因(world-cause),即,此世的作者。"但他又补充说:"这一道德论证并不旨在为上帝的实存提供一个客观有效的证明。这并不意味着向怀疑论者显明,有一个上帝,而只是显明,假如他愿意以一种与道德相一致的方式思想,他就必须采纳这一命题的假设,作为他的实践理性的公理。"上帝的实存之证明这个问题,尽管是神学中的核心问题,但将在**上帝**章得到更详细讨论。这里我们关心的是作为一门学问或探问的神学本身的性质。既然**形而上学**章必然触及作为哲学学科的神学,因此,此处宜把注意力放到神圣神学所特别关切的问题上。

异端问题是其中之一。一个科学家或哲学家可以因其错误而被批评,但是,只有神学家,即只有一个试图说明某信仰要义的人才可以在严格的意义上被称为持异端者。霍布斯用政治术语来定义异端，根据的是神学家在教会和国家的关系上的视点。他写道："异端只不过是私人意见，而且被倔强地坚持，这种私人意见与公共人（即主权者）命令要讲授的意见相左。"但是，据帕斯卡，"除上帝之外没有人能在信仰上指导教会"，因此，"阻挡信仰的决定就是异端，因为这等于是我们的灵对峙上帝的灵"。但他补充说："不信某些具体事实，这尽管可以是狂谬，却不是异端，因为这不过是用理性（它可以是启蒙了的理性）来反对权威，这里所说的权威固然是伟大的权威，但在这件事情上并非是不可错的。"

阿奎那强调当下这个问题中的选择方面，即某人固执地选择一个与更高权威相对抗的个人意见，但他加上说，异端是基督信仰的败坏，在这种不信状态中，异端者蔑视教会的权威，不选择"基督的真正教导，而是选择他自己头脑中的设想"。他引用了奥古斯丁的断称，即，下面那些人不应被谴责为异端："不论他们的意见可能如何地错误和有悖常情，但他们不是固执狂似的捍卫这种意见"，并且"在发现真理时愿意修正他们的意见，因为他们并没有做出与教会的教义相左的选择"。使之成为异端的，并不是意见的错误性，因为在信条被教会的权威定义之前，神学家的看法可以不同，甚至可以是错的，但不被视为异端。

可以得出的推论是，在神学学说的改善和精确方面，确实有进步，同时伴随着一个宗教的教义得到更为充分的陈述，正统和异端的界限也得到越来越明确的定义。对新教和天主教传统来说，奥古斯丁都是伟大的创始型神学家之一，他把其著述的很大一部分用来批评异端——有关三一论方面的重大的阿里乌异端，有关道成肉身方面的聂斯托利异端或独性论异端，有关恶的存在的摩尼派异端，有关恩典和善工的贝拉基派异端。

奥古斯丁写道："当激进的异端者就大众信仰的许多要义挑起了问题，捍卫这些信仰要义的必要性迫使我们……更为准确地研究它们，更为清晰地理解它们，更为诚实地复述它们"；由对手挑起讨论的问题成为指导的机缘。根据阿奎那，"因异端而来的收益是异端者想不到的，因为这种收益包括在信仰之始终被置于考验的境地，使我们从懒怠中惊醒，迫使我们更仔细地探索《圣经》"。

对奥古斯丁和阿奎那来说，神学论证和争辩显得是可以为信仰的传播和捍卫服务的。比如，阿奎那就区分了一个基督教神学家可以投身的与异端、犹太人和无宗教信仰者之间的不同类型的论辩。他写道："我们可以从《圣经》中的文本与异端论理，反对某些否认某个信仰要义的人，则可以从信仰的另一个要义来论理。如果我们的对手不相信神性启示，那就不再能够经由论证方式来证明信仰要义，而只能对照他的信仰——假如他有什么信仰的话——来回应其反对意见。"

但是，有必要补充限定性条件，即，用来"论证属于信仰的事情的理由不是证明（demonstration）；它们要么是说服性的论证，以表明出自信仰所建议的并非不可能；要么它们是从信仰的原则或《圣经》的权威推论出来的验证……只要是基于这些原则的，就是在信实的人眼中看为好的证明，在所有的人的眼中来看，是从自明的原则推导出来的结论"。

阿奎那进一步指出："既然信仰依靠一贯正确的真理，既然真理的反面永远不能被证明，那么，显而易见的是，用来反对信仰的论证就不是证明，而是可以被回应的论证。"笛卡尔似乎持有类似的观点。他给迪内神父的信中捍卫自己的意见,他宣称,"至于神学,作为永远不会相左的真理,要是惧怕在哲学中发现的真理会与真信仰的那些真理相左,或许就是一种不虔敬了"。

洛克的观点似乎与关于信仰和理性关系的这种观点相左。他说:"不论上帝启示了什么,都确然是真的。这是信仰的恰当对象;但它是否是神性启示,理性要做出判断。"理性,而不是信仰,乃是真理的终极考验,哲学和神学均如此。"理性必须是我们在万事上的最后判断和指引。"如果理性发现某事物是"启示自上帝的,理性就可以对此予以宣布,就像对其他真理那样,并使之成为理性的命令之一"。

在伟大著作中,也有很多对神学论辩中的优点或益处不以为然。其繁琐和过分就被拉伯雷胡诌和嘲弄了一番;其徒然和愚蠢则是霍布斯和培根进行刻毒抱怨的主题;其不宽容则遭到培根和穆勒的谴责。吉本对基督教世界数十个世纪盛行的争论做过不少描述,但他对参与辩论的人几乎很少有什么好话。他会暗指"神学仇恨之精湛的歹毒";他描述了阿里乌派与尼西亚信经的捍卫者之间的冲突之猛烈,说道:"在他们激烈的争吵中,他们容易忘记哲学家推荐的怀疑和宗教所悦纳的顺从。"

在中世纪,像彼得·达米安或克莱沃的伯纳德这样的神秘派神学家就把那种借助哲学家、运用自由艺术尤其是辩证法的技巧的神学攻击为不虔敬或不信。同样,像马丁·路德这样的新教改革家后来也攻击神学本身是不利于信仰之纯洁性和宗教之本真精神的。也正是在这一方面,培根追索了神学中的"毫无益处的细腻或好奇心"和"毫无成果的思辨或争端",并论及"因宗教与哲学混合在一起而导致两者都沾染了极端偏见"。

这里也要提到伊拉斯谟,他在《愚人颂》这部讽刺性论著中嘲笑了中世纪经院神学家的繁琐。"我在遐想,假如使徒们不得不与我们的新品种神学家在这些议题上参与讨论,他们或许需要另一个圣灵的帮助了。"

《浮士德》中的学生说,"神学所主张的东西"比其他学科"来得更强有力",靡非斯特回答道:

> 阁下,看见你走向错误,我本当悲痛欲绝。
> 选择那种学问领域的有志者
> 我敢肯定,会视而不见种种陷阱;
> 而带着被掩藏病毒的嫉妒,
> 难分良药与毒药。

当然,那是魔鬼的声音;在那些看不出信仰与理性之间或者敬虔与探问之间的冲突的人看来,把神学与宗教分离的企图常常显得是由魔鬼作祟引起的。

20世纪对神学的评论有待增补。韦伯指出:"诸般神学一再从进一步的预设行进,即,某些'启示'是与拯救相关的事实,并因此使得人生之有意义的行为成为可能。所以,这些启示必须得到相信。更有甚者,神学又预设,某些主观状态和举动拥有了圣洁的品质,即,它们建构一种生活方式,或至少是其要素,并在宗教上有意义。由此可见,神学的问题是:这些必须被简单接受的预设,如何能够从宇宙观得到有意义的解释?对神学来说,这些预设就是如此超越'科学'的限度的。它们并不代表通常意义上的知识,而是一种'持有'。不论谁,不'持有'信仰,或其他神圣状态,就不能使神学供他们作为一种替代,更不要说任何其他科学了。相反,在每一种'肯定'神学中,热心者抵达的是奥古斯丁式的句子所支持的:我信不是因为荒诞,而是不管它荒诞与否 (*credo non quod, sed quia absurdum* est）。"

讨论宗教与科学在现代的发展时，怀特海观察到科学的增长与神学的变化之间的相似性。"这一事实对于神学家来说是不足为奇的，但常常在论战中被模糊了。"怀特海提请大家注意红衣主教纽曼论及基督教教义发展的划时代的论文，在该论文中，纽曼对相当激烈的神学上的变化做了评论。怀特海接着说道："科学甚至比神学更为可变。若没有限定性条件，根本没有科学工作者会去相信伽利略的信仰或牛顿的信仰或任何他自身的十年前的科学信仰。"但是，"当达尔文或爱因斯坦宣布了改变我们观念的理论，那是科学的胜利"。相反，神学和宗教思想上的变化则被视为倒退，而不是被视为进步，在怀特海看来，"这几乎最终摧毁了宗教思想家的知识上的权威"。

说到传统神学中的理性话语方式，巴特完全持否定看法。"从我们走向上帝，根本没有路——甚至连否定式的路也没有——甚至辩证式的或悖论式的也没有。甚至站在人的道路终点的神（god）也不会是上帝（God）。"在另一处他写道："信仰和启示明确否认有任何从人通向上帝和通向恩典、爱和生命的路。信仰和启示之语都显示，上帝与人之间的唯一通路是从上帝开始领向人的路。"人通往上帝的神学之路消失之际，上帝的自身昭示依然如故。

分 类 主 题

1. 神学的主题：其探问的角度；问题的范围
2. 自然神学或者哲学神学与神圣神学或教义神学的区分：这种区分与理性与信仰之区分的关系
3. 神学作为哲学学科
   3a. 与哲学其他学科相关联的自然神学：第一哲学，形而上学，自然哲学
   3b. 思辨神学和道德神学之间的区分：神学作为实践理性的工作
   3c. 思辨神学的局限：不可解的奥秘或二律背反
4. 神圣神学：信仰寻求理解
   4a. 神圣神学与哲学的关系：神学作为科学皇后
   4b. 神圣神学的原则：启示真理；信仰要义；《圣经》的解释
   4c. 神圣教义发展过程中，理性的作用和权威：神学论证和证明
   4d. 作为思辨和实践科学的神圣神学
   4e. 神学异端和争论的本质和形式
5. 对神学的批评：神学争论的教义化，繁琐化或辩证过度的特点

[徐志跃 译]

索引

本索引相继列出本系列的卷号〔黑体〕、作者、该卷的页码。所引圣经依据詹姆士御制版，先后列出卷、章、行。缩略语 esp 提醒读者所涉参考材料中有一处或多处与本论题关系特别紧密；passim 表示所涉文著与本论题是断续而非全部相关。若所涉文著整体与本论题相关，页码就包括整体文著。关于如何使用《论题集》的一般指南请参见导论。

1. **The subject matter of theology: the scope of its inquiry; the range of its problems**

    6 Plato, 389–391, 397–398, 757–771
    7 Aristotle, 501, 547–548
    16 Augustine, 375
    17 Aquinas, 3–10, 378, 440
    18 Aquinas, 354–355
    28 Bacon, 95–101
    30 Pascal, 355–356
    33 Hume, 509
    36 Smith, 377–378
    39 Kant, 176, 190, 236–240
    55 Barth, 502–504, 523–533

2. **The distinction between natural or philosophical theology and sacred or dogmatic theology: its relation to the distinction between reason and faith**

    16 Augustine, 60–66, 311–321
    17 Aquinas, 3–4, 11–12, 60–62, 175–178, 253–255
    18 Aquinas, 383–384, 392–394, 399–400
    21 Hobbes, 66
    23 Montaigne, 248–250, 252–253, 279–280
    28 Bacon, 41–42, 96–97
    28 Descartes, 226–227, 267, 295–297, 351–352, 394–395
    29 Milton, 331–332
    30 Pascal, 221–225, 266
    33 Locke, 291, 380
    37 Gibbon, 307–309, 346
    40 Mill, 455
    51 Tolstoy, 196–197
    55 Barth, 526–527

3. **Theology as a philosophical discipline**

3a. **Natural theology in relation to other parts of philosophy: *philosophia prima*, metaphysics, natural philosophy**

    6 Plato, 388–398, 442–477
    7 Aristotle, 268, 271, 275, 390, 499–501, 592–593
    15 Ptolemy, 5–6
    17 Aquinas, 7–8
    21 Hobbes, 269
    28 Bacon, 2–4, 15–16, 43–46
    28 Descartes, 509–510

    39 Kant, 33, 239–240, 350–352, 603–613 esp 606–607
    43 Hegel, 392–393
    55 Whitehead, 217, 219–220, 220–226

3b. **The distinction between speculative and moral theology: theology as a work of the practical reason**

    39 Kant, 236–240, 291–296, 588–613
    55 Barth, 493–495 esp 494–495, 518

3c. **The limitations of speculative theology: the insoluble mysteries or antinomies**

    16 Augustine, 45–47, 311–321
    17 Aquinas, 10–12, 62–75, 175–178, 472–473, 501–503
    19 Dante, 47
    21 Hobbes, 163
    28 Bacon, 41
    28 Descartes, 338–340, 353
    30 Pascal, 205–210, 212–217
    33 Hume, 487
    37 Gibbon, 12–13, 186
    39 Kant, 143–145, 174–177, 187–192, 200–209, 218–223, 234–240, 291–292, 344–349, 588–607

4. **Sacred theology: faith seeking understanding**

4a. **The relation of sacred theology to philosophy: theology as the queen of the sciences**

    16 Augustine, 60–66, 311–321, 375
    17 Aquinas, 5–7, 446–447
    21 Hobbes, 247, 260, 269
    23 Montaigne, 195–196
    28 Bacon, 17–20, 39–40, 41, 114, 124
    28 Descartes, 295–297, 388–391
    36 Smith, 377–378
    37 Gibbon, 307–309
    43 Hegel, 327–328
    55 James, William, 4–5, 15–18

4b. **The principles of sacred theology: revealed truth; articles of faith; interpretation of Scripture**

    16 Augustine, 701–784
    17 Aquinas, 3–10, 164–165, 354–355
    18 Aquinas, 271–272, 383–390
    20 Calvin, ix–x, 1–100 esp 18–21, 129–134,

151–163, 169, 208–215, 246–247, 322, 371–376, 395–397, 405–407, 450–451
21 Hobbes, 137–138, 160, 167, 181–182, 241–244
23 Erasmus, 35–38
28 Bacon, 95–96
30 Pascal, 78–80, 163–164, 273–276, 290–301, 440
37 Gibbon, 307–308, 346
38 Gibbon, 230
43 Hegel, 327–328
43 Kierkegaard, 431–433
43 Nietzsche, 485
55 Barth, 457–464, 467–470, 479–480, 484–487, 488–490, 519–533 passim

4c. The roles of reason and authority in the development of sacred doctrine: theological argument and proof

16 Augustine, 45–46, 60–66, 135–137, 139–140, 153, 600, 701–784 passim
17 Aquinas, 3–10, 11–12, 17–18, 175–178
19 Dante, 120–122
20 Calvin, 230–231, 256–279, 393–400
21 Hobbes, 149, 165, 167, 241–242
23 Montaigne, 248–334 passim
28 Bacon, 41, 95–96
28 Descartes, 388–391
30 Pascal, 163–166, 217–220, 221–225, 272–273, 348, 355–356
33 Locke, 5, 380–384 passim, 387–388
33 Hume, 497–503 passim
37 Gibbon, 206, 307–314, 348, 438–442, 670
38 Gibbon, 134–151, 462–463, 520–521
41 Boswell, 173–174
43 Hegel, 164–166
55 Barth, 478–486, 494–495, 517–533
59 Joyce, 575

4d. Sacred theology as a speculative and practical science

17 Aquinas, 5
18 Aquinas, 600–601
20 Calvin, vii–xii

55 Barth, 508–509
58 Weber, 121–122

4e. The nature and forms of theological heresy and controversy

16 Augustine, 19–20, 64, 482–483, 570–571
17 Aquinas, 172–173, 180
18 Aquinas, 163–164, 438–442
19 Dante, 12–13, 107
20 Calvin, 19–20, 27–29, 44–45, 54–61, 76–77, 104–105, 138–150, 191–193, 218–220, 226–230, 243, 256–257, 259–261, 276, 286, 295–324, 338, 341–346, 362–455 esp 404–407, 437
21 Hobbes, 213–214, 238–239, 248
23 Erasmus, 27–28
23 Montaigne, 194–195
30 Pascal, 128–137, 141–166, 342–343
33 Locke, 1–2, 21–22
35 Rousseau, 438–439
37 Gibbon, 182–184, 310–313 passim
38 Gibbon, 134–138, 143–145, 149–152 passim, 198, 422
52 Dostoevsky, 133–144
55 Barth, 488–489, 518, 526–531
58 Weber, 207–211
58 Huizinga, 312–313, 326–327, 345–346
59 Shaw, 92–94, 107–109

5. Criticisms of theology: the dogmatic, sophistical, or over-dialectical character of theological controversy

21 Hobbes, 51–52, 54, 71, 247–248, 269–271, 274
22 Rabelais, 21–24, 101–106, 186–188
23 Erasmus, 25–28, 29–30
33 Hume, 499–500
37 Gibbon, 312–313, 345–346, 439, 441
38 Gibbon, 476–477
43 Hegel, 332, 384
45 Goethe, 20–21
55 Whitehead, 220–226
55 Barth, 508–510, 510–512, 516–518, 520–521, 524–532

交叉索引

以下是与其他章的交叉索引：

The scope of theology, see ASTRONOMY AND COSMOLOGY 4; BEAUTY 7a; CAUSE 7–7d; DESIRE 7b; ETERNITY 3, 4d; GOD 2b, 2d, 4–5i; GOOD AND EVIL 2–2b; HAPPINESS 7–7d; HISTORY 5a–5b; HONOR 6–6b; IMMORTALITY 2, 3a; INFINITY 7a–7d; JUSTICE 11–11b; LIBERTY 5a–5d; LOVE 5a–5c; MAN 11a–11c; MATTER 3d; MIND 10g; NATURE 6a–6b; ONE AND MANY 1b, 6a–6c; OPPOSITION 2d–2e; PUNISHMENT 5e(1)–5e(2); RELATION 2–3; RELIGION 2c; SAME AND OTHER 6; SIN 3–3e, 6a–6e; SOUL 4b–4c; TIME 2b–2c; VIRTUE AND VICE 8d–8d(3); WILL 4a–4b, 7e–7e(2); WISDOM 1c–1d; WORLD 3a–4e(3), 8.

The relation of reason and faith, and the relation of theology to religion, see KNOWLEDGE 6c(5); LOGIC 5f; OPINION 4a; PHILOSOPHY 6c; RELIGION 1a, 1b(1), 6b, 6g; TRUTH 4a; WISDOM 1c.

The relation of philosophy to theology, and the conception of natural theology as a part of philosophy, see METAPHYSICS 3a; PHILOSOPHY 1a; RELIGION 6f–6g.

Sacred theology as a science, and its principles and methods, *see* LOGIC 4f; REASONING 6a; RELIGION 6b, 6c(1); SCIENCE 2a.

The nature and extent of revealed truth and the articles of religious faith, *see* ANGEL 3-4; EVOLUTION 6a; GOD 2a, 7-9f; IMMORTALITY 3b; MAN 9b(1)-9b(3), 11a-11c; PROPHECY 4a-4d; SIN 3-3e; SOUL 4d(3); VIRTUE AND VICE 8e; WORLD 4e(3).

The interpretation of the Word of God or Sacred Scripture, *see* LANGUAGE 12; SIGN AND SYMBOL 5e.

The relation of theology to jurisprudence, *see* LAW 3a-3b(2).

Attacks on theological doctrines, and criticisms of theological speculation, *see* DIALECTIC 3c; GOD 10-13; IMMORTALITY 2; KNOWLEDGE 5c; METAPHYSICS 2d, 4a; OPINION 4b; PHILOSOPHY 6b; RELIGION 6f-6g; SOUL 3d; WILL 5c; WORLD 4a.

扩展书目

下面列出的文著没有包括在本套伟大著作丛书中,但它们与本章的大观念及主题相关。

书目分成两组:

Ⅰ.伟大著作丛书中收入了其部分著作的作者。作者大致按年代顺序排列。

Ⅱ.未收入伟大著作丛书的作者。我们先把作者划归为古代、近代等,在一个时代范围内再按西文字母顺序排序。

在《论题集》第二卷后面,附有扩展阅读总目,在那里可以查到这里所列著作的作者全名、完整书名、出版日期等全部信息。

I.

Augustine. *On Faith in Things Unseen*
——. *On the Profit of Believing*
Thomas Aquinas. *Compendium of Theology*
——. *On the Trinity of Boethius*, QQ 1-3
——. *Summa Contra Gentiles*, BK I, CH 1-9
Spinoza. *Tractatus Theologico-Politicus (Theological-Political Treatise)*, CH 14-15
Voltaire. "Figure in Theology," "Theologian," in *A Philosophical Dictionary*
Kant. *Untersuchung über die Deutlichkeit der Grundsätze der natürlichen Theologie und der Moral*
Mill, J. S. "Theism," in *Three Essays on Religion*
Whitehead. *Adventures of Ideas*, CH 10
Barth, K. *Church Dogmatics*
——. *Dogmatics in Outline*
——. *Epistle to the Romans*
——. *Evangelical Theology*

II.

THE ANCIENT WORLD (TO 500 A.D.)

Cicero. *De Natura Deorum (On the Nature of the Gods)*, II
Proclus. *The Elements of Theology*

THE MIDDLE AGES TO THE RENAISSANCE (TO 1500)

Abelard. *Introductio ad Theologiam*
Albertus Magnus. *Summa Theologiae*, PART I
Albo. *Book of Principles (Sefer ha-Ikkarim)*
Bacon, R. *Opus Majus*, PART II
Bonaventura. *Breviloquium*, PART I (I)
——. *The Mind's Road to God*
——. *On the Reduction of the Arts to Theology*
Duns Scotus. *Opus Oxoniense*, PROLOGIUM
Maimonides. *The Guide of the Perplexed*, INTRO
Sa'adia ben Joseph. *The Book of Beliefs and Opinions*, INTRODUCTORY TREATISE

THE MODERN WORLD (1500 AND LATER)

Barclay. *An Apology for the True Christian Divinity*
Boehme. *The Way from Darkness to True Illumination*
Bultmann. *History and Eschatology*
Butler, J. *The Analogy of Religion*
Chesterton. *Heretics*
Comte. *The Catechism of Positive Religion*
Cudworth. *The True Intellectual System of the Universe*
Eliade. *A History of Religious Ideas*
Ellul. *Jesus and Marx: From Gospel to Ideology*
Flew. *God and Philosophy*
Gilson. *Reason and Revelation in the Middle Ages*
——. *The Unity of Philosophical Experience*, CH 2
Haldane, J. S. *The Sciences and Philosophy*, LECT XVII
Harnack. *History of Dogma*
Jaeger. *Humanism and Theology*
Küng. *Theology for the Third Millennium*
Leibniz. *Theodicy*
McKim. *Theological Turning Points*
Macquarrie. *Principles of Christian Theology*
——. *Twentieth-Century Religious Thought*
Malebranche. *Dialogues on Metaphysics*, II, VIII
Mansel. *The Limits of Religious Thought*
Maritain. *Science and Wisdom*, in part
More, H. *The Antidote Against Atheism*, BK I, CH 1-10
Newman. *An Essay in Aid of a Grammar of Assent*
——. *An Essay on the Development of Christian Doctrine*
——. *The Idea of a University*, DISCOURSE II-IV

Paley. *Natural Theology*
Pelikan, J. *The Christian Tradition: A History of the Development of Doctrine*
Penido. *Le rôle de l'analogie en théologie dogmatique*
Stacey. *Groundwork of Theology*
Stephen, L. *An Agnostic's Apology*
Stirling. *Philosophy and Theology*
Taylor, A. E. *The Faith of a Moralist*, SERIES I (1)
Ward. *Naturalism and Agnosticism*

93

时　间　Time

总　论

"贪婪的时间""耗费的时间""时间，血腥的暴君"——时间是掠夺者，不仅恋爱者，而且所有的人都必须与之相争。莎士比亚的十四行诗向时间的暴政开战——以遏止"时间的大镰刀"，以留住有可能从"时间的耗费"中残留下来的有价值的东西，以及证明"爱不全是时间的愚人"。

不过，注视着时间几乎普遍的摧毁，诗人害怕爱也不能逃脱时间的毁灭。

> 当我眼见前代的富丽和豪华
> 被时光的手毫不留情地磨灭；
> 当巍峨的塔我眼见沦为碎瓦，
> 连不朽的铜也不免一场浩劫；
> 当我眼见那欲壑难填的大海
> 一步一步把岸上的疆土侵蚀，
> 汪洋的水又渐渐被陆地覆盖，
> 失既变成了得，得又变成了失；
> 当我看见这一切扰攘和废兴，
> 或者连废兴一旦也化为乌有；
> 毁灭便教我再三这样地反省：
> 时光终要跑来把我的爱带走。
> 哦，多么致命的思想！它只能够
> 哭着去把那时刻怕失去的占有。

恋爱者知道他不可能将他的爱从变化中保全，将她的美从衰退中保全。时间对他来说太过分了。但当恋爱者同时又是一个诗人的时候，他也许希望击败时间，不只通过将他的爱永远持留，而且通过使爱的回忆成为不朽。他可以说，"时间老头，捣你的鬼吧，不管你如何作怪，我的爱将在我的诗篇中永驻青春"。诗曰：

> 既然铜、石，或大地，或无边的海，
> 没有不屈服于那阴惨的无常，
> 美，她的活力比一朵花还柔脆，
> 怎能和他那肃杀的严重抵抗？
> 哦，夏天温馨的呼息怎能支持
> 残暴的日子刻刻猛烈的轰炸，
> 当岩石，无论多么险固，或钢扉，
> 无论多么坚强，都要被时光熔化？
> 哦，骇人的思想！时光的珍饰，
> 唉，怎能够不被收进时光的宝箱？
> 什么劲手能挽他的捷足回来，
> 或者谁能禁止他把美丽夺抢？
> 哦，没有谁，除非这奇迹有力量：
> 我的爱在翰墨里永久放光芒。

但诗人也许让演员演的是一个神学家而不是一个恋爱者。他也许像弥尔顿那样，对时间不是敬畏或害怕，而是蔑视，决意等到时间跑完赛程。弥尔顿挑战时间

> ……你子宫吞没的东西将你自身充满，
> 却都是虚假和无益之物，
> 而且到了都只是无用徒然；
> 我们所失是如此之少，
> 你之所得是如此之罕。
> 当每一件事物都被你变坏埋葬
> 并且最终被贪吃的你所吞食消亡
> 漫长的永恒就将带着一个特别的亲吻
> 为我们祝福祈禳……
> 当所有这些尘世的粗鄙之物不再存在
> 披星戴月的我们将立于永远
> 战胜死亡、运气，和你这时间！

像马可·奥勒留这样的哲学家既不挑战时间也不轻视时间。他愉快地接受

一切事物的易变性，认为"与宇宙的本性是相适合的"。他问自己说："你难道没有看见，对你自己如同对宇宙的本性一样，变化也是同样的必要？"对他来说，似乎"事物经受变化没有什么害处"；他也不被时间的如下形象所压抑："一条由发生的事件所组成的河流，一条强暴之流；事物一旦被看见就被带走，另一个事物来到它的处所，也将被带走。"

帕斯卡认为，对人来说让自己顺从时间的流逝不需要任何特别的努力。他说，"我们的本性在于运动，完全的静止就是死亡"。时间适合我们的本性，不只是因为它"治好心灵创伤，结束争端"，而且因为时间的永久之流将人们遭受的绝望的厌倦冲洗掉，当他们感觉自己被囚禁在现在之中时，就有这种绝望的厌倦。

正如我们寻求和增加娱乐以逃避自己，按照帕斯卡，当我们不满意于现在时，"我们也期望着未来，觉得来得太慢……或者我们回顾过去，以截住它过快的飞逝……因为现在一般来说令我们痛苦……请每一个人检查一下各自的思想，就会发现自己的思想中全部充斥着过去和未来……过去和现在是我们的工具，只有未来是我们的目标。所以我们从未生活，但我们希望生活；并且，正如我们总是准备着幸福，但不可避免的是，我们将不会幸福"。

这些只是对待时间和变化的几种相冲突的态度，它表达了人们对于永久、对于一个静止的永恒现在的愿望，或者表达了他得不到休息的疲倦，他对时间仓库中新奇事物的热望。在诗歌、哲学和历史巨著中，一当人们反省他们的爱和渴望、他们的知识和制度，他们便面临着人的时间性。尘世的事物中并不是只有人才有一种受时间支配的存在，但是，他的记忆和想象使得他能够促成时间，从而将他从单纯的被固定在时间中这种状态下拯救出来。人不仅延伸到过去和未来，而且有时通过思考永恒和不朽而将自己提升到整个时间之上。

人对于过去和未来的忧心在**记忆与想象**一章里讨论。他对于不变、永久、永恒的心灵爱好或争取在**变化**一章中考虑。这里，我们关注他对于时间本身的考察。

尽管时间的观念传统上与空间的观念相联系，但似乎还是更难于把握。除了在诗人那里激发出相反的感情外，它似乎也让哲学家加入了关于它可理解性的争论中。这比在空间与时间一起讨论时产生的相冲突的定义或分析还要严重。尽管对有些思想家而言，时间似乎不比空间更不清晰，对另一些思想家而言它是无可救药的晦暗。在努力去讲清它是什么，以及它如何存在时，他们被它在作为思想对象时的瞬息即逝所激怒。

亚里士多德指出了在思考时间时最初的一些困难。它自身不是一种运动，但是"没有运动时间不存在……时间既不是运动但也不能独立于运动"。进一步，按照亚里士多德的观点，时间是一个连续的量。"时间，过去、现在和未来，构成一个连续的整体。"但一个连续整体的本性就在于可分性。可是，现在的时刻——"现在"是"时间的链环"，又是过去与未来之分界线——似乎是一个不可分的瞬间。

亚里士多德指出，如果现在拥有一段延展的绵延，它就必定包含部分，有些部分就会是过去，有些部分是未来。于是，尽管现在看起来是时间的一部分，但不像时间的其他部分，它是不可分的；尽管它分隔开过去和未来，但它必须同时以某种方式属于这两者，否则时间就不是连续的。"'现在'是时间的结束和开端，不是同一时间的结束和开端，而是过去的结束和未来的开端。"

奥古斯丁写道,"如果我们设想某些时间点不可能被分割成甚至最微小的时刻的部分,那它就是唯一可以被称为现在的点;而且这个点以如此迅疾的速度从未来向过去逃去,以致它根本没有任何绵延长度"。只有过去的时间和未来的时间能够被称为长或短。只有它们拥有绵延。奥古斯丁问道:"可是,在什么意义上那不存在的东西能够是长或是短?过去不再存在,未来尚未存在。"

过去和未来似乎拥有绵延,或至少拥有长度,但不拥有存在。现在存在但没有持续。奥古斯丁说:"什么是时间?没有人问我,我很清楚;一旦想向人解释,我就茫然。"所有我们用来谈论时候和时期的语词"都是最明白和最普通的词,可是它们却深刻而难懂,它们的含义依然未被揭示"。

奥古斯丁一再回到"我们在时间消逝时测量它"这一点上。他说,可是,"如果你问我我如何知道这一点,我的回答是,我知道它因为我们测量时间,并且我们不可能测量不存在的东西,而过去和未来不存在。但是由于现在的时间没有延长,我们如何测量它";"当我们测量它的时候,时间来自哪里,它通过哪种途径消逝,它又去往哪里?它来自哪里?——显然它来自未来。通过哪种途径消逝?——通过现在。它去往哪里?——去往过去。换而言之,它来自不存在的地方,通过没有延长的途径,去往不再存在的地方。"

关于时间及其测量,奥古斯丁反思得越多,就越是困惑,就越是不得不说,"我依然不知道时间是什么"。他意识到他已经"谈论时间很长时间了,并且这个长的时间不会是一个长的时间,除非时间已经消逝了。但是由于我不知道时间是什么,我又如何知道这些呢?"对他来说,情况似乎是,我们测量时间而他还必须说"我不知道我在测量什么"。对他来说似乎是,"时间当然是延长的——但是",他必须补充道,"我不知道它是什么的延长"。

贝克莱提出,在理解时间上的困难也许是我们自己造成的。"命令你的仆人在某一时间到某一地点去会你,他决不会就这些词的含义琢磨半天……但是,如果时间被排除在所有这些使一天多样化的特定的行动和观念之外,只是抽象的存在延续性或绵延,那它也许就只能让一个哲学家为了理解它而气恼了。"

贝克莱继续说,"对我自己来说,无论什么时候我想从我自己心灵中的观念接续中抽象出来,构造一个简单的时间观念——它均匀地流动,被一切存在物所分有——我就迷失和困惑于无法解脱的困难之中。我就完全不懂它了"。

对那些把时间看成是一个数学量或一个物理维度的人来说,关于它的定义或有关它的性质的准确陈述,似乎没有什么困难。这样的设想之下,时间似乎就跟空间一样可理解了,因为一当它被如此地设想,它就被像空间一样地对待了——不是作为事物的性质,不是与物体或它们的运动相关,而是作为能够被事物占据的一个延展的流形,在其中事物存在和运动。

正如在爱因斯坦所称的"四维空—时连续统"(包含三个空间坐标和一个时间坐标)中,时间只是其中的一个维度,在牛顿的理论中,时间和空间同样给予了同等的对待。牛顿写道:"时间和空间好像既是它们自己的处所,也是一切其他事物的处所。所有的事物都被放置在时间之中作为接续的顺序,放置在空间之中作为位置的顺序。"爱因斯坦批判了牛顿力学"将时间当作一个独立的连续统的习惯",但牛顿跟爱因斯坦一样似乎把时间和空间同样的看成维度,即使他认为它们是彼此区分的。

然而,如果时间和空间是某种被占据或填充的东西,那么它们也可以被认为是未被占据或空的。在**空间**一章中讨论过的那些认为空间本身是空的人与那些否定虚空或真空的人之间的对立,似乎与这里关于空虚时间的问题相对应——除开一切变化或运动的时间自身。究竟这样的时间是存在的,还是仅仅一个数学抽象?我们暂时放下这个问题,就会看到这个时间也许比日常经验的时间更加易于分析,而日常经验的时间,按照卢克莱修的说法,没有人感觉到"它自身是从事物的运动或静止中抽象出来的"。

牛顿解释说,他并不定义时间、空间、处所和运动,因为它们是"众所周知的"。但是他注意到,人们通常"不是通过其他概念而是通过他们与可感物体之间的关系"来考虑这些量。于是,他发现有必要将它们区别为"绝对的和相对的、真实的和表观的,以及数学的和通常的"。

"绝对的、真实的和数学的时间",牛顿指的是,"自身按其固有的特性而均匀地流逝,与一切外在事物无关,另一个名字是绵延"。相反,"相对的、表观的和通常的时间,是借助运动而对绵延的某种可感知和外在的(不管是否精确或均匀)度量,它常常用来代替真实的时间,如一小时,一天,一个月,一年"。牛顿指出,在天文学中,绝对时间"是通过方程或对表观时间的校正来与相对时间相区别的。因为自然的一日并不是真正的等长,尽管它们通常被认为是等长的,并用来测量时间;天文学家校正这种不等长,这样他们可以以一种更准确的时间来测量天体运动"。

牛顿似乎在说,时间度量运动而同时它也被运动所度量。如果忽略掉他关于绝对时间和相对时间的区分,他的时间理论看起来与亚里士多德的时间理论没有什么特别大的区分。亚里士多德说,"我们不仅用时间来度量运动,时间也被运动所度量"。就运动或变化包含了一个各部分相继出现的序列而言,时间通过对之前和之后的计数来度量它。但是,我们也按照运动的延续来判断时间的长度,在这个意义上,运动度量时间。

正如亚里士多德和奥古斯丁均已指出的,时间既度量运动也度量静止,用亚里士多德的话说,"所有的静止都在时间中……时间不是运动,而是'运动的数目',静止的东西可以在运动的数目之中。并不是一切不在运动中的东西都可以说成是'静止'——只有那些能够运动但实际上没有运动的东西"。

亚里士多德把时间定义成运动或静止的量度,从而把时间搞成了运动的一种属性,与之相反,牛顿把绝对时间看成完全是对运动的量度,因为它的本性是独立于一切物理变化的。只有相对时间依赖运动,它才由运动来量度而不是对运动的量度。牛顿声称,那些"将真实的量与它们的关系以及可感量度相混淆的人,破坏了数学和哲学真理的纯洁性"。

通过区分绵延与时间,洛克以另一种方式表达了牛顿与亚里士多德之间的不同。对洛克而言,时间是绵延的组成部分,它由明确的时期所组成,并且由物体的运动来度量。"因此,我们必须小心地区别绵延本身以及我们用来判断其长度的测量。绵延本身被认为是以一种均匀和等速的流动,而我们使用的度量不可能是这样。"对洛克来说,将时间定义成运动的度量似乎是错误的,相反,正是运动——"世界上巨大和可视物体的运动"——度量了时间。

洛克称为"绵延"的东西似乎就是牛顿的绝对时间。它绝不与物体或运动的存在相关。正如空间，或他所称的"延展"，不被物质所限定，绵延也不被运动所限定。正如处所是无限空间的部分，"由物质世界所占有、在物质世界之内被理解，从而与延展的其余部分相区分"，时间也是"无限绵延的如此部分，被宇宙的巨大物体的存在和运动所度量，并与之并存"。

将绝对时间或无限绵延看成是独立于所有的物体运动，引出了许多问题。比如，爱因斯坦挑战了同时性的古典观念，按照这个观念，彼此相距非常遥远而发生的两个事件被认为是同时发生的，也就是说，在绝对时间流的同一瞬间发生。

按照这一观念，对于一对观察者是同时的事件，对所有的观察者都是同时的。爱因斯坦以一列运动的火车的前端和尾端各自"同时"发生的两个闪电为例来阐明这一点。他表示，一个仔细的分析会显示出，这些"同时的"事件对于一个静止在火车的观察者和一个静止在地面的观察者，不可能是同时的。反之，牛顿派的物理学家由于忽视了光的传播速度是有限的这一事实，会辩说同时性是绝对的。爱因斯坦论证说，任何实际的时间测量，诸如一列火车在给定的时刻到达车站的时间，实际上是两个同时事件的测量：火车到达某个位置与时钟指针到达某个位置。由于在他的理论中，同时性与观察者的运动状态有关，所以，事件的时间长度也与观察者的运动状态有关。

爱因斯坦写道："在相对论出现之前，物理学中总是默认关于时间的陈述具有一种绝对的意义，亦即，它独立于所涉物体的运动状态。"但是，如果物理事件的世界是一个四维的流形（manifold），其中对任何一个被观察的参照物体来说，时间坐标总是与空间坐标结合在一起，那么，"每一个参照物体（坐标系）都有它自身特定的时间"；爱因斯坦还补充说，"除非我们被告知时间陈述所诉诸的参照物，否则关于一个事件的时间陈述是没有意义的"。

另一个问题是绝对时间或无限绵延在世界存在之前或之后那一部分的空虚性问题，它与物质宇宙边界之外的虚空或空虚空间的问题相似。那些认为时间是相对于运动且与运动不可分离的人，否定这种空虚时间的可能性。

对柏拉图正如对基督教神学家如奥古斯丁和阿奎那一样，时间本身都是随天体及其运动一起被创造出来的。在《蒂迈欧篇》中讲述的世界创生的故事说，创世者"决定要有永恒的一个运动映象，当他安排好了天的时候，他使这一映象永恒但按照数来运动，而永恒本身在统一中静止；这个映象我们称为时间……因此，时间与天是在同一时刻出现的"。

奥古斯丁承诺回答"那些同意上帝是世界的创造者但在创世时间问题上感觉有困难的人"。他宣称，"世界之前没有时间。如果永恒与时间以这种方式被正确地区分开来，即时间没有某些运动和变易就不存在，而在永恒中没有变化，那么，谁还不明白（世界之前）不可能有时间，那时没有造物被造出来，而造物通过某种运动可以让变化出现……"，奥古斯丁继续说，"我没有看出上帝何以能够被说成是在一段时间流逝之后创造了世界，除非在这之前有某些造物，借助它们的运动时间得以流逝"。但是，创世之前造物的存在是不可能的。所以，奥古斯丁总结说,"如果在创世中变化和运动被创造出来","那么,"世界和时间是同时被创造出来的"。

尽管创世之前造物的存在是不可能的,但是,按照阿奎那,被创造的世界与它的创造者并存也是不可能的。当他拒绝了那些认为世界现今独立于上帝而存在的人的观点,以及那些否定世界曾是上帝创造的人的观点时,他接受了这样的观点,即"世界有一个开端,不是时间上的,而是创世上的"。他解释说,那些持有这一观点的人的意思是"它一直被造就……正如如果一只脚自古以来就一直在尘土里,那就一直会有一个脚印,它无疑是由踏足的人造成的,世界也一直是如此,因为它的制造者一直存在"。

阿奎那承认,它并不必然导致如下结论:"如果上帝是世界的动因,它必定在绵延意义上先于世界,因为他得以创造世界的创世不是一个接续的变化。"但阿奎那并不认为,世界和时间究竟是在创世中开始的还是一直与它的创造者并存这样的问题,可以通过理性来解决。他说,"世界的崭新性只有通过启示才能得知……我们只依靠信仰而主张世界并不一直存在,它不可能被论证性的加以证明"。在说这段话的时候,他并不是没有留意到如下的事实,即亚里士多德发展的论证表明时间或运动都不可能有开端。"由于时间脱离运动不可能存在,也不可设想,以及运动是一种中间点,自身将未来时间的开端与过去时间的结尾结成一体,所以必定总是存在时间……但如果时间是这样,那么很显然运动也肯定如此,因为时间是运动的属性。"

牛顿自己相信,宇宙在时间上有一个起始,即时间开始于创世的瞬间,如同《创世记》中所说:"开始,上帝创造了天和地。"对阿奎那来说,这个信念是信仰的条款,基于神授的圣经,但它不是理性能够由经验证据进行论证的真理。跟后来的康德一样,对阿奎那来说,时间有一个开端和时间没有开端这两个相互矛盾的主张,都不可能由理性的论证或经验的证据建立起来。

从作为神学家的阿奎那的眼光看,上帝作为我们所居住的这个宇宙之存在的不可或缺的原因,它究竟是有一个开端还是在时间中没有开端一直存在呢,对此的理解跟刚才的情形完全一样。

当代哲学化的神学家在这一点上同意阿奎那,而反对许多 20 世纪科学的宇宙论者所持的立场,后者假想这个宇宙在大爆炸中的起源,可以解释为创世的瞬间,在这一瞬间宇宙由从绝对的虚无中走向存在。对神学家来说,大爆炸不是 ex nihilo(无中生有);对他们来说,这不是时间的开始,尽管他们会勉强承认我们关于时间的物理测量不可能追溯到比 150 亿年前大爆炸发生的时候更远。相应的,斯蒂芬·霍金的著作应该命名为"可测量时间之简史"。

按照亚里士多德的说法,他的所有先驱者,只有一个例外,都同意时间不是被创造的。他说,"事实上,正是这一点使得德谟克利特指出一切事物都不可能有生成……只有柏拉图一人主张时间的创生,认为它与宇宙一起有一个生成"。但是,亚里士多德本人关于时间和运动永恒的论证,在阿奎那看来并不是"绝对的证明性的,只是相对的,也就是反对了某些古人的论证,这些古人主张世界以某种实际上不可能的方式开始"。至于现在的瞬间或时间的现在总是要求某种之前或之后到来的东西,阿奎那承认,"除非依照某种现在,时间不可能被构建出来",不过"不是因为在第一个现在中有时间,而是因为时间由它开始"。

阿奎那的见解即关于时间的起始或无终性的论证只是辩证的,似乎被康德所确证。在《纯粹理性批判》的先验辩证论中,作为宇宙论二律背反中的一个,康德提出了世界有开端与世界无开端两个相反的论证。两方面的推理表面上看同等的有力,但按照康德,两种结论都不是真正证明性的。

但是像牛顿和洛克这些将绝对时间或无限绵延与运动中的世界的存在相分离的人,只与物质世界的时间即与运动相关的时间有关的论证,对他们似乎没有影响。对他们来说,绝对或无限的时间是永恒。它也许缺失运动,但它被上帝的永恒之在所充满。洛克写道,"尽管我们认为绵延是无边的,当然实际上正是如此,但我们还是不能将它伸展到一切存在。任何人都很容易承认,上帝充满了永恒"。牛顿说,上帝不是永恒,但他是永恒的。"他的绵延从永恒达致永恒……他永远持续、无处不在;并且通过时时处处的存在,他构建了绵延和空间。"

通过否定上帝的永恒可以等同于无限或绝对的时间,这个议题再次被引向焦点。阿奎那写道,"即使假定世界一直存在",它也不是在上帝存在的意义上永恒,"因为神性的存在是无前后相继的同时的存在"。他区别了作为永恒现在的"保持静止的现在",与时刻消逝的时间之流中连续变迁着的现在。对他来说,上帝的永久存在并不历经无限的时间,而是在永恒的现在中无变化的存在。阿奎那写道:"正如永恒是存在的一个恰当量度,时间是运动的恰当量度;所以,如果一个存在者从存在的持久性上后退并且受制于变化,那么它就从永恒中后退并且受制于时间。"

永恒的两种意义——无限时间与绝对的无时间——在**永恒**一章中讨论。在这里和那里考虑的时间与永恒的区分,在那些区分了无时间性与时间性的人和那些将永恒等同于无限时间的人那里,似乎有不同的理解。对后者,永恒与时间之区别的关键似乎在于只有一个无限绵延与有限绵延相对。于是,正如我们刚才看到的,像牛顿和洛克这样的作者也将绝对或无限时间(他们将此等同于永恒)与特定的时期或有限的时间范围相区分,办法是,将前一个独立于运动,其他的与运动相关并通过运动来度量。

如下的问题依然存在:绝对时间是实在的时间还只是一个数学的抽象?它是否独立于感知的时间——可观察运动的被经验到的绵延或相继事件的时间流逝——而存在?

康德考虑了这个问题,他说,"那些主张时间和空间的绝对实在——不管是实质的独立存在,还是作为事物中的修饰的内在存在——的人,必定发现他们自己与经验本身的原则完全相悖。因为如果他们赞同第一种观点,将空间和时间搞成实体——这是数学的自然哲学家的主张——那么他就必须承认两种自己存在的虚构者,它无限和永恒,其存在(不过它们没有像事物那样的实在性)的目的在于将一切实在的事物都包含在它们本身之中。如果他们接受第二种内在性观点——这是某些形而上学的自然哲学家偏爱的——把空间和时间看成关系……从经验中抽象出来……他们发现如此一来,他们就必然否定数学理论对于实在事物先天的有效性"。

康德自己的观点认为,仅当空间和时间本身是先天的直观形式,数学的综合判断才可以具有先天陈述的绝对确定性。按照康德,正如空间的先天形式使纯粹的几何科学成为可能,时间的先天形式也使纯粹的数的科学即算术成为可能。但是"空间作为外直观的纯粹形式是有限的……只涉及外部现象",时间,作为"内感觉的形式",在康德看来是"一切现象的先天形式条件"。

即使不赞同康德的先天直观形式理论或纯粹数学基础的理论,其他作者似乎也在某种程度上同意他对时间之独立实在性的否定。亚里士多德提出了这样问题:"如果灵魂不存在,时间是否会存在。"他认为提出这个问题是有道理的,因为"如果不可能有某人计数的话,那么就不可能有被计算的任何东西,所以很明显不可能有数"——因为数正是被计算或可计算的东西。"但是,如果除了灵魂或灵魂中的理性之外没有什么是适合计数的,那么除非有灵魂否则不会有时间。"亚里士多德对此做了一些限定,补充说"如果运动能够无须灵魂而存在,并且之前和之后是运动的属性",那么时间也许可以作为"可数者"而存在。

奥古斯丁采取一个更保留的态度。时间是什么东西的"延展性"?他回答说:"也许是心灵自身的。"奥古斯丁坚持未来和过去的时间都不可能被测量,因为它们都不存在。他总结说,我们只能度量流逝着的时间,并且我们只能在心灵中度量它。他说,"我的心灵啊,我是在你之中度量时间……我所度量的,是事物经过时在你之中形成的印象,和事物经过后残留在你之中的印象……我没有度量那造成印象的事物本身,当我度量时间时我度量的是印象"。

在对我们的时间经验做了一个类似的分析之后,威廉·詹姆士主张时间既是客观的也是主观的。他写道,时间和空间关系"是来自外部的印象"。我们思想的客体在其中存在的时间和空间,既独立于我们的心灵也独立于这些客体自身而存在。"事物间的时间关系和空间关系确实在我们内部打上印记",比如,"时间中接续而来的事物将它们的序列印在我们的记忆里"。

威廉·詹姆士就时间如何存在——至少它在经验中如何存在——的秘密提出了一个解答。只要我们的经验继续,过去和未来就只能够存在于现在。但是时间的这些延展的部分如何能够存在于现在,如果现在只是短暂的一瞬间,没有绵延量,就如詹姆士所说"进入变化的瞬间"?他的回答是使用他称为"似现在"的某种东西。

海森堡从相对论的角度评论了现在瞬间,他告诉我们:"在经典理论中,我们假定未来和过去被一个我们可以称之为时间瞬间的无限短的时间间隔所分开。在相对论中,我们已经知道情况是另一个样子:未来和过去被一个有限的时间间隔所分开,该间隔长度依赖于与观察者的距离。任何行动只能以小于或等于光速的速度传递。"

不同于真现在,似现在没有"锋利的边缘,而是一个马鞍形山脊,自身有着相当的宽度,我们就位于其中,由此我们看到时间的两个方向。我们的时间感知觉的构成单位是一个绵延,就好像有船头和船尾——一个后面的末端和一个前面的末端。只有作为这个绵延块的一部分,一个末端与另一个末端的顺序关系才被感知到"。

基于某些实验证据,詹姆士估计似现在的长度"从几秒到也许不超过一分钟"间变化。它有"一个模糊消失的前边缘和后边缘;但它的核心也许是刚刚流逝的十数秒或更少"。

不可逆的时间之流——构成未来通过现在向过去之运动的时刻的序列——发生在似现在中,虽然按照詹姆士,并非没有伴随着观察到或经验到的变化。"意识到变化是……我们的时间之流感觉所依赖的条件。"但这种意识必定发生在似现在中,"其感觉到的内容一部分更早,其余部分更晚"。结果,詹姆士把现在看成不仅是"时间的原始直观",也是"一切感觉到的时间的原始的典范原型"。

19世纪,在麦克斯韦、玻尔兹曼以及其他一些人的著作中提出了关于时间本性的一个新的谜团。从微观水平上看,所有的气体碰撞似乎都是"时间可逆的"。这意味着,如果拍下了一个气体碰撞的电影,然后倒着放映,那么从这个视角看到的碰撞与从顺着放映所看到的碰撞,是不可区分的。不过另一方面,被宏观研究的这个系统在"变老"。这个困扰了数代科学家的悖论的消解,看来在于系统所预设的初始条件。如果一个系统被预设在一个不可几(improbable)的初始条件上,那么它将倾向于向着越来越可几的状态演化,尽管每一个碰撞都是时间可逆的。用熵的语言来说,系统倾向于朝着越来越高熵的状态演化。在这个意义上,系统变老。

时间问题,它自身的过程与存在,以及它与一切其他存在和变化的关系、它作为经验的一个方面与作为一个思想对象的特征,似乎属于许多学科的内容——心理学、实验物理学或数学物理学、自然哲学、形而上学以及神学。

对某些思想家来说——在我们的时代值得一提的是柏格森、怀特海和杜威——时间的概念、发展中的未来的概念、事件连续统的概念,似乎决定了整个的哲学观。比如,柏格森这样写道:"实在就是活动性。不是已成的事物存在,而是方成的事物存在,没有自我维持的状态存在,只有变化的状态存在。静止最多是表象,或者说,是相对的。"

如果时间的概念不是在整个巨著传统中都同样决定性的话,那它至少在关于世界的起源和终结的思辨之中,在存在的物理模式和精神模式之比照中,在关于生命、思想和情感之过程的考虑之中,以及在关于秩序等更具包容性的概念的分析之中,有着关键的意义。

相继性与同时性的时间关系,也许是我们借以导出之前、之后和同时等概念的根源,但它们传统上被看成是例示而非穷尽了这些秩序类型。当奥古斯丁处理永恒先于时间这个令人困惑的神学问题时,他发现有必要区分"永恒中的先,时间中的先,选择中的优先,起源上的先"。

当亚里士多德处理关于因果秩序、潜能与现实、本质与偶性等形而上学问题时,他区分了时间上的先与逻辑上的先,以及思想中的先与自然中的先。当哈维尝试解决那个熟悉的生物学难题(先有鸡还是先有蛋?)时,他也发现他的回答在于一个区分。他写道,"家禽在自然中在先,但蛋时间上在先"。

空间和空间关系正如时间和时间关系,包括在对秩序或关系的一般分析之中,并且关系到物理学和哲学中的其他问题。但是除了对神学家来说时间比空间更有意义之外,时间在一个主题上还有着特殊的重要性,而空间却关系不大,这就是,历史和历史哲学。

除了历史学家将时间作为历史的位置,或者作为历史模式在其中得以展开的媒介这些一般的观点外,历史的作者通常还使用某些习惯的时间分期,来标记他要讲述的故事的主要时段或年代。时钟和日历以惯常的单位记录或再现时间的旅程,但这些惯常的单位拥有天文时间上的某些自然的基础,太阳的或恒星的。与之相反,历史与前历史的区分,将历史分成比如古代、中世纪和现代,这些似乎纯粹是社会或文化的习惯。

黑格尔把整个历史分成三个时代,每一时代又分成三个时期,按照正反合的辩证三段论,这就是历史发展的存在形式。世界历史的三阶段中的每一阶段——东方的、希腊—罗马的和日耳曼的世界——分成第一、第二和第三时期,每次都展示了相同的模式:源起、冲突与解决。在大部分情形中,黑格尔没有将这种三时期与古代、中世纪和现代相对应,但在一种情形即日耳曼世界的情况下,他确实将第二时期称为"中世纪",第三时期称为"现代"。

像"古代"和"现代"这些词对绝大多数历史学家有着约定俗成的意义。进一步,现代性和古代性的含义也服从历史的相对性。在巨著传统中,这一点看得十分清楚:今天被我们划为古代和中世纪的作者被引为古代和现代作者。

比如,修昔底德在他的历史著作的开头有一段对他来说是古代希腊的描述。尼柯马库斯在他的《算术引论》的开篇是一段评论:"那些在毕达哥拉斯领导下首次将科学系统化的古代人,把哲学规定成对智慧的热爱。"亚里士多德说,数学"对现代思想者来说已经与哲学相等同"。

在另一处,亚里士多德比较了"今天的思想家"与"过去的思想家";他还谈及"古代和真正传统的理论"。如同亚里士多德在思想领域下所做的,塔西佗在政治学领域中经常比较古代和现代的制度或实践。

在中世纪,阿奎那谈及"早期哲学家的教导",并且也像亚里士多德那样,他经常引用古代和现代的理论。在文艺复兴时期,开普勒把一个时间上比亚里士多德和阿奎那所认为的现代人晚出现很多的科学家看成是古代人。他将天文学思想区分成三个学派,古代的那一个把"托勒密作为它的领导者",而两个现代的学派的领袖分别是哥白尼和第谷·布拉赫。

这样的征引出现在西方传统的所有三个时期,它暗示了这样的可能性,也就是,在某个未来的日子里,我们现在所接受的整个传统将会被看成是古代的思想和文化。

分 类 主 题

1. 时间的本质:时间作为绵延或作为运动的度量;时间作为连续的量;绝对时间和相对时间
2. 时间与永恒的区分:无限时间的永恒与无时间不变化的永恒之区分
    2a. 作为时间与永恒之媒介的神时(Aeviternity)
    2b. 关于时间之无限与运动或世界之永恒的论证
    2c. 时间的创造:永恒对时间的在先;时间终结之后世界的永恒性
3. 时间的存在模式
    3a. 时间的各部分:过去、现在和未来
    3b. 与现在的存在相关联的过去与未来之实在性
    3c. 现在时刻的长度:瞬间
4. 时间的度量:太阳、恒星和钟表
5. 时间关系:时间作为赋序的方式
    5a. 同时性或并存性:因与果的同时性,动作与情感的同时性,知识与已知客体的同时性

- 5b. 接续或在先与在后：因与果的时间秩序，潜能与现实的时间秩序
- 5c. 与观念联想相关的接续与同时
- 5d. 时间性的与非时间性的同时与接续之比较：思想中的在先，自然的或起源上的在先
6. 时间的知识与绵延的经验
   - 6a. 内感官的时间感知觉：时间间隔的经验与记忆之间的区别
   - 6b. 影响时间持续之估量的因素：空洞与充满的时间；时间感知觉的幻觉；绵延经验的可变性
   - 6c. 时间作为先验直观形式：算术的先天基础；关于时间感知觉的先天论与后天论的有关问题
   - 6d. 时间的表示：名词与动词的区别；动词的时态
   - 6e. 过去的知识：记忆的仓库；留在物理痕迹或物理残留中的过去的证据
   - 6f. 未来的知识：未来可能发生事件的陈述的真值；预测的概率性
7. 情感的时间过程：对时间和易变性的情感态度
8. 历史时间
   - 8a. 史前与历史的时间：古代人
   - 8b. 历史年代：黄金时代的神话；现代的相对性

[吴国盛 译]

索引

本索引相继列出本系列的卷号〔黑体〕、作者、该卷的页码。所引圣经依据詹姆士御制版，先后列出卷、章、行。缩略语 esp 提醒读者所涉参考材料中有一处或多处与本论题关系特别紧密；passim 表示所涉文著与本论题是断续而非全部相关。若所涉文著整体与本论题相关，页码就包括整体文著。关于如何使用《论题集》的一般指南请参见导论。

1. **The nature of time: time as duration or as the measure of motion; time as a continuous quantity; absolute and relative time**

    6 Plato, 450–451
    7 Aristotle, 297–304, 312–325 passim, 439, 541, 601
    11 Plotinus, 429–435, 566
    16 Augustine, 117–125
    17 Aquinas, 32–33, 40–41, 283–284, 330–331, 753–754
    18 Aquinas, 366–367
    26 Galileo, 201–202
    28 Spinoza, 607, 633
    30 Pascal, 432–435
    32 Newton, 9–10, 31–32
    33 Locke, 155–162
    33 Hume, 506–507
    39 Kant, 26–33
    43 Hegel, 216
    55 Whitehead, 150, 158–159, 162–170, 191–196, 199–200
    56 Poincaré, 26
    56 Whitehead, 165–166, 186
    56 Einstein, 197–225 passim esp 200–205, 217–219, 221–223, 236–237, 240–241
    56 Eddington, 284
    56 Bohr, 348–349
    58 Lévi-Strauss, 497

2. **The distinction between time and eternity: the eternity of endless time distinguished from the eternity of timelessness and immutability**

    Apocrypha: *Ecclesiasticus,* 18:10
    7 Aristotle, 301–302, 315, 321, 372–375, 576, 620–621
    11 Aurelius, 260
    11 Plotinus, 321, 425–435
    16 Augustine, 112–126, 129–131, 377–378, 386, 403–410
    17 Aquinas, 40–45
    21 Hobbes, 271
    27 Cervantes, 431–432
    28 Descartes, 442–443
    28 Spinoza, 589, 598, 624, 692, 693
    29 Milton, 12
    30 Pascal, 211

    33 Locke, 161–162, 162–164, 165, 167–174 passim, 237
    39 Kant, 185
    51 Tolstoy, 295

    2a. **Aeviternity as intermediate between time and eternity**

    16 Augustine, 128–130, 130–132, 405–407
    17 Aquinas, 44–46

    2b. **Arguments concerning the infinity of time and the eternity of motion or the world**

    Old Testament: *Job,* 38:1–13 / *Psalms,* 90:2; 102:25–26; 148:1–6 / *Proverbs,* 8:22–29 / *Isaiah,* 45:12,18
    Apocrypha: *II Maccabees,* 7:23
    New Testament: *Matthew,* 24:3–35 / *Luke,* 21:5–33 / *John,* 1:1–3 / *Colossians,* 1:16–17 / *Hebrews,* 1:10–12 / *II Peter,* 3:3–13
    6 Plato, 124, 447
    7 Aristotle, 302, 325, 334–337, 344–346, 348–352, 361–362, 370–375, 437–441, 458–459, 462, 601–605
    8 Aristotle, 234–235, 236
    11 Lucretius, 3–4, 7–9, 13–14, 16–17, 19, 28, 58–64
    11 Aurelius, 256, 278, 281
    11 Plotinus, 337–342, 373–374
    15 Kepler, 888–891
    16 Augustine, 63, 112–126, 402–412
    17 Aquinas, 85–86, 250–255, 315–316, 348–349
    18 Aquinas, 945–946
    21 Hobbes, 50
    28 Bacon, 163, 186
    28 Descartes, 454
    30 Pascal, 195
    32 Newton, 8, 14, 540–541
    33 Locke, 160
    39 Kant, 130–133, 135–137, 152, 160–161, 334–335
    51 Tolstoy, 693–694 passim
    56 Heisenberg, 426–428

    2c. **The creation of time: the priority of eternity to time; the immutability of the world after the end of time**

    6 Plato, 450–451
    11 Plotinus, 473–474

16 Augustine, 138–139, 376–378, 403–404, 405–408
17 Aquinas, 250–255, 348–349
18 Aquinas, 1017–1020
19 Dante, 127
29 Milton, 187–188, 218–219
56 Heisenberg, 426–427

3. **The mode of existence of time**

7 Aristotle, 297, 303
11 Lucretius, 6–7
11 Plotinus, 432–435
16 Augustine, 117–125
17 Aquinas, 40–41
33 Locke, 155–156
33 Berkeley, 432
39 Kant, 28
43 Hegel, 195–199
53 James, William, 398–399
56 Einstein, 236–237

3a. **The parts of time: its division into past, present, and future**

6 Plato, 494–495, 502
7 Aristotle, 298–299, 302–303
11 Plotinus, 572
28 Descartes, 357, 439
33 Locke, 164
43 Hegel, 159–163
55 Whitehead, 165–166
56 Heisenberg, 423

3b. **The reality of the past and the future in relation to the existence of the present**

7 Aristotle, 301
11 Aurelius, 244
16 Augustine, 117–125
17 Aquinas, 147
23 Montaigne, 333–334
43 Hegel, 199
44 Tocqueville, 259–260
53 James, William, 398, 421
55 Dewey, 101, 110–111, 119–120
55 Whitehead, 170, 185–188
55 Barth, 492–493
60 Woolf, 63–72 passim

3c. **The extent of the present moment: instantaneity**

6 Plato, 505
7 Aristotle, 297–298, 299–300, 301–302, 315–316, 335, 350
16 Augustine, 118–119
17 Aquinas, 35–36, 225–227
33 Locke, 157
53 James, William, 398–399, 420

4. **The measurement of time: sun, stars, and clocks**

Old Testament: *Genesis,* 1:3–5,14–18 / *Psalms,* 104:19–20
Apocrypha: *Ecclesiasticus,* 43:1–10

5 Herodotus, 49–50
5 Thucydides, 487
6 Plato, 450–451
7 Aristotle, 300
11 Plotinus, 429–431
13 Plutarch, 58–59, 599–600
15 Ptolemy, 34–38, 77–86, 104–107
15 Copernicus, 568–576, 646–652, 672–674
16 Augustine, 120–125, 406
17 Aquinas, 352–354, 364–365
22 Rabelais, 69–70
23 Montaigne, 539–540
26 Galileo, 167–168
28 Bacon, 177–179
29 Milton, 147–148
32 Newton, 291–294
32 Huygens, 554–557
33 Locke, 158–162 passim
38 Gibbon, 376
53 James, William, 407–408
56 Whitehead, 165–166, 186
56 Einstein, 197, 200–202, 203–205, 210–211, 217–219, 224, 233–234
56 Bohr, 348–349
56 Schrödinger, 500–502

5. **Temporal relationships: time as a means of ordering**

5a. **Simultaneity or coexistence: the relativity of simultaneity; the simultaneity of cause and effect, action and passion, knowledge and object known**

6 Plato, 519–520, 533
7 Aristotle, 12–13, 20, 129–130, 134
17 Aquinas, 59
39 Kant, 83–84, 312
53 James, William, 862–863
55 Whitehead, 191–196
56 Einstein, 200–202, 203–205, 236–237, 240–241
56 Eddington, 280
56 Heisenberg, 422–423, 425–428, 440–442

5b. **Succession or priority and posteriority: the temporal order of cause and effect, potentiality and actuality**

7 Aristotle, 19–20, 134, 275, 575, 576
8 Aristotle, 283
17 Aquinas, 253–255, 455–457
18 Aquinas, 7–8
26 Galileo, 135–136
26 Harvey, 445, 447
28 Descartes, 313, 385
32 Newton, 379
33 Hume, 470–478
39 Kant, 76–83, 95, 311–314, 331–333
55 Whitehead, 193, 194–196, 218
56 Waddington, 704

5c. **Succession and simultaneity in relation to the association of ideas**

28 Spinoza, 616
33 Locke, 139-140
33 Hume, 457
53 James, William, 361-364, 367-370, 559-561
54 Freud, 74
55 Bergson, 79-80
56 Einstein, 236-237

5d. Comparison of temporal with nontemporal simultaneity and succession: the prior in thought, by nature, or in origin

7 Aristotle, 19-20, 119, 194-196, 539-540, 575-577, 608-609
8 Aristotle, 170
10 Nicomachus, 601
16 Augustine, 116, 125, 371
17 Aquinas, 18-19, 97, 455-457, 504-505
28 Descartes, 454
43 Hegel, 20-21
56 Einstein, 236-237

6. The knowledge of time and the experience of duration

6a. The perception of time by the interior senses: the difference between the experience and memory of time intervals

7 Aristotle, 298, 687, 694-695
11 Plotinus, 470-471
16 Augustine, 116-125
17 Aquinas, 41-42
28 Spinoza, 677
33 Locke, 133, 155-158
33 Berkeley, 431-432
39 Kant, 26-29, 74-76
53 James, William, 130, 131, 396-420
55 James, William, 37-38
55 Bergson, 72-84 esp 79-80, 82-84
56 Einstein, 236-237
60 Fitzgerald, 347

6b. Factors influencing the estimate of time elapsed: empty and filled time; illusions of time perception; the variability of experienced durations

5 Herodotus, 77
7 Aristotle, 298
19 Dante, 48-49
24 Shakespeare, 612
33 Locke, 156-157
53 James, William, 264-268 esp 268-269, 400-411, 417-420
54 Freud, 335-336
55 Russell, 251-252

6c. Time as a transcendental form of intuition: the *a priori* foundations of arithmetic; the issue concerning innate and acquired time perception

33 Locke, 155-156, 161-162
39 Kant, 61-62, 68-69, 94-95, 100-101, 213-215, 307-308

53 James, William, 420, 852-853, 860-861
54 Freud, 648
55 Russell, 289
59 Joyce, 517-548, 565-569

6d. The signifying of time: the distinction between noun and verb; the tenses of the verb

6 Plato, 450-451, 495, 575-576
7 Aristotle, 25
17 Aquinas, 89-90
23 Montaigne, 333-334

6e. Knowledge of the past: the storehouse of memory; the evidences of the past in physical traces or remnants

5 Herodotus, 1-2
5 Thucydides, 349-355 passim
6 Plato, 538-544
7 Aristotle, 690-695
8 Aristotle, 640
11 Lucretius, 6-7
11 Plotinus, 499-501
14 Tacitus, 38-39
16 Augustine, 93-102
17 Aquinas, 411-413, 419-420
28 Bacon, 61-62
28 Spinoza, 658
33 Locke, 357
34 Swift, 79-80
35 Rousseau, 428
37 Gibbon, 88, 96, 413
39 Kant, 579-580, 583-584
43 Hegel, 159-163, 189-190, 198-199, 249-250, 252-254, 261
44 Tocqueville, 106-107
46 Eliot, George, 495-496
47 Dickens, 311
49 Darwin, 152-180 passim, 217-229 passim, 231-233, 238-239, 242-243, 255-265, 332-335, 336-337, 348-349
53 James, William, 396-397, 421-427
54 Freud, 4, 526-527
59 James, Henry, 2-4
59 Cather, 463-464
60 Fitzgerald, 378-379
60 Beckett, 532-533, 553-555, 559-560, 563-565, 576-581

6f. Knowledge of the future: the truth of propositions about future contingents; the probability of predictions

4 Euripides, 433
6 Plato, 531-532
7 Aristotle, 28-29
8 Aristotle, 640
9 Hippocrates, 39
16 Augustine, 119-120
17 Aquinas, 86-88, 297-298, 463-464, 475-476, 478-479
19 Dante, 111
20 Calvin, 85-86, 89-90
21 Hobbes, 53, 65

28 Spinoza, 619, 678
32 Newton, 371–372
32 Huygens, 551–552
33 Berkeley, 420–421, 433
33 Hume, 458, 469–470
44 Tocqueville, 178, 187–191, 218, 381–383
45 Goethe, 114
46 Eliot, George, 233
49 Darwin, 59–60, 243
51 Tolstoy, 685
53 James, William, 883–884
54 Freud, 387
55 Whitehead, 231–232
55 Russell, 262
55 Barth, 497–499
57 Keynes, 339–342
59 James, Henry, 5–7

7. **The temporal course of the passions: emotional attitudes toward time and mutability**

    4 Sophocles, 142, 151
    5 Herodotus, 7–8, 224–225
    6 Plato, 154–155, 165–166, 295–296, 717–718
    8 Aristotle, 340, 345, 391, 393, 407–408, 636–638
    11 Lucretius, 29–30, 40–41, 42–43
    11 Aurelius, 244, 248–249, 251–252, 265–266, 267, 277, 283–284
    13 Plutarch, 225
    16 Augustine, 28
    17 Aquinas, 796–797
    19 Dante, 33–34, 58–59, 62–63, 108–111
    19 Chaucer, 220, 379–388
    21 Hobbes, 63, 79
    23 Montaigne, 54, 88–91, 333–334, 435–436, 584–585
    24 Shakespeare, 350, 465, 483, 533
    25 Shakespeare, 63, 66, 124, 128, 132, 220, 308–309, 505, 590, 593, 594, 595–596, 603–604, 605
    28 Bacon, 15
    28 Spinoza, 660–662
    29 Milton, 12, 63
    30 Pascal, 195, 196–200, 202–203, 211
    33 Locke, 250
    40 Mill, 449–450
    41 Boswell, 350–351
    43 Hegel, 186
    45 Goethe, 63
    46 Eliot, George, 303, 333–334
    47 Dickens, 83–84

51 Tolstoy, 305, 356
53 James, William, 759–760
54 Freud, 17–18, 579–581, 704–706, 758, 760, 768–770
59 James, Henry, 22
59 Chekhov, 205–206, 221
59 Cather, 445–446 passim, 450–451, 459
60 Woolf, 57–58
60 Fitzgerald, 347, 359

8. **Historical time**

8a. **Prehistoric and historic time: the antiquity of man**

    4 Aristophanes, 777–778
    5 Herodotus, 49–52, 124–132, 161
    6 Plato, 480
    11 Lucretius, 68–73
    37 Gibbon, 88, 413
    43 Hegel, 187–190, 219, 248, 275–278
    44 Tocqueville, 12
    49 Darwin, 153–155, 336–337

8b. **The epochs of history: myths of a golden age; the relativity of modernity; pseudo-archaism**

    6 Plato, 92, 444–446, 478–485 passim, 586–589, 681
    7 Aristotle, 361–362, 370, 375–376
    9 Hippocrates, 7–8
    9 Galen, 432–433
    11 Lucretius, 63
    12 Virgil, 10–11, 29–30, 87–88, 223–224
    14 Tacitus, 51, 72, 106, 255
    16 Augustine, 157–158, 358, 365–366, 456–574, 695–696
    19 Dante, 82
    21 Hobbes, 267
    22 Rabelais, 143
    27 Cervantes, 31, 250–251
    28 Bacon, 119
    29 Milton, 306–332
    30 Pascal, 357–358
    33 Hume, 499–500
    34 Swift, 118–119
    37 Gibbon, 79, 900
    43 Hegel, 197, 243–244, 254, 274, 299–301, 303–304, 334–336, 369–370
    55 Barth, 497–498
    57 Veblen, 92–95
    58 Huizinga 361, 381
    58 Levi-Strauss, 447–455

交叉索引

以下是与其他章的交叉索引：

Time as a quantity and its relation to motion, *see* CHANGE 5a; MECHANICS 1c–1c(3), 5f(1); QUANTITY 5b; RELATION 6a.

The measurement of time, *see* ASTRONOMY AND COSMOLOGY 5; QUANTITY 6c.

The distinction between time and eternity, and between the infinity of time and the eternity of the world, *see* ASTRONOMY AND COSMOLOGY 6c(1); CHANGE 13; ETERNITY 1–2; INFINITY 3e; WORLD 4a, 8.

Time in relation to theories of creation, see ETERNITY 1a; WORLD 4e(2).

The relations of succession and simultaneity, see RELATION 5a; the temporal aspects of such relations between cause and effect, potentiality and actuality, and the various acts of the mind, see BEING 7c(1); CAUSE 1b; EDUCATION 5d; IDEA 5d-5e; RELATION 4f.

Relativity and the relation of time and space, see MECHANICS 1c(2)-1c(3); SPACE 1c; PHYSICS 6; SCIENCE 4d.

Memory and imagination as interior senses, see MEMORY AND IMAGINATION 1; SENSE 3b, 3d(2).

Time as a transcendental form of intuition and its relation to the foundations of arithmetic, see FORM 1c; MATHEMATICS 1c; MEMORY AND IMAGINATION 6c(2); MIND 1e(1), 4d(3); SPACE 4a.

The parts of speech and the distinction between noun and verb, see LANGUAGE 4a.

Knowledge of the past and the future, see HISTORY 3a; KNOWLEDGE 5a(5); MEMORY AND IMAGINATION 2e(1), 3b, 4a-4b; NECESSITY AND CONTINGENCY 4c; PROPHECY 1a-1b; TRUTH 3b(2).

The influence of time on human development, see EXPERIENCE 6a; LIFE AND DEATH 6b-6c; MAN 6c.

Man's attitude toward time and change, see CHANGE 12b; PROGRESS 5

Time and free will in relation to God's foreknowledge and foreordination, see GOD 7b, 7f; HISTORY 5a; LIBERTY 5a-5b; WILL 7c.

Historical time and the antiquity of man, see EVOLUTION 6c; HISTORY 4a(3), 4c; MAN 9c.

扩展书目

下面列出的文著没有包括在本套伟大著作丛书中,但它们与本章的大观念及主题相关。

书目分成两组:

Ⅰ. 伟大著作丛书中收入了其部分著作的作者。作者大致按年代顺序排列。

Ⅱ. 未收入伟大著作丛书的作者。我们先把作者划归为古代、近代等,在一个时代范围内再按西文字母顺序排序。

在《论题集》第二卷后面,附有扩展阅读总目,在那里可以查到这里所列著作的作者全名、完整书名、出版日期等全部信息。

I.
Augustine. *On Music*
Thomas Aquinas. *De Aeternitate Mundi*
Hobbes. *Concerning Body*, PART II, CH 7
Spinoza. *Cogita Metaphysica*, PART I, CH 4; PART II, CH 1
Hume. *A Treatise of Human Nature*, BK I, PART II
Kant. *De Mundi Sensibilis (Inaugural Dissertation)*
——. *Metaphysical Foundations of Natural Science*, DIV I
Poincaré. *The Value of Science*, PART I, CH 2
Bergson. *Creative Evolution*
——. *Duree et simultaneité*, CH 1-5
——. *Time and Free Will*
Dewey. *Experience and Nature*, CH 1-3, 7, 9
Whitehead. *The Concept of Nature*, CH 3
——. *An Enquiry Concerning the Principles of Natural Knowledge*, CH 6
Proust. *Remembrance of Things Past*
Russell. *The Analysis of Matter*, CH 28-29, 32, 36
——. *Human Knowledge, Its Scope and Limits*, PART III, CH 5; PART IV, CH 5, 7
Mann. *The Magic Mountain*
Einstein. *Sidelights on Relativity*
Eddington. *The Nature of the Physical World*, CH 3
——. *Space, Time, and Gravitation*
Woolf. *Mrs. Dalloway*
Heidegger. *Being and Time*
——. *What Is a Thing?*

II.
THE ANCIENT WORLD (TO 500 A.D.)

Proclus. *The Elements of Theology*, (F)
Sextus Empiricus. *Against the Physicists*, BK II, CH 3
——. *Outlines of Pyrrhonism*, BK III, CH 1-20

THE MIDDLE AGES TO THE RENAISSANCE (TO 1500)

Crescas. *Or Adonai*, PROPOSITION 15
Maimonides. *The Guide of the Perplexed*, PART II, CH 13

THE MODERN WORLD (1500 AND LATER)

Alexander, S. *Space, Time, and Deity*
Bennett. *The Old Wives' Tale*
Boring. *The Physical Dimensions of Consciousness*, CH 5
Bradley, F. H. *Appearance and Reality*, BK I, CH 4; BK II, CH 18
Cassirer. *Substance and Function*, SUP V
Dirac. *General Theory of Relativity*
Fraser. *Time, the Familiar Stranger*
Gould. *Time's Arrow, Time's Cycle*
Hawking. *A Brief History of Time*
Hodgson. *Time and Space*

John of Saint Thomas. *Cursus Philosophicus Thomisticus, Philosophia Naturalis,* PART I, Q 18
Leibniz. *New Essays Concerning Human Understanding,* BK II, CH 14–15
Lewis, G. N. *The Anatomy of Science,* ESSAY III
Lewis, W. *Time and Western Man*
Lotze. *Metaphysics,* BK II, CH 3
McTaggart. *The Nature of Existence,* CH 33
Maritain. *Theonas, Conversations of a Sage,* VI
Mead, G. H. *The Philosophy of the Present*
Meyerson. *Identity and Reality,* CH 6
Pound, E. *Cantos*

Robb. *A Theory of Time and Space*
Royce. *The World and the Individual,* SERIES II (3)
Santayana. *The Realm of Matter,* CH 4
Sterne. *Tristram Shandy*
Weiss. *Reality,* BK II, CH 6
Wells. *The Time Machine*
Weyl. *Space—Time—Matter*
Whewell. *The Philosophy of the Inductive Sciences,* VOL I, BK II, CH 7–10
Whitrow. *Time in History*
Wolfe, Thomas. *Look Homeward, Angel*

真 理 Truth

总 论

约瑟亚·罗伊斯对撒谎者有个定义：一个有意错置其存在论上的述谓（ontological predicates）的人，对此并非每个人都知晓，但每个撒过谎的人却都知道它的准确性。如果不太讲究，不妨把上述定义重述为：撒谎在于说出与一个人所想或所信相反的话。如果说真话，我们就必须使我们的言说符合于我们的思想，如果我们认为某一事物是如此的，我们就必须说它是如此的，或者如果我们认为它不是如此的，我们就必须说它不是如此的。如果当我们认为它不是如此的时候，还有意地说它"是"如此的，或者当我们认为它是如此时，还说它"不是"如此，我们就在撒谎。

当然，说真话的人可能事实上说错了，这就像那意在说谎的人可能不经意地就说出了真理。说出某人所想的，这一意图并不保证此人的想法能免于错误或者拥有真理。这里有如下两者之间的一种传统的区分：作为一个社会性问题的真理和作为一个理智性问题的真理。约翰逊博士所谓的道德真理，就在于有义务"言""意"一致。相反，他所谓的物质性真理（physical truth）则不取决于我们是否说话诚实（veracity），而取决于我们说出的意思的有效性（validity）。

在伟大著作传统中，真理理论所处理的主要就是后一种真理。诸般大议题（great issues）所关注的是，我们是否能知道真理，以及我们如何能够区分某一事物是真是假。尽管许多哲学家和科学家（从柏拉图一直到弗洛伊德）似乎一同反对极端的诡辩或怀疑论，因为那种极端论调否认真假之别或将真理彻底置于人的能力之外，但是，他们依然在如下问题上不能完全达成一致，比如，多大程度上真理能为人所获得，真理可变不可变，借以区分人们是否拥有真理有哪些标志（signs），或者，有哪些导致错误的原因和避免犯错的方法。

柏拉图认为对的许多东西，弗洛伊德却认为是错的。弗洛伊德是在别的方向、用别的方法来寻求真理。但是，苏格拉底与他那时代的智术师（他们愿把人们随意怎么想到的一切都视为真）进行的古老论辩，相比弗洛伊德与那些他称作"理智虚无主义者"的人进行的争论，似乎没什么根本区别。他们说，真理这样的事物根本不存在，或者说它只是我们的需求或欲望的产物而已。弗洛伊德写道，他们使它成为"绝对非实质性的了，是我们所接受的一些观点。它们都同样既对又错。而且没有任何人有权利指责任何别的人是错的"。

诸世纪来，用来反对怀疑论者的论证似乎都一样。如果怀疑论者尝试捍卫"所有命题都同样地对或错"这一命题为真之际并不介意会自相矛盾的话，那他可能会受到如下事实的挑战：他并不是依照他的观点在行事。亚里士多德问道，如果一切看法都同样地对或错，那么真理的否认者为何不迈到"井里或悬崖下"，而是避免这样做呢？同样地，弗洛伊德也争论道，"如果我们所相信什么当真没有差别，那么我们可能也用纸板来搭桥，当作是用石头在搭桥，或者给病人注射十分之一克而不是百分之一克吗啡,或者把催泪瓦斯而不是把乙醚当作麻醉剂"。但是,他又说,"理智上的无政府主义者自身就会强烈地驳斥将他们的理论做如此这般的实践应用"。

这是否能服怀疑论者之心抑或只能服其口,也许取决于其论证的下一步骤:怀疑论者用或然性(probability)替代真理,无论所涉及的是行动的基础,还是我们关于真实世界的所有看法的性质。根据或然性与真理相区分的不同方式,或者依据彻底的怀疑主义与有限的怀疑主义之分,这类论证会采取不同的形式。例如,蒙田似乎认为,如果不承认真理的准则,彻底的怀疑论者甚至都无法确认那可被客观地确定下来的或然性之程度;而休谟在为一种温和的怀疑主义辩护时,则为衡量有关事实问题的判断的或然性提供了准则。

在真理问题上,整体性的或虚无主义的怀疑主义所具有的那种自我驳斥的性质,遍及尼采的所有著作。它们能就读者的判断提出什么样的主张?如果它们在否认真理与谬误所具有的传统价值的情况下,无法打出真理的幌子了,它们在何种方式下是有说服力的?

怀疑论在其与真理和或然性的关联上处于什么位置,可参见**知识**和**意见**两章的讨论。这里我们应该进而讨论与真理有关的其他一些有争议的问题。但我们首先必须注意,有一个主要的问题,似乎并没有引起许多争论。伟大作者(蒙田和休谟可能是例外)似乎大多没有异议地确信,人们能获得和分享真理——至少是某些真理,而且似乎对"什么是真理"这个问题给出了相同的答案。

伟大著作涉及"什么是真的"这一问题时,意见纷呈,无法取得一致,相形之下,在真理之本性(nature)问题上似乎看法一致就非常显眼。正如已经指出过的,这些意见上的不一致,有些发生于真理理论内部——有各色各样的错误根源之分析,或者也有对真理之标志的相冲突的种种表述。但即使是这些差异,也并没有影响到在真理之本性方面的意见一致。每个人都知道何谓撒谎者,但并不能轻易确定某某人是否在撒谎,同样地,伟大的哲学家们似乎在何谓真理这一点上可以达成一致,但却并不能在"何者为真"这个问题上轻易达成一致。对撒谎和真理的定义是紧密关联在一起的,这一点可以从柏拉图的真理本性概念看出来:思想与实在之间的一种符合。如果说,从社会的观点来看,真诚(truthfulness)要求一个人的言语忠实表现其心思,那么,在心思本身中的(或者表达思想的那些陈述中的)真理则依赖于它们与实在的符合一致。

根据柏拉图,错误的命题就是"断定存在着的事物的非实存,以及不存在的事物的实存的命题"。因为"错误的意见就是其所想与真理相反的那种意见形式",正如亚里士多德指出的,由此必然会得出这样的结论:"说存在者存在,以及说不存在者不存在,是真",这正如"说不存在者存在,或者说存在者不存在"是假。

在某种意义上,一个真的陈述与它所陈述的事实是循环支持的。亚里士多德说,"如果一个人存在",那么"我们宣称他存在的那个命题就是真的;反之,如果我们宣称他存在的那个命题是真的,那么他就存在"。但真命题"无论如何也不是人的存在的原因",而"人的存在这一事实似乎不知何故地就是该命题为真的原因,因为命题的真或假取决于人的存在或不存在这一事实"。

在后来的西方思想传统里,关于真理之本性的这种简单的陈述一再被重复。不同作者在此问题上的不同似乎只是措词上的,尽管"作为所想与实在之间的一致或符合的真理"这一共同洞见可能只是发生在这样的脉络之中:涉及心智以及实在或存在的本性时,他们的概念相当不同。

普罗提诺可能是一个特例:他的知识理论涉及的是一种同一(identity)关系,而不仅仅是一种符合关系。他写道:"被认知的对象必须与认知行动相一致……如果这种同一性不存在,真理也就不存在了……真理无法适用于与自身相冲突者;它所确认的是什么,它就必须是什么。"

但其他一些人——像奥古斯丁、阿奎那、笛卡尔和斯宾诺莎——则接受了这样的真理概念:心灵与实在之间的一致。阿奎那说:"错误就是,根本不存在的事物之被以为实存。"依据阿奎那,"将某个事物理解成非其所是者的理智(intellect)是错误的"。人类理智中的真理在于"理智与事物的符合一致"。笛卡尔的如下评论至少暗示了同样的观点:如果我们并不将我们的观念联系于"任何超出它们自身之外的事物之上,那就不能在本己的意义上说它们是错的"。只有当"我能判断在我之内的观念是否与在我之外的事物类似或一致",才会产生谬误或者真理的问题。斯宾诺莎将如下这点作为一个公理而不是一个定义来陈述:"一个真的观念必须与它作为观念所讲的东西相一致。"

洛克区分言辞上的真理和实在的真理,他写道:"尽管我们的语词所指称的只是我们的观念,可是,它们所包含的真理则是用来指称事物的,如果命题只表示了心智中的观念而它们与事物的实在并不一致,那么,置于命题中的真理就只是言辞上的。"康德认为真理在于"认知与其对象的一致",恰因此,他主张,只要涉及某一认知的内容(与形式相对),就不可能发现真理的普遍标准。

我们在接下来讨论真理的诸种标志时会回到康德的观点,正如我们也同样有理由回到洛克在实在真理与言辞真理之间的区分。两者都没有改变这一洞见,即,真理在于我们的命题或判断与它们试图加以陈述的那些事实的一致,但是,还得要有一个先决条件:如此定义的真理是实在的,而不是言辞上的。

在《实用主义》中,威廉·詹姆士将问题一言以蔽之:"'真者(the true)'……只是我们思考之路上的权宜之计,正如'对者(the right)'只是我们行为举止之路上的权宜之计一样。""令人满意地运作"的理论就是真的。在《真理的含义》一书的序言中,詹姆士提及他早先论实用主义的讲座所引起的激动。在讲座中,他提供了实用主义的真理概念,谈到了一种观念之"成功地运作"作为其真理的标志。他告诫他的批评者,这不是对真理本性的一种新的定义,而只是一种新的解释,即,当我们说,我们的诸观念的真理在于"它们与实在的一致——正如错误指的是它们与实在的不一致",到底是什么意思。他还说,"实用主义者与理智主义者都将这种定义视作当然"。

詹姆士接着解释道,"在最广的意义上与实在相一致,只能意味着,比较起与实在不一致,我们将被更好地直接被引向实在,或者被引入实在的周遭,或者意味着更好地被置于与实在的有效接触,以便处理实在,或处理与实在相关联的东西。这里所说的'更好',是在理智的和实践的意义上都更好……任何观念,只要它有助于我们或者在实践上或者在理智上处理实在或其相关事物……只要它实际上使我们适合于或适应于实在的整个构架,这个观念就将充分满足上述条件。对那一实在来说,它就将是真的"。詹姆士以如下陈述来总结这里的意思:"真观念就是那些我们可以同化、批准、确证和证实的观念。错的观念就是那些我们不能同化、批准、确证和证实的观念。"

在不扩充詹姆士所规定的含义的情况下,弗洛伊德断言,平常人的真理概念也是科学家的真理概念。他说,科学的目的是"达到与实在相符合,亦即与在我们之外并独立于我们而实存者相符合……我们把与实在的外部世界的这种符合称作真理。它是科学工作的目标,即便我们对该工作的实际价值并不感兴趣时,也是如此"。

将真理定义成心灵与实在的一致,这一做法留下了许多有待解决的问题,也要求那些接受它的人给出许多进一步的解释。正如詹姆士指出的,真理理论从真理定义开始,而不是终结于真理的定义。我们如何知道,我们的观念——我们的陈述或判断——在什么时候是与实在相符合的?我们通过什么样的标志或标准来发现它们的真或假?伟大著作对这个问题给出了各种各样的回答,我们现在要考察的就是这些回答。关于真理的本性,还有另外一些首先值得注意的问题。

例如该定义的一个推论似乎是,真理是观念的属性,而不是事物的属性。亚里士多德说过,"情况并不是,善的就是真的,恶的就是错的";因此"错误和真理并不在事物中……而是在思想中"。然而他也将"错误"这个词用到非实存物或者那些其表面现象以某种方式掩盖了其本性的事物。阿奎那走得更远。他做出了一种区分,按照这种区分,真理和谬误首先是在理智层面上谈的,其次是在事物层面上谈的。

他指出,理智与事物之间的等同(equation)可以以两种方式来看待,这取决于理智是事物本性的原因,还是事物是理智中的知识的原因。当"诸事物是理智的尺度与准则时,真理就在于理智与事物的等同……但当理智是诸事物的准则与尺度时,真理就在于诸事物与理智的等同"——这就好比,当人的手艺的作品与艺匠的计划或意向相符时,它就是真的。因而"一栋楼,若与建筑师心中的形式相像,就被认为是真的"。

但根据阿奎那,不仅人工的事物,而且自然界的事物,在联系于它们所依赖的那种理智来看时都可以具有真理。那作为自然界诸事物之创造性原因的神圣理智是它们的真理的尺度,正如人的理智是人工事物之真理的尺度。阿奎那写道:"只要自然界诸事物表现了与存在于神圣心灵中的理念的相似,它们就被认为是真的;因为一块石头依据神圣理智中的预先构想具有石头所特有的本性时,它就被称作是真的。"

阿奎那的结论是:"真理主要在于理智,其次才在于相应的事物(它们与作为其来源的理智联系起来)"。这个结论立即提出了神圣理智和人的理智中的真理之间的区别。该区别不仅仅是无限真理和有限真理之间的区别。在非被造的真理与被造的真理之间的区分影响到真理本身的定义。

将真理定义为思想与事物或者事物与思想的一种等同,这种做法对于神圣理智来说似乎并不成立。阿奎那承认,关于"与其来源的一致"的观念,"在适当的意义上并不适合于用来言说神圣真理"。神圣真理没有任何来源。它并不是通过与任何别的事物相符合而成为真理的。用神学家的话来说,它毋宁是"源初的真理"。"上帝自身——他是源初的真理——……就是所有真理的准则"和"一切真理的原则和来源"。

就人的领域而言,真理的定义似乎得依真理是言语的属性还是观念的属性而做不同的解释。洛克写道:"为了对真理形成一种清晰的观念,非常有必要以各种不相同的方式来分别考察思想的真理和言语的真理。"符号的真理——或者有时被人称述的"示意的真理"——就是"词语在命题中的结合或分离,作为观念,意味着心灵中的一致或不一致"。与这种言辞上的真理相反,洛克所说的心智中的真理则在于,我们的观念本身以一定的方式结合或分离,以符合观念所代表的实在。

对于洛克来说,言辞上的真理是"多变的"或"纯粹名义上的",因为它可以完全不用考虑"我们的观念是否真的具有——或能够具有——一种自然中的实存"而存在。即使当我们所想或所陈述的在言语方面事实上是错的,我们所使用的诸种标志也可能真实地表现了我们的思想。霍布斯采纳了一种可谓相反的观点。他写道:"真与假是言谈的属性,而不是事物的属性。而当言谈不存在时,就既没有真,也没有假。"

言谈中的真理的原因是什么呢?霍布斯回应说,既然它只在于"在我们的种种断言中对诸名称的正确排序",一个人所需要的就只是"记住他所使用的每一个名称表示的是什么"。如果人们由定义或者"含义的设定"开始,然后在接下来的论说中遵循他们的定义,他们的论说就会具有真理。"一切错误的和无意义的信条"都是从定义的缺乏或定义的错误中产生的。

对于霍布斯来说,只有在定义能够指涉定义的对象而成为对的或错的意义上,与实在的一致似乎才是真理的尺度。如果诸定义本身仅仅是名义上的,并且只要它们能免于矛盾,就拥有"正确性"的话,那么,相比言语的本质属性,真理就更容易变成几乎纯粹是逻辑性的东西——一个依据诸准则进行文字游戏的问题。它由定义开始,而且如果它正确地进展,它就产生"普遍的、永恒的和不可更改的真理……因为那正确地以其所理解的词语来进行推理的人,是不可能得出错误结论的"。

霍布斯的立场似乎不仅仅关系到言辞的真理与实在的真理这个主题,而且还关系到下面这个问题:推理的逻辑有效性是否能使它所达到的结论成为近似于事实那样的真?康德一类作者区分了一个命题符合思想准则时所具有的真理,和它代表自然时所具有的真理。单单有效的推理,不能保证一个结论在事实上为真。那取决于诸前提所具有的真理——取决于它们对于事物的本性而言是不是真的。亚里士多德批评道,那些接受了某些原则为真的人,"准备接受由原则的运用所产生的任何结论"。他接着说,"仿佛某些原则不需要从它们的结果——尤其是从它们的终局(final issue)——来评判似的。而在自然的知识中……该终局都是涉及每一事实的感觉之绝对可靠的证据"。

但并非所有真理都要求或承认这样的证明。数学的真理可能与物理以及形而上学的真理不同,而哲学或宗教的真理则可能与那些经验性自然科学的真理又不同。例如,人们有时假定数学真理纯粹是形式的,或者对实存没有任何指涉。这似乎是霍布斯和休谟的立场,他们都将几何学视作真理的典范。对于他们来说,对有关实在的实存的事实的诸种陈述最多只是一些很有可能为真的看法。对于像詹姆士那样的其他一些人来说,自然科学中可能会有真理,但这样的经验性真理在类型上与他所谓的数学和逻辑学的那些"必然的"或"先天的"真理是不同的。

把与实在的一致作为真理的定义是适用于所有种类的真理呢,还是只适用于关于自然界的真理？这个问题不仅涉及数学与物理学的区别，还涉及自然研究与道德研究的区别，或者理论学科与实践学科的区别。康德写道，"至于自然界，经验向我们呈现了准则，并且是真理的来源"，但在伦理性事物或道德方面，情况就不是这样了。一个理论的命题断定某物实存着，或者具有某种属性，因此它的真值就取决于该物的实存或它对某种属性的真实拥有；但一个实践的或道德的判断所陈述的，则不是存在着的事物，而是应当发生或应该存在的事物。这样一个判断不可能通过与诸事物存在的方式相符合而为真。相反，依据亚里士多德，道德判断之真必定在于"与正当的欲望相一致"。

基于这一理论，思辨真理和实践真理的唯一相同之处就是理智与某种理智之外的事物的符合一致——与某个实存着的事物或与欲望、意志或欲求的符合一致。阿奎那强调该差异，宣称"真理对于实践理智和思辨理智来说不是一回事"。他继续说道，实践真理所依赖的"与正当欲望的符合一致在必然性事物中没有任何地位——后者不受人的意志影响——，而只在能受我们影响的偶然性事物中有地位，不管它们是内在行动的诸种事务，还是外在工作的诸种产物"。结果，"在行动的诸种事务里，真理或者实践上的操行端正，对于全体来说是一样的，但不是就具体的人或事物而言，而是就共同原则而言"；而在思辨的事务（主要与必然性事物相关）中，"真理对于所有人来说都是一样的，就原则和结论而言，概莫能外"。

真理的标准或标志的问题似乎并未受到关注真理之本性的那些人的同等关注。在一个极端，对于古代人来说，它似乎根本就不是一个问题。在另一个极端，对于詹姆士来说，它似乎是核心性的问题。在詹姆士与布拉德雷及罗素展开的关于实用主义真理理论的争论中，某种混淆可能源自下面这一事实：詹姆士很少讨论真理是什么（除非论及我们如何知道何谓真），而他的对手们则在讨论真理的本性时经常忽略真理标志的问题。对于詹姆士来说，最重要的并不是真理在于与实在的符合，而是"真的观念是那些我们可以同化、批准、确证和证实的观念"。而我们是否能同化、批准或证实一个观念，又有赖于其后果，或者对思想或对行动，或者对詹姆士所谓"经验条件下的真理的现金价值"。

在《心理学原理》中，詹姆士提出了他关于一种真观念的权宜性的理论的另一个方面，他后来在《实用主义》中发展了这个方面。我们的诸观念或诸理论不仅仅必须"能够令人满意地解释我们的感性经验"，它们也能因它们"对我们的各种审美的、感情的和能动的需求"的吸引力而被衡量。这条附加标准成为许多争论的主题。若抛开这条附加标准不谈，实用主义的真理理论是就"如何区分某事物是真是假"这一问题提出的有代表性的传统解答之一。该理论留意于外在的标志——不是观念或思想本身的某种特征，而是其后果。

J. S. 穆勒写道："对真实而强劲的思想的检验是成功地运用于实践，那种思想肯定真理而不是肯定梦想。"类似地，弗兰西斯·培根说，"在所有标志中，没有比所产生的结果更确定或更有价值的了，因为成果和后效可以说就是哲学真理的担保和凭单"。那认为学习的目的在于对真理进行沉思的人将"向自己提出：他自己的心灵和知性的满足就是真理的检验标准，是久已为人知晓的诸事物的原因"。只有那些认识到"诸科学的真实且合法的目标就是赋予人的生活以新的发明和财富"的人，才会使真理接受下面这种考验：真理引向"效果的某种新的预示"。对于培根来说，将效果视作"真理的保证"，等于宣布真理与效用"全然同一"。

通过求助于观察或种种感性证据来进行证实，这可能会被视作以思想的后果来检验思想之真理的一种方式，但这种方式也将矛盾律作为真理的一个标准包括在内。例如，亚里士多德建议，"只有当诸理论所确定的东西与被观察到的诸事实相一致时"，我们才能接受它们为真，他其实是说，当一种特殊的知觉无可辩驳——因为被观察到的事实是显而易见——的时候，与它相矛盾的一般性的或理论性的陈述就必定是错的。

但矛盾律作为真理的一条标准，远不止于以诸理论与观察的一致性来检验它们。"如果肯定其为真无非是若否定它就为假"，那么两个互相矛盾的陈述中必定有一个是错的，而另一个必定是对的。海森堡指出量子力学里的不确定性作为这一公理的一个例外。他写道："在量子论中，'排中律'法则——讲的是在两个互相矛盾的项之间没有中项——"需要被修正"。

即便是一条单一的陈述也会因为自相矛盾而成为错的，从而，也可据此推出它的反面为真。亚里士多德所谓的公理或自明的和无可辩驳的真理，就是那些可以直接确定为真且必然为真的命题，因为它们的对立命题是自相矛盾的，因而是不可能的或必然为假的命题。依据矛盾律，任何一个命题，只要它既非自明公理，亦非关于一件显而易见的、被感知到的事实的陈述，其真值都要接受它与诸公理或诸知觉的一致性的检验。

与诸后果或诸结果相反，矛盾或一致作为真理的一个标志，这似乎是一条内在的标准。但这条标准并非普遍被接受的。帕斯卡写道，"矛盾不是错误的标志，没有矛盾也不是真理的标志"。即使是在被接受的情况下，它也并不总是被认为足以解决这一问题。对于康德来说，它"仅仅只是真理的一条纯逻辑的标准……它是 condition sine qua non，或一切真理的否定性条件。逻辑所能做到的，仅止于此；而且它无法检验出那些不依赖于认知的形式而依赖于认知的内容的错误"。

一些思想家似乎倚重一种内在的标志，认为每一种观念都得凭借它来揭示自己的对或错。比如奥古斯丁就在考虑他以什么标准才能得知摩西所言属实。他写道："如果我知道这一点，我一定不是从他那里得到这一知识的。但在我内心深处，在我最亲近的思想里，真理——它既不是希伯来语的，也不是希腊语的，也不是拉丁语的，也不是任何外国语的——将会对我言说，尽管不是以唇舌形成的音节来言说。它悄然私语：'他说出了真理'。"

对于奥古斯丁来说，上帝是对那清楚地意指真理的内在声音的担保。对于斯宾诺莎来说，一个观念的真取决于它与上帝的关系。因为"只要上帝由人类的本性表现出来，我们内部的一个真观念就是在上帝那里充足的东西"，根据斯宾诺莎的看法，由此就可以推出，"有一个真观念者同时知道他有一个真观念，他也无法怀疑其真实性"；因为"那真切知晓一事物的人同时对于他的知识具有一种充足的观念或一种真知识，也就是说（这是自明的）他必须确信"。

斯宾诺莎主张，具有一种真观念却并不同时知道它是真的，是不可能的。他对"一个人如何知道他具有一种与其所及事物相一致的观念"这个问题的回答是："他知道这一点，仅仅是因为他具有一种与其所及事物相一致的观念，这就是说,因为真理是它自己的标准。"因为——斯宾诺莎问道——还有什么要"比作为真理之衡量标准的一个真观念"更清楚"或更确定的呢？正如光既揭示了它自身,也揭示了黑暗,因此真理同时是它自身和错误的衡量标准"。

斯宾诺莎将一个充足的观念定义成这样一种观念:"只要它被从其本身来考虑,而不涉及对象,那么它就具有一个真观念的所有属性或内在标志。"此外他还解释说,"内在的"所意指的,甚至是将"观念与其对象的一致"排除在外。他认为这回应了如下反对意见:"如果一个真观念仅仅是在它被认为与它作为观念所及的事物相一致的时候,才与一个假观念区分开来,那么真观念将没有任何优于假观念的实在性或完善性了(因为他们只是通过外在的标志区分开来的),而结果就会是,具有真观念的人将根本不比具有假观念的人拥有更大的实在和圆满。"

尽管笛卡尔和洛克也采用了真理的内在标准——不是观念的充足性,而是其清楚与明白——,他们似乎并不是像斯宾诺莎那样认为一个单一的观念就其本身而言可以为真为假。像他们之前的亚里士多德和之后的康德一样,他们认为,严格地说,一个简单的观念或概念既不能是真的,也不能是假的。

洛克写道:"真理和谬误……只属于命题"——属于肯定或诸否定,而它们都至少包含两个观念;或者就像康德说的,"真理和错误……只能奠基于判断",这解释了为什么"感官不会错,这并非因为它们总是判断正确,而是因为它们根本不判断"。

尽管如此,对于洛克来说,那进入命题之构成的诸观念的清晰与明白使得心灵能够直观地、确定地判断其真理。当观念清晰、明白时,"心灵直接由两个观念本身就感知到它们的一致或不一致了……心灵仅凭直观,在初次接触诸观念时就感知到了这种真理……而且这种知识是最清晰、最确定的知识,即使脆弱的人心也能够拥有"。

真理的标准问题有时与错误的原因问题紧密地联系在一起。笛卡尔踏着很自然的步伐从一个走到另一个。既已决定,"我们非常清楚明白地构想到的事物都是真的",他就提醒自己,"在确定哪些是我们明白地构想的事物上,有点困难"。对笛卡尔来说,人为什么会犯错误是件颇为神秘莫测的事情,因为在他看来,人类理智既然是上帝创造的,它必定自然而然不易犯错误,作为上帝设计的工具,人类理智应当不易错过真理,而不是易于落入无知或错误。

笛卡尔反思道:"如果我们并不知道一切在我们之内具有实在性与真理的事物,都是从一个完美的和无限的存在者那里来的,那么不论我们的观念有多么清楚和明白,我们都不会有任何理由向我们自己保证:它们具有为真这种完美性。"但一旦我们"认识到有一位上帝……并且认识到万物依赖于他,而且他不是一个欺骗者",我们就能推断出,我们"清楚明白地感知到的"一切"都不会不是真的"。

那么我们的诸种错误的根源是什么呢？笛卡尔写道:"我的回答是,它们依赖于对两种原因的结合,也就是依赖于居于我们内部的知识机能(faculty of knowledge),并依赖于进行选择的能力或者自由意志。"这两者中的每一种在其自身的领域之内都是完美的,单单意志或单单知性都不会使我们落入错误。笛卡尔宣称:"既然除了借助上帝给予我进行理解的能力之外,我无法理解任何事物,那么毋庸置疑的就是,我像我应该的那样在理解我所理解的一切,而且我在这上面犯错误也不是不可能的。"

麻烦在于意志与理智的关系。"因

为意志在幅度和范围方面要比知性宽广得多,所以我并不将它限定在同样的界限之内,而是将它也扩展到我并不理解的一些事物上去。"笛卡尔说,如果我在施行自由的时候,并没有"抑制自己去赞同某些事物(关于这些事物,上帝没有在我的知性中放置一种清楚、明白的知识)",这不是上帝的错。但只要"我将自己的意志限定在知识的诸界限之内,使得它除了在知性清楚、明白地表现给它的那些事物上形成判断之外,不形成任何判断,那么我就永远不可能受欺骗"。

对于错误,还有其他一些解释,但不如笛卡尔的这么精细;这些解释在下面这一点上是相似的——在人类诸机能的某种结合里,而不是在它们单独的和分离的运作中寻找原因。苏格拉底向泰阿泰德解释说,当感官与心灵不以合适的方式运作时,错误的意见就会产生。亚里士多德提出,想象力不断地误导心灵。阿奎那从神学家的立场来看待这个问题,主张亚当在堕落之前的无罪状态下是不会受骗的。他写道:"当灵魂仍然受制于上帝时,人的一些低等的能力受制于高等的能力,并且不会成为它们的行动的障碍。"但生来有罪的人却可能受骗,这不是因为理智本身的问题,而是"某种低等的能力,比如想象力一类"的捉摸不定的影响所产生的结果。

对卢克莱修来说,感官——而非心灵——是不会错的。他将错误归于理性的疏失,后者误解了感官据实反映的印象。他问道:"还有什么比我们的感官在标识真假事物方面更为确定的呢?"他解释说,理智,而非感官,对诸种幻象和幻觉负有责任。"不要将判断方面的瑕疵归结到你的眼睛上。"

笛卡尔等其他著作家采取了相反的观点:较之理智,感官不可信任。还有蒙田等其他一些人似乎认为,就人类诸能力来说,错误和谬论(而不是任何种类的不可错性)是十分自然的,而且错误和谬论既困扰感性也困扰理性。帕斯卡说:"若不通过领受恩惠,人就满是自然的和不可抹去的错误。没有任何东西向他显示真理。一切都在欺骗他。真理的两大来源——理性与感官——不但各自缺少诚实,而且还相互欺骗。"

在估价人的能力或缺陷时,上述观点各走极端,与此对照,洛克温和言述值得深思。他写道:"尽管世人关于错误与意见嘈杂陈言,我必须给予人类应有的评价,我要说,事实上并没有像通常假定的那么多的人犯有错误和持有错误的意见。倒不是因为我认为他们拥有真理;倒是因为,说到这些他们纷纷攘攘横加议论的学说,他们其实根本没有什么想法,没有什么意见……尽管我们不能说,世上没有很多很多匪夷所思的看法和错误的意见,但是确定无疑的是,当真赞同它们,把它们误当作真理的,要比想象中的少些。"如普朗克所见,"一条新的科学真理的取胜,与其说是通过使其反对者信服并使他们看到真理之光,毋宁说是因为其反对者最后死去了,而熟悉它的新一代现在长大成人"。

分 类 主 题

1. 真理的本质:真理的符合一致的理论
  1a. 真理的标志或标准:证真的方法
  1b. 真理与存在(或实在)的关系
  1c. 真、善、美的关系

94. 真 理

2. 真与假的模式

  2a. 头脑中的真假与事物中的真假之间的关系:逻辑真理与本体论真理的关系

  2b. 陈述的真理和示意的真理之间的区分:实在真理与语词真理间的区分

  2c. 理论真理和实践真理的比较:合乎实存与合乎正当欲望

  2d. 属人真理和属神真理的比较:有限真理和无限真理

  2e. 真理与或然性的区分:这个区分与知识与意见之间的区分的关系

3. 与人类认识和学习相关的真理与错误

  3a. 感受官能的理解中的真理

    (1)感觉的真理:感知判断

    (2)记忆与想象中的真理

  3b. 心智活动中的真理

    (1)观念中的真理:概念与定义

    (2)命题的真理:有关未来偶然性之判断的特殊问题

    (3)推理中的真理:前提条件的真理与结论的真理;逻辑有效性和有关实在的真理

  3c. 矛盾律作为判断和推理中的真理基础:互补律作为矛盾律的延伸

  3d. 错误的本质和原因

    (1)感觉和心智的可错性:它们不会错的运用领域

    (2)人的感知和心智中的错误之本质和来源

    (3)纠正和防止思维中的错误的规则

4. 就与真理相关性比较不同学科

  4a. 科学中的真理和宗教中的真理:理性的真理和信仰的真理

  4b. 科学中的真理和诗歌中的真理:事实的真理和虚构的真理

  4c. 形而上学、数学和经验科学中的真理:在几门思辨学科中的原则的真理、假设的真理和结论的真理

  4d. 修辞和辩证法中的真理与或然性

5. 永恒真理和真理的可变性

6. 在人类的学习进程中,真理的积累或添加,错误的纠正

7. 对真理的怀疑论的否认

  7a. 认识真理的不可能性:一切人的判断均限制于或多或少的或然性,对公理的否认和对证明之可能性的否认

  7b. 面对怀疑论而捍卫真理

8. 真理的道德方面和政治方面

  8a. 说谎和伪证:说谎或作伪证的非正义性

  8b. 政治谎言的权宜性:说谎的使用

  8c. 与爱和友谊相关的真与假:快乐的真理和不快乐的真理

  8d. 公民自由作为发现真理的先决条件:思想和讨论的自由

  8e. 对真理的爱和追求真理的义务:智术士和哲学家之间的道德分别;为真理而殉身

[徐志跃 译]

索引

本索引相继列出本系列的卷号〔黑体〕、作者、该卷的页码。所引圣经依据詹姆士御制版，先后列出卷、章、行。缩略语 esp 提醒读者所涉参考材料中有一处或多处与本论题关系特别紧密；passim 表示所涉文著与本论题是断续而非全部相关。若所涉文著整体与本论题相关，页码就包括整体文著。关于如何使用《论题集》的一般指南请参见导论。

1. **The nature of truth: the correspondence and coherence theories of truth**

    6 Plato, 85–89
    7 Aristotle, 531
    17 Aquinas, 74–75, 94–100, 103–104
    21 Hobbes, 56
    28 Descartes, 309, 315–319 passim
    28 Spinoza, 589, 622–623
    33 Locke, 329–331
    39 Kant, 36–37
    55 James, William, 13–18, 41–57
    55 Russell, 280–287 passim

1a. **The signs or criteria of truth: methods of verification**

    6 Plato, 421–422
    7 Aristotle, 361, 397
    8 Aristotle, 343–344, 433–434
    9 Galen, 360–361
    11 Lucretius, 48
    16 Augustine, 95–96
    17 Aquinas, 175–178
    21 Hobbes, 165
    23 Montaigne, 300–302
    26 Harvey, 322–323
    28 Bacon, 57–58, 107–108, 116–117, 128, 137–195 passim
    28 Descartes, 224–225, 349–351, 379, 383–384, 394, 432–433, 436, 463–464
    28 Spinoza, 620–623, 687
    30 Pascal, 356–366, 435–436
    32 Newton, 271
    33 Locke, 93–94, 305, 323–326, 362
    33 Hume, 487, 488–491
    35 Rousseau, 348
    39 Kant, 77, 85–87, 146–149, 153
    40 Mill, 446–447, 461, 463
    42 Lavoisier, 1
    43 Hegel, 2, 77–78
    53 James, William, 141–142, 636–660
    55 James, William, 41–57
    55 Wittgenstein, 435–437
    59 Proust, 391–394

1b. **The relation between truth and being or reality**

    6 Plato, 71–74, 368–373, 423–424, 447, 507–509, 534–536, 537, 561–577
    7 Aristotle, 20, 72–73, 550, 577–578
    11 Plotinus, 528–529
    16 Augustine, 61–63, 381
    17 Aquinas, 96, 99–100, 107–108, 238–239, 467–468, 604–607
    28 Descartes, 452–453, 487
    28 Spinoza, 609, 617–619
    33 Locke, 330
    39 Kant, 36–37, 91–93, 102–103
    43 Hegel, 118, 163
    53 James, William, 638–643
    55 James, William, 13–15, 38–41
    55 Russell, 281–282
    55 Heidegger, 307

1c. **The relation of truth, goodness, and beauty**

    6 Plato, 124–129, 167, 383–388, 556–559, 561, 630–631, 637–638, 654–662
    7 Aristotle, 663–664
    11 Epictetus, 132–133, 227
    11 Aurelius, 250
    11 Plotinus, 310–311, 323–327, 653–654
    17 Aquinas, 25–26, 94–95, 97, 424–425, 434–435, 626–627, 657–658, 737, 747–748
    18 Aquinas, 608–609
    28 Bacon, 26–27
    33 Locke, 319
    34 Diderot, 289–291
    43 Hegel, 48, 294–295
    43 Nietzsche, 480
    52 Dostoevsky, 160–161
    55 James, William, 16–18
    55 Whitehead, 179–180
    59 Joyce, 632–633

2. **The modes of truth and falsity**

2a. **The distinction between truth and falsity in the mind and in things: logical and ontological truth**

    7 Aristotle, 546
    17 Aquinas, 99, 100–101, 125
    28 Descartes, 352–353
    33 Locke, 243
    55 James, William, 46–50
    55 Whitehead, 209–210
    56 Heisenberg, 447–449

2b. **The distinction between truth of statement**

and truth of signification: the distinction between real and verbal truth

7 Aristotle, 525
17 Aquinas, 99–100
21 Hobbes, 56
28 Spinoza, 624–625
33 Locke, 244–248 passim, 323–326 passim, 330
53 James, William, 880–882

2c. The distinction between theoretical and practical truth: conformity to existence and conformity to right desire

7 Aristotle, 512
8 Aristotle, 339–340, 387–388
18 Aquinas, 39–40, 223–224
21 Hobbes, 78
23 Erasmus, 17–19
28 Descartes, 352, 432–433
33 Locke, 331
39 Kant, 190–191, 253, 264, 271, 283–287, 291–297, 310, 319–321, 329–337, 388, 596–598
43 Hegel, 2–3
44 Tocqueville, 228
53 James, William, 643–645, 655–659, 886–888
55 James, William, 9–18 passim, 42–43
55 Russell, 255–260
55 Barth, 490–492, 518

2d. The comparison of human and divine truth: finite truths and the infinite truth

Old Testament: *Psalms,* 119:142,160 / *Proverbs,* 30:5–6
New Testament: *John,* 7:14–18; 8:12–59; 14:6,16–17; 18:37–38 / *Romans,* 1:18–25 / *I Corinthians,* 1:17–2:16 / *Ephesians,* 4:21–24 / *II Thessalonians,* 2:10–14 / *I Timothy,* 2:3–4; 3:15 / *James,* 5:19–20 / *I John,* 3:18–19; 5:5–12
16 Augustine, 19, 35, 114, 707, 714–715
17 Aquinas, 97–100, 550–551, 628
18 Aquinas, 216–217
19 Dante, 95, 114, 117
20 Calvin, 1–100, 340–346, 398–399, 402–403, 415–423
23 Montaigne, 132–134, 249–250, 306–307
28 Spinoza, 619
29 Milton, 219–220
43 Hegel, 371–372
43 Kierkegaard, 436–453 passim esp 436–439
51 Tolstoy, 216–218
53 James, William, 671
55 Barth, 461–462, 481–483

2e. The distinction between truth and probability: its relation to the distinction between knowledge and opinion

6 Plato, 370–373, 517, 527, 531–532, 633–635
7 Aristotle, 97–99, 102–103, 104, 119, 121–122, 563–564

8 Aristotle, 391, 596–597, 652–653
15 Copernicus, 505–506
17 Aquinas, 56–57, 422–423
18 Aquinas, 36–37
23 Montaigne, 311–313
28 Descartes, 224–226, 301–304, 321–322
28 Spinoza, 622–624
30 Pascal, 205–217 passim
33 Locke, 316, 322–323, 331–336, 365–366, 371–372, 378–379
39 Kant, 1–4, 228, 240–243, 600–604
42 Faraday, 299
43 Hegel, 51–56, 134–135

3. Truth and error in relation to human knowing and learning

3a. Truth in the apprehensions of the sensitive faculty

3a(1) The truth of sensations: judgments of perception

6 Plato, 392–393, 431, 622–626
7 Aristotle, 530, 591, 649, 659–660, 680
11 Lucretius, 47–49
17 Aquinas, 102, 458–459
23 Montaigne, 325–326
26 Harvey, 333
28 Bacon, 109, 111
28 Descartes, 235, 277, 301–303, 327–329, 432–433
28 Spinoza, 617–618, 622
33 Locke, 324, 355
33 Berkeley, 415–416, 429–430
33 Hume, 504–506
39 Kant, 108–109
53 James, William, 460–471, 475–478, 508–520, 521–522, 565, 593–626, 648, 780–785
54 Freud, 430
55 James, William, 36–41
55 Whitehead, 167–170
55 Russell, 243–256, 278–279
55 Wittgenstein, 419–430
56 Planck, 93–96

3a(2) Truth in the memory and imagination

6 Plato, 538–541
7 Aristotle, 660
17 Aquinas, 288
27 Cervantes, 1–502 passim
28 Descartes, 301–303
28 Spinoza, 615, 623–624
30 Pascal, 186–189
33 Locke, 357
37 Gibbon, 88
47 Dickens, 76
48 Twain, 274–275
51 Tolstoy, 294–295
53 James, William, 240–241, 480–484, 498–499, 527–538, 662–663
54 Freud, 341–343, 597–599
55 Russell, 279–280

59 Chekhov, 197-198
60 Fitzgerald, 341-342

3b. Truth in the acts of the mind

6 Plato, 386-388, 536-544
7 Aristotle, 662-663
16 Augustine, 316-317
17 Aquinas, 94-96, 458-459, 505-506, 690
28 Descartes, 308-312, 315-319, 349-351, 455-456
28 Spinoza, 623, 625-628
39 Kant, 110-112, 115-119, 233-234
53 James, William, 867-868

3b(1) The truth of ideas: concepts and definitions

6 Plato, 85-114 passim, 323-324, 809-810
7 Aristotle, 25, 192, 194-211 passim, 546-547, 577-578
16 Augustine, 96, 735
17 Aquinas, 303-304, 451-453
21 Hobbes, 56
26 Galileo, 200
28 Descartes, 308-312, 356, 357-358, 382-384
28 Spinoza, 591, 607
30 Pascal, 373, 430-431
33 Locke, 238-248 passim
39 Kant, 85-87, 179-182, 215-217, 570-572
43 Hegel, 9-10
53 James, William, 299-302, 305-312, 669-671
55 James, William, 36-37

3b(2) The truth of propositions: the special problem of judgments about future contingencies

6 Plato, 561-577
7 Aristotle, 6, 8-9, 25, 26-36 passim, 531-532, 550, 660
8 Aristotle, 387-388
17 Aquinas, 74-75, 86-88, 89-90, 95-96, 102-104, 297-298, 457-458, 463-464, 505-506
18 Aquinas, 39-40
19 Chaucer, 244
21 Hobbes, 56, 57
28 Bacon, 54-55, 57-58
28 Descartes, 316-317, 349-351, 382-383, 441-442
28 Spinoza, 626-628
33 Locke, 243-244, 247-248, 331, 336
33 Hume, 458
39 Kant, 99-100, 193
44 Tocqueville, 381-383
46 Eliot, George, 233
53 James, William, 671-672, 889-890
55 James, William, 22
55 Whitehead, 231-232
55 Russell, 276-277
55 Wittgenstein, 344-345, 417-419, 434-439

3b(3) Truth in reasoning: the truth of premises in relation to the truth of conclusions; logical validity and truth about reality

6 Plato, 65-84, 236-238

7 Aristotle, 72-77, 104-105, 106-107, 335-336
8 Aristotle, 339-340, 696
9 Galen, 370-371
11 Epictetus, 106-107
16 Augustine, 733-735
17 Aquinas, 443-444
21 Hobbes, 58-59, 65
23 Erasmus, 20-21
28 Bacon, 57-58, 59-60
28 Descartes, 226, 352-353
39 Kant, 36-37, 64-65, 110-111, 180-182, 211-218
41 Boswell, 134
53 James, William, 867-882
55 James, William, 5-9, 13-15
55 Whitehead, 159
55 Russell, 260-264, 278-279
56 Einstein, 195-196
58 Weber, 195-196
58 Lévi-Strauss, 443

3c. The principle of contradiction as the foundation of truth in judgment and in reasoning: the principle of complementarity as an extension of the principle of contradiction

6 Plato, 72-73, 350-351, 527-528
7 Aristotle, 19, 86-87, 105-106, 524-531, 590-592
17 Aquinas, 302-303
28 Bacon, 59-60
28 Descartes, 308
33 Locke, 99, 100, 113, 337-338
39 Kant, 64-65, 174
53 James, William, 639-641
55 Russell, 270
56 Bohr, 315, 340-344, 347, 351-352
56 Heisenberg, 396, 447-449

3d. The nature and causes of error

3d(1) The infallibility of the senses and the mind: the respects in which they are incapable of error

6 Plato, 224, 539-540
7 Aristotle, 530, 578, 648-649, 659-661, 665-666
11 Lucretius, 10
17 Aquinas, 102-103, 458-459
28 Descartes, 244-245, 303-304, 309, 315-319, 350, 441-442, 455-456
28 Spinoza, 622-628 passim
33 Locke, 239, 245-246
33 Berkeley, 420
39 Kant, 108, 233-234
53 James, William, 125-126, 361
55 Russell, 265, 284-287
59 Shaw, 51-52

3d(2) The nature and sources of error in human perception and thought: the distinction between error and ignorance

6 Plato, 224–225, 520–522, 536–544, 557–558, 622–626
7 Aristotle, 66, 85–89, 101–102, 106–107, 109–111, 182, 220–221, 227–253, 528–529, 577–578, 659, 702–706
8 Aristotle, 356–357, 359, 391–392
11 Lucretius, 47–49
13 Plutarch, 816–817
16 Augustine, 582–583, 707
17 Aquinas, 100–104, 450–453, 477–478, 505–506
18 Aquinas, 19–21
19 Dante, 107
20 Calvin, 272
21 Hobbes, 51–52, 57, 78–79, 139, 258
23 Montaigne, 309–334, 560–561
25 Shakespeare, 608–609
26 Gilbert, 105
26 Harvey, 333, 335, 411
28 Bacon, 13–15, 16, 43–44, 51, 60–61, 66, 98, 107, 109–117, 119–125, 128
28 Descartes, 301–307 passim, 315–319, 326–329, 349–352, 441–442, 455–456
28 Spinoza, 615, 619–620, 621–622, 624–628 passim, 658–659
30 Pascal, 186–189
31 Moliere, 181–224, 226–274 esp 256–258
33 Locke, 193–197, 248–251, 290–300 passim, 342–344 passim, 378, 388–394
33 Berkeley, 405–412 passim, 429–430
33 Hume, 469
39 Kant, 133–134, 200–209, 219–220, 224–227, 260–261, 294–295, 302
40 Federalist, 29–30, 103–104, 122
43 Nietzsche, 474
44 Tocqueville, 116–117
46 Austen, 55–57, 163
46 Eliot, George, 560–561
48 Melville, 194
53 James, William, 240–241, 264–268, 460–469, 506–520 passim, 533–538, 610–625
54 Freud, 148–149, 210, 337, 354–355, 379, 472, 760–761, 819
55 Whitehead, 167–170
55 Russell, 280–287
56 Planck, 86–92 passim
58 Huizinga, 329–330, 334
60 Kafka, 117–118

3d(3) Rules for the correction or prevention of error in thought

6 Plato, 582–584, 610–613
7 Aristotle, 143–223, 227–253
11 Epictetus, 106–107
21 Hobbes, 58–60
26 Harvey, 268, 331–332
28 Bacon, 11–17, 33–34, 47–49, 51, 60–61, 64–66, 105–195
28 Descartes, 224–247, 265–291, 301–303, 329, 432
30 Pascal, 430–434
33 Locke, 300–306

33 Berkeley, 405–412 passim
33 Hume, 453–454
39 Kant, 5–13, 101, 129–130, 209–211, 218–227, 248–250, 293–294
40 Mill, 276–277, 283–288 passim

4. Comparison of the various disciplines with respect to truth

4a. Truth in science and religion: the truth of reason and the truth of faith

16 Augustine, 375, 592
17 Aquinas, 3–4
18 Aquinas, 338–339, 380–384, 392–394, 399–400, 409
19 Dante, 91–92 passim
20 Calvin, vii–xii, 13–16, 253–279 esp 256–257, 259–261
21 Hobbes, 274
23 Montaigne, 249–250, 252–255, 279–280, 331–334
28 Bacon, 33, 55, 95–101
28 Descartes, 351–352, 510
30 Pascal, 147–148, 163–166, 248–250, 339, 342–343
33 Locke, 340, 380, 383
33 Hume, 497
37 Gibbon, 190
39 Kant, 601–607
40 Mill, 455
43 Hegel, 165–166, 371–372
51 Tolstoy, 196–197, 695–696
53 James, William, 864
54 Freud, 874–881
55 Whitehead, 138–144, 221–226
55 Barth, 508–509
56 Planck, 109–117 passim
58 Weber, 226–231
59 Shaw, 79–80

4b. Truth in science and poetry: the truth of fact and the truth of fiction

5 Herodotus, 71–73
5 Thucydides, 354
6 Plato, 52–57, 320–324, 427–431, 561, 577–579, 660–662
8 Aristotle, 696–698
13 Plutarch, 390
19 Dante, 20–21
19 Chaucer, 284–285, 310, 349
21 Hobbes, 67
23 Montaigne, 95–96, 239–241, 298–299
24 Shakespeare, 370–371
27 Cervantes, 217–228, 255–259
28 Bacon, 38–39
28 Descartes, 267
37 Gibbon, 88, 186
41 Boswell, 282
43 Hegel, 302–303
51 Tolstoy, 405–406
53 James, William, 641–643
54 Freud, 692–693

55 Whitehead, 171-177
59 Pirandello, 244, 258-261

4c. **Truth in metaphysics, mathematics, and the empirical sciences: the truth of principles, hypotheses, and conclusions in the several speculative disciplines**

6 Plato, 383-388, 391-398, 633-635
7 Aristotle, 120-121, 609
8 Aristotle, 283-284
15 Ptolemy, 429
15 Copernicus, 505-506
15 Kepler, 888-890
21 Hobbes, 59, 269
28 Bacon, 48-49
28 Descartes, 271-272, 290
33 Locke, 315-323 passim
39 Kant, 15-16, 17-19, 217, 245-248, 311-313, 351-352, 388
40 Federalist, 103-104
40 Mill, 283-284, 445
49 Darwin, 590
53 James, William, 862-866, 870-878, 882-886
54 Freud, 661-662, 873-875
56 Poincare, xv-xvi
56 Planck, 86-88, 91-92
56 Whitehead, 129-130
56 Einstein, 195-196, 231-232

4d. **Truth and probability in rhetoric and dialectic**

4 Euripides, 538
5 Thucydides, 425
6 Plato, 39-42, 65-84, 131-141, 200, 252-294, 386-388
7 Aristotle, 143, 523
8 Aristotle, 594, 596-597, 652-653
16 Augustine, 24, 735-736, 761-762, 768-769
28 Bacon, 12
28 Descartes, 238-239
33 Locke, 299-300
40 Mill, 292-293
55 Barth, 512-514

5. **The eternal verities and the mutability of truth**

Old Testament: *Psalms*, 119:160 / *Proverbs*, 8:22-30
Apocrypha: *Wisdom of Solomon*, 7:24-26 / *Ecclesiasticus*, 24:9
New Testament: *II John*, 2
6 Plato, 113-114, 125, 528
7 Aristotle, 8-9, 104, 512
16 Augustine, 3, 115-116, 706-707, 736-737
17 Aquinas, 99-100
18 Aquinas, 216-217
28 Bacon, 27-28
28 Descartes, 319-320, 442-443, 455
28 Spinoza, 590-591, 597
33 Locke, 308-309, 358
43 Hegel, 1-2, 6-8, 119, 184
50 Marx-Engels, 428

51 Tolstoy, 216-218
53 James, William, 879-882, 889-890
55 James, William, 54-57
55 Barth, 519-520

6. **The accumulation or accretion of truth, and the correction of error, in the progress of human learning**

7 Aristotle, 253, 506, 511-512, 513, 606
8 Aristotle, 165
9 Galen, 374-378, 413-414, 432-433
15 Kepler, 846-850
16 Augustine, 315-316, 318-320, 737-738
18 Aquinas, 236, 385-387
21 Hobbes, 114-115, 164, 267-269 passim, 282
23 Montaigne, 311, 316-318
26 Gilbert, 2
26 Harvey, 267-269, 279-280, 293, 306, 331-332, 364-365, 377, 433, 457
28 Bacon, 14-15, 47-48, 64, 121, 125-130 passim
28 Descartes, 265-291
29 Milton, 381-412
30 Pascal, 357-358
33 Locke, 85, 89
34 Swift, 118-119
35 Rousseau, 330
37 Gibbon, 23-24
38 Gibbon, 274, 298-300
39 Kant, 5-6, 248-250, 513-514
40 Mill, 274-293 passim
41 Boswell, 129
42 Faraday, 240
43 Nietzsche, 463-474 passim
44 Tocqueville, 228
46 Eliot, George, 301-302, 308-309, 430
51 Tolstoy, 342-343
54 Freud, 550-551, 880-881
55 James, William, 35-36, 47-48, 52
55 Whitehead, 135-234 passim esp 135-144, 153-162
55 Barth, 509, 517-533
56 Poincare, 46-52
56 Bohr, 354-355
58 Frazer, 38-40, 69-71
58 Weber, 113-114
59 Shaw, 121-122

7. **The skeptical denial of truth**

7a. **The impossibility of knowing the truth: the restriction of all human judgments to degrees of probability; the denial of axioms and of the possibility of demonstration**

6 Plato, 86, 107-109, 236-238, 517-532 passim
7 Aristotle, 99, 524-532, 590-592
11 Lucretius, 48
11 Epictetus, 155-157
16 Augustine, 40-41
17 Aquinas, 440-442

23 Montaigne, 248–334, 358–359, 539–545, 560–562
28 Bacon, 57–58
28 Descartes, 498–499
30 Pascal, 181–184, 238–239
33 Berkeley, 432–433
33 Hume, 460–466, 477
39 Kant, 129–130, 294–295
43 Hegel, 2, 24, 89–90, 165–166
43 Nietzsche, 465, 506–509
45 Goethe, 1, 4–5, 20
50 Marx-Engels, 428
51 Tolstoy, 194–195
53 James, William, 884–886
54 Freud, 881–882
55 Bergson, 84–85
55 Barth, 503–504
59 Joyce, 650–656

7b. The defense of truth against the skeptic

6 Plato, 179–183, 517–532
7 Aristotle, 525–532, 590–592
11 Lucretius, 48–49
11 Epictetus, 155–157
16 Augustine, 592
17 Aquinas, 94–95, 453–455
28 Bacon, 13, 115–116
28 Descartes, 321–322, 432–433, 498–499
30 Pascal, 238, 349–351
33 Locke, 94–95
33 Berkeley, 404, 405, 429–431, 432–433
33 Hume, 454–455, 507–508
39 Kant, 218–222, 224–227, 311–313
41 Boswell, 126
43 Hegel, 3–5
54 Freud, 881–882
55 Bergson, 84–85
55 Whitehead, 155–156
55 Russell, 287–291 passim esp 290–291
56 Planck, 92

8. The moral and political aspect of truth

8a. Prevarication and perjury: the injustice of lying or bearing false witness

Old Testament: *Genesis*, 4:8–10; 27; 39:7–20 / *Leviticus*, 6:2–7 / *Deuteronomy*, 5:20; 19:15–21 / *II Chronicles*, 18 / *Psalms*, 50:16–21; 52:1–5; 120:1–3 / *Proverbs*, 12:17–22; 26:18–28 / *Isaiah*, 59 passim / *Jeremiah*, 9:1–9; 23:16–40 / *Zechariah*, 8:16–19 / *Malachi*, 3:5–18
Apocrypha: *Ecclesiasticus*, 7:12–13; 20:18, 24–26 / *Susanna*
New Testament: *Matthew*, 5:33–37; 26:55–75 / *Mark*, 14:48–72 / *Acts*, 5:1–10; 6:11–15 / *I Timothy*, 4:1–3
4 Sophocles, 114–117, 234–254
5 Herodotus, 201–202, 217
6 Plato, 208–210, 783–784
8 Aristotle, 374–375, 621–622
11 Aurelius, 275–276

16 Augustine, 715–716
19 Dante, 13–14, 29–30, 128
20 Calvin, 187–188, 388
23 Montaigne, 63–64, 354–356, 363–364
30 Pascal, 67–69, 117–127
31 Molière, 193–194
31 Racine, 349–367
34 Swift, 146
34 Diderot, 286–288
37 Gibbon, 215–216
39 Kant, 260, 267–268, 269, 272
40 Mill, 455–456
41 Boswell, 124, 157, 372–373
43 Hegel, 51–56
48 Twain, 343–344
51 Tolstoy, 134, 304–305, 366–367
59 Shaw, 121–122
59 Mann, 507
60 Fitzgerald, 322–323, 380

8b. The expediency of the political lie: the uses of lying

3 Homer, 170–171, 432–433
4 Sophocles, 220–223, 235–236
5 Herodotus, 105, 186
5 Thucydides, 427
6 Plato, 323–324, 326, 340–341
12 Virgil, 99–105
13 Plutarch, 160–161, 357, 365–366
14 Tacitus, 256
19 Dante, 32–35
20 Calvin, 429–430
21 Machiavelli, 25–26
23 Erasmus, 15–16
23 Montaigne, 58–61, 346, 422–429
34 Diderot, 258
40 Mill, 277–278
41 Boswell, 212
48 Twain, 297–301 passim, 321–323
54 Freud, 197
59 Shaw, 59, 129
59 Conrad, 188–189
59 Mann, 499–500, 506–507
60 Orwell, 488, 495–496, 497–498, 499, 500, 502–504, 508–512 passim, 513–515, 517–518, 521

8c. Truth and falsehood in relation to love and friendship: the pleasant and the unpleasant truth

Old Testament: *Proverbs*, 11:9–13
New Testament: *I John*, 3:18–19
4 Sophocles, 111–132, 220–223, 245–246
4 Euripides, 543–544
6 Plato, 201–203, 234–235, 356–357, 622–631
11 Epictetus, 201–211 passim
17 Aquinas, 788–789
18 Aquinas, 255–257
19 Dante, 22–23, 32–35, 37–39
19 Chaucer, 366–368
20 Calvin, 115, 187–188
23 Montaigne, 360–361, 363–364

24 Shakespeare, 468–469
25 Shakespeare, 121–122, 313, 393–420, 607–609
30 Pascal, 191–192
31 Molière, 92–106, 112–113, 117–118, 120–121, 154–155, 168–171, 213–224, 265–267
31 Racine, 290–293, 360
41 Boswell, 94, 106, 299, 393, 402, 542
43 Kierkegaard, 450–451
46 Austen, 53–55, 58–59, 152–153, 160–162, 164–168, 175–176, 177–180
46 Eliot, George, 295–299, 313–314, 401–402, 448–449, 543–550, 555–560
48 Twain, 349–352, 364–366
49 Darwin, 315
51 Tolstoy, 310, 333–334
52 Dostoevsky, 21
52 Ibsen, 470–474, 483, 501–519 passim esp 506, 514
56 Hardy, 367
59 Proust, 340–342, 349, 352, 393–401
59 Cather, 438–439, 443
60 O'Neill, 202–209
60 Fitzgerald, 315

8d. Civil liberty as a condition for discovering the truth: freedom of thought and discussion

4 Sophocles, 164, 167
5 Herodotus, 216–217
6 Plato, 200–210 passim, 601–602
14 Tacitus, 189
20 Calvin, 177–179
21 Hobbes, 102–103
28 Descartes, 509
29 Milton, 381–412
33 Locke, 1–22
33 Hume, 497, 503
37 Gibbon, 669–671 passim
38 Gibbon, 300
39 Kant, 220–221
40 Mill, 274–293 passim, 297–298
41 Boswell, 221–224, 300–301, 512
43 Hegel, 108
44 Tocqueville, 92–96, 243–244
58 Weber, 164–165

8e. The love of truth and the duty to seek it: the moral distinction between the sophist and the philosopher; martyrdom to the truth

Old Testament: *Psalms*, 25:4–5; 43:3; 51:6; 119:30
Apocrypha: *II Maccabees*, 6:18–7:42
New Testament: *John*, 8:31–32 / *Acts*, 6:8–7:60 / *II Corinthians*, 13:7–8
5 Thucydides, 397
6 Plato, 54–55, 124–127, 179–180, 182–183, 200–212, 223–225, 234–235, 251, 370–373, 377–379, 518–519, 528–531, 551–579, 808–809
7 Aristotle, 523
8 Aristotle, 168–169
11 Epictetus, 109, 136, 150–151, 167–168, 175–176, 179–180, 183–187, 196–198, 201–211 passim, 222–224
11 Aurelius, 246–247, 248, 255–256
15 Kepler, 1009–1010
16 Augustine, 17–19, 37–38, 42–43, 76–77, 100–101, 333–334
17 Aquinas, 747–748
18 Aquinas, 1058–1061
19 Chaucer, 280, 450–455
23 Montaigne, 488–492
26 Harvey, 268, 331–332
28 Bacon, 117
28 Descartes, 235–236
29 Milton, 197, 331
30 Pascal, 276
33 Locke, 87, 384
37 Gibbon, 217–220, 327–328
39 Kant, 187–188, 221–222
40 Mill, 278–283
41 Boswell, 151, 221–224
43 Hegel, 292–293, 296–298
43 Nietzsche, 544
44 Tocqueville, 246
45 Goethe, 4
48 Melville, 22
52 Ibsen, 501–521
54 Freud, 125–127, 874–875
58 Weber, 103

交叉索引

以下是与其他章的交叉索引:

The nature of truth and its relation to being, goodness, and beauty, see BEAUTY 1b; BEING 4–4b; GOOD AND EVIL 1c; KNOWLEDGE 1, 4a; OPINION 3a.

The signs or criteria of truth and the methods of verification, see EXPERIENCE 4b; HYPOTHESIS 4d; IDEA 6c–6e; SENSE 5c.

The distinction between theoretical and practical truth, see JUDGMENT 2; KNOWLEDGE 6e(1); PHILOSOPHY 2a; PRUDENCE 2a; SCIENCE 3a; WISDOM 1b.

The comparison of human and divine truth, see GOD 5f; INFINITY 7d; KNOWLEDGE 7a; WISDOM 1d.

The distinction between truth and probability, and the related distinction between knowledge and opinion, see JUDGMENT 9; KNOWLEDGE 6d(1)–6d(3); NECESSITY AND CONTINGENCY 4a; OPINION 3–3b.

Truth and falsity in the apprehensions of the sensitive faculty, see MEMORY AND IMAGINATION 2e(4), 5c; PRINCIPLE 2b(1); SENSE 4d–4d(2).

Truth and falsity in the acts of the mind, see DEFINITION 1e; IDEA 6f; JUDGMENT 10; NECESSITY AND CONTINGENCY 4c; PRINCIPLE 2b(2); REASONING 3a–3c; TIME 6f.

The principle of contradiction as the principle of truth in judgment and reasoning, see LOGIC 1a; OPPOSITION 1d(1); PRINCIPLE 3a(3).

Error, its nature and causes, and the respects in which the human mind is fallible or infallible, see KNOWLEDGE 4a; MIND 5a; SENSE 4d, 4d(2); SIGN AND SYMBOL 6b; various methods of saving the mind from error, see KNOWLEDGE 5d–5e; LANGUAGE 6; LOGIC 5; MIND 5b; REASONING 3b–3c; SIGN AND SYMBOL 4c.

The contrast between truth in one discipline and truth in another, see DIALECTIC 5; HISTORY 3a; MATHEMATICS 1c; OPINION 4a; POETRY 8a(2); RHETORIC 5a; THEOLOGY 4b.

The eternity or immutability of truth, and the change or growth of truth in the tradition of human learning, see CHANGE 15a; ETERNITY 4c; KNOWLEDGE 10; PROGRESS 6c.

Expressions of skepticism and answers for the skeptic, see CUSTOM AND CONVENTION 9b; KNOWLEDGE 5c–5d; OPINION 3c; PRINCIPLE 5; RELATION 6b; UNIVERSAL AND PARTICULAR 7a.

Truth as a source of moral or spiritual freedom, see LIBERTY 3b; freedom of thought and discussion as a condition of discovering the truth, see KNOWLEDGE 9b; LIBERTY 2a–2b; OPINION 5b; PROGRESS 6e.

The love and pursuit of truth as the distinguishing marks of the philosopher, see LOVE 1d; PHILOSOPHY 6a; WISDOM 3.

Political lies and abuses of language, see LANGUAGE 5a; RHETORIC 3c.

扩展书目

下面列出的文著没有包括在本套伟大著作丛书中，但它们与本章的大观念及主题相关。

书目分成两组：

Ⅰ．伟大著作丛书中收入了其部分著作的作者。作者大致按年代顺序排列。

Ⅱ．未收入伟大著作丛书的作者。我们先把作者划归为古代、近代等，在一个时代范围内再按西文字母顺序排序。

在《论题集》第二卷后面，附有扩展阅读总目，在那里可以查到这里所列著作的作者全名、完整书名、出版日期等全部信息。

I.

Augustine. *Concerning the Teacher*
——. *On Free Will*, BK II
Thomas Aquinas. *Truth*, Q 1
Hobbes. *Concerning Body*, PART I, CH 5
Bacon, F. "Of Truth," in *Essayes*
Descartes. *The Principles of Philosophy*, PART I
Spinoza. *Correspondence*, II
——. *Of the Improvement of the Understanding*
Voltaire. *The Ignorant Philosopher*, CH 33
——. "Falsity," "Truth," in *A Philosophical Dictionary*
Diderot. *Discours Préliminaire* (to *Encyclopédie*)
Kant. *Introduction to Logic*, VII
Hegel. *Science of Logic*, VOL II, SECT III, CH 2 (A)
James, W. *The Meaning of Truth*
Bergson. *The Creative Mind*, CH 1, 8
Dewey. "The Intellectual Criterion for Truth," "A Short Catechism Concerning Truth," in *The Influence of Darwin on Philosophy*
Whitehead. *Adventures of Ideas*, CH 16, 18
——. *Religion in the Making*, CH 4
Russell. *The Analysis of Mind*, LECT 13
——. *Human Knowledge, Its Scope and Limits*, PART II, CH 8–11
——. *An Inquiry into Meaning and Truth*, CH 16–17, 21–23
——. *Philosophical Essays*, CH 5–7
O'Neill. *The Iceman Cometh*
Wittgenstein. *Tractatus Logico-Philosophicus*

II.

THE ANCIENT WORLD (TO 500 A.D.)

Cicero. *Academics*
Sextus Empiricus. *Against the Logicians*, BK I (Does a Criterion of Truth Exist?, Concerning the Criterion, Concerning Truth); BK II, CH 1

THE MIDDLE AGES TO THE RENAISSANCE (TO 1500)

Albo. *Book of Principles (Sefer ha-Ikkarim)*, BK II, CH 27
Anselm of Canterbury. *Dialogue on Truth*
Bacon, R. *Opus Majus*, PART I
Duns Scotus. *Oxford Commentary*, BK I, DIST 3, Q 4
Grosseteste. *On Truth*
Nicholas of Cusa. *De Docta Ignorantia*, BK I, CH 3

THE MODERN WORLD (1500 AND LATER)

Adler, M. J. *Six Great Ideas*, CH 2

———. *Truth in Religion*
Austin, J. L. *Philosophical Papers*
Blanshard. *The Nature of Thought,* CH 25–27
Bosanquet. *Logic,* VOL II, CH 9–10
Bradley, F. H. *Appearance and Reality,* BK II, CH 16, 24
———. *Essays on Truth and Reality,* CH 4–5, 7–9, 11
———. *The Principles of Logic,* BK III, PART II, CH 3–4; Terminal Essays, VIII
Brooke, R. G. *The Nature of Truth*
Campanella. *The Defense of Galileo*
Cassirer. *The Myth of the State,* PART I (4), III (18)
Clifford. "The Ethics of Belief," in *Lectures and Essays*
Corneille. *Polyeuctus*
Croce. "On Telling the Truth," in *The Conduct of Life*
Emerson. "Truth," in *English Traits*
Hamilton, W. *Lectures on Metaphysics and Logic,* VOL II (27–31)
Herbert of Cherbury. *De Veritate (Of Truth)*
Joachim. *The Nature of Truth*
Leibniz. *Monadology,* par 33–37

———. *New Essays Concerning Human Understanding,* BK II, CH 29, 32; BK IV, CH 5, 20
———. *Philosophical Works,* CH 3 (*Thoughts on Knowledge, Truth and Ideas*)
Lotze. *Logic,* BK III, CH 5
———. *Microcosmos,* BK VIII, CH 1
McTaggart. *The Nature of Existence,* CH 44–45
Malebranche. *Dialogues on Metaphysics,* I–II
———. *The Search After Truth,* BK I, CH 3–9, 11, 15–17; BK III (II), CH 9–11
Péguy. *Basic Verities* (The Search for Truth)
Peirce, C. S. *Collected Papers,* VOL V, par 358–410, 464–496, 538–604
Popper. *Objective Knowledge*
Quine. *Word and Object*
Reid, T. *Essays on the Intellectual Powers of Man,* VI, CH 5–6, 8
Royce. *The World and the Individual,* SERIES I (6)
Santayana. *The Realm of Truth*
———. *Scepticism and Animal Faith,* CH 25
Suárez. *Disputationes Metaphysicae,* III, VIII–IX, X (I), XXXI (12)
Whewell. *On the Philosophy of Discovery,* CH 29

暴政与专制　Tyranny and Despotism

总　论

在政治理论上,如果存在着什么不容置疑的道理,那似乎就是认为暴政是最腐败的统治,它恶毒地滥用权力,又摧残臣民。亚里士多德说:"所有世间的自由人当然全都不愿忍受这样的制度。"这似乎表达了那些热爱自由且憎恶奴役的人的意见,他们认为暴政摧毁自由、确立奴役。

无可否认,"暴政"一词很少作褒义用。诸如"正义的暴政""善良的暴君"之类的说法就跟"圆的正方形"一样,一看就知是自相矛盾的。历史学的伟大著作使我们觉得:暴君和专制者远远多于善良的统治者,他们总是叫人憎恨和惧怕,从来不会令人爱戴和钦佩。古代人和现代人都同样断定,假如有什么例外情况,假如真的有人自愿服从甚至理应接受专制政治或暴政的束缚,那么这些人一定仍处于原始的政治状态。

"专制政治"一词和"暴政"在传统上总被扯在一起,这就需要我们探究一下,究竟我们对这些术语的理解与人们对这些术语所表示的政治状况的貌似普遍的谴责,是否同样一贯清晰?"专制政治"和"暴政"是否同一回事?人们可能以为,暴君必定总是拥有随意运用的专制权力,这种权力不受法律限制,所以这个无法无天的统治者既是专制者又是暴君。可是,专制者作为绝对的统治者,需要总是以暴虐的方式来统治吗?

"仁慈的专制"这个常用语立即暗示答案是否定的,也揭示出"专制政治"和"暴政"之间是有区别的。暴政绝不可能是仁慈的,而专制政治却不见得比家长式统治更差。尽管专制统治有其不义之处,因为它把那些有自治能力的成年人当作孩子看待;但它也可能营造出某种公道的氛围,因为专制者好像父亲一样,为了臣民的利益而实施统治。如果专制者把臣民当作奴隶而不是孩子来看待,为了满足自己的利益而剥削臣民,那么就不是仁慈的而是暴虐的专制者了。

对"专制政治"和"暴政"的这番理解似乎只获得其词源的部分支持。despot(专制者)源自希腊语中表示"家长"的一个单词,这种家长(罗马人称之为 paterfamilias)行使主人对奴隶、父母对孩子的绝对权威。相比之下,希腊语中的 týrannos 指的是国家而非家庭的支配者,有时候仿佛就是指"国王"。然而,"专制政治"和"暴政"这两个词都隐含了绝对权力的意思;此外,在暴君统治下的臣民一旦被认为不比奴隶有更好的境况,这两个词在意思上就几乎没有差别了。

希腊人原本提出了一些标准,以区分国王与暴君,或者区分君主统治与专制政治,但这些标准却似乎使我们更加难以把握到什么才是暴政和专制的必不可少的本质。柏拉图和亚里士多德都把国王称作善良的君主,同时又把暴君称作邪恶的君主。他们都认为,君主政体(以一人为统治者)凡是照顾被统治者的利益的,就是王制;凡是只照顾统治者的利益的,就是暴政。两人都把无法无天(要么违反现有的法律,要么根据君主个人的决断而非根据已确立的法律来统治)视作暴政的一个标志。

不过,至少对亚里士多德来说,上述

某些标准也同样适用于专制政体,甚至适用于君主政体,只要这些政体有别于立宪政体——根据法律而不是根据人来治理的政体。此外,把暴政或专制与君主政体(由一个人来统治,不管公道与否)联系起来,看来好像跟亚里士多德对少数人的暴政与多数人的暴政之讨论相辅相成:在君主政体,国王可能变成暴君;但是,寡头政体的富人或是没有法纪的民主政体的穷人都有可能成为专制者。

因此,暴政的本质似乎很难精确地予以界定,尽管起先看来暴政几乎受到普遍的谴责,被认为是最堕落的统治。

之所以难以界定,字词本身的用法也可能是原因之一。"暴政"一词使用起来有许多含义,不仅希腊人使用,西方的伟大著作传统自始至终都在使用。一些作者把暴政和专制政治混为一谈,另一些作者则加以截然区分;一些作者只是在涉及君主制的问题时才考虑暴政和专制,另一些作者则把这种考虑应用于其他统治形式。这些字眼有时用作描述,没有隐含褒贬之义,有时却是贬斥有余而描述不足。

即使在字词上能做到我们所需要的区分,真正的问题仍会存在。对于暴政的起因或暴政赖以形成的条件,有各种互相矛盾的解释。关于专制政治,有的作者认为,在三种情况下,即征服、人民对绝对统治的需要、出于紧急情况而必须采取某种临时的独裁统治,都可以为专制政治做合理的辩解。如果考虑到霍布斯的观点,那么对暴政的谴责也似乎并非众口一词;而那些谴责暴政的人虽然一般都赞成诛戮暴君,却摆脱不了康德对此事的强烈异议所带来的影响。

由此可见,关于暴政和专制的概念既牵涉到论述各种统治形式的其他各章的内容,也牵涉到**正义**、**自由**和**奴隶制**诸章。例如,家庭奴役和政治奴役之别就与专制政治和暴政的一种区分方式有关。这里也必须考虑一下**君主制**和**宪法**各章中论述绝对统治和有限统治时所提出的一个问题:君主专制政体是否能够与专制政治相区分,以及是否根深蒂固地存在着某种演变成暴政的倾向?

这个问题值得立即思考,因为它的答案涉及各种关于正义的针锋相对的观点,以及是否可以为暴政和专制政治做合理的辩解。例如,柏拉图和亚里士多德都把暴政视为政治不公正的典型,又把暴君视为极端的邪恶者。然而,有些段落却朝着相反的方向论述。在《法律篇》中,雅典客人提出,一个善良的暴君是确立法律的最佳人选,对于以下问题:"在你能够组织一个国家之前,你认为这个国家需要具备什么条件?"他认为立法者理应这样回答:"赐予我一个由暴君统治的国家,但这位暴君要年轻、记性好、学得快、勇敢无畏和品德高尚"——简言之,这位暴君要性情温和并具备所有其他美德。

在雅典客人看来,暴君政体比君主政体、民主政体或寡头政体都更容易成为向最佳国家迈进的一块踏脚石,因为暴君政体意味着把更大的权力集中到一个人手上。他认为,美德与权力的结合也许是罕见的,但是,"一旦掌握最高权力的那个人同时具备最伟大的智能和性情,最佳的法律和宪法就得以形成,舍此别无他途"。

亚里士多德在对王权类型或曰君主政体形式进行分类时,似乎把暴政也包括在内,但他指的是在野蛮人中盛行的君主政体,这些野蛮人"在品性上比希腊人更加卑贱……不会反抗专制统治。这样的君主政体,"他继续写道,"有着暴政的特性,因为那里的人民生来是奴隶,然而,这类暴政并没有被推翻的危险,因为它们是世袭的,又是合法的。"亚里士多德指出,即使在古代的希腊人那里,也存在着一种君主政体或"独裁统治"的形式,可以被界定为"一种选举的暴政,像野蛮人的君主政体一样,它是合法的,却不是世袭的"。

亚里士多德另有文字指出,这两种暴政"都依法统治,因此很容易演变为君主政体"。国王与暴君之间的界线也许并不像当初看来那么模糊,"国王依法统治自愿服从的臣民,而暴君则统治非自愿服从的臣民;国王受同胞的约束,暴君则防范同胞"。在亚里士多德看来,他称之为"暴政"的君主政体形式都有某种混合的特性。他说:"君主只要依法统治自愿服从的臣民,那就是君主政体;可是,君主只要是专制的,且只依从他自己的想法来统治,那就是暴政。"不过,还有一种纯粹的僭主政体,正是"绝对君主政体的反面形式。当单独一人统驭着全邦所有与之同等或比他良好的人民,施政专以私利为尚,对于人民的公益则毫不顾惜,而且也没有任何人或机构可以限制他个人的权力",这就成为僭主政体。

据亚里士多德解释,他把僭主政体和君主政体相提并论,理由在于"两者的形式都是一人之治,不过,两者有着无比大的差异,僭主只照顾自己的利益,而君主却照顾臣民的利益"。僭主政体是"君主政体对政治社会实施主人的统治",因此理应说成既是"专制的"又是"暴虐的"。当僭主政体没有跟君主政体相混合时,它就不但是为自身利益服务的,而且是无法无天的统治,"与宪政正好相反",或者说与法治相反。除了那个假设的事例,即真正处于最高位置的、几乎是神一样的人是国王,亚里士多德看来是把绝对的或者非立宪的君主政体都等同

于僭主政体和专制政治,他对僭主政体和专制政治都予以谴责,因为两者都违反了国家这个被视为"自由人的团体"的真正性质。

柏拉图也对君主与僭主作出类似的区分。在他看来,君主政体"分为君主制和僭主制",划分的根据在于这种一人之治是依法治理还是不依法治理,所统治的是自愿的还是非自愿的臣民。如果有位像神一样的统治者,他就应该根据他的智能或本领来统治国家而不必诉诸法律。埃利亚的陌生人在《政治家》中说:"若真有这样一位专制君主,那么在一个真正而完善的国家中,只有他才会成为快乐的统治者。"但人们"从来难以相信有谁能够配得上这样的权威"。(历史又偏偏给人以反面的事例,例如恺撒、拿破仑和希特勒。)

这位陌生人把"君主"之名赋予那个遵守并维护法律的统治者,从而促使苏格拉底同意,一旦统治者"既非根据法律也非根据习俗来统治,而是仿效真正有统治本领的人,假装他唯有违反法律才可以达到最佳的统治效果,而实际上欲望和无知才是他进行仿效的动机",那么他就应该被叫做"僭主"。

在《理想国》中,苏格拉底谈到欧里庇得斯对于"像神一样的僭主制"的赞美,而且,他指出一个事实:"诗人们都是僭主制的赞颂者",以此作为把诗人排除在国家之外的另一个原因。根据苏格拉底的描述,僭主不但不像神一样,而且是"醉醺醺的,充满贪欲和激情"。僭主"不是主人就是奴隶,永远不会成为任何人的朋友,也永远体验不到真正的自由和友谊"。黑格尔后来写道,东方专制主义似乎把自由都给了一个人,但是"那个人的自由只是反复无常、凶猛残忍——是野蛮而不顾后果的激情……因此那个人

只不过是一个专制者,而不是一个自由人"。

据柏拉图所说,不但僭主制是一个国家可能遭受的最大祸害,而且僭主本身也是人类中最不快乐的人。苏格拉底问道:"那个已经被揭示为最邪恶的人难道不也是最不幸的人吗?"在《高尔吉亚篇》中,普拉斯试图证明,就像成功的罪犯逍遥法外一样,僭主对所有人都施行不义,自己却丝毫无损,于是比其他人获得更多的快乐。但是,苏格拉底的立场是,与其施行不义,还不如蒙受损失。因此,他反而认为僭主比起那些受他压迫的人更为不幸。

假如这种说法属实,那个已被认定为僭主的人也许就是最不可能理解或承认这番道理的人。普鲁塔克记述了柏拉图与叙拉古僭主狄奥尼索斯的首次会面,当柏拉图试图向这位僭主证明,"在所有人之中,僭主最不可能以美德自居",而且由于他们缺乏公道,也就要遇上"不公道的可悲境况"。狄奥尼索斯竟然不让柏拉图把话说完,普鲁塔克写道:"狄奥尼索斯勃然大怒,问这位哲学家来西西里岛有何贵干。柏拉图告诉他,'我来这里是要寻找一位君子'。狄奥尼索斯回答说,'这么看来你是白费劲了'。"根据普鲁塔克的记载,狄奥尼索斯曾试图在柏拉图返回希腊途中把他杀掉,要是杀不掉的话,就把他卖身为奴。按狄奥尼索斯推断,柏拉图不会因此而受到损害,因为"他还是从前的那个正直之士,仍会享有他的快乐,尽管他失去了自由"。

总的看来,亚里士多德和柏拉图都似乎毫不含糊地反对僭主和僭主制。然而,相关篇章之所以可能导致这种看法受到质疑,是由于古代有一种倾向,即使用"僭主"一词来表示绝对权力的拥有者。不过,即使在"僭主"一词出现这种用法的《法律篇》里,柏拉图也注意到,那些无法"抵挡绝对权力的诱惑"的君主易于推翻法律,从而变成"僭主的"统治,那正是这个词令人反感的含义所在。

除了霍布斯之外,中世纪和现代的作者都与古代作者一样反对暴政。根据阿奎那的说法,"暴君式的政府是彻底腐败的",又是完全无法无天的。是暴君本身,而不是可能以武力反抗一个如此缺乏公道的政府的那些人,才"犯有煽动叛乱罪,因为是他在其臣民之间鼓励冲突和叛乱,而他本来可以更加牢固地支配臣民"。洛克问道,一旦国王变成暴君,"已经被赶下台并将自己置于与他的人民的战争状态时,有什么会妨碍人民处决那非国王的他呢?正如人民可以处决那将自己置于与他们的战争状态的任何其他人一样"。

在洛克看来,若以为暴政的过失"只是君主制所特有,那是错误的。因为权力之所以授予某些人是为了管理人民和保护他们的财产,一旦被应用于其他目的,以及被利用来使人民贫穷,骚扰他们或使他们屈服于掌权者专横而不正当的命令之下时,那么,不论运用权力的人是一个人还是许多人,就立即成为暴政……要是法律遭到践踏且对其他人造成伤害,那么,法律一停止,暴政就开始了"。

因此,洛克把暴政定义为"行使越权的、任何人没有权利行使的权力",无论是这样一种"绝对任意的权力,抑或是没有稳固不变的法律的统治都与社会和政府的目的相左"。这样定义的暴政也许不局限于君主政体,但是,洛克认为,君主专制政体总是暴虐的统治,正因如此,君主专制政体"是和公民社会不相调和的,因而它完全不可能是公民政府的一种形式"。

康德把洛克所谓的"暴政",或者字眼不同而意思没变的所谓"君主专制政体",称之为"独裁政体"。然而,康德把君主和独裁者区分开来,君主是"拥有最高权力的人",独裁者则是"拥有一切权力的人"。黑格尔把"专制"称为"事物的一种状态,在该状态下,法律已经消失,而君主的或暴民的特殊意志本身被当成法律,或者取法律而代之"。虽然美国《联邦党人文集》里的各位作者都交替使用"暴政"和"专制"这两个词,他们却没有偏离孟德斯鸠对专制政府的定义:"在专制政府里,是由一个人根据他自己的意志和一时心血来潮来支配一切事情。"在所有其他政体形式中,哪怕在立宪君主制中,分权的措施都让人们可以对委托给国家各机关的权力施加某些限制。

追随孟德斯鸠的理论,麦迪逊断言"立法、行政和司法权置于同一人手中,不论是一个人、少数人或许多人,不论是世袭的、自己任命的或选举的,均可公正地断定是虐政"。他为了进一步印证其论点,还引用杰斐逊的名言:集中"政府的所有权力……于同一人手中,正好是专制政府的定义"。

伟大著作都就绝对权力的祸害表达了各式各样的意见,似乎只有霍布斯例外,当洛克谈到"有人认为君主专制政体是世界上唯一的政体"时,他的脑海里也许就想到了霍布斯。对于他被指责抱有只有绝对政府才是可行的想法,霍布斯肯定不会加以驳斥;对于其他作者倾向于把绝对政府称为"暴政的"或"专制的",他也不会感到失望,相反,他认为那是过分空洞的辱骂而不予理睬。

根据霍布斯的看法,在每一种政府形式中,主权如果要起作用,就必须是绝对的。"虽然对于这样一种不受限制的权力,人们会设想出许多害处,然而一旦缺乏这种权力,即陷入人与人的无休止战争中,所产生的种种后果就要糟糕得多。"霍布斯描述了父亲对儿子的绝对支配,以及主子对奴隶的同样绝对的支配,从而指出"父亲的支配和暴君的支配所带来的权利和后果,就跟制度上的主权所带来的权利和后果完全一样",因为除非主权是绝对的,否则"主权根本就不存在"。

对于有关"暴政"的舆论,霍布斯认为,正如人们"在民主政体下感到难受而称之为无政府状态",或者"不喜欢贵族政体而称之为寡头政体",因此"那些在君主政体下感到不满的人就称之为暴政"。在他看来,亚里士多德的《政治学》既然认为除了平民政府之外的所有政体都是暴虐的,就要对散播这样一种错误思想负上责任。大体上,霍布斯指责古希腊和罗马的作者因视诛戮暴君为合法之举而煽动人们反叛君主。

霍布斯尝试从历史的角度探索这些混乱思想的起源。他写道:"暴君一词原本并无特别的意思,只单纯地指君主。但是,到了后来,君主政体在希腊的大部分地方都遭到废除,这个名词就开始不仅只代表其原有的意思,还包含了平民政体对它所怀有的憎恨——这情况就像国王在罗马被废黜之后,国王这名称变得令人讨厌一样。"

霍布斯断言,"暴政"一词只具备情绪上的力量,如果用作描述的话,它的含义"正好等于主权这一名词的含义……只不过用前一名词的人,被认为是对他们所说的暴君怀着愤恨"。霍布斯认为"对暴君政体公开表示仇恨"便是"对国家普遍怀着仇恨",又认为容忍这两种仇恨就等于埋下了煽动叛乱的邪恶因子,即使因指出这两点而激怒了其他人,他也在所不辞。

从某个否定的方面来看,卢梭似乎认同霍布斯的看法。不是说霍布斯此人主张不管怎样只要同意把君主政体或平民政体与主权等同起来,则唯有共和体制才是合法的;而是说卢梭自己像霍布斯一样,反对亚里士多德把君主与暴君(或曰僭主,下同)的区分说成是好君主与坏君主的区分,即认为君主是为了臣民的福祉而统治,暴君却为了自身的利益而统治。卢梭不仅认为,大多数古希腊作家都是"以某种不同的意思来使用暴君一词……而且",他补充道,"根据亚里士多德所作出的区分,将会得出结论,即从人类社会之初就不曾有过一位君主"。

暴君之所以被认为是"一位不顾正义或法律而实行暴虐统治的君主",只不过是根据某种通俗的用法。卢梭坚持认为,暴君更确切的界定应是"某个人僭取了他本来没有权力占有的王权,这正是古希腊人对'暴君'一词的理解,他们不加区别地将这个词应用于好君主和那些没有合法取得权力的与坏君主身上。因此,'暴君'与'篡权者'完全是同义词"。

在卢梭看来,权力的篡夺是暴政和专制政治的根源,不过,这两个词并非因此而令人困惑。卢梭写道:"我把篡夺王权的人称作暴君,而把篡夺主权的人称作专制者。暴君为了依法治理而强行介入并违反法律,而专制者则使自己凌驾于各种法律之上,因此,暴君不可能是专制者,但专制者总是暴君。"

其他作者则依据不同的原则来区分暴政和专制政治。他们相信(而卢梭则否认)暴政不仅仅是篡夺权力,而且总是谋私利或者不公道地运用权力,他们否定了卢梭关于专制政治与篡权密不可分的看法,因为绝对权力可以用其他方式去取得和维持。

例如,洛克把专制的支配看作是主人对奴隶的统治,或者是在一场正义之战中征服者对战败者的统治。在他看来,"专制的权力是一个人对另一个人所拥有的绝对任意而为的权力,他什么时候喜欢都可以夺去那人的性命"。专制不同于暴政,它不是"行使越权的权力",因为"征服者只要有正义的理由,对于那些曾经协助和参与过对抗他的战争的人,他都拥有专制的权力"。根据洛克的看法,既然"篡夺者本身不可能拥有这种权力",那么,若专制性支配可以证明其正当性,就不是通过篡权获得的。

对于孟德斯鸠来说,专制政体是除共和政体(贵族或民主的)与君主政体之外的三大政体形式之一。尽管他认为专制政体本质上是腐败的政体形式,统治者都拥有不受法律限制的个人权力,但他又认为,对于具有卑贱的天性或气质的某些人来说,这种政体倒是合适的。孟德斯鸠就像他的前辈亚里士多德和希波克拉底一样,认为亚洲人屈服于专制政体的最恶劣暴行,是由于气候和人民的性情。

孟德斯鸠没有过分谴责专制政体,反而更多地哀叹那些似乎促使相当多的人认为专制政体是必要的或自然而然的条件,他不像 J. S. 穆勒一样表明,专制政体可以而且应该用来教化那些尚未有自治能力的人。在穆勒看来,专制政体只有在促使一个民族准备好迎接自由的来临时才是仁慈的,一旦专制政体只为长期保存自己而存在,那就是暴虐的或奴役人的统治。

尽管穆勒认为在自由社会里是不可能有"良好的专制者"的,哪怕这位专制者有各种多么仁慈的意图;但他又主张,在对付野蛮人的时候,"假如目的是让他们取得进步,而采取专制政体的手段又证明能实现该目的……专制政体便是合法的统治形式。在人类能够通过自由而平等的讨论而取得进步之前，自由的原则并不适用，而他们也只有绝对服从某个阿克巴（印度莫卧儿帝国皇帝，1542－1605）或查里曼（查理帝国皇帝，742－814）了，假使他们能幸运地遇上这样一位专制者的话"。

根据穆勒的看法，在某些"社会情况下……一个充满活力的专制政体本身可能就是最佳政体形式，以便用人民所特别欠缺的东西来训练他们，使他们足以接受更高级的文明"。穆勒还阐述了专制政体有必要存在的其他情况，他写道："我绝非谴责在极端危急的情况下以暂时的独裁形式掌握绝对的权力。"他在别的地方又表示，"诸位恺撒所建立的专制政体对当时的整代人都有巨大的好处"，因为"它终止了内战，那些执政官和总督大大减少了腐败行为和暴政"。

但在所有这些事例中，关键之处在于，专制政治都必须是临时性的。穆勒更认为对附属地实行殖民地统治的专制政体也同样是临时性的。这种殖民统治应该以培养臣民的自治能力来使他们获益为目的，而不应以谋求长久的统治为目的，穆勒认为，"宗主国应该像绝对君主一样竭尽所能地为臣民办事，保护臣民免受野蛮人的专制政体频繁更迭的损害……这是自由人对野蛮人或半野蛮人进行统治的理想方式"。

这也许是理想的方式，但批判帝国主义的人（像斯威夫特或马克思）都认为殖民主义政策实际上另有图谋——攫取土地，渴望扩大国家的权势，通过对殖民地或臣民进行经济剥削而获利。在修昔底德和塔西佗的著作里，帝国的代言人强调雅典人或罗马人的统治所带来的恩惠，但换来的就只有殖民地民众或被征服者的抗议，比起哪怕是最佳专制者的各种复杂的动机，殖民地民众或被征服者宁可忍受随自由而来的动荡和难以预料的状况。

如前述，跟把暴君看成是不义的君主或把专制者看成是绝对君主相比，暴政和专制政体的政治含义要广泛得多。雅典的"三十僭主"（伯罗奔尼撒战争后建立的寡头政权）和罗马的"十大执政官"都是寡头暴政的典型。共和政体或民主政体的倡导者（像《联邦党人文集》诸作者或穆勒）既关注保障立宪政府或代议政府免除特殊利益集团（不管是占优势的多数人还是聚拢财富于其手中的少数人）的暴政的祸害，也关注保障法治免除专制政治的侵蚀，因为专制政治正源于民选官员的擅权。

现代人和古代人都同样担心暴民容易受到野心家的诡计影响，因野心家总是怂恿暴民采取无法无天的行动，以便把法律掌握在他自己的手中。透过观察处心积虑的野心家和不守法的民众之间的联盟关系，黑格尔和柏拉图看到了腐败的民主政体如何蜕变为暴政。尽管亚里士多德不同意《理想国》所记载的、他认为是属于苏格拉底的观点，即，在国家逐渐衰退的过程中，僭主政体往往在民主政体中孕育产生；但亚里士多德本人却似乎认为"僭主政体是最极端形式的寡头政体和民主政体的混合物"，而且"差不多所有僭主都曾经是野心家，都曾通过指责显贵而获得民众的欢心"。

托克维尔在《论美国的民主》一书中，有一段引人注目的段落，谈到某种压迫形式，他认为与先前几个世纪已知的暴政与专制政治相比，民主社会将因这种压迫形式而变得更糟糕，在他看来，"这种威胁到民主政治的压迫形式有别于这个世界曾经出现过的任何东西……用'专制政治'和'暴政'这样的旧字眼已经不足以名之"。托克维尔想不到的那个字眼，在20世纪我们称之为"极权主义"，他所描述的那种压迫形式，20世纪的作者往往都称之为"极权主义式民主"。

有关暴政的这些方面，将在**民主制**和**寡头制**等章里加以讨论。然而，传统的着重点是集中在个别的暴君身上，不管他是滥用专制权力的世袭君主，是既定王位的篡权者，还是自立为独裁者的野心家。在历史或诗歌里，无论暴政如何兴起，它都往往以君主制（即一人之治的国家）的形式出现。虽然在暴政起源的问题上，历代伟大的政治哲学家众说纷纭，但对于暴君用以维持权力的方法，这些政治哲学家的看法倒相当一致。

其他的政治实践都可能随不同的历史时期而出现很大的变化，但暴政的伎俩却似乎永恒不变。希罗多德、普鲁塔克、吉本在描述暴君的行径时，讲述的都是些充满不公正、残忍、怯懦、阴谋诡计的故事，这些故事情节大同小异，以致读者浑然忘却这些故事所发生的历史时空，也不必花任何的想象工夫就能把这种暴君形象套用到各种当代事件的情景之中。

柏拉图曾经列举了暴君的各种胆大妄为的行动，例如挑起对外战争以抑制国内的冲突、暗杀政敌、清除朋友或追随者、没收财产，以至不分青红皂白地杀戮，这些过去的事情也与当代相关。汉密尔顿写道，那些未经授权的搜捕、秋后算账式的暴行、未经过审判的拘捕和惩罚，都"曾经是历代暴政喜欢采用而又最可怕的手段"。因此，历代暴君也惧怕遭到报复和复仇，整天活在战争状态中，不得不把宫殿变成军营，而且没有众多保镖护驾就哪儿都不敢去。亚里士多德和马基雅维里都指出，只有由雇佣者或雇佣兵担任保镖才能真正保护到暴君。

伟大著作不仅记载了暴政的背信弃义和暴行，同时也为那些将要成为暴君的人提供种种忠告，让他们找到最好的办法去达成其邪恶目的。尽管卢梭把马基雅维里的《君主论》称为"共和主义者之书"，又认为马基雅维里"选择切萨雷·博尔贾作为其令人憎恶的主角，已十分清楚地表明了他隐含的目的"，但马基雅维里为君主所制定的规则却至少在表面上类似于亚里士多德给予僭主的忠告。

在这两个事例中的目标是相同的——要成功地获得并保住权力，武力和诡计则是最常用的手段，或者按马基雅维里的说法，这就是狮子和狐狸采取的办法。马基雅维里劝告君主，"要以这样的方式激起恐惧：即使不能赢得爱戴，也不要引起憎恨"。他告诉君主，应该表现出为了恪守信念而毫不犹豫地背弃承诺，应该远离阿谀奉承者和诽谤者，要不必付出代价地赢得慷慨大方的名声。这些都与亚里士多德给予僭主的忠告差异不大：要把太高傲和太卑下的人的脑袋砍下来，要在臣民中间挑拨离间，要通过增加税收使人民陷于贫困，要雇用告密者，还要鼓励各派别互相出卖。

但是，一旦亚里士多德建议僭主走另一条路，即不仅只在表面上，而且应在行动上真正做个公道的君主，那他就似乎背离了马基雅维里所倡导的行为准则，因为马基雅维里认为，只要不妨碍君主为所欲为（不管他的所为多么邪恶），装作有美德就有好处。不过，即使这样，亚里士多德仍指出，"僭主必须小心翼翼地……维持足够的权力去统治臣民，而不管臣民是否喜欢他，因为他一旦放弃权力，也就放弃了他的僭主政权"。

这些作者似乎已间接地表达了对这类忠告的最有见地的评论。从历史上曾经试图实践暴政的人（那些被称作君主或僭主的人）身上，亚里士多德和马基雅维里得出一个引人注目的结论，暴政的崩溃,不管如亚里士多德所表明,是出于这种不义的强权的内在弱点,或者如马基雅维里所说,是出于命运的无法预见的不幸事故,总而言之,在所有政体形式中,暴政似乎是最短命的。

分 类 主 题

1. 暴政的本质和起源:现代极权主义国家
   1a. 暴虐统治的无法无天状况:不义的强权
   1b. 暴虐政体的不义:为私利而统治
   1c. 篡权:未经授权夺取权力
   1d. 暴虐者的性情:暴君的朋友
2. 暴政是其他政体形式的堕落
   2a. 君主政体的变态:暴君
   2b. 寡头政体的蜕化:富人的暴政
   2c. 民主政体的败坏:群众或多数人的暴政;野心家的崛起;极权主义
3. 在暴政、专制政治与无政府状态之间的抉择
4. 专制的本质与影响
   4a. 专制政治与暴政和君主政体的关系:专制君主的善行
   4b. 家长式支配与专制政治式支配的比较:以被统治者缺乏自治能力来为绝对统治做合理的辩解
5. 专制政体与立宪政体的对比:人治与法治
   5a. 专制政体与立宪政体在政治自由与平等方面的表现:被统治者的权利
   5b. 专制政体与立宪政体在以司法抵御治理失当和通过适当的法律程序来洗雪冤屈方面的表现
   5c. 主权在专制政体与立宪政体中的定位:主权者,主权机关,主权人民
   5d. 专制政治与立宪统治在领袖人物的权势方面的相似之处:激情的专横性
6. 专制的、暴虐的或仁慈的帝国主义统治:对被征服者或殖民地的统治
7. 暴君或专制者获得并维持权力的各种方式
8. 暴君的下场:人民为争取自由和正义以反对暴政和专制而发动革命;诛戮暴君

[何子建 译]

索引

本索引相继列出本系列的卷号〔黑体〕、作者、该卷的页码。所引圣经依据詹姆士御制版，先后列出卷、章、行。缩略语 esp 提醒读者所涉参考材料中有一处或多处与本论题关系特别紧密；passim 表示所涉文著与本论题是断续而非全部相关。若所涉文著整体与本论题相关，页码就包括整体文著。关于如何使用《论题集》的一般指南请参见导论。

1. **The nature and origin of tyranny: the modern totalitarian state**

   4 Sophocles, 123
   4 Euripides, 352-353
   5 Herodotus, 12-14, 178-180
   5 Thucydides, 352
   6 Plato, 301-309, 411-420
   8 Aristotle, 412-413
   13 Plutarch, 196-197
   14 Tacitus, 72
   21 Hobbes, 273
   29 Milton, 319-321
   30 Pascal, 232
   33 Locke, 65-81 passim
   35 Montesquieu, 70
   35 Rousseau, 356-358, 388
   37 Gibbon, 32-34
   39 Kant, 450
   40 Declaration of Independence, 1-3
   58 Weber, 91-92
   60 Orwell, 494-524

1a. **The lawlessness of tyrannical rule: might without right**

   4 Euripides, 352
   4 Aristophanes, 729-730
   5 Thucydides, 504-508
   6 Plato, 411-416
   8 Aristotle, 478-479
   13 Plutarch, 344-354, 382-387, 591
   18 Aquinas, 213-214, 233
   20 Calvin, 407-423
   33 Locke, 44-46, 56-57, 71-73, 75-76, 78-79
   35 Rousseau, 361-362, 388-389, 419
   40 Declaration of Independence, 1-3
   43 Nietzsche, 532
   51 Tolstoy, 8-10
   59 Conrad, 139
   60 Orwell, 494-524 esp 504-506

1b. **The injustice of tyrannical government: rule for self-interest**

   Old Testament: *I Kings,* 12:1-15 / *Isaiah,* 1:23; 3:14-15; 10:1-3; 14 / *Ezekiel,* 45:8-9 / *Micah,* 3:1-3
   4 Sophocles, 119-120, 159-174
   5 Thucydides, 353
   6 Plato, 262-270, 304, 413-416
   8 Aristotle, 486, 528-529
   13 Plutarch, 742-743
   14 Tacitus, 90-91
   18 Aquinas, 584
   19 Dante, 15-16
   20 Calvin, 427-428
   23 Erasmus, 31-32
   25 Shakespeare, 186, 303-304
   33 Locke, 28, 58, 63
   35 Rousseau, 368, 419
   37 Gibbon, 35-39 passim, 55, 59-61 passim
   38 Gibbon, 39
   40 Federalist, 251-252
   40 Mill, 366-370
   59 Shaw, 118-119
   60 Orwell, 478-480

1c. **Usurpation: the unauthorized seizure of power**

   Old Testament: *II Samuel,* 15-18 / *I Kings,* 16:8-20 / *II Kings,* 12:19-21; 14:17-21; 15:13-14,23-25,30; 21:18-26
   4 Aeschylus, 45, 73-74
   5 Herodotus, 102-106, 243
   6 Plato, 263-265
   8 Aristotle, 513
   13 Plutarch, 369-374, 382-387, 469-470, 499-538, 577-604
   14 Tacitus, 1-2, 32-33, 195-201
   20 Calvin, 381-392, 397-400, 407-423
   24 Shakespeare, 87-88, 105-148
   33 Locke, 66, 70-71, 74-75 passim
   35 Montesquieu, 78-79
   35 Rousseau, 424, 432-433
   37 Gibbon, 24-28, 43-44, 69-71, 111-113, 386-387, 436-438, 489-491, 515-518 passim
   40 Federalist, 78-79, 94, 104-105, 108-109, 133, 230-232
   51 Tolstoy, 647-649, 381
   60 Orwell, 494-496

1d. **The character of the tyrannical man: the friends of the tyrant**

   Old Testament: *I Kings,* 21 / *Proverbs,* 28:15-16
   4 Sophocles, 123
   5 Herodotus, 107
   6 Plato, 285-287, 311-312, 416-427
   8 Aristotle, 413, 462, 516

11 Epictetus, 118–119, 203
13 Plutarch, 201–202, 362–365, 387–388, 409–410, 726–747, 780–781, 782–788, 835–836, 846–858
14 Tacitus, 63–64, 65–67, 145, 153–154, 172–173, 195, 224, 238–240
19 Chaucer, 368–371
20 Calvin, 388
21 Machiavelli, 13, 22–30, 33–34
23 Montaigne, 51–52, 167–172 passim, 378, 392–394
24 Shakespeare, 105–148, 570–571, 580–581
25 Shakespeare, 184–186, 304, 501–504
37 Gibbon, 34–39, 53–56, 59–61, 70–71, 167, 388–389
38 Gibbon, 113–114, 166–167, 173–174, 189–193
48 Melville, 66–67
51 Tolstoy, 465–467
59 Conrad, 168–169, 173, 174–175, 180–181
60 Woolf, 92
60 Lawrence, 148–152
60 Orwell, 494–524 passim esp 507–508
60 Beckett, 538–544, 551–553

2. Tyranny as the corruption of other forms of government

2a. The perversion of monarchy: the tyrannical king

4 Sophocles, 166–168
4 Euripides, 516–518
5 Herodotus, 107–108
6 Plato, 590, 598–604, 672–674
8 Aristotle, 412, 483, 486, 495, 512–513, 514–515, 517–518
13 Plutarch, 30
18 Aquinas, 307–309
21 Hobbes, 273
24 Shakespeare, 146
25 Shakespeare, 303–304
28 Bacon, 27
33 Locke, 44–46, 49–51 passim, 62–64 passim, 71–73
35 Montesquieu, 53
35 Rousseau, 412–413, 414
37 Gibbon, 255–257
40 Mill, 366
41 Boswell, 195
43 Hegel, 181

2b. The degeneration of oligarchy: the tyranny of the wealthy

6 Plato, 681–682
8 Aristotle, 492–493, 496, 510, 511–512
13 Plutarch, 180
25 Shakespeare, 351–354
33 Locke, 71
35 Montesquieu, 23–25 passim
35 Rousseau, 359
39 Kant, 450
40 Federalist, 176–179 passim

40 Mill, 393–394
50 Marx-Engels, 420

2c. The corruption of democracy: the tyranny of the masses or of the majority; the rise of the demagogue; totalitarianism

4 Aristophanes, 673–696, 732–733, 834
5 Thucydides, 516–517, 524–525, 533
6 Plato, 411–413, 416–417
8 Aristotle, 470, 478–479, 491, 506–507, 512, 514–515
13 Plutarch, 648–649
16 Augustine, 200
25 Shakespeare, 361–362, 370–371, 383–384
35 Montesquieu, 10, 51–52
35 Rousseau, 411
38 Gibbon, 73
40 Federalist, 45–47 passim, 49–53 passim, 141–142, 156–159 passim, 164–165, 192–193
40 Mill, 268–274, 298–299, 366–389 passim
43 Hegel, 151–152, 289–290, 389
43 Nietzsche, 523
44 Tocqueville, 47–48, 130–144 esp 135–136, 210–211, 231, 348–349, 374–381
58 Weber, 97
60 Orwell, 488, 492–496 passim

3. The choice between tyranny or despotism and anarchy

5 Herodotus, 23–24
13 Plutarch, 68–70, 525–526, 588–591
14 Tacitus, 51–52
21 Hobbes, 104, 112
33 Locke, 44–46, 56–57, 76–78
35 Rousseau, 356, 389, 433–434
40 Federalist, 45–47 passim, 66–78 passim
40 Mill, 344, 350–355 passim
44 Tocqueville, 164–165

4. The nature and effects of despotism

6 Plato, 590, 598–604
8 Aristotle, 447–448, 482–484
33 Locke, 28–30, 43
35 Montesquieu, 4, 8–9, 12–13, 15, 26–30, 33–35, 39–40, 54, 57–58, 68, 137–140
35 Rousseau, 387–391
37 Gibbon, 50, 91, 154
38 Gibbon, 320–321
40 Mill, 297, 341–344
43 Hegel, 167, 223–225, 242, 320–321
44 Tocqueville, 80–81

4a. The relation of despotism to tyranny and monarchy: the benevolence of despots

5 Thucydides, 523–524
6 Plato, 598–604, 672–674
8 Aristotle, 413, 486, 495, 513, 559
13 Plutarch, 9, 75–76, 80–82, 540–576 passim
22 Rabelais, 131–133
33 Locke, 44–46, 49
34 Swift, 74–76

35 Montesquieu, 32-35, 36, 37-38, 56-57, 60-61, 75, 97
35 Rousseau, 357
37 Gibbon, 24, 40-41, 338-344 passim, 389-390
38 Gibbon, 39-40
40 Mill, 341-344, 348-349, 351-354 passim
43 Hegel, 100

4b. **The comparison of paternal and despotic dominion: the justification of absolute rule by the incapacity of the ruled for self-government**

4 Euripides, 352
5 Herodotus, 120
6 Plato, 670-671, 679-680
8 Aristotle, 413, 453-455, 528-529
14 Tacitus, 193-194
16 Augustine, 199-201, 593-594
21 Hobbes, 104, 109-112
33 Locke, 36-42 passim, 48-50, 64-65
35 Montesquieu, 22-23, 110-11, 116-120, 122-123
35 Rousseau, 324, 357, 367-368 passim, 402-403
39 Kant, 420-422, 436-437
40 Federalist, 47
40 Mill, 271-272, 317-318, 351-354, 436-437
44 Tocqueville, 375-377
58 Frazer, 31-32
58 Weber, 170-174
60 Orwell, 488, 495

5. **The contrast between despotic and constitutional government: government by men and government by laws**

4 Sophocles, 147
4 Euripides, 352-353
4 Aristophanes, 729-730
5 Herodotus, 107-108, 175, 233
5 Thucydides, 368, 425
6 Plato, 667-676, 681-682, 733-734
8 Aristotle, 382, 453-454, 468-469, 476, 480, 484-487, 492-493 passim
13 Plutarch, 638-639
14 Tacitus, 61-62
18 Aquinas, 226-227, 233-234
21 Hobbes, 114-115, 131-132, 149-150
33 Locke, 44-46, 55-58 passim
35 Montesquieu, 8, 30, 33-35, 36-37, 223
35 Rousseau, 323-324, 357, 370-371, 400, 433-434
37 Gibbon, 24-28 passim, 41, 154, 342
38 Gibbon, 73-75
39 Kant, 450
40 Federalist, 153-154, 230-232
40 Mill, 267-268, 338-350
43 Hegel, 150, 319-321, 363-364
54 Freud, 780

5a. **Despotic and constitutional government with respect to political liberty and equality: the rights of the governed**

4 Euripides, 352
6 Plato, 598-604, 672-674
8 Aristotle, 485-487, 491
11 Aurelius, 240
29 Milton, 192
33 Locke, 19, 29-30, 38, 54, 65-70
35 Montesquieu, 85, 109, 112
35 Rousseau, 356-358, 375, 387-391
37 Gibbon, 14, 91, 522-524
38 Gibbon, 81-82, 96, 161-162
39 Kant, 451
40 Declaration of Independence, 1-3 passim
40 Federalist, 251-253
40 Mill, 267-268, 274-275, 339-340
43 Hegel, 100, 167-168, 223-225, 287-289

5b. **Despotic and constitutional government with respect to juridical defenses against misgovernment, or redress for grievances through due process of law**

33 Locke, 44-46, 71-73
35 Montesquieu, 33-35, 36, 37, 69-75 passim
35 Rousseau, 432-433
38 Gibbon, 93, 94-95, 173
40 Constitution of the U.S., 17
40 Federalist, 153-162, 229-233 passim, 244-251 passim
40 Mill, 269, 401-402
60 Orwell, 504-505

5c. **The location of sovereignty in despotic and constitutional government: the sovereign person, the sovereign office, the sovereign people**

Old Testament: *I Samuel*, 8:4-20
5 Herodotus, 107-108
6 Plato, 672-676
8 Aristotle, 456, 472, 479-480, 486-487
13 Plutarch, 678
18 Aquinas, 207
21 Hobbes, 100-101, 104-106
33 Locke, 44-46, 54-55
35 Montesquieu, 30, 69-75
35 Rousseau, 395-396, 408, 412-413, 423
37 Gibbon, 24-28, 51
39 Kant, 436, 437, 439
40 Constitution of the U.S., 11, 17
40 Federalist, 84-85, 108, 125, 164-165, 167-168
40 Mill, 267-269, 341-350 passim, 355-356
43 Hegel, 96-98, 149, 377-378
44 Tocqueville, 132
51 Tolstoy, 680-684

5d. **The analogues of despotic and constitutional rule in the relation of the powers of the soul: the tyranny of the passions**

6 Plato, 120, 296

8 Aristotle, 347–348, 448
11 Epictetus, 201–202, 205–206
11 Plotinus, 619
14 Tacitus, 87
16 Augustine, 590, 710–711
17 Aquinas, 430–431, 658–659, 690–692
23 Montaigne, 224
29 Milton, 321
33 Locke, 192
39 Kant, 586–587
43 Hegel, 367–368
44 Tocqueville, 376–377
45 Balzac, 169–370 passim esp 181, 212–213, 214–215, 230–233, 291–298, 314–317, 322–325, 331–332, 339–340, 369–370
54 Freud, 715, 838–839
60 Lawrence, 148–157

6. **Imperial rule as despotic, and as tyrannical or benevolent: the government of conquered peoples or colonies**

Old Testament: *Exodus*, 1:8–14; 5
Apocrypha: *II Maccabees*, 5:21–7:42
5 Herodotus, 30–31, 35–36, 184
5 Thucydides, 368–370 passim, 403–404, 424–429, 504–507, 529–533
8 Aristotle, 482, 538
13 Plutarch, 409–410
14 Tacitus, 117, 149, 286–287, 290
16 Augustine, 590
21 Machiavelli, 3–8
21 Hobbes, 101–111, 280–281
23 Montaigne, 481–485
33 Locke, 13, 65–70
34 Swift, 24–25, 182–183
35 Montesquieu, 56–57, 62–63, 83–84, 110
35 Rousseau, 389–390
37 Gibbon, 14–15, 23, 147, 420, 550–551, 608–609
38 Gibbon, 51–53 passim, 216–217, 307, 505
39 Kant, 413, 454–455
40 Declaration of Independence, 1–3
41 Boswell, 179
43 Hegel, 315–317, 319–320
44 Tocqueville, 166–191
50 Marx, 372–374
58 Frazer, 32
59 Conrad, 137, 168–169

7. **The ways of tyrants or despots to attain and maintain power**

Old Testament: *Daniel*, 3:1–12
Apocrypha: *I Maccabees*, 1:41–64; 10:22–46
4 Aeschylus, 42–43
4 Aristophanes, 732–733
5 Herodotus, 23–24, 25–29, 102–106, 114–115, 172–174, 187, 243
5 Thucydides, 380–382, 425–426
6 Plato, 411–415, 803, 811–813
8 Aristotle, 512–513, 516–518
13 Plutarch, 27–28, 77–86 passim, 117–121, 176–184, 344–354, 382–387, 482–484, 521, 648–656, 671–681, 809–811
14 Tacitus, 2–4, 21–22, 29–30, 40, 68–69, 82, 155–156, 168, 198–199, 208, 209–210
21 Machiavelli, 1–37
23 Montaigne, 105–110
24 Shakespeare, 105–148, 376–405
33 Locke, 45–46
34 Swift, 37, 102–103
35 Montesquieu, 68, 95–96, 140, 212
35 Rousseau, 361–362, 380, 412–413
37 Gibbon, 24–30, 42–43, 50–51, 53–59, 153–155, 171, 525–526
40 Federalist, 66–67, 100–101
40 Mill, 366
44 Tocqueville, 273
59 Conrad, 174–175
60 Orwell, 494–496

8. **The fate of tyrants: revolutions for liberty and justice against tyranny and despotism; tyrannicide**

Old Testament: *Judges*, 3:14–4:24; 6–7; 9:1–11:33 / *I Kings*, 12:1–25 / *II Kings*, 9:1–10:11; 11; 21:18–26 / *II Chronicles*, 10; 23 / *Jeremiah*, 41
Apocrypha: *I Maccabees*, 1–9 passim / *II Maccabees*, 1–13
5 Herodotus, 84, 85, 160–185 passim
5 Thucydides, 387–389, 523–524, 579–590
6 Plato, 285–286, 438
8 Aristotle, 506, 513–515, 518, 558–561
12 Virgil, 228
13 Plutarch, 77–86 passim, 195–213 passim, 232–246 passim, 598–604, 620–656 passim, 671–689, 781–824, 826–846 passim
14 Tacitus, 9–15, 17, 18–20, 76–77, 82–83, 112–114, 169–176, 234–265, 269–277, 283–292, 298–302
21 Machiavelli, 8
21 Hobbes, 150–151
24 Shakespeare, 105–148, 573, 574, 575–576, 583–584
25 Shakespeare, 305–306
33 Locke, 63–64, 66, 71–72, 73–81
35 Montesquieu, 25–26
37 Gibbon, 29, 37–38, 39–40, 44, 56, 71–76, 144, 420, 521
38 Gibbon, 51–54, 114–116, 166–167, 574–577, 587–588
39 Kant, 441
40 Declaration of Independence, 1, 3
40 Federalist, 68, 97–98
43 Hegel, 313–314, 366–367, 387–390

交叉索引

以下是与其他章的交叉索引：

The nature and injustice of tyranny, see GOVERNMENT 1d–1f; JUSTICE 9c; LAW 7d; SLAVERY 6a.

The relation of tyranny to other forms of government, see ARISTOCRACY 2e; DEMOCRACY 2a; MONARCHY 4b; OLIGARCHY 3a.

The distinction between tyranny and despotism in terms of the distinction between slavery and subjection, see SLAVERY 6a–6b.

The relation of despotism to absolute monarchy, see MONARCHY 4a–4b, 4e(1).

The justification of benevolent despotism or of absolute monarchy relative to certain conditions, see DEMOCRACY 4d; GOVERNMENT 2c; MONARCHY 4e(2); SLAVERY 6c; comparisons of domestic and political government relevant to this justification of despotism, see FAMILY 2a; MONARCHY 4a, 4e(1); STATE 1b.

The distinction between despotism and constitutional government in terms of the distinction between subjection and citizenship, see CITIZEN 2b; JUSTICE 9d; LAW 7b; LIBERTY 1d; SLAVERY 6b.

The distinction between government by men and government by law, see CONSTITUTION 1; LAW 7a; MONARCHY 1a(1); the political significance of this distinction, see CONSTITUTION 7b; DEMOCRACY 4b; GOVERNMENT 1g(1)–1g(3); LAW 7b; LIBERTY 1d; MONARCHY 4e(3).

The analogies of despotic and constitutional rule in the relations of reason and the passions, see LIBERTY 3a–3b; SLAVERY 7.

The analogies of political tyranny and despotism in the economic order, see JUSTICE 8c–8c(1); LABOR 5a–5d, 7f; SLAVERY 4a–4c.

Imperialism, see DEMOCRACY 7b; GOVERNMENT 5b; MONARCHY 5–5b; REVOLUTION 7; SLAVERY 6d; STATE 10b; WAR AND PEACE 6a.

The struggle for power and liberty between tyrants or despots and oppressed peoples, see LABOR 7c–7c(3); LIBERTY 6b–6c; OLIGARCHY 5c; PROGRESS 3b; REVOLUTION 3a–3b, 3c(3), 4a, 5b; SLAVERY 3c.

扩展书目

下面列出的文著没有包括在本套伟大著作丛书中，但它们与本章的大观念及主题相关。

书目分成两组：

Ⅰ. 伟大著作丛书中收入了其部分著作的作者。作者大致按年代顺序排列。

Ⅱ. 未收入伟大著作丛书的作者。我们先把作者划归为古代、近代等，在一个时代范围内再按西文字母顺序排序。

在《论题集》第二卷后面，附有扩展阅读总目，在那里可以查到这里所列著作的作者全名、完整书名、出版日期等全部信息。

I.

Machiavelli. *Castruccio Castracani*
——. *The Discourses*
Milton. *The Ready and Easy Way to Establish a Free Commonwealth*
Racine. *Britannicus*
Voltaire. "Tyranny," "Tyrant," in *A Philosophical Dictionary*
Dickens. *A Tale of Two Cities*
Dostoevsky. *The Possessed*
Ibsen. *An Enemy of the People*
Orwell. *Homage to Catalonia*
——. "Politics and the English Language"
——. *1984*

II.

THE MIDDLE AGES TO THE RENAISSANCE (TO 1500)
Marsilius of Padua. *Defensor Pacis*

THE MODERN WORLD (1500 AND LATER)
Aksyonov. *The Burn*
Arendt. *The Origins of Totalitarianism*
Atwood. *The Handmaid's Tale*
Broch. *The Sleepwalkers*
Bryce. *Address on Colonial Policy*
Djilas. *The Unperfect Society*
García Márquez. *The Autumn of the Patriarch*
Godwin. *An Enquiry Concerning Political Justice*, BK IV, CH 3
Hardy, T. *The Dynasts*
Hayek. *The Road to Serfdom*
Jackson, B. *The International Share-out*

Jonson. *Sejanus*
Kosinski. *The Painted Bird*
Kundera. *The Joke*
——. *The Unbearable Lightness of Being*
Lenin. *Imperialism, the Highest Stage of Capitalism*
Luther. *Whether Soldiers, Too, Can Be Saved*
Marlowe. *Tamburlaine the Great*
Marriott. *Dictatorship and Democracy*
Mazzini. *From the Council to God*
Miłosz. *The Captive Mind*
Pushkin. *Boris Godunov*
Revel. *The Totalitarian Temptation*
Schiller. *William Tell*

Shelley, P. B. *Prometheus Unbound*
Sholokhov. *The Silent Don*
Silone. *Bread and Wine*
Solzhenitsyn. *The Cancer Ward*
——. *The First Circle*
——. *The Gulag Archipelago*
——. *One Day in the Life of Ivan Denisovich*
Soyinka. *Madmen and Specialists*
Strauss. *On Tyranny*
Trotsky. *Terrorism and Communism*
Ure. *The Origin of Tyranny*
Zinoviev. *The Radiant Future*

普遍与特殊 Universal and Particular

总 论

关于上帝存在、灵魂不灭、时空无限、人类知识的有限这些思辨问题，哲学家的讨论似乎与科学家的讨论、诗人的语言、普通人的言谈或多或少有所关联。至少，哲学家在开始讨论时，这些问题的提法与那些自认不是哲学家的人所提出的问题是对应的。但是在整个西方思想的传统中，普遍问题不同于其他问题，它似乎有某种专业秘密的性质。

对普遍问题的各种解答有这么多晦涩的理论，每种理论都有它自己的学派名称。哲学行内人可以凭借他们对这一领域的精通把自己和新手区别开来，而行外人偶尔听到行家的讨论则可能完全跟不上，既不知道这些相互冲突的回答的意义，也不知道怎么会产生这些问题。

真正的哲学问题不能远离常识所能理解的问题，这种设想似乎是合理的。如果哲学问题不是供专家自娱的似是而非的谜语，那么普遍问题尽管有专业性的外表，还是应该以某些形式提出人们不能回避的争论。是否如此，可以通过考虑普遍这个问题在其他诸章以不同面目或在不同语境中出现的各种方式来验证。

在**同与异**章中，我们提到这个问题：两个个体怎么能够在某个特殊方面相同？既然两者各自独立存在，它们怎么能够具有共同的本质或属性？任何人只要给事物分类，或试图下定义，就会产生疑惑：分类是否完全是语词上的？定义是否是心灵的虚构？或者事物本身是否基于内在的相同性或相似性而属于某个真实的共同体？

在**一与多**章中，普遍问题以这种形式出现：两个事物或多个事物怎么会以任何方式是合一的？哲学家和常识似乎能够应对无穷数量的个体，这只需赋予它们同一个名称，或者用同一个概念或观念去把握它们。但是我们又可以问：把一个名称赋予众多个体的合理性是什么？事物中有什么统一性使得思想倾向于把它们在概念上统一起来？是否有一种真实的统一性存在于诸多事物中？这种统一性是否由于诸多事物以某种方式既是多又是一，抑或由于诸多事物以某种方式分有与多相分离而存在的一？

在**定义**和**记号与符号**两章中，至少隐藏着同样问题。有个与定义的目的相联系的争论：亚里士多德所说的"可以用定义方式表达的本质"是作为众多个体的共同本质而存在；还是如洛克所言，定义只是制定事物的名义本质，而非真实本质。就这个争论及其他相关争论而言，任何人只要承认专名与通名的熟悉的区别，都会质问通名指称什么，它们用于日常言谈时是怎么获得意义的。

不同事物的同一性问题，多中之一或一与多的问题，本质与通名的问题，是普遍与特殊问题的其他表述方式。注意一下这两个词语本身就可以确证这一点。词语"普遍"（universal）意味着一体——与多相对立的一或与特殊对立的共同。词语"特殊"（particular）意味着参与和分有——与整体相对立的部分，与类相对立的成员。正如前面谈到本质和个体时所提示的，这里所提到的并不是与普遍和特殊意义相应的所有成对术语,此外还有很多与它们相应的术语,如模型与仿品、形式与质料、抽象与具体,只不过这些术语的意义更加晦涩。对普遍与特殊的讨论与其说通过这些概念变得明晰,不如说是为它们投下一道亮光。

伟大著作的读者知道普遍与特殊问题起源于苏格拉底和他朋友们的对话,而不是出现在技术哲学家的对话中。在《美诺篇》中,苏格拉底和美诺讨论美德是如何获得的问题。苏格拉底认为有必要首先探讨美德是什么。美诺举出各种美德来回答,但是苏格拉底对此不满意,他要求一个能涵盖一切美德的定义。即使美诺能说出正义或节制是什么,这仍然不够,因为苏格拉底认为,这些都只是说出一种美德,而不是美德本身——都只是说出一种特殊的美德或美德的一部分,而不是美德的全部。

苏格拉底告诉美诺:"在寻找一种美德时,我们发现很多种美德……但是我们至今还没有发现贯穿一切美德的共同美德。"美诺声称无法理解苏格拉底试图找到美德的普遍观念的想法。为了帮助他理解,苏格拉底把讨论转向颜色和图形。他告诫美诺,不能通过命名各种颜色来给颜色下定义,而且,即使他能定义方、圆和其他所有图形,他也没有说出图形是什么。举例这种方法只会"陷入特殊"。

苏格拉底说:"尽管各个图形彼此不同,你都用一个共同的名称去称呼它们,并且说它们都是图形,那么你告诉我,那让你把它们都称作图形的共同的本质是什么呢?"

如果美诺回答:"我不知道你所要寻找的是什么。"那就没法进一步解释。苏格拉底认为,对于在这点上仍然困惑的人,我们只能问他:"你难道不理解我们寻找的是诸多事物中的相同性吗?"或者,我们可以换种方式问:"你称之为图形的东西不仅包括圆的和直的图形,而且包括所有图形,这种东西(多中之一)是什么呢?"

普遍问题一经这样表述,看来就不可回避了——这个问题不仅哲学家而且所有人都要面对。但是在哲学家那里,可以说这个问题刚刚提出来,就又连到很多复杂的事情上。亚里士多德在叙述哲学史时,解释了这个问题是怎样变得复杂起来的。他说,苏格拉底"忙于研究伦理问题",而且"在伦理事情里寻找普遍的东西,他是第一个把思考集中在下定义上面的人。柏拉图接受了他的教导,但他主张定义不能应用于任何可感事物,而是另一类的实体。理由是可感事物总在变化,对它们不能有一个一般定义。他把这另一类的东西称作理念。他说可感事物按理念而命名,因理念而得名。众多事物之所以存在,是靠分有与它们同名的理念"。

亚里士多德认为,正是在这一点上,产生了哲学的重大冲突。"古代思想家把特殊事物,如火和土,作为实体,而不是把两者的共同之处,物体,作为实体。"柏拉图主义者或唯实论者——"当今的思想家"——"倾向于把普遍当作实体,因为通种是普遍的"。亚里士多德不断地试图区分苏格拉底的探究和他视为柏拉图的学说——理念论。他说:"苏格拉底第一个提出普遍定义的问题,但是他并没有认为普遍或定义是与事物相分离的存在。然而,他们"——柏拉图主义者——"赋予它们分离的存在,把它们称为理念。"

在苏格拉底与他的学生之间,亚里士多德毫不迟疑地支持一方。"苏格拉底激发了理念论的产生……但他并没有把普遍从个体中分离出来。在这方面,他是对的。"然而,亚里士多德与他自己的老师柏拉图的争论,不能这样简单地肯定或者否定。

在亚里士多德一边,这涉及他的形而上学的基本原则,特别是他的实体学说,以及认识论,即与感官知觉相对照,理智能知道什么或怎样知道的问题。在柏拉图一边,这涉及很多问题,关于可理解物与可感知物,存在与生成,一与多——亚里士多德对这些问题的回答可能不会让柏拉图满意。

亚里士多德认识到,不管真理在哪一方,在普遍问题上,可能甚于在别的问题上,他和柏拉图尖锐对立。正是在这个事情上,他感到自己很矛盾,是忠于老师还是忠于他看到的真理呢?他在《尼柯马库斯伦理学》中声称"我们的朋友引进形式这个事实"使对普遍的善的思考变得困难起来,但是,"当两者都珍贵时,虔诚要求我们尊重真理甚于尊重朋友"。

自亚里士多德起,哲学史家都把普遍问题的一种解答归于柏拉图。他的解答后来被称为"唯实论",因为它肯定普遍作为与特殊分离而存在的理念或形式的独立真实性。但是,评论者并不都像亚里士多德那样不同意柏拉图的解答。比如说,在我们这个时代,罗素在他的《哲学问题》一书中讨论"普遍世界"时说,"我们现在所谈的是一个很古老的问题,它早就由柏拉图带到哲学里来。柏拉图的'理念论'就是解答这个问题的一个尝试,在我看来,它是迄今为止最为成功的尝试。下面所主张的理论很大程度上是柏拉图的,只是由于时代的进步而做了一些必要的修正"。

例如,罗素认为,"'理念'这个词语由于年久日深已经获得了许多不相干的意义,把它用于柏拉图的'理念'会很容易造成误解。因此,我们应该用'普遍'一词代替'理念'一词来阐述柏拉图的观点……我们把任何感觉中被给予的称为特殊;与此相反,普遍是很多特殊共享的东西……大体上说,专名代表特殊,其他名词、形容词、前置词和动词则代表普遍"。

在这里,罗素叫人们关注另一个方面,他认为这个方面很少被人注意到。这就是,普遍不是唯独由普遍名词和形容词所指称,除此之外,还有前置词和动词指称的关系普遍。这类普遍更容易表明普遍独立于特殊。他认为,这同样可以表明"普遍不仅是心灵上的存在,即使不被想到或者以任何方式被心灵把握,普遍都独立存在"。

如果"存在"(existence)一词意味着时空中确定的位置,那么罗素则断定"思想和感情,心灵和物质客体都存在,但是普遍并不在这种意义上存在"。然而,我们必须说"普遍是持存的,或具有存在(have being),在这里,being 这种'存在'是超时间的,和 existence 这种'存在'相对立。因此,普遍世界也可以说就是 being 这种存在的世界,它是永远不变的……existence 这种'存在'的世界则是瞬息万变的……由于各人的性情不同,我们会更喜欢沉思其中的一个世界。我们不喜欢的世界可能就像是我们喜欢的世界的暗淡的影子,无论在哪种意义上,它几乎都不值得视为真实。但是事实上,这两个世界都要求我们同等地注意,两者都是真实的,对于形而上学都同样重要。不错,一旦我们区分出这两个世界,就必须去考虑它们的关系了"。

罗素所说的无时间性的持存,怀特海称为永恒的对象。怀特海说:"这些超越的实体一直被称为'普遍'。但我偏爱用'永恒的对象'这个词语,目的是要摆脱由于哲学的悠久历史而与'普遍'这个概念相联系的前设。"

下面的问题似乎是柏拉图的普遍必须考虑的问题——它是理念论或分离形式学说的主要困难所在。我们已经在**形式**和**观念**两章中指出，两个世界的分离——变易的可感知世界和存在的可理解世界——总是要求对这两个世界的相似性做出某种解释。

苏格拉底谈起理念学说，有时觉得它真理似乎是不言而喻的，有时又辩护说，相对于作为知觉的对象的可感知的、变化的事物，必然有一个作为思想的对象的永恒的、可理解的存在的王国。比如在《斐多篇》中，他促使齐贝承认，理念，"即我们在对话过程中定义的本质或真实的存在者"，是不会变化的，它们是"永远如其所是，具有相同的、简单的、自身存在和不变化的形式"。与绝对的美或好相对照，各种美的和好的事物"永远处于变化之中"。苏格拉底说，这些"你能凭感官去触摸、看或感知，但是不变的事物你只能用心灵去感知。因此我们可以假设，有两种存在——一种能被看见，另一种不能被看见"。

在同一次对话的后面，苏格拉底重复了这个假设："有绝对的美、绝对的好、绝对的大以及类似的存在。"对他来说具体的事物怎么会是美的或好的或具有其他特征，没有别的假设可以提供更满意的解释。他主张："一件东西之所以美，是由于美本身出现在它上面，或者为它所分有，不管是怎样出现、怎样分有的，我对出现或分有的方式不做肯定，只是肯定一点：一切美的东西是美使它成为美的。"

在后来的柏拉图对话中，可感事物如何分有理念这一问题成为中心。尽管《智者篇》里来自埃利亚的陌生人说起，关于不可见的理念世界的存在，唯物主义者和唯心主义者之间存在没完没了的严重冲突，但是苏格拉底本人似乎只对变化的可感事物是怎样分有不变的形式的这一点感到疑惑。在《蒂迈欧篇》里，他给了一个解答。按照蒂迈欧所说的创世故事，世界的创造者模仿永恒的样式制作出可感的个体事物。由于事物模仿永恒的形式，许多事物似乎就具有同样的本质或属性。永恒的形式不仅仅自身就是绝对的本质，它也是创造或生成事物的模型。

但是在《巴门尼德篇》里，苏格拉底似乎不能维护他下面这种观点："理念似乎是自然界中固定的样式，其他事物像它们，模仿它们——因为说其他事物分有理念，意思就是说它们同化于理念。"他也不能回答巴门尼德的其他反驳，比如两个或更多个个体分有一个理念的困难；因为如果一个理念完全在一个个体中，它就不能在另一个个体中，如果众多个体的每一个都只是部分地分有一个理念，那么这个理念就不是不可分的一个整体。巴门尼德问："苏格拉底，无论如何，如果事物既不能分有理念的部分也不能分有理念的全体，那么一切事物还怎么能够分有理念呢？"

在辩论的过程中，巴门尼德批评苏格拉底观点脆弱，竟然赋予"像头发，烂泥，垃圾，以及其他毫无价值和微不足道的东西"与美和好的事物同样的绝对的本质。但是他的主要意图似乎是要留给苏格拉底一个无法解决的悖论。一方面，理念论的困难使得否认理念的分离存在是合理的；另一方面，否认它们的存在似乎使思想和推理不可能，因为这样就剥夺了心灵的正当的对象。

巴门尼德的这些反对观点在柏拉图的对话里并没有得到回答，亚里士多德又重新提出这些观点作为反对普遍分离存在的某些根据。事实上要不是亚里士多德把他批评的理论归于柏拉图，我们就会对对话录产生一些疑惑，究竟是柏拉图还是他的追随者——柏拉图主义者，持有这种理论？但是无论亚里士多德的批评是否适用于柏拉图——即使他对柏拉图的学说有些误解——亚里士多德的反驳都有助于明确他自己的立场。

亚里士多德认为，"说形式是样式，其他事物分有它们，就是在用空洞的词语和诗性的隐喻"。在他看来，"最悖谬的事情就是认为，在物质世界的事物之外还有一些事物，而且这些事物与可感事物一样，只是前者永恒，后者易朽"。他似乎觉得，设定与事物分离而存在的形式，是对存在事物的无用的重复。说"必然存在所有事物的可以普遍言说的理念"只是制定观念上的实体。

亚里士多德承认，"如果形式是实体的话"，那么，说形式存在的人就是对的。他并不认为不朽的和不可感知的实体不可能存在，但是如果它们存在，它与可感事物的联系也不能是像普遍与特殊、一与多的那种联系。他反对理念论的理由是，柏拉图主义者在说到绝对的美或美本身，作为理念的人或人本身时，只不过是在可感事物的名称上加上像"绝对"或"本身"这些词，并且在有相同名称的可感个体的存在上面设定绝对者或普遍的存在。

亚里士多德本人的立场似乎是，只有作为个体的实体存在，无论它们是可感知的或可理解的，可朽的或永恒的，但是"普遍不能是实体"，或者说不能仅凭它自身独立存在。他并不因此否认普遍的真实性。相反，他认为"没有普遍就不可能获得知识"，也就是说，科学知识不同于纯粹的感官知觉。他说："所有知识都是关于普遍和'本身'的。"然而他补充说，"实体不是普遍，而是'这个'"。他暗示了普遍的中心问题对他来说是什么。

亚里士多德认为，心灵从感觉经验的特殊中抽象出普遍概念，这些概念是构成科学知识的全称命题的词项。这种理论产生了一个关于科学对象的问题。如果科学是关于真实存在的知识，而不是关于我们的概念的知识，如果只有个体事物才真实存在，那么科学的对象怎么会是普遍，而非个体？全称概念"人"或"马"把握到的对象是什么呢？

亚里士多德似乎是这样回答的：如果全称词项"人"真的能够谓述无限多的个体，它就必然指称个体所共有的东西。然而，众多个体分有的共同本质或属性实际上不可能是普遍的，因为按照他的观点，无论个体中存在什么——具体实体的质料或者形式——本身都是个别的。因此，他觉得每当我们说一群个体有共同之处时，必须说普遍是潜存的，而非实存的。

比如，构成人的本质的形式，就是存在于苏格拉底和卡里亚斯身上的个别形式。但是就它们能够被心灵的抽象能力从这两个人的个别质料中分离出来而言，它们又是潜在地普遍的。当抽象活动发生并形成全称概念"人"的时候，心灵这样接受的形式就变成现实地全称的，它使心灵能够把握所有的人的共同的本质。

普遍潜存于个体事物、实存于心灵的抽象概念中。亚里士多德的这个理论后来被称为"温和的唯实论"。与此相反，极端唯实论肯定普遍现实地存在于个体事物之外以及心灵之外。亚里士多德的理论肯定了普遍具有罗素所说的"心智之外的实在性"，尽管亚里士多德的这一理论认为普遍即非现实的也非永存的，以此来对普遍的真实存在做了严格的限制。

亚里士多德只是否认普遍有不受限制的实在性，后来的一些哲学家则完全否认普遍有任何实在性。那些有时被称为"概念论者"的人只承认普遍作为抽象理念存在于心灵之中。霍布斯和贝克莱所持的"唯名论者"立场走得更远,甚至否认心灵中存在抽象理念或普遍观念。这种立场认为普遍性只是词语的特性,它自身显示于通名的意义中。

在思想争论越变越复杂的过程中,有着传统学派名称的各种理论在不同文本中被重新阐述时都有所修正。各自倾向一端的温和唯实论和温和唯名论这两种中间立场更是如此。

比如,洛克可以被称作概念论者,因为他认为通名从它们指称的抽象观念获得普遍意义。然而,尽管他否认我们能够凭借普遍观念或抽象理念去认识事物的真实本质,他并不否认真实本质。在这种意义上,他比哲学家威廉·奥卡姆和心理学家威廉·詹姆士更倾向温和唯实论。威廉·詹姆士说:"我们不能不决定站在概念论者一边,并且认为,把事物、特征、关系设想为孤立于、抽象于它们出现于其中的整体经验的能力是我们的思想最无可争议的功能。"与此类似,阿奎那发展了亚里士多德的理论,特别是他增加了在上帝的心灵中存在的理念——"永恒的范型"——这或许是一种温和唯实论。与亚里士多德相比,阿奎那更倾向于认为理念是自身存在的,是可感特殊的永恒原型。

阿奎那是在阐述他对于柏拉图与亚里士多德之争的理解时提出自己的理论的。他说:"柏拉图认为,自然事物的形式原先是与质料相分离而存在的,因而是可以理解的。因为一物在现实上是可以理解的,这正是由于它是无质料的这一事实。他把这些形式称为'种类'或'理念'。他说,为了个体能够自然地被归属于它们相应的类或种之中,甚至有形物体也由于分有理念或种类而形成……但是由于亚里士多德并不承认自然物的形式与质料相分离而存在,由于存在于质料中的形式并不是现实上可理解的,这就必然得出结论,我们所理解的可感事物的本质或形式不是现实上可理解的。"

阿奎那把形式(它只和质料一起存在于个体事物中)称作"普遍形式",虽然它们现实上不能被理解。"我们把普遍形式从它们的特殊状况中抽象出来",他说,这样做"它们在现实上就可以被理解了"。在阿奎那看来,柏拉图的错误在于他认为"所知事物的形式必须以它在所知事物中存在的方式同样存在于认识者中"。阿奎那认为,"被理解的事物的形式是以普遍的、无质料的、不变的状态存在于理智中",可是柏拉图错误地从这个事实得出结论"我们所理解的事物必须同样在无质料的、不变的状态中存在于它们自身中"。

阿奎那认为,亚里士多德改正了柏拉图的错误,区分出普遍可被思考的两种方式。"首先,普遍本质可以与对普遍性的意向一道被思考。对普遍性的意向——普遍性也就是同一与多的关系——产生于理智的抽象。这样考虑的普遍在我们的知识中是重要的……第二,普遍可以作为本质自身(比如,动物性或人性)被看作存在于个体中。"从生成和时间上看,潜存的普遍先于实存的普遍;也就是说,普遍形式或共同本质在以抽象的状态存在于人的心灵中之前,就以特殊的状态存在于个体事物之中。

虽然形式存在于事物之中(尽管它们在作为心灵的普遍概念存在之前并不是现实上普遍的),它们在存在于事物中之前就以某种方式存在。在这一点上,阿奎那认为,奥古斯丁改正了异教徒的错误,并代之以基督教的真理。他说:"奥古斯丁浸淫于柏拉图主义者的理论,每当他在柏拉图主义学说中发现与信仰一致的东西,他就接受它;对于与信仰相反的东西,他就做出修正。"

柏拉图假定"事物的形式是由与质料相分离的形式自身构成",他认为"正如有形物体通过分有石头的理念而成为石头,因此我们的理智通过分有相同的理念而得到石头的知识"。但是,按照阿奎那的观点,"这似乎与事物的形式应该由事物本身之外与质料分离的形式自身所构成这一观点相矛盾……因此,为了取代柏拉图的理念,奥古斯丁说一切创造物的范型都存在于神的心灵之中。正是根据这些范型,一切事物得以形成,人的灵魂知道一切事物"。

阿奎那对于普遍问题的解答似乎涉及对形式的存在的三重区分。它们是:(1)从我们对可感特殊的经验中抽象出来存在于人的心灵之中;(2)存在于个体事物之中;(3)先于在事物中存在,存在于上帝的心灵之中。

但是阿奎那自己则认为,在上帝那里不区分普遍与特殊,人创造的知识是关于普遍或特殊的,但是上帝并没有这种知识。无论人们认为神的理念是上帝创造万物的范型也好,还是认为上帝是通过神的理念的类型和相似性来理解万物也好,它都不是抽象概括的,都不具备人的概念所特有的普遍性。在阿奎那看来,我们的抽象概念不能提供给我们单个独特事物的知识,然而神的理念则是上帝同时直接知道特殊和普遍的原则。

在奥卡姆看来,如果普遍本身不在神的心灵之中,那么它也就既不真实地也不潜在地存在于事物之中。个体中存在的每样东西——它的形式和质料,它的所有部分和属性——都是该个体独一无二地拥有的。如果两个事物有什么共同之处,它就必须同时既是一又是二。由于是共同之处,它就必须以某种方式在两个事物中是同一的,然而也因为它存在于各个事物中,它就必须独特地存在于各个事物中,就像每个个体事物那样独特地存在。但是奥卡姆认为这是不可能的,由此他得出结论:"普遍并不在心灵之外真实地存在于单个实体中;它也没有实体性或事物的存在性,而是仅仅存在于心灵之中。"

这样一来,这个古老的难题就又以另一种方式转回来了。如果抽象概念存在于心灵之中——或者像奥卡姆所说,"逻辑词项'动物'和'人'可谓述众多事物因而是普遍,这不是通过它们自身,而是由于它们所指称的事物。"——那么,全称词项或概念所指称的对象在现实中是什么呢?它不能是众多事物,除非数目明确的众多个体之间很相似,就像人或动物那样;众多个体又怎么能够真正地相似,而不是仅仅被设想为相似?除非它们具有共同的本质和属性,甚至到了是同一个事物的程度。

洛克以另一种方式提出这个问题。"如果所有的事物都仅仅是特殊,我们怎么能够产生一个全称词项?我们去哪里发现这些词项所代表的普遍本质呢?"他这样回答:"词语成为普遍的,是由于它们被用作普遍观念的符号;观念成为普遍的,是由于把它们从时间空间的环境中分离出来,以及从能够决定它们成为这个或那个特殊存在的其他观念中分离出来;通过这种抽象的方式,它们就能够代表更多个体而不是一个个体;与抽象观念有内在一致性的每一个个体都属于该类(我们这么称呼它)。"

但是洛克又问:如果普遍本质(或类和种)"仅仅是概括程度不同、各具名称的抽象观念",那么,一个抽象观念所代表的许多个体是以什么方式具有"与这个抽象观念的一致性"的？洛克的立场似乎回避了这一问题。他说："抽象观念根本就不给我们提供存在性的知识。"只有特称命题是关于真实存在物的。"对于全称命题的真和假我们有一定的了解，但它们与存在不相关。"这些命题除了表达"我们的抽象观念之间的一致或不一致"外，不表达任何东西。

洛克不只是否认抽象观念可以指称实在，他还把抽象观念看作"心灵的虚构或设计"，它们是不完善的，只能是全称的。他说，三角形的普遍观念，必须既不是等边三角形，等腰三角形，也不是不等边三角形，"而是同时是一切三角形而不是当中任何一种。事实上，这个观念是不完善的某物，它并不存在"。洛克的意思似乎只是说现实中没有与我们的普遍观念对等的事物。贝克莱也注意到抽象观念的这种"不完善性"，他甚至否认它们在心灵中存在。他说："我否认我能够从各个观念抽象出或单独构想出那些不可能单独存在的属性，也否认我能够从特殊中抽象出一个普遍观念。"

贝克莱承认"一个人可以把一个图形只看作三角形，而不去注意角的特殊属性或边的特殊关系。尽管他能够抽象概括，但这并不能证明他能构想出三角形的一个抽象的、普遍的、不矛盾的观念"。他还承认我们所有的通名都有普遍意义，但他拒绝接受洛克对于普遍意义的解释。他说："一个词语成为普遍的，不是由于它被当作一个抽象的普遍观念的符号，而是由于它被当作几个特殊观念的符号，对这任何一个特殊观念它都毫无差别地提示给心灵。"

贝克莱这样的唯名论者回避了这个纠缠不休的难题吗？它再次出现在一个必须回答的问题中：与其他类别的特殊观念相对，某类特殊观念中具有什么可以使得一个通名可以毫无差别地指称它们中的任何一个？如果每一个特殊观念是绝对独一无二的，与其他观念没有任何共同之处，那么普遍还有任何真理可言吗（即使在命名的层面上）？

詹姆士认为，唯名论者不知怎地被迫"承认类普遍，我们觉得它似乎是普遍的某物，尽管它不是；他们把这个某物解释为'无穷数量的特殊观念'，他们对这个某物的所有言论，都在主观和客观的观点之间摇摆不定。读者永远无法判断，他们所说的一个'观念'是被当作知者还是所知。唯名论者自己也不能区分。他们只想得到心灵中的某物，只要它与心灵之外的东西模糊地相似。他们认为，只要达到相似了，就不用进一步追问了"。

有些哲学家在探讨普遍和特殊时，不是进入传统问题而是脱离它们。

例如，对斯宾诺莎来说，普遍词项，如人，马，狗，代表从感觉经验中得来的含混的意象。它们提供给我们对事物的不充分的知识。要充分认识事物，我们就必须"由神的某些属性的形式本质的充分观念出发，进到达到对事物本质的充分观念"。与抽象普遍（即经验中来的不确定的意象）完全相反，在把握无限整体这个完全不一样的意义上，充分观念是普遍的。

黑格尔也区分抽象的普遍性和"真无限或具体的普遍性"。前者是"确定的某物；由于它是从所有确定性中抽象出来的，它自身不会是不确定的；一个抽象的、片面的某物自然包含着它的确定性、缺陷和限定。"抽象普遍的反面是特殊，它是隐含地包含在抽象普遍中的确定内容。两者的综合是个体；这不是特殊的个体，而是作为具体普遍的无限的个体。

具体普遍既不是"作为普遍特性的普遍，也不是在个体之外或之上与它对立的抽象普遍,——抽象普遍只是理智把握到的抽象同一性"。具体普遍是"以特殊为对立面的普遍性,但这特殊通过自身反映入自身而被等同于普遍。普遍性与特殊性的统一是个体性,这不是无中介的作为一个单元的个体性……而是与它的概念一致的个体性"。在黑格尔看来,具体普遍是内在的理念自身,它是绝对精神或上帝的显现。

无论怎样阐述,无论是否被解决或能否被解决,普遍问题似乎都与对其他一些大观念的探讨有至关重要的影响。除了在本章开头列举的诸章,我们现在还可以看出,普遍、特殊、和个体与**存在**和**无限**,**形式**和**观念**,**物质**和**心灵**,**经验**、**归纳**、**判断**以及**科学**诸章中的思考相关联。反过来,这些章节不只是对普遍问题的各种解决投下一道亮光,它们还帮助我们理解这些问题的重要性——对西方的传统哲学家肯定是如此。在相关论题的更广泛的语境中,如果发现对人类独特的理性的证明,甚至不朽灵魂的可能性,可能依赖于对普遍(至少是作为心灵中的概念)的肯定或否定,那么,就值得宽容和忍耐这个问题的烦琐的技术细节。

分 类 主 题

1. 普遍与特殊的区别和联系:本质与个体、整体与部分、类与成员、一与多、同与异、共同与唯一
2. 普遍问题
    2a. 普遍的真实性:作为独立形式的实存,在事物的形式之中的潜存
    2b. 作为人的心灵的抽象或概念的普遍
    2c. 从普遍或抽象概念到通名意义的还原
3. 个体问题:个体性原则;具体普遍
4. 知识序列中的普遍和特殊
    4a. 作为知识对象的普遍:对普遍直觉的和反思的把握
    4b. 与天使的理智和神的心灵相关的普遍
    4c. 从感觉特殊到全称概念的抽象
    4d. 与知觉和概念,或意象和理念的区分相联系的普遍和特殊的区分
    4e. 我们对个体的知识的不充分性:它们的模糊性
    4f. 科学的普遍性:科学原则的普遍性
5. 与语法和逻辑相关联的普遍和特殊
    5a. 专名和通名的区别
    5b. 普遍的分类:它们的外延和内涵;它们的普遍性的程度
    5c. 谓述和判断中的普遍和特殊:命题的量,普遍的、特殊的、个体的判断
    5d. 推理前提的普遍性和特殊性的规则:与前提的量相关的结论的量
6. 普遍和特殊的区分的应用
    6a. 质料和形式的分析中的普遍和特殊
    6b. 普遍的和特殊的原因
    6c. 法律的普遍性和公正的特许权

96. 普遍与特殊

7. 与主观和客观,绝对和相对的区分相关联的普遍性和特殊性

   7a. 关于真理的普遍性的争论

   7b. 关于道德原则的普遍性的争论

   7c. 关于审美标准的普遍性的争论:主观的普遍性

[杜世洪 译]

索引

本索引相继列出本系列的卷号〔黑体〕、作者、该卷的页码。所引圣经依据詹姆士御制版，先后列出卷、章、行。缩略语 esp 提醒读者所涉参考材料中有一处或多处与本论题关系特别紧密；passim 表示所涉文著与本论题是断续而非全部相关。若所涉文著整体与本论题相关，页码就包括整体文著。关于如何使用《论题集》的一般指南请参见导论。

1. The distinction and relation between universal and particular: essence and individual, whole and part, class and member, one and many, same and other, the common and the unique

    6 Plato, 32–33, 174–179, 392–394, 514–515, 534–536, 610–613
    7 Aristotle, 116, 117, 369, 505–506, 517–518, 537, 545, 558–559, 578–580, 598, 599–601
    11 Plotinus, 449–450, 515–517
    16 Augustine, 754
    17 Aquinas, 16–18, 20–21, 49, 80–81, 169–170, 227–228, 399–401, 662–663
    18 Aquinas, 710–711, 755–756
    20 Calvin, 331–332
    26 Harvey, 332–333
    28 Descartes, 230–232
    28 Spinoza, 620–622
    33 Locke, 268–283 passim
    33 Berkeley, 408–409
    39 Kant, 193–200
    43 Hegel, 67
    53 James, William, 308–312
    55 Whitehead, 165–166, 207–209, 217–220
    55 Russell, 259–260, 271–274 passim
    55 Barth, 518–519
    56 Dobzhansky, 518, 545–546
    58 Huizinga, 335, 344

2. The problem of the universal

2a. The reality of universals: their actual existence as separate forms, or their potential existence in the forms of things

    6 Plato, 87–89, 228–230, 231–232, 426–429, 447, 457, 487–491, 561–574
    7 Aristotle, 105–106, 505–506, 508–511, 514, 516, 518, 519–520, 521, 556–557, 562–563, 564–565, 569–570, 586, 598, 599, 607, 610–611
    11 Plotinus, 541–543
    16 Augustine, 96
    17 Aquinas, 93–94, 99, 163–164, 418–419, 444–447, 455–457
    18 Aquinas, 715–716
    28 Bacon, 43–44
    33 Locke, 257, 274–276, 277
    39 Kant, 551–552
    53 James, William, 309–311 passim
    55 Russell, 271–277 passim
    58 Huizinga, 329–330

2b. Universals as abstractions or concepts in the human mind

    6 Plato, 489
    7 Aristotle, 116–118, 330, 648, 661
    16 Augustine, 316–317, 391
    17 Aquinas, 71–72, 382–383, 388–391, 416–417, 440–444, 453–455
    18 Aquinas, 1025–1032
    26 Harvey, 332–333
    28 Descartes, 442–443
    33 Locke, 145, 244, 255–260, 263–283 passim, 331–332, 338–339, 349
    33 Berkeley, 405–410 passim
    33 Hume, 505
    43 Hegel, 18
    53 James, William, 305–311
    55 Whitehead, 144–153, 162–163, 165–170, 209–210
    55 Russell, 253–256
    56 Planck, 113–114
    57 Veblen, 63–64

2c. The reduction of universals or abstractions to the meaning of general or common names

    21 Hobbes, 55–56
    28 Spinoza, 621–622
    33 Locke, 278
    33 Berkeley, 407–408
    33 Hume, 507
    55 James, William, 18, 36–38, 46–48, 50–57 passim esp 53–54
    55 Wittgenstein, 335
    58 Huizinga, 330

3. The problem of the individual: the principle of individuality; the concrete universal

    7 Aristotle, 518, 521–522, 536–537 passim, 618–619
    11 Plotinus, 549–550
    17 Aquinas, 84–85, 162–163, 257–258, 381–382, 384–385, 388–391
    18 Aquinas, 713–714
    28 Spinoza, 607
    33 Locke, 218–228 passim

43 Hegel, 13-14, 17, 72, 116-117, 119, 121, 123, 163, 164-165, 166-186, 302
56 Schrödinger, 503-504

4. Universals and particulars in the order of knowledge

4a. Universals as objects of knowledge: the intuitive or reflexive apprehension of universals

6 Plato, 113-114, 179-183, 228-230, 370-373, 383-388, 489-491, 535-536, 570-574, 809-810
7 Aristotle, 508-509, 648
16 Augustine, 736-737
17 Aquinas, 440-442, 444-446, 447-450, 451-453, 461-462, 748-749
18 Aquinas, 1025-1032
33 Locke, 323
44 Tocqueville, 232-235
53 James, William, 308-314 passim
55 Whitehead, 209-210, 216-217
55 Russell, 258-260 passim, 274-277

4b. Universals in relation to the angelic intellect and the divine mind

17 Aquinas, 128-130, 289-291, 295-297, 545-546

4c. The abstraction of universal concepts from the particulars of sense

7 Aristotle, 87-89, 97, 136, 663-664, 690
17 Aquinas, 71-72, 84-85, 215-216, 291, 295-297, 382-383, 416-419, 440-457, 462-463, 476-477
18 Aquinas, 1025-1032
28 Descartes, 277
28 Spinoza, 621-622
33 Locke, 145, 147, 263, 277-278, 338-339
33 Berkeley, 405-409 passim, 414, 431-432
33 Hume, 505
35 Rousseau, 341-342
39 Kant, 45-46
53 James, William, 308-311
55 James, William, 43-50
55 Whitehead, 144-153, 162-163
56 Planck, 113-114
58 Weber, 114-115

4d. The distinction between particular and universal in relation to the distinction between percept and concept, or between image and idea

6 Plato, 126, 386-388, 534-536
7 Aristotle, 111, 120, 264, 499-500
16 Augustine, 95-96
17 Aquinas, 295-297, 455-457, 461-462, 690-692
28 Descartes, 322-323, 362-363, 444
28 Spinoza, 623-624
33 Berkeley, 408-409
39 Kant, 23-24, 115
53 James, William, 480-484

55 Whitehead, 167-170

4e. The inadequacy of our knowledge of individuals: their indefinability

7 Aristotle, 6-7, 518, 521-522, 563-564, 618-619
17 Aquinas, 292, 295-297, 476-477
18 Aquinas, 772-773
53 James, William, 312
56 Bohr, 340-341, 352

4f. The generality of science: the universality of its principles

6 Plato, 383-388, 391-398
7 Aristotle, 100-102, 107-109, 116-118, 120, 135-137, 259, 499-500, 548
8 Aristotle, 435, 596
17 Aquinas, 440-442
26 Harvey, 332-334
28 Bacon, 108, 127-128, 138-139, 161
28 Descartes, 393
30 Pascal, 358
32 Newton, 1-2, 270-271, 543
33 Locke, 308-309, 316, 322-323, 331-336 passim
33 Berkeley, 408, 409, 425-426, 433-434 passim, 438
33 Hume, 454-455, 460
39 Kant, 195-198, 211-218, 562-563
43 Hegel, 190-191, 384
53 James, William, 671-672, 861-886 passim
55 Whitehead, 136-137, 201-202
56 Poincaré, 39-40, 42-43, 46-52
56 Planck, 84-85, 92-93, 97-98, 113-116
56 Whitehead, 125-126, 183-185 passim
56 Einstein, 198-200, 207, 212-213, 215-216, 223-224
56 Heisenberg, 391, 449-452, 455-456

5. Universal and particular in relation to grammar and logic

5a. The distinction between proper and common names

7 Aristotle, 246
17 Aquinas, 71-72, 73-74, 170-171, 181-183
21 Hobbes, 55
33 Locke, 98-99, 251-252, 254-256, 257, 280
33 Berkeley, 410
35 Rousseau, 341-342
42 Lavoisier, 4
53 James, William, 310-311, 447-448

5b. The classification of universals: their intension and extension; their degrees of generality

6 Plato, 569-574
7 Aristotle, 5-8, 60, 100-101, 111-115, 131-133, 144-147, 534, 561-563, 587-588
17 Aquinas, 270-272, 391-393, 471-472, 697-703 passim
18 Aquinas, 54-55
33 Locke, 256

5c. **Particulars and universals in predications or judgments: the quantity of propositions; the universal, the particular, and the singular judgment**

7 Aristotle, 5, 6–8, 26–27
8 Aristotle, 356, 397–398
17 Aquinas, 170–171, 457–458
18 Aquinas, 145–147
33 Locke, 331–336
39 Kant, 14–15, 39–41, 51–52

5d. **Rules concerning the universality and particularity of premises in reasoning: the quantity of the conclusion in relation to the quantity of the premises**

7 Aristotle, 40–45, 58, 108–109, 116–118
8 Aristotle, 397–398, 596–597
18 Aquinas, 141
33 Locke, 377
39 Kant, 110–112, 118

6. **Applications of the distinction between universal and particular**

6a. **Particular and universal in the analysis of matter and form**

7 Aristotle, 546, 599–601, 618–619
11 Plotinus, 352–360, 595–596
17 Aquinas, 15–16, 31, 113–114, 162–164, 257–258, 341–342, 381–382, 391–393, 451–453, 585–587, 604–607
18 Aquinas, 711–712

6b. **Universal and particular causes**

7 Aristotle, 534, 599–601
17 Aquinas, 128–130, 291, 587–588, 610–611, 662, 813–814
18 Aquinas, 733–734
28 Spinoza, 599–600

6c. **The universality of law and particular dispensations of equity**

6 Plato, 699–700, 754
8 Aristotle, 382–383, 385–386, 485–486, 593, 617, 618–619
18 Aquinas, 205–206, 235, 238–239, 259–261
21 Hobbes, 94, 133–135
33 Locke, 55–58
34 Swift, 152–154
35 Montesquieu, 3
35 Rousseau, 397, 399–400
38 Gibbon, 88–89
39 Kant, 399–400
40 Federalist, 237, 244–245 passim
43 Hegel, 74–78, 141–142, 143

7. **Universality and particularity in relation to the distinction between the objective and the subjective, the absolute and the relative**

7a. **The issue concerning the universality of truth**

6 Plato, 86, 517–532
7 Aristotle, 528–531, 590–592
11 Lucretius, 48–49
11 Epictetus, 155–157
17 Aquinas, 453–455
21 Hobbes, 65
23 Montaigne, 281–286, 299–302, 307, 311–312
28 Bacon, 57–58, 115–116
28 Descartes, 223–225, 321–322, 498–499
30 Pascal, 181–184, 238–239
33 Locke, 94–95, 357–358
33 Berkeley, 404, 405
33 Hume, 454–455, 507–508
39 Kant, 36–37, 202–203, 218–222, 224–227, 240–243
40 Mill, 274–293 passim
43 Hegel, 166–186
53 James, William, 639–646
55 James, William, 50–57

7b. **The issue concerning the universality of moral principles**

5 Herodotus, 97–98
6 Plato, 58–62, 183–184, 187–190, 271–277 passim, 528–532
8 Aristotle, 339–340, 349, 359, 430
11 Aurelius, 249
16 Augustine, 20–21, 746
18 Aquinas, 223–224
21 Hobbes, 91–92, 95–96, 140, 272
23 Montaigne, 100–102, 144–145, 169–173, 250–252, 321–324
28 Descartes, 270
28 Spinoza, 656–658, 660
30 Pascal, 29–44, 230–231
33 Locke, 103–111 passim, 192–193
35 Rousseau, 330–331, 343–345, 369–370
39 Kant, 173–174, 253–254, 260–261, 264, 265–266, 270–271, 273–287, 294–295, 297–314, 317, 372, 390–391, 392–393, 397–398, 478–479
40 Mill, 269–270, 274–293 passim, 445–446, 461–464, 471–476
43 Hegel, 42, 49–50, 133, 141, 297–298
43 Kierkegaard, 423–436, 441, 447–453
49 Darwin, 314–316
50 Marx-Engels, 428
51 Tolstoy, 213–216, 645–646
53 James, William, 886–888
55 James, William, 23
55 Whitehead, 227
59 Pirandello, 252

7c. **The issue concerning the universality of aesthetic standards: the subjective universal**

6 Plato, 142–148, 167, 593–595, 653–656, 660–662
11 Aurelius, 250
11 Plotinus, 323–324, 600–601
16 Augustine, 30
17 Aquinas, 25–26, 737
18 Aquinas, 608–609

23 Montaigne, 271–272
28 Spinoza, 605–606
39 Kant, 480–482, 488–492, 513–517, 540–542
43 Hegel, 193–194
49 Darwin, 95, 301–302, 571–577
53 James, William, 755–757
58 Huizinga, 351–354, 357–360
59 Proust, 316–320

交叉索引

以下是与其他章的交叉索引：

The distinction between the universal and the particular, see IDEA 4b(2); ONE AND MANY 1c.
The reality or existence of universals, see BEING 7d(2); FORM 2a, 3b; SAME AND OTHER 2a.
The character and conditions of individual existence, see IDEA 1f; MATTER 1c.
The knowledge of individuals, see FORM 3b; KNOWLEDGE 5a(4).
Universals as objects of knowledge, see FORM 1a; IDEA 1a; KNOWLEDGE 6a(3); SCIENCE 4b.
The theory of abstraction and the distinction between sensory images and abstract ideas, see IDEA 2g; MEMORY AND IMAGINATION 5b, 6c(1); SENSE 5a; the abstraction of universal concepts in relation to inductive generalization, see EXPERIENCE 2b; INDUCTION 1a.
The universality of scientific laws, see SCIENCE 4d.
Proper and common names, see SIGN AND SYMBOL 2d.
The ordering of universal concepts according to their degrees of generality, see IDEA 4b(3), 5d; RELATION 5a(4); SAME AND OTHER 3a(1).
Universal and particular in the logical theory of judgment and reasoning, see JUDGMENT 6a; REASONING 2a(2).
The good in general and the order of goods, see BEING 3–3b; GOOD AND EVIL 5a–5d; HAPPINESS 2b–2b(7).
Equity as rectifying the imperfection of laws which results from their universality, see JUSTICE 10d; LAW 5h.
The true, the good, and the beautiful as objective or subjective, absolute or relative, see BEAUTY 5; CUSTOM AND CONVENTION 5a, 9a–9b; GOOD AND EVIL 6d; RELATION 6b–6c; TRUTH 7b.

扩展书目

下面列出的文著没有包括在本套伟大著作丛书中，但它们与本章的大观念及主题相关。

书目分成两组：

Ⅰ．伟大著作丛书中收入了其部分著作的作者。作者大致按年代顺序排列。

Ⅱ．未收入伟大著作丛书的作者。我们先把作者划归为古代、近代等，在一个时代范围内再按西文字母顺序排序。

在《论题集》第二卷后面，附有扩展阅读总目，在那里可以查到这里所列著作的作者全名、完整书名、出版日期等全部信息。

I.

Thomas Aquinas. *On Being and Essence*, CH 3–4
———. *Quaestiones Disputatae, De Anima*, A 4
Descartes. *The Principles of Philosophy*, PART I
Mill, J. S. *A System of Logic*, BK I, CH 2; BK II, CH 3
Hegel. *Science of Logic*, VOL II, SECT I, CH I
Dewey. *Logic, the Theory of Inquiry*, CH 13–14
Whitehead and Russell. *Principia Mathematica*, PART I, SECT C, D, E; PART II, SECT A
Russell. *The Analysis of Matter*, CH 27
———. *The Analysis of Mind*, LECT II
———. *Human Knowledge, Its Scope and Limits*, PART II, CH 3, 10; PART IV, CH 8
———. *Introduction to Mathematical Philosophy*, CH 13, 15–17
———. *The Principles of Mathematics*, CH 4–8

II.

THE ANCIENT WORLD (TO 500 A.D.)
Porphyry. *Introduction to Aristotle's Predicaments*

THE MIDDLE AGES TO THE RENAISSANCE (TO 1500)
Abelard. *Glosses on Porphyry*
Albertus Magnus. *On the Intellect and the Intelligible*, TREATISE I–II
Boethius. *In Isagogem Porphyri Commenta*
Cajetan. *Commentary on Being and Essence*
Duns Scotus. *Reportata Parisiensia*, BK I–II
John of Salisbury. *The Metalogicon*, BK II, CH 17
Ockham. *Expositio Aurea et Admodum Utilis Super Artem Veterem*, PART I–II
———. *Summa Logicae*

THE MODERN WORLD (1500 AND LATER)
Blanshard. *The Nature of Thought,* CH 16–17
Bradley, F. H. *Essays on Truth and Reality,* CH 3
——. *The Principles of Logic,* Terminal Essays, V
Brown. *Lectures on the Philosophy of the Human Mind,* VOL II, in part
Gilson. *History of Christian Philosophy in the Middle Ages*
Hamilton, W. *Lectures on Metaphysics and Logic,* VOL I (34–36)
John of Saint Thomas. *Cursus Philosophicus Thomisticus, Ars Logica,* PART II, QQ 3–12
Johnson, W. E. *Logic,* PART I, CH 8, 11
McTaggart. *The Nature of Existence,* BK III
Reid, T. *Essays on the Intellectual Powers of Man,* V
Royce. *The World and the Individual,* SERIES I (9–10)
Santayana. *The Realm of Essence,* CH 1–11
Suárez. *Disputationes Metaphysicae,* IV (4–8), V–VI, XXV
Wolterstorff. *On Universals*

美德与邪恶　Virtue and Vice

总　论

以当前通行的含义看,"美德"与"恶行"这两个词只有极其有限的含义。美德(virtue)通常被认为就是贞洁,或至少是与性行为的流行标准相吻合。对恶行(vice)的通行看法,就其隐含着因强大的习惯性嗜好所带来的对人的性格或健康的伤害而言,它保留了更多一点的传统含义。但是,如同美德一样,通常被称作"恶行"的东西大都与快乐或感官嗜好相关联。

然而,在伟大著作的传统中,这些术语和问题所涉及的范围似乎与道德一样广泛。也就是说,它们都是最广泛地思考人类生活中的善与恶;对人们来说,不仅做什么有对有错,而且意愿、欲望,甚至思考也会有对与错的问题。对一些伟大的道德哲学家而言,其他术语——比如马可·奥勒留与康德的责任,J. S. 穆勒的快乐与效用——似乎更为关键。但对柏拉图、亚里士多德和阿奎那来说,美德是基本的道德原则。他们以此来界定好人、好生活和好社会。然而,即便如此,美德还不是伦理学的第一原则,他们参照一个更为根本的善——幸福来定义美德本身。对他们来说,美德是促进和服务于幸福这一目的的手段。

以上列出的远古时代的特定美德条目,可能会有助于我们理解一般美德观念所涵盖的范围,也有可能进一步凸现"美德"与"恶行"这两个词在当代用法的差异。如今,美德似乎只应用于一种美德领域的事物。那种美德,就是柏拉图和亚里士多德共同称谓的"节制",而他们认为这主要与身体欲望和快乐相关联。柏拉图和亚里士多德给出了多少有些不同的美德条目,但对他们来说,勇气和正义却与节制一样是根本的条目。后来,当某些特定美德被界定为最主要或首要的美德时,这三种美德往往是被放在一起命名的。在那种分类法中,还包含第四种美德,即审慎——或者有时也被称为"实践智慧"。

柏拉图在《理想国》列举美德时,除节制、勇气和正义之外,还额外地加进了智慧。这即表明,作为使人向善的品质的古代美德观念,延展到了人的心灵和性格特征——思考与认知的领域和欲望、情感与行动的领域。亚里士多德通过把美德区分为道德美德与知性美德,或者说是性格特征的卓越与心灵的卓越,从而使美德观念清晰化。他命名了五种知性美德,除智慧和审慎(他区分了理论智慧与实践智慧)之外,还开列了艺术、科学和他称作的"直觉理性"——后来,阿奎那把它称为"理解力"。

根据亚里士多德的分析,道德美德与知性美德的划分导致了知性美德和技艺与审慎之间的进一步区分。在他那里,知性美德,包括理解力、科学和智慧(代表拥有思想洞见和理论知识);技艺和审慎表示在实践思考或应用生产和行动方面各自表现的能力。由于它与行动、或道德行动相关联,审慎这一美德与正义、勇气和节制这类道德美德的联系最为紧密。在阿奎那那里,这四种美德被连为一体当作四种首要美德,隐含着的意思是,剩下的四种美德(比如技艺和其他三种思想理性的美德）只具有附属性的地位。就像我们理解道德美德伴随审慎一样，我们可以简单地认为，通过获得这些附属性美德，人们也可以变得像好的科学家或好的艺术家一样好，但这些美德却并不能使他成为一个好人，也不能引导他过上好的生活和获得幸福。

基督教道德家认同这个原则，即认为特定美德对人类公正与福利来说是首要的和不可或缺的；同时，他们比道德哲学家更进一步地发展了美德理论。考虑到人类的限度和堕落的本性，基督教道德家认为，为了获救——这一外在幸福的超自然目的，需要比自然美德更多的东西，——例如，人类通过自身努力获得的美德。依据门徒保罗的看法，信仰、希望和仁慈对提升人的生活水准，指引人们达到目标是不可或缺的，而这超越了人类本性。这些上帝所赐予的优雅的礼物，后来被奥古斯丁、阿奎那和加尔文认作是超自然美德，而非自然美德。阿奎那把它们特别地称为"**神学美德**"（theological virtues），以区别于其他超自然的馈赠——比如，为人类心灵灌输的道德美德和圣灵的礼物。

读者可能注意到，在我们对所有美德所做的章节命名中，只有三种神学美德不是大观念系列中独立成章的主题。在**勇敢**、**正义**、**节制**、**审慎**、**智慧**等章中，可能包括了一些对这些品质的讨论，但并没有明确地把它们当作美德。在**艺术**、**科学**、**原则**三章中，也是如此。其中，在**原则**章中，还考察了直觉理性美德或者第一原则的理解力。然而，在所有这些章节中，仅有一章是以传统所认可的美德命名的。这表明，在整部大观念丛书中，它们出现的频率是多么广泛和多样，——比如在诗歌与历史章节中的例子与评论中，和在伦理与政治论文中的

定义与分析中。相反，神学美德仅出现在基督教章节中，而非异教徒的文学中；而且主要是在相关的宗教论文中，而不在世俗论文中。

这一章与那些处理其他道德哲学或神学基本观念章节是相互关联的，指出这种关系非常有益。在前面段落中提到的一些术语，比如义务、快乐、幸福、善，都有专门章节来论述，它们与人们应该如何生活和人类追求什么这一问题相互关联。提要部分将呈现其他主题，比如知识、欲望、情感、理性、意志、财富、荣誉、友谊、教学、家庭、国家、公民、法、罪和优雅，它们中任何一个都是（或呈现）一章的主题，在它们作为原因或结果的美德和作为心理因素与外在条件方面，其所处理的东西与美德相关联。

然而，还有没被提及的一章，对大多数致力于美德分析的作者来说，也具有极大的相关性，这就是**习惯**章。它所处理的一个观念对美德的定义是十分关键的。比如说，阿奎那就把美德与恶行的讨论放在了《神学大全》的"习惯论议"中。他把对习惯的议论分成两个问题：一般意义上的习惯和涉及善与恶——尤其是美德与恶行的习惯。但是，美德包含习惯与善的要素的说法并非他的独创，似乎在柏拉图和亚里士多德、奥古斯丁、培根、黑格尔、威廉·詹姆士那里，都有不同程度的强调与说明。只有康德才明白无误地持反对意见，声称美德"不能仅仅被定义和确认为习惯（habit），和……通过实践好的道德行动所获得的一种持久的习俗（custom）"。

有关美德的讨论，来源于柏拉图对话与亚里士多德的《尼柯马库斯伦理学》中的许多相关问题。美诺提的第一个问题是："你能告诉我吗，苏格拉底，美德究竟是由教诲获得还是由实践获得；或者

97. 美德与邪恶

如果既不是由于教诲,也不是由于实践,则人之美德是否由于自然,还是由于别的什么方式?"在苏格拉底看来,这就需要面对其他问题:美德是什么?美德与知识的相关性?美德是单一的还是多样的,假如是多样的,特定美德之间是如何相互联系的?

在对话过程中,需考察每一种可能性。假如美德就是知识,那么,它就像几何学一样可以传授和学习;假如美德仅仅是一种习惯,那它就能通过实践,——也就是说,通过反复实践同一种行为获得。但是,实践或传授本身似乎都不能解释人们如何获取美德,甚至也不能解释为什么有美德的父亲却往往不能在他们的孩子身上产生美德。然而,苏格拉底并没有完全忽视这些可能性,或者说最终需要考虑的一种可能性,即"美德是上帝馈赠给美德之人的"。至于它们之中的每一种观点具有多少真理性,苏格拉底说,只有等我们确切地了解了美德是什么,才能最终决定。

另一篇对话《普罗泰戈拉篇》,也追问了同样的问题,似乎也得出了同样的不确定结论。在此,美德与知识的关系引出了一个问题,即"智慧、节制、勇气、正义和圣洁"是不是"同一事物的五种不同名称"?从某种程度上说,每一种美德都依赖于什么是善、什么是恶的知识。假如不一样,似乎它们至少也是同一事物的不可分离的方面。普罗泰戈拉反对的一点是,人们可能有勇气,但同时却"完全地非正义、邪恶、无节制和无知"。但苏格拉底最终使他不情愿地承认,勇气就是了解什么是危险、什么是不危险,而怯懦就是对危险的无知。

然而,普罗泰戈拉是首先反对苏格拉底有关美德能够传授的观点的人。因此,所有美德都能化约为某种形式的知识似乎证实了他的观点。在美德与知识关系的辩论中,苏格拉底赢得了胜利,似乎也就推翻了他自己的美德不能被传授这一观点。最终,苏格拉底说:"对我来说,讨论的结果非同寻常。假如辩论能够发出人类的声音,那么,我们就能听到,声音在嘲笑我们,并且说,'普罗泰戈拉和苏格拉底,你们真是奇怪的存在。苏格拉底,是你说美德不能被传授的,现在却又尝试证明所有的事物——包括正义、节制和勇气——都是知识(这就证明美德确实能够被传授),这不自相矛盾吗?另一方面,普罗泰戈拉,最初是说美德可能能被传授,现在却急切地证明美德绝不是知识。'"

苏格拉底认为,消除"我们的观点陷入极大混乱"的唯一方式,就是让这场争论持续下去,"直到我们确信美德是什么"。但那场特定的争论并没继续下去,在其他柏拉图对话中所提出的美德定义似乎也不能确定美德是否是知识以及美德能否被传授的问题。例如,在《法律篇》中,一位雅典的异乡人(他认为"作为整体的灵魂的和谐才是美德")提出,教育就应该是在孩子身上产生合适的习惯,达到训练"他们获得美德的第一本能"。但是,这种训练似乎还不像普通教学那样,是一种知识的灌输,它是"有关快乐与痛苦的训练"。由此,我们被引导去恨所应恨的,爱所应爱的。

在《理想国》中,苏格拉底比较了灵魂中的美德所产生的和谐与一个健康的身体各部分之间的和谐。他声称:"美德是灵魂的健康、美和幸福,而恶行是灵魂的疾病、脆弱和腐败。"尽管智慧是对灵魂的其他部分的统治——因为理性"知道什么东西对每个部分和整体有利",但这并不是美德的全部内容,而且苏格拉底的真正用意并非主张人的美德会随着智慧而增长。相反,他明确表示:"好的实践引向美德,而恶的实践产生恶行。"

并且，像特定身体的品质一样，"……通过习惯和实践能培植灵魂的美德"。

有时，人们认为亚里士多德与柏拉图在美德理论的基本观点上有很大的不同。事实上，亚里士多德批评苏格拉底"认为所有的美德都是某种形式的实践智慧"，似乎隐含着，在美德与知识关系上，他们之间存在着一个基本的差异。但是亚里士多德也提到，苏格拉底"说美德包含着实践智慧"是正确的。他自己认为道德美德勇气、节制与正义与审慎这一知性美德是不可分离的，这似乎与苏格拉底认为"美德必定是某种形式的智慧或审慎"和"美德是智慧的一部分或者全部内容"并无实质不同。存在的这种差别似乎并不在于肯定了什么，或者否定了什么，而在于分析或者叙述的方式，或者更进一步地说，在于解析的方式。亚里士多德就是用这种方式回答柏拉图对话中没有回答的问题的。

当然，亚里士多德有时也会通过分析，改变问题的本身，从而使之变得容易回答。不过，他并不经常这样。他总结的如何获得美德——"一些人认为我们获得善性是天性使然，其他人认为是习惯使然，还有一些人认为是教诲的作用"——的现存观点，列举的各种可能性方式，几乎就是美诺一开始所提出的问题。但是，苏格拉底在回答美诺的问题时，很乐意地指出，相对于其他的可能回答方式，每一种可能性或许都包含着自身的真理。亚里士多德明确地认为，这个问题实际上包含三种要素。他写道："有三种东西使人们获得善性和成为美德之人，它们是天性、习惯和理性原则。"即使苏格拉底最后的一个观点，即认为美德是神灵赐予的礼物，似乎也被亚里士多德证实了。他评论道，很明显，获得美德所需要的天性并不依赖我们，它是因某种神圣的原因降临于真正幸运的人身上的结果。

但在分析柏拉图的两个问题——一个是关于美德与知识的关系，另一个是关于美德的一致性问题——时，亚里士多德转换了问题。他对道德美德与知性美德所做的基本区分，把美德与知识的关系问题转换成了一个以美德审慎为代表的、某种特定类型的知识在良好的道德习惯（这种习惯属于行动与激情，或者说意志和情感的领域）的形成与发展过程中的地位问题。亚里士多德用单一的术语"知识"替代许多不同的知性美德之后，就能准确地对那个问题做出"是"与"否"的回答。获得勇气、节制和正义并不需要所有的知性美德，也不需要艺术和科学，甚至不需要思想性智慧。但是，假如"知识"只代表着审慎，那么，亚里士多德就能证实道德美德包含着这种形式的知识。

道德美德与知性美德的划分，还促使亚里士多德重新表述美德一致性问题。亚里士多德并没问是否只有一种美德——它具备不同的层面，或者有很多不同的美德；他考虑的是哪些美德是相互依赖的，哪些美德又能互相独立存在？道德美德之间、道德美德与审慎是不可分离的，这体现了美德的一致性。看似勇敢却不能节制的水手，或者看似审慎却没有正义感的小偷，只是披着美德的外衣。尽管亚里士多德使用"完美德性"（perfect virtue）这一短语来表示这些美德的连贯性和每一种美德与其他美德结合在一起时的完美性，但在这种一致性中，他并没有包含所有的特定美德。一些美德，像技艺和科学，它们能够脱离审慎或者道德美德而存在；同样，审慎和道德美德也能离开技艺和科学而独立存在。

亚里士多德认为，通过表明所有的

道德美德如何依赖于审慎或实践智慧，就能够"反驳这种论证……即美德能互相独立地存在"。但是，除了所有美德共同依赖审慎从而证明美德是不可分离的之外，他并没有发现美德更大的一致性。同亚里士多德一样，阿奎那批评了那些宣称一种更深刻的连贯性的人，他们认为审慎、节制、坚韧和正义表达的"仅仅是一种在所有美德中都能发现的普遍情况"。按照阿奎那的说法，这就等于否认它们是不同的习性。

阿奎那坚持认为它们确实与习惯一样是不同的美德，这毫无疑义地表明"这四种美德能通过流溢而彼此确证"。他解释说，"只要美德是被审慎引导着，那么审慎品质就会流溢到其他美德。其他美德中的任何一种美德也会流溢到其他美德，因为，任何人都能做更为困难的事情，也就能做不太困难的事情。""约束自己感受现实快乐的欲望，这是一件很困难的事，能做到这点的人……在死亡危机面前就更能够检验他的勇气，……而这做起来容易得多"。"经受生死考验，是一件很困难的事，能做到这点的人，就更能坚定地阻止快乐的诱惑。"

至于正义，阿奎那认为，法律正义"就是统治其他美德……并把它们纳入提高全民整体福利的服务中去"。亚里士多德在正义里也看到了美德，——至少在道德美德方面的某种一致性，他把这种正义称为"普遍的"正义，以区别于特殊的正义美德。亚里士多德认为，普遍正义由特殊正义在内的所有道德美德所组成，只要这些美德是为了社会的福利和其他人的善。他写道："在这种意义上看，正义不是美德的一部分，而是美德的全部内容。"亚里士多德认为"正义这一整体美德并不是绝对的，它是与我们的邻居相互关联的"。他还额外地补充说："正义是完整的，是因为拥有正义美德的人不仅能够在自身上实践美德，而且对他的邻居也能同样实践美德。"

一些作者从反面得出了美德之间的更大的分离性。根据马可·奥勒留的说法，正义是优先于其他美德的，因为"其他美德都可以在正义里找到它们的根基"。培根提到，一个人能通过歪曲美德从而获得对恶行的有利而便捷的理解，他似乎接受了我们所熟悉的"美德的缺陷"这一术语所表现的美德与恶行的连贯性。詹森·约翰逊博士提到的"上流社会的恶行"，同样隐含着，一位具备荣誉感的绅士也会有一些缺点。

然而，人们确实可以拥有某些性格特征方面的美德，但同时却又容许其他性格特征方面的邪恶，这样一种安稳的信条，被蒙田和康德、柏拉图和亚里士多德拒绝了。基督教的美德标准似乎更严厉，根据奥古斯丁的说法，看起来是美德的东西，"只要跟上帝不相关，那么它其实比所谓的美德更邪恶。因为，虽然一些人认为具备与自己相关的美德，而且只是为了自身的目的而被追求，这依然可以是真实和真正的美德。事实上，它们恰恰充满着骄傲，因而只能被看作恶行"。

神学家认为，贞洁这种神学美德——上帝之爱，对完善基督教生活中所有其他美德是不可或缺的。根据阿奎那的说法，"没有贞洁"，不仅信仰和希望缺乏"美德的完美特征"，而且所有其他美德都将不可能完善。

阿奎那写道："人们可以通过人工劳作获得道德美德，只要所产生的好作品并不是为了超越人类的自然能力。当人们获得这样的美德时，它们可能是没有贞洁的，甚至很多是关于异教的。但只要它们所产生的好作品与一个超自然的最终目的相关，那么，它们就能真实和完美地具备美德的特征，它们不是由人类的行为获得的,而是由上帝注入的。即如不具备贞洁,这样的道德美德也不能称其为美德……只有上帝所创造的美德才是完美无缺的,才能绝对地被称为美德……其他一些美德,也就是说获得的美德,严格来说也是美德。"

在伟大著作的传统中,美德是好的,而恶行是邪恶的,似乎这并没有争议,即使马基雅维里也为成功的国王必然带有恶行而惋惜。但是,这种观点上的一致并没有消除对这个问题多样的回答,到底什么才是美德的好处?

美德本身是目的,还是手段?假如是手段,它服务于什么目的?还有,衡量美德之好的原则是什么?是符合理性原则,与本性一致,服从道德法则和义务命令,屈服于上帝的意志?还是,从某种程度来说,美德是有用的或者有益的?对单独的个人而言还是也针对社会?对这些问题的不同回答,就会出现不同的美德观念。

马可·奥勒留给了一种最简单也是最熟悉的回答。美德本身就是一种自我奖赏。斯多葛学派哲学家问道:"当你帮别人一个忙时,你想要什么?""你做了对你本性有益的事情,难道还不满足吗?还要去寻求报答吗?"美德不仅是一种自我奖赏,还是善良的人获得快乐的唯一东西。奥勒留说:"当你希望自己快乐时,就想想自身所拥有的美德。……因为没有任何东西可以像美德一样使人快乐。"

洛克似乎把利益和效用当作美德之善的来源。洛克写道:"上帝在联合美德与公共幸福当中起着不可或缺的联系作用,这种联系对维护社会也是必要的,同时还明显地有利于美德之人必须做的一切东西。所以,当我们从遵守这些规则当中获得自身好处时,每个人不仅应该承受,而且还应向别人推荐和赞美这些规则,这并不会令人感到奇怪。"

在洛克看来,美德似乎是很传统的,一个特定社会中的任何成员都会觉得有美德是有利的东西。"美德与恶行是假定和设想的名称,在任何地方,它们都代表着本性上或对或错的行为。只要人们是这样应用它们,在这种意义上,它们就与神的律法相一致……"洛克补充说:"但是,无论怎样命名,世界上几个民族和国家的人们,在特定场合中都使用美德与恶行这些名称。很明显,每个国家和每个社会都认为美德行为代表名誉,恶行代表不名誉。……因此,任何地方命名和确证美德与恶行的标尺就是认可或讨厌,赞扬或责备。""这也可以根据那个地方的看法、行为准则或者风尚来"判断……洛克认为,"对任何人来说,这似乎就是美德与恶行的通常标准。虽然,一种行为在一个国家中会被认为是恶行,但在另一个国家,却可能是美德——或者至少不是一种恶行。然而,在任何地方,美德与赞美,恶行与责备往往连在一起"。

霍布斯认为美德的名称是"非连续的名称"(inconstant names),它会根据"说话者的本性、倾向和利益"而变化……"因为,一个人当作智慧的,另一个人却叫它为恐惧;一个人称作残忍的,另一个却认定是正义;一个人称作浪费的,另一人却认为是宽宏"。当然,这并不妨碍霍布斯提出一系列美德,这些美德是从自然法中获得善性的。霍布斯写道:"所有人都同意,和平是好的。因此,维护和平的方式和手段,比如正义、感激、谦逊、公正、仁慈,还有自然法则也是好的,也就是说,这些都是道德美德;相反,恶行都是邪恶的。"

根据霍布斯的观点,道德哲学是关于"美德与恶行的科学","因而自然法的真实信条就是真正的道德哲学"。虽然研究道德哲学的其他作者也"认可同样的美德与恶行",但霍布斯认为,他们并没有看到"其中所包含着的善,也不认为美德是因作为和平的、社会性的和有益的生活而受到称赞"。

比如康德,他就批评了亚里士多德的中道信条;或者就像霍布斯所指出的那样,美德观念就是"激情的平庸化:似乎不是坚韧的原因造成坚韧,而是勇敢的程度;或者说,似乎不是豪爽的原因造就豪爽,而是礼物的数量"。按照霍布斯的说法,美德来源于自然法,自然法命令人们做为了和平和自我保护所需要的任何事情。依据不同的法则和义务观念,康德也认为:"美德与恶行的差异不能在服从特定的原则的程度上去找,而是应该在原则的特殊性质上去寻求。换言之,亚里士多德所炫耀的原则,即美德是两种恶行的中道是错误的。"

斯宾诺莎——而不是康德——的美德理论与霍布斯有些相似。他们都把自我保护作为美德的目的,并决定美德行为的方向,他们都认为国内和平或其他人的福利与自我是相互关联的。两人列举了一些激情,并从中提出一系列的道德美德条目。对霍布斯来说,美德与自然法相关;对斯宾诺莎来说,美德的根据是上帝的本性的充分观念。斯宾诺莎还把美德与权力挂起钩来,并认为"一个人争取到更多,就能维护他的自我利益,也就是说,拥有更多的美德,就更能保护自己"。但是,虽然他认为"努力保护自己……是美德首要和唯一的基础",他还是认定,自我保护本身来源于对上帝的了解。

斯宾诺莎坚持认为:"按照美德行动就是遵照理性行动,在理性的基础上所做的每一个努力,就是尽量去理解上帝。因此,那些依据美德行动的人所具有的最高的善,就是去了解上帝。也就是说,这是一种所有的都能共同、并且平等地拥有的善,只要他们具有相同的本性。"紧接着,斯宾诺莎断言:"遵循美德的每一个人不仅会为自己寻求善,他也希望其他人也具备善。而当他拥有更多的有关上帝的知识时,他本身追求善的欲望将同比例地增强。"

并非所有作者都以同样的方式来处理美德与幸福的关系。穆勒就写道:"在功利主义伦理学看来,幸福的增值就是美德的目标。"他把"任何人都可以通过完全牺牲自己从而最好地服务他人的幸福"这个事实归结于"世界安排的不完美状态"。他继续说:"只要这个世界处于不完美的状态,准备做这种牺牲就是在人们身上所能发现的最高尚的美德。"

但是,穆勒坚持认为,只有幸福的增加才能为牺牲作辩护,也只有牺牲对幸福的贡献才能使美德成为善。他批评斯多葛学派试图"通过排除美德关注其他东西来提高他们自己",并且假定"这种人将拥有一切……按照功利主义的信条,这种描述所包含的主张不可能造就美德之人"。

虽然穆勒承认,美德可以作为幸福的要素而不是手段来无私地追求,但他并不认为,美德是幸福天生的和必然的条件。"根据功利主义的信条,美德并非幸福这种目的天生的和初始的一部分,而是本身就有能力成就幸福。"假如一些人并不追求美德,这是因为这不会给他们带来幸福,或者缺少也不会带来痛苦。那就说明,没有美德,他们也能够幸福。

柏拉图和亚里士多德所持观点似乎与上面观点直接相反。苏格拉底在《理想国》的开篇中就论证说,就其本性来讲,本身具有目的的所有事物必定也具备美德或者卓越,并由此去获取他们的目标。假如幸福是灵魂或者人类生活的目的,那么,我们必须关注像美德、正义和节制这些作为达到幸福的手段的卓越品质。当格劳孔和阿得曼托斯要求苏格拉底证明只有美德之人能够幸福时,苏格拉底对灵魂的各部分和城邦的各部分进行了冗长的分析,希望能发现分别适合部分和整体的美德。当美德得到界定时,格劳孔承认他开始问的问题"现在已经显得很荒谬了"。

只要把美德与幸福看作是一对互补的观念——像原因与结果一样,那么,我们就能很容易找到上面的问题的答案。然而,亚里士多德把道德美德界定为一种符合中道(与我们自己相关的中道,其由理性决定,或者审慎的人们也能决定)的选择的习惯,并没有直接解释为什么幸福可以被界定为"美德的实现和完美实践"。仅就幸福是最终目的而言——因为幸福包含所有好的东西,没留下任何可追求的东西,很明显,美德与幸福的关系就是手段与目的的关系。

作为其本身就值得追求的目标,美德仅仅是其中的一种善,它不构成幸福。根据亚里士多德的看法,幸福同样包括像健康、快乐、友谊和财富这样一些身体的善与外在的善。但与其他善不同的是,美德具有独自产生幸福的能力,因为按照亚里士多德的看法,相对于其他善来说,它们是我们恰当思考和行动的源泉。

亚里士多德说:"我们并不靠外在的善获得或维持美德,相反,美德有助于获得和维持外在的善。"这也适用于健康和快乐,正如财富与朋友。因为道德美德与审慎一起决定我们的欲望,决定我们的选择,并根据真实的善与表面的善之间所作的理性区分来指导我们的行动,所有,实践这些习惯会带来幸福或好生活。但是,由于外在的善是运气之善,并不完全处在我们控制之中,亚里士多德发现,适当地界定美德是十分必要的。亚里士多德认为,幸福的人是"积极服从完整美德"的人,此外,他还认为,这种人"在整个生活中——而不是偶然的阶段,都充分地获得外在的善"。

根据康德的观点,"可以两种方式来理解美德与幸福的关系,一种是:努力追求成为具有美德的人和理性地追求幸福是两种截然不同的行动,但又是绝对同一的……另一种是:美德能产生与美德意识截然不同的幸福,就像原因导致后果一样"。康德认为,斯多葛学派和伊壁鸠鲁的信条选择了第一种。在他看来,这两个学派仅在美德与幸福的同一性方面存在不同的意见。康德认为,"伊壁鸠鲁式的美德观念包含在一个原则中,即提升人们自己的幸福。另一方面,根据斯多葛学派的观点,幸福的感觉已经包含在美德意识之中了"。

康德把解决美德与幸福的方式称为"实践理性的二律悖反",它似乎依赖于他的至善(summum bonum)观念。对他来说,至善不是幸福,毋宁说是通过履行责任而配享幸福。康德说:"道德并不一定是如何使我们获得幸福的信条,而是我们应该如何配享幸福。"在道德法则之下,成就幸福不是一项责任,而一种应得的幸福却是责任。

美德,或者说指导美德义务的绝对命令,除了包含克服障碍的意志力——"与道德目的相冲突的自然倾向"这样"一种限制观念"之外,它还包括"目的的观念"。康德解释,我们并不要已经拥有的目的,我们要的是"我们应该具备的"目的,这种"纯粹理性本身所拥有的,最高的、无条件的目的(然而,这依然会是一种责任)本身就包含着:美德自身就是目的,人们配享幸福就是对它自身的赏赐"。

97. 美德与邪恶

康德与亚里士多德之间有关美德之善的讨论——即作为目的还是手段,包含在他们整个道德哲学中。他们有关基本原则之间的核心争论,在**责任**与**幸福**两章中有讨论。政治哲学的基本差异也来自于不同的美德观点与政府形式和国家目的之间的关系。

例如,古代人就是按照美德来界定贵族制的。这不仅意味着,贵族制是一种由少数最具美德的人来统治的政府形式,它还表明政府形式组建的原则就是美德,就像民主制的组建原则是自由,寡头政治的组建原则是财富。尼采确信,"迄今为止,所有的人类的提升,都是贵族制社会的杰作"。

孟德斯鸠把美德作为共和制政府的原则,相反,君主制政府的原则是荣誉,专制政治的原则是恐惧。他解释说:"我特别在共和制中凸现美德,是因为我对一个国家的热爱,也就是说,对平等的热爱。它不是道德的,或基督教美德,而是一种政治美德。正如荣誉是君主制政府运转的动力,美德也使共和制政府运转起来。"因为对孟德斯鸠来说,民主制和贵族制都是共和制政府,前者与后者一样依赖于美德。

卢梭赞成孟德斯鸠为共和制政府设定的"没有美德就无法存在"的条件,但他批评孟德斯鸠没有看到"真实情况是,根据政府的形式——程度有大有小,统治权力在哪里都是一样的,在任何一个组织良好的国家里,都可以发现同样的原则"。因此,穆勒就把美德归结为好政府本身的目的,而这与特定的政府形式无关。他写道:"任何形式的政府表现出卓越,最关键的一点是促进人们本身的美德和智慧。"

然而,一个政府提升的美德可能是那些好公民的美德而不是好人的美德。公民美德和道德美德的区分一直占据着古代人的思考,与之相关的问题是,具有美德的人生活在一个坏社会,——这是苏格拉底真实地遇到的一个问题,《克力同篇》和《申辩篇》也讨论过。

亚里士多德写道:"公民美德必须与国家建构中的成员相关……因此,很明显,好的公民并不一定需要拥有好人所具备的美德。"然而,"在某些城邦中,好人与好公民是一回事"。

在这个脉络中,阿奎那就在想,法律是否应该尽量促使人们变善——即使是在残暴和非正义的法律之下,"只要它具有某些法的本性,其目标就是使公民变善"。他又补充道,至少,"法律应该使人遵守它,而这就是促使人变善;从这点看,法律也是与特定的政府形式相关的,即使并非绝对地相关"。

托克维尔发现了这种道德相对主义与政府形式的不一致。虽然"道德法则依赖于一些普遍和永恒的人类需要",但是,不同民族也会因不同的目的经常重新界定美德。托克维尔就引用普鲁塔克的一个例子,说的是,在古代罗马,勇气很有价值,以至于"在拉丁文中,就以'美德'来表达'勇气'"。其他社会也把美德等同于战争中的技艺或对君主的效忠。就像托克维尔所预见到的美国,"所有那些倾向于社会有机体的完整和有利于贸易的平静的美德都得到特殊的厚爱,而那些能带来荣耀、但同时更多地给社会造成麻烦的狂暴美德在公众的地位将持续下降"。

虽然阿奎那相信,美德与特定政府相关联。但他也估计到,假如需要公民侵犯自然法和神圣法而牺牲更大的美德,那么违反公民法也是必要的。就像后来卢梭所说,"一个人的责任"优先于"一个公民的责任"。

分 类 主 题

1. 各种不同的美德观念：
   1a. 知识与美德的关系
   1b. 美德的一致性与美德的多样性
   1c. 作为恶行两端之间的中道的美德信条
   1d. 作为内在善的美德，它与幸福的关系
   1e. 美德与克制之间的区别，作为习惯的美德理论的后果
2. 美德与相关恶行的分类：
   2a. 根据灵魂的不同部分和力量区分美德；道德美德与知性美德的区分；主要的美德理论
       （1）道德美德的列举与描述
       （2）知性美德的列举与描述
   2b. 自然美德与超自然美德的区分
   2c. 美德的幻象，即非完美的或有条件的美德、假冒的美德和天然的或后天气质上的模仿美德的倾向
3. 美德的次第和联系：
   3a. 美德的平等和不平等，即美德的等级和恶行的程度
   3b. 美德的独立性与互相依赖性
4. 美德的自然原因或条件：
   4a. 自然的恩赐，即美德与恶行的习惯性倾向和美德的种子与培育
   4b. 教诲在道德美德与知性美德领域中的地位
   4c. 作为美德或恶行原因的训练与实践，即习惯形成的过程
   4d. 国家和家庭在道德发展过程中的地位
       （1）父母的权威在性格特征形成中的影响
       （2）奖赏与惩罚在道德上的使用，即训导和劝导、赞成和责备的地位
       （3）法与习俗的引导，即实证法在引导美德与防止恶行时的限度
       （4）诗歌、音乐和其他艺术对道德人格的影响，即历史和榜样的指引
   4e. 人类行为的道德性质：
       （1）人类行动或道德行动和人类非自愿的或反思性的行为之间的区别
       （2）人类行为善恶的标准
       （3）影响人们行为道德的环境
5. 道德美德形成过程中的心理因素：
   5a. 作为美德要素的情感、快乐和痛苦，即欲望和嗜好的地位
   5b. 道德形成过程中的审慎与判断，即理性的地位
   5c. 作为美德条件的意图和选择，即意志的地位
6. 美德与其他道德善或原则的关系：
   6a. 义务与美德
   6b. 美德与快乐的关系

6c. 美德与财富的关系，即经济行为的宗教基础和职业伦理

6d. 美德与荣誉

6e. 美德与友谊和爱的关系

7. 美德在政治理论中的地位：

7a. 作为政府和国家的目的的美德培养

7b. 公民美德，以及好公民美德与好人美德的比较

7c. 贵族制原则，即作为公民职责或公共职责的美德

7d. 构成好的或成功的统治者美德与拥有权利相关的恶行

8. 美德与恶行的宗教层面：

8a. 原罪的道德后果

8b. 宗教对道德人格的影响，即对堕落的人们获得自然美德所不可或缺的神圣的感恩

8c. 美德的神圣奖赏与恶行的惩罚：现在和以后

8d. 神学美德理论：

(1) 信与不信

(2) 希望与失望

(3) 贞洁和失序的爱

8e. 美德的灌输、道德和知性的才能

8f. 来自贞节的品质：谦卑、仁慈、贞洁、服从

8g. 与美德相关的僧侣生活的誓约和实践

9. 人类道德的进步与衰微

[何怀宏 译]

索引

本索引相继列出本系列的卷号〔黑体〕、作者、该卷的页码。所引圣经依据詹姆士御制版，先后列出卷、章、行。缩略语 esp 提醒读者所涉参考材料中有一处或多处与本论题关系特别紧密；passim 表示所涉文著与本论题是断续而非全部相关。若所涉文著整体与本论题相关，页码就包括整体文著。关于如何使用《论题集》的一般指南请参见导论。

1. Diverse conceptions of virtue

    4 Euripides, 456, 538-539, 614
    6 Plato, 101, 174-190, 257-276, 530, 557, 650, 686-690
    7 Aristotle, 329-330
    8 Aristotle, 347-349, 351-352, 387-394, 608-609
    11 Epictetus, 135-136
    11 Aurelius, 244, 260, 262-263, 270
    11 Plotinus, 306-310, 325-326, 334-335, 412-413, 661-662
    13 Plutarch, 265
    16 Augustine, 437-442, 586-587
    17 Aquinas, 508-509
    18 Aquinas, 24-25, 64-65, 105-108
    21 Hobbes, 66-68 passim, 92
    23 Montaigne, 430-431, 432
    28 Spinoza, 629, 656-684
    29 Milton, 46-47
    33 Locke, 109, 230-231
    39 Kant, 173-174, 273-277, 366-369, 371-372, 376-379
    40 Mill, 303-305
    43 Hegel, 59-60
    51 Tolstoy, 198-203

1a. The relation between knowledge and virtue

    Old Testament: *Genesis*, 3 / *Proverbs*, 1:20-2:22; 8:1-15,20
    Apocrypha: *Wisdom of Solomon*, 1:1-7; 6; 8; 9:9-10:14; 14:22-27
    New Testament: *Romans*, 2:17-23; 7:15-25
    6 Plato, 7, 12-13, 33-37, 38-64, 69-71, 74-76, 174-190, 306-308, 337, 388-401, 439-441, 530-531, 669-670
    7 Aristotle, 160
    8 Aristotle, 355-361 passim, 393-394, 395-398
    11 Epictetus, 123-124
    11 Aurelius, 268
    16 Augustine, 70-71, 313-314, 318-319
    17 Aquinas, 6-7
    18 Aquinas, 30-31, 39-40, 608-609
    20 Calvin, 1-2, 119-123
    23 Montaigne, 248-249
    24 Shakespeare, 408
    28 Bacon, 26-27
    28 Descartes, 273-274

    28 Spinoza, 662, 688-690
    29 Milton, 41-42, 163-164, 262-264
    33 Locke, 186
    33 Berkeley, 432
    33 Hume, 451, 452
    34 Swift, 165-166
    39 Kant, 260-261, 282-283
    43 Hegel, 51-56 passim, 297-298
    51 Tolstoy, 195-201, 244-245

1b. The unity of virtue and the plurality of virtues

    6 Plato, 48-50, 58-64, 175, 346-355, 605-607, 795-797
    8 Aristotle, 347-348, 377-378
    11 Aurelius, 287
    11 Plotinus, 310
    18 Aquinas, 49-50, 70-72, 119-120, 488-489
    23 Montaigne, 245
    30 Pascal, 175
    39 Kant, 373

1c. The doctrine of virtue as a mean between the extremes of vice

    6 Plato, 338-339
    8 Aristotle, 349, 351-355, 361-387
    10 Nicomachus, 608
    11 Plotinus, 343
    18 Aquinas, 66-70
    23 Montaigne, 140-141
    27 Cervantes, 306, 345-346, 426
    28 Bacon, 79-81
    28 Descartes, 272-273
    28 Spinoza, 671-672
    30 Pascal, 234-235, 238
    31 Molière, 99
    39 Kant, 376-377

1d. Virtue as an intrinsic good: its relation to happiness

    6 Plato, 275-284, 309-310, 418-421
    8 Aristotle, 342-345, 423-424, 430-434, 527-530, 536-537, 600-601
    11 Epictetus, 102-103, 195-198, 220
    11 Aurelius, 248, 258
    11 Plotinus, 307-309, 378-379
    16 Augustine, 317-318, 575-582
    17 Aquinas, 618
    25 Shakespeare, 152-153

27 Cervantes, 266–267
28 Spinoza, 663–665, 697
29 Milton, 33–56
39 Kant, 253–287, 291–361, 365–379, 387–388, 478–479, 584–587, 588, 594–596
40 Mill, 445–464
49 Darwin, 316–317, 592–593
51 Tolstoy, 214–215
52 Dostoevsky, 27–29
54 Freud, 793–794

1e. The distinction between virtue and continence: the consequences of the theory of virtue as habit

7 Aristotle, 174–175
8 Aristotle, 348–349, 395–403
18 Aquinas, 26–29, 43–44
20 Calvin, 184–186
23 Montaigne, 241–245
25 Shakespeare, 56
39 Kant, 378
40 Mill, 464
41 Boswell, 375
53 James, William, 81–83

2. The classification of the virtues: the correlative vices

6 Plato, 346–355
8 Aristotle, 347–355, 361–394
18 Aquinas, 35–63
19 Dante, 1–133 passim
21 Hobbes, 62–63
28 Spinoza, 671–681

2a. The division of virtues according to the parts or powers of the soul: the distinction between moral and intellectual virtue; the theory of the cardinal virtues

6 Plato, 346–355
8 Aristotle, 387–388, 393, 432–433, 538
11 Plotinus, 307–308
16 Augustine, 269
17 Aquinas, 576
18 Aquinas, 14–15, 19–21, 29–35, 41–45, 54–59, 70–72, 95–96, 379

2a(1) Enumeration and description of the moral virtues

8 Aristotle, 352–354, 361–387, 608–609
11 Aurelius, 246–248, 254, 256
11 Plotinus, 309–310
16 Augustine, 579–582
18 Aquinas, 49–54
25 Shakespeare, 304
28 Spinoza, 671–680
39 Kant, 256, 368–369
58 Huizinga, 332
60 Fitzgerald, 322–323

2a(2) Enumeration and description of the intellectual virtues

7 Aristotle, 330

8 Aristotle, 387–394
17 Aquinas, 75–76
18 Aquinas, 9–10, 35–41, 68–69
21 Hobbes, 66–71
28 Spinoza, 664–665

2b. The distinction between natural and supernatural virtues

16 Augustine, 581–582
18 Aquinas, 60–61, 64–66, 87–90, 95–96, 379
21 Hobbes, 149
43 Kierkegaard, 423–429

2c. The appearances of virtue: imperfect or conditional virtues; the counterfeits of virtue; natural or temperamental dispositions which simulate virtue

5 Herodotus, 303–304
6 Plato, 225–226
8 Aristotle, 375–376, 393–394, 403, 610
18 Aquinas, 70–72, 487–488
20 Calvin, 261–262, 412–413, 440–441
23 Erasmus, 25–34
23 Montaigne, 155–156, 241–245, 435–436
31 Molière, 48, 61–106 passim esp 63–64, 67–70, 96, 100–106, 113, 117–118, 129–131, 135–138, 141, 181–224, 234–238
37 Gibbon, 435, 534
39 Kant, 325–327
41 Boswell, 126
43 Nietzsche, 511–518
45 Balzac, 212–213, 214–215, 235, 236–241, 284, 309–312
46 Austen, 60–62
46 Eliot, George, 271, 346–352, 496–497, 549–550
47 Dickens, 67, 74–75 passim, 178–180, 247–248, 407–408
48 Twain, 278, 325–327, 337–358 passim, 393–394
54 Freud, 759
57 Veblen, 30
58 Huizinga, 295–296, 319–321
59 Proust, 399
59 Cather, 439, 443, 464–465

3. The order and connection of the virtues

3a. The equality and inequality of the virtues: the hierarchy of virtue and the degrees of vice

6 Plato, 48–50, 605–608, 643–652
7 Aristotle, 164
8 Aristotle, 377, 390 passim, 430–434
11 Plotinus, 307–308
16 Augustine, 744
18 Aquinas, 56–58, 62–63, 75–81, 94–96
19 Dante, 1–133 passim
23 Montaigne, 202, 241–245
39 Kant, 368
40 Mill, 473–476
49 Darwin, 314–316
51 Tolstoy, 246

3b. The independence or interdependence of the virtues

New Testament: *Galatians*, 5:22-23
- 6 Plato, 183-184, 350-355, 642-646
- 8 Aristotle, 389, 390 passim
- 11 Aurelius, 275-276
- 18 Aquinas, 44-45, 70-75, 92-93
- 28 Spinoza, 663-664
- 29 Milton, 40-44
- 40 Mill, 469

4. The natural causes or conditions of virtue

4a. Natural endowments: temperamental dispositions toward virtue or vice; the seeds or nurseries of virtue

- 5 Thucydides, 396-397
- 6 Plato, 174-190, 389-390, 474
- 8 Aristotle, 394, 434, 458-460, 537, 539
- 11 Plotinus, 310-311
- 13 Plutarch, 156, 174-175
- 18 Aquinas, 12-13, 63-65, 223
- 19 Chaucer, 391-392
- 21 Hobbes, 86, 96
- 23 Montaigne, 97-98, 347-348
- 25 Shakespeare, 36
- 26 Harvey, 455-456
- 28 Bacon, 76-78
- 28 Spinoza, 687
- 31 Racine, 354-355
- 35 Rousseau, 337-338, 343-345
- 37 Gibbon, 192
- 39 Kant, 263-264, 303-304
- 40 Mill, 367-368, 459-460, 469-470
- 41 Boswell, 413
- 43 Hegel, 136
- 43 Nietzsche, 499
- 45 Balzac, 169-370 passim
- 46 Eliot, George, 311-314, 323-324, 551-552
- 49 Darwin, 310, 318
- 52 Dostoevsky, 20-21, 41-42
- 53 James, William, 886-888
- 54 Freud, 758-759
- 57 Veblen, 137-138
- 59 Shaw, 37-38
- 59 Cather, 421
- 60 Fitzgerald, 295-296

4b. The role of teaching in the spheres of moral and intellectual virtue

Old Testament: *Proverbs*, 5:7-13
Apocrypha: *Ecclesiasticus*, 7:23; 30:3
New Testament: *Titus*, 2:1-3:2
- 6 Plato, 26-37, 38-64, 65-84, 183-190, 258-259, 320-355, 389-398, 556-558, 796-799, 801-802, 809-810
- 8 Aristotle, 345, 348, 350-351, 434-435, 542-548
- 11 Epictetus, 102-103, 165-167
- 13 Plutarch, 121-122, 156-158, 726, 782-788
- 16 Augustine, 782-784
- 18 Aquinas, 226-227
- 23 Montaigne, 110-115, 122-125, 361-362
- 37 Gibbon, 34, 435
- 39 Kant, 264, 327, 356-360
- 43 Hegel, 68
- 44 Tocqueville, 318
- 47 Dickens, 227-228
- 51 Tolstoy, 47-48
- 52 Dostoevsky, 87-92 passim
- 54 Freud, 122, 573-574, 592, 870

4c. Training or practice as cause of virtue or vice: the process of habit formation

Old Testament: *Jeremiah*, 13:23
- 4 Euripides, 357-358
- 6 Plato, 174-190, 329-331, 389-390, 474-475, 649, 653
- 8 Aristotle, 345, 348-349, 350-351, 389, 434-435
- 11 Epictetus, 100-102, 176-177
- 11 Aurelius, 257
- 18 Aquinas, 13-15, 108-109
- 23 Montaigne, 216, 241-245, 431-434
- 28 Bacon, 69-70, 78-81
- 31 Molière, 20-21
- 33 Locke, 197-198
- 39 Kant, 327
- 40 Mill, 449-450
- 43 Hegel, 136
- 49 Darwin, 311, 313-314
- 53 James, William, 78-83, 711-712
- 55 Dewey, 115-116
- 57 Veblen, 145

4d. The role of the family and the state in the development of moral virtue

4d(1) The influence of parental authority on the formation of character

Old Testament: *Deuteronomy*, 6:6-7 / *Proverbs*, 1:8-9; 4:1-13; 6:20-24; 23:13-24:34; 29:15,17
Apocrypha: *Tobit*, 4:1-19 / *Ecclesiasticus*, 7:23-24; 30:1-13
- 6 Plato, 26-30, 45-47, 186-187, 687-688, 745-746
- 8 Aristotle, 434-435, 454-455, 541
- 11 Aurelius, 239-242
- 13 Plutarch, 286-287
- 16 Augustine, 11-13, 23, 84-85
- 18 Aquinas, 318-321
- 19 Chaucer, 369
- 23 Montaigne, 117-118, 224-227, 455-456
- 28 Spinoza, 653
- 33 Locke, 36-40 passim
- 34 Swift, 29-31, 166
- 35 Montesquieu, 15, 22-23
- 39 Kant, 420-421
- 41 Boswell, 199-200
- 43 Hegel, 64-65, 138
- 46 Austen, 60
- 48 Twain, 314-315

52 Dostoevsky, 386-391 passim, 413-417 passim
52 Ibsen, 452-453
54 Freud, 704-707, 794-795
60 Fitzgerald, 295

4d(2) The moral use of rewards and punishments: the role of precept and counsel, praise and blame

Old Testament: *Psalms*, 94:10-13 / *Proverbs*, 1:8-9,20-33
Apocrypha: *Wisdom of Solomon*, 12:25-26 / *Ecclesiasticus*, 30:1-13
New Testament: *I Thessalonians*, 2:11-13 / *Titus*, 2 / *Hebrews*, 12:5-11
4 Aeschylus, 96-97, 99
4 Aristophanes, 717-720
6 Plato, 45, 283-285, 313, 426-427, 643, 745-746, 760-761
8 Aristotle, 359-360, 434-435
13 Plutarch, 41-42, 45
16 Augustine, 5-8
18 Aquinas, 186-187
19 Chaucer, 349-350
21 Hobbes, 141
23 Montaigne, 126, 221-223, 224-226, 340-346
33 Locke, 229-231 passim
35 Montesquieu, 37-38, 39-40, 86
37 Gibbon, 92
39 Kant, 325-327
40 Federalist, 217
40 Mill, 302-312 passim, 457-461 passim esp 458, 464
41 Boswell, 199-200, 314
44 Tocqueville, 388-389
49 Darwin, 322
54 Freud, 757, 758-759, 792-795, 876

4d(3) The guidance of laws and customs: the limits of positive law with respect to commanding virtue and prohibiting vice

4 Euripides, 564
6 Plato, 271-272, 377-379, 607-608, 642-648, 650, 735-738
8 Aristotle, 378, 458-460 passim, 462, 465-466, 536-542
13 Plutarch, 32-48, 61-64, 70-74
14 Tacitus, 57-58
16 Augustine, 745-746
18 Aquinas, 213-214, 231-233, 244-245, 246-247, 250-251, 261-262
19 Dante, 65, 109
21 Hobbes, 131
23 Montaigne, 172-173
25 Shakespeare, 177, 190
28 Bacon, 78-81
29 Milton, 325-326, 381-412
33 Locke, 105-106, 110-111
33 Hume, 485
35 Montesquieu, 13-17, 18-19, 21-25, 44-45, 47-50, 87-88, 119, 137-142
35 Rousseau, 434-435

37 Gibbon, 92, 291-292
38 Gibbon, 93-94
39 Kant, 367, 373
40 Mill, 269-271, 272-273, 278-281 passim, 286-287, 295-296, 300-301, 301-323, 335, 456, 457-458
41 Boswell 222-223
43 Hegel, 59-60
43 Nietzsche, 495-496
44 Tocqueville, 18-19, 320-325
49 Darwin, 317
52 Dostoevsky, 30-34
54 Freud, 758
57 Veblen, 30

4d(4) The influence on moral character of poetry, music, and other arts: the guidance of history and example

Apocrypha: *Wisdom of Solomon*, 4:1-2
New Testament: *I Corinthians*, 10:5-11 / *II Thessalonians*, 3:7-9 / *I Peter*, 2:21-23
4 Aristophanes, 697-721, 815-816, 846-866
6 Plato, 320-355, 388-401, 427-434, 653-662, 675-676, 724-730
8 Aristotle, 542-548
13 Plutarch, 43, 195
14 Tacitus, 146
16 Augustine, 7-9, 16-18, 105-107, 185-186, 191-195, 244-245
19 Chaucer, 471
23 Montaigne, 237-239, 498
24 Shakespeare, 431
27 Cervantes, xv-xvi, 1-3, 15-18, 217-222, 224-226, 300-301
28 Bacon, 38-39, 85
29 Milton, 385-386
30 Pascal, 173-174
31 Molière, 181-191
31 Racine, 328
35 Montesquieu, 17-18
36 Smith, 379-380
37 Gibbon, 94, 449
38 Gibbon, 225, 311
39 Kant, 513-514, 523
41 Boswell, 259, 308
43 Hegel, 161-162
58 Huizinga, 259, 290-293, 358
59 Cather, 436-437
59 Mann, 495

4e. The moral quality of human acts

4e(1) The distinction between human and moral acts and the nonvoluntary or reflex acts of a man

6 Plato, 45, 474
8 Aristotle, 355-357, 359-361
11 Aurelius, 288
17 Aquinas, 609-612, 644-651, 697-698, 718
19 Dante, 65
25 Shakespeare, 70
28 Spinoza, 658-663

39 Kant, 164, 235, 282–283
49 Darwin, 311
51 Tolstoy, 688–690
53 James, William, 186–187, 807–808, 814–819 passim

4e(2) The criteria of goodness and evil in human acts

6 Plato, 439, 747
8 Aristotle, 350–352 passim
11 Epictetus, 104–106, 110–112, 168–169, 182–183, 215–219
11 Aurelius, 243–244, 251, 252, 256–257, 268, 275–276
16 Augustine, 21–22
17 Aquinas, 693–720
19 Dante, 13–14, 67
20 Calvin, 120–123, 127–128, 139–140, 183–193
21 Hobbes, 91–92, 149
23 Montaigne, 199–202
28 Bacon, 70–71
28 Spinoza, 656–665, 672, 673–674, 675–676
33 Locke, 188, 192–193
35 Rousseau, 343–345
36 Smith, 388–390
39 Kant, 253–254, 262, 270, 317–318, 321–329, 341–342, 389–390, 595
40 Mill, 270–271, 286–287, 307, 445–476
43 Hegel, 43–44, 51–56, 134–135
47 Dickens, 64
48 Twain, 297
53 James, William, 796–798 passim
54 Freud, 792
55 Barth, 452–454, 460–461, 490–505
58 Weber, 101–107

4e(3) Circumstances as affecting the morality of human acts

8 Aristotle, 356–357, 372–373
17 Aquinas, 651–655, 701–703
18 Aquinas, 124–125
21 Hobbes, 91
23 Montaigne, 155–156
28 Bacon, 76–78
30 Pascal, 19–62 passim
31 Molière, 47–60 passim
33 Locke, 192
33 Hume, 485
34 Diderot, 273–274
35 Rousseau, 343, 363–366
39 Kant, 169–170
41 Boswell, 429–430
43 Hegel, 44, 131, 144
46 Austen, 177–180
46 Eliot, George, 553–554
48 Twain, 297–301 passim
51 Tolstoy, 9–10, 303–305, 645–646, 686–687
59 Pirandello, 251–252
59 Joyce, 655–656
60 Fitzgerald, 295–296, 352–381 passim
60 Brecht, 404–407, 438–440

5. Psychological factors in the formation of moral virtue

5a. The emotions and pleasure and pain as the matter of virtue: the role of desire or appetite

6 Plato, 59–62, 120–122, 275–285, 644–653, 714–716
8 Aristotle, 349–350, 357, 363–366, 372–373, 375, 426–430 passim, 544–546 passim
11 Epictetus, 151–153, 197–198
13 Plutarch, 753–754
16 Augustine, 436–442
17 Aquinas, 727–730, 771–772, 790–791
18 Aquinas, 32–33, 45–54, 453–454
19 Dante, 1–3, 45–89
21 Hobbes, 61–63, 272
23 Erasmus, 12
23 Montaigne, 72–73, 78, 140–142, 199–202 passim, 391–395
25 Shakespeare, 212
28 Spinoza, 658–663, 676–681
30 Pascal, 64–67, 202, 242, 243, 260–261
33 Locke, 191–193, 197–198
39 Kant, 258–259, 286, 385
40 Mill, 295
49 Darwin, 311–314 passim
51 Tolstoy, 248–250
53 James, William, 808–814 passim
54 Freud, 501–504, 837–838
58 Huizinga, 253–254
59 Joyce, 570–576

5b. Deliberation and judgment in the formation of virtue: the role of reason

4 Euripides, 301–302
5 Thucydides, 370
6 Plato, 350–355
8 Aristotle, 355–361, 387–388, 389, 400–403 passim, 422
11 Aurelius, 243
16 Augustine, 580
17 Aquinas, 812–813
18 Aquinas, 31–32
20 Calvin, 89–90
21 Hobbes, 64
23 Montaigne, 69–73, 78, 202, 241–245, 394–395
28 Bacon, 66–67
28 Spinoza, 664, 676, 686–692
29 Milton, 254–255
30 Pascal, 238
33 Locke, 189–192, 196–197
34 Diderot, 281
35 Rousseau, 344–345
39 Kant, 256–257, 321–325, 357–360
43 Hegel, 172–173
46 Eliot, George, 469–470
49 Darwin, 312–313, 593
53 James, William, 886–888

5c. Intention and choice as conditions of virtue: the role of will

Apocrypha: *Ecclesiasticus*, 15:11–20
- 8 Aristotle, 348, 351–352, 355–361, 387–388, 400–403, 421–422, 433
- 16 Augustine, 445–446
- 18 Aquinas, 10, 26–27, 34–35
- 19 Dante, 68
- 20 Calvin, 110–112, 121–123
- 22 Rabelais, 65–66
- 23 Montaigne, 61
- 33 Locke, 191–192
- 35 Rousseau, 337–338
- 39 Kant, 304, 378
- 40 Mill, 295–297
- 43 Hegel, 130
- 52 Dostoevsky, 21, 134–138
- 53 James, William, 186–187, 271–275 passim, 806–808, 814–819 passim, 825–827

6. Virtue in relation to other moral goods or principles

6a. Duty and virtue

- 11 Aurelius, 272
- 16 Augustine, 592–593
- 19 Dante, 67–68
- 20 Calvin, 446–447
- 23 Montaigne, 340–347
- 28 Bacon, 74
- 35 Rousseau, 369–370, 372–373
- 39 Kant, 262–263, 267, 305–307, 325–329, 366–368, 373, 383–390
- 40 Mill, 290–291, 453–454
- 43 Hegel, 49–50, 133
- 47 Dickens, 363–365, 413–414
- 49 Darwin, 592–593 passim
- 60 Brecht, 443–444

6b. The relation of virtue to pleasure

- 6 Plato, 59–62, 275–285, 421–425, 656–658, 689–690
- 7 Aristotle, 165–166
- 8 Aristotle, 344, 375, 395–406 passim, 423–424
- 11 Epictetus, 142
- 11 Aurelius, 243, 271
- 16 Augustine, 103–107
- 17 Aquinas, 762–763, 768–769, 771–772
- 18 Aquinas, 52–54
- 19 Dante, 83–86
- 23 Montaigne, 84, 202–206, 241–245, 584
- 28 Bacon, 71–72
- 33 Locke, 186
- 39 Kant, 298–300, 304–307, 338–355 passim, 387–388
- 40 Mill, 447–450, 463–464

6c. The relation of virtue to wealth: the religious basis of economic behavior; the work ethic

Old Testament: *Leviticus*, 19:9–11,13,35–36; 25 / *Deuteronomy*, 15:7–15; 22:1–3; 24:10–22 / *Nehemiah*, 5 / *Job*, 29:12–17; 31:16–23 / *Proverbs*, 1:10–19; 11:1,24–28; 23:4–5 / *Ecclesiastes*, 5:10–20 / *Isaiah*, 10:1–3 / *Jeremiah*, 22:13–17

New Testament: *Matthew*, 6:1–4,19–21,24–34; 19:16–30 / *Luke*, 12:13–34 / *Acts*, 20:33–34 / *II Corinthians*, 8–9 / *I Timothy*, 6:6–11,17–19 / *James*, 5:1–6

- 4 Aeschylus, 62–63
- 4 Euripides, 456
- 4 Aristophanes, 887–905
- 5 Herodotus, 201–202
- 6 Plato, 175–178, 296–297, 304, 341–343, 405–408, 694–695, 733–734, 751
- 8 Aristotle, 353, 366–370, 458–460 passim, 527, 536–537, 638
- 13 Plutarch, 291–292, 361
- 16 Augustine, 50
- 18 Aquinas, 174–175, 652–655
- 19 Dante, 23–24, 69–71
- 19 Chaucer, 392–393
- 22 Rabelais, 133–135
- 23 Montaigne, 161, 167–172 passim
- 25 Shakespeare, 393–420
- 28 Bacon, 7–8, 86, 92
- 30 Pascal, 91–94
- 31 Molière, 141–180 passim
- 35 Montesquieu, 44–45, 146
- 35 Rousseau, 375
- 36 Smith, 298
- 37 Gibbon, 22
- 41 Boswell, 413, 492
- 44 Tocqueville, 285–287, 335
- 45 Balzac, 300–309 passim, 332–333
- 47 Dickens, 68–72 passim, 215–218, 229–237, 245–247, 290–291, 386
- 51 Tolstoy, 197
- 57 Veblen, 97–103
- 58 Weber, 181–182, 193–195, 201–207, 210–211, 216–217
- 58 Huizinga, 253–254, 268
- 59 Cather, 439–441, 449–450
- 60 Brecht, 415–420

6d. Virtue and honor

Apocrypha: *Wisdom of Solomon* / *Ecclesiasticus*, 10:19–31; 44:1–15; 46:11–12
- 3 Homer, 1–306
- 4 Sophocles, 175–194
- 4 Euripides, 301–302, 337–338, 442–444
- 5 Thucydides, 397–398
- 6 Plato, 673–674
- 8 Aristotle, 353, 370–372, 421–423, 608–611
- 11 Aurelius, 264
- 13 Plutarch, 637, 648–649
- 16 Augustine, 108–110, 259–269
- 17 Aquinas, 616–617
- 18 Aquinas, 501–502, 839–840
- 19 Dante, 5–6, 58–59
- 19 Chaucer, 286–309, 368–371, 445–447
- 21 Hobbes, 74–75

23 Montaigne, 167-168, 221-223, 340-347, 431-432, 538-539
24 Shakespeare, 322
25 Shakespeare, 152-153
27 Cervantes, 1-502 passim
30 Pascal, 241
36 Smith, 388-389
39 Kant, 258
40 Federalist, 177, 217
40 Mill, 303-304
41 Boswell, 124-125, 412
44 Tocqueville, 332-338
51 Tolstoy, 619-621, 647-649
52 Dostoevsky, 161-164
58 Huizinga, 261, 269-270, 271-274
60 Fitzgerald, 380

6e. Virtue in relation to friendship and love

4 Euripides, 610-612
5 Herodotus, 258
5 Thucydides, 419
6 Plato, 152-155
8 Aristotle, 406-426, 626-627
11 Epictetus, 211
11 Aurelius, 287
13 Plutarch, 233, 623
16 Augustine, 712-713
18 Aquinas, 485-489
19 Dante, 13-14
19 Chaucer, 231-232, 439-448
23 Montaigne, 134-140
25 Shakespeare, 49
28 Spinoza, 680
34 Swift, 165-166
40 Mill, 454-455, 474
46 Eliot, George, 569
49 Darwin, 310
58 Weber, 223-226
58 Huizinga, 288-301 passim
60 Fitzgerald, 373-380

7. The role of virtue in political theory

7a. The cultivation of virtue as an end of government and the state

5 Thucydides, 395-399
6 Plato, 310-401, 605-608, 640-652, 794-799
8 Aristotle, 378, 446, 462, 465-466, 477-478, 527-530, 532
12 Virgil, 195, 318
13 Plutarch, 32-48, 61-77
14 Tacitus, 57-58
23 Erasmus, 34-35
23 Montaigne, 114-115, 346
28 Spinoza, 669-670
35 Montesquieu, 9-11, 15-17, 18-19, 21-25
35 Rousseau, 372-377, 393, 411
37 Gibbon, 100-101
40 Constitution of the U.S., 19, 20
40 Mill, 334, 336-338, 464-476 passim
43 Hegel, 83-84, 94-95, 152
44 Tocqueville, 127

58 Weber, 101-107, 218

7b. Civic virtue: the virtue of the good citizen compared with the virtue of the good man

Old Testament: *Ecclesiasticus,* 8:2-3
New Testament: *Matthew,* 22:16-22 / *Romans,* 13:1-7 / *I Peter,* 2:13-21
4 Sophocles, 159-174
4 Aristophanes, 673-696
5 Herodotus, 233
5 Thucydides, 370, 402-404, 425-427 passim, 511
6 Plato, 43-47, 174-176, 200-212, 213-219, 300-306, 346-355, 669-670, 686-691
8 Aristotle, 362, 377, 390-391, 434-436, 454, 473-475, 484, 487, 528, 531-532, 536-539
11 Epictetus, 140-141, 172-173
11 Aurelius, 246, 249, 251, 257, 265, 277-278, 287
11 Plotinus, 306-310
13 Plutarch, 480-481, 659-660, 699-700
14 Tacitus, 191, 267
16 Augustine, 199-201, 591-592, 593-594, 597-598
18 Aquinas, 58-59, 213-214
19 Dante, 41-42 passim, 109-111
21 Hobbes, 154-155, 279
23 Montaigne, 422-429, 522-524, 528-531
24 Shakespeare, 596
28 Bacon, 74, 81-82, 94-95
28 Spinoza, 680-681
33 Locke, 105
35 Montesquieu, xiii, 9-12, 13-15, 31, 44-45, 51-53, 55
35 Rousseau, 323-328, 360, 369-370, 372-377, 402-403, 428-432 passim
36 Smith, 382-385, 388-390
37 Gibbon, 193-194, 630-631, 644-645
40 Mill, 329-330, 342-343, 346-350
43 Hegel, 88, 178-179, 289-290, 388-389
44 Tocqueville, 32-33, 83-84, 124-125, 282-283, 307
49 Darwin, 314-316
51 Tolstoy, 634-635, 668-669, 686-687

7c. The aristocratic principle: virtue as a condition of citizenship or public office

5 Herodotus, 107-108
6 Plato, 339-341, 369-370, 373-375, 390-391, 796-799
8 Aristotle, 473-475, 476-477, 478-479, 480-483, 484-485, 493, 511, 533
13 Plutarch, 45
14 Tacitus, 105-107
25 Shakespeare, 351-392
33 Locke, 46, 48-51 passim
35 Montesquieu, 10-11, 23-25, 52-53
35 Rousseau, 411-412
40 Federalist, 206
40 Mill, 336-338, 384-387
41 Boswell, 125, 141
43 Hegel, 101-102, 149

43 Nietzsche, 533-534, 542
44 Tocqueville, 136-140, 377-378
51 Tolstoy, 244-245
58 Weber, 80, 84, 182, 186
60 Orwell, 488

7d. **The virtues which constitute the good or successful ruler: the vices associated with the possession of power**

Old Testament: *Deuteronomy*, 1:13-18 / *Judges*, 9:7-20 / *I Samuel*, 8:11-18 / *I Kings*, 3:16-28 / *II Chronicles*, 1:7-12 / *Psalms*, 2; 72; 101 / *Proverbs*, 16:12-15; 28:2,15-16; 31:4-5 / *Ecclesiastes*, 10:5-7,16-17 / *Isaiah*, 3:14-15; 10:1-3; 11:1-5; 56:9-12 / *Jeremiah*, 23:1-6
Apocrypha: *Wisdom of Solomon*, 6; 9 / *Ecclesiasticus*, 10:1-3 / *I Maccabees*, 14

4 Aeschylus, 13-25
4 Sophocles, 123, 159-174
4 Euripides, 350-352
4 Aristophanes, 673-696, 824-845, 867-886
5 Herodotus, 107
5 Thucydides, 404, 513
6 Plato, 285-294, 300-306, 319-401, 442, 679-682, 804-805
8 Aristotle, 454, 474-475, 481-483, 486-487, 517-518, 528-530, 537-539
11 Aurelius, 239-242, 246, 261-262
13 Plutarch, 49-61, 121-141, 174-195, 262-290, 314-332, 354-368, 387-388, 423-430, 480-499, 540-576, 577-619, 620-649, 689-691, 726-747, 781-802, 824-826
14 Tacitus, 41, 87, 100, 193-194, 197, 208, 215, 238-240
18 Aquinas, 307-309
19 Dante, 14-16, 34-35, 113-116 passim
19 Chaucer, 368-371
20 Calvin, 362-392
21 Machiavelli, 1-37
22 Rabelais, 58-60
23 Montaigne, 354-356, 391-395, 427-429, 478-480
24 Shakespeare, 105-148, 437, 453-454, 494-496, 533, 552-554, 574, 583-586
25 Shakespeare, 174-175, 192, 303-304, 369-377
27 Cervantes, 392-396, 401-404, 424-425
28 Bacon, 1-2, 4-6, 20-25, 205-207
29 Milton, 69
33 Locke, 62-64
34 Swift, 28-29
35 Montesquieu, 40, 93-95
35 Rousseau, 362, 367-377 passim, 412-413, 414
37 Gibbon, 30-32 passim, 34-39, 61-64 passim, 255-257 passim, 284, 338-339, 343-344, 448-449
38 Gibbon, 39-40, 67-68, 103-104, 113-114, 168-177 passim, 504-505, 577-579
40 Federalist, 65, 83, 223

40 Mill, 363-366, 368-369
41 Boswell, 120
43 Hegel, 298-299
43 Nietzsche, 531-544 passim
44 Tocqueville, 113-114
51 Tolstoy, 216, 465-467, 645-646, 680
58 Weber, 74-108 passim esp 83-84, 100-101, 172-173

8. **The religious aspects of virtue and vice**

8a. **The moral consequences of original sin**

Old Testament: *Genesis*, 3:9-24; 6:5-13 / *Job*, 15:14-16; 25:4-6 / *Psalms*, 14:1-3; 39:5-6,11; 51:2-5; 53:1-3 / *Ecclesiastes*, 7:20,27-29
Apocrypha: *Wisdom of Solomon*, 2:23-24
New Testament: *John*, 8:3-8 / *Romans*, 3:9-5:21; 7; 8:20-21 / *I Corinthians*, 15:21-22 / *Galatians*, 3; 4:1-7; 5:19-21 / *Ephesians*, 2:1-5 / *I John*, 2:15-17

16 Augustine, 415-422, 428-437, 444-455, 683-685
17 Aquinas, 692-693
18 Aquinas, 178-184, 212-213, 760, 784-796
19 Dante, 47, 83-86, 98-99
19 Chaucer, 328-329, 373-378
20 Calvin, 7, 103-134 passim esp 119-123, 149-150, 284-286
21 Hobbes, 112, 191
23 Montaigne, 253-256, 273-274, 278-280
28 Bacon, 195
29 Milton, 93-333 passim
30 Pascal, 244, 245-247, 248-253
43 Hegel, 127, 323
50 Marx, 354
55 Barth, 493-495

8b. **The influence of religion on moral character: the indispensability of divine grace for the acquisition of natural virtue by fallen man**

Old Testament: *Amos*, 5:21-24
Apocrypha: *Wisdom of Solomon*, 14:22-27 / *Ecclesiasticus*, 35:3
New Testament: *Matthew*, 7:16-27; 22:36-40; 23:1-33 / *Romans*, 3:9-8:39 passim / *II Corinthians*, 12:7-9 / *Galatians*, 5:16-26 / *Ephesians*, 2:1-9; 4:17-5:21; 6:10-17 / *Colossians*, 1:9-11 / *Titus*, 2-3 / *James*, 1:22-27; 2:14-26; 4:1-10 / *I Peter*, 1:13-16; 4:1-6 / *II Peter*, 1:2-10 / *I John*, 2:3-6; 3:23-24

16 Augustine, 15, 350, 579-582, 593-594, 598, 646-647
18 Aquinas, 338-347, 855-858
19 Dante, 1-3, 45-46, 55-56, 83-86
19 Chaucer, 469-471
20 Calvin, 111-113, 123, 126-134 esp 133-134, 139-140, 333-337, 362-392
23 Montaigne, 250-252
29 Milton, 66, 133, 136-144, 299, 304-305, 353-354

30 Pascal, 243-244, 267, 294-295
33 Locke, 105
33 Hume, 503
35 Montesquieu, 200-208
35 Rousseau, 366
37 Gibbon, 191-194, 297-298, 631-632
39 Kant, 238, 595-596
40 Mill, 290-291, 296
41 Boswell, 151, 482
43 Hegel, 240-241, 367-368, 371, 375-376
43 Nietzsche, 512
44 Tocqueville, 152-157 passim, 283-284
51 Tolstoy, 271-274, 524-527, 606-607
52 Dostoevsky, 35-36, 133-144, 325-332 passim, 351
53 James, William, 203-204
58 Weber, 202-211, 212-231
58 Huizinga, 319-321, 327
59 Joyce, 573-576

8c. **The divine reward of virtue and punishment of vice: here and hereafter**

Old Testament: *Genesis*, 6-8; 18:20-19:25 / *Exodus*, 22:22-24 / *II Samuel*, 22 / *I Kings*, 21:19-24 / *II Kings*, 9:7-10,30-37 / *Job* / *Psalms*, 1; 7:8-17; 9; 11-12; 15; 18; 21; 34; 37; 58; 73; 89:23-33; 94; 107:10-20; 112; 125; 140 / *Proverbs*, 1:29-31; 3:9-10,31-35; 5:21-23; 10:2-6,24-30; 11; 14:11-12,19,32; 15:29; 16:17; 17:5,13; 19:16; 21:12-13,15-16,18,21,28; 22:8-9; 25:21-22 / *Ecclesiastes*, 2:26; 8:12-14; 9:1-2 / *Isaiah*, 1:4-24; 2:10-4:1; 5; 9:13-10:6; 28; 32; 33:15-16; 47; 58:3-12; 59 / *Jeremiah*, 4:13-22; 5:7-9,25-29; 7:1-16; 9:1-9; 18:1-12; 22:3-5,13-19; 23:9-20; 25:12-14 / *Lamentations* / *Ezekiel*, 3:17-21; 16; 18; 22-25; 28:1-19; 33:7-19 / *Daniel*, 4:4-5:31 / *Joel* / *Amos* / *Jonah* / *Micah* / *Nahum* passim / *Habakkuk*, 2:4-17 / *Zephaniah*, 3:1-8 / *Zechariah* passim / *Malachi*, 3:5; 4:1-3
Apocrypha: *Wisdom of Solomon*, 3-5; 6:1-7; 11-12; 14:10-11,27-31; 16-17; 18:10-19:22 / *Ecclesiasticus*, 5:1-8; 7:1-3,16-17; 11:16-17,26; 12:6; 16:4-14; 17:23-24; 21:2-3,9-10; 35:12-20; 39:25-30; 40:9-15; 41:8-10 / *Baruch*, 1:22-2:9 / *I Maccabees*, 2:49-63 / *II Maccabees*, 6:13-15
New Testament: *Matthew*, 5:1-30; 11:20-24; 13:41-43,49-50; 18:7-9; 23:14-39; 25:31-46 / *Mark*, 9:43-50 / *Luke*, 16:19-26 / *Acts*, 12:20-23 / *Romans*, 2:1-10 / *I Corinthians*, 3:8-17; 6:9-10 / *Galatians*, 6:7-10 / *II Thessalonians*, 1:7-9; 2:1-15 / *Hebrews*, 2:2-3; 10:26-31 / *I Peter*, 3:10-12 / *II Peter*, 2 / *Jude* passim / *Revelation*, 2-3; 18; 20:12-15; 21:8
3 Homer, 416-418
4 Aeschylus, 8, 13-25, 58, 90-103
4 Sophocles, 166, 239
4 Euripides, 421-423

5 Herodotus, 7, 76-77, 237-239
6 Plato, 313-314, 321-322, 436-441
11 Lucretius, 41-42
12 Virgil, 188-190, 192-193
16 Augustine, 264, 588-589, 599, 632-661 passim, 709
18 Aquinas, 158-159, 187-189, 1025-1085
19 Dante, 1-161 passim
19 Chaucer, 351-361, 371, 373-378
20 Calvin, 165-193
21 Hobbes, 160-161, 163-164, 193-195, 250-251, 253-255
22 Rabelais, 119-122
24 Shakespeare, 115
29 Milton, 93-125, 152-155, 354-355, 376
31 Molière, 138-139
33 Locke, 107-108, 194, 198
33 Hume, 500
37 Gibbon, 198-199
38 Gibbon, 233-234
39 Kant, 594
40 Mill, 458
41 Boswell, 363, 482
48 Melville, 18-23
51 Tolstoy, 272
52 Dostoevsky, 35-36, 133-144
54 Freud, 878
60 Brecht, 438-440

8d. **The theory of the theological virtues**

New Testament: *I Corinthians*, 13:13
16 Augustine, 716-717
18 Aquinas, 59-63, 65, 69-70, 80-81, 83-87
19 Dante, 120-124
21 Hobbes, 240
29 Milton, 331-332

8d(1) **Faith and disbelief**

Old Testament: *Habakkuk*, 2:4
Apocrypha: *Wisdom of Solomon*, 3:9
New Testament: *Matthew*, 17:14-21; 21:17-22,31-32 / *Mark*, 9:17-30 / *Luke*, 8:4-15 / *John*, 3:9-18; 5:31-47; 10:24-28,37-38; 12:36-46; 14:1-14; 20:24-29,31 / *Romans* passim / *II Corinthians*, 4:13-5:9 / *Galatians* passim / *Colossians*, 1:21-23 / *I Thessalonians*, 3 / *Hebrews*, 4:2-3; 11:1-12:3 / *James*, 1:3-7 / *I Peter*, 1:7-9; 2:6-7 / *I John*, 4:1-3,14-16
16 Augustine, 45-47, 375, 497
18 Aquinas, 73-75, 380-456
19 Dante, 120-122
20 Calvin, 255-279
21 Hobbes, 241-242
23 Montaigne, 249-256 passim, 333-334
28 Bacon, 95-96
29 Milton, 66
30 Pascal, 219-220, 224, 261, 319
33 Locke, 3-4, 10
33 Hume, 496-497
43 Hegel, 371-372
48 Melville, 18-23

97. Virtue and Vice

51 Tolstoy, 196–197
52 Dostoevsky, 68–74, 133–144 passim, 352–362 passim
55 Barth, 458–464

8d(2) Hope and despair

Old Testament: *Numbers*, 13:16–14:10 / *Psalms*, 22; 33:18–22; 42:5–11; 130:5–7; 146:5–10
Apocrypha: *II Maccabees*, 15:7–9
New Testament: *Romans*, 5:1–5; 8:19–39 / *Hebrews*, 6:9–20 / *I John*, 3:1–3
16 Augustine, 144–146
18 Aquinas, 456–482
19 Dante, 10–12, 48, 122–123
20 Calvin, 276–278
31 Racine, 332–336
55 Barth, 490

8d(3) Charity and the disorder of love

Old Testament: *Leviticus*, 19:18,33–34 / *Deuteronomy*, 6:5; 10:12,18–19; 11:1,13,22; 13:3; 19:9; 30:6,15–20 / *Psalms* passim / *Proverbs*, 25:21–22 / *Song of Solomon*
Apocrypha: *Ecclesiasticus*
New Testament: *Matthew*, 5:21–26,38–46; 19:16–21; 22:35–40 / *Luke*, 6:27–36; 10:25–37 / *John*, 13:31–17:26 / *Romans*, 12:9–21 / *I Corinthians*, 8:1–3; 13:1–14:1 / *Ephesians*, 5:1–2,25–33 / *Philippians* / *I Peter*, 1:7–8,22; 4:8–10 / *I John* / *II John*, 5–6
16 Augustine, 63–64, 437–438, 709–710, 712, 716–717
17 Aquinas, 309–310, 735–736
18 Aquinas, 61–63, 72–73, 80–81, 87, 373, 376, 404–407, 469, 472, 482–605, 629, 1039–1040
19 Dante, 1–133 passim
19 Chaucer, 282
20 Calvin, 92–93, 190–193, 260
28 Bacon, 2–4, 80–81
30 Pascal, 78–80, 293–295 passim
51 Tolstoy, 127–128, 213–216, 525–526, 560–562
52 Dostoevsky, 27–29, 123–144 passim
58 Weber, 215–216

8e. The infused virtues and the moral and intellectual gifts

Old Testament: *I Kings*, 3:5–15; 4:29–34 / *Psalms*, 119:34–40 / *Proverbs*, 2 / *Daniel*, 1; 2:20–23
Apocrypha: *Wisdom of Solomon* / *Ecclesiasticus*
New Testament: *Ephesians*, 1:16–18
6 Plato, 189–190
16 Augustine, 350–351
17 Aquinas, 576
18 Aquinas, 15, 28–29, 65–66, 87–96, 416–426, 598–603
19 Dante, 84–85, 104–105, 116, 122
21 Hobbes, 149, 176–177, 270
59 Shaw, 127

8f. The qualities which flow from charity: humility, mercy, chastity, obedience

Old Testament: *Genesis*, 22:1–18 / *Deuteronomy*, 8:11–17 / *I Samuel*, 12:14–15; 15:22–23 / *II Samuel*, 15 / *Psalms*, 37:21,-25–26; 131 / *Proverbs*, 16:5–6,18–19
Apocrypha: *Ecclesiasticus*, 3:17–20; 10:13–14,28–29
New Testament: *Matthew*, 5:1–12,27–32; 10:35–39; 12:46–50; 16:24–26; 18; 19:10–12,18; 20:20–28 / *Luke*, 14:7–14; 18:1–14,20; 22:40–45 / *John*, 13:1–17 / *Romans*, 12:1–15:13 / *I Corinthians*, 3:18–21; 7:7–11,37–40; 13 / *II Corinthians*, 6:1–10; 10–12 / *Galatians*, 5:22–23; 6:1–10 / *Ephesians*, 5:1–6:9 / *Philippians*, 1:9–11; 2:1–16 / *Colossians*, 3:5–25 / *I Thessalonians*, 5:12–28 / *Titus*, 2–3 / *Hebrews*, 10:19–39 / *James* passim / *I Peter* passim
16 Augustine, 83–85, 271–274
18 Aquinas, 527–558
19 Dante, 56–57, 63–64
19 Chaucer, 326–338, 349–350, 450–455
20 Calvin, 114–115, 436–437, 443–444
23 Erasmus, 37
24 Shakespeare, 427
29 Milton, 33–56
30 Pascal, 91–94
33 Locke, 1–2
39 Kant, 325–327
48 Melville, 18–23
52 Dostoevsky, 27–29, 151–178 passim, 281–282, 430–431
58 Huizinga, 320

8g. The vows and practices of the monastic life in relation to virtue

New Testament: *Matthew*, 19:10–12 / *I Corinthians*, 7:25–40
18 Aquinas, 66–67, 637–639, 649–663
19 Dante, 92–96, 103–106
19 Chaucer, 278–280, 282, 283–284
20 Calvin, 365, 448–455
21 Hobbes, 272–273
23 Erasmus, 28–31
23 Montaigne, 162
34 Voltaire, 236
37 Gibbon, 191–194, 533, 593–599 passim
38 Gibbon, 232–233
41 Boswell, 283
43 Hegel, 353–354, 361–362
51 Tolstoy, 273–274
52 Dostoevsky, 11–15, 87–92 passim, 153–179 passim, 197–200
58 Huizinga, 278–284, 339
59 Joyce, 599–601

9. The advance or decline of human morality

12 Virgil, 87–88
14 Tacitus, 51

27 Cervantes, 31
28 Bacon, 15, 54
29 Milton, 306-332
33 Locke, 50-51
34 Swift, 121
35 Rousseau, 338
37 Gibbon, 633-634

40 Mill, 335-336
43 Hegel, 190-193
43 Nietzsche, 516
49 Darwin, 321-323, 596-597
55 Whitehead, 228-229
56 Waddington, 741-742
58 Huizinga, 254-255, 310-311, 325-327

交叉索引

For c 以下是与其他章的交叉索引：

The relation between knowledge and virtue, see EDUCATION 4a; GOOD AND EVIL 6a; KNOWLEDGE 8b(1); WISDOM 2b.

The unity of virtue, see ONE AND MANY 5a.

The doctrine of the mean, see COURAGE 2; PRUDENCE 3b, 3e; TEMPERANCE 1b.

Virtue in relation to happiness, see HAPPINESS 2b(3); PUNISHMENT 3b.

The role of habit in the conception of virtue, see HABIT 6b; the distinction between virtuous and continent acts by reference to habit, see PRUDENCE 3d; TEMPERANCE 1c.

The distinction between the moral and the intellectual virtues, see HABIT 2b, 5b, 5d; particular moral or intellectual virtues, and their relation to one another, see ART 1; COURAGE 1, 4; JUSTICE 1c-1d; PRUDENCE 2a-2c, 3a; SCIENCE 1a(1); TEMPERANCE 1a-1b; WISDOM 2a.

The theological virtues, the infused virtues, and the supernatural gifts, see GOD 6c(2); HABIT 5e(2)-5e(3); KNOWLEDGE 6c(5); LOVE 5b(2); OPINION 4a; RELIGION 1a; WISDOM 1c.

The moral significance of temperamental types, see EMOTION 4c; MAN 6a.

The independence or interdependence of particular virtues, see JUSTICE 1d; PRUDENCE 3-3a.

The acquisition of virtue see ART 10a; CUSTOM AND CONVENTION 5b; EDUCATION 4, 4b-4d; FAMILY 6d; GOVERNMENT 2d; HABIT 4a-4b; HISTORY 2; LAW 6d; NATURE 6b; NECESSITY AND CONTINGENCY 5a; PLEASURE AND PAIN 10a; POETRY 9a; PUNISHMENT 3a; SIN 7; WILL 3a-3a(2).

The role of the various faculties in the formation of virtue, see DESIRE 6a; EMOTION 4b(1); MIND 9c; PLEASURE AND PAIN 8a; PRUDENCE 3; REASONING 5e-5e(3); WILL 5b(4), 8c.

The relation of virtue to other moral goods or principles, see DUTY 4, 5; GOOD AND EVIL 3b-3b(2); HONOR 2b; LAW 4d; LOVE 2b(3), 3a; PLEASURE AND PAIN 8a; TEMPERANCE 3; WEALTH 10a, 10c.

The issue in moral philosophy between the ethics of duty and the ethics of virtue and happiness, see DUTY 2; HAPPINESS 3.

The work ethic, see LABOR 1d.

The political consideration of virtue, see ARISTOCRACY 6; CITIZEN 5; MONARCHY 3a; RHETORIC 5b; STATE 7c, 8b.

The relation of virtue to sin and sanctity, see RELIGION 3d; SIN 3c, 4d, 7; TEMPERANCE 6a.

The divine law and divine rewards and punishments, see HAPPINESS 7c-7c(3); IMMORTALITY 5e-5f; LAW 3a-3b(2); PUNISHMENT 5d-5e(2); SIN 6c-6e.

The influence of religion on the moral life, and the moral virtues or qualities peculiar to the religious life, see RELIGION 3d; SIN 7; TEMPERANCE 6a; WEALTH 10e(2).

扩展书目

下面列出的文著没有包括在本套伟大著作丛书中，但它们与本章的大观念及主题相关。

书目分成两组：

Ⅰ．伟大著作丛书中收入了其部分著作的作者。作者大致按年代顺序排列。

Ⅱ．未收入伟大著作丛书的作者。我们先把作者划归为古代、近代等，在一个时代范围内再按西文字母顺序排序。

在《论题集》第二卷后面，附有扩展阅读总目，在那里可以查到这里所列著作的作者全名、完整书名、出版日期等全部信息。

97. Virtue and Vice

I.

Epictetus. *The Enchiridion (The Manual)*
Plutarch. "Can Virtue Be Taught?" "On Moral Virtue," "Virtue and Vice," in *Moralia*
Augustine. *Admonition and Grace*
———. *The Enchiridion on Faith, Hope and Love*
———. *Of Continence*
———. *On the Morals of the Catholic Church*, CH XV
Thomas Aquinas. *Quaestiones Disputatae, De Virtutibus in Communi; De Caritate*, AA 2–5; *De Spe; De Virtutibus Cardinalibus*
———. *Summa Theologica*, PART II–II, QQ 155–156
Dante. *The Convivio (The Banquet)*, FOURTH TREATISE, CH 17–21
Erasmus. *Ten Colloquies*
Spinoza. *Correspondence*, XLIII
Molière. *L'école des maris (The School for Husbands)*
Hume. *A Treatise of Human Nature*, BK II, PART I, SECT VII; BK III, PART I, III
Voltaire. *The Ignorant Philosopher*, CH 46
———. "Virtue," in *A Philosophical Dictionary*
Smith, A. *The Theory of Moral Sentiments*, PART VI
Kant. *Lectures on Ethics*, in part
Mill, J. S. *A System of Logic*, BK VI, CH 5
Hegel. *The Phenomenology of Spirit*, V, B (2, C); VI, C
Kierkegaard. *Either/Or*
Nietzsche. *On the Genealogy of Morals*
Austen. *Pride and Prejudice*
Dostoevsky. *The Idiot*
Ibsen. *Peer Gynt*
Dewey. *Human Nature and Conduct*

II.

THE ANCIENT WORLD (TO 500 A.D.)

Cicero. *De Finibus (On the Ends of Good and Evil)*
———. *De Officiis (On Duties)*
———. *Tusculan Disputations*, V
Horace. *Satires*
Lucian. *Dialogues of the Dead*
Pirke Aboth (Sayings of the Fathers)
Theophrastus. *The Characters*

THE MIDDLE AGES TO THE RENAISSANCE (TO 1500)

Bacon, R. *Opus Majus*, PART VII
Bernard of Clairvaux. *On Consideration*, BK I, CH 7–8
Bonaventura. *Breviloquium*, PART V
Ibn Gabirol. *The Improvement of the Moral Qualities*
Langland. *Piers Plowman*
Maimonides. *Eight Chapters on Ethics*, CH 2–4
———. *The Guide of the Perplexed*, PART III, CH 38–39, 42
Sa'adia ben Joseph. *The Book of Beliefs and Opinions*, TREATISES V, X
Thomas à Kempis. *The Imitation of Christ*, BK I

THE MODERN WORLD (1500 AND LATER)

Adler, M. J. *The Time of Our Lives*
———. *A Vision of the Future*, CH 4
Anouilh. *Traveller Without Luggage*
Baxter. *Chapters from a Christian Directory*
Berke. *The Tyranny of Malice*
Bonar. *The Intellectual Virtues*
Brown. *Lectures on the Philosophy of the Human Mind*, VOL III, in part
Buber. *Jewish Mysticism and the Legends of Baalshem*
Bunyan. *The Pilgrim's Progress*
Burns, R. *Address to Unco Guid*
Burton. *The Anatomy of Melancholy*, PART I, SECT I, MEMB II, SUB-SECT II
Butler, J. *Fifteen Sermons upon Human Nature*, PREFACE; III, X, XIII
Cary. *A Fearful Joy*
Corneille. *Cinna*
Defoe. *Moll Flanders*
Devlin. *The Enforcement of Morals*
Edwards, J. *Charity and Its Fruits*
———. *A Dissertation on the Nature of True Virtue*
Feinberg. *The Moral Limits of the Criminal Law*
Fielding. *Joseph Andrews*
———. *Tom Jones*
Flaubert. *Madame Bovary*
Gide. *Strait Is the Gate*
Golding. *Lord of the Flies*
Goldsmith. *The Vicar of Wakefield*
Green. *The Principles of Political Obligation*, (O)
———. *Prolegomena to Ethics*, BK III, CH 4 (b), 5
Hampshire. *Morality and Conflict*
Hare. *Freedom and Reason*
———. *Moral Thinking*
Hartmann, N. *Ethics*, VOL II, *Moral Values*
Hughes. *In Hazard*
Jonson. *Volpone*
Klubertanz. *Habits and Virtues*
Leopardi. *Essays, Dialogues, and Thoughts*
Lewis, C. S. *The Abolition of Man*
Lotze. *Microcosmos*, BK V, CH 5
MacIntyre. *After Virtue*
Mandeville. *The Fable of the Bees*
Meredith. *The Ordeal of Richard Feverel*
Moravia. *The Woman of Rome*
Richardson, S. *Clarissa*
———. *Pamela*
Scott. *Old Mortality*
Shaftesbury. *Characteristics of Men, Manners, Opinions, Times*
Sidgwick, H. *The Methods of Ethics*, BK III, CH 2–3
Spenser. *The Faerie Queene*
Stephen, L. *Social Rights and Duties*
Taylor, A. E. *The Problem of Conduct*
Taylor, J. *Ductor Dubitantium*, BK IV
Thackeray. *The History of Pendennis*
———. *Vanity Fair*
Walker. *The Color Purple*
Wallace, J. D. *Virtues and Vices*
Wedekind. *Pandora's Box*
West, N. *The Day of the Locust*
Whewell. *The Elements of Morality*, BK II, CH 1–4
Wilde. *The Artist as Critic*
———. *The Importance of Being Earnest*

战争与和平 War and Peace

总 论

20世纪也许会在历史上被冠以战争与和平世纪的称谓,因为正是在这个世纪人类第一次爆发了世界大战,同时也第一次建立了世界和平。因此之故,目前各国间依然存续的世界和平也许仅只是一次武装休战,只是战事频仍间的一次中场休息。尽管世界和平实际上并非始自我们的时代,但事实上我们也许是地球上第一代人,因为世界大战的影响,终于付出坚定的努力,从而能够对沉淀下来的有关战争与和平的智慧进行决定性的总结。

人们也可以认为,如今大为流行的基本观念早已为古人所知,并包涵于各时代的传统之中。比如,苏格拉底和爱比克泰德都曾谈到世界公民。马可·奥勒留和季提昂的芝诺清晰地预见了世界共同体。亚历山大曾尝试征服世界以便统一环球,维吉尔宣称有一种像罗马帝国一般的普遍和平,而但丁则重新界定了维吉尔的理想,他呼吁再造罗马帝国及其君主制——他是指一个统一的政府——以便所有基督徒在政治上与精神上处于一个共同体之内。

如果无视上述这些古老的预见,我们很可能低估人类智慧作为一个整体所包含的源远流长的目标。但是,假如说,由于它们对于和平事业的意义,因此不应被我们所忽视,那么,它们的重要性同样也不应被夸大。从一方面来说,人类虽具备智慧,却在行动中歧见纷呈,常常在为下一场战争做着准备,从而使和平的希望化为乌有。而从另一方面来说,通过征服和帝国建立的和平是否真能做到永久且普遍非常令人怀疑,而征服和帝国却是过去把世界带向和平统一的仅有途径。若没有征服和帝国,则和平统一不过是理想的一个碎片而已。

即使到了近现代,和平的理想终于获得了这样的含义,即通过和平手段追求和平——通过法律而非暴力,通过许可而非强迫,但实际上比全球范围稍小地区的和平依然是思考的目标。比如,威廉·潘恩和卢梭就曾论述把欧洲从一个长期被战争毁坏大陆转变为能够保持永久的共同社会所必不可少的法律前提,只是由于所处的历史阶段的原因,致使他们的设想仅及于欧洲。

康德将静静蕴涵在上述二人论述中的世界和平的观念独自阐发出来,而在霍布斯和洛克关于战争与和平概念的清晰论断里,这一观念的雏形已经是呼之欲出。康德设想了一种真正永久且全球性的和平的可能性。他从他所称的"世界主义政治理想"——似乎对于他这还仅仅是一个理想——的角度来论述永久全球和平的正当性,他认为那个理想虽不能立刻实现,却可以逐步迫近。此外,他还认为,因为这一理想是正当的,因此,即令不可能实现,它也应该被追求。我们是要在现实层面对世界和平做出结论性论证的第一代人,我们必须论证其可能性,因为,它是必要的。

至今我们的论证尚不圆满,也未达致清晰的结论,但自今往后,如不将这一问题作为在世界政府与和平或世界君主与战争之间作出抉择来论述,那么,我们将很难讨论战争与和平问题了。尽管不过是第一次做到了严肃地对待上述抉择，但 20 世纪在理解这一伟大观念方面还是取得了标志性的进步，即使与核裂变相比，这个进步也更能改变人类的历史和生活，因为核裂变的发现不过仅仅是增加战争或和平的一个工具罢了。然而，正如在普通的火苗里已包涵核燃料释出热能的原理那样，古人正是在其中找到了文明的开端，当人类一开始思考社会问题，其关于战争与和平的基本思考，就已蕴含了一种可以作为新文明力量的思考的原型。

在伟大著作的传统中，战争与和平问题通常作为政治问题被论述，最起码也是作为人与人的关系问题来论述，或者是被看作个人之间的关系问题，或者是被看作群体之间的关系问题。但一些心理学者、伦理学者及神学家也在不同的意义上使用"和平"一词，用以表示个人内心没有冲突的状态，或表示一种内在的和谐，如世间心灵的安宁，以及那些受神佑的人们在上帝面前所享有的天堂般的平静。

关于战争与和平问题的在心灵领域内的含义，本书其他章节将会进行讨论，不必在此赘述，内心冲突将是**对立**章的一个话题，而内心和谐问题将在**幸福**一章中加以讨论。除非牵涉它们的社会和政治影响问题，我们在此将不会再予以论述，同时，除非牵涉战争与和平的基本原理，我们也不会在本章讨论国内战争。单一共同体内部的不和与冲突属于**革命**一章的内容。

对于国家之间的战争的某些特定态度似乎在每一世代都会死灰复燃。眼看战争延绵不绝的事实，人们悲哀地表现其愚蠢，也为其毁坏找到了一些益处，作为对自己的补偿。纵观以往的绝大部分时程，不仅是那些为尚武精神大加喝彩之辈，即使是那些仅将战争视为苦难的人们，他们似乎也认为战争有其必要性。对于大部分论述者来说，无论他们视战争为好坏之事，或者视其为光荣与恐怖的混合物，他们认为战争似乎是一个不可避免的事物，就像身体的疾病与死亡那样与生俱来，像悲剧那样无可逃避。直到晚近的时代，战争的不可避免的特性才受到质疑，而永久和平的可能性才被发蒙。

荷马的《伊里亚特》和托尔斯泰的《战争与和平》两书是对战争特征观察最为认真和详尽的，两书似乎将战争视为一件混合的事情。无论是在特洛伊平原上用短剑和标枪进行的搏杀，还是在俄罗斯台地上用火枪和榴弹炮进行的战斗，它们都释放出一种暴怒，而此种暴怒继而将人类的天性推到极端高贵或低劣的地步，也激发了种种极富于英勇气概或怯懦软弱的行动。对于荷马和托尔斯泰来说，战争作为一个充满暴力和机遇的领域，虽然他们偶尔也在其中看到英勇和宽恕，甚至是一丝高尚的德行，或最起码是激情，但其总体景象无疑是一副伴随黑暗与灰心、残破尸体和肢体的痛苦画面。"忧伤的战事"是荷马一再重复的描述。而"苍白的恐惧"和"黑色的死亡"是他描写战斗的色彩。但凡战神阿瑞斯所到之处，则可闻"阿瑞斯啊，杀人如麻，血污盈野"，以及"战斗的欲壑难填"。

对于任何时代的诗人而言，无论荷马或托尔斯泰，也无论维吉尔或莎士比亚，战争的人性特征似乎毫无改变，变的是其工具手段及对身体的伤害方法，即武器与护甲、人力和物资的组织方式以及在时间和空间上展开的战役的规模。但历史学家在比较了争胜的双方和清点了胜利者与被击败者的得失之后，却对此则持有不同的见解。历史学家先是穷究种种使战争的艺术得以进步的细节异同，再则探询是什么使得更富裕和发达的社会能够发动更大规模的战争。对希罗多德来说,在薛西斯进犯之前从没人设想过会有那样规模的一支大军,那真可谓遮天蔽日。而修昔底德则说,在伯罗奔尼撒战争之前,"无论在战争中,还是在其他事情上,都绝无此等规模之事"。

历史学家不仅关注实力和数量,以及战争中不断演变的装备或其用具上的细节,他们也留意战略和战术领域的发明。诸如亚历山大方阵、费边的等待、恺撒的强行出击、汉尼拔在坎尼会战中运用的两翼侧击与包围机动,以及罗马军团在莱茵河上的纵深部署等,凡此种种,正如普鲁塔克、塔西佗和吉本所记述的,这些不过是军事天才们的发明的一小部分而已,它们给发明者所带来的结果与好处远超过创新的惊奇。它们已成为战争艺术领域里的经典模式与战争科学的原理。

对那些向军事天才表达敬畏之情的历史学家,托尔斯泰或许会嗤之以鼻。当他认为,与其说是拿破仑那种对偶发事件算无遗策的样子,倒不如说库图佐夫的凌乱无计划更能体现伟大将道的本质,他也许是对的。不管怎样,正如希罗多德赞美波斯部落自东方向西方的迁移,以及修昔底德对雅典海权崛起的描写,托尔斯泰是将1812年战役放大到比最伟大的人类群体运动还要高的地步来观察,先是从东方的角度看西方,然后再从西方的角度看东方。

一个世纪之后,身处一个武装到牙齿的大陆的中心,弗洛伊德于1915年写下了他对于那场后来被称为第一次世界大战的战争的印象。在此之前,这场战争所具有的规模和残暴都是不可想象的。"然后,我们曾经决不相信会发生的战争爆发了,"接着,弗洛伊德写道:"它不仅比往昔的任何战争更加血腥和具有破坏性,因为进攻和防御的武器已获得了极大的增强和改进;最主要的,它的残忍、苦难和冷酷也实属史无前例……它盲目地向它遇到的一切事物倾吐着狂暴,似乎在它所经之处,再不会有任何未来以及人与人之间的善意存留了。它将争斗中的人们之间的一切同类之谊撕裂,似乎要带来一个令人恐惧的后果,即在未来漫长的时期内,想要重新唤醒人类的同胞之谊将成为不可能之事。"

战争中为敌的各方在他们进攻之时,无不使用各式各样的武器。欧里庇得斯的《特洛伊妇女》一剧借安德洛玛赫和赫卡巴的痛苦说出了战争给其无辜牺牲品带来的灾难,那就是女人和儿童,他们所能做的除了为战死者悲泣,唯有沦为胜利者的玩物。而对于战争的虚妄,阿里斯托芬则从同情和害怕转为嘲笑。在诸如《和平》《阿卡奈人》和《吕西斯特拉忒》这样的喜剧作品中,作者从如此的角度看待事物,从这一角度看,人们的参与作战只是赋予战争一种令人厌恶的买卖的特色,其动机十分荒谬,而胜利也毫无价值。在20世纪,布莱希特的剧作《勇气妈妈》和《她的孩子们》则是对战争愚行的苦涩嘲讽。

拉伯雷温和的嘲讽也暴露了战争的虚妄,但在由其夸张所嘲弄的活剧之下,其实隐藏着高朗古杰王真诚、严肃的坚定立场,那就是,"在我先试过所有的和平手段之前,我不会诉诸战争"。而斯威夫特的讽刺就不是那么温和了。在那些真正理性的智马们的眼中看来,战争和发动战争的雅虎们一样,似乎都是无意义和低劣的。格列佛试图向一个智马,即他的主人讲述欧洲的战争,描述那些战争的起因和代价。"我接着讲到了更多的细节,"他说道,"但我的主人打断了我的话。他说,对于我所提到的种种如此卑劣和野蛮的行为,任何人,只要他的蓄谋与他的体力及心智相等,而且对耶胡们秉性足够了解,那么他也许都会很轻易理解……一个活人一旦装作在思考,那么他就有能力实施上述暴行,他会担心,唯恐失去这种施暴的能力,他会觉得失去这种能力甚至比残忍本身还要可怕。因此,他确信无疑的事物似乎仅有一端,但并非理性,而是另一些只会增强我们天性中作恶秉性的品质。"而伏尔泰在其《老实人》一剧中,紧接在称赞敌方的军队"如此英俊、如此机智、如此盔甲鲜明、如此训练有素"之后,他将接下来的战斗称为"英勇的屠宰"。

按照奥古斯丁的说法,并非人类的天性,而是其罪恶使其堕落到不如"没有合理意志"的野兽的水准,因为,在兽类世界,"与人类相比,他们也生活得更为安全与和平……即使狮子或恶龙,他们也从未对同类发起像人类互相发动的那种战争"。通过将之称为"人类行为中最伟大和最华而不实者",蒙田怀疑战争是否是"人类弱智和低劣的一个证明,因为,确实而言,那种互相损伤、杀害及败坏与毁灭同类同种的科学是很难给人类优于兽类的证明的,因为兽类并无此等事情"。

但是,在论文《论为达致良好目的而采取的邪恶手段》篇中,蒙田也引用过尤维纳尔的意见,即"人们身受长期和平的坏处;奢华比战争更能使人类堕落"。他似乎是要证明一项古罗马的政策的合理性,即保持战争状态"不仅是因为害怕闲适这败坏之母会给人们带来更坏的恶行,因此需要借此保持人们的强健……而且,作为共和国的放血疗法,它也给国内的年轻人极度的狂热稍稍降温"。战争可作为国家的净化剂,这是我们十分熟悉的论调。正如后来马尔萨斯那样,霍布斯曾建议,"当全世界不能承受过多人口的负荷,战争就成了对一切问题的最后疗救。无论对于胜利者还是战死者,战争给予每一个人的都是一样的"。

很多作家对战争都是很矛盾的。拿柏拉图来说,尽管在他眼里战争的两方面所具的分量并不一样,但他还是看到了问题的两面。在《理想国》一书中,苏格拉底声称,他发现了"引起战争的原因也就是那些导致城邦内部无论在公共生活还是私生活领域几乎全部恶行的原因"。在《法律篇》中,雅典陌生人对克里特人克莱尼阿斯说,在他的城邦,法律的创制一开始就考虑到战争的因素,即务使它们局限在有利于鼓励公民勇气的范围内;但他稍后又提醒克莱尼阿斯道,基于上述立意的法律"仅只关注一部分,而非全部美德,因此,他并不赞成"。

他认为永久和平应该被视作一个理想,而由符合道德的法律驱使人们朝其趋近,但这并不能阻止康德说出这样的话,"过于绵长的和平会易于产生一种纯粹的商业精神,这种精神的副产品则是堕落的自私自利、怯懦以及柔弱,而这些都会带来民族品性的衰颓"。因此战争不应被彻底谴责。此外,战争的"进行也是有秩序的,而且对于平民的权利具有神圣的尊重",康德又说道,战争本身"总是与崇高有着某种关联,并赋予从事战争的国家一种气质,一种精神上的印记,使之面临艰险愈多则愈能显示出越加崇高的精神,且能够以刚毅面对艰难"。然而,即使认为战争可以刺激"教化所带来的一切品行发展到其极致",康德还是反思到如下一层,即战争的最终目的也许是"为统摄诸国之上的自由和法治扫清道路,并因此把诸国在一种具备道德基础的制度之下合而为一"。

只有黑格尔一个人在这一问题上观点始终如一。按照黑格尔的看法,战争不仅不能"被看作绝对的恶,而且,本身就是对和平的腐蚀性影响的一个必不可少的矫治"。他写道:"战争是事物的这样一种状态,在其中人们真诚地对待世俗善行和关怀所带来的名望,而这种名望,即使在其他时期里,也会是陶冶情操和道德说教的共同主题……正如我在别处所指出,战争犹有更高一层的意义,在战争的帮助之下,'良好的伦理面貌得以在各民族有限的共同、稳定风俗中得到保存;这正如风浪使大海得以清洁,而经年的死水却必然会污浊,同样道理,各民族的败坏也是所谓单纯的"永久"和平的结果'。"

黑格尔远不同意那些持如此论调的人,即那些倡导"永久和平……是一个人类应该朝其前进的理想"的人,他指出,在和平时期平民生活日趋扩张,其各个领域画地为牢,时间一长则互相掣肘……战争的一个后果是,国家的力量得以增强,因参战国的人民为避免国内的冲突,亦要求通过发动对外战争以保持国内和平。

《战争与和平》中的安德烈王子说,"战争的目的就是谋杀,而其手段无外乎告密、背信弃义,以及卑鄙怯懦";弗洛伊德则说,"战争中的国家自行认可其有权做各种恶行,使用暴力则无所不用其极,而这些行为如在个人,则实为莫大的污点"。对这些言论,黑格尔有其驳难。他说道:"国家并非自然人,而是一彻底自为自主的实体,因此,国家间的关系与具有伦理内涵的关系殊异,亦有别于那种牵涉私人权益的关系……因国家间的关系乃是自主实体之间的关系,所以,尽管它们之间也订立契约,但与此同时,它们本身的位格却高于这些契约。"

在黑格尔看来,利己,或"对自身利益单纯不二的意志"乃是统摄一国与另一国关系的最高律法。因此,"当人们谈到所谓政策与道德的冲突时……其论述不过是建立在关于道德、国家本质以及国家关系的伦理观念等皮相之谈之上而已"。

按照黑格尔的观点,"战争应时世之需而发生"。并非他一个人认为战争不可避免,但其他持此观点的人却对此抱有与他不同的心态,而他们对战争之不可避免所持的理由亦与他迥异。安德烈王子的父亲呼吁说,"排尽男人血管中的鲜血,代之以水吧,那样将不复有任何战争"!而弗洛伊德则认为,假设文明可以转变人性,使之提升到战争的冲动之上,这不过是一个幻觉。他说,即使在战时,"我们的同类也未沉沦到我们所惧怕的深远,因为他们从未达到过我们一般信以为已达的那种高度"。他总结道,一个可悲的事实是,"战争永不会被废止,只要各国间生存环境的差异还是如此之大,各国人民间的排外态度还是如此严峻,那么,就将会有、也必然会有战争"。

威廉·詹姆士发现,人类作为一个物种,其好战的特征亦与其个体的本能好斗一般;汉密尔顿则说,假如我们"据人类的历史来判断,则我们将不得不承认如下结论,那就是,在人类的胸腔之中,鼓荡得有力得多的是那雄踞正中的暴烈破坏之激情,而非对和平的温和有益的感受;而若要我们的政治制度追随那关于永久安宁的沉思,则意味着我们只能寄希望于人类特征中较软弱的部分了"。

总而言之,即使对于那些因持久和平无望而痛恨战争的人来说,作为一个现实主义者,当马基雅维里对君王们给出如下忠告时,他也许远不是出于愤世嫉俗,他说道:对于君主而言,"除了战争及其规律与纪律之外,他不应该有任何其他的目标和思想,也不应该选择任何其他事物来作其学习的对象……一旦君王们更多地耽于逸乐而非武备,他们就已经不成其为君主了"。因此,君主"永不应该将战争的主题排除在其思虑之外,而在和平时期,他也应比战时更多地将自己投身于战争的演练"。君主若为使自己避免战争而迟疑拖延,则是犯下了大错。马基雅维里教导君主说,战争"从不是可以幸免之事,它只会针对你的薄弱之处而来"。

正如马基雅维里一样,在柏拉图的《法律篇》中,克里特人克莱尼阿斯也曾为他的城邦将战争和战备一直当作头等大事而辩护。他认为,世人是愚蠢的,"不懂得人们总是处于彼此的争战之中……因为人们一般所说的和平不过是一个名词而已;而现实世界里,每一个城邦都自然而然地处于与另一个城邦的战争状态之中,也许并无正式的宣战,但却无一刻停息"。

无论柏拉图还是亚里士多德似乎都认为,在某种意义上说,战争植根于事物的本质——在于人类的本质与城邦的本质之中。但是,尽管战争周而复始,他们却都并不把战争看作一种常态。雅典的陌生人对克莱尼阿斯说道:"如果执政者仅仅或首先只注意对外的战事,那他将不可能成为一个真正的政治家;同时,如果一个立法者只是出于战争的需要才下令休兵,那么他也绝不配称为杰出。"按照亚里士多德的观点,人生作为一个整体其实由两面所构成,那就是"商业与安适,以及战争与和平……为了和平的缘故必得有战争,而为了安适的缘故也必得有商业,为了那些高尚事物的缘故,有用和必须的事物才有其存在的理由……男人必须具备参与商业和参加战争的能力,但安适与和平却是更好的;他们不得不去做必须之事及的确有用之事,但高尚之事却是更好的"。

然而,战争本身又如何可能带来和平呢?也许维吉尔的观点给出了一个解答。在《埃涅阿斯纪》开篇卷中,乔夫曾预言到恺撒的降世,说"他的国度,将远覆大海之极边,他的英名,将与星辰同辉"。到最后罗马征服世界之时,那和平的黄金岁月,或者最起码是罗马治下的和平,将取代战乱的黑铁时代。

> 到那时残暴的岁月将变成淳美的和平:
> 信仰庄严与安居之地,与罗慕洛斯和勒摩斯同在
> 人们将定下法律;将战神在坚固如钢铁的牢门内
> 加以禁闭;并在这牢笼里,在如山的兵器堆之上,反绑
> 战神的双手,再加上一百个青铜的重球,他将就这样坐在那里
> 张着血盆大口,宣泄不信神者的含混咆哮。

正是出于对这种出于上天的宿命的顺应,安基塞斯才吩咐其子埃涅阿斯为和平的缘故而发动战争。"让这些成为你的专擅吧——在和平的习俗中训导你的士兵,/待臣服者慷慨,对侵掠者横眉冷对。"但某些为罗马军团所压服的骄傲的人们对此却另有看法,他们认为和平不过是由武器的暴力所强加而已。塔西佗记载了不列颠酋长盖尔加库斯的一篇演说,该酋长在其中指称那些"可怕的罗马人啊,在他们的压迫下,除了服从和屈服无可逃避……抢劫,屠杀,掠夺,他们将这些冠之以帝国的虚假之名;他们造就了一片荒野,然后却称之为和平"。

奥古斯丁则更冷峻地反思了像罗马那种类型的和平不可避免的可怕之处。他写道:"罗马帝国所大力强加给那些被征服民族的和平,不仅意味着枷锁,而且还有它的语言……多少浩大的战争,多少杀戮和流血才造就了罗马的一统天下!虽然今日那些苦难都已成往昔,但它们的结局却尚未来临。因为,在帝国的边境之外,我们从来都有、现在也有充满敌意的民族,而正是针对他们,我们过去一直在、现在也正在发动着战争,而且,即使假设没有这些敌意的民族,幅员

过于广大的帝国本身也使战争变成了一幅更加不愉快的图景，再加上社会和内部的冲突——真实的内战，或对内战重新爆发的恐惧，凡此种种，加在一起，于是动摇了全体罗马人民对战争的信心。"

关于战争与和平跟民主社会的关系问题，托克维尔曾得出过一个"有趣的结论，即纵观各国军队，那最富于热烈的求战欲望的正是民主国家的军队，而再看各国的人民，其中最深沉地拥护和平却也是民主国家的国民"。

尽管他十分理解战争失败的后果，同时也十分欣赏那些聪明之人，他们即使对于正义战争，也不仅只是点燃战火了事，而会同时对其"必要性"深感惋惜，奥古斯丁还是坚持认为，"只是出于对和平的愿望战争才被发动……人人均是通过发动战争来求和平，没有任何人可以通过铸造和平来寻求战争。因为，即使是那些有意中断他们生活于其中的和平的人们，他们对于和平本身也并无仇视，他们只不过是想把目前的和平转变为一种更适合他们的和平而已……而对于那些他们发动战争以反对的人们，他们不过是想在由他们支配的和平中为后者度身订做另外的法律，并强加于后者而已"。

依据奥古斯丁的看法，和平乃是由和谐与和睦二者组成。"人与人之间的和平本是一种秩序良好的和睦。国内和平则是那些负统治之责的家族与负服从之责的家族之间的有序和睦。天下和平是诸城邦之间类似的和睦状态……而万物间的和平不过是诸事之安宁罢了。"阿奎那对此并无根本异议，但他分析这样的和平所关涉的不单纯是和睦。他说，"凡有和平的地方必有和睦，但如我们给予和平正确的含义，那么有和睦的地方倒未必有和平"。人们之间的和平诚然寓于和睦之中，"但却不是任意一种和睦均能构成和平，只有一种和睦才足以构成和平，其良好的秩序是通过人与人互相同意而形成，而且是在尊重符合彼此共同的诸利益的前提之下。因为，假如一个人对另一个人的同意并非出自其意愿，而是出于被迫……那么，如此造成的和睦并非真正的和平"。

阿奎那相信，若人要与他人和平共处，他们自己必得先能与自己和平相处，然而，"人心却永不餍足，或者，他尚未得偿所愿，或者，尽管他已有所欲之物，却尚有所欲而未得之物"。按照阿奎那的解析，这说明了奥古斯丁为何不简单地把和平定义为和睦，而是诸事之安宁了，因为，使用"安宁"一词意味着每个个体之人的所有愿望"都一起得到安顿了"。这也解释了为什么"那些执意发动战争和挑起分歧的人所要的不过仅仅是和平而已，因为他们自认为这和平正是他们所没有的。因为，"阿奎那提醒我们说，"当一个人在与他人协力时，倘若并非出自其意愿，那就不会有和平。因此，人们会运用战争的手段设法打破此种秩序，因为那是一种有缺陷的和平，以便可以建立另一种和平，在其中，一切都会遂他们的心愿了。因此，所有战争的发动都是因为人们为了寻求一种比此前他们身受的更完善的和平"。

上述思想最基本的深刻之处似乎是，虽然仁慈和爱构成了和平的实质，但和平也是一项"正义的事业"。阿奎那曾间接指出，"就我们所知，唯有正义可排除和平的障碍"。对于这位神学家的观点，修昔底德以历史学家的身份给了我们一个证明。他曾告诉我们为什么他认为一段并无实际战斗的长期休战协定和休兵实际上只是战争的一部分。他写道："反对将休战协定的幕间戏包括在战争历程之内，必定是错误的判断。如果看清楚事实，人们将会发现，决不能合理地将停战协定看作一种和平状态,因为在其间,两方中没有任何一方交付或收到按协定他们曾同意交出与拿回的东西。"

而由修昔底德记述的叙拉古人霍摩克拉底的一篇演说也具有同样的意思,他说,"战争是邪恶的,这是一个过于普及的论断,以至于有人说要将其发扬光大,就会显得其人十分贫乏"。他断言道,"要是一个人认为战争对他并无利益可图的话,没有人会出于无知才卷入战争,或因为惧怕而置身战争之外……我认为,下述一点将不会有异议,那就是,我们投身战争首先是为了自己的某些利益;而正是因为这些利益的缘故,此刻我们才在此辩论我们怎样做才能达致和平;并且,要是我们就此分开,而没有得到如我们所想的那些权利,那么,我们就应该再次走向战场"。

修昔底德观察到休战和停火阶段是战争进程的一部分,而在柏拉图的《法律篇》中克莱尼阿斯的观点是"每个城邦都处于与其他城邦天然的敌对状态",这些或许都是霍布斯的理论先驱,但直到霍布斯清晰地将战争区分为下述两种状态,此一问题才得到最后的澄清,他区分了作为作战行动的战争和作为不处于同一政府治下的人或国家之间的持续争斗状态。

霍布斯解释说,"并非只有战场上的行动,或战斗行为才构成战争,战争是这样一段时间,在其中用作战去争斗的意志格外高涨,因此,必须从战争的实质的角度来看待时间的概念,就像我们在谈论气候的实质问题时那样。恶劣气候的实质并不在于下一场小雨或两场大雨,而是此前好一段时日中某种气象特点的积累;因此,战争的实质并不在实际的战斗之中,而在之前由于对对手没有信心而公开展开的种种部署中。而这些部署之外的时间可称之为和平"。

霍布斯并未忽略和平的状态、人与人之间的分歧,甚至和睦问题,但他只关心战争或诉诸战争的必要性作为解决分歧与处理冲突的手段问题。他认识到那个由马基雅维里演绎自西塞罗的传统。马基雅维里写道,"有两种争斗的方法,其一是运用法律,其二是运用暴力;第一种方法适合人类,而第二种则适合兽类"。在这里马基雅维里还添加了如下评述:"因为第一种方法经常是不够的,因此有必要具备运用第二种方法的资源。"但霍布斯并不认为一定有此必要性。最起码,对那种"人人与他人为敌的战争"还是存在着一个救治的办法。这一救治办法就是组成一个共同体或组织一个政府,并让它们拥有充足的维护法律与确保和平的强制力量。按照霍布斯的看法,"无政府与战争状态"其实是一体两面的,在这种状态里,每个人都拥有自己的法律,并按自己的意愿去判决,因此,一旦他想将自己的意志加诸他人,或抵抗他人的意志加诸己身,他就有必要诉诸暴力。

然而,我们现在看到,各处的人们都处于某些社会之中,生活在法律与政府之下,因此,或许有人认为,霍布斯提到的那种普遍的争斗状态现在早已消失了。但按霍布斯的看法却并非如此,"虽然在已知的任何时代都并没有发现特定的人群处于每个人互相敌对的状态,然而,"他论述说,"在每一个时代里,国王们以及那些乾纲在握的人们,因为他们互不统属的缘故而互相妒忌,互相处于角斗士似的状态和姿态,他们的武器指向对方,眼也不眨地盯牢对方;换言之,他们建筑堡垒和兵营,而在他们的王国的边界上,他们部署着枪炮,同时他们从不间断地刺探他们的邻国,这些就是战争的部署。"

在霍布斯之后,绝大部分政治学作者似乎都接受了这一观点,即主权者总是互相处于敌对状态,因为作为主权者,他们是完全自行其是的,并不从属于任何更上一级的政府。尽管他们有时对这一观点的表述确实不同,但基本的理念和核心思想却基本相同。

比如,洛克就作出了关于自然状态、战争状态和文明社会状态的三重区分,自然状态是无政府和完全独立的状态,在战争状态下,人们诉诸不受节制的暴力以解决他们的分歧,而只有文明社会才产生了法律和政府,因以仲裁各种争端。他写道,"文明社会是人们之间的一种和平状态,处此和平下的人们通过立法、并由法律仲裁来解决他们之间可能发生的种种争端,从而使他们免于战争"。

洛克又认为,"缺少有权威的公断使所有人处于一种自然状态",他由此进而指出,虽然自然状态和战争状态也许并不好分辨,但自然状态与战争状态不同,前者会不可避免地崩溃,并转化为战争状态。在自然状态下,如果人们不能用说理来解决彼此的纠纷,则他们就会进入战争状态,那就是运用暴力的领域了,"或者是公开展示武力的行动了……至此,世界上再没有双方认可的裁判者,可以给他们以救济了"。

基于上述实质性观点,洛克不仅同意霍布斯"全世界各独立国家的国王和统治者均处于自然状态"的观点,他还由此引出这一状态对战争与和平的共同影响。因为,"在自然状态下,对于它之外的国家或人群,整个共同体呈现为一个完整的实体",因此,洛克争辩说,在与它相关的一切对外事务中,每一国家的政府都必然拥有"战争与和平、协约与结盟的全权"。

孟德斯鸠和卢梭对霍布斯的观点略有偏移,他们将战争本身归因于分立的社会存在这一点。卢梭写道,战争"并不仅是一种人与人之间的关系,而更是一种国家与国家之间的关系"。因为"列国之间原本处于一种自然状态",于是他认为,作为政治实体,它们经历着彼此的不适,"这些不适则驱使各国像单个的人那样感到必欲去除而后快……因此,就有了国家间的战争、会战、杀戮和复仇,这些不仅动摇了人之本性,而且迷失了人之理智"。

黑格尔认为战争乃是不可消除的,看上去他所持的最大理由,不仅是就相互关系而言,主权国家总是处于"一种自然状态",而是它们经常性地必须保持在此种状态中。他写道,"从来不会有什么执政官来对列国加以裁判,最好情况下,就算有了一位仲裁者,或一位调停者,而且我们假设他可以持续地发挥作用,那么,他也仅只能在争端各方特定的意愿之内行事"。

因此,黑格尔摒弃了康德关于"通过一个国家联合调处一切争端以确保'持久和平'"的观点,他写道,"这一观点预设了各国间普遍意愿一致的前提,而具备这一前提只能是在道德与宗教或其他事项的领域内,而在任一具体情形下,则最大限度地取决于某一特定主权国家的意愿,因此之故,这一普遍一致总是会受到偶发事件的破坏"。所以,他总结说,"假如国家间意见不一,而且它们的具体意愿难以谐调,那么,争端就只能用战争来加以解决了"。

康德明确认为,没有他所称的"全球政治机构"或世界政府,"战争是不可避免的"。在相互间的对外关系中,"就像无法无天的野蛮人,列国自然地处于一种非法治的状态",而此种状态在康德看来"就是战争状态,尽管事实上也许人们并没有发现实际的战争行动,或持续的敌意,但在此种状态下,结果只能是力强者胜……但这种状态一旦发展到其顶点,则必然物极必反,组成各国的相邻近的各民族必将共同超越这种状态"。

但这一进程究竟将如何达成呢?康德的这一观念是否就是黑格尔理论的源头?他所鼓吹的"各民族的联盟"是否会成为"各民族的联合"?而当说到"这一通过联盟而建立的共同纽带"必须"采取联邦的形式",他心里所想的是否比说出来的东西更多?

一方面,他呼吁"建立一个与上述联邦类似的所谓普世国家联合,借此使民族成为国家",他还论证说,"唯有通过此种途径,一个真正的和平国家才可能建成"。然而,另一方面,他又解释说,他的意思"仅仅是指一个由不同的国家自愿组成的联合体,该联合体在任何时候都可能解体,而不是像美利坚合众国所代表的那种联合,因为合众国是建立在一部政治性宪法之上的,因此也是不可分离的"。

围绕美国联邦宪法而展开的论战有助于人们对这一问题有清楚的认识。《美国宪法》的作者们认为,与《邦联条例》相比,这部宪法将带来一个"更加完善的联盟",但却正是在那部比国际条约或联盟关系紧密不了多少的《邦联条例》之下,分立的十三州才被结合在一起。《联邦党人文集》一书的作者们倡言建立一个联邦国家以取代松散的邦联或各州同盟,因此,对于他们来说,或者通过创建一个联邦制合众国以实现和平,或者任由分立的各州间的战争状态持续下去,二者之间绝无丝毫可含混的余地。

汉密尔顿断言道:"对于联邦的必要性,一个人只要不是太过于沉迷在乌托邦的臆想之中,就不会真的产生疑问,因为,如果各州完全不联合起来,或者只是在邦联中部分地联合,那么,各州投入联合的那部分或许就会出现经常而剧烈的相互竞争……要在若干各自为政、互不统属的相邻各州间持续地保持和谐,则必须经受一连串事变的过程,并排除时间迁延所带来的日积月累的负面的感受。"在另一篇中,汉密尔顿认定,"基于某条约明确阐述和限定的特定目的而组建起一个联合体或同盟,没有什么是比这一观念更加荒唐和不具备可行性",而他还认为,欧洲已经"给全人类上了意义深远但痛苦万分的一课,那就是,因为一个条约所具备的约束手段不过是人们应承担义务的良好信念,因此,它所带来的签约成员之间的信赖实在是微乎其微"。

因此,他反过来攻击那些"眼高手低、纸上谈兵的人们,他们随时打算鼓吹一种似是而非的论调,即北美各州间虽各自为政和互不相干,却可以建立起永久和平"。他质问道,"在一种彼此分立的状态下,目前邦联各成员之间的和平与诚信"又有什么理由会建立起来?似乎在他眼中,一个明白无误的真理是,"在不联合起来的情况下,各州……的关系就会取决于彼此间起伏不定的战争与和平、友谊与敌意的时间潮流,这在那些不生活在同一政府之下的各民族间,早已是司空见惯之事了"。

联邦党人并不是真的要把他们对和平的蓝图拿来做全世界和平的计划。然而,他们却在暗含于他们思想的逻辑里看到了世界和平的萌芽。麦迪逊说,"如果联邦制度真是可以让所有自由政府都分享的针砭时弊的良药,如果真能找到让人类得享普世和平的放之四海而皆准的方法,那该是多么幸福之事啊"!

比他们稍后的 J. S. 穆勒,虽然有美国联邦制作为和平计划的亲身经历,但对于世界联邦政府是否是世界和平的充要前提,他似乎更加没有把握。他确信联邦制"使战争和外交争吵烟消云散"。但是,若建立一个中央集权的国家,取消同胞和外国人的区别,使他们一起在那个国家之下成为一国公民,他并不认同这种主张,他认为那种中央集权国家是"一切人类努力所造就的最坏事物之一",而"就目前的文明状况而言,在那种同一政府治下,绝不可能有利于促进和保持不同的民族特性,比如,投入同样的精力就是不可能的"。

康德不仅明确地否定了按照美国模式建立一个全球联合国家的观念,甚至那种更加不完备的各国联合,比如"各民族万年国会",在他看来,在像18世纪末这样的世界上,那也是一个不具可行性的主意。他写道:"如此一个联合国家由于其国度将横跨巨大的地幅,因此会变得过于辽阔,结果,不论它采取何等形式的政府,其对个人所担负的保护之责到最后都将成为不可能;进一步而言,它所领有的处于合作中的庞大人口也会将国家带入一种战争状态。"

但是,归根结底,康德还是拒绝彻底接受上述结论。他强调说:"我们内心的道德实践理性发出了它不可更改的否决令:'决不应再有战争之事'……因此,我们的问题再不是永久和平是否真有其事,或当我们每每重蹈覆辙,我们是否应自我欺骗,而是我们必须在视其为真的前提下采取行动。我们必须为也许尚未实现的事物而工作……如此我们也许才可能终结战争的邪恶,这才是一直以来所有国家进行国际活动所要达致的首要利益,绝无一国例外。"

在其《普世政治计划观照下的世界历史观念》中,他不仅仅诉诸道德责任以敦促我们为永久和平而努力,将其视为追求"最高的政治善行"的先决条件,他还大胆进行了预言。他描述了如此的图景,"在历经毁灭、兴废以及彻底的内部枯竭之后",世界上的各国民族因此"被迫趋向那个目标,而那个目标,即使没有如此繁多和悲惨的遭遇,本是理性早应使他们认识到的。那独一无二的目标正是超越野蛮的无法无天状态,步入一个各民族联邦之中……不论这一远景看上去多么虚幻不实……它却是人与他人相关的必要性所带来的不可避免之物"。

对于世界政府作为保持世界和平之工具的论证,在过往的伟大著述中,再没有像但丁《君主论》一书那样清晰。"任何地方只要有对立,"但丁写道,"那里就必须有裁判存在;否则事物就将不完善,就将失去其自我调节和更新的手段……拿两个国家的政府来说,其中任何一个都不以任何形式隶属于对方,因此他们会由于一方的过失或各自臣民的缘故而产生对抗。这就是一个确证。因此在他们之间建立司法程序是必须的。而且,由于互不服从(因为在平等的主体之间是没有权威可言的),他们也不能了解对方的情况,所以就必须有一个高于二者的第三方权力,该第三方拥有对双方实施管辖的权限。"

但丁接着说,"该第三方权力的形式既可以说是,又可以说不是世界政府。如果它是,那么我们终于找到了我们的终极结论;如果它不是,那么反过来必然意味着在它的管辖之外,尚有其他对等的实体,结果又需要一个超乎它们之上的第三方替它们裁判,依此类推,永无了局,从而十分不现实。因此,我们必须找到一个最高级的第一裁判者,在它面前,一切争端都可以直接或间接地得以评判……所以,世界政府又是这个世界所必需的"。按照但丁的看法,亚里士多德"发现了这一确证,因为他说过,事物不能处于无秩序之中,而各种权威并存本身就是无秩序;因此,权威总是单一的"。

然而,事实上,亚里士多德当然没有得出过如此的结论,即应该组建领有全部人类的单一政府,以便"在共同的法律之下,将一切人导向和平"。除了康德,也没有任何其他称得上伟大的著述者试图论证过这一结论。但是,正如我们在前面所看到的,康德接受这一结论只是为了对其加以界定,以及为了提倡世界政府。

尽管如此,在一些伟大的著述中却包含了上述论证的根苗。它的确蕴含于由霍布斯、洛克、卢梭及联邦党人用各种方法所阐明的一个基本前提之中。那个前提就是:既然无政府导向战争,那么,政府则带来和平,而唯有公正的法律可以保持之。由此推而广之到普遍的意义,似乎顺理成章的是,如果说一个地方的和平取决于该地方的政府,那么,世界和平则必将取决于一个世界政府。

因此,即使到目前为止,除了但丁和康德之外尚没有任何人作出上述推论,但西方思想的传统确实不仅论证了进行这一推论的基本前提,并且还审慎地描绘了人类在政治上联合起来后的图景——在一个囊括全球的单一政治社会里,所有人成为一国公民。

康德谈到了"人作为世界公民与所有其他人共荣共存的权利"。爱比克泰德则说,"对于人来说,唯有一个教条是值得记取的,那就是像苏格拉底那样,当有人问到他的国籍,他从不给予诸如'我是一个雅典人',或'我是一个科林斯人'这类的回复,而只是回答说,'我是一个宇宙公民'"。

意识到"人之本性乃是理性和社会的"这一事实,马可·奥勒留宣告道:"有人问我来自什么城市和国家,那么,作为一个叫安托尼努斯的人,我来自罗马,但如我只是作为一个普通的人,我来自世界。"如果我们看到"任何事物在与整体相关时所具有的巨大价值",那么,我们将认识到人乃是"一个最高级的城邦的公民,在那里,所有其他城邦就像一个个不同的家庭"。人类所具有的共同理性来自人类生活的共同规律。奥勒留论述说:"若果如此,则我们人人均是同胞;若果是这样,则我们均是一个政治共同体的成员;若果是这样,则在某种意义上说,这个世界就是一个国家。"

亚里士多德曾描述男人和女人及父母和孩子如何组成了家庭;而从这一最原初的社会单位出发,把家庭联合起来就组成了部落或村庄,而把村落联合起来则组成了城邦或国家。他并没有将这一过程推演到其自然的终点,但奥古斯丁却做到了。奥古斯丁说道,"在城邦和国家之后就是世界了,那是人类社会的第三个层次——第一层是家庭,第二层是城邦"。

然而,由于是按着天堂的宁馨来构想地上的和平,所以奥古斯丁并没有预言所有人在同一政府下集体生活于单一的政治共同体之中。他说道,当天堂之城"在大地上驻留,它将召唤各民族的居民聚集在一起,不顾种种不同风习造成的不便,由操各种不同语言的朝圣者组成一个社会,人们将懂得,无论他们的风俗是如何不同,他们却一起在走向一个共同的目标,那就是地上的和平"。

地上的和平作为人类唯一和共同的目标,也许既意味着一座人类之城,同时也象征着一座上帝之城。按照陀思妥耶夫斯基的看法,这早已包含于如下事实之中:"对普世团结的渴望是人类第三种、也是最后一种痛苦。"他写道:"作为一个整体,人类总是尝试去建立一个囊括世界的国家。曾有许多史迹辉煌的伟大国家,但越是更高度发达的国家,它们的人民就越是痛苦,因为,与其他人相比,他们对四海一家的渴望也更加强烈。"

分 类 主 题

1. 作为暴力支配的战争：战争状态和自然状态；尚武精神
2. 战争的类型
   - 2a. 内战与国家间的战争及国际战争
   - 2b. 宗教战争：捍卫和宣传信仰
   - 2c. 阶级战争：经济集团之间的冲突
3. 战争权利
   - 3a. 正义与不正义战争的区分：防御性战争与征服战争
   - 3b. 正义和私权与战争发动及检控的关系：法律与风俗贯穿与战争指导之中
4. 战争的起因与偶然性
   - 4a. 国家战争的偶发性：远因与近因；真实的原因与偶然的原因
   - 4b. 引起内部冲突的因素
5. 战争的后果
   - 5a. 战争的道德后果：其对男人幸福和德行的影响以及对女人和儿童福利的影响
   - 5b. 战争的政治后果：其对不同形式的政府的影响
   - 5c. 战争的经济后果：其代价与有关影响
6. 战争作为政治工具和手段的概念
   - 6a. 战争目的为征服、帝国或政治扩张
   - 6b. 战争目的为解放、正义、荣誉或和平
7. 战争的不可避免性：军事准备的政治必要性
8. 战争意愿：其在道德和政治上的好处
9. 战争的愚蠢和无益：和平主义运动
10. 战争艺术与职业军人：他们在国家生活中的地位
    - 10a. 军事政策的制订：军人与政治家或王公们的关系
    - 10b. 不同类型的军事人员：雇佣军，志愿兵，被征发者，民兵
    - 10c. 军事道德：职业军人的素质，军事教育
    - 10d. 战略与战术原则：军事才华
    - 10e. 海权的崛起及其在战争的地位
    - 10f. 武器的进步：它们的种类和用途
    - 10g. 停战的实现与作为军事手段的盟国
11. 和平的本质、起因和条件
    - 11a. 法律与政府作为国内和平不可或缺的条件：政治共同体乃是和平的组织形式
    - 11b. 正义与友爱是人与人之间和平共处的原则
    - 11c. 国际法与国际和平：作为国际和平手段的条约、同盟与联合
    - 11d. 世界政府与世界和平

[赵楚 译]

索引

本索引相继列出本系列的卷号〔黑体〕、作者、该卷的页码。所引圣经依据詹姆士御制版，先后列出卷、章、行。缩略语 esp 提醒读者所涉参考材料中有一处或多处与本论题关系特别紧密；passim 表示所涉文著与本论题是断续而非全部相关。若所涉文著整体与本论题相关，页码就包括整体文著。关于如何使用《论题集》的一般指南请参见导论。

1. **War as the reign of force: the state of war and the state of nature; the martial spirit**

    3 Homer, 1-306
    4 Aeschylus, 59
    4 Euripides, 542-543
    6 Plato, 44, 640-641
    12 Virgil, 99-118, 196-321
    16 Augustine, 586-587
    19 Chaucer, 297-298
    21 Hobbes, 76-77, 84-86
    25 Shakespeare, 108-109
    28 Bacon, 20
    29 Milton, 313-314
    33 Locke, 25-30, 65
    35 Montesquieu, 2-3
    35 Rousseau, 335-336, 343-345, 346, 351-352, 364
    39 Kant, 434, 435-436
    43 Hegel, 37, 178-179
    44 Tocqueville, 336, 349-360 passim
    51 Tolstoy, 1-696
    53 James, William, 717
    57 Veblen, 6-7, 8-9, 92-95, 103-107

2. **The kinds of war**

2a. **Civil war and war between states or international war**

    5 Herodotus, 102-107, 172-174
    5 Thucydides, 434-438, 459, 463-465, 575-576, 577, 579-583, 595-586, 587-589, 590
    6 Plato, 806-807
    8 Aristotle, 558-561, 566-572
    13 Plutarch, 533, 875
    14 Tacitus, 12-13, 248, 261-262
    18 Aquinas, 583-584
    21 Machiavelli, 31
    21 Hobbes, 68-69, 99-100, 114, 121-122, 147, 150-151
    23 Montaigne, 547-548
    24 Shakespeare, 11-16, 33-68, 69-104, 105-148, 342-343, 434-435, 583
    33 Locke, 60-61, 76-81
    37 Gibbon, 35, 48-49, 71-74, 111-113, 652-655
    38 Gibbon, 570-571, 572, 594-595
    40 Declaration of Independence, 1-3
    40 Federalist, 141-142
    43 Hegel, 314-315
    44 Tocqueville, 56, 360
    60 Orwell, 510-512

2b. **Religious wars: the defense and propagation of the faith**

    Apocrypha: *Judith,* 1-9; 14:29-37 / *II Maccabees,* 6-10
    18 Aquinas, 432-433, 579-580, 677-678, 1058-1061
    20 Calvin, 430
    22 Rabelais, 117
    23 Erasmus, 33-34
    24 Shakespeare, 434
    29 Milton, 329-331
    33 Locke, 1-2, 13, 20-21
    35 Rousseau, 435-436
    37 Gibbon, 233-234, 310-328 passim, 382, 391
    38 Gibbon, 128-129, 134-161 passim, 199-202, 237-243, 253-310, 323, 331-333, 378-453, 531-551, 583-586, 588-589
    43 Hegel, 332, 342, 358-361, 380-383
    56 Planck, 112
    58 Weber, 219
    58 Huizinga, 282-283
    60 Brecht, 410-412

2c. **The class war: the conflict of economic groups**

    4 Euripides, 350
    5 Thucydides, 466-469, 482-483, 524-525, 564-593
    6 Plato, 342-344, 405-406, 412-415
    8 Aristotle, 461-463 passim, 495-496, 502-519 passim, 553-555
    13 Plutarch, 68-70, 671-689, 708-713
    21 Machiavelli, 14
    21 Hobbes, 156
    25 Shakespeare, 351-392
    35 Montesquieu, 78-80
    35 Rousseau, 353-356, 375
    36 Smith, 32-33, 347-349
    37 Gibbon, 127, 144
    38 Gibbon, 574-582 passim
    43 Hegel, 202, 291-292, 305, 313-314, 379
    44 Tocqueville, 302
    50 Marx, 7, 8-9, 134-146, 209-215
    50 Marx-Engels, 415-434

1650 西方大观念 The Great Ideas

51 Tolstoy, 410-421
52 Dostoevsky, 173
54 Freud, 882-884
58 Weber, 135-138
60 Orwell, 478-481, 482-484, 488-491

3. **The rights of war**

3a. **The distinction between just and unjust warfare: wars of defense and wars of conquest**

    4 Aeschylus, 9-11, 21-22
    4 Euripides, 347-362, 533-554
    4 Aristophanes, 757-758
    5 Herodotus, 144
    5 Thucydides, 425-426, 430-431, 432-434, 461, 469-470
    8 Aristotle, 450
    13 Plutarch, 55-56, 108-109
    14 Tacitus, 272
    16 Augustine, 583-584
    18 Aquinas, 578-579, 581-582, 584
    19 Chaucer, 349-350
    21 Machiavelli, 36-37
    22 Rabelais, 58-59
    23 Montaigne, 481-484
    24 Shakespeare, 146, 487-490
    27 Cervantes, 344
    33 Locke, 25-29, 60-61, 64, 65-70, 72-73, 76-81
    34 Swift, 23-25
    38 Gibbon, 383-384
    39 Kant, 413
    40 Federalist, 33-37
    43 Hegel, 116
    51 Tolstoy, 12-13, 344-355
    58 Weber, 219
    59 Shaw, 73-74

3b. **Justice and expediency in relation to the initiation and prosecution of a war: laws and customs governing the conduct of warfare**

    Old Testament: *Deuteronomy*, 20
    3 Homer, 67-68
    4 Aeschylus, 54-56
    4 Sophocles, 234-254
    4 Euripides, 606-633
    5 Herodotus, 214-220
    5 Thucydides, 365-371, 378-380, 384-386, 417-420, 429-434, 504-507, 511-516, 518-520, 529-533, 556-557
    6 Plato, 367-368
    12 Virgil, 282-286
    13 Plutarch, 106-107, 108-109, 254-255, 319, 397-398, 484, 549-550, 569
    16 Augustine, 165-169
    18 Aquinas, 316-318, 580-581
    21 Hobbes, 110-111, 147, 279-281
    23 Montaigne, 58-61, 78-79, 374-377
    24 Shakespeare, 385-386, 388-389, 490-491, 534-536, 558-559
    25 Shakespeare, 388
    33 Locke, 65-70

    35 Montesquieu, 3, 61-63
    35 Rousseau, 389-390
    37 Gibbon, 409, 509, 543
    38 Gibbon, 17-18, 27-28, 130, 373-374, 445, 532-533, 729
    39 Kant, 454
    40 Declaration of Independence, 2-3
    40 Articles of Confederation, 6
    40 Federalist, 54
    43 Hegel, 114, 154
    51 Tolstoy, 344-355, 442-443, 547-551, 589, 598-599
    54 Freud, 756-757
    58 Weber, 105-106
    58 Huizinga, 284-287
    60 Brecht, 411

4. **The causes or occasions of war**

4a. **The precipitation of war between states: remote and proximate causes; real and apparent causes**

    3 Homer, 16
    4 Aeschylus, 9-11, 58-59, 62
    4 Euripides, 347-362, 536-540, 607
    4 Aristophanes, 659-660, 751, 757-758
    5 Herodotus, 1-2, 11, 71-73, 89, 99-100, 152, 154, 174-177, 202-203, 211, 212, 214-220, 280, 283
    5 Thucydides, 349-386, 418-419, 491-492, 493-496, 510-511
    6 Plato, 224, 413-414
    12 Virgil, 196-215
    13 Plutarch, 57-60, 130-137, 366
    14 Tacitus, 94, 122, 157-158, 207
    16 Augustine, 212, 213-216
    18 Aquinas, 578-579
    21 Machiavelli, 31-32
    22 Rabelais, 30-32
    23 Montaigne, 339-340, 370-371
    24 Shakespeare, 386-389, 533-537
    25 Shakespeare, 113-115
    27 Cervantes, 344
    34 Swift, 150-151
    37 Gibbon, 98-100, 103-110 passim, 148-149 passim, 264-265, 558-572 passim
    38 Gibbon, 46-47, 380-384, 531-534 passim, 539-541
    40 Federalist, 33-44 passim, 71-78 passim, 110, 235-236
    43 Hegel, 113-114, 277-278, 290-291, 295-298
    51 Tolstoy, 342-355, 389-391, 469-472, 563, 645-650, 675-696 passim
    54 Freud, 755, 788
    56 Heisenberg, 450-451
    57 Keynes, 438-439, 456
    58 Weber, 123-125
    58 Huizinga, 248-251, 282-285
    60 Brecht, 411

4b. **The factors responsible for civil strife**

    5 Herodotus, 29-30, 124

5 Thucydides, 434–438, 460
6 Plato, 342–344, 408–409, 668–676
8 Aristotle, 461–463 passim, 465, 502–519 passim
13 Plutarch, 13–14, 117–121, 124–130, 176–184, 369–374, 648–656, 657–663, 671–689, 750
14 Tacitus, 190–191, 195–196, 198–199, 202–205
19 Dante, 62–63
21 Machiavelli, 3–5, 7–8, 14–16
21 Hobbes, 103–104, 148–153, 240, 247–248, 273
23 Montaigne, 103–105
24 Shakespeare, 1–32, 33–68, 69–104, 146, 320–351, 399–400, 434–466, 487–490, 568–596
25 Shakespeare, 303–304, 315, 351–353
33 Locke, 20–21, 76–81
35 Montesquieu, 28–29
35 Rousseau, 361–362, 411
36 Smith, 302–303, 390–395
37 Gibbon, 35, 48–49, 69–76, 111–112 passim, 127, 159–178 passim, 267–272 passim, 324–326, 330–335, 420–422, 446–447, 449–450, 453–454, 652–654
38 Gibbon, 113–115, 466
40 Declaration of Independence, 1–3
40 Federalist, 47–53, 66–68, 95
40 Mill, 428–431 passim
44 Tocqueville, 135–136, 186–188, 351–352, 360
50 Marx, 377–378
51 Tolstoy, 680–683
57 Tawney, 194–196

5. **The effects of war**

5a. **The moral consequences of war: its effects on the happiness and virtue of men and on the welfare of women and children**

Old Testament: *II Kings*, 25 / *Jeremiah*, 39–40; 52
Apocrypha: *I Maccabees*, 1:20–64
3 Homer, 74–76, 221–223, 290–306
4 Aeschylus, 13–14, 18–19, 27–30, 57–58, 58–59
4 Sophocles, 191
4 Euripides, 347–362, 363–382, 435, 494–514
4 Aristophanes, 757–758, 824–845
5 Thucydides, 398, 436–438, 545–546, 559, 562–563
12 Virgil, 105–118
13 Plutarch, 590–591
14 Tacitus, 12–13, 202, 217–218, 229, 250–251, 255, 265, 266
16 Augustine, 213–214
19 Dante, 51–52
19 Chaucer, 286–287
22 Rabelais, 143–144
23 Montaigne, 146–148, 547–551

24 Shakespeare, 23–26, 67–68, 74–76, 81–83, 148, 545–546, 552–554, 583
33 Locke, 67–69 passim
35 Rousseau, 380
37 Gibbon, 509–510, 511–512, 573–574, 627–628
38 Gibbon, 397–398, 437–440 passim, 551–553
43 Hegel, 111
44 Tocqueville, 352
51 Tolstoy, 12–14, 55–59, 90–91, 102–104, 109–110, 128–131, 179–180, 221–222, 225–228, 232–234, 275–276, 410–421, 442–443, 467–468, 475–476, 485–496, 497–513, 527–532, 537–562
54 Freud, 756–761
58 Weber, 218–219
58 Huizinga, 299
60 O'Neill, 219–220
60 Brecht, 397–446 passim

5b. **The political consequences of war: its effects on different forms of government**

4 Aristophanes, 686
5 Thucydides, 564–593
8 Aristotle, 566
13 Plutarch, 119–120, 332–354, 368–387
14 Tacitus, 1
33 Locke, 65–70
35 Montesquieu, 60–61
38 Gibbon, 452–453
40 Federalist, 45–47
44 Tocqueville, 86–87, 114–116, 367
58 Weber, 174, 175–179

5c. **The economics of war: its cost and consequences**

4 Aristophanes, 757–758
5 Herodotus, 235–236
5 Thucydides, 354–355, 390–391, 399–401, 551, 564
13 Plutarch, 179–180
14 Tacitus, 213–214, 229, 236–237
24 Shakespeare, 563–564
35 Montesquieu, 100–101
35 Rousseau, 380
36 Smith, 203
37 Gibbon, 503–504, 510–511 passim
38 Gibbon, 437–438
40 Articles of Confederation, 6–7
40 Federalist, 102–103, 110–111
51 Tolstoy, 500–502, 634–635
57 Veblen, 157–158
57 Tawney, 188–189
58 Weber, 128–130
60 Brecht, 398, 431–433

6. **The conception of war as a political means or instrument**

6a. **Conquest, empire, political expansion as ends of war**

Old Testament: *Joshua*, 6–12 / *Judges*, 18

Apocrypha: *Judith,* 1–2 / *I Maccabees,*
1:16–24
- 4 Aeschylus, 13–25
- 5 Herodotus, 138–159 passim, 161–162, 165–166, 169, 211
- 5 Thucydides, 368–371, 384–386, 396, 402–404, 461–462, 504–508, 510–516, 529, 530–532, 533
- 6 Plato, 318–319
- 12 Virgil, 231–234
- 13 Plutarch, 599
- 14 Tacitus, 290
- 16 Augustine, 237–238, 259–261
- 21 Machiavelli, 31–32
- 23 Montaigne, 481–484
- 24 Shakespeare, 1–32, 33–68, 69–104, 532–567 esp 533–537
- 25 Shakespeare, 463–464
- 33 Locke, 65–70
- 34 Swift, 23–26
- 35 Montesquieu, 61–68
- 35 Rousseau, 389–390, 403–404
- 36 Smith, 275
- 37 Gibbon, 2–3, 84–86, 98–99, 109–110, 121–125 passim, 264–265, 398, 414–418, 446, 540, 558, 571–572
- 38 Gibbon, 212, 255–288 passim, 347–451 passim, 494–505 passim, 539–540
- 40 Federalist, 35–41 passim
- 43 Hegel, 256, 291, 298–299, 314–315, 317, 379–381
- 43 Nietzsche, 507–508
- 48 Melville, 181–182
- 58 Weber, 124–130
- 59 Conrad, 137

6b. Liberty, justice, honor, peace as ends of war

Old Testament: *Judges,* 3–7; 14–16; 19–20 / *II Samuel,* 10 / *II Chronicles,* 32:1–22
Apocrypha: *Judith* / *I Maccabees,* 1–9; 14:29–37 / *II Maccabees,* 6–10
- 3 Homer, 1–306 passim
- 4 Euripides, 347–362
- 5 Herodotus, 214–216, 218, 239, 287
- 5 Thucydides, 349–386, 430–431, 432–434, 468–469
- 8 Aristotle, 432
- 12 Virgil, 195
- 13 Plutarch, 302–313
- 16 Augustine, 458
- 18 Aquinas, 531
- 22 Rabelais, 58–59, 131–133
- 23 Montaigne, 146–148
- 24 Shakespeare, 400, 487–489, 533–537
- 27 Cervantes, 171, 344
- 33 Locke, 28–29
- 35 Rousseau, 437–438
- 37 Gibbon, 48–49, 71–76 esp 73, 144, 420–422
- 38 Gibbon, 113–115, 383–384, 443–444
- 39 Kant, 454–455
- 43 Hegel, 113, 299–300
- 51 Tolstoy, 33–34

7. The inevitability of war: the political necessity of military preparations

- 4 Aristophanes, 751, 764–765
- 5 Herodotus, 41
- 5 Thucydides, 389, 436–437, 514, 518–520
- 6 Plato, 318–319, 701–702, 732–733
- 8 Aristotle, 462–463, 531, 535, 600
- 21 Machiavelli, 21–22
- 21 Hobbes, 84–86
- 24 Shakespeare, 541–542
- 29 Milton, 122
- 35 Rousseau, 355
- 37 Gibbon, 4
- 39 Kant, 457–458
- 40 Federalist, 85–89, 90–91, 110, 132–135 passim
- 43 Hegel, 112, 113
- 51 Tolstoy, 342–344
- 53 James, William, 717
- 54 Freud, 755–757 passim, 766, 787–788
- 57 Tawney, 196
- 58 Weber, 123–125
- 60 Brecht, 426–427
- 60 Orwell, 493–494

8. The desirability of war: its moral and political benefits

- 5 Herodotus, 118, 215–216
- 5 Thucydides, 378–380, 403–404, 564
- 8 Aristotle, 528–529, 538–539
- 13 Plutarch, 38–45
- 21 Machiavelli, 31–32
- 22 Rabelais, 129
- 24 Shakespeare, 487–488, 555–556
- 25 Shakespeare, 381–382
- 29 Milton, 112–113
- 38 Gibbon, 451–453, 505
- 39 Kant, 586–587
- 43 Hegel, 111, 153
- 45 Goethe, 7–8, 131
- 60 Brecht, 397–398, 426–427, 429–430

9. The folly and futility of war: pacifist movements

- 4 Euripides, 356, 425
- 4 Aristophanes, 651–672, 748–769, 824–845
- 5 Herodotus, 20–21, 216–218, 219–220
- 5 Thucydides, 402, 461
- 12 Virgil, 282–285
- 13 Plutarch, 254–256
- 16 Augustine, 212, 458
- 22 Rabelais, 54
- 23 Erasmus, 9, 33–34
- 23 Montaigne, 266–267, 547–550
- 25 Shakespeare, 58–59
- 29 Milton, 68–69, 315–316
- 34 Swift, 77–78, 149–152
- 34 Voltaire, 193–194, 206–207
- 35 Rousseau, 380
- 37 Gibbon, 615
- 39 Kant, 457–458

45 Balzac, 219–220
49 Darwin, 324
51 Tolstoy, 12–14, 83–86, 88–89, 95–96, 109–110, 155–156, 157–158, 161–164, 208–210, 401–402
54 Freud, 755–766
56 Heisenberg, 450–451
57 Tawney, 196–197
60 Brecht, 400–402, 436–437, 440–441, 446

10. The military arts and the military profession: their role in the state

5 Herodotus, 85
5 Thucydides, 395–399
6 Plato, 27–29, 44, 75, 319–320, 339–341, 366–367, 391–392, 480, 481, 552–553, 554, 640–643, 677–678, 699, 784–786, 812
8 Aristotle, 524–525, 526, 533–534 passim, 580–581
13 Plutarch, 142
14 Tacitus, 6–15, 194, 195–197, 198–201, 210–212, 239–240
27 Cervantes, 170–173, 332–333
33 Locke, 57–58
35 Rousseau, 324, 361
36 Smith, 338–347
37 Gibbon, 4–8, 86, 193–194, 246–248, 284, 633
38 Gibbon, 311–312, 321–325, 389–390, 508–510
39 Kant, 504
40 Articles of Confederation, 6
40 Constitution of the U.S., 13
40 Federalist, 36, 44–47, 81, 87–94 passim, 96–101, 132–135 passim, 152–153
43 Hegel, 305
44 Tocqueville, 349–360, 399
51 Tolstoy, 137–140, 221, 275–276, 358–365, 440–443, 685–686
54 Freud, 674–676 passim
58 Weber, 157–159, 175–179
58 Huizinga, 274–275

10a. The formation of military policy: the relation between the military and the statesman or prince

5 Herodotus, 79
5 Thucydides, 353, 369–370, 419, 518–520, 528, 533–534, 545
6 Plato, 339–341
8 Aristotle, 483–484, 533, 599–600
13 Plutarch, 607
14 Tacitus, 223, 233–234
21 Machiavelli, 17–22, 27–31, 34–35
21 Hobbes, 103
24 Shakespeare, 535–536
33 Locke, 58–59
35 Montesquieu, 31–32, 74, 80
36 Smith, 344–345, 346
37 Gibbon, 25–26, 30, 42–43, 50, 63–64, 76–77, 78–79, 242–244, 245–247
40 Articles of Confederation, 6, 8

40 Federalist, 221
43 Hegel, 148, 319–320, 344–345
44 Tocqueville, 86
51 Tolstoy, 153–155, 208–210, 309, 346–365, 404–405, 534–537, 610–611, 627–630
59 Shaw, 99–100

10b. Different types of soldiery: mercenaries, volunteers, conscripts, militia

5 Herodotus, 227–230, 249, 253–254, 294–295
6 Plato, 484
8 Aristotle, 524, 531, 580–581
13 Plutarch, 238–239, 484, 859–869
14 Tacitus, 271–272
18 Aquinas, 677–678
21 Machiavelli, 17–21
24 Shakespeare, 458, 484–486
34 Swift, 80
34 Voltaire, 193
35 Montesquieu, 82–83, 112–113
35 Rousseau, 437–438
36 Smith, 338–347
37 Gibbon, 4–5, 6, 94–95, 247–248, 480
38 Gibbon, 324, 389, 488, 490–491
40 Federalist, 45–46, 89, 91
44 Tocqueville, 115, 349–350, 353–357
51 Tolstoy, 31–32, 77, 94–96, 131–135, 228–230, 233–234, 366, 590–596, 621–626
58 Weber, 157–159, 161, 175–179
60 Brecht, 397, 400–402

10c. The military virtues: the qualities of the professional soldier; education for war

3 Homer, 1–306
4 Euripides, 541–542
4 Aristophanes, 669–672, 682–683, 739–740
5 Herodotus, 232–233, 264
5 Thucydides, 370, 379, 395–396, 397–398, 411–412, 449, 501, 527–528
6 Plato, 26–37, 319–345, 347, 366–367, 605–608, 642–643, 644, 648, 732–735, 784–786
8 Aristotle, 362–363, 511, 535
13 Plutarch, 41–45, 141–154, 175, 232–233, 238–239, 244–245, 246–262, 290–292, 293–302, 313–314, 374–375, 457–470, 540–576, 583–584, 623, 748–779, 826–846
14 Tacitus, 6–9, 134, 211–212, 219, 232–233, 239–240, 246–247, 248
21 Machiavelli, 21–22, 25
21 Hobbes, 115, 159
23 Montaigne, 67–68, 78–80, 81–82
24 Shakespeare, 23–25, 101, 543–544
25 Shakespeare, 327, 340, 365, 479–480
27 Cervantes, 245
29 Milton, 68–69
31 Racine, 289–290
35 Rousseau, 376–377, 437–438
36 Smith, 341
37 Gibbon, 4–5, 116, 118, 136–137, 246–247, 369–376 passim, 457

38 Gibbon, 28-29, 120, 127-128, 311-312, 323-325, 509, 543-545, 548-550 passim
40 Federalist, 99-100
41 Boswell, 384
43 Hegel, 112
44 Tocqueville, 356-357
45 Goethe, 127
51 Tolstoy, 21-22, 31-32, 67-68, 78-79, 94-96, 171-173, 208-210, 369-372, 400, 421-426, 451-456, 459-461, 481-482, 512-513, 554, 582-584, 589-596, 621-626
52 Dostoevsky, 161-164
58 Frazer, 16-18
58 Weber, 175-179 esp 177-178, 190
58 Huizinga, 274-275
59 Shaw, 44-45, 100-101
60 Lawrence, 147-157
60 O'Neill, 242
60 Brecht, 404-407, 419

10d. **The principles of strategy and tactics: the military genius**

Old Testament: *Judges*, 7
Apocrypha: *Judith*, 7:8-31
3 Homer, 44-45, 96-97, 139-148 passim, 150-151, 154, 382-383
4 Euripides, 261-276, 355, 546-547
5 Herodotus, 1-631
5 Thucydides, 5-480
8 Aristotle, 531, 535
12 Virgil, 99-104, 234-236
13 Plutarch, 130-139, 141-154, 155-174 passim, 186-187, 195-213, 214-230, 246-261, 266-273, 293-302, 336-344, 400-421, 423-438, 457-479, 528-534, 549, 555-556, 577-604, 663-667, 770-773, 816-824, 848-849
14 Tacitus, 15, 26-28, 63, 134-136, 249
18 Aquinas, 580-581
21 Machiavelli, 16, 30-31
22 Rabelais, 31-35, 50-52, 56-57, 276-277
23 Montaigne, 107, 174, 177-184
24 Shakespeare, 459, 472-474, 590, 591-596
25 Shakespeare, 331-333
28 Bacon, 23-26
35 Montesquieu, 58-61, 65-68
37 Gibbon, 47, 75, 85, 116-121 passim, 168-174 passim, 176-178, 265-271 passim, 281-287 passim, 334-338, 364-378 passim, 420-427 passim, 431, 471-489 passim, 563-566, 584-585
38 Gibbon, 2-26 passim, 53-66 passim, 126-131, 290-291, 293-294, 356-360 passim, 372-373, 394-401 passim, 496-501, 545-551 passim
40 Federalist, 44-45
43 Hegel, 298-299
44 Tocqueville, 395
51 Tolstoy, 52-53, 54-55, 74-81, 88-89, 96-110, 142-164, 208-210, 358-365, 389-391, 405-406, 430-432, 438-439, 440-450, 456-461, 470-475, 563-575,

582-590, 609-613, 618-622, 626-630, 685-686
58 Huizinga, 284-285
59 Shaw, 85-88
60 Orwell, 489-491

10e. **The rise of naval power and its role in war**

4 Aeschylus, 16-17
5 Herodotus, 239-240, 247-251, 260-276
5 Thucydides, 5-480
6 Plato, 677-678
8 Aristotle, 531, 564
13 Plutarch, 88-102, 166-173, 357-358, 770-773
35 Montesquieu, 144, 165-166
37 Gibbon, 7-8, 176-178
38 Gibbon, 4, 321-322, 343-344, 430-433, 547-548
40 Articles of Confederation, 8 passim
40 Federalist, 36, 54-55, 89, 134-135
58 Huizinga, 286
59 Conrad, 142-143

10f. **The development of weapons: their kinds and uses**

5 Herodotus, 227-232, 268, 301-302
5 Thucydides, 407, 472
11 Lucretius, 74-75
13 Plutarch, 252-255, 296, 343-344, 449-451, 733-734
14 Tacitus, 26-27, 210, 247
22 Rabelais, 127-128, 304-305
23 Montaigne, 181-182, 233-234, 477-478
34 Swift, 77-78
36 Smith, 346-347
37 Gibbon, 260-261, 661-662
38 Gibbon, 4, 291-292, 322, 394-395, 509-510, 542-543, 545-546
43 Hegel, 365
54 Freud, 882-883
56 Planck, 101
56 Heisenberg, 391, 450-451
57 Veblen, 111
58 Weber, 175-179 passim

10g. **The making of truces or alliances as a military device**

Old Testament: *Joshua*, 9
Apocrypha: *I Maccabees*, 8
5 Herodotus, 144, 240-247, 289-290, 310-311
5 Thucydides, 356-360, 371-372, 378-380, 418-420, 450-452, 461-463, 476-477, 485-508 passim
14 Tacitus, 286-287
21 Machiavelli, 32
23 Montaigne, 58-61
24 Shakespeare, 489-491
34 Swift, 24-25
37 Gibbon, 95-96, 495-496, 504-507
38 Gibbon, 428
44 Tocqueville, 117-119
51 Tolstoy, 83-86, 92-93, 307-309, 350-354

11. The nature, causes, and conditions of peace

Old Testament: *I Kings*, 4:20-25 / *Psalms*, 72:1-7; 119:165 / *Proverbs*, 16:7 / *Isaiah*, 2:4; 9:6-7 / *Ezekiel*, 34:25; 37:26 / *Micah*, 4:3 / *Zechariah*, 9:10

- 4 Aristophanes, 455-469 passim, 526-541, 583-599
- 5 Thucydides, 451, 485-486, 488-489
- 6 Plato, 640-644
- 12 Virgil, 302-303, 318
- 13 Plutarch, 49-61, 427
- 16 Augustine, 585-592
- 18 Aquinas, 530-533
- 21 Hobbes, 86-87
- 24 Shakespeare, 148, 563-564
- 33 Locke, 77-78
- 36 Smith, 299-300
- 37 Gibbon, 4
- 39 Kant, 454-458
- 40 Federalist, 142
- 40 Mill, 426
- 44 Tocqueville, 343-349
- 51 Tolstoy, 220

11a. Law and government as indispensable conditions of civil peace: the political community as the unit of peace

- 4 Aeschylus, 99-100
- 6 Plato, 806-807
- 8 Aristotle, 446
- 12 Virgil, 223-224
- 16 Augustine, 591-592, 598
- 18 Aquinas, 226-227
- 21 Hobbes, 99-101, 104, 112, 131
- 28 Spinoza, 669-670
- 33 Locke, 16, 17, 74
- 35 Rousseau, 353-356, 370, 391-392, 393, 398, 399
- 39 Kant, 402, 412-414, 433-434, 435-436
- 40 Mill, 469-470
- 51 Tolstoy, 572-574

11b. Justice and fraternity as principles of peace among men

Old Testament: *Psalms*, 85:10

- 5 Herodotus, 17
- 5 Thucydides, 451
- 6 Plato, 308-309, 363-365
- 11 Epictetus, 155-157, 215-217
- 11 Aurelius, 247-248, 275-276
- 12 Virgil, 87-88
- 14 Tacitus, 224
- 16 Augustine, 586-592, 598
- 18 Aquinas, 531-532, 570-584
- 21 Hobbes, 91-94, 96
- 22 Rabelais, 58-59, 131-133
- 28 Spinoza, 671, 682
- 33 Locke, 49
- 39 Kant, 375-376, 454-458
- 40 Mill, 473-474
- 50 Marx-Engels, 428
- 51 Tolstoy, 244-245
- 52 Dostoevsky, 174-175
- 54 Freud, 761
- 55 Barth, 497-498
- 56 Heisenberg, 451-452
- 58 Weber, 129-130

11c. International law and international peace: treaties, alliances, and leagues as instrumentalities of international peace

Apocrypha: *I Maccabees*, 8, 10:51-58; 12:1-23; 13:34-40; 14:16-24

- 5 Herodotus, 206
- 5 Thucydides, 485-488
- 13 Plutarch, 108-109, 427-428
- 21 Hobbes, 159
- 24 Shakespeare, 30-31, 384-385, 566-567
- 35 Montesquieu, 2-3, 58-60, 63-64
- 37 Gibbon, 103, 119, 150-152, 174-175, 378-381, 402-403, 431-432, 433-435, 491-492, 535-536
- 39 Kant, 452-456
- 40 Articles of Confederation, 5-9
- 40 Federalist, 38, 64-65, 71-78
- 40 Mill, 428-432, 435
- 43 Hegel, 113, 114
- 48 Melville, 181-182
- 51 Tolstoy, 344-355, 645-646, 649-650
- 58 Huizinga, 286-287

11d. World government and world peace

- 11 Epictetus, 108, 192-193
- 11 Aurelius, 247-248, 249
- 16 Augustine, 583-584, 591-592
- 23 Montaigne, 513-514
- 35 Montesquieu, 214
- 35 Rousseau, 369
- 39 Kant, 452
- 43 Hegel, 113
- 51 Tolstoy, 244-245
- 52 Dostoevsky, 139-140
- 54 Freud, 755-761, 785-788

交叉索引

以下是与其他章的交叉索引：

The psychological meanings of war and peace as conflict and harmony in the individual life, see EMOTION 4a; JUSTICE 1b; MAN 5-5a; MEDICINE 4, 5e; OPPOSITION 4-4a.

The theological meaning of peace as heavenly rest, see HAPPINESS 7c(1); IMMORTALITY 5f; LOVE 5a(2); WILL 7d.

The state of nature and the state of war, see Government 5; Law 4g; Liberty 1b; Nature 2b; State 3c.
Revolution or civil war, see Revolution 1-1b; the distinction between civil and international war, see Revolution 1c.
The class war, see Democracy 4a(1); Labor 7c-7c(3); Oligarchy 5c; Opposition 5b; Revolution 5a; State 5d(2); Wealth 9h.
The justice of making war, see Justice 9f.
The effect of war upon women and children, see Family 5c.
The weakness or strength of democracy in the sphere of war, see Democracy 7c.
The costs of war, see Wealth 9g.
Imperialism and its relation to wars of conquest and rebellions against the conquerors, see Liberty 6c; Monarchy 5-5b; Slavery 6d; State 9f.
The inevitability of war and the necessity of military preparedness, see Necessity and Contingency 5d; Opposition 5c; State 9e(1).
The role of the military in the life of the state, see Government 3b; State 8d(1), 9e(1).
The military arts, see Art 9c.
Treaties, alliances, and international law in relation to war and peace, see Government 5a; Law 4g; State 9e(2).
Law and government as indispensable to civil peace, see Government 1a; Law 1a; lawlessness or crime as breaching the peace of a society, see Law 6e-6e(1).
Justice and law as principles of civil peace, see Justice 9b; Love 4a-4b; State 3e.
The idea of world government and its relation to world peace, see Citizen 8; Love 4c; State 10f.

扩展书目

下面列出的文著没有包括在本套伟大著作丛书中,但它们与本章的大观念及主题相关。

书目分成两组:

Ⅰ.伟大著作丛书中收入了其部分著作的作者。作者大致按年代顺序排列。

Ⅱ.未收入伟大著作丛书的作者。我们先把作者划归为古代、近代等,在一个时代范围内再按西文字母顺序排序。

在《论题集》第二卷后面,附有扩展阅读总目,在那里可以查到这里所列著作的作者全名、完整书名、出版日期等全部信息。

I.

Augustine. *Reply to Faustus*
Dante. *The Convivio (The Banquet)*, fourth treatise, ch 4
———. *On World-Government (De Monarchia)*
Machiavelli. *The Art of War*
———. *The Discourses*, bk ii; bk iii, ch 10-18, 30-33, 37-41, 45, 48
Erasmus. *Antipolemus*
———. *The Complaint of Peace*
Bacon, F. "Of Empire," in *Essayes*
Voltaire. *The Ignorant Philosopher*, ch 48
———. "War," in *A Philosophical Dictionary*
Rousseau. *A Lasting Peace*
Smith, A. *Lectures on Justice, Police, Revenue and Arms*
Kant. *The Idea of a Universal History on a Cosmo-Political Plan*
———. *Perpetual Peace*
Hegel. *The Phenomenology of Spirit*, vi, a (2, a)
Tolstoy. *Christianity and Patriotism*
———. *The Kingdom of God*
———. *The Law of Love and the Law of Violence*
———. *Notes for Soldiers*
James, W. *Memories and Studies*, ch 4
Freud. *Why War?*
Shaw. *Arms and the Man*
———. *Heartbreak House*
Veblen, T. *An Inquiry into the Nature of Peace and the Terms of Its Perpetuation*
Dewey. *Characters and Events*, vol ii, bk iv (1, 6, 20-23)
———. *The Public and Its Problems*, ch 5
Hemingway. *A Farewell to Arms*
Heisenberg. *Philosophical Problems of Quantum Physics*
Orwell. *Homage to Catalonia*

II.

the ancient world (to 500 a.d.)
Caesar. *The Gallic War*

the middle ages to the renaissance (to 1500)
Dubois. *De Recuperatione Terre Sancte*
Maimonides. *The Mishneh Torah*, bk xiv, ch 5

the modern world (1500 and later)
Adler, M. J. *How to Think About War and Peace*
———. *A Vision of the Future*, ch 6
Aron. *Peace and War*

98. War and Peace

Bentham. *A Plan for a Universal and Perpetual Peace*
——. *Principles of International Law*
Bernhardi. *The War of the Future in the Light of the Lessons of the World War*
Borgese. *Common Cause*
Burke. *Resolutions*
Channing. *Discourses on War*
Churchill. *The Second World War*
Clarendon. *History of the Rebellion*
Clausewitz. *On War*
Crane. *The Red Badge of Courage*
cummings. *The Enormous Room*
Delbrück. *History of the Art of War*
Detter Delupis. *The Law of War*
Dos Passos. *U.S.A.*
Dupuy. *Understanding War*
Ferrero. *Peace and War*
Findley. *The Wars*
Foch. *The Principles of War*
Ford, F. M. *Parade's End*
Franklin, B. *On War and Peace*
Friedman, R. S. et al. *Advanced Technology Warfare*
Fuller. *A Military History of the Western World*
Gentili. *De Jure Belli (On the Laws of War)*
Godwin. *An Enquiry Concerning Political Justice*, BK V, CH 16–19
Gogol. *Taras Bulba*
Grass. *The Tin Drum*
Green. *The Principles of Political Obligation*, (J)
Grotius. *The Rights of War and Peace*
Hašek. *The Good Soldier Svejk*
Heller. *Catch-22*
Hersey. *Hiroshima*
——. *The Wall*
Hobson, J. A. *Towards International Government*
Keegan. *The Illustrated Face of Battle*
Keegan and Holmes. *Soldiers: A History of Men in Battle*
Kelsen. *Law and Peace in International Relations*
Lenin. *The Imperialist War*
Liddell Hart. *Strategy*
Liebknecht. *Militarism and Anti-Militarism*
Lorenz. *On Aggression*
Luther. *Whether Soldiers, Too, Can Be Saved*
McNeill. *The Pursuit of Power*
Mahan. *The Influence of Sea Power upon History*
Mailer. *The Naked and the Dead*
Maritain. *The Problem of World Government*
Mockler. *The New Mercenaries*
Montgomery of Alamein. *A History of Warfare*
More, T. *Utopia*, BK II
Nicolson, H. *The Congress of Vienna*
Pasternak. *Doctor Zhivago*
Péguy. *Basic Verities* (War and Peace)
Penn. *An Essay Towards the Present and Future Peace of Europe*
Pirenne. *Mohammed and Charlemagne*
Pound, E. *Cantos*
Powell. *A Dance to the Music of Time*
Proudhon. *La guerre et la paix*
Pushkin. *The Captain's Daughter*
Pynchon. *Gravity's Rainbow*
Remarque. *All Quiet on the Western Front*
Romains. *Verdun*
Saint-Pierre. *Scheme for Lasting Peace*
Santayana. *Reason in Society*, CH 3
Schiller. *Wallenstein*
Scott. *Old Mortality*
Sholokhov. *The Silent Don*
Sidgwick, H. *Practical Ethics*, IV
Soyinka. *Madmen and Specialists*
Spaulding et al. *Warfare*
Stendhal. *The Charterhouse of Parma*
Sturzo. *The International Community and the Right of War*
Suárez. *On War*
Sumner. "War," in *War and Other Essays*
Waugh. *Sword of Honor*
Wells. *The New World Order*
West, R. *A Train of Powder*
Whewell. *The Elements of Morality*, SUP, CH 4
Wright, Q. *A Study of War*

财 富 Wealth

总 论

关于财富,如果关心的仅仅是如何获得、保有财富,以及财富增减的原因,财富观念就只局限于经济学。在《尼柯马库斯伦理学》中,亚里士多德写道,"医术的目的是健康,而经济学(或家政学)的目的是财富。"不过,正如"伦理学"书名所表明的,道德家和政治家同样关注健康和财富——不只是把它们当作获得和保有之物,而是和所有其他的善相关联,是好的生活和好的社会的组成部分。在经济学中被视为目的者,在伦理学和政治学中可能只是一种手段;在这种情况下,亚里士多德提示说,经济学从属于伦理学和政治学,甚至就好比战争术从属于政治学,而武器的制造和使用又从属于战争术。

在讨论财富的智识传统中,有两种思辨财富之道。《圣经》、诗人们、历史学家和哲学家把财富看作人类社会生活的一个要素。他们从恶与善的层面贬低对财富的欲望和对金钱的热爱。他们提出正义问题,涉及财富的分配、财产权以及公平交换——在买和卖、借与贷,以及对劳动者进行补偿过程中的公平。他们描述贫穷和繁荣或丰饶对国家的影响,并且规定社会和个人对贫富应该持有的态度。

总而言之,似乎无论财富多么重要或不可或缺,它都只是一种手段。尽管当问题只是怎么获取、生产或增加财富时,财富或许被看作是目的,但是,在拥有财富后它应当被当作手段来看待,这个事实仍然使得道德家们不仅去批判吝啬鬼、囤积居奇者或者钻到钱眼里去的人,而且批判那些把财富抬高为某种目的并因此认定只要能增加财富就可以不择手段的人。

另一种对待财富的方式是经济学家的方式。伟大著作中有5本——亚当·斯密的《国富论》、马克思的《资本论》、凡勃伦的《有闲阶级论》、唐尼的《贪婪的社会》,以及凯恩斯的《就业、利息与货币通论》——讨论的不是作为手段的财富,而是获得财富的手段。另有一本,虽然名曰《论政治经济学》,但其作者卢梭所关注的是政府原理,而只在如下意义上关注财富——在卢梭看来,政府不仅需要保护人身,同时也应当"管理财产"。卢梭写道:"提供物品以满足公众需要,是政府排在第三位的基本义务。"

卢梭在解释标题时讨论了"经济学"一词的词源,其"原意只是为了整个家庭共同的善,对家政进行合宜且合法的管理"。亚里士多德正是在这一意义上使用该词;也因为此,有本以"家政学"为名的书,有时被认为出自亚氏之手。"这个词的含义,"卢梭继续说,"后来扩展到对更大的家庭即国家的管制。为区别这个词的两个意思,后者就叫普通经济学或者政治经济学,前者就叫家庭的或者特殊的经济学。"

斯密是在更窄的意义上使用该词。他不仅把研究局限于财富的性质和原因,而且专门讨论"国家的财富",这样,他就把自己限制在政治经济学。他说,政治经济学有"两个不同目标:第一,为民众提供充足的收入或者生活物资,或者说得确切点,使他们能够为自己提供充足的收入或生活物资；第二，为国家或共同体提供足够公共服务所需的收入"。他说，政治经济学家的目的在于"使民众和国家共富"，又说"各国政治经济学的伟大目的在于增进该国的财富和力量"，这时，斯密是把财富看成了目的（尽管在"力量有赖于财富"的意味上，它可能仍然只是手段），并尝试系统陈述财富形成的自然法。

斯密从未限定能满足一国的财富数量。该国的自然资源、人口规模和勤奋程度，以及各种不测事件，可能为财富最大化设置了某些边界。在边界以内，运用和遵守合理的政治经济体系——与财富及致富原因等观念相协调——的国家会（而且也应当）变得尽可能富庶。

尽管斯密视财富为目的，把财富的无限增长看作善举，他没有让经济学绝对独立出来。他认为政治经济学是政治学的一部分——"关于政治家和立法者的科学的一个分支"，这意味着，财富之外的其他考虑可能会控制国家在调节农业、工业、国内商业和对外贸易时的政策。

并且，斯密在进行经济学思辨的同时对更宽泛的道德问题做了讨论，这不仅见于《论法理学》及他更早的《道德情操论》一书，在《国富论》中也并非全无踪迹。不过，既然他是作为纯粹的经济学家在著述，讨论的是世俗世界的"廉价与富裕"——或者叫"财富"与"丰裕"，对斯密来说它们同义——他坚持便宜之道，只是间或允许自己附带讨论"正义"或正确与否的问题。

马克思也是作为经济学家从事著述。他详细讨论控制财富生产和分配的要素，它们在宏大的生产体系——奴隶制经济、封建制经济，以及布尔乔亚或资本主义经济——的历史之中呈现自身。至此，他是个科学家，此外，他描述财富如何获得以及如何通过再生产而获得增值，这时他比斯密更接近于历史学家。但如果说斯密会在此止步，马克思则远远不会满足。斯密想要科学地描述经济过程，以指明一国想要持续繁荣必须使用的手段，而马克思描述经济过程，其目的在于批评这样的情形，在其中一些人变得比满足生活所需更为富有，而另一些变得比他原本处境更加贫困。

他的批评目的使得关于此一不平等的道德判断的措辞不可避免；算上暗含之意，这种判断无处不在。比如，像描述性术语"剩余价值"暗指"不劳而获"；像"利润"这样明显中性的经济学术语，也被赋予——通常加在"高利贷"之上的——让人反感的道德意味。马克思还未止步于批判。他有一个经济学展望，这一展望在他与恩格斯合著的《共产党宣言》中比在《资本论》中披露得更加清楚。其目的主要不是增加财富的生产，而是去克服所有以往经济体系中的不平等分配。这一展望寄希望于最后的革命，这一革命带来必然的历史革命运动，社会主义将借此取代资本主义。

斯密和马克思似乎不是同一种意义上的经济学家。人们可能会认为，尽管他们目标不同，但作为科学家，他们会就经济现象的描述达成共识。在一定程度上确实如此，不过他们观点和目的的差异会引起关于事实或者至少关于他们对事实的解释的争论。

斯密传统下的古典经济学家反对马克思从劳动价值理论中得出的结论，尤其是利润来源于在不支付工资的时间进行的剩余劳动。在他们看来，就像劳动得到工资、地主得到地租一样，利润是商品自然价格的一部分。

"我们拿完成了的产品与货币或劳动或其他商品交换时，必须有超出支付原材料价格和工人工资的部分，"斯密写道，"作为在这一工作中拿出投入来冒险的操作者的利润。因此，在这种情况下，工人加在原材料上的价值就分解成两部分，一部分用以支付工人工资，另一部分则是因预先购置材料和预付工资而由雇主获取的利润。除非他希望通过售卖工人劳动产品获得超出对他来说与原料等价者，否则他就没兴趣雇用工人；他也没兴趣扩大规模，而毋宁小打小闹，除非他的利润与规模成一定比例。"

利润是某人投入资本进行冒险的回报，正是在这一点上，马克思指责斯密，以及其后的大卫·李嘉图和 J. S. 穆勒，认为他们是为资本主义体系辩护。他引述穆勒的观点，即"利润的源头是劳动创造了超出维持生产的需要"。穆勒没有质疑这一剩余价值的合法性：它是勤奋的报偿。李嘉图把剩余价值看作是——用马克思的话——"内在于资本主义生产模式之中的，在他看来这一生产模式是社会生产的自然形式"。在马克思看来，只有在我们认识到他们的经济理论把某些特定诉求与科学混为一谈之时，才能明白他们为何持这些看法。他说："这些资产阶级经济学家凭借直觉就看出，而且他们的看法并不错——对剩余价值起源这一紧迫问题追究过深是危险的。"

尽管区分出了古典政治经济学和庸俗政治经济学，在马克思看来，政治经济学仍然是资产阶级的科学，它"在工业化时期第一次出现"。恩格斯在《资本论》导读式注释中评论道，政治经济学"通常满足于如其所是地考察商业和工业生活"，所以它"从未超出利润和租金等为人接受的观点，从未考察整个产品中未支付酬劳的部分（马克思称之为剩余产品），因此无论对剩余产品的起源和性质，还是对控制剩余价值进一步分配的法则，都未能达到一个清晰的理解"。

在马克思自己看来，他的著作既是对资本主义经济的批判，也是对接受并为这一经济体系做辩护的经济科学的批判。在《资本论》序言中，马克思告诉读者，"我现在付之于众的卷册"是《政治经济学批判》这一早期作品的延续。在讨论一国财富增长问题的政治经济学的领域之内，《国富论》的作者也同样发现了，对流行一时的经济学谬误——那些重农主义者和重商主义者的谬误——的批判与建构性陈述自身理论不可分割。

古人把财富看成是维持生计的各种外物——食品、衣物和房屋。但财富可能不只是简单的必需品。当苏格拉底在《理想国》中勾画以满足最基本需求为目标的简单经济时，格劳孔告诉他说，他"给出的是一个猪的城邦"。要满足"生活的一般便利"，还需要更多的东西，他说，"贪图舒适的人习惯卧于软榻之上，尽享饕餮大餐，他们还需要时髦的调料和糕点"。苏格拉底的回应是设想一个超出了"诸如房屋、衣物、鞋子"这类生活必需品的"奢侈共和国"或曰"发高烧的城邦"会是什么样子。他说道："画家和装饰家的艺术，金妆银饰，以及诸如此类的东西，一定会大行其道，"整个城邦将"充斥各种各样本来不为任何自然需求所需要的职业。"

像这样对必需品与奢侈品做出区分，无论在伦理学上、经济学上还是在政治学上都会产生多重意义。但这一区分并不等同于自然财富和人造财富之间的区分。而且，自然财富也并不完全等同于纯粹的、不曾因为使用或消费而经过人为改变的自然资源。人们通常认为，财富包括所有可消费的物品，无论是必需品还是奢侈品，也无论是狩猎所得还是农业或工业产品，或者其他任何生产形式。只有货币例外。只有货币被认为要么根本不是财富，要么是人造的财富。

但是，各个时代又都认为货币即是财富、财富即是货币，正像各个时代想要矫正这一错误的尝试持续不断所表明的。货币的使用，根据亚里士多德，源起于零售，这"不是财富获取术中自然的部分"；因为，他接着说，"假使那是自然的财富获取术，当有足够财物时，人们就不再进行交换了"。亚里士多德所说的零售取代了必需品之间的以物易物。在铸币的使用使零售成为可能之后，他说，零售被开始认为是"形成富庶和财富的艺术"。

"实际上，"亚里士多德继续说，"许多人认为财富就是钱币的多少。"但他恰恰同意相反的观点，即"表现为铸币的货币只是虚物，并非自然，它只是为了方便而存在……因为它不能用来满足任何一项生活必需。家财万贯，可能常常仓中无粮。一个人可能坐拥巨资却殁于饥寒，这还能叫财富吗，就像神话中不断祈祷把眼前一切变成黄金的米达斯？"

说货币本身不能满足任何自然需要，这不意味着它对经济没有助益。不仅斯密和马克思，而且柏拉图和亚里士多德，霍布斯、洛克和康德，都理解货币作为交换媒介，是超出以物易物阶段之后的"商品流通"——借用马克思的术语——所不可或缺的。根据柏拉图，货币不仅仅是交换媒介；货币还"降低了物品之间的不平等，让它们更为平等，也增加了可衡量性，让它们有共同的衡量标尺"；而且，马克思把货币概念看作能表现一切经济价值的一般等价物，而亚里士多德似乎与马克思一致，他把"财富"定义为"其价值借由货币来衡量的一切物品"。

货币在交换中以及作为价值尺度的经济功用，甚至金币和银币因为在开采冶炼中投入的劳动而具有一定内在价值这一事实，都不能改变自然财富和人造财富之间的区分。阿奎那解释说："自然财富是为满足人的自然需求之物，比如吃喝、衣物、住行，诸如此类，而人造财富，比如货币，则对自然没有直接助益，而是由人力发明，以方便交换，同时用作可卖物品的衡量尺度。"

17世纪的洛克重述了同样的观点；对一个世纪之后的斯密来说，批驳重商主义者的国家繁荣论仍然很有必要，理由是：它混淆了财富和货币。"财富并不以货币或金银形式构成，而只存在于货币可购买的物品之中，钱只因能购买这些物品才有价值。我们若还需要一本正经去证明这些就太可笑了……在与货币互换之外，物品还能满足许多其他需要，但货币除了购买物品，就不能满足别的需要。因此，货币必然追逐物品，而物品并不总是或者必然追逐货币。人们买东西，并不总是要再卖出去，而是更多地拿来用和消费，而卖东西的人，总是意味着要重新买进。"

不过，"财富在于货币，或在于金银，这个流行观念很自然地从货币作为流通工具和价值尺度的双重功能中而来"。这个观念广为人知，以至斯密观察到，"即使那些确信其荒谬不经的人，也很容易忘记自己的原则，在推理中想当然地把它当成确定的不容否认的真理。英国一些最好的商业研究者开始时会看到，一国财富不只是包括金银，还包括土地、房屋及各种消费品。但是，在推理中，土地、房屋和消费品好像又从他们的记忆中溜走了；他们堂皇论证，妙笔生花，紧接着就假定，所有财富均以金银形式存在，让这些金属成倍增长是一国工商业的最大目标"。

根据斯密，重商主义政策的两个原则是，"财富以金银形式存在，以及，这些金属可以通过贸易平衡，或出口比进口价值更大的商品,而流入并不生产这些金属的国家"。这样,有利的贸易平衡就必然成为重商主义者的唯一目标,同时,斯密补充说,"因此国家富裕的两个发动机就是:限制进口,鼓励出口"。

因为斯密认为一国财富包括其"土地和人力一年的总产出",他反对所有这些限制,以及与之相伴随的对垄断的保护。他倡导自由贸易,以及一国之内的生产者或者国内与国外生产者之间的自由竞争,理由是:"消费是所有生产的唯一目标和目的,而且生产者利益被关注,当且仅当它有利于消费者利益之时。""但是在商业体系中,"斯密称,"消费者利益几乎总是因为生产者的利益而被牺牲掉。"而自由放任的经济,他认为,不仅会扭转这种局面,而且因为把更多消费品放在比更多金银更重要的位置,所以能增加一国实在的而非虚拟的财富。

马克思也批评重商主义者的错误,但另有理由,按他的理论,"既然剩余价值的生产是资本主义生产首要的目的与目标……一人或一国财富之多少不应当由生产的绝对数量而应当由剩余价值的相对量级来加以衡量"。

剩余价值不会在交换中产生。重商主义者认为"产品价值高于生产成本,是源于交换行为,源于产品以高于价值的价格出售";马克思反对这种观点,而引述穆勒的陈述,认为"利润不是来自偶然的交换,而是来自劳动者的生产力;一国的总利润总是由劳动者的生产力量创造出来,而无论是否有交换发生"。

不过,在马克思看来,这么说也不尽完整。尽管资本价值或剩余价值由商品交换或商品"流通来产生"是不可能的,但他同时认为,"商品生产者不可能在流通领域之外、不通过与其他商品所有者发生接触而实现增值,进而将货币或商品变成资本"。根据马克思的观点,把劳动力本身看作可以在公开市场进行买卖的商品,这才使得这幅画的两面合在一起变得完整。

实物财富和货币的区分,必需品和奢侈品之间的区分,其意义超出经济学之外。当道德学家谈到对财富的欲望、财富在善的秩序中的位置,以及正确运用财富的方式,这些区分是根本性的。

不只是圣保罗会说"爱金钱是万恶之源"。不只是奥古斯丁和阿奎那这样的基督教神学家会向我们说明,为什么"眼光中的贪婪"或贪念是万恶之首,并因此是许多其他僭越的源头。如马克思所指出的,希腊人也"把金钱贬为经济和道德秩序的败坏者"。他引述索福克勒斯的《安提戈涅》,在那个段落中,克里翁宣称:"从没有邪恶如金钱者在民众中如此大行其道。它让城邦崩坏,它诱使男人抛家别舍,它扭曲最忠厚的灵魂,直到他们变成羞耻的产品;它教人们行恶,满心所知都是渎神的行为。"狄更斯在《小多瑞特》中也有类似断语;在"流行病的进步"一节,他把那些骗子企业家的成功所促成的伦敦市民对财富的贪恋比作无法治愈的疾患。

柏拉图谴责寡头政体,拿它与民众中的吝啬鬼和财迷作比。他说:"这种政体的目标就是尽可能富有,这是一个永不餍足的欲望。"在《法律篇》中,雅典城里的异乡人解释了为什么有理性的政治家,如果想让城邦尽可能优秀和幸福,就不能让"城邦去追求人们所宣扬的真正利益……把尽可能强盛和富有"作为目标,因为尽管两个目标都有可能实现,它们却不可能同时实现。他坚持认为,同时拥有"高度的良善和同样高度的富足"是不可能的。

柏拉图对寡头政体的评论,马克思把它用于资本家:"他和吝啬鬼的共同之

99. 财 富

处是,对财富本身的狂热。"但是,马克思补充道:"在吝啬鬼那里是癖好者,在资本家那里则是社会机制的影响,他不过是这种社会机制中的一个车轮。"因为被卷入"永不停歇的逐利进程"这一系统之中,就像吝啬鬼一样,每个资本家也都表现出"这种对财富的无尽贪婪,对交换价值的热切追逐"。

金钱,黄澄澄的、发着光的、十足珍贵的金子,莎士比亚称其为"为全人类服务的娼妓";金钱之爱的罪恶之根在于没有止境的贪婪。任何囤积都源于贪念,不过,因为金钱可以与任何商品置换,所以根据马克思的观点,它是最理想的囤积物。"金钱量的有限性和质的无边界,二者之间的对抗,就像马刺,刺激着囤积者从事西西弗斯式的累积之举。"

从这些观察出发,马克思引用了亚里士多德对"家政"(economic)和"货殖"(chrematistic)的区分,或者说亚里士多德对两种财富获取方式的区分,并表示赞同。由于亚里士多德把家政看成是家事的管理,他说,作为家政的自然组成部分,谋财之术(art of acquisition)"必须就地取材,求诸自然,来获得生活的必需品,获得对家庭或国邦共同体有益且便于贮藏之物。它们是真正财富的组成成分;因为好的生活所需的财产数量并不是无限度的"。但是,"还有获取物质的另一种方式,通常被叫做敛财之术(art of wealth-getting),它事实上暗示了财富和财产没有限度"。

这两种术法在人们的脑袋中容易混淆。"有些人会相信,"亚里士多德看到,"敛财是家事管理的目标,他们生活的全部想法就是他们应该无止境地增加财富,或者至少不丧失财富。这种观念的根源在于,他们仅想要活着,而不在活得好;而且,因为他们的欲望是无止境的,他们欲望着满足人类的手段也应该没有

限制。"即使"那些确实想要过好生活的人也会追求获得身体快感的手段;而且,既然这些享受似乎仰赖财产多少,他们就热衷于敛取财物;这样,第二种敛财方式就出现了"。

和亚里士多德一样,柏拉图承认零售贸易对商品交换的正面影响,同时谴责商人们"没有限度地大赚其钱"的倾向。不仅如此,在《法律篇》中,他禁绝靠借贷获得利息;在《理想国》中,他把这种赚钱形式描述成这样一个过程:"商人们将刺——就是他们的金钱——刺入无力防卫者的身体之中,就像父母孳生出数倍于自己的孩子。"对钱生钱的这种生物学比喻在亚里士多德处也出现过。"利息"这个词,他说,"就意指钱生出钱来"。在所有的赚钱形式中,这种"钱的衍息"在亚里士多德看来是最不自然的。"高利贷,即从金钱本身获得回报",亚里士多德写道,败坏了金钱的自然目标——"用于交换,而不是增加利息"。

"利息"和"高利贷"在《旧约》中未加区分。"你不可放贷于人以取息",这是《利未记》里的诫命。但这个诫命不适用于异乡人。《申命记》说:"你可以向异乡人放贷取息,但不可向你的乡亲放贷取息。"

神学家阿奎那追随圣经和亚氏,从基督徒立场出发,将所有利息贬为高利贷;马丁·路德也是对此一圣经认可的条令和古代世界的戒律心有戚戚。"借助理性之光,野蛮人也能得出结论,高利贷者是彻头彻尾的窃贼和谋杀者",路德的这一席话,马克思在一处评论中加以引述,并评论说,高利贷者是"古旧又常新的资本家标本"。路德痛斥他的基督教教友对高利贷者尊敬有加,"敷以如此令誉,只因他们有钱",他声称,"谁侵吞、劫掠、盗取他人食物,他人若因此而死,

即是被他谋杀。这就是高利贷者的所作所为。其为谋杀,殊不亚于让人饥饿而死或谋财害命"。

出借货币或物品而获得利息是正当的,只有过高的利息率才作为高利贷而受谴责,这种观念似乎是后来新教改革的后果,如韦伯和唐尼所指出的那样。在帕斯卡那里可以看到这一变化的迹象,帕斯卡说到,有人试图把获取利息的某些形式从对高利贷的指责中解放出来,他把这种做法痛批为似是而非的诡辩。这一变化也见于孟德斯鸠,他认为经院哲学家"承袭了亚里士多德的很多关于借贷获息的观点",其中包括对之"不加分辨绝对"予以谴责的错误态度。在孟德斯鸠看来,"借贷而不得利息当然值得称扬,且极其之好;但显然这只是宗教的劝谕,不是公民的律法"。

孟德斯鸠认为,为使用货币付出代价是进行交易所必需的。没有一个合理的利率,就没人愿意借钱;而且,孟德斯鸠说,因为"一个社会强求不许取息",借贷就不可避免地采取高利贷形式。"在伊斯兰国家,禁止越严厉,高利贷越呈蔓延之势。"孟德斯鸠指出,"借贷者要为冒责罚之险补偿自己"。

斯密同意,"根据经验发现",严令禁绝高利贷,"并未杜绝之,反而加剧了它的危害"。他认为,合理的利率是正当的,因为"既然某些东西在各处都能用货币来创造,因此在这些地方使用货币时也应该以付出某些东西为代价⋯⋯在允许利息存在的国家,为了避免高利贷的盘剥,法律通常会限定最高利率,否则将遭法律责罚。这个利率应当总是高于最低的市场价,或者高于那些能够确保最大限度安全者在使用货币时通常支付的价格"。斯密拿英国的实际情况作为范例。"钱借给政府的利率是三个百分点,借给确保安全的私人是四个点,现行法定利率是四点五个点,而五个点或许也同样很正常。"

利息和利润尽管在斯密看来不是同一概念,但联系紧密。"从土地获得的收益叫地租,劳动所得叫工资,那么管理者或者雇主从原料生产中得到的收入叫利润",而利息是"债务人给债权人的补偿,因为他用这些钱就有机会获取利润"。利润一部分自然属于债务人,他承担了风险,而且为此费心劳神,而另一部分则属于债权人,他给前者提供了获得利润的机会。"在用货币可以赚取大钱的地方,常常就要为用货币付大钱",斯密认识到了利息是利润的衍生,因此也奉这点为圭臬。由此我们也会发现,"一般市场利率"之有别于"平均生产利润"。

如果一种理论把财富放在了事物秩序的最底层,它也就确定了财富对人类幸福的贡献处在相应位置,并会因此反对奢豪,无论在个人还是社会层面。

"财富是为了身体,而身体是为了灵魂,后两者是好的,"柏拉图说,"财富究其本性是为了身体和灵魂,因此从属于它们,在完美的层阶中列在第三等。"同样,亚里士多德将财富或外物排在健康和其他身体之善的后面,而它们又附属于德行,或者说灵魂的善;霍布斯用的术语有些不同,他认为,在所有的善中,"对人来说最可亲近者是他自己的生命和肢体;其次(对大多数人来说)是夫妻之情;而财富和生活资料则在它们之后"。

尽管亚里士多德承认,幸福必需某些外在的财物,但他总会补充说,需要的外物是有限度的。"幸福,无论是包含在快乐或德性之中,或者同时包含在二者之中,"他写道,"更经常地在那些心智最为富足、品格最为健全的人那里被发现,而不是那些外物多至无用、在更高的品性上却有欠缺者。"亚里士多德称赞梭

99. 财 富

罗,因为梭罗告诉世界上最富有的人之一克罗塞斯,幸福需要的不仅仅是财富。这段对话希罗多德记述了下来。

希罗多德记述克罗塞斯这样说道:"雅典来的异乡人,为什么我的幸福在你看来一钱不值,甚至你都不把我放到私人公民的位置?"对此梭罗回答说:"克罗塞斯,我知道你极其富有,而且在许多国家被尊为贵客",但是"比起那些仅能满足日常所需的人,拥有巨富者并不离幸福更近,除非幸运眷顾,让他能继续荣华富贵,得享永年"。亚里士多德更进一步补充道,"拥有适中资财者,才会做其应做之事",而且,"人活得好,一个好的生活所需要的外物就越少;人活得不好,需要的外物越多"。

关于积极生活的幸福,阿奎那同意亚里士多德的观点,但此外他还认为,财富"不会带来沉思生活的幸福;相反,它是障碍"。为了求得死后"天堂的幸福",阿奎那不仅视财富为障碍,而且他解释了教士为何宣誓自愿贫苦。"人类因为仁爱而被引向未来幸福",他写道,而"为体现完美的仁爱,首要的基础就是自愿贫苦,也就是身无一物地生活"。

财富是障碍,或者只应适当求取财富,这一观点并非人人赞同。希罗多德、柏拉图和亚里士多德都提到,在古代世界,"外物乃幸福之源"这一观念曾经很流行;而麦尔维尔则反思道,在近代社会,"赚钱而不失优雅的行为,实在匪夷所思,因为我们是如此真切地相信,金钱是所有世俗罪恶的根源,有钱人上天堂绝无可能。啊哈!我们是多么兴高采烈地把自己交付给地狱"!马克思引述了一段更为露骨的话。在1503年发自牙买加的一封信中,哥伦布写道:"金子真是神奇玩意儿!谁拥有金子,谁就可以满足他的一切需要。只要有金子,人甚至能把灵魂送进天堂。"

卢梭攻击富足是一切文明病的根源,而约翰逊博士则挺身为奢侈做辩护,认为财富有益。"卢梭关于人类不平等的论文,"波斯威尔写道,"当时盛行一时。它激发了戴姆斯特先生,他观察到,财富和地位的优越对智慧者没有价值。"对这一点,约翰逊博士回应说:"如果他是野人,独自生活在丛林之中,这么说或许正确",但"在文明社会,外在的优越让我们更受尊重……先生,你就可以做这个实验。走到街上,给一个人做篇道德讲演,给另一个人一个先令,看谁对您最尊重……"

"而且,先生,"他继续说道,"如果一个600英镑的年金比起6英镑让人成事更多,也因此更加幸福,那6000英镑更是如此,以此类推。或许拥有大量财富者不如拥有少量财富者幸福;但这绝对是由于其他原因,而不是因为他有大量财富;因为,在文明社会中,若其他条件相同,富有者定比贫穷者幸福。"

不过,在某一处,约翰逊博士似乎赞同索伦的观点。波斯威尔认为大宗产业的所有者"必定幸福",他惊呼道:"不,先生,所有这些所能排除的只有一种罪恶——贫苦。"但总体说来他的观点是,"正是在优雅精致方面,文明人区别于野蛮人",每个社会追求尽可能地奢侈,这是正当的。

"许多错误的东西在书本中流转,"他对奥格勒索普将军说道,"并让世人深信。疾言厉色批判奢侈的罪恶,就是其中一种。如今的事实是富足带来诸多好处。你可能会听人这么说——神情非常严肃——为什么不从穷奢极侈中拿出半基尼给穷人?它能给多少穷人带去很多很多?啊哈!钱不是给了那些勤奋的穷人了吗,帮助他们总比资助那些偷懒的穷人要好?你有更大的把握认为,你把钱给那些工作者作为报偿,而不是把钱给人作为施舍,你才是在做好事……人们喜欢夸夸其谈有些人被骄奢毁掉,但对一个民族来说,有几个人倒霉无足挂齿。奢侈业带来了普遍的生产繁荣,整个国家才不在乎有什么人因债务而身陷困厄。"

约翰逊的话可能会让戴姆斯特先生和奥格勒索普将军沉默,但斯密和马克思不会。对斯密来说,过度的奢侈挥霍了本可用作资本、投入生产的财富;对马克思来说,奢侈产品的激增把为社会所必需的基本生存方式的生产转换成了后来凡勃伦所谓"炫耀性消费"和"炫耀性浪费"。在马克思看来,资本主义体系之被批判,不仅在它对奢侈品生产或必需品生产带来的利润不加区别,而且,奢侈品行业中的工人拿到的只是血汗工资,这恰恰是对财富分配不平等的标志性控诉。

既然个人需求被认为是为财富求取设定了自然界限,或者至少为在追求生活的雅致或舒适时中止奢侈消费提供了理性标准,所以作为整体的社会需求也就被认为是确立了财富分配的公正标准。

"上帝把世界给予所有人,"洛克说,"自然根据人的劳动能力和舒适生活的限度早规定好了什么是适量的财产……没有谁的劳动可以制伏万物占有万物;也没有谁能够享用太多的东西,因此,就此而论,没有谁可能侵占另一个人的权利,一个人取走了自己的一份,另一个人仍有足够的空间获得与那人取走那一份之前同样数量同样质量的财产。正是上述情况在世界开辟之初限制了人们的财产,每个人都只占有一点儿,不至于侵占任何他人。"

"每人应该拥有他所能使用之物"而同时不侵害或伤害他人,这是洛克所称的财产法则。起初,用他的话说,当"整个世界都是美国"之时,这条法则运行良好。洛克认为,"假使不是人类发明了货币……(经过共识)导致大规模的财产聚敛以及对大规模财产的权利,那么,世上仍不会有任何人陷于压迫,因为在世界上仍有能容纳翻倍人口的土地"。货币导致大规模的财产聚敛,是因为黄金、白银相对不易损毁,人们可以大量贮存而似乎不会因此造成浪费,而当他们囤积易于损毁的商品时,则会出现浪费。

卢梭认为,人类不平等和财产分配不公平的根源不是金钱,而是财产本身。"有人圈了块地,自己说了句'这是我的',而且发现人们如此简单,竟然相信了他,第一个这么干的人是公民社会的真正奠基人。"一俟被确定为权利,财产就会膨胀。大财阀避免回答这样的问题:"你难道不知道你的同胞正饥寒交迫,缺衣少食,而你却多得用不完?"相反,根据卢梭,他们想出"人所能想到的最复杂计划"来保护他们的财产,防止侵占或掠夺。他们建立公民政府,堂而皇之声称保证万民安全,而实际不过是为他们确保财产和权力。

卢梭写道:"这就是,至少很可能是社会和法律的源起,它给穷人以新的束缚,给富人以新的权力;这必将破坏自然的自由,将保证财产和不平等的法律永久确立下来,把狡黠的掠夺转变为不可移易的权利,并且为了少数野心家的好处,而让人类受制于持久的劳作、奴役和悲苦。"斯密似乎同意这点,他说:"若没有财产,或至少,若财产数量不超出两三天的劳动所值,公民政府就没有必要存在……公民政府,就它作为确保财产安全的建制而言,其实际作用是保护富人而非穷人,或者说保护那些有产者,而不是那些一无所有者。"

但是,和斯密不同,卢梭提出了另一

个选择。"因为少数特权者饱食终日,而饥寒交迫的民众连基本的生活必需都不能满足……这和自然法是全然相反的,"他认为,"政府最重要的职能之一是防止财富极端不平等;不是靠剥夺有产者的财富,而是消灭所有人聚敛财富的方式;不是为穷人建造居所,而是确保公民不沦为穷人。"

这里讨论的是目标,而非达致目标的方式。一旦承认了财产权,贫穷问题即使可能得到解决,解决起来也绝不容易。卢梭之前的洛克及其他人都强调财产权,对卢梭之后的康德和黑格尔来说,财产权几乎是私权或抽象权利的全部实质内容。而卢梭本人强调财产权,殊不亚于前人;他说:"财产权是所有公民权利中之最神圣者,在某些意义上说甚至比自由本身更重要。"但是他承认,"一方面确保其个人财产权,另一方面又不伤害他人"是困难的;"在财物处置方面,管理继承、遗产、合同秩序的所有法规都不对个人施以某些限制,从而不对个人财产权形成任何约束,这是不可能的"。

对黑格尔来说,财产必然产生贫困,就像王权必然带来战争,而且这两种情形中的肇因都不会消失。"当大众陷于贫困"——他们必会如此——他们会得到公共基金和私人慈善机构的支持,这就是获得"直接资助,而不是借助工作",或者通过另外一种方式,就是"他们通过得到工作而给予的援帮助"。但是,黑格尔补充说,"在这种情况下,产品数量增加,但罪恶也恰恰在于这产品的过剩,以及相应消费者的缺乏,他们本身也是生产者,如此一来,这两种方法本意缓解实则加剧了这种情况"。因此,黑格尔的结论是,"显然,尽管财富过剩,公民社会并没有富足到……消除贫困的过剩和防止一贫如洗的贱民的出现。这样,公民社会的这种内在辩证法就驱使它——或者任何特定的公民社会——突破自身的界限,去在别国寻求市场和它必需的生存方式,在它们那里,或者严重匮乏本国已生产过量的产品,或者工业总体落后"。

根据马克思,帝国主义并不能长期作为后来唐尼所谓"消费社会的痼疾"的解决之道——马克思看到了这个内在问题,它表现在不断爆发的周期性经济危机和程度日渐深重的经济衰退。而当马克思说"剥夺剥夺者"时,他也不是倡导剥夺所有私人财产权作为贫困问题的补救方法。恰恰相反,只有每个人的财产能为消费者提供充分物品供应,才能消除贫困。根据其主人是否是劳动者,以及财产是可消费物品还是生产工具,马克思区分了个人财产和资本财产,并且要把后者从私人财产转变为公共所有。

他和恩格斯简括说明的社会主义经济也包括了"剥夺土地所有权,所有地租收入转为公用;剥夺父权子承"。它还包括"信贷集中于国家之手,借由中央银行垄断性地处置国家资本",以及"通讯和交通工具的集权化";最后但绝非最不重要的是,它还包括"所有人都有同样的劳动义务"。

比马克思的社会主义更极端的是柏拉图《理想国》中的建议。柏拉图的目的不在解决贫穷或经济不公正问题。通过剥夺武士阶层所有私产,他希望武士们通过分享共同财产(包括妻子儿女)而偃息争竞、倾轧或者个人野心。共同拥有财产会锻造出他们的兄弟情谊,让他们摆脱私利而为共同善工作。在财产问题上,柏拉图拟设的武士的情况与耶稣《使徒行传》中申述的戒律,或者其誓约包括自愿贫苦的穆斯林教条并无大异。

亚里士多德对《理想国》中武士阶层安排的批评主要在于反对共有妇女与子女,以及反对取消私产。他说:"财产应该在某种意义上是公共的,但总体来说是私人的;因为各人各有自己独特的利益时,人们不会彼此抱怨,而且他们会有更大进步,因为人人专心私事。"他认为,"这样显然更好,财产是私人的,但其使用是公共的",也就是说,在使用财产时意在公共福祉。

亚里士多德不仅列举众多理由为私产辩护,而且他反对如柏拉图《法律篇》中提出的均产的谋划。因为,"立法者不应仅以均产为目标,而是在使其数量适度"。但是,如果立法者"把这适度的数量均分给所有人,他并没有更接近目标;因为需要平等化的不是财产,而是人的欲望;而除非通过律法提供充分的教育,否则便不能做到这一点"。

无论共产主义是否值得期待,总之有人认为亚里士多德寄望于教育完成的变革是不可能实现的,这与其说是在经济层面不可能,不如说是在道德层面上不可能。怀疑主义者认定,人类本性不可移易。或许只有在20世纪,世界才会因此而分裂为两大阵营,但这问题却和西方传统一样古老。在文明初期,阿里斯托芬就表达了怀疑主义立场,其形式至今也不过时。《妇女大会》揶揄的正是能——通过律法或教育——彻底消除财产不平等的观念。

当人们转而关注更晚近时讨论财产的著作,最受关注的是唐尼的《贪婪的社会》。唐尼把财富看成是所有人都不再受社会良知和压抑约束而自由追逐私利的结果。这样,所有人都由于这一体系而得到解放,这一体系要求"必须区分经济行为的不同类型和财产的不同来源,区分勤勉与欲念、活力十足的冲创与寡廉鲜耻的贪婪、合法的财产和偷窃的财产,以及公道地享有劳动果实和毫无价值地寄生于出身门第和继承财富"。

既然财富有不同来源,唐尼很显然对财富或者财富拥有者并没有很强的好感。有了占有的冲动,"人们就不会虔敬、智慧或通晓艺术,因为宗教和智慧和艺术都暗含着限度,但人们变成拥有权势和财富。若说他们不再具有灵魂,他们倒是把大地据为己有,改变了自然的面貌……人们一心追逐发财的机会,而放弃了照料自己灵魂的义务,这使得人的目标变得既简单又不难实施。18世纪界定了这一目标。20世纪很大程度上实现了这一目标"。没有多少学者,至少在社会科学领域中,用寥寥数语如此充分地表明了他的立场。

随后,唐尼概括提出了一个更为困难的问题。他不是不加区分地贬斥逐利;它可能是为实现更好目的的手段,而它本身不是目的(所有人,他注意到,都很容易混淆手段与目的)。他追求一种社会秩序,在其中勤勉劳作将被职业化。就像出色的运动员或学者一样,挣钱也是因为更多地投身于优秀的或不管怎样是可接受的行为。反过来,这可接受的行为就包括能够看到其他人的目标与自己的目标相冲突并做出让步。唐尼想要通过工人组织或其他经济组织掌握权力这种实际的方式来促进这种职业化,以抵消那些被贪婪和其他欲念驱使的人们的力量。唐尼还竭尽全力,以抗拒将宗教及宗教义务与经济动机的约束相分离的风潮。他强烈地感觉到,后者应该始终服从宗教伦理。人们一旦以财富本身作为目的进行追求,就没有什么能阻止他们与同样受财富驱动的人发生冲突,或者与那些其工作对自己有妨碍者发生冲突。

凡勃伦的《有闲阶级论》1899年出版,正出现在关于财富及其社会合法性和社会影响的激烈讨论之中,美国,甚至任何国家,都不曾有过这么激烈的讨论。

那时,强盗或资本家——范德比尔特,洛克菲勒,杰伊·古尔德,以及最引人注目的詹姆士·菲斯克——都曾经是或者新近成为经济图景中的大佬。国会已颁布谢尔曼反托拉斯法,希望竞争能约束他们的贪欲,或者更常见的,强制性掠夺,特别针对铁路公司的哄抬价格的《国内商业法》也公布。不久,西奥多·罗斯福将贬斥"巨商大贾的强盗行径",批评富人及其无耻贪婪的一代揭批黑幕的作家——西奥多·德莱塞,厄普顿·辛克莱,艾达·塔贝尔——也将进入文坛。这些人在美国历史上都声名赫赫,但没有一个人的实际影响能与凡勃伦相比。

凡勃伦的工具是非常严肃、看似科学的嘲讽。用来考察一般财富以及特定的美国富人的相关学科不是经济学,而是人类学。富人们作为人类学样本,被拿来与最原始的太平洋部族相比较。凡勃伦有时会按他自己的需求来刻画他们的行为。他写道:"我们可以在野蛮文化的较高级阶段找到有闲阶级制度化的高度发展。"在纽波特就像在巴布亚(Papua)一样,美国富人和部族头领都争相显耀:"花费不菲的娱乐,譬如狂欢节或者舞会,特别适合为此目的服务。"在纽波特就像在巴布亚,两种"部族头领"都让女人们盛装出场——在一个地方是很受罪的文身和残虐,在另一个地方是几乎同样受罪的紧身衣的绑缚。但是,现代的富人们则要把"原先作为男人劳力和奴仆"的老婆,变成现在"其产品的尊贵消费者"。为了刻画这种显耀方式,凡勃伦为我们的语言贡献了两个经久可用的语词——"炫耀性消费"和"炫耀性浪费"。

与此相关的是炫耀性有闲的作用。他写道:"为了获得和保持人们的尊敬,仅仅拥有财富或权力是不够的。财富或权力必须显之于众……有闲生活是财富力量最现成也最有说服力的证明。"

凡勃伦和《有闲阶级论》道出了美国特有的财富观。在欧洲,财富曾遭厌恶、憎恨和社会敌视,而财富所有者则愤愤不平地确认对拥有及享受财产的合法性。这些态度和行为方式在美国也不少见,但凡勃伦在此之外新添了一个方面。富人们尽管拥有财富以及与此相关的娱乐消遣。但是,没有真正的明敏者会只因此而洋洋自得;没有聪明人想因为这"惹人讨厌"的显耀而遭诟病。谁会随随便便因炫耀性消费而遭谴责的风险?凡勃伦完成了一个几乎不可能完成的任务:他把财富及其显耀变成了人们嬉笑怒骂的对象。

因此,在美国,至少直到最近,或许除了累进收入税之外,没有其他什么力量比凡勃伦的遗产对富人们的声色犬马穷奢极侈的约束力更大。这就是《有闲阶级论》的社会影响。

无论在《就业、利息与货币通论》还是在其他著作中,凯恩斯都对财富的道德、社会甚至经济层面都没多大兴趣。他基本上接受现存状态;他的个人时间里有很大一部分用来积累(有一两次是损失)适度的个人财富。他因为为他所在的剑桥国王学院——他长期担任学院司库——进行的近乎投机的投资操作而为人牢记。但是,不经意间,他的著作对看待财富及财富累积的态度产生了深远影响。

凯恩斯关注的是形成劳动力充分或接近充分就业的经济,这在**劳动**章也有讨论。这是他关注的中心,而不是对生产商品的需求。但是为了吸纳劳动力和工业设备,随着越来越多的工人出现,以及每个工人生产效率的提高,产品势必要逐年增加。反过来,从这当中又产生了标准的、差不多被普遍接受的对经济表现的测度值：一个国家的经济增长率。如今它成了人们每天不假思索加以引述的标准。这里，经济增长指的是产品和服务的生产总量——即特定国家共同体内的财富的增长。如果该国增长率较高，它就表现良好，是成功的。低增长率则让人忧虑，需严阵以待。没有谁想到要看看这一财富增长背后的需求；合理与否的依据不在于生产了什么，而在于由生产带来的就业和收入情况，或者说就在于增长本身。

在社会主义国家，物品供应——本身亦即财富——仍是主要的问题。在贫困国家，即如今所谓"第三世界"之中，不用说也是如此。而在富裕国家，财富的稳定增长是生产者就业和福利的保证。

关于财富的态度不断变换，而经济增长——财富的逐年增长——是这一长时段历史的终点。问题不是不断增长的财富为个人提供的力量。财富带来的快乐或特权也几乎不必提及。正如人们还看到的，财富增长本身在某种意义上就是社会的目的，它具有功能上的正当性，但这不是因为生产了物品，而是因为提供了就业。

这就是凯恩斯的遗产。尽管，重复一遍，凯恩斯本人并不关注财富在经济和道德层面的合法性，他深刻地重塑了关于财富的思想层面和政治层面的行为，这是他的《通论》不经意间带来的效果。

分 类 主 题

1. 财富特性：自然财富与人造财富的区别；生产工具和消费品的区别
2. 部族共同体和国家的财富获得和管理
3. 政治共同体中的财富生产
   3a. 生产要素：自然资源　原材料　劳动力　工具和机器　资本投入；生产性和非生产性财产
   3b. 土地使用：土地和实物资产种类；一般地租理论
   3c. 食物供应：农业生产
   3d. 工业生产：生产的工厂系统
4. 财富交换或商品交易流通：商业或贸易过程
   4a. 价值形式：使用价值和交换价值的区别
   4b. 交换类型：实物经济和货币经济；信贷购买和分期付款
   4c. 地租、利润工资、利息作为价格要素：实际价格和名义价格，以及商品的自然价格和市场价格的区别
   4d. 价值来源：价值的劳动力理论
   4e. 市场价格波动原因：供给与需求
   4f. 垄断与竞争的后果
   4g. 国际贸易：关税和贸易壁垒；自由贸易
5. 货币
   5a. 货币本性：作为交换中介或工具，以及作为交换一般等价物；存储或消费倾向
   5b. 货币基准：货币的铸造；良币和劣币
   5c. 货币价格和货币供应：用其他商品衡量的货币交换比率；货币因素影响经济行为

5d. 银行的出现与功能：货币贷款、信用、资本公司的金融行为

5e. 利率：影响利率的因素；利率对经济的影响；对高利贷的抵制

6. 资本

6a. 资本主义生产和其他生产体系比较：资本的社会价值

6b. 关于资本证券的本质、起源和变化的理论：节俭、储蓄、超出消费需求，剥夺；对未来需求或利润的当下预期

6c. 资本类型：固定资产和流动资产，或不变资产和可变资产

6d. 资本收益

(1) 与来源于租金、利息和工资的收益的区别

(2) 收益来源：边际或剩余价值；非收入性增长和剥夺劳动力

(3) 法定资本收益率变动的因素

(4) 收益的合法化：勤奋的回报和冒损失之险的补偿

6e. 资本主义经济中不断出现的危机：衰退，失业，利润率降低；商业流通

7. 财产

7a. 财产权：财产保护作为政府职能

7b. 经济财产种类

(1) 奴仆

(2) 土地

(3) 资本和货币财富形式的财产

7c. 财产的用途：为生产、消费或交换

7d. 财产所有权：所有权；财产的合法管理

(1) 私人所有权：合伙制，股份公司，有限公司；所有权与管理权分离

(2) 政府所有权：工业的国有化；重要领域

7e. 财产继承：法律调整遗产

8. 财富分配：财富对社会地位的影响；贫困问题

8a. 财产分享：共享的物品和土地；生产方式的公共所有

8b. 共同占有的物品分化为个人财产：影响私人财产增减的因素

8c. 贫困的原因：竞争，缺乏技能，赤贫，剥夺失业；无产阶级被剥夺生产工具造成的贫困

8d. 关注贫困的法律：穷人法，救济

9. 政治经济学：经济学作为科学的本性

9a. 财富作为政治性共同占有物品的一要素

9b. 决定国家富裕或富足的因素：国家富足程序和就业率波动

9c. 确保国家财富的不同经济方案：重农主义，重商主义，自由经济体系；经济管理以保障总体福利

9d. 对生产、贸易，或经济生活其他方面的政府管制

9e. 政府对经济的支持和政府提供服务

(1) 政府支付：维持服务的费用，国家预算的元素

(2) 政府开支管理方法：税收和其他形式的赋税或关税；征用、罚和其他滥用税收形式

9f. 财富或财产与不同政府形式的关系

9g. 财富和财产与犯罪、革命和战争的关系

9h. 经济阶级为争取政府权力而斗争

10. 财富和贫困的道德层面

10a. 财富作为善的本质:在善和层级中的位置及其与幸福的关系

10b. 个人对财富获取的自然限制;必需品与奢侈品的区别

10c. 财富相关的节制与不节制:慷慨,豪奢,吝啬,贪婪;巨富的腐化作用

10d. 与财富相关的正义原则:公平的工资和价格

10e. 与财富相关的仁爱准则

(1)接济需要者和贫困者

(2)关于贫困的宗教誓约:自愿贫困

(3)抉择上帝和财神之间:热爱金钱作为万恶之源;富足的影响:使人世俗化

11. 经济决定论:对历史的经济化解释

12. 经济发展:效率与公平的共同进步

[王昆 译]

索引

本索引相继列出本系列的卷号〔黑体〕、作者、该卷的页码。所引圣经依据詹姆士御制版，先后列出卷、章、行。缩略语 esp 提醒读者所涉参考材料中有一处或多处与本论题关系特别紧密；passim 表示所涉文著与本论题是断续而非全部相关。若所涉文著整体与本论题相关，页码就包括整体文著。关于如何使用《论题集》的一般指南请参见导论。

1. **The elements of wealth: the distinction between natural and artificial wealth; the distinction between the instruments of production and consumable goods**

    6 Plato, 316–318
    8 Aristotle, 601
    21 Hobbes, 124
    33 Locke, 33–35
    35 Montesquieu, 152
    35 Rousseau, 348–355
    36 Smith, 183, 204–337
    50 Marx, 13, 279–286

2. **The acquisition and management of wealth in the domestic and tribal community**

    6 Plato, 664–666
    8 Aristotle, 446–455 passim
    13 Plutarch, 130, 286–287, 439, 455
    16 Augustine, 589–590
    23 Montaigne, 500–505, 514–515
    27 Cervantes, 174–175
    33 Locke, 67–68
    34 Voltaire, 217–218
    35 Montesquieu, 50, 129–132, 216
    35 Rousseau, 367–368
    36 Smith, 57–58, 185–187
    37 Gibbon, 16–17, 66–67, 88–90 passim, 498–501 passim
    38 Gibbon, 86–89
    41 Boswell, 147–148, 274–278
    43 Hegel, 63–64, 138, 139
    45 Balzac, 230–233, 244–248 passim, 263–269 passim, 300–309 passim, 325–328
    46 Eliot, George, 311–312, 481–487, 509–512, 517–520
    47 Dickens, 201–203
    49 Darwin, 324
    50 Marx, 34, 163, 171–172, 174–175
    51 Tolstoy, 211–213, 275–302 passim, 650–652, 654–655
    57 Veblen, 1–9, 15–79 esp 36–37

3. **The production of wealth in the political community**

    3a. **Factors in productivity: natural resources, raw materials, labor, tools and machines, capital investments; productive and non-productive property**

    Old Testament: *Proverbs*, 6:6–11; 14:23; 24:30–34
    5 Herodotus, 51, 194
    6 Plato, 316–319, 482
    8 Aristotle, 447, 453
    21 Hobbes, 124
    35 Montesquieu, 152, 191
    35 Rousseau, 352–353, 404
    36 Smith, 1, 3–11, 120, 160–170, 174–178, 183–185, 194
    43 Hegel, 70, 141, 203–205
    44 Tocqueville, 299–300
    50 Marx, 85–89, 96–99, 149–150, 157–161, 170–171, 180–192, 197–198, 216–219, 239, 249–250, 251–252, 253–254, 285, 298, 299–300
    50 Marx-Engels, 425
    57 Tawney, 179–255 esp 201–205, 219–245
    57 Keynes, 281–305, 329–344, 411–413, 421–426

    3b. **The use of land: kinds of land or real estate; the general theory of rent**

    5 Herodotus, 70
    33 Locke, 32–34
    35 Montesquieu, 191
    36 Smith, 17–18, 23–26, 183–203, 272–274, 276–277
    38 Gibbon, 90
    41 Boswell, 172
    43 Hegel, 35
    44 Tocqueville, 24, 146–148, 312–313, 397
    46 Eliot, George, 464–468
    50 Marx, 63, 65–66
    57 Tawney, 204–212, 213–216
    58 Weber, 127–128, 149

    3c. **Food supply: agricultural production**

    5 Herodotus, 43–44, 112, 158
    8 Aristotle, 450
    11 Lucretius, 75–76
    33 Locke, 33–35 passim
    35 Montesquieu, 96–97, 105, 125–126
    35 Rousseau, 352
    36 Smith, 71–125 passim, 177, 182, 183–191, 196–203 passim, 323–336

37 Gibbon, 21-22, 367-368
40 Federalist, 56
43 Hegel, 71, 141
44 Tocqueville, 297, 298, 314
46 Eliot, George, 393-394
50 Marx, 249-250, 318, 333-353 passim, 368-371
57 Keynes, 428-429
58 Frazer, 11-13, 18-20
60 Orwell, 477-524

3d. **Industrial production: domestic, guild, and factory systems of manufacturing**

35 Montesquieu, 105
35 Rousseau, 365-366
36 Smith, 3-11, 183-185 esp 183, 194-196, 212, 323-336
38 Gibbon, 314-315
43 Hegel, 72, 80-81, 257, 355-357
44 Tocqueville, 248-249, 298-300, 371-372
50 Marx, 111-146 passim, 149, 157-250, 369-371
57 Veblen, 4-5, 67-68, 119-121, 139
57 Tawney, 181, 189-255 passim esp 229-235
58 Weber, 179

4. **The exchange of wealth or the circulation of commodities: the processes of commerce or trade**

4a. **The forms of value: the distinction between use-value and exchange-value**

8 Aristotle, 451
33 Locke, 33
36 Smith, 14, 15
43 Hegel, 29
50 Marx, 13-27 esp 13-14, 37-39, 74-76, 89, 98-100
57 Veblen, 53-70

4b. **Types of exchange: barter economies and money economies; credit and installment buying**

5 Herodotus, 158
6 Plato, 555
8 Aristotle, 450-452
33 Locke, 35-36
35 Montesquieu, 128, 176
36 Smith, 11-16
37 Gibbon, 89
43 Hegel, 35
46 Eliot, George, 488-489, 490-492
47 Dickens, 292
50 Marx, 37-42, 47-52
57 Veblen, 97

4c. **Rent, profit, wages, interest as the elements of price: the distinction between the real and the nominal price and between the natural and the market price of commodities**

35 Montesquieu, 176-177
36 Smith, 14-31, 71-72, 83-85, 137

47 Dickens, 142
50 Marx, 27, 42-47, 48-49, 153-156
57 Tawney, 214-216, 229-230
57 Keynes, 391-392

4d. **The source of value: the labor theory of value**

33 Locke, 33-34
36 Smith, 14-18, 23-26, 31-42, 59-71 passim
39 Kant, 424-425
50 Marx, 13-22, 24-25, 32-33, 35-36, 45-46, 78, 79-84, 89-102, 152-156 passim, 192, 217, 264-267
57 Keynes, 369-371

4e. **Causes of the fluctuation of market price: supply and demand**

21 Hobbes, 73
35 Montesquieu, 176-177
36 Smith, 22-23, 26-31, 42, 71-125, 243-244
38 Gibbon, 593
41 Boswell, 172
50 Marx, 44, 54, 101-102, 173-174, 198-199, 216, 256-262 passim, 276
51 Tolstoy, 490, 573
57 Tawney, 232-233, 237-239, 251
57 Keynes, 273-280, 282-285, 409-419, 426-427
60 Brecht, 403-404

4f. **The consequences of monopoly and competition**

36 Smith, 30, 72, 76-78, 295-296, 305-313, 316, 322-323, 369-371, 441-442
50 Marx, 237, 248, 270-271, 292-293, 308-311, 373-374
50 Marx-Engels, 421-422
57 Tawney, 250-252
58 Weber, 128-129, 142

4g. **Commerce between states: tariffs and bounties; free trade**

4 Aristophanes, 651-672
6 Plato, 788-789
8 Aristotle, 478, 600
21 Hobbes, 119-120
35 Montesquieu, 98-99, 143-144, 146-173, 177-184
36 Smith, 194-196, 204-313, 359-370
37 Gibbon, 655-658
38 Gibbon, 342-343, 355, 427
40 Federalist, 35-36, 38, 42-43, 53-58, 80-81, 112-113, 137-138, 145
41 Boswell, 171, 281
43 Hegel, 81
44 Tocqueville, 205-206, 211-215, 393
50 Marx, 67-69, 113-114, 218-219, 221-223, 372-375 passim
50 Marx-Engels, 420, 421
57 Keynes, 430-439, 456
58 Weber, 125-127

5. Money

5a. The nature of money as a medium or instrument of exchange, and as a measure of equivalents in exchange: the propensities toward saving or consuming

- 6 Plato, 774
- 8 Aristotle, 380–381, 416–417 passim, 450–452
- 21 Hobbes, 126
- 33 Locke, 35
- 35 Montesquieu, 174–175
- 36 Smith, 11–12, 137–143, 156–157, 204–215
- 37 Gibbon, 89
- 39 Kant, 423–425
- 40 Federalist, 56
- 40 Mill, 462–463
- 43 Hegel, 126–127, 151
- 50 Marx, 19–30, 37–79
- 57 Veblen, 37
- 57 Keynes, 273–280, 306–328 passim, 344–367, 374–390 passim, 391–398 passim, 409–419, 420–430 passim, 443–450, 453–454

5b. Monetary standards: the coining or minting of money; good and bad money

- 8 Aristotle, 556–557
- 13 Plutarch, 36–37, 361
- 21 Hobbes, 126
- 35 Montesquieu, 174–175, 177–182
- 35 Rousseau, 382–383
- 36 Smith, 11–13, 18–23, 140–160, 165–166, 204–215
- 37 Gibbon, 127
- 38 Gibbon, 749
- 40 Articles of Confederation, 8
- 40 Federalist, 138, 144
- 50 Marx, 43–45, 52–57, 58–60, 66–67
- 51 Tolstoy, 680
- 57 Keynes, 275–280 passim

5c. The price of money and the money supply: the exchange rate of money as measured in terms of other commodities; monetary factors influencing economic activity

- 35 Montesquieu, 175–182
- 35 Rousseau, 383
- 36 Smith, 16–23, 87–124, 228–229
- 39 Kant, 424–425
- 40 Federalist, 233–234
- 50 Marx, 40, 54, 57–58, 59–60, 276
- 57 Keynes, 277–279, 302–303, 321, 332–334, 345–355, 359–367, 374–390 passim, 391–398 passim, 411–419, 431–439 passim

5d. The institution and function of banks: monetary loans, credit, the financing of capitalistic enterprise

- 5 Herodotus, 77–78
- 8 Aristotle, 417
- 35 Montesquieu, 149, 183
- 36 Smith, 140–160, 170–174, 229–234
- 44 Tocqueville, 204–205
- 50 Marx, 62–66, 309–310, 374–375
- 57 Veblen, 88–89
- 57 Keynes, 303–305, 359–367
- 59 Cather, 439–440

5e. The rate of interest on money: factors that determine the rate of interest; the effect of interest rates on the economy; the condemnation of usury

- Old Testament: *Leviticus,* 25:35–37 / *Deuteronomy,* 23:19–20; 24:10–13 / *Nehemiah,* 5:1–12
- 6 Plato, 408
- 8 Aristotle, 452
- 13 Plutarch, 287, 409
- 14 Tacitus, 90
- 18 Aquinas, 309–318
- 24 Shakespeare, 409–411
- 30 Pascal, 55–57
- 31 Molière, 150–153
- 35 Montesquieu, 92–93, 169–170, 175–176, 183–187
- 36 Smith, 42–48, 173–174
- 38 Gibbon, 90–91
- 41 Boswell, 304
- 50 Marx, 77–78, 293, 371–372
- 57 Keynes, 308–309, 317–318, 330, 332–333, 344–398 passim, 421–426 passim, 427–428, 431–439 passim, 439–441, 442–443, 452–453

6. Capital

6a. Comparison of capitalist production with other systems of production: the social utility of capital

- 36 Smith, 167, 174–182, 185–203 passim, 268–269
- 37 Gibbon, 17, 144, 619–620, 628
- 43 Hegel, 355–357
- 44 Tocqueville, 290
- 50 Marx, 33–37, 95, 113–115, 160–164, 171–176, 239–240, 281, 377–383
- 50 Marx-Engels, 419–423, 428–429
- 57 Tawney, 200–212, 223, 247–249
- 58 Weber, 128–130

6b. Theories of the nature, origin, and growth of capital stock: thrift, savings, excesses beyond the needs of consumption, expropriation; current expectations of future demand or profits

- 33 Locke, 30–36
- 36 Smith, 132, 160–170
- 43 Hegel, 63–64, 70–73
- 50 Marx, 69, 74–79, 89–94, 101, 105, 221, 279–377
- 57 Tawney, 193–194
- 57 Keynes, 273–275, 285–288, 293–295, 299–305, 311–328 passim, 329–344, 349–355

passim, 367–373, 385–390 passim, 420–430, 431–434 passim, 446–450, 451–452, 452–453

6c. **Types of capital: fixed and circulating, or constant and variable capital**

36 Smith, 133–140, 170–182 passim
50 Marx, 96–102, 280–282, 291, 302–303, 307–309, 311–312
57 Keynes, 326, 420–430

6d. **Capital profits**

6d(1) The distinction of profit from rent, interest, and wages

36 Smith, 23–26, 54–55
50 Marx, 255–256, 301–302
57 Tawney, 206–212

6d(2) The source of profit: marginal or surplus value; unearned increment and the exploitation of labor

36 Smith, 23–24, 31–32, 124–125
43 Hegel, 80–81
50 Marx, 69–275
57 Tawney, 210–212, 219–220, 229–230, 233–235, 236–237, 241–242
57 Keynes, 453
58 Weber, 128–129

6d(3) Factors determining the variable rate of capital profit

36 Smith, 7–9, 43–71, 170–182 passim
50 Marx, 102–113, 146–151, 255–263, 296–301
57 Tawney, 237–239
57 Keynes, 288–293, 329–335 passim, 373

6d(4) The justification of profit: the reward of enterprise and indemnification for risk of losses

23 Montaigne, 96–97
30 Pascal, 55–57
36 Smith, 23–24, 160–170 passim, 174–182 passim
41 Boswell, 279–280
44 Tocqueville, 296
57 Tawney, 214–216, 218–220, 250–252
57 Keynes, 334, 336–337, 366–367, 367–373 passim, 452
58 Weber, 128–129

6e. **The recurrence of crises in the capitalist economy: depressions, unemployment, the diminishing rate of profit; business cycles**

47 Dickens, 361–363
50 Marx, 64, 116, 222–225, 311–316, 319, 330–333
50 Marx-Engels, 422
57 Tawney, 236–239
57 Keynes, 268, 312–314, 333, 388–390, 420–430
59 Cather, 421

7. **Property**

7a. **The right of property: the protection of property as the function of government**

20 Calvin, 186–187, 188–189
31 Molière, 102–103
33 Locke, 16, 30, 44–46, 53, 56–58
35 Montesquieu, 221
35 Rousseau, 348, 377
36 Smith, 347–349
38 Gibbon, 86–87
39 Kant, 408–409, 412–413, 414, 416
40 Federalist, 171
40 Mill, 366, 422
41 Boswell, 124, 225, 275
43 Hegel, 23, 24–25, 26, 30, 32, 73, 78–79, 125, 388
44 Tocqueville, 123
50 Marx, 83–84, 174, 288
50 Marx-Engels, 425–427
51 Tolstoy, 572–573
57 Veblen, 9–10, 49–50
57 Tawney, 183–186, 187, 199–212 esp 210–211, 221–229

7b. **Kinds of economic property**

7b(1) Chattel slaves as property

6 Plato, 709–710
8 Aristotle, 445, 446–447
18 Aquinas, 318–321
21 Hobbes, 110–111, 261–262
35 Montesquieu, 109, 111–112
36 Smith, 187–188, 284–285
37 Gibbon, 16–17, 620, 628
40 Federalist, 137, 170–171
41 Boswell, 364
44 Tocqueville, 166–167, 312–313
50 Marx, 113–114, 128–129, 266, 267, 283, 354–355
57 Veblen, 10, 23, 76

7b(2) Property in land

Old Testament: *Leviticus*, 25:23–24
6 Plato, 695–696
8 Aristotle, 534
33 Locke, 31–32
35 Rousseau, 353, 393–394
37 Gibbon, 618–619
39 Kant, 411–412
41 Boswell, 274–278
43 Hegel, 238–239, 293–294, 313–314
50 Marx, 355–364, 368–369
51 Tolstoy, 211–213
57 Tawney, 187–188, 201–203

7b(3) Property in capital goods and in monetary wealth

8 Aristotle, 450–452
35 Montesquieu, 33
50 Marx, 60–62, 150–151, 279–290, 371–372
57 Tawney, 199–212
57 Keynes, 374–385

7c. The uses of property: for production, consumption, or exchange

- 8 Aristotle, 449–453
- 33 Locke, 30–36
- 36 Smith, 160–170, 185–186, 197–199
- 39 Kant, 411–413
- 43 Hegel, 28, 126
- 44 Tocqueville, 371–372
- 50 Marx, 30–32, 38–40, 70–72, 89, 282–283, 289–290, 291–296
- 57 Veblen, 29–79 esp 10–11, 48–49, 70–79, 88–89
- 57 Tawney, 187–255 passim esp 199–216, 220–229
- 57 Keynes, 306–328

7d. The ownership of property: possession or title; the legal regulation of property

- Old Testament: *Exodus,* 22:1–15; 23:4–5 / *Leviticus,* 6:2–5; 25:13–14,25–34 / *Deuteronomy,* 19:14; 22:1–4
- 6 Plato, 738–740
- 8 Aristotle, 458–460, 522
- 14 Tacitus, 140
- 21 Hobbes, 124–125
- 33 Locke, 66, 69–70
- 35 Rousseau, 353–356, 393–394
- 36 Smith, 185–196
- 38 Gibbon, 86–87
- 39 Kant, 407–408, 409–410, 412–415, 426–428, 431–432
- 40 Federalist, 41–42
- 43 Hegel, 27, 29–30, 31–32, 35, 75–76, 126, 305–306, 329
- 48 Melville, 181–184
- 50 Marx, 287–290
- 54 Freud, 787–788
- 57 Tawney, 187–191, 205–216, 220–229

7d(1) Private ownership: partnerships, joint-stock companies, corporations; separation of ownership from management

- 8 Aristotle, 458–460, 534
- 35 Rousseau, 348
- 36 Smith, 358–372
- 39 Kant, 441–443
- 40 Mill, 319–320
- 43 Hegel, 24–25
- 50 Marx-Engels, 425–426
- 57 Veblen, 97–98
- 57 Tawney, 200–216, 218–220, 223–253 esp 223–225, 250–252
- 57 Keynes, 337, 338–342, 423

7d(2) Government ownership: the nationalization of industry; eminent domain

- 6 Plato, 691–696
- 8 Aristotle, 574
- 21 Hobbes, 125, 150
- 35 Montesquieu, 221–222
- 36 Smith, 401–405
- 43 Hegel, 314
- 50 Marx-Engels, 428–429
- 57 Tawney, 221–255 passim esp 221–229, 239–245, 248–249, 253–255

7e. The inheritance of property: laws regulating inheritance

- Old Testament: *Numbers,* 27:8–11; 36 / *Deuteronomy,* 21:15–17
- 4 Aristophanes, 795–796
- 6 Plato, 775–779
- 8 Aristotle, 466
- 23 Montaigne, 229–230
- 31 Molière, 236–238
- 33 Locke, 67–68, 69–79 passim
- 35 Montesquieu, 19–20, 216, 225–230
- 35 Rousseau, 377–378
- 36 Smith, 185–194, 201–202, 276–277
- 38 Gibbon, 87–89
- 39 Kant, 426–428
- 41 Boswell, 203, 204–205, 278, 280–281, 282, 289
- 43 Hegel, 65–66
- 44 Tocqueville, 23–25, 147, 183, 316–317 passim, 392–393
- 46 Eliot, George, 253–255, 263–264, 346–352, 359–364, 379–381
- 47 Dickens, 35, 208–213
- 48 Twain, 337–342
- 49 Darwin, 324
- 51 Tolstoy, 26–30, 38–41, 650–652
- 57 Tawney, 215–216
- 57 Keynes, 451

8. The distribution of wealth: the effects of wealth on social status; the problem of poverty

- 6 Plato, 691–696, 738–741
- 8 Aristotle, 466, 557–558
- 14 Tacitus, 31
- 21 Hobbes, 124–126
- 31 Molière, 197–200, 206–208
- 34 Diderot, 260–261
- 34 Swift, 154–155
- 35 Rousseau, 375, 405
- 36 Smith, 23–72, 169–170
- 40 Mill, 366–367
- 41 Boswell, 124–125
- 43 Hegel, 25–26, 81, 125, 144, 278–279, 293–294
- 44 Tocqueville, 25, 107–108, 243–244, 299–300
- 45 Balzac, 171–172, 192–193, 362–363
- 46 Austen, 13–14, 56, 84, 126
- 46 Eliot, George, 230, 312, 389–391, 478
- 47 Dickens, 15, 46, 68–72 passim esp 72, 79, 88–90 passim, 125–129 passim, 198–207 passim esp 205–207, 242, 245–247, 282–297 passim esp 282
- 50 Marx, 218–219, 301–302, 319–321
- 50 Marx-Engels, 425–426
- 52 Dostoevsky, 173

西方大观念 The Great Ideas

57 Veblen, 1-7, 10-79, 86-87
57 Tawney, 192-196, 203-205
57 Keynes, 451-457
58 Weber, 135-136, 138-142, 200, 204-207
58 Huizinga, 268-269
59 Proust, 317-318, 334
59 Cather, 413, 416-417, 444
60 Woolf, 3-4
60 Fitzgerald, 296-297

8a. The sharing of wealth: goods and lands held in common; public ownership of the means of production

New Testament: *Acts,* 2:44-47; 4:32-5:11
4 Aristophanes, 867-886
6 Plato, 341, 364-365
8 Aristotle, 411-412, 455, 461-463, 468, 478-479, 557
13 Plutarch, 36-37, 58, 648-656, 657-663, 674-681
18 Aquinas, 224-225
20 Calvin, 351, 357-358
24 Shakespeare, 58
33 Locke, 30-31, 32
35 Montesquieu, 16-17
37 Gibbon, 197
43 Hegel, 24-25
44 Tocqueville, 276
50 Marx, 163, 174-175
57 Tawney, 215-216, 225-229
59 Chekhov, 216-218
60 Orwell, 485-524 passim esp 513-514

8b. The division of common goods into private property: factors influencing the increase and decrease of private property

Old Testament: *Numbers,* 26:52-56
5 Herodotus, 70
17 Aquinas, 516-517
21 Hobbes, 124-125
33 Locke, 30-36
35 Montesquieu, 19-21
35 Rousseau, 393-394
36 Smith, 31-32, 268, 349
39 Kant, 414-415, 426-428
43 Hegel, 65, 79-80, 125
50 Marx, 288, 358-361, 368-369, 377-378
57 Tawney, 200-216

8c. The causes of poverty: competition, incompetence, indigence, expropriation, unemployment; the poverty of the proletariat as dispossessed of the instruments of production

14 Tacitus, 194-195
34 Diderot, 297-302
35 Montesquieu, 147, 190
36 Smith, 32, 34-36
37 Gibbon, 501
41 Boswell, 428
43 Hegel, 80, 144
44 Tocqueville, 169-171, 180-182, 314
45 Balzac, 263-269 passim

46 Eliot, George, 384
47 Dickens, 69-70, 361-363, 415-416
50 Marx, 150, 160-162, 209-225, 280-286, 288, 303-305, 307, 315-321, 325-327, 349-350, 354-355, 357-358, 360-361, 370-371, 375
50 Marx-Engels, 424-425
55 James, William, 6-8
57 Veblen, 18-19, 32-33
57 Tawney, 180-181, 204-206, 211-212, 219
57 Keynes, 279
59 Cather, 439-441

8d. Laws concerning poverty: the poor laws, the dole

Old Testament: *Leviticus,* 19:9-10; 25:25,-35-54 / *Deuteronomy,* 15:7-11; 26:12-13
4 Aristophanes, 873
6 Plato, 342-344, 783
8 Aristotle, 523-524
13 Plutarch, 87
14 Tacitus, 32
21 Hobbes, 157
28 Spinoza, 682
35 Montesquieu, 199-200
36 Smith, 67-70, 224-225
37 Gibbon, 175, 501-502
39 Kant, 443-444
40 Mill, 322, 383-384
41 Boswell, 442-443
43 Hegel, 81
50 Marx, 358, 364-366

9. Political economy: the nature of the science of economics

8 Aristotle, 339 passim
35 Rousseau, 367-385
36 Smith, 204
43 Hegel, 69, 140
50 Marx, 6, 8-11 passim, 33-37, 178-179, 305
55 Whitehead, 229-230
58 Lévi-Strauss, 501-502

9a. Wealth as an element in the political common good

4 Aristophanes, 887-905
5 Thucydides, 396, 397
6 Plato, 485, 665, 694-695, 733
8 Aristotle, 452, 462-463, 465-466, 530-531, 532-533
13 Plutarch, 291-292, 361
14 Tacitus, 31, 57-58, 232-233
21 Hobbes, 124-127
35 Montesquieu, 19-21, 23-25, 44-48
35 Rousseau, 327-328, 375, 377-385 passim
37 Gibbon, 456-457, 498-501, 642
40 Federalist, 79-80
41 Boswell, 124-125, 172-173
44 Tocqueville, 194-196
50 Marx, 320-321
51 Tolstoy, 572-573
57 Veblen, 81-82
57 Tawney, 190-191

58 Weber, 83–84, 125–130, 135–136, 148–151

9b. Factors determining the prosperity or opulence of states: fluctuations in national prosperity and employment

6 Plato, 677
8 Aristotle, 531
21 Hobbes, 154
35 Montesquieu, 44–47, 125, 127, 152
35 Rousseau, 352–353, 360–361, 365–366, 375, 383
36 Smith, 3–337
37 Gibbon, 236–237, 239, 501, 655–658
38 Gibbon, 221–222, 314–315, 558, 597–598
40 Federalist, 31, 53–56 passim, 79
40 Mill, 335
41 Boswell, 171
43 Hegel, 81, 278–279
44 Tocqueville, 180–191, 211–215, 246–247, 335
50 Marx, 31–37 passim, 218–219, 253–254, 377–378
57 Veblen, 82–89, 112–116, 128–129, 165–168
57 Keynes, 265–457 passim esp 391–398
58 Weber, 194–195

9c. Diverse economic programs for securing the wealth of nations: the physiocratic, the mercantilist, and the laissez-faire systems; regulation of the economy for the general welfare

35 Rousseau, 365–366, 377–385
36 Smith, 204–337
37 Gibbon, 66
38 Gibbon, 87
40 Federalist, 55
40 Mill, 312–313
41 Boswell, 280–281
50 Marx, 251–252
50 Marx-Engels, 426
57 Tawney, 213–255 passim esp 215–216, 221–229, 253–255
57 Keynes, 327, 344, 364, 366, 420–430 passim, 430–439, 454–456 passim

9d. Governmental regulation of production, trade, or other aspects of economic life

6 Plato, 408, 742, 771–775
13 Plutarch, 36–37, 61–62, 127–128
14 Tacitus, 90
21 Hobbes, 119–120
35 Montesquieu, 148, 149–150
36 Smith, 58–71, 181, 204–337, 353–372 passim
37 Gibbon, 249–250, 392–393, 486
38 Gibbon, 87–91
40 Federalist, 80–81, 137–138
43 Hegel, 80, 144–145
44 Tocqueville, 276
50 Marx, 79–80, 108–111 passim, 115–122, 127–146, 193–194, 233–235, 236–248, 357–358, 366–368
57 Tawney, 188–189, 201–203, 240–241

57 Keynes, 309, 439–441
60 Orwell, 485–524 passim

9e. The economic support of government and the services of government

9e(1) The charges of government: the cost of maintaining its services; elements in the national budget

8 Aristotle, 523–524
13 Plutarch, 625–626
33 Locke, 58
35 Montesquieu, 96
35 Rousseau, 377–380
36 Smith, 204–215 passim, 338–401, 449–451
37 Gibbon, 41, 155–156, 368
38 Gibbon, 315–317
39 Kant, 451–452
40 Federalist, 101–107, 109–111, 218–219, 233–234, 254–256
41 Boswell, 281–282
44 Tocqueville, 109–113, 370
58 Weber, 84, 148–151

9e(2) Methods of defraying the expenses of government: taxation and other forms of levy or impost; confiscations, seizures, and other abuses of taxation

4 Aristophanes, 732–733
5 Herodotus, 109–111
6 Plato, 791
8 Aristotle, 453, 574–575
13 Plutarch, 274, 285
14 Tacitus, 139, 236–237
21 Machiavelli, 22–23
21 Hobbes, 104, 152, 156–157
25 Shakespeare, 463–464, 552–553
34 Swift, 29–31, 75, 113–114
35 Montesquieu, 23–24, 96–102, 183–184
35 Rousseau, 377–385
36 Smith, 216–323, 349–351, 353–358, 401–471
37 Gibbon, 64–68, 251–255, 577–578, 658–660
38 Gibbon, 177, 417
40 Declaration of Independence, 2
40 Articles of Confederation, 5
40 Constitution of the U.S., 11, 17, 19
40 Federalist, 43–44, 79–80, 101–117, 135, 149–150, 246
40 Mill, 315, 335, 356, 383, 473
43 Hegel, 151, 345, 355–357
44 Tocqueville, 107–113
50 Marx, 65–66, 375
57 Tawney, 187–188, 215–216
58 Weber, 148–151
60 Faulkner, 387–388

9f. Wealth or property in relation to different forms of government

5 Thucydides, 352, 579–590
6 Plato, 316–319, 401–416
8 Aristotle, 469–470, 476–477, 481–482,

488–489, 492–493, 510–511, 519, 521–524, 553–555
13 Plutarch, 36–37, 68–71, 125–130, 180, 361
18 Aquinas, 309–316
33 Locke, 44–46 passim, 57
35 Montesquieu, 19–21, 23–25, 29–30, 44–46, 96–102, 125, 126, 147, 149
35 Rousseau, 359, 411, 415–417
36 Smith, 272–286
38 Gibbon, 403, 404
39 Kant, 441–443
40 Mill, 309, 369–370, 384
43 Hegel, 238–239, 355–357
44 Tocqueville, 23–25, 290–291, 331–332, 343–346
48 Melville, 182–184
58 Weber, 162–163, 171–172

9g. **Wealth and poverty in relation to crime, revolution, and war**

4 Aristophanes, 757–758
5 Herodotus, 4, 5, 16, 21, 73–74, 115–116, 146, 160–161, 169, 214–216, 280, 305–306
5 Thucydides, 349, 352, 384–386, 390–391, 402–404, 420–421, 461–462
6 Plato, 406–407, 771–772
8 Aristotle, 508–509
13 Plutarch, 667, 817–818
14 Tacitus, 195, 201
21 Hobbes, 142
24 Shakespeare, 563–564
33 Locke, 67–68
35 Montesquieu, 100–101
35 Rousseau, 353–354, 365–366
36 Smith, 210–213, 338–347, 456–460
38 Gibbon, 593
40 Federalist, 35, 40–44, 45–46
45 Goethe, 150–152
51 Tolstoy, 440–441, 475–476, 490, 500–502, 634–635
57 Veblen, 49, 115
58 Weber, 128–130

9h. **The struggle of economic classes for political power**

4 Euripides, 350
5 Thucydides, 423, 427–428, 434–438 passim, 459, 463–465, 502–504, 520, 564–593 passim
6 Plato, 342–344, 405–406
8 Aristotle, 478–479, 484–485, 502–503 passim, 506–508, 521–522, 553–555, 557–558
13 Plutarch, 68–71, 75–76, 117–121, 176–184, 671–689, 689–691, 708–713
24 Shakespeare, 56–64
25 Shakespeare, 351–392
35 Montesquieu, 77–80
35 Rousseau, 352–356 passim
36 Smith, 124–125, 347–349
37 Gibbon, 144
40 Federalist, 50–51
40 Mill, 345–346, 366–367, 393–394

41 Boswell, 251, 255
43 Hegel, 144, 202, 278–279, 291–292, 313–314
44 Tocqueville, 91, 101–103, 107–109, 125, 274, 302
50 Marx, 6–7, 8–9, 63, 134–146
50 Marx-Engels, 415–434
52 Dostoevsky, 173
54 Freud, 882–884
57 Tawney, 194–195, 234–235
58 Weber, 135–138
58 Huizinga, 297
60 Orwell, 478–481

10. **The moral aspects of wealth and poverty**

10a. **The nature of wealth as a good: its place in the order of goods and its relation to happiness**

Old Testament: *Job,* 21:7–13; 31:24–28; 36:18–19 / *Psalms,* 49 / *Proverbs,* 10:2; 13:7; 14:20; 15:16–17; 19:4,6–7; 22:1; 23:4–5; 28:6,11,20,22 / *Ecclesiastes,* 2:3–11; 5:9–6:2
Apocrypha: *Wisdom of Solomon,* 7:7–11 / *Ecclesiasticus,* 10:30–31; 11:18–27; 12:8; 13; 29:22–23; 30:14–16; 31:1–11; 40:25–26
New Testament: *Matthew,* 6:19–34; 19:16–30 / *Mark,* 4:1–20; 10:17–31 / *Luke,* 8:5–15; 16:19–25 / *James,* 5:1–6
4 Aeschylus, 14
4 Euripides, 456, 465, 639
4 Aristophanes, 888–890, 893–896
5 Herodotus, 6–8, 121
6 Plato, 177–178, 296–297, 341–343
7 Aristotle, 162, 163, 165, 248
8 Aristotle, 340, 342 passim, 371, 527–528, 532–533, 601, 603, 638
11 Epictetus, 217–219
14 Tacitus, 154
16 Augustine, 169–173
17 Aquinas, 615–616, 635–636
19 Chaucer, 325–326, 391–392
21 Machiavelli, 26
21 Hobbes, 74–75
24 Shakespeare, 385–386
25 Shakespeare, 393–420, 425–426
27 Cervantes, 398–399
28 Bacon, 86, 92
33 Locke, 192–193
34 Diderot, 302
35 Montesquieu, 19
38 Gibbon, 297–298
39 Kant, 370
40 Mill, 462–463
41 Boswell, 140–141, 189–190, 210–211, 300, 492
44 Tocqueville, 288–289, 297–298
45 Goethe, 79–81
46 Austen, 36
51 Tolstoy, 30–31, 111–113, 311–313
52 Dostoevsky, 115–116, 200–246, 322
53 James, William, 188–189, 202–203

54 Freud, 777-779
57 Veblen, 43-48
57 Tawney, 190-191, 208-210, 253-255
57 Keynes, 445-447
58 Huizinga, 297-301
59 Proust, 360-362
59 Cather, 447, 449-450

10b. Natural limits to the acquisition of wealth by individuals: the distinction between necessities and luxuries

4 Euripides, 422, 538-539
6 Plato, 316-319, 409-410
7 Aristotle, 164-165
8 Aristotle, 450, 451-452
11 Epictetus, 224-225
14 Tacitus, 57-58
23 Montaigne, 161, 172-173, 531-532
30 Pascal, 91-94
31 Molière, 146
33 Locke, 31-33
35 Montesquieu, 44
35 Rousseau, 350, 352-353
36 Smith, 72, 80-81, 183-184, 429
38 Gibbon, 451-452
40 Federalist, 102
40 Mill, 470-471
41 Boswell, 313
43 Hegel, 70, 140
45 Balzac, 200, 332-333
46 Eliot, George, 481-487
50 Marx, 71-72, 81, 112, 147-148, 251-255, 261, 282-283, 292-296
57 Veblen, 42-49 esp 46-47
57 Tawney, 193-194, 234-235
57 Keynes, 310, 443-450, 452

10c. Temperance and intemperance with respect to wealth: liberality, magnificence, miserliness, avarice; the corrupting influence of excessive wealth

Old Testament: *II Samuel,* 12:1-6 / *I Kings,* 21 / *II Kings,* 5:20-27 / *Job,* 31:16-23 / *Psalms,* 62:10 / *Proverbs,* 1:10-19; 15:27; 28:22; 30:8-9 / *Ecclesiastes,* 5:10-6:12 / *Jeremiah,* 22:13-19 / *Ezekiel,* 22:12-13 / *Amos,* 2:6-7; 5:11-12 / *Micah,* 3:9-11
Apocrypha: *Ecclesiasticus,* 12:1-6; 14:3-10; 18:32-33; 29:1-2,7-13,20-28; 31:1-11,23-24 / *II Maccabees,* 3-4
New Testament: *Luke,* 12:13-21 / *I Timothy,* 6:6-12
4 Aristophanes, 889-890
5 Herodotus, 221-222, 305-306
6 Plato, 405-408, 733-734, 751
8 Aristotle, 353, 366-370, 458, 460, 554-555, 608-609
11 Lucretius, 72
13 Plutarch, 218, 223-224, 233, 276-290, 291-292, 361, 388, 394-395, 419-420, 755-758

14 Tacitus, 31, 35
16 Augustine, 50
18 Aquinas, 70-72
19 Dante, 8-9, 13-14, 23-24, 69-74
20 Calvin, 186-187, 188-189, 362-370 passim esp 368-370, 452
21 Machiavelli, 22-23
22 Rabelais, 62, 133-140
23 Erasmus, 33-34
23 Montaigne, 75-78, 478-481, 504-505
25 Shakespeare, 393-420
27 Cervantes, 266-267
28 Spinoza, 684
30 Pascal, 91-94
31 Molière, 90-91, 141-180 passim esp 154, 161, 172, 226-227, 237-238
34 Swift, 53-56
34 Diderot, 271, 286-288
35 Montesquieu, 10, 19-21, 44-45, 140, 146, 152, 211
35 Rousseau, 360-361, 421
36 Smith, 160-170, 212-213, 388-390
37 Gibbon, 139-140 passim, 155-156, 339-340, 510, 660-661
41 Boswell, 194-195, 319, 403, 447
44 Tocqueville, 113-114, 148-149, 285-287, 290-291, 306
45 Goethe, 75
45 Balzac, 190-191, 203, 221-222
46 Eliot, George, 311-314, 323-324, 346-352, 355, 359-363, 383-384, 450, 453-455, 481-487, 496
47 Dickens, 24-25, 127-129, 201-203, 215-218, 290-298 passim
48 Twain, 337-349 passim
50 Marx, 60-62, 292-295
51 Tolstoy, 25-32 passim, 197, 275-278, 291-292, 329-332, 414-416, 490-493, 633, 664-665
52 Dostoevsky, 171-173
52 Ibsen, 439-442, 444-446, 534-535
53 James, William, 725-726
57 Veblen, 13-15, 29-79 esp 31-34, 41-43, 70-79, 86-87, 129-131
57 Tawney, 189-199, 217-218
57 Keynes, 443-446
58 Huizinga, 247, 253-254, 297
59 Conrad, 149-150, 167-168, 173
60 Fitzgerald, 295-381 passim

10d. The principles of justice with respect to wealth and property: fair wages and prices

Old Testament: *Deuteronomy,* 25:13-16 / *I Kings,* 21 / *II Kings,* 5:20-27 / *Nehemiah,* 5:1-12 / *Job,* 24 / *Proverbs,* 30:8-9 / *Isaiah,* 3:14-15; 10:1-2 / *Ezekiel,* 22:12-13,25-29; 45:9-12 / *Amos,* 2:6-7; 5:11-12; 8:1-7
New Testament: *Ephesians,* 4:28
4 Euripides, 422
4 Aristophanes, 887-905
5 Herodotus, 73-74, 87, 158, 201-202

- 6 Plato, 340–343, 738–743, 772–775, 814
- 8 Aristotle, 377–378, 380–381, 416–417, 458–460, 461–463, 557–558
- 13 Plutarch, 36–37, 68–70
- 18 Aquinas, 309–316
- 21 Hobbes, 93, 124–126, 156–157
- 25 Shakespeare, 351–353
- 30 Pascal, 97–98
- 35 Montesquieu, 96, 128, 199–200
- 35 Rousseau, 375, 377–385, 415–417
- 36 Smith, 14–18, 23–26, 31–42, 59–71, 120–121, 253–255, 347–349
- 37 Gibbon, 22
- 40 Federalist, 218–219
- 40 Mill, 322, 335, 470–471 passim
- 41 Boswell, 124–125
- 43 Hegel, 25–26, 79, 125, 144
- 46 Eliot, George, 315–317
- 48 Melville, 181–184
- 50 Marx, 13–50 passim, 69–84, 89–102 passim, 150–151, 161–162, 171, 256–260, 264–275, 280–286, 296–298, 305–307, 324–327, 366–368, 376–378
- 50 Marx-Engels, 425–427
- 51 Tolstoy, 211–213, 650–652
- 54 Freud, 787–788
- 57 Tawney, 195–196, 211–212, 229–230, 247–248, 252–253
- 57 Keynes, 409–419
- 58 Weber, 138
- 58 Huizinga, 268–269

10e. The precepts of charity with respect to wealth

10e(1) Almsgiving to the needy and the impoverished

Old Testament: *Leviticus,* 19:9–10; 25:35–37 / *Deuteronomy,* 15:7–11; 26:12–13 / *Ruth,* 2 / *Job,* 29:12–17; 31:16–23 / *Psalms,* 41:1–3 / *Proverbs,* 14:21,31 / *Isaiah,* 58:1–12

Apocrypha: *Tobit,* 1:1–8, 4:7–11; 12:8–10 / *Ecclesiasticus,* 4:1–10; 7:32–33; 12:1–6; 29:1–2,7–13

New Testament: *Matthew,* 6:1–4 / *Mark,* 10:17–22 / *Luke,* 6:30–38; 14:12–14; 18:18–25 / *II Corinthians,* 8–9

- 18 Aquinas, 540–550
- 20 Calvin, 351, 356–358, 368–370
- 30 Pascal, 91–94
- 31 Molière, 124
- 34 Voltaire, 194–195
- 37 Gibbon, 198, 392–393
- 38 Gibbon, 233
- 43 Hegel, 80–81
- 44 Tocqueville, 307, 370
- 46 Austen, 36–37
- 46 Eliot, George, 265–266, 282–283
- 47 Dickens, 42, 386
- 57 Veblen, 146–148
- 58 Weber, 215–216
- 60 Woolf, 3–4

10e(2) The religious vow of poverty: voluntary poverty

New Testament: *Matthew,* 19:16–30 / *Mark,* 10:17–31 / *Luke,* 9:1–5; 12:22–30,33; 18:18–30

- 18 Aquinas, 652–655, 657–661, 1006–1007
- 19 Dante, 103–104
- 20 Calvin, 365, 448–455
- 23 Erasmus, 28–31
- 31 Molière, 72
- 37 Gibbon, 597
- 43 Hegel, 325–326, 361–362
- 52 Dostoevsky, 89–90
- 58 Huizinga, 319

10e(3) The choice between God and Mammon: the love of money as the root of all evil; the secularizing impact of affluence

Old Testament: *Job,* 31:24–28 / *Proverbs,* 30:8–9 / *Ezekiel,* 22:25–29

Apocrypha: *Ecclesiasticus,* 11:26; 14:1–10; 31:5–11

New Testament: *Matthew,* 6:19–24 / *Luke,* 12:13–21; 16:1–13; 18:22–30 / *I Timothy,* 6:6–19

- 4 Sophocles, 162
- 6 Plato, 733
- 18 Aquinas, 174–175
- 19 Dante, 23–24, 69–74
- 20 Calvin, 318, 364–370
- 29 Milton, 108
- 30 Pascal, 94–97
- 44 Tocqueville, 238
- 45 Goethe, 73–81
- 46 Eliot, George, 287
- 50 Marx, 61
- 51 Tolstoy, 50
- 52 Dostoevksy, 136–138
- 57 Veblen, 134–139
- 58 Weber, 216–217

11. Economic determinism: the economic interpretation of history

- 50 Marx, 10–11, 25, 35–36, 187, 239–241, 377–378
- 50 Marx-Engels, 416, 421–422, 427, 428
- 54 Freud, 882–883

12. Economic progress: advances with respect to both efficiency and justice

- 13 Plutarch, 36–37
- 35 Montesquieu, 111, 126, 128
- 35 Rousseau, 352
- 36 Smith, 183–203, 213–214
- 37 Gibbon, 633–634
- 38 Gibbon, 452–453
- 40 Federalist, 56
- 40 Mill, 452
- 43 Hegel, 343, 355–357
- 44 Tocqueville, 211–215, 298

46 Eliot, George, 216-217
50 Marx, 377-378
50 Marx-Engels, 428-429
54 Freud, 778-779, 883-884
55 Whitehead, 231

57 Veblen, 95-96
57 Tawney, 213-255 passim esp 236-245, 253-255
57 Keynes, 418-419

交叉索引

以下是与其他章的交叉索引：

The domestic economy, see FAMILY 3a-3b.
The factors of productivity, see ART 6c, 9b; KNOWLEDGE 8a; SCIENCE 1b(2).
The concept of value, see GOOD AND EVIL 4c-4d; JUDGMENT 3; the labor theory of value, see LABOR 6d.
The political aspect of commerce between states, see STATE 9a.
Usury, see JUSTICE 8d.
Comparisons of the capitalist economy with slave, feudal, and socialist economies, see LABOR 5a-5d.
The nature of wages and their relation to profits, see LABOR 6-6c.
The theory of profit as derived from surplus value, see JUSTICE 8c(1)-8c(2).
Property and property rights, see FAMILY 5b; JUSTICE 6b, 8a; LABOR 7b; OLIGARCHY 4, 5a.
Slaves as chattel or property, see LABOR 5a; SLAVERY 4a.
Common as opposed to individual goods, see GOOD AND EVIL 4e.
Poverty, see LABOR 7e.
Economics as a science, see PHILOSOPHY 2c; SCIENCE 3a.
Governmental regulation of the economic process, see LIBERTY 2c.
The economic support of government, see GOVERNMENT 4.
The oligarchic conception of wealth, see DEMOCRACY 4a(1)-4a(2); OLIGARCHY 4-5a.
The economic causes and effects of war, see WAR AND PEACE 5c.
The conflict between economic classes, or the class war, see LABOR 7c-7c(3); OPPOSITION 5a; REVOLUTION 5a; STATE 5c-5d(2); WAR AND PEACE 2c.
The order of goods, and the relation of wealth to happiness and to other types of good, see GOOD AND EVIL 5-5d; HAPPINESS 2b(1); TEMPERANCE 2, 5b; VIRTUE AND VICE 6c.
The distinction between necessities and luxuries, see CUSTOM AND CONVENTION 7c; NATURE 5b; NECESSITY AND CONTINGENCY 5e.
Economic justice, see JUSTICE 8-8d.
The virtue of charity and the things that flow from charity, see LOVE 5b-5b(2); VIRTUE AND VICE 8g.
The economic theory of history, see HISTORY 4a(2).
Economic progress, see PROGRESS 3a-3c.
The relation of wealth to political welfare, see STATE 7a.
Labor and management, see LABOR 3a.
The relation of wealth to social status, see HAPPINESS 2b(1).
Employment and unemployment, see LABOR 5c, 6c, 7e.

扩展书目

下面列出的文著没有包括在本套伟大著作丛书中，但它们与本章的大观念及主题相关。

书目分成两组：

Ⅰ. 伟大著作丛书中收入了其部分著作的作者。作者大致按年代顺序排列。

Ⅱ. 未收入伟大著作丛书的作者。我们先把作者划归为古代、近代等，在一个时代范围内再按西文字母顺序排序。

在《论题集》第二卷后面，附有扩展阅读总目，在那里可以查到这里所列著作的作者全名、完整书名、出版日期等全部信息。

I.

Thomas Aquinas. *Quaestiones Disputatae, De Malo*, Q 13, A 4
———. *Summa Contra Gentiles*, BK III, CH 131-135
———. *Summa Theologica*, PART II-II, Q 66, AA 1-2; PART II-II, Q 78
Bacon, F. "Of Riches," "Of Usury," in *Essayes*
Locke. *Some Considerations of the Consequences*

of Lowering the Interest, and Raising the Value of Money
Hume. Of Commerce
——. Of Interest
——. Of Money
——. Of Refinement in the Arts
——. Of Taxes
——. Of the Balance of Trade
Voltaire. "Commerce," "Money," "Property," in A Philosophical Dictionary
Smith, A. Lectures on Justice, Police, Revenue and Arms
Mill, J. S. Principles of Political Economy
——. Socialism
Balzac. Eugenie Grandet
——. Old Goriot
——. The Rise and Fall of César Birotteau
Eliot, G. Silas Marner
Dickens. Great Expectations
——. Oliver Twist
Marx. A Contribution to the Critique of Political Economy
——. Critique of the Gotha Programme
——. The Poverty of Philosophy, CH 1, 2 (3-4)
Engels. Herr Eugen Dühring's Revolution in Science, PART II-III
——. The Origin of the Family, Private Property and the State
Dostoevsky. A Raw Youth
Ibsen. John Gabriel Borkman
James, H. The Ambassadors
——. The Portrait of a Lady
——. The Princess Casamassima
——. The Spoils of Poynton
——. The Wings of the Dove
Shaw. The Intelligent Woman's Guide to Socialism and Capitalism
——. Major Barbara
——. Widowers' Houses
Veblen, T. The Instinct of Workmanship, and the State of the Industrial Arts, CH 5
——. The Place of Science in Modern Civilization
Dewey. Reconstruction in Philosophy, CH 8
Dewey and Tufts. Ethics, PART III, CH 22-25
Weber. The Protestant Ethic and the Spirit of Capitalism, CH 2, 5
Cather. My Antonia
Tawney. Religion and the Rise of Capitalism
Keynes, J. M. A Treatise on Money
Brecht. The Threepenny Opera
Orwell. Down and Out in Paris and London

II.

THE MIDDLE AGES TO THE RENAISSANCE (TO 1500)
Biel. Treatise on the Power and Utility of Moneys
Langland. Piers Plowman

THE MODERN WORLD (1500 AND LATER)
Adler, M. J. A Vision of the Future, CH 3
Ariès and Duby. A History of Private Life
Ashton. The Industrial Revolution
Bagehot. Lombard Street
——. The Postulates of English Political Economy
Baritz. The Good Life
Bastiat. Economic Sophisms
——. Harmonies of Political Economy
Belloc. The Restoration of Property
Bentham. Defence of Usury
Berle and Means. The Modern Corporation and Private Property
Bernstein. Evolutionary Socialism
Beveridge. Unemployment
Billington. Fire in the Minds of Men
Braudel. The Perspective of the World
——. The Structures of Everyday Life
Burns, A. R. The Decline of Competition
Butler, S. Note-Books
Chamberlin, E. The Theory of Monopolistic Competition
Clark, J. B. The Distribution of Wealth
Cournot. Researches into the Mathematical Principles of the Theory of Wealth
Crabbe. The Village
Dahrendorf. The Modern Social Conflict
Djilas. The Unperfect Society
Dos Passos. U.S.A.
Fanfani. Catholicism, Protestantism and Capitalism
Fielding. Amelia
Fiorenza and Carr. Women, Work, and Poverty
Franklin, B. Poor Richard's Almanack
Fuentes. The Death of Artemio Cruz
Galbraith. Money
Galsworthy. The Man of Property
George. Progress and Poverty
Gill. Work and Property
Gissing. New Grub Street
Gogol. Dead Souls
Green. The Principles of Political Obligation, (M)
Hamsun. Growth of the Soil
——. Hunger
Hardy, T. Far from the Madding Crowd
Hauptmann. The Weavers
Hayek. The Constitution of Liberty
——. The Road to Serfdom
Heilbroner. The Nature and Logic of Capitalism
Himmelfarb. The Idea of Poverty
Howells. The Rise of Silas Lapham
Hurston. Their Eyes Were Watching God
Jackson, B. The Rich Nations and the Poor Nations
Jacobs. Cities and the Wealth of Nations
——. The Economy of Cities
Jevons. Money and the Mechanism of Exchange
——. The Theory of Political Economy
Keynes, J. N. The Scope and Methods of Political Economy
Knight. The Ethics of Competition
——. Risk, Uncertainty and Profit
Kropotkin. Anarchism
Lassalle. What Is Capital?
Leslie. The Love of Money
Lessing, G. E. Minna von Barnhelm
Levi. Thinking Economically
Luther. On Trading and Usury

Malthus. *An Essay on the Principle of Population*
Mandeville. *The Fable of the Bees*
Maritain. *Freedom in the Modern World*, APPENDIX I
Marshall. *Industry and Trade*
———. *Principles of Economics*
Mill, J. *Elements of Political Economy*
Mitchell. *Business Cycles and Their Causes*
More, T. *Utopia*, BK I
Morgan, L. H. *Ancient Society*
Myrdal. *The Challenge of World Poverty*
Péguy. *Basic Verities* (Destitution and Poverty; Socialism and the Modern World)
Polanyi, K. *The Great Transformation*
Postan. *The Medieval Economy and Society*
Powell. *A Dance to the Music of Time*
Proudhon. *Philosophy of Misery*
———. *What Is Property?*
Ricardo. *The Principles of Political Economy and Taxation*
Robinson, J. *The Accumulation of Capital*
———. *The Economics of Imperfect Competition*
Robinson and Eatwell. *An Introduction to Modern Economics*
Rolt. *The Railway Revolution*
Rostovtzeff. *The Social and Economic History of the Roman Empire*
Ruskin. *Munera Pulveris*
Samuelson. *Foundations of Economic Analysis*
Schumpeter. *Capitalism, Socialism, and Democracy*
Silone. *Bread and Wine*
Sinclair. *The Jungle*
Southey. *Essays, Moral and Political*, IV
Steinbeck. *The Grapes of Wrath*
Thackeray. *The History of Pendennis*
Thoreau. *Walden*
Turgot. *Reflections on the Formation and Distribution of the Riches*
Undset. *Kristin Lavransdatter*
Vargas Llosa. *Conversation in the Cathedral*
———. *The War of the End of the World*
Verga. *I Malavoglia*
Von Mises. *Human Action*
Von Neumann and Morgenstern. *Theory of Games and Economic Behavior*
Wells. *Tono-Bungay*
Welty. *The Ponder Heart*
Wharton. *The House of Mirth*
Whewell. *The Elements of Morality*, BK IV, CH 3–4; BK VI, CH 3
———. *Six Lectures on Political Economy*
Wilson, T. *A Discourse upon Usury*
Wright, R. *Native Son*

意　志　Will

总　论

关于意志自由的大论战往往遮蔽意志理论本身。对有些思想家而言这两个观念是不可分的。因为"选择"这个词通常隐含了在可选择事物之间进行选择的自由，所以自由正好属于意志的本性。但是另一些肯定人们能够自由或自主行为的思想家却否认意志本身会是自由的。

那些就野兽而言并且也就人而言区分自主行为和反应性行为的思想家也区分自主的行为和自由的行为。他们把自由的概念只留给人，根据是只有人有意志。他们非但不把意志和自由意志视为同一，而且还在自由行为和由意志所迫使的行为之间作出区分。

对相左的意见的这一例示或能表明关于自由意志的这个争论预设了并且经常还隐藏了不同的意志理论——关于意志的本性，它的各种各样的行为，它与其他心理官能的关系的不同想法。那些意志自由的主张者和否认者很难在这个问题上相遇，如果他们一开始就对意志是什么以及它如何运作抱有不同想法。

事情被不同的自由概念弄得更加复杂了。即便是那些用有点相近的术语来界定意志的人关于意志自由的想法也是不同的。正如**自由**一章所显示的，自由有多重意义——神学的、形而上学的、心理学的、道德的、天生的以及法权的（civil）。在其中一种意义上被叫做自由的，在另一种意义上可能不被认为是自由。但是有一件事是清楚的，如果如霍布斯所想的那样，我们所能主张的唯一一种意义上的自由就是天生的或政治的自由——一个人能够在没有限制或强迫的情况下做他意愿的事情——那么意志就不是自由的，因为它的自由取决于它自己的行为是如何被导致的，或者它如何导致别的行为，而非取决于它所导致的行为如何被超出它的控制的外部环境所影响。

因此，意志自由的问题看来首先是心理学的和形而上学的。它需要我们按照原因和必然性来设想自由。它诉诸于被引致的、非引致的和自身引致的，或前定的、偶然的以及自发的事件之类的区分。在这一层面上问题是形而上学的。但就我们所考虑的那种事件是一种活着的东西——甚至在更特定的意义上，一个智性生命，某种意义上有心灵的生命——的内在活动而言，它是一个心理学问题。我们不问石头和植物是否有自由意志，因为我们通常并不认为它们有意志。即便人们像亚里士多德那样把欲望归结为所有事物的属性，或像威廉·詹姆士那样在至少所有生物中都发现朝向目标的努力，他们都不会在没有想象力或思想的生物中提到意志或自主性。

前面段落中的楷体字显示了在讨论意志时具有最基本意义的诸观念，因而也显示了这一章与其他章的关系。**原因和必然性**与**偶然性**两章（以及**命运**和**机会**两章）处理那些既影响着各种意志自由的理论又被这些理论所影响的学说。但是如果我们要延迟关于自由意志的问题直到意志自身的本性得到考虑，我们就必须从运用**心灵**和**欲望**两章中被讨论的术语的那些定义开始。

思想和行为之间的区分为发现一种服务于二者之间的联结的因素或官能准备了条件。行为可以跟随思想，但并非没有中介，它们是把思想转变为行为的决定或欲求。柏拉图在《理想国》中将灵魂分成三个部分，其中理性是思想和知识的官能，其他两个——激情和欲望，是行为的本原。激情和欲望都需要得到理性的领导和规范，但是按照柏拉图的想法，理性也依赖激情，因为没有它的帮助甚至智慧也必定不能影响行为。虽然他没有用这个词，但他派给激情的作为理性的助手的角色与后来的作家叫做"意志"的东西所起的作用是一致的。

"意志"（will）这个词出现在亚里士多德的英译中。在指一种发动性的力量时，它用得不如其他词——如"意愿""选择""意图""冲动""欲求""欲望"——那么频繁，而是和它们一起指那种把思想转变成行为的因素。不像柏拉图把激情和欲求分开来，亚里士多德把欲求当成一般的观念，把意志和欲望当作欲求的样式。但是有时"欲望"（desire）是"欲求"（appetite）的同义词，有时"意愿"或"选择"被用来替代"意志"。

在他的《论动物的运动》的论著中，我们发现亚里士多德这样说道："生物被理智、意图、意愿和欲望所推动。所有这些都可以归结为思维和欲望。因为想象和感觉与思维有更多共同点，三者都是判断的官能。而意志、冲动和欲求都是欲望的形式，意图则同时属于理智和欲望。"但是在《论灵魂》中，我们发现他坚持认为欲求是唯一的"产生位置移动的官能"，虽然如果灵魂被分成理性和非理性两个部分的话，他会把意愿指派为精于打算的或深思熟虑的理性，把欲望和激情指派为非理性的部分。他写道："意愿是欲求的一种形式，当运动按照计划而产生时，它也是按照意愿的，但是欲求能够产生和计划相反的运动，因为欲望也是欲求的一种形式。"

用来说及意图和意愿的东西也用来说及选择。这三种东西都以某种方式联结着理性和欲望。以选择作为特定的人类行为的原因，欲望和深思熟虑的结合作为选择的起因，亚里士多德说选择是"愿望着的理性或推论着的欲望"。照亚里士多德看来，因为缺少理性，动物没有选择能力，为此之故也没有意愿或意图；但就它们的欲求被感觉或想象刺激，被激发的欲望导向行为而言，动物也自主地行为。

当"欲求"和"欲望"这两个词不是被用来命名产生运动的一般官能，而是指与意愿、意图或选择不同类的动机时，它们相应于后来阿奎那叫做"动物欲求"或"感性欲求"的东西。对他而言这是情绪或激情的领域。例如，他把恐惧和愤怒的冲动认作感性欲求的行为。

那种对亚里士多德而言依赖于实践理性的欲望，阿奎那叫做"理智欲望"或"理性欲求"。既然"意志"对他而言恰好是那种由理性而非感觉决定的欲望或欲求的另一个名称，他必定主张非理性的动物没有意志。

亚里士多德说"外表的善好是欲望的对象，真正的善好是理性意愿的首要对象"。阿奎那对激情的对象和意志的对象所做的区分稍有不同。对每种欲求或欲望而言，对象都从它得以把握的官能那里获得其特征。可感的善好——来自知觉或想象的，靠着感性欲求，正如可知的善好——由理性判断的，靠着理智欲求或意志。

在另一个地方亚里士多德区分了意愿和选择，因为我们能够意愿不可能的东西，但选择总是针对我们力所能及的事物。但是他更常用到的区分是手段和目的方面的。他写道:"目的是我们意愿所求的,手段则是我们考虑和选择的。"阿奎那也按照它们与手段和目的的关系区分意志的各种行为,但是亚里士多德只提到选择和意愿的地方,阿奎那根据与目的的关系列举了三种意志的行为(意志、意向、享乐),根据与手段的关系也列举了三种(同意、选择、使用)。

按照阿奎那,意志的这些行为中的每一种都相应于实践理性的一种特定行为,除了意志的最终行为,每一种都可以依次接着进一步的实践考虑。意志通过理性的这种一步步的决定不断进行下去直到手段的使用导向行为,行为带来目的成就的快乐。正如在实践理性中目的先于手段,对意志而言目的在意向的序列中也是最先的,但在执行的序列中行为从手段开始。

像亚里士多德和阿奎那一样,康德和黑格尔认意志为基于理性的欲望或活动的官能,所以他们把意志仅归于人,正如他们把理性仅归于人一样。但是无论康德还是黑格尔都走得更远,几乎把纯粹状态中的意志视为与理性同一的东西。康德写道,"欲望的官能,就它做决定的内在原则作为它的喜好或偏好的根据存在于主体的理性之中而言,构成着意志";他进一步说,意志"就它可以决定选择之自主行为而言……就是实践理性本身"。只有人能够宣称"拥有一个能够不考虑欲望和爱好的意志,而且相反,认为这样只有在不顾所有欲望和感性爱好的情况下才可能做出来的行为对他来说是可能的,甚至是必要的"。

在这个最终的陈述中,康德看来是在与意志相对立的意义上使用"欲望"这个词。上下文背景暗示,他头脑里有某种区分,类似于阿奎那在感性欲望和理性欲望之间作出的区分。这个暗示通过他自己对兽性和人性的选择之间的区分得到强化。"仅仅由作为感性冲动和刺激的爱好就可决定的行为乃是非理性的兽性的选择(arbitrium brutum)。人类作为人类的选择行为虽然事实上也被这些冲动和刺激所影响,但并非由它们所决定;因而,当它离开了习得的由理性来决定的习惯时,它就不再纯粹了。"但是照康德看来,人类的选择行为只能被理性所决定。只有这样它才是被纯粹意志所决定的行为。

有一点必须注意——纯粹意志对康德而言就是自由意志:"仅由理性所决定的选择行为,就是自由意志的行为……意志的选择行为的自由就是它的独立自主,不被感性冲动和刺激所左右。这一点构成了自由意志概念的消极一面。自由概念的积极一面是由这一事实给定的——意志就是纯粹理性实践自身的能力。"就纯粹理性能成为实践的——即能独立于所有感性冲动和爱好决定选择和指导行为——而言,理性自身就是纯粹意志,意志的本质就是自由。我们后面将回到这一点来。

同样对黑格尔而言,自由也是意志的本质。他写道:"自由恰好是意志的一个基本特征,正如重量是物体的特征。有重量构成物体之为物体。自由与意志的关系也一样,因为自由的实体就是意志。意志没有自由就是一个空洞的词语,同时自由只有作为意志、作为主体才是真实的。"

虽然激情会进入主体意志的领域,但照黑格尔看,意志会改变它们。"主体性意志——激情——是那种把人们驱向行动、影响'实践'的实现的东西。"当它被激情所充满时,黑格尔写道,主体的意志"是依赖性的而且只有在这种依赖性的限度内才能满足它的欲望"。而且,激情对人和动物而言是共同的。"动物也有冲动、欲望和爱好,"黑格尔写道,"但它没有意志,而且不得不服从它的冲动,如果没有什么外部的东西阻止它的话。"只有人,"整个地未确定者,立于他的冲动之上,并且把它们变成属己的东西。冲动是某种天然的东西,但把它置入我的自我中取决于我的意志"。

在解释意志的这个方面时,黑格尔引进了"纯粹未确定性的那种元素,或曰那种自我的纯粹反思——它消解了每一种限制和每一种内容,无论这些限制和内容是由自然,由需要、欲望、冲动直接设置的,还是由无论何种手段所给予所决定的"。但是未确定性只是意志的一个环节,它的否定方面。第二个环节发生在"从无区分的未定到作为一项内容和对象的一个决定的判分、决断和确立的转变"。这些环节都是片面的,每一方都是对方的否定。"未定的意志",在黑格尔看来,"和植根于单纯的决定的意志一样都是片面的。那种被恰当地叫做意志的东西在自身中包含了前面的各个环节"。

作为这些环节的统一,意志"特殊地在自身中得到反思,并且被置回普遍性中,也就是说,它是个体性"。黑格尔继续说,"它是自我的自身决定,这意味着自我把自身同时作为它的否定方面来确立,也就是说,作为被限制和决定的东西而同时又仍然是由于自身,即,在它的自身同一性和普遍性中"。然而意志的前两个环节是"彻头彻尾地抽象和片面的",第三个环节才给予我们个体的意志和具体的自由。"自由既不在于未定也不在于决定;它同时是这两方面……自由对意志而言是某种能决定的东西,而且在这种决定中成为出于自身的东西,同时又再一次回复为普遍的东西。"

在伟大著作传统中,另一些作家不是把意志的本质寄予自由,而是寄予在它作为动物和人发出的自主行为的原因这一点上。从亚里士多德直到威廉·詹姆士,生理学研究者们做出了如下区分,一方面是各种身体器官的运动,心脏的运动,肺的运动,消化、排泄和生殖器官的运动,另一方面是整个动物的运动,或它的那些以某种方式基于欲望、想象或思想的部分的运动。

亚里士多德有时把这些生理变化叫做"非-自主的",有时叫做"不自主的",尽管"不自主"在他那里还有另一种意思——用来描述一个人被恐惧所迫去做某些与他的意愿相反的事情,例如,船长把他的货物抛出去以救他的船这类行为。彻底地非自主的动作是那种不具备对目的的知识,或没有有意识的欲望的情况下发生的动作,而不自主的动作则包含了某些欲望之间的冲突。如果我们不考虑这种特定意义上的不自主,就只有一对区分,例如詹姆士在反应活动和自主活动间的区分,哈维在自然的和动物的活动间的区分,或霍布斯在生命的和动物的活动之间的区分。

霍布斯写道:"在动物中有两种特定的活动:一种叫生命活动……诸如血液、脉搏、呼吸、调节、营养、排泄等活动过程;这些活动不需要想象的帮助。另一种叫动物活动,或者叫自主活动,例如走动、说话、移动我们的四肢,这种方式的运动首先是在我们的头脑中形成想象……因为走动、说话以及这类的自主行为总是依赖在前的什么目的、什么方法、什么内容这些考虑,很显然,想象是所有自主活动的内在开端。"

但是照霍布斯,想象是通过唤起欲望或欲求而产生自主活动的。当欲求与厌恶,希望与恐惧交替地一个接着另一个时,霍布斯叫做"考量"的东西就发生了。他宣称,"在考量中,最终的欲求或厌恶立刻连着行为,或连着行为的取消,那就是我们叫做意志的东西;它是意愿着的行为,而非官能。那些懂得考量的野兽必定也有意志。通常由经院哲学所给定的意志的定义——即它是一种理性欲求——不是一个好定义。因为如果它真是那样的话,就不会有反乎理性的自主行为。因为自主行为就是那种出自意志的东西,而非别的"。

洛克不同意霍布斯那种认为意志是一种欲望行为的观点。"意志彻底地与欲望不同",他认为这在如下事实中显而易见,欲望"可以有一种与我们的意志恰好相反的倾向"。欲望,照洛克看来,"是心灵因为缺少某种好东西的不安";然而意志却是"开始或禁止,继续或终结我们心灵的各种行为,我们身体的各种活动的力量,仅仅通过一个想法或心灵的优先选择或譬如命令去做还是不去做一件事情以及诸如此类的特定行为……这种力量的实际运作——通过指导任何特定的行为或通过它的禁令——就是我们叫做意志或意愿的东西"。

虽然意志并非一种欲望的行为,但洛克还是坚持是欲望的不安"使意志决定采取一系列自主行为"。虽然洛克谈到意志时似乎它是一种思想的行为,他还是区分了心灵的理解力量和意志力量。一个是被动的力量,另一个是主动的力量。理解或知觉是"一种接受观念或思想的力量",意志或动机是"决定运转着的官能是活动还是休息的力量"。

洛克像此前的霍布斯和其后的詹姆士一样,将意志作为心灵的力量,它控制官能,或者说控制身体的活动,它能够自主地施行。按照这种概念,洛克从对要从事的活动或要施行的行为作思量的角度解释了意志的行为。在讨论他称之为"意念-发动之行为"这一理论时,詹姆士说道:"给各种可能的运动提供观念,这些观念由于对它们的不自主的推行的经验而留在记忆中,这乃是自主生活的先决条件。"反应性的或其他先天地被决定的运动并不依赖于对要施行的运动的意识。这就是"自主的运动必定是第二位的,而非我们的有机体的第一位的机能"原因所在;或者像他在另一个地方所说的,被自主地施行的行为"在此之前,至少一度必定是冲动或反应性的"。

那种能够产生自主运动的观念,詹姆士叫做"动觉形象"——一种在运动发生的时候能够被经验到的形象。他写道:"在那种非常简单的自主行为中,除了限定行为会是什么样的动觉形象外心灵中没有其他东西。"然而在特定的情况下,必须有"在运动之前的另外的心灵活动以形成一个命令、决定、同意和意志的要求"。当相反的动觉形象彼此竞争以致产生了相反的运动时,这一点成为必要。当需要相反的和抑制性的观念的中性化时,明确的命令或心灵的行为对运动的确认就产生了。

"随着一度作为事实的动机性观念的流行,"詹姆士接着说,"意志的心理学就完全终止了。它继起的运动是专门的生理学现象,按照生理学的规律伴随着观念与之相应的神经中枢活动。随着动机性观念的盛行,意志就终止了……我们因而发现,我们应当询问的是通过什么过程对任何被给予对象的思想在心灵中变得稳固起来,这时我们就抵达了对意志的探索的核心。"詹姆士给出的答案是,这是"意志的本质性成就……达到一个艰难的目标并且在心灵中牢牢地抓住它。如此的作为就是命令……因此注意力是意志的本质性现象"。

虽然弗洛伊德并没有使用"意志"这个词,或用意念发动机的术语分析自主的运动,但他确实把洛克和詹姆士归于意志的东西归给他叫做"自我"的东西了。"在流行的用语中，"他写道，"我们可以说自我代表理性和周全，而本我则代表未驯服的激情。"自我被给予的任务是"为本我再现外部世界"，并且以此防止它与现实发生毁灭性的冲突。

在履行这项功能时，"自我代表本我控制着动力的入口，但是，"弗洛伊德说，"它在欲望和行为之间插入思考的延迟因素，在这个过程中它利用储存在记忆中的经验的剩余物。通过这种方法它废黜了快乐原则而代之以现实原则，前者强化着对本我内部活动的无可置疑的支配，后者则保证更大的安全和更大的成功。"

海德格尔以形而上学的而非心理学的方式看待意志，他把"意志"看作"'存在物'的'存在性'的基本特征"，这么来想，它就是"存在物与实在的对等物，以这种方式实在的实在性被赋予了造就普遍的客观化的至高权能"。

因为意志自由的问题包含了意志的行为是否或者怎样被引致这个问题，因此意志的行为提出了一个关于它怎样造就它所产生的自主的效果这一问题。在洛克看来，无论是要解释一个物体怎样移动另一个物体，还是要解释我们的身体如何受动于我们的意志，我们同样是一头雾水。他认为，"运动从一个物体向另一个物体的传递与我们的心灵怎样通过思想发动或停止我们身体的活动，是一样暗昧不明和不可想象的，而我们每一刻都发现心灵在做这样的事情"。

洛克在另一个地方说，如果我们能够"解释这一点并且使它成为可理解的，下一步就会是去理解创造"。休谟同意说："我们身体的活动怎样尾随我们意志的命令，这一点必定永远躲避着我们最勤奋的探索。"他说道，意志所做的，"是一件普通经验的事情，像其他自然事件一样。但是它得以造就的力量和能量，像其他自然事件一样，是不可知和不可想象的"。

对休谟而言，一点都不更少神秘的是"继意志的命令之后一个观念的生成"，它看来暗含着一种"创造性的力量，由于这它从无所有中提出一个新观念，用一种命令模仿它的制作者的全能"。"这个操作是怎么推行的，它得以产生的力量"，在他看来"彻底超出我们的理解"。

斯宾诺莎和笛卡尔对意志与理智或理解力的关系采取的是不同的观点。他们两个都不承认人类的意志塑造新的观念，或者如斯宾诺莎所说，会有什么"由意志的自由力量所构成的纯粹幻象"；两人都认为意志的活动在于同意或不同意诸观念，对它们做出肯定或否定。但是超出这一点他们就分道扬镳了。

首先，笛卡尔区分作为选择官能的意志与作为知识官能的理解，而斯宾诺莎则坚持"意志与理智是同一个东西"。因为斯宾诺莎否认意志和理智除了"个体意志和观念本身"外还是什么别的东西，他主张，更确切地说个体意志（即该观念的肯定或否定）与被肯定或否定的个体观念是同一个东西。

随之而来，他们对意志的力量的看法也不同。斯宾诺莎批评了他在笛卡尔那里发现的假定，即"意志比理智伸展得更广，因而不同于它"。鉴于笛卡尔认为"我所拥有的理解能力……范围很小又极端受限"，斯宾诺莎说道，"我意识到一种意志如此地伸展以致不服从任何限制"。我们能肯定或否定远超出我们确切地知道的东西。

斯宾诺莎和笛卡尔之间的这种区分在他们关于上帝的意志的概念中展现得更加引人注目。按照笛卡尔，上帝的全能存在于他至高无上的意志中——在它的即便参照神圣的理智也是绝对的独立性中。"如果上帝的意志不是永恒地超越于所有已过去的和将发生的东西,那是自相矛盾的……举例来说,上帝未曾意愿过……三角形的三内角和等于两直角,因为他知道它们不可能是别的样子。反过来说……是因为他意愿三角形的三内角必须与两直角相等,因此它才是正确的而不能是别的样子。"斯宾诺莎反对笛卡尔的意志主义,认为这么说"上帝能够生发出来而可以不从三角形的本性而来使三角形三内角和等于两直角"是荒唐的。

如此不同的关于意志或它的权能的概念必然会导致关于人或上帝的自由意志的相反结论。按照斯宾诺莎,人的心灵不会是它自己行为的自由原因。在它的每一个意愿中,就如在它的每一个观念中一样,它都被一个原因所决定。在上帝中的无限意志的假定也不排除那种意志在它的行为中被决定的需要;上帝也不能"在这个方面被说成是出于意志的自由而行为的"。然而斯宾诺莎也肯定"只有上帝是自由因,因为只有上帝出于他自己本性的必然性而存在和作为"。自由并不居于意志中,也不在必然性或因果决定性的缺失中,而在于自决中。它不在于选择,而在于没有来自一个人本性之外的原因的强制。因此只有一种无限的存在者——斯宾诺莎意义上的"自因"——能够是自由的。

加尔文也否认意志的自由,并非因为人是有限的生命,而是因为他的天性被罪败坏了。"在人的反常和退化了的天性中仍然有一些火花显示他是理性的动物,并且就他被赋予了理智而言不同于野兽,然而这一理性之光是如此地被黑暗的云层所窒息以致它不再能向前照亮任何好的结果。与此类似,意志由于与人的天性不可分而没有消失,但深受堕落的欲望的奴役而不再能成为一种正当的欲望。"

相反,笛卡尔则将自由置于意志中并且把它与选择的能力相等同。他写道:"意志的官能仅仅存在于我们拥有选择去做一件事情或者不去做它的力量中……或者不如说它仅仅存在于这一事实中,即为了肯定或否定,追求或逃避那些我们的理智置于我们面前的事物,我们在对任何迫使我们这样去做的外部强力毫无意识的情况下做出我们的行为。"笛卡尔看来是认为在它的选择行为中意志是它自身的原因。但是他并没有把斯宾诺莎归属于上帝的自决分派给人的意志。他写道,"理智的知识应该永远在意志的决定之前";在另一个地方他说:"我们的意志既没有强迫我们去追逐也没有强迫我们逃避某种东西,除非我们的理智告诉我们它是善还是恶。"

笛卡尔解释说,为了成为自由的,"我不必超然于要选择的两方;相反,我越倾向于一方,我就越能自由地选择和拥抱它,不管我是清楚地认识到了应该在它里面发现的它的善好与真实的原因,还是上帝把它放在我的思想里面了"。意志永远保持着"独立于任何理智的决定把自身导向一方或另一方的力量"。在这个意义上,人的意志在没有面对选择物的情况下总是未定的,虽然它并非总是对它们保持超然。笛卡尔坚持说,只有当一个人"不知道何者更真或更好,或者是他知道得不够清楚,不能使他免于怀疑",这时意志才是超然的。因而,隶属于人的自由的超然与隶属于神圣者的非常不同。

西方思想中否认自由意志的传统看来遵循的是每一件发生的事情都必须有一个原因这一原则。在人类行为的领域,自主行为和非自主行为一样是先前原因所决定的结果。虽然两者同等必要,但照霍布斯、洛克和休谟看来,自主和非自主行为的差别在于这一事实——当一个人自主地行为时,他做的是他自己决定去做的。

在这些作者看来,他的行为的决定以某种方式本身也是被引致的这一事实并没有取消他的行为的自由,只是取消了他的意志的自由。如果自由不属于一个人的意志,而是属于那些能够做他所意愿的事情的人,那么,这些作家就认为,在自由和必然之间——或者说在自由与因果的普遍统治之间——就没有什么矛盾。对他们而言,自由只是被那种强迫一个人去做与他的意愿相反的事情或阻止他做他意愿去做的事情的外部强力所削减。在这个意义上自由只是与外部强迫不相容,而不是与意志的每一个行为的内部因果决定不相容。

对那些否认自由意志者而言,像笛卡尔那样说我们直接意识到我们选择的自由看来不是一个完全令人满意的答案。在霍布斯针对笛卡尔提出来的《第三组反驳》的第七个反驳(它专门针对笛卡尔在其中讨论自由意志的第四个沉思)中包含这样一个陈述:"我们在这里也必须注意意志的自由是在反对加尔文教徒的观点而缺乏证据的情况下被假定的。"在回复中,笛卡尔只是重复了他关于自由意志的明证性的初始陈述。

"我没有关于自由作出什么假定,"他写道,"它不是一个普遍经验到的事件。虽然有很多人当他们注意到神圣的宿命时不能设想如何与我们的自由相容,然而当他们仅考虑自身时没有人会经验不到意愿(to will)与自由(to be free)是同一件事情(或不如说自主的与自由的之间没有差别)。"对那个在另一组反驳中也否认"意志的不确定性"的伽桑狄,笛卡尔回答道:"这些事情是那种每个人都应该在他们自身中经验到的而不是通过推理被说服的事情……如果自由并不令你中意,那么拒绝自由吧;我至少会享受我的自由,因为我在我自身中经验到了它,而你只是用空洞的反对而非证据来攻击它。"

反对方回答,自由意志的经验也并非证据,因为我们可以怀疑这种经验是错觉而非真实。休谟提出,"在我们的诸多行为中的自由或超然……可能只是我们拥有的一个错误的感觉或似是而非的经验"。他进一步指出,我们受这个错觉欺骗,甚至把它塞给我们自己,因为我们被"对自由之光的虚幻欲望"所推动。以同样的理路,弗洛伊德后来给那种针对心理分析的决定论的反对意见不屑一顾,因为他们拒绝承认控制着他们行为的隐藏原因:"你有一个你不想放弃的在你内心有一种心灵自由的错觉。"但是这个"对心灵自由和选择的根深蒂固的信念"必须放弃,因为它"是非常不科学的……它必须为那种决定论的主张让路,这种决定论甚至支配着心灵生活"。

尼采一句话就打发了决定论与自由意志的整个争论,"那种叫做'意志的自由'的东西本质上是对他必须服从的东西的优越感"。在另一个地方尼采把意志自由的观念列为"四大谬误"之一。在又一处,尼采写道:"一个理论是可以驳斥的,这肯定不是它的可以小视的魅力:恰好由于有这种魅力,它才诱来精细的头脑。'自由意志'理论被驳斥了千百次却继续存在,这看来只归功于这种魅力——总不断有人觉得自己足够强大,再一次上前来驳斥它。"

自由意志与决定论的两难在另一些作家那里并不显得那么容易解决。"所有的理论都反对自由意志",约翰逊博士说道,"所有的经验都支持它"。托尔斯泰用类似的话表达了这个两难，他写道：用科学的理性方法"把人作为观察的主题，我们发现一个他（像所有存在物一样）所从属的普遍的必然法则。但是从我们内部把他作为我们意识到的东西，我们感觉自己是自由的。这种意识是与理性非常不同并且独立于它的自我认知的源泉。通过理性人观察他自身，但只有通过意识他才知晓自身……你说：'我不是自由的'。但是我已经举起我的手并把它放下。每个人都懂得这个不合逻辑的答案是自由的一个驳不倒的证明。这个回答是一种不从属于理性的意识的表达"。

托尔斯泰认为，这个问题不能通过忽视问题的任一方而解决。如果那么做，那就是把问题置于"问题本身都不能存在的水平上"。托尔斯泰接着说："在我们的时代，大多数所谓进步的人——也就是无知的群盲——把处理问题的一个方面的自然主义者的工作当作了整个问题的解决。"但是"承认从理性的视角看人服从必然的法则……丝毫也没有推进问题的解决，问题还有基于自由的意识的另一相反的方面"。这一"不可动摇的、不可反驳的、不能被实验或论证控制的自由的意识"对托尔斯泰而言不仅构成了"问题的另一个方面"，而且对他而言"没有它，任何关于人的概念都是不可能的"。

对自由意志或决定论的两难，詹姆士采取的是一个有些不同的视角。詹姆士从运用我们自身的力量而不是被它的客体所决定这个方面来理解自由意志的行为，他倾向于承认我们自由的意识可能是一个幻觉。"即便在不费力的意志中我们也有一种意识，似乎另一种选择也是可能的。这肯定是一个幻觉，"他写道，"为什么它并非处处都是幻觉呢？"因此在他看来"自由意志的问题在严格的心理学的基础上是不可解决的"。

但是如果自由意志的存在不能从经验得到证明，在他看来，决定论也不能被科学地论证："任何一个对决定论的论证所能做的至多是把它变成一个清楚的有诱惑力的概念，以致任何人，只要他支持下述巨大的科学假定——世界必定是一整个不可分割的事实，我们至少在理想上，如果不是在实际上，有可能毫无例外地预言所有事情——那么，他不去拥护这个概念就会是愚蠢的。"对那些接受这个假定的人来说，"像人为努力这样微小的事实不能对决定论法则压倒一切的统治造成任何真正的例外"。

然而它仍只是一个假定，而假定不是证据。而且，还有"一个关于大全的道德假定……它会把一个人领向对相反的观点的拥护……它假定应该存在的就能够存在，坏的行为不会是注定的，但好的行为必定能够各得其所"。正如科学法则和预言看来诉诸决定论的假定，道德责任和道德选择的真实性看来要求有自由意志。

在《实用主义》一书中，詹姆士关于自由意志和决定论这样说道：

> 自由意志和决定论都受到过攻击并且被说成荒唐不堪，因为在彼此的敌人眼中，每一方看来都为行为者好的或坏的行为免除了责任。奇怪的二律背反！自由意志意味着创新，意味着给过去的事物嫁接上某些它本来没有包含的东西。如果我们的行为是前定的，如果我们只是传递整个过去的推动力，自由意志主义者就会说，我们怎能因为任何事物而受表扬或遭谴责？我们就会只是"中介"，而非"本原"，那么哪儿会有我们宝贵的能负责任的品质？

但是如果我们真有自由意志的话，它又会在哪里呢？决定论者反驳道。如果一个"自由"行为是全新的，它不是来自我，先前的我，而是虚无中生出来的，只是把它自己添加到我身上,那么我,先前的我,怎么能够负责?我怎么能够具有持续得足够长以承受要得到的赞扬或责备的持久的品质?

休谟承认,"可以说……如果自主的行为随着事情的运转也同样服从必然的法则,那么就有一个连续的因果法则的锁链,它是预先安排和预先决定了的,从所有事物的最初原因一直延伸到每一个人类造物的个体意志"。但是他并不认为主张"在宇宙的任何地方都没有偶然性,没有超然,没有自由"就需要我们放弃我们的道德责任的观念,避免对人的行为有所褒贬。他写道:"人类的心灵就是这样自然地形成的,因此,在一定的品性、性情和行为表现出来的现象上,它直接就会有认可或斥责的感觉。那些赢得我们的嘉许的品性主要是对人类社会的和平与安全有贡献的品性,激起批评的则主要是损害和扰乱公众的倾向。"

在休谟看来,关于人类品性或行为的原因,或关于宇宙的普遍结构的"模糊不定的思辨",并不影响"从对对象的自然和直接的观看产生的感情……",他问道:"为什么承认邪恶与美德之间的真实区分就不可以与哲学所有的系统思辨相调和呢,就像我们也承认在仪表的美与丑陋之间有真实的区分一样?"詹姆士取的是恰好相反的观点。必然性或决定论的学说对他而言是与道德责任或区分美德与邪恶不相容的。由于坚持自由意志对道德生活来说必不可少,詹姆士选择"自由这一方"。在这么做的时候他坦白"他的看法的根据是伦理学的而非心理学的"。

他并没有朝他叫做"问题的逻辑"的方面多走一步。既然假定不是证据——既然一个假定不是一个无法否认的公理而是詹姆士在别处叫做"相信的意愿"的东西的一个表达——由相互冲突的假定构成的这种两难就只能运用自由选择来解决。对詹姆士来说自由意志与决定论之间的选择构成了那种难题,那么看来非常合适的是,自由意志的第一个行为就应该是相信自由意志。

他写道:"当科学的和道德的假定彼此冲突而又不会有客观的证据,剩下唯一的事情就是自主选择,因为怀疑论本身如果成系统的话,也是自主的选择。"因此相信自由意志"应该从其他可能的信念中自主地被选择。自由的第一个行为应该要确认他自身。要是非决定论是一个事实的话,那么我们应该永远不要希望用任何其他的方式来获得这个真理。因而,对这个特殊的真理,我们将永远有可能产生怀疑,一个自由意志的相信者所能做的最多是展示决定论的诸多论证不是无可否认的"。詹姆士得出结论说:"我绝不否认,这些论证颇富诱惑,我也不否认,当这些论证迫向矗立在我们心灵中的自由信仰之际,要保持对自由的信仰需要付出努力。"

在伟大著作传统中,并非所有肯定自由意志的人都认为这需要他们否认因果律在自然界的普遍统治,他们也不是把他们的肯定建立在对自由选择的直接意识之上或把它变成一个信念性的行为——一个实用的假定。例如,康德就明确否认自由只是一个信念的事情:"它是纯粹理性的所有观念中唯一的其对象是一个事实的观念。"这对他而言意味着它的客观实在性能够被证明。相反,"上帝的存在和灵魂的不朽是信念的事情"。康德这么说的意思是,它们必须被实践理性所假定,作为道德律命令我们去追求的至善之可设想性的必要条件。

为了理解康德为自由提供的证据,有必要记住他是根据自律来设想意志的自由,根据实践理性——纯粹意志与它是一回事——在颁布、赞成道德法则时为自身立法、仅服从自身这一事实来设想自律的。他写道："意志的自律是意志的财富，通过它，意志给予自身以法则……现在自由的观念与自律的概念不可分地联结在一起了，而这个概念又与道德的普遍原则联结在一起。"康德接着说，道德法则"表达的只是纯粹实践理性的自律"，并且"这个纯粹因而是实践的理性的自我立法就是积极意义上的自由"。

当这么说"自由意志与服从道德法则的意志是同一个东西"时，康德想到了他可能被怀疑在循环论证，在其中他似乎把自由作为道德的条件同时又从道德法则的存在推出自由。毫无疑问，对他而言，自由"必定是所有道德法则以及随之而来的责任的基础"。但是，他解释说，一边称"自由是道德法则的条件"，一边又坚持"道德法则是在其下我们能够首先对自由产生意识的条件"，从这里面得不出什么不一致的东西，如果我们能够理解"自由是道德法则的存在根据〔ratio essendi〕，而道德法则是自由的认识根据〔ratio cognoscendi〕"。

我们通过知道道德法则的存在而知道我们的意志是自由的。我们知道道德法则存在，因为否则理性就永远不能判断——像它实际上做到的那样——我们本来应该去做的事我们却没去做。"对于它，我们立刻就能意识到（当我们为我们自己寻找意志的座右铭时）"的并非自由而是道德法则。这一点，康德说，"首先把它自身呈现给我们，并且立刻导向自由概念"。无论何时，当一个人判断"他会去做一件具体的事情因为他意识到他应该做"，那么照康德看来，"他就意识到了他的自由——一个要不是有道德法则他永远也不会知道的事实"。

康德认为能够从道德法则中立刻推论出来的自由是一种非常特殊的原因。在可感的自然世界中，每一个原因都依次是先前某些原因的结果。没有一个是最初的和无条件的原因——没有原因的原因。但对康德而言自由是"绝对自发的能力"，存在于"原因的无条件的起因中……这个起因能够独立于自然的因果力量甚至与自然的因果力量相对立而产生结果，并且随之而来能够自发地引致一系列事件"。

这两种模式的因果关系——康德称之为"自然之因与自由之因"——怎么能够彼此相容呢？同时肯定两者看来会把我们带进二律背反中，正题是"遵循自然法则的因果关系不是唯一的因果关系……自由的因果关系也是必要的"，反题是"没有自由这种东西，世界上的一切只是遵循自然法则而发生的"，这两者是矛盾。然而康德认为他能够表明，"这个二律背反只是基于一个幻觉，自然与自由至少是不敌对的"。

他承认，"如果那个就自身看来是自由的思想主体以为它是在同一种意义和完全相同的关系下称自己是自由的并且就同一行为假定自身是服从自然法则的"，那么要逃避这个矛盾是不可能的。但是，如果人属于双重世界——自然现象的可感世界与理智生命或本体的超感官世界，那么这个矛盾就只是表面的或虚幻的。"一个拥有自由意志的存在者的观念"，康德写道，"是关于一个本体因的观念"——关于一个不在自然的因果关系的时间条件下运作的原因的观念。"作为物理必然性的因果关系的观念……只就事物在时间内是可确定的并且因而作为与作为物自身的因果关系相对立的现象这个限度内关心事物的存在。"

要去掉"在同一个行为中的自由与自然的机械论之间的表面矛盾，我们必须记住……自然的必然性——它不能与主体的自由并存——只属于那种服从时间条件的事物的性质,因而也只属于那些作为现象的行为主体……但正是这同一主体",康德接着说,"另一方面也意识到他是物自身,也就它不从属于时间条件的方面来理解他的存在,并且认为他只被通过理性赋予自身的法则所决定"。

在超感官存在这后一种样式中,人运用自由意志的因果关系。他无论如何都不是统治所有物理事物的自然界必然性的臣属。然而这两个世界——自由的道德世界与必然的物理世界——在同一个行为中遇合。康德解释说,"理性的生命能够公正地判定每一个他所做的非法的行为是他本来可以非常好地让它不发生的;尽管作为现象它是被过去所充分决定的,因而在这个方面是绝对必然的"。

对于康德,自由与自然之间显见有所冲突,因为他把自由意志的行为理解为绝对的自发性。它就像原子的突然偏离(在**机遇**一章里讨论)一样没有原因,卢克莱修就是以这一偏离为自由意志存在的基础的。有另外一种自由概念,它并不赋予自由意志任何特殊品性而使得它与通常的因果关系相冲突。阿奎那认为,"自由的东西应该是它自身的初始因"这一点并不属于自由。上帝是一个人自由地选择地去做的事情的终极原因,就像他是一切自然事件的初始因一样,而且意志作为人的自然能力也从来没有造成过他的运动。它总是被理性所推动,即便在它的选择行为中也是这样,因此这些意志在其中乃是自由的行为也是被引致的。

在康德把意志与自由意志等同起来(这意味着意志在它所有的行为中都是自由的)的地方,阿奎那区分开了那些被迫的和自由的意志行为。他引用奥古斯丁的话,大意是,"自然的必然性并没有取走意志的自由",因为自由只是存在于意志对手段的选择中,而不在它对目的的意愿中。"正如理智自然并且必然地追随初始的本原,"阿奎那解释说,"意志也追随它最终的目的。"正如理智必定同意那些"与初始原则有必然联结的命题,即可证明的推论",意志也必定只追随那些"必然与幸福相连的事物"。就其他的一切——那些只是偶然的手段的属于特殊的善好的整个领域——而言,意志不是被必然决定的,因此意志在它们之中的选择是自由的。

尽管阿奎那也说到除非人有自由选择,否则"协商、劝诫、命令、禁止以及奖赏与惩罚都将毫无意义",但他并没有假定自由意志为道德行为的一个不可缺少的条件。相反他表明理性是如何导致意志的选择同时又让它们自由。他写道:"自由的根本是作为主体的东西的意志,但是理性作为它的原因。而意志能够自由地趋向多种目标恰好是因为理性能够有对善好的多种理解。"例如,当"深思熟虑的理性对相反的事情做超然的处置时,意志可以倾向于任一方"。因而就特定的途径而言,意志选择的自由存在于这一事实中——对所有偶然的事情,"理性的判断可以追随相反的路向,并不确定向某一方"。

阿奎那写道:"在所有特殊的善好中,理性能够考虑某些善好的一个方面和某些有坏的方面的善好的缺点;在这个方面它能够理解这些善好中作为被选择或被避开的某种东西的任何单独一个。只有全然的善好,那就是幸福,无论以何种方式都不能被理性理解为恶或欠缺。因而人们必然地意愿幸福,他不会不意愿幸福或意愿不幸福。现在既然选择不是针对目的,而是针对手段,不是针对全然的善好——那就是幸福——而是针对特殊的善好,那么人们就不是出于必然,而是自由地进行选择。"

像阿奎那一样,洛克坚持"被我们自己的判断决定不是对自由的限制"。洛克认为"追求幸福的恒久决心无损于自由",但在这个地方,阿奎那则认为因为"人们必然地意愿幸福",他的意志在意愿这个自然目的时是不自由的。不过洛克的确提到过另一类情况,"在其中一个人就意愿而言是自由的"——在这种情况中,"一个人可以停止选择赞成还是反对一件事情,直到他考察过它是否的确本质上是自然的因而可以使他幸福"。

阿奎那把对自由的因果关系而言特别的东西定位在这种情况中。有时理性的判断是被它的对象决定的,例如当它思考行为的最终目的时。但是当它斟酌两种手段(它们都是特殊的和偶然的)时,理性可以判定任一方。什么决定着它判定这种途径而不是另一种?阿奎那的答案是,理性的这种判断是自主的,与理性对自明的真理的非自主的同意相反,在那种情况中它是彻底被所考虑的对象决定的。但是如果一个自主的判断是那种在其中意志决定理性的同意的判断,并且理性关于手段的判断在这个意义上是自主的,那么引致选择的意志行为的理性行为本身就是一个被意志引致的行为。因而意志的选择不是无原因的,但是,像阿奎那所想的那样,它被引致的方式使得它是自我决定的,因而在这个限度内是自由的。

意志的一般理论最突出地出现在阿奎那的神学以及康德和黑格尔的哲学中。他们不仅对意志的本性和它与理性的关系提供了最精细的分析,而且在伟大著作传统中,他们是意志自由最坚定的捍卫者。然而他们在原则和推理过程中的不同却可能使他们分享的共同基础变得模糊。

这可以从他们的自由概念看出来。阿奎那不把自律和自发性归给意志。然而在他关于作为意志的自我决定行为的自由选择的观点中,有某种与康德的自律类似的东西;并且,在康德把纯粹意志视为本质上自由的和自发之处,阿奎那坚持,意志就它意愿或不意愿而言,总是自由的、不可侵犯的。他写道,"不行为以及不意愿"也绝对地处于"意志的权能"之内。他不想以同样的方式解释这种自由的运用与自由的选择。

只就后者而言阿奎那才诉诸理性和意志之间的交互因果关系,以显示选择的意志行为如何既是自由的又是引致的。阿奎那认为发生在自由选择中的那种因果关系——意志决定着理性去做出实践性的判断,由于这它自身也是被决定的——看来包含着行为与反应之间的一种循环或同时性。如果这之所以可能只是因为理性和意志是精神性力量,那么与康德的意志行为属于超感官世界而非物理运动的领域这种理论相比,这里也有某种相似性。

在另一点上,他们看来甚至更明摆着是一致的。阿奎那写道:"自由选择是人的尊严的一部分。"对康德来说,人的尊严——他作为康德所谓"目的王国"的成员——"通过意志的自由得到表达的可能"。虽然他们在理性和自由是人类尊严的源泉这一点上分享同样的看法,但是并没有从肯定自由意志是人类生活的枢轴而得出相同的道德结论。

阿奎那像亚里士多德一样,不只是在意志中寻找道德的善好。相反,意志的正当性依赖于它所追寻的目的以及它选择的手段的善好。然而像斯多葛派一样,康德把意志视为道德的善好的唯一宝库。

如爱比克泰德所言,所有的善与恶都

存在于人的意志中,道德上中性的领域是"意志控制之外的区域",因此康德用这一陈述作为他的道德哲学的开端:"在这个世界上,甚至在它之外,没有什么东西可以被认为是可以无条件地称为善的,除了善良意志。"在他的眼中,"一个善良意志是善的,并非因为它所做的或所影响的东西,也并非因为它有益于达到某些人为的目的,而只是由于意志,也就是说,它本身就是善"。在另一个地方,他加上了一句:意志,善本身,"虽然确实并非唯一的和全部的善",但它"必定是最高的善,并且是其他每一种善——甚至是对幸福的欲望——的条件"。

道德哲学中涉及意志的这些基本问题在**责任**那章中有更充分的论述。政治理论中的意志问题在**法律**和**国家**两章中有考虑——特别是包含主权意志的概念以及特殊意志和普遍意志、多数意志和全体意志之间的区分的那些问题。那些涉及上帝的自由以及与上帝的意志有关的人的自由的问题也有待别处的论述。

分 类 主 题

1. 意志的存在与本性:它与理性或心灵以及与欲望或情感的关系
2. 对意志的权能和行为的分析
   2a. 意志的对象:它的权能的范围
   2b. 意志的发动
      (1)通过涉及善与恶的判断或通过道德法则对意志行为的理性决定
      (2)通过对有利与有害或快乐与痛苦的衡量对意志行为的感性决定:激情的冲动
   2c. 意志的行为
      (1)意志行为的种类和秩序:手段和目的
      (2)与目的有关的几种意志行为:它们的前因与后果
      (3)与手段有关的几种意志行为:它们的前因与后果
3. 意志在人类行为与思想中的作用
   3a. 意志在行为中的作用
      (1)自主的和非自主的之间的区分:自主的条件;就自主的行为而言对人和动物的比较
      (2)目的性行为的范围:习惯和本能与自主的关系
   3b. 意志在思想中的作用
      (1)与思想中的意图性有关的知识与意见的区分:相信的意愿和意愿性的思考
      (2)意志作为错误的原因
      (3)宗教信仰之依赖于意志的行为或实践理性
4. 神圣的意志
   4a. 神圣的意志与理性的关系
   4b. 神圣意志的自由:神圣的意志与可能和不可能的关系
5. 意志的自由
   5a. 对自由意志的含义的解释
      (1)意志的自由作为自由决定的选择或理性的自由判断
      (2)意志的自由作为一个人去行为或不去行为的自由

    (3) 意志的自由作为一种彻底非引致的或自发的行为
    (4) 意志的自由作为为自身立法的理性的自律:纯粹意志与自由意志的同一
  5b. 对意志自由的论证
    (1) 人对他的选择自由的直接意识:理性对它的自律的反思知识
    (2) 从实践理性判断特殊的善时的不确定性而来的意志的自由
    (3) 从道德法则或纯粹实践理性的事实演绎出自由意志
    (4) 自由意志作为一个实用的选择:自由意志的假定作为道德责任和行为的一个不可缺少的条件
  5c. 反对意志自由的论证:自由意志之违背自然的趋势或因果关系的统治;证明自由意志的不可能性
6. 对意志自由的范围的分析
  6a. 对意志的自由的限制:被迫的意志行为与自由的意志行为的区分
  6b. 运用的意志自由与选择的意志自由之间的区分
  6c. 自主的行为和从自由选择而来的行为之间的区分:在自由方面对人和动物的比较
7. 自由意志的蕴涵
  7a. 自由意志作为人类尊严的源泉:它与奴役以及公民自由的关系
  7b. 历史哲学中自由和必然的因素
  7c. 人类的自由与上帝的意志的关系:命运、前定和天意
  7d. 上帝作为人类意志的对象:在福乐的图景中意志的寂静
  7e. 自由意志与罪以及赎罪的关系
    (1) 罪的自由:亚当的自由与堕落的人类天性的自由
    (2) 自由与恩典的关系
8. 意志作为道德和社会因素
  8a. 意志的不可侵犯:它免于外部强迫和限制的自由
  8b. 意志的善或恶
    (1) 意志的正当或紊乱的条件
    (2) 善良意志作为独树一帜的或首要的人类的善
  8c. 意志与德性:公正和仁慈作为意志的习惯。
  8d. 意志与义务:绝对命令
  8e. 意志与正当:在外部的实践关系中诸个体意志的和谐
9. 人与人之间在意志领域的差异
  9a. 意志强的人与意志弱的人之间的区分:意志力量的培养
  9b. 意志的病理学:优柔寡断、固执的妄想、强迫性冲动以及压抑
10. 意志作为政治理论中的一个术语
  10a. 主权意志:人民意志;多数意志
  10b. 法律与意志的关系
  10c. 普遍意志,特殊意志,每个人的意志,总体意志

[李旭 译]

索引

本索引相继列出本系列的卷号〔黑体〕、作者、该卷的页码。所引圣经依据詹姆士御制版，先后列出卷、章、行。缩略语 esp 提醒读者所涉参考材料中有一处或多处与本论题关系特别紧密；passim 表示所涉文著与本论题是断续而非全部相关。若所涉文著整体与本论题相关，页码就包括整体文著。关于如何使用《论题集》的一般指南请参见导论。

1. The existence and nature of will: its relation to reason or mind and to desire or emotion

- **6** Plato, 350–353
- **7** Aristotle, 664
- **8** Aristotle, 235–236, 387–388
- **11** Epictetus, 141, 160–162
- **11** Plotinus, 414–415, 659–671
- **16** Augustine, 437–442
- **17** Aquinas, 108–109, 306–310, 428, 431–436, 468, 646, 650–651, 662–663, 669–670, 672–673, 675–676, 686–687
- **19** Dante, 67–68
- **20** Calvin, 78–79
- **21** Hobbes, 272
- **25** Shakespeare, 121
- **28** Bacon, 67
- **28** Descartes, 441–442
- **28** Spinoza, 633, 650
- **33** Locke, 179–180, 181, 211, 363–364
- **33** Berkeley, 418
- **39** Kant, 164–165, 256, 271, 314, 385, 386, 483–484
- **43** Hegel, 18–19, 169–171
- **43** Nietzsche, 471–472, 479–480
- **53** James, William, 814–820
- **54** Freud, 837–838
- **55** Wittgenstein, 403–407 passim

2. The analysis of the power and acts of the will

2a. The objects of the will: the scope of its power

- **7** Aristotle, 602, 665–666
- **8** Aristotle, 357–359
- **11** Epictetus, 192–198, 201–211
- **11** Plotinus, 385–386, 486–487
- **16** Augustine, 401
- **17** Aquinas, 108–109, 120–121, 468, 541–542, 609–643, 657–658, 663–664, 673–674, 698–699, 703–705
- **19** Dante, 67–68
- **21** Hobbes, 165
- **25** Shakespeare, 212
- **28** Descartes, 315–319
- **28** Spinoza, 632–634, 663, 677–678
- **33** Locke, 354
- **33** Hume, 472–474, 476
- **39** Kant, 259, 298–300, 304–307, 327–329, 403–404
- **43** Hegel, 42, 43, 121, 125, 131, 338–339
- **53** James, William, 767–768, 814–819
- **54** Freud, 715–716, 838–839
- **55** Heidegger, 307

2b. The motivation of the will

- **7** Aristotle, 665–666
- **8** Aristotle, 357–359, 611–613
- **16** Augustine, 336–338
- **17** Aquinas, 434–435, 657–662, 689–690
- **28** Descartes, 316–319
- **28** Spinoza, 660–663
- **33** Locke, 131–132, 177, 184–193 passim
- **39** Kant, 259, 262, 279–287, 304, 330–331, 341–342
- **43** Hegel, 22, 124
- **49** Darwin, 310, 592
- **53** James, William, 790–799, 807–814

2b(1) The rational determination of the will's acts by judgments concerning good and evil or by the moral law

- **7** Aristotle, 200–201, 665–666
- **8** Aristotle, 235–236, 357–358, 359, 387–388, 394
- **11** Lucretius, 53
- **11** Plotinus, 659–661
- **13** Plutarch, 121, 197–198
- **17** Aquinas, 28, 114–115, 124–125, 155–156, 438–439, 657–658, 660, 672–673, 674–675, 677–681, 683–684, 689–690
- **19** Dante, 1–3
- **20** Calvin, 120–123, 165–193
- **25** Shakespeare, 115
- **28** Descartes, 274, 315–319
- **28** Spinoza, 677, 684
- **33** Locke, 186, 187, 190–191
- **39** Kant, 169–170, 264–265, 271, 279, 282–283, 318–321, 397–398, 477, 571–572, 605–606
- **43** Hegel, 51, 134–135
- **46** Eliot, George, 553–554
- **53** James, William, 796–798, 807–808
- **56** Heisenberg, 455–456

2b(2) The sensitive determination of the will's acts by estimations of benefit and harm, or pleasure and pain: the impulsion of the passions

- **7** Aristotle, 665–666
- **8** Aristotle, 357, 359

17 Aquinas, 647-648, 649-650, 658-659, 664-665
18 Aquinas, 145
19 Dante, 1-3
19 Chaucer, 467
21 Hobbes, 64
28 Spinoza, 660-663
31 Racine, 329-367 passim
33 Locke, 180-181, 185
39 Kant, 234-236, 260, 284-285, 298-300, 306-307, 385-386, 477
40 Mill, 463-464
46 Austen, 56-57
46 Eliot, George, 480, 487-488, 519-520, 572
49 Darwin, 316-317
53 James, William, 796-797, 808-814
54 Freud, 363-364, 377-378, 412-414 passim, 419-420, 639-640, 838
55 Dewey, 110
59 Mann, 500-502

2c. The acts of the will

2c(1) The classification and order of the will's acts: means and ends

8 Aristotle, 340, 357, 358-359
17 Aquinas, 112-113, 120-121, 614, 656, 657, 671-672, 674-675, 682-683, 685-686, 708-709
33 Locke, 191-192
39 Kant, 257, 274-275, 327-329
55 Barth, 495-497
58 Weber, 103-106

2c(2) The several acts of the will with respect to ends: their antecedents and consequences

7 Aristotle, 665-666
8 Aristotle, 357, 358-359
17 Aquinas, 655-672
39 Kant, 265-267, 271-279, 327-329, 586, 594-595
53 James, William, 767-798
55 Dewey, 105, 116-117
57 Tawney, 189-191

2c(3) The several acts of the will with respect to means: their antecedents and consequences

7 Aristotle, 665-666
8 Aristotle, 357-359, 387-388
17 Aquinas, 311-312, 672-693
39 Kant, 265-267
53 James, William, 767-790, 827-835

3. The functioning of will in human conduct and thought

3a. The role of the will in behavior

7 Aristotle, 695
8 Aristotle, 235-239, 355-361
11 Epictetus, 110-112
16 Augustine, 73-76
17 Aquinas, 609-615, 625-626, 644-651, 684-693, 697-698, 712-716, 718
28 Bacon, 55
33 Locke, 179
33 Hume, 472-473
39 Kant, 169-170, 264-265, 279-287, 293, 296, 307-314, 331-337, 463-467, 571-572, 587-588
43 Hegel, 171-173
53 James, William, 291-295, 790-798
54 Freud, 715-716

3a(1) The distinction between the voluntary and the involuntary: the conditions of voluntariness; comparison of men and animals with respect to voluntary behavior

6 Plato, 746-748
7 Aristotle, 535, 573, 664-667
8 Aristotle, 239, 355-357, 359-361, 383-384
9 Galen, 359-360
11 Plotinus, 659-661
17 Aquinas, 218-219, 430-431, 541-542, 644-651, 652-653, 673-674, 682, 684-685, 707-708
18 Aquinas, 113-114
20 Calvin, 127-128, 138-140
21 Hobbes, 61
30 Pascal, 24-26
33 Locke, 180
35 Rousseau, 337-338
39 Kant, 164-165, 234-237, 282-283, 286-287, 386
43 Hegel, 44, 120-121
50 Marx, 85
51 Tolstoy, 548-549, 578-579, 689-690
53 James, William, 4-7, 8, 9-17, 47-52, 269-274, 291-295, 704-706, 767-790, 827-835
54 Freud, 13, 454-476 passim
55 Wittgenstein, 404
60 Lawrence, 153-157

3a(2) The range of purposive conduct: the relation of habit and instinct to the voluntary

7 Aristotle, 647-648
8 Aristotle, 359-361
16 Augustine, 70-71
17 Aquinas, 106-107
18 Aquinas, 8-9, 10, 108-109
20 Calvin, 122-123
26 Harvey, 456-458 passim
39 Kant, 256-257, 279-287, 378
41 Boswell, 135-136
43 Hegel, 16, 46, 121-122
43 Nietzsche, 497
49 Darwin, 288
51 Tolstoy, 665
53 James, William, 8-9, 74-78, 90-93, 704-706, 788-789, 790-791
57 Veblen, 108-110
59 Cather, 428-429

3b. The role of the will in thought

7 Aristotle, 647–648
16 Augustine, 73–74
17 Aquinas, 657–658, 663–664, 677–678, 686–687
28 Descartes, 309, 393
28 Spinoza, 625–626
30 Pascal, 191, 439–441
33 Locke, 182, 363–364, 393–394
33 Hume, 473–474
43 Hegel, 13–14, 15
53 James, William, 381–385, 818–820

3b(1) The distinction between knowledge and opinion in relation to the willful in thought: the will to believe and wishful thinking

11 Lucretius, 52
17 Aquinas, 690
18 Aquinas, 391–392
22 Rabelais, 148–150, 154–156, 159–163, 166–171, 175–178
28 Bacon, 27
28 Descartes, 351–352
28 Spinoza, 603–606
33 Locke, 363–364
39 Kant, 240–243
43 Nietzsche, 517–518
53 James, William, 636, 644, 652–659 passim, 660–661
54 Freud, 819, 882
56 Heisenberg, 455–456

3b(2) The will as cause of error

28 Descartes, 315–319
28 Spinoza, 626–627
43 Nietzsche, 517–518

3b(3) Religious faith as dependent on an act of will or practical reason

16 Augustine, 45–47, 73–77
18 Aquinas, 398–400, 403–404
20 Calvin, 272
28 Bacon, 41
28 Descartes, 226–227
30 Pascal, 219–220, 222–223
33 Locke, 15
37 Gibbon, 296
39 Kant, 604–606, 607–610
43 Hegel, 372
51 Tolstoy, 196–198
53 James, William, 652–653, 826–827

4. The divine will

11 Epictetus, 206–207, 211–212
16 Augustine, 130–131, 141–142, 405, 662
17 Aquinas, 108–127, 325–326, 709–711
18 Aquinas, 218, 810–815, 826–827
19 Dante, 93
28 Bacon, 38
28 Spinoza, 596–597, 601–603
33 Berkeley, 418–419
39 Kant, 276–277, 325–326
46 Austen, 86
51 Tolstoy, 675–677

4a. The relation of the divine will and intellect

16 Augustine, 147, 408–409
17 Aquinas, 82–83, 125, 127–144, 155–157, 538–539
28 Descartes, 454, 455
28 Spinoza, 601–603
39 Kant, 265, 321, 324–325

4b. The freedom of the divine will: the divine will in relation to the possible and the impossible

Old Testament: *Psalms,* 135:6 / *Isaiah,* 14:24–27; 46:9–13
New Testament: *Matthew,* 20:1–16 / *Romans,* 8:28–39; 9:15–26 / *Ephesians,* 1:3–11
11 Plotinus, 659–671
16 Augustine, 156, 258–259, 638–641
17 Aquinas, 110–112, 117–118, 145–150, 218–219, 315–316, 537–538
18 Aquinas, 1016–1017
20 Calvin, 94–100
28 Descartes, 454
28 Spinoza, 589, 596–597, 601–603, 608, 656–658
29 Milton, 220–221, 346
33 Locke, 191
39 Kant, 393
51 Tolstoy, 684

5. The freedom of the will

5a. Interpretations of the meaning of free will

5a(1) The freedom of the will as consisting in a freely determined choice or a free judgment of the reason

16 Augustine, 694–695
17 Aquinas, 117–118, 436–440, 646, 676–677, 686–687
20 Calvin, 111
28 Descartes, 273
30 Pascal, 154–159
33 Locke, 193, 198–199
41 Boswell, 392–393
53 James, William, 820–822, 825–826
55 James, William, 25–26

5a(2) The freedom of the will as consisting in the freedom of a man to act or not to act: freedom from external constraints or coercions

21 Hobbes, 86, 112–113
33 Locke, 180–184
33 Hume, 483–484
56 Waddington, 742–746

5a(3) The freedom of the will as consisting in a totally uncaused or spontaneous act

11 Lucretius, 18–19

28 Spinoza, 601, 625
39 Kant, 140-143, 164-165, 167-171, 281-283, 292-293, 307-308, 311
51 Tolstoy, 692-694
53 James, William, 223

5a(4) The freedom of the will as the autonomy of the reason legislating for itself: the identity of pure will and free will

39 Kant, 279-287, 291-293, 296, 297-314, 326, 327-329, 386-387, 392-393, 463-465, 571-572, 587
43 Hegel, 12-16, 17, 42, 59, 120, 121, 122, 123, 130-131, 136
43 Nietzsche, 507-508

5b. Arguments for the freedom of the will

5b(1) Man's immediate consciousness of his freedom of choice: reason's reflexive knowledge of its autonomy

16 Augustine, 56
28 Descartes, 367
33 Hume, 483
35 Rousseau, 338
39 Kant, 283, 302-303, 310-311, 604, 606-607
51 Tolstoy, 688-689
53 James, William, 797-798, 820-823, 848-849
56 Planck, 91
56 Waddington, 742-746

5b(2) The freedom of the will as deriving from the indetermination of practical reason judging particular goods

8 Aristotle, 357-359
17 Aquinas, 110-111, 308-309, 436-438, 663-666, 690
18 Aquinas, 339-340
33 Locke, 191-192, 198-199

5b(3) The deduction of free will from the moral law or from the fact of pure practical reason

20 Calvin, 110-112
39 Kant, 164-171, 279-287, 291, 302-303, 304, 307-314, 331-337

5b(4) Free will as a pragmatic option: the postulation of free will as an indispensable condition of moral responsibility and action

39 Kant, 348-349
51 Tolstoy, 688-694
53 James, William, 294-295, 820-827

5c. Arguments against the freedom of the will: free will as a violation of the course of nature or the reign of causality; the impossibility of proving free will

11 Plotinus, 382-386
16 Augustine, 256-259
17 Aquinas, 436-438
20 Calvin, 78-79, 109-128
21 Hobbes, 113

28 Spinoza, 599-606, 625-628, 629
33 Locke, 108-109, 183-184
33 Hume, 478-487
39 Kant, 140-143, 164-171, 279-287, 291-293, 296, 301-302, 307-314, 331-337, 340-342, 571-572
43 Nietzsche, 473
51 Tolstoy, 692-696
53 James, William, 291-295, 822-826
54 Freud, 454
55 James, William, 25-26
55 Whitehead, 172-173
55 Barth, 496
56 Planck, 90-91
56 Schrödinger, 502-503

6. The analysis of the will's range of freedom

6a. The limitations on the freedom of the will: the distinction between acts of the will which are necessitated and acts of the will which are free

8 Aristotle, 357-358, 359-361 passim, esp 360, 388
11 Epictetus, 99-231
11 Aurelius, 239-294
16 Augustine, 256-259
17 Aquinas, 311-312, 323-324, 613-615, 662-666, 675-677, 690-693
18 Aquinas, 10
28 Descartes, 358
34 Diderot, 294
39 Kant, 164-165 esp 164, 234-236, 259-260, 325-326
43 Hegel, 44-45, 134
48 Melville, 98
51 Tolstoy, 577-582, 688-694
53 James, William, 291-295, 821-822

6b. The distinction between the will's freedom of exercise and the will's freedom of choice

17 Aquinas, 646-647, 659-660, 663-664, 676-677
33 Locke, 180-181
47 Dickens, 259-260

6c. The distinction between voluntary behavior and behavior resulting from free choice: comparison of men and animals with respect to freedom

11 Plotinus, 398-399
17 Aquinas, 117-119, 589-590, 664-665, 667, 672, 673-674, 682, 687-688
20 Calvin, 138-140
23 Montaigne, 259
28 Descartes, 283-284, 382
33 Locke, 180
35 Rousseau, 337-338
39 Kant, 372, 584-585, 587-588
43 Hegel, 15, 120, 121, 125
49 Darwin, 311

7. The implications of free will

7a. Free will as a source of human dignity: its relation to slavery and civil liberty

17 Aquinas, 323-324, 512-513, 718-719
19 Dante, 95-96
22 Rabelais, 65
24 Shakespeare, 570-571
28 Spinoza, 628
29 Milton, 394-395
35 Rousseau, 389, 393
39 Kant, 271-279, 325-326, 341-342, 346-348, 355, 594-595
40 Mill, 316
43 Hegel, 16-17, 25, 27-28, 126, 129-130, 167-168, 242, 248-249, 372
51 Tolstoy, 577-578, 688-690
52 Dostoevsky, 133-144 passim

7b. The factors of freedom and necessity in the philosophy of history

14 Tacitus, 69, 91
16 Augustine, 248, 250
19 Dante, 65
40 Mill, 332
43 Hegel, 114-115, 116-118, 166-171, 175-176, 177-179, 183-184, 187, 194-195, 213-216, 392-393
50 Marx, 7, 10-11
51 Tolstoy, 342-344, 389-391, 447-448, 469-472, 563-571, 618-621, 645-650, 675-696

7c. Human freedom in relation to the will of God: fate, predestination, and providence

Old Testament: *Genesis*, 3 / *Exodus*, 7-14 / *Deuteronomy*, 11:26-28; 30:15-20 / *Joshua*, 24:14-24 / *Job*, 3:23; 12:14-25 / *Psalms*, 139:15-16 / *Ecclesiastes*, 1:2-4,14-15; 3:14-15; 7:13-15; 9:1-2 / *Isaiah*, 63:17; 64:8
Apocrypha: *Ecclesiasticus*, 15:11-20
New Testament: *John*, 6:22-71; 10:26-29; 12:37-40; 13:18-27 / *Acts*, 4:27-28 / *Romans*, 8:28-9:26; 11:1-10 / *I Corinthians*, 9:16-17; 12 / *Ephesians*, 2:8-10; 4:7-14 / *Philippians*, 2:12-13 / *II Thessalonians*, 2:11-14 / *James*, 4:13-15
3 Homer, 73, 234-235, 300-301
4 Aeschylus, 55-56, 75-89, 90-103
4 Sophocles, 111-132, 133-158, 236, 252
4 Euripides, 418, 450-471, 530-531, 555-584 esp 563-566
5 Herodotus, 7-8, 20-22, 98-99, 218-220, 291
6 Plato, 439-441, 650, 765-769
11 Epictetus, 99-100, 112-113, 116, 186-187, 197-198, 220-221
11 Aurelius, 243-244, 247-248, 263
11 Plotinus, 386-402 passim
12 Virgil, 144-145
13 Plutarch, 370-371
14 Tacitus, 91
16 Augustine, 15, 187, 248, 250, 256-259, 537-538
17 Aquinas, 116, 128-130, 132-141, 541-542, 592-595 passim, 662, 665-666
19 Dante, 9, 115-116
19 Chaucer, 244, 365-366
20 Calvin, 80-100 esp 96-100, 109-150, 247-248, 292-293, 455
21 Machiavelli, 35
21 Hobbes, 113
23 Montaigne, 290, 382-383
25 Shakespeare, 249
27 Cervantes, 478-479
28 Spinoza, 603-606 passim
29 Milton, 137-138, 186-187, 274-275, 287-288
33 Hume, 485-487
39 Kant, 334-335
41 Boswell, 173, 392-393
43 Hegel, 165-166, 190-193
48 Melville, 253-254
51 Tolstoy, 342-344, 357-358, 630-631, 650, 675-677, 684
52 Dostoevsky, 127-144 passim
54 Freud, 246-247, 582
55 Barth, 466, 503-504
58 Weber, 231

7d. God as the object of the human will: the quiescence of the will in the beatific vision

Old Testament: *Exodus*, 33:18-23 / *I Chronicles*, 28:9 / *II Chronicles*, 15:2-4,12-15 / *Psalms*, 42:1-6; 63:1-6 / *Isaiah*, 26:8-9
Apocrypha: *Wisdom of Solomon*, 1:1; 13:1-9
New Testament: *Philippians*, 3:7-10
16 Augustine, 1, 443-444, 475-476, 694-695, 705, 708
17 Aquinas, 50-51, 57-58, 541-542, 621-622, 625-626, 636-637, 639-641, 709-711
18 Aquinas, 522-527, 764-765
19 Dante, 91, 93
39 Kant, 325-327, 337-355
55 Barth, 451-456

7e. Free will in relation to sin and salvation

7e(1) The freedom to sin: Adam's freedom and the freedom of fallen human nature

Old Testament: *Genesis*, 3 / *Deuteronomy*, 30:15-20 / *Isaiah*, 5:1-7
Apocrypha: *Ecclesiasticus*, 15:11-20
New Testament: *Romans*, 5:12-8:21 / *Hebrews*, 10:26-31
16 Augustine, 412, 446-447, 661-662
17 Aquinas, 128-130, 142-143, 323-324, 325-326, 329-332, 333, 521-522, 650-651, 718
18 Aquinas, 129-130, 339-340, 344-347
19 Dante, 94-95
20 Calvin, 78-79, 103-128, 133-150

28 Bacon, 17-18
29 Milton, 139-140, 180, 254-255, 347-348
33 Locke, 10, 15-16
43 Hegel, 323
52 Dostoevsky, 133-144 passim

7e(2) The relation of freedom to grace

Old Testament: *Proverbs,* 1:20-33 / *Isaiah,* 5:1-7
New Testament: *John,* 1:1-18; 6:37,64-66; 8:31-36 / *Acts,* 13:38-48; 15:1-11 / *Romans,* 4-8; 9:9-18; 11:5-10,26-32 / *Galatians,* 4; 5:1-4,13 / *Ephesians,* 2:4-10 / *Titus,* 3:3-7 / *James,* 1:25
16 Augustine, 371-374, 456-457, 661-662
17 Aquinas, 134-138, 506-507
18 Aquinas, 331-332, 352-353, 362-363, 364-365
19 Dante, 45, 53, 80-81, 98, 115-116
20 Calvin, 110-112 esp 111-112, 123, 128-134, 147-150
28 Descartes, 317
29 Milton, 136-144, 331-332
30 Pascal, 141-166
40 Mill, 296-297
52 Dostoevsky, 133-144 passim
55 Barth, 544-545

8. The will as a factor in morality and in society

8a. The inviolability of the will: its freedom from external compulsions or constraints

6 Plato, 285
11 Epictetus, 99-231
11 Aurelius, 239-294
16 Augustine, 258-259
17 Aquinas, 436-438, 541-542, 647-648
19 Dante, 94-95
29 Milton, 369
33 Locke, 3-4
39 Kant, 168-170, 235, 281-283, 284-285, 301-302, 304, 307-308
43 Hegel, 37
51 Tolstoy, 577-582, 605, 630-631

8b. The goodness or malice of the will

8 Aristotle, 376
11 Plotinus, 486-487
16 Augustine, 397-402, 437-442
17 Aquinas, 263-265, 631-632, 693-720
31 Racine, 349-367
39 Kant, 256-261, 304-307, 314-319, 321-329, 356-360, 591-592, 595
43 Hegel, 58-61, 135-137
53 James, William, 826-827

8b(1) The conditions of the will's rectitude or disorder

8 Aristotle, 348
11 Epictetus, 115-117
13 Plutarch, 197-198

16 Augustine, 336-338, 397-398, 437-442, 446-447
17 Aquinas, 631-632, 703-711
18 Aquinas, 26-27
19 Dante, 13-14, 45-81
23 Montaigne, 179-202
29 Milton, 368-369
30 Pascal, 44-53
39 Kant, 321-329
43 Hegel, 36, 128

8b(2) A good will as the exclusive or principal human good

11 Epictetus, 110-112, 120-121, 122-123, 127-130, 147-149, 175-176
16 Augustine, 336-337
17 Aquinas, 625-626
39 Kant, 256-261, 314-319, 321-329, 389-390, 591-592
40 Mill, 453-454

8c. The will and virtue: justice and charity as habits of the will

8 Aristotle, 355-361, 383-388, 394
16 Augustine, 401-402, 475-476
17 Aquinas, 124-125, 313-314, 506-513, 520-522, 672-673, 710-711
18 Aquinas, 34-35, 48-49, 50-52, 61-63, 489-490, 496-498
20 Calvin, 91-93
21 Hobbes, 240, 245
39 Kant, 256
40 Mill, 463-464
53 James, William, 81-83, 816-819

8d. The will and duty: the categorical imperative

11 Aurelius, 272
17 Aquinas, 704-708, 709-711
23 Montaigne, 61
35 Rousseau, 372-373
39 Kant, 253-254, 260-261, 273-279, 321-329, 386, 388, 389-390, 392-393, 416-417
40 Mill, 446, 458-459, 469-470
43 Hegel, 34-35, 49-50, 51-56 passim, 59, 133, 136
53 James, William, 807-808
55 Barth, 495-497

8e. The will and right: the harmony of individual wills in external practical relations

42 Kant, 114-115, 386-387, 397-458
43 Hegel, 12, 17, 19, 22-23, 32-33, 36, 42, 43-44, 47-48, 60, 84, 123-124, 128
44 Tocqueville, 368-374
60 Fitzgerald, 373-378

9. Differences among men in the sphere of will

9a. The distinction between men of strong and weak will: cultivation of willpower

4 Sophocles, 159-160, 198-201
4 Euripides, 301-302

7 Aristotle, 665
8 Aristotle, 395–403
11 Epictetus, 100–102, 146–147, 224–225
11 Aurelius, 268
16 Augustine, 76
19 Dante, 50, 68
19 Chaucer, 412
23 Montaigne, 69–75, 241–245
24 Shakespeare, 87–88, 105–148, 320–351
25 Shakespeare, 212–213, 217–219, 289–290
39 Kant, 326–327, 356–360
40 Mill, 295–296, 346–350 passim
43 Nietzsche, 485, 500, 507–509
45 Balzac, 196–202 passim
46 Austen, 121–122
46 Eliot, George, 572
47 Dickens, 11, 260, 301–303, 394–399
48 Melville, 76–77, 84–85
51 Tolstoy, 15–16, 441–442, 575, 578, 589–590
52 Ibsen, 562–597 passim esp 594–597
53 James, William, 80–83, 274–275, 798–801, 817–819
54 Freud, 884
58 Weber, 97, 171
60 Orwell, 492–496

9b. The pathology of the will: indecision, obsession, compulsion, inhibition

21 Hobbes, 77
41 Boswell, 38, 138–139, 481
48 Melville, 76–77, 83–85, 250–254
51 Tolstoy, 203, 235–238, 266–267, 304–305, 519, 527–528
52 Ibsen, 526–561 passim esp 546, 560–561
53 James, William, 799–807
54 Freud, 81–86, 90, 99–102, 247–248, 572, 612, 713–716 passim, 719, 729–733
59 Proust, 336–369
59 Mann, 508–511
60 Lawrence, 148–157

10. Will as a term in political theory

10a. The sovereign will: the will of the people; the will of the majority

8 Aristotle, 491
13 Plutarch, 678
21 Hobbes, 100–101, 117, 131–132
33 Locke, 46–47, 63–64 passim
35 Montesquieu, 30
35 Rousseau, 369–370, 392–393, 395–396, 409, 419–427
39 Kant, 439–441, 445
40 Federalist, 126–127, 164–165, 230–232
40 Mill, 268–271
43 Hegel, 98–99, 320–321
44 Tocqueville, 27–28, 88, 128–144, 209–210, 231
51 Tolstoy, 680–684
58 Weber, 172–173

10b. The relation of law to will

6 Plato, 669–670, 681–682, 754
8 Aristotle, 434–435, 485–486, 521–522
18 Aquinas, 205–206, 233–234
21 Hobbes, 130–133
33 Locke, 36–38, 55–58, 74
35 Montesquieu, 30
35 Rousseau, 369–372, 393, 399–400, 419–420
39 Kant, 401–402, 435–437, 448, 450–452
40 Federalist, 230–232
40 Mill, 327–332
43 Hegel, 177–186

10c. The general will, particular wills, the will of each, and the will of all

21 Hobbes, 100–101
33 Locke, 29, 59–60, 74
35 Rousseau, 372, 395–398, 409–410, 425–427
39 Kant, 114, 437, 451–452
40 Mill, 268–271, 327–332
43 Hegel, 60, 84, 88–90, 128, 147–148, 177–179, 180–181, 213–216, 221–222, 386–387, 390
54 Freud, 686–687
55 Dewey, 112

交叉索引

以下是与其他章的交叉索引：

The will in relation to desire, emotion, and mind or reason, *see* DESIRE 3b(1); EMOTION 1; MIND 1b(2), 1d, 1e(3)–1g; PRUDENCE 3, 4a, 5b; REASONING 5e(3); SENSE 3e.

The voluntary, the involuntary, and the nonvoluntary, *see* ANIMAL 1a(3), 4b; HABIT 6c; KNOWLEDGE 8b(2); MAN 1a; NECESSITY AND CONTINGENCY 5a; VIRTUE AND VICE 4e(1).

The bearing of the voluntary on the distinction between knowledge and opinion, *see* KNOWLEDGE 4b; OPINION 2b.

Rationalization or wishful thinking, *see* DESIRE 5b; EMOTION 3b; OPINION 2a; REASONING 5a.

Error and its relation to free will, *see* MIND 5a; TRUTH 3d(2).

Faith as dependent on an act of the will or practical reason, *see* GOD 6c(2); KNOWLEDGE 6c(5); METAPHYSICS 2d; OPINION 4a; RELIGION 1a.

The divine will and its relation to the divine intellect, and the problem of God's freedom, *see* GOD 4e, 4g, 5c, 5g; LIBERTY 5d; MIND 10g.

Doctrines of, and the controversy over, the freedom of the will, see CAUSE 3; CHANCE 1b; FATE 3, 5; LIBERTY 1c, 3c, 4a-4b, 5a-5c; MAN 1a; METAPHYSICS 2d; MIND 1e(3); NATURE 2f; NECESSITY AND CONTINGENCY 5a-5a(1), 5a(3); PRUDENCE 4a; PUNISHMENT 2a; VIRTUE AND VICE 5c.

The implications of free will, see GOD 7d; HISTORY 4a(1); LIBERTY 1c, 5a, 5c; LOVE 5a, 5a(2); NATURE 6b; SIN 3b-3c, 6a; SLAVERY 2d, 3d; VIRTUE AND VICE 8b.

The ethical doctrine which makes a good will the exclusive or principal good, see GOOD AND EVIL 3b-3b(2).

The relation of the will to duty, the moral law, and the categorical imperative, see DUTY 1, 5; JUSTICE 1e; LAW 4c; LIBERTY 3c; NECESSITY AND CONTINGENCY 5a(2); PRINCIPLE 4b.

The moral theory which judges the rectitude of the will by its ends and means, see HAPPINESS 3; LIBERTY 3c; PRUDENCE 3a; VIRTUE AND VICE 4e(2)-4e(3).

The will in relation to virtue, especially prudence, justice, and charity, see HABIT 5b; JUSTICE 1c, 1e; LOVE 1a, 5b; PRUDENCE 4a; VIRTUE AND VICE 2a(1), 5c, 8d(3).

The pathology of the will, see DESIRE 6b; EMOTION 3c(2); SLAVERY 7.

The will as a concept in political theory, especially in relation to law and sovereignty, see DEMOCRACY 5b; GOVERNMENT 1h; LAW 1b; MONARCHY 1a(2).

扩展书目

下面列出的文著没有包括在本套伟大著作丛书中，但它们与本章的大观念及主题相关。

书目分成两组：

Ⅰ. 伟大著作丛书中收入了其部分著作的作者。作者大致按年代顺序排列。

Ⅱ. 未收入伟大著作丛书的作者。我们先把作者划归为古代、近代等，在一个时代范围内再按西文字母顺序排序。

在《论题集》第二卷后面，附有扩展阅读总目，在那里可以查到这里所列著作的作者全名、完整书名、出版日期等全部信息。

I.

Epictetus. *The Enchiridion (The Manual)*
Augustine. *On Free Will*
———. *On Grace and Free Will*
———. *On the Predestination of the Saints*
Thomas Aquinas. *Quaestiones Disputatae, De Malo*, Q 6
———. *Summa Contra Gentiles*, BK I, CH 72-88; BK III, CH 88-98
———. *Truth*, QQ 22, 24
Descartes. *The Principles of Philosophy*, PART I
Hume. *A Treatise of Human Nature*, BK II, PART III
Voltaire. *The Ignorant Philosopher*, CH 13
———. "Free-Will," "Will," in *A Philosophical Dictionary*
Mill, J. S. *An Examination of Sir William Hamilton's Philosophy*, CH 26
———. *A System of Logic*, BK VI, CH 2
Hegel. *Science of Logic*, VOL II, SECT II, CH 3
Nietzsche. *Twilight of the Idols*
———. *The Will to Power*
Balzac. *The Wild Ass's Skin*
Eliot, G. *Daniel Deronda*
James, W. "The Dilemma of Determinism," in *The Will to Believe*
Freud. *The Predisposition to Obsessional Neurosis*
Bergson. *Time and Free Will*
Russell. *The Analysis of Mind*, LECT 14
———. *Our Knowledge of the External World*, VIII
Mann. *Buddenbrooks*

Dobzhansky. *The Biological Basis of Human Freedom*

II.

THE ANCIENT WORLD (TO 500 A.D.)

Cicero. *De Finibus (On the Ends of Good and Evil)*, III-IV
Epicurus. *Letter to Menoeceus*

THE MIDDLE AGES TO THE RENAISSANCE (TO 1500)

Anselm of Canterbury. *De Libero Arbitrio*
Bernard of Clairvaux. *Concerning Grace and Free Will*
Duns Scotus. *Opus Oxoniense*, BK I-II, IV
———. *Reportata Parisiensia*, BK I, DIST 10, QQ 1, 3; BK IV, DIST 49, QQ 9, 17
Valla. *Dialogue on Free Will*

THE MODERN WORLD (1500 AND LATER)

Bain. *The Emotions and the Will*
Bentham. *An Introduction to the Principles of Morals and Legislation*, CH 8-10
Berofsky. *Freedom from Necessity*
Bossuet. *Traité du libre arbitre*
Bradley, F. H. *Collected Essays*, VOL I (14); VOL II (26-28)
———. *Ethical Studies*, I
Burton. *The Anatomy of Melancholy*, PART I, SECT I, MEMB II, SUB-SECT II
Cohen, H. *Ethik des reinen Willens*
Cudworth. *A Treatise of Freewill*

Davis, L. *Theory of Action*
Edwards, J. *Freedom of the Will*
Emerson. "Power," in *The Conduct of Life*
Fichte, J. G. *The Vocation of Man*
Garrigou-Lagrange. *God, His Existence and Nature*, PART II, CH 4; APPENDIX 4
——. *The One God*, CH 19, 22-23
Godwin. *An Enquiry Concerning Political Justice*, BK IV, CH 5-6
Green. *The Principles of Political Obligation*, (F, G)
——. *Prolegomena to Ethics*, BK II
Gustafson. *Intention and Agency*
Hardy, T. *The Dynasts*
Hartmann, E. *Philosophy of the Unconscious*, (A) I-II, IV, VII
Huxley, A. L. *Ends and Means*
John of Saint Thomas. *Cursus Philosophicus Thomisticus, Philosophia Naturalis*, PART IV, Q 12
Leibniz. *New Essays Concerning Human Understanding*, BK II, CH 21
Lossky. *Freedom of Will*
Lotze. *Microcosmos*, BK II, CH 5
Lucas. *The Freedom of the Will*
Luther. *A Treatise on Christian Liberty*

McTaggart. *The Nature of Existence*, CH 40, 57
Malebranche. *The Search After Truth*, BK I, CH I (2), 2
Maritain. *Scholasticism and Politics*, CH V
Melden. *Free Action*
Mill, J. *Analysis of the Phenomena of the Human Mind*, CH 24-25
Moore. *Ethics*, CH 6
Reid, T. *Essays on the Active Powers of the Human Mind*, I-II
Ribot. *Diseases of the Will*
Ricoeur. *Freedom and Nature*
Royce. *The World and the Individual*, SERIES I (10)
Santayana. *The Realm of Spirit*, CH 4-5
Schelling. *Of Human Freedom*
Schopenhauer. *The World as Will and Idea*, VOL I, BK II, IV; VOL II, SUP, CH 19-20; VOL III, SUP, CH 28
Searle. *Minds, Brains, and Science*
Sidgwick, H. *The Methods of Ethics*, BK I, CH 5
Smith, P. and Jones, O. R. *The Philosophy of Mind*
Suárez. *Disputationes Metaphysicae*, XI (3), XIX, XXIII-XXIV, XXX (9, 16-17), XXXV (5)
Woodworth. *Psychological Issues*, CH 2
Wundt. *Outlines of Psychology*, (14)

智 慧 Wisdom

总 论

在心智的诸种才能中,智慧的特殊性质体现在每个人都会同意的那些能够被认作智慧的东西之中——那些不能够被泛泛地称之为技艺以及科学或者知识和学问的东西。许多世纪以来,我们相信,知识可以稳固地增长,学问可以不断进展,但是我们并不认为在智慧之中也能有这样的进展。个体可以在智慧上取得增长。但是人类在智慧上似乎并没有这样的增长。

在伟大著作的传统中,现代人通常断言他们在所有技艺和科学上都超越了古代人。但是他们极少宣称在智慧方面也超越了古代人。"现代科学"这一术语无须任何说明,但是如果有人想要谈论"现代智慧",他就要不得不解释他的意思。当"现代"一词修饰"科学"一词时,它似乎具有一种可以直接被人们接受的意义,"古代"这个词修饰"智慧"时似乎也有一种可以直接被人们接受的意义。它暗示了,似乎许多世纪以来智慧并没有获得增长,相反倒是被失却了。

和现代的著作比起来,智慧在古代和中世纪的著作中被更加频繁、更加广泛地讨论。古代人似乎不仅仅更加渴望智慧,而且也更想知道什么是智慧以及如何获得智慧。此外,传统对于智慧的讨论既在《新约》和《旧约》中有其奠基,也在古代异教徒的著作中有其奠基。

智慧并非是知识的另一种形式。启示宗教的教导开启了一条通往"智慧之心"的道路。他们并不赞同科学研究的方法。《圣经》里边屡次宣告,"对主的畏惧是智慧的开端"——一种伴随着虔诚和敬拜而增长的智慧,就如同科学随着实验和证据而增长。

智慧还有一个独特的标志,它不会被错误地运用。我们承认,坏人和好人或许都具有别的种类的知识。我们也已经看到艺术技能和科学真理遭到邪恶的运用。但是通常只有一个人智慧地行事之时,我们才认为他是有智慧的。讽刺作家对愚蠢的赞扬乃是对无用的智慧的谴责。神学家对"世俗智慧"的谴责则将之作为最愚蠢的东西——假冒的智慧——摒弃了。

学问的其他形式或许可以其知识和行为是分离的;而智慧则趋向于将它们统一起来。研究的其他形式或许包含了对各种事实的认识、理解;对智慧的追求则致力于关于善恶的知识。例如柏拉图就将善的妙境作为上升到智慧的辩证法的目标,不过辩证法不会停留在善的妙境那里,它会返回来照亮行动的领域。只要我们避免称呼某人是一个智慧的人——如果他仅仅只是很博学,是一个学者、科学家或哲学家——我们就已经暗示了智慧的上述概念。

还是柏拉图,他把智慧摆得很高,他甚至不称哲学家是智慧的,而只是智慧的一个热爱者。"没有任何神是哲学家或者智慧的追求者,"苏格拉底在《会饮篇》中说,"也没有任何智慧的人会追求智慧。无知的人也不会追求智慧。"智慧的热爱者既不是智慧的也不是无知的和愚蠢的。正如苏格拉底指出的,他们是"部分地介于智慧与无知之间"。

亚里士多德似乎不同意柏拉图的这

一看法,不过倒不是因为他将智慧看得比柏拉图那里要低,而是因为他将智慧定义为哲学知识,尤其是被称之为"神学""第一哲学",或者"形而上学"的思辨科学的最高分支。他使用"哲学智慧"这一术语以将思辨智慧和实践智慧或政治智慧区别开来,这暗示了哲学家可以获得他所追求的智慧。不过亚里士多德也像柏拉图那样说到"哲学家或者智慧的热爱者";而柏拉图也像亚里士多德那样把智慧作为基本的人类德性。

我们应该回到亚里士多德和阿奎那在实践智慧和思辨智慧之间作出的区分,他们常常直接称后者为"智慧",以与"审慎"对照起来。其他认为只有一种智慧的著述家们有时候强调它的思辨方面,有时强调它的实践方面。但是对于他们所有人来说,这一双重方面依然是智慧的特殊性质的一部分。

例如,卢克莱修就发现,

> 没有什么比居于宁静的高处,通过智者的教导牢牢地立于高处更令人喜悦的了。你能够俯视其他人,看到他们到处流浪,寻找着生活的道路却走入迷途。

生活的道路,摆脱痛苦、恐惧的危害和徒劳的抗争,这些只有智者才能知道。这里暗示了宁静是智者的特性。这似乎也是约翰逊博士对于"达到了哲学智慧之层次即没有任何欲求的层次的人"的赞许所暗示的。当博斯韦尔评论说,那么"野蛮人是一个智慧的人"时,约翰逊反驳道,"先生,我的意思并非简单的没有欲求——而是摆脱了所有欲求"。

对普罗提诺来说,智慧似乎是纯粹思辨的,它是使理智心灵宁静下来的条件。他写道:"智慧是宁静的存在状态的条件。想想当一个人完成了理智的历程时发生了什么;一旦我们发现了正确的进程,我们也就停止了思索。我们停下来是因为我们已经达到了智慧。"然而,对普罗提诺来说,智慧还具有道德的或审美的方面。他说,"一种灵魂是智慧的、可爱的,另一种则是愚蠢的、丑陋的。灵魂之美是由智慧构成的"。

智慧的实践或道德方面在弥尔顿、拉伯雷、托尔斯泰等人那里则占据主导地位。在《失乐园》中,亚当与拉斐尔交流他对人类知识的反思。

> 但是心灵或者幻想很容易就不受阻碍地
> 到处冲撞,无休无止;
> 直到受到警告,被经验教训,她才明白
> 不应该试图认识那些远离我们的事物
> 它们是如此晦涩,如此微妙
> 应该去认识日常生活中我们面前的事物,
> 这才是首要的智慧;舍此,只会自寻烦恼,
> 只会陷入空洞、盲目鲁莽,
> 只会陷入那些我们从未接触、毫无准备的
> 事物
> 我们只会不断搜寻,无休无止

卡冈都亚写给他在巴黎学习的儿子庞大固埃一封信,他引用所罗门的话"智慧不会进入恶毒的心灵,缺乏良心的知识只是灵魂的毁灭"来告诫儿子。在《战争与和平》中,当皮埃尔重申了"我们唯一能够知道的是我们一无所知。这是人类最高的智慧"之后,他从一个共济会成员那里学到,"最高的智慧并非单独地建立在理性之上,也不是建立在那些世俗的物理、化学之类的科学(理智知识就被分为这些学科)之上"。那个共济会成员接着说,最高的智慧"只是一种科学——整体的科学——它解释全部被造物以及人在其中的地位。要接受这种科学,必须纯化和更新我们的内在自我……而要达到这个目的,我们拥有被称作良心的光辉,

虽然柏拉图将智慧定义为理性的德性——在他看来这是灵魂的知识能力部分——但是他不仅赋予智慧沉思真理的功能,也赋予它指引行动的功能。在《理想国》中苏格拉底宣称,"我们因一个人之中的这个起领导作用的小部分",这个"知道什么是灵魂三个部分各自的利益,也知道灵魂整体的利益"的部分,而称这个人是智慧的。和在灵魂中一样,在国家之中,《法律篇》里来自雅典的异乡客问:"在没有和谐的地方怎么可能有一丁点儿智慧的影子呢?"

"虽然正当的理智居于灵魂之中,但它不是为善而是为恶",因为理性不能统治灵魂或被灵魂的其他部分遵从了,这个时候,不存在任何的和谐或者智慧。来自雅典的异乡客继续说道:"当灵魂与知识、意见或者理性对立时——它们乃是它自然的主人——我称之为愚蠢,正如在国家之中当大众拒绝遵从他们的规则或者法律时,这也是愚蠢的。"

柏拉图在《理想国》和《法律篇》中都列举了的四种德性是智慧、节制、勇敢和正义。在《理想国》中正义被赋予某种优先性,它包含了其他三者。但是在《法律篇》中,主导性的德性是智慧。来自雅典的异乡客称这些德性为"神圣的善",以区别于诸如健康、美、有力、财富等等东西,他把智慧看作"主要的善,是神圣的诸善的领导者……其次,是节制;再次,这两者结合勇敢就产生正义,第四乃是勇敢"。作为其他善的首领,智慧和它们一样投身于行动的生活。它并非仅仅运行于思想的领域。

当亚里士多德将智慧看作四种德性之中的一种时,他使用了"智慧"这个词,好像它命名了一种单独的德性。在《政治学》的一个地方,他说,"一个城邦的勇敢、正义以及智慧和个人具有的使之被称为正义的、智慧的以及节制的那些品质具有同样的形式和本质",他并没有将智慧区分为思辨智慧和实践智慧。但是他很少忽略这一区分。例如,我们刚刚引述的这段文字乃是从下面的陈述开始的,"每个人拥有多少德性和智慧以及多少有德性的和有智慧的行为,他就拥有多少幸福"。

这里涉及的德性和智慧将智慧置于德性之外,后者被思考为仅仅只是指道德德性。在亚里士多德看来,智慧只是在理智优异的序列中是一种德性,而不是在道德优异或道德特性的序列中。作为一种理智德性,智慧甚至没有被包括在道德德性的培养或实践中。在亚里士多德之后,阿奎那也认为,我们完全可以没有智慧而具有首要的德性,如同没有技术或科学也可以具有德性。不过阿奎那和亚里士多德都认为,只有我们在心中牢记哲学智慧和实践智慧或者智慧与审慎的区分,上述说法才是真实的、可理解的。

虽然审慎比不上智慧,它也是一种理智的德性——一种心灵的性质,而不仅仅是我们性格的性质——它属于道德的德性。如同**美德与邪恶**章所指出的,在阿奎那看来,首要的德性包括了审慎,而不是智慧。类似地,就像我们在**审慎**章看到的,亚里士多德的理论坚持认为"没有实践智慧"是不可能成为善的,就如同"没有道德德性是不可能成为实践上智慧的"。

亚里士多德写道,实践智慧"相关于人类的事情以及我们可以考虑的事情"。而另一方面,哲学智慧"从不考虑导致人幸福的事情"。为了解释这一区别,亚里士多德使用了早期希腊贤人的例子。"我们说,阿那克萨戈拉、泰勒斯以及和他们类似的人,当我们看到他们一点也不知道什么东西对他们有利时,我们说他们具有哲学智慧,但是不具有实践智慧,……他们知道那些非凡的、令人敬佩的、困难的、神圣的然而无用的事物;因为他们所探寻的这些事物不是人类的善。"

如果"智慧"意味着知识的最高形式,那么在亚里士多德看来这个名称被应用到思辨智慧而不是实践智慧上会更加恰当。在他看来,知识的最高形式相关于最高的对象。因此,他说,"因为人并不是世界上最好的存在者,所以实践智慧是最好的知识,这种想法是非常奇怪的……如果上述观点改成人是最好的动物,那也没有什么区别;因为还是有其他的存在者,它们的本质比人更加神圣",智慧乃是"关于本质上是最高的存在者的"知识。

当霍布斯在审慎与贤明之间做出区分之时,他并没有将一种特殊的对象归于智慧。他写道,"如同积累很多经验就是审慎,积累许多学识就是贤明"。使一个人智慧的是他所拥有的学识的总和,而不是他所拥有的某种特殊知识的总和。笛卡尔也说过,"将所有一切纳入其中的科学就等同于人类智慧",当他这么说的时候,他似乎也持有和霍布斯类似的观点。但是对于亚里士多德和阿奎那来说,哲学智慧可以与其他诸种思辨德性区别开来,比如对第一原则的认识以及对由第一原则推出来的那些科学知识的认识。哲学智慧包括了其他的思辨德性,但是在它使用原则推论出与最高原因有关的结果这一点上来讲,它又和它们区别。如果智慧被理解为由于其对象的原因,它处于科学的顶点,使科学达到完成、臻于完善,那么智慧可以被称作一门科学。

在其《形而上学》的开头部分,亚里士多德将智慧等同于最高的哲学科学——研究第一原则和原因的科学。他称它为一门"神圣的科学"或"神学",因为,正如他所说,"神被认为是万物的原因,是第一原则"。哲学不是最有用的科学,但是"由于它自身的理由以及为了认识,它是最值得追求的。……它为自身而存在……事实上,所有其他的科学都比这门科学更加必需,但是没有什么科学比它更好"。

阿奎那虽然应用了亚里士多德的智慧概念,但是他发现在诸科学中代表智慧的不是形而上学或者哲学家们的神学,而是神圣的教条或者是基于启示的神学。他写道:"因为作出命令和评判的是智慧的人,又因为所根据的原因越高,就越没有什么问题不能被评判……所以,那绝对地思考着整个宇宙的最高原因的存在者,即上帝,就是最可以被称作智慧的。……但是神圣教条所论述的上帝是本质上被看作最高的原因的上帝,因为它对上帝的论述不仅将上帝看作能够通过被造物而被认识,就如同哲学家们认识上帝那样……神圣教条也认为上帝可以认识自身,并显现给其他存在者。"因此阿奎那得出结论说,"神圣教条特别地被称作智慧"。

哲学家的智慧和神学家的智慧的对照在**形而上学**和**神学**这两章中得到了更全面的讨论。不过我们这里关注的是在自然智慧和超自然智慧之间或者说在人的智慧和神的智慧之间作出的区分所隐含的更进一步的意思。

希腊人引人注目地提出了如下问题:人能否获得智慧。在《申辩篇》中,苏格拉底告诉指控他的人,他"对那些貌似智慧的人的询问"乃是神谕赋予他的使命,这个神谕说没有人比苏格拉底更加有智慧。为了理解神谕的意思,他试图在其他人那里寻求智慧,但是在对他的审判会上苏格拉底说,"我发现那些最有名望的人都是最愚蠢的人"。这使他洞见到他自己所拥有的是怎样的智慧。

苏格拉底宣称："我的听众们总是想象着我自己拥有别人所追求的智慧，但是真实的情况是，雅典的人们呀，只有神才是智慧的；通过那个神谕，神要表明人的智慧是很小的或者根本不值一提；他不是在说苏格拉底，他只是用我的名字表明上面的意思，他好像在说，你们人中间最聪明的是像苏格拉底那样知道自己的智慧实际上没有任何价值的人。"在《斐德罗篇》中，苏格拉底拒绝称任何人是聪明的，"因为那是个只属于神的伟大称号"。对人而言，"爱智者或哲学家是合适的称呼"。

亚里士多德也谈到最配得上智慧这一称呼的科学，它是关于神圣事物的科学"这样的科学只能是神单独地拥有，要么就是神超越于其他存在者之上而拥有"。亚里士多德并不认为神圣的力量是会嫉妒的，但是如果说诗人们对神的嫉妒的描绘有什么道理的话，"它可能首先在这种情形下才会发生，在智慧方面胜过神的所有人都会遭受不幸"。依亚里士多德的观点，对智慧的拥有"或许被确切地视为超出了人的力量"，在这个意义上，"人类不满足于追求适合于他的知识，这是不适宜的"。

在这方面基督徒的观点比异教徒的观点更加具有代表性。蒙田写道："基督徒具有一种特别的知识，人心中怎样自然地、原初地就具有邪恶的好奇心：对知识的渴求以及想要变得更加智慧的欲望是人类毁灭的第一步，这条路将使他陷入永恒的诅咒。"在《失乐园》中，亚当在离开伊甸园的时候对天使米迦勒说，

> 接到离开这里的指令
> 我思绪宁静，内心充实
> 我知道我这血肉能够承载什么
> 超出它我只会陷入愚蠢

对于亚当的这些话，米迦勒回应道：

> 这很有见地，已经达到了智慧……

但是《圣经》不仅仅嘱咐人要在人的最出色的智慧和神的无限智慧之间的鸿沟面前保持谦卑。它不仅在《耶利米书》中说，"不要让智者在其智慧中得到荣耀"，它还说，"愚蠢的人轻视智慧"。在《雅各书》中，我们发现真正的智慧和愚蠢截然分离。如果智者的知识没有伴随着"智慧的谦逊"，如果"你们心里怀有的是苦毒的嫉妒和纷争"，那么"这个智慧不是从上头来的，乃是属地的、属情欲的、属魔鬼的……但是从上头来智慧，先是清洁，后是和平，温良柔顺，满有怜悯，多结善果，没有偏见，没有假冒"。

> ……世人凭自己的智慧，既不认识上帝，上帝就乐意用人所当作愚拙的道理拯救那些信的人；这就是上帝的智慧了。
> 犹太人是要神迹，希腊人是求智慧，
> 但是我们却是传钉十字架的基督，在犹太人为绊脚石，在外邦人为愚拙；
> 但在那蒙召的，无论是犹太人、希腊人，基督总为上帝的能力，上帝的智慧。
> 因上帝的愚拙总比人智慧，上帝的软弱总比人强壮。

在这种情况下，圣保罗问道："上帝岂不是要使愚拙变成这个世界的智慧？"

圣保罗继续对哥林多人写道，"我说的话和传的道"。

> 不是用智慧委婉的言语，乃是用圣灵和大能的明证，
> 叫你们的信不在乎人的智慧，只在乎上帝的大能。
> 然而，在完全的人中，我们也讲智慧。但不是这世上的智慧，也不是这世上有权有位、将要败亡之人的智慧。
> 我们讲的，乃是从前所隐藏、上帝奥秘的智

慧,就是上帝在万世以前预定使我们得荣耀的。

自然智慧这种智慧的开端是惊异,亚里士多德将之看作人类探究的最终目标。但是《圣经》说的智慧则始于对上帝的畏惧,它不是通过人自身的努力获得的,而只是上帝的恩赐。雅各宣称,"你们中间若有缺少智慧的,应当求那厚赐予众人也不斥责人的上帝,主就必赐给他"。在帕斯卡看来,一个人不应该为自己的学识而骄傲,"即使有骄傲也应该是为了智慧,因为人是不能自己让自己变得智慧的……只有上帝才能给予智慧,这就是为什么凡以自己为荣的,就在上帝中以自己为荣"。

神学家们在《诗篇》中详细地描述了"对主的畏惧是智慧的开端"。奥古斯丁列举了达到智慧的七个阶段,他写道,"我们必须首先应该在对上帝的畏惧的指引下去寻求他的意志的知识,他命令我们去欲求什么,避免什么。这种畏惧将必然地存在于我们的道德思考中,存在于对我们面前的死亡的思考中,这种畏惧将把骄傲的情绪钉死在十字架上,就如同我们的肉体被钉在树上"。在畏惧之后的是虔诚、知识、坚定、忠告、纯洁心灵,最后,这个"神圣的人内心如此单纯,如此纯洁,因此不论是为了愉悦人们还是为了想要避免困扰此生的任何烦恼,他都决不会避开真理的。这样的人就上升到了智慧,它是第七个阶段也是最后的阶段,他享受智慧的时候内心会非常宁静"。

在阿奎那看来,只有始于信仰的智慧才同时也始于畏惧。"一个东西可以以两种方式被称作智慧的开端,"他解释道,"一种方式是因为它自身作为自身的本质是智慧的开端,另一种方式是因为它自身作为自身的结果是智慧的开端。因而,一件被造物作为它的本质的开端是这个被造物所源自的原则,而它作为自身的结果的开端则是它由之开始运作的地方。"阿奎那接着指出,神学家们以一种方式思考智慧,哲学家们则以另一种方式思考它。由于哲学家的智慧不是始于信仰的条款,而是始于理性的公理,因此它也不是始于畏惧而是始于惊异的。

哲学的智慧和宗教的智慧都在于对神圣事物的认识,但是,阿奎那写道,"正如我们看到的,智慧不仅仅在于知晓上帝,正如同哲学家们做的那样,它还在于指引人类的行为,因为人类的行为不仅是由人的律法所指引的,它更是由神圣的律法指引的……因此就其本质而言的智慧的开端乃在于智慧的首要原则,即信仰的条款,在此意义上,信仰被说成是智慧的开端。但是谈到结果,智慧的开端乃是智慧开始起作用的那个点,以这种方式畏惧成为智慧的开端,不过畏惧也有两种方式,奴隶般的畏惧和顺从的畏惧"。

阿奎那解释道:"因为一个人会由于对惩罚的畏惧而避免为恶,因而他就受到了智慧的结果的影响,在这个意义上,奴隶般的畏惧就像是使他转而有意于智慧的一个原则……另一方面谦逊的畏惧或者顺从的畏惧作为开启了智慧的第一个结果,也是智慧的开端。因为既然神圣律法规范的人类行为属于智慧,那么为了有一个开始,人必须首先畏惧上帝并使自己顺从他。"

我们先前提到的智慧的特性——它既是思辨的知识也是实践的知识,既与事物的最终本质相关,也与人的最终的善相关——似乎就是神学家称作的"智慧的恩赐"的一个醒目的例子。在柏拉图的设想中,智慧或许具有上述双重特性,但是在亚里士多德看来,作为与审慎相对立的智慧纯粹是思辨的。甚至当它处理作为每个事物的善的目的时,当它一般地处理"自然整体的至善"时,它依然是思辨的。正如亚里士多德所指出的,它只是在如下的方面思考目的或者善,它研究"第一原则和原因;因为善,也就是目的乃是原因之一"。因此它并不指引人追求他自己的目的,也不颁布一种好的生活的规则。

阿奎那告诉我们,智慧的超自然恩赐"不仅仅是思辨的,它也是实践的……属于作为一种恩赐的智慧的,不仅是沉思神圣的事物,而且也规范人的行动"。具有这样含义的智慧不仅扩展到"神圣事物隐藏的奥秘",这些奥秘超出了人能够凭他自然的努力能够获得的最大的智慧,这一智慧也指引人的行动趋向"作为最终目的的最高的善,知道这个最高的善的人被认为是真正有智慧的"。

像奥古斯丁、阿奎那这样的基督教神学家们藐视哲学家们的智慧,因为哲学家们不能洞察神圣的奥秘也不能引导人获得救赎。奥古斯丁在柏拉图的教导中发现了对基督教的智慧的一个非凡的预示。当奥古斯丁将"一个模仿上帝、认识上帝、爱上帝的智慧者,一个通过在上帝的祝福中与上帝为伴而获得了护佑的智慧者"的概念归于柏拉图的时候,他说,"很明显没有人比柏拉图主义者更接近我们了"。虽然阿奎那坚持认为,"作为一种恩赐的智慧比作为一种理智德性的智慧更加卓越,因为它通过使自己的灵魂与上帝的合一而更密切地达到了上帝",但当他谈到亚里士多德时称亚里士多德为"这个哲学家",他当然将亚里士多德看作自然智慧的体现。

圣保罗告诫说,"你们要谨慎,恐怕有人用他的学理和虚空的妄言,不照着基督,乃照人间的遗传和世上的小学就把你们掳去"。奥古斯丁和阿奎那对这一告诫的解释似乎并不是后来蒙田所说的意思,蒙田认为,"智慧的意见乃是人

的灾难,由于这个原因,我们的宗教极力劝告我们要无知"。但是神学家们的确谴责了那些人们易受其影响的智慧的假冒品。它们是错误的智慧,哲学家们的智慧则不是错误的,它只是不完善。

我们发现阿奎那列举了三种错误的世俗智慧。他写道,"如果一个人把他的目的固定于外在的尘世事物上,他的智慧就被称作尘世的智慧;如果他把自己的目标固定于肉体的种种好处上,他的智慧就叫作情欲的智慧;如果目的是某个突出的事物,那么这种智慧叫做邪恶的智慧,因为它模仿了恶魔的傲慢"。这三种世俗智慧构成了阿奎那认为的愚蠢的罪恶。阿奎那说,"世俗的智慧欺骗我们,使我们在上帝眼里变得愚蠢……"他补充道,"虽然没有人期望自己愚蠢,但是他却期望着那些会带来愚蠢的事物,它们使他的感官从精神性的事物中抽离,使感官沉迷于尘世的事物"。在《诗篇》看来,这种愚蠢的本质就在于拒绝:"愚蠢的人在心中说,不存在上帝。"

但是愚蠢还有另一种意思,这种意思的愚蠢既不是罪恶也不是智慧的对立面。圣保罗宣称,"你们中间若有人在这世界自以为有智慧,倒不如变作愚拙,好成为有智慧的"。阿奎那评述了这段经文,他解释说,"正如存在着一种叫做世俗智慧的邪恶智慧……也存在着一种与这一邪恶智慧相对立的好的愚蠢,凭借这种愚蠢人怀疑世俗的事物"。在阿奎那看来,如果在这样的愚蠢中存在着智慧,那么在被世俗视为天生的愚人或者无知者那里也存在着智慧。他写道,如果他们获得荣耀,那么"受了洗的愚人,比如小孩子,会具有智慧的气质,它是圣灵的恩赐,只不过他们没有智慧的行为,因为他们身体的障碍妨碍了他们之中的理性的运用"。

在本套巨著的传统中,那些赞美愚蠢的思想家并没有反对《诗篇》的如下评

述,《诗篇》认为只有"愚蠢的人才蔑视智慧"。毋宁说他们在愚蠢的表现中发现了智慧,并用愚者的智慧来揭露那些假装智慧的人的愚蠢。蒙田宣称,"我每天都听到愚人们说的并不愚蠢的东西"。与他遥相呼应的是《皆大欢喜》中的丑角试金石抱怨说,"聪明人可以做傻事,傻子却不准说聪明话"。西莉亚回答说,"真的,你说的对,因为,自从傻子的一点点小聪明被禁止发表之后,聪明人的一点点小小的傻气却大大地显摆起来了"。后面,在和试金石关于打发时间的谈话之后,杰奎斯发现,"当我听了这个穿彩衣的蠢蛋因而也是有道德的人关于时间的这一段玄理,我的心头开始像公鸡一样叫起来了,我纳闷蠢蛋居然会有这么深刻的思想"。

莎士比亚戏剧里的弄臣或者丑角具有某种智慧。在《第十二夜》里,戏弄薇奥拉的那个小丑否认他是奥莉维亚小姐府上的傻子,他说自己只是"给她说笑话的人"。他解释说,麻烦并不在于他没有理由,只不过"文字变得那么坏,我真不高兴用它们来证明我的理由"。最后他告诉薇奥拉,"先生,傻气就像太阳一样环绕着地球,到处放射它的光辉。要是傻子不常到您主人那里去,如同常在我的小姐那儿一样,那么,先生,我可真是抱歉。我想我也曾经在那边看见过您这聪明人"。

庞大固埃说服巴汝奇和一个愚人一起商量。"一个智慧的人可以接受一个愚人的教导,"他说,"你知道通过愚人的建议、忠告和预言,保护了多少国王、王子、国家和社会福利,赢得了多少战争,解决了各种各样成打的令人困惑、错综复杂的难题。"庞大固埃继续评论说,"被称作世俗的智者"的人或许"在更高的理智的再次判断中……被看作是一个蠢人",所以,那个"将那些有利于他的肉体和福祉的关切抛在一边……对地上的事物的一切忽略都被庸俗地归入愚蠢"的人或许是一个传奇英雄。

在《战争与和平》中,皮埃尔对他莫斯科大火之后因祸得福的疯狂岁月的反思大意也是如此。当他回忆他在疯狂时形成的对于人和环境的观点时,他总是发现它们非常正确。"我或许显得很奇怪、很疯狂,"他对自己说,"但是我并没有我看起来的那么疯狂。相反,我那时比其他任何时候都更加有智慧,更加富有洞见,并理解了生命中所有值得理解的东西,因为……因为我那时很快乐。"

愚蠢并非总是在悖论中受到赞美,它也不是仅仅只是受到那些将之等同于拒斥上帝或者背离上帝的基督神学家的严厉谴责。在《伊利亚特》中,阿伽门农说,"狂迷(Folly),宙斯的长女,用愚蠢蒙蔽了人的眼,使他们毁灭。她步伐优雅,但不是在坚固的土地上,而是在人们的头顶盘旋,令他们犯错,使他们落入圈套。那一次宙斯也受过她愚弄"。阿伽门农在宙斯受蒙蔽的这个故事的结尾讲到,宙斯满怀盛怒地"抓住狂迷的头发,发下诅咒,她永远也不许再回到天上、回到奥林匹斯,因为她是所有人、神的祸害。他拧着她的胳膊把她抢起来,把她从天上扔下去,掉落到凡人的世界"。

在世俗的层面上,愚蠢具有很多形式,在蒙田看来,其中最令人恼怒的是智力的愚钝、愚蠢的鲁莽以及在争论中喋喋不休。他观察到,"固执己见和在争论中恼羞成怒是愚蠢的最确切的证据"。"还有什么像笨蛋那样确信无疑、那样坚决、那样倨傲、那样冥想、那样严肃、那样庄重的吗?"

不论愚蠢的形式或表现是什么,也不论愚蠢如何地暗示了智慧或者与人们以为的相对立,在西方思想的传统中有一个东西是清楚的。那些把真正的智慧和伪装的愚蠢区分开来的人,没有一个把愚蠢置于人类诸般善的序列中最高的价值。

在《安提戈涅》中,歌队最后吟唱道,"智慧是幸福的最高部分";亚里士多德也教导我们,"哲学智慧的活动被公认为各种活动中最令人愉悦的","所有归于最幸福的人的其他的属性很明显是与这一活动相关的";柏拉图在《第七封信》中宣称,他的哲学王的神话应该得到严肃的对待,因为"除非那些正确地、真正地遵循哲学的人获得政治权力,或者具有政治权力的阶层由于神的眷顾而成为真正的哲学家,不然人类就不会看到好日子"。——以上所有这些都表达了古代异教徒对于人类生活和社会中的智慧的赞颂。

对于基督教徒——神学家、神秘主义者,或者诗人——来说,只有在天国中,与居住于上帝的在场中的圣徒一起,智慧才像爱一样是最高的统治者。智慧和爱也并非毫无关联。正如博爱是意志的完善,智慧也是理智的完善。在《神曲》中,当阿奎那与但丁在天国相遇时,他向但丁解释,心灵中智慧的秩序的缺乏是如何同时伴随着爱的秩序的缺乏的。"这样的人在愚人中地位也很低下,"阿奎那的灵魂说道,"他不加区分地断言或者拒绝,在一种事情上和另一种事情上都差不多。因为轻率的结论时常倒向错误的方向,自爱也束缚了理智。"

用地上的口吻而不是天国的口吻,依赖于理性而不是依赖于信仰,斯宾诺莎表达了另一种相当的洞见,具有智慧就是去有智慧地爱,因为有智慧地认识就是去爱上帝。他写道,"因此,使理智或者理性尽可能变得完善,这在此生中是非常有益的,在这个事情中存在着人的最高幸福。因为幸福就是心灵的宁静,这宁静源于对上帝的洞见性的知识"。他补充道,不仅"心灵的最高的可能的宁静"源于这种知识,而且从这种知识"必然地产生对上帝的理智的爱"。

分 类 主 题

1. 智慧的本质、起源和种类
    1a. 自然智慧的不同概念:人类知识的最高形式
    1b. 思辨智慧和实践智慧的区分,或者哲学智慧和政治智慧之间的区分
    1c. 神学的和神秘的智慧:超自然的信仰和洞见的智慧;智慧的天赋
    1d. 神的智慧:与神圣智慧相对照的人类智慧的不足;世俗智慧的愚蠢或空虚
2. 智慧、德性和幸福
    2a. 作为理智德性的智慧:它与其他理智德性尤其是科学和知性之间的关系;愚蠢的不道德或罪
    2b. 智慧和人对善与恶的知识:智慧与道德德性之间的关系
    2c. 智慧作为一种善:它在幸福生活中的角色;智慧的人在社会中的地位
3. 对智慧的爱和通达智慧的步骤:诡辩者、哲学家和智慧的人
4. 对愚蠢的赞颂:愚人和无知者的智慧

[丁三东 译]

索引

本索引相继列出本系列的卷号〔黑体〕、作者、该卷的页码。所引圣经依据詹姆士御制版，先后列出卷、章、行。缩略语 esp 提醒读者所涉参考材料中有一处或多处与本论题关系特别紧密；passim 表示所涉文著与本论题是断续而非全部相关。若所涉文著整体与本论题相关，页码就包括整体文著。关于如何使用《论题集》的一般指南请参见导论。

1. The nature, origins, and kinds of wisdom

1a. Diverse conceptions of natural wisdom: the supreme form of human knowledge

- **6** Plato, 7–9, 11, 12–13, 476, 634–635, 809–810
- **7** Aristotle, 499–501, 511–512, 514–516, 522–525, 587–590
- **8** Aristotle, 390
- **11** Lucretius, 58–59
- **11** Epictetus, 215–217
- **11** Aurelius, 255–256
- **11** Plotinus, 309–312, 526–528
- **15** Ptolemy, 5
- **16** Augustine, 311–319
- **17** Aquinas, 75–76, 423–424
- **18** Aquinas, 424–425
- **21** Hobbes, 267
- **23** Montaigne, 563–565
- **28** Bacon, 40–48
- **28** Spinoza, 622, 692–697
- **33** Hume, 453–454
- **39** Kant, 1–4, 115–117, 172–174, 243–248, 360–361
- **43** Hegel, 6–7
- **51** Tolstoy, 197

1b. The distinction between speculative and practical wisdom, or between philosophical and political wisdom

- **6** Plato, 633–635
- **8** Aristotle, 390–391, 393
- **16** Augustine, 314–315
- **17** Aquinas, 6–7
- **18** Aquinas, 79–80, 600–601
- **19** Dante, 106–107
- **20** Calvin, 78
- **21** Hobbes, 60–61, 84
- **23** Montaigne, 367–368
- **28** Bacon, 4–6 passim, 16–17, 42
- **39** Kant, 260–261, 365
- **55** Barth, 518

1c. Theological and mystical wisdom: the supernatural wisdom of faith and vision; the gift of wisdom

Old Testament: *I Kings*, 3:5–14; 4:29 / *II Chronicles*, 1:7–12 / *Job*, 28 / *Psalms*, 119:34–40,73,97–104 / *Proverbs*, 2:1–11; 3:5–6; 8 / *Ecclesiastes*, 2:26 / *Isaiah*, 11:1–5 / *Daniel*, 1; 2; 4–5
Apocrypha: *Wisdom of Solomon*, 6–9 / *Ecclesiasticus*, 1; 6:18–37; 17:1,6–14; 24
New Testament: *Matthew*, 11:25–27 / *John*, 16:12–14 / *I Corinthians*, 1:17–2:16; 3:16–20 / *Ephesians*, 1:15–18; 3:1–12
- **16** Augustine, 318–319, 375, 719–720, 737–738
- **17** Aquinas, 3–4, 5–7, 60–62, 175–178
- **18** Aquinas, 416–426 passim, 469–470, 598–603, 1025–1037
- **20** Calvin, 269
- **23** Montaigne, 248–250
- **28** Bacon, 17, 95–96
- **28** Descartes, 267
- **29** Milton, 331–332
- **30** Pascal, 243–270
- **33** Hume, 509
- **37** Gibbon, 308–309
- **39** Kant, 346–347
- **51** Tolstoy, 196–198
- **52** Dostoevsky, 153–178, 197–200, 328–329
- **55** James, William, 32–33
- **55** Barth, 491–492, 511–512
- **58** Weber, 212–216
- **59** Shaw, 51–52

1d. The wisdom of God: the defect of human wisdom compared with divine wisdom; the folly or vanity of worldly wisdom

Old Testament: *Job* passim / *Psalms*, 139 / *Proverbs*, 3:5–8,19–20; 8:22–31 / *Ecclesiastes* passim / *Isaiah*, 40:12–31 esp 40:28; 44:24–25 / *Jeremiah*, 8:8–9; 9:23–24; 51:15–18 / *Ezekiel*, 28:1–7 / *Daniel*, 2:20–23
Apocrypha: *Wisdom of Solomon* / *Ecclesiasticus*, 1:1–10; 15:18–19; 24:1–9,24–29; 42:17–25
New Testament: *Matthew*, 11:16–19 / *John*, 1:1,4–5,9 / *Romans*, 11:33–36 / *I Corinthians*, 1:17–2:16 / *James*, 3:13–18
- **4** Euripides, 477
- **6** Plato, 203
- **7** Aristotle, 501, 602–603, 605
- **11** Epictetus, 114
- **11** Plotinus, 471–473
- **16** Augustine, 35, 131, 346–347, 706–708

17 Aquinas, 21-22, 75-76, 154-155, 185-187, 210-213, 240-241
18 Aquinas, 209-210, 603-605 passim
20 Calvin, 9, 12, 22-23, 88-90
23 Montaigne, 252-255, 279-280
28 Bacon, 98-99
29 Milton, 219-220, 236
30 Pascal, 243-270
33 Locke, 271, 272
39 Kant, 242, 324-325, 344, 354-355, 592
40 Mill, 455
43 Hegel, 148, 165-166
48 Melville, 194
52 Dostoevsky, 136-137
55 Barth, 458-464, 500-504
59 Shaw, 43
59 Joyce, 590

2. **Wisdom, virtue, and happiness**

2a. **Wisdom as an intellectual virtue: its relation to other intellectual virtues, especially science and understanding; the vice or sin of folly**

Old Testament: *Psalms,* 14:1-4 / *Proverbs,* 12:15-16; 16:21-23; 18:15 / *Ecclesiastes,* 7:4-7,25-26; 9:13-18; 10:1-3,12-15 / *Jeremiah,* 8:8-9
Apocrypha: *Wisdom of Solomon,* 7:15-22; 8:5-8; 12:23-14:31 / *Ecclesiasticus,* 18:28-29; 21:12-19; 22:7-8,11-15; 38:24-25; 39:1-3
3 Homer, 234-235
6 Plato, 86, 346-355, 383-398
8 Aristotle, 348, 389-393
10 Nicomachus, 599-601
11 Plotinus, 552-554
16 Augustine, 318-319, 455
17 Aquinas, 422-424
18 Aquinas, 36-37, 79-80, 598-599, 603-605
20 Calvin, 6-7, 102-103
28 Descartes, 223-224
29 Milton, 392
39 Kant, 360-361
57 Tawney, 196-199

2b. **Wisdom and man's knowledge of good and evil: the relation of wisdom to the moral virtues**

Old Testament: *Genesis,* 3 / *II Chronicles,* 1:7-12 / *Psalms,* 14:1-4; 53 / *Proverbs,* 1-2; 3:5-7,21-24; 5:22-23; 6:6-8, 9:9-18; 14:8-9,16-18 / *Ecclesiastes,* 10:12-15
Apocrypha: *Wisdom of Solomon* passim / *Ecclesiasticus,* 1:4-10,14-21,26-27; 11:15-16; 19:18-25; 21:22-26; 23:2-3; 39:1-11; 47:12-20
New Testament: *Romans,* 1:18-25 / *James,* 3:13-18
4 Aeschylus, 56-57
5 Thucydides, 370
6 Plato, 7-13 passim, 33-37, 58-64, 183-184, 189, 226, 230-234, 306-308, 337, 346-355, 383-398, 530-531, 635-639, 643, 669-671, 795-796
7 Aristotle, 514-515
8 Aristotle, 389, 393-394
11 Epictetus, 158, 167-168, 215-217
11 Plotinus, 312
17 Aquinas, 6-7, 334-335
18 Aquinas, 38-40, 44, 598-603, 604-605
20 Calvin, 1-2, 169-170
21 Hobbes, 112
23 Montaigne, 123-124
28 Descartes, 273-274
28 Spinoza, 697
29 Milton, 40-44, 262-264
35 Rousseau, 344-345
39 Kant, 337-338, 360-361, 368-369
43 Hegel, 296-298
51 Tolstoy, 194-195
52 Dostoevsky, 126-127
56 Waddington, 741-742
59 Conrad, 183-184

2c. **Wisdom as a good: its role in the happy life; the place of the wise man in society**

Old Testament: *Genesis,* 41:37-45 / *Exodus,* 18:21-26 / *I Kings,* 3:5-28; 4:29-34; 10:1-10 / *Proverbs,* 8-9 21:20-22; 22:17-21; 23:15-16,19-25; 24:1-14 / *Ecclesiastes,* 1:17-18; 2:12-26; 9:11-18; 10:1-6; 12:8-12 / *Ezekiel,* 28:2-7 / *Daniel*
Apocrypha: *Wisdom of Solomon* passim / *Ecclesiasticus*
4 Sophocles, 111, 115-117, 166-168, 174, 191
4 Euripides, 280-281
5 Herodotus, 6-8
5 Thucydides, 383-384, 402-404
6 Plato, 69-71, 76, 83-84, 207-208, 233-234, 272-273, 291-292, 346-356 passim, 368-401, 525-526, 528-531, 598-608, 609-639, 655-656, 801-802, 803-804, 806, 808-809
7 Aristotle, 500-501
8 Aristotle, 340-341, 344, 390, 393, 431-434, 527, 529-530
11 Lucretius, 15-16, 72
11 Epictetus, 184-189
11 Aurelius, 245
11 Plotinus, 315-320
13 Plutarch, 47-48, 59-60, 64-77, 122-123, 543-544, 566-567, 637, 782-788
14 Tacitus, 153-155, 172-173
16 Augustine, 18, 318
17 Aquinas, 626-628
18 Aquinas, 79-80
21 Hobbes, 164
23 Erasmus, 10, 13-16
23 Montaigne, 110-115, 122-124
27 Cervantes, 219, 392-393, 401-404, 415-420, 424-425
28 Bacon, 20-26
28 Descartes, 223-224
28 Spinoza, 692-697

29 Milton, 41-42
33 Locke, 46, 48-49, 192-193
33 Hume, 452
35 Rousseau, 373-374
37 Gibbon, 32, 205-206, 284, 338-339, 644-645
38 Gibbon, 76-77
39 Kant, 339
40 Mill, 374-377, 384-387, 401-406 passim, esp 403-404
43 Hegel, 387-388
45 Goethe, 107-108
48 Melville, 66-67, 194
51 Tolstoy, 643
57 Tawney, 213
60 Woolf, 25-26

3. **The love of wisdom and the steps to wisdom: the sophist, the philosopher, and the wise man**

Old Testament: *II Chronicles,* 1:7-12 / *Job,* 32:7-9 / *Proverbs,* 2:1-9; 4:5-13; 8:1-11, 9:1-6; 22:17-21 / *Ecclesiastes,* 1-4 passim
Apocrypha: *Wisdom of Solomon,* 6-9 / *Ecclesiasticus,* 1:14-20,26; 4:11-19,24-25; 6:18-37; 8:8-9; 9:14-15; 14:20-27; 18:28-29; 21:11-15; 37:23-24; 38:24-39:11; 47:13-17; 50:27-29; 51:13-30
6 Plato, 54-55, 65-84, 125-126, 166-167, 169-172, 201-203, 223-225, 320, 368-401, 528-531, 571, 577-579
8 Aristotle, 432
11 Lucretius, 30, 77
11 Epictetus, 149-151, 175-176, 179-180, 181-182, 183-184, 192-198, 217-219, 222-224
11 Aurelius, 248
11 Plotinus, 310-312, 558-559
16 Augustine, 18-19, 311-313, 315-318, 719-720
17 Aquinas, 57-58
18 Aquinas, 602-603
19 Chaucer, 280
21 Hobbes, 47
22 Rabelais, 81-83
23 Montaigne, 110-115, 119
28 Descartes, 265-266, 267-268
30 Pascal, 243-270
33 Hume, 451-455 passim
38 Gibbon, 523-528 passim
39 Kant, 337-338, 368
40 Mill, 276-277
43 Hegel, 4-6, 287-288
45 Goethe, 9-10
55 Russell, 292-294

4. **The praise of folly: the wisdom of fools and innocents**

Old Testament: *Ecclesiastes,* 1:17-18
Apocrypha: *Ecclesiasticus,* 19:24
New Testament: *Matthew,* 18:1-4 / *Mark,* 10:13-15 / *I Corinthians,* 1:17-2:16, 3:18-20
16 Augustine, 708
18 Aquinas, 601-602, 603-604
19 Chaucer, 184
22 Rabelais, 201-202
23 Erasmus, 1-42 passim esp 34-38
23 Montaigne, 272-283, 544-547, 550-554
24 Shakespeare, 274, 607
25 Shakespeare, 4-5, 14, 23, 244-283
27 Cervantes, 395-396, 401-414
30 Pascal, 231
31 Molière, 1-44 passim, 181-224, 268-274
34 Voltaire, 191-249 passim esp 191-192, 195-196, 226, 230-231, 246
34 Diderot, 261-262, 281
39 Kant, 261
47 Dickens, 52-54, 206-207
48 Twain, 302-303
51 Tolstoy, 559
52 Dostoevsky, 127

交叉索引

以下是与其他章的交叉索引:

The distinction between speculative and practical wisdom, or between wisdom and prudence, *see* METAPHYSICS 2d; PHILOSOPHY 2a; PRUDENCE 2a; THEOLOGY 3b-3c.

The relation of wisdom to other intellectual virtues, *see* SCIENCE 1a(1); VIRTUE AND VICE 2a(2).

The supreme form of human knowledge, *see* DIALECTIC 2a; METAPHYSICS 1.

The relation of philosophical to theological wisdom, *see* KNOWLEDGE 6c(5); PHILOSOPHY 1a; THEOLOGY 2, 4a.

Comparisons of divine and human wisdom, *see* KNOWLEDGE 7a; TRUTH 2d.

The knowledge of good and evil, and the relation of knowledge to virtue, *see* GOOD AND EVIL 6a; KNOWLEDGE 8b(1); SCIENCE 7c; VIRTUE AND VICE 1a.

The relation of wisdom to happiness, *see* HAPPINESS 2b(7); PHILOSOPHY 4b.

The philosopher king, and the place of the wise man in society, *see* MONARCHY 2b; PHILOSOPHY 4d; STATE 8b.

Philosophy as the love of wisdom, and the distinction between the sophist, the philosopher, and the wise man, *see* PHILOSOPHY 6a-6b; TRUTH 8e.

扩展书目

下面列出的文著没有包括在本套伟大著作丛书中，但它们与本章的大观念及主题相关。书目分成两组：

Ⅰ. 伟大著作丛书中收入了其部分著作的作者。作者大致按年代顺序排列。

Ⅱ. 未收入伟大著作丛书的作者。我们先把作者划归为古代、近代等，在一个时代范围内再按西文字母顺序排序。

在《论题集》第二卷后面，附有扩展阅读总目，在那里可以查到这里所列著作的作者全名、完整书名、出版日期等全部信息。

I.

Augustine. *Divine Providence and the Problem of Evil*
——. *On the Trinity*, BK XIII
Thomas Aquinas. *On the Trinity of Boethius*
——. *Summa Theologica*, PART II-II, QQ 176-177
Bacon, F. "Of Wisdom for a Man's Self," "Of Seeming Wise," in *Essayes*
——. *The Wisdom of the Ancients*
Nietzsche. *Thus Spoke Zarathustra*
Whitehead. *Adventures of Ideas*, CH 4
Mann. *The Magic Mountain*
Fitzgerald. *The Last Tycoon*

II.

THE ANCIENT WORLD (TO 500 A.D.)

Cicero. *De Officiis (On Duties)*, II
Horace. *Satires*, BK II (3, 7)
Lucian. *Dialogues of the Dead*
Pirke Aboth (*Sayings of the Fathers*)

THE MIDDLE AGES TO THE RENAISSANCE (TO 1500)

Bonaventura. *On the Reduction of the Arts to Theology*
Maimonides. *The Guide of the Perplexed*, PART III, CH 54
Nicholas of Cusa, *De Venatione Sapientiae*

THE MODERN WORLD (1500 AND LATER)

Browning, R. *Rabbi Ben Ezra*
Charron. *Of Wisdome*
Chesterton. *St. Thomas Aquinas*
Donne. *The Triple Foole*
Gracián y Morales. *The Art of Worldly Wisdom*
Johnson, S. *History of Rasselas*
Maritain. *The Degrees of Knowledge*, CH 6-7
——. *Science and Wisdom*, in part
Porter. *Ship of Fools*
Schopenhauer. "The Wisdom of Life," in *Complete Essays*
——. *The World as Will and Idea*, VOL I, BK IV; VOL II, SUP, CH 17
Suárez. *Disputationes Metaphysicae*, I (5)
Tuchman. *The March of Folly*

102

世界 World

总 论

马可·奥勒留写过这样的话:"人要是不知何为世界就不知身在何处,而且要是不知世界为何存在,人就不知自己是谁,也就不知世界是什么。"在这位斯多葛皇帝看来,"只有一个宇宙,由万物构成,只有一个上帝,他进驻万物"。因此,人要在理性统治的世界里安身养命,就只得实践自身内那一丁点儿神圣理性。

"宇宙要么井然有序要么混杂无章。"面临这一艰难决断,马可·奥勒留并未长久犹豫。他相信世界无处不井然有序——世界是有序的宇宙而非混乱的混沌,由天意而不是偶然主宰着。凭着这一信念,他乐意接受命运在这个宇宙规划中分派给他的任何位置。他叹道:"啊!宇宙!万物与我和谐,从而为您和谐。"

凭着一个基督徒对上帝的计划和天意的信仰,蒙田也乐于认为宇宙是舞台,人在舞台上扮演命运安排的角色。但蒙田还让我们设想,假如"人孤立无援,仅有自身的装备,加上被褫夺掉上帝的恩泽与知识,而那却是人之为人的全部荣耀,是人的力量所在",那么,这个世界又会是什么面目呢?这个世界,以其广袤,会是人的生境吗——即这个世界会是人作为世界的君王和主人的家园吗?

蒙田认为,如果人以自己的理性和知识来描画世界,那么人在自我欺骗。他问道:是什么促使他相信,"令人叹服的苍穹运动、在头顶上空不无骄傲地运转着的永恒的火炬、让人生畏的一望无际的海洋的涌动,这些被创造出来而且世纪复世纪地存在着,竟只是为他服务,给他便利?人这个受造物可悲而渺小,甚至当不了自己的主人,……若称自己为宇宙的主人和帝王,有谁还能想象得出同这个一样荒唐可笑的事情来吗?宇宙根本不在他的认识能力之内,更谈不上听他掌管。"

蒙田认为,如果人"感觉到并看到自己居于世界的泥沼和粪便之中,被固定在宇宙中最糟糕、最无生气、恶臭之极的地方,在最低层,离苍穹最远",如果他还自以为"处于月轮之上,天空就在脚下",这是多么地荒唐可笑。要不是"出于虚荣而这般狂想",想象"自己同上帝平起平坐",他怎么会自认为占据着宇宙中的崇高位置呢?

按照宗教信念,人是根据上帝的形象造出来的,一切其他可见的宇宙之物都是为人造就的,一旦剥夺了这一宗教信念,人就只有凭假想或自负来避免在世界面前相形见绌。然而,根据弗洛伊德,科学却把人的这种自负剥夺殆尽。"在我们的心里与哥白尼的名字联系到一起的"宇宙论使人被迫退出崇高之位,变得渺小起来。弗洛伊德写道,当认识到地球"并非宇宙的中心,而不过是一个巨大得不可想象的世界系统中的细小微粒"时,人类就无法僵守"幼稚的自恋"了。

无论是在马可·奥勒留、蒙田以及弗洛伊德的上述反思里还是在伟大著作的整个传统中,关于世界或宇宙的构想总少不了上帝与人这样或那样的种种观念。上述三人的观念相互渗透,虽然其思想的引发模式却因思想的流动方向不同而有所差异,从三者中任何之一出发都会流动到其他二者。

有时有观点认为,整个宇宙处于造物主与其创造的无限距离之侧,而受造世界的秩序由存在物的等级制构成,人在其中享有特殊的荣誉地位。尽管人要比脚下的大地、眼望的天空伟大,但整个世界却远不如上帝,上帝从无中造出世界,他有自由的创造行为,不受世界如何来或如何去的任何影响。从基督教神学家的这个观点看,上帝不是世界的组成部分,世界也不是上帝的构成成分,更没有能够包纳上帝与世界为一体的任何整体。如果"世界"意味着物理总和的话,那么人既属于这个世界,又归另一个世界——精神王国,它同样是创造出来的宇宙的组成部分。

有时"世界"意指无所不包的宇宙,非创造出来的,它与居于世界的上帝共同永恒,它是躯体和灵魂的结合物,既包括物质又包括心灵。上帝是宇宙的第一推动者,上帝是超验的造物主,以各种等级的存在形式,释放出各种各样可以理解、可以感知的事物;上帝是无限的物质,超过一切有限物质的总和,有限物质仅仅作为它的修饰品而存在;或者上帝是绝对精神,同时以物理特性和心理特性历史地显现自己——这些宇宙论与神学交织在一起的观点,可见于亚里士多德、普罗提诺、斯宾诺莎和黑格尔的学说里。在斯宾诺莎和黑格尔乃至斯多葛派看来,认识世界就是认识上帝。世界秩序与结构的构建无比神圣,它本身就是居于其内的神。

关于世界的上述观点大多倾向于把个人看成是一个小宇宙,是大宇宙的反映。世界的躯体与灵魂,物质与心灵,微缩在人那里可视可见。针对那些声称"心灵是天地之王"的哲学家,苏格拉底在《斐利布篇》中说"实际上他们是在抬高自己"。然而,世界的灵魂为世界的躯体提供生气,这个信条在柏拉图的对话中被反复提出,当作一个方法来理解人。那位不是疯狂也至少是诡秘莫测的柏拉图信徒,船长亚哈,凝视着他钉在船桅杆上的、作为指引大白鲸莫比·迪克出没用的西班牙金币,喃喃自语而笃信"金币圆圆,映现球圆,犹如法师玻璃球般,凡人照照,自我影投,神秘一面,自己难瞅"。

接下来还有的第三个观点是,有时在卢克莱修及以后的唯物论者看来,世界完全是现有这样,现有的一切可还原成原子和虚空。世界聚合在一起,纯粹出于偶然,并非出于统筹智慧的设计。宇宙只遵从自己的运行规律,除此之外别无他律。卢克莱修写道:"并无什么暴君凌驾于大自然之上,大自然总是按其自己的意愿行事,她没有什么神性。"出于对神灵们的幸福关怀,卢克莱修把他假设出来的神灵,统统流放到了星际,让他们在那里"过最自在的生活"。然而,人却没有这么幸运。

人生活在并非为自己创造出来的世界,没有上帝,人必须依赖自己,人要关心挂怀的太多太多。既然是自然的后代,人不太可能完全与充满物质力量的世界相异;也不像备受关爱的骄子能享有自然的盛情厚待。这里突显而且值得提及的是,人与世界的对抗。在这并不公平的斗争中,只有科学给人这样的感觉——或者说幻觉:人的心灵至少在世界极小的角落里占据主导地位。然而,人又时常被失败警告,世界仍然是不可驾驭。人尽管凭着意愿对世界发号施威,然而他并未掌握到防止被世界颠覆的安全缰绳。

自然一章指明,"自然"的一个意义似乎与"世界"同义。这一事实,加上前面就"世界"的一些讨论,要求我们注意当中的歧义。当我们说到世界,我们的意思可能相差很大,从人居住的大地或地球到行星运转的太阳系,以及无论多么广远的整个物理宇宙,都叫世界。当我们谈论物质世界和精神世界,或者当我们谈论思想世界和感觉世界时,我们也用"世界"指代事物的整个领域,以区别于别的存在体。在"世界政府"和"世界和平"这样的用语里,"世界"具有政治意义,它唤起的意象是地球上人类社会的整个秩序。

我们在本章里把"世界"意义限制在宇宙思辨及争论的对象上。我们关注的是宇宙或寰宇这个观念。我们已经注意到,根据对上帝与人的关系之构想的不同,宇宙概念虽然有所差别,但是宇宙总是被想象为人、地球和太阳系共存的总和,而在宇宙之外别无他物,只有上帝。在神学家那里,天使也不例外,因为他们也归属于创造出来的宇宙。然而,柏拉图和普罗提诺这样的哲学家把世界确定为物理宇宙,以区别于永恒的观念或纯粹智慧的秩序。

有关世界或宇宙的传统问题,按此理解,可以概括为三个基本问题:有许多个世界呢还是只有一个世界?世界的结构是什么?世界有开始和结束吗?

第一个问题似乎对宇宙概念下的"世界"的意义有所冒犯——宇宙是全部事物的总和。怎么可能还有一个以上的世界?然而,我们可以理解的是,在无限时间的延续下,有众多的世界一个个相继出现,这样的假说很容易产生。甚至假设无限的太空里可能有两个或更多的世界,共同存在,但彼此没有联系。在**空间**和**时间**两章里,对世界的时间和空间的许多思考,都与一个世界或多个世界这个问题有关。

第二个问题的前提是,人们一致认为世界具有结构,否则,就不可能提出那结构是什么样的问题。这个一致意见出现于整个传统中,并且世界的偶然产生说或设计说的有关争论,以及关于世界创造的争论,并不影响世界是有结构的这个一致意见。哈维指出,希腊文表示宇宙的"cosmos"具有秩序和美的含义,它的反面就是混乱。

伟大著作的作者们可能不会一致认为在宇宙形成以前是混沌,例如,柏拉图谈论到一个时期,那时所有的元素"在被安排成宇宙前","都没理性,都无量度"。米尔顿也写到一个时期,那时"现在这个世界不存在,混沌统治着上天现在所管之处"。在这"黑暗无光、漫无边际的海洋里"——在"天与地从混沌中生出以前"——"古老的长夜和混沌,自然的祖先,处于长久的混乱"。相反,亚里士多德认为"混沌或黑夜在无限的时间里并非存在",并非先存于世。在此,亚里士多德批判了主张"黑夜生出世界的神学家"。

不过这些不同看法并未影响主要观点,世界就是宇宙,不是混沌,宇宙具有秩序。就连怀疑宇宙秩序是否完美的人,或者指出宇宙的秩序被邪恶与非理性损害的人,都确信宇宙具有秩序或结构。宇宙按其秩序或结构聚在一起,在一定程度上昭然于人。因此,关于世界结构的争论就围绕着结构是什么进行。宇宙到底有什么样的原则或贯通模式?人要尽可能理解世界,仿佛把它当成一个可以知晓的单体对象来理解,应该通过什么形象或类比来进行呢?

要全面讨论这个问题,以及有关一个世界或多个世界的问题,离不开第三个问题——关于世界的开始和结束的问题。例如,如果世界一个个相继出现,那么每个世界都应有开始和结束。这样的话,对于确信和否认世界由上帝的智慧创造出来的双方来说,世界在不同方面有不同的结构。而从宇宙具有秩序这个观点看,人们便可以相信世界肯定是出于理性且治于理性,从而反驳世界乃偶然的结果这个观点。

然而,不能把世界之始的问题与世界创造混为一谈,不能把它与世界同上帝的关系这类问题混为一谈。阿奎那可能会赞同贝克莱的话,贝克莱批评说"认为有一个上帝存在的古代哲学家"却又坚持"物质不是上帝创造的,物质与上帝共同永恒"。不过,阿奎那并不完全认同霍布斯的观点,霍布斯说"认为世界并不是创造出来的却又永恒,想想这永恒的又无起因,这就是否定有上帝存在"。在阿奎那看来,虽然否定创造就是否定上帝,但是,这个创造出来的世界有没有开始,这个问题只是一个信念问题,而不是理性问题。否定创造,并不一定意味着世界永恒——至少在卢克莱修关于世界有始有终的设想下不是永恒的。

两位原子主义的伟大倡导者,卢克莱修和牛顿,让我们认识到,宇宙论在基本问题上所取得的一致并不能消除其他方面的分歧。这两位都认为世界由不可毁灭的原子微粒组成。他们认为,世界的结构由世界组成部分的运动决定,而大大小小的组成部分的运动是通过一个物体施加到另一物体的作用力来完成。他们两人都支持有多个世界的假说,不过,只有卢克莱修坚持这个世界偶然地开始,也会偶然地结束。

当卢克莱修谈到宇宙"深不可测"时,他所说的宇宙并不是人们现在居住的世界,而是说的虚空。在虚空里我们的世界以及其他世界都由无数的原子组成,原子的聚合分裂导致世界的诞生与死亡。对此,他写道:

宇宙辽阔无边,极其广袤,
无数种子,无法统计,
超出可能的一切数字,
按照永恒方式,飘浮飞旋。
若只认为地球独特珍贵,
而其他物质微粒盲目飞旋
一无所成,
这种看法难以想象。

对卢克莱修来说存在其他世界是可能的,原因不仅是宇宙有无限的空间和物质,而且还在于原子形成世界"纯出于偶然,极为随便,最无目的"。既然偶然能产生这个世界,也就能产生其他世界。于是,卢克莱修发出争论说,其他地方也有物质的聚集,从而形成其他世界……

我们承认——
实际上我们必须承认——有其他世界存在,
人类不止一种,
动物有许多产生。

而且,
把所有种类总在一起,就会发现
永远找不到与其他种类完全有别的事物来,
不可能有能孤立的、独特的、完全别于其他的事物。

根据这个原则,他认为"人们必须承认地球、太阳、月亮、海洋以及其他事物并不独特,只不过,它们超出人们的认识与估计而已"。

通过把原子当成永恒的实体和第一开始物,卢克莱修指出,不是宇宙和虚空,而是每个具体世界才有开始和结束。他解释说,原子或者说第一开始物的排列组合,并不需要定出"有意识的协议或者互相间缔结条约……

很可能，由于数量太多，方式太多，
它们在宇宙中碰来撞去
经过无限时间
尝试各种运动和每种结合，
最终达到现在这个样子
构成现在事物的总体。

这样，世界就诞生了，它甚至可以通过增添外来的物体而不断生长。不过，既然世界有生有长，同样它就有衰有亡。卢克莱修写道："世间总有变化减少而且起落不定，只有少许时候，我们的获得超过失去，直到成熟的最高点，由此我们每次都得到一点进展。衰落犹如下山，我们生命之树在岁月中摧折，我们的力量在岁月中消减。"直到最后，"有一天，世界的重重壁垒就这样去承受攻击，在爆裂中坍台，化为废墟和尘埃"。

牛顿认为原子虽然不可毁灭但并不是永恒的实体。万世以来，自然之所以统一不变、其组织结构恒定如初，依赖的就是原子的不可毁灭性和恒定性。牛顿说："自然也许能长存，恒定的原子做无穷运动，它们分开后又重新结合，从而导致事物躯体的变化。"不过，在牛顿看来，物质的终极微粒的不可再分性，并不能消除原子是被创造出来的这个观点。他写道："在我看来，这是可能的。上帝在开始造物的时候，有大量的、固体的、坚硬的、不可穿透的可动微粒形成，它们就那么大、就有那样的形态以及其他特性，最适合上帝把它们用来造物成型。"

世界的形成不是原子的偶然相撞，而是"按一个智慧的能动者的意图，在首次创造中以不同形式联系起来的"。牛顿补充说："创造它们的主人也该是把它们安排得井井有条的那一个。如果他确实这么做了的话，另寻世界的起源，或者假定世界仅仅是根据自然法则从混沌中产生出来，这就不明智了。一旦形成，世界可能会按照那些规律在许许多多世纪里得以继续。"

牛顿在这些具体问题上不同于卢克莱修，但是在多个世界的可能性上他与卢克莱修相同。牛顿声言："既然太空无限而可分，而且物质并非一定无处不在，这就会出现可能，上帝把不同大小、不同形态的微粒物质按照太空的需要分成若干份……从而在宇宙的不同部位，制造出不同的世界，遵循不同的自然法则。"对此，牛顿继续说："至少我看不出这些说法有什么不合理之处。"

其他作者也许觉得多个世界说，如果不是太矛盾，也是有背于理。例如，柏拉图似乎认为其他世界存在的可能性与这个世界完美说是相抵触的——当然如果这个世界是根据永恒观念的意象造出来的话，那它应是完美的。原因在于"原初的宇宙本身就包含一切可理解的存在物"，柏拉图的蒂迈欧争论说不可能有许多世界，"如果被创造出来的刚好与原初的一致的话，就只有一个世界"。世界本身的完美就在于唯一，蒂迈欧解释说，由于这个原因，"造物主没有制造两个世界或造出无限多的来。只有一个而且只会有一个创造的天空"。

亚里士多德经过不同的论证而得出同样的结论："只有一个世界，不可能多。"这个结论来自他的以下看法：不可能有无限的实体或物质，不可能有容纳无限实体的无限空间。他写道："宇宙肯定是具体的、物质的。如果宇宙不是由一部分物质而是由全部物质组成，那么，尽管宇宙即这个宇宙的存在是独特的，但并没有其他宇宙，而且不可能再有其他宇宙被造出来，因为所有的物质材料已经都在现在这个宇宙里了。"他认为有一个站得住脚的假说，就是"世界作为整体已经包含应有尽有的所有物质"；于是,他得出结论:"现在、曾经、以后都不可能形成另外一个天空,只有我们这个天空,它十分完善而且独特。"

奥古斯丁站在神学立场上向一些人发出挑战,那些人认为"要么世界不止一个而是有无数个;要么确实只有一个,但它会定期死亡而再生,而且这种死而复生多得数不清"。斯宾诺莎对上帝和宇宙持不同观念,他同样站在神学立场上声称,"上帝之外没有任何实体,也不能设想上帝之外还有实体";"上帝是一,就是说,天生只有一个实体,它是绝对的无限";他还说,一切有限的物体都存在于上帝唯一无限的实体之中;上帝"不仅是有限物体开始存在的原因,而且也是它们继续存在的原因"。根据斯宾诺莎的想法,上帝的自由在于他根据自己的天性需求行事,而不在于意志自由。斯宾诺莎坚持"事物只能由上帝以现有事物的生成方式和秩序来制作,除此之外,别无他法"。这个世界不仅是唯一实在的世界,而且还是唯一可能的世界。

阿奎那同意只有一个实在世界的观点,他写道:"上帝创造的事物所拥有的秩序正表明世界统一。"既然"出自上帝之手的一切事物相互间有秩序上的联系,与上帝自己也有秩序方面的联系……所有事物必然属于一个世界。因此",阿奎那继续写道,"只有那些没有意识到上帝特定智慧的人,才声称有多个世界存在,他们宁可相信偶然创世。就像德谟克利特所认为那样,这个世界和无数的其他世界并列,都是由聚集到一块的原子组成"。

阿奎那把上帝的自由认定为选择的自由,因而他反复思考与这个世界相比的其他世界的可能性。这个世界才是上帝实实在在创造出的世界,不过,既然在创造中"上帝并未考虑自然的必然需要",既然在创造行为上,上帝的意志"不是也不出自决定这些创造物的必然需要",阿奎那于是总结说,"现在这些事物的构成绝对不是上帝按照必然需要制作出来的,其他事物也可能成为那些必然需要"。

意志一章指出,斯宾诺莎认为上帝不具备自由选择的权能。因此,他争论说这个实在世界,作为唯一的可能世界,不可能更好了。他写道,一切事物都是"上帝创造到最完美的程度,他们必然沿袭具有最完美特性的存在样式"。从另外一方面看,阿奎那却否认这个世界是所有可能世界的最好世界。阿奎那说:"就算这些都确实存在,就算现在这个宇宙最好,它好就好在上帝在事物内部建立的秩序,这秩序构成宇宙的好处,与事物最相适应……然而,上帝还可能制作其他事物,或者对现有创造物进行添补,那么这就可能有另外一个以及更好的一个宇宙。"

关于宇宙的其他思辨可以分为三类,关于宇宙的物质与空间,大小与形状的考虑为一类;关于万物组成一个世界的基本原则的发现为一类;关于就所发现的宇宙秩序进行考察,就其完美情况、好处和美进行考察为一类。

第一类宇宙理论主要归于物理学家和天文学家。从亚里士多德到爱因斯坦,通过观察、数学计算和想象假设而得出关于一个有限或无限宇宙的一些提法,或者像爱因斯坦喜欢说的,"有限但无界的宇宙",这与宇宙有限或者宇宙既无限又无界这样的观点相对立。爱因斯坦还指出,球体表面上的存在物,比如地球上的居住者,"没有办法确定他们是生活在有限的宇宙呢还是在无限的宇宙里,原因是他们所能接触的无限也好有限也罢,都只是宇宙的一小块实在平面,或叫欧几里得平面"。

阿基米德在《数沙术》里刻意表示，一个无论多广的宇宙，无论外部空间向固定的星星延伸得多远，其中的沙砾数量总是有限的而不是无限的。如我们所知，卢克莱修和牛顿却持与之相反的假说，而亚里士多德却为阿基米德的命题辩护，说宇宙是有限的、有边的，呈球形。在天文学家中，哥白尼和开普勒，还有托勒密，认为我们这个世界的边际是外层球体。哥白尼在他的论文中一开篇就指出"世界像一个球体；之所以为球体原因是球形最完美……或者因为球体拥有最大容量的形状……或者因为在球体内世界的其他组成部分如太阳、月亮和星星容易被看见；或因为万物都以球体为界，就像水珠和其他液珠，它们以自身为界。"

在爱因斯坦看来，球形的或（如果物质未均匀分布时）椭圆的或像球形的宇宙，"一定是有限的"，不过宇宙"没有边界"。爱因斯坦指出，在这些可想象的"没有边界的封闭空间"中，"球形空间（和椭圆形空间）简单而最好，因为上面所有的点都是平等的"。然而，对于"我们所居住的球形宇宙是无限的或者是有限的"这个问题，爱因斯坦说"就我们现有的经验还不足以回答"。最近对星云隐退速度的天文观察已经表明一个假说：宇宙在无限扩张。

这些宇宙理论在**空间**章有充分讨论。另外一种有关宇宙物质统一性问题的思辨观——关注的不是宇宙分布的统一性，而是地球物质和天体物质的异同问题，这些在**天文学**章与**物质**章里有讨论。谈过宇宙的大小、形状和宇宙物质的特性，接下来我们转向宇宙的结构这个问题。

有三个比喻似乎表达出了传统意义上世界结构的伟大形象。世界是活的有机体。它像一个动物，有灵魂，甚至灵魂中还赋有理性。世界是各种各样的、大小不等的一大群个体事物，它们按照自己的特征和功能、为了共同的利益而形成等级体系，这个观点由柏拉图首先提出。它像一个社会，由神的法律和政府控管。把世界设想成神立神治的社会，这个观念应该是犹太教和基督教的信念。从基本的实体到天使，世界中的一切事物遵守等级秩序，虽然关于世界的这种表达出自神学家和诗人，但是，在斯多葛派关于世界的理论里，可能就有"前基督教版本"，认为世界由神圣的智慧统治。它像一台机器，由相互依赖的运转零件构成一个系统，各个零件从最小的到最大的，都连接在一条连续的因果链条上。如果由德谟克利特提出后来经卢克莱修加以阐述的原子宇宙论可以被解释成机器类比的话，那么，大概要算这个比喻在三者中出现得最早。然而，一般认为最成熟的世界机器论是在17世纪的机械科学里，那时，在笛卡尔、牛顿以及其他人看来，机械原理是自然的唯一法则。

根据柏拉图在《蒂迈欧篇》中的论述，"上帝希望所有的事物都是好的，没有坏的"，上帝"发现没有智慧的创造物，其整体上不可能比有智慧的创造物在整体上好；而且在缺乏灵魂的事物里不可能有智慧显现。出于这个原因"，蒂迈欧解释说，"上帝在构建宇宙时，他把智慧放到灵魂里，再把灵魂放到躯体里……因此，用可能性的语言，我们可以说世界是一个有生命的事物，它按上帝的旨意而赋有灵魂和智慧"。既然上帝的意图是要让"世界这个动物尽可能地拥有完美的整体和完美的组成部分"，他让世界能够自足，让它有一个球形身体——球形身体内"包含着所有形体"——以及让它做圆形运转。因而，宇宙就不需要感觉器官、手和脚。

"这就是永恒的上帝的全盘计划,上帝如此存在,由于这个原因上帝给世界一个躯体,光滑均匀,从表面各个方向到中心的距离都相等……而且,在中心位置,"根据蒂迈欧叙述,"上帝放置灵魂,而灵魂扩散到整个身体,身体则作为外部组成部分;上帝把宇宙做成圆形而且作圆形运转……出于这些目的的考虑,上帝把世界创造成一位享有荫庇的神。"

关于世界具有灵魂和宇宙是生命有机体的说法,不仅在《蒂迈欧篇》里有,而且在柏拉图的其他对话里也能找到。例如,在《斐德罗篇》里,苏格拉底说"她整体中的灵魂关爱着四处的无生命物";而且在《法律篇》中,那位雅典客人问是不是"天和地乃至整个世界都由灵魂控制",他得到的回答是"最好的灵魂关心着世界,指引世界走上善途"。

在普罗提诺那里,世界灵魂说略有不同。在他看来,宇宙的灵魂只属于物质宇宙,因而宇宙的灵魂在"地地道道的存在物"的分级中处于第三档,最低档。世界灵魂说在吉尔伯特和开普勒那里有叙述,不过开普勒把它扩大为隐喻来表述。对此,威廉·詹姆士也有所考虑,他对"物质的或者所谓的科学的宇宙观念"做出的评论是"他们冷淡了积极的情趣",而他认为,"就乐观和道义地表征而言,一个上帝或'世界之魂'才是信仰中的完美对象……全部科学和全部历史因而得以最深刻、最简单的阐释"。

正是由于这个信条的提倡者把上帝归为世界的灵魂,奥古斯丁和阿奎那才对此反对。奥古斯丁的意见是,"不虔诚和非宗教的后果起因一个观念,就是上帝是世界的灵魂,世界作为躯体隶属于上帝"。那些把小宇宙比为大宇宙的人说:"灵魂与躯体的关系如同上帝与世界的关系。"阿奎那对此回答说:"这种比配在某个方面站得住脚,即可以比配说上帝推动世界,所以灵魂推动躯体。但是,这种比配并不总是行得通,因为灵魂不可能像上帝从无中创世那样,从无中造出躯体来。"

因而,阿奎那认为,"上帝并非世界的一部分,他远在整个宇宙之上,他卓然地拥有整个完美的宇宙"。不应该把上帝与世界的关系类比成灵魂与躯体的关系,但可以把上帝比成国王,"虽然他并非到处现身,但以他的权力他可以处在整个国度"。把宇宙想象为一个由神灵政府统管的社会,这个类比更好。

尽管奥勒留自己能意识到"把宇宙看成一个生命体,只有一个实体、一个灵魂",但他又相信世界是由一个个事物按序组成的社群。他写道:"宇宙的智慧是社会性的,因而,这智慧让低等的事物为高等的服务……这智慧与高等事物相适应……这智慧按适当的比例分配给、隶属于以及适应于一切事物。"宇宙是社群这个观点在基督教思想中有充分阐释。在描述事物的等级体系以及他们按永恒法则运作时,奥古斯丁和阿奎那比奥勒留深刻透彻得多。他们二人都以经书上的话作为基本范本,经书说上帝"规定所有的事物都具有尺寸、数量和重量"。每个事物都根据自己的价值或品性在所有事物的整体规划中占据一个位置,起到一分作用。

"宇宙的各部分相互间都组织有序,"阿奎那写道,"因而它们是此物按彼物行事,彼物是他物的目的和样板。"神圣的理性实施对宇宙的治理,建立起整体的完美秩序,成为宇宙内在的共同之善,去指导每一个事物达到自己的目的,而成就宇宙的完美。阿奎那说:"这种完美归于上帝的善行,它导致事物存在,帮助事物达到目的,这就是治理。"上帝治理的终极目的既不是个体事物的完美,也不是宇宙秩序本身。"整个宇宙之外的某种善",阿奎那说,"才是治理宇宙的目的"——众生的目的,正如众生之始,全赖上帝的善行。

世界由神灵治理,有天意呵护,这种认识把偶然因素排除在世界成因之外,即世界的形成与结构并非偶然。想到德谟克利特和伊壁鸠鲁的观点,阿奎那指出"一些古代哲学家否认世界的治理,而声称一切事物都是偶然发生的"。不过,对偶然说的摈弃似乎并非基督徒信仰或神学的独家做法。

柏拉图和普罗提诺同样也否认宇宙的秩序是偶然产物。在柏拉图那里,世界不仅由理性的灵魂赋予生机,而且,正如《法律篇》中的雅典客人所表示的那样,它还是艺术作品而非自然或偶然之物。

"'原子'或'元素'——两者都是痴话,根本不可能,"普罗提诺写道,"不可能由它们把宇宙及其内容物传递给物质实体,而且不可能由它们从混乱漩涡中产生出秩序……"在普罗提诺看来,"整个形成过程中,一切都经设计而成,绝无偶然之物"。亚里士多德同样反对原子论者"把我们这个天体与其他世界的产生归于自发性"或偶然性。对此,他引证阿那克萨戈拉写道:"如果有人说理性出现——如同在动物里,以至在整个自然中——作为秩序之因和一切安排之因的话,那么,与他前人的妄谈相比,他看来是个清醒者。"

可以想象的是,用牛顿或笛卡尔的眼光看世界的人,可能会倾向于赞成偶然说而非理性说或设计说。然而,情况并不见得就如此,至少在牛顿或笛卡尔那里不是这样。牛顿声言道:"太阳、行星和彗星的这个至为美丽的体系只可能出自一位有智慧和力量的存在者的关照与统领。"

笛卡尔要求我们设想:要是上帝在一个"想象的太空里"创造出一个新的世界来,又会发生什么呢?假设上帝以不同方式摆布事物,"其结果是诗人所能编造出来的最混沌无章的情形,而上帝在结束他的创造工作时一任自然自己去发展,让它自然地按照他制定的法则行事"。最后的结果仍会如同这个有序宇宙差不多。笛卡尔认为,物质运动的各种法则自有其本性,"即使上帝创造出的另外的世界,他也不太可能创造出违背这些法则的事物来"。

在伟大著作的传统中,看来只有古代的原子论者认为宇宙是偶然之物。然而,这并不意味着,除了原子论者以外,有关世界显现的目的或世界的结构方面具有普遍一致的看法。詹姆士问道:"宇宙究竟是内在理性智慧的展现呢,还是纯粹简单的外在的非理性的事实的体现?"对这个问题,詹姆士找到两个答案,称它们为"所有哲学问题中最深奥的问题"——答案之一把世界看成是"终极目的的王国,为某物而存在",另一答案把"现在的世界仅仅视作是从过去机械地涌现出来的,并不指涉未来"。

力学一章指明,在某个意义上牛顿和笛卡尔是机械论者,然而,他们同样确信宇宙计划中具有终极原因——目的与目标。牛顿说那是上帝"关于事物及其终极原因的最聪明、最优秀的发明物"。笛卡尔把宇宙说成是上帝的艺术作品,他这时确实认为,上帝的目的在其全部安排中不可能被我们凡眼所见。因此,"种种冠有终极字样的原因在物理(自然)中并无用处,"他解释说,"我并不认为我可以贸然追寻到上帝(那难以琢磨的)目的。"不过,他这话讲的是自然科学研究的方法而不是对宇宙计划的否定。

然而,在斯宾诺莎那里对宇宙计划

的否定却十分明显。他写道："人们通常认为,自然中的一切事物同人一样都有目的,而且认为是上帝把一切事物引向各自确定的目的,于是说上帝为人创造了一切,人便崇拜上帝。"斯宾诺莎认为这是人类所有偏见中最易出现的谬论,他相信"自然并未因为某种目的而做什么,那个我们称为上帝或自然的存在按其自己的存在需要而行事"。既然"他不为某种目的的存在,他就不为某种目的的行事;既然他没有存在的原则和目的,他就没有行为的原则和目的"。斯宾诺莎继续写道:"因而,所谓的最终原因,只不过是出于人的愿望,而把它看成一切事物的原则或首要原因。"

斯宾诺莎说,由于人在自然中专门发现那些可服务于人自身的目的的事物,于是推论"自然中有某个或某些统治者存在,具有人的自由,替人料理一切,为人所需而创造一切……因而人相信神灵们把一切都引向人的利益所在,以便让人依附于他们并把他们奉为至上……结果这种偏见成为迷信,深深植根于心灵——这种偏见就是为什么人们如饥似渴地寻找并解释世界由来的原因"。然而,这种意在证明自然不行无益之事(就是说,没有对人没有益处的事)的企图,在斯宾诺莎看来,其"结果却是说明自然、神灵和人都是疯子"。

斯宾诺莎否认宇宙有目的或计划,是因为他认为一切事物的存在或发生都出于致动因的必然性(最终是出于自然的或上帝的必然性)而不是出自目的的因,而卢克莱修反驳世界设计观或天意观,则是因为世界是不完美的。针对那些"认为神灵们为人类安排一切"的人,卢克莱修说:

> 我也许对原子一无所知,
> 但依我所见的
> 上天的行事方式,及其他种种,
> 我敢断定,世界的本性不可能是
> 神灵们的设计产物;绝对不是,
> 太多太多的事物满是缺陷。

斯宾诺莎对这个论点会不以为然。他认为他可以轻松回答一些人的问题,这问题是"自然不完美之处怎么会那么多——如,事物的败落直到腐臭、畸形、令人作呕,混乱、邪恶、罪恶等等?"他说:"判断事物完美的标准只能是它们的天性和力量,不能因为事物迎合或冒犯了人的感官而说它们不太完美或不完美,也不能因为事物对人有益或无益来决定事物的完美程度。"

在对待世界明显不完美的问题上,其他哲学家的方法各异。例如,笛卡尔阐述的观点是"同样的事物单独看可能很不完美……但当它作为整个宇宙的一部分时却发现它很完美"。马可·奥勒留更进一步说,"对于部分而言没什么妨害",他写道,"如果从整体利益着眼的话……因此,请记住,我是整体的一部分,我对一切发生的事都满意"。

按照另一原则,贝克莱叫我们要"认识到就是自然的污点与缺陷也非全无用处,因为它们是可取的种类,能够增大其他创造的美,就像图画中的阴暗部分把亮部衬托得更亮……至于世界中的疼痛与不适,按照自然的一般法则",他认为"这对我们现在状态中的健康必不可少"。

一些"哲学家在仔细考察了自然的各种现象之后得出结论说,可以看成一个系统的这个世界整体,在存在的每一个时期里,都有完美的善"。对于这个见解,休谟认为那只是一种特别的也是崇高的抚人病痛的安慰。然而,休谟并不认为这样的愿望有什么实际效用。他说："这些放大了的想法,可能一时能够让一个养尊处优、奇思怪想的人惬意;然而,即便是在他没有病痛、伤心这样的情感侵扰的时候,这些有关善行的想法也不可能长住他心;更不用说当他遭受强有力的对手攻击的时候,他还是否坚持这些看法。"

不过,在奥古斯丁和阿奎那这样的神学家那里,除了某种善出现了匮乏或堕落外,邪恶在世界上并不存在也不可能存在。阿奎那写道:"邪恶既不属于这个完美的宇宙,也不会在宇宙秩序下出现,除非它与某种善偶然绞在一起。"然而,邪恶怎样进入至高无上的神所创造的世界呢?阿奎那回答说:"上帝在其创造物中携带的意图是宇宙秩序的善,而宇宙的秩序要求⋯⋯某些事物可能失败,有时它们也的确失败。于是,上帝把秩序引入宇宙之物,结果,仿若偶然,却给某些事物铸成了堕落。"不过,"正义的秩序终归是宇宙的秩序,这就要求给犯罪者予以惩罚。因此,上帝是惩罚之恶的缔造者,而非过错之恶的作俑者"。

关于宇宙完美论的这点,哲人的伟大对话从世界的秩序转到了邪恶及相关问题。

在伏尔泰的《老实人》里,有不少关于潘格罗斯博士的哲学观的谈论,潘格罗斯博士认为,这个世界是所有可能世界的最佳者。然而,老实人并不信服。他告诉康妮红娣说,"我们将去另外一个宇宙",继而补充道,"那里的一切都好。必须承认的是,人们可能有些哀叹我们那物理世界和伦理世界所发生的事"——地震与海啸,纸醉金迷和肉体折磨。

弗洛伊德在评论他的"宗教世界观"时说,"地震、洪水和烈火并不会区别地对待善良虔诚的人和罪人、不信教的人",他就此提出的一些问题在**正义**、**惩罚**和**善与恶**等章里有讨论。宇宙完美论还引发出宇宙秩序之美的讨论。天文学家、神学家和诗人发出的赞美,歌颂的不是自然的可见之美,而是宇宙结构中依靠智慧才能领悟的美——宇宙的和谐反映到数学公式里和音乐表达中,对开普勒那样的人是可感知的。

除了宇宙的善与美之外,世界秩序问题有时按其合理性来陈述。在一些伟大著作的作者如黑格尔看来,合理性被确认为存在的基础。"合理的就是现实的,现实的就是合理的",黑格尔这样写道,"怀着这个信念普通人与哲学家一样有自己的合理立场,哲学由此开启它的研究任务,不仅要研究自然宇宙,而且还要研究心灵的宇宙"。在罗素看来,"我们无法证明作为整体的宇宙形成了一个如黑格尔所认为的那样一个和谐系统"。对其他哲学家如詹姆士而言,"哲学的整个战争都是信仰问题。一些人声称他们已经看到了通向理性的道路;另一些却说除了机械方法之外别无希望;而还有一些人的看法是,有一个世界存在这个事实看起来就不合理性"。

针对黑格尔关于世界是一个组织完美的整体(詹姆士称之为"整块宇宙")这一观念,詹姆士提出"连串宇宙"这个概念。詹姆士声言:"此刻给予的真实世界是现在所有存在物与事件的合计。然而,我们能够想象这个合计吗?我们能否立刻意识到,在某个时刻世界的所有存在物的截面图会是什么样呢?就在我说话的时候,苍蝇在嗡嗡飞,亚马逊河口有一只海鸥抓到一条鱼,阿迪伦达克丛林中有一棵树倒了,德国有一个人在打喷嚏,鞑靼有一匹马死了,法国有双胞胎降生了。"

"这意味着什么呢?"詹姆士问,"在这同一时间里发生的这些事件,和数百万以上本无联系的事件,它们之间能够形成一个合理的联系纽带吗？它们能联合起来形成我们所意味的一个世界吗？"在黑格尔这样的人看来，一个世界或宇宙的意义肯定不是这些，他们所认为的宇宙的普遍联系，是指宇宙作为整体把它所有的组成部分完全地、合理地联系起来。不过，詹姆士对宇宙的构想具有多元论的意味而非一元论的模式，在他看来，所有事物的"间接同时性""绝非别的，正是这个世界的真实秩序"。

对所有这些问题的讨论，会把我们带回到也许是决定性的问题上来——世界的起源问题。人们认为世界是慈善之智慧有目的作品，或者是盲目偶然的产物，或者产生于同样盲目的必然性。由于这些观点，人们对世界再要进行判断时，总体上倾向于乐观或悲观。不过，这只在大多数情况下正确。

关于世界的起源问题涉及一些技术问题，而这些技术问题对人们就宇宙的测评似乎又没有得出什么结果。问题之一是创造出来的世界有没有时间开端，或者是否与造物者共同永恒。**永恒**和**时间**两章指出，不管怎样去回答关于世界永恒性的争论，结果都会肯定或否定世界创造说。相信世界是创造出来的人宣称，维持世界存在所需要的力量与开创世界的力量一样大。贝克莱指出，"上帝的神圣陪伴"应被理解为"持续的创造活动"。

最难的争点是创造本身的意义问题。根据基督教信条，创造的实质在于从无生有。就这一原则，阿奎那把创造同繁殖或生殖、同艺术创作进行对照。在生物繁殖中，后代从祖先的物质基础上产生。在艺术创作中，预先就存在一些材料由艺人加工。然而，神学家认为，创造不是改变，"因为改变的意义就是同一事物的现在状态应该与其过去不同"。

在变成或改变中，预先就有某种存在。"创造比繁殖和改变更完美更优秀"，阿奎那说，"因为术语'何去'就是事物的全部物质实体，而被理解为术语'何来'的绝对是非存在之物"，他认为这非存在之物就是无。因为在整个非存在之物与存在中间有无限的距离，所以只有无限的力量才能创造，或者说才能从无中制作出事物来。

卢克莱修断然否认上帝造物的可能性，他把"无中不能生有"确定为第一原则，甚至神也不能违背这条原则。他声言："根本没有什么事物按照上帝的意志从无中产生出来过。"另一方面看，对洛克来说，创造之难以想象，这本身并不是反驳曾有创造的论据。在他看来，像卢克莱修这样的作者"应该放弃他们的伟大准则，无中不能生有……我们在无法理解那无限力量的运作的情况下，而否认无限力量这在道理上讲不通。我们也不能基于这个立场而否认其他事物的作用，因为我们不知道它们的产生"，洛克继续写道，"……我们在夸大自己，因为我们把一切都限制到我们狭小有限的能力内来品评，而且得出结论说一切事物都不可能是做出来的，它们的制作方式超出了我们的理解"。

然而，这个世界与最高原因或原则之间，可不可能有某种并不涉及生于虚无的联系呢？那些伟大著作提供了不同的解说。亚里士多德的第一推动者不需要被推动，乃世界永恒运动的永恒动因，它不需要成为存在或保存在存在中。柏拉图的世界创造者是一个神，根据《蒂迈欧篇》里关于世界起源的神话，这个神依照永恒观念的模式来设计宇宙，在物质或被叫做"容器"的空间里，精巧地制造出合适的复制品来。

在普罗提诺的宇宙起源说中，从先验的"全是一"中散放出能够感知的和可以理解的世界。在斯宾诺莎的理论中，有限物的制作来源于上帝的无限物。这些世界起源说更像繁殖或生殖，而不太具有《创世记》开篇中的创造意味。

在神学家奥古斯丁和阿奎那或在哲学家贝克莱和洛克看来，上述世界起源说否认了犹太教和基督教的传统。贝克莱说这些都属无神论。不过，需要指明的是，在斯宾诺莎看来，像柏拉图那样的起源说对神是不恭敬的，因为，"把某个事物置于上帝之外独立于上帝，上帝在工作时参看它如同参看一个模子，或者至少上帝瞄向它仿若瞄向某种标志。这样一来，上帝也得受命运的影响，我们可以肯定这点最荒唐可笑，因为，我们早已表明上帝是万物本质的第一原因和唯一的自由原因"。

世界起源的各种理论还延伸出世界终结的问题。亚里士多德否认天界的运动以及其他自然的变化周期有一个开始，他断言这些都永恒。然而，并非只有认为世界没有开始的人才认为世界无限延续。在柏拉图看来，要是世界不能无限持续下去，那么就不可能有世界永恒运动的意象。普罗提诺和斯宾诺莎，他们尽管多少有点把世界构想为上帝的释放或制造，但他们和亚里士多德差不多一样认为世界即使不是永恒也是会永远存在下去的。普罗提诺写道："我们相信有序的宇宙长存而且将永远延续。"

在卢克莱修看来，有从来不能消失为无这一命题与无中不能生有这个原则同样正确。不过，他把这些原则只用于永恒的、非创造出来的、不可毁灭的原子，而不用来谈论由于原子的聚合或分离导致的世界的产生与灭亡。正如任何由原子形成的复合体都可以被分解为简单体那样，整个世界也可能有这样的分解，而且会在漫长的时间历程中承受分解。然而，卢克莱修虽然认为世界在永恒的原子的不停运动中一个接一个地相继出现，但他认为宇宙本身是没有开始也没有终结的。

既然与生于无（或创造来源于无）相对的是湮灭（或还原成虚无），那么就应想到，基于"开初时上帝创造天与地"的这一信条本身就预示了万物的终结——整个被创造出来的宇宙再回到虚无那原地去。《圣经》就预言了最后的灾变，"地球将像醉汉样滚来滚去，像茅屋一样被毁灭"。这是以赛亚的话。在讲诵田中的稗草那一寓言时，马太解释道，就像"把稗草收拢焚烧掉一样，这个世界的末日也就如此"。在路加福音中，耶稣预告他的第二次降临时说：

> 太阳、月亮、星星都会有预兆；地球上万民痛苦、迷茫；大海咆哮，惊涛骇浪；人心因恐惧而失落，苦苦寻求降临于地球的东西；天上的力量将为动摇；
> 这时，他们将看到主从云中出来，带着力量与光辉……
> 天和地将消失；但我的话永不消逝。

不过，另外一段文字对神学家阐释《圣经》具有主导影响。在彼得的使徒书第二篇中，我们看到：

> ……主的白天将像黑夜的小偷降临；在巨大的喧嚣中上天将消失，所有成分将熔于强热，地球连带上面所有的东西将被烧尽……
> 不过，按照主的承诺，我们可以期待新的上天、新的地球，正直居于那里。

由此可知，世界将在大火中告终，但同时会引发再创，而不会是整个物质宇宙的湮灭。在阿奎那看来，上帝有创造的力量，他就有湮灭一切的力量，不过，"上帝的力量和善，已通过保护事物存在而有所显示……我们必然的结论是绝对没有什么会湮灭"。《神学大全》的结束篇里——讨论的是世界的末日、最后的审判以及躯体的复活——最后的灾变被描述成用大火来洗涤世界,以便带来新的天和新的地。

在我们现在这个时代,人们把世界末日说成是由于偶然失控,原子核裂变产生连锁反应,致使整个物质世界大爆炸,世界也就因此结束。物理学家的熵论也预示由于能量耗散到一定程度,整个宇宙会凝固成惰性物质。这些是在宗教的世界末日预言之外的关于世界末日的世俗说法。但是,耶稣就末日审判所说的话,即它何时来临是凡人无从获知的秘密,对任何一种世界终结都适用,——如果世界的终结是在上帝的掌握之中,而不仅在于人或自然的作为,那当然如此。

分 类 主 题

1. 关于宇宙或寰宇的不同概念
    1a. 相对的比喻:宇宙如机器和宇宙如生命有机体;世界灵魂的信条
    2b. 宇宙是各种存在的有序社群:永恒法则和上帝统治
2. 宇宙与人:大宇宙和小宇宙
3. 宇宙与上帝:上帝的内在性和先验性
    3a. 上帝与世界的统一:能生的自然(natura naturans)和所生的自然(natura naturata)之间的区别
    3b. 上帝与世界的二元性:造物主与所造之物的区别
4. 世界的起源与演化:宇宙源于混沌
    4a. 对终极起源的否定:无始无终的世界及其运动的永恒
    4b. 关于世界是艺术创作的神话或假说:创世者,创造性观念,储藏库
    4c. 世界的形成由原子的偶然聚集
    4d. 世界从上帝那里释放
    4e. 世界创造于虚无
        (1)创造同运动、繁殖以及艺术创作的区别
        (2)与创造相关的时间与永恒问题:创造物存于时间
        (3)创造的启示录与教条:对《创世记》第1章的阐释;上帝的六天工作
    4f. 关于宇宙演化的天文学理论:星星、行星、星系和星云的起源
5. 世界的数量:这个世界的独一性;其他世界存在的可能性
6. 世界的结构
    6a. 世界的组成部分与位置:世界物质的统一性
    6b. 事物的多样性、不平等性和等级性
    6c. 宇宙的合理性与可理解性
    6d. 宇宙的善与美:宇宙的恶与不完美
7. 世界的空间:关于宇宙的大小和范围的天文学理论
8. 世界的终结

[杜世洪 译]

索引

本索引相继列出本系列的卷号〔黑体〕、作者、该卷的页码。所引圣经依据詹姆士御制版,先后列出卷、章、行。缩略语 esp 提醒读者所涉参考材料中有一处或多处与本论题关系特别紧密; passim 表示所涉文著与本论题是断续而非全部相关。若所涉文著整体与本论题相关,页码就包括整体文著。关于如何使用《论题集》的一般指南请参见导论。

1. **Diverse conceptions of the universe or cosmos**

1a. **The opposed metaphors: the universe as a machine and the universe as a living organism; the doctrine of the world soul**

   6 Plato, 124, 447–450, 586–590, 618–619, 757–765
   7 Aristotle, 336, 641
   11 Lucretius, 6–7, 16–19
   11 Aurelius, 251, 252–253, 255, 258, 262, 276, 281, 284
   11 Plotinus, 338–339, 342–344, 349, 350–352, 383–384, 395–396, 448–456 passim, 469–474, 477–480, 511–512, 514–516, 518–519, 559, 563, 625–626
   12 Virgil, 192
   15 Kepler, 1083–1084
   16 Augustine, 235–237, 292–294, 295–296, 302–303
   17 Aquinas, 19–20, 480–481
   21 Hobbes, 172, 269
   26 Gilbert, 104–105
   28 Bacon, 114–115
   28 Descartes, 278–280
   28 Spinoza, 612–614
   32 Newton, 269–372, 540–543
   33 Locke, 334–335
   33 Hume, 475, 485–486
   37 Gibbon, 307, 767
   39 Kant, 558–559, 561–564, 568–570
   51 Tolstoy, 608
   53 James, William, 658–659, 882–884
   55 James, William, 20–23, 54–56
   55 Whitehead, 207–209

1b. **The universe as an ordered community of beings diverse in kind: eternal law and divine government**

   6 Plato, 479
   7 Aristotle, 445, 598–606
   11 Epictetus, 192–193
   11 Aurelius, 255, 259
   11 Plotinus, 346–347, 386–402, 456–457, 471
   16 Augustine, 259, 316–317, 392–393
   17 Aquinas, 12–14, 124–125, 127–132, 240–241, 258–259, 528–608
   18 Aquinas, 208, 215–220
   19 Dante, 91, 100, 125
   19 Chaucer, 231
   25 Shakespeare, 108–109
   28 Bacon, 71
   28 Spinoza, 603–606
   33 Berkeley, 433–434 passim
   35 Montesquieu, 1
   37 Gibbon, 346–347
   39 Kant, 200–209, 239–240, 578–587 passim, 594
   51 Tolstoy, 216–218
   55 James, William, 35
   58 Huizinga, 266–267

2. **The universe and man: macrocosm and microcosm**

   6 Plato, 124–126, 466
   11 Epictetus, 135, 177–178, 219–222
   11 Aurelius, 251
   15 Kepler, 915–916
   17 Aquinas, 484–485
   22 Rabelais, 137–139
   23 Montaigne, 254–255, 299–300
   24 Shakespeare, 349–350, 608–609
   25 Shakespeare, 262–263
   28 Bacon, 33–34, 50
   29 Milton, 233–236
   30 Pascal, 181–184, 233–234
   39 Kant, 360–361, 497–498, 591–592
   43 Hegel, 163–199
   45 Goethe, xv–162 passim
   48 Melville, 74–75, 103–104, 215, 219, 223–224
   51 Tolstoy, 216–218
   52 Dostoevsky, 176
   53 James, William, 655–659
   54 Freud, 562
   56 Planck, 114

3. **The universe and God: divine immanence and transcendence**

3a. **The unity of God and the world: the distinction between *natura naturans* and *natura naturata***

   Apocrypha: *Wisdom of Solomon,* 1:7
   11 Epictetus, 114
   11 Aurelius, 265
   11 Plotinus, 379–380, 435–443, 518–519, 524–526, 535–537, 554–562

16 Augustine, 19, 61–63, 237, 293–294, 413–414
17 Aquinas, 22–23, 34–38, 480–481
26 Harvey, 428
28 Descartes, 325
28 Spinoza, 589–606, 607–611, 659
32 Newton, 370–371
33 Locke, 152, 162–163
33 Berkeley, 442–443
39 Kant, 334–335, 566, 580
43 Hegel, 184, 231–232, 239–240
44 Tocqueville, 240
48 Melville, 72–73
51 Tolstoy, 631

3b. The duality of God and the world: the distinction between Creator and creature

New Testament: *I John,* 2:15–17
8 Aristotle, 234–235
11 Lucretius, 17, 29, 60–61, 77–78
16 Augustine, 1–2, 45, 61–63, 92–93, 127–128, 307–308, 407–408
17 Aquinas, 19–20, 34–35, 107–108, 238–240, 542–543
19 Dante, 114, 126–127
19 Chaucer, 308–309
20 Calvin, 2–4
21 Hobbes, 162
28 Bacon, 17
28 Descartes, 278–280, 325, 336–338, 349, 384–385
35 Montesquieu, 1
39 Kant, 190, 192
43 Hegel, 259–260
55 Barth, 536–539, 546
58 Weber, 231

4. The origin and evolution of the world: cosmos out of chaos

4 Aristophanes, 781
6 Plato, 458
7 Aristotle, 601–602
11 Lucretius, 64
28 Descartes, 278–280
29 Milton, 129–133, 135–136
45 Goethe, 104–105
56 Eddington, 272–274, 281–283, 295
56 Heisenberg, 427

4a. The denial of ultimate origins: the eternity of the world and its motions without beginning or end

6 Plato, 447
7 Aristotle, 334–337, 348–353, 361–362, 370–376, 379–380, 437–441, 458–459, 601–605
11 Lucretius, 14, 16–17, 19, 22
11 Aurelius, 256, 260, 281
11 Plotinus, 337–342, 370–371, 373–374
15 Kepler, 846–848, 890–891
16 Augustine, 376–377, 402–404
17 Aquinas, 41–42, 43–44, 250–255

18 Aquinas, 1017–1020
28 Spinoza, 596–597, 601–603
33 Locke, 160
39 Kant, 132–133, 135–137, 152, 160–161

4b. Myths or hypotheses concerning the world's origin by artistic production: the demiurge, the creative ideas, the receptacle

6 Plato, 447–477
8 Aristotle, 164
11 Lucretius, 61
11 Plotinus, 361–362, 373–374, 375–377, 454–456, 554–555, 557–558
16 Augustine, 114–115
28 Spinoza, 604–605
37 Gibbon, 307
39 Kant, 188–189

4c. The formation of the world by a fortuitous concourse of atoms

7 Aristotle, 272–273
11 Lucretius, 14, 18–19, 28, 64–65
11 Aurelius, 281
11 Plotinus, 383
17 Aquinas, 128–130, 256–257
32 Newton, 542
55 James, William, 20–23
56 Eddington, 254–256, 273

4d. The emanation of the world from the One

11 Plotinus, 339, 350–352, 370–371, 373–374, 395–396, 432–434, 471, 473, 483–489, 491, 519–523, 532–534, 537–539, 554–555, 592–593, 612–613, 613–614, 620–626, 637–638, 646

4e. The creation of the world *ex nihilo*

11 Lucretius, 3–4
16 Augustine, 92–93, 114–117
17 Aquinas, 126–127, 238–255, 339–349, 534–538, 692
19 Dante, 99, 114
28 Descartes, 358–359, 455
28 Spinoza, 596–597
29 Milton, 218–231
32 Newton, 542–543
33 Locke, 352–354
33 Berkeley, 431
33 Hume, 509
39 Kant, 135–137, 152
49 Darwin, 239
54 Freud, 877
55 Heidegger, 305–306
55 Barth, 470

4e(1) The distinction between creation and motion, generation, and artistic production

16 Augustine, 114–115
17 Aquinas, 82–83, 111–112, 128–130, 154–155, 241–250, 343–345, 565–566
21 Hobbes, 47
33 Locke, 217

39 Kant, 188–189

4e(2) The problem of time and eternity in relation to creation: the conservation of creatures in time

11 Plotinus, 425–426
16 Augustine, 63, 115–118, 125–126, 138–139, 376–379, 405–408
17 Aquinas, 34–35, 39–40, 250–255, 315–316, 348–349
28 Descartes, 313, 454
29 Milton, 187–188
33 Locke, 160–161
33 Berkeley, 421
39 Kant, 334–335

4e(3) The revelation and dogma of creation: interpretations of Genesis I; the work of the six days

Old Testament: *Genesis*, 1–2 / *Exodus*, 20:8–11 / *Nehemiah*, 9:6 / *Job*, 9:4–13; 12:7–10; 26:7–14; 38:4–13 / *Psalms*, 8; 33:6–9; 102:25–26; 104; 148 / *Proverbs*, 8:22–31 / *Isaiah*, 40:21–28; 42:5
Apocrypha: *Judith*, 16:14 / *Wisdom of Solomon*, 7:15–21 / *Ecclesiasticus*, 17:1–9; 39:16–35; 42:15–43:27 / *Song of Three Children*, 34–60
New Testament: *Colossians*, 1:16–17 / *Hebrews*, 1:10–11
16 Augustine, 56–57, 126–159, 307–308, 318–321, 376–396, 661–662
17 Aquinas, 36–37, 126–127, 238–255, 339–377
19 Dante, 106, 127
20 Calvin, 62–63
28 Bacon, 17
29 Milton, 150–151, 192–194, 218–231
52 Dostoevsky, 126–127
55 James, William, 20–23

4f. Astronomical theories concerning the evolution of the universe: the origins of stars, planets, galaxies, nebulas

56 Einstein, 225–227
56 Eddington, 254–256, 259, 269–276, 281–283
56 Heisenberg, 426–427

5. The number of worlds: the uniqueness of this world; the possibility of other worlds

6 Plato, 448, 459, 586–590
7 Aristotle, 334, 367–370, 370–371
11 Lucretius, 28–30
16 Augustine, 377, 403, 404–405, 407–408
23 Montaigne, 292–293, 484–485
28 Descartes, 278–280
28 Spinoza, 601–603
55 James, William, 33–34
56 Eddington, 282

6. The structure of the world

6a. The parts and places of the world: the uniformity of the matter of the world

New Testament: *I Corinthians*, 15:40–41
6 Plato, 247–250
7 Aristotle, 359–360, 361–362, 370, 380
11 Lucretius, 6–7, 14–15, 65
11 Plotinus, 337–342, 355
15 Ptolemy, 8, 9–11
15 Copernicus, 517–518, 519–520
15 Kepler, 853–857, 888–890, 929–930, 931–932
17 Aquinas, 44–45, 289–290, 345–347, 354–355, 365–367, 443–444, 588–589
19 Dante, 119
21 Hobbes, 172
26 Gilbert, 110
32 Newton, 270–271, 281–282

6b. The diversity, inequality, and hierarchy of things

Old Testament: *Genesis*, 1–2
Apocrypha: *Ecclesiasticus*, 33:7–15
6 Plato, 447–455
7 Aristotle, 383–384, 605–606
8 Aristotle, 272
11 Plotinus, 346–347, 349, 390–391
16 Augustine, 61–63, 259, 383–385, 386–387, 397, 398–399, 685–688
17 Aquinas, 106–107, 116, 138–140, 256–259, 272–273, 316, 343–369, 384–385, 393–394, 548–549, 552–564
18 Aquinas, 1020–1022
19 Dante, 98, 106, 126–127
19 Chaucer, 308
29 Milton, 185–186
33 Locke, 271–272, 370–371
56 Dobzhansky, 517–519, 668–669
58 Huizinga, 266, 330–331

6c. The rationality or intelligibility of the universe

6 Plato, 447–477, 757–765
7 Aristotle, 281, 502, 512–513
11 Aurelius, 252, 258, 259, 262, 269, 270, 281
11 Plotinus, 435–438, 561–563
15 Kepler, 863–872, 1023–1080
16 Augustine, 735
28 Spinoza, 596, 609
39 Kant, 127–128, 200–209, 239–240, 550–613 passim
43 Hegel, 6–7, 163–165, 166–167
53 James, William, 862–863, 882–886, 889–890
55 Whitehead, 136–137, 179–180
56 Poincaré, 42–43
56 Planck, 94–96, 97–99, 108, 114–116
56 Whitehead, 126
56 Waddington, 746–747
58 Frazer, 32–33
58 Weber, 228–229

60 Beckett, 563-565

6d. The goodness and beauty of the universe: its evil and imperfections

Old Testament: *Genesis*, 1 / *Psalms*, 19:1-6; 104; 136:1-9
Apocrypha: *Wisdom of Solomon*, 13:1-5 / *Ecclesiasticus*, 16:26-30; 17:7-9; 39:12-35; 42:22-43:33
  6 Plato, 247-250, 447-448, 586-590
  7 Aristotle, 383-384, 502, 603, 605-606, 624
  8 Aristotle, 168-169
 11 Lucretius, 61-62
 11 Epictetus, 220
 11 Aurelius, 245
 11 Plotinus, 360, 369-381 passim, 388, 454-457, 555-556, 557-558
 15 Copernicus, 526-529
 15 Kepler, 863-872, 1023-1085
 16 Augustine, 92-93, 316-317, 358, 386-388, 397, 398-399, 586-589
 17 Aquinas, 25, 30, 100-101, 128-130, 149-150, 259-261, 266, 343-345, 375-377, 488-489, 529-530
 18 Aquinas, 925-926
 19 Dante, 92
 19 Chaucer, 210-211
 28 Descartes, 440-441
 28 Spinoza, 601-603, 656-658
 29 Milton, 229
 33 Berkeley, 442, 443-444
 33 Hume, 486, 499-500 passim
 34 Voltaire, 191-249 passim
 37 Gibbon, 81
 39 Kant, 187-188, 544-546
 48 Melville, 88-89
 52 Dostoevsky, 160-161
 54 Freud, 878
 55 James, William, 5-6
 58 Weber, 228-229
 58 Huizinga, 254-258
 60 Beckett, 546-547, 550-551

7. The space of the world: astronomical theories concerning the size or extent of the universe; the universe as finite yet unbounded; the universe as expanding or contracting

Old Testament: *Job*, 38:18-20
  7 Aristotle, 362-367, 378-379
 10 Archimedes, 520-526
 11 Lucretius, 13-15, 28-29
 15 Ptolemy, 10
 15 Copernicus, 516-517
 15 Kepler, 882-886
 17 Aquinas, 37-38
 29 Milton, 233-236
 33 Locke, 320
 39 Kant, 135-137, 160-161, 501
 56 Einstein, 225-228, 234-235
 56 Eddington, 253-295 esp 257-259, 265-284

8. The end of the world

Old Testament: *Psalms*, 102:25-26 / *Isaiah*, 13:6-22; 24; 34; 51:6; 65:17-66:24 / *Daniel*, 12 / *Joel*, 2:1-11 / *Micah*, 4:1-3 / *Zechariah*, 14 / *Malachi*, 3-4
New Testament: *Matthew*, 11:20-24; 13:33-43,47-50; 24 / *Mark*, 13:4-37 / *Luke*, 17:20-37; 21:5-38 / *Acts*, 2:17-21 / *I Corinthians*, 7:29-31 / *I Thessalonians*, 4:15-5:4 / *II Peter*, 3:7-13 / *I John*, 2:18-19 / *Jude* / *Revelation*
  8 Aristotle, 234-235
 11 Lucretius, 60, 62-64
 16 Augustine, 572-573, 600-632
 18 Aquinas, 922-935, 945-946, 1002-1004, 1016-1025
 21 Hobbes, 230, 244
 29 Milton, 141-143, 220, 300-301
 37 Gibbon, 187-188
 38 Gibbon, 233
 55 James, William, 22-23
 55 Barth, 476-477, 541, 549-550
 56 Eddington, 273, 283-284, 294-295

交叉索引

以下是与其他章的交叉索引：

The universe as a living organism, as extension and thought, as the objectification of mind, and as an ordered community, see CAUSE 7c; GOD 7c; MIND 10f-10f(1); SOUL 1a.

The mechanistic and organismic accounts of nature, see ANIMAL 1e; ELEMENT 5d-5g; MECHANICS 4c.

The world and man, see MAN 10c, 10e.

The unity or duality of God and the world, see GOD 5d-5e, 11; NATURE 1b; ONE AND MANY 1b; RELATION 3.

The origin, eternity, and creation of the world or universe, see ART 2c; ASTRONOMY AND COSMOLOGY 6c(1), 11b; CHANGE 13; ELEMENT 5g; ETERNITY 2; GOD 7a; INFINITY 3e; ONE AND MANY 1a; TIME 2b-2c.

Divine freedom in relation to the necessity of this world and the possibility of other worlds, see GOD 4e, 5g; LIBERTY 5d; WILL 4b.

The uniformity of the world's matter, see ASTRONOMY AND COSMOLOGY 6a; CHANGE 10c; MATTER 1b; MECHANICS 4a.

The space and size of the universe, see ASTRONOMY AND COSMOLOGY 11C; INFINITY 3d, 4a; SPACE 3a.
Hierarchy or continuity in the order of nature, see BEING 3a; GOOD AND EVIL 1b; LIFE AND DEATH 2, 3a; NATURE 3b.
The world's rationality or intelligibility, see MIND 10a; NATURE 3a.
The beauty of the world, see BEAUTY 7b.
The goodness of the universe in relation to God's goodness and the problem of evil, see GOD 4f, 5h-5i; GOOD AND EVIL 1d, 2b.
The atomistic theory of the world's growth and decay, see ELEMENT 5g.
The religious dogma of the world's end and related theological doctrines, see GOD 7g-7h; IMMORTALITY 5g; PROPHECY 4d; SOUL 4d(3).

扩展书目

下面列出的文著没有包括在本套伟大著作丛书中，但它们与本章的大观念及主题相关。

书目分成两组：

Ⅰ．伟大著作丛书中收入了其部分著作的作者。作者大致按年代顺序排列。

Ⅱ．未收入伟大著作丛书的作者。我们先把作者划归为古代、近代等，在一个时代范围内再按西文字母顺序排序。

在《论题集》第二卷后面，附有扩展阅读总目，在那里可以查到这里所列著作的作者全名、完整书名、出版日期等全部信息。

I.

Augustine. *The Literal Meaning of Genesis*
Thomas Aquinas. *De Aeternitate Mundi*
———. *Summa Contra Gentiles*, BK II, CH 32-38; BK IV, CH 96-97
Hobbes. *Concerning Body*, PART IV, CH 26
Galileo. *Dialogue Concerning the Two Chief World Systems*
———. *The Sidereal Messenger*
Descartes. *The Principles of Philosophy*, PART II
———. *The World*, CH I-II, VI-XIV
Voltaire. *Micromegas*
———. "Chain of Created Beings," "End of World," in *A Philosophical Dictionary*
Kant. *Cosmogony*
———. *De Mundi Sensibilis* (*Inaugural Dissertation*)
———. *Prolegomena to Any Future Metaphysic*, par 50-54
James, W. *A Pluralistic Universe*
Planck. *The Philosophy of Physics*, CH 1
———. "The Unity of the Physical Universe," in *A Survey of Physical Theory*
Whitehead. *Adventures of Ideas*, CH 7-8
———. *Process and Reality*
Einstein. *Sidelights on Relativity*
Eddington. *The Nature of the Physical World*, CH 4, 11
———. *Stellar Movements and the Structure of the Universe*
Heidegger. *Being and Time*
Brecht. *The Life of Galileo*
Beckett. *Endgame*

II.

THE ANCIENT WORLD (TO 500 A.D.)

Aristarchus. *On the Sizes and Distances of the Sun and Moon*
Epicurus. *Letter to Herodotus*
———. *Letter to Pythocles*
Philo Judaeus. *On the Creation of the World*
———. *On the Eternity of the World*
Proclus. *The Elements of Theology*

THE MIDDLE AGES TO THE RENAISSANCE (TO 1500)

Bacon, R. *Opus Majus*, PART IV
Bernard Sylvestris. *De Mundi Universitate Libri Duo*
Bonaventura. *Breviloquium*, PART II
Maimonides. *The Guide of the Perplexed*, PART I, CH 72; PART II, CH 8-16, 22-23, 25-30
Nicholas of Cusa. *De Docta Ignorantia*, BK II, CH 4-13
Sa'adia ben Joseph. *The Book of Beliefs and Opinions*, TREATISE I

THE MODERN WORLD (1500 AND LATER)

Barrow, J. D. *The World Within the World*
Barrow and Tipler. *The Anthropic Cosmological Principle*
Borges. "The Circular Ruins"
———. "The Library of Babel"
———. "Tlön, Uqbar, Orbis Tertius"
Bruno. *De Immenso et Innumerabilibus*
Chaisson. *Universe: An Evolutionary Approach to Astronomy*
Clifford. "The First and the Last Catastrophe," in *Lectures and Essays*
Cohen, N. *Gravity's Lens: Views of the New Cosmology*
Duhem. *Le système du monde*
Fontenelle. *Conversations on the Plurality of Worlds*
Haeckel. *The Riddle of the Universe*
Hartshorne. *The Divine Relativity*

Hawking. *A Brief History of Time*
Humboldt, A. *Cosmos*
Jaki. *God and the Cosmologists*
Jeans. *Astronomy and Cosmogony*
——. *Problems of Cosmogony and Stellar Dynamics*
——. *The Universe Around Us*, CH 4, 6
Laplace. *The System of the World*
Leibniz. *Monadology*, par 56-90
Lewis, C. S. *Out of the Silent Planet*
Lewis, G. N. *The Anatomy of Science*, ESSAY VI
Lovejoy. *The Great Chain of Being*
Lovelock. *The Ages of Gaia*
McTaggart. *The Nature of Existence*, CH 28-31
——. *Studies in Hegelian Cosmology*
Milne. *Kinematical Relativity*

Peirce, C. S. *Collected Papers*, VOL VI, par 185-237
Royce. *The World and the Individual*
Schleiermacher. *The Christian Faith*, par 59
Sitter. *Kosmos*
Stallo. *Concepts and Theories of Modern Physics*, CH 13-15
Suárez. *Disputationes Metaphysicae*, XX-XXII, XXIX, XXXI (9, 14)
Toulmin. *The Return to Cosmology*
Trefil. *The Moment of Creation*
Weinberg. *The First Three Minutes*
Weizsäcker. *The History of Nature*
Weyl. *The Open World*, LECT I
Whewell. *The Plurality of Worlds*

扩展阅读总目

Bibliography of Additional Readings

扩展阅读总目

每一章大观念最后都有一份扩展书目，这里的扩展阅读总目把所有扩展书目集中在一起列出。

这份书目按作者英文名字的字母顺序排列。无名氏的著作列在Anonymous名下，位于Andreyev和Anouilh之间。

在每一章的扩展书目中，我们只给出了作者的姓氏，有时给出名字的首写字母以区别同姓作者。下面这份扩展阅读总目则列出了作者的全名、完整书名、出版日期。

在某一作者名下的文著按这些文著标题的字母顺序排列。书目包括如下信息（如果有这些信息的话）：副标题，编者或译者的名字，所列版本的出版地和出版年份，初版的出版地和出版年份，译著所译原书的标题。

如果这里出现的完整书名的开首字母不同于每一章扩展书目里文著简名的开首字母，该简名会加上方括号置于完整书名之前。例如，丹尼尔·笛福的Moll Flanders在这里写作The Fortunes and Misfortunes of the Famous Moll Flanders。这时，所谓文著标题的字母顺序以方括号内的书名为准，因为在每一章的扩展书目中它是这样排列的。

每一章的扩展书目提示出外文著作是否有英译本。若无英译本，只列出原著书名。若有英译本，则采用英译书名——有时和原著书名并用。以下情况则例外：该文著虽有英译本，但译本因为原文著的名称更为通行译本而保留了原名称，例如但丁的La Vita Nuova或Malory的Le morte d'Arthur。

在这份总目中，译著的名称以它们在每一章扩展书目中出现的方式按字母顺序排列。若在扩展书目中先给出的是原著名称，总目中它就将按原著名称排列，若先给出的是英译本名称，或哪怕只是采用了英译本名称，总目中它就将按英译本名称排列。在后一种情况下，英译本名称后面往往跟着原著名称，置于括号之中。

第一卷中的导论中有关于扩展书目的更多讲解。

A

Abe Kōbō, pseud. of Abe Kimifusa (1924-1993)
The Woman in the Dunes. Trans. E. Dale Saunders. New York: Oxford University Press, 1987 (*Suna no onna*, Tokyo, 1962).

Abelard, Peter (1079-1142)
Abailard's Ethics. Ed. and trans. J. R. McCallum. Merrick, N.Y.: Richwood, 1976 (*Scito Teipsum, seu Ethica*, before 1140).
Dialectica. First complete edition of the Parisian manuscript, with an introduction by L. M. Rijk. 2nd rev. ed. Assen, The Neth.: Van Gorcum, 1970 (before 1125).
The Glosses of Peter Abailard on Porphyry. In *Selections from Medieval Philosophers*. Ed. and trans. Richard McKeon. 2 vols. New York: Scribner's, 1929-1930 (*Petri Abaelardi Glossae in Porphyrium*).
Introductio ad Theologiam. Ed. V. Cousin. Paris, 1859 (1136-1140).
The Letters of Abelard and Heloise. Trans. Betty Radice. Baltimore: Penguin, 1974 (c. 1130-1140).
Sic et Non: A Critical Edition. Ed. Blanche B. Boyer and Richard McKeon. Chicago: University of Chicago, 1977.

Abercrombie, Lascelles (1881-1938)
An Essay Towards a Theory of Art. London: M. Secker, 1922.
The Theory of Poetry. New York: Biblo & Tannen, 1968 (originally pub. as *The Theory of Poetry* and *The Idea of Great Poetry*, London, 1924; 1925).

Achebe, Chinua (1930-   )
A Man of the People. New York: Anchor Books, 1989 (London, 1966).

Acton, John Emerich Edward Dalberg, Lord (1834-1902)
Essays on Freedom and Power. Ed. Gertrude Himmelfarb. Gloucester, Mass.: P. Smith, 1972 (*The History of Freedom in Antiquity* and *The History of Freedom in Christianity*, both Bridgnorth, 1877).

Adams, Brooks (1848-1927)
The Law of Civilization and Decay: An Essay on History. New York: Gordon Press, 1975 (London, 1895).
The Theory of Social Revolutions. New York: Macmillan, 1913.

Adams, Henry Brooks (1838-1918)
The Degradation of the Democratic Dogma.

Ed. B. Adams. New York: Macmillan, 1920 (1894-1910).
The Education of Henry Adams. 2 vols. New York: Time, 1946 (1906).
History of the United States of America During the Administrations of Thomas Jefferson and James Madison. New York: Viking Press, 1986 (1889-1891).
Mont-Saint-Michel and Chartres. New York: Houghton Mifflin Co., 1927 (Washington, 1904).

Adams, John (1735-1826)
A Defense of the Constitutions of Government of the United States of America. In Vols. IV-VI, *Works of John Adams.* Ed. C. F. Adams. 10 vols. Boston: Little, Brown & Co., 1850-1856 (1787).

Adams, Richard (1920-   )
Watership Down. Harmondsworth, Eng.: Penguin Books, 1983 (London, 1972).

Adams, Robert M. (1926-   )
The Evolution of Urban Society: Early Mesopotamia and Prehispanic Mexico. Chicago: Aldine Pub. Co., 1966.

Adler, Irving (1913-   )
The New Mathematics. New York: John Day Co., 1972 (New York, 1958).

Adler, Mortimer Jerome (1902-   )
The Angels and Us. New York: Macmillan, 1982.
Art and Prudence, a Study in Practical Philosophy. New York: Longmans, Green & Co., 1937.
The Common Sense of Politics. New York: Holt, Rinehart & Winston, 1971.
The Conditions of Philosophy. New York: Atheneum, 1965.
Dialectic. New York: Harcourt Brace, 1927.
A Dialectic of Morals; Towards the Foundations of Political Philosophy. Notre Dame, Ind.: The Review of Politics, University of Notre Dame, 1941.
The Difference of Man and the Difference It Makes. New York: Holt, Rinehart & Winston, 1967.
How to Think About God. New York: Macmillan, 1980.
How to Think About War and Peace. New York: Simon & Schuster, 1944.
The Idea of Freedom. Westport, Conn.: Greenwood Press, 1973 (Vol. 1, Garden City, N.Y., 1958; Vol. 2, 1961).
Intellect: Mind over Matter. New York: Macmillan, 1990.
The Paideia Program. New York: Macmillan, 1984.
The Paideia Proposal: An Educational Manifesto. New York: Macmillan, 1982.
Problems for Thomists: The Problem of Species. New York: Sheed & Ward, 1940.
Reforming Education: The Opening of the American Mind. New York: Macmillan, 1988.
Six Great Ideas. New York: Macmillan, 1981.
Some Questions About Language. La Salle, Ill.: Open Court Press, 1976.
The Time of Our Lives: The Ethics of Common Sense. New York: Holt, Rinehart & Winston, 1970.
Truth in Religion. New York: Macmillan, 1990.
A Vision of the Future: Twelve Ideas for a Better Life and a Better Society. New York: Macmillan, 1984.
We Hold These Truths. New York: Macmillan, 1987.

Adrian, Edgar D. (1889-1977)
The Basis of Sensation: The Action of the Sense Organs. New York: Hafner, 1964 (1928).

Aesop's Fables. Trans. V. S. Vernon Jones. New York: Garden City Publishing Co., 1939.

Aksyonov, Vasily Pavlovich (1932-   )
The Burn. Trans. Michael Glenny. New York: Random House, 1984 (*Ozhog*, 1980).

Alain, pseud. of Émile Chartier (1868-1951)
Système des beaux-arts. Paris: Gallimard, 1983 (Paris, 1920).

Alberti, Leon Battista (1404-1472)
[Della Famiglia] *The Albertis of Florence: Leon Battista Alberti's Della Famiglia.* Trans. Guido A. Guarino. Lewisburg, Pa.: Bucknell University Press, 1971 (1443).

Albertus Magnus (c. 1200-1280)
NOTE: B. *Alberti Magni Opera Omnia.* Ed. A. Borgnet. 38 vols. Paris: Vivès, 1890-1899.
De Memoria et Reminiscentia. In Vol. IX, *Opera* (before 1256).
De Natura et Origine Animae. Ibid. (before 1256).
De Sensu et Sensato. Ibid. (before 1256).
Of Cleaving to God. Trans. Elisabeth Stopp. London: A. R. Mowbray, 1954 (*De Adhaerendo Deo,* c. 1278-1280).
[On the Intellect and the Intelligible] *Treatises on the Intellect and the Intelligible.* In *Selections from Medieval Philosophers.* Ed. and trans. Richard McKeon. 2 vols. New York: Scribner's, 1929-1930 (before 1256).
Summa Theologiae. In Vol. XXXI, *Opera* (c. 1274).

Albo, Joseph (1380?-1444)
[Book of Principles] *Sefer ha-Ikkarim.* Ed. and trans. I. Husik. 4 vols. Philadelphia: Jewish Publication Society of America, 1929 (c. 1425).

Alcuin (Flaccus Albinus) (c. 735-804)
The Rhetoric of Alcuin and Charlemagne. Ed. and trans. W. S. Howell. Princeton, N.J.: Princeton University Press, 1941 (*Disputatio de Rhetorica et de Virtutibus,* 794).

Alemán, Mateo (1547-c. 1614)
The Rogue; or, The Life of Guzman de Alfarache. Trans. J. Mabbe. 4 vols. New York: AMS Press, 1967 (Madrid, 1599).

Alexander, Franz (1891-1964)
The Psychoanalysis of the Total Personality. New York: Coolidge Foundation, 1949 (*Die Psycho-*

analyse der Gesamtpersönlichkeit. Neun Vorlesungen über die Anwendung von Freuds Ichtheorie auf die Neurosenlehre, Leipzig, 1927).

Alexander, Samuel (1859–1938)
Space, Time, and Deity. 2 vols. Gloucester, Mass.: P. Smith, 1979 (London, 1920).

Al-Ghazzali (1058–1111)
[The Destruction of Philosophy] *Tahâfot al-Falâsifat.* Ed. M. Bouyges. Beyrouth: Imprimerie Catholique, 1927. Also *Destructio Philosophorum.* In *Opera Omnia* of Averroës. Venice, 1527 (c. 1095).

Allan, Graham (?)
Family Life: Domestic Roles and Social Organization. New York: Basil Blackwell, 1985.

Allen, Sir Carleton Kemp (1887–1966)
Law in the Making. 7th ed. Oxford: Clarendon Press, 1969 (Oxford, 1927).

Althusius, Johannes (1557–1638)
Politics. Abridged. Trans. Frederick S. Carney. Boston: Beacon Press, 1964 (*Politica Methodice Digesta Atque Exemplis Sacris et Profanis Illustrata*, Herborn, 1603).

Ampère, André-Marie (1775–1836)
Essai sur la philosophie des sciences, ou Exposition analytique d'une classification naturelle de toutes les connaissances humaines. Brussels: Culture et Civilisation, 1966 (Paris, 1834–1843).

Anderson, Carol M. See **McGoldrick, Monica**.

Anderson, Maxwell (1888–1959)
Winterset: A Play in Three Acts. New York: Dramatists Play Service, 1973 (Washington, 1935).

André le Chapelain (*fl.* 12th century)
The Art of Courtly Love. Ed. Frederick W. Locke, trans. J. J. Parry. New York: F. Ungar, 1984 (*Liber de Arte Honeste Amandi et de Reprobatione Inhonesti Amoris*, early 13th century).

Andreyev, Leonid Nikolaevich (1871–1919)
Lazarus. Trans. A. Yarmolinsky. Boston: Stratford Co., 1918 (Stuttgart, 1906).
The Seven Who Were Hanged. A Story. New York: Random House, 1958 (Berlin, 1908).

Anonymous
Amis and Amiloun. Ed. MacEdward Leach. London: Early English Text Society by Oxford University Press, 1960 (11th century).
Aucassin and Nicolette, and Other Mediaeval Romances and Legends. Trans. Eugene Mason. Darby, Pa.: Arden, 1982 (12th century).
Beowulf, the Oldest English Epic. Trans. C. W. Kennedy. Oxford: Oxford University Press, 1978 (7th to 8th century).
The Cloud of Unknowing, and Other Treatises by an English Mystic of the Fourteenth Century, with a Commentary on the Cloud by Father Augustine Baker. Ed. J. McCann. London: Burns & Oates, 1960.

The Epic of Gilgamesh. Trans. N. K. Sandars. Harmondsworth, Eng.: Penguin, 1988 (c. 2000 B.C.).
The Nibelungenlied, the Song of the Nibelungs. Trans. Frank G. Ryder. Detroit: Wayne State University Press, 1982.
[Njalssaga] *The Story of Burnt Njal; or Life in Iceland at the End of the Tenth Century.* Trans. G. W. Dasent. Everyman's Library, New York: E. P. Dutton, 1971 (late 13th century).
The Saga of the Volsungs. Trans. George K. Anderson. Newark: University of Delaware Press, 1982 (c. 1140–1220).
Sir Gawain and the Green Knight. In *Sir Gawain and the Green Knight, Pearl, and Sir Orfeo.* Trans. J. R. R. Tolkien. New York: Ballantine Books, 1975 (1375?).
The Song of Roland. Trans. Patricia Terry. New York: Macmillan, 1985 (late 11th century).
[Tristan and Iseult] *The Romance of Tristan and Iseult.* Trans. H. Belloc and P. Rosenfeld. New York: Pantheon Books, 1945 (1210).
Valentine and Orson. Ed. A. Dickson, trans. H. Watson. New York: Oxford University Press, 1937 (c. 1475–c. 1489).

Anouilh, Jean (-Marie-Lucien-Pierre) (1910–1987)
Traveller Without Luggage. Trans. John Whiting. London: Methuen, 1959 (*Le Voyageur sans bagage*, Paris, 1937).

Anselm of Canterbury, Saint (c. 1033–1109)
NOTE: *Basic Writings: Proslogium, Monologium, Gaunilon's On Behalf of the Fool, Cur Deus Homo.* Ed. and trans. S. N. Deane. La Salle, Ill.: Open Court, 1962.
Cur Deus Homo? In *Basic Writings* (1099).
De Conceptu Virginali et Originali Peccato. In Vol. CLVIII, *Patrologia Latina, q.v.* (1099 or 1100).
De Libero Arbitrio. Ibid. (1063–1078).
De Potestate et Impotentia; Possibilitate et Impossibilitate; Necessitate et Libertate. Ein neues unvollendetes Werk des Heiligen Anselm von Canterbury. Ed. F. S. Schmitt. Münster: Aschendorff, 1936 (1109?).
[Dialogue on Truth] *Truth, Freedom, and Evil: Three Philosophical Dialogues.* Ed. and trans. Jasper Hopkins and Herbert Richardson. New York: Harper and Row, 1967 (*Dialogus de Veritate*, 1063–1078).
Monologium. In *Basic Writings* (1063–1078).
Proslogium. Ibid. (1063–1078).

Apollonius of Perga (c. 262–190 B.C.)
Conics. Trans. R. Catesby Taliaferro. Annapolis, Md.: The Classics of the St. John's Program, 1939.

Appian of Alexandria (c. A.D. 95–c. 165)
The Civil Wars. In *Appian's Roman History.* Trans. H. White. 4 vols. Loeb Classical Library, Cambridge, Mass.: Harvard University Press, 1972–1979.

Apuleius, Lucius (c. 124–c. 170)
The Golden Ass: Being the Metamorphoses of Lu-

cius Apuleius. Trans. W. Adlington, rev. S. Gaselee. Cambridge, Mass.: Harvard University Press, 1977 (first edited and published, 1469).

Aquinas, Saint Thomas. See **Thomas Aquinas, Saint.**

Arendt, Hannah (1906-1975)
The Human Condition. Chicago: University of Chicago Press, 1974 (Chicago, 1958).
The Origins of Totalitarianism. San Diego: Harcourt, Brace & Jovanovich, 1985 (New York, 1951).

Ariès, Philippe (1914-1984) and **Duby, Georges** (1919-   ), general eds.
A History of Private Life: From Pagan Rome to Byzantium; Revelations of the Medieval World; Passions of the Renaissance. Trans. Arthur Goldhammer. Cambridge, Mass.: Belknap Press, 1987-1989 (*Histoire de la Vie Privée: De l'Empire Romain à l'an Mil*, 1986; *De l'Europe Féodale à la Renaissance*, 1986; *De la Renaissance aux Lumieres*, 1989).

Ariosto, Ludovico (1474-1533)
Orlando Furioso. Trans. W. S. Rose. 2 vols. New York: G. Bell & Sons, 1892 (Ferrara, 1516).

Aristarchus (c. 310-230 B.C.)
On the Sizes and Distances of the Sun and Moon. In Sir Thomas Heath, *Aristarchus of Samos: The Ancient Copernicus.* New York: Dover, 1981.

Armstrong, David (1926-   ) and **Malcolm, Norman** (1911-   )
Consciousness and Causality: A Debate on the Nature of Mind. New York: Basil Blackwell, 1984.

Arnauld, Antoine (1612-1694)
Logic or the Art of Thinking: Being The Port Royal Logic. Ed. and trans. T. S. Baynes. London: W. Blackwood, 1850 (*La logique ou l'art de penser; contenant outre les règles communes, plusieurs observations nouvelles, propres à former le jugement*, Paris, 1662).

Arnauld, Antoine and **Lancelot, Claude** (1615-1695)
General and Rational Grammar: The Port-Royal Grammar. Ed. and trans. Jacques Rieux and Bernard E. Rollin. The Hague: Mouton, 1975 (*Grammaire générale et raisonnée contenant les fondemens de l'art de parler*, Paris, 1660).

Arnold, Matthew (1822-1888)
Culture and Anarchy: An Essay in Political and Social Criticism. Ed. Ian Gregor. Indianapolis: Bobbs-Merrill, 1971 (London, 1869).
Empedocles on Etna. In *The Poems of Matthew Arnold, 1849-1867.* Ed. Kenneth Allott. New York: Longman, 1979 (London, 1852).
Essays in Criticism (Third Series). New York: Chelsea House, 1983 (London, 1865; 1888).
Literature and Dogma; an Essay Towards a Better Apprehension of the Bible. Abridged. New York: Ungar, 1970 (London, 1873).
Mixed Essays, Irish Essays and Others. New York: Macmillan, 1924 (London, 1879).
On Translating Homer. New York: AMS Press, 1971 (London, 1861).

Aron, Raymond (**-Claude-Ferdinand**) (1905-1983)
The Opium of the Intellectuals. Trans. Terence Kilmartin. Lanham, Md.: University Press of America, 1985 (*L'Opium des Intellectuels*, Paris, 1955).
Peace and War. Trans. Richard Howard and Annette Baker Fox. Malabar, Fla.: R. E. Krieger, 1981 (*Paix et Guerre entre les Nations*, Paris, 1962).

Arrhenius, Svante August (1859-1927)
The Destinies of the Stars. Trans. J. E. Fries. New York: Putnam's, 1918 (Stockholm, 1915).

Asch, Sholem (1880-1957)
The Apostle. Trans. M. Samuel. New York: Carroll & Graf, 1985 (New York, 1943).
The Nazarene. Trans. M. Samuel. New York: Carroll & Graf, 1984 (New York, 1939).

Ashton, T(homas) S(outhcliffe) (1889-1968)
The Industrial Revolution, 1760-1830. Westport, Conn.: Greenwood Press, 1986 (London, 1948).

Athanasius, Saint (c. 293-373)
Select Treatises of St. Athanasius in Controversy with the Arians. 2 vols. Trans. J. H. Newman. New York: AMS, 1978 (c. 348-359).

Atwood, Margaret (Eleanor) (1939-   )
The Handmaid's Tale. Boston: Houghton Mifflin, 1986.

Auden, W(ystan) H(ugh) (1907-1973)
The Age of Anxiety: A Baroque Eclogue. New York: Random House, 1947.

Auerbach, Erich (1892-1957)
Mimesis: The Representation of Reality in Western Literature. Trans. Willard R. Trask. Princeton, N.J.: Princeton University Press, 1968 (*Mimesis: Dargestellte Wirklichkeit in der abendländischen Literatur*, Bern, 1946).

Augustine, Aurelius, Saint, Bishop of Hippo (354-430)
NOTE: *Basic Writings of Saint Augustine.* Ed. W. J. Oates. 2 vols. Grand Rapids, Mich.: Baker Book House, 1980.
[Fathers] *Writings of St. Augustine*, in *The Fathers of the Church.* Ed. L. Schopp. Washington, D.C.: Catholic University of America Press, 1966-.
A Select Library of the Nicene and Post-Nicene Fathers of the Christian Church. Ed. Philip Schaff. First Series, 8 vols. Grand Rapids, Mich.: Eerdman's, 1979-1983.
Works of Aurelius Augustine. Ed. Marcus Dods. 15 vols. Edinburgh: T. & T. Clark, 1876.
Admonition and Grace. Trans. J. C. Murray. In *Fathers* (*De Correptione et Gratia*, 427).
Against Two Letters of the Pelagians. In *Works* (*Contra Duas Epistolas Pelagianorum*, 420).
Answer to Skeptics. Trans. D. J. Kavanagh. In *Fathers* (*Contra Academicos*, 386).

Concerning the Nature of Good. In *Basic Writings* (*De Natura Boni, Contra Manichaeos,* 404?).
Concerning the Teacher. Ibid. (*De Magistro,* 389).
De Fide et Symbolo. In *Patrologia Latina* (q.v.) (393).
De Genesi ad Litteram. (401?–415?).
De Vera Religione. In *Patrologia Latina* (q.v.) (390).
Divine Providence and the Problem of Evil. Trans. R. P. Russell. In *Fathers* (*De Ordine,* 386).
The Enchiridion on Faith, Hope and Love. In *Basic Writings* (*Enchiridion ad Laurentium, seu de Fide, Spe, et Caritate Liber,* 421).
The Happy Life. Trans. L. Schopp. In *Fathers* (*De Beata Vita,* 386).
The Harmony of the Gospels. In *Select Library* (*De Consensu Evangelistarum,* 400).
The Literal Meaning of Genesis. Trans. John Hammond Taylor. 2 vols. Ancient Christian Writers, New York: Newman Press, 1982 (*De Genesi ad Litteram,* 401?–415?).
The Magnitude of the Soul. Trans. J. J. McMahon. In *Fathers* (*De Quantitate Animae,* 388).
Of Continence. In *Select Library* (*De Continentia,* 395).
Of Marriage and Concupiscence. Ibid. (*De Nuptiis et Concupiscentia,* 419–420).
Of the Work of Monks. Ibid. (*De Opere Monachorum,* 401?).
On Baptism, Against the Donatists. Ibid. (*De Baptismo, Contra Donatistas,* 400).
On Faith in Things Unseen. Trans. R. J. Defferari and M. F. McDonald. In *Fathers* (*De Fide Rerum Quae Non Videntur,* 400).
On Free Will. Trans. C. M. Sparrow. Charlottesville: University of Virginia Press, 1947 (*De Libero Arbitrio,* 395).
On Grace and Free Will. In *Basic Writings* (*De Gratia et Libero Arbitrio,* 426?).
On Music. Trans. R. C. Taliaferro. In *Fathers* (*De Musica,* 386).
On Nature and Grace. In *Basic Writings* (*De Natura et Gratia, Contra Pelagium,* 415).
On the Good of Marriage. In *Select Library* (*De Bono Conjugali,* 400).
On the Good of Widowhood. Ibid. (*De Bono Viduitatis,* 414?).
On the Grace of Christ and on Original Sin. In *Basic Writings* (*De Gratia Christi et Peccato Originali, Contra Pelagium,* 418).
On the Immortality of the Soul. Ibid. (*De Immortalitate Animae,* 387).
On the Merits and Remissions of Sins. In *Select Library* (*De Peccatorum Meritis et Remissione, et De Baptismo Parvulorum,* 412).
On the Morals of the Catholic Church. In *Basic Writings* (*De Moribus Ecclesiae Catholicae,* 388).
On the Predestination of the Saints. Ibid. (*De Praedestinatione Sanctorum,* 428?).
On the Profit of Believing. Ibid. (*De Utilitate Credendi,* 391–392).
On the Spirit and the Letter. Ibid. (*De Spiritu et Littera,* 412).

On the Trinity. In *Select Library* (*De Trinitate,* 400–416).
Reply to Faustus. Ibid. (*Contra Faustum Manichaeum,* 400–404).
The Soliloquies of Saint Augustine. In *Basic Writings* (*Soliloquia,* 387).
The Soul and Its Origin. Trans. A. C. Pegis. In *Fathers* (*De Anima et Eius Origine,* 419).

Austen, Jane (1775–1817)
Pride and Prejudice. (London, 1813).
Sense and Sensibility. (London, 1811).
NOTE: The above works are available in many popular editions.

Austin, John (1790–1859)
Lectures on Jurisprudence; or, The Philosophy of Positive Law. London: J. Murray, 1975 (London, 1832).

Austin, John Langshaw (1911–1960)
Philosophical Papers. New York: Oxford University Press, 1979 (Oxford, 1961).

Avebury, Sir John Lubbock (1834–1913)
The Pleasures of Life. 2 vols. London: Macmillan, 1887.

Avenarius, Richard (1843–1896)
Kritik der reinen Erfahrung. Ed. J. Petzold. 2 vols. Leipzig: R. Reisland, 1921 (Leipzig, 1888–1890).

Averroës (1126–1198)
[*The Incoherence of the Incoherence*] *Tahâfot at-Tahâfot.* 2 vols. Trans. Simon Van den Bergh. London: Trustees of the E. J. W. Gibb Memorial, 1978 (c. 1180).

Avicenna (c. 980–1037)
[*The Canon of Medicine*] *A Treatise on the Canon of Medicine of Avicenna, Incorporating a Translation of the First Book.* Trans. O. C. Gruner. Birmingham, Ala.: Classics of Medicine Library, 1984.

Avrunin, George S. See **Coombs, Clyde Hamilton.**

Ayer, Alfred Jules (1910–1989)
Language, Truth, and Logic. Harmondsworth, Eng.: Penguin Books, 1974 (London, 1936).
The Problem of Knowledge. Baltimore: Penguin Books, 1971 (London, 1956).
Thinking and Meaning. London: H. K. Lewis, 1947.

B

Babbitt, Irving (1865–1933)
Democracy and Leadership. Indianapolis: Liberty Classics, 1978 (London, 1924).
The New Laokoön; an Essay on the Confusion of the Arts. New York: Houghton Mifflin Co., 1910.

Bachofen, Johann Jakob (1815–1887)
Das Mutterrecht. Eine Untersuchung über die Gynäkokratie der alten Welt nach ihrer religiösen

und rechtlichen Natur. Frankfurt am Main: Suhrkamp, 1978 (Stuttgart, 1861).

Bacon, Francis (Lord Verulam) (1561–1626)
The Essayes; or Counsels Civill and Morall. Cambridge, Mass.: Harvard University Press, 1985 (London, 1625).
The Maxims of the Law. In *The Works of Francis Bacon.* Ed. J. Spedding, R. L. Ellis, and D. D. Heath. 15 vols. St. Clair Shores, Mich.: Scholarly Press, 1976 (London, 1630).
Of the Colours of Good and Evil. Ibid. (first pub. with *Essays*, London, 1597).
The Wisdom of the Ancients. Ibid. (De Sapientia Veterum, London, 1609).

Bacon, Roger (c. 1214–1294)
On the Errors of Physicians. In *Essays on the History of Medicine.* Ed. C. Singer and H. E. Sigerist, trans. E. T. Withington. Freeport, N.Y.: Books for Libraries Press, 1968 *(De Erroribus Medicorum,* 1250?–1260?).
Opus Majus. Trans. R. B. Burke. 2 vols. New York: Russell and Russell, 1962 (1268).

Bagehot, Walter (1826–1877)
The English Constitution. New York: Garland, 1978 (London, 1867).
Lombard Street: A Description of the Money Market. Philadelphia: Porcupine Press, 1986 (London, 1873).
Physics and Politics; or Thoughts on the Application of the Principle of "Natural Selection" and "Inheritance" to Political Society. Westport, Conn.: Greenwood, 1973 (1867–1869).
The Postulates of English Political Economy. New York: Putnam's, 1894 (London, 1876).

Bain, Alexander (1818–1903)
The Emotions and the Will. Washington, D.C.: University Publications of America, 1977 (London, 1859).
Mind and Body: The Theories of Their Relation. Westmead, Eng.: Gregg International, 1971 (London, 1872).
The Senses and the Intellect. Washington, D.C.: University Publications of America, 1977 (London, 1855).

Bakunin, Mikhail Aleksandrovich (1814–1876)
God and the State. Freeport, N.Y.: Books for Libraries Press, 1971 *(Dieu et l'Etat,* 1871–1872).

Baldwin, James (Arthur) (1924–1987)
The Fire Next Time. New York: Dell, 1988 (New York, 1963).

Balfour, Arthur James (1848–1930)
A Defence of Philosophic Doubt: Being an Essay on the Foundations of Belief. London: Hodder and Stoughton, 1920 (London, 1879).
The Foundations of Belief; Being Notes Introductory to the Study of Theology. New York: Longmans, Green & Co., 1902 (London, 1895).

Ball, Sir Robert Stawell (1840–1913)
A Treatise on the Theory of Screws. Cambridge University Press, 1900 (1887).

Balzac, Honoré de (1799–1850)
At the Sign of the Cat and Racket. Everyman's Library, New York: E. P. Dutton, 1955 *(Gloire et malheur,* Paris, 1830).
Eugénie Grandet. Trans. Marion Ayton Crawford. New York: Penguin, 1981 (Paris, 1834).
[Gobseck] *Father Goriot and M. Gobseck.* Trans. E. Marriage. Philadelphia: Gebbie Publishing Co., 1900 *(Les dangers de l'inconduite,* Paris, 1830).
Old Goriot. Trans. Marion Ayton Crawford. Harmondsworth, Eng.: Penguin, 1981 *(Le père Goriot,* Paris, 1835).
A Passion in the Desert. Mankato, Minn.: Creative Education, 1983 (1830).
The Physiology of Marriage. In *Conjugal Life; Pinpricks of Married Life; and the Physiology of Marriage.* London: Spearman, 1957 *(Physiologie du mariage; ou, Méditations de philosophie éclectique sur le bonheur et le malheur conjugal,* Paris, 1829).
Pinpricks of Married Life. Ibid. (Petites misères de la vie conjugale, Paris, 1845).
The Rise and Fall of César Birotteau. Trans. E. Marriage. New York: Carroll and Graf, 1989 *(Grandeur et décadence de César Birotteau,* Paris, 1837).
The Wild Ass's Skin. Trans. Herbert J. Hunt. New York: Penguin, 1977 *(La peau de chagrin,* Paris, 1831).

Banting, Keith G. (1947–   ) and **Simeon, Richard** (1943–   )
Redesigning the State: The Politics of Constitutional Change. Toronto: University of Toronto Press, 1985.

Barclay, Robert (1648–1690)
[An Apology for the True Christian Divinity] *Barclay's Apology in Modern English.* Ed. Dean Freiday. Philadelphia: Dist. Friends Book Store, 1980 (Amsterdam, 1676).

Baritz, Loren (1928–   )
The Good Life: The Meaning of Success for the American Middle Class. New York: Knopf, distributed by Random House, 1989.

Barker, Sir Ernest (1874–1960)
Reflections on Government. London: Oxford University Press, 1967 (London, 1942).

Barrow, Isaac (1630–1677)
Lectiones Mathematicae. In *The Mathematical Works of Isaac Barrow.* Ed. William Whewell. New York: George Olms, 1973 (London, 1664).
Thirteen Geometrical Lectures. Ed. and trans. J. M. Child. Chicago: Open Court, 1916 *(Lectiones Geometricae,* London, 1670).
A Treatise of the Pope's Supremacy. To Which Is Added a Discourse Concerning the Unity of the Church. In *The Theological Works of Isaac Barrow.* Ed. A. Napier. 8 vols. Cambridge University Press, 1859.

Barrow, John David (1952–)
The World Within the World. Oxford: Clarendon Press, 1988.

Barrow, John David and **Tipler, Frank Jennings, III** (1947–)
The Anthropic Cosmological Principle. New York: Oxford University Press, 1988.

Barth, John (Simmons, Jr.) (1930–)
The Tidewater Tales. New York: Putnam, 1987.

Barth, Karl (1886–1968)
Church Dogmatics. Trans. G. W. Bromiley. 2nd ed. Edinburgh: T. & T. Clark, 1975– (*Kirchliche Dogmatik*, Zürich, 1932).
Dogmatics in Outline. London: SCM, 1985 (New York, 1949).
Epistle to the Romans. Trans. E. C. Hoskyns. London: Oxford University Press, 1968 (*Der Römerbrief*, Bern, 1919).
Evangelical Theology: An Introduction. Trans. Grover Foley. Grand Rapids, Mich.: Eerdmans, 1979 (*Einführung in die evangelische Theologie*, Zürich, 1962).
The Knowledge of God and the Service of God According to the Teaching of the Reformation, Recalling the Scottish Confession of 1560. Trans. J. L. M. Haire and Ian Henderson. New York: AMS Press, 1979 (*Gotteserkenntnis und Gottesdienst nach reformatorischer Lehre*, Zürich, 1938).

Bartholomaeus Anglicus (*fl.* 1230–1260)
On Medicine. In *On the Properties of Things.* 3 vols. Trans. John Trevisa. Oxford: Clarendon, 1975–1988.

Barzun, Jacques (1907–)
Clio and the Doctors: Psycho-History, Quanto-History and History. Chicago: University of Chicago Press, 1974.

Bastiat, Claude Frédéric (1801–1850)
Economic Sophisms. Trans. Arthur Goddard. Irving-on-Hudson, N.Y.: Foundation for Economic Education, 1964 (1845–1848).
Harmonies of Political Economy. 2 vols. Trans. P. J. Stirling. Santa Ana, Calif.: Register, 1944–45 (*Harmonies économiques*, Paris, 1850).

Bateson, William (1861–1926)
Problems of Genetics. New Haven, Conn.: Yale University Press, 1979 (New Haven, 1913).

Baudelaire, Charles Pierre (1821–1867)
Curiosités esthétiques. Paris: Garnier, 1980 (1845–1859).
Flowers of Evil. Ed. and trans. Marthiel and Jackson Mathews. New York: New Directions, 1989 (*Les fleurs du mal*, Paris, 1857).

Baxter, Richard (1615–1691)
Chapters from a Christian Directory; or, A Summ of Practical Theology and Cases of Conscience. Ed. J. Tawney. London: G. Bell & Sons, 1925 (London, 1673).
The Saints' Everlasting Rest. Grand Rapids, Mich.: Baker Book House, 1978 (London, 1650).

Bayle, Pierre (1647–1706)
Historical and Critical Dictionary: Selections. Trans. Richard H. Popkin. Indianapolis: Bobbs-Merrill, 1965 (*Dictionaire historique et critique*, Rotterdam, 1697).

Beard, Charles Austin (1874–1948)
The Economic Basis of Politics. Freeport, N.Y.: Books for Libraries Press, 1972 (New York, 1922).
An Economic Interpretation of the Constitution of the United States. Freeport, N.Y.: Free Press, 1986 (New York, 1913).
Economic Origins of Jeffersonian Democracy. Freeport, N.Y.: Free Press, 1965 (1915).
The Supreme Court and the Constitution. Englewood Cliffs, N.J.: Prentice-Hall, 1962 (New York, 1912).

Beard, Mary Ritter (1876–1958)
Woman as Force in History: A Study in Traditions and Realities. New York: Persea Books, 1987 (New York, 1946).

Beattie, Ann (1947–)
Chilly Scenes of Winter. New York: Warner Books, 1983.
Falling in Place. New York: Warner Books, 1983.

Beattie, James (1735–1803)
An Essay on the Nature and Immutability of Truth, in Opposition to Sophistry and Scepticism. In *The Philosophical and Critical Works of James Beattie.* New York: George Olms, 1974– (Edinburgh, 1770).

Beaumont, Francis (1584–1616) and **Fletcher, John** (1579–1625)
The Maid's Tragedy. Manchester: Manchester University Press; New York: Dist. by St. Martin's Press, 1988 (1610–1611).

Beaumont, Gustave de (1802–1866) and **Tocqueville, Alexis de** (1805–1859)
On the Penitentiary System in the United States and Its Application in France. Carbondale: Southern Illinois University Press, 1979 (*Du système pénitentiaire aux Etats-Unis, et de son application en France*, Paris, 1833).

Beauvoir, Simone de (1908–1986)
The Second Sex. New York: Knopf, 1989 (*Le Deuxième Sexe*, Paris, 1949).

Beccaria, Cesare Bonesana (c. 1738–1794)
Crimes and Punishments; Including a New Translation of Beccaria's 'Dei delitti e delle pene.' Brookline Village, Mass.: Branden Press, 1983 (*Dei delitti e delle pene*, Leghorn, 1764).

Becker, Carl Lotus (1873–1945)
Everyman His Own Historian: Essays on History and Politics. Chicago: Quadrangle Books, 1966 (New York, 1935).
Modern Democracy. New Haven, Conn.: Yale University Press, 1941.
New Liberties for Old. New Haven, Conn.: Yale University Press, 1941.

Beckett, Samuel (1906-1989)
Endgame: A Play in One Act. Trans. from the French by the author. New York: Grove Press, 1970 (*Fin de partie*, Paris, 1957).

Bede, The Venerable (c. 673-735)
The Ecclesiastical History of the English Nation. Everyman's Library, London, Dent; New York: Dutton, 1978 (*Historia Ecclesiastica Gentis Anglorum*, 731?).

Beebe-Center, John Gilbert (1897-1958)
The Psychology of Pleasantness and Unpleasantness. New York: Russell and Russell, 1965.

Begon, Michael (1951-   ), **Harper, John Lander** (1925-   ), and **Townsend, Colin R.** (1949-   )
Ecology: Individuals, Populations and Communities. Cambridge, Mass.: Blackwell Scientific Publications, 1990.

Begon, Michael and **Mortimer, Martin** (?)
Population Ecology: A Unified Study of Animals and Plants. Sunderland, Mass.: Sinauer Assoc., 1986.

Bell, Eric Temple (1883-1960)
The Development of Mathematics. New York: McGraw-Hill, 1945 (1940).

Bellamy, Edward (1850-1898)
Looking Backward, 2000-1887. Ed. John L. Thomas. Cambridge, Mass.: Belknap Press of Harvard University Press, 1967 (Boston, 1888).

Bellarmine, Saint Robert (1542-1621)
De Laicis; or, The Treatise on Civil Government. Trans. K. E. Murphy. Westport, Conn.: Hyperion, 1979 (from *Disputationes de Controversiis Christianae Fidei Adversus Hujus Temporis Haereticos*, Ingolstadt, 1586-1592).

Belloc, Joseph Hilaire Pierre (1870-1953)
The Restoration of Property. Westport, Conn.: Hyperion, 1946 (New York, 1936).
The Servile State. Indianapolis: Liberty Classics, 1977 (London, 1912).

Bellow, Saul (1915-   )
Herzog. (New York, 1964).
Seize the Day. (New York, 1956).
NOTE: The above works are available in many popular editions.

Benedict, Ruth (1887-1948)
Patterns of Culture. Boston: Houghton Mifflin, 1989 (Boston, 1934).

Benedict of Nursia, Saint (c. 480-c. 544)
The Rule of St. Benedict. Trans. Anthony C. Meisel and M. L. del Mastro. Garden City, N.Y.: Image Books, 1975 (*Regula Monachorum*, c. 516).

Benes, Eduard (1884-1948)
Democracy Today and Tomorrow. New York: Macmillan, 1939.

Bennett, (Enoch) Arnold (1867-1931)
The Old Wives' Tale. New York: Penguin Books, 1983 (New York, 1908).

Bentham, Jeremy (1748-1832)
NOTE: *The Works of Jeremy Bentham.* Ed. J. Bowring. New York: Russell and Russell, 1962.
The Book of Fallacies. In *Works* (London, 1824).
A Comment on the Commentaries. A Criticism of Wm. Blackstone's Commentaries on the Laws of England. Ed. C. W. Everett. Darmstadt, W.Ger.: Scientia Verlag Aalen, 1976 (1775).
Defence of Usury. Washington, D.C.: Hayworth Publishing House, 1916 (London, 1787).
Deontology; or, The Science of Morality. Ed. Amnon Goldworth. New York: Oxford Press, 1983 (1832).
A Fragment on Government. New York: Cambridge University Press, 1988 (London, 1776).
An Introduction to the Principles of Morals and Legislation. Birmingham, Ala.: Legal Classics Library, 1986 (London, 1789).
On the Liberty of the Press. In *Works* (1821).
A Plan for a Universal and Perpetual Peace. Ed. C. J. Colombos. London: Peace Book Co., 1939 (1789).
Principles of International Law. In *Works* (1789).
Rationale of Judicial Evidence. Ibid. (*Traité des preuves judiciaires*, Paris, 1823).
The Rationale of Punishment. Ibid. (in *Théorie des peines et des récompenses*, Paris, 1811).
The Rationale of Reward. Ibid. (in *Théorie des peines et des récompenses*, Paris, 1811).
The Theory of Legislation. Ed. C. K. Ogden, trans. R. Hildreth. Littleton, Colo.: F. B. Rothman, 1987 (*Traités de législation civile et pénale*, Paris, 1802).

Bentley, Arthur F. See **Dewey, John.**

Berdyayev, Nikolay Aleksandrovich (1874-1948)
Christianity and the Class War. Trans. Donald Attwater. New York: Sheed & Ward, 1933 (Paris, 1931).
Freedom and the Spirit. Trans. O. F. Clarke. Freeport, N.Y.: Books for Libraries Press, 1972 (Paris, 1927).
The Meaning of History. Trans. George Reavy. Cleveland: Meridian, 1968 (Berlin, 1923).
Slavery and Freedom. Trans. R. M. French. New York: C. Scribner's Sons, 1969.

Bergson, Henri (1859-1941)
Creative Evolution. Trans. A. Mitchell. Lanham, Md.: University Press of America, 1984 (*L'évolution créatrice*, Paris, 1907).
The Creative Mind. Trans. M. L. Andison. New York: Greenwood Press, 1975 (*La pensée et le mouvant; essais et conférences*, Paris, 1934 [1903-1934]).
Dreams. Trans. E. E. Slosson. New York: B. W. Huebsch, 1914 (1901).
Durée et simultanéité, à propos de la théorie d'Einstein. Paris: Presses universitaires de France, 1968 (Paris, 1922).
Laughter; an Essay on the Meaning of the Comic. Trans. Cloudesley Brereton and Fred Rothwell.

London: Macmillan and Co., 1983 (*Le rire. Essai sur la signification du comique*, Paris, 1900).
Matter and Memory. Trans. N. M. Paul and W. Scott Palmer. New York: Zone Books, 1988 (*Matière et mémoire; essai sur la relation du corps à l'esprit*, Paris, 1896).
Mind-Energy. Lectures and Essays. Trans. H. W. Carr. Westport, Conn.: Greenwood Press, 1975 (*L'énergie spirituelle, essais et conférences*, Paris, 1919).
Time and Free Will, an Essay on the Immediate Data of Consciousness. Trans. F. L. Pogson. New York: Humanities Press, 1971 (*Essai sur les données immédiates de la conscience*, Paris, 1889).
Two Sources of Morality and Religion. Trans. R. A. Audra and C. Brereton. Notre Dame, Ind.: University of Notre Dame Press, 1977 (*Les deux sources de la morale et de la religion*, Paris, 1932).

Berke, Joseph Hermann (1939-)
The Tyranny of Malice: Exploring the Dark Side of Character and Culture. New York: Summit Books, 1988.

Berkeley, George, Bishop of Cloyne (1685-1753)
NOTE: *The Works of George Berkeley, Bishop of Cloyne*. 9 vols. in 3. Nendeln, Liechtenstein: Kraus Reprint, 1979.
Alciphron, or The Minute Philosopher, in Seven Dialogues. In *Works* (London, 1732).
The Analyst; or, A Discourse Addressed to an Infidel Mathematician. Ibid. (London, 1734).
De Motu. Ibid. (1721).
A Defence of Free Thinking in Mathematics. Ibid. (London, 1735).
An Essay Towards a New Theory of Vision. Ibid. (Dublin, 1709).
Passive Obedience, or, The Christian Doctrine of Not Resisting the Supreme Power Proved and Vindicated upon the Principle of the Law of Nature. Ibid. (London, 1712).
Siris: A Chain of Philosophical Reflexions and Inquiries Concerning the Virtues of Tar-Water, and Divers Other Subjects, etc. Ibid. (London, 1744).
Three Dialogues Between Hylas and Philonous. Ibid. (London, 1713).

Berle, Adolph A., Jr. (1895-1971) and **Means, Gardiner C.** (1896-1988)
The Modern Corporation and Private Property. New York: William S. Hein, 1982 (1932).

Bernal, John Desmond (1901-1971)
Science in History. 4 vols. Cambridge, Mass.: MIT Press, 1979 (London, 1965).

Bernard, Claude (1813-1878)
An Introduction to the Study of Experimental Medicine. Trans. H. C. Greene. Birmingham, Ala.: Classics of Medicine Library, 1980 (*Introduction à l'étude de la médecine expérimentale*, Paris, 1865).

Bernard of Clairvaux, Saint (c. 1090-1153)
Concerning Grace and Free Will. Ed. and trans. W. W. Williams. New York: Macmillan, 1920 (*De Gratia et Libero Arbitrio*, 1127?).
On Consideration. Trans. G. Lewis. Oxford: Clarendon Press, 1908 (*De Consideratione Libri V*, 1149-1152).
On Loving God. In *The Twelve Steps of Humility and Pride; and, On Loving God*. Ed. Halcyon C. Backhouse. London: Hodder and Stoughton, 1985 (*De Diligendo Deo*, 1126-1141).

Bernard Sylvestris (12th century)
De Mundi Universitate Libri Duo; sive, Megacosmus et Microcosmus. Ed. C. S. Barach and J. Wrobel. Innsbruck: Wagner, 1876 (1145-1153).

Bernhardi, Friedrich Adam Julius von (1849-1930)
The War of the Future in the Light of the Lessons of the World War. Trans. F. A. Holt. New York: D. Appleton, 1921 (*Vom Kriege der Zukunft, nach den Erfahrungen des Weltkrieges*, Berlin, 1920).

Berns, Walter (Fred) (1919-)
For Capital Punishment: Crime and the Morality of the Death Penalty. New York: Basic Books, 1979.

Bernstein, Eduard (1850-1932)
Evolutionary Socialism; a Criticism and Affirmation. Trans. E. C. Harvey. New York: Schocken Books, 1972 (*Die Voraussetzungen des Socialismus und die Aufgaben der Sozialdemokratie*, Stuttgart, 1899).

Berofsky, Bernard (1935-)
Freedom from Necessity: The Metaphysical Basis of Responsibility. New York: Routledge & Kegan Paul, 1987.

Bersani, Leo (1931-)
A Future for Astyanax: Character and Desire in Literature. New York: Columbia University Press, 1984.

Bettelheim, Bruno (1903-1990)
The Uses of Enchantment: The Meaning and Importance of Fairy Tales. New York: Vintage Books, 1989 (New York, 1976).

Beveridge, William Henry, Lord (1879-1963)
Unemployment: A Problem of Industry. New York: Garland, 1980 (1908).

Bichat, Marie François Xavier (1771-1802)
General Anatomy, Applied to Physiology and Medicine. Trans. G. Hayward. 3 vols. Boston: Richardson & Lord, 1822 (*Anatomie générale appliquée à la physiologie et à la médecine*, Paris, 1801).

Biel, Gabriel (c. 1430-1495)
Treatise on the Power and Utility of Moneys. Trans. R. B. Burke. Philadelphia: University of Pennsylvania Press, 1930 (*De Monetarum Potestate Simul et Utilitate*).

Billington, James H(adley) (1929-)
Fire in the Minds of Men: Origins of the Revolutionary Faith. New York: Basic Books, 1980.

Birkerts, Sven (1951-)
The Electric Life: Essays on Modern Poetry. New York: Morrow, 1989.

Birkhoff, George David (1884-1944)
Aesthetic Measure. Cambridge, Mass.: Harvard University Press, 1933.

Black, Joseph (1728-1799)
Experiments upon Magnesia Alba, Quicklime, and Some Other Alcaline Substances. Edinburgh: E. & S. Livingstone, 1963 (from *Essays and Observations,* Edinburgh, 1756).

Blackstone, Sir William (1723-1780)
Commentaries on the Laws of England. 4 vols. Birmingham, Ala.: Legal Classics Library, 1983 (1758).

Blair, Hugh (1718-1800)
Lectures on Rhetoric and Belles Lettres. New York: Garland, 1970 (London, 1783).

Blake, William (1757-1827)
NOTE: *Poetry and Prose of William Blake.* Ed. G. Keynes. London: Nonesuch Library, 1961.
The Book of Thel. In *Poetry and Prose of William Blake* (London, 1789).
The Everlasting Gospel. Ibid. (c. 1810).
The Marriage of Heaven and Hell. Ibid. (London, 1790).
Songs of Experience. Ibid. (London, 1794).
Songs of Innocence. Ibid. (London, 1789).

Blank, Robert H. (1943-)
Rationing Medicine. New York: Columbia University Press, 1988.

Blanshard, Brand (1892-1987)
The Nature of Thought. 2 vols. London: Allen & Unwin; New York: Humanities Press, 1978 (London, 1939).

Blasco-Ibáñez, Vicente (1867-1928)
The Four Horsemen of the Apocalypse. Trans. Charlotte Brewster Jordan. New York: Carroll & Graf, 1983 (*Los Cuatro Jinetes del Apocalipsis,* Valencia, 1916).

Bloch, Marc (Léopold Benjamin) (1886-1944)
Feudal Society. Trans. L. A. Manyon. Chicago: University of Chicago Press, 1974 (*La Société Féodale,* Paris, 1939-1940).

Blondel, Maurice (1861-1949)
La pensée. 2 vols. Paris: F. Alcan, 1934.
L'être et les êtres; essai d'ontologie concrète et intégrale. Paris: Presses Universitaires de France, 1963 (Paris, 1935).

Blood, Benjamin Paul (1832-1919)
Pluriverse; an Essay in the Philosophy of Pluralism. New York: Arno, 1976 (Boston, 1920).

Bloom, Harold (1930-)
Poetry and Repression: Revisionism from Blake to Stevens. New Haven, Conn.: Yale University Press, 1976.

Boas, Franz (1858-1942)
Anthropology and Modern Life. New York: Dover, 1986 (New York, 1928).
The Mind of Primitive Man. Westport, Conn.: Greenwood Press, 1983 (New York, 1911).

Boccaccio, Giovanni (1313-1375)
The Decameron. Trans. Mark Musa and Peter Bondanella. New York: Norton, 1982 (1353).
Il Filocolo. Trans. Robert P. Roberts and Anna Bruni Seldis. New York: Garland, 1986 (1341-1346).
On Poetry; Being the Preface and the Fourteenth and Fifteenth Books of Boccaccio's Genealogia Deorum Gentilium. Ed. and trans. C. G. Osgood. Indianapolis: Bobbs Merrill, 1978 (c. 1363).
Patient Griselda. Tenth Day, Story x, in the *Decameron, q.v.*

Bodin, Jean (1530-1596)
Method for the Easy Comprehension of History. Trans. B. Reynolds. New York: Norton, 1969 (*Methodus ad Facilem Historiarum Cognitionem,* Paris, 1566).
The Six Bookes of a Commonweale. Ed. Kenneth D. McRae. New York: Arno, 1979 (*Six livres de la République,* Paris, 1576).

Boehme, Jakob (1575-1624)
The Aurora. Ed. C. J. Barker and D. S. Hehner, trans. J. Sparrow. London: J. M. Watkins, 1960 (1612).
De Electione Gratiae [with *Quaestiones Theosophicae*]. Trans. J. R. Earle. London: Constable & Co., 1919 (1623).
Of the Supersensual Life. In *The Signature of All Things, with Other Writings.* Ed. C. Bax, trans. J. Ellistone. Cambridge: James Clarke, 1969 (1618?-1624).
The Signature of All Things. Ibid. (1618?-1624).
The Way from Darkness to True Illumination. Ibid. (1618?-1624).
The Way to Christ. New York: McGraw-Hill, 1965 (1623).

Boethius, Anicius Manlius Severinus (c. 480-524)
The Consolation of Philosophy. In *The Theological Tractates* and *The Consolation of Philosophy.* Trans. H. F. Stewart and E. K. Rand. Loeb Classical Library, Cambridge, Mass.: Harvard University Press, 1978 (510-524).
Contra Eutychen. In *Theological Tractates* (512).
De Fide Catholica. Ibid.
De Trinitate. Ibid.
In Isagogem Porphyri Commenta. Ed. S. Brandt. Vienna: F. Tempsky, 1906 (before 505).
Quomodo Substantiae in eo quod Sint cum Non Sint Substantialia Bona. In *Theological Tractates.*

Bohr, Niels Henrik David (1885-1962)
Atomic Physics and Human Knowledge. New York: Science Editions, 1961 (Braunschweig, 1958).
On the Application of the Quantum Theory to Atomic Structure. Trans. L. F. Curtiss. Cambridge: Cambridge University Press, 1924 (1923).
The Theory of Spectra and Atomic Constitution, Three Essays. Trans. A. D. Udden. Cambridge: Cambridge University Press, 1922 (1914-1921).

Boileau-Despréaux, Nicolas (1636-1711)
The Art of Poetry. Ed. A. S. Cook, trans. W. Soames. New York: G. E. Stechert, 1926 (*L'art poétique,* Paris, 1674).

Bolingbroke, Henry Saint-John (1678-1751)
A Dissertation upon Parties. In *The Works of Lord Bolingbroke.* 4 vols. London: Cass; New York: A. M. Kelley, 1967 (London, 1734).

Böll, Heinrich (Theodor) (1917-1985)
The Clown. Trans. Leila Vennewitz. New York: Avon, 1975 (*Ansichten eines Clowns,* Berlin, 1959).

Bolles, Edmund Blair (1942-)
Remembering and Forgetting: An Inquiry into the Nature of Memory. New York: Walker & Co., 1988.

Boltzmann, Ludwig (1844-1906)
Vorlesungen über die Principe der Mechanik. 3 vols. Leipzig: Barth, 1922 (Leipzig, 1897).

Bolzano, Bernhard (1781-1848)
Paradoxes of the Infinite. Trans. Fr. Prihansky. London: Routledge and Paul; New Haven, Conn.: Yale University Press, 1950 (*Parodoxien des Unendlichen,* 1847-1848).

Bonar, James (1852-1941)
The Intellectual Virtues. New York: Macmillan, 1894.

Bonaventura, Saint (1221-1274)
Breviloquium. Trans. E. E. Nemmers. St. Louis: Herder Book Co., 1946 (before 1257).
The Mind's Road to God. Trans. George Boas. New York: Macmillan, 1987 (*Itinerarium Mentis ad Deum,* 1259?).
On the Reduction of the Arts to Theology. Trans. C. G. Wallis. Annapolis, Md.: St. John's Press, 1938 (*De Reductione Artium ad Theologiam,* 1250?).

Bonola, Roberto (1874-1911)
Non-Euclidean Geometry. Trans. H. S. Carslaw. New York: Dover, 1955 (1906).

Boole, George (1815-1864)
An Investigation of the Laws of Thought on Which Are Founded the Mathematical Theories of Logic and Probabilities. New York: Dover, 1961 (London, 1854).
Mathematical Analysis of Logic. New York: Barnes & Noble, 1965 (London, 1847).
A Treatise on Differential Equations. New York: Chelsea Pub., 1959 (London, 1859).
A Treatise on the Calculus of Finite Differences. New York: Dover, 1960 (London, 1860).

Borges, Jorge Luis (1899-1986)
The Aleph and Other Stories. Ed. and trans. Norman Thomas di Giovanni in collaboration with the author. New York: Dutton, 1970 ("El Aleph," Buenos Aires, 1957).
"The Circular Ruins." In *Labyrinths: Selected Stories and Other Writings.* Ed. Donald A. Yates and James E. Irby. New York: Modern Library, 1983 ("Las ruinas circulares," Buenos Aires, 1940).
"Funes the Memorious." *Ibid.* ("Funes el memorioso," Buenos Aires, 1944).
"The Library of Babel." *Ibid.* ("La biblioteca de Babel," Buenos Aires, 1942).
"Tlön, Uqbar, Orbis Tertius." *Ibid.* (Buenos Aires, 1940).

Borgese, G. A. (1882-1952)
Common Cause. New York: Duell, Sloan and Pearce, 1943.

Borgese, G. A. et al.
Preliminary Draft of a World Constitution. Chicago: University of Chicago Press, 1948.

Boring, Edwin Garrigues (1886-1968)
The Physical Dimensions of Consciousness. New York: Dover, 1963 (New York, 1933).

Boros, Ladislaus (1927-)
Angels and Men. Trans. John Maxwell. New York: Seabury Press, 1977 (*Engel und Menschen,* Olten, 1974).

Bosanquet, Bernard (1848-1923)
Implication and Linear Inference. New York: Kraus Reprint, 1968 (London, 1920).
Knowledge and Reality. New York: Kraus Reprint, 1968 (London, 1885).
Logic; or, The Morphology of Knowledge. 2 vols. in 1. New York: Kraus Reprint, 1968 (Oxford, 1888).
The Philosophical Theory of the State. New York: St. Martin's Press, 1965 (London, 1899).
Science and Philosophy, and Other Essays. Freeport, N.Y.: Books for Libraries Press, 1967 (1886-1919).
Three Chapters on the Nature of Mind. New York: Kraus Reprint Co., 1968 (London, 1923).
Three Lectures on Aesthetic. New York: Kraus Reprint Co., 1968 (London, 1915).
The Value and Destiny of the Individual. New York: Kraus Reprint Co., 1968 (London, 1913).

Bosley, Richard N. (1934-)
On Good and Bad: Whether Happiness Is the Highest Good. Lanham, Md.: University Press of America, 1988.

Bossuet, Jacques Bénigne (1627-1704)
De la connaissance de Dieu et de soi-même. Paris: Garnier, 1937 (1677).
Discourse on Universal History. Trans. Elborg Forster. Chicago: University of Chicago Press, 1976 (Paris, 1681).
Politique tirée des propres paroles de l'Écriture Sainte. Geneva: Droz, 1967 (1677-1701).
Traité de la concupiscence. Paris: F. Roches, 1930 (1694).
Traité du libre arbitre. In *Oeuvres choisies de Bossuet.* 5 vols. Paris: Hachette, 1887-1901 (1670-1681).

Boutroux, Étienne Émile Marie (1845-1921)
The Contingency of the Laws of Nature. Trans. F. Rothwell. Chicago: Open Court, 1916 (*De la contingence des lois de la nature,* Paris, 1874).

Bowen, Elizabeth (Dorothea Cole) (1899-1973)
The Death of the Heart. New York: Modern Library, 1984 (London, 1938).
The Heat of the Day. New York: Penguin, 1985 (New York, 1948).

Boyle, Robert (1627-1691)
NOTE: *The Works of the Honourable Robert Boyle.* 6 vols. New York: George Olms, 1965-1966.
A Defence of the Doctrine Touching the Spring and Weight of the Air . . . Against the Objections of Franciscus Linus, Wherewith the Objector's Funicular Hypothesis Is Also Examined. In Works (Oxford, 1662).
A Disquisition About the Final Causes of Natural Things, Wherein Is Inquired Whether, and (if at All) with What Caution a Naturalist Should Admit Them? Ibid. (London, 1688).
Experiments, Notes, etc., About the Mechanical Origine or Production of Divers Particular Qualities. Ibid. (London, 1675-1676).
A Free Inquiry into the Vulgarly Received Notion of Nature. Ibid. (London, 1686).
New Experiments Physico-Mechanical, Touching the Spring of the Air, and Its Effects. Ibid. (Oxford, 1660).
The Origin of Forms and Qualities, According to the Corpuscular Philosophy. Ibid. (Oxford, 1666).
Reflections upon the Hypothesis of Alkali and Acidum. Ibid. (London, 1675).
The Sceptical Chymist. New York: Dutton, 1964 (London, 1661).

Bracton, Henry de (d. 1268)
De Legibus et Consuetudinibus Angliae. Ed. and trans. Sir Travers Twiss. 6 vols. Wiesbaden, W.Ger.: Kraus Reprint, 1964 (1232-1259).

Bradley, A(ndrew) C(ecil) (1851-1935)
Shakespearean Tragedy: Lectures on Hamlet, Othello, King Lear, Macbeth. New York: St. Martin's Press, 1985 (London, 1904).

Bradley, Francis Herbert (1846-1924)
Aphorisms. Oxford: Clarendon Press, 1930.
Appearance and Reality; a Metaphysical Essay. Oxford: Clarendon, 1978 (London, 1893).
Collected Essays. Ed. M. de Glehn and H. J. Joachim. Westport, Conn.: Greenwood Press, 1970 (1874-1924).
Essays on Truth and Reality. Oxford: Clarendon Press, 1968 (1893-1914).
Ethical Studies. Oxford: Clarendon Press, 1988 (London, 1876).
The Principles of Logic. 2 vols. New York: Oxford University Press, 1967 (London, 1883).

Braudel, (Paul Achille) Fernand (1902-1985)
On History. Trans. Sarah Matthews. Chicago: University of Chicago Press, 1980 (*Écrits sur l'histoire,* Paris, 1969).
The Perspective of the World. Trans. Siân Reynolds. New York: Harper & Row, 1986 (*Le Temps du Monde,* Paris, 1979).
The Structures of Everyday Life: The Limits of the Possible. Trans. Siân Reynolds. New York: Harper & Row, 1985 (*Les structures du quotidien, le possible et l'impossible,* Paris, 1980).
The Wheels of Commerce. Trans. Siân Reynolds. New York: Harper & Row, 1986 (*Les jeux de l'échange,* Paris, 1979).

Braudy, Leo (1941-)
The Frenzy of Renown: Fame and Its History. New York: Oxford University Press, 1986.

Bréal, Michel Jules Alfred (1832-1915)
Semantics: Studies in the Science of Meaning. Trans. Mrs. Henry Cust. New York: Dover, 1964 (*Essai de sémantique, science des significations,* Paris, 1897).

Brecht, Bertolt (1898-1956)
The Life of Galileo. Trans. Howard Brenton. London: Eyre Methuen, 1980 (*Leben des Galilei,* 1943).
The Threepenny Opera. English version, Desmond Vesey; lyrics, Eric Bentley. New York: Limited Editions Club, 1982 (*Die Dreigroschenoper,* Vienna, 1928).

Brentano, Franz (1838-1917)
The Origin of the Knowledge of Right and Wrong. Trans. Roderick M. Chisholm and Elizabeth H. Schneewind. New York: Humanities Press, 1969 (*Vom Ursprung der sittlichen Erkenntnis.* Leipzig, 1889).
Psychology from an Empirical Standpoint. Trans. Antos C. Rancurello, D. B. Terrell, and Linda L. McAlister. New York: Humanities Press, 1973 (*Psychologie vom empirischen Standpunkt,* Leipzig, 1874).

Bridgman, Percy Williams (1882-1961)
The Logic of Modern Physics. New York: Arno, 1980 (New York, 1927).

Briffault, Robert Stephen (1876-1948)
The Mothers: A Study of the Origins of Sentiments and Institutions. 3 vols. New York: Johnson Reprint, 1969 (New York, 1927).

Bright, John (1908-)
Covenant and Promise: The Prophetic Understanding of the Future in Pre-Exilic Israel. Philadelphia: Westminster Press, 1976.

Bright Michael (?)
Animal Language. Ithaca, N.Y.: Cornell University Press, 1985.

Brinton, Clarence Crane (1898-1968)
The Anatomy of Revolution. New York: Vintage Books, 1952 (New York, 1938).

Broad, Charlie Dunbar (1887-1971)
The Mind and Its Place in Nature. London: Routledge and Kegan Paul, 1951 (New York, 1925).
Perception, Physics, and Reality. Cambridge University Press, 1914.
Scientific Thought. New York: Harcourt Brace, 1927 (London, 1923).

Broch, Hermann (1886-1951)
The Sleepwalkers. Trans. Willa and Edwin Muir. San Francisco: North Point Press, 1985 (*Die Schlafwandler,* Munich, 1931-1932).

Broglie, Louis Victor de (1892-1987)
An Introduction to the Study of Wave Mechanics. Trans. H. T. Flint. London: Methuen, 1930 (*Introduction à l'étude de la mécanique ondulatoire,* Paris, 1930).

Bronowski, Jacob (1908-1974)
The Ascent of Man. Boston: Little, Brown, 1974.
The Origins of Knowledge and Imagination. New Haven, Conn.: Yale University Press, 1978.

Brontë, Charlotte (1816-1855)
Jane Eyre. (London, 1847).
NOTE: The above work is available in many popular editions.

Brontë, Emily Jane (1818-1848)
Wuthering Heights. (London, 1847).
NOTE: The above work is available in many popular editions.

Brooke, Fulke Greville, Lord (1554-1628)
An Inquisition upon Fame and Honour. In *The Works in Verse and Prose Complete of The Right Honourable Fulke Greville, Lord Brooke.* 4 vols. New York: AMS Press, 1966.

Brooke, Robert Greville (1607-1643)
The Nature of Truth. Farnborough, Eng.: Gregg, 1969 (London, 1640).

Brooks, Cleanth (1906-   )
The Well Wrought Urn: Studies in the Structure of Poetry. New York: Harcourt, Brace & Jovanovich, 1975 (New York, 1947).

Brooks, Gwendolyn (Elizabeth) (1917-   )
A Street in Bronzeville. 3rd ed. New York: Harper, 1945.

Brown, Thomas (1778-1820)
An Inquiry into the Relation of Cause and Effect. Delmar, N.Y.: Scholars' Facsimiles and Reprints, 1977 (Edinburgh, 1818).
Lectures on the Philosophy of the Human Mind. 4 vols. London: W. Tegg, 1860 (Edinburgh, 1820).

Browne, Sir Thomas (1605-1682)
NOTE: *Religio Medici; Hydriotaphia; and the Garden of Cyrus.* Oxford: Clarendon, 1982.
Hydriotaphia. Ibid. (London, 1658).
Pseudodoxia Epidemica. Ed. Robin Robbins. 2 vols. Oxford: Clarendon Press, 1981 (London, 1646).
Religio Medici. See above (London, 1643).

Browning, Elizabeth Barrett (1806-1861)
Sonnets from the Portuguese. New York: Avenel Books, 1980 (London, 1850).

Browning, Robert (1812-1889)
NOTE: *The Works of Robert Browning.* 10 vols. New York: AMS Press, 1973.

The Bishop Orders His Tomb at Saint Praxed's Church. In *Works* (London, 1845).
Rabbi Ben Ezra. Ibid. (London, 1864).
The Ring and the Book. New Haven, Conn.: Yale University Press, 1981 (London, 1868-1869).
Why I Am a Liberal. In *Works* (London, 1885).

Brueggemann, Walter A. (1933-   )
The Prophetic Imagination. Philadelphia: Fortress Press, 1978.

Bruner, Jerome S(eymour) (1915-   )
Actual Minds, Possible Worlds. Cambridge, Mass.: Harvard University Press, 1986.

Brunetière, Ferdinand (1849-1906)
An Apology for Rhetoric. In *Brunetière's Essays in French Literature.* Trans. D. N. Smith. London: T. F. Unwin, 1898 (1890).

Bruno, Giordano (c. 1548-1600)
De Immenso et Innumerabilibus. In *Opera Latine Conscripta.* 3 vols. in 8. Stuttgart: F. Frommann, 1962 (Frankfurt, 1591).
De la causa, principio, e uno. In *Dialoghi Italiani.* (Opere Italiane). Florence: Sansoni, 1958 (Venice, 1584).
De l'infinito, universo e mondi. Ibid. (Venice, 1583).

Bryant, William Cullen (1794-1878)
Thanatopsis. In *Poetical Works of William Cullen Bryant.* New York: AMS Press, 1969 (1817).

Bryce, James (1838-1922)
Address on Colonial Policy. London, 1892.
The American Commonwealth. 2 vols. Birmingham, Ala.: Legal Classics Library, 1987 (London, 1888).
The Functions of a University. Adelaide, Australia: W. K. Thomas, 1912.
Marriage and Divorce. New York: Oxford University Press, 1905 (from *Studies in History and Jurisprudence,* New York, 1901).
Modern Democracies. 2 vols. New York: Macmillan, 1931 (New York, 1921).
Studies in History and Jurisprudence. Darmstadt, W.Ger.: Scientia Verlag Aalen, 1980 (New York, 1901).

Buber, Martin (1878-1965)
Eclipse of God: Studies in the Relation Between Religion and Philosophy. Atlantic Highlands, N.J.: Humanities Press International, 1988 (*Gottesfinsternis,* Zürich, 1953).
Hasidism and Modern Man. Trans. Maurice Friedman. Atlantic Highlands, N.J.: Humanities Press International, 1988 (1958).
I and Thou. Trans. R. G. Smith. New York: Collier, 1986 (1923).
Jewish Mysticism and the Legends of Baalshem. Ed. Martin Buber, trans. L. Cohen. London: J. M. Dent, 1931 (late 18th century).
Tales of the Hasidim. 2 vols. New York: Shocken Books, 1975 (late 18th century).

Buchanan, Scott (1895-1968)
[*The Constitution Revisited*] "So Reason Can Rule: The Constitution Revisited." In *So Reason Can*

Rule: Reflections on Law and Politics. New York: Farrar, Straus, Giroux; Annapolis, Md.: St. John's College, 1982 (Santa Barbara, Calif., 1968).
The Doctrine of Signatures; a Defence of Theory in Medicine. New York: Harcourt Brace, 1938.
Poetry and Mathematics. Chicago: University of Chicago Press, 1975 (New York, 1929).
Possibility. Chicago: University of Chicago Press, 1975 (New York, 1927).
Symbolic Distance in Relation to Analogy and Fiction. London: K. Paul, Trench, Trübner, 1932.

Büchner, Ludwig (1824-1899)
Force and Matter, Empirico-Philosophical Studies. Ed. and trans. J. F. Collingwood. New York: Truth Seeker, 1950 (*Kraft und Stoff. Empirisch-naturphilosophische Studien*, Frankfurt, 1855).

Buckle, Henry Thomas (1821-1862)
History of Civilization in England. 3 vols. Fort Worth, Texas: William S. Davis, 1987 (London, 1857-1861).

Buffon, Georges Louis Leclerc (1707-1788)
Discours sur le style. Hull, Eng.: Dept. of French, University of Hull, 1978 (1753).
Natural History, General and Particular. Trans. W. Smellie. 9 vols. London: A. Strahan, 1791 (*Histoire naturelle, générale et particulière*, Paris, 1749-1788).

Bukharin, Nikolai Ivanovich (1888-1938)
Historical Materialism: A System of Sociology. Ann Arbor: University of Michigan Press, 1969 (Moscow, 1921).

Bultmann, Rudolf (Karl) (1884-1976)
[*History and Eschatology*] *The Presence of Eternity: History and Eschatology.* Westport, Conn.: Greenwood Press, 1975 (originally pub. as *History and Eschatology*, Edinburgh, 1957).

Bunyan, John (1628-1688)
The Pilgrim's Progress. (London, 1678).
NOTE: The above work is available in many popular editions.

Burckhardt, Jakob (1818-1897)
The Civilization of the Renaissance in Italy. Trans. S. G. C. Middlemore. Oxford: Phaidon, 1981 (*Die Kultur der Renaissance in Italien*, Basel, 1860).
Force and Freedom, Reflections on History. Boston: Beacon Press, 1964 (*Welthistorische Betrachtungen*, Leipzig, 1905 [1868-1871]).

Burgess, Anthony (1917-   )
A Clockwork Orange. New York: Norton, 1988 (London, 1962).

Burke, Edmund (1729-1797)
NOTE: *The Works of Edmund Burke.* 12 vols. in 6. Hildesheim, N.Y.: George Olms, 1975.
An Appeal from the New to the Old Whigs in Consequence of Some Late Discussions in Parliament Relative to the Reflections on the Revolution in France. In *Works* (1791).
Hints for an Essay on the Drama. Ibid. (1756).

A Letter to a Noble Lord on the Attacks Made upon Him and His Pension. Ibid. (London, 1796).
Letter to Sir Hercules Langrishe, Bart. M.P., on the Subject of the Roman Catholics of Ireland, and the Propriety of Admitting Them to the Elective Franchise. Ibid. (1792).
Letter to the Sheriffs of Bristol, on the Affairs of America, April 3, 1777. Ibid. (1777).
On the Reform of the Representation in the House of Commons. Ibid. (1782).
A Philosophical Enquiry into the Origin of Our Ideas of the Sublime and Beautiful with an Introductory Discourse Concerning Taste. Ibid. (London, 1756).
Reflections on the Revolution in France, and on Proceedings in Certain Societies in London Relative to That Event. Ibid. (London, 1790).
[*Resolutions*] *Speech on Moving His Resolutions for Conciliation with America.* Ibid. (London, 1775).
Thoughts on the Cause of the Present Discontents. Ibid. (London, 1770).
[*Thoughts on the Prospect of a Regicide Peace*] *Three Letters Addressed to a Member of the Present Parliament, on the Proposals for Peace with the Regicide Directory of France.* Ibid. (London, 1796-1797).

Burks, Arthur W(alter) (1915-   )
Chance, Cause, Reason: An Inquiry into the Nature of Scientific Evidence. Chicago: University of Chicago Press, 1977.

Burlamaqui, Jean Jacques (1694-1748)
The Principles of Natural and Politic Law. Trans. Nugent. 2 vols. in 1. New York: Arno Press, 1972 (*Principes du droit naturel*, Geneva, 1747, and *Principes du droit politique*, Geneva, 1751).

Burnham, James (1905-1987)
The Machiavellians, Defenders of Freedom. Freeport, N.Y.: Books for Libraries Press, 1970 (New York, 1943).
Suicide of the West: An Essay on the Meaning and Destiny of Liberalism. Chicago: Regnery Books, 1985 (New York, 1964).

Burns, Arthur Robert (1895-1981)
The Decline of Competition: A Study of the Evolution of American Industry. Westport, Conn.: Greenwood Press, 1974 (New York, 1936).

Burns, Robert (1759-1796)
NOTE: *The Poetical Works of Robert Burns.* Ed. Raymond Bentman. Boston: Houghton Mifflin, 1974.
Address to Unco Guid, or the Rigidly Righteous. In *Poetical Works* (Edinburgh, 1787).
The Cotter's Saturday Night. Ibid. (Kilmarnock, 1786).

Burnside, William (1852-1927)
Theory of Groups of Finite Order. New York: Dover, 1955 (1897).

Burrell, David B(akewell) (1933-   )
Analogy and Philosophical Language. New Haven, Conn.: Yale University Press, 1973.

Burton, Robert (1577-1640)
The Anatomy of Melancholy. Oxford: Clarendon Press, 1989 (Oxford, 1621).

Bury, John Bagnell (1861-1927)
A History of Freedom of Thought. Westport, Conn.: Greenwood Press, 1975 (New York, 1913).
The Idea of Progress; an Inquiry into Its Origin and Growth. New York: Dover, 1955 (London, 1920).
The Science of History, an Inaugural Lecture. Cambridge University Press, 1903.

Butler, Joseph (1692-1752)
The Analogy of Religion, Natural and Revealed. New York: Ungar, 1961 (London, 1736).
Fifteen Sermons upon Human Nature. In *The Works of Bishop Butler.* Ed. J. H. Bernard. 2 vols. London: Macmillan, 1900 (London, 1726).

Butler, Samuel (1835-1902)
Darwin Among the Machines. In *Note-Books, q.v.* (essay cited, 1863).
Erewhon, or Over the Range. New York: Penguin, 1985 (London, 1872).
Evolution, Old and New; or, The Theories of Buffon, Dr. Erasmus Darwin and Lamarck, as Compared with That of Charles Darwin. New York: AMS Press, 1968 (London, 1879).
Life and Habit. London: Wildwood House, 1981 (London, 1877).
The Note-Books of Samuel Butler. Ed. H. F. Jones. London: Hogarth, 1985.
Unconscious Memory. New York: AMS Press, 1968 (London, 1880).
The Way of All Flesh. New York: New American Library, 1987 (1872-1884).

Butterfield, Sir Herbert (1900-   )
The Origins of History. New York: Basic Books, 1981.

Byron, George Gordon (Lord Byron) (1788-1824)
Don Juan. (London, 1819-1824).
[*The Isles of Greece*] Canto III (LXXXVI) of *Don Juan.* (London, 1821).
Prometheus. (London, 1816).
Sonnet on Chillon. (London, 1816).
NOTE: The above works are available in many popular editions.

C

Caesar, Gaius Julius (100-44 B.C.)
The Gallic War. Trans. H. J. Edwards. Loeb Classical Library, Cambridge, Mass.: Harvard University Press, 1986 (*Commentarii de Bello Gallico,* 51 B.C.).

Caird, John (1820-1898)
An Introduction to the Philosophy of Religion. New York: AMS Press, 1970 (Glasgow, 1880).

Cajetan, Thomas de Vio (1468-1534)
Commentary on Being and Essence. Trans. Lottie H. Kendzierski and Francis C. Wade. Milwaukee: Marquette University Press, 1964 (*In De Ente et Essentia D. Thomae Aquinatis Commentaria,* Venice, 1496).
De Conceptu Entis. Ed. P. M. Zammit. Rome: Institutum Angelicum, 1934 (Rome, 1519).
De Nominum Analogia. Ed. P. M. Zammit. Rome: Institutum Angelicum, 1934 (Pavia, 1498).

Calder, Nigel (David Ritchie) (1931-   )
Einstein's Universe. New York: Greenwich House, 1982.

Calderón de la Barca, Pedro (1600-1681)
Life Is a Dream: A Play. Trans. Edwin Honig. New York: Hill & Wang, 1970 (*La vida es sueño,* Madrid, 1636).
The Prodigious Magician. Trans. Bruce W. Wardropper. Madrid: J. Porrva Turanzas; Potomac, Md.: Studia Humanitatis, 1982 (*El mágico prodigioso,* 1637).
The Surgeon of His Honour. Trans. Roy Campbell. Westport, Conn.: Greenwood Press, 1978 (*El médico de su honra,* Madrid, 1637).

Calhoun, John Caldwell (1782-1850)
A Discourse on the Constitution and Government of the United States. Ed. R. K. Crallé. New York: Russell & Russell, 1968 (1850).
A Disquisition on Government: And Selections from the Discourse. Ed. C. Gordon Post. Indianapolis: Bobbs-Merrill, 1978 (1849).

Calvin, John (1509-1564)
Commentaries on the Epistle of Paul the Apostle to the Romans. In *Commentaries.* Trans. John King. 22 vols. Grand Rapids, Mich.: Baker Book House, 1984 (*Commentarius in Epistolam ad Romanos,* Strasbourg, 1540).

Calvino, Italo (1923-1985)
If on a Winter's Night a Traveler. Trans. William Weaver. New York: Harcourt, Brace, and Jovanovich, 1981 (*Se una notte d'inverno un viaggiatore,* Turin, 1979).
Invisible Cities. Trans. William Weaver. New York: Harcourt, Brace & Jovanovich, 1978 (*Le città invisibili,* Turin, 1972).

Camfield, Benjamin (1638-1693)
A Theological Discourse of Angels and Their Ministries. London: H. Brome, 1678.

Campanella, Tommaso (1568-1639)
The City of the Sun. In *Ideal Commonwealths.* Ed. and trans. H. Morley. Port Washington, N.Y.: Kennikat Press, 1968 (*Civitas Solis,* Frankfurt, 1623).
The Defense of Galileo of Thomas Campanella. Ed. and trans. G. McColley. In *Smith College Studies in History.* New York: Arno Press, 1975 (*Apologia pro Galileo,* Frankfurt, 1622).
A Discourse Touching the Spanish Monarchy. Trans. E. Chilmead. London: P. Stevens, 1654 (*De Monarchia Hispanica Discursus,* Amsterdam, 1640).

Campbell, George (1719-1796)
Philosophy of Rhetoric. Carbondale: Southern Illinois University Press, 1988 (London, 1776).

Campbell, Herbert James (1925-   )
The Pleasure Areas. New York: Delacorte Press, 1973.

Campbell, Joseph (1904-1987)
The Inner Reaches of Outer Space: Metaphor as Myth and as Religion. New York: Harper & Row, 1988.

Campbell, Norman Robert (1880-1949)
Physics; the Elements. Cambridge University Press, 1920.
What Is Science? New York: Dover, 1952.

Camus, Albert (1913-1960)
The Fall. Trans. Justin O'Brien. New York: Knopf, 1982 (*La Chute*, Paris, 1956).
The Plague. Trans. Stuart Gilbert. New York: Knopf, 1988 (*La Peste*, Paris, 1947).
The Stranger. Trans. Matthew Ward. New York: Knopf, 1988 (*L'Étranger*, Paris, 1942).

Canetti, Elias (1905-   )
Auto-da-Fé. Trans. C. V. Wedgwood. New York: Farrar, Straus & Giroux, 1984 (*Die Blendung*, Munich, 1935).

Cannon, Walter Bradford (1871-1945)
Bodily Changes in Pain, Hunger, Fear and Rage; an Account of Recent Researches into the Function of Emotional Excitement. College Park, Md.: McGrath Pub. Co., 1970 (New York, 1915).
The Wisdom of the Body. New York: Norton, 1967 (New York, 1932).

Cantor, Georg (1845-1918)
Contributions to the Founding of the Theory of Transfinite Numbers. Trans. P. E. B. Jourdain. New York: Dover, 1955 (1895; 1897).

Cardozo, Benjamin Nathan (1870-1938)
Cardozo on the Law. Birmingham, Ala.: Gryphon Editions, 1982.
The Growth of the Law. In *Cardozo on the Law* (New Haven, Conn., 1924).
The Nature of the Judicial Process. Ibid. (New Haven, Conn., 1921).

Carew, Thomas (c. 1595-c. 1639)
A Rapture. In *Poems of Thomas Carew.* Ed. A. Vincent. Freeport, N.Y.: Books for Libraries Press, 1972.

Carlson, Anton Julius (1875-1956)
The Control of Hunger in Health and Disease. Chicago: University of Chicago Press, 1916.

Carlyle, Alexander James (1861-1943)
Political Liberty, a History of the Conception in the Middle Ages and Modern Times. Westport, Conn.: Greenwood Press, 1980 (Oxford, 1941).

Carlyle, Thomas (1795-1881)
Chartism. In *English and Other Critical Essays.* q.v. (London, 1839).
English and Other Critical Essays. Everyman's Library, New York: E. P. Dutton, 1967.
The French Revolution: A History. Oxford: Oxford University Press, 1989 (London, 1837).
Latter-Day Pamphlets. Ed. M. K. Goldberg & J. P. Seigel. Ottawa: Canadian Federation for the Humanities, 1983 (London, 1850).
[On Heroes, Hero-Worship] *Sartor Resartus, On Heroes, Hero-Worship and the Heroic in History.* Everyman's Library, New York: Dutton, 1973 (London, 1841).
On History. In *English and Other Critical Essays.*
Sartor Resartus. See *On Heroes, Hero-Worship* (1833-1834).

Carnap, Rudolf (1891-1970)
Foundations of Logic and Mathematics. In *International Encyclopedia of Unified Science.* Chicago: University of Chicago Press, 1974 (Chicago, 1938).
Introduction to Semantics. Cambridge, Mass.: Harvard University Press, 1975 (Cambridge, Mass., 1942).
Logical Foundations of Probability. Chicago: University of Chicago Press, 1962 (London, 1950).
The Logical Syntax of Language. Trans. A. Smeaton. London: Routledge & Kegan Paul, 1967 (*Die Logische Syntax der Sprache*, Vienna, 1934).
Meaning and Necessity: A Study in Semantics; Modal Logic. Chicago: University of Chicago Press, 1988 (Chicago, 1947).
Philosophy and Logical Syntax. New York: AMS Press, 1979 (London, 1935).
The Unity of Science. Trans. M. Black. London: K. Paul, Trench, Trübner, 1934 (1932).

Carnot, Lazare Nicolas Marguerite (1753-1823)
Principes fondamentaux de l'équilibre et du mouvement. Paris: Deterville, 1803 (1782).
Réflexions sur la métaphysique du calcul infinitésimal. Paris: A. Blanchard, 1970 (1797).

Carr, Anne. See **Fiorenza, Elisabeth Schüssler.**

Carritt, Edgar Frederick (1876-1964)
The Theory of Beauty. Folcroft, Pa.: Folcroft Library Editions, 1977 (New York, 1914).

Carroll, Lewis, pseud. of **Charles Lutwidge Dodgson** (1832-1898)
Alice's Adventures in Wonderland. In *Alice's Adventures in Wonderland, and Through the Looking-Glass and What Alice Found There.* Chicago: Contemporary Books, 1988 (London, 1865).
Euclid and His Modern Rivals. New York: Dover Publications, 1973 (London, 1879).
Lewis Carroll's Symbolic Logic. Ed. William Warren Bartley III. New York: C. N. Potter, Dist. by Crown Publishers, 1986 (London, 1896).
Through the Looking-Glass and What Alice Found There. See *Alice* (London, 1871).

Carson, Rachel (Louise) (1907-1964)
The Sea Around Us. New York: Oxford University Press, 1979 (New York, 1951).
Silent Spring. New York: Houghton Mifflin, 1987 (New York, 1962).

扩展阅读总目 Bibliography of Additional Readings 1761

Cartwright, John (1740-1824)
Take Your Choice! Representation and Respect: Imposition and Contempt. Annual Parliaments and Liberty: Long Parliaments and Slavery. London: J. Almon, 1776.

Cary, (Arthur) Joyce (Lunel) (1888-1957)
A Fearful Joy: A Novel. Westport, Conn.: Greenwood Press, 1983 (London, 1949).

Cassiodorus Senator, Flavius Magnus Aurelius (c. 490–c. 583)
An Introduction to Divine and Human Readings. Trans. L. W. Jones. New York: Norton, 1969 (543-545).

Cassirer, Ernst (1874-1945)
An Essay on Man; an Introduction to a Philosophy of Human Culture. New Haven, Conn.: Yale University Press, 1974 (New Haven, 1944).
Language and Myth. Trans. S. K. Langer. New York: Dover, 1953 (1925).
The Myth of the State. Westport, Conn.: Greenwood Press, 1983 (1944-1945).
The Philosophy of Symbolic Forms. Trans. Ralph Manheim. 2 vols. New Haven, Conn.: Yale University Press, 1975 (*Philosophie der symbolischen Formen*, Berlin, 1923).
Substance and Function, and Einstein's Theory of Relativity. Trans. W. C. Swabey. New York: Dover Publications, 1953 (*Substanzbegriff und Funktionsbegriff*, Berlin, 1910, and *Zur Einstein'schen Relativitätstheorie*, Berlin, 1921).

Castiglione, Baldassare (1478-1529)
The Book of the Courtier. Trans. Charles S. Singleton. Garden City, N.Y.: Anchor Books, 1980 (*Il Libro del Cortegiano*, Venice, 1528).

Cather, Willa (1873-1947)
Death Comes for the Archbishop. (New York, 1927).
My Ántonia. (Boston, 1918).
O Pioneers! (Boston, 1913).
NOTE: The above works are available in many popular editions.

Catullus, Gaius Valerius (c. 84-54 B.C.)
The Poems. In *Catullus, Tibullus, and Pervigilium Veneris.* Trans. G. P. Gould. Loeb Classical Library, Cambridge, Mass.: Harvard University Press, 1988.

Cavendish, Henry (1731-1810)
Electrical Researches. In *The Scientific Papers of the Honourable Henry Cavendish, F.R.S.* Ed. J. C. Maxwell and E. Thorpe. 2 vols. Cambridge University Press, 1921 (1771-1781).
[Experiments of Factitious Air] *Three Papers, Containing Experiments of Factitious Air.* Ibid. (1766).
Experiments on Air. Ibid. (1784-1785).

Cellini, Benvenuto (1500-1571)
Autobiography of Benvenuto Cellini. New York: Penguin, 1988 (1558-1564).

Celsus, Aulus Cornelius (*fl.* A.D. 14-37)
De Medicina. Trans. W. G. Spencer. 3 vols. Loeb Classical Library, Cambridge, Mass.: Harvard University Press, 1971.

Chaisson, Eric (Joseph) (1946-   )
Universe: An Evolutionary Approach to Astronomy. Englewood Cliffs, N.J.: Prentice-Hall, 1988.

Chalmers, Thomas (1780-1847)
On the Power, Wisdom, and Goodness of God, as Manifested in the Adaptation of External Nature to the Moral and Intellectual Constitution of Man. London: G. Bell & Sons, 1884 (*Bridgewater Treatise on the Power, etc.*, London, 1833).

Chamberlin, Edward Hastings (1899-1967)
The Theory of Monopolistic Competition: A Reorientation of the Theory of Value. Cambridge, Mass.: Harvard University Press, 1962 (Cambridge, 1933).

Chamberlin, Thomas Chrowder (1843-1928)
The Origin of the Earth. Chicago: University of Chicago Press, 1916.

Chambers, Robert (1802-1871)
Vestiges of the Natural History of Creation. New York: Humanities Press, 1970 (London, 1844).

Chambers, Whittaker (1901-1961)
Witness. Washington, D.C.: Regnery Gateway, 1987 (New York, 1952).

Chang, Shih-Jung (1936-   )
Introduction to Quantum Field Theory. Singapore: World Scientific, 1990.

Channing, William Ellery (1780-1842)
[Discourses on War] *War. Discourse Before the Congregational Ministers of Massachusetts,* Boston, 1816; *War. Discourse Delivered January 25, 1835; Lecture on War* (1838). In *The Works of William E. Channing.* New York: B. Franklin, 1970.
Slavery. Ibid. (Boston, 1835).

Chapman, John Jay (1862-1933)
A Glance Toward Shakespeare. Freeport, N.Y.: Books for Libraries Press, 1970 (Boston, 1922).
Greek Genius, and Other Essays. Freeport, N.Y.: Books for Libraries Press, 1967 (New York, 1915).

Charron, Pierre (1541-1603)
Of Wisdome. New York: Da Capo, 1971 (Bordeaux, 1601).

Chateaubriand, François Auguste René (1768-1848)
René. In *Atala; René.* Trans. Irving Putter. Berkeley: University of California Press, 1980 (Paris, 1802).

Chaucer, Geoffrey (c. 1340-1400)
The House of Fame. In *The Complete Works of Geoffrey Chaucer.* Ed. F. N. Robinson. New York: Houghton Mifflin Co., 1961 (1385).
The Legend of Good Women. Ibid. (1385).
A Treatise on the Astrolabe. Ibid. (1391).

Chekhov, Anton Pavlovich (1860–1904)
The Cherry Orchard. (first performed, 1904).
Letters on the Short Story, the Drama and Other Literary Topics. Ed. L. S. Friedland. New York: Dover, 1966.
The Sea-Gull. (first performed, 1896).
Three Sisters. (first performed, 1901).
Ward No. 6. (1892).
NOTE: Most of the above works are available in many popular editions or collections.

Chesterfield, Fourth Earl of (1694–1773)
Letters to His Son and Others. Everyman's Library, London: Dent, 1984 (1738–1768).

Chesterton, Gilbert Keith (1874–1936)
The Everlasting Man. Westport, Conn.: Greenwood Press, 1974 (1925).
Heretics. Freeport, N.Y.: Books for Libraries Press, 1970 (New York, 1905).
The Man Who Was Thursday; a Nightmare. Boston: G. K. Hall, 1987 (London, 1908).
Orthodoxy. Chicago: Thomas More Press, 1985 (London, 1908).
St. Thomas Aquinas. New York: Image Books, 1959 (London, 1933).

Childe, V(ere) Gordon (1892–1957)
Man Makes Himself. New York: New American Library, 1983 (London, 1936).

Chipp, Herschel B(rowning) (1913–1992)
Theories of Modern Art: A Source Book by Artists and Critics. Berkeley: University of California Press, 1984 (Berkeley, 1968).

Chomsky, (Avram) Noam (1928–   )
Aspects of the Theory of Syntax. Cambridge, Mass.: MIT Press, 1969.

Chrétien de Troyes (12th century)
Arthurian Romances by Chrétien de Troyes. Trans. D. D. R. Owen. Everyman Classic, London: Dent, 1987.

Chrysostom, Saint John. See **John Chrysostom, Saint.**

Churchill, Sir Winston (Leonard Spencer) (1874–1965)
The Second World War. 6 vols. Boston: Houghton Mifflin, 1985–1986 (London, 1948–1953).

Churchland, Patricia Smith (1943–   )
Neurophilosophy: Toward a Unified Science of the Mind-Brain. Cambridge, Mass.: MIT Press, 1986.

Cicero, Marcus Tullius (106–43 B.C.)
NOTE: *The Works of Cicero* (A. *Rhetorical Treatises* in 5 vols. B. *Orations* in 10 vols. C. *Philosophical Treatises* in 6 vols. D. *Letters* in 7 vols.). Loeb Classical Library, Cambridge, Mass.: Harvard University Press, 1979.
[*Academics*] *De Natura Deorum, Academica.* Trans. H. Rackham. In *Philosophical Treatises* (44 B.C.).
Brutus. Trans. G. L. Hendrickson. In *Rhetorical Treatises* (46 B.C.).
[*De Divinatione*] *De Senectute, De Amicitia, De Divinatione.* Trans. W. A. Falconer. In *Philosophical Treatises* (44 B.C.).
De Domo Sua. In *Orations* (57 B.C.).
De Fato. Trans. H. Rackham. In *Rhetorical Treatises* (44 B.C.).
De Finibus Bonorum et Malorum. Trans. H. Rackham. In *Philosophical Treatises* (45 B.C.).
De Legibus, De Republica. Trans. C. W. Keyes. Ibid. (50 B.C.?).
De Natura Deorum. See *Academics* (45 B.C.).
De Officiis. Trans. W. Miller. Ibid. (44 B.C.).
De Oratore. Trans. E. W. Sutton and H. Rackham. In *Rhetorical Treatises* (55 B.C.?).
De Republica. See *De Legibus* (51 B.C.?).
De Senectute. See *De Divinatione* (44 B.C.).
Laelius de Amicitia. See *De Divinatione* (44 B.C.).
Orations. See *Works.*
Tuscular Disputations. Trans. J. E. King. In *Philosophical Treatises* (*Tusculanae Disputationes*, 45 B.C.).

Clarendon, Edward Hyde, 1st Earl of (1609–1674)
[*History of the Rebellion*] *Selections from the History of the Rebellion and the Life by Himself.* New York: Oxford University Press, 1978 (1671).

Clark, John Bates (1847–1938)
The Distribution of Wealth; a Theory of Wages, Interest, and Profits. New York: A. M. Kelley, 1965 (New York, 1899).

Clark, John Maurice (1884–1963)
Alternative to Serfdom. New York: Vintage, 1960 (1947).

Clark, Sir Wilfred E. Le Gros (1895–1971)
The Antecedents of Man. Chicago: Quadrangle Books, 1978 (New York, 1959).

Clarke, John (1682–1757)
An Inquiry into the Cause and Origin of Evil. London, 1720.

Clarke, Samuel (1675–1729)
A Demonstration of the Being and Attributes of God. Stuttgart: F. Frommann, 1964 (London, 1705).

[*Clarke Papers*] *Puritanism and Liberty, Being the Army Debates (1647–1649) from the Clarke Manuscripts with Supplementary Documents.* Ed. A. S. P. Woodhouse. Everyman's Library, London: Dent, 1986.

Claudel, Paul (1868–1955)
Poetic Art. Trans. Renee Spodheim. Port Washington, N.Y.: Kennikat Press, 1969 (*Art Poétique*, 1904).
The Tidings Brought to Mary: A Drama. Trans. Wallace Fowlie. Chicago: Regnery, 1969 (*L'Annonce faite à Marie*, Paris, 1912).

Clausewitz, Karl von (1780–1831)
On War. Trans. Michael Howard and Peter Paret. Princeton, N.J.: Princeton University Press, 1984 (*Vom Kriege*, Berlin, 1832–1834 [1816–1831]).

Cleanthes of Assos (c. 331–c. 232 B.C.)
Hymn to Zeus. Trans. J. Adam. In *Greek Literature in Translation.* Ed. W. J. Oates and C. T. Murphy. New York: Longmans, Green, 1953.

Clifford, William Kingdom (1845–1879)
The Common Sense of the Exact Sciences. Eds. K. Pearson and J. Newman. Freeport, N.Y.: Books for Libraries Press, 1973 (1875–1879).
Lectures and Essays. Ed. L. Stephen and F. Pollock. Freeport, N.Y.: Books for Libraries Press, 1973 (London, 1879).
On the Canonical Form and Dissection of a Riemann's Surface. In *Mathematical Papers.* Bronx, N.Y.: Chelsea Pub. Co., 1968 (1877).
Preliminary Sketch of Biquaternions. Ibid. (1873).
Seeing and Thinking. London: Macmillan, 1890 (London, 1879).

Cohen, Carl (1931–   )
Civil Disobedience: Conscience, Tactics, and the Law. New York: Columbia University Press, 1971.
Democracy. New York: Free Press, 1973.

Cohen, Felix S. (1907–1953)
Ethical Systems and Legal Ideals; an Essay on the Foundations of Legal Criticism. Westport, Conn.: Greenwood Press, 1976 (New York, 1933).

Cohen, Hermann (1842–1918)
Ethik des reinen Willens. New York: G. Olms, 1981 (Berlin, 1904).

Cohen, Morris Raphael (1880–1947)
Law and the Social Order; Essays in Legal Philosophy. New Brunswick, N.J.: Transaction Books, 1982 (New York, 1933).
The Meaning of Human History. La Salle, Ill.: Open Court, 1961 (1944).
A Preface to Logic. New York: Dover, 1977 (New York, 1944).
Reason and Nature, an Essay on the Meaning of Scientific Method. New York: Dover, 1978 (New York, 1931).

Cohen, Nathan (1955–   )
Gravity's Lens: Views of the New Cosmology. New York: Wiley, 1988.

Coke, Sir Edward (1552–1634)
Institutes of the Laws of England. 3 vols. Buffalo, N.Y.: W. S. Hein, 1986 (1614–1634).

Coleridge, Samuel Taylor (1772–1834)
Biographia Literaria; or, Biographical Sketches of My Literary Life and Opinions. Ed. James Engell and W. Jackson Bate. 2 vols. in 1. Princeton, N.J.: Princeton University Press, 1983 (London, 1817).
The Pains of Sleep. In *Poetical Works.* Oxford: Oxford University Press, 1979 (London, 1828).
The Rime of the Ancient Mariner. Ibid. (London, 1798).
[Treatise on Method] *Samuel Taylor Coleridge's Treatise on Method.* Ed. A. D. Snyder. Philadelphia: R. West, 1977 (1818).

Collingwood, Robin George (1889–1943)
An Essay on Metaphysics. Lanham, Md.: University Press of America, 1983 (Oxford, 1940).
The Idea of History. Oxford: Oxford University Press, 1977 (1936).
The Idea of Nature. Westport, Conn.: Greenwood Press, 1986 (1933–1943).
The Principles of Art. London: Oxford University Press, 1970 (Oxford, 1938).
Speculum Mentis, or, The Map of Knowledge. Westport, Conn.: Greenwood Press, 1982 (Oxford, 1924).

Collins, William (1721–1759)
The Passions, an Ode for Music. In *The Poetical Works of Gray and Collins.* Ed. A. L. Poole. London: Oxford University Press, 1974 (London, 1747).

Comenius, Joannes Amos (1592–1670)
The Great Didactic. Ed. and trans. M. W. Keatinge. New York: Russell and Russell, 1967 (*Didactica Magna*, in *Opera Didactica Omnia*, Amsterdam, 1657).
School of Infancy. Chapel Hill: University of North Carolina Press, 1956 (*Schola Infantiae*, in *Opera Didactica Omnia*, Amsterdam, 1657).

Comte, Auguste (1798–1857)
The Catechism of Positive Religion. Trans. R. Congreve. Clifton, N.J.: A. M. Kelley, 1973 (*Catéchisme positiviste*, Paris, 1852).
The Philosophy of Mathematics. Trans. W. M. Gillespie. New York: Harper, 1851 (from *Cours de philosophie positive*, Vol. I, Paris, 1830).
The Positive Philosophy. Abr. trans. H. Martineau. New York: AMS Press, 1974 (*Cours de philosophie positive*, Paris, 1830–1842).
System of Positive Polity. Vol. I, *General View of Positivism*; Vol. II, *Social Statics*; Vol. III, *Social Dynamics*; Vol. IV, *Theory of the Future of Man.* Trans. J. H. Bridget et al. New York: B. Franklin, 1968 (*Système de politique positive; ou, Traité de sociologie instituant la religion de l'humanité*, Paris, 1851–1854).

Conant, James Bryant (1893–1978)
Education in a Divided World. New York: Greenwood Press, 1969 (Cambridge, Mass., 1948).
On Understanding Science. New York: New American Library, 1951 (New Haven, Conn., 1947).

Condillac, Étienne Bonnot de (1715–1780)
An Essay on the Origin of Human Knowledge. New York: AMS Press, 1974 (*Essai sur l'origine des connaissances humaines*, Amsterdam, 1746).
La langue des calculs. Lille: Presses universitaires de Lille, 1981 (Paris, 1798).
The Logic of Condillac. Washington, D.C.: University Publications of America, 1977 (*Logique*, Paris, 1780).
Traité des animaux. In *Oeuvres* (Amsterdam, 1755).
Treatise on the Sensations. Ed. and trans. G. Carr. London: Favil Press, 1930 (*Traité des sensations*, Paris, 1754).

Condorcet, Marie Jean Antoine Nicolas Caritat (1743-1794)
Sketch for a Historical Picture of the Progress of the Human Mind. Trans. June Barraclough. Westport, Conn.: Hyperion, 1979 (*Esquisse d'un tableau historique des progrès de l'esprit humain,* Paris, 1795).

Congreve, William (1670-1729)
The Way of the World: A Comedy. (London, 1700).
NOTE: The above work is available in many popular editions.

Conrad, Joseph (1857-1924)
Lord Jim. (1900).
Nostromo. (1904).
The Secret Agent: A Simple Tale. (1907).
"The Secret Sharer." (1912).
"Typhoon." (1903).
NOTE: The above works are available in many popular editions.

Cook, Arthur Bernard (1868-1952)
Zeus: A Study in Ancient Religion. 2 vols. in 3. New York: Biblo and Tannen, 1964-1965 (Cambridge, 1914-1940).

Coomaraswamy, Ananda Kentish (1877-1947)
The Transformation of Nature in Art. New York: Dover, 1956 (Cambridge, 1934).

Coombs, Clyde Hamilton (1912-   ) and **Avrunin, George S.** (1952-   )
The Structure of Conflict. Hillsdale, N.J.: L. Erlbaum Assoc., 1988.

Cooper, J(ean) C(laire) (1905-   )
Symbolism, the Universal Language. San Bernardino, Calif.: R. Reginald/Borgo Press, 1986.

Cope, Edward Drinker (1840-1897)
The Primary Factors of Organic Evolution. Chicago: Open Court, 1896.

Copernicus, Nicolaus (1473-1543)
Commentariolus. In *Three Copernican Treatises.* Trans. E. Rosen. New York: Octagon Books, 1971 (1508).
Letter Against Werner. Ibid. (1524).

Corneille, Pierre (1606-1684)
Cinna. In *Six Plays of Corneille and Racine.* Ed. and trans. P. Landis. Modern Library, New York: Random House, 1959 (1640).
Examens. Prefixed to each play in *Oeuvres de Pierre Corneille.* Ed. C. Marty-Laveaux. 10 vols. Paris: Hachette, 1862-1868 (appeared first in *Le théâtre de Corneille,* Paris, 1660).
Horace. Ed. P. J. Yarrow. New York: St. Martin's Press, 1967 (1640).
La Place Royale. In *Oeuvres.* See *Examens* (1634).
Le Cid. In *Six Plays.* See *Cinna* (1636).
Polyeuctus. In *Polyeuctus; The Liar; Nicomedes.* Trans. John Cairncross. Harmondsworth, Eng.: Penguin, 1980 (1640).
Trois discours sur l'art dramatique. In *Oeuvres.* See *Examens* (*Discours de l'utilité et des parties de la tragédie, Discours de la tragédie, Discours des trois unités,* in *Le théâtre de Corneille,* Paris, 1660).

Coster, Charles Théodore Henri de (1827-1879)
[Tyl Ulenspiegel] *The Legend of the Glorious Adventures of Tyl Ulenspiegel in the Land of Flanders and Elsewhere.* Trans. Geoffrey Whitworth. Westport, Conn.: Hyperion, 1978 (*La légende d'Ulenspiegel,* Paris, 1868).

Courant, Richard (1888-1972) and **Robbins, Herbert** (1915-   )
What Is Mathematics? An Elementary Approach to Ideas and Methods. Oxford: Oxford University Press, 1980 (New York, 1941).

Cournot, Antoine Augustin (1801-1877)
An Essay on the Foundations of Our Knowledge. Trans. Merritt H. Moore. New York: Liberal Arts Press, 1956 (Paris, 1851).
Exposition de la théorie des chances et des probabilités. Paris: J. Vrin, 1984 (Paris, 1843).
Researches into the Mathematical Principles of the Theory of Wealth. Trans. N. T. Bacon. New York: A. M. Kelley, 1971 (*Recherches sur les principes mathématiques de la théorie des richesses,* Paris, 1838).

Couturat, Louis (1868-1914)
The Algebra of Logic. Trans. L. G. Robinson. Chicago: Open Court, 1914 (*L'algèbre de la logique,* Paris, 1905).
De l'infini mathématique. Paris: A. Blanchard, 1973 (Paris, 1896).

Couturat, Louis and **Leau, Léopold**
Histoire de la langue universelle. New York: G. Olms, 1979 (Paris, 1903).

Cowan, J(oseph) L(loyd) (1929-   )
Pleasure and Pain: A Study in Philosophical Psychology. New York: St. Martin's Press, 1968.

Cowley, Abraham (1618-1667)
To the Royal Society. In *Poems.* Menston, Eng.: Scolar Press, 1971 (1667).

Cox, Harvey (Gallagher) (1929-   )
Many Mansions: A Christian's Encounter with Other Faiths. Boston: Beacon Press, 1988.
The Secular City: Secularization and Urbanization in Theological Perspective. New York: Macmillan, 1965.

Cozzens, James Gould (1903-1978)
The Just and the Unjust. New York: Harcourt, Brace, 1970 (New York, 1942).

Crabbe, George (1754-1832)
The Village. In *The Poetical Works of George Crabbe.* Ed. A. J. and R. M. Carlyle. St. Clair Shores, Mich.: Scholarly Press, 1977 (London, 1783).

Crane, Stephen (1871-1900)
The Red Badge of Courage. (New York, 1895).
NOTE: The above work is available in many popular editions or collections.

Crashaw, Richard (c. 1613-1649)
The Flaming Heart. In *The Poems, English, Latin and Greek of Richard Crashaw.* Ed. L. C. Martin. Oxford: Clarendon Press, 1966 (from *Steps to the Temple,* 2nd ed., London, 1648, and *Carmen Deo Nostro,* Paris, 1652).

Cremin, Lawrence A(rthur) (1925-1990)
American Education. 3 vols. New York: Harper & Row, 1988 (*The Colonial Experience, 1607-1783,* 1970; *The National Experience, 1783-1876,* 1982; *The Metropolitan Experience, 1876-1980,* 1988).
The Transformation of the School: Progressivism in American Education, 1876-1957. New York: Knopf, 1961.

Crescas, Chasdai Ben Abraham (1340-1410)
Or Adonai. Bk. 1, ed. and trans. H. A. Wolfson. Cambridge, Mass.: Harvard University Press, 1929.

Crile, George Washington (1864-1943)
The Origin and Nature of the Emotions; Miscellaneous Papers. Ed. A. F. Rowland. College Park, Md.: McGrath, 1970 (Philadelphia, 1915).

Croce, Benedetto (1866-1952)
Aesthetic as Science of Expression and General Linguistic. Trans. D. Ainslie. Boston: Nonpareil Books, 1978 (*Estetica come scienza dell'espressione e linguistica generale,* Milan, 1902).
The Conduct of Life. Trans. A. Livingston. Freeport, N.Y.: Books for Libraries Press, 1967 (1922).
The Defense of Poetry, Variations on the Theme of Shelley. Trans. E. F. Carritt. Norwood, Pa.: Norwood Editions, 1978.
The Essence of Aesthetic. Trans. D. Ainslie. Darby, Pa.: Arden Library, 1978 (1912).
Freedom, Its Meaning. Ed. R. N. Anshen, trans. A. Livingston. London: Allen & Unwin, 1942.
History as the Story of Liberty. Trans. S. Sprigge. Lanham, Md.: University Press of America, 1984 (*La storia come pensiero e come azione,* Bari, 1938).
History, Its Theory and Practice. Trans. D. Ainslie. New York: Russell & Russell, 1960 (*Teoria e storia della storiografia,* 1911-1913).
Logic as the Science of Pure Concept. Trans. D. Ainslie. New York: Macmillan, 1917 (*Logica come scienza del concetto puro,* Bari, 1909).
The Philosophy of the Practical: Economic and Ethic. Trans. D. Ainslie. New York: Biblo & Tannen, 1967 (*Filosofia della practica economia ed etica,* Bari, 1908).
Politics and Morals. Trans. S. J. Castiglione. New York: Philosophical Library, 1945 (sel. from *Elementi di politica,* Bari, 1925, and *Aspetti morali della vita politica,* Bari, 1928).

Croly, Herbert David (1869-1930)
Progressive Democracy. New York: Macmillan, 1915.

Crookshank, Francis Graham (1873-1933)
Individual Diagnosis. London: K. Paul, Trench, Trübner, 1930.

Cudworth, Ralph (1617-1688)
A Treatise of Freewill. Ed. J. Allen. London: J. W. Parker, 1838.
The True Intellectual System of the Universe: Wherein All the Reason and Philosophy of Atheism Is Confuted, and Its Impossibility Demonstrated. 2 vols. New York: Garland, 1978 (London, 1678).

cummings, e.e. (1894-1962)
The Enormous Room. Harmondsworth, Eng.: Penguin Books, 1986 (New York, 1922).

Curie, Marie (1867-1934)
Traité de radioactivité. Paris: Gauthier-Villars, 1910.

Cuvier, Georges Léopold Chrétien Frédéric Dagobert (1769-1832)
The Animal Kingdom, Arranged After Its Organization, Forming a Natural History of Animals, and an Introduction to a Comparative Anatomy. With Considerable Additions by W. B. Carpenter and J. O. Westwood. New York: Kraus Reprint, 1969 (*Le règne animal distribué d'après son organization,* Paris, 1817).

D

Dahrendorf, Ralf (1929-)
The Modern Social Conflict. Berkeley: University of California Press, 1990.

D'Alembert, Jean Le Rond (1717-1783)
Traité de dynamique. 2 vols. Paris: Gauthier-Villars, 1921 (Paris, 1743).

Dalton, John (1766-1844)
A New System of Chemical Philosophy. 2 vols. London: S. Russell, 1960 (Manchester, 1808-1827).

Dante Alighieri (1265-1321)
The Convivio. In *The New Life and the Convivio.* Trans. Charles E. Norton. Albuquerque, N.M.: Foundation for Classical Reprints, 1985 (c. 1304-1307).
Epistle to Can Grande della Scala (Letter x). In *A Translation of the Latin Works of Dante Alighieri,* A. G. F. Howell and P. H. Wicksteed. Temple Classics, London: J. M. Dent, 1904 (1318?).
La Vita Nuova (The New Life). See *The Convivio* (1292).
Literature in the Vernacular. Trans. Sally Purcell. Manchester: Carcanet New Press, 1981 (*De Vulgari Eloquentia,* 1303-1304).
On World-Government (De Monarchia). Trans. H. W. Schneider. New York: Macmillan, 1985 (*De Monarchia,* c. 1310-1313).

Danto, Arthur C(oleman) (1924-)
Analytical Philosophy of Knowledge. London: Cambridge University Press, 1968.
The Philosophical Disenfranchisement of Art. New York: Columbia University Press, 1986.

D'Arcy, Martin Cyril (1888-1976)
The Meaning and Matter of History: A Christian

View. New York: Noonday Press, 1967 (New York, 1959).
The Mind and Heart of Love, Lion and Unicorn; a Study in Eros and Agape. New York: Meridian Books, 1967 (London, 1945).

Darwin, Charles Galton (1887-1962)
The New Conceptions of Matter. Freeport, N.Y.: Books for Libraries Press, 1971 (New York, 1931).
The Next Million Years. Westport, Conn.: Greenwood Press, 1973 (London, 1952).

Darwin, Charles Robert (1809-1882)
The Different Forms of Flowers on Plants of the Same Species. New York: New York University Press, 1989 (London, 1877).
The Expression of Emotions in Man and Animals. London; Dover, N.H.: F. Pinter, 1983 (London, 1872).
Foundations of the Origin of Species. New York: New York University Press, 1987 (1842-1843).
A Posthumous Essay on Instinct. In G. J. Romanes, *Mental Evolution in Animals.* New York: AMS Press, 1969 (before 1859).
The Variation of Animals and Plants Under Domestication. 2 vols. New York: New York University Press, 1988 (London, 1868).

Darwin, Erasmus (1731-1802)
The Loves of the Plants. In *The Botanic Garden.* 2 vols. New York: Garland Press, 1978 (Lichfield, 1789).
Zoonomia; or, The Laws of Organic Life. 2 vols. New York: AMS Press, 1974 (London, 1794-1796).

Daudet, Alphonse (1840-1897)
Letters from My Mill. Trans. Frederick Davies. New York: Penguin, 1978 (*Lettres de mon moulin*, 1866-1869).

Davidson, Donald (1917-   )
Essays on Actions and Events. Oxford: Clarendon Press, 1986.

Davis, David Brion (1927-   )
The Problem of Slavery in Western Culture. New York: Oxford University Press, 1988 (Ithaca, N.Y., 1966).

Davis, Joel. See **Forward, Robert L(ull).**

Davis, Lawrence (1943-   )
Theory of Action. Englewood Cliffs, N.J.: Prentice Hall, 1979.

Davis, Philip J. (1923-   ) and **Hersh, Reuben** (1927-   )
Descartes' Dream: The World According to Mathematics. Boston: Houghton Mifflin, 1987.
The Mathematical Experience. Boston: Houghton Mifflin, 1982.

Davy, Sir Humphrey (1778-1829)
Elements of Chemical Philosophy: As Regards Laws of Chemical Changes: Undecomposed Bodies and Their Primary Combinations. London: Smith, Elder & Co., 1840 (London, 1812).

Dawson, Christopher Henry (1889-1970)
Enquiries into Religion and Culture. Freeport, N.Y.: Books for Libraries Press, 1968 (New York, 1933).
Progress and Religion: An Historical Enquiry. New York: Greenwood Press, 1970 (London, 1929).
Religion and the Modern State. New York: Sheed & Ward, 1935.

De Grazia, Sebastian (1917-   )
Of Time, Work, and Leisure. Millwood, N.Y.: Kraus Reprint, 1979 (New York, 1962).

De Morgan, Augustus (1806-1871)
A Budget of Paradoxes. Ed. S. De Morgan. 2 vols. Freeport, N.Y.: Books for Libraries Press, 1969 (1863-1867).
An Essay on Probabilities, and on Their Application to Life Contingencies and Insurance Offices. New York: Arno Press, 1981 (London, 1838).
Formal Logic. Ed. A. E. Taylor. Chicago: Open Court, 1926 (London, 1847).
On the Study and Difficulties of Mathematics. Chicago: Open Court, 1910 (London, 1831).

De Quincey, Thomas (1785-1859)
Confessions of an English Opium-Eater. New York: Penguin, 1986 (1821).
Letters to a Young Man Whose Education Has Been Neglected. In *Essays.* New York: Ward, Lock & Co., 1886 (1823).
The Literature of Knowledge and the Literature of Power. In *Masters of Literature: De Quincey.* Ed. Sidney Low. London: G. Bell & Sons, 1911 (1823; 1848).
On the Knocking at the Gate in Macbeth. In *De Quincey's Literary Criticism.* Ed. H. Darbishire. Norwood, Pa.: Norwood Editions, 1977 (1823).
Rhetoric. In *Masters of Literature: De Quincey.* See *The Literature of Knowledge*, above (1828).

De Vries, Hugo (1848-1935)
The Mutation Theory: Experiments and Observations on the Origin of Species in the Vegetable Kingdom. Trans. J. B. Farmer and A. D. Darbishire. 2 vols. Chicago: Kraus Reprint, 1969 (*Die Mutationstheorie. Versuche und Beobachtungen über die Entstehung von Arten im Pflanzenreich*, Leipzig, 1901-1903).

Dedekind, Julius Wilhelm Richard (1831-1916)
Essays on the Theory of Numbers. New York: Dover, 1963 (*Stetigkeit und irrationale Zahlen.* Braunschweig, 1872, and *Was sind und sollen die Zahlen*, Braunschweig, 1888).

Defoe, Daniel (c. 1661-1731)
[Moll Flanders] *The Fortunes and Misfortunes of the Famous Moll Flanders.* (London, 1721).
Robinson Crusoe. (1719).
The Shortest Way with the Dissenters and Other Pamphlets. (London, 1702).

NOTE: The above works are contained in several popular editions or collections.

Dekker, Thomas (c. 1570–c. 1641)
The Shoemaker's Holiday. In *Thomas Dekker.* Baltimore: Johns Hopkins University Press, 1979 (London, 1599).

Del Vecchio, Giorgio (1878–1970)
The Formal Bases of Law. Trans. J. Lisle. New York: A. M. Kelley, 1969 (*I presupposti filosofici della nozione del diritto*, Bologna, 1905; *Il concetto del diritto*, Bologna, 1906; *Il concetto della natura e il principio del diritto*, Milan, 1908).

Delacroix, (Ferdinand Victor) Eugène (1799–1863)
The Journal of Eugène Delacroix. Trans. Lucy Norton. Ithaca, N.Y.: Cornell University Press, 1980 (1822–1824; 1847–1863).

Delacroix, Henri Joachim (1873–1937)
Le langage et la pensée. Paris: F. Alcan, 1924.
Psychologie de l'art, essai sur l'activité artistique. Paris: F. Alcan, 1927.

Delbrück, Hans (1848–1929)
History of the Art of War Within the Framework of Political History. Trans. Walter J. Renfroe. 4 vols. Westport, Conn.: Greenwood Press, 1975–1985 (*Geschichte der Kriegskunst im Rahmen der politischen Geschichte*, Berlin, 1900–1936).

Demetrius (1st century A.D.)
On Style. Trans. W. R. Roberts. New York: Arno Press, 1979.

Demosthenes (384–322 B.C.)
De Corona and De Falsa Legatione. Trans. C. A. and J. H. Vince. Loeb Classical Library, Cambridge, Mass.: Harvard University Press, 1971 (330 B.C.).
[Philippics] *Olynthiacs, Philippics, Minor Public Speeches.* Trans. J. H. Vince. Loeb Classical Library, Cambridge, Mass.: Harvard University Press, 1970.

Dennett, Daniel Clement (1942–   )
Brainstorms. Cambridge, Mass.: MIT Press, 1981.

Derrida, Jacques (1930–   )
Of Grammatology. Trans. Gayatri Chakravorty Spivak. Baltimore: Johns Hopkins University Press, 1976 (*De la grammatologie*, Paris, 1967).

Descartes, René (1596–1650)
NOTE: *The Philosophical Writings of Descartes.* Trans. John Cottingham, Robert Stoothoff, and Dugald Murdoch. 2 vols. Cambridge: Cambridge University Press, 1984–1985.
The Passions of the Soul. In *Philosophical Writings* (*Les passions de l'âme*, Paris, 1649).
The Principles of Philosophy. Ibid. (*Principia Philosophiae*, Amsterdam, 1644).
The World. Trans. Michael Sean Mahoney. New York: Abaris, 1979 (*Le monde, ou traité de la lumière*, 1630–1633).

Descoqs, Pedro (1877–1946)
Essai critique sur l'hylémorphisme. Paris: G. Beauchesne, 1924.

Detter Delupis, Ingrid (1936–   )
The Law of War. New York: Cambridge University Press, 1987.

Devlin, Patrick, Baron (1905–   )
The Criminal Prosecution in England. London: Oxford University Press, 1960.
The Enforcement of Morals. New York: Oxford University Press, 1979 (London, 1959).

Dewart, Leslie (1922–   )
The Future of Belief: Theism in a World Come of Age. New York: Herder & Herder, 1966.

Dewey, John (1859–1952)
Art as Experience. New York: Perigree Books, 1980 (New York, 1934).
Characters and Events; Popular Essays in Social and Political Philosophy. Ed. J. Ratner. 2 vols. New York: Octagon Books, 1970 (1891–1928).
A Common Faith. New Haven, Conn.: Yale University Press, 1962 (New Haven, 1934).
Democracy and Education; an Introduction to the Philosophy of Education. Norwood, Pa.: Telegraph Books, 1986 (New York, 1916).
Essays in Experimental Logic. New York: Dover, 1960 (1903–1916).
Experience and Nature. La Salle, Ill: Open Court, 1971 (Chicago, 1925).
Freedom and Culture. New York: Paragon Books, 1979 (New York, 1939).
How We Think; a Restatement of the Relation of Reflective Thinking to the Educative Process. In *Later Works of John Dewey.* Carbondale: Southern Illinois University Press, 1986 (Boston, 1910).
Human Nature and Conduct; an Introduction to Social Psychology. New York: Modern Library, 1980 (New York, 1922).
The Influence of Darwin on Philosophy, and Other Essays in Contemporary Thought. Bloomington: Indiana University Press, 1965 (1897–1909).
Interest and Effort in Education. Carbondale: Southern Illinois University Press, 1975 (Boston, 1913).
Logic, the Theory of Inquiry. New York: Irvington, 1982 (New York, 1938).
Outlines of a Critical Theory of Ethics. New York: Greenwood Press, 1969 (Ann Arbor, Mich., 1891).
Philosophy and Civilization. Gloucester, Mass.: P. Smith, 1968 (1902–1931).
The Public and Its Problems. Athens, Ohio: Swallow Press, Ohio University Press, 1985 (New York, 1927).
The Quest for Certainty: A Study of the Relation of Knowledge and Action. New York: Putnam, 1979 (New York, 1929).
Reconstruction in Philosophy. Boston: Beacon Press, 1970 (New York, 1920).

The School and Society. Carbondale: Southern Illinois University Press, 1980 (Chicago, 1899).
The Study of Ethics: A Syllabus. In *Early Essays and the Study of Ethics*. Carbondale: Southern Illinois University Press, 1971 (Ann Arbor, Mich., 1894).

Dewey, John *et al.*
Creative Intelligence; Essays in the Pragmatic Attitude. New York: Octagon Books, 1970 (New York, 1917).
Studies in Logical Theory. New York: AMS Press, 1980 (Chicago, 1903).

Dewey, John and **Bentley, Arthur F.** (1870–1957)
Knowing and the Known. Westport, Conn.: Greenwood Press, 1975 (Boston, 1949).

Dewey, John and **Tufts, James H.** (1862–1942)
Ethics. In *The Middle Works, 1899–1924*. Carbondale: Southern Illinois University Press, 1978 (New York, 1908).

Diaz de Gamez (*c.* 1379–*c.* 1450)
The Unconquered Knight; a Chronicle of the Deeds of Don Pedro Niño, Count of Buelno, by His Standard Bearer Gutierre Diaz de Gamez. Trans. Joan Evans. London: G. Routledge, 1928 (1431–1449).

Dicey, Albert Venn (1835–1922)
Introduction to the Study of the Law of the Constitution. Indianapolis: Liberty Classics, 1982 (London, 1885).
Lectures on the Relation Between Law and Public Opinion in England During the Nineteenth Century. Birmingham, Ala.: Legal Classics Library, 1985 (London, 1905).

Dickens, Charles (1812–1870)
Bleak House. (London, 1852–1853).
David Copperfield. (London, 1849–1850).
Great Expectations. (1860–1861).
[*Nicholas Nickleby*] *The Life and Adventures of Nicholas Nickleby*. (1838–1839).
Oliver Twist. (1837–1839).
Our Mutual Friend. (London, 1864–1865).
[*Pickwick Papers*] *The Posthumous Papers of the Pickwick Club*. (London, 1836–1837).
A Tale of Two Cities. (1859).
NOTE: The above works are available in many popular editions or collections.

Dickinson, Emily (Elizabeth) (1830–1886)
Collected Poems of Emily Dickinson. Ed. Mabel Loomis Todd and T. W. Higginson. New York: Chatham River Press, 1983.

Dickinson, Goldsworthy Lowes (1862–1932)
Justice and Liberty; a Political Dialogue. New York: Greenwood Press, 1968 (New York, 1908).
The Meaning of Good: A Dialogue. New York: E. P. Dutton, 1921 (Glasgow, 1901).

Dickinson, John (1894–1952)
Administrative Justice and the Supremacy of Law in the United States. New York: Russell & Russell, 1959 (Cambridge, Mass., 1927).

Dickson, Leonard Eugene (1874–1954)
Introduction to the Theory of Numbers. New York: Dover, 1957 (Chicago 1929).

Diderot, Denis (1713–1784)
Citoyen. In *L'Encyclopédie Diderot et d'Alembert*. 4 vols. Paris: Inter-Livres, 1986 (1753).
D'Alembert's Dream. In *Rameau's Nephew and D'Alembert's Dream*. Trans. L. W. Tancock. Baltimore: Penguin, 1966 (1769).
Discours Préliminaire. In *Encyclopédie, ou, Dictionnaire raisonné des sciences, des arts et des métiers par une sociéte de gens de lettres*. 5 vols. New York: Pergamon Press, 1985 (*Encyclopédie*, 1751–1772).

Digby, Sir Kenelm (1603–1665)
[*The Nature of Bodies*] *Two Treatises*. New York: Garland, 1977 (Paris, 1644).

Digges, Dudley (1613–1643)
The Unlawfulness of Subjects. New York: Garland, 1978 (London, 1643).

Dilthey, Wilhelm (1833–1911)
Das Erlebnis und die Dichtung: Lessing, Goethe, Novalis, Hölderlin. Leipzig: P. Reclam, 1988 (Leipzig, 1905).

Dinesen, Isak (1885–1962)
Seven Gothic Tales. New York: Vintage Books, 1972 (New York, 1934).

Dingle, Herbert (1890–   )
Modern Astrophysics. New York: Macmillan, 1924 (London, 1921).

Diogenes Laërtius (3rd century)
Lives of Eminent Philosophers. Trans. R. D. Hicks. 2 vols. Loeb Classical Library, Cambridge, Mass.: Harvard University Press, 1979–1980.

Dirac, Paul Adrien Maurice (1902–1984)
The Development of Quantum Theory: J. Robert Oppenheimer Memorial Prize Acceptance Speech. New York: Gordon & Breach Science Publishers, 1971.
General Theory of Relativity. New York: Wiley, 1975.
The Principles of Quantum Mechanics. Oxford: Clarendon Press, 1981 (Oxford, 1930).

Djilas, Milovan (1911–   )
The Unperfect Society: Beyond the New Class. New York: Harcourt, Brace & World, 1970.

Dobzhansky, Theodosius (1900–1975)
The Biological Basis of Human Freedom. New York: Columbia University Press, 1969 (New York, 1956).
The Biology of Ultimate Concern. New York: New American Library, 1969.
Genetics of the Evolutionary Process. New York: Columbia University Press, 1970.

Donne, John (1573–1631)
Songs and Sonnets [includes *Aire and Angells, Lovers Infinitenesse,* and *The Triple Foole*]. In *The Complete Poetry and Selected Prose of*

John Donne. London: Nonesuch Press, 1978 (c. 1590–c. 1601).

Dos Passos, John (Roderigo) (1896–1970)
U.S.A. New York: New American Library, 1979. (*The 42nd Parallel*, 1930; *1919*, 1932; *The Big Money*, 1936).

Dostoevsky, Fyodor Mikhailovich (1821–1881)
Crime and Punishment. (1866).
The House of the Dead. (1861–1862).
The Idiot. (1868–1869).
Notes from Underground. (1864).
Poor Folk. (1846).
The Possessed. (1871).
A Raw Youth: A Novel in Three Parts. (1875).
NOTE: The above works are available in many popular editions or collections.

Douglas, (George) Norman (1868–1952)
South Wind. Harmondsworth, Eng.: Penguin Books, 1987 (London, 1917).

Dreiser, Theodore (1871–1945)
An American Tragedy. (1925).
Sister Carrie. (1900).
NOTE: The above works are available in many popular editions.

Driesch, Hans Adolf Eduard (1867–1941)
Mind and Body. Trans. T. Besterman. New York: Dial Press, 1927 (*Leib und Seele*, Leipzig, 1916).

Dryden, John (1631–1700)
Absalom and Achitophel. London: Oxford University Press, 1973 (London, 1681).
All for Love; or, The World Well Lost. Ed. N. J. Andrew. New York: Norton, 1983 (London, 1678).
A Discourse Concerning the Original and Progress of Satire. In *Essays of John Dryden.* Ed. W. P. Ker. 2 vols. New York: Russell & Russell, 1961 (London, 1693).
An Essay of Dramatic Poesy. In *An Essay of Dramatic Poesy, A Defence of an Essay of Dramatic Poesy,* and *Preface to the Fables.* New York: Irvington, 1982 (London, 1668).
Of Heroic Plays. In *Dryden's Essays.* London: Dent; New York: Dutton, 1954 (prefixed to *The Conquest of Granada*, London, 1672).

Dubois, Pierre (c. 1250–c. 1322)
De Recuperatione Terre Sancte. Florence: L. S. Olschki, 1977 (1305–1307).

Dubos, René Jules (1901–1982)
So Human an Animal. New York: Scribner, 1968.

Duby, Georges. See **Ariès, Philippe.**

Ducasse, Curt John (1881–1969)
Causation and the Types of Necessity. New York: Dover, 1969 (Seattle, 1924).
A Critical Examination of the Belief in Life After Death. Springfield, Ill.: Thomas, 1961.
Nature, Mind, and Death. La Salle, Ill.: Open Court Pub. Co., 1951.

Duguit, Léon (1859–1928)
Law in the Modern State. Trans. F. and H. Laski. New York: H. Fertig, 1970 (*Les transformations du droit public*, Paris, 1913).

Duhem, Pierre Maurice Marie (1861–1916)
The Aim and Structure of Physical Theory. Trans. Philip P. Wiener. New York: Atheneum, 1981 (Paris, 1906).
Études sur Léonard de Vinci. 3 vols. Paris: Editions des Archives Contemporaines, 1984 (Paris, 1906–1913).
The Evolution of Mechanics. Trans. Michael Cole. Germantown, Md.: Noordhoff, 1980 (Paris, 1903).
Le système du monde. Histoire des théories cosmologiques de Plato à Copernic. 10 vols. Paris: A. Hermann, 1973 (Paris, 1913–1917).
Les origines de la statique. Paris: A. Hermann, 1905–1906.

Duns Scotus, John (c. 1266–1308)
Opus Oxoniense (Commentaria in Libros Sententiarum). In *Opera Omnia.* 26 vols. Westmead, Farnborough, Eng.: Gregg International, 1969 (1300?).
Oxford Commentary. In *Selections from Medieval Philosophers.* Ed. and trans. Richard McKeon. 2 vols. New York: Scribner's, 1958 (1300?).
Reportata Parisiensia (Opus Parisiensis). In *Opera.* See *Opus Oxoniense* above (1304?).
Tractatus de Primo Principio. Ed. and trans. E. Roche. St. Bonaventure, N.Y.: The Franciscan Institute, 1949 (before 1302?).

Dupuy, T(revor) N(evitt) (1916–   )
Understanding War: History and a Theory of Combat. New York: Paragon House, 1987.

Durkheim, Émile (1858–1917)
The Division of Labor in Society. Trans. W. D. Halls. New York: Free Press, 1984 (*De la division du travail social; étude sur l'organisation des sociétés supérieures*, Paris, 1893).
The Elementary Forms of the Religious Life. Trans. Joseph Ward Swain. London: Allen & Unwin, 1976 (*Les formes élémentaires de la vie religieuse*, Paris, 1912).

Dyson, Freeman J(ohn) (1923–   )
Infinite in All Directions: Gifford Lectures Given at Aberdeen, Scotland, April–November 1985. New York: Harper & Row, 1988.

E

Eaton, Ralph Monroe (1892–1932)
Symbolism and Truth; an Introduction to the Theory of Knowledge. New York: Dover, 1964 (Cambridge, Mass., 1925).

Eatwell, John. See **Robinson, Joan.**

Ebbinghaus, Hermann (1850–1909)
Memory. A Contribution to Experimental Psychol-

ogy. Trans. H. A. Ruger. New York: Dover, 1964 (*Über das Gedächtnis*, Leipzig, 1885).

Ebreo, Leone (Leo Hebraeus) (*c.* 1460–*c.* 1525)
The Philosophy of Love. Trans. F. Friedeberg-Seeley. London: Soncino Press, 1937 (*Dialoghi d'amore*, *c.* 1502).

Eckhart, Johannes (*c.* 1260–*c.* 1327)
Meister Eckhart [Sermons and Collations; Tractates; Sayings and *Liber Positionum*]. Abr. trans. of Franz Pfeiffer's *Eckhart*, C. de B. Evans. 2 vols. London: J. M. Watkins, 1956.

Eddington, Sir Arthur Stanley (1882–1944)
The Internal Constitution of the Stars. New York: Cambridge University Press, 1988 (Cambridge, 1926).
The Mathematical Theory of Relativity. New York: Chelsea Pub. Co., 1975 (Cambridge, 1923).
The Nature of the Physical World. Ann Arbor: University of Michigan Press, 1965 (Cambridge, 1928).
The Philosophy of Physical Science. Ann Arbor: University of Michigan Press, 1967 (New York, 1939).
Science and the Unseen World. Folcroft, Pa.: Folcroft Library Eds., 1979 (London, 1929).
Space, Time, and Gravitation; an Outline of the General Relativity Theory. Cambridge: Cambridge University Press, 1987 (Cambridge, 1920).
Stars and Atoms. New Haven, Conn.: Yale University Press, 1927.
Stellar Movements and the Structure of the Universe. London: Macmillan, 1914.

Edman, Irwin (1896–1954)
Arts and the Man: A Short Introduction to Aesthetics. New York: W. W. Norton, 1967 (originally published as *The World, the Arts and the Artist*, New York, 1928).

Edwards, Jonathan (1703–1758)
NOTE: *The Works of Jonathan Edwards.* 9 vols. New Haven, Conn.: Yale University Press, 1957–1989.
Charity and Its Fruits. Ed. T. Edwards. London: Banner of Truth Trust, 1969 (1738).
A Dissertation on the Nature of True Virtue. In *Works* (1755).
Freedom of the Will. Ibid. (Boston, 1754).
Original Sin. Ed. Clyde A. Holbrook. Ibid. (Boston, 1758).
A Treatise Concerning Religious Affections, in Three Parts. Ibid. (Boston, 1746).

Edwards, Richard (*c.* 1523–1566)
Damon and Pithias. In *A Select Collection of Old English Plays.* Ed. R. Dodsley. 15 vols. in 7. New York: B. Blom, 1964 (1564).

Einstein, Albert (1879–1955)
The Meaning of Relativity. Trans. E. P. Adams. Franklin Center, Pa.: Franklin Library, 1981 (*Vier Vorlesungen über Relativitätstheorie*, Braunschweig, 1922).
On the Method of Theoretical Physics. New York: Oxford University Press, 1933.
Sidelights on Relativity. Trans. G. B. Jeffery and W. Perrett. New York: Dover, 1983 (*Äther und Relativitätstheorie*, Berlin, 1920, and *Geometrie und Erfahrung*, Berlin, 1921).

Einstein, Albert and **Infeld, Leopold** (1898–1968)
The Evolution of Physics; the Growth of Ideas from Early Concepts to Relativity and Quanta. New York: Simon & Schuster, 1961 (New York, 1938).

Eiseley, Loren (1907–1977)
The Immense Journey. Alexandria, Va.: Time-Life Books, 1981 (New York, 1957).

Eisenberg, Melvin Aron (1934–   )
The Nature of the Common Law. Cambridge, Mass.: Harvard University Press, 1988.

Ekeland, Ivar (1944–   )
Mathematics and the Unexpected. Chicago: University of Chicago Press, 1988 (*Le Calcul, l'imprévu: les figures du temps, de Kepler à Thom*, Paris, 1984).

Eliade, Mircea (1907–1986)
A History of Religious Ideas. 3 vols. Chicago: University of Chicago Press, 1986 (*Histoire des croyances et des idées religieuses*, Paris, 1976–1983).
Images and Symbols: Studies in Religious Symbolism. Trans. Philip Mairet. New York: Sheed & Ward, 1969 (*Images et symboles; essais sur le symbolisme magico-religieux*, Paris, 1952).

Eliot, George, pseud. of **Mary Ann**, or **Marian, Cross**, née **Evans** (1819–1880).
Adam Bede. (London, 1860).
Daniel Deronda. (Edinburgh, 1876).
The Mill on the Floss. (London, 1860).
Romola. (London, 1863).
Silas Marner. (London, 1861).
NOTE: The above works are available in many popular editions or collections.

Eliot, Thomas Stearns (1888–1965)
After Strange Gods; a Primer of Modern Heresy. New York: Harcourt Brace, 1934.
"Ash Wednesday." (1930).
Essays, Ancient and Modern. New York: Haskell House, 1974 (New York, 1936).
The Family Reunion: A Play. (1939).
Four Quartets. (1943).
The Idea of a Christian Society. In *Christianity and Culture: The Idea of a Christian Society and Notes Towards the Definition of Culture.* New York: Harcourt, Brace & Jovanovich, 1980 (London, 1939).
"The Love Song of J. Alfred Prufrock." (1917).
Murder in the Cathedral. (1935).
Notes Towards the Definition of Culture. In *Christianity and Culture.* See *The Idea of a Christian Society* (1949).
The Sacred Wood; Essays in Poetry and Criticism. New York: Methuen, 1980 (London, 1920).
Selected Essays. New York: Harcourt Brace Jovanovich, 1978 (*Selected Essays, 1917–1932*, 1932).

The Use of Poetry and the Use of Criticism, Studies in the Relation of Criticism to Poetry in England. Cambridge, Mass.: Harvard University Press, 1986 (Cambridge, 1933).
NOTE: Most of the above works are available in many popular editions or collections.

Ellis, Henry Havelock (1859–1939)
Man and Woman: A Study of Human Secondary Sexual Characters. New York: Arno Press, 1974 (New York, 1894).
Studies in the Psychology of Sex. 4 vols. New York: Random House, 1936 (New York, 1897–1928).

Ellison, Ralph (Waldo) (1914–   )
Invisible Man. (New York, 1952).
NOTE: The above work is available in many popular editions.

Ellul, Jacques César (1912–   )
Jesus and Marx: From Gospel to Ideology. Trans. Joyce Main Hanks. Grand Rapids, Mich.: Eerdmans, 1988 (*L'idéologie marxiste chrétienne*, Paris, 1979).
The Technological System. Trans. Joachim Neugroschel. New York: Continuum, 1980 (*La Technique: ou, L'enjeu du siècle*, Paris, 1954).

Elton, Charles Sutherland (1900–1991)
Animal Ecology. London: Methuen, 1968 (New York, 1927).

Elton, Geoffrey R(udolph) (1921–   )
Political History: Principles and Practice. New York: Garland, 1984 (New York, 1970).

Ely, John Hart (1938–   )
Democracy and Distrust: A Theory of Judicial Review. Cambridge, Mass.: Harvard University Press, 1980.

Elyot, Sir Thomas (c. 1490–1546)
The Governour. Everyman's Library, New York: Dutton, 1962 (London, 1531).

Emerson, Ralph Waldo (1803–1882)
NOTE: *The Complete Essays and Other Writings of Ralph Waldo Emerson.* Ed. B. Atkinson. New York: Modern Library, 1950.
Essays and Lectures. New York: Literary Classics of the United States, dist. by Viking Press, 1983.
The American Scholar. An Oration Delivered Before the Phi Beta Kappa Society, August 31, 1837. In *Complete Essays* (Boston, 1837).
The Conduct of Life. In *Essays and Lectures* (Boston, 1860).
English Traits. Ibid. (Boston, 1856).
Essays. In *Complete Essays* (First Series, Boston, 1841; Second Series, Boston, 1844).
Natural History of Intellect and Other Papers. New York: AMS Press, 1979 (1870).
Nature. In *Essays and Lectures* (Boston, 1836).
Representative Men. Ibid. (Boston, 1850).
Society and Solitude: Twelve Chapters. New York: AMS Press, 1979 (Boston, 1870).
Threnody. In *Complete Essays* (London, 1847).

Emmet, Dorothy Mary (1904–   )
The Effectiveness of Causes. Albany: State University of New York Press, 1985.

Empson, Sir William (1906–1984)
Seven Types of Ambiguity. London: Hogarth Press, 1984 (London, 1930).

Emsley, John (?)
The Elements. New York: Oxford University Press, 1988.

Engdahl, David E. (1940–   )
Constitutional Federalism in a Nutshell. St. Paul, Minn.: West Pub. Co., 1987 (*Constitutional Power: Federal and State in a Nutshell*, St. Paul, 1974).

Engels, Friedrich (1820–1895)
The Condition of the Working Classes in England. Ed. Victor Kiernan. Harmondsworth, Eng.: Penguin, 1987 (Leipzig, 1845).
Dialectics of Nature. Ed. J. B. S. Haldane, trans. C. P. Dutt. Moscow: Progress Publishers, 1972 (c. 1872–1882).
Germany: Revolution and Counter-Revolution. London: Lawrence and Wishart, 1969 (1851–1852).
Herr Eugen Dühring's Revolution in Science. Trans. E. Burns. New York: International Publishers, 1966 (1877–1878).
Ludwig Feuerbach and the Outcome of Classical German Philosophy. Ed. C. P. Dutt. New York: AMS Press, 1981 (1886).
The Origin of the Family, Private Property and the State. Harmondsworth, Eng.: Penguin, 1985 (Zürich, 1884).
The Peasant War in Germany. Trans. M. J. Olgin. Moscow: Progress Publishers, 1977 (1850).

Engels, Friedrich and **Marx, Karl.** See **Marx, Karl** and **Engels, Friedrich.**

Enriques, Federigo (1871–1946)
Problems of Science. Trans. K. Royce. Chicago: Open Court, 1914 (*Problemi della scienza*, Bologna, 1906).

Epictetus (b. c. A.D. 60)
The Enchiridion. Trans. Thomas W. Higginson. New York: Macmillan, 1985.

Epicurus (341–270 B.C.)
Epicurus to Herodotus; . . . to Menoeceus; . . . to Pythocles. In *Letters, Principal Doctrines, and Vatican Sayings.* New York: Macmillan, 1985.

Erasmus, Desiderius (c. 1469–1536)
NOTE: *Collected Works of Erasmus.* 84 vols. Toronto: University of Toronto Press, 1974–.
Antipolemus: Erasmus Against War. In *Collected Works* (*Bellum*, Basel, 1517).
The Complaint of Peace. Ibid. (*Querela Pacis Undique Gentium Ejectae Profligataeque*, Basel, 1516).
De Pueris Statim ac Liberaliter Instituendis. Ibid. (1529).
The Education of a Christian Prince. Ibid. (*Institutum Principis Christiani*, 1516).

Ten Colloquies. Trans. Craig R. Thompson. New York: Macmillan, 1986 (*Colloquia*, 1518).

Erigena, Johannes Scotus (d. c. 877)
De Divisione Naturae. In *Patrologia Latina*, q.v. (862–866).

Erikson, Erik (1902–   )
Childhood and Society. New York: W. W. Norton, 1985 (New York, 1950).

Euler, Leonhard (1707–1783)
Elements of Algebra. Trans. J. Hewlett. New York: Springer-Verlag, 1984 (*Anleitung zur Algebra*, St. Petersburg, 1770).
Letters of Euler on Different Subjects in Natural Philosophy. 2 vols. New York: Arno Press, 1975 (*Lettres à une princesse d'Allemagne sur divers sujets de physique et de philosophie*, St. Petersburg, 1768–1772).
Mechanik oder analytische Darstellung der Wissenschaft von der Bewegung. Ed. J. P. Wohlfers. 3 vols. Greifswald, Ger.: C. A. Koch, 1848–1853 (*Mechanica, sive Motus Scientia*, St. Petersburg, 1736).

Eusebius Pamphili, Bishop of Caesarea (c. 260–c. 340)
The Ecclesiastical History. Trans. Kirsopp Lake. Loeb Classical Library, Cambridge, Mass.: Harvard University Press, 1980 (*Historia Ecclesiastica*, 323–340).

Ewin, R. E. (1942–   )
Liberty, Community, and Justice. Totowa, N.J.: Rowman & Littlefield, 1987.

Ewing, Alfred Cyril (1899–1973)
The Definition of Good. Westport, Conn.: Hyperion, 1979 (New York, 1947).
The Individual, the State and World Government. New York: Macmillan, 1947.
The Morality of Punishment, with Some Suggestions for a General Theory of Ethics. Montclair, N.J.: Patterson Smith, 1970 (London, 1929).

F

Fanfani, Amintore (1908–   )
Catholicism, Protestantism and Capitalism. Notre Dame, Ind.: University of Notre Dame Press, 1984 (*Cattolicesimo e protestantesimo nella formazione storica del capitalismo*, Milan, 1934).

Faraday, Michael (1791–1867)
Lectures on Education. London: J. W. Parker, 1855.
Observations on the Education of the Judgment. In *The Culture Demanded by Modern Life; a Series of Addresses and Arguments on the Claims of Scientific Education.* Ed. E. L. Youmans. New York: D. Appleton, 1871 (1854).
[*Various Forces of Matter*] *A Course of Six Lectures on the Various Forces of Matter and Their Relations to Each Other.* Ed. W. Crookes. New York: Harper, 1868 (London, 1860).

Farnell, Lewis Richard (1856–1934)
Greek Hero Cults and Ideas of Immortality. Oxford: Clarendon Press, 1970 (Oxford, 1921).

Farrand, Max (1869–1945)
The Framing of the Constitution of the United States. New Haven, Conn.: Yale University Press, 1974 (New Haven, 1913).

Farrer, Austin Marsden (1904–1968)
Finite and Infinite: A Philosophical Essay. New York: Seabury Press, 1979 (London, 1943).

Faulkner, William (1897–1962)
As I Lay Dying. (New York, 1930).
Light in August. (New York, 1932).
The Sound and the Fury. (New York, 1929).
NOTE: The above works are available in many popular editions.

Fearing, Kenneth (1902–1961)
The Hospital. New York: Random House, 1939.

Fechner, Gustav Theodor (1801–1887)
Life After Death. Trans. M. C. Wadsworth et al. New York: Pantheon Books, 1943 (principally from *Das Büchlein vom Leben nach dem Tode*, Leipzig, 1836).
Religion of a Scientist. Sel. and trans. W. Lowrie. New York: Pantheon Books, 1946.

Feibleman, James K(ern) (1904–   )
Ontology. New York: Greenwood Press, 1968 (Baltimore, 1951).

Feinberg, Joel (1926–   )
The Moral Limits of the Criminal Law. New York: Oxford University Press, 1988.

Fénelon, François de Salignac de la Mothe (1651–1715)
Adventures of Telemachus. New York: Garland, 1979 (*Suite du quatrième livre de "l'Odyssée" d'Homère, ou les Avantures de Télémaque, fils d'Ulysse*, Paris, 1699).
A Demonstration of the Existence and Attributes of God. Harrisburg, Pa.: W. Gillmor, 1811 (*Démonstration de l'existence de Dieu, tirée de la connaissance de la nature*, Paris, 1712).
Dialogues on Eloquence in General, Particularly That Kind Which Is Fitted for the Pulpit. Trans. Wilbur Samuel Howell. Princeton, N.J.: Princeton University Press, 1951 (*Dialogues sur l'éloquence en général et sur celle de la chaire en particulier*, Paris, 1718 [1681–1686]).
A Treatise on the Education of Daughters. Ed. and trans. T. F. Dibdin. Boston: C. Ewer, 1821 (*Éducation des filles*, Paris, 1687).

Ferguson, Adam (1723–1816)
An Essay on the History of Civil Society. New Brunswick, N.J.: Transaction Books, 1980 (Edinburgh, 1767).

Ferrero, Guglielmo (1871–1942)
Peace and War. Trans. B. Pritchard. Freeport, N.Y.: Books for Libraries Press, 1969 (*La fin des aventures; guerre et paix*, Paris, 1931).

The Principles of Power: The Great Political Crises of History. Trans. T. R. Jaeckel. Westport, Conn.: Greenwood Press, 1984.

Ferris, Timothy (1944–)
The Red Limit: The Search for the Edge of the Universe. New York: Quill, 1983.

Feuerbach, Ludwig Andreas (1804–1872)
The Essence of Christianity. Trans. George Eliot. New York: Harper, 1957 (*Das Wesen des Christentums,* Leipzig, 1841).

Feynman, Richard Phillips (1918–1988)
QED: The Strange Theory of Light and Matter. Princeton, N.J.: Princeton University Press, 1985.

Fichte, Immanuel Hermann von (1796–1879)
Ontologie. In *Grundzüge zum System der Philosophie.* 3 vols. Aalen, W.Ger.: Scientia-Verlag, 1969 (Heidelberg, 1836).

Fichte, Johann Gottlieb (1762–1814)
Addresses to the German Nation. Trans. R. F. Jones and G. H. Turnbull. Westport, Conn.: Greenwood Press, 1979 (*Reden an die Deutsche Nation,* Berlin, 1808).
The Dignity of Man. In *The Science of Knowledge, q.v.* (*Über die Würde des Menschen,* 1794).
The Science of Knowledge. Trans. Peter Heath and John Lachs. Cambridge: Cambridge University Press, 1982 (*Über den Begriff der Wissenschaftslehre oder der sogenannten Philosophie,* Weimar, 1794; *Grundlage der gesammten Wissenschaftslehre,* Leipzig, 1794; *Grundriss des Eigenthümlichen der Wissenschaftslehre in Rücksicht auf das theoretische Vermögen,* Jena, 1795).
The Science of Rights. Trans. A. E. Kroeger. New York: Harper & Row, 1970 (*Rechtslehre,* Berlin, 1812).
The Vocation of Man. Trans. Peter Preuss, Indianapolis: Hackett, 1987 (*Die Bestimmung des Menschen,* Berlin, 1800).

Ficino, Marsilio (1433–1499)
Five Questions Concerning the Mind. Trans. J. L. Burroughs. In *The Renaissance Philosophy of Man.* Ed. E. Cassirer et al. Chicago: University of Chicago Press, 1971 (1476).

Fielding, Henry (1707–1754)
Amelia. (London, 1752).
Jonathan Wild. (London, 1743).
Joseph Andrews. (London, 1742).
[Tom Jones] *The History of Tom Jones, a Foundling.* (London, 1749).
NOTE: The above works are available in many popular editions or collections.

Figgis, John Neville (1866–1919)
Theory of the Divine Right of Kings. Gloucester, Mass.: P. Smith, 1970 (Cambridge, 1896).

Filmer, Sir Robert (c. 1588–1653)
The Anarchy of a Limited or Mixed Monarchy; or, A Succinct Examination of the Fundamentals of Monarchy. In *Patriarcha, and Other Political Works.* Ed. P. Laslett. New York: Garland Press, 1984 (London, 1648).
Patriarcha. Ibid. (London, 1680).

Findley, Timothy (1930–)
The Wars. New York: Dell, 1983.

Fiorenza, Elisabeth Schüssler (1938–) and **Carr, Anne** (1934–), eds.
Women, Work, and Poverty. Edinburgh: T. & T. Clark, 1987.

Fisher, Sir Ronald Aylmer (1890–1962)
The Design of Experiments. New York: Hafner, 1971 (London, 1935).
The Genetical Theory of Natural Selection. New York: Dover, 1958 (Oxford, 1930).

Fiske, John (1842–1901)
Essays: Historical and Literary. 2 vols. Freeport, N.Y.: Books for Libraries Press, 1971 (1895–1900).
Life Everlasting. New York: Houghton Mifflin Co., 1901.

Fitzgerald, F(rancis) Scott (Key) (1896–1940)
The Last Tycoon. (pub. unfinished and posthumously, New York, 1941).
Tender Is the Night. (New York, 1934).
This Side of Paradise. (New York, 1920).
NOTE: The above works are available in many popular editions.

Flaubert, Gustave (1821–1880)
Madame Bovary. (Paris, 1857).
The Temptation of Saint Anthony. (*La tentation de Saint Antoine,* Paris, 1874).
NOTE: The above works are available in many popular editions or collections.

Fletcher, John. See Beaumont, Francis.

Fletcher, Ronald (1921–1992)
The Making of Sociology: A Study of Sociological Theory. 2 vols. New York: Scribner, 1971.

Flew, Antony G(arrard) N(ewton) (1923–)
God and Philosophy. New York: Dell, 1969.
God, Freedom, and Immortality: A Critical Analysis. Buffalo, N.Y.: Prometheus Books, 1984.

Flexner, Abraham (1866–1959)
Medical Education in the United States and Canada: A Report to the Carnegie Foundation for the Advancement of Teaching. Washington, D.C.: Science and Health Publications, 1978 (1910).

Foch, Ferdinand (1851–1929)
The Principles of War. Trans. J. de Morinni. New York: AMS Press, 1970 (*Des principes de la guerre, conférences faites à l'École supérieure de guerre,* Paris, 1903).

Fontenelle, Bernard le Bovier de (1657–1757)
Conversations on the Plurality of Worlds. Trans. E. Gunning. London: T. Hurst, 1803 (*Entretiens sur la pluralité des mondes,* Paris, 1686).
Histoire des oracles. Paris: E. Droz, 1934 (Paris, 1686).

Fontinell, Eugene (1924-)
Self, God, and Immortality: A Jamesian Investigation. Philadelphia: Temple University Press, 1986.

Ford, Ford Maddox (1873-1939)
Parade's End. New York: Penguin Books, 1982 (1950; originally pub. as four separate novels: *Some Do Not,* 1924; *No More Parades,* 1925; *A Man Could Stand Up,* 1926: *The Last Post,* 1928).

Forster, Edward Morgan (1879-1970)
Aspects of the Novel. New York: Harcourt Brace Jovanovich, 1985 (New York, 1927).
Howards End. (London, 1910).
A Passage to India. (London, 1924).
A Room with a View. (London, 1908).
NOTE: Most of the above works are available in many popular editions.

Fortescue, Sir John (c. 1389-c. 1476)
De Laudibus Legum Angliae. Ed. and trans. S. B. Chrimes. Birmingham, Ala.: Legal Classics Library, 1984 (c. 1470).
Governance of England: Otherwise Called the Difference Between an Absolute and a Limited Monarchy. Ed. C. Plummer. Westport, Conn.: Hyperion Press, 1979 (after 1471).

Forward, Robert L(ull) (1932-) and **Davis, Joel** (1948-)
Mirror Matter: Pioneering Antimatter Physics. New York: Wiley, 1988.

Fourier, François Marie Charles (1772-1837)
Social Destinies. In *General Introduction to Social Sciences.* Ed. A. Brisbane. Westport, Conn.: Hyperion, 1976 (*Théorie des quatre mouvements et des destinées générales,* Leipzig, 1808).

Fourier, Jean Baptiste Joseph (1768-1830)
The Analytical Theory of Heat. Trans. Alexander Freeman. New York: Dover Publishers, 1955 (*Théorie Analytique de la Chaleur,* 1822).

France, Anatole (1844-1924)
Penguin Island. New York: Modern Library, 1984 (*L'île des pingouins,* Paris, 1908).
The Revolt of the Angels. In *At the Sign of Reine Pedauque; The Revolt of the Angels.* Trans. W. Jackson. London: Dent, 1969 (*La révolte des anges,* Paris, 1914).

Francis of Assisi, Saint (c. 1182-1226)
The Little Flowers of St. Francis. Trans. Raphael Brown, O.F.M. Garden City, N.Y.: Image Books, 1958 (*I fioretti di San Francesco,* c. 1322).
[The Rules] *The Rule of the Friars Minor from the Text of 1210-1221* and *The Rule of the Friars Minor from the Text of 1223.* In *The Writings of St. Francis of Assisi.* Trans. Benen Fahy. Chicago: Franciscan Herald Press, 1976.

Francis of Sales, Saint (1567-1622)
Introduction to the Devout Life. Trans. John K. Ryan. Garden City, N.Y.: Image Books, 1972 (*Introduction à la vie dévote,* Lyon, 1609).
Treatise on the Love of God. Trans. John K. Ryan. Rockford, Ill.: TAN Books, 1975 (*Traité de l'amour de Dieu,* Lyon, 1616).

Frank, Erich (1883-1949)
Philosophical Understanding and Religious Truth. Washington, D.C.: University Press of America, 1982 (New York, 1945).

Frank, Jerome (1889-1957)
Law and the Modern Mind. Birmingham, Ala.: Legal Classics Library, 1985 (New York, 1930).

Frank, Philipp (1884-1966)
Between Physics and Philosophy. Cambridge, Mass.: Harvard University Press, 1941.

Franklin, Benjamin (1706-1790)
NOTE: *The Writings of Benjamin Franklin.* Ed. Albert Henry Smyth. 10 vols. New York: Haskell House, 1970.
The Autobiography of Benjamin Franklin, the Unmutilated and Correct Version. In *Writings* (1771-1790).
A Dissertation on Liberty and Necessity, Pleasure and Pain. Ibid. (London, 1725).
Essay on the African Slave Trade. Ibid. (Philadelphia, 1790).
Experiments and Observations on Electricity. Ibid. (London, 1751-1753).
On Marriage. Ibid.
On War and Peace. Ibid. (1776-1789).
Poor Richard's Almanack. Ibid. (1732-1757).

Franklin, Jon Daniel (1942-)
Molecules of the Mind: The Brave New Science of Molecular Psychology. New York: Atheneum, 1987.

Fraser, J(ulius) T(homas) (1923-)
Time, the Familiar Stranger. Redmond, Wash.: Tempus Books of Microsoft Press, 1988.

Frazer, Sir James George (1854-1941)
Man, God, and Immortality; Thoughts on Human Progress. London: Dawson's, 1968 (New York, 1927).
Psyche's Task, a Discourse Concerning the Influence of Superstition on the Growth of Institutions. London: Dawson's, 1968 (London, 1909).

Freedberg, David (1948-)
The Power of Images: Studies in the History and Theory of Response. Chicago: University of Chicago Press, 1989.

Freeman, Edward Augustus (1823-1892)
History of Federal Government in Greece and Italy. Augmented ed. J. B. Bury. Freeport, N.Y.: Books for Libraries Press, 1972 (originally pub. as *History of Federal Government, from the Foundation of the Achaian League to the Disruption of the United States,* London, 1863).

Frege, Friedrich Ludwig Gottlob (1848-1925)
The Basic Laws of Arithmetic: Exposition of the System. Trans. Montgomery Furth. Berkeley: University of California Press, 1982 (Jena, 1893-1903).

The Foundations of Arithmetic: A Logico-Mathematical Enquiry into the Concept of Number. Trans. J. L. Austin. Evanston, Ill.: Northwestern University Press, 1980 (*Die Grundlagen der Arithmetik*, Breslau, 1884).

Fresnel, Augustin Jean (1788-1827)
Théorie de la lumière. In *Oeuvres Complètes.* 3 vols. New York: Johnson Reprint Corp., 1965 (1820).

Freud, Sigmund (1856-1939)
NOTE: *The Standard Edition of the Complete Psychological Works of Sigmund Freud.* Ed. James Strachey in collaboration with Anna Freud. 24 vols. London: Hogarth Press and the Institute of Psychoanalysis, 1981.
A Childhood Memory from "Dichtung und Wahrheit." In *Complete Psychological Works* (1917).
"Civilized" Sexual Morality and Modern Nervousness. Ibid. (1908).
A Connection Between a Symbol and a Symptom. Ibid. (1916).
Contributions to the Psychology of Love. Ibid. (1910-1918).
The Dynamics of the Transference. Ibid. (1912).
The Employment of Dream-Interpretation in Psycho-Analysis. Ibid. (1912).
The Future of an Illusion. Ibid. (Vienna, 1927).
Leonardo da Vinci: A Psycho-Sexual Study of an Infantile Reminiscence. Ibid. (Vienna, 1910).
Moses and Monotheism. Ibid. (1938).
The Moses of Michelangelo. Ibid. (1914).
Mourning and Melancholia. Ibid. (1916).
An Outline of Psychoanalysis. Ibid. (1939).
The Predisposition to Obsessional Neurosis. Ibid. (1913).
The Psychopathology of Everyday Life. Ibid. (Berlin, 1904).
Recommendations for Physicians on the Psycho-Analytic Method of Treatment. Ibid. (1912).
A Review of "The Antithetical Sense of Primal Words." Ibid. (1910).
The Theme of the Three Caskets. Ibid. (1913).
Three Contributions to the Theory of Sex. Ibid. (Vienna, 1905).
Totem and Taboo; Resemblances Between the Psychic Lives of Savages and Neurotics. Ibid. (Vienna, 1913).
Why War? In *Civilization, War and Death. Ibid.* (1933).
Wit and Its Relation to the Unconscious. Ibid. (Vienna, 1905).

Friedell, Egon (1878-1938)
A Cultural History of the Modern Age: The Crisis of the European Soul from the Black Death to the World War. Trans. Charles Francis Atkinson. 3 vols. New York: Knopf, 1964 (*Kulturgeschichte der Neuzeit*, Munich, 1927-1931).

Friedman, Lawrence Meir (1930-   )
Total Justice. Boston: Beacon Press, 1987.

Friedman, Col. Richard S. (?) et al.
Advanced Technology Warfare: A Detailed Study of the Latest Weapons and Techniques for Warfare Today and into the 21st Century. New York: Crescent Books, 1987.

Friedrich, Carl Joachim (1901-1984)
Constitutional Government and Democracy; Theory and Practice in Europe and America. Waltham, Mass.: Blaisdell, 1968 (New York, 1937).

Frijda, Nico H. (1927-   )
The Emotions. Cambridge: Cambridge University Press, 1986.

Froebel, Friedrich Wilhelm August (1782-1852)
The Education of Man. Trans. W. N. Hailmann. New York: D. Appleton, 1887 (*Menschenerziehung*, Keilhau, 1826).

Froissart, Sir John (c. 1338-c. 1410)
The Chronicles of Froissart: Selections. Ed. and trans. Geoffrey Brereton. Baltimore: Penguin Books, 1978.

Fromm, Erich (1900-1980)
The Anatomy of Human Destructiveness. Harmondsworth, Eng.: Penguin Books, 1977.

Frost, Robert (Lee) (1874-1963)
NOTE: *Collected Poems.* Cutchogue, N.Y.: Buccaneer Books, 1986.
"Design." In *Collected Poems* (originally pub. in *A Further Range*, 1936).
"The Road Not Taken." (originally pub. in *Mountain Interval*, 1916).

Froude, James Anthony (1818-1894)
Caesar: A Sketch. New York: Scribner's, 1937 (London, 1879).
The Science of History. A Lecture Delivered at the Royal Institution, 1864. In *Short Stories on Great Subjects.* Ithaca, N.Y.: Cornell University Press, 1967.

Frye, (Herman) Northrop (1912-1991)
Anatomy of Criticism: Four Essays. Princeton, N.J.: Princeton University Press, 1973 (Princeton, 1957).

Fuentes, Carlos (1928-   )
The Death of Artemio Cruz. Trans. Sam Hileman. Harmondsworth, Eng.: Penguin Books, 1978 (*La muerte de Artemio Cruz*, Mexico, 1962).

Fuller, J(ohn) F(rederick) C(harles) (1878-1966)
A Military History of the Western World. 3 vols. New York: Da Capo Press, 1987 (*From the Earliest Times to the Battle of Lepanto*, 1954; *From the Defeat of the Spanish Armada to the Battle of Waterloo*, 1955; *From the American Civil War to the End of World War II*, 1956).

Fullerton, George Stuart (1859-1925)
The Conception of the Infinite, and the Solution of the Mathematical Antinomies: A Study in Psychological Analysis. Philadelphia: Lippincott, 1887.

Fustel de Coulanges, Numa Denis (1830-1889)
The Ancient City: A Study on the Religion, Laws,

and Institutions of Greece and Rome. Baltimore: Johns Hopkins University Press, 1980 (*La cité antique*, Paris, 1864).

G

Gaius (d. c. 180)
The Commentaries of Gaius. Ed. and trans. J. T. Abdy and B. Walker. Cambridge University Press, 1885.

Galbraith, John Kenneth (1908–   )
Money: Whence It Came, Where It Went. Harmondsworth, Eng.: Penguin Books, 1983.

Galen (*fl.* 2nd century A.D.)
On Medical Experience. Trans. R. Walzer. New York: Oxford University Press, 1944.
On the Utility of Parts. Trans. Margaret Tallmadge May. 2 vols. Ithaca, N.Y.: Cornell University Press, 1968.

Galileo Galilei (1564–1642)
Dialogue Concerning the Two Chief World Systems, Ptolemaic and Copernican. Trans. Stillman Drake. Berkeley: University of California Press, 1967 (Florence, 1632).
[*The Sidereal Messenger*] *Siderius Nuncius, or, The Sidereal Messenger.* Trans. Albert van Helden. Chicago: University of Chicago Press, 1989 (Venice, 1610).

Galston, William A. (1947–   )
Justice and the Human Good. Chicago: University of Chicago Press, 1980.

Galsworthy, John (1867–1933)
The Forsyte Saga. New York: Scribner's, 1982 (New York, 1922).
Man of Property. Franklin Center, Pa.: Franklin Library, 1982 (London, 1906).

Galton, Sir Francis (1822–1911)
Essays in Eugenics. New York: Garland, 1985 (London, 1909).
Hereditary Genius: An Inquiry into Its Laws and Consequences. New York: St. Martin's Press, 1978 (London, 1869).
Inquiries into Human Faculty and Its Development. New York: AMS Press, 1973 (London, 1883).
Natural Inheritance. Washington, D.C.: University Publications of America, 1977 (London, 1889).

Galvani, Luigi (1737–1798)
Commentary on the Effects of Electricity on Muscular Motion. Trans. Margaret Glover Foley. Norwalk, Conn.: Burndy Library, 1953 (*De Viribus Electricitatis in Motu Musculari Commentarius*, 1791).

Gamow, George (1904–1968)
Atomic Energy in Cosmic and Human Life. New York: Macmillan, 1946.
The Birth and Death of the Sun; Stellar Evolution and Sub-Atomic Energy. New York: New American Library, 1960 (New York, 1940).

García Lorca, Federico (1898–1936)
Blood Wedding. In *Three Tragedies.* Trans. James Graham-Luján and Richard L. O'Connell. Harmondsworth, Eng.: Penguin Books, 1976 (*Bodas de sangre*, 1933).

García Márquez, Gabriel (1928–   )
The Autumn of the Patriarch. Trans. Gregory Rabassa. New York: Harper & Row, 1976 (*El otoño del patriarca*, 1975).
Love in the Time of Cholera. Trans. Edith Grossman. New York: Knopf, 1989 (*El amor en los tiempos del cólera*, 1985).
One Hundred Years of Solitude. Trans. Gregory Rabassa. New York: Limited Editions Club, 1982 (*Cien años de soledad*, 1967).

Gardner, Howard (1943–   )
The Mind's New Science: A History of the Cognitive Revolution. New York: Basic Books, 1987.

Garrigou-Lagrange, Réginald (1877–1964)
God, His Existence and Nature; a Thomistic Solution of Certain Agnostic Antinomies. Trans. B. Rose. 2 vols. St. Louis: Herder Book Co., 1939–1941 (*Dieu, son existence et sa nature*, Paris, 1915).
The One God: A Commentary on the First Part of St. Thomas' Theological Summa. Trans. B. Rose. St. Louis: Herder Book Co., 1943 (*De Deo Uno: Commentarium in Primam Partem S. Thomae*, Paris, 1938).

Gaunilo (11th century)
On Behalf of the Fool. See Anselm of Canterbury, *Basic Writings* (*Liber pro Insipiente Adversus Anselmi in Proslogio Ratiocinationem*, c. 1070).

Gauss, Carl Friedrich (1777–1855)
Disquisitiones Arithmeticae. Trans. Arthur A. Clarke, rev. William C. Waterhouse, Cornelius Greither, and A. W. Grootendorst. New York: Springer-Verlag, 1986 (Leipzig, 1801).
General Investigations of Curved Surfaces. Trans. Adam Hiltebeitel and James Morehead. Hewlett, N.Y.: Raven Press, 1965 (*Disquisitiones Generales Circa Superficies Curvas*, Göttingen, 1828).
Inaugural Lecture on Astronomy and Papers on the Foundations of Mathematics. Trans. G. W. Dunnington. Baton Rouge: Louisiana State University Press, 1937 (1808).

Gaylin, Willard (1925–   )
Adam and Eve and Pinocchio: On Being and Becoming Human. New York: Viking, 1990.

Gelles, Richard J. (1946–   )
The Sociology of the Family. New York: Sage, 1989.

Gentili, Alberico (1552–1608)
De Jure Belli Libri Tres. Trans. J. C. Rolfe. New York: Oceana, 1964 (Hanau, 1598).

George, Henry (1839–1897)
Progress and Poverty. New York: Robert Schalkenbach Foundation, 1987 (San Francisco, 1879).

Gershman, Kathleen Waldron. See Oliver, Donald W.

Gersonides (Levi ben-Gerson) (1288-1344)
The Commentary of Levi ben-Gerson (Gersonides) on the Book of Job. Ed. and trans. A. L. Lassen. New York: Bloch Publishing Company, 1946.

Ghelderode, Michel de (1898-1962)
Chronicles of Hell. In *Seven Plays.* New York: Hill & Wang, 1960 (*Fastes d'enfer,* 1929).

Giamatti, A(ngelo) Bartlett (1938-1989)
A Free and Ordered Space: The Real World of the University. New York: Norton, 1988.

Gibbon, Edward (1737-1794)
An Essay on the Study of Literature. New York: Garland Press, 1970 (*Essai sur l'étude de la littérature,* London, 1761).

Gibbs, Josiah Willard (1839-1903)
The Collected Works of J. Willard Gibbs. 2 vols. New Haven, Conn.: Yale University Press, 1957.

Gibson, Alexander George (1875-1950)
The Physician's Art; an Attempt to Expand John Locke's Fragment, De Arte Medica. Oxford: Clarendon Press, 1933.

Giddings, Franklin Henry (1855-1931)
Democracy and Empire; with Studies of Their Psychological, Economic, and Moral Foundations. Freeport, N.Y.: Books for Libraries Press, 1972 (New York, 1900).

Gide, André Paul Guillaume (1869-1951)
The Counterfeiters. Trans. D. Bussy. Harmondsworth, Eng.: Penguin, 1982 (*Les faux-monnayeurs,* Paris, 1925).
The Immoralist. Trans. Richard Howard. New York: Modern Library, 1983 (*L'Immoraliste,* Paris, 1902).
Strait Is the Gate. Trans. D. Bussy. Cambridge, Mass.: R. Bentley, 1980 (*La porte étroite,* Paris, 1909).

Gilby, Thomas (1902-1975)
Poetic Experience; an Introduction to Thomist Aesthetic. Folcroft, Pa.: Folcroft Library Editions, 1977 (New York, 1934).

Gilder, George (1939-   )
Men and Marriage. Gretna, La.: Pelican Pub. Co., 1986.

Gill, (Arthur) Eric Rowton Peter Joseph (1882-1940)
Art-Nonsense and Other Essays. London: Cassell, 1929.
Beauty Looks After Herself. Freeport, N.Y.: Books for Libraries Press, 1966 (New York, 1933).
The Necessity of Belief: An Enquiry into the Nature of Human Certainty, the Causes of Scepticism and the Grounds of Morality, and a Justification of the Doctrine That the End Is the Beginning. London: Faber & Faber, 1936.
Work and Leisure. London: Faber & Faber, 1935.
Work and Property. London: J. M. Dent, 1937.

Gilson, Étienne Henry (1884-1978)
Being and Some Philosophers. Toronto: Pontifical Institute of Mediaeval Studies, 1961 (Toronto, 1949).
Christianisme et philosophie. Paris: J. Vrin, 1981 (Paris, 1936).
God and Philosophy. New Haven, Conn.: Yale University Press, 1967 (New Haven, 1941).
History of Christian Philosophy in the Middle Ages. London: Sheed & Ward, 1980 (London, 1955).
History of Philosophy and Philosophical Education. Milwaukee: Marquette University Press, 1948 (1947).
Reason and Revelation in the Middle Ages. New York: Scribner's, 1966 (New York, 1938).
The Unity of Philosophical Experience. Westminster, Md.: Christian Classics, 1982 (New York, 1937).

Giraudoux, (Hyppolyte-) Jean (1882-1944)
Amphitryon 38. In *Plays.* Trans. Roger Gellert. New York: Oxford University Press, 1967 (Paris, 1929).

Gissing, George (Robert) (1857-1903)
Demos: A Story of English Socialism. New York: AMS Press, 1971 (London, 1892).
New Grub Street. New York: Modern Library, 1985 (London, 1891).

Glanvill, Joseph (1636-1680)
Scepsis Scientifica. New York: Garland Press, 1978 (London, 1661).

Glasgow, Ellen (Anderson Gholson) (1873-1945)
Barren Ground. London: Virago, 1986 (New York, 1925).

Glover, Terrot Reaveley (1869-1943)
Greek Byways. Port Washington, N.Y.: Kennikat Press, 1969 (New York, 1932).

Gobineau, Joseph Arthur, Comte de (1816-1882)
The Inequality of Human Races. Trans. Adrian Collins. Torrance, Calif.: Noontide Press, 1983 (*Essai sur l'inégalité des races humaines,* Paris, 1853).

Gödel, Kurt (1906-1978)
The Consistency of the Axiom of Choice and of the Generalized Continuum-Hypothesis with the Axioms of Set Theory. Princeton, N.J.: Princeton University Press, 1970 (Princeton, 1940).

Godwin, William (1756-1836)
An Enquiry Concerning Political Justice, and Its Influence on General Virtue and Happiness. New York: Penguin, 1985 (London, 1793).

Goethe, Johann Wolfgang von (1749-1832)
Beiträge zur Optik. 2 vols. in 1. Hildesheim, W.Ger.: G. Olms, 1964.
Conversations with Eckermann. Trans. J. Oxenford. San Francisco: North Point Press, 1984 (*Gespräche mit Goethe in den letzten Jahren seines Lebens,* Leipzig and Magdeburg, 1836-1848 [1822-1832]).

Elective Affinities. In *The Sorrows of Young Werther and Elective Affinities.* Trans. Victor Lange and Judith Ryan. New York: Suhrkamp Publishers, 1988 (*Die Wahlverwandtschaften,* Tübingen, 1809).
Italian Journey. Trans. Robert R. Heitner. New York: Suhrkamp, 1989 (*Die italienische Reise,* Tübingen, 1816-1817).
The Maxims and Reflections of Goethe. Trans. B. Saunders. New York: Macmillan, 1893.
The Metamorphosis of Plants. Wyoming, R.I.: Bio-Dynamic Literature, 1978 (*Versuch, die Metamorphose der Pflanzen zu erklären,* 1790).
[*Poetry and Truth*] *From My Life.* Trans. Robert R. Heitner and Thomas P. Saine. New York: Suhrkamp, 1987 (*Aus meinem Leben: Dichtung und Wahrheit,* Tübingen, 1811-1814).
The Sorrows of Young Werther. See *Elective Affinities* (*Die Leiden des jungen Werther,* Leipzig, 1774).
Theory of Colours. Trans. C. L. Eastlake. New York: Gordon Press, 1975 (*Zur Farbenlehre,* Tübingen, 1810).
Wilhelm Meister's Apprenticeship and Travels. Trans. Thomas Carlyle. New York: AMS Press, 1974 (*Wilhelm Meisters Lehrjahre,* Berlin, 1795-1796; *Wilhelm Meisters Wanderjahre, oder die Entsagenden,* Stuttgart, 1821).
Zur Natur- und Wissenschaftslehre. In *Sämtliche Werke.* 19 vols. Munich: C. Hanser, 1985-1989.

Gogol, Nikolai Vasilievich (1809-1852)
Dead Souls. (1842).
The Government Inspector and Other Plays. (first performed, 1836).
The Nose. (1836).
The Overcoat and Other Stories. (1842).
Taras Bulba, a Tale of the Cossacks. (1835).
NOTE: The above works are available in many popular editions or collections.

Golding, William (1911-   )
Lord of the Flies. (London, 1954).
NOTE: The above work is available in many popular editions.

Goldsmith, Oliver (1728-1774)
The Citizen of the World. (London, 1760-1761).
The Deserted Village. (London, 1770).
She Stoops to Conquer. (London, 1773).
The Vicar of Wakefield. (London, 1766).
NOTE: The above works are available in many popular editions or collections.

Gombrich, Ernst H(ans Josef) (1909-   )
The Story of Art. Englewood Cliffs, N.J.: Prentice Hall, 1985 (London, 1950).

Gorky, Maxim, pseud. of **Alexey Maximovich Peshkov** (1868-1936)
Decadence. Trans. V. Dewey. Lincoln: University of Nebraska Press, 1984 (Berlin, 1925).
Forty Years—The Life of Clim Samghin [tetralogy comprising: Vol. I, *Bystander,* trans. B. G. Guerney; Vol. II, *The Magnet,* trans. A. Bakshy. Both New York: Cape & Smith, 1930; 1931. Vol. III, *Other Fires,* trans. A. Bakshy. New York: D. Appleton, 1933. Vol. IV, *The Specter,* trans. A. Bakshy. New York: D. Appleton-Century Co., 1938]. (Moscow, 1927; 1928; 1931; 1937).
Mother. Trans. Margaret Wettlin. Moscow: Progress, 1980 (1907).

Gosse, Sir Edmund William (1849-1928)
Father and Son; a Study of Two Temperaments. New York: Penguin, 1983 (London, 1907).

Gould, Stephen Jay (1941-   )
Time's Arrow, Time's Cycle: Myth and Metaphor in the Discovery of Geological Time. Cambridge, Mass.: Harvard University Press, 1987.
Wonderful Life: The Burgess Shale and the Nature of History. New York: Norton, 1989.

Gourmont, Rémy de (1858-1915)
The Natural Philosophy of Love. Trans. Ezra Pound. New York: Collier, 1972 (*Physique de l'amour: essai sur l'instinct sexuel,* Paris, 1903).

Gower, John (c. 1325-1408)
Confessio Amantis. In *The English Works of John Gower.* Ed. G. C. Macaulay. New York: Published for the Early English Text Society by Oxford University Press, 1979 (1390).

Gracián y Morales, Baltasar (1601-1658)
The Art of Worldly Wisdom. Trans. Joseph Jacobs. New York: F. Ungar, 1967 (*Oráculo manual y arte,* Aragon, c. 1647).

Grant, Michael (1914-   )
From Alexander to Cleopatra: The Hellenistic World. New York: Scribner, 1982.

Grass, Günther (1927-   )
The Tin Drum. Trans. Ralph Manheim. New York: Vintage Books, 1990 (*Die Blechtrommel,* Darmstadt, 1959).

Gray, Cecil (1895-1951)
The History of Music. Westport, Conn.: Greenwood Press, 1979 (New York, 1928).

Gray, Thomas (1716-1771)
Elegy Written in a Country Church-Yard. In *The Poetical Works of Gray and Collins.* Ed. A. L. Poole. New York: Oxford University Press, 1974 (London, 1751).
The Progress of Poesy. A Pindaric Ode. Ibid. (London, 1757).

Green, Thomas Hill (1836-1882)
Lectures on the Principles of Political Obligation. Cambridge: Cambridge University Press, 1986 (1879-1880).
Prolegomena to Ethics. New York: Kraus Reprints, 1969 (1878-1882).

Greene, Graham (1904-1991)
Brighton Rock. New York: Viking, 1981 (London, 1938).
The Power and the Glory. New York: Viking Press, 1982 (London, 1940).

Greenough, Horatio (1805-1852)
Art and Utility. In *The Great Ideas Today*, 1984. Chicago: Encyclopædia Britannica, 1984.

Gregory, Bruce (1938-   )
Inventing Reality: Physics as a Language. New York: Wiley, 1988.

Gregory of Nyssa, Saint (c. 335-c. 395)
On the Soul and the Resurrection. In *A Select Library of Nicene and Post-Nicene Fathers of the Christian Church*, Second Series. Ed. P. Schaff and H. Wace. Grand Rapids, Mich.: Wm. Eerdmans, 1980 (380).

Gregory of Tours, Saint (c. 538-c. 594)
History of the Franks. Trans. Lewis Thorpe. Baltimore: Penguin, 1974 (*Gregori Turonensis Episcopi Historiarum Precipue Gallicarum Libri X*, 576?-591).

Gregory the Great, Pope (Saint Gregorius I) (c. 540-604)
Morals on the Book of Job, by S. Gregory the Great, the First Pope of That Name. Trans. J. Bliss. 3 vols. Oxford: J. H. Parker, 1844-1850 (*Magna Moralia*, 578?-600?).

Grimm, Jakob Ludwig Karl (1785-1863)
On the Origin of Language. Trans. Raymond A. Wiley. Leiden, The Neth.: E. J. Brill, 1984 (*Über den Ursprung der Sprache.* Berlin, 1851).

Groos, Karl (1861-1946)
The Play of Animals. Trans. E. L. Baldwin. New York: Arno, 1976.
The Play of Man. Trans. E. L. Baldwin. New York: Arno, 1976 (*Die Spiele der Menschen*, Jena, 1896).

Grosseteste, Robert (c. 1175-1253)
On Truth. In *Selections from Medieval Philosophers.* Ed. and trans. Richard McKeon. 2 vols. New York: C. Scribner's Sons, 1958 (*De Veritate*, c. 1239).

Grote, George (1794-1871)
A History of Greece: From the Earliest Period to the Close of the Generation Contemporary with Alexander the Great. New York: AMS Press, 1971 (London, 1846-1856).

Grotius, Hugo (1583-1645)
The Rights of War and Peace, Including the Law of Nature and of Nations. Trans. A. C. Campbell. Westport, Conn.: Hyperion Press, 1979 (*De Jure Belli et Pacis*, Paris, 1625).

Guicciardini, Francesco (1483-1540)
Dialogo e discorsi del reggimento di Firenze. Ed. R. Palmarocchi. Bari, Italy: Laterza, 1932 (1521-1526).

Guillaume de Lorris (fl. 13th century); **Jean de Meun** (c. 1240-before 1305)
The Romance of the Rose. (13th century).

Guizot, François Pierre Guillaume (1787-1874)
General History of Civilization in Europe. Ed. G. W. Knight. New York: D. Appleton, 1907 (*Histoire générale de la civilisation en Europe*, Paris, 1828).

Gustafson, Donald (1934-   )
Intention and Agency. Boston: D. Reidel, 1985.

Guyau, Jean Marie (1854-1888)
Esquisse d'une morale sans obligation ni sanction. Paris: Fayard, 1985 (Paris, 1885).
The Non-Religion of the Future: A Sociological Study. New York: Schocken Books, 1962 (*L'irréligion de l'avenir*, Paris, 1887).

H

Haeckel, Ernst Heinrich (1834-1919)
The Riddle of the Universe at the Close of the Nineteenth Century. Trans. J. McCabe. Grosse Pointe, Mich.: Scholarly Press, 1968 (*Die Welträthsel. Gemeinverständliche Studien über monistische Philosophie*, Bonn, 1899).

Haldane, John Burdon Sanderson (1892-1964)
Daedalus; or, Science and the Future. New York: E. P. Dutton, 1924.
The Inequality of Man, and Other Essays. London: Chatto & Windus, 1932.
Possible Worlds and Other Papers. Freeport, N.Y.: Books for Libraries Press, 1971 (London, 1927).

Haldane, John Scott (1860-1936)
Mechanism, Life and Personality; an Examination of the Mechanistic Theory of Life and Mind. Westport, Conn.: Greenwood Press, 1973 (London, 1913).
The Sciences and Philosophy. Garden City, N.Y.: Doubleday Doran, 1929.

Haldane, John Scott and **Priestley, John Gillies** (1880-1941)
Respiration. New Haven, Conn.: Yale University Press, 1935 (New Haven, 1922).

Hamilton, Edith (1867-1963)
The Greek Way. In *The Greek Way; the Roman Way.* New York: Bonanza Books, distributed by Crown Publishers, 1986 (New York, 1930).
The Roman Way. Ibid. (New York, 1932).

Hamilton, Sir William (1788-1856)
Discussions on Philosophy and Literature, Education and University Reform. New York: Harper, 1856 (1829-1839).
Lectures on Metaphysics and Logic. Ed. H. L. Mansel and J. Veitch. 4 vols. Edinburgh: W. Blackwood, 1877 (Edinburgh, 1859-1860 [1836-1838]).

Hamilton, Sir William Rowan (1805-1865)
Dynamics. In Vol. II, *Mathematical Papers.* Ed. A. W. Conway and J. L. Synge. Cambridge University Press, 1931 (1834).
Lectures on Quaternions. Dublin: Hodge & Smith, 1853.

Hammer, Darrell P. (1930-   )
The USSR: The Politics of Oligarchy. Boulder, Colo.: Westview Press, 1986 (New York, 1974).

Hampshire, Stuart (Newton) (1914-   )
Morality and Conflict. Cambridge, Mass.: Harvard University Press, 1983.

Hamsun, Knut, pseud. of **Knut Pederson** (1859-1952)
Growth of the Soil. Trans. W. W. Worster. London: Pan Books, 1980 (Christiania, 1917).
Hunger. Trans. Robert Bly. New York: Avon, 1975 (*Sult,* Copenhagen, 1890).

Hardy, Godfrey Harold (1877-1947)
A Course of Pure Mathematics. Cambridge: Cambridge University Press, 1967 (Cambridge, 1908).

Hardy, Thomas (1840-1928)
The Dynasts: A Drama of the Napoleonic Wars, in Three Parts, Nineteen Acts, and One Hundred and Thirty Scenes. New York: Macmillan, 1978 (London, 1903-1908).
Far from the Madding Crowd. (London, 1874).
Jude the Obscure. (1894-1895).
The Mayor of Casterbridge. (London, 1886).
The Return of the Native. (London, 1878).
Tess of the D'Urbervilles. (London, 1891).
NOTE: Most of the above works are available in several popular editions or collections.

Hare, R(ichard) M(ervyn) (1919-   )
Freedom and Reason. New York: Oxford University Press, 1982 (New York, 1963).
Moral Thinking: Its Levels, Method, and Point. New York: Oxford University Press, 1981.

Harnack, Adolf von (1851-1930)
History of Dogma. Trans. N. Buchanan. 7 vols. in 4. Gloucester, Mass.: P. Smith, 1976 (*Lehrbuch der Dogmengeschichte,* Tübingen, 1885).

Harper, John Lander. See **Begon, Michael.**

Harrington, James (1611-1677)
James Harrington's Oceana. Westport, Conn.: Hyperion Press, 1979 (London, 1656).

Harris, James (1709-1780)
Hermes, or A Philosophical Inquiry Concerning Universal Grammar. New York: AMS Press, 1975 (London, 1751).
Three Treatises. New York: Garland Press, 1970 (London, 1744).
Upon the Rise and Progress of Criticism. New York: Garland Press, 1971 (London, 1752).

Harris, James Rendel (1852-1941)
Boanerges. Cambridge: Cambridge University Press, 1913.

Harris, Marvin (1927-   )
Cultural Anthropology. New York: Harper & Row, 1987.

Harrison, Edward Robert (1919-   )
Cosmology, the Science of the Universe. Cambridge: Cambridge University Press, 1981.

Harrison, Jane Ellen (1850-1928)
Ancient Art and Ritual. Bradford-on-Avon, Eng.: Moonraker Press, 1978 (New York, 1913).

Harth, Erich (1919-   )
Windows on the Mind: Reflections on the Physical Basis of Consciousness. New York: Quill, 1983.

Hartley, David (1705-1757)
Observations on Man, His Frame, His Duty and His Expectations. New York: AMS Press, 1973 (London, 1749).

Hartmann, Eduard von (1842-1906)
Philosophy of the Unconscious: Speculative Results According to the Inductive Method of Physical Science. Westport, Conn.: Greenwood Press, 1972 (*Die Philosophie des Unbewussten,* Berlin, 1869).

Hartmann, Nicolai (1882-1950)
Ethics. Vol. I, *Moral Phenomena;* Vol. II, *Moral Values;* Vol. III, *Moral Freedom.* Trans. S. Coit. New York: Macmillan, 1967 (*Ethik,* Berlin, 1926).
New Ways of Ontology. Trans. Reinhard C. Kuhn. Westport, Conn.: Greenwood Press, 1975 (*Neue Wege der Ontologie,* 1942).

Hartshorne, Charles (1897-   )
The Divine Relativity. New Haven, Conn.: Yale University Press, 1978 (New Haven, 1948).
Man's Vision of God, and the Logic of Theism. Hamden, Conn.: Archon Books, 1964 (Chicago, 1941).
The Philosophy and Psychology of Sensation. Port Washington, N.Y.: Kennikat Press, 1968 (Chicago, 1934).

Hasek, Jaroslav (1883-1923)
The Good Soldier Svejk and His Fortunes in the World War. Trans. Cecil Parrott. New York: Viking, 1985 (1912).

Hauptmann, Gerhart Johann Robert (1862-1946)
The Island of the Great Mother, or, The Miracle of Île des Dames: A Story from the Utopian Archipelago. Trans. W. and E. Muir. New York: Viking Press, 1925 (*Die Insel der grossen Mutter,* Berlin, 1924).
The Weavers. A Drama of the Forties. Trans. Frank Marcus. London: Eyre Methuen, 1980 (*Die Weber,* Berlin, 1892).

Hawking, Stephen W(illiam) (1942-   )
A Brief History of Time: From the Big Bang to Black Holes. Boston: G. K. Hall, 1989.

Hawthorne, Nathaniel (1804-1864)
The Blithedale Romance. (Boston, 1852).
The Scarlet Letter. (Boston, 1850).
NOTE: The above works are available in many popular editions or collections.

Hayek, Friedrich A(ugust von) (1899-1992)
The Constitution of Liberty. Chicago: University of Chicago Press, 1978 (Chicago, 1960).
The Road to Serfdom. Chicago: University of Chicago Press, 1980 (Chicago, 1944).

Hayes, Carlton Joseph Huntley (1882-1964)
The Historical Evolution of Modern Nationalism. New York: Russell & Russell, 1968 (New York, 1931).

Hazlitt, William (1778-1830)
An Essay on the Principles of Human Action: And Some Remarks on the Systems of Hartley and Helvetius. Gainesville, Fla.: Scholars' Facsimiles and Reprints, 1969 (London, 1805).
My First Acquaintance with Poets. In *Selected Writings.* Ed. Ronald Blythe. Harmondsworth, Eng.: Penguin, 1986 (1823).
On Taste. In *Sketches and Essays.* New York: Oxford University Press, 1936 (1818-1819).
On the Feeling of Immortality in Youth. In *The Hazlitt Sampler: Selections from His Familiar, Literary and Critical Essays.* Ed. Herschel M. Sikes. Gloucester, Mass.: P. Smith, 1969 (1827).
The Spirit of the Age. Darby, Pa.: Telegraph Books, 1985 (formerly pub. as *Lectures on the English Poets*, London, 1818).
Table Talk. Everyman's Library, New York: Chelsea House, 1983 (London, 1821-1822).

Head, Henry (1861-1940)
Aphasia and Kindred Disorders of Speech. Birmingham, Ala.: The Classics of Neurology and Neurosurgery, 1987 (New York, 1926).

Heaviside, Oliver (1850-1925)
Electromagnetic Theory: Including an Account of Heaviside's Unpublished Notes. 3 vols. New York: Chelsea Pub. Co., 1971 (New York, 1894-1912).

Hegel, Georg Wilhelm Friedrich (1770-1831)
Lectures on the History of Philosophy. Trans. E. S. Haldane and F. H. Simson. 3 vols. Atlantic Highlands, N.J.: Humanities Press, 1983 (*Vorlesungen uber die Geschichte der Philosophie*, 1822-1831).
Lectures on the Philosophy of Religion. Trans. R. F. Brown, P. C. Hodgson, and J. M. Stewart. Berkeley: University of California Press, 1984-1987 (*Vorlesungen uber die Philosophie der Religion*, 1821-1831).
[Logic] *Hegel's Logic: Being Part One of the Encyclopaedia of the Philosophical Sciences.* Trans. W. Wallace. Oxford: Clarendon Press, 1975 (*Die Wissenschaft der Logik*, Heidelberg, 1817).
On the Proofs of the Existence of God. See *Lectures on the Philosophy of Religion* (Berlin, 1832 [1831]).
The Phenomenology of Spirit. Trans. A. V. Miller. Oxford: Oxford University Press, 1979 (*Die Phänomenologie des Geistes*, Bamberg, 1807).
The Philosophy of Fine Art. Trans. F. P. B. Omaston. 4 vols. New York: Hacker Art Books, 1975 (1817-1829).
The Philosophy of Mind. Trans. W. Wallace. Oxford: Clarendon Press, 1894 (*Die Philosophie des Geistes*, Heidelberg, 1817).
The Positivity of the Christian Religion. In *Early Theological Writings.* Trans. T. M. Knox. Philadelphia: University of Pennsylvania Press, 1988.
Science of Logic. Trans. A. V. Miller. Atlantic Highlands, N.J.: Humanities Press International, 1989 (*Wissenschaft der Logik*, Nürnberg, 1812-1816).
The Spirit of Christianity. In *Early Theological Writings.* See *Positivity.*

Heidegger, Martin (1889-1976)
Being and Time. Trans. John MacQuarrie and Edward Robinson. Oxford: Blackwell, 1978 (*Sein und Zeit*, 1927).
Essays in Metaphysics: Identity and Difference. Trans. Kurt F. Ledidecker. New York: Philosophical Library, 1960 (*Identität und Differenz*, Pfullingen, 1957).
An Introduction to Metaphysics. Trans. Ralph Manheim. Garden City, N.Y.: Doubleday, 1961 (*Einführung in die Metaphysik*, Tübingen, 1953).
Kant and the Problem of Metaphysics. Trans. Richard Taft. Bloomington: Indiana University Press, 1990 (*Kant und das Problem der Metaphysik*, Bonn, 1929).
The Question of Being. Trans. William Kluback and Jean T. Wilde. London: Vision Press, 1968 (*Zur Seinsfrage*, Frankfurt am Main, 1956).
What Is a Thing? Trans. W. B. Barton, Jr., and Vera Deutsch. Lanham, Md.: University Press of America, 1985 (*Die Frage nach dem Ding*, Tübingen, 1962).
What Is Philosophy? Trans. William Luback and Jean T. Wilde. London: Vision, 1989 (*Was ist das—die Philosophie?*, Normandy, 1956).

Heilbroner, Robert L(ouis) (1919-   )
The Nature and Logic of Capitalism. New York: Norton, 1985.

Heine, Heinrich (1797-1856)
Gods in Exile. In *The Prose Writings of Heinrich Heine.* Ed. H. Ellis. New York: Arno, 1973 (1853).
Religion and Philosophy in Germany: A Fragment. Trans. J. Snodgrass. Albany: State University of New York Press, 1986 (*Zur Geschichte der Religion und Philosophie in Deutschland*, 1834).

Heisenberg, Werner (1901-1976)
Philosophical Problems of Quantum Physics. Trans. F. C. Hayes. Woodbridge, Conn.: Ox Bow Press, 1979 (*Wandlungen in den Grundlagen der Naturwissenschaft*, Leipzig, 1936).
The Physical Principles of the Quantum Theory. Trans. C. Eckart and F. C. Hoyt. Chicago: University of Chicago Press, 1930.
Physics and Beyond: Encounters and Conversations. Trans. Arnold J. Pomerans. New York: Harper & Row, 1971 (*Der Teil und das Ganze*, 1969).

Heller, Joseph (1923-   )
Catch-22. New York: Dell, 1985 (New York, 1961).

Helmholtz, Hermann Ludwig Ferdinand von (1821-1894)
Counting and Measuring. Trans. C. L. Bryan. New York: Van Nostrand, 1930 (1887).
On the Sensation of Tone as a Physiological Basis for the Theory of Music. Trans. A. J. Ellis. New York: Dover, 1954 (*Die Lehre von den Tonempfindungen als physiologische Grundlage für die Theorie der Musik*, Braunschweig, 1863).

Popular Lectures on Scientific Subjects. Trans. E. Atkinson *et al.* First and Second Series, New York: Dover, 1966 (*Populäre wissenschaftliche Vorträge*, Braunschweig, 1865; 1876).
Treatise on Physiological Optics. Ed. and trans. J. P. Southall. 3 vols. Birmingham, Ala.: Classics of Ophthalmology Library, 1985 (*Handbuch der physiologischen Optik*, Leipzig, 1856).

Helvétius, Claude Adrien (1715–1771)
Traité de l'esprit. 4 vols. Paris: Bibliothèque Nationale, 1880 (Paris, 1758).
A Treatise on Man; His Intellectual Faculties and His Education. Trans. W. Hooper. 2 vols. New York: B. Franklin, 1969 (1771).

Hemingway, Ernest (1899–1961)
A Farewell to Arms. (New York, 1929).
The Old Man and the Sea. (New York, 1952).
The Sun Also Rises. (New York, 1926).
NOTE: The above works are available in many popular editions.

Hempel, Carl Gustav (1905–   )
Aspects of Scientific Explanation and Other Essays in the Philosophy of Science. New York: Free Press, 1970.
Philosophy of Natural Science. Englewood Cliffs, N.J.: Prentice-Hall, 1966.

Hendel, Charles William (1890–1982)
Civilization and Religion. New Haven, Conn.: Yale University Press, 1948 (1947).

Henderson, Lawrence Joseph (1878–1942)
The Fitness of the Environment; an Inquiry into the Biological Significance of the Properties of Matter. Gloucester, Mass.: P. Smith, 1970 (New York, 1913).
The Order of Nature; an Essay. Freeport, N.Y.: Books for Libraries Press, 1971 (Cambridge, Mass., 1917).

Henri, Paul (?)
Of Man and Angels. Merlin, Ore.: Clarion Publications, 1988.

Herbart, Johann Friedrich (1776–1841)
The Science of Education. Trans. H. M. and E. Felkin. Washington, D.C.: University Publications of America, 1977 (*Allgemeine Pädagogik aus dem Zweck der Erziehung abgeleitet*, Göttingen, 1806).

Herbert, George (1593–1633)
The Temple. In *The Country Parson and the Temple.* New York: Paulist Press, 1981.

Herbert of Cherbury (Baron Edward Herbert) (1583–1648)
De Religione Laici. Ed. and trans. H. R. Hutcheson. New Haven, Conn.: Yale University Press, 1944 (originally pub. with *De Causis Errorum*, London, 1645).
De Veritate. Trans. M. H. Carré. Bristol: J. W. Arrowsmith, 1937 (Paris, 1624).

Herder, Johann Gottfried von (1744–1803)
God, Some Conversations. Trans. F. H. Burkhardt. Indianapolis: Bobbs-Merrill, 1963 (*Gott. Einige Gespräche*, Gotha, 1787).
Outlines of a Philosophy of the History of Man. Trans. T. O. Churchill. New York: Bergman Publishers, 1966 (*Ideen zu einer Philosophie der Geschichte der Menschheit*, Riga, 1784–1791).

Hering, Ewald (1834–1918)
Memory; Lectures on the Specific Energies of the Nervous System. Chicago: Open Court, 1913 (*Über das Gedächtnis als eine allgemeine Function der organisierten Materie*, Vienna, 1870).

Herschel, Sir John Frederick William (1792–1871)
Familiar Lectures on Scientific Subjects. New York: G. Routledge, 1869 (London, 1866).
A Preliminary Discourse on the Study of Natural Philosophy. Chicago: University of Chicago Press, 1987 (from *Cabinet Cyclopaedia*, 1830).

Hersey, John (Richard) (1914–   )
Hiroshima. New York: Vintage Books, 1989 (New York, 1946).
The Wall. New York: Vintage Books, 1988 (New York, 1950).

Hersh, Reuben. See **Davis, Philip J.**

Hertz, Heinrich Rudolph (1857–1894)
The Principles of Mechanics Presented in a New Form. Trans. D. E. Jones and J. T. Walley. New York: Dover, 1956 (*Die Prinzipien der Mechanik in neuem Zusammenhange dargestellt*, Leipzig, 1895 [1891–1894]).

Hesiod (8th century B.C.?)
Theogony. In *Hesiod.* Trans. Richmond Lattimore. Ann Arbor: University of Michigan Press, 1959.
Works and Days. Ibid.

Hess, Moses (1812–1875)
Sozialistische Aufsätze, 1841–1847. Ed. T. Zlocisti. Berlin: Welt Verlag, 1921.

Hesse, Hermann (1877–1962)
The Glass Bead Game. Trans. Richard and Clara Winston. New York: Penguin Books, 1972 (*Das Glasperlenspiel*, Berlin, 1943).
Siddhartha. Trans. Hilda Rosner. New York: Bantam Books, 1981 (Berlin, 1922).

Hexter, Jack H. (1910–   )
Reappraisals in History: New Views on History and Society in Early Modern Europe. Chicago: University of Chicago Press, 1979 (Evanston, Ill., 1961).

Heywood, Thomas (c. 1574–1641)
The Hierarchie of the Blessed Angells. Their Names, Orders and Offices. The Fall of Lucifer with His Angells. New York: Da Capo Press, 1973 (London, 1635).
A Woman Killed with Kindness. In *Thomas Heywood.* Mermaid Series, London: Black, 1985 (1602?).

Hilbert, David (1862–1943)
The Foundations of Geometry. Trans. Leo Ungar. Chicago: Open Court, 1971 (1899).

Hilbert, David and **Ackermann, Wilhelm** (1896–)
Grundzüge der theoretischen Logik. Berlin: Springer, 1972 (Berlin, 1928).

Hildebrand, Dietrich von (1889–1977)
In Defense of Purity: An Analysis of the Catholic Ideal of Purity and Virginity. Baltimore: Helicon, 1962 (*Reinheit und Jungfräulichkeit*, Cologne, 1927).

Hillyard, Paddy (?) and **Percy-Smith, Janie** (?)
The Coercive State. New York: Pinter Publishers, 1988.

Himmelfarb, Gertrude (1922–)
The Idea of Poverty: England in the Early Industrial Age. New York: Vintage Books, 1985.

Hinton, James (1822–1875)
The Mystery of Pain: A Book for the Sorrowful. London: C. K. Paul & Co., 1866.

Hirn, Yrjö (1870–1952)
The Origins of Art. New York: Arno Press, 1971 (New York, 1900).

Hirsch, Max (1853–1909)
Democracy Versus Socialism, a Critical Examination of Socialism as a Remedy for Social Injustice and an Exposition of the Single-Tax Doctrine. New York: Robert Schalkenbach Foundation, 1966 (New York, 1901).

Hirsch, Samson Raphael (1808–1888)
The Nineteen Letters on Judaism. Trans. Bernard Drachman. New York: Feldheim, 1969 (*Neunzehn Briefe über Judenthum*, Altona, 1836).

Hitler, Adolf (1889–1945)
Mein Kampf. Trans. James Murphy. 2 vols. in 1. Los Angeles: Angriff Press, 1981 (Munich, 1942).

Hobbes, Thomas (1588–1679)
NOTE: *The English Works of Thomas Hobbes of Malmesbury.* Ed. Sir William Molesworth. 11 vols. Aalen, W.Ger.: Scientia, 1966.
The Art of Sophistry. In *English Works.*
Behemoth. Ibid. (1668).
Concerning Body. Ibid. (*Elementa Philosophiae Sectio Prima: de Corpore*, London, 1655).
A Dialogue Between a Philosopher and a Student of the Common Laws of England. Ibid. (1667?).
Dialogus Physicus de Natura Aeris. Ibid. (1661).
The Elements of Law, Natural and Politic. Ed. F. Tönnies. New York: Barnes and Noble, 1969 (London, 1650).
Examinatio et Emendatio Mathematicae Hodiernae. In *English Works.* See above (1660).
Philosophical Rudiments Concerning Government and Society. Ibid. (Amsterdam, 1647).
Six Lessons to the Savilian Professors of Mathematics. Ibid. (London, 1656).
A Treatise of Liberty and Necessity. Ibid. (London, 1654).
The Whole Art of Rhetoric. Ibid. (1679).

Hobhouse, Leonard Trelawney (1864–1929)
The Elements of Social Justice. London: Allen & Unwin, 1965 (London, 1922).
The Metaphysical Theory of the State; a Criticism. Westport, Conn.: Greenwood Press, 1984 (London, 1918).
Mind in Evolution. New York: Arno Press, 1973 (London, 1901).
Morals in Evolution: A Study in Comparative Ethics. New York: Johnson Reprints, 1968 (London, 1906).

Hobson, Ernest William (1856–1933)
The Theory of Functions of a Real Variable and the Theory of Fourier's Series. 2 vols. New York: Dover, 1957 (Cambridge, 1907).

Hobson, John Atkinson (1858–1940)
Democracy and a Changing Civilisation. London: J. Lane, 1934.
The Evolution of Modern Capitalism. New York: Scribner's, 1965 (New York, 1894).
Towards International Government. New York: Garland Press, 1971 (New York, 1915).
Work and Wealth: A Human Valuation. New York: A. M. Kelley, 1968 (New York, 1914).

Hocart, Arthur Maurice (1884–1939)
Kingship. London: Oxford University Press, 1969 (London, 1927).

Hocking, William Ernest (1873–1966)
Freedom of the Press. New York: Da Capo Press, 1972 (Chicago, 1947).
Man and the State. Hamden, Conn.: Archon Books, 1968 (New Haven, 1926).
Present Status of the Philosophy of Law and of Rights. Littleton, Colo.: F. B. Rothman, 1986 (New Haven, 1926).
Thoughts on Death and Life. In *The Meaning of Immortality in Human Experience.* Westport, Conn.: Greenwood Press, 1973 (New York, 1937).

Hodder, Alfred (1866–1907)
The Adversaries of the Sceptic; or, The Specious Present, a New Inquiry into Human Knowledge. New York: Macmillan, 1901.

Hodgson, Shadworth Hollway (1832–1912)
The Metaphysic of Experience. 4 vols. New York: Garland Press, 1980 (New York, 1898).
The Theory of Practice, an Ethical Enquiry. 2 vols. London: Longman, Green, Reader, & Dyer, 1870.
Time and Space; a Metaphysical Essay. London: Longman, Green, Reader, & Dyer, 1865.

Hoffman, Paul (1956–)
Archimedes' Revenge: The Joys and Perils of Mathematics. New York: Norton, 1988.

Hoffmann, Banesh (1906–1986)
The Strange Story of the Quantum: An Account for the General Reader of the Growth of the Ideas Underlying Our Present Atomic Knowl-

edge. New York: Dover Publications, 1959 (New York, 1947).

Hogben, Lancelot (1895–1975)
Mathematics for the Million. New York: W. W. Norton, 1983 (New York, 1937).

Holbach, Paul Henri Thiry, Baron d' (1723–1789)
The System of Nature; or, Laws of the Moral and Physical World. New York: Garland Press, 1984 (*Système de la nature, ou Des lois du monde physique et moral*, London, 1770).

Holmes, Oliver Wendell (1809–1894)
Currents and Counter-Currents in Medical Science. In *Medical Essays*. Birmingham, Ala.: Classics of Medicine Library, 1987 (Boston, 1860).

Holmes, Oliver Wendell, Jr. (1841–1935)
The Common Law and Other Writings. Birmingham, Ala.: Legal Classics Library, 1982 (Boston, 1881).

Holmes, Richard. See **Keegan, John.**

Holt, Edwin Bissell (1873–1946)
The Concept of Consciousness. New York: Arno Press, 1973 (New York, 1914).
The Freudian Wish and Its Place in Ethics. New York: Johnson Reprint Corp., 1965 (London, 1915).

Hook, Sidney (1902–1989)
Education for Modern Man: A New Perspective. New York: Humanities Press, 1973 (New York, 1946).
The Metaphysics of Pragmatism. New York: AMS Press, 1977 (Chicago, 1927).
Reason, Social Myths and Democracy. New York: Harper and Row, 1966 (New York, 1940).

Hooker, Richard (1553–1600)
Of the Laws of Ecclesiastical Polity. Ed. Arthur Stephen McGrade. New York: Cambridge University Press, 1989 (London, 1594?–1597).

Horace (Quintus Horatius Flaccus) (65–8 B.C.)
NOTE: *The Complete Works of Horace.* Trans. Charles E. Passage. New York: F. Ungar, 1983.
The Art of Poetry. In *Complete Works* (*Ars Poetica*, 13–8 B.C.).
[Epistles] *Letters in Verse. Ibid.* (19–8 B.C.).
Odes and Epodes. Ibid. (c. 23 B.C.).
[Satires] *Conversation Pieces. Ibid.* (35 B.C.; 29 B.C.).

Horney, Karen (1885–1952)
The Neurotic Personality of Our Time. New York: Franklin Watts, Inc. Distributed by W. W. Norton, 1975 (London, 1937).
New Ways in Psychoanalysis. New York: W. W. Norton, 1966 (London, 1939).

Housman, Alfred Ernest (1859–1936)
The Name and Nature of Poetry and Other Selected Prose. Ed. John Carter. New York: New Amsterdam Press, 1989 (New York, 1933).

Howard, John (c. 1726–1790)
The State of the Prisons. Abingdon, Eng.: Professional Books, 1977 (Warrington, 1777–1780).

Howells, William Dean (1837–1920)
The Rise of Silas Lapham. (Boston, 1885).
NOTE: The above work is available in many popular editions.

Hsiao, Kung-Chuan (1897–1981)
Political Pluralism; a Study in Contemporary Political Theory. New York: Harcourt Brace, 1927.

Hubble, Edwin Powell (1889–1953)
The Realm of the Nebulae. New Haven, Conn.: Yale University Press, 1982 (New Haven, 1936).

Hudson, Michael (1605–1648)
The Divine Right of Government, Naturall, and Politique. London, 1647.

Hügel, Friedrich von (1852–1925)
Essays and Addresses on the Philosophy of Religion. First and Second Series. Westport, Conn.: Greenwood Press, 1974 (1904–1922).
Eternal Life: A Study of Its Implications and Applications. Edinburgh: T. & T. Clark, 1912.
The Mystical Element of Religion as Studied in Saint Catherine of Genoa and Her Friends. 2 vols. London: Dent, 1961 (New York, 1908).

Hughes, Richard (Arthur Warren) (1900–1976)
In Hazard. Alexandria, Va.: Time-Life Books, 1982 (New York, 1938).

Hugo, Victor Marie (1802–1885)
Les Misérables. Trans. Lee Fahnestock and Norman MacAfee. New York: New American Library, 1987 (Paris, 1862).
Ninety-Three. Trans. F. L. Benedict. New York: Carroll and Graf, 1988 (*Quatre-vingt-treize*, Paris, 1874).
Préface de 'Cromwell.' Ed. by E. Wahl. Oxford: Clarendon Press, 1909 (Paris, 1827).

Huizinga, Johan (1872–1945)
Homo Ludens: A Study of the Play-Element in Culture. Trans. R. F. C. Hull. London: Routledge & Kegan Paul, 1980 (Haarlem, 1938).
In the Shadow of Tomorrow. Trans. J. H. Huizinga. New York: W. W. Norton, 1964 (Haarlem, 1936).

Humboldt, Alexander von (1769–1859)
Cosmos, a Sketch of a Physical Description of the Universe. Trans. E. C. Otté. 5 vols. London: G. Bell & Sons, 1899–1901 (*Kosmos: Entwurf einer physischen Weltbeschreibung*, Stuttgart, 1845–1862).

Humboldt, Wilhelm von (1767–1835)
The Sphere and Duties of Government. Trans. J. Coulthart. London: J. Chapman, 1854 (*Ideen zu einem Versuch, die Grenzen der Wirksamkeit des Staates zu bestimmen*, 1792).

Hume, David (1711–1776)
NOTE: *Essays, Moral, Political and Literary.* Ed. Eugene F. Miller. Indianapolis: LibertyClassics, 1985.
Dialogues Concerning Natural Religion. Buffalo, N.Y.: Prometheus Books, 1989 (1751–1755).
A Dissertation on the Passions. In *Essays* (in *Four Dissertations*, London, 1757).

Idea of a Perfect Commonwealth. Ibid. (in *Political Discourses*, Edinburgh, 1752).
An Inquiry Concerning the Principles of Morals. La Salle, Ill.: Open Court, 1966 (London, 1751).
The Natural History of Religion. In *Essays* (in *Four Dissertations*, London, 1757).
Of Commerce. Ibid. (in *Political Discourses*, Edinburgh, 1752).
Of Interest. Ibid. (in *Political Discourses*, Edinburgh, 1752).
Of Money. Ibid. (in *Political Discourses*, Edinburgh, 1752).
Of Passive Obedience. Ibid. (in *Three Essays, Moral and Political*, London, 1748).
Of Refinement in the Arts. Ibid. ("Of Luxury," in *Political Discourses*, Edinburgh, 1752).
Of Some Remarkable Customs. Ibid. (in *Political Discourses*, Edinburgh, 1752).
Of Suicide. Ibid. (c. 1750).
Of Taxes. Ibid. (in *Political Discourses*, Edinburgh, 1752).
Of the Balance of Trade. Ibid. (in *Political Discourses*, Edinburgh, 1752).
Of the Immortality of the Soul. Ibid. (c. 1750).
Of the Original Contract. Ibid. (in *Three Essays, Moral and Political*, London, 1748).
Of the Rise and Progress of the Arts and Sciences. Ibid. (Edinburgh, 1742).
Of the Standard of Taste. Ibid. (in *Four Dissertations*, London, 1757).
Of Tragedy. Ibid. (in *Four Dissertations*, London, 1757).
A Treatise of Human Nature. New York: Oxford University Press, 1985 (London, 1739).

Hunt, (James Henry) Leigh (1784–1859)
Imagination and Fancy . . . and an Essay in Answer to the Question "What Is Poetry?" New York: AMS Press, 1972 (London, 1844).

Huntington, Edward Vermilye (1874–1952)
The Continuum, and Other Types of Serial Order, with an Introduction to Cantor's Transfinite Numbers. New York: Dover, 1955 (1905).
The Fundamental Propositions of Algebra. In *Monographs on Topics of Modern Mathematics, Relevant to the Elementary Field.* Ed. J. W. Young. New York: Longmans, Green & Co., 1932 (New York, 1911).

Hurd, Richard (1720–1808)
Hurd's Letters on Chivalry and Romance, with the Third Elizabethan Dialogue. Ed. E. J. Morley. New York: AMS Press, 1976 (London, 1762).

Hurston, Zora Neale (1903–1960)
Their Eyes Were Watching God: A Novel. New York: Perennial Library, Harper & Row, 1990 (Philadelphia, 1937).

Husserl, Edmund (1859–1938)
Cartesian Meditations: An Introduction to Phenomenology. Trans. Dorion Cairns. Boston: M. Nijhoff, 1982.
Ideas: General Introduction to Pure Phenomenology. Trans. W. R. B. Gibson. New York: Collier, 1972 (1913).
Logical Investigations. Trans. J. N. Findlay. 2 vols. New York: Humanities Press, 1970 (*Logische Untersuchungen*, 1900–1901).

Hutcheson, Francis (1694–1746)
An Essay on the Nature and Conduct of the Passions and Affections. New York: Garland Press, 1971 (London, 1728).
An Inquiry into the Original of Our Ideas of Beauty and Virtue. New York: Garland Press, 1971 (London, 1725).
A System of Moral Philosophy. Ed. F. Hutcheson. 2 vols. Hildesheim, W.Ger.: G. Olms, 1969 (1734–1737).

Hutchins, Robert Maynard (1899–1977)
Education for Freedom. Baton Rouge: Louisiana State University Press, 1965 (Baton Rouge, 1943).
The Higher Learning in America. Westport, Conn.: Greenwood Press, 1979 (New Haven, 1936).

Huxley, Aldous Leonard (1894–1963)
Brave New World: A Novel. (London, 1932).
Ends and Means: An Inquiry into the Nature of Ideals and into the Methods Employed for Their Realization. Westport, Conn.: Greenwood Press, 1969 (London, 1937).
The Perennial Philosophy. (New York, 1945).
NOTE: The above works are available in many popular editions or collections.

Huxley, Julian Sorell (1887–1975)
Evolution, the Modern Synthesis. New York: Harper & Row, 1989 (London, 1942).
Evolutionary Ethics. In *Touchstone for Ethics, 1893–1943.* Freeport, N.Y.: Books for Libraries Press, 1971 (1943).
Religion Without Revelation. Westport, Conn.: Greenwood Press, 1979 (London, 1927).
Science and Social Needs. New York: Kraus Reprint, 1969 (originally pub. as *Scientific Research and Social Needs*, London, 1934).

Huxley, Thomas Henry (1825–1895)
Darwiniana. Essays. New York: AMS Press, 1970 (1859–1888).
Evolution and Ethics. In *Touchstone for Ethics 1893–1943.* Freeport, N.Y.: Books for Libraries Press, 1971 (1893).
Man's Place in Nature, and Other Anthropological Essays. New York: Greenwood Press, 1968 (title essay, London, 1863).
Method and Results. Essays. New York: Greenwood Press, 1968 (1868–1890).

Huygens, Christiaan (1629–1695)
NOTE: *Oeuvres complètes de Christiaan Huygens.* 17 vols. The Hague: M. Nijhoff, 1888.
Force centrifuge. In *Oeuvres complètes.*
L'horloge à pendule. Ibid. (Paris, 1673).
Percussion. Ibid. (*Tractatus de motu corporum ex percussione*, 1668).
Question de l'existence et de la perceptibilité du mouvement absolu. Ibid.

[Sur la cause de la pesanteur] *Traité de la lumière... Avec un discours de la cause de la pesanteur.* Brussels: Culture et Civilisation, 1967 (Leyden, 1666).
Travaux divers de statique et de dynamique de 1659 à 1666. In *Oeuvres complètes.*

Huysmans, Joris-Karl (1848-1907)
Against Nature. Trans. Robert Baldick. Harmondsworth, Eng.: Penguin Books, 1973 (*A rebours*, Paris, 1884).

I

Ibn Ezra, Abraham (*c.* 1092-1167)
The Beginning of Wisdom: An Astrological Treatise. Ed. and trans. R. Levy and F. Cantero. Baltimore: Johns Hopkins University Press, 1939 (1148).

Ibn Gabirol (Avicebron) (*c.* 1021-*c.* 1058)
The Improvement of the Moral Qualities. Trans. S. S. Wise. New York: AMS Press, 1966 (*Sefer Tikkun Hamiddoth*, 1045).

Ibsen, Henrik (1828-1906)
Emperor and Galilean. (Copenhagen, 1873).
An Enemy of the People. (Copenhagen, 1882).
Ghosts. (Copenhagen, 1881).
John Gabriel Borkman. (Copenhagen, 1896).
Peer Gynt: A Dramatic Poem. (Copenhagen, 1867).
The Pillars of Society. (Copenhagen, 1877).
NOTE: The above works are available in many popular editions or collections.

Ignatius of Loyola, Saint (1491-1556)
The Constitutions of the Society of Jesus. Trans. George E. Ganss. St. Louis: Institute of Jesuit Sources, 1970 (*Constitutiones Societatis Jesu*, 1541-1550).
The Spiritual Exercises of Ignatius Loyola. Trans. Elisabeth Meier Tetlow. Lanham, Md.: University Press of America, 1987 (1522).

Ihering, Rudolph von (1818-1892)
Law as a Means to an End. Trans. I. Husik. Boston: Boston Book Co., 1913 (Vol. I of *Der Zweck im Recht*, Leipzig, 1877).
The Struggle for Law. Trans. J. J. Lalor. Chicago: Callaghan & Co., 1915 (*Der Kampf um's Recht*, Vienna, 1872).

Infeld, Leopold. See Einstein, Albert.

Ionesco, Eugène (1912-   )
The Rhinoceros and Other Plays. Trans. Derek Prouse and Donald Watson. Harmondsworth, Eng.: Penguin Books, 1969 (*Le Rhinocéros*, Paris, 1959).

Isocrates (436-338 B.C.)
Aegineticus. In *Isocrates.* Vols. I and II trans. George Norlin, Vol. III trans. L. Van Hook. 3 vols. Loeb Classical Library, Cambridge, Mass.: Harvard University Press, 1980-1986 (*c.* 393 B.C.).
Against the Sophists. Ibid. (*c.* 391 B.C.).
Antidosis. Ibid. (353 B.C.).
Panegyricus. Ibid. (380 B.C.).

J

Jackson, Barbara (Ward) (1914-1981)
The International Share-out. London: Thomas Nelson, 1938.
The Rich Nations and the Poor Nations. New York: W. W. Norton, 1962.

Jackson, Shirley (1919-1965)
The Lottery and Other Stories. New York: Farrar, Straus, Giroux, 1982 (1949).

Jackson, Thomas Alfred (1879-1955)
Dialectics; the Logic of Marxism, and Its Critics—An Essay in Exploration. New York: B. Franklin, 1971 (London, 1936).

Jacobs, Jane (1916-   )
Cities and the Wealth of Nations: Principles of Economic Life. New York: Vintage Books, 1985.
The Economy of Cities. New York: Vintage Books, 1970.

Jacobus de Voragine (*c.* 1228-1298)
The Golden Legend. Trans. G. Ryan and H. Ripperger. Salem, N.H.: Ayer, 1987 (*Legenda Aurea*, before 1273?).

Jaeger, Werner Wilhelm (1888-1961)
Humanism and Theology. Milwaukee: Marquette University Press, 1980 (Milwaukee, 1943).
Paideia: The Ideals of Greek Culture. Trans. G. Highet. 3 vols. Oxford: Oxford University Press, 1986 (*Paideia: Die Formung des Griechischen Menschen.* Vol. I only, Berlin, 1934).

Jaki, Stanley L. (1924-   )
Brain, Mind, and Computers. Washington, D.C.: Regnery Gateway, 1989 (New York, 1969).
God and the Cosmologists. Washington, D.C.: Regnery Gateway, 1990.
Miracles and Physics. Front Royal, Va.: Christendom Press, 1989.
The Road of Science and the Ways to God. Chicago: University of Chicago Press, 1980.

Jakobson, Roman (1896-1982)
Language in Literature. Cambridge, Mass.: Belknap Press of the Harvard University Press, 1987.

James, Henry (1843-1916)
The Ambassadors. (London, 1903).
The American. (New York, 1877).
The Art of the Novel. (1907-1909).
Daisy Miller. (1878).
The Golden Bowl. (New York, 1904).
Notes of a Son and Brother. (New York, 1914).
The Portrait of a Lady. (London, 1881).
The Princess Casamassima. (London, 1886).
A Small Boy and Others. (New York, 1914).
The Spoils of Poynton. (London, 1897).
The Turn of the Screw (in *The Two Magics*, New York, 1898).

The Wings of the Dove. (Westminster, 1902).
NOTE: The above works are available in many popular editions or collections.

James, William (1842-1910)
Collected Essays and Reviews. New York: Russell & Russell, 1969 (1869-1910).
Essays in Radical Empiricism. Ed. Fredson Bowers. Cambridge, Mass.: Harvard University Press, 1976 (1884-1907).
Human Immortality; Two Supposed Objections to the Doctrine. Norwood, Pa.: Norwood Editions, 1978 (Boston, 1898).
The Meaning of Truth. In *Writings, 1902-1910.* New York: Literary Classics of the United States, dist. by Viking, 1987 (New York, 1909).
Memories and Studies. Westport, Conn.: Greenwood Press, 1971 (1897-1910).
A Pluralistic Universe. In *Writings, 1902-1910.* See *The Meaning of Truth.*
Some Problems of Philosophy. Ibid. (1909-1910).
The Varieties of Religious Experience. Ibid. (New York, 1902).
The Will to Believe, and Other Essays in Popular Philosophy. Cambridge, Mass.: Harvard University Press, 1979 (1879-1896).

James I, King of England (1566-1625)
An Apologie for the Oath of Allegiance. In *The Political Works of James I.* Reprinted from the ed. of 1616. New York: Russell & Russell, 1965 (London, 1609).
A Defence of the Right of Kings, Against Cardinall Perron. Ibid. (1615).
A Premonition to All Christian Monarches, Free Princes and States. Ibid. (1609).
The Trew Law of Free Monarchies. Ibid. (1603).

Janet, Paul Alexandre René (1823-1899)
Final Causes. Trans. W. Affleck. New York: Scribner's, 1892 (*Les causes finales,* Paris, 1876).
The Theory of Morals. Trans. M. Chapman. New York: Scribner's, 1900 (*Éléments de morale,* Paris, 1870).

Janet, Pierre Marie Félix (1859-1947)
The Major Symptoms of Hysteria. New York: Macmillan, 1929 (New York, 1907).

Jaspers, Karl (1883-1969)
Man in the Modern Age. Trans. E. and C. Paul. New York: AMS Press, 1978 (*Die geistige Situation der Zeit,* Leipzig, 1931).
The Perennial Scope of Philosophy. Trans. Ralph Manheim. Hamden, Conn.: Archon Books, 1968 (*Der philosophische Glaube,* 1948).
Reason and Anti-Reason in Our Time. Trans. Stanley Godman. Hamden, Conn.: Archon Books, 1971 (*Vernunft und Widervernunft in unserer Zeit,* Munich, 1950).
Reason and Existenz: Five Lectures. Trans. William Earle. New York: Noonday Press, 1968 (*Vernunft und Existenz,* Groningen, 1935-).

Jean de Meun. See **Guillaume de Lorris.**

Jean Paul, pseud. of **Johann Paul Friedrich Richter** (1763-1825)
Levana; or, The Doctrine of Education. Boston: D. C. Heath, 1886 (Braunschweig, 1807).

Jeans, Sir James Hopwood (1877-1946)
Astronomy and Cosmogony. New York: Dover Press, 1961 (Cambridge, 1928).
Problems of Cosmogony and Stellar Dynamics. Cambridge: Cambridge University Press, 1919.
The Universe Around Us. Cambridge: Cambridge University Press, 1969 (New York, 1929).

Jefferson, Thomas (1743-1826)
Democracy. New York: Greenwood Press, 1969.
Jefferson's Literary Commonplace Book. Ed. Douglas L. Wilson. Princeton, N.J.: Princeton University Press, 1989 (c. 1775).
Notes on the State of Virginia. In *Writings.* New York: Literary Classics of the United States, dist. by Viking, 1984 (Philadelphia, 1788).

Jeffreys, Sir Harold (1891-1989)
Scientific Inference. Cambridge: Cambridge University Press, 1973 (Cambridge, 1931).
Theory of Probability. Oxford: Clarendon Press, 1983 (Oxford, 1939).

Jenner, Edward (1749-1823)
An Inquiry into the Causes and Effects of the Variolae Vaccinae, a Disease Discovered in Some of the Western Counties of England ... and Known by the Name of Cow-Pox. Birmingham, Ala.: Classics of Medicine, 1978 (London, 1798).

Jennett, Bryan (1926-   )
High Technology Medicine: Benefits and Burdens. New ed. New York: Oxford University Press, 1986.

Jennings, Herbert Spencer (1868-1947)
Behavior of the Lower Organisms. Bloomington: Indiana University Press, 1962 (New York, 1906).

Jespersen, Jens Otto Harry (1860-1943)
Language: Its Nature, Development and Origin. Boston: Longwood Press, 1980 (London, 1922).
The Philosophy of Grammar. London: Allen & Unwin, 1975 (New York, 1924).

Jevons, William Stanley (1835-1882)
Money and the Mechanism of Exchange. New York: Garland Press, 1983 (London, 1875).
On a General System of Numerically Definite Reasoning. In *Pure Logic and Other Minor Works.* Ed. R. Adamson and H. Jevons. New York: B. Franklin, 1971 (1870).
On Geometrical Reasoning. Ibid. (1877).
On the Mechanical Performance of Logical Inference. Ibid. (1870).
The Principles of Science: A Treatise on Logic and Scientific Method. New York: Dover Press, 1958 (London, 1874).
Pure Logic, or the Logic of Quality Apart from Quantity. In *Pure Logic and Other Minor Works.* See *On a General System of Numerically Definite Reasoning, q.v.* (London, 1864).

The State in Relation to Labour. Ed. F. W. Hirst. New York: A. M. Kelley, 1968 (London, 1882).
Studies in Deductive Logic. A Manual for Students. New York: Macmillan, 1896 (London, 1880).
The Substitution of Similars. In *Pure Logic and Other Minor Works.* See *On a General System of Numerically Definite Reasoning, q.v.* (London, 1869).
The Theory of Political Economy. Ed. H. S. Jevons. Harmondsworth, Eng.: Penguin, 1970 (London, 1871).

Joachim, Harold Henry (1868–1938)
The Nature of Truth, an Essay. Westport, Conn.: Greenwood Press, 1977 (Oxford, 1906).

John Chrysostom, Saint (*c.* 345–407)
On the Priesthood. Ed. and trans. B. H. Cowper. London, 1866 (381–385).

John of Saint Thomas (Joannis a Sancto Thoma) (1589–1644)
Cursus Philosophicus Thomisticus. Vol. I, *Ars Logica*; Vols. II–III, *Philosophia Naturalis.* Ed. B. Reiser. Rome: Marietti, 1930–1937 (Madrid, 1637).

John of Salisbury (*c.* 1115–1180)
The Metalogicon of John of Salisbury. Trans. Daniel D. McGarry. Westport, Conn., Greenwood Press, 1982 (*c.* 1159).
The Statesman's Book. Bks. IV–VIII, *Polycraticus.* Ed. and trans. J. Dickinson. New York: A. A. Knopf, 1927 (before 1159).

John of the Cross, Saint (1542–1591)
NOTE: *The Complete Works of Saint John of the Cross.* Ed. and trans. E. Allison Peers. 3 vols. in 1. Wheathampstead, Eng.: A. Clarke, 1978.
Ascent of Mount Carmel. In *Complete Works* (*Subida del Monte Carmelo,* 1578–1584).
Dark Night of the Soul. Ibid. (*Noche Oscura del Sentido,* 1582–1584).
The Living Flame of Love. Ibid. (*Llamo de amor viva,* 1585–1587).
Spiritual Canticle. Ibid. (*Cántico Espiritual,* 1577–1584).

John XXI, Pope (Petrus Hispanus) (*c.* 1210–1277)
The Summulae Logicales of Peter of Spain. Ed. and trans. Joseph Patrick Mullally. Notre Dame, Ind.: Notre Dame University Press, 1945.

Johnson, Alexander Bryan (1786–1867)
A Treatise on Language: or, The Relation Which Words Bear to Things. New York: Dover, 1968 (New York, 1828).

Johnson, Samuel (1709–1784)
History of Rasselas, Prince of Abyssinia. New York: Oxford University Press, 1988 (London, 1759).
Lives of the English Poets. 2 vols. New York: Oxford University Press, 1977 (1779–1781).

Johnson, William Ernest (1858–1931)
Logic. 3 vols. New York: Dover, 1964 (Cambridge, 1921).

Johnson-Laird, Philip N. (1936–   )
The Computer and the Mind: An Introduction to Cognitive Science. Cambridge, Mass.: Harvard University Press, 1988.

Jones, A(rnold) H(ugh) M(artin) (1904–1970)
Athenian Democracy. Oxford: Basil Blackwell, 1977 (Oxford, 1957).

Jones, Ernest (1879–1958)
The Life and Work of Sigmund Freud. 3 vols. New York: Basic Books, 1981 (New York, 1953).
On the Nightmare. New York: Liveright, 1971 (London, 1931).

Jonsen, Albert R. (1931–   ) and **Toulmin, Stephen Edelston** (1922–   )
The Abuse of Casuistry: A History of Moral Reasoning. Berkeley: University of California Press, 1988.

Jonson, Ben (*c.* 1572–1637)
NOTE: *The Complete Plays of Ben Jonson.* 4 vols. Oxford: Clarendon Press, 1981–.
Every Man in His Humour. In *The Complete Plays* (1598).
Sejanus: His Fall. Ibid. (1603).
Volpone: or, The Fox. Ibid. (1605 or 1606).

Jourdain, Philip Edward Bertrand (1879–1919)
The Nature of Mathematics. London: T. C. & E. C. Jack, 1919 (London, 1913).

Jouvenel, Bertrand de (1903–1987)
Sovereignty. Chicago: University of Chicago Press, 1963 (*De la souveraineté,* Paris, 1955).

Joyce, James (1882–1941)
Dubliners. (London, 1914).
Finnegans Wake. (New York, 1939).
Ulysses. (Paris, 1922).
NOTE: The above works are available in many popular editions or collections.

Judah ha-Levi (*c.* 1085–*c.* 1142)
Book of Kuzari. Trans. H. Hirschfeld. Tel Aviv: Mordechai Institute, 1974 (*Kitab al Khazari,* 1140).

Jung, Carl Gustav (1875–1961)
NOTE: *Collected Works of Carl Gustav Jung.* Ed. Herbert Read, Michael Fordham, Gerhard Adler. 20 vols. London: Routledge and Kegan Paul, 1970.
Instinct and the Unconscious. In *Collected Works* (1919).
Man and His Symbols. New York: Doubleday, 1988 (London, 1964).
Marriage as a Psychological Relationship. In *Collected Works* (1925).
Mind and the Earth. Ibid. (1927).
Modern Man in Search of a Soul. Trans. W. S. Dell and C. F. Baynes. New York: Harcourt, Brace, Jovanovich, 1970 (1933).
On the Relations of Analytical Psychology to Poetic Art. In *Collected Works* (1922).
Psychological Types. Trans. H. G. Baynes, rev. R. F. C. Hull. Princeton, N.J.: Princeton University Press, 1976 (1921).

Psychology and Religion. New Haven, Conn.: Yale University Press, 1977 (1938).
Spirit and Life. In *Collected Works* (1926).
Two Essays on Analytical Psychology. Trans. R. F. C. Hull. London: Routledge and Kegan Paul, 1981 (1912).

Justinian (Flavius Anicius Justinianus) (c. 482–565)
The Digest of Roman Law. Trans. C. F. Kolbert. New York: Penguin, 1979 (533).
The Institutes of Justinian. Trans. J. A. C. Thomas. New York: American Elsevier, 1975 (533).

Juvenal, Decimus Junius (2nd century A.D.)
The Satires of Juvenal. Trans. John Ferguson. New York: St. Martin's Press, 1979.

K

Kafka, Franz (1883–1924)
America. In *The Penguin Complete Novels of Franz Kafka*. Trans. Willa and Edwin Muir. New York: Penguin Books, 1983 (*Amerika*, Munich, 1927).
The Castle. Ibid. (*Das Schloss*, 1926).
The Trial. Ibid. (*Der Prozess*, 1925).

Kainz, Howard Paul (1933–   )
Democracy, East and West: A Philosophical Overview. New York: St. Martin's Press, 1984.

Kallen, Horace Meyer (1882–1974)
The Book of Job as Greek Tragedy. New York: Hilland Wang, 1959 (New York, 1918).

Kames, Lord (Henry Home) (1696–1782)
Elements of Criticism. New York: Garland Press, 1971 (Edinburgh, 1762).
Sketches of the History of Man. 4 vols. Hildesheim, W.Ger.: G. Olms, 1968 (Edinburgh, 1774).

Kammen, Michael G(edeliah) (1936–   )
A Machine That Would Go of Itself: The Constitution in American Culture. New York: Vintage Books, 1987.

Kant, Immanuel (1724–1804)
NOTE: *Sämtliche Werke* ("Akademieausgabe"). 22 vols. Berlin: F. Meiner, 1902–1920.
Anthropology from a Pragmatic Point of View. Trans. Victor Lyle Dowdell. Carbondale: Southern Illinois University Press, 1978 (*Anthropologie in pragmatischer Hinsicht*, Königsberg, 1798).
Cosmogony [I, *Examination of the Question Whether the Earth Has Undergone an Alteration of Its Axial Rotation*; II, *Universal Natural History and Theory of the Heavens*]. Trans. W. Hastie. Glasgow: J. MacLehose & Sons, 1900 (*Allgemeine Naturgeschichte und Theorie des Himmels*, Königsberg, 1755).
[*De Mundi Sensibilis*] *Inaugural Dissertation and Early Writings on Space*. Trans. J. Handyside. Westport, Conn.: Hyperion Press, 1979 (*De Mundi Sensibilis Atque Intelligibilis Forma et Principiis*, Königsberg, 1770).
The Educational Theory of Immanuel Kant. Trans. E. F. Buchner. New York: AMS Press, 1971 (F. T. Rink, *Immanuel Kant Über Pädagogik*, Königsberg, 1803).
The Idea of a Universal History on a Cosmo-Political Plan. Trans. T. de Quincey. Hanover, N. H.: Sociological Press, 1927 (1784).
Introduction to Logic. In *Kant's Introduction to Logic and His Essay on the Mistaken Subtilty of the Four Figures*. Trans. T. K. Abbott. Westport, Conn.: Greenwood Press, 1972 (*Logik*, Königsberg, 1800).
Lectures on Ethics. Trans. L. Infield. Indianapolis: Hackett Pub. Co., 1980 (1780–1781).
Metaphysical Foundations of Natural Science. See *Prolegomena* (*Metaphysische Anfangsgründe der Naturwissenschaften*, Riga, 1786).
On the First Grounds of the Distinction of Regions in Space. See *Inaugural Dissertation* (1768).
Perpetual Peace, a Philosophical Essay. Trans. Ted Humphrey. Indianapolis: Hackett Pub. Co., 1983 (*Zum ewigen Frieden, ein philosophischer Entwurf*, Königsberg, 1795).
The Principle of Progress. In *Principles of Politics*. Ed. W. Hastie. New York: Scribner's, 1891 (1794).
Prolegomena to Any Future Metaphysic [includes *Metaphysical Foundations of Natural Science*]. Ed. and trans. Paul Carus. Indianapolis: Hackett Pub. Co., 1977 (*Prolegomena zu einer jeden zukünftigen Metaphysik, die als Wissenschaft wird auftreten können*, Riga, 1783).
Religion Within the Limits of Reason Alone. Trans. T. M. Greene and H. H. Hudson. New York: Harper & Row, 1960 (*Die Religion innerhalb der Grenzen der blossen Vernunft*, Königsberg, 1794).
Untersuchung über die Deutlichkeit der Grundsätze der natürlichen Theologie und der Moral. In *Sämtliche Werke* (Berlin, 1764).

Kasner, Edward (1878–1955) and **Newman, James** (1907–1966)
Mathematics and the Imagination. Redmond, Wash.: Tempus Books of Microsoft Press, 1989 (New York, 1940).

Katz, Jack (1944–   )
Seductions of Crime: Moral and Sensual Attractions in Doing Evil. New York: Basic Books, 1988.

Keats, John (1795–1821)
NOTE: *Complete Poems*. Ed. Jack Stillinger. Cambridge, Mass.: Belknap Press of the Harvard University Press, 1982.
"The Eve of St. Agnes." In *Complete Poems* (originally pub. 1820).
The Fall of Hyperion: A Dream. Ibid. (originally pub. 1820).
Hyperion. Ibid. (originally pub. 1820).
"Ode on a Grecian Urn." *Ibid.* (originally pub. 1819).
"Ode to a Nightingale." *Ibid.* (originally pub. 1819).
"Sleep and Poetry." *Ibid.* (originally pub. 1817).

Keegan, John (1934-)
The Illustrated Face of Battle: A Study of Agincourt, Waterloo, and the Somme. New York: Viking, 1989 (*The Face of Battle*, New York, 1976).

Keegan, John and **Holmes, Richard** (1946-)
Soldiers: A History of Men in Battle. New York: Viking, 1986.

Keith, Sir Arthur (1866-1955)
A New Theory of Human Evolution. Gloucester, Mass.: P. Smith, 1968 (New York, 1947).

Kelsen, Hans (1881-1973)
General Theory of Law and State. Trans. A. Wedberg. New York: Russell & Russell, 1973 (Cambridge, Mass., 1945).
Law and Peace in International Relations. Cambridge, Mass.: Harvard University Press, 1942.
Society and Nature: A Sociological Inquiry. New York: Arno Press, 1974 (Chicago Press, 1943).
What Is Justice? Justice, Law, and Politics in the Mirror of Science. Berkeley: University of California Press, 1971 (Berkeley, 1957).

Kelvin, Baron (Sir William Thomson) (1824-1907)
Lectures on Molecular Dynamics and the Wave Theory of Light. Baltimore: Publication Agency of the Johns Hopkins University Press, 1904 (1884).
Popular Lectures and Addresses. 3 vols. New York: Macmillan, 1891-1894 (London, 1889-1894).

Kepler, Johannes (1571-1630)
De Motibus Stellae Martis. In *Joannis Kepleri Astronomi Opera Omnia.* Ed. C. Frisch. 8 vols. Frankfurt: Heyder & Zimmer, 1858-1871 (1609).
Dioptrik. Ed. and trans. F. Plehn. Leipzig: W. Engelmann, 1904 (1611).
Harmonices Mundi. In *Opera.* See *De Motibus* (1619).
The Secret of the Universe. Trans. A. M. Duncan. New York: Abaris, 1981 (*Mysterium Cosmographicum*, 1596).

Keynes, John Maynard (1883-1946)
A Treatise on Money. 2 vols. New York: AMS Press, 1976 (London, 1930).
A Treatise on Probability. New York: AMS Press, 1979 (London, 1921).

Keynes, John Neville (1852-1949)
The Scope and Method of Political Economy. Fairfield, N.J.: A. M. Kelley, 1986 (New York, 1891).
Studies and Exercises in Formal Logic, Including a Generalisation of Logical Processes in Their Application to Complex Inferences. London: Macmillan, 1906 (London, 1884).

Kierkegaard, Sören Aabye (1813-1855)
Attack upon "Christendom," 1854-1855. Trans. Walter Lowrie. Princeton, N.J.: Princeton University Press, 1968 (Oieblikket, 1855).
Christian Discourses. Trans. W. Lowrie. Princeton, N.J.: Princeton University Press, 1974 (Copenhagen, 1848).
The Concept of Dread. Trans. W. Lowrie. Princeton, N.J.: Princeton University Press, 1968 (Copenhagen, 1844).
Concluding Unscientific Postscript. Trans. D. Swenson and W. Lowrie. Princeton, N.J.: Princeton University Press, 1968 (Copenhagen, 1846).
Edifying Discourses. Trans. D. and L. Swenson. New York: Harper, 1958 (Copenhagen, 1844).
Either/Or: A Fragment of Life. Ed. and trans. Howard V. Hong and Edna H. Hong. 2 vols. Princeton, N.J.: Princeton University Press, 1987 (Copenhagen, 1843).
Of the Difference Between a Genius and an Apostle. In *The Present Age and of the Difference Between a Genius and an Apostle.* Trans. Alexander Dru. New York: Harper & Row, 1962 (Copenhagen, 1849).
Philosophical Fragments; or, A Fragment of Philosophy. Trans. D. F. Swenson, rev. Howard V. Hong. Princeton, N.J.: Princeton University Press, 1967 (Copenhagen, 1844).
The Point of View, etc. Trans. W. Lowrie. New York: Oxford University Press, 1950 (1848).
The Sickness unto Death. Ed. and trans. Howard V. Hong and Edna H. Hong. Princeton, N.J.: Princeton University Press, 1983 (Copenhagen, 1849).
Stages on Life's Way. Ed. and trans. Howard V. Hong and Edna H. Hong. Princeton, N.J.: Princeton University Press, 1988 (1845).
Works of Love. Trans. D. and L. Swenson. Port Washington, N.Y.: Kennikat Press, 1972 (Copenhagen, 1847).

King, Henry, Bishop of Chichester (1592-1669)
The Exequy. In *The Poems of Bishop Henry King.* Ed. J. Sparrow. Norwood, Pa.: Norwood Editions, 1977 (London, 1657).

King, Lester S(now) (1908-)
Medical Thinking: A Historical Preface. Princeton, N.J.: Princeton University Press, 1982.

King, Martin Luther, Jr. (1929-1968)
"Letter from Birmingham Jail." (Birmingham, Ala., 1963).
NOTE: The above work is available in many popular collections.

Kingsley, Charles (1819-1875)
Westward Ho! Norwalk, Conn.: Heritage Press, 1975 (Cambridge, 1855).

Kipling, (Joseph) Rudyard (1865-1936)
Kim. New York: Oxford University Press, 1987 (London, 1901).
The Man Who Would Be King, and Other Stories. New York: Oxford University Press, 1987 (1888).

Kirk, Kenneth Escott (1886-1954)
Conscience and Its Problems: An Introduction to Casuistry. New York: Longmans, Green & Co., 1927.
Ignorance, Faith and Conformity: Studies in Moral Theology. New York: Longmans, Green & Co., 1925.
The Vision of God: The Christian Doctrine of the

Summum Bonum. New York: Harper & Row, 1966 (New York, 1931).

Kitcher, Philip (1947–   )
The Nature of Mathematical Knowledge. New York: Oxford University Press, 1983.

Klein, Christian Felix (1849–1925)
Elementary Mathematics from an Advanced Standpoint. Trans. E. R. Hedrick and C. A. Noble. New York: Dover, 1953 (*Elementarmathematik vom höheren Standpunkt aus*, Leipzig, 1908–1909).
Famous Problems of Elementary Geometry: The Duplication of the Cube, the Trisection of an Angle, the Quadrature of the Circle. Trans. W. W. Beman and D. E. Smith. New York: Dover Publications, 1956 (*Vorträge über ausgewählte Fragen der Elementargeometrie, ausgearbeitet von F. Tägert*, Leipzig, 1895).

Kline, Morris (1908–1992)
Mathematical Thought from Ancient to Modern Times. New York: Oxford University Press, 1990 (New York, 1972).

Klubertanz, George Peter (1912–   )
Habits and Virtues. New York: Appleton-Century-Crofts, 1965.

Knight, Frank Hyneman (1885–1972)
The Ethics of Competition, and Other Essays. Chicago: University of Chicago Press, 1980 (London, 1935).
Risk, Uncertainty and Profit. Chicago: University of Chicago Press, 1985 (Boston, 1921).

Knox, John (*c.* 1505–1572)
An Answer to the Cavillations of an Adversarie Respecting the Doctrine of Predestination. In Vol. v, *The Works of John Knox.* Ed. D. Laing. 6 vols. New York: AMS Press, 1966 (Geneva, 1560).

Koch, Robert (1843–1910)
The Aetiology of Tuberculosis. New York: National Tuberculosis Association, 1932 (1882).

Koehler, Wolfgang (1887–1967)
Gestalt Psychology. New York: Liveright, 1929.
The Mentality of Apes. Trans. E. Winter. New York: Harcourt Brace, 1925 (*Intelligenzprüfungen an Anthropoiden*, I, Berlin, 1917).

Koestler, Arthur (1905–1983)
The Act of Creation. London: Hutchinson, 1976 (London, 1964).
Darkness at Noon. Trans. Daphne Hardy. New York: Macmillan, 1987 (London, 1940).

Koffka, Kurt (1886–1941)
Principles of Gestalt-Psychology. New York: Harcourt, Brace & World, 1963 (New York, 1935).

Kohler, Josef (1849–1919)
Philosophy of Law. Trans. A. Albrecht. New York: A. M. Kelley, 1969 (*Lehrbuch der Rechts-philosophie*, Berlin, 1909).

Kohn, Hans (1891–1971)
The Idea of Nationalism: A Study in Its Origins and Background. New York: Collier Books, 1967 (New York, 1944).
Revolutions and Dictatorships; Essays in Contemporary History. Freeport, N.Y.: Books for Libraries Press, 1969 (Cambridge, Mass., 1939).

Koninck, Charles de (1906–   )
Réflexions sur le problème de l'indéterminisme. Quebec: Les Presses Universitaires Laval, 1952 (Quebec, 1937).

Körner, Stephan (1913–   )
Metaphysics: Its Structure and Function. New York: Cambridge University Press, 1986.

Kosinski, Jerzy (Nikodem) (1933–1991)
The Painted Bird. New York: Modern Library, 1983 (first complete edition, New York, 1970).

Kovalevsky, Maxim Maximovitch (1851–1916)
Modern Customs and Ancient Laws of Russia; Being the Illchester Lectures for 1889–90. New York: B. Franklin, 1970 (London, 1891).

Kripke, Saul (1940–   )
Naming and Necessity. Cambridge, Mass.: Harvard University Press, 1980.

Kristensen, William Brede (1867–1953)
The Meaning of Religion: Lectures in the Phenomenology of Religion. The Hague: Martinus Nijhoff, 1971 (The Hague, 1960).

Kropotkin, Peter Alexeivich (1842–1921)
Anarchism: Its Philosophy and Ideal. London: Freedom Press, 1904 (*L'anarchie; sa philosophie—son idéal*, Paris, 1896).
The Conquest of Bread. New York: New York University Press, 1972 (*La conquête du pain*, Paris, 1892).
Fields, Factories and Workshops; or, Industry Combined with Agriculture and Brain Work with Manual Work. New York: Gordon Press, 1974 (London, 1899).
Mutual Aid, a Factor of Evolution. Montreal: Black Rose Books, 1989 (1890–1896).
The State, Its Historic Role. London: Freedom Press, 1987 (London, 1903).

Kuhn, Thomas S(amuel) (1922–   )
The Structure of Scientific Revolutions. Chicago, University of Chicago Press, 1970.

Kuhns, Richard (Francis, Jr.) (1924–   )
Structures of Experience: Essays on the Affinity Between Philosophy and Literature. New York: Harper & Row, 1974.

Kundera, Milan (1929–   )
The Joke. Trans. Michael Henry Heim. New York: Penguin Books, 1983 (Prague, 1967).
The Unbearable Lightness of Being. Trans. Michael Henry Heim. New York: Harper & Row, 1987.

Küng, Hans (1928–   )
Theology for the Third Millennium: An Ecumenical View. Trans. Peter Heinegg. New York: Doubleday, 1988. (*Theologie im Aufbruch*, Munich, 1987).

L

La Bruyère, Jean de (1645-1696)
The Characters. Trans. Jean Stewart. Baltimore: Penguin Books, 1970 (*Les caractères de Théophraste traduits du Grec. Avec les caractères ou les moeurs de ce siècle*, Paris, 1688).

La Fayette, Marie Madeleine, Comtesse de (1634-1693)
The Princess of Cleves. Trans. Nancy Mitford. New York: New Directions Pub. Corp., 1988 (*La Princesse de Clèves*, Paris, 1678).

La Fontaine, Jean de (1621-1695)
The Complete Fables of Jean de la Fontaine. Trans. Norman B. Spector. Evanston, Ill.: Northwestern University Press, 1988 (Paris, 1668-1694).

La Mettrie, Julien Offroy de (1709-1751)
Histoire naturelle de l'âme. The Hague: J. Néaulme, 1745.
Man a Machine. Trans. G. C. Bussey. Chicago: Open Court, 1961 (*L'homme machine*, Leiden, 1748).

LaCroix, Jean (1933-   )
The Meaning of Modern Atheism. Trans. Garret Barden. New York: Macmillan, 1966 (*Le sens de l'athéisme moderne*, Tournai, 1958).

Lactantius, Lucius Caecilius Firmianus (260-330)
The Divine Institutes. In *The Ante-Nicene Fathers.* Ed. A. Roberts and J. Donaldson. 10 vols. Grand Rapids, Mich.: W. B. Eerdmans, 1985-1987 (*Institutionum Divinarum*, 304?-313?).

Lagerkvist, Pär (1891-1974)
Barabbas. Trans. Alan Blair. New York: Vintage Books, 1989 (Stockholm, 1950).

Lagerlöf, Selma Ottiliana Lovisa (1858-1940)
The Ring of the Löwenskölds. Trans. V. S. Howard and F. Martin. Garden City, N.Y.: Doubleday Doran, 1931 (*Löwensköldska Ringen, Charlotte Löwensköld, Anna Svärd*, Stockholm, 1925-1928).

Lagrange, Joseph Louis (1736-1813)
Mécanique analytique. 2 vols. Paris: Librarie Scientifique et Technique, 1965 (Paris, 1788).

Laird, John (1887-1946)
An Enquiry into Moral Notions. New York: AMS Press, 1970 (London, 1935).
Knowledge, Belief, and Opinion. Hamden, Conn.: Archon Books, 1972 (New York, 1930).

Lakatos, Imre (1922-1974)
Proofs and Refutations: The Logic of Mathematical Discovery. Cambridge: Cambridge University Press, 1987.

Lake, Kirsopp (1872-1946)
Immortality and the Modern Mind. Cambridge, Mass.: Harvard University Press, 1922.

Lamarck, Jean Baptiste Pierre Antoine de Monet (1744-1829)
Zoological Philosophy; an Exposition with Regard to the Natural History of Animals. Trans. H. Elliot. Chicago: University of Chicago Press, 1984 (*Philosophie zoologique, ou Exposition des considérations relatives à l'histoire naturelle des animaux*, Paris, 1809).

Lamb, Charles (1775-1834)
NOTE: *The Life, Letters, and Writings of Charles Lamb.* Ed. Percy Fitzgerald. 6 vols. Freeport, N.Y.: Books for Libraries Press, 1971.
The Essays of Elia. In *Life, Letters, and Writings* (London, 1823).
Hospita on the Immoderate Indulgences of the Pleasures of the Palate. Ibid. (1810?).
On the Custom of Hissing at the Theatres; with Some Account of a Club of Damned Authors. Ibid. (1811).

Lambert, Constant (1905-1951)
Music Ho! A Study of Music in Decline. London: Hogarth, 1985 (London, 1934).

Lamprecht, Karl (1856-1915)
What Is History? Five Lectures on the Modern Science of History. Trans. E. A. Andrews. New York: Macmillan, 1905 (*Moderne Geschichtswissenschaft*, Freiburg, 1904).

Lancelot, Claude. See **Arnauld, Antoine**.

Landtman, Gunnar (1878-1940)
The Origin of the Inequality of the Social Classes. New York: AMS Press, 1970 (Chicago, 1938).

Lang, Andrew (1844-1912)
Custom and Myth. Wakefield, Eng.: EP Publishing, 1974 (London, 1884).

Lange, Friedrich Albert (1828-1875)
The History of Materialism. Trans. E. C. Thomas. New York: Arno Press, 1974 (*Geschichte des Materialismus und Kritik seiner Bedeutung in der Gegenwart*, Iserlohn, 1866).

Langer, Susanne (Katherina) K(nauth) (1895-1985)
Mind: An Essay on Human Feeling. 3 vols. Baltimore: Johns Hopkins University Press, 1967-1982.
Philosophy in a New Key: A Study in the Symbolism of Reason, Rite, and Art. Cambridge, Mass.: Harvard University Press, 1979 (1942).
Reflections on Art. New York: Arno Press, 1979 (Baltimore, 1958).

Langland, William (c. 1330-c. 1400)
[*Piers Plowman*] *The Vision of Piers Plowman.* London: Dent, 1978 (1362?-1392?).

Langlois, Charles Victor (1863-1929) and **Seignobos, Charles** (1854-1942)
Introduction to the Study of History. Trans. G. G. Berry. Westport, Conn.: Greenwood Press, 1979 (*Introduction aux études historiques*, Paris, 1898).

Laplace, Pierre Simon (1749-1827)
Celestial Mechanics. Trans. N. Bowditch. 4 vols.

Bronx, N.Y.: Chelsea Pub. Co., 1966 (*Mécanique céleste*, Paris, 1799–1825).
A Philosophical Essay on Probabilities. Trans. F. W. Truscott and F. L. Emory. New York: Dover, 1951 (*Essai philosophique sur les probabilités*, Paris, 1814).
The System of the World. Trans. H. H. Harte. 2 vols. Dublin: Dublin University Press, 1830 (*Exposition du système du monde*, Paris, 1796).

Lashley, Karl Spencer (1890–1958)
Brain Mechanisms and Intelligence; a Quantitative Study of Injuries to the Brain. New York: Hafner Pub. Co., 1964 (Chicago, 1929).

Laski, Harold Joseph (1893–1950)
Authority in the Modern State. Hamden, Conn.: Archon Books, 1968 (New Haven, 1919).
Democracy in Crisis. New York: AMS Press, 1969 (Chapel Hill, N.C., 1933).
Liberty in the Modern State. Clifton, N.J.: A. M. Kelley, 1972 (New York, 1930).
Reflections on the Revolution of Our Time. New York: A. M. Kelley, 1968 (New York, 1943).
The State in Theory and Practice. London: G. Allen & Unwin, 1967 (New York, 1935).

Lassalle, Ferdinand Johann Gottlieb (1825–1864)
What Is Capital? Trans. F. Keddell. New York: International Publishing Co., 1899 (from *Herr Bastiat Schultze von Delitzsch, der ökonomische Julian, oder Kapital und Arbeit*, Berlin, 1864).

Law, William (1686–1761)
A Serious Call to a Devout and Holy Life. London: Hodder and Stoughton, 1987 (London, 1729).

Lawrence, David Herbert (1885–1930)
Lady Chatterley's Lover. (privately printed, 1928).
The Rainbow. (London, 1915).
Sons and Lovers. (London, 1913).
Women in Love. (New York, 1920).
NOTE: The above works are available in many popular editions or collections.

Lawrence, Thomas Edward (1888–1935)
Seven Pillars of Wisdom: A Triumph. New York: Dorset Press, 1988 (New York, 1926).

Lazerowitz, Morris (1909–   )
The Structure of Metaphysics. London: Routledge & Kegan Paul, 1968 (London, 1955).

Le Bon, Gustave (1841–1931)
The Crowd: A Study of the Popular Mind. Marietta, Ga.: Larlin Corp., 1982 (*Psychologie des foules*, Paris, 1896).
The Psychology of Peoples. New York: Arno Press, 1974 (*Lois psychologiques de l'evolution des peuples*, Paris, 1898).
The Psychology of Socialism. New York: Transaction Books, 1982 (*Psychologie du socialisme*, Paris, 1898).

Le Roy Ladurie, Emmanuel (1929–   )
The Territory of the Historian. Trans. Ben and Siân Reynolds. Chicago: University of Chicago Press, 1979 (*Le territoire de l'historien*, Paris, 1973).

Le Sage, Alain René (1668–1747)
The Adventures of Gil Blas of Santillane. Trans. Tobias Smollett. Westport, Conn.: Hyperion Press, 1977 (*Histoire de Gil Blas de Santillane*, Paris, 1715–1735).

Lea, Charles Henry (1825–1909)
Materials Toward a History of Witchcraft. New York: AMS Press, 1986.

Leau, Léopold. See Couturat, Louis.

Leavis, F(rank) R(aymond) (1895–1978)
The Great Tradition: George Eliot, Henry James, Joseph Conrad. New York: New York University Press, 1973 (London, 1948).

Lecky, William Edward Hartpole (1838–1903)
Democracy and Liberty. 2 vols. Indianapolis: Liberty Classics, 1981 (London, 1896).
The Map of Life; Conduct and Character. Freeport, N.Y.: Books for Libraries Press, 1973 (London, 1899).

Lee, (Nelle) Harper (1922–   )
To Kill a Mockingbird. (Philadelphia, 1960).
NOTE: The above work is available in many popular editions.

Leeuw, Gerardus van der (1890–1950)
Sacred and Profane Beauty: The Holy in Art. Trans. David E. Green. New York: Holt, Rinehart and Winston, 1963 (*Vom Heiligen in der Kunst*, Guetersloh, 1957).

LeGoff, Jacques (1924–   )
Medieval Civilization, 400–1500. Trans. Julia Barrow. New York: Basil Blackwell, 1988 (*La civilisation de l'Occident médiéval*, Paris, 1964).

Leibniz, Gottfried Wilhelm (1646–1716)
NOTE: *Philosophical Works*. Ed. and trans. G. M. Duncan. New Haven, Conn.: Tuttle, Morehouse, & Taylor, 1908 (1684–1714).
Philosophische Schriften. Ed. by C. J. Gerhardt. 7 vols. Berlin: Weidmann, 1875–1890.
Characteristica (Scientia Generalis). In *Philosophische Schriften*.
Correspondence with Clarke. In *Philosophical Works* (1715–1716).
Discourse on Metaphysics, Correspondence with Arnauld, and Monadology. Ed. P. Janet, trans. G. R. Montgomery. La Salle, Ill.: Open Court, 1973 (*Discours de le métaphysique*, 1686).
The Early Mathematical Manuscripts of Leibnitz. Trans. J. M. Child. Chicago: Open Court, 1920 (1673–1677).
Monadology. See *Discourse on Metaphysics* (1714).
New Essays Concerning Human Understanding. Trans. A. G. Langley. Chicago: Open Court, 1916 (*Nouveaux essais sur l'entendement humain*, 1704).
Theodicy: Essays on the Goodness of God, the Freedom of Man, and the Origin of Evil. Trans. E. M. Huggard. La Salle, Ill.: Open Court, 1985 (*Essais de Théodicée sur la bonté de Dieu, la liberté de l'homme, et l'origine du mal*, Amsterdam, 1710).

What Is "Idea"? Appended to *New Essays, q.v.* (1678-1679).

Lenin, Vladimir Ilyich (1870-1924)
NOTE: *Collected Works.* 45 vols. Trans. Institute of Marxism-Leninism. Moscow: Progress Publishers, 1977.
Imperialism, the Highest Stage of Capitalism. In *Collected Works* (St. Petersburg, 1917).
The Imperialist War. Ibid. (1914-1916).
"Left-Wing" Communism, an Infantile Disorder; A Popular Essay in Marxian Strategy and Tactics. Ibid. (Moscow, 1920).
Materialism and Empiriocriticism. Ibid. (Moscow, 1909).
On Dialectics. Ibid. (1915).
The State and Revolution. Ibid. (St. Petersburg, 1918).
Toward the Seizure of Power. Ibid. (1917).

Lennes, Nels Johann. See **Veblen, Oswald**.

Leo XIII, Pope (1810-1903)
Rerum Novarum: Encyclical Letter of Pope Leo XIII on the Condition of the Working Classes. London: Catholic Truth Society, 1983 (1891).

Leonardo da Vinci (1452-1519)
The Notebooks of Leonardo da Vinci. New York: Oxford University Press, 1980.
A Treatise on Painting (Codex Urbinas Latinus 1270). Trans. A. Philip McMahon. 2 vols. Princeton, N.J.: Princeton University Press, 1956 (*Trattato della pittura*, 1485?-1500?).

Leopardi, Count Giacomo (1798-1837)
Essays, Dialogues, and Thoughts. Ed. B. Dobell, trans. J. Thomson. Westport, Conn.: Hyperion Press, 1978 (sel. from *Operette Morali*, Florence, 1827, and *Pensieri*).

Lermontov, Mikhail Yurevich (1814-1841)
A Hero of Our Own Time: A Novel. Trans. Vladimir Nabokov. Ann Arbor, Mich.: Ardis, 1988 (1840).

Lerner, Gerda (1920-)
The Creation of Patriarchy. New York: Oxford University Press, 1986.

Leslie, Thomas Edward Cliffe (1826-1882)
The Love of Money. In *Essays in Political Economy.* New York: A. M. Kelley, 1969 (1862).

Lessing, Doris (May) (1919-)
The Golden Notebook. New York: Simon & Schuster, 1984 (New York, 1962).

Lessing, Gotthold Ephraim (1729-1781)
The Education of the Human Race. Trans. F. W. Robertson. New York: Collier, 1961 (*Die Erziehung des Menschengeschlechts*, Berlin, 1780).
How the Ancients Represented Death. In *Laokoon, and How the Ancients Represented Death.* Trans. H. Zimmern and E. C. Beasly. London: G. Bell & Sons, 1914 (*Wie die Alten den Tod gebildet; eine Untersuchung*, Berlin, 1769).
Laocoön, Nathan the Wise and Minna von Barnhelm. Everyman's Library, New York: E. P. Dutton, 1970 (*Laokoon: oder über die Grenzen der Malerei und Poesie*, Berlin, 1766).
Minna von Barnhelm; or, Soldier's Fortune. Ibid. (Berlin, 1767).
Nathan the Wise. Ibid. (*Nathan der Weise*, Berlin, 1779).

Levi, Maurice (1945-)
Thinking Economically: How Economic Principles Can Contribute to Clear Thinking. New York: Basic Books, 1985.

Lévi-Strauss, Claude (1908-)
The Raw and the Cooked. Trans. John and Doreen Weightman. Chicago: University of Chicago Press, 1983 (*Le Cru et le Cuit*, Paris, 1964).
The Savage Mind. Chicago: University of Chicago Press, 1970 (*La Pensée Sauvage*, Paris, 1962).
Totemism. Trans. Rodney Needham. Harmondsworth, Eng.: Penguin Books, 1973 (*Le Totémisme aujourd'hui*, Paris, 1962).

Lévy-Bruhl, Lucien (1857-1939)
Primitives and the Supernatural. Trans. L. A. Clare. New York: Haskell House Publishers, 1973 (*Le surnaturel et la nature dans la mentalité primitive*, Paris, 1931).

Lewes, George Henry (1817-1878)
The Principles of Success in Literature. Folcroft, Pa.: Folcroft Library Editions, 1978 (1865).
Problems of Life and Mind. First to Third Series. 5 vols. New York: Houghton Mifflin, 1874-1891 (London, 1874-1879).

Lewis, Clarence Irving (1883-1964)
An Analysis of Knowledge and Valuation. La Salle, Ill.: Open Court, 1971 (La Salle, 1947).
Mind and the World Order; Outline of a Theory of Knowledge. New York: Dover, 1966 (Dover, 1929).
Our Social Inheritance. Bloomington: Indiana University Press, 1957.

Lewis, Clive Staples (1898-1963)
The Abolition of Man, or, Reflections on Education with Special Reference to the Teaching of English in the Upper Forms of Schools. New York: Collier Books, 1986 (London, 1943).
The Allegory of Love; a Study in Medieval Tradition. London: Oxford University Press, 1981 (Oxford, 1936).
Mere Christianity. New York: Macmillan, 1984 (*The Case for Christianity*, New York, 1943; *Christian Behaviour*, New York, 1943; *Beyond Personality*, London, 1944).
Out of the Silent Planet. New York: Macmillan, 1984 (1938).
Perelandra. New York: Macmillan, 1978 (New York, 1944).
The Problem of Pain. New York: Collier Books, 1986 (London, 1940).
The Screwtape Letters. New York: New American Library, 1988 (London, 1942).

Lewis, Sir George Cornewall (1806-1863)
A Treatise on the Methods of Observation and Reasoning in Politics. New York: Arno Press, 1974 (London, 1852).

Lewis, Gilbert Newton (1875-1946)
The Anatomy of Science. Freeport, N.Y.: Books for Libraries Press, 1971 (New Haven, Conn., 1926).

Lewis, Sinclair (1885-1951)
Arrowsmith. (New York, 1925).
Babbitt. (New York, 1922).
NOTE: The above works are available in many popular editions or collections.

Lewis, (Percy) Wyndham (1882-1957)
Time and Western Man. Boston: Beacon Press, 1957 (London, 1927).

Liddell Hart, Sir Basil Henry (1895-1970)
Strategy. New York: New American Library, 1974 (*The Decisive Wars of History*, London, 1929).

Liebknecht, Karl Paul August Friedrich (1871-1919)
Militarism and Anti-Militarism, with Special Regard to the International Young Socialist Movement. Trans. Alexander Sirnis. New York: Garland Pub., 1973 (*Militarismus und Antimilitarismus*, Leipzig, 1907).

Lillie, Ralph Stayner (1875-1952)
Protoplasmic Action and Nervous Action. Chicago: University of Chicago Press, 1923.

Lincoln, Abraham (1809-1865)
"The Gettysburg Address." (1863).
NOTE: The above work is available in many popular editions or collections.

Lindsay, Alexander Dunlop (1879-1952)
The Modern Democratic State. New York: Oxford University Press, 1970 (New York, 1943).

Linnaeus (Carl Von Linné) (1707-1778)
Systema Naturae. 2 vols. New York: Stechert-Hafner Service Agency, 1964 (*Systema Naturae, sive Regna Tria Naturae Systematice Proposita per Classes, Ordines, Genera et Species*, Leiden, 1735).

Lippmann, Walter (1889-1974)
Public Opinion. New York: Macmillan, 1965 (1922).

Lipps, Theodor (1851-1914)
Ästhetik: Psychologie des Schönen und der Kunst. 2 vols. Leipzig: L. Voss, 1914-1920 (Leipzig, 1903-1906).

Lissner, Ivar (1909-1967)
The Silent Past: Mysterious and Forgotten Cultures of the World. Trans. J. Maxwell Brownjohn. New York: Putnam, 1962 (*Rätselhafte Kulteren*, Olten, 1961).

Livingstone, Sir Richard Winn (1880-1960)
On Education. 2 vols. in 1. Cambridge: Cambridge University Press, 1960 (originally pub. as *The Future in Education*, Cambridge, 1941, and *Education for a World Adrift*, Cambridge, 1943).

Livy (64/59 B.C.-A.D. 17)
History of Rome. 6 vols. Everyman's Library, New York: E. P. Dutton, 1926-1931 (A.D. 14?).

Lobachevski, Nicolas Ivanovich (1792-1856)
Geometrical Researches on the Theory of Parallels. Trans. G. B. Halsted. Chicago: Open Court, 1942 (*Geometrische Untersuchungen zur Theorie der Parallellinien*, Berlin, 1840).

Locke, John (1632-1704)
NOTE: *The Works of John Locke.* 10 vols. Aalen, W.Ger.: Scientia Verlag, 1963.
Conduct of the Understanding. Ed. T. Fowler. New York: B. Franklin, 1971 (c. 1697).
A Discourse of Miracles. In *Works* (1702-1703).
Four Letters on Toleration in Religion, Letters II-IV. Ibid. (*Second Letter*, London, 1690; *Third Letter*, London, 1692; *Fourth Letter*, posth., London, 1706).
The Reasonableness of Christianity as Delivered in the Scriptures. Ibid. (London, 1695).
A Second Vindication of the Reasonableness of Christianity. Ibid. (London, 1697).
Some Considerations of the Consequences of Lowering the Interest, and Raising the Value of Money. Ibid. (1691).
Some Thoughts Concerning Education. Ibid. (London, 1693).

Lods, Adolphe (1867-1948)
The Prophets and the Rise of Judaism. Trans. S. H. Hooke. Westport, Conn.: Greenwood Press, 1971 (*Les prophètes d'Israël et les débuts du judaïsme*, Paris, 1935).

Loeb, Jacques (1859-1924)
Forced Movements, Tropisms, and Animal Conduct. New York: Dover, 1973 (Philadelphia, 1918).
The Mechanistic Conception of Life. Cambridge, Mass.: Belknap Press of Harvard University Press, 1964 (Chicago, 1912).
The Organism as a Whole, from a Physicochemical Viewpoint. New York: Putnam's, 1916.

Longinus (*fl.* 1st century A.D.)
On the Sublime. In *Classical Literary Criticism.* Trans. T. S. Dorsch. Baltimore: Penguin Books, 1965.

Lorentz, Hendrik Antoon (1853-1928)
Lectures on Theoretical Physics. Trans. L. Silberstein and A. P. H. Trivelli. London: Macmillan, 1927 (1907).
Problems of Modern Physics. Ed. H. Bateman. New York: Dover Publications, 1967 (1922).

Lorenz, Konrad (1903-1989)
On Aggression. Trans. Marjorie Kerr Wilson. New York: Harcourt Brace Jovanovich, 1974 (*Das sogenannte Böse*, Vienna, 1966).

Lossky, Nikolai Onufrievich (1870-1965)
Freedom of Will. Trans. N. Duddington. London: Williams & Norgate, 1932 (1927).

Lotze, Rudolf Hermann (1817-1881)
Logic. Ed. B. Bosanquet, trans. R. L. Nettleship *et al.* New York: Garland Pub., 1980 (*Logik. System der Philosophie*, I, Leipzig, 1874).
Metaphysics, in Three Books, Ontology, Cosmology, and Psychology. Ed. and trans. B. Bosanquet. Oxford: Clarendon Press, 1884 (*Metaphysik. System der Philosophie*, II, Leipzig, 1879).
Microcosmos, an Essay Concerning Man and His Relation to the World. Trans. E. Hamilton and E. E. Constance Jones. 2 vols. Freeport, N.Y.: Books for Libraries Press, 1971 (*Mikrokosmus, Ideen zur Naturgeschichte und Geschichte der Menschheit*, Leipzig, 1856-1858).
Outlines of Encyclopedia of Philosophy. See *Outlines of Logic*.
Outlines of Logic and of Encyclopedia of Philosophy: Dictated Portions of the Lectures of H. Lotze. Ed. and trans. George T. Ladd. Boston: Ginn & Co., 1887.
Outlines of Metaphysic. Ed. and trans. George T. Ladd. Boston: Ginn & Co., 1884.
Outlines of Psychology. Ed. and trans. George T. Ladd. Washington, D.C.: University Publications of America, 1977 (*Grundzüge der Psychologie. Diktate aus den Vorlesungen von H. Lotze*, Leipzig, 1881).
Outlines of the Philosophy of Religion. Trans. George T. Ladd. New York: Kraus, 1970 (1875; 1878-1879).

Lovejoy, Arthur Oncken (1873-1962)
The Great Chain of Being; a Study of the History of an Idea. Cambridge, Mass.: Harvard University Press, 1970 (1933).
The Revolt Against Dualism: An Inquiry Concerning the Existence of Ideas. La Salle, Ill.: Open Court Pub. Co., 1960 (New York, 1930).

Lovelock, James (Ephraim) (1919-   )
The Ages of Gaia: A Biography of Our Living Earth. New York: Norton, 1988.

Løvtrup, Søren (1932-   )
Darwinism: The Refutation of a Myth. New York: Croom Helm in association with Methuen, 1987.

Lowe, E. Jonathan (?)
Kinds of Being: A Study of Individuation, Identity, and the Logic of Sortal Terms. Oxford: Basil Blackwell, 1989.

Lowes, John Livingston (1867-1945)
The Road to Xanadu: A Study in the Ways of the Imagination. Princeton, N.J.: Princeton University Press, 1986 (Boston, 1927).

Löwith, Karl (1897-1973)
Meaning in History. Chicago: University of Chicago Press, 1970 (Chicago, 1949).

Loyola, Saint Ignatius of. See **Ignatius of Loyola, Saint.**

Lubac, Henri De (1896-1991)
The Discovery of God. Trans. Alexander Dru. Chicago: H. Regnery, 1967 (*Sur les chemins de Dieu*, Paris, 1956).
Surnaturel. Paris: Aubier, 1946.

Lucas, John R. (1929-   )
The Freedom of the Will. Oxford: Clarendon Press, 1970.

Lucian (Lucianus Samosatensis) (c. 120-180?)
NOTE: *Lucian.* Trans. A. M. Harmon, K. Kilburn, and M. D. McLeod. 8 vols. Loeb Classical Library, Cambridge, Mass.: Harvard University Press, 1913-1979.
Alexander the False Prophet. In *Lucian* (180?).
Charon. In *Lucian.* Trans. A. M. Harmon. 8 vols. Loeb Classical Library, Cambridge, Mass.: Harvard University Press, 1913-1967.
Dead Come to Life, or The Fisherman. Ibid. (165?-175?).
Dialogues of the Dead. Ibid.
Dialogues of the Gods. Ibid.
The Gods in Council. Ibid. (165?-175?).
How to Write History. Ibid. (165?).
Icaromenippus, or The Sky-Man. Ibid. (165?-175?).
Of Sacrifices. Ibid. (165?-175?).
Philosophies for Sale. Ibid. (165?-175?).
True History. Ibid.

Lukacs, John (Adalbert) (1924-   )
Historical Consciousness, or, The Remembered Past. New York: Schocken Books, 1985 (New York, 1968).

Lull, Ramón (Lully) (1235-1315)
The Book of the Ordre of Chyvalry. Ed. A. T. B. Byles, trans. W. Caxton. New York: Kraus Reprint, 1971 (1276-1286).

Luther, Martin (1483-1546)
NOTE: *Luther's Works.* Ed. Jaroslav Pelikan and Helmut T. Lehman. 55 vols. St. Louis: Concordia; Philadelphia: Fortress Press, 1955-1976.
[Address to the German Nobility] *An Open Letter to the Christian Nobility of the German Nation.* In *Works* (Wittenberg, 1520).
Against the Robbing and Murdering Hordes of Peasants. Ibid. (*Wider die stürmenden Bauren*, Wittenberg, 1525).
[The Babylonian Captivity] *A Prelude on the Babylonian Captivity of the Church.* Ibid. (Wittenberg, 1520).
The Magnificat. Ibid. (*Das Magnificat verdeutscht und ausgelegt durch Martin Luther*, Wittenberg, 1520; 1521).
On Trading and Usury. Ibid. (*Von Kauffshandlung und Wucher*, Wittenberg, 1524).
The Schmalkald Articles. In *The Christian Book of Concord.* Philadelphia: Jacob, 1882 (1537).
Secular Authority: To What Extent It Should Be Obeyed. In *Works* (*Von weltlicher Oberkeit, wie*

weit man ihr Gehorsam schuldig sei, Wittenberg, 1523).
The Table Talk of Martin Luther. Ed. and trans. Theodore G. Tappert. *Ibid*. (1531-1546).
To the Councilmen of All Cities in Germany That They Establish and Maintain Christian Schools. Ibid. (Wittenberg, 1524).
A Treatise on Christian Liberty. Ibid. (Wittenberg, 1520).
Trinity Sunday. In *The Precious and Sacred Writings of Martin Luther*. Ed. J. N. Lenker, trans. H. L. Burry. Minneapolis: Lutherans in All Lands Co., 1903 (Wittenberg, 1535).
Whether Soldiers, Too, Can Be Saved. In *Works* (*Ob Kriegsleute auch in seligem Stand sein können*, Wittenberg, 1526).

Lycan, William G. (1945-   )
Judgement and Justification. New York: Cambridge University Press, 1988.

Lyell, Sir Charles (1797-1875)
The Geological Evidences of the Antiquity of Man. New York: AMS Press, 1973 (Philadelphia, 1863).
Principles of Geology: Being an Attempt to Explain the Former Changes of the Earth's Surface by Reference to Causes Now in Operation. 3 vols. New York: Johnson Reprint Corp., 1969 (London, 1830-1833).

Lyly, John (c. 1554-1606)
Euphues: The Anatomy of Wit; Euphues and His England. Ed. M. W. Croll and H. Clemons. New York: Russell & Russell, 1964 (London, 1579; 1580).

M

Macaulay, Thomas Babington (1800-1859)
[Miscellaneous Essays] *The Lays of Ancient Rome and Miscellaneous Essays and Poems*. Everyman's Library, New York: E. P. Dutton, 1968 (essay cited, 1828).

McDonald, Forrest (1927-   )
Novus Ordo Seclorum: The Intellectual Origins of the Constitution. Lawrence: University Press of Kansas, 1985.

McGoldrick, Monica (1943-   ), **Anderson, Carol M.** (1939-   ), and **Walsh, Froma** (1942-   ), eds.
Women in Families: A Framework for Family Therapy. New York: Norton, 1989.

Mach, Ernst (1838-1916)
The Analysis of Sensations and the Relation of the Physical to the Psychical. Ed. S. Waterlow, trans. C. M. Williams. New York: Dover Publications, 1959 (*Beiträge zur Analyse der Empfindungen*, Jena, 1886).
History and Root of the Principle of the Conservation of Energy. Trans. P. E. B. Jourdain. Chicago: Open Court, 1911 (1872).
Knowledge and Error: Sketches on the Psychology of Enquiry. Trans. Thomas J. McCormack and Paul Foulkes. Boston: D. Reidel Pub. Co., 1976 (*Erkenntnis und Irrtum: Skizzen zur Psychologie der Forschung*, Leipzig, 1905).
Popular Scientific Lectures. Trans. Thomas J. McCormack. La Salle, Ill.: Open Court, 1986.
The Science of Mechanics: A Critical and Historical Account of Its Development. Trans. Thomas J. McCormack. La Salle, Ill.: Open Court, 1974 (*Die Mechanik in ihrer Entwicklung*, Leipzig, 1883).
Space and Geometry in the Light of Physiological, Psychological and Physical Inquiry. Trans. Thomas J. McCormack. La Salle, Ill.: Open Court, 1960 (1901-1903).

Machiavelli, Niccolò (1469-1527)
The Art of War. In *Machiavelli*. Ed. H. Cust, trans. P. Whitehorne. 2 vols. New York: AMS Press, 1967 (*Dell' Arte della guerra*, Florence, 1521).
Belfagor. In *Italian Novelists*. Ed. and trans. T. Roscoe. London: F. Warne & Co., 1908.
Castruccio Castracani. In *The Prince and Other Works*. Ed. and trans. A. H. Gilbert. New York: Hendricks House, 1964 (1520).
The Discourses. Ed. Bernard Crick, trans. Leslie J. Walker, rev. Brian Richardson. New York: Penguin Books, 1983 (*Discorsi . . . sopra la prima deca di Tito Livio, c.* 1513).
Florentine History. Trans. Laura F. Banfield and Harvey C. Mansfield, Jr. Princeton, N.J.: Princeton University Press, 1988 (c. 1520-1525).

McIlwain, Charles Howard (1871-1968)
Constitutionalism, Ancient and Modern. Ithaca, N.Y.: Cornell University Press, 1977 (1938-1939).
Constitutionalism and the Changing World; Collected Papers. New York: Cambridge University Press, 1969 (New York, 1939).
The Fundamental Law Behind the Constitution. In *The Constitution Reconsidered*. Ed. C. Read. New York: Columbia University Press, 1938.

MacIntyre, Alasdair (Chalmers) (1929-   )
After Virtue: A Study in Moral Theology. Notre Dame, Ind.: University of Notre Dame Press, 1981.

MacIver, Robert Morrison (1882-1970)
Leviathan and the People. Port Washington, N.Y.: Kennikat Press, 1972 (Baton Rouge, La., 1939).
Society; Its Structure and Changes. New York: Long & Smith, 1931.
The Web of Government. New York: Free Press, 1966 (New York, 1947).

McKim, Donald K(eith) (1950-   )
Theological Turning Points: Major Issues in Christian Thought. Atlanta: John Knox Press, 1988.

McNeill, William H(ardy) (1917-   )
Plagues and Peoples. New York: Anchor Books, 1989 (Garden City, 1976).

The Pursuit of Power: Technology, Armed Force, and Society Since A.D. 1000. Chicago: University of Chicago Press, 1984.
The Rise of the West: A History of the Human Community. Chicago: University of Chicago Press, 1963.

Macquarrie, John (1919–   )
Principles of Christian Theology. New York: Scribner, 1977 (New York, 1966).
Twentieth-Century Religious Thought: The Frontiers of Philosophy and Theology, 1900–1960. New York: Scribner, 1981 (New York, 1963).

McTaggart, John McTaggart Ellis (1866–1925)
The Nature of Existence. 2 vols. Cambridge: Cambridge University Press, 1988.
Some Dogmas of Religion. New York: Kraus Reprints, 1969 (London, 1906).
Studies in Hegelian Cosmology. New York: Garland, 1984 (Cambridge, 1901).
Studies in the Hegelian Dialectic. New York: Russell & Russell, 1964 (Cambridge, 1896).

McWhinney, Edward (1926–   )
Constitution-Making: Principles, Process, Practice. Toronto: University of Toronto Press, 1981.

Madariaga, Salvador (1886–1978)
Anarchy or Hierarchy. New York: Kraus Reprint Co., 1970 (Madrid, 1935).

Mahan, Alfred Thayer (1840–1914)
The Influence of Sea Power upon History, 1660–1783. New York: Dover Publications, 1987 (Boston, 1890).

Mailer, Norman (1923–   )
The Naked and the Dead. New York: Holt, Rinehart and Winston, 1981 (New York, 1948).

Maimonides (Moses ben Maimon) (1135–1204)
The Eight Chapters of Maimonides on Ethics; a Psychological and Ethical Treatise. Ed. and trans. J. I. Gorfinkle. New York: AMS Press, 1966 (1158–1168).
The Guide of the Perplexed. Trans. Shlomo Pines. 2 vols. Chicago: University of Chicago Press, 1979–1981 (1190?).
The Mishneh Torah. Ed. and trans. M. Hyamson. New York: Feldheim Publishers, 1981– (1158–1190).
Regimen Sanitatis. Facsimile of 1477(?) ed. Heidelberg: H. Grossberger, 1931 (1198?).
Treatise on Logic. Ed. and trans. I. Efros. New York: American Academy for Jewish Research, 1938 (1151).

Maine, Sir Henry James Sumner (1822–1888)
Ancient Law. Tucson: University of Arizona Press, 1986 (London, 1861).
Dissertations on Early Law and Customs, Chiefly Selected from Lectures Delivered at Oxford. New York: Arno Press, 1975 (London, 1886).
Lectures on the Early History of Institutions. Buffalo, N.Y.: W. S. Hein, 1987 (London, 1875).
Popular Government; Four Essays. Indianapolis: Liberty Classics, 1976 (London, 1885).

Maine de Biran, Pierre, pseud. of **Marie François Pierre Gonthier** (1766–1824)
The Influence of Habit on the Faculty of Thinking. Trans. M. D. Boehm. Westport, Conn.: Greenwood Press, 1970 (*Influence de l'habitude sur la faculté de penser*, Paris, 1803).

Mairet, Philippe (1886–1975)
Aristocracy and the Meaning of Class Rule: An Essay upon Aristocracy Past and Future. London: C. W. Daniel, 1931.

Maistre, Joseph Marie de (1753–1821)
The Pope, Considered in His Relations with the Church, Temporal Sovereignties, Separated Churches, and the Cause of Civilization. Trans. Aeneas McD. Dawson. New York: H. Fertig, 1975 (*Du Pape*, Lyon, 1819).

Maitland, Frederic William (1850–1906)
Justice and Police. New York: AMS Press, 1974 (London, 1885).

Malamud, Bernard (1914–1986)
The Fixer. Franklin Center, Pa.: Franklin Library, 1986 (New York, 1966).

Malebranche, Nicolas (1638–1715)
Dialogues on Metaphysics. Trans. Willis Doney. New York: Abaris Books, 1980 (*Entretiens sur la métaphysique et la religion,* Rotterdam, 1688).
The Search After Truth. Trans. Thomas M. Lennon and Paul J. Olscamp. Columbus: Ohio University Press, 1980 (*De la recherche de la vérité,* Paris, 1674–1675).

Malinowski, Bronisław Kasper (1884–1942)
Crime and Custom in Savage Society. Totowa, N.J.: Rowman & Littlefield, 1989 (New York, 1926).
Freedom and Civilization. Ed. A. V. Malinowska. Westport, Conn.: Greenwood Press, 1976.
The Sexual Life of Savages in North-Western Melanesia. An Ethnographic Account of Courtship, Marriage, and Family Life Among the Natives of the Trobriand Islands, British New Guinea. Boston: Beacon Press, 1987 (New York, 1929).

Mallock, William Hurrell (1849–1923)
Aristocracy and Evolution: A Study of the Rights, the Origin and the Social Functions of the Wealthier Classes. New York: Macmillan, 1898.
Social Equality: A Short Study in a Missing Science. London: R. Bentley, 1882.

Malory, Sir Thomas (*fl.* 1470)
Le morte d'Arthur.
NOTE: The above work is available in many popular editions.

Malraux, André (1901–1976)
Man's Fate. Trans. H. M. Chevalier. Modern Library, New York: Random House, 1984 (*La condition humaine,* Paris, 1933).
The Voices of Silence. Trans. Stuart Gilbert. Prince-

ton, N.J.: Princeton University Press, 1978 (*Les voix du silence*, Paris, 1951).

Malthus, Thomas Robert (1766–1834)
An Essay on the Principle of Population, or, A View of Its Past and Present Effects on Human Happiness. Fairfield, N.J.: A. M. Kelley, 1986 (London, 1798).
Principles of Political Economy Considered with a View to Their Practical Application. Fairfield, N.J.: A. M. Kelley, 1986 (London, 1820).

Mandeville, Bernard de (c. 1670–1733)
An Enquiry into the Origin of Honor, and the Usefulness of Christianity in War. London: Cass, 1971 (London, 1732).
The Fable of the Bees; or, Private Vices, Publick Benefits. Ed. Phillip Harth. Harmondsworth, Eng.: Penguin, 1970 (originally pub. as *The Grumbling Hive; or, Knaves Turn'd Honest*, London, 1705).

Mann, Thomas (1875–1955)
Buddenbrooks. Trans. H. T. Lowe-Porter. New York: Vintage, 1984 (Berlin, 1901).
Doctor Faustus: The Life of the German Composer, Adrian Leverkühn, as Told by a Friend. Trans. H. T. Lowe-Porter. New York: Knopf, 1975 (*Doktor Faustus*, Stockholm, 1948).
Joseph and His Brothers. Trans. H. T. Lowe-Porter. New York: Knopf, 1983 (Berlin, 1933).
Joseph in Egypt. In *Joseph and His Brothers* (*Joseph in Agypten*, Vienna, 1936).
The Magic Mountain. Trans. H. T. Lowe-Porter. New York: Knopf, 1988 (*Der Zauberberg*, Berlin, 1924).
Tonio Kröger. In *Stories of Three Decades*. Trans. H. T. Lowe-Porter. New York: A. A. Knopf, 1979 (Berlin, 1903).
Young Joseph. In *Joseph and His Brothers* (*Der junge Joseph*, Berlin, 1934).

Mannheim, Karl (1893–1947)
Ideology and Utopia: An Introduction to the Sociology of Knowledge. Trans. Louis Wirth and Edward Shils. San Diego: Harcourt, Brace Jovanovich, 1985 (*Ideologie und Utopie*, Bonn, 1929).

Mansel, Henry Longueville (1820–1871)
The Limits of Religious Thought Examined in Eight Lectures Delivered Before the University of Oxford, in the Year MDCCCLVIII, on the Bampton Foundation. New York: AMS Press, 1973 (Oxford, 1858).
Prolegomena Logica. An Inquiry into the Psychological Character of Logical Processes. Oxford: H. Hammans, 1851.

Manzoni, Alessandro Francesco Tommaso Antonio (1785–1873)
The Betrothed (I promessi sposi): A Tale of XVII Century Milan. Trans. Archibald Colquhoun. Everyman's Library, London: Dent, 1983 (Milan, 1825–1827).

Maor, Eli (1937–   )
To Infinity and Beyond: A Cultural History of the Infinite. Boston: Birkhäuser, 1987.

Maquet, Jacques Jérôme Pierre (1919–   )
The Aesthetic Experience: An Anthropologist Looks at the Visual Arts. New Haven, Conn.: Yale University Press, 1986.

Mariana, Juan de (1536–1624)
The King and the Education of the King. Trans. G. A. Moore. Washington: Country Dollar Press, 1948 (*De Rege et Regis Institutione*, 1599).

Marin, Bayard (1941–   )
Inside Justice: A Comparative Analysis of Practices and Procedures for the Determination of Offenses Against Discipline in Prisons of Britain and the United States. Cranbury, N.J.: Fairleigh Dickinson University Press, 1983.

Marinetti, Filippo Tommaso Emilio (1876–1944)
[The Manifestoes of Futurism] *Le premier manifeste du futurisme: édition critique avec, en facsimilé, le manuscrit original de F. T. Marinetti*. Ed. Jean-Pierre A. de Villers. [Polyglot edition with French, English, Italian, German, and Russian versions.] Ottawa: Editions de l'Université d'Ottawa, 1986 (*I manifesti del futurismo*, Florence, 1914).

Maritain, Jacques (1882–1973)
Art and Scholasticism, with Other Essays. Trans. J. F. Scanlan. Freeport, N.Y.: Books for Libraries Press, 1971 (*Art et scholastique*, Paris, 1920).
Christianity and Democracy; and, The Rights of Man and Natural Law. Trans. D. C. Anson. San Francisco: Ignatius Press, 1986 (*Christianisme et démocratie*, New York, 1943).
De la philosophie chrétienne. Paris: Desclée, de Brouwer, 1933 (1931).
The Degrees of Knowledge. Trans. Gerald B. Phelan. New York: Scribner's, 1959 (*Distinguer pour unir, ou les degrés du savoir*, Paris, 1932).
Education at the Crossroads. New Haven, Conn.: Yale University Press, 1966.
Existence and the Existent. Trans. Lewis Galantiere and Gerald B. Phelan. Lanham, Md.: University Press of America, 1987 (*Court traité de l'existence et de l'existant*).
Freedom in the Modern World. Trans. R. O'Sullivan. New York: Gordian Press, 1971 (*Du régime temporel et de la liberté*, Paris, 1933).
An Introduction to Logic. Trans. G. Choquette. New York: Sheed & Ward, 1937 (*L'ordre des concepts: I, Petite logique*, Paris, 1923).
An Introduction to Philosophy. Trans. E. I. Watkin. London: Sheed & Ward, 1979 (*Introduction générale à la philosophie*, Paris, 1920).
Man and the State. Chicago: University of Chicago Press, 1971 (Chicago, 1951).
The Person and the Common Good. Trans. J. J. Fitzgerald. Notre Dame, Ind.: University of Notre Dame Press, 1966.
A Preface to Metaphysics, Seven Lectures on Being. Salem, N.H.: Ayer, 1987 (*Sept leçons sur l'être et les premiers principes de la raison spéculative*, Paris, 1934).

The Problem of World Government. In *The Great Ideas Today*, 1971. Chicago: Encyclopædia Britannica, 1971.
Ransoming the Time. Trans. H. L. Binsse. New York: Gordian Press, 1972.
Réflexions sur l'intelligence et sur la vie propre. Paris: Desclée, de Brouwer, 1921.
Religion and Culture. Trans. J. F. Scanlan. New York: Sheed & Ward, 1931 (*Religion et culture*, Paris, 1930).
The Rights of Man and Natural Law. See *Christianity and Democracy* (*Les droits de l'homme et la loi naturelle*, New York, 1942).
Saint Thomas and the Problem of Evil. Trans. Mrs. G. Andison. Milwaukee: Marquette University Press, 1958.
Scholasticism and Politics. Ed. Mortimer J. Adler. Freeport, N.Y.: Books for Libraries Press, 1972.
Science and Wisdom. Trans. B. Wall. New York: Scribner, 1954 (*Science et sagesse, suivi d'éclaircissements sur la philosophie morale*, Paris, 1935).
Theonas, Conversations of a Sage. Trans. F. J. Sheed. Freeport, N.Y.: Books for Libraries Press, 1969 (*Théonas, ou Les Entretiens d'un sage et de deux philosophes sur diverses matières inégalement actuelles*, Paris, 1921).
The Things That Are Not Caesar's. Trans. J. F. Scanlan. New York: Scribner's, 1930 (*Primauté du spirituel*, Paris, 1927).
True Humanism. Trans. M. R. Adamson. Westport, Conn.: Greenwood Press, 1970 (*Problemas espirituales y temporales de una nueva cristiandad*, Madrid, 1934).

Marks, Joel (1949–), ed.
The Ways of Desire: New Essays in Philosophical Psychology on the Concept of Wanting. Chicago: Precedent Publishers, 1986.

Marlowe, Christopher (1564–1593)
Edward the Second. In *The Plays of Christopher Marlowe.* New York: Oxford University Press, 1979 (1592 or 1593).
Tamburlaine the Great. Ibid. (1587 or 1588).
The Tragical History of Doctor Faustus. Ibid. (1589?).

Marriott, Sir John Arthur Ransome (1859–1945)
Dictatorship and Democracy. Oxford: Clarendon Press, 1935.

Marshall, Alfred (1842–1924)
Industry and Trade: A Study of Industrial Technique and Business Organization, and of Their Influences on the Conditions of Various Classes and Nations. New York: A. M. Kelley, 1970 (London, 1919).
Principles of Economics: An Introductory Volume. Philadelphia: Porcupine Press, 1982 (London, 1890).

Marsilius of Padua (c. 1270–1342)
Defensor Pacis. Trans. A. Gewirth. Toronto: University of Toronto Press in association with the Mediaeval Academy of America, 1980 (1324).

Martin du Gard, Roger (1881–1958)
The Thibaults. Trans. S. Gilbert. New York: Bantam Books, 1968 (Paris, 1922–1929).

Martineau, James (1805–1900)
A Study of Religion, Its Sources and Contents. 2 vols. Oxford: Clarendon Press, 1900 (Oxford, 1888).

Marvell, Andrew (1621–1678)
"Dialogue Between the Soul and the Body." In *The Poems and Letters of Andrew Marvell.* Ed. H. M. Margoliouth. 2 vols. Oxford: Clarendon Press, 1971 (1681).
"To His Coy Mistress." Ibid. (1681).

Marx, Karl (1818–1883)
The Civil War in France. Moscow: Progress Publishers, 1972 (1871).
A Contribution to the Critique of Political Economy. Trans. S. W. Ryazanskaya. London: Lawrence and Wishart, 1971 (*Zur Kritik der politischen Oekonomie*, I, Berlin, 1859).
Critique of Hegel's "Philosophy of Right." Trans. Annette Jolin and Joseph O'Malley. New York: Cambridge University Press, 1978 (*Zur Kritik der Hegelschen Rechtsphilosophie*, in *Deutsch-Französische Jahrbücher*, Paris, 1844).
Critique of the Gotha Programme. Ed. C. P. Dutt. New York: International Publishers, 1973 (1875).
The Eighteenth Brumaire of Louis Bonaparte. New York: International Publishers, 1972 (1852).
The Poverty of Philosophy. New York: International Publishers, 1975 (*Misère de la philosophie. Réponse à La philosophie de la misère de M. Proudhon*, Paris, 1847).

Marx, Karl and **Engels, Friedrich** (1820–1895)
The German Ideology. Ed. R. Pascal. Moscow: Progress Publishers, 1976 (Parts I and III, *Die deutsche Ideologie*, Moscow, 1932 [1846]).

Maslow, Abraham H(arold) (1908–1970)
Motivation and Personality. New York: Harper & Row, 1987 (New York, 1954).

Matthew of Aquasparta (c. 1234–1302)
Ten Disputed Questions on Knowledge. In *Selections from Medieval Philosophers.* Ed. and trans. Richard McKeon. 2 vols. New York: Scribner's, 1958.

Mattingly, Garrett (1900–1962)
Catherine of Aragon. New York: Vintage Books, 1961 (Boston, 1941).

Maurice, Frederick Denison (1805–1872)
The Conscience: Lectures on Casuistry, Delivered in the University of Cambridge. London: Macmillan, 1883 (London, 1868).

Mauron, Charles (1899–1966)
Aesthetics and Psychology. Trans. R. Fry and C. John. Port Washington, N.Y.: Kennikat Press, 1970 (London, 1935).

Maxwell, James Clerk (1831–1879)
Matter and Motion. Ed. J. Larmor. New York: Dover, 1952 (London, 1876).

The Scientific Papers of James Clerk Maxwell. 2 vols. in 1. New York: Dover, 1965 (1846–1879).
Theory of Heat. New York: AMS Press, 1972 (London, 1871).
A Treatise on Electricity and Magnetism. Ed. J. J. Thomson. 2 vols. London: Oxford University Press, 1955 (Oxford, 1873).

Mayr, Ernst (1904-   )
The Growth of Biological Thought: Diversity, Evolution, and Inheritance. Cambridge, Mass.: Belknap Press, 1982.
Systematics and the Origin of Species from the Viewpoint of a Zoologist. New York: Columbia University Press, 1982 (New York, 1942).
Toward a New Philosophy of Biology: Observations of an Evolutionist. Cambridge, Mass.: Belknap Press of Harvard University, 1988.

Mazzini, Giuseppe (1805–1872)
The Duties of Man, and Other Essays. Everyman's Library, New York: E. P. Dutton, 1966 (*Dei doveri dell'uomo,* Genoa, 1851).
From the Council to God. Ibid. (Letter to the Members of the Oecumenical Council, London, 1870).

Mead, George Herbert (1863–1931)
The Philosophy of the Present. Ed. A. E. Murphy. Chicago: University of Chicago Press, 1980 (1930).

Mead, Margaret (1901–1978)
Coming of Age in Samoa: A Psychological Study of Primitive Youth for Western Civilization. New York: Morrow, 1973 (New York, 1928).

Means, Gardiner C. See **Berle, Adolph A., Jr.**

Meiklejohn, Alexander (1872–1964)
Education Between Two Worlds. Freeport, N.Y.: Books for Libraries Press, 1972 (New York, 1942).

Meinecke, Friedrich (1862–1954)
Machiavellism: The Doctrine of Raison D'Etat and Its Place in Modern History. Trans. Douglas Scott. Boulder, Colo.: Westview Press, 1984 (*Die Idee der Straatsräson in der neueren Geschichte,* Munich, 1924).

Melanchthon, Philip (1497–1560)
Commentarius de Anima. In *Philipi Melanthonis Opera ... Omnia* (*Corpus Reformatorum*). Ed. C. G. Bretschneider. 28 vols. New York: Johnson Reprint Corp., 1963 (Strasbourg, 1540).
[Dialectica] *Compendiaria Dialectices Ratio. Ibid.* (Wittenberg, 1520).
[Loci Communes] *Melanchthon on Christian Doctrine: Loci Communes, 1555.* Ed. and trans. Clyde L. Manschreck. Grand Rapids, Mich.: Baker Book House, 1982 (Wittenberg, 1521).

Melden, A(braham) I(rving) (1910-   )
Free Action. New York: Humanities Press, 1961.

Melville, Herman (1819–1891)
"Bartleby the Scrivener." (1856).
"Benito Cereno." (1856).
Billy Budd, Foretopman. (first published posthumously, 1924).

Omoo: A Narrative of Adventures in the South Seas. (New York, 1847).
Pierre; or, The Ambiguities. (New York, 1852).
Typee: A Narrative of the Marquesas Islands. (New York, 1846).
NOTE: The above works are available in many popular editions and collections.

Mendel, Gregor Johann (1822–1884)
Experiments in Plant Hybridization. Trans. Royal Horticultural Society of London. Cambridge, Mass.: Harvard University Press, 1965 (1866).

Mendeleyev, Dmitri Ivanovich (1834–1907)
The Principles of Chemistry. Ed. T. H. Pope, trans. G. Kamensky. 2 vols. New York: Kraus Reprints, 1969 (St. Petersburg, 1869–1871).

Mendelson, Elliott (1931-   )
Number Systems and the Foundations of Analysis. Malabar, Fla.: R. E. Krieger Pub. Co., 1985 (New York, 1973).

Menninger, Karl (Augustus) (1893–1990)
Love Against Hate. New York: Harcourt Brace Jovanovich, 1970 (New York, 1942).

Meredith, George (1828–1909)
The Amazing Marriage. New York: Russell & Russell, 1968 (Westminster, 1895).
Diana of the Crossways. London: Virago, 1980 (London, 1885).
Earth and Man. In *The Poems of George Meredith.* New Haven, Conn.: Yale University Press, 1978 (London, 1883).
The Egoist. Ed. Robert M. Adams. New York: Norton, 1979 (London, 1879).
An Essay on Comedy and the Uses of the Comic Spirit. Folcroft, Pa.: Folcroft Library Editions, 1978 (1877).
Modern Love. In *Poems.* See *Earth and Man* (London, 1862).
The Ordeal of Richard Feverel. New York: New American Library, 1985 (London, 1859).

Merleau-Ponty, Maurice (1908–1961)
Phenomenology of Perception. Trans. Colin Smith. Atlantic Highlands, N.J.: Humanities Press, 1986 (*Phénoménologie de la perception,* Paris, 1945).

Merriam, Charles Edward (1874–1953)
The Making of Citizens; a Comparative Study of Methods of Civic Training. New York: Teachers College Press, 1966 (Chicago, 1931).
The New Democracy and the New Despotism. New York: McGraw-Hill, 1939.
Systematic Politics. Chicago: University of Chicago Press, 1966 (Chicago, 1945).
What Is Democracy? Chicago: University of Chicago Press, 1941.
The Written Constitution and the Unwritten Attitude. New York: R. R. Smith, 1931.

Merton, Thomas (1915–1968)
The Seven Storey Mountain. New York: Phoenix Press, 1985 (New York, 1948).

Meyerson, Émile (1859-1933)
De l'explication dans les sciences. 2 vols. Paris: Payot, 1927 (Paris, 1921).
Du cheminement de la pensée. 3 vols. Paris: F. Alcan, 1931.
Identity and Reality. Trans. K. Loewenberg. New York: Gordon and Breach, 1989 (*Identité et réalité*, Paris, 1908).

Michelangelo Buonarroti (1475-1564)
The Sonnets of Michaelangelo. Trans. Elizabeth Jennings. Manchester: Carcanet, 1988 (1531).

Michelet, Jules (1798-1874)
Introduction à l'histoire universelle. In *Oeuvres Complètes*. 40 vols. Paris: E. Flammarion, 1893-1899 (1831).
The People. Trans. John P. McKay. Urbana: University of Illinois Press, 1973 (*Le peuple*, Paris, 1846).
Satanism and Witchcraft: A Study in Medieval Superstition. Ed. and trans. A. R. Allinson. Secaucus, N.J.: Citadel Press, 1973 (*La sorcière*, Paris, 1862).

Michels, Robert (1876-1936)
Economia e felicità. Milan: F. Vallardi, 1918.
Political Parties: A Sociological Study of the Oligarchical Tendencies of Modern Democracy. Trans. E. & C. Paul. Gloucester, Mass.: P. Smith, 1978 (*Zur Soziologie des Parteiwesens in den modernen Demokratien*, German ed., 1910).

Mill, James (1773-1836)
Analysis of the Phenomena of the Human Mind. 2 vols. New York: A. M. Kelley, 1967 (London, 1829).
Elements of Political Economy. New York: G. Olms, 1971 (London, 1821).
An Essay on Government. Ed. Currin V. Shields. New York: Liberal Arts Press, 1955 (reprinted from the Supplement to the 5th ed., *Encyclopædia Britannica*, 1824).

Mill, John Stuart (1806-1873)
Autobiography and Literary Essays. Ed. J. M. Robson and J. Stillinger. Toronto: University of Toronto Press, 1981 (London, 1873).
Dissertations and Discussions: Political, Philosophical and Historical. 2 vols. New York: Haskell House, 1973 (1833-1873).
An Examination of Sir William Hamilton's Philosophy, and of the Principal Philosophical Questions Discussed in His Writings. Ed. J. M. Robson. Toronto: University of Toronto Press, 1979 (London, 1865).
Inaugural Address, Delivered to the University of St. Andrews, Feb. 1st, 1867. London: Longmans, Green, Reader, & Dyer, 1867.
Principles of Political Economy, with Some of Their Applications to Social Philosophy. Ed. W. J. Ashley. Fairfield, N.J.: A. M. Kelley, 1987 (London, 1848).
Socialism. In *On Liberty; with, The Subjection of Women and Chapters on Socialism*. New York: Cambridge University Press, 1989 (1872-1873).
The Subjection of Women. Ibid. (Philadelphia, 1869).
A System of Logic, Ratiocinative and Inductive, Being a Connected View of the Principles of Evidence and the Methods of Scientific Investigation. 2 vols. Toronto: University of Toronto Press, 1974 (London, 1843).
Thoughts on Parliamentary Reform. London: J. W. Parker, 1859.
Three Essays on Religion [Nature; the Utility of Religion; and Theism]. New York: AMS Press, 1970 (1850-1858; *Theism*, 1868-1870).

Millar, John (1735-1801)
Observations Concerning the Distinction of Ranks in Society. London: J. Murray, 1781 (London, 1771).

Miller, Arthur (1915-)
The Crucible. (New York, 1953).
Death of a Salesman. (New York, 1948).
NOTE: The above works are available in many popular editions.

Miller, Henry (1891-1980)
Tropic of Cancer. New York: Modern Library, 1983 (Paris, 1934).

Milne, Edward Arthur (1896-1950)
Kinematical Relativity. Reprinted from the *Journal of the London Mathematical Society*, London, 1940.

Miłosz, Czesław (1911-)
The Captive Mind. Trans. Jane Zielonko. New York: Vintage Books, 1981 (*Zniewolony umysł*, Paris, 1953).

Milton, John (1608-1674)
NOTE: *The Works of John Milton*. Ed. F. A. Patterson. 18 vols. New York: Columbia University Press, 1931-1938.
Complete Poems and Major Prose. Ed. Merritt Y. Hughes. New York: Macmillan, 1985.
[Defence of the People of England] *John Milton an Englishman His Defence of the People of England Against Claudius Anonymous, Alias Salmasius, His Defence of the King*. In *Works* (*Joannis Miltoni Angli pro Populo Anglicano Defensio*, London, 1650).
The Doctrine and Discipline of Divorce: Restor'd to the Good of Both Sexes, etc. In *Complete Poems and Major Prose* (London, 1643).
[Grammar] *Accedence Commenc't Grammar, Supply'd with Sufficient Rules, etc*. In *Works* (London, 1669).
Of Education. In *Complete Poems and Major Prose* (London, 1644).
The Ready and Easy Way to Establish a Free Commonwealth. Ibid. (London, 1660).
The Reason of Church Government Urged Against Prelaty. Ibid. (London, 1641).
The Tenure of Kings and Magistrates. Ibid. (London, 1649).

Mises, Richard von (1883-1953)
Probability, Statistics, and Truth. Ed. Hilda Geiringer. New York: Dover, 1981 (*Wahrscheinlichkeit, Statistik, und Wahrheit,* Vienna, 1928).

Mitchell, Wesley Clair (1874-1948)
Business Cycles and Their Causes. Philadelphia: Porcupine Press, 1989 (Berkeley, Calif., 1913).

Miyamoto, Kenrō (1931-)
Plasma Physics for Nuclear Fusion. Cambridge, Mass.: MIT Press, 1989.

Mockler, Anthony (1937-)
The New Mercenaries. New York: Paragon House, 1987.

Molière, pseud. of **Jean Baptiste Poquelin** (1622-1673)
NOTE: *Comedies.* 2 vols. Everyman's Library, New York: Dutton, 1965-1968.
Le médecin malgré lui (The Mock-Doctor). In *Comedies* (1666).
Le misanthrope (The Man-Hater). Ibid. (1666).
L'école des maris (The School for Husbands). Ibid. (1661).

Mommsen, Theodor (1817-1903)
The History of Rome: An Account of Events and Persons from the Conquest of Carthage to the End of the Republic. Cleveland: World Pub. Co., 1965 (*Histoire Romaine,* Paris, 1882).

Monod, Jacques (1910-1976)
Chance and Necessity: An Essay on the Natural Philosophy of Modern Biology. Trans. Austryn Wainhouse. New York: Vintage Books, 1972 (*Hasard et la nécessité,* Athens, 1971).

Montalembert, Charles Forbes René de Tryon, Comte de (1810-1870)
On Constitutional Liberty: A Picture of England Painted by a Frenchman. London: E. Wilson, 1858.

Montesquieu, Charles de Secondat, Baron de (1689-1755)
Considerations on the Causes of the Greatness of the Romans and Their Decline. Trans. David Lowenthal. Ithaca, N.Y.: Cornell University Press, 1968 (*Considérations sur la grandeur des Romains et de leur décadence,* Paris, 1734).
The Persian Letters. Trans. Melvin Richter. New York: Harmondsworth, Eng.: Penguin, 1977 (*Lettres persanes,* Cologne, 1721).

Montessori, Maria (1870-1952)
The Montessori Method. Trans. A. E. George. New York: Schocken Books, 1988 (*Il Metodo della Pedagogia Scientifica,* Turin, 1909).

Montgomery of Alamein, Bernard Law, Viscount (1887-1976)
A History of Warfare. New York: Morrow, 1983 (London, 1968).

Moore, George Edward (1873-1958)
Ethics. London: Oxford University Press, 1977 (New York, 1912).

Philosophical Studies. London: Routledge & K. Paul, 1970 (New York, 1922).
Principia Ethica. Cambridge: Cambridge University Press, 1976 (Cambridge, 1903).

Moravia, Alberto (1907-1990)
The Woman of Rome. Trans. Lydia Holland. New York: Manor Books, 1974 (*La romana,* Milan, 1947).

More, Henry (1614-1687)
An Account of Virtue. Trans. E. Southwell. New York: Facsimile Text Society, 1930 (*Enchiridion Ethicum, Praecipua Moralis Philosophiae Rudimenta Complectens, etc.,* London, 1667).
The Antidote Against Atheism. In *Philosophical Writings of Henry More.* Ed. F. I. MacKinnon. New York: AMS Press, 1969 (London, 1652).
The Immortality of the Soul. Ibid. (London, 1659).

More, Louis Trenchard (1870-1944)
The Dogma of Evolution. Princeton, N.J.: Princeton University Press, 1925.

More, Paul Elmer (1864-1937)
Aristocracy and Justice. New York: Phaeton Press, 1967 (Boston, 1915).

More, Sir Thomas (1478-1535)
Utopia. Trans. John Sheehan and John P. Donnelly. Milwaukee: Marquette University Press, 1984 (Louvain, 1516).

Morgan, Conwy Lloyd (1852-1936)
Animal Life and Intelligence. London: E. Arnold, 1890-1891.
Emergent Evolution. New York: Henry Holt, 1922.
Habit and Instinct. New York: Arno Press, 1973 (London, 1896).
Instinct and Experience. New York: Macmillan, 1912.

Morgan, Lewis Henry (1818-1881)
Ancient Society. Tucson: University of Arizona Press, 1985 (New York, 1877).
Systems of Consanguinity and Affinity of the Human Family. Oosterhout, The Neth.: Anthropological Publications; dist. by Humanities Press, New York, 1970 (1868).

Morgan, Thomas Hunt (1866-1945)
Evolution and Genetics. Princeton, N.J.: Princeton University Press, 1925 (originally pub. as *A Critique of the Theory of Evolution,* Princeton, 1916).
The Physical Basis of Heredity. Philadelphia: Lippincott, 1919.
The Scientific Basis of Evolution. New York: W. W. Norton, 1935 (New York, 1932).
The Theory of the Gene. New York: Garland Pub., 1988 (New Haven, Conn., 1926).

Morgann, Maurice (1726-1802)
Morgann's Essay on the Dramatic Character of Sir John Falstaff. Ed. W. A. Gill. Norwood, Pa.: Norwood Editions, 1976 (London, 1777).

Morgenstern, Oskar. See **Von Neumann, John.**

Morison, Samuel Eliot (1887-1976)
Admiral of the Ocean Sea: A Life of Christopher Columbus. Boston: Northeastern University Press, 1983 (Boston, 1942).

Morley, John (1838-1923)
On Compromise. London: Macmillan, 1923 (London, 1874).

Morris, William (1834-1896)
The Aims of Art. In *Signs of Change: Seven Lectures, Delivered on Various Occasions.* London: Longmans, Green & Co., 1903 (London, 1887).
Hopes and Fears for Art. New York: Garland Pub., 1979 (London, 1882).
News from Nowhere and, Selected Writings and Designs. New York: Viking Penguin, 1986 (Boston, 1890).

Morrison, Toni (1931-   )
Song of Solomon. New York: New American Library, 1987.

Mortimer, Martin. See **Begon, Michael.**

Morton, Adam (1945-   )
Frames of Mind: Constraints on the Common-Sense Conception of the Mental. New York: Oxford University Press, 1980.

Mosca, Gaetano (1858-1941)
The Ruling Class. Ed. A. Livingston, trans. H. D. Kahn. Westport, Conn.: Greenwood Press, 1980 (*Elementi di scienza politica,* Turin, 1896).

Mounier, Emmanuel (1905-1950)
A Personalist Manifesto. Trans. monks of St. John's Abbey. New York: Longmans, Green & Co., 1938 (*Manifeste au service du personnalisme,* Paris, 1936).

Mueller, Gustav E. (1898-   )
Dialectic: A Way into and Within Philosophy. Washington, D.C.: University Press of America, 1982 (New York, 1953).

Muir, Edwin (1887-1959)
The Structure of the Novel. London: Chatto & Windus, 1979 (London, 1928).

Muirhead, John Henry (1855-1940)
Rule and End in Morals. Freeport, N.Y.: Books for Libraries Press, 1969 (New York, 1932).

Müller, Friedrich Max (1823-1900)
Comparative Mythology. In *Chips from a German Workshop.* 5 vols. New York: Scribner's, 1889-1891 (1856).
The Science of Language, Founded on Lectures Delivered at the Royal Institution in 1861 and 1863. 2 vols. New York: AMS Press, 1978 (London, 1861-1863).

Mumford, Lewis (1895-1990)
The City in History: Its Origins, Its Transformations, and Its Prospects. Harmondsworth, Eng.: Penguin, 1984 (London, 1961).
The Condition of Man. New York: Harcourt Brace Jovanovich, 1973 (New York, 1944).
The Culture of Cities. Westport, Conn.: Greenwood Press, 1981 (New York, 1938).
Technics and Civilization. New York: Harcourt, Brace & World, 1963 (New York, 1934).

Munro, Thomas (1897-1974)
Evolution in the Arts, and Other Theories of Culture History. Cleveland: Cleveland Museum of Art, dist. by H. N. Abrams, 1963.

Musil, Robert (1880-1942)
Young Törless. Trans. Eithne Wilkins and Ernst Kaiser. New York: Pantheon Books, 1982 (*Die Verwirrungen des Zöglings Törless,* Vienna, 1906).

Myers, Henry Allen (1934-   )
Medieval Kingship. Chicago: Nelson-Hall, 1982.

Myrdal, Gunnar (1898-1987)
The Challenge of World Poverty: A World Anti-Poverty Program in Outline. New York: Vintage Books, 1971.

N

Nabokov, Vladimir (1899-1977)
Lolita. New York: Vintage Books, 1989 (Paris, 1955).

Nagel, Ernest (1901-1985)
On the Logic of Measurement. New York, 1930.
The Structure of Science: Problems in the Logic of Scientific Explanation. Indianapolis: Hackett Pub. Co., 1979 (New York, 1961).

Naipaul, V(idiadhar) S(urajprasad) (1932-   )
Among the Believers: An Islamic Journey. New York: Vintage Books, 1982.
The Enigma of Arrival. New York: Vintage Books, 1988.
Guerrillas. New York: Vintage Books, 1980.

Needham, Joseph (1900-   )
Order and Life. Cambridge, Mass.: M.I.T. Press, 1968 (New Haven, 1936).

Needham, Rodney (1923-   )
Against the Tranquility of Axioms. Berkeley: University of California Press, 1983.

Neff, Emery Edward (1892-1983)
The Poetry of History. New York: Octagon Books, 1979 (New York, 1947).

Neruda, Pablo (1904-1973)
The Heights of Macchu Picchu. Trans. David Young. Bandon, Ore.: Songs Before Zero Press, 1987 (*Alturas de Macchu Picchu,* Santiago, 1948).
Twenty Love Poems and a Song of Despair. Trans. W. S. Merwin. New York: Penguin Books, 1978 (*Veinte poemas de amor y una canción desesperada,* Santiago, 1924).

Newman, James. See **Kasner, Edward.**

Newman, John Henry (1801-1890)
Apologia Pro Vita Sua. New York: Image Books, 1989 (London, 1864).
Callista; a Sketch of the Third Century. Westminster, Md.: Newman Press, 1962 (London, 1856).

An Essay in Aid of a Grammar of Assent. New York: Oxford University Press, 1985 (London, 1870).
An Essay on the Development of Christian Doctrine. Notre Dame, Ind.: University of Notre Dame Press, 1989 (London, 1845).
Essays and Sketches. 3 vols. Westport, Conn.: Greenwood Press, 1970.
The Idea of a University Defined and Illustrated. Chicago: Loyola University Press, 1987 (originally pub. as *The Scope and Nature of University Education,* Dublin, 1852).
Lectures on the Doctrine of Justification. Westminster, Md.: Christian Classics, 1966 (London, 1838).
Lectures on the Prophetical Office of the Church Viewed Relatively to Romanism and Popular Protestantism. London: Rivington, 1837.
A Letter to His Grace the Duke of Norfolk. In *Letters and Diaries.* Ed. Charles Stephen Dessain and Thomas Gornall. Oxford: Clarendon Press, 1973–.
Parochial and Plain Sermons. San Francisco: Ignatius Press, 1987 (London, 1837-1842).
University Sketches. Ed. Michael Tierney. Staten Island, N.Y.: Alba House, 1964 (1854).

Newton, Sir Isaac (1642-1727)
Daniel and the Apocalypse. Ed. Sir W. Whitla. London: J. Murray, 1922 (c. 1693).
[*Letters on Natural Philosophy*] *Isaac Newton's Papers and Letters on Natural Philosophy and Related Documents.* Ed. I. Bernard Cohen. Cambridge, Mass.: Harvard University Press, 1978 (1672-1676).
The Method of Fluxions and Infinite Series. Ed. and trans. J. Colson. London: H. Woodfall, 1736 (*Geometrica Analytica,* 1671).
Universal Arithmetic; or, A Treatise of Arithmetical Composition and Resolution. Trans. Ralphson. London: W. Johnston, 1769 (*Arithmetica Universalis; Sive de Compositione et Resolutione Arithmetica Liber,* London, 1707).

Nexö, Martin Andersen (1869-1954)
Pelle the Conqueror. Trans. J. Muir and B. Miall. 2 vols. Gloucester, Mass.: P. Smith, 1963 (Copenhagen, 1906-1910).

Nicholas of Cusa (1401-1464)
De Docta Ignorantia. In *Nicolai de Cusa Opera Omnia.* Ed. E. Hoffman et al. 14 vols. Leipzig: F. Meiner, 1932-1939 (1440).
De Venatione Sapientiae. In Vol. XII, ibid. (1463).
The Layman, About Mind. Trans. Clyde Lee Miller. New York: Abaris Books, 1979 (*Idiota de mente,* 1450).
The Vision of God. Ed. and trans. E. G. Salter. New York: Ungar Pub. Co., 1960 (*De Visione Dei,* 1453).

Nickerson, Hoffman. See **Spaulding, Oliver Lyman.**

Nicod, Jean (1893-1924)
Foundations of Geometry and Induction. Trans. P. P. Wiener. New York: Humanities Press, 1950 (*Le problème logique de l'induction,* Paris, 1923, and *La géométrie dans le monde sensible,* Paris, 1924).

Nicolson, Sir Harold (1886-1968)
The Congress of Vienna: A Study in Allied Unity: 1812-1822. New York: Harcourt Brace Jovanovich, 1974 (London, 1946).
Diaries and Letters, 1930-1964. London: Collins, 1980 (London, 1966).

Nicolson, Marjorie Hope (1894-1981)
Newton Demands the Muse: Newton's Opticks and the Eighteenth Century Poets. Westport, Conn.: Greenwood Press, 1979 (Princeton, 1946).

Niebuhr, Reinhold (1892-1971)
The Nature and Destiny of Man, a Christian Interpretation. 2 vols. New York: Scribner, 1964 (New York, 1941-1943).

Nietzsche, Friedrich Wilhelm (1844-1900)
NOTE: *The Complete Works of Friedrich Nietzsche.* 18 vols. Ed. Oscar Levy. New York: Gordon Press, 1974.
The Birth of Tragedy from the Spirit of Music. In *Basic Writings of Nietzsche.* Trans. Walter Kaufmann. New York: Modern Library 1968 (*Die Geburt der Tragödie aus dem Geist der Musik,* Leipzig, 1872).
The Dawn of Day. Trans. J. M. Kennedy. In *The Complete Works* (*Morgenröte. Gedanken über moralische Vorurteile,* Chemnitz, 1881).
Ecce Homo: How One Becomes What One Is. Trans. R. J. Hollingdale. New York: Penguin Books, 1979 (Leipzig, 1908).
The Gay Science. Trans. Walter Kaufmann. New York: Vintage Books, 1974 (*Die fröhliche Wissenschaft,* Chemnitz, 1882).
Human, All-Too-Human, A Book for Free Spirits. Trans. H. Zimmern. In *The Complete Works* (*Menschliches, Allzumenschliches,* Chemnitz, 1878).
On the Future of Our Educational Institutions. Trans. J. M. Kennedy. Ibid. (1872).
On the Genealogy of Morals. In *Basic Writings.* See *The Birth of Tragedy* (*Zur Genealogie der Moral,* Leipzig, 1887).
Thus Spoke Zarathustra. Trans. Walter Kaufmann. New York: Penguin Books, 1978 (*Also sprach Zarathustra,* Chemnitz, 1883-1891).
Twilight of the Idols. In *Twilight of the Idols and the Antichrist.* Trans. R. J. Hollingdale. Harmondsworth, Eng.: Penguin, 1978 (*Die Götzen-Dämmerung,* Leipzig, 1896).
The Use and Abuse of History. Trans. Adrian Collins. New York: Macmillan, 1985 (*Vom Nützen und Nachteil der Historie für das Leben,* in *Unzeitgemässe Betrachtungen,* Leipzig, 1873-1876).
The Will to Power. Trans. Walter Kaufmann and R.

J. Hollingdale. New York: Random House, 1967 (1883-1889).

Nock, Albert Jay (1873?-1945)
The Theory of Education in the United States. New York: Arno Press, 1969 (New York, 1932).

Northrop, Filmer Stuart Cuckow (1893-1992)
Science and First Principles. Woodbridge, Conn.: Ox Bow Press, 1979 (New York, 1931).

Nozick, Robert (1938-   )
Anarchy, State, and Utopia. New York: Basic Books, 1974.

Nygren, Anders Theodor Samuel (1890-1978)
Agape and Eros; a Study of the Christian Idea of Love. Trans. P. S. Watson. Chicago: University of Chicago Press, 1982 (Stockholm, 1930; 1936).

O

Oakeshott, Michael (Joseph) (1907-1990)
Experience and Its Modes. New York: Cambridge University Press, 1985 (Cambridge, 1933).
Rationalism in Politics. New York: Methuen, 1981 (New York, 1962).

Ockham, William of (c. 1290-c. 1349)
Expositio Aurea et Admodum Utilis Super Artem Veterem. Ridgewood, N.J.: Gregg Press, 1964 (Bologna, 1496).
Studies and Selections. Ed. and trans. S. C. Tornay. Chicago: Open Court, 1938.
[Summa Logicae] *Ockham's Theory of Terms: Part I of the Summa Logicae.* Trans. Michael J. Loux. *Ockham's Theory of Propositions: Part II of the Summa Logicae.* Trans. Alfred J. Freddoso and Henry Schuurman. Notre Dame, Ind.: University of Notre Dame Press, 1974-1980 (c. 1322).

O'Connor, Flannery (1925-1964)
The Violent Bear It Away. (New York, 1955).
Wise Blood. (New York, 1952).
NOTE: The above works are available in many popular editions.

O'Flaherty, Wendy Doniger (1940-   )
Other Peoples' Myths: The Cave of Echoes. New York: Macmillan, 1988.

Ogden, Charles Kay (1889-1957)
Opposition. Bloomington: Indiana University Press, 1967 (London, 1932).

Ogden, Charles Kay and **Richards, Ivor Armstrong** (1893-1979)
The Meaning of Meaning; a Study of the Influence of Language upon Thought and of the Science of Symbolism. San Diego: Harcourt Brace Jovanovich, 1989 (New York, 1923).

O'Hara, John (Henry) (1905-1970)
Appointment in Samarra. New York: Vintage Books, 1982 (London, 1935).

Oliver, Donald W. (1928-   ) and **Gershman, Kathleen Waldron** (1948-   )
Education, Modernity, and Fractured Meaning: Toward a Process Theory of Teaching and Learning. Albany: State University of New York Press, 1989.

Omar Khayyam (1048-1122)
The Rubáiyát of Omar Khayyám. Trans. Edward FitzGerald. New York: Weathervane Books, dist. by Crown Publishers, 1985 (first pub., London, 1859).

O'Neill, Eugene Gladstone (1888-1953)
Desire Under the Elms. (1925).
The Emperor Jones. (1920).
The Iceman Cometh. (New York, 1946).
Long Day's Journey into Night. (New Haven, Conn., 1956).
Strange Interlude. (1928).
NOTE: The above works are available in many popular editions or collections.

Oparin, Aleksandr Ivanovich (1894-1980)
The Origin of Life. Trans. Sergius Morgulis. New York: Dover Publications, 1965 (Moscow, 1941).

Oppenheimer, Franz (1864-1943)
The State, Its History and Development Viewed Sociologically. Trans. J. M. Gitterman. New York: Arno Press, 1972 (*Der Staat*, Frankfurt, 1907).

Oppenheimer, J. Robert (1904-1967)
Science and the Common Understanding. New York: Simon & Schuster, 1966 (London, 1953).

Oresme, Nicholas (c. 1325-1382)
An Abstract of Nicholas Orême's Treatise on the Breadth of Forms. Ed. and trans. C. G. Wallis. Annapolis, Md.: St. John's Press, 1941 (from *De Latitudinibus Formarum*, before 1370).

Ortega y Gasset, José (1883-1955)
The Dehumanization of Art. Princeton, N.J.: Princeton University Press, 1968 (1925).
Mission of the University. Trans. H. L. Nostrand. New York: Norton, 1966 (*Misión de la universidad*, Madrid, 1930).
The Revolt of the Masses. Trans. Anthony Kerrigan. Notre Dame, Ind.: University of Notre Dame Press, 1985 (*La rebelión de las masas*, Madrid, 1929).
Toward a Philosophy of History. Trans. Helene Weyl. New York: W. W. Norton, 1941.

Orwell, George, pseud. of **Eric Arthur Blair** (1903-1950)
Down and Out in Paris and London. Orlando, Fla.: Harcourt Brace Jovanovich, 1986 (London, 1933).
Homage to Catalonia. Orlando, Fla.: Harcourt Brace Jovanovich, 1986 (London, 1938).
1984. Orlando, Fla.: Harcourt Brace Jovanovich, 1987 (London, 1949).
"Politics and the English Language." In *The Collected Essays, Journalism, and Letters of George Orwell.* Ed. Sonia Orwell and Ian Angus. 4 vols. New York: Harcourt, Brace & World, 1968 (first pub. in *Horizon*, 1946).

Osler, Sir William (1849-1919)
Aequanimitas, with Other Addresses to Medical Students, Nurses and Practitioners of Medicine. Birmingham, Ala.: Classics of Medicine Library, 1987 (London, 1904).
A Way of Life. Springfield, Ill.: Thomas, 1969 (London, 1914).

Ostrogorski, Moisei Y. (1854-1919)
Democracy and the Organization of Political Parties. Trans. Frederick Clarke. 2 vols. New Brunswick, N.J.: Transaction Books, 1982.

Ostwald, Wilhelm (1853-1932)
Natural Philosophy. Trans. T. Seltzer. New York: Henry Holt, 1910 (*Vorlesungen über Naturphilosophie,* Leipzig, 1902).

Otto, Rudolf (1869-1937)
The Idea of the Holy; an Inquiry into the Non-Rational Factor in the Idea of the Divine and Its Relation to the Rational. Trans. J. W. Harvey. New York: Oxford University Press, 1973 (*Das Heilige. Über das Irrationale in der Idee des Göttlichen und sein Verhältnis zum Rationalen,* Breslau, 1917).

Ovid (Publius Ovidius Naso) (43 B.C.-A.D. 17)
[*Amores*] *Heroides and Amores.* Trans. Grant Showerman, rev. G. P. Goold. Loeb Classical Library, Cambridge, Mass.: Harvard University Press, 1977 (A.D. 2?).
The Art of Love and Other Poems. Trans. J. H. Mozley, rev. G. P. Goold. Loeb Classical Library, Cambridge, Mass.: Harvard University Press, 1979 (*Ars Amatoria,* A.D. 2?).
Metamorphoses. Trans. Rolfe Humphries. Bloomington: Indiana University Press, 1955 (A.D. 7).

P

Pagels, Heinz R(udolf) (1939-1988)
The Cosmic Code: Quantum Physics as the Language of Nature. New York: Simon & Schuster, 1982.

Paine, Thomas (1737-1809)
The Age of Reason; Being an Investigation of True and Fabulous Theology. Buffalo, N.Y.: Prometheus Books, 1984 (Paris, 1794).
Common Sense, and Other Political Writings. Ed. Nelson F. Adkins. New York: Macmillan, 1987 (Philadelphia, 1776).
Dissertation on First Principles of Government. In *The Writings of Thomas Paine.* Ed. Moncure Daniel Conway. 4 vols. in 2. New York: B. Franklin, 1969 (Paris, 1795).
Rights of Man; Being an Answer to Mr. Burke's Attack on the French Revolution. Buffalo, N.Y.: Prometheus Books, 1987 (London, 1791).

Painlevé, Paul (1863-1933)
Les axiomes de la mécanique, examen critique; note sur la propagation de la lumière. Paris: Gauthier-Villars, 1955 (partly from *La méthode dans les sciences,* Paris, 1909, and *Bulletin de la Société Française de Philosophie,* Paris, 1905).

Pais, Abraham (1918-   )
Inward Bound: Of Matter and Forces in the Physical World. New York: Oxford University Press, 1986.

Paley, William (1743-1805)
Moral Philosophy. Ed. R. Whately. London: J. W. Parker, 1859 (from *Principles of Moral and Political Philosophy,* London, 1785).
Natural Theology; or, Evidences of the Existence and Attributes of the Deity Collected from the Appearances of Nature. Ed. J. Ware. Houston: St. Thomas Press, 1972 (London, 1802).
A View of the Evidences of Christianity. 2 vols. London: R. Faulder, 1970 (London, 1794).

Paracelsus (Theophrastus von Hohenheim) (c. 1493-1541)
The Diseases That Deprive Man of His Reason. In *Four Treatises.* Ed. H. Sigerist. Birmingham, Ala.: The Classics of Medicine Library, 1988 (1525?).
On the Miners' Sickness and Other Miners' Diseases. Ibid. (1533?).
Seven Defensiones. Ibid. (1538).

Pareto, Vilfredo (1848-1923)
The Mind and Society. Ed. A. Livingston, trans. A. Bongiorno. 4 vols. New York: AMS Press, 1983 (*Trattato di sociologia generale,* Florence, 1916).

Parfit, Derek (1942-   )
Reasons and Persons. Oxford: Clarendon Press, 1984.

Pascal, Blaise (1623-1662)
Discours sur les passions de l'amour, attribué à Pascal. Paris: Delmas, 1950 (c. 1650-c. 1653).

Pasternak, Boris (Leonidovich) (1890-1960)
Doctor Zhivago. New York: Bantam Books, 1985 (1957).

Pater, Walter Horatio (1839-1894)
[*Essay on Style*] *Appreciations; with An Essay on Style.* Evanston, Ill.: Northwestern University Press, 1987 (1888).
Marius the Epicurean. Ed. Ian Small. New York: Oxford University Press, 1986 (London, 1885).
The Renaissance: Studies in Art and Poetry. New York: Oxford University Press, 1986 (*Studies in the History of the Renaissance,* 1873).

Patmore, Coventry Kersey Dighton (1823-1896)
Mystical Poems of Nuptial Love. Ed. T. L. Connolly. Boston: B. Humphries, 1938.

[**Patrologia Latina**] *Patrologiae Cursus Completus: Series Latina.* Ed. Jacques-Paul Migne. 217 vols. Paris, 1844-1855. *Patrologiae Cursus Completus: Series Graeca.* Ed. Jacques-Paul Migne. 161 vols. Paris, 1857-1866.

Paul VI, Pope (1897-1978)
Humanae Vitae: Encyclical Letter of His Holiness

Pope Paul VI, on the Regulation of Births. Trans. Marc Caligari. San Francisco: Ignatius Press, 1983 (Washington, D.C., 1968).

Pauli, Wolfgang (1900-1958)
Theory of Relativity. Trans. G. Field. New York: Dover Publications, 1981 (*Relativitätstheorie*, Leipzig, 1921).

Pavlov, Ivan Petrovich (1849-1936)
Lectures on Conditioned Reflexes. Ed. and trans. W. H. Gantt. 2 vols. New York: International Publishers, 1963 (Moscow, 1923).

Paz, Octavio (1914-   )
The Collected Poems of Octavio Paz, 1957-1987. Ed. and trans. Eliot Weinberger. New York: New Directions, 1987.
The Labyrinth of Solitude: Life and Thought in Mexico. Trans. Lysander Kemp. New York: Viking Penguin, 1985 (*El laberinto de la soledad*, Mexico, 1950).

Peacock, George (1791-1858)
A Treatise on Algebra. 2 vols. New York: Yeshiva College, 1940 (London, 1842-1845).

Peacock, Thomas Love (1785-1866)
Four Ages of Poetry. Ed. H. F. B. Brett-Smith. Norwood, Pa.: Norwood Editions, 1978 (1820).

Peano, Giuseppe (1858-1932)
Arithmetica generale e algebra elementare. Turin: G. B. Paravia, 1902.
Formulaire de mathématique. 5 vols. Turin: Bocca, 1895-1908.
The Principles of Arithmetic, Presented by a New Method. In *Selected Works of Giuseppe Peano*. Trans. Hubert C. Kennedy. Toronto: University of Toronto Press, 1973 (*Arithmetices Principia*, Turin, 1889).

Pearson, Karl (1857-1936)
The Chances of Death, and Other Studies in Evolution. 2 vols. New York: E. Arnold, 1897.
The Grammar of Science. Gloucester, Mass.: P. Smith, 1969 (London, 1892).

Peat, F. David (1938-   )
Superstrings and the Search for the Theory of Everything. Chicago: Contemporary Books, 1989.

Péguy, Charles Pierre (1873-1914)
Basic Verities. Prose and Poetry. Trans. A. and J. Green. Freeport, N.Y.: Books for Libraries Press, 1972 (from *Cahiers de la quinzaine*, Paris, 1900-1914).
Men and Saints. Prose and Poetry. Trans. A. and J. Green. New York: Pantheon Books, 1944 (from *Cahiers de la quinzaine*, Paris, 1900-1914).

Peirce, Benjamin (1809-1880)
An Elementary Treatise on Curves, Functions, and Forces. 2 vols. Boston: J. Munroe, 1846-1852.

Peirce, Charles Sanders (1839-1914)
Collected Papers. Ed. C. Hartshorne and P. Weiss. 8 vols. Cambridge, Mass.: Harvard University Press, 1978-1980.

Pelikan, Jaroslav (1923-   )
The Christian Tradition: A History of the Development of Doctrine. 5 vols. Chicago: University of Chicago Press, 1975-1989.

Penfield, Wilder (1891-1976)
The Mystery of the Mind: A Critical Study of Consciousness and the Human Brain. Princeton, N.J.: Princeton University Press, 1975.

Penido, Maurilio Teixeira-Leite (1895-   )
Le rôle de l'analogie en théologie dogmatique. Paris: J. Vrin, 1931.

Penn, William (1644-1718)
An Essay Towards the Present and Future Peace of Europe. New York: G. Olms Verlag, 1983 (London, 1693).
Primitive Christianity Revived, in the Faith and Practice of the People Called Quakers. Ibid. (London, 1696).

Penrose, Roger (1931-   )
The Emperor's New Mind: Concerning Computers, Minds, and the Laws of Physics. New York: Oxford University Press, 1989.

Penty, Arthur Joseph (1875-1937)
A Guildsman's Interpretation of History. New York: Sunrise Turn, 1920.

Pepys, Samuel (1633-1703)
The Diary of Samuel Pepys. Ed. Robert Latham and William Matthews. 10 vols. Berkeley: University of California Press, 1970-1983 (1660-1669).

Percy, Walker (1916-1990)
Lost in the Cosmos: The Last Self-Help Book. New York: Farrar, Straus & Giroux, 1983.

Percy-Smith, Janie. See Hillyard, Paddy.

Perry, Ralph Barton (1876-1957)
Puritanism and Democracy. New York: Harper & Row, 1964 (New York, 1944).

Pestalozzi, Johann Heinrich (1746-1827)
How Gertrude Teaches Her Children; an Attempt to Help Mothers to Teach Their Own Children. Ed. E. Cooke, trans. L. E. Holland and F. C. Turner. Washington, D.C.: University Publications of America, 1977 (*Wie Gertrude ihre Kinder lehrt*, Bern, 1801).

Peter Lombard (c. 1100-1160)
The Four Books of Sentences. In *Selections from Medieval Philosophers*. Ed. and trans. Richard McKeon. 2 vols. New York: Scribner's, 1958- (1145-1151).

Peters, F(rancis) E(dward) (1927-   )
Children of Abraham: Judaism, Christianity, Islam. Princeton, N.J.: Princeton University Press, 1982.

Peters, Johannes Arnold Jozef (1909-1961)
Metaphysics: A Systematic Survey. Pittsburgh: Duquesne University Press, 1963 (*Metaphysica, ein systematisch Overzicht*, 1957).

Petrarch (Francesco Petrarca) (1304-1374)
On His Own Ignorance. In *The Renaissance Philosophy of Man.* Ed. E. Cassirer et al. Chicago: University of Chicago Press, 1967 (1368).
The Sonnets of Petrarch. Trans. Thomas G. Bergin. New York: Heritage Press, 1966 (1327-1361).
The Triumph of Love. In *Sonnets, Triumphs, and Other Poems.* London: G. Bell & Sons, 1890 (1352).

Petrie, William Matthew Flinders (1853-1942)
The Revolutions of Civilization. New York: Haskell House, 1971 (New York, 1911).
Social Life in Ancient Egypt. New York: Cooper Square Publishers, 1970 (London, 1923).

Philo Judaeus of Alexandria (b. 20-10 B.C.)
On the Cherubim (De Cherubim). In *Philo, an English Translation.* Trans. F. H. Colson et al. 12 vols. Loeb Classical Library, Cambridge, Mass.: Harvard University Press, 1929-1962.
On the Creation of the World (De Opificio Mundi). Ibid.
On the Eternity of the World (De Aeternitate Mundi). Ibid.

Philodemus of Gadara (1st century B.C.)
Philodemus: On Methods of Inference; a Study in Ancient Empiricism. Ed. and trans. P. H. and E. A. DeLacy. Philadelphia: American Philological Association, 1941 (54? B.C.).

Philostratus, Flavius (c. A.D. 170-245)
Philostratus and Eunapius; the Lives of the Sophists. Trans. Wilmer C. Wright. Loeb Classical Library, Cambridge, Mass.: Harvard University Press, 1921 (230-238 B.C.?).

Pico della Mirandola, Giovanni (1463-1494)
Of Being and Unity. Ed. and trans. V. M. Hamm. Milwaukee: Marquette University Press, 1984 (De Ente et Uno, c. 1492).
Oration on the Dignity of Man. In *The Renaissance Philosophy of Man.* Ed. E. Cassirer et al. Chicago: University of Chicago Press, 1967 (1488?).
A Platonick Discourse upon Love. Ed. E. G. Gardner, trans. T. Stanley. Boston: Merrymount Press, 1914 (Canzone dello Amore secondo la mente e opinione de' Platonici, 1487).

Pico della Mirandola, Giovanni Francesco (1470-1533)
On the Imagination. Trans. H. Caplan. Westport, Conn.: Greenwood Press, 1971 (De Imaginatione, Rome, 1500).

Piéron, Henri (1881-1964)
Thought and the Brain. Trans. C. K. Ogden. New York: Arno Press, 1973 (Le cerveau et la pensée, Paris, 1923).

Pirandello, Luigi (1867-1936)
The Old and the Young. Trans. C. K. Scott-Moncrieff. 2 vols. New York: E. P. Dutton, 1928 (I vecchi e i giovani, 1909).
The Outcast: A Novel. Trans. L. Ongley. New York: E. P. Dutton, 1935 (L'esclusa, Rome, 1901).

Pirenne, Henri (1862-1935)
Mohammed and Charlemagne. Trans. Bernard Miall. Totowa, N.J.: Barnes & Noble, 1980 (Mahomet et Charlemagne, Paris, 1937).

Pirke Aboth; the Tractate 'Fathers,' from the Mishnah, Commonly Called 'Sayings of the Fathers.' Ed. and trans. R. T. Herford. New York: Schocken Books, 1975 (A.D. 70?-200?).

Pius XI, Pope (1857-1939)
[Casti Connubii] *Christian Marriage.* In *Five Great Encyclicals.* New York: Paulist Press, 1953 (1930).
[Divini Illius Magistri] *Christian Education of Youth.* Ibid. (1929).
[Quadragesimo Anno] *Reconstruction of the Social Order.* Ibid. (1931).

Plamenatz, John Petrov (1912-1975)
Consent, Freedom and Political Obligation. New York: Oxford University Press, 1968 (London, 1938).

Planck, Max Karl Ernst Ludwig (1858-1947)
Das Prinzip der Erhaltung der Energie. Leipzig: B. G. Teubner, 1887.
The Origin and Development of the Quantum Theory. Trans. H. T. Clarke and L. Silberstein. Oxford: Clarendon Press, 1922 (Die Entstehung und bisherige Entwicklung der Quantentheorie, Leipzig, 1920).
The Philosophy of Physics. Trans. W. H. Johnstone. New York: W. W. Norton, 1936 (from Wege zur physikalischen Erkenntnis, Leipzig, 1933).
A Survey of Physical Theory. Trans. R. Jones and D. H. Williams. New York: Dover Publications, 1960 (Physikalische Rundblicke, Leipzig, 1922).
Treatise on Thermodynamics. Trans. A. Ogg. London: Longmans, Green & Co., 1945 (Vorlesungen über Thermodynamik, Leipzig, 1897).
Where Is Science Going? Trans. J. Murphy. Woodbridge, Conn.: Ox Bow Press, 1981 (from Wege zur physikalischen Erkenntnis, Leipzig, 1933).

Plath, Sylvia (1932-1963)
The Bell Jar. New York: Bantam Books, 1986 (London, 1962).

Plekhanov, Georgi Valentinovich (1856-1918)
The Development of the Monist View of History. Moscow: Progress Publishers, 1974 (1895).
Essays in the History of Materialism. Trans. R. Fox. New York: H. Fertig, 1967 (Beiträge zur Geschichte des Materialismus, Stuttgart, 1896).
Fundamental Problems of Marxism. Trans. Julius Katzer. Moscow: Progress Publishers, 1977 (1897).
In Defense of Materialism. Trans. A. Rothstein. London: Lawrence & Wishart, 1956 (1894).

Pliny the Elder (Gaius Plinius Secundus) (A.D. 23-79)
Natural History. Trans. H. Rackham. 10 vols. Loeb

Classical Library, Cambridge, Mass.: Harvard University Press, 1938-1980.

Plutarch (c. A.D. 46–c. 120)
Moralia. Trans. Frank C. Babbitt et al. 15 vols. Loeb Classical Library, Cambridge, Mass.: Harvard University Press, 1927-1976.

Poe, Edgar Allan (1809-1849)
NOTE: *The Complete Illustrated Stories and Poems of Edgar Allan Poe.* London: Chancellor Press, 1988.
"The Fall of the House of Usher." In *The Complete Illustrated Stories* (*Gentleman's Magazine,* Philadelphia, 1839).
"The Imp of the Perverse." *Ibid.* (1845).
"The Pit and the Pendulum." *Ibid.* (1843).
The Poetic Principle. Ibid. (1849).

Poincaré, Henri (1854-1912)
New Methods of Celestial Mechanics. Los Angeles: Tomash Publishers, 1989 (*Méthodes nouvelles de la mécanique céleste,* Paris, 1892-1899).
Science and Method. In *The Foundations of Science.* Trans. G. B. Halsted. Washington, D.C.: University Press of America, 1982 (*Science et méthode,* Paris, 1908).
The Value of Science. Ibid. (*La valeur de la science,* Paris, 1905).

Polanyi, Karl (1886-1964)
The Great Transformation. Boston: Beacon Press, 1985 (New York, 1944).

Polanyi, Michael (1891-1976)
Personal Knowledge: Towards a Post-Critical Philosophy. Chicago: University of Chicago Press, 1974 (Chicago, 1958).

Polin, Raymond (1918–)
Modern Government and Constitutionalism: A Concise Textbook and Reference Source. Chicago: Nelson Hall, 1979.

Pollock, Sir Frederick (1845-1937)
Essays in Jurisprudence and Ethics. Littleton, Colo.: Fred B. Rothman, 1985 (London, 1882).
The Expansion of the Common Law. South Hackensack, N.J.: Rothman Reprints, 1974 (London, 1904).

Polybius (c. 204-122 B.C.)
The Histories of Polybius. Trans. W. R. Paton. 6 vols. Loeb Classical Library, New York: Putnam's, 1922-1927 (132?-122).

Pomponazzi, Pietro (1462-1524)
On the Immortality of the Soul. In *The Renaissance Philosophy of Man.* Ed. E. Cassirer et al. Chicago: University of Chicago Press, 1967 (1516).

Ponsonby, Arthur (1871-1946)
The Decline of Aristocracy. New York: Kraus Reprints, 1972 (London, 1912).

Pope, Alexander (1688-1744)
An Essay on Criticism. In *Poetical Works.* Ed. Herbert Davis. New York: Oxford University Press, 1966 (London, 1711).
An Essay on Man. Ibid. (London, 1733).

Pope, Kenneth S. (1947–) and **Singer, Jerome L.** (1924–), eds.
The Stream of Consciousness: Scientific Investigations into the Flow of Human Experience. New York: Plenum Press, 1978.

Pope, Maurice (Wildon Montague) (1926–)
The Story of Archaeological Decipherment: From Egyptian Hieroglyphs to Linear B. New York: Scribner, 1975.

Popper, Sir Karl R(aimund) (1902–)
Conjectures and Refutations: The Growth of Scientific Knowledge. London: Routledge & Kegan Paul, 1974 (New York, 1962).
The Logic of Scientific Discovery. London: Hutchinson, 1980 (*Logik der Forschung,* Vienna, 1935).
Objective Knowledge: An Evolutionary Approach. Oxford: Clarendon Press, 1979.
The Open Society and Its Enemies. 2 vols. Princeton, N.J.: Princeton University Press, 1971 (London, 1945).
The Open Universe: An Argument for Indeterminism. Totowa, N.J.: Rowman & Littlefield, 1982.
The Poverty of Historicism. New York: Harper & Row, 1964 (London, 1957).
Quantum Theory and the Schism in Physics. Totowa, N.J.: Rowman & Littlefield, 1982.
Realism and the Aim of Science. Totowa, N.J.: Rowman & Littlefield, 1983.

Porphyry (A.D. 233–c. 301)
Introduction to Aristotle's Predicaments: A Translation of Porphyrio's Eisagoge. Trans. C. G. Wallis. Annapolis, Md.: St. John's Press, 1938.

Porter, Katherine Anne (1890-1980)
Ship of Fools. London: Secker & Warburg, 1974 (Boston, 1962).

Posner, Richard A. (1944–)
The Economics of Justice. Cambridge, Mass.: Harvard University Press, 1981.

Postan, M(ichael) M(oïssey) (1899-1981)
The Medieval Economy and Society: An Economic History of Britain in the Middle Ages. Harmondsworth, Eng.: Penguin Books, 1975.

Pound, Ezra (Loomis) (1885-1972)
The Cantos of Ezra Pound. London: Faber & Faber, 1987 (1915-1959).

Pound, Roscoe (1870-1964)
The Spirit of the Common Law. Birmingham, Ala.: Legal Classics Library, 1985 (Boston, 1921).

Poundstone, William (1955–)
Labyrinths of Reason: Paradox, Puzzles, and the Frailty of Knowledge. New York: Anchor Books, 1990.

Powell, Anthony (Dymoke) (1905–)
A Dance to the Music of Time. 4 vols. New York: Popular Library, 1976 (Boston, 1955).

Powicke, Frederick Maurice (1879–1963)
King Henry III and the Lord Edward: The Community of the Realm in the Thirteenth Century. Oxford: Clarendon Press, 1967 (Oxford, 1947).

Powys, John Cowper (1872–1963)
In Defence of Sensuality. London: Village Press, 1974 (New York, 1930).

Price, Henry Habberley (1899–1985)
Belief: The Gifford Lectures Delivered at the University of Aberdeen in 1960. New York: Humanities Press, 1969.
Perception. Westport, Conn.: Greenwood Press, 1981 (London, 1932).
Thinking and Experience. London: Hutchinson, 1969 (London, 1953).

Price, Richard. See **Priestley, Joseph.**

Prichard, Harold Arthur (1871–1947)
[Duty and Interest] *Moral Obligation and Duty and Interest: Essays and Lectures.* London: Oxford University Press, 1968 (Oxford, 1920).

Priestley, John Gillies. See **Haldane, John Scott.**

Priestley, Joseph (1733–1804)
Experiments and Observations on Different Kinds of Air. 3 vols. New York: Kraus Reprint Co., 1970 (London, 1774–1786).
Experiments and Observations Relating to Various Branches of Natural Philosophy. 3 vols. London: J. Johnson, 1779–1786.

Priestley, Joseph and **Price, Richard** (1723–1791)
A Free Discussion of Materialism and Philosophical Necessity, in a Correspondence with Joseph Priestley. New York: Garland Press, 1978 (London, 1778).

Proclus Lycius Diadochus (A.D. 410–485)
The Elements of Theology. Trans. E. R. Dodds. 2nd ed. Oxford: Clarendon Press, 1963 (A.D. 432?).

Proudhon, Pierre Joseph (1809–1865)
De la justice dans la révolution et dans l'église (Essais d'une philosophie populaire). 2 vols. Paris: Fayard, 1988 (Paris, 1858).
General Idea of the Revolution in the Nineteenth Century. Trans. J. B. Robinson. London: Freedom Press, 1923 (*Idée générale de la révolution au XIXe siècle*, Paris, 1851).
La guerre et la paix: Recherches sur le principe et la constitution du droit des gens. Paris: M. Rivière, 1927 (Paris, 1861).
[Philosophy of Misery] *System of Economic Contradictions; or, The Philosophy of Misery.* Trans. B. R. Tucker. Boston, 1888 (*Système des contradictions économiques, ou, Philosophie de la misère*, Paris, 1846).
What Is Property? An Inquiry into the Principle of Right and of Government. Trans. B. R. Tucker. London: W. Reeves, 1902 (*Qu'est-ce que la propriété? Ou, Recherches sur le principe du droit et du gouvernement*, Paris, 1840–1841).

Proust, Marcel (1871–1922)
Remembrance of Things Past. Trans. C. K. Scott Moncrieff, Terence Kilmartin, and Andreas Mayor. 3 vols. New York: Random House, 1981 (*À la recherche du temps perdu*, Paris, 1913–1927).

Prynne, William (1600–1669)
The Soveraigne Power of Parliaments and Kingdomes. New York: Garland Pub., 1979 (London, 1643).

Pseudo-Dionysus the Areopagite (*fl. c.* 500)
NOTE: *The Complete Works.* Trans. Colm Luibheid. The Classics of Western Spirituality, New York: Paulist Press, 1987.
The Celestial Hierarchy. In *The Complete Works* (*De Celesti Hierarchia*).
The Divine Names. Ibid. (*De Divinis Nominibus*).
The Mystical Theology. Ibid. (*De Mystica Theologica*).

Ptolemy (Claudius Ptolemaeus) (2nd century A.D.)
Tetrabiblos. Trans. F. E. Robbins. Loeb Classical Library, Cambridge, Mass.: Harvard University Press, 1940.

Pufendorf, Samuel (1632–1694)
De Jure Naturae et Gentium. Trans. C. H. and W. A. Oldfather, English text in Vol. II. New York: Oceana, 1964 (Lund, 1672).
De Officio Hominis et Civis Juxta Legem Naturalem. Trans. F. G. Moore, English text in Vol. II. New York: Oceana, 1964 (Lund, 1673).

Pushkin, Alexander Sergygyevich (1799–1837)
Boris Godunov. Trans. D. M. Thomas. Leamington Spa, Eng.: Sixth Chamber Press, 1985 (1831).
The Captain's Daughter and Other Stories. Trans. Natalie Duddington. New York: Dutton, 1961 (1836).
The Queen of Spades. Trans. Gillon R. Aitken. Franklin Center, Pa.: Franklin Library, 1983 (1834).

Pynchon, Thomas (1937–   )
Gravity's Rainbow. New York: Penguin Books, 1987 (New York, 1973).

Q

Quine, W(illard) V(an) O(rman) (1908–   )
Word and Object. Cambridge, Mass.: M.I.T. Press, 1964 (1960).

Quintilian (Marcus Fabius Quintilianus) (*c.* A.D. 35–*c.* 95)
Institutio Oratoria. Trans. H. E. Butler. 4 vols. Loeb Classical Library, Cambridge, Mass.: Harvard University Press, 1920–1922 (after 88?).

Quinton, Lord Anthony Meredith (1925–   )
The Nature of Things. Boston: Routledge & Kegan Paul, 1978.

R

Racine, Jean Baptiste (1639-1699)
Andromache. Trans. Richard Wilbur. San Diego: Harcourt Brace Jovanovich, 1982 (1667).
Athaliah. In *Britannicus; Phaedra; Athaliah.* Trans. C. H. Sisson. New York: Oxford University Press, 1987 (Paris, 1691).
Britannicus. Ibid. (1669).

Radcliffe-Brown, A(lfred) R(eginald) (1881-1955)
Structure and Function in Primitive Society. Glencoe, Ill.: Free Press, 1968 (London, 1952).

Raglan, FitzRoy Richard Somerset, Baron (1885-1964)
The Hero; a Study in Tradition, Myth, and Drama. New York: New American Library, 1979 (London, 1936).

Ramazzini, Bernardino (1633-1714)
De Morbis Artificum (The Diseases of Workers). Ed. and trans. W. C. Wright. Birmingham, Ala.: Classics of Medicine Library, 1983 (1713).

Ramus, Petrus (Pierre de la Ramée) (1515-1572)
Dialecticae Institutiones. Paris: J. Bogardus, 1543.

Rank, Otto (1884-1939)
Art and Artist; Creative Urge and Personality Development. Trans. C. F. Atkinson. New York: Agathon Press, 1975 (*Der Künstler und andere Beiträge zur Psychoanalyse des künstlerischen Schaffens,* Leipzig, 1925).
Modern Education; a Critique of Its Fundamental Ideas. Trans. M. E. Moxon. New York: Agathon Press, 1968 (1932).
The Myth of the Birth of the Hero: A Psychological Interpretation of Mythology. Trans. F. Robbins and Smith E. Jelliffe. New York: Johnson Reprint Corp., 1970 (*Der Mythos von der Geburt des Helden,* Vienna, 1909).

Ransom, John Crowe (1888-1974)
The World's Body. Baton Rouge: Louisiana State University Press, 1968 (New York, 1938).

Ranulph de Glanville (1130-1190)
The Laws and Customs of the Kingdom of England. Trans. J. Beames. Washington: J. Byrne, 1900 (1188?).

Rawls, John (1921-   )
A Theory of Justice. New York: Oxford University Press, 1983 (Cambridge, Mass., 1971).

Rayleigh, John William Strutt, Baron (1842-1919)
The Theory of Sound. 2 vols. New York: Dover Publications, 1945 (London, 1877-1878).

Read, Herbert Edward (1893-1968)
Form in Modern Poetry. Norwood, Pa.: Norwood Editions, 1978 (New York, 1932).

Reade, Charles (1814-1884)
The Cloister and the Hearth. Everyman's Library, New York: E. P. Dutton, 1975 (London, 1861).

Reichenbach, Hans (1891-1953)
Experience and Prediction: An Analysis of the Foundations and the Structure of Knowledge. Chicago: University of Chicago Press, 1976 (Chicago, 1938).
Theory of Probability. Trans. Ernest H. Hutten and Maria Reichenbach. 2nd ed. Berkeley: University of California Press, 1949 (1935).

Reid, Louis Arnaud (1895-   )
A Study in Aesthetics. Westport, Conn.: Greenwood Press, 1973 (New York, 1954).

Reid, Thomas (1710-1796)
NOTE: *The Works of Thomas Reid, Now Fully Collected, with Selections from His Unpublished Letters.* Ed. W. Hamilton. London: Longman, Green, Longman, Roberts and Green, 1986.
An Essay on Quantity; Occasioned by Reading a Treatise in Which Simple and Compound Ratios Are Applied to Virtue and Merit. In *Works* (Edinburgh, 1748).
Essays on the Active Powers of the Human Mind. Ibid. (Edinburgh, 1788).
Essays on the Intellectual Powers of Man. Ibid. (Edinburgh, 1785).
An Inquiry into the Human Mind, on the Principles of Common Sense. Ibid. (Edinburgh, 1764).

Reiss, David (1937-   )
The Family's Construction of Reality. Cambridge, Mass.: Harvard University Press, 1981.

Remarque, Erich Maria (1898-1970)
All Quiet on the Western Front. Trans. A. W. Wheen. Boston: Little, Brown, 1987 (*Im Westen nichts Neues,* Berlin, 1929).

Renan, Joseph Ernest (1823-1892)
Caliban: A Philosophical Drama Continuing "The Tempest" of William Shakespeare. Trans. E. G. Vickery. New York: AMS Press, 1971 (*Caliban, suite de "La tempête," drame philosophique,* Paris, 1878).
De l'origine du langage. Paris: Didier Erudition, 1988 (Paris, 1858).
The Future of Science; Ideas of 1848. Trans. A. D. Vandam. London: Chapman & Hall, 1891 (*L'avenir de la science; pensées de 1848*).
The Life of Jesus. Everyman's Library, New York: Belmont/Tower Books, 1972 (*La vie de Jésus,* Paris, 1863).
Philosophical Dialogues and Fragments. Trans. R. B. Mukharji. London: Trübner & Co., 1883 (*Dialogues et fragments philosophiques,* Paris, 1876).

Rescher, Nicholas (1928-   )
Dialectics: A Controversy-Oriented Approach to the Theory of Knowledge. Albany: State University of New York Press, 1977.
The Limits of Science. Berkeley: University of California Press, 1984.

Revel, Jean François (1924-)
How Democracies Perish. Trans. William Byron. New York: Perennial Library, 1985 (*Comment les démocraties finissent*, Paris, 1983).
The Totalitarian Temptation. Trans. David Hapgood. New York: Penguin Books, 1978 (*Tentation totalitaire*, Paris, 1976).

Reynolds, Sir Joshua (1723-1792)
Discourses on Art. Ed. Robert R. Wark. New Haven, Conn.: Yale University Press, 1975 (1769-1790).

Ribot, Théodule Armand (1839-1916)
Diseases of Memory. Trans. W. H. Smith. In *Diseases of Memory; Diseases of Personality; Diseases of the Will.* Washington, D.C.: University Publications of America, 1977 (*Les maladies de la mémoire*, Paris, 1881).
Diseases of the Will. Trans. Merwin-Marie Snell. Ibid. (*Les maladies de la volonté*, Paris, 1883).
Essay on the Creative Imagination. Trans. A. H. Baron. New York: Arno Press, 1973 (*Essai sur l'imagination créatrice*, Paris, 1900).
The Evolution of General Ideas. Trans. F. A. Welby. Chicago: Open Court, 1899 (*L'évolution des idées générales*, Paris, 1897).
The Psychology of the Emotions. London: W. Scott, 1911 (*La psychologie des sentiments*, Paris, 1896).

Ricardo, David (1772-1823)
The Principles of Political Economy and Taxation. Everyman's Library, New York: E. P. Dutton, 1977 (London, 1817).

Richards, Ivor Armstrong (1893-1979)
Interpretation in Teaching. 2nd ed. New York: Humanities Press, 1973 (New York, 1938).
Mencius on the Mind; Experiments in Multiple Definition. Westport, Conn.: Hyperion Press, 1983 (New York, 1932).
The Philosophy of Rhetoric. London: Oxford University Press, 1981 (New York, 1936).
Principles of Literary Criticism. San Diego: Harcourt Brace Jovanovich, 1985 (New York, 1924).
Science and Poetry. New York: Haskell House, 1974 (London, 1926).

Richards, Ivor Armstrong and **Ogden, Charles Kay.** See **Ogden, Charles Kay.**

Richardson, Dorothy Miller (1873-1957)
Pilgrimage. Urbana: University of Illinois Press, 1989 (Consists of: *Pointed Roofs*, 1915; *Backwater*, 1916; *Honeycomb*, 1917; *The Tunnel*, 1919; *Interim*, 1919; *Deadlock*, 1921; *Revolving Lights*, 1923; *The Trap*, 1925; *Oberland*, 1927; *Dawn's Left Hand*, 1931; *Clear Horizon*, 1935; *Dimple Hill*, 1938).

Richardson, Samuel (1689-1761)
Clarissa; or, The History of a Young Lady. New York: Penguin Books, 1985 (London, 1747-1748).
Pamela. New York: Penguin, 1980 (London, 1740-1741).

Ricoeur, Paul (1913-)
Freedom and Nature: The Voluntary and the Involuntary. Trans. Erazim V. Kohák. Evanston, Ill.: Northwestern University Press, 1979 (*Philosophie de la volonté: le volontaire et l'involontaire*, Paris, 1949).

Riemann, Georg Friedrich Bernhard (1826-1866)
Über die Hypothesen welche der Geometrie zu Grunde liegen. Ed. Hermann Weyl. Darmstadt, W.Ger.: Wissenschaftliche Buchgesellschaft, 1959 (1854) [trans. by W. K. Clifford in *Nature*, Vol. VIII, May, 1873].

Riesman, David (1909-)
The Lonely Crowd: A Study of the Changing American Character. New Haven, Conn.: Yale University Press, 1970 (New Haven, 1950).

Riezler, Kurt (1882-1955)
Physics and Reality; Lectures of Aristotle on Modern Physics at an International Congress of Science. New Haven, Conn.: Yale University Press, 1940.

Rilke, Rainer Maria (1875-1926)
Duino Elegies. Trans. David Young. New York: Norton, 1978 (*Duineser Elegien*, Leipzig, 1923).

Ritchie, David George (1853-1903)
Natural Rights, a Criticism of Some Political and Ethical Conceptions. Westport, Conn.: Hyperion Press, 1979 (London, 1895).

Rivers, William Halse (1864-1922)
Instinct and the Unconscious; a Contribution to a Biological Theory of the Psycho-Neuroses. Cambridge University Press, 1920.

Robb, Alfred Arthur (1873-1936)
A Theory of Time and Space. Cambridge University Press, 1914.

Robbins, Herbert. See **Courant, Richard.**

Robinson, Joan (Violet) (1903-1983)
The Accumulation of Capital. Philadelphia: Porcupine Press, 1986 (London, 1956).
The Economics of Imperfect Competition. New York: St. Martin's Press, 1969 (London, 1933).

Robinson, Joan and **Eatwell, John** (1945-)
An Introduction to Modern Economics. New York: McGraw-Hill, 1973.

Robinson, Paul (1940-)
Opera & Ideas: From Mozart to Strauss. Ithaca, N.Y.: Cornell University Press, 1986.

Rogerson, Alan R. See **Sondheimer, E. H.**

Rolt, L. T. C. (1910-1974)
[*The Railway Revolution*] *George and Robert Stephenson: The Railway Revolution.* Westport, Conn.: Greenwood Press, 1977 (London, 1960).

Romains, Jules, pseud. of **Louis Farigoule** (1885-1972)
Doctor Knock; a Comedy in Three Acts. Trans. H. Granville-Barker. London: E. Benn, 1925 (1923).

Verdun [from *Men of Good Will*]. Trans. G. Hopkins. St. Albans, Eng.: Mayflower, 1973 (*Prélude à Verdun* and *Verdun*, Paris, 1938).

Romanes, George John (1848-1894)
Animal Intelligence. Ed. Daniel N. Robinson. Washington, D.C.: University Publications of America, 1977 (London, 1881).
A Candid Examination of Theism. London: K. Paul, Trench, Trübner, 1892 (London, 1878).
Mental Evolution in Animals. Farnborough, Eng.: Gregg International Publishers, 1970 (London, 1883).

Rosovsky, Henry (1927-)
The University: An Owner's Manual. New York: Norton, 1990.

Ross, William David (1877-1971)
The Right and the Good. Indianapolis: Hackett Pub. Co., 1988 (Oxford, 1930).

Rossetti, Dante Gabriel (1828-1882)
The House of Life, a Sonnet-Sequence. Cambridge, Mass.: Harvard University Press, 1928 (in *Ballads and Sonnets,* London, 1881).

Rossiter, Clinton L. (1917-1970)
Constitutional Dictatorship. Westport, Conn.: Greenwood Press, 1979 (Princeton, 1948).

Rostand, Edmond (1868-1918)
Cyrano de Bergerac. Trans. Brian Hooker. New York: Bantam Books, 1981 (1897).
L'Aiglon: A Drama in Six Acts in Verse. Trans. B. Davenport. New Haven, Conn.: Yale University Press, 1927 (Paris, 1900).

Rostovtzeff, Michael Ivanovich (1870-1952)
The Social and Economic History of the Roman Empire. 2 vols. Oxford: Clarendon Press, 1979 (Oxford, 1926).

Roth, Philip (1933-)
Portnoy's Complaint. New York: Modern Library, 1982 (New York, 1967).

Rothstein, Arnold (1936-)
The Structural Hypothesis: An Evolutionary Perspective. New York: International Universities Press, 1983.

Rougemont, Denis de (1906-1985)
Love in the Western World. Trans. M. Belgion. Rev. ed. Princeton, N.J.: Princeton University Press, 1983 (*L'amour et l'Occident,* Paris, 1939).

Rousseau, Jean Jacques (1712-1778)
[*A Discourse on the Arts and Sciences*] *The Social Contract and Discourses.* Trans. G. D. H. Cole. Everyman's Library, New York: E. P. Dutton, 1973 (*Discours sur la question proposée par l'Academie de Dijon, etc.,* 1750).
Émile; or, On Education. Trans. Allan Bloom. New York: Basic Books, 1979 (The Hague, 1762).
Julie; or, The New Eloise. Trans. Judith H. McDowell. University Park: Pennsylvania State University Press, 1968 (*Julie, ou la nouvelle Héloïse,* Amsterdam, 1761).
A Lasting Peace Through the Federation of Europe. In *A Lasting Peace and The State of War.* Trans. C. E. Vaughan. New Haven, Conn.: Whitlock's, 1956 (1756).
On the Origin of Language. Trans. John H. Moran and Alexander Gode. Chicago: University of Chicago Press, 1986 (1755).

Routh, Harold Victor (1878-1951)
God, Man, and Epic Poetry, a Study in Comparative Literature. 2 vols. New York: Greenwood Press, 1968 (Cambridge, 1927).

Royce, Josiah (1855-1916)
The Conception of God: An Address Before the Union. St. Clair Shores, Mich.: Scholarly Press, 1976 (Berkeley, Calif., 1895).
The Conception of Immortality. Westport, Conn.: Greenwood Press, 1971 (Boston, 1900).
The Philosophy of Loyalty. New York: Hafner Pub. Co., 1971 (New York, 1908).
The Principles of Logic. Trans. B. E. Meyer. In Vol. 1, *Encyclopedia of the Philosophical Sciences.* London: Macmillan, 1913 (*Prinzipien der Logik,* 1912).
The Problem of Christianity. 2 vols. in 1. Chicago: University of Chicago Press, 1968 (New York, 1913).
Studies of Good and Evil; a Series of Essays upon Problems of Philosophy and of Life. Hamden, Conn.: Archon Books, 1964 (New York, 1898).
The World and the Individual. First and Second Series. 2 vols. Gloucester, Mass.: Peter Smith, 1976 (New York, 1900-1901).

Rozenfeld, B(oris) A(bramavich) (?)
A History of Non-Euclidean Geometry: Evolution of the Concept of a Geometric Space. Trans. Abe Shenitzer. New York: Springer Verlag, 1988 (Moscow, 1976).

Rumford, Benjamin Thompson (1753-1814)
An Experimental Inquiry Concerning the Source of the Heat Which Is Excited by Friction. In *Essays, Political, Economical and Philosophical.* 3 vols. Boston: D. West, 1798-1804 (London, 1796-1802).

Ruskin, John (1819-1900)
Fors Clavigera; Letters to the Workmen and Labourers of Great Britain. 4 vols. New York: Greenwood Press, 1968 (New York, 1871-1884).
Modern Painters. 5 vols. Everyman's Library, New York: E. P. Dutton, 1929-1935 (London, 1843-1860).
Munera Pulveris: Six Essays on the Elements of Political Economy. St. Clair Shores, Mich.: Scholarly Press, 1972 (London, 1872).
Sesame and Lilies. The Two Paths. The King of the Golden River. Everyman's Library, New York: E. P. Dutton, 1970 (London, 1865).
The Stones of Venice. 3 vols. New York: Garland Pub., 1979 (London, 1851-1853).
Time and Tide, etc. St. Clair Shores, Mich.: Scholarly Press, 1972 (London, 1867).

Russell, Bertrand Arthur William (1872-1970)
The Analysis of Matter. London: G. Allen and Unwin, 1959 (1927).
The Analysis of Mind. New York: Humanities Press, 1978 (1921).
Education and the Good Life. New York: Liveright, 1970 (1926).
An Essay on the Foundations of Geometry. New York: Dover Publications, 1956 (Cambridge, 1897).
Freedom Versus Organization, 1814-1914. London: Unwin Books, 1965 (1934).
Human Knowledge, Its Scope and Limits. New York: Simon & Schuster, 1976 (1948).
An Inquiry into Meaning and Truth. London: G. Allen and Unwin, 1976 (1940).
Introduction to Mathematical Philosophy. New York: The Macmillan Co., 1975 (New York, 1919).
Mysticism and Logic, and Other Essays. Totowa, N.J.: Barnes and Noble Books, 1981 (London, 1918).
Our Knowledge of the External World. London: Allen & Unwin, 1972 (Chicago, 1914).
Philosophical Essays. New York: Simon and Schuster, 1967 (New York, 1910).
The Principles of Mathematics. London: G. Allen & Unwin, 1972 (Cambridge, 1903).
Proposed Roads to Freedom: Socialism, Anarchism, and Syndicalism. New York: Blue Ribbon Books, 1931 (New York, 1919).
Religion and Science. London: Oxford University Press, 1978 (New York, 1935).
The Scientific Outlook. New York: W. W. Norton, 1959 (1931).
Skeptical Essays. New York: W. W. Norton, 1928.
What I Believe. New York: E. P. Dutton, 1925.

Russell, Bertrand and **Whitehead, Alfred North.** See **Whitehead, Alfred North.**

Rutherford, Ernest (1871-1937)
Radio-active Substances and Their Radiations. New York: Macmillan, 1930 (1912).

Ryle, Gilbert (1900-1976)
The Concept of Mind. Chicago: University of Chicago Press, 1984 (London, 1949).

S

Sa'adia ben Joseph (Saadia Gaon) (c. 882-942)
The Book of Beliefs and Opinions. Trans. S. Rosenblatt. New Haven, Conn.: Yale University Press, 1976 (933).

Saccheri, Giovanni Girolamo (1667-1733)
Girolamo Saccheri's Euclides Vindicatus. Ed. and trans. G. B. Halsted. 2nd ed. New York: Chelsea Pub. Co., 1986 (*Euclides ab Omni Naevo Vindicatus,* Milan, 1733).

Saint-German, Christopher (1460-1540)
Doctor and Student; or, Dialogues Between a Doctor of Divinity and a Student in the Laws of England. Birmingham, Ala.: Legal Classics Library, 1988 (*Dialogus de Fundamentis Legum Angliae et de Conscientia,* London, 1523).

Saint-Pierre, Charles Irénée Castel de (1658-1743)
Scheme for Lasting Peace. Selections from the Second Edition of the Abrégé du projet de paix perpétuelle. Trans. H. Hale Bellot. London: Peace Book Co., 1939 (*Projet pour rendre la paix perpétuelle en Europe,* Utrecht, 1713-1717).

Saint-Simon, Louis de Rouvroy (1675-1755)
Memoirs of the Duke of Saint-Simon. Trans. B. St. John. Rev. ed. New York: Macmillan, 1964 (1740-1743?).

Saleilles, Raymond (1855-1912)
The Individualization of Punishment. Trans. R. S. Jastrow. Montclair, N.J.: Patterson Smith, 1968 (*L'individualisation de la peine; étude de criminalité sociale,* Paris, 1898).

Sallust (Gaius Sallustius Crispus) (86-35/34 B.C.)
The War with Catiline. In *Sallust.* Trans. J. C. Rolfe. Loeb Classical Library, Cambridge, Mass.: Harvard Univ. Press, 1931 (*Bellum Catilinae,* c. 40 B.C.).

Samuelson, Paul A(nthony) (1915-   )
Foundations of Economic Analysis. Cambridge, Mass.: Harvard University Press, 1983 (Cambridge, 1947).

Sanderson, Robert (1587-1663)
De Obligatione Conscientiae. Ed. W. Whewell, trans. anon. London: J. W. Parker, 1851 (London, 1660).

Santayana, George (1863-1952)
Dialogues in Limbo. Ann Arbor: University of Michigan Press, 1957 (New York, 1925).
The Genteel Tradition at Bay. Brooklyn: Haskell House, 1977 (New York, 1931).
The Idea of Christ in the Gospels; or, God in Man, a Critical Essay. New York: AMS Press, 1979 (New York, 1946).
Interpretations of Poetry and Religion. Cambridge, Mass.: M.I.T. Press, 1989 (New York, 1900).
The Realm of Essence. In *Realms of Being.* New York: Cooper Square Publishers, 1972 (New York, 1927).
The Realm of Matter. Ibid. (New York, 1930).
The Realm of Spirit. Ibid. (New York, 1940).
The Realm of Truth. Ibid. (London, 1937).
Reason in Art. In *The Life of Reason; or, The Phases of Human Progress.* New York: Dover Publications, 1980 (New York, 1905-1906).
Reason in Common Sense. Ibid. (New York, 1905-1906).
Reason in Religion. Ibid. (New York, 1905-1906).
Reason in Science. Ibid. (New York, 1905-1906).
Reason in Society. Ibid. (New York, 1905-1906).
Scepticism and Animal Faith; Introduction to a System of Philosophy. Gloucester, Mass.: Peter Smith, 1970 (New York, 1923).

The Sense of Beauty; Being the Outlines of Aesthetic Theory. Cambridge, Mass.: M.I.T. Press, 1988 (New York, 1896).
Soliloquies in England and Later Soliloquies. I, *Soliloquies 1914-1918*; II, *Later Soliloquies 1918-1921.* Ann Arbor: University of Michigan Press, 1967 (New York, 1922).
Some Turns of Thought in Modern Philosophy. Freeport, N.Y.: Books for Libraries Press, 1970 (Cambridge, 1933).

Sapir, Edward (1884-1939)
Language, an Introduction to the Study of Speech. London: Granada, 1979 (New York, 1921).

Sarton, George Alfred Léon (1884-1956)
The Life of Science. Freeport, N.Y.: Books for Libraries Press, 1971 (New York, 1948).
The Study of the History of Science. New York: Dover Publications, 1957 (Cambridge, Mass., 1936).

Sartre, Jean-Paul (1905-1980)
Being and Nothingness. Trans. Hazel E. Barnes. New York: Pocket Books, 1978 (*L'être et le néant,* Paris, 1943).
Existentialism and Humanism. Trans. Philip Mairet. Brooklyn: Haskell House, 1977 (*L'existentialisme est un humanisme,* Paris, 1946).
Nausea. Trans. Lloyd Alexander. Cambridge, Mass.: R. Bentley, 1979 (*La Nausée,* Paris, 1938).
No Exit. In *No Exit and the Flies.* Trans. Stuart Gilbert. New York: Knopf, 1985 (*Huis clos,* Paris, 1945).
What Is Literature? and Other Essays. Cambridge, Mass.: Harvard University Press, 1988.

Saussure, Ferdinand de (1857-1913)
Course in General Linguistics. Trans. Roy Harris. La Salle, Ill.: Open Court, 1986 (*Cours de linguistique générale,* Paris, 1916).

Savigny, Friedrich Karl von (1779-1861)
Jural Relations, or, The Roman Law of Persons as Subjects of Jural Relations. Trans. W. Rattigan. Westport, Conn.: Hyperion Press, 1979 (Vol. 1, *System des heutigen römischen Rechts,* Berlin, 1840).

Sawyer, Roger (1931-   )
Slavery in the Twentieth Century. New York: Routledge & Kegan Paul, 1986.

Sayce, Archibald Henry (1845-1933)
Introduction to the Science of Language. 2 vols. London: K. Paul, Trench, Trübner, 1900 (London, 1880).

Sayers, Dorothy L. (1893-1957)
The Mind of the Maker. San Francisco: Harper & Row, 1987 (London, 1941).

Schaper, Eva (1924-   ), ed.
Pleasure, Preference and Value: Studies in Philosophical Aesthetics. New York: Cambridge University Press, 1987.

Scheler, Max Ferdinand (1874-1928)
Formalism in Ethics and Non-Formal Ethics of Values. Trans. Manfred S. Frings and Roger L. Funk. Evanston, Ill.: Northwestern University Press, 1973 (*Der Formalismus in der Ethik und die materiale Wertethik,* 1913-1916).
The Nature of Sympathy. Trans. Peter Heath. London: Routledge and Kegan Paul, 1979 (originally pub. as *Zur Phänomenologie und Theorie der Sympathiegefühle und von Liebe und Hass,* Halle, 1913).
Vom Ewigen im Menschen. 2 vols. Leipzig: Neuer Geist Verlag, 1933 (Leipzig, 1921).

Schelling, Friedrich Wilhelm von (1775-1854)
NOTE: *Sämtliche Werke.* Ed. K. A. F. Schelling. 24 vols. Stuttgart: Cotta, 1856-1861.
The Ages of the World. Ed. and trans. F. de Wolfe Bolman, Jr. New York: AMS Press, 1967 (1811).
Of Human Freedom. Trans. J. Gutmann. Chicago: Open Court, 1936 (*Philosophische Untersuchungen über das Wesen der menschlichen Freiheit und die damit zusammenhängenden Gegenstände.* In *Philosophische Schriften,* Landshut, 1809).
The Philosophy of Art. Trans. Douglas W. Stott. Minneapolis: University of Minnesota Press, 1989 (*Philosophie der Kunst,* 1802-1805).

Schiller (Johann Christoph) Friedrich von (1759-1805)
NOTE: *Schiller's Works.* 7 vols. London: G. Bell & Sons, 1897-1903.
Don Carlos. Trans. James Maxwell. Birmingham, Eng.: Oberon, 1987 (Leipzig, 1787).
Letters upon the Esthetic Education of Man. In *Literary and Philosophical Essays.* "The Harvard Classics," New York: P. F. Collier, 1961 (1795).
On Simple and Sentimental Poetry. In *Works* (1795).
The Stage as a Moral Institution. In *Literary and Philosophical Essays.* See *Letters* (1785).
Wallenstein. Trans. F. J. Lamport. New York: Penguin Books, 1979 (Tübingen, 1800).
William Tell. In *The Bride of Messina; William Tell; Demetrius.* Trans. Charles E. Passage. New York: F. Ungar Pub. Co., 1962 (Tübingen, 1804).

Schlegel, August Wilhelm von (1767-1845)
Lectures on Dramatic Art and Literature. Ed. A. J. Morrison, trans. J. Black. London: G. Bell & Sons, 1902 (*Über dramatische Kunst und Literatur,* Heidelberg, 1809-1811).

Schlegel, (Karl Wilhelm) Friedrich von (1772-1829)
Lucinde. Trans. Peter Firchow. Minneapolis: University of Minnesota Press, 1971 (Berlin, 1799).
The Philosophy of History. A Course of Lectures Delivered at Vienna. Trans. J. B. Robertson. New York: AMS Press, 1976 (*Philosophie der Geschichte,* Vienna, 1829).

Schleiermacher, Friedrich Ernst Daniel (1768-1834)
The Christian Faith. Ed. H. R. Mackintosh and J. S. Stewart. Philadelphia: Fortress Press, 1976 (*Der christliche Glaube nach den Grundsätzen der evangelischen Kirche,* Berlin, 1821-1822).
Dialektik. Ed. Andreas Arndt. Hamburg: F. Meiner, 1988 (1810-1831).

On Religion; Speeches to Its Cultured Despisers. Trans. Richard Crouter. New York: Cambridge University Press, 1988 (*Über die Religion. Reden an die Gebildeten unter ihren Verächtern,* Berlin, 1799).
Soliloquies. Trans. H. L. Friess. Chicago: Open Court, 1926 (*Monologen,* Berlin, 1800).

Schlick, Moritz (1882-1936)
General Theory of Knowledge. Trans. Albert E. Blumberg. La Salle, Ill.: Open Court, 1985 (*Allgemeine Erkenntnislehre,* Berlin, 1925).
Philosophy of Nature. Trans. Amethe von Zeppelin. New York: Greenwood Press, 1968 (*Grundzüge der Naturphilosophie,* 1948).

Schopenhauer, Arthur (1788-1860)
The Complete Essays of Arthur Schopenhauer. New York: Willey Book Co., 1936 (from *Parerga und Paralipomena,* Berlin, 1851).
Die beiden Grundprobleme der Ethik: I, *Über die Freiheit des menschlichen Willens;* II, *Über das Fundament der Moral.* 2 vols. Hamburg: Meiner, 1978-1979 (Frankfurt, 1841).
[Indestructibility of Our True Nature] *On the Doctrine of the Indestructibility of Our True Nature by Death.* In *Philosophy of Arthur Schopenhauer.* Trans. B. Bax and B. Saunders. New York: Tudor Publishing Co., 1933 (in *Parerga und Paralipomena,* Berlin, 1851).
On Human Nature. Essays (Partly Posthumous) in Ethics and Politics. Ed. and trans. T. Bailey Saunders. New York: Macmillan, 1897. Reprinted in *Complete Essays, q.v.* (largely from *Parerga und Paralipomena,* Berlin, 1851).
On the Fourfold Root of the Principle of Sufficient Reason. Trans. E. F. J. Payne, La Salle, Ill.: Open Court, 1974 (*Über die vierfache Wurzel des Satzes vom zureichenden Grunde,* Rudolstadt, 1813).
Studies in Pessimism. Trans. T. Bailey Saunders. London, 1898. Reprinted in *Complete Essays, q.v.* (from *Parerga und Paralipomena,* Berlin, 1851).
Transcendent Speculations on Apparent Design in the Fate of the Individual. Trans. D. Irvine. London: Watts & Co., 1913 (in *Parerga und Paralipomena,* Berlin, 1851).
The World as Will and Idea. Trans. R. B. Haldane and J. Kemp. 3 vols. New York: AMS Press, 1977 (*Die Welt als Wille und Vorstellung,* Leipzig, 1819).

Schrecker, Paul (1889-1963)
Work and History. New York: Thomas Y. Crowell, 1971 (Princeton, 1948).

Schrödinger, Erwin (1887-1961)
Collected Papers on Wave Mechanics; Together with His Four Lectures on Wave Mechanics. Trans. J. F. Shearer and W. M. Deans. New York: Chelsea Pub. Co., 1982 (*Abhandlungen zur Wellenmechanik,* Leipzig, 1927).
Four Lectures on Wave Mechanics. In *Collected Papers.* See above.

Schumpeter, Joseph Alois (1883-1950)
Capitalism, Socialism, and Democracy. New York: Harper & Row, 1975 (New York, 1942).

Schwartz, Delmore (1913-1966)
In Dreams Begin Responsibilities. New York: New Directions Publishing Corp., 1978 (Norfolk, Conn., 1938).

Scott, Sir Walter (1771-1832)
Ivanhoe; a Romance. (Edinburgh, 1820).
NOTE: The above work is available in many popular editions or collections.
Letters on Demonology and Witchcraft. New York: Gordon Press, 1974 (London, 1830).
Old Mortality. (1816).
Rob Roy. (1818).
Waverley. (1814).

Scruton, Roger (1944-)
Sexual Desire: A Moral Philosophy of the Erotic. New York: Free Press, 1986.

Searle, John R(ogers) (1932-)
Minds, Brains, and Science. Cambridge, Mass.: Harvard University Press, 1984.

Seignobos, Charles. See **Langlois, Charles Victor.**

Seneca, Lucius Annaeus (c. 4 B.C.-c. A.D. 65)
De Beneficiis. In *Moral Essays, q.v.* (A.D. 59-62).
De Consolatione ad Marciam. Ibid. (c. A.D. 40).
De Constantia Sapientis. Ibid. (A.D. 41-42).
De Vita Beata. Ibid. (A.D. 58-59).
Moral Essays. Trans. John W. Basore. 3 vols. Loeb Classical Library, Cambridge, Mass.: Harvard University Press, 1928-1935.
[Moral Letters] *Epistulae Morales.* Trans. R. M. Gummere. 3 vols. Loeb Classical Library, Cambridge, Mass.: Harvard University Press, 1917-1925 (A.D. 63-65).

Servan-Schreiber, Jean Louis (1937-)
The Return of Courage. Trans. Frances Frenaye. Reading, Mass.: Addison-Wesley, 1987 (*Le retour du courage,* Paris, 1986).

Sévigné, Marie de Rabutin-Chantal, Marquise de (1626-1696)
Letters from Madame la Marquise de Sévigné. Sel. and trans. Violet Hammersley. New York: Harcourt, Brace, 1956 (1647-1696).

Sextus Empiricus (2nd century A.D.)
Against the Ethicists. In *Sextus Empiricus.* Trans. R. G. Bury. 4 vols. Loeb Classical Library, Cambridge, Mass.: Harvard University Press, 1933-1949.
Against the Logicians. Ibid.
Against the Physicists. Ibid.
Outlines of Pyrrhonism. Ibid.

Shaftesbury, Anthony Ashley Cooper, Third Earl of (1671-1713)
Characteristics of Men, Manners, Opinions, Times. 3 vols. New York: G. Olms, 1978 (London, 1711).

Shapley, Harlow (1885-1972)
Starlight. New York: G. H. Doran, 1926.

Shaw, George Bernard (1856-1950)
Arms and the Man. (1894).
Back to Methuselah: A Metabiological Pentateuch. (London, 1921).
Caesar and Cleopatra. (first performed, 1901).
Candida. (1895).
[Crude Criminology] *Doctors' Delusions, Crude Criminology, and Sham Education.* London: Constable & Co., 1950 (London, 1931).
Doctors' Delusions. Ibid. (London, 1931).
Dramatic Opinions and Essays, with an Apology by Bernard Shaw. 2 vols. New York: Brentano's, 1907-1913 (New York, 1906).
Heartbreak House. (first performed, 1920).
The Intelligent Woman's Guide to Socialism and Capitalism. Harmondsworth, Eng.: Penguin, 1965 (London, 1928).
Major Barbara. (1905).
Man and Superman: A Comedy and a Philosophy. (Westminster, 1903).
Pygmalion. (London, 1913).
The Revolutionist's Handbook and Pocket Companion by John Tanner, M.I.R.C. Appended to *Man and Superman, q.v.*
The Sanity of Art: An Exposure of the Current Nonsense About Artists Being Degenerate. New York: B. R. Tucker, 1908 (1895).
Socialism and Superior Brains: A Reply to Mr. Mallock. New York: J. Lane, 1910 (London, 1909).
Widowers' Houses. (1892).
NOTE: Most of the above works are available in many popular editions or collections.

Sheldon, Wilmon Henry (1875-1980)
Strife of Systems and Productive Duality; an Essay in Philosophy. Cambridge, Mass.: Harvard University Press, 1918.

Shelley, Mary (Wollstonecraft) (1797-1851)
Frankenstein, or, The Modern Prometheus. (London, 1818).
NOTE: The above work is available in many popular editions.

Shelley, Percy Bysshe (1792-1822)
Adonais. An Elegy on the Death of John Keats. (1821).
A Defense of Poetry. (1821).
"Hymn to Intellectual Beauty." (1817).
Preface to Alastor. (1816).
Prometheus Unbound; a Lyrical Drama in Four Acts. (1820).
NOTE: The above works are available in many popular editions or collections.

Sheridan, Richard Brinsley Butler (1751-1816)
The Rivals. In *Plays.* New York: Oxford University Press, 1975 (1775).
The School for Scandal. Ibid. (1777).

Sherrington, Sir Charles Scott (1857-1952)
The Brain and Its Mechanism. Cambridge University Press, 1933.
The Integrative Action of the Nervous System. Birmingham, Ala.: Classics of Medicine, 1989 (New York, 1906).
Man on His Nature. London: Cambridge University Press, 1975 (Cambridge, 1940).

Sholem Aleichem, pseud. of **Sholem Yakov Rabinowitz** (1859-1916)
The Old Country. Trans. Julius and Frances Butwin. New York: Crown Publishers, 1965 (first English edition, New York, 1946).

Sholokhov, Mikhail Aleksandrovich (1905-1984)
The Silent Don. Vol. I, *And Quiet Flows the Don;* Vol. II, *The Don Flows Home to the Sea.* Trans. S. Gary. New York: A. A. Knopf, 1969 (1928-1938).

Shotwell, James Thomson (1874-1965)
The History of History. New York: Columbia University Press, 1939 (*An Introduction to the History of History,* New York, 1922).

Sidgwick, Alfred (1850-1943)
Fallacies. A View of Logic from the Practical Side. London: K. Paul, Trench, Trübner, 1901 (London, 1883).
The Use of Words in Reasoning. London: A. & C. Black, 1901.

Sidgwick, Henry (1838-1900)
The Methods of Ethics. Indianapolis: Hackett Pub. Co., 1981 (London, 1874).
Philosophy, Its Scope and Relations. New York: Kraus Reprint, 1968 (1886?-1900).
Practical Ethics: A Collection of Addresses and Essays. Freeport, N.Y.: Books for Libraries Press, 1973 (New York, 1898).

Sidney, Algernon (1622-1683)
Discourses Concerning Government. 2 vols. New York: Arno Press, 1979 (1680-1681?).

Sidney, Sir Philip (1554-1586)
An Apology for Poetry. In *The Portable Elizabethan Reader.* Harmondsworth, Eng.: Penguin, 1980 (1581).
Astrophel and Stella. Ibid. (1575-1583).
The Countess of Pembroke's Arcadia. New York: Oxford University Press, 1987 (1580-1583).

Sieyès, Joseph Emmanuel (1748-1836)
[Discours] *Les discours de Sieyès dans les débats constitutionnels de l'an III.* Ed. Paul Bastid. Paris: L. Hachette, 1939 (1795).
An Essay on Privileges, and Particularly on Heredity. Trans. anon. London: J. Ridgeway, 1791 (*Essai sur les privilèges,* first pub., 1789).

Sigwart, Christoph von (1830-1904)
Logic. Trans. Helen Dendy. 2 vols. New York: Garland Pub., 1980 (Tübingen, 1873-1878).

Silone, Ignazio (1900-1978)
Bread and Wine. Trans. Eric Mosbacher. New York: New American Library, 1986 (*Pane e vino,* New York, 1937).

Simeon, Richard. See **Banting, Keith G.**

Simon, Yves René Marie (1903-1961)
Community of the Free. Trans. Willard R. Trask.

Lanham, Md.: University Press of America, 1984 (1947).
Introduction à l'ontologie du connaître. Dubuque, Iowa: W. C. Brown Reprint Library, 1965 (Paris, 1934).
Nature and Functions of Authority. Milwaukee: Marquette University Press, 1940.
Trois leçons sur le travail. Paris: Téqui, 1938.

Sinclair, Upton Beall (1878-1968)
The Jungle. (New York, 1906).
NOTE: The above work is available in many popular editions.

Singer, Isaac Bashevis (1904- 1991)
The Family Moskat. Trans. A. H. Gross. New York: Penguin Books, 1980 (New York, 1950).

Singer, Jerome L. See **Pope, Kenneth S.**

Sitter, Willem de (1872-1934)
Kosmos: A Course of Six Lectures on the Development of Our Insight into the Structure of the Universe. Cambridge, Mass.: Harvard University Press, 1932.

Skinner, B(urrhus) F(rederic) (1904-1990)
Science and Human Behavior. New York: Free Press, 1967 (New York, 1953).

Sloan, Irving J. (1924-)
The Right to Die: Legal and Ethical Problems. New York: Oceana Publications, 1988.

Smiles, Samuel (1812-1904)
Life and Labor: or, Characteristics of Men of Industry, Culture and Genius. New York: Harper, 1888 (London, 1887).

Smith, Adam (1723-1790)
Considerations Concerning the First Formation of Languages. In *Lectures on Rhetoric and Belles Lettres.* Ed. J. C. Bryce. Oxford: Clarendon Press, 1983.
The History of Astronomy. In *Essays on Philosophical Subjects.* Ed. W. P. D. Wightman and J. C. Bryce. Oxford: Clarendon Press, 1980 (before 1773?).
Lectures on Justice, Police, Revenue and Arms, Delivered in the University of Glasgow. In *Lectures on Jurisprudence.* Ed. R. L. Meek, D. D. Raphael, and P. G. Stein. Oxford: Clarendon Press, 1978 (1766).
"Of the Affinity Between Music, Dancing, and Poetry." In *Essays on Philosophical Subjects.* See *History of Astronomy.*
The Theory of Moral Sentiments. Ed. D. D. Raphael and A. L. Macfie. Oxford: Clarendon Press, 1976 (London, 1759).

Smith, Norman Kemp (1872-1958)
The Credibility of Divine Existence: The Collected Papers of Norman Kemp Smith. Ed. A. J. D. Porteous, R. D. Maclennan, and G. E. Davie. New York: St. Martin's Press, 1967.

Smith, Peter (1944-) and **Jones, O. R.** (1922-)
The Philosophy of Mind: An Introduction. New York: Cambridge University Press, 1986.

Smith, William Robertson (1846-1894)
The Prophets of Israel and Their Place in History. New York: AMS Press, 1982 (Edinburgh, 1882).

Smollett, Tobias George (1721-1771)
The Expedition of Humphry Clinker. New York: Oxford University Press, 1984 (London, 1771).

Smuts, Jan Christiaan (1870-1950)
Holism and Evolution. Westport, Conn.: Greenwood Press, 1973 (New York, 1926).

Snow, C(harles) P(ercy) (1905-1980)
The Realists: Eight Portraits. New York: Collier, 1987 (1978).

Soddy, Frederick (1877-1956)
The Interpretation of the Atom. London: J. Murray, 1932.

Solzhenitsyn, Aleksandr (Isayevich) (1918-)
The Cancer Ward. Trans. Nicholas Bethell and David Burg. New York: Modern Library, 1983 (1968).
The First Circle. Trans. Thomas P. Whitney. New York: Bantam Books, 1981 (1968).
The Gulag Archipelago, 1918-1956. Trans. Thomas P. Whitney and Harry Willetts. New York: Harper & Row, 1985 (1973).
One Day in the Life of Ivan Denisovich. Trans. Max Hayward and Ronald Hingley. New York: Bantam Books, 1981 (1962).

Sondheimer, E. H. (1923-) and **Rogerson, Alan R.** (?)
Numbers and Infinity: A Historical Account of Mathematical Concepts. New York: Cambridge University Press, 1981.

Sorel, Georges (1847-1922)
The Illusions of Progress. Trans. John and Charlotte Stanley. Berkeley: University of California Press, 1969 (*Les illusions du progrès,* Paris, 1908).
Reflections on Violence. Trans. T. E. Hulme. New York: AMS Press, 1975 (*Réflexions sur la violence,* Paris, 1908).

Southern, Richard William (1912-1989)
The Making of the Middle Ages. London: Cresset Library, 1987 (New Haven, Conn., 1952).

Southey, Robert (1774-1843)
Essays, Moral and Political. Clifton, N.J.: A. M. Kelley, 1973 (1810-1816).

Soyinka, Wole (1934-)
Madmen and Specialists: A Play. New York: Hill and Wang, 1987 (first performed, Ibadan, 1965).
The Road. Oxford: Oxford University Press, 1978 (first performed, 1965).

Spark, Muriel (Sarah) (1915-)
The Prime of Miss Jean Brodie. New York: New American Library, 1984 (London, 1961).

Sparshott, F(rancis) E(dward) (1926-   )
An Enquiry into Goodness, and Related Concepts: With Some Remarks on the Nature and Scope of Such Enquiries. Chicago: University of Chicago Press, 1958.

Spaulding, Oliver Lyman (1875-1947) and **Nickerson, Hoffman** (1888-1965), and **Wright, John Womack** (1876-1953)
Warfare: A Study of Military Methods from the Earliest Times. New York: Arno Press, 1972 (New York, 1925).

Spearman, Charles Edward (1863-1945)
The Abilities of Man; Their Nature and Measurement. New York: AMS Press, 1970 (New York, 1927).

Spencer, Herbert (1820-1903)
Essays on Education and Kindred Subjects. New York: AMS Press, 1977 (1854-1859).
The Man Versus the State. Indianapolis: Liberty Classics, 1981 (1884).
The Principles of Ethics. 2 vols. Indianapolis: Liberty Classics, 1978 (London, 1892-1893. Part 1 pub. as *Data of Ethics*, New York, 1879).
The Principles of Psychology. 2 vols. Boston: Longwood Press, 1977 (London, 1855).
Progress: Its Law and Cause. In *Essays on Education*, q.v. (in *Essays, Scientific, etc.*, London, 1858).

Spengler, Oswald (1880-1936)
The Decline of the West. Trans. C. F. Atkinson. 2 vols. New York: A. A. Knopf, 1986 (*Der Untergang des Abendlandes,* Munich, 1918-1922).

Spenser, Edmund (c. 1552-1599)
Epithalamion. (London, 1595).
The Faerie Queene: Disposed into Twelve Books Fashioning Twelve Moral Virtues. (London, 1590-1596).
An Hymne of Heavenly Love. (London, 1596).
NOTE: The above works are available in many popular editions or collections.

Spinoza, Benedict de (Baruch) (1632-1677)
NOTE: *The Chief Works of Benedict de Spinoza.* Ed. R. H. M. Elwes. 2 vols. New York: Dover, 1955.
Cogita Metaphysica. In *Benedicti de Spinoza Opera Quotquot Reperta Sunt.* Ed. J. Van Vloten and J. P. N. Land. 3 vols. The Hague: M. Nijhoff, 1895 (first pub. with *Renati Descarti Principiorum Philosophiae, Pars i et ii, More Geometrico Demonstratae,* Amsterdam, 1663).
The Correspondence of Spinoza. Ed. and trans. A. Wolf. New York: Russell & Russell, 1966 (1661-1676).
Of the Improvement of the Understanding. In *Chief Works* (*Tractatus de Intellectus Emendatione.* In *Opera Posthuma,* Amsterdam, 1677).
Tractatus Politicus. Ibid. (1677).
Tractatus Theologico-Politicus. Ibid. (Amsterdam, 1670).

Stacey, John (1919-   )
Groundwork of Theology. London: Epworth Press, 1984.

Stallo, John Bernhard (1823-1900)
Concepts and Theories of Modern Physics. Cambridge, Mass.: Belknap Press of Harvard University Press, 1960 (New York, 1882).

Stammler, Rudolf (1856-1938)
The Theory of Justice. Trans. I. Husik. New York: A. M. Kelley, 1969 (*Theorie der Rechtswissenschaft,* Halle, 1911).

Stanway, Andrew (?)
Alternative Medicine: A Guide to Natural Therapies. New York: Penguin Books, 1986.

Steffens, Joseph Lincoln (1866-1936)
The Autobiography of Lincoln Steffens. 2 vols. New York: Harcourt, Brace, World, 1958 (New York, 1931).

Steinbeck, John Ernst (1902-1968)
The Grapes of Wrath. (New York, 1939).
NOTE: The above work is available in many popular editions or collections.

Stendhal, pseud. of **Marie Henri Beyle** (1783-1842)
The Charterhouse of Parma (*La chartreuse de Parme,* Paris, 1839).
Love. Trans. Gilbert and Suzanne Sale. Harmondsworth, Eng.: Penguin, 1975 (*De l'amour,* Paris, 1822).
The Red and the Black (*Le rouge et le noir,* Paris, 1831).
NOTE: Most of the above works are available in many popular editions or collections.

Stepansky, Paul E. (1951-   )
In Freud's Shadow: Adler in Context. Hillside N.J.: Analytic Press, dist. by L. Erlbaum, 1983.

Stephen, Sir James Fitzjames (1829-1894)
Liberty, Equality, Fraternity. London: Cambridge U. P., 1967 (London, 1873).

Stephen, Sir Leslie (1832-1904)
An Agnostic's Apology, and Other Essays. Farnborough, Eng.: Gregg, 1969 (title essay, London, 1876).
The Science of Ethics. Freeport, N.Y.: Books for Libraries Press, 1972 (London, 1882).
Social Rights and Duties: Addresses to Ethical Societies. 2 vols. London: Swan Sonnenschein, 1896.

Sterne, Laurence (1713-1768)
A Sentimental Journey Through France and Italy. New York: Oxford University Press, 1984 (London, 1768).
[*Tristram Shandy*] *The Life and Opinions of Tristram Shandy, Gentleman.* New York: Oxford University Press, 1983 (London, 1759).

Stevens, Wallace (1879-1955)
The Necessary Angel: Essays on Reality and the Imagination. New York: Vintage Books, 1965 (New York, 1951).

Notes Toward a Supreme Fiction. Cummington, Mass.: The Cummington Press, 1942.

Stevenson, Robert Louis (1850-1894)
Across the Plains, with Other Memories and Essays. Freeport, N.Y.: Books for Libraries Press, 1972 (London, 1892).
Virginibus Puerisque, Familiar Studies of Men and Books. Everyman's Library, New York: E. P. Dutton, 1963 (London, 1881).

Stewart, Dugald (1753-1828)
NOTE: *The Collected Works of Dugald Stewart.* 11 vols. Farnborough, Eng.: Gregg, 1971.
Elements of the Philosophy of the Human Mind. In *Collected Works* (Edinburgh, 1792; 1814; 1827).
Outlines of Moral Philosophy. Ibid. (Edinburgh, 1793).
Philosophical Essays. Ibid. (Edinburgh, 1810).
Philosophy of the Active and Moral Powers of Man. Ibid. (Edinburgh, 1828).

Stirling, James Hutchison (1820-1909)
Philosophy and Theology. New York: AMS Press, 1979 (Edinburgh, 1890).

Stout, George Frederick (1860-1944)
Analytic Psychology. 2 vols. London: Allen & Unwin, 1918 (London, 1896).
Mind and Matter. Cambridge University Press, 1931 (1919-1921).

Stowe, Harriet Beecher (1811-1896)
Uncle Tom's Cabin, or, Life Among the Lowly. (New York, 1850).
NOTE: The above work is available in many popular editions.

Strachey, John (1901-1963)
The Challenge of Democracy. London: Encounter, 1968.

Stranathan, James Docking (1898-1981)
The "Particles" of Modern Physics. Philadelphia: Blakiston Co., 1942.

Strauss, Leo (1899-1973)
On Tyranny. Rev. ed. Ithaca, N.Y.: Cornell University Press, 1983 (New York, 1948).

Strindberg, August (1849-1912)
The Dance of Death. In *Strindberg: Five Plays.* Trans. Harry G. Carlson. Berkeley: University of California Press, 1983 (Stockholm, 1901).
The Father: A Tragedy. Ibid. (Helsingborg, 1887).

Stump, Eleonore (1947-   )
Dialectic and Its Place in the Development of Medieval Logic. Ithaca, N.Y.: Cornell University Press, 1989.

Sturzo, Luigi (1871-1959)
Church and State. Trans. B. B. Carter. 2 vols. Notre Dame, Ind.: University of Notre Dame Press, 1962 (London, 1937).
The Inner Laws of Society: A New Sociology. Trans. B. B. Carter. New York: P. J. Kenedy, 1944 (1935).
The International Community and the Right of War. Trans. B. B. Carter. New York: H. Fertig, 1970 (London, 1929).

Suárez, Francisco (1548-1617)
De Religione. In *Opera Omnia.* Ed. M. André and C. Berton. 30 vols. Brussels: Culture et Civilisation, 1963 (1609).
Disputationes Metaphysicae. Ibid. (Salamanca, 1597).
On the Various Kinds of Distinctions. Trans. C. Vollert. Milwaukee: Marquette University Press, 1947 (*Disputationes Metaphysicae, Disputatio VII, De Variis Distinctionum Generibus*).
On War. In *Selections from Three Works of Francisco Suárez, S. J.* Ed. J. B. Scott, trans. G. L. Williams *et al.* 2 vols. New York: Oceana, 1964.
A Treatise on Laws and God the Lawgiver. Ibid. (*De Legibus ac Deo Legislatore in Decem Libros Distributus*, Coimbra, 1612).

Sullivan, Walter (1918-   )
Black Holes: The Edge of Space, the End of Time. New York: Warner Books, 1980.

Sully, James (1842-1923)
Illusions: A Psychological Study. New York: Da Capo Press, 1982 (London, 1881).

Sumner, William Graham (1840-1910)
The Absurd Effort to Make the World Over. In *War*, q.v. (1894).
Folkways; a Study of the Sociological Importance of Usages, Manners, Customs, Mores, and Morals. Ed. A. G. Keller. New York: Arno Press, 1979 (Boston, 1907).
War and Other Essays. Ed. A. G. Keller. New York: AMS Press, 1970 (title essay, 1903).

Svevo, Italo, pseud. of Ettore Schmitz (1861-1928)
Confessions of Zeno. Trans. Beryl de Zoete. New York: Vintage Books, 1989 (*La coscienza di Zeno*, 1923).

Swedenborg, Emanuel (1688-1772)
Angelic Wisdom About Divine Providence. Trans. William F. Wunsch. New York: Swedenborg Foundation, 1986 (*Sapientia Angelica de Divina Providentia*, Amsterdam, 1764).
Heaven and Its Wonders and Hell, from Things Heard and Seen. Trans. J. C. Ager. New York: Swedenborg Foundation, 1980 (*De Coelo et Ejus Mirabilibus, et de Inferno, ex Auditis et Visis*, London, 1758).

Swift, Jonathan (1667-1745)
An Argument to Prove That the Abolishing of Christianity in England, May.... Be Attended with Some Inconveniences, and Perhaps Not Produce Those Many Good Effects Propos'd Thereby. (London, 1708).
The Battle of the Books. (London, 1704).
An Essay on Modern Education. (1732).
A Modest Proposal for Preventing the Children of Poor People from Being a Burthen to Their Parents or Country, and for Making Them Beneficial to the Public. (Dublin, 1729).

A Tale of a Tub. (London, 1704).
NOTE: The above works are available in many popular editions or collections.

Synge, John Millington (1871-1909)
NOTE: *The Complete Works of John M. Synge.* New York: Random House, 1960.
Deirdre of the Sorrows. In *Complete Works* (1908-1909).
The Playboy of the Western World. Ibid. (Dublin, 1907).
Riders to the Sea. Ibid. (1903).

Szasz, Thomas Stephen (1920-   )
The Manufacture of Madness: A Comparative Study of the Inquisition and the Mental Health Movement. New York: Harper & Row, 1977.

T

Tacitus, Cornelius (c. A.D. 55-c. 120)
[A Dialogue on Oratory] *Dialogus, Agricola, Germania.* Trans. William Peterson, rev. M. Winterbottom. Loeb Classical Library, Cambridge, Mass.: Harvard University Press, 1970 (*Dialogus de Oratoribus,* A.D. 78-81).
Germania. Ibid. (c. A.D. 98).

Taine, Hippolyte Adolphe (1828-1893)
On Intelligence. Trans. T. D. Haye. Washington, D.C.: University Publications of America, 1977 (*De l'intelligence,* Paris, 1870).
The Philosophy of Art. Trans. John Durand. New York: Henry Holt, 1875 (*Philosophie de l'art,* Paris, 1865).

Tait, Peter Guthrie. See **Thomson, Sir William.**

[Talmud] *New Edition of the Babylonian Talmud.* Trans. M. L. Rodkinson. 20 vols. New York: New Talmud Publishing Co., 1896-1903 (3rd-5th centuries A.D.).

Tarde, Gabriel de (1843-1904)
The Laws of Imitation. Trans. E. C. Parsons. Gloucester, Mass.: P. Smith, 1962 (*Les lois de l'imitation; Étude sociologique,* Paris, 1890).

Tarski, Alfred (1902-1983)
Introduction to Logic and to the Methodology of Deductive Sciences. Trans. O. Helmer. 3rd ed. New York: Oxford University Press, 1965 (Lvov, 1936).

Tasso, Torquato (1544-1595)
Jerusalem Delivered. Trans. Ralph Nash. Detroit: Wayne State University Press, 1987 (*Gerusalemme Liberata,* Casalmaggiore, 1581).

Tate, (John Orley) Allen (1899-1979)
Reactionary Essays on Poetry and Ideas. Freeport, N.Y.: Books for Libraries Press, 1968 (New York, 1936).

Tawney, Richard Henry (1880-1962)
Equality. New York: Barnes & Noble, 1964 (New York, 1931).
Religion and the Rise of Capitalism, a Histori-

cal Study. Harmondsworth, Eng.: Penguin, 1984 (London, 1926).

Taylor, A(lan) J(ohn) P(ercivale) (1906-1990)
The Course of German History: A Survey of the Development of Germany Since 1815. New York: Paragon Books, 1979 (London, 1945).

Taylor, Alfred Edward (1869-1945)
The Christian Hope of Immortality. Wilmington Del.: International Academic Pub., 1979 (London, 1938).
Does God Exist? London: Collins, 1961 (1945).
Elements of Metaphysics. New York: Barnes & Noble, 1961 (London, 1903).
The Faith of a Moralist. 2 vols. in 1. New York: Kraus Reprint Co., 1969 (London, 1930).
Philosophical Studies. New York: Arno Press, 1976 (London, 1934).
The Problem of Conduct: A Study in the Phenomenology of Ethics. London: Macmillan, 1901.

Taylor, Charles (1931-   )
Sources of the Self: The Making of the Modern Identity. Cambridge, Mass.: Harvard University Press, 1989.

Taylor, Gordon Rattray (1911-1981)
Sex in History. New York: Harper & Row, 1973 (London, 1953).

Taylor, Jeremy (1613-1667)
NOTE: *The Whole Works of the Right Rev. Jeremy Taylor.* 10 vols. Ed. Reginald Heber, rev. Charles Page Eden. New York: G. Olms Verlag, 1969.
Θεολογία Ἐκλεκτική, *or, A Discourse of the Liberty of Prophesying, with Its Just Limits and Temper.* In *Works* (London, 1647).
A Discourse of the Nature, Offices and Measures of Friendship. Ibid. (London, 1657).
Ductor Dubitantium; or, The Rule of Conscience in All Her General Measures. Ibid. (London, 1660).
[Of Holy Dying] *The Rule and Exercises of Holy Dying. Ibid.* (London, 1651).
[Of Holy Living] *The Rule and Exercises of Holy Living. Ibid.* (London, 1650).
Twenty-Five Sermons Preached at Golden Grove. Ibid. (originally pub. as *A Course of Sermons for All the Sundaies of the Year,* London, 1653-1655).

Teggart, Frederick John (1870-1946)
Theory of History. New Haven, Conn.: Yale University Press, 1925.

Teilhard de Chardin, Pierre (1881-1955)
The Phenomenon of Man. New York: Harper, 1975 (*Le phénomène humain,* Paris, 1955).

Temple, George (Frederick James) (1901-1992)
One Hundred Years of Mathematics. London: Duckworth, 1981.

Tennant, Frederick Robert (1866-1957)
The Concept of Sin. Cambridge University Press, 1912.
Philosophical Theology. 2 vols. Cambridge University Press, 1968 (1928-1930).
Philosophy of the Sciences; or, The Relations Be-

tween the Departments of Knowledge. Hamden, Conn.: Archon Books, 1973 (Cambridge, 1932).

Tennyson, Alfred (1809–1892)
NOTE: *The Poems of Tennyson.* 3 vols. Berkeley: University of California Press, 1987.
"Crossing the Bar." In *Poems* (1889).
In Memoriam. Ibid. (1850).
"Locksley Hall." Ibid. (1842).
"Tithonus." (1860).
"Ulysses." Ibid. (1842).

Teresa of Ávila, Saint (1515–1582)
NOTE: *The Complete Works of Saint Teresa of Jesus.* Ed. and trans. E. Alison Peers. 3 vols. London: Sheed & Ward, 1982.
Book of the Foundations. In *Complete Works* (*Libro de las fundaciones*, 1573–1582).
Interior Castle (The Mansions). Ibid. (*Las moradas o Castillo interior*, 1577).
The Way of Perfection. Ibid. (*Camino de perfección*, 1565–1566).

Tertullian (Quintus Septimius Florens Tertullianus) (c. 155–c. 222)
Apology and De Spectaculis. Trans. T. R. Glover. Loeb Classical Library, Cambridge, Mass.: Harvard University Press, 1931 (*Apologeticus*, 197?).
De Spectaculis. See *Apology* (after 197?).
On Idolatry. In *The Ante-Nicene Fathers.* Ed. A. Roberts and J. Donaldson. 10 vols. Grand Rapids, Mich.: W. B. Eerdmanns, 1985–1987 (*De Idolatria*, 212?).
The Prescription Against Heretics. Ibid. (*De Praescriptione Haereticorum*).
A Treatise on the Soul. Ibid. (*De Anima*, 203?).

Thackeray, William Makepeace (1811–1863)
The History of Henry Esmond, Esq. (London, 1852).
The History of Pendennis. (1850).
Vanity Fair, a Novel Without a Hero. (London, 1847–1848).
NOTE: The above works are available in many popular editions or collections.

Theologia Germanica. Ed. F. Pfeiffer, trans. Susanna Winkworth. London: Stuart & Watkins, 1966 (c. 1375).

Theophrastus of Eresos (c. 372–c. 286 B.C.)
The Characters. Trans. J. M. Edmonds. Loeb Classical Library, Cambridge, Mass.: Harvard University Press, 1929 (319 B.C.?).
Enquiry into Plants. Trans. A. Hort. 2 vols. Loeb Classical Library, Cambridge, Mass.: Harvard University Press, 1916 (315 B.C.?).
On the Senses. In G. M. Stratton, *Theophrastus and the Greek Physiological Psychology.* Chicago: Argonaut Inc., 1967.

Thomas, Lewis (1913–   )
The Lives of a Cell: Notes of a Biology Watcher. New York: Bantam Books, 1980.

Thomas à Kempis, Saint (c. 1380–1471)
The Imitation of Christ. Trans. William C. Creasy. Macon, Ga.: Mercer University Press, 1989 (*Imitatio Christi*, 1421?–1434?).

Thomas Aquinas, Saint (c. 1225–1274)
Compendium of Theology. Trans. C. Vollert. St. Louis: Herder Book Co., 1949 (*Compendium Theologiae*, 1273).
Concerning the Teacher. In M. H. Mayer, *The Philosophy of Teaching of St. Thomas Aquinas.* Milwaukee: Bruce Publishing Co., 1929 (*Quaestiones Disputatae de Veritate*, Q. XI, 1256–1259).
Contra Impugnantes Dei Cultum et Religionem. In *Opuscula* (1257).
Contra Pestiferam Doctrinam Retrahentium Homines a Religionis Ingressu. Ibid. (1270).
De Aeternitate Mundi Contra Murmurantes. Ibid. (1270).
De Fallaciis. Ibid. (1244).
De Mixtione Elementorum ad Magistrum Philippe. Ibid. (1273).
De Natura Materiae et Dimensionibus Interminalis. Ibid.
De Natura Verbi Intellectus. Ibid.
De Perfectione Vitae Spiritualis. Ibid. (1269).
De Principiis Naturae. Ibid. (1255).
De Propositionibus Modalibus. Ibid. (1244–1245).
De Substantiis Separatis. Ibid. (1272–1273).
On Being and Essence. Ed. and trans. A. Maurer. Toronto: Pontifical Institute of Mediaeval Studies, 1983 (*De Ente et Essentia*, 1254–1256).
On Kingship: To the King of Cyprus. Trans. G. P. Phelan. Toronto: Pontifical Institute of Mediaeval Studies, 1982 (*De Regimine Principum*, 1265–1266).
On Spiritual Creatures. Trans. M. C. Fitzpatrick and J. J. Wellmuth. Milwaukee: Marquette University Press, 1949 (*De Spiritualibus Creaturis*, 1266–1269).
On the Power of God. Trans. Fathers of the English Dominican Province. 3 vols. London: Burns, Oates, & Washbourne, 1932–1934 (*Quaestiones Disputatae de Potentia Dei*, 1265–1267).
[*On the Trinity of Boethius*] '*The Trinity*' *and* '*The Unicity of the Intellect.*' Trans. Sister R. E. Brennan. London: Herder Book Co., 1946 (*Expositio Super Librum Boethii de Trinitate*, 1257–1258).
[*Opuscula*] *S. Thomae Aquinatis Opuscula Omnia.* Ed. P. Mandonnet. 5 vols. Paris: Lethielleux, 1927.
Quaestiones Disputatae [. . . *de Malo* (1268–1269) . . . *de Anima* (1269–1270) . . . *de Unione Verbi Incarnati* (1268–1272) . . . *de Virtutibus Cardinalibus* (1269–1272) . . . *de Virtutibus in Communi* (1269–1272) . . . *de Caritate* (1269–1272) . . . *de Spe* (1269–1272)]. Ed. P. Mandonnet. 3 vols. Paris: Lethielleux, 1925.
Summa Contra Gentiles. Trans. A. C. Pegis et al. 5 vols. Notre Dame, Ind.: University of Notre Dame Press, 1975 (1258–1264).
Summa Theologica. Trans. Fathers of the English Dominican Province. 5 vols. Westminster, Md.: Christian Classics, 1981 (1265–1272).

Super Boethium de Hebdomadibus. In *Opuscula* (1258).
Truth. Trans. R. W. Mulligan, J. V. McGlynn, and R. W. Schmidt. 3 vols. Chicago: H. Regnery, 1952-1954 (*Quaestiones Disputatae, De Veritate,* 1256-1259).
[Two Precepts of Charity] *The Commandments of God; Conferences on the Two Precepts of Charity and the Ten Commandments.* London: Burns, Oates, & Washbourne, 1937 (*De Duobus Praeceptis Caritatis et Decem Legis Praeceptis,* 1273).
The Unicity of the Intellect. See *On the Trinity* (c. 1270).

Thomas of Erfurt (14th century)
Grammatica Speculativa (*Liber Modorum Significandi*). Trans. G. L. Bursill-Hall. London: Longman, 1972.

Thompson, Sir D'Arcy Wentworth (1860-1948)
On Growth and Form. Cambridge University Press, 1986 (Cambridge, 1917).

Thompson, Francis (1859-1907)
The Hound of Heaven. Wilton, Conn.: Morehouse-Barlow, 1980 (1893).

Thompson, William Robin (1887-1972)
Science and Common Sense, an Aristotelian Excursion. Albany, N.Y.: Magi Books, 1965 (New York, 1937).

Thomson, George Paget (1892-1975)
The Atom. 6th ed. New York: Oxford University Press, 1962 (1930).

Thomson, Sir William (Baron Kelvin) (1824-1907) and **Tait, Peter Guthrie** (1831-1901)
Elements of Natural Philosophy. Cambridge University Press, 1879 (Oxford, 1873).
Treatise on Natural Philosophy. 2 vols. Cambridge University Press, 1895-1896 (Oxford, 1867).

Thoreau, Henry David (1817-1862)
Civil Disobedience. (1849).
A Plea for Captain John Brown. (originally appeared in James Redpath, ed., *Echoes of Harper's Ferry,* Boston, 1860).
Walden. (Boston, 1854).
A Week on the Concord and Merrimack Rivers. (Boston, 1849).
NOTE: The above works are available in many popular editions or collections.

Tillich, Paul (1886-1965)
The Courage to Be. New Haven, Conn.: Yale University Press, 1980 (New Haven, 1952).
Love, Power, and Justice: Ontological Analyses and Ethical Applications. New York: Oxford University Press, 1972 (New York, 1954).
Morality and Beyond. New York: Harper & Row, 1966.
What Is Religion? New York: Harper & Row, 1973.

Tinbergen, Nikolaas (1907-1988)
The Study of Instinct. New York: Oxford University Press, 1989 (Oxford, 1951).

Tipler, Frank Jennings, III. See **Barrow, John David.**

Tirso de Molina, pseud. of **Gabriel Téllez** (c. 1570-1648)
The Love Rogue; a Poetic Drama in Three Acts. Trans. H. Kemp. New York: Lieber & Lewis, 1923 (*El Burlador de Sevilla.* In *Doze Comedias Nuevas de Lope de Vega, etc.,* Barcelona, 1630).

Titchener, Edward Bradford (1867-1927)
Lectures on the Elementary Psychology of Feeling and Attention. New York: Arno Press, 1973 (1908).
Lectures on the Experimental Psychology of the Thought-Processes. New York: Arno Press, 1973 (1909).

Tocqueville, Alexis Charles Henri Maurice Clerel de (1805-1859)
L'ancien régime. Trans. John Bonner. London: Dent, 1988 (Paris, 1856).

Tocqueville, Alexis de and **Beaumont, Gustave de.** See **Beaumont, Gustave de.**

Todhunter, Isaac (1820-1884)
History of the Mathematical Theory of Probability from the Time of Pascal to That of Laplace. New York: Chelsea, 1965 (Cambridge, 1865).

Tolman, Richard Chace (1881-1948)
Relativity, Thermodynamics, and Cosmology. New York: Dover Publications, 1987 (Oxford, 1934).

Tolstoy, Count Leo Nikolaevich (1828-1910)
Anna Karenina. Trans. David Magarshack. New York: New American Library, 1985 (1875-1877).
Christianity and Patriotism. In *War-Patriotism-Peace.* Ed. S. Nearing. New York: Garland Pub., 1973 (Geneva, 1895).
The Cossacks, Sevastopol, the Invaders, and Other Stories. Freeport, N.Y.: Books for Libraries Press, 1970 (Moscow, 1863).
The Death of Ivan Ilyitch, and Other Stories. Trans. Constance Garnett. New York: Dodd, Mead & Co., 1927 (1886).
The Gospel in Brief. In *A Confession, the Gospel in Brief, and What I Believe.* Trans. Aylmer Maude. London: Oxford University Press, 1940 (1883).
The Kingdom of God, with Peace Essays. Trans. Aylmer Maude. New York: Oxford University Press, 1974 (Berlin, 1893).
The Law of Love and the Law of Violence. Trans. Vladimir Tchertkoff. Santa Barbara, Calif.: Concord Grove Press, 1983.
Memoirs of a Madman. In *Ivan Ilych and Hadji Murad.* Trans. Louise and Aylmer Maude. World's Classics, New York: Oxford University Press, 1957 (1883).
Notes for Soldiers. In *What Is Religion? and Other New Articles and Letters by Leo Tolstoy.* Trans. V. Tchertkoff and A. C. Fifield. New York: T. Y. Crowell, 1902 (1901).
On Life, and Essays on Religion. Trans. Aylmer

扩展阅读总目 Bibliography of Additional Readings

Maude. World's Classics, New York: Oxford University Press, 1959 (Geneva, 1891).
Resurrection. Trans. Vera Traill. New York: New American Library, 1984 (1899).
Three Deaths. In *The Death of Ivan Ilyitch, and Other Stories, q.v.* (1859).
What Is Art? and Essays on Art. Trans. Aylmer Maude. London: Oxford University Press, 1975 (1897-1898).
What Men Live By. In *Twenty-three Tales.* Trans. Louise and Aylmer Maude. London: Oxford University Press, 1975 (1881).
What Then Must We Do? Trans. Alymer Maude. World's Classics, New York: Oxford University Press, 1935 (originally pub. as *What To Do?*, London, 1887).

Tomasi di Lampedusa, Giuseppe (1896-1957)
The Leopard. Trans. Archibald Colquhoun. New York: Limited Editions Club, 1988 (*Il gattopardo*, Milan, 1958).

Tönnies, Ferdinand (1855-1936)
Custom: An Essay on Social Codes. Trans. A. Farrell Borenstein. Chicago: H. Regnery, 1971 (*Die Sitte*, 1909).
Fundamental Concepts of Sociology. Trans. C. P. Loomis. New York: American Book Co., 1940 (*Gemeinschaft und Gesellschaft. Abhandlung über den Communismus und den Socialismus als empirische Culturformen*, Leipzig, 1887).

Tooke, John Horne (1736-1812)
"Επεα Πτεπόεντα, or The Diversions of Purley. 2 vols. Menston, Eng.: Scolar P., 1968 (London, 1786).

Toulmin, Stephen Edelston (1922-   )
The Return to Cosmology: Postmodern Science and the Theology of Nature. Berkeley: University of California Press, 1985.

Toulmin, Stephen and Goodfield, (Gwyneth) June (1927-   )
The Architecture of Matter. Chicago: University of Chicago Press, 1982 (New York, 1962).

Toulmin, Stephen E. and Jonsen, Albert R. See **Jonsen, Albert R.**

Townsend, Colin R. See **Begon, Michael.**

Toynbee, Arnold (1852-1883)
Lectures on the Industrial Revolution of the Eighteenth Century in England, Popular Addresses, Notes, and Other Fragments. New York: A. M. Kelley, 1969 (1879-1882).

Toynbee, Arnold Joseph (1889-1975)
Change and Habit: The Challenge of Our Time. New York: Oxford University Press, 1966.
Civilization on Trial. New York: New American Library, 1976 (1948).
A Study of History. New York: Portland House, 1988 (London, 1934).

Trefil, James S. (1938-   )
The Moment of Creation: Big Bang Physics from Before the First Millisecond to the Present Universe. New York: Scribner, 1983.
Physics as a Liberal Art. New York: Pergamon Press, 1978.
The Unexpected Vista: A Physicist's View of Nature. New York: Collier, 1985.

Treitschke, Heinrich von (1834-1896)
Politics. Trans. B. Dugdale and T. Bille. 2 vols. New York: AMS Press, 1978- (*Politik*, Leipzig, 1897-1898).

Trendelenburg, Friedrich Adolf (1802-1872)
Naturrecht auf dem Grunde der Ethik. Aalen, W.Ger.: Scientia Verlag, 1969 (Leipzig, 1860).

Trilling, Lionel (1905-1975)
The Liberal Imagination: Essays on Literature and Society. New York: Harcourt, Brace & Jovanovich, 1979 (New York, 1950).
Matthew Arnold. New York: Harcourt, Brace & Jovanovich, 1979 (New York, 1939).

Troeltsch, Ernst (1865-1923)
Christian Thought: Its History and Application. Trans. various hands, ed. Baron F. von Hügel. Westport, Conn.: Hyperion Press, 1979 (*Der Historismus und seine Überwindung*, Berlin, 1924).
The Social Teaching of the Christian Churches. Trans. Olive Wyon. 2 vols. Chicago: University of Chicago Press, 1981 (*Die Soziallehren der christlichen Kirchen und Gruppen*, Tübingen, 1912).

Trollope, Anthony (1815-1882)
Barchester Towers. (London, 1857).
NOTE: The above work is available in many popular editions or collections.

Trotsky, Leo Davidovich (1879-1940)
The History of the Russian Revolution. Trans. M. Eastman. New York: Monad Press, 1980 (Berlin, 1931-1933).
Literature and Revolution. Trans. R. Strumsky. Ann Arbor: University of Michigan Press, 1971 (Moscow, 1923).
Terrorism and Communism: A Reply to Karl Kautsky. Westport, Conn.: Hyperion Press, 1979 (St. Petersburg, 1920).

Tsanoff, Radoslav Andrea (1887-?)
The Nature of Evil. New York: Kraus Reprint Co., 1971 (1931).

Tuchman, Barbara (1912-1989)
The March of Folly: From Troy to Vietnam. New York: Ballantine Books, 1985.
Practicing History: Selected Essays. New York: Ballantine Books, 1982.

Tufts, James H. See **Dewey, John.**

Turgenev, Ivan Sergeyevich (1818-1883)
Fathers and Sons. Trans. Ralph E. Matlaw. New York: Norton, 1989 (1862).
Liza. Trans. W. R. S. Ralston. Everyman's Library, New York: E. P. Dutton, 1969 (1858).
Virgin Soil. Trans. Constance Garnett. New York: Grove, 1977 (1877).

Turgot, Anne Robert (1727-1781)
Reflections on the Formation and Distribution of the Riches. New York: A. M. Kelley, 1971 (1769-1770).

Twain, Mark, pseud. of **Samuel Langhorne Clemens** (1835-1910)
The Adventures of Tom Sawyer. (Hartford, Conn., 1876).
A Connecticut Yankee in King Arthur's Court. (New York, 1889).
Life on the Mississippi. (Boston, 1883).
What Is Man? And Other Philosophical Writings. Ed. Paul Baender. Berkeley: published for the Iowa Center for Textual Studies by the University of California Press, 1973 (title essay, New York, 1906).
NOTE: Most of the above works are available in many popular editions or collections.

Tyler, Anne (1941-   )
Dinner at the Homesick Restaurant. New York: Knopf, dist. by Random House, 1982.

Tylor, Sir Edward Burnett (1832-1917)
Primitive Culture: Researches into the Development of Mythology, Philosophy, Religion, Language, Art, and Custom. 2 vols. New York: Gordon Press, 1977 (London, 1871).

Tyndall, John (1820-1893)
The Belfast Address. In *Fragments of Science, q.v.* (London, 1874).
Fragments of Science. A Series of Detached Essays, Addresses, and Reviews. 2 vols. Farnborough, Eng.: Gregg International, 1970.
Light and Electricity: Notes of Two Courses of Lectures Before the Royal Institution of Great Britain. New York: D. Appleton, 1895 (London, 1870).
On the Study of Physics. In *Fragments of Science* (1854).
Scientific Use of the Imagination. Ibid. (London, 1870).

U

Uexküll, Jakob Johann von (1864-1944)
Theoretical Biology. Trans. D. L. MacKinnon. New York: Harcourt Brace, 1926 (*Theoretische Biologie*, Berlin, 1920).

Unamuno y Jugo, Miguel de (1864-1936)
Mist: A Tragicomic Novel. Trans. W. Fite. New York: A. A. Knopf, 1928 (*Niebla*, Madrid, 1914).
The Tragic Sense of Life in Men and Nations. Trans. Anthony Kerrigan. Princeton, N.J.: Princeton University Press, 1972 (*Del sentimiento trágico de la vida*, Madrid, 1913).

Undset, Sigrid (1882-1949)
Kristin Lavransdatter: The Bridal Wreath, The Mistress of Husaby, The Cross. Trans. C. Archer and J. S. Scott. New York: A. A. Knopf, 1980 (Christiania, 1920-1922).

Updike, John (Hoyer) (1932-   )
Rabbit, Run. New York: Knopf, 1987 (New York, 1960).

Urban, Wilbur Marshall (1873-1952)
Language and Reality: The Philosophy of Language and the Principles of Symbolism. Freeport, N.Y.: Books for Libraries Press, 1971 (London, 1939).

Ure, Percy Neville (1879-1950)
The Origin of Tyranny. New York: Russell & Russell, 1962 (Cambridge, 1922).

V

Valéry, Paul Ambroise (1871-1945)
Introduction à la poétique. Paris: Gallimard, 1938.
Variety. Trans. M. Cowley. New York: Harcourt Brace, 1927 (Paris, 1924).

Valla, Lorenzo (1406-1457)
Dialogue on Free Will. In *The Renaissance Philosophy of Man.* Ed. E. Cassirer et al. University of Chicago Press, 1971 (1439).

Van Doren, Mark Albert (1894-1972)
Liberal Education. Boston: Beacon Press, 1959 (New York, 1943).
The Noble Voice, a Study of Ten Great Poems. New York: Henry Holt, 1946.

Van Gogh, Vincent (1853-1890)
The Letters of Vincent Van Gogh to His Brother, 1872-1886. Trans. J. Van Gogh-Bonger. 2 vols. New York: Houghton Mifflin Co., 1927.

Vargas Llosa, (Jorge) Mario (Pedro) (1936-   )
Conversation in the Cathedral. Trans. Gregory Rabassa. New York: Noonday Press, 1988 (*Conversación en la Catedral*, Barcelona, 1969).
The Time of the Hero. Trans. Lysander Kemp. New York: Farrar, Straus & Giroux, 1986 (also published as *The City and the Dogs; La ciudad y los perros*, Barcelona, 1962).
The War of the End of the World. Trans. Helen R. Lane. New York: Farrar, Straus, Giroux, 1984 (*La guerra del fin del mundo*, Barcelona, 1981).

Vasari, Giorgio (1511-1574)
The Lives of the Artists. Trans. George Bull. 2 vols. New York: Penguin Books, 1987 (*Vite de' più eccellenti architetti, pittori et scultori italiani*, Florence, 1550).

Vaughan, Henry (1622-1695)
The Retreate. In *The Works of Henry Vaughan.* Ed. L. C. Martin. Oxford: Clarendon Press, 1968 (in *Silex Scintillans*, London, 1650).

Veatch, Henry B. (1911-   )
Two Logics: The Conflict Between Classical and Neo-Analytic Philosophy. Evanston, Ill.: Northwestern University Press, 1969.

Veblen, Oswald (1880–1960) and **Lennes, Nels Johann** (1874–?)
Introduction to Infinitesimal Analysis; Functions of One Real Variable. New York: G. E. Stechert, 1935 (New York, 1907).

Veblen, Oswald and **Young, John Wesley** (1879–1932)
Projective Geometry. 2 vols. Boston: Ginn & Co., 1910–1918.

Veblen, Thorstein Bunde (1857–1929)
The Higher Learning in America; a Memorandum on the Conduct of Universities by Business Men. New York: Hill & Wang, 1967 (New York, 1918).
An Inquiry into the Nature of Peace and the Terms of Its Perpetuation. New York: A. M. Kelley, 1964 (London, 1917).
The Instinct of Workmanship, and the State of the Industrial Arts. New Brunswick, N.J.: Transaction Publishers, 1990 (New York, 1914).
The Place of Science in Modern Civilization, and Other Essays. New York: Capricorn Books, 1969 (1892–1913).
The Theory of Business Enterprise. New Brunswick, N.J.: Transaction Books, 1978 (New York, 1904).
The Vested Interests and the Common Man. New York: Capricorn Books, 1969 (New York, 1919).

Venn, John (1834–1923)
The Logic of Chance. 4th ed. New York: Chelsea Pub. Co., 1962 (London, 1866).
On Some of the Characteristics of Belief, Scientific and Religious. Being the Hulsean Lectures for 1869. London: Macmillan, 1870.
The Principles of Empirical or Inductive Logic. New York: B. Franklin, 1972 (London, 1889).
Symbolic Logic. New York: B. Franklin, 1971 (London, 1881).

Verga, Giovanni (1840–1922)
I Malavoglia: The House by the Medlar Tree. Trans. Judith Landry. London: Dadalus Press, 1985 (Milan, 1881).

Véron, Eugène (1825–1889)
Aesthetics. Trans. W. H. Armstrong. London: Chapman & Hall, 1879 (Paris, 1878).

Verville, Elinor (1920–   )
Habit. Springfield, Ill.: Thomas, 1988.

Vesalius, Andreas (1514–1564)
The Epitome. Trans. L. R. Lind. Cambridge, Mass.: M.I.T. Press, 1969 (1543).

Vickers, Brian (1937–   )
In Defence of Rhetoric. New York: Oxford University Press, 1989.

Vickers, Sir (Charles) Geoffrey (1894–1982)
The Art of Judgement: A Study of Policy Making. London: Harper & Row, 1983 (London, 1965).

Vico, Giovanni Battista (1668–1744)
The New Science. Trans. T. G. Bergin and M. H. Fisch. Ithaca, N.Y.: Cornell University Press, 1984 (1725).

Vigny, Comte Alfred Victor de (1797–1863)
The Military Necessity. Trans. Humphrey Hare. New York: Grove Press, 1953 (*Servitude et grandeur militaires*, Paris, 1835).

Villon, François (1431–c. 1463)
The Debate of the Heart and Body of Villon. In *The Complete Works of François Villon.* Trans. Anthony Bonner. New York: Bantam Books, 1960 (1458?).

Vincent, Andrew (1951–   )
Theories of the State. New York: Basil Blackwell, 1987.

Vinogradoff, Sir Paul Gavrilovitch (1854–1925)
Common Sense in Law. 3rd ed. Westport, Conn.: Greenwood Press, 1987 (New York, 1913).
Custom and Right. Cambridge, Mass.: Harvard University Press, 1925.
The Growth of the Manor. New York: A. M. Kelley, 1968 (London, 1905).

Virchow, Rudolf Ludwig Karl (1821–1902)
Cellular Pathology as Based upon Physiological and Pathological Histology. Trans. F. Chance. Birmingham, Ala.: Classics of Medicine Library, 1978 (*Die Cellularpathologie in ihrer Begründung auf physiologische und pathologische Gewebelehre*, Berlin, 1858).

Vitruvius Pollio, Marcus (fl. late 1st century B.C.)
On Architecture. Ed. and trans. Frank Granger. 2 vols. Loeb Classical Library, Cambridge, Mass.: Harvard University Press, 1931–1934.

Vives, Juan Luis (1492–1540)
A Fable About Man. In *The Renaissance Philosophy of Man.* Ed. E. Cassirer et al. Chicago: University of Chicago Press, 1971.
On Education. Ed. and trans. F. Watson. Totowa, N.J.: Rowman and Littlefield, 1971 (*De Tradendis Disciplinis*, Antwerp, 1531).

Voltaire, pseud. of **François Marie Arouet** (1694–1778)
NOTE: *The Best Known Works of Voltaire.* New York: Blue Ribbon Books, 1931.
[Essay on Toleration] *Toleration and Other Essays.* Trans. J. McCabe. New York: Putnam's, 1912 (*Traité sur la tolérance*, Geneva, 1763).
The Huron, or Pupil of Nature. In *Best Known Works* (*L'ingénue*, Utrecht, 1767).
The Ignorant Philosopher. Ibid. (*Le philosophe ignorant*, Geneva, 1766).
Letters on the English. In *French and English Philosophers*, "The Harvard Classics," ed. C. W. Eliot. New York: P. F. Collier, 1961 (London, 1733).
Micromégas. In *Candide, Zadig and Selected Stories.* Trans. Donald M. Frame. Bloomington: Indiana University Press, 1961 (London, 1752).
A Philosophical Dictionary. Trans. Peter Gay. 2

vols. New York: Basic Books, 1962 (*Dictionnaire philosophique portatif*, London, 1764).
The Philosophy of History. In *Best Known Works* (from *La philosophie de l'histoire*, Geneva, 1765).
The Sage and the Atheist. Ibid. (*Histoire de Jenni, ou le sage et l'athée*, Geneva, 1775).
The Study of Nature. Ibid. (*Les singularités de la nature*, Basel, 1768).
Zadig. See *Micromégas* (*Zadig, ou la destinée*, Paris, 1747).

Von Mises, Ludwig (1881-1973)
Human Action: A Treatise on Economics. Chicago: H. Regnery Co., 1966 (London, 1949).

Von Neumann, John (1903-1957) and **Morgenstern, Oskar** (1902-1977)
Theory of Games and Economic Behavior. Princeton, N.J.: Princeton University Press, 1980 (Princeton, 1944).

W

Waddington, C(onrad) H(al) (1905-1975)
Biology for the Modern World. London: Harrap, 1962.
The Epigenetics of Birds. Cambridge: Cambridge University Press, 1952.
The Ethical Animal. Chicago: University of Chicago Press, 1975 (London, 1960).
How Animals Develop. New York: Harper, 1962 (London, 1935).
Organisers and Genes. Cambridge: Cambridge University Press, 1940.
Principles of Embryology. New York: Macmillan, 1956.
The Scientific Attitude. London: Hutchinson, 1968.
The Strategy of the Genes: A Discussion of Some Aspects of Theoretical Biology. New York: Macmillan, 1957.

Waismann, Friedrich (1896-1959)
The Principles of Linguistic Philosophy. New York: St. Martin's Press, 1965.

Walker, Alice (1944-   )
The Color Purple: A Novel. New York: Harcourt Brace Jovanovich, 1982.

Wallace, Alfred Russel (1823-1913)
Contributions to the Theory of Natural Selection: A Series of Essays. New York: AMS Press, 1973 (1855-1870).

Wallace, James Donald (1937-   )
Virtues and Vices. Ithaca, N.Y.: Cornell University Press, 1986.

Wallas, Graham (1858-1932)
The Great Society: A Psychological Analysis. New York: Macmillan, 1923 (New York, 1914).

Walsh, Froma. See **McGoldrick, Monica.**

Walzer, Michael (1935-   )
Spheres of Justice: A Defense of Pluralism and Equality. New York: Basic Books, 1983.

Ward, James (1843-1925)
Naturalism and Agnosticism. 2 vols. New York: Kraus Reprint Co., 1971 (New York, 1899).
The Realm of Ends, or Pluralism and Theism. Cambridge University Press, 1911.

Warren, Robert Penn (1905-1989)
All the King's Men. San Diego: Harcourt Brace Jovanovich, 1982 (New York, 1946).

Wassermann, Jacob (1873-1934)
The World's Illusion. Trans. Ludwig Lewisohn. New York: Popular Library, 1976 (*Christian Wahnschaffe*, Berlin, 1919).

Watson, James D(ewey) (1928-   )
The Double Helix: A Personal Account of the Discovery of the Structure of DNA. New York: Atheneum, 1985 (New York, 1968).

Watson, W. H. (1899-   )
On Understanding Physics. New York: Harper, 1959 (Cambridge University Press, 1938).

Waugh, Evelyn (1903-1966)
Sword of Honor. London: Methuen, 1983 (*Men at Arms*, 1952; *Officers and Gentlemen*, 1955; *Unconditional Surrender*, 1961).

Weaver, Richard M. (1910-1963)
Ideas Have Consequences. Chicago: University of Chicago Press, 1984 (Chicago, 1948).

Webb, Sidney James (1859-1947) and **Webb, Beatrice** (1858-1943)
Industrial Democracy. New York: A. M. Kelley, 1965 (London, 1897).

Weber, Max (1864-1920)
The Protestant Ethic and the Spirit of Capitalism. Trans. T. Parsons. Gloucester, Mass.: P. Smith, 1988 (1904).

Wedekind, Frank (1864-1918)
Pandora's Box. In *The Lulu Plays and Other Sex Tragedies.* Trans. Stephen Spender. New York: Riverrun Press, 1989 (*Die Büchse der Pandora*, Berlin, 1904).

Wedgwood, Dame C(icely) V(eronica) (1910-   )
William the Silent: William of Nassau, Prince of Orange, 1533-1584. New York: W. W. Norton, 1968 (London, 1944).

Weedman, Daniel (1942-   )
Quasar Astronomy. New York: Cambridge University Press, 1986.

Weil, Simone (1909-1943)
Waiting on God. Trans. Emma Craufurd. New York: Routledge & Kegan Paul, 1979 (*Attente de Dieu: Lettres et Réflexions*, Paris, 1950).

Weinberg, Steven (1933-   )
The First Three Minutes: A Modern View of the Origin of the Universe. New York: Basic Books, 1988 (New York, 1977).

Weininger, Otto (1880–1903)
Sex and Character. New York: AMS Press, 1975 (*Geschlecht und Charakter*, Vienna, 1903).

Weismann, August (1834–1914)
The Duration of Life. In *The Great Ideas Today, 1972.* Chicago: Encyclopædia Britannica, 1972.
Essays upon Heredity and Kindred Biological Problems. Ed. E. P. Poulton, trans. S. Schönland and A. E. Shipley. Oceanside, N.Y.: Dabor Science Publications, 1977 (*Aufsätze über Vererbung und verwandte Fragen*, Jena, 1892).
The Germ-Plasm, a Theory of Heredity. Trans. W. N. Parker and H. Rönnfeldt. New York: AMS Press, 1974 (*Das Keimplasma. Eine Theorie der Vererbung*, Jena, 1892).

Weiss, Paul (1901–   )
Beyond All Appearances. Carbondale: Southern Illinois University Press, 1974.
Nature and Man. Lanham, Md.: University Press of America, 1983 (New York, 1946).
Reality. Carbondale: Southern Illinois University Press, 1967 (Princeton, 1938).
Toward a Perfected State. Albany: State University of New York Press, 1986.

Weizsäcker, Carl Friedrich von (1912–   )
The History of Nature. Trans. F. D. Wieck. Chicago: University of Chicago Press, 1976.
The Unity of Nature. New York: Farrar, Straus & Giroux, 1980 (*Die Einheit der Natur*, Munich, 1971).

Welby-Gregory, Lady Victoria (1837–1912)
Significs and Language; the Articulate Form of Our Expressive and Interpretative Resources. Philadelphia: J. Benjamins Pub. Co., 1985 (London, 1911).
What Is Meaning? Studies in the Development of Significance. Philadelphia: J. Benjamins, 1983 (London, 1903).

Wells, Herbert George (1866–1946)
The New Machiavelli. Harmondsworth, Eng.: Penguin, 1985 (1910).
The New World Order; Whether It Is Attainable, How It Can Be Attained, and What Sort of World a World at Peace Will Have to Be. Westport, Conn.: Greenwood Press, 1974 (New York, 1940).
The Time Machine. Bloomington: Indiana University Press, 1987 (London, 1895).
Tono-Bungay. Lincoln: University of Nebraska Press, 1978 (New York, 1908).
The World of William Clissold: A Novel at a New Angle. 2 vols. Westport, Conn.: Greenwood Press, 1972 (New York, 1926).

Welty, Eudora (1909–   )
The Ponder Heart. San Diego: Harcourt Brace Jovanovich, 1985 (New York, 1954).

Wendell, Barrett (1855–1921)
The Privileged Classes. New York: Scribner's, 1908.

Wertheimer, Max (1880–1943)
Productive Thinking. Ed. S. E. Asch et al. Chicago: University of Chicago Press, 1982 (1943).

West, Nathanael (1903–1940)
The Day of the Locust. New York: New American Library, 1983 (New York, 1939).

West, Dame Rebecca (1892–1983)
The Meaning of Treason. London: Virago, 1982 (London, 1947).
A Train of Powder. London: Virago, 1984 (London, 1955).

Westermarck, Edvard Alexander (1862–1939)
Ethical Relativity. Westport, Conn.: Greenwood Press, 1970 (London, 1932).
The History of Human Marriage. 3 vols. New York: Johnson Reprint Corp., 1971 (London, 1891).
The Origin and Development of the Moral Ideas. 2 vols. Freeport, N.Y.: Books for Libraries Press, 1971 (New York, 1906–1908).

Weyl, Hermann (1885–1955)
The Open World; Three Lectures on the Metaphysical Implications of Science. Woodbridge, Conn.: Ox Bow Press, 1989 (New Haven, 1932).
The Philosophy of Mathematics and Natural Science. Trans. Olaf Helmer. New York: Atheneum, 1963 (Princeton, 1948).
Space—Time—Matter. Trans. H. L. Brose. New York: Dover Publications, 1952 (*Raum, Zeit, Materie. Vorlesungen über allgemeine Relativitätstheorie*, Berlin, 1918).

Wharton, Edith Newbold (1862–1937)
The Age of Innocence. (New York, 1920).
Ethan Frome. (New York, 1911).
The House of Mirth. (London, 1905).
NOTE: The above works are available in many popular editions or collections.

Whately, Richard (1787–1863)
Elements of Logic. Delmar, N.Y.: Scholars' Facsimiles & Reprints, 1975 (London, 1826).
Elements of Rhetoric. Carbondale: Southern Illinois University Press, 1963 (Oxford, 1828).

Wheeler, William Morton (1865–1937)
Foibles of Insects and Men. New York: A. A. Knopf, 1928.

Whewell, William (1794–1866)
Astronomy and General Physics Considered with Reference to Natural Theology. London: H. G. Bohn, 1852 (London, 1833).
The Elements of Morality, Including Polity. Cambridge: Deighton, Bell, 1864 (London, 1845).
Of a Liberal Education in General; and with Particular Reference to the Leading Studies of the University of Cambridge. London: J. W. Parker, 1880 (London, 1845–1852).
On the Philosophy of Discovery, Chapters Historical and Critical. New York: B. Franklin, 1971 (London, 1860).
The Philosophy of the Inductive Sciences, Founded

upon Their History. 2 vols. London: Cass, 1967 (London, 1840).
The Plurality of Worlds. Boston: Gould & Lincoln, 1861 (London, 1853).
Six Lectures on Political Economy Delivered at Cambridge in Michaelmas Term, 1861. New York: A. M. Kelley, 1967 (Cambridge, 1862).

White, Morton Gabriel (1917-)
Foundations of Historical Knowledge. Westport, Conn.: Greenwood Press, 1982 (New York, 1965).

Whitehead, Alfred North (1861-1947)
Adventures of Ideas. New York: Free Press, 1967 (New York, 1933).
The Aims of Education and Other Essays. New York: Free Press, 1967 (1912-1928).
The Concept of Nature. Cambridge University Press, 1971 (Cambridge, 1920).
An Enquiry Concerning the Principles of Natural Knowledge. New York: Dover, 1982 (Cambridge, 1919).
The Function of Reason. Boston: Beacon Press, 1969 (Princeton, 1929).
Modes of Thought. New York: Free Press, 1966 (New York, 1938).
The Organization of Thought, Educational and Scientific. Westport, Conn.: Greenwood Press, 1974 (Philadelphia, 1917).
The Principle of Relativity with Applications to Physical Science. Cambridge University Press, 1922.
Process and Reality: An Essay in Cosmology. Corrected edition, ed. David Ray Griffin and Donald W. Sherburne. New York: Free Press, 1978 (New York, 1929).
Religion in the Making. New York: New American Library, 1974 (New York, 1926).
Symbolism, Its Meaning and Effects. New York: Fordham University Press, 1985 (New York, 1927).
A Treatise on Universal Algebra, with Applications. New York: Hafner Pub. Co., 1960 (Cambridge, 1898).

Whitehead, Alfred North and **Russell, Bertrand** (1872-1970)
Principia Mathematica. 3 vols. Cambridge, Eng.: The University Press, 1963 (Cambridge, 1910-1913).

Whitman, Walt (1819-1892)
Democratic Vistas, and Other Papers. St. Clair Shores, Mich.: Scholarly Press, 1970 (Washington, D.C., 1871).
Leaves of Grass. (New York, 1855).
NOTE: The above work is available in many popular editions or collections.

Whitrow, G(erald) J(ames) (1912-)
Time in History: The Evolution of Our General Awareness of Time and Temporal Perspective. New York: Oxford University Press, 1988.

Whittaker, Edmund Taylor (1873-1956)
A History of the Theories of Aether and Electricity from the Age of Descartes to the Close of the Nineteenth Century. 2 vols. New York: Humanities Press, 1973 (London, 1910).
A Treatise on the Analytical Dynamics of Particles and Rigid Bodies, with an Introduction to the Problem of Three Bodies. New York: Cambridge University Press, 1988 (Cambridge, 1904).

Whittaker, Thomas (1856-1935)
Prolegomena to a New Metaphysic. Cambridge University Press, 1931.

Wiener, Norbert (1894-1964)
Cybernetics; or, Control and Communication in the Animal and the Machine. Cambridge, Mass.: M.I.T. Press, 1965 (New York, 1949).

Wilde, Oscar (1854-1900)
The Artist as Critic: Critical Writings of Oscar Wilde. Ed. Richard Ellmann. Chicago: University of Chicago Press, 1982.
De Profundis and Other Writings. Harmondsworth, Eng.: Penguin Books, 1986 (first complete edition of *De Profundis*, 1962).
The Importance of Being Earnest. (London, 1895).
The Picture of Dorian Gray. (London, 1891).
NOTE: The above works are available in many popular editions or collections.

Wilder, Thornton Niven (1897-1975)
The Bridge of San Luis Rey. (New York, 1927).
Our Town, a Play in Three Acts. (New York, 1938).
NOTE: The above works are available in many popular editions or collections.

Williams, Charles (1886-1945)
The Place of the Lion. Grand Rapids, Mich.: Eerdmans, 1985 (1931).

Williams, Tennessee, pseud. of **Thomas Lanier Williams** (1911-1983)
A Streetcar Named Desire. New York: New American Library, 1986 (New York, 1947).

Willoughby, Westel Woodbury (1867-1945)
Social Justice; a Critical Essay. New York: Macmillan, 1900.

Wilson, Edmund (1895-1972)
To the Finland Station; a Study in the Writing and Acting of History. New York: Macmillan, 1972 (New York, 1940).

Wilson, James (1742-1798)
Works, Being His Public Discourses upon Jurisprudence and the Political Science. Ed. J. De Witt Andrews. Chicago: Callaghan & Co., 1896.

Wilson, John Cook (1849-1915)
Statement and Inference, with Other Philosophical Papers. Ed. A. S. L. Farquharson. 2 vols. Oxford: Clarendon Press, 1969 (1874-1914).

Wilson, Richard Albert (1874-1949)
The Miraculous Birth of Language. New York: Philosophical Library, 1948 (1937).

Wilson, Thomas (c. 1525-1581)
Arte of Rhetorique. Ed. Thomas J. Derrick. New York: Garland Pub., 1982 (London, 1553).

A Discourse upon Usury, by Way of Dialogue and Orations for the Better Variety and More Delight of All Those That Shall Read This Treatise. Ed. R. H. Tawney. New York: Augustus M. Kelley, 1965 (London, 1572).

Wilson, Woodrow (1856-1924)
Congressional Government. Baltimore: Johns Hopkins University Press, 1981 (1885).
Mere Literature, and Other Essays. Freeport, N.Y.: Books for Libraries Press, 1971 (Boston, 1896).
The State: Elements of Historical and Practical Politics. A Sketch of Institutional History and Administration. Farmingdale, N.Y.: Dabor Social Science Publications, 1978 (Boston, 1889).

Wittgenstein, Ludwig (1889-1951)
Preliminary Studies for the 'Philosophical Investigations': Generally Known as the Blue and Brown Books. Oxford: Basil Blackwell, 1984 (1964).
Remarks on the Foundations of Mathematics. Trans. G. E. M. Anscombe. Cambridge, Mass.: M.I.T. Press, 1983 (*Bemerkungen über die Grundlagen der Matematik*, 1967).
Remarks on the Philosophy of Psychology. Trans. G. E. M. Anscombe. Chicago: University of Chicago Press, 1980 (*Bemerkungen über die Philosophie der Psychologie*, 1980).
Tractatus Logico-Philosophicus. Trans. D. F. Pears & B. F. McGuinness. Atlantic Highlands, N.J.: Humanities Press International, 1988 (1921).

Wolfe, Thomas (1900-1938)
Look Homeward, Angel: A Story of the Buried Life. Franklin Center, Pa.: Franklin Library, 1981 (New York, 1929).

Wolfe, Tom (1931-   )
The Painted Word. New York: Farrar, Straus and Giroux, 1975.

Wolff, Peter (1923-   )
Breakthroughs in Mathematics. New York: New American Library, 1970.

Wollstonecraft, Mary (1759-1797)
The Rights of Woman. Everyman's Library, New York: E. P. Dutton, 1977 (London, 1792).

Wolterstorff, Nicholas (1932-   )
On Universals: An Essay in Ontology. Chicago: University of Chicago Press, 1970.

Woodbridge, Frederick James Eugene (1867-1940)
An Essay on Nature. Westport, Conn.: Greenwood Press, 1982 (New York, 1940).
Nature and Mind, Selected Essays. New York: Russell & Russell, 1964 (1894-1936).
The Realm of Mind: An Essay in Metaphysics. New York: Kraus Reprint, 1970 (New York, 1926).

Woodger, Joseph Henry (1894-1981)
Biological Principles: A Critical Study. New York: Humanities Press, 1967 (New York, 1929).

Woodworth, Robert Sessions (1869-1962)
Psychological Issues; Selected Papers of Robert S. Woodworth . . . with a Bibliography of His Writings. New York: Columbia University Press, 1939 (1897-1920).

Woolf, Virginia (1882-1941)
Jacob's Room. New York: Harcourt Brace Jovanovich, 1978 (Richmond, Eng., 1922).
Mrs. Dalloway. New York: Harcourt Brace Jovanovich, 1985 (London, 1925).

Woolman, John (1720-1772)
The Journal of John Woolman; and a Plea for the Poor. Secaucus, N.J.: The Citadel Press, 1972 (1772).

Wordsworth, William (1770-1850)
NOTE: *The Poems.* 2 vols. Ed. John Hayden. New Haven, Conn.: Yale University Press, 1981.
"Intimations of Immortality from Recollections of Early Childhood." (1807).
Michael. A Pastoral Poem. Ibid. (1800).
"Ode to Duty." *Ibid.* (1807).
Preface to the Lyrical Ballads. Ibid. (1800).
The Prelude; or, Growth of a Poet's Mind. Ibid. (1805).
[Tintern Abbey] "Lines Composed a Few Miles Above Tintern Abbey, on Revisiting the Banks of the Wye During a Tour." *Ibid.* (1798).

Wright, John Womack. See **Spaulding, Oliver Lyman.**

Wright, Quincy (1890-1970)
A Study of War. 2 vols. Chicago: University of Chicago Press, 1964 (1942).

Wright, Richard (1908-1960)
Native Son. New York: Harper & Row, 1986 (New York, 1940).

Wundt, Wilhelm Max (1832-1920)
Ethics: An Investigation of the Facts and Laws of the Moral Life. Trans. E. B. Titchener et al. 3 vols. New York: Macmillan, 1897-1901 (*Ethik. Eine Untersuchung der Thatsachen und Gesetze des sittlichen Lebens*, Stuttgart, 1886).
Outlines of Psychology. Trans. C. H. Judd. St. Clair Shores, Mich.: Scholarly Press, 1969 (*Grundriss der Psychologie*, Leipzig, 1896).
Principles of Physiological Psychology. Trans. E. B. Titchener. New York: Kraus Reprint Co., 1969- (*Grundzüge der physiologischen Psychologie*, Leipzig, 1874).

Wycliffe, John (c. 1320-1384)
Tractatus de Officio Regis. Ed. A. W. Pollard and C. Sayle. New York: Johnson Reprint, 1966 (c. 1379).

X

Xenophon (431 B.C.–before 350)
The Economist. Trans. Alexander D. O. Wedderburn and W. Gershom Collingwood. New York: B. Franklin, 1971.
The Education of Cyrus (Cyropedia). Trans. H. G. Dakyns. Everyman's Library, New York: E. P. Dutton, 1914 (394?-370? B.C.).

In Defense of Socrates. In *The Great Ideas Today, 1973.* Chicago: Encyclopædia Britannica, 1973.

Y

Yeats, William Butler (1865-1939)
NOTE: *The Collected Poems of W. B. Yeats.* Ed. Richard J. Finneran. New York: Collier, 1989.
The Autobiography of William Butler Yeats: Consisting of Reveries over Childhood and Youth, the Trembling of the Veil, and Dramatis Personae. New York: Macmillan, 1987 (New York, 1938).
"A Dialogue of Self and Soul." In *Collected Poems* (1929).
"Easter, 1916." *Ibid.* (1920).
Letters on Poetry from W. B. Yeats to Dorothy Wellesley. New York: Oxford University Press, 1964 (1935-1938).
Mythologies. New York: Collier Books, 1969 (*The Celtic Twilight,* 1893; *The Secret Rose,* 1897; *Stories of Red Hanrahan,* 1897; *Rosa Alchemica, the Tales of the Law, and the Adoration of the Magi,* 1897; *Per Amica Silentia Luna,* 1917).
"Sailing to Byzantium." In *Collected Poems* (1927).
"The Second Coming." *Ibid.* (1921).
A Vision. New York: Collier Books, 1987 (London, 1925).

Yerkes, Robert Mearns (1876-1956) and **Yerkes, Ada W.** (1873-?)
The Great Apes: A Study of Anthropoid Life. New York: Johnson Reprint Corp., 1970 (New Haven, Conn., 1929).

Young, G. M. (1882-1959)
Victorian England: Portrait of an Age. New York: Oxford University Press, 1977 (originally pub. as *Victorian England,* London, 1936).

Young, John Wesley (1879-1932)
Lectures on Fundamental Concepts of Algebra and Geometry. New York: Macmillan, 1920 (New York, 1911).

Young, John Wesley and **Veblen, Oswald.** See **Veblen, Oswald.**

Young, Thomas (1773-1829)
Miscellaneous Works. 3 vols. New York: Johnson Reprint Corp., 1972 (London, 1855).
[Natural Philosophy] *A Course of Lectures on Natural Philosophy and the Mechanical Arts.* 2 vols. New York: Johnson Reprint Corp., 1971 (London, 1807).

Yourcenar, Marguerite (1903-1987)
Memoirs of Hadrian. Trans. Grace Frick. New York: Modern Library, 1984 (*Mémoires d'Hadrien,* Paris, 1951).

Z

Zilboorg, Gregory (1890-1959)
A History of Medical Psychology. New York: W. W. Norton, 1969 (New York, 1941).
The Medical Man and the Witch During the Renaissance. New York: Cooper Square Publishers, 1969 (Baltimore, 1935).

Zinoviev, Alexander (1922-   )
The Radiant Future. Trans. Gordon Clough. New York: Random House, 1980 (*Svetloe budushchee,* Zürich, 1979).

Zola, Émile (1840-1902)
Germinal. Trans. Stanley and Eleanor Hochman. New York: New American Library, 1981 (Paris, 1885).
Les Rougon Macquart. 6 vols. Paris: Éditions de Seuil, 1969-1970 (Paris, 1871-1893).
Letter to M. Félix Faure [J'accuse]. In *The Dreyfus Case, Four Letters to France.* London: J. Lane, 1898 (*Lettre à M. Félix Faure, président de la République,* 13 janvier, 1898).
Nana. Trans. George Holden. Harmondsworth, Eng.: Penguin Books, 1972 (Paris, 1880).

Zwingli, Huldreich (1484-1531)
Commentary on True and False Religion. Ed. Samuel Macauley Jackson and Clarence Nevin Heller. Durham, N.C.: Labyrinth, 1981 (*Commentarius de Vera et Falsa Religione,* Zürich, 1525).

术语索引

Inventory of Terms

术语索引

这份术语索引的目的是为了协助读者把这部《论题集》当作索引书来使用。这个术语索引里有3000个条目，按字母顺序排列，它们为我们指示102个大观念中的种种相关论题，使我们能够找到这套伟大著作丛书关于西方伟大对话中的这些论题都说了些什么。102个大观念也按字母顺序包括在术语索引里，因为每个大观念不仅在以它为题的那一章中而且也在其他章中得到讨论。

读者若要在相关论题的上下文中查看某个特定的论题，他应该首先去查看包含这个论题的那个大观念章下的主题索引。每一章下的主题部分之后紧随着著作索引，其中列有各相关论题以及伟大著作丛书的相应段落页码。

术语表的每一条后面都跟着相关各章以及这些章所附主题的标号。每一个术语本来就是某个主题的一个要素。术语条目印为黑体。如果某章整章都与它相关，它后面就跟着该章的序号和章名，例如，"艺术，参见章4：艺术"。相关主题则列出章名，然后是该章相关主题的标号，例如"参见艺术5a"。有时会列出术语表中的其他条目，作为交叉索引；它们也印为黑体。

相关主题的顺序按照它们出现在其中的各章章名的字母顺序排列。不过，相关整章的章名总是列在最前面。有的条目后面的索引分为两组，一组是主要的，一组是次要的。两组之间用斜杠"/"分开，斜杠后是"并参见"。

有些条目词后面用括号中的语词来限制其意义，例如，"**腐败（道德）**"后面的索引与伦理道德方面的腐败相关，"**腐败（物理）**"后面的索引与生物学中的腐败或解体相关，"**腐败（政治）**"后面的索引与政治领域中的滥用权力相关。

有些条目词是某门科学或学科的名称，例如伦理学、数学，与它们相关的某些主题所处理的可能是这个学科本身的性质，或这个学科的科目内容。这些条目词后面会跟着"关于某某的科学"或"某某的科目内容"，这样的用语提示出相关索引的特殊性质。

有时我们必须用短语作条目名称，例如**矛盾律**或**军事战略战术**。与此相似的情况是连用成对的语词，例如**现象与实在、授权或选举权、历史及历史学家**。

关于如何使用术语索引，还可进一步参见导论中的相关部分。

A

A priori **and** *a posteriori*: see Experience 2d; Form 1c; Judgment 8c; Knowledge 6c(4); Mind 4d(3); Principle 2b(2); Reasoning 5b(3) / see also Law 4c; Logic 2; Mathematics 1c; Memory and Imagination 1a; Space 4a–4b; Time 6c

Abilities (*psychol.*): see Life and Death 3; Man 4–5a; Soul 2c–2c(3) / see also Animal 1a(1)–1a(4); Habit 2b, 5–5d; Knowledge 6b; Man 6a; Quality 2a; Soul 2a; Virtue and Vice 2a

Abiogenesis: see Evolution 3c / see also Animal 8b; Evolution 3a

Abnormal and normal: see Nature 2e

Abnormality (*psychol.*): see Desire 6b–6c; Duty 4b; Emotion 3a, 3c–3c(4); Love 2a(2)–2a(4); Man 5b; Medicine 6a–6c(2); Memory and Imagination 2e(2)–2e(4), 5c; Mind 8–8c; One and Many 3b(5); Opposition 4c; Pleasure and Pain 8c; Punishment 6; Sign and Symbol 6c; Sin 5; Will 9b

Absolute: see One and Many 1; Opposition 2e / see also History 4a(3); Idea 1f; Mind 10f–10f(2); Progress 1a

Absolute and limited government: see Constitution 1; Law 7a; Monarchy 1a–1a(2); Tyranny and Despotism 5–5c / see also Citizen 2b; Constitution 3a; Government 1b; Monarchy 4d–4e(4); Slavery 6b–6d

Absolute and relative (*philos.*): see Relation 6–6c; Universal and Particular 7–7c / see also Beauty 5; Custom and Convention 9a; Good and Evil 6d; History 4c; Opinion 6a; Truth 7a–7b

Absolute and relative (*phys.*): see Change 7c(3); Relation 6a; Space 2a; Time 1

Absolute Idea: see Idea 1f / see also Dialectic 2d(2); History 4a(3); Progress 1a

Absolute mind: *see* Mind 10f

Absolution (*theol.*): *see* Religion 2f; Sin 4e / *see also* God 9e; Religion 2c

Abstemiousness: *see* Desire 6b; Temperance 2

Abstention: *see* Desire 6b / *see also* Religion 6d; Temperance 6a; Will 5a(2)

Abstract and concrete (*log.*): *see* Idea 4b(1); Memory and Imagination 5b; One and Many 1c; Science 4b; Sign and Symbol 2e

Abstraction: *see* Idea 2g; Memory and Imagination 6c(1); Universal and Particular 2b-2c, 4c / *see also* Being 8b; Experience 2b; Man 1b; Mathematics 1d, 2; Matter 4b; Quality 6a; Sense 5a; Space 5

Abulia: see Will 9b

Acceleration: *see* Mechanics 5e(2), 6c; Quantity 5c

Accident and substance: *see* Being 7b-7b(6); Form 2c(2) / *see also* Being 8c-8e; Matter 1b; Necessity and Contingency 2d; One and Many 3b(3); Quality 1, 3d; Quantity 1; Sense 3c(4)

Accidental and essential: *see* Being 8d-8e; Necessity and Contingency 3a-3c; One and Many 3b(1); Quality 2a; Same and Other 3a / *see also* Chance 1a, 2a; Nature 3c(1)

Accidental and intentional: *see* Punishment 2a; Virtue and Vice 5c; Will 3a-3a(2)

Accidental and substantial change: *see* Being 7b(5); Change 6; Matter 1b / *see also* Change 7-10c

Accidental sensibles: *see* Sense 3c(4)

Acoustics: *see* Mechanics 7b

Acquired characteristics: *see* Evolution 2b(1); Habit 2a, 5d

Acquisitiveness: *see* Desire 7a(3); Virtue and Vice 6c; Wealth 10e(3)

Action and contemplation: *see* Happiness 2b(7); Knowledge 6e(1); Labor 1b; Philosophy 4b, 4d, 6d; Pleasure and Pain 4c-4c(2); Prudence 2a; State 8e; Wisdom 1b, 4c

Action and passion (*metaph.*): *see* Change 3; Time 5a

Action and production: *see* Knowledge 6e(2); Prudence 2b / *see also* Art 6c; Knowledge 8a; Labor 2-2b; Science 3-3b

Action and reaction: *see* Change 7d; Mechanics 1b

Action-at-a-distance: *see* Astronomy and Cosmology 3b; Mechanics 6d(3); Space 2c

Actual or personal sin: *see* Sin 2a, 4-4e

Actuality and potentiality (*metaph.*): *see* Being 7c-7c(3); Form 2c(1); Infinity 4c; Matter 1-1a / *see also* Habit 1a; Infinity 1b; Matter 3b; Mind 2b; Quantity 7; Time 5b; Universal and Particular 2a

Adam: *see* Man 9b-9b(1); Sin 3-3c; Will 7e(1)

Adaptation (*biol.*): *see* Animal 3d, 11b; Evolution 4a(1), 5b; Habit 3e; Life and Death 4

Addiction: *see* Habit 6a

Addition: *see* Infinity 3a; Mathematics 4a

Adequate and inadequate ideas and knowledge: *see* Idea 3b, 6c; Knowledge 6d(3); Opinion 3b

Adjudication: *see* Law 5g; Prudence 6b

Administration (*pol.*): *see* Government 3e-3e(2); Law 7e; Monarchy 1b(3)

Adolescence: *see* Family 6c; Life and Death 6c; Man 6c

Adoration: *see* Duty 11; God 3e; Honor 6a; Religion 2b

Adult: *see* Family 6e; Life and Death 6c; Man 6c

Adultery: *see* Family 7a; Sin 2c(1)

Aesthetic judgment: *see* Art 7b; Beauty 5; Education 4; Judgment 4 / *see also* Custom and Convention 9a; Nature 5d; Poetry 8; Universal and Particular 7c

Aesthetics: *see* Art 1-8; Beauty 1-2, 5-6; Good and Evil 1c; Knowledge 6e(1)-6e(2); Nature 5d; Poetry 1-1b, 5-6b, 8-8c / *see also* Judgment 4; Knowledge 8a; Philosophy 1d, 2c; Relation 5c, 6c

Aetiology (*med.*): *see* Medicine 5d-5d(2), 6c-6c(2)

Aeviternity: *see* Angel 3c; Eternity 1b; Time 2a

Affective qualities: *see* Pleasure and Pain 4b; Quality 2a

Affective tone (*psychol.*): *see* Sense 3c(2)

Affirmation and negation (*log.*): *see* Infinity 2b; Judgment 6b, 7a; Opposition 1d(1); Reasoning 2a(2)

Aftereffects (*med.*): *see* Medicine 5c

Afterlife: *see* Immortality 5-5g / *see also* Eternity 4d; God 7g; Happiness 6, 7c-7c(3); Knowledge 7c; Mind 4e; Prophecy 2a; Punishment 5d, 5e(1)-5e(2); Soul 4d-4d(4)

Age: *see* Life and Death 5, 6-6c; Man 6c

Agent intellect: *see* Mind 1a(4)

Aggression: *see* State 9e(1); War and Peace 3a / *see also* Government 5a; Justice 9f; War and Peace 6a

Agnosticism (*theol.*): *see* God 2c; Knowledge 5a(1); Theology 5

Agriculture: *see* Art 9a; Labor 5b; Nature 2a; Wealth 3c

Air: *see* Change 9a; Element 3b, 3d; Matter 2; Mechanics 5b, 5d; Opposition 3b

Alchemy: *see* Change 10a; Element 3c

Algebra: *see* Mathematics 4a; Mechanics 3c

Alien: *see* State 5a

Alimentary system (*biol.*): *see* Animal 5e, 6b

Allegiance: *see* Citizen 4; Duty 10; Law 6a, 7d; Revolution 1b; State 3e / *see also* Honor 2e, 3a; Justice 10b; Law 6c; Revolution 6a

Allegory: *see* Animal 13; Poetry 8c; Rhetoric 2a; Sign and Symbol 4d / *see also* God 6c; Language 10

Alliances (*pol.*): *see* Government 5a; State 9e(2); War and Peace 10g, 11c

Almsgiving: *see* Religion 2e; Wealth 10e(1)

术语索引| Inventory of Terms

Alphabets: *see* Language 2b
Alteration: *see* Change 9–9b; Quality 5
Altruistic love: *see* Love 1c, 2b–2b(4)
Ambiguity: *see* Language 5a; Sign and Symbol 3a, 4c
Ambition: *see* Desire 2c, 7a(2); Honor 2b, 5a
Amendment (*pol.*): *see* Constitution 8a; Revolution 1a
Amnesia: *see* Memory and Imagination 2e(3)
Amnesty: *see* Justice 9g
Amusement: *see* Habit 5a; Pleasure and Pain 4d
Analogy (*biol.*): *see* Animal 2b; Life and Death 3b
Analogy and the analogical (*log.*): *see* Idea 4b(4); Reasoning 4f; Relation 1d; Same and Other 3b; Sign and Symbol 3c(1), 3d / *see also* Being 1; God 6b; Sign and Symbol 5f
Analysis and synthesis (*log., math.*): *see* Logic 5d; Mathematics 3c; Philosophy 3c; Reasoning 5b(3), 6b
Analytic and synthetic judgments: *see* Judgment 8b
Analytical geometry: *see* Mathematics 1d; Mechanics 3c
Anarchy: *see* Democracy 2; Government 1a, 5; Liberty 1b; Tyranny and Despotism 3
Anathema (*theol.*): *see* Religion 6c(1)
Anatomy: *see* Animal 3–3d; Sense 3a / *see also* Evolution 5c, 6b(1)
Ancestors: *see* Family 7b
Ancestry (*biol.*): *see* Evolution 2b(4), 3c, 4, 6b, 6b(2), 6c; Man 8c
Angel: *see* CH 1: Angel; *and* Knowledge 7b; Mind 10c / *see also* Being 7b(2)–7b(3); Eternity 4a; Form 2d; Honor 6b; Language 11; Man 3b; Soul 4d(2); Universal and Particular 4b
Anger: *see* Courage 3; Emotion 2–2b; Sin 2c(1)
Angles (*math.*): *see* Quantity 3a; Space 3d
Angst, existential angst: *see* Being 1; Emotion 2d; Will 9b
Animal: *see* CH 2: Animal; CH 24: Evolution; *and* Life and Death 3–4; Man 1a–1c, 4a–4c; Reasoning 1a; Sense 2a–2c; State 1a / *see also* Change 10b; Emotion 1c; Habit 3–3e; Knowledge 7d; Language 1; Life and Death 6a; Man 8c; Memory and Imagination 6b; Mind 3–3c; Soul 2c(2); Will 3a(1), 6c
Animal society: *see* State 1a
Animate and inanimate: *see* Cause 2; Change 6c, 8–10b; Life and Death 2 / *see also* Nature 3b; World 6b
Animism: *see* Astronomy and Cosmology 6b; Medicine 2c; Mind 10b; Nature 6a; Religion 6a; Soul 1a; World 1a
Annexation (*pol.*): *see* State 9e(1), 9f; War and Peace 6a
Anthropology: *see* Custom and Convention 2–4, 7a–7b; Evolution 6c; Man 2b(1), 7–7c, 9c; State 1c
Anthropomorphism: *see* God 6a; Religion 6f
Antichrist: *see* God 14
Antinomies (*log.*): *see* Dialectic 2c(2), 3c; Opposition 1e; Reasoning 5c; Theology 3c
Antiquity: *see* Time 8a–8b / *see also* Evolution 6c; Man 9c
Antithesis: *see* Thesis and antithesis
Anxiety: *see* Emotion 3c(3); Sign and Symbol 6c
Aphasia: *see* Memory and Imagination 2e(3)
Apodictic judgment: *see* Judgment 6c; Necessity and Contingency 4e(1) / *see also* Hypothesis 5; Reasoning 2b
Apologetics: *see* Religion 6b; Theology 4c
Appearance and reality: *see* Being 7e; Dialectic 2a(1) / *see also* Being 3a, 5; Language 5c
Apperception: *see* Memory and Imagination 6c(2); One and Many 4b; Sense 3c(5)
Appetite: *see* Animal 1a(3); Desire 1–3d; Habit 3a, 5b; Man 4b; Sense 3e; Virtue and Vice 5a; Will 1
Applied science: *see* Art 6c; Knowledge 6e(1)–6e(2), 8a; Mathematics 5; Physics 5; Progress 3c; Science 1b(1), 3b
Appreciation (*aesth.*): *see* Art 7–7b; Beauty 4–5; Education 4; Judgment 4; Memory and Imagination 7a; Nature 5d; Poetry 8–8c; Sense 6; Universal and Particular 7c; Virtue and Vice 4d(4)
Apprehension (*log.*): *see* Change 11; Idea 2g, 6f; Judgment 1; Principle 2a–2a(3); Universal and Particular 4a
Apprentice: *see* Labor 3d
Archetype: *see* Astronomy and Cosmology 3a; Form 1a; God 5f; Idea 1e
Area (*math.*): *see* Mechanics 3d; Quantity 3d(1), 6b
Argument: *see* Dialectic 2b, 3b; Opinion 2c; Reasoning 4d–4f, 5c–5d; Rhetoric 4c–4c(3) / *see also* Induction 4–4b; Philosophy 6b
Aristocracy: *see* CH 3: Aristocracy; *and* Democracy 2b, 3c; Education 8d; Virtue and Vice 7c / *see also* Citizen 2c; Constitution 5a, 7a; Government 2a; Honor 4b; Oligarchy 2; Revolution 3c(2), 5a; State 5c
Arithmetic, science of: *see* Mathematics 1 / *see also* Astronomy and Cosmology 12; Education 5d; Mathematics 4a
Arithmetic, subject matter of: *see* Quantity 4–4c / *see also* Infinity 3a; Mathematics 1c, 4a; Mechanics 3a; One and Many 2a; Time 6c
Arms and armament: *see* State 9e(1); War and Peace 7, 10f
Army: *see* Democracy 7c; State 9e(1); War and Peace 7, 10, 10b–10c
Art: *see* CH 4: Art; *and* Beauty 2; Chance 5; Experience 3a; Knowledge 8a; Nature 2a; Progress 6a; Prudence 2b; Virtue and Vice 2a(2) / *see*

also CH 69: Poetry; *and* Education 4d, 6; Emotion 5e; Habit 5a; Knowledge 6e–6e(2); Labor 1e, 2–2b, 4c; Language 4–9; Logic 4–4b; Man 1b; Mathematics 1; Medicine 2–2c, 3a; Memory and Imagination 7–7b; Mind 1e(2); Philosophy 2c; Physics 5; Pleasure and Pain 4c(1); Progress 6d; Rhetoric 1–1c, 4–4c(3); Science 1b(1), 3b; State 7b, 8d–8d(3); Virtue and Vice 4d(4); War and Peace 10; World 4b, 4e(1)

Arteries: *see* Animal 5b

Artificial and natural: *see* Art 2–3; Nature 2a; One and Many 3b(2); Poetry 1a / *see also* Art 9a; Beauty 2; Evolution 2c(1), 2d(1); Medicine 2b; Wealth 1

Artificial selection: *see* Evolution 2d(1)

Artisans: *see* Labor 3a–3b; State 5c, 6b

Ascension (*theol.*): *see* God 9c

Asceticism: *see* Pleasure and Pain 7b; Religion 3d; Temperance 6a

Aseity: *see* God 5e

Assassination: *see* Revolution 2b; Tyranny and Despotism 8

Assent (*log.*): *see* Judgment 9; Knowledge 6d–6d(3); Opinion 3b; Principle 5

Assimilation (*biol.*): *see* Animal 6b–7; Change 8b

Association (*pol.*): *see* Emotion 5a; State 1–1d, 2b, 3–3f, 5–5e / *see also* Family 2a; Government 1a; Justice 9b; Love 4–4c; Mind 9e; Nature 2b; Necessity and Contingency 5b; One and Many 5d; War and Peace 11a

Association of ideas: *see* Idea 5e; Memory and Imagination 2c; Mind 1g(1); Relation 4f; Sense 3d(1); Time 5c

Assumption (*log.*): *see* Custom and Convention 9b; Hypothesis 3–4a; Induction 4a; Principle 3c(2) / *see also* Astronomy and Cosmology 2b; Dialectic 3b; Mathematics 3a; Mechanics 2b; Opinion 2c; Science 4a, 5e

Astrology: *see* Astronomy and Cosmology 9; Prophecy 3b, 5

Astronomy, science of: *see* Astronomy and Cosmology 1–5, 9; Mechanics 4a / *see also* Education 5d; Hypothesis 4–4d; Mathematics 5–5b; Physics 3; Progress 6b; Science 5e

Astronomy, subject matter of: *see* Astronomy and Cosmology 6–8b, 11–11d; Mechanics 3b, 4a, 5f–5f(2), 6d–6d(3); Space 3d; Time 4; World 4f, 7

Asylum (*pol.*): *see* Justice 9g

Asymptote (*math.*): *see* Infinity 3c; Quantity 3b(4)–3c

Atavism (*biol.*): *see* Evolution 2b(4)

Atheism: *see* God 10, 13; Religion 6f

Atom: *see* Element 3a, 5–5c, 5f; Infinity 4b; Mechanics 1a; Space 2b(2) / *see also* Change 2–2a, 10c; Eternity 4b; Matter 2; Mechanics 4a, 8–8e; One and Many 2b–2c, 3a(3); Physics 6; World 4c

Atomism: *see* Change 6a; Element 5–5g; Man 3c;

Matter 3a, 6; Mind 2e; Principle 1b; Soul 3d; World 4c

Atonement (*theol.*): *see* God 9c; Punishment 5c, 5e(2); Religion 2f; Sin 3d, 4e, 6e

Attachment (*psychol.*): *see* Desire 4b; Love 2a(3)

Attention (*psychol.*): *see* Mind 1g (3); One and Many 4b; Sense 3c(5)

Attraction (*phys.*): *see* Astronomy and Cosmology 3b; Mechanics 6d–6d(3), 7d–7d(2), 7e(3); Space 2c

Attribute and substance: *see* Accident and substance

Augmentation (*biol.*): *see* Animal 7; Change 8b; Man 4a; Soul 2c(1)

Augury: *see* Prophecy 3b; Sign and Symbol 5b

Authority (*log.*): *see* Logic 5f; Opinion 2d; Progress 6c; Religion 1b(1), 6c(1); Theology 4c

Authority (*pol.*): *see* Government 1d, 1g–1g(3); Law 1c, 6a / *see also* Aristocracy 4; Constitution 1, 6; Democracy 4b; Family 6d; Law 7d; Liberty 1d; Mind 9e; Monarchy 4e(3); State 2c, 9d; Tyranny and Despotism 1a, 1c, 5, 5c; Will 10a

Automaton: *see* Animal 1e

Autonomy (*metaph.*): *see* God 4e, 5e; Liberty 5d; Necessity and Contingency 2a; Will 4b, 5a(4), 5b(1)

Autonomy (*pol.*): *see* Government 5; Law 6b; Liberty 1b; State 9d

Avarice: *see* Desire 7a(3); Sin 2c(1); Wealth 10c / *see also* Emotion 2a; Infinity 6a; Temperance 2

Aversion: *see* Desire 3d; Emotion 2a; Love 1b; Opposition 4b

Axiom: *see* Principle 2b(2), 3–3c(3), 5; Reasoning 5b(1) / *see also* Habit 5c; Induction 3; Judgment 8a–8b; Knowledge 6c(2); Logic 1a; Mathematics 3a; Metaphysics 3c; Opinion 2c; Philosophy 3b; Science 4a; Truth 7a

B

Balance (*phys.*): *see* Mechanics 5a; Quantity 6c

Balance of power: *see* Government 5a; State 9e(1)–9e(2); War and Peace 3b

Balance of trade: *see* Wealth 9c / *see also* State 9a; Wealth 4g

Ballistics: *see* Mechanics 3b, 5f–5f(1)

Ballot: *see* Democracy 5b(3); Government 1h

Banking: *see* Wealth 5d

Baptism: *see* Religion 2f; Sin 3e / *see also* God 9e; Religion 2c; Sign and Symbol 5c

Barbarian: *see* Man 7c / *see also* Custom and Convention 7b; Slavery 2a; State 9b

Barter (*econ.*): *see* Wealth 4b

Beatific vision: *see* Desire 7b; God 6c(4); Happiness 7c(1); Knowledge 7c; Mind 4f; Will 7d

Beatitude or blessedness (*theol.*): *see* Angel 4; Desire

术语索引 Inventory of Terms

7b; Eternity 4d; God 4h, 6c(4), 8c; Happiness 7c-7c(2), 7d; Immortality 5f; Love 5a(2); Mind 4f; Will 7d

Beauty: *see* CH 6: Beauty; *and* Good and Evil 1c; Life and Death 5a; Nature 5d; Pleasure and Pain 4c(1); Relation 5c; Sense 6; Truth 1c; Universal and Particular 7c / *see also* Custom and Convention 9a; Hypothesis 4c; Judgment 4; Love 1d; Relation 6c; World 6d

Becoming: *see* CH 10: Change; *and* Being 5, 8a-8b; Desire 1; Matter 1-1b / *see also* Dialectic 3a; Form 1-1d(3); Knowledge 6a(1); Necessity and Contingency 2c; Opinion 1; Physics 1; Sense 1b; Space 1a; World 4e(1)

Behavior: *see* CH 32: Habit; *and* Animal 1d; Emotion 3a; Language 1a; Man 2b-2b(4); Memory and Imagination 1d; Mind 1g / *see also* Nature 1a-1a(2)

Being: *see* CH 7: Being; *and* Good and Evil 1b; Metaphysics 2a-2b; Necessity and Contingency 2-2d; One and Many 1-1c; Opposition 2a-2c; Truth 1b / *see also* Change 1; Dialectic 2a, 3a; Form 1a, 2-2d, 4; God 4a; Idea 3c, 6a; Infinity 1b; Judgment 5b, 8c; Knowledge 6a(1), 6a(4); Mathematics 2b; Matter 3-3d; Mechanics 8d; Opinion 1; Principle 1b; Relation 1a-1b, 5b; Same and Other 1a; Sense 1b; Universal and Particular 2a

Belief or faith (*theol.*): *see* God 6c(2); Knowledge 6c(5); Opinion 4-4b; Religion 1-1b(3); Truth 4a; Virtue and Vice 8d(1); Will 3b(3) / *see also* Courage 5; Dialectic 2d(1); Emotion 2d; Habit 5e(3); Immortality 3-3b; Logic 5f; Mind 5c; Philosophy 6c; Religion 6b-6d; Sin 7; Theology 2, 4b; War and Peace 2b; Wisdom 1c

Belief or opinion (*log.*): *see* Knowledge 4b; Opinion 1-3c; Will 3b(1) / *see also* Custom and Convention 9a; Necessity and Contingency 4b; Principle 3c(2); Reasoning 5a

Benevolent despotism: *see* Monarchy 3a, 4b, 4e(1)-4e(2); Slavery 6b; Tyranny and Despotism 4-4b, 6

Bible: *see* Language 12; Theology 4b / *see also* God 6c(1); Religion 1b(1); Rhetoric 2d; Sign and Symbol 5e

Bills of rights: *see* Constitution 7b; Liberty 1g / *see also* Democracy 4b; Justice 6, 6c, 6e; Law 4e, 7c; Progress 4c

Biogenesis: *see* Evolution 3c / *see also* Animal 8b; Evolution 3a

Biology: *see* CH 24: Evolution; *and* Animal 1-11b; Life and Death 1-7; Mechanics 4c; Sense 2-3a; Soul 1b, 2c-2c(2) / *see also* Change 6c, 8b, 9b, 10b; Man 4a-4b, 7a; Medicine 2a, 4-5d(2); Progress 2; State 4c

Birth: *see* Animal 9e; Family 6b

Birth control: *see* Family 6b

Blame and praise: *see* Honor 1, 3a-3b, 4c; Virtue and Vice 4d(2) / *see also* Courage 5; Pleasure and Pain 10a-10b; Punishment 3a; Rhetoric 3a

Blasphemy: *see* God 3b; Religion 2g; Sin 2c(1)

Blessedness: *see* **Beatitude or blessedness**

Blood: *see* Animal 5b

Bodily humors: *see* Medicine 5d(1); Opposition 3b, 4b

Body: *see* Being 7b(2), 7b(4); Element 3-3d, 5-5g; Life and Death 2; Matter 2-3a; Mechanics 1a; Mind 2c-2e; Soul 3c; Space 1-1d / *see also* Change 10a, 10c; Emotion 1b; Eternity 4b; Infinity 4a; Man 3a; Mechanics 4a, 5-7e(5); Memory and Imagination 1b; One and Many 3b(4); Quantity 1

Body and mind or soul: *see* Man 3a-3a(2); Matter 2e; Mind 2-2e; One and Many 3b(4); Soul 1b-1c, 4b / *see also* Being 7b(2); Form 2d; Immortality 5b; Life and Death 1; Man 2b(3); Matter 4c-4d; Medicine 5d(2), 6c(1); Mind 1a, 4e; Soul 3c, 4d-4d(4)

Book of Life (*theol.*): *see* God 7f

Book of nature: *see* Language 10; Sign and Symbol 1c

Borrowing: *see* Justice 8d; Wealth 5d-5e

Botany: *see* Animal 1b; Change 10b; Evolution 3-3d; Life and Death 3a, 4, 6a; Man 4a; Soul 2c(1)

Bounties (*econ.*): *see* Wealth 4g

Bourgeoisie: *see* Labor 7c(1); Oligarchy 5b-5c; Opposition 5b; Revolution 5b; State 5d(2)

Brain and nervous system: *see* Animal 5g; Memory and Imagination 1b; Mind 1g(2), 2c(1); Sense 3a

Branches of government: *see* Constitution 2a; Democracy 5c; Government 3-3e(2); Liberty 1g

Breathing: *see* Animal 5d; Life and Death 3a

Breeding: *see* Animal 8c(4), 12a; Evolution 2b(3), 2d(1), 4c; Family 6b

Brother and sister: *see* Family 7c; Love 2b(4)

Brotherhood of man: *see* Citizen 8; Love 4c; Man 11b; War and Peace 11b

Budget: *see* Government 4; Wealth 9e(1)

Buoyancy (*phys.*): *see* Mechanics 5b

Bureaucracy: *see* Government 1f, 3e(2)

Burial rites: *see* Life and Death 8e

Business: *see* Wealth 3-4g, 6-6e, 7c-7d(2), 9-9h / *see also* Justice 8-8d; Labor 5-7f; Liberty 2c; Oligarchy 5b; Opposition 5a-5b; Progress 3a; State 9a

Buying and selling: *see* Justice 8b; State 9a; Wealth 4-5e, 7c, 10d

C

Calculus: *see* Infinity 3b; Mathematics 4d; Mechanics 3d

Calendar: *see* Astronomy and Cosmology 5; Time 4

Caloric: *see* Mechanics 7c(1)

Calorimetry: *see* Mechanics 7c(2)

Canon (*theol.*): *see* Law 3-3b(2); Theology 4b

Capacities (*psychol.*): *see* Habit 2b; Life and Death 3; Man 4-5a; Quality 2a; Soul 2a, 2c-2c(3)

Capital (*econ.*): *see* Opposition 5b; Wealth 3a, 6-6e, 7b(3)

Capital punishment: *see* Punishment 4b(1)

Capital sin: *see* Sin 2c(1)

Capitalism: *see* Democracy 4a(2); Labor 5c; Oligarchy 5b; Wealth 5d, 6-6e, 9c / *see also* Family 3b; Justice 8-8d; Liberty 2c-2d; Oligarchy 5c; Opposition 5a-5b; Slavery 4c, 5b; State 5d(2)

Cardinal virtues: *see* Virtue and Vice 2a-2a(1) / *see also* Courage 1, 4; Justice 1-1f; Prudence 1, 3-3b; Temperance 1-1b

Carnal sin: *see* Sin 2b / *see also* Desire 5c; Love 2a; Temperance 2

Case histories (*med.*): *see* Medicine 3c

Case law: *see* Law 5g

Casuistry: *see* Law 5g; Logic 5e; Opinion 6b; Prudence 3c, 6b

Catamenia (*biol.*): *see* Animal 8c(3)

Categorical and hypothetical (*log.*): *see* Hypothesis 5; Judgment 6d; Reasoning 2b

Categorical and hypothetical imperatives (*ethics*): *see* Duty 5; Good and Evil 3b(2); Judgment 3; Necessity and Contingency 5a(2); Principle 4b; Will 8d

Category: *see* Being 7b-7b(1), 7b(6); Idea 4b(3); Quality 1; Quantity 1; Relation 1a, 4c

Catharsis: *see* Art 8; Desire 4d; Poetry 6b

Causality: *see* CH 8: Cause

Cause: *see* CH 8: Cause; *and* Art 2a; Astronomy and Cosmology 3-3b; Chance 1a, 2a, 4; Element 2; God 5a-5b; History 3b, 4a-4a(4); Infinity 5b; Knowledge 2c; Mechanics 2c; Nature 3c-3c(4); Necessity and Contingency 2a, 3a-3c; Physics 2b; Principle 1a; Reasoning 5b(4)-5b(5); Relation 5a(1); Science 4c; Universal and Particular 6b / *see also* Beauty 3; Being 6; Definition 2d; Form 1b; Liberty 4a-4b; Mechanics 8d; Time 5a-5b; Will 5a(3)-5a(4), 5c, 7c

Cause and effect: *see* Cause 1b; Change 3; Reasoning 5b(3); Relation 5a(1); Sign and Symbol 3c(3); Time 5a-5b

Celestial bodies: *see* Angel 2a; Astronomy and Cosmology 6-8b; Change 7c(4), 10c; Eternity 4b; Matter 1b; Mechanics 4a; Soul 1a; World 4f, 6a

Celestial mechanics, science of: *see* Astronomy and Cosmology 6c(3); Mechanics 4a

Celestial motions: *see* Astronomy and Cosmology 6c-6c(3); Change 7c(4); Matter 1b; Mechanics 3b, 4a, 5f-5f(2)

Celestial motors: *see* Angel 2a; Astronomy and Cosmology 6b; Change 14

Celibacy: *see* Family 4c; Religion 3d; Virtue and Vice 8g

Cell (*biol.*): *see* Animal 3a; Element 6

Censorship: *see* Art 10b; Education 8c; Emotion 5e; Liberty 2a; Poetry 9b / *see also* Knowledge 9b; Opinion 5-5b; Progress 6e; Truth 8d

Center of gravity: *see* Mechanics 6a

Centralization (*pol.*): *see* Government 5c / *see also* Government 5d; One and Many 5d-5e; Revolution 2c, 6b; State 10e

Centrifugal and centripetal force: *see* Mechanics 5f, 6d-6d(3)

Ceremonies: *see* Law 3b(1)-3b(2); Life and Death 8e; Religion 2-2d, 2f; Sign and Symbol 1e / *see also* Custom and Convention 2-4; God 3e, 8b-8d, 9e, 14

Certainty and probability: *see* Judgment 9; Knowledge 6d(1)-6d(2); Necessity and Contingency 4a; Opinion 3b; Science 4e; Truth 2e / *see also* Chance 3, 4; Dialectic 3b; Knowledge 5c; Mathematics 1c; Mechanics 8b; Poetry 8a(2); Reasoning 3d; Science 1a; Sign and Symbol 4e; Truth 4d, 7a

Chance: *see* CH 9: Chance; *and* Nature 3c(1); Necessity and Contingency 3a / *see also* Fate 3; History 4a(1); Liberty 4a; World 4c

Change: *see* CH 10: Change; *and* Being 5, 7b(5); Desire 1; Matter 1-1b, 2c; Necessity and Contingency 2c; One and Many 3a(2); Opposition 3a; Physics 1; Quality 5; Same and Other 1b / *see also* Animal 4a, 6b-7, 8b; Astronomy and Cosmology 6c-6c(3); Cause 2, 7b; Custom and Convention 4; Element 3c; Eternity 1-2, 4-5; Form 1-1d(2), 4; History 4b; Infinity 3e; Mechanics 1b-1c, 4b, 5-5f(2); Necessity and Contingency 3-3c; Quantity 5c; Revolution 1-4b; Space 2a, 2c; Time 1, 2b, 7; World 4e(1)

Chaos: *see* World 4

Character (*ethics*): *see* CH 97: Virtue and Vice; *and* Education 4-4d / *see also* Art 10a; Astronomy and Cosmology 9; Beauty 6; Custom and Convention 5b; Government 2d; Habit 5b, 6b; Poetry 9a; Punishment 3a; Rhetoric 4a; Temperance 4

Character (*poet.*): *see* Poetry 7b

Charity (*theol.*): *see* Love 5b-5b(2); Virtue and Vice 8d(3), 8f; Wealth 10e-10e(3) / *see also* Habit 5e(3); Law 3b(2); Sin 4d; Will 8c

Chastity: *see* Family 4d; Pleasure and Pain 7b; Religion 3d; Temperance 6a; Virtue and Vice 8f-8g

Chattel slavery: *see* Family 3a; Justice 8c(1); Labor 1f, 5a; Slavery 2b, 4a, 5a; Wealth 7b(1)

Checks and balances (*pol.*): *see* Democracy 5c / *see also* Constitution 7b; Government 3a; Liberty 1g

Chemical change: *see* Change 9a

Chemical compound: *see* Element 3d

Chemistry: *see* Change 9a, 10a; Element 3-3d / *see also* Mechanics 7c(1), 7e(2)

Cherubim: *see* Angel 3g

Child labor: *see* Family 3b; Labor 7a, 8

Children: *see* Duty 9; Education 4b; Family 6-8; Mind 4b; Virtue and Vice 4d(1) / *see also* Education 8a; Family 2c; Life and Death 6c; Love 2a(2), 2b(4); Man 6c; Punishment 3a; War and Peace 5a

Chivalry: *see* Honor 2e; Love 2c

Choice: *see* God 5g; Liberty 3c; Prudence 3a, 4a-4b; Reasoning 5e(3); Virtue and Vice 5c; Will 2c(3), 5a(1), 5b(1), 6b-6c / *see also* Liberty 3b; Mind 9d; Nature 3c(2); Necessity and Contingency 5a-5a(1); Prudence 5a-5b; Punishment 2-2a; Sin 6a; Virtue and Vice 4e(1)

Chosen People: *see* God 8a; Prophecy 4a; Religion 3a

Christ: *see* God 9b-9d, 9f; Man 11c; Mind 4f; One and Many 6c; Prophecy 2c, 4c; Relation 2; Religion 3b; Sin 3d

Christianity: *see* God 7-7h, 9-9f; Law 3b-3b(2); Man 9b-9b(3); Religion 3b / *see also* Education 7-7b; History 5b; Prophecy 2c, 4c; State 2g

Chromosome: *see* Animal 10

Church: *see* Citizen 7; Education 7b; God 9d; History 5b; Religion 3b, 4-4b; State 2g

Circle: *see* Quantity 3b(1)

Circular motion: *see* Astronomy and Cosmology 6c(2); Change 7c(1); Mechanics 5f-5f(2)

Circulation (*econ.*): *see* Wealth 4-4g, 5a, 5c, 7c

Circulation of blood: *see* Animal 5b

Circumcision: *see* God 8b

Circumstances (*ethics*): *see* Virtue and Vice 4e(3)

Citizen and citizenship: *see* CH 11: Citizen; *and* Democracy 4a-4a(1), 6; Progress 4c; Slavery 5a-6c; State 5a; Tyranny and Despotism 5a-5b; Virtue and Vice 7a-7c / *see also* Art 10a; Constitution 5a; Courage 7a; Democracy 5b(2); Education 8d; Family 5b; Justice 9d; Knowledge 8c; Labor 1b, 7d; Law 6d; Liberty 1f, 6b; Love 4a; Oligarchy 5a; Prudence 6a; State 7d; Temperance 5a

City of God: *see* Citizen 7; History 5b; Religion 3b; State 2g

City of man: *see* History 5b; State 2g

City-state: *see* State 10a

Civic education: *see* Aristocracy 5; Citizen 6; Democracy 6; Education 8d; State 7d; Virtue and Vice 7a

Civic virtue: *see* Citizen 5; Courage 7a; Duty 10; Good and Evil 5d; Justice 1c, 9d; Liberty 1e; Love 4b; Prudence 6a; State 3e; Temperance 5a; Virtue and Vice 7b-7c

Civil disobedience: *see* Justice 10b; Law 6c; Revolution 6a

Civil law: *see* Law 4f, 5-5h / *see also* Custom and Convention 6a; Duty 5; Justice 6b, 10a, 10d; Law 2, 7c; Necessity and Contingency 5c; Punishment 4c

Civil liberty: *see* Democracy 4a, 4b; Justice 6, 6c-6e; Law 7b-7c; Liberty 1d, 1g-2d, 6b; Progress 4c; Truth 8d / *see also* Constitution 1, 2b, 7b; Monarchy 1a(1), 4d-5b; Opinion 5a; Progress 6e; Slavery 6-6c; Tyranny and Despotism 5-5c; Will 7a

Civil rights: *see* Citizen 4; Constitution 7b; Democracy 4b; Justice 6c, 6e; Law 2, 7c; Liberty 1g; Progress 4c; Tyranny and Despotism 5b

Civil service: *see* Government 3e(2)

Civil war: *see* Opposition 5c; Revolution 1c; War and Peace 2a, 4b / *see also* Aristocracy 3; Democracy 7a; Government 6; Justice 10b; Labor 7c(1), 7c(3); Law 6c; Oligarchy 5c; Opposition 5b; Progress 3b; Revolution 5-5b, 6a; Slavery 3c; State 5d-5d(2); War and Peace 2c

Civilization or culture: *see* History 4c; Man 7c, 9c; Progress 6-6e / *see also* Art 12; Dialectic 4; Liberty 6a; Monarchy 5a; Progress 1c; Science 6b; State 7b-7d

Clarity: *see* Beauty 1c; Being 4b; Definition 1b; Idea 3b, 6d; Sign and Symbol 4c; Truth 1a

Class war: *see* Labor 7c-7c(3); Oligarchy 5c; Opposition 5b; Progress 3b; Revolution 4a, 5a-5b; State 5d(2); War and Peace 2c; Wealth 9h

Classes (*pol.*): *see* Labor 4b, 7c(1); State 5c / *see also* Citizen 3; Democracy 3a, 4a(1); Oligarchy 4, 5a; State 5a

Classification (*log.*): *see* Definition 2-2e; Idea 4b-4c

Classification of animals: *see* Animal 2-2c; Evolution 1-1b; Life and Death 3b

Classless society: *see* Labor 7c(3); Revolution 5c; State 5e

Clergy: *see* Education 7b; Prophecy 2b; Religion 3c(1)-3c(2), 5a

Cleverness: *see* Prudence 3c

Climate: *see* Man 7b; Medicine 3d(1); State 4b

Clock: *see* Astronomy and Cosmology 5; Quantity 6c; Time 4

Coercion (*pol.*): *see* Emotion 5c; Government 1d; Justice 1a; Law 1c, 5, 6b, 7d; Liberty 1e; Punishment 4a; Will 5a(2)

Coexistence: *see* Opposition 2a; Relation 1c, 5a; Time 5a, 5c

Cogitative power: *see* Sense 3d(3) / *see also* Habit 3b; Man 4b; Sense 3b(2)

Cognition: *see* CH 43: Knowledge

Cognitive faculties: *see* Animal 1a(1)-1a(2); Judgment 1; Knowledge 6b-6b(3); Man 4b-4c; Memory and Imagination 1; Mind 1a, 1e; One and Many 4a; Sense 1a-1d, 3b-3b(2); Soul 2c(2)-2c(3)

Coincidence: *see* Chance 1a

Coition (*biol.*): *see* Animal 8c(4)

Collective responsibility: *see* Punishment 2; Sin 6b

Collectivism: *see* Democracy 4a(2); Labor 5d, 7b; Revolution 4b; State 6b; Wealth 6a, 7d(2), 8a

Colonies or dependencies: *see* Democracy 7b; Government 5b; Liberty 6c; Monarchy 5–5b; Revolution 7; Slavery 6d; State 9f, 10b; Tyranny and Despotism 6; War and Peace 6a

Color: *see* Mechanics 7a(2); Quality 2b; Sense 3c(3)

Comedy and tragedy: *see* Poetry 4b

Comets: *see* Astronomy and Cosmology 7f; Mechanics 5f–5f(1)

Command: *see* Duty 5; Judgment 3; Law 1b; Necessity and Contingency 5a(2); Principle 4b; Prudence 5b; Will 2c(3), 8d

Commandments (*divine*): *see* Law 3a(2)–3b(2)

Commensurability: *see* Mathematics 2c; Quantity 6a

Commerce: *see* Wealth 4–4g / *see also* Liberty 2c; Opposition 5a; State 9a

Commodities: *see* Labor 6a; Wealth 4–4g, 5c

Common and proper names (*log.*): *see* Sign and Symbol 2d; Universal and Particular 2c, 5a

Common and proper sensibles (*psychol.*): *see* Quality 2b; Sense 3c(3)

Common good: *see* Good and Evil 5d; Happiness 5–5b; Justice 1e; State 2f / *see also* Art 10b; Citizen 1; Duty 10; Labor 3f; Law 1a; Liberty 1e; Love 4b; Monarchy 3a; Temperance 5a; Wealth 9a, 9c; Will 10c

Common goods (*econ.*): *see* Good and Evil 4e; Justice 8a; Wealth 8a–8b

Common law: *see* Law 5f, 8

Common notions or axioms: *see* Principle 2b(2), 3–3c(3), 5; Reasoning 5b(1) / *see also* Habit 5c; Induction 3; Judgment 8a–8b; Knowledge 6c(2); Logic 1a; Mathematics 3a; Metaphysics 3c; Opinion 2c; Philosophy 3b; Science 4a; Truth 3c

Common sense: *see* Sense 3b(2), 3d(1) / *see also* Knowledge 6b(1); Philosophy 3a; Quality 2b; Sense 3c(3)

Commonplaces: *see* Rhetoric 4c(3)

Commonwealth: *see* CH 90: State

Communication (*log.*): *see* Knowledge 9–9b; Language 1–1b, 11; Rhetoric 2, 2c; Sign and Symbol 1d, 3–4d; Truth 2b / *see also* Language 5–5b; Liberty 2a; Opinion 5–5b; Truth 8d

Communism: *see* Labor 7b, 7c(3); Revolution 1a, 4b, 5c; State 5e; Wealth 6a, 8a / *see also* Democracy 4a(2); Justice 8a; Labor 5d, 7f; One and Many 5d; Progress 3b; Wealth 7d(2)

Community or society: *see* State 1–1d, 2b, 3a–3f, 5–5e / *see also* Constitution 2a; Custom and Convention 7–7b; Emotion 5a; Family 1, 2a–2c; Good and Evil 5d; Government 1g(3); Honor 3a; Justice 9b; Language 1b; Law 4b; Liberty 1b; Love 4–4c; Man 9c; Memory and Imagination 4b; Mind 9e; Nature 2b; Necessity and Contingency 5b; One and Many 5d; Opposition 5–5c; Religion 3–3d; War and Peace 1, 11a–11b

Commutative justice: *see* Justice 5, 8b; Wealth 10d

Competition (*econ.*): *see* Liberty 2c; Opposition 5a; State 9a; Wealth 4e–4g, 8c, 9c

Complementarity: *see* Mechanics 8d; Opposition 2a; Truth 3c

Complex and simple (*log., metaph.*): *see* **Simple and complex**

Complex and simple ideas (*psychol.*): *see* **Simple and complex ideas**

Composition of forces: *see* Mechanics 6f; Opposition 3d

Compounds (*phys.*): *see* Change 9a; Element 3d, 5c; Matter 2

Compulsion or constraint (*pol.*): *see* Emotion 5c; Government 1d; Justice 1a; Law 1c, 5, 6b, 7d; Liberty 1e; Punishment 4a; Will 8a

Compulsions and obsessions (*psychol.*): *see* Emotion 3c(2); Sign and Symbol 6c; Will 9b

Concept or conception: *see* Idea 1b, 2f–2g, 4–4c; Memory and Imagination 5b; Universal and Particular 2b, 4c–4d / *see also* Idea 1d, 5a–5d, 6f; Judgment 1; Memory and Imagination 6c(2); Sense 1d, 5a; Truth 3b(1)

Conceptualism: *see* Universal and Particular 2b / *see also* Idea 6a

Conclusion (*log.*): *see* **Premise and conclusion**

Concrete (*log.*): *see* **Abstract and concrete**

Concupiscence: *see* Love 2a; Pleasure and Pain 7b; Temperance 2, 6b

Conduction (*phys.*): *see* Mechanics 7c(1), 7d(1), 7e(2)

Confederations (*pol.*): *see* **Alliances**

Confession (*theol.*): *see* Sin 4e / *see also* God 9e; Religion 2c, 2f; Sign and Symbol 5c

Confirmation (*theol.*): *see* God 9e; Religion 2c; Sign and Symbol 5c

Confiscation (*econ.*): *see* Wealth 9e(2)

Conflict (*ethics, psychol.*): *see* Desire 4a; Man 5–5a; Memory and Imagination 2e(2); Opposition 4–4e / *see also* Custom and Convention 3; Duty 6; Emotion 2c, 4a; Liberty 3d; Love 3c; Memory and Imagination 8e; Pleasure and Pain 8b; Progress 1a; Religion 6c(2); Slavery 7; Theology 4e

Congruence (*math.*): *see* Quantity 6b; Space 3c

Conics (*math.*): *see* Mechanics 3b; Quantity 3b(1)–3b(4)

Conjugal love: *see* Family 7a; Love 2d

Conquest: *see* Democracy 7b; Government 5b; Justice 9f; Liberty 6c; Monarchy 5–5b; Revolution 7; Slavery 3a, 6d; State 9f; Tyranny and Despotism 6; War and Peace 3a, 6a

Conscience: *see* Duty 4–4b; Honor 2a; Law 6a; Liberty 2b; Punishment 5c, 6; Religion 6e; Sin 5

Consciousness: *see* Idea 5e; Man 2a; Mind 1g(1), 1g(3), 7–7c; One and Many 4a / *see also* Desire 3b(2); Habit 6a; Will 5b(1)

Conscription (*pol.*): *see* Democracy 7c; War and Peace 10b

Consent (*pol.*): *see* State 3d; Will 10a, 10c / *see also* Constitution 6; Democracy 4b; Government 1c, 1g(3)–1h; Monarchy 4e(3); Opinion 7b; Tyranny and Despotism 5c

Conservation of energy: *see* Mechanics 6g

Conservatism: *see* Change 12b; Custom and Convention 8; Progress 5

Consistency (*log.*): *see* Hypothesis 4c; Reasoning 3b / *see also* Logic 1a; Principle 3a(3); Truth 1a, 3b(3)

Conspicuous consumption: *see* Wealth 10c

Conspiracy: *see* Revolution 1b

Constituent assembly: *see* Constitution 6

Constituents (*pol.*): *see* Constitution 9a; Democracy 5–5c; State 8a

Constitution (*pol.*): *see* CH 12: Constitution; *and* Justice 9c; Law 7a / *see also* Aristocracy 1–2e; Citizen 2b–2c; Custom and Convention 6a; Democracy 3–3c, 4d; Government 2b; Justice 10a; Law 5c; Monarchy 1a(1), 1b(1)–1b(2), 4e(1); Oligarchy 1–2, 4, 5a; Revolution 2a; State 3d, 3g

Constitutional and despotic government: *see* Citizen 2a–2b; Constitution 1, 2b–3b, 10; Law 7a–7b; Monarchy 1a–1a(2), 4c–5b; Tyranny and Despotism 4b–5d / *see also* Constitution 4, 7b, 8b; Democracy 2a–2b; Government 1b, 1g(2); Liberty 1d, 1f, 6b; Oligarchy 3a; Slavery 6b–6d; Tyranny and Despotism 6

Constitutional convention: *see* Constitution 6

Constitutional law: *see* Constitution 2b; Justice 10a; Law 5c, 7a

Constitutional monarchy: *see* Constitution 3a; Government 2b; Monarchy 1b(2), 4d(3), 4e(4)

Construction (*math.*): *see* Mathematics 2a, 3b, 4b; Science 5e

Consumption (*econ.*): *see* Desire 7a(3); Opposition 5b; Wealth 5a, 7c / *see also* Nature 5b; Necessity and Contingency 5e; Wealth 10b

Contemplation: *see* Beauty 1b; Knowledge 6c(1); Labor 1b; Philosophy 4b; Pleasure and Pain 4c

Contemplation and action: *see* Action and contemplation

Continence and incontinence: *see* Temperance 1c; Virtue and Vice 1e / *see also* Desire 5c; Emotion 4b(1); Knowledge 8b(3); Prudence 3d

Contingency: *see* Necessity and contingency

Continuity and discontinuity (*math., phys.*): *see* Change 5b; Element 3a, 5–5a; Infinity 3b, 4b; Mathematics 2c; Mechanics 3a; One and Many 2b, 3a(1)–3a(4); Quantity 2, 4c, 6a; Space 3a; Time 1

Continuity and hierarchy (*philos.*): *see* Being 3a; Life and Death 2–3b; Nature 3b; Relation 5a(4)–5b; World 6b / *see also* Animal 1b–1c, 2c; Evolution 2c(2), 3a, 3c, 6b; Good and Evil 1b; Man 1a–1c; Sense 2–2c

Contract: *see* Constitution 6; Custom and Convention 6a; State 3d; Will 8e

Contradiction: *see* Judgment 7a; Logic 1a; Necessity and Contingency 4e(1); Opposition 1d(1), 2a; Principle 1c, 3a(3); Truth 3c

Contrariety, contraries (*log.*): *see* Judgment 7a; Necessity and Contingency 4e(1); Opposition 1a–1b, 1c(2), 1d(1); Same and Other 3a(2)

Contrariety, contraries (*phys.*): *see* Change 2b; Opposition 2e, 3a–3c; Quality 4b

Contrition: *see* Religion 2f; Sin 4e

Controversy (*theol.*): *see* Religion 6c(1)–6c(2); Theology 4e–5

Conventional and natural: *see* Natural and conventional

Conversion (*log.*): *see* Judgment 7b; Reasoning 4a

Conversion (*theol.*): Religion 1a, 5b

Coordinate systems: *see* Space 1c, 3d

Coordinates (*math.*): *see* Mechanics 1c(1); Quantity 6b

Copula (*log.*): *see* Being 1; Judgment 5b

Copulation (*biol.*): *see* Animal 8c(4)

Corporation: *see* Law 7f; State 1d, 2a(2); Wealth 7d–7d(1)

Corporeal substance: *see* Being 7b(2); Matter 2; Soul 3c

Correlation, correlatives (*log.*): *see* Opposition 1a; Quality 4a; Relation 1c

Correspondence (*log.*): *see* Idea 6c; Knowledge 1; Truth 1, 1b

Corruptible and incorruptible substances: *see* Being 7b(3) / *see also* Change 10c; Element 5; Eternity 4a–4b; Soul 4b

Corruption (*moral*): *see* Man 9b(2); Religion 2g; Temperance 2; Virtue and Vice 8a, 9; Wealth 10c

Corruption (*phys.*): *see* Astronomy and Cosmology 8a; Change 10a; Element 3c; Life and Death 7; Matter 1b

Corruption (*pol.*): *see* Government 1f; Language 5a

Cosmogony: *see* Cause 7a; Chance 3; Element 5g; God 7a; World 4–4e(3) / *see also* Astronomy and Cosmology 4, 6d; God 5a; Matter 3d

Cosmology: *see* CH 102: World; *and* Astronomy and Cosmology 11–11d; Element 5g; Eternity 2; Infinity 3d–3e; Nature 1b; Time 2b–2c / *see also* Astronomy and Cosmology 6c(1); Beauty 7b; Cause 7–7b; Change 13; Infinity 4a; Soul 1a; Space 2c

Cosmos: *see* CH 5: Astronomy and Cosmology; *and* World 1–1b, 4–4e(3)

Counsel: *see* Prudence 5a; Virtue and Vice 4d(2); Will 2c(3)

Courage: *see* CH 13: Courage / *see also* Emotion 2d;

Honor 5c; Pleasure and Pain 8a; Temperance 1a; Virtue and Vice 2a-2a(1); War and Peace 10c

Courtesy: *see* Honor 2e; Love 2c; Sign and Symbol 1e

Courts (*pol.*): *see* Government 3d-3d(2) / *see also* Constitution 2a; Democracy 5c; Law 5g; Prudence 6b

Covenant (*theol.*): *see* God 8b; Prophecy 4a

Covetousness: *see* Desire 7a(3); Sin 2c(1); Wealth 10c, 10e(3)

Cowardice: *see* Courage 2

Creation (*theol.*): *see* Cause 7a; God 7a; Matter 3d / *see also* Angel 3a; Animal 8a; Evolution 3a, 3c, 6a; Form 1d(2); Man 8b; Same and Other 6; Soul 4c; Time 2c; World 3b, 4e-4e(3)

Credit (*econ.*): *see* Wealth 4b, 5d

Creed: *see* Religion 6c(1); Theology 4b

Crime: *see* Justice 10c; Law 6e-6e(3); Necessity and Contingency 5d; Punishment 4-4d; Wealth 9g

Criminal law: *see* Law 6e-6e(3); Punishment 4-4d

Crisis (*econ.*): *see* Wealth 6e

Crisis (*med.*): *see* Medicine 5c

Criticism (*aesth.*): *see* Art 7b; Beauty 5; Custom and Convention 9a; Judgment 4; Nature 5d; Philosophy 2c; Poetry 8-8c; Rhetoric 2b; Universal and Particular 7c

Criticism (*log.*): *see* Dialectic 2b, 2c; Knowledge 5c; Logic 5d; Metaphysics 4b; Mind 5b; Philosophy 3d; Progress 6c

Crossbreeding: *see* Animal 8c(4); Evolution 2b(3)

Crucial experiment: *see* Experience 5b; Physics 4c

Cruelty: *see* Pleasure and Pain 8c; Temperance 2

Culpability: *see* Punishment 2a, 3c; Sin 5-6b

Culture: *see* Civilization or culture

Cure: *see* Medicine 1, 2b, 3-3d(3), 6d-7

Curiosity: *see* Knowledge 2; Sin 2b; Temperance 2

Currency: *see* Wealth 5-5e

Current (*phys.*): *see* Mechanics 7e-7e(2), 7e(5)

Curriculum: *see* Education 5d / *see also* Astronomy and Cosmology 12; Logic 4; Mathematics 1b

Curses: *see* Family 7b; Punishment 5a

Curvature of space: *see* Mechanics 6d(2); Space 2b(1)

Custom and convention: *see* CH 14: Custom and Convention; *and* Law 5f; Man 7c; Nature 2b; State 9b / *see also* Beauty 5; Education 4c; Family 4d; Good and Evil 6d; Justice 1f; Language 2b; Memory and Imagination 4b; Necessity and Contingency 5b; Opinion 6a; Progress 5; Relation 6b-6c; Sign and Symbol 1a, 1d, 1f; State 3b; Universal and Particular 7a-7c; Virtue and Vice 4d(3); War and Peace 3b

Cyclical theory of history: *see* History 4b; Progress 1c

D

Damnation (*theol.*): *see* Eternity 4d; God 5i; Happiness 7c(3); Immortality 5e; Punishment 5d, 5e(1); Sin 6d; Virtue and Vice 8c

Darwinism: *see* Evolution 4a-4a(2), 7

Day: *see* Astronomy and Cosmology 5

Day of Judgment: *see* God 7h, 9f; Prophecy 4d; World 8

Daydreaming: *see* Desire 5a; Memory and Imagination 8c

Death: *see* Life and Death 7, 8a, 8c-8e / *see also* Happiness 4b; Immortality 1

Death instinct: *see* Life and Death 8c

Death penalty: *see* Punishment 4b(1)

Decalogue: *see* God 8c; Law 3b(1)

Decay (*biol.*): *see* Element 5g; Life and Death 5, 6c-7; Man 6c

Decision (*jurisp.*): *see* Law 5g; Prudence 6b

Decision (*psychol.*): *see* Prudence 5b; Reasoning 5e(3); Will 2c(3)

Decree: *see* Law 5a

Deduction or deductive reasoning: *see* Reasoning 2-3d, 4c, 5b-5b(5) / *see also* Induction 1b; Judgment 7c; Logic 1b; Mathematics 3a; Necessity and Contingency 4e(2); Reasoning 6c; Science 5d; Truth 3b(3); Universal and Particular 5d

Defense: *see* Democracy 7c; State 9e(1); War and Peace 3a, 7

Definite and indefinite: *see* Infinity 1a; Opposition 3e

Definition: *see* CH 15: Definition; *and* Being 8c; Dialectic 2a(2); Form 3c; Nature 4a; Principle 2a(2)-2a(3); Reasoning 5b(2); Same and Other 4b; Sign and Symbol 4a / *see also* Being 8e; Cause 5b; Induction 3; Mathematics 3a; Matter 4b; One and Many 4c; Philosophy 3b; Physics 2a; Quality 6a; Relation 4a; Science 4a; Truth 3b(1); Universal and Particular 4e

Deification: *see* God 14; Monarchy 2a / *see also* God 3f; Religion 6a

Deism: *see* God 12; Religion 6f

Deity: *see* God or gods

De jure and de facto government: *see* Government 1d

Déjà vu: *see* Memory and Imagination 2e(4)

Delegates (*pol.*): *see* Constitution 9a; Democracy 5a-5b; State 8a

Deliberation: *see* Reasoning 5e(3) / *see also* Prudence 1, 3-3b, 4a, 5a; Rhetoric 3a; Virtue and Vice 5b

Delusion: *see* Mind 8c

Demagoguery: *see* Democracy 7a; Tyranny and Despotism 2c / *see also* Democracy 2b; Opinion 7b; Rhetoric 1c, 4a-4b, 5b

Demand (*econ.*): *see* **Supply and demand**

Demigods: *see* Angel 1

Demiurge: *see* World 4b

Democracy: *see* CH 16: Democracy; *and* Aristocracy 2c; Citizen 6; Constitution 9–9b; Government 1g(3)–1h; Liberty 1–2d; Opinion 7–7b; Progress 4c; Slavery 5b, 6c; Tyranny and Despotism 2c / *see also* Citizen 2c–3, 9; Constitution 5a; Education 8d; Government 2a, 2c; Justice 6–6e, 9c; Labor 7f; Liberty 6–6c; Monarchy 1b(3), 4, 4c; Oligarchy 2, 3a; Revolution 3a, 3c(2); State 2c, 7d; Tyranny and Despotism 5c

Demographics: *see* State 4c

Demons (*theol.*): *see* Angel 5–5b, 6b, 8; Sin 4b

Demonstration (*log.*): *see* Being 8d; Definition 5; Principle 3a–3a(3); Reasoning 5b–5b(5) / *see also* Cause 5b; Induction 1a; Judgment 8a; Mathematics 3a–3b; Opinion 2c; Reasoning 4b, 6a–6b, 6d; Rhetoric 4c; Science 4c, 4e, 5d; Sign and Symbol 4b; Truth 7a

Denomination (*log.*): *see* Sign and Symbol 2c

Density: *see* Mechanics 6b

Dependencies: *see* **Colonies or dependencies**

Dependent and independent being: *see* Being 7b, 7b(4); Necessity and Contingency 2–2b / *see also* Cause 7a; God 4a, 5e; Nature 1b, 3c(4); One and Many 1a–1b; World 3–3b

Depressions (*econ.*): *see* Wealth 6e

Deprivation (*psychol.*): Pleasure and Pain 4e

Descent of man: *see* Evolution 6–6b(3); Man 8c

Description and explanation (*log.*): *see* Cause 5–5d; Hypothesis 4–4b; Knowledge 6c(1); Physics 2b; Science 4c / *see also* Astronomy and Cosmology 2b, 3–3b; Language 5c; Mechanics 2c

Desire: *see* CH 17: Desire; *and* Good and Evil 3c; Love 1c / *see also* Animal 1a(3); Beauty 3; Being 3b; Duty 8; Emotion 2–2c; Habit 3a; Infinity 6a; Liberty 6b; Memory and Imagination 8c; Mind 1e(3), 9b; Opposition 4d; Pleasure and Pain 6a–6b, 6d; Prudence 3a; Sense 3e; Temperance 2; Virtue and Vice 5a; Will 1

Despair: *see* Courage 3; Emotion 2a, 2d; Life and Death 8c; Sin 2c(1); Virtue and Vice 8d(2)

Despotic government: *see* **Constitutional and despotic government**

Destiny: *see* CH 27: Fate; *and* Chance 2b; Change 15b; History 4a(1); Liberty 5a; Prophecy 1a; Will 7b–7c

Determinism (*philos.*): *see* Chance 2a; Fate 5; Necessity and Contingency 3–3c / *see also* Cause 3; History 4–4c; Liberty 4b, 5a; Mechanics 4; Nature 3c(2); Necessity and Contingency 5a(1); Will 5–5b(4); World 1–1b, 3–3b

Deterrence: *see* Punishment 1d

Devil (*theol.*): *see* Angel 5–8; Sin 4b

Devotion (*theol.*): *see* Duty 11; God 3c–3e; Justice 11b; Love 5a(1); Religion 2–2g

Diagnosis: *see* Medicine 3c, 5c; Sign and Symbol 4e

Dialectic: *see* CH 18: Dialectic; *and* Being 4a; History 4a(3); Hypothesis 1; Idea 5c; Induction 4a; Metaphysics 1–2b; Reasoning 5c; Rhetoric 1a; Truth 4d; Wisdom 1a / *see also* Good and Evil 5c; Logic 1b, 5d; Mathematics 1b; Metaphysics 3c; Opposition 1e; Physics 1a; Principle 3–3c(3); Progress 1a; Theology 5

Dichotomy (*log.*): *see* Definition 2a; Opposition 1c(1)

Dictatorship: *see* CH 95: Tyranny and Despotism

Diet (*med.*): *see* Medicine 3d(1)

Difference and likeness: *see* Quality 4c; Same and Other 2c, 3c

Differentia (*log.*): *see* Definition 2b; Opposition 1c(2); Same and Other 4b / *see also* Form 3c; Nature 1a(1)–1a(2), 4a; One and Many 3b(1)

Digestion: *see* Animal 5e, 6b

Dignity of man: *see* God 3f; Man 10–10e, 13; Will 7a / *see also* Labor 1e–1f; Man 1–1c, 3–3c; Mind 3a; Same and Other 6; Soul 3b; World 2

Dimensions and dimensionality: *see* Quantity 3; Space 1c

Diplomacy, diplomat: *see* Government 5a / *see also* State 9e–9e(2); War and Peace 6–6b, 10g, 11c

Discipline: *see* Custom and Convention 7d; Desire 6a; Habit 4a; Labor 1c; Pleasure and Pain 8–8c; Punishment 1c–1d

Discontinuity (*math., phys.*): *see* **Continuity and discontinuity**

Discovery (*log.*): *see* Experience 5a; Logic 5b; Physics 4b; Reasoning 4b; Science 5b / *see also* Hypothesis 2, 4–4b; Induction 5; Progress 6e; Truth 8d

Discrimination (*psychol.*): *see* Idea 5e; Sense 3d(1)

Discrimination (*racial*): *see* State 5d(1)

Discursive knowledge: *see* Knowledge 6c(1); Reasoning 1b

Disease: *see* Medicine 5–7; Mind 8a–8c / *see also* Life and Death 5, 5c; Man 5b

Disfranchisement: *see* Labor 7d; Slavery 5a–5b

Disjunction (*log.*): *see* Judgment 6d; Reasoning 2b

Disobedience (*theol.*): *see* Angel 5a; God 3b; Sin 1, 3b

Disposition (*psychol.*): *see* Emotion 4c; Habit 2; Man 6a; Quality 2a; Virtue and Vice 2c, 4a

Disproof: *see* Reasoning 4e

Disputation: *see* Dialectic 2b(2), 3b; Induction 4a; Logic 6; Opposition 1e; Philosophy 6b; Theology 5

Distance: *see* Astronomy and Cosmology 7a; Mechanics 6d(3); Quantity 3a, 5a, 6c; Space 2c, 3d, 6

Distinctness (*log.*): *see* Being 4b; Idea 3b, 6d; Truth 1a, 3b(1) / *see also* Knowledge 6d(3); Opinion 3b; Truth 3d(3)

Distribution (*econ.*): *see* Justice 8-8a; Labor 4a; Revolution 4b; Wealth 8-8d

Distributive justice: *see* Justice 5, 9e; Wealth 8-8d / *see also* Democracy 4a; Honor 4b; Justice 8a; Oligarchy 5a

Diversity (*metaph.*): *see* **Identity and diversity**

Divination: *see* Astronomy and Cosmology 9; Memory and Imagination 8a; Prophecy 3-3c, 5; Sign and Symbol 5b

Divine beatitude: *see* God 4h; Happiness 7d; Honor 6a

Divine being: *see* God 4-4h / *see also* Change 15c; Eternity 3; Infinity 7-7d; Liberty 5d; Mind 10g; Nature 1b; Necessity and Contingency 2a-2b; One and Many 1b; World 3-3b

Divine causality: *see* Cause 7-7d; God 5a-5d; Nature 3c(4); Will 7c; World 4-4e(3) / *see also* Art 2c; God 2b; Liberty 5a-5c; Matter 3d

Divine choice: *see* God 5g; Liberty 5d; Will 4b

Divine election: *see* **Predestination**

Divine freedom: *see* God 4e; Liberty 5d; Necessity and Contingency 2a

Divine glory: *see* God 4h; Honor 6-6b

Divine goodness: *see* God 4f; Good and Evil 2-2a; Infinity 7c / *see also* God 5h; Good and Evil 2b; Knowledge 5d; Opposition 2d; World 6d

Divine government: *see* Cause 7c; God 7c; Justice 11a; Law 3-3b(2); Monarchy 2b; World 1b

Divine grace: *see* God 7d / *see also* Cause 7d; Habit 5e(1); Happiness 7a; Liberty 5c; Man 9b(3); Mind 5c; Nature 6b; Sin 7; Virtue and Vice 8b; Will 7e(2)

Divine ideas: *see* Form 2b; God 5f; Idea 1e; State 2a(3)

Divine inspiration: *see* Education 7a; God 6c(1); Idea 2a; Memory and Imagination 8a; Prophecy 1b, 3d; Religion 1b(1)

Divine intellect or mind: *see* God 4g; Idea 1e; Mind 10g; Universal and Particular 4b; Will 4a

Divine intervention: *see* Fate 4; God 1c

Divine justice and mercy: *see* God 5i; Justice 11-11b; Punishment 5e-5e(2)

Divine knowledge: *see* God 5f; Infinity 7d; Knowledge 7a; Liberty 5b

Divine language: *see* Language 11-12; Prophecy 3d; Religion 1b(1); Sign and Symbol 5e

Divine law: *see* Duty 5; God 7c, 8c; Law 2-3b(2), 4d; Man 9b(3); Prophecy 2c; Sin 1; Slavery 2c

Divine love: *see* God 5h; Good and Evil 2a; Infinity 7c; Love 5-5c

Divine nature: *see* God 1a, 4-5i, 9a-9b(2); One and Many 6-6b; Opposition 2e; Relation 2-3; Sign and Symbol 5f

Divine power: *see* God 5c; Infinity 7b

Divine providence: *see* God 7b / *see also* Cause 7c; Chance 2b; Fate 4; God 12; History 5a; Liberty 5a-5b; Man 9b-9b(3); Prophecy 1b-1c; Will 7c

Divine rewards and punishments: *see* God 1c, 5i; Immortality 4; Virtue and Vice 8c / *see also* Eternity 4d; Happiness 7c-7c(2); Immortality 5e-5f; Punishment 5d-5e(2); Sin 6c-6e

Divine right of kings: *see* Monarchy 2c

Divine truth: *see* Truth 2d

Divine unity and simplicity: *see* God 4b; One and Many 6a-6c

Divine will: *see* God 5g; Will 4-4b / *see also* Fate 4; Liberty 5a; Mind 10g; Will 7c

Divine wisdom: *see* Wisdom 1d

Divine word: *see* Language 11-12

Divinity of kings: *see* Monarchy 2a

Divisibility and indivisibility (*math., phys.*): *see* Change 5b; Element 3a, 5-5a; Infinity 3b, 4b; Mathematics 2c; Mechanics 3a; One and Many 2b, 3a-3a(4); Quantity 2, 4c, 6a, 7; Space 3a

Division (*log.*): *see* Definition 2a; Dialectic 2a(2); Opposition 1c(1)-1c(2)

Division (*math.*): *see* Infinity 3a; Mathematics 4a; Quantity 4b

Division of labor: *see* Labor 4-4c; Progress 3a; State 5c; Wealth 3a

Divorce: *see* Family 4e

DNA: *see* Animal 10; Evolution 2a

Dogma (*theol.*): *see* Religion 6c(1)-6c(2); Theology 4b-4c, 4e / *see also* God 7-9f; Logic 5f; Opinion 4-4b; Religion 1-1b(3), 6b; Theology 2; Truth 4a; World 4e(3)

Dogmatism: *see* Knowledge 5c / *see also* Metaphysics 4a; Opinion 4b; Philosophy 6b; Science 1b, 4e; Theology 2, 5

Doing and making: *see* Art 1, 6c, 9-9d; Knowledge 6e(2); Prudence 2b / *see also* Knowledge 8a; Labor 2-2b; Science 3-3b; Virtue and Vice 2a(2)

Dole (*econ.*): *see* Labor 7e; Wealth 8d

Domestic economy: *see* Family 3-3b; Labor 5a; Wealth 2, 3d

Domestication of animals: *see* Animal 12a

Doppler effect: *see* Mechanics 7a(6)

Doubt: *see* Knowledge 5d; Opinion 3b / *see also* Judgment 9; Knowledge 5c; Necessity and Contingency 4a; Truth 7a

Drama: *see* Poetry 4a-4b, 7-8b

Dread (*philos.*): *see* Being 1; Emotion 2d

Dream-analysis: *see* Memory and Imagination 8e / *see also* Language 10; Memory and Imagination 8d-8d(2); Sign and Symbol 6a

Dreams: *see* Memory and Imagination 8-8e; Prophecy 3c; Sign and Symbol 6a / *see also* Desire 5a, 6c; Language 10; Mind 7b; Relation 4f; Sign and Symbol 5b

Drive (*psychol.*): *see* Habit 3

Drugs: *see* Medicine 3d(2)

Dualism (*philos.*): *see* Principle 1b / *see also* Being 5, 7b(2); Form 4; God 5d–5e, 11; Matter 2e, 3a, 6; World 3–3b

Ducts (*biol.*): *see* Animal 5a

Due process of law: *see* Law 5c; Tyranny and Despotism 5b

Duration: *see* Change 5a; Infinity 3e; Time 1, 6a–6b

Duties (*econ.*): *see* Government 4; State 9a; Wealth 4g, 9e(2)

Duty: *see* CH 19: Duty; *and* Good and Evil 3b(1); Happiness 3; Love 3c; Pleasure and Pain 8b; Virtue and Vice 6a; Will 8d / *see also* Citizen 4; Courage 5; Desire 6a; Justice 1e, 3, 6b, 7; Labor 1d; Law 6a; Mind 9c; Necessity and Contingency 5a(2); Opinion 5a; Opposition 4d; State 8a; Temperance 3

Dynamics: *see* Mechanics 5b–6g / *see also* Astronomy and Cosmology 6c(2)–6c(3); Change 7–7d; Nature 2d; Quantity 5c–5e; Space 2c

E

Earth (*planet*): *see* Astronomy and Cosmology 2b, 7d, 8–8b, 10; Mechanics 7d / *see also* Astronomy and Cosmology 6a; Matter 1b; Mechanics 4a; World 6a

Earth (*soil*): *see* Change 9a; Element 3b, 3d; Matter 2; Opposition 3b

Eccentricity (*astron.*): *see* Astronomy and Cosmology 7c

Ecclesiastical government: *see* Government 1b; Religion 3c–3c(2)

Eclipse: *see* Astronomy and Cosmology 7a–7b

Ecology: *see* Animal 10, 11a–11b; Evolution 4c; Life and Death 4; Man 7b; State 4–4c / *see also* Evolution 4a; Opposition 3e

Economic democracy: *see* Labor 7f; Liberty 2d / *see also* Democracy 4a(2); Justice 8–8d; Liberty 6b; Oligarchy 5c; Progress 3b; Revolution 5–5c; Slavery 5a–5b; State 2d; Wealth 9d, 9f, 9h, 10d, 12

Economic determinism: *see* History 4a(2); Wealth 11

Economic freedom: *see* Labor 7f; Liberty 2d, 6b; Slavery 4–5b / *see also* Democracy 4a(2); Justice 8–8d; Oligarchy 5c; Progress 3b; Revolution 5–5c; State 2d; Wealth 9d

Economic goods: *see* Good and Evil 4d; Justice 8a–8b; Nature 5b; Necessity and Contingency 5e; Wealth 1, 10b

Economic justice: *see* Democracy 4a(2); Justice 8–8d; Labor 7–7f; Liberty 2d; Slavery 4–5b / *see also* Oligarchy 4–6; Progress 3b; Revolution 5–5c; State 2d; Wealth 9f, 9h

Economic necessities: *see* Custom and Convention 7c; Labor 6b; Nature 5b; Necessity and Contingency 5e; Wealth 10b

Economic power: *see* Labor 7–7f; Liberty 2d; Oligarchy 5c; Revolution 5a–5b / *see also* Democracy 4a(2); History 4a(2); Justice 8c–8c(2); State 2d

Economic slavery: *see* Justice 8c(1); Labor 1f, 7c(1), 7d; Liberty 2d; Slavery 4–5b

Economic systems: *see* Democracy 4a(2); Government 4; Wealth 3d, 6a, 9c / *see also* Family 3–3b; Labor 5–5d; Revolution 5b; Slavery 4–4c; State 2d

Economics, science of: *see* Wealth 9 / *see also* Philosophy 2c; Science 3a

Economics, subject matter of: *see* CH 99: Wealth; *and* Family 3–3b; Labor 4–7f; Nature 5b / *see also* Necessity and Contingency 5e; Progress 3–3c; Revolution 4–5c; Science 1b(2); State 2d, 5c, 5d(2), 5e, 6b, 7a, 9a; Virtue and Vice 6c; War and Peace 2c, 5c

Ecosystem: *see* Life and Death 4

Eden (*theol.*): *see* Man 9b–9b(1); Sin 3a

Education: *see* CH 20: Education; *and* Art 6b; Beauty 6; Citizen 6; Democracy 6; History 2; Knowledge 9a–9b; Law 6d; Logic 4–5f; State 7d, 8c; Virtue and Vice 4b / *see also* Aristocracy 5; Art 9a, 10a; Astronomy and Cosmology 12; Courage 6; Custom and Convention 5b; Emotion 5e; Family 2c, 5b; God 6c(1); Language 8; Mind 4a–4b; Opinion 3a; Philosophy 5; Pleasure and Pain 4c(2), 10a; Poetry 5a, 9a; Progress 6d; Punishment 3a; Rhetoric 6; Temperance 4; War and Peace 10c

Effect: *see* Cause and effect

Efficient cause: *see* Necessity and Contingency 3b

Ego (*psychol.*): *see* Man 4; Soul 2b

Egoism: *see* Love 1c, 2a, 2b(2)

Elasticity: *see* Mechanics 5c

Election (*pol.*): *see* Democracy 5b(3); Government 1h / *see also* Citizen 4; Constitution 9b; Opinion 7b

Election (*theol.*): *see* Chance 2b; Fate 4; God 7f; Liberty 5c; Sin 6a; Will 7c

Electricity: *see* Mechanics 7e–7e(5); Space 2c

Electrochemistry: *see* Mechanics 7e(2)

Electrodynamics: *see* Mechanics 7e–7e(5)

Electromagnetic field: *see* Mechanics 7e(3)

Electrostatics: *see* Mechanics 7e–7e(1)

Element: *see* CH 21: Element; *and* Infinity 4b; Matter 2; Opposition 3b; Principle 1a / *see also* Change 9a, 10a; One and Many 2b–2c, 3a(3)

Elementary particles: *see* Element 6; Infinity 4b; Mechanics 8–8d

Elimination (*biol.*): *see* Animal 5f

Ellipse: *see* Astronomy and Cosmology 6c(2); Mechanics 5f(1); Quantity 3b(2)

Elocution: *see* Rhetoric 2b, 3–5b

Emanation (*philos.*): *see* Being 2-2a; Mind 10b; One and Many 1a; Soul 4c; World 4d

Emancipation of slaves: *see* Revolution 4a; Slavery 3c

Embryology: *see* Animal 9-9e; Evolution 5c, 6b(1)

Eminent domain: *see* Wealth 7d(2)

Emotion: *see* CH 22: Emotion; *and* Art 8; Opinion 2a; Pleasure and Pain 4a; Poetry 6-6b; Rhetoric 4b; Virtue and Vice 5a / *see also* Animal 1a(3); Desire 3b(1), 3d; Duty 4b; Education 5e; Family 7d; Liberty 3a; Memory and Imagination 1d; Mind 9b; Opposition 4b; Prudence 3; Sense 3e; Time 7; Will 1, 2b(2)

Empire and imperialism: *see* Liberty 6c; Monarchy 5-5b; Revolution 7; Slavery 6d; State 9f, 10b; Tyranny and Despotism 6; War and Peace 6a / *see also* Democracy 7b; Government 5b; Revolution 2c

Empirical or experimental science: *see* Experience 5-5c; Logic 5b; Mechanics 2a, 8e; Physics 2-4d; Reasoning 6c; Science 1b, 1c, 4-5e / *see also* Astronomy and Cosmology 2a; Cause 5b; Definition 6b; Hypothesis 4d; Induction 5; Metaphysics 3b; Philosophy 1c; Reasoning 5b(3); Truth 4c

Empiricism: *see* Experience 2-4b; Idea 2e-2f, 6e; Induction 5; Sense 5-5c / *see also* Definition 6b; Idea 1c; Knowledge 5c, 6c(4); Logic 5b; Medicine 2a; Metaphysics 2c; Philosophy 3a; Physics 4b-4c

Employment and unemployment: *see* Labor 5c, 6c, 7e; Wealth 6e, 8c, 9b

Emulation: *see* Honor 2b

End of the world: *see* God 7h; Prophecy 4d; World 8

Endocrinology: *see* Animal 5c

Ends and means: *see* Cause 4; Good and Evil 5c; Relation 5a(2); Will 2c(2)-2c(3) / *see also* Good and Evil 4b; Judgment 3; One and Many 5b; Principle 4a; Prudence 3a, 4b; Reasoning 5b(2), 5e(3); Rhetoric 5

Energy: *see* Matter 2b, Mechanics 6g, 8a

Engineering: *see* Physics 5; Science 1b(1) / *see also* Art 6c, 9b; Knowledge 8a; Science 3b

Enjoyment: *see* Art 7-7a; Beauty 4; Desire 2d; Good and Evil 4b; Pleasure and Pain 4c-4d, 6d; Will 2b(2)-2c(2)

Enthymeme: *see* Reasoning 5d; Rhetoric 4c(2)

Entropy: *see* Mechanics 7c(1)-7c(2); Nature 3a

Environment: *see* Animal 10, 11b; Life and Death 4; Man 7b / *see also* Evolution 4c, 5b; History 4a(2); Medicine 3d(1); State 4-4c

Envy: *see* Emotion 2a; Love 1f; Sin 2c(1)

Epic: *see* Poetry 4a, 8a(1)

Epicureanism: *see* Good and Evil 3d; Happiness 2b(2); Pleasure and Pain 6a, 7, 7b; Temperance 6b

Epicycle (*astron.*): *see* Astronomy and Cosmology 6c(2), 7a-7c

Epidemics: *see* Medicine 7

Epistemology, science of: *see* Experience 4-4b; Knowledge 5c, 5e; Metaphysics 4b

Epistemology, subject matter of: *see* Experience 2c, 4-4b; Idea 1-3c; Judgment 8-10; Knowledge 1-7d; Mind 5-5b; Truth 1-4d; Universal and Particular 2-4f

Epoch: *see* Time 8b / *see also* History 4a(3), 4b; Progress 1c

Equality (*math.*): *see* Quantity 1b; Same and Other 3d

Equality and inequality (*human*): *see* Man 6a-6b

Equality and inequality (*pol.*): *see* Democracy 2, 4a-4a(2), 8; Justice 5; Tyranny and Despotism 5a / *see also* Citizen 2c-3; Labor 7c(2); Liberty 1f; Love 4a; Progress 4c; Revolution 3a

Equality of conditions: *see* Democracy 8

Equant (*astron.*): *see* Astronomy and Cosmology 6c(2)

Equations: *see* Mathematics 4c

Equilibrium: *see* Mechanics 5a-5c, 6a

Equinoxes (*astron.*): *see* Astronomy and Cosmology 7e

Equity: *see* Justice 10d; Law 5h; Universal and Particular 6c

Equivocal and univocal: *see* Univocal and equivocal

Eristic (*log.*): *see* Logic 6

Erotic love: *see* Love 2a-2a(4)

Error: *see* Knowledge 4a; Language 4b; Mind 5a; Reasoning 3b-3c; Sense 4d-4d(3); Sign and Symbol 6b; Truth 3d-3d(3); Will 3b(2)

Eschatology (*theol.*): *see* God 7g-7h, 9f; Immortality 5c, 5g; Prophecy 4d; World 8

Essence (*metaph.*): *see* Nature or essence

Essential and accidental: *see* Accidental and essential

Estimative power (*psychol.*): *see* Emotion 1c; Habit 3b; Sense 3b(2), 3d(3)

Eternal happiness: *see* Eternity 4d; God 6c(4); Happiness 7-7d; Immortality 5f; Love 5a(2); Mind 4f; Will 7d

Eternal law: *see* Law 2, 3a-3a(2); World 1b / *see also* Cause 7c; God 7c; Justice 11a

Eternity: *see* CH 23: Eternity; *and* Astronomy and Cosmology 6c(1); Change 13, 15a, 15c; Form 2b; God 4d; Time 2-2c; Truth 5; World 4a, 4e(2) / *see also* Element 5; Idea 1e; Immortality 6c; Knowledge 6a(1); Punishment 5e(1); Sin 6d

Eternity of motion: *see* Eternity 2

Ether (*phys.*): *see* Mechanics 6d(3), 7a(4); Space 2c

Ethics, science of: *see* Duty 3; Good and Evil 6d; Knowledge 6e-6e(2); Philosophy 2a, 2c; Science 3a / *see also* Definition 6c; Happiness 3; Judgment 3; Logic 5e; Metaphysics 2d; Principle 4-4b; Reasoning 5e-5e(3), 6d; Truth 2c

Ethics, subject matter of: *see* Courage 1–2, 4; Duty 1–8; Good and Evil 3–6c; Happiness 1–5b; Justice 1–5; Medicine 1; Pleasure and Pain 6–8b; Prudence 1–5c; Temperance 1–4; Virtue and Vice 1–6e / *see also* Desire 6a–6b; Education 4–4d; Emotion 4–4c; Habit 5b–5d; Honor 2a–2c; Immortality 4; Knowledge 8b–8b(4); Liberty 3–3d; Mind 9c–9d; Nature 5a; One and Many 5c; Will 8–8e; Wisdom 2b–2c

Ethnography, ethnology: *see* Man 2b, 7c

Etiquette: *see* Custom and Convention 7a

Eucharist (*theol.*): *see* God 9e; Religion 2c; Sign and Symbol 5c

Euclidean and non-Euclidean continua: *see* Mechanics 3a

Eudaemonism (*philos.*): *see* Duty 2; Happiness 3

Eugenics: *see* Family 6b

Even and odd: *see* Quantity 4a

Evidence (*log.*): *see* Principle 2–2b(2); Truth 1a / *see also* Idea 3b, 6d; Knowledge 6d(3); Logic 5c; Opinion 3b; Principle 5

Evil: *see* Good and Evil 1d, 2b, 3f, 6b; Sin 1; Virtue and Vice 4e(2); World 6d / *see also* Knowledge 8b(1); Opinion 6a; Pleasure and Pain 6e; Will 2b(1)–2b(2), 8b(1); Wisdom 2b

Evolution (*biol.*): *see* CH 24: Evolution; *and* Animal 8a; Man 8c; Progress 2

Example (*log.*): *see* Induction 4b; Rhetoric 4c(1)

Exchange (*econ.*): *see* Justice 8, 8b; Labor 4a; Wealth 4–4g, 5a, 5c, 7c

Exchange-value: *see* Wealth 4a

Excommunication: *see* Sin 4e

Excretion (*biol.*): *see* Animal 5f

Executive (*pol.*): *see* Government 3, 3e–3e(2); Law 7e; Monarchy 1b(3) / *see also* Constitution 2a; Democracy 5c; Justice 9d; Prudence 6a; State 8–8d

Exegesis: *see* Language 12; Rhetoric 2d; Sign and Symbol 5e; Theology 4b; World 4e(3)

Exemplar ideas: *see* Form 1a; God 5f; Idea 1e

Exercise: *see* Habit 5a; Medicine 3d(1)

Exile: *see* Punishment 4b(2)

Existence: *see* Being 1, 5–6, 7a, 8f; God 4a / *see also* Cause 7a; Form 2a; Idea 6a; Judgment 8c; Knowledge 6a(3); Mathematics 2b; Matter 3a–3d; Metaphysics 2a; Necessity and Contingency 2–2d; Opposition 2a, 3e; Reasoning 5b(5)

Existentialism: *see* Being 1d; Emotion 2d

Expanding or contracting universe: *see* Astronomy and Cosmology 11c; World 7

Expediency: *see* Justice 4; Truth 8b; War and Peace 3b

Experience: *see* CH 25: Experience; *and* Form 1c; God 6c(3); Mechanics 2a; Philosophy 3a; Physics 4a–4d; Science 5a; Sense 5b–5c / *see also* Art 5; Dialectic 2c; Education 5f; Good and Evil 6b; Habit 3d; Idea 2b, 2g; Induction 2; Knowledge 6b(1); Memory and Imagination 1a, 3c, 6a; Mind 1g(1); One and Many 4b; Opinion 2d; Philosophy 6c; Poetry 3; Principle 3b; Reasoning 5b(3); Sense 4b; Time 6a–6b

Experiment: *see* Experience 5–5c; Hypothesis 4d; Physics 4–4d; Science 1b / *see also* Cause 5b; Induction 2, 5; Logic 5b; Mechanics 2a, 8c; Quantity 6c; Science 5a; Soul 5b

Expert: *see* Experience 3a; Opinion 7a; State 8d(3)

Expiation (*theol.*): *see* Immortality 5d; Labor 1c; Punishment 5e(2); Sin 6e

Explanation and description (*log.*): *see* **Description and explanation**

Exploitation (*econ.*): *see* Justice 8c(1); Labor 7c–7c(3); Slavery 4c; Wealth 6d(2) / *see also* Labor 1f, 5c, 6a–6b, 8; Monarchy 5b; Revolution 4a; Wealth 8c, 10d

Exploration (*log.*): *see* Experience 5a; Logic 5b; Physics 4b; Science 5b

Export: *see* **Import and export**

Expropriation (*econ.*): *see* Wealth 6b, 8c

Extension: *see* Being 7b(4); Matter 2; Space 1a / *see also* Man 3a; Mathematics 2; Mind 2d; One and Many 3b(4); Quantity 1; Space 1c

Extension and thought (*philos.*): *see* **Thought and extension**

External goods: *see* Good and Evil 4d; Happiness 2b(1); Virtue and Vice 6c; Wealth 10a

Extinction of species: *see* Evolution 4a(2)

Extreme unction (*theol.*): *see* God 9e; Religion 2c; Sign and Symbol 5c

F

Fact: *see* History 3a; Knowledge 6a(3); Science 4a, 5b; Sense 4b; Truth 4b

Faction (*pol.*): *see* Democracy 5b(4); Opposition 5a; State 5d(2)

Factory system: *see* Family 3b; Labor 4c; Revolution 4b; Wealth 3d

Faculties (*psychol.*): *see* Life and Death 3; Man 4–5a; Soul 2–2c(3) / *see also* Animal 1a(1)–1a(4); Habit 2b; Knowledge 6b–6b(4); Quality 2a; Virtue and Vice 2a

Faith (*theol.*): *see* **Belief or faith**

Fall of man (*theol.*): *see* Man 9b(2); Sin 3b–3c; Virtue and Vice 8b; Will 7e(1)

Fallacy (*log.*): *see* Reasoning 3b–3c; Sign and Symbol 4b; Truth 3d(3)

Fallibility: *see* Mind 5a; Sense 4d

Falling bodies (*phys.*): *see* Mechanics 5e(2) / *see also* Change 7b, 7c(2); Nature 2d

Falsity: *see* Definition 1e; Idea 6f; Judgment 10; Knowledge 4a; Reasoning 3c; Sense 4d–4d(2); Truth 2–3d(3)

Fame: *see* Honor 1–5d / *see also* Courage 5; Happiness 2b(4); History 4a(4); Immortality 6b

Family: *see* CH 26: Family; *and* Duty 9; Education 4b; Justice 7; Love 2b(4); State 5b; Virtue and Vice 4d(1) / *see also* Education 8a; Labor 5a; Monarchy 4a; Necessity and Contingency 5b; One and Many 5d; Pleasure and Pain 10a; Same and Other 2c; Slavery 4a; State 1b–1d; Wealth 2, 3d

Fantasy (*psychol.*): *see* Desire 5a; Idea 3c; Memory and Imagination 5, 7b, 8c

Farming: *see* Art 9a; Labor 5b; Wealth 3c

Fashion: *see* Beauty 5

Fasting: *see* Religion 2e

Fate: *see* CH 27: Fate; *and* Chance 2b; Change 15b; History 4a(1); Liberty 5a; Prophecy 1a; Will 7b–7c

Fatherhood: *see* **Parenthood**

Fault: *see* Punishment 2–2a; Sin 6a / *see also* Emotion 4c; Fate 2; Punishment 2b; Sin 4a, 6b; Virtue and Vice 4a

Fear: *see* Courage 3; Emotion 2a, 3c(3), 5a–5c; God 3a; Immortality 1; Law 6a; Life and Death 8d; Poetry 6b; State 3f

Federation or federal union: *see* Constitution 2c; Government 5d; One and Many 5e; Revolution 2c, 6b; State 10e

Feeblemindedness: *see* Man 5b

Fertility (*biol.*): *see* Animal 8c(5), 9c; Evolution 4c

Feudalism: *see* Labor 5b; State 10c; Wealth 6a

Fiction (*log.*): *see* Being 7d(5); Hypothesis 4a; Idea 3c; Matter 3c

Field theory (*phys.*): *see* Mechanics 6d(3), 6e, 7d(2), 7e(3); Space 2c

Figure (*math.*): *see* Mathematics 2; Quality 3b; Quantity 3–3e(2), 5a; Space 3c

Figures of speech: *see* Rhetoric 2a

Final cause, finality: *see* Cause 1a, 6; Chance 3; Desire 1; God 5b; Good and Evil 1a; Nature 3c(3) / *see also* Necessity and Contingency 3b; Physics 2b; Reasoning 5b(4); Science 4c; World 1b, 6d

Fine art: *see* Art 4, 7–7b, 10–10b; Poetry 1–8c; Virtue and Vice 4d(4)

Fire: *see* Change 9a; Element 3b; Mechanics 7c(1); Opposition 3b

First and second causes: *see* Cause 1b, 7b; Change 14; God 5a / *see also* Angel 2a; Nature 3c(4); Relation 5a(1)

First and second impositions: *see* Sign and Symbol 2a

First and second intentions: *see* Idea 3a; Sign and Symbol 2b

First philosophy: *see* Being 4a; Matter 4b; Metaphysics 1; Philosophy 2b; Science 1a(2); Theology 3a; Wisdom 1a

First principles: *see* Happiness 3; Philosophy 3b; Principle 3–5 / *see also* Induction 3; Knowledge 3; Opposition 2a; Principle 2b(2); Truth 3c

Fixation (*psychol.*): *see* Desire 4b; Love 2a(3)

Fixed capital: *see* Wealth 6c

Fixed stars: *see* Astronomy and Cosmology 7e

Fluids: *see* Mechanics 5b

Fluxions: *see* Infinity 3b; Mathematics 4d; Mechanics 3d; Quantity 7

Foetus: *see* Animal 9a–9d

Folly: *see* Wisdom 1d, 2a, 4

Food: *see* Animal 6a, 9f; Medicine 3d(1); Wealth 3c / *see also* Animal 5e, 6b; Life and Death 4

Foolhardiness: *see* Courage 2

Force (*phys.*): *see* Mechanics 6d–6f; Opposition 3d; Quantity 5e / *see also* Astronomy and Cosmology 3b, 6c(3), 8b; Change 7b, 7c(1)–7c(2), 7c(4)–7d; Mechanics 1b, 2c, 4a, 5a–6c, 6g, 7d(2), 7e(3); Nature 2d; Physics 2b; Space 2c

Force (*pol.*): *see* Government 1d; Justice 1a, 9f; Law 1c; Revolution 1a, 2b, 3b, 5b; Tyranny and Despotism 7; War and Peace 1, 6–6a / *see also* Constitution 8a; Democracy 2a; Desire 7a(2); Emotion 5b–5c; Government 3b; Happiness 2b(6); Law 5, 6a–6b, 7d; Monarchy 3b; Oligarchy 5c; Opposition 5b–5c; Punishment 4a; State 5d–5d(2), 9e–9e(2); Tyranny and Despotism 1a, 1c; War and Peace 10–10g

Forced labor: *see* Labor 1c; Punishment 4b(3); Slavery 3a

Foreign policy: *see* Government 5a / *see also* State 9e–9e(2); War and Peace 6–6b, 10g, 11c

Foreknowledge or foresight: *see* Knowledge 5d(5); Prophecy 1a–1b, 2–2c; Time 6f

Forgetting: *see* Memory and Imagination 2e–2e(4); Sign and Symbol 6b

Forgiveness: *see* Sin 4e

Form (*metaph.*): *see* CH 28: Form; *and* Being 7c(3); Change 2a; Idea 1a; Nature 1a(2); One and Many 3b(3); Universal and Particular 2a, 6a / *see also* Art 2b; Being 7b(2); Knowledge 5a(2); Matter 1a; Same and Other 2a, 3a; Soul 1b, 3a, 3c; Space 4a; Time 6c

Form and matter: *see* Art 2b; Being 7c(3); Change 2a; Form 2c(1); Knowledge 5a(2); Nature 1a(2); Principle 1b; Soul 3c; Universal and Particular 6a / *see also* Being 7b(2); Definition 1d; Form 1d(2), 2c(3), 3c; Infinity 1b, 4c; Logic 1b; Matter 1a, 4b; One and Many 3b(3); Quality 3d; Reasoning 3a

Forms of government: *see* Government 2–2e; Justice 9c; Revolution 2a; War and Peace 5b; Wealth 9f / *see also* Aristocracy 2–2e; Constitution 1, 3–3b, 5–5b; Democracy 2b–3c; Law 7a; Monarchy 1a(1), 1b–1b(2), 4–4e(4); Oligarchy 2; Tyranny and Despotism 2–2c, 5–5d

Formula: *see* Mathematics 3d; Mechanics 3c; Physics 3, 4d

Fornication: *see* Love 2a; Sin 2c(1)

Fortitude: *see* CH 13: Courage / *see also* Honor 5c; Pleasure and Pain 8a; Temperance 1a; Virtue and Vice 2a–2a(1); War and Peace 10c

Fortuitousness: *see* Chance 1b; World 4c

Fortune: *see* Chance 6–6b / *see also* Chance 2–2b; Fate 3; Prophecy 1a; World 4c

Fossils: *see* Evolution 5a

Fractions: *see* Mathematics 4a; Quantity 4b

Franchise or suffrage: *see* Citizen 3; Constitution 5a; Democracy 4a(1), 5b(2); Labor 7d; Oligarchy 5a; Slavery 5a–5b / *see also* Citizen 2b; Family 5b; Government 1h; Justice 9e; Progress 4c; Slavery 6c

Fraternity: *see* Citizen 8; Justice 9b; Love 2b–2b(4), 4a, 4c; Man 11b; State 3e; War and Peace 11b

Free association: *see* Memory and Imagination 2c

Free trade: *see* Liberty 2c; State 9a; Wealth 4g, 9c–9d

Free will: *see* Will 4b–8a / *see also* Cause 3, 7c; History 4a(1); Liberty 1c; Mind 9d; Nature 2f; Punishment 2a; Sin 6a

Freedom (econ., pol.): *see* Democracy 4a–4a(2); Justice 6–6e; Labor 7f; Liberty 1–2d, 6–6c; Progress 4c; Slavery 4–6d / *see also* Custom and Convention 7d; Democracy 2; Dialectic 2d(2); Fate 6; History 4a(1); Justice 1e; Labor 3b, 7c(1); Law 4c, 7b; Opinion 5–5b; Poetry 9b; Progress 6e; Religion 6e; Revolution 2c, 3a; Slavery 2c–2d; Truth 8d; Tyranny and Despotism 5–5c, 8; War and Peace 6b; Will 7a–7b

Freedom (ethics, psychol.): *see* Cause 3; Liberty 3a–3d; Mind 9d; Nature 2f, 3c(2); Necessity and Contingency 5a–5a(3); Will 4b–8a / *see also* Cause 7c; Dialectic 2d(2); Fate 3; Good and Evil 3b; Habit 6c; History 4a(1); Man 1a; Metaphysics 2d; Mind 1e(3); Prudence 4a; Punishment 2a; Sin 6a; Virtue and Vice 5c

Freedom (metaph., theol.): *see* Liberty 4–5d; Will 4b–5c, 7c–7e(2) / *see also* Cause 3; Dialectic 2d(2); Fate 3–4; God 4e, 7b, 7f; History 5a; Metaphysics 2d; Nature 3c(4)

Freedom and causality: *see* Cause 3; Liberty 4b; Nature 2f, 3c(2); Will 5c

Freedom of association: *see* Constitution 7b; Democracy 4b; Labor 7c(2); Liberty 1g; Tyranny and Despotism 5a

Freedom of conscience and worship: *see* Liberty 2b; Religion 6e

Freedom of thought and expression: *see* Knowledge 9b; Liberty 2a; Opinion 5b; Progress 6e; Truth 8d / *see also* Art 10b; Constitution 7b; Democracy 4b; Education 8c; Liberty 1g; Poetry 9b

Friction (phys.): *see* Mechanics 5d

Friendship: *see* Love 2b–2b(5), 3a, 3d–4c / *see also* Animal 12c; Family 7c; Happiness 2b(5); Honor 2e; Justice 3; Pleasure and Pain 7a; Same and Other 5; State 3e; Truth 8c; Virtue and Vice 6e

Function (biol.): *see* Animal 3d; Life and Death 2–3b / *see also* Animal 1b, 2b; Evolution 2b(1)

Function (math.): *see* Mathematics 3c

Funeral rites: *see* Life and Death 8e

Future: *see* Knowledge 5a(5); Necessity and Contingency 4c; Prophecy 1a, 4e; Time 3–3b, 6f; Truth 3b(2)

G

Galaxy: *see* Astronomy and Cosmology 11c–11d; World 4f

Gambling: *see* Chance 6a

Games: *see* Chance 6a; Education 3; Habit 5a; Language 3c; Pleasure and Pain 4d

Gas: *see* Mechanics 5b

Genealogy: *see* Animal 2a; Definition 2d; Evolution 1a, 5b; Man 8c

General names: *see* Idea 4b(2)–4b(3); Sign and Symbol 2d; Universal and Particular 2c, 5a

General theory of relativity: *see* Mechanics 1c(3), 6d(2); Physics 6; Science 4d

General welfare: *see* Good and Evil 5d; Government 1c; Happiness 5b; State 2f, 6b, 7a

General will (pol.): *see* Will 10c / *see also* Democracy 4b; Government 1h; Justice 9a; Will 10a

Generalization: *see* Idea 5d; Induction 1–1a; Science 4d; Universal and Particular 4f / *see also* Experience 2b; Memory and Imagination 3c; Physics 4b; Principle 3b

Generation and corruption: *see* Animal 8b–8d; Change 10–10b; Element 3c / *see also* Art 2a; Astronomy and Cosmology 8a; Eternity 4b; Form 1d(2); Life and Death 7; Matter 1b; World 4e(1)

Generational conflict or gap: *see* Man 6c

Generosity: *see* Justice 3; Love 1c; Wealth 10e(1)

Genes, genetics (biol.): *see* Animal 10; Definition 2d; Evolution 2–2d(3)

Genetic method: *see* Definition 2d; Idea 6e

Genius: *see* Man 6a; Mind 4a; Poetry 3; War and Peace 10d

Genre: *see* Poetry 4–4b

Gentile: *see* God 8a; Man 7c; Religion 6d

Genus and species (log.): *see* Definition 2b; Idea 4b(3); Opposition 1c(2), 3e; Relation 5a(4); Same and Other 3a(1)–3a(3); Sign and Symbol 3c(2); Universal and Particular 5b / *see also* Animal 2a; Dialectic 2b(1); Evolution 1b, 2d(3); Form 2b, 3c; Idea 5d; Nature 1a(1)

Geocentric hypothesis: *see* Astronomy and Cosmology 2b

Geography: *see* Animal 11a; Evolution 4c, 5b; History 4a(2); Man 7b; State 4–4c

Geology: *see* Evolution 5a

Geometry, science of: *see* Mathematics 1; Mechanics 3c / *see also* Astronomy and Cosmology 12; Education 5d; Mathematics 1c; Space 4a

Geometry, subject matter of: *see* Mathematics 4b; Quantity 3-3e(2); Space 3c-3d / *see also* Art 6b; Mechanics 3c; Quantity 6b; Same and Other 3b, 3d

Gestation: *see* Animal 9e

Ghosts: *see* Soul 3e

Glands: *see* Animal 5c

Glory (*theol*.): *see* God 4h; Honor 6-6b

Gluttony: *see* Sin 2c(1); Temperance 2

Gnosticism: *see* God 12; Religion 7

God or gods: *see* CH 29: God; CH 79: Religion; *and* Beauty 7a; Cause 7-7d; Change 15c; Duty 11; Education 7a; Eternity 3; Good and Evil 2-2b; Happiness 7d; History 5-5b; Honor 6a; Infinity 7-7d; Justice 11-11b; Knowledge 5a(1); Language 12; Law 3b-3b(2); Liberty 5a-5d; Love 5-5c; Man 10a, 11-11c; Matter 3d; Nature 3c(4); One and Many 1b, 6a-6c; Sign and Symbol 5f; Sin 1; Will 4-4b; Wisdom 1d / *see also* Angel 1, 7-7b; Art 2c; Astronomy and Cosmology 4, 10; Citizen 7; Desire 7b; Fate 1, 4; Happiness 6; Idea 1e; Knowledge 7a; Law 3a(2); Man 3b, 8a-8b; Metaphysics 2d; Mind 1c, 10e-10g; Nature 1b; Opposition 2d; Prophecy 3d; Relation 2-3; Same and Other 6; Sign and Symbol 5a; Virtue and Vice 8d-8e; Wealth 10e(3); Will 7c-7d; World 3-3b

Golden age: *see* Labor 1a; Man 9a; Progress 1c; Time 8b

Good and evil: *see* CH 30: Good and Evil; *and* Beauty 1a; Being 3-3b; Custom and Convention 5a; God 5h; Knowledge 8b(1), 8b(4); Matter 5; Nature 5-5d; Opinion 6a; Opposition 2d; Pleasure and Pain 6-6e; Relation 5a(2); Virtue and Vice 4e(2); Will 8b-8b(2); Wisdom 2b-2c / *see also* Beauty 4; Citizen 5; Desire 2b; Duty 1-2; God 4f, 5b; Happiness 2b-2b(7); Judgment 3; Love 1d; Relation 6c; Rhetoric 5b; Science 7c; Sin 1; Truth 1c; Universal and Particular 7b; Virtue and Vice 1d; Wealth 10a; Will 2b(1); World 6d

Good works (*theol*.): *see* Sin 7

Government: *see* CH 12: Constitution; CH 31: Government; *and* Art 9d; Democracy 5-5c; Family 2b; Revolution 2a; State 2e; Tyranny and Despotism 5-5c; War and Peace 11a, 11d / *see also* Aristocracy 6; Cause 7c; God 7c; Happiness 5b; Honor 4-4c; Justice 9c; Law 1c, 7a; Mind 9e; Monarchy 1a-1b(3); Oligarchy 1; Pleasure and Pain 10b; Progress 4a; Religion 3c(2), 4a; Revolution 3c-3c(3); State 1b, 6a; Virtue and Vice 7a; War and Peace 5b; Wealth 7a, 7d(2), 9d-9f; World 1b

Government by law and government by men: *see* Constitution 1; Law 7a; Monarchy 1a(1); Tyranny and Despotism 5-5c / *see also* Aristocracy 4; Citizen 2a-2b; Liberty 1d

Government ownership: *see* Wealth 7d(2), 8a / *see also* Democracy 4a(2); Justice 8a; Labor 7b; Revolution 4b

Governmental controls and regulations: *see* Art 10b; Education 8c; Liberty 2a, 2c; Pleasure and Pain 9; Poetry 9b; Temperance 5c; Wealth 9d

Grace (*theol*.): *see* God 7d; Habit 5e(1); Liberty 5c; Nature 6b; Virtue and Vice 8b; Will 7e(2) / *see also* Cause 7d; Happiness 7a; Knowledge 6c(5); Law 3b(2); Man 9b(3); Mind 5c; Sin 3a, 4d, 7

Grammar, science of: *see* Education 5d; Language 7-8; Logic 4a; Rhetoric 1b

Grammar, subject matter of: *see* Judgment 5a; Language 4-6; Sign and Symbol 2-3d; Time 6d; Universal and Particular 5a / *see also* Definition 3; Idea 4a

Gravitation, gravity: *see* Astronomy and Cosmology 3b; Mechanics 6a-6b, 6d(2)-6d(3), 7a(5); Space 2c

Great chain of being: *see* Animal 2c; Being 3a; Life and Death 3b; World 1b, 6b

Greed: *see* Desire 7a(3); Sin 2c(1); Wealth 10c, 10e(3)

Greek and barbarian: *see* Man 7c / *see also* Custom and Convention 7b; State 9b

Gregariousness: *see* State 1a

Grief: *see* Pleasure and Pain 4a

Growth and decay (*biol*.): *see* Animal 7; Change 8b / *see also* Animal 9c; Life and Death 3a; Man 4a; Soul 2c(1)

Guilds (*econ*.): *see* Labor 7c(2); State 1d; Wealth 3d

Guilt: *see* Punishment 2a, 3c, 5c, 6; Sin 5-6b

Gymnastics: *see* Education 3; Habit 5a

H

Habit: *see* CH 32: Habit / *see also* Animal 1d; Desire 3b(2); Love 2b(5); Man 6a; Memory and Imagination 3b; Mind 4c; Nature 2c; Opposition 4b; Principle 3a(1); Quality 2a; Virtue and Vice 1e, 4c; Will 3a(2), 8c

Habitat: *see* Animal 11-11b; Evolution 5b

Hades: *see* Punishment 5e(1)

Hallucination: *see* Memory and Imagination 5c; Sense 4d(2)

Happiness: *see* CH 33: Happiness; *and* Duty 2; Good and Evil 5a; Knowledge 8b(4); Labor 1b; Liberty 3d; Love 3a; Philosophy 4b; Pleasure and Pain 7; Virtue and Vice 1d; Wisdom 2c / *see also* Courage 5; God 4h; Honor 2b; Justice 4; State 2f; Temperance 3; War and Peace 5a; Wealth 10a

Harmony: *see* Beauty 1c; Justice 1b; Man 5; Medicine 4; Relation 5c

Hate: *see* Emotion 2a; Love 1a-1b, 1f

Health: *see* Life and Death 5a; Medicine 3d(1), 4, 6a / *see also* Happiness 2b(1); Labor 3c

Hearing: *see* Sense 3a, 3b(1), 3c(1); Space 4c

Heart: see Animal 5b

Heat: see Mechanics 7c–7c(2), 7e(4)

Heaven: see Angel 4; Eternity 4d; Happiness 7c(2); Immortality 5f

Heavenly bodies: see Angel 2a; Astronomy and Cosmology 6–10; Change 7c(4), 10c; Eternity 4b; Matter 1b; Soul 1a; World 6a

Hedonism: see Duty 2; Good and Evil 3d; Pleasure and Pain 6a / see also Desire 5c, 7a(1); Happiness 2b(2); Temperance 6b

Hegemonies (*pol.*): see State 9e(2)

Heliocentric hypothesis: see Astronomy and Cosmology 2b

Hell: see Eternity 4d; Happiness 7c(3); Immortality 5e; Punishment 5d, 5e(1); Sin 6d

Heredity: see Animal 9g–10; Evolution 2b–2b(4), 2c(2), 2d(3); Habit 3e

Heredity and environment: see Animal 10; Evolution 2d(3)

Heresy: see Religion 6c(1); Theology 4e

Hermeneutics (*theol.*): see Language 12; Rhetoric 2d; Sign and Symbol 5e; Theology 4b; World 4e(3)

Hero: see History 4a(4); Honor 5–5d; Life and Death 8d / see also Courage 5; Honor 3a; Love 3d; Temperance 6a; War and Peace 10c

Heterogeneity: see Same and Other 3a(3)

Hierarchy and continuity (*philos.*): see Continuity and hierarchy

Histology: see Animal 3a

History, discipline of: see CH 34: History; *and* Logic 5c; Memory and Imagination 7b; Philosophy 1d; Poetry 5b; Rhetoric 2c; Science 2b / see also Education 4d; Experience 6b; Memory and Imagination 3d; Virtue and Vice 4d(4)

History, historian: see Aristocracy 7; Art 12; Astronomy and Cosmology 13; Citizen 9; Constitution 10; Education 9; Family 8; Government 6; History 4–5b; Knowledge 10; Labor 8; Law 8; Medicine 7; Monarchy 6; Oligarchy 6; Philosophy 7; Progress 1–1c, 3–6e; Religion 7; Rhetoric 7; State 10–10e; Wealth 12 / see also Cause 8; Chance 6b; Dialectic 2d(2); Evolution 6c; Fate 6; Government 2c; Honor 5d; Liberty 6–6c; Man 9b(3)–9c; Mind 10f(1); Nature 4c; Necessity and Contingency 5f; Opposition 5–5c; Progress 4b; Rhetoric 2c; State 2a(3); Time 8–8b; Wealth 11; Will 7b

Holy orders (*theol.*): see Religion 3c(1) / see also God 9e; Religion 2c; Sign and Symbol 5c

Holy Spirit: see God 9a; Relation 2

Homicide: see Life and Death 7

Homogeneity: see Same and Other 3a(1)

Honesty: see Duty 7; Truth 8a

Honor: see CH 35: Honor; *and* Happiness 2b(4); State 9c; Virtue and Vice 6d / see also Beauty 5; Courage 5; Immortality 6b; Justice 9e; Labor 1e; Love 2c; Sign and Symbol 1e; War and Peace 6b

Hope: see Courage 3; Emotion 2a; Habit 5e(3); Virtue and Vice 8d(2)

Human bondage: see Liberty 3a; Slavery 7 / see also Desire 5–5c; Emotion 4a(1); Man 5a; Opposition 4a; Tyranny and Despotism 5d

Human nature: see CH 51: Man / see also Animal 1c–1c(2); God 3f; Good and Evil 3a; Government 2d; Happiness 4a; Infinity 6–6b; Mind 1a, 3a; Nature 5a; Progress 1b; Sin 3c; Soul 2c(3), 3b; State 1a; Will 7e(1)

Human rights: see Justice 6–6e; Liberty 1d, 2a–2b, 3d; Slavery 3d

Humility: see Virtue and Vice 8f

Humors (*biol.*): see Medicine 5d(1); Opposition 3b, 4b

Husband: see Spouse

Hybridism (*biol.*): see Evolution 2b(3)

Hybris: see Sin 4c

Hydrodynamics: see Mechanics 5b

Hydrostatic: see Mechanics 5b

Hyperbola (*math.*): see Quantity 3b(4)

Hypochondria: see Medicine 5d(2)

Hypocrisy: see Religion 2g; Virtue and Vice 2c / see also Temperance 1c

Hypostasis: see Mind 10b; One and Many 1a; World 4d

Hypostatic union: see One and Many 6c

Hypothesis: see CH 36: Hypothesis; *and* Astronomy and Cosmology 2b; Mechanics 2b; Science 5e / see also Cause 5b; Custom and Convention 9b; Dialectic 2a(2); Experience 5a–5b; Mathematics 3a; Physics 4b; Principle 3c–3c(3); Science 4a, 4e; Truth 4c

Hypothetical and categorical (*log.*): see Categorical and hypothetical

Hypothetical imperative (*ethics*): see Judgment 3; Necessity and Contingency 5a(2)

Hysteria: see Emotion 3c(1) / see also Medicine 6b, 6c(2)–6d

I

Id (*psychol.*): see Man 4; Soul 2b

Idea: see CH 37: Idea; *and* Mathematics 2; Memory and Imagination 5b, 6c(1); Mind 1d(1)–1d(2), 4d(2); Relation 4e–4f; Sense 1d, 5a; Truth 3b(1) / see also Beauty 7c; Being 7d(2); Definition 1b; Eternity 4c; Form 1a, 2b; God 5f; Knowledge 6a(3), 6c(3); Memory and Imagination 2c, 3a; Principle 2a(1); Sign and Symbol 1b, 2b; Time 5c; Universal and Particular 2a–2c, 4b–4d

Ideal and real (*metaph.*): see Real and ideal

Ideal state: *see* Democracy 4; Government 2e; State 6–6b

Identification (*psychol.*): *see* Desire 4b; Love 2a(3)

Identity and diversity (*metaph.*): *see* Same and Other 1–4b; World 6b / *see also* One and Many 2a; Principle 3a(3); Soul 1d

Ideology: *see* Knowledge 8c

Idolatry: *see* God 14; Religion 6a

Ignorance: *see* Knowledge 4a; Truth 3d(2)

Illumination (*divine*): *see* Idea 2a

Illusion: *see* Memory and Imagination 2e(4); Sense 4d(2); Space 4c; Time 6b; Truth 3d(2)

Image (*psychol.*): *see* Element 5d; Idea 1c, 2e–2f; Memory and Imagination 5–5b, 6c(1); Reasoning 1c; Sense 1d; Sign and Symbol 1b, 5d; Universal and Particular 4d

Imageless thought: *see* Memory and Imagination 6d

Imaginary numbers: *see* Quantity 4c

Imagination: *see* Memory and Imagination 1–1d, 5–7b; Mind 1a(2) / *see also* Animal 1a(2); Art 5; Being 8a; Desire 5a; Experience 2a; Idea 2f; Knowledge 4c, 6b(4); Mathematics 2a; Matter 4c; Mind 1b(1); Poetry 3; Reasoning 1c; Sense 3b(2), 3d(2); Truth 3a(2)

Imitation: *see* Art 3; Form 1d(1); Medicine 2b; Nature 2a; Poetry 1a–1b; Same and Other 4a

Immanence and transcendence (*theol.*): *see* Experience 7; God 5d–5e; Nature 1b; One and Many 1b; Relation 3; World 3–3b

Immateriality: *see* Angel 2b; God 4c; Knowledge 5a(2), 6a(1); Matter 3c; Mind 2a; Soul 3–3e

Immaturity: *see* Family 6c; Life and Death 6c; Man 6c

Immediate inference: *see* Judgment 7b; Reasoning 4a

Immortality: *see* CH 38: Immortality; *and* Soul 4b / *see also* Element 5e; Honor 2d; Metaphysics 2d; Soul 4d–4d(1)

Immunity (*pol.*): *see* Citizen 4

Immutability: *see* Change 15–15c; Eternity 1, 4c; Form 1a; God 4d; Time 2, 2c; Truth 5

Impeachment: *see* Constitution 7b

Impenetrability: *see* Matter 2a; Space 1d

Imperialism: *see* **Empire and imperialism**

Imperishability: *see* Angel 3c; Being 7b(3); Change 10c; Element 5; Eternity 4a–4b / *see also* Astronomy and Cosmology 6a; Change 15–15c; Eternity 1, 4c; Form 1a; God 4d; Matter 1b; Time 2, 2c; World 4a, 6a

Impiety: *see* God 3b; Prophecy 5; Religion 2g

Import and export: *see* Liberty 2c; State 9a; Wealth 4g, 9c–9d

Impositions (*log.*): *see* Sign and Symbol 2a

Impossibility: *see* **Possibility and impossibility**

Impression (*psychol.*): *see* Sense 1d

Imprisonment: *see* Punishment 1a, 4b(2)

Inadequate ideas and knowledge: *see* Idea 3b; Knowledge 6d(3); Opinion 3b

Inalienable rights: *see* Justice 6c; Law 7c

Inanimate: *see* **Animate and inanimate**

Incarceration: *see* Punishment 1a, 4b(2) / *see also* Law 6e(3)

Incarnation (*theol.*): *see* God 9b–9b(3); Man 11c; Mind 4f; One and Many 6c

Incest: *see* Family 4d, 7a

Inclusion and exclusion: *see* Relation 5a

Incommensurability (*math.*): *see* Mathematics 2c; Quantity 6a

Incontinence: *see* Desire 5c; Temperance 1c

Incorporeality: *see* Angel 2b; God 4c; Knowledge 5a(2), 6a(1); Matter 3c; Mind 2a; Soul 3–3e

Incorruptibility (*metaph.*): *see* Angel 3c; Being 7b(3); Change 10c; Element 5; Eternity 4a–4b / *see also* Astronomy and Cosmology 6a; Change 15–15c; Eternity 1, 4c; Form 1b; Time 2, 2c; World 4a, 6a

Increase: *see* Animal 7; Change 8–8b

Indecision (*psychol.*): *see* Will 9b

Indefinables: *see* Definition 1c; Principle 2a(3); Relation 4a; Universal and Particular 4e

Independence (*pol.*): *see* Government 5; Liberty 1b, 6c; Revolution 7; State 9d

Independent and dependent being: *see* **Dependent and independent being**

Indeterminacy versus indeterminability: *see* Mechanics 8d; Necessity and Contingency 3c

Indigence: *see* Labor 7e; Wealth 8c

Individual (*pol.*): *see* Citizen 1; Custom and Convention 7d; Good and Evil 5d; Happiness 5a–5b; History 4a(4); Law 6–6c; State 2f

Individual differences: *see* Animal 10; Man 6–6c; Mind 4a / *see also* Animal 8c(1); Happiness 4a; Nature 1a(1); Slavery 2a; Will 9–9a

Individuality (*metaph.*): *see* Matter 1c; Universal and Particular 3, 4e / *see also* Form 3b; Knowledge 6a(2); Nature 1a(1); One and Many 2b; Universal and Particular 1

Indivisibility (*math., phys.*): *see* Element 3a, 5; Mechanics 8a; One and Many 2b–2c; Time 3c

Indoctrination: *see* Knowledge 8c; State 8d(2)

Induction: *see* CH 39: Induction; *and* Principle 3b; Reasoning 4c, 6b–6d; Rhetoric 4c(1); Science 5d; Sense 5b / *see also* Experience 2b; Knowledge 6c(2); Logic 1b; Mechanics 2a; Philosophy 3c; Physics 4b

Industrial arts: *see* Art 9b; Labor 2b

Industrial revolution: *see* Revolution 4b; Wealth 12

Industry, industrial system: *see* Wealth 3d / *see also* Art 9b; Family 3b; Labor 1f, 5, 5c–5d; Revolution 4b

Inertia: see Change 7d; Matter 2a; Mechanics 1b, 6d(1)

Inevitability: see Fate 2

Infallibility (*psychol.*): see Truth 3d(1)

Infamy: see Honor 3b

Infancy: see Animal 9f–9g; Family 6c; Life and Death 6c; Love 2a(2); Man 6c

Inference (*log.*): see CH 77: Reasoning / see also Being 8d; Experience 2d; Hypothesis 2, 5; Idea 5b; Induction 1b, 4–4b; Infinity 2c; Judgment 7b; Knowledge 6c(2); Logic 5–5f; Necessity and Contingency 4e(2); Opinion 2c; Opposition 1e; Rhetoric 4c–4c(2); Truth 3b(3)–3c; Universal and Particular 5d

Infidel: see Religion 6d

Infinitesimal: see Infinity 3b; Mathematics 4d; Quantity 7

Infinity: see CH 40: Infinity; *and* Being 2a; Desire 7–7b; Eternity 2; God 4e; Quantity 7; Space 3a; Time 2b / see also Being 7b(4); Element 5a; Eternity 1; Judgment 6b; Knowledge 5a(4); Liberty 5d; Mathematics 4d; Truth 2d; World 4a

Infused ideas: see Idea 2a

Infused virtues: see Habit 5e(2); Virtue and Vice 8e

Inheritance (*econ.*): see Wealth 7e

Inhibition (*psychol.*): see Desire 6b; Will 9b

Injustice: see CH 42: Justice / see also Labor 7–7f; Law 6c; Monarchy 5b; Oligarchy 5a; Punishment 4c; Revolution 6–6b; Slavery 3d; Truth 8a; Tyranny and Despotism 1b; War and Peace 3a; Wealth 10d

Innate ideas: see Idea 2b; Knowledge 6c(3); Memory and Imagination 3a; Mind 4d(2)

Innocence (*theol.*): see Justice 1b; Knowledge 7c; Man 9b(1); Mind 4f; Sin 3a; Wisdom 4

Inquiry: see Dialectic 2b–2b(2)

Insanity: see Sanity and insanity

Insignificant speech: see Language 5b

Inspiration (*aesth.*): see Art 5; Language 9; Poetry 3

Inspiration (*theol.*): see Education 7a; God 6c(1)–6c(2); Idea 2a; Knowledge 6c(5); Language 11–12; Memory and Imagination 8a; Prophecy 1b; Religion 1b(1)

Instability (*pol.*): see Aristocracy 3; Constitution 7a; Democracy 7–7c; Oligarchy 3–3a; Revolution 3c

Instantaneity: see Mechanics 6c; Time 3c

Instinct: see Habit 3–3e / see also Animal 1d; Desire 2a, 3a; Duty 8; Emotion 1c; Evolution 2b(2); Life and Death 8b–8c; Love 2a(1); Memory and Imagination 4b; Mind 4d(2); Opposition 4b; Sense 3d(3); Will 3a(2)

Instruments: see Astronomy and Cosmology 2a; Quantity 6c; Science 6a

Insurrection: see Law 6c; Revolution 1–2b, 3–3b, 6a; War and Peace 2a, 4b

Integer (*math.*): see Quantity 4–4b

Intellect: see CH 58: Mind; *and* Animal 1c(2); Knowledge 6b(3); Man 1a–1c, 4c; One and Many 4a; Soul 3b / see also Angel 2–2a, 3d; Animal 1a(2); Astronomy and Cosmology 6b; Element 5e; Evolution 6b(3); God 4g; Habit 5c–5d; Idea 6a–6b; Infinity 6b; Memory and Imagination 3b, 6b; Progress 6–6e; Sense 1a–1b; Soul 1c, 2c(3); Virtue and Vice 2a(2)

Intellectual gifts (*theol.*): see Habit 5e(2); Virtue and Vice 8e; Wisdom 1c

Intellectual virtues: see Habit 5d; Virtue and Vice 2a, 2a(2) / see also Art 1; Prudence 1, 2c; Science 1a(1); Wisdom 2a

Intelligence: see Intellect

Intelligible and sensible: see Sensible and intelligible

Intentional and accidental: see Accidental and intentional

Intentional being: see Idea 6a–6b / see also Being 7d; Form 2a; Knowledge 1; One and Many 4f; Same and Other 4a; Sign and Symbol 1b

Intentions (*log.*): see Idea 3a; Sign and Symbol 2b

Interbreeding: see Animal 8c(4); Evolution 2b(3)

Interest (*econ.*): see Justice 8d; Wealth 4c, 5e, 6d(1)

Intermediate varieties: see Evolution 4a(2)

International law: see Law 4g; War and Peace 11c

International relations: see Government 5–5a; Justice 9f; State 9–9e(2); War and Peace 4a / see also Government 5d; Law 4g; Liberty 1b; Necessity and Contingency 5d; War and Peace 2a, 3b, 7, 11c–11d

International trade: see Liberty 2c; State 9a, 9c; Wealth 4g

Interpretation: see Rhetoric 2d; Sign and Symbol 4c / see also History 3b; Language 12; Poetry 8c; Prophecy 3a; Sign and Symbol 5e

Intolerance: see Religion 6d–6e; State 5d(1) / see also Custom and Convention 7b

Introspection: see Man 2a; Mind 6; Soul 5a / see also Idea 2d; Will 5b(1)

Intuition: see Idea 2c; Knowledge 6c(1)–6c(2); Memory and Imagination 6c(2); Reasoning 1b; Sense 1c / see also Being 8b; Form 3a; Induction 1a; Judgment 8a; Knowledge 6b(4); Logic 5d; Mathematics 2a; Memory and Imagination 1a; Mind 1e(1); Philosophy 3c; Principle 3b; Prudence 2c; Space 4a; Time 6c; Universal and Particular 4a

Invention: see Labor 1e; Physics 5; Progress 3c; Science 1b(1), 6a; War and Peace 10f

Investment (*econ.*): see Wealth 3a, 6b

Involuntary: see Animal 4b; Virtue and Vice 4e(1); Will 3a(1) / see also Knowledge 8b(2); Punishment 2a

Irrationality (*math.*): see Mathematics 2c; Quantity 6a

Islam: see God 7–7h

J

Jealousy: see Emotion 2a; Love 1f

Journalism: see Knowledge 8c; Opinion 5b

Joy: see Emotion 2a; Happiness 7c(2); Pleasure and Pain 4a

Judaism: see God 7-8e; Law 3b-3b(1); Religion 3a / see also Education 7-7b; Prophecy 2c, 4a-4c

Judgment: see CH 41: Judgment; and Idea 5a, 6f; Mind 1a(3); Necessity and Contingency 4e(1); Opposition 1d-1d(2); Relation 4b; Truth 3b(2); Universal and Particular 5c / see also Art 7b; Beauty 5; Being 4b; Custom and Convention 9a; Desire 3b-3b(2); Experience 2d, 6a, Infinity 2b; Knowledge 6b(4), 6c(2); Mind 1e(2); One and Many 4c; Principle 2b-2b(3); Prudence 5a; Sense 1c, 4d(1); Truth 3c; Virtue and Vice 5b

Judicial process: see Constitution 2b; Government 3d(2); Justice 10d; Law 5g-5h, 8-9; Prudence 6b; Universal and Particular 6c

Judicial review: see Constitution 2b; Law 5c

Judiciary: see Government 3d-3d(2) / see also Constitution 7b; Democracy 5c; Government 3

Jurisprudence: see Prudence 6b / see also Duty 3; Law 8; Logic 5e; Philosophy 2c; Science 3a

Jury (pol.): see Law 5g

Just price: see Justice 8b; Wealth 10d

Justice: see CH 42: Justice; and Constitution 5a; Democracy 3a, 4a(2); Duty 7; God 5i; Good and Evil 3e; Labor 7-7f; Liberty 1e; Punishment 4c, 5e-5e(2); Revolution 6-7; Virtue and Vice 2a(1); War and Peace 11b; Wealth 10d / see also Aristocracy 1b; Constitution 2b; Government 1c; Honor 4b; Law 4e, 5c, 5g-5h, 6c; Love 3c, 4b; Pleasure and Pain 8b; Punishment 2; Religion 2; Revolution 3a; Rhetoric 5b; Slavery 3d; State 3e, 9c; Temperance 1a; Tyranny and Despotism 1b, 8; Virtue and Vice 3b; War and Peace 3a-3b, 6b; Wealth 12; Will 8c

Justification (theol.): see Sin 7

K

Kinds (log.): see Definition 2b; Evolution 1b, 2d(2); Infinity 5a; Knowledge 6a(2); Nature 1a(1); Relation 5a(4); Same and Other 2a; Universal and Particular 1

Kinematics: see Astronomy and Cosmology 6c(2); Change 7c(1)

Kinetics: see Mechanics 5b-6g / see also Astronomy and Cosmology 6c(2)-6c(3); Change 7-7d; Nature 2d; Quantity 5c-5e; Space 2c

King, kingship: see CH 59: Monarchy; and Government 1g(1); Law 6b, 7e; Revolution 3c(1); State 8a-8b; Tyranny and Despotism 2a, 4a, 5c

Kinship: see CH 26: Family

Knowledge: see CH 43: Knowledge; and Experience 3-4b; God 5f; Good and Evil 6a-6d; Happiness 2b(7); Mathematics 1c; Matter 4-4d; Necessity and Contingency 4a; Opinion 1-3c; Same and Other 4a; Science 1a-2b, 4-4e; Sense 4a; Truth 3-3d(3); Virtue and Vice 1a; Wisdom 1a / see also Angel 3d; Art 6b-6c; Being 8-8f; Cause 5-5d; Desire 3b-3b(2); Dialectic 2a(1); Education 4a, 5a-5b; Form 3-4; God 6c-6c(4); History 1; Idea 1a; Language 7; Mechanics 8c; Memory and Imagination 3-3d, 6a; Metaphysics 1; Mind 9a; Nature 4-4c; One and Many 4a-4f; Philosophy 1; Physics 1; Pleasure and Pain 4c(2); Poetry 5-5b; Principle 2-2b(3), 3c(2); Quality 6-6c; Soul 5-5b; Temperance 1b; Time 5a, 6-6f; Universal and Particular 4-4f; Will 3b(1)

L

Labor: see CH 44: Labor; and Justice 8b-8c(2); Progress 3a-3b; Wealth 4d / see also Liberty 2d; Opposition 5b; Punishment 4b(3); Revolution 5a; Slavery 4a-4c, 5b; State 5c; Wealth 3a, 6d(2), 6e, 7b(1), 8c, 9h, 10d, 11

Labor and management: see Labor 3a

Labor legislation: see Labor 7a

Labor organization: see Labor 7c(2); State 1d

Labor theory of value: see Labor 6d; Wealth 4d

Labor union: see Labor 7c(2)

Lactation: see Animal 9f

Laissez-faire economy: see Liberty 2c; State 9a; Wealth 9c-9d

Land (econ.): see Wealth 3b-3c, 7b(2)

Language: see CH 45: Language; and Philosophy 3d; Sign and Symbol 1a, 1d, 1f, 3a, 4-4c / see also Definition 2c-2e; Idea 4a; Judgment 5a; Logic 4a; Man 1b; Memory and Imagination 8d(2); Poetry 8b; Time 6d; Truth 2b

Last end (ethics, theol.): see Good and Evil 5c; Happiness 3, 7, 7b-7c; One and Many 5b; Principle 4a

Last Judgment: see God 7h, 9f; Immortality 5c; Prophecy 4d; World 8

Law: see CH 46: Law; and Constitution 1, 2b; Custom and Convention 6-6b; Emotion 5c; Justice 10-10d; Liberty 1d; Necessity and Contingency 5c; Prudence 6b; Reasoning 5e(2); Universal and Particular 6c; Virtue and Vice 4d(3); War and Peace 11a; Will 10b / see also Constitution 6; Courage 7b; Democracy 4a; Duty 5; Education 4c; Family 4d; Government 3c-3e(2); Habit 7; Liberty 4b; Man 1b; Mind 9e; Monarchy 1a(1); Pleasure and Pain 9; Punishment 4a, 4c-4d; Revolution 6a-6b; Rhetoric 5b; State 3b(2)-3d; Temperance 5c; Tyranny and Despotism 1a, 5b; War and Peace 3b; Wealth 7d-7e

Law enforcement: see Government 3e-3e(2); Law 6e(2)-6e(3)

Law of contradiction: *see* Logic 1a; Opposition 2a; Principle 1c, 3a(3); Truth 3c

Law of nations: *see* Law 4g; War and Peace 11c

Laws of motion: *see* Change 7d; Mechanics 1b / *see also* Astronomy and Cosmology 6c(3); Mechanics 5e(1)–5f(2), 6d–6f

Laws of nature: *see* Nature 3a; Science 4d / *see also* Induction 5; Mechanics 1b

Laws of thought: *see* Induction 3; Judgment 7a–7b; Logic 1a; Opposition 1d(1); Principle 1c, 3a(3); Reasoning 2a–2a(2), 4a

Lawyer: *see* Law 9

Leaders, leadership: *see* Democracy 2b; History 4a(4); Honor 5b / *see also* Aristocracy 5–6; Constitution 9a; Education 8d; Honor 3a; Monarchy 1b(3), 3a; Philosophy 4d; Rhetoric 1c; State 8–8d; Virtue and Vice 7c

Leagues (*pol.*): *see* State 9e(2); War and Peace 11c

Learning and teaching: *see* **Teaching and learning**

Legend: *see* Memory and Imagination 4b

Legislative process, legislators: *see* Government 3c(2); Law 5d / *see also* Constitution 6; Knowledge 8c; Law 1c

Legislature: *see* Government 3c–3c(2) / *see also* Constitution 7b; Democracy 5c; Government 3

Legitimacy (*pol.*): *see* Government 1c–1d

Leisure: *see* Labor 1b, 3b, 7c(1); Man 9a

Lethargy: *see* Emotion 4c

Lever: *see* Mechanics 5a

Lex talionis: *see* Punishment 1b

Liberal arts: *see* Art 4, 6b; Astronomy and Cosmology 12; Education 2; Language 7–8; Logic 4–4b; Mathematics 1b; Rhetoric 1b

Liberal education: *see* Astronomy and Cosmology 12; Education 2, 5b–5d; Logic 4; Mathematics 1b; Rhetoric 6

Liberalism (*econ.*): *see* Labor 7f; Liberty 2c, 6b; Oligarchy 5b–5c; Opposition 5a; State 9a; Wealth 6a, 9c–9d

Liberalism (*pol.*): *see* Citizen 9; Good and Evil 5d; Justice 2c, 6b; Liberty 1–2b, 3d, 6–6c; Progress 4c, 6e; Religion 6e; Revolution 4b; State 2f; Tyranny and Despotism 5a; Wealth 9d, 9h, 10d

Liberty (*ethics, psychol.*): *see* Cause 3; Liberty 1c, 3a–3d; Mind 9d; Nature 2f, 3c(2); Necessity and Contingency 5a–5a(3); Will 4b–8a / *see also* Cause 7c; Dialectic 2d(2); Fate 3; Good and Evil 3b; Habit 6c; History 4a(1); Man 1a; Metaphysics 2d; Mind 1e(3); Prudence 4a; Punishment 2a; Sin 6a; Virtue and Vice 5c

Liberty (*metaph., theol.*): *see* Liberty 4–5d; Will 4b–5c, 7c–7e(2) / *see also* Cause 3; Dialectic 2d(2); Fate 3–4; God 4e, 7b, 7f; History 5a; Metaphysics 2d; Nature 3c(4); Religion 6e

Liberty (*pol.*): *see* Democracy 4–4a(1), 4b–4d; Justice 6–6e; Liberty 1–2b, 6–6c; Progress 4c; Slavery 4–6d / *see also* Courage 7b; Custom and Convention 7d; Democracy 2; Dialectic 2d(2); History 4a(1); Knowledge 9b; Labor 3b; Law 4c; Opinion 5–5b; Poetry 9b; Progress 6e; Religion 6e; Revolution 2c, 3a, 4a; Truth 8d; Tyranny and Despotism 5–5c, 8; War and Peace 6b; Will 7a–7b

Liberty and necessity: *see* Liberty 4a–4b; Nature 2f; Necessity and Contingency 5a–5a(3); Will 5a–6a, 7b / *see also* Cause 3; Fate 2–3, 5–6; History 4a(1); Nature 3c(2); Wealth 11

Liberty of conscience: *see* Liberty 2b; Religion 6e

Libido: *see* Desire 2a; Habit 3a

License (*pol.*): *see* Justice 6d; Liberty 1e

Life: *see* CH 48: Life and Death; *and* Cause 2; Change 6c, 8–10b; Soul 1b, 2c–2c(3) / *see also* Animal 1a–1a(5); Element 5d–5e; Evolution 3a, 3c; Mechanics 4c

Life cycle: *see* Animal 8–9g; Man 6c

Life instinct: *see* Life and Death 8b

Life span: *see* Life and Death 6–6b

Light: *see* Mechanics 7a–7a(6), 7e(4), 8b

Likeness and difference: *see* Quality 4c; Same and Other 2c, 3c

Limit (*math.*): *see* Infinity 3b; Mathematics 4d

Limited government: *see* **Absolute and limited government**

Limited monarchy: *see* Constitution 3a; Government 2b; Monarchy 1b(2), 4d(3), 4e(4)

Line (*math.*): *see* Quantity 3a–3c, 3d(2)

Linguistics: *see* Language 1b / *see also* Judgment 5a; Poetry 8; Sign and Symbol 1–3d

Liquids: *see* Mechanics 5b

Literature: *see* CH 69: Poetry; *and* Aristocracy 7; Family 8; History 1; Labor 8; Liberty 6–6c; Religion 7

Loan: *see* Justice 8d; Wealth 5d–5e

Local government (*pol.*): *see* Government 5c

Local motion (*phys.*): *see* Change 6–6b, 7–7d; Matter 2c; Mechanics 1b, 5d–5f(2), 6c; Nature 2d; Quantity 5c; Space 2a, 2b(2) / *see also* Animal 4a, 5–5g; Element 5f; Life and Death 2

Locomotion (*biol.*): *see* Animal 1a(4), 4–4c; Life and Death 2–3b

Logic, science of: *see* CH 49: Logic; *and* Dialectic 2c(1) / *see also* Art 4, 6b; Astronomy and Cosmology 12; Language 7; Mathematics 1a–1b; Metaphysics 3c; Rhetoric 1b

Logic, subject matter of: *see* Hypothesis 5; Idea 4–4c; Induction 1–4a; Infinity 2–2c; Judgment 5–7c; Necessity and Contingency 4e–4e(2); Opposition 1–1e; Reasoning 2–2f; Sign and Symbol 1–4e; Truth 2a, 3b–3c, 3d(3); Universal and Particular 5–5d / *see also* CH 15: Definition; *and* Astronomy and Cosmology 2a–2c; Logic 1a; Universal and Particular 2–2c

Longevity: *see* Happiness 2b(1); Life and Death 6a–6b

Lorentz transformation: *see* Mechanics 1c(2)

Love: *see* CH 50: Love; *and* Courage 5; Desire 1, 3c; Duty 8; Family 7a; God 3c, 5h; Knowledge 4d; Same and Other 5; Virtue and Vice 6e / *see also* Angel 3e; Beauty 3; Being 3b; Emotion 2a, 5b; Family 7c–7d; Good and Evil 1a; Happiness 2b(5); Immortality 6c; Justice 3; Law 3b(2); Opposition 4d; Pleasure and Pain 7a; Relation 5a(2); State 3e; Truth 8c; Virtue and Vice 8d(3)

Loyalty: *see* Duty 10; Honor 2a, 2e; Love 3c, 4b; State 3e / *see also* Courage 7–7c; Honor 3b; Opposition 4d

Lucidity (*psychol.*): *see* Mind 8a

Lungs: *see* Animal 5d

Lust: *see* Love 2a; Temperance 2 / *see also* Desire 5c, 7a(1); Emotion 2a, 4a(1); Family 7a; Pleasure and Pain 6c; Sin 2c(1)

Luxuries: *see* Nature 5b; Necessity and Contingency 5e; Temperance 5b; Wealth 10b

Lying: *see* Truth 8a–8b

M

Machine: *see* Labor 2b; Mechanics 5a; Physics 5; Science 1b(1); Wealth 3a / *see also* Animal 1e; Mechanics 4c; Revolution 4b; Wealth 1, 3d; World 1a

Macrocosm and microcosm: *see* Man 10e; World 2

Madness: *see* Emotion 3a; Man 5b; Medicine 6a; Mind 8a

Magic: *see* Medicine 2c; Nature 3c(4); Religion 6a; Science 7a

Magnanimity: *see* Honor 2c; Wealth 10c

Magnetism: *see* Mechanics 7d–7d(2), 7e(3)

Magnificence: *see* Wealth 10c

Magnitude: *see* Infinity 3, 3b; Mathematics 2, 2c; One and Many 3a(1); Quantity 6–6a; Space 1b / *see also* Quantity 3–3e(2)

Majority opinion: *see* Democracy 3b; Opinion 7a

Majority rule: *see* Constitution 9b; Democracy 2–2b, 5b(1); Government 1h; Opinion 7b; Tyranny and Despotism 2c; Will 10a / *see also* Constitution 9–9a; Democracy 3b, 4b, 5a, 5b(2)–5b(3)

Making and doing: *see* Doing and making

Mammals: *see* Animal 9f

Man: *see* CH 51: Man; *and* Angel 4; Animal 1c–1c(2); Element 5e; Evolution 6–6c; God 3f; Good and Evil 3a; Government 2c–2d; Infinity 6–6b; Knowledge 2, 7d; Life and Death 6b–6c; Mind 3–3c; Nature 5a; One and Many 3b(4); Reasoning 1a; Sense 2c; Sin 3c; Soul 3b; State 1a, 3b(1); Will 3a(1); World 2

Management: *see* Labor 3a; Wealth 7d(1)

Manichaeanism: *see* Good and Evil 1d, 2b; Opposition 2d

Manners: *see* Custom and Convention 2–7b

Manual work: *see* Education 3; Habit 5a; Labor 3a

Manufacturing: *see* Art 9b; Revolution 4b; Wealth 3d

Manumission: *see* Slavery 3c

Market price: *see* Wealth 4c, 4e

Marriage: *see* Family 4–4e, 7a, 8; Love 2d

Martyrs, martyrdom: *see* Courage 5; Honor 6b; Life and Death 8d; Religion 6d; Truth 8e

Masochism: *see* Pleasure and Pain 8c; Punishment 6

Mass (*phys.*): *see* Matter 2b; Mechanics 1a, 6b, 6d(2); Quantity 5d

Master and slave: *see* Slavery 1, 2b, 3b

Materialism (*philos.*): *see* Element 5–5g; Matter 3a, 6 / *see also* Animal 1e; Form 4; Man 3c; Mechanics 4, 4b–4c; Mind 2e; Soul 3d; Wealth 11; World 1a

Mathematical objects: *see* Being 7d(3); Mathematics 2–2c; Matter 1c; Necessity and Contingency 4d; Quantity 1, 2–3, 4; Space 5

Mathematical physics, science of: *see* Mathematics 5b; Physics 1b, 3; Science 5c / *see also* Astronomy and Cosmology 2c; Experience 5c; Hypothesis 4–4d; Mechanics 3–3d; Quantity 6, 6c

Mathematical physics, subject matter of: *see* Astronomy and Cosmology 6c(2)–6c(3), 7–7f; Change 7–7d; Matter 2c; Mechanics 5–7e(5), 8b; Opposition 4d; Physics 3; Quantity 5–5e; Relation 6a; Space 2a, 2c–3d; World 1a

Mathematical symbols: *see* Logic 3; Mathematics 3d; Mechanics 3c; Sign and Symbol 4e

Mathematics, science of: *see* CH 52: Mathematics; *and* Hypothesis 3; Logic 3, 5a; Necessity and Contingency 4d; Physics 3; Reasoning 6b; Science 5c; Space 3d, 4a; Time 6c; Truth 4c / *see also* Astronomy and Cosmology 2c; Definition 6a; Education 5d; Experience 5c; Matter 4b; Mechanics 3; Metaphysics 3b; Nature 4b; Philosophy 1b; Physics 1b

Mathematics, subject matter of: *see* Infinity 3–3c; Mathematics 2–2c, 4–4d; Mechanics 3–3d; Quantity 2–4c, 6–6b / *see also* Chance 4; Relation 5a(3); Space 3c–3d

Mating: *see* Animal 8c(4); Evolution 4b

Matriarchal society: *see* Family 2b; State 1b

Matrimony: *see* Family 4–4e, 7a, 8; God 9e; Love 2d; Religion 2c

Matrix, matrices: *see* Mechanics 8b / *see also* Mathematics 2c, 3a, 4–4c; Physics 3; Quantity 5a

Matter: *see* CH 53: Matter; *and* Being 7c(3); Change 2a; Form 2c(1); Infinity 4–4c; Mechanics 1a; Nature 1a(2); One and Many 3a(3) / *see also* Art 2b; Astronomy and Cosmology 6a; Change 6d; Dialectic 2d–2d(2); Element 3–3d, 5–5a; Eternity 4b; Evolution 3a; Form 1d(2), 2a, 3c; Habit 1b;

术语索引 Inventory of Terms

Knowledge 5a(2); Man 3a, 3c; Mechanics 7e(2), 8b; Mind 2-2e; One and Many 3a, 3b(4); Principle 1b; Quality 1, 3d; Quantity 1; Soul 3c-3d; Space 1a; Universal and Particular 6a; World 6a

Matter and form: *see* **Form and matter**

Maturity: *see* Life and Death 6c; Man 6c / *see also* Family 6c, 6e; Punishment 2b

Mean (*ethics*): *see* Virtue and Vice 1c / *see also* Courage 1-2; Justice 5; Prudence 3b, 3e; Temperance 1, 1b

Meaning or significance: *see* CH 85: Sign and Symbol; *and* Idea 4a, 6a; Language 3a, 5a-5b; Rhetoric 2d; Same and Other 4c

Means and ends: *see* **Ends and means**

Means of production (*econ.*): *see* Labor 7b; Wealth 3a, 8a, 8c

Measurement: *see* Mathematics 5a; Quantity 6-6c / *see also* Astronomy and Cosmology 2a, 5; Change 5a; Experience 5c; Mechanics 3a, 3d, 7c(2), 7e(5); Physics 3, 4d; Quantity 3d(1), 3e(1), 5e; Science 5c; Space 3d; Time 4

Mechanics, science of: *see* Astronomy and Cosmology 6c(3); Mechanics 1-4c

Mechanics, subject matter of: *see* Astronomy and Cosmology 6c-6c(3); Mechanics 5-7e(5); Physics 6

Mechanism (*philos.*): *see* Mechanics 4-4c / *see also* Animal 1e; Element 5d-5g; Man 3c; Mind 2e; World 1a

Medical ethics: *see* Medicine 1

Medication: *see* Medicine 3d(2)

Medicine, science of: *see* Medicine 1-3b / *see also* Art 9a; Experience 3a

Medicine, subject matter of: *see* Life and Death 5-5c; Medicine 3c-7 / *see also* Emotion 3d; Mind 8b; Sign and Symbol 4e

Medium (*phys.*): *see* Mechanics 5d, 6d(3), 7d(2), 7e(3); Space 2c

Meiosis: *see* Animal 9c

Meliorism: *see* Progress 1b

Memory: *see* Knowledge 6b(2), 6c(3); Memory and Imagination 1-4b / *see also* Animal 1a(2); Experience 2a; Idea 2d-2e; Immortality 6b; Induction 2; Matter 4c; Memory and Imagination 8b; Reasoning 1c; Relation 4f; Sense 3b(2), 3d(2), 5a; Sign and Symbol 6b; Time 6a, 6e; Truth 3a(2)

Menial labor: *see* Labor 3b

Mental disease: *see* Desire 6c; Emotion 3a; Man 5b; Medicine 6-6d; Memory and Imagination 2e(3); Mind 8-8c; One and Many 3b(5)

Mental work: *see* Labor 3a

Mercantilism (*econ.*): *see* Wealth 9c

Mercenaries: *see* War and Peace 10b

Mercy: *see* God 5i, 7d; Justice 11a; Sin 7; Virtue and Vice 8f

Messiah: *see* God 8e; Prophecy 4c

Metaphor: *see* Sign and Symbol 3c(1), 4d / *see also* God 6a; Language 9; Rhetoric 2a; Sign and Symbol 5f

Metaphysics, science of: *see* CH 57: Metaphysics; *and* Being 4a; Logic 1; Mathematics 1a; Matter 4b; Philosophy 2b; Physics 1a, 2a; Science 1a(2); Theology 3a; Wisdom 1a / *see also* Definition 6a; Logic 5d; Nature 4b; Reasoning 6a; Theology 4a; Truth 4c

Metaphysics, subject matter of: *see* CH 7: Being; *and* Cause 1-1b, 7a-7b; Form 2-2d; God 2b-2c, 6b; Good and Evil 1-1d; Idea 6-6f; Liberty 4-4b; Matter 3-3d; Mind 10-10f(2); Necessity and Contingency 2-2d; One and Many 1-1c; Opposition 2-2e; Principle 1-1c; Same and Other 1-2e; Universal and Particular 1-3 / *see also* Angel 2; Change 15a; Eternity 1-1b, 4c; Immortality 2; Knowledge 5-5a(6), 6a-6a(4); Nature 1-1c, 2f; Quality 1; Quantity 1; Relation 1-1d

Metempsychosis: *see* Immortality 5a; Soul 4d(1)

Meteors: *see* Astronomy and Cosmology 7f

Method of exhaustion (*math.*): *see* Infinity 3b; Mathematics 4d; Mechanics 3d

Methodology: *see* Astronomy and Cosmology 2-2c; Dialectic 2a(2), 2b(2); History 3-3b; Knowledge 5d-5e; Logic 5-5f; Man 2b(1)-2b(2); Mathematics 3-3d; Mechanics 2-2c; Metaphysics 2c; Philosophy 3-3d; Physics 4-4d; Progress 6d; Science 5-5e; Theology 4c; Truth 3d(3)

Metre: *see* Poetry 8b

Microcosm and macrocosm: *see* **Macrocosm and microcosm**

Middle term (*log.*): *see* Idea 5b; Reasoning 2a(1)-2a(2)

Might (*pol.*): *see* Justice 9f; Tyranny and Despotism 1a

Militarism: *see* Government 3b; War and Peace 1, 7-8

Military arts and profession: *see* Art 9c; State 8d(1); War and Peace 10-10g

Military preparedness: *see* State 9e(1); War and Peace 7

Military strategy and tactics: *see* War and Peace 10d

Military training: *see* War and Peace 10c / *see also* Courage 6; State 9e(1)

Militia: *see* Democracy 7c; War and Peace 10b

Milky Way: *see* Astronomy and Cosmology 6-7f

Millennium (*theol.*): *see* Prophecy 4d

Mimesis: *see* Art 3; Poetry 1a-1b

Mind: *see* CH 58: Mind; *and* Animal 1c; Knowledge 6b(3)-6b(4); Man 1a-1c; One and Many 4a; Soul 1c, 3b / *see also* Angel 3d; Animal 1c(2); Astronomy and Cosmology 6b; Change 6d; Education 5-5f; Element 5e; Evolution 6b(3); Experience 2-2d; Form 2a; God 4g; Habit 5c-5d, 6b; Idea 1b, 1d-2h, 6a-6b; Infinity 6b; Judgment 1; Man 4c; Matter 3c, 4d; Medicine 6-6d; Opposition

2b; Poetry 9a; Sense 1a–1b, 1d; Sign and Symbol 1b; Soul 2c(3); Truth 3b–3b(3), 3d(1); Universal and Particular 2b; Virtue and Vice 2a(2); Will 1

Mind, or soul, and body: *see* **Body and mind or soul**

Minimum wage: *see* Labor 6b

Minorities, minority representation: *see* Constitution 9–9b; Democracy 5b(1); Opinion 7b; State 5d(1)

Miracles: *see* Cause 7d; God 7e; Nature 3c(4); Religion 1b(2); Sign and Symbol 5b

Missing link: *see* Evolution 6b(2)

Mitosis: *see* Animal 9c

Mixed constitution (*pol.*): *see* Aristocracy 2b; Constitution 5b; Democracy 3a; Government 2b

Mixed regime (*pol.*): *see* Constitution 3a–3b; Democracy 3b; Government 2b; Monarchy 1b(1), 4d(3), 4e(4)

Mixture (*phys.*): *see* Change 9a; Element 3d

Mob rule: *see* Democracy 2a; Opinion 7b; Temperance 5b; Tyranny and Despotism 2c

Mobility or motility (*biol.*): *see* Animal 1a(4); Life and Death 3b

Modal opposition (*log.*): *see* Necessity and Contingency 4e(1); Opposition 1d(2)

Modality (*log.*): *see* Judgment 6c; Necessity and Contingency 4e–4e(2); Opposition 1d(2); Reasoning 2b, 3d

Model (*sci.*): *see* Science 5e

Moderation: *see* Desire 6a; Emotion 4b(1); Love 3b; Temperance 1; Virtue and Vice 1c

Modernity: *see* Time 8b

Modes or modifications (*metaph.*): *see* Being 7b, 7b(6); Mind 1c–1c(2), 10e; Necessity and Contingency 2d

Momentum (*phys.*): *see* Mechanics 6c; Quantity 5c

Monarchy: *see* CH 59: Monarchy; *and* Government 1g(1), 2–2e; Revolution 3c(1); Tyranny and Despotism 2a, 4a / *see also* Aristocracy 2a; Constitution 3a; Democracy 2b, 3c; Honor 4a; Justice 9c; Law 6b, 7e; Oligarchy 2; Tyranny and Despotism 5c; Virtue and Vice 7d

Monasticism: *see* Religion 3d; Virtue and Vice 8g; Wealth 10e(2)

Monetary standards: *see* Wealth 5b

Money: *see* Wealth 5–5e / *see also* Justice 8d; Sign and Symbol 1e; Wealth 4b, 7b(3)

Monism: *see* Being 7b(4); Matter 3a, 3c; Mind 2e, 10f; One and Many 1–1b; Opposition 2e; Principle 1b; World 3a, 4c–4d

Monogamy: *see* Family 4a

Monopoly (*econ.*): *see* Wealth 4f / *see also* Opposition 5a; State 9a

Monotheism: *see* God 2–2d; One and Many 6a

Moon: *see* Astronomy and Cosmology 7b, 10; Mechanics 5f–5f(2)

Moral education: *see* Education 2, 4–4d; Virtue and Vice 4b–4d(4) / *see also* Art 10a; Courage 6; Custom and Convention 5b; Duty 4a; Emotion 5e; Government 2d; Law 6d; Pleasure and Pain 10a; Poetry 9a; Prophecy 1c; Prudence 3b; Punishment 1c, 3–3c; State 7c; Temperance 4, 5c; Virtue and Vice 7a

Moral judgment: *see* Custom and Convention 5a; Good and Evil 3c, 6d; Judgment 3

Moral law: *see* Law 3a(1), 4a, 4d; Liberty 3c; Love 5a(1); Principle 4b; Will 2b(1), 5b(3)

Moral philosophy or science: *see* Duty 3; Good and Evil 6d; Knowledge 6e–6e(2); Philosophy 2a, 2c; Science 3a / *see also* Definition 6c; Happiness 3; Judgment 3; Logic 5e; Metaphysics 2d; Principle 4–4b; Reasoning 5e–5e(3), 6d; Truth 2c

Moral philosophy or science, subject matter of: *see* Courage 1–2, 4; Duty 1–8; Good and Evil 3–6c; Happiness 1–5b; Justice 1–5; Pleasure and Pain 6–8b; Prudence 1–5c; Temperance 1–4; Virtue and Vice 1–6e / *see also* Desire 6a–6b; Education 4–4d; Emotion 4–4c; Habit 5b–5d; Honor 2a–2c; Immortality 4; Knowledge 8b–8b(4); Liberty 3–3d; Mind 9c–9d; Nature 5a; One and Many 5c; Will 8–8e; Wisdom 2b–2c

Moral virtue: *see* Virtue and Vice 1–6e / *see also* Courage 1, 4; Desire 6a; Habit 5b; Happiness 2b(3); Justice 1c–1d; Knowledge 8b(1); Law 6d; Liberty 3c; Love 3a–3b; Mind 9c; One and Many 5a; Pleasure and Pain 8a; Prudence 3–3b; Punishment 3–3b; Temperance 1–1a; Will 8c; Wisdom 2b

Morality: *see* Good and Evil 3–3f; Virtue and Vice 4e–4e(3) / *see also* Beauty 7d; Custom and Convention 5a; Duty 1, 4a; Emotion 4–4c; Happiness 3; Immortality 4; Judgment 3; Knowledge 8b–8b(4); Law 3a(1), 4a–4d; Metaphysics 2d; One and Many 5a–5c; Opinion 6–6b; Pleasure and Pain 6–6e; Principle 4–4b; Relation 6c; Universal and Particular 7b; Virtue and Vice 6–6e; War and Peace 5a; Will 8–8e; Wisdom 2b

Morphology: *see* Animal 2b; Evolution 5c

Mortal sin: *see* Sin 2c–2c(1)

Mortification of the flesh: *see* Sin 6c / *see also* Religion 3d; Virtue and Vice 8g

Motherhood: *see* **Parenthood**

Motility or mobility: *see* **Mobility or motility**

Motion: *see* Change 1–7d; Matter 2c; Mechanics 1–1c(3), 5d–5f(2) / *see also* Animal 4–4c; Astronomy and Cosmology 6c–6c(3); Infinity 3e; Life and Death 2; Mechanics 4–4c, 6c; Nature 2d; One and Many 3a(2); Opposition 3c; Quantity 5b–5c; Relation 6a; Sense 3e; Space 2–2c; Time 1, 2b

Motion and rest: *see* Change 4; Opposition 3c

Motivation: *see* Animal 4b; Courage 5; Desire 2c; Good and Evil 3c; Sense 3e; Will 2b–2b(2),

3a–3a(2) / *see also* Emotion 3a, 4a(1); Love 1e–1f; Punishment 2a

Multiplication: *see* Mathematics 4a; Quantity 4b

Multitude (*math.*): *see* Infinity 3, 5a; Mathematics 2, 2c; Quantity 2, 4–4c, 6, 7

Municipal law: *see* Law 4f

Murder: *see* Life and Death 7

Music: *see* Astronomy and Cosmology 3a; Education 4d; Poetry 7d; Virtue and Vice 4d(4) / *see also* Art 7–7b, 10–10b; Astronomy and Cosmology 12

Mutability: *see* Being 5; Change 1; Element 3c; Evolution 3b; Necessity and Contingency 2c; Time 7; Truth 5

Mutation (*biol.*): *see* Evolution 2c–2c(2)

Mystery (*theol.*): *see* Theology 3c

Mystical body of Christ: *see* God 9d; Religion 3b

Mysticism: *see* Experience 7; God 6c(3); Wisdom 1c

Myths, mythology: *see* Dialectic 2a(2); History 1; Philosophy 1d; Poetry 2; Sign and Symbol 4d / *see also* Happiness 2; Labor 1a; Man 9a; Monarchy 2d; Poetry 8c; Religion 6h; Time 8b; World 4b

N

Names of God: *see* God 6a; Sign and Symbol 5f

Naming, names: *see* Sign and Symbol 2–3d; Universal and Particular 2c, 5a

Narcissism: *see* Love 2b(2)

Narration: *see* History 3; Poetry 4a, 7–7d, 8a–8a(3)

National budget: *see* Government 4; Wealth 9e(1)

National defense: *see* State 9e(1); War and Peace 3a, 7

National government: *see* Government 5c

National law: *see* Law 4g

National state: *see* State 10d

National wealth: *see* State 7a; Wealth 9–9c

Natura naturans, natura naturata: *see* Nature 1b; World 3a

Natural and artificial: *see* **Artificial and natural**

Natural and conventional: *see* Custom and Convention 1; Nature 2b / *see also* Justice 9a; Language 2–2b; Necessity and Contingency 5c; Sign and Symbol 1–1f; Slavery 2, 3; State 3b–3d

Natural and supernatural: *see* God 1a, 6c–13; Knowledge 6c(5) / *see also* Cause 7b–7d; Experience 7; Habit 5e–5e(3); Mind 4f; Opinion 4a; Prophecy 1b; Religion 1b–1b(3), 6f; Sign and Symbol 5b; Theology 2; Virtue and Vice 2b; Wisdom 1c

Natural and unnatural: *see* Nature 2e

Natural and violent motion: *see* Change 7b; Mechanics 5e(2)–5f; Nature 2d; Opposition 3c; Space 2a

Natural desire: *see* Desire 3a; Habit 3a / *see also* Happiness 1, 7b; Knowledge 2; Life and Death 8b–8c; Nature 5b

Natural language: *see* Language 2a

Natural law (*jurisp.*): *see* Law 2, 3a(1), 4–4h, 5c, 7c / *see also* Duty 5; Justice 6a, 9a, 10a; Necessity and Contingency 5c; Principle 4b; Prudence 2c; Slavery 2c; State 3b(2)

Natural liberty: *see* Liberty 1a–1b

Natural philosophy: *see* **Philosophy of nature**

Natural price: *see* Wealth 4d–4e

Natural resources: *see* Wealth 3a

Natural rights: *see* Justice 6–6e; Law 4e, 7c; Liberty 1a, 1f–2d / *see also* Citizen 4; Democracy 4b; Family 2c, 5b; Law 2, 4c; Opinion 5a; Progress 4c; Religion 6e; Revolution 6–6b; Slavery 3d; Tyranny and Despotism 5a

Natural science: *see* Man 2b–2b(4); Mechanics 4; Metaphysics 3b; Nature 4b; Philosophy 1c; Physics 2–4d; Reasoning 6c; Science 1b, 1c–2, 4–7b / *see also* Astronomy and Cosmology 2–2c; Cause 5–5d; Definition 6b; Experience 3–3b, 5–5c; Hypothesis 4–4d; Induction 5; Logic 5b; Mechanics 2–2c; Medicine 2a; Memory and Imagination 3c; Progress 6b; Sign and Symbol 4d; Truth 4c

Natural selection (*biol.*): *see* Evolution 4a(1)–4b, 5b

Natural slavery: *see* Slavery 2–2d

Natural theology, science of: *see* Theology 2–3c / *see also* Metaphysics 1; Philosophy 1a; Wisdom 1a

Nature and nurture: *see* Animal 10; Evolution 2d(3); Nature 2c

Nature or essence (*metaph.*): *see* Being 7a, 8c–8d; Definition 1a, 2c–2c(3); Form 1a–1b, 2a, 2c–2c(3); Nature 1a–1a(2), 4a–4b / *see also* Form 3–3c; God 4a; Knowledge 6a(2); One and Many 3b–3b(1), 3b(3); Reasoning 5b(5); Same and Other 3a; Science 4b; Sign and Symbol 2c; Universal and Particular 2a–2c

Nature or world: *see* CH 102: World; *and* Nature 1b, 2f–3c(4) / *see also* Beauty 2; Dialectic 2d(2); Element 5g; God 11; One and Many 1b; Progress 3c; Relation 3, 5b; Sign and Symbol 1c

Navies: *see* War and Peace 10e

Nebulas: *see* Astronomy and Cosmology 11d; World 4f

Necessities (*econ.*): *see* Custom and Convention 7c; Nature 5b; Necessity and Contingency 5e; Wealth 10b

Necessity (*poet.*): *see* Poetry 8a(2)

Necessity and contingency (*log.*): *see* Judgment 6c; Necessity and Contingency 4–4e(2); Opposition 1d(2); Reasoning 3d / *see also* Knowledge 6d(1)–6d(2); Nature 1a(1); Opinion 1; Science 4b; Sign and Symbol 4e; Time 6f

Necessity and contingency (*philos.*): *see* Necessity

and Contingency 1-3c / see also Chance 1a, 2a, 3, 5; Fate 3; God 4a; Knowledge 6a(1); Nature 1a(1), 3c(1); Opinion 1; Science 4b

Necessity and liberty: see **Liberty and necessity**

Need (biol.): see Desire 2a; Habit 3a

Negation (log.): see **Affirmation and negation**

Negative (log.): see **Positive and negative**

Negligence: see Punishment 2a

Nervous system: see **Brain and nervous system**

Neurology: see Animal 5g; Medicine 6c(1); Memory and Imagination 1b, 2e(3); Sense 3a

Neurosis: see Desire 6b-6c; Emotion 3c-3c(4); Love 2a(2)-2a(4); Man 5b; Medicine 5d(2), 6b-6c(2); Mind 8b; Opposition 4c; Sign and Symbol 6c / see also Duty 4b; Memory and Imagination 2e(2); Pleasure and Pain 8c; Punishment 6; Sin 5; Will 9b

New Law (theol.): see Law 3b, 3b(2)

Nihilism: see Being 1

Nobility, nobles: see Aristocracy 1, 7; State 5c; Virtue and Vice 7c

Nominal definition: see Definition 1a

Nominalism: see Being 8c; Definition 1a; Universal and Particular 2c

Nonbeing (metaph.): see Being 1; Opposition 2c

Normal and abnormal: see Nature 2e

Normative judgment: see Beauty 5; Custom and Convention 5a, 9a; Good and Evil 6d; Judgment 3; One and Many 5c; Principle 4b; Relation 6c; Universal and Particular 7b; Virtue and Vice 4e(2)

Nothingness: see Being 1; Opposition 2c

Noumena (philos.): see **Phenomena and noumena**

Noun: see Language 4a; Sign and Symbol 2d-2e; Time 6d

Nous: see Mind 10b

Nuclear physics: see Element 6; Mechanics 8-8e; Physics 6

Number: see Infinity 3a; Mathematics 2; Mechanics 3a; One and Many 2a; Quantity 4-4c / see also Being 7d(3); Mathematics 2a-2c, 4a, 4c; Quantity 2, 5b, 6, 7; Same and Other 1a; Sign and Symbol 5d; Time 6c

Nutrition: see Animal 5e, 6-6b, 9b, 9f / see also Life and Death 3a; Man 4a; Medicine 3d(1); Soul 2c(1)

O

Oaths: see Duty 7; Truth 8a

Obedience: see Duty 9; Family 6d; God 3d; Justice 10b; Law 6a; Religion 3d; Revolution 6a; Virtue and Vice 8g

Object-fixation (psychol.): see Desire 4b; Love 2a(3)

Objective and subjective: see **Subjective and objective**

Obligation: see CH 19: Duty / see also Happiness 3; Justice 1e, 3, 6b; Labor 1d; Law 6a; Love 3c; Opposition 4d; Pleasure and Pain 8b; Will 8d

Observation: see Physics 4a; Science 5a-5b / see also Astronomy and Cosmology 2a; Experience 5a-5c; Induction 5; Logic 5b; Mechanics 2a, 8c; Physics 3, 4d; Quantity 6c

Obsessions (psychol.): see **Compulsions and obsessions**

Occupation: see Education 6; Labor 3-3f; Medicine 3d(1)

Odd and even: see Quantity 4a

Oedipus complex: see Family 7d

Office (pol.): see Constitution 4; Government 1g(2) / see also Constitution 2a; Government 3-3e(2); Justice 9e; Oligarchy 5a; Tyranny and Despotism 5c

Old age: see Life and Death 5, 6c; Man 6c

Old Law (theol.): see God 8c; Law 3b-3b(1)

Oligarchy: see CH 62: Oligarchy; and Democracy 3a; Slavery 5b; Tyranny and Despotism 2b / see also Aristocracy 2d; Citizen 2c; Constitution 5a; Democracy 4a(1); Government 2a-2c; Liberty 2d; Opposition 5b; Revolution 3c(2); Wealth 7a, 9h

Omens: see Memory and Imagination 8a; Prophecy 3b; Sign and Symbol 5b

Omnipotence: see God 5c; Infinity 7b

Omnipresence: see God 5d / see also Nature 1b; One and Many 1b; World 3a

Omniscience: see God 5f; Infinity 7d

One and many: see CH 63: One and Many; and Being 2-2b; Definition 1d; Form 2c(3); Opposition 2b; Same and Other 1-2b, 3-3d; Universal and Particular 2-2c / see also Dialectic 3a; Form 3b; God 5d-5e; Mind 10b; Nature 1b; Relation 1d; Universal and Particular 1; World 4d

Ontology: see CH 7: Being; and Metaphysics 2a

Opinion (log.): see Custom and Convention 9a-9b; Dialectic 2a(1), 2b; Knowledge 4b; Necessity and Contingency 4a; Opinion 1-4b; Principle 3c(2); Truth 2e; Will 3b(1) / see also Chance 4; Desire 5b; Emotion 3b; Good and Evil 6d; Judgment 9; Knowledge 6d(1)-6d(3); Philosophy 6b; Relation 6b; Science 7a; Truth 7a; Universal and Particular 7a

Opinion (pol.): see Opinion 5-5b, 7a-7b

Opposition (biol., phys.): see Opposition 3-3e / see also Change 2b, 4; Evolution 4a, 4b; Mechanics 6f; Quality 4a-4b

Opposition (econ., pol.): see Opposition 5-5d / see also Custom and Convention 3; Labor 7c(1); State 5d-5d(2), 9b; War and Peace 2c

Opposition (ethics, psychol.): see Opposition 4-4e / see also Desire 4a; Duty 6; Emotion 2c, 4a; Liberty 3d; Love 3c; Man 5-5a; Pleasure and Pain 8b

Opposition (log.): see Opposition 1-1e / see also Dialectic 3b-3c; Idea 4c; Judgment 7a; Necessity and Contingency 4e(1); Reasoning 5c; Same and Other 2c, 3a(2)

Opposition (*metaph.*): *see* Opposition 2–2e

Oppression: *see* Labor 7c(1); Liberty 6b; Punishment 4b(4); Revolution 3b, 4a; Slavery 6–6d; Tyranny and Despotism 8

Optics: *see* Mechanics 7a–7a(4)

Optimism and pessimism: *see* Progress 1b–1c / *see also* History 4b

Opulence (*econ.*): *see* Labor 4a; Progress 3a; State 7a; Wealth 9a–9c

Oracles: *see* Language 12; Prophecy 2b, 3a

Oratory, orator: *see* CH 81: Rhetoric / *see also* Dialectic 5; Emotion 5d; Induction 4b; Language 8; Logic 4b; Pleasure and Pain 10b; Reasoning 5d; State 8d(2); Truth 4d

Orbits (*astron.*): *see* Astronomy and Cosmology 6c(2), 7a–7d, 7f; Mechanics 5f–5f(2)

Order: *see* Custom and Convention 8; Relation 5–5c; Time 5–5d / *see also* Beauty 1a; Good and Evil 1b, 5–5d; Law 1a; Mathematics 2; Nature 3–3c(4); World 1b

Organ (*biol.*): *see* Animal 3c, 4c–5g, 8c(2); Memory and Imagination 1b; Sense 3a

Organism: *see* Life and Death 1–2; Soul 1b / *see also* Cause 2; Change 6c, 8b, 9b; Evolution 3a; Mechanics 4c; World 1a

Origin of species: *see* Evolution 3–4c

Original justice (*theol.*): *see* Justice 1b; Man 9b(1); Sin 3a

Original sin: *see* Sin 2a, 3–3e, 4a / *see also* God 9c; Happiness 7a; Man 9b(2); Punishment 5b; Sin 6b; Virtue and Vice 8a; Will 7e(1)

Orthodoxy: *see* Religion 6c(1); Theology 4e

Ostensive definition: *see* Definition 2c

Ostracism (*pol.*): *see* Punishment 4b(2)

Overreaction (*psychol.*): *see* Desire 6c; Emotion 3a

Oviparous reproduction: *see* Animal 9a

Ovum: *see* Animal 8c(3)

Ownership: *see* Wealth 7–8a / *see also* Justice 8a; Labor 7b; Law 4h; Oligarchy 4–5c; Opposition 5b; Slavery 2b

P

Pacifism, pacifist movements: *see* War and Peace 9

Pain: *see* Pleasure and Pain 1–4a, 4e, 7a, 8a, 8c, 10–10b / *see also* Change 12a; Emotion 1a; Labor 1c; Punishment 1a, 5c; Virtue and Vice 5a; Will 2b(2)

Paleontology: *see* Evolution 5a, 6b(2)

Pantheism: *see* God 11; Nature 1b; One and Many 1b; World 3a

Parabola (*math.*): *see* Quantity 3b(3)

Paradise: *see* Eternity 4d; Happiness 7c–7c(2); Immortality 5f; Man 9b–9b(1); Sin 3a

Parallax (*astron.*): *see* Space 3d

Parallelogram of forces (*phys.*): *see* Mechanics 6f; Opposition 3d

Parallels (*math.*): *see* Infinity 3c; Quantity 3a

Paralogism (*log.*): *see* Dialectic 3c; Soul 5a

Parameters (*math.*): *see* Quantity 6b

Pardon (*pol.*): *see* Justice 9g

Parenthood: *see* Family 6–6b, 6d, 7d / *see also* Duty 9; Education 4b; Justice 7; Virtue and Vice 4d(1)

Parents and children: *see* Family 6–6e, 7b–7d; Virtue and Vice 4d(1) / *see also* Duty 9; Education 4b, 8a; Family 2a–2c; Love 2b(4); Pleasure and Pain 10a; War and Peace 5a

Part and whole: *see* Medicine 3b; One and Many 2c, 3–3b(5), 4e; Universal and Particular 1

Participation (*metaph.*): *see* Form 1d(1); Matter 1a; Same and Other 2b

Particles (*phys.*): *see* Element 6; Infinity 4b; Matter 2a; Mechanics 4a, 8a–8d

Particular: *see* Universal and Particular 1, 3, 4d–4e, 5–6c / *see also* Form 3b; Idea 4b(2); Induction 1–1b; Judgment 6a; Matter 1c; Memory and Imagination 5b; One and Many 1c; Opinion 1; Sense 1b

Parts of speech: *see* Language 4a; Time 6d

Parturition: *see* Animal 9e

Party (*pol.*): *see* Democracy 5b(4) / *see also* Opposition 5a; State 5d(2)

Passion: *see* CH 22: Emotion / *see also* Courage 3; Desire 4–7a(3); Liberty 3a; Love 1a; Memory and Imagination 1d; Mind 9b; Opinion 2a; Opposition 4a–4b; Pleasure and Pain 4a; Poetry 6–6b; Rhetoric 4b; Sense 3e; Slavery 7; Time 7; Tyranny and Despotism 5d; Will 1, 2b(1)

Passion and action (*metaph.*): *see* Change 3; Time 5a

Past: *see* Time 3–3b / *see also* Knowledge 5a(5); Memory and Imagination 3b; Time 6d–6e

Paternalism (*pol.*): *see* Government 1b; Monarchy 4a, 4e(1); Slavery 6b; State 1b

Patient (*med.*): *see* Medicine 1

Patriarchal society: *see* Family 2b; State 1b

Patriotism: *see* Love 4b; State 3e

Patronage: *see* Democracy 5c

Peace (*pol.*): *see* War and Peace 11–11d / *see also* Justice 9f; Law 1a; Revolution 1a; State 9e–9e(2); War and Peace 6b, 9

Pedagogy: *see* Education 5a–5b, 5d; Pleasure and Pain 10a

Penal institutions: *see* Punishment 4b(2)

Penance (*theol.*): *see* Religion 2f; Sin 4e / *see also* God 9e; Religion 2c

Pendulum: *see* Mechanics 5e(2)–5f(1)

Penology: *see* Law 6e(2)–6e(3); Punishment 1c–1d, 4b–4b(4), 4d

Peonage: *see* Labor 5b; Slavery 4b

People: *see* Democracy 4b; Government 1g(3); Monarchy 4e(3); State 2c; Tyranny and Despotism 5c; Will 10a

Perception, percept: *see* Being 8a; Sense 1c, 1d, 3c(4), 3d(1), 4b, 4d(1)–4d(2); Truth 3a(1) / *see also* Idea 2c; Knowledge 6b(1); Principle 2b(1); Quality 6b; Space 4b–4c; Time 6a–6c; Truth 3d(1)–3d(2); Universal and Particular 4d

Perdition (*theol.*): *see* Eternity 4d; Happiness 7c(3); Immortality 5e; Punishment 5d, 5e(1); Sin 6d

Perfection (*metaph.*): *see* Good and Evil 1b / *see also* Being 3a; God 4f; Good and Evil 2; Matter 3b; World 6d

Perjury: *see* Truth 8a

Perpendiculars (*math.*): *see* Quantity 3a

Perpetual motion: *see* Mechanics 6g

Perpetuation of the species: *see* Form 2b; Immortality 6a

Person (*pol.*): *see* Law 7f; State 2a(2), 2f

Person (*theol.*): *see* God 9a; Relation 2

Personal identity: *see* Memory and Imagination 4a; Same and Other 1b; Soul 1d

Personal or actual sin: *see* Sin 2a, 4–4e

Personality: *see* One and Many 3b(5)

Personification: *see* Animal 13; Nature 6a

Perspective: *see* Space 4c

Persuasion: *see* Rhetoric 1–5b / *see also* Dialectic 5; Emotion 5d; Induction 4b; Language 8; Opinion 2c; Pleasure and Pain 10b; Reasoning 5d

Perversions (*psychol.*): *see* Love 2a(2), 2a(4); Pleasure and Pain 8c; Punishment 6

Pessimism and optimism: *see* Progress 1b–1c / *see also* History 4b

Phantasm: *see* Idea 2e–2f; Memory and Imagination 5–5b, 6c(1); Mind 1a(2); Sense 5a; Universal and Particular 4d

Phenomena and noumena (*philos.*): *see* Being 7e; Experience 4a; Knowledge 6a(4); Nature 2f; Necessity and Contingency 3c; Soul 5a

Philosopher king: *see* Monarchy 2b; Philosophy 4d; State 6a; Wisdom 2c

Philosophical determinism: *see* Chance 2a; Fate 5

Philosophy, philosopher: *see* CH 66: Philosophy; *and* Metaphysics 1–2d; Science 1a–1a(2), 1c; Truth 8e; Wisdom 3 / *see also* Cause 5b; Definition 6b–6c; Dialectic 4; History 1; Hypothesis 2; Life and Death 8d; Logic 5d; Mathematics 1b; Matter 4b; Metaphysics 4a–4b; Physics 1–1b; Poetry 5b; Principle 3c–3c(3); Progress 6b; Reasoning 6a, 6c–6d; Rhetoric 1a, 2c; Sense 5–5c; Sign and Symbol 4–4e; Theology 2–3c, 4a; Truth 4c; Wisdom 1b

Philosophy of history: *see* History 4–4c; Liberty 6a; Progress 1–1c, 4b; Will 7b / *see also* Chance 6b; Evolution 6c; Fate 6; Honor 5d; Liberty 6–6c; Man 9b–9c; Mind 10f(1); Nature 4c; Necessity and Contingency 5f; Opposition 5–5c; Progress 1–1c, 4b; State 2a(3); Time 8–8b; Wealth 11; Will 7b

Philosophy of nature: *see* Mechanics 4; Metaphysics 3b; Philosophy 2a–2b; Physics 1–2b; Reasoning 6c

Philosophy of nature, subject matter of: *see* CH 8: Cause; CH 21: Element; *and* Astronomy and Cosmology 3–3b, 5–8b; Being 5; Change 1–11, 13–15c; Eternity 1–2; Form 1–1d(3); Infinity 1–1b, 4–5b; Matter 1–3d; Mechanics 4–4c; Nature 1–1c, 3–3c(4), 4b; Necessity and Contingency 3–3c; One and Many 3a–3a(4); Opposition 3–3d; Quantity 5–5e; Science 5d; Space 1–3b; Time 1–5b

Phobias (*psychol.*): *see* Emotion 3c(3); Sign and Symbol 6c

Phylogenetic series: *see* Evolution 1a

Physical change: *see* Animal 7; Change 9a

Physical education: *see* Education 2–3

Physician: *see* Medicine 1, 2c

Physics, science of: *see* CH 67: Physics; *and* Mathematics 5b; Mechanics 4 / *see also* Astronomy and Cosmology 2–2c; Definition 6a; Experience 5–5c; Hypothesis 4–4d; Induction 5; Logic 5b; Mathematics 1a; Matter 4b; Mechanics 2–2c; Metaphysics 3b; Nature 4b; Philosophy 1c; Reasoning 6c; Science 1b–1b(2), 5–5e; Truth 4c

Physics, subject matter of: *see* Astronomy and Cosmology 6a–7f; Change 7–7c(4); Element 3–3d; Mechanics 1b, 5–7e(5); Quantity 5–5e; Space 2–2c

Physiocrats (*econ.*): *see* Wealth 9c

Physiology, science of: *see* Man 2b(3)

Physiology, subject matter of: *see* Animal 3–3d, 4c–9g; Emotion 1b; Evolution 6b(1), 6b(3); Memory and Imagination 1b; Mind 2c–2c(2); Sense 3a

Piety: *see* Duty 11; God 3a, 3c–3e; Justice 11b; Religion 2–2f

Pity: *see* Emotion 2a; Poetry 6b

Place: *see* Change 7a; Space 1b, 2a, 6

Plagues: *see* Medicine 7

Plane geometry: *see* Quantity 3a–3d(1)

Planets: *see* Astronomy and Cosmology 7c; Mechanics 3b, 5f–5f(2); World 4f

Plants: *see* Animal 1b; Life and Death 3–3a; Sense 2a; Soul 2c(1) / *see also* Change 10b; Evolution 3–3d; Life and Death 4, 6a; Man 4a

Play: *see* Habit 5a; Pleasure and Pain 4d

Pleasure and pain: *see* CH 68: Pleasure and Pain; *and* Good and Evil 3d; Happiness 2b(2); Virtue and Vice 5a, 6b / *see also* Art 7a; Beauty 4; Change 12a; Desire 2b, 2d, 7a(1); Duty 2; Education 5e; Emotion 1a; Knowledge 8b(4); Labor 1c, 3c;

术语索引 Inventory of Terms

Love 1b, 2b(3); Mind 1e(2); Poetry 1a; Punishment 1a; Sense 6; Temperance 6a–6b; Will 2b(2)

Pleasure principle: *see* Pleasure and Pain 8b

Plenum (*phys.*): *see* Space 2b(1), 2b(3)

Plot (*poet.*): *see* Poetry 7–7b, 8a(3)

Poetic truth: *see* Memory and Imagination 7b; Poetry 8a(2); Truth 4b

Poetic unities: *see* Poetry 8a(1)

Poetics, science of: *see* Philosophy 2c; Poetry 8–8c

Poetry, poet: *see* CH 69: Poetry; *and* Art 7–8, 10–12; Beauty 1–1d, 5–6; Education 4d; Truth 4b / *see also* Art 1; History 1, 3; Language 9; Life and Death 8d; Memory and Imagination 3d, 7b; Philosophy 1d; Science 2b; Sign and Symbol 4d; Virtue and Vice 4d(4)

Point (*math.*): *see* One and Many 2b

Political and royal government: *see* Aristocracy 4; Citizen 2b; Constitution 1, 3b; Law 7a; Monarchy 1a–1a(1); Tyranny and Despotism 5–5c

Political economy: *see* Family 3b; Labor 4–7f; Liberty 2c; State 2d, 4b; Wealth 9–9h

Political office: *see* Constitution 4; Government 1g(2) / *see also* Constitution 2a; Government 3–3e(2); Oligarchy 5a; Prophecy 2b; State 8a–8c; Tyranny and Despotism 5c

Political parties: *see* Democracy 5b(4) / *see also* Opposition 5a; State 5d(2)

Political prudence or wisdom: *see* Democracy 3b; Prudence 2a, 6a; State 8d; Wisdom 1b / *see also* Experience 6b; Knowledge 8c; Monarchy 2b; Philosophy 4d

Politics, political philosophy or science: *see* Art 9d; Knowledge 8c; Logic 5e; Philosophy 2c; Rhetoric 1c; Science 3a; State 8d–8d(3)

Politics, political philosophy or science, subject matter of: *see* CH 3: Aristocracy; CH 11: Citizen; CH 12: Constitution; CH 16: Democracy; CH 31: Government; CH 59: Monarchy; CH 62: Oligarchy; CH 90: State; CH 95: Tyranny and Despotism; CH 98: War and Peace / *see also* Chance 6b; Emotion 5–5e; Justice 1–6e, 9–10d; Language 5a; Law 6–7f; Liberty 1–2d; Opposition 5a; Prudence 4c; Punishment 4–4d; Revolution 1–3c(3), 6–7; Virtue and Vice 7–7d; Wealth 9–9h; Will 10–10c

Polygamy: *see* Family 4a

Polyploidy: *see* Evolution 2b(2)

Polytheism: *see* Angel 1; God 1–1c

Poor laws: *see* Wealth 8d

Popular sovereignty: *see* Democracy 4b; Government 1g(3); Monarchy 4e(3); State 2c; Tyranny and Despotism 5c; Will 10a

Population: *see* State 4c

Positive and negative (*log.*): *see* Being 1; Idea 4c; Infinity 2a; Opposition 1a, 1c(1)

Positive law: *see* Law 2, 5–5h / *see also* Custom and Convention 6a; Justice 6b, 10a, 10d; Law 3b–3b(2), 4f, 7c; Necessity and Contingency 5c; Punishment 4c; Virtue and Vice 4d(3)

Possibility and impossibility: *see* Being 7d(1); Necessity and Contingency 1; Poetry 8a(2); Same and Other 2e; Will 4b

Posterior and prior: *see* Relation 5a; Time 5b

Postulate, postulation (*log.*): *see* Custom and Convention 9b; Hypothesis 3 / *see also* Mathematics 3a; Opinion 2c; Principle 3c(2)

Potentiality and actuality (*metaph.*): *see* **Actuality and potentiality**

Poverty: *see* Labor 7e; Wealth 8, 8c–8d, 10e(1)–10e(2) / *see also* Necessity and Contingency 5d; Opposition 5b; Wealth 9g, 10d

Power (*pol.*): *see* Government 1d; Justice 1a, 9f; Law 1c; Oligarchy 5–5c; Revolution 1a, 2b, 3a–3b, 5b; Tyranny and Despotism 1a, 1c, 7; War and Peace 1, 6–6a / *see also* Constitution 8a; Democracy 2a; Desire 7a(2); Emotion 5b–5c; Government 3b; Happiness 2b(6); Law 5, 6a–6b, 7d; Monarchy 1a(2), 3b; Opposition 5b–5c; Punishment 4a; State 5d–5d(2), 9e–9e(2); Virtue and Vice 7d; War and Peace 10–10g

Powers (*psychol.*): *see* Habit 2b; Life and Death 3; Man 4–5a; Quality 2a; Soul 2a, 2c–2c(3)

Practical and speculative: *see* Knowledge 6e(1)–6e(2); Metaphysics 2d; Mind 9a; Philosophy 2a; Prudence 2a; Science 3a; Theology 3b–3c, 4d; Truth 2c; Wisdom 1b

Practical judgment: *see* Judgment 2–3; Prudence 5a / *see also* Experience 6a; Good and Evil 5b

Practical philosophy or science: *see* Knowledge 6e(1)–6e(2); Philosophy 2a, 2c; Science 3a / *see also* Definition 6c; Judgment 3; Logic 5e; Metaphysics 2d; Nature 4b; Reasoning 6d; Theology 3b, 4d

Practical reason: *see* Mind 9a / *see also* Cause 4; Duty 5; Liberty 3c; Logic 5e; Mind 1e(3), 9b–9d; Principle 4–4b; Prudence 1–2c, 5–5c; Reasoning 5e–5e(3); Theology 3b; Will 3b(3), 5a(4), 5b(2)–5b(3)

Practice: *see* Education 3–4; Habit 4–4b; Virtue and Vice 4c

Pragmatism: *see* Experience 4b; Knowledge 6e(1); Mind 9a; Sense 5c; Truth 2c

Praise and blame: *see* Blame and praise

Prayer: *see* God 3e; Religion 2a

Preaching: *see* Religion 5a

Precession of equinoxes: *see* Astronomy and Cosmology 7e

Preconscious: *see* Mind 7c

Predestination (*theol.*): *see* Chance 2b; Fate 4; God 7f; Sin 6a; Will 7c

Predicables (*log.*): *see* Dialectic 2b(1) / *see also* Being 8d; Definition 2b–2c

Predicaments (*log.*): *see* Being 7b–7b(1), 7b(6); Idea 4b(3); Quality 1; Quantity 1; Relation 1a, 4c

Predicate and subject (*log.*): *see* Subject and predicate

Predication: *see* Judgment 5b

Prediction (*log.*): *see* Hypothesis 4b; Knowledge 5a(5); Medicine 3c; Physics 2b; Science 5e; Time 6f

Pregnancy: *see* Animal 9-9e

Prehistory, prehistoric man: *see* Evolution 6c; Man 9c; Time 8a

Prejudice: *see* Opinion 2a / *see also* Custom and Convention 7b; State 5d(1)

Premise and conclusion (*log.*): *see* Necessity and Contingency 4e(2); Reasoning 2-2c; Truth 3b(3) / *see also* Definition 5; Dialectic 3b-3c; Judgment 8a; Knowledge 6c(2); Principle 2a(2)-2a(3), 2b(2), 3a-3b; Rhetoric 4c(3); Truth 4c; Universal and Particular 5d

Present: *see* Time 3-3c, 6d

Pressure of air: *see* Mechanics 5b

Prestige: *see* Courage 5; Honor 1, 3-3b, 4b-4c; Monarchy 3b

Prevarication: *see* Truth 8a-8b

Preventive medicine: *see* Medicine 3d-3d(3)

Price (*econ.*): *see* Justice 8b; Wealth 4a, 4c, 4e, 5c, 10d / *see also* Justice 8d; Labor 6a; Wealth 3b, 4d, 4f, 5e

Pride: *see* Emotion 2a; Family 7b; Honor 2c; Sin 2c(1), 4c

Priest, priesthood: *see* Education 7b; Prophecy 2b; Religion 3c(1)

Primary and secondary qualities: *see* Quality 2b, 3a, 6c; Quantity 1a; Sense 3c(3), 4c

Prime matter: *see* Being 7c(2); Form 2c(3); Infinity 4c; Matter 1a; Space 1c / *see also* Being 7c(3); Form 1d(2); Matter 3b, 3d; World 4e(3)

Prime mover: *see* Cause 7b; Change 14; God 5a / *see also* Angel 2a; Cause 1b; Nature 3c(4); Relation 5a(1); World 4e(2)

Prime number: *see* Quantity 4a

Primitive man: *see* Evolution 6c; Man 9c

Primordial life: *see* Evolution 3a

Prince: *see* Education 8d; Government 1g(1), 5; Justice 9d; Law 6b; Monarchy 1a-1a(2), 3a-3b; Prudence 6a; State 2c, 8-8d(3); Tyranny and Despotism 5c; War and Peace 10a

Principle: *see* CH 70: Principle; *and* Change 2; Element 2; Happiness 3; Knowledge 4 ; Logic 1a; Opposition 3a; Reasoning 5b(3); Science 4a / *see also* Definition 5; Form 1b, 4; God 5a-5b; Good and Evil 5a; Hypothesis 3; Idea 1d; Induction 3; Judgment 8a; Knowledge 6c(2); Life and Death 1; Mathematics 3a; Metaphysics 2b; Opinion 2c, 6b; Physics 2a; Sin 4c; Theology 4b; Truth 3c, 4c, 7a

Prior and posterior: *see* Relation 5a; Time 5b, 5d

Prisons: *see* Punishment 4b(2)

Private property: *see* Justice 8a; Wealth 7d(1), 8b / *see also* Labor 7b; Oligarchy 4; Revolution 4b; Wealth 7a

Privation (*metaph.*): *see* Being 1; Change 2b; Desire 2a; Good and Evil 1d; Matter 1a; Opposition 1a, 2c-2d

Privilege (*pol.*): *see* Citizen 4; Democracy 4a(1); Oligarchy 4 / *see also* Justice 9e; Labor 7d; Law 6b; Monarchy 1a(2); Revolution 3a

Probability: *see* Certainty and probability

Probability function: *see* Chance 3; Mechanics 8b

Procreation: *see* Animal 8-9e; Change 10b / *see also* Life and Death 3a; Man 4a; Soul 2c(1)

Production, productivity (*econ.*): *see* Art 9b; Labor 5-5d; Revolution 4b; Wealth 3-3d, 6a, 7c, 9d / *see also* Justice 8, 8c-8c(2); Labor 1e, 2-2b, 3e, 4a; Wealth 1

Production and action: *see* Action and production

Profanation: *see* God 14; Religion 2g

Professions, professional education: *see* Education 2, 6 / *see also* Education 5a; Law 9; Medicine 1, 2c; State 8c; War and Peace 10, 10c

Profit (*econ.*): *see* Justice 8c(2); Wealth 4c, 6b, 6d-6e

Prognosis (*med.*): *see* Medicine 3c, 5c; Sign and Symbol 4e

Progress: *see* CH 71: Progress; *and* Art 12; Custom and Convention 8; Democracy 4d; Evolution 3d; Government 6; History 4a(3), 4b; Knowledge 10; Opposition 5d; Science 6-6b; State 2a(3); Truth 6; Virtue and Vice 9; Wealth 12 / *see also* Citizen 9; Constitution 10; Labor 1e; Liberty 6a; Revolution 1a, 5c; Slavery 6c; State 10f

Projectiles: *see* Mechanics 3b, 5f-5f(1)

Projections (*psychol.*): *see* Desire 4b

Proletariat (*econ.*): *see* Labor 5c, 7c(3); Revolution 4a, 5a-5b; Wealth 8c / *see also* Justice 8c(1); Labor 4b, 7c(1); Opposition 5b; Slavery 4c, 5b; Wealth 9h

Promises: *see* Duty 7

Promulgation of law: *see* Law 1d

Proof: *see* CH 77: Reasoning; *and* Definition 5; Dialectic 5; Immortality 2; Induction 1b; Mathematics 3a-3b; Principle 3a-3a(3); Truth 3b(3) / *see also* Being 8d; Judgment 8a; Knowledge 6c(2); Opinion 2c; Opposition 1e; Rhetoric 4c-4c(3); Science 5d-5e; Sign and Symbol 4b; Truth 7a

Propaganda: *see* Language 5a; Rhetoric 1c, 3-5b, 7; State 8d(2); Truth 8b

Proper and common names (*log.*): *see* Sign and Symbol 2d; Universal and Particular 5a

Proper and common sensibles (*psychol.*): *see* Quality 2b; Sense 3c(3)

Property (*econ.*): *see* Justice 8a; Labor 7b; Oligarchy 4-5c; Wealth 3a, 7-8b, 9f, 10d / *see also* Family 5b; Labor 7c(1); Law 4h; Nature 5b; Opposition 5b; Revolution 5a; Slavery 2b

Property (*log.*): see Being 8d; Definition 2b; Dialectic 2b(1); Nature 1a–1a(1); Necessity and Contingency 2d; Sign and Symbol 4e

Prophecy: see CH 72: Prophecy; *and* Memory and Imagination 8a; Religion 1b(3); Sign and Symbol 5b / *see also* Astronomy and Cosmology 9; Education 7b; God 8e; Language 10, 12; World 8

Propitiation: see God 3e; Religion 2d

Proportion, proportionality: see Beauty 1c; Mathematics 4c; Quantity 1b, 6b; Relation 1d, 5a(3); Same and Other 3b / *see also* Idea 4b(4); Reasoning 4f; Same and Other 3c(1); Sign and Symbol 3d

Proportional representation: see Democracy 5b(1) / *see also* Constitution 9b; Democracy 5b(3); Government 1h

Proposition (*log.*): see Judgment 5–10; Necessity and Contingency 4e(1); Opposition 1d–1d(2); Relation 4b; Truth 3b(2); Universal and Particular 5c / *see also* Hypothesis 5; Idea 5a, 6f; Infinity 2b; Principle 2b–2b(3)

Prose and verse: see Poetry 8b

Prosperity (*econ.*): see Labor 4a; Progress 3a; State 7a; Wealth 9a–9c

Protective system or protectionism (*econ.*): see State 9a; Wealth 4g, 9c

Providence (*theol.*): see Cause 7c; God 7b–7c; Nature 3c(4); Will 7c / *see also* Chance 2b; God 12; History 5a; Progress 1a; Prophecy 1b–1c

Prudence or practical wisdom: see CH 73: Prudence; *and* Courage 4; Experience 6a; Knowledge 8b(3); Virtue and Vice 2a–2a(2) / *see also* Good and Evil 6a; Judgment 3; Principle 4a; Reasoning 5e–5e(3); State 8d; Temperance 1b; Truth 2c; Virtue and Vice 1–2c, 3b, 5b; Will 2c(3); Wisdom 1b, 2a–2b

Pseudo-archaism: see Time 8b

Psyche: see Soul 2b

Psychiatry: see Duty 4b; Emotion 3–3a, 3c–3c(4); Man 5b; Medicine 5d(2), 6–6c(2); Memory and Imagination 2e(3)–2e(4), 5c; Mind 8–8c; One and Many 3b(5); Pleasure and Pain 8c; Punishment 6; Sense 4d(2); Sin 5; Will 9b

Psychoanalysis: see Desire 4–4d, 6b–6c; Emotion 3–3d; Family 7d; Love 2a–2a(4); Medicine 5d(2), 6–6d; Memory and Imagination 8d–8e; Mind 7c, 8b; Opposition 4c; Sign and Symbol 6–6c / *see also* Desire 2a, 3b(2), 5a; Duty 4b; Habit 3a; Language 10; Life and Death 8b–8c; Man 4, 5b; Memory and Imagination 2e(2), 5c; Mind 7; One and Many 3b(5); Pleasure and Pain 8b–8c; Punishment 6; Sin 5; Soul 2b; Will 9b

Psychology, science of: see Man 2b–2b(4) / *see also* Logic 1; Metaphysics 3b; Mind 6; Philosophy 2b; Rhetoric 1b; Science 1a(2)–1b

Psychology, subject matter of: see CH 56: Memory and Imagination; CH 84: Sense; *and* Desire 2–3d; Emotion 1–3d; Habit 1–5d; Life and Death 6c; Man 1–5b; Medicine 6–6d; Mind 1–8c; Pleasure and Pain 1–5; Religion 6f; Soul 1–4b, 5–5b; Will 1–6c

Psychoneurosis: see Desire 6b–6c; Emotion 3c–3c(4); Love 2a(2)–2a(4); Man 5b; Medicine 5d(2), 6b–6c(2); Mind 8b; Opposition 4c; Sign and Symbol 6c / *see also* Duty 4b; Memory and Imagination 2e(2); Pleasure and Pain 8c; Punishment 6; Sin 5; Will 9b

Psychopathology: see Desire 6c; Duty 4b; Emotion 3–3a, 3c–3c(4); Love 2a(2)–2a(4); Man 5b; Medicine 5d(2), 6–6d; Memory and Imagination 2e(3)–2e(4), 5c; Mind 8–8c; One and Many 3b(5); Opposition 4c; Pleasure and Pain 8c; Punishment 6; Sign and Symbol 6c; Sin 5; Will 9b

Psychophysical law: see Sense 3c(2)

Psychosis: see Emotion 3a; Man 5b; Medicine 6–6c(2); Mind 8–8c; One and Many 3b(5)

Psychotherapy: see Emotion 3d; Medicine 6d; Memory and Imagination 8e

Puberty: see Family 6c; Life and Death 6c; Man 6c

Public administration: see Government 3e–3e(2); Law 7e; Monarchy 1b(3)

Public domain: see Wealth 7d(2), 8a

Public education: see Education 8a–8b; Family 2c; State 7d

Public finance: see Government 4; Wealth 9e–9e(2)

Public office: see Aristocracy 6; Constitution 2a, 4; Government 1g(2); Justice 9e; Oligarchy 5a; State 8–8a; Tyranny and Despotism 5c; Virtue and Vice 7c

Public opinion: see Education 4c; Honor 4c; Opinion 6a, 7–7b / *see also* Constitution 9a; Custom and Convention 9a; Democracy 2–2b, 3b, 5b(1); Tyranny and Despotism 2c

Public ownership: see Justice 8a; Labor 7b; Wealth 7d(2), 8a

Public versus private: see Knowledge 6b(1) / *see also* Custom and Convention 7–7d; Justice 6b, 8a; Law 2

Public welfare: see Good and Evil 5d; Happiness 5–5b; Justice 1e; Law 1a; Love 4b; State 2f / *see also* Art 10b; Citizen 1; Justice 1c; Labor 3f; Monarchy 3a; Temperance 5a; Wealth 9a

Punishment: see CH 74: Punishment; *and* Emotion 5c; God 5l; Justice 9g, 10c; Labor 1c; Law 6e(3); Sin 6–6e; Virtue and Vice 4d(2)

Pure science: see Science 3b

Purgation (*psychol.*): see Art 8; Desire 4d; Poetry 6b

Purgatory (*theol.*): see Immortality 5d; Punishment 5d, 5e(2); Sin 6e

Purification (*theol.*): see God 9e; Immortality 5d; Punishment 5e(2); Religion 2c–2d, 2f; Sin 3e, 4e, 6e

Purpose: see Cause 6; Chance 3; Definition 2e; Desire 2c; Good and Evil 1a, 5c; Judgment 4; Nature 3c(3); Principle 4a; Virtue and Vice 5c; Will 2c(2), 3a(2)

Pursuit of happiness: see Happiness 4-4b

Pursuit of knowledge: see Knowledge 8b(4), 10; Truth 8e

Q

Quadrivium: see Astronomy and Cosmology 12; Education 5d; Mathematics 1b

Quality: see CH 75: Quality; and Change 9-9b; Element 3a; Matter 2d; Mechanics 1a, 4b; One and Many 2b; Opposition 3b; Quantity 1a; Same and Other 3c; Sense 3c(3), 4c / see also Being 7b(6); Change 6; Habit 2; Judgment 6b; Man 6a

Quantity: see CH 76: Quantity; and Change 8-8b; Infinity 3-3e; Mathematics 2c; Mechanics 4b; Quality 3-3a; Relation 5a(3); Same and Other 3d / see also Element 3a; Infinity 1b, 4a; Judgment 6a; Mathematics 2; One and Many 3a-3a(4); Space 1c, 3-3d, 5; Time 1

Quantum mechanics: see Chance 3; Mechanics 8-8e; Physics 6

Question and answer: see Dialectic 2b(2)

R

Race, racial differences (*biol.*): see Animal 2a; Evolution 1b, 2d(2)-2d(3), 4c; Man 7-7b; Memory and Imagination 4b; Slavery 2a; State 5d(1)

Radiation: see Mechanics 7c(1), 8a; Space 2c

Radioactivity: see Element 3c; Mechanics 8a

Rashness: see Courage 2

Ratio (*math.*): see Mathematics 4c; Quantity 6b; Relation 5a(3)

Rationalism: see Knowledge 6b

Rationality (*psychol.*): see Animal 1c(2); Desire 3b(1); Man 1a-1b, 4c; Mind 3a; Soul 1c, 2c(3); Will 2b(1)

Rationalization (*psychol.*): see Desire 5b; Emotion 3b; Opinion 2a; Will 3b(1)

Raw materials (*econ.*): see Wealth 3a

Reaction: see **Action and reaction**

Real and ideal (*metaph.*): see Being 7d-7d(5); Definition 1a; Idea 6a; Mathematics 2b / see also Form 2a; Idea 3c; Relation 1a; Space 3b; Universal and Particular 2a-2b

Real estate: see Wealth 3b, 7b(2), 8a

Reality and appearance: see **Appearance and reality**

Reality principle: see Pleasure and Pain 8b

Reason: see Animal 1c(2); Dialectic 2c-2c(2); Knowledge 6b(3)-6c(2); Man 1-1c, 4c; Mind 1-9f; Sense 1a; Soul 2c(3) / see also Change 11; Desire 6a; Duty 5; Emotion 4a-4b(2); Evolution 6b(3); Habit 3c, 5c-5d; Idea 1d; Judgment 1; Knowledge 6c(5); Law 1b; Liberty 3b; Man 3a(2); Matter 4a; Opinion 2d; Opposition 4a; Philosophy 6c; Principle 2b(3); Prudence 2c; Sense 5c; Slavery 7; Theology 2, 3b, 4c; Truth 4a; Virtue and Vice 5b; Will 1

Reasoning: see CH 77: Reasoning; and Definition 5; Experience 2d; Idea 5b; Induction 1a-1b; Infinity 2c; Judgment 7b-7c; Knowledge 6c(2); Logic 1a, 5-5f; Necessity and Contingency 4e(2); Opinion 2c; Opposition 1e; Truth 3b(3)-3c; Universal and Particular 5d / see also Dialectic 2b, 3b-3c; Hypothesis 2, 5; Mind 1a(3); Necessity and Contingency 4d; One and Many 4c; Relation 4b; Rhetoric 4c-4c(3); Sense 1c; Sign and Symbol 4b, 4e; Theology 4c

Rebellion: see Law 6c; Opposition 5c; Revolution 1a, 1c, 2a-2b, 3-3b, 6a-6b; War and Peace 2a, 4b / see also Aristocracy 3; Democracy 7a; Liberty 6b-6c; Oligarchy 3-3b; Revolution 3c-3c(3), 7; Slavery 3c; Tyranny and Despotism 8

Rebirth: see Religion 2f; Sin 3d

Recall (*psychol.*): see Idea 2e; Memory and Imagination 2b, 2d

Receptacle (*metaph.*): see Form 1d(1); Matter 1; Space 1a; World 4b

Recession (*evol.*): see Evolution 3d

Recognition: see Memory and Imagination 1a, 2d

Recollection: see Idea 2e; Memory and Imagination 2b, 2d

Recreation: see Habit 5a; Pleasure and Pain 4d

Rectilinear motion: see Change 7c(1); Mechanics 1c(2), 5e-5e(2)

Recursive reasoning: see Reasoning 6b

Redemption (*theol.*): see God 7f-7g, 9c; Sin 3d / see also Prophecy 4c; Sin 7

Reductio ad absurdum (*log.*): see Principle 3a(2); Reasoning 4d

Reflection (*phys.*): see Mechanics 7a(1)

Reflection (*psychol.*): see Idea 2d; Life and Death 8a; Mind 1d(1); Pleasure and Pain 4c; Sense 1d; Soul 5a; Universal and Particular 4a; Will 5b(1)

Reflexes: see Habit 3d; Virtue and Vice 4e(1)

Reflexivity of mind: see Idea 2d, 3a; Man 2a; Mind 1f, 6; Soul 5a; Will 5b(1)

Reform (*econ., pol.*): see Progress 3b, 4a-4c, 5; Revolution 1a / see also Democracy 4c; Labor 7a; Revolution 3a, 4-4b, 6a; Wealth 12

Reformation and deterrence: see Punishment 1c-1d

Refraction: see Mechanics 7a(1)

Refugee: see State 5a

Refutation (*log.*): see Reasoning 4e

Regeneration (*theol.*): see Religion 2f; Sin 3d

Regimen (*med.*): see Medicine 3d(1)

Regression (*log.*): see Infinity 2c

Regulations and governmental controls: see **Governmental controls and regulations**

Regulative principles: see Idea 1d; Judgment 8d; Principle 2b(3)

Reincarnation: *see* Immortality 5a; Soul 4d(1)

Relation: *see* CH 78: Relation; *and* Being 7d(4); Judgment 5c, 6d; Same and Other 3b-3d; Sign and Symbol 2c; Time 5-5d / *see also* Beauty 1a, 1c; Idea 6c; Mathematics 2, 4c; Quality 4c; Quantity 1b, 3c, 3e(2), 4b; Reasoning 4f; Sign and Symbol 3c(1); Space 3-3d

Relative and absolute: *see* Absolute and relative

Relativism: *see* Beauty 5; Custom and Convention 5a, 9-9b; Good and Evil 3-3c, 6d; Justice 1f; Man 10b; Opinion 3c, 6a; Relation 6b-6c; Truth 7a; Universal and Particular 7-7c; Virtue and Vice 3a

Relativity: *see* Mechanics 1c(2)-1c(3), 8e; Physics 6; Relation 6a; Science 4d; Space 1c; Time 5a / *see also* One and Many 3a(4)

Religion: *see* CH 79: Religion; *and* Duty 11; Education 7-7b; Justice 11b; Philosophy 1a; Prophecy 1d; Science 2a; Sign and Symbol 5-5f; Truth 4a; Virtue and Vice 8-8g / *see also* Art 10b; Citizen 7; Dialectic 4; Education 2; Experience 7; God 3-3e; Honor 6a; Law 3b-3b(2); Love 5a(1); Nature 6-6b; Opinion 4-4b; Prophecy 2b-2c, 3d-4d; State 7c; Theology 2; Virtue and Vice 6c; War and Peace 2b; Will 3b(3)

Religious community: *see* God 8a-8d, 9d; Religion 3a-4b / *see also* Citizen 7; History 5b; Religion 7; State 1d, 2g

Religious conversion: *see* Religion 5b

Religious education: *see* Education 2, 7-7b; Religion 5c

Religious faith: *see* Belief or faith

Religious freedom: *see* Liberty 2b; Religion 6e / *see also* Religion 6c(1)-6c(2); Theology 4e

Religious life: *see* Religion 3-3d

Religious orders: *see* Religion 3c-3c(1), 3d; Virtue and Vice 8g; Wealth 10e(2)

Reminiscence: *see* Knowledge 6c(3); Memory and Imagination 2c, 3a / *see also* Education 5c; Idea 2b; Reasoning 1c; Sense 5a

Remorse: *see* Duty 4b; Punishment 5c; Sin 5

Rent: *see* Wealth 3b, 4c, 6d(1)

Renunciation: *see* Desire 6b; Pleasure and Pain 7b; Religion 3d; Temperance 6a; Virtue and Vice 8g

Repentance: *see* Punishment 3c; Religion 2f; Sin 4e / *see also* Duty 4b; God 9e; Punishment 5c; Religion 2c; Sin 5

Representation (*pol.*): *see* Constitution 9-9b; Democracy 5-5c / *see also* Aristocracy 6; Government 1h; Opinion 7b; State 8a

Representatives: *see* Constitution 9a; Democracy 5a-5b; State 8a

Repression (*psychol.*): *see* Desire 6b-6c; Emotion 3c-3c(4); Medicine 6c(2); Memory and Imagination 2e(2), 8d(1), 8e; Mind 8b; Opposition 4c; Sign and Symbol 6a

Reproduction (*biol.*): *see* Animal 8b-9e; Change 10b / *see also* Art 2a; Life and Death 3a; Man 4a; Soul 2c(1)

Republic, republican government: *see* CH 12: Constitution; *and* Aristocracy 4; Citizen 2-2c; Democracy 5a-5c; Law 7a-7b; Liberty 1d; Monarchy 1a(1), 1b-1b(3), 4c, 4e(4); Oligarchy 1-2; Revolution 3c(2); Tyranny and Despotism 5-5d

Reputation: *see* Courage 5; Honor 1, 3-3b, 4c; Monarchy 3b; Rhetoric 4a

Resemblance: *see* Same and Other 2c

Resistance (*phys.*): *see* Mechanics 5d

Respiration: *see* Animal 5d; Life and Death 3a

Responsibility: *see* CH 19: Duty; *and* Punishment 2-2b; Sin 6a-6b; Will 5b(4)

Rest and motion: *see* Change 4; Opposition 3c

Restraint: *see* Desire 6b; Emotion 4b-4b(2); Love 3b; Pleasure and Pain 8a; Temperance 1; Virtue and Vice 5a

Resurrection (*theol.*): *see* God 7g, 9c; Immortality 5g; Soul 4d(3)

Retaliation: *see* Justice 10c; Punishment 1b

Retention (*psychol.*): *see* Memory and Imagination 2a-2b, 2e-2e(3)

Retribution: *see* Justice 10c; Punishment 1b

Retrogradation (*astron.*): *see* Astronomy and Cosmology 7c

Revelation: *see* God 6c(1); Language 12; Religion 1b(1); Sign and Symbol 5e; Theology 4b / *see also* Emotion 7a; God 2a; Immortality 3b; World 4e(3)

Revenge: *see* Justice 10c; Punishment 1b

Revenue: *see* Government 4; Wealth 9e-9e(2)

Revolution: *see* CH 80: Revolution; *and* Constitution 7-8b; Democracy 7a; Labor 7c(3); Law 6c; Oligarchy 3a-3b / *see also* Aristocracy 3; Government 6; Justice 10b; Law 7d; Liberty 6b-6c; Progress 3b; Tyranny and Despotism 8; Wealth 9g

Reward: *see* God 5i; Honor 4b-4c; Immortality 4; Justice 9e; Pleasure and Pain 10a; Punishment 3a; Virtue and Vice 4d(2), 8c

Rhetoric, science of: *see* CH 81: Rhetoric; *and* Emotion 5d; Induction 4b; Pleasure and Pain 10b; Reasoning 5d; Religion 5a; State 8d(2) / *see also* Dialectic 5; Language 8; Logic 4b; Opinion 2c; Truth 4d

Right and wrong: *see* Good and Evil 3e

Righteousness: *see* God 5i, 8c; Sin 7

Rights: *see* Justice 6-7; Law 4c, 4e, 7c; Liberty 1g; Will 8e / *see also* Citizen 4; Constitution 7b; Democracy 4b; Duty 7; Family 2c, 5b, 6d; Justice 9f; Labor 7b, 7c(2), 7e; Law 2, 6a, 6c; Liberty 1a, 2a-2b; Monarchy 2c; Oligarchy 4; Opinion 5a; Progress 4c; Religion 6e; Revolution 6-6b; Slavery 3d; Tyranny and Despotism 1a, 5a; War and Peace 3-3b

Risk (*econ.*): *see* Wealth 6d(3)–6d(4)

Rites of passage: *see* Family 6e, 7a; God 8b, 9e; Life and Death 6c, 8e; Man 6c, 9c; Religion 2c, 2f; Sin 4e

Rituals: *see* God 3e; Religion 2–2g / *see also* God 8c, 9e; Law 3b(1)–3b(2); Sign and Symbol 1e, 5c

RNA: *see* Animal 10

Romantic love: *see* Family 7a; Love 2c–2d

Royal government: *see* Political and royal government

Royal prerogative: *see* Law 7e; Monarchy 4d(3), 4e(4)

Rudimentary organs and functions: *see* Evolution 5c, 6b(1)

Ruler, rule (*pol.*): *see* Aristocracy 4–5; Art 9d; Democracy 2a–2b, 3b, 5b(1); Education 8d; Government 1–1h; Justice 9d; Knowledge 8c; Law 7a, 7e; Monarchy 1a(2), 2–3b, 4e(1)–4e(2); Philosophy 4d; Prudence 6a; Rhetoric 1c; State 5a, 8–8e; Temperance 5a; Tyranny and Despotism 1–1b; Virtue and Vice 7d

---

S

Sacraments: *see* God 9e; Religion 2c; Sign and Symbol 5c / *see also* Family 4b; Sin 3e, 4e

Sacred Scripture: *see* Language 12; Theology 4b / *see also* God 6c(1); Religion 1b(1); Rhetoric 2d; Sign and Symbol 5e

Sacred theology, science of: *see* Theology 2, 4–4e / *see also* Philosophy 1a; Religion 6b, 6g; Science 2a; Truth 4a; Wisdom 1c

Sacrifice: *see* God 3e; Religion 2d, 2f; Sin 4e

Sacrilege: *see* Religion 2g

Sadism: *see* Pleasure and Pain 8c; Punishment 6

Saint: *see* Happiness 7c(2); Honor 6b

Salvation: *see* God 9c; Sin 3d, 7 / *see also* Happiness 7c(2); Immortality 5f; Will 7e(2)

Same and other: *see* CH 82: Same and Other; *and* Form 3b; Sign and Symbol 3b–3d; Universal and Particular 2a–2c / *see also* Dialectic 3a; One and Many 4f; Quality 4c; Quantity 1b; Relation 1d; Universal and Particular 1

Sanctions: *see* Immortality 4; Law 5, 6a; Punishment 4a

Sanity and insanity: *see* Emotion 3a; Man 5b; Medicine 6a; Mind 8–8c; One and Many 3b(5); Punishment 2b

Satan: *see* Angel 5a–5b, 7, 7b; Sin 4b

Satellite: *see* Astronomy and Cosmology 7b–7c

Satire: *see* Animal 13; Logic 6; Man 12; Metaphysics 4a

Satisfaction (*psychol.*): *see* Desire 2d; Pleasure and Pain 6d

Savings: *see* Wealth 5a, 6b

Saviour: *see* God 9c; Prophecy 4c; Sin 3d

Schisms (*theol.*): *see* Religion 6c(2)

Schizophrenia (*psychol.*): *see* One and Many 3b(5)

Schools: *see* Education 8b, 9

Science: *see* CH 83: Science; *and* Art 6–6c; Experience 3, 3b, 5–5c; Habit 5d; History 1; Hypothesis 4–4d; Induction 5; Knowledge 6d(1); Logic 5a–5b; Matter 4b; Memory and Imagination 3c, 6d; Metaphysics 3b; Nature 4b; Necessity and Contingency 4a; One and Many 4d; Opinion 1, 4a; Philosophy 1–3d, 6a; Principle 2b–3c(3); Progress 3c, 6b, 6d; Reasoning 5b–5b(5); Religion 6g; Sense 5–5c; Sign and Symbol 4–4e; Truth 4a–4c; Universal and Particular 4f; Virtue and Vice 2a(2); Wisdom 2a / *see also* Astronomy and Cosmology 12; Being 8e; Cause 5b; Definition 6b–6c; Dialectic 4; Knowledge 4b, 6a(1), 6b(3), 8a, 10; Man 1b, 2b–2b(4); Mathematics 1; Mechanics 4–4c, 8; Medicine 2a; Metaphysics 1–2d; Physics 2–2b; Poetry 8; Rhetoric 2c; State 7b; Theology 4a, 4d; Wealth 9

Scientific determinism: *see* Chance 2a; Fate 5

Scientific laws: *see* Nature 3a; Science 4d; Universal and Particular 4f / *see also* Astronomy and Cosmology 6c(3); Change 7d; Induction 5; Mechanics 1b

Scientific method: *see* Astronomy and Cosmology 2a–2c; Experience 5–5c; Hypothesis 4–4d; Induction 5; Mathematics 3–3d; Mechanics 2–2c; Physics 3–4d; Science 5–5e / *see also* Cause 5b; Definition 6a–6c; Induction 1b; Logic 5a–5b; Physics 1b; Progress 6d; Reasoning 6–6d

Scourges: *see* Sin 6c

Scripture (*theol.*): *see* Language 12; Theology 4b / *see also* God 6c(1); Religion 1b(1); Rhetoric 2d; Sign and Symbol 5e

Sea power: *see* War and Peace 10e

Season: *see* Astronomy and Cosmology 5

Secants (*math.*): *see* Quantity 3c

Secession (*pol.*): *see* Revolution 2c, 6b; State 3g

Second coming of Christ: *see* God 9f; World 8

Second nature: *see* Habit 1

Secondary qualities: *see* Primary and secondary qualities

Secrecy: *see* Knowledge 9b

Secretions (*biol.*): *see* Animal 5c, 8c(3)

Sects (*theol.*): *see* Religion 6c(2)

Secularism: *see* Fate 5; Man 9c; Prophecy 4e; Religion 4, 6g; Wealth 10e(3)

Sedition: *see* Law 7d; Revolution 1b

Self: *see* Knowledge 5a(6); Soul 1d / *see also* Memory and Imagination 4a; One and Many 3b(5); Same and Other 1b

Self-consciousness: *see* Mind 7a / *see also* Man 2a; Mind 1f, 6

Self-denial: *see* Desire 6b; Pleasure and Pain 7b; Religion 3d; Temperance 6a; Virtue and Vice 8g

Self-esteem: *see* Honor 2c

Self-evident truth: *see* Judgment 8a; Principle 2b(2), 3a(1)–3c(2), 5; Reasoning 5b(1) / *see also* Habit 5c; Induction 3; Knowledge 6c(2); Logic · 1a; Mathematics 3a; Opinion 2c; Philosophy 3b; Reasoning 1b; Science 4a; Truth 3c, 7a

Self-government: *see* Democracy 4b; Government 1h / *see also* Government 1g(3); Liberty 6c; Monarchy 4e(2)–4e(3); Revolution 7; Tyranny and Despotism 4b

Self-interest: *see* Love 2b(2)

Self-knowledge: *see* Knowledge 5a(6); Man 2a; Mind 1f, 6; Soul 5a

Self-love: *see* Love 2b(2)

Self-preservation: *see* Life and Death 8b / *see also* Animal 1d; Habit 3a

Selling: *see* **Buying and selling**

Semantics: *see* Sign and Symbol 1–4e / *see also* Language 3a, 5a, 6

Semen: *see* Animal 8c(3)

Seminal reasons: *see* Memory and Imagination 3a

Semiotics: *see* Sign and Symbol 1–2e

Senility: *see* Life and Death 5, 6c; Man 6c

Sensation: *see* Sense 1d, 3c–3c(5); Truth 3a(1) / *see also* Element 5d; Knowledge 6b(1); Memory and Imagination 6c(2), 8b; Mind 1d(1); Pleasure and Pain 4b; Principle 2a(1)

Sense: *see* CH 84: Sense; *and* Being 8a; Idea 1c, 2b, 2e–2g; Knowledge 6b(1); Man 4b; Matter 4c; Memory and Imagination 1a, 3b; Mind 1a–1a(2), 1b(1), 1e(1); One and Many 4b; Principle 2b(1); Reasoning 1c; Soul 2c(2); Truth 3a–3a(2) / *see also* Animal 1a(1); Change 11; Desire 3b(1); Form 3a; Life and Death 3b; Matter 4a; Pleasure and Pain 4b, 4e; Punishment 1a; Space 4c; Time 6a; Truth 3d(1); Universal and Particular 4c

Sense organs: *see* Animal 5g; Sense 3a

Sensible and intelligible: *see* Being 7e, 8a–8b; Experience 4a; Form 3a; Good and Evil 4a; Knowledge 6a(1), 6a(4); Matter 1c; Mind 1a(1); Universal and Particular 4d

Sensible qualities: *see* Form 1d–1d(3); Matter 2d; Quality 2a–2b, 6c; Sense 3c(3), 4c

Sensitive appetite: *see* Animal 1a(3); Desire 3b(1); Sense 3e

Sensitivity: *see* Animal 1a(1); Life and Death 3b; Man 4b; Sense 2–2c; Soul 2c(2), 4a; Will 2b(2)

Sensuality: *see* Love 2a; Pleasure and Pain 4b; Temperance 2 / *see also* Desire 7a(1); Emotion 4a(1); Sin 2b; Slavery 7

Sentence: *see* Judgment 5a; Language 4a

Separation of powers (*pol.*): *see* Constitution 7b; Democracy 5c; Government 3a; Liberty 1g

Seraphim: *see* Angel 3g

Serfdom: *see* Labor 1f, 5b; Revolution 4a; Slavery 4b, 5a

Series (*math.*): *see* Quantity 4b; Relation 5a(3)

Servile arts: *see* Art 4; Labor 1b, 3b

Sex, sexuality: *see* Animal 8c–8c(5); Desire 2a; Evolution 4b; Love 2a–2a(4), 2d; Man 6, 6b

Sexual selection: *see* Evolution 4b

Shamanism: *see* Medicine 2a

Shame: *see* Honor 2a, 3b

Shape: *see* Mathematics 2; Quality 3b; Quantity 3–3e(2); Space 1b, 3c

Shrewdness: *see* Prudence 3c

Sight: *see* Sense 3a, 3b(1), 3c(1); Space 4c

Sign and symbol: *see* CH 85: Sign and Symbol; *and* Definition 2c; Idea 6a; Language 10; Memory and Imagination 8d(1)–8e; Prophecy 3b–3c / *see also* Idea 4a; Judgment 5a; Mathematics 3d; Mechanics 3c; Medicine 3c; Religion 1b(2); Rhetoric 2d; Same and Other 4c; Time 6d; Truth 2b

Signate matter: *see* Matter 1c; Universal and Particular 3

Significance or meaning: *see* Meaning or significance

Signification: *see* Idea 4a; Judgment 5a; Sign and Symbol 2–2e; Truth 2b

Similarity: *see* Quality 4c; Reasoning 4f; Relation 1d, 4f; Same and Other 2c, 3b–3c; Sign and Symbol 3c(1)

Simple and complex (*log., metaph.*): *see* Element 1, 3a, 3d, 5; One and Many 2b–2c, 4e; Principle 2a–2a(3)

Simple and complex ideas (*psychol.*): *see* Idea 2c, 2f; Mind 1d(1)–1d(2); One and Many 4c; Sense 3c(4), 5a

Simultaneity: *see* Relation 5a; Time 5a, 5c–5d

Sin: *see* CH 86: Sin; *and* Angel 5a; Happiness 7a; Man 9b–9b(2); Punishment 5–6; Virtue and Vice 8a; Will 7e–7e(2) / *see also* God 9c; Good and Evil 2b, 3f; Immortality 5d; Knowledge 8b(1); Labor 1c; Liberty 5c; Religion 2c–2d, 2f–2g

Singular (*log.*): *see* Judgment 6a; Universal and Particular 5c

Sister and brother: *see* Family 7c; Love 2b(4)

Size: *see* Animal 7; Astronomy and Cosmology 7a; Change 8–8b; Infinity 4a; Space 3d; World 7

Skeletal structure: *see* Animal 3b

Skepticism: *see* Knowledge 5c; Opinion 3c; Principle 5; Truth 7–7b / *see also* Custom and Convention 9b; Progress 1c; Relation 6b–6c; Universal and Particular 7a–7c

Skill: *see* Art 1; Experience 3a / *see also* Education 3, 6; Knowledge 8a; Labor 3a

Slave and master: *see* Slavery 1, 2b, 3b

Slavery (*econ., pol.*): *see* CH 87: Slavery; *and* Justice 8c(1); Labor 1f, 5a–5c, 7d; Liberty 2d; Revolution 4a; Wealth 7b(1) / *see also* Citizen 2c; Constitution 5a; Democracy 4a(1); Labor 1b, 3b, 7c(1); Law 4h; Liberty 6b-6c; Necessity and Contingency 5d; Oligarchy 5a; Punishment 4b(3); State 5c; Tyranny and Despotism 5a; Will 7a

Sleep: *see* Animal 1a(5); Life and Death 5b; Memory and Imagination 8b; Mind 7b

Sloth: *see* Sin 2c(1)

Smell: *see* Sense 3a, 3b(1), 3c(1)

Social change: *see* Revolution 1a

Social classes: *see* Labor 4b, 7c(1), 7c(3); Opposition 5b; Revolution 5-5c; State 5a, 5c-5d(2); War and Peace 2c; Wealth 8 / *see also* Democracy 3a; Oligarchy 4, 5a

Social contract: *see* Constitution 6; Custom and Convention 6a; Revolution 6b; State 3d / *see also* Custom and Convention 1; Government 1a; State 3g

Social Darwinism: *see* Evolution 7; Progress 6

Social environment: *see* Custom and Convention 2, 5-5b, 7-7d, 9a; Education 4c; Opinion 6a; Virtue and Vice 4d(3)

Social or practical science, method of: *see* Definition 6c; Logic 5e; Philosophy 2a, 2c; Reasoning 6d; Science 3a / *see also* History 1; Man 2b, 2b(4); State 8d-8d(3); Wealth 9

Social security: *see* Labor 7e; Wealth 8d

Social status: *see* Happiness 2b(1); Wealth 8

Socialism: *see* Democracy 4a(2); Labor 5d, 7b; Wealth 6a, 8a / *see also* Justice 8a; Labor 7c(3), 7f; Progress 3b; Revolution 4-4b; State 5d(2); Wealth 7d(2)

Society: *see* Community or society

Sociology: *see* Custom and Convention 6b-7c; Family 1, 3a-4a, 4d-5a, 6d-6e, 7b, 8; Labor 3b, 3d, 4b; Man 7c, 9c; Progress 5-6; State 1-1a, 1c, 4c, 5c / *see also* Art 12; Custom and Convention 1-5a, 8, 9a; Duty 9; Good and Evil 6d; Habit 7; History 4a(2); Honor 3b; Law 5f; Life and Death 8e; Memory and Imagination 4b; Opinion 6a; Religion 1a, 2b, 2d-2g, 3c(1), 7; Science 1b(2); Sign and Symbol 1e

Solar system: *see* Astronomy and Cosmology 6-7f

Soldiers: *see* Democracy 7c; War and Peace 10b-10c

Solecism: *see* Language 4b

Solid geometry: *see* Quantity 3d(2)-3e(2)

Solstice (*astron.*): *see* Astronomy and Cosmology 5

Sophistry, sophist: *see* Dialectic 6; Logic 6; Metaphysics 4a; Philosophy 6b; Reasoning 3c; Rhetoric 1a; Theology 5; Truth 8e; Wisdom 3

Sorcery: *see* Religion 6a

Sorites (*log.*): *see* Reasoning 2c

Sorrow: *see* Emotion 2a; Pleasure and Pain 4a

Soul: *see* CH 88: Soul; *and* Element 5e; Immortality 5a-5b; Life and Death 1; Man 3a-3a(1); One and Many 3b(4); World 1a / *see also* Animal 1a; Astronomy and Cosmology 6b; Eternity 4a; Evolution 6a; Form 2d; Good and Evil 4c; Justice 1b; Mechanics 4c; Mind 2e, 4e; State 2a(1); Tyranny and Despotism 5d

Soul, or mind, and body: *see* Body and mind or soul

Sound: *see* Mechanics 7b; Sense 3c(3)

Sovereignty: *see* Democracy 4b; Government 1g-1g(3); One and Many 5e; State 2c, 9d; Tyranny and Despotism 5c; Will 10a / *see also* Law 4g, 6b; Liberty 1b, 6c; Monarchy 4e(3)

Space: *see* CH 89: Space; *and* Change 7a; Infinity 3d; Mechanics 1c-1c(3), 5d, 6d(3); Quantity 5a; Relation 6a; World 7 / *see also* Astronomy and Cosmology 3b, 11-11d; Element 5b; Experience 2c; Form 1c, 1d(1); Mathematics 1c, 2a, 5a; One and Many 3a(4); Quantity 2-3e(2), 6b-6c; World 4b, 6a

Space-time: *see* Mechanics 1c(2)-1c(3); Space 1c; Time 5a

Special theory of relativity: *see* Mechanics 1c(2); Physics 6; Science 4d

Species and genus (*log.*): *see* Genus and species

Specific gravity: *see* Mechanics 6b

Spectrum: *see* Mechanics 7a-7a(2)

Speculative and practical: *see* Practical and speculative

Speech: *see* Language 1-3c; Man 1b

Speed: *see* Mechanics 6c, 6f; Quantity 5c / *see also* Mechanics 5f(1), 7a(3)

Sperm: *see* Animal 8c(3)

Sphere (*math.*): *see* Quantity 3e-3e(2)

Spirit or spiritual substance: *see* Angel 2-4; Being 7b(2); Man 3a-3b; Mind 2a; Soul 3-3e / *see also* Change 10c; Dialectic 2d-2d(2); Eternity 4a; Form 2d; History 4a(3); Immortality 5b; Matter 2e; Mind 1d, 10c, 10f; Nature 2f; One and Many 3b(4); Opposition 2b

Spiritual sin: *see* Sin 2b

Split personality: *see* One and Many 3b(5)

Spontaneity or fortuitousness: *see* Chance 1b; Will 5a(3); World 4c

Spontaneous generation: *see* Animal 8b; Astronomy and Cosmology 8a; Evolution 3a, 3c

Spouse: *see* Family 4a-4b, 4e, 5a, 7a, 7c; Love 2b(4), 2d

Square of opposition (*log.*): *see* Judgment 7a; Opposition 1d(1)

Stability (*pol.*): *see* Aristocracy 3; Constitution 7a; Democracy 7-7c; Oligarchy 3-3a; Revolution 3c

Standard of living (*econ.*): *see* Custom and Convention 7c; Labor 6b; Necessity and Contingency 5e; Progress 3b; Wealth 10b

Stars: *see* Astronomy and Cosmology 7e; Time 4; World 4f

State: *see* CH 90: State; *and* Citizen 1-2c; Constitution 2a; Democracy 1, 4-4d, 5-5c; Education 4c, 8-8c; Emotion 5a; Family 2-2c; Good and

术语索引 Inventory of Terms

Evil 5d; Government 1–1h, 5–5a; Happiness 5b; Justice 9–10b; Law 7–7f; Love 4b; Mind 9e, 10f(2); Nature 5c; Necessity and Contingency 5b; One and Many 5d; Progress 4b; Religion 4–4b; Virtue and Vice 7a / see also Art 10b; Courage 7a–7c; Custom and Convention 1; Duty 10; History 5b; Honor 4–4c; Law 1a; Man 9c; Memory and Imagination 4b; Nature 2b; Revolution 5c, 6b; Virtue and Vice 4d(3); War and Peace 4a, 10–10b, 11c–11d; Wealth 4g

State of nature: see Custom and Convention 1; Government 1a; Law 4b, 4f–4h; Liberty 1b; Man 9c; Nature 2b; State 3c; War and Peace 1

State of war: see State 3c; War and Peace 1 / see also Law 4b, 4f–4g; Liberty 1b; Nature 2b

State rights (*pol.*): see Government 5d; One and Many 5e; Revolution 6b; State 10e

Statesman, statecraft: see Aristocracy 5–6; Art 9d; Education 8d; Knowledge 8c; Prudence 6a; Rhetoric 1c; State 8–8d(3); Virtue and Vice 7d / see also Courage 7a; Democracy 2b, 3b, 6; Experience 6b; Government 3c(2), 3d(2), 3e(2); Justice 9d; Monarchy 3a; Philosophy 4d; Pleasure and Pain 10b; Progress 4a; War and Peace 10a

Statics: see Mechanics 5a–5b, 7e–7e(1)

Stationary state: see Mechanics 8a

Stereometry: see Quantity 3e(1)

Sterility: see Animal 8c(5); Evolution 2b(3), 4c

Stock (*econ.*): see Wealth 6b, 7d(1)

Stoicism: see Desire 6b; Emotion 4b(2); Good and Evil 3b–3b(2); Man 10c; Mind 10a; Necessity and Contingency 5a(3); Pleasure and Pain 8b; Will 8a–8b(2)

Strategy: see War and Peace 10d

Stream of consciousness: see Idea 5e; Mind 1g(1)

Stress, strain (*phys.*): see Mechanics 5c

Structure (*biol.*): see Animal 2b, 3–3d; Evolution 5c, 6b(1); Life and Death 3b

Struggle for existence: see Evolution 4a–4a(3); Opposition 3e

Student and teacher: see Education 5a, 5f

Style: see Beauty 5; Poetry 8b; Rhetoric 2b, 3c

Subalternation (*log.*): see Judgment 7a; Opposition 1d(1)

Subcontrary (*log.*): see Judgment 7a; Opposition 1d(1)

Subject, subjection (*pol.*): see Citizen 2b; Slavery 5a–6d; Tyranny and Despotism 4b–5b, 6 / see also Democracy 4a–4a(1); Government 5b; Justice 9d; Labor 7d; Liberty 1f, 6c; Monarchy 4e(1)–4e(2), 5–5b; Progress 4c; Prudence 6a; Revolution 7; State 5a, 10b

Subject and predicate (*log.*): see Idea 5a; Judgment 5b; Relation 4b

Subjective and objective: see Beauty 5; Custom and Convention 5a, 9a–9b; Dialectic 2d(1); Good and Evil 6d; One and Many 5c; Quality 6c; Relation 6b–6c; Sense 4c; Universal and Particular 7–7c

Subjectivism: see Beauty 5; Custom and Convention 5a, 9–9b; Good and Evil 6d; Opinion 6a; Relation 6b–6c; Universal and Particular 7–7c

Sublimation (*psychol.*): see Art 8; Desire 4d; Love 2a(3)

Sublime: see Beauty 1d

Subsidy (*econ.*): see State 9a; Wealth 4g

Subsistence (*econ.*): see Labor 6b / see also Custom and Convention 7c; Nature 5b; Necessity and Contingency 5e; Wealth 10b

Substance and accident or attribute: see Accident and substance

Substantial change: see Accidental and substantial change

Substantial form: see Form 2c(2)–2d; One and Many 3b(3); Soul 1b

Substratum: see Being 7b(5); Form 1d(2); Matter 1–1a, 2d / see also Change 2a; Quality 1; Quantity 1

Succession (*log.*): see Relation 5a; Time 5b–5d

Succession (*pol.*): see Monarchy 1c

Suffrage: see Franchise or suffrage

Suicide: see Life and Death 8c

Summum bonum: see Good and Evil 5a; Happiness 3; Mind 1e(3) / see also Good and Evil 3d, 5c; Pleasure and Pain 6a; Principle 4a; Relation 5a(2)

Sumptuary laws: see State 7c; Temperance 5c

Sun: see Astronomy and Cosmology 7a / see also Astronomy and Cosmology 2b, 5, 10; Time 4

Superego (*psychol.*): see Man 4; Soul 2b

Superfoetation: see Animal 9d

Supernatural and natural: see Natural and supernatural

Supernatural gifts: see Habit 5e(2); Mind 5c; Virtue and Vice 8e / see also Language 11; Man 9b(1); Sin 3a; Wisdom 1c

Superposition (*math.*): see Quantity 6b

Superstition: see Opinion 4b; Prophecy 5; Religion 6a; Science 7a

Supplication: see Religion 2a

Supply and demand: see Wealth 4e / see also Labor 6a; Wealth 4a, 4c, 4f, 6b, 6d(3), 6e

Supra-sensible: see Being 7e; Experience 4a; Knowledge 6a(4)

Surface (*math.*): see Quantity 3d–3d(2)

Surgery: see Medicine 3d(3)

Surplus value: see Justice 8c(2); Wealth 6d(2)

Survival of the fittest: see Evolution 4a(1)

Syllogism: see Hypothesis 5; One and Many 4c; Reasoning 2–2c / see also Idea 5b; Judgment 7c; Reasoning 3b, 5e(1); Rhetoric 4c(2)

Symbol, symbolism: see Logic 3; Sign and Symbol 1–1f, 5–6c / see also Idea 6a; Language 10; Mathematics 3d; Mechanics 3c; Memory and Imagination 8d-8d(2); Prophecy 3b-3c

Symbolism of dreams: *see* Language 10; Memory and Imagination 8d-8d(2); Prophecy 3c; Sign and Symbol 6a

Symptoms: *see* Medicine 3c; Sign and Symbol 4e

Synderesis: see Habit 5c; Law 4a; Principle 4

Syntax: *see* Language 4a; Time 6d

Synthesis (*log., math.*): *see* Analysis and synthesis

Synthetic and analytic judgments: *see* Judgment 8b

T

Tabula rasa (*psychol.*): *see* Mind 4d(1)

Tactics: *see* War and Peace 10d

Tangent (*math.*): *see* Quantity 3c

Tariffs (*econ.*): *see* State 9a; Wealth 4g, 9c

Taste (*aesth.*): *see* Art 7b; Beauty 5; Custom and Convention 9a; Education 4; Judgment 4; Mind 1e(2); Nature 5d; Pleasure and Pain 4c(1); Poetry 8a-8b; Universal and Particular 7c

Taste (*psychol.*): *see* Sense 3a, 3b(1), 3c(1)

Taxation: *see* Government 4; Wealth 9e(2)

Taxonomy: *see* Animal 2-2a; Definition 2-2d; Evolution 1-1b

Teacher and student: *see* Education 5a, 5f

Teaching and learning: *see* Education 5-5f / *see also* Democracy 6; Habit 3d, 4a; Idea 5d; Knowledge 9a; Language 8; Memory and Imagination 3a; Opinion 3a; Pleasure and Pain 4c(2), 10a; Poetry 5a; Progress 6d; Prophecy 1c; Religion 5c; Temperance 4; Virtue and Vice 4b

Technology: *see* Art 6c; Knowledge 8a; Physics 5; Progress 3c; Science 1b(1)-1b(2), 3b, 6a

Teleological judgment: *see* Judgment 4

Teleology: *see* Cause 6; Chance 3; Desire 1; God 5b; Good and Evil 1a; Judgment 4; Nature 3c(3) / *see also* Astronomy and Cosmology 3a; Mechanics 2c; Necessity and Contingency 3b; Physics 2b; Science 4c

Temperament (*psychol.*): *see* Emotion 4c; Medicine 5d(1) / *see also* Man 6a; Virtue and Vice 2c, 4a

Temperance and intemperance: *see* CH 91: Temperance; *and* Courage 4; Desire 6-6c; Emotion 4b(1); Love 3b; Pleasure and Pain 8a, 9; Prudence 3d; Virtue and Vice 1e, 2a(1); Wealth 10c, 10e(3) / *see also* Desire 7a-7a(3); Duty 8; Education 4d; Emotion 5e; Liberty 3a-3b; Prudence 3b; Virtue and Vice 1c, 2c-6e

Temple: *see* God 8d; Prophecy 4b; Religion 3a

Temptation (*theol.*): *see* Angel 6b; God 3d; Sin 4b

Ten Commandments: *see* God 8c; Law 3b(1)

Terms (*log.*): *see* Idea 4-4c, 5b; Opposition 1a-1b; Same and Other 4c; Sign and Symbol 2d; Universal and Particular 2c, 5a / *see also* Infinity 2a; One and Many 4c; Reasoning 2a(1); Relation 4a

Terrestrial motion: *see* Matter 1b; Mechanics 4a

Territory (*pol.*): *see* Democracy 5a; History 4a(2); Monarchy 4c; State 4-4b

Theater: *see* Poetry 4b

Theism: *see* God 2-2d, 4-5i

Theocracy: *see* Religion 4a

Theological virtues: *see* Habit 5e(3); Love 5b(2); Virtue and Vice 2b, 8d-8d(3)

Theology, science of: *see* CH 92: Theology; *and* Logic 5f; Metaphysics 1; Science 2a; Wisdom 1c / *see also* Astronomy and Cosmology 4; Metaphysics 3a; Philosophy 1a, 6c; Reasoning 6a; Religion 6g; Rhetoric 2c

Theology, subject matter of: *see* CH 29: God; CH 79: Religion; CH 86: Sin; *and* Angel 2-7b; Cause 7-7d; Eternity 3-4a, 4d; Good and Evil 2-2b; Happiness 7-7d; History 5-5b; Immortality 1-5g; Infinity 7-7d; Justice 11-11b; Law 3-3b(2); Liberty 5-5d; Love 5-5c; Man 11-11c; Nature 6-6b; Prophecy 1-4d; Punishment 5-5e(2); Sign and Symbol 5-5f; Soul 4b-4d(3); Virtue and Vice 8-8g; Wisdom 1c; World 3-3b, 4e-4e(3)

Theorem: *see* Mathematics 3a

Theoretical and practical: *see* Judgment 2; Knowledge 6e(1)-6e(2); Mind 9a; Nature 4b; Philosophy 2a; Prudence 2a; Science 3a; Theology 3b, 4d; Truth 2c; Wisdom 1b

Theory: *see* Astronomy and Cosmology 2b; Hypothesis 4-4d; Mechanics 2b; Physics 2b, 4b; Science 4c, 4e, 5e

Theory of equations: *see* Mathematics 4c

Theory of knowledge: *see* Experience 4-4b; Idea 1-3c; Judgment 8-10; Knowledge 1-7d; Mind 5-5b; Truth 1-4d; Universal and Particular 2-4f

Theory of numbers: *see* Quantity 4a

Therapy: *see* Emotion 3d; Medicine 2b, 3-3d(3), 6d-7

Thermochemistry: *see* Mechanics 7c(1)

Thermodynamics: *see* Mechanics 7c-7c(2)

Thermoelectricity: *see* Mechanics 7e(4)

Thermometry: *see* Mechanics 7c(2)

Thesis and antithesis (*philos.*): *see* Dialectic 3d; History 4a(3); Opposition 2b, 2e

Thought: *see* Animal 1c(2); Being 7b(4); Element 5d; Experience 2-2d; Idea 5-5e; Judgment 1; Knowledge 1-7d; Language 1a; Man 1-1c, 4c; Matter 4d; One and Many 4-4f; Reasoning 1-1c; Sign and Symbol 1f; Truth 3d(1)-3d(3) / *see also* CH 58: Mind; *and* Angel 3d; Change 6d, 15a; Custom and Convention 9-9b; Desire 5b; Emotion 3b; Form 2d; God 4g; Idea 1a; Man 3a; Memory and Imagination 3-4b, 6b-6d; Necessity and Contingency 4-4e(2); One and Many 3b(4); Philosophy 3c; Principle 2-2b(3); Relation 4f; Will 3-3b(2)

Thought and extension (*philos.*): *see* Being 7b(4); Form 2d; Man 3a; Mind 1b; One and Many 3b(4)

Thrift: *see* Wealth 6b

Tides: *see* Astronomy and Cosmology 8b

Time: *see* CH 93: Time; *and* Astronomy and Cosmology 5; Change 5a; Eternity 1-2; Experience 2c; Form 1c; Infinity 3e; Knowledge 5a(5), 6a(1); Mechanics 1c-1c(3), 5f(1); Memory and Imagination 2e(1), 3b, 4-4b; Necessity and Contingency 4c; Quantity 5b; Relation 5a; World 4e(2) / *see also* Change 13; History 4c; Mathematics 2a; One and Many 3a(4); Prophecy 1a-1b; Relation 6a; Space 1c; Truth 3b(2); World 4a

Timelessness: *see* Eternity 1; Time 2

Timocracy: *see* Honor 4a

Tissue (*biol.*): *see* Animal 3a

Tithes: *see* Religion 3c(3)

Tolerance, toleration: *see* Liberty 2a-2b; Opinion 5-5b; Religion 6e / *see also* Custom and Convention 7a-7b; Education 8c; Justice 6-6e(2); Liberty 1g; Truth 8d

Tools: *see* Labor 2b; Wealth 3a

Topics (*log.*): *see* Dialectic 2b; Rhetoric 4c(3)

Torah: *see* God 8c-8d; Law 3b(1); Religion 3a

Torpor: *see* Emotion 2a, 4c

Torture: *see* Punishment 4b(4)

Totalitarianism: *see* Citizen 1; Government 1c; Happiness 5b; Justice 1a, 6c; Monarchy 1a(2), 4e(3); State 2b, 2f; Tyranny and Despotism 1-1b, 2c, 5a-5c, 7

Touch: *see* Sense 3a, 3b(1), 3c(1); Space 4c

Trade: *see* Wealth 4-4g / *see also* Liberty 2c; Opposition 5a; State 9a; Wealth 9c-9d

Trade unions: *see* Labor 7c(2)

Tradition: *see* Custom and Convention 8; History 2; Language 3c; Memory and Imagination 4b; Progress 6c; Truth 6 / *see also* Art 12; Custom and Convention 2; Education 9; Family 7b; Law 8; Philosophy 7; Poetry 2-3; Time 8b

Tragedy and comedy: *see* Poetry 4b

Transcendence and immanence (*theol.*): *see* Immanence and transcendence

Transcendental categories: *see* Experience 2c; Memory and Imagination 6c(2); Mind 4d(3); Quality 1; Quantity 1; Relation 4c

Transcendental dialectic: *see* Dialectic 2c-2c(2), 3c; Opposition 1e

Transcendental forms: *see* Experience 2c; Form 1c, 3a; Mathematics 1c, 2a; Mind 4d(3); Sense 1c; Space 4a; Time 6c

Transcendental ideas: *see* Idea 2h; Knowledge 6c(4)

Transcendental logic: *see* Logic 1b-2

Transcendental philosophy: *see* Metaphysics 1-2d

Transcendental unity of apperception: *see* Memory and Imagination 6c(2); One and Many 4b; Sense 3c(5)

Transference (*psychol.*): *see* Desire 4b; Love 2a(3)

Transmigration of souls: *see* Immortality 5a; Soul 4d(1)

Transmutation of elements: *see* Change 10a; Element 3c

Trauma (*psychol.*): *see* Emotion 3c(4)

Treason: *see* Law 7d; Revolution 1b

Treaties: *see* Government 5a; State 9e(2); War and Peace 11c

Trial: *see* Government 3d(2); Law 5g

Triangle: *see* Quantity 3a

Tribe: *see* Family 5b; Monarchy 4a; State 1c; Wealth 2

Tridimensionality: *see* Quantity 3; Space 1c

Trigonometry: *see* Space 3d

Trinity (*theol.*): *see* God 9a; One and Many 6b; Relation 2

Trivium: *see* Language 7-8; Logic 4-4b; Rhetoric 1a-1b / *see also* Art 4, 6b; Dialectic 5; Education 2, 5d

Truce: *see* War and Peace 10g

Truth and falsity: *see* CH 94: Truth; *and* Beauty 1b; Being 4b; Custom and Convention 9b; Definition 1e; Experience 4b; Good and Evil 1c; Hypothesis 4d; Idea 6c-6f; Judgment 9-10; Knowledge 4a; Opinion 3-3c; Poetry 8a(2); Principle 2b(1)-2b(2), 5; Progress 6c, 6e; Reasoning 3-3d; Relation 6b; Religion 6-6g; Sense 4d-4d(2); Universal and Particular 7a; Will 3b(2) / *see also* Change 15a; Dialectic 2a-2a(2); Eternity 4c; Immortality 6c; Liberty 3b; Love 1d; Mathematics 1c; Memory and Imagination 2e(4), 5c; Necessity and Contingency 4a; Philosophy 6a; Prophecy 5; Prudence 3a; Religion 6h; Rhetoric 5a; Wisdom 3

Tyranny and despotism: *see* CH 95: Tyranny and Despotism; *and* Aristocracy 2e; Government 2a; Law 7d; Liberty 6b; Monarchy 3b, 4b; Revolution 3c(3); Slavery 6a / *see also* Democracy 2a; Family 6d; Government 1f; Justice 6c; Law 6c; Revolution 3a-3b, 4a; Slavery 3c, 7

U

Uncertainty principle (*phys.*): *see* Mechanics 8c; Necessity and Contingency 3c

Unconscious: *see* Desire 3b(2); Habit 6a; Memory and Imagination 8e; Mind 7, 7c

Understanding: *see* Form 3a; Idea 2c; Judgment 1; Knowledge 6b(4); Memory and Imagination 6c(2); Mind 1a-1a(4), 1d(1)-1e(3), 3a; One and Many 4c; Principle 2b(2); Science 1a(1); Sense 1a, 1d, 5c; Wisdom 2a

Unearned increment: *see* Justice 8c(2); Wealth 6d(2)

Unemployment: *see* **Employment and unemployment**

Unified field theory: *see* Mechanics 6e; Science 4a

Uniform motion: *see* Change 7c(2); Mechanics 1c(2), 5e(1)

Uniformity of nature: *see* Nature 3c(1); Science 4d; World 6a, 6c

Unity, unit: *see* CH 63: One and Many; *and* Beauty 1c; Being 2b; Definition 1d; Evolution 3a; Quantity 6; Relation 1d; Same and Other 1a, 2b; Soul 4a; Virtue and Vice 1b

Universal and particular: *see* CH 96: Universal and Particular; *and* Form 2a, 3b; Idea 4b(2)–4b(3); Judgment 6a; Matter 1c; Memory and Imagination 5b, 6c(1); One and Many 1c; Opinion 6b; Same and Other 2a; Science 4b, 4d; Sense 5c; Sign and Symbol 2d, 3c(2) / *see also* Being 7d(2); Idea 2g, 5d; Opinion 1; Reasoning 2a(2); Relation 5a(4); Same and Other 3a(1); Sense 1b, 5a

Universe: *see* CH 102: World; *and* Astronomy and Cosmology 11–11d; Beauty 7b; Cause 7a–7c; Element 5g; Eternity 2; God 5d–5e, 7a, 11; Infinity 3d–3e; Man 10c, 10e; Mind 10a; Nature 1b; One and Many 1a–1b; Prophecy 4d; Relation 3, 5b; Time 2b–2c

Univocal and equivocal: *see* Idea 4b(4); Language 5a; Same and Other 4c; Sign and Symbol 3b–3d, 4a–4c

Use or utility (*biol.*): *see* Animal 3d; Evolution 2b(1)

Use-value: *see* Wealth 4a

Useful arts: *see* Art 2b, 4, 9–9d; Knowledge 8a; Science 1b(1), 3b / *see also* Art 6c; Education 5b, 6; Knowledge 6e(2); Labor 2b, 3a, 4c; Medicine 2–2c; Physics 5; Progress 3c, 6a; State 8d–8d(2); War and Peace 10; Wealth 3c–3d

Usurpation: *see* Government 3a; Monarchy 4e(4); Revolution 2b; Tyranny and Despotism 1c

Usury: *see* Justice 8d; Wealth 5e

Utilitarianism: *see* Duty 2; Happiness 3; Justice 1f; Pleasure and Pain 6a

Utopia: *see* Government 2e; State 6

V

Vacuum: *see* Change 7a; Element 5b; Mechanics 5b, 5d; Space 2b–2c

Value (*econ.*): *see* Labor 6d; Wealth 4a, 4d, 6d(2)

Value (*moral*): *see* Good and Evil 4c; Judgment 3

Vanity: *see* Love 2b(2); Wisdom 1d

Variable (*math.*): *see* Mathematics 3c

Variable motion: *see* Change 7c(2), 7d

Variations, varieties (*biol.*): *see* Animal 2a; Evolution 1a–2d(2), 3c, 4a(2)

Variety of experience: *see* Experience 6a, 8

Vegetative powers: *see* Life and Death 3a; Man 4a; Soul 2c(1) / *see also* Animal 6–8d; Change 10b; Soul 4a

Veins: *see* Animal 5b

Velocity: *see* Mechanics 6c, 6f; Quantity 5c / *see also* Mechanics 5f(1), 7a(3)

Vengeance: *see* Justice 10c; Punishment 1b

Venial sin: *see* Sin 2, 2c(2)

Verb: *see* Language 4a; Time 6d

Verification: *see* Experience 4b, 5b; Hypothesis 4d; Physics 4c; Science 5e; Sense 5c; Truth 1a

Verisimilitude: *see* Poetry 8a(2)

Verse and prose: *see* Poetry 8b

Vestigial organs and functions: *see* Evolution 5c

Veto: *see* Democracy 5c; Government 3e(1)

Vice: *see* Courage 2; Temperance 2; Virtue and Vice 1c, 2, 3a, 4a, 4c, 4d(3), 7d, 8c, 9

Village: *see* State 1c, 3a

Violence (*pol.*): *see* CH 80: Revolution; *and* Government 1d; Justice 1a; Law 6c, 7d; Tyranny and Despotism 1a

Violent motion: *see* **Natural and violent motion**

Virtue and vice: *see* CH 97: Virtue and Vice; *and* Beauty 7d; Citizen 5; Desire 6a; Education 4–4d; Emotion 4–4c; Good and Evil 6a; Government 2d; Habit 5b, 5d, 5e(2)–5e(3); Happiness 2b(3); Knowledge 8b(1); Law 6d; Liberty 3c; Love 3–3d, 5b(1); Mind 9c; One and Many 5a; Pleasure and Pain 8a; Prudence 3–3b; Punishment 3–3c; Will 8c; Wisdom 2–2b / *see also* Courage 2, 4, 7a; Habit 6b; History 2; Honor 2b; Justice 1c–1d; Labor 4c; Law 4d; Love 2b(3); Nature 5–5d; Philosophy 4c; Pleasure and Pain 10a; Poetry 9a; Rhetoric 5b; State 7c, 8b; Temperance 1a–1c; War and Peace 5a

Viscera: *see* Animal 3c

Vision of God: *see* Desire 7b; God 6c(4); Happiness 7c(1); Knowledge 7c; Mind 4f; Will 7d

Visions, visitations: *see* Prophecy 3c; Sign and Symbol 5b

Vital powers: *see* Life and Death 2–3b; Man 4–4c; Soul 2c–2c(3)

Viviparous reproduction: *see* Animal 9a

Vocational education: *see* Education 6

Void: *see* Change 7a; Element 5b; Mechanics 5b, 5d; Space 2b–2c

Volition: *see* Will 2–3b(3), 6–6c

Volume (*math.*): *see* Quantity 3e(1)

Voluntariness, voluntary conduct: *see* Knowledge 8b(2); Nature 3c(2); Punishment 2a; Virtue and Vice 4e(1); Will 3a–3a(2), 6c / *see also* Animal 4–4c; Desire 2c; Mind 1d; Necessity and Contingency 5a–5a(3); Virtue and Vice 5c

Voting: *see* Democracy 5b(3); Government 1h; Slavery 5a–5b

Vow: *see* Religion 3d; Virtue and Vice 8g; Wealth 10e(2)

术语索引 Inventory of Terms

W

Wage slavery: *see* Justice 8c(1); Labor 1f; Slavery 4c, 5b

Wages: *see* Justice 8b; Labor 6-6d, 7a; Wealth 4c, 6d(1), 10d

War: *see* CH 98: War and Peace; *and* Art 9c; Courage 7c; Democracy 7c; Government 5a; Honor 5c; Labor 7c-7c(3); Opposition 5b-5c; Revolution 1a, 1c, 5a; State 9e-9e(2); Wealth 9g-9h / *see also* Family 5c; Justice 9f; Life and Death 8e; Necessity and Contingency 5d; State 3c, 5d(2), 8d(1)

Water: *see* Change 9a; Element 3b, 3d; Matter 2; Mechanics 5b; Opposition 3b

Wave theory: *see* Matter 2a; Mechanics 7a, 7b, 8b; Space 2c

Wealth: *see* CH 99: Wealth; *and* Art 9b; Democracy 3a, 8; Desire 7a(3); Family 3a; Labor 3e, 4a, 7b, 7e; Nature 5b; Necessity and Contingency 5e; Oligarchy 4-5c; Opposition 5b; Progress 3a; Revolution 5a; State 7a; Tyranny and Despotism 2b; Virtue and Vice 6c / *see also* Beauty 5; Good and Evil 4d; Happiness 2b(1); Revolution 4b; Temperance 5b; War and Peace 5c

Weapons: *see* War and Peace 10f

Weight: *see* Mechanics 6b; Quantity 5d / *see also* Mechanics 1a, 5b, 5e(2), 6d(2)

Welfare (*econ.*): *see* Labor 7f; Wealth 8d

Whole and part: *see* **Part and whole**

Wife: *see* **Spouse**

Will: *see* CH 100: Will; *and* Desire 3b(1); God 5g; Good and Evil 3b-3b(2); Habit 5b; Infinity 6a; Liberty 1c, 3c, 5d; Mind 9b, 10g; Necessity and Contingency 5a(1); Opinion 2b; Virtue and Vice 5c / *see also* Angel 3e; Dialectic 2d(1); Education 4; Emotion 4a(2); Justice 1e; Law 1b, 4c; Love 1a; Man 3a(2); Memory and Imagination 1d; Mind 1b(2), 1d, 1e(3), 1f, 5a; One and Many 5c; Prudence 3, 4a, 5b; Sense 3e; Slavery 7

Will to believe: *see* Opinion 2b; Will 3b(1)

Willpower: *see* Will 9a

Wisdom: *see* CH 101: Wisdom; *and* Good and Evil 6a; Happiness 2b(7); Metaphysics 1; Mind 5c; Philosophy 4b-4c, 6a-6b; Prudence 1, 2a; Science 1a(1); Virtue and Vice 2a(2), 8e / *see also* Dialectic 2a; Theology 2, 3b, 4a; Truth 8e

Wishful thinking: *see* Desire 5b; Emotion 3b; Opinion 2a; Will 3b(1)

Witchcraft: *see* Medicine 2c; Religion 6a

Woman: *see* Education 1b; Family 5-5c; Man 6, 6b; War and Peace 5a

Word of God: *see* God 6c(1); Language 12; Prophecy 3d; Religion 1b(1); Sign and Symbol 5e; Theology 4b

Words: *see* Idea 4a; Language 1, 2-3b, 4a, 5a; Poetry 1b, 7c; Sign and Symbol 1d, 1f-4d, 5f; Time 6d

Work (*phys.*): *see* Mechanics 6g

Work ethic: *see* Labor 1d; Virtue and Vice 6c

Working classes: *see* Labor 3-3f, 4b, 7-7f; Progress 3b; Revolution 4-5c; Slavery 5-5b; State 5d-5e / *see also* Justice 8c(1); Liberty 2d, 6b; Oligarchy 4, 5c; Opposition 5b

Working conditions and hours: *see* Labor 7a; Progress 3b

World: *see* CH 102: World; *and* Astronomy and Cosmology 11-11d; Beauty 7b; Cause 7a-7c; Chance 3; Change 13; Element 5g; Eternity 2; God 5d-5e, 7a, 11; Infinity 3e, 5a; Man 10c, 10e; Mind 10a; Nature 1b, 3a; One and Many 1a-1b; Prophecy 4d; Relation 3, 5b; Space 3a; Time 2b-2c

World citizenship: *see* Citizen 8; War and Peace 11a, 11d

World government, world state: *see* Citizen 8; Love 4c; State 10f; War and Peace 11d

World peace: *see* War and Peace 11d

World soul: *see* Mind 10b; Soul 1a, 4c; World 1a

Worship: *see* God 3e; Liberty 2b; Religion 2b, 2d, 2f, 6e / *see also* Astronomy and Cosmology 10; Duty 11; Honor 5b; Justice 11b; Law 3b(1)-3b(2); Nature 6a; Religion 6c(2)

Written word: *see* Language 3b

X

Xenophobia: *see* State 5d(1)

Y

Year: *see* Astronomy and Cosmology 5; Time 4

Youth: *see* Family 6c-6e; Life and Death 6c; Man 6c / *see also* Art 10a; Education 4b; Family 7c-7d; Virtue and Vice 4d(1)

Z

Zoology, subject matter of: *see* Animal 1-11b; Life and Death 3-4, 6a

PRINTED IN THE U.S.A.

西方世界的伟大著作书目

Contents of Great Books of the Western World

(60 卷)

西方世界的伟大著作书目
Contents of Great Books of the Western World
（60 卷）

	1	
The Syntopicon 论题集	An Index to the Great Ideas [I. Angel to Love] 西方大观念 I	
	2	
The Syntopicon 论题集	An Index to the Great Ideas [II. Man to World] 西方大观念 II	
	3	
Homer 荷马	The Iliad	The Odyssey
	4	
Aeschylus c. 525 – 456 B.C. 埃斯库罗斯	The Suppliant Maidens The Persians Seven Against Thebes Prometheus Bound	Agamemnon The Libation Bearers The Eumenides
Sophocles c. 495 – 406 B.C. 索福克勒斯	Oedipus the King Oedipus at Colonus Antigone Ajax	Electra The Women of Trachis Philoctetes
Euripides c. 480 – 406 B.C. 欧里庇得斯	Rhesus The Medea Hippolytus Alcestis The Heracleidae The Suppliant Women The Trojan Women Ion Helen Andromache	Electra The Bacchae Hecuba Heracles The Phoenician Women Orestes Iphigenia in Tauris Iphigenia in Aulis The Cyclops
Aristophanes c. 445 – c. 380 B.C. 阿里斯托芬	The Acharnians The Knights The Clouds The Wasps Peace The Birds	The Frogs Lysistrata The Poet and the Women The Assemblywomen Wealth
	5	
Herodotus c. 484 – c. 425 B.C. 希罗多德	The History	
Thucydides c. 460 – c. 400 B.C. 修昔底德	The History of the Peloponnesian War	

6		
Plato c. 428 – c. 348 B.C. 柏拉图	Charmides Lysis Laches Protagoras Euthydemus Cratylus Crito Phaedo Gorgias The Republic Timaeus Critias Parmenides	Phaedrus Ion Symposium Meno Euthyphro Apology Theaetetus Sophist Statesman Philebus Laws The Seventh Letter
7		

Aristotle 384 – 322 B.C.
亚里士多德
	Categories
	On Interpretation
	Prior Analytics
	Posterior Analytics
	Topics
	On Sophistical Refutations
	Physics
	On the Heavens
	On Generation and Corruption
	Meteorology
	Metaphysics
		On the Soul
		On Sense and the Sensible
		On Memory and Reminiscence
		On Sleep and Sleeplessness
		On Dreams
		On Prophesying by Dreams
		On Longevity and Shortness
		  of Life
		On Youth and Old Age, On Life
		  and Death, On Breathing

8		
Aristotle 亚里士多德	History of Animals On the Parts of Animals On the Motion of Animals On the Gait of Animals On the Generation of Animals	Nicomachean Ethics Politics The Athenian Constitution Rhetoric On Poetics
9		
Hippocrates fl. 400 B.C. 希波克拉底	The Oath On Ancient Medicine On Airs, Waters, and Places The Book of Prognostics On Regimen in Acute Diseases Of the Epidemics On Injuries of the Head On the Surgery On Fractures	On the Articulations Instruments of Reduction Aphorisms The Law On Ulcers On Fistulae On Hemorrhoids On the Sacred Disease
Galen c. A.D. 130 – c. 200 盖伦	On the Natural Faculties	

西方世界的伟大著作书目 Contents of Great Books of the Western World 1883

10

Euclid fl. c. 300 B.C. 欧几里得	The Thirteen Books of Euclid's Elements
Archimedes c. 287 – 212 B.C. 阿基米德	On the Sphere and Cylinder Quadrature of the Parabola Measurement of a Circle On Floating Bodies On Conoids and Spheroids Book of Lemmas On Spirals The Method Treating of On the Equilibrium of Planes Mechanical Problems The Sand – Reckoner
Nicomachus of Gerasa fl. c. A.D. 100 吉拉萨的尼各马可	Introduction to Arithmetic

11

Lucretius c. 98 – c. 55 B.C. 卢克莱修	The Way Things Are
Epictetus c. A.D. 60 – c. 138 爱比克泰德	The Discourses
Marcus Aurelius A.D. 121 – 180 马可·奥勒留	The Meditations
Plotinus A.D. 205 – 270 普罗提诺	The Six Enneads

12

Virgil 70 – 19 B.C. 维吉尔	The Eclogues The Georgics The Aeneid

13

Plutarch c. 46 – c. 120 普鲁塔克	The Lives of the Noble Grecians and Romans *Theseus* *Aemilius Paulus* *Romulus* *Aemilius Paulus and Timoleon* *Romulus and Theseus Compared* *Compared* *Lycurgus* *Pelopidas* *Numa Pompilius* *Marcellus* *Lycurgus and Numa Compared* *Marcellus and Pelopidas* *Solon* *Compared* *Poplicola* *Aristides* *Poplicola and Solon Compared* *Marcus Cato* *Themistocles* *Aristides and Marcus Cato* *Camillus* *Compared* *Pericles* *Philopoeman* *Fabius* *Flamininus* *Fabius and Pericles Compared* *Flamininus and Philopoeman* *Alcibiades* *Compared* *Coriolanus* *Pyrrbus* *Alcibiades and Coriolanus* *Caius Marius* *Compared* *Lysander* *Timoleon* *Sulla*

	Lysander and Sulla Compared	*Cleomenes*
	Cimon	*Tiberius Graccbus*
	Lucullus	*Caius Graccbus*
	Cimon and Lucullus Compared	*Caius and Tiberius Graccbus*
	Nicias	*and Agis and Cleomenes*
	Crassus	*Compared*
	Crassus and Nicias Compared	*Demosthenes*
	Sertorius	*Cicero*
	Eumenus	*Cicero and Demosthenes*
	Eumenus and Sertorius	*Compared*
	Compared	*Demetrius*
	Agesilaus	*Antony*
	Pompey	*Antony and Demetrius Compared*
	Agesilaus and Pompey	*Dion*
	Compared	*Marcus Brutus*
	Alexander	*Brutus and Dion Compared*
	Coesar	*Aratus*
	Phocion	*Artaxerxes*
	Cato the Younger	*Galba*
	Agis	*Otho*

14

P. Cornelius Tacitus c. 55 – c. 117
克耐留·塔西佗

The Annals

The Histories

15

Ptolemy c. 100 – c. 178
托勒密

The Almagest

Nicolaus Copernicus 1473 – 1543
尼科洛·哥白尼

On the Revolutions of the Heavenly Spheres

Johannes Kepler 1571 – 1630
约翰斯·开普勒

Epitome of Copernican Astronomy: *Books IV – V*

The Harmonies of the World: *Book V*

16

Saint Augustine 354 – 430
圣奥古斯丁

The Confessions

The City of God

On Christian Doctrine

17

Saint Thomas Aquinas c. 1225 – 1274
圣托马斯·阿奎那

Summa Theologica

Treatise on God (*Part I, QQ1 – 26*)

Treatise on the Trinity (*Part I, QQ27 – 43*)

Treatise on the Creation (*Part I, QQ44 – 49*)

Treatise on the Angels (*Part I, QQ50 – 64*)

Treatise on the Work of the Six Days (*Part I, QQ65 – 74*)

Treatise on Man (*Part I, QQ75 – 102*)

Treatise on the Divine Government (*Part I, QQ103 – 119*)

Treatise on the Last End (*Part I – II, QQ1 – 5*)

Treatise on Human Acts (*Part I – 11, QQ6 – 48*)

	18
Saint Thomas Aquinas 圣托马斯·阿奎那	Summa Theologica (cont.) *Treatise on Habits* (Part I – II, QQ49 – 89) *Treatise on Law* (Part I – II, QQ90 – 108) *Treatise on Grace* (Part I – II, QQ109 – 114) *Treatise on Faith, Hope and Charity* (Part II – II, QQ1 – 46) *Treatise on Active and Contemplative Life* (Part II – II, QQ179 – 182) *Treatise on the States of Life* (Part II – II, QQ183 – 189) *Treatise on the Incarnation* (Part III, QQ1 – 26) *Treatise on the Sacraments* (Part III, QQ60 – 65) *Treatise on the Resurrection* (Part III Supplement, QQ69 – 86) *Treatise on the Last Things* (Part III Supplement, QQ87 – 99)

	19
Dante Alighieri 1265 – 1321 但丁·阿里基耶里	The Divine Comedy *Inferno* *Purgatorio* *Paradiso*
Geoffrey Chaucer c. 1340 – 1400 乔弗雷·乔叟	Troilus and Criseyde The Canterbury Tales

The Prologue	Sir Topaz
The Knight's Tale	Chaucer's Tale of Melibee (in
Words Between the Host and the	synopsis)
Miller	Words of the Host to the Monk
The Miller's Tale	The Monk's Tale
The Reeve's Prologue	Words of the Knight and the Host
The Reeve's Tale	The Nun's Priest's Tale
The Cook's Prologue	Words of the Host to the Nun's
The Cook's Tale	Priest
Introduction to the Man of Law's	The Physician's Tale
Tale	Words of the Host to the Physician
The Man of Law's Prologue	and to the Pardoner
The Man of Law's Tale	The Pardoner's Prologue
Epilogue to the Man of Law's	The Pardoner's Tale
Tale	The Wife of Bath's Prologue
The Shipman's Tale	Words between the Summoner and
Words of the Host to the Shipman	the Friar
and the Prioress	The Wife of Bath's Tale
The Prioress's Prologue	The Friar's Prologue
The Prioress's Tale	The Friar's Tale
Words of the Host to Chaucer	The Summoner's Prologue
Chaucer's Tale of Sir Topaz	The Summoner's Tale
The Host stops Chaucer's Tale of	The Clerk's Prologue

	The Clerk's Tale	*The Franklin's Tale*
	Chaucer's Envoy to the Clerk's Tale	*The Second Nun's Prologue*
	The Merchant's Prologue	*The Second Nun's Tale*
	The Merchant's Tale	*The Canon's Yeoman's Prologue*
	Epilogue to the Merchant's Tale	*The Canon's Yeoman's Tale*
	The Squire's Prologue	*The Manciple's Prologue*
	The Squire's Tale	*The Manciple's Tale*
	Words of the Franklin to the Squire and of the Host to the Franklin	*The Parson's Prologue*
		The Parson's Tale (*in Synopsis*)
	The Franklin's Prologue	*Chaucer's Retractions*

20

| John Calvin 1509–1564
约翰·加尔文 | Selections from
Institutes of the Christian Religion | |

21

| Nicolò Machiavelli 1469–1527
尼科洛·马基雅维里 | The Prince | |
| Thomas Hobbes 1588–1679
托马斯·霍布斯 | Leviathan, or the Matter, Form and Power of a Common wealth Ecclesiastical and Civil | |

22

| François Rabelais c. 1495–1553
弗朗索瓦·拉伯雷 | Gargantua and Pantagruel | |

23

| Desiderius Erasmus c. 1466–1536
德西德里·伊拉斯谟 | Praise of Folly | |

Michel Eyquem de Montaigne 1533–1592 米歇尔·蒙田	The Essays	
	By diverse means we arrive at the same end of sadness	*One is punished for defending a place obstisnately without reason*
	Our feelings reach out beyond us	
	How the soul discharges its passions on false objects when the true are wanting	*Of the punishment of cowardice*
		A trait of certain ambassadors
		Of fear
	Whether the governor of a besieged place should go out to parley	*That our happiness must not be judged until after our death*
	Parley time is dangerous	*That to philosophize is to learn to die*
	That intention is judge of our actions	
		Of the power of the imagination
	Of idleness	*One man's profit is another man's harm*
	Of liars	
	Of prompt or slow speech	*Of custon, and not easily changing an accepted law*
	Of prognostications	
	Of constancy	
	Ceremony of interviews between kings	*Various outcomes of the same plan*
		Of pedantry
	That the taste of good and evil depends in large part on the opinion we have of them	*Of the education of children*
		It is folly to measure the true and false by our own capacity

西方世界的伟大著作书目 Contents of Great Books of the Western World

Of friendship
Twenty-nine sonnets of Etienne de La Boétie
Of moderation
Of cannibals
We should meddle soberly with judging divine ordinances
To flee from sensual pleasures at the price of life
Fortune is often met in the path of reason
Of a lack in our administrations
Of the custom of wearing clothes
Of Cato the Younger
How we cry and laugh for the same thing
Of solitude
A consideration upon Cicero
Of not communicating one's glory
Of the inequality that is between us
Of sumptuary laws
Of sleep
Of the battle of Dreux
Of names
Of the uncertainty of our judgment
Of war horses
Of ancient customs
Of Democritus and Heraclitus
Of the vanity of words
Of the parsimony of the ancients
Of a saying of Caesar's
Of vain subtleties
Of smells
Of prayers
Of age
Of the inconsistency of our actions
Of drunkenness
A custom of the island of Cea
Let business wait till tomorrow
Of conscience
Of practice
Of honorary awards
Of the affection of fathers for their children
Of the arms of the Parthians
Of books
Of cruelty
Apology for Raymond Sebond
Of judging of the death of others
How our mind hinders itself
That our desire is increased by difficulty
Of glory
Of presumption
Of giving the lie
Of freedom of conscience
We taste nothing pure
Against do-nothingness
Of riding post
Of evil means employed to a good end
Of the greatness of Rome
Not to counterfeit being sick
Of thumbs
Cowardice, mother of cruelty
All things have their season
Of virtue
Of a monstrous child
Of anger
Defense of Seneca and Plutarch
The story of Spurina
Observations on Julius Caesar's methods of making war
Of three good women
Of the most outstanding men
Of the resemblance of children to fathers
Of the useful and the honorable
Of repentance
Of three kinds of association
Of diversion
On some verses of Virgil
Of coaches
Of the disadvantage of greatness
Of the art of discussion
Of vanity
Of husbanding your will
Of cripples
Of physiognomy
Of experience

1887

24

Willam Shakespeare 1564–1616 威廉·莎士比亚	The First Part of King Henry the Sixth	The Tragedy of King Richard the Second
	The Second Part of King Henry the Sixth	A Midsummer-Night's Dream
		The Life and Death of King John
	The Third Part of King Henry the Sixth	The Merchant of Venice
		The First Part of King Henry the Fourth
	The Tragedy of King Richard the Third	The Second Part of King Henry the Fourth
	The Comedy of Errors	
	Titus Andronicus	Much Ado About Nothing
	The Taming of the Shrew	The Life of King Henry the Fifth
	The Two Gentlemen of Verona	Julius Cæsar
	Love's Labour's Lost	As You Like It
	Romeo and Juliet	

25

William Shakespeare 威廉·莎士比亚	Twelfth Night; or, What You Will	Antony and Cleopatra
		Coriolanus
	Hamlet, Prince of Denmark	Timon of Athens
	The Merry Wives of Windsor	Pericles, Prince of Tyre
	Troilus and Cressida	Cymbeline
	All's Well That End's Well	The Winter's Tale
	Measure for Measure	The Tempest
	Othello, the Moor of Venice	The Famous History of the Life of King Henry the Eighth
	King Lear	
	Macbeth	Sonnets

26

William Gilbert 1540–1603 威廉·吉尔伯特	On the Loadstone and Magnetic Bodies
Galileo Galilei 1564–1642 伽里略·伽里莱	Dialogues Concerning the Two New Sciences
William Harvey 1578–1657 威廉·哈维	On the Motion of the Heart and Blood in Animals
	On the Circulation of the Blood
	On the Generation of Animals

27

Miguel de Cervantes 1547–1616 米格尔·德·塞万提斯	The History of Don Quixote de la Mancha

28

Sir Francis Bacon 1561–1626 弗兰西斯·培根	Advancement of Learning
	Novum Organum
	New Atlantis
René Descartes 1596–1650 雷内·笛卡儿	Rules for the Direction of the Mind
	Discourse on the Method
	Meditations on First Philosophy
	Objections Against the Meditations and Replies
	The Geometry

西方世界的伟大著作书目 Contents of Great Books of the Western World

Benedict de Spinoza 1632–1677 本尼狄克·斯宾诺莎	Ethics	

29

John Milton 1608–1674 约翰·弥尔顿	English Minor Poems	
	On the Morning of Christs Nativity	Areopagitica
	The Hymn	Arcades
	A paraphrase on Psalm 114	Lycidas
	Psalm 136	Comus
	The Passion	On the Death of a Fair Infant
	On Time	At a Vacation Exercise
	Upon the Circumcision	The Fifth Ode of Horace. Lib. I
	At a Solemn Musick	Sonnets, I, VII – XIX
	An Epitaph on the Marchioness of Winchester	On the new forcers of Conscience under the Long Parliament
	Song on May morning	On the Lord Gen. Fairfax at the siege of Colchester
	On Shakespear. 1630	To the Lord Generall Cromwell May 1652
	On the University Carrier	To Sr Henry Vane the younger
	Another on the same	To Mr. Cyriack Skinner upon his Blindness
	L'Allegro	
	Il Penseroso	Psalms, I – VIII, LXXX – LXXXVIII
	Paradise Lost	
	Samson Agonistes	

30

Blaise Pascal 1623–1662 布莱斯·帕斯卡	The Provincial Letters
	Pensées
	Preface to the Treatise on the Vacuum
	New Experiments Concerning the Vacuum
	Account of the Great Experiment Concerning the Equilibrium of Fluids
	Treatises on the Equilibrium of Liquids and on the Weight of the Mass of the Air
	On Geometrical Demonstration
	Treatise on the Arithmetical Triangle
	Correspondence with Fermat on the Theory of Probabilities

31

Moliére 1622–1673 莫里哀	The School for Wives
	The Critique of the School for Wives
	Tartuffe
	Don Juan
	The Miser
	The Would – Be Gentleman
	The Would – Be Invalid
Jean Racine 1639–1699 让·拉辛	Berenice
	Phaedra

32

Sir Isaac Newton 1642-1727 伊萨克·牛顿	Mathematical Principles of Natural Philosophy Optics
Chistiaan Huygens 1629-1695 克里斯蒂安·惠更斯	Treatise on Light

33

John Locke 1632-1704 约翰·洛克	A Letter Concerning Toleration Concerning Civil Government, Second Essay An Essay Concerning Human Understanding
George Berkeley 1685-1753 乔治·贝克莱	The Principles of Human Knowledge
David Hume 1711-1776 大卫·休谟	An Enquiry Concerning Human Understanding

34

Jonathan Swift 1667-1745 约纳森·斯威夫特	Gullver's Travels
Voltaire 1694-1778 伏尔泰	Candide
Denis Diderot 1713-1784 丹尼·狄德罗	Rameau's Nephew

35

Charles de Secondat, Baron de Montesquieu 1689-1755 巴隆·德·孟德斯鸠	The Spirit of Laws
Jean Jacques Rousseau 1712-1778 让·雅克·卢梭	A Discourse on the Origin of Inequality A Discourse on Political Economy The Social Contract

36

Adam Smith 1723-1790 亚当·斯密	An Inquiry into the Nature and Causes of the Wealth of Nations

37

Eeward Gibbon 1737-1794 爱德华·吉本	The Decline and Fall of the Roman Empire: *Chapters 1-40*

38

Edward Gibbon 爱德华·吉本	The Decline and Fall of the Roman Empire: *Chapters 41-71*

39

Immanuel Kant 1724-1804 依曼努尔·康德	The Critique of Pure Reason Fundamental Principles of the Metaphysic of Morals The Critique of Practical Reason Preface and Introduction to the Metaphysical Elements of Ethics, With a Note on Conscience General Introduction to the Metaphysic of Morals The Science of Right The Critique of Judgement

西方世界的伟大著作书目 Contents of Great Books of the Western World 1891

40

American State Papers 美利坚联邦文献	The Declaration of Independence Articles of Confederation The Constitution of the United States of America
Alexander Hamilton 1757-1804 亚历山大·汉密尔顿 James Madison 1751-1836 詹姆斯·麦迪逊 John Jay 1745-1829 约翰·杰伊	The Federalist
John Stuart Mill 1806-1873 约翰·斯图亚特·穆勒	On Liberty Representative Government Utilitarianism

41

James Boswell 1740-1795 詹姆士·博斯韦尔	The Life of Samuel Johnson, LL. D.

42

Antoine Laurent Lavoisier 1743-1794 安托万·洛朗·拉瓦锡	Elements of Chemistry
Michael Faraday 1791-1867 米歇尔·法拉第	Experimental Researches in Electricity

43

Georg Wilhelm Friedrich Hegel 1770-1831 弗里德里希·黑格尔	The Philosophy of Right The Philosophy of History
Siren Kierkegaard 1813-1855 日兰·克尔凯郭尔	Fear and Trembling
Friedrich Nietzsche 1844-1900 弗里德里希·尼采	Beyond Good and Evil

44

Alexis de Tocqueville 1805-1859 阿莱克斯·德·托克维尔	Democracy in America

45

Johann Wolfgang von Goethe 1749-1832 约翰·沃尔夫冈·冯·歌德	Faust
Honoré de Balzac 1799-1850 巴尔扎克	Cousin Bette

46

Jane Austen 1775-1817 简·奥斯汀	Emma
George Eliot 1819-1880 乔治·艾略特	Middlemarch

47

Charles Dickens 1812-1870 查尔斯·狄更斯	Little Dorrit

	48	
Herman Melville 1819–1891 赫尔曼·梅尔维尔	Moby Dick; or, The Whale	
Mark Twain 1835–1910 马克·吐温	Adventures of Huckleberry Finn	
	49	
Charles Darwin 1809–1882 查尔斯·达尔文	The Origin of Species by Means of Natural Selection The Descent of Man and Selection in Relation to Sex	
	50	
Karl Marx 1818–1883 卡尔·马克思	Capital	
Karl Marx and Friedrich Engels 1820–1895 马克思与恩格斯	Manifesto of the Communist Party	
	51	
Count Leo Tolstoy 1828–1910 列夫·托尔斯泰	War and Peace	
	52	
Fyodor Mikhailovich Dostoevsky 1821–1881 陀思妥耶夫斯基	The Brothers Karamazov	
Henrik Ibsen 1828–1906 亨利克·易卜生	A Doll's House The Wild Duck Hedda Gabler The Master Builder	
	53	
William Janes 1842–1910 威廉·詹姆士	The Principles of Psychology	
	54	
Sigmund Freud 1856–1939 西格蒙德·弗洛伊德	The Origin and Development of Psycho–Analysis Selected Papers on Hysteria: Chapters 1–10 The Sexual Enlightenment of Children The Future Prospects of Psycho–Ahalytic Therapy Observations on "Wild" Psycho–Analysis The Interpretation of Dreams On Narcissism Instincts and Their Vicissitudes Repression	The Unconscious A General Introduction to Psycho–Analysis Beyond the Pleasure Principle Group Psychology and the Analysis of the Ego The Ego and the Id Inhibitons, Symptoms, and Anxiety Thoughts for the Times on War and Death Civilization and Its Discontents New Introductory Lectures on Psycho–Analysis
	55	
William James 1842–1910 威廉·詹姆士	Pragmatism	

西方世界的伟大著作书目 Contents of Great Books of the Western World 1893

Henri Bergson 1859–1941 亨利·柏格森	An Introduction to Metaphysics
John Dewey 1859–1952 约翰·杜威	Experience and Education
Alfred North Whitehead 1861–1947 阿尔弗莱德·怀特海	Science and the Modern World
Bertrand Russell 1872–1970 伯特兰·罗素	The Problems of Philosophy
Martin Heidegger 1889–1976 马丁·海德格尔	What Is Metaphysics?
Ludwig Wittgenstein 1889–1951 路德维希·维特根斯坦	Philosophical Investigations
Karl Barth 1886–1968 卡尔·巴特	The Word of God and the Word of Man

56

Henri Poincaré 1854–1912 亨利·彭加勒	Science and Hypothesis
Max Planck 1858–1947 马克斯·普朗克	Scientific Autobiography and Other Papers
Alfred North Whitehead 1861–1947 阿尔弗莱德·怀特海	An Introduction to Mathematics
Albert Einstein 1879–1955 阿尔伯特·爱因斯坦	Relativity: The Special and the General Theory
Sir Arthur Eddington 1882–1944 亚瑟·爱丁顿	The Expanding Universe
Niels Bohr 1885–1962 尼尔斯·玻尔	Selections from Atomic Theory and the Description of Nature Discussion with Einstein on Epistemological Problems in Atomic Physics
G. H. Hardy 1877–1947 哈迪	A Mathematician's Apology
Werner Heisenberg 1901–1976 维纳·海森堡	Physics and Philosophy
Erwin Schrödinger 1887–1961 欧文·薛定谔	What Is Life?
Theodosius Dobzhansky 1900–1975 泰奥多修·杜布赞斯基	Genetics and the Origin of Species
C. H. Waddington 1905–1975 瓦丁顿	The Nature of Life

57

Thorstein Veblen 1857–1929 泰奥斯坦·维布伦	The Theory of the Leisure Class
R. H. Tawney 1880–1962 托尼	The Acquisitive Society
John Maynard Keynes 1883–1946 约翰·梅纳德·凯恩斯	The General Theory of Employment, Interest and Money

58

Sir James George Frazer 1854–1941 詹姆斯·乔治·弗雷泽	Selections from The Golden Bough: *Chapters I – IV, LXVI – LXIX*
Max Weber 1864–1920 马克斯·韦伯	Selections from Essays in Sociology: *Part I: Science and Politics; Part II: Power; Part III: Religion*
Johan Huizinga 1872–1945 约翰·霍辛伽	The Waning of the Middle Ages
Claude Lévi–Strauss 1908– 列维–斯特劳斯	Selections from Structural Anthropology: *Chapters I – VI, IX – XII, XV, XVII*

59

Henry James 1843–1916 亨利·詹姆士	"The Beast in the Jungle"
Bernard Shaw 1856–1950 萧伯纳	Saint Joan
Joseph Conrad 1857–1924 约瑟夫·康拉德	"Heart of Darkness"
Anton Chekhov 1860–1904 安托尼·契诃夫	Uncle Vania
Luigi Pirandello 1867–1936 路奇·皮兰德娄	Six Characters in Search of an Author
Marcel Proust 1871–1922 马克·普鲁斯特	"Swann in Love" from Remembrance of Things Past
Willa Cather 1873–1947 维拉·卡特	A Lost Lady
Thomas mann 1875–1955 托马斯·曼	Death in Venice
James Joyce 1882–1941 詹姆斯·乔伊斯	A Portrait of the Artist as a Young Man

60

Virginia Woolf 1882–1941 弗吉尼亚·伍尔芙	To the Lighthouse
Franz Kafka 1883–1924 弗兰茨·卡夫卡	"The Metamorphosis"
D. H. Lawrence 1885–1930 劳伦斯	"The Prussian Officer"
T. S. Eliot 1888–1965 艾略特	The Waste Land
Eugene O´Neill 1888–1953 尤金·奥尼尔	Mourning Becomes Electra
F. Scott Fitzgerald 1896–1940 斯科特·菲茨杰拉德	The Great Gatsby
William Faulkner 1897–1962 威廉·福克纳	"A Rose for Emily"
Bertolt Brecht 1898–1956 贝尔托特·布莱希特	Mother Courage and Her Children

西方世界的伟大著作书目 Contents of Great Books of the Western World

Ernest Hemingway 1899 – 1961 恩斯特·海明威	"The Short Happy Life of Francis macomber"
George Orwell 1903 – 1950 乔治·奥威尔	Animal Farm
Samuel Beckett 1906 – 1989 萨缪尔·贝克特	Waiting for Godot

图书在版编目（CIP）数据

西方大观念/陈嘉映主编. --2版. --北京：华夏出版社有限公司，2023.3
ISBN 978-7-5222-0410-9

Ⅰ．①西… Ⅱ．①陈… Ⅲ．①观念－西方国家 Ⅳ．①B036

中国版本图书馆CIP数据核字(2022)第166741号

| | 1790 | 1800 | 1810 | 1820 | 1830 | 1840 | 1850 | 1860 | 1870 | 1880 | 1890 |

- HEGEL 弗里德里希·黑格尔
- AUSTEN 简·奥斯汀
- FARADAY 米歇尔·法拉第
- BALZAC 巴尔扎克
- TOCQUEVILLE 阿莱克斯·德·托克维尔
- J.S. MILL 约翰·斯图亚特·穆勒
- DARWIN 查尔斯·达尔文
- DICKENS 查尔斯·狄更斯
- KIERKEQAARD 日兰·克尔凯郭尔
- MARX 卡尔·马克思
- MELVILLE 赫尔曼·梅尔维尔
- GEORGE ELIOT 乔治·艾略特
- ENGELS 弗里德里希·恩格斯
- DOSTOEVSKY 陀思妥耶夫斯基
- IBSEN 亨利克·易卜生
- TOLSTOY 列夫·托尔斯泰
- TWAIN 马克·吐温
- WILLIAM JAMES 威廉·詹姆士
- HENRY JAMES 亨利·詹姆士
- NIETZSCHE 弗里德里希·尼采
- FRAZER 詹姆斯·乔治·弗雷泽
- POINCARE 亨利·彭加勒
- FREUD 西格蒙德·弗洛伊德
- SHAW 萧伯纳
- CONRAD 约瑟夫·康拉德
- VEBLEN 泰奥斯坦·维布伦
- PLANCK 马克斯·普朗克
- BERGSON 亨利·柏格森
- DEWEY 约翰·杜威
- CHEKHOV 安托尼·契诃夫
- WHITEHEAD 阿尔弗莱德·怀特海
- WEBER 马克斯·韦伯
- PIRANDELLO 路奇·皮兰德娄

- PROUST 马克·普鲁斯特
- RUSSELL 伯特兰·罗素
- HUIZINGA 约翰·霍辛伽
- CATHER 维拉·卡特
- MANN 托马斯·曼
- G.H. HARDY
- EINSTEIN 阿
- TAWNEY 托
- WOOLF
- JOYCE 詹
- EDDINGTO
- KEYNES
- KAFKA
- LAWR
- BOHR
- BART
- SCH
- T.S
- O'N
- W
- H

First successful steam locomotive 蒸汽发动机出现

Napoleon defeated at Waterloo 拿破仑兵败滑铁卢

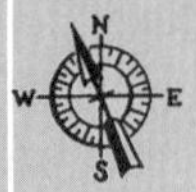

Discovery of magnetic North Pole 指北针发明

Beethoven's Ninth Symphony 贝多芬《第九交响曲》

American Civil War 美国内战